嘉兴市南湖区志

嘉兴市南湖区志编纂委员会 编

（上 册）

方志出版社
Publishing House of Local Records

图书在版编目（CIP）数据

嘉兴市南湖区志 / 嘉兴市南湖区志编纂委员会编
. -- 北京：方志出版社，2020.9
ISBN 978-7-5144-4347-9

Ⅰ．①嘉… Ⅱ．①嘉… Ⅲ．①区（城市）—地方志—嘉兴 Ⅳ．①K295.54

中国版本图书馆 CIP 数据核字 (2020) 第 236158 号

嘉兴市南湖区志

编　　者：嘉兴市南湖区志编纂委员会
责任编辑：高孟君

出 版 者：方志出版社
地址 北京市朝阳区潘家园东里 9 号（国家方志馆 4 层）
邮编 100021
网址 http://www.zgfzcb.cn
发　　行：方志出版社图书经销中心
电话（010）67110500
经　　销：各地新华书店
印　　刷：浙江正方设计印刷股份有限公司

开　　本：889 × 1194　　1/16
印　　张：129 印张
字　　数：3612 千
版　　次：2020 年 12 月第 1 版　　2020 年 12 月第 1 次印刷
印　　数：0001 ～ 3000 册

ISBN 978-7-5144-4347-9　　定价：980.00 元

嘉兴市地图

嘉兴市地图
太湖
江
苏
七都镇
横扇镇
平望镇
黎里镇
八都镇
震泽镇
盛泽镇
王江泾镇
织里镇
南浔区
南麻镇
湖
八里店镇
旧馆镇
铜罗镇
秀
油车港镇
桃源镇
和孚镇
双林镇
新塍镇
州
秀洲区
新城街道
新兴街道
城南街道
嘉兴市
乌镇镇
石淙镇
菱湖镇
练市镇
桐
善琏镇
千金镇
市
龙翔街道
濮院镇
洪合镇
区
钟管镇
河山镇
乡
梧桐街道
桐乡市
新市镇
石门镇
王店镇
凤鸣街道
洲泉镇
同福
屠甸镇
市
雷甸镇
新安镇
崇福镇
海昌街道
百步
禹越镇
硖石街道
高桥镇
海洲街道
大麻镇
斜桥镇
海宁市
运河镇
长安镇
周王庙镇
盐官镇
马桥街道
海
宁
市
许村镇
余杭区
丁桥镇
袁花镇
星桥街道
钱
塘
海宁农业对外
综合开发区
丁桥镇
乔司镇
江
九堡镇
下沙镇
河庄镇
杭
州
市
新湾镇
杭州市
南阳镇
义蓬镇
杭州萧山国际机场
绍
兴

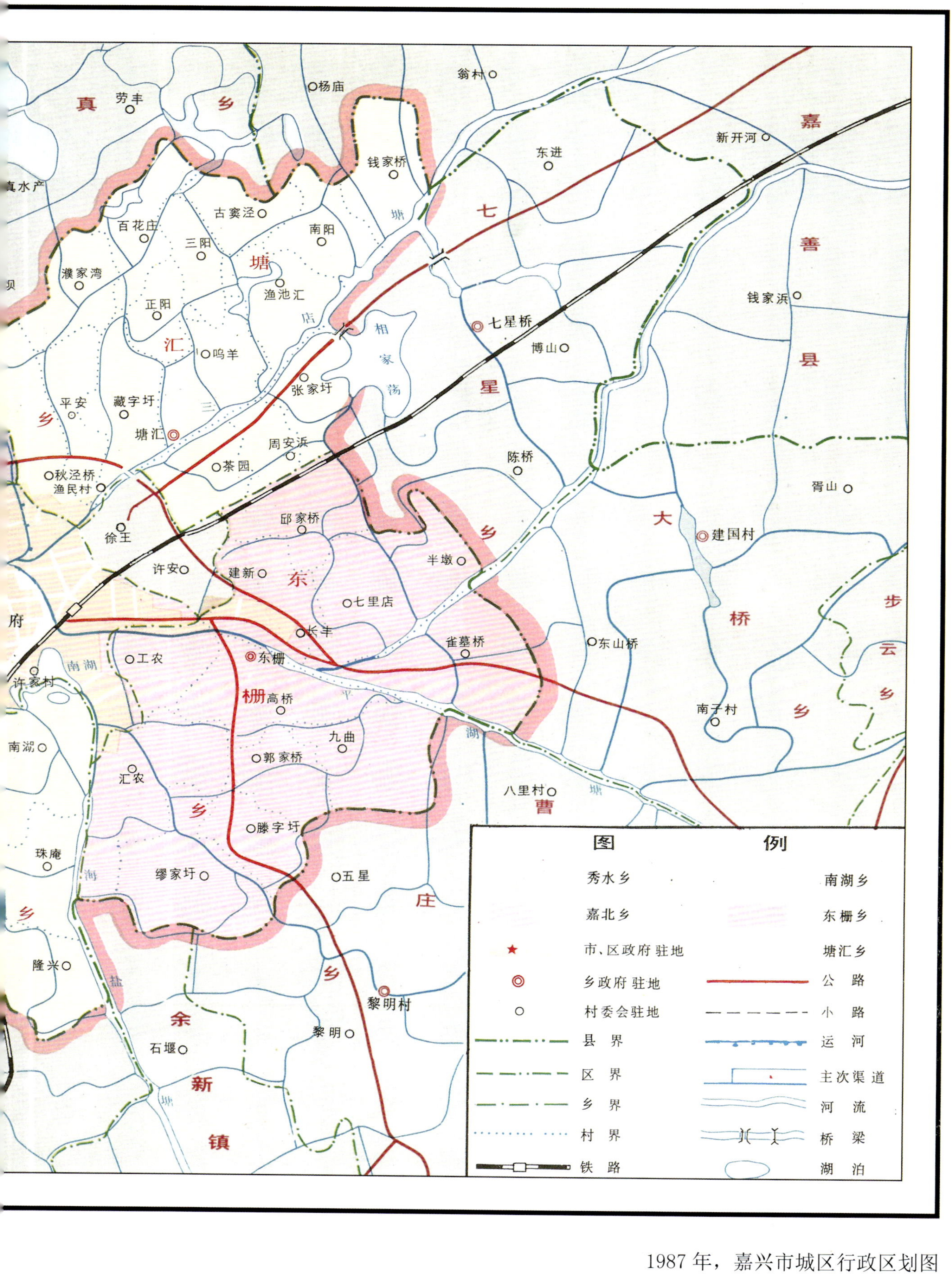

1987 年，嘉兴市城区行政区划图

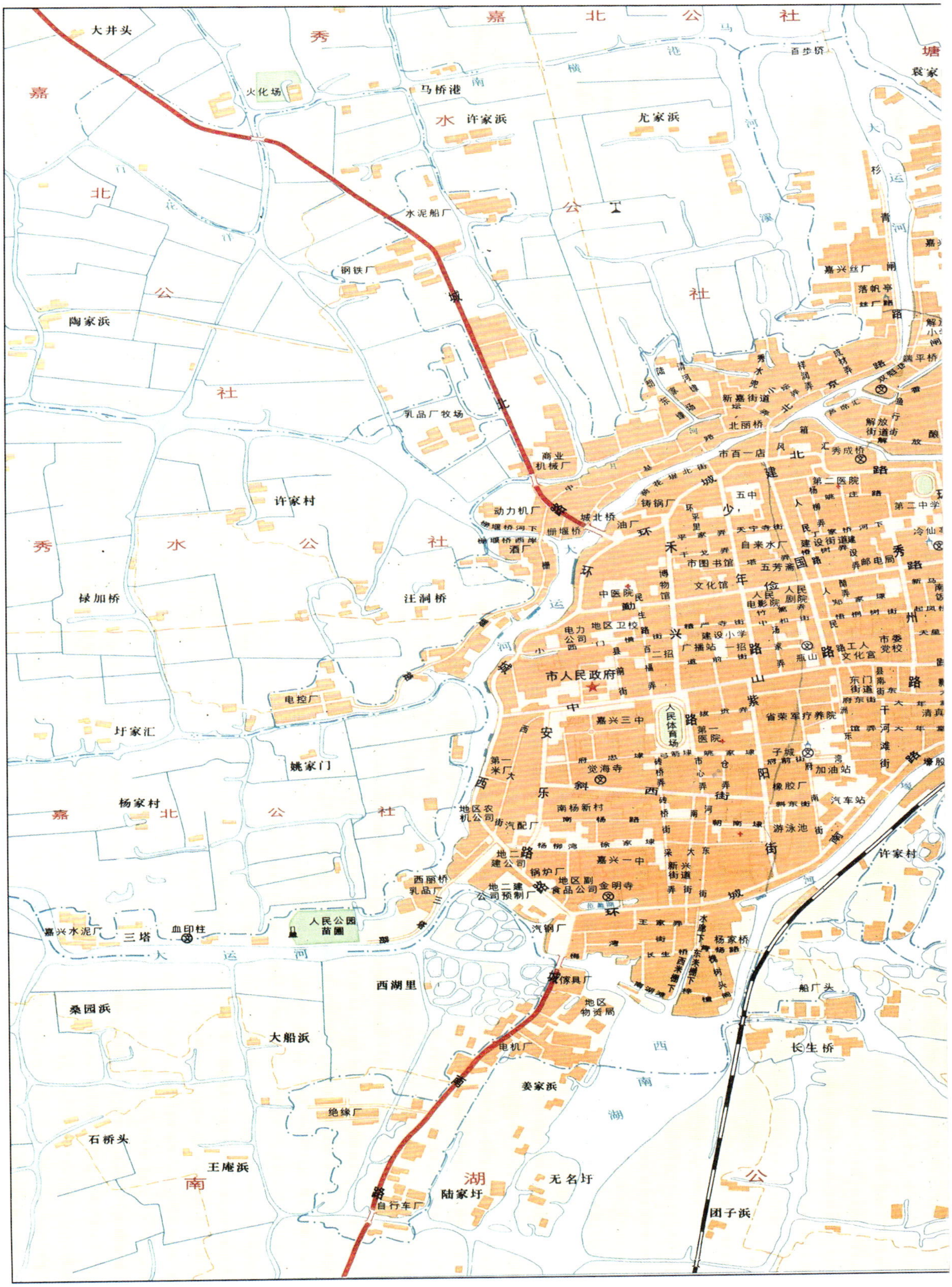
大井头
秀
嘉
北
公
社
马桥港
火化场
许家浜
尤家浜
百步桥
水泥船厂
钢铁厂
陶家浜
乳品厂牧场
许家村
秀
水
绿加桥
汪洞桥
电控厂
圩家汇
姚家门
杨家村
嘉兴水泥厂
三塔
血印柱
人民公园苗圃
大运河
西湖里
桑园浜
大船浜
绝缘厂
石桥头
王庵浜
南
湖
陆家圩
无名圩
自行车厂
姜家浜
电机厂
地区物资局
长生桥
团子浜
船厂头
许家村
嘉兴丝厂
北丽桥
商业机械厂
动力机厂
城北桥
铸钢厂
中医院
市人民政府
嘉兴三中
人民体育场
觉海寺
南杨新村
嘉兴一中
金明寺
汽钢厂
汽车站
加油站
橡胶厂
游泳池
第二医院
第二中学
市图书馆
文化馆
人民电影院
人民剧院
建设小学
广播站
燕山
工人文化宫
市委党校
省荣军疗养院
第一医院
解放街道
新嘉街道
中安路
紫阳街
环城路
禾兴路
少年路
勤俭路
秀州路
建国路
中山路
西安路
东大街

浙嘉S（2020）15号

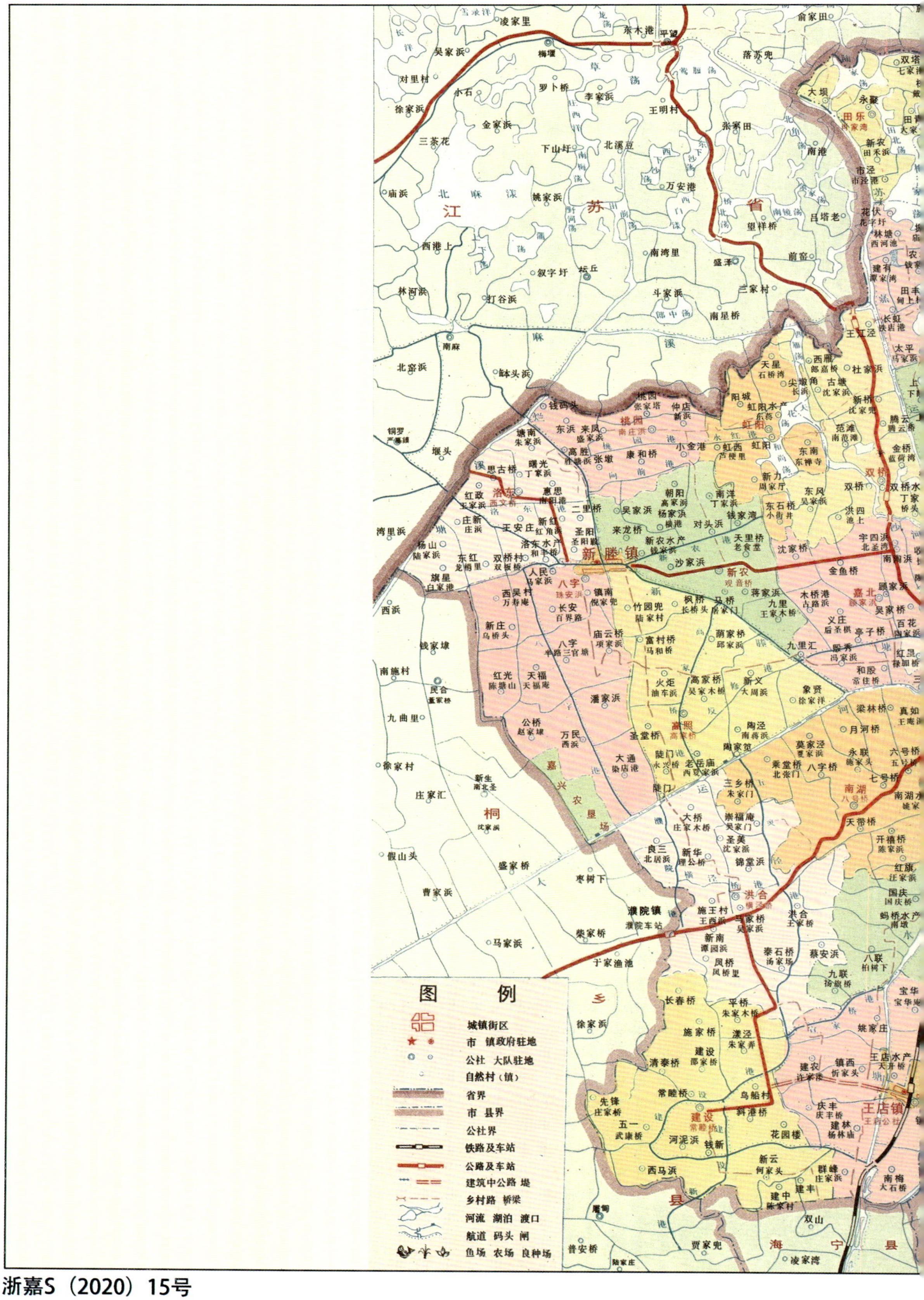
江　苏　省
新塍镇
濮院镇
王店镇
桃园
虹阳
洛东
八字
新农
嘉北
双桥
田乐
嘉兴农垦场
嘉照
南湖
洪合
建设
桐　乡
海　宁　县
图　例
城镇街区
市　镇政府驻地
公社　大队驻地
自然村（镇）
省界
市　县界
公社界
铁路及车站
公路及车站
建筑中公路　堤
乡村路　桥梁
河流　湖泊　渡口
航道　码头　闸
鱼场　农场　良种场

浙嘉S（2020）15号

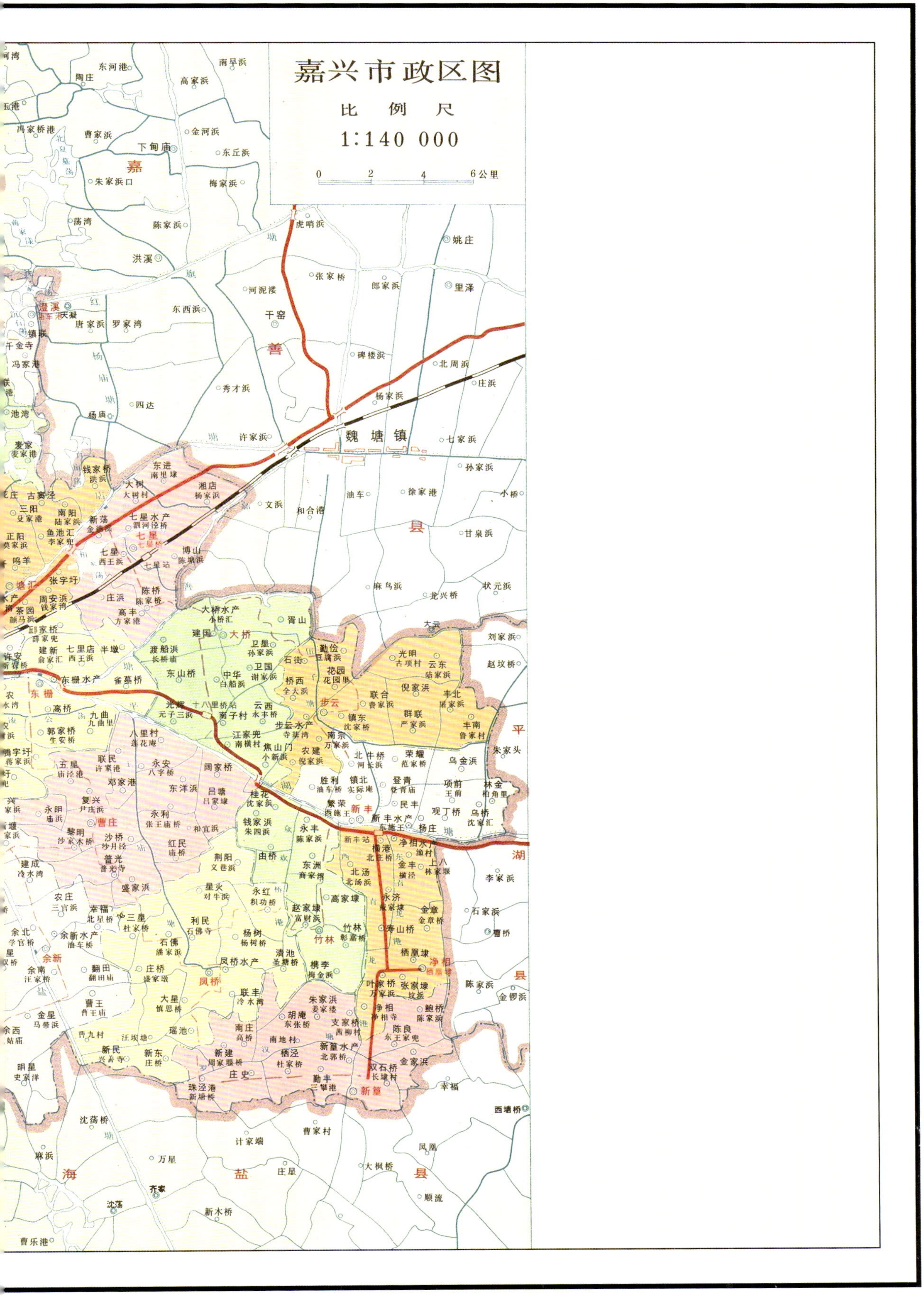

1982年，嘉兴市（县级）政区图

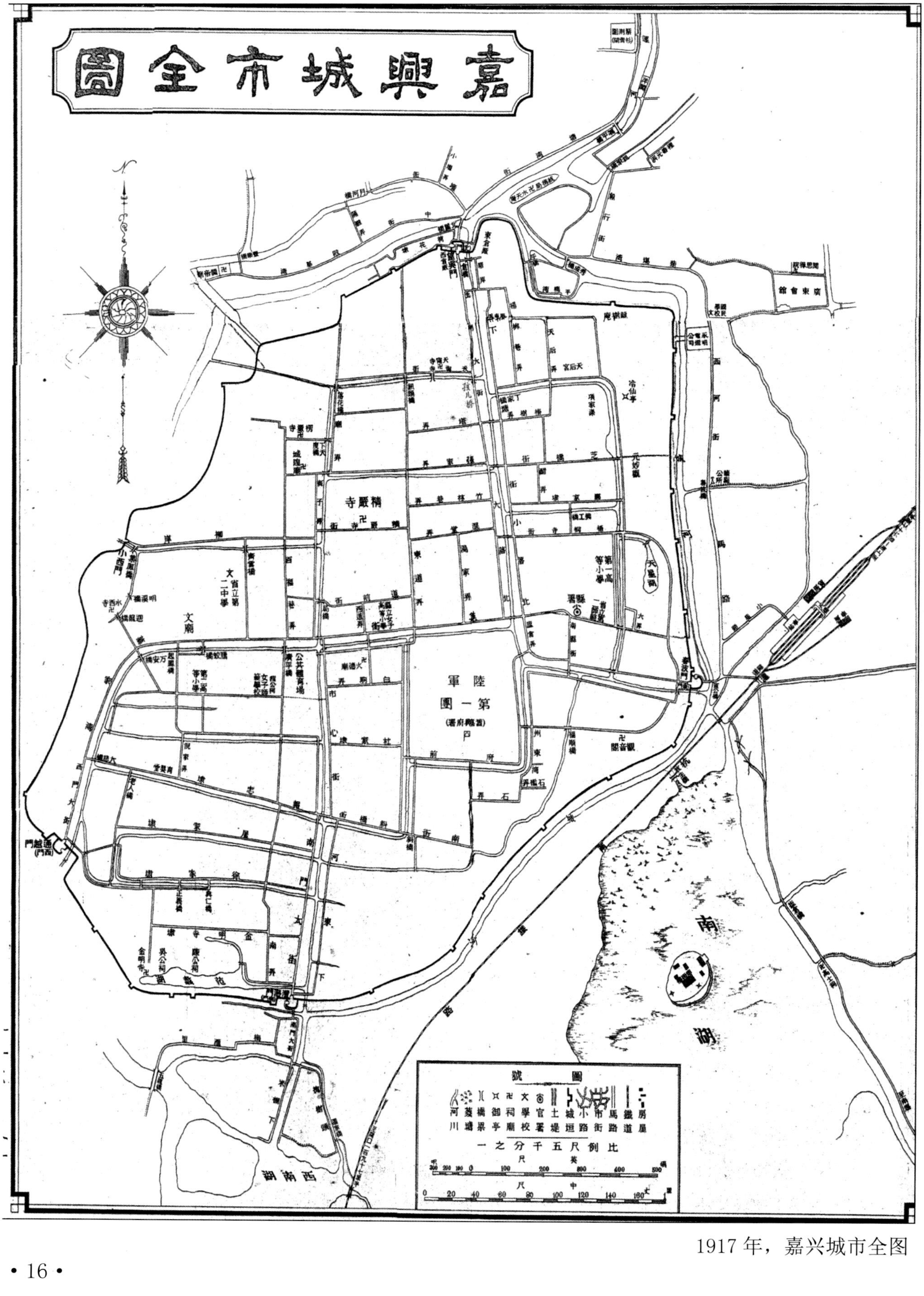

1917 年，嘉兴城市全图

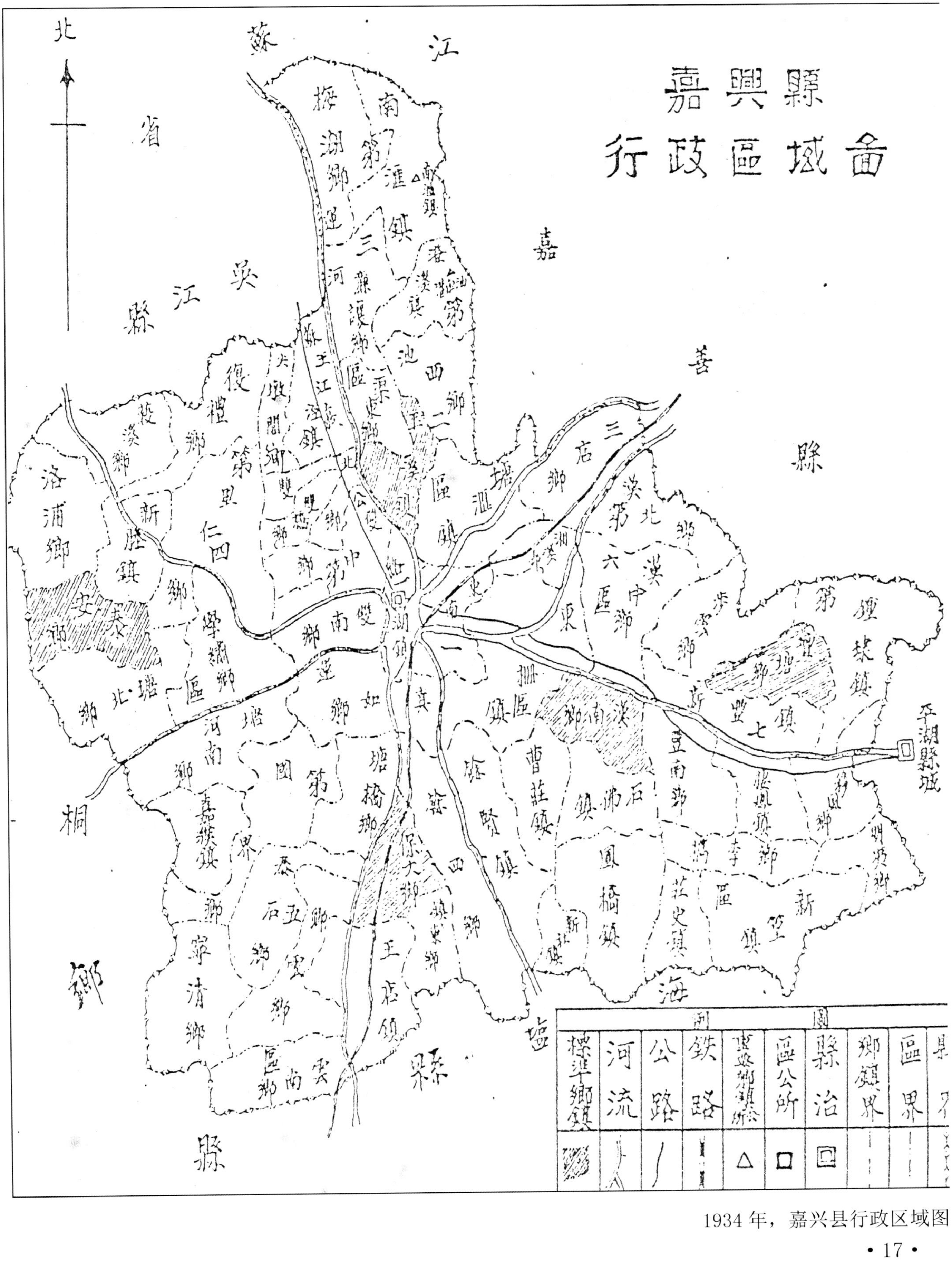

1934 年，嘉兴县行政区域图

南湖全景

南湖儿女和党中央心连心
嘉

2001 年 6 月 19 日，中央电视台心连心艺术团到嘉兴，在南湖广场举行“你是一面旗帜”慰问演出

南湖夜景

南湖新区

凌公塘全景

1985 年，大运河从落帆亭经端平桥、分水墩流经嘉兴市区

英雄园

烟雨楼

广益路

梅湾之夜

1993 年 12 月 16 日，城区召开建区十周年暨更名秀城区庆祝大会时，勤俭路区行政中心大门

2000 年 6 月 29 日，在吉杨路吉杨大酒店门口举行南湖区委、区政府按实运作揭牌仪式

2005 年 5 月 28 日，在新搬迁的区政府大楼前举行秀城区更名为南湖区揭牌仪式

位于凌公塘路的南湖区行政中心

中山路变迁

1.1993年，中山东路鸟瞰
2.1985年，拓宽中山路
3.20世纪80年代，中山东路旧貌
4.2005年，中山东路禾兴路口
5.2000年，中山东路

建国路变迁

1.2010 年，建国南路鸟瞰
2.1988 年，建国路
3.1995 年，建国路
4.2005 年，建国南路
5.1988 年，建国路鸟瞰
6.2010 年，建国南路

加西贝拉压缩机有限公司车间

东方特钢有限公司车间

中法控股集团有限公司

1992 年，嘉禾毛纺厂精纺车间

闻泰集团有限公司车间

中华化工集团公司

亚特电器有限公司

余新镇农村稻田

凤桥镇三星村桃园

20 世纪 70 年代，卖公粮

20 世纪 80 年代，养蚕

浙江嘉兴国家农业科技园区

大棚蔬菜

五芳斋建国路门店

中环东路欧尚超市

国际中港城

2008 年 11 月 16—17 日，举办南湖区首届“美丽节”文化商贸活动

纺工路天天农展会超市

陆稿荐揽秀园分店

月河街区中基路

车城路嘉兴汽车商贸园

汽车站变迁

1985 年，环城南路嘉兴汽车南站鸟瞰

1985 年，环城南路嘉兴汽车南站

1990 年，中山西路嘉兴汽车西站

2000 年，禾兴北路嘉兴汽车北站

2010 年，嘉洪大道汽车客运中心

火车站变迁

1909 年，车站路嘉兴火车站

1914 年，嘉兴火车站站台

2000 年，车站路嘉兴火车站旧址

2000 年，城东路嘉兴火车站

2010 年，百川路沪杭高铁嘉兴南站

嘉兴工业园区 产业生态全链

高速公路十八里桥出口处

1	2
3	4
5	
6	7

1. 大运河
2. 环城河
3. 余新南湖高速互通
4. 由拳路立交桥
5. 高铁嘉兴南站站台
6. 乡村公路
7. 嘉兴工业园区道路

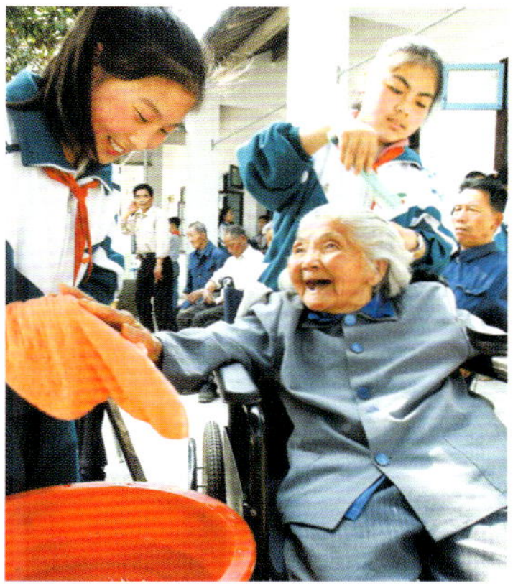

1	2
3	4
5	
6	7

1. 嘉兴一中实验学校
2. 学雷锋敬老活动
3. 同济大学浙江学院
4. 新丰幼儿园
5. 市实验小学文体活动
6. 嘉兴南湖国际实验学校
7. 嘉兴高中园区

春节礼
富硒康
KTV
凯旋門
演艺广场
生活电器

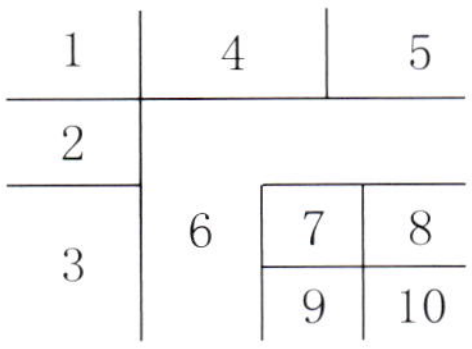

1. 绿色生态凌公塘绿道
2. 南湖春园晨练
3.2004 环城长跑中的南湖区队
4. 南湖演唱活动
5. 南湖踏白船比赛
6. 端午行街
7. 南湖区中心医院
8. 嘉兴市第一医院
9. 嘉兴市中医院
10. 嘉兴市妇幼保健院

南湖烟雨

南湖为浙江三大名湖之一，明清以来，以湖中烟雨楼和烟雨风光著称于世，为历代文人墨客所称颂，留下无数诗画。1921年，中国共产党在南湖的一条游船上宣告成立，南湖便成为中国革命圣地，成为嘉兴的骄傲。南湖烟雨包括南湖、揽秀园、壕股塔3个景点。

南湖红船

揽秀园

壕股塔

南湖烟雨

七一朝晖

进入2000年后，南湖革命纪念馆易地新建，新馆和广场用地18万平方米，展馆展示中国共产党光辉历程，七一广场上大型音乐喷泉、草坪、雕塑以及临河景观，成为红色旅游新景点和生态休闲场所。七一朝晖包括七一广场、南湖革命纪念馆2个景点。

2000年，位于南湖路的南湖革命纪念馆

1959年，位于烟雨楼的南湖革命纪念馆

2010年，位于七一广场的南湖革命纪念馆内景

七一朝晖

月河寻踪

芦席汇

数百年小桥流水、粉墙黛瓦，述说着风雨飘摇的春秋史话。夜色降临，流水倒映月亮、星光，红红的灯笼，圆圆的拱桥，徘徊在美不胜收的月河历史街区，让人倒回时光，寻回古城历史的印迹。月河寻踪包括月河、芦席汇2个景点。

坛弄

20世纪80年代，外月河

月河寻踪

马家浜源

马家浜遗址

马家浜文化是长江中下游地区的新石器时代文化，以 1959 年发现的嘉兴马家浜遗址命名。马家浜文化表明太湖地区的新石器文化源远流长，自成体系，具有鲜明的地域特色，被誉为“江南文化之源”。马家浜源包括马家浜文化公园景点。

“江南文化之源”碑刻

马家浜民居

马家浜源

子城钟声

2010 年，天主教堂

子城是嘉兴建城的标志，遗存的城墙及谯楼于 1990 年重修，长约百米，城下置城门，上有垛口。子城西有清光绪二十九年（1903）开始建造的天主堂，号称中国第一天主大教堂，57 米高的钟楼曾是嘉兴标志性建筑，钟声回荡子城上空，中西合璧成为城中一景。子城钟声包括子城、天主堂 2 个景点。

20 世纪 70 年代，天主教堂内景

2008 年，子城内景

子城钟声

放鹤渔歌

西南湖

唐德宗时，鸳鸯湖中始建放鹤洲园林，明末重建。鸳鸯湖和放鹤洲及湖边真如寺、真如塔，是嘉兴著名风景区，清代渐渐衰落为村居和农田。新世纪在无名圩重建放鹤洲，有荷池、菱塘、果园，亭榭楼阁点缀其中，以静憩赏景为主体功能。放鹤渔歌包括放鹤洲、西南湖 2 个景点。

放鹤洲景

放鹤洲桥

放鹤渔歌

运河三塔

20 世纪初，三塔

西门外大运河边原有白龙潭，唐代有高僧运土填潭，建塔 3 座，后建寺。三塔和寺院独立运河拐弯处，与古运河相依相存，景色秀美，曾为嘉兴城标志建筑。运河三塔包括三塔、血印寺 2 个景点。

2010 年，血印寺

20 世纪初，血印柱

运河三塔

落帆夕照

20 世纪 30 年代，落帆亭

宋代以前，城北运河中就有杉青闸，河边建落帆亭，因帆船进城落帆实景得名。宋神宗熙宁初重建，历经扩建，成为著名园林落帆亭。2010 年，亭园重建，重现当年落帆夕照风光。落帆夕照包括落帆亭、杉青闸 2 个景点。

落帆亭

杉青闸百步桥

落帆夕照

范蠡泛舟

范蠡湖公园

相传范蠡和西施在越灭吴后，在湖边隐居得名。范蠡湖在唐代建城墙时，围在城中。湖边建西施妆台、范蠡祠，还有槜李园和金明寺，是一方幽静的园林。范蠡泛舟包括范蠡湖公园景点。

明代，金明寺碑刻

通越阁

范蠡泛舟

凌塘雅韵

凌公塘公园荷塘月色

新世纪新建的文化主题公园。拥有河滨绿地和历史人文景观，突出音乐主题特色，发挥水的生态特质，融入自然、主题、人文三大景观。是集市民健身休闲、度假旅游、文化娱乐等于一体的综合性公园。凌塘雅韵包括凌公塘文化主题公园景点。

凌公塘公园小景

凌公塘公园风情岛屿

凌塘雅韵

湘湖寺影

湘家荡位于南湖区东北部，是明代一方名胜。新世纪开始新建各项文化休闲旅游工程，打造成为统筹城乡综合配套改革的示范区、长三角现代服务业集聚区和江南水乡旅游休闲度假区。2002 年，千年古刹精严寺搬迁湖畔，古寺名湖相映成景。湘湖寺影包括湘家荡、精严寺 2 个景点。

湘家荡公园

1998 年，南湖南岸精严寺

2010 年，湘家荡精严寺

湘湖寺影

梅洲石佛

2005 年，三步二爿桥

石佛寺建于唐肃宗年间，寺院被小河环绕，地形宛如梅花，又名梅花洲，近年开发成旅游度假区。千年古银杏、三步二爿桥、冯氏古宅和新建亭阁园林、拱桥民宅，成为南湖区 AAAA 级景区。梅洲石佛包括石佛寺、梅花洲 2 个景点。

梅花洲门口

梅花洲

梅洲石佛

不忘初心 牢记使命

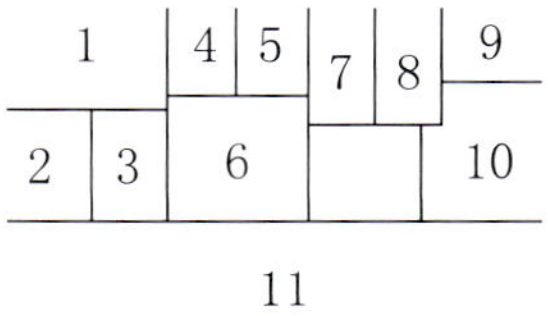

1. 韩鸣华制作的红船船模
2. 青云制作的博物馆收藏的提梁壶
3. 时良俊制作的黑陶作品
4. 童仁杰篆刻的南湖纪念馆收藏的作品
5. 童仁杰篆刻的军事博物馆收藏的作品
6. 非遗传承人冯嘉生为学生指导竹刻技艺
7. 韩海华的中国式掼牛
8. 程国华制作的龙凤花烛
9. 顾去宝泥塑作品双面蚕猫
10. 南湖船拳
11. 七星舞龙

南湖采菱

七星雪菜

新丰大头菜

余新白玉蜗牛

大桥中华鳖

大桥葡萄

净相槜李

凤桥荸荠

余新甜瓜

新篁茭白

新丰生姜

凤桥水蜜桃

新石器时代，崧泽文化葫芦形带孔流人首陶瓶

1		
2	3	6
4	5	

1. 新石器时代，马家浜文化兽面陶器耳
2. 新石器时代，崧泽文化塔式镂孔短流陶盉
3. 新石器时代，良渚文化双孔玉钺
4. 新石器时代，良渚文化黑陶鬶
5. 新石器时代，良渚文化方玉锥形器
6. 辽彩绘木雕观音立像

（嘉兴市博物馆馆藏）

明末，楷书七言诗扇面·黄媛介

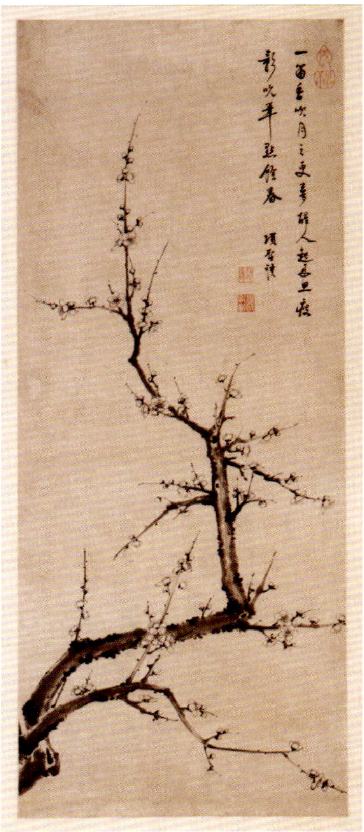

明墨梅图轴·项圣谟

1928 年，设色柳溪采菱图轴·郭兰祥

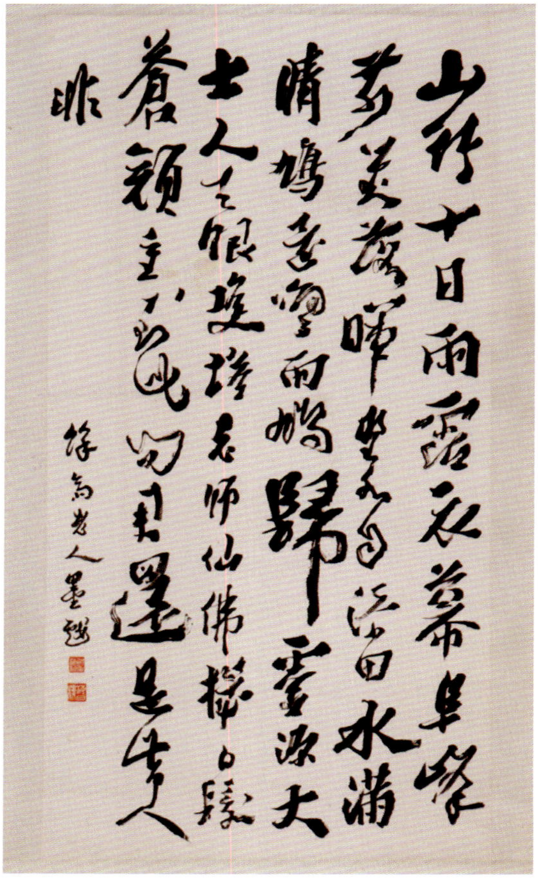

清行书中堂·沈曾植

明末清初，天香浓浸·柳如是

清光绪三十年（1904），设色老圃秋容图轴·蒲华

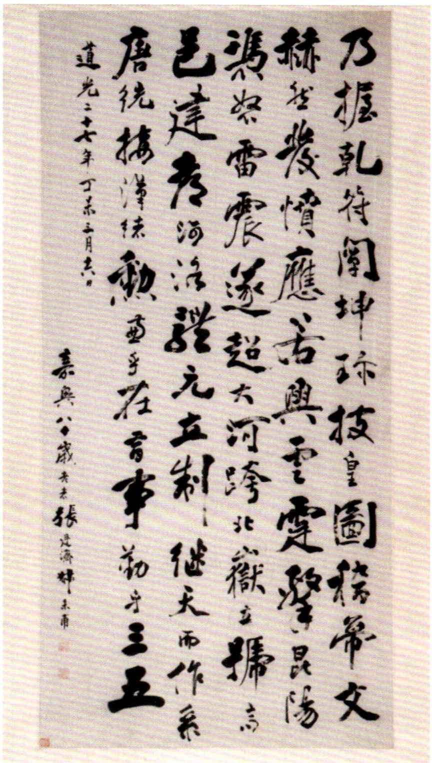

清道光二十七年（1847），行书大堂·张廷济

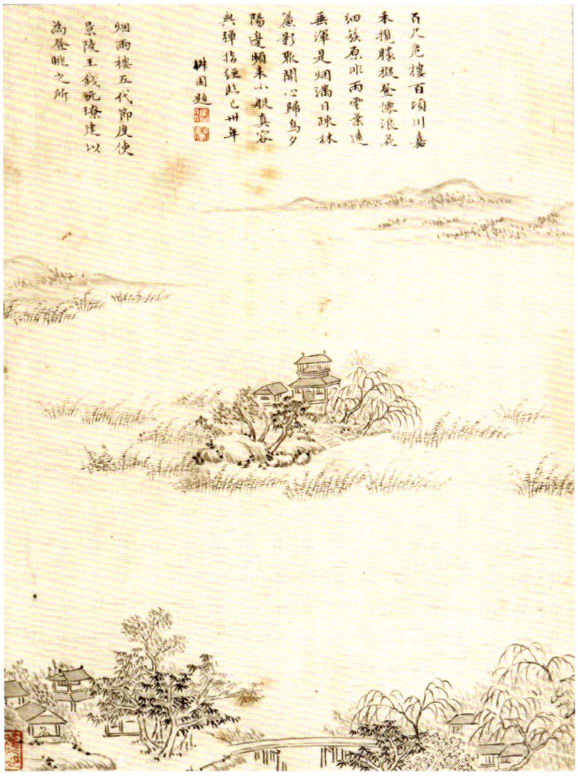

清嘉庆二十二年（1817），设色嘉禾十二景之南湖·沈穀

当代，文人画三塔·朱樵

2019年1月25日，《嘉兴市南湖区志》初审评审会专家、区领导、市、区史志办公室领导和区志编纂人员合影。前排专家从左到右：吴海红、赵鹏团、邱阳、杨金荣、潘捷军；区委常委、副区长谢国民、周春锋、郭杰光；后排从左到右：徐啸、许启炎、董雄、沈玉良、林汝平、李细怀、陈天传

2019年12月10日，《嘉兴市南湖区志》复审评审会专家、区领导、市、区史志办公室领导和区志编纂人员合影。前排专家从左到右：吴海红、邱阳、赵鹏团、杨金荣、周祝伟、王庆、郭杰光；后排从左到右：俞一清、董雄、程友杰、市委副秘书长、市档案局局长、馆长（地方志编纂室主任）刘松洁；区委常委蔡立新；市档案馆副馆长（地方志编纂室副主任）钟永春、林汝平、许启炎、徐啸、张卫琴

2020年8月6日，《嘉兴市南湖区志》终审评审会专家、区领导、区史志研究室领导和区志编纂人员合影。从左往右：《嘉兴市南湖区志》编辑徐啸；区档案馆副馆长林汝平；地方志专家邱阳；副区长俞益东；《嘉兴市南湖区志》主编董雄；区委副书记钱学勤；市档案馆副馆长（地方志编纂室副主任）钟永春；区政协副主席俞新华；区委办公室副主任、区档案局局长、馆长程友杰；《嘉兴市南湖区志》编辑张卫琴

序

金秋时节，喜读即将付梓出版的《嘉兴市南湖区志》，掩卷沉思，抚今追昔，感慨万千。这是我区地方志事业取得的丰硕成果，是50万南湖人民文化生活中的大喜事，也是区委、区政府实施文化大区建设的一个里程碑，必将在南湖区今后的历史长河中，持久地发挥“存史、资治、教化”等重要作用。

南湖区地处杭嘉湖平原腹心地带，是中国共产党的诞生地，7000多年马家浜文化发祥地，国家级历史文化名城嘉兴市的政治、经济、文化中心。年轻而古老的南湖区人杰地灵，物产丰饶，交通便捷，素有“鱼米之乡、丝绸之府”美誉。生息于这方土地的先民及其后来者，用杰出的智慧和勤劳的双手创造了可歌可泣的光辉业绩，孕育了彪炳千秋的文化。南湖区是浙江省重点商品粮产地和嘉兴市的主要蔬菜基地、工业基地、科技高地和商贸中心；区境民风淳朴，耕读传家，慈孝文化源远流长；境内名胜古迹遍布，历史文物众多，现代文化设施功能完备……所有这一切，都为《嘉兴市南湖区志》的编纂提供了丰富详实的素材资料。

南湖区建区以来，历届中共南湖区委、区政府励精图治，带领全区人民和衷共济，共同奋斗，在426平方千米的舞台上，奏响了一曲又一曲时代凯歌，创造了一个又一个丰硕成果。如今南湖区城乡面貌日新月异；经济发展迅速，总量逐年扩大；产业层次节节提高，文化事业日益繁荣；社会稳定文明，人民生活富裕，各项社会事业协调发展，是一方美丽富饶，开放文明的家园。

嘉兴历来有编修地方志的优良文化传统，境内有历代的嘉兴府志、县志几十种。20世纪80年代中期开始，嘉兴市及各县掀起编修地方志的热潮，作为嘉兴市主城区，南湖区委、区政府在2010年决定编修《嘉兴市南湖区志》。参加区志编纂的同志以马克思列宁主义、毛泽东思想、邓小平理论、“三个代表”重要思想、科学发展观、习近平新时代中国特色社会主义思想为指导，运用辩证唯物主义和历史唯物主义的观点和方法，坚持据实直书、详今明古的原则，广征博采，精雕细琢，全面、客观、系统地记述南湖区地域内自然、经济、政治、文化和社会发展的历史与现状。经市、区有关领导、专家学者、社会贤达审定，终成今日之《嘉兴市南湖区志》。

鉴昔方知今，继往为开来。习近平总书记说过；“历史是最好的教科书。学习党史、国史，是坚持和发展中国特色社会主义、把党和国家各项事业继续推向前进的必修课。”地方志是国史的重要支撑，新编的《嘉兴市南湖区志》，上溯事物发端，下迄2010年，详述南湖区自然、经济、政治、军事、文化、社会风尚等自然变化和社会发展的重要史实。志书地域特色、时代特征明显，内容翔实，编排系统，体例完备，是一部融资料性与可读性于一体的南湖区本土历史的宏篇巨著和信息宝库。《嘉兴市南湖区志》是今后我们制定地方经济社会发展战略，进行科学决策的可靠依据；是树立社会主义核心价值观，弘扬地方人文精神，对广大人民群众，特别是青少年进行爱国主义和革命传统教育的生动的乡土教材；是惠及子孙万代的宝贵文化财富。同时为南湖区各级干部，社会各界人士以及全区人民，提供了一条了解南湖区历史的捷径，一面可用借鉴的时代明镜。

盛世修志，功在当代，利在千秋。编纂《嘉兴市南湖区志》是一项艰苦浩繁的系统工程，历三届政府，十度寒暑，数易其稿，得以成书。值此《嘉兴市南湖区志》即将出版之时，我们代表区委、区政府，特向主编董雄及《南湖区志》编辑部的全体人员表示衷心感谢和热烈祝贺！向指导、支持、帮助本志编修的浙江省地方志办公室、嘉兴市地方志编纂室的领导、专家、方志界前辈，致以诚挚的谢意！同时也向所有关心、帮助《嘉兴市南湖区志》编纂的各界人士表示真诚的感谢。

我们愿和全区人民一起，以“志”为鉴，认识过去，研究区情，服务现实，开创未来，为建设一个富裕、美丽、文明、自信的现代化田园城区而努力，共同谱写新南湖的辉煌篇章。

中共嘉兴市南湖区委书记

嘉兴市南湖区人民政府区长

2020年10月8日

凡 例

一、本志定名《嘉兴市南湖区志》，乃是以嘉兴市南湖区命名的第一部地方志书。

二、本志以马克思列宁主义、毛泽东思想、邓小平理论、"三个代表"重要思想、科学发展观、习近平新时代中国特色社会主义思想为指导，坚持辩证唯物主义和历史唯物主义的立场、观点和方法，全面、客观、系统地记述南湖区地域内自然、政治、经济、文化和社会各方面发展变化的历程。

三、本志记述时限，上限追溯至事物起源，下限截至2010年12月31日。为体现志书的连续性，本志附有2011—2017年的南湖区大事记，以与《南湖年鉴》出版年份相接。

四、本志记述的空间范围为2010年底嘉兴市南湖区行政区域全境。

五、本志内容以南湖区级层面为主，兼及各镇、街道。考虑到市与区的紧密关系和属地管理的特殊性，区志记述和体现了区域内省、市级部门管辖的部分工作和业绩，以及省、市属部分企事业单位的相关内容。

六、本志采用记叙文体，述而不论，使用现代汉语（引用原文除外），除人名、地名等专用指称外，均使用规范简化汉字。

七、本志为篇章节目体，以大事记为经，以各专志为纬，组成总体基本结构。专志部分一般设篇、章、节、目，部分目下设子目，以目和子目为基本记述单元。

八、本志运用述、记、志、传、图、表、录等体裁进行综合记述，以志体为主。前设总述、大事记，随后列专志39篇，志末设附录和后记等，卷首置地图和彩色照片，其他照片和图表随文设置。

九、本志历史纪年及特殊时间节点，1911年前用历史纪年，注公元纪年；1912年后以公元纪年，以阿拉伯数字书写。本志所记年代，未标明世纪的指20世纪。本志中的解放后指1949年5月7日嘉兴解放后；新中国成立后指1949年10月1日中华人民共和国成立后；"文化大革命"期间指1966年至1976年；改革开放后指1978年12月18日中国共产党十一届三中全会召开后。

十、计量单位及符号采用中华人民共和国法定计量单位书写。凡历史计量沿用旧制不再换算。统计数据以区以及市统计部门提供为准，缺项部分采用主管部门统计数字。建区前的数据以嘉兴县及县级嘉兴市区域为主，不再拆分；建区后部分数据两个区不能拆分的，加注市本级。

十一、本志行文中有些名称和词语需多次提及的，第一次出现时用全称或全名，其后用简称或简写，如"中国共产党"简称"中共"；"中华民国"简称"民国"；"中华人民共和国成立后"简称"新中国成立后"。

十二、本志区域称谓：古代至1983年7月，按嘉兴县（市）建置冠名；建区后，1983年8月至1993年12月名嘉兴市城区，1993年12月至2005年5月更名秀城区；2005年5月更名南湖区。为记述统一，以"区"称谓，一般不再区分。志书中凡“省”“市”“区”称谓分别指浙江省、嘉兴市、南湖区。凡未冠属地的街道、乡镇，均为境内乡镇。

十三、古地名皆用当时名称，必要时注现地名；现地名以嘉兴市政府命名、更名的标准地名为准。

十四、不同时期的地方、团体、机构、职务等名称，均用当时名称。历史朝代名称使用规范的通称，以新版《现代汉语词典》附录的中国历代纪元表为准。

十五、本志资料主要有各供稿单位提供，源于文书档案、地方志、公开出版的书籍、报刊等，经考证后载入。如特殊需要外，一般图表资料不注明出处。撰稿人和提供资料者在本志后统一署名。

十六、本志人物记述坚持“生不立传”原则，记述2010年前已故人物，以出生年月先后次序排列。

十七、本志地图采用测绘行政主管部门审核的地图，民国以前的老地图由收藏者提供。

十八、本志照片一般由职能部门和《南湖区志》编辑部提供，以报刊书籍公开出版和展出的照片为主采用。提供和拍摄者在本志后统一署名。

总目录

上　册

中　册

下　册

上册目录

第五篇　生态与环境保护

第六篇　南　湖

第七篇　嘉兴古城

第八篇　城乡建设

第九篇　开放　开发

第十篇　镇　街道

总　述

嘉兴市南湖区位于长三角杭嘉湖平原腹心地带，是中国共产党的诞生地，马家浜文化的发源地，国家级历史文化名城嘉兴市的政治、经济、文化中心，中共嘉兴市委、嘉兴市人民政府所在地。1983年8月，嘉兴撤地建市，新建嘉兴市城区。1993年12月，城区更名为秀城区，以嘉兴在宋代称秀州城的简称而得名。2005年5月，秀城区更名为南湖区，以中国共产党的诞生地南湖得名。

南湖区建区以来先后荣获全国绿化达标先进县（区）、国家卫生城市、全国城市计划生育工作先进城区、全国计划生育优质服务先进县（市、区）、全国科技进步先进县、全国农村社区建设实验全覆盖示范单位等国家级荣誉称号。

一

区境地处浙江省东北部，处东经120°38′51″～120°58′46″、北纬30°36′20″～30°50′39″之间，东与平湖市相邻，南与海盐县相连，西北与秀洲区毗邻，东北与嘉善县接壤。东西长31.75千米，南北长26.51千米。1983年8月，建区时面积150平方千米，辖6个街道、5个公社。2000年6月区行政区划调整，总面积425.83平方千米，辖5个街道、4个镇、5个乡。后乡镇、街道历经区划调整。至2010年，辖新丰、余新、凤桥、大桥、七星5个镇，68个村；东栅、建设、新兴、新嘉、解放、南湖、城南、长水8个街道、71个社区。全区总人口473567人，人口密度为每平方千米1112人。区人民政府驻地凌公塘路1260号。

区境地处太湖流域富庶的平原地区，自然条件优越，为亚热带湿润区，属典型季风气候。年平均气温15.9℃，年无霜期230天左右，年10℃以上积温5000余℃，年平均日照时数2007～2179小时，四季分明，水热同步，光热同季，有水旱灾、台风等自然灾害。

区境属于第四纪沉积，土质肥沃，90%以上为优质土壤，有利于工农业生产和基本建设。全区年平均降水量1185.2毫米，多年平均河水径流量1.88亿立方米，多年平均浅层地下水资源量0.83亿立方米。境内湖漾串连，八大河流汇聚环城河，河网稠密，河道总长1595.55千米，水源丰足，河湖面积占陆地总面积的10.38%。

南湖区交通发达，是国内最早建有运河、公路、铁路、高速公路和高铁的地区之一。水路有京杭大运河，杭申甲、乙线，角平申线等主航道；公路有320国道、07省道以及市、区级公路。境内G15沈海高速、G60沪昆高速、S11乍嘉苏高速、S7杭州湾北岸连接线等高速公路和沪杭铁路、高速铁路纵横交错，构成区境铁路、公路、内河航运多位一体的运输网络。境内设有5个高速公路出入口，建有嘉兴火车站、高铁嘉兴南站，嘉兴汽车客运中心和汽车北站；距离上海和杭州的飞机场均约80千米，便捷的交通使南湖区与上海、杭州犹如同城。

区境经济发达，是嘉兴市重要的工业基地、科技研发基地和农业发达区域，中国科学院嘉兴应用技术研究与转化中心、中国电器科学研究院华东分院、浙江清华长三角研究院等一些全国知名的科研院所落户南湖区，境内有国际商务区、嘉兴工业园区、嘉兴国家农业科技园区、嘉兴科技城、嘉兴特钢新城等省级以上开发区。有嘉兴学院、同济大学浙江学院等高等院校。建区以来，全区经济健康快速发展，人民生活日益富裕。2010年，实现地区生产总值214.60亿元(财政口径，下同)，人均生产总值65456元；第一产业增加值12.61亿元，第二产业增加值104.37亿元，第三产业增加值97.63亿元，三次产业结构为5.9:48.6:45.5；完成全社会固定资产投资200.12亿元。财政一般预算收入34.20亿元，其中区级地方财政收入14.19亿元。

二

境内人民具有可歌可泣的抗击外来侵略和御侮斗争的英勇传统。明代倭寇侵扰，军民进行了壮烈的抗击；清顺治二年(1645)闰六月六日，嘉兴军民万余人起兵抗清；咸丰十年(1860)6月15日，太平天国攻占嘉兴，4年后太平军保卫古城，两次激战，惨烈空前；近代各次反帝反封建斗争中，境内人民每次走在前列。辛亥革命，革命志士前赴后继，夺取政权；抗日战争，同仇敌忾，勇猛杀敌寇，浴血保家乡，坚持到抗日战争最后胜利。

1921年8月初，中国共产党第一次全国代表大会从上海转移到嘉兴，毛泽东、董必武等11位代表在南湖的一艘游船上完成了最后的议程，会议审议通过了中国共产党第一个纲领和中国共产党第一个决议，选举产生了党的全国领导机构，庄严宣告中国共产党成立，中国革命的航船从这里起航。这是开天辟地的大事变，从此，中国共产党带领全国人民进行不屈不挠的英勇斗争。境内是中共嘉兴地方组织较早开展活动的地区之一。1925年3月，建立中国共产党嘉兴独立支部。1927年9月，中共嘉兴县委成立，在嘉禾布厂等企业建立党组织。在大革命、土地革命、抗日战争和解放战争艰难困苦的环境中，境内中共党组织发动和依靠群众为推翻旧政权，励精图治，做出了卓越贡献，直至建立革命武装，迎接嘉兴解放。

1959年年初，中共嘉兴县委筹建南湖革命纪念馆，并仿制中共一大开会所用的游船，于国庆10周年下水，供游人瞻仰。1959年10月1日，南湖革命纪念馆在烟雨楼建立，对外开放，陈列展出中共一大纪念船和中共一大史料 。1990年6月，全市广泛开展“我为南湖增光辉”活动，南湖儿女在南湖东岸集资新建南湖革命纪念馆。2007年3月5日，在南湖南岸开工建设南湖革命纪念馆新馆和七一广场。 嘉兴南湖作为党的诞生地，南湖红船受到了全国党员干部和人民群众热爱、敬仰。1964年4月5日，中共一大代表、中共中央政治局委员、中华人民共和国副主席董必武重访南湖。1985年9月26日，中共中央政治局常委、中央军委主席、中央顾问委员会主任邓小平为南湖革命纪念馆题写馆名。1991年7月8日，中共中央总书记、中央军委主席江泽民瞻仰红船，视察南湖。2001年5月2日，中共中央政治局常委、国家副主席、中央军委副主席胡锦涛视察南湖，瞻仰红船，出席“党在我心中”南湖红船圣地行活动启动仪式。2002年10月，浙江省委书记习近平到南湖瞻仰红船，2005年春节后率领浙江省委理论学习中心组成员到南湖瞻仰红船。2007年7月22日，上海市委书记习近平率上海党政领导瞻仰红船。新中国成立以来，有90多位党和国家领导人视察南湖，瞻仰红船。

2005年1月起，秀城区委、区政府在全区开展“弘扬红船精神，永葆先锋本色”的主题教育实践活动，开展以“精神传承、思想升华”为主要内容的“红船精神”大讨论活动。“红船精神”大讨论先后引起嘉兴市委、浙江省委的高度重视，浙江省委书记习近平对这一活动给予充分肯定。同年6月21日，习近平在《光明日报》发表署名文章《弘扬“红船精神”，走在时代前列》，阐述了“红船精神”的历史及现实意义，并对“红船精神”的内涵进行概括和论述，认为“开天辟地、敢为人先的首创精神，坚定理想、百折不挠的奋斗精神，立党为公、忠诚为民的奉献精神，是中国革命精神之源，也是‘红船精神’的深刻内涵”。

6月28日，中共嘉兴市委发出通知，要求全市上下认真学习省委书记习近平重要文章，深刻理解“红船精神”的丰富内涵，充分认识“红船精神”的重大意义，深刻领会、大力弘扬、自觉实践“红船精神”，以“红船精神”为强大动力，扎实推进经济社会发展，南湖区上下形成学习弘扬“红船精神”争当时代先锋的热潮。2010年，南湖区积极参与全市开展的“红船先锋”创先争优活动，全市1.27万个基层党组织、21.67万名共产党员参加活动。2010年11月26日，南湖区成立全国首家嘉兴南湖红船精神研究会，组织会员开展多种形式理论和实践的调查研究，深入学习、探讨，广泛宣传、践行“红船精神”。

嘉兴南湖、南湖红船以独特的政治地位和红色基因，发挥“鉴往知来，以史育人”的重要功能，成为全国党员干部、人民群众重温党的光辉历史，学习党的优良传统，激励人们为党和人民事业努力奋斗的红色教育基地，每年都有成千上万的中共党员在革命红船旁重温入党誓言，吸引着上百万人民群众到南湖，瞻仰南湖红船。

三

区境历史源远流长。1959年，境内马家浜村考古发现证明，早在7000多年前，就有先民在此居住繁衍。马家浜文化是长江下游太湖地区已发现的最早的新石器文化，成为江南文化之源。春秋末，吴越在境内争雄称霸，槜李之战，载入同时代的孔子所作的《春秋》中。吴风越韵的传统以及伍子胥、范蠡和西施的故事流传至今。槜李、长水成为境内最早的区域地名。

南湖区是嘉兴千年古城所在地。相传周敬王十年（前510）置长水县，秦始皇三十七年（前210），秦始皇将长水改名由拳县。吴黄龙三年（231），改由拳县为禾兴县，传同年建子城，是境内建城之始。吴赤乌五年（242），禾兴县更名嘉兴县，嘉兴之名由此而始。

在晋至隋唐五六百年中，嘉兴县未建大城，但经济逐步繁荣，文化发达，居民渐多，两岸官署、寺庙、商肆、歌楼齐全。隋朝开通的大运河依子城而过，嘉兴成为大运河沿线的重要节点，促进境内大规模的农业开发，农桑兴盛，城市繁华，政治经济地位迅速提高。唐文德元年（888）嘉兴筑外城，到唐末时，嘉兴已形成相当规模的城市。五代时期，嘉兴成为吴越国首都杭州东北的政治、经济、军事重镇。后唐同光二年（924）吴越国在嘉兴设开元府，后晋天福五年（940）建秀州，行政机构的升级，促进嘉兴城内贸易繁荣，建造的园林、巨宅、寺庙连绵不绝。南宋时嘉兴作为首都临安的外围城市，北方人口纷纷南渡定居嘉兴。出生在嘉兴的宋孝宗执政后，作为“龙兴之地”的嘉兴地位提高，规模扩大，设施完备，手工业、商业更加发达，文化昌盛。明宣德五年（1430），嘉兴县分设嘉兴、秀水、嘉善3县，嘉兴府、嘉兴县、秀水县，府县官署同在嘉兴城内。嘉兴县辖区与今南湖区辖区大体相仿。明代中期，商品经济的发展，特别是丝绸贸易的兴盛，城市又趋繁华，南湖烟雨楼前画舫歌伎昼夜不绝。商业区和住宅区不断向城外拓展，城内外有24坊、37巷，城内人口4万人以上，被称为“泽国之雄，江东一大都会”。明清两朝嘉兴一直是浙北重镇，为“国家财赋”之区，以粮食丝绸集中产地蜚声中外。明清时嘉兴古城府衙高悬“浙西首藩”的匾额，正是境内古城历史地位的真实写照。

嘉兴古城，历经沧桑，城市建筑屡灭屡兴，名胜古迹几度兴废。到解放时，全城除几座清末的教堂、寺庙、残塔以及破旧民居外，基本没有古代、近代建筑。1951年9月建国路改建为第一条水泥路，1956年新建勤俭路成为全省县城中最宽的道路，之后城市建设稳步发展。嘉兴撤地建市后，拓宽中山路，被誉为“浙江第一路”。20世纪90年代开始，嘉兴城市建设以前所未有的速度发生着巨变。1998年，创下了旧城街巷改造，房屋拆迁量、以及道路桥梁建设等一系列嘉兴城建史上工程数量的历史之最。21世纪后，嘉兴的城市发展，道路、商厦、住宅区建设再创历史新高，展示着新世纪嘉兴城市建设的新腾飞。

昔日一条条狭窄不平的街巷被拓展建设成通衢大道，相继改建环城路、中山路、城南路、甪里街、建国路、解放路等道路;先后新建中环南路、中环东路、南湖大道、嘉杭大道、凌公塘路、纺工路、东升路等几十条道路,共同构筑起市区“三横三纵三环四放射”的大交通网络。1978年嘉兴建成区面积7.7平方千米,1990年14.7平方千米,到2010年城市建成区85.11平方千米,比解放时的2.87平方千米扩大了29.65倍。一个现代化、绿色生态园林城市在大运河畔重新崛起。

境内吴黄龙三年(231)创建城池。清乾隆四十四年(1779)以来,古城一直是历代县、州、路、府以及专署、专区和市的驻地。1983年,以古城为中心建立嘉兴市城区时,面积150平方千米,历经1994年11月开始的6年市、区合署办公,2000年6月29日区政府按实运作,市本级行政区域调整,辖区面积成倍扩大。区委、区政府依靠嘉兴主城区的优势,领导全区人民,解放思想,大胆创新,踏实苦干,积极奉献,全区经济和社会各项建设突飞猛进,社会各项事业全面繁荣,人民生活水平和文明程度不断提高。南湖区借嘉兴城市“东进南移”的东风,快步进入新南湖时代,城乡大地新建筑、新道路、新住宅区、生态公园如雨后春笋般涌现,经济社会和民生各项事业欣欣向荣。

四

区境是中国最早种植水稻的地区之一。三国时吴国在境内开发农桑;唐大理评事朱自勉到嘉兴主持屯田,兴修水利,开拓农田,大获丰收。境内为屯田中心,成为著名的农业基地,留有雀幕桥、高丰庙和高丰屯等古迹和传说。南宋时,粮食一年两熟,蚕桑渔牧共同发展。明代后,构成粮、蚕、畜、渔良性生态循环。水稻亩产300公斤左右,桑林遍野,蚕丝成市,以“鱼米之乡、丝绸之府”著称于世。

近代以来,战乱灾荒频发,农村凋零,农业衰败。解放后,进行土地制度改革,实行农业社会主义改造,建立人民公社,农业连年丰收。改革开放以来,深入开展农村经济体制改革,农村生产力获得解放。1983年建区后,以城郊农业为特色,粮食年产在8.5万吨左右,人均提供商品粮570公斤,居全省首位。全区调整种植结构,优化农业品种,发挥各乡、村的特色,不断加大“菜篮子”基地建设,蔬菜供应实现均衡上市。1991年,全区耕地面积13.42万亩,粮食总产量8.9576万吨,基地蔬菜总产量1.45万吨,水果总产量1021吨,被省政府命名为粮食生产先进区。2000年区划调整后,全区耕地面积增至35.25万亩。全区农村普遍实行以家庭联产承包为主的责任制,建立和逐步完善统分结合的双层经营体制。在基本稳定粮食生产的前提下,调整产业结构,发展多种经营,发展规模农业、效益农业,启动建设“万元千斤”农作制度创新模式。1995年粮经面积比81∶19,2010年为55∶45。区粮食作物以水稻、大小麦为主,主要经济作物有油菜、蔬菜、甘蔗、水果和瓜类等;畜牧业以生猪、羊、兔、家禽为主。渔业以淡水养殖为主;特种水产有中华鳖、河蟹、白玉蜗牛、青虾、南美白对虾、罗氏沼虾、太湖白鱼等。

全区农业生产条件不断改善,农业生产能力稳步增强。全面推行农业电气化,推广农业机械,全程农机化综合水平达到74.2%。普遍采用和推广农作物优良品种,农业获得大发展,粮食产量大幅度增长,农林牧渔全面兴旺。至2010年,全区耕地面积34.66万亩,粮食总产量14.1639万吨,油菜产量4647吨,蔬菜产量278849吨,水果产量4.4462万吨,生猪存栏数71.05万头,家禽存栏数170.20万羽,农业总产值32.18亿元。全区成功创建国家农业科技园区,有3个现代农业综合区、5个主导产业示范区,13个特色农业精品园区列入省级创建点,全区累计有55个农产品获农业部无公害农产品认证。

境内手工业历来发达,宋时纺织、丝绸产品享誉吴中,“丝绸之府”嘉兴驰名天下,嘉兴的百工技艺与苏杭相当,明代嘉兴的漆器、铸铁、榨油、铜锡器及竹木制品等都已形成规模生产并汇集于专业市镇。元明两代,本地所产的工艺品精美绝伦,行销南北,远舶海外。

境内近代工业开创于19世纪末。清宣统二年(1910)嘉兴创建电灯公司,首次使用电力。20世纪20年代，陆续兴建碾米厂、布厂、缫丝厂、绢纺厂、造纸厂等企业，现代工业渐具规模。抗日战争时期，被日本侵略军侵吞破坏，抗日战争胜利后元气尚未恢复。民丰纸厂、绢纺厂等老厂勉强维持到解放。1949年年末，嘉兴县工业总产值为2988万元，全县仅有食品、纺织、造纸、建材、机械、电力6个行业的几十家中小工厂和作坊。

解放后，境内大力发展国营工业，对私营工商业进行社会主义改造，创办一批新兴工业。改革开放初期，深入进行企业经济体制改革，不断进行技术改造，调整结构，增强活力，工业生产发生巨变。境内已建立以轻纺工业为主体，轻重工业结构比较合理，行业门类比较齐全，具有相当生产规模和较高技术能力的工业体系，工业经济总量大幅度增长，成为计划经济时代浙江省工业基地之一。

1983年建区时，没有区属现代工业，只有几十家乡镇、街道企业。经过全区上下励精图治，千方百计，艰苦创业，先后创办起1500多家工商企业。1990年后，全区工业以外向型经济为龙头，拓展外向，以外促内，引进先进设备、先进的管理和科技，先后创办84家三资企业，改造一批乡镇、街道企业，崛起一批有特色、高科技、上规模的支柱产业，全区开始摆脱产品低档次、企业小规模的状态，形成以纺织、服装、食品、化工为主的多行业综合结构的工业格局。

2000年区域调整后，区政府实施“工业立区”战略，进一步营造合力兴工的发展氛围，工业发展提质扩量。全区深化企业经济体制改革和大力招商引资，不断进行技术改造，调整结构，增强活力，工业生产发生巨变。电子通讯设备、精细化工、高效节能设备、环保设备、冰箱压缩机等新行业、新材料、新产品陆续涌现，为工业发展增添了后劲。全区工业集群加速发展，形成以化工、通讯电子、纺织、服装、机电、化纤、冶炼为主的具有相当生产规模和较高技术能力的工业体系。至2010年，全区拥有省级工业园区1个，工业功能区5个，创业中心5个。培育各类名(优)牌产品32个，培育各类著名商标54件。形成以中华集团为龙头的香精香料，以闻泰通讯为龙头的通信电子，以敏惠汽配为龙头的汽配机电，以东方特钢为龙头的特钢新城四大百亿产业集群，工业经济总量大幅度增长。2010年，年销售收入500万元以上的工业企业575家，实现规模以上企业工业总产值609.68亿元(属地)，规模以上企业工业利税总额22亿元，完成工业总产值172.9亿元。

五

区境汉代以来就有商贸往来，晋时商业发达。隋唐贸易沟通海外，北宋时，城中市肆荟萃，贸易兴旺。明代中期，城中集街以及南门城外至东门的街道上百业杂陈，市肆繁盛。境内市镇大批兴起，商品交换频繁。清代至民国，嘉兴城外商市相联，城内街市热闹，趁集者列肆市中，昼夜不已。嘉兴成为区域性商业中心城市和浙北商品集散中心。1949年统计，嘉兴县城有商户近2000家，有行业97个，摊贩1500余家。

解放后，商贸企业经过社会主义改造，逐步成为国营和集体商业的组成部分，为社会主义建设和人民生活服务，健康稳定发展。改革开放后，商业服务业日益繁荣，商贸市场陆续扩展，新的商业街市不断增加。建区时，区属第三产业基础相当薄弱，仅有31家小商业企业。区委、区政府坚持依托区域优势，在“工贸并举”的经济工作方针指导下，多轮驱动，全面开花。1988年开始，发动各部门、各街道、居委会兴办三产，创办嘉兴小商品市场、秀州商城以及中山饭店等大型商贸企业，到处新办各类便民利民的小商店、饮食店。仅商业局系统一年内新办企业49家，年销售额增加2.3倍，实现区第三产业的第一次飞跃。1991年，社会商品零售总额14773万元。

2000年区域调整后，加大三产推进力度，出台三产发展纲要，提出“商贸活区”战略，促进第三产业蓬勃发展。商贸业态向旅游、房地产、信息、社区服务等新兴产业拓展，连锁店、超市等新型商贸企业开始入驻。市区形成以中山路为轴线的商业区，沿线有惠肯酒店、江南大厦、华联商厦、国贸大厦、杭百大购物中心等。境内春波坊仿古商业街建成营业，嘉禾北京城、苏宁电器、永乐家电、国美电器等大型商贸企业相继开业，还有建国路服装街、斜西街金融街、紫阳街小吃街、勤俭路夜市、秀州路小商品街、北京路副食品街等商业街区，建有生产资料、农副产品、蔬菜等专业市场。家乐福、欧尚超市、红星美凯龙等一批知名企业入驻，万好家居、嘉兴国际电气城、中国节能环保商贸城、天德·嘉兴汽配城等专业市场先后建成开业。至2010年，中心城区形成以江南大厦、戴梦得购物中心为核心的商业区，建成月河街区、梅湾街区、建国路步行街、少年路服饰街、春波坊等特色商业街区；市城副中心形成以国际中港城购物广场、各专业市场为龙头的新兴商业区。全区全社会消费品零售总额由2005年的74.17亿元增加到2010年的159.21亿元。

境内的房地产综合开发从1991年开始全面起步，当年新开工商品房5600平方米。2010年，商品房竣工71万平方米，预售82万平方米，销售55万平方米，建成万家花园、巴黎都市、澳洲花园、格林小镇、罗马都市等一大批楼盘。2001年，全区15家建筑企业中，没有一家一级专业和施工总承包资质。2008年，浙江协和建设有限公司获得区第一家建筑施工总承包一级资质，到2010年，有12家建筑企业达到这一资质，全区建筑施工企业有88家，实现建筑业总产值66亿元。

全区旅游业从无到有，进入21世纪后蓬勃发展。2010年年末，全区有国际旅行社1家，国内旅社行27家,星级旅行社5家；境内拥有南湖、湘家荡、月河街区、梅花洲等国家级旅游景区（点）6处，全年旅游总人数308.98万人次，旅游总收入26.76亿元。

区境对外经济交往历史悠久，唐宋元及清代前期对外贸易兴盛。解放后，对外经济贸易得到恢复和发展。建区以来大力执行改革开放的基本方针，扩大对外经贸，引进外资，发展外向型经济。1985年起，国家先后批准嘉兴市列入长江三角洲经济开放区，区内所有建制镇都是对外开放的重点工业卫星镇，实行发展外经贸的一系列政策和措施，对外经贸成效明显，进出口总额由2005年的34312万美元增加到2010年的131328万美元。

六

境内古代教育发达，官学、书院、私塾众多，尤其在明清时期，科举出身的士人车载斗量。明清时嘉兴出状元2名，榜眼3名，探花1名，进士337名，有“人文之邦”的美誉。清末现代教育兴起，区境办学走在全国前列。清光绪二十六年（1900）首创新式小学，二十七年（1901）始办嘉兴府中学堂、秀州书院等新式中学，此后数十年间，学校广布城乡，普及面广，名校多，女学多，教会学校多。嘉兴府学堂（省立第二中学）、秀州中学等均以办学认真知名全国，培养了大批杰出人才。

解放以来，大力发展人民教育事业，普及小学教育，发展中学教育，推广职工技术教育，兴办成人教育和学前教育，创办高等学校。建区第三年，全区普及初等教育，全面实施九年制义务教育，学生入学率和巩固率均达到100%。1993年，通过省“两基”评估验收，为全省首批实现“两基”的县（市、区）。1995年，嘉兴市21世纪外国语学校建成开学。1998年，嘉兴市第一所国有民办实行小班化教学寄宿制的南湖国际实验学校建成招生。2004年，嘉兴高中园区在南湖新区建成，内有嘉兴四中、市建筑工业学校等4所高级中学。全区各乡（镇）、街道成人文化技术学校规范化建设快速、均衡发展。2004年，获得省教育强区称号。2006年后，先后对在城乡义务教育阶段学校就读的本地户籍学生和外来务工人员子女全部免收杂费、教科书费和作业本费。2010年，全区有普通中学21所，小学30所，成人学校6所，幼儿园51所，各类教职员工4886人。嘉兴学院、同济大学浙江学院等4所高等学校办在境内。

解放后，境内的科学技术工作得到重视，“科技兴市”取得各方面的共识，科技队伍不断壮大。建区后，确立“科教兴区”战略，高度重视科学技术和教育工作，坚持发展各类教育，全面推进素质教育，重视人才开发和引进，加快科技兴工、科技兴农步伐，提高科技创新水平，为全区的科技发展打下良好的基础。2000年后，南湖区成为浙江科技创新副中心核心区。2001年，被科技部列为首批国家农业科技园区（试点）。2003年新建嘉兴科技城，引进浙江清华长三角研究院，以浙江清华长三角研究院、浙江中科院应用技术研究院两大核心，建设软件园、芯片园、生物园、材料园、通讯园、装备园六大园区。2005年，获得省首批、市首家浙江省科技强县（市、区）称号，连续两次被评为全国科技进步先进区。2010年，全区建有国家级、省级孵化器3家，新认定国家高新技术企业10家。1991—2000年，实施各类科技项目253项，其中国家级8项、省级20项。2001—2010年，市级以上科技项目共立项853项，其中国家级科技项目59项、省级项目391项。

区境地处江浙沪交会区域，传承着吴风越韵的风采，受吴越文化、运河文化以及近代海派文化的影响，历代文学艺术繁荣发达，学术著述宏富绵延，学者、文学家、艺术家层出不穷，诗歌、绘画等风格明秀绮丽，自成流派。据清代《槜李诗系》等记载，在清乾隆以前，境内有诗人和诗歌作者2000余人，留传诗文不知其数。与此同时，民间文艺活动丰富多彩，民俗艺术绚丽精美，现代新文化运动风起云涌。解放以来，境内文艺界焕发青春，文艺创作活动频繁，文艺社团健全，产生了一些全国知名的作家和作品。文化事业有了很大发展，广播电台、电视台和图书馆、博物馆、群众文化艺术馆、大剧院在境内先后建立。

建区后，建立自下而上的文化工作网络，开展形式多样的群众文化活动。2005年12月，被省政府授予浙江省文化先进区称号。2010年，区文化馆和图书馆，各镇、街道的文化站，全部获市以上东海文化明珠工程，所有乡镇村（社区）文化活动中心（室）的建筑面积达标率100%，其中全区省级文化示范村（社区）4个。全区镇级图书馆分馆建设面100%，藏书约16.95万册。其中大桥镇图书馆为嘉兴市本级乡镇中面积最大、藏书最多的镇级图书馆。

群众性文艺活动持续经常，百花争艳。2003年3月，区举办首届“南湖之春”文化经贸活动。2003年，创办首届南湖合唱节，此后每年举办，首创城乡文化结对交流和城乡文体十大联赛、睦邻节、读书月等群众文化活动，其中“一镇（街道）一品”等特色文化创建有声有色。校园文化艺术节、萌芽杯少儿书画比赛等艺术活动已形成品牌。1989年以来，重点培育了具有各镇、街道特色的“渔里之谣”“桃花观赏”“湘湖文化”“汉塘文化”“葡萄文化”“月河之韵”等文化节。至2010年，全区群众文体团队从1993年的33支发展到490支。地方特色的民间艺术有“踏白船”“舞龙”“竹刻”等。南湖区被中国合唱协会授予“中国合唱协会（南湖）合唱基地”。

20世纪90年代，境内《嘉兴日报》发刊，有线广播电视通往城乡家家户户。全区开展非物质文化遗产保护工作，嘉兴掼牛、三塔踏白船、凤桥竹刻、南湖船拳、余新蚕猫、大曹王庙会、南湖采菱歌等15个项目被列入市级以上非物质文化遗产名录。体育事业健康快速发展，境内建有体育馆、体育中心、游泳馆和各类体育健身俱乐部，体育设施完善，健身理念普及，各村、各社区居民区都设有健身点。1986—2010年，区举办5届运动会。2010年，全区参加市以上比赛获得119枚金牌，其中参加全国田径、武术、体操和技巧等比赛中共获金牌41枚。全区中小学生国家体育锻炼标准达标率95.9%。

七

嘉兴是国家级历史文化名城，文化积累丰厚，人文景观荟萃，园林丛集，堪与苏杭园林媲美。悠久的历史文化传承至今，在区境留下南湖、大运河、子城、范蠡湖、落帆亭、天主教堂等名胜古迹。历代文人吟咏境内自然风光和名胜古迹的诗文，浩如烟海。宋朝张尧同的《嘉禾百咏》、陆蒙老的《嘉禾八咏》、元朝吴镇的《嘉禾八景图》、明朝金景西的《嘉禾八景》、清代许瑶光的《南湖八景》及朱彝尊的《鸳鸯湖棹歌》等。但诗画的名胜和著名的“七塔八寺”古迹，一部分已随沧桑历史的变迁而消失。

解放后，特别是改革开放以来，市、区两级政府全力加强文物和古迹的保护，积极创建国家级历史文化名城，许多名胜古迹展现新姿，新建、重建景点容貌焕发。作为风景名胜和革命圣地的南湖，1983年后，景区的开发建设纳入嘉兴市城市总体规划。1998年开始规划建设，先后建成湖心岛古迹名胜区、望湖半岛景区、革命纪念园景区、南湖渔村景区等，生态景观与历史人文景观融为一体，南湖景区面貌焕然一新。1990年新建南湖革命纪念馆后，2007年再次开工建设南湖革命纪念馆新馆，南湖红船、南湖更增添雄伟庄严的氛围，五湖四海慕名而来的瞻仰者络绎不绝。

境内大运河、子城、范蠡湖、文生修道院、瓶山、清真寺以及沈钧儒等名人故居，都进行妥善的保护和整修。全面绿化环城河和大运河两岸，重建三塔、壕股塔、落帆亭、揽秀园等名胜，新建一大批公园绿地和绿道，嘉兴被誉为水城绿都。21世纪以来，以修旧如旧理念，保护性开发建设梅湾街和月河历史街区，保存如梦如幻的江南水乡小桥流水和古巷民居粉墙黛瓦。2010年经社会和媒体推荐，南湖区评选出南湖烟雨、子城钟声、湘湖寺影等“南湖新十二景”。境内秀美的水乡田园风光及其独特的民俗风情，同样为人们关注，成为国内外旅游开发的热点。

2010年，境内有中共“一大”嘉兴南湖会址、马家浜遗址、京杭大运河、南河浜遗址4个国家级重点文物保护单位；有沈钧儒故居、子城、天主教堂、金九避难处、文生修道院、白坟墩遗址6个省级文物保护单位；有沈曾植故居、双魁巷等104个市级文物保护单位和文保点。

发达的经济、良好的环境和重文好学的文化传统，哺育了境内灿若云霞的名人巨匠，文学、艺术、教育、史学、经济、科技、军事等各领域人才如钱江潮涌。汉代严助、朱买臣；唐代千古名相陆贽；宋代岳飞孙岳珂；明代著名文物收藏和鉴赏家项元汴，及其孙著名画家项圣谟。又有文学家李日华，明遗民巢鸣盛，明清之际的才女柳如是、黄瑗介等；清代有陈书、钱载、张廷济等，不可胜数。鸦片战争以后，沈曾植、沈钧儒、褚辅成、敖嘉熊、朱生豪、唐兰、王蘧常等名人俊彩星驰，以各自的成就为国家和家乡增光。解放以来，有国际知名的数学家陈省身、地质学家朱夏、水利学家汪胡桢、历史地理学家谭其骧等，为中国的科学技术发展作出了重大贡献。近年有专家对全国400余个城市统计分析，自先秦至现代，产生国家级杰出专家学者10人以上的有39个城市，据此统计，区境内近代以来杰出的专家学者就有12位。

八

区境虽然号称天下粮仓，地腴物丰，但历朝赋役繁重，统治阶级压迫剥削，战乱疫病祸害，带来深重苦难，人民生活贫穷困苦。特别是抗日战争时期，日本侵略军烧杀抢掠，县城被日军毁灭过半，乡村千万间房屋被焚，百姓饱受蹂躏，生活在水深火热之中。境内还遭受血吸虫病等疫病肆虐，许多村庄断绝人烟，田地荒芜。解放前夕，嘉兴县的人口比清咸丰十年（1860）减少60%；大部分农民果腹为难，住的是草棚，衣不蔽体。

解放后，在中国共产党的领导下，人民当家作主人，社会地位得到根本改变，境内社会安定，经济发展，人民生活获得极大改善。20世纪60年代至70年代，由于“文化大革命”影响和干扰，境内大部分工厂生产处于停顿状态，经济徘徊不前，人民生活质量普遍下降。中共十一届三中全会以来，境内以经济建设为中心，社会经济各项事业快速发展，人民生活水平得到大幅度提高。

建区后，历届区委、区政府把发展经济，提高人民生活水平，作为主要目标任务，使经济发展和人民生活不断跃上新台阶。1995年区被列为全省首批小康县（市、区）之一，2010年城镇居民人均收入由建区之初的654元增至2010年24815元，农民人均纯收入由430元增至2010年14605元。居民的消费水平不断提高，消费结构不断优化。用于食品的消费下降，其中粮食的消费减少，肉类、水产品、蔬菜和水果大幅度增加。用于教育、文化、旅游、交通和通信方面的消费支出大幅度升高。吃重营养，穿讲时尚，住求宽敞，行用汽车已成常态。彩电、电冰箱、空调、电脑、手机、摩托车成为城乡居民寻常生活用品，家用汽车进入普通家庭。2010年，百户城镇家庭汽车拥有量21辆，农村12辆，信息网络在全省境内率先实现全覆盖。

全区各镇村通过实施新农村建设，农村居民全部饮用城市自来水。农民居住向配套设施完善的新市镇、新社区集聚，别墅、连排、别墅、公寓房等新式住房取代老式楼房，人均生活用房为73.15平方米。城镇居住条件显著改善，住宅样式从简易住宅向高层公寓、花园小区、别墅等高档住宅发展，2010年城镇人均居住面积31.48平方米。天然气、石油液化气入户。

城乡人民医疗卫生条件有了很大改善，全区在全市率先达到消灭血吸虫标准。境内医疗保健设施齐全，有省武警总队医院、省荣誉军人康复医院，市第一医院、第二医院和中医院，区属有中心医院，各镇街道建有卫生院，村、社区建有卫生服务中心，医疗服务实行全覆盖。在城镇普遍实行医疗和社会保险制度，农村实行合作医疗制度，人民健康获得充分保障，区计划生育工作历年来各项指标名列浙江省前列。全区建立统一的城乡基本养老保险制度，2010年城乡居民社会养老保险参保人数达到6.7万人，参保率99.8%，全区享受最低生活保障补贴的有3821人，全年发放最低生活保障补贴986.27万元。

社会治安综合治理稳步发展，实行志愿者服务，完善群防群治。推进归正人员帮教，建立医患纠纷、交通事故专业调解委员会，独创“老娘舅”调解品牌，完善“大接访”机制，深化“六六群众工作制”，认真对待群众来信来访，积极拓宽社情民意反映渠道，加强社会治安管控，严厉打击违法犯罪行为，确保人民生命财产安全。2010年，各类刑事案件发案总数比2009年下降3.4%。全区社会安定，经济发达，南湖区成为人们安居乐业的首选之地。

20世纪流行的说法，风景在杭州，买卖到上海，美食在嘉兴。民以食为天，嘉兴的传统名菜、特产琳琅满目。南湖区作为历代名府嘉兴的主城区，传承了嘉兴的历史文脉和特产。盛行于明清的南湖船菜，融合苏菜、杭菜和本地菜肴特色，名闻江浙沪，嘉兴的禾帮菜自成一体，别有风味。千年的特产槜李，南湖菱，新丰老姜；百年的五芳斋粽子，凤桥水蜜桃，陆稿荐酱鸭，张萃丰蜜饯；新涌现的特产文虎酱鸭，宏达烧鸡，走在月河街区老字号一条街，传统的、时尚的土产、特色菜肴和风味小吃，令人目不暇接。

眼见的风光，耳闻的旋律，舌尖的美味，让你记住“上有天堂，下有苏杭，中间是嘉兴”的这个城市，记住嘉兴的主城区，美好的、开放的、秀水环绕的、绿色生态的南湖区，古老而年轻。打开《嘉兴市南湖区志》，细细品读，慢慢知晓，一个城市中心区的过去和现在。

大事记

原始社会

距今六七千年前

今区境有先民居住繁衍,形成马家浜文化。马家浜文化是长江下游太湖地区已发现最早的新石器文化。1959年,在嘉兴市城区南湖乡天带桥村马家浜自然村发现马家浜遗址。1977年,正式命名为马家浜文化。

先　秦

公元前6世纪初起三四十年中

槜李为吴越两国接壤和相争之地。

周敬王十年(前510)

传吴伐越,南破槜李,置长水县。

周敬王二十四年(前496)

吴王阖闾兴师伐越,越王勾践在槜李迎战,越以弱胜强,击败吴军,阖闾负伤,死于军中。槜李之战载入同时代孔子所作《春秋》,为历史上有名的战役。

周赧王九年(前306)

楚趁越内乱,灭越,境域属楚100余年。

秦

秦王政二十五年(前222)

秦破楚,定荆地,降越君,置会稽郡。

秦始皇二十六年(前221)

置长水县,隶属会稽郡。长水县原是吴地长水乡名。

秦始皇三十七年(前210)

秦始皇出游南巡,乘舟过长水,斩马祭河神,改长水为由拳县。为境内建县之始。

两　汉

汉顺帝永建七年(126)

分会稽,置吴郡,由拳县划归吴郡。属吴郡由拳县。

汉武帝时(前144—88)

由拳县严助、朱买臣是当时有名的辞赋家,是汉武帝所信任的大臣。

西汉建元三年(前138)

闽粤攻东瓯,太尉田蚡准备置之不问,中大夫严助力驳田议,主张援救,武帝遣助发兵会稽,浮海救东瓯,平定了局势。其后,东越多次反复,武帝命朱买臣出任会稽太守。一年后,朱与横海将军韩说共同平定东越叛乱,边疆得以稳定。

三　国

吴黄龙三年(231)

由拳野稻自生,吴大帝孙权认为是祥瑞之兆,改由拳县为禾兴县。传同年在境内建城(子城),周二里十步,高厚均一丈二尺,为现有遗迹可寻的嘉兴最古城垣。子城在其后1000余年中,一直是嘉兴县、州、府的官署。

吴黄龙四年(232)

吴国改年号为嘉禾。

吴赤乌五年(242)

孙权立子和为太子,“和”“禾”同音,为避讳,将禾兴县改为嘉兴县。

晋

建武元年(304)

高使君(佚名)为嘉兴监屯校尉,领兵三千屯田于嘉兴。

咸康六年(340)

东晋尚书徐熙舍宅建灵光寺,为嘉兴城最早建立的佛寺。

兴宁年间(363—365)

剡山法师竺潜(286—374)讲般若经于禁中,还止槜李魏公家。法师舍宅为精舍,名水陆院、大中祥符院。

隋唐五代

隋大业六年(610)

开凿江南运河,沟通南北运河,形成贯穿嘉兴的京杭大运河。

唐天宝十年(751)

嘉兴、海盐、昆山三县各析一部分辖区,置华亭县。唐制:县分七等,嘉兴县于大历年间(766—779)升为第三等的望县,进入全国县前百名之列。

天宝十三年(754)

唐朝政治家、文学家、政论家陆贽出生于嘉兴城内甜瓜巷(大致在今嘉兴市斜西街东首)。

乾元年间(758—760)

设嘉兴监,总管盐务,当时"淮海闽洛"设十监,嘉兴监居首。

大历三年至六年(768—771)

大理评事朱自勉至嘉兴主持屯田,屯所在县东十八里,有"高丰屯"之称,数年中成绩斐然,成为全国知名的粮食丰产地。

大历七年(772)

著名诗人刘禹锡生于嘉兴城中洲东湾,少年时代寓居于该地。

文德元年(888)

吴越制置使阮结始筑嘉兴大城,"城围十二里,高一丈五尺"。

乾宁二年(895)

十月,董昌称帝越州,使湖州将徐淑会吴国(淮南)军共围嘉兴城。

乾宁四年(897)

钱镠派军由海路援嘉兴,嘉兴围解。

后唐同光二年(924)

吴越国在嘉兴设开元府,辖嘉兴、华亭、海盐三县,为嘉兴建州府级政区之始。

后唐长兴元年(930)

嘉兴遭水灾。

后唐长兴二年(931)

嘉兴大水。

后晋天福年间(936—944)

吴越国王钱镠第四子广陵王钱元璙任中吴节度使时,在滮湖(今南湖)畔筑楼阁,湖周渐成游览胜地。

后晋天福五年(940)

三月,置秀州,为吴越国十三州之一,辖嘉兴、华亭、海盐、崇德4县。

宋

开宝年间(968—975)

吴越国秀州刺史丁延赞在城西北池中发现金鲫鱼,后建金鱼院,为国内发现和饲养金鱼最早记载。

至和元年(1054)

知州令狐挺在小西门城垣上建月波楼。政和四年(1114年)知州词人毛滂重修并作《月波楼记》。

熙宁七年(1074)

境域北侧运河上建石阶桥,初名丽桥,因元代城西运河上建西丽桥,遂改名为北丽桥。

熙宁十年(1077)

秀州已有17处酒务,盛产月波酒、清若空等名酒。

政和七年(1117)

宋徽宗赐秀州郡名为嘉禾郡。

宣和三年(1121)

方腊遣将方七佛率起义军6万人,攻秀州。前秀州统军王子武率军出城,会合宋军童贯部前锋王禀与起义军激战于城外。据称起义军损兵5000人,遗骨堆埋于城南,成塔形,后世称为六万军塔。

建炎元年(1127)

宋孝宗赵昚生于城北杉青闸官舍,一说生于集街县衙内。

淳熙年间(1174—1189)

状元姚颖筑圃范蠡湖畔,名景范庐。元代其他称范蠡宅。明代建范公祠。明万历年间(1573—1619),立"陶朱公里"碑。清光绪八年(1882),重建范蠡祠并建水阁,称西施妆台。此地曾是范蠡西施隐居地。

庆元元年(1195)

因秀州为"毓圣之地",宋孝宗之孙理宗将州升为嘉兴府。

嘉定元年(1208)

升嘉兴府为嘉兴军节度,知府职衔为知嘉兴军府事,节制澉浦、金山水军。

淳祐九年(1249)

朝散大夫赵汝俳舍宅为观。十一年(1251)朝廷赐名报忠观。元至正二十五年(1365)改观为寺。元末因兵燹不存。明永乐十五年(1417)重建。几经兴废。清雍正十一年(1733)再建,并下旨改名"觉海寺"。

景定四年(1263)

推行公田法,由政府设公田管理机构经营,直接收租。

咸淳六年(1270)

十一月十二日　嘉兴、华亭两县水灾,免公田租51000石,民租4800石。

元

至元十四年(1277)

嘉兴府改为嘉兴路,路城中置兵马司,管理城区事务。今南湖区地域属之。

大德十年(1306)

五月十八日　嘉兴大水,害稼。

至大四年(1311)

嘉兴、松江秋粮全部实行海运。

至正七年(1347)

九月二十四日　嘉兴骤雨,雷电大作。

十一月一至二日　大风,极冷而止。

至正十六年(1356)

二月　起义军张士诚占领平江,嘉兴告急。

至正十七年(1357)

张士诚部将史文炳以水师数万攻嘉兴,杨完者以大军在杉青闸伏击,张部水师船被焚,绵延至40里不止,死者甚众。张士诚军与元军再战于冬瓜堰,又惨遭失败。是役,张士诚部战死者万7000人,被俘数千,统军张士信伏水遁还。

至正二十六年(1366)

朱元璋平吴后,改嘉兴路为嘉兴府,直隶于应天府。

明

洪武九年(1376)

全国建十三行省,嘉兴府改属浙江省管辖。今南湖区地域属之。

宣德五年(1430)

析嘉兴县置秀水、嘉兴、嘉善3县,今区境与嘉兴县大体相仿。

成化六年(1470)

正月　嘉兴府大水,无麦。

五月　嘉兴大水,城市有深丈余者。岁饥。

成化八年(1472)

定浙江漕运正耗米105万余石。嘉兴府各县为43万余石,占全省的41%。

弘治五年(1492)

五月　嘉兴大水,伤禾,民多流移,大疫。

弘治七年(1494)

五月　嘉兴大雨水。

七月四日　嘉兴又大水,淹禾稼。

正德四年(1509)

春夏　嘉兴淫雨,水势更大,民乏食,饥殍满路,积尸盈河。七月七日,嘉兴骤雨如注,至十月不霁,禾稼腐烂,民大饥。

嘉靖十六年(1537)

秋　嘉兴大水,伤稼,斗米百钱,民饥死。

嘉靖二十七年(1548)

知府赵瀛疏浚市河,将挖出的河泥填入滮湖中成岛,四面环水,俗称湖心岛。次年,在岛上建烟雨楼。

嘉靖三十年(1551)

闰五月　嘉兴淫雨,大水,坏田禾。

十一月　水没退，民大饥，有司设粥饵食之。

嘉靖三十二年(1553)

倭寇到处烧杀抢掠，其蹂躏之处，庐舍为墟。崇祯《嘉兴县志》载其时境况：嘉兴“城外数万家仅存余烬”。

嘉靖三十三年(1554)

倭寇强攻嘉兴，因城防坚固，预有准备，城内精华得保，城外民居也先已迁进城内，获得安全。

嘉靖四十年(1561)

四月至五月　嘉兴连雨，苗种淹没，田成巨浸。

十一月　水没退，民大饥。

万历十六年(1588)

正月至五月　嘉兴淫雨为灾。

秋　嘉兴大水复大疫，斗米1两8钱，饿殍遍野。

万历三十年(1602)

穆斯林人士马仲律等集资在东门建伊斯兰教清真寺。

天启三年(1623)

十二月二十二日　嘉兴县地大震，生白毛数日。

清

顺治二年(1645)

六月初九日　清贝勒博录率兵至嘉兴，嘉兴总兵、知府降清。

闰六月初六日　嘉兴民众千余人起义反清，响应者甚众。清军于十五日自杭州回军攻嘉兴，二十六日破城后大肆烧杀抢掠，城内烧毁大半，世称“乙酉兵事”。

康熙十五年(1676)

《嘉兴藏》全部完刻，在嘉兴楞严寺集中流通。

康熙十九年(1680)

八月　嘉兴等地连雨数十日，田亩大水淹没，棉豆皆烂，陆地行舟。

康熙二十八年至四十六年(1689—1707)

康熙南巡五次过嘉兴，驻跸在水营。

雍正十一年(1733)

嘉兴报忠寺改名为觉海寺，拨银重修。次年，雍正亲书寺匾，并赐给檀香观音像。

乾隆十六年至乾隆四十九年(1751—1784)

乾隆南巡六次到嘉兴，八次上南湖烟雨楼，并题诗15首。

乾隆五十四年(1789)

五至七月　嘉兴大旱欠收，南湖水涸，支河汊港皆涸。是年，长江下游各省均大旱。嘉兴大疫。

咸丰六年(1856)

嘉兴等地数月不雨，河水断流，虫灾蔓延，其时，每石米贵至5000余文。

咸丰十年(1860)

六月十五日　太平军攻克嘉兴，占领四年。其间，嘉兴府改名嘉禾郡，属苏福省(治苏州)。秀水县为避洪秀全讳改名绣水县。吴江县盛泽镇归绣水县管辖。海盐县一度归并嘉兴县。

同治元年(1862)

八月　嘉兴三塔至今八字乡一带农村发生饥荒，太平军新塍军帅向数千灾民发米救济，大口每日5合(半升)，小口减半，共发两个月。

同治三年(1864)

三月二十五日　清军与英法洋枪队攻陷嘉兴城，城内外尽成废墟，数千民众遭屠杀。

同治四年(1865)至光绪二十八年(1902)

官府号召流离在外的业户还乡生产，招外籍人士来嘉兴开荒。生产生活设施陆续得到兴建修复，城乡面貌缓慢恢复。

同治五年(1866)

兴建嘉秀育婴堂。

同治七年(1868)

七月　美国长老会惠志道派人在嘉兴荐桥街租屋传教。

同治九年(1870)

修整南湖里的建筑，新建八咏亭。

光绪元年(1875)

全面修复嘉兴至苏州、杭州的塘路，修建和重建城乡桥梁52座。

光绪二年(1876)

查出嘉兴府总捕头是潜伏的“九龙山”会党头目，结党千人，被捕获后在狱中自杀。

光绪三年(1877)

嘉兴县知县罗子森等人参与审理杨乃武一案，

讯办不实，助成冤案，被革职。

光绪五年（1879）

嘉兴成立洋药局，每箱烟土抽税银25两，抽税后受官方保护，即为官土，行销无阻。光绪十三年（1887），洋药局撤销，烟土商可自行买卖，只须向厘捐局交捐。

光绪六年（1880）

知府许瑶光在“查荒”案中，同情农民，不按巡抚之意而如实禀报致挂牌另委，许瑶光自请解职，离开嘉兴。

光绪八年（1882）

七月　新任巡抚陈士杰碍于舆论与民心，对“查荒”案作低调处理，命许瑶光回任嘉兴知府。

是年　上海招商局“翔凫”号轮船开设上海至硖石客运航班，嘉兴设码头。

光绪九年（1883）

嘉兴电报局成立。

光绪十一年至十五年（1885—1889）

苏北、山东等大批难民流离来嘉，与乡民冲突动武，受伤者甚多，被驱逐出境。

光绪十三年（1887）

苏浙皖丝业公所成立，嘉兴设分所。

光绪十五年（1889）

连降大雨3个月，水灾严重，粮食只收二三成。

重建楞严寺、精严寺。

光绪十七年（1891）

疾疫流行，病者十死六七。

光绪十八年（1892）

浙江轮船局宏济轮开设杭禾线，嘉兴在端平桥设轮船局。

光绪二十一年（1895）

美国医士文渊博在石条街开始行医，次年在北门内建福音医院。

光绪二十二年（1896）

十一月　设杭州海关嘉兴分关。

光绪二十三年（1897）

嘉兴府城开设茧行。

美国南长老会在嘉兴初建基督教堂。

光绪二十四年（1898）

美国传教士创办秀州书院。

光绪二十五年（1899）

春　城内连续发生大案，三月间北大街许祥和银楼被劫，损失首饰价值两万余元，秀水县知事陈其昌被参。

光绪二十六年（1900）

竹林集镇创办新式小学竹林启蒙义塾。

光绪二十七年（1901）

嘉兴邮政分局成立。

嘉兴府学堂在鸳湖书院旧址成立，秀水县创建县学堂。

光绪二十八年（1902）

法籍神父步师枷主持在北门外建文生修道院，为中国遣使会唯一总修院。

光绪二十九年（1903）

敖嘉熊自上海回嘉兴，组织竞争体育会，以宣传革命为目的。

光绪三十年（1904）

嘉郡图书馆开办。

敖嘉熊在嘉兴成立温台处会馆，一度成为浙江会党的革命联络机关。

光绪三十三年（1907）

六月初　嘉兴西门军械所所存火药百余桶被枭帮劫去80余桶；池湾、塘汇、马王塘、东栅炮船被劫，团防局被攻。

夏　秋瑾到嘉兴，在放鹤洲与褚辅成计议响应徐锡麟在安徽起义之事。

十月五日　嘉兴各学校集会，致电外务部尚书袁世凯，抗议借外款、卖路权。嘉兴绅商学界在府明伦堂组织嘉兴国民拒款会，呼吁七县绅商士民“速集路股，以救危亡”。

光绪三十四年（1908）

二月　敖嘉熊失踪8日后，遗体发现于城北乌桥港，其卫士徐小波服毒以殉。

是年　英商上海太古保险公司在嘉兴设经理处。

宣统元年（1909）

四月十五日　沪杭铁路长安至嘉兴段竣工，嘉兴举行通车典礼。

八月　褚辅成当选全省民意机关省咨议局常驻议员，沈钧儒当选为副议长，均当选清廷资政院议员。

宣统二年(1910)

嘉兴永明电灯公司建立。

宣统三年(1911)

六月十六日　嘉兴狂风暴雨,农作物半被折损,早稻受损严重。

十一月七日　嘉兴宣告光复,建立嘉兴军政分府,撤嘉兴府,嘉兴县、秀水县合并为嘉禾县。

是年　寄园剧场首次放映"西洋"影戏。

中华民国

1912年

12月8日　中华民国临时大总统孙中山应邀到嘉兴,在春波桥堍兰溪会馆演讲,游览南湖。

是年　嘉兴成立第二地方法院检事厅,受理嘉禾等六县的司法案件。

是年　嘉兴第一家报纸《禾报》创刊。

1913年

7月　国民党国会议员褚辅成,在国会领衔弹劾袁世凯。

是年　嘉兴创办体育会。

1914年

1月　因嘉禾县与湖南嘉禾县重名,复名嘉兴县。

8月　中国银行嘉兴支行建立。

1915年

嘉兴开办城内电话。

7月28日　嘉兴风势猛增,水面船只倾覆者甚多,草棚老屋坍毁不可胜记。南湖覆舟2艘,溺毙1人。

1916年

10月10日　嘉兴各界首次在城内天妃宫举行庆祝中华民国成立5周年国庆活动。

1917年

7月　嘉兴县螟灾爆发,旬日之内稻枯过半,当年收成仅为正常年景之半。

是年　意大利籍著名建筑师、神父韩日禄发起在沈家弄新建法式圣母显灵堂。规模时称"中国第一、远东第三"。

1918年

8月　浙省官府决定鸦片公卖,由嘉兴亿昌庄经理李某包销,各界纷纷反对。

12月3日　嘉兴淫雨连旬,所遗水稻皆经水浸,霉变发芽。

1919年

1月　嘉兴县白喉、天花流行;当年夏,霍乱、痢疾又猖獗。8月4日城内死30余人,5日死10余人,以后月余天天死十至几十人。9月间猩红热相继流行,城中棺木供应不及,至10月才减到每天死一二人。

5月9日,嘉兴各校学生及各界通电游行、演讲,支持和声援"五四"爱国运动。

6月19日　梅雨连旬,成灾田约十分之六七。至7月9日,城中荐桥河、荷花堤、柳岸上一带街上均已一片汪洋,不能行人,内河小轮多已停驶。

9月2—3日　嘉兴大雨如注,飓风四起。全县稻田收成不过三四成。河港中波涛险恶,二三舟因不及抛锚而被风吹覆,房屋、墙垣被风吹倒者颇多。

10月10日　嘉兴学联在公共体育场集会宣传抵制日货并游行。在东门外火车站附近,当众焚烧日货300余件。

1920年

1月4日　嘉兴各界联合会成立。联合会之宗旨是"集合群众,共谋国事,为外交后盾,为人民造福"。会议决定加入全国各界联合会。

是年　法国天主教巴黎仁爱会在嘉兴仁爱堂开办圣心医院。

1921年

4月　杭州纬成丝厂嘉兴裕嘉分厂在南湖畔创建。

8月初　中共一大会议从上海转移至嘉兴南湖一条游船上继续举行,讨论通过《中国共产党党纲》《关于当前实际工作的决议》,选举产生中央局,宣告中国共产党成立。

1922年

3月　河水干涸,城内居民饮水多污染,小儿多发生天花,死多人,故家有小儿者多种牛痘。

8月6日　下午5时,嘉兴忽起飓风,年久失修之屋宇墙垣坍倒者不少。河港中舟楫因走锚而倾覆者亦颇多,船上人因失足溺毙者北乡某荡中三四人。而早稻正值吐花之际,遭此大风受害甚巨。

8月28日　黎明时，降大雨，下午5时稍止，晚10时许又风雨交加，河水骤涨1米左右，早籼亦因受湿发芽，故市上米价即高起2角，贫民大起恐慌。

8月31日　9时，嘉兴又起飓风、暴雨，历3昼夜之久，直至2日雨仍未止，河水涨至六七尺，低田阡陌不分，秧浸水中已多霉烂，各区小轮均恐冲毁圩分别停驶。

1923年

3月　嘉兴禾丰造纸厂在上海举行创立会，由褚辅成等筹集资金36万元在嘉兴角里街建厂。

5月　嘉兴平民教育委员会成立。

1924年

2月1日　成立嘉兴长途电话分局，可直接通话至上海、杭州、湖州及境内各县城。

3月　嘉兴秀州劳工学校开学。

7月　嘉兴天久不雨，河水干涸月余，田中多成龟纹，乡民竭力戽水以润田禾，然低田尚能为力，高田已难救济，稻多枯黄。

1925年

1月8日　嘉兴国民会议促成会成立。

1月　嘉兴县学生联合会主办的《晨钟》杂志创刊。

2月　共青团嘉兴支部成立，由团中央直接领导。

3月12日　孙中山在北京逝世。15日至4月1日，嘉兴国民会议促成会等44个团体联合发起集会追悼。

3月　中共嘉兴独立支部成立，直属中共上海地(区)委，顾作之任书记。

7月　国民党嘉兴县临时县党部成立，顾作之、王贯三、蒋鉴为执委，顾作之当选为常委，出版机关刊物《嘉兴前驱报》。

1926年

2月　国民党嘉兴县第一次代表大会召开，正式成立国民党嘉兴县党部。会议通过开除右派蒋鉴等3人党籍的决定，创办《新嘉潮》机关刊物。

是年　在嘉禾路环城河上建造嘉禾第一桥，为嘉兴最早的钢筋水泥(混凝土)桥。

1927年

2月3日　正午，嘉兴县地震，门窗闪动，格格有声，室内器扬，摇荡约一分钟。当天下午1时许，又震荡，30分钟左右。

4月　嘉兴县成立拆城筑路委员会，决定拆除城墙，以城墙基筑路，道路统名环城路，宽18米。

1928年

4月　嘉兴等县实行村街制。改乡村的庄里为村，城区的里为街，全县划分乡镇，为一级行政单位，设办事机构，下统村、街，编订门牌，纳入行政管理，继又于1933年普遍在乡以下编保甲，十户为一甲，十甲为一保，每乡辖数保。

5月21日　嘉兴县总工会成立。

是年　城区第一公井(自流井)在秀水学宫前魁星阁开设。

1929年

2月1日　嘉兴城内宝成银楼被盗去黄金400余两。

4月29日　晨，大批“太湖土匪”威胁嘉兴，缴去塘湾街派出所枪械，洗劫中国银行，共抢去钞、洋近10万元。

1930年

在天星湖边建中山公园，为县城第一个公园。

1931年

3月　在中山公园北部建辛亥七烈士塔。

9月30日　“九一八”事变后，嘉属各县举行集会和游行，呼吁抗日救国。

1932年

1月28日　建成银星大戏院，座位509个，为嘉兴第一座新式影剧院。

1月　嘉兴纬成公司嘉裕分厂无法继续经营，至1936年4月另组纬成利记绢纺厂。

4月29日　韩国独立临时政府领导人金九等在上海策划炸死日本侵略军头目白川义则大将后，由嘉兴知名人士褚辅成等掩护，避居嘉兴。

4月　实行“废两改圆”，一切经济来往不准再以银两计算，统一使用银圆。1935年11月币制改革，废银币，统一使用法币。

是年　四层楼钢筋砼框架结构的新兴国贸公司建成，面积1393.6平方米，为当时嘉兴面积最大、层数最高的商业建筑。

是年　陈召恩在项家漾开办三一医院，为今市妇幼保健院前身。

1933年

6月　苏(州)嘉(兴)公路全线通车。

1934年

6月26日　嘉兴数月不雨,南湖干涸见底,饮水缺乏,舟楫多不能行,乡间田亩龟裂,早稻大旱枯萎,晚稻不能下种。梅汛期间,又无滴雨下降,城河干涸,又连日天气炎热,中暑、痢疾等症相继发生。

7月　嘉(兴)平(湖)乍(浦)公路全线通车。

1935年

2月22日　开工兴建苏嘉铁路。1936年7月15日苏嘉铁路建成通车。

1936年

1月　嘉兴举行嘉区首届文献展览会,展出数百件稀世书画和善本书籍。抗日战争爆发后,这些文物或被敌寇劫夺,或毁于战乱。

8月3日　嘉兴连日大风阵雨,农作物之遭风雨而受损者,为数颇巨。

是年　在嘉兴西南郊修成飞机场。

1937年

8月13日　淞沪战争开始,日机滥炸嘉兴城乡。

8月19日　驻瓶山第八集团军高炮连击落空袭日机一架。

9月3日　上海至杭州一列运难民火车在临近嘉兴时被日机所炸,难民死300余人,伤500余人。

11月18日　日本侵略军迫近嘉兴城,中国军人在东栅口、凌塘桥、秋泾桥等处抗击日本侵略军。

11月19日　嘉兴城于午前被日本侵略军占领。

1938年

1月30日　姜维贤在兴善寺发起成立嘉属抗日义勇军第一总队。

2月　陆军二十八军二十八师等奉令进入县境在敌后开展抗日游击战。

3月20日　日本侵略军焚烧新丰镇。

4月27日　日本侵略军焚烧新篁镇。

4月29日　嘉兴县伪县公署成立。1940年,南京建立汪伪国民政府后,县改称县政府,知事改称县长。

6月5日　嘉兴县政府在凤桥重建。

12月　浙江省十区专员公署进驻凤桥。

1939年

9月1日　嘉兴县伪知事沈翰卿在西埏桥附近被抗日志士击毙。

是年　嘉兴境内中国军队六十二师、独立四十五旅(新编三十师)、一九二师所部及省抗卫五支队、江南挺进第一总队朱希部等与盘踞境内的日本侵略军持续战斗,进行激烈的反扫荡斗争。

1940年

1月5日　大批日本侵略军于凌晨偷袭凤桥镇,徐八房县政府和县政工大队办公地点,县政工队队员钱学能、唐娣、戴蕴芬等17人遭害。时称"徐八房惨案"。

2月　中共嘉(兴)崇(德)桐(乡)工作委员会成立。10月,改为嘉桐工委,崇德划归浙西特委领导。

4月　汪伪特工总部杭州区嘉兴站在嘉兴塔弄36号设立。后改称"政治保卫局嘉兴支局",成为汪伪在浙江一个重要的特务机构。

6月23日　嘉兴县暂编自卫第四中队会同曹庄乡八里村民间抗日武装大刀队在平嘉公路狙击日本侵略军,与敌拼大刀,毙伤日本侵略军40余人,毁敌汽车两辆,河南籍董国英、董雪青母女等10名队员壮烈牺牲。

1941年

2月　中国军队暂编三十二师自浙东越海入境,在嘉兴新篁、凤桥等地抗击日伪军。

4月　嘉桐工委结束,成立中共嘉兴县委,仍负责嘉、桐两县工作。

6月2—11日　日本侵略军调集数千人,配合伪军丁锡山部,分别向新篁、凤桥、石佛寺之中国军政中心地区围攻。在与敌连日激战后,暂编三十二师师长黄权及该军主力突出重围。该役敌伪死400余人,国军损失亦大。胡庵头、竹林庙、庄史民众亦被杀甚多,冯家浜大屋(师部所在地)、凤嘴桥俞家汇秦宅(县政府所在地)、竹林庙祝家花园,均被焚去一部分房屋。

1942年

2月　嘉属抗日义勇军总队长姜维贤在前往王江泾开展工作时,在油车港被俘后牺牲。1946年4月16日,嘉兴各界人士在中山厅为其举行追悼大会。

9月　敌伪实施"清乡"行动,占据新丰、凤桥、余贤、新篁、钟埭等乡镇,封锁交通,增设据点。

11月　日伪疯狂清乡,给抗日活动造成困难。

是月5日，十区专员公署及县政府撤往天目山。此前一九二师所部已撤离。至年底，境内已无中国正规部队和专、县政府。

1943年

12月　在日伪疯狂清乡时暂时撤离的嘉区专、县政府全部返回境内，挫败敌人的清乡封锁，重新站稳脚跟，敌我进入相持时期。

1944年

5月　日本侵略军开始拆毁苏嘉铁路，铁轨北运津浦路。至1945年1月，苏嘉铁路被全部拆除。

1945年

8月8日　日伪大批出动，到新篁、凤桥、石佛寺等地扫荡，县政府5名工作人员牺牲。

8月15日　浙江十区专员公署及县党政机构进驻南堰。嘉兴城内的日本居留民集合于北门口中学（今辅成教育集团）操场，跪听日本天皇宣布投降的广播。

9月5日　嘉兴县成立审查日伪占用财产委员会。申请登记要求发还原主的有民丰造纸厂、绢纺厂、福兴丝厂（中丝一厂）、电灯公司等。

9月9日　浙江省十区专员公署和嘉兴县政府入城还治。

1946年

5月14日　嘉兴县紧急征购军粮，乡镇不堪负担，有19个乡镇长提出辞职。

12月　城区之湖光、安吴、中穗、东南、北平等5镇合并为嘉秀镇。

1947年

8月26日　真如乡3个农民被驻嘉兴军械库士兵非法拘捕，300余名农民请愿抗议。

1948年

1月　中共上海局建立中共杭嘉湖工作委员会。

4—5月　中共吴（江）嘉（兴）工委建立。7月中共吴嘉工委成立游击小组。

10月21日　国民党政府在全区各县全面实行经济管制，造成经济迅速瘫痪，管制彻底失败。

1949年

1月10日　下午，嘉兴开往桐乡的客车在七号桥翻入离桥面8尺的水田。旅客2人亡，伤24人。

4月7日　凌晨，国民党国防部预备干部局陆军预备干部训练第一总队3000余人从嘉兴西大营（子城）出发，在乌镇宣布起义。

4月19日　中国人民解放军江南军区吴嘉湖独立团成立，成员以原游击队（武工队）和地下党员为骨干，吸收基本群众及策反各乡镇国民兵队、地方自卫队起义人员参加。刘先正任团长，沈如淙任政委。

5月7日　嘉兴解放。

5月16日　中共嘉兴县委建立，杨铭任县委书记，沈如淙任副书记。

5月17日　中共嘉兴市委建立，吕志先任市委书记。

5月18日　嘉兴县人民政府建立，郑寄民任县长。

5月24日　中国人民解放军华东军区嘉兴市军事管制委员会成立，吕志先任代主任。

5月　嘉兴县设立凤桥、新篁、新丰、塘汇、王江泾、新塍、王店7个区，下辖29个乡、3个镇。

同月　原嘉兴县城区域设置嘉兴市，下设建设、新嘉、新兴3个区，各设区政府，辖太平乡、马河乡、南堰镇。

同月　嘉兴市新华书店开办。

6月2日　嘉兴市人民政府成立，董方明任市长。

6月16日　华东贸易部派军代表接管嘉兴第一实验绢纺厂，成为嘉兴市第一家国营企业。

6月20日　卢胜任嘉兴市军管会主任，吕志先任副主任。

6月22日　嘉兴县成立剿匪指挥部。

7月　张澄秋任嘉兴市市长。

同月　嘉兴贸易总公司开业，为嘉兴第一家国营商业机构。

7月下旬至8月　嘉兴大雨连绵，酿成水灾，全县被淹田地42.56万亩，经军民全力抢救，全县近80%被淹农田得到抢救。

8月6日　嘉兴市工人临时代表大会召开，成立工人临时代表会议，负责筹建市总工会筹备委员会。

8月　董鲁展任嘉兴县委副书记。

9月17日　在曹庄乡捕获匪首顾克家及全歼匪特组织“东南人民反共救国军”。

9月26日　吕志先任嘉兴市军管会主任。

9月29—30日　嘉兴市一届一次各界人民代表会议举行，张澄秋当选主席团主席。

中华人民共和国

1949年

10月3日　晚，嘉兴市区举行火炬游行，庆祝中华人民共和国成立。

10月15日　嘉兴县开展土地改革试点。

10月中旬　嘉兴市肃歼匪特400余人，嘉兴县歼匪431人。

10月22—24日　嘉兴县首届农民代表大会举行，成立县农民协会筹备委员会，制订减租条例。

10月31日　嘉兴市第一次工人代表大会召开，成立市总工会筹备委员会。

10月　刘剑任嘉兴县委书记，董方明任第一副书记，杨铭任第二副书记。

11月27日　建立省立嘉兴人民文化馆。

11月　嘉兴县建立7个区公所、32个乡（镇）人民政府、131个村行政组织。嘉兴市建立建设、新嘉、新兴3个区人民政府、76个居民委员会和马河、太平、南堰3个乡人民政府、13个村行政委员会。

12月5—9日　嘉兴县一届一次各界人民代表会议举行，董方明当选常委会主席。

12月　嘉兴县开展减租工作，到农历年底结束。

1950年

1月23日　嘉兴县开始肃反工作。

1月24—25日　嘉兴市一届三次各界人民代表会议举行，金孟加当选协商委员会主席。

1—8月　嘉兴县开展划建小乡工作，全县共设7个区，各设政府，辖2个镇、71个乡。

3月7—9日　嘉兴县妇女代表大会举行，成立县民主妇女联合会筹备委员会。

3月　撤销嘉兴贸易总公司，组成百货、土产、粮食3个公司。同时，新设煤建、油脂、盐业等公司。

春，全区城乡开展取缔卖淫嫖娼、查禁吸毒贩毒的斗争。至1952年10月，贩毒吸毒、卖淫嫖娼丑恶现象绝迹。

4月初　省立嘉兴图书馆开馆。

5月7日　撤销嘉兴市，并入嘉兴县。董方明任县委书记，杨铭任第二书记，张澄秋任副书记、县长。

5月8日　县委、县政府从东栅镇迁入市区，市、县开始合并办公。

5月19日　嘉兴县钟埭、新丰、步云、竹林各乡之一部分划归平湖县管辖。

5月　市总工会筹备委员会改为嘉兴县总工会筹备委员会。

同月　县人民法院建立。

同月　塘濮乡部分和濮院镇属于嘉兴县部分划归桐乡县管辖。

6月7日　嘉兴县7个区政府改称区公所。

6月　县委纪律检查委员会建立。

7月20—22日　县工人代表大会举行，选举产生县总工会第一届执行委员会。

7月24—26日　县第二届妇女代表会议举行，选举产生县民主妇女联合会第一届执行委员会。

7月　县人民武装部成立。

8月22日　县政府发布《土改第一号通告》。

10月26—31日　县一届三次各界人民代表会议举行，董方明当选常务委员会主席。

11月　开展镇压反革命运动。

同月　开展抗美援朝宣传教育运动，全县有8.6万多名青年报名参军，各界群众捐献购买飞机大炮款60多亿元（第一套人民币）。

12月27—29日　嘉兴市一届四次各界人民代表会议举行（当时市已并入县，但各界人民代表会议仍分别召开），董方明当选协商委员会主席。

是年　嘉兴绢纺厂保全工潘文化获嘉兴首位全国劳动模范称号。

1951年

2月　中共嘉兴地委在嘉兴县真西乡八字桥村试办第一个互助组——姚岩宝互助组。

同月　嘉禾染织厂更名南湖染织厂，为嘉兴第一家实行公私合营的企业。

同月　民丰造纸厂的“船牌”、杨九牧的“石佛牌”商标，经中央私营企业局核准注册。

3月　政府接管杜锦记翻砂厂，改名新新铁工厂。8月，更名公营嘉兴铁工厂。

4月1—4日　嘉兴县一届四次各界人民代表会

议举行，董方明当选常务委员会主席。

4月5—6日　嘉兴县首届农业劳模会议举行，选出县一等劳模5名，二等劳模15名，三等劳模16名。

5月1日　恢复嘉兴市建制，下设建设、新兴、新嘉、解放、南湖5个镇公所，沈如淙任市长。

5月　盛平任嘉兴县委第一书记，杨铭任第二书记。

同月　嘉兴市人民法院成立。

同月　中共嘉兴地委首先在国营嘉兴绢纺厂开展民主改革试点，废除工头，取消抄身、打骂等侵犯工人人身权利的旧制度，实行八小时工作制。同时废除童工制，实行职工劳动保险制度，改进职工福利。

5—6月　嘉兴县人民政府接管美国教会津贴的嘉兴福音医院与嘉兴秀州中学。

6月23日　郑寄民任嘉兴县县长。

7月10—12日　嘉兴市一届五次各界人民代表会议举行，杨彬当选协商委员会主席。

7月中旬　嘉兴连续大雨，积涝成灾，嘉兴县抢救出受淹稻田苗27.62万余亩。

8月　嘉兴市人民检察署成立。

9月27日　建国路改筑水泥混凝土路竣工，为城内第一条水泥路。

9月　嘉兴邮政局和电信局合并为嘉兴邮电局。

10月19日　嘉兴县委部署取缔以"一贯道""龙华会"（九宫道）为代表的反动道会门。

10月26—29日　嘉兴市工商联第一次会员代表大会举行，选举产生第一届执行委员会。

10月　嘉兴卫生技术学校成立，原省立医院护校并入。1953年，暑期改名为嘉兴医士学校。

11月　嘉兴县土改工作基本结束，全县9.38万户无地、少地的贫雇农和其他农民分得土地58.2万余亩。

12月21—23日　嘉兴市一届六次各界人民代表会议举行，杨彬当选协商委员会主席。

1952年

1月21日　县委部署开展"三反"（反贪污、反浪费、反官僚主义）斗争运动。

1月　嘉兴市首先在工商界进行"五反"（反对行贿、反对偷税漏税、反对盗骗国家财产、反对偷工减料、反对盗窃国家经济情报）运动。

5月13日　上午8时许，2架国民党军机在东栅乡、南堰乡及嘉兴市区上空盘旋，投下有毒虫子（蛉子、蜉蝣、苍蝇等）。

5月29—31日　中国新民主主义青年团嘉兴县第一次代表大会举行，选举产生青年团嘉兴县第一届委员会。

6月　中国人民解放军嘉兴市人民武装部成立。

7月1日　嘉兴永明电气公司首次实行全天24小时供电。

同日　民丰造纸厂自备电站3750千瓦蒸汽发电机组投产，时为全市单机容量最大的发电机组。

7月1—7日　嘉兴市、县联合举办首届物资交流大会，有浙江省及外省738名代表参加，进场交易达12万人次，成交额153万元（第一套人民币）。

10月20日　嘉兴市人民生产救济院、仁爱堂、游民教育所合并，总称嘉兴市人民生产教养院。

10月23日　郑寄民任嘉兴县委书记，齐玉农任县委副书记；马吉德任县长。

10月下旬　嘉兴县农村组织互助组5277个，农民48429户、184556人，占总人口的56%。

11月22—26日　嘉兴市二届一次各界人民代表会议举行，赵星当选协商委员会主席，沈如淙当选市长。

1953年

2月2日至3月初　嘉兴市、县分别建立贯彻《中华人民共和国婚姻法》运动委员会。

3月　中华全国体育总会嘉兴市体育分会建立。

6月5日　嘉兴市改为省辖市。

7月1日　零时，全国第一次人口普查，嘉兴县总人口为392108人，其中男性203709人、女性188399人。

同日　嘉兴永明电气公司公私合营，更名为嘉兴电厂。

7至8月　嘉兴遭受严重旱灾，嘉兴县委积极组织抗旱，消灭干白田8万多亩。

9月　嘉兴县政府制定《嘉兴县农业生产五年（1953—1957）计划指标（草案）》，计划水稻产量到1957年为78472.8万斤。

9月　嘉兴市广播站建立。

10月12—13日　嘉兴县委扩大会议提出，当年保证粮食征购1.9亿斤,力争超额完成工商税108亿元(第一套人民币)。

11月12日　徐永三任嘉兴县委第一书记,郑寄民任第二书记兼县长。

12月12日　嘉兴市区开始实行粮食计划供应,居民以每人每天成品粮一市斤为标准。

12月16日　嘉兴县建立巡回法庭,在东栅、新丰分别建立第一、第二巡回法庭,在王店、王江泾、凤桥、新篁等地设立审判站。

1954年

2月15日　嘉兴县委发出《关于新篁区由桥乡在购粮工作中发生自杀事件的通报》。由桥乡12代表区在购粮工作中发生强迫命令的现象,致使军属徐引福投河自杀。

2月　嘉兴县开始试办信用合作社,至9月下旬建信用合作社30个,供销社信用部10个。

同月　嘉兴市对食糖、卷烟等22种主要商品,实行按对象划分批零。

4月10日　嘉兴县春季试办农业生产合作社工作结束,全县共新建农业生产合作社46个。至秋收阶段,发展到1655个。

4月12日　王若山任嘉兴县委副书记。

4月　纪元任嘉兴县委第三书记。马吉德任嘉兴县县长。

同月　嘉兴县委、县政府机关由新塍分别迁驻南堰及东栅。

同月　中国人民银行新塍支行随县政府迁回市区,更名嘉兴县支行。

5至7月　嘉兴县遭受严重洪涝灾害,全县约60%的农田受淹。

7月10—20日　嘉兴召开首届人民代表大会。

8月　私营嘉兴土特产公司和嘉兴建成木行转业,筹建嘉兴化工厂。次年投产,生产胶布粉、糖精纳等产品。

9月15日　实行棉布计划供应,棉花计划收购。

11月2日　刘慎言任嘉兴县县长。

11月12日　晚8时,嘉兴市举行第一次防空演习。

12月　嘉兴市、县人民检察署改为人民检察院。

同月　嘉兴市5个镇公所改建为镇街道办事处,为市人委派出机关。

同月　嘉兴铁路苗圃移交地方,改建为人民公园,占地面积90余亩,为市区最大的公园。

同月　嘉兴县完成国家经济建设公债任务27.5亿元(第一套人民币)。

冬　地委在嘉兴县余新乡长乐村创办全地区第一个以土地和主要生产资料公有化为特征的余新高级社。

1955年

1月3—7日　嘉兴县委扩大会议决定在农历新年前,集中力量做好18个乡的粮食统购统销工作。

2月　位于环城东路的南湖大戏院竣工,造价6万元,座位1012个,为嘉兴地区式样最新、座位最多的戏院。

3月22日　嘉兴县委召开各区区长、联社主任、蚕桑专业干部会议,确定当年全县的蚕种配发任务为6520张。

3月　嘉兴县委设立常务委员会,由徐永三、马吉德、刘慎言、樊家禧、张承贤、陈文萍6人组成。

4月16日　市区第一条公共汽车线路开通,从环城东路汽车站经12个停靠站到东栅。

4至5月　嘉兴县委开展农业生产合作社收缩工作,全县原有1685个社,转掉585个社,巩固了1100个社。

6月1日　全国人大常委会副委员长陈叔通到嘉兴视察。

6月17—21日　嘉兴市一届人大二次会议举行,武晓山当选市长。

8月　嘉兴市区开始实行按人定量供应粮食。

9月9日　嘉兴县委部署开展全县农村党的基层组织整顿巩固工作。

9月　嘉兴县委部署开展肃反运动。

同月　嘉兴县广播站建立。

10月16日　嘉兴县政府自东栅迁驻南堰。

11月18日　卫生部副部长、党组书记徐运北到血吸虫病重疫区净相乡,了解疫情和防治情况。

12月6—9日　嘉兴县一届人大三次会议举行,刘慎言当选县长。

12月22日　嘉兴棉布业、新药业全行业实行公私合营。

1956年

1月4日　嘉兴县委决定,在春季试办高级社的基础上,全县从原有的2个高级社,发展至119个高级社。

1月21日　嘉兴市政府批准41个行业实行全行业公私合营。

1月　越南劳动党中央农机考察团到嘉兴铁工厂考察。

3月1—3日　嘉兴县首届工商业联合会会员代表大会举行,选举产生县工商联主任、副主任及委员。

3月12日　嘉兴县撤区并乡,71个乡并为28个乡。

3月12—15日　嘉兴市政协一届一次会议举行,沈如淙当选市政协主席。

3月13日　嘉兴县委决定,当年3月为全县绿化运动月。

3月15日　嘉兴县将城镇剩余劳动力安置到农业生产岗位上的任务为7300户(包括家属约28200人),其中杭州市4800户、嘉兴市1500户、嘉兴县各镇1000户。

4月25日　扩建嘉兴飞机场。

4月　嘉兴县净湘乡血防基点工作组被评为全国先进集体。

5月1日　嘉兴县委机关报《嘉兴报》创刊,初为3日刊。

5月12日　嘉兴县卫生院与嘉兴市第一医院、浙江省康复四院合并为嘉兴血吸虫病防治医院。

5月21日　刘慎言、张承贤、丁慎宁、樊家禧任嘉兴县委副书记;樊家禧兼任县长。

5月25日　嘉兴市第三医院划归嘉兴县,改为嘉兴县人民医院;原嘉兴县血吸虫病防治站改为嘉兴县防疫站。

6月6—11日　中共嘉兴县第一次代表大会举行,徐永三当选县委书记,刘慎言、张承贤、樊家禧、丁慎宁任副书记。

8月初　嘉兴县遭受强台风袭击,毁坏房屋16952间、受灾3272户;人员伤亡262人,其中死亡7人;连作早稻平均减产3.47%,间作早稻减产21%,桑园损失30%。

9月　嘉兴县全部建立乡财政。

同月　在范蠡湖新建嘉兴师范学院。原嘉兴初级师范学校停办。

11月25—28日　嘉兴县二届人大一次会议举行,樊家禧当选县长。

11月30日　嘉兴南湖烟雨楼、精严寺、楞严寺被公布为第一批省文物保护单位。

11月30日至12月4日　嘉兴市二届人大一次会议举行,武晓山当选市长。

年初　建在南湖东畔的南湖摆渡口投入使用。原狮子汇渡口撤销。

是年　将芝桥街、张家弄、学前街、庙前街四条窄街小弄拓宽拉直,建成勤俭路,为嘉兴第一条东西连通环城路的城市干道。

1957年

1月1日　嘉兴自来水公司开始供水,成为继杭州、宁波之后,全省第三个实行城市供水的城市。

3月8日　嘉兴县七星乡11、12两个代表区划入嘉善县凤桐乡管辖。

6月30日至7月4日　其间连降暴雨,嘉兴县受涝田45万亩,占总面积的50%。

8月9日　中共嘉兴地委工作队在嘉兴县曹庄乡开始为期15天的社会主义宣传运动试点工作。

9月19日　嘉兴县恢复新丰、凤桥、王江泾、塘汇、新塍、王店6个区机构,分管各乡。

9月　嘉兴县农村高级社所在地装有线广播。

11月8日　嘉兴县委部署开展整风运动,至1958年年底,有318人被划为“右派分子”。

1958年

1月　嘉兴市改为县属市,党内由中共嘉兴县委统一领导,市人民委员会仍保留为一级行政机构,实行人民代表大会制度。市、县人委合署办公。

2月12日　中共嘉兴地委通报介绍嘉兴县余新乡推行“三包”(包工、包产、包成本)责任制;试行“四到田”(指标到田、技术措施到田、工本到田、管理人员到田)情况。

2月22日　嘉兴市委并入嘉兴县委,由县委统一领导;保留市人民委员会,市仍为一级行政机关。

3月　市、县广播站合并为嘉兴县广播站。

4月29日　徐永三任嘉兴县委书记,沈如淙、丁慎宁、樊家禧、丁力、王金山、李树勋任副书记。

4月　嘉兴毛纺织厂创建，为全省首家毛纺织工业企业。

5月1日　嘉兴县委机关报《嘉兴报》改为《嘉兴日报》。1961年2月16日停刊。

5月12—15日　嘉兴市三届人大一次会议举行，丁力当选市长。

6月6—9日　嘉兴县三届人大一次会议举行，樊家禧当选县长。

7月1日　嘉兴气象站开始建立每日定时气象预报。

7月　嘉兴拖拉机站在新丰镇西塘桥南新建，更名嘉兴八一拖拉机站。

8月28日　嘉兴县委召开“全党全民紧急动员起来，大办钢铁工业”广播大会，要求各级党组织都要书记挂帅，亲自搞试验炉。至11月30日，全县共产钢776吨，产铁4177吨。

8月　刘健民任嘉兴县委副书记。

9月底至10月初　嘉兴县实现人民公社化。全县先后成立东风、红旗、余新、凤桥、曹庄、东栅、塘汇、南湖、曹桥、钟埭、新塍、双桥、建设、王店14个人民公社，实行政社合一。

10月下旬　中共中央副主席、全国人大常委会委员长刘少奇途经嘉兴，召集中共嘉兴地委领导在专列内座谈。

10月27日　凌晨2时40分左右，嘉兴民丰造纸厂稻草堆场发生大火达四五个小时，烧毁草料5000担左右，损失约1万元。约5000余人参加扑救。

11月23日　嘉兴县曹桥、钟埭两公社划归平湖县。

11月　嘉兴、嘉善两县合并，定名嘉兴县。

同月　嘉兴县红旗人民公社更名为新丰人民公社。

12月1日　嘉兴中心博物馆建立。

12月　嘉兴县东栅公社农机站获国务院“全国农业社会主义建设先进单位”奖状。

同月　嘉兴县东栅公社妇联集资1200元创办三八纸筋厂。

冬　嘉兴县农村大队驻地开始安装有线电话。

1959年

1月14日至3月8日　经土壤普查和耕地清丈，嘉兴全县耕地面积为1563460亩，其中水田1350520亩、旱地212940亩。

2月19日　建立嘉兴县委书记处，徐永三任县委第一书记。

3月16—22日　嘉兴县委举行五级干部大会，传达贯彻中央、省有关会议精神，统一对现阶段人民公社“三级所有、队为基础”所有制的认识。

3月19日　嘉兴县档案馆成立。

3月27日　袁浩、沈如淙、樊家禧、蔡学忠、丁慎宁任县委书记处书记。

初春　嘉兴县南湖公社天带桥大队马家浜自然村农民在挖坑沤肥时，发现大量兽骨和古代遗物，省文物部门组织考古队进行发掘。

4月28日　嘉兴县委成立常委会，由徐永三、袁浩、沈如淙、樊家禧、蔡学忠、丁慎宁、王文烈、姜子从、田川9人组成。

5月1日　嘉兴县首批支宁(夏)青年出发。当年，全县支宁人员1744人(包括家属340人)。

6月9—13日　嘉兴县召开畜牧生产工作会议，要求确保完成全年饲养82万头生猪、34万头羊、200万只家禽、100万只家兔的任务。

7月3日　南湖革命纪念馆开始筹建。

7月　田川任嘉兴县委书记处书记。

9月7—9日　嘉兴市三届人大二次会议举行，补选蔡学忠为市长。

10月1日　南湖革命纪念馆在烟雨楼对外开放。

同日　嘉兴县城乡热烈庆祝建国10周年。嘉兴市举行盛大庆祝大会和3万人的游行。晚上举行全市人民大联欢。国庆前后，还举办全县10年成就展览会。

11月　南湖乡徐龙宝等使用全省第一台电犁。

12月3日　赵景棠、尉玉伦任嘉兴县委书记处书记。

12月12—17日　中共嘉兴县第二次代表大会举行，徐永三当选县委书记处第一书记，樊家禧、沈如淙、蔡学忠、赵景常、丁慎宁、尉玉伦任书记处书记。

是年　嘉兴市中医院开办。

1960年

3月28日　嘉兴县余新、曹庄公社合并，定名为余新公社；王店、建设公社合并，定名为王店公社。

3月30日　嘉兴县新丰公社大桥管理区划归东栅公社。

3月下旬　全国机械排灌会议在嘉兴县举行，县长樊家禧在会上作经验介绍。

3月　东栅公社三八纸筋厂获全国“三八红旗集体”称号。

4月3日　嘉兴县(市)爱国卫生委员会成立。

4月27日　嘉兴县(市)体育运动委员会成立。

4月　嘉兴县东栅公社农机站获农业部“农业机械灌溉管理红旗单位”奖状。

5月　嘉兴矿冶机械厂更名为嘉兴冶金厂。该厂前身为建于1940年的私营锦记铁工厂，解放后由政府接管，改名新新铁工厂。

6月1日　嘉兴市人民公社成立，实行一市一社体制，5个镇街道办事处改为市公社分社。

6月5日　解放后嘉兴县最大的水利工程——红旗塘工程竣工。工程从南汇公社沉石塘至干窑公社李库村，长20.909千米，总投资531.6万元。

6月22日　嘉兴县东栅公社的许安、三水湾生产队，塘汇公社的新农、徐王(包括太平桥小镇)生产队，双桥公社的三塔、新嘉生产队，南湖公社渔菱蔬菜大队的蔬菜生产队划归嘉兴市人民公社领导。

6月26日　嘉兴县开始在全县财贸系统开展反贪污、反浪费、反官僚主义的“新三反”运动。

7月9日　嘉兴县委动员抗旱保苗。由于连续干旱无雨，全县受旱面积675361亩，占水田总面积的50%。

8月6日　嘉兴县委动员党员、团员带头节约棉布，至9月上旬，全县共回收布票28812.9尺。

9月8日　嘉兴县在全县范围内推行合作医疗制度。

9月28日　浙江省第一条220千伏新安江至上海输电线路建成投产，其中嘉兴段122.86千米。

10月　嘉兴氮肥厂筹建，1962年6月12日基本建成。1963年1月正式投产，年产合成氨5000吨，并更名嘉兴化肥厂。1999年并入嘉化集团。

是年　嘉兴衡器改革工作完成。除国药业外，一律将市斤16两制改为10两制。

1961年

5月8日　嘉兴县公社由10个划分为29个，生产大队由296个划分为433个。

7月　从嘉兴县划出原嘉善县辖区，恢复嘉善县建制。

8月　嘉兴县供销社系统将“大跃进”时期过渡到供销社的小商贩划出，重新组建合作商店、合作小组和公私合营商业。

同月　嘉兴市人民公社撤销，仍称市人民委员会。

12月　嘉兴县设凤桥、新丰、新塍、塘汇、王江泾5个区，分管23个公社，其余8个公社直属县(包括新塍、王店两个镇改公社)。

1962年

3月11—18日　嘉兴市四届人大一次会议举行，沈彪当选市长。

3月29日至4月1日　嘉兴县四届人大一次会议举行，樊家禧当选县长。

4月5—12日　嘉兴县精简工作会议召开，初步规划当年精简人口为1.58万人。

4月12日　撤销嘉兴县委书记处，第一书记改称书记，书记处书记改称副书记。

4月　嘉兴市设立对口遣送站，除遣送流入市区盲流人员外，还担负南北17省市的转送工作。

5月19日　嘉兴县委常委会研究加速甄别平反工作。1958年以来，全县在各项政治运动中受到批判处分的党员、干部共2868人，经甄别，给予平反1123人。

5月31日　嘉兴县29个基层供销社调整合并为17个。9月24日，再次调整为10个。

6月29日　嘉兴市改为嘉兴县城关区，归嘉兴县领导。

6月　嘉兴县新丰、凤桥、王江泾、塘汇4个区撤销。

8月8日　建新篁、凤桥、东栅、新丰、塘汇5个镇，由县直属领导。1964年7月，撤销建制。

9月5—7日　嘉兴受14号台风影响，降雨329毫米，造成5人死亡，62人受伤。全县农田受淹面积61万亩，倒塌和损坏房屋1万多间，冲毁桥梁14座。

9月　嘉兴工商界集资开办嘉兴群力中学，设中医、商业、会计等专业。

10月　新丰公社繁荣大队书记沈云法、净相公社三联大队书记屈金荣出席华东地区农业会议，受到国务院总理周恩来等党和国家领导人的接见。

12月24日　嘉兴县公安局侦破“中国工农党中央革命委员会”反革命集团案。

12月下旬　全国人大常委会委员长朱德携夫人、全国妇联副主席康克清到嘉兴视察。

12月　试制成功钢丝网农船，并在全县推广。

1963年

1月3日　撤销嘉兴市建制，设嘉兴镇，属嘉兴县领导。

2月14—18日　中共嘉兴县第三次代表大会举行，徐永三当选县委书记，沈如淙、樊家禧任副书记。

3月11—16日　县委举行全县公社党委书记会议，部署开展社会主义教育运动，又称“四清运动”，四清为“清思想、清政治、清组织和清经济”。

3月　南湖烟雨楼被公布为省文物保护单位。

4月　嘉兴县农村开始试办耕读小学。

5月　卫生部长钱信忠到嘉兴调查血吸虫病防治工作，并深入塘汇公社百花庄大队等和基层防治人员座谈。

8月　国家副主席宋庆龄参观南湖革命纪念馆并题词：“纪念南湖革命圣迹，学习前辈革命精神”。

9月12日　受12号台风影响，嘉兴县境普降暴雨，全县受涝面积56.3万亩，占水田总面积的72%。

12月30日至1964年1月4日　县五届人大一次会议举行，沈如淙当选县长。

12月30日至1964年1月7日　县政协一届一次会议举行，徐永三当选县政协主席。

12月　中共一大代表、中共中央政治局委员、国家副主席董必武为南湖革命纪念馆题写对联“烟雨楼台，革命萌生，此间曾著星星火；风云世界，逢春蛰起，到处皆闻殷殷雷”。

1964年

4月5日　中共一大代表、中共中央政治局委员、国家副主席董必武视察南湖并题诗：“革命声传画舫中，诞生共党庆工农。重来正值清明节，烟雨迷濛访旧踪。”

4月19日　县委部署开展“五反”运动，反对贪污盗窃、反对投机倒把、反对铺张浪费、反对分散主义、反对官僚主义。

5月19日　全国人大常委会副委员长郭沫若参观南湖并题诗：“又披烟雨上楼台，革命风雷气象开。菱角无根随水活，一船换却旧三才。”

7月1日　第二次全国人口普查开始。截至1964年6月30日，全县人口总数532325人，其中男性275723人、女性256602人。

是年　中山路改沥青路面，为县城第一条沥青路。

是年　嘉兴县组织第一批知识青年650余人到农村插队落户。

1965年

1月24日　嘉兴市内51家老牌商号(店)更名，五芳斋粽子店改名人民饮食店。

2月12日　龙其夫任县委副书记。

2月22—25日　县第一次贫农、下中农代表大会举行。与会人员学习中共中央关于“社教”运动的相关文件，选举产生县贫下中农协会筹备委员会。

3月　嘉兴民丰造纸厂试制12微米电容器纸成功，国务院副总理薄一波致函祝贺。

6月　周平臣任县委书记。

8月　全国52个大寨式先进典型展览在北京举行，嘉兴县为省两个参展单位之一。

9月4日　嘉兴县组织300多名知识青年到农村插队落户，万余人夹道欢送。中央新闻纪录电影制片厂摄制组跟随拍摄纪录片。

9月　嘉兴火化殡仪馆建成营业。

1966年

4月18日　孙镜秋、吴根生任县委副书记。

5月　县委组织传达、学习《中国共产党中央委员会通知》(简称“五一六通知”)。

6月4日　群力中学部分学生贴出全县第一批大字报。

6月4—7日　县六届人大一次会议举行，吴根生当选县长。

6月4—9日　县政协二届一次会议举行，周平臣当选县政协主席。

7月7—13日　嘉兴连降大雨，总雨量170余毫米，全县21个公社受到不同程度的水涝影响，受涝面积15万亩。

7月16日　曹庄供销社被中共嘉兴地委选为贯彻《毛泽东同志给林彪同志的信》(简称“五·七指示”)、进行亦工亦农劳动制度的5个试点单位之一。

8月中、下旬　全县掀起学习宣传中共中央《关于无产阶级文化大革命的决定》(即“十六条”)和中共八届十一中全会公报热潮。

8月底至9月初　县委文化革命小组成立。

9月2日　第一医院“红卫兵”在人民体育场召开声讨原嘉兴市副市长、第一医院院长、著名血防医学专家周学章大会。

9月14日　嘉兴县635名“红卫兵”代表在嘉兴火车站乘车,赴北京接受毛泽东主席的接见。

9月29日　嘉兴县“抓革命、促生产”誓师大会在县人民广场召开。

12月16日　嘉兴县革命造反联合总部(简称“联总”)成立,为省内第一个以县冠名建立的造反派组织。

1967年

1月29日　“嘉兴工人革命造反总司令部”“嘉兴县贫下中农革命造反司令部”“嘉兴县级机关革命造反联络总部”“嘉兴县公安局捍卫毛泽东思想红色风雷造反团”等10个造反派组织发布第1、第2号特急公告,宣布夺了县委、县人委及机关各部、委、办、局的权(时称“1·29”夺权)。

2月　中国人民解放军驻嘉部队与县人武部“支左”联络站成立,受命参加“三支两军”(支左、支工、支农,军管、军训)。

3月1—12日　流行性脑膜炎在全县流行,共发病697人,死亡36人。

3月17日　县人武部生产办公室成立,临时负责领导和组织全县工农业生产及协调解决相关问题。

3月26日　23个公社遭狂风暴雨、冰雹袭击,因灾死亡2人,伤17人。

4月30日　南湖、余新、蚂桥等13个公社遭受大风、暴雨及部分地区遭受冰雹袭击,死亡1人,伤14人。

5月18日　嘉兴一中“红三司”在嘉兴镇礼堂进行绝食行动,要求公安局交出整群众“黑材料”,时间长达81小时。

5月28日　造反派在县人民体育场组织批斗地委副书记、县委书记徐永三。

6月15日　“联总”“工三司”“红三司”“机关兵团”等16个造反派组织联合组成“嘉兴县革命造反联合总指挥部”(简称“联总指”)。

7月21日　110千伏平望至嘉兴输电线路投产,全长27.2千米,嘉兴、苏州两市电力联网。

8月9日　“工总司”“炮司”“县机总”等造反派组织联合成立“嘉兴县革命造反联合总司令部”(简称“革联司”)。

8月10日　“革联司”“联总指”两派在建国路“民企总部”至中山路间发生县城首次武斗。

8月15日　“革联司”“联总指”两派再次发生武斗。

12月23日　“革联司”以要求驻嘉部队支左联络站重新给予其支持为由,发动千余人在勤俭路静坐,持续时间23天。

12月　嘉兴县“造反派”先后召开县工人革命派代表会议、贫下中农代表会议和“红卫兵”代表大会,分别建立县“工代会”“贫代会”“红代会”。

1968年

1月15日　“联总指”组织数百人于凌晨对“革联司”静坐阵地发起攻击,酿成“1·15武斗。

2月8日　长水塘开河工程开工。新开河从秋泾桥至长水塘新桥(解放桥),长600米,宽32.5米,南北沟通秀水和京杭大运河。1969年4月15日竣工。1981年命名为长水新河。

4月底　全县30个公社全部建立革命委员会,被称为实现“全县农村一片红”。

4月　嘉兴许家村渔菱大队24户105人,在七星公社泗河泾庵址组建水产大队。

5月9日　“联总指”和“革联司”在杭州达成《关于革命大联合的协议》。

7月30日　嘉兴县革命委员会举行成立庆祝大会。县革委会由45名委员组成,周平臣任主任,张洪、方玉峰、柏后东、潘菊英、王宝根任副主任。

9月9日　县革委会批复同意县工代会组织工人毛泽东思想宣传队,进驻“老大难”单位,领导“斗、批、改”。

9月18日　县革委会部署开展“清理阶级队伍”

工作。据统计，此前全县已挖出“隐藏的阶级敌人”741人。

12月　步云人民公社更名为向阳人民公社。1981年10月29日复名步云人民公社。

1969年

3月3日　县革委会毕业生分配办公室更名为下乡上山办公室。

3月26日　县革委会部署开展支边、下乡工作，并将1966、1967、1968三届时称“老三届”的毕业生和社会知识青年约1.5万人安置指标分解到全县30个公社。

4月　县革委会副主任、东栅公社革委会副主任王宝根出席中共九大。

5月16日　军队代表赵友干任地区革委会常委、县革委会第一副主任。

6月　中共嘉兴县革委会核心小组建立，周平臣任组长，赵友干任副组长。

8月30日　县革委会批示同意“联总指”完成历史使命。

10月13日　“革联司”完成历史使命。

11月13日　位于大桥公社的胥山石料厂动工开石，至1980年年底，山体基本挖罄。

11月21—23日　全面落实毛泽东主席“要准备打仗”的号召，从当年春夏间至11月底，全县开挖防空洞17353个、防空壕19650米，修复旧防空洞71个。

1970年

1月4—8日　嘉兴县举行开展夺煤大会战、夺取工农业生产新跃进誓师大会。全县上下掀起省柴改灶、开挖泥煤和节约用煤、支援夺煤队伍热潮。

1月15日　下午，嘉兴农药厂烘房正在加温溶解的甲基1605原油（剧毒农药原料）因温度过高发生爆炸，引起大火及有毒气体漫延。220多人不同程度中毒或受伤，有130人送医院救治。

同日　嘉兴镇举行第二次防空演习。

2月14日　在人民广场召开知识青年上山下乡支边誓师大会。

2月18日　嘉兴县部署开展“打击反革命破坏活动和反对贪污盗窃、反对投机倒把、反对铺张浪费”（简称“一打三反”）群众运动。

3月17日　县民兵独立团成立，赵友干任团长，周平臣任第一政委，张洪任政委。

3月30日　张洪、胡成林任中共嘉兴县革委会核心小组成员。

4月下旬　在南湖公社和东风造纸厂开展建立基层党委试点。全县整党建党工作全面展开。

4月　在长兴县大煤山建成嘉兴县第一个煤矿。

6月12日　李菊麟任县革委会副主任、党的核心小组成员。

8月　《人民日报》头版刊登嘉兴县新丰公社北长埭活学活用毛泽东主席著作“老三篇”经验。

9月4—6日　中共嘉兴县第四次代表大会举行，周平臣当选县委书记，赵友干任第二书记，乔长海任副书记。

11月5日　在人民戏院欢送部分知识青年支边大兴安岭。

12月　县城实现电话自动化交换。

1971年

1月9日　由县、公社干部和解放军组成的县革委会毛泽东思想宣传队，进驻16个公社的16个生产大队，进行基层领导班子的整顿和建设。

3月5日　革命中学（前身为民办群力中学）改为公办学校。

5月　开挖荐桥河、烈女河人防工程，荐桥河工程1972年底竣工，建筑面积1564.8平方米，口部4个；烈女河工程1973年年底竣工，建筑面积1310平方米，口部4个。

6月13日　建设中学（建国初期由嘉兴基督教会主办，1963年为民办）改为公办学校。

7月1日　阿尔巴尼亚发行纪念中国共产党成立50周年纪念邮票1套3枚，第2枚为中共一大南湖会址。

8月　嘉兴被确定为全国人民防空重点城镇。

是年　省荣复军人疗养院由诸暨县迁入嘉兴子城。

是年　将人民广场以北的民权路、育子弄拓宽，连接庙弄和填平后的倾脂河，建成长868米、宽16米的南北向沙石道路，命名立新路（今禾兴路）。

1972年

2月　嘉兴内燃机配件厂更名嘉兴动力机厂。1980年，被省政府命名为省级先进集体。1981年，增挂嘉兴缝纫机厂牌子。

3月20日　钟甫文任县委副书记、县革委会副主任。

4月13日　建立嘉兴县文艺宣传队。

4月20日　下午2时30分左右，东风造纸厂东草场274号的46个草堆先后有43个突然起火，烧毁造纸原料4.6万担，直接经济损失19.1万元。公安部、轻工业部向全国发出通报。

6月21日　县委党校成立。

11月22日　嘉兴镇工农兵礼堂召开大会，为原被打成"杨（家麟）、李（培松）、经（百莹）反革命集团"平反，恢复政治名誉。

12月16日　恢复县人民法院。

12月　余新公社成为嘉兴地区第一个实现电话自动化的公社。

1973年

1月29日　樊家禧、李振兰任县委副书记、县革委会副主任。

4月15日　恢复县公安局，原军管组、人民保卫组停止行使职能。

5月5日　孙镜秋任县委副书记、县革委会副主任。

6月23日　数学家华罗庚应邀到嘉兴作"优选法"推广应用的指导报告。

7月　参加"三支两军"工作的军代表开始撤回部队。

10月18日　沈如淙任县委副书记、县革委会副主任。

1974年

3月24日　嘉兴县民兵指挥部成立。

3月28日至4月1日　县委举行三级干部大会，部署开展批林批孔、批"两否一倒"（否定无产阶级文化大革命、否定社会主义新生事物，开历史倒车）运动。

4月8日　县委批林批孔小组成立。

4月28日　县委批林批孔小组举行报告会，会上推行可以采取先吸收参加活动，后正式充实的办法提拔干部，同时要求积极发展新党员。会后，全县范围内兴起一股突击入党、突击提拔干部风。"双突"中，全区共突击发展党员5359名，突击提拔干部897名。至1975年9月初，全区处理"双突"工作基本结束，1542名清除出党或党内除名，897名干部全部回原单位原岗位工作。

9月9日　市第一座220千伏南湖变电所一期工程在大桥公社顾家浜开工，1977年12月28日投产，总投资349万元。为华东电网浙江省与上海市联络的枢纽变电所。

1975年

1月8日　撤销县委批林批孔小组及其办公室。

2月20日　撤销嘉兴县民兵指挥部和基干民兵独立团。

4月13日　中共中央政治局委员、国务院副总理陈永贵到嘉兴视察。

8月4日　朱孔宇任县委书记、县革委会主任。

11月1日　卢继荣、李佃杰任县委副书记、县革委会副主任。

11月3—7日　县委举行三级干部大会，传达贯彻全国农业学大寨会议精神。会后，由省、地、县三级3645名干部、学生参加的工作队，分赴各公社、镇、企事业单位，进行党的基本路线教育。

12月20日　浙江生产建设兵团三师十一团撤销建制，移交地方管理。其中原一营（工业营）改称胥山砖瓦厂；二、三营（农业营）改称东风农场，1976年3月26日改名嘉兴农垦场。

是年　立新路向南延伸拓宽至府忠埭，全路铺设沥青路面。

1976年

1月8日　国务院总理周恩来逝世。全县干部、群众以各种方式自发进行悼念活动。

3月5日　嘉兴市区出现"坚决支持邓小平继续工作""坚决拥护邓小平副总理的领导"等大幅标语，之后出现以"除四害"署名张贴的"总理遗嘱"和"想念总理"等大字报和标语。

4月22日　嘉兴县遭受大风暴雨和冰雹袭击，经济损失严重，造成50人受伤，其中重伤11人。

7月16日　为纪念毛泽东主席畅游长江10周年，嘉兴县在环城河至长水新河举行规模盛大的游泳活动，游程2200米，2500人参加活动。

7月28日　唐山地震后，境内人心惶惶，多次闹地震流言，引起市民混乱。

8月21日　县委召开防震抗震电话会议，成立县防震抗震领导小组，各街道昼夜值班。

9月9日　主席毛泽东逝世。全县干部、群众以各种方式进行悼念活动。18日下午3时，全县3万军民在人民广场举行追悼大会。

10月22日　全县3万军民在人民广场举行庆祝大会，庆祝华国锋担任中共中央主席、中央军委主席；庆祝党中央粉碎王洪文、张春桥、江青、姚文元“四人帮”篡党夺权阴谋。

1977年

1月15—22日　县委召开四级干部大会，传达第二次全国农业学大寨会议精神。

2月7—10日　县委召开工业学大庆会议。

5月　嘉兴电池厂、嘉兴邮电局脉码组被评为全国工业学大庆先进单位。

6月12日　大庆报告团一行8人抵嘉兴。13日，嘉兴县设40个分会场，2万余名各单位领导、骨干收听报告实况广播。

6月27日　县委召开揭批“四人帮”罪行大会，揭发批判周平臣、柏后东秉承帮派体系、搞乱嘉兴的错误和罪行。

7月16日　下午4时左右，嘉兴县遭遇10级以上暴风雨及冰雹袭击，全县损失早稻1500万公斤，倒塌各类房屋建筑2070间，吹断电杆1274根，因房屋倒塌死亡2人、重伤4人。

8月14日　17时47分，1227次货运列车在嘉兴车站列车脱轨，6节油罐车起火燃烧，5400余人投入灭火战斗，20时10分大火扑灭，次日凌晨2时40分恢复通车。

9月21日　刘振举任县委副书记。

10月15日　县委在七星公社东风大队召开万人冬种现场誓师大会，贯彻地委冬种现场会议精神。

11月　以嘉兴马家浜遗址为代表的马家浜文化，被确认为长江下游、太湖流域新石器时代早期文化代表。

12月10日　于建明任县委副书记、县革委会副主任。

12月15—17日　全省进行恢复高考制度后的第一次统考。全县参加考试考生2252人，中等专业学校考生1500人。

1978年

2月1日　县委成立落实干部政策领导小组。

3月9—13日　县委举行全县科学种田大会，提出全县粮食亩产达650公斤、总产超5亿公斤目标。

3月27日　全县首批公社农电站成立。

4月20日　宋明高任县委副书记、县革委会副主任。

5月　全县255名“右派分子”全部摘帽。

6月15—24日　彩色戏曲艺术片《红楼梦》在嘉兴恢复上映，10天放映296场，观众32万余人次，创观看同部电影人数之最。

11月3日　全国人大常委会副委员长谭震林参观南湖。

11月15日　长山河一期河道（嘉兴县开挖段）工程开工。

1979年

1月23日　撤销毛纺厂，成立毛纺织总厂，下设第一毛纺厂等7个厂。

2月1日　浙江广播电视大学嘉兴工作站成立。

2月20日　成立嘉兴师范专科学校。

2月　七星公社庄浜大队刘明荣在对越自卫反击战中光荣牺牲，被追认为烈士并记二等功。

2—3月　全县对8840名“四类分子”（地主分子、富农分子、反革命分子和坏分子）作“摘帽”或纠错处理。

3月16日　县委建立城郊、凤桥、新丰、新塍、王店、王江泾6个农村区委。

3月29日　开通嘉兴至上海半自动拨号电话。12月29日，开通嘉兴至杭州半自动拨号电话。

4月3日　恢复嘉兴县政协。

4月12日　嘉兴冶金机械厂被评为省大庆式企业；南湖供销社和新丰供销社被评为省大寨式企业。

5月30日　上午，嘉兴冶金机械厂临时油库2号储油罐泄入许安红星大队汤家浜河的“抽余油”（含甲苯，闪点-50°C），引起河面浮油大面积燃烧，致4人死亡，1人烧伤。

5月　嘉兴动力机厂被农机部定为S195柴油机省唯一生产厂。

6月12日　徐学文任县委副书记、县革委会副主任。

11月　按照省统一部署，在全面提高猪肉、牛羊肉、禽、蛋、鱼、水产品、牛奶7类主要副食品销售价格后，对职工给予副食品价格补贴。

12月23日　嘉兴至新塍公路开通。

1980年

4月20—23日　县委召开社队、街道企业工作会议，要求争取全县当年社队企业总产值8000万元，利润1400万元。

5月8日　县革委会召开水产工作会议，要求全县当年渔业总产量保证完成4.2万担，争取4.4万担。

5月12日　县革委会确定蔬菜基地按城镇人口每人0.25分安排，嘉兴镇菜地面积为3043亩。

7月30日至8月中旬　嘉兴连续低温多雨和多次遭大暴雨袭击，水位达3.68米，超3.5米警戒线，有17个公社的40万亩稻田受淹。

9月1日　民丰造纸厂电容器纸获国家金质奖。

9月30日　县首家由集体和个人集资兴办的耀华工商企业公司开业。

10月13日　中国人民保险公司嘉兴支公司成立。

是年　在徐家埭征地建状元新村住宅区，占地1.5万平方米，建五层楼房12幢，为市区最先建造的居民小区。

是年　嘉兴绝缘材料厂与杭州玻璃厂、富春江造纸厂组建全省第一个跨地区、跨部门的“浙江省粉云母绝缘材料联营公司”。

1981年

1月14日　嘉兴县撤县设市（县级市），行政区域范围不变。

3月31日　原嘉兴县委班子改任市委班子。李佃杰任嘉兴市代市长，原为县革委会副主任、代副市长职务。

4月7日　国务院副总理万里到嘉兴视察，对建造铁路沪杭复线立交桥，改善嘉兴市区东片交通状况作出指示。

5月10日　下午4时许，嘉兴市突遭暴风雨和冰雹袭击，造成129间房屋与127个猪羊棚损坏，春花作物损失严重。7月9日和14日，又连遭两次暴风雨和冰雹袭击，造成1人死亡和2人受伤。

5月　七星公社在全市首先宣布完全消灭血吸虫病。

8月　市住宅建设公司在禾兴路首建商品房，后定名四季香商住楼。

10月　大桥公社的陶墩遗址（新石器时代）和向阳公社的步云遗址（新石器时代）被列为市文物保护单位。

11月12日　撤销嘉兴镇建制，原各街道办事处为市政府派出机关；建立秀水公社，管辖原镇属许安等6个生产大队。

12月29日　马汉民任市委书记。

是年　各公社、镇先后选举产生公社管理委员会和镇人民政府，撤销革命委员会。

是年　在城北路新建百花新村，占地面积11.84万平方米，建筑面积10.84万平方米，绿化1.6万平方米，是市区生活设施配套齐全的居住区。

1982年

1月4—11日　嘉兴市政协三届一次会议举行，李侨当选市政协主席。

1月5—10日　嘉兴市五届人大一次会议举行，孙镜秋当选市人大常委会主任，李佃杰当选市长。

3月4—6日　嘉兴地区东部六县、市血防（联防）工作会议在嘉兴市举行。

4月30日　全国人大常委会副委员长赛福鼎·艾则孜参观南湖。

6月30日　为全国第三次人口普查截止日期。经普查，嘉兴市人口总数670041人，其中男性342124人、女性327917人。

7月　市邮电局自动机室QC小组被评为部级全面质量管理（TQC）先进单位。

10月　全国人大常委会副委员长胡厥文参观南湖。

12月17日　全国淡水商品鱼基地会议在嘉兴市召开，嘉兴市被列入全国重点商品鱼基地建设县（市）。

12月18—26日　市委举行区、公社干部学习中共十二大文件会议，推行以“统一经营，各业承包，联产计酬，包干分配”为主要形式的农村联产承包责任制。

12月　《嘉兴市地名志》出版发行，为解放后嘉兴市第一部地方史志。同时，出版《嘉兴市地图册》500本。

1983年

1月3日　嘉兴第二中学复名秀州中学。

1月5日　国务院副总理姚依林视察民丰造纸厂第三车间，并参观南湖。

1月19—21日　余新公社秀水电扇厂生产的“秀水”牌电扇，在省看样订货会上，3天订出3万余台。

1月25日　省委同意嘉兴市对外开放。

6月24日至7月12日　嘉兴数日内连降大到暴雨，早稻受淹面积39.54万亩，占早稻总面积的63%以上；多处房屋、畜舍、桥梁倒塌；因灾触电、溺水死亡8人，塌房压伤22人。

8月3日　国务院批准撤销嘉兴地区行政公署，分设嘉兴市、湖州市，嘉兴市本级设立城区和郊区。

8月　中共中央作出严厉打击刑事犯罪活动的决定，市、区公安机关与检察、法院、司法等部门协同配合，广泛发动群众，依照从重从快的方针，开展三年为期、三个战役的“严打”斗争。

9月20日　嘉兴市城区辖6个街道、5个公社，全区面积150平方千米。

11月3日　张汉臣任区委书记，盛春观、梅永明任副书记。

11月7日　凤桥公社张觉民创作的《南湖菱歌》获全国农民画展一等奖。

12月1日　实行棉布敞开供应，取消使用布票。

12月8—11日　城区人民代表大会举行，于兰当选区人大常委会主任，盛春观当选区长，沈本恭、宋秀珍当选副区长。

12月至1984年1月　实行政社分设，区属5个政社合一的公社改为乡，设乡政府。

是年　解放军第111医院改编为武警浙江省总队医院，并向地方开放。

1984年

1月21日　城区建立塘汇、东栅2个区属镇；郊区建立凤桥、新丰、新篁、王江泾4个区属镇。

1月　市公共交通公司成立，先后开通市城内外8条公共汽车线路。

2月2日　嘉兴中山电影院建成开业。

3月19—21日　中共嘉兴市城区第一次代表大会举行，张汉臣当选区委书记，盛春观、梅永明任副书记。

3月24日　城区实行“党政领导接待日”和“信访办公会议”制度。

4月28日　位于东门的铁路沪杭线最大下跨式立交桥开工建设，于1985年12月21日竣工。

5月4日　塘汇、东栅镇改为塘汇、东栅街道办事处。

5月4—7日　共青团嘉兴市城区第一次代表大会举行。

6月13—14日　市区连降暴雨，河水猛涨，百花新村、城东路、秀州路、天星湖一带水深达0.5～1米。

7月1日　嘉兴人民广播电台建立。

7月　嘉兴电视转播台改嘉兴电视台。

同月　东栅乡敬老院创办，为政社分设、联产承包后的区首家敬老院。

8月9日　凤桥、新丰、新篁3个乡撤乡建镇。

8月24日　市首家国际用户电传在嘉兴电气控制设备厂开通。

9月12—14日　城区第一次妇女代表大会举行。

9月20—23日　城区一届人大一次会议举行，于兰当选区人大常委会主任，盛春观当选区长。

9月30日　嘉兴绢纺厂红梅牌特级绢丝获国家金质奖。

10月1日　南堰至钢铁厂（百花新村）第1路公交车开始通车运行。

11月10日　市区第一座沟通市区向西发展的悬臂梁桥中山西桥动工兴建。主体工程于1985年11月19日完工。

11月24日　国务委员兼经贸部部长陈慕华视察嘉兴并参观南湖。

12月30日　城区建设小学因足球项目成绩突出被国家体委授予“全国体育传统项目学校先进集体”称号。

1985年

1月23日　嘉兴市被列入长江三角洲经济开放区。

2月1日　嘉兴市委机关报《嘉兴报》创刊。

3月8日　光明街小学被省教育厅、省人防办评为省“防核、防化学、防生物武器”教育先进集体。

3月30日　嘉兴市进入全国长途电话自动拨号交换网。

4月　嘉兴市中等专业学校成立。校址在原嘉兴五中(少年路),东栅、塘汇设两个分校。

5月15日　时为“浙北第一路”的中山路拓宽工程开工,1986年11月完工。

6月16日　市区第一个大型天蓬式农贸市场育子弄农贸市场开张。

6月29日　美籍华人、世界著名数学家陈省身偕夫人郑士宁专程访问母校秀州中学。11月24日,陈省身再次回禾讲学。

6月30日　董必武诗碑揭碑典礼在南湖湖心岛举行。

7月　市出租汽车公司成立,由市公交公司兼营,主要为旅游班车。

9月2日　市煤气公司成立。

9月25日　余新乡撤乡建镇。

9月26日　中共中央政治局常委、中央顾问委员会主任邓小平为南湖革命纪念馆题写馆名。

10月7日　嘉兴绢纺厂被国家经委、财政部列为全国309个重点支持技术改造的大型骨干企业之一。

10月12日　嘉兴冶金机械厂研制成功我国第一台最大冲击能SYD—1500高能液压碎石机,机器性能结构和制造技术达世界先进水平。

11月　省政府批准《嘉兴市城市总体规划》。嘉兴市城定位为:嘉兴市的政治、经济、文化中心和水陆交通枢纽,是上海经济区对外开放的重要工业城市之一。

12月10日　市邮电局引进万门程控电话交换设备。

12月17日　东栅乡建新村被省政府评为省劳动模范集体。

是年　城区民政企业塑料薄膜厂“爱爱”牌化妆柜系列获全国建材装饰、装潢产品“金马”奖,产品畅销全国各地,成为省民政骨干企业。1988年9月,厂长徐耀宗被评为省首届社会福利企业明星厂长。1991年,被评为1989—1990年度市劳动模范。

1986年

1月30日　嘉兴市被公安部列为244个对外国人开放区之一。

2月18日　中共中央政治局委员、中央军委副主席杨尚昆参观南湖,为董必武诗碑亭题写“访踪亭”。

2—5月　举行区第一届运动会,共有795人参赛。

3月6日　中共中央顾问委员会常委江华到嘉兴考察。

3月25—26日　国务委员谷牧到嘉兴考察。

4月9日　风暴袭击城区,风力最大9级,雨量238毫米,并夹有蚕豆大冰雹,造成全区16人受伤(其中重伤3人),房屋倒塌208间,油菜与蔬菜受重创。

5月9—10日　国务委员兼国防部部长、中央军委副秘书长张爱萍到嘉兴视察,其间参观南湖。

5月25日　区公安分局破获系列“白闯”重大盗窃案,抓获在较短时间内连续“白闯”作案43起的盗窃犯闵某某。

6月25日　市邮电局第一个邮政储蓄点在勤俭路邮政大楼开张营业。

7月7日　杨有金任区委副书记。

7月9—12日　区一届人大三次会议举行,杨有金当选区长。

9月　城区全面推行九年制义务教育。

12月10日　区委向市委报告落实政策工作情况。自1978年中共十一届三中全会以来,全区为73人分别落实恢复党籍、收回安排工作、办理离休退休、定期生活补助等纠正措施。

12月11日　确定嘉兴市市树为香樟,嘉兴市市花为杜鹃、石榴。

12月　市政府决定在城区嘉北乡、南湖乡新增蔬菜基地1300亩,增拨基地建设资金70万元,以改善市区居民“菜篮子”。

同月　国内外首创的“麝香－F”新型香料在嘉兴中华化工厂研制成功。

是年　区古树名木普查结果,全区有140年以上树龄的古树名木23种、220多株。

是年　嘉兴制丝针织联合厂成立。该厂前身建于1926年,曾先后用过福兴丝厂、中丝一厂、永红丝厂等厂名。2001年，改制为浙江嘉欣金三塔丝针织有限公司，隶属嘉欣丝绸股份有限公司。

1987年

1月25日　区民政局、市饮服公司联合在鸳鸯酒楼为各街道61位孤寡老人举办首次春节团拜会。

1月26日　区委、区政府在嘉禾饭店为21对新人举办集体婚礼，区委书记张汉臣、区长杨有金作证婚人。

2月4日　南湖街道启动全市颁发居民身份证试点工作，全区颁证工作于1988年基本完成。

2月17日　新嘉街道与南京市白下区五老村街道结为友好街道。

2月18日　嘉兴社会福利院搬迁嘉北乡百花村新址。

4月上旬　重建的辛亥革命烈士纪念塔在人民公园建成，民革中央主席屈武为纪念塔题名。该塔原建于嘉禾第一桥西堍中山公园，1979年因建南湖饭店时被拆。

4月26—29日　中共嘉兴市城区第二次代表大会举行，张汉臣当选区委书记，杨有金、徐培根任副书记。

5月20日　秀水乡徐王村1人在疏通公共粪池时，因疏化氰气体中毒昏迷，附近村民先后6人奋不顾身下池救人，不幸全部遇难。

6月10—14日　区二届人大一次会议举行，于兰当选区人大常委会主任，杨有金当选区长。

6月26日　农牧渔业部副部长相重扬到嘉北乡顾家浜村看望自愿不包分配、回乡从事多种经营的嘉兴农校毕业生章建琴。

9月13—14日　中共中央政治局委员、中央书记处书记乔石到嘉兴视察并参观南湖。

9月29日　市中级人民法院公开审理全市解放以来最大贪污案。原中百公司会计吴颖利用职务之便，在不到一年中贪污公款5.77万元，被判处无期徒刑，剥夺政治权利终身。

12月27日　城区与江西省吉安地区井冈山市结成友好区(市)。

是年　城区对18个经济薄弱村开展定期3年的首轮扶持。

是年　吉水路上横跨京杭运河的吉运桥建成。

1988年

1月19日　城区13.6平方千米空间认定为省第一个市级烟尘控制区。省政府颁发锦旗和奖金。

2月1日　城区成立全市首家有奖募捐委员会。

3月2日　区政府发布，在汽车西站南侧筹建工业品市场的集资公告。

3月15日　三水湾居住区开发工作全面展开。该居住区占地面积105公顷，建筑面积85万平方米，时为市区规划面积最大的住宅小区。

3月31日　区委、区政府宣布嘉北、东栅两乡为消灭血吸虫病的乡。

4月30日　区公安分局查获以花红玲(女)为首的诈骗300万元的犯罪团伙。花红玲被判无期徒刑，其余4人被判10年以上有期徒刑。

4月　城区在全市首次发行社会福利有奖募捐券。到1989年年底，发行5次，券值90万元，筹集社会福利基金23.67万元。

5月10—12日　中共中央政治局候补委员丁关根到嘉兴视察。

6月1日　全市122个基层供销社集资新建的江南大厦开张营业，营业用房2万余平方米，为市区规模最大的综合性商业经济实体。

6月12日　上海人民广播电台和嘉兴人民广播电台合作播出《嘉兴的一天》现场广播特别节目。节目在南湖、五芳斋粽子店、民丰造纸厂设立现场直播点，从上午7时半起连播8个小时。

6月30日　区政府颁布鼓励发展外向型经济的若干措施。

7月2日　区政府颁布关于发展创汇农业的若干优惠措施。

8月4日　城区在全市率先启动住房制度改革。

8月29日至9月1日　四川省北川县考察团访问城区，城区和北川县结成友好县区。

9月1日　区商业局、土管局成立。

9月6日　城区启动“评三户(爱国守法户、五好家庭户、文明户)、创新风”活动。

9月26日　澳大利亚等9个驻沪领事馆的官员及家属一行48人游览南湖。

9月　撤销塘汇、东栅两街道，塘汇街道并入解放街道，东栅街道并入南湖街道。

10月12日　城区启动农民技术人员职称评定工作，种植、畜禽、蔬菜等13个专业列入评定范围。

10月14日　区工商分局开展全面整顿清理公司工作，至年底共注销2家，变更5家，保留19家。

11月1—2日　中共中央政治局委员、中央组织部部长宋平到嘉兴调研企业思想政治工作。

11月14日　国务委员、国务院秘书长陈俊生到嘉兴调研农业发展问题。

12月1日　市区开通国际直拨电话（IDD）业务。

12月10日　位于中山西路桥西堍北侧的新建轮船客运码头投入使用。

12月21日　嘉兴市公墓在嘉北乡义庄建成，为区属集体性公墓。

12月22日　市区第一个管道煤气工程在机械电子工业部第36研究所正式通气。

是年　嘉兴社会福利院被省民政厅表彰为先进福利院；院医生沈哲俊获中国残疾人联合会颁发的"全国优秀特殊教育工作者"荣誉证书。

1989年

1月1日　市委机关报《嘉兴报》改出日报，更名为《嘉兴日报》。

1月16日　嘉兴市开始启用居民身份证。

3月　中国第一条实腹钢静电喷塑线在净相乡钢窗厂建成投产。

4月5日　凌晨3时20分，市区中基路202—204号和南廊下61—62号发生重大火灾，受灾5户，死亡1人，烧毁房屋10间，计283平方米，直接经济损失26710元。

4月8日　区政府印发关于对工业企业实行七条激励措施的决定。

4月8—10日　全国政协常委、民革中央副主席贾亦斌重游当年国民党国防部预备干部局陆军预备干部训练第一总队起义地，并作祖国统一工作的报告。

4月29日　区政府印发关于对农业生产实行七条激励措施的决定。

同日　区老干部关心下一代成长协会成立。

5月6—8日　中央顾问委员会委员、原中央书记处书记邓力群到嘉兴考察发展外向型经济情况，并参观南湖。

5月15日　区政府决定设立城区科学技术进步奖，每年评定1次，设3个奖级。

5月18日　城区机关少数干部发起"声援北京学生运动"签名，上街参加游行。区委及时传达贯彻各级党委关于稳定大局、稳定经济、稳定形势的意见。

5月23日　民丰造纸厂成为全国造纸行业第一家一级企业。

5月　嘉兴邮电局建立无线电寻呼中心。至2006年，全市寻呼基站全部关闭。

是月　省军区司令员杨世杰到余新镇联星村视察"青年民兵之家"。

6月10日　全市首家儿童银行在南湖中心小学成立。

6月16日　建立中共嘉兴市城区区委党校。

7月　嘉兴市中华化工总厂厂长朱贵法获1988年度省劳动模范称号，同年9月获全国劳动模范称号。

8月16日　区政府决定将新兴幼儿园等8所幼儿园定为区（县）级集体事业单位，经济性质、行政关系不变。

8月20日　城区中山饭店开业。主楼17层，客房141间，营业用房8372平方米，总投资1000万元。

9月2日　市区发生聚众斗殴事件。祁某某等与10多个本地闲散人员因纠纷持械群殴，1人被杀，抓获肇事者曹某某，嫌疑人马某某自首。

9月9日　徐加庭任区委副书记。

9月10—11日　中央顾问委员会常务委员张劲夫参观南湖，视察"嘉丝联"等企业。

9月16日，区委、区政府召开深入贯彻最高人民法院、最高人民检察院《关于贪污受贿投机倒把等犯罪分子必须在限期内自首坦白》的通告动员暨宽严处理大会，区长杨有金在会上宣读"两院"《通告》，区委书记张汉臣作动员讲话。

9月　步云乡中心小学少先队大队部获"全国少先队红旗大队"称号。

11月6日　全国人大常委会副委员长、民革中央主席朱学范参观南湖。

12月25日　南湖乡消灭血吸虫病。至此，全区各乡全部达到消灭血吸虫病标准。

12月26日　城区推行村级干部养老金保险制度试行方案。

12月　步云乡文化站宋春华被评为全国先进文化站站长。

是年　大桥中学周永华被教育部评为全国优秀教师。

是年　嘉兴市区启动“小包围”城市防洪工程，分6期实施，均在城区境域内，总投资4115万元，受益面积428.71公顷。

1990年

1月10日　嘉兴绢纺厂普级210N/2绢丝获国家金质奖。

1月17日　区委、区政府对各街道74名从事居民工作15年以上的居民干部颁发荣誉证书。

1月28日　副省长许行贯在市长周洪昌等陪同下，走访大桥乡中华化工总厂和竹林乡种粮大户李林甫。

1月　城区研发的“紫香七号”稻米畅销全国第五届优质农产品展销会，先后获全国星火计划成果博览会金奖，省名特优新产品一等奖等。

1至4月　举行区第二届运动会，共有819人参赛。

2月15日　市青少年国防学校城区少年军校成立，区委常委、区人武部部长李连芳任校长，区委副书记徐加庭任政委。

3月12日　区妇联等8部门发起，在全区农村妇女中开展学文化、学技术、比成绩、比竞赛的“双学双比”竞赛活动。

3月22—25日　中共嘉兴市城区第三次代表大会举行，张汉臣当选区委书记，杨有金、徐加庭任副书记。

3月　嘉兴冶金机械厂制成全国最大的2台高炉开铁口机。为国家“七五”重点项目——宝钢第二期工程4060立方米高炉的主要配套设备。

4月26—30日　区三届人大一次会议举行，徐昌鑑当选区人大常委会主任，杨有金当选区长。

7月23日　区纪委、区监察局等8部门在全区部署开展评选“贤内助”“廉内助”活动。

7月30日　嘉兴汽车新客站（汽车西站）落成。该站占地面积48.7亩，总建筑面积4760平方米，为当时浙北地区规模最大、设施一流的车站。

8月10—20日　嘉兴连续高温、干旱，导致平湖塘污水倒流，造成南门水厂水源污染。

9月6日　“亚运之光”火炬传至嘉兴市，交接仪式于下午3时50分在市体育场举行。

9月30日　省委常委、宣传部部长孙家贤在市委书记卢展工等陪同下，视察凤桥镇文化中心。

10月17日　中共中央政治局委员、国务院副总理吴学谦参观南湖。

10月18日　由上海电影制片厂摄制，第一部全面反映中国共产党诞生历史的电影《开天辟地》在嘉兴南湖开拍。

10月22—23日　全国人大常委会副委员长、全国妇联主席陈慕华和中央顾问委员会常委康世恩到嘉兴视察。

10月　城区被省政府、省军区评为“省民兵工作先进单位”。

12月8日　由香港德荣纺织漂染厂、上海玩具十厂和解放街道钢雕模具厂3家合资的区属首家中外合资企业浙江荣霖玩具有限公司在同乐路成立。

12月20日　区精神文明建设委员会成立。

12月27日　新嘉街道在秀水兜开办区首家街道老人活动室。

1991年

1月8日　市区电话实现自动化，是全省第一个地市级电话设备程控化局。

2月7日　区委、区政府举行侨胞、台胞、港澳同胞迎春座谈会，70多名“三胞”参加。

3月16日　由国家教委、团中央、全国妇联等发起的全国五省六市（嘉兴、南昌、吉安、遵义、延安、石家庄）少年儿童“沿着党的足迹走，誓做革命接班人——红领巾传递活动”在嘉兴南湖拉开序幕。

3月18日　原全国人大常委会委员长彭真参观南湖并题词：“世世代代高举马列主义、毛泽东思想旗帜，为共产主义事业英勇奋斗！”

同日　区政府召开“为残疾人事业捐赠一元钱”活动动员大会。

3月31日　联合国粮农组织社会政策部高级官员瓦杰斯在农业部、省农业厅和市、区农经委等领导陪同下，参观访问南湖乡。

4月15日　城区被省计划生育协会评为“省计划生育工作先进单位”。

同日　新兴街道南门“谢友”商店袁通海被国家税务局评为“1990年度全国个体工商守法模范纳税户”。

4月24日　全国政协副主席吕正操参观南湖并题词：“星火燎原、人类之光”。

5月3日　城区第一家“庄稼医院”在塘汇乡供销社开业。

5月19日　嘉兴市成为省第一个电话通信程控化地区。

6月17日　因连续下雨21天，嘉兴水位暴涨至4.05米，超警戒线，城区洪涝严重，受灾粮田8100多亩、西瓜3000多亩。

6月18日　城区召开首届科技进步奖颁奖大会，其中特质米“紫香七号”和低温隔热材料泡沫玻璃获一等奖。

6月20日　新建的南湖革命纪念馆竣工通过验收。该馆位于南湖路摆渡口。从1990年6月始，在“我为南湖增光辉”活动中，全市人民集资建南湖革命纪念馆款320多万元。

6月25日　中共中央政治局常委宋平及省委书记李泽民等出席在嘉兴举行的浙江省庆祝中国共产党成立70周年大会暨嘉兴南湖革命纪念馆落成典礼。

7月1日　邮电部发行中国共产党成立七十周年纪念邮票一套两枚，第一枚为“中共‘一大’南湖会议会址”。

7月8日　中共中央总书记江泽民、国务院副总理田纪云、中共中央书记处候补书记温家宝等到嘉兴视察洪涝灾情，慰问灾民。

7月14日　深夜零时左右，狂风暴雨，城区4.04万亩农田受淹，2.4万亩早稻倒伏。

7月21日　国务院总理李鹏和国务院秘书长罗干等到嘉兴视察灾情，慰问灾民。

8月17日　金华市婺城区委书记吴效芳、副区长王守贤代表婺城区向嘉兴市城区捐送救灾款5万元、大米20吨。

9月12日　新丰乡朱旻初获教育部评为“全国优秀教育工作者”。

9月12—16日　南湖街道市民学校绢纺一村分校第一期学习班开班，为市首家社区文明市民学校。

10月1日　民政部副部长阎明复考察城区民政福利企业新海纸品厂，为文虎酱鸭题词：“浙江第一鸭”。

10月16日　中华人民共和国嘉兴海关开关。

同日　嘉兴“911”人防工程开工，1993年4月8日竣工通过验收。

10月23日　杨有金任区委书记。

10月25日　市首台全身CT检查仪在市第一医院开始使用。

10月26日　沈本恭任代理区长，1992年4月任区长。

11月5日　沈本恭任区委副书记。

11月17日　嘉兴市辖范围电话号码由5位升至6位。

是年　区开发的“紫香七号”高级营养米获北京“七五”星火博览会银质奖，北京首届老年生活用品、食品博览会金质奖，并列入国家优质农产品开发项目。

1992年

1月10日　嘉兴市在全省率先开通110报警服务系统。

3月9日　解放街道和凤桥镇、步云乡、七星乡文化站被认定为省一级文化站。

3月12日　区关心下一代工作委员会成立。

3月　中央顾问委员会主任陈云为南湖革命纪念馆题词：“革命火炬代代相传”。

4月22—23日　中央顾问委员会副主任宋任穷到嘉兴视察，并参观南湖。

5月13日　全国人大常委会副委员长廖汉生参观南湖。

5月17日　嘉兴为全国第一个开通的GSM移动电话领示系统。

6月15日　嘉兴市区“小包围”城市防洪工程第一期工程——光明街区域防洪工程建成。工程于1989年开工，总投资160万元，受益面积12.2公顷。

6月23日　区未成年人保护委员会成立。

6月24日　区委、区政府部署推行股份合作制。

7月1日　区开始实行全民、集体企事业单位固定职工个人缴纳养老保险费制度。

8月16日　嘉兴建成全国第一个C3本地电话网。

8月22日　嘉兴经济开发区建立，开发区范围在320国道途经城区嘉北乡一段两侧。

8月28日　全市首个移动电话用户号码为90611，由嘉兴市荷花管道供应处以4.8万元拍得。

8月　市公安机关对符合务工经商等条件的农民进城镇落户办理常住户口（简称“蓝印户口”）。1994年1月停止办理。

10月7日　区政府被国家计划生育委员会评为全国城市基层计划生育工作先进集体。

10月10—13日　浙江省五城区工作研讨会第六次会议在城区召开，5个成员区和6个邀请区58位代表参加。

10月28日　嘉兴农产品市场在龙凤桥西堍开业，为浙北最大的农产品集散地。

11月4日　城区在上海开设嘉兴申禾工贸公司。

11月26日　长盐塘治水工程开工。长盐塘为杭嘉湖南排工程重要水利工程，工期紧、任务重，万余民工日夜施工，仅用15天，开挖土方35.2万立方米，如期完工。

12月31日　城区信用合作社设立。

12月　陶志来任区委副书记。

是年　余新镇老年协会被省老年体协评为“省老年体育先进单位”。

1993年

1月　中共中央政治局常委、国务院总理李鹏为南湖革命纪念馆题词：“永远继承和发扬我党光荣传统，万众一心创建美好未来。”

2月24日　中共中央总书记江泽民为南湖革命纪念馆题词：“发扬党的优良传统，坚持党的基本路线，努力夺取建设有中国特色社会主义的新胜利。”

3月12—15日　中共嘉兴市城区第四次代表大会举行，杨有金当选区委书记，沈本恭、陶志来任副书记。

3月26日　省工商联核准民丰造纸厂、嘉兴绢纺厂、中丝一厂、天真照相馆、杨九牧药酒店、五芳斋粽子公司、陆稿荐酱鸭店等15家嘉兴老字号企业。

3月28日至4月2日　区四届人大一次会议举行，徐加庭当选区人大常委会主任，沈本恭当选区长。

4月25日　中共中央政治局原常委、国务院副总理姚依林到嘉兴视察，并参观南湖。

5月8日　财政部部长刘仲藜到城区视察。

5月9日　全国人大常委会原副委员长彭冲参观南湖。

5月11—12日　中共中央政治局委员、国务委员兼国家经济体制改革委员会主任李铁映到嘉兴视察，并参观南湖。

5月13—14日　全国人大常委会副委员长、全国妇联主席陈慕华到嘉兴视察，并参观南湖。

6月18—19日　区首届民兵代表大会举行。

7月25日　位于市中心的精严讲寺藏经阁由市拆迁办组织拆除。

8月9日　区长沈本恭和东栅乡副乡长张明宝、塘汇乡副乡长戴妹甜获省人民教育基金会第四届“绿叶奖”。

8月20日　嘉兴殡仪馆被民政部评为全国殡葬系统先进集体。为全省首家获全国先进的县级殡仪馆。

8月21日　因特大洪涝来袭，嘉兴水位达4.23米，为1954年以来最高。全区受淹农田9.2万亩，6000多户城市居民和1400多户农户家被淹。

9月18日　GSM领示系统开通使用。市第二机电设备公司为全市第一个GSM用户，号码为916011。

9月28日　省委副书记沈祖伦到新丰镇检查指导中共十四大精神再教育工作。

同日　市首家室内农贸市场——东门农贸市场开张。

10月31日　零时起，嘉兴市内电话号码由6位升至7位。各县市统一使用长途区号“0573”。

11月1日　新丰镇成立市首家乡镇级基层律师事务所。

12月2—4日　全国人大常委会副委员长李锡铭到嘉兴视察，其间参观南湖。

12月9日　嘉兴市城区更名为秀城区。

12月12日　中央顾问委员会原常委、全国政协副主席刘澜涛参观南湖。

12月25—26日　嘉兴电视台、上海东方电视台在嘉兴联合举办“永航的红船”电视现场直播和纪念毛泽东诞辰100周年大型文艺晚会。

1994年

1月　南湖乡、东栅乡、嘉北乡、秀水乡、塘汇乡5个乡民警值班室改建为乡派出所。

1月6日　市区防洪工程开工。该工程主要包括杉青闸工业片和生活片、百花片、凌塘桥片等三个防洪工程，占地面积125公顷。整个防洪工程将新建4.8米高的防洪墙3000多米，铺设管道3600多米，建闸门3个，泵站9个，总投资约1000万元。工程于10月10日通过竣工验收。

2月21日　区政府决定对物资商业企业实行七条激励措施。

2至6月　举行区第三届运动会，共有1262人参赛。

3月　市区勤俭路商业夜市开业。开辟夜间商业摊位200余个。

4月26日　中共中央政治局常委、国务院副总理朱镕基视察市区洪波路粮站，走访七星乡种粮大户王正祥和陶海荣家。

4月27日　区对口支援三峡库区移民工作领导小组成立。

6月11日　国务委员陈俊生到嘉兴视察“治太”(太湖)工程。

6月30日　中央顾问委员会原常委江华参观南湖。

8月　区人武部被国防部征兵办公室评为“廉洁征兵先进单位”。

10月10日　塘汇乡张字圩村被省委、省政府评为“第四批省级文明单位”。

10月12日　秀城区中外合资嘉兴福浩旅游品有限公司副总经理、德商卡尔的住宅被盗，遭窃人民币40余万元，是嘉兴市解放以来最大的涉外盗窃案件。10月29日，案件告破，从湖南抓获2名案犯，并追缴部分赃款。

10月27日　最高人民检察院检察长张思卿参观南湖。

11月3日　省委批复，嘉兴市和秀城区实行机构合署运转，人员对口归随，资产统一管理，职能市、区一体。

1995年

3月1日　凌晨5时许，平湖市总工会旅游部一辆载50名香客的大客车，在新丰镇青龙桥处翻入河中，死23人，伤21人。

3月23日　中共浙江省委副书记、省长万学远到新丰镇与镇村干部、种粮大户座谈。

4月4日　中共浙江省委常委、宣传部部长梁平波视察余新镇联星村。

4月6日　铁路新客站广场地下人防工事开工，1997年12月28日竣工。

4月20日　中共中央军委副主席张震参观南湖。

4月26日　沪杭高速公路嘉兴段开工典礼在曹庄乡普光村举行。

5月30日　杨有金任区长。

10月11日　中共中央政治局委员、国务院副总理邹家华视察京杭运河嘉兴市区段，并参观南湖。

10月　东门街道天星湖居委会被民政部评为“全国模范居委会”。

12月2日　国家原主席杨尚昆参观南湖。

12月18日　秀水乡建制撤销。

12月29日　市区四桥五路(段)全线通车。四桥为禾兴北路大桥、勤俭东路桥、神龙桥、永政桥；五路(段)为禾兴南路、建国南路、秀州南路、禾兴北路、勤俭东路。

同日　位于环城东路和勤俭路交叉口的嘉禾桥竣工，桥名沿用被拆除的“嘉禾第一桥”。长54米，宽18米，结构为中承式系杆拱，在嘉兴城市桥梁中属首次采用。

1996年

2月12日　铁路嘉兴站改建工程开工，往东移约100米。次年1月16日，新客站正式落成。

3月6日　秀城区塘汇乡、嘉北乡委托嘉兴经济开发区管理，南湖乡、东栅乡委托嘉兴市南湖综合开发区管理。

4月5日　农业部部长刘江在副省长刘锡荣等陪同下，考察新丰镇和大桥乡中华化工总厂。

4月30日　秀城区物资回收公司女出纳员从银行取款30万元遭抢夺，为建国以来嘉兴市最大的一宗抢夺案。1997年案件破获。

5月7日　嘉兴革命烈士陵园落成典礼暨嘉兴

解放47周年纪念大会举行。

6月15日　中共浙江省委副书记、常务副省长柴松岳到曹庄乡调研蚕桑生产情况。

6月26日　嘉兴市暨秀城区严厉打击毒品违法犯罪公开处理大会在市中山电影院召开，依法对19名吸、贩毒犯罪嫌疑人作出一审判决，湖南衡阳籍贩毒罪犯尹长江被判处死刑。

6月　完善市、区合署工作，对秀城区实行党政机构改革，区委、区政府部门从27个撤减为12个。

7月3日　因连续降雨，水位骤增，区各乡农田洪涝面积7.1万亩，一些工厂企业被迫停产。

9月　全区全面开展第一次农业普查。

10月15日　成立秀城区婚姻登记管理所，集中办理辖区内各街道的结婚、离婚、复婚等婚姻登记管理工作。

是年　中国民间艺术协会会长李寸松到余新镇曹王村，了解曹王庙及泥猫、泥孩等民间艺术品的历史渊源。

是年　嘉兴第一个国家安居工程——西马桥小区一期建成，总建设规模16.5万平方米，总投资1.5亿元。

是年　大桥乡南河浜遗址（良渚时期）发掘被《中国文物报》评为1996年度“中国十大考古新发现”提名奖。

1997年

1月　沈家桥现代农业示范园区动工兴建，为区首批现代农业园区。

3月7—8日　美国驻沪总领事安庆云访问嘉兴。

3月26日　中共浙江省委副书记、省长万学远到新丰镇视察农业。

4月7日　全国人大常委会副委员长铁木尔·达瓦买提参观南湖。

4月22日　中共浙江省委书记李泽民视察七星乡东进村现代农业示范园区。

6月1日　位于禾兴北路、新建的市青少年宫落成，占地33亩，总建筑面积1.15万平方米。

6月4日，南门水厂发生氯气泄漏事故，周围居民37人中毒，经抢救脱险。

6月6日　国务委员司马义·艾买提参观南湖。

7月10—11日　嘉兴24小时降雨257毫米，市区受淹面积6.12平方千米，成灾面积3.12平方千米。

7月14日　一歹徒在瓶山公园持刀劫持女青年姚某。市、区两级公安机关在劝阻、警告无效的情况下，击毙歹徒并解救人质。

7月22日　省政府批准新的嘉兴市城市总体规划，秀城区150平方千米面积全部被列入城市规划区范围。

8月18—19日　受11号台风影响，市区倒伏树木950余株，区各乡受淹农田近2万亩。

8月29日　市、区两级公安机关抓获杀人犯罪嫌疑人郑某某，郑系嘉兴友谊电脑制版厂厂长，为掩盖男女私情，将女工王某杀害，并用绞肉机、刀具残忍分尸、弃尸。

9月17日　怀一尘任区委副书记。26日，任代理区长。

9月28日　戴梦得大厦落成，总建筑面积5.6万平方米，投资2.8亿元，为市区又一商贸中心。

10月6日　王洪涛任区委书记。

10月15日　中共浙江省委常委、副省长刘锡荣视察七星乡现代农业示范园区。

10月20日　在南湖斜港畔重建的精严讲寺举行开光典礼。

10月23日　中共浙江省委原省委书记铁瑛考察七星乡农业工作。

10月　秀城区被省政府、省军区评为“征兵工作先进单位”。

11月11日　沪杭高速公路十八里立交桥建成通车。

11月21日　全国人大常委会副委员长费孝通考察嘉兴经济社会发展情况。

12月26日　湘家荡旅游度假区被批准为省级旅游度假区，总面积7.15平方千米，其中湖泊130公顷。

是年　新嘉街道被国家体育总局评为“全国群众体育先进街道”。

1998年

1月1日　秀城区开始实行农村村民最低生活保障制度。

1月17日　中山路商业大厦发生特大盗窃案，被盗黄金、翡翠饰品一批，价值达260余万元。4月

11日，犯罪嫌疑人徐方够抓获归案。

2月13日　副省长李长江到余新粮站了解秋粮入库工作。

2月13—15日　全国政协副主席杨汝岱视察嘉兴，参观南湖。

2月17日　区公安分局新嘉派出所副所长吴桂平、民警李雄伟在与拒捕系列盗窃犯罪嫌疑人搏斗中，李雄伟壮烈牺牲，吴桂平身负重伤。

2月19—22日　中共嘉兴市秀城区第五次代表大会举行，王洪涛当选区委书记，怀一尘、陶志来任副书记。

3月9日　余新镇被列为省社会综合发展实验区。

3月14日　副省长章猛进到新丰镇镇北村视察丰产示范方。

3月16—21日　区五届人大一次会议举行，徐加庭当选区人大常委会主任，怀一尘当选区长。

3月25日　嘉兴市第一家从事软件开发的中外合资科研企业——泰克赛尔（嘉兴）软件开发公司落户南湖综合开发区（后改名为嘉兴高新技术产业园区）。

同月　中共浙江省委副书记、省长柴松岳到新丰镇视察农业。

4月29日　区全面开展“村务公开、民主管理”工作。

5月　嘉兴大桥动工兴建。

6月11日　沈钧儒纪念馆开馆，中共中央总书记江泽民题写馆名，全国人大常委会副委员长丁石孙，全国政协副主席钱伟长、钱正英等出席开馆仪式。

6月30日　北丽桥重建工程竣工，总投资180万元。

7月15日　区招商引资领导小组成立。

8月6日　宋顺良任区委副书记。

8月　市区首座双塔双索斜拉桥勤俭大桥动工建造。

9月9日　嘉兴邮电系统实施邮、电分营，成立嘉兴市邮政局。

10月6日　中共中央总书记、国家主席江泽民考察七星乡东进村现代农业示范园区，并走访农户张寿兴家。

10月12日　南湖大桥动工新建。

11月30日　中共中央政治局委员、上海市委书记黄菊参观南湖。

12月29日　新兴街道被国家体育总局评为首批“全国城市体育先进社区”。

12月　解放街道春波坊仿古商业一条街建成。

是年　东门街道办事处被国家民委评为“民族团结进步模范集体”。

1999年

4月22日　全国人大常委会副委员长成思危，全国政协副主席万国权、经叔平、张克辉、王兆国，中央台办、国务院台办主任陈云林等率党外人士考察团到嘉兴考察，并参观南湖。

4月23日　嘉兴出台落户新政，个人购买市区商品住宅建筑面积达55平方米并符合相关条件可申请本人与配偶或子女户口迁至商品住宅所在地落户；购买90平方米以上，购房本人、配偶及子女均可申请入户。

5月9日　浙江经专、嘉兴高专（教育学院）的3000多名师生走上街头，举行示威游行，强烈抗议以美国为首的北约悍然轰炸中国驻南斯拉夫联盟共和国大使馆的野蛮暴行。

5月11日　市委城市工作委员会撤销。城工委管理的建设、东门、解放、南湖、新兴、新嘉6个街道由秀城区管理。

6月16日　中共浙江省委副书记周国富到解放街道视察从事新鲜蔬菜加工出口业务的华康公司。

6月23日至7月4日　嘉兴连降特大暴雨，降雨量614毫米，6月30日水位4.67米，超历史最高水位27厘米。洪水量级达700年一遇程度。全区农作物受灾10.5万亩，毁损房屋11554间，直接经济损失3.95亿元，其中农业损失9359万元。

7月4日　中共浙江省委书记张德江到解放街道秋泾桥居委会慰问受淹居民。

7月10日　中共中央政治局委员、国务院副总理、国家防汛抗旱总指挥温家宝等到嘉兴视察灾情。

7月21日　区政府启动对新嘉街道西马桥等“城中村”整治改造。

7月26日　嘉兴市“市长电话”开通，号码为“2095555”。2000年7月27日，“市长电话”启用全国统一的市长热线电话专用号码“12345”。

8月25日　区政府启动城乡用电“两改一同价”（农电体制改革、农村电网改造和城乡用电同网同价）工作。

9月28日　市区进行“二桥三路”（南湖大桥、勤俭大桥；老环城路改建、城南路二期和城北路二期新建与改建工程）通车仪式。

同日　世界著名数学家陈省身和香港知名实业家查济民出席陈省身铜像揭幕仪式和陈省身出生地纪念标志揭幕仪式。

10月26日　新丰镇被列为全国小城镇综合改革试点镇。

10月27日　调整部分街道行政区划。撤销东门街道建制，东门街道环城河以内区域，并入建设街道，环城河以东并入解放街道；设立新城街道，辖区基本为嘉兴经济开发区范围；同时，新兴街道环城河以内区域并入建设街道。

11月20日　位于中环西路新塍塘桥北堍的嘉兴车城开业。总占地面积82亩，总投资概算4600万元，总建筑面积34000平方米，为华东地区最具规模和特色的综合性车辆及配件交易市场之一。

12月30日　区政府决定在各乡、街道建立司法所。

是年　嘉兴水泥厂厂房拆除，重建三塔。

是年　嘉兴列入全国第一批金融电子信息化试点城市。

2000年

1月9日　全国人大常委会副委员长、全国妇联主席彭珮云参观南湖和市妇女儿童活动中心。

1月13日　嘉兴市区城市防洪“大包围”工程开始实施，规划保护面积92.04平方千米，总投资3.66亿元。

2月18日　嘉兴市被公布为第二批省级历史文化名城。

3月22日　嘉兴学院成立，为全市第一所本科院校。

3月23日　中共浙江省委书记张德江到新丰镇视察农业。

5月25日　嘉兴市本级行政区划调整。秀城区辖建设、解放、南湖、新嘉、新兴5个街道和凤桥镇、新丰镇、新篁镇、余新镇、南湖乡、东栅乡、步云乡、七星乡、大桥乡9个乡（镇），人口44.4万人，总面积426平方千米。

5月28日　秀城区党政机构设置调整，区委、区政府工作机构由市与区合署后保留的12个调整为19个。

5月　邬泉林任区委副书记。

6月29日　市委、市政府召开市本级行政区划调整交接会议，秀城区、秀洲区按新的行政区划运作。秀城区委、区政府办公地点在吉杨路吉杨大酒店。

6月　朱春林任区委书记。

7月3日　区防汛抗旱指挥部成立。

7月6日，市政府印发《关于市与区事权划分意见的通知》，就市本级行政区划调整后，市与区事权划分作了明确，从2000年7月1日起试行。

7月24日　建设、新兴、南湖、解放、新嘉5个街道辖区的居委会调整划分为48个社区。

8月9日　区三峡库区移民安置工作领导小组成立。当年，实际完成接收安置三峡库区移民103户410人。

8月14日　市政协秀城区工作委员会建立，张亚平任主任。

8月23日　中共浙江省委副书记、省长柴松岳到大桥乡江南村考察效益农业。

8月29日　新丰镇被省住房和建设厅列为省级中心镇。

9月1日　秀城区地名委员会成立。

9月19日　中共中央政治局委员、国务院副总理吴邦国考察民丰集团公司。

9月20日　副省长鲁松庭到余新镇考察教育工作。

9月28日　城南公园开园暨东升路和外环线工程通车仪式举行。

9月30日　市首届南湖船文化节在南湖开幕。

10月3日　秀州中学举行百年校庆。

10月7日　全国政协常委、原省长沈祖伦到余新镇调研效益农业。

10月10日　中共浙江省委常委、常务副省长吕祖善到大桥乡中华村考察中心示范村建设。

10月13日　秀城新区成立，为城市“东进南移”的核心区域和秀城区政治、经济、文化中心。

10月29日　建立秀城工业区，规划面积8平方千米。

11月17日　秀城区被省绿化委员会评为“省绿化合格县”。

12月15日　南湖疏浚整治工程全面启动，至2001年5月底完工，总投资2000多万元。共疏浚土方79.9万立方米，清障7800余立方米，南湖南岸退塘还湖0.1平方千米。

12月18日　区工商联合会(商总会)成立。

是年　中环南路建成通车。起止点从中环西路到十八里桥，全长13.8千米，宽60米。2006年，中环南路调整为东起中环东路与泰宁路交接点，西至嘉杭路与中环西路交接点，长5604米。往东至十八里桥段，更名广益路。

是年　市区最大的旧城改造工程嘉禾北京城购物广场开工建设。

是年　新篁、余新镇被省教育厅命名为省教育强镇。

是年　余新镇被确定为全国小城镇综合改革试点镇，新丰镇竹林村获全国计划生育工作先进集体。

2001年

1月1日　秀城区实行集镇、农村居(村)民最低生活保障新标准，其中集镇居民为年人均1690元，农村村民为年人均1200元。

1月18日　嘉兴与全国16630个邮政储蓄网点和3900台自动柜员机联网。

3—9月　举行区第四届运动会，共有2365人参赛。

4月17日　副省长章猛进到七星镇东进现代农业示范园区调研。

5月1日　嘉兴和上海两地在南湖革命纪念馆广场联合举行上海——嘉兴“红色之旅”专线开通仪式。

5月2日　中共中央政治局常委、国家副主席胡锦涛到嘉兴参加由浙江省委、共青团中央举办的“党在我心中——南湖红船圣地行”活动启动仪式，随后考察新丰镇新阳针织厂和民丰村。

5月17日　嘉兴建成第一期无线市话工程(俗称小灵通)。

5月25日　中共中央文献研究室考察团一行参观南湖。

5月28日　嘉兴邮电博物馆开馆。

6月18日　“1921·狮子汇”中共一大代表雕塑群和城南路口“嘉禾之源”城雕落成。

6月19日　庆祝中国共产党成立80周年，中央电视台心连心艺术团到嘉兴，在南湖市民广场举行“你是一面旗帜”的慰问演出。

6月25日　南湖中共一大会址和马家浜文化遗址被列为第五批全国重点文物保护单位。

6月26日　市区中山东路、角里街、建国北路建成通车。

7月1日　南湖荷花灯会举行，嘉兴旧俗每年农历六月二十四为“观莲节”，民间有观赏荷花灯的习惯。

8月11日　中共中央政治局委员、书记处书记、国务院副总理温家宝到嘉兴视察农业和农村工作。

8月23日　中共浙江省委副书记、省长柴松岳视察大桥镇十八里葡萄园。

9月3日　浙江嘉兴国家农业科技园区被列为全国首批国家农业科技园区试点区，其中七星乡1.5万亩农田为核心区。

9月28日　南湖创业园奠基动工。

10月25日　秀城区部分区域行政区划调整，其中合并大桥乡、步云乡和余新镇吕塘、八里2个行政村，设立大桥镇；合并凤桥镇、新篁镇，设立新的凤桥镇；七星乡撤乡设镇；东栅乡、南湖乡撤乡设街道，南湖乡更名为城南街道。

11月3日　全国政协副主席周铁农参观南湖。

11月7日　全国人大常委会副委员长成思危视察嘉兴职业技术学院。

11月13日　嘉兴市获首批“浙江省文明城市”称号。

同日　新嘉街道清河社区和西马桥社区、南湖街道桂苑社区被省委、省政府评为“第二批省级文明社区”。

11月15日　秀城区与四川省乐山市市中区缔结友好城区。

12月26日　秀城区实施机构改革。区委设置6个工作机构,区政府设16个工作部门。

12月28日　中环东路跨越平湖塘高架桥(角里桥)竣工,中环东路全路基本建成。

12月30日　位于姚家埭1号的沈曾植故居开放。

是年　新兴街道被国家体育总局评为"1996—2000年全国群众体育先进单位"。

2002年

1月22日　中共浙江省委书记张德江到嘉兴慰问城镇困难职工,并视察市区防洪工程。

同月　武警总部政委徐永清上将视察武警嘉兴市支队。

2月2日　台北市城市规划暨经贸考察团一行到嘉兴参观考察。

3月5日　嘉兴铁通第一部住宅电话开通。

4月15日　中共中央政治局委员、书记处书记、中央军委副主席张万年视察中国电子科技集团第36研究所,并参观南湖。

4月17日　中共中央政治局常委、国务院副总理李岚清在省委书记张德江等陪同下,到嘉兴视察并参观南湖。

4月28日　亚太(嘉兴)科技工业园举行奠基仪式,为浙北地区最大的高科技工业园区。

5月8日　区委、区政府办公地点迁回勤俭路611号原城区机关大院。

6月3日　全国人大常委会副委员长王光英参观南湖。

6月16—17日　"2002五芳斋杯——中国嘉兴国际龙舟赛"在南湖举行。

7月2日　城南街道委托嘉兴经济开发区管理。

8月30日　魏建明任区委副书记、代区长。

9月27日　凤桥镇"凤桥"牌水蜜桃水果基地、"栖柽"牌茭白蔬菜基地被省农业厅列为首批省级无公害农产品基地。

10月2日　嘉兴一中举行百年校庆,全国政协副主席钱正英、原教育部副部长黄辛白、副省长章猛进、省政协副主席陈昭典、省教育厅厅长侯靖方等出席。

10月29日　嘉兴市获"全国创建文明城市工作先进城市",余新镇被中央文明委评为"全国创建文明村镇工作先进镇村"。

11月18日　余新镇"禾欣"牌稻米粮油基地入选省农业厅公布的第二批省级无公害农产品基地。

12月　赵树梅任区委书记,朱伟任区委副书记。

2003年

1月1日　市本级城乡居民最低生活保障标准提高。城镇居民每人每月从210元提高到230元,农村居民每人每月从115元提高到130元。

1月5日　全国人大常委会副委员长姜春云到嘉兴视察调研生态环境保护工作。

1月10—11日　国务院副总理钱其琛到嘉兴视察并参观南湖。

1月24日　市行政中心大楼项目获中国建筑工程最高奖——鲁班奖。

1月　罗猷中任区委副书记。

2月19日　中共浙江省委书记、省人大常委会主任习近平到嘉兴调研考察重点建设项目。

2月23—27日　中共秀城区第六次代表大会举行,赵树梅当选区委书记,魏建明、朱伟、乔爱生、罗猷中任副书记。

3月17—21日　区六届人大一次会议举行,赵树梅当选区人大常委会主任,魏建明当选区长。

3月28—29日　首届中国·秀城"南湖之春"文化经贸活动举行。

3月　市区环城河绿带工程全部完工,被誉为环中心城区"绿色项链"。

同月　市图书馆从少年路迁至海盐塘路280号。新馆建筑面积15000平方米,为全市地方文献、报刊阅览、展览讲座、信息服务、电子阅览的服务中心。原少年路旧址仍保留图书报刊阅览室。

4月5日　区政府整合原有工业园区,设立嘉兴工业区,规划面积100平方千米。

4月29日　区政府成立区非典型肺炎防治工作领导小组,由区领导任组长,下设综合信息、督查、后勤、宣传、防治、保卫6个职能组,通过对非典全方位的严密防控,境内未发生疫情。

6月2日　中共浙江省委书记、省人大常委会主任习近平就防汛防旱和城乡一体化等工作到嘉兴调研。

6月17日　原中共中央政治局委员、中央军委副主席、国务委员兼国防部部长迟浩田参观南湖。

6月28日　嘉兴市南湖风景名胜区管委会成立。同时,南湖会景园落成开放,南湖新渡口启用。

6月　省军区副司令员陈传发视察区人武部。

7月3日　嘉兴市被省政府评为"省级园林城市"。

7月5日　嘉兴公交卡开通,为全省第一个开通公交"一卡通"的地级市。

7月　大桥镇与秀城工业区、亚太(嘉兴)科技工业园合署办公。

8月10日　市、区两级公安机关查获有毒狗肉案。

8月　新一轮《嘉兴市城市总体规划》将秀城、秀洲两区所辖968平方千米全部纳入市区范围。

9月6日　嘉兴市区社区服务求助中心开始运作,"96345"求助热线同时开通。

10月13—14日　原全国政协副主席杨汝岱参观南湖和沈钧儒纪念馆。

10月22日　区城市管理行政执法局成立。

10月25日　秀城区与安徽省凤台县缔结友好县(区)。

10月26日　嘉兴船文化博物馆开放,为国内首家以船为展陈对象的专业博物馆。

10月27—28日　中共中央军委主席江泽民视察嘉兴期间参观南湖。

10月　嘉余公路正式通车。

同月　市博物馆从禾兴路与勤俭路交叉口迁至海盐塘路485号。新馆建筑面积15000平方米,设有禾源、禾珍等9个展厅,为全市文物陈列展览、收藏研究和社会教育的中心场馆。

11月5日　第十二届中国金鸡百花电影节金鸡奖颁奖典礼暨闭幕式在新落成的嘉兴大剧院举行。

11月11日　全国政协原副主席孙孚凌参观南湖。

11月22—23日　首届中国·嘉兴南湖合唱节在嘉兴大剧院举行。

12月19日　嘉兴科技城成立。

12月31日　省政府和清华大学签约,浙江清华长三角研究院落户嘉兴科技城。

同日　被誉为全市标志性商业建筑的华庭街开街。

12月　大桥镇中华村被省政府评为"全面小康建设示范村"。

是年　市区自来水一户一表改造工作基本完成,累计取消屋顶水箱4791只。

是年　国际中港城动工兴建,规划用地528亩,总建筑面积115万平方米,总投资40亿元。

2004年

1月1日　全区免征农业税。

1月10日　嘉兴市被国家旅游局评为"中国优秀旅游城市"。

1月11日　中国科学院副院长杨柏龄、施尔畏率团考察嘉兴科技城。

1月19日　壕股塔修复竣工。

1月25日　原全国人大常委会副委员长周光召参观南湖。

1月26日　原中共中央政治局常委、全国政协主席李瑞环到嘉兴视察。

2月2日　区首家国有民办外来民工子弟学校——南湖创业学校建成使用。

2月3日　韩国驻沪总领事朴相起一行到嘉兴参观访问。

3月20日　城南街道砖瓦一厂工人和家属因食用含超量亚硝酸钠的腌制猪头肉,致64人集体中毒,其中一名3岁男孩死亡。当晚,查获加工出售猪头肉的熊某夫妇。

3月23日　中共浙江省委书记习近平乘坐公交车,考察嘉余公路等公交线路。

3月28日　位于秀城新区的嘉兴汽车商贸园开业,规划总用地面积946671.4平方米,总投资9.5亿元,为浙北地区最大的车辆经销服务综合体。

4月9—20日　区委书记赵树梅率考察团前往日本、韩国等地举行经贸洽谈会。

4月24日　全国政协副主席阿不来提·阿不都热西提率"统筹城乡发展"专题调研组考察余新镇敬老院。

4月29日　秀城区被省委、省政府认定为第三批省"教育强县(区)"。

5月8日　秀城区新行政中心启用。区委、区政府举行升国旗暨公务员宣誓仪式。

5月12日　下午2点30分左右,杭州长途运输有限公司一辆载客33人的大巴在乍嘉苏高速公路嘉兴段城南街道7号桥处冲出护栏，摔入10多米深的桥底。23人死亡，10人受伤。

5月20日至6月1日　区长魏建明、副区长朱全根率团赴加拿大进行经贸考察和招商引资。

6月8日　副省长茅临生到区调研农业与科技工作。

6月9日　中共浙江省委副书记周国富到区调研农业和农村工作。

6月28日　位于纺工路、中环南路交叉口市首家民营医院——嘉兴曙光中西医结合医院开业。

7月14日　南湖革命纪念馆获全国爱国主义教育示范基地先进单位称号。

7月18日　嘉兴数字电视开播。

7月28日　“五芳斋”商标（粽子）被认定为中国驰名商标。

8月9日　省长吕祖善、副省长陈加元到区调研社会求助平台建设情况。

8月19日　司法部常务副部长吴爱英视察东栅街道综治司法信访联动中心。

9月10日　嘉兴高中园区正式启用。

9月11日　中共中央政治局委员、书记处书记、中宣部部长刘云山参观南湖。

9月12日　秀城区与广西柳州市柳北区缔结友好城区。

10月16—17日　区长魏建明、副区长朱全根率有关部门负责人赴深圳市福田区考察CEPA港澳购物城建设等。

10月19日　世界华人工商联合会会长、博士李农合到区访问。

10月28日　原中央军委副主席张震参观南湖。

10月　秀城区被省民政厅评为“省村民自治模范区”。

11月4日　国家统计局首次发布中国城市综合实力百强排名，嘉兴市在全国286个地级及以上城市中排名56位。

11月14日　秀城区通过省林业厅高标准平原绿化先进区考核验收。

11月23日　中国科学院嘉兴应用技术研究与转化中心签约落户嘉兴科技城，首批中科院下属8个研究所在嘉兴科技城设分中心。

12月10日　区人民对外友好协会成立。

12月28日　区慈善总会成立。

12月　南湖大道、嘉善大道竣工。

同月　市审批中心建成使用。中心位于广场路350号，建筑面积6788平方米，为全市行政审批、工程项目招标投标的服务中心。

是年　精严寺再度搬迁至七星湘家荡东南隅。

是年底　嘉兴在全国率先实现行政村“村村通宽带”。

2005年

1月6日　余新镇被国家环境保护总局评为“全国环境优美镇”。

1月15日　余（余新）云（嘉善大云）公路全线贯通。

1月17日　由南湖畔迁建湘家荡东南边的精严讲寺举行开光法会，对外开放。

1月21日　辅成小学与韩国启星初等学校建立友好关系。

2月22日　嘉兴南湖被列入全国重点发展的12个红色旅游区、30条红色旅游精品路线、100个红色旅游经典景区。

3月7日　区委在保持共产党员先进性教育活动中，组织开展“红船精神”大讨论，并向社会公开征集“红船精神”表述语和内涵诠释。

3月16日　子城、文生修道院、天主教堂、韩国独立运动领导人金九避难处、凤桥镇永红村白坟墩遗址被列为省级文物保护单位。

3月22日　副省长陈加元到区调研生态建设。

3月28日　省长吕祖善、副省长金德水一行到区调研城乡一体化工作。

3—10月　举行区第五届运动会，共有4605人参赛。

4月9日　南湖风景名胜区（中共一大会址）被列入省首批红色旅游经典景区。

4月10日　中共浙江省委书记习近平与清华大学校长顾秉林为浙江清华长三角研究院揭牌，省长吕祖善、副省长茅临生和市、区领导及各方嘉宾500多人出席。

4月20日　副省长盛昌黎到区调研基层文化阵

地建设。

5月28日　秀城区更名南湖区揭牌仪式举行，省政协副主席徐鸿道等出席。

6月8日　芦席汇历史街区保护整治工程全面启动。

6月21日　中共浙江省委书记习近平在《光明日报》发表《弘扬“红船精神”，走在时代前列》的署名文章，将“红船精神”归结为：“开天辟地、敢为人先的首创精神；坚定理想、百折不挠的奋斗精神；立党为公、忠诚为民的奉献精神”。

6月　区举办首届睦邻节。

8月2—3日　省“千村示范，万村整治”工作现场会在南湖区举行，中共浙江省委副书记周国富出席。

8月23日　省农业农村面源污染防治工作现场会在南湖区召开，副省长陈加元出席。

8月28日　市最大的城市立交桥——南郊河纵二路桥开工建设，2007年6月底通车。

9月1日　卫生部部长高强考察余新镇金星村社区卫生服务站。

9月9日　中共中央党史研究室主任李景田一行参观南湖。

9月14日　中央电视台《新闻联播》节目播出嘉兴市区“96345”社区服务求助中心的事迹。

9月25日　全国政协副主席罗豪才参观南湖。

9月29日　东栅街道司法所被司法部评为“全国模范司法所”。

10月26日　余新镇被中央精神文明指导委员会评为“全国文明村镇”。

10月　位于中环南路和新气象路西南侧的嘉兴国际会展中心竣工。总建筑面积4万余平方米，其中展馆面积2.5万平方米。

11月1日　全国政协副主席、中央统战部部长刘延东到嘉兴考察，并参观南湖。

11月2日　中共浙江省委副书记、省长吕祖善，副省长茅临生等到区调研科技工作。

11月23日　中共中央政治局委员、国务院副总理吴仪到余新镇金星村社区卫生服务中心考察。

12月14日　南湖区被省科学技术厅评为“省科技强县(市、区)”。

12月19日　全国人大常委会副委员长、中科院院长路甬祥考察中科院嘉兴应用技术研究与转化中心。

12月20日　乌克兰国家科学院国际技术转移中国(嘉兴)中心暨研发与产业化基地签约落户嘉兴科技城。

12月24日　市民卡(B卡)首次发行。2009年12月30日，市民卡(A卡)发行。

12月28日　省重点工程嘉(兴)桐(乡)大道嘉兴段开工。工程总投资3.4亿元，2007年年底全线竣工通车。

12月　南湖区被省文化厅评为“省文化先进区”。

是年　南湖街道司法所被省司法厅评为“省示范司法所”。

2006年

1月2日　水利部部长汪恕诚一行参观南湖。

1月13日　嘉兴市被评为国家园林城市。

1月17日　南湖区组织拍摄、制作、选送的《南湖之歌》音乐电视获首届全国形象歌曲音乐电视展播城市类最佳城市形象歌曲奖、最佳导演奖和最佳制作奖。

1月24日　嘉兴工业园区、大桥镇、亚太工业园区实行整合。嘉兴工业园区和大桥镇实行合署办公。

2月4日　南湖风景名胜区为国家级AAAA级景区。

2月10日　省民政厅和市政府举行省荣军医院迁建签约仪式。迁入中环西路龙凤桥南堍新址的省荣军医院于2014年11月22日正式启用。

2月17日　南湖区与澳大利亚南威尔士州卧龙岗市建立友好交流和经济合作关系。

3月3日　文化部副部长周和平到区调研基层文化建设。

3月10日　韩国驻上海总领事金扬一行参观梅湾街在建的金九避难处和韩国临时政府旧址。

3月11日　美国金马公司总裁Aric Rusk被聘请为区经济发展顾问。

3月14日　卫生部副部长陈啸宏到区考察镇、村卫生合作医疗。

3月21日　区首届“乡村青年文化节”开幕式在东栅街道举行。

3月23日　新丰镇民丰村被民政部、司法部评为第二批“全国民主法治示范村”。

3月27日　团中央书记处第一书记周强参观南湖。

4月4日　中共中央政治局常委、中央书记处书记、国家副主席曾庆红参观南湖,并在“南湖水上课堂”即时为南湖区部分村、社区的42名党支部书记上党课。

4月14日　全国人大常委会副委员长热地参观南湖。

4月17日　嘉兴工业区被国家发展和改革委员会认定为省级开发区。

4月23日　区重点三产项目之一的万好家居购物广场开业。

5月20日　全国政协“大运河保护与申遗”考察团到嘉兴考察京杭大运河嘉兴市区段分水墩、三塔、梅湾街、王江泾长虹桥等文化遗存及景观。

5月25日　大桥镇云西村南河浜良渚文化遗址被列为全国重点文物保护单位。

5月28日　中国长三角·嘉兴总部商务花园奠基仪式举行,项目规划用地492002.46平方米,建造69幢商务办公大楼及其他配套设施。

5月　大桥镇葡萄种植专业户朱屹峰被中华全国总工会授予全国五一劳动奖章。

6月2日　副省长陈加元到南湖街道考察城乡居民合作医疗。

6月25日　市妇幼保健院新院区正式启用,同时沿用第二院名——嘉兴市立三一医院。

7月1日　嘉兴—上海快速城际列车开行,两地每天各对开两列。

7月8日　“全国社区信息化建设论坛”在嘉兴举行,嘉兴市区的和谐社区信息化建设被誉为全国领先的“嘉兴模式”,得到民政部肯定。

7月12日　中共浙江省委书记习近平到嘉兴调研重点建设工程。

7月18日　老挝人民革命党中央政治局委员、政府常务副总理宋沙瓦·凌沙瓦参观南湖和民丰特种纸公司。

7月21日　位于嘉兴科技城的嘉兴软件园举行揭牌仪式。

7月26日　同济大学浙江学院签约落户嘉兴。

8月4日　全国人大常委会副委员长、中科院院长路甬祥到嘉兴考察。

8月16—23日　区人大常委会常务副主任傅金根率团赴西藏那曲县慰问援藏干部。

9月1日　嘉兴市最低月工资从610元调整到670元,非全日制工作的最低小时工资从5.2元调整到5.7元。

9月29日　嘉兴科技城与俄罗斯中俄友谊科技院签订合作备忘录。

9月30日　梅湾街历史街区举行开街仪式。街区总面积164000平方米,保存了“人家尽枕河”的江南水乡特色风貌。

9月　全国第一台ALCATEL端局软交换机割接入网。

10月7—9日　中共中央政治局原常委、中纪委书记尉建行到嘉兴考察。

10月10日　香港嘉兴同乡会会长周利春率团到区参观考察。

10月25日　副省长金德水一行考察嘉兴科技城。

10月　东栅街道建新村被全国老龄工作委员会评为“全国敬老模范村”。

11月　南湖革命纪念馆入选省首批10个“廉政文化教育基地”。

12月4日　南湖区嘉兴灶画、凤桥竹刻、嘉兴黑陶烧制技艺被列入第一批市非物质文化遗产名录。

12月9日　市残联综合信息管理系统开通,在全国率先实现残疾人无障碍信息交流与沟通。

12月13日　董苗虎任代区长。

12月26—30日　中共嘉兴市南湖区第七次代表大会举行,魏建明当选区委书记,董苗虎、吴健为副书记。

12月28日　南湖区被省委、省政府评为“省示范文明城区”。

12月　东栅工业园区实施“退二进三”,建设嘉兴国际创意文化产业园。

同月　南湖区被国家计生委评为“全国计划生育优质服务先进区”。

是年　余新镇曹王村被省委、省政府评为“省全面小康建设示范村”。

是年　南湖区新丰镇民丰村建成全省第一个“数字新农村试点”。

2007年

3月1—4日　区政协二届一次会议举行，张亚平当选区政协主席。

3月2—6日　区七届人大一次会议举行，傅金根当选区人大常委会主任，董苗虎当选区长。

3月5日　南湖革命纪念馆新馆开工建设。新馆位于南溪西路南侧，占地面积27300平方米，建筑面积19633平方米，总投资约18750万元。

3月10日　南湖区第一批非物质文化遗产代表作名录公布，分4类13项。

3月19日　市委书记、市人大常委会主任黄坤明到大桥、余新两镇，就农业生产、农民增收工作进行调研。

4月2日　中共浙江省委书记赵洪祝到嘉兴调研。

4月3日　香港嘉兴市南湖区同乡会成立，区长董苗虎等赴港祝贺。

4月10日　区开展抗日战争时期人口伤亡和财产损失课题调研工作，于8月底结束。全区有1035名干部或聘用人员直接参加调研。2008年11月25日，该调查获市优秀成果奖。

4月24日　中共浙江省委副书记、省长吕祖善到区调研社会保障工作。

4月　区城乡文体活动十大联赛启动，每两年一届。

5月19日　零时起，嘉兴地区固定电话（含小灵通）号码由7位升至8位。

5月27日　位于凌公塘路的北京师范大学南湖附属学校奠基，由北京师范大学和南湖区合作办学，实行小学到高中12年一贯制。

5月　南湖区被民政部列为首批“全国农村社区建设实验区”。

同月　嘉兴社会福利院整体搬迁至大桥镇十八里桥西街，更名为嘉兴市社会福利中心。

6月2日　嘉兴植物园一期工程开工，规划总面积120公顷。

6月11日　在省道路交通安全工作电视电话会议上，南湖区被宣布为省2006年度平安畅通县（市、区）。

6月28日　贯泾港水厂一期工程建成，市区日供水能力提高到43万吨。

6月30日　中共中央政治局委员、中央书记处书记、中央组织部部长贺国强到南湖街道桂苑社区调研党建工作。

7月1日　市本级无土地居民生活保障标准从每月每人245元调整为268元，有土地居民最低生活保障标准从每月每人147元调整为161元。

7月2日　省人大常委会副主任程渭山一行到大桥镇调研效益农业。

7月27日　省政协主席周国富和副省长茅临生到南湖区接访，直接听取群众反映问题。

8月30日　第五届全国“德艺双馨电视艺术工作者”表彰大会在嘉兴市举行。

9月1日　嘉兴市职工最低月工资标准从原来的670元调整到750元，非全日制工作的最低小时工资标准从5.7元调整到6.4元。

9月14日　南湖区与湖南省岳阳市岳阳楼区缔结友好城区。

9月21日　区总工会成立。

9月24日　大桥镇江南村绿江葡萄专业合作社成立区首个农村新经济组织党支部。

9月　省军区司令员王贺文视察区人武部。

10月9日　南湖区被省政府、省军区评为“2006年度省级征兵工作先进单位”。

同日　区文史资料编纂委员会成立。2008年6月17日，更名为区史志工作委员会。

10月11日　《南湖之歌》获省第九届精神文明建设“五个一工程”奖。

10月18日　嘉兴世茂新城项目举行奠基仪式。项目位于余新镇石堰新区，规划建筑面积百余万平方米，时为市本级规划面积最大的融居住、商业、商贸为一体的大型复合地产。

10月26日　在全区农村推行党员承诺制。

11月21日　朱生豪故居正式修复开放。

11月28日　区体育总会成立。

11月30日　东栅街道调解委被省委、省政府评为“省优秀人民调解委员会”。

12月2日 嘉兴市被全国绿化委员会授予“全国绿化模范城市”。

12月8日 区投资促进局成立。

12月10日 新丰镇由桥村、余新镇东洋浜村划归大桥镇管辖。

12月25日 区新居民事务局成立。

2008年

1月1日 动车组首次停靠嘉兴火车南站。乘坐动车，嘉兴到上海仅需38分钟，到杭州45分钟。

1月7日 南湖区被科学技术部评为“2005—2006年度全国科技进步考核先进区”。

1月11日 区残疾人联合会成立。

1月13日 大桥镇、新丰镇被省政府评为“省农业特色优势产业强镇”。

同日 卫生部副部长王陇德到区调研社区卫生服务工作。

1月14日 中华化工有限责任公司董事长朱贵法获2007年“中国农村十大致富带头人”。

1月15日 解放街道被中国计划生育委员会评为“2007年度全国计生协工作乡级先进工作单位”。

1月18日 由南湖新区开发建设有限公司建造的南湖新区公交枢纽站启用。

1月26日、2月1日 两次暴雪，积雪一度厚26厘米。雪灾影响范围强度和持续时间均为嘉兴有气象记录以来所未见。

2月19日 区首个污水处理公司——嘉兴市南环水处理有限公司成立，注册资金3000万元。

3月11日 余新镇成立市首个农民创业服务基地。

3月12日 中共浙江省委常委、常务副省长陈敏尔视察嘉兴科技城。

3月20日 全区开展非物质文化遗产资源普查工作。

3月28日至4月1日 区首次组团赴广东深圳、东莞等珠三角地区进行人才招聘。

3月29日 区首届“南湖桃花节”在凤桥镇梅花洲景区开幕。凤桥镇水蜜桃种植面积6500亩，为市最大的水蜜桃生产基地。

3月 红船网(www.hcyjw.cn)正式开通。

同月 余新镇团委被共青团中央评为“全国五四红旗团委”。

同月 余新镇被浙江省科学技术协会评为“省科普示范乡镇”。

4月1日 区城乡居民合作医疗实行实时结报。

同日 市本级无土地居民生活保障标准从每月每人268元调整为300元，有土地居民最低生活保障标准从每月每人161元调整为180元。

4月10日 民盟中央副主席、省政协副主席徐辉一行到余新镇调研新农村建设。

4月上旬 区团委联合浙江禾城农村合作银行推出青年创业信用卡，便利青年创业小额信用贷款。

4月15日 副省长郑继伟一行到大桥镇调研基层卫生工作。

4月20日 区开展第二次经济普查。标准时点为2008年12月31日，时期资料为2008年度。普查将历时3年。

4月22日 浙江东方地质博物馆在国际中港城开馆，为国内大型的地质博物馆之一。

4月23日 南湖区与杭州市上城区缔结友好城区。

同日 副省长茅临生一行到大桥镇调研效益农业。

4月24日 南湖区被评为“省城市社区党建工作示范区”。

4月30日 嘉兴市区“96345”社区服务求助中心获“全国五一劳动奖状”，并获全国“工人先锋号”省“工人先锋号”“2003—2007年度嘉兴市先进集体”。

4月 嘉兴特钢新城在新丰镇启动建设，规划面积15平方千米，总投资60亿元，主要集聚发展尖端和民用不锈钢产业。

同月 南湖区被认定为第一批省级农村信息化试点县(市、区)。

5月8日 七星镇被中国电器工业协会评为“中国防爆电器研发制造基地”。

5月22日 下午，北京奥运会火炬传递到嘉兴。嘉兴传递路线主题为“红船启航之路”。

5月23日 南湖新闻网(www.zjnhnews.com)正式开通。南湖新闻网为政府网，设南湖新闻、社会新闻、外媒聚集、镇街风采、部门纵横、专题、国内要闻、国际时讯等栏目。

5月24日　全国政协副主席厉无畏出席南湖新区举办的2008中国(嘉兴)首届创意产业论坛。

5月　新丰镇被中国金属协会不锈钢分会评为"中国不锈钢产业发展基地"。

5月25日　南湖区和上海市徐汇区签订联动发展合作框架协议。

5月27日　由嘉兴科技城、韩国庆北科技园、北京技术交易促进中心合作建立的中韩国际技术转移中心在嘉兴科技城揭牌。

5月27—28日　中共浙江省委书记赵洪祝到嘉兴,就文化建设问题作专题调研。

6月2—5日　区机关合唱团在北京举办的第三届(东洲杯)世界汉语合唱大会上摘得金奖。

6月13日　中共浙江省委常委、常务副省长陈敏尔到七星镇调研统筹城乡发展。

6月14日　中共浙江省委书记赵洪祝到大桥镇调研效益农业。

6月24日　全国政协副主席陈奎元调研京杭大运河嘉兴市区段。

7月14日　区公安分局刑侦大队获"全国公安机关侦破命案工作先进集体"称号。

7月17日　南湖区首届"江南葡萄文化节"在大桥镇开幕。大桥镇葡萄种植面积超1万亩,为省无公害农产品生产基地。

7月18日　区首个"农加超"农贸市场——锦绣农贸市场开业。

8月1日　成立湘家荡区域联合开发建设管委会,与原湘家荡旅游度假区管委会合署,实施市、区、镇(七星镇)联合开发。将原7.15平方千米的旅游度假区扩大到43平方千米的联合开发区域。东栅街道雀墓桥村、半墩村纳入开发区域。

8月21日　市区261座公厕全部免费对外开放。

9月9日　中共浙江省委书记赵洪祝视察嘉兴科技城。

9月17日　全国人大常委会原副委员长李铁映到嘉兴视察。

9月16日　市公交公司首次发行50元一次性纸质公交卡。

9月18日　浙江欣欣生化科技有限公司、嘉兴市十八里葡萄研究所被认定为省农业科技企业。

9月21日　三塔公园规划方案确定。规划总面积17500平方米,北至明月路,南至三塔路,东、西至居民区,将三塔、岳王祠、茶禅寺、血印禅寺等人文景点有机串联一起。

9月24日　大桥镇建国村、凤桥镇庄史村被省司法厅、省民政厅和省普法办联合评为"省五星级民主法治村(社区)"。

9月28日　月河历史街区举行开街仪式,为市区现存最完整、规模最大、最能反映传统江南水乡城市居住特色的区域。

10月1日　嘉兴市实施取消农业户口、非农业户口的性质划分。

同日　国家体育总局网球运动管理中心主任孙晋芳考察嘉兴国际网球中心的建设情况。

10月14日　南湖区通过省A类新农村电气化县考评验收。

10月19日　国内首次以拍卖形式进行的排污权指标交易在南湖区举行。

10月24日　经求是《小康》杂志社、世界休闲经济组织等发起组织评选,南湖新区获"2008中国十大文化休闲基地"称号。

10月30日　南湖区绿晨公司的菜薹、绿农公司的大米和甜瓜、南洋浜专业合作社的葡萄、大桥服务站的茄子和瓠瓜入选省第二批无公害农产品基地。

11月2日　浙江省通讯产业(嘉兴)基地在嘉兴科技城举行落成典礼。基地以闻泰集团生产基地为主,为长三角最大手机生产基地。

11月2—3日　中共中央政治局委员、中央书记处书记、中宣部部长刘云山到嘉兴,其间参观南湖革命纪念馆新馆。

11月6日　余新镇被住房和城乡建设部评为"国家园林城镇"。

11月7日　在全省农村社区建设工作会议上,南湖区被命名为浙江省和谐社区建设工作先进区。

11月10日　《嘉兴藏》三百年重归故里庆典仪式在精严讲寺举行。《嘉兴藏》由明末嘉兴楞严寺主持紫柏大师发起首刻,历经129年,于清康熙四十七年(1708)全部完工。1999年重新整理出版,全藏380函、2652册,分装40个木箱。

11月16日　在北京召开的全国优秀农民工表彰大会上,嘉兴市中华化工有限责任公司莫林祥被评为"全国优秀农民工"。

11月16—17日　区首届"美丽节"文化活动举办。活动为期4天,主要宣传和扩大美容美发行业影响。

11月18日　南湖区受邀出席在青岛召开的中丹沼渣沼液综合利用技术交流研讨会,并在会上介绍畜禽排泄物污染治理工程——"南湖模式"。"南湖模式"被称之为"具有平原特色的中国四大治理模式之一"。

11月25日　副省长陈加元视察新丰镇畜禽养殖污染治理。

11月26日　新丰镇栖凰埭村、七星镇七星村、余新镇农庄村、凤桥镇庄史村被省林业厅评为第五批"绿化示范村"。

11月　浙江卫星控股集团阮玉林被国家人力资源和社会保障部评为"全国石油和化学工业先进个人"。

12月3日　南湖街道桂苑社区获省"文化建设示范点"。

12月22日　区首家小额贷款公司——芽芽小额贷款有限责任公司成立。

12月26日　中国民航信息集团公司嘉兴灾备中心签约落户嘉兴科技城,为我国两个央企数据备份中心之一。

12月28日　南湖区中心医院正式挂牌并启用,与新丰医院实行共同管理。

12月30日　南湖区被省政府评为"省体育强县(市、区)"。

12月31日　西气入禾主动脉德嘉线建成通气。德嘉线全长92千米,建有8座线路阀室及嘉兴接气站、梧桐站、南郊站3座场站,设计年输气能力3.02亿立方米,总投资2.53亿元。

12月　大桥镇(嘉兴工业园区)工会被全国总工会评为"全国百强示范乡镇(街道)工会"。

是年　大桥镇中华村被中央精神文明工作指导委员会评为"全国创建文明镇工作先进村镇"。

2009年

1月6日　南湖区与安徽省巢湖市居巢区缔结友好城区。

同日　省农业吉尼斯最甜水蜜桃比赛系列活动在凤桥镇三星村举行。

1月9日　南湖风景区入选省首批生态旅游区。

1月13日　中国残联党组副书记、常务副理事长王乃坤等参观考察南湖街道残疾人"小康家园"。

1月20日　嘉兴市获"全国创建文明城市工作先进城市"。

2月11日　南湖新区与东栅街道实行合署办公。

2月16日　嘉兴市"96345"社区服务求助中心被授予"全国巾帼文明岗"称号,为省民政系统及南湖区唯一获此荣誉单位。

3月6日　嘉兴国际创意文化产业园管委会成立。

3月23—25日　中共中央政治局原常委宋平参观南湖七一广场和市区市容市貌。

3月26—27日　中共浙江省委副书记、省长吕祖善考察嘉兴科技城,并到七星镇江南新家园调研,听取嘉兴统筹城乡综合配套改革试点工作汇报。

同月　大桥镇成人文化技术学校获省"示范性成人文化技术学校"。

4月5—19日　区政府和市经贸委主办首届嘉兴休闲购物节。

4月8日　副省长茅临生等考察七星镇统筹城乡发展工作。

4月13日　文化部副部长周和平考察市图书馆大桥分馆和余新镇长秦村图书流通站。

4月18日　国土资源部部长徐绍史在省委常委、常务副省长陈敏尔陪同下,到七星镇调研土地整治工作。

4月21—23日　全国政协副主席张怀西到嘉兴,其间参观南湖和月河历史街区。

4月24日　中科院副院长江绵恒视察中科院嘉兴中心。

5月6日　南湖区与云南省富宁县缔结友好县(区)。

5月18日　嘉兴粽子文化博物馆在月河历史街区开馆。

5月19日 中国首个网页游戏孵化器项目在嘉

兴国际创意文化产业园正式启动。

5月26日　南湖新区城市免费观光巴士开通。

5月28日　由南湖新区投资建设的凌公塘文化主题公园正式开园。

5月30日　中国电器科学院华东分院在嘉兴工业园区奠基，为国家日用电器质量监督检验中心的分支检测机构。

6月2日　中共浙江省委常委、宣传部部长黄坤明考察市图书馆大桥分馆。

6月3日　杭州、嘉兴两市实现公交“一卡通”。

6月5日　南湖区遭受冰雹降袭，2.445万亩农作物受灾，其中绝收面积近1.74万亩。直接经济损失1.3086亿元。

6月8日　中共中央政治局常委李长春在省委书记、省人大常委会主任赵洪祝等陪同下，考察市图书馆大桥分馆。

6月22日　嘉兴掼牛、三塔踏白船被列入省第三批非物质文化遗产名录。

6月23日　卫生部农卫司司长徐科等到大桥镇考察调研农村卫生工作。

6月27日　南湖区在全市率先启动规范公务用车管理工作，大范围取消公务用车。

6月　“风桥水蜜桃”原产地地理标志证明商标获国家商标局核准注册。

7月9—11日　第六届全国德艺双馨电视工作者颁奖活动在嘉兴大剧院举行，全国政协副主席孙家正出席。

7月17—20日　全国政协原副主席王文元到嘉兴，其间参观七一广场、南湖景区。

7月20日　市区气温达40℃，超历史最高气温39.7℃，创本地极端最高气温纪录。

7月21日　嘉兴国际创意文化产业园被列入省集聚发展的31个文化创意产业园区之一。

7月31日　区公安分局成功破获一起特大贩毒案，共缴获冰毒514克、麻古304颗、大麻20克，其中冰毒为新中国成立以来嘉兴市缴获最多的一次。

8月2日　2009年第六届浙江国际传统武术比赛中，南湖区代表队获11块金牌、20块银牌和1块铜牌。

8月6日　中共浙江省委常委、副省长葛慧君到市新华书店大桥镇连锁店调研。

8月18日　南湖区被民政部评为全国首批7个全国农村社区建设实验全覆盖示范单位之一。

8月24日　中共中央政治局委员、上海市委书记俞正声一行考察七星镇统筹城乡发展工作，并参观南湖。

9月25日　南湖区与周边各县（市、区）行政区域界线的界桩更新埋设工作在“南平线”（南湖区和平湖市行政区域界线）一带启动。

9月　嘉兴市“96345”社区服务求助中心列入全国“家政服务工程”，成为浙江省5个家政服务网络中心之一。

10月8日　国家质检总局批准对嘉兴南湖菱实施地理标志产品保护。

10月19日　10时55分，位于嘉兴工业园的浙江卫星丙烯酸有限公司装有120吨乙酯的104号储罐发生爆炸燃烧。市公安局消防支队迅速调集10个消防中队，4个专职消防队，34辆消防车，193人赴现场扑救。16时许，火势被完全扑灭，无人员伤亡。

同日　建设街道被民政部评为“全国和谐社区建设示范街道”。

10月30日　嘉兴·南湖航空产业园建设研讨会举行，园区规划面积6.3平方千米。

11月1—2日　全国政协原副主席李蒙到嘉兴，其间参观南湖。

11月9日　在联合国挚友理事会和国际旅游营销协会主办的“2009全球旅游度假论坛”国际会议上，南湖区的“一湖三街”（南湖景区、梅湾街、月河街和芦席汇景区）被评为“中国最具特色旅游胜地”。

11月18日　全国人大常委会原副委员长铁木尔·达瓦买提出席在嘉兴举办的金融危机时代中国民营企业高峰论坛。

11月25日　浙江中法投资股份有限公司董事长赵其法获“全国优秀复员退伍军人”称号。

11月26日　南湖区62家单位募集的2072件“爱心衣被”发往宁夏银川。

11月30日　经国家发改委邀请，由40多个国家180名经贸官员组成的访华考察团到南湖新区考察，先后参观嘉兴国际电气城、嘉兴国际网球中心和凌公塘文化主题公园等。

11月　大桥镇卫生服务中心被省卫生厅评为“浙江省规范化社区卫生服务中心”。

12月10日　《嘉兴市南湖区志》编纂动员大会召开。

12月22日　位于新兴街道吉水路的市老年活动中心迁建工程举行奠基仪式。占地面积8.2亩，规划建筑面积5978平方米，总投资3000多万元。

12月26日　国家发改委副主任徐宪平一行考察七星镇城乡一体化新社区江南新家园。

是年　余（新）步（云）公路跨平湖塘的余步大桥建成通车。余步大桥长352米，宽32.5米，主跨距70米。

是年　嘉兴移动在全省率先完成TD试验网建设。

2010年

1月5日　由区政府和嘉兴日报社主办的“南湖新景”评选活动结果揭晓，南湖烟雨、七一朝晖、月河寻踪、马家浜源、子城钟声、放鹤渔歌、运河三塔、落帆夕照、范蠡泛舟、凌塘雅韵、湘湖寺影、梅洲石佛为“南湖新十二景”。

1月8日　中共浙江省委副书记、省长吕祖善到大桥镇中华村视察新农村建设。

2月3日　卫生部副部长刘谦到大桥镇、东栅街道调研城乡居民基本医疗保障制度建设。

2月13日　中央电视台新闻频道《一年又一年》栏目播出南湖新区的嘉兴掼牛、船拳，余新镇的打莲湘，南湖街道泾水社区居民编织的中国结和南湖区过年风俗等。

2月17日　全国政协副主席黄孟复参观南湖。

3月1日　当日开始，嘉兴连续降雨，9个水文站均超警戒水位，为60年来最强春汛，全市农业损失1.997亿元。

3月3日　区召开“渔民上岸”工作动员大会，涉及东栅、新兴和南湖3个街道300多户散居渔民。

3月8日　中共浙江省委常委、副省长葛慧君到七星镇调研“两分两换”和土地复垦工作。

3月28日　市首届生态文化旅游节暨2010年南湖桃花节在凤桥镇梅花洲景区开幕。

3月29日　建设街道被省委、省政府评为“浙江省文明街道”。

3—11月　举行区第六届运动会，共有6847人参赛。

4月1日　嘉兴市最低月工资标准由850元调整为980元，非全日制工作的最低小时工资标准调整为8元。

4月7日　副省长郑继伟到余新镇中心医院调研药品基本目录实行情况。

4月12日　七星镇、余新镇入围2009年度嘉兴市新市镇发展实绩综合考核十强。

5月11日　南湖区在全市率先尝试推广机械无盘育秧。机械无盘育秧比有盘育秧每亩成本省7元，且质量不受影响。

5月18日　嘉兴软件园正式开园。

5月23日　嘉报集团文化产业园项目开工暨嘉兴文化创意产业研究院奠基仪式在嘉兴国际创意文化产业园举行。

同日　南湖区与意大利蒂沃利市签约建立友好交流合作关系。

5月28日　位于吉杨路的嘉兴首条网店一条街开街暨嘉兴首届网货购物节开幕。

5月30日　月河历史街区·德勤文化园入选省非物质文化遗产经典旅游景点。

5月　南湖革命纪念馆入选第一批全国廉政教育基地。

6月18日　长水街道成立。规划面积40000平方米，与国际商务区实行“区街合一”管理体制。

同日　在南湖举行由全市24支队伍参加的踏白船500米直道竞速赛、绕障碍抢荷花比赛，大桥镇队拔得头筹。

6月　嘉兴南湖无线通信产业基地被科技部认定为首个国家级无线通信高新技术产业化基地。

7月22日　区政府与农业部农村社会事业发展中心签约，双方将在现代农业、休闲农业和人才培训等6大领域进行战略合作。

7月　位于嘉兴科技城的南湖国家无线通信高新技术产业化基地通过国家级考核认定。基地以无线通讯终端、GPS导航、无线传感器网络为三大无线通信特色产业。

8月10日　位于七星镇大树村杭申线航道南岸的嘉兴内河多用途港区项目正式竣工验收，陆域总面积31.2万平方米，码头岸线长570米，拥有10000吨级多用途泊位10个，年吞吐能力250万吨，其中含集装箱144万吨。辐射半径达50千米以上。为省第一个内河集装箱专用港区。

8月22—25日　在第五届香港国际武术比赛上，南湖区运动员获51枚金牌、团体总分第三。

9月4日　区文学艺术界联合会成立，下设作家、戏曲家、音乐家、美术家、书法家、摄影家、舞蹈家、合唱8个协会。

9月10—11日　中共中央政治局常委、全国政协主席贾庆林到嘉兴视察调研。

9月27日　中国合唱协会为“南湖合唱基地”授牌。该基地为全国设立的第四个合唱基地和全国第一个县区级合唱基地。

9月30日　嘉兴市域天然气管网全线贯通。

10月12日　台湾高雄县一行10人到区参加“2010两岸邻里节”活动。

10月13日　省政协主席周国富到建设街道、东栅街道和新丰镇调研。

10月18日　区法律服务中心成立。

10月22日　区申报的“江南水乡集约化养猪环境控制与废弃物循环利用示范工程”项目被科技部评为“十二五”农村领域科技计划首批预备项目，为市唯一入选项目。

10月26日　沪杭高铁全线通车，嘉兴南站为除上海、杭州站外的最大站点。

10月28日　新闻出版总署副署长阎晓宏等考察大桥镇新华书店“农村小连锁”市场运作情况。

11月10日　位于七星镇的嘉兴湘家荡颐养中心一期建成，举行开业入住仪式。中心规划面积380亩，床位3035张以上，分3期实施。为全省配套功能齐全的中高档大型养老中心。

11月　嘉兴军民合用机场改扩建项目获国务院、中央军委立项批复。

同月　凤桥镇被省住房和建设厅列入第二批省级中心镇。

12月23日　嘉兴市异地就医“一卡通”投入试运行，成为全省第2家实现异地就医“一卡通”的地级市。

同日　区计划生育宣传技术指导站被国家人口与计划生育委员会评为“全国计生优质服务示范站”。

12月24日　区红十字会成立。

12月　南湖区被列为第一批省级金融创新示范县(市、区)。

是年　南湖区通过省级可持续发展实验区考核验收。

是年　区公安分局先后破获欧尚“1·20”伤害致死案、新嘉“4·16”故意杀人案、东栅“5·13”故意杀人案、七星湘家荡“7·21”强奸杀人案等一批现行恶性大案，实现境内命案连续11年全破的目标。还成功破获“1994.9.1”魏某某被杀案和“1998.8.1”宋某某杀人案，抓获潜逃在外10多年的犯罪嫌疑人。

第一篇　政区建置

目　录

区境最早名槜李，传春秋时为长水地，曾建长水县，属楚。秦统一中国后，置会稽郡，长水县。秦始皇三十七年（前210）改长水为由拳县，为全国最早置县之一。东汉顺帝永建四年（129）属吴郡。

三国时期吴黄龙三年（231）更名禾兴县，建子城，为县治所在；吴赤乌五年（242）更名嘉兴县。五代后唐吴越同光二年（924）在嘉兴县设开元府。五代后晋吴越天福五年（940）置秀州。南宋庆元元年（1195）升秀州为嘉兴府。此后，嘉兴县一直属嘉兴府，县城历为府、州、军、路驻地。解放后嘉兴先后设市、县，属嘉兴专区、地区。

1983年8月建嘉兴市城区。1993年12月更名秀城区。2000年5月行政区划调整，区境扩大。2005年5月更名南湖区。2009年，设7个街道、5个镇。2010年5月设长水街道。当年底，全区辖8个街道、5个镇、71个社区、68个行政村。

为适应经济社会发展，区境先后成立南湖新区、嘉兴科技城、嘉兴工业园区3个非行政区划建置，其中嘉兴工业园区与大桥镇、南湖新区和东栅街道合署办公。

第一章　建置　境域

第一节　建　置

清代以前

相传春秋周敬王十年（前510）置长水县。秦王政二十五年（前222）置会稽郡，二十六年（前221）置长水县。秦始皇三十七年（前210）改长水为由拳县。由拳的得名，《搜神记》载："始皇至，令囚徒十万人掘污其地，表以恶名，故改之曰由拳"；《太平寰宇记》载："始皇东游至长水，闻土人谣曰：水市出天子。从此过，见人乘舟交易，应其谣，遂改曰由拳县"。由拳其意今亦不可解，当是越语汉写，说明当时此地为越族所居。三国时期吴黄龙三年（231）因"由拳野稻自生"，吴大帝孙权视为祥瑞，改由拳县为禾兴县。赤乌五年（242）孙权立子和为太子，"和""禾"同音，为避讳，改禾兴为嘉兴。两晋、南北朝时期（赵），嘉兴县属吴郡。隋开皇九年（589）嘉兴县并入吴县，属苏州；仁寿二年（602）复置嘉兴县［一说唐武德七年（624）复置嘉兴县］。唐天宝元年（742）到至德二年（757），嘉兴县先后属吴郡、苏州。五代吴越开平三年（909）至长兴三年（932），嘉兴县先后属杭州府、开元府。后晋天福三年至五年（938—940）在嘉兴县置秀州。此后至清宣统三年（1911），分别隶属嘉兴府、路、嘉禾郡。明宣德五年（1430）析嘉兴县东北境置嘉善县、秀水县。嘉兴县与秀水县同城而治，现区境绝大部分为嘉兴县区域。

民国

1912年，嘉兴县、秀水县合并为嘉禾县。1914年因湖南省先有嘉禾县，遂更名嘉兴县。1935年至1949年4月，分别隶属嘉兴行政督察区和省第二、第十、第一行政督察区。今南湖区境为其中一部分。

解放后

1949年5月建置嘉兴市、嘉兴县。市辖区基本为县城范围，属境内。1950年5月市与县合署。1951年5月恢复县级嘉兴市。1962年12月嘉兴市撤销，并入嘉兴县，隶属嘉兴专区。1981年1月撤销嘉兴县，建嘉兴市，隶属嘉兴地区。1983年8月撤销嘉兴地区，建地级嘉兴市，新建县级嘉兴市城区、郊区。城区周边分别与郊区和海盐、平湖、嘉善县交界。1993年12月更名为秀城区。2005年5月更名为南湖区，隶属嘉兴市。

嘉兴市南湖区建置沿革表

表1-1

建置名称	时代：朝代		时代：公元纪年	上隶	变动情况
长水县	春秋	周敬王十年	前510年	—	县境包括今嘉兴市南湖区、秀洲区、嘉善县、桐乡市全部及海宁市部分，上海市青浦区、松江区、金山区部分，以及江苏省吴江市、浙江省杭州市余杭区部分
	秦王政二十六年		前221年	会稽郡	
由拳县	秦始皇三十七年		前210年	会稽郡	
由拳县	西汉		前202年	会稽郡	县境包括今嘉兴市南湖区、秀洲区、嘉善县、桐乡市全部及海宁市部分，上海市青浦区、松江区、金山区部分，以及江苏省吴江市、浙江省杭州市余杭区部分
	东汉		129年	吴郡	
禾兴县	三国吴	黄龙三年	231年		
嘉兴县		赤乌五年	242年		
	晋		265年		
	南朝	宋齐梁陈	420—589年		
	隋	开皇九年	589年	苏州	嘉兴县并入吴县。一说仁寿二年(602)复置嘉兴县
	唐	武德七年	624年		复置嘉兴县
		武德八年	625年		嘉兴并入吴县
		贞观八年	634年		复置嘉兴县
		先天元年	712年		海盐县并入嘉兴县
嘉兴州		开元元年	713年		见明崇祯《嘉兴县志》，海盐隶于嘉兴州
嘉兴县		天宝元年	742年	吴郡	—
		天宝十年	751年		析嘉兴、海盐、昆山3县境建华亭县
		至德二年	757年	苏州	—
	五代后梁 吴越	开平三年	909年	杭州	析嘉兴北境，吴县南置吴江县
	五代后唐 吴越	同光二年	924年	开元府	吴越在嘉兴县设开元府
		长兴三年	932年	杭州	吴越置开元府
	五代后晋 吴越	天福三年至五年	938—940年	秀州	析嘉兴县西境置崇德县，在嘉兴县置秀州，此后，州、府治均在嘉兴
	北宋	熙宁十年	1077年		割嘉兴县梧桐等5乡隶崇德县
	南宋	庆元元年	1195年	嘉兴府	
	元	至元十三年	1276年	嘉兴府安抚司	—
		至元十四年	1277年	嘉兴路	
		至正二十六年	1366年	嘉兴府	
嘉兴县 秀水县	明	宣德五年	1430年		析嘉兴县东北境置嘉善县，并置秀水县与嘉兴县同城而治
	清	—	1645—1911年		
	太平天国		1860—1864年	嘉禾郡	秀水县改称绣水县，吴江县盛泽一带隶于绣水县。嘉兴、海盐曾为一个行政单位

续表1-1

建置名称	时代			上隶	变动情况
	朝代		公元纪年		
	清	宣统三年	1911年	嘉兴府	嘉兴、秀水两县并为嘉兴县,辛亥革命爆发未实现
嘉禾县	中华民国	元年	1912年	浙江省	嘉兴县、秀水县合并,称嘉禾县
嘉兴县		3至16年	1914—1927年	浙江省钱塘道	1914年更名嘉兴县
		24年	1935年	嘉兴行政督察区	署址嘉兴
		25年	1936年	浙江省第二行政督察区	署址嘉兴
		27年	1938年		1938年12月至1945年10月设浙西行署
		28年	1939年	浙江省第十行政督察区	县治在凤桥,并流动游击
		37年4月—38年4月	1948年4月 1949年4月	浙江省第一行政督察区	
嘉兴市 嘉兴县	中华人民共和国		1949年5月	浙江省第一专区	—
			1949年10月	嘉兴专区	—
嘉兴县			1950年5月		嘉兴市与嘉兴县合署
嘉兴市 嘉兴县			1951年5月		恢复嘉兴市(县级市)
			1958年11月		撤销嘉善县并入嘉兴县,嘉兴市县合署
			1961年7月		复置嘉善县
嘉兴县			1962年12月		撤销嘉兴市
			1968年9月	浙江省嘉兴地区	
嘉兴市 嘉兴县			1979年9月		复置嘉兴市(未实施)
嘉兴市			1981年1月		撤销嘉兴县,并入嘉兴市(县级市)
嘉兴市 城区			1983年8月	嘉兴市	撤销嘉兴地区,建地级市,市本级设城区、郊区
嘉兴市 秀城区			1993年12月		城区更名秀城区
嘉兴市 南湖区			2005年5月		秀城区更名南湖区

第二节　境　域

1949年前

区境为秦由拳县的一部分,由拳县及更名后的嘉兴县地域广袤,历代变迁,多次划出,面积逐渐缩减。主要变迁有:

东汉末三国初,由拳县、海盐县各划部分辖境设盐官县,硖石一带为由拳县划出。

唐天宝十年(751)置华亭县(今上海市松江、青浦、金山、奉贤、闵行等区前身),嘉兴县东境谷阳、集贤、韭溪、射城、招贤5乡划归华亭县。

后梁开平三年(909)割吴县南境与嘉兴县北境建吴江县,嘉兴划出绮川、平望、澄源(即盛泽)、震泽、范隅(即黎里)、久泳(即周庄,今属昆山市)6乡。

后梁龙德二年(922),析盐官县西境和钱塘县东境增设钱江县,嘉兴县临平乔司一带划入。

后晋天福三年(938)置崇德县,其所辖12个乡全为原嘉兴县境。

明宣德五年(1430),嘉兴县分为嘉兴、秀水和嘉善3县。

秀水县:以原嘉兴县北半部建置,自嘉兴县划出嘉禾、五福、由拳、时清、象贤、灵宿、云泉、柿林、复礼、永乐10乡及思贤、麟瑞、白苎各乡半部为其境域,府城内归秀水县管辖,1912年嘉兴县、秀水县合并。

嘉善县:以嘉兴县东北境迁善、永安、奉贤3乡及麟瑞、思贤、胥山3乡各半部为领域。

1942年4月至10月,新丰镇划入平湖县,称平湖县第一区新丰镇公所。

解放后

1950年5月,桐乡县濮院镇属于嘉兴县的部分(旧称嘉濮镇)划归桐乡县管辖;嘉兴县新塍区塘濮乡普安村划归桐乡县管辖。

1957年3月,嘉兴县七星乡11、12两个代表区划归嘉善县管辖。

1958年11月,嘉兴县曹桥、钟埭两公社划归平湖县管辖。

建区后

1983年8月,撤地建市,实行市管县行政体制,县级嘉兴市改建为嘉兴市城区和郊区。城区以市城建设、新嘉、东门、解放、南湖、新兴6个街道和周边塘汇、东栅、嘉北、南湖、秀水5个公社为其行政区域。

2000年5月26日,嘉兴市本级行政区划调整,秀洲区的凤桥、新丰、新篁、余新、步云、七星、大桥7个乡(镇)划归秀城区,塘汇乡的张字圩村并入七星乡;秀城区的嘉北乡、塘汇乡(不含张字圩村)、新城街道和解放街道的塘汇居民区划归秀洲区。调整后秀城区辖建设、解放、南湖、新嘉、新兴5个街道和凤桥镇、新丰镇、新篁镇、余新镇4个镇,南湖乡、东栅乡、步云乡、七星乡、大桥乡5个乡。

第二章　行政区划

第一节　古　代

城区

元代坊名　古代嘉兴城内坊巷名称,自元代起有全面记载。元嘉兴路总管府下辖录事司,掌管城中户民之事。录事司下设坊,至元《嘉禾志》记载当时有70个坊:

迎年坊　正兴坊　登春坊　宜民坊　流虹坊
好德坊　通津坊　联魁坊　兰锜坊　碧漪坊
集仙坊　青緺坊　环阓坊　旌烈坊　听履坊
卿月坊　祥鳣坊　杏坛坊　凤池坊　百福坊
封祝坊　介宁坊　尊耇坊　率育坊　斯才坊
咸中坊　聚桂坊　丰衍坊　美俗坊　灵光坊
移风坊　乡道坊　通阛坊　织云坊　燕春坊
四骐坊　鸣社坊　轻裘坊　通明坊　爰稿坊
劝善坊　暨容坊　天禄坊　阅武坊　归鹤坊
清瑞坊　格真坊　向葵坊　依莲坊　望恩坊
宝花坊　皇华坊　广平坊　拥麾坊　敷润坊
崇梵坊　钦祐坊　遗爱坊　六一坊　政桴坊
阜通坊　金佗坊　燕支坊　澄观坊　绘麟坊
东陵坊　绣衣坊　瑞龟坊　流化坊　兴贤坊

明代坊名　明宣德五年(1430),嘉兴府(县)有60个坊:

秀丰坊　好德坊　碧漪坊　青緺坊　旌烈坊
听履坊　卿月坊　祥鳣坊　杏坛坊　凤池坊
百福坊　封祝坊　介宁坊　尊耇坊　率育坊
斯才坊　咸中坊　丰衍坊　美俗坊　灵光坊
移风坊　向道坊　通阛坊　织云坊　燕春坊
四骐坊　轻裘坊　通明坊　爰稿坊　劝善坊
暨容坊　天禄坊　阅武坊　归鹤坊　清瑞坊
格真坊　向葵坊　依莲坊　望恩坊　宝花坊

皇华坊　广平坊　拥麾坊　敷润坊　崇梵坊
钦祐坊　遗爱坊　六一坊　政桴坊　阜通坊
金佗坊　燕支坊　澄观坊　绘麟坊　东陵坊
绣衣坊　瑞龟坊　流化坊　兴贤坊　步蟾坊

明宣德五年(1430)后,嘉兴县析置嘉兴、秀水、嘉善3县,古城区有28个坊:

流虹坊　鸣社坊　向葵坊　迎年坊　正兴坊
宜民坊　联魁坊　登春坊　集仙坊　依莲坊
率育坊　乘骢坊　果子坊　凤池坊　集庆坊
报忠坊　府西坊　府东坊　府前坊　碧漪坊
灵光坊　钟秀坊　毛家坊　五龙坊　北丽坊
东瓜坊　太平坊　西丽坊

清代坊里　清光绪年间(1875—1908),嘉兴城有27个坊:

秀丰坊　步蟾坊　乘骢坊　宣公坊　春波坊
北板坊　放生坊　盐仓坊　王家坊　蒯搭坊
角里坊　常丰坊
(上12坊属嘉兴县)
凤池坊　集庆坊　报忠坊　府西坊　府前坊
府东坊　毛家坊　灵光坊　碧漪坊　钟秀坊
北丽坊　东瓜坊　太平坊　五龙坊　西丽坊
(上15坊属秀水县)

镇乡

唐宋　乡镇自唐代有记载,嘉兴县唐有乡50个,其中属区境:胥山乡、新风乡(元代改为新丰乡)、永丰乡、德化乡、白苎乡、大彭乡(部分)、长水乡(部分)、感化乡(部分)、履仁乡(一作里仁乡)

注:《嘉兴市志》载明清时新篁一带属里仁乡,但唐代无考

宋熙宁年间(1068—1077),嘉兴县有乡27个,其中区境的乡与唐代同。

明　明宣德五年(1430)后,嘉兴县镇乡:

市镇5个,其中属区境:

朱村市(今余新镇靠近曹庄一带)、新丰市镇、新行市(今凤桥镇新篁社区一带)。

注:万历《嘉兴府志》无朱村市

乡12个,其中属区境:

德化乡、胥山乡、感化乡、履仁乡、新丰(一作"风")乡、永丰乡、大彭乡、白苎乡、长水乡。

清　清宣统元年(1909)举办自治,嘉兴县分为10个自治区,秀水县分为16个自治区。

嘉兴县10个自治区中,属区境有8个:

城区、凤石区、新丰区、汉塘区、新篁区、东栅区、栖凤区、徐贤区。

秀水县16个自治区中,属区境3个:

城区、三店区、塘汇区(部分)。

第二节　中华民国时期

城区

清末,嘉兴城区分为24坊,民国时期民间习称未废,1928年名称如下:

宣公坊、放生坊、盐仓坊、春波坊、北板坊、
角里坊、蒯塔坊、府西坊、毛家坊、府前坊、
府东坊、报忠坊、灵光坊、五龙坊、碧漪坊、
凤池坊、钟秀坊、集庆坊、东瓜坊、北丽坊、
太平坊、王家坊、常丰坊、西丽坊。

1928年实行村里制,将城区编为二十二里、五村。见附表:

1928年嘉兴县城区村里名表

表1-2

里名	原有名称	四至点				住户总数
		东界	南界	西界	北界	
众安里	碧漪坊	项家漾河	禅杖桥河	北城河	城垣	520
流虹里	碧漪坊	荐桥河	东城河	西埏桥河	禅杖桥河	305
天星里	碧漪坊	东城基	东城河	荐桥河	秀州桥北弄	303
钟秀里	钟秀坊	北城河	张家弄河	秀学中段	城基	470

续表1-2

里名	原有名称	四至点				住户总数
		东界	南界	西界	北界	
东灵里	灵光坊	西埏桥河	集街	局桥河	秀宫河	310
南灵里	灵光坊	西埏桥	集街河	韭溪	道弄上岸	310
集凤里	南区	市心弄口	报忠埭砖桥弄	大西门	楞严寺后	285
通越里	南区	斜桥河	报忠埭河	大悲桥河	报忠埭上岸后	376
报忠里	南区	东城河	范蠡湖	西城河	报忠埭河	332
州东里	南区	东城基狮子汇	南宫	斜桥河	东城河集弄	281
澄海里	五龙坊	梅湾里	娱老桥	西棚下	石灰桥	348
梓潼里	五龙坊	帆落浜	梓潼汇	东棚下	娱老桥	303
南堰里	滮湖坊	放生桥	探花桥	南湖	东栅口市河	594
宣公里	宣公坊	角里坊	东栅市	城门口	东塔寺后	312
春波里	北板坊	闻思巷	春波桥	西河街	界门口	342
秀城里	东瓜坊	界城门口	秀城桥	鈕家桥	香橼浜	385
太平里	太平坊	洋关街	市河	冷水湾	乡下	353
端平里	塘湾街	杉青闸	鈕家滩	塘湾街	北丽桥	369
古坛里	月河	坛弄	月河	月河桥	饮马河	
堰月里	月河	月河桥	月河	栅堰	乡下	413
中基里	中街	中街口	运河	官弄	月河	304
望兴里	壬癸	秀城桥	治城	荷花堤	北丽桥	379
白鹭村	德二下九 德上十一 德二下七半		—	—	—	469
皋桥村	德二中十八 德二上十六半 德二中二		—	—	—	434
七星桥村	德二上十六半 德二上十三半 德二下十五		—	—	—	437
神塘村	德二上十三半 德二中十九		—	—	—	348
张月河	德二上十四 白五下十二		—	—	—	516

注：表中白鹭村为现七星镇高丰村庄浜一带；七星桥村为现七星镇七星村境；神塘村为现七星镇博山村驻地陈塘浜一带；张月河为现七星镇张宇圩村境；皋桥村当在七星镇与东栅街道交界处一带，现实际隶属无考

1935年左右，嘉兴城区有北平、中穆、吴安、湖光、东南、东栅、塘汇、南堰8个镇。1946年8个镇合称嘉兴镇，为1949年解放初嘉兴市（县级）辖境。

镇乡

1928年　嘉兴县有28个镇市，其中属今南湖

区境17个：

十八里桥、吕家埭市、幽港大桥、徐婆寺、石佛寺市、凤喈桥、新社市、新篁、庄史里、竹林庙市、新丰镇、栖凰埭、曹庄市、曹王庙、余贤埭、东栅口、南堰。

1930年　嘉兴县划7个区、51个镇、184个乡。

1934年　嘉兴县划7个区、27个镇、37个乡，其中属今南湖区境有：

第一区：安吴镇、湖光镇、中穆镇、北平镇、东南镇、东栅镇、真如乡、湘溪乡（共12个）。

第二区：塘汇镇（部分）、三店乡（部分）（共6个）。

第三区：为秀洲区境（共5个）。

第四区：塘南乡（部分）、复礼乡（部分）、里仁乡（部分）、学绣乡（部分）（共10个）。

第五区：国界乡（部分）（共9个）。

第六区：余贤镇、新社镇、石佛镇、凤桥镇、曹庄镇、大桥镇、余西乡、汉中乡、汉南乡、汉北乡（共10个）。

第七区：新丰镇、栖凤镇、新篁镇、庄史镇、步云镇、丰南乡、槜李乡、坛塘乡（共12个）。

1943年　曹庄镇更名曹普镇，增焦山乡。

1945年　嘉兴县设7个区，辖28个镇、38个乡。属区境的为城区、凤桥区、新篁区、城东区。增设丰南乡，属城东区管理。

1949年5月　嘉兴县设7个区，辖30个乡、2个镇，属区境的有：

王店区：真如乡、人和乡（部分）。余为秀洲区境（共4乡1镇）。

塘汇区：湘店乡、东栅乡、塘汇乡（部分）。余为秀洲区境（共5乡）。

新丰区：新丰乡、步云乡、胥山乡。其中钟埭乡属平湖市（共4乡）。

凤桥区：凤桥乡、汉塘乡、余新乡、长秦乡（部分）。长秦乡部分为秀洲区境（共4乡）。

新篁区：新篁乡、净相乡、竹林乡。其中民丰乡今属平湖市（共4乡）。

新塍区（5乡1镇）和王江泾区（4乡）属现秀洲区境。

第三节　嘉兴解放后

城区

1949年5月7日嘉兴解放，嘉兴县城设置嘉兴市（县级），下辖建设、新嘉、新兴3个区和区属太平乡、马河乡、南堰镇。

1950年5月，嘉兴市并入嘉兴县。撤销3个区，市区改为城区，但不设行政机构。太平乡、马河乡、南堰镇划归塘汇区，隶属嘉兴县领导。

1951年5月复设嘉兴市，下设建设、新兴、新嘉、解放、南湖5个镇公所。

1954年12月，5个镇公所改建为镇街道办事处，为嘉兴市人民委员会派出机关。

1958年嘉兴市保留体制，与嘉兴县合并办公。

1960年6月，城区设嘉兴市人民公社，5个镇的街道办事处为市公社分社，1961年8月，市公社撤销。

1962年8月，嘉兴市一度改为嘉兴县城关区。

1963年2月，撤销嘉兴市，设置嘉兴镇，归嘉兴县管辖。嘉兴镇下设各街道办事处。

1979年9月，恢复嘉兴市，行政区域包括嘉兴县的嘉兴镇和塘汇、嘉北、南湖、东栅4个公社。1980年3月省委通知暂不分设。

1981年1月14日，撤销嘉兴县，设立嘉兴市（县级）。嘉兴市辖嘉兴、新塍、王店3个镇和30个公社。其中嘉兴镇下辖南湖、新兴、建设、新嘉、东门、解放6个街道。

1981年11月，撤销嘉兴镇建置，保留6个街道，市直属。

乡镇

1950年8月嘉兴县划区建乡后，为7区、71乡、2镇，属区境：

王店区：真东乡、真西乡（部分），余为现秀洲区境（共9乡1镇）。

塘汇区：塘汇乡（部分）、太平乡（部分）、南堰乡、东栅乡、马河乡（部分）、七星乡、湘店乡，余为秀洲区境（共14乡）。

新丰区：新丰乡、丰北乡、步云乡、云东乡、云西乡、胥山乡、大桥乡。其中钟埭乡、钟东乡、钟南乡、白马乡属今平湖市(共11乡)。

凤桥区：石佛乡、石隍乡、曹王乡、吕塘乡、曹庄乡、余新乡、余西乡、长秦乡(部分)。余为秀洲区境(共9乡)。

新篁区：新篁乡、庄史乡、金章乡、净相乡、竹林乡、由桥乡。其中民丰乡、曹桥乡属平湖市(共8乡)。

新塍区(11乡、1镇)和王江泾区(9乡)均为秀洲区境。

1956年春，撤区并乡，辖28乡、2镇，属区境：

真如乡、新丰乡、净相乡、步云乡、大桥乡、塘汇乡(部分)、七星乡、东栅乡、嘉北乡(部分)、凤桥乡、新篁乡、余新乡、曹庄乡。其中钟埭乡、曹桥乡今属平湖市，余为现秀洲区境。

1957年9月，复设新塍、王店、塘汇、新丰、凤桥、王江泾6区，分管各乡。其中新丰区、凤桥区及塘汇区一部分为区境，余为秀洲区境。

1958年9月底10月初，全县划14个人民公社，属区境：

红旗公社、塘汇公社(部分)、凤桥公社、东栅公社、余新公社、曹庄公社、南湖公社(部分)。其中钟埭公社、曹桥公社今属平湖市，余为秀洲区境。

1958年11月，红旗公社更名新丰公社。

1960年3月，余新公社与曹庄公社合并为余新公社。大桥划给东栅公社。

1961年9月，嘉兴县调整社队规模后辖31个人民公社(包括新塍、王店改称人民公社)。

同年12月，嘉兴县设新塍、凤桥、新丰、塘汇、王江泾5个区，分管23个公社，其余8个公社直属县。

1962年6月，嘉兴县撤销王江泾、塘汇、新丰、凤桥4个区。新塍区至1963年撤销。

同年8月，设东栅、新丰、新篁、凤桥、塘汇5个镇(前4镇属区境)，1964年7月撤销建制。

1963年4月，嘉兴县辖3个镇和30个公社，属区境：

嘉兴镇、凤桥公社、新篁公社、余新公社、曹庄公社、新丰公社、净相公社、竹林公社、步云公社、大桥公社、塘汇公社(部分)七星公社、东栅公社、南湖公社、嘉北公社(部分)。

1968年12月，步云公社改名向阳公社，1981年11月复名。

1981年1月，嘉兴县撤销，设县级嘉兴市。

1981年11月，因嘉兴镇撤销，12月成立秀水人民公社，辖许安、徐王、西马桥、红星、水产、蔬菜6个生产大队。

第四节　建区后

1983年8月，区辖建设、新嘉、东门、解放、南湖、新兴6个街道和塘汇、嘉北、南湖、东栅、秀水5个公社、70个村、148个居委会。区面积150平方千米，其中城市规划区27平方千米，1990年建成区14.7平方千米，户籍人口20.77万人，其中非农业人口12.62万人。

1984年1月16日，东栅、塘汇2个公社集镇改为区属镇，7月建东栅、塘汇街道。

1984年1月，撤销各人民公社，原公社范围建乡人民政府。

1988年9月，东栅街道并入南湖街道，塘汇街道并入解放街道。

1990年5月，区辖6个街道，5个乡，148个居委会，70个行政村，见下表：

1990年全区各街道、乡基本情况表

表1-3　　单位：个

单　位	居委会或村委会名称	合　计	
		居委会数	行政村
建设街道	环城路、凤箱汇、建北、荷花堤、少北、平家弄、禾兴、民生路、育子弄、百福弄、少南、中中、建南、人民路、椿树弄、杨柳弄、丁家桥、勤俭中路	18	—
新嘉街道	杉青闸、落帆亭、北京一、北京二、饮里、坛弄、中基一、中基二、中基三、秀水兜、秀水新村、杨清、洪声、清河、朝东埭、月河、抱月村、栅堰、动力新村、洪光、百花一村、百花二村、洪波、百花三村、百花四村、百花五村、北区、东升一村、百花六村、东升二村、洪堰、洪二、洪桥、洪六、洪三、嘉兴新村、吉水。	37	—
解放街道	春波桥、大新桥、虹桥一村、虹桥二村、秀城桥、青龙街、解放中路、香橼浜、光明街、闸前街、航运一村、航运二村、菜花新村、菜花二村、凌塘桥、华美、凌南、塘东、塘西、太平桥、秋泾桥	21	—
东门街道	车站路、环城东路、新马路、梧桐树街、天星湖、中山东路、东大街、迎紫桥、城东、府东街、州东湾、嘉冷新村	12	—
新兴街道	中山西路、府忠埭、安乐路、柳东、柳西、吉丽、砖桥街、市心弄、吉运桥、紫阳街、河东街、南阳新村、梅湾街、西南湖、红湖、吉南、越秀北、三塔、真如新村、南大街、府前街、城南路、文昌路、吉运桥西、西园、吉安、吉杨、吉东、吉西、越秀路南、兴建、农新居委会	32	—
南湖街道	长丰桥、吴泾桥、双溪桥、张家弄、杨庙弄、甪里街、南湖边、南堰街、民丰新村、民丰一村、民丰二村、民丰三村、民丰四村、民丰五村、冶金新村、冶金一村、冶金二村、冶金三村、毛纺新村、毛纺一村、毛纺二村、毛纺三村、二毛二村、绢纺新村、绢纺一村、绢纺三村、二毛三村、化肥新村	28	—
南湖乡	隆兴、珠庵、南湖、西南湖、长桥、真如、六号桥、七号桥、天带桥、红旗、新联、开禧桥、永联、月河桥、莫家泾、三乡桥、八字桥、乘塘桥、梁林桥、南湖水产	—	20
塘汇乡	张字圩、周安浜、茶园、秋泾桥、平安、藏字圩、鸣羊、正阳、鱼池汇、钱家桥、南阳、古窦泾、三阳、百花庄、濮家湾、渔业	—	16
东栅乡	建新、邱家桥、七里店、半墩、雀墓桥、九曲、高桥、郭家桥、腾字圩、缪家圩、汇农、工农、长丰(渔业)	—	13
秀水乡	许安、徐王、红星、西马桥、水产(许家村)	—	5
嘉北乡	沈家桥、金鱼桥、宇四浜、收藏、顾家浜、南陶浜、陶家桥、木桥港、义庄、亭子桥、吴家桥、百花、殷秀、和殷、三塔、渔业	—	16
合计		148	70

1992年7月，净相乡并入新丰镇。

1993年12月，嘉兴市城区更名为嘉兴市秀城区。

1998年5月，竹林乡并入新丰镇。

1999年3月，新丰镇村规模调整，林金村并入乌桥村，定名乌桥村；项前村、观丁村并入杨庄村，定名杨庄村；登青村、繁荣村并入民丰村，定名民丰村；胜利村、北牛桥村并入镇北村，定名镇北村；永济村、北汤村并入横港村，定名横港村；张家埭村并入栖凰埭村，定名栖凰埭村；寿山桥村并入叶家桥村，定名叶家桥村；赵家埭村、高家桥村并入竹林村，定名竹林村；钱家浜村、桂花浜村并入永丰村，定名永丰村。

2000年5月，嘉兴市本级行政区划调整，秀城区辖建设、解放、南湖、新嘉、新兴5个街道和凤桥镇、新丰镇、新篁镇、余新镇4个镇，南湖乡、东栅乡、步云乡、七星乡、大桥乡5个乡、109个居委会、125个

行政村。全区总面积426平方千米，其中建成区面积25.2平方千米。年末人口50.03万人，其中非农业人口23.72万人。

2000年10月，设立非行政区划秀城新区。2001年5月设立非行政区划秀城工业区。2002年4月，亚太嘉兴科技区成立。2005年5月，更名亚太南湖工业区。2006年1月，嘉兴工业区、大桥镇和南湖亚太工业区3方整合，统称嘉兴工业园区。

2001年10月25日，大桥乡与步云乡合并，划入余新镇的吕塘、八里2个行政村，设立大桥镇；新篁镇与凤桥镇合并，定名凤桥镇；七星乡撤乡建镇；东栅乡撤乡设街道；南湖乡撤乡设城南街道。

2001年3月起，各街道设置社区；各镇有条件的村陆续撤村建社区或村、社区并称。

2002年1月，新丰镇以汉塘为界设丰北社区与丰南社区，栖凰埭集镇与竹林集镇划入丰南社区。

2002年3月，新丰镇村规模再次调整：新丰村并入丰南社区；乌金浜村并入乌桥村；荣耀村并入民丰村；金丰村并入横港村；上八村并入金章村；叶家桥村南、槜李村并入净相村；东洲村并入由桥村。

2006年1月24日，嘉兴工业园区和大桥镇实行合署办公。

2006年7月19日，撤销新嘉街道西马桥行政村建制。

2007年9月4日，新丰镇老由桥、钱家浜、桂花3村合并，名由桥村；老永丰、东洲并入永丰村。

2007年9月10日，大桥镇胥山村与卫星村合并，定名胥山村；建国村与渡船浜村合并，定名建国村；联合村与花园村合并，定名花园村；倪家浜村与丰南村合并，定名倪家浜村；焦山门村与桥西村合并，定名焦山门村；步云居委会更名步云社区；大桥居委会更名大桥社区；新建天明社区。

2007年11月5日，建设街道南湖桥社区与紫阳社区合并，定名紫阳社区；少北社区与瓶山社区合并，定名瓶山社区；星桐社区与丁家桥社区合并，定名丁家桥社区。

2007年12月，余新镇东洋浜村和新丰镇由桥村划归大桥镇。

2008年3月3日，余新镇复兴村与永明村合并，定名永明村；余南村与农庄村合并，定名农庄村；长秦村与联星村合并，定名长秦村；余北村与石堰村合并，定名余北村。

2008年6月20日，新嘉街道同乐社区与月河社区合并，定名月河社区。

2009年1月，南湖新区与东栅街道实行合署办公。

2009年11月30日，东栅街道新设云东、格林2个社区。

2010年5月31日，长水街道设立，辖中南、府南2个社区和缪家圩、腾字圩、汇农（中环南路以南范围）南湖3个行政村。

2010年8月11日，余新镇明星、余西、金星3村合并，定名金星村。12日，新设长秦社区。

2010年11月18日，南湖街道新设云都、文星2社区；民北社区和许安社区合并，定名民北社区；桂苑社区和东塔路社区合并，定名桂苑社区；南湖社区和新湖社区北片合并，定名南湖社区；泾水社区更名南溪社区；调整农翔社区和万洲社区区域范围。

2010年年底，区辖8个街道、5个镇、71个社区、68个村：

2010年南湖区各街道、镇基本情况表

表1-4

名　称	社区或行政村	社区或行政村数(个)
建设街道	城东、紫阳、南杨、杨柳湾、百福弄、瓶山、丁家桥	社区7
新嘉街道	清华、穆河、清河、西马桥、栅堰、月河、竹桥、北京路、电子、百花、花园、秀水兜	社区12
解放街道	菜花泾、解放路、航明、秀城桥、凌塘、虹桥、秋泾桥	社区7
新兴街道	西丽、明月、秀运、运南、文昌、城南、真合、松鹤、王安	社区9
南湖街道	民北、云都、枫杨、农翔、南溪、桂苑、万洲、烟雨、南湖、文星	社区10

续表1-4

名　称	社区或行政村		社区或行政村数(个)
	行政村	社区	
东栅街道	半墩、雀墓桥、建新、邱家桥、七里店、九曲、高桥、郭家桥、汇农、工农	化东、云阳、新南、双溪、格林、云东	行政村10 社区6
城南街道	长新、真如、马家浜、八字桥、月河桥、梁林桥	百妙、良秀、金穗、禾源、长新	行政村6 社区5
长水街道	缪家圩、腾字圩、南湖	中南、府南	行政村3 社区2
新丰镇	乌桥、杨庄、民丰、镇北、横港、金章、栖凰埭、净相、竹林、永丰	丰南、丰北	行政村10 社区2
余新镇	永利、普光、黎明、永明、余北、农庄、曹王、金星、长秦	余新、幸福、曹庄、石堰、长秦	行政村9 社区5
凤桥镇	星火、三星、大星、新民、联丰、永红、陈良、茜柳、栖柽、庄史	凤桥、新篁	行政村10 社区2
大桥镇	胥山、建国、中华、十八里、江南、焦山门、吕塘、八里、农建、花园、倪家浜、云东、东洋浜、由桥	天明、步云、大桥	行政村14 社区3
七星镇	博山、东进、大树、七星、高丰、张字圩村	湘湖	行政村6 社区1
合计	—	—	行政村68 社区71

附:嘉兴地名考

槜李

槜李是嘉兴文字记载最早的古地名,元《嘉禾志》记“槜李,即今嘉兴,旧有槜李城”。《公羊传》作“醉李”,《吴地记》中记周敬王十年(前510)吴伐越,南破槜李,置长水县。《汉书》作“就李”。周敬王二十四年(前496),吴王阖闾趁越王允常卒,兴师伐越,败于槜李,负伤致死,此事被载入同时代孔子所作《春秋》,成为历史上有名的战役。

槜李具体方位众说纷纭。《左传》(鲁)定公十四年(前496)于越败吴于槜李。西晋杜预注:“槜李,吴郡嘉兴县南醉李城”。《国语·越语》:“勾践之境……北至御儿”。韦昭注:“今嘉兴御儿乡是也。”《越绝书·记地传》:“语儿乡故越界,本名就李,吴疆越地以为战地,至柴辟亭。”《汉书·地理志》:“柴辟,故就李乡,吴越战地。”应劭“古之槜李也。”柴辟又称辟塞、柴辟亭。

古槜李具体地点今不可考,传吴越春秋时有“吴越八城”。今市区西南部,旧有南北草荡,广数千亩,人说是吴越古战场,留有过界桥、国界桥、争界桥、旗杆下、相家头等古地名。

古时,嘉兴市境为越族所居,槜李、醉李、就李3名指一地,当是越语用汉字所记。后代又一说,因嘉兴产名果槜李,地因果名。槜李树见于记载晚,春秋时就有名果槜李为嘉兴民间传说。

南宋嘉兴诗人张尧同《净相佳李》:“地重因名果,如分沆瀣浆。伤心吴越地,未敢尽情尝”。诗中提及净相,为净相寺,传为产槜李闻名。明清附近都种有槜李,其地名在民国时有槜李乡、槜李村等。现新丰镇有槜李村,净相寺旧址就在村内。市区有槜李路、槜李大桥等。

长水

旧志载嘉兴先秦为长水地,因境内有河长水得名。长水现称长水塘，源自天目、杭州，从海宁起，经秀洲区到城南，注入西南湖，古代通穆河溪、大运河，入吴境流入太湖。

传秦始皇三十七年（前210年），秦始皇南巡，乘舟过长水时斩马祭河神，并将长水改名由拳。其地后代名马塘堰，在今长水街道境。《吴录·地理》记“吴王时，此地本名长水，故嘉兴亦名长水”。

嘉兴府及县地方志和著作记有先秦此地为长水县，系由拳县前身，周敬王十年（前510）或周敬王六年（前514）建置。《水经注》引《神异传》：“由拳县者，秦时长水县也。”《元和郡县志》：“嘉兴县春秋时长水县。”元至元《嘉禾志》引《吴地记》：“嘉兴县本号长水县，周敬王十年置在谷口湖，秦始皇重移改由拳县。”元至元《嘉禾志》引《嘉禾记》：“周敬王六年置长水县。”清康熙《嘉兴县志》记，秦王政二十五年（前222），破楚定荆地，降越君，置会稽郡。二十六年（221）置长水县，长水县原是吴地长水乡名。并记秦始王三十七年（前210），秦改长水为由拳县。据此，嘉兴县置县推前至周敬王十年置长水县。

长水建县也有不同看法，认为根据并不充分和确切。一是周敬王十年为公元前510年；周敬王六年为公元前514年，其时郡县制在全国尚未兴起，水潦交横未得开发的江海之隅在全国率先建县，实少可能；二是长水建县的文献记载始见于南北朝时代郦道元的《水经注》，不见《汉书》和《后汉书》，另无更早期记载；三是清康熙《嘉兴县志》记的秦王政二十五年置会稽郡，二十六年置长水县、武原县，其他史志不书。而大清一统志记秦置会稽郡、由拳、海盐县；四是长水系汉语地名，由拳则为越语，古代钱塘江一带县名一般不太可能先用汉语命名后用越语命名。因此，当时长水有无置县历来存有二说。现境内长水街道、长水路均得名于长水古县名。

由拳

由拳名源有二说。一说秦王政二十五年（前221）实行郡县制时，置会稽郡、由拳县，为由拳名之始。一说秦始皇三十七年（前210），秦始皇东巡，观天象的术士说，五百年后，江东有天子气。秦始皇过长江到海盐，登山观海，风高浪急，无法渡海，便沿海边溯江而上，从江面狭窄处渡江到会稽祭大禹。回来时，乘船从长水过，见当地人都泛舟买卖交易，十分热闹，流传着“江南好风光，水市出天子”的民谣，秦始皇始信术士的推测，即令随众和囚徒十万，新建驰道，拓宽长水，拦河筑堤堰，斩宝马祭河神，破坏当地的风水，将长水改名由拳，并置县。清《嘉兴府志》载，“史纪秦本记，秦始皇出游至钱塘，望气者曰，五百年后，江东有天子气，始皇至，令囚徒十万人，掘汙其地，表以恶名，故改之曰由拳。”

元至元《嘉禾志》记，又按《寰宇记》云：始皇东游至长水，闻土人谣曰：水市出天子。从此后，见人乘舟交易，应其谣，遂改由拳县。又曰：故由拳县在今县南五里，始皇见其山上出王气，使诸囚凿此山。囚倦并走，因号为囚倦山，置囚倦县，后人讹为由拳。

“由拳”的含义，一说那时囚徒疲倦纷纷逃跑，人呼“囚倦”，于是秦始皇将长水改名囚倦，置县时取音名由拳县。嘉兴留下的有关秦始皇的地名，还有秦山、秦驻山、马塘堰、马桥、马塘泾、秦溪、长秦、秦湖等，都有着美丽和悲壮的传说。

第二篇　自然环境

目 录

区境南北宽29千米，东西长33千米。面积426平方千米，地理条件优越，地势低平，平均海拔3.35米。北部边缘地势低洼，河湖交错，平原面积393.8平方千米；水面面积32.2平方千米，占总面积的8%。全区河道总长1384.7千米，骨干河流13条。区境地处北亚热带南缘，属东亚季风区，夏冬季风交替显著。气候温和，四季分明，年平均气温15.7℃，温差25.1℃，相对湿度82%，光照、雨量充沛；多年平均降水1193.7毫米。年平均日照2017.0小时，年平均相对湿度81%。土膏沃饶，水稻土和潮土是基本的土类，水稻土比例近70%。土壤总的特点是，基本肥力较高，适种性广，利于农业的综合开发。

区内人工植被是植物的主要类型，84%的土地是农田栽种农作物和经济林园；动物，主要以家庭饲养为主，有少数国家保护动物。区内水资源丰富，河网密布，由于工业和农业用水的不合理排放，造成南湖等部分水域严重污染，有关部门对南湖水进行了治理，随着污水管网的建设以及疏通淤泥和清理湖面等治理工作的进行，南湖等河流水质有了明显的改善。

区内自然灾害最多见的是台风、洪水、雪灾、冰雹，不同程度对人类生命财产造成危害，区各部门建立应对自然灾害的应急预案，确保应急救援工作有序、高效，最大限度地减少人员伤亡和财产损失。

第一章　地质　地貌

第一节　地　质

演变

境内地质构造，属扬子准地台，沪杭台地斜坡。中元古代为地槽阶段，中元古代后，晋宁运动使地槽解体，扬子准地台最后固结形成，开始接受覆盖层沉积。区内主要是浅海砂泥质及钙泥质沉积。同时产生区域性断裂及大型宽缓褶皱。

区境处于沪杭台地斜坡上，为开阔海台地环境，沉积厚度3100～4800米。晚奥陶世之前，以碳酸盐沉积为主，志留系时为碎屑沉积、页岩、砂质页岩，或与砂岩互层，志留纪末加里东运动时期，域内抬升为陆地。

自晚泥盆世开始，由陆向浅海和海岸转化，海侵海退频繁，沉积为海陆交互相及碳酸盐和煤系建造，形成少量硅质岩，厚度940～2170米。二叠纪末的海西运动，主要表现为地层缓慢抬升。中三叠世末的印支运动，使中三叠世以前地层褶皱隆起，并伴随有断层发育。从此，印支运动奠定了域内地质构造的基本轮廓。印支时期构造运动所形成的一系列紧密褶皱，呈长条状，轴向北50度东，分别组成大型复背斜和复向斜，并伴随有北50度东方向的逆断层。

燕山—喜马拉雅山时期，这一阶段继承印支时期褶皱拗陷和断裂的特点，以北东向、东西向断裂活动为主。火山及岩浆活动十分频繁强烈，有一系列的晚侏罗世的火山喷发，燕山运动末期，在北东、东西向断裂带控制下，发生差异性的升降运动，作用于区域的地质构造，形成凹陷（也称中断凹）、隆起（也称中断束），或地堑、地垒。

新生代喜马拉雅运动，使市域逐渐沉降，上更新世和全新世几度全面下沉为海，最后形成长江三角水洲平原。

构造单元

华夏式构造控制了市域中生代、新生代沉积建造。它主要由一系列规模较大的北东50度的断裂带及其相间分布的隆起、凹陷带组成。区境地处桐乡—平湖凹陷带。为一断陷型的沉积凹陷带，为开化—杭州凹陷带向东北延伸部分，是一北东向狭长断陷，四周都有断层接触，沉积中心在桐乡以东，基底起伏较大，构造发育，火成岩活动频繁。侏罗纪末，燕山运动呈断凹下降，自白垩纪以来，堆积了巨厚内陆湖盆相碎屑岩，沉积中心自南东偏移至平湖、新丰以西。下第三系的沉积厚300～400米。桐乡—平湖凹陷带内部由4个次一级构造组成：其中东部平湖凹陷，沉积中心在嘉兴新丰以西。桐乡—

平湖凹陷带反映出中、新生代地层沉积厚度变化大,白垩系至第三系厚度超过6000米。

新华夏构造时期,主要表现为对基底构造的迁就和继承,以及少量北北东向的冲断层。其主要断裂有双林—姚村断裂,在嘉兴、嘉善等地有新华夏系北东20~30度和华夏系北东50度重接复合构造。

由古生代地层组成基底。如境内的胥山有泥盆系的五通组。在钻孔资料中还有石炭系和二叠系的地层,其上覆盖了不同厚度中、新生界地层,厚度可达6000米以上。第四系以来,境内仍有明显的下沉趋势,成为钱塘江和长江夹带泥沙沉积场所,以上就是境内地壳变迁的大体过程。形成本省最大的杭嘉湖平原。

地层分布

距今1.5万年至今。广布全区域,据地质钻孔资料表明,层底埋深13~38米,说明杭嘉湖平原在更新世末,并非是坦荡的平原,而是一个起伏和缓的丘陵台地。南部为古钱塘江谷地,西部有南北向沟通古太湖的低谷;在东北有延伸到上海市区的低谷为另一条古水道。市域在全新世的沉积,以南缘临杭州湾和钱塘江地带厚度为最大,达18~38米,南湖区到海宁长安和桐乡石门一带,仅3~6米,其余地区为7~15米。

区内原有胥山之外,其余都是平原和水面,平原上被84~326米厚的第四系沉积物覆盖。经钻井、物探以及开采地下水,获得较多的钻井地质资料,确认区域地层除三叠系、中下泥盆系、上志留系缺失外,各地质时代地层基本齐全。

第二节　地　貌

基本特征

区域地貌形态,有3个特征:一是地势低平:全区地面总面积中,平原和陆上水域面积之和占100%。全区地面海拔在2.8~5米,平均4.3米,其中七星镇为最低洼,其地面高程一般在3.2~3.6米之间,部分低地为2.8~3.0米。二是人工地貌多为太湖边的浅碟形洼地,地面大致呈东南向西北和东北方向微微倾斜,由于数千年来,人类垦殖开发,全区平原被纵横交错的河渠所分割,田、地、水交错分布,形成“六田一水三分地”的立体地形结构,构成了地上栽桑、湖荡养鱼、田里种粮的人工地貌多的特点。三是河道纵横,湖荡众多,水上交通发达,具有江南水乡的特色。

地貌类型　成因及其分布

境内地貌大致为平原一大类三种类型。

古冲积—海积平原　分布于新冲积—海积平原内侧的条带状地段,纵深约5~10千米。为形成钱塘江涌潮前后古杭州湾海流携带海域泥沙冲积而成,地势高亢,俗称沿江高地,海拔5.5米左右,河道稀少且浅窄,水源常感不足,人工池塘较多,以供蓄水灌溉,也是粮、棉、麻、畜产区。

冲积水网平原　主要为古冲积平原,分布于区域中部及东部的广大地区,地势平坦,田地相间的人工微地貌较为突出,高程4~5米,大部分地面都在洪水位以上,水网密布,河流众多,湖荡较少。母质以河相沉积为主,亦有海相沉积物。为粮、桑、畜产区。考古资料证实,本地貌区成陆较早,并已有7000年左右的人类活动史。

湖荡平原　原是太湖边的古泻湖或沼泽带,在泥沙和大量水生植物的堆积下,湖面日趋缩小,变成或被分隔成湖沼平原。主要分布于区域的北部七星镇一带,湖泊众多,河流密集,水面广阔,地势低洼平坦,海拔3.3~3.8米。多属圩田,但洪涝威胁及渍害仍存在。母质以湖沼沉积物为主。为粮鱼主要产区。

人类活动对地貌的影响　区域人类活动对地貌影响深刻,经历数千年的经营开发,境内已找不到未经人类活动干预的场所。

人类开挖河道、围圩造田、围荡种稻、堆土种桑、开塘养鱼、平整土地等,均对地貌的演变起了深刻的作用,特别是由于粮桑鱼兼营形成一些特殊的人为微地貌,出现田、地、池、港错综复杂及凹凸不平的地貌类型,被称为“平原丘陵”“箱子田”。这使土块分散插花,圩田和地岗或地墩交错,也使田地高差明显。

解放后实行地改田，又大规模平整土地，挖低旱地，堆高水田，加厚土层。这实际是对明清时水田改桑园的逆转。七星镇等地的部分乡村，长期挖泥制砖，不断降低局部地面海拔高程。

第二章　气候　水文

第一节　气候特征

基本特征

境域地处北亚热带南缘，属东亚季风区，是典型的亚热带季风气候，隶属于“浙北平原温和冬冷夏季亚湿润区”。

夏冬季风交替显著，气候温和亚（半）湿润，四季分明，光照充足，降水量尚丰，冬夏时间较长，但酷热和严寒较短。“光、热、水”配置有利于农作物生长，但降水量的年内分配和年际分布不均，又兼地势低平，在季风气候影响下，灾害性天气出现频繁，雨涝危害常见。气候分布和灾害影响均以年际变化大于地域分布为特点。

四季分明

境域四季时间、长短都比较接近，以冬季最长，超过4个月；夏季次之，在3个月左右；秋季最短，仅2个月略余；春季2个月又半。

四季划分一般以候平均气温为标准。候平均气温大于22℃时为夏季，候平均气温小于10℃时为冬季，介于前二者之间为春秋季。

南湖区四季划分情况表

表2-1

季节	起止日期	日期（天）
春	4月2日至6月12日	72
夏	6月13日至9月17日	97
秋	9月18日至11月18日	62
冬	11月19日至4月1日	134

由于冷暖空气之间对峙和强弱不同，四季中也会出现短暂季节反常变化，往往以三五天过程为多。2000年后，天气总体转暖，出现暖冬现象。

春季　是冬季风转为夏季风的过渡季节。在冷暖空气交替影响下，风向多变，阴湿多雨，日照较少，天气变化快，冷暖起伏大。当地有“春天孩儿面，一天变三变”的俗谚。

夏季　初夏随梅雨到来，大雨和暴雨较多，6月降水量在25毫米以上的天数，平均每年有1.9天。最多的是1954年，有5天。梅雨结束后，进入盛夏，在副热带高压控制下，天气晴热少雨。7—8月平均气温28℃左右，热年达30℃，凉年低于25℃，夏季最高气温大于35℃的高温天气平均11天，最多38天（1953年）。此时段常有伏旱发生，遇有台风，带来降水，减轻旱情。盛夏由于降水少，日照充足，7—8月的日照均在250小时左右。

秋季　冷空气不断南侵，温度逐步下降，是一年中温度和降水变幅较大的季节。由于河荡众多，又近海洋，水域对气候影响明显，降温比同纬度的内陆地区缓慢。冷空气过时，在干冷空气控制下，湿度小，天气晴朗，呈秋高气爽天气。遇降雨稀少年份，也常出现旱情。

冬季　雨水较少，特别是12月和1月是全年雨水最少的月份，平均月雨量不足50毫米。冬季严寒期短，常年日平均气温一般在0℃以上。最冷年份在0℃以下。冬季气温年际变化较大。

雨热同期

境域全年降水与温度的升幅、变幅几乎相似，形成雨热同期的特点，总的说来，降水夏多冬少，气温夏高冬低。一年降水有两个明显雨季，年降水过程呈“双峰型”，水体效应明显。对水稻等农作物生长有利。

由于河荡众多，东南部有钱塘江、杭州湾大水面，水体对气温的调节作用明显。

光温同季

境内日照逐月分布规律与温度变幅呈同季趋势。其中7—8月日照平均在2500小时左右，有利于早稻高产稳产、晚稻秧田生长和移栽后分蘖光合效应。10月又是另一个高值月，对晚稻灌浆结实极为有利。

日照平均时数在全省属高值区。同时比纬度高于境域的苏州、上海为多。比同纬度的武汉和成都等地日照时数均偏多。日照条件好是区境优越的气候条件之一。

季风影响显著

由于各年季风影响的迟早、强弱和局部地区的天气因素，造成农业灾害性天气出现，主要有春、秋连阴雨、低温和初夏寒（冷害）、台风、暴雨和雨涝、夏秋干旱、盛夏高温、冰雹和龙卷风、冬季冰害和积雪、寒潮等灾害性天气发生。

第二节　气　象

区域地处北亚热带南缘，属东亚季风区，是典型的亚热带季风气候，隶属于浙北平原温和冬冷夏季亚湿润区。受季风环流影响显著，四季分明，年温适中，空气湿润，雨量充沛。

大气环流

冬季受蒙古高压控制，盛行偏北风，以晴冷天气为主，是低温少雨季节。春季大陆高压衰退，太平洋副热带高压北进，锋面气旋活动频繁，雨量增多，以阴雨天气为主。5—6月间，冷暖空气对峙，常产生大面积锋面雨，也称“梅雨”。夏季受太平洋副热带高压控制，盛行东南风，以晴热天气为主，局部地区多雷阵雨。

盛夏沿海地区受台风（热带风暴）活动的影响，常有暴雨出现。秋季太平洋副热带高压逐渐东移，大陆高压逐渐发展，天气稳定，形成秋高气爽的气候；有时因极锋处于半静止状态，形成连绵的秋风秋雨。

湿度

区域各地空气相对湿度80%～83%，最少相对湿度8%～13%。四季相对湿度为：春季80%～84%；夏季82%～85%；秋季81%～85%；冬季77%～80%。

根据市气象站1953—2008年资料，平均气温16.2℃，7月温度最高，历年平均为28.3℃；1月温度最低，历年平均为3.9℃。历史极端最高气温为39.7℃（2003年8月1日），极端最低气温为-11.9 ℃（1977年1月31日）。日平均温度稳定通过10℃（≥10℃）的初日是3月23日，终日是11月27日，间隔250天。≥10℃的活动积温为5296.17℃。日平均气温稳定通过20℃（≥20℃）终日为9月30日。田间最大冻土层深度为5厘米。

日照

区域太阳辐射和日照均属全省高值区之一，月、年变化不大，地区差异小。全区各地太阳辐射平均在每平方厘米105.8～113.5千卡。全区各地年日照时数平均在每年2007～2179小时。在地理分布上，从东北向西南逐渐减少，全年为2007.2小时。7、8月日照最充足，月均在250小时左右。

风速

区域各地平均风速在每秒2.6～3.8米之间，大部分地区每秒3.4米左右，风速分布东部大于西部，春夏季大于秋冬季。全区全年盛行以东（E）—东南（SE）风向为主，频率在11%～14%之间。3—8月东南风盛行，次多风为西北（WN），包括西北西（WNW）和北北西（NNW）。上年11月至次年2月西北风为主。极大风速多发生在台风季节，区域最大风速为每秒34米。此外，由于冷空气、强对流也常发生很大风速。嘉兴市域8级以上大风的年日数（次），各地相差甚大。市区大风年平均出现5.7天（次），最多年达10天（次）。

气温

区域各地年平均气温在15.4～16.4℃之间，地域差异不明显，高低仅相差1℃，呈东北向西南递增的趋势。1月最冷，月平均气温2.9～3.9℃，7—8月最高温度在35℃以上。在12月底至2月中旬约有8～10天的最低温天气，气温均在零下5℃以下。田间最大冻土层深度为5厘米。2—3月是全年阴天和春雪时期，年平均雪日在6～8天。全年无霜期平均为228～245天，初霜期常年出现在11月12—20日，终霜期为翌年3月20—29日，年平均霜日43天。春天温度回升缓慢，早春，北风寒峭，天气阴冷，故农谚有"春冷冻死老黄牛"之说。

气温制约着农业生产，是影响作物生长与发育的主导因素。由于区内属冬冷夏热的季风气候，一年中只能有或长或短的一段时期可作为农作物的生长期。一般认为，日均温度稳定在≥5℃的持续期，称为植物生长期。日平均温度稳定≥10℃的持续期，称为植物活跃生长期。日平均温度≥15℃的持续期，则称为栽培喜温作物的适宜生长期。

第三节　水　文

降水

区境因所处地理位置和受亚热带气候的影响，四季分明，雨量充沛，多年平均年降水量为1186.8毫米，80%的年份降水量多于1000毫米。由于每年冬夏季风强弱、进退时间等不同，使各年的降水状况有差异，年际雨量变化较大。嘉兴站多年最大雨量为1729.8毫米(1954年)，年最小雨量仅760.9毫米(1978年)，前者是后者的2.27倍。

全区全年降水量季节分配不均匀，呈"双峰型"特点，一年中有2个雨季和2个相对干旱期。第1个雨季出现在3月中旬至7月上旬，约120天左右，平均降水470毫米，占全年降水量的39.6%。其中3—5月为春雨，是由华南静止锋的影响所致，细雨绵绵不断，大雨、暴雨出现机率不多，雨量占全年的25%。6—7月初为梅雨期，是由极锋北移、停滞、南北气流对峙于江淮一带所致，降水量多，强度大，大雨、暴雨频繁，平均降水量约占全年总降水量的20%左右，称梅雨型。

第2个雨季出现在8月中旬至9月中旬，约40天左右，平均降水205毫米，占全年的17%，主要是由台风影响和极锋大雨带南撤所致，称台风雨型。

介于2个雨季之间的是2个相对干旱期。第1个干旱期在7月中旬至8月上旬，约1个月左右，主要是受太平洋副热带高压控制，晴热少雨，蒸发量大，耗水量多，俗称伏旱。常年平均降水量约90毫米，占全年总降水量的7.6%。第2个干旱期在10月至翌年3月上旬，因受干冷的冬季风影响，降水量偏少，常有秋旱接冬旱，俗称秋冬旱。常年5个月的总降水量约320毫米，约占全年的27%。

全区平均降水日数在140天左右。年雨量年际变化较大。市区雨日最多年162天(1954年)，最少年104天(1971年)。历年各月平均雨日，最多的是4月份，达15天，最少的是11月，为7.9天。

区境每年平均雪日在6～8天，主要出现在1—2月，最早11月中旬可见降雪，最迟在4月中旬还有降雪踪迹，大部为雪珠。每年平均积雪日数在5～7天，以2月出现机会最多，约占全年积雪日数的50%左右。大部分年份雪深不超过10厘米，最大积雪深达20厘米(1964年)。

蒸发

区境多年平均水面蒸发量为910毫米，年际变化不大，最大年蒸发量1054毫米(1951年)，最小年蒸发量739毫米(1954年)，蒸发量的月际分配以7月、8月为最大，占29.7%；5月、6月、9月、10月4个月次之，占38.8%。每年7—8月间天气炎热，水分蒸发量很大，约占全年蒸发量的三分之一，所以此段时期会出现"夏旱情"。气候干湿程度和水分盈亏，取决于水分的收入(降水)与支出(蒸发)之比，年蒸发量为1327毫米，全年蒸发量大于降水量，干湿指数K值的年平均为1.20，故属半湿润气候区。

径流

嘉兴市1956—2010年多年平均年径流量为1.8781亿立方米，折合年径流深446.2毫米。区境径流的年内分配与雨量的年内分配相似。每年中径流量主要由6—7月初的梅雨和8—9月的台风雨补给，呈双峰型。一般年份全年径流量的70%以上集中在梅雨期和台风雨期之中。在这一时期内，河网中径流多，出现高水位。1—3月、7—8月、11—12月，则因河网径流少，出现低水位。

境内径流量具有典型的平原水网区特征，其表现：

1. 由于区域地势平坦，水网密布，无闭合的集水周界，河流水面比较小，水流平稳，平时水流在水网中迂回荡漾，流向常顺逆不定。

2. 具有人工水系排水、引水双重功能。汛期和枯水期河流径流方向明显不同，汛期排水为主，枯水期引水为主。

水位

境内多年平均水位2.82米。嘉兴水文站历史最高水位1999年7月1日4.67米，最低水位1934年1.59日，解放后最低水位1967年8月31日1.99米。区域水位变化特点：

1. 因地处平原，水流平缓。

2. 下游水位受黄浦江潮水顶托，影响较明显。

第四节　河流　湖泊

境内河流纵横，水网密布。根据《浙江省水域调查技术导则》，2006年对全区所有水域进行调查统计，河道2385条，长1595.55千米，其中市级河道6条，区级河道8条，湖泊3个。全区常水位水面积36.77平方千米，常水位蓄水量为6553.92万立方米，水面率为8.63%；水域面积39.60平方千米，水域容积为14596.60万立方米，水域面积率为9.30%。

区境河道总体属运河水系，是东苕溪导流东岸大堤以东的杭嘉湖东部平原河网。

区境河道上游来水，古今无显著变化，主要有两路：一为来自境外天目山地区的客水。二为汛期太湖水位高涨时，部分水流倒灌入境。下游泄水去路，历史上有很大变化，经近千年演变，至今形成4个排水系统：一是京杭运河以西，以京杭运河、澜溪塘为骨干的自西南而东北流经淀泖入长江、黄浦江的排水系统，称为“杭嘉湖排水走廊”。在20世纪80年代的太湖流域综合治理中，将杭嘉湖排水走廊下游、江浙交界地带的诸河道和排经江苏吴江境入太浦河的诸河道、湖泊，称“杭嘉湖北排通道”或“北排入浦河道”；二是运河以东、沪杭铁路以北的嘉北水网地区，以太浦河、俞汇塘、横枫泾、红旗塘、清凉港等为主的经园泄泾入黄浦江的诸河道，称“嘉北入浦河道”；三是沪杭铁路以南、平湖塘和乍浦塘以北至江浙交界的河网地区，以上海塘、广陈塘为骨干的经大泖港入黄浦江的诸河道，称“路南入浦河道”；四是在1976—2000年建设的，向钱塘江和杭州湾排涝的杭嘉湖南排工程的诸河道，称“南排河道”。

全区地势相对平缓，供排水路复杂，有些河道如杭州塘、长水塘、海盐塘等既是排水河道，又是供水河道。又因地势低洼，河网密布，怕涝不怕旱，所以区境治水历来重视排水出路。

老城区是主要河流的交汇区。杭州塘、长水塘、海盐塘和新塍塘自西南方向流此汇集，而苏州塘、嘉善塘、三店塘、平湖塘则引来水向东北下泄，形成四进四出的汇泄系统。

主要河道

京杭运河嘉兴段　京杭运河全长1747千米，嘉兴段北面从秀洲区入境，西南从秀洲区出境。水流由西从杭州塘至西丽桥转北沿嘉兴环城路至北丽桥经分水墩，一路向北入苏州塘，一路向东入古秀水，现环城河。南湖区段俗称环城河和苏州塘，亦称苏嘉运河。从西丽桥至向西至秀洲区段俗称杭州塘，亦称嘉杭运河。区境内长度9.474千米，平均面宽69.4米。

长水塘　古称长水。从海宁市硖石镇北关桥

2010年10月，长水塘长水桥处

起，经秀洲区入境，汇入西南湖，全长23.25千米。区境内长4.698千米，平均河面宽76米。新塍塘、苏州塘和三店塘也通过环城河与南湖沟通。

嘉善塘　位于区境东部，河道西起境内角里河分水墩，沿古漕渠入嘉善县境，区境内长11.53千米，平均河面宽66.6米。

伍子塘　又称杨汇塘。相传在公元前512—504年间，吴国大夫伍子胥兴水利，通盐运，主持开挖伍子塘。南起平湖塘，北入嘉善县境，全长10.088千米，河底高程-1.848～-2.848米，平均河面宽42.3米。

平湖塘　古名汉塘，唐大和七年（833）开，为当时入海水道。平湖塘西起分水墩，向东南流经东栅街道、大桥、新丰镇至平湖市入当湖镇的东湖。区境长22.65千米，平均河面宽81.4米。洪涝时，嘉兴东南部涝水可通过平湖塘经东湖入上海塘，向东北泄入黄浦江。

2010年10月，平湖塘新丰段

青龙港　位于区境内，自平湖塘、众欢塘、三官塘至新篁入海盐界，长16.9千米，河面宽29.1米，是该片的重要引、排水河道。区境内长平均河面宽35米。

海盐塘　古称官塘、横塘，东南起海盐武原天宁寺，西北至嘉兴市区，汇入南湖，全长35.29千米，河面宽38～78米。区境内长14.954千米，平均河面宽64米。

三店塘　原名东郭湖塘、下塘，位于南湖区及嘉善县境内，唐代其地为东瓜（郭）湖，有堰，后开堰成河。三店塘起自嘉兴城东长纤塘，流入嘉善。区境内长7.132千米，平均河面宽117.6米。

凌公塘　西起长中港，东至平湖塘，全长4796米，平均河面宽39.2米。

王庙塘　位于区境南部，南起施家塘，北入平湖塘，全长10.485千米，平均河面宽29.7米。

2005年4月，王庙塘石佛寺段

孔庙塘　位于区境南部，南起杨士桥港，北入平湖塘，全长9.335千米，平均河面宽24.5米。

南湖区河道总长情况表

表2-2　　单位：米

项目	合计	新丰镇	余新镇	凤桥镇	大桥镇	七星镇	东栅街道	南湖新区	工业园区	科技城	嘉城集团
市级河道合计	55692	7288	8657	616	4598	10133	3499	—	4238	—	16663
区级河道合计	64382	16812	4997	23461	16322	—	—	—	1090	1700	—
镇村河道合计	1221480	228263	240221	273809	267674	98601	12955	14304	22088	11190	52375
合计	1341554	252363	253875	297886	288594	108734	16454	14304	27416	12890	69038

湖泊

境内湖泊有南湖、湘家荡、西南湖、穆河溪。

古时，杭嘉湖平原为长江与钱塘江海湾的一部分。距今六千余年前，由于长江和钱塘江所挟带大量泥沙在河口地段不断淤积形成沙嘴并不断发育，海侵退后外缘形成海岸，海湾被封闭为一个大泻湖。在长江三角洲不断东伸扩大的过程中，随着大量泥沙淤积，泻湖逐步沼泽化，有些湖底逐渐抬高，成为平原，湖面被不断分割和缩小，逐渐形成当今的太湖及其周围的湖泊群。也有的原为陆地，后遭受海浸和地面沉降而成湖荡。湖荡水源除靠当地降水补给外，主要来自运河和其他邻近河流的补给，一般水深2—3米，最深5米左右。

南湖 古名彪湖、马场湖，又名东湖、东南湖，近代雅称鸳鸯湖。2010年面积870亩，水深2～4米。

湘家荡 位于七星镇。古名相湖、相家荡，1418亩，水深2～5米。是境内最大湖泊。

西南湖 古称鸳鸯湖，东北与南湖相连，南接长水塘，西连杭州塘，东南角与环城河相通。清《嘉兴府志》记："唐宋时水域120顷左右"。2010年不足300亩，水深2～4米。

2010年，西南湖

穆溪 又名穆湖、穆河溪、穆湖溪、马河溪，与苏州塘并行，狭长型。古代穆溪水接上谷湖入太湖。20世纪80年代，面积约53.33公顷。2010年，穆溪北部属秀洲区。

第三章 土壤 资源

第一节 土 壤

1959年和1980—1983年嘉兴市组织2次群众性的土壤普查。据第2次土壤普查资料汇总，市域共有6个土类、12个亚类、21个土属。区第2次土壤普查土壤分类是按当时的全国和省土壤普查办公室的土壤工作分类进行的，以后全国和浙江省土壤普查办公室对土壤分类进行了多次修订。

1984年嘉兴市城区郊区土壤办公室所编的《嘉兴土壤》中，对嘉兴第2次土壤普查分类表进行了修订，将南湖区土壤分为水稻土和潮土2个基本土类，4个亚类，7个土属，18个土种（详见表2–3）。

水稻土

土壤特点是基本肥力较高，适种性广，利于农业的综合开发。与《嘉兴土壤》中的土壤分类表相比，水稻土增加了1个亚类——渗育水稻土亚类，加上原有的潴育和脱潜水稻土两个亚类，水稻土有3个亚类。潮土中潮土亚类改为灰潮土亚类。

在土属中，将黄化青紫泥田改名为黄斑青紫泥田并提升为土属，撤销青粉泥田和半青紫泥田两个土属，将荡田并松泥田土属简化为并松泥田土属，将湖泥土土属改为潮泥土土属。加上原有的小粉田、黄斑田、青紫泥田和堆叠土等土属，共7个土属。

潮土

土种由30个减少到18个：砂姜钙底小粉田并入小粉田，小粉塥黄斑田、青塥黄砂塥黄斑田和黄砂塥黄斑田并入小粉心黄斑田，小粉底青紫泥田、腐心青紫泥田、腐心青粉泥田和腐塥青紫泥田并入青紫泥田，泥炭青紫泥田和泥炭青粉泥田并入泥炭心青紫泥田，底塥青粉泥田和青粉泥田并入白心青紫泥田，黄心青粉泥田和半青粉泥田并入黄心青紫泥田。改名的有8个土种：荡田并松泥田改名为并松泥田，铁砂黄斑田改为泥汀黄斑田，黄化青紫泥田改为黄斑青紫泥田，小粉心青紫泥田改为粉心青紫泥田，湖泥土改为潮泥土，小粉土改为粉质堆叠土，堆叠土改为壤质堆叠土，青紫土改为粘质堆叠土。

另外，有的镇在平整土地后，将推叠土改为水田，经多年种植水稻，已具有水稻土特性，因而新增壤质加土田土种。加上原有的青塥小粉田，黄斑田和青塥黄斑田3个土种，共18个土种（详见表2–3）。

南湖区第二次土壤普查土壤分类系统表

表2-3

土　类	亚　类	土　属	土　种
10(7)水稻土	102(72)渗育水稻土	1026(727)小粉田	1026—1(727—1)小粉田 1026—2(727—2)青塥小粉田
		1028(71)并松泥田	1028—1(71—11)并松泥田
	103(72)潴育水稻土	1038(726)黄斑田	1038—1(726—1)黄斑田 1038—2(726—2)青塥黄斑田 1038—6(726—6)小粉心黄斑田 1038—7(726—7)泥汀黄斑田 1038—8(726—8)壤质加土田
10(7)水稻土	104(73)脱潜水稻土	1041(731)黄斑青紫泥田	1041—1(731—1)黄斑青紫泥田
		1045(735)青紫泥田	1045—1(735—1)青紫泥田 1045—2(735—2)泥炭心青紫泥田 1045—3(735—3)白心青紫泥田 1045—4(735—4)黄心青紫泥田 1045—5(735—5)粉心青紫泥田
8(5)潮土	81(51)灰潮土	815(515)潮泥土	815—1(515—1)潮泥土
		816(516)堆叠土	816—1(516—1)粉质堆叠土 816—2(516—2)壤质堆叠土 816—3(516—3)黏质堆叠土

注:1.表中阿拉伯数字为《嘉兴土壤》;2.表中土类、亚类、土属和土种统一代号(括号内为原代号)

第二节　植　物

蕨类植物

石松科:石松、铺地蜈蚣

卷柏科:卷柏(又名还魂草)、江南卷柏、翠云草、伏地卷柏

水韭科:中华水韭

木贼科:问荆、节节草

紫萁科:紫萁

海金沙科:海金沙

里白科:芒萁(又名狼萁)、里白

陵齿蕨科:乌蕨(又名乌韭)

骨碎补科:阴石蕨、肾蕨(又名圆羊齿)

凤尾蕨科:蕨(俗名蕨菜)、井口边草(又名凤尾蕨)

中国蕨科:金粉蕨(俗名野鸡尾)

水蕨科:水蕨

乌毛蕨科:狗脊

铁线蕨科:铁线蕨

鳞毛蕨科:贯众

水龙骨科:水龙骨(又名岩蚕)、石韦、瓦韦(又名七星草)、抱石莲(又名骨牌草)

苹科:苹(又名四叶苹或田字苹)

槐叶苹科:槐叶苹

满江红科:满江红

裸子植物

苏铁科:苏铁(又名铁树)

银杏科:银杏(俗名白果树、公孙树)

松科:雪松、黑松、马尾松、日本五针松、湿地松、金钱松

杉科:柳杉、杉木、水杉、池杉、落羽杉

柏科:刺柏、侧柏、圆柏、龙柏、塔柏、铺地柏、铅笔柏、日本花柏

罗汉松科:罗汉松、竹柏

被子叶植物

木兰科:玉兰(又名白玉兰)、广玉兰(又名洋玉兰)、辛夷(又名紫玉兰)、朱沙玉兰(又名二乔玉兰)、含笑、白兰花、鹅掌楸(又名马褂木)

樟科:樟树(又名香樟、嘉兴市市树)、月桂、紫楠、檫木

蔷薇科:野蔷薇、粉团蔷薇、十姐妹、月季花、芳香月季(又名香水月季)、小果蔷薇、玫瑰、木香、金樱子、覆盆子、悬钩子(又名山莓)、荼蘼、龙牙草(又名仙鹤草)、草莓、蛇莓(又名蛇卵子)、委陵菜、蛇含、翻白草、梅、桃、李、槜李、红叶李、樱花、樱桃、杏、榆叶梅、毛樱桃、枇杷、棣棠、海棠花、海棠果、垂丝海棠、花红、沙梨、火棘、石楠、地榆

蜡梅科:蜡梅、素心蜡梅

豆科:合欢、紫穗槐、紫云英、含羞草、紫荆、皂夹、大豆(又名毛豆、黄豆)、野大豆、刀豆、扁豆、美丽胡枝子、胡枝子、赤豆、绿豆、四季豆(又名菜豆)、蚕豆、野豌豆、猪尿豆、南苜蓿、豇豆、长豇豆、花生(又名长生果)、葛(又名葛藤)、刺槐、槐、蟠槐(又名龙爪槐)、紫藤、田菁、豌豆

五加科:五加、八角金盘、常青藤、中华常青藤、刺楸

悬铃木科:二球悬铃木(俗名法国梧桐)

黄杨科:黄杨(又名瓜子黄杨)、细叶黄杨、锦熟黄杨

杨柳科:响叶杨、小叶杨、加拿大白杨、垂柳、银芽柳、河柳、旱柳、龙爪柳

壳斗(山毛榉)科:茅栗、锥栗、板栗、青冈栎、麻栎、白栎、槲栎

胡桃科:胡桃、枫杨

榆科:榆树、榔榆、朴树、榉树

桑科:桑、湖桑、构树、柘树(又名黄桑)、无花果、薜荔(又名鬼馒头或木莲)

大麻科:大麻、葎草(俗名拉拉藤)

荨麻科:苎麻

杜仲科:杜仲

瑞香科:瑞香、结香

紫茉莉科:紫茉莉(又名胭脂花)、九重葛(又名三角花或叶子花)

海桐科:海桐

堇菜科:堇菜、三色堇(又名蝴蝶花)、紫花地丁、心叶堇菜

葫芦科:葫芦、瓠瓜(俗名扁蒲)、黄瓜(又名胡瓜)、甜瓜(又名香瓜)、菜瓜、冬瓜、南瓜、笋瓜(又名印度南瓜)、丝瓜、西瓜、苦瓜、栝楼(又名瓜蒌)、王瓜(俗名土瓜)

秋海棠科:秋海棠、四季海棠

仙人掌科:仙人掌、昙花、令箭荷花、蟹爪兰

梧桐科:梧桐(又名青桐)

锦葵科:苘麻(又称青麻)、蜀葵(又名一丈红)、陆地棉、木芙蓉、木槿(俗名槿扦头)、重瓣木槿、扶桑(又名朱槿)、锦葵

大戟科:乳浆大戟、泽漆、大戟、一品红、油桐(又名三年桐)、算盘子(又名野南瓜)、蓖麻、乌桕

山茶科:茶、山茶、茶梅、油茶

杜鹃花科:杜鹃(嘉兴市市花)、羊踯躅(又名闹羊花)、乌饭树、米饭花

鹿蹄草科:鹿蹄草

金丝桃科:金丝桃、地耳草

石榴科:石榴(嘉兴市市花)、白花石榴

卫矛科:卫矛、大叶黄杨(又名冬青卫矛)、扶芳藤、丝棉木(又名白杜)

冬青科:冬青、枸骨(又名老虎脚底板)

鼠李科:枣、枳椇(又名金钩子)

葡萄科:葡萄、葛藟、蘡薁、白蔹、山葡萄、爬山虎、乌蔹莓(俗名五爪龙)

柿树科:柿、野柿、老鸦柿、君迁子

芸香科:酸橙、代代花、枸橼(又名香橼)、佛手、柚(俗名“香抛”)、柑橘、金弹、金枣、圆金柑、吴茱萸、枳(又名枸橘)、花椒

楝科:楝树、香椿

无患子科:无患子、栾树

槭树科:三角枫、五角枫、鸡爪槭、红枫、元宝枫

七叶树科:七叶树

木犀科:桂花、金桂、银桂、女贞、小叶女贞、迎春、探春、茉莉、丁香花(又名紫丁香)、白丁香

夹竹桃科:夹竹桃、白花夹竹桃、络石

萝摩科:萝摩、徐长卿(又名一枝香)、柳叶白

前、牛皮消、白前、马利筋

茜草科：茜草、六月雪、白马骨、猪殃殃、栀子、朝鲜栀子

紫葳科：梓树、楸树、凌霄

胡麻科：芝麻

马鞭草科：马鞭草、荆条、海州常山、龙吐珠

毛茛科：毛茛、石龙芮、茴茴蒜

芍药科：芍药、牡丹

睡莲科：莲（又名荷花）、白睡莲、萍蓬草、芡实（俗名野鸡豆）、莼菜

金鱼藻科：金鱼藻、五刺金鱼藻

小檗科：十大功劳、阔叶十大功劳、箭叶淫羊藿、南天竹

罂粟科：紫堇、延胡索、虞美人

十字花科：油菜、青菜、胜利油菜、塌棵菜、芥菜、榨菜、白菜、球茎甘蓝、羽衣甘蓝、花椰菜、包心菜、芜青（俗名大头菜）、芜青甘蓝（俗名洋大头菜）、荠菜、诸葛菜、萝卜、葶苈、遏蓝菜

石竹科：石竹、瞿麦、繁缕

马齿苋科：马齿苋（俗名酱瓣头草）、半支莲（俗名太阳花）、土人参

蓼科：水蓼（又名辣蓼）、扁蓄、荭草（又名水荭）、酸模叶蓼、何首乌、酸模、羊蹄、荞麦

藜科：藜（又名灰菜）、地肤、菠菜、甜菜、牛皮菜

苋科：苋菜、牛膝、空心菜（俗名水花生）、莲子草、千日红、青葙（又名野鸡冠）、鸡冠花

千屈菜科：千屈菜、紫薇、节节菜

菱科：野菱、冠菱、弓角菱、四角菱、二角菱、南湖菱（俗名馄饨菱、和尚菱）、红菱（俗名水红菱、乌菱）

荇菜科：荇菜、睡菜

报春花科：樱草、四季报春、点地梅、仙客来（又名兔耳花）

景天科：景天、垂盆草、落地生根、瓦松、石莲花

虎耳草科：虎耳草、溲疏、绣球花、（又名八仙花）、太平花

车前科：车前

伞形科：芹菜、水芹、芫荽（俗名香菜）、胡萝卜、小茴香、窃衣

菊科：艾、青蒿（俗名香蒿）、黄花蒿（俗名臭蒿）、牡蒿、茵陈蒿、皱菊、狼把草、鬼针草、翠菊、茼蒿、瓜叶菊、金盏菊、大蓟、小蓟、飞廉、蛇目菊、菊花、杭白菊、野菊、大丽花（又名大丽菊）、一年蓬、佩兰、鼠曲草、土三七、万寿菊、蒲公英、苦苣菜、匍茎苦菜、一枝黄花、狗舌草、雪叶莲、莴苣、莴笋、苦荬菜、向日葵、菊芋（俗名洋芋艿）、马兰（俗名马兰头）、苍耳

茄科：茄（俗名落苏）、千年不烂心、白英、龙葵、马铃薯（俗名洋山薯）、刺茄、冬珊瑚、番茄（俗名西红柿）、枸杞、鸳鸯茉莉、辣椒、灯笼椒、五色椒、曼陀罗、烟草、酸浆

旋花科：打碗花（又名小旋花）、菟丝子、马蹄金、甘薯（俗名山薯）、蕹菜（俗名空心菜）、牵牛（俗名喇叭花）、茑萝、槭叶茑萝

玄参科：浙玄参、北玄参、金鱼草、婆婆纳、水蔓青、一枝香、泡桐（又名白花泡桐）、紫花泡桐、通泉草

牻牛儿苗科：天竺葵（又名石蜡红）、香叶天竺葵、野老鹳草

酢浆草科：酢浆草（俗名酸咪咪）

凤仙花科：凤仙花

唇形科：藿香、筋骨草（又名破血丹）、益母草、野芝麻、薄荷、华荠宁、白苏、夏枯草、活血丹（又名连钱草）、丹参、一串红、荆荠、草石蚕（俗名宝塔菜）

泽泻科：慈菇、泽泻

水鳖科：水鳖、黑藻、苦草、密齿苦草、水带草

眼子菜科：眼子菜、菹草

茨藻科：茨藻、小茨藻

鸭跖草科：鸭跖草、竹节草、水竹节

芭蕉科：芭蕉、鹤望兰

姜科：姜

美人蕉科：美人蕉、大花美人蕉、蕉芋

百合科：百合、贝母、玉簪、紫萼、萱草、黄花菜、麦冬（又名沿阶草）、吊兰、洋葱、小根蒜、葱、大蒜、韭菜、芦荟、天门冬、文竹、吉祥草、万年青、山慈姑、七叶一枝花、丝兰

天南星科：天南星、菖蒲、石菖蒲、芋（俗名芋艿）、水浮莲（又名大薸）、半夏、掌叶半夏、龟背竹、马蹄莲

浮萍科：浮萍（又名青萍）、品萍（又名三叉浮萍）、紫萍、无根萍（又名大球藻）

石蒜科：石蒜、水仙、龙舌兰、朱顶红、君子兰、

晚玉香、葱兰

鸢尾科：鸢尾（又名蓝蝴蝶）、马蔺、蝴蝶花、射干、唐菖蒲

薯蓣科：山药（又名薯蓣）、黄独

棕榈科：棕竹、棕榈

兰科：白芨、春兰、建兰、蕙兰、墨兰、石斛、绶草（又名盘龙参）

莎草科：莎草、毛轴莎草、荸荠、水蜈蚣、三棱草（又名荆三棱）、藨草、水葱

禾本科：孝顺竹、凤尾竹、箬竹、苦竹（又名伞柄竹）、早竹、毛竹、刚竹、乌哺鸡竹、淡竹、慈竹、菵草（又名水稗子）、雀麦、白羊草、看麦娘、荩草、芦竹（又名荻芦竹）、薏苡、狗牙根、虎尾草、稗草、马唐、短叶马唐、画眉草（俗名蚊子草）、大画眉草、小画眉草、野黍、大麦、牛鞭草、白茅（俗名茅草）、淡竹叶（又名竹叶麦冬）、荻、芒、球米草、水稻、狼尾草、芦苇、早熟禾、华东早熟禾、鹅观草、甘蔗、金色狗尾草、狗尾草、高粱、大油芒、小麦、玉米（又名玉蜀黍）、菰（俗名茭白）、结缕草、细叶结缕草（俗名天鹅绒）。

第三节　动　物

无脊椎动物

软体动物

田螺科：中华圆田螺（又名田螺）、中国圆田螺（又名田蠃）、方形环棱螺、梨形环棱螺、双旋环棱螺

觿螺科：钉螺指名亚种、钉螺丘陵亚种

豆螺科：赤豆螺、檞豆螺、大沼螺、纹沼螺、长角沼螺

拟沼螺科：绯拟沼螺、堇拟沼螺

狭口螺科：光滑狭口螺

肋蜷科：方格短沟蜷（又名海狮）、格氏短沟蜷

耳螺科：中国耳螺

椎实螺科：椭圆萝卜螺、折叠萝卜螺、尖萝卜螺、狭萝卜螺

扁蜷螺科：凸旋螺、尖口圆扁螺、半球多脉扁螺

汇螺科蛞蝓科：野蛞蝓、黄蛞蝓（又名蜒蚰）、双线嗜粘液蛞蝓

巴蜗牛科：同型巴蜗牛、灰巴蜗牛、细纹灰巴蜗牛

蚌科：圆顶珠蚌、中国尖嵴蚌、三角帆蚌、直柱状矛蚌、剑状矛蚌、短褶矛蚌、射线裂脊蚌、背瘤丽蚌、长丽蚌、洞穴丽蚌、失衡丽蚌、背角无齿蚌、圆背角无齿蚌、蚶形无齿蚌

截蛏科：中国淡水蛏

蚬科：河蚬

贻贝科：湖沼股蛤

绿螂科：中国船蛆科：船蛆

节肢动物

樱虾科：中国毛虾

对虾科：中国对虾

长臂虾科：日本沼虾、脊尾白虾（又名白虾）

沙蟹科：淡水泥蟹

方蟹科：中华绒螯蟹（又名毛蟹、南湖蟹、汾湖蟹）、平背蜞

卷叶蛛科：芦苇卷叶蛛

圆蛛科：叶斑八氏蛛、银背艾蛛、八突艾蛛、黄斑圆蛛、大腹圆蛛、黄褐新圆蛛、嗜水新圆蛛、茶色新圆蛛

蟏蛸科：圆尾蟏蛸、鳞纹蟏蛸

球腹蛛科：八斑鞘腹蛛、温室希蛛、日本希蛛

皿蛛科：花腹盖蛛、隆背微蛛、草间小黑蛛、齿螯额角蛛、驼背额角蛛、食虫沟瘤蛛

漏斗蛛科：机敏漏斗蛛、阴暗隙蛛、家隅蛛

狼蛛科：拟环纹豹蛛、星豹蛛、沟渠豹蛛、旋囊脉狼蛛、拟水狼蛛

猫蛛科：斜纹猫蛛

管巢蛛科：斑管巢蛛、十字盾球蛛

栉足蛛科：田野安蛛

巨蟹蛛科：狩猎巨蟹蛛

蟹蛛科：三突花蛛、鞍形花蟹蛛、波纹花蟹蛛

逍遥蛛科：刺跗逍遥蛛

跳蛛科：黑色蝇虎、条纹蝇虎、真蚁蛛、白纹猎蛛

钳蝎科：蝎

壁钱科：华南壁钱

山蛩虫科：马陆（俗名铜丝百脚）

蜈蚣科：蜈蚣

蚰蜒科：花蚰蜒（俗名格瘙）

衣鱼科：衣鱼、毛衣鱼

蝗科：中华稻蝗、竹蝗、蚱蝗

螽斯科：螽斯、纺织娘

蟋螽科：灶马（又名灶鸡）

蟋蟀科：普通蟋蟀（又名促织）、油胡芦（俗名光洁铃）、大扁头蟋（俗名棺材头）、金钟儿（又名金铃子）、斗蟋（又名促织、蛐蛐）

蝼蛄科：蝼蛄

蓟马科：棉蓟马、稻蓟马、花蓟马

蝉科：蚱蝉（又名黑蚱）、鸣蝉（又名何知了）、蟪蛄（又名小蝉）、红蝉（又名红娘虫）

叶蝉科：黑尾叶蝉、桑叶蝉、白翅叶蝉、青叶蝉

飞虱科：褐飞虱、白背飞虱

蚜虫科：棉蚜、大豆蚜、桃蚜、麦长管蚜、菜蚜、甘蔗绵蚜

谷蛾科：谷蛾、衣蛾

螟蛾科：三化螟、二化螟、玉米螟、菜螟、大豆荚螟、桃蛀螟、梨大食心虫、桑螟、野蚕

枯叶蛾科：马尾松毛虫、天幕毛虫

蚕蛾科：家蚕蛾、桑蟥

粉蝶科：菜粉蝶（又名白粉蝶）

凤蝶科：凤蝶、黑色玉带凤蝶

蛱蝶科：木叶蝶、苎麻赤蛱蝶

胡蜂科：斑胡蜂、黑尾胡蜂

马蜂科：黄星长脚马蜂、中华马蜂

蜜蜂科：中华蜜蜂、意大利蜂

蚊科：淡色库蚊、中华按蚊、嗜人按蚊

蝇科：舍蝇、金蝇（俗名红头苍蝇）、厩腐蝇、厩螯蝇

瓢虫科：七星瓢虫、大红瓢虫、小红瓢虫、异色瓢虫、马铃薯瓢虫

萤科：黄萤

芫菁科：中华豆芫菁、斑蝥、绿芫菁

天牛科：星天牛、光肩星天牛、桑天牛、黄星天牛

金龟子科：大黑金龟子（俗名金孚虫）、铜绿金龟子、神农蜣螂（又名屎克螂）

叶甲科：铁甲虫、黄守瓜、大猿叶虫（俗名乌壳虫）、黄曲条跳甲、小猿叶虫

豆象科：蚕豆象、豌豆象、绿豆象、玉米象

龙虱科：三星龙虱（俗名水鳖虫）、黄边宽龙虱（又名黄肩龙虱）

蜚蠊科：美洲蜚蠊

鳖蠊科：土鳖（又名地鳖虫）

螳螂科：中华螳螂（俗名大刀螳）、斑翅螳螂（俗名小螳螂）

鼻白蚁科：家白蚁、黄胸散白蚁

蚁科：大黑木工蚁、红蚂蚁（又名竹筒蚁）

脊椎动物

鱼类

鳗鲡科：鳗鲡（又名河鳗）

鲤科：青鱼、草鱼、中华细鲫、鳡鱼（又名横鲇）、鰲鲦、贝氏鰲条、长春鳊、银飘、团头鲂（又名武昌鱼）、三角鲂（又名鳊鱼）、翘嘴红鲌（又名白条）、银鲴、中华鳑鲏、高体鳑鲏、彩石鲋、大鳍刺鳑鲏、越南刺鳑鲏、短须刺鳑鲏、鳙鱼（又名花鲢）、鲢鱼（又名白鲢）、鲤鱼、鲫鱼、金鱼（原产嘉兴）、银鲫、白鲫、花䱻、似刺鳊鮈、麦穗鱼、华鳈、黑鳍鳈、西湖颌须鱼、点纹颌须鱼、棒花鱼、蛇鮈

鳅科：泥鳅、中华花鳅（又名花泥鳅）

鲶科：鲶鱼、革胡子鲶

鮠科：黄颡鱼（又名汪钉头）、岔尾黄颡鱼、切尾鮠鱼、白边鮠鱼、大鳍鳠

鳉科：青鳉

鱵科：细下针鱼（又名灯笼鱼）

鲻科：鲻鱼、鲮鱼。

合鳃科：黄鳝

鮨科：鲈鱼、鳜鱼（又名桂鱼）、斑鳜

丽鱼科：莫桑比克罗非鱼、尼罗罗非鱼（又名非洲鲫鱼）

塘鳢科：沙塘鳢、黄黝鱼

攀鲈科：圆尾斗鱼

鳢科：乌鳢（又名黑鱼）

鰟科：中华马鲛、蓝点马鲛

刺鳅科：刺鳅

杜父鱼科：松江鲈鱼（又名四鳃鲈鱼）

鰕虎鱼科：项斑舌鰕虎鱼、矛尾复鰕虎鱼

鲆科：中华花布鲆

舌鳎科：莱氏舌鳎（又名箬鳎鱼）、紫斑舌鳎、短吻舌鳎

鲀科：弓斑东方鲀、暗色东方鲀（又名河豚）

弹涂鱼科:弹涂鱼

银鱼科:大银鱼、太湖新银鱼

两栖类

蟾蜍科:大蟾蜍(又名癞蛤蟆)

雨蛙科:无斑雨蛙、中国雨蛙

蛙科:日本林蛙、泽蛙、黑斑蛙(又名青蛙或田鸡)、金钱蛙、棘胸蛙、虎纹蛙

蝾螈科:东方蝾螈

爬行类

龟科:乌龟、黄缘闭壳龟(又名克蛇龟、断板龟)、黄喉水龟、平胸龟

鳖科:鳖(又名甲鱼)

壁虎科:多疣壁虎(又名四脚蛇)

石龙子科:蓝尾石龙子、石龙子

蜥蜴科:北草蜥

游蛇科:黄链蛇、赤链蛇(又名火赤链)、王锦蛇(又名菜花蛇)、玉斑锦蛇、红点锦蛇、黑眉锦蛇(又名家蛇)、颈棱蛇、水赤链游蛇、虎斑游蛇、滑鼠蛇、乌梢蛇、绞花林蛇

眼镜蛇科:银环蛇(俗名寸白蛇)、眼镜蛇(俗名梨头蛇)

蝰科:五步蛇、蝮蛇(俗名土公蛇)、烙铁头、竹叶青

鸟类

潜鸟科:红喉潜鸟

鸊鷉科:小鸊鷉(俗名水葫芦)、凤头鸊鷉

鹱科:白额鹱

鹈鹕科:斑嘴鹈鹕(又名塘鹅)

鸬鹚科:鸬鹚(俗名水老鸭)

鹭科:绿鹭、池鹭、白鹭、中白鹭、夜鹭、大麻鳽、紫背苇鳽、黑鳽

鸭科:鸿雁、豆雁、鹅、白额雁、小天鹅、翘鼻麻鸭、针尾鸭、绿翅鸭、花脸鸭、罗纹鸭、绿头鸭、斑嘴鸭、赤膀鸭、赤颈鸭、白眉鸭、琵嘴鸭、家鸭、白眼潜鸭、青头潜鸭、凤头潜鸭、斑背潜鸭、鸳鸯、棉凫、斑头秋沙鸭、普通秋沙鸭

雉科:鹌鹑、环颈雉(俗名野鸭)、鸡

秧鸡科:普通秧鸡、红胸田鸡、红脚苦恶鸟(又名红脚秧鸡)、董鸡、黑水鸡、骨顶鸡

雉鸻科:水雉

彩鹬科:彩鹬

蛎鹬科:蛎鹬

鸻科:凤头麦鸡、金斑鸻、剑鸻、金眶鸻、环颈鸻、蒙古沙鸻

鹬科:小杓鹬、鹤鹬、红脚鹬、青脚鹬、白腰草鹬、林鹬、矶鹬、扇尾沙鹬、丘鹬、尖尾滨鹬

鸥科:黑尾鸥、海鸥、黑嘴鸥、白翅浮鸥

鸠鸽科:家鸽、山斑鸠、珠颈斑鸠、火斑鸠

杜鹃科:四声杜鹃、大杜鹃

草鸮科:草鸮

鸱鸮科:领角鸮(又名猫头鹰)、雕鸮、长耳鸮、短耳鸮、鹰鸮

夜鹰科:普通夜鹰

翠鸟科:冠鱼狗、斑鱼狗、普通翠鸟、白胸翡翠、蓝翡翠

佛法僧科:三宝鸟

啄木鸟科:黑枕绿啄木鸟、斑啄木鸟、星头啄木鸟

百灵科:云雀、小云雀、百灵

燕科:家燕、金腰燕

鹡鸰科:山鹡鸰、黄鹡鸰、白鹡鸰、田鹨、树鹨、水鹨

鹎科:白头鹎(俗名白头公)

伯老科:红尾伯老、棕背伯老

黄鹂科:黑枕黄鹂(又名黄莺)

椋鸟科:灰背椋鸟、北椋鸟、丝光椋鸟、灰椋鸟、八哥

鸦科:喜鹊、大嘴乌鸦、小嘴乌鸦、白颈鸦

鹟科:红点颏、红胁蓝尾鸲、鹊鸲(俗名屎坑鸟)、北红尾鸲、虎斑地鸫、灰背鸫、乌灰鸫、乌鸫、白腹鸫、黄鸫、画眉、棕头鸦雀、短翅树莺、大苇莺、黄眉柳莺、白眉姬鹟、北灰鹟

山雀科:大山雀、黄腹山雀、红头山雀

攀雀科:攀雀

文鸟科:麻雀、白腰文鸟(俗名十姐妹)、斑文鸟(俗名算命鸟)

雀科:燕雀、黄雀、黑头蜡嘴雀、黑尾蜡嘴雀、黄胸鹀(俗名禾花雀)、黄喉鹀、三道眉草鹀、田鹀(俗名白眉儿)、黄眉鹀

哺乳类

刺猬科:刺猬

鼩鼱科:小麝鼩、灰麝鼩、大麝鼩、臭鼩
蝙蝠科:普通伏翼、绒山蝠
兔科:华南兔、家兔
松鼠科:赤腹松鼠、豹鼠(花松鼠)
鼠科:黑线姬鼠、小家鼠、黄胸鼠、褐家鼠、黄毛鼠
犬科:狐、犬
鼬科:黄鼬、黄腹鼬、狗獾、水獭
灵猫科:小灵猫(又名香狸猫)
猫科:豹猫(俗名野豹)、猫
猪科:家猪
牛科:水牛、黄牛、绵羊、山羊

第四节 水资源

区境的水资源分地表水和地下水2类,1950年前,嘉兴市主要以地表水资源作为生活和生产用水,随着工业生产的发展和地表水资源质量的局部恶化,全市各地大量开采利用地下水。自2005年起南湖区开始逐步控制地下水开采,自2010年起全区全面禁采地下水。

水资源总量

地表水资源量 全区地表水资源量2.8334亿立方米;年降水量1462.6毫米,折合水量6.2336亿立方米;2010年区人均水资源量为879.5立方米,人均用水量581.6立方米。

地下水资源量 区境地下水绝大部分为淡水,浅层地下水资源量0.8350亿立方米。

浅层地下水埋藏于第一个隔水层之上,与大气连通,不承受压力,是无压水,具有自由水面;深层地下水埋藏在地面以下2个隔水层之间的含水层中,承受压力,承压水头高于含水层的顶板。另有零星分布的基岩裂隙水。

开发利用

区境地表水资源的开发利用主要是农业用水、工业用水、城镇公共用水、居民生活用水,其中农业用水占总用水量的70%~80%,工业用水为总用水量的12%~15%。农业用水的工程措施主要在农村河道边建设抽水机埠,通过灌溉渠道送到田畈,工业用水也是通过抽水设备引水。城镇和农村居民生活用水历来取用河道水和浅层地下水。在1950年至1990年中期前城镇居民主要抽取地下水和地表水处理的自来水。20世纪80年代中期,农村实行水改,建立了大量水厂,水源主要依靠开采地下水。1995年后,随着地下水的逐步禁采,城市自来水厂基本上改用地表水。大部分农村水厂仍然取用地下水。为了减少地下水开采量,遏制地面沉降,2004年开始关闭农村的深井,由城市自来水厂统一供水。到2009年12月底,全区共投入农民安全饮水工程建设资金5049万元,新增供水规模11.6万吨/日,实际改善农村饮水条件人口11.57万人。铺设主干供水管网(管径300毫米以上)总长88千米,城乡一体化供水覆盖率达到100%。

水资源管理

管理的重点是限制和禁止开采地下水资源。按照市政府提出的“严格计划,逐年削减,慎重回灌,控制沉降”的总目标,制订年度地下水开采计划,进一步加强城市地下水资源管理,严格实行地下水计划开采并纳入城市计划用水管理。城市地下水质优价廉,1997年6月前的地下水资源费为每立方米0.08元。不少企业大量开采使用地下水,随着自来水价格的不断提高,一些以前已部分使用自来水的企业,逐步转为使用以地下水为主,1997年年底,全市地下水年开采量达1.23亿立方米。市政府3次调整地下水资源费,2005年9月,地下水资源费征收标准为每立方米1.20元。

2000年开始,严格控制新开井,不准新开井,对不符合取用地下水条件的取水单位采取禁采、封井等措施。2005年,对全区地下水用水企业进行(GPS)卫星定位,有效地加强了区境规划区内地下水的开发利用管理。

区组建封井专业力量,制定统一的封井标准,严格封井质量,防止污水入侵,有效保护地下水资源。2004年8月18日填封第一口深井,七星镇高丰村自来水厂,为区内填封首口深井,至2010年底,填封深井74口。在封井的同时考虑地下水管理需要,为监测地下水水位和水质,预留了监测井。在封井

过程中，采取措施铺设管网，延伸自来水供应范围，供水与封井同步。实施取水远传遥测系统工程，水资源管理方式逐步科学化。2006年年底至2007年年初，开始建设取水远传遥测系统，陆续在区内41个取水单位50个取水点处安装遥测终端，利用专用水表配通信设备，水资源的管理更加高效、便捷、科学化、规范化。

第四章　自然灾害

区境历史上自然灾异，包括旱灾、台风、水灾、严寒、冰雹、地震、虫灾等。据1997年版《嘉兴市志》记载，原嘉兴府从南宋建炎元年（1127）至1990年，历时864年，记灾年693年，占80%，大致5年中4年有灾，共发生灾害1613次，有灾年平均有灾2.3次。

第一节　水　灾

三国

吴嘉禾元年（232）六月，大水，稻稼荡没，黎庶饥馑。

太元元年（251）秋，八月朔，大风，江海涌溢，平地水深八尺。

五凤元年（254）夏，大水。

太平元年（256）八月朔，太湖溢，平地水高八尺。

永安四年（261）五月，大雨水。

西晋

太康四年（283）大水。

元康五年（295）大水。

元康六年（296）大水。

元康八年（298）大水。

永嘉四年（310）大水。

东晋

太宁元年（323）五月，大水。

咸安元年（371）六月，嘉兴大水害稼，民大饥。

宁康二年（374）三吴大水。

太元六年（381）水。

南北朝

宋元嘉七年（430）十一月，太湖溢，谷贵民饥。

元嘉十二年（435）六月，江东诸郡大水，民人饥馑，吴郡之钱塘斗米三百。

南齐建元二年（480）大水。

永明九年（491）辛未，大水，民饥。

隋唐

隋开皇六年（586）春，二月乙酉浙江大水。

唐大历二年（767）秋，浙西水。

贞元八年（792）水灾。浙西州县大水溢，坏庐舍，漂杀人。

长庆二年（822）大雨，太湖水，平地乘舟。

长庆四年（824）六月，湖大雨水，水坏太湖堤，入州郭，漂民庐舍。

大和四年（830）庚戌两浙大水害稼。夏，大水。

大和六年（832）湖大水。六月，太湖溢，大水，大疫。

大和七年（833）秋，浙西水害稼。

开成三年（838）太湖决，水溢入城。

五代

后晋天福五年（940）八月，吴兴、嘉禾郡大水。

北宋

天圣四年（1026）九月，两浙雨水。坏民庐舍。

天圣六年（1028）两浙路淫雨为灾，诏遣官员前往巡视救济。八月，两浙水。

嘉祐六年（1061）七月，江浙淫雨害稼。

熙宁四年（1071）七月，两浙水灾。诏两浙州、军多方救济。

熙宁五年（1072）二月，两浙水。

元丰五年（1082）久雨，太湖水溢。

元丰六年（1083）正月大雨至六月，太湖泛溢，苏、湖、秀等州城市并遭水浸，田不播种，庐舍漂荡，民弃田卖牛，散去乞食。钱塘江泛溢。

元祐六年(1091)夏,六月,浙西大水。

元符二年(1099)六月,久雨,是岁两浙湖、秀等州尤罹水患。

崇宁三年(1104)四月,两浙水。

政和五年(1115)八月,苏、湖、常、秀诸郡水灾。

重和元年(1118)夏,浙大水,民流移,溺者众。

南宋

绍兴四年(1134)四月霖雨至五月,浙东西郡县坏圩田,害蚕、麦、蔬、稑。六月霖雨害稼。

绍兴八年(1138)三月积雨至四月,伤蚕麦,害稼。

绍兴九年(1139)大饥,斗米千钱,道殣相望。

绍兴二十三年(1153)浙西水,六月大雨,坏军垒民田。

绍兴二十八年(1158)九月,大风水溢。

绍兴三十年(1160)夏,久雨,伤蚕、麦,害稼。

绍兴三十一年(1161)四月久雨,伤蚕、麦,害稼。

绍兴三十二年(1162)六月,浙西大霖雨。

淳熙八年(1181)两腐禾麦,五月久雨败首种。

淳熙十六年(1189)五月,浙西大霖雨。

绍熙元年(1190)春,久阴连雨至于三月。

绍熙四年(1193)五月,浙西郡县坏圩田,害蚕、麦、蔬、稑。

嘉定六年(1213)六月,杭、嘉大水。

嘉定九年(1216)四月大霖雨至六月。

嘉定十一年(1218)六月,浙西大霖雨。

嘉定十五年(1222)七月,两浙霖雨。

绍定三年(1230)五月,浙西霖雨四十日,田尽没无遗。

宝祐三年(1255)五月,浙东西大水。

景定二年(1261)七月大水,至十月不退,溺死者众。

景炎元年(1276)七月大水,至十月水势不杀。

元

至元二十九年(1292)湖州、嘉兴、绍兴等路水。十二月,海宁水。

大德六年(1302)六月,杭州、嘉兴、湖州等郡饥。

大德十年(1306)五月,嘉兴、海盐水害稼。

大德十一年(1307)七月,江浙水,民饥。

天历元年(1328)八月,杭州、嘉兴、湖州水,淹没民田数千顷。

至顺元年(1330)闰七月,嘉兴、湖州二路大水,坏田16600顷,被灾者40万余户。

至顺二年(1331)二月,嘉兴饥。夏秋恒雨不见日。八月,江浙诸路水潦害稼。岁恒阴,太湖溢。

至正元年(1341)两浙水灾。

至正二年(1342)二月,嘉兴郡饥。大水,田禾淹没,大风驾太湖水汹涌而来,民庐顷刻倒荡,名曰“湖翻”。

明

洪武七年(1374)大水。五月,癸巳,减松、嘉、湖极重田租之半。

洪武八年(1375)嘉兴、苏州、湖州、松江、杭州俱水,坏田36600余顷,被灾者400500余户。

洪武九年(1376)嘉兴大水,发粟赈之。

洪武十年(1377)九月,浙西大水。

永乐元年(1403)浙西大水。

永乐二年(1404)六月,苏、松、嘉、湖俱水,饥。

永乐三年(1405)水。

永乐四年(1406)夏水,民饥。

永乐九年(1411)七月,淫雨没田。

永乐十年(1412)以水灾免浙西粮。

永乐十二年(1414)十一月,蠲苏、松、杭、嘉、湖五府水灾田租。

洪熙元年(1425)夏,苏、松、嘉、湖积雨伤稼。

宣德元年(1426)嘉、湖被水,春夏两灾者,蠲其税。

宣德七年(1432)秋,诏免嘉兴、湖州水灾税粮。

宣德九年(1434)大水,无秋。

正统七年(1442)大水,七月十七日,大风,圩岸俱圮。

正统八年(1443)八月大风雨,害稼。

正统九年(1444)嘉兴、嘉善、海盐、桐乡江湖泛溢,堤岸冲决,淹没禾稼。

正统十一年(1446)五月,大水。六月,浙西连月大雨水。

正统十四年(1449)夏,大水,无秋。

景泰元年(1450)夏,嘉兴、平湖、海盐、桐乡、崇德淫雨伤稼，大饥。

景泰五年(1454)杭、嘉、湖大雨伤苗，六旬不止。

景泰七年(1456)夏，五月，余杭霖雨，瓶窑塘圮。

天顺三年(1459)五月，大水伤禾，民饥。

天顺四年(1460)杭嘉湖等郡四五月阴雨连绵，江湖泛潦，麦禾俱伤。

天顺五年(1461)七月，浙江大水。

天顺八年(1464)大水，民饥。

成化元年(1465)夏，五月大水，低乡田禾不收，次年米斛缗。

成化六年(1470)正月，嘉兴、嘉善、平湖、桐乡大水无麦，五月大水伤禾。

成化九年(1473)四月，嘉兴、湖州水灾。

成化十四年(1478)八月，吴越间淫雨不止。

成化十七年(1481)秋，大水，禾稼尽腐，民饥。

成化十八年(1482)夏，淫雨连月，田畴成浸，斗米百钱。

弘治四年(1491)六月，嘉兴大水伤禾，饥。夏，嘉善大水伤禾。

弘治五年(1492)五月，嘉兴大水，民多流移，大疫。

弘治七年(1494)五月，大雨水涨平岸。秋，大水冒，郊邑舟入市，田淹几净。

弘治八年(1495)大水，苏、松、嘉、湖四府饥。

弘治十一年(1498)六月十一日未时，嘉兴河水忽泛溢，高二三尺，澄海春波门外忽高一丈余，城内河港、潭池、井沼皆然，至暮始平。

正德四年(1509)七月七日，嘉兴骤雨如注，至十日不霁，禾腐烂，民大饥。

正德十年(1515)六月十八日夜，暴雨水涨，倾刻丈许，淹民居，害稼。

正德十二年(1517)松、常、镇、嘉、湖大雨，杀麦禾。

正德十三年(1518)春恒雨，菜麦无收。夏秋，大水。

正德十四年(1519)秋，大水，禾穗皆腐。

嘉靖元年(1522)七月二十五日辰时，大风起，自东北而西北而西南，至西，拔木，坏民庐舍。太湖水溢丈余，自西北而来，低田皆没。田成巨河。

嘉靖二年(1523)秋，霖雨不止，饥窘非常。

嘉靖四年(1525)九月大雨，稻成不能刈。

嘉靖八年(1529)秋，大水伤稼。

嘉靖十年(1531)大水。

嘉靖十三年(1534)秋大水，伤稼。

嘉靖十六年(1537)夏，大水伤稼，斗米百钱，民多饥死。

嘉靖二十二年(1543)夏，淫雨。秋，大水伤稼，大饥。

嘉靖二十八年(1549)夏大水，伤稼。

嘉靖四十年(1561)五月至十月，淫雨不息，大水坏田禾，流离载道，饿殍相枕籍。水势较正德庚子更涨5寸。

隆庆三年(1569)五月，大雨。

万历七年(1579)四月大水。五月，大水淹禾。

万历八年(1580)闰四月大水，民饥，抢掠大行。

万历九年(1581)嘉兴、湖州大水。

万历十三年(1585)秋大水。

万历十四年(1586)五月，大水。秋，大水，害稼。

万历十五年(1587)五月，浙江大水，杭、嘉、湖、应天、太平五府江湖泛溢，平地水深丈余。七月中飓风大作，环数百里，一望成湖。

万历十六年(1588)大水复大疫，米石一两八钱，流民动以万计，积骸盈河塞巷，民无食而缢死者不可胜计。

万历十八年(1590)冬淫雨，三月不止，稻腐不收。

万历十九年(1591)秋大水，害稼。

万历二十二年(1594)八月望，暴雨连日，湖水骤涨，禾尽淹。

万历二十四年(1596)二月至四月淫雨。

万历二十九年(1601)春夏，苏、松、嘉、湖淫雨伤麦。

万历三十六年(1608)农历四月下旬到七月下旬，太湖流域七府梅雨加淫雨，造成特大水灾。据有关史料，大雨以天目山为中心，湖州大雨90天，桐乡、海宁、海盐陆地行舟，嘉兴高田水深数尺，低田丈余，史称两百年一遇。

万历三十七年(1609)秋，八月大雨水，低乡复有水患，不久旋退。

万历四十七年(1619)大水。

天启四年(1624)春，洪水骤发，商贾不通，米铺闭籴。是年潮水啮堤。

崇祯四年(1631)秋大水。

崇祯十二年(1639)五月六日大雨连日夜,十月三日,平地水溢数尺,舟行于陆。

崇祯十三年(1640)四月初八日,雨彻一昼夜,至五月初九日,禾尽淹。

崇祯十四年(1641)春,正月二十六日夜大雨,城裂。

崇祯十五年(1642)大疫,十室九死,河溢大饥,人相食。冬至夜,疾风迅雷暴雨。

清

顺治二年(1645)七月十四日,大风水溢,一日一夜水满5尺,风拔大木数百。

顺治六年(1649)五月大雨,水溢,麦无收。

顺治八年(1651)四月大水,麦豆浸死。六月,复大水。

顺治十年(1653)七月大水。

顺治十二年(1655)六月大水。

康熙八年(1669)四月二十四日雨浃三旬,田禾尽没。

康熙九年(1670)四月大雨,河水溢,禾稼淹死;六月十三日大雨,河水复溢。

康熙十一年(1672)八月,霖雨伤稼,杭、嘉、湖3府属县遭水淹,伤禾稼。

康熙十二年(1673)四月,大雨20余日。

康熙十三年(1674)正月淫雨,至四月。五月大雨,庐舍圩田尽没,街市漂没,与九年无异。十月,淫雨匝月。

康熙十五年(1676)五月,大霖雨30余日,市中皆汩没。六月十四日,大雨,水骤涨2尺,低地皆没。

城中水平岸。八月初六,大雨,水涨四五尺,城市成渠,高低尽没。东城楼圮,击断内石桥,幸不伤人。

康熙二十二年(1683)二月至四月,淫雨,坏圩岸,麦不登。

康熙三十年(1691)六月,大水,平地水深3尺。

康熙三十二年(1693)九月大风雨,河溢淹稼。

康熙三十四年(1695)大水经年,田多淹没。

康熙三十八年(1699)八月,淫潦伤稼。

康熙四十五年(1706)春夏淫雨,米价翔贵。

康熙四十七年(1708)五月大雨三日,水溢,田禾尽淹。

康熙四十八年(1709)四月淫雨,异虫害春花,民大疫,死者枕籍。

康熙四十九年(1710)秋,淫潦伤稼。

康熙五十五年(1716)五月二十九日,暴雨,田成巨浸,苗烂且尽,农民买禾再植,大暑后犹有播种者,是年晚种大熟。

雍正四年(1726)八月初旬,杭、嘉、湖3府大雨。八月至十月恒雨大水,乌镇濒河民廛俯可拾鱼,村人驾船刈稻头。

雍正八年(1730)雨水害稼。

乾隆十九年(1754)八月初十日,大雨竟日夜,十三、十四日又雨,水涨7尺,没圩损稼。

乾隆二十年(1755)秋,淫雨伤禾。

乾隆二十三年(1758)夏秋淫雨,伤蚕及棉花,冬无冰雪。夏大水,塘北沿乡增筑圩岸,禁止行舟。

乾隆二十七年(1762)七月初七日暴雨,十三日复雨,竟日不止,水暴涨,田禾被浸,塘北尤甚。

乾隆三十四年(1769)正月到六月,大水,禾被淹,低田尽没。

乾隆三十七年(1772)八月十一日大雨,自辰至午,水骤涨丈余。

乾隆五十六年(1791)夏,淫雨四旬。

乾隆五十八年(1793)正月至四月恒雨,海盐、青浦等大水。

嘉庆九年(1804)五月淫雨坏苗,大暑后种秋有年。

嘉庆十年(1805)三月恒雨伤麦。

嘉庆十三年(1808)五月大雨水。

嘉庆十七年(1812)春淫雨伤麦。

嘉庆二十二年(1817)初冬,大雨连旬,低区被淹。

道光三年(1823)七月初二、初九日,大风雨,水骤涨较五月增尺余,田禾覆没成灾。

道光八年(1828)五月,淫雨伤禾。

道光十一年(1831)五月,大雨成灾,至秋冬,积水不退,歉收。

道光十二年(1832)大雨水,米价腾贵,斗米钱690文。

道光十三年(1833)春,风雨连旬,豆麦俱伤,自秋徂冬，复淫雨水止，水稻狼籍。

道光十五年(1835)八月，平湖淫雨。

道光二十一年(1841)春，久雨，伤豆麦。九月，淫雨，河水顿溢，十月五、六日大雨，日夜不止，稻被水淹，谷多蒸湿。

道光二十九年(1849)五月淫雨为灾，河水溢势成泽国，大水，禾田淹没无存，至六月渐退。

道光三十年(1850)七月大水，禾稻尽淹，诏缓田赋。八月，大风雨，水涨，田禾淹没，米贵，石米6000钱。

咸丰三年(1853)三月水益，时在午刻，天气晴朗，河水忽涌高数尺，池沼皆然，移时即平。七日亥时地大震，房屋撼动有声，次日午又微震。

咸丰四年(1854)嘉兴等11府及仁和县等50余州县，暴风、大雨，山水骤涨成灾。冬，河水无风自涌，如潮涨落，池沼皆然，数日乃止。七月十二夜地震。

咸丰七年(1857)七月，风雨伤稼，米贵，石6000钱。

同治四年(1865)七月，杭、嘉、湖、苏、绍5府淫雨成灾，田禾尽没。秋，淫雨成灾，田禾尽没。

光绪八年(1882)杭、嘉、湖各府属县雨水过多，田禾被淹。

光绪十五年(1889)八月至十月，淫雨四十日，杭、嘉、湖3府灾情尤重。

光绪二十九年(1903)夏，淫雨积旬，田禾被淹没者不及补种，民难为食。

光绪三十二年(1906)七月大雨连旬。

光绪三十三年(1907)五月一日大雨，河水陡涨七八尺，田禾尽没。

宣统元年(1909)大雨连旬，河流泛滥，水位陡涨，一片汪洋，田禾尽腐。民谣云："宣统元年，水没廊檐，苦如黄连，豆腐过年"。

民国时期

1912年杭嘉湖大水，民饥，办急赈。

1919年6月梅雨连旬，浙江灾及26县，平湖等10县尤为严重。7月6日夜起雷电风雨交作，大雨如瀑布，狂泻至晨，河水骤涨5尺余。

1921年5月12日起大雨多日，田野成浸。8月20日起，狂风暴雨昼夜，水位猛涨，田可行舟，房屋倒坍，庄稼淹没。

1922年秋季多雨，河水高出田。10月4日复大雨，稻田皆淹没。

1923年5月大水，涨齐街道；8月20—22日又大雨不止，河水漫上街道，郊区田稻尽淹。夜半坍坝声及农民惊呼声鼎沸。9月28日水渐退，大水伤农。

1927年9月连续阴雨，稻谷发芽。

1931年嘉兴站7月30日水位3.86米，嘉兴淫雨20余日，共降雨349.7毫米，河水陡涨，低洼之处皆成泽国。

1933年入梅后阴雨连绵，河水顿高数尺，损禾稼。

1937年8月，大雨旬日，圩圈(头)堤埂溃决，铁路桥梁被冲，农田受淹。

1941年夏，嘉兴、海宁、平湖等县发生水灾，嘉兴站6月、7月、8月3个月总降雨量603.8毫米。时值抗日战争期间，水位记载不全。

1946年入梅雨水多，7月淫雨兼旬。9月又遭暴风雨，灾情奇重，螟害有颗粒无收或收获不及三成者。

解放后

1949年7月下旬至8月，嘉兴县暴雨成灾，被淹田地42.56万亩。嘉兴县委派员赴上海购柴油85桶，雇来大批抽水机投入排涝。解放军驻嘉部队出动16个连1700多人支援抗灾，全县近80%被淹农田得到抢救。

1951年6月13日至7月18日，嘉兴县水灾受灾面积27.6万亩，其中成灾面积3.85万亩。

1952年5月18日至7月23日，嘉兴县水灾面积7.63万亩，其中成灾面积9070亩。

1954年，爆发特大洪水，为长江流域有水文记载以来的最大一次洪水。从5月18日入梅，比正常年景提早28天，为当地有统计资料(1922年起)以来最早年份；8月2日出梅，梅期长达76天，为多年之最晚出梅，梅期雨日51天。5—7月，嘉兴降雨量999毫米。运河水位嘉兴站有126天超过警戒水位3.50米。至6月18日全县60%农田受淹。7月31日，嘉兴站出现有记载资料以来的最高水位4.38米，超出危急水位0.38米，造成严重内涝灾害。太湖水位达到4.65米。平原水网地区，田中积水一般有1米左右，最深处达1.6米以上，河水与田连成一片，春花倒伏、霉烂而减产，水稻秧田与苗田沉没，大田水深未排无法插种。

1957年6月20日至7月5日，嘉兴连续15天大雨，降雨总量439毫米，7月8日再次暴雨，最大日降水82.3毫米。全县受涝45万亩，占总田亩的50%。

1965年春，嘉兴县低温多雨，早稻大面积烂秧，早稻损失严重。

1966年7月7—13日 嘉兴连降大雨，总降雨量达到170余毫米，河水迅速猛涨。全县21个公社受到不同程度的水涝影响，受涝面积15万亩，其中重涝水田6万亩左右。

1973年春涝接夏涝。4—5月降雨387.7毫米；6—7月降雨357.3毫米，嘉兴水灾面积118万亩，其中成灾面积7.52万亩。

1977年4—5月降雨388.2毫米；8—9月降雨485.4毫米，河水向湖州方向倒流，农田内涝，嘉兴稻田受灾面积81万亩。

1980年7月30日至8月中旬 嘉兴县遭遇连续低温多雨天气，多次遭大、暴雨袭击。到8月18日，水位已达3.68米，全县有17个公社的40万亩稻田受淹。这段时间平均气温只有24.8度，比历年低3.8度。低温多雨造成大批早稻谷发芽、霉变，粮食损失严重。

1983年嘉兴遭受夏、秋水灾两次。夏涝发生在6月1日至7月15日，嘉兴站降雨434毫米，其中最大七日降雨量嘉兴站181.8毫米，超过1954年。嘉兴站水位4.11米。全市(县级市)受涝面积157.30万亩，其中成灾面积40.28万亩；受淹桑园3.5万亩；沉没鱼塘4997亩。在这次梅涝期间，死亡18人，受伤22人；倒塌房屋3498间、猪羊棚3544间；倒毁农桥128座；损毁水闸16座，受淹机站65座；圩堤出险741处23.35千米。秋涝发生在10月4—7日，嘉兴站降雨152.8毫米，全市受涝面积86万亩。当年的梅汛与秋涝两次合计受灾总面积243.3万亩，直接经济损失达1.23亿元。

建区后

1984年入梅后，6月13—14日，境内普降特大暴雨，市区一日降雨204.3毫米，6月14日开始，全市河港水位均已超过危急水位，上涨幅度均在1米以上，嘉兴站实测运河水位4.21米，一日上涨1.47米。百花新村水深0.5米，城东路、秀州路天星湖一带水深近1米，闸前街东段全被水淹。

1987年嘉兴遭受2次水灾。7月降水历时长，降水强度较小，降水总量不大。9月降水中等，嘉兴站最高水位4.08米，超过危急水位，历时2天。市区严重积水，光明街水深近1米。

1988年6月15—23日连续阴雨，其中19日暴雨，降雨70毫米，低田受淹。

1991年入汛初始，气候异常，梅雨来得早而猛，暴雨连绵。5月19日入梅，梅期51天，降雨天数31天，平均总降雨量达510.3毫米。雨日多、强度大、持续时间长为历史罕见。6月1—20日，嘉兴市平均降雨299毫米，王江泾站水位4.05米，超过危急水位0.55米。全区8.01万亩农田严重受灾，其中粮田8100亩，西瓜3000多亩绝收。7月1日起又连降大雨，到7月6日全市平均降雨115毫米，农田再次受淹。7月13—14日凌晨遭大雷雨、大风冰雹袭击，城区4.04万亩农田受淹，2.4万亩稻田例伏。

1993年入春后，嘉兴市气候异常，3月，面降雨148毫米，第1次超警戒水位。5月中旬又暴雨不断，第2次超警戒水位。6月14日入梅至7月10日出梅，降雨量266毫米，其间出现3次暴雨过程。8月1—25日，平均降雨量达253毫米，是多年同期的3.7倍，超历史最高纪录。8月22日，嘉兴水位4.23米，王江泾4.26米，全区9.2万亩农田、1440户农户被淹例塌房屋12间。市区受淹居民6500户，2250户居民家中进水。

1995年6月1日至7月6日，全市累计平均降雨量达476毫米，导致全市河网水位急剧猛涨。嘉兴水位高达4.40米，超过历史最高水位2厘米，造成了降水量10年一遇、洪水位40年一遇的洪涝灾害。市区有8.32平方公里受淹，最深处1.0米以上，有11条道路进水，受淹居民4600户，受淹房屋2.32万间，倒塌损坏房屋3077间。1996年7月3日 因连续降雨，水位骤增，区各乡农田洪涝面积7.1万亩，一些工业企业被迫停产，经济损失1251.72万元。市区河边约有500多户居民家进水，南堰、闸前街一带居民家进水最深约50厘米。全区各乡参加抗洪排涝人数1.73万人，投入电动机1236台7335千瓦，柴油机18台，各类汽车32辆等。

1997年梅汛推迟，至7月6日普降大雨，7月10日骤降大雨。24小时降雨257毫米，河水上涨80厘米，水位4.3米。市区受淹面积6.12平方公里，成灾面积3.12平方公里。各街道受淹居委会41个，2300户居民家中不同程度地进水，转移安置受淹危房居民80户，受淹道路37条，最深的秀州路1.2米深，全区各乡受淹粮田面积8.12万亩，成灾粮田3.6万亩，鱼塘受灾465亩，经济作物受淹9000亩；淹没圩堤62处，长4.2公里，冲毁圩堤200米；烧毁电动机53只126千瓦，直接经济损失430万元，各乡还有12家乡村企业受淹。

1999年自6月7日开始入梅以后，境内普降大到暴雨，河网水位连连暴涨。第1次降雨从6月7—11日，全市平均降雨149.6毫米，最大一日降雨49.7毫米，嘉兴水位到3.89米。第2次降雨从6月15日到18日，平均降雨61.3毫米。第3次降雨从6月23日至7月1日，平均降雨量403.6毫米，7月1日嘉兴水位涨至4.67米，超历史最高水位0.27米；最大3日雨量达189.3毫米，最大7日雨量378.1毫米。与当地历史上所发生的较大梅雨型涝灾年相比，最大7日雨量（378.1毫米），比最大7日一百年一遇雨量310毫米多68.1毫米；6月份雨量达602.4毫米，比最大30日一百年一遇雨量502毫米多100.4毫米，比1954年同期359.7毫米多242.7毫米，是历史平均值162.1毫米的3.7倍，洪水量级达700年一遇程度。

受暴雨洪水影响，区北部一片汪洋。全区各乡均受灾，70%的村遭受重灾。农作物受灾10.5万亩，成灾8.1万亩，绝收4.01万亩；倒塌房屋199间，损坏房屋11355间。直接经济损失39450万元，其中农业损失9359万元。

市区6个街道25.2平方公里建成区，受淹10.25平方公里，18条主要道路、54条街巷被水淹，车辆被阻，毁坏路面44公里，凌塘、栅堰、三水湾等住宅小区和秋泾桥、塘汇和南湖周边等社区严重受淹，水深0.6至1.3米，受淹房屋16.1万平方米，5万多人口；市区中小学全部停课，所有航道6月26日起停航14天。全区因洪涝停产或半停产工商企业300余家。

2001年6月21日，受到第2号（飞燕）台风的外围影响，连续强降雨，4天平均降雨211.16毫米，部分农田受灾 七星、大桥、等镇灾情较重。

2005年7月7日受第9号（卡努）台风的影响，连续强降雨，短时间强降雨，局部雨量大，4天平均降雨211.16毫米，七星、凤桥等镇部分农田受灾情较重。

2008年6月7日至7月3日累计降雨328.7毫米，其中6月9日至11日部分暴雨，河道水位上涨，部分居民、道路以及农作物被水淹，一些企业停产。

2010年2月25日至3月9日，发生60年来最强春汛，嘉兴连续降雨，平均降雨量220.3毫米，是常年2.5～6倍，河道水位持续上涨。七星、大桥、新丰等乡镇受灾，全区农业损失950多万元。

第二节 旱 灾

解放前

境内，通常发生旱害的机率远低于涝害，但久晴不雨亦会造成旱灾。据《嘉兴旧府属自然灾害初辑》记载，自唐德宗贞元六年至清宣统三年（790—1911）的1030年中，曾出现旱灾79次，平均13年一次，重大旱灾共有14次。较为重大的旱灾有：

万历十六年（1588）“嘉兴，夏，大旱民食树皮，疫死者甚众”“无获饿死者以万计”。康熙三十二年（1693）“嘉兴自春至秋大旱，禾尽枯。”

1934年太湖流域普遍大旱，不雨达十旬以上，杭嘉湖平原6月雨量仅50～60毫米，偏少100毫米左右。6—8月，嘉兴连晴83天，无雨达100天以上，总降水量仅86.2毫米，6月中旬嘉兴气温41.5℃，最高气温42℃。7—8月间，35℃以上的高温天气持续48天，蒸发量比常年高66%。水位大幅度下降，嘉兴1.59米，致使嘉兴市域除嘉善较低地区外普遍受灾，河流干涸，河底龟裂，南湖见底。禾苗不播，已播者成片枯萎，民不聊生，有坐泣田畔呼天求神者，有闭门自缢者，有弃乡逃荒者。据不完全统计，该年市城内因旱未种者近90万亩，已种未收者60余万亩，五成以下收成者约100万亩，受灾人数近百万。

解放后

1953年7—8月，天气燥热少雨。嘉兴7月平均月降雨量只有54.4毫米，仅为一般同期月降雨量的40%左右，8月降雨更少，全月降雨量只11毫米。蒸发量却高达170.5毫米，嘉兴运河水位下降到仅次于1934年的2.29米。干旱持续两个月之久，严重受旱面积达112.2万亩，禾苗枯死1484亩，旱地作物棉麻和杂粮损失更为巨大。县委组织553名区乡干部下乡抗旱。

1958年，空梅，夏季干旱。5月20日至8月9日长达93天的时间没有下过透雨。嘉兴站降雨量仅为164.1毫米，是正常年景（388.1毫米）的42%。7月31日，嘉兴运河水位为2.16米。嘉兴县受旱面积51.7万亩，成灾面积5.6万亩。

1960年6月21日至7月20日，降雨偏少，各地不足40毫米，嘉兴运河7月份最低水位2.60米，比正常年低20厘米。时值早稻抽穗灌浆，单季晚稻插种需水，全县受旱面积67.5万亩，占水田面积的50%。旱灾发生后，嘉兴县投入抗旱劳力15.86万人。

1961年6月15日至7月23日，嘉兴县连续近40天未下透雨。嘉兴站降雨仅3.8毫米。7月24日，嘉兴站运河水位为2.29米，分别比正常年景低61厘米，受旱面积28.63万亩，其中干裂水田面积达19.87万亩。当时电力排灌建设有所发展，抗旱能力有一定程度的提高，减轻了受旱程度。

1967年7月中旬至9月下旬，历时2个多月天晴无透雨。据水文站实测，嘉兴站降雨52.0毫米，是正常年景（多年平均）同期降雨量的15.77%，8月31日，嘉兴站最低水位2.01米，接近于历史上大旱1934年最低水位1.59米。嘉兴县受旱成灾面积36万亩左右。

1978年全年雨量少，春汛小，梅雨空，高温持续时间长，伏旱连秋旱。据嘉兴水文站统计，年平均降雨量754.5毫米，是正常年景降雨量1188.7毫米的63.35%；其中嘉兴站年降雨量723.1毫米，比干旱的1934年803.9毫米还少80.8毫米，是嘉兴站多年平均年降雨量1143毫米的63.26%。4—6月春汛，嘉兴平均降雨量284.4毫米，仅占正常年景同期雨量429.77毫米的66.2%，低于历史上大旱年份1934年的292.6毫米，1953年的360.4毫米，1967年的463.8毫米。这年梅季的特点是，梅期短（6月14日入梅，24日出梅）仅为10天；梅雨量少，市域平均降雨量29.1毫米。紧接着夏秋晴热干旱，6月3日至9月24日，计114天内未下透雨。7月9日，嘉兴运河最低水位2.16米。时值农村“夏收夏种”时节，县大部分机站因水位低抽不上水，受旱面积60万亩左右。

建区后

1988年6月30日出梅后，区域连续干旱近30天。特别是7月1日至21日，日降雨少于5毫米天数达21天，并出现连续高温天气，实测最高气温为35℃～37.5℃，日蒸发量7～11.1毫米。河网水位持续下降，低于正常年景水位。由于时值早稻抽穗灌浆期，农田需水量大，全区受旱面积达7.3万亩。

全区12万亩蔬菜基地因受旱灾影响秋季蔬菜播种后出芽率低；南湖乡靠天桑园叶片凋萎变黄，桑叶质量下降，致使夏蚕茧减产。

1990年6月中旬，嘉兴市进入梅季，14日、15日降雨53毫米。由于太平洋副高势力增强，嘉兴地区因之出现少雨气候。从6月28日至8月4日连续干旱38天，全市平均降雨仅19毫米，尤其7月5日至8月4日，持续31天高温干旱，日照强，蒸发量大。

当时，实测气温为35℃～37.9℃，日蒸发量7～11毫米，时值农村抢收抢种期间，耗水量大，各地河网水位每天下降2～3厘米，低潮位期间每天下降3～5厘米，造成大河缺水小河干的局面，全区普遭旱灾。减少早秋蚕饲养量20%左右。8月5日，全区抗旱现场会在南湖乡召开。全区2000多亩连作晚稻灌水困难，3000多亩桑树枯黄。

干旱高温，鱼塘缺氧，死鱼率占10%左右。河网水位低，部分水运交通被迫停航，河道水质受到严重污染，市区民丰纸厂、嘉丝联、绢纺厂等出口产品车间被迫停产。市区饮水受到影响的时间长达

20天之久。

2003年6月30日至8月5日，境内出现晴热少雨、持续高温的天气，日最高气温超过35度的天气有26天，其中8月1日出现了39.7℃的高温，是1953年以来的最高值。同时，7—10月全市平均降雨量为172.0毫米(雨日33天左右)，不到历年平均值的一半。9月，嘉兴市平均降雨量仅为8.7毫米，不到历年平均值的十分之一。长时间的高温晴热少雨天气造成全区较大范围发生旱情。

2007夏季，境内出现了两段持续的高温天气：第1次出现时间为6月27日至7月9日，第2次出现时间为7月18日至8月3日。7月，土壤相对湿度呈下降趋势，尤其是7月下旬，嘉兴市有3个站观测站的土壤墒情不足60%，出现了不同程度的旱情。高温干旱天气给全市生产生活带来了明显的不利影响，蔬菜和桑树等作物受高温干旱的影响灾情显现。8月以来，各站各层土壤相对湿度均呈下降态势，表层土壤已普遍出现旱象。持续的少雨天气，给全区旱地作物、蔬菜和各类经济作物的生长都受到一定的影响。

第三节　风　灾

台风

热带风暴俗称台风，是南湖区影响最为严重的灾害性天气，影响境内的热带风暴分两大类：登陆型与沿海北上型，对区境影响最大的热带风暴是在杭州湾以南到福建北部登陆后北上和紧靠浙江沿海北上的热带风暴。

古代近代　自南宋起，台风挟着大雨造成灾害的有170次，风灾有129次，合计299次，平均3年1次，1960年有6次，为最多。1920年连续3次台风均发生大水。以18世纪出现次数较多，为49次，20世纪最多，为81次，平均1.2年1次。台风出现以6月、8月比较频繁，各占21%，7月是台风密集的一个月，占40%，台风雨最大降水量1962年9月5日，为375毫米，台风最大风力12级。历史上发生的多起风害：明嘉靖元年(1522)7月25日，嘉兴自辰至酉大风拔木，坏庐舍；清康熙三十五年(1696)7月23日，嘉兴飓风作，飞瓦拔木。

解放后　1956年的“八一”台风为最大的风害，台风中心风力在12级以上。7月31日开始影响市域，8月2日在省三门湾登陆后，经宁波地区西向杭州，正面袭击嘉兴地区。风力从8级增至10级，阵风最大风力12级，伴有过程性暴雨和大暴雨。全县风雨交加，飞瓦走石，拔树毁屋，有多个乡遭到强风灾害，造成了数十年所未见的重大风灾。嘉兴县毁坏房屋16952间、受灾3272户，人员伤255人，死亡7人；农作物受损严重，其中连作早稻平均减产3.47%，间作早稻减产21%，桑园损失30%。

1962年9月4日，第14号台风影响嘉兴，普降大暴雨。到7日止，嘉兴平均3日最大降雨量达287.8毫米。水位从3.14米猛涨到4.32米。全县受淹面积61万亩，占水田总面积的80%左右；台风造成5人死亡，62人受伤，死猪羊274头，倒塌和损坏房屋1万多间，冲毁桥梁14座。

1963年9月12日，嘉兴受第12号台风影响，风力10～11级，沿海地区最大达12级以上，大风挟带暴雨，河水暴涨，嘉兴站244.4毫米，9月15日水位4.31米，接近1954年最高洪水位4.38米。嘉兴县境内普降暴雨。从傍晚开始到次日上午，降雨量普遍在200毫米以上，雨量最大的新丰地区达312毫米，造成严重内涝。全县受涝面积56.3万亩，占水田总面积的72%。

嘉兴南湖地区及北郊低洼地区倒塌房屋7028间，死亡人数16人，受伤146人，牲畜死亡524头，冲毁农村桥梁348座，粮食受潮变质18.3万公斤，造成经济损失3320万元。

1967年3月26日18时左右，嘉兴县境内23个公社遭受狂风暴雨、冰雹袭击。全县因灾死亡2人，伤17人。

1967年4月30日，南湖、余新等13个公社再次遭受大风、暴雨及部分地区遭受冰雹袭击。死1人，伤14人；死猪羊18头，伤耕牛1头，还造成其它物资财产损失，秧苗春花受到影响。

1974年8月19日，第13号台风在三门登陆，中心风力12级以上，沿海风力9级。市域在台风雨中，受涝农田面积50万亩，倒塌瓦房989间，草棚

1313间，死亡人数13人。

1977年7月16日下午4时左右，嘉兴县遭遇8至9级阵风和10级以上暴风雨袭击。风桥及周边9个公社遭受约20分钟的冰雹袭击。据不完全统计：全县损失早稻3000万斤，占早稻总产的7.4%，经济作物损失更大；倒塌瓦房459间，草棚854间，猪羊棚757间；吹断水泥电杆614根、木杆660根。因房屋倒塌死亡2人，重伤4人，轻伤10人。

1986年4月9日，风暴袭击城区，风力最大9级，雨量为23.8厘米，并夹有蚕豆大冰雹，造成全区16人受伤，其中重伤3名。房屋倒塌208间，油菜与各类蔬菜均受到重创。

1994年8月21日，第17号台风在瑞安登陆，中心风力12级以上，区境受台风外围影响，局部受灾。

建区后　1997年8月18—19日，因受11号台风影响，市区倒伏树木950余棵，因树木倒伏引起不少地方停电。各乡共受淹农田19239亩，其中受淹晚稻面积16500亩，蔬菜2530亩，果树86亩，鱼塘123.5亩，蔬菜大棚倒伏23只，房屋倒塌8间，202间不同程度受淹。各乡直接、间接经济损失171.6万元。

2001年6月23—26日，受第2号台风"飞燕"以及西风槽和副热带高压西伸脊等情况影响，全市普降大到暴雨，平均降雨量235.3毫米，各地河网水位普遍上涨，所有水位站全部超过危急水位，嘉兴最高水位达3.99米，超过危急水位达0.29米。

2004年8月12—16日，受强台风"云娜"影响，境内倒塌房屋400余间，部分道路交通中断，农作物受灾面积12.3万亩，水产养殖受损面积480亩。

2005年8月4—6日，受第9号台风"麦莎"影响，嘉兴市内陆风力7～8级，阵风8～10级，沿海风力10～12级。全市平均过程降雨量118.4毫米。区各乡街道全力抗御第9号台风"麦莎"，全区部分乡镇受灾，受淹晚稻面积5000多亩，蔬菜1830亩，蔬菜大棚倒伏85只。市区街道涉及1876户居民危房和工地工棚，转移人员27201人。

2005年9月11—12日，受第15号台风"卡努"影响，市域内陆风力8～10级，沿海风力10～12级，全市平均降雨量98.6毫米。其中嘉兴站134.8毫米，从9月10日起，全市河网水位开始上涨，到12日中午前后先后出现最高水位3.60米，超过警戒水位0.30米。区境普遍受灾，受灾人口28160人，倒塌房屋43间，损坏房屋345间。部分企业停产。

2007年10月7—9日，受第16号台风"罗莎"外围与冷空气共同影响，出现了暴雨到大暴雨和大风，并伴有7～9级大风。区境普遍受灾，受灾人口1120人，倒塌房屋1间，工业、交通运输业直接经济损失39万元；损坏输电线路3.5千米，损坏机电泵站63座，水利设施直接经济损失15.92万元；农作物受灾面积29万亩，其中粮食作物22万亩，农林牧渔业直接经济损失641万元，直接经济损失总计达696.12万元。

2009年8月6—12日，受到8号台风"莫拉克"的影响，风大雨量大，区部分农田和农作物受灾。

龙卷风

市城龙卷风出现的时间，多在7—8月，有时与冰雹相伴而至。龙卷风一般范围小，时间短，但中心风力都在12级以上，且强烈旋转，毁屋拔树，破坏力极大。

明万历十五年(1587)正月十六日，秋，大风拔木，起于城西河畔，三塔寺上塔顶各重数千斤，一时被吸去30里外置之陡门。崇祯六年(1633)六月二十五日，嘉兴龙卷风大作，发屋拔木，石牌坊表飞去数个，覆舟无数。

1977年9月3日16时30分～17时30分，嘉兴城郊遭龙卷风袭击，拔树多株，从西至东南一条线发生龙卷风，范围小，风力强疾，吹毁民房10来间，重伤1人，轻伤11人，压死牲畜2头。荷花、双桥乡遭龙卷风袭击，拔树多株，王江泾船厂船棚3间被掀。

1995年7月24日，境内遭受龙卷风以及狂风暴雨半个小时左右，市区树木连根拔起，部分农作物受灾

1998年7月3～5日，境内大桥、七星部分村遭受龙卷风和雷雨风袭击，龙卷风和雷雨大风造成了多间房屋受损，农田遭灾，蔬菜、瓜果等经济作物遭灾，有多根输电线路、通信线路受毁坏。

2009年7月30日下午2时05分，境内余新镇发生龙卷风，持续5至6分钟，农作物受灾面积0.76

亩,农作物经济损失104.39万元,受灾85人,受淹村1个,直接经济损失112.39万元。

第四节 其他灾害

冰雹与冰雪

冰雹最早出现在3月,最迟出现在9月,主要出现在4—5月,以5月为多。降雹时间一般只有几分钟,最多不超过半小时。大部分雹粒如黄豆,蚕豆大小,个别的如鸡蛋。

1953年5月6日晚7时48分,嘉兴阵雨夹冰雹,从西北到东南,有多个乡镇不同程度雹灾。受灾严重的村庄,农作物损失90%以上,房屋摧毁,耕牛、农具均有损坏。有的冰雹大如鸡蛋,到7日早晨尚未融化完。新篁、凤桥、塘汇等地遭冰雹袭击,新篁乡第一代表区最大的1块冰雹有2.5公斤,受灾严重的地方桑叶损失三分之一,蚕豆、油菜损失50%,小麦损失80%。

1976年4月22日的大风暴雨冰雹基本遍及全县,下午2时10分,狂风大作冰雹密集而降,历时20分钟,冰雹大小如桂圆和核桃,最大的雹块约1.5公斤。13个公社受灾,经济损失严重,伤50人,其中重伤11人。

1981年5月10日下午4时许,嘉兴市(县级)突遭暴风雨和冰雹袭击,5个公社的22个大队、114个生产队受灾严重,造成129间集体和社员的房屋与127个猪羊棚损坏,春花作物和蚕桑生产受到严重影响。7月9日和14日,嘉兴市又连续两次遭到暴风雨和冰雹袭击,除房屋和农作物等财产损失严重外,还造成1人死亡和2人受伤。

2004年4月18日15时35分左右,境内持续降冰雹4~5分钟,直径10~20毫米,并出现强雷暴和九级大风。受其影响蔬菜大棚倒塌,大片油菜、大麦倒伏,大量水果被打落打烂,多处房屋遭雷击,电器设备损坏,全区经济损失数百万元。

2005年12月28日、30日,境内出现了大范围的降雪天气过程。积雪深度达4厘米,随后2005年1月1日和2日早晨的最低气温为-5.8℃,日平均气温达到零下,造成严重冰冻。严重冰冻对农作物及大棚蔬菜等造成不同程度的影响,造成经济损失达7025万元。

2008年1月11日至2月6日,境内连续低温雨雪冰冻天气,其中26—27日、28—29日普降中到大雪。2月1—2日出现暴雪,境内最大积雪深度19厘米。这次气象灾害具有范围广、强度强、持续时间长、灾害影响重的特点,为50年一遇,属历史罕见。这次暴雪对交通、农业、电力和人民生活等方面带来严重影响。据不完全统计,全区直接经济损失8771.8万元,其中受灾人口14285人,受损房屋361间,农业受灾面积39583.7亩,受损线路5910米,交通事故46起,伤亡人员8人。

2009年6月5日16:40—17:40,嘉兴自西北向东南,先后出现大风、短时暴雨、强雷电和冰雹等强对流天气。其中降雹范围在凤桥、余新2个乡镇,重灾区冰雹直径普遍在4~5厘米,个别有5~7厘米、降雹时间长达20~40分钟,积雹厚度有几厘米厚,几十年来所罕见。凤桥、余新都是果蔬经济作物的主产区,降雹时值果实膨大期或成熟采摘期,10个村的水蜜桃、葡萄、西甜瓜、蔬菜等果蔬遭冰雹袭击后损失惨重,农业受灾面积3.96万亩,其中大棚17013亩,农业损失超过1亿元。凤桥镇8000余亩桃树,有5000多亩受损,面临绝收,仅桃树一项损失4200万元,直接经济损失8325万元;余新镇葡萄受损面积2875亩,仅葡萄一项损失1422万元,直接经济损失2652万元。全区199个企业受灾,474间房屋受损,受损房屋面积4.4万平方,经济损失达1156万元。灾害造成总计经济损失约1.3亿元,其中农业直接损失1.2亿元。

低温冷害

对境内农业生产明显危害的还有倒春寒和秋季低温。倒春寒一般出现在4月上、中旬,尤以4月上旬为多。据气象资料统计。上旬出现倒春寒的机率占38.5%,约3年一遇,最低气温一般低于5℃;4月中旬机率仅占3.8%,倒春寒主要影响早稻播种育秧,给桑树的萌发和蔬菜的生长也会造成不同程度的危害。倒春寒在地区分布上略有差异。低温中心一般在嘉兴市郊附近。地势地平,冷空气平滑直下。最低气温常较其他地方低2℃左右。因而低温危害亦最为严重。

1962年4月初日平均气温在7℃以下，4月2日降雪珠，3—4日出现霜冻。1975年的倒春寒造成大面积早稻烂秧。虽补播稻谷350万公斤，仍少种了13万亩早稻，损失粮食近5000万公斤。1980年4月13—15日连续3天低温，早稻烂秧率高达30%以上。

蝗灾

嘉兴县的蝗灾、螟灾是记载最早的地区之一，又是昆虫史上虫害出现较早的地区。根据地方文献记录，从晋大兴二年(319)第一次出现粮食作物害虫记录开始，到清宣统三年(1911)止的1590年中，共有虫灾记录242次，其中飞蝗记录168次，螟虫27次，蝗灾和螟害是历史性的大害，对农业生产造成巨大的损失。

飞蝗距今1670年前在嘉兴就陆续发生为害。蝗灾的惨景，历史上记载甚多。如，北宋“熙宁元年(1068)秀州蝗，吴郡百姓多饿死”。南宋“庆元三年(1197)秋嘉兴府皆蝗”。蝗灾的大发生与气候与水文的关系密切，特别与干旱关系更加明显，大旱之年，往往出现大蝗之灾。

解放以后，由于江、河水系的治理，生态环境和植被条件改变，历史上的严重蝗患，已在境内灭迹。

螟害

螟害和蝗灾一样是历史性的大害，境内历史上的螟害主要为二化螟和三化螟。距今已有970多年。宋代螟害最为频繁，大约平均24年大发生一次。元、明两朝发生机率较疏。清朝较猖獗，特别从清咸丰年间太平天国革命兴起后，战祸连年，人口锐减，大量温、台、宁、绍和闽，湘等客籍农民，带来原籍早、中稻入境耕种，因而形成早、中晚稻混栽，有利于螟虫的繁殖为害。民国以后，早中稻面积越加扩大，混栽程度日甚，从民国元年开始，螟害几乎年年暴发成灾。

据民国《嘉兴新志》记：引种早稻最早的凤桥地区，客民占三分之二种植中稻“罗尖”“芦白”以后又引种海门种“子皮”。因此，螟害遂以嘉兴县的凤桥为起点，分3路蔓延。一路向北，蔓及南堰一带，当时白穗达到10%左右，清光绪二十八年(1902)已在塘汇区的新塘、湘店、七星、双南、马河及太平等乡造成严重螟灾。以后又更向北扩展到马库汇，上睦港、栖真和池湾等乡。一路向东，进入新篁区的竹林，净湘等乡。《竹林八圩志》记载：“甲子(1924年)以后……每岁全县辄收得二三千万(卵)块，弗银七八千乃至万元，每块可出螟虫七八十头，每岁所杀当在二千万以上，然统计获量，亩不及石，其灾犹在五分以上”。再一路从凤桥向西，进入王店区东部，不久蔓及全县造成严重螟灾，并波及海宁。

1917年，螟害日甚，螟灾田52万亩，秋收无望，民情惶恐，共计损失250万元。1918年，嘉兴县东栅、余新、凤桥、塘汇、王店螟害也十分严重，一般损失50%以上”。

1925年，嘉兴县螟灾田50万亩。《治螟摭言》上说：“至民国十四年，因天时之关系，白穗连翩，灾情奇重”。

1934年，在杭嘉湖平原上，普遍发生螟灾，损失极惨。据嘉兴县新丰镇调查，晚稻被害率达到71.23%～84.88%。这一年全嘉兴县虽采除螟卵540多万块，但仍有10万亩稻田遭灾，损失稻谷1700多公斤。

解放以后，螟虫仍是危害水稻生产最严重的虫害，如1951年螟害率高达16.07%，1952年亦在10%左右。之后采取冬翻灌水，剪除枯心鞘，拔白穗，插烟茎以及挖稻根，劈稻根，点灯诱蛾，采摘卵块等等方法，大搞治虫的群众运动，从而有效地控制了螟患。

螟虫虽仍为水稻的三大虫害之一，但随着农业防治和药剂防治相结合的综合防治技术的普及和深入，螟虫没有出现过历史上的大灾难。

1998年，南湖和东门狮子汇一带风光

第三篇　人　口

目 录

早在新石器时代中期，已有先民在区境从事农牧渔猎活动。秦以前境内人口变化无考。唐、宋、元、明、清各朝有不完整的人口统计。清乾隆五年(1740)，开展全国户口清查。民国时期，进行6次人口调查。解放后，1953年、1964年、1982年、1990年、2000年、2010年，进行了6次全国人口普查。

唐代嘉兴经济逐渐繁荣，人口也逐渐增长，域区有居民17054户，但无人口统计数。明宣德五年(1430)嘉兴人口341838人。清道光元年(1821)嘉兴人口1122437人，已经突破100万人。道光二十年(1840)开始，嘉兴境内战乱不断，随战争而起的饥荒、瘟疫，大批人口流离死亡。至同治十二年(1873)人口锐减到292687人。民国最初几年，人口以每年2800多人的速度增加。1937年后因战争以及血吸虫等疾病流行等原因，人口负增长。

1949年后，社会安定，经济发展，卫生医疗水平提高，人口一直处于高出生、低死亡状态。20世纪70年代中期开始，全面推行计划生育，人口自然增长率得到控制。改革开放后，随着经济和社会发展，外来人口大量涌入，2010年南湖区户籍人口47.36万人，外来人口合计28.17万人，相当于户籍人口的59.68%。2010年人口普查数据，南湖区常住人口为61.27万人，比2000年增加11.24万人，10年中年平均增长率2.05%。

第一章　人口规模

第一节　人口总量

历代人口

秦至唐，嘉兴境内人口总数无考。五代起，才有不完整的人口记载。历代朝廷出于征收丁银、摊派力役需要，大多只登记成年男性丁口，不包括妇女、儿童，故人口数不完全、不准确。清乾隆五年(1740)，下令开展全国户口清查，人口统计调查资料较接近实际。民国时期，曾进行6次人口调查。新中国成立后，先后进行6次全国人口普查。

唐代嘉兴经济逐渐繁荣，人口逐渐增长，境内有居民17054户，但无人口统计数。明宣德五年(1430)境内(包括秀水，不包括嘉善)人口341838人。明后期和清前期改革赋役政策，明万历元年(1573)实行“一条鞭”征收办法。清康熙五十一年(1712)发布“滋生人丁，永不加赋”诏令；雍正元年(1723)又实行“摊丁入亩”。这些政策措施的实行，有利于人口增长。乾隆、嘉庆人口剧增，道光十八年(1838)，嘉兴、秀水两县179675户，1122437人，人口突破100万人。道光二十二年(1842)，英军从乍浦入侵，狂烧滥杀，延及嘉兴。咸丰、同治年间，太平军与清军在境内发生多次激战，城乡破坏及人口死亡达到空前程度。战争及随之而起的饥荒、瘟疫，使大批人口流离死亡，人口锐减，嘉兴、秀水两县人口降到29万余人，减少76%。民国初年，每年增加2800多人，抗日战争爆发后，人口递减。

解放后，社会安定，经济发展，人口处于高出生、低死亡状态。20世纪70年代中期开始，全面推行计划生育，人口自然增长率得到控制。根据2010年人口普查数据，区常住人口为61.27万人，比2000年增加11.24万人，10年平均年增长率2.05%。

唐代至民国嘉兴县户口情况表

表3-1　　单位：户、人

朝代	公元	户数	人口数	每户人数
唐	618—	17054	—	—
宋	960—	64824	122742	1.9
元	1277—	120722	183272	1.4
明洪武	1368—	160583	540783	3.4

续表3-1

朝代	公元	户数	人口数	每户人数
永乐	1403—	145354	506201	3.5
宣德五年	1428	62532	176138	2.8
景泰	1450	59329	180513	3.0
天顺	1457	57049	175721	3.0
成化	1465	57282	125382	2.2
嘉靖	1522	57300	125203	2.2
万历	1573	63148	153734	2.4

嘉兴县历代户口表

表3-2　　单位：户、人

朝代	公元	户数	人口数	每户人数
清康熙六十年	1721	—	163515	—
雍正四年	1726	—	164302	—
雍正九年	1731	—	164517	—
乾隆三年十四年	1769	89022	463760	5.2
乾隆五年十四年	1789	89596	474126	5.3
嘉庆四年	1799	91671	491980	5.3
道光十八年	1838	100741	619577	6.1
同治十二年	1873	42122	158714	3.8
民国17年	1928	100217	449301	4.5

建区前人口数

1949年5月，原嘉兴县辖区分设嘉兴市、嘉兴县。嘉兴市辖城内及郊区南堰镇、太平乡、马河乡，余境归嘉兴县管辖。嘉兴市、嘉兴县（以下简称“市区”）家庭总户数8.99万户，总人口39.34万人，非农业人口9.16万人。其中嘉兴市城内及南堰、太平、马河总人口51352人。

解放后，嘉兴市区人口一直处于高速增长态势，到20世纪70年代中期，增长速率才趋缓。

1949—1977年市区人口情况表

表3-3

年份	人口数	自增率‰	年份	人口数	自增率‰
1949	393435	—	1956	467815	21.96
1950	410370	18.66	1957	480985	23.95
1951	419717	18.7	1958	487816	27.13
1952	416696	17.29	1959	492735	8.36
1953	424478	18.43	1960	496175	5.76
1954	435421	20.32	1961	498539	7.53
1955	450460	21.22	1962	507141	27.51

续表3-3

年份	人口数	自增率‰	年份	人口数	自增率‰
1963	524392	30.14	1971	627739	15.63
1964	540292	28.12	1972	635760	13.37
1965	555238	26.5	1973	641565	8.09
1966	569096	21.75	1974	644698	4.08
1967	583048	17.87	1975	646594	3.32
1968	590873	20.92	1976	649147	3.69
1969	602580	19.01	1977	651343	4.29
1970	614862	17.4	—	—	—

1978—1982年，嘉兴市区人口继续保持较缓慢增长态势。4年年均增长率2.09‰。

1978—1982年市区总户数和人口总数情况表

表3-4　　单位：万户、万人

年份	总户数	总人口	男性	女性
1978	16.04	654319	33.40	32.03
1979	16.28	657344	33.53	32.20
1980	16.60	660785	33.73	32.35
1981	17.35	666424	34.01	32.63
1982	17.98	670041	34.37	33.04

建区后人口数

1983年建区，辖6个街道、5个乡，全区面积150平方千米，人口总数20.77万人，其中非农业人口12.62万人。1999年，人口总数为29.5万人，其中非农业人口22.28万人。1983—1999年的16年间，人口年均增长2.22‰。

1983—1999年全区人口总数情况表

表3-5　　单位：万人

年份	总人口	男性	女性	年份	总人口	男性	女性
1983	20.77	10.70	10.07	1992	25.91	13.35	12.56
1984	21.27	10.98	10.29	1993	26.38	13.58	12.80
1985	21.97	11.35	10.62	1994	26.89	13.85	13.04
1986	22.61	11.70	10.91	1995	27.46	14.09	13.37
1987	23.27	12.04	11.23	1996	27.98	14.32	13.66
1988	24.01	12.38	11.63	1997	28.44	14.50	13.94
1989	24.72	12.74	11.98	1998	28.86	14.70	14.16
1990	25.18	12.99	12.19	1999	29.50	14.99	14.51
1991	25.50	13.15	12.35	—	—	—	—

2000年市本级行政区域作调整，辖5个街道、4个镇、5个乡，区土地面积比调整前扩大1.8倍，人口数量随之发生变化。当年进行的全国第五次人口普查显示，全区人口总户数16.64万户，人口总数50.03万人，男性25.31万人，女性24.72万人，农业人口26.31万人，占人口总数的52.59%。按户籍人口口径比较，人口数量比行政区划调整前的1999年增加53.2%。2000年区的人口总数中，有5.63万人来自省外及省内的其他县(市、区)。

2010年7月8日，独生子女教育讲座

2000年以后，全区人口数量稳定增长，据2010年全国第六次人口普查资料，2010年全区总户数22.34万户，人口总数61.27万人，男性31.00万人，女性30.27万人，农业人口14.11万人，占总人口的23.03%。10年中人口增加11.24万人，增长22.46%，年均增长2.05%。

2000年秀城区外来人口103720人，其中男性54020人，女性49700人。截至2009年12月31日南湖区新居民总数201160人，接近同年户籍人口总数的一半，其中随同未满16岁子女18324人。据全国第六次人口普查统计，2010年南湖区离开户籍地不到半年的外来流动人口(暂住人口)为9.55万人，外来人口合计28.17万人，相当于户籍人口的59.68%。外来的常住人口中，来自省外的人口12.62万人，占外来外来常住人口的51.34%，相当于户籍人口的26.74%。

2000—2010年全区户籍人口数情况表

表3-6　　单位:万户、万人

年份	总户数	总人口	男性	女性	自增率‰
2000	14.41	45.08	22.74	22.34	0.72
2001	14.57	45.35	22.84	22.51	0.67
2002	14.77	45.56	22.93	22.63	0.79
2003	15.00	45.67	22.90	22.77	−1.80
2004	15.37	45.94	23.01	22.92	1.14
2005	15.55	45.96	22.98	22.98	−0.28
2006	15.76	46.56	23.28	23.28	0.54
2007	15.91	46.78	23.36	23.42	0.92
2008	16.14	46.99	23.43	23.56	1.16
2009	16.26	47.16	23.48	23.68	0.87
2010	16.41	47.36	23.56	23.80	1.08

第二节　人口分布

三国后，嘉兴城是中心区域，区境是嘉兴地域政治、军事、经济、文化中心，自然条件和社会环境都较具优势，与市境其他县区比较，人口的区域分布比例一直最大。

市境人口区域分布比较情况表

表3-7

时 间	嘉兴(市本级)	桐乡	海宁	平湖	嘉善	海盐
1928年	23.80%	19.70%	18.90%	14.60%	11.70%	11.30%
1990年	23.43%	19.70%	19.52%	14.67%	11.59%	11.09%

区域分布

辖区内街道、乡镇的人口分布,以新兴街道、新嘉街道、南湖街道、南湖乡、塘汇乡、余新镇为比重最大。

1982年、1990年全区人口地区分布情况表

表3-8

单位:户、人、%

项 目	1982年嘉兴市区城镇				1990年			
	户数	比重(%)	人数	比重(%)	户数	比重(%)	人数	比重(%)
合计	39,494	100.00	140,361	100.00	—	—	—	—
嘉兴市区	33,992	100.00	122,258	100.00	79561	100.00	261162	100.00
建设街道	7,249	21.33	24,738	20.23	7447	9.36	23049	8.83
东门街道	5,359	15.77	21,659	17.72	5479	6.89	17999	6.89
南湖街道	4,851	14.27	19,054	15.59	8814	11.08	29141	11.16
新兴街道	5,870	17.27	20,620	16.66	14003	17.60	45814	17.54
新嘉街道	4,651	13.68	15,714	12.85	11767	14.79	36939	14.14
解放街道	4,246	12.49	14,306	11.70	7857	9.88	24343	9.32
秀水乡	1,766	5.20	6,167	5.04	1622	2.04	5544	2.12
新塍镇	2,830	—	9,239	—	—	—	—	—
王店镇	2,672	—	8,864	—	—	—	—	—
南湖乡	—	—	—	—	6025	7.57	23533	9.01
东栅乡	—	—	—	—	5798	7.29	18709	7.16
嘉北乡	—	—	—	—	4902	6.16	16044	6.14
塘汇乡	—	—	—	—	5847	7.35	20047	7.68

全区2000年、2010年人口地区分布情况表

表3-9

单位:户、人、%

项 目	2000年				2010年			
	户数	比重(%)	人数	比重(%)	户数	比重(%)	人数	比重(%)
合计	166378	100.00	500298	100.00	223380	100	612663	100
建设街道	14950	8.99	41998	8.39	13080	5.86	31553	5.15
南湖街道	18007	10.82	47500	9.49	24998	11.19	65477	10.69
新兴街道	18160	10.91	52054	10.40	21258	9.52	55017	8.98
新嘉街道	29068	17.47	78633	15.72	30934	13.85	74024	12.08

续表3-9

项　目	2000年				2010年			
	户数	比重(%)	人数	比重(%)	户数	比重(%)	人数	比重(%)
解放街道	11315	6.80	30486	6.09	11608	5.20	29348	4.79
长水街道	—	—	—	—	10389	4.65	32379	5.29
南湖乡(城南街道)	10854	6.52	33818	6.76	18846	8.44	54990	8.98
东栅乡(街道)	5454	3.28	17489	3.50	13127	5.88	37945	6.19
新丰镇	12955	7.79	46524	9.30	15762	7.06	49496	8.81
余新镇	16327	9.81	52046	10.40	18315	8.20	52366	8.55
凤桥镇	8594	5.17	26558	5.31	17022	7.62	48057	7.84
新篁镇	5929	3.56	20546	4.11	—	—	—	—
七星乡	5350	3.22	19755	3.95	8256	3.70	24819	4.05
大桥乡	4792	2.88	16230	3.24	19785	8.86	57192	9.34
步云乡	4623	2.78	16661	3.33	—	—	—	—

注:摘自2000年、2010年区人口普查资料

城乡分布

境内人口分布呈现自然村、小集镇、集镇、城市这样的态势。从城乡人口分布状况可以看出人口的聚集程度,更可以体现城镇化的水平。

1949年,市区非农业人口9.16万人,占总人口23.28%。1962年嘉兴县有2000人以上集镇6个,500~2000人集镇8个,100~500人集镇12个。

1962年嘉兴县集镇、小集镇人口情况表

表3-10　　单位:人

名称	总数	农业人口	非农业人口	名称	总数	农业人口	非农业人口
合　计	37914	231	37683	500人以下	3021	—	3021
2000人以上小计	28161	75	28086	曹　庄	479	—	479
新　塍	8824	—	8824	双　桥	261	—	261
王　店	8995	40	8955	虹　阳	138	—	138
新　篁	2411	20	2391	兴善寺	196	—	196
凤　桥	2429	—	2429	石佛寺	159	—	159
新　丰	2752	12	2740	陶家笕	134	—	134
东　栅	2750	3	2747	蚂　桥	386	—	386
500~2000人小计	9753	156	9597	栖凰埭	244	—	244
塘　汇	1635	15	1620	大　桥	364	—	364
南　汇	1644	134	1510	七　星	208	—	208
油车港	1268	—	1268	马　库	260	—	260
王江泾	1663	—	1663	池　湾	192	—	192
余　新	1322	6	1316	—	—	—	—
步　云	599	1	598	—	—	—	—
太平桥	867	—	867	—	—	—	—
栖　真	755	—	755	—	—	—	—

1949—1957年，市区城镇人口有所增长。因为户籍制度的限制，城镇人口增长的比例不大。非农业人口从9.16万人增加到11.96万人，占总人口比例从23.28%提高到24.86%。

1958—1975年市区城镇人口增速放缓，1962—1970年出现了城镇人口下降。非农业人口从12.93万人下降到12.34万人，非农业人口占总人口的比重从25.48%下降到20.07%。其原因是60年代贯彻执行国民经济调整方针，大量精简城镇吃商品粮人口，动员原籍农村的城镇人口回乡，动员城镇知识青年上山下乡。1962年嘉兴市农村人口回乡2073人，城镇人口下乡705人；嘉兴县农村人口回乡2690人，城镇人口下乡1110人。至1976年，嘉兴县共动员知识青年支农、支边25263人。

2010年3月，优生优育宣传

1983—2010年，非农业人口快速增长。1983—1999年，区非农业人口从12.62万人增加到22.28万人，占总人口比例从60.76%提高到75.53%。1999—2000年非农业人口占总人口比例从75.53%下降到52.24%，下降原因是区域调整。区域调整前辖区组成以街道为主，调整后划入7个乡（镇），划出嘉北乡、塘汇乡、新城街道和解放街道的塘汇居民区。2000—2010年，区非农业人口继续增长，非农业人口从23.55万人增加到47.16万人，占总人口比例从52.24%提高到76.97%。

1949—1982年部分年份市区农业、非农业人口数情况表

表3-11　　单位：万人

年份	总人口	农业人口	农业人口比重(%)	非农业人口	非农业人口比重(%)
1949	39.34	30.19	76.72	9.16	23.28
1952	41.67	31.82	76.63	9.85	23.37
1957	48.10	36.14	75.14	11.96	24.86
1962	50.71	37.79	74.52	12.93	25.48
1965	55.52	42.65	76.82	12.87	23.18
1970	61.49	49.15	79.93	12.34	20.07
1975	64.66	51.59	79.79	13.06	20.21
1978	65.43	51.81	79.18	13.62	20.82
1979	65.73	51.19	77.88	14.54	22.12
1980	66.08	50.92	77.06	15.16	22.94
1981	66.64	51.14	76.74	15.50	23.26
1982	67.41	51.31	76.12	16.10	23.88

1983—1999年全区农业、非农业人口数情况表

表3-12　　单位：万人

年份	总人口	农业人口	农业人口比重(%)	非农业人口	非农业人口比重(%)
1983	20.77	8.15	39.24	12.62	60.76
1984	21.27	8.21	38.60	13.06	61.40

续表3-12

年份	总人口	农业人口	农业人口比重(%)	非农业人口	非农业人口比重(%)
1985	21.97	7.65	34.82	14.32	65.18
1986	22.61	8.13	35.96	14.48	64.04
1987	23.27	8.26	35.50	15.01	64.50
1988	24.01	8.14	33.90	15.85	66.10
1989	24.72	8.16	33.01	16.56	66.99
1990	25.18	8.20	32.57	16.98	67.43
1991	25.50	8.17	32.04	17.33	67.96
1992	25.91	8.13	31.38	17.78	68.62
1993	26.38	8.11	30.74	18.27	69.26
1994	26.89	8.06	29.97	18.83	70.03
1995	27.46	7.97	29.02	19.49	70.98
1996	27.98	7.94	28.38	20.04	71.62
1997	28.44	7.78	27.36	20.66	72.64
1998	28.86	7.59	26.30	21.27	73.70
1999	29.50	7.22	24.47	22.28	75.53

2000—2010年全区农业、非农业人口数情况表

表3-13

单位：万人

年份	总人口	农业人口	农业人口比例(%)	非农业人口	非农业人口比重(%)
2000	45.08	21.53	47.76	23.55	52.24
2001	45.35	21.05	46.42	24.30	53.58
2002	45.56	20.57	45.15	24.99	54.85
2003	45.67	20.30	44.45	25.37	55.55
2004	45.94	18.41	40.07	27.53	59.93
2005	45.96	17.83	38.79	28.13	61.21
2006	46.56	17.64	37.89	28.92	62.11
2007	46.78	17.37	37.13	29.41	62.87
2008	46.99	14.69	31.26	32.30	68.74
2009	47.16	14.76	31.30	32.40	68.70
2010	61.27	14.11	23.03	47.16	76.97

第三节 人口密度

境内人口稠密，每平方千米的人口数：1928年为481人，1949年为443人，1990年为808人。域区为嘉兴腹心地区，人口稠密为嘉兴之最。1990年全区每平方千米的人口数1679人，远高于郊区592人、嘉善727人、平湖869人、海宁911人、海盐695人、桐乡862人。近10几年几次区划调整，老城区人口逐渐向新城区辐射转移。2010年，全区每平方千米的人口数1436人。辖区内街道、乡镇的人口密度见下表：

1982年、1990年全区街道、乡镇人口密度情况表

表3-14　　单位：人/平方千米

地　区	1982年			1990年		
	人数	面积	密度	人数	面积	密度
建设街道	24738	0.91	27185	23049	0.91	25329
解放街道	14306	7.50	1907	24343	7.50	3246
新嘉街道	15714	0.82	19163	36939	0.82	45048
东门街道	21659	0.92	23542	17999	0.92	19564
南湖街道	19054	7.08	2691	29141	7.08	4115
新兴街道	20620	5.09	4051	45814	5.09	9001
南湖乡	—	—	—	23533	40.00	588
东栅乡	—	—	—	18709	25.00	748
嘉北乡	—	—	—	16044	33.00	486
塘汇乡	—	—	—	20047	25.00	801
秀水乡	6167	3.50	1762	5544	3.50	1584
新塍镇	9239	1.75	5279	—	—	—
王店镇	8864	1.6	5540	—	—	—

2000年、2010年全区街道、乡镇人口密度情况表

表3-15　　单位：人/平方千米

地　区	2000年			2010年		
	人数	面积	密度	人数	面积	密度
建设街道	41998	2.40	17499	37198	2.40	15499
解放街道	30486	2.80	10888	22572	2.80	8061
新嘉街道	78633	5.40	14562	66679	5.40	12348
南湖街道	47500	7.10	6690	52324	7.10	7370
新兴街道	52054	6.80	7655	42220	6.80	6209
南湖乡（城南街道）	33818	33.27	1016	22638	33.27	680
东栅乡（街道）	17489	20.22	865	24031	20.22	1188
新丰镇	46524	65.25	713	42086	65.25	645
余新镇	52046	78.13	666	44656	78.13	572

续表3-15

地　区	2000年			2010年		
	人数	面积	密度	人数	面积	密度
凤桥镇	26558	80.39	330	45295	80.39	563
新篁镇	20546	78.13	263	—	—	—
七星乡	19755	30.34	651	19632	30.34	647
大桥乡	16230	81.71	199	42899	81.71	525
步云乡	16661	31.16	535	—	—	—
长水街道	—	—	—	11337	12.02	943

2004年、2009年全区街道、乡镇人口密度情况表

表3-16　　单位：人/平方千米

地　区	2004年			2009年		
	人数	面积	密度	人数	面积	密度
建设街道	47400	2.40	19750	38062	2.40	15859
解放街道	26700	2.80	9536	22613	2.80	8076
新嘉街道	63097	5.40	11685	68185	5.40	12627
南湖街道	42288	7.10	5956	51091	7.10	7196
新兴街道	47340	6.80	6962	43275	6.80	6364
东栅街道	18765	27.00	695	25020	27.00	927
城南街道	19834	38.51	515	29178	38.51	758
七星镇	18969	30.34	625	19620	30.34	647
新丰镇	44687	68.67	651	42052	65.25	657
大桥镇	37370	76.44	489	42851	81.71	524
余新镇	44645	79.98	558	44456	78.13	569
凤桥镇	45601	80.39	568	45222	80.39	563
合计	456696	425.83	1072	471625	425.83	1108

第二章　家庭状况

第一节　家庭规模

历代家庭规模

宋元时期，境内家庭人口每户不超过2人。明朝建立后，家庭人口逐年增加。永乐年间，平均每户3.5人，以后逐年减少。清代，平均每户家庭人口增加明显。清道光十八年(1838)达到高峰，平均每户1人。清咸丰年间战乱，人口急剧下降，平均每户逐年减少。至同治十二年(1873)，平均每户3.8人。至民国时期，家庭规模有所回升，平均每户家庭人口在4.4人左右。

宋至民国嘉兴县境家庭规模情况表

表3-17　　单位：户、人

朝代	公元	每户人数	朝代	公元	每户人数
宋	960—	1.9	清乾隆三十四年	1769	5.2
元	1277—	1.4	乾隆五十四年	1789	5.3
明洪武	1368—	3.4	嘉庆四年	1799	5.3
永乐	1403—	3.5	道光十八年	1838	6.1
宣德五年	1428	2.8	同治十二年	1873	3.8
景泰	1450	3.0	民国17年	1928	4.5
天顺	1457	3.0	民国35年	1946	4.4
成化	1465	2.2	民国37年	1948	4.3
嘉靖	1522	2.2	—	—	—
万历	1573	2.4	—	—	—

当代家庭规模

解放后，随着经济的发展，人口的增加，家庭户总数随之增加。社会的变革，促使家庭规模的变化。市区1982年总人口670041人，家庭户总数173834户，平均家庭人口3.85人；1990年全区总人口251800人，家庭户总数78622户，平均家庭人口3.20人；2000年全区总人口500298人，家庭户总数159060户，平均家庭人口3.15人；南湖区2010年总人口612663人，家庭户总数223380户，平均家庭人口2.74人。

20世纪70年代以来，全面实施计划生育国策，提倡优生优育，严格控制二胎，家庭规模变化呈现小型化趋势。各次人口普查数据可反映家庭规模变化情况。

第三至六次人口普查家庭户规模情况比照表

表3-18　　单位：户

时间	地区	合计	一人户	二人户	三人户	四人户	五人户	六人户	七人户	八人及以上户
1982年（三普）	市区	173834	20395	20918	33799	42714	30597	15505	6412	3494
		比例%	11.37	12.03	19.44	24.57	17.60	8.92	3.69	2.01
1990年（四普）	秀城区	78622	8504	13821	31243	15904	6408	1976	549	207
		比例%	10.82	17.58	39.74	20.23	8.15	2.51	0.70	0.26
2000年（五普）	秀城区	159060	19976	37653	58708	22830	14897	4163	622	211
		比例%	12.56	23.67	36.91	14.35	9.37	2.62	0.39	0.13
2010年（六普）	南湖区	205253	36517	64641	61010	22985	15598	3565	674	263
		比例%	17.79	31.49	29.72	11.20	7.60	1.74	0.33	0.13

第二节 家庭类型

家庭类型表述的是家庭内代际关系。社会学家将人类传统的家庭类型分为三类，即核心家庭（夫妻及其未婚孩子）、主干家庭（父母和一个已婚子女或未婚兄弟姐妹）、扩大家庭。中国是以家庭为本的传统社会，讲究尊老爱幼，强调孝悌，历代追求累世同堂的复合家庭。清代《户部则例》规定："凡祖父母、父母在，子孙不准别立户籍，分异财产"。用法律条文保护累世同堂的复合家庭，所以出现不少家庭三世同堂、四世同堂。可惜历年人口统计中缺少这方面的数据。从1982年人口普查开始，增加了家庭户类型方面的统计。从统计数据中可以发现，随着时代的变迁，三世同堂、四世同堂的家庭比例逐渐缩小。

第三至六次人口普查家庭户类型情况比照表

表3-19　　单位：户

时间	地区	合计	一代户	二代户	三代户	四代户	五代及上户
1982年（三普）	市区	173,834	28689	108147	36998	—	—
		比例%	16.50	62.21	21.28	—	—
1990年（四普）	秀城区	78622	17608	48394	12223	397	—
		比例%	22.40	61.55	15.55	0.50	—
2000年（五普）	南湖区	159060	51972	75122	30365	1599	2
		比例%	32.67	47.23	19.29	1.01	0.0001
2010年（六普）	南湖区	205253	94012	79974	29736	1529	2
		比例%	45.80	38.96	14.49	0.74	—

从各次人口普查的数据看，二代户所组成的核心家庭占主导地位。2010年人口普查的数据出现一代户所占比例最大，表明了有配偶率降低和未婚率上升，其主要原因是市区的大、专院校集中在南湖区，这些院校的在校生数量逐年递增，大量未婚青年学子进入境内，较大幅度拉动了未婚率上升，相对降低了婚龄人口中有配偶人数的比例。

从家庭户户均人口数逐渐减少、代际结构逐渐分散等变化中，反映出随着社会进步和经济发展，人们的家庭生活理念发生了质的变化。追求简单轻松的人际关系、自由自在的个人空间和注重私密性等现代生活方式，已成为社会生活的主流。

第三节 特殊家庭

独生子女家庭

1979年10月起，根据《浙江省计划生育若干问题的规定》，对只生一个孩子并采取可靠节育措施的夫妇，由区计划生育委员会发给"独生子女光荣证"，凭证每年领取儿童保健费30元或300个工分，至子女14周岁止。儿童保健费1985年改为每年不低于50元，1990年又提高到每年60元。对持有"独生子女光荣证"的家庭，育龄妇女哺乳假、产假，幼儿入托儿所、幼儿园，住房分配（农村审批建房宅基地），招工等方面都有优惠政策。在政策鼓励下，"独生子女光荣证"的领证率逐年提高。嘉兴县1980年有独生子女23622人，独生子女户占家庭户总数14.23%；区境内2000年有独生子女67846人，独生子女户占家庭户总数47.07%。2001—2010年又增加独生子女89130人。

政府在用政策鼓励一对夫妇只生育一个孩子的同时，利用广播、电视、报纸广泛宣传优生优育知识，提高全民优生意识。独生子女家庭更重视教育，也更舍得对孩子的投入。在教育得当的家庭，独生子女的体格、心理、生理、智力、品德等各方面都有很好的发展。独生子女在家庭中所处的地位特殊，有的家庭父辈溺爱娇宠，家庭教育失当，就容易出现独生子女心理偏差，使孩子变得自私，早期难养成尊重长辈、遵守纪律的自觉性，不易养成与人协同合作精神，形成依赖性等问题。现在全社会都非常重视独生子女的教育问题。

失独家庭

失独家庭是执行国家计划生育政策而产生的家庭状况。除了丧失爱子的孤独外，还产生疾病、养老等一系列现实问题。为此国家计划生育政策规定独生子女发生意外伤残、死亡，其父母不再生育和收养子女的，地方人民政府应当给予必要的帮助。2008年市出台扶助金标准：视情形分别给予夫妻每人每月200元或250元2种。区计生协会还为失独家庭建立一户一档制度，根据各家庭出现的困难，有针对性地开展帮助和心理辅导。至2010年，全区有失独家庭197户。

单亲家庭

改革开放至今，由于快速增长的离婚率，离婚式单亲家庭比重逐渐上升。

1997—2010年区离婚情况统计表

表3-20　　　　单位：对

年份	离婚数	与1997年比较(%)	年份	离婚数	与1997年比较(%)
1997	391	100	2004	671	171.61
1998	378	96.68	2005	842	215.35
1999	431	110.23	2006	969	247.83
2000	426	108.95	2007	1038	265.47
2001	491	125.58	2008	1054	269.57
2002	477	121.99	2009	1073	274.42
2003	576	147.31	2010	1091	279.03

随着经济社会的快速发展，婚姻和家庭的观念不断变化，单身和离婚相当普遍。从而形成单亲家庭的产生和增加。

空巢老人家庭

境内1990年65岁以上的人口45721人，占总人口的9.14%，已经进入老龄化社会，带来的是劳动人口不断减少，养老需求迅速增长，养老保障、医疗保险、老年人权益保障等问题。

境内老百姓历来有养儿防老的传统观念，随着时代的变迁，这种传统观念正在发生变化。现代社会的家庭开始小型化，二代户所组成的核心家庭已经占主导地位，逐渐产生空巢老人现象。

空巢老人分为三种情况：一是无儿无女无老伴的孤寡老人，又称独居老人；另一种是有子女但与其分开单住的老人（或老夫妻）；第三种是儿女远在外地，不得已独守空巢的老人。

境内创办一些公益类、福利性的敬老院和福利院，但远远不能满足社会的需要。1994年后，逐渐出现一些中高档民办老年公寓，有金夕阳老年公寓、逸和源湘家荡颐养中心等。这些老年公寓部分解决空巢老人问题，也有一些老人在社区帮助下，通过志愿者服务等形式开展居家养老，受到社会的认可。

第三章　人口变动

第一节　人口自然变动

历代人口统计限于资料，统计粗略又不完整，解放后人口调查逐步走上正规。

1949—1972年辖区人口自然变动情况表

表3-21

单位:人

年份	总人口	自然增长		出生		死亡	
		人口数	净增率(‰)	人口数	出生率(‰)	人口数	死亡率(‰)
1949	393435	7316	—	10397	—	3081	—
1950	410370	7499	18.66	10642	26.48	3143	7.82
1951	419717	7744	18.7	10965	26.42	3221	7.72
1952	416696	7229	17.29	10509	25.13	3280	7.84
1953	424478	7751	18.43	11211	26.65	3460	8.22
1954	435421	8734	20.32	11979	27.87	3245	7.55
1955	450460	9413	21.22	12748	28.75	3335	7.53
1956	467815	10080	21.96	13405	29.2	3325	7.24
1957	480985	11358	23.95	14600	30.18	3242	6.83
1958	487816	13142	27.13	15589	32.18	2447	5.05
1959	492735	4097	8.36	9655	19.69	5558	11.33
1960	496175	2847	5.76	9699	19.62	6852	13.86
1961	498539	3746	7.53	8814	17.72	5068	10.19
1962	507141	13831	27.51	19225	38.24	5394	10.72
1963	524392	15548	30.15	20281	38.68	4733	9.03
1964	540292	14962	28.11	19605	36.83	4643	8.72
1965	555238	14516	26.5	18647	34.04	4131	7.54
1966	569096	12221	21.75	16176	28.77	3955	7.03
1967	583048	10298	17.87	13799	23.95	3501	6
1968	590873	12301	20.92	16017	27.29	3716	6.33
1969	602580	11351	19.01	14638	24.57	3287	5.52
1970	614862	10596	17.4	14010	23.02	3474	5.61
1971	624575	9713	15.63	13372	21.53	3659	5.9
1972	635760	8446	13.37	12224	19.35	3778	5.98

解放后部分年份辖区人口自然变动情况表

表3-22

单位:人

年份	总人口	出生	其中男	其中女	死亡	其中男	其中女
1953	435269	11211	—	—	3460	—	—
1964	532325	19605	—	—	4643	—	—
1982	670041	10103	5295	4808	4023	2238	1785
1990	261162	4789	2427	2362	2172	1165	1007
2000	500298	4220	2181	2039	2714	1533	1181
2010	612663	4632	2385	2247	3050	1707	1343

注:1982年前数据是嘉兴县范围,2000年前是区域调整前区范围

第二节　人口迁移变动

解放前人口流动

太平天国时期，境内战火所及，大批杭嘉湖平原各阶层人士涌向上海等地。据当时居住在上海的外国人统计，咸丰三年（1853），在上海外国租界居住的中国人仅500人，至同治元年（1862）即猛增至50万人，其中为躲避战火而来的浙江人至少有10万余人。战后杭嘉湖平原大片肥田沃土无人耕种，对于省外或省内其他府县的农民具有很强的吸引力。嘉兴府自光绪年间垦荒令下，客民丛集，嘉兴府的客民多数来自河南、苏北、两湖、安徽等外地，本省多为温、台、处三府籍。清末陶成章的《浙案纪略》中即有同治间温、台、处三府的"瘠土之民"视嘉兴各县为"乐土""迁入者接踵"的记载。这一时期进入嘉兴府的客民约47万人。

抗日战争时期，境内人口变动异常。1937年11月11日，上海被日本侵略军占领。这期间，嘉兴收容上海运来的难民累计约10万人。11月19日，嘉兴沦陷，城中居民四处逃难外迁，大部逃至外地和四乡，饱受颠沛流离之苦。据《浙江省善后救济资料调查报告》中政府不完全统计，1945年下半年嘉兴县抗日战争中的难民，成人19628人、儿童11570人。从中可见，即使在战争结束时嘉兴县仍有难民31198人需要救济。

在境内，1946年嘉兴人口迁入较多，8月因内战需要，国民政府恢复征兵。据残缺的资料统计，1946—1949年3年中嘉兴全区实际交兵额14823人。

建区后人口流入

解放后，境内人口除南下干部和随军家属以及大中专毕业分配外，迁入较少。建区后，境内招商引资，引进部分人才。

改革开放以来，境内经济迅速发展，吸引中西部地区大量劳动力的流入，为加强管理和服务，这些流动人口统称为新居民。2000年，全区新居民人口总数10.37万人，其中办理居住证的5.63万人，2008年为16.95万人，2009年为15.67万人。如果包括未办理居住证或临时居住证的人口，到2009年12月31日，总数为20.12万人，接近同期全区户籍人口总数的一半。2010年，全区外来人口合计28.17万人，相当于户籍人口（不包括新居民户籍）的59.68%。

三峡移民

长江三峡水利枢纽工程于1994年12月14日在宜昌市三斗坪开工兴建，在175米高程的正常蓄水位之下迁出居民84.75万人。区接受安置两批三峡库区移民：2001年接受安置第一批库区移民103户，410人；2004年接受安置第二批库区移民22户，90人。

建区后人口流出

解放后，国民经济的调整和建设，也有几次人口迁移与流动现象。1958年，中共中央政治局决定动员内地青年支援边疆和少数民族地区社会主义建设。1960年，嘉兴县有564人支援银川。

1962年春开始，嘉兴县陆续精减城镇职工人口，净减全民所有制职工10384人，占1961年在册职工总数的26.55%；压缩城市人口15517人，占1961年末非农业人口的12.14%。

2010年7月8日，举办第二十一个世界人口日纪念活动

"文化大革命"前，嘉兴县曾动员600名知识青年到农村插队务农。1965年，县各街道曾动员450名知识青年到安吉县支援老石坎水库建设。从1968年12月至1976年，嘉兴县共动员知识青年支农、支边25263人。1978年后，除在农村已婚又自愿落户的外，均通过招生、招工、征兵、困难退职（当时称顶职，即父或母困退，子或女顶替）等多种途径，

绝大多数回城镇作了安置。

境内经常性人口流出主要有读书、参军、工作调动、务工经商、学习培训、投亲靠友、退休退职、婚姻变化等。改革开放后，出国、出境读书、经商、打工是境内人口流出的主要因素。

2000年后，城镇化和城市建设、新农村建设是人口流动的主要因素。2010年区人口普查表明，区内流动以拆迁搬家为主，占48.05%；市外省内流动以学习培训为主，流入人口中占53.12%，流出人口中占48.59%；省外流入人口以务工经商为主，占76.78%。

解放后境内部分年份外出、外来人口情况表

表3-23

年份	人口总数	外出人口	其中男	其中女	外来人口	其中男	其中女
1964	532325	19922	—	—	8340	—	—
1982	670041	6451	—	—	5511	—	—
1990	261162	2199	1241	958	7868	5315	2553
2000	500298	20772	10573	10199	26533	15745	10788
2010	612663	108743	54295	54448	186227	98913	87314

第三节　新居民

分布

2009年年底，全区新居民在册数16.24万人，其中未满16岁新居民子女10272人。2010年年底，全区新居民在册数17.93万人，其中未满16岁新居民子女14597人。新居民总数相当于户籍人口的37.86%。

区内新居民的居住分布，近50%集中居住在东栅街道、新嘉街道、余新镇和大桥镇4个辖区。新居民来源，以四川籍新居民人数最多，安徽籍新居民人数次之。

2008—2010年全区新居民所在地统计表

表3-24

镇(街道)	2008年		2009年		2010年	
	人数(人)	比例(%)	人数(人)	比例(%)	人数(人)	比例(%)
新丰镇	20470	12.08	17018	10.48	14577	8.13
余新镇	18707	11.04	12429	7.65	18464	10.30
凤桥镇	9646	5.69	9341	5.75	10507	5.86
大桥镇	15854	9.36	21562	13.28	31083	17.34
七星镇	11155	6.58	13480	8.30	14008	7.81
东栅街道	20184	11.91	17172	10.57	17229	9.61
建设街道	13053	7.70	12686	7.81	14245	7.94
新兴街道	14797	8.73	15579	9.59	14499	8.09
新嘉街道	21087	12.44	18866	11.62	19152	10.68
解放街道	10823	6.39	10181	6.27	11368	6.34
南湖街道	13679	8.07	14106	8.68	14174	7.90
合计	169456	100	162420	100	179306	100

2008—2010年全区新居民户口省市来源地情况表

表3-25

户口省市	2008年		2009年		2010年	
	人数(人)	比例(%)	人数(人)	比例(%)	人数(人)	比例(%)
北京市	74	0.04	93	0.06	87	0.05
天津市	46	0.03	66	0.04	49	0.03
河北省	855	0.50	958	0.59	1198	0.67
山西省	418	0.25	388	0.24	491	0.27
内蒙古自治区	300	0.18	343	0.21	365	0.20
辽宁省	425	0.25	516	0.32	572	0.32
吉林省	605	0.36	682	0.42	749	0.42
黑龙江省	1162	0.69	1066	0.66	1268	0.71
上海市	653	0.39	750	0.46	932	0.52
江苏省	8902	5.25	8979	5.53	9542	5.32
浙江省	18827	11.11	20345	12.53	20113	11.22
安徽省	23972	14.15	23567	14.51	26251	14.64
福建省	2490	1.47	2645	1.63	2993	1.67
山东省	3845	2.27	11941	7.35	13407	7.48
江西省	11497	6.78	3472	2.14	4017	2.24
河南省	16007	9.45	16314	10.04	18746	10.45
湖北省	6897	4.07	6980	4.30	7746	4.32
湖南省	6516	3.85	5940	3.66	6655	3.71
广东省	667	0.39	780	0.48	922	0.51
广西壮族自治区	1056	0.62	1077	0.66	1267	0.71
海南省	157	0.09	147	0.09	182	0.10
重庆市	5912	3.49	6140	3.78	7364	4.11
四川省	36274	21.41	29637	18.25	30118	16.80
贵州省	7654	4.52	6759	4.16	8371	4.67
云南省	11100	6.55	9779	6.02	12035	6.71
西藏自治区	2	0.00	3	0.00	1	0.00
陕西省	1593	0.94	1612	0.99	2280	1.27
甘肃省	1018	0.60	893	0.55	1057	0.59
青海省	225	0.13	237	0.15	208	0.12
宁夏回族自治区	110	0.07	77	0.05	90	0.05
新疆维吾尔自治区	196	0.12	232	0.14	230	0.13
合计	169456	100	162420	100	179306	100

构成

2008年10月27日，第九个世界"男性健康日"进企业活动

新居民男女比例，男性接近60%。从年龄结构来看，辖区新居民以30岁以下年轻人为主，比例超过总数一半；30～40岁之间新居民人数排第二。新居民总体文化程度偏低，以初中教育程度为主，比例在70%左右。依据2008年与2009年的统计数据比较，新居民文化程度整体呈上升趋势。就业结构看，根据2009年年底的统计数据，近90%的新居民在第二产业务工；近7%的新居民从事第三产业，其中大部分经商；少数新居民从事农业生产。

2008—2010年全区新居民构成情况表

表3-26

分类	项目	2008年		2009年		2010年	
		人数(人)	比例(%)	人数(人)	比例(%)	人数(人)	比例(%)
性别	男	98323	58.02	94000	57.87	104159	58.09
	女	71133	41.98	68420	42.13	75147	41.91
	合计	169456	100	162420	100	179306	100
年龄	30岁以下	87916	51.88	86557	53.29	106491	59.39
	30至40岁	48653	28.71	41294	25.42	42789	23.86
	40岁以上	32887	19.41	34569	21.28	30026	16.74
	合计	169456	100	162420	100	179306	100
文化程度	大学本科以上	3012	1.78	3437	2.25	4148	2.52
	大专	5385	3.18	6068	3.98	7353	4.46
	中专或高中	21283	12.56	20133	13.23	23081	14.01
	初中	116148	68.54	105899	69.60	117054	71.07
	小学以下	23629	13.94	15682	10.30	12341	7.49
	合计	169456	100	152148	100	164709	100
从事职业	务工	161395	95.24	136112	89.46	129161	78.42
	务农	406	0.24	335	0.22	467	0.28
	经商	3966	2.34	7774	5.11	11945	7.25
	服务	1549	0.91	2836	1.86	12554	7.62
	其他	2140	1.26	5091	3.35	10582	6.42
	合计	169456	100	152148	100	164709	100

管理

2007年11月15日，区成立新居民事务局，协调各有关部门开展新居民服务管理。

2007年年底，余新镇、建设街道建立新居民事务所。2008年6月底，镇、街道全部成立新居民事务所。按照与新居民500:1的比例配备协管员，共配备新居民协管员430人，开展新居民登记管理。

2009年7月31日，成立全市首个新居民社团组织——嘉城绿都新居民和谐共建委员会。2009年12月，成立了南湖区新居民和谐促进会，各街道、镇组织一批批新居民开展治安巡逻、调解矛盾纠纷、互助服务，发挥新居民自我管理自我服务的作用，为新居民融入本地社会搭建平台。

服务

建立新居民党支部，区政府制定了相应政策，做好新居民子女接受义务教育工作，公办中小学校吸纳新居民子女比例达到66.7%。创办蓝天学校、南湖创业学校、仁和学校和百花育才学校4所新居民子女学校。同时，政府加大对学校设施设备的投入，改善校舍和教学设备。积极扶持新居民创业，为新居民创业提供融资服务和资金保障。新居民在南湖区可以享受到与户籍居民均等化的计划生育服务，育龄妇女享受“六免费一奖励”服务，即免费查孕查环、免费报销4项手术费、免费领取避孕药具、免费婚检、免费优生检测、免费生殖健康检查，对落实长效措施给予经济奖励。针对新居民务工人员，推出了低门槛、易接受、专门面向新居民的意外伤害综合保险。部分镇(街道)建有民工公寓，政府鼓励企业在厂区内建造外来职工公寓。劳动部门和各镇、街道面向新居民开展各类就业技能和专业知识培训，不断提升新居民综合素质。开展形式多样的文艺活动，吸纳新居民积极参与。

第四章 人口构成

第一节 年龄构成

部分年份年龄构成

1928年嘉兴县户口调查中，年龄分3组：20岁以下、21~40岁、40岁以上。

1928年嘉兴县户口调查性别年龄构成表

表3-27 单位：人

警察辖区	总人口	分性别人数	20岁以下	21~40岁	40岁以上
城区第一分所	43739	男25282	男10796	男9454	男5032
		女18457	女7629	女5825	女5003
城区第二分所	24598	男13279	男5769	男4586	男2924
		女11319	女4641	女3387	女3291
城区第三分所	33992	男20016	男7863	男7899	男4254
		女13976	女5610	女4641	女3725
王店分所	57811	男31539	男12733	男11904	男6902
		女26272	女9894	女8695	女7683
新塍分所	64192	男38142	男14197	男15899	男8046
		女26050	女9525	女8853	女7672
王江泾分所	45914	男24593	男10231	男8904	男5458
		女22321	女8802	女6813	女6706
塘汇分所	38057	男20316	男8787	男7723	男3806
		女17741	女7001	女5890	女4850
新篁分所	88382	男48161	男21214	男17143	男9804
		女40221	女16649	女12402	女11170

续表3-27

警察辖区	总人口	分性别人数	20岁以下	21～40岁	40岁以上
余贤分所	51616	男29864	男12712	男11549	男5603
		女21752	女8872	女6830	女6050
合　计	449301	男251192	男104302	男95061	男51829
		女198109	女78623	女63336	女56150

1982年后各次全国人口普查，对境内人口按5岁一个年龄段进行调查。

人口普查年份境内人口各年龄段所占比例情况表

表3-28　　单位：人

年龄段	1982年（市区）	占%	1990年（区）	占%	2000年（区）	占%	2010年（区）	占%
0～4岁	39510	5.90	17149	6.57	21993	4.40	22255	3.63
5～9岁	37993	5.67	14880	5.70	26508	5.30	20533	3.35
10～14岁	71487	10.67	12595	4.82	32921	6.58	24050	3.93
15～19岁	88362	13.19	19951	7.64	35899	7.18	45850	7.48
20～24岁	60335	9.00	26181	10.02	30869	6.17	67342	10.99
25～29岁	72904	10.89	30310	11.61	42691	8.53	49629	8.10
30～34岁	57444	8.57	26055	9.98	53775	10.75	41292	6.74
35～39岁	44012	6.57	25350	9.71	54545	10.90	51206	8.36
40～44岁	35382	5.28	19741	7.56	41427	8.28	59894	9.78
45～49岁	38946	5.81	14278	5.47	40943	8.18	56044	9.15
50～54岁	34333	5.12	13359	5.12	31400	6.28	41093	6.71
55～59岁	28948	4.32	13404	5.13	22265	4.45	40168	6.56
60～64岁	22132	3.30	9997	3.83	19341	3.87	29814	4.87
65～69岁	16172	2.41	7588	2.91	18731	3.74	20639	3.37
70～74岁	10817	1.61	5023	1.92	13080	2.61	16410	2.68
75～79岁	6825	1.02	3035	1.16	8123	1.62	14260	2.33
80～84岁	3245	0.48	1546	0.59	3888	0.78	7849	1.28
85～89岁	974	0.15	583	0.22	1504	0.00	3338	0.54
90～94岁	196	0.03	125	0.05	342	0.00	823	0.13
95～99岁	20	0.00	12	0.005	50	0.00	162	0.03
100岁及以上	2	0.00	—	—	3	0.00	12	0.00002
年龄不详	2	0.00	—	—	—	—	—	—
总计	670041	100	261162	100	500298	100	612663	100

年龄构成的演变

20世纪50—60年代，市区人口结构是年轻化的，1964年0～14岁人口占总人口的比重为39.64%，65岁以上人口占总人口的比重为3.25%。以后，境内0～14岁人口占总人口的比重一直下降：

1982年为22.24%市区，1990年为17.09%，2000年为16.27%，2010年为10.91%；65岁以上人口占总人口的比重一直上升：1982年为5.71%市区，1990年为6.86%，2000年为8.75%，2010年为10.36%。

人口普查年份年龄构成情况表

表3-29　　单位：人

	1964年（县）		1982年（市区）		1990年（区）		2000年（区）		2010年（区）	
0～14岁	211034	39.64	148990	22.24	44624	17.09	81422	16.27	66838	10.91
15～64岁	304034	57.11	482800	72.06	198626	76.05	373155	74.59	482332	78.73
65岁以上	17308	3.25	38251	5.71	17912	6.86	45721	9.14	63493	10.36
总人口	532376	占%	670041	占%	261162	占%	500298	占%	612663	占%

按照国际上通行的老龄化社会的标准，全区1990年60岁以上的人口27909人，占总人口的10.69%，已经进入老龄化社会。

人口普查年份抚养比情况表

表3-30　　单位%

抚养比	1964年	1982年	1990年	2000年	2010年
总抚养比	75.10	38.78	31.49	34.07	33.28
少儿抚养比	69.41	30.86	22.47	21.82	14.38
老年抚养比	5.69	7.92	9.02	12.25	18.90

1981年嘉兴县平均年龄和平均寿命情况表

表3-31　　单位：岁

地区别	平均年龄			平均寿命		
	计	男	女	计	男	女
全县	30.88	30.56	31.21	61.31	58.96	64.26
城镇	33.28	32.85	33.76	65.56	63.21	68.30
农村	30.24	29.95	30.55	60.20	57.89	63.16

长寿老人

根据人口普查资料，全区2010年与2000年比，80岁及以上高龄老人的总量从5787人增加到12184人，增加了1.1倍；90岁及以上长寿老人的总量从395人增加到997人，增加了1.5倍；百岁老人从3人增加到14人，年龄最大的是老人包贵娜，107岁，育有四儿二女，与儿子们比邻而居。童阿二，104岁，由家人照顾。

百岁老人14位：

包贵娜，女，1903年10月生，107岁。
童阿二，女，1906年10月生，104岁。
张亚飞，女，1906年11月生，104岁。
吕月英，女，1907年9月生，103岁。
韩昌宗，男，1908年6月生，102岁。
冯　熙，男，1909年1月生，101岁。
胡秀田，女，1909年5月生，101岁。
戴文彦，男，1906年6月生，101岁。
许仁观，男，1909年12月生，101岁。
干文英，女，1910年3月生，100岁。

胡阿妹，女，1910年7月生，100岁。

孙振英，女，1910年11月生，100岁。

赵阿花，女，1910年11月生，100岁。

蒋振华，女，1910年11月生，100岁。

预期寿命

解放以来，境内人口平均预期寿命有较大提高。1990年，境内人口预期寿命为72.03岁。2000年，预期寿命为75.4岁。2010年，预期寿命为79.6岁，比1990年提高7.57岁。

第二节　性别构成

1949年前人口性别比

解放前，家庭观念重男轻女倾向严重。1928年《嘉兴新志》记有嘉兴县人口统计表：

表中性别比例失调的社会现象是由于当时社会经济结构普遍是一家一户的小农经济，农业生产主要靠男性劳动力，加上“男尊女卑”封建宗法观念的导引而造成的。

1928年嘉兴县人口统计表

表3-32

地　区	男性	女性	性别比（女性=100）
城　区	58577	43752	133.88
王　店	31539	26272	120.05
新　塍	38142	26050	146.42
王江泾	24593	22312	110.22
塘　汇	20316	17741	114.51
新　篁	48161	40221	119.74
余　贤	29864	21752	137.29
合　计	251192	198109	126.79

1949年后人口性别比

解放后提倡男女平等，性别比不正常现象得以逐渐纠正。

人口普查年份性别比表

表3-33

时间	地区别	总人口	男性	女性	性别比（女性=100）
1953年（一普）	市区	424478	222222	202256	109.87
1964年（二普）	市区	532325	275723	256602	107.45
1982年（三普）	市区	670041	342134	327907	104.34
1990年（四普）	秀城区	261162	134903	126259	106.85
2000年（五普）	秀城区	500298	253080	247218	102.37
2010年（六普）	南湖区	612663	309970	302693	102.40

不同年龄段性别

境内不同年龄段的性别比如下：

1982年市区人口年龄和性别表

表3-34

年龄别	1982年(三普)			
	人数	男	女	性别比(女性=100)
0～4岁	39510	20250	19260	105.14
5～9岁	37993	19391	18602	104.24
10～14岁	71487	36307	35180	103.20
15～19岁	88362	44972	43390	103.65
20～24岁	60335	30769	29566	104.07
25～29岁	72904	37571	35333	106.33
30～34岁	57444	29307	28137	104.16
35～39岁	44012	23154	20858	111.01
40～44岁	35382	18873	16509	114.32
45～49岁	38946	20649	18297	112.85
50～54岁	34333	18589	15744	118.07
55～59岁	28948	15483	13465	114.99
60～64岁	22132	11157	10975	101.66
65～69岁	16172	7598	8574	88.62
70～74岁	10817	4528	6289	72.00
75～79岁	6825	2374	4451	53.34
80～84岁	3245	943	2302	40.96
85～89岁	974	189	785	24.08
90～94岁	196	29	167	17.37
95～99岁	20	—	20	—
100岁及以上	2	—	2	—
年龄不详	2	1	1	100.00
总计	670041	342134	327907	104.34

1990年全区人口年龄和性别表

表3-35

年龄别	1990年(四普)			
	人数	男	女	性别比(女性=100)
0～4岁	17149	8690	8459	102.73
5～9岁	14880	7630	7250	105.24
10～14岁	12595	6396	6199	103.18
15～19岁	19951	10289	9662	106.49
20～24岁	26181	13832	12349	112.01
25～29岁	30310	15900	14410	110.34
30～34岁	26055	13540	12515	108.19

续表3-35

年龄别	1990年(四普)			
	人数	男	女	性别比(女性=100)
35～39岁	25350	13082	12268	106.64
40～44岁	19741	10488	9253	113.35
45～49岁	14278	7617	6661	114.35
50～54岁	13359	6870	6489	105.87
55～59岁	13404	7163	6241	114.77
60～64岁	9997	5394	4603	117.18
65～69岁	7588	3819	3769	101.33
70～74岁	5023	2282	2741	83.25
75～79岁	3035	1210	1825	66.30
80～84岁	1546	511	1035	49.37
85～89岁	583	166	417	39.81
90～94岁	125	24	101	23.76
95～99岁	12	—	12	—
100岁及以上	—	—	—	—
总计	261162	134903	126259	106.85

2000年全区人口年龄和性别表

表3-36

年龄别	2000年(五普)			
	人数	男	女	性别比(女性=100)
0～4岁	21993	11450	10543	108.60
5～9岁	26508	13482	13026	103.50
10～14岁	32921	16686	16235	102.78
15～19岁	35899	17039	18860	90.34
20～24岁	30869	15250	15619	97.64
25～29岁	42691	21171	21520	98.38
30～34岁	53775	27434	26341	104.15
35～39岁	54545	28694	25851	111.00
40～44岁	41427	21847	19580	111.58
45～49岁	40943	21102	19841	106.36
50～54岁	31400	16130	15270	105.63
55～59岁	22265	11535	10730	107.50
60～64岁	19341	9728	9613	101.20
65～69岁	18731	9537	9194	103.73
70～74岁	13080	6524	6556	99.51
75～79岁	8123	3460	4663	74.20

续表3-36

年龄别	2000年（五普）			
	人数	男	女	性别比（女性=100）
80～84岁	3888	1443	2445	59.02
85～89岁	1504	480	1024	46.88
90～94岁	342	77	265	29.06
95～99岁	50	11	39	28.21
100岁及以上	3	—	3	—
总计	500298	253080	247218	102.37

2010年全区人口年龄和性别表

表3-37

年龄别	2010年（六普）			
	人数	男	女	性别比（女性=100）
0岁	4630	2385	2245	106.24
1～4岁	17625	9134	8491	107.57
5～9岁	20533	10734	9799	109.54
10～14岁	24050	12582	11468	109.71
15～19岁	45850	23289	22561	103.23
20～24岁	67342	33222	34120	97.37
25～29岁	49629	24971	24658	101.27
30～34岁	41292	21027	20265	103.76
35～39岁	51206	25880	25326	102.19
40～44岁	59894	30518	29376	103.89
45～49岁	56044	29325	26719	109.75
50～54岁	41093	21277	19816	107.37
55～59岁	40168	20350	19818	102.68
60～64岁	29814	14980	14834	100.98
65～69岁	20639	10430	10209	102.16
70～74岁	16410	7972	8438	94.48
75～79岁	14260	6775	7485	90.51
80～84岁	7849	3579	4270	83.82
85～89岁	3338	1246	2092	59.56
90～94岁	823	247	576	42.88
95～99岁	162	43	119	36.13
100岁及以上	12	4	8	50.00
总计	612663	309970	302693	102.40

城乡性别比

南湖区2010年普查登记的常住人口中，男性为31.00万人，占总人口的50.60%；女性为30.27万人，占总人口的49.40%，性别比为102.40。2000年第五次人口普查中，域区性别比为102.37。两者相比较，无明显变化，性别比保持稳定。

人口普查年份境内城乡性别比（女性=100）表

表3-38

时间	城镇				农村			
	合计	男性	女性	性别比	合计	男性	女性	性别比
1982年（市区）	140361	73170	67191	108.9	529680	288954	260726	103.16
1990年（区）	177285	92562	84723	109.3	83877	42341	41536	101.94
2000年（区）	228891	105109	123782	84.91	271407	147971	123436	119.88
2010年（区）	471554	238032	233522	101.93	141109	71938	69171	104.00

第三节　文化构成

不同时期人口文化程度构成

解放前，广大劳动人民无力求学。据1947年《嘉兴县农村调查》资料，全县总人口416813人中，6岁以上不识字的人数有298294人，占总人口的71.57%。

1949年后，政府重视发展教育，人民群众文化素质不断提高。文盲、半文盲人数逐年减少，20世纪80—90年代以后，大专、大学本科以上学历人数逐年增加。

人口普查年份辖区6岁及6岁以上人口文化构成情况表

表3-39

受教育程度	1982年（市区）			1990年（区）		
	人数	男	女	人数	男	女
未上过学 扫盲班	39853	11858	27995	36402	10570	25832
小学	68035	38576	29459	73380	39947	33433
初中	55259	32541	22718	78807	44170	34637
高中	23231	12298	10933	29231	15508	13723
中专	—	—	—	11196	6036	5160
大专	—	—	—	8435	5654	2781
大学肄业或在校	557	442	115	—	—	—
大学毕业	2392	1764	628	—	—	—
本科	—	—	—	4236	3189	1047
研究生	—	—	—	—	—	—
总计	189327	97479	91848	241687	125074	116613

续表3-39

受教育程度	2000年(区)			2010年(区)		
	人数	男	女	人数	男	女
未上过学	41068	10570	25832	36057	9378	26679
扫盲班	8679			—	—	—
小学	153019	39947	33433	136701	65878	70823
初中	162920	44170	34637	210808	112596	98212
高中	49049	15508	13723	103790	55941	47849
中专	26653	6036	5160	—	—	—
大专	21974	5654	2781	48598	24968	23630
大学肄业或在校	—	—	—	—	—	—
大学毕业	—	—	—	—	—	—
本科	9190	3189	1047	47643	25903	21740
研究生	281	—	—	2662	1652	1010
总计	472833	125074	116613	586259	296316	289943

1964—2010年人口文化程度构成分析表

表3-40

年份		大专以上		高中		初中		小学		文盲、半文盲	
	总人数	人数	占总人口%	人数	占总人口%	人数	占总人口%	人数	占总人口%	人数	占总人口%
1964年	392889	1697	0.43	7920	2.02	24647	6.27	145162	36.95	213463	54.33
1982年	623780	3459	0.55	42790	6.86	135235	21.68	261955	41.99	180341	28.91
1990年	241687	12671	5.24	40427	16.73	78807	32.61	73380	30.36	36402	15.06
2000年	472833	31445	6.65	75702	16.01	162920	34.46	153019	32.36	49747	10.52
2010年	583870	98903	16.93	103790	17.78	210808	36.11	136701	23.41	33668	5.77

注：高中包括中专

1982—2010年人口文化程度城乡构成分析表

表3-41　　单位：人

时间	分类	大专以上		高中		初中		小学		文盲、半文盲	
		人数	占%	人数	占%	人数	占%	人数	占%	人数	占%
1982年	城镇	3124	90.32	22576	52.76	47097	34.83	41383	15.8	17997	9.98
	农村	335	9.68	20214	47.24	88138	65.17	220572	84.2	162344	90.02
	总计	3459	100	42790	100	135235	100	261955	100	180341	100
1990年	城镇	12591	99.37	37136	91.86	59102	75	39249	53.49	16649	45.74
	农村	80	0.63	3291	8.14	19705	25	34131	46.51	19753	54.26
	总计	12671	100	40427	100	78807	100	73380	100	36402	100

续表3-41

时间	分类	大专以上		高中		初中		小学		文盲、半文盲	
		人数	占%	人数	占%	人数	占%	人数	占%	人数	占%
2000年	城镇	30404	96.69	64516	85.22	100502	61.69	71435	46.68	19888	39.98
	农村	1041	33.11	11186	14.78	62418	38.31	81584	53.32	29859	60.02
	总计	31445	129.8	75702	100	162920	100	153019	100	49747	100
2010年	城镇	95015	96.07	91631	88.29	155334	73.69	87347	63.9	19992	59.38
	农村	3888	3.93	12159	11.71	55474	26.31	49354	36.1	13676	40.62
	总计	98903	100	103790	100	210808	100	136701	100	33668	100

城乡文化构成比较

由于城乡占有教育资源的不平衡，造成城乡教育发展的不平衡。

1982年大专以上人口所占比值城镇是农村的9.33倍，文盲、半文盲人口所占比值农村是城镇的9.02倍。2000年大专以上人口所占比值城镇是农村的近3倍，文盲、半文盲人口所占比值农村是城镇的1.5倍。2010年大专以上人口所占比值城镇是农村的24倍，文盲、半文盲人口所占比值相差不大。21世纪来，南湖区、嘉兴市、浙江省都出台了学校校长、教师流动制度。随着经济的发展，制度的完善，教育资源不平衡的问题，有望改变。

性别文化构成比较

从性别构成分析，1982年大专以上人口所占比值城镇男性是女性的3倍，农村男性是女性5.8倍。2000年大专以上人口所占比值城镇男性是女性的2.3倍，农村男性是女性2.28倍。2010年大专以上人口所占比值比较接近。文盲、半文盲人口所占比值女性一直比男性高。

人口普查年份人口文化程度性别构成分析表

表3-42　　单位：人

时间	分类	大专以上		高　中		初　中		小　学		文盲、半文盲	
		人数	占%	人数	占%	人数	占%	人数	占%	人数	占%
1982年（市区）	城镇	3124	—	22576	—	47097	—	41383	—	17997	9.98
	城镇男	2347	67.85	11574	27.05	27124	20.06	22883	8.74	—	—
	城镇女	777	22.46	11002	25.71	19973	14.77	18500	7.06	—	—
	农村	335	—	20214	—	88138	—	220572	—	162344	90.02
	农村男	286	8.27	13572	31.72	55253	40.86	128097	48.90	—	—
	农村女	49	1.42	6642	15.52	32885	24.32	92475	35.30	—	—
	总计	3459	100	42790	100	135235	100	261955	100	180341	100
1990年	城镇	12591	—	37136	—	59102	—	39249	—	16649	—
	城镇男	8783	69.32	19301	47.74	32414	41.13	20685	28.19	5049	13.87
	城镇女	3808	30.05	17835	44.12	26688	33.87	18564	25.30	11600	31.87
	农村	80	—	3291	—	19705	—	34131	—	19753	—
	农村男	60	0.47	2243	5.55	11756	14.92	19262	26.25	5521	15.17
	农村女	20	0.16	1048	2.59	7949	10.09	14869	20.26	14232	39.10
	总计	12671	100	40427	100	78807	100	73380	100	36402	100

续表3-42

时间	分类	大专以上		高　中		初　中		小　学		文盲、半文盲	
		人数	占%	人数	占%	人数	占%	人数	占%	人数	占%
2000年	城镇	30404	—	64516	—	100502	—	71435	—	19888	—
	城镇男	19139	60.87	31910	42.15	53692	32.96	35563	23.24	5170	10.39
	城镇女	11265	35.82	32606	43.07	46810	28.73	35872	23.44	14718	29.59
	农村	1041	—	11186	—	62418	—	81584	—	29859	—
	农村男	723	2.30	7293	9.63	35020	21.50	42439	27.73	7943	15.97
	农村女	318	1.01	3893	5.14	27398	16.82	39145	25.58	21916	44.05
	总计	31445	100	75702	100	162920	100	153019	100	49747	100
2010年	城镇	95015	—	91631	—	155334	—	87347	—	19992	—
	城镇男	50292	50.84	48266	46.5	81664	38.74	41549	30.39	4856	14.42
	城镇女	44723	45.22	43365	41.78	73670	34.95	45798	33.5	15136	44.96
	农村	3888	—	12159	—	55474	—	49354	—	13676	—
	农村男	2231	2.26	7675	7.39	30932	14.67	24329	17.8	3489	10.36
	农村女	1657	1.68	4484	4.32	24542	11.64	25025	18.31	10187	30.26
	总计	98903	100	103790	100	210808	100	136701	100	33668	100

第四节　民族构成

民族分布

境内历来是汉族集聚区，少有其他民族。

北宋以来，先后有少数民族迁移定居生活，以回族人数最多，迁入最早。解放后辖区人口普查资料，1964年，汉族531439人，占总人口的99.83%；少数民族7个，886人，占总人口的0.17%。1982年，汉族668980人，占总人口的99.84%；少数民族11个，1061人，占总人口的0.16%。1990年，汉族259680人，占总人口的99.43%；少数民族17个，1482人，占总人口的0.57%。2000年，汉族497864人，占总人口的99.51%；少数民族32个，2434人，占总人口的0.49%。2010年汉族607423人，占总人口的99.14%；少数民族40个，5240人，占总人口的0.86%。其中300人以上的少数民族有回族、苗族、壮族、满族、彝族、土家族5个。

改革开放以来，境内少数民族人口呈现增加趋势，主要原因是人口政策的放开，人口流动的频繁。辖区作为中国东南沿海经济活跃地区之一，个体、私营、特色经济发达，吸引四川、贵州等中西部地区少数民族人口前来谋生和定居。境内少数民族大部分居住在城内各街道，小部分居住农村各乡镇。

2000年，全区有少数民族41个，2902人，居住在城内2434人，占少数民族总数的83.87%。2010年域区有少数民族5240人，居住在城内3831人，占少数民族总数的73.11%。

人口普查年份境内民族构成情况表（一）

表3-43　　　　单位：人

年份	合计	汉族	蒙古族	回族	苗族	壮族	朝鲜族	满族	白族
1964年（县）	532325	53144	9	832	4	7	1	25	—
1982年（市区）	670041	668989	3	998	5	9	4	29	4
1990年	261162	259741	12	1272	1	17	11	95	13

续表3-43

年份	合计	汉族	蒙古族	回族	苗族	壮族	朝鲜族	满族	白族
2000年	500298	498377	31	1468	147	61	42	148	24
2010年	612663	609213	165	1663	641	323	278	341	39

人口普查年份境内民族构成情况表(二)

表3-44

年份	畲族	高山族	京族	彝族	布依族	侗族	瑶族	土家族	哈尼族
1964年(县)	7	—	—	—	—	—	—	—	—
1982年(市区)	5	1	2	—	—	—	—	—	—
1990年	20	3	1	15	2	6	2	7	3
2000年	53	7	1	75	39	42	10	191	6
2010年	148	3	2	310	187	180	55	523	29

人口普查年份境内民族构成情况表(三)

表3-45

年份	纳西族	藏族	维吾尔族	哈萨克族	黎族	傈僳族	佤族	水族	东乡族
1964年(县)	—	—	—	—	—	—	—	—	—
1982年(市区)	—	—	—	—	—	—	—	—	—
1990年	2	—	—	—	—	—	—	—	—
2000年	3	6	5	2	6	1	1	5	2
2010年	7	23	30	9	29	3	4	23	7

人口普查年份境内民族构成情况表(四)

表3-46

年份	土族	达斡尔族	羌族	仡佬族	锡伯族	俄罗斯族	傣族	拉祜族
1964年(县)	—	—	—	—	—	—	—	—
1982年(市区)	—	—	—	—	—	—	—	—
1990年	—	—	—	—	—	—	—	—
2000年	15	2	2	4	5	1	—	—
2010年	50	15	17	34	5	3	15	22

人口普查年份境内民族构成情况表(五)

表3-47

年份	景颇族	柯尔克孜族	撒拉族	毛南族	仫佬族	鄂温克族	其他	共有民族数(个)	外国人加入中国籍
1964年(县)	—	—	—	—	—	—	—	8	1
1982年(市区)	—	—	—	—	—	—	1	12	—
1990年	—	—	—	—	—	—	—	18	—
2000年	—	—	—	—	—	—	27	33	2
2010年	1	1	17	3	4	1	30	41	—

回族

境内少数民族中，以回族人数最多，历史最久。1990年境内回族人口1272人，占全区少数民族总人口的85.83%。2010年回族1663人，占少数民族总人口的31.74%。

境内回族的历史可以上溯到宋代。北宋时期，为适应对外贸易的需要，全国先后设立了6个管理商舶，征收关税的市舶司，秀州就是其中之一。其时，经海路来中国通商的有很多是来自中亚、西亚的穆斯林，历史上把这些穆斯林商人称为“蕃客”。境内优越的自然地理环境和发达的经济，吸引海内外穆斯林长期居留嘉兴，这是最早到嘉兴的回族先民。南宋时期，临近都城临安的嘉兴，交通发达，经济繁荣，角里街一带成为蕃货土产的集散地和回民的居住地，角里街因此俗称“回回街”。元初嘉兴为军事重地，大批“西域亲军”随蒙古军南下，以后，部分亲军屯田从耕，定居下来。明代和清前期回族群体稳定发展，产生了徐、郭、金、沙、杨等大姓。明万历三十年(1602)修建了嘉兴清真寺，成为嘉兴穆斯林的活动中心。太平天国时期，角里街被烧毁，回民四散。20世纪初，河南、山东逃荒的回民，定居于嘉兴东门清真寺周边，其中半数是河南柘城韩姓回民的后裔，其他还有马、李、王、郭、刘诸姓，大多以经营清真饮食、皮毛、屠宰牛羊为业。

1949年后，境内的回民在政治上、经济上、文化上翻了身。历届市、区人大、政协都有回民当选代表、推荐为委员，参与国家大事。大多数回民和子女安置到工矿企业，一部分人继承回族饮食点心，牛羊肉经销等传统行业，建国路春华园饮食店的牛肉汤、生煎牛肉包子和回族菜肴深受市民喜爱。进入21世纪，回族的牛肉拉面风行，月河街恢复了四时春回族菜馆，回民生活水平显著提高。

境内回民中，有明朝进士、嘉兴府同知马化龙，明朝进士、嘉兴知府詹应鹏，清末篆刻书画家郭承勋，清末著名回族书法家和国画家金尔珍等历史文化名人。抗日战争胜利后，为提高回族文化水平，在东门因陋就简创办了建生小学，后改名为清真小学，还创办了几年清真女学。解放初，政府在原清真小学的基础上，拨款建造了嘉兴回民子弟小学校，所有适龄回族儿童都进了校门，普及了小学教育，1995年又普及了初中教育。继1963年嘉兴回族中出现第一个大学生后，历年均有回民子弟考取高等学校深造，他们毕业后或回到嘉兴服务桑梓，或分配到全国各地，成为各条战线上的骨干。

回民喜爱练拳习武，主要拳种为查拳，嘉兴习称回回拳。20世纪初，河南等地回民迁入，将尚武之风带至境内。1980年成立了嘉兴回民武术队，拥有全国知名的武坛好手数名。1981年，李青山在全国武术观摩大会上舞大刀获金牌奖。1982年9月，嘉兴回民武术队代表浙江省参加了在呼和浩特举行的第二届全国少数民族运动会，表演的斗牛、大刀等节目颇受好评。1991年11月，嘉兴回民武术队又作为浙江省主力参加了在南宁举行的第四届全国少数民族运动会。武术队经常深入部队驻地、工厂、农村作慰问表演，为增强民族团结做出了贡献。掼牛是回族群众喜爱的一项传统体育活动，是斗牛士赤手空拳同牛斗，把牛掼倒在地上，不伤牛身，被誉为“东方文明斗牛”。2008年，入选嘉兴市第二批非物质文化遗产。2009年，入选浙江省第三批非物质文化遗产名录。

回民笃信伊斯兰教，在出生、取经名(宗教名字)、结婚、饮食、节庆、丧葬等方面保留了传统的穆斯林习俗，特别在饮食上，回民十分严谨，禁食猪肉、血等，宰牲须阿訇持刀。日常生活中，上了年纪的人出门，男性戴“白帽”，女性戴“盖头”，见面互道“色兰”(祝安词)。过年过节和汉族有较大的差异，回族不过汉族的“年”和“节”，喜庆不放鞭炮、不贴楹联。开斋节、古尔邦节(又称“宰牲节”)是回民的重要节日。回民死亡称“归真”“无常”。提倡速葬，一般不超过3天即行安葬。丧葬在固定坟地实行土葬，组织有义务的掘穴班子，不用棺木，用石板(水泥板)砌壁封穴。入葬时由教长诵《古兰经》，家属默祷，仪式隆重。开斋节这一天集体组织上坟祭扫，称“走公坟”。随着社会发展，回族的习俗也在慢慢发生变化，在春节、中秋、端午等传统节日时，也接受了除夕、包粽子、互赠月饼等习俗。

1980年，成立嘉兴回族事务管理委员会。管理清真寺、处理伊斯兰教活动及回族中的有关事宜。

其他少数民族

20世纪90年代末，境内少数民族增速加快，缘于地区的经济优势和区位优势，外地人乐意在此工作、学习、经商、婚嫁定居，又因为迁入的少数民族多数处于婚育年龄，自然出生的人口较多，因此人口增长较快。到2010年，41个少数民族中，300人以上的少数民族有回族、苗族、壮族、满族、彝族、土家族5个，200人以上的有朝鲜族等。

苗族　主要来自贵州、湖南、云南三省，大多居住在新丰镇、大桥镇和南湖街道，主要职业以歌舞表演和相关的文化工作为主。苗族有该民族的文字，有崇拜自然、能歌善舞、敬老爱幼的好习俗。

壮族　主要来自广西壮族自治区、云南省、贵州省，大多居住在新丰镇、大桥镇、凤桥镇，主要职业是务工，以所在镇的企业中工作为主。壮族信仰原始宗教，将尊老敬客作为传统美德。客人到家，必力所能及的给客人以最好的食宿，对客人中的长者和新客尤其热情。用餐时须等最年长的老人入席后才能开饭。

满族　主要来自辽宁、吉林、黑龙江东北三省，大多居住在大桥镇和东栅、新嘉两个街道，满族到嘉兴以后融入当地社会较好，职业以上班族为主，也有教师、经商以及企业主。满族非常重礼节，平时见面都要行请安礼；如果遇到长辈，要请安后才能说话，以示尊敬。

彝族　主要来自贵州、四川、云南三省，大多居住在大桥镇、七星镇和新嘉街道，主要职业以文化务工为主，从事编织行业居多。彝族人能歌善舞，吃牛肉、猪肉、羊肉、鸡肉等，禁食狗肉。除“火把节”外，大多节日与汉族相同，年初一至初三不做农活，除夕晚上要“吃黑饭”，吃饭越晚，准备的食物越多，预示来年生活越幸福。

土家族　主要来自湖北、湖南省和重庆市，大多居住在大桥镇、新丰镇和建设街道，主要职业为务工和经商，从事个体经营户居多。土家族注重礼仪，迷信鬼神，崇拜祖先。见面要互相问侯，家有来客，必盛情款待。无论婚丧嫁娶、修房造屋等红白喜事都要置办酒席。

朝鲜族　主要来自吉林、辽宁两省，大多居住在大桥镇、东栅和建设两个街道，主要职业以歌舞表演等自由职业的较多，也有当教师的。朝鲜族以为米饭为主，多为大米饭、二米饭，每餐必备汤，尤喜喝大酱。

在境内生活、工作的少数民族居民在文化程度上与当地汉族人口相比略显逊色，在风俗习惯和饮食禁忌方面大多数还保留着本民族的特色和习俗，随着时间的推移，慢慢地融入当地汉族居民的习俗和文明新风。

第五节　行业构成

解放以后，随着社会的进步，随着改革开放以后经济的高速发展，辖区人口的行业结构和职业结构发生着明显的变化。

1990年全区分行业人口数表

表3-48　　单位：人

名　称	人数	名　称	人数
在业人口合计	170691	7.房地产管理、公用事业、居民服务和咨询服务业	3932
1.农、林、牧、渔、水利	41144	8.卫生、体育和社会福利业	2963
2.工业	78117	9.教育、文化艺术和广播电视事业	5238
3.地质普查和勘探业	36	10.科学研究和综合技术服务事业	1545
4.建筑业	5413	11.金融、保险业	1367
5.交通运输、邮电通信业	8451	12.国家机关、党政机关和社会团体	6842
6.商业、公共饮食业、物资供销和仓储业	15634	13.其他行业	9

2000年全区分行业人口数表

表3-49　　单位:人

名　　称	人数	名　　称	人数
在业人口合计	29158	9.金融、保险业	384
1.农、林、牧、渔	7950	10.房地产业	140
2.采掘业	—	11.社会服务业	1323
3.制造业	10079	12.卫生、体育和社会福利业	433
4.电力煤气及水的生产和供应业	270	13.教育、文化艺术及广播电影电视事业	769
5.建筑业	1616	14.科学研究和综合技术服务业	152
6.地质普查业、水利管理业	24	15.国家机关、党政机关和社会团体	152
7.交通运输、仓储及邮电通讯业	1098	16.其他行业	76
8.批发和零售贸易、餐饮业	4059	—	—

注:表中数据为抽样数据,抽样比例为9.804%

2010年全区分行业人口数表

表3-50　　单位:人

名　　称	人数	名　　称	人数
在业人口合计	36071	11.房地产业	772
1.农、林、牧、渔	3796	12.租赁和商务服务业	834
2.采矿业	—	13.科学研究、技术服务和地质勘查业	389
3.制造业	13150	14.水利、环境和公共设施管理业	252
4.电力、燃气及水的生产和供应业	424	15.居民服务和其他服务业	843
5.建筑业	2720	16.教育	992
6.交通运输、仓储及邮政业	1412	17.卫生、社会保障和社会福利业	659
7.电信传输、计算机服务和软件业	386	18.文化、体育和娱乐业	436
8.批发和零售业	5639	19.公共管理和社会组织	1165
9.住宿和餐饮业	1570	20.国际组织	—
10.金融业	632	—	—

注:表中数据为抽样数据,抽样比例为9.996%

第六节　职业构成

秀城区1982年在职人口456895人,待业人口2326人,待业率0.51%;1990年在职人口170691人,未工作人口45847人;2000年在职人口29158人,未工作人口11843人,失业人口1338人,失业率为4.39%(抽样数据)。2010年期末从业人员总数229858人,失业人员总数17373人,失业率为3.55%。

1990年全区分职业人口数表

表3-51　　单位:人

名　　称	人数	名　　称	人数
在业人口合计	170691	5.服务性工作人员	11916
1.各类专业技术人员	21283	6.农、林、牧、渔劳动者	39600
2.国家机关党群组织、企事业单位负责人	5673	7.生产工人、运输工人和有关人员	73911
3.办事人员和有关人员	7002	8.不便分类的其他劳动者	140
4.商业工作人员	11166	—	—

2000年全区分职业人口数表

表3-52　　单位:人

名　　称	人数	名　　称	人数
在业人口合计	29158	4.商业、服务人员	4938
1.国家机关、党群组织、企业、事业单位负责人	788	5.农林牧渔水利生产人员	7920
2.专业技术人员	2375	6.生产、运输设备操作人员及有关人员	11155
3.办事人员和有关人员	1982	7.不便分类的其他从业人员	—

注:表中数据为抽样数据,抽样比例为9.804%

2010年全区分职业人口数表

表3-53　　单位:人

名　　称	人数	名　　称	人数
在业人口合计	36071	4.商业、服务人员	8094
1.国家机关、党群组织、企业、事业单位负责人	2011	5.农林牧渔水利生产人员	3819
2.专业技术人员	4707	6.生产、运输设备操作人员及有关人员	14009
3.办事人员和有关人员	3428	7.不便分类的其他从业人员	3

注:表中数据为抽样数据,抽样比例为9.996%

1990年全区未工作人口数表

表3-54　　单位:人

名　　称	人数	名　　称	人数
未工作人口合计	45847	市镇待业	3765
在校学生	8754	离休退休退职	19687
料理家务	9723	丧失工作能力	2164
待升学	998	其他	756

2000年全区未工作人口数表

表3-55

单位:人

名 称	人数	名 称	人数
未工作人口合计	11843	丧失工作能力	901
在校学生	2625	从未工作正在找工作	329
料理家务	2162	失去工作正在找工作	1009
离退休	4290	其他	527

注:表中数据为抽样数据,抽样比例为9.804%

2010年全区未工作人口数表

表3-56

单位:人

名 称	人数	名 称	人数
未工作人口合计	17373	因本人原因失去工作	501
在校学生	5162	承包土地被征用	53
丧失工作能力	1116	离退休	7305
毕业后未工作	92	料理家务	2634
因单位原因失去工作	72	其他	438

注:表中数据为抽样数据,抽样比例为9.996%

2002—2010年城镇失业人员情况表

表3-57

单位:人、%

年份	户籍人口	失业人员总数	登记失业率%
2002	455613	15234	4.0
2003	456696	18826	4.2
2004	459386	15950	4.0
2005	459620	16117	3.8
2006	465592	15063	3.8
2007	467771	12805	3.5
2008	469873	14460	3.6
2009	471625	14233	3.6
2010	473567	17373	3.55

第七节 姓氏构成

1990年嘉兴市本级人口姓氏

境内的姓氏,无历史资料可考,人口普查也无此项统计。1990年,据对市区总人口733144人(按统计时的实有人口整理)的姓氏调查,共有单姓504个,复姓7个,平均每姓有1432人。其中城区总人口250347人,有单姓465个,复姓7个,平均每姓有530人。郊区总人口482797人,有单姓430个,复姓3个,平均每姓有1115人。

10000人以上的大姓有17个:

王 46927、张 46350、沈 43422、陈 40165、徐 28417、朱 26944、吴 25921、李 22465、周 20844、陆 16006、杨 15936、金 14731、顾 12383、钱 12149、姚 11974、俞 10890、高 10308。

5000人以上不足10000人的姓氏13个：

许 9475、孙 8899、胡 8574、黄 7873、赵 7671、曹 6785、蒋 6764、刘 6688、马 6545、潘 6424、冯 6124、倪 5765、唐 5041。

2000人以上不足5000人的姓氏42个：

董 4819、戴 4793、陶 4673、章 4666、施 4449、丁 4419、郑 4349、盛 4091、谢 4084、莫 4072、何 4069、夏 4039、叶 3770、范 3727、姜 3617、屠 3417、严 3398、钟 3392、蔡 3379、宋 3340、于 3319、方 3308、林 2982、汤 2975、韩 2726、汪 2672、郭 2583、邵 2564、吕 2480、萧 2445、凌 2409、袁 2401、计 2300、史 2275、毛 2240、邹 2207、傅 2201、卜 2196、费 2151、邱 2091、万 2073、罗 2004。

1000人以上不足2000人的姓氏33个：

鲁 1915、薛 1891、孟 1823、梅 1778、杜 1762、郁 1754、龚 1713、任 1675、阮 1668、魏 1617、江 1591、钮 1585、仲 1579、庄 1564、缪 1451、卢 1445、鲍 1443、佘 1400、洪 1347、包 1337、程 1263、单 1234、葛 1217、裘 1184、项 1183、戚 1176、石 1172、邬 1147、梁 1095、诸 1051、祝 1029、孔 1012、怀 1009。

500人以上不足1000人的姓氏27个：

彭 987、山 982、褚 951、应 936、虞 935、岳 896、童 881、柴 877、苏 842、翁 830、苗 771、庞 769、樊 764、颜 759、崔 726、季 708、柏 703、管 683、汝 682、秦 664、寿 658、骆 559、干 558、谭 554、殷 548、楼 543、平 520。

100人以上不足500人的姓氏102个：

尤 480、成 473、田 473、闻 470、伍 466、詹 464、富 463、祁 461、边 454、娄 453、商 441、池 422、乐 418、殳 409、滕 409、贾 396、闵 394、封 392、邓 392、熊 390、於 387、淡 383、言 382、房 379、华 378、尹 373、曾 373、宗 362、翟 356、鉏 344、潘 318、储 316、仇 316、居 313、杭 312、贝 310、贺 302、柳 302、康 300、乔 299、傅 291、厉 285、劳 285、浦 280、舒 258、屈 257、查 255、卞 251、符 242、来 242、时 238、茹 237、荀 229、芦 228、阎 217、祖 215、车 210、郦 210、纪 206、郜 200、宣 200、奕 198、茅 195、左 192、关 186、邢 185、忻 178、廖 178、戎 176、裴 175、柯 171、黎 161、郝 157、胥 157、竺 155、桂 155、归 153、吉 153、韦 138、段 136、焦 128、奚 127、欧 122、毕 119、占 118、全 117、喻 112、武 112、侯 109、候 106、景 106、宓 105、甄 105、白 105、路 105、糜 104、常 103、郎 103、支 102、易 102、桑 101、沙 101。

10人以上不足100人的姓氏139个：

卫 99、雷 97、文 96、花 89、水 88、聂 88、芮 86、扬 85、牟 85、印 84、巢 83、瞿 83、龙 80、尉 80、谷 78、戈 77、席 76、甘 76、耿 73、强 70、涂 68、游 67、冷 64、相 62、茆 61、赖 61、齐 60、贡 59、温 56、辅 55、岑 55、盖 53、解 52、兰 51、斯 49、藏 49、过 49、羊 46、皮 46、申 44、卓 44、向 44、尚 44、漏 43、步 42、潜 42、宁 42、树 42、阙 41、还 41、蒯 40、禹 40、密 40、牛 40、丰 39、堵 38、都 38、臧 38、连 37、窦 36、束 36、蓝 35、沃 34、刁 33、侍 33、裔 32、曲 32、惠 32、伏 31、濮 30、秋 30、嵇 30、鞠 30、穆 30、佴 29、明 28、励 28、匡 28、帖 28、迟 27、末 27、巴 26、安 25、丛 25、闾 25、闫 24、雍 24、饶 24、钦 24、满 23、蒲 23、练 22、双 22、司 21、辛 21、昌 21、狄 21、巫 20、佘 19、仁 19、靳 19、征 18、衡 18、国 18、艾 17、覃 17、郜 17、咸 17、经 16、连 15、阚 15、敖 15、东 14、晏 14、玉 14、荣 14、隋 14、霍 14、赏 14、仰 13、冀 13、帅 13、吾 13、珠 12、伊 12、辜 12、扶 12、官 12、具 12、晋 12、智 11、战 11、栾 11、凤 11、阳 10、麻 10、井 10、师 10、栗 10。

2人以上10人以下的姓氏131个：

仓 9、催 9、海 9、荆 9、姬 9、鱼 9、赫 8、寇 8、简 8、廉 8、由 8、苑 8、彦 8、眭 8、笪 7、芳 7、苟 7、庚 7、麦 7、卿 7、佟 7、邝 7、须 7、慎 7、檀 7、蔺 6、莘 6、代 6、古 6、巩 6、将 6、慕 6、米 6、力 6、佐 6、雪 6、漆 6、茶 5、苍 5、哀 5、崇 5、宫 5、基 5、汲 5、冉 5、元 5、湛 5、竹 5、主 5、亚 5、逯 5、庾 4、蒿 4、郗 4、甫 4、后 4、荷 4、巨 4、继 4、矛 4、英 4、伫 4、完 4、禚 4、赉 3、綦 3、鄢 3、才 3、保 3、法 3、凡 3、端 3、承 3、弓 3、稽 3、宦 3、和 3、咎 3、铰 3、缄 3、南 3、睦 3、忙 3、洛 3、丽 3、员 3、燕 3、书 3、生 3、闪 3、同 3、谬 3、帮 2、沐 2、益 2、博 2、昂 2、鄂 2、达 2、羌 2、酆 2、宇 2、院 2、展 2、亓 2、附 2、奉 2、逢 2、厚 2、禾 2、疆 2、级 2、纽 2、母 2、买 2、藉 2、丘 2、阴 2、衣 2、夷 2、玄 2、幸 2、线 2、松 2、硕 2、是 2、委 2、宛 2、统 2、咎 2、楚 2。

复姓7个：

欧阳58、申屠43、皇甫39、诸葛24、陆费12、司徒5、司马1。

2010年南湖区人口姓氏

2010年年底，南湖区61.27万常住人口中有姓氏569个。

10000人以上姓氏11个：

王38941、张34354、陈30971、李24627、沈22653、徐19209、周16830、吴16474、朱15472、刘13676、杨13292。

5000～10000人以下姓氏16个：

陆9373、黄9001、胡8799、金8693、孙7638、赵7637、顾7137、高6950、俞6655、许6638、姚6454、钱5995、马5883、蒋5515、曹5282、郑5056。

2000～5000人以下姓氏37个：

何4893、冯4785、潘4595、唐4462、谢4028、丁3868、叶3751、姜3672、林3561、罗3475、汪3461、郭3454、方3202、蔡3180、戴3155、董3123、章3118、陶3097、韩3002、钟2982、夏2933、倪2860、施2799、宋2698、范2650、余2467、袁2444、汤2364、吕2345、盛2340、肖2333、程2242、江2154、毛2150、屠2128、严2112、彭2049。

1000～2000人以下姓氏37个：

米1988、卢1954、邵1827、邹1812、杜1727、邱1726、任1725、于1716、魏1702、万1693、莫1640、傅1639、梁1481、鲁1474、邓1465、曾1455、龚1402、全1381、石1367、葛1339、孟1316、薛1294、苏1275、洪1226、季1225、田1203、包1202、阮1149、项1133、史1129、费1107、童1099、凌1078、熊1074、梅1039、祝1029、颜1006。

500～1000人以下姓氏51个：

谭999、秦995、崔978、单940、翁889、鲍886、殷884、应868、戚838、尹826、孔817、付810、裘807、庄802、廖795、缪793、褚789、未763、计748、扬746、贾744、柴733、庞719、郁704、苗699、关690、虞689、怀686、诸685、侯675、詹634、雷618、桂608、伍608、骆598、樊589、舒579、向573、管566、谈565、龙560、邬544、乐536、池521、钮517、卜508、华508、成506、贺506、娄505、康502。

100～500人以下姓氏175个：

滕484、英479、黎476、寿471、仲456、居455、文453、仉453、段449、主447、商439、尤435、宗423、房421、闵420、富419、揭417、仇414、岳405、法403、涂401、易398、柳396、韦395、符385、祁378、左373、闫368、封367、闻367、昊365、来361、乔360、白357、代357、柯349、平349、喻347、强346、屈346、聂336、化331、柏323、车321、厉319、牛319、干316、纪307、甘305、武304、赖301、汝297、裴289、保288、翟285、言281、常276、邢275、申274、欧273、查272、储268、降266、边265、浦265、卞264、郝264、时259、云256、阳253、温251、兰249、幸246、冉243、毕237、安233、沃231、东230、水229、齐225、饶220、才218、穆218、占216、尚214、焦213、土208、席208、游208、隆207、鞠205、山204、於204、劳203、冷201、宣201、郎197、祖197、芦193、耿192、佘192、濮191、部190、杭190、吉190、练185、牟185、奚185、艾182、瞿179、覃178、胥178、丰176、栾176、侍176、汲174、支172、茅171、卫167、沙166、越162、国159、苟158、解158、深158、宁156、蒲156、桑154、谷150、荣150、路149、竺147、腾146、甄144、芮142、茹140、殳140、辛140、堵139、咸139、阎138、郦137、花135、司134、巩132、荀131、须130、印130、戈129、卓129、贡127、明127、苑127、伏125、萧123、宓121、禹119、戎118、帅116、隋115、栗113、皮113、展113、杲112、臧112、满110、农110、刁109、和109、简109、井109、糜108、素105、连103、缑102。

10～100人以下姓氏119个：

步99、冼99、靳97、木97、古96、景95、晏94、敖93、巢93、荆93、蓝93、狄92、羊92、娜91、郜91、曲90、况89、燕89、仰89、乌88、惠87、束87、铁86、衣86、相85、岑82、盖81、辜81、伊80、官78、员78、麻77、钦77、师77、都76、窦76、经76、晋75、利75、贝74、有72、迟71、匡70、阴70、斯68、班67、雍67、牧66、伯65、银65、战64、薄63、蔚63、凡62、位62、姬61、福60、朴59、党58、危58、鄢58、嵇57、帕57、漆57、稽56、霍55、扶54、谌53、阙52、昌51、郏51、佟51、隗51、刑51、卯50、蒯49、蒙49、丘49、红48、阚48、能48、终48、巴47、冀47、达46、敬45、秋45、权45、巫45、宫44、衡44、廉44、习43、渝43、寇42、原42、丛41、蔺41、母41、慕41、赍40、谯40、索40、沿

40、杳40、傲39、弓39、鱼39、爱38、钭38、勾38、慎38、汉37、娇37、湛37、佴36、藩36、僧36、植36、仓34、公34、别33、滑33、琴33、宇33、元33、从32、弘32、后32、卡32、松32、楚31、但31、哈31、尧31、斩31、火30、籍30、亢30、那30、午30、郗30、广29、年29、骈29、营28、巨28、庆28、双28、暴27、簿27、仆27、璩27、禄26、容25、益25、苍24、蓟24、筱23、智23、敏22、畅21、邝21、宰21、梵20、虎20、融20、咎20、笪19、丹19、溯19、通19、脱19、瓦19、戊19、凤18、庚18、莘17、学16、晁15、喇15、台15、家14、雒14、鹏14、充13、逯13、蓬13、艮12、桓12、赏12、臣11、扈11、宿11、邸10、暨10、漫10、墨10、羿10。

1～10人以下姓氏20个：

养9、鄂8、宦8、甯8、韶8、岱7、乜7、空6、逄6、偃5、訾5、郦4、督4、酆4、区4、厍4、啜2、夔1、楼1、茆1。

复姓23个：

欧阳64、申屠61、皇甫47、诸葛38、上官10、令狐8、司马4、端木3、万俟3、东方2、南宫2、闻人2、夏侯2、公孙1、赫连1、呼延1、慕容1、濮阳1、司徒1、太叔1、尉迟1、宇文1。

第五章　计划生育

第一节　机构与队伍

管理机构

1979年，嘉兴县在各街道、乡镇配备计划生育专职干部，组成计划生育的工作网络。1984年，成立区计划生育委员会，成立各街道、各乡镇计划生育办公室等计生组织。计划生育实行属地管理，境内形成区、街道、乡镇、居委会、村委会、企事业单位三级管理机构，各企事业单位都成立计生组织。1994年，区计生委与市计生委合署办公。2000年5月，区人口计划生育委员会与卫生局成立。建区后提出了"构建网格化管理，健全三级网络，实行组团式服务"的全区计划生育目标。在建设街道的新居民计划生育工作中开展网格化管理的试点工作，对社区的新居民划分为若干个责任网格，配备网格员，实行计生工作联系制度，开展全方位服务。建设街道的新居民网格化管理经验在全区全面推广后，形成了区、镇、村一体化运作制度。全区各镇、街道设计划生育办公室、计划生育服务站，共有人员58名。各村计划生育服务员共有212名。流动人口每1000人聘请1名协管员。

计生协会

1987年建立嘉兴市城区计划生育协会，全区乡镇、街道、村、社区、企业也都成立了计划生育协会。2009年7月20日，区计划生育协会列入群众团体序列，并明确区计划生育协会机关工作职责、内设机构和人员编制。到2010年，全区共建立了计生协会组织476家（其中流动人口计生协会31家，计划生育企业协会联合会3家），会员小组3850个，会员57768名，会员联系户33645个，会员之家298个。计生志愿者队伍233个，志愿者7843名。

计生指导站

1984年成立城区计划生育指导站，建筑面积约414平方米，主要承担计划生育技术指导工作。2009年，又投入近100万元更新设备，优化服务环境。经过20多年的发展，计生站有了很大变化，工作人员从初建时4名增加到16名，服务功能也大大增强。现在除计划生育技术服务外，还开展生殖保健服务，孕前优生检测服务，避孕节育知识咨询等，医务人员经常下基层开展妇女病普查，开展计划生育知识咨询。

第二节　宣传教育

1982年9月，中共十二大把计划生育列为基本国策，区职能部门抓住1983年元旦、春节两大节日，组织计划生育宣传月活动，向广大群众进行基本国策教育。1983年8月建区后，区计生委每年在重大节日开展计划生育工作，上街进行计划生育宣传服务。展示计生宣传图版，发放各类宣传资料，大张旗鼓地宣传贯彻中共中央、国务院《关于加强计划生育工作严格控制人口增长的决定》，通过组织报告会、讲座、黑板报、画廊等形式，强化宣传，提高群众对计划生育工作的认识。

21世纪后，区计划生育的宣传工作更加丰富多彩。每年5月29日是全国计划生育协会会员集中活动日，2005年5月29日，区计生协会以"发挥计生协会作用，携手共建和谐社会"为主题，开展"我为协会添光彩，我为国策做贡献"系列活动，在华庭街举办大型广场文艺汇演等。区级部门计生协会理事单位与22户计生困难户结对帮困活动，走访慰问计生困难家庭66户。2006年，区出台《农村部分计划生育家庭奖励扶助制度实施方案》，为了使这项得民心、顺民意的政策家喻户晓，计生干部走村入户，发放宣传手册，宣传知识问答，张贴宣传墙报等，将计划生育VCD宣传片下发到村（居）文化中心进行宣传，还通过电视、广播宣传，营造浓厚的社会舆论氛围。

区计划生育技术指导站利用政府信息平台，开通"阳光计生服务热线"，维护老百姓的计划生育知情权、参与权、表达权和监督权，夯实人口计生工作的群众基础。

第三节　计划生育管理服务

管理服务

计划生育政策实行以鼓励为主，策略实行寓管理于服务之中。随着时间的推移，计生管理与服务逐步完善。

20世纪60年代初期实行节制生育免费。80年代开始在农村有计划地允许生育二胎。

1989—2000年，主要抓避孕节育、婚前教育、孕前管理，定期体检、不定期走访。各村建立以村民小组为单位、妇女组长为联络员的村计划生育信息网络。1993年规范了育龄妇女卡档案台账，1997年实行育龄妇女微机管理。1998年起，实行避孕节育方法的"知情选择"，取消一孩生育审批程序，改生育证为生殖健康服务证。

随着经济的发展，南湖区逐步形成奖励、优先、优惠、扶持、救助、保障"六位一体"的计划生育奖励机制利益导向政策体系，2005年区财政投入计生事业费485.85万元，人均达10.04元。2006年，区出台农村部分计划生育家庭奖励扶助制度，当年，602人享受奖扶政策。农村居民独生子女父母奖励费共发放83万元，313名农村独女享受了中考加分政策，全区共落实城镇失业人员独生子女父母奖励费58.6万元，享受结扎放环等优惠政策补助的有1784人。

2010年起，区推进新居民计生信息平台建设，应用全国流动人口计划生育服务管理工作平台（PADIS系统），实现与浙江省流动人口信息管理系统五级联网。对村、组流动人口个案信息进行录入，加强信息实时性、全面性，打造流动人口的实数计生。完善信息系统应用通报制度，强化与户藉地的沟通联系，对流出已婚育龄妇女实行制度化管理。进行区域协作，推进区域服务管理一体化。

1993—2010年全区户籍人口出生率表

表3-58

年份	总人口	出生人数	计划内出生人数	计划生育率%	已婚育龄妇女人数	自增率‰	出生率‰
1993	263828	2396	2393	99.87	57579	3.36	9.16
1994	268907	2482	2478	99.84	58423	3.43	9.32
1995	274558	2438	2435	99.88	59096	2.9	8.97
1996	279788	2394	2389	99.79	59814	2.61	8.64
1997	284372	2284	2274	99.56	60048	2.52	8.1
1998	288642	2182	2165	99.22	74423	2.15	7.62
1999	294999	2037	2022	99.26	68267	1.91	6.98

续表3-58

年份	总人口	出生人数	计划内出生人数	计划生育率%	已婚育龄妇女人数	自增率‰	出生率‰
2000	450841	3327	3310	99.49	109230	0.32	7.41
2001	453529	2960	2937	99.22	112945	0.67	6.55
2002	455613	2979	2952	99.09	93187	1.0	6.49
2003	456696	2140	2116	98.87	100807	-0.3	4.63
2004	459386	3175	3155	99.37	101852	0.94	6.88
2005	459620	2728	2697	98.86	100879	-0.35	5.94
2006	465592	2548	2517	98.78	100063	0.54	5.51
2007	467771	3041	3010	98.98	99219	0.92	6.52
2008	469873	3152	3115	98.83	98665	1.16	6.72
2009	471625	3143	3121	99.3	99105	0.87	6.68
2010	473567	3566	2492	97.92	99049	1.08	7.55

流动人口计生管理

1993年，区加强对流动人口计划生育管理工作，积极开展宣传，认真排查、摸底、登记，环情、孕情检查服务。进入新世纪，外来人口迅猛流入，对计划生育管理工作带来一定困难。2004年，建立外来人员低价分娩定点医院，推行计划生育“一卡通”制度，免费为流动人口提供避孕药具、生殖健康咨询服务。2007年，开展以“关怀关爱，和谐嘉兴”为主题的流动人口计划生育服务管理年活动。2010年，南湖区实施了“阳光计生行动”，为新居民提供三大特色服务。一是全方位宣传服务。通过节日搞活动、网站建页面、手机发短信、街道挂灯箱、小区建生育文化园、同伴教育进企业等形式，在潜移默化中引导新居民逐步转变婚育观念。二是均等化特色服务。新居民育龄妇女在南湖区可享受“六免费一奖励”服务，即免费查孕查环、免费报销四项手术费、免费领取避孕药具、免费婚检、免费优生检测、免费生殖健康检查，对落实长效措施给予经济奖励。三是创品牌按需服务。通过打造公益服务平台，拓宽服务领域，延伸服务对象，打造了一系列服务品牌。如“乡亲们俱乐部”为新居民提供集休闲、文化娱乐、培训服务于一体的场所；“五色爱心包”针对不同需求，为新居民提供个性化分类服务；“爱心之家”共向新居民捐献衣物10万余件；“小红娘”招工热线给近600名新居民找过工作。

区人口计划生育与卫生局从2003年以来连续荣获市人口计划生育目标责任考核优胜单位。2006年年底荣获全国计划生育优质服务先进区称号。

第四节　晚婚晚育

晚婚

境内历代习惯早婚早育，民间早婚十分普遍，据传有“十三娘、廿四婆、三十六岁做太婆”的现象。解放后，国家颁布了《中华人民共和国婚姻法》，严禁早婚、重婚、包办婚、买卖婚等不合理婚姻。

新中国成立后，市区人口继续呈现高速增长态势。1949—1958年，年人口自然增长率一直在20%左右。

1962年12月，开始提倡计划生育和晚婚。1964年，嘉兴县组织各街道、乡镇，大力开展计划生育宣传，在采取计划生育措施，休息期间工资照发；农村社员工分照补。1970年，境内开始将人口计划正式纳入国民经济发展计划。1973年区境内明确了计划生育“晚、稀、少”的方针，1979年根据省《规定》，晚婚年龄为：农村女23周岁、男25周岁；城市女25周岁、男27周岁。小城镇略高于农村。1982年，嘉兴市规定，国家干部、企事业单位职工，双方符合晚婚条件结婚的，除国家规定给予的婚假外，再增婚假十二天。夫妻双方晚婚的，双方享受；一方晚婚的，一方享受。35周岁以上未婚的应视同已婚参加分房。已婚妇女24周岁以上或晚婚后怀孕生育第一个孩子为晚育。对晚育的可延长女方产假30天，给予男方护理假10天。前两款规定的假期视为出勤，不影响工资、奖金及福利待遇。农村居民及城镇无业人员晚婚的、晚育的，由户藉所在地人民政府给予表扬和奖励。

2001—2010年这10年中，区计划生育率均在97.92%以上，其中4年在99%以上；晚婚率2009年70.12%，2010年75.54%。

晚育计划生育和独生子女

多项优惠政策的激励，许多进入婚龄的青年男女主动推迟婚期，推迟生育，晚婚晚育人数逐年增加。新婚夫妇晚育和只生一个子女成为主流。1978年9月，在余新公社金星大队搞10年人口规划试点，试点单位率先提出一对夫妇只生一个孩子的目标，金星大队的经验很快在嘉兴县全面推广。1979年，嘉兴县独生子女领证率达50.63%，余新公社独生子女领证率达91%。

1979—2010年全区独生子女光荣证发放统计表

表3-59

年份	发放数	领证率	年份	发放数	领证率%
1979年(市区)	8312	50.60	1995年	4239	—
1980年(市区)	18162	76.89	1996年	4148	—
1981年(市区)	21571	70.30	1997年	3970	—
1982年(市区)	31962	82.12	1998年	3543	—
1983年	994	—	1999年	3457	—
1984年	985	—	2000年	3555	39.40
1985年	1495	—	2001年	3485	41.47
1986年	2471	—	2002年	3591	42.62
1987年	3555	—	2003年	6141	50.53
1988年	4619	—	2004年	5742	34.45
1989年	5012	—	2005年	2913	52.11
1990年	5036	—	2006年	2607	55.23
1991年	4086	—	2007年	2411	56.90
1992年	4204	—	2008年	2379	58.20
1993年	4073	—	2009年	1994	58.17
1994年	3933	—	2010年	57867	58.4

2000年全区独生子女家庭分乡镇街道统计表

表3-60

单位	已婚妇女人数	已有一孩子妇女人数	一孩率%	有效领证人数	领证率%
全区	91118	67846	74.46	35901	39.40
东栅乡	4398	3079	70.01	1754	39.88
南湖乡	5000	3261	65.22	1727	34.54
大桥乡	4062	2780	68.44	962	23.68

续表3-60

单位	已婚妇女人数	已有一孩子妇女人数	一孩率%	有效领证人数	领证率%
步云乡	3944	2700	68.46	833	21.12
七星乡	4539	2846	62.70	894	19.70
余新镇	12172	8145	66.92	4237	34.81
新丰镇	11050	7553	68.35	2772	23.09
新篁镇	4930	3274	66.41	1456	29.53
凤桥镇	6531	4200	64.31	2182	33.41
解放街道	3765	3244	86.16	2128	56.52
新兴街道	5330	4481	84.07	3214	60.30
南湖街道	9079	8159	89.87	4715	51.93
建设街道	8764	7650	87.29	4624	52.76
新嘉街道	7554	6474	85.70	4403	58.29

第五节　优生优育

新中国成立后，提倡优生优育，逐步推行新婚夫妇登记结婚前进行婚前检查。“文化大革命”期间婚前检查基本停止。1979年恢复婚前检查，街道、乡镇卫生机构婚前对传染病、遗传病、精神病进行检查，对乙肝、霉毒筛查、淋病、爱滋病、阴道分泌物等进行化验检测，并委托市妇保院检测遗传疾病。

2003年取消强制婚检后，出生缺陷发生率呈上升趋势。2007—2008年区加强了优生宣传，邀请省人口计划生育委员会专家进行专题辅导，与市联合开展以“强化出生缺陷干预，提高出生人口素质”为主题的大型宣传咨询活动，举办了“生育关怀，优生两免（免费婚前医学检查和免费孕前优生检测）”知识竞赛，制作发放宣传资料，新婚大礼包、优生两免免费券等。2009年开始，强化出生缺陷干预，强化社会宣传。全区已建立生育文化园地56个，“人口文化进家园”活动示范户85家，并以600户区“六六群众工作制”中心户为基础，加强了生育文化示范户创建。在全区开展优生优育优教促进工作，坚持以政府为主导，整合各方资源，探索建立了“计生牵头、幼教卫生双轮驱动”的“三优”指导中心建设模式，共建成“三优”指导中心6个，其中省级示范点2个。凤桥镇、新兴街道“三优”指导中心正在筹建中。

第四篇　国土资源与管理

目 录

区境总面积43898.68公顷(二次土地调查数据),其中耕地23412.03公顷,园地1755.48公顷,林地17.19公顷,草地85.50公顷,城镇村及工矿用地11389.77公顷,交通运输用地2826.62公顷,水域及水利设施用地4203.37公顷,其他土地208.72公顷。

7000多年前,先民以农业生产为主,在境内进行土地开发。明清时期,为赋税征收,对境内田地山荡面积多次进行清丈,登记人户所占田亩,编绘成田圩鱼鳞图册,为政府土地管理雏形。民国时期,设立土地陈报处,开展土地清丈测量,进行户地测量。

新中国成立后,土地由私有制逐步转变为集体和国家所有,为土地合理开发利用提供了条件。1958年和1981年两次土壤普查,基本摸清区土地资源底细。1990年2月,全面开展土地资源详查工作,对区行政区域和村级以上权属单位的土地所有权、土地使用权界线进行勘查,为全区制定国土整治规划、土地利用规划、经济发展计划和有关土地政策提供科学依据。1998开始编制全区土地利用总体规划,至2010年止,共进行二轮编制,对全区土地进行科学规划,合理使用。

土地管理先由财粮部门负责地籍管理,内务、民政部门负责建设征用土地审批。1978年开始,由县农业办公室负责集体土地使用管理。1982年1月,在嘉兴市农林局内设土地管理处。建区后,1986年5月设土地管理处,归口区农林局。1988年9月,成立区土地管理局,统一管理城乡土地工作,相继成立区人民政府统一征地办公室、区土地储备中心及区土地资源执法大队,土地管理工作走上法制轨道。

第一章　土地规划

1998年以来,全区共编制实施二轮土地利用总体规划。首轮规划期限为1997—2010年,由于经济社会快速发展,实际执行期为1997—2005年。2005年启动第二轮土地利用总体规划的修编工作,于2010年6月完成编制、审定、报批任务,2011年1月获省政府批准后正式付诸实施。

第一节　第一轮土地利用总体规划

规划目标

实现土地资源的优化配置,协调好各业用地矛盾,使城市建设及基础设施配套初具规模,完善嘉兴市域城镇体系和乡村居民点建设规划,强化嘉兴城区的城市中心位置和辐射能力。切实保护基本农田,提高农产品有效供给,促进农业实现"一优二高",提高土地利用率、集约度和产出率,使土地利用的生态效益、社会效益和经济效益达到最优。

过渡期(至2000年)规划目标:

1.土地利用以提高利用效率和效益为主,尽量开发未使用土地,使其面积不超过现状面积的1/3。

2.城市建设用地范围控制在24.3平方千米,人均用地指标为90平方米/人,考虑规划红线内不宜用作城市建设的水域用地,实际近期城市建设范围总用地面积为2627.24公顷。

3.依照实际耕地保护动态平衡的要求,耕地面积至少保持现状,不致减少,农业要满足农村口粮自给有余,完成国家粮食的定购任务。

4.园地面积除建设需求占用外,只作内部用地结构调整,减少桑园面积,适当发展果园。

5.保护已有林地,建设良好的生态环境,提高平原绿化水平,林木覆盖率达到11%。

6.加强灾害防治,灾害农田面积控制在60公顷。

规划期(至2010年)规划指标:

1.土地利用率由目前的98.67%提高到99.9%,未利用土地控制在上级土地规划许可的灾毁农田面积范围内。

2.城市建设用地考虑到保护耕地政策的作用,用地供给偏紧,范围控制在32.19平方千米,人均用地指标为87平方米/人,考虑规划红线内不宜用作城市建设的水域用地,实际规划城市建设范围总用地面积为3484.93公顷。

3.耕地面积保持在上级规划许可的减少面积以内,即至多比现状减少150公顷,其中基本农田保护率达到68.28%。农业生产满足农村口粮自给有余,完成国家粮食的定购任务。

4.园地面积控制在765公顷,减少桑园面积,适度发展果园。

5.保护已有林地,维护生态环境,向高标准平原绿化区迈进,林木覆盖率达到15%。

6.农业减灾取得一定成果,灾害农田控制在上级规划确定的48公顷。

展望期(至2030年)规划指标:

1.土地利用效率达到完全利用的水平,未利用土地主要是灾害农田。

2.城市建设用地范围控制在50平方千米,人均用地指标为100平方米/人,考虑规划红线内不宜用作城市建设的水域用地,实际规划城市建设范围总用地面积为5423.27公顷。

3.由于城市建设的发展,在秀城区内实现耕地总量动态平衡不切实际。但是,城市建设作为土地集约利用的有效方式,其保护耕地的作用在嘉兴市域表现明显。耕地面积保持在6800公顷左右,农业生产满足农村口粮自给有余,完成国家粮食的定购任务。

4.园地面积保持稳定,控制在765公顷。

5.保护已有林地,维护生态环境,向高标准平原绿化区迈进,林木覆盖率达到15%以上。

6.基本上可以确保农业的丰收,灾毁农田控制在8公顷以下,占总用地面积的0.05%左右。

规划方案

土地利用结构 根据秀城区土地利用规划目标,在土地利用现状分析和土地需求量预测基础上,经综合平衡,各方协调后,确定全区土地利用结构方案如下:

耕地 现有耕地8224.94公顷,到2000年、2010年和2030年规划耕地面积分别为8276.15公顷、8172.14公顷和6798.14公顷。2000年实现了区域耕地的动态平衡,耕地面积实际增加0.62%;2010年耕地面积按照上级土地利用规划要求,实际减少耕地面积未超过150公顷,减少比例为0.62%。2030年因城市建设发展,耕地总量动态平衡的任务转移至整个嘉兴市域,耕地面积实际减少1429.80公顷,减少比例为17.38%。

按照各个时期耕地面积变化的情况分析,其耕地利用平衡状况分别为:

至2000年,现状耕地将有39.67公顷变为城镇用地,3.00公顷变为工矿用地,11.24公顷变为交通用地。此外退水还田26.05公顷,未利用土地复垦142.17公顷,灾毁农田60公顷。

至2010年,现状耕地将有237.00公顷变为城镇用地,3.00公顷变为工矿用地,42.50公顷变为交通用地。12公顷变成农村居民点,170.50公顷变为水域。另有384.34公顷园地退还为耕地,26.05公顷水域退渔还耕,开发未利用土地49.81公顷为耕地。

至2030年,现状耕地将有1661.56公顷变为城镇用地,3.00公顷变为工矿用地,18公顷变成农村居民点,140.70公顷变为交通用地,181.10公顷变为水域。另有365.31公顷园地退还为耕地,148.89公顷农村居民点复垦为耕地,26.05公顷水域退渔还耕,开发未利用土地41.69公顷为耕地。

园地 现有园地1215.92公顷,到2000年、2010年和2030年分别减少到1192.06公顷,765.00公顷和765.00公顷。实际减少分别为23.86公顷、450.92公顷和450.92公顷,减少比例分别为1.96%,37.08%和37.08%。

在至2000年的园地面积变化中,城市建设占用园地4.95公顷,独立工矿占用园地13.51公顷,特殊用地占用园地1.88公顷,交通占用2.52公顷,水域占用园地1公顷。

在至2010年的园地面积变化中,城市建设占用园地34.69公顷,独立工矿占用园地13.51公顷,特殊用地占用园地1.88公顷,交通占用5.30公顷,水域占用园地11.20公顷,退园还耕384.34公顷。

在至2030年的园地面积变化中,城市建设占用园地39.72公顷,独立工矿占用园地13.51公顷,特殊用地占用园地1.88公顷,交通占用15.30公顷,水域占用园地15.20公顷,退园还耕365.31公顷。

林地 现有林地242.32公顷。到2000年、2010年和2030年分别减少至235.00公顷、271.32公顷和

248.49公顷，实际变化面积分别为减少7.32公顷、增加29.00公顷和增加6.17公顷，变化比例分别为降低3.02%、升高11.97%和升高2.55%。

在至2000年的林地面积变化中，城市建设占用林地6.08公顷，交通占用1.24公顷。

在至2010年的林地面积变化中，城市建设占用林地21.27公顷，交通占用3.43公顷，水域占用6.30公顷，未利用土地植树造林60公顷。

在至2030年的林地面积变化中，城市建设占用林地34.34公顷，交通占用13.19公顷，未利用土地植树造林60公顷，水域占用6.30公顷。

居民点及工矿用地　现有居民点及工矿用地3857.97公顷，到2000年、2010年和2030年分别增加至4157.75公顷、4707.28公顷和6301.19公顷，实际增加分别为299.78公顷、849.31公顷和2443.22公顷，增加比例分别为7.77%、22.01%和63.33%。

在至2000年增加的居民点及工矿用地中，占用耕地42.67公顷，占用园地20.34公顷，占用林地6.08公顷，并有25.86公顷由交通用地转变而来，有197.24公顷由水域转变而来，有7.59公顷为开发的未利用土地。

在至2010年增加的居民点及工矿用地中，占用耕地252.00公顷，占用园地50.08公顷，占用林地21.27公顷，并有205.85公顷由交通用地转变而来，有265.93公顷由水域转变而来，有78.73公顷为开发的未利用土地。此外，有2.00公顷农村居民点改变为特殊用地，有5.50公顷农村居民点改变交通运输用地，有38公顷农村居民点和5.40公顷工矿用地改变为水域。

在至2030年增加的居民点及工矿用地中，占用耕地1682.56公顷，占用园地55.11公顷，占用林地34.34公顷，并有348.84公顷由交通用地转变而来，有423.27公顷由水域转变而来，有86.85公顷为开发的未利用土地。此外，有148.89公顷农村居民点用地复垦为耕地，有12.50公顷农村居民点和7.31公顷独立工矿用地为交通运输用地占用，有2.00公顷农村居民点改变为特殊用地，有38公顷农村居民点和5.40公顷工矿用地改变为水域。

交通用地　现有交通用地552.09公顷。2000年、2010年和2030年规划用地面积分别为541.23公顷、399.37公顷和399.37公顷。实际减少面积为10.86公顷、152.72公顷和163.44公顷，减少比例分别为1.97%、27.66%和29.60%。

在至2000年的交通用地面积变化中，有25.86公顷转变为城市建设用地。在至2010年交通用地面积变化中，有205.85公顷转变为城市建设用地，3.60公顷转变为水域。在至2030年的交通用地面积变化中，有348.84公顷转变为城市建设用地，3.60公顷转变为水域。

水域用地　现有水域用地1746.74公顷。2000年、2010年和2030年分别减少至1528.45公顷、1690.76公顷和1548.02公顷，实际减少面积分别为218.29公顷、55.98公顷和198.72公顷，减少比例分别为12.48%、3.20%和11.38%。

在至2000年的水域面积变化中，被城市建设占用面积为197.24公顷，新增水利工程占用耕地3公顷，占用园地1公顷，开发未利用土地1公顷。水产养殖退水还田26.05公顷。

在至2010年的水域面积变化中，被城市建设占用面积为265.93公顷，新增水利工程占用耕地4公顷，南郊河改造占用耕地166.50公顷，占用园地11.2公顷，占用林地6.3公顷，占用农村居民点38.00公顷，占用独立工矿用地5.40公顷，占用交通用地3.60公顷，开发未利用土地1公顷。水产养殖退水还田26.05公顷。

在至2030年的水域面积变化中，被城市建设占用面积为423.27公顷，新增水利工程占用耕地11.60公顷，南郊河改造占用耕地166.50公顷，占用园地15.2公顷，占用林地6.30公顷，占用农村居民点38.00公顷，占用独立工矿用地5.40公顷，占用交通用地3.60公顷，开发未利用土地1公顷。水产养殖退水还田26.05公顷。

未利用土地　现有未利用土地213.89公顷。2000年、2010年2030年分别减少至123.13公顷、48.00公顷和7.38公顷，实际减少面积分别为90.76公顷、165.89顷和206.51公顷，减少比例分别达42.43%、77.56%和96.55%。

在至2000年未利用土地的面积变化中，有142.17公顷复垦为耕地，7.59公顷开发为城市建成区，1公顷为水利用地。此外，灾毁农田增加未利用土地60公顷。

在至2010年末利用土地的面积变化中，有49.81公顷复垦为耕地，78.73公顷开发为城市建成区，24.35公顷为农村居民点，1公顷为水利用地。此外，有60公顷用于植树造林，灾毁农田增加未利用土地48公顷。

在至2030年末利用土地的面积变化中，有41.69公顷复垦为耕地，86.85公顷开发为城市建成区，24.35公顷为农村居民点，1公顷为水利用地。此外，有60公顷用于植树造林，灾毁农田增加未利用土地7.38公顷。

2000年、2010年和2030年全区土地利用总体规划平衡表

表4-1　　单位：公顷

年份	用地类型	耕地	园地	林地	居民点及工矿用地	交通用地	水域用地	未利用地	合计
1996	面积	8224.94	1215.92	242.32	3857.97	552.09	1746.74	213.89	16053.87
	%	51.23	7.57	1.51	24.03	3.44	10.88	1.33	100.00
2000	面积	8276.25	1192.06	235	4157.75	541.23	1528.45	123.13	16053.87
	%	51.55	7.43	1.46	25.90	3.37	9.52	0.77	100.00
	期内增加	168.22	—	—	410.63	15.00	5.00	60.00	658.85
	期内减少	-116.91	-23.86	-7.32	-110.85	-25.86	-223.29	-150.76	-658.85
	净增减	51.31	-23.86	-7.32	299.78	-10.86	-218.29	-90.76	—
2010	面积	8172.14	765.00	271.32	4607.28	399.37	1690.76	48.00	15953.87
	%	51.22	4.80	1.70	28.88	2.50	10.60	0.30	100.00
	期内增加	460.2	—	60.00	1304.67	56.73	236.00	48.00	2165.6
	期内减少	-513	-450.92	-31.00	-455.36	-209.45	-291.98	-213.89	-2165.6
	净增减	-52.8	-450.92	29.00	849.31	-152.72	-55.98	-165.89	—
2030	面积	6798.74	765	248.49	6301.19	388.65	1544.42	7.38	16053.87
	%	42.35	4.77	1.55	39.25	2.42	9.62	0.05	100.00
	期内增加	585.54	—	60.00	3249.01	189.00	247.00	7.38	4337.93
	期内减少	-2011.74	-450.92	-53.83	-805.79	-352.44	-449.32	-213.89	-4337.93
	净增减	-1426.20	-450.92	6.17	2443.22	-163.44	-202.32	-206.51	—

第二节　第二轮土地利用总体规划

规划目标

2005年6月至2010年6月，编制《嘉兴市南湖区土地利用总体规划（2006—2020年）》，以2005年为基期年，近期为2006—2010年，远期为2011—2020年，规划总面积439.05平方千米。设定核心生态网络体系，形成最基本的国土生态屏障。维持自然地貌的连续性，顺应自然地形地貌的形态。保留水系、蓄水、泄洪等通道，保护湿地系统，尽量恢复原有水生生态系统。保障地方经济建设合理用地需求，集约和节约利用土地，提高开发区的投资强度与产出效益，整合现有工业用地布局，引导各类企业向园区集中，建设1～2个产业区。合理调控城镇用地的增长，控制城乡建设用地规模，优化城镇用地内部结构。因地制宜进行新农村建设，合理安排新农村建设必要用地。形成合理的城镇体系与产业经济结构,缩小城乡差距。

规划期末基本农田保护面积维持在19634.47公顷(29.45万亩)以上,且质量逐步有所提高。标准农田面积维持在9700.87公顷(14.55万亩)以上。耕地保有量不少于21884.20公顷(32.83万亩)。通过农村土地综合整治,规划期内补充耕地不少于1800公顷。城乡建设用地总面积控制在11919公顷以内,规划期内新增建设占用土地控制在3870公顷以内,建设占用耕地指标控制在3251.01公顷以内。到2020年万元二、三产业增加值用地量控制在19.6平方米以内,人均城镇工矿用地面积控制在130平方米以内。

规划方案

确定永久基本农田红线、生态用地保护红线、自然与历史文物保护区、风景旅游核心区等资源保护红线,落实永久基本农田示范区、高标准基本农田、标准农田、土地整治新增优质耕地、农业地质环境调查评价成果中的富硒土优质耕地、粮食生产功能区和现代农业园区内的优质耕地以及贯泾港、石臼漾等饮用水水源保护区、南湖景区及湘家荡湿地生态保护区等重要生态用地。保证交通、水利、能源等重点基础设施建设项目用地和民生项目用地。全区农用地、建设用地和其他土地占土地总面积的比例由2005年的67.05%、25.10%、7.85%调整为2013年的58.92%、33.65%、7.43%。

区土地利用规划结构调整表

表4-2　　　　单位:公顷

地类			规划基期年(2005)		规划调整基期年(2013)		调整前规划目标年		调整后规划目标年		规划调整期间面积增减
			面积	比重(%)	面积	比重(%)	面积	比重(%)	面积	比重(%)	
土地总面积			43905	100.00	43906	100.00	43905	100.00	43906	100.00	—
农用地		耕地	25959	59.13	22863	52.07	21884	49.84	21481	48.93	-1382
		园地	1156	2.63	885	2.01	2158	4.92	1620	3.69	736
		林地	176	0.40	8	0.02	345	0.79	110	0.25	102
		牧草地	—	—	—	—	—	—	—	—	—
		其他农用地	2147	4.89	2113	4.81	2434	5.54	1898	4.32	-215
		农用地合计	29438	67.05	25868	58.92	26821	61.09	25109	57.18	-759
建设用地	城乡建设用地	小计	9443	21.51	12319	28.06	11919	27.15	12400	28.524	81
		城镇用地	5652	12.87	8566	19.51	9068	20.65	10808	24.62	2242
		农村居民点用地	2860	6.52	3654	8.32	1920	4.37	1506	3.43	-2148
		采矿用地	—	—	99	0.23	—	—	86	0.20	-13
		其他独立建设用地	931	2.12	—	—	931	2.12	—	—	—
建设用地	交通水利用地	小计	1180	2.69	2100	4.78	1342	3.06	2521	5.74	421
		铁路用地	41	0.09	107	0.24	41	0.09	107	0.24	—
		公路用地	1137	2.59	1907	4.34	1236	2.82	2142	4.88	236
		民用机场用地	—	—	—	—	—	—	—	—	—
		港口码头用地	—	—	4	0.01	—	—	4	0.01	—
		管道运输用地	—	—	—	—	—	—	—	—	—
		水库水面	—	—	—	—	—	—	—	—	—
		水工建筑用地	1	—	82	0.19	64	0.15	267	0.61	185

续表4-2

地类			规划基期年(2005)		规划调整基期年(2013)		调整前规划目标年		调整后规划目标年		规划调整期间面积增减
			面积	比重(%)	面积	比重(%)	面积	比重(%)	面积	比重(%)	
建设用地	其他建设用地	小计	397	0.90	355	0.81	397	0.90	629	1.43	274
		风景名胜设施用地	92	0.21	51	0.12	92	0.21	321	0.73	270
		特殊用地	305	0.69	304	0.69	305	0.69	308	0.70	4
		盐田	—	—	—	—	—	—	—	—	—
	建设用地合计		11020	25.10	14774	33.65	13657	31.11	15550	35.42	776
其他土地	水域	小计	3396	7.73	3227	7.35	3396	7.73	3227	7.35	—
		河流水面	3265	7.44	3094	7.05	3265	7.44	3095	7.05	—
		湖泊水面	131	0.30	132	0.30	131	0.30	132	0.30	—
		滩涂	—	—	—	—	—	—	—	—	—
	自然保留地		51	0.12	37	0.08	30	0.07	20	0.04	-17
	其他土地合计		3447	7.85	3263	7.43	3426	7.80	3247	7.40	-16

乡镇规划

乡镇规划分中心城区规划和一般乡镇规划。

中心城区规划 嘉兴市中心城区涉及南湖区部分，包括建设、南湖、新兴、新嘉、解放、东栅和城南街道、七星、余新和大桥镇，总面积295.74平方千米。其中位于嘉兴市中心城区扩展边界范围内的区域为报部审批范围(圈内)，涉及面积129.11平方千米，该部分纳入嘉兴市土地利用总体规划范围，其规划内容沿用《嘉兴市土地利用总体规划(2006—2020年)》。位于嘉兴市中心城区扩展边界外的区域为报省审批范围(圈外)，该部分面积为166.63平方千米。

圈外主要控制指标 约束性指标：规划期内，耕地保有量不低于9850公顷；永久基本农田保护面积不得低于8853公顷；至规划期末，城乡建设用地规模控制在2645公顷以内。预期性指标：耕地保护类指标，规划期内示范区永久基本农田不少于4049公顷；标准农田面积不低于3967公顷；新增建设占用耕地面积不高于2098公顷；建设占用耕地系数控制在68.95%左右，较调整前下降8.03个百分点；通过土地整治补充耕地不少于1889公顷。建设用地规模控制类指标，至规划期末不高于3940公顷，新增建设用地不高于3043公顷；其中2014—2020年不高于1270公顷。节约集约用地指标：人均用地至规划期末人均城镇工矿用地不高于130平方米，人均农村居民点不高于120平方米，万元二、三产业GDP用地量控制在19.60平方米以内。规划期间，年均城市分批次土地供应率不低于80%，年均存量土地供应占比不低于50%。

圈外“三线”划定 生态保护红线：结合环境功能区划，将南郊河贯泾港饮用水水源保护区和南湖景区核心区范围划入生态保护红线，共划定生态保护红线规模643.59公顷，构建两大生态保护主要片区。永久基本农田保护红线：划定永久基本农田保护红线(基本农田保护区)9337.01公顷，主要分布于大桥镇、余新镇、湘家荡和城南街道八字桥村等区域。城乡扩展边界规模：划定城乡扩展边界3333.74公顷，主要布局在大桥镇、余新镇镇区以及科技城、基金小镇(金融示范区)、国际商务区、浙江中德(嘉兴)产业合作园等重点产业平台。划定城乡扩展边界中主要为城乡建设用地，其余为保持边界完整性纳入的交通等存量建设用地以及河流、生态廊道等不可建设用地。其中不可建设用地中河流水面260公顷、林地等生态廊道用地102公顷。

一般乡镇规划

凤桥镇 围绕建设现代农业的示范区、长三角重要旅游休闲度假胜地、宜居和谐的组团式新市镇为目标，规划划定永久基本农田保护红线5698公顷，城乡扩展边界规模971公顷。至2020年年末，耕地保有量不低于5528公顷，永久基本农田保护面积不低于5189公顷，城乡建设用地总规模不突破1050公顷，万元二、三产业GDP用地量应低于21平方米，人均城镇工矿用地应低于140平方米。

新丰镇　以建设"产城融合示范镇、新兴产业领先镇、宜商宜居新市镇"，全力打造现代田园小城市为目标，规划划定永久基本农田保护红线4291公顷，城乡扩展边界规模976公顷。至2020年年末，耕地保有量不低于3994公顷，永久基本农田保护面积不低于3727公顷，城乡建设用地总规模不突破1055公顷，万元二、三产业GDP用地量应低于21平方米，人均城镇工矿用地应低于140平方米。

2010年4月，国土资源部部长徐绍史（右三）到嘉兴调研城乡统筹综合改革试点工作和新社区建设，中共嘉兴市委书记陈德荣（左四）在新社区建设现场介绍南湖区七星镇江南新家园规划图

第三节　区域规划

农业用地规划

全区农用地中耕地、园地、林地和其他农用地面积由基期年的22863公顷、885公顷、8公顷和2113公顷调整为2020年的21481公顷、1620公顷、110公顷和1898公顷。规划期内减少耕地3232公顷，主要为城乡建设、交通水利等占用和农业结构调整减少，其中建设占用2570公顷，农业结构调整等其他减少662公顷；补充耕地1850公顷，主要来自于农村土地综合整治退出村庄和部分废弃园地整治。较调整前，生态保护用地（耕地、林地、坑塘水面等水域）减少比例明显下降。

建设用地规划

按照新型城镇化要求，规划形成二级城镇发展体系。一级为嘉兴市中心城区，连同辐射影响的大桥、余新和城南街道外围区域，二级凤桥和新丰两个特色镇发展。规划建设"一心、一核、三组团、七片区"的功能布局，"一心"为中心城区，通过提高中心主城区首位度，形成商业发达、服务密集、设施完备、文化繁荣的"大嘉兴"现代商业商务中心，达到引领市本级、辐射五县市、吸引长三角的功能；"一核"为"大科技城"，通过扩容提升，带动南湖区经济转型升级、联动长三角区域经济发展；"三组团"为"余新—凤桥组团""大桥—新丰组团"和"七星—湘湖组团"；7个片区为嘉兴商贸中心区、科技创新核心区、文化创意活力区、田园都市示范区、新特产业集聚区、休闲度假生态区和现代农业实践区。

2005年建设用地面积11020公顷，其中城乡建设用地面积9443公顷，交通水利用地面积1180公顷，其他建设用地397公顷。到2020年分别调整为建设用地总面积15550公顷，其中城乡建设用地、交通水利建设用地、其他建设用地面积分别12400公顷、2521公顷和629公顷。

城镇扩展边界划定和用地规模控制

城镇扩展边界规模　划定规模为16150公顷，其中城镇工矿用地10894公顷（城镇用地10808公顷），另有部分村改居农村居民点用地。其余各类用地主要为河流、生态廊道等不可建设生态用地。

城镇工矿用地规模控制　至规划期末，城镇工矿用地规模为10894公顷，人均城镇工矿用地应低于130平方米。其中城镇用地10808公顷，人均城镇用地应低于129平方米；规划调整期内，规划新增城镇工矿用地2478公顷。

农村居民点用地规模　至2020年，农村居民点用地规模控制在1506公顷以内，人均农居点用地控制在117平方米以内。其中新市镇新社区户均控制在0.4亩左右;城乡一体新社区户均控制在0.50亩以内;传统自然村落以利用原有用地为主,户均控制在0.80亩以内。

新增用地引导 2014—2020年间,规划新增农村居民点用地270公顷,占全区规划预期安排新增规模的8.7%,占嘉兴市中心城区外安排新增建设用地的20.23%。优先用于无房户保障、危旧房屋改造、农村土地综合整治安置以及新农村配套基础服务设施用地。

村庄整治安排 2014—2020年间全区通过城乡增减挂钩,安排村庄整治减少1794公顷,分布于各镇、街道村庄布点规划外的现状农村居民用地。其中近期需落实700公顷,其余为规划安排村庄整治潜力点,规划调整期内严格禁止原拆原建。

基础设施用地规划

交通水利用地 至2020年年末,全区规划交通水利用地2521公顷,其中2014—2020年间新增建设用地271公顷。

能源电力用地 2014—2020年期间,全区电力用地主要有嘉兴市天然气利用工程,220千伏屠肖输变电工程等3个220千伏的变电所和110千伏黎明输变电工程等22个110千伏变电所。

旅游用地规划 到2020年,全区风景旅游设施用地规模为321公顷,主要分布于南湖景区、湘家荡省级旅游度假区。重点考虑南湖景区、湘家荡生态休闲度假区、梅花洲景区以及京杭古运河两岸风景带,用地安排主要依托现有存量建设用地和城镇新增空间布局发展。规划期间,严格按照《中华人民共和国文物保护法》《世界文化遗产保护管理办法》《历史文化名城名镇名村保护条例》和《浙江省历史文化名城保护条例》,对运河世界遗产及南河浜遗址、南湖"一大"会址等国家级、省级、市级文物保护单位进行保护,处理好土地利用总体规划与文化遗产保护的关系,各类建设应避让文物保护单位保护范围,如因特殊情况无法避让的,应保证文保单位安全,并履行法定审批手续。在此基础上因地制宜,依托历史文化景观旅游资源,拓展南湖区旅游产业发展空间。

2007年,七星镇在土地整治中建设的江南新家园一期工程竣工

其他用地规划

规划期内结合"五水共治"工作开展,土地中水域和自然保留地面积由基期年的3227公顷和37公顷分别调整为2020年3227公顷和20公顷,规划调整期内水域面积整体维持不变,自然保留地减少主要为规划调整期内各类城乡建设和交通水利等基础设施项目占用。

土地用途分区调整前后对比表

表4-3　　　　单位:公顷

用途区名称	调整前			调整后			面积差值(3)=(2)—(1)
	个数	面积(1)	占土地总面积比例(%)	个数	面积(2)	占土地总面积比例(%)	
基本农田保护区	984	21859	49.79	1028	19326	44.02	-2533
一般农地区	3831	3002	6.84	3876	1996	4.55	-1006
林业用地区	1	4	0.01	—	—	—	-4
城镇村建设用地区	1778	15489	35.28	1254	18874	42.99	3385
独立工矿区	—	—	—	18	58	0.13	58

续表4-3

用途区名称	调整前			调整后			面积差值(3)=(2)—(1)
	个数	面积(1)	占土地总面积比例(%)	个数	面积(2)	占土地总面积比例(%)	
风景旅游用地区	15	107	0.24	3	183	0.42	75
生态环境安全控制区	—	—	—	16	499	1.14	499
自然和文化遗产保护区	—	—	—	—	—	—	—

第四节　耕地保护

保护区划定

1990年起，省、市政府统一部署开展划定基本农田保护区工作，主要任务是编制基本农田保护方案、划定基本农田保护片块、安排各项建设用地范围、制订落实保护措施、提出长期规划，粮田、城市和工矿区蔬菜基地被列为农田保护对象，在划定基本农田保护区时，不得改变土地承包者的承包经营权，并设立统一规范的基本农田保护标识和标志牌。1998年，区政府办公室下达1997—2010年全区各乡土地总体规划和基本农田保护控制指标，以1996年末耕地面积8224.94公顷为基数，基本农田保护面积为5616公顷，保护率68.28%。2003—2005年，区政府开展新一轮基本农田划区定界工作。2006—2020年，第二轮土地利用总体规划将区基本农田保护面积调整为19634.47公顷。

耕地保护面积

1996年，将耕地保护目标纳入政府考核。2002年，区政府印发《秀城区基本农田保护区划区定界实施意见》和《土地开发整理专项规划编制实施意见》，规范基本农田划定以及土地开发整理专项规划相关技术要求。在第二轮土地利用总体规划编制中，将区规划期末耕地保有量任务调整为21481公顷，2010年实际保有耕地23108公顷。

第二章　土地开发利用

全区土地整治始于1999年。前10年以农用地整理为主，2009年开始城乡土地综合整治，推进以农村宅基地整治为主要内容的建设用地复垦，运用城乡建设用地增减挂钩政策，调整优化用地布局，服务配套“两新工程”(新市镇、城乡一体化新社区)建设。

第一节　土地整理与标准农田建设

土地整理

1999年起，对全区田、水、路、林、村综合整治，提高耕地质量，增加有效耕地面积，改善农业生态条件和生态环境。2001年，区政府下发《嘉兴市秀城区农村土地整理实施办法(试行)》，开展对地块零碎、沟浜交错、路渠不配套的农地进行统一整理；对地形高低不平、地类交叉的土地进行土地平整和利用结构调整；对农村居民点用地进行综合整治，退宅还耕。坚持“谁投资、谁受益”的原则，鼓励单位、个人投资土地整理。对新增耕地免征5年农业税、农业特产税。同时，成立区农村土地整理与标准化农田建设领导小组办公室，与国土部门协同负责土地整理的审核立项、监督等工作，对土地整理建设用地指标单独建账、统一管理、有偿调剂使用。印发《嘉兴市秀城区农村土地整理与标准化农田建设标准(试行)》，明确规划农田建设标准。至2007年，全区土地整理面积共13014.3公顷。

1999—2007年全区土地整理情况表

表4-4 单位:公顷

年份	整理面积	年份	整理面积	年份	整理面积
1999	29.4	2002	74.3	2005	1943.6
2000	177.4	2003	4154.4	2006	1816.2
2001	2148.6	2004	1934	2007	736.4
—	—	—	—	合计	13014.3

注:全区土地整理工作至2007年止

标准农田建设

2007年,按照省政府部署,开展标准农田上图入库工作。通过土地整理等方法,对农田进行土地平整和田间水利建设,田间道路、田间防护林等建设,达到田成方、蕖相通、路相连、林成网、灌得进、排得出的要求,使农田生产条件得到明显的改善。全区标准农田上图面积22.38万亩(含吨粮田)。

1999—2010年标准农田建设情况表

表4-5 单位:公顷

年份	整理面积	建成标准农田面积	年份	整理面积	建成标准农田面积
1999	29.4	29.4	2004	1934	1934
2000	177.4	177.4	2005	1943.6	1943.6
2001	2148.6	2148.6	2006	1816.2	1816.2
2002	74.3	74.3	2007	736.4	736.4
2003	4154.4	4154.4	2010	4.95	4.95
—	—	—	合计	13019.25	13019.25

第二节　土地复垦

造地改田

2008—2010年,全区开展造地改田工作,对尚未利用的土地进行开垦和利用,扩大土地利用范围,并对已利用的土地进行整治,提高土地利用率和集约经营程度,实现耕地总量动态平衡。

3年中造地改田建设的面积如下:2008年110.1895公顷、2009年71.5506公顷、2010年282.9241公顷。合计282.9241公顷。

建设用地复垦

2005年,开始实施建设用地复垦工作。同年,区政府发文规定农村建设用地复垦项目,按新增耕地面积,村庄建设用地复垦区级以上补助每亩3万元,农村工矿企业用地复垦区级以上补助2.8万元,不足部分由镇、村自筹解决。2009年,省国土资源厅发文进一步规范土地整治各项工作材料要求。2010年,市政府制定关于在“两新”工程建设中加强建设用地复垦扎实推进农村土地综合整治的实施意见,对农村土地综合整治作出规定。区政府发文进一步加强农村土地综合整治工作,加快推进全区农村土地综合整治工作。2006—2010年,全区建设用地复垦整理面积共602.2公顷。其中2006年

109.4公顷、2007年172.7公顷、2008年279.9公顷、2009年无、2010年40.2公顷。

第三章　地籍管理

第一节　地籍调查

1950年6月起，嘉兴县进行查田定产，登记分户计税土地面积，初步弄清县境土地面积后全面开展土地改革，确认农民土地所有权，加强地籍管理。1958年，开展土壤普查，制定土地利用规划。1981—1984年，开展第二次土壤普查同时进行土地现状概查，编绘乡级万分之一和县级五万分之一土地利用现状图，土地利用现状调查报告经省验收批准。1990年，第一次土地详查后，从1996年开始一年一度土地变更调查。1988年4月，部署城镇国有土地申报登记工作，1989年春，登记申报工作基本结束。20世纪90年代初开展土地登记工作，至2010年全区共登记（发证）10万余宗（本）。

土地资源利用调查

明洪武四年（1371），全国清查丈量土地，设户口田册，登记人户所占田亩。境内首次进行土地清丈，嘉兴县境万历八年（1580）丈量土地，十三年（1585）"奉文摘改"，十六年（1588）立碑公布，称为丈实田亩，即为明后期计赋原额。嘉兴、秀水两县因与嘉善县互嵌田地，多次发生纠纷，上讼百余年，九次进行清丈，未得解决。清康熙四十六年（1707），朝廷诏旨限一年内彻底清丈。四十七年（1708），三县丈田完成，较原额均有缺数，嘉兴丈缺18500余亩，秀水丈缺16030余亩，嘉善丈缺23900余亩，三县争执才息。

1912年年初，承袭清末赋籍。1929年，举办土地陈报，设立土地陈报处，是为建立地政工作及地政机构之始。由业主陈报土地情况，包括业主住址、土地四至坐落、实际亩分、产权归属、地价等，结合丈量，按丘编号，编成图册，1930年4月完成。嘉兴县土地总面积1353244.911亩，其中田1010288.048亩；地290336.123亩；山234.34亩；荡52386.4亩。

1933年，嘉兴县开展土地清丈测量，用测量学方法，按测量、求积、制图、登记、统计5个程序，全面进行户地测量。1937年前期工作大部分都已完成，因抗日战争而中止。该次测量资料及原有赋地册籍因而散失。抗日战争胜利后，成立地政处，重新进行土地登记，发放土地权利证书，除重新查编征粮底册、征收田赋外，又对缺图地区重新开始户地测量，进行地籍整理。1948年，嘉兴县完成小三角测量17个点，完成户地测量17个乡镇，完成求积12个乡镇。

新中国成立后，除通过统计部门自下而上统计外，农业粮食部门的统计数字也用以参照。1950年6月起，嘉兴县进行查田定产，登记分户计税土地，搜集整理利用旧时的田亩图册结合群众评议，评定土地常年产量，初步搞清全县土地面积。同年秋，开展土地改革，在完成土地分配的基础上重新进行土地分户登记，向农民发放土地所有证，确认农民的土地所有权，也加强了地籍管理。1958年，开展土壤普查，制订土地利用规划。1981年开始，开展第二次土壤普查，同时进行土地现状概查，至1984年年底完成各乡分行政村土地地类面积汇总，编绘乡级万分之一和县级五万分之一土地利用现状图，写出土地利用现状调查报告。1990年，区政府根据国务院、省政府有关土地资源详查文件精神，在全区5个乡开展土地资源调查工作，1983—1993年开展首次土地详查；1996年后进行一年一度土地变更调查；2003—2006年开展土地利用现状更新调查；2007—2010年开展第二次土地调查。

1992年4月，嘉兴市区出让首宗国有土地使用权

1990年区土地资源概查统计表

表4-6 单位:亩

土地总面积	耕地			园地	林地	城镇村及工矿用地	交通用地	水域
	合计	水田	旱地					
225670	154031	124394	29637	14721	12700	19017	3062	22139

2010年全区土地利用现状分类面积表

表4-7 单位:公顷

区域总面积	耕地	园 地	林地	草地	城镇村及工矿用地	交通运输用地	水域及水利设施用地	其他土地
43898.68	23108.32	1615.49	17.19	57.07	11766.04	2944.08	4160.63	229.86

土地利用现状变更调查

1990年后,社会、经济迅速发展,城市化、工业化进程加快,每年的土地利用变更调查不能准确地反映土地利用现状变化情况,影响政府决策。2003年8月,开展土地利用现状更新调查工作,利用航测遥感技术(RS)、地理信息系统技术(GIS)和全球卫星定位系统技术(GPS),全面更新历年土地利用现状调查成果。至2006年3月,辖区更新调查工作全部结束,2006年5月通过省国土资源厅的验收。

2010年,辖区在土地变更调查中,耕地面积、园地面积、草地面积在年内均有不同程度的减少;而建设用地有所增加,主要体现在城镇村及工矿用地、交通运输用地;减少了42.7公顷;其他土地、水域及水利设施用地在年内略有减少。

2006—2010年全区农业用地变更调查数据表

表4-8 单位:公顷

年份	耕地	园地	林地	其他农用地	合计
2006	23493.15	3817.76	137.82	2750.31	30199.04
2007	23073.37	1456.01	134.59	2539.99	27203.96
2008	23114.73	3342.49	135.25	2378.84	28971.31
2010	23412.03	1755.48	17.19	2204.81	27389.51

2006—2010年全区建设用地变更调查数据表

表4-9 单位:公顷

年份	城镇村及工矿用地	交通运输用地				水利设施用地	建设用地
		小计	铁路	公路	港口码头及管道运输用地	水工建筑用地及水库用地	
2006	9168.53	1091.02	41.21	1049.81	—	0.36	10259.91
2007	9804.46	1176.93	41.21	1135.73	—	0.36	10981.76
2008	10411.59	1100.64	41.21	1059.43	—	0.36	11512.59
2010	11389.77	1671.58	107.35	1564.23	3.63	16.15	13081.13

第二次全国土地调查

2007年7月，全区启动第二次土地调查工作。按照国家统一标准，采用航空航天遥感、现代数字测绘、地理信息系统等高新技术，全面查清全区范围内土地利用状况，掌握真实土地基础数据，建立和完善全区土地调查、统计和登记制度，实现土地资源信息的社会化服务，满足经济社会发展及国土资源管理的需要。此次土地调查，历时2年6个月，2010年12月全面完成，县级调查成果和市级汇总成果通过省级验收。通过第二次全国土地调查，全面掌握真实的土地资源家底；进行土地变更调查，准确核定实际耕地保有量和新增建设用地数量；利用遥感监测技术，为宏观调控提供全面、现实数据。

2010年全区农村土地利用现状二级分类面积表

表4-10　　单位：公顷

耕地	园地	林地	草地	城镇村及工矿用地	交通运输用地	水域及水利设施用地	其他土地
23412.03	1755.48	17.19	85.50	11389.77	2826.62	4203.37	208.72

第二节　土地登记发证

土地登记

初始登记　1988年11月起，对城镇国有土地使用权开展申报登记、权属调查、地籍测量。1989年春，登记申报工作基本结束，12月，市政府召开国有土地使用证颁发大会，市区首次颁发85本国有土地使用证书。20世纪90年代初开展土地登记工作，内容包括非农业建设用地申报登记、农村宅基地登记发证等，至2010年全区共登记(发证)10万余宗(本)。

变更土地登记　1988—1996年，全市开展以创建初始地籍为目的的土地登记发证工作，初始登记工作基本完成后，1995年开展变更土地登记。1996年，开始推进土地登记规范化建设。1988年7月，开展农村集体建设用地与宅基地的登记发证工作，区、乡(镇)、街道建立初始申报登记工作领导小组及其办公室，配备专门人员，按照“界址清楚、面积准确、权属合法”的要求，组织权属调查和地籍测绘工作。2004年上半年，全区开展以村为单位的集体农用土地所有权登记工作，8月底完成土地权属核查、申报、审核及登记工作，年底前完成档案资料整理。2000—2010年年底，确权登记发证27410宗(本)，其中国有土地12848宗(本)、集体土地14498宗(本)、集体建设用地64宗(本)。

2000—2010年全区土地登记发证情况表

表4-11　　单位：宗(本)

类型	2000	2001	2002	2003	2004	2005	2006	2007	2008	2009	2010	合计
国有土地使用权	7	88	294	773	1039	1229	1027	1385	1434	2535	3037	12848
集体建设用地使用权	—	2	26	4	5	6	16	—	4	1	—	64
宅基地使用权	3577				2989	1796	1677	1460	1210	1074	715	14498
合计	4771				4033	3031	2720	2845	2648	3610	3752	27410

土地权属

国有土地　根据《中华人民共和国土地管理法》规定，下列土地属于全民所有土地即国家所有土地：(一)城市市区的土地；(二)农村和城市郊区中已经依法没收、征收、征购为国有的土地；(三)国家依法征用的土地;(四)依法不属于集体所有的林地、草地、荒地、滩涂及其他土地;(五)农村集体经济组织全部成员转为城镇居民的,原属于其成员集体所有的土地;(六)因国家组织移民、自然灾害等原因,农民成建制地迁移后不再使用的原属于迁移农民集体所有的土地。

任何单位和个人,包括境外的企事业单位和个人,符合依法使用国有土地条件的,都可以成为国有土地使用者。有偿取得的国有土地使用权,可以依法转让。在农村,国家在收回农民长期使用的国有土地时给以适当补偿。2010年,全区土地利用现状变更调查显示,陆地总面积中国有土地8203.78公顷,占土地总面积的18.69%,其中耕地108.07公顷、园地65.39公顷、林地0公顷、草地46.18公顷、城镇村及工矿用地6268.66公顷、交通运输用地1715.48公顷、其他土地0公顷。

集体土地 集体土地是指农民集体所有的土地,也称作是劳动群众集体所有的土地。集体土地是中国土地所有制的一种形式。中国实行土地的社会主义公有制,土地的所有制形式包括国家所有(全民所有)和劳动群众集体所有二种形式。

集体土地使用权的来源主要有,乡(镇)、村企事业集体土地使用权、宅基地集体土地使用权、农业用地集体土地使用权,2010年,全区土地利用现状变更调查显示,陆地总面积中,集体土地31534.23公顷,占土地总面积的71.83%,其中耕地23000.14公顷、园地1550.14公顷、林地17.19公顷、草地10.91公顷、城镇村及工矿用地5497.36公顷、交通运输用地1228.64公顷、其他土地229.85公顷。

第四章 建设用地管理

第一节 用地审批制度

用地计划

1998年8月,全国人大常委会修订《中华人民共和国土地管理法》,将土地分为农用地、建设用地和未利用地,提出要严格限制农用地转为建设用地、对耕地实行特别保护。12月,国务院颁布《土地管理法实施条例》,对各类建设用地严格实行总量控制,并将农用地转用审批权限上收到省级政府和国务院。1999年,省政府对各地的土地利用实行严格的计划管理制度。土地利用年度计划包括农用地转用指标和土地开发整理折抵指标与建设用地复垦指标。2006年,国务院下发《关于加强土地调控有关问题的通知》,规定各级人民政府主要负责人应对本行政区域内耕地保有量和基本农田面积、土地利用总体规划和年度计划执行情况负总责,将新增建设用地控制指标(包括农用地和未利用)纳入土地利用年度计划。将指导性计划变成指令性计划,实际用地超过计划的,要扣减下一年度相应的计划指标。1997—2010年,全区共获得新增建设用地计划指标6052.33公顷(90785亩),240.07公顷(3601亩)。

2005—2010年土地利用年度计划指标情况表

表4-12　　　　单位:亩

年份	计划指标	市区	南湖区
2005	农用地	—	595
2006	农用地	668	344
2007	新增建设用地	—	253
2008	新增建设用地	—	656
2009	新增建设用地	285	745
2010	新增建设用地	1637	1008
合　计		2590	3601

用地审批

1981年3月，省政府明确规定："国家建设征用耕地一亩以下（包括一亩），非耕地三亩以下（包括三亩），由县土地管理部门审查，县人民政府批准；征用耕地一亩至二亩，非耕地三亩至五亩，由地区土地管理部门审查，地区行署批准；征用耕地二亩以上，非耕地五亩以上，由省土地管理部门审查，省人民政府批准""农村人民公社或生产大队举办企、事业需要占用耕地的，必须根据县以上主管部门批准建设的文件和占用耕地的规划图，办理用地审批手续。占用耕地一亩以下的，由人民公社审查报县土地管理部门批准；一亩以上的，由县人民政府批准；二亩以上的由地区行署批准；三亩以上的由省人民政府批准"。同时规定"国家建设征用生产队土地，必须按照兼顾国家利益、集体利益和社员个人利益的原则，予以经济补偿。土地补偿费按征用面积、近二至四年实际产量总值及同期农田基本建设投资计算，由用地单位一次补清"。1987年，省政府出台《浙江省土地管理实施办法》，修正1981年的建设用地管理办法，进一步明确建设用地审批权限：国家建设用地、乡（镇）村建设用地征用耕地3亩以下，非耕地10亩以下，由县土地管理部门审查，县政府批准，报省、市土管部门备案；征用耕地3亩以上至5亩，非耕地10亩以上至20亩，由地市土地管理部门审查，市政府批准，报省土地管理部门备案；征用耕地5亩以上，非耕地20亩以上，由省土地管理部门审查，省政府批准；征用耕地1000亩以上，非耕地2000亩以上，由省政府审查，报国务院批准。此办法一直沿用至1997年3月。

1997年4月，中共中央、国务院下达《关于进一步加强土地管理，切实保护耕地的通知》，决定冻结非农建设项目占用耕地一年，首次提出加强土地的宏观管理、严格控制城市建设用地规模和实行建设项目占用耕地与开发复垦挂钩政策。当年，全区暂停新增建设用地项目报批。1999年，根据国务院《土地管理法实施条例》，省政府对各地的土地利用实行严格的计划管理制度。2002年，国土资源部批准《嘉兴市征地制度改革试点方案》。为简化征地程序，提高办事效率，同意嘉兴将带项目征地"两公告"改为"一公告"，取消具体项目供地5公顷以上报省审批环节，改由省政府授权嘉兴市政府审批，报省备案。2009年，在已批准的农用地转用范围内和原有建设用地范围内的具体建设项目用地审批权改均由市、县政府批准。

1999—2010年全区农用地转建设用地与补充耕地情况表

表4-13　　单位：公顷

区域	报批建设用地面积			国务院批准面积			省政府批准面积			补充耕地	补划基本农田
	合计	其中		建设用地	其中		建设用地	其中			
		农转用	耕地		农转用	耕地		农转用	耕地		
市区	2530.5	2150.7	1828.9	—	—	—	2530.5	2150.7	1828.9	1828.9	—
南湖区	2914.3	2631.8	2162.6	364.8	318.7	269.9	2549.5	2313.1	1892.7	2162.6	406.7

注：1.合计报批建设用地面积＝国务院批准建设用地面积＋省政府批准建设用地面积
2.农转用面积中包含耕地面积

2001—2010年全区农用地转建设用地批准情况表

表4-14　　单位：公顷

年份	总面积	年份	总面积	年份	总面积	年份	总面积
2001	59.6986	2004	25.9399	2007	156.9825	2010	182.5255
2002	229.7076	2005	267.5946	2008	257.3506	—	—
2003	475.1319	2006	542.5085	2009	362.6641	小计	2560.1038

第二节　国家　集体　个人用地

国家建设用地

新中国成立后，国家对基本建设征用土地做过一系列规定。1953年12月，国务院制订《国家建设征用土地办法》。1958年，国务院将《办法》修订后重新公布施行。1962年，国务院决定暂时将征用土地审批权收归省、自治区及直辖市掌握。1964年7月，又将征地10亩以下、迁移居民5户以下的审批权下放给县级管理。但建设用地和农民建房用地，一般均为无偿使用。

20世纪80年代起，建设用地骤增。1981年3月，省政府颁布《浙江省关于国家建设征用土地和农村社队建设用地管理办法（试行）》，对征用和使用土地的审批权作明确规定。1982年2月和5月，国务院先后发布《村镇建房用地管理条例》和《国家建设征用土地条例》，再次对建设用地进行严格控制。1982年开始，对征用耕地收取造地费。1983年，省政府根据国务院发布的两个条例，对征用土地补偿费作补充规定。1987年，根据《中华人民共和国土地管理法》、中共中央和国务院《关于加强土地管理，制止乱占耕地的通知》，加强对建设用地的管理。主要是查处乱占滥用土地的单位和个人，对建设用地和农民、居民建房用地实行计划管理和公开监督制度，严格建设用地的审批。同时，按国家规定先后开征耕地占用国有土地使用税，以及对农户建房用地收取土地使用费等，此后建设用地逐步得到控制。1987年，《中华人民共和国土地管理法》施行后，对征用土地的程序作出原则规定。

国有土地使用权划拨　按法律规定，区政府没有国有土地使用权划拨审批权。区土地使用权划拨2009年12月前由嘉兴市政府和省政府审批，以后由嘉兴市政府审批。2000年后，辖区基础设施建设快速发展，城市化、新农村建设、统筹城乡发展加速推进，至2010年，全区以划拨供应的土地总量达到93宗424.81公顷，主要是道路等基础设施用地和拆迁安置用地，其中道路等基础设施用地为250.65公顷，重大项目有沪杭高速公路、乍嘉苏高速公路、杭州湾跨海大桥北接线、沪杭高铁、07省道改扩建工程、南北湖大道、南湖大道等；安置房用地主要为重点工程涉及的拆迁安置，工业区、功能区建设涉及的拆迁安置，以及推进统筹城乡发展涉及的拆迁安置。

国有土地使用权出让　土地使用权出让主要有协议出让、招标出让、拍卖出让和挂牌出让4种方式。2002年7月1日前，区土地使用权均采用协议出让方式。2002年7月1日起，经营性用地土地使用权均以招标拍卖挂牌方式出让。2003年9月，省国土资源厅、省发改委联合发文，规范建设项目用地控制指标，对工业、房地产等各类用地的容积率、建筑密度、投资强度等作出规定，提高了土地的利用效率，2007年进行修订，调整部分行业的控制标准。2004年9月开始对选址不在嘉兴工业区（筹）和城市（镇）工业功能区块的新办工业项目原则上规划部门不予选址，国土部门不予供地，原则上停止零星工业用地供应，停止报批设备投资200万元以下和用地在10亩以下的小项目的工业用地。为提高土地利用率，规定工业项目容积率在《浙江省工业项目用地控制指标（试行）》的规定标准基础上提高0.2，投资强度调节系数提高0.2，绿化指标控制在20%以下，严禁建造“花园式”工厂。

2005年5月，区政府建立项目联审制度，从产业政策、投资强度、效益评估、土地利用率、环境评估等各个方面进行认真审查，对产业好、土地利用率高、环境评价好的项目，优先安排用地指标。2006年4月，建立建设工程复核验收制度，由区项目办公室牵头，会同发展、经贸、财政、国土资源、规划与建设等部门对土地利用情况、投资规模、投资强度等进行复核验收。对未达到规定投资强度用地要求的，责令限期改正，在规定期限内未整改或整改后仍未达到要求的，由国土资源部门根据出让合同的约定追究受让人的违约责任。对未按时验收或验收不合格的，竣工验收奖励奖金不予安排，并不办理土地变更登记、房产登记等手续。

2006年8月，规定工业用地必须采用招标拍卖挂牌方式出让。2007年1月起，辖区将工业用地纳入招标拍卖挂牌方式出让范围。要求出让底价和成交价格均不得低于所在地土地等别相对应的最低价格标准，南湖区所在等别为7等，最低价格标准为288元/平方米。

2008年3月，区政府发文规定进入南湖区的项目用地规模应在20亩以上或固定资产投资2000万元以上。投资强度区域修正系数在省区域修正系数的基础上提高10%。要求各镇前3个年度的土地供应率应分别达到90%、85%和60%以上，建设用地一律以“净地”出让。出让前处理好土地产权、补偿安置等经济法律关系，完成必要的通水、通电、通路、土地平整等前期开发，提高供地率，防止土地闲置浪费。2009年3月，市政府对国有建设用地出让实行“管办分离，规范出让，统一监管”，形成监管、操作相分离的架构，由市公共资源交易中心履行操作职能，将市本级土地招标拍卖挂牌工作全部纳入交易中心平台。

2000—2010年，全区共供应土地923宗1992.25公顷，出让金58.61亿元。其中协议出让523宗823.05公顷，出让金12.45亿元；挂牌出让307宗744.39公顷，出让金46.16亿元；划拨供应土地93宗424.81公顷。

1991—1998年全区国有建设用地供应情况表

表4-15　　单位：公顷

宗地数量	供地面积	出让方式	
		行政划拨面积	有偿出让面积
924	1840.4678	409.2537	1431.2141

乡（镇）村集体建设用地

2000年后，乡（镇）村集体建设用地主要用于乡（镇）村公共设施、公益事业、农村村民建房和为农业生产服务的农业建设，不再向任何企业供应集体建设用地，部分历史遗留的乡（镇）企业使用的集体建设用地，陆续通过改制，以受让的方式补办为国有出让土地。区内农村集体建设用地增加，主要是乡（镇）村办企业用地与农民建房用地增加。1991—2010年，全区共批准乡（镇）村办企业、农户个体联户企业用地430宗，面积820.922公顷，其中供应乡镇企业用地424宗817.2公顷，批准供应农民个体、联户企业用地6宗3.722公顷。

1991—2010年全区乡（镇）村办企业、农民个体联户企业用地情况表

表4-16　　单位：公顷

合计批准供地		其　中			
宗数	面积	乡（镇）村办企业用地		个体联户企业用地	
		宗　数	面　积	宗　数	面　积
430	820.922	424	817.2	6	3.722

农村个人建房用地

1988年4月，区发文规定农村私人建房应按常住在册人口计算，其建房用地限额标准为：大户（6人以上，含6人），每户使用耕地不超过125平方米，非耕地不超过140平方米；中户（4～5人），每户使用耕地不超过110平方米，非耕地不超过120平方米；小户（2～3人），每户使用耕地不超过75平方米，非耕地不超过90平方米；确系单人户的，其建房面积一般严格控制在40平方米以内；独生子女另加25平方米。

2004年9月，区政府发文规定一户只能拥有一处宅基地，宅基地的面积标准，按农村村民的在册人口计算，为：大户（6人以上，含6人），每户使用农用地不超过125平方米，非农用地不超过140平方米；中户（4～5人），每户使用农用地不超过110平方米，非农用地不超过120平方米；小户（1～3人），每户使用农用地不超过75平方米，非农用地不超过90平方米；大户拆除150平方米以上，中户拆除130平方米以上，小户拆除100平方米以上，按非农用地面积计算，小于以上拆除面积统一按农用地面积计算；独生子女另加25平方米。对确有需要增加一些粮食、畜牧、蚕茧、蔬菜等生产性用房的，也制订了相应的标准，宅基地审批由镇政府审核同意，报区政府批准，批准结果由村民委员会或农村集体经济组织予以公布。村民住宅用地实行全程管理制度，做到“选址、放样、砌基、验收”四到场。

2008年8月，为推进新农村建设，统筹城乡发展，促进农村土地集约利用，区政府发文对农民建房的标准重新给予界定，户均用地面积统建、联建的不高于0.5亩，公寓式住宅不高于0.3亩；宅基地的面积标准按农村村民的在册农村人口计算，调整为：大户（4人以上，含4人），每户宅基地面积最高不得超过110平方米；小户（3人以下，含3人），每户宅基地面积最高不得超过90平方米；独生子女按两人计算。为鼓励新农村建设用地节约集约利用，凡新建宅基地面积未达到户型面积上限的，其差额部分由区财政给予1500元/平方米奖励。

2009年9月，进一步完善城乡一体新社区布局规划，区政府发文鼓励引导村民向新市镇、新社区集聚，确定全区“5+18”（5个新市镇社区和18个城乡一体新社区）新社区规划布点，同时规定独立式和联排住宅包括道路、场地等公共设施户均占地原则上控制在0.5亩（其中0.1亩为公共设施配套用地），日照间距为1∶1.3。2000—2010年全区审批农民宅基地13526户，共129.4公顷。1991—2010年，全区批准农民个人建房（包括原有宅基地上翻建）25028户，新增建房面积611949平方米。

第三节　用地补偿与安置

征迁政策

1992年之前，征用土地报经区政府批准，谁用地谁征地，补偿安置区政府政策执行以货币为主，辅之以安排就业。1992—2000年，区征地政策由市政府制定。2001—2010年，区征地政策征地补偿部分由市政府制定，被征地农民安置政策由区制定。

1993年，在市区探索土地征收补偿安置制度改革，在征地方式上改谁用地谁征地为政府统一征地，统一由征地办公室负责具体征地事务，在补偿安置方面改一次性货币安置为养老保障加市场化就业。1998年年底，市政府出台政策，提出“个人自主择业，社会调节就业，政府促进就业”三原则及“对被征农民实行养老保障，对未就业人员进行生活补助”的具体政策。2001年11月28日，国土资源部将嘉兴列为全国征地制度改革9个试点城市之一。次年5月，市国土资源局起草《嘉兴市征地制度改革试点方案》，同年10月报经国土资源部、省政府批准后，市政府在全市推广实施。

1991年以来，市区的土地征用经济补偿安置政策，先后进行8次调整。1993年3月21日，市政府解决土地征用安置难的问题，首次提出改被征地人员原有的“政府安排就业”或“一次性货币安置”为“养老保障安置+市场化就业”。1993年12月，对嘉兴市区土地征用工的安置作暂行规定，对被征地人员试行由劳动部门统一管理的名义招工，由劳动部门推荐就业，同时鼓励被征地人员自谋职业，对未安置的土地工实行保养补贴，对已到或已过退休年龄的土地工由劳动社保部门按月发给退休养老金。1996年1月起，对嘉兴市区土地征用的经济补偿标准作调整。1998年12月，按照“个人自主择业、市场调节就业、政府促进就业”的思路，改进安置办法，对被征地人员实行养老保障安置，积极鼓励劳动年龄段的安置对象在享受社会保障待遇的基础上自谋职业。1999年11月1日，在全区依法实施统一征地，统一供地；统一征地补偿安置政策标准；同时要求相关职能部门和乡镇街道严格执行征地政策，加强土地补偿费的使用和管理，并明确耕地被征用后按照征用面积核减农业税。2001年8月，制定全面推行嘉兴市区的“养老保障安置+市场化就业帮扶”的被征地人员安置办法，并调整土地补偿的用途，明确土地补偿费除国家法律规定的用途外，还可用于解决历年遗留下来的被征地人员生活补助。2004年1月，在市本级实行征地补偿区片综合价的政策。区片综合价包含了原来的土地补偿费和安置补助费两项内容，但不包含青苗和附着物补偿费用。2009年8月19日，对土地征用的法定程序、补偿安置标准、被征地人员的基本生活保障、违法征地的法律责任等，作出一系列具体规定。

用地补偿

1985年10月，区政府对征（使）用土地的补偿标准作出规定，后辖区作为全国征地制度改革试点区域，征地补偿按市政府出台的政策执行，不再制定相关政策。至2010年止，征地补偿标准按市政府印发的《嘉兴市征收农村集体所有土地管理暂行办法》执行。

2004年，市政府发文规定"区片综合价"的大部分用于被征地人员社会保障统筹，不足部分由政府补足，少部分（相当于原标准的土地补偿费）留给村组。具体做法是：根据各地经济发展现状和实行养老保险安置所需的费用，按照不同地类测算确定区片综合补偿价。以市本级为例，将市本级农村集体土地划分为2个区片，一级区片为嘉兴市区城市规划区，二级区片为市本级其他区域。综合补偿标准（包括土地补偿费和安置补助费，不包括青苗补偿和地面附着物补偿等其他费用）：一级区片中的水田、旱地及养殖用地等每亩补偿2.5万元，二级区片同类土地每亩补偿2.25万元。对专业桑园、果园、蔬菜基地、其他用地等都分别制订综合补偿标准。

2009年，根据《嘉兴市征收农村集体土地管理暂行办法》，适当提高征地补偿安置标准。市本级一级区片综合价由原来的2.5万元提高到3.25万元，二级区片由原来的2.25万元提高到3万元。实施"区片综合价"以后，提高补偿部分全部用于被征地农民参加社会养老保障统筹。

安置

2004年开始，全区对被征地农民，统一实行养老基本生活保障和社会保险相结合办法：即劳动年龄段以上（男满60周岁、女满50周岁）的被征地农民，实行养老基本生活保障；劳动年龄段以内的被征地农民，建立基本养老保险关系，享受相关待遇；劳动年龄段以下（16周岁以下）的人员和已在企事业等单位参加了职工养老保险、享受职工基本养老金（退休费）等养老待遇的被征地农民一次性发给征地安置补助费。养老保障的资金来源，主要是扣除留村组土地补偿费以后的区片综合价，不足部分由地方政府从土地出让金中列支。具体由征地单位负责筹集缴纳，足额纳入劳动保障部门专户。养老基本生活保障资金单独建帐，专款专用，封闭运行，财政托底。对被征地农民纳入社会保障体系明确了有关政策，以确保被征地农民原有生活水平不降低、长远生计有保障。至2010年止，辖区已全面实施社会保障安置。1991—2010年，全区征收农村集体土地数量35130亩，被征人员安置5.9万人，参加社会保障46303人，其中12285人按月领取养老保障金，每人每月领取580元养老金。

第四节　土地储备与土地市场

土地储备

2001年4月，国务院发布《关于加强国有土地资产管理的通知》，提出有条件的地方政府试行建设用地收购储备制度。2004年7月，区土地储备中心设立，主要负责实施辖区城镇规划区内的经营性土地回收、储备以及出让前期准备工作。2004年8月，成立区土地储备委员会，规定储备委员会及储备中心的各自职责，明确收购、储备的对象及储备程序等。根据市与区管辖职责划分，辖区的土地只收储嘉兴市储备中心管理范围以外的土地。1999—2010年收储土地71.75公顷，收储土地出让54.70公顷，出让金收入10.67亿元，净增收益6.31亿元，区土地储备中心自己融资4.26亿元。

土地市场

土地有偿使用制度改革起步于20世纪90年代初期，作为主城区，启动的土地大部分在区境。1991年3月，市政府首次提出对各类企业用地要采用有偿划拨或出让的办法给予供地。对市区因征用土地而撤销建制的村民小组的年报外土地，收归国有。1992年4月4日，嘉兴市区首次协议出让一宗国有商业用地(位于吉杨路、吉水路交叉口,原红楼商场用地),受让单位为嘉兴市供销采购批发站,出让面积4091平方米,地价为1100元/平方米,合同总价450万元,出让期限为50年。7月7日,市政府出台《嘉兴市国有土地使用权权出让和转让暂行办法》《嘉兴市划拨土地使用权管理暂行规定》,是确立土地出让、转让管理的嘉兴市第一个行政法规。

1993年11月27日,市政府对市、区两级政府在土地出让管理中的职责事权进行了分工,明确两区土地出让审批权限、操作程序和土地收益分配、使用、管理办法。1994年3月,位于城北路城北桥西北堍的一宗2473平方米的商业住宅用地进行了公开招标出让,迈出市场化配置土地资源的第一步。

1995年6月26日,市政府对土地出让提出7项深化改革举措。当年至2000年,房地产等经营性用地已采用招拍挂出让方式,建立土地交易市场。2003—2004年,开展土地市场秩序整治工作,清理整顿各类开发园区,制止非法圈地风,清查和纠正各地土地出让中存在的非法交易、零地价招商、擅自减免土地税费、缓缴土地出让金等不规范行为。

2005年1月,市政府在重申严格执行经营性用地招拍挂制度的同时,要求各地开展工业用地"招拍挂"出让试点工作,并提出规范市场交易行为的具体措施。2006年9月,市政府发文加快工业用地"招拍挂"出让工作步伐。2007年,对政府相关职能部门在推进土地市场建设中的职责任务作出明确分工。至此,土地有偿使用、商住、工业等经营性用地市场化配置、土地市场监管平台建设等体制、机制、政策和规则体系全面形成。

据统计,2000—2010年,全区各类建设用地供应总量1992.2481公顷。其中,划拨424.8090公顷,协议出让823.0542公顷,招拍挂出让744.3849公顷。

2000—2010年全区土地有偿使用情况表

表4-17

建设用地供应总量		按供应方式								
		划 拨		协议出让			招拍挂出让			
宗地数	面积(公顷)	宗地数	面积(公顷)	宗地数	面积(公顷)	成交价款(万元)	宗地数	面积(公顷)	成交价款(万元)
923	1992.2481	93	424.8090	523	823.0542	124467.0497	307	744.3849	461562.1486

第五章　土地监察

第一节　执法监察机构和队伍

1987年,区土地管理处成立土地执法监督检查中队。区土地管理局成立后,于1989年1月建立区土地监督监察中队,各乡建立小队,各村配备土地监察员,共有监察人员84人。1997年,区土地监督监察中队升格为大队。2002年,土地监察大队更名为区国土资源执法监察大队,核定人员编制3名。2010年,实有执法人员4名,国土所工作人员24名。68个行政村(社区)均配备土地监察信息员1名(后更名为土地协管员),形成区、乡(镇)、村三级土地监察网络体系,对土地实行三级动态巡查制度,即由区国土分局、镇(街道)国土所和村协管员承担。区国土分局主要对一级巡查区域的土地利用情况实施巡查,并负责组织、协调和指导镇(街道)国土所和村协管员的巡查活动,并监督检查巡查情况和效果;各镇(街道)国土所对所辖区内的二级巡查区域的土地利用情况实施巡查,对巡查过程中发现的问题及时予以处理并向区国土分局报告处理结果,问题较大的应及时上报区国土分局;各村协管员负责对三级巡查区域进行巡查,发现问题及时制止,并报告镇(街道)国土所予以处理,同时,密切配合镇(街道)国土所进行巡查区域的巡查活动。实行三级动态巡查,使违法用地早发现、早制止、早报告，把违法用地遏制在萌芽状态，减少违法事实的形成。

第二节　法律法规宣传

1989年8月，省委、省政府决定，每年9月在全省范围内开展《中华人民共和国土地管理法》和全民国土观念教育“宣传月”活动。辖区宣传月活动搞得轰轰烈烈，各街道、乡、村悬挂宣传横幅，大街小巷张贴标语，机关干部上街开展土地法律法规政策咨询服务活动。1991年国务院决定，每年6月25日为“全国土地日”。当年市政府印发《土地管理法规选编》，要求村级以上干部学习，并采用各种形式进行广泛宣传。

每年的“6·25”全国土地日都有一个宣传主题。利用各种媒体和宣传阵地，采用各种形式，广泛深入开展国土资源政策法规宣传月活动。宣传“保护耕地，珍惜和利用好每一寸土地资源”这一基本国策；宣传各个时期国土资源管理工作的新形势、新任务、新法规、新政策；宣传节约集约用地先进经验与典型；公开曝光国土资源违法违规典型案件的查处。还通过“三五”“四五”“五五”“六五”普法教育，采用订阅发放法律知识读本、组织观看电教片、邀请专家学者作专题讲座、举办执法业务培训班、进行法律知识测验、通报违法违纪案件、编印警示教育资料等形式，提高广大干部群众的法律意识。

1991—2010年“6·25”全国土地日宣传主题情况表

表4-18

年份	宣传主题	年份	宣传主题
1991	土地与国情	2001	规划土地，利国利民
1992	土地与经济	2002	规范土地市场，促进经济发展
1993	土地与经济	2003	规范土地市场，促进可持续发展
1994	土地与市场	2004	坚持科学发展观，珍惜每一寸土地
1995	土地与法制	2005	节约集约土地，促进科学发展
1996	土地与发展——保护我们的生命线	2006	依法合理用地，促进科学发展
1997	土地与国家——爱护我们的家园	2007	节约集约用地，坚守耕地红线
1998	土地与未来——集约土地造福后代	2008	坚守耕地红线，节约集约用地，构建保障和促进科学发展的新机制
1999	依法行政，合理用地	2009	保障科学发展，保护耕地红线
2000	保护耕地是——为了美好的明天	2010	土地与转变发展方式——依法管地集约用地

第三节　土地执法专项检查

1983年上半年，根据国务院有关规定及地区行政公署安排，市区集中查处从1979年以来城乡违法乱占滥用耕地建房事件。查处后，一部分拆基还田，一部分作经济处罚。1987年3月，市政府组织开展土地法规执行情况大检查，重点查处城乡乱占滥用耕地。1989年9月，全市在开展《中华人民共和国土地管理法》和“国土观念教育宣传月”活动中，进行土地管理活动和法规执法大检查，着重处理党政干部“三违”（违法、违章、违纪）建私房案件。1997年4月15日，中共中央、国务院下达《关于进一步加强土地管理，切实保护耕地的通知》，决定冻结非农建设项目占用耕地一年，确实需要占用耕地的，报国务院审批。1997年5月，全市组织近万名干部，开展对1991年以来占用的各类非农建设用地的大清查。清查重点是各类开发区，工商业小区，房地产开发项目，城郊结合部、铁路沿线、公路干线两侧的非农建设用地，以及乡（镇）村的非农建设用地。对清查中发现的各类违法用地进行集中整治和依法处理。

2003年，国务院部署全国各地清理整顿各类开发园区，开展土地市场秩序大整治。同年9月，国土资源部、监察部联合下达《关于开展土地执法百日行动的通知》，在省国土资源厅、监察厅的统一部署下，开展了以查处“以租代征”为重点的土地执法百日行动，集中清理“以租代征”、违反土地利用总体规划扩大工业用地规模、未批先用等土地违法违规行为。2006年，针对土地管理秩序整治以后一些地方出现违法用地案件反弹现象，国土资源部下发《关于进一步从严土地管理的紧急通知》和《关于严明法纪坚决制止土地违法的紧急通知》。同年7月，国务院决定实施国家土地督察制度，下发《关于加强土地调控有关问题的通知》，规定对地方领导实行问责制。2007年，国土资源部与监察部、农业部、财政部等部门先后下发《关于开展全国农村土地突出问题专项治理的通知》《关于开展国有土地使用权出让情况专项清理工作的通知》。

2008年，国土资源部利用卫星遥感技术，组织开展2007年度辖区卫星遥感(以下简称“卫片”)检查土地执法检查和土地督察例行督查。当年12月5日，省国土资源厅对在2008年卫片土地执法检查中，扣除“未供即用”后违法用地占用耕地数，占新增建设用地占用耕地数的比例超过15%的21个县(市、区)进行约谈，嘉兴市五县两区均在其中，南湖区在这21个县(市、区)中位居第三。区委、区政府认真总结经验教训，进一步严格土地管理，加强事前防范和宣传教育。在2009年度土地卫片执法检查中，违法用地占用耕地数占新增建设用地占用耕地数的比例降至个位数，零约谈、零问责。2010年起，卫片土地执法检查和土地督察例行督查工作实行常态化。

2010年7月19日，国家五部委调研组到嘉兴考察指导农村土地整治与“两新”(新市镇、新社区)工程建设

第四节 土地违法行为查处

违法用地查处

1989年，全区开展全民国土观念教育和《中华人民共和国土地管理法》宣传月活动，开展土地执法大检查，共查出违法占地448件，面积29.58公顷。其中擅自占地155件，面积24.45公顷。处理417件，占发案率的93.08%，共拆除各种违章建筑4931.18平方米，罚没款2.2237万元。2000—2010年，共查处土地违法案件394件，涉及违法占地面积448.2297公顷，依法作出退回土地448.2297万平方米，没收建筑物117.3423万平方米，拆除建筑物20.3149万平方米，罚没款23728.7787万元的行政处罚。

2001—2010年查处违法用地案件情况表

表4-19

单位:万平方米，万元

年份	案件数	涉及土地面积	退回土地	罚没款	没收	拆除
2001	3	0.0401	0.0401	0.1596	0.0159	0.0136
2002	15	1.3107	1.3107	2.647	0.3682	0.0309
2003	107	155.8450	155.8450	19028.0286	65.103	—
2004	37	4.0105	4.0105	33.6479	0.0716	0.4938
2005	134	190.1810	190.1810	2439.173	8.3978	0.3026

续表4-19

年份	案件数	涉及土地面积	退回土地	罚没款	没收	拆除
2006	42	37.6585	37.6585	620.0944	10.3791	0.6766
2007	4	0.1901	0.1901	7.8559	0.0385	0.0542
2008	15	21.5642	21.5642	496.957	12.433	6.1581
2009	5	2.4291	2.4291	70.0959	1.3945	1.1088
2010	32	35.0005	35.0005	1030.1194	19.1407	11.4763
合计	394	448.2297	448.2297	23728.7787	117.3423	20.3149

清查闲置土地

2002年9月，区政府依法对28宗、88.7178公顷土地收回土地使用权，另外有11宗、13.2997公顷，在缴纳土地闲置费后批准继续使用，城镇空闲地已全部规划利用。2005年，根据国务院、省文件，市委、市政府制定关于进一步提高土地集约利用水平的若干意见》，出台20条政策。2008年8月，明确“十一五”规划期间“新增建设用地单位面积投资强度每年提高5%；单位GDP与固定资产投资增长的新增建设用地消耗量每年分别减少10%与5%，力争区域集约节约用地综合评价位次在省内前移”三大目标。还对建设项目批后监管工作和闲置土地的处置工作作出一系列具体规定。2010年，要求对每一宗闲置土地实行属地管理，一地一档，严肃政策，处置到位。2000—2010年，全区收回城镇闲置国有土地32.0175公顷。

土地信访工作

1995年起，实行“分级负责、归口办理”的信访原则，明确区土地管理部门和乡镇人民政府信访处理范围，及时查处土地违法案件，把问题解决在基层。2001年，区土地管理分局建立信访工作小组，形成一整套登记、批办、催办和督办、结案上报、统计和归档的办理程序，提高信访办理效率和质量。建立领导每月15日信访接待日和信访办理承诺制。2005年5月1日起，信访事项从受理之日起60日办结，情况复杂的，经批准可以适当延长办理时间，但延长时间不得超过30日。2000—2010年，共接信访件412件，均按时报结，违法用地信访占总信访数的56.31%。

2000—2010年土地信访统计表

表4-20

年份	来信（件）	来访（批/人次）	其中：违法占地类	其中立案查处情况			
				立案查处（件）	依法拆除建筑物（平方米）	没收建筑物（平方米）	收缴罚没款（万元）
2000	11	8/15	15	2	491.5	465.8	0.92
2001	8	12/14	17	2	251.3	324.1	0.98
2002	10	17/18	16	2	—	459.25	1.21
2003	18	17/26	21	5	3085.28	2415.52	9.84
2004	20	34/54	30	2	506.4	2016.39	3.83
2005	33	17/27	25	3	708.91	4023.2	3.69
2006	32	10/14	16	2	402.6	1600.4	4.96
2007	36	7/26	25	4	—	2031.44	1.86
2008	34	13/45	25	1	—	2523.8	8.07

续表4-20

年份	来信(件)	来访(批/人次)	其中:违法占地类	其中立案查处情况			
				立案查处(件)	依法拆除建筑物(平方米)	没收建筑物(平方米)	收缴罚没款(万元)
2009	24	10/31	20	1	—	839	2.85
2010	33	8/32	22	4	—	6745.2	27.09
合计	259	153/302	232	28	5445.99	23444.1	65.3

第五节　黏土资源保护与管理

区境利用黏土资源烧制砖瓦已有上千年历史。旧时,农户手工制作砖瓦土坯,用小土窑进行砖瓦烧制,砖瓦产品的销售仅以本地自需为主,生产规模不大,取土量有限。20世纪70—80年代后,经济社会发展,基础建设加快,对砖瓦建材的需求量大增,各乡镇都兴办机械化生产的大型砖瓦轮窑,不仅占用大量良田,而且还大量消耗黏土资源。造成的后果是许多水田被"抽筋剥皮",一些旱地桑园被毁,部分圩堤圩岸受到破坏,造成抗洪排涝能力降低。区境最早开业的砖瓦厂是嘉兴余新砖瓦厂,始建于1970年,到2000年全区砖瓦厂达到16家。

黏土采挖许可

20世纪90年代中后期,政府加强制砖取土管理,对黏土资源采挖实行许可证制度。2000年,市政府将缺少可利用黏土资源的辖区及沿海地区列为砖瓦生产限采区。2002年和2003年,区政府先后发文规范窑厂、水泥厂生产取土和农民卖泥、运泥等行为,并于2002年实行许可证制度,全区14家窑厂全部办理用泥许可证和运泥许可证。后采矿许可证和用泥许可证两证合一,保留采矿许可证并按规定程序进行年检。

砖瓦行业查处与整顿

2003年,全市加快产业结构调整步伐,在全市范围内限期转产、停产黏土制砖。2004年起,生产建设取土的单位和个人向所在乡(镇)土地管理所缴纳土地复垦保证金。缴纳标准为:按窑厂规模20门以上(含20门)砖瓦厂10000元;20门以下6000元;年产5万吨以上(含5万吨)水泥厂3000元,轮窑和其它用泥单位和个人1000~2000元。用泥单位和个人未按取土合同履行土地复垦的,由乡镇政府统一组织土地复垦。

2005年9月,市政府发文,限期淘汰水泥机立窑和黏土砖瓦窑,推进资源集约利用。2006年区政府成立整顿砖瓦行业领导小组,对全区砖瓦行业进行整顿。2007年,对新丰等镇实现首批7家轮窑厂的关停任务。对停产关闭的轮窑厂拆除和复耕。至2009年年底,列入第二批关停的4家轮窑厂停产关闭。经砖瓦行业压缩和整顿,黏土消耗大幅下降,砖瓦行业黏土开采总量从2000年的167万吨下降到2007年的14万吨,减少153万吨。2010年,境内仅剩嘉兴市新篁砖瓦厂1家还在生产。

第五篇　生态与环境保护

目 录

区境气候温和宜人，雨量充沛，自然环境优越。20世纪80年代开始，工农业发展迅猛，工业生产排放大量有害物质，农田中农药残留排入河中，地表水污染使水质不断下降，道路上车流量的增加使大气污染趋于严重，给生态环境带来影响。

进入21世纪，坚持铁的纪律进行环境整治方针，“绿水青山就是金山银山”逐渐深入人心。全区开展各项污染专项整治，经过多年努力，环境污染和生态破坏趋势基本得到控制，环境质量有所改善。2004年5月，区环境保护局成立后，加强了环保基础设施建设。生活垃圾焚烧发电综合利用工程投入运行，城乡生活垃圾实现了无害化处理；2003—2010年，建设块石护岸150.14千米，生态护岸34千米，清淤河道24条，建设污水管网约42.2千米；在环境整治和污染治理的同时，加强环境监管——区域在线环境监控软件、水污染源在线监测网络、大气环境在线监测相继投入使用。

2006年，南湖区制定了《“十一五”环境保护规划》和《生态环境功能区规划》，打造以发展循环经济为统领，“污染治理、环境整治、环境监管”三管齐下，追求生态效益、社会效益、经济效益最大化的“南湖模式”。

第一章　环境质量

第一节　水环境

境内水流纵横交错，河湖众多，旧时水体比较清洁。20世纪50—60年代开始，东部地区工厂增多，畜禽养殖量逐年增加，平湖塘、嘉善塘等流域水情恶化，河水时有发黑发臭现象。80年代中期，境内半数以上主要水体能达到Ⅲ类（一般）水质。90年代，水体污染范围由局部演变为大面积，河流湖泊都受到不同程度的污染，各主要水体水质以Ⅳ类和Ⅴ类为主。进入21世纪后，水质状况更加恶化，污染程度加重，主要水体全部沦为Ⅴ类甚至劣Ⅴ类。2005—2009年期间，对境内运河、河网和湖泊等7个主要水体14个断面进行监测，在开展监测的12个项目中，氨氮、总磷、高锰酸盐指数、生化需氧量和溶解氧为主要超标因子，各水域污染以有机物污染为主。7个水体中，仅运河嘉兴段为Ⅴ类水质水体，占14.29%，其余6个水体水质均属劣Ⅴ类，占85.71%。导致断面超标的主要原因是畜禽养殖污染、农业面源污染以及农村生活污染。另外，早期工业园区长期排放的污染物富集在河道底泥，也对水体产生了一定的影响。2010年，对7个主要水体14个断面的监测结果表明，有11个断面由劣Ⅴ类好转为Ⅴ类，但也有一个断面由Ⅴ类恶化为劣Ⅴ类，且均未达到功能区要求。

2005—2009年区地表水监测断面水质情况表

表5-1

河流名称	断面名称	功能类别	现状类别	超功能区类别项目
长水塘	南门水厂	Ⅱ	劣Ⅴ	溶解氧、高锰酸盐指数、五日生化需氧量、氨氮、总磷
长水塘	嘉兴二县渔坝	Ⅲ	劣Ⅴ	溶解氧、五日生化需氧量、氨氮、总磷
海盐塘	尤角村	Ⅲ	劣Ⅴ	溶解氧、高锰酸盐指数、五日生化需氧量、氨氮、总磷
海盐塘	倪家汇	Ⅲ	劣Ⅴ	溶解氧、高锰酸盐指数、五日生化需氧量、氨氮、总磷
嘉善塘	渡船浜	Ⅲ	劣Ⅴ	溶解氧、高锰酸盐指数、五日生化需氧量、氨氮、总磷
嘉善塘	七星	Ⅲ	劣Ⅴ	溶解氧、高锰酸盐指数、五日生化需氧量、氨氮、总磷
南湖	南湖中心	Ⅳ	劣Ⅴ	五日生化需氧量、氨氮、总磷
平湖塘	焦山门桥	Ⅲ	劣Ⅴ	溶解氧、高锰酸盐指数、五日生化需氧量、氨氮、挥发酚、总磷
平湖塘	长征桥	Ⅳ	劣Ⅴ	五日生化需氧量、氨氮、总磷

续表5-1

河流名称	断面名称	功能类别	现状类别	超功能区类别项目
平湖塘	人中浜	Ⅳ	劣Ⅴ	溶解氧、高锰酸盐指数、五日生化需氧量、氨氮、总磷
平湖塘	白马水泥厂	Ⅲ	劣Ⅴ	溶解氧、高锰酸盐指数、五日生化需氧量、氨氮、总磷
三店塘	塘汇	Ⅲ	劣Ⅴ	溶解氧、高锰酸盐指数、五日生化需氧量、氨氮、总磷
三店塘	杨庙大桥	Ⅲ	劣Ⅴ	溶解氧、高锰酸盐指数、五日生化需氧量、氨氮、总磷
运河嘉兴段	龙凤大桥	Ⅲ	Ⅴ	溶解氧、高锰酸盐指数、五日生化需氧量、氨氮、总磷

2010年区地表水监测断面水质情况表

表5-2

河流名称	断面名称	功能类别	现状类别	超功能区类别项目
长水塘	南门水厂	Ⅲ	Ⅴ	溶解氧、高锰酸盐指数、五日生化需氧量、氨氮、总磷
长水塘	嘉兴二县渔坝	Ⅲ	Ⅴ	溶解氧、高锰酸盐指数、五日生化需氧量、氨氮、总磷
海盐塘	尤角村	Ⅲ	Ⅴ	溶解氧、高锰酸盐指数、五日生化需氧量、氨氮、总磷
海盐塘	倪家汇	Ⅲ	Ⅴ	溶解氧、高锰酸盐指数、五日生化需氧量、氨氮、总磷
嘉善塘	渡船浜	Ⅲ	Ⅴ	高锰酸盐指数、五日生化需氧量、氨氮、总磷
嘉善塘	七星	Ⅲ	Ⅴ	溶解氧、高锰酸盐指数、五日生化需氧量、氨氮、总磷
南湖	南湖中心	Ⅳ	Ⅴ	高锰酸盐指数、五日生化需氧量、氨氮、总磷
平湖塘	焦山门桥	Ⅲ	Ⅴ	溶解氧、高锰酸盐指数、五日生化需氧量、氨氮、总磷
平湖塘	长征桥	Ⅳ	Ⅴ	高锰酸盐指数、五日生化需氧量、氨氮、总磷
平湖塘	人中浜	Ⅳ	劣Ⅴ	溶解氧、高锰酸盐指数、五日生化需氧量、氨氮、总磷
平湖塘	白马水泥厂	Ⅲ	劣Ⅴ	溶解氧、高锰酸盐指数、五日生化需氧量、氨氮、总磷
三店塘	塘汇	Ⅲ	Ⅴ	溶解氧、高锰酸盐指数、五日生化需氧量、氨氮、总磷
三店塘	杨庙大桥	Ⅲ	Ⅴ	高锰酸盐指数、五日生化需氧量、氨氮、总磷
运河嘉兴段	龙凤大桥	Ⅲ	劣Ⅴ	溶解氧、高锰酸盐指数、五日生化需氧量、氨氮、总磷

注：评价项目为溶解氧、高锰酸盐指数、五日生化需氧量、氨氮、总磷、挥发酚、氰化物、砷、汞、六价铬、铅、镉12项指标

第二节　大气环境

境内地处杭嘉湖平原，地势平坦开阔，大气自净条件良好。夏季气温较高，大气对流旺盛，污染物易于迁移、净化，故大气质量夏季最佳，冬季较差。

境内城市大气功能区均属2类区，执行环境空气质量二级标准。大气主要污染物为总悬浮颗粒物、二氧化硫、二氧化氮、酸雨、降尘。监测结果显示，“七五”（1986—1990）计划期间大气中总悬浮颗粒物和降尘量污染相对较严重，达国家三级污染水平。20世纪90年代以后，降尘年月均值基本控制在二级标准内，但总悬浮颗粒物仍时有超标。2002年7月1日起，大气总悬浮颗粒物停止监测，改为监测可吸入颗粒物（PM10）。21世纪初，全区大气环境整体质量属于一般，除降尘量有下降趋势外，其他几项均有不同程度上升。其中可吸入颗粒物年日均值接近或超过二级标准，2005年还有未能满足功能区要求的情况。空气中二氧化硫浓度有较大幅度的上升，酸雨情况未得到有效控制，污染程度有

所加重。2005—2010年平均酸雨样品率(酸雨样品与采雨样品总数之比)达86.60%,比"七五"计划期间的28.35%上升了近58.25个百分点,降水中的酸碱性(PH)变化为3.09～7.30(低于5.6为酸雨),最小PH值3.09酸性雨出现在2007年。

大气中二氧化硫(SO_2)的主要污染源为各热电厂,烟尘的主要污染源为热电厂和砖瓦厂。导致酸雨频率不断增高的主要原因为南湖区地处沿海工业发达地区,化石燃料消耗多,二氧化硫等废气大量排放。

2005—2010年南湖区大气主要污染物年日均值(月均值)统计表

表5-3

年份	可吸入颗粒物(PM_{10})(毫克/立方米)	二氧化硫(SO_2)(毫克/立方米)	二氧化氮(NO_2)(毫克/立方米)	降尘(吨/平方千米/月)
2005	0.071	0.021	0.025	7.47
2006	0.111	0.028	0.028	7.39
2007	0.108	0.051	0.038	6.97
2008	0.098	0.046	0.039	6.59
2009	0.095	0.036	0.038	6.45
2010	0.096	0.043	0.046	5.31

2005—2010年南湖区降水监测值统计表

表5-4

点位	年份	采雨样品总数(个)	酸雨样品(个)	酸雨样品率(%)	降水pH值	
					范围	均值
南湖区	2005	58	48	82.76	3.50—7.30	4.45
	2006	73	62	84.93	3.56—6.78	4.38
	2007	71	68	95.77	3.09—6.88	4.28
	2008	65	62	95.38	3.86—6.51	4.09
	2009	67	65	95.68	3.91—4.71	4.38
	2010	84	57	67.86	3.41—6.87	4.40

注:pH值5.6为酸雨控制值

第三节　声环境

交通噪声

20世纪80—90年代,机动交通车辆增多、道路狭窄、车辆拥挤,境内交通干线两侧噪声污染较严重。"七五"计划期间数据显示,平均等效声级为74.5分贝,最大值达到88.5分贝,超标率在80%以上。90年代末开始,交通噪声污染情况有所好转,控制在70分贝以下。2005年后,交通噪声年平均等效声级较为稳定,均达到国家规定标准。

环境噪声

境内环境噪声源主要来自工业噪声、社会噪声、交通噪声和建筑施工噪声等。2010年,区境设有效环境噪声测点180个,等效声级平均值为48.4～66.9分贝,与2006年相比降低1.5分贝,总体呈现下降趋势。

2004—2010年南湖区区域环境噪声统计表

表5-5　单位:分贝

年份	检测点数	平均等效声级	平均值
2004	180	41.1—67.2	54.7
2005	180	48.7—71.1	56.2
2006	180	42.4—71.1	55.9
2007	180	55.1—56.7	56.7
2008	180	53.1—56.5	54.7
2009	180	53.7—54.8	54.25
2010	180	48.4—66.9	54.4

功能区环境噪声

2003年,市区各功能区昼间噪声均没有超标,夜间噪声超标率为25.0%,昼夜超标率为12.5%,主要是四类标准区超标;与2002年相比,各超标率均下降了37.5%(2002年嘉兴市区昼间超标率为37.5%,夜间超标率为62.5%,昼夜超标率为50.0%)。

2004年,嘉兴市区各功能区噪声等效声级昼间超标率为25.0%,夜间超标率为50.0%,均比2003年上升了25.0%,主要超标区域是一类、四类标准区;

2005年,嘉兴市区各功能区噪声等效声级昼间未超标,夜间超标率为25.0%,均比2004年下降了25.0%,主要超标区域是四类标准区;

2006年,嘉兴市区2个四类区噪声的昼间等效声级均未超标,夜间等效声级均超标,其他功能区昼间和夜间等效声级均未超标。

2006年嘉兴市区功能区噪声定期监测统计表

表5-6　单位:dB(A)

功能区类型	测点名称	二季度			四季度			全年		
		Ld	Ln	Ldn	Ld	Ln	Ldn	Ld	Ln	Ldn
一类区	南湖绢纺一村	53.9	39.1	52.8	52.4	41.4	52.1	53.1	40.2	52.3
	市委党校	51.0	41.9	51.3	52.4	42.1	52.3	51.6	41.9	51.7
二类区	少年路	51.2	40.2	50.9	53.2	41.7	52.8	52.0	40.9	51.7
三类区	百花新村	54.5	40.7	53.6	52.3	38.3	51.3	53.1	39.3	52.2
四类区	中山路南	68.4	60.4	69.2	67.9	58.9	68.3	68.0	59.5	68.6
	中山路北	67.3	59.2	68.0	67.7	58.7	68.1	67.4	58.9	68.0

注:Ld－昼间噪声等效声级;Ln－夜间噪声等效声级;Ldn－昼夜间噪声等效声级

2006年嘉兴市区功能区噪声定期监测达标情况表

表5-7

功能区类型	测点名称	二季度		四季度		全年	
		Ld	Ln	Ld	Ln	Ld	Ln
一类区	南湖绢纺一村	√	√	√	√	√	√
	嘉兴市党校	√	√	√	√	√	√
二类区	少年路	√	√	√	√	√	√
三类区	百花新村	√	√	√	√	√	√
四类区	中山路南	√	×	√	×	√	×
	中山路北	√	×	√	×	√	×

注:"√"为达标,"×"为超标

2010年，嘉兴市区2个四类区噪声的昼间等效声级均未超标，夜间等效声级均超标，1个三类区昼间和夜间等效声级均未超标，其他功能区昼间和夜间等效声级均超标。区境内农村镇有无噪声监测点。

2010年嘉兴市区功能区噪声定期监测统计表

表5-8　　单位：dB(A)

功能区类型	测点名称	全年		
		Ld	Ln	Ldn
一类区	南湖绢纺一村	57.3	51.7	59.3
	市委党校	61.6	48.4	60.8
二类区	少年路	63.9	52.8	63.6
三类区	百花新村	56.9	47.6	57.1
四类区	中山路南	69.1	64.5	71.7
	中山路北	69.6	64.6	72.0

注：Ld－昼间噪声等效声级；Ln－夜间噪声等效声级；Ldn－昼夜间噪声等效声级

2010年嘉兴市区功能区噪声定期监测达标情况表

表5-9

功能区类型	测点名称	全年	
		Ld	Ln
一类区	南湖绢纺一村	×	×
	嘉兴市党校	×	×
二类区	少年路	×	×
三类区	百花新村	√	√
四类区	中山路南	√	×
	中山路北	√	×

注："√"为达标，"×"为超标

第四节　辐射环境

电离辐射环境

全区未发生任何辐射事故。境内的电离辐射主要来自核技术应用。区内共有辐射工作单位18家，其中放射性同位素应用单位7家，射线装置应用单位11家，包括7家医疗机构和4家工业企业。至2009年，区内共有放射源11枚，主要涉及造纸、木业、高分子材料、管件制造等行业，且均为V类放射源；射线装置20台，其中医用诊断射线装置14台，X射线衍射仪4台，均属Ⅲ类射线装置，工业探伤2台，均属Ⅱ类射线装置。至2010年，区内放射性同位素应用同2009年度未改变；射线装置29台，其中医用诊断射线装置14台，X射线衍射仪10台，均属Ⅲ类射线装置，工业探伤5台，均属Ⅱ类射线装置。

电磁辐射环境

境内电磁辐射环境总体处于良好状态，公众的照射水平处于安全范围内。电磁辐射污染主要存在于通信发射类的项目、电磁能应用和输变电项目。区境工频磁场、工频电场、无线电干扰值3大电磁辐射环境均符合国家规定的标准要求。

第二章　环境综合治理

第一节　工业污染治理

2000年以来，区工业发展迅猛，且工业结构较为复杂，涉及化学品制造、纺织印染、金属表面处理、通信设备、热电联产等相关行业，废水、废气、烟尘、固废、噪声等工业污染随之而来，工业污染治理工作被提上了区委区政府工作日程。2005年以来，以生态建设为目标，以节能减排为抓手，坚持"三铁"方针（铁的纪律、铁的手段、铁的手腕），采取了一系列整治措施。

废水污染治理

污水管网建设　为有效解决工业废水对环境的污染，于2002年6月委托嘉兴市秀城广源水处理有限责任公司从事大桥、余新、凤桥、新丰四镇工业污水收集管网的工程建设及运营，至2005年基本完成管网建设并投入运行。辖区工业污水通过污水管网统一收集后输送到嘉兴市联合污水处理有限公司进行集中处理，最终达标排入东海。至2009年年底，全区累计建成污水主管道33千米，企业接入支管约136千米，建成污水输送泵站6座，接入企业125家，入网污水量约2万吨/日。（详见第八篇"城乡建设"第三章第四节）

水环境监管　区环保局一方面以日常检查和突击检查相结合方式，不定期开展"春雷""夜莺"等系列检查行动，严厉打击超标入网等违法行为。另一方面，进一步加大对外排超标企业执法。通过采取立案查处、排污费补征双管齐下的方式推进企业治理设施正常运行、雨污规范分流、废水达标排放，严肃查处偷排、漏排、混排等环境违法行为。

电镀行业整治　2005年7月，责令七星校办电镀厂等15家污染企业限期治理。2007年年底至2008年上半年，围绕"逐个排查、集中整治、全面达标"的总体要求，开展了南湖区电镀行业专项整治行动。由区环保局对全区范围内所有电镀企业设备、工艺、运行状况，污染物治理设施运行情况，产量、原辅材料消耗以及污染物排放情况等进行详细排查、登记，确保所有电镀企业废水稳定达标排放、主要污染物排放总量大幅度消减。通过专项整治，5家电镀企业因未落实限期整改要求被强制关停，其他电镀企业将手动生产线全部改为全自动或半自动生产线，并且完善污染物治理设施，确保废气、废水经治理后达标排放，电镀污泥和危险化学品包装委托资质单位进行妥善处理。2008年2月，在凤桥镇庄史村建南湖区金属表面处理集聚区，要求全区所有电镀企业限期迁入，以利集中管理，控制污染。2009年，全区开展太湖流域电镀行业提标整治工作，进一步提高重金属污染物排放标准，优化产业结构，提升管理水平。

2008年，大桥印染治污设施

2010年全面加强重金属企业监管，对辖区内电镀企业保持高压监管，一旦发现废水超标入网或者偷排、漏排等环境违法行为，一律依法作出严肃处理。

地表水动态监测　从2005年开始，区环保局安排专人对辖区内重点河道断面进行地表水动态监测。监测结果显示，经过近几年的污水综合整治工作，全区河道断面判断水质的几个主要数据指标已明显好转，绝大多数断面的化学需氧量（CODcr）、氨氮（NH3—N）、总磷等指标较以往有较大幅度下降。其中，区环保部门长期跟踪监测的8条主要监测断面中，CODcr平均浓度已由原先的5类、4类提升至4类、3类标准。2010年，全区主要河道CODcr平均浓度基本控制在26mg/L以下，水质已从2008年的劣5

类提高到5类。

大气污染治理

南湖区大气污染防治对象主要为燃煤废气、工艺废气等。

烟色专项检查　为杜绝“冒黑烟”行为，区环保局定期或不定期对企业、小作坊的燃煤锅炉等进行烟色专项检查，严厉打击工业企业、家庭小作坊焚烧废塑料、边角料等环境违法行为，督促相关企业配套建设废气处理设施。

大气在线监测预警　嘉兴工业园区步云区内化工、仓储企业较多且较集中，化工企业工艺废气污染一直是南湖区废气整治重点。2007年，区环保部门投入340万余元在该区域安装了1套大气特殊污染因子在线监测系统，根据园区产业结构特点，重点监测氨(NH_3)、硫化氢(H_2S)、甲硫醇、乙硫醇、二硫化碳、氯乙烯，二氯甲烷等有机污染物。经过2年多的试运行，现已建立1套较为完善的大气特殊污染因子分级预警机制，对污染因子超标情况实现实时监测，并对应相关企业，及时有效地打击偷排、超标排放生产废气等违法行为。

化工行业整治　2004年5月，责令浙江海晨化工有限公司停产整顿限期治理。2007年5月，嘉兴金利化工有限公司等8家环境污染企业被列入限期治理(第一批)单位。2009年5月，对嘉兴工业园区40余家化工生产、储运相关企业开展废气污染专项集中整治，分别提出“一厂一策”限期整改方案。2010年，全面开展化工园区污染整治“摘帽”工作，园区内10家企业签订搬迁协议，24家企业通过专家组及整治办验收，5家治理无望的企业被迫关停。据监测数据显示，园区中甲巯醇、苯等主要空气污染指标的浓度较上一年同期下降50%以上，化工废气投诉也比2009年下降26.8%。

2009年，卫星集团丙烯酸治污设施

热电项目整治　从2006年开始，区环保局全面开展热电项目专项整治，对大部分企业的小锅炉、小烟囱进行整治拆除，统一由热电或热电联产企业铺设蒸汽管网，对燃煤废气实现集中处理。2010年，全区共有热电及热电联产企业6家，基本实现新丰、余新、凤桥和大桥镇主要工业企业蒸汽管网全覆盖。

噪声污染治理

境内许多老的工业区属于混合功能区，生产车间与居民住宅距离较近，一旦厂界噪声超标将直接影响周边声环境质量。近几年，区环保部门在审批上严格控制居民住宅附近新建或迁入有噪声污染的项目。对现有企业，严格督促按环保要求落实噪声治理措施，确保达到国家噪声污染有关排放标准。责令位于居民住宅附近有噪声污染的企业在夜间停止生产。定期对区域内重点噪声源企业进行现场噪声监测，加大对噪声超标企业的治理力度。及时征收超标排污费，督促企业加大对噪声污染治理力度。并且联合当地政府部门，对位于混合功能区遭受噪声污染较严重的居民住宅进行搬迁。

第二节　农业污染治理

污染概况

近10多年来，全区生猪养殖业发展迅速。在一些生猪养殖密集的乡村中，70%以上的农户从事畜禽养殖。其中新丰镇9865户农户中，6916户从事畜禽养殖，新丰生猪占了浙江销往上海的33%以上，曾以“华东养猪第一镇”闻名。2010年，全区生猪饲养量73.93万头，出栏生猪139.97万多头。养猪收入占了农户收入很大的比重，是南湖区农业重要的支柱产业，农民增收的重要渠道。

由于养殖密度过高，大量猪粪直接排入河道，严重污染了水质环境。仅新丰一镇日排鲜畜禽粪550吨，环境压力很大。2004年10月，嘉兴畜禽养殖业污染（其中秀城区为市重点区域）被列入"第一批省级督办治理的11个重点环境问题"之一。

治理污染策略

"南湖模式"　以发展循环经济为统领，以推进生态养殖为重点，以"源头控制、设施增容、治理扩覆"为抓手，按照"治旧控新、堵疏结合、标本兼治、综合治理"的思路，构建"畜禽—沼气—作物""畜禽—有机肥—作物"为内容的"农牧结合、生态循环、综合利用"的循环农业治污新模式。南湖区这一循环农业治污新模式（简称"南湖模式"）被誉为"具有平原特色的4大治理模式之一"，入选中组部生态文明建设与可持续发展案例选编。

完善组织架构　成立由区长任组长、2名分管副区长为副组长，各相关部门和各镇主要负责人为成员的农业面源污染整治领导小组。领导小组下设工作督查组、指导推进组、综合执法组和办公室。

全面落实责任　明确分年度、分阶段治理目标任务：2008年12月底前，完成存栏50头以上的养殖户治理；2009年6月底前，完成存栏50头以下的养殖户治理。在此基础上，细化分解任务，严格落实镇村责任，对"300头以上养殖户必须达到零排放、300头以下全面封堵直排口、实行干湿分离、规模养殖场排泄物综合利用率达到95%以上"等指标考核实行"一票否决制"。2010年8月，南湖区顺利通过省政府的"摘帽"验收。

健全推进机制　建立区联镇、镇联村、领导干部联系重点村（户）的三级联动机制。邀请区人大、区政协领导带队，对区、镇各工作组履职情况、各镇干部联村情况以及各项治理措施落实、环境执法等情况开展督查。同时，领导小组建立工作例会制和工作简报制，定期通报治理进展情况，研究工作推进中的实际问题。

强化政策支持　相继制定《南湖区生猪产业发展规划》《畜禽养殖污染防治管理暂行规定》《关于推进转型升级加快都市型现代农业发展的若干政策意见》等，明确沼气工程、畜粪处理中心、有机肥推广施用、牧业小区建设和沼气池长效管理维护等方面的扶持政策和措施。

全面完成治污设施建设　存栏20头以上养殖户按照"两分离、三配套"（干湿、雨污"两分离"，干粪堆积池、沼气池和沼液储存池"三配套"），存栏20头以下养殖户按照"一分离、一配套"（雨污分离和储污池）的要求，全面落实"一户一方案"，分类分批建设治污配套设施。截至2009年6月底，全区累计建沼气池18.8万立方米，干粪堆积池2.9万平方米，沼液储存池（储污池）34.01万立方米，雨污分离设施29.3万米。2009年下半年开始，农业面源污染治理工作转入后续长效管理的轨道。

硬件设施配套基本符合原定的技术要求和质量标准，提前1年完成了原定的建设任务。

加大科技支撑力度　加强与大院名校及科研部门的协作，就畜禽养殖污染、节能减排等方面构建联合攻关机制，并在绿色养殖的多个领域开展重点科研攻关。

强化执法高压态势　各镇均建环境监察执法中队，严格按照畜禽养殖业污染整治工作的有关要求和规定，对偷排等违规养殖户（场）进行严肃查处。同时，聘用多名具有丰富基层工作经验的村民作为农业面源污染治理监察员。

文明生态养殖

推进生态养殖　根据养殖户（场）的不同规模，积极探索生态养殖模式，具体设计3种方式：300头以上养殖场（户）推行生态循环零排放方式，即在配备相应基础设施基础上，按25头/亩配备相应农田，实行农牧结合；100～300头养殖场（户）推行资源循环利用方式，即在"沼气工程"全覆盖基础上，重点加快2个分离、"三池"配套和"沼气工程"后续管理；100头以下养殖户推行生态循环利用方式，即实施"猪—沼—果（菜）"模式，实现沼液综合利用。同时，在牧业小区探索推广生物发酵床零排放养殖模式，降解生猪排泄物，进一步减少畜粪对环境的污染。

创建畜牧生态小区　2008年后，制定畜牧生态小区标准化建设要求，鼓励散养户向小区集中，建立牧业园区。

截至2010年年底，全区共有牧业小区17个（含在建3个），总占地面积1500多亩，建筑规模年出栏生猪20多万头。其中浙江绿嘉园牧业小区规模最大，占地面积148亩，年出栏生猪1.2万多头。新丰镇在建3个标准化牧业小区，占地面积约150亩，计划年出栏生猪2万多头，占全镇出栏量的1/25。

提高畜粪收集处理能力　按照“户聚、村收、片处理”的模式建猪粪收集处理中心。到2010年，全区建有29个畜粪收集处理中心，3个有机肥加工厂，累计生产有机肥6.84万吨，其中外销2.39万吨，畜粪综合利用率达96.5%。

提高“三沼”利用率　“三沼”，即沼气、沼液和沼渣。全区以村（片）为单位，已组建沼液服务队45支，购置槽罐车、电瓶三轮车等专门用于沼液施肥作业。与市园林公司合作，在新丰镇试点抽送沼液浇灌市郊绿地。

制定生态养殖激励政策　对牧业园区建设，按总投资的10%进行补助，2006—2008年，省级以上补助资金280万元，地方补助资金216万元，有8个牧业小区不同程度受益；对新建大型沼气工程，按总投入的85%和75%补助；户用沼气池按单池容积分别给予每立方米40元、90元和120元补助，乡镇按1:1配套，2009年补助金额达144.35万元。对经批准成立的沼气工程服务公司，按机械设备购置额的50%给予一次性补助，并对沼气池大出料进行补助，2009年补助金额达23.81万元。与沼气池容积相匹配的沼液池，区财政按40元/立方米给予补助，乡镇按1:1配套，2009年补助金额达492.18万元。

治污成效

运用“南湖模式”治理畜禽养殖污染，成效显著。河道水质明显改善，已达到或接近Ⅲ类水质标准，优化了周边生态环境。提高了农村清洁能源利用率，促进了高效生态农业发展和绿色安全农产品生产。同时，提高了养殖户的环境保护意识。

畜禽排泄物实现了资源化利用和沼气、有机肥的产业化开发。干粪由畜粪处理中心收集制作成有机肥销售；尿液、污水经沼气池发酵生成清洁能源沼气；沼液、沼渣作为有机肥还田，既节省化肥成本，又促进农作物增产，从而实现农民增收。

区畜牧局2008、2009连续两年被评为“嘉兴市畜禽养殖污染治理先进集体”。

2010年，新丰东港治理畜禽养殖和生活污水后的效果

第三节　生活污染治理

生活污水治理

2003年起，对有条件的镇区和中心村，通过铺设管道，将生活污水直接接入集污管网；对其他一些村落，通过培育自然或人工湿地、安装净化装置、兴建沼气池等形式，进行生活污水处理。南湖区五镇污水一期工程被优先列入2008年政府重大投资项目计划，计划总投资35062万元，铺设管网总长度252千米，建污水泵站14座，污水经收集输送至市联合污水厂集中处理。2008年1月，政府出资3000万元成立南环水处理公司，全面推进生活污水管网建设。2008年完成一期工程，新铺设管网160.516千米，新建污水泵站10座，总投资18919.4万元；二期在2009年铺设管网48.67千米，新建污水泵站3座，总投11055.51万元。管网建成后，日收集、输送污水能力10万吨，镇区旧小区生活污水收集率达80%。今后规划的新市镇集聚区建设中，生活污水全部纳入污水管网集中处理。

生活垃圾治理

境内日产生活垃圾近1000吨。1992年8月，位于东栅的天德圩垃圾填埋场建成投入使用，1996年进行扩建，占地面积50亩左右，设计容量32万吨，设计截止年限为2000年12月。随着生活垃圾量快速增加，天德圩垃圾填埋场累计已填埋垃圾70多万立方米，日处理生活垃圾350立方米，处于超负荷、超期限运行状态。2003年2月，建于大桥镇步云的第1台垃圾焚烧炉（250吨/日）投入运行，目前累计已建造4台，主要采用流化床技术，日焚烧垃圾1000吨。

2005年开始，深入推进城乡垃圾一体化收集处置体系建设。按照“户集、村收、镇运、县（市）处理”的农村垃圾集中收集处理运作机制，实现自然村全覆盖。做到镇（街道）有垃圾中转站、村有垃圾收集房、户有垃圾桶。至2010年，累计投入约3000万元用于镇、村两级垃圾收集基础设施建设。已建垃圾中转站29个，村级垃圾收集点142个，向农户发放垃圾桶4.99万只，投入垃圾清运车511辆，保洁员509人。对农村和城镇生活垃圾进行集中压缩处置，年收集处置生活垃圾3.75万吨，生活垃圾无害化处理率达95%以上。

市区噪声污染治理

2010年，嘉兴市功能区噪声的昼间、夜间和昼夜综合超标率分别为11.7%、22.0%和16.9%，昼间仅4类功能区平均噪声达标，夜间仅3类功能区平均噪声达标。高空噪声测点位于嘉兴市紫阳街紫阳宾馆高44.0米处，昼间、夜间和昼夜等效声级为56.4dB（A）、50.7dB（A）和58.5dB（A）。区域环境噪声1年监测1次。从影响区域环境噪声的声源类型来看，主要噪声源是生活噪声源和交通噪声源，分别占50.5%和28.7%，其它噪声源相对较少。环保部门注重加强对建筑工地、交通噪声、敏感区工业企业和娱乐场所巡查力度，一旦发现不执行规定、噪声超标排放单位，严格按照法律法规的有关规定予以严肃查处。

水源保护

1987年8月，市政府印发《嘉兴市城镇自来水（公司）水源防护管理暂行规定》。规定：取水口上游1000米、下游200米为地面水水源防护地带；地面水口上下游100米内为水源防护戒严区。

嘉兴市本级自来水大多由嘉兴市嘉源给排水有限公司供应。公司下属石臼漾、贯泾港两大水厂。石臼漾水厂位于秀洲区中环西路西侧，设计日供水能力25万吨；贯泾港水厂地处南湖区长水街道海盐塘边，设计日供水能力45万吨，一期工程于2007年6月28日建成，投资1.95亿元，设计日供水能力15万吨。

贯泾港水厂的水源是长水塘或南郊河，应急备用水源为海盐塘，取水口设在贯泾桥港。水源保护一期工程包括疏浚贯泾桥港、西港及顾家泾港1630米长的河道并新建护岸，对贯泾桥港及相应5条河浜两岸的居民生活污水、牲畜粪便、农业面源污染进行截流，同时在贯泾桥港两侧建设2座2米宽、6米高的拦污闸和1座堵坝，用闸门控制实现长水塘或南郊河双水源地取水。二期工程将沿长水塘支流向南通过河道与海盐塘沟通，并建立拦污闸实现海盐塘应急备用水源地取水。

2010年，河道生态整治，保护水源

第四节　固体废弃物治理

南湖区产业结构呈多元化发展，因生产生活带来的固体废弃物种类较为繁杂。固体废弃物主要包括工业废弃物、农业废弃物、生活垃圾及医疗废物等。目前的治理方式焚烧综合利用和填埋为主。

2010年区主要固体废弃物产生及处置情况表

表5-10

产生量及处理率	工业危险废物	医疗废物	生活垃圾
产生量(万吨)	0.1968	0.1099	4.1393
处置量(万吨)	0.1926	0.1099	3.7875
处理率(%)	97.8	100	91.5

工业固废治理

工业固废包括危险废物和一般固废。南湖区的危险废物主要包括有机溶剂废物、精馏残渣,染料、涂料废物和有机树脂类废物等。目前,工业危险废物以综合利用为主,处置次之。区内现有1家废酸处置单位,暂无其他综合性的工业危险废物处置单位。区境产生的工业危险废物基本上送达本市嘉善、海盐和湖州、杭州等地委托资质单位进行处置。据第一次全国污染源普查数据显示:2007年南湖区产生工业危险固废2.71万吨,其中利用13244.96吨,处置11902.75吨,其余暂时贮存仓库内。一般固废主要包括污水处理污泥、炉渣、粉煤灰和其他固废。2010年区境产生一般固废406726.16万吨,综合利用347620.79万吨,处置52135.74万吨,其余贮存。

农业固废治理

农业废弃物包括秸秆、农用薄膜、农药化肥有毒有害包装袋(瓶)。结合南湖区实际,采取循序渐进、逐步推进的办法,从秸秆禁烧抓起,推动秸秆综合利用,解决秸秆焚烧污染问题。积极推广农作物秸秆机械切碎还田处理,推进秸秆气化技术试点。农用薄膜大力推广一膜多茬、旧膜覆盖技术,加强废旧地膜回收,鼓励废旧地膜加工再利用,积极推广光解膜、生物降解膜和双解膜等环保型可降解地膜。加强农业有毒有害废弃物管理,建立农药废弃物回收处置体系。依托农药销售网络,合理设置农药废弃物集中回收点,对农药废弃物统一回收后,送各地危险废物处置中心进行集中处置或送至原农药生产厂进行再利用,以及嘉兴固废中焚烧处置。

医疗废物治理

南湖区共有各类医疗机构30余家,年产生医疗废物1000余吨。现各医疗机构对医疗废物的管理逐步规范,都能较好地执行医疗废物转移联单制度、医疗废物登记管理制度和医疗废物与生活垃圾分类制度。生活垃圾采用卫生部规定的黑色包装袋包装,医疗废物采用黄色包装袋包装,统一由杭州大地维康公司收集焚烧处理,实现100%无害化处置。

2008年开始,区环保局对辖区内所有废旧放射源贮存企业进行了全面清查。到2009年年底,共收贮放射源10枚,已送浙江省辐射环境监测站收贮处置。至2010年年底,未新增收贮放射源。

第五节　环保管理

环保机构

1978年6月,嘉兴县环境保护领导小组成立,下设环境保护办公室,负责全县的“三废”(废水、废气、废弃物)治理和综合利用工作。1980年9月,建县环境保护监测站。1983年10月,设区城乡环境卫生保护局。1994年市区合署,并入市环保局。2000年6月,成立市环境保护局秀城区分局,实行垂直管理。同年,成立秀城区环境监理大队。2003年8月,市环境保护局秀城区分局整体划归区管理。2005年4月,更名为区环境保护局。内设办公室、综合管理科。2005年10月,增设生态法规宣教科。2008年,相继成立新丰、大桥、余新、凤桥、七星5个环境监察中队。2008年1月,成立南湖区排污权储备交易中心。2009年11月,成立南湖区环境监测站。至2010年年底,全区环保系统人员总数42人,内设办公室、综合管理科、生态法规宣教科3个科室,下有区环境监察大队、区环境保护监测站、区排污权储备交易中心3个直属单位。

行政执法

区环境监察大队对区域内所有排污单位定期

或不定期地监督检查，批评教育不符合环境保护要求的行为，责成其改进。对污染严重的排放单位，报请区政府批准，实施限期治理、停产治理，甚至关闭。现场调查与处理区域内所有环境违法行为，包括案前调查、立案查处或呈报处理意见、处罚决定送达以及督促执行处罚决定等。2006—2010年，共出动执法人员26200多人次，检查排污单位12900余家次，立案查处工业案件954起，处罚金额1827万元，移交法院强制执行11起。如某企业于2009年9月被区环保局查处，并告知其不得在现址进行生产经营后，仍未能有效整改，继续违法生产，生产过程中产生的粉尘、酸性废水严重污染外环境，屡次引起群众投诉。对此，区环保局于2010年4月28日再次立案调查，并于6月4日下达行政处罚决定书，责令停止生产，处以人民币50万元罚款，企业于2010年6月26日关停。

建设项目环评

按照1986年3月国家《建设项目环境管理办法》，区环保部门负责审查、审批建设项目环境影响报告书、环境影响报告表，切实做到建设项目环境保护设施与主体工程“三同时”（同时设计、同时施工、同时投入运行）。严格限制污染严重、能耗高、规模小、无治理措施的企业，从源头控制新污染源产生。2000—2010年，累计审批环境影响评价报告书（表）4243份，否决不符合环保要求的项目174个。环境影响评价报告书（表）审批率和“三同时”执行率均达100%。

为促进经济增长方式由粗放型向集约型转变，避免盲目投资建设，区环保部门参与制定《南湖区产业结构调整指导目录》和《南湖区淘汰落后生产工艺产品指导意见》等文件。2009年9月起，南湖区建设项目环评实行分类分级审查。

监管制度

依法征收排污费　2004—2010年，全区共征收排污费5814万元，罚没款1152万元。2008年开始推行排污权交易机制，在实行排污总量许可证制度的基础上，大胆创新，推出“一次性购买、分期分批购买、一年一缴费购买临时排污权、企业自主减排”4种交易方式，到2010年，全区购买排污权企业累计达715家，到账资金达6700余万元。

推进监管机制创新　在全省率先推出“行政处罚案件群众参与审议制度”，健全了环保公众参与机制，将群众监督权落到实处。启动环境保护公益诉讼制度，为保护公众的公共环境权益提供依据。引进有丰富治污经验并持有相关资质的环保公司成立监管公司。农业方面，创新实行畜禽养殖保证金制度和养殖排污许可证制度，推行农业面源监管员制度，建立区、镇、村3级立体化监管网络。

建立信访制度　建立“局信访接待日”、信访纠纷排查及领导包案等制度。几年来，共处理信访来电10245件（人）次。

环保基础设施

住建或农经自2003年开展生态建设以来，全区环保基础设施投入资金累计达12.66亿元。已完成工业污水管道93余千米，建污水泵站5座，总纳污面积15平方千米；铺设城镇生活污水管网209.86千米，建污水泵站13座，开通运行后每日可接入生活污水量4.5万吨，城市污水收集率达80%。各重点镇建设热能供给，受益企业170多家。农村环卫设施方面，建成高标准压缩式垃圾中转房6座，村级垃圾收集点138个，全区农村垃圾收集处理基本实现全覆盖，日处理垃圾150多吨。城市及农村生活垃圾无害化处理率分别达100%、90.6%。污染源在线监控系统建设逐步落成，建成省3级监控中心一个，22家重点企业安装污染源在线监控系统，初步形成覆盖全区的环境自动监测监控系统网络。大桥镇步云化工区安装的大气特殊污染因子在线监控体系，为全市唯一一个可24小时实时监测的区域。南湖区环境监测站于2009年11月建立后，着力建设“数字环保”，对环境监测监控系统的数据实行统一采集、传输、存储、处理和信息发布。并建立节能监测中心，开展对重点耗能企业用能和主要耗能设备的调查工作。

环保宣传

在全区中小学校开设生态环境教育和生态知识课程。组织开展节能环保进企业、进社区、进乡村、进学校“四进”活动，引导社会公众自觉养成节约资源、保护环境的良好习惯。编制发放《环保服务指南》《媒体聚焦看环保》《以案说法十大典型案例》《便民手册》等宣传手册上万份，引导群众更加了解、支持环保工作。结合“六五”世界环境日、“浙江生态日”等主题日，组织开展大型生态环保主题活动，通过发放宣传手册、环保知识抢答、以案释法等活动，加强生态环保科普宣传。开展领导干部与网民在线交流、网民座谈会等活动，加强正面引导，释疑解惑，做到关心群众诉求、着力为民解忧。加强网络舆情监控，建立“南湖环保”官方微博，及时做好网友留言回复、舆情处置等工作，建立健全舆情引导和危机化解工作机制。结合政府环境政策和企业环境行为信息公开，探索组织环境保护公众听政和对话的有效途径，切实维护公众的环境权利。

2009年，环境保护基层论坛在南湖区举行

第三章 生态建设

第一节 生态环境

生态概况

境内为江南水乡，历来河流湖泊清澈，鱼虾众多。天气晴好时，天空常呈现蔚蓝色，空气清新，天然绿地和动植物资源较为丰富，生态环境比较宜人。

区境属东亚季风区，四季分明，日照充分，雨量充沛，气候温和湿润，降水多集中在春末夏初。属长江流域太湖水系，典型的平原水网地区。境内地势平坦，西南稍高，东北低洼，有长水塘、大运河等8大水系。上游来水主要由新塍塘、杭州塘、苏州塘承接，再依次经过老城区向平湖塘、嘉善塘、三店塘下泄或经长水塘、海盐塘南排入杭州湾，旱季则由苏州塘、三店塘等引太湖、黄浦江水倒灌入区，水流往复，长年不息。

全区水域面积38.4平方千米。有河道2385条（处）共1595.55千米，其中市级河道8条共87.5千米，区级河道9条共78.2千米，镇村河道2368条共1429.8千米；湖荡有南湖、湘家荡和西南湖。由南湖区负责管理的水域面积为32.2平方千米，包括河道2125条（处）共1384.7千米，其中市级河道5条共59千米，区级河道8条共72千米，镇村河道2112条共1254千米；湖荡为湘家荡。

生态环境变化

20世纪中期开始，随着工农业生产日益壮大，道路交通事业发展迅速，城镇人口不断增多，频繁的人类活动给生态环境带来一定影响。加上上游来水水质较差，境内地表水污染日益严重，各主要水体水质不断下降。每到伏旱期，时有河水发黑发臭现象，常见不少漂浮物。工业生产排放大量有害物质，道路车流量的增加，造成大气中污染物浓度上升。生产施工和生活娱乐活动导致噪声加剧。长期的农耕活动，原本丰富的天然植被逐渐被人工植被所代替，野生动物开始稀少。

通过加强环保基础设施建设，开展各类工农业污染专项整治工作，至2010年，南湖区环境污染和生态破坏趋势基本得到控制，环境质量有所改善。区境空气质量保持在二级标准内，声环境质量基本能够满足功能区要求，但水环境质量无明显改善，仍存在水质性缺水的压力。

生态环境保护

2004年5月，区环境保护局成立，按照建设生态区要求，坚持以水污染防治工作为重点，加强生态保护建设，强化环境保护监督，加大环保基础设施建设力度，努力解决群众关心的环境问题。当年，与5镇6街道和区级15个职能部门签订并分解下达责任书项目166项。2003—2010年,建设块石护岸150.14千米、生态护岸34千米,投入资金6125.4万元。2003—2010年,清淤河道1655.66千米,清除淤结土方1100.33万方,总投入资金10614.32万元。

市、区两级建设的24条约42.2千米污水管网和6座提升泵站已相继建成并投入运行,形成日集中输送30万吨污水能力。投资1.2亿元的生活垃圾焚烧发电综合利用工程已开始投入运行,日处理垃圾800吨。区域在线环境监控软件、水污染源在线监测网络、大气环境在线监测相继投入使用,并实现水、气在线系统联网和市区大气环境质量预报。城市污水收集率达90%;废气处理率100%;城镇生活垃圾无害化处理率100%;工业固体废物处置利用率95%;农村生活垃圾收集实现行政村全覆盖;农村沼气、太阳能等清洁能源利用率达98.3%;有机商品肥推广使用量提高到67%;秸秆综合利用率达80%以上。

2010年,全区耕地面积34.9万亩,林地面积61.6平方千米,森林覆盖率为14.5%。建成重点生态公益林9347亩,人均公园绿地面积12.75平方米/人,城市绿地率达39.6%。

生态环境创建

余新镇被授予国家环境优美镇。七星镇和凤桥镇为省级生态镇。新丰镇为市级生态镇。创建市级生态村37个,占行政村总数的52.9%。余新镇成功创建全国园林城镇。创建省级绿化示范村14个。创建省级兴林富民示范镇1个,省级兴林富民村4个。创建市级绿色小城镇1个,市级绿色示范村22个。

2009年,石龙桥港整治后护岸及河面净化

2005年开始创建绿色学校和绿色社区。至2010年年底,已创建区级以上绿色社区51个,其中省级绿色社区17个,市级绿色社区28个,区级绿色社区6个。区级以上绿色学校43所,其中国家级绿色学校2所,省级绿色学校13所,市级绿色学校12所,区级绿色学校16所,2010年创建省级绿色家庭4户。

2010年10月,大桥方升桥港生态护岸

第二节　生态规划

2003年,区参与编制《城乡生态环境建设与保护一体化规划》。2005年,编制完成《嘉兴市南湖区生态建设规划》。2006年,编制完成《南湖区“十一五”环境保护规划》。2008年,编制完成《南湖区生态环境功能区规划》。2010年,编制完成《嘉兴市南湖区农村环境保护规划》。

南湖区生态建设规划

规划解释了“生态南湖区”的内涵,通过调节区域生态系统中不合理的生态关系,提高系统的自我调节能力,使区域产业布局合理,实现区域生态系统的良性循环;全面改善南湖区生态环境质量,从而激发生态系统的活力,促进经济、社会、环境的健康和持续发展。

规划提出“生态南湖区”的建设遵循2大原则:

可持续性和协调性。

规划基准年为2003年。时限分3个阶段：近期：2004—2007年（全面启动阶段）；中期：2008—2010年（达标提高阶段）；远期：2011—2020年（巩固深化阶段）。规划通过分析当时的生态环境形势，明确区域生态建设空间布局，规划生态建设总体目标和阶段性目标，并提出分领域生态建设的主要任务。

南湖区“十一五”环境保护规划

规划基准年为2005年。规划期限为2006—2010年，远景展望至2020年。

规划回顾“十五”环境保护工作，分析当时的环境形势和面临的机遇，明确“十一五”环保规划总体目标和八项主要环境保护指标，提出环境保护的10项主要任务，和涉及环境基础设施建设、环境综合整治、生态建设和环保能力建设4大类共15项重点工程项目，以及8大保障措施。

南湖区生态环境功能区规划

规划基准年为2005年，分近期（2006—2010年）和远期（2011—2020年）。规划将南湖区划分为15个生态环境功能小区，根据生态环境的特点，分别归为禁止准入区、限制准入区、重点准入区、优化准入区4类。明确了各类功能区的生态环境保护目标、污染物总量控制要求和建设开发的环保准入条件等，为区新建项目审批提供了依据，同时实现对有限生态环境资源的合理利用和有效保护。

南湖区四类生态环境功能区分布情况表

表5-11

功能区类别	规划面积（平方千米）	小区数量（个）	小区名称	占规划总面积比重（%）
禁止准入区	4.34	1	长水塘饮用水源与南湖风景名胜区保护生态环境功能小区	1.02
限制准入区	295.57	3	长水塘饮用水源保育生态环境功能小区	69.41
			湘家荡湿地旅游资源开发与保护生态环境功能小区	
			南湖区耕地保护与生态农业建设生态环境功能小区	
重点准入区	49.92	3	南湖区城镇综合发展生态环境功能小区	11.72
			嘉兴工业区工业发展生态环境功能小区	
			凤桥镇工业发展生态环境功能小区	
优化准入区	76.00	8	南湖城区城镇建设生态环境功能小区	17.85
			大桥镇城镇建设生态环境功能小区	
			嘉兴工业区西北部工业建设生态环境功能小区	
			新丰镇城镇与工业建设生态环境功能小区	
			余新镇城镇与工业建设生态环境功能小区	
			凤桥镇城镇与工业建设生态环境功能小区	
			七星镇城镇与工业建设生态环境功能小区	
			嘉兴经济开发区建设生态环境功能小区	
合计	425.83	15	—	100

南湖区农村环境保护规划

规划提出农村环境保护9项主要工作任务和涵盖环境质量、工业污染、社会生活、畜禽养殖、农业面源污染、生态建设综合水平等6个方面的具体指标体系，有针性的对农村工业污染防治、农村生活污水处理、农村生活垃圾收集处置、畜禽养殖污染防治、化肥农业污染防治、河道清淤整治、工业区生态化建设与改造、生态镇建设等8大重点领域逐一分析当时情况、提出工作思路、举出工作措施，按照“工作项目化、项目目标化、目标责任化”的要求，排出重点工程和投资重点项目，进一步解决南湖区农村环境问题。

第三节　建设保护

项目批前公示

每个建设项目前期都需按规定经过工商注册及税务登记、建设用地规划许可、工程规划许可、环境影响评价文件审批等15个程序。建设部门正式审批前，在项目所在地再竖牌公示，公示内容为项目名称、方位、内容、建设单位等，要求四邻有利害关系的单位或个人凡有意见的，在规定期限向建设部门反映。对于和环境有关的意见，建设部门会同环保部门商议及时处置。

绿化保护环境

绿化对美化环境、净化空气、调节气温、降低噪音等多方面意义重大。区境内各机关、企事业单位每年在“植树节”前后举办各类植树绿化活动。建区后，公园绿地增加，先后新建放鹤洲、瓶山、吉杨、明月、越秀、范蠡湖、三塔、三水湾、凌公塘和府南等公园。新开辟中山广场、子城广场、西园、文昌、运河、环城河(绿带)、西南湖(生态绿洲)等绿地。嘉兴市1985年城市总体规划确定的3大片楔入城市的生态绿地，其中东片、南片在南湖区境，面积分别达424公顷和347公顷。南湖区2010年人均公园绿地13.04平方米(国家园林城市标准人均7.5平方米)，全区绿地率为40.56%(国家城市规划建设区要求35%)。

2009年9月，渔里农庄生态环境

文明施工

境内建设工地众多，工地对环境影响问题突出。2005年2月起，区建设部门按照“围工地、绿空地、硬踏地”的要求，加强对各在建工地的整治管理。“围工地”，就是待建工地、拆迁工地和在建工地均按要求建好围护设施；“绿空地”“硬踏地”，就是“能绿化就绿化，不能绿化就硬化”。区建设部门出台《南湖区散装材料运输管理规定》，要求所有工地在开工前签订卫生责任书，规范渣土运输工作，场地内道路硬化，大门口设置车辆冲洗水枪及泥浆沉淀池，做到文明施工，不破坏环境，不扰民。对不达标工地在大门口挂铜牌警示，作为重点监控单位，2次不达标则停工整顿全区通报。

2009年，南湖畔生态风光

第六篇　南　湖

目　录

南湖历史悠久，景色秀丽，历来为休闲、游览胜地和著名风景区，区也因南湖而得名。南湖开发始于五代，北宋以后，湖畔陆续建起烟雨楼等著名园林，南湖与杭州西湖、绍兴东湖并称浙江三大名湖，烟雨楼被誉为中国八大名楼之一，“南湖烟雨”自然景色被列为嘉禾第一景。古往今来，文人墨客为南湖写下无数赞颂诗篇。清乾隆帝六下江南，八上南湖烟雨楼，并在承德仿建一座烟雨楼。

明嘉靖二十六年（1547），嘉兴知府赵瀛将疏浚城河的淤泥运至湖中垒成湖心岛。岛上楼台亭阁，错落有致，独具特色，尤以烟雨楼最负盛名。

1921年8月初，中国共产党第一次全国代表大会在南湖的一条游船上胜利闭幕，庄严宣告中国共产党的诞生，这是开天辟地的大事变。中华人民共和国成立后，90多位党和国家领导人先后视察南湖，瞻仰红船，或为南湖革命纪念馆题词。2005年6月21日，中共浙江省委书记习近平在《光明日报》发表署名文章《弘扬“红船精神”走在时代前列》，全面系统阐述红船精神的深刻内涵和重大意义。南湖儿女在中国共产党领导下，不忘初心，牢记使命，传承红色基因，弘扬“红船精神”，以实际行动为党的诞生地增光辉、添光彩。

嘉兴市、区政府重视南湖的保护、开发和利用，2000年开始，进入新一轮开发建设，环境面貌发生深刻变化。先后两次新建南湖革命纪念馆。至2010年，南湖革命纪念馆接待参观者2500多万人次。1997年，南湖革命纪念馆被中宣部列为全国首批爱国主义教育示范基地。2001年，嘉兴南湖中共一大会址被国务院公布为全国重点文物保护单位。2005年，南湖被评为全国AAAA级旅游景区。2011年，被评为全国AAAAA级旅游景区。

鉴于南湖特有的历史文化、政治地位和重大影响，特将南湖单设一篇。记述中，个别史事内容下限延至2011年。

第一章　江南名湖

第一节　渊　源

南湖原位于嘉兴市城东南部，随着城市扩展，已处于市城中心。南湖古代名滮湖、马场湖、陆滑池，又名东湖、东南湖。北临沪杭铁路，东连南湖路，南濒南溪路，西至北为鸳湖路环抱。

南湖自古以来是市城东南部主要河流蓄泄的枢纽，海盐塘注入其中，平湖塘、嘉善塘与之相连，长水塘经西南湖贯注其中。涝时蓄水，旱时泄水，是天然水库。古时滮湖“阔五百丈，深三丈”。1929年《嘉兴新志》载：“滮湖县域东南，面积525亩”。1990年时，水域面积约41.6公顷，水深2～4米。2000年和2009年，先后2次开挖整治周边9个池塘，南湖水域面积由48公顷增至58公顷，水深2～4米。

五代以前，南湖边尚未见园林记载。后晋天福年间（936—945），吴越国王钱镠第四子广陵王钱元璙任中吴节度使时，在湖畔筑宾舍以为“登眺之所”，才逐渐成为游览之区。北宋以后，湖畔陆续兴建潘师旦园、高氏圃、南湖草堂、列岫亭、水心亭、乐郊亭、勺园、颜家园、瓣香阁、秋水阁等园林建筑。嘉兴南湖与杭州西湖、绍兴东湖合称为浙江三大名湖。

明嘉靖二十七年（1548），嘉兴知府赵瀛疏浚市河，将挖出的河泥填入湖中，垒成“厚积五十尺，广袤二百尺”的小岛，四面环水，俗称湖心岛。次年在岛上建楼房5间，沿用烟雨楼旧名，形成独特的景观。清康熙时疏浚市河，堆泥于南湖东北部，遂成一面积约8亩的湖墩，初为渔民晒网之地，后岛上建仓圣祠，渐成游览胜处，旧称小瀛洲，俗称小南湖、小烟雨楼。近代，南湖与毗邻的西南湖雅称为鸳鸯湖。西南湖古代名鸳鸯湖，唐宋时为著名风景游览区，有放鹤洲、真如寺、真如塔、五龙桥等园林名胜。南湖西南，原良田弥望，饶有田园野趣。2001年南湖西南许家村及南湖村拆迁后，南湖景区陆续重建和新开发了会景园、揽秀园、壕股塔院、勺园、南湖渔村等一批仿古建筑、风景点。

第二节　特　色

烟雨迷濛

南湖风光旖旎，四季宜人，气候润湿。地处太湖流域水网地带，气候湿润，阴雨天较多，晨烟暮雨，云气缭绕，尤其是清明时节，细雨霏霏，烟霭似纱，雨丝如雾，景色更加迷人，"烟雨迷濛"成了南湖景观最突出的特征。南宋杨万里用"轻烟漠漠雨疏疏"形容南湖景色之美。明代费元禄亦云："其妙在轻烟拂渚、山雨欲来时，夹岸亭台，乍为明灭，而渔船泊舸微茫破雾，但闻橹声伊轧耳"。

明清时，南湖左凭郊野，诸园亭榭；右俯城郭，华屋万家。湖中菱叶田田，远处塔寺依稀，环湖以居者又相为映带，湖波浩渺，滃郁常烟，迷漫若雨，一望烟云杳霭，恍然蓬瀛。

每值清明、农历六月二十四"荷诞"、七夕、中秋，烟波缥缈，游人如织，烟雨楼前画船歌鼓日夜不绝。苏轼、吴潜，张岱，钱谦益、吴伟业等历代著名文学家、诗人都慕名而来，吟咏不绝。南湖也见证了中外许多重大事件的发生，以及文人雅士的聚会。

烟雨楼

南湖湖心岛中烟雨楼，为中国八大名楼之一，是南湖名胜中最为著名的特色景观，成为嘉兴地域标志。清乾隆帝南巡六下江南，八上烟雨楼，先后题词15首，盛赞这里的湖光水色和楼台烟雨。

1912年12月8日，孙中山到南湖游览，并在湖中烟雨楼狮子峰前与各界人士合影留念。

现代许多著名文学家、诗人如茅盾、郁达夫、曹聚仁等都曾来南湖烟雨楼游览，写下了脍炙人口的诗篇和文章。1959年，烟雨楼曾作为南湖革命纪念馆馆舍（详见本篇第三章第一节）。

革命圣地

1921年8月初，中国共产党第一次全国代表大会从上海转移至嘉兴，在南湖的一艘游船上继续举行，完成创建中国共产党的历史使命，宣告中国共产党成立。从此，南湖成为光荣的革命圣地。1959年，建立南湖革命纪念馆，仿建一大开会时乘坐的游船，置于湖心岛万福桥边，又在1990年、2006年两次建造南湖革命纪念馆（详见本篇第二章）。

旅游胜地

明代，江南商品经济繁荣，嘉兴被誉为"东南一都会"，南湖游览名声更噪。明天启《嘉兴县志》记述："滮湖亦称南湖，西则灯会窣堵，北则饮虹濠梁。倚水千家，背城百雉，蒹葭杨柳，菱叶荷花，绿漫波光，碧开天影，雕舷笙瑟，靡间凉燠，此一方最胜处也"。清初陈维崧在《贺新郎·鸳湖烟雨楼感旧》词中回忆南湖勺园盛况说："记得筝堂和伎馆，尽是仪同仆射。园都在、水林边下。不闭春城因夜宴，望满湖、灯火金吾怕。十万盏，红球挂"。清顺治七年（1650），以吴伟业为首的江南士人在南湖举行十郡大社，湖上名人云集，连舟百艘。

明清时期，每值清明、农历六月二十四"荷诞"、"七夕"、中秋，湖上游人如织，烟雨楼前画船歌鼓日夜不绝。

1959年，在中共一大南湖会址建立南湖革命纪念馆。10月1日中共一大纪念船对外展示，南湖作为风景名胜区和重要的革命圣地，吸引众多游客前来瞻仰参观。2005年，南湖风景名胜区被评为国家AAAA级旅游景区，南湖景区被纳入全国红色旅游经典景区。据统计，1959年南湖革命纪念馆建立至2010年，南湖累计接待国内外游客2500多万人次，其中境外游客70多万人次。2011年，南湖被评为国家AAAAA旅游景区。

教育基地

1994年，南湖革命纪念馆先后被浙江省委和嘉兴市委命名为浙江省爱国主义教育基地和嘉兴市"红色教育长廊"第一站。1997年6月，被中宣部命名为全国首批一百个爱国主义教育示范基地之一。

2004年，被中宣部、人事部、民政部、文化部联合授予"全国爱国主义教育示范基地先进单位"，被中共浙江省委宣传部授予"全省爱国主义教育基地先进单位"。

2005年，被中央文明委评为"全国精神文明创建工作先进单位”。2006年，被团中央确定为全国青少年教育基地。2006年年初，被中央文明委确定为全国文明单位。2009年7月22日，被省委党史研究室确定为首批27处省党史教育基地之一。2010年，被中央纪委监察部确定为全国廉政文化教育基地。

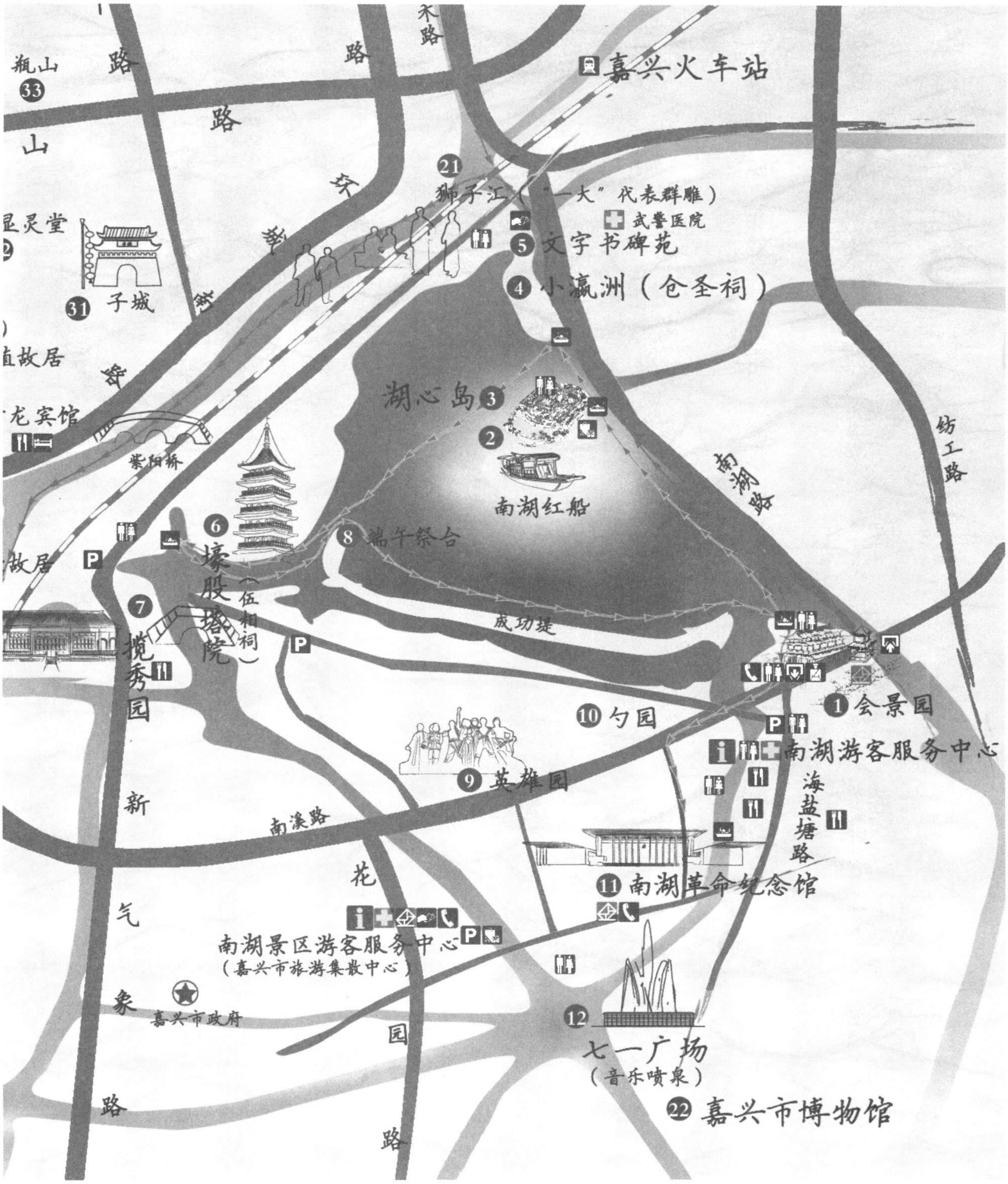

2010年，嘉兴南湖旅游示意图

第二章　革命圣地

第一节　中共一大会址

中共一大会议在上海召开

1921年7月23日，来自全国各地共产主义小组的13名代表出席中国共产党第一次全国代表会议，会议在上海望志路106号秘密召开，参加会议的有：上海的共产党早期组织代表李达、李汉俊；北京的共产党早期组织代表张国焘、刘仁静；武汉的共产党早期组织代表董必武、陈潭秋；长沙的共产党早期组织代表毛泽东、何叔衡；济南的共产党早期组织代表王尽美、邓恩铭；广州的共产党早期组织代表陈公博；旅日的共产党早期组织代表周佛海，及陈独秀指派的代表包惠僧，共13人，他们代表全国各地共产党早期组织的50多名党员，共产国际代表马林和尼柯尔斯基出席会议。因陈独秀、李大钊无法前来参加会议，会议临时决定让张国焘担任大会主席，毛泽东与周佛海任会议记录。7月30日晚，中共一大举行第六次会议，原定议程由马林对会议讨论的各项问题发表意见，然后通过党的纲领和决议。7时许，会议还没有开始，突然有一个陌生的中年男子闯进会场，推说找错了地方，马林警觉地要求出席会议人员除李汉俊和陈公博外，立即离开会场。十几分钟以后，法国巡捕包围了会场，并进入室内搜查盘问，结果扑了一个空，一大会议被迫休会。

中共一大会议在南湖闭幕

当时多数代表商议如何继续开会，一大代表李达的夫人、负责大会会务工作的王会悟提出到浙江嘉兴的南湖，租一只游船，以游湖为掩护，在船上继续开会。她的提议得到代表们的赞成。

8月2日一早，王会悟与几位代表“作为具体安排事务的工作人员先行出发”，乘坐7时53分的104次早班快车赴嘉兴。到了嘉兴后，在市区张家弄鸳湖旅馆开两间客房，委托旅馆账房先生预订好第二天开会用的船只，并到南湖察看地形。同一天，张国焘在上海“通知各代表明早搭车前往”。

8月3日，其余代表乘早班快车于上午10时13分到达嘉兴，李汉俊、陈公博和两名共产国际代表没有来嘉兴参加会议。

王会悟接站后带领代表们到狮子汇渡口登船，进入南湖，上午11时左右至下午6时左右，在预订的游船上继续开会。游船停泊在湖心岛东南方向约200米处比较僻静的水域，王会悟坐在船头瞭望放哨。代表们特意在桌上摆上一副麻将牌，以掩人耳目。由于上海会场出事的原因，与会代表主张缩短会期，集中讨论急需解决的问题。在如何对待其他党派的态度问题上，讨论中出现短时间的争论。会议审议、通过中国共产党第一个纲领和决议，选举产生党的领导机构——中央局，陈独秀为书记，李达、张国焘分别负责宣传和组织工作。中共一大胜利闭幕，庄严宣告中国共产党正式成立。中国共产党的诞生，是开天辟地的大事变。嘉兴因此成为中国革命的圣地。

（关于中共一大南湖会议的确切日期，有“7月31日说”“8月1日说”“8月2日说”“8月3日说”“8月4日说”等，本志采用8月3日说）

第二节　中共一大纪念船

中共一大会议在南湖的一条游船上闭幕，人们形象地比喻中国革命的航船从南湖起航，亲切地将一大代表完成大会最后议程的游船，称作革命红船。红船见证了中国共产党诞生，象征中国革命的航船从此劈波斩浪，勇往直前。

仿制

1959年，嘉兴县着手筹建南湖革命纪念馆。在筹建过程中，中央有关部门明确指出：“南湖建馆的中心是船的问题”。而当时那种南湖游船在抗日战争时期已几乎绝迹，想找到开会时所租用的那艘船，更不可能，所以决定仿制一条当年的游船作为中共一大纪念船。纪念馆筹建工作人员对当年的游船形状进行了广泛的调查研究。此前，中共嘉兴县委宣传部根据过去的调查，做了一个模型，熟悉该类游船的人看了说不像。1959年3月，又在嘉兴、无锡两地开了五六次调查会，请老造船工、划船工、厨工及以前的游船业主、茶馆店和知识界人士等30多人分别进行座谈，弄清1921年在嘉兴南湖活动的游船为丝网船。随后在无锡发现了一艘已改装为货船的小丝网船。3月下旬，又请王会悟回忆一大南湖会议安排及游船情况。在深入调查研究的基础上，制作了一艘双夹弄游船模型，呈送国家文化部文物管理局，请报董必武审定。6月13日，文物局专函传达了董老的意见：一大代表们坐的船一定是普通的形式，决不会是特殊样式，因为是秘密会，怕引人注目。还说那天是两只船，不是一只船。其后又请王会悟看了船模，她认为：船模式样是对的，只是大了一些，新了些，漂亮了些；船模做得很精细，要按“新工旧做、整旧如旧”的原则来做才更逼真。

根据董必武和王会悟的意见，南湖革命纪念馆筹建办公室着手纪念船的仿制，做了一艘单夹弄丝网船和一艘拖艄船。1959年10月1日正式对外展示。1964年4月5日，董必武到嘉兴南湖考察，仔细察看了纪念船，认为一大纪念船仿制是成功的。

中共一大纪念船是一艘中型的单夹弄丝网船，船身全长约16米，宽3米。船体由船头、船身、船艄组成。船头平阔。船身分为前舱、中舱、房舱和后舱，以左边的一条通道（夹弄）贯通。船舱都用榉树、楮树等硬木材料，舱底用框状木板铺平。前舱顶部隆起，舱室较窄，两旁有可坐卧的沿板。中舱最宽敞，左右两侧有方形玻璃吊窗，装有蓝士林布窗帘，顶部为明楼，明楼四壁雕刻“三战吕布”“赵匡胤千里送京娘”“天女散花”“渔樵耕读”“梅兰竹菊”等半浮雕图案。顶中部挂一煤油吊灯，舱中旋转小方桌1只、茶几2只、椅子4把、凳子6只，还有1张框榻，榻上有小儿，榻后挂有匾、联等物。中舱与前舱用可拆卸的雕花屏风隔开。房舱内置棕棚床榻，壁上挂有着衣镜，中舱与房舱用隔扇分开。后舱安有船舵、大橹，置有炊具。船后有一小拖梢船，为进城购置货物、接送客人之用。仿制的中共一大纪念船因为是中国共产党建党象征，人们习称为“红船”。

修缮

中共一大纪念船停泊在南湖湖心岛烟雨楼前东南岸水边。因受日晒雨淋，须经常维修保养。南湖革命纪念馆按照“修旧如旧”的文物保护原则，一年小修，两年大修，维修时间定在夏季伏天。

小修即在湖心岛上对纪念船维修保养。将硬棚部件、茅棚、外部构件编号拆卸后，检查、清洗船体，维修霉烂损坏部件，保护性抹桐油，在阳光下晒干后重新安装纪念船。

2009年6月，维修后的红船中舱

大修即对纪念船全面维修。硬棚部件、茅棚、外部构件编号后，拆卸纪念船硬棚部件、茅棚、外部构件在湖心岛进行维修保养，船身拉到船厂进行维修。在湖心岛对船进行清洗，检查船体及各部件，对霉烂损坏船的硬棚部件、茅棚、外部构件进行维修，茅棚、外部构件保护性抹桐油，船硬棚雕花贴金部件贴金修补并油漆。在船厂对船身进行吊装并清洗检查，清除松散的油灰，校正船身并进行固定，更换霉烂部件，船身板缝间打油灰确保船底不漏水。对船身全面抹油，在太阳下晒干后运回湖心岛，重新安装经维修保养的配套构件，纪念船以新的风姿迎接参观者。

第三节　南湖革命纪念馆

成立纪念馆

为纪念中国共产党第一次全国代表大会在南

湖胜利闭幕这一重大历史事件,1959年中共中央和浙江省委决定成立南湖革命纪念馆。1959年6月12日,中共嘉兴县委成立南湖革命纪念馆筹建委员会,下设办公室负责纪念馆筹建工作。10月1日,南湖革命纪念馆正式成立,馆址设在南湖湖心岛上,并依托烟雨楼古建筑群作为举办陈列展览、开展宣传教育的场所,清晖堂左右两侧厢房作纪念馆,南厢房菱香水榭作中共一大历史资料陈列室,北厢房孤云簃作办公室、会议室和接待室。同时仿制中共一大开会时的丝网船作为中共一大纪念船对外展出。

建造纪念馆

2010年11月,南湖革命纪念馆正面外景

1990年6月,在全市开展"我为南湖增光辉"活动,进行爱党、爱社会主义、爱家乡的系列教育,为修建南湖革命纪念馆出资出力,集资兴建南湖革命纪念馆。至年底,捐款人数26万多人,捐款320多万元。同年9月30日,纪念馆奠基典礼在南湖渡口旁举行。10月15日,开工建设。1991年6月25日,浙江省庆祝中国共产党成立70周年大会暨嘉兴南湖革命纪念馆落成典礼隆重举行,中共中央政治局常委宋平参加落成典礼并剪彩。馆舍坐落在南湖东岸,占地面积3800平方米,建筑面积1980平方米,主体建筑造型为中国共产党党徽,纪念馆正门上方镶嵌着邓小平题写的"南湖革命纪念馆"7个金色大字,主楼顶部矗立着一个内圆外方的建筑标志,蕴含中国共产党的光辉业绩如日月般永存于世。整个建筑造型别致,气势雄伟,既有显著的纪念特色,又有强烈的时代效果。从此,南湖革命纪念馆告别了没有独立馆舍的时代。馆内设置基本陈列《开天辟地大事变——中国共产党第一次全国代表大会史料陈列》。

在2001年建党80周年前夕,中共嘉兴市委、市政府对馆舍进行了一次全面修缮,改造内部设施,同时根据参观高峰期观众的容量,拓宽纪念馆广场。南湖革命纪念馆对馆内陈列作重新调整、更新。二楼基本陈列在不改变主题的前提下,充实陈列内容,更新陈列手段。调整后的陈列分为两大部分,第一部分为"中国共产党的成立是中国近代历史发展的必然结果",第二部分为"中国共产党的成立是开天辟地的大事变"。陈列着重介绍中国共产党成立的详尽历史。在展览形式上,改变以往单一的版面展览传统模式,增加多媒体触摸屏、投影仪、自动感应灯光控制系统、声光同步的自动讲解系统等较为先进的现代科技展示手段。整个陈列突出亮点,既庄重大气,又紧扣展览主题。一楼举办《亲切关怀,巨大鼓舞——党和国家领导人与党的诞生地嘉兴》陈列,展出了60多位党和国家领导人莅临嘉兴留下的80余幅照片和30余幅珍贵墨宝,生动展示了党和国家领导人对嘉兴人民的亲切关怀和殷切期望。2005年,为配合在全国范围内开展的保持共产党员先进性教育活动,南湖革命纪念馆调整一楼陈列内容,适时推出人物篇、党章篇、关怀篇、对照篇、民心篇5个主题展览,进一步拓展和延伸纪念馆的教育功能。

2010年,南湖革命纪念馆沿湖馆舍

新建纪念馆

根据中共中央办公厅、国务院办公厅发布的《2004—2010年全国红色旅游发展规划纲要》,2005

年,制定南湖革命纪念馆新馆扩建方案,同年10月,扩建方案经中共中央办公厅、中央宣传部批准,国家发改委立项,并纳入当年红色旅游景区基础设施项目国家预算内资金(国债)投资计划。全市以党员为主的嘉兴人民再次捐款1062万元。2006年6月28日,举行南湖革命纪念馆新馆奠基仪式,时任浙江省委书记习近平参加奠基仪式,并作重要讲话。2007年3月5日,新馆扩建工程正式开工建设。2008年年底,新馆主体工程基本完工。到2010年年底,基本完成纪念馆内部装修和布展。2011年6月30日,南湖革命纪念馆新馆开馆仪式在七一广场举行,浙江省委书记赵洪祝出席开馆仪式并剪彩。

新南湖革命纪念馆

南湖革命纪念馆新馆位于南溪西路以南、鸳湖路以北、花园路以东、海盐塘路停车场以西的中心地块,占地面积2.73公顷,由"一主两副"3幢建筑组成,建筑总面积19633平方米,其中展厅面积7794平方米。新馆主楼地下1层、地上3层,建筑面积10435平方米,其中展厅面积5167平方米。东西副楼均为二层建筑,建筑面积9198平方米,内设辅助展厅、学术报告厅和服务区,其中展厅面积2627平方米。新馆整个建筑造型呈"工"字形,代表中国共产党是工人阶级的政党。建筑四周有56根檐柱,寓意中华大家庭56个民族紧密团结在党的周围。建筑外墙采用大规格青面砖,使整座建筑既体现庄重大气的风格,又透示出江南水乡韵味。新馆正南面为七一广场,北面为宣誓台。

南湖革命纪念馆新馆的基本陈列分为两大展览,第一展览《开天辟地》主要展示中国共产党成立的背景和经过,分3部分。第一部分"探索救亡图存的道路",从近代世界历史和中国社会矛盾发展说明中国共产党诞生的历史必然性。第二部分"中国共产党成立",充分展示马克思主义在中国传播并与中国工人运动相结合,诞生中国共产党的过程。第三部分"中共一大代表生平",展示一大代表不同的人生轨迹。第二展览《光辉历程》主要展示党领导人民进行革命、建设、改革的艰辛历程和光辉业绩,分3部分。第一部分"进行新民主主义革命",以建国前党在各个历史时期的重要会议、重大事件为主线,反映党对中国革命道路的探索和成功实践。第二部分"建设社会主义新中国",反映建国头29年,党对社会主义建设道路的曲折艰辛探索,以及社会主义革命和建设取得的伟大成就。第三部分"走中国特色社会主义道路",反映中共十一届三中全会以来,党带领人民进行改革开放、走中国特色社会主义道路取得的伟大成就。展览在采用大量图片、文字、实物的基础上,运用了巨型浮雕、铜雕、大型场景、艺术品等现代化、高科技的展示手法。

陈列展示

1959年10月1日南湖革命纪念馆对外开放,陈列展出仿制的纪念船和中共一大史料。1983年后,除陈列中共一大党史资料和革命纪念船外,又举办过地方党史资料展览,同时有计划地征集党史文献资料,不断修改和充实展览内容,并协作编写出版了《中共一大南湖会议》及其他宣传品。1991—2010年南湖革命纪念馆除基本陈列外,还先后举办过《中国共产党的七十年》《中共嘉兴地方党史陈列》《邓小平伟大光辉的一生》《中华人民共和国国旗颂》《亲切关怀,巨大鼓舞——党和国家领导人与党的诞生地嘉兴》《光辉历程——中共一大到十五大》《人民领袖毛泽东》《国防教育展》等十多个临时展览。自2001年起,纪念馆制作的《开天辟地大事变图片展》先后在杭州、温州、江苏徐州、山东威海、河南郑州、福建晋江等近10个省内外城市巡回展出。2006年,由浙江省委主办,浙江省委宣传部、嘉兴市委承办,纪念馆具体负责的《开天辟地——纪念中国共产党成立85周年图片展》在北京、杭州、哈尔滨、重庆、南京等地巡回展出。

征集　编撰

征集文物党史资料，丰富纪念馆藏品。1961年、1979年、1991年、2001年多次组织较大规模征集活动，向全国书画家、知名人士征集书画作品。2004年，在《人民日报》《浙江日报》《嘉兴日报》上刊登征集革命历史文物的启事，征集到证章、书籍等资料30余件。2007年起，通过网络媒体、参加拍卖会等多种方式，征集到各类革命文物1000余件。2010年年底，纪念馆的藏品总数达到2825件，其中一级藏品1件，二级藏品12件，三级藏品68件。

1991年以来，南湖革命纪念馆先后编辑出版了《党的航船从这里扬帆》《中国共产党的诞生》《南湖革命纪念馆馆藏墨迹精选》《南湖烟雨楼碑刻》《南湖揽秀园碑刻》《前进中的辉煌——南湖革命纪念馆50周年》《一大代表的故事》等10多种书籍。1996年南湖革命纪念馆创刊《南湖之窗》，作为内部资料出编103期。2000年，建立南湖革命纪念馆网站。

1991—2010年，南湖革命纪念馆共接待来自全国各地的党员干部、工人、农民、解放军、学生等社会各界观众达1276.99万人次。2008年9月1日起实行免费开放。1991年起，南湖革命纪念馆与学校、部队、企事业单位开展共建活动。2010年年底，纪念馆已与浙江省武警总队医院、嘉兴一中、嘉兴行知小学、浙江师范大学、华东政法学院法律学院、南湖区消防大队等44家单位结成共建单位。

管理机构

1959年，纪念馆成立时隶属县文教局。1978年，归属新成立的市（县级市）文化局。1983年，嘉兴撤地建市，为市属文化事业单位。2003年6月26日，纪念馆划归南湖风景名胜区管理委员会管理。2007年年初，嘉兴市城市投资发展公司、嘉兴市南湖风景名胜区管理委员会、嘉兴市湘家荡旅游度假区管委会3家单位合并，重组成立嘉兴市文化名城建设集团公司（简称“嘉城集团”），纪念馆属嘉城集团。

2009年5月，南湖革命纪念馆、沈钧儒纪念馆和革命烈士陵园整合组建成嘉兴南湖革命纪念馆，内设办公室、宣传教育部、文史资料部、文保陈列部。2010年年末，全馆有工作人员40人，拥有专业技术人员23人，其中高级职称2人，中级职称15人。

1999年，南湖革命纪念馆被浙江省委确定为浙江省文明单位。2009年年初，被中央文明委确定为全国文明单位。

第四节　七一广场

南湖革命纪念馆新馆正南面为七一广场，占地总面积15.3公顷，总投资5000万元。广场上大型照壁、升旗台、圣火台、音乐喷泉自北往南形成一条直线，与新馆建筑构成一个整体。照壁上“开天辟地大事变”7个毛体字揭示出南湖革命纪念馆的建馆主题。升旗台旗杆高28米，寓意中国共产党成立到新中国诞生28年的艰辛历程。圣火台内圆外方，内芯造型为马家浜文化典型器物腰沿斧，内圆为玉环，外圈为良渚文化代表器物玉琮，圣火台地坛纹设为吴越时期的文化符号，圣火台整个设计寓意嘉兴悠久灿烂的历史文化。

广场依水而建，以水景为最大特色，建有生态坡地、观景平台、雕塑、临河休闲景观、休闲堤岸和水文化广场等设施。正南为约5.1公顷的方形人工湖，湖四角有河，北有张家门港、金谷桥港通南湖，南通长盐塘和青龙港。湖中装有大型音乐喷泉，可放映水幕电影，利用水、火、影、声、光、电营造多媒体水影效果。南与嘉兴体育馆隔湖相望。广场西与市行政中心相连，东与图书馆、博物馆相邻，北与南湖革命纪念馆形成有机整体，庄严大气，别具一格。

七一广场自建成开放以来，成为嘉兴举办大型活动、市民休闲的重要场所。2008年10月16日，第四届浙江山水旅游节开幕式在七一广场举行。2010年6月28日嘉兴市纪念“七一”红船节开幕式暨“红船杯·红歌赛”等活动都在该处举行，同年音乐喷泉开始试运行，至年底，共播放132场次，观者达百万之众。2010年2月28日第四届嘉兴市调龙灯大赛、2010年6月14日2010中国·嘉兴端午民俗文化节都在该处举行。

第五节　纪念瞻仰

董必武访踪南湖

1959年嘉兴县筹备仿制中共一大纪念船时，制作一艘游船模型，由文化部文物管理局呈送中共一大代表董必武审定，董必武对纪念船模型提出重要意见。1963年，中共一大代表、中共中央政治局委员、中华人民共和国副主席董必武为嘉兴南湖题楹联："烟雨楼台，革命萌生，此间曾著星星火；风云世界，逢春蛰起，到处皆闻殷殷雷。"

1964年4月5日，董必武偕夫人何莲芝专程到南湖视察，当时已78岁，仍精神奕奕，步履稳健。参观中共一大史料图片后，表示满意，对个别不妥的地方，和蔼地提出意见。登上按照中共一大当时式样仿制的纪念船，董必武看得特别仔细，对中共一大纪念船的成功仿制表示肯定，并在中舱与夫人合影。中午饭后在县内招休息时，董必武回忆起当年一大开会的情景，心情激动，挥笔题诗一首："革命声传画舫中，诞生共党庆工农。重来正值清明节，烟雨迷濛访旧踪"。下午乘火车去上海。1965年，董必武为南湖题写"烟雨楼"匾额。董必武是中共一大代表中重访革命圣地嘉兴南湖并题诗词的党和国家领导人。

1985年6月，南湖革命纪念馆将董必武题南湖诗镌刻成碑，建亭于烟雨楼东南临水处，立碑于亭中。30日，举行董必武诗碑亭揭牌仪式。1986年4月19日，中共中央政治局委员、中央军委副主席杨尚昆为董必武诗碑亭题"访踪亭"匾额。7月5日，由南湖革命纪念馆制匾挂于亭上。

领导人瞻仰参观

党和国家领导人十分关心党的诞生地的建设和发展，南湖革命纪念馆建立后，先后有沈钧儒、宋庆龄、董必武、邓小平、江泽民、胡锦涛、习近平等90多位党和国家领导人视察南湖，或瞻仰红船，或亲笔题词，勉励南湖儿女继承和发扬党的优良传统，沿着南湖红船开辟的革命航向奋勇前进，夺取中国特色社会主义现代化建设的新胜利。现将部分领导人视察嘉兴南湖，瞻仰南湖革命纪念馆，为南湖题诗、题词情况记载于后（按先后顺序和时任职务表述）：

1961年12月，全国人大常委会副委员长、全国政协副主席、中国民主同盟中央主席沈钧儒为南湖书录毛泽东题词。

1963年8月，国家副主席宋庆龄题词："纪念南湖革命圣迹，发扬前辈革命精神。"

同年12月，中共一大代表，中共中央政治局委员、国家副主席董必武为南湖题楹联。1964年4月5日，董必武重访南湖，题诗一首。1965年1月，董必武题写"烟雨楼"匾额。

1964年5月19日，全国人大常委会副委员长、全国政协副主席郭沫若视察南湖，题诗："又披烟雨上楼台，革命风雷气象开。菱角无根随水活，一船换却旧三才。"

1985年9月26日，中共中央政治局常委、中央军委主席、中央顾问委员会主任邓小平为南湖革命纪念馆题写馆名。

1986年1月26日，中共中央总书记胡耀邦为南湖"中共一大会址"题词。

1986年2月18日，中共中央政治局委员、中央军委常务副主席杨尚昆视察南湖。4月19日，杨尚昆在北京为建于南湖的董必武诗碑亭题写"访踪亭"匾额。1995年12月2日，重访南湖。

1987年9月14日，中共中央政治局委员、国务院副总理乔石视察南湖。

1987年11月23日，中共中央总书记赵紫阳视察南湖，并签名留念。

1991年2月，全国政协主席李先念为南湖题词："中共一大嘉兴南湖会址"。

1991年3月18日，原全国人大常委会委员长彭真视察南湖，并题词："世世代代高举马列主义毛泽东思想旗帜，为共产主义事业英勇奋斗。"

1991年6月25日，中共中央政治局常委宋平出席浙江省庆祝中国共产党成立70周年纪念活动暨嘉兴南湖革命纪念馆落成典礼，为南湖革命纪念馆落成剪彩。

1991年7月8日，中共中央总书记、中央军委主席江泽民瞻仰红船，视察南湖。中央书记处候补书记兼中央办公厅主任温家宝随同。1993年2月24日，江泽民为南湖革命纪念馆题词："发扬党的优良传统，坚持党的基本路线，努力夺取建设有中国特色社会主义的新胜利。"2003年10月27日，江泽民重访南湖，并题词："二〇〇三年十月二十七日重到南湖中共一大会址。"

1992年3月，中央顾问委员会主任陈云为南湖题词："革命火炬代代相传。"

1993年1月，中共中央政治局常委、国务院总理李鹏为南湖革命纪念馆题词："永远继承和发扬我党光荣传统，万众一心创建美好未来。"

1994年4月27日，中共中央政治局常委、国务院副总理朱镕基视察嘉兴南湖，并签名留念。

2001年5月2日，中共中央政治局常委、国家副主席、中央军委副主席胡锦涛视察南湖，出席"党在我心中"南湖红船圣地行活动启动仪式，并签名留念。中共浙江省委书记张德江陪同视察。

2002年4月17日，中共中央政治局常委、国务院副总理李岚清视察嘉兴南湖。

2002年10月，中共浙江省委书记、省人大常委会主任习近平，专程到南湖瞻仰红船。此后，又多次亲临南湖：2005年春节后，率领浙江省委理论学习中心组成员到南湖瞻仰红船。2006年6月28日，习近平在南湖革命纪念馆新馆奠基仪式上作重要讲话。2007年7月22日，中共上海市委书记习近平率上海党政领导视察南湖。

2006年4月4日，中共中央政治局常委、中央书记处书记、国家副主席曾庆红视察南湖，并签名留念，同时为正在"南湖水上课堂"参加活动的南湖区42名村、社区党支部书记上党课。

2009年6月8日，中共中央政治局常委李长春视察南湖及南湖革命纪念馆新馆建设，并签名留念。

2009年8月24日，中共中央政治局委员、上海市委书记俞正声视察南湖。

2010年9月10日，中共中央政治局常委、全国政协主席贾庆林视察南湖，并签名留念。

先后到南湖参观或题词的党和国家领导人还有：陈叔通、谭震林、江华、徐向前、聂荣臻、胡厥文、赛福鼎·艾则孜、陈慕华、黄火青、谷牧、张爱萍、丁关根、张劲夫、朱学范、吴学谦、康世恩、吕正操、薄一波、吴邦国、田纪云、温家宝、宋任穷、廖汉生、姚依林、彭冲、李铁映、李锡铭、刘澜涛、张思卿、张震、邹家华、王芳、铁木尔·达瓦买提、司马义·艾买提、杨汝岱、钱正英、钱伟长、丁石孙、黄菊、成思危、王兆国、万国全、经叔平、张克辉、彭珮云、周铁农、张万年、王光英、钱其琛、迟浩田、孙孚凌、周光召、阿不来提·阿不都热西提、刘云山、罗豪才、刘延东、热地、曾培炎、陈奎元、尉健行、贺国强、任建新、严隽琪、张怀西、孙家正、王文元、李蒙、黄孟复、曹志等。

参观接待

1960—1990年，南湖革命纪念馆接待观众总计387.66万次人（缺1966—1982年统计数），其中1983—1990年为320.5万人次。观众中包括外宾、外国专家和留学生。

1991—2010年，南湖革命纪念馆共接待来自全国各地的党员干部、工人、农民、解放军、学生等社会各界观众1276.99万人次。还接待来自美国、英国、加拿大、澳大利亚、日本、韩国等多个国家的外宾。2002年4月，美国共产党主席塞缪尔·李奥纳多·韦伯在参观后留言："贵党在20世纪取得了伟大的成绩，我们作为来自美国的共产主义者相信，你们在新世纪里将取得更伟大的成绩。"

第六节　重要纪念活动

南湖纪念馆成立以来，每年的"三八"妇女节、"五四"青年节、"七一"建党节和"八一"建军节期间，各行各业的党团组织，组织共产党员、共青团员、各界妇女、少先队员以及部队官兵到中共一大纪念船旁或南湖革命纪念馆前，举行宣誓仪式，缅怀革命先辈。每年都围绕重要纪念日举办各种纪念活动。

"我为南湖增光辉"活动

中共嘉兴市委、市政府先后2次组织开展"我为南湖增光辉"活动。1990年4月，市政协二届三次会议上，5名政协委员提案建议，倡议全市党员和群众捐资建造南湖革命纪念馆馆舍。市委组织部、宣传部等15个单位也发出倡议。6月，中共嘉兴市委决定在全市开展“我为南湖增光辉”活动，进行爱党、爱社会主义、爱家乡的系列宣传教育，同时，号召广大党员、群众捐款建造南湖革命纪念馆馆舍。这一活动得到全市各界热烈响应，大桥中学初一学生于群芳，在广播中听到集资建造南湖革命纪念馆的消息后，第二天将自己仅有的5元零花钱随信寄往嘉兴广播电台，成为首位捐款者。全市党员干部、普通群众、单位、社会团体纷纷捐款，共收到捐款320多万元。许多共产党员、干部、群众和驻嘉部队官兵纷纷参加建造南湖革命纪念馆义务劳动。

2005年10月，南湖革命纪念馆扩建项目获国家发改委批准。2006年6月，市委、市政府再次发出在全市开展“我为南湖增光辉”活动的号召，以建设南湖革命纪念馆新馆为契机，全力把南湖建设成为爱国主义教育基地、先进性教育基地、党史陈列基地和红色之旅基地。这次活动再次得到嘉兴市广大党员、群众的热烈响应，共收到捐款1026万元。

建党纪念活动

1991年6月25日，浙江省庆祝中国共产党成立70周年大会暨嘉兴南湖革命纪念馆落成典礼在南湖举行。1996年6月28日，中共嘉兴市委在南湖革命纪念馆召开纪念建党75周年座谈会。7月1日，嘉兴市隆重举行纪念中国共产党成立75周年大会。1998年6月30日，市委召开纪念建党77周年座谈会。市有关领导与来自全市各条战线的优秀共产党员和先进基层党组织的代表进行座谈。2001年6月28日，浙江省纪念中国共产党成立80周年大会在嘉兴市举行。2006年6月28日，省委庆祝中国共产党成立85周年暨总结保持共产党员先进性教育活动大会在嘉兴举行。7月1日，由共青团中央、中华全国学生联合会主办，共青团浙江省委、中共嘉兴市委、浙江省学联、嘉兴学院等共同承办的主题为“成才报祖国，永远跟党走”全国大学生入党宣誓仪式在嘉兴南湖举行。10月30日，举行“纪念红军长征胜利70周年，弘扬伟大的长征精神”嘉兴市万人长跑活动仪式，市领导和各界群众千余人参加长跑活动。2007年6月28日，市委在南湖革命纪念馆召开建党86周年暨“树新形象、创新业绩”座谈会，缅怀革命先驱的丰功伟绩，重温党的光辉历程和奋斗历史，深入学习贯彻省第十二次党代会精神，扎实推进“作风建设年”暨“树新形象、创新业绩”主题实践活动。2009年7月1日，市委举行纪念建党88周年暨新中国建立60周年红船精神传递活动启动仪式。2010年7月1日，市委举行庆祝中国共产党89周年大会暨“红船先锋”表彰典礼。会议表彰先进基层党组织40个、优秀共产党60名，并为5个“红船先锋”基层党组织、10个“红船先锋”共产党员颁奖。

圣火传递活动

1979年7月3日，全国新长征火炬接力活动在嘉兴南湖举行沪浙火炬接力交接仪式。

1990年9月6日，亚运火炬传到嘉兴南湖畔，市领导和运动员代表等3人高擎“亚运之光”火炬乘船登上湖心岛，环岛一周后，登上红船，将火炬高高举起。20名少先队员代表300万名嘉兴人民向火炬庄严宣誓。

1991年3月16日，全国5省6城市少年儿童开展“沿着党的足迹走，誓做革命接班人—红领巾传递”活动在嘉兴拉开序幕。1992年，共青团嘉兴市委在南湖革命纪念馆广场召开纪念建团70周年大会，会后举行“南湖革命圣火代代传”火炬接力跑。1995年5月8日，“全国少年儿童手拉手星星火炬”传递活动，全国第三条传递路线在起点站嘉兴南湖始发。

2000年4月15日，全国体育大会“世纪之光”火炬接力跑在嘉兴南湖起跑。2004年7月23日，由中华爱国工程联合会主办的全国第五届“火炬引导我前进”夏令营开营仪式在纪念馆广场举行。

庆祝建党80周年系列活动

2001年5月2日，“党在我心中”南湖红船圣地行——浙、黔、陕纪念建党80周年活动启动仪式暨“五四”运动82周年纪念大会在南湖革命纪念馆广场举行，中共中央政治局常委、国家副主席胡锦涛出席。

6月19日，中央电视台“心连心”艺术团在嘉兴南湖市民广场举行题为“你是一面旗帜”大型文艺演出，隆重纪念中国共产党成立80周年，观众6万多人，盛况空前。6月25日 嘉兴市各民主党派代表人士在南湖春园举行“同舟园”纪念石碑揭牌仪式，表达各民主党派与中国共产党肝胆相照、荣辱与共、风雨同舟的决心。6月28日，中共浙江省委在嘉兴隆重举行纪念中国共产党成立80周年大会，省委书记张德江在会上作题为《自觉实践“三个代表”要求，充分发挥党员先锋模范作用》的讲话。7月1日，嘉兴市举行南湖革命纪念馆修缮开放仪式、“红船颂”南湖船文化节彩船巡游暨全国航海模型比赛和踏白船、荷花灯展开幕式。当年，参观南湖革命纪念馆人数首次突破百万。

纪念中国共产党成立85周年图片展

由中共浙江省委主办，中共浙江省委宣传部、中共嘉兴市委承办的“开天辟地——纪念中国共产党成立85周年图片展”，2006年6月23日至7月3日在北京国家博物馆举行首展。展览运用丰富生动的图片资料、珍贵实物（复制品）、场景制作、多媒体幻影成像及感言墙等多种形式，具有较强的历史说服力和艺术感染力。按1:1比例设计制作的南湖红船模型首次在京展示。6月30日，中共中央政治局常委李长春，中共中央政治局委员、书记处书记、中宣部部长刘云山和中共浙江省委书记、省人大常委会主任习近平等参观展览。7月12日至8月31日，又先后赴杭州、哈尔滨、重庆、南京等地巡回展出，参观者近30万人次。

其他纪念缅怀活动

1994年5月4日，市委、市政府在嘉兴南湖革命纪念馆举行“红色教育长廊”授牌仪式。1999年5月5日，嘉兴市举行庆祝嘉兴解放50周年民族大联欢活动。2005年春节后的第一个工作日，浙江省委理论学习中心组成员在省委书记习近平带领下到南湖瞻仰红船，举行保持共产党员先进性教育活动专题学习会。2009年7月1日共青团嘉兴市委举行“国旗下青春誓言”活动，300余名青年齐聚到南湖革命纪念馆前，在国旗下宣读催人奋进的青春誓言：“弘扬五四精神，永葆爱国之志。践行科学发展观、高举旗帜跟党走、创新创业作贡献！”。

2009年7月26日，中央电视台“爱国歌曲大家唱·激情广场”在南湖会景园隆重举行。

2010年6月27日，嘉兴纪念“七一”红船节开幕。随后，在全市各级党组织和广大党员中开展“红船杯·红歌赛”“红船先锋表彰”“红船组织生活”“真情五送”“党员读书周”“一员双岗奉献周”“红船行·看嘉兴”七大活动。

专记

红船精神

2005年6月21日，中共浙江省委书记、省人大常委会主任习近平在《光明日报》发表《弘扬“红船精神” 走在时代前列》的署名文章，对“红船精神”作了全面论述，对于继承和弘扬“红船精神”，不忘初心，牢记使命，加强党的先进性建设，进一步巩固党的执政地位，完成党的执政使命，具有十分重要的理论意义和实践意义。开天辟地、敢为人先的首创精神，坚定理想、百折不挠的奋斗精神，立党为公、忠诚为民的奉献精神，深刻内涵的“红船精神”深入人心。

一、“红船精神”大讨论

2005年1月，嘉兴在全市开展保持共产党员先进性教育活动，中共嘉兴市秀城区委在活动中提出如何使教育活动与本地的政治资源有机结合的课题。3月7日，在全区开展以“精神传承、思想升华”为主要内容的“红船精神”大讨论活动，各级党组织和共产党员围绕“红船精神”的内涵以及如何弘扬“红船精神”开展大讨论，全区557个基层党组织、1.6万名党员踊跃参加。3月8日，《嘉兴日报》《南湖晚报》刊登中共秀城区委先进性教育活动领导小组办公室向社会各界公开征集“红船精神”表述语，还邀请党史、社科和文化教育界等有关人士，召开4次座谈会，征求社会各界人士的意见。短短半个月，就征集到“红船精神”表述语来稿663条。使“红船精神”大讨论成了展示党的诞生地先进性的一大特色。“红船精神”大讨论引起中共浙江省委、嘉兴市委高度重视和肯定，专门组织专题调研，给予全面指导。中共嘉兴市委将秀城区做法在全市推广。

2005年6月21日，省委书记、省人大常委会主任习近平在《光明日报》发表《弘扬“红船精神” 走在时代前列》的署名文章，对“红船精神”大讨论给予充分肯定。文章说：“2002年10月，我调任浙江后，即怀着无限崇敬的心情，专程到嘉兴南湖瞻仰红船，接受革命精神教育。今年春节后的第一个工作日，浙江省委理论学习中心组成员来到南湖瞻仰红船，举行保持共产党员先进性教育活动专题学习会。在先进性教育活动期间，成千上万的共产党员从祖国各地来到南湖，看一次展览，听一次党课，学一次党章，观一次专题片，瞻仰一次红船，重温一次入党誓词。嘉兴市广泛开展以‘精神传承、思想升华’为主要内容的‘红船精神’大讨论活动，有力地促进了先进性教育活动。”

二、学习弘扬“红船精神”

习近平《弘扬“红船精神” 走在时代前列》的署名文章发表后，嘉兴全市上下立即形成了学习弘扬“红船精神”的热潮。2005年6月28日，市委发文要求全市各级党委（党组），认真学习习近平的署名文章，深刻领会、大力弘扬、自觉实践“红船精神”，真正做到“干在实处，走在前列”。深刻理解“红船精神”的丰富内涵，充分认识“红船精神”的重要意义，以弘扬“红船精神”为强大动力，扎实推进经济社会发展，全力推进党的先进性建设，全面提高党的执政能力和水平。

7月4日，中共嘉兴市委书记黄坤明在《浙江日报》发表题为《在“红船精神”激励下奋进》的署名文章。文章说：“在纪念我们党成立84周年之际，省委书记习近平发表了《弘扬‘红船精神’走在时代前列》的重要文章。文章指出，开天辟地、敢为人先的首创精神，坚定理想、百折不挠的奋斗精神，立党为公、忠诚为民的奉献精神，是中国革命精神之源，也是‘红船精神’的深刻内涵。这一重要论述深刻揭示了‘红船精神’的内在本质，也充分体现了省委对党的诞生地的关怀和厚爱，我们深感使命和责任重大。我们要认真学习、深刻领会、自觉实践‘红船精神’，按照省委实施‘八八战略’和建设‘平安浙江’的部署，推进富民强市、打造活力嘉兴、构建和谐社会，把党的诞生地建设好。”

“‘红船精神’昭示我们，依水行舟，不能刻舟求剑、因循守旧，必须勇立潮头、敢为人先，以创新的精神永葆生机和活力。”“‘红船精神’昭示我们，逆水行舟，不进则退，必须以共产党人宽阔的胸襟和卓越的眼界，审时度势，以一往无前的大无畏精神，战胜前进道路上的风险和挑战。”“‘红船精神’昭示我们，党和人民的关系就是舟和水的关系，必须牢记‘水可载舟，亦可覆舟’的古训，始终坚持人民利益高于一切，真正做到立党为公、执政为民。”

文章号召全市党员自觉弘扬红船精神，“按照省委提出的‘走在前列、干在实处’的要求，坚持以科学发展观统揽全局，紧紧围绕富民强市、全面建设小康社会、提前基本实现现代化这个总目标，以加快发展为主题，以改革创新为动力，切实增强体制机制活力和环境竞争力，全力打造全省接轨上海扩大开放的前沿阵地、环杭州湾重要的先进制造业基地、全省推进城乡一体化的先行之地，建设活力嘉兴，构建和谐社会，努力把嘉兴建设成为长江三角洲的经济强市、环杭州湾的滨海新市、江南水乡的文化大市。”

2007年11月22日，中共嘉兴市委开设“红船论坛”，举行首场报告会。邀请中央党校的教授作辅导报告。论坛以学习、践行“红船精神”为主题，设报告会、读书会、研讨会三种形式，集中学习党的创新理论和中央、省委的重大决策部署，结合嘉兴市经济社会发展中的关键领域和重大问题，交流调研成果，总结实践经验，探讨嘉兴经济社会发展中的热点难点问题，为市委、市政府决策服务。至2010年底，论坛组织报告会22场次。

2008年3月21日，嘉兴市党员干部远程教育视频点播系统——红船网（http://www.hcyjw.cn）正式开通，设有视频点播、直播课堂、网上创业园、诞生地党建、党支书之声、为您服务、大学生村官等20个一级栏目、60多个二级栏目。2009年7月，红船网进行全新改版，创新内容、优化版面，突出党建特色，方便用户游览。至2010年，点击量超过185万次，上传各类信息3.6万条。

2010年11月26日，南湖区成立嘉兴南湖红船精神研究会，成为全国首家从事“红船精神”理论与实践研究的学术性、非营利性社会团体组织，在区委领导下，组织会员开展多种形式理论和实践的调查研究，及时向区委和有关部门提供研究成果和建议，发挥决策咨询作用，同时举办各种形式的学术讨论会、经验交流会，深入学习、探讨，广泛宣传、践行“红船精神”。2011年6月17日，红船精神研究会参与承办“中国共产党90年与马克思主义哲学创新”理论研讨会暨中国马克思主义哲学史学会2011年年会，中央文献研究室、中共中央党校等单位领导、专家、学者130多人出席会议，6月30日，与嘉兴市社科联联合举办“一船红中国，万众跟党走——弘扬红船精神主题行”活动。邀请光明日报、省政协、省委宣传部，省社科联，以及延安精神研究会、西柏坡纪念馆的领导、专家、学者参加。共同探讨“红船精神”深刻内涵和当代价值，实地考察“红船精神”在南湖区传承和践行成果等。12月3日，嘉兴南湖红船精神研究会主题网站开通，网站由概况、动态信息、红船研究、理论学习和图说南湖五大板块构成。

三、学习宣传系列活动

2005年，南湖区委按照市委统一部署，结合保持共产党员先进性教育活动，开展一系列学习宣传“红船精神”活动，组织广大党员干部开展多种形式的学习、辅导与讨论，原原本本学习习近平署名文章，并将学习理解“红船精神”与中国共产党党史教育结合起来；与保持共产党员先进性教育结合起来；与加快建设文化大市，打造人文嘉兴、“五彩”南湖结合起来；与学习先进典型结合起来。要求机关各级党组织在学习、讨论基础上，发动党员干部积极撰写体会文章。当年，区纪检部门以“红船文化”为主题，以各地民俗民间文化为载体，以进机关、进社区、进家庭、进学校、进企业、进农村为抓手，推进南湖乡土特色廉政文化品牌建设，打造南湖区“红色之旅”教育系列活动。

2006年3月下旬，中国作家协会《诗刊》杂志社、浙江省作协和嘉兴市人民政府府联合在嘉兴举办南湖诗会，创作出《亲亲我的党和祖国》《嘉兴、南湖渡口》等一批赞美南湖、歌颂红船和描绘新嘉兴的诗歌作品。5月至6月，市组织全市党员干部参加以“学习党章、遵守党章、贯彻党章、维护党章”为主题的全国“红船杯”学党章知识竞答活动。6月8日、9日，由中华全国新闻工作者协会主办，中共嘉兴市委、嘉兴市人民政府承办“党的诞生地嘉兴行”采访活动全面展开，20多家中央和省市地方媒体新闻记者深入嘉兴城乡深度采访，宣传红船精神，展示党的诞生地的崭新形象。6月23日至7月3日，由中共浙江省委主办，省委宣传部、嘉兴市委承办的“开天辟地——纪念中国共产党成立85周年图片展”在北京国家博物馆首展展出。7月1—10日，由中国美术家协会和嘉兴市人民政府共同主办的第二届“红船颂”全国中国画名家作品邀请展在嘉兴博物馆展出。

2009年7月1日，嘉兴市在南湖革命纪念馆举办大型系列报道之红船精神传递活动，活动以党的诞生地嘉兴作为起点，由《嘉兴日报》记者、青年市民代表陆续重访南昌、井冈山、遵义、延安、西柏坡、深圳、上海浦东等10座城市，深度体验党在不同历史时期执著的精神追求，传递红船精神，重温党的历史，牢记党的宗旨，弘扬革命传统。

2010年6月21日，市委红船先锋创先争优活动领导小组办公室，在“七一”红船节系列活动期间，集中两周时间，市、县(市、区)联动，开展“红船杯·红歌赛”“红船先锋表彰”“红船组织生活”“真情五送”“党员读书周”“一员双岗奉献周”“红船行·看嘉兴”七大活动，弘扬“红船精神”，推进“红船先锋”创先争优活动。全市7万多人瞻仰红船，10.93万人参与读书活动，8900多个基层党组织、15.37万名党员群众集中收看电视和红船网直播。2010年7月1日，市委、市政府举行庆祝中国共产党成立89周年大会暨“红船先锋”表彰典礼，隆重表彰弘扬红船精神，在全市各条战线作出突出贡献，在推进科学发展过程中涌现出来的“红船先锋”和先进基层党组织、优秀共产党员。2010年10月30日，中共南湖区委机关党工委根据市委机关党工委的倡导，开展打造“红船旁机关党员之家”服务品牌争创活动，以争当红船先锋，努力服务发展、服务基层、服务党员为抓手，把机关党组织建设成为“党员弘扬红船精神，充分发挥才能、充分服务群众、充分奉献社会、充分得到关爱的激情温馨之家”。

第三章　湖心岛

第一节　烟雨楼

烟雨楼是嘉兴南湖诸多名胜中最为著名的景观，为中国八大名楼之一。南湖湖心岛上的主体建筑，成为嘉兴的地域标志。楼名取唐杜牧诗“南朝四百八十寺，多少楼台烟雨中”之意。现已成为湖心岛整个园林的泛称，占地面积11亩。园内楼、堂、亭、阁错列，园周短墙曲栏围绕，四面长堤回环。

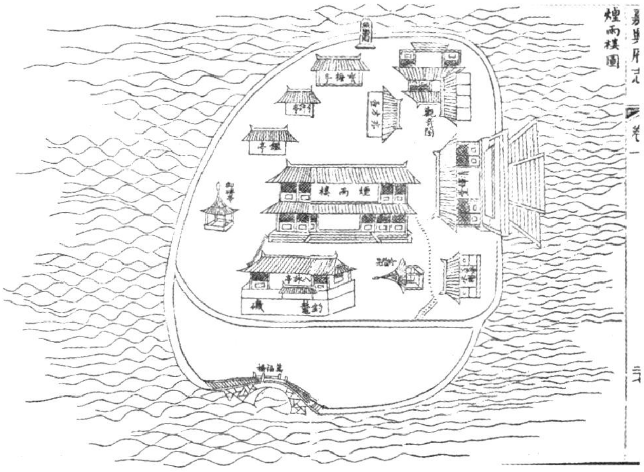

清光绪《嘉兴府志》烟雨楼图

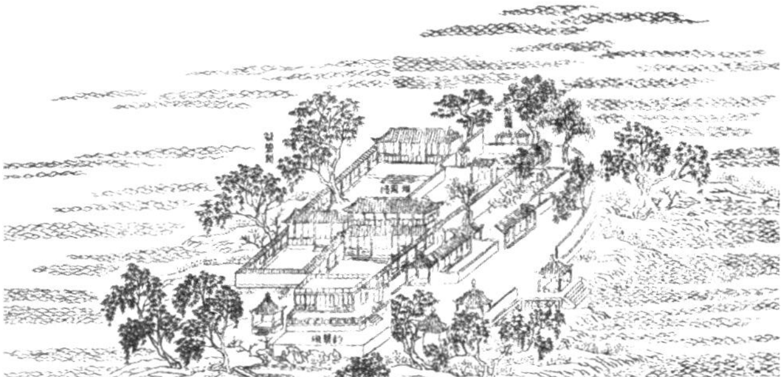

清光绪《嘉兴县志》烟雨楼插图

烟雨楼主楼

清康熙《嘉兴县志》烟雨楼图

烟雨楼始建于后晋天福年间(940年前后)，钱元璙在湖畔建楼舍，无烟雨楼之名，最早记载“烟雨楼”3字的是南宋吴潜的《水调歌头·题烟雨楼》。《嘉兴府图记》载：“鸳鸯湖在县南三里，湖东有烟雨楼。五代时，中吴节度使景陵王钱元璙筑台为登眺之所。建炎中废。嘉定间，吏部尚书王希吕致政还家，因旧址建楼，有缙绅游，有司相继拓治缮饬为一方之胜。元季，杨苗之乱，始毁之。”近年有文史研究者认为，钱氏所建的烟雨楼应位于鸳鸯湖与滮湖交汇处的洲渚上。相传楼名取自杜牧“南朝四百八十寺，多少楼台烟雨中”。吴潜该词作于南宋绍定二年(1229)，当年他与著名词人姜夔曾在嘉兴相会。后烟雨楼归于高文长高氏圃中。赵孟坚在宋咸淳四年(1268)所写的“兰竹卷跋语”中说，“皇甫子昌至昆陵，彝斋留诗笔墨，后改馆于高文长之烟雨楼。”至元代，湖畔的烟雨楼虽历经战火，尚未完全毁损。元至正十三年(1357)，张士诚部将张自信与元军守将杨完者在嘉兴城外激战，杨氏纵兵放火，无所不为，城外民房烧毁殆尽，烟雨楼也未幸免。

明嘉靖二十六年(1547)，嘉兴知府赵瀛疏浚城河，以淤泥填于南湖之中，垒成“积五十尺，广袤二百尺”的人工小岛，“旁植苇蒹榆柳桃杏”。二十八年(1549)，仿烟雨楼旧制，建楼于岛上，主楼坐南朝北，面对城垣。建石埠于岛北堤上。自此烟雨楼由湖畔移至湖心岛，成为南湖主要建筑。后毁于火灾，明崇祯五年（1632），知府李化民重建。

清顺治二年（1645），在抗清斗争中，烟雨楼被毁，顺治三年（1646）春，僧木拂到嘉兴，"过宣公桥，昔繁荣鼎盛之处皆成瓦砾，烟雨楼拆毁尽矣。"清康熙二十四年（1685）再建。烟雨楼坐南朝北，面对城垣。雍正八年（1730），浙江总督李卫巡察嘉兴，授意重修烟雨楼。乾隆帝第一次南巡时，烟雨楼改建为坐北朝南。乾隆六下江南，八上烟雨楼，先后题诗15首，盛赞湖光水色和楼台烟雨。在第五次南巡时，乾隆命画师绘了烟雨楼图，在热河承德避暑山庄仿建一座烟雨楼。清咸丰十年（1860），南湖烟雨楼毁于战乱。

1918年，嘉兴知事张昌庆"会绅募款"再次重建烟雨楼，形成如今格局。1927年，国民革命军进驻嘉兴，认为烟雨楼四周的红色围墙具有"封建色彩"而改为黑色。1934年，嘉兴成立名胜管理委员会，恢复红色围墙。同年，名胜管理委员会从盐仓桥至湖心岛架设木杆电线，烟雨楼始有电灯、电话。抗日战争期间，烟雨楼被日本侵略军强占作华中铁道公司食堂，抗日战争胜利后才恢复开放。解放后，烟雨楼又焕发出新的生机和活力。1959年南湖革命纪念馆成立后，依托烟雨楼古建筑群作为馆舍，烟雨楼内长期举办"中共一大史料"陈列。

2010年11月，烟雨楼主楼

烟雨楼高20米，建筑面积640平方米，面阔五间，进深两间，五楹两层，重檐画栋，朱柱明窗，古朴典雅，气势雄伟。楼上下均有回廊环通，登楼远眺，南湖景色尽收眼底。楼前檐悬董必武1965年手书"烟雨楼"匾额。楼下正厅楹联："烟雨楼台，革命萌生，此间曾著星星火；风云世界，逢春蛰起，到处皆闻殷殷雷"亦为董必武所书。大堂中央挂有褚辅成题写的"分烟话雨"匾额，两边壁上是里人方锡川撰、方志远书的对联。"出东门郭半里而遥，春水绿波，处处美人画舫；与南堰镇隔湖相望，夕阳芳草，寻寻高士祠堂。"楼前平台，两棵明代古银杏参天而立。

1991年南湖革命纪念馆馆舍建成后，烟雨楼内举办过"嘉兴名人展"和"纪念建党八十周年篆刻展览"等展览。2004年10月起，烟雨楼落架大修。2005年春节后竣工。一楼大厅的展览按20世纪60年代陈设。

20世纪50年代，烟雨楼

烟雨楼全貌

明嘉靖年间在湖心岛建起后，历经扩建、重修、四周亭阁、长廊、假山、花台、疏密相间，错落有致。湖中有池、岛中有堤，体现中间造园艺术风格和江南特色。

烟雨楼入口处为清晖堂，门东北向，北墙嵌"烟雨楼"碑，为清顺治年间冀应龙所书，笔力遒劲，碑高212厘米，宽117厘米，保存完好。入清晖堂，两侧左为菱香水榭，右为菰云簃。再往右为观音阁，三楹二层，晚清建筑风格。清晖堂后为御碑亭，刻有乾隆游南湖题词的手迹。经御碑亭进内即烟雨

20世纪90年代，烟雨楼

楼主楼，台外栏杆有钓鳌矶刻石，平台东南侧是西御碑亭。烟雨楼后，假山巧峙，花木扶疏。假山西北，亭阁错落排列，回廊曲径相连，玲珑精致，各具情趣。宝梅亭内陈列有元吴镇风竹刻石和清彭玉麟梅花碑。亭外堤岸墙上砌明代书画家董其昌所书“鱼乐国”碑。自宝梅亭前行，来许亭内展陈有许瑶光的画像和他在嘉兴任官时的主要功绩。鉴亭内有许瑶光作《鉴亭铭》石刻，宋代苏轼为李方叔（李廌）所书“马券”帖石刻，南宋岳珂的“洗鹤盆”及从古北口运来的硅化木等文物，亭后壁立有米芾碑，传为米芾真迹。出鉴亭由园侧门下石阶，即至长堤西岸。循堤左行为万福桥，桥东南边停泊着革命纪念船。再往前行，为杨尚昆所题额之“访踪亭”，不远处为游轮来回摆渡停靠处。沿游轮停靠处台阶拾阶而上，就重又回到清晖堂。

民国时期，烟雨楼

第二节　亭阁胜迹

瀛洲胜境

瀛洲为传说中的东海仙山，也常被比作如神仙般的生活意境。明万历十年（1582），嘉兴知府龚勉费力集资，大力整治烟雨楼周边环境，新建许多亭台楼阁，形成“瀛洲胜境”的新景观，分别为烟雨楼、大士阁、文昌祠、武安祠、禅定斋、观空室、栖凤轩、钓鳌矶、凝碧亭、浮玉亭、水上钟、湖心井12处景点。龚勉在《烟雨楼杂咏并序》中记叙了各景点建造的缘由和具体方位，并为每个景点撰写了诗文。其中烟雨楼石台下面的钓鳌矶、钓鳌矶旁的湖心井、大士阁、栖凤轩一直延存到了现在。

大士阁

建于明万历十一年（1583），供奉观音菩萨，又称观音阁，历来香火旺盛。每年农历六月二十四日荷花生日（古称观莲节），至大士阁敬香拜佛为一盛景。后毁，清同治十三年（1874）重建。1937年，大士阁被日军炮火炸毁。1986年，为恢复烟雨楼古迹景点，重建大士阁。

清晖堂

建于清同治四年（1865）。嘉兴知府许瑶光先在湖心岛渡口大石埠台阶上建一座门厅，命名清晖堂，取古人“山水含清晖”“清晖在山川”之意。许瑶光用宋徽宗瘦金体写了“六龙曾驻”4个字，表示皇帝曾在该处驻跸。同治十二年（1873），许瑶光又在清晖堂左右各建厢房，南厢房名菱香水榭，又称小蓬莱；北厢房叫菰云簃。这两间厢房在20世纪80、90年代曾作为南湖革命纪念馆接待室。

来许亭

清同治十二年（1873），嘉兴知府许瑶光因任期已满将进京述职，并觐见皇上。嘉兴士绅们闻知，感念其勤政爱民，在烟雨楼西北隅建造一亭，又在湖心岛设宴为其饯行，谓“相处十年，酒难为别，烟波寻恙，盼望重来”，并将亭子取名为“来许亭”，意为希望许瑶光再来嘉兴。是年夏，许进京述职后，果然应了嘉兴士绅们“来许”之愿，仍回嘉兴续任知府。旧时，来许亭内原悬挂沈定一所书“民国元年孙中山先生来游于此”匾。2006年起，陈列许瑶光的画像及手迹，并播放专题片，介绍许瑶光在嘉兴任职18年的功绩。

鉴亭

许瑶光将赴京述职前，留言建议在来许亭南面造一座式样相仿的亭子，取名“鉴亭”，并撰写了《鉴亭铭》。铭文共373字，从5个方面归纳总结做官为人的处世之道，劝人珍惜大好时光，妥善处理各种矛盾，洁身自好，自立自律。铭文被镌刻成碑。碑高154厘米，宽81厘米，置于鉴亭内保存至今。宋代著名书画家米芾真迹为许瑶光在建鉴亭之年所得，视为珍宝，请人摹刻在《鉴亭铭》碑阴，供人欣赏。2006年起，鉴亭内展陈马券帖刻石和柏化石。

马券帖刻石　是苏轼将一匹御赐马赠予其友李方叔而写的马券，并有苏辙题诗、黄庭坚跋尾。来历及镌刻年代已无确考，传明代正德年间已有此石。据旧志记载，马券石共4块，早年嵌于陆宣公祠。后几度聚散离合。清同治三年(1864)，许瑶光命人于废营垒石中觅得。五年(1866)，重建流虹亭，嵌石于壁。1931年后，流虹亭倒塌，失去一石，留存的3块移于嘉兴图书馆保存。1946年失去的一块帖石偶然发现，四石散而复合，移置烟雨楼。“文化大革命”期间，再遭损毁，断成几块丢入南湖之中。20世纪80年代，陆续找到残碑7块。

柏化石　传为清代一官员在古北口巡视时发现，运至故乡王店，后移存嘉兴城隍庙中，解放后移至南湖。化石高1.4米，腰围1.5米，呈褐红色。此石以前一直被认为是松化石，后经郭沫若鉴定为血柏化石。有学者考证，该石为上古中生时代，松柏古木因地壳变动，深埋地下，经硅化而成，距今已有1亿多年。

宝梅亭

清光绪元年(1875)农历三月，兵部尚书彭玉麟到嘉兴。传彭玉麟为纪念早逝的知己梅姑而“刻骨铭心，立志画梅万幅以示不忘。”知府许瑶光陪同彭游南湖，于南湖中得石，即请彭画得横、直梅花各一幅，并赋诗其上。许瑶光依画请嘉兴秀才钟沈霖镌刻石上，并于同年在烟雨楼北面建“宝梅亭”，壁嵌彭玉麟梅花石刻。彭所画梅花，身姿虬曲，铁骨铮铮，古拙苍劲，与一般文人墨客的梅花风格迥异，被称为“兵家梅花”。其横梅原石中有破损裂缝，画家以树干顺其裂缝而画之，取势得当，妙不可言。

宝梅亭西墙内壁嵌有元代吴镇的“风竹图”石刻，为清同治六年(1867)许瑶光偶得真迹，请人摹刻上石，并题诗。宝梅亭西侧放置有岳飞之孙岳珂(1183—1243)所遗“洗鹤盆”。

假山

烟雨楼北面庭院，假山耸峙，花木扶疏。假山原为明末著名造园家张南垣构建。此山系太湖石叠成，岩壁石洞，山谷蹬道，奇峰突兀。石山的形状各看其用，宛如虎、豹、狮、象等，神态生动，维妙维肖，在结构、布局、造型、对景上有独到之处。1918年重建烟雨楼时，本地园艺师沈石荪重作布置。

古花木

烟雨楼古木参天，有百年以上的糙叶树、黄榉、朴、槐、柘、榔榆等18株。花卉亦繁多。明万历王象晋《群芳谱》载：“烟雨楼前玉兰花，莹洁清丽，与翠柏相掩映，挺出楼外”。清乾隆二十八年(1763)蒋元龙《泛南湖登烟雨楼》诗注云：“山茶老本从白莲寺移植”。乾隆三十年(1765)乾隆帝《再游烟雨楼》诗中有：“紫碧桃方朵艳舒”之句。清代诗人张应昌游览烟雨楼后，留下“五丈白藤花，依然鱼知乐”的诗句。此外，烟雨楼内还曾有桂花、牡丹、斑竹、梅花等。

古银杏树

烟雨楼南面东西两侧，有两株栽种于明嘉靖二十八年(1549)的银杏树，迄今已有461年，是湖心岛上现存树龄最长的古树。两树均高15米多，树干胸径0.9米多，虽饱经沧桑，仍苍劲挺拔，形如蛟龙腾空，生机盎然。

万福桥

清同治《嘉兴府志》烟雨楼图中，注桥名为“万福桥”。烟雨楼前有荷花池，荷花池水穿越万福桥后与南湖相连。万福桥两堍均为沿湖长堤，沿堤往东不远为革命纪念船停泊处。明崇祯《嘉兴县志》附烟雨楼图，尚无桥，清雍正《浙江通志》附烟雨楼图，该处有石板桥，清乾隆《南巡盛典》附烟雨楼图，该处已有石拱桥。1918年重建烟雨楼时，万福桥重新修建。桥系单孔有栏石拱桥，南北两端各有10级石阶，桥孔跨径4.15米，拱高1.70米。桥上朝北为仰看烟雨楼最佳位置，檐中董必武所题“烟雨楼”匾额格外醒目。

第三节　碑　刻

钓鳌矶

位于烟雨楼南面，临水拓台而建。明嘉兴知府龚勉亲题“钓鳌矶”三字，“钓鳌”原意多出人才，独占鳌头，期望嘉兴学子发奋学习。钓鳌矶建成第二年，嘉兴中了一名状元，名朱国祚。清雍正、乾隆时又出了沈廷文、汪如洋两名状元。此后，钓鳌矶名声大振，文人名士争相顶礼膜拜。“钓鳌矶”石碑至今保存完好。

鱼乐国

明万历三十三年(1605)，太史董其昌督学湖广，取道嘉兴，应知府车大任之请游赏南湖。当时盛行放生施善，董太史觉得嘉兴以范蠡湖作为放生湖只是“一泓池水”，太小了，建议把南湖作为放生湖，并在烟雨楼手书“鱼乐国”3字，同年刊成石碑立于湖心岛北烟雨楼下。清顺治二年(1645)烟雨楼被毁时，石碑被盗买到平湖，康熙朝重建烟雨楼时才追回。屠廷楫在《滮湖即事》诗注中写到：“鼎革间，为石工窃售当湖民家，顷烟雨楼成，有发踪迹送至，因树故址。”石碑至今犹存，成为烟雨楼的名迹之一。

御碑亭

乾隆曾经六下江南，八次登临湖心岛，在湖心岛上至今完好保存着东、西两块御碑和乾隆留下的14首诗。镌刻清乾隆帝诗句之碑亭分别在烟雨楼东清晖堂后和烟雨楼西侧，内各竖一碑，俗称“东西御碑”。

东御碑，立于清晖堂西走廊上。东西朝向。高184厘米，宽79厘米，厚24厘米。上有额，正反两面中间均刻有“御笔”两字，篆书。旁刻双龙图案。额高60厘米，宽79厘米，厚24厘米。碑的四面均刻有御制诗，行书。碑东面刻“不蓬莱岛即方壶”七律一首。正文4行，56字。落款1行，12字。末有“所宝惟贤”篆方印(阳文)、“乾隆御笔”篆方印(阴文)。该诗作于乾隆二十二年(1757)。碑西面刻“未年丑岁两经行”七律一首。正文5行，56字。落款1行，6字。末有“所宝惟贤”篆方印(阳文)、“乾隆御笔”篆方印(阴文)。该诗作于乾隆二十七年(1762)。碑南侧刻“前度晴中阅春景”七绝二首。正文2行，56字。落款1行，20字。末有“乾隆宸翰”篆方印(阴文)、“惟精惟一”篆方印(阳文)。该组诗作于乾隆二十七年(1762)。碑北侧刻“烟丝罥柳柳丝蒙”七律一首。3行，正文56字，落款10字。末有“所宝惟贤”篆方印(阴文)、“乾隆御笔”篆方印(阳文)。该诗作于乾隆二十七年(1762)。

西御碑，立于烟雨楼西南角的御碑亭中。南北朝向。高186厘米，宽79厘米，厚24厘米。上有额，正反两面中间均刻有“御笔”两字，篆书。旁刻双龙图案。额高58厘米，宽79厘米，厚24厘米。碑的四面及额的东西两侧均刻有御制诗。行书。碑北面刻“春云欲伴旋蒙蒙”七律一首。正文四行，56字。落款1行，13字。末有“惟精惟一”篆方印(阳文)、“乾隆宸翰”篆方印(阴文)。此诗作于乾隆十六年(1751)。碑南面刻“杨柳矶边系画舟”七律一首。正文4行，56字。落款2行，34字。末有“所宝惟贤”篆方印(阴文)、“乾隆御笔”篆方印(阳文)。该诗作于乾隆二十二年(1757)。碑东侧刻“烟雨今朝烟雨无”等七绝四首。4行，正文112字，落款16字。末有“乾隆宸翰”篆方印(阴文)、“惟精惟一”篆方印(阳文)。另一印模糊不清。该组诗作于乾隆三十年(1765)。碑西侧刻“岧峣天地起楼台”七律一首，3行。正文56字，落款6字。末有“乾隆御笔”篆方印(阴文)、“所宝惟贤”篆方印(阳文)。该诗作于乾隆三十年(1765)。碑额东侧刻“春秋三阅喜重来”七律一首。正文五行，56字。落款1行，10字。末有“古稀天子之宝”篆方印(阴文)、“犹日孜孜”篆方印(阳文)，该诗作于乾隆四十九年(1784)。碑额西侧刻“□疑瀛泛到云来”七律一首。正文5行，56字。落款1行，8字。末有“惟精惟一”篆方印(阳文)、“乾隆宸翰”篆方印(阴文)。该诗作于乾隆四十五年(1780)。碑额两侧的诗碑幅面较小，分别高42厘米，宽24厘米。

东西御碑镌刻年代不详。“文化大革命”期间，东御碑亭碑刻遭损坏，后修复。

南湖八景碑

清同治八年(1869)，嘉兴知府许瑶光以南湖为中心，将嘉兴城郊古迹、景点列出八景，分别为南湖烟雨、东塔朝暾、茶禅夕照、杉闸风帆、汉塘春桑、禾墩秋稼、韭溪明月、瓶山积雪，合称为“南湖八景”，并为此作序题诗，请其友、画家秦敏树作“南湖八景图”并将“八景图”与“八景诗”一同镌刻成碑。在烟雨楼南面钓鳌矶上建一亭，将碑石置于亭中，取名“八咏亭”。八景中，“南湖烟雨”为最美，称嘉禾第一景。南湖八景碑现立于烟雨楼北面西长廊。八咏亭于1918年重建烟雨楼时被拆，1987年重建于中山路边瓶山公园。现南湖八景碑与“南湖八咏序碑”均嵌于烟雨楼北假山西长廊墙上。

第四章 湖区景观

第一节 会景园

会景园位于南湖南岸，园名取自“会景亭”。会景亭旧址在今省武警医院内。

2003年6月，会景园建成对外开放。地呈半岛形，东依海盐塘，南靠南溪路，北挨宽阔南湖，西至勺园桥下河道，占地面积3.36公顷，建筑面积2276.94平方米，总投入2000多万元。入口广场的假山，奇妙地使用江南园林造景技巧中的“抑景”手法，用2199多吨黄石堆积而成。假山上“南湖”二字为郭沫若手迹。依次步入，由假山瀑布、会景园广场、南湖渡口、望湖楼台、醉仙楼、红菱廊、烟雨桥、钓鱼台庭院、湖风溪月及贵宾楼等构成。会景园同时为游览南湖风景区的主入口，望湖广场旁设游船码头、游客服务中心等接待服务设施。

2010年8月，会景园

望湖楼台

望湖楼西北面湖，与湖心岛烟雨楼隔湖而望，两层楼阁，面积250平方米，湖光水色争相竞艳。楼阁内为棋牌、读书、品茗、聚会的好去处。楼台边望湖广场是群众文娱活动和节日庆典的场所。2009年7月26日，中央电视台“爱国歌曲大家唱·激情广场”在该处举行。

2009年10月，望湖楼

会景园渡口码头

游客凭票乘船前往湖心岛，游览南湖的主码头。2001年码头以及楼亭建造竣工后，原南湖路游船码头搬迁至此，有19条运营的各种形式的游船在此处设检票处，游客经安全检查后，检票上船。2009年以来，在原有运营船只的基础上，相继投入1000多万元建造18艘利用机器发电转化为电能的高性能丝网船，船上使用的奥南发电机是静音性的，通过美国环境保护署EPA排放标准的认证，最大限度保护南湖的环境，为广大游客提供舒适的乘坐环境。至2010年年末，码头有运营船只37艘。

2009年10月，远眺会景园渡口

"中国红色之旅"纪念碑

石碑位于南湖渡口前。2004年5月，为纪念中国工农红军长征胜利70周年，嘉兴市政府和江西省旅游局共同发起"2004中国红色之旅万里行"活动，组成50多人的车队，从江西的瑞金出发，驾车沿着当年红军的长征路，历时近一个月，行程2万多里，最后回到井冈山。这块石碑是"万里行"车队抵达嘉兴南湖时所立，在石碑旁种石榴树和红杜鹃，寓意着革命事业千秋万代，红色之旅红红火火。

六角亭手摇船码头

码头建成于2001年，位于会景园西侧出口处，为临水长廊游船码头。2005年，游船投入70多万元建造了12艘用电瓶作为能源的手摇电瓶两用船，是为游客提供游览包船的服务码头。

醉仙楼

位于会景园东侧。根据金庸武侠小说《射雕英雄传》中的一个场景而建造，楼中一幅"江南七怪图"活灵活现，栩栩如生。2003年10月26日，市委、市政府在醉仙楼为金庸贺八十寿诞，金庸即兴挥毫，题写"醉仙楼"3个大字，更使醉仙楼增色添彩。醉仙楼现为特色餐饮楼。

湖风溪月

为古典庭院建筑，面积210平方米。紧挨烟雨桥东堍，与成功堤、勺园等湖西景观隔岸相望。主楼飞檐翘角、巍峨高耸，楼上悬挂着"钓鱼台"匾额，长长的回廊曲径通幽，园内细水潺潺，鸟语花香，适宜开会、座谈、品茗和接待宾客湖等。湖边为手摇游船停泊处。

烟雨桥

"南湖烟雨"素称嘉禾第一景。烟雨桥意蕴周边烟雨迷濛、景色绝伦。为一座仿古三孔石拱桥。桥型高峻挺拔，两边台阶各28级，两侧桥栏下部为数个做工精巧的石狮雕座，上部为荷花图形雕刻。桥东为会景园本体，桥西原为隔水荒滩。烟雨桥建成后，昔日荒滩以园林特色构筑，伸入近湖心一隅，2009年建有亭，2010年始填滩筑堤，规划建园林。

2009年10月，烟雨桥

第二节　小瀛洲

2009年5月，小瀛洲和九曲桥

位于南湖东北隅，为清康熙时疏浚市河、堆泥于此而形成的小岛。面积约8亩，俗称小南湖，雅称小瀛洲。初为渔民晒网之地，后渐成游览胜地。北有九曲桥通湖滨公园，岛上有一狭长形池塘，仓圣祠、舞蛟石分别在南北两端。环岛一周，一边为海盐塘，另一边为宽阔南湖，南端距湖心岛仅100多米。旧时，每年农历六月二十四日，小瀛洲与湖心岛及其之间湖面为传统庆祝“荷诞日”（荷神生日）场所，热闹非凡。小瀛洲立有荷神雕像。1959年，小瀛洲辟为公园。

舞蛟石

位于仓圣祠南的池塘南面。传为唐朝故物，还有一说是北宋末年花纲石遗物。石型如蛟龙飞舞，故名。石上刻有篆书“舞蛟”二字，系元代书法家赵孟頫所书。石高3.8米，宽2米，下部呈尖形，附在旁边的小石，俗谓“蛟尾”。该石历经沧桑，《浙江通志》记：“舞蛟石，先在清宛堂，后在徐随州宅。”清道光年间朱泰修作有《舞蛟石歌》。光绪年间，徐家祠堂荒废后移入大年堂。1953年，自东门大年堂移至小瀛洲岛上。

仓圣祠

清光绪年间，嘉兴民间组织“惜字会”在小瀛洲建祠3间，供祀仓颉。相传，仓颉是黄帝时造字之鼻祖，称仓圣。祠内有仓颉塑像，后被拆除。1924年重修，为殿阁式建筑，回廊南北都有石阶。2009年，仓圣祠主体维修，美化河岸线。2010年，安放仓颉雕像，雕像高3.9米，底座宽1.6米。对祠内的云纹朱雀、谒仓圣、仓颉造字、大宋仓公碑、仓颉造字传说、仓颉书、仓圣鸟迹书等，匾额、楹联和挂轴等进行维护。现仓圣祠名由前中国美术学院院长萧峰题写。门口抱柱联篆书为“四目明千秋大业，六书启万事维言”。

2009年，仓圣祠

第三节　湖滨公园

1953年开始，发动机关和嘉兴各界人士义务劳动，填平高地和坑坑洼洼湖滩，建成湖滨小公园。经过几十年的整修，扩建，公园沿南湖北岸蜿蜒，东侧为瀛洲桥堍，西至南湖渔村，北为鸳湖路，占地面积20多亩，湖畔杨柳、古树相连，有亭阁临湖，假山草地，九曲小桥通小瀛洲。

九曲桥

为湖滨公园连通小瀛洲九曲小桥。1953年始建，实际为六曲。原为木制，后改成水泥仿古式样。桥贴湖面，弯弯曲曲，人走其上，婉如湖中。眺望云水间，亭台楼阁，随步景移。桥面原紧贴水面，到汛期被淹没。2009年4月22日，对九曲桥进行增高改造。

瀛洲桥

2007年新建，将湖滨公园与四季园中的春园联在一起。为三孔石拱桥，廊桥，中部重檐，两端因是采用弧形的引桥，接公园小路，曲线优美。桥下水道为嘉兴城去南湖的必经之处，当年中共“一大”代表就是从狮子汇渡口启程，途经该地去开会的。

文字书碑院

位于九曲桥北堍、鸳湖路南侧，占地面积0.38公顷，建筑面积495平方米，2008年10月竣工。院内设汉字起源、造字理论、汉字形体的发展、汉字在东亚的影响等展厅。第二展厅墙壁上，安装有触摸式电子屏幕，可以玩“汉字原理连连看”游戏。第四展厅电子屏幕上会显示各种字体的汉字，只要用手指在屏幕上“描红”，就可以体验一把书法家的滋味。在连接展厅的回廊墙壁上，嵌有一块块镌刻着篆、隶、行、草、楷不同字体的石碑。另外，展厅中还有文字甲骨以及在嘉兴出土的刻有文字图案的陶器展示。

第四节　四季园

为南湖东岸南北向的条状公园绿地，全长1000余米。从北至南，分设春、夏、秋、冬四园，俗称四季园。

春园

建于1994年，北接南湖桥，南邻南湖革命纪念馆老馆，园内遍植樱花、丁香、迎春、杜鹃等春季花木，以突出春景为主。有瀛洲桥通湖滨公园，春园旧址为南湖街道办事处和第三医院部分院址。

夏　秋　冬园

南湖老渡口向南沿湖依次为夏园、秋园和冬园。1996年5月，夏园建成开放。夏园以夏景为主调，设有小池塘、柳眉花架、荷风亭及长廊。1997年3月秋园、冬园开工建设，拆迁137户，房屋建筑面积7687平方米，以及绢纺厂部分行政用房。1997年11月竣工，两园以不同季节的植物相配。秋园筑有长廊，种植桂花、红枫等，由北向南依次设有桂林夕阳、清波荡舟和枫林秋爽等景点，临湖远望，湖心岛尽收眼底。冬园建有雪花亭，栽种梅花、腊梅等，秋、冬园与前期建成的春园、夏园形成完整的四季园，整个公园地面广铺常绿草坪，保持四季常青。

小洋楼

位于冬园，建于20世纪20年代末，一说为晚清嘉禾名士陈孟恢所建。一说为穆家洋房主人穆湘瑶所建。小洋楼的建筑风格和工艺跟穆家洋房相同。据民国《鸳鸯湖小志》记，上海穆湘瑶，慕南湖风物清美，卜地湖滨盐仓桥外，构精舍3间，曰“且庐”。1929年，穆湘瑶转让给陈孟恢。1930年前后，陈孟恢在自己的小洋楼中开办新兴蚕种场，有完整的设施和专用的蚕室，还有数十亩桑园。1936年扩大规模，在小洋楼路对面新建带有地下储桑室的四层蚕室，一季可饲养300张原种，生产3万多张蚕种。1937年，被日本侵略军焚毁。抗日战争胜利后恢复生产，解放后并入王店蚕种场。后小洋楼为陈家子女居住。1992年南湖周边区域划为风景区，陈家子女搬离小洋楼。2010年5月，小洋楼进行了维修，6月被市政府命名为市历史建筑。

第五节　勺　园

位于南溪西路以北、会景园以西，于2005年开始易地重建。勺园，一名南湖渚者，又名竹亭湖墅。原在南湖西北岸，为明崇祯年间权臣吴昌时所建的别墅，建筑精美，布置奢华。假山石为造园名家张南垣所垒。吴昌时和东林党人关系密切，钱谦益、吴伟业等名士都到过勺园。有史籍载钱谦益与柳如是在勺园相识、相知和相恋的轶事，留下一段才子佳人的风流佳话。后吴昌时被崇祯帝所杀，勺园亦渐荒废。吴伟业的《鸳湖曲》诗，即为咏忆勺园、感怀吴昌时而作。清初陈维崧在《贺新郎·鸳湖烟雨楼感旧》词回忆南湖北岸勺园盛况时说："望满湖、灯火金吾怕。十万盏，红球挂。"清学者、诗人章楹在《谔崖脞说》中说："鸳鸯湖近城处曰濠股，明末吴氏勺园故居也，固穷极土木之丽。其楼台灯火、箫鼓绮罗之盛，见于吴梅村《鸳湖曲》及钱虞山诗者，可约略想见矣。后以事见法，其地已为渔庄，惟老柳数十枝，蘸波稍雨，尚是当年故物。遥望之，冥历迷离，犹极有致。舍舟缘陂而入，则渔姓罟师七八家，芦中系艇，柳下晒罾，蟹簖虾笼，错落滩畔，亦颇不败人意。"

清末，勺园遗址为渔户晒网之地，旧称下滩，后衍成村落，村民都为许姓，故名许家村。许家村民历以捕鱼、种菱和南湖摆渡为生。2001年，许家村拆迁，村民大多被安置在现海盐塘路烟雨小区。

2005年，作为南湖旅游景区的一部分，勺园易址重建项目启动。新建勺园距原址约200多米，占地面积45亩，建筑面积4820平方米，投资1585.41万元。规划结合勺园原有历史文化底蕴，由古典名园和体现江南音乐文化的丝竹馆两部分组成。2009年6月整体建设已完成，2010年6月对外开放。

勺园内布置水池、假山、石桥及亭院绿化，还对局部的廊、柱等作细节局部的改造，按照园林的格局，进一步精雕细琢。园内植物配置也以乡土树种为主，主要有香樟、榉树、柳树、荷花、桃、李、竹等，多达数十种。勺园内桥梁4座，其中石拱桥1座、曲桥2座、太湖石桥1座。

2009年10月，勺园大门前景观

第六节　英雄园

位于南溪西路北，又名嘉兴革命烈士陵园。为纪念曾为嘉兴解放和建设牺牲的革命烈士，1969年在嘉兴三塔路第三公墓旧址上新建革命烈士陵园。当时将分散在嘉北、东栅、新塍等地烈士墓，迁葬于该处。占地面积11134平方米，有墓252个，其中烈士42名，病故军人、因公牺牲人员210名。1990年3月，在陵园内立纪念碑。

1996年5月7日，嘉兴市举行嘉兴烈士陵园迁址落成典礼暨嘉兴解放47周年大会，面积2.01公顷。2005年12月开始进行整体改造，并更名英雄园。2006年4月5日，市委、市政府举行英雄园改建揭碑仪式暨祭扫活动。

英雄园庄严肃穆，环境静谧。设英雄纪念碑、英雄广场、人民英雄革命纪念园（烈士墓区）、嘉兴革命历史史料陈列馆等区域。英雄纪念碑高7米，宽12.5米，由总重400吨的66块花岗石拼装而成，底座四面浮雕，浮雕以嘉兴革命和建设时期的重大事件为背景。英雄广场呈C形，宽敞明亮，中央设音乐喷泉，北侧与纪念碑对应部分建烈士英名碑，以大理石贴面，箔金镌刻烈士英名。嘉兴革命历史史料陈列馆位于园区西侧。整个园区树木葱郁，绿化丰富，在瞻仰的同时，适宜休闲和观赏南湖边风景。现为市爱国主义教育基地和国防教育基地。每年清明节，社会各界人士纷纷在英雄园举行纪念活动，共祭革命英烈。至2010年年底，累计接待瞻仰群众3.2万人次。

第七节　揽秀园

清雍正《浙江通志》有"秀水东会沪渎，西控语溪，襟带具区，独揽其秀"之语，该园撷"揽秀"两字命名。以明清仿古街为界，分南北两园。

揽秀园北园

位于南湖西岸。为江南园林式碑刻公园，占地

0.93公顷，始建于1987年，1994年5月竣工开放。正门前雄峙一对元代石狮子，黑漆大门上方“揽秀园”3字为浙江博物馆副馆长、文物研究专家、书法家汪济英所书。进门后，西为四进古建筑，分别陈列本地名人书画作品。揽秀园的碑刻文物，是嘉兴市重点文物保护单位，碑廊长270米，镶嵌嘉兴历代碑刻95块。有“清仪阁”“停云馆帖”“小灵鹫山馆图咏”等刻石，有唐代吴道子手绘“出海观音”石刻、元代重修嘉兴路总管府学碑记等嘉兴历代碑刻。清仪阁刻石由20多块长方形青石刻成，有清金石学家、书法家张廷济书画等作品，异常精美。停云馆帖、小灵鹫山馆图咏刻石出自文征明、赵之谦、何绍基、吴昌硕、任伯年等名家之手。在五曲长廊东首八角亭中，有明代大书法家董其昌手书的“嘉兴府学重修明伦堂记”大石碑，高2.8米、宽1.3米，碑文1100余字，刻于明万历三十九年（1611）。碑廊东侧为园林区，建有菱香阁、三过亭、垂钓池等。其中三过亭原建于陡门本觉寺，为纪念宋代大文豪苏东坡3次经过所建，现“三过堂碑”移于揽秀园并新建三过亭。2002年建造揽秀园至壕股塔五曲木桥，中间有木头建造的方亭。

2010年5月，揽秀园古街

揽秀园南园

揽秀园南园2008年开始建设，2010年完成。南园占地面积13500平方米，从整体上延续了北园的风格，新建了一批仿明清建筑，增设了古典园林，以一层为主，局部两层，与南湖水景相呼应，古朴典雅，景观秀丽。园部堆砌假山石，种植花草树木，殊有趣致。是为现代书画家进行书法、碑刻、拓印演示以及游客参与文化艺术活动的休闲游乐场所。

揽秀苑 位于南园的南部，其东、南两侧临水，是一处封闭的独栋庭院式建筑。占地面积0.72公顷，建筑面积2300平方米。苑内仿明清的亭台楼阁廊轩，错落有致；苑外墙体砌嵌有北园原保存的石碑，是展示文物碑刻为主的揽秀园的一部分。

石牌坊 牌坊位于南园中部广场，上镌刻有书法大家沈曾植的字，一面为“水连天碧”，一面为“独揽秀色”。

王蘧常学术馆 2002年决定筹建王蘧常学术馆，2009年确定学术馆馆址，并由南湖革命纪念馆负责学术馆的陈列布展，陈列面积约520平方米，以7个篇章集中展示王蘧常生平家世和他在教学、史学研究及书法上的巨大造诣和杰出成就。其间，王蘧常亲属将大批珍藏多年的史料、实物无偿捐给纪念馆。（2012年开馆。）

禾城陆稿荐酒家 位于文星桥南侧，建筑面积890平方米，推窗即是南湖景区。经营禾城本帮菜为主，招牌陆稿荐酱鸭是嘉兴著名特产，酒家和金谷桥港、文星桥揽秀园、明清街浑为一体。

文星桥

文星桥俗称哑巴桥，连接南湖风景区生态公园和揽秀园，桥紧邻揽秀园东侧，是古代鸳鸯湖畔有名的石桥。

文星桥是江南水乡具代表性的古桥，始建年份不详，重建于清同治六年（1867），为浙北地区现存跨度较大的三孔石拱桥之一。桥长34.6米，桥顶宽3.25米，底部宽3.4米，中孔跨10.4米，两边孔分别跨5.2米。东西两侧各有石阶19级。桥北短联：“焕文光上惊星斗 辉星象下启文人”；长联“鸳水龙渊锁西南之巨浸 马场渔溆接东北之安澜”。桥南短联：“嵯客津梁欣利涉 画船烟雨庆怡波”；长联“文澜吐纳双湖灵钟秀水（下联已不可见）”。据传，文星桥一带（包括揽秀园）在宋朝称“梅溪”，明崇祯《嘉兴县志》记有“梅溪八景”。

文星桥东堍是生态公园，公园面积16000多万平方米，绿化面积近12000万平方米，水体面积2600平方米，有路通成功堤、勺园和会景园。

明清仿古街

在文星桥西堍，是仿明清古建筑街，街长60余米，旁有南北对称共30间450平方米房屋，设10余店铺。这些建筑构件为旧城改造拆迁中移建过来，结构完整，梁架构件、雕花梁坊、雕花门窗、隔扇、前廊弯椽等均为典型的明清代建筑风格。现街上开设有嘉兴土特产和旅游产品商店，街北侧便是揽秀园北园，南侧便是陆稿荐酒家和揽秀园南园。

第八节　壕股塔院

壕股塔

又名壕罟塔、濠孤塔，始建于宋以前，为古时嘉兴七塔八寺之一。据清光绪《嘉兴府志》记载："府南澄海门外隍池中有塔七级，屹然独立于烟波之中，其水湾曲如股，塔高十丈，制极工巧，面湖背城，林木蓊翳，昔贤名胜多构于此，苏东坡与文长老曾过此茶话。"因年久失修倾斜，壕股塔于20世纪60年代倾废。

2004年1月，在南湖渔村易地重建的壕股塔院建成开放，建筑面积2200平方米。壕股塔院由壕股塔、大殿、钟楼、鼓楼、斋院、照壁墙等组成，东西两侧有回廊相通。壕股塔沿袭宋代风格，高63.36米，七层。每层四角翘檐上各搁置一个精致的佛像，下垂28个风铃，微风吹拂时，呈现出清凌大田《壕股》诗中"影荡玻璃碎，风铃柳外高"的意境。塔刹为纯铜鎏金，耗用3千克纯金。塔中179级木梯盘旋，登塔而望，南湖秀色尽在眼底，令人心旷神怡。

伍相祠

嘉兴民间过端午，有祭祀伍子胥活动，有"五月五，迎伍君"之说。大桥镇胥山原名张山，相传为伍子胥屯兵、操练故得名。20世纪70年代开山采石，胥山成了小湖泊。2008年6月，"嘉兴端午习俗"被列入浙江省非物质文化遗产名录，并申报国家非物质文化遗产名录。2010年1月，利用壕股塔院实施伍相祠改造工程。原观音殿改成伍相殿，殿上悬"春秋大义"匾额，殿内供奉伍子胥立像，殿前一对抱柱联为"孝当竭力忠则尽命；生为相国死作涛神。"祠院墙壁上嵌伍子胥故事壁画。2010年6月15日，伍相祠举行首次祭祀伍子胥典礼，原国家体委主任伍绍祖及来自全国和海外50多名伍氏后裔应邀参加。

2009年10月，壕股塔院

第九节　南湖渔村

位于南湖西北岸。2002年，在许家村、航空箱包厂、服装总厂等单位旧址，开工建设南湖渔村一期工程，占地面积5.7万平方米。南湖渔村以吴越风情水街为主体，兴建临湖轩等一批仿古建筑，保留高家祠堂等传统建筑，配以小桥、流水、植被，展现垂柳依依、溪水潺潺、小船摇曳的江南渔村民俗风情。2003年后建造的壕股塔、伍相祠、水城门、鸳鸯桥、亦方壶等景点穿插或环绕其中。成为集旅游、观光、休闲、度假于一体的旅游休闲地。平时游客众多。2004年开始建造1921年酒店。2004年对外招商，整体出让给上海莱恩达投资有限公司。2010年，公司扩建1921年酒店二期工程。

第十节　长堤新景

2008年年初，南湖景区启动湖南岸"还绿于民""退塘还湖"为主的新一轮环境整治。还绿于民，是将2003年开始陆续引进的36个蒙古包餐饮摊店(5000平方米)全部拆除,以消除饭店经营产生的水污染和空气污染影响。退塘还湖,是将原有的7个鱼塘进行改造,将两个面积较大、与南湖连通的鱼塘直接扩并为湖,南湖水域因此新增2公顷;5个与南湖尚未连通的鱼塘则通过铺设涵管的方法,与南湖水系沟通,改造成湿地景观。同时,实施地形整理和南湖西侧的驳岸改造,将原来4.6米标高的驳岸降低至4米,改造成生态型的亲水湖岸。土地堆坡造型完成后,种植高大乔木、灌木和地被植物,构筑层次错落有致、形态丰富的植物景观。将原来断断续续的汀步园路改造成2.5米宽的园林道路,南岸建成以成功堤为主的新景观,俗称长堤新景。

成功堤

成功堤和小河、小路,原本是南湖边的池塘,2009年退塘还湖时,通过改造,成了现在的成功堤,长781米。

成功堤东与会景园隔水相望,西至端午祭坛边,堤上石板路蜿蜒东西,堤岸北为南湖,堤南有无名小河、小路并行,堤上垂柳、香樟等夹道。堤南小路与成功堤隔河分别新建湖墅、春雨、鸳渚3座石拱桥,小河夏天盛开荷花。成功堤东端被南湖水面阻断,隔湖望去,左面为会景园烟雨桥,右为庭院式园林建筑湖风溪月。成功堤西端,右转即为端午祭坛,左转过鸳渚桥,为与成功堤隔河并行的林荫小路,东端通新建勺园,西端通文星桥和揽秀园周边区域。

湖墅桥　为2009年新建的连接成功堤与河边小路的三孔石拱桥,长26米,宽2.8米。每边22级台阶,桥顶两侧均有石靠背可坐。南堍靠近新建勺园后门,北堍紧贴南湖水面。两边桥联为:“桃花斜带一溪烟,柳叶乱飘千人雨”“酒尽移船曲榭西,满湖灯火醉人归。”

2009年10月,湖墅桥远眺

春雨桥　为2009年新建的连接成功堤与河边小路的单孔石拱桥,长19米,宽2.5米,两边各有15级台阶。桥两侧有桥联,东侧为“水气连空绿,晴洲高处幽”。西侧是“无山飞鸟静,有佛古藓浮。”

鸳渚桥　为2009年新建的连接成功堤与河边小路的单孔石拱桥,长12米,宽2.6米,两边各13级台阶。桥北堍为成功堤西端尽头处,南堍沿湖西行,通向潦波桥和文星桥。

端午祭坛

位于鸳渚桥北堍,2010年5月建成。该处原为独立水渚,面积约1000多平方米,周边水域宽阔。祭坛为五隔式圆形水榭,直径40米,4台阶,正中为盘龙戏珠图案。

神龙祭　端午龙舟竞渡是古吴越龙图腾崇拜的产物。首届嘉兴端午民俗文化节祭龙仪式于2009年5月28日在壕股塔院举行。2010年6月14日,第二届嘉兴端午民俗文化节祭龙仪式在端午祭坛举行。仪式开始后,金鼓齐鸣,主祭官带领幡手和侍女列队进入,8名参赛队员将龙头抬上祭台。接着主祭官宣布击鼓、起香,气势恢宏、古朴凝重的鼓乐声响起,一名长者携幼童上台,与侍女一起敬献花篮。在宣读祭文后,全场所有祭礼人员和观众三拜。最后,观众将载有心愿卡的纸船放入湖中,为亲朋好友祈福。祭龙仪式结束后,龙头被运往开赛地点湖心岛,点睛后开赛。

潦波桥

位于湖西游览主干道,为平坡单孔拱桥,宽4.16米,长19.20米,2008年7月14日建成。两边桥栏各设16个云头柱子,雕刻多个水波飞溅图形。桥下河道北临南湖,向南则蜿蜒流入湖西绿地丛深处。桥东道路与会景园相通,桥西通文星桥、揽秀园。潦波桥名系移用南门梅湾街底的古桥五龙桥,旧称潦波桥。1949年5月7日被国民党军队炸毁。

密林野趣

位于南溪路至北，英雄园至勺园之间，长约300多米，宽至南湖岸，宽几十米到一二百米不等。1998年，南溪路开始建造，路北侧的建设尚未大规模展开，先进行植树绿化。由于封闭度较高，无成型道路可通，植物茂盛。2007年开始，逐步对该区块加大开发建设力度。在距南湖一侧整治圩岸，修筑成功堤，堤南建沿湖林荫道，林中各小道纵横交叉。现沿南溪路一侧，仍存较多高耸树木，进入林间，别有天地。到处浓荫密布，植物茂盛，各种鸟类啁啾，池塘沟渠不时隐现，野趣横生，近勺园处，建一片草坪，成为市民和孩童探营游乐的好去处。

第五章　景区开发

第一节　总体规划

1983年后，南湖景区开发建设纳入嘉兴市城市总体规划，严格控制各类建筑。

1998年5月，南湖景区首次专题规划设计。2001年编制《嘉兴南湖·西南湖风景名胜公园总体规划》，该规划将南湖·西南湖名胜区分为2湖14区，包括湖心岛古迹名胜区、望湖半岛景区、革命纪念园景区、民俗文化园景区、南湖渔村景区、放鹤洲景区、鸳鸯岛生态游景区等。规划用地面积221.2公顷，其中陆地面积139.79公顷，水域面积约81.42公顷。

2005年，编制《南湖风景名胜区概念性规划》。规划以南湖、西南湖为依托，以文化为灵魂，以休闲体验为主题，整体布局通过水道串连4个版块，形成一环（由南湖、西南湖、环城河、凌公塘等形成的水生态环）、三轴（红色文化溯源轴、水乡文化休闲轴、景观发展轴）、四片（红色区域、嘉禾风韵、湖滨休闲、鸳湖湿地）空间形态，突出红色文化。同年，编制《嘉兴古城旅游区开发策划方案》，规划将嘉兴城区发展成为以“南湖红船”为核心，以“船游嘉兴”为载体，以“一湖（南湖）两河（环城河、大运河）三街区（月河、梅湾、芦席）”为重点，具有浓郁江南地方特色的城市旅游品牌。

2010年启动新一轮景区规划，编制《嘉兴南湖景区改造提升规划》。其总体设计架构确立“大南湖”概念；彰显文化历史感和特征感；突出景观质量的全面提升和旅游体系的综合完善。整体功能分区构成“一环（环城河水乡文化旅游圈）、一心（历史文化游览区服务中心）、四区（红色文化游览区、湖滨天地休闲区、生态湿地游憩区、市民文化活动区）。”

第二节　湖区建设

解放后，湖区建设主要集中在北边和东岸。1959年，南湖北岸辟湖滨公园，与仓圣祠组成湖滨园林。但北因沪杭铁路受阻，南湖路往东则绢纺、毛纺、“二毛”等纺织企业连绵，拓展方向只有湖西和南岸。20世纪90年代前，环湖西南面是南湖乡南湖村，桑田成片。90年代起，南湖列为风景旅游开发区，开发建设步伐加快。湖心岛驳岸全面加高加固。1994—1997年，南湖西岸建成揽秀园，东岸自北向南陆续建春、夏、秋、冬四季园。2000年后，北岸建成南湖渔村、壕股塔院等，南岸实施大规模撤村建居工程，相继建成会景园、英雄园，形成环湖绿化带，与南湖革命纪念馆、市体育馆、市档案馆、市图书馆、市博物馆、市行政中心等遥相呼应，有的连成一片，生态景观与历史人文景观融为一体。同时，实施周边环境整治，先后完成房屋拆迁、清淤防洪、绿化美化、路桥建设等工程，景区面貌焕然一新。

道路桥梁

道路建设　1966年，将盐仓街、高家湾两路合并，扩建为南湖路。1981年再将该路南段延伸至毛纺织总厂，南湖路成为自市区至南湖游览必经之路。1998年，投资2.1亿元拓宽改造与南湖相连接的老环城路总长5.13千米、宽24米，总面积12.3万平方米，同时修建河岸5.5千米，建设环河绿带9.2万平方米。2001年，投资2.8亿元拓宽改造花园路（南溪路至中环南路）、西南路（南溪路至中环南路，现为新气象路）、鸳湖路（海盐塘至花园路，现并入南溪西路）、南溪路（南湖大桥至迎宾桥，现南溪西路）、中环南路（十八里桥至320国道）5条道路，全长17.5千米。完成道路两侧约44万平方米面积的绿化，形成南湖周边三纵二横的道路框架。2009年新建南湖南岸、西岸、北岸游步道2700米，实现环湖游步道全线贯通，全长4800多米。游步道建有人行道或电瓶车道，路面为沥青或花岗岩板；沿湖栽种垂柳或荷花，沿途设置由翠竹、迭石和木桩构成的园林小景；护栏建成通透式，突出"生态、自然、亲水"的设计理念，游客可从揽秀园一直走到会景园。

桥梁修建　1993年，会景桥建成通车。1999年9月28日南湖大桥通车后，使南湖区域环境面貌发生根本改观，为嘉兴市区向东南部开发建设创造有利条件。2006年年初，紫阳桥立交两侧出入口实施改造，同年10月1日投入使用，成为南湖景区通向市区西北方向重要通道。（南湖大桥、紫阳立交桥和会景桥见第八篇"城乡建设"第二章第二节）

2009年，实施迎宾桥改建工程。桥面由12.5米拓宽为42.5米，更名为会景桥。2001年还陆续新建和改建烟雨桥、文星桥等景观石拱桥7座。2001年，对南湖大桥、壕股桥等桥梁进行景观改造。2008年，对景区桥梁进行外立面改造，增加智能化灯光系统设置。

环境整治

拆迁工程　2000年12月，全面实施整治拆迁工程。2001年6月，完成许家村、南湖村两个自然村搬迁，拆除房屋建筑面积22.91万平方米，搬迁住户863户，企业单位30家。2002年，被列为嘉兴市新世纪十大工程之一的南湖风景名胜区项目全面启动，市区南门片、南堰片危旧房拆迁任务基本完成。2003年，"南湖区域环境综合整治"项目获"中国人居环境范例奖"。2007年，湖滨区块拆迁整治改造工程全面启动，涉及东片"四路一弄一湾"的房屋拆迁、道路建设和河道整治。"四路"是指南溪路畅通工程、南湖路拓宽工程、纺工路拓宽工程和滨河路改建工程；"一弄"是指新和弄拓宽工程；"一湾"为高家湾河道整治工程，共拆迁685户，建筑面积7.87万平方米。

清淤防洪　2000年实施南湖、西南湖疏浚工程，清淤156万立方米，整治周边河塘约10万平方米。按百年一遇标准，建成大包围防洪工程。2009年，完成原红菱阁区域（湖西）退塘还湖工程，改造面积43000平方米。经过整治，南湖周边的9个水塘与南湖融为一体。

专项清理　2001年，清理迎宾桥（现会景桥）马路市场，建设临时农贸市场引摊入市。实施老南湖渡口周边环境专项整治，规范南湖菱摊位。全面清理原精严寺区域（现七一广场西侧）违章建筑。2009年，清理主要景点的流动小商贩，整顿旅游市场；全面清理违规乱搭、乱建的建筑物；改造三星级公共厕所11座。

绿化亮化

1991—2005年，新建绿地119公顷，建成会景园、南湖渔村等一批新园林景观，大面积种植雪松、马褂木、垂柳、乌桕、水杉、樱花、紫薇等树种和花卉。完成环城河沿河绿化带建设19.8公顷，以嘉兴乡土树种为主，种植玉兰、桂花、碧桃、茶花、灌叶菊、杨柳等二三十种树木和花卉。1998年，南湖南岸绿化17.6万平方米。2001年，南溪路以北4个地块进行土地整理和绿化建设，完成道路绿化面积约43.5万平方米，地块绿化面积约47.6万平方米。修筑沿许家村至南湖帝苑（现会景园）段湖岸，揽秀园至铁路、南垣港东侧及两侧、花园港两侧护岸等配套设施。2008年，实施南溪园（现小曹王庙至鸳湖路揽秀园一带地块）绿化景观改造工程和花圃搬迁建设工程，总占地面积28500平方米。2009年，启动南湖周边区域绿化环境整治工程，完成小瀛洲区域绿化改造、园路、驳岸改造及配套工程，同时对春、夏、秋、冬四园及南湖革命纪念馆、老南湖渡口、小南湖、南湖西岸、南岸、湖心岛等区域实施亮化工程。至2010年，已建成嘉兴市民广场、南湖渔村二期等20多个绿化景观工程和体验型景点。

第三节　旅游开发

红色旅游

2001年纪念中国共产党成立80周年前夕，南湖景区与上海联合开发上海—嘉兴—乌镇“红色之旅”线路。2004年，南湖景区被列入全国红色旅游发展规划的12个重点红色旅游区之一。2005年，南湖红色旅游经典景区开发全面启动。嘉兴南湖风景名胜区名列30条全国红色旅游精品线路和100个全国红色旅游经典景区。2006年，南湖景区共接待全国各地的共产党员近30万人次。2010年，南湖景区成功承办国家旅游局在南湖举办的“创建精品景区、点亮红色之旅”活动。（详见第二十二篇“名胜与旅游”第三章第三节。）

船游嘉兴

2006年，以创建嘉兴历史文化名城为契机，试行“烟雨南湖·运河古城——船游嘉兴”旅游项目。2006年，梅湾街历史街区正式开街。2008年，月河历史街区对外开放。南湖与梅湾街、月河街、芦席汇三大历史街区串珠成链的“船游嘉兴”旅游专线正式运营。“船游嘉兴”环城河夜游项目首先推出，该线路由16条丝网船组成，从南湖会景园出发，经壕股桥、紫阳桥至梅湾街，再经范蠡湖公园、船文化博物馆到达月河历史街区，又经芦席汇、狮子汇回到南湖。“船游嘉兴”形成以南湖、月河、古运河三大游览区域相连的新格局，成为以南湖景区为核心的嘉兴旅游新品牌。

南湖游船

旧时南湖游船种类甚多。明末，有一种装饰书画、备有茶酒菜果的游船，称“精舫”。明末张岱《陶庵梦忆》载：“湖多精舫，美人航之，载书画茶酒，与客期于烟雨楼。”清乾隆年间，盛行一种装饰华丽的“唱曲船”，本地一些富户人家在节日乘这种船“载酒南湖”，吹歌弹唱。清同治年间，有丝网船由无锡来嘉兴，应酬游客。后有人仿造无锡游船，专门从事旅游业，至民国初年间最盛，抗日战争爆发后绝迹。丝网船也称“无锡快”“灯船”，雅称“画舫”。有大、中、小之分，式样为单夹弄、双夹弄两种（单夹弄自前舱至后舱一侧有通道，双夹弄则两侧可通，故名）。旧时，南湖还有载客摆渡用的网船，以及挡板船、赤壁船、洋船、渡船等。20世纪90年代后，南湖摆渡逐渐使用电动画舫、电动渡船、汽艇、快艇等。

配套设施

嘉兴市旅游集散中心　位于七一广场西侧。该处为原南湖乡花园桥附近，1994年易地在此重建精严讲寺，费时5年，建成山门、金刚殿、三圣殿、放生池及东西寮房等。2002年，精严讲寺再迁湘家荡。2010年4月，市旅游集散中心在这里办公，利用改造后的原精严讲寺大殿和部分用房。中心有300平方米的售票服务大厅、200平方米的候车厅和5000多平方米的停车场，具集、散、旅游咨询三大功能，为市民和国内外游客提供散客自助游、单位团队游、代订客房及票务、土特产品销售、停车、餐饮等全方位服务。当年组织市民参观上海世博会8825人次。与上海旅游部门共同推出“嘉兴运河古城一日游”和“嘉兴一日游”两条专线，组团到嘉兴游客1500余人次。

南湖游客服务中心　位于南溪西路与海盐塘路交叉口，门口为旅游车辆停车场。2009年8月启动改造，2010年3月投入运行。服务中心分上下两层，一楼为游客服务大厅，按照国家AAAAA级景区创建标准改造，集售票、咨询、游客休息、影视欣赏等功能于一体，并安装旅游信息的计算机、LED显示屏、液晶电视等设施；二楼为车船服务中心和游客接待中心。

第四节　文物保护

重点文物

中华人民共和国成立后，党和政府十分重视文物保护工作，以中共一大纪念船和烟雨楼为代表的革命文物和名胜古迹均得到妥善保护。1961年和1981年，省政府两次公布南湖烟雨楼为省重点文物保护单位。2001年6月，嘉兴南湖中共一大会址被国务院确定为全国重点文物保护单位，归入中国共产党第一次全国代表大会会址，其重点文物包括中共一大纪念船、烟雨楼、湖心岛上的古建筑群及南湖景区内其他重要文物。南湖景区另有市级文物保护单位3个。分别是仓圣祠（舞蛟石）、文星桥和揽秀园嘉兴碑林。

维修保护

1991—1994年，先后对来许亭、鉴亭、宝梅亭、湖心岛长廊、清晖堂、菰云簃、小蓬莱等落架大修，翻建东御碑亭，维修烟雨楼。1999年，大修访踪亭。10月开始，全面维修南湖革命纪念馆馆舍。2001年9月，一名馆员被国家文物局授予“郑振铎、王冶秋文物保护奖”。2002年，编制《嘉兴南湖中共一大会址维修方案》。2003年，大修西御碑亭。2004—2005年，大修烟雨楼、鉴亭、来许亭。2006—2009年，维修揽秀园听松馆、菱香阁、观音阁、清晖堂、万福桥、碑廊等。

第五节　管理体制

解放后，南湖作为风景区归嘉兴园林管理所管理。1959年，建立南湖革命纪念馆后，南湖作为风景名胜区和重要的革命圣地，知名度日益提升。南湖范围内南湖纪念馆属县文教局。1978年属文化局，园林归建设局管理，南湖渡口和渡船归许家村管理。

20世纪90年代初，设立南湖风景区开发建设管理委员会办公室，南湖综合开发区管理委员会办公室，1995年分别更名为南湖综合开发区管理委员会和南湖风景区管理委员会。1999年年底，成立南湖名胜开发建设筹建办公室和南湖名胜发展有限公司，统一管理南湖区域的开发建设和旅游发展。南湖的开发建设职能划入市城投公司，依托市城投公司的人力、物力和财力开发建设南湖。2002年3月，南湖名胜发展有限公司从市城投公司脱钩，专门承担南湖景区的开发建设任务。

2003年6月28日，成立南湖风景名胜区管理委员会，属市政府管理，对南湖景区实行统一规划、统一开发、统一管理、统一经营。2007年3月，南湖风景名胜区管理委员会与市文化名城建设集团（简称“城投集团”）合并，2010年嘉兴城投集团公司和南湖区风景名胜区管理委员会两块牌子、一套班子，下设办公室、纪检监事室、人力资源部、总师室、财务部、投资发展部、旅游发展部、质量安全部和项目推进办公室，所属有事业单位南湖纪念馆和城市投资有限公司、南湖名胜发展有限公司等15家公司。南湖景区的经营管理由嘉城旅游开发有限公司负责，景区的宣教职能由南湖革命纪念馆负责。

第六章　南湖诗文

第一节　古代诗词　文章

诗词

南湖送徐二十七西上

唐　刘长卿

家在横塘曲，那能万里违。
门临秋水掩，帆带夕阳飞。
傲俗宜纱帽，干时倚布衣。
独将湖上月，相送去还归。

泛南湖四首

宋　苏　轼

一

闻道南湖曲，芙蓉似锦帐。
如何一夜雨，空见水茫茫。

二

水殿穿湖入，风栏过雨凭。
微微夕阳外，时见出林僧。

三

盈盈绿水际，泛泛白鹅群。
借问乘舟客，何如王右军。

四

碧树围青殿，朱垣接绀堤。
王孙早游豫，驰路草萋萋。

《嘉禾百咏》选三首

宋　张尧同

滮　湖

四境田相接，烟澜自渺弥。
客来吟此景，无或比滮池。

烟雨楼

妙手谁烘染，梳烟沐雨姿。
一声长笛晚，人在倚楼时。

会景亭

有景道不出，须来此水滨。
十分花鸟色，团作一亭春。

会景亭

宋　陆蒙老

清入栏干酒易醒，春风杨柳几沙汀。
平波抵得潇湘阔，只欠峰螺数点青。

烟雨楼

南宋　杨万里

轻烟漠漠雨疏疏，碧瓦朱甍照水隅。
幸有园林依燕第，不妨蓑笠钓鸳湖。
渔歌欸乃声高下，远树溟蒙色有无。
徒倚阑干衫袖冷，令人归兴忆莼鲈。

烟雨楼

南宋　方　回

楼压重湖实壮哉，楼前图画若天开。
鸥从沙际冲烟去，燕在花边卷雨来。
傍柳一桥相掩映，隔林双塔共崔嵬。
栏干倚尽诗无尽，晴日须来三四回。

水调歌头·烟雨楼

南宋　吴　潜

有客抱幽独，高立万人头。东湖千顷烟雨，占断几春秋。自有茂林修竹，不用买花沽酒，此乐若为酬。秋到天空阔，浩气与云浮。叹吾曹，缘五斗，尚迟留。练江亭下，长忆闲了钓鱼舟。矧更飘摇身世，又更奔腾岁月，辛苦复何求？咫尺桃源隔，他日拟重游。

烟雨楼

明　董其昌

风吹明月坠鱼梁，读罢残书倚绿杨。
湖上藕花楼上月，踏歌惊起睡鸳鸯。

南湖采菱曲

明　谭贞如

雨度风轻水不烟，鸳鸯湖上采菱船。
朝来放得鱼罾过，菱比鱼鳞别样鲜。

南湖咏兴

明　李　培

鸳鸯湖上春光滟，烟雨楼台夜月明。
到处管弦留客醉，几船渔火傍人行。

烟 雨楼

明　葛一龙

烟雨楼头春乍晴，鸳鸯湖上鸟嘤嘤。
中浮片席空三面，斜抱千家截半城。
渔网晒来风柳变，酒船摇出浪花生。
夕阳惯照凭栏妓，一抹远山红袖明。

题南湖诗十五首(选二首)

清　爱新觉罗·弘历

清乾隆皇帝六次南巡，八上烟雨楼，留下题咏诗作15首，此选录二首，其余诗作见第三十九篇“文献史料”第三章第一节。

烟雨楼

乾隆十六年(1751)

春云欲泮旋濛濛，百顷明湖一棹通。

回望还迷堤柳绿，到来才辨榭梅红。
不殊图画倪黄境，真是楼台烟雨中。
欲倩李牟携铁笛，月明度曲水晶宫。

题烟雨楼

乾隆三十年(1765)

岧峣无地起楼台，一棹宛从镜里来。
问孰宜烟更宜雨，合称惟柳复惟梅。
韶光艳裔为屏匝，漪影空明映座开。
钱赵王孙诗与字，却因吟玩久延陪。

原注：楼中有钱陈群书赵孟耕织图诗屏

鸳湖曲

清　吴伟业

鸳鸯湖畔草粘天，二月春深好放船；
柳叶乱飘千尺雨，桃花斜带一溪烟。
烟雨迷离不知处，旧堤却认门前树；
树上流莺三两声，十年此地扁舟住。
主人爱客锦筵开，水阁风吹笑语来；
画鼓队催桃叶伎，玉萧声出柘枝台。
轻靴窄袖娇妆束，脆管繁弦竞追逐；
云鬟子弟按霓裳，雪面参军舞鸜鹆。
酒尽移船曲榭西，满湖灯火醉人归；
明朝别奏新翻曲，更出红妆向柳堤。
欢乐朝朝兼暮暮，七贵三公何足数；
十幅蒲帆几尺风，吹君直上长安路。
长安富贵玉骢骄，侍女熏香护早朝；
分付南湖旧花柳，好留烟月伴归桡。
那知转眼浮生梦，萧萧日影悲风动；
中散弹琴竟未终，山公启事成何用。
东市朝衣一旦休，北邙杯土亦难留；
白杨尚作他人树，红粉知非旧日楼。
烽火名园窜狐兔，画阁偷窥老兵怒；
宁使当时没县官，不堪朝市都非故。
我来倚棹向湖边，烟雨台空倍惘然；
芳草乍疑歌扇绿，落英错认舞衣鲜。
人生苦乐皆陈迹，年去年来堪痛惜；
闻笛休嗟石季伦，衔杯且效陶彭泽。
君不见，白浪掀天一叶危，收竿还怕转船迟；
世人无限风波苦，输与江湖钓叟知。

贺新郎·鸳湖感旧

清　陈维菘

水宿枫根罅，尽沽来、鹅黄老酿，银丝鲜鲊。记得筝堂和伎馆，尽是仪同仆射。园都在、水边林下。不闭春城因夜宴，望满湖、灯火金吾怕。十万盏，红球挂。□□重游陂泽偏潇洒，剩空潭、半楼烟雨，玲珑如画。人世繁华原易了，快比风樯阵马。消几度，城头钟打。惟有鸳鸯湖畔月，是曾经、照过倾城者。波织簟，船堪藉。

《南湖八景》诗

清　许瑶光

南湖烟雨

湖烟湖雨荡湖波，湖上清风送棹歌。
歌罢楼台凝暮霭，芰荷深处水禽多。

东塔朝暾

地邻东海晓波黄，缥缈朝云捧太阳。
吴越河山都入照，却饶孤塔早霞光。

茶禅夕照

西丽桥波洗暮钟，江天倒浸落霞红。
茶禅寺外湾湾水，霜叶芦花一钓篷。

杉闸风帆

苏州估客布帆轻，买醉枫桥趁晓晴。
一路东风吹酒醒，夕阳红泊秀州城。

汉塘春桑

处处清溪处处桑，绿云低护古时塘。
鸣鸠唤醒黄梅雨，知否江村四月忙。

禾墩秋稼

绣壤交横古稻田，青林红树起炊烟。
西风无恙秋收好，又话黄龙纪瑞年。

韭溪明月

万古清光胜迹留，月波楼在韭溪头。
白云散尽长天碧，摇曳江城铁笛秋。

瓶山积雪

试上瓶山莫畏寒，楼台白玉倚阑干。
雪晴海国阳春早，搀入梅花一色看。

《鸳鸯湖棹歌》(选二首)

清　朱彝尊

马场渔溆几沙汀，　宿雨初消树更青。
最好南园丛桂发，　画桡长泊煮茶亭。

自注：滮湖，一名马场湖。宋潘师旦以南坞渔溆水十一处会于春波门外，建会景亭。南园，余叔宜春令别业，有桂树四本，高俱五丈。苏子瞻煮茶亭在水北

城北城南尽水乡，　红薇径外是回塘。
千家晓阁纱窗拓，　二月东风蕙草香。

自注：红薇径原在南湖东岸，是宋代尚书潘师旦园林“会景亭”中的一景

文章

烟雨楼

明　张　岱

嘉兴人开口烟雨楼，天下笑之。然烟雨楼故自佳。楼襟对莺泽湖，涳涳濛濛，时带雨意，长芦高柳，能与湖为浅深。湖多精舫，美人航之，载书画茶酒，与客期于烟雨楼。客至，则载之去，舣舟于烟波缥缈。态度幽闲，茗炉相对，意之所安，经旬不返。舟中有所需，则逸出宣公桥、角里街，果蓏蔬鲜，法膳琼苏，咄嗟立办，旋即归航。柳湾桃坞，痴迷伫想，若遇仙缘，洒然言别，不落姓氏。间有倩女离魂，文君新寡，亦效颦为之。淫靡之事，出以风韵，习俗之恶，愈出愈奇。

重修烟雨楼记

明　龚　勉

嘉禾之有烟雨楼，久矣。楼在滮湖中，其景最胜。然为风雨之所摧也最甚，故其倾坏也亦最易。余始令嘉，迄今仅五年耳，而楼之修也凡再。万历九年，复来守郡，暇日偕僚友初庵方君辈往游，则楼已圮不可登，而颓垣废舍，萧然在荒荆中，无睹所谓胜者。余喟然曰：“此郡之大观也，岂宜久湮若此?”时因初至，未遑。越明年秋七月，始克图新之。而别驾华山张君、念陶杨君、少台高君咸乐助役。于是鸠工饬材，而董其事于周丞遵谊。楼仍其朴而易其材，务令可久。楼之后，翼以轩。轩之前临流，为台二层，而名曰钓鳌矶，盖为诸生期也。不阅月工成，而楼之胜益奇。乃复从诸君觞其上，左凭郊野，诸园亭榭，近列槛前；右俯城郭，华屋万家，毕入望内。其环湖以居者，又相为映带，而湖波浩渺，一望烟云杳霭，恍然蓬瀛也。诸君相顾乐甚，因觞余而请记其事。余惟楼之修不知其几，而又岂胜记哉！独念君子登临，非徒畅幽怀、适旷情而已，贵在因感以发其遐思。今之登斯楼也，以览胜，诚可乐矣。回顾城郭而感民物邑居之盛，能无思乎。盖兹地虽素称富饶，然迩来岁比不登，而民俗日侈，赋役日繁，其室如悬磬者十而九也，邑屋之盛丽亦徒有其外耳。所以悯其穷而抚其恤之者，岂容易哉！苟徒见其盛，不恤其穷，朘其膏脂，以自丰殖，则民不堪命，而滋盗召乱，虽欲览胜而享其乐也，不可得矣。此则宦兹土者之所当知，愿与吾侪共勗焉。诸君咸起而谢曰：“敬闻命矣。”遂书以为记，而因以告夫后之登斯楼者。万历癸未孟春，锡山龚勉撰并书。

南湖八咏序

清　许瑶光

河洲荇菜，江汉乔木。风诗所载，地以景彰矣。嘉兴南湖，吐呐苕霅，襟城带郭，古奥区也。而禾志止绘烟雨一楼，何揽胜之少乎。询之耆旧，云：“前朝曾有八景之目，而评章未确，志阙不载，未免烟霞色晦矣。”余守嘉今七年，凭眺川原，俯仰风月，目之所寓，有会于心。为湖山标异，得南湖八景，且系以诗，增嘉话也。有客进曰：“秦驻秋涛，独山晓日，非由拳之钜观乎。即玉溪辇路，桥挂双虹，胥山访古，剑试一石，亦墨客骚人，所宜流连也。子均不齿及，顾独注意于鸳鸯湖上，无柰拘墟。”余曰：“不然，八景莫著于潇湘，而渔村、远浦、山市、江天，无匪曲绘洞庭之状。即西湖之孤山、段桥、南屏、花港，相去亦不过咫尺。可知雨奇晴好，会心原不在远也。夫文章

之事,散而汗漫,不如聚而结采。景物者,大块之文章也,何独不然。”客唯而退。因记之以为序。

第二节　当代诗文选

诗词

咏南湖(三首)

郭沫若

一

一别南湖四十年,濂纤春雨忆如烟。
他时重上嘉禾道,首自登临革命船。

自注:四十年前曾游鸳鸯湖,时切思慕,书为南湖烟雨楼补壁。一九六三年春

二

闻有飞鸿岁岁来,于今当复满春台。
鸳湖四百棹歌外,国际歌声入九陔。

一九六三年春读鸳鸯湖棹歌,书奉南湖书画社

三

又披烟雨上楼台,革命风雷气象开。
菱角无根随水活,一船换却旧三才。

一九六四年五月重登烟雨楼

咏南湖

臧克家

嘉兴南湖,
一只木船,
十二个人,
坐在上边。
不是乘兴来玩水,
立大计重整河山!

叶圣陶题诗

烟雨楼前泛画舟,当时人物尽风流。
便教古国开新史,自此南湖胜迹留。

嘉兴南湖革命纪念馆属题 一九六四年一月

南　湖

张爱萍

三十五年旧地游, 气象万千烟雨楼。
纵情远眺南湖水, 画舫荡胸壮心头。

魏文伯题诗

烟雨满湖烟雨楼,圆菱含笑待宾游。
翻天覆地千秋业,细论龙舟柳岸头。

一九七九年三月六日重书以奉南湖纪念馆

沁园春

茅　盾

烟雨楼前,涟漪波光,画舫轻摇。听横空燕语,笙歌罢奏,潜虬惊起,何处吹萧。拂桨红菱,沿堤绿柳,无限风光春意饶。试纵目,有摩天鹰隼,渐入云霄。频年军阀贪饕,况豆剖瓜分声浪高。幸震天炮响,送来马列,万众迎新,奔走呼号。湖上当年,十二先驱,革命蓝图仔细描。摸索久,举燎原星火,腥秽全烧。

嘉兴　南湖渡口

黄亚洲

一条船,靠岸了
靠得有点急
土地震动了一下
上了岸的一些脚印
很快就被雨水模糊
但是,土地有了印模
于是,排版开始了
一些村镇,一些城市
乃至一些雪山,一些草地
行间距
开始重新规划
那把橹,自从搁上了岸
很快,也长成了森林
其中两根树叉
在天安门前竖成华表
他们上岸时分,渐近黄昏
云层里的夕阳
却开始新鲜

后来，黑暗就降临了
但是，一直被公鸡，地图上那只公鸡
极其有力地啄击
以黎明的名义
那一年正是鸡年
渡口，鸡冠花很红
犹如太阳

《南湖之歌》歌词

印　青

古老的文化从这里传扬
革命的红船从这里起航
运河两岸英才辈出
丝绸之府鱼米之乡鱼米之乡
啊，南湖的水美，如诗如画廊
南湖的树绿，延绵向远方
南湖的烟雨楼 烟雨楼
诉说着昨天的故事，今日辉煌
创业者的理想 在这里闪光
老百姓的笑容 在这里绽放
和谐家园 鲜花芬芳
美丽水乡白鸽飞翔 白鸽飞翔
啊，南湖的人儿勤，大地换新装
南湖的歌儿甜，生活变模样
南湖的儿女呀儿女
创造了崭新的江南，锦绣城乡
啊，南湖的人儿勤，大地换新装
南湖的歌儿甜，生活变模样
南湖的儿女呀儿女
创造了崭新的江南，锦绣城乡

《南湖望月》歌词

张夏林

月亮 月亮 挂在嘉兴南湖上
湖上 湖上 多少眼睛在仰望
望月亮 问以往
问以往 长忆想 长忆想
当年夜长长 当年雾茫茫
小小红船起了航 驶向历史大海洋
难忘一九二一年 中国有了共产党
难忘一九二一年 中国有了共产党
月亮 月亮 挂在嘉兴南湖上
湖上 湖上 多少眼睛在仰望
望月亮 情激荡
情激荡 诉衷肠 诉衷肠
孩儿离不了娘 人民离不了党
船行千里万里远 不怕风雨不怕浪

中国有了共产党 走向繁荣与富强
中国有了共产党 走向繁荣与富强
月亮 月亮 挂在嘉兴南湖上
湖上 湖上 多少眼睛在仰望 仰望

文章著作

嘉兴南湖红船之铭

梁　衡

红船者，嘉兴南湖上一普通小船，为当年中共“一大”会场。以一条小船而造就大党八千万，吞吐岁月九十年，古今中外惟此一船。

红船为建党之证，本该尊为文物，储于庙堂；受专人之呵护，享国宝之典藏。然栉风沐雨，置于湖畔，广接游人，敞对青天，是别有深意，寄情悠长。

船之名红，不在其色而在其意，借物言志，别有其盼。当年长夜如盘，红烛此处破黑暗，更燃火炬上井冈。从此，红色象征革命、象征进步，代表民心、代表希望。今革命虽已成功，然兴邦还不敢轻言，社会主义最少还要一百年。风帆正举，飞舟破浪，红色精神，更待发扬。

船置水上，是为不忘古训，亦可载舟，亦可翻船。今登舟望湖，叹烟波之浩渺；抚舷临风，见远山之苍茫。想千帆齐发，金戈铁马曾渡江；如履薄冰，船大掉头改革难。建党如同造船，聚中坚而精诚，已属不易；治国又如远航，得民心而永葆，更是艰难。九十年，几多胜利，几多忧伤，善待吾民，谨行吾船。

船泊湖心岛旁，烟雨楼前，是为居安思危，远瞩高瞻。南湖虽小，映照古今，不让八百里洞庭；小船如苇，一箭光阴，射穿两千年画卷。贾谊过秦、魏征谏唐，毛泽东延安窑洞答客问，如数家珍说民主；

陈胜揭竿、天朝末路，五领袖西柏坡下去赶考，相约不做李闯王。小舟一叶，窗明几净，仰望楼头，细思默想。

呜呼，树高有根，水长有源。今党拥众十数亿，国有版图九百万，不敢忘我九尺小船。于是泊于南湖，永存嘉兴，年年拜祭，岁岁观瞻。不忘宗旨，更写新篇。惟愿事业皇皇，国泰民安。

是啊，“船之名红，不在其色而在其意”。红船之所以“红”，就是因为中国共产党第一次全国代表大会在这里举行最后一次会议，在这里闭幕，在这里通过了党纲，选举了中央局领导机构，宣告了中国共产党的的诞生。

船以“红”冠之，是因为它象征着革命，象征着奋斗，象征着它驶过惊涛骇浪的昨天，也预示着它领航着中国这个东方大国的巨舰，驶向实现“中国梦”的美好未来……

著作

《鸳鸯湖小志》　写成于1935年夏。作者陶元镛（1878—1944），号慧斧，嘉兴人，清附贡生。与沈曾植、吴受福、王甲荣、高蔚如、张伯英、陆昌年等社会名流交好。《鸳鸯湖小志》分位置形胜、水利湖产、名胜古迹、津梁、祠庙塔冢、厂所会址、石刻列目、湖贤传略、艺文、前贤题咏、丛谈、导游共12部分。陶元镛在自序中写道：

我禾鸳鸯湖，久着名胜，广袤不过百余顷，而来有源，去有委，水利之潴泄系焉。楼台烟雨，杨柳湖塘，风景之清倩属焉。自宋以降，骚人羁士，流连歌咏，篇什綦繁，近虽风雅道微，而远客戾止，无不汲汲以游鸳鸯湖、登烟雨楼为预定之游程。所惜湖志缺如，登临俯仰之顷，谁与述沧桑之陈迹，溯鸿雪之前尘者乎？

《烟雨楼史话》　作者吴藕汀（1913—2005），嘉兴人，为词坛名宿、画家、版本目录学家。《烟雨楼史话》共分8章，从五代时中吴节度使钱元璙筑台为登眺之所写起，分别写了宋元明清至民国时期烟雨楼的历史沿革、兴盛衰败及重建重修情况。还写有附录和后记。《烟雨楼史话》于1997年由嘉兴图书馆等单位印行成书。2010年10月，被编入《鸳湖烟雨》一书，由中华书局出版。

第三节　匾额　楹联　碑记

匾额

坐啸乾坤　明　徐魏国

我来晴好　清　佚名

六龙曾驻　清　许瑶光

楼台烟雨　近代　汪莹

民国元年孙中山来游于此　近代　沈定一

楹联

船泛春波天上坐，
楼称烟雨雾中来。

乾隆撰并书

读竹垞歌，两岸渔庄蟹舍；
记梅竹曲，扁舟柳叶桃花。

清　许瑶光撰并书

问斯楼几经沧桑，鸳鸯一梦；
看今日重开图画，烟雨万家。

清　彭玉麟撰并书

出东门郭半里而遥，春水绿波，处处美人画舫。
与南堰镇隔湖相望，夕阳芳草，寻寻高士祠堂。

近代　方锡川撰文、方志远书写

古木一楼寒，烟雨人间，笙歌天上；
扁舟双峰远，鸳鸯何处，云水当年。

近代　袁克文撰并书

停车征文献，试翻梅村艳曲竹垞清歌，万顷湖光天上下；

泛棹劝农工，闲话汉塘春桑禾墩秋稼，满楼云影塔东西。

近代　黄岗　沈致坚题

吴越古楼台，想见半壁楮撑民物尽欢虞，空蒙烟雨都元气；

沧桑变城市，剩得明湖潋艳东西占尽秀，咫尺蓬瀛入画图。

近代　陆祖谷撰　钱兆群书

建设重民生，极目平原，朝远树炊烟连阡禾稼；

登临来胜地，赏心乐事，有菱塘带雨瓜艇迎风。

近代　振凡朱菱撰并书

湖山点缀，量来玉尺如何？漫品题，几回搁笔，曾记碧崖绝顶，看波澜壮阔，太湖无边，停桡浙北斗斜横，趁凉月从三万六千顷苍茫湖水摇归，生憎鸟难渡，为饶游兴，白打宁抛，还思暮暮朝朝，向断桥问柳寻花能再，最是撩人西子，偏画眉深浅入时，早匡庐失真面，恨铅华误了倾国，强自宽，也悔浓抹非宜，天然惟羡鸳鸯，湖畔喜留香梦稳。

楼阁玲珑，卷起朱帘最好！破功夫，半日凭栏，管甚沧海成田，尽想象滉漾，层楼更上，远树迷南朝兴废，任晓风把四百八十寺多少楼台吹散，愁煞燕双飞，知否昨宵，绿章轻奏，要乞丝丝缕缕，将孤馆离情别绪系牢，却怪作态东皇，竟故意阴晴错注，寓高处不胜寒，罔蓑笠载得扁舟，欲坐待，又怕黄昏有约，到此未逢烟雨，楼头闲话夕阳残。

清代　顾鳌(全联260字)

烟雨楼台，革命萌生，此间曾著星星火；

风云世界，逢春蛰起，到处皆闻殷殷雷。

现代　董必武撰

碑记

滮湖会景亭记

元　赵孟頫

夫学而有以成其志，仕而得以行其学，归休而有以娱其老，既没而又有以遗其子孙，盖旷世而不数人。吾于故宋尚书潘师旦见之矣。初知秀州时，爱秀之水深土膏，足以保富贵而遗厥后，遂有卜居终老之志。及其仕而渐至通显，位历尚书，未及耄耋，即解印归，治室于嘉禾郡城之东春波门外，偿初志也。由南坞及渔溆，可以游观逸乐者凡十有余所，皆利于舟楫而荟于斯一方。于是筑土为堂，构木为亭，列树花果、松柏、榆柳于其前，良辰美景，载酒周游。沿洄放浪，归则憩于亭上，因名曰“会景”。陆蒙老题诗曰：“清入阑干酒易醒，春风杨柳几沙汀。平波抵得潇湘阔，只欠峰螺数点青”者，正谓此。旧有扁记，公殁之后，毁弃无存。公二世孙文显惧其祖之盛德荣名不暴白于后世，求孟俯重书其扁，而为之记。吾惟古之公卿、宰辅遭遇明君，得志当时，皆有园池台榭以为乐，非徒以适晏休纵逸游而已。将以散意息虑，求其进退，合乎道，推其乐于人，以辅其君耳。惟古之为园池台榭也，必以仁为之基，义为之路，礼为之藩垣，不言而信及乎豚鱼，不动而泽被乎草木，远迩之人举忻忻然得其愿足，以居之可安，游之而适，思之而得保其地，可以传之子孙，而不有过之者，故孟子曰：“贤者而后乐此。”范希文曰：“后天下之乐而乐。”今尚书公夙以深忠硕德，光辅帝室，位列百辟之上，而天下之人已被其泽。谢事而归，得有斯亭，以娱佳景，于功成之后，而远近举忻忻然来，咸与乐其志。其为亭也，恶乎过哉！然窃有告焉。古人有言，创业固难，守成不易。文显其思而益勉之！

南湖赋

元　陈世昌

禾城之南有积水焉，界吴越之土疆，直斗牛之星躔。虽川浸之不侔，亦泛滥之所先。挟地势之爽垲，汇清波之沦涟。纷纚纚其来属，咸争奇而効妍。若乃泝其源委，则天目之崖、苕霅之溪。东会吴淞，西控御儿，支流旁达，联络相维，以灌以溉，以遂夫土宜。其南则长水之塘，殳山之乡，出硖石，道海宁，岸绝兮望洋。其北则杉青之闸，平望之亭，表里湖江，并包浊清，众流之趋，混浩浩以达于沧溟。其上则有良田衍沃，灌木丛生。麻麦夏熟，梗稌秋登。沟塍绮错，原隰纵横。蔬圃之利，瓜芋、蕹菘、芦菔、茄莎，实繁其生。其中则有萑蒲葭菼，澶漫渺弥。红蕖濯锦，翠荇牵丝。菱生而紫角争奋，芡长而红豆欲齐。玉截肪而无玷，珠脱蚌而未累，可以续食代饱，为水蓏之珍奇。鱼则鲦、鰋、鳜、鲠、鲤、鲫、鲚、虾，白小群鲜，杂以蚬螺。网罟相求，泌瀄交加，霍如雾散，倏尔云遮。或鳞甲璀璨，或鬐鬣鬖髿，或贵列鼎俎，或贱比泥沙。以得之而厌饫，恒家益而户夸。鸟则鸳鸯鸡鶒，凫鹭舂锄。群嬉竞没，去晓来晡，起如飘风，泊若浮壶。透迤沚渚，唼喋菰蒲，矰弋之所止且。若乃时雨降川泽，盈春流汩，其乍起绿波，滟以鳞生。于是淑景布丽，微风扇和。青莎缘堤，虹梁跨波。都人士女，往来婆娑。列绮席，间清歌。扬桂楫。浮彩舸。以乐时雍，既丽且都。又若潦水尽，寒潭澄，天翳绝，湖镜平。望颓阳之西下，见明月之东生。渔歌互答，水调凄清。轻艖短棹，比渚连汀。实豫且之攸乐，匪伊人之所恒。别有浮屠之宫，号为真如。孤塔岧嶤，仰攀云衢。俯瞰川陆，渺漭萦纡。巨浸涵其表，遥峰峙其隅。极南湖之壮观，揽秀色而无余。□□唐名臣□□□，实为风气之所聚，亶乎昱而光新。凡湖之美，尽是而不乏所陈矣。呜呼噫嘻！唯昔春秋，敌国初雠。夫差勾践，各奋其谋。疲民以逞，暴骨为邱。槜李败师，甬东使居。越不为僇，吴其沼乎！然则是水固尝阅前代之兴亡，鉴当年之成败，洗干戈之污蔑，复民生之凋瘵。语其量，一勺之多；语其用，五行之大。岂直涵烟波，浮藻菜，狎游观，资玩愒而已哉。客有为之讥者曰："洞庭、彭蠡之水，天下之大者也。子不是之求，而独甚誉于兹水，不已过乎！"余曰："不然。人情忽于所近，小大各有攸当。是故鹍鹏扶摇万里，而斥鷃亦自足翱翔。太山之高千仞，而不能有加于毫芒，庄生所谓目击而道存，乃为之歌曰：'南湖之清兮，可以濯缨。南湖之上兮，聊寄我情。地之胜兮，独不以人而后名。后千载兮，亦有慕其遗声。'"

烟雨楼赋

明　沈　奎

烟雨楼在嘉禾城东南。余尝往登，惜其倾圮将废，命工新之，复辟旧垣，筑增台于其上，极目纵游，浩然远适。兹举也，观风宣令，余有责焉，遂凭高赋此。余观民之暇日兮，愿遍历以旁游。命舟师以进涉兮，遂扬舲于中洲。绝芳芷以经渡兮，暂偃息于兹楼。骋四望以极目兮，谐心旷而神周。南引越水，北控吴丘。天目西峙，渤海东流。倚嘉城之特障，兀巨浸以中浮。若乃潇洒长汀，靡芜远浒；霭霭垂杨，离离芳杜；滃欝当烟，迷漫若雨。或梦泽而与齐，或湘江之可侣。此则烟雨之大观，而秀水之嘉丽者也。嗟兹楼之倾圮兮，余励志乎修明。鸠材工以经始兮，乃弥月而垂成。俯长流以迭石兮，敞层台以列甍。遂反顾以游盼兮，更焕采其弥章。余岂纵此娱乐兮，效前修以踵芳。将弃故而易新兮，挺既摧之屋梁。植申椒与菌桂兮，夷蒉葹之非良。驱鸷鸟于新止兮，俾鸿鹄其翱翔。更欲颤鳄夜遯，波涛昼息。佳鱼出游，祥凫下集。覩采莲兮举袂，听渔歌以击节。兹则众美之同娱，非予一人之独怿。辞曰：登兹楼兮日未迟，被明月兮餐露滋。拾鲜□兮折瑞芝，寄修姱兮遗所思。举高躅兮惠来兹，尊酒片言兮皆琼琪。余将藉此兮起疮痍，俾烟雨兮遍郊畦。贤才辈兮协圣期，登兹楼兮心熙熙。

重建烟雨楼记

明　范　言

郡守左山赵公，重建烟雨楼成。听选官于乔、倪锡等，构亭立名，而俾前进士范言记之。范言曰：乃余读宋名人诗，则知彪湖西，故有烟雨楼云。湖受天目、紫云诸水，而汇于郡城巽隅，涵清泂碧，若朝若拱，形家以为一方之胜也。钱镠窃据，赵宋偏安，尝筑崇丘而驾重屋，以便游览。噫！占鸥波而与鼋龟争窟，亦难乎其为力矣。且登高览胜，秋清日爽，岁晚天高，则江山云物，可百里外见也。阴霾窈冥，虽有楼，将焉用之。彼以烟雨楼名，何也？岂林光变幻，海气吞吐，急溜希声于瀑布，山色争奇于空濛，亦足为斯楼之助耶。代更岁易，缺三而沦没者，几啮百年，骚人墨客，时时道烟雨景象，恍若斯楼之存者。嘉靖丁未秋公力浚城中诸河，出土湖上，绝流而成洲。因其势而崇之，积五十尺，广袤二百尺，傍植蒹苇、榆柳、桃杏。欲楼之，而格于人言。己酉夏，始决策谋诸寮佐，诸寮佐曰："可。"谕诸父老，父老亦曰："可。"木石是鸠，而公已膺山西之命，于是迟留再，越月克楼五间。慨湮淤之既久，喜恢复之维新。鼓枻中流，凭阑旷野，调熏风，问明月，觥筹交错，丝竹缤纷。白鹇青虹，交飞而欲下；渔歌莲唱，互答而俱全。虽滕阁之落霞孤鹜，竹楼之雪玉风帆，有不足多者，不既乐乎！《诗》曰："好乐无荒，良士休休。"一试凌虚而望之远，田畴鳞次，闾阎栉比，吾民能无向隅之泣乎？有之，吾忧也；天连海岱，云际幽燕，吾君能无侧席之思乎？有之，吾忧也。上忧其君，下忧其民，偲偲然共其职之，不暇而暇乐乎。先忧后乐，此吾先文正之训言，不佞愿与诸大夫共图之。公曰："善观风以庇民，相时以匡国，吾职也。"江湖廊庙，敢不于子言是励。君子曰："大夫于是乎良矣，始不因言而沮，终不因言而怒。"见义勇而受善虚。《诗》之所谓休休者，非欤？公名瀛，三原人。今擢按察副使去。若别驾陈南棠守义、阎海村大祥、汪虚舟伊、姜鸾峰文序，则皆相斯役者也。碑亭在楼阴。

鱼乐国记

明　车大任

槜李为浙西玫大都会，地左姑苏，而右钱塘。其土沃，其俗华。自余承乞两任此邦，凡若干年。每欲以恬淡寂寞者，与其人士共勉图之，而有志未逮也。癸卯夏，睹孝廉诸君子，以文士慧心，实能护持放生之教，而里中多有应之者。余谓恬寂此一端，业已为文记之金明寺范蠡湖中。今年春正月，元宰董太史公往吾楚督学，取道槜李，则谓余曰："此中鸳湖较范蠡为广，游人往来观感者最，众踵而行之，功德更无量也。"遂椽笔大书"鱼乐国"三字，谓不佞曰："子其云何？"余因鸠工勒石于烟雨楼头，以成诸孝廉之美。窃谓放生之名池，久矣。唐宋之世，州郡在在有之，盖为人主祈福祚而设。余观杭之西湖亦多放生池，以苏、白诸公达于禅理，而有是举。惟不达是理者，但知适口之可甘，不顾腥擅之可厌，至有箸下万钱，食前方丈者，此在举世皆然，而吴越之俗为最甚。赖其间多了悟达人，如苏如白者，以砥柱中流而挽回末俗，诸孝廉固其人哉。太史公又以淡然元性，特超世纷，即所心画，命名普渡慈航矣。夫庄子观渔濠梁，深有契于鱼之乐也。惠子曰："子非鱼，何以知鱼之乐？"庄子曰："子非吾，何以知我不知鱼之乐？"人之度量相越，岂不远哉。且古今善言乐者，莫有过于庄子矣。乐者何也，天全而性得，不以侈靡荡心之谓也。吾儒推宗孔颜，惟日乐在其中，日不改其乐。即竺乾氏亦日十方世界有极乐国，以免八苦十恶，故号极乐，世人皈依净土，每每祝愿，往生其方。斯理也，即吾儒无能屈焉，然特为人言之耳。如太史公于鱼亦言乐国，夫鱼一旦失水，蝼蚁能制之，车辙能涸之，见其苦，未见其乐也。有能解殷汤之网，杜校人之诈，俾其悠悠洋洋，则为北溟鲲，为南海鲸，孰能御焉。人不知有孔颜之乐，溺于侈靡杀生而不知止，甚者滔滔汩汩，荣辱攻其外，得失牵其内，与鱼之罹网罟者，一也。及其反始栖真，则譬之濯醉，颜于清风冷之中，而天弢之自解，此乐当何极乎，即放生一事而推，凡可以去华养恬者，总之类是。盖鱼之乐，是人与之人之苦乐，是心造之：言鱼而人可知矣，言人而吾心之真乐具矣。人惟知有心之乐，而后知鱼之乐；知鱼之乐，而后能与鱼以乐。要以转烦恼为菩提信乎，西方乐国亦在，人有是心，不必西方其地也。余观周文王惠解怀保乐，与民同诗之，咏之日：王在灵沼，于仞鱼跃。盖太和在成周宇宙间矣。吾人自求多福，上为人主祈福，舍文王其何师焉。语曰：问国之富，数马以对。欲使鸳湖有进于范蠡湖之上，则愿人人如诸孝廉，以此自度，并度一国之人，谓此邦即极乐国亦宜，乃太史公厚望此邦之意，余不佞，不暇远引，第就鱼论鱼，而推明所以名乐国者如此。太史公得无谓我曰：子非我，何以知我能知鱼之乐也。则余亦惠子其人也。夫或者曰：道固有在禅定而不寂，在烦恼而不乱者，盖无生无灭，无乐无不乐，其大莫之国，而无何有之乡乎。余曰否否。为此说者，是执无生以訾放生。恐未有其乐，先茹其苦，斯又与于不仁之甚者也。继自今当与此邦人士，终勉图之，以共游兹极乐之国。董太史名其昌，上海人，先翰林院编修。孝廉为包生世杰，中万历应天壬午科。沈生士龙，中浙江丁酉科。王生兰芳，中顺天癸卯科。真乐吾儒之乐，而与太史化同一趣操者，故得备书云。

来许亭记

清　吴仰贤

嘉兴地当孔道，为浙西剧郡。然席二百年来承平之盛，富庶相安，俗号易治。故守是邦者，秩未满辄他擢去，鲜久于其位者。咸丰庚申，贼陷郡城，盘踞四载，焚剥躏躏，庐舍为墟。郡民逃亡转徙之馀，厘力而免者，无自存计。同治甲子，江苏官军乘胜收复吾郡。是时士马骈阗，笳鼓震厉，禾民柔怯，观望未敢归。善化雪门许公宦浙久，大府倚其才，檄绾郡符。至则辑和将弁，约束健儿。土著之民始稍稍与客兵相狎处，未几即凯撤去。公乃辟榛芜，广招徕，剔奸除莠，嘘瘠起枯。七邑官吏，咸奉条教。凡黉序、书院之属，养老、恤孤之举，以次兴复，推广靡遗。民和年丰，百货鳞集。农忭于野，商歌于市，衣冠文物，蔚若旧观。入其境者，几忘昔年有兵燹事，而不知公之出斯民于水火而衽席之者。殚精竭虑，盖十年于兹矣。癸酉正月，皇上躬揽万几，重二千石之寄。诏郡国各以其时入觐，公俟受代，至即戒装。吾邑士庶，闻公之行也，先期筑亭于南湖烟雨楼之左偏，相与扶老携幼，遮道攀辕，延公于亭，酌酒罗拜而言曰："方今圣天子励精图治，前席而问苍生。公以慈惠之师，上结主知，行当膺不次之擢，陈臬开藩，岂私吾一郡哉。虽然吾侪小人，受公之赐，亲如父兄，何忍一日离公，公亦奚忍舍吾民而去，谁为请于朝，复借寇君乎？"言讫皆欷歔怫郁，中若有不自释者。公起而慰之曰："噫！吾岂去汝哉。国家故事，秩满报政，引对毕，还郡视事如初。今航海而行，往返旬日计耳，吾岂去汝哉？"于是众皆喜，曰："公既许我来矣，适亭成，未有名，名之曰'来许'，将日夕倚亭，延颈以望公之来也。"邑人士嘱贤叙次其事，而勒石亭中以志勿諠云。同治十二年癸酉夏六月，嘉兴吴仰贤撰并书，锺沈霖刻。

第七章 湖区物产 风俗

第一节 物 产

南湖菱

南湖菱因其以南湖为中心产区而得名，是嘉兴著名特产。形状似元宝、馄饨，故亦称元宝菱、馄饨菱、和尚菱。壳薄而无角，肉厚而鲜嫩，味道鲜美，是名闻江南尤其沪杭一带市民喜爱的著名特产。南湖菱历史悠久。马家浜遗址出土的碳化圆角菱，与南湖菱相仿，经C14测定为公元前2685—4090年，距今已有6000多年历史。清乾隆年间，嘉兴人项映薇所著《古禾杂识》载："菱以南湖产者最，所谓南荡菱也，角圆而壳薄，肉细而味甜，其他产者皆北荡（嘉兴城北穆湖溪一带旧称北荡）。"据史料记载，清乾隆以前，南湖以产芰（四角菱）为主，后菱（两角称菱）、芰共生，菱逐渐多了起来。南湖菱是菱科中进化极其显著的一种，被视作菱中之珍品。1935年《浙江青年》第一卷九期载："南湖菱，行圆无角，扁似馄饨，……其他各地均无出产。"

南湖菱既是水果，又可当菜。生吃味甘甜，"熟之可代餮饭"，风干后成"风菱"，经久不坏。菱烧豆腐是嘉兴人的一种传统吃法，青白分明，色味俱佳。用菱烧肉或烧菱饭，清香扑鼻，别有风味。古人另有一种食法："蒸作粉，蜜和食之"。每年端午前后，菱农将种菱根茎移栽至湖中，应市时间从8月中旬至11月上旬。夏秋时节，南湖的菱田绿如秧畦，采菱女天未明就划着菱桶采菱，大多边采边卖，就地批卖给守候在湖边的贩菱者。

明清以来，文人所作采菱曲、采莲曲诗篇不胜枚举。"水国烟乡足芰荷"（陆龟蒙诗）、"十亩菱花晚镜清"（韦庄诗）、"湖湾小妇歌采菱，荡舟曲曲花相迎"（郭翼诗）、"莲叶菱花并作香，菱比鱼鲜别样鲜"等，生动描写了当时菱乡的风情。

20世纪70—80年代，南湖菱种植面积逐年减少。随着南湖景区的开发建设，现南湖及周边水域仅剩少量种植，大多被移植至市区外水域。2010年2月21日，由南湖区水产站申报的"嘉兴南湖菱"获国家商标局核准的地理标志证明商标。近年，有嘉兴民间艺人在风菱壳上绘画或雕刻，将南湖菱开发成讨人喜欢的旅游商品。今南湖潦波桥附近水域又恢复有少量种植，以作观赏之用。

南湖蟹

晚清至民国时期，南湖蟹与太湖蟹、阳澄湖蟹齐名，沪杭售蟹者常标称"南湖大蟹"，以为号召。南湖蟹过去都是靠自然繁殖，每年到汛期捕捉上市，个头大，一个重六七两，蟹背青中呈淡黄色，肉质肥腴。现南湖蟹已泛指嘉兴市域乃至杭、嘉、湖一些水网地带，南湖近边水域自然繁殖的南湖蟹已很少。

鱼

湖中多鲫、鲢、草鱼等南方鱼种。解放后许家村民放养以鲢鱼、鲫鱼为主。

荷花

南湖周边村民历来种植荷花。清代南湖庄曹圩荷花最盛，碧云连顷。南湖边大半渔民以卖莲蓬菱藕为业。解放后，许家村在南湖南岸鱼池边种植荷花，南湖开发后，在揽秀园和梅园中都有种植连片荷花。

第二节　风　俗

南湖船菜

（见第二十三篇“名优特产”第三章第二节）

荷诞

农历六月二十四为“荷诞”，古称“观莲节”，俗称“荷花生日”。据《古禾杂识》载：清乾隆年间“荷花各处陂池有之，惟南湖庄曹圩（现七一广场附近）最盛。碧云连顷，游人携都篮茗具，舣舟断岸，晓露未晞，清香沁骨。”清道光年间，南湖荷花最盛处从烟雨楼南的庄曹圩移至楼北的小曹王庙，观者不绝，为避暑消夏胜地。光绪年间，每逢荷诞日曲社在南湖“雅奏”昆曲，湖上常聚集数十艘画舫，丝竹齐奏，歌声悠扬。入夜，湖上放荷花灯，随流漂荡，景色迷离。民国时期，这一天百姓渡南湖去烟雨楼，一律免费，俗称“湖放”。四乡农民也于该日去烟雨楼大士阁烧香，称“借佛游湖”。该俗抗日战争爆发后废。

七夕游湖

农历七月初七俗称“乞巧节”。据记载，七夕游湖约始于太平天国后，是夜湖中游人众多。据清末记载：“丝竹竞奏，彩船箫鼓，游屐如云。”

中秋游湖

中秋夜游湖，清初盛行，游人乘船玩月，鸣曲奏乐，每“过夜半始散”，清后期该习渐无。

南湖拍曲

拍曲即按曲谱歌唱。习唱昆曲在吴语谓“拍曲”。南湖唱昆曲，最早可追溯到明万历二十八年（1600）重阳节，戏曲家屠隆在烟雨楼演出他创作的《彩毫记》。清项映薇《古禾杂记》卷一中提到“中秋，载酒南湖，好事者以锣鼓相竞，有雨夹雪、滚绣球、划龙船、花蝴蝶、大歇拍、小歇拍等名，过夜半始散。”到清同治光绪年间，中秋南湖唱曲改在荷诞、七夕两个节令。

清明水会

旧俗农历三月三日，要到鸳鸯湖等地踏青游玩。项映薇《古禾杂识》中写道：“三月间春光醉人，百花妖艳，倾城士女皆争览胜地，茶禅寺看碧桃，碧光庵看菜花，烟雨楼看牡丹，处处游人蚁附。河中画船，萧鼓十样翻景，衔尾不断。”农妇村姑踏青后，要到烟雨楼大士阁烧香，祈祷粮桑蚕茧丰收，故香火极盛。清明南湖水会始于清同治九年（1870），后每逢子、卯、午、酉年举行。1924年江浙战争后，南湖水会停止。据记载，水会时，有彩船数十艘首尾衔接，龙船前导，鼓乐喧天，从东栅高桥启程，航至南湖竞渡表演。水会以女子驾船竞渡最引人注目，其中大多是南湖船娘。

南湖踏白船

1997年，首届南湖民俗文化节将踏白船列入活动项目。此后，历届嘉兴南湖船文化节、中国·嘉兴江南文化节和中国·嘉兴端午民俗文化节都有踏白船活动项目，活动中心为南湖水域，称南湖踏白船。

龙舟竞渡

明《秀水县志》有对南湖龙舟竞渡盛况的记载。清康熙和乾隆年间，有人写下《烟雨楼观竞渡》《五日南湖观竞渡》等诗歌。朱彝尊也留下诗句：“胜日衔杯罢，轻舟解缆初。尽传迎伍君，不比吊三闾。”2007年起，由五芳斋集团赞助，每年都在南湖举办大型端午龙舟赛事，包括省内外多支龙舟队和国际友人参赛。

南湖船娘

旧时许家村男子每日筑簖结网捕鱼，女子驾小船，往返于烟雨楼头，每年以农历六月二十四日、七月七日最为热闹。由于摇船者皆为女子，故称南湖船娘。后无锡的“无锡快”进入南湖，船娘们一般春季而至，秋后回锡，耳目一新的装束和周到服务，使得生意出奇地好。当地原先捕鱼和采菱的许家村民纷纷仿效，一时南湖游船云集，歌舞不绝。南湖船娘皆十六七龄女子，服饰统一，夏季一件白色短衫，一条黑色长裤，淡妆绣履，温婉大方，让初来乍到游客都为之称好。民国时期，凡到嘉兴的游客都想一睹南湖船娘的姿容。1937年6月1日，上海《申报》中《初夏的嘉兴南湖船娘》一文描述：“嘉兴南湖的船娘，向来是一般骚人墨客所歌咏赞赏，于是艳者所播，遐迩咸闻。凡来游嘉兴者，无不欲尽一睹南湖船娘之风采，一亲南湖船娘的芳泽。”

南湖采菱歌

许家村村民在长期的劳动、生活中创造出来的一种民间歌谣。一般在栽菱、采菱或捕鱼时即兴唱，也在南湖摆渡接送游客时烘托气氛唱。始于何时已无考。歌词有“东南风吹来暖洋洋，烟雨楼造在湖中央，四周自有青菱荡，荡中出路有船行”；“八月桂花开来香喷喷，姐妹双双采青菱，采得青菱到何里去卖？采得青菱到行里去卖”等。经多年传唱，南湖采菱歌成了有固定唱腔的民间小调，一般四句为一首。有代代流传的老词，也有吸收外来歌词改编的新词。老人回忆：“都是即兴生动的，看见什么就唱什么，很有生活气息。”

南湖采菱歌声调温柔、委婉、甜美、抒情，适宜于女声独唱、对唱、合唱。2008年6月13日，南湖采菱歌被列入第二批嘉兴市非物质文化遗产名录。

第三节　消失的景观和建筑

园林

潘师旦园　为宋时任嘉兴知府的书法家潘师旦所建，旧址在今南湖路武警医院内，又名会景亭。据明《嘉兴府志》载：“宋尚书潘师旦园在滮湖滨，中有南坞、海棠亭、白莲沼、桃花亭、红薇径、茶溪、仙鹤亭、芙蓉塘、白苎桥、渔溆……”，筑土为堂，构木为亭，植列花果、松柏、榆柳，由南坞至渔溆，可游观者有10余处。元朝著名书画家赵孟頫俯曾为会景亭重书匾额并作记。

高氏圃　旧址在今南湖路南湖革命纪念馆老馆处。据旧志载，高氏圃即钱元璙筑楼台之处，风景幽美，元末大画家吴镇绘《嘉禾八景图》，其一曰：“春波烟雨”，原题云：“在嘉禾东春波门外，旧日高氏圃中烟雨楼也。”高氏圃约毁于元至正十七年（1357），清末其地为老郎庙，戏剧界于其地设梨园公所。解放前其地为省立嘉兴医院，解放后历为市第三医院、血防医院所在。

瓣香阁　宜山居士盛远结庵隐滮湖滨，郡守黄家遴为建阁，南湖千顷在几案间，阁西築生壙。人比之孤山处士云。

秋水阁　木威道人张劭所居，在马场湖之滨。张劭朱竹垞弟子，木威诗钞题，倦遊卜宅结小楼，湖边与瓣香阁相望。

匏庵　在滮湖之南。匏庵大镛居，清康熙时期从闻湖移寓城中之双松，其后卜居虹桥，晚营别业於南湖。有匏庵亭阁初成诗。

镇　村　居民区

南堰　旧时为嘉兴城南郊的一个集镇。到20世纪60年代，已成为嘉兴城乡结合部的居民区和工商业区。古为白苎乡地。宋时，海盐塘上筑白苎堰，用其扼守水患，因堰处城南，俗称南堰。后废堰建白苎桥，但南堰之名一直沿用。明代开始集聚不少大户宅院。太平天国时辟为买卖街。南堰街59号吴大成酒行开办于光绪十三年（1887），其供应的白玫瑰、人寿酒、糟烧和高粱酒相当有名。南堰桥北堍旧有高丰庙（又称南高丰庙或皋峰庙），每年正月十三庙会热闹。1945年抗日战争胜利，国民党县政府于9月9日从凤桥出发先进驻南堰，然后再进城受降。1999年，南堰老街区开始动迁。旧址建为绿地。

许家村　坐落于靠近沪杭铁路边南湖椭圆形湖滩。坊间有“先有许家村，晚有嘉兴城”之说，其实不然。许家村民集聚在此，当在明晚期勺园废圮后。明末清初至抗日战争前名闻江南的南湖游船和船娘，基本出自许家村。许家村为南湖菱正宗原产地。1982年时，许家村为秀水公社水产大队驻地，121户466人。村办企业发展较快，扬声器厂的产品大多外销。1995年秀水乡撤销，归南湖街道。2000年，许家村为配合南湖景区改造，整体动迁。旧址建南湖渔村。

20世纪80年代末，许家村

南湖村 因位于南湖之滨，故名。解放初属真如乡三村，公社化时为南湖公社南湖大队，1984年改为南湖村，东临海盐塘，西靠沪杭铁路，北濒南湖。南湖村有16个自然村，集体耕地3210亩，专业桑园633亩，社员自留地306亩。驻地花园桥办有粮饲加工厂、小型轧钢厂以及小学、商店等。村内近城区处有花园桥、文星桥、长生桥、日暘桥等古园林遗址，紧靠铁路处有著名古迹小曹王庙。20世纪90年代开始，南湖村张家浜、杨家浜、长生桥、祝家港、花园桥等自然村先后搬迁，新建道路，开发南湖帝苑高档别墅区、双塔游乐开发区等。后项目中至，建会景园景区、市行政中心、烈士陵园以及精严寺等。2000年开始，南湖村辖区全部归入南湖景区范围，所辖团子浜、陈家浜、如意桥、长浜等自然村全部拆迁，被列为嘉兴市新世纪十大工程之一。

船厂头 位于现鸳湖路揽秀园边停车场附近，离小曹王庙原山门（现山门转向面对南溪路）很近。此处为原青杨路南端居民区，长335米，宽2.5米，明清时有船厂多家，故名。1990年时为新兴街道辖区，1992年开始拆迁建揽秀园及绿地。

建筑物

盐仓桥老摆渡口 1959年，筹建南湖革命纪念馆时，将东门狮子汇渡口迁至南湖路边盐仓桥东堍。渡口立了一座上镌“南湖”的石牌坊，将湖心岛上的亦方壶移建于渡口处。起初，摆渡船为木制有篷小船，乘游客8～10人，由船娘摇橹来往。20世纪80年代前后，游客多了，机船和手摇摆渡并行。改革开放后，逐渐添置了电瓶船，嘉兴客运站的客驳也参与摆渡。有一时期，从盐仓桥摆渡口出发不仅来往于湖心岛，还绕道于右侧对面小瀛洲。摆渡口隔南湖路对面曾为儿童公园。沿南湖路往南过盐仓桥，即为嘉兴绢纺厂大门口。沿南湖路向北湖畔，以前为原嘉兴血吸虫病防治院，再往前为高家湾南湖街道办事处，其对面是武警浙江省总队医院。2003年6月，盐仓桥摆渡口停止摆渡，来往南湖摆渡在新建成的会景园内游船码头进行。

放生桥 为三孔石拱桥，位于湖滨公园前鸳湖路北侧绿地东北角铁路边。始建于何时已无查考，清道光十六年（1836）由地方人士倪濂、沈攀桂等重建。这一带地方因桥得名放生坊。放生桥北侧桥头原有明太仆寺卿谭昌言所立文武名卿石牌坊。桥下河道贯通环城河和南湖。沪杭铁路筑成后，文武名卿石牌坊和放生桥分别被阻隔在铁路南北两侧。因牌坊倾斜，于20世纪50年代末拆除。为节省铁路建桥费用，将放生桥北的河道填塞作路基，南段成为断头河，逐渐淤塞。1931年，平嘉公路建筑时，南侧河道填塞作公路基，放生桥下已成闭塞池塘。20世纪60年代，放生桥被拆除，填平池塘后，开辟成绿地。

南堰桥 位于南湖东岸，海盐塘口，跨长中港，单孔石拱桥。南堰桥原是海盐塘路第一桥。宋时，海盐塘上筑百苎堰，扼守水患，俗称南堰。后废堰建白苎桥，始建年代不详，重建于清代。1987年，拆除石拱桥。旧址新建钢架拱桥，2000年纺工路拓宽，重建为三跨简支梁桥。

企事业

绢纺厂 位于南湖东侧，四季园春园对面。建于1921年，前身为纬成股份有限公司嘉兴裕嘉分厂，是嘉兴保存年代最早、规模最大的近现代工业建筑群。经历了民族资本、日伪经营、官僚资本和解放后迂回曲折、艰苦创业的历程，对于研究中国民族工业的发展，尤其是丝绸工业的发展，有着很高的历史和科学价值。全厂曾设精练、制绵、粗纺、精纺、织绸、抽丝、漂练、化纺、机动8个生产车间，占地面积21.20万平方米，总建筑面积14018平方米（截至1988年年底）。2009年，绢纺厂老厂房公布为嘉兴市级文物保护单位，受保护面积4600平方米。（详见第十篇“镇　街道”第十章第八节）

南湖街道办事处　1951年7月，撤新兴区划南湖、新兴两镇，南湖镇因地处南湖之滨故名。1954年12月，南湖镇改称南湖街道办事处。1969年，南湖街道革命委员会迁入南湖路11号，为高家湾旧址。高家湾位于南湖路最东端。据光绪《嘉兴府志》载：高家湾“市楼水阁，依趁南湖，势弯如月”。高家湾东侧为平湖塘，北侧为海盐塘。烟雨楼原建高家湾畔高氏园（高氏圃）中，明嘉靖二十八年（1549）迁湖心岛。1978年，复称南湖街道办事处。1993年，南湖街道办事处迁景湖路318号，旧址3幢办公楼拆除后建春园。

嘉兴血吸虫病防治院　位于南湖路，占地面积9500平方米。1974年，根据防治血吸虫病的需要筹建医院，9月5日建成收治病人，设内科、外科。有病床80张，医务技术人员59人，分两个病区，10个科室，有人工肾、超声波、心电图等医疗仪器。该院院址原系省立嘉兴医院、嘉兴市第三医院院址。血吸虫病防治院治疗慢性血吸虫病，主要有10天疗法，后为2天疗法。除担负全市防治工作的业务辅导外，着重研究血吸虫病的防治对策，提出防治措施，改进查病方法，观察各种灭螺药物的效果。另外还对早中期病人各种疗法、疗效和副反应，对晚血病人腹水浓缩回输术、消化道出血的预防和治疗等项目，进行探索与研究，有20多篇科研论文在国内医药卫生杂志上发表。1990年门诊5322人次，住院641人次。当年医院并入市第一医院，旧址新建南湖革命纪念馆及春园。

天天航空箱包厂　原为嘉兴工艺美术厂，后制作航空箱包。1983年，嘉兴航空箱包厂迁址许家村后的南湖畔，进出从许家村村道，后拓建为公路。1993年拓宽延长后命名鸳湖路，航空箱包厂更名天天航空箱包厂。20世纪90年代，合资成立浙江皇冠箱包厂，占地面积1.95万平方米，为全国轻工业系统优质产品和全省轻工系统经济效益最佳企业之一。2000年后，和许家村一起整体搬迁。

嘉兴市服装总厂　与天天航空箱包厂相邻。原名嘉兴被服厂，创办于1953年，时为嘉兴规模最大、最出名的服装生产企业。门市部和生产车间原均设于市中心建国路上，因建国路扩建和工厂发展，搬迁于南湖畔。20世纪80年代后期，生产的西装、茄克衫和风衣曾出口30多个国家和地区。2000年后，和许家村一起搬迁。

1985年，绢纺厂鸟瞰

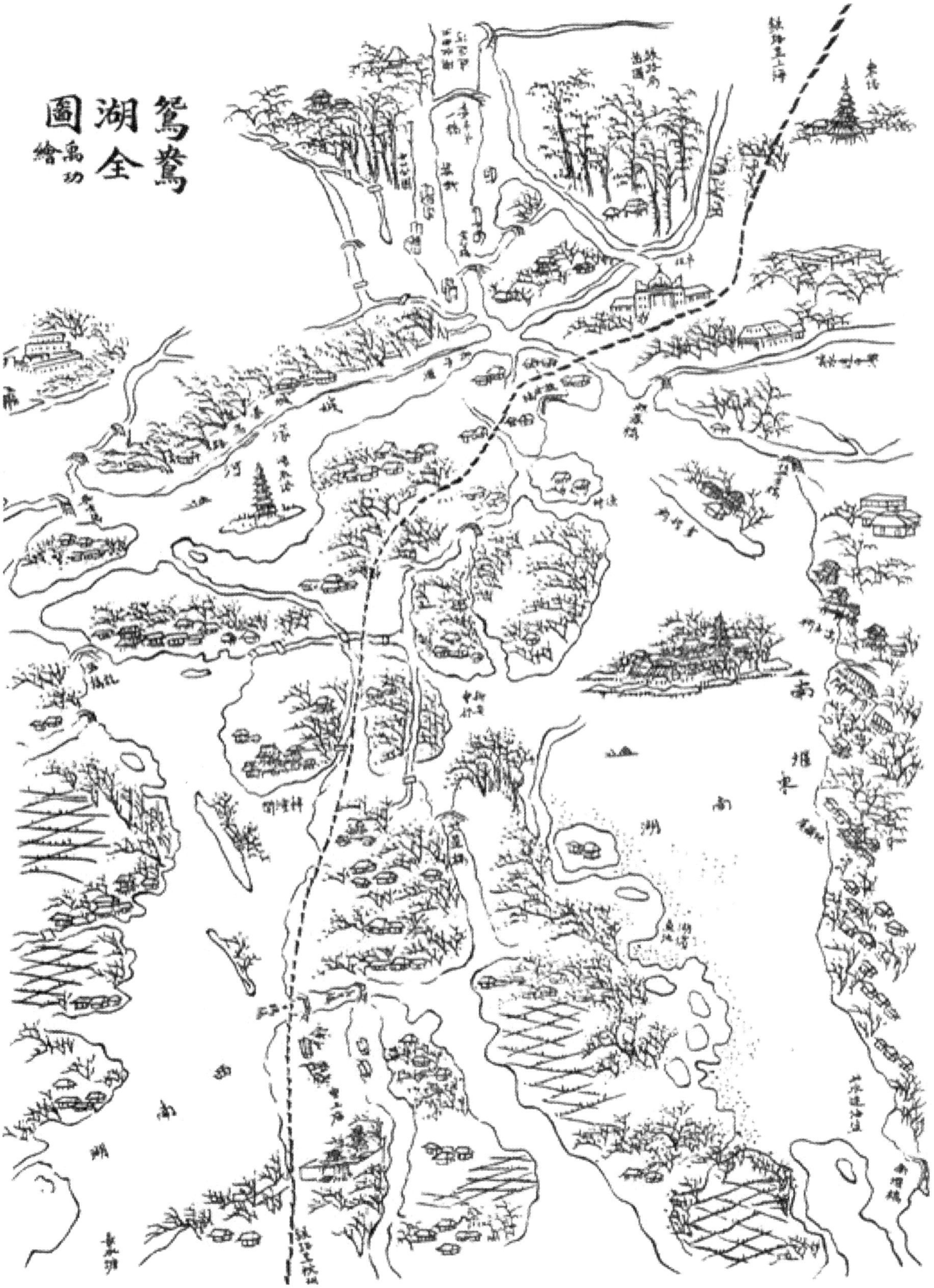

民国时期,《鸳鸯湖小志》鸳鸯湖全图

第七篇　嘉兴古城

目　录

嘉兴城历史上以檇李、长水、嘉禾、秀州等为名，简称禾城。地处江浙沪交汇处。1949年，嘉兴城域面积2.87平方千米，城内外有河流58条，街巷175条，城居人口51400人。

嘉兴是马家浜文化的发源地，传承吴越文化的太湖流域重要城镇，京杭大运河穿城而过的国家历史文化名城。三国吴黄龙三年（231）嘉兴建城垣，唐文德元年（888）嘉兴筑大城，原城垣称子城。民国初期，拆城筑路。1000多个春秋，嘉兴城历经兴废，几度繁华，一直是浙江东北部的政治中心和江南军事重镇，是江东一大都会。历史上是嘉兴县、秀州、嘉兴府、嘉兴路、秀水县治所；民国时，为督察专员公署兼保安司令部治所，抗日战争淞沪战役时，驻有高级军事指挥机关。1921年，中国共产党诞生在古城南游览胜地南湖的一条游船上。风雨沧桑，古城的大地上演绎多少故事传说，留下无数名胜古迹。

本篇所记主要取材于历代地方志书，叙述范围大致以清末民国初期习称的城区二十四坊区域，时间从建城到1949年，其中河流、桥梁及街巷注明解放后消失与改建状况。

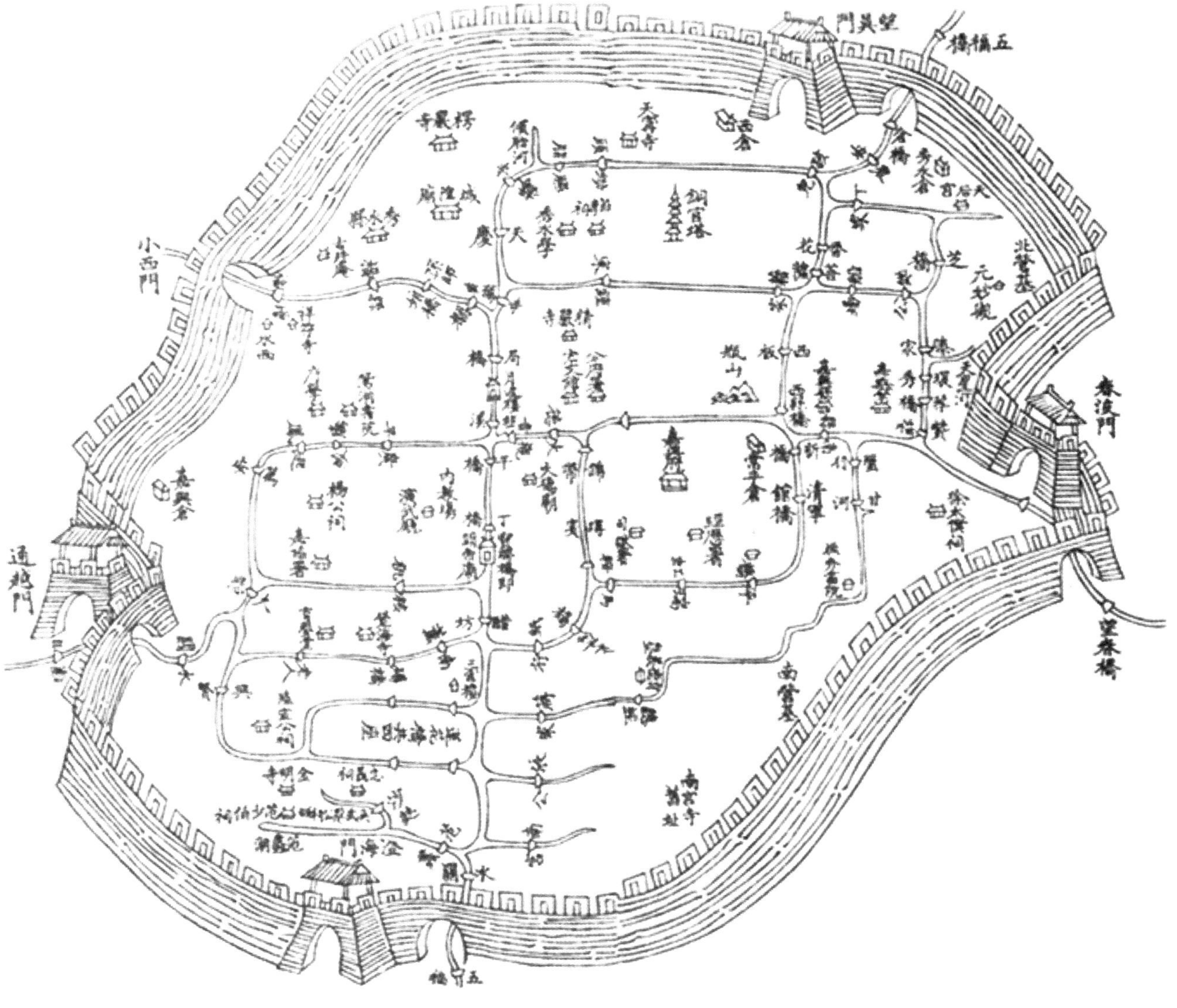

清光绪，嘉兴府城示意图

第一章 城 垣

第一节 古县 城堡

嘉兴在春秋战国时，为槜李地。当时多年争战，嘉兴古城附近留下多处城邑，有顾城（今平湖市乍浦附近，又名故城）、欤城（今海盐县欤城镇）、主城（今秀洲区双桥主城浜，又名渚城）、新城（今秀洲区新塍镇）、何城（今桐乡市芝村乡）、晏城（今桐乡市晏城）、萱城（今桐乡市崇福镇东南）、管城（今海宁市辛江）。世称"吴越八城"，均为吴越两国兵戎相见之所，原迹已不可见。另有射襄城（在秀洲区王江泾镇）、马嗥城（在海盐武原镇东南），也传是吴越时所筑。境内留下不少有关吴越两国的古迹，历代相传建有槜李城，元至元《嘉禾志》记：槜李城在（嘉兴）县南四十五里，高二丈，厚一丈五尺，后废。后为长水，一说原置长水县。

秦时，建置为由拳县的县城在何处，一说在今嘉兴城稍南。《太平寰宇记》卷九五："古由拳县，在今县南五里。秦始皇见其山上出王气，使诸囚合死者来凿此山。其囚倦并逃走，因号为囚倦山，因置囚倦县。后人语讹，便名为由拳山。"由拳县县治在县南何处，无具体记载，也无遗迹可寻。

一说由拳县城原在海宁硖石。据晋《太康地道记》，由拳治所原在硖石，其周边辖区划归盐官县后，县治移于今嘉兴新址。

由拳县时，在穆河溪畔建有辟塞。

第二节 子 城

始筑

据历代地方志记载，嘉兴城垣一说始于吴黄龙年间的土城，周二里十步，高一丈二尺，厚一丈二尺，诸如军营、城堡之类的建筑。顾祖禹《读史方舆纪要》卷九一《嘉兴府》："嘉兴县，在府城东偏，春秋时地名槜李，秦由拳县地。三国吴黄龙三年嘉禾生，改置禾兴县。孙晧以父名和，改今名。"县治迁入所筑城垣，借以卫护。最初可能是土城，后来数经拓建更筑，形成砖石结构的城墙，规模也随之扩大。一说是子城。明崇桢《嘉兴县志》载，子城周二里十步、高一丈二尺、厚一丈二尺。《图泾》记载，三国吴黄龙年时筑，有正门一，楼曰丽谯。到唐文德时，嘉兴筑大城，嘉兴县治外的城墙，因在城内中央，随之改称子城。学界一般将子城始筑的年代视为嘉兴建城的开始。

沿革

子城相传始建于三国吴黄龙三年（231），唐文德元年嘉兴大城建城后，称子城，建有长方型城墙，周围有护城河。元至元大城拆后，子城还在，还有谯楼，名丽谯。明以后，基本格局没有变化，到民国初年，拆除子城城墙，剩子城门楼以及两边城墙，后起围墙。到解放时，子城城址、门楼谯楼和两边城墙以及周边围墙还在，子城东、南和北的围墙外还有河流。

子城建成后，城内先后为由拳县、禾兴县、嘉兴县驻地。五代晋天福时，升嘉兴为秀州，始建府署在子城内，此后宋改为郡，府，军府；元改为安抚司，路，明清为府，治所都在子城。

清咸丰十年（1860），太平天国忠王李秀成部属陈炳文、陈坤书等攻占嘉兴，在子城内营建听王府。1913年，子城内建浙军第二十一团营房，俗称西大营。

1937年11月，西大营毁于日本侵略军炮火。1938年7月，敌伪绥靖司令部驻该处，建日式营房。1946年，蒋经国在子城建国防部预备干部局特设嘉兴青年职业训练班。1949年解放后，子城先后为陆军乐园、中国人民解放军九七医院、一三医院、浙江省荣誉复员军人医院。

布局

（见本篇第五章第一节）。

第三节　城垣兴废

唐筑城垣

崇祯《嘉兴县志》卷二《城池》记："嘉兴旧城周围一十二里，高二丈二尺，厚一丈五尺。唐文德元年(888)，吴越武肃王命制置使阮结筑。"

五代晋天福四年(939)，升嘉兴县为秀州。五年(940)，吴越王元瓘拓嘉兴城为州城。宋称军城，元称路城，又名罗城。周围一十二里，高一丈二尺，厚一丈五尺。城有四座城门，各置水旱门，各有楼门，城外各置吊桥，跨城河，以通往来。东门旧名青龙门，宋初更名春波门，西门旧名永安门，宋初更名通越门，南门旧名广济门，宋初更名澄海门。北门旧名望京门，宋初更名望云门，续改为望吴门。明赵文华《嘉兴府图记》记载，"青龙、永安等名，吴越筑城时所命，而春波、通越等，各乃宋初内附时所改。"

北宋宣和二年(1120)，严州淳安方腊起义。秀州知州宋昭年说州城当受敌，于是，在城塌坏处进行修筑。城筑成后3日，起义军入杭州。次年正月，方七佛率起义军攻秀州，直抵城下。知州与民拒城坚守，起义军围3日不敢攻城。后在城外激战5日，起义军兵败于城南。

南宋建炎二年(1128)五月，因徐明乱，澄海水门楼废。德祐元年(1275)，知府余安裕重修。元至元十三年(1276)正月，元伯彦军攻嘉兴府，安抚刘汉杰献城投降。

元拆城

《元史》载："至元十三年九月丁未，命有司隳沿淮城垒。"当时嘉兴属江淮行中书省，嘉兴城也在被废之列。于是嘉兴罗城全部被拆除，所有门楼均废，仅有子城和城上丽樵还在嘉兴古城中央。元末，红巾军起义，元朝廷遂诏州郡筑城，筑城自嘉禾始。至正十六年(1356)，嘉兴路推方道叡复筑罗城，十九年(1359)，同知缪思恭负责修筑，没有筑成。

明重建

明洪武三年(1370)，知府吕文燧、谢节续修就罗城，比较旧城，西南一角缩进三里，周围九里十三步。比旧城高二尺，阔一丈。建敌楼25座，女墙三千四百一十五，增置四城门月城、门楼、吊桥以及兵马司。城濠周围绕城墙，长较旧城墙增加四分之一，阔二十二丈，深一丈二尺。

嘉靖三十三年(1554)，倭寇侵犯境内，多次攻击郡城，因城坚守住，城墙有毁坏，城外数万家仅存余烬。知府刘悫缮修城，嘉兴、秀水县各筑其半，每县分二十四作，各委义民监督，按期完工。窦卿独任东门城楼、水门，如期竣工。倭寇侵犯时，四门已闭。知府见贼在东，开西门接收民众，在南，开北门受民众。知府率先，率军民固守，城得以保全。嘉靖三十四年(1555)，巡抚胡宗宪、佥事王询、侍郎赵文华议建敌楼。在城南筑楼，名镇海；在城东筑两楼，一为镇汉、二为镇魏；在城北杉青闸筑三楼，分别名为上青、中青和下青。楼址石台，下通大门内，穴墙为厨、湢、溷、井具全。楼三层，四面砖垒，穿牖最上，用堞如城，总可容兵数百人。全郡筑敌楼共6处，其费银4000多。郡县原有教场，在北关而稍狭，因迁于杉青之敌楼下，以便乡兵屯戍，且教练兵战，有警即登楼而守，使贼不得越，时而出奇击贼。所有工役，以七月兴工，十月告成。

嘉靖三十九年(1560)，侍御周际岩按视全浙，行至嘉禾，檄知府侯东莱增筑罗城。当时郡中有死犯吴梦琪等3人关在牢狱，郡县守令审察时觉有冤状，即赎3罪人，以襄城事，负责修城事宜，工程进度按日考核计量。所修城周1900余丈，高比旧城加一丈二尺，厚以高计，得三之一。又改为城楼者四座。越五旬而迄工。修城期间，重建敌楼28座。又改春波门为澄霁门，通越门为阜城门，澄海门为迎熏门，望吴门为拱辰门。万历七年(1579)，城有毁塌，秀水知县朱来远修城一十八丈三尺。二十年(1592)，知县李培以城墙多处开裂，又加葺治，计三十四丈二尺。

万历四十四年(1616)，嘉兴知府庄祖海、同知刘可训、知县蒋允仪、汤齐、范文若，议嘉、秀二县分筑城垣，八月后竣工。嘉兴县管，修城一千一百七十二丈八尺，分为八号；秀水县管，修城七百八十丈七尺二寸，分为七号。

清代修葺

清顺治二年（1645）闰六月，清兵逼西城下。二十五日，炮击城墙，城垛被摧数丈。澄霁门城楼毁。十年（1653），嘉兴知县张厥修重建。十五年（1658），增高城垛。康熙四年（1665），迎熏门水关圮，嘉兴知县林逵重筑。二十三年（1684），嘉兴知县何鋕、秀水知县任之鼎分修城垣、门楼、河堤。清康熙四十九年（1710）新筑水关于西城，俗称小西门。

雍正五年（1727），嘉兴知府阎尧熙督修城垣，重建门楼四，城楼增高一层，各题其额，东题“楼观沧海”，南题“澄海凝秀”，西题“浙西锁钥”，北题“咫尺云天”。又于郡城东南隅建魁星楼。

乾隆二十七年（1762），风潮异涨，城墙根基受淹松裂，嘉兴知县李化、秀水知县孙尔周各勘所辖坍城城楼、城圈。三十一年（1766），兴工修竣。道光年间，因海城盗贼没清除，知府徐敬勘修内外城身、垛口、城圈、城楼、水关及附城炮台33处。

同治三年（1864）春，清军进攻驻城太平军，轰坍北门城垣，并及东西南各门。清收复后，知府李甫田、绅士张清泰修筑城身、垛口及附城炮台28处。同治四年（1865）开始，知府许瑶光首先重建南门城楼。五年（1866），又修小西门、大西门及南门月城，内城身。八年（1869），嘉兴县所辖城垣、垛口间段倾圮，知县臧均根据城墙损坏情况，请民工装饰修理一遍。

第四节　民国拆城

拆月城建新门

1921年，邑人盛沅等函请县知事转呈省政府，请于东北二门间添辟一门，以便交通。经批准后，成立增辟城工程事务所，1923年1月决定添辟城门地点为玄妙观东首，同时拆去东门月城，并登报招标。东门月城于3月间动工，7月间新辟城门开始，约3个月都完工。玄妙观前筑路，名新马路，城墙东侧凿通，开新门，谓之新北门，由宣公桥对直辟城十一丈，谓之新东门，城外新建2条马路，名嘉禾路、小马路，以利交通。新东门、新北门当时分别称甲段、乙段。

工程不大，招工投标，时逾半月，无人承揽。于是先由事务所雇工试拆若干丈，观砖石之多寡，重定标价，照原价减为八折。甲段工程已有投标，乙段工程仍无人过问。拆除东门月城一带城墙，已由工头徐兴盛、余九亭邀请标价，雇工拆卸。倚城而居的商号居民，因一时没有相当房屋，没有迁让。阻力最大的是拆卸玄妙观东一带城垣，招工投标3次，竟无应者。标价减折多次，无应者，已减至2730元，由县布告招工投标，届限满，仍无人过问。后将标价再减九折，才由苗友记承包，缴纳标价开工。玄妙馆前工程，3个月完工后，新建新北门，出清所有砖石，建城内外马路。嘉兴东门月城拆除，新东门、新北门建成后，嘉兴拆城暂告一段落。

拆城筑路

1925年，嘉兴知事危道丰于4月24日、8月15日两次召集各法团暨耆绅集议，拟将全城城垣拆除，建造环城马路。当时正值军阀混战，无心顾及嘉兴的城市建设，拆除城事没有动工。

1927年2月，国民革命军到嘉兴，新嘉兴平民社首提拆城筑路主张，国民党嘉兴县党部将此事列入县政大纲。4月间，建立嘉兴县拆城筑路委员会。5月8日起，聘请工程师拆城测量，月底完成。7月20日至31日，第一期拆城筑路计划及附图张贴于县政府、烟雨楼、县党部、寄园、县商会，征求民众意见。8月初，计划书由省政府批准，11日起招标。因时局变化，工人多观望，至年末，才由石、盛二包工得标。

嘉兴城墙自南门月城起至东门新洋桥止，计分为12小段，自第一段至第六段，由苏州石永顺得标，计标价洋6075元。自第七段至十二段，由苏州常（盛）厚记得标，计标价洋9036元。又筑路标价，每丈21元3角3分，订立承揽，旧历年内即行动工。环城两旁的民地，应估价收买备用，在拆城期内，该处城内之10丈以内，居民停止建筑，以便勘估收买，利于拆城工作。1928年1月2日，拆除嘉兴城墙举行开工典礼。1928年底一期工程中城墙拆除。1929

年底筑成新路，东起嘉禾第一桥，南至澄海桥，命名东南路。

拆城筑路委员会将沿城民地决议收买，其办法：沿城民地，须有部照为凭，否则即以官地论；第一收买第一段至第九段，依照官产部照价目加五成给价；所有桑株已可收叶者，每株贴价洋1角，未收叶者不计；沿城竹园，可酌其繁芜，每亩贴价自6元至20元；茅屋迁移费每英尺一方丈，贴价洋4元；平屋每一架壁贴价洋7元；楼屋每一架壁贴价洋10元。办法布告后，限各业主于10日内持部照至拆城筑路委员会呈验，听候收买。3月，设立嘉兴县建设委员会。4月26日，民国政府第一任嘉兴县县长阎幼甫到任。至6月，设嘉兴城区工务所，加强拆城筑路工程的领导，旧城改造工程进展顺利。

1930年12月开始，实施嘉兴拆城筑路的二期工程，自嘉禾第一桥，至北门荷花堤。按照建设局设计招标安排，2日，拆城部分分别在几个施工点动工。倚城所建民房，及与路线有妨碍的屋宇，经县府限日拆除。拆城部分，年内竣工。筑路部分，各地段的筑路费，由局分别规定，第一桥至茂盛木行每市尺3元；茂盛木行至平桥，每市尺3元7角5分；风箱汇每市尺4元5角，水环桥至仓桥，每市尺5元2角5分，月城内外每市尺6元，荷花堤每市尺5元2角5分。此期工程还需填塞北城吊桥河。望吴里委会认为此举阻溢水流，妨碍交通，呈请区公所转县府，免予填塞。县府以开凿倾脂河正在计划进行，实行后，运河增一宣泄支流为由，未准免填。吊桥河还是填塞了。

1934年1月开始嘉兴拆城筑路的第三期工程。自荷花堤起至南门澄海桥，残余城垣约2278.56公尺。由华成建筑公司标去，部分路段已经动工拆除，该处工程经过路线范围内的建筑物、种植物及坟墓等，由县布告限日迁让拔除，逾期即由县雇工代为迁拔，所付工资，仍由业主归偿。

1927年6月，实测嘉兴城垣围18555.5尺，合9.8市里，全部拆除后，新建成的环城马路，统一命名环城马路。1934年底，嘉兴历史上第一次旧城改造工程基本完竣，其间，在环城河上兴修了嘉禾第一桥，改建了宣公桥，新建嘉禾路、小马路、新马路、宣公路以及车站路，城内的街巷也得以铺平、拓宽，在天星湖地方新建中公园，初步形成嘉兴解放时老城区的格局。

第二章　城市兴衰

第一节　功能布局

古代嘉兴城的布局以城垣为外限，以官署为中心，形成封闭式的布局，主要功能中适应行政和礼教的需要，反映了封建秩序。随着市城地位的提高和商品经济的发展，才向城外发展，功能逐渐增加，由行政中心转变为政治、经济、文化城市。

唐筑城以前，有河流从子城西而过，一说是文献记载的韭溪，其河床相当今禾兴路路基。子城即建筑在河东岸开阔地带，子城内设衙署，周为居民聚落，有商市聚落。唐后期，筑大城，逐渐形成一定规模的城市，子城西南北横贯的河流已改道或消失，已形成为大市、商市街道。以东西和南北市街为城市线轴，以子城为中心坐标，形成东西南北4块，逐步发展，统治机构集中子城左右，左后方横轴上为嘉兴县衙署，右后方横轴上为孔子庙，即州府学。城内东南部设州府仓储等附属机构；西南部为军事机构、大族园林等；西北部多佛寺；东北部民居，大家园邸；只在大市、官司街上有集市、商肆。城外西南部鸳鸯湖向东一线为风景浏览区。整个城市格局封闭，主要体现军政统治中心的特色。

南宋以后，嘉兴成为重镇，经济发达，居民增多，城市向城垣外发展。城外自南门外到东门一线形成新的商业区，以濠股塔为中心，东西有灯火万家之称。居民区也移向城外，鸳鸯湖、滮湖一带成为园林和住宅区。城中商业服务区也有所发展，商业大市街更加兴盛，附近出现混堂弄、瓦子巷等地名。明代至清中期，城外继续发展，东门外角里街、南堰、盐仓桥、凌塘桥一带出现大片住宅区和园林，形成一批新的街坊，明后期嘉兴城划为24个坊，其中有14个坊在城垣外。游览区也自鸳鸯湖移至彪湖一带。商业区自城南扩展到东门外宣公桥、角里街一线，至清初又发展到西河街、鱼行街和北门附近几个街区。至太平天国前，城市经济文化精华之区已移向城垣的东部和东南部和东北部。

在清咸丰、同治年间的战火中，以东部和东南部角里街为重点的城市精华区付之一炬，市城残破。城外东北部塘湾街、中街、西河街、鱼行街一带工业、手工业和商业兴起，月河、坛弄一带居民住宅增加。民国期间，城中北大街、环城北路、东门和塘湾街、中街成为最繁华的商业区。沪杭铁路及公路的开通，西河街、角里街一带创办近代工业，嘉兴工业、电力、邮政的兴起，嘉兴城市工业、手工业和商贸逐步繁荣。城市经济商业和生活区域渐渐明晰。1937年日本侵略军入侵，市城惨遭破坏，城市布局更为破碎。

整个封建、半封建社会，嘉兴城市的发展，经历了由城垣内到城垣外，由城外南部至东部再至北部，由单纯行政统治到逐渐增加商业、手工业、工业经济和文化功能的历程。嘉兴古城虽在南宋时即称为江东大都会，明代列为全国33个都市之一，但因战火侵袭破坏，至近现代，城市规模反而收缩，到解放时，沦为衰落的小城市。

第二节　历代坊里

元

（见第一篇“政区建置”第二章第一节）。

明

（见第一篇“政区建置”第二章第一节）。

清

（见第一篇“政区建置”第二章第一节）。

民国坊里

（见第一篇“政区建置”第二章第一节）。

民国街坊人口　1928年，嘉兴全县人口100217户，449301人，户均4.5人。其中城区24坊7417户，46809人（男28111人，女18698人），户均6.3人。

1928年嘉兴城街坊人口情况表

表7-1　　单位：人

坊　名	户数	人口总数	20岁以下人口总数	20至40岁人数	41岁以上人数	附记（外出）
碧漪坊	1361	男4534	2015	1614	905	977
		女3229	1290	1019	920	227
钟秀坊	591	男2585	1016	1018	551	476
		女1324	596	381	347	158
灵光坊	702	男2410	1161	764	485	638
		女1856	949	437	470	127
集庆坊	87	男541	278	150	113	69
		女225	83	68	74	14
府前坊	390	男711	254	268	189	331
		女597	209	192	196	54
府西坊	371	男749	265	252	232	234
		女770	308	240	222	48
府东坊	17	男151	9	129	13	13
		女22	5	7	10	—

续表7-1

坊　名	户数	人口总数	20岁以下人口总数	20至40岁人数	41岁以上人数	附记（外出）
宣公坊	308	男1050	297	509	244	199
		女533	220	182	131	46
放生坊	24	男53	18	25	10	13
		女54	25	16	13	14
盐仓坊	24	男127	93	20	14	19
		女57	31	17	9	8
王家坊	124	男287	96	121	70	55
		女219	98	72	49	26
春波坊	5	男21	3	15	3	3
		女3	1	1	1	—
角里坊	34	男84	30	30	24	5
		女60	21	16	23	—
蒯搭坊	107	男428	97	281	50	69
		女178	64	64	50	10
常丰坊	275	男728	273	263	192	261
		女528	203	159	166	26
凤池坊	144	男933	445	346	142	138
		女289	95	84	110	12
报忠坊	498	男1725	775	525	425	573
		女1732	787	470	475	119
毛家坊	112	男258	103	78	77	76
		女243	88	64	91	6
五龙坊	688	男2235	1029	736	470	388
		女1565	725	433	407	156
西丽坊	8	男28	7	11	10	2
		女14	5	5	4	—
北丽坊	898	男4514	1325	2031	1158	387
		女1391	508	469	414	71
东瓜坊	231	男2845	1172	1062	611	632
		女2925	1135	1098	692	382
白板坊	77	男178	75	61	42	14
		女136	61	46	29	12
太平坊	341	男936	392	320	224	304
		女748	321	220	207	33
合　计	7417/46809	男28111	11228	10629	6254	5876
		女18698	7828	5760	5110	1549

第三节　工商业发展

南宋杭州建都后，嘉兴的城市日渐繁荣。手工业作坊和商业酒店的兴起，一些街巷、桥梁名称中直接以商业、手工业作坊的特色来命名，如醋坊桥、鱼行街、丝行街、米棚下、猪儿廊、船厂头、孩儿桥、混堂弄等，从这些名中可以知道城内已有混堂（浴室）、瓦子（戏馆）等设施。南门外，往南，丝行街、米棚下，至鸳鸯湖，西联梅湾街；往东，在城濠，东沿滮湖与东门路相连。东门外，一路东南沿滮湖蜿蜒到南堰，一路沿角里河、角里街至东栅，成为沿河、沿街绵亘数里的商业居住区，“人烟稠密，灯火万家”。城市中手工业品繁多，除丝绸外，漆器、金银器皿都是精美绝伦。宋祝穆《方舆胜览》说，嘉兴的“百工众技与苏杭等”。宋孝宗淳熙元年（1174）二月，诏令保管好秀州造船的钱物，说明嘉兴的造船业已有相当规模。滮湖、鸳鸯湖周边，多豪门大家的园林别墅，其中宋尚书潘师旦园会景亭，有10余胜景。

明代中后期，嘉兴城十分繁荣。全城人口已有4万多人，城外南门至东门百业杂陈，市肆繁盛。东门外自嘉靖时重建南湖烟雨楼以后，商业更为繁荣。

手工业和商贸的发展，嘉兴城物力充盈，渐靡日甚。春波门，其俗彬彬好文，然兢为侈丽。河边商船林立，通江淮巨贾，画船花酒，烟雨楼前，箫鼓彻旦。通越门，则京省巨津，好逐舟楫之利。城外鸳鸯湖、滮湖周围以及南堰、角里街等处，巨家大宅，华厦栉比，私家宅园有数十家之多。

明末清初，壕股塔路为南门至南堰一带的要道，濒湖万家，鳞次栉比，为一方之大观。市街繁荣，灯火万家。“漏泽寺西估客多，楼前官道后官河。正值喧阗日中市，杨花小伎抱筝过。”正是吟咏该地段繁盛喧闹的情景。

春波桥一带在清朝前期日渐兴起，康熙二十九年（1682）陈铭《春波鱼市》诗云：“濒溪有居廛，两岸舟兢舣。风含水气腥，晓作渔人市。”乾隆时期以来，漕艘经宣公桥，城中集街市衰，聚于东门，春波桥、西河街一带集市兴旺。道光、咸丰年间，宣公桥、春波桥肆廛麟次，北板米市，囤积稻米数十万，菜市行，聚鉏家桥，肩挑卖买者，五更时负筐而往。当时，春波桥、西河街、柴场湾、平桥湾、鱼行街是城区粮食、蔬菜和鱼肉等主要集市。清陆以諴《鸳鸯湖棹歌》有：“白苋紫茄盈担中，五更贩客聚城东。鉏家滩上夜深市，隔岸星星灯火红。”其间的鱼行街，清后期始设戏馆，光绪二十八年（1902）运河边设海关后，邻近的街市市面繁华，茶馆酒肆应运而兴。

清前期北门多米市，朱彝尊《鸳鸯湖棹歌》有诗“父老禾兴旧馆前（禾兴馆在城北拱辰门外），香粳熟后话半年。楼头沽酒楼外泊，半是江淮贩米船。”运河沿岸船舶如林，客商众多，交易集辏。南门丝行街，清代已盛，因土丝集中在此买卖，设有丝行多家，故名。后逐步成为南门外商业街市。

清咸丰年间，东门外繁华毁于兵燹。角里街、高家湾、盐仓坊、常丰坊一带荒烟蔓草，一片焦土，只剩下南堰、东栅稍集小市。民国以后，西河街、柴塘湾，塘湾街因运河交通便利，为南北货商所聚。米业聚于南门外东西米棚下一带。北门大街为日用品百货店所聚。东门自设火车站后，改铺道路，旅馆茶楼相继兴起。

光绪八年（1882），上海招商局“飞凫”号轮船开设上海至硖石内河客运航班，嘉兴设码头，为汽轮船开办营业航线开始。十八年（1892），浙江官轮船局宏济轮开设杭禾线，嘉兴在端平桥设轮船局。光绪九年（1883），嘉兴电报局成立；二十七年（1901），嘉兴邮政分局成立。

光绪二十三年（1897），嘉兴府城开设茧行。宣统二年（1910）在西河街创办嘉兴永明电灯公司，1912年，嘉兴培利布厂永明公司对面创办。之后杭州纬成公司嘉兴裕嘉分厂、民丰造纸厂等一些企业先后在宣公桥一带西河街、角里街、盐仓街以及五龙桥、南堰等地创办，人烟渐集。

20世纪30年代前后，嘉兴城区以北门大街、塘湾街、中街3处为最繁盛。北门大街有商店280多家，洋货店、绸布庄、印刷店、书局、照相店、药房、银楼、钟表店、木器店及其他零星商店均散处其间。塘湾街有商店150多家，以钱庄旅馆及商货、北货、腌腊、水果行、颜料行、米行等批发行为最多。中街有商店120多家，以麻皮行、鱼行、糖果茶食、腌腊等店为多，商况稍类塘湾街，而零星售商种数较多。南门外的东米棚下，东门外宣公桥、嘉禾路；北门外芦席汇、北城湾都有商店40家以上。东米棚下聚居6家米行，城区设有商店的街道三十有六。此外率其住宅街道，北门大街及下塘街两旁的支路，集街、报忠埭、南门大街、徐家埭、月河、荷花堤、梅湾、西米棚下、南堰等处均为人口极稠密之区。

第三章　河道　桥梁

第一节　城内水系

城内水流

西自运河入通越门水关与小西门，南自鸳鸯湖入澄海门水关，二水萦纡，分合贯绕城中而东出春波门水关，北出望吴门水关。

入通越门之水，西自运河来，其正流由济川桥（一名大悲桥）北而东，为朱家汇，出万安桥下，经府学前凤凰河东行，南会宝带河（即市心河），北会局前河，过韭溪桥，又东受锦带河，经旧府治后、瓶山前，入烈女河，折而北，经嘉兴县署，右为县西河，合城内诸流，由众安桥北出望吴门，入运河。

入小西门之水，经集凤桥而东，穿中学校南北院间，入局西河，其水南通宝带河，北行经城隍庙前天庆桥，分一支，东经秀水学前，为学前河，由张家弄入北门大街市河，其本流由天庆桥北行，经城隍庙、楞严寺东侧，至荷花桥，东过天宁寺，名胭脂河，又名倾脂河，入北门市河。

集凤桥南分一支，至水西寺旧址旁，古名爽溪，本通朱家汇庆安桥，明代断流，清康熙间辟小西门，引水入城。

自庆安桥南分流而东，为杨公港，至第二高等小学校而止。

南分流而东，为核桃浜，经核桃桥至内校场南首，入宝带河。

济川桥稍南，东流入老人桥，为报忠寺前河，而东会澄海门南入之水，于宝带河之交，是为市心河。

南经召公桥，东过陆宣公书院，并杜家埭而东，名杜家浜。

循书院之左，分流在东称杨柳湾；再行，并徐家埭，名莲花浜，东会澄海门南入之水。

入澄海门之水，南自鸳鸯湖来，其正流北行至市心，名通济河，西受莲花浜、杜家浜、报忠寺前河，北通宝带河。自醋坊桥东流，经斜桥折而北，分流于锦带河。其正流复折而东，过旧府治前瑞虹桥，东绕洲东湾，至府治东，后折向东，经县南桥，东出春波门。

县南桥稍东而南，旧有罗城浜。杜家浜东蒋家桥旧有一浜，不相连接。清光绪七年（1881），凿新开河，始将其沟通，新开河窄而且浅，无实用，水草丛生。

通济河在澄海门西，溢为范蠡湖，湖之东北与湖并行向西，至金明寺埭前，名范公浜。

其东本有两浜，在孤老院前后，一出南宫桥，一出张公桥，均浅涩拆城时，被填塞。

县南桥稍东一支，北行入赞福桥，嘉兴县署东为兴圣河，后名荐桥河东，由腾蛟桥北入环秀桥，为天星湖，稍北又东入起凤桥，有支流至玄妙馆，后湮塞。兴圣河直北为项家漾向西天妃浜，又名丁家桥河西至丁家桥，入北门市河，又一支经郑家埭前，西入北门市河。

历代城内河浜

据明清嘉兴地方志记载，综合至清代，城内先后有河浜29条，其中河流24条、浜5条。

大悲桥河　南起莫家湾，北界万安桥，呈西南至东北走向。

凤凰河　又名凤凰池，西起万安桥，东至宝带河、韭溪桥。

宝带河　又名市心河，南起报忠埭，醋坊桥下，北至凤凰河、韭溪桥。

局前河　南起凤凰河、韭溪桥，北至学前河。

锦带河　又名子墙脚下河，南起斜桥，北至烈女河。南通瑞虹桥，北连州后桥，以其环抱州治，故名。

烈女河　在子城北墙下，系钱子顺妻妹二贞一

清末嘉兴城区市河示意图

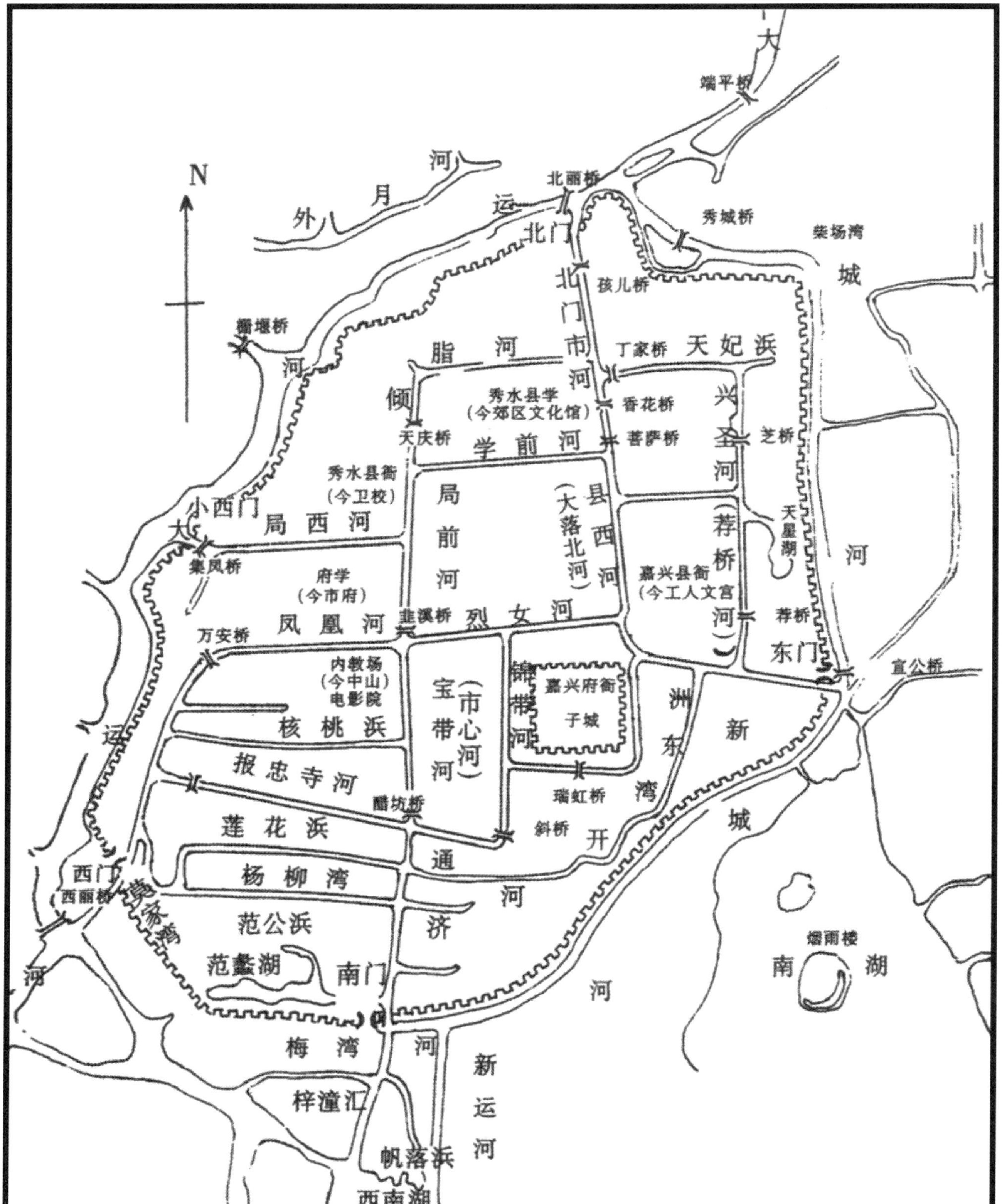

节同死处。西起韭溪桥,东至县西河。

县西河　又名大落北河,南起西埏桥,北界学前街、菩萨桥。

局西河　西起集凤桥,东界局前河。

学前河　西起局前河,东界县西河。

北门市河　南起学前河、北界望吴门水门。

爽溪　北起集凤桥,南至水西寺旧址。

杨公港　西起大悲桥河,东至第二高等小学校。

核桃浜　西起大悲桥河,东至宝带河。

报忠寺前河　西起老人桥,东至宝带河。

杜家浜　西起召公桥,东至杜家埭。

杨柳湾　西起陆宣公祠,东至通济河。

莲花浜　西起陆宣公祠,东至徐家埭。

通济河　南起澄海门水门,北至报忠寺前河、醋坊桥。

斜桥河　西起醋坊桥,东至锦带河、斜桥。

府前河　西起锦带河,过府治前瑞虹桥,东至州东湾。

州东湾　南起府前河,沿府治东。

新开河　西起通济河,弯曲向东北方向入迎紫河城河。

范公浜　范蠡湖东北,与湖平行向西,至金明寺前,呈东西向。

迎紫河　又名东城河,西起西延桥,东至春波门水门,东西向。

荐桥河　南起迎紫河,北至兴圣河。

兴圣河　南起荐桥河,北至天妃浜。

天妃浜　又名丁家桥河,西起北门市河,穿丁家桥、安乐桥,东至项家漾。

禅杖桥河　西起县西河,东至兴圣河、荐桥河。

胭脂河　又名倾脂湖、河,南起局前河,向北,经楞严寺东,折向东,至北门市河。

1949年城内河浜

参照1997版《嘉兴市志》清末嘉兴城区市河示意图和1929年、1951年嘉兴市区地图,1949年城内有河浜29条,这些河流到20世纪末都已填没。

南北向

兴圣河　荐桥河　都在1971年防空洞填没,现为秀州路一部分。

北门市河　县西河　锦带河(东)　洲东湾　都在1980年填没,现均为建国路一部分。

爽溪　20世纪80年代扩建县内部招待所填没。

锦带河(西)　1958年填没筑路,后为紫阳街一部分。

倾脂河(南北转西)　宝带河(市心河)　通济河　倾脂河20世纪60年代填没,宝带河、通济河1993年开始填没,3条河均为禾兴路一部分。

西门市河(莫家湾)　20世纪70年代末填没。

东西向

倾脂河(东西向)　20世纪70年代填没。

丁家桥河　天妃浜　都在1980年填没,筑丁家桥路。

学前河　1956年建勤俭路时填没。

郑家埭河　1980年填没,现西段为商住楼,东段为开盛小商品市场内街。

局西河(小西门河)　东段在1956年填后筑路,中段20世纪80年代后填,西段在20世纪末所填。

凤凰河　烈女河　都在1983年中山路拓宽时填没。

迎紫河(东门市河)　西段20世纪80年代开始填,东段至90年代才填没,一部分建商住楼,一部分是新路基。在环城河绿化带留有10几米一段河床。

府前河(锦带河南)　1971年填没。

核桃浜　1958年填没,成为府忠埭、弓箭埭的南侧。

报忠寺前河　1980年填没,为斜西街一部分。

莲花浜河　街东河　20世纪60年代后陆续填没,现为南杨路一部分。

南宫浜　解放后填没。

范公浜　20世纪50年代填没,成为嘉兴一中一部分。

范蠡湖东河　20世纪60年代填没。

第二节　城外水系

城外水流

鸳鸯湖水南自长水塘来,潴为世浸,运河水分支自经五龙桥来会。湖中有土墩三，大者名裴岛，又名放鹤洲。当裴岛之东端，一水北入，经东、西米棚下及丝行街，一支入澄海门水关。其水流沿城基折而东，北行经壕股塔下城濠。裴岛又东北岸，为梓潼汇，汇东有小浜曰帆落浜，俗称饭箩浜。更东有小河，经潘家桥、杨家桥，入丝行街河。鸳鸯湖东出日旸桥及八十一号铁路桥，为鸳鸯湖东北通滮湖。海家桥河在杨家桥东，有小河通滮湖，名青旸桥河，为铁路所筑塞。帆落浜本通海家桥河，名避金桥河，后湮塞，成平陆。

东门外，滨城濠有油潭，为五路水汇合形成漾潭，又名五合水。西受城中迎紫河水，北流通宣公桥，东通车站河、六里泾，东南流放生桥，通南湖，西南入城濠。筑铁路后，此潭俗称狮子汇，东南有八十号铁路桥，桥下河入南湖，又分一支，沿角里街东行。东有新河，名车站河，经车站大门外北行，绕苗圃后，分一支东行，穿春波桥，再入城濠。其本流穿宣公桥曲屈西北行，至柴场湾东，复折东行，通长纤塘，西南为城濠。

北门外，滨城河，其水自西门城濠来，抱城而东，至北丽桥。另一支由栅堰北转，为外月河又名月濠，东经清河入穆河溪。北丽桥东有秀城桥来水，名秀水。秀城桥迤东，向南分一支为平桥湾。

西门外，滨运河。

历代城外河流

护城河　环嘉兴城垣，又名环城河。又称隍池，周围绕城，其里数与城加四分之一，阔二十二丈，深一丈二尺。四门外各置吊桥，跨隍池，南引鸳鸯湖水，西引大运河，周绕古城，会于北丽桥，西北流向大运河。西丽桥至北丽桥段护城河是古运河的一部分，城北又称月河，城东、城南段分别称柴场湾、秀水、濠河。自分水墩至柴场湾一段，古称秀水。弘治《嘉兴府志》载："天和景明，水呈五色，见者获庆。"

大运河　分苏州塘、杭州塘。

穆溪　一名穆湖，秀水县西北三里，水中多龙骨。

西溪　府城西二里。元末徐一夔居该处。

秋泾　治东北六里，其水自杉青闸分流，出秋泾桥东北去。

菜花泾　在秀水县东六里。康熙四十四年(1705)，圣驾南巡，由松江幸嘉兴，经临该处，见菜花被野，即命驻宿，村邙扶老携幼，欢迎罗拜，填溢阡陌。

饮马河　秀水兜东。

鉏家河　端平桥东南。

平桥湾　秀城桥西南。

车站河　火车站北。

外月河　月河北，因在月河北故名。

米棚河　东、西米棚下间。

帆落浜　东米棚下南。

丝行街河　丝行街东侧。

角里河　又名六里泾，角里街南。

双溪　又名东栅市河，位于东栅至凤凰洲会龙山漾。

1949年城外河流

由北而南

乌桥港、菜花经、长纤塘、秋泾、吴泾、苏州塘、穆河溪、秀水兜、清河、环城河(月河、秀水、柴场湾、壕河、新运河)、外月河、顺心桥港、石臼漾、新塍塘、香橼浜、鉏家河、双溪、角里河、三塔塘。

饮马河　20世纪50年代填没建民居。

螺蛳浜　20世纪50年代填没建民居。

虹桥港　1996年填后建春波坊。

平桥湾　20世纪50年代填没建民居。

春波河　20世纪80年代填没建勤奋路。

车站河　1985年建立交桥时断航，1997年建新火车站时断流，2008年被填。

放生河　建铁路时被改变水流，20世纪50年代填没。

米棚河　丝行街河　两条河都在1998年禾兴路延伸拓宽、建造南湖大桥时填。

第三节　城内外湖塘

据清明嘉兴地方志记载，参照1929年、1951年市区地图，嘉兴古城内外湖漾古代和1949年变化不大，为8处，其中倾脂湖到1949年成为河流。

范蠡湖　在城内金明寺南。相传范蠡去越隐此。

天星湖　在城东门内。旧传秦始皇发囚所掘，一名天心湖。旧志设有河泊所，筑城后，湖身逐被侵。1958年填没建房。

倾脂湖　在城内西北，又名倾脂河，胭脂河。1949年为河，1970年填没。

项家漾　在城北门内，荐桥河和天妃浜交汇处。1980年填没建民房。

滮湖　一名马场湖，俗呼东南湖。湖中水墩有烟雨楼、仓颉祠。

鸳鸯湖　在城南门外，明清后又名西南湖。其禽多鸳鸯，故名鸳鸯湖。

穆湖　又名穆河溪。秀水县西北三里。

油潭　在东门外，为五路水汇合形成漾潭，又名五合水。民国初俗称狮子汇。

第四节　城河疏浚

明朝疏浚

城内河渠与城外河流通过水城门相沟通，通舟楫以利民用，只有时时加以疏导，才不至于淤塞。明永乐三年(1405)，左通政赵居任奉诏治水，疏河道。当初，城中民众尚少，四水门内，纵横皆巨流，支渠也能通船。明成化年以后，河道渐塞。郡守杨继宗议复浚，没实施。正德、嘉靖年间，居民日繁，市河西岸，结屋相邻。于是垃圾堆积，支渠积渐成陆，主流也遭淤结，百姓怨声载道。嘉靖二十六年(1547)，知府赵瀛创议开浚市河，疏浚主河渠，拆除侵占河道的民居，卸除河水的阻碍物，清除垢滞垃圾污泥。后令各里出一舟，运土至南湖中，累积成小岛。城内河渠畅通。其后，岁久又渐淤，至崇祯间，知府郑瑄复疏浚流通，大兴水泉，得舟楫之利。

清朝疏浚

清康熙十四年(1675)冬，知府卢崇兴开浚城内外水道，至十五年(1676)春竣工。其后10多年间，知府刘瑆、知县何鋕、任之鼎捐俸的倡议疏浚，绅士协力，阻塞几十年的城内河道尽行疏浚利航。三十九年(1700)，知府佟赋伟又开浚。六十年(1721)夏，知府吴永芳以城内河道淤塞，进行疏大浚，支流小港以次疏通，居民跨河造房都拆除，日渐湮塞郡城四门外各河，都循故道疏浚，恢复旧观。乾隆三十五年(1770)，知县王士澣开甪里河，自熙春桥至东津亭。嘉庆二年(1797)，知府伊汤安开浚子城四围水道及东门、南门、北门各市河，锦带河疏浚后可通舟楫。咸丰年间兵乱，城内河道重又淤塞。同治三年(1864)，知府许瑶光开浚，疏通。同治十二年(1873)夏旱，河干枯，里人集资，浚治自常平仓前新桥迤西南至醋坊桥，至西马头共长700丈，各开深2尺。光绪十年(1884)，同人公筹经费，开浚外月河。十五年(1889)，知县王晋玉捐资疏浚甪里河，自熙春桥河至东马桥段。

民国疏浚

1914年，里人集资，开浚阻塞河流。1917年夏，嘉兴城河不雨河涸，城中数千户居民饮水取之浊水，欲购清水，每担需钱百文，城内外舟行断绝。乡民欲至城中贸易，必远途跋涉。城中居民柴薪阻断，价值日昂，向各炭行购炭以作燃料，贫民小户叫苦连天。绅士陈某等发起，将西门大悲桥至北门内西埏桥一带市河雇工开通，经费由县政府支付，1918年竣工。1919年，嘉兴东水关至旧府署前一带河道淤浅，由水利议事会呈请县署拨款开浚，在县自治办内附设浚河事务所，派员勘丈完竣，计1000余丈，分6段，2月11日起开浚，一月内竣工。1922年，浙西水利议事会疏浚甪里河。1934年嘉兴城河因天久不雨，河水干涸，河床深者有沟渠，浅者泥已龟裂。嘉兴县成立浚河委员会，由西而东，划定分16段开浚，河边开深2尺，河心开深2尺5寸，次年疏浚完工。

第五节　城内外桥梁

历代城内桥梁

至元《嘉禾志》载录事司有桥梁75座。万历《秀水县志》载城内桥梁99座。光绪《嘉兴府志》载城内桥梁92座,附载6座。后两者互有不同,万历《秀水县志》有17座桥,在光绪《嘉兴府志》不见,而光绪《嘉兴府志》也有13座桥,在万历《秀水县志》也不见。现按光绪《嘉兴府志》列出:

瑞虹桥 在府治前,跨府前河。

府后桥 在府后,又名驿桥。

望恩桥 在府治西南三十步。

蒸饼桥 在府治西南三十步,一作蹲宾桥。

藕行桥 在府治西北二十步。

百步桥 在莲花浜。

通济桥 在春波门内一十步。

赞福桥 在春波门西一百步。

荐桥 在春波门西北半里。始建于宋景定年间(1260—1264)明徐元春有《荐桥记》:"嘉兴郡城东隅,去春波门可半里许,有湖曰天星。湖之南,筑梁以通阛阓,利徒行也,名曰荐桥。并录有民间传说,桥附近有鸡鸣台。

五柳桥 在嘉兴县治西,又名庆丰桥。宋孝宗登极,因田禾一茎九穗,改为庆丰。后又更名西县桥。宋陆蒙老《五柳桥》诗:"五柳先生倦折腰,孤眠千载仰风标。青衫令尹头如雪,不厌朝昏过此桥。"

腾蛟桥 **起凤桥** 在春波门西北半里。

崔家桥 在春波门西北一里十步。

猪儿桥 在春波门西北一里。

蟹行桥 在春波门西南半里。

南县桥 在春波门西半里,一作县南桥。

环秀桥 在春波门西北半里,通天星湖。

滕家桥 在春波门西北一里。

倪家桥 在春波门西南一百步。

清军馆桥 在春波门西南一里。

湖桥 在春波门西北一里。

望湖桥 在春波门西北一里。

保安桥 在春波门西北一里十步。康熙二十九年(1690),嘉兴知县樊咸修重建,人呼樊公桥。清王庭《樊公桥记》:"三原樊公来宰是土,善政具举,邑治之北偏有保安桥故址,岁久倾废,里人支一木而横水涘,登临者危之。公曰:'是非所以为民便。'爰命掾吏倪国昌鸠工采石,不数月而桥落成,邑之人顾而乐焉。群曰:'是樊公之所缔造也。'遂名其桥曰'樊公',志不忘也。"

罗家桥 在春波门西北一里半。

安禄桥 在春波门西北一里半。

北营桥 在春波门西北一里半。

大悲桥 一作济川桥,在通越门北五十步。

遇仙桥 在通越门东北一里。

回龙桥 在通越门内水西寺前。

爽溪桥 在通越门内半里。

万安桥 在通越门东北一百步。

寺桥 在通越门东北一里半,乾隆五十八年(1793),里人重建。

广平桥 在通越门东北一里。

车栏桥 在通越门东北一里半,道光八年(1828),里人钱聚文等募资重建。

红桥 在通越门东北一里一百步。

韭溪桥 在通越门东北一里。

韭緺桥 在通越门东一里。

顾市桥 在通越门东北一里半。

福顺桥 在通越门东半里。

兴福桥 在通越门东一里二百步。

兴贤桥 旧名过军桥,在通越门东一百步,乾隆三十五年(1770)重建。

宝带桥 在通越门东北。

蓬莱桥 在通越门东南。

北资桥 在通越门东南。

范蠡桥 在澄海门内。

石灰桥 在澄海门内。

张公桥 在澄海门东北一百步。

营桥 在澄海门北一百步。

炒麸桥 在澄海门西北一百五十步,裴休女名祖贞,舍基创庵,名炒麸,桥亦由名。

南石桥 在澄海门北二百步。

史家桥 在澄海门北二百步。

娄家桥 在澄海门北二百步。

醋坊桥 在澄海门北二百步。

蒋家桥 在澄海门东北二百步。

莲花桥 在澄海门北半里。

纸行桥 在澄海门东北一里。

砖桥 后改名大兴桥,在澄海门西北一里。

竹丝桥 在澄海门北一里。

毛家桥 一名熙宁桥,在澄海门东北一里。

蔡十郎桥　在澄海门西北一里三十步。

三板桥　在澄海门东北一里五十步。

杨公桥　杨公港有太守杨公祠，祠前有杨公桥。在澄海门西北一里五十步。

斜桥　在澄海门东北一里五步，乾隆五十九年（1794）重建。

乌盆桥　在澄海门东北一里半。

屐鞣桥　在澄海门东北一里半。

丁桥　在澄海门东北一里半。

众安桥　在望吴门南二十步

仓桥　在望吴门内。

北寺桥　在望吴门东南三十步。

孩儿桥　在望吴门南一百步。《闲窗括异志》："嘉禾北门有孩儿桥，桥栏四角皆石，刻孩儿，因名。岁时既久，遂出为怪，或夜出叩人门户求食，或月夜游戏于市，人多见之。有胆勇者至夜密伺，果见三四石孩儿徐徐自桥而下。遂大呼，以刀逐至其处，斫去其头，怪遂绝。"

香花桥　在望吴门南半里。明吴鹏《香花桥记》："香花桥，狭且峻，久渐圮坏，人迹所经，值风雨夕，堕河死者，不知其几。予家与桥近，每闻而怜之。今年春正月，道人王左、居民祝赐等相与倡议，募工重修，共捐济之。越四旬，桥乃成。视旧稍平坦，阔加尺余，自后虽百年，可使行者无风雨患。"

安乐桥　在望吴门东南半里。

丁家桥　在望吴门东南半里。

菩萨桥　在秀水县治东。

集家桥　在望吴门南二百步，一作习家桥，又名藉架桥。竹邻里，元陈秀民所居，藉架桥在其东北。

船场桥　在望吴门东南一里，一作禅杖桥。宋·汪莘《秀州船场桥玩月》诗："鸦声欲断雉声起，柳眼已青桑眼黄。故乡春事正如许，春事只缘思故乡。"

水纂桥　在望吴门南一里。

天庆桥　在望吴门西南一里半。

朱锄头桥　在望吴门西南一里。

胭脂桥　在望吴门西南一里。

陆家桥　在望吴门西南一里。

钟家桥　在望吴门西南一里。

通观桥　在望吴门西南一里。

明顺桥　在望吴门西南一里。

局桥　在望吴门西南一里半。

孙师娘桥　在望吴门西南一里半，道光九年（1829），训导孙光照重修。

凝德桥　在治西南杨柳湾，嘉庆年，里人陈振声、陈延声修。

广道桥　在治西南杨柳湾，嘉庆年，里人陈振声、陈延声修。

正义桥　在杨柳湾，嘉庆二十四年建。

兴仁桥　在杨柳湾，嘉庆二十四年建。

腾蛟桥　在府学前，道光十七年（1837），里人陈宗柏、万福建。

起凤桥　在府学前，道光十七年（1837），里人陈宗柏、万福建。腾蛟桥、起凤桥各2座，分指嘉兴县学、府学前桥。

1949年城内桥梁

参考1917年、1929年、1951年地图，列出1949年城内尚存桥梁71座。

解放后城内桥梁随着河流的填没而拆，有的以桥面筑路。到20世纪90年代，古城内没有桥梁，有些桥址所在地保留了地名。

东西向桥梁

芝桥　崔家桥　起凤桥　跨兴圣河。

荐桥　赞福桥　跨荐桥河。

蟹行桥　福顺桥　跨干河。

水关桥　望吴桥　众安桥　香花桥　菩萨桥　跨北门市河。

板桥　西埏桥　跨县西河。

新桥　清馆桥　跨锦带河（东）。

锦带桥　蹲宾桥　斜桥　跨锦带河（西）。

天庆桥　寺桥　跨倾脂河（南北向）。

局桥　韭溪桥　跨韭溪。

平桥　丁桥　跨市心河。

醋坊桥　南平桥　跨通济河。

大悲桥　跨西门市河。

爽溪桥　跨爽溪。

南北向桥梁

孩儿桥　寺头桥　胭脂桥　落花桥　跨倾脂河（东西向）。

丁家桥　安乐桥　跨丁家桥河。现有丁家桥路。

藉家桥　钟家桥　跨学前河。

集凤桥　登云桥　孙师娘桥　车栏桥　跨局西河。

环秀桥　跨天星湖。

禅杖桥　樊公桥　跨郑家埭河。

万安桥　起凤桥　腾蛟桥　广平桥　观音桥　跨凤凰河。

火德桥　大营桥　跨烈女河。

府东桥　县南桥　迎紫桥　跨东门市河。

核桃桥　小核桥　跨核桃浜。

老人桥　砖桥　南熏桥　纸行桥　跨报忠埭河。现有砖桥街。

西莲花桥　东莲花桥　兴隆桥　跨杜家埭。

西板桥　广道桥　正义桥　兴仁桥　西南莲花桥　东南莲花桥　跨徐家埭河。

南宫桥　跨南宫浜。

范蠡桥　跨范蠡东河。

历代城外桥梁

明崇祯《嘉兴县志》《桥梁》载城外嘉兴县九坊桥梁47座。清光绪《嘉兴府志》《桥梁》载城外桥梁26座。明崇祯《嘉兴县志》列出城外桥梁。

清光绪《嘉兴府志》列嘉兴县城外各桥：

宣公桥　在嘉兴县治东一里，相传为陆宣公建。

熙春桥　在县东半里，又名衙前桥、牙前桥，南堍为放生坊，明嘉靖中重建。万历初，孙植募新之。光绪元年(1875)重建。

春波桥　北堍为北板坊，嘉庆二十一年(1816)，里人郑枚等重建。

七星桥　在春波坊，嘉庆十二年(1807)，里人谢震荣、曹玉衡重建。

虹桥　在县东二里，有大、小虹桥。

江家桥　北堍为北板坊。

寿荣桥　在县东二里半，今名新桥。

永安桥　南堍为春波坊。

猪行桥　西堍为春波坊。

放生桥　在县东南三里，桥有二：一名大放生桥，道光十六年(1836)，里人倪濂、沈攀桂等重建。一名小放生桥。

天马桥　在县东一里半，又名西马桥。通宋参政吕鸣植宅。

驷马桥　在县东一里半。吕太常藼以乡民入市，艰于跋涉，因建该桥，取乘驷马车之义。后名东马桥。天启二年(1622)，里人倪继宗修。

奚家桥　东堍为常丰坊，嘉庆元年(1796)重建。奚家桥有二。

潘家桥　在县东一里二百步。

指南桥　一名放生桥，在东塔寺前放生池上。

瀛塘桥　北堍分属秀水，明隆庆间重建。

吴泾桥　在县东七里。

双溪桥　在县东七里，合魏塘、汉塘二水，故名。天启七年(1627)嘉兴令顾国宝重修，三孔石拱桥。

会龙桥　双溪南。嘉靖年间，里人张淮创建。万历末，里人钱周、钱福征相继重修。

盐仓桥　在东门外，顺治八年(1651)建。

王家桥　**太平桥**　**北板桥**　均在东门外。

清光绪秀水县城外各桥：

北丽桥　在秀水县北二里望吴门外。顺治中，知县孙继儒重建，乾隆四十三年(1778)修。知县潘安智记。咸丰末，毁于兵。同治七年(1868)，知府许瑶光率邑绅重建。

端平桥　在县北三里。

百步桥　在县东北三里，道光十六年(1836)，僧亮周募资重建。桥之北又有小桥。

西丽桥　在县西南二里通越门外，咸丰末毁。光绪二年(1876)，知府许瑶光请帑重建。

五龙桥　在县南二里，运河所经。明·范言《记》："郡城之南，故有鸳鸯湖，湖分东西，堤其中，为桥曰五龙。五龙者，五龙之神，立祠龙渊，代着祀典……"道光八年(1828)，里人万选青修。同治七年(1868)，知府许瑶光重修。光绪元年(1875)又修。

潦波桥　一名双湖桥，在县南二里半。

众德桥　在县东南二里。

日旸桥　在县南二里半，石拱桥。光绪五年(1879)重建。

长生桥　在县南三里。

潘家桥　在县南二里半。

跨塘桥　在县南，跨鸳湖上。

澄海桥　在县南二里。

米市桥　在县南三里。

吴老桥　在县南二里一十步，一名娱老桥。

石灰桥　在县东北三里半，又名日晖桥。道光五年（1825），里人沈攀桂募资重建。

杨家桥　在县南三里。

竹桥　在县西三里。

秋泾桥　在县东北三里半，一作迎春桥。明崇祯初重建。嘉庆十一年（1806）里人重修。

栅堰桥　在县西北二里，乾隆三十年（1765）重建，改名万寿桥。同治四年（1865）又重建。

月河桥　在县东北，乾隆四十一年（1776）重建。

鉏家桥　在县东北三里望吴门外，道光间，里人集资重建。

秀城桥　在县东北二里望吴门外，单孔石拱桥。沈珉始建于明景泰年间。乾隆五年（1740）、同治五年（1866）两次重建。

福缘桥　在南门外，嘉庆间，里人姚文明修。

塘桥　在太平坊，道光元年（1821），里人朱春箨等募建。

乌桥　在太平坊，道光五年（1825），里人朱雪门募建。

1949年城外桥梁

参考1917年、1929年和1951年嘉兴城区地图，列出1949年城外桥梁57座。至2010年，存古桥13座；改建水泥桥20座；河流被填，桥面尚存3座，拆除或消失21座。

由北而南

百步桥　跨穆河溪支流，为纤塘桥，石板桥。

塘桥　跨长纤塘，20世纪80年代改建成砖拱桥。

太平桥　跨六里长泾，20世纪70年代改建水泥桥。

乌桥　跨乌桥港，已改建水泥桥。

张家桥　跨乌桥支流，现为古桥。2009年列为市文保点。

秋泾桥　跨秋泾，石拱桥。1981年列市级文保单位。

三秀桥　跨饮马河支流，河填没后被拆。

端平桥　跨运河，1999年改建水泥人行桥。

庆和桥　跨饮马河支流，河填没后被拆。

清河桥　跨清河，石板桥，仍在。

便民桥　跨外月河，为石板桥。2000年重修。

月河桥　跨外月河，1971年改建水泥桥，2005年重改为石板桥。

顺兴桥　跨顺兴桥港，20世纪末改建为水泥桥。

丰乐桥　跨外月河，古石板桥，弃用，2010年列为市级文保点。

丰乐桥　苏嘉公路桥，跨外月河。

栅堰桥　跨新塍塘，改建水泥桥。

鉏家桥　跨鉏家河，民国水泥古桥，2010年列为市级文保单位。

大洋桥　跨运河，苏嘉公路桥，1981年更名城北桥。

嘉秀桥　1960年河填后被拆。

北丽桥　跨环城河，解放前改为车行桥，1963年重建，1997年10月改建，中间为车行，两边人行道为廊桥。

秀城桥　跨环城河，石拱桥，1981年列为市级文保单位。

水关桥　跨北门市河，1980年填河时拆。

平桥　1960年河填后被拆。

东家桥　1960年河填后被拆。

大兴桥　解放后更名大新桥，1998年虹桥港被填，成为春波坊旱桥。

虹桥　虹桥港被填后，石拱桥被拆。

春波桥　跨春波河，1986年春波河被填后，桥面仍在作路面。

嘉禾第一桥　又名新洋桥，1992年被拆。

会龙桥　跨角里河，1958年拆除。东移建水泥拱桥。

双溪桥　跨角里河，1958年拆除后，西移50多米建水泥公路桥。

吴泾桥　跨吴泾，改建为水泥公路桥。

奚家桥　跨吴泾，1958年被拆。

东马桥　20世纪60年代初，疏浚角里河时拆除。

西马桥　又名天马桥，20世纪60年代初，疏浚角里河时拆除。

熙春桥　1966年改建水泥拱桥。

盐仓桥　1966年改建水泥拱桥。

南堰桥　跨海盐塘，2008年改建为纺工路大型桥梁。

三环洞桥　跨凌公塘,1958年改建为水泥拱桥。

宣公桥　跨环城河,1969年被拆。

车站桥　跨车站河,车站河断航后,2008年车站河被填,成为旱桥。

新桥　跨车站河,建铁路立交桥时被拆。

放生桥　建铁路后弃用,1960年后拆除。

东城河桥　跨环城河,解放后改水泥连拱桥,更名南湖桥,铁路改双轨后禁车行,为人行桥。

杨家桥　跨环城河,1960年拓宽长水塘时改建。1999年改建为仿古水泥拱桥。

日旸桥　跨采菱桥港,为石拱桥,2010年列为市文保点。

青阳桥　跨青阳港,20世纪70年代河填时被拆。

永顺桥　跨永顺河,20世纪50年代填河时被拆。

长生桥　跨姜水港,1999年梅湾街区重建时拆除。

文星桥　位于今鸳湖路仿古街东端,跨长生河,清同治六年重建。1992年列为市级文保单位。

日晖桥　跨南门环城小河,20世纪60年代末河填后被拆。现为梅湾街区街巷名。

澄海桥　跨南门环城小河,20世纪60年代末河填时被拆。

公路一号桥　跨南门环城小河,20世纪60年代末河填后被拆。

公路二号桥　20世纪60年代城南路拓宽时,桥改建,命名神龙桥。

娱老桥　跨米棚河,1998年建禾兴路时拆除。

五龙桥　跨环城河,1949年石拱古桥被炸,后拆除。

西丽桥　跨环城河,1949年石拱古桥被炸后拆除,1970年在原址重建水泥拱桥。

万福桥　位于南湖湖心岛,始建年代不详。

第六节　城外堰闸

光绪《嘉兴府志》《水利》载城外堰闸有6处,都已废。

白苎堰　嘉兴县东南三里。张尧同《嘉禾百咏》题《白苎桥》,在宋时此堰已开,建白苎桥。

鳗鲡堰　在角里街东津亭对岸,旧有此堰,不知名所起,俗称万里堰。雍正年间,开河济盐运,堰废,建鳗鲡堰桥。

杉青堰　秀水县北四里。宋熙宁元年(1068)十月诏:“杭之长安、秀之杉青、常之望亭三堰,监护使臣并以‘管干河塘’系衔,常同所属令佐,巡视修固,以时启闭。”久废。

冬瓜湖堰　县北三里,久废。

栅堰　县北三里,堰开通,建栅堰桥。

杉青闸　县北四里,久废。

第四章　街巷　民居

第一节　街巷概况

嘉兴城市的兴起萌芽于春秋时期,秦晋至三国时居民渐多,已有官署、寺庙、商肆、歌楼、文娱演出。当时已颇具城集市规模,史书和笔记小说中都记有由拳县、禾兴、嘉兴县发生的事。

隋、唐大运河开通,唐文宗时大理寺评事朱自勉负责在嘉兴屯田,兴修水利,发展经济,嘉兴城市逐渐繁荣。相传,古长水、韭溪汇鸳鸯湖南下河流接穆河溪。而以集街为最初人民聚居之地,其名为集,犹寓市集之意。

唐代筑城后,不久吴越国建立,嘉兴城成为政治、经济、军事重镇。后唐同光二年(924),吴越国在该处设开元府。后晋天福四年(939)在该处建秀州,内外贸易发展,园林寺庙不断兴建。北宋政和三年(1113),城中铺路的砖上刻有文字,说城中“人丰翕集”。

明后期嘉兴城内有户口的居民约在4万人以上。元明至清初,“弘文馆前直街,自韭溪桥至西埏桥……趁集者列肆市中,百物辐辏,喧哗杂沓,昼夜不已”,仍是热闹的地方。嘉兴街道之规划,都以河的流向而形成,东西或南北向,多数街道为一街一河或两街夹一河,民居中街巷均有桥沟通。

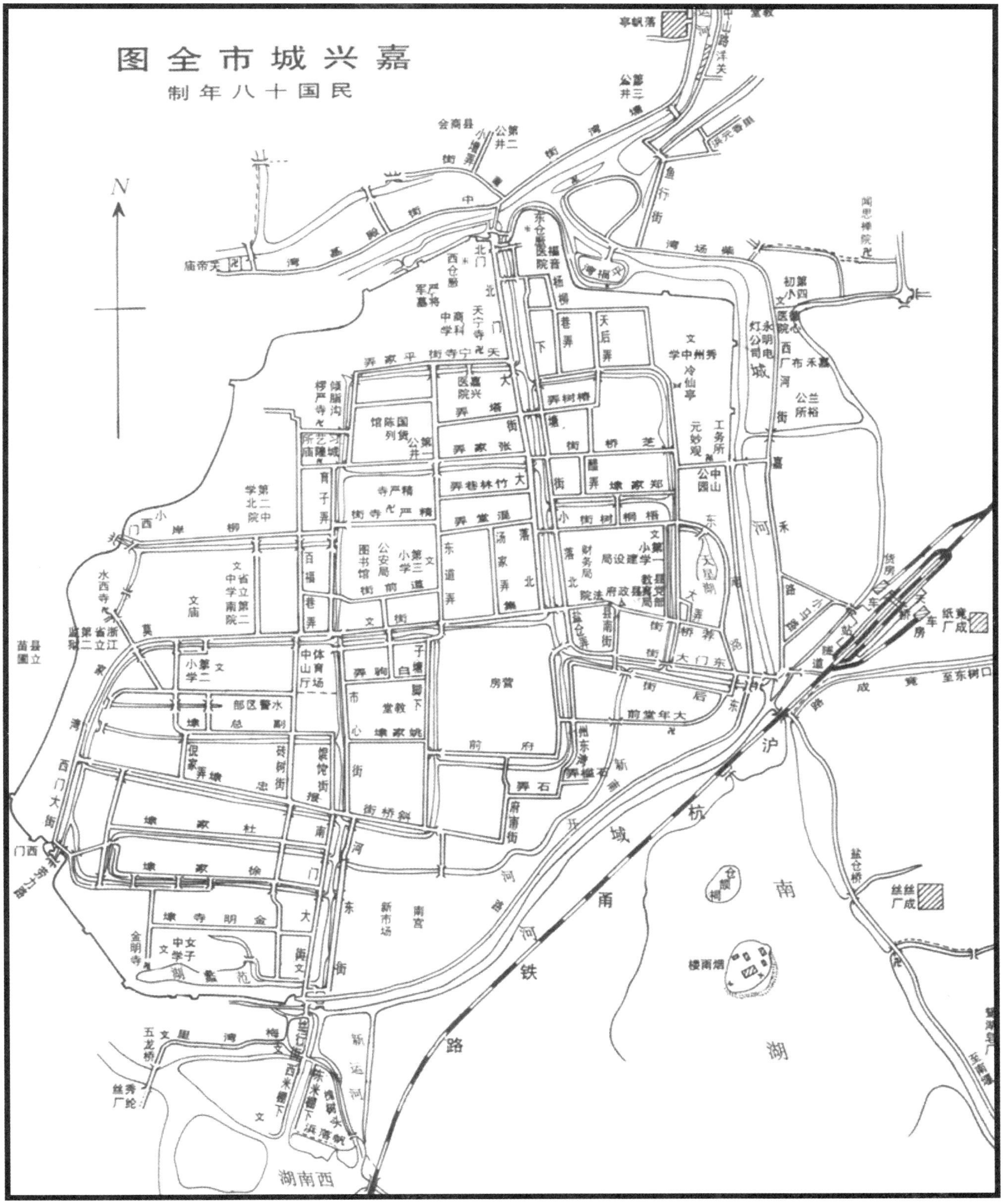

嘉兴城市全图
民国十八年制
N
北门
西门
西门大街
东大门
南门
南门大街
中山公园
县政府
公安局
中山体育场
图书馆
文庙
天宁寺
精严寺
冷仙亭
天后弄
芝桥街
落帆亭
三塔
南湖
西南湖
烟雨楼
沪杭甬铁路
嘉禾纸厂
秀纶丝厂
嘉兴商会
嘉兴医院
永明电灯公司
火车站

第二节　城内外街巷

明以前街巷

元至元《嘉禾志》载元代已有古巷13条：

朱巷、盐仓巷、陈婆儿巷、杨洗麸巷、马坊巷、幢子巷、何道人巷、蔡织纱巷、糖巷、石狮子巷、油车巷、王鞔鼓巷、庙巷。

明弘治《嘉兴府志》载城内有巷24条：

遗爱巷、澄观巷、灵光巷、丰衍巷、斯才巷、织云巷、宴春巷、移风巷、流化巷、广平巷、四骐巷、金佗巷、聚桂巷、咸中巷、联魁巷、望恩巷、劝善巷、归鹤巷、杨将军巷、塔儿巷、甜瓜巷、竹林巷、市心巷、菓子巷。

清代街巷

清光绪《嘉兴县志》载嘉兴县城外有巷57条：

宣公坊

永康巷、沈家巷、望春巷、狮子汇、薛家汇、永阜巷、崇家弄、安阜巷、义庵弄、潘家弄、朝阳巷、莫乃巷、聚贤巷、育才巷、里仁巷、吕家庑。

春波坊

大红桥巷、小红桥巷、拷栳街。

北板坊

纸行桥弄、穿田巷、窑弄、穿田巷、头发街、永安巷、箬帽街。

王家坊

万安巷、祝家弄、务前桥弄、屠庵弄、颜家弄。

放生坊

熙春巷、高家湾。

盐仓坊

花园弄、盐仓桥巷、兴贤巷、泥泾巷。

蒯搭坊

蒯搭弄、双元巷、天马巷、黄家廊、西马巷、庆元巷、东津巷。

甪里坊

游龙街、葛家弄。

常丰坊

陆家弄、沈家弄、张家弄、吴泾桥弄、包家弄、碑亭弄、起龙巷、永福桥弄、太平桥弄、铺前弄、通济桥弄。

清光绪《嘉兴府志》载秀水县城内外有巷60条：

凤池坊

仁寿巷、凤凰弄、学东巷、学西巷、西城巷、百福巷、清风巷。

集庆坊

学子弄、平家弄、韭菜园弄、干戈弄、天庆弄。

报忠坊

罗汉巷。

府西坊

火德巷、察院东巷、驶察院西巷、察院前东巷、察院前西巷、纸行巷、梓墙南巷、抚字巷、梓墙北巷。

府前坊

平桥巷、联魁巷、罗城巷、石狮子巷、集仙坊巷、福顺巷、通济巷、元恺巷。

府东坊

承宣巷。

毛家坊

三版巷、羊血巷。

灵光坊

竹林巷、混堂弄。

钟秀坊

平家巷、绿衣巷、千歌巷、塔儿巷。

碧漪坊

贤娼巷、杨柳巷。

北丽坊

邵厉(庆)巷、北津南巷、北津北巷、武宁巷、鉏家桥巷、通吴巷。

东瓜坊

通秀巷、迎春巷。

太平坊

石灰桥西巷、石灰桥东巷、秋泾桥西巷、秋泾桥东巷。

西丽坊

汤家巷、寺街、颜井头弄、杨家桥巷、米棚、濠股。

按：秀水县60条巷，其中前55条，万历《秀水县志》已载。据此，末5条巷，即南门一带系明末清代兴起。又，弘治《嘉兴府志》仅载秀水县24条巷，至万历中已有55条巷，此间嘉兴城发展较快。

1949年城内外街巷

参考1917年、1929年和1951年嘉兴城区地图，列出城内外街巷169条，其中称街43条，路26条，弄44条，埭15条，河下7条，漾5条，桥、汇各4条，浜、滩各3条，其他地名通名的有河、兜、堤、场、头、村及楼、阁等，这些街巷地名彰现了嘉兴江南水乡的特色。截至2010年，还存81条街巷。由北而南依次有：

老中山路　国货街　维新街　轿弄　1952年这4条街整修为一条街，命名光明街。

鱼行街　1966年，更名为解放北路，1981年复名鱼行街，1990年拓宽后连接秀州路，更名为秀州北路。

桥泾桥街　太平桥直街　闸前街

中正路　1945年将柴场湾、西河街两街巷整修成一条街，命名中正路，1949年更名解放路。

里香元浜　解放后更名香橼浜。

丝厂路　1995年，扩建落帆亭时消失。

北平路　1934年，塘湾街更名为北平路，北丽桥、端平桥各取一字得名。1950年更名北京路，2000年全部拆迁，新建嘉禾北京城。

中基路　1934年，将中街、殿基湾两路合一各取一字，命名为中基路。

坛弄　小坛弄　月河埭　朝南埭　朝东埭　糕作弄　饮马河　秀水兜　洗帚汇　施家弄　金针弄　俞家弄　任家弄　杨家弄　水弄　九曲弄　清河埭　陆家场　杨家廊下　小猪廊下　抱月村

2005年，月河街区建成后，以上街巷为街区内街巷。

风箱汇　缸甏汇　1999年，这2条街巷和民房拆迁建环城河绿带。

芦席汇　青龙街　鉏家滩

春波桥弄　春波桥河下　20世纪90年代初，填春波河时消失。

嘉秀弄　1958年，扩建青龙街时消失。

窑弄　1983年，建菜花泾小区时消失。

螺蛳浜　1988年，建大新路时消失。

建国路　1939年，将北门大街、大落北拓宽命名复兴路，1945年更名建国路。

初觉路　1945年，将帮岸、下塘街、小落北3条路合一命名初觉路，解放后更名人民路。1990年开始拆迁，新建道路和商住楼，已成为建国路一部分。

当弄　风车弄　1990年拆迁，和人民路都成为建国路一部分。

荷花堤　荷花堤北街　南街　1999年，这3条街巷拆迁建环城河绿带。

环城东北路　环城西北路　环城西南路　环城东南路　解放后更名为环城北路、环城西路、环城东路和环城南路。

姚庄路　北望云里　杨柳弄　冷仙弄　平家弄　天宁寺街　干戈弄　塔弄　椿树弄

天后宫弄　2003年，弄及两边房屋开始拆迁。2008年成为新的第二医院大楼的一部分。

秀州弄　秀州北弄　1971年，荐桥河、项家漾筑新路消失。

丁家桥河下　1980年，填平丁家河时筑路更名丁家桥路。

妙庄路　1970年，划入公安局后，路名消失。

安乐路　1981年，更名为建设弄。

芝桥街　张家弄　学前街　庙前街　1956年，将这4条街连接拓宽建成勤俭路。

童军路　1950年更名少年路。

竹篱弄　新马路　嘉禾路　车站路　民生路

醋弄　郑家埭　1990年，这2条弄拆迁建造商住楼。

栅堰路　小西门横街　精严寺街　中和街　梧桐树街　起凤弄　天庆街

县前街　百福弄　天医弄　道前街　西道弄　汤家弄　天星湖弄

荐桥河东　荐桥河西　大弄　井弄　棕箕弄　项家漾　项家弄　崔家桥上　1971年，填河修筑防空洞筑造新路，这8条街巷消失，1981年，命名秀州路。

西门大街　莫家湾　天宫牌楼　中山路　1945年将荐桥街、嘉兴县前街和集街修筑8米宽的从环城东路到中山厅广场新路，命名中山路。1983年中山路拓宽延伸，天宫牌坊、莫家湾和西门大街东段消失。1981年，西门大街更名西大街。

直街　砖桥弄　砖桥街　采弄　东街　这5条小街巷中，解放后采弄、东街合为一条；后又并入砖桥街,直街并入砖桥弄。2006年,地名补更时将砖桥弄、砖桥街和采弄统一命名为砖桥街。

副忠埭　弓箭埭　1990年,两路合并,更名府忠埭。

姚家埭　县前街　府前街　府东街　大年堂前

东门大街　1981年,更名东大街。1992年后,只剩东段,约百米长。

贤娼街　解放后更名自由弄,1996年,建国路向南延伸时消失。

火德庙直街　火德庙横街　白驹弄　1983年,这3条街巷在中山路拓宽时拆除。

民权路　育子弄　庙弄　1971年,这3条街巷和填平后的倾脂河,建成沙石路,命名立新路,1981年更名禾兴路。

市心弄　馄饨弄　河东街　南门大街　丝行街　东米棚下　西米棚下　帆落浜　南湖滩　这9条街巷在1995年禾兴路向南延伸拓宽时,拆迁消失。

干河滩　洲东湾　2005年,这2条路与县南街合并称县南街。

报忠埭　斜桥西街　斜桥东街　20世纪90年代初,将3条街贯通拓宽为一条街,命名斜西街。

杜家埭　许家埭　20世纪80年代,南杨新村建造后2条路相连拓宽为一条路,命名南杨路。

水廊下　建造南杨新村时消失。

徐家埭　杨柳湾　酱园埭　南宫桥　20世纪90年代,4条路连接拓宽成一条路,命名杨柳湾路。

金明寺埭　南街　20世纪60年代,已成为嘉兴一中校园内道路。

劳力路　20世纪80年代,成为三塔路东段。

梅湾街　梅湾里　槐树头　梓橦阁　日晖桥　南当弄　青杨路　长生桥　观音桥　朝南埭　智慧弄　21世纪初梅湾历史街区开发后,成为梅湾历史街区内街巷。

宣公路　角里街

凯旋路　1945年,将高家湾、盐仓街合并为一条路,命名凯旋路,1966年拓宽改造后,更名南湖路。

南堰街　1999年拆迁,建湖滨绿化带。

东栅大街　2001年,角里街拓宽延伸至07省道时,将东栅大街南侧拆除,建路及绿化带。

第三节　民　宅

周至宋代

周

范蠡宅　在县西南,今金明寺。旧传范蠡去越,曾隐于此,有塑像在佛阁下,山门前碑刻“陶朱公里”。

汉

严助宅　天宁寺殿后,相传严助故宅。

朱买臣宅　东塔讲寺,传为汉朱买臣故宅。

晋

徐熙宅　徐尚书别业,后舍为灵光寺。

五代

萧王宅　萧王太祖庙在嘉兴县西北,梁萧氏兴江左,实有功在民,故州县多祠。惠安寺,即萧王故宅。

顾野王宅　在府城东七里,俗名顾节墩。

唐

陆齐望宅

陆贽祖宅　在府治西南。贽祖名齐望,仕唐为秘书监。大历中,因女诵《法华经》,感天坠花,遂舍宅为寺,女为尼,名法兴,有碑刻尚存。后废为宝华仓。

陆宣公宅　在城内甜瓜巷,即陆贽祖齐望宅。

裴休宅　在秀水县南四里。唐大中十年(856),裴相休舍宅为寺。有裴丞相祠。

曹珪宅　珪仕吴越,守嘉兴,后为苏州刺史。光启中,舍宅为罗汉院,即宋招提寺也。后废为盐运分司。

北宋

吕家府　在县东天马桥北。宋有吕谓、吕询、吕评兄弟3人,相继登进士,建第于此。乡人呼为吕家府。

陈舜俞宅　在县东北一里。崇宁三年(1104),舜俞孙舍宅基,为漏泽寺。

潘师旦宅　在县东一里。明为屠康僖公勋宅。康僖之厅事曰泰和堂,有奇石,号天马峰,又有古银杏2株。宅废后百余年,犹郁茂,过客多题咏。

嘉禾轩　郡人唐天麟之居。朱彝尊《嘉禾志跋》

云："天麟，宝祐四年进士，自称纳轩叟，居嘉禾轩。"

栎斋　在嘉兴县。宋卫湜建以藏书。

竹埜书堂　在春波门外。宋龙图阁学士叶时晚号竹埜愚叟，居嘉兴。咸淳六年，文及翁守嘉兴时建。

读书堂　宋朱敦儒，字希真，高宗南渡初寓此，有读书堂在天庆观西。

南宋

岳珂宅　在阜城门内。岳珂，嘉定中守嘉兴，后寓居金陀坊。

王希吕宅　在府治西南二里西湖上。希吕晚知绍兴府，归无屋可庐，寓于僧寺。孝宗闻之，赐钱造第，后人所谓听履坊。

景范庐　在报忠坊金明寺后。宋淳熙五年(1178)，状元姚颖筑圃范蠡湖侧，读书妆台之下，颜其庐曰景范。

娄机宅　在凤池坊郡学前，后改为嘉兴府学。

陈大光宅　大光字子充，莹中谏议孙，居第雅洁。

闻人安远宅　在县东北一里天星湖北。安远侍郎，鼎次子。以子闻人宏贵，赠朝散大夫。前后林泉映带，列子孙之舍10余房，聚族百口。

林衡宅　在迎熏门外。衡仕宋，为秀州知州，直敷文阁。

赵大夫宅　报忠观。宋淳祐九年(1249)，里人赵汝俳舍宅为观。

徐闻诗宅　灵济庙。旧在西门外，即故惠州知州徐闻。

刘汉杰宅　宋郡守刘汉杰梦观音，因得女，生数岁，不茹荤，遂舍宅为寺。

明清时期

明

吕文懿公第　在屠康僖公宅之东。明大学士秀水吕原宅。

九柏山房　吕文懿子太常常宅。太常日对九柏，吟咏不辍，即以名其集。

山楼　明太学生朱茂昉宅，在角里街。四方宾客至者，必集于该处。

水西草堂　明初杨公辅宅，见杨孟载《眉庵集》。其地当近角里街。

四老堂　赵庶常智之世居，在白苎乡。

南陔草堂　沈尧中宅。尧中，启隆五世孙。

硕宽堂　黄洪宪之第，有碧山居。学士归田，读书处，在西马桥。又有素园，学士子、按察副使承昊别业，在春波桥之东。

恬致堂　太仆李日华之第，在春波门外螺蛳浜。日华尝具疏乞归，时天启皇帝称其孝思恬致可嘉，因以名堂。又有六研斋、紫桃轩、味水轩。

状元第　在南门毛家坊。明赠少保朱儒宅，以子国祚中万历癸未进士第一人，表该额。先是嘉靖间，儒梦神人鼓吹，迎一匾入门，曰"咸春堂"。时方起厅事，落成，遂以名之，吴太宰鹏书膀。又有"熙朝元辅"额，巡抚傅某所题。

朱文恪公第　太傅朱国祚宅在城内碧漪坊之塔弄。宅之厅事曰有容堂，其书屋曰介石斋。

可经堂　徐尚书石麒第。冢宰归田日，筑堂于郡，曰可经。人不解其故，及乙酉城破，自经于堂，始信公之就义立志已久。

深悦斋　明初徐孟权所筑，在南湖滨。明贝琼有《记》。

清宛堂　范明泰长康宅，后为徐太朴祠。

狷石居　五经进士谭贞良斋名，在碧漪坊。

宝泽堂　钱侍御嘉征故居，在角里街。

清

鸳湖别业　沈方舟所居。

春晖堂　诸宫詹锦所居，在穆家湾。锦念母夫人教，自题该额，桐城张相国廷玉书。

回溪草堂　在蟹行桥南，钱载祖居。朱彝尊取元钱讽《史韵》以名。

朱氏读书楼　在洲东湾，进士朱振建，陆清献题额。

得树轩　在角里街。刑部侍郎冯景夏宅。

钱陈群故居　在南门莲花桥。四面有桥，宅居中，桥名均为莲花。建于清乾隆三十年(1765)。1998年，旧城改造时拆除。

钱载故居　在百福弄。建于清代。钱陈群曾租居，后买下。乾隆三十年(1765)，钱陈群迁居莲花桥新宅后，让与族孙钱载居住。1984年，中山路拓宽时拆除。

陈省身故居　在下塘街，1999年，建国路拓宽时拆除。

褚应璜故居　在天官牌楼。1984年，中山路拓宽时拆除。

谭家故居　在郑家埭。毁于抗日战争时期。

沈钧儒祖居　在南邦岸，为清代建筑。现重建为沈钧儒纪念馆。

沈曾植祖居　在姚家埭。建于清末。现为市文保单位。

宁静山庄　俗称姚庄。在姚庄路，清末富商姚访梅所建。为中西式宅院，有中西式楼房数百间，中间有水泥路，名北望云里，路口有巷门，后抵城墙。解放后，房屋大部分都在。2010年，还存望云里以及东侧30多间住宅。

民国时期

汪胡桢故居　在帆落浜，1928年建。抗日战争时毁，1948年重建。现为市文保单位。

朱生豪故居　在西米棚下，建于民国时期。1999年重建。现为市文保单位。

唐兰故居　在月河街区秀水兜。建于民国时期，现为市文保单位。

高家洋房　在紫阳街，建于民国时期。原主人高如澧，以田产起家，后创办嘉禾布厂，曾任嘉兴县商会会长。现为市文保单位。

穆家洋房　在环城东路，南临环城河，民国初商人穆恕再建。现为邮电博物馆。

吴氏洋房　在丁家桥河下，商人吴云彬建，2005年拆除。

第四节　园　林

宋元园林

北宋

柳氏园　在县东南二里，宋世科柳氏之园。绍定中，通判陈埙建陆宣公祠于内，后为尚书潘师旦所得，即会景亭。

会景亭　宋尚书潘师旦园，在滮湖滨。中有南坞、海棠亭、白莲沼、桃花亭、红薇径、茶溪、仙鹤亭、芙蓉塘、白苎桥、渔溆等。

徐长者园　园在嘉兴。长者，宋人，学道术。年80治圃栽花，老于此。

高氏圃　吴镇《嘉禾八景图》，其一曰“春波烟雨”。原题云：“在嘉禾东春波门外，旧日高氏圃中，烟雨楼也。”

沈氏千载楼　在东门内。宋淳化中，丞沈景枢构，聚宾友，命奕赋诗。御史郭绍仪、进士汪挺颜曰：千载五十世。孙太学、沈中彦置堂于侧，多名人题咏。

樊氏园　秀州樊自强、樊自牧居城外，皆茂实吏部子，居地颇壮，茂实晚岁所筑。隔水有小园，竹树修茂，荷池渺弥可喜，池上有堂曰读书堂。

南湖草堂　在鸳鸯湖畔。

南宋

孝友堂　在府城中。宋绍定间，翰林学士项相与其弟栋奉亲而作。清乾隆十六年(1751)，高宗纯皇帝南巡，有《题孝友堂诗》。堂后有端本厅、园。明成化间，襄毅公冢子恬庵侍御建。后圮。道光三年(1823)，裔孙琳重建。

沈氏园　在郡治北。

太初堂　至元丙子，以宋相贾似道太初堂为书院，后有花园。

焦家园　阜成门内杨公浜前，宋殿帅焦虎臣园。园旧有山峰，石高二丈余。多奇花异卉，后为王同知所有，园荒弃后，惟遗峰石。

城南蒋庄　旧为游赏之地。

元代

春波草堂　在春波门外。梅花道人吴镇读书于此，因以名堂。明有石梦飞氏，就其址结庐，名梅坡草堂。后归李氏。

茶屋　屠兼善建，以为游息之所。

瓜所　朱元度于圃中结庐，扁曰瓜所。

榾柮窝　陆景龙斋名。

梓宇　在城中。元举人张翔南翼建，堂前花园有一文梓，高可十寻。

明清园林

明

沈征士林亭　明初寓公沈铉之居。

尚友堂　牛谅，元末寓居嘉兴，与鲍恂、张翼诸名士友善，学者多从之游。自颜其堂曰尚友，徐一夔为记。

颜家园　嘉兴白苎村。颜氏有西府海棠四株，极高大，著名。花时士女游观甚多。颜家园海棠花最盛。

包氏园　明池州知府包鼎园，在滮湖东，有桂台。

梅墟　周履靖，万历中布衣，筑舍鸳湖之滨，种梅百余株，时咿唔梅树下，人呼为梅顚道人。

写山楼　李太仆子肇亨所筑。又有率圃，圃中有5峰。

西园　陈子吉筑，在西郭。

经畬堂　在东门外小奚家桥，赵宧光篆额。后有可园。又有响山阁，褚廷管书额。孙氏自平湖分支，迁于该处。

南园　高道素别业，在白苎村。

西园　高承埏别业。

苎庄　沈章所构，在甪里街之水南庄，邹臣虎题额。又有南山草堂，郑簠书牓。

绿雨庄　一名南园，知县朱茂暻所筑。

峰在阁　褚廷管园中之阁，在甪里街。

屠氏桂林　屠允，号桂林居士，宣德间人。园在城西，有桂二株，垂荫逾亩。每岁两树迭开金蕊一枝。

著书堂　尚书项襄毅公忠宅，在鉼山右。

野乐园　尚书吴鹏所建，即楞严寺基。

半郭楼　沈思孝所建，在荐桥东。

天籁阁　项元汴藏图书之所，在城内灵光坊。元汴号墨林山人，尝得铁琴一，上有天籁字，下有孙登姓氏，因以名其阁。

鹤石居　岳和声之园。中丞筑园西郭先月亭故址，有茂林清池，虚亭敞阁，以延揽烟月，涤除尘氛，萧然有远寄也。

闲敞轩　都察院照磨朱茂昭小圃，在真如寺右，板桥之西。

钼园　钼用登，字百榖，秀水举人。园在西郭外。

姚尚书园　姚思仁别业在鸳湖滨，中有水周堂，其山石为张叔祥所垒。

徐尚书第　司马徐必达故居，在徐家埭。又有园在五龙桥西，中有南州峩雪亭。

放鹤洲　在鸳鸯湖畔，贵阳知府朱茂时别业。初，茂时筑该园，以奉从祖文恪父尚书，岁时燕赏。归田后，结文社其间者40年。

东溪　文学朱茂晭别业，在南湖旁，有镜云亭。

松厂　戴山人晋，斋名晋隐，精严寺之西偏结庵曰松厂，卖药为业。晚岁依放鹤洲以老，主人为别筑三楹馆之，曰蝶华居。项玉笋有《戴山人传》。

勺园　一名竹亭，在滮湖滨，吴昌时别业，峰石为张南垣所垒。当时歌舞甚盛，吴败，园渐荒，今为渔户晒网之处。

平林小筑　工部谭贞默居，在虹泾桥畔，即怡园。崇祯十三年（1640）贞默重筑，有书仙阁、晒书处、纫茝轩、著作堂、研山、海江轩、品画居、鄴签楼、谋野室、梦字亭、籀云廊、蕊渊池、晞发亭等，总名研山书圃。

清

瓣香阁　宜山居士盛远结庵，隐滮湖滨，郡守黄家遴为建阁，阁西筑生圹，题宜山居士之塔，人比孤山处士，建有园、庭院。

秋水阁　木威道人张劭所居，在滮湖之滨。

药山书圃　谭贞默晚年所构，在东塔寺后，俗呼谭园。内有寄瓢亭，乙酉尽毁，仅存山石竹木。

小方壶　在甪里街，户部汪森自休宁徙桐乡，复筑此以为吟寓。其曾孙孟鋗、仲鈖少时读书于此。

倦圃　在城西南隅，侍郎曹溶别业。本宋赵郡王府遗基，侍郎得而经营之。以城为屏幛，有二十景。丛筠径、积翠池、浮岚、范湖草堂、静春庵、圆谷、芳树亭、溪山真意轩、容与桥、漱研泉、潜山、锦淙洞、采山楼、狷溪、金陀别馆、听雨斋、橘田、留真馆、澄怀阁、春水宅。多名流题咏。临清周之恒为写《倦圃二十景图》，系以诗。后归汪氏，又名铁舟园。园左水一曲，即范蠡湖也。

同山堂　在倦圃旁，曹溶所筑，丛桂成林，别有一景。

经纬堂　尚书杜臻之第，在城内斜桥。堂内敬悬康熙三十七年（1698）御赐“烟霞耆旧”额。又四十四年（1715）臻殁后，御赐“眷怀旧德”额。宅后有园，曰采山亭。又有树玉堂。臻子、知县庭珠所构。

惟小园　在秋泾桥北，吴源起奉亲读书之处。中有荷池、南楼、竹坞、小阁、桂丛草堂、水槛、焦轩、槿篱水曲诸迹。

怡园　地在北郭外香严浜，桐邑沈銮奉母焚香礼佛处也，拓基构精舍其中，周以回廊，有亭，有池，有山石竹木，名流觞咏，冠盖不绝，銮子德溥倩冯乐初绘图。

竹素园　在角里街。御史查元偁宅。相传为闵中丞鹗元故居。池水清澂，长廊缭绕，亭台之盛，冠于一乡。咸丰间兵毁。

第五章　公署院学

第一节　嘉兴府　县署

嘉兴府署

府署在子城内，自五代晋天福升嘉兴为秀州时始建于此。宋改为郡，为府，为军府。元改为安抚司，为路，皆仍其处。明元年改路为府，直至清末。

光绪《嘉兴府志》卷六叙述嘉兴府内布局：

中为大堂，额曰忠爱，称忠爱堂。旧名"同颖堂"，宋咸淳间知府俞浙改"修齐堂"，清康熙间知府袁国梓改端本堂，又改帅正堂，知府吴永芳改忠爱堂，直至清末。这是知府办事审案的厅堂。审案时，应有狱卒陈刑具于堂。大堂前有崇轩五间。

大堂东北隅原有推官厅，推官，掌狱讼事。清康熙年起，推官厅被废除。其后有军资库4间。这是存储日常经费的仓库，是府治财政的重要组成部分。

大堂西北隅为架阁库10间。这是府治内的档案库。元代，架阁库在府治东至明代弘治间，已移至府治内。大堂东为酂侯祠，也称衙神庙，供奉汉代名相萧何的塑像。大堂西为库房。清初尚有号房，即门房，是守门者的俗称。至嘉庆初，号房已迁至仪门外延宾馆前。

据明《嘉兴府图记》，大堂左原有经历司，大堂右原有仪仗库、照磨所，所北为茶房。其后，经历司移置仪门外西。照磨所移驻濮院镇。仪仗库存放知府出行时的全副仪仗。

酂侯祠南为供招科。供招科南为东廊，列吏、户、礼三科及承发房。库房南为批值科。批值科南为西廊，列兵、刑、工三科。两廊东西、大小、正从各25间，六房列置内。

至清末，大堂前为露台，为甬道，中立戒石亭，亭内有碑，刻官箴，即做官的戒规。明代，太祖朱元璋明令立"戒石亭"于甬道中。至清，为便于行走，改建成牌坊，称戒石坊，甬道两旁，有梅数十株。

南为仪门3间，左右各有翼室5间。仪门外，东为延宾馆，西为土地祠。供奉土地神，又北为经历司署，属秘书机构，在马道西。同知、通判宅在马道东。同知、知府的副职分掌地方盐、粮、捕盗、江防、海疆、河工、水利以及清理军籍、抚绥民夷等事务。通判，掌管粮运、家田、水利和诉讼等事宜。由仪门向外百步，即大门。甃砖数仞，城墙式，上建谯楼，设钟鼓。匾曰"嘉兴府"3个大字。大门外为榜廊。廊外球场，东申明亭，西旌善亭。申明亭北为三相祠。门之南建木坊，悬"首藩名郡"额，其下为屏门。左右列木栅，东西缭以石栏，栏左右各树木坊，左曰承宣，右曰抚字。谯楼东高阜，为文昌阁。谯楼左右，垛楼各3间。左边垛楼设铜壶滴漏以支更，右边垛楼设五显大帝神像以护库。其后，左右垛楼废，建文昌阁于东垛楼遗址。

大堂后为川堂。后为宅门，门内为二堂，额曰无倦。二堂东西翼室，堂之西为乐贤堂，宾客觞咏之所。又西为嘉荫轩，公余吟咏之所。轩之西为正志亭。二堂后为内宅，东西翼室，宅后楼五楹，额曰远耀。署西北多隙地，东北隅有土地祠。

嘉兴县署

县署　初治所一说在府治处。三国由拳改禾兴县，建子城作县治所。五代晋天福中，升县为州，县治为州治，于州治东北二百步建县治，宋元明清因之。

中为大堂，缀堂为轩。堂东为三相祠，又东为典史署。堂西为库藏房，又西为主簿署，为县丞署，后移建。又西北为架阁库，有堂。后黄册屋三间。大堂前为站台，为甬道，中立戒石亭后易为木坊。甬道左为吏、户、礼，右为兵、刑、工六房，门外左为延宾馆，馆东为土地祠，为酂侯祠。又捕役房右为狱，南北二监。又民壮房正南为谯楼，上竖榜曰嘉兴县，中为大门，外为球场，左申明亭、右旌善亭。又左为皂役房，侧为河皂房；右为快役房，侧为徭快房。中为照墙，东西有木栅。街之南，更筑高垣，以蔽正堂。后为穿堂，左简房，右库房。后为二堂，为宅门。门内，中为三堂，左右为书斋。折而东，为嘉会堂、碧梧轩。廊之北为花厅，为书室。南为前厅，西为来鹤轩及厢房。又西为关帝庙，后为宾幕斋。又西为箭道，中有射厅，后为内宅。1914年，为嘉兴县党部、县政府所驻。

县丞署　旧在县治大堂西偏。后废，移驻王店镇。

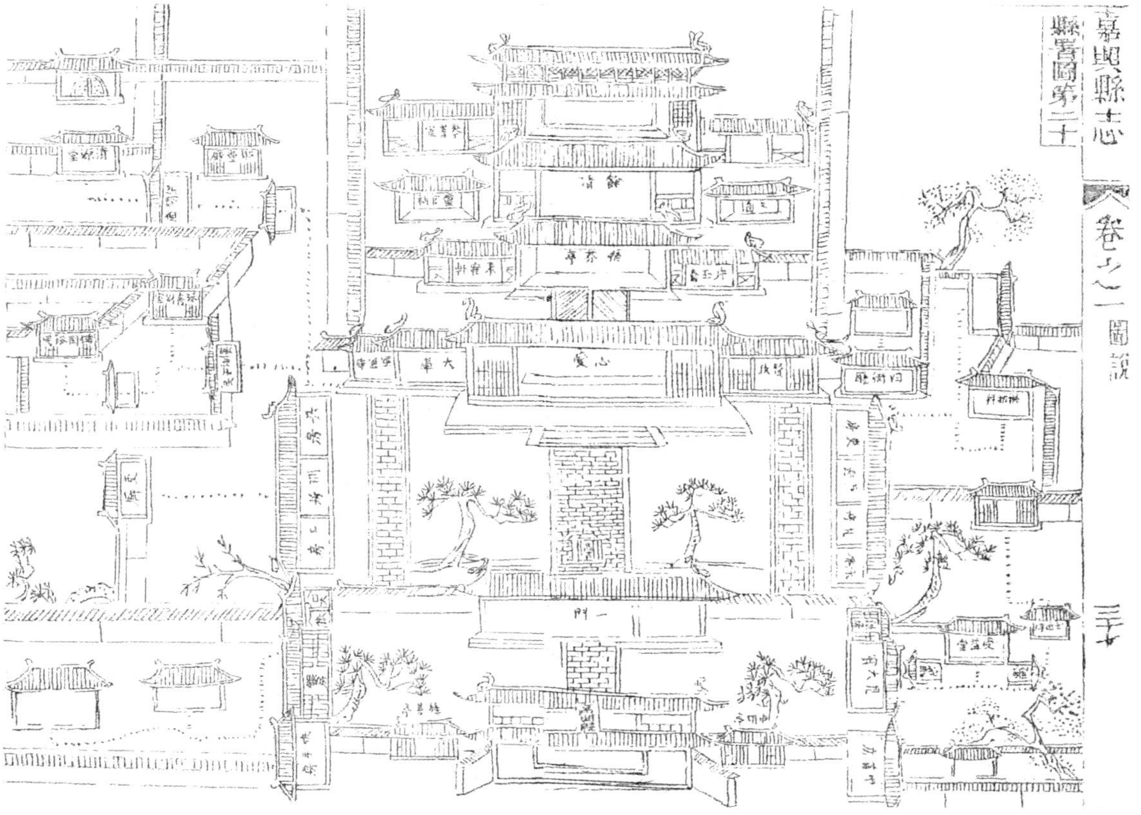

清康熙《嘉兴县志》县署图

秀水县署

县署在府治西北一里。旧宋仁寿寺址。宣德四年（1429），置秀水县。五年（1430），吏部员外郎李亨相地于此，建立公廨厅宇。知县赵忠始建，其制略如嘉兴县，而无谯楼。邑门濒市街，嘉靖间，知县周显宗移入丈许。

县署中为正堂。堂之南缀以重轩，堂东为三相祠，右为库房，前为露台，为甬道，中为戒石亭。后易木坊、甬道下为丹墀。墀左右为六房吏廊。南为仪门，东西翼门，左为土地祠，前延宾馆，中有《彭祖观井图》碑。右为狱。东侧捕役房，西侧壮役房。又南为大门，门内东夹道，北为县丞署，东为主簿署，又北为丞衙。又北为典史衙，极北夹道，通正衙。前为大门。外球场，东西榜廊，南设屏墙。又南跨河为县前桥，桥左为轿房、河快房、快役房，又翼房，桥右为皂役房。

正堂后为川堂。后为二堂，堂左为外门房，右为号房。二堂后为三堂。前为川堂，东折为花厅。翼以修廊，前有照厅，再前，东为书厅，后为宾幕斋、书厅。东为内宅，又东为爱日楼，北侧为厨灶、三堂，西侧有廊，为关帝庙。三堂后为观我楼。后为园，有嘉禾、月波二亭。又有瑞莲池，旧有桥亭。民国初拆除。

民国县机关

嘉兴县党部、县政府 辛亥革命后，嘉兴军政分府仅存续数月，驻精严寺藏经阁。1912年5月19日，嘉兴军政分府撤销，政务并入嘉禾县，县府驻府署。1914年初，因府署改建卫戍营舍，迁入原嘉兴县署办公。同年，嘉禾县更名嘉兴县。1937年11月，嘉兴沦陷。县党部、县政府转移至凤桥、石佛寺等，成为流动政权。抗日战争胜利后，县党部、县政府回城。因原办公地点被日军炸毁，迁入道前街嘉兴县立图书馆用房办公，图书馆迁往塔弄，直至新中国成立。

汪伪县政府 日本侵略军入侵嘉兴，汪伪嘉兴县政权驻道前街弘文馆址。

第二节 其他公署

驻嘉公署

分巡嘉湖道 分守杭嘉湖道署在道前街。清顺治二年(1645)十二月置分巡嘉湖道，驻嘉兴府道前街。康熙六年(1667)七月裁。九年(1670)二月置杭嘉湖道，驻嘉兴府，康熙二十四年(1685)六月裁。雍正四年(1726)十月又置，为分巡道。十年(1732)移驻海宁州。乾隆十九年(1754)又移驻嘉兴，仍驻道前街，15年后移驻海宁州。

嘉协副将署 在府治西北。清顺治七年(1650)，奉经制额设。康熙五十年(1711)，福浙总督范时崇题改游击为副将，驻府城。五十四年(1715)，副将何肇彩增设衙署。咸丰末毁。同治五年(1866)，副将刘树元领款重建副将署。

都司署 在府治东，即旧察院基。初为推官宅，康熙六年裁推官，改为同知署。五十七年(1718)，同知移驻乍浦。雍正六年(1728)，添设都司，改为中军都司署。七年(1729)，都司吕上懋重建。咸丰末毁，同治四年(1865)，署都司傅宏禧修建。八年(1869)，署都司周万友建军装局房。

城守营署 在府城报忠寺西蚬子汇。

嘉兴汛防署 在东门外天尊阁。

弘文馆 在道前街，明崇祯十年(1637)，知府郑瑄建，为督学校士之所。相传为宋监仓，东厅中为大堂，后为川堂、寝室，后建一亭。前为仪门，东为宾馆，西为土地祠。大门外，东西为府、县官厅，南列照墙，东西辕门，树牌坊二：东为文章司命，西为风教提衡。

嘉兴批验所 在春波门外五里。门堂俱南向，掣北向，即宋盐仓。元延祐间，尝置所于衙前桥之南。明洪武元年(1368)，以水次便利，移建于该处。咸丰间毁。清同治初，暂驻海盐屿城镇。

嘉府公署

督粮、水利通判署 旧在府仪门内西偏。明弘治中(1488—1505)，知府柳琰建。清康熙三年(1664)，通判殷作霖重建。乾隆七年(1742)，通判移驻王江泾，以前军捕同知署为通判驻防署。二十三年(1758)，修建王江泾通判署，咸丰末毁。同治十年(1871)，通判郑彤书请在郡城灵光坊官地基内新建。

经历司署 旧在郡治厅西偏。嘉靖二十六年(1547)秋，知府赵瀛重建。咸丰末毁。同治五年(1866)在郡治头门外东偏重建。

司狱司署 旧在郡治南五十步。宋初置司寇，一作司户参军，后改司理院。咸丰末毁。同治四年(1865)在郡治头门外西隅重建。

海防督捕同知署 原在府治马道左，清康熙五十七年(1718)，移驻乍浦。

照磨所署 旧在郡治厅右，清雍正间移驻濮院镇。

西水驿丞署 在府西三里通越门外。官驿有马驿、水驿，咸丰年间废。

仓储

嘉兴府常平仓 在府署东北新桥侧。清同治七年(1868)，知府许瑶光建。仓22间，储谷一万石，备七邑所需。有头门、仓厫厅、仓神祠，为屋8间，缭以垣墙，中置石日煞场，外设河埠。

嘉兴县便民仓 旧在澄海门外鸳鸯湖傍。明嘉靖三十三年(1554)，毁于倭，迁城内。四十年(1561)，知县何源以凰池坊预备、济众二仓址改建嘉兴县便民仓。清咸丰十年(1860)毁。同治三年(1864),署县事王晋玉辟旧基重建,漕仓200间,仓屋42间。

秀水县便民仓　在县东北望吴门内。明宣德十年(1435),巡抚成均建。咸丰十年(1860)毁。同治三年(1864),署县事王嘉瑞辟旧基重建,漕仓200间,仓屋42间。

第三节　邮传　养育院

邮传

西水驿　在府城西门外,设有驿丞。元初置,至正末毁于兵。明洪武元年(1368)四月,除授站提领为驿丞。有廨舍船坊,站船17座。明末毁。清康熙十一年(1672)重建。乾隆五十二年(1787),西水驿中新建迎晖亭。咸丰十年(1860)毁。同治八年(1869),建驿房7间。清末废。

嘉禾递运所　在西丽桥西百步许,元嘉禾马驿址。明洪武初改置。宣德中,知府齐政重修。万历七年(1579)裁并西水驿。

清军馆　在府治东。宋绍兴间为城隍庙。元至元时迁至招提寺,曹刺史更为公馆。明洪武初,又更为内馆驿,以延往来使客。宣德间更为清军馆。康熙五十七年(1718),旧址改为嘉兴协都司衙署。

急递总铺　在府治抚字坊下。

安远驿　在望吴门外。宋秀州守曾纡重修,改名禾兴驿。后裁。

东津亭　在蒯搭坊东马桥东水畔,东道驻节之所。后毁。

禾兴馆　在秀水县北拱辰门外,旧安远驿旁。宋宣和间,秀州守曾纡改驿。后改禾兴馆,颇宏壮。后废。

北津亭　在望吴门外北丽桥水畔,北道官船驻节之所。旧有官厅、侧房,后毁。

养育院

嘉兴养济院　在盐仓坊小盐仓桥东。旧在春波坊,嘉秀两县共管。万历间,嘉兴知县顾云程以旧居让秀水,新建于此。

秀水养济院　在春波坊天马桥直北,宋为广惠院。元为孤老院,明改养济院。

栖流所　在郡城南宫祠旁。清同治十二年(1873),知府许瑶光倡捐,为嘉秀两县孤贫栖息之所。光绪三年(1877)二月,毁于火。改建于东门外盐仓坊,前后4所,所各6间,额嘉秀养济院。

东育婴堂　旧在西门外西丽桥,清康熙初建。雍正间修。嘉庆三年(1798),移建东门外角里街。咸丰十年(1860)毁。

西育婴堂　在西门外西丽桥,即旧堂基址。清道光六年(1826),绅士陈振声、延声、宗柏捐资改建。咸丰十年(1860)毁。

嘉秀育婴堂　在报忠埭。东西育婴堂清咸丰七年毁废后。同治五年(1866),知府许瑶光劝谕丝商集捐款置买徐姓房屋,作为嘉秀育婴堂。

普济堂　在嘉兴东门外角里街东津亭东。清乾隆五十五年(1790),嘉秀邑人创建基地13亩2分,所建堂宇,自头门至后楼计五进,又收养房64间。咸丰十年(1860)毁。同治四年(1865),知府许瑶光改建于城南隅。

嘉兴同仁堂　在嘉邑盐仓坊地字圩。清道光三十年(1850),里人捐建。咸丰间毁。同治四年(1865)重建。

嘉兴同善会公所　在东门外蒯搭坊夺甲桥东。清乾隆三十二年(1767),合邑士民建。咸丰十年(1860)毁。

秀水同善会公所　在清凉庵。清康熙年间,合邑绅士捐置。咸丰十年(1860)毁。

第四节　府学　县学　书院

嘉兴府学

府学　在府治西北,宋绍兴中建。唐开元二十七年(739),在天星湖边。建宣王庙,后有学室。宋太平兴国二年(977),知州安德裕立州学于孔庙右。大中祥符二年(1009),移望云门内西偏。崇宁元年(1102),朝廷颁学制。知州钱適改建州学。绍兴十二年(1142),知州方滋于通越门内,新建殿堂斋舍73间,为孔庙与州学用房。州学的主建筑为明伦堂、思乐堂。庆元元年(1195),秀州升为嘉兴府,州学改为府学。宝祐五年(1257),在孔庙西侧另辟门,供府学生员出入,门外凿泮池,门内建讲堂。元大德三年(1299),嘉兴路总管府重建孔庙、路学,然殿堂不全。至顺二年(1131),达鲁花赤八孔建大成殿。后至元二年(1336),路学毁于火。明洪武二十七年(1394),在孔庙后重建明伦堂。宣德中,重修殿庑、讲堂。正统二年(1437),在府学内增辟射圃。成化十八年(1482),于思乐堂左建乡贤祠。嘉靖中,建敬一亭、启圣祠。清康熙五十五年(1716),知府吴永芳重修大成殿及两庑,棂星门。次年,新启圣祠、名宦祠、乡贤祠。乾隆后,府学3次重修。至光绪,科举停止,府学遂废。辛亥革命后,嘉兴府学改设浙江省第二中学。

尊经阁　宋崇宁元年(1102),建六经阁。建炎兵火后,移建于州治东偏。淳熙四年(1177),建御书阁于书库基上。元至元二十三年(1286),改御书阁为尊经阁。后4次重修或重建。清康熙五十三年(1714)毁。

教授署　在旧青云楼南。清咸丰末毁。同治十三年(1874)重建。后废。

训导署　在明伦堂东南,泮宫门之左,即古馔堂址。清咸丰末毁,未建,暂驻斋房。

嘉兴县学

宋初,孔庙在县西北二百步,后附于州学,县学址更为郡社壝。咸淳五年(1269),县令张汴以西城旧驿舍为县学。元至正十一年(1351),重建大成殿。二十年(1360),重修棂星门、斋庐。明宣德二年(1427),建礼殿、明伦堂。嘉靖十六年(1537),知县黄献可改兴圣寺基为县学,址在县治东,规模全备。崇祯十一年(1638),明伦堂毁,后重建,并修殿庑。十三年(1640),训导孙肇元起联奎楼。清乾隆五十四年(1789),重建大成殿、两庑、崇圣祠、忠义孝悌祠及两署内外门墙,大修明伦堂、尊经阁、奎星阁、土地祠、流虹亭等。咸丰末毁。同治三年(1864),知府许瑶光率邑绅石中玉、程瑞生筹款重修,规制如初。

崇圣祠　在大成殿后。清乾隆五十四年

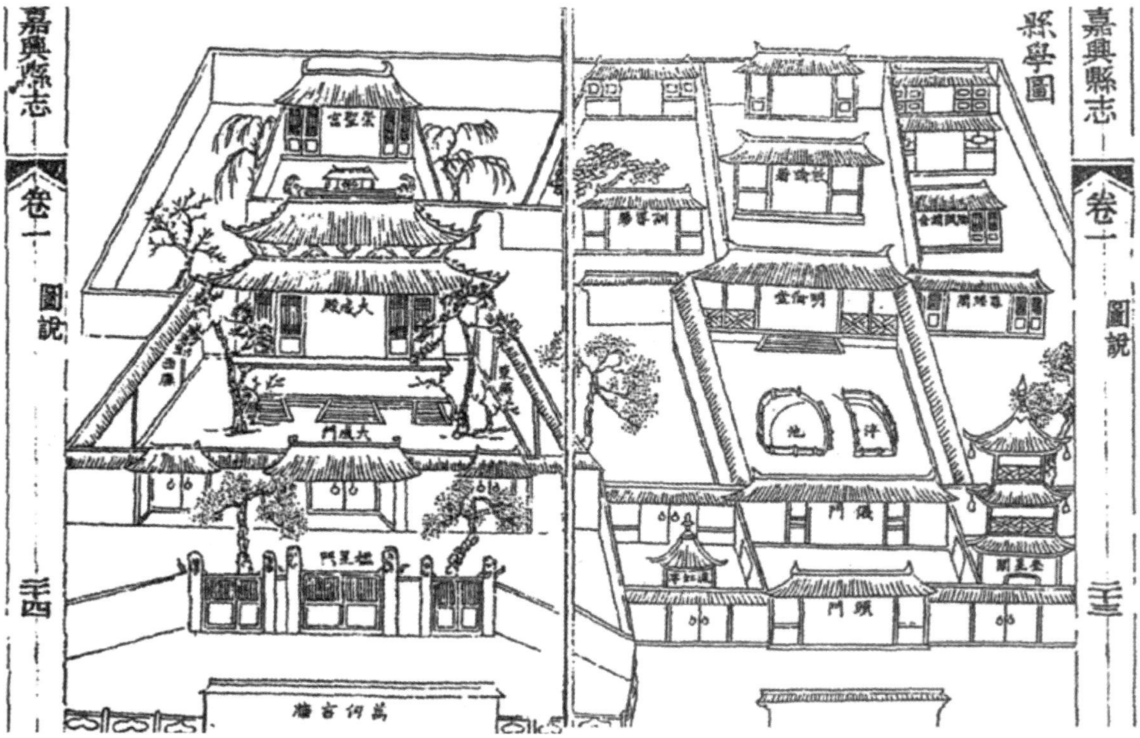

清光绪《嘉兴县志》县学图

(1789)重建。咸丰间毁。同治中重建。

尊经阁　明嘉靖中迁学,建于仪门左。清乾隆十九年(1754),知县张元文重建于明伦堂东北隅。

忠义孝弟祠　在泮池西南隅,流虹亭后。

教谕署　在明伦堂后。

训导署　在明伦堂西礼门内。

秀水县学

县学　在县治东一百五十步。明宣德五年(1430),吏部郎李亨辟基。七年(1432),户部侍郎成均命同知孟迪建明伦堂及后堂。越年,建大成殿、两庑、两和正谊斋明道斋、棂星门、戟门及廨。正统十年(1445),知府黄懋修建戟门、两庑,建文昌祠、号舍。以后,又修建观德亭、敬一亭、启圣宫、尊经阁,县学体制完备。清代曾多次修葺。咸丰末毁,同治五年(1866)重建,光绪间重修。现存明伦堂,为市文保单位。

崇圣祠　旧在明伦堂左偏。清咸丰末毁,同治中重建。

尊经阁　在县学边。明万历二十三年(1595),守道张某、巡道汤日昭、知府曹代萧、知县李培建。康熙四年(1665),巡道上官鉴捐俸重建。

教谕署　在鸣阳门内,礼门左。清咸丰末毁,同治中重建。

训导署　旧基在县学,雍正十一年(1733),公置学廨,在师娘桥侧。清咸丰末毁,同治中重建。

社学

嘉兴县社学　明嘉靖二十五年(1446),知府赵瀛命县境九坊各建一所。万历十七年(1589),兵备道史旌贤、通判刘应台勘复北板坊社学。二十六年(1598),知县郑振先复建社学6所,其中预备仓、东津社约所在城域。

秀水县社学　旧三所。嘉靖中,郡守赵瀛增建为7所。凤池、灵光、碧漪、钟秀、报忠、五龙、府前7坊各一所。

书院

宣公书院　旧在滮湖。宋景定三年(1262)前,有宣公祠,四年,始改祠为书院。元至元十七年(1280),以太初堂为书院,泰定中,废为庵。元至元二年(1336)复建书院,后复废。至正十五年(1355),总管刘贞复建于柳氏园,后毁于兵。二十二年(1362),同知缪思恭重建于太初堂。明洪武初,书院罢。六年(1373),同知刘泽民建宣公祠于城内,不复为书院。

仁文书院　在三塔东百步,一名天心。明万历三十一年(1603),知府车大任与嘉兴知县郑振先创建,奉祀河东、余干、姚江、新会4位先生,又建有斐亭。清顺治二年(1645)毁于火。康熙二十四年(1685),移建于南湖湖心岛上。

鸳湖书院　在郡学东偏。清康熙五十五年(1716),郡守吴永芳建。前为头门,门右为文昌祠,中为甬道、戟门,为正谊、明道堂,后为楼,下敦宿斋,旁皆书舍。乾隆三十四年(1769),士人集资重修。次年夏,知府李星曜檄秀水知县拨寺僧入官田资经费。四十七年(1782),知府刘嘉会增建斋舍、后堂。道光十三年(1833),知府觉罗克兴额倡捐修葺,改后楼为平屋。咸丰末毁。同治三年(1864),知府许瑶光集资重建,奉祀陆宣公、陆清献公、张杨园先生位。闽浙总督左宗棠书"景行维贤"额于讲堂。

东湖书院　在常丰坊。宫保、尚书屠康僖公即双溪第为之。

陶甄书院　在嘉兴学署东偏、尊经阁前。清光绪二年(1876),知县罗子森捐廉为倡,邑人石中玉、程瑞生、张鸿熙等集资建,延师课士,仍寓义塾之意。典商及丝布业各按年认捐经费。

江南书院　在城南隅。

景贤书院　在陆宣公祠左。

肃成书院　在太仆卿、赐谥烈愍徐世淳旌忠祠右。为徐氏族子讲习之所。

义塾

育德义塾　在府治西南毛家坊,旧为砖庵。清同治十三年(1874),知府许瑶光率郡人严大魁、张程式等改建义塾,收无力读书者的子女就读。

义塾　在角里街。清嘉庆十六年(1811),邑人俞贻曾建,职员倪濂募捐经管。后在蒯搭坊化成庵。

陈氏义塾　在报忠坊。清嘉庆七年(1802),陈振声、陈延声建。

第五节　清末　民国新学

清末新学

清末，新学兴起。包括中学、小学、女校、职校、师范等官办、民办的新式学校竞相创设。

清光绪二十七年（1901）冬，嘉兴知府刘毓森奉省令，在鸳湖书院旧址创建嘉兴府学堂。秀水县在天官牌楼创设秀水县学堂。光绪二十九年（1903），嘉兴县将陶甄讲舍改为嘉兴县学堂。

光绪三十年（1904）开始，先后创办南湖小学堂，启秀女子两等小学堂。道前街女子小学堂以及开明女子小学堂。

光绪二十六年（1900），创办教会学校秀州书院（详见第三十篇“教育”第三章第一节，第四章第一节）。

民国学校

民国时期，中等师范教育及职业教育有较快发展。1912年3月后，创办女子师范学校。第二联合师范讲习所，宾鸿学堂，教授商业、英文等致用之学。1922年，改为县立商科职业学校。1919年，嘉兴城内开办义务夜校（详见第三十篇“教育”第三章第一节，第四章第一节）。

第六章　坛庙祠宇　宗教设施

第一节　坛　庙

光绪《嘉兴府志》载，原嘉兴城域有坛庙28所。主要有：

坛　阁

社稷坛　旧有县社坛在县西南一里一百三十步，后移精严寺前。宋淳熙间嘉兴知县李时习重修。元罢。明洪武中，嘉兴知府李顒重建于西门外五福乡西都。

厉坛　在北门外旧废菩提院基。明洪武三年（1370）十二月，诏府、县立厉坛。十五年（1382），嘉兴知府李颙建。弘治三年（1490）九月，知府柳琰重建。至清代，坛毁。

嘉兴魁星阁　在县学仪门外东首。清道光七年（1827），邑人方璇、方玑、谢丕勋捐建。十七年（1837），邑绅公同捐修。同治中重修。

秀水魁星阁　在秀水县学东。明成化中，知府徐霖辟建。清咸丰十年（1860）毁，后移祀学宫东偏文昌阁中。1928年圮，就其地凿自流，称城区第一公井。

庙

城隍庙　在集庆坊，原天庆观故址。旧在州楼上之东偏，晋天福四年（939）立。宋端平二年（1235），知府刘炳移建于府治西招提寺侧。元末兵毁。明洪武三年（1370），知府谢节在天庆观址立庙。嘉靖二十六年（1547），知府赵瀛修葺，新增敞轩、省牲堂、左右斋庐、屏垣。两廊各有祠3间，以居嘉兴、秀水县城隍神。万历四十三年（1615），大殿灾。次年，知府庄祖诲重建。清顺治年间，复建2邑城隍行宫于殿之东西。康熙三十一年（1692）火毁，知府徐崇礼重建。道光年间，先后3次修葺。咸丰年间毁，同治中里人重建。现存遗址。

顺济龙王庙　在茶禅寺右、三塔湾左。宋嘉定十年（1217）旱，邑人祷龙得雨，而建祠曰顺济。明洪武三年（1370），封顺济龙王。宣德间，知府齐政重构祠宇，绘塑一新。清嘉庆元年（1796），知府伊汤安重修。咸丰末毁。同治十二年（1873）夏，知府宗源瀚请款建复。

秀水关帝庙　在市心弄。跨锦带河为石梁，建庙其上。明嘉靖间建。咸丰十年（1860）毁。同治十二年（1873），嘉兴协副将侯定贵募赀重建。民国初，与岳飞合祀。改称关岳庙。

曹武惠王庙　又称小曹王庙　在南门外一里，建于宋代，祀宋曹彬（见二十二篇名胜与旅游第二章第五节）。

刘猛将军庙　俗称南皋峰庙，在治东南三里白苎堰桥下。祀刘猛将军，赖以驱蝗卫谷。清雍正二年(1724),列入祀典。光绪三年(1877)蝗不为灾,知府许瑶光转详巡抚梅启照奏请敕赐“蝝鱼昭瑞”额。

先蚕庙　在茶禅寺,清乾隆五十九年(1794),嘉兴知府邢璵奉文建。咸丰年间毁。

天后宫　在府治东北二里。宋乾德中建。明嘉靖二十八年(1549),嘉兴所指挥鞏洋捐创,道士沈道诚重葺。清康熙十八年(1679),住持伍文徵于殿后建文星阁。咸丰间毁,暂在觉海寺致祭。

周城隍庙　在盐仓坊地藏庵侧,祀浙江都城隍周新。咸丰年间毁。同治十二年(1873)建复正殿、山门。

东岳庙　故址在东门外沪杭铁路八十号桥处,筑铁路时毁。

关帝庙　在三塔寺东,旧岳王祠址。清雍正九年(1731),岳氏裔孙私卖祠基归公。起初,欲于该地建怡亲王祠,未成。十二年(1734),由改建成关帝庙,供奉关帝圣像,杭嘉湖道刘复撰《关帝庙碑》。乾隆四十九年(1784),高宗纯皇帝翠华临莅,御题“声灵绥佑”匾额。咸丰末庙圮,未重建。碑移置南湖烟雨楼。

火德庙　在府治乾隅。旧在城南隅城外仓基上。宋建炎间(1127—1130)建,明永乐十三年(1415),知府齐政命迁城内西北隅,盖取火库居戌之义。万历二十年(1592)毁。崇祯十六年(1643),道士糜国珍重建。

市曹庙　在郡治西二百步咸中坊,市心巷中区。创自宋景定五年(1264)。明正统十年(1445)圮,千户吕熊捐俸,道士沈了然修。天顺六年(1462),知府杨继宗捐俸建玄帝殿、太清楼、乐闲堂于其中。万历十二年(1594),道士杨懋元增建文昌阁。

五龙王堂　在五龙桥北。宋天圣二年(1024)立。旧在湖中,与凌虚阁相对。明天顺间,迁之湖北岸。知府杨继宗改潦波桥为五龙桥。

灵济昭烈王庙　在郡治西南一里半。旧在西门外,宋德祐兵火后移于该处,即惠州守徐闻诗宅。后废。

雷祖庙　在碧漪坊行峰禅院。后毁。

王总管庙　在郡治西南通越门内。高田贼作乱,以身死难,故祠之,加封旌忠庙。总管名佚。后毁。

第二节　祠　宇

光绪《嘉兴府志》载,嘉兴城域有祠宇33所。主要有:

陆宣公祠　在府治西南,即旧嘉兴学址,祀唐陆贽。旧祠在州学中,宋建炎初,知州程俱始建祠堂。淳熙四年(1177),知州吕正己以秦桧废祠为之,建于文庙西北隅。绍定中,通判陈埙复改建于湖上柳氏园。景定四年(1263),以祠堂为书院。景炎元年(1276)毁于兵,更以东湖上贾似道太初堂奉陆宣公像,即以堂为书院。元泰定(1324—1328)中,废为僧庵。至正十四年(1354),嘉兴路总管刘贞撤庵,复建公祠、书院。至正十五年(1355),复迁柳氏园。又毁于兵,以王氏义塾设主祀之。后4年,又毁。祀于府学。二十年(1360),同知缪思恭移祠于太初堂。明洪武五年(1372),同知刘泽民建祠于城南隅。宣德四年(1429),大理卿胡槩即公城南故宅建书院,因祀公于中。此后,又6次重建或重修。清咸丰十年(1860)兵燹,仅存祠屋一椽,奉栗主。

范蠡祠　在府治西南金明寺后。明万历十年(1582),知府龚勉创建范少伯祠。清咸丰十年(1860)毁。光绪八年(1882),邑人石芳采重建。后废。现在范蠡湖西施妆台北墙外侧走廊,尚嵌“范少伯祠”碑一块。

三贤祠　在县西南半里。元大德间(1297—1307)建。祀汉朱买臣、唐陆贽、宋陈舜俞。清咸丰末毁。移祀鸳湖书院。

冷仙祠　明崇祯九年(1636),秀水知县傅汝为以玄妙馆东偏改建冷仙祠,未竣而奉调,至十四年(1641)由海盐人钱公先续成。清康熙十年(1671)、道光八年(1828),里人先后重修。咸丰末毁,同治七年(1868)复建。现为冷仙亭寺,市文保单位。

岳王祠　在三塔寺东。明万历间,岳飞十八世孙岳元声、岳和声、岳骏声三兄弟将宋金陀坊岳珂宅内的家祠移至三塔寺东,扩建成岳忠武王祠。明末毁,仅存基地。清雍正九年(1731),裔孙私卖地基归公。乾隆初,裔孙岳经五呈请复建,浙江总督稽曾筠命于仁文书院故址改建。经五子岳鉴经营二十年(1742),至乾隆五十二年(1787)工竣。咸丰十年(1860)毁。同治九年(1870),裔孙岳鸿翔、岳彤等重建,规模已不及从前。20世纪40年代后,岳王祠逐渐塌圮。

岳氏启忠祠 在岳王祠后,祀忠武先世三代栗主。明司马岳元声、中丞岳和声、银台岳骏声皆祔夹室。嘉庆十四年(1809),裔孙岳鉴建立,并建庄房,增置祭田40亩、管祠膳田10亩。十五年(1810),又于祠西建立岳氏支祠。后毁。

杨公祠 在报忠坊,祀明天顺、成化间嘉兴知府杨继宗。正德十六年(1521),知府徐盈即招提寺址建,春秋致祭,归府学承办。清乾隆三十二年(1767),秀水知县冯玲清理杨公祠田,并附徐盈、何祉二太守栗主合祭于祠。嘉庆四年(1799)八月重修。

徐太仆祠 在府治东。祀明徐世淳。明崇祯十四年(1641),徐世淳守随州,死张献忠之难,赠太仆少卿,赐特祠。世淳子彬置田100亩,以为祠祭之费。清康熙三年(1664),督学道胡尚衡批府,照例春秋致祭。

陆清献公祠 在府学东。祀清监察御史陆陇其。康熙五十六年(1717),郡守吴永芳建。咸丰间毁。同治四年(1865),知府许瑶光重建鸳湖书院,奉陆宣公、张杨园暨陆清献公栗主设祀。

黄公祠 在北板坊,为明正统初郡守黄懋立。正德间,知府徐盈建祠于墓。隆庆间,知府徐必进重修,今其子姓附居。

方侯祠 旧在龙渊之西南。数岁倾圮,迁祠于三塔寺中。为万历间同知嘉兴府郡侯方扬立。

徐、何二太守祠 在景德寺。祀正德间郡守徐盈、嘉靖间郡守何祉。

侯太守祠 在徐、何二公祠间。明嘉靖四十三年(1564),邑人为郡守侯东莱立。

王太守祠 在景德寺,为明嘉靖间郡守王学孔立。

刘太守祠 在报忠寺,为明嘉靖间郡守刘悫立。

龚太守祠 在西丽桥西百步,即嘉禾递运所址。为明万历间太守龚勉立。

王太守祠 为明万历间知府王贻德立。

郑太守祠 在府大门东偏,为明崇祯间知府郑瑄立,公像刻石南向,扁曰永瞻堂。

佟公祠 治东碧漪坊郑家带。清顺治三年,士民为兵巡副使佟国器立。

徐公祠 在城隍庙,为清康熙间知府徐崇礼立。

程忠烈公祠 在郡城南门外君四庄北黄圩。祀太子太保、提督程学启,并附克复嘉郡阵亡将弁总兵何安泰、副将郭兴发、参将赵三德等49人。清同治三年(1864),奉旨建立,春秋致祭。

忠义总祠 在金明寺隶,洞真观旧址。祀清咸丰、同治年间,官绅、兵勇、士民、妇女殉难者。同治九年(1870),知府许瑶光、嘉兴县臧均之、秀水县郭恩观创建,春秋致祭。嘉、秀两县每年各捐廉银4两,以供祀费。

广福行祠 在祥符寺东偏。明宣德间,主僧缘事钱塘,数月不决,因祷盐桥蒋侯祠,获应。请立祠,乡民崇奉,香火不绝,祀宋蒋崇仁。

三贤祠 在春波坊漏泽寺佛殿西偏。明嘉靖间,巡抚都御史胡宗宪、兵备副使刘焘平倭有功,肖像供祀于殿后。岁久倾圮。天启四年(1624),知县汤齐重建,增入巡按御史庞尚鹏,以倭寇时嘉首当厄,官军绎骚,富室应役不支,庞革去里长值日,立一条鞭法,征银雇役,保全者多,并列而三。

屠康僖公祠 在常丰坊东湖书院。明正德庚辰,屠应埙、应埈为刑部尚书屠勋立。清嘉庆十一年(1806),题准春秋官为致祭。

姚谷庵祠 在盐仓坊清真道院。明嘉靖四十二年(1564),为明监察御史姚绶立。

鲍氏孝子祠 在蒯搭坊。清道光六年(1826),鲍晋建,并立义庄,捐置义田。岁祀之外,悉以瞻族,咸丰间毁。移设学中。

裴丞相祠 在秀水县南真如寺。唐大中年,裴休舍宅为寺,后人立祠祀焉。今毁。

赵龙图祠 在县南眞如寺。宋建炎初,赵叔近以龙图阁待制知秀州。王渊以私憾诬杀之。殡寺中,后为立祠。

六贤祠 在仁文书院。初祀薛瑄、胡居仁、陈献章、王守仁,后增祀吴与弼、岳元声。后移祀鸳湖书院。

项襄毅公祠 在灵光坊,尚书坊址建造,内为孝友堂。嘉庆六年(1801),项氏后裔重修,巡抚阮元书额。

孝义祠　在西丽坊，祀明特旌孝义窦卿、沈城、项穆。天启初建。

沈少保祠　在碧漪坊，祀明赠太子少保沈思孝。嘉庆初，巡抚阮元题准列入祀典。咸丰间毁。光绪三年(1877)，祠裔重建。

二戴祠　在北丽坊，祀汉信都太傅戴德、九江太守戴圣。清道光十三年(1833)，后裔戴永智建立。巡抚富题准列入祀典，春秋致祭。

昭忠祠　在郡庙西侧。清嘉庆八年(1803)，奉准部咨遵旨，祀阵亡官兵陆光濂等12人，春秋致祭。

陈孝子祠　在报忠坊，祀陈元朗。清嘉庆七年(1802)，祠裔陈振声、延声建。咸丰末毁。光绪元年(1875)，祠裔建复。

姚氏三世祠　在郡城西门外，祀明赠光禄大夫姚履道、赠太傅工部尚书姚思仁、南城兵马司指挥姚以诚。并入祀府学乡贤祠。清咸丰十年(1860)毁于兵燹。

高士祠　在盐仓桥堍，1916年建。初祀王衷、陶菊隐以下30贤，金蓉镜撰《高士祠碑记》。后陆续增祀劳乃宣、沈曾植、吴受福、金蓉镜、朱福清、陆费墀6人。

第三节　道　观

光绪《嘉兴府志》载，嘉兴城域有道观10余所。主要有：

玄妙观　原在碧漪坊，宋大中祥符二年(1009)创。宋亡，有道士削发为僧，改观为天福寺。元大德五年(1301)，杨道录移建于宋参政娄机天星湖故址。至正十八年(1358)兵燹。明洪武元年(1368)，道士赵云轩建三清殿。永乐十年(1412)，住持赵宗纯重建。正德十二年(1517)，住持周景常修，观西北隅为道纪司。崇祯九年(1636)，秀水令傅汝为以观东偏改建冷仙祠。

隐真道院　在郡治东南六十步。宋崇宁间造。建炎兵火，岿然独存。相传绍兴初，纯阳真人到此，故名。仙人刘高尚夜宿院中，晨起，援笔题43字于柱间，笔画透柱，如点漆。清雍正六年(1728)，郡守阎尧熙于观南倚城培址，建阁三层，中奉文昌神，并祀魁星于其上。咸丰兵毁。

崇道宫　在郡治西南二里。吴越武肃王时建，在南城外。后移入城古万寿宫基，旧名崇福宫。宋治平初，敕赐崇道宫额，俗称南宫。明正统间，张復为朝天宫道士归，郡人新宫内一枝堂，建栖元楼以居。崇祯间，增建两庑，十王、太乙、九天、三官、纯阳、伽蓝6殿，后建玄帝殿。旧有继秀堂、来鹤亭、慵斋、拙斋。咸丰兵毁。

洞真道院　在府治西南二里。元至正二十三年(1363)，道士赵云轩创建。明洪武三年(1370)，祷雨有验，建听雨轩。后并归玄妙观。永乐元年(1403)，道士赵宗纯又分建。嘉靖中，道士徐志宁等重葺正殿。清咸丰兵毁。同治间，改建为忠义祠。

三元阁　在郡治西南。宋开禧年创建水府，以镇宝带湖。遭宋季兵火。元至正间，道士殳以诚建阁三层，奉三官大帝。明嘉靖四年(1525)，道士邹景云复建。清顺治五年(1648)重建。咸丰兵毁，同治间重修。

成真道院　在府治西北一里。宋建。明成化间修。天启七年(1627)焚毁。明崇祯初，道士钱复宗重建。后更名天医道院。咸丰兵毁。民国尚存，名天医庙。

长生道院　在县东一里。旧在天星湖上，即杨婆施水庵。明洪武间，移建于县东。正统四年(1439)，评事浦会川等同道士吴正常重建。

玉枢道院　在府治东北二里。俗名天尊阁。元至正五年(1345)，里人张道贞捨宅建。明洪武二十四年(1391)，并入玄妙观。永乐元年(1403)，道士栖云重建。嘉靖间，药火殿焚。万历四年(1576)，道士李宗源重建。咸丰兵毁。

郁秀道院　在县北二里。宋咸淳三年(1267)，道士刘一清建。元至正二十七年(1367)毁。明永乐三年(1405)重建。洪熙元年(1425)，道士沈野云徙建于白苎里。成化三年(1467)重修。万历间毁，道士沈明德等募建。清顺治五年(1648)，道士沈三锡等重建。咸丰兵毁。

清真道院　在县东南二里春波门外。宋咸淳三年(1267)，经历王仲坚捨地，道士俞虚中建。元末毁。明洪武二十四年(1391)，并入玄妙观。永乐元年(1403)重建。洪熙元年(1425),高士沈道宁重修。万历二十一年(1593),道士俞养正重建。清乾隆间重修。咸丰兵毁。

太古道院　在县东北三里。元至正间,道士鲁远一建。明洪武二十四年(1391)併归玄妙观。永乐元年(1403),道士张明中重建。成化、正德间修。咸丰兵毁。

第四节　寺　院

光绪《嘉兴府志》载,原嘉兴城域有25座寺院、23座庵。主要有:

寺

精严讲寺　在郡治西北一百八十步。始建于东晋咸康六年(340)。宋祥符(1008—1016)中,赐额精严(见第二十二篇“名胜与旅游”第一章第十一节)。

楞严讲寺　在郡治西北二里三十步。始建于北宋嘉祐八年(1063),百姓钮咸舍地创建。熙宁间(1068—1077),僧永和在院讲《楞严经》,蔡丞相书“楞严”牌揭于门,遂名楞严寺。元末兵毁。明洪武二十四年(1391)定为楞严讲寺。

天宁禅寺　在治北里许,寺本汉严助宅。其后人舍为施水庵。唐咸通中(860—873),改名“施水院”。北宋崇宁二年(1103),赐名“天宁寺”。

祥符禅寺　在郡治西北二里嘉兴府学西。东晋兴宁间(363—365),剡山法师竺潜至禁中讲《般若经》后南还,过槜李,寄宿于安抚大卿魏公家。魏公知其有道行,舍地作精舍。南朝梁普通年间(520—527),盛行水陆法事,故称水陆院。北宋大中祥符元年(1008),赐大中祥符院额。南宋绍兴二十五年(1155),知府林衡奏请改为祥符禅院。乾道七年(1171),复赐华亭没官荡田九百亩。几经废兴,至明洪武二十四年(1391)定为祥符禅寺。清乾隆五十五年(1790),又有修建。咸丰十年(1860),毁于兵火,仅存大殿,日趋倾圮。辛亥革命后,嘉兴府学及秀水县署改设浙江省第二中学,其西即祥符寺遗址。解放初,祥符寺改作仓库,后划入嘉兴县政府机关内,改建成县内招。

水西禅寺　在郡治西北二里,小西门内南首。与祥符寺并在爽溪西,故名水西禅寺。唐会昌五年(845),诏黄檗禅师开山,即废。大中元年(847)重建。相传唐宣宗为光王时,避武宗害,祝发为沙门,更名琼俊,隐于该寺。武宗崩,为诗《寄长安示朝臣》云:“殿阁凌云接爽溪,钟声还与鼓声齐。长安若问江南事,报道风光在水西。”由是迎归即位,敕水西寺为资圣禅寺。寺内原有宣宗御书寺额。宋皇祐间,复葺精庐,以安僧众。建炎兵燹,仅存御容、书额。绍兴初,僧建大殿后增建山门、法堂等。元代置寺田、佛像、重建大殿。明洪武二十四年(1391)定名水西禅寺。明、清期间4次重修。清咸丰兵毁,同治间重修正殿。解放初,部队入住水西寺,后因城市建设而拆除,旧址后建嘉兴宾馆。水西寺旧在城外,唐乾宁三年(896)移入城内。相传城外运河北岸中基路殿基湾,即古水西寺寺基。

觉海寺　在郡治西南一里半。宋淳祐九年(1249),朝散大夫赵汝俳舍嘉禾听履坊西首住宅,改创道观,割本家良田十顷隶于观,并请四明道士戴廷圭来主观事。十二年(1252),朝廷赐名报忠观。元至元二十五年(1365),改观为寺(见第二十二篇“名胜与旅游”第二章第五节)。

金明教寺　在郡治西南二里。南宋乾道八年(1172)创。丞相史弥远有病不能愈,听说郡僧寿禅师善医,征师治疗,终得康复。以厚资酬谢,禅师不受。问其所欲,则请建寺。史丞相就地购材,启建道场。寺建成后,移海盐半逻金明寺额,至此。时值宋宁宗开禧元年(1205)。寺门北向,与他寺异。绍定四年(1231),僧祖寿建千佛阁。明洪武二十四年(1391)定名金明教寺。后寺毁于火。寺僧文琇,苦心经营20余年,历正德、景泰、天顺、成化4朝,建成大雄宝殿、三大士殿、祖师伽蓝殿、天王殿、步廊、山门,金明寺旧观焕然重现。清代金明寺渐趋颓毁。寺碑至今尚嵌于金明寺后殿南墙。

东塔讲寺　在角里街,汉朱买臣故宅。梁天监二年(503)建东塔寺,隋仁寿元年(601)建东塔,塔前二池,清凉国师所凿,分青白色。东塔寺、东塔是嘉兴最早的塔、寺合一建筑。曾数度兴废,多次更名。唐广德元年(763),重修塔寺,次年,奏请改寺为报国禅院。唐末,焚毁。宋元丰二年(1079)重建，赐名泗州大圣塔院。崇宁二年(1103)，更名寿圣教院。南宋绍兴三十二年(1162)，改赐东塔广福教院。淳熙年间，寺院倾圮，塔废。十五年(1188)，重建。嘉定十六年(1223)，宋宁宗召书“华严经阁”四字赐之。元皇庆二年(1313)，僧德虔大构殿阁、轮藏、法堂，请赐东塔广福教寺额。明洪武初，殿、塔毁。五年(1372)僧重建，定名东塔广福华严讲寺。万历十五年(1587)，重修清白池亭及舍利塔。三十九年(1611)，改置禅堂于朱买臣墓后。清乾隆间重修。咸丰兵毁，存宝塔。同治间，重建山门、禅堂。东塔寺后，有朱买臣墓。解放前夕，东塔寺、东塔渐次衰败朽颓。后寺拆除，1968年东塔被拆。朱买臣墓亦被铲平。

会龙山寺　在县东五里，汉、魏两水中央。相传元末建。屡遭兵燹。明嘉靖间，张太仆重建，旋毁于倭寇。万历十三年(1585)，郡守龚勉命僧宏棣重建观音阁、真武殿暨文昌、武安二殿。清雍正五年(1727)重修。咸丰兵毁。同治年间重建山门，后废。

真如教寺　在县南四里。唐至德二年(757)创。大中十年(856)，裴丞相休舍宅为寺，名至德院。北宋大中祥符元年(1008)更名真如寺。嘉祐七年(1062)，僧自南募建仁王护国般若宝塔。元祐三年(1088)，重修长水塔亭。宣和三年(1121)兵毁，仅存地宫，冶银塔像。庆元三年(1197)重建宝塔于其北。元末兵毁。明洪武二十四年(1391)修复，定为真如教寺。清顺治二年(1645)闰六月，塔毁。十六年(1659)，僧明旬重建真如塔。咸丰十年(1860)，真如寺毁，真如塔幸存。光绪二十五年(1899)重修。1959年因塔顶垂危，拆除塔刹，发现塔内藏有明崇祯七年(1634)的写经长卷，由嘉兴博物馆收藏。1970年，真如塔拆除。

茶禅寺　在三塔塘北岸。旧有白龙潭，遇风涛起，危难不可测。唐僧行云积土填潭，立三宝塔以镇之，因建三塔寺。宋景德(1004—1007)间，诏天下郡县各立景德院，更名为景德。明洪武十五年(1382)定为景德禅寺。明代，曾先后5次重修或重建。清顺治初，修募葺钟楼。塔久圮。康熙十六年(1677)，铸铁顶重建，并修大乘堂等。乾隆二十七年(1762)二月，乾隆南巡龙舟过三塔寺时，至寺中饮茶。御书“标示三乘”匾，以及对联，赐名茶禅寺，还作诗。茶禅寺名声大振。咸丰兵毁，同治间重建山门。光绪二年(1876)，重建三塔及观音殿。1971年在该处建水泥厂，三塔、茶禅寺同时被拆。1999年，重建三塔，茶禅寺未恢复。

血印禅院　位于三塔塘北侧。1925年，嘉兴乡人在血印柱边搭草棚，置塑像，奉祀血印僧，名血印禅院。1983年修复对外开放(见第二十二篇“名胜与旅游”第一章第七节)。

兴圣禅寺　在郡治东北二百步。旧为嘉兴县丞厅，宋建炎元年(1127)十月二十二日，宋孝宗诞育于该处。嘉定元年(1208)，郡守赵希道请改建为兴圣禅院。淳佑十一年(1251)，宋理宗御书赐“流虹圣地，兴圣之寺”额。宝祐间毁，景定元年(1260)，嗣秀王赵与泽请原额立之，命寺僧重建。明洪武二十四年(1391)，定为禅寺。嘉靖十六年(1537)，嘉兴知县黄献可上闻张御史，改为县儒学，迁其寺于北，后俗称地藏禅院。后废。

慈恩寺　在郡治西北一里楞严寺西。宋开宝六年(973)，汉南王时摄刺史丁太尉在任，买砖塔一所，寻掘塔基得无量寿佛，石相轮，石香炉、舍利，龛，因立为无量寿塔院。宋治平中，改为慈恩塔院。建炎兵火毁。嘉定九年(1216)，重建佛殿、僧堂。嘉熙四年(1240)，重建钟楼、库院。后废。

惠安禅寺　在郡治西二百五十步。古传萧王舍宅为之。唐光化(898—901)间，名兴善院。宋祥符元年(1008)，改名惠安禅寺。明嘉靖中，郡守萧世贤改为察院。

招提讲寺　在郡治西二里。唐光启四年(888)，曹刺史珪捨宅为院，始名罗汉院。宋治平四年(1067)改招提寺。元祐间，僧本莹号慧空住院，建静照堂，一时名公卿皆有题咏。建炎年遭兵火。绍定五年(1232)，寺邻吴供检焕捐赀助，僧怀敞重建。嘉熙三年(1239)，僧怀礼募置常住田。明洪武二十四年(1391)定为华严讲寺，又复为招提。后废为盐运分司，又改为杨公祠。

漏泽教寺　在县东二里三十步。宋崇宁三年(1104)置，贤良陈舜俞舍宅为之。明洪武二十四年(1391)定为教寺。其后代有兴废。清咸丰兵毁，同治中重建三官殿。筑沪杭铁路时，毁寺建车站。殿址在原嘉兴站西南方。

营泉寺 在郡治西南二里。宋景定元年(1260)建。元末兵毁。明洪武元年(1368),僧普润重建。嘉靖间倭毁。崇祯六年(1633),僧性琮重建。

广仁寺 在郡治东北二里,旧名庐山庵。久圮。清乾隆五十八年(1793),僧了根重建,并建骨塔4座。杭嘉湖道秦瀛改名广仁寺。寺内有悟修禅师塔。敬刊世宗皇帝敕书,并刻祭文一道于石。咸丰兵毁。同治间重建观音殿。

院

碧光禅院 在县南三里。宋嘉祐七年(1062)敕建,为崇慧华严讲寺下院。明万历间,秋水禅师开堂拓基接众,与梵受并称接待名蓝寺。内有金鱼池,蓄鱼甚众。清顺治八年(1651),僧心传建大殿、山门、云水堂、功德林。雍正十年(1732)复建后殿。咸丰兵毁。同治间重建观音殿。

梵受禅院 在治北二里,相传为爽溪资圣寺。后废,仅存爽溪殿基湾之名。相沿为天宁寺僧基。清顺治初,僧宜盂开堂,后主持多名僧,屡加修葺,遂称禾中名刹。咸丰兵毁。同治间重建。光绪十一年(1885),因争讼,将房屋及余地充公,田百余亩拨充双延集经费,至三十一年(1905),拨归毓秀学堂公产。

庵

水天庵 在运河分水墩上。唐神龙二年(706)创,后毁。明建。清乾隆九年(1744),僧林灯重修。咸丰兵毁,同治间重建。解放初,释真觉住持该庵。

炒麸庵 在报忠坊、金明寺河北。唐咸通(860—874)间,宰相裴休女名祖贞弃俗学道,舍基创建。祖贞持行清苦,炒麸为食,故名。明洪武二十五年(1392),比丘道钦重建佛殿、两庑。后废,移建于象贤都西区,更名崇福庵。

古井庵 在秀水县治后,小西门横街。即杨将军庙旧址。不详何年建。解放初,僧华舟住持此庵,有僧2人。

清凉庵 在厉坛(小坛弄),解放初,僧印泉住持该庵。

龙树庵 在姚庄路。明崇祯元年(1628),僧性觉、海慧建。解放初,尼文松持该庵。

大云庵 在北板坊。万历二十年(1592),僧明兴创建,初名华严庵,后改大云。清乾隆年间修。咸丰兵毁。

幻居庵 在东门外,旧为中峰下院。万历间,僧文音重葺。崇祯十年(1637),增建佛室。清僧了蕴、道冲、纯如相继住持。咸丰年兵毁。

初地庵 在县东盐仓坊滮湖之浒。明万历四十一年(1613),僧如恒建。清康熙三年(1664)复建法堂。咸丰兵毁。

莲社庵 在县东盐仓坊。僧广拭建。万历中改建。崇祯间,平湖陆基志重修。广拭没,其徒大本、明杰别构社老祠祀之。咸丰兵毁。

降龙庵 在城东天津湾月中圩。明盛氏捨为真如寺密隐房下院。僧纯白归隐,重修建。

钱胜庵 在郡城南。里中钱氏建,后姚元臣延僧一斑住持修葺。

净因院 在县东二里。宋建炎兵火,此院独存。天台海宁尉闻人偲纪其事。

正福庵 在县东北三里。明洪武间建,后废。清乾隆二十一年(1756),僧净心、省源重建正殿。二十七年(1762)复建前殿、山门。

宝镜庵 在县南。宋绍定间,尚书闻人建女住名如证学佛,请于朝,得度建庵。元大德四年(1300),凿井得古镜,因改名宝镜。咸丰兵毁。

津梁庵 在县南二里白苎都,里人叶公茂捨基,清顺治十五年(1658),僧幻如创建,其徒月生增置禅舍,为城南胜处。乾隆三十六年(1771)重建。

西津庵 在县西二里。明万历间,全营捨建。朱文恪、陈宫詹题额有“鹤闲桥”“鱼乐涡”。清康熙五十八年(1793)重修。咸丰兵毁。

香萃庵 在县西北三里。明嘉靖间,天宁僧法舟掩关处。后有金山僧妙用卓锡于该处。

水德庵 在北丽坊。光绪三十年(1904),知府惠格照会邑绅出租,充毓秀小学及警察经费。

化成庵 在北丽坊秀城桥塊缸甏汇,向为北门外善举公所。民国初废。

塔

铜棺塔　三塔　东塔　真如塔　壕股塔

清真寺

原名真教寺。位于城东。始建于明万历三十年(1602)(见第二十二篇“名胜与旅游”第二章第五节)。

基督教堂

姚庄路耶稣教堂　位于姚庄路(见第三十七篇“宗教 民俗”第一章第三节)。

南门耶稣堂　位于采弄(见第三十七篇“宗教 民俗”第一章第三节)。

天主教堂

法兰西嘉兴文生修道院　位于城北大运河畔(见第二十二篇“名胜与旅游”第二章第五节)。

嘉兴天主堂大圣堂　位于子城西(见第二十二篇“名胜与旅游”第一章第五节)。

嘉兴法兰西仁爱堂　位于圣母显灵堂西侧(见第三十七篇“宗教 民俗”第一章第四节)。

嘉兴意大利圣心会　地址拔贡弄2号(见第三十七篇“宗教 民俗”第一章第四节)。

嘉兴圣衣女修道院　地址府忠埭(见第三十七篇“宗教 民俗”第一章第四节)。

第七章　古迹　名胜

第一节　亭　阁

亭台

羞墓亭　杉青闸北一里,有死亭湾。又北十五里,运河西有羞墓,即葬处。又有羞墓亭、羞墓桥。据《太平寰宇记》,嘉兴县北七里有死亭湾,朱买臣为内史,衣锦还乡,其妻羞死于该处。

河内亭　在府城西。汉张武父护太守妻还河内,为盗所杀。武哭于该处,后人立亭识之。

列岫亭　在普济院。

煮茶亭　在景德寺东禅堂。宋苏轼三过嘉禾,汲水煮茶处,后人建亭识之。东坡过嘉禾,每于鸳湖汲水煮茶,后人建亭湖心。真如教院内,旧亦有东坡煮茶亭。

煮雪亭　在真如寺。

流虹亭　在兴圣寺西,后在嘉兴县学仪门右,迁学时建。清雍正元年(1723)重建。乾隆八年(1743),知县赵预再构,鲍鈖继之。十二年(1747),知县增修。咸丰间毁。同治中重建。

镜香亭　在慈恩寺南二十步。

分流亭　在府治东北。

喜雨亭　在府治东北。

落帆亭　府北杉青堰上(见第三十六篇“名胜旅游”第一章第八节)。

换衣亭　在天庆观东三十步,宋建,知州姚宪修。

先月亭　在鸳湖西口。

漱芳亭　在县西灵光坊,旧陆宣公书院。明正德间,太守徐盈建,后为兵巡道署。

有斐亭　在仁文书院后,明万历间建。

列岫亭　在滮湖南。亭本在郡城内金鱼池上,后移建于此。

水心亭　在滮湖南。

乐郊亭　在滮湖南。

环聚亭　在郡圃内。

最宜亭　在郡圃内,璇星楼东。

留春亭　在郡圃内。

京翫亭　在子城上。

翠凉亭　在郡圃内,风月无边楼下。

小心亭　在县治后东北,宋建。

春雨亭　宋建。

近雅亭　一作延雅,宋建。

凝芬亭　在县宅内。

水香亭　在郡圃内,下瞰荷池。

垂芳亭　在郡圃内。

玉明亭　在郡圃内。

射弓亭　亦曰观德亭,在郡圃内。

平远亭　在郡圃内子城上。

来月亭　在郡治内,旧府判东厅。旧名花月,宋张子野创该亭,取“云破月来花弄影”之句。

啸鹤亭　在旧东府判厅。

碧漪亭 在旧西府判厅。

雪香亭 在旧西府判。

杯水亭 在旧西府判厅。

序宾亭 在子城内,宋知州张瑜建。

水鉴亭 在郡治,宋本都曹建。

赏心亭 在郡治内,宋通判陈寺丞建。

议公亭 在子城上,宋建。

临津亭 在郡后圃,宋建。

利川亭 在子城端北。

观风亭 在子城端北,宋知州张瑜建。

野泉亭 在子城北。

朝宗亭 在子城北,宋知州张瑜建。

金风亭 在子城西。

清风亭 在子城东。

观音亭 在府治子城上坤隅。旧传有魈见于该处,元季达鲁花赤八孔建此以镇之。

益清亭 在府治中。元至正间,同知缪思恭建。

嘉庆亭 在郡圃后堂极北,郡守延祥建。

嘉禾亭 在县治后圃,宋建,久圮。清康熙十四年(1675),三韩于珽重建。

秀水亭 旧在府子城西南,宋建。移建于秀水县署内。

月波亭 在县治后圃。

怀苏亭 在府治东子城上,宋建,与苏小墓相望,故名。后改朝阳楼。

凝香亭 在府署内。清康熙三十七年(1698),池开瑞莲,知府黄家遴建。

憩亭 在察院行台内。

鸡鸣台 在县东荐桥东埫,方广约五尺。

西施妆台 在范蠡湖中。

读书台 在春波门西南一里,马场湖之浒,唐陆宣公读书处。

春台 在郡治东,旧通判厅。

楼轩

烟雨楼 在南湖。

八咏楼 东塔寺山门前蛋湖中。宋宣和中,嘉兴令陆蒙老作《嘉禾八咏》诗,后人因建楼,命名。

景龙楼 东塔寺钟楼。一夕,主僧梦金龙绕楼,楼为之震。翌日,宋孝宗登楼,误行坠地。后因改曰景龙楼。

风光太子楼 在爽溪水西寺,相传唐宣宗潜邸之所。宣宗为光王时,避武宗害,剃发为沙门,更名琼俊。隐于水西寺。有御书阁、爽溪楼、大中亭、回龙桥。亭在爽溪水西寺。楼跨水上,有宣宗像。天启四年(1624),毁于火。

月波楼 在郡治西北二里城上,下瞰金鱼池。宋至和元年(1054),知州令狐挺立。政和四年(1114),知州毛滂修。楼成,置酒其上,自撰《月波楼记》。建炎兵火,废圮。乾道五年(1169),知州李孟坚重修,未竣,李解绶去,知州徐葳落成之。

星湖第一楼 在嘉兴县学。

湖涘楼 在五龙桥畔,即凌虚阁故址。邹衡《嘉兴府志补》云:“凌虚阁旧在鸳湖,屼然水中。或云湖涘楼即金明寺之湖天海月楼。”

十雨楼 在秀水县治东北二里许玄妙观,因祷雨十次有应,故名。

风月无边楼 在子城上东偏,旧名披云。绍兴间,郡守方滋建,即披云阁,后更名风月无边楼。

璇星楼 在郡治内东偏,宋建。

近民楼 在郡治西,旧通判厅。子城上,宋建。

天王楼 在府治西,子城上。宋建炎间建,元季毁。

清香楼 在府公厅后,清香堂之上,宋建。

万柳堂 春波门外,宋守令游燕之所。

同颢堂 在郡治。宋守俞浙改名修齐。

清香堂 在同颢堂北。宋守俞浙改名敬信节爱之堂。

山堂 在府治内西北。宋郡守张德甫建,后守李孟坚改名浩燕堂。取沈括诗,米芾书,刻石于堂之东壁。

涣堂 在郡圃内东北。宋绍兴中,郡守王安道建,李孟坚改名众乐。嘉熙初,知府史宅之重修,名涣堂。

平易堂 在郡治旧通判厅之东。

坐啸堂 在郡圃西偏。

同宣堂 在旧府判东厅。

志隐堂 在旧府判西厅。后改为织造局。

顺观堂 在旧府判西厅。

六鹤堂 在府治后。宋知州邓根建,其后知州徐葳于堂北为雪窗，外临荷池。

啸诺堂　在州治之西。宋郡守沈括建。

协和堂　盐捕公署理厅。

诚求堂　盐捕公署后厅。

惜节堂　在县治内。明崇祯年间，知县王养正建。

瑞芝堂　在丞衙治厅。

清惠堂　在丞廨后。

和中堂　在丞厅后堂。

三瑞堂　在市心醋坊巷。

旬宣堂　在布政分司公厅。

澄清堂　在按察分司公厅。

教简斋　在旧府判东厅。

秀远斋　在郡治内。

乐全斋　在县东北。宋皇祐中，主簿王存建。

片玉斋　在堂后之左，知县郑振先建。

竹寓轩　在府推官厅署中。

来鹤轩　在凝芬亭西。锡山龚勉书。

月波轩　在县治内。宋有月波楼，久圮。明天顺初，知县庄澈重建。

兴贤馆　在兴贤坊贡院前，取宾兴贤能之义。宋郡守郑定立。

葵向阁　在郡治东，旧通判厅。

第二节　池 井 山 石

池

金鱼池　普济院在慈恩寺之西南，原名金鱼寺。以刺史丁延赞得金鱼于池，而池在寺之前。后为放生池，上有月波楼。

放生池　在郡治东北一里旧放生池。唐乾元元年(758)置法空寺，钱氏改轮王寺，宋改兜率寺，后为北营。

清凉池　在郡厉坛后，即宋菩提寺址，有池曰清凉，中有石塔。

荷花池　宋元祐间，令狐挺种莲于望吴门外。城之北名荷花池，俗讹为荷花地。

凤凰池　在府学前，本参政娄机宅，故有“中书凤池”之称。嘉定中，郡守郑定表为凤池。

饮马池　顾节墩南。相传顾野王读书时，饮马于该处。

青白池　在府城东三里。遇水溢，则有青、白二色之异。

饮马川　端平桥北官塘内有饮马川，由吴越兵争得名。

井

红井　在盐仓坊。明万历年间，张氏兄弟一门之内，水性特异，能令染茜，易受色，倍鲜浓，业染家，以钱市其水。

严将军井　在天宁寺殿后。世传严助故宅，有井故名。

灵光井　在精严寺。寺本晋徐尚书别业，因井夜发光，遂舍宅为寺。成帝赐名灵光，故井亦曰灵光。

葛仙翁丹井　在天庆观。《嘉禾百咏》诗注：观有葛洪书额，遭兵火不存。世传东偏一井，岁有丹浮起，因名焉。观后改为城隍庙，井在东北道房内。

杨将军井　在子城西北二百步。将军为守将，时城陷，不屈，赴井死。

郡城百井　明嘉靖三十三年(1554)，大旱水涸。时有海寇警，水不给用，民困甚。郡守刘悫捐俸凿百井，民皆感之，构碑亭记之。

绿香井　一作绿香泉，有吟香阁，在锦带河。

石

天马峰石　在县东一里。宋尚书潘师旦宅有奇石，号天马峰。天马桥，取其名。

五台山　在精严寺西北。昔宝安禅师住北岳五台，亲运土石，筑庵居。因名。

嘉山　在府治后圃，嘉庆亭后。成化年间，知府金溪徐霖塞池筑土，集奇石叠而为山。

嘉禾墩　杉青闸后有嘉禾墩，即孙吴时产嘉禾处。宋有嘉禾亭。

鹤渚　在县南二里，宣公旧宅，放鹤之所。即裴岛。

舞蛟石　在县东南府前坊范应宾家，为盐官朱洪业所居。先在清宛堂，后在徐随州宅，随州殉难，以宅为祠，石在祠内。祠毁，惟石尚存。现在南湖小瀛洲。

义妇坡 在秀水县后。《汉书·列女传》:吕氏字荣,吴郡许升妻也,居于该处。

七贤遗迹 天庆观在郡治西北一里,本名同元观。《嘉禾百咏注》七贤遗迹:严陵阳焰;蹇子虔水;葛洪书额;吴道子貌真;张僧繇鹰,以致殿宇无燕雀巢;顾虎头神二,为巢贼窃去;飞仙,失名氏。遭兵火,并无存者。外有唐开元钟、梁朝桧、七宝上帝像。后观址改建城隍庙。

第三节 坊 表

光绪《嘉兴府志》记载嘉兴城域坊表有146座。

府城内

府前坊

德配天地 删述六经 府学圣庙东。

道冠古今 垂宪万世 府学圣庙西。

首藩名郡 府治前,明万历甲申,知府龚勉立。

承宣 抚字 府治东、西。

金声玉振 江汉秋阳 嘉兴儒学东、西。

腾蛟 起凤 儒学东北。

奠安 作新 嘉兴县治南。

圣域成德 贤关达材 秀水儒学东、西。

保惠 亲民 秀水县治前。

名相 为唐陆贽立。

忠辅 府治西。为宋赵汝愚立。

联魁 聚桂 府治西、北。

名宦 府前。為洪武中知府吕文燧、谢节,正統中黄懋,成化中杨继宗,正德中李伸、徐盈,嘉靖中萧世贤、刘慤,正德中同知伍文定,万历中方杨立。

碧漪坊

太保 尚书 为屠勋立。

科甲传芳 为黄盛、黄鏓、黄洪宪、黄正色、黄承玄、黄承乾、黄承昊立。

绣衣 为金灿立。

府西坊

天官冢宰 为陆光祖立。

元恺重光 司成总宪

报忠坊

青宫太保 为项忠立。

圣代国桢 清朝人瑞 为陈国是、王家彦、刘廷元、胡士相、过庭训、魏廷相、金汝谐、毛尚忠、姚士慎立。

宪锡中台 为姚思仁立。

进士 为顾际明、陈九韶、戈用泰立。

登瀛洲

灵光坊

尚书 有2座,一为郑晓立,一为项忠立。

柱史 为项经立。

都宪 为项忠立。

世进士第 为项忠、项经、项锡立。

世科 为项纲立。

玉堂重望 为沈懋孝、黄洪宪、冯梦祯、沈自邠立。

天官大夫 为陆光祖立。

司空世美 为陆杰、陆光祖、陆梦韩、陆基恕立。

会元 为冯梦祯立。

凤池坊

凤池振羽 科第联魁 贞元际运 龙飞际会

联芳 为范言、范之箴立

兄弟进士 为曹光、曹炜立。

三世同科 为父子同科陆杲、陆光祖,叔侄同科陆炜、陆光祚,叔侄同科陆鏊、陆澄原立。

四世元魁 为陆淞、陆杲、陆光祚、陆鏊立。

共步瀛洲 为周崑、张文宪、屠应坤、项锡、吴鹏、钱朮、郑晓立。

双凤 为戴经、戴纶立。

东宫太保尚书 为项忠立。

太史 为姚弘谟立。

魁元独盛

龙飞翊运

都宪 为陆杰、陆鏊立。

贤书际盛 俊彦登庸 二十八宿 元魁济美 天衢共步 进士

钟秀坊

盛世休徵 沈起仁年90岁,五世同堂。嘉庆二年(1797),具题奉旨赐额。

司马总曹 为吴鹏立。

父子进士 为吴鹏、吴绍立。

天曹大夫　为卜大顺立。

天官　为吴鹏立。

同胞三进士　为卜大同、卜大有、卜大顺立。

嘉兴县

常丰坊

裕国通商　在批验所署前。

宣公坊

甲科济美　世泽流芳　为马舆、马淮、马銮、马如麟、马来远立。

文武名卿　为谭昌言立。

大司寇　青宫太保　为屠勋立。

蒯塔坊

昼锦　为姜谅立。

天官少宰　为陆淞、陆杲、陆光祖立。

大司空　为陆杰、陆光祖立。

庆流滇浙　为严清、严从简先茔立。

黄阁巨儒　进士及第　榜眼　都为吕原立。

世荣　为宋吕玹、吕茂卿，明吕嗣芳、吕本、吕原、吕甍、吕言、吕科、吕程、吕穆立。

兄弟同科　为吕程、吕穆立。

大魁天下　为李自华立。

常丰坊

内台总宪　太保　为屠勋立。

父子同科　为包柽芳、包汴立。

世进士　为包鼎、包鼐、包节、包孝、包汴、包柽芳立。

两京侍御　为包节、包孝立。

兄弟同科　为包鼎、包鼐立。

内外宪台　为包汴、包柽芳立。

放生坊

褒秩忠良　乡贤光裕　为钱薇、孙校立。

别有洞天　为朱绶立。

进士　为石瑽立。旧在县治前，万历初，知县顾云程改為"浙西首邑"，移澄霁门外。

秀水县

西丽坊

万古精忠　在岳祠前，为宋鄂国岳忠武王立。乾隆四十五年(1780)，裔孙岳鉴重建(现在岳王祠前重建)。

三吴遗爱　为宋知嘉兴军、宝谟阁学士岳珂立。

两朝元辅　四世宠纶　为施雷、施灯、施应埙、施凤来立。

青宫硕辅　紫诰重褒　为陈一德、陈懿典立。

科甲绳芳　为徐学周、徐学曾、徐必达、徐世淳立。

翼世犹显　为徐镗、徐学周、徐学曾、徐行远、徐必达立。

状元及第　为朱国祚立(现在三塔路重建)。

忠著三朝　清师百世　为朱国祚立。

天卿大夫　为朱国祚立。

司宪　为张徽立。旧在城内碧漪坊，后重建于该处。今存，在血印寺门前，俗称血印柱。

兄弟名臣　为孙光启、孙光裕立。

宠贲三世　为孙仁、孙志道立。

连枝启秀　群凤鸣阳　为岳元声、岳和声、岳骏声立。

北丽坊

青宫太保　为吴鹏立。

义重宾庄　为义夫曹大田立。

壬戌进士　为项钶、宗弘暹、沈懋孝、张大忠、冯敏功、郑履淳、项笃寿、锺继元、王锡命、卜相、张应治、沈玄华、俞南金、钱贡、李芳、赵严、戚于国、王俸、戚元佐立。

漕河永赖　为知府吴国仕立。

司空　为谈相立。

五龙坊

进士　为梅江立，

探花及第　为张天植立，在北津亭。

有功名义　为孝子邹世麒立，在西门外。

圣世完人　为孝义何汉伟立。

另外45座为洁操玉立、孝义、贞节和烈女坊，其中位于三塔塘有11座。

第四节　冢　墓

光绪《嘉兴府志》记载嘉兴城域有冢墓20余处。主要有：

汉

朱买臣墓　在县东三里东塔寺后。

严助墓　在天宁寺毘卢阁后，俗名严墩(见第二十二篇“名胜旅游”第二章第三节)。

晋

苏小小墓　在郡治东一百步。20世纪70年代拆。

唐

周都官墓　在秀水治西北水中。

五代

御史中丞闻人珪墓　在阜城门外竹桥之西。珪，汴梁人。同钱祖渡江累建奇勋，赐铁券，居钱塘。子新，周显德四年徙嘉兴。

宋

处士严秋蟾墓　宋严处士世居汴京，南渡时适吴，卖药秀州，居竹林巷，卒，葬于该处。墓在蒯塔坊。

知州赵叔近墓　在真如寺。叔近，荣良公克类子，建炎中以龙图阁待制知秀州，王渊诬杀之。殡于寺中。

元

汤提举墓　在城东南二里春波坊。

总管府达鲁花赤八孔墓　在三塔塘南。八孔，元至顺间为嘉兴州守，建州学大成殿。

同知李复墓　在县南三里。李复为嘉兴路同知，卒，葬于该处。

明

布政黄懋墓　在府城东北二里北板坊。懋，字子勉，直隶元氏人。正统初知嘉兴府，升福建布政司使。致仕居嘉兴，卒因葬该处。

处士吴贤忠墓　在县春波坊虹桥之东。贤忠旧居于此，卒，葬此。明吴国伦《感祖墓在嘉兴》诗：“阙下仙班梦未回，白头相望远登台。马经芒部山烟过，雁带昆明瘴雨来。万里论心天咫尺，百年怀土日徘徊。离离高冢虹桥畔，犹是延陵旺气开。”

处士唐正四墓　在县东北春波坊芦池头。

吴檀、吴楧墓　在县春波坊江家桥。正德间两吴先后来禾讲学，居春波里，人称二吴先生。

董节妇王氏墓　王名桂芳，夫卒自缢死。邑令洪范葬于盐仓桥北，并撰墓表。

赠中宪大夫包孝子珪墓　在常丰坊包家巷后。珪曾孙鼎、鼒兄弟，同科进士。后鼒官佥都御史，赐祭葬。

光禄寺署正谭谏墓　在城内碧漪坊。谭吉璁诗云：“光禄墓前啼早鸦，一湾水转石桥斜。谁道犀牛能望月，遥怜櫆子尚开花。”

烈妇杨氏墓　端平巷人，墓在杉青闸。

处士盛远墓　在南湖滨三界堂。

嘉兴知府何鼎墓　在三塔湾茶禅寺后。

吴烈妇墓　嘉兴副将寔诚妾。诚临殁，嘱其妻更嫁之，吴不从，自缢死。葬杉青闸丁烈妇墓左，侍郎钱载立碑表之。

民国

陈以义墓　在南湖边。

明道法师塔　在梅湾街旁的小岛上。明道法师(1881—1935)，俗姓戚，名则周(思周)。嘉兴人。早年留学日本，回国后奔走革命，历任桐乡、德清等县知事。后出家为僧，主持上海弘化社后，住持苏州报国寺。1935年10月圆寂。叶恭绰撰《明道法师塔铭》。今碑存嘉兴博物馆。

褚辅成墓　在南门外庄曹圩祖茔，20世纪70年代墓毁。1995年12月，九三学社嘉兴市委员会在嘉兴公墓建衣冠冢，竖褚辅成撰《鸳湖营圹记》碑于墓前。

第八章　古城轶闻

第一节　唐　两宋

唐末五代战乱，嘉兴赖筑城而固守

唐文德元年(888)，嘉兴大城。此后，每遇战事，赖城而安，围而无险。唐乾宁二年(895)正月，原杭州刺史董昌称帝越州，冬十月使湖州将徐淑会淮南将魏约共围嘉兴。嘉兴都将曹珪环城固守，钱镠遣武勇都指挥使顾全武救嘉兴，破乌墩、光福二寨。乾宁四年(897)夏四月辛亥，钱镠遣顾全武军将兵三千自海道救嘉兴。己未，至城下，攻击淮南兵，获大胜。《十国春秋》中有记，“当时嘉兴围逼已久，遽见我旗号，皆大悦。是日，遂内外夹击，擒贼李宗礼、偏将顾金等二十余人，乘胜大破贼寨十有八所，又擒贼将魏约、张宣、杨燔、阎建等士卒三千余人。嘉兴平。全武等又乘胜逐田頵于驿亭埭，适电火焚頵营，頵由吴兴而遁。于时大水，我师逐之，斩首沉溺者几数十里。”

钱元瓘置秀州

吴越国建国第二年，后唐同光二年(924)，嘉兴置开元府，管辖华亭、海盐二县，府署驻子城，嘉兴县于府署东北择址新建署所。当时，吴越国与中原后唐王朝断绝关系，该事未报后唐批准。后因与后唐政府修好，后唐长兴三年(932)罢开元府建置。此前于后梁开平三年(909)，分嘉兴县北境部分合吴县之一部，置吴江县。后晋天福五年(940)三月，嘉兴县置秀州，隶以嘉兴、海盐、华亭、崇德。秀州成为吴越国十三州之一，吴越国王钱弘俶曾先后任命其从子钱昱、子钱郁担任秀州刺史。

吴越时代，嘉兴的农业继续发展，国内贸易相应开展。又与日本、高丽、契丹通商。嘉兴人蒋承勋于后唐清泰二年(935)9月，赴日本觐见日本朱雀天皇，献羊数头；12月，交易唐物，使藏人藤原亲盛至大宰府。天福五年(940)7月，左大臣藤原仲平有书致吴越王元瓘，可见这时有返航中国的船舶。后周广顺三年(953)，吴越王钱弘俶又遣蒋承勋等致书日本国右大臣藤原师辅，并赠锦绮等珍品；7月，蒋承勋回国时，右大臣藤原师辅托他带回答吴越王的复信。当时，秀州的青龙镇是吴越海上交通的一处重要港口。嘉兴的城市规模进一步拓展。名胜古迹烟雨楼、铜官塔等皆建于吴越时。

查办秀州官员不作为事件

北宋元祐五年(1090)八月，秀州风灾，数千灾民到嘉兴县衙诉说灾情，请求赈救。官吏以为法有诉水旱，而无诉风灾，闭拒不纳。于是，老幼相腾，先后死11人，殿中侍御史岑象求上奏该事。当月，宋哲宗下嘉兴县民群诉水灾蹈死多人责罚知县王岐等诏；令对当时的嘉兴知县王岐、主簿王旂作贬官处罚。

宋前期，国家吏治比较严肃。就秀州言，至少有2名秀州知州因受贿犯事而受到查处。一是庆历四年(1044)三月癸酉，祠部郎中、集贤校理钱仙芝贷命，决配沙门岛。原因是“知秀州受枉法赃罪，当死，特贷之。”免于死罪，流放山东烟台沿海沙门岛，疏于举报的2名官员也连带受到降职处分。二是“秀州守吴安世赎货后系狱。吴于元丰三年(1080)任秀州守。赎货，即贪赃。前两浙路监司苏澥、胡宗师、朱明之“坐不举发知秀州吴安世赃罪”，于元丰六年(1083)五月辛巳“各罚铜二十斤”。

日本僧人成寻过嘉兴

日本平安时代中期被称为善慧大师的天台宗僧人成寻(1011—1081)，于宋神宗熙宁五年(1072)五月三日，与名子弟一起从日本九州出航，以求法僧的身份到中国参拜天台、五台山，为时468天。写成《参天台五台山记》一书，记载旅途的经历。其中二次写到秀州。第一次，经杭州，过秀州北上。“(熙宁五年八月)廿六日辛丑，雨下。寅时出船，午时入秀州界内崇德县，亥时至三塔寺，大门外河边有三塔，高三四丈许，砖塔，去州二里也。至州门，宿。廿七日壬寅，天晴。辰时向秀州少卿衙，通判在一处，以通事问答了。巳时，州使绢十五疋持来，七人衣七条，可染道料也。即示可染色，返了。回船着北门兜率院前。午时，少卿送酒三瓶，与使臣钱三十五文了。法酒一瓶志送崇斑，小使召取于船，令饮。廿八日癸卯，雨下。午时，兜率院诸僧来迎，即入院礼诸堂云，庄严甚妙。见澄照大师影，道宣，律师谥号也。妙乐大师日记了。有一僧问天台来，一一答了。廿九日甲辰，天晴。巳时，府使取七条长短衣尺寸还了。九月一日乙巳，天晴。申时，出船，过州北门，经六里，至三(杉)树(青)堰，令开二水门，出船了。堰官人来，入船中，谒见道场，依待袈裟，不进船。戌时，七条七帖衣衫七领持来，有府文状，钱十四贯四百文出献了。即出船，至闸头宿。”第二次是参五台山后回程中过秀州，“(熙宁六年五月)十七日巳未，雨下。卯时，出船。终日曳船，过八十里，至秀州北门宿。十八日庚申，天晴。辰时，参府谒郎中，两度点茶，次汤，有送酒约束，嵩大师为通事，殿直共参。还船后，送酒五瓶，无灰风麴新酒者，茶酒司送文，奉返牒了。巳时，出船了。

过六十里。”

成寻是天台宗僧人，兜率院属天台宗寺院，在嘉兴城北。

修建月波楼

至元《嘉禾志》卷9载：“月波楼，在郡治西北二里城上，下瞰金鱼池。宋至和甲午(1054)，知州令狐挺立。又一甲午，知州毛滂修。楼成，置酒其上，乃为之记云：‘望而见月，其大不过如盘盂，然无有远近，容光必照。而秀泽国也，水滨之人起居饮食与水波接。令狐君乃为此楼，名以月波，意将揽取二者于一楼之上也。’”令狐挺，天圣五年(1027)进士，皇祐四年(1052)，守秀州。至和元年(1054)，建月波楼于西北城上。从此，文人墨客多有题咏。杭州知州郑獬诗云：“古壕凿出明月具，楼阁飞来兔影中。野色更无山隔断，天光直与水相通。溪藏画舫清纹接，人在荷花碧玉丛。欲解金鱼避炎暑，晚云深处待归风。”

政和四年(1114)，毛滂被诏知秀州。正值月波楼创建60周年。秋九月，毛滂重修月波楼成，置酒其上，撰《月波楼记》。次年，又作词三首，咏月波楼。《点绛唇·月波楼重九作》云：“手抚归鸿，坐临烟雨帘旌润。气清天近。云日温阑楯。压木浮金，一醉留青鬓。风光胜。淡妆人靓，眉黛生秋晕。”

建炎兵火，月波楼废圮。乾道五年(1169)，秀州知州李孟坚重修，未落成，后任知州徐蒇续成。当时建成的月波楼规模，远不及原来的月波楼了。即便如此，文人墨客手下依然有许多题咏之句。张尧同《嘉禾百咏·月波楼》云：“天阔冰壶净，溪平玉鉴寒。卷帘看晚色，鸥鸟傍栏干。”

元初拆城垣，城上的月波楼随之拆毁。明初重建城垣，月波楼未重建。

洪皓截留皇粮赈灾

政和五年(1115)洪皓任秀州司录参军，宣和六年(1124)秋，秀州发大水，十分之九的田地被淹。百姓流离失所，填街塞巷。府仓米粟不多，一时难有赈济良策。洪皓对知州说，愿意承担救荒之责。他立屋于东南两废寺，用以安排灾民住宿，十人一室，男女异处，以防殽乱。他把府仓米粟减价售给灾民。仓米发售完了，正值运送四万斛浙东纲常平米(贡米)的船队经过秀州城下。当时秀州是进贡皇家粮食的转运站，洪皓即让属吏锁住津栅，不让船只通行。向知州提议把这批贡米截留下来，用于赈济灾民。知州不敢同意，曰：“此御笔所起也，罪死不赦。”洪皓曰：“宁以一身易十万人命。”知州深受感动，就同意洪皓的建议，用进贡皇家的粮食让灾民度过困境。

不久，廉访使者王孝竭奉旨勘察灾情到秀州，对知州说：我从平江来，一路“哀号诉饥者不断”，“此独无有，何也？”知州就把洪皓建议用贡米赈灾的事情直说了一遍。孝竭即请洪皓到场，问明情况，并实地察看了赈灾现场。曰：“吾尝行边，军政不过是也。违制抵罪，今得为君脱之。”非但没有追究洪皓截留贡米的罪责，反而要厚赏他，当即呼吏起草奏章。洪皓说，能免去罪责已很幸运了，哪里还用得着厚赏呢？只是粮食还嫌不足，如能最终得到朝廷的恩惠，还需要二万斛粮食才能真正解脱困难。孝竭听洪皓这么说，经过申请，赈灾粮食如期运到。到麦秋时分，灾民相携以归，前后所活九万五千多人。

州人不死于凶年，人们无不额手相庆，每当洪皓外出，呼他“洪佛子”。秀州水灾后不久，又遇到军队叛变，抢掠民众，无人得免。惟有经过洪皓家门时，都说：“此洪佛子家也，毋得入。”

岳珂为祖父岳飞辨冤

岳珂(1183—1243)，字肃之，号倦翁，忠武王岳飞孙，敷文阁待制岳霖子。南宋宁宗朝，权发遣嘉兴军府兼管内劝农事，有惠政。痛其祖武穆王为秦桧所陷，在所居金佗坊，著《吁天辨诬集》《天定录》等书上之，题曰《金佗粹编》。

岳飞起自行伍，至大将，小战百余，大战数十，战无不胜。忧国忘家，以恢复宋为己任。绍兴十一年(1141)十二月二十九日癸巳，岳飞被害。岳飞生前无文集，后文稿散佚。其子岳霖搜访旧闻，参稽同异，掇拾未备，命其子岳珂终其志。

岳珂在南宋国子博士顾杞整理出来的岳飞传记草稿的基础上，增补其中尚未收录的资料，进行整理加工，历5年，著成《鄂王行实编年》六卷，《吁天辨诬录》五卷。于宋嘉泰四年(1204),岳珂将所收到的岳飞表奏、诗文旧事,被诬始末资料,以及留存下来和宋高宗给岳飞的御札,手诏80多份,南宋朝廷发给岳飞和部分省札,以及关于岳飞的旧闻,著述和部分记载汇集在一起,连同岳珂为岳飞辨冤的考证,全部呈送朝廷审核。

岳珂呈送朝廷的资料和书稿,经南宋史馆审查后,保管了下来。宋宁宗嘉定十一年(1218),岳珂将南宋朝廷审查过的各种书稿副本,加上《天定录》三卷,汇集成一本书,定名为《鄂国金陀粹编》,在嘉兴府刻印发行。因岳飞平反后被追封为鄂王,又因作者在嘉兴金陀坊别业,故取该书名。

到宋理宗绍定元年(1228),岳珂又将后续收集到的与岳飞相关的文件及时人记述,作为增补资料汇编成书,定名为《鄂国金陀续编》,在镇江府刻印发行。

《鄂国金陀粹编》和《鄂国金陀续编》两书保存了不少原始文件和资料,恢复了岳飞抗金历史的真相,为后代人了解和研究民族英雄岳飞,了解南宋初年和战两派的论争提供了较为翔实的资料。

南宋末推行公田法

南宋后期,一方面财政开支浩繁,另一方面官僚、功臣、贵族、豪门大量兼并土地,垄断围湖造田,肆意掠夺土地。比较正直的官员奋起抵制,即予以免职。淳祐五年(1245),莫子文任嘉兴知县。通理考满候代间,奉使王畴迎合执掌政权的人的意旨,峻行括田之令。欲以嘉兴县管下上供经界苗田,强抑本县供括,作殿司天荒荡围田,以为己功。莫子文说:"此事欺君害民,断不敢从。"文移到县,一切不行。王畴即煽动田使,以抗拒朝命的罪名,将莫子文从"宣教郎"降为"宣义郎"。

贾似道当政后,对土地兼并之祸不仅不设法解决,为了解决军粮和财政困难,反而采取掠夺土地,由国家直接收租以求增加收入,缓解窘境。从景定四年(1263)开始,贾似道推行公田法,规定对浙江东西路及江南东西路官户民户的田地,分别按身份规定限额,逾限的一律由政府回买三分之一,每亩收租满一石的给40贯,不满一石的按比例减价。计划回买田地1000万亩,执行后浙西六郡平江、嘉兴等地,买回了350万亩,由政府设公田管理机构经营,直接收租。推行公田法,各地流弊百出。先是按官品回买逾限田,继而转为派买,二百亩以下买三分之一,后虽百亩之家亦不免,所强买下来的并不都是大户的逾限田,小户人家的田地也强制收买,除给价不足,支付多是不能兑现的纸币(会子)外,还搭配度牒、告身等无价值之物,前者随时贬值,后两者无法售出。公田法施行后,社会骚动,比较正直的官员不予奉命,或不按贾的要求执行,即被参劾罢官。《续资治通鉴》记载:"官吏有奉行不至者,(提领)刘良贵辄劾之,追毁出身,永不收叙。"景定四年夏四月丙寅,公田官所言知嘉兴县段浚买公田,不遵原制,诏罢之。还有一个叫陈茂濂的人,经给事中徐经孙推荐,任分司嘉兴的公田官。后来,徐经孙条具买公田的危害,贾似道即让御史舒有开将其劾罢。陈茂濂听说徐经孙罢官,愤愤地说:"我不可以负徐公。"立即谢事告归,终身不起。嘉兴令段浚被罢官五百多年后,嘉兴人钱仪吉读周密《齐东野语·景定行公田》文,尝撰《宋某官知嘉兴县事段公遗爱碑》,感叹"考浙西公田之事,而于故侯段公不胜甘棠之思,遗爱之颂焉。"附带说到"分司嘉兴"的公田官陈茂濂告归事。

第二节　元　明

元初修纂地方志

嘉兴现存最早的地方志是至元二十五年(1288)刊行的《嘉禾志》。此前,秀州数次修纂过府志。一是修于北宋大中祥符年间的祥符《秀州图经》。纂修人名氏无考。该书为《舆地纪胜》、至元《嘉禾志》载录,元代已失传。二是北宋鄱阳洪皓纂修的宣和《嘉禾郡志》。《文渊阁书目》卷19旧志类著录,注云六册。据嘉庆《嘉兴府志》小序,此书嘉庆年间已无传本。三是修于南宋淳熙元年(1174)的淳熙《嘉禾志》,南宋知州、毗陵张元成修,闻人伯纪纂。5卷,故事1卷。《舆地纪胜》卷二嘉兴府风俗形胜引本志张元成序曰:"泽国之佳致,今之嘉禾,密拱凤城,若汉右扶风、京兆之壮观。"今无传本。四是南宋知州彰德岳珂修、嘉兴关栻纂的嘉定《嘉禾志》5卷。该书修于嘉定七年(1214),未成书。岳珂字肃之,号倦翁,嘉定间权发遣嘉兴军府兼管内劝农事。关栻字表卿,郡人。据至元《嘉禾志》唐天麟序所述,嘉定甲戌,郡守岳珂延乡前辈关表卿栻续修《嘉禾志》。后因岳珂改调而中辍,书仅5卷,分门二十有五。

至元《嘉禾志》由单庆修、徐硕纂。单庆,至元二十一年(1284)任嘉兴路经历。徐硕,嘉兴人,南宋咸淳四年(1268)陈文龙榜进士,时任郡博士,助修嘉兴路路学及宣公书院。全书三十二卷,其中碑碣十一卷,具有重要的史料价值,是该志一大特色。但该《志》官师、治绩、经籍俱缺。该书元刊本已不复可得,只有《四库》抄本及旧钞本、重刻本流传。

城内最早的当铺

旧时,郡治西北小西门内爽溪西有水西寺。相传唐宣宗为光王时,曾隐于此。武宗崩,迎归即位。敕水西寺为资圣禅寺。宋代曾3次重建或重修过寺院。元至治元年(1321),僧资瑞置田、新佛像、设长生修造局,办起了城内寺院里最早的当铺。

嘉兴更早的当铺是南宋宝祐三年(1255)本觉禅院的长生库。所谓长生库,即贮存长生钱的库藏。

此前,规模较大的寺院里的僧侣利用前来拜佛的善男信女供奉的香火钱,为平民们办起质押贷款业务,称质库,即最早的当铺。人们急需用钱时,可持衣物、首饰等既有实用价值又耐存放的物品,前来质库办理抵押贷款,到期归本付息。唐宋时期,质库收入成为寺院经济的来源之一。

元代,嘉兴城内的资圣禅寺有个叫资瑞的僧人,号雪岩,嘉兴本地人。性节俭,不追逐时尚,捐财置田取租,让藏殿、选僧堂长明灯有足够的供给。重粧大雄宝殿佛像及圆通大士、诸天肖像,金光灿烂。将殿柱漆成朱红色,在殿阶上砌上砖块,使佛殿内外庄严华美。

一日,资瑞看到佛殿自祖禅师始创,岁久将腐挠;藏殿虽年近,而渗漏颇多,二者皆大缘事。但常住田岁入不多,日支尚且紧张,哪里去筹集这笔修膳佛殿的费用。于是,他竭尽资囊,拿出统钞二千五百缗,作为长生局的本钱,命四位勤旧掌管。遇到寺院支出有困难时,立券就贷,依时生息。无论丰年或凶年,都做到本息立偿。他让四勤旧谨慎出纳,务使厥息蕃衍,用以贸田入租,专给兴修土木工费用。

本觉禅寺的住持僧如芝禅师听说资瑞办起了长生修造局,对资瑞说:“你如此操心,可谓舍人之所难舍,能人之所难能,非唯资土木无穷之费,抑或还能使家政主事者,不生登门告急的烦恼,不受缴纳租税时的骚扰,你这样做,一举两得,功劳高!”

于是,应资瑞之请,如芝禅师撰写《嘉兴路资圣禅寺长生修造局记》,由前翰林学士承旨赵孟頫书丹,勒碑于寺。

元代嘉兴府治架阁库

光绪《嘉兴府志》记“嘉兴府大堂西北隅为架阁库十间。”这是府治内的档案库。“架”,为支物的用器。“阁”,同“搁”,有“承载”之意。“架阁”即贮存档案的木架,数格多层,便于分门别类地存放和检寻。

嘉兴府的架阁库最迟至元代后期已经兴建了。那时档案称“案牍”,档案库叫“架阁库”。后至元二年(1336),嘉兴路总管府提控案牍兼照磨、承发架阁唐棣言于府曰:“嘉兴,浙右大郡。两至元间,所积成案十万五千有奇,簿历一万三千九百有奇,皆无所于藏,散处府廊东西楼及经历司之旁屋。”风吹雨淋,与虫鼠为伍,任何人可以随意拿取,边上还有人家生火做饭,存在着很大的安全隐患。“宜亟求空爽之所,作架阁库。”总管府长官将此事上报浙江行省,省里派人前来视察,“乃度地府东,纵百九十尺,衡廿有八尺,创库,若厅事,若房,若门,凡有十五间,縻楮泉万五千七百五十缗。经始于后至元二年(1336)之冬,明年夏成。”

新建的架阁库“纵百九十尺,衡廿有八尺”,相当今五百多平方米。工程由嘉兴路达噜噶齐、总管府总管亲自过问,工程的直接指挥则由嘉兴县尹杨森德担任。整个工程“陶坚斧良,缔构严慎”,即是说,无论是工料还是做工都很好,库房结构也很精严。整个工程没有额外征收老百姓的钱。新馆建成后,原来散放的档案有了专门的存放场所,远离了火源。管理也有序了:案牍逐年逐月排放,而且有了可供识别的标志,检索很方便,外人也不能随便进出了。这些案牍集中保管、编年排放、标志、检索、出入、防火的制度，都是如今各类档案管理制度的萌芽。架阁库落成后，因唐棣之请，当时的国子监丞陈旅撰《嘉兴路总管府架阁库记》。

至明弘治年间，嘉兴府治架阁库已由治东移至府治内。

元末重建嘉兴西水驿

长江以南由润州（今镇江）至杭州七百里，有水驿4处，嘉禾西水驿是其一。水驿在阜成门外西丽坊，设有驿丞掌管。崇祯《嘉兴县志》载："元初置，至正末毁于兵。明洪武元年（1368）四月，除授站提领为驿丞。重建。有重门，有厅，有穿堂，有后堂，有耳房，有廨舍。额设站船一十七座，铺陈三十六副。"

20世纪末，《嘉兴路重建水驿记》碑的发现，显示出该《志》漏记了元后至元五年（1339）重建西水驿的重大史事。

这一年夏四月，北庭法忽鲁丁嘉议公由海漕万夫长三转而来莅嘉兴路总管府总管任。先主持重修嘉兴路总管府府治，又以海漕万夫长的眼光审视简陋陈旧，弗称其制的西水驿，感觉到重整其制，改善漕运、交通的形象亦是当务之急。即集僚佐定议，檄下海盐州，得州之富民12人到郡厅，命葛德明董理，撤旧宇而更新。是岁六月兴事，不愈月而成。次年春二月，秀州崇德人、建德路总管府知事俞镇撰《嘉兴路重建水驿记》，总管府众僚勒石于驿。

元末战乱，西水驿又毁，石碑或即隐去不显。1998年11月，在实施环河绿化带工程，拆除西丽桥东侧桥堍旧房时发现了650多年前的古碑，这是嘉禾邮传史上的重大发现。

明清两朝，据光绪《嘉兴府志》记载，西水驿又有过数次兴废：明洪武元年（1368）四月，除授站提领为驿丞，重建水驿。明末毁。清康熙十一年（1672），守道李显荣檄知府王师夔重建。乾隆五十二年（1787），秀水县知县纪有堂建迎晖亭。咸丰十年（1860）毁。同治八年（1869），建驿房七间。

西水驿，原是嘉兴古代的重要邮驿。历史上，接待过无数过往官员。明代中期，朝鲜使臣崔溥停息于此，留下《过秀州西水驿》诗："南北东西予岂匏，中原风景肯虚抛。岳王庙下云烟合，伍相祠前草木交。一望青天涌水面，五更明月挂松梢。今朝又过嘉兴府，人自繁华竹自苞。"辛亥革命后，随着现代邮政的兴起，西水驿随之撤销。

严氏家族行医著名

严子成，字伯玉。其先汴人，南渡时适吴。宋咸淳间，始祖名秋蟾者来秀州，卖药于竹林巷，遂家焉。元大德间，其裔子成以医著名，性不计利，治病决生死，多验。会京师开御药局，徵子成，不就。时雪川赵文敏孟頫遘疾，医不能治，遣人邀子成。时子成游天台，路总管雅重赵，以驿骑迎归。子成诊之，翼日即瘳。文敏喜，为作《杏林图》，并绘孙思邈像赠之。以子成貌相类也。自是称药师。性好施予，筒不留资。年八十九，忽语人曰："我将往五岳游仙府也。"无疾而逝。

严子成子孙后代传其术，以医鸣于元明，称世医，有：严贵和，字大用，修子成之业，治疾有验。洪武十三年（1380）任太医院官。明年，禾中大疫，死者枕藉。贵和白于郡伯，市药，以镬煮之，遣数十人，行施于市月馀，活者甚众。子震，字宗远，嗣父医官，深达药理，事父最孝。严乐善，永乐间人。精医理，有弟欲毒兄，欲让乐善下鸩于药，遂出金饰贿乐善。乐善掷金于地，胁之曰："我姑不发汝隐，汝若更求他医，以杀同气，我必讼汝于官。"逾年，其人感悟，携鸡、黍来谢。是夜灯花放光，发莲花一朵，结为金人形，类菩萨趺坐莲中，长二寸许，邻里竞观如堵，达旦始灭。吴王太史震泽为作《灯花记》，称为盛德所感。

严胤芳，嗣医职，研究方书，甚精治疾，应手而效。严世美，弘治中亦为医官，郡邑皆敬而礼之。时当大疫，世美请于郡伯曰："天灾流行，虽安居，监狱中不免热而潮湿，请稍稍舒展监狱，对有病的犯人给予药物。待疫气稍平，再惩治罪犯，也不为迟。"郡伯采纳了他的意见，全活甚多。严萃，字蓄之。初习医，后改业儒，以贡入太学，授广东阳江知县，有惠政。居官八月，即辞官归。就复阅医方，曰："此吾祖业，可尽忘乎？"遂穷研数年，曲畅旁通，撰《药性赋》四篇，分寒、热、温、平之异。严锳，号春窝，秋蟾九世孙。潜心祖术，多起人危疾，不受谢，好义乐施，求疗者即舍药与之，遇贫人，加银五分施之,以为粥饵之费,来求者接踵。

沈珉初建秀城桥

秀城桥始建于明景泰初年,民国《竹林八圩志》记:“沈珉,字公美。乐善好施。景泰初年,饥,出粟助赈,存嘉善、秀水两仓。捐资建香严寺,造秀城桥。开东郭井,世称大井。”

相传,沈珉有4个儿子,后又添了个小女,特别喜欢。长大后,亲为择婿,相中秀水人俞山(1399-1457),字积之,号梅庄。永乐二十一年(1423)举人,授昆山训导。正统五年(1440)为郕王府伴读。十四年(1449)七月,北方瓦剌军入侵大同,明英宗朱祁镇下诏亲征。八月十四日,驻土木堡的皇师被瓦剌包围。次日,皇师溃败,京城闻败大惊。十八日,皇太后命郕王朱祁钰监国。九月初六,郕王即位,是为代宗。即位后,擢昔日伴读俞山为鸿胪寺少卿。不久升吏部右侍郎兼经筵讲官,转左侍郎。俞山上章力赞迎复英宗回归,代宗不听。又上章劝景帝勿改立太子,又不听。后退而忧道:“祸几自此始也!”即以风疾引归。回乡后,俞山仍有忧心,英宗一旦复出,难免大祸临头。弄不好还要株连年届八十的老丈人沈珉。只有行善积德,方能免祸消灾。于是以长者沈珉的名义出粟赈饥、捐资建寺、造桥凿井。种种善举,使沈、俞二家在惶恐中求得平安。景泰八年正月(1457),英宗在夺门之变中复出,改年号为天顺元年(1457)。当年十月初九,俞山因病而逝。朝廷追查下来,因俞山已离人世,不再追查。如今,沈、俞两家当年的善举,秀城桥历经修建尚存,为城内最古老的石拱桥。

两守嘉兴的清官杨继宗

杨继宗天顺元年(1457)进士,授刑部主事。擢守嘉兴。成化元年(1465),丁父忧归。五年(1469)服满,复补嘉兴,前后满9年。去之日,郡之君子、庶民、耆里,环府门送行者数千人。奔呼嗷号,至一舍许。知不可留,合辞请曰:“公既不可留矣,愿乞一物以慰吾民后日之思。”公不得已,解青纱衣以遗之。耆老周实辈以衣藏之髹椟,置诸三贤祠右。

杨继宗守郡最重学校。有两乡儒者,皆能诗行修,延为社学师,置之上坐。儒不敢居,继宗曰:“吾子弟师也,岂宜过让,必上坐之。”郡中自是知尊师。民间子弟八岁不就学者,罚其父兄。师儒竞劝,文教大兴。

御史孔儒清理军籍,乡中里老多被打死。杨继宗张榜告示:“御史打人至死,知情者到府衙举报名单。”儒怒。继宗入见,曰:“治官治民有一定的规矩。公尽管剔奸弊,劝惩官吏。如挨家查核,则是地方官事,非宪司纠察之事也。”孔御史不能辩驳,而衔恨在心。濒行,突入府署,打开杨继宗的衣箱查看,仅有几件破衣服,孔儒满面羞惭而去。

宦官路过嘉兴,杨继宗送上菱芡、历书。如索要金钱,就发文牒取出府库银两,说:“银两全在这里,请交验提银印券。”宦官连连咋舌,不敢动用公库银两。杨继宗入宫朝见,汪直想让他去拜见,他却不去。成化皇帝问汪直:“入朝觐见的官员中,谁是廉洁的?”汪直回答:“天下不爱钱的人,只有杨继宗一个。”

杨继宗赴嘉兴任时,仅以一仆自随,图书数卷,衣箧一只,不用锁钥。但性刚廉孤峭,人莫敢犯。而时时集父老问疾苦,为祛除之。

有张氏父子,号四凶,为民患。杨继宗到任,召至庭,对其劝戒,仍不肯改悔,继续劫掠库绢,即予以收捕。此二人贿执政求脱,执政以无原告为由答允,继宗应声曰:“请以朝廷为失主,杨某为原告。”执政语塞,张氏父子最终论死。

杨继宗任嘉兴知府时,注意积储粮食,三年得数百万斛。成化三至四年(1467—1468)大饥,郡人依赖这批粮食存活了下来,还用剩余的赈济浙东之灾。其后,嘉兴又遇上饥荒,继宗再发仓赈济。由于没有禀报督储,督储发怒,到郡查察其事。刚打开公文,一阵旋风刮来,空中有鹰数十,用爪子将文牒抓了去。督储骇异,就匆匆离开了,这见于明李乐的《见闻杂纪》。

杨继宗前后两任嘉兴知府9年,擢浙江按察司使,终佥都御史。

嘉兴推行房产税

嘉禾田称肥沃,而赋税、徭役也重。侍御史麗公在调查中了解到这种情况,疏请推行均平法,于是田野之民大致能保持自己正常的家业。但市民为需要而提供的杂役，如总甲、火夫、义官、坊民之类，对他们还是不平等的。

隆庆四年（1570），城南放生坊有个叫施于国的长者，提出能否仿照唐代“税间架”的办法，按门户的多少摊派，收缴税金。他所说的税间架，据《资治通鉴》《唐纪四十四》记载，“每屋两架为间，上屋税钱二千，中税千，下税五百，吏执笔握算，入人室庐计其数。”就是说，两个并列的屋架之间的空间为一间，以此为征税单位。还根据房屋分为3个等级，上等屋一间收税两千，中等屋一千，下等屋五百。

当时省里布政使、按察使，嘉兴知府均同意施于国的建议，于是“门摊”之法遂成定议。

按当时的“门摊”法，荐绅大夫与乡岁例贡，黉序之士所居，不起税，其余则估其屋舍，值十金，大都租一金。租一金，税其廛，岁不过八分五厘。百金上下，亦有减少或增加的。而道路僻陋，人甿贫苦的，则又递减之。嘉兴县有九坊，总六千九百五十户，税可得银一千三百八十一两八钱五分，输之官，官乃召募习事者为总甲、坊民诸役。总甲役最繁，而宣公、放生坊为旌旄驻节之所，其役尤甚。故食于官值约一十二两，如春波、北板、盐仓、常丰诸坊，其值十两八钱，蒯搭、王家、甪里，其值九两六钱。次义官八名，伺候巡道府县马头，逐日差使，其值每名七两二钱。又八名听候院道按临背护，敕印府县差用，稍减其值，每名三两六钱。次火夫，其值五两四钱。次坊民，其值三两六钱。下至仪从、鼓吹、木铎、执熽、汲水之属，皆量其役繁简，受值多寡，总其费亦共银八百五十五两六钱五分。于是民乐输而易办，上薄征而事集，富者无规避，贫者无重困。

万历六年（1578），南京刑部尚书、郡人孙植撰《门摊碑记》，记述门摊之法的具体做法。当时称《门摊》，实际就是采用收取房产税的做法，在一定程度上缓解了明代后期赋税日重，以致毫无法度的做法给百姓造成的困境。

金明寺里的禅林佳话

明天启年间（1621—1627），金明寺高僧释智舷居于三塔后的黄叶庵，自称黄叶老人。释智舷，俗姓周，字苇如。长水乡人。品性高雅，工诗善书。行脚30年，道名、诗名为当时推重。万历三十年（1602），释智舷重修金明寺，建天王殿、佛阁。

回乡的岳和声，在鸳湖西口先月亭旧址筑鹤石居，有茂林清池，虚亭敞阁。因与黄叶庵相去不远，与释智舷常有往来。天启五年（1625），岳和声捐金赎回了释智舷被他人侵占的金明寺房地。

天启七年（1627），时任嘉兴知府、嘉湖兵备道的詹应鹏捐俸在赎还的金明寺房地上构屋数椽，并题“结茅归老”额，迎释智舷回寺居住。其后，黄叶庵前枯黄的树叶落满场地，没有人再去打扫。于是朱彝尊《鸳鸯湖棹歌》有了“三过堂东开夕照，满村黄叶一僧归”之句。

出身于宣城的詹知府要离别嘉兴了，前访智舷大师，题诗七绝3首。其中有：“劳劳五载火为坑，拟共疲民入化城。尘世几曾超忍辱，有心皈佛说无生。”

释智舷步詹知府诗原韵，奉和答谢：其中一绝云“无眼禅和每堕坑，敢云戒律固如城。宰官说法如甘露，败种蕉芽也发生。”

其情景与宋代苏子瞻谒辩才老人时题诗作记的情景相仿。辩才老人，北宋杭州天竺寺住持。受寺内僧人文捷排挤而离寺。不久，文捷倒台，辩才重新入主寺事。时任杭州通判的苏东坡数谒辩才，赠诗多首。

后来，华亭隐士陈继儒过嘉兴金明寺，见壁间嵌着詹知府与智舷大师的唱和诗碑，连想苏东坡谒辩才老人时题诗作记的情景，感叹道：“真禅林一段佳话也！”事过390年，詹知府与释智舷的唱和诗碑两块，仍嵌于金明寺后殿南墙。

明末清初的嘉兴画派

明代艺术市场活跃，绘画流派林立，项元汴及其后人项德新、项圣谟等以杰出的绘画艺术独树一帜，成为江南绘画流派之一，史称“嘉兴画派”。项氏收藏对嘉兴本地艺术影响最大的是嘉兴画派的确立。项元汴因家藏既多，薰习之久，亦能自运。项氏一门可谓丹青世家，代有传人。自项元汴始，传至四代有子德纯、德新，孙徽谟、嘉谟、圣谟，曾孙奎等，皆以画名，连同旁支群从，擅画者记入史册的有8人，相誉明清画坛，数目之多，惟有同时的文徵明一族可比拟。其中以项元汴、项德新、项圣谟和项奎更为突出。

项元汴(1525—1590),字子京,号墨林居士。不仅在私家收藏中堪称巨擘,而且也是著名书画家。善作山水古木,松竹梅兰,天真雅淡,饶有逸趣。董其昌在《墨林项公墓志铭》中这样记述:“公画山水,学元季黄公望、倪瓒,尤醉心于倪,得其胜趣。每作缣素,自题韵语。”传世作品,据沈红梅《项元汴书画典籍收藏研究》统计,有绘画作品66件。其中收入该书的有《双树楼图》(上海博物馆藏)、《梵林图》(南京博物院藏)、《善才顶礼图》《兰竹图》《仿苏轼寿星竹图》(台北故宫博物院藏)、《桂枝香圆图》《柏子图》(北京故宫博物院藏)及《秋塘野艇图》8件。

项德新(1571—1623),字复初,号松斋。项元汴三子。工山水,尤善写生,奕奕有致。画得荆浩、关仝法,笔墨淡雅,格调苍秀,别有逸趣,学倪云林能得其神髓,而遗其形迹。与李日华为书画友,作品流传极少。传世作品有《秋江云树图》轴、《墨竹》扇画(台北故宫博物院藏)、《桐荫寄傲图》(北京故宫博物院藏)。

项圣谟(1597—1658),字孔彰,号易庵。项元汴孙。受家学熏染,自幼喜好书画,工诗文,擅山水、花鸟、草虫等。画风和笔墨传承项元汴的审美趣味。其画“取法于宋而取韵于元”,作品具有“士气与作家兼备”的特点,而作风更加严谨写实,题材贴近时代,反映社会现实和民众生活,富有思想内容和时代气息。传世精品之作有《大树风号图》轴、《剪越江秋图》卷(北京故宫博物院藏)、《群雀稻蟹图》轴(南京博物院藏)、《且听寒响图》卷(天津艺术博物馆藏)、《孤山放鹤图》轴(台北故宫博物院藏)。

项奎(1623—1694),字子聚,号东井。项元汴曾孙。幼承家学,工诗,擅山水,好用秃笔;兼长兰竹,笔墨秀雅,颇得元人枯淡之趣。著有《晚盥堂集》。传世作品有《寒潭静坐图》轴(沈阳故宫博物院藏),《深山草堂图》轴(嘉兴博物馆藏)等。

嘉兴画派的总体面貌属于文人画风格,崇尚摹古,讲究传统;绘画作品一般皆清隽秀逸,工致精到,古朴率真、温醇儒雅;笔墨以小写意或兼工带写为多,既追求笔情墨趣,又强调含蓄蕴藉,充分体现了“嘉兴画派”的绘画特色。

董其昌椽书“鱼乐国”

万历三十三年(1605),太史董其昌督学江南,路过嘉兴。当时盛行放生施善,已将范蠡湖作为放生池。董其昌觉得范蠡湖只是一泓池水,实在太小。建议把南湖作为放生湖,并书“鱼乐国”3字。

嘉兴知府车大任撰《鱼乐国记》记此事由,知府将“鱼乐国”3字勒石于烟雨楼头,以成孝廉之美。明末有石工窃售当湖民家,后烟雨楼成,有友踪迹送至,仍树故处。

嘉兴知府龚勉创建范少伯祠

范少伯祠,明万历十年(1582)龚太守勉所创。万历九年(1681)龚勉任嘉兴知府后,次年在浚城河、重修烟雨楼的同时,在金明寺后创建了这所祭祀经济名臣的范少伯祠。当时大约没有立碑记此事,但至今尚能在范蠡湖北东墙外侧见到《陶朱公里》碑,言明“万历辛巳(1581)玖月四明董渭立”。明末清初,居于祠侧的曹溶撰《范公祠》诗云:“俎豆千年旧,名因霸越留。黄金曾铸像,鸟喙久含愁。身退灵旗远,功成废殿秋。至今丹槛外,犹系五湖舟。”其后200多年,范蠡祠无恙。至清咸丰十年(1860)所毁,光绪初重建。石中玉《范少伯祠》诗“种桃插柳斗新壮”句夹注云:“长子芳采创建范阁,环植桃柳。”石中玉之子石芳采,光绪元年(1875)恩贡生,官直隶知县。后来,祠又废。今“范少伯祠”碑一块尚嵌于范蠡湖西施妆台北墙外侧走廊上。

能工巧匠张鸣岐

张鸣岐原是嘉兴新塍镇西谢洞里的工匠,因大收藏家项元汴的赏识,迁入郡城,以朋友之礼相待。项元汴在张鸣岐处定制了许多形式多样的铜炉。因项元汴独特的眼光和审美要求,张氏的制炉手艺更加出类拔萃。他选用精红铜,铜质纯净,可塑性强,光泽柔和。炉盖为手工制成,再磨光,工艺繁复,纹饰多为几何状裂纹及缠枝菊、梅、牡丹等,华丽精美。炉底部有小篆刻款,自然有度。据史籍记载，张鸣岐所制铜质手炉放置红炭而不烫，导热控制适当；脚炉踹之不瘪，强度很好，张鸣岐制炉技艺为后世文人所熟知和喜爱，声名大振。朱彝尊《鸳鸯湖棹歌》有："梅花小阁两重阶，屈戌屏风六扇排。不及张铜炉在地，三冬长暖牡丹鞾。"彭羡门《金粟闺词》有："不惜裘蹄金一饼，鸳鸯湖畔铸张炉。"天籁阁旧藏中有张鸣岐交梅手炉，上有墨林字，项元汴十分珍爱，成为传世的稀世珍品。

明末清初的造园名家张南垣

清顺治二年（1645），明末四公子之一的冒襄携董小宛流寓盐官途中，曾到过嘉兴。他的《影梅庵忆语》说："鸳鸯湖上，烟雨楼高。逶迤而东，则竹亭园半在湖内。"这个竹亭园临湖而建，借水而营，像个水上乐园。形状像把勺子，伸向碧波漪涟的湖面，俗称"勺园"。这个私家园林是吴昌时接管其兄长吴昌期的家产后，于崇祯七年（1634）或稍后一点的时间里兴建的。

勺园别业的峰石为张南垣所垒。张南垣少学画，谒董其昌，通其法，用以叠石堆土为假山，其垒石最工。他用国画的意境垒石为假山，别人都比不上他。一树一石，一亭一沼，经其指画，即成奇趣。他游于江南各地50多年，自华亭、秀州外，还到白门、金沙、海虞、娄东和鹿城，所过必数月。其所为园，有李工部的横云，虞观察的豫园，王奉常的乐郊，钱宗伯的拂水，吴吏部的竹亭等，都为当时著名园林，土石草树，识其性情。

张南垣造园，创手之始，乱石林立，踌躇四顾，默识在心。高坐与客谈笑，但呼役夫："某树下，某石置某处。"不假斧凿而合，及成，结构天然，奇妙。

吴昌时营构是园，穷极土木之丽。当年勺园的具体布置，已不可周知。陶元镛《鸳鸯湖小志·丛谈》说到："余曾一登其岛中，有方池，池之一面甃石为石堪，似曾结堂构其上者。池旁桑径，周遮有太湖石，隐陷土中。"由此可以想见，吴昌时的勺园，碧池红荷，青松绿柳，楼亭台榭，假山峭削，生动活泼，别有天趣。

崇祯十六年（1643）十二月，吴昌时弃市，家产籍没，勺园从兴建到充公，前后不到10年。至清康熙朝中期，勺园已焚荡贻尽。

清顺治九年（1652）春，吴昌时友人吴梅村路过嘉禾，重访竹亭故地，满目凄凉，感慨系之，作《鸳湖感旧》云："落日晴湖放棹回，故人曾此共登台。风流顿尽溪山改，富贵何常箫管哀。燕去妓堂荒蔓合，雨侵铃阁野棠开。停桡却望烟深处，记得当年载酒来。"写完诗，尚觉意犹未尽，于是泼墨挥洒，画成一幅《南湖春雨图》，将前二年所撰《鸳湖曲》长诗书于卷上，题下补"为竹亭作"4字。

吴梅村这次嘉禾行，还拜访了造园名家、勺园的构建者张南垣。张氏晚年退归鸳湖之侧，结庐三楹。吴梅村前往拜访时，应张氏请，撰《张南垣传》。

第三节　清　民国

夜纺授经与乾隆题诗

清代陈书夜纺授经的故事，传颂至今。陈书（1660—1736），号南楼老人，秀水人。陈尧勋长女，钱纶光继室，钱陈群母亲。陈书嫁到钱家时，家境清贫。公公钱瑞徵为减轻家中负担，带着抱病的老妻，到衢州府西安县县学教书，丈夫钱纶光也随去。

因家境清贫，请不起塾师，陈书在家一边纺纱织布，买米度日，一边亲授经书。长子陈群10岁授《春秋》，次子峰8岁授《孟子》，幼子界5岁授《小学》，并把兄弟3人的日课，按月寄至丈夫。

楼上兄弟3人篝灯课读，楼下陈书纺纱织布。儿子的琅琅读书声和母亲的咿咿纺织声，声声相呼应。当时，三兄弟年幼。一日在楼上席地而玩，被母亲见到，将兄弟3人叫到祠堂，下跪责打，罚停食1天，自责绝食2天。陈群等泣曰，请母勿自伤，儿自当苦读。

康熙四十八年（1709），钱陈群国子监读书后回故乡，教两个弟弟发奋读书。母亲陈书命人将梯子撤，让儿子在楼上专心攻读。康熙六十年（1721），钱陈群考中进士，改庶吉士，授编修。五迁右通政，督顺天学政。乾隆元年（1736），丁母忧。服除，仍督顺天学政。钱陈群感念儿时母亲每夜篝灯课读，以余辉躬自纺织的艰难岁月，请海宁郑璵画《夜纺授经图》卷，敬题家慈夜纺授经图诗：

母兮儿饥，终朝诵读，不可以为粟。母兮儿寒，终夜吚吚，不可以为衣。

秋夜长，秋月白。母曰嗟！汝父行役，儿不学，我废绩，废绩妇所羞，不学人所惜。紬之绎之永今夕，谁予和？鸣促织。

促织鸣，络纬声。桁上衣，手中丝。手中丝，盘中餐。儿毋啼饥，儿毋号寒，为诵《孟子》终七篇。

昔孟有母，恃兮实怙。汝今不勤学，我何见汝父？他日父归，行见挞汝。挞汝犹可，毋弃先人绪。譬厥纺，千万缕，一失理，纷莫数。思之思之，泪下如雨。

儿跪膝下，将母勿怒，儿请卒业，然后寝处。奇文难字，母训母诂。英声华词，是猎是咀。母曰乐哉！天实助予。圣贤在上，实闻儿语。

乾隆十六年(1751)，乾隆首次南巡时，索阅钱陈群所著《香树斋诗文集》，读到题其母夜纺授经图诗后，深为感动。命陈群将此图进呈御览，亲笔在图首写序，并赋七绝二首：

“索观钱陈群《香树集》，有题其母《夜纺授经图》。慈孝之意，恻然动人，且以见陈群问学所自来也。辄成二绝句题之。

篝灯课读澹安贫，义纺经锄忘苦辛。家学白阳谙绘事，成图底事待他人。

五鼎儿诚慰母贫，吟诗不觉鼻含辛。嘉禾欲续贤媛传，不媿当年画荻人。”

御题捧出，钱陈群叩谢，一连数日，各大臣争相瞻图题诗。据《文端公年谱》记载，图后有15位当朝名公文臣题诗。

乾隆三十年(1765)，钱陈群将乾隆御题诗摹勒上石，嵌钱氏莲花桥新宅客堂间墙内。嘉庆二十三年(1818)，钱陈群孙钱臻将乾隆御题诗碑、《夜纺授经图》及钱陈群与15位大臣的题跋摹刻上石。如今，乾隆御题《夜纺授经图》诗碑嵌梅湾街清芬堂亭内。

南湖举行“十郡文会”

顺治七年(1650)，江南各地的文人名士在嘉兴南湖举行“十郡文会”，一时盛况空前。毛奇龄《骆明府倪孺人合葬墓志铭》云：“君骆姓，讳复旦，字叔夜，山阴人。义乌骆宾王后也……越中当顺治初年，好为文社。每会集八县，合百余人，钟鼓丝竹，君必为领袖，进退人物，人物亦听其进退，不之难。尝同会稽姜承烈、徐允定、萧山毛甡赴十郡大社，连舟数百艘，集于嘉兴南湖。太仓吴伟业，长洲宋德宜、实颖，吴县沈世奕、彭珑、尤侗，华亭徐致远，吴江计东，宜兴黄永、邹祗谟、无锡顾宸，昆山徐乾学，嘉兴朱茂晭、彝尊，嘉善曹尔堪，德清章金牧、金范，杭州陆圻，争于稠人中觅叔夜。既得叔夜，则环而拜之。越三日，乃歃血定交去。”

这次来会的，大都是名士，在社会上有一定影响。他们中的一些具有民族气节的知识分子，不甘心处于满清异族的奴役之下，怀着满腔爱国热情，为了民族的存亡，四出游说，各地寻盟，进行反清复明活动。因这次文会是在“慎交”的前提下进行的，所以局外人不知道集会内容，参与者慑于清朝统治者的淫威，没有对这次盟会著书立说。

三藩平定后，清政权进一步巩固，军事上取得绝对优势，遂加强对汉族人民的思想控制。一方面大兴文字狱，镇压具有反满思想的文人，另一方面提倡程朱理学，推行八股文，对汉族知识分子特开博学鸿词科予以笼络。此后，参加“十郡文会”的名士，有的做官，有的应试，有的隐居，有的出家，各人各走自己的路。

参加过“十郡文会”的秀水朱茂晭的《庆清朝慢·鹤洲》词云：“湖绕鸳鸯，楼飞烟雨，芳洲雅擅风流。何人解将，仙羽舞影沙头。好载明月去伴，幽人玉笛起扁舟。最堪爱，云中呼客，竹露惊秋。柳塘外、烟霭里，听彻遍早晚，棹语渔讴。千顷琉璃平净，一片帆收。清簟疏阑看奕，谁家帘捲最高楼。鸥飞处，澹云微雨，销散闲愁。”

另一位参加过“十郡文会”的嘉善人曹尔堪撰《满江红·谷雨放舟入南湖》词云：“春水平添，放远碧、帘捲高坐。南湖畔、夜深灯火，打鱼相课。塔望真如惟一点，楼名烟雨微留个。正清明、谷日应祈年，人人贺。鸦似墨，林间簇。柳似醉，堤边卧。渐春融气霭，日高云破。果是画船如屋里，江南风浪何曾大。倒醇醪、彻底发甘香，前年做。”

无论是写他人，还是写自己，描述的都是闲适生活，不再提起反清复明的事。抑或“十郡文会”是一个转折点。

吴永芳建鸳湖书院

入清后，嘉兴部分书院毁废。从康熙朝起，嘉兴府考中进士逐科减少。顺治年间参考6科，平均每科17人，其中顺治六年（1649）23人。康熙年间参考21科，平均每科7人。其中康熙三十六年（1697）取3人。康熙三十六年（1697）、五十一年（1712）两科，嘉兴、秀水两县无人考中。康熙五十四年（1715）吴永芳任嘉兴知府，第二年，修嘉兴府学大成殿、两庑、棂星门。再下一年，新建圣祠，移名宦、乡贤祠于戟门西，重建文昌阁。在郡学东创建鸳湖书院，吴永芳尝以乡贤陆稼书先生三请从祀，未果。陆稼书是康熙九年（1670）进士，官江南嘉定、直隶灵寿知县，升四川道御史。时称循吏，被清廷誉为“本朝理学儒臣第一”。雍正四年（1726），诏从祀孔子庙庭，位列先儒蔡清之次。乾隆元年（1736），赠内阁学士兼礼部侍郎。鸳湖书院成，吴永芳奉陆陇其栗主于楼，延师课士，捐置义田七十五亩二分，又拨杨公祠田七十八亩，为祀葺费及修脯资。吴永芳自撰《鸳湖书院记》。兴学校，重课士，学风大振。雍正年间，嘉兴府参考进士4科，平均每科8人，以后基本保持这种状况。吴永芳任嘉兴知府期间，还浚城河，重修《嘉兴府志》十六卷。

嘉庆元年，嘉兴知府伊汤安倡属捐银千两，更定鸳湖书院规条。咸丰十年（1860），鸳湖书院毁于兵燹。同治三年（1864），布政司蒋益澧捐廉为倡，知府许瑶光集资重建，奉祀陆宣公、陆清献公、张杨园先生位。闽浙总督左宗棠书“景行维贤”额于讲堂。光绪四年（1878），光绪《嘉兴府志》在鸳湖书院校刻。光绪二十八年（1902），嘉兴知府刘毓森命以鸳湖书院为基础，创建嘉兴府学堂，即今嘉兴一中的前身。

清前期赋税改革

清初各省赋税繁重，苏、松而外，以浙之嘉、湖两府为最。康熙中后期，政局日渐稳定，赋税改革随之进行。康熙五十一年（1712），清廷宣布：“海宇承平日久，户口日增，地未加广，应以现在丁册定为常额，自后所生人丁，不征收钱粮。”以上年全国银丁额为准“续生人丁，永不加税”。

雍正元年（1723）七月，诏令全国，实行“摊丁入亩”，一切赋役按地亩计算，摊入的丁银称“地丁银”。雍正四年，覆准浙江所属丁银以通省田亩均摊，每亩田赋一两，均摊丁银一钱四厘不等。“摊丁入亩”制度的推行，实际废除了人头税，无地或少地的民众免除和减轻了人口税，纳丁银的人不再服徭役。

在浙江，田赋改革于雍正五年责成府、县讨论，九年《宪行禁革里书改设顺庄条规》，勒石永遵。宪行，上司委派。主要措施是：

废除代办粮赋的农户，由政府直接征收；由佃户就地代为完粮；改善田地产权转移过户办法；革除一切银米需索及酒饭船钱歇宿费用等陋规；“易知由单”，无由单不交税；不准浮加暗派任务；革除重耗之弊等。新政不仅使田赋征收的弊端受到抑制，农民负担有所减轻，国家财税收入增加，为乾隆初期国家和兴盛创造了条件。

雍正五年（1727）十月，下旨将嘉兴府额征银472900余两减免十分之一，“永著为例”。康熙、雍正、乾隆三朝，临时减免税银或遇灾给以赈济的有62次。其中康熙朝16次、雍正朝17次、乾隆朝29次。临时豁免漕粮一年有4次，唯漕粮总额概不在减免之列，漕运负役始终沉重。康熙、乾隆帝南巡期间，对嘉兴府的赋额亦多有减免。

清朝前中期，对嘉兴临时减免税银或遇灾给以赈济，使百姓得以喘息，生产逐渐好转，人口逐年增长。据光绪《嘉兴府志》，嘉兴县：康熙六十年（1721），原报人丁163515丁口。道光十八年（1838），户100741，大小丁316713，大小口302864。秀水县：康熙六十年，原报人丁105631丁口。道光十八年，户78934，大小丁276230，大小口226630。至第一次鸦片战争前，嘉兴、秀水二县人口1202436人。嘉兴城内外市况也日渐繁荣。《古禾杂识》记载：“宏文馆前直街，自韭溪桥至西埏桥。趁集者，列肆市中，百物辐辏，喧哗杂沓，昼夜不绝。”“城隍庙趁集人，百物俱集，星卜杂流，茶坊酒家，至不能容膝。”咸丰三年（1853），全椒薛时雨来任嘉兴知县，其《奉檄赴嘉兴新任述怀》诗云：“鸳湖本名区，财赋实丰穰。山川既清淑，壤地亦恢广。叱犊农朝耕，鸣簧妇夜纺。冠盖塞角里，缟丝纷来往。岁暮榷正供，十万计粮饷。狼戾厥连云，充牣库积镪。筮仕得膏腴，同僚代心痒……”

项氏天籁阁藏品的归宿

项元汴得众多的书画图书，构天籁阁收藏。康熙《嘉兴府志》在“明古迹秀水天籁阁”条下记载：“项元汴，号墨林居士。尝得铁琴一，上有‘天籁’字，下有孙登姓氏，因以名阁。”孙登琴是灵异之物，项元汴得之欣喜异常，遂将藏书楼命名为“天籁阁”。

当年天籁阁的位置有两说，一说位于城北部项家漾侧。另一说，在瓶山西侧。光绪《嘉兴府志》卷十五《园宅》：“天籁阁，在城内灵光坊。”天籁阁与杭嘉湖道署同属一坊，应说相距不远。朱彝尊有诗云：“墨林遗宅道南存，词客留题尚在门”。道前街，正在瓶山西。天籁阁位于今瓶山西侧的可能性更大。

清顺治二年(1645)，清兵南下，嘉禾被燹，项氏累世之藏尽为千夫长汪六水所掠，荡然无遗。至于天籁阁是否也是清初被毁，抑或被人为拆去，未见到确切资料。

项氏天籁阁的不少珍品几经辗转，入藏于清廷内府和著名藏家，并得以传藏至今。乾隆十六年(1751)，乾隆第一次南巡，撰《嘉兴道中杂咏》云：“槜李桥边忆旧贤，子京高致渺溪烟。收藏流落人间世，剩有雕章内府传。”

乾隆帝六下江南，八游南湖，登览烟雨楼，专访天籁阁旧址，对项元汴的收藏意趣与风雅惺惺相惜，魂牵梦绕，总是想把天籁阁带进自己的生活。终于在乾隆四十五年(1780)，命人因“天籁阁”之名，按嘉兴天籁阁意境，在承德避暑山庄梈檀林建“天籁书屋”，并在宫廷内府收藏的项元汴天籁阁旧藏书画中挑选出宋米芾《云山烟树》、元吴镇《四友图》、明徐贲《眠云轩图》、明唐寅《看莲图》四幅，移藏于避暑山庄天籁书屋。每当乾隆帝展卷赏览项氏藏品时，总会忆及项子京，便提笔作诗撰文，以志纪念。乾隆四十九年(1784)题诗云：“槜李文人数子京，阁收遗迹欲充楹。云烟散似飘天籁，《明史》怜他独挂名。”

精严寺儒释之争

明嘉靖十四年(1535)十月，监察御史张景巡视至秀水学宫，见弦歌雅颂、诗书礼乐的学宫在佛寺后，精严寺层宫叠宇峙压于前，一种似与吾道角者的感觉油然而生。责令秀水知县林应亮将精严寺高出学宫的部分全部撤去，于是，知县借机对原本地基较低的秀水学宫像像样样地修建了一番，浚河渠之堙塞，撤梵宇之层架，迁敬一碑于明伦堂后数武，屋增其旧，易其梁桷瓦甓之腐坏者，中为亭，以间计者三。左右各为侧厅者一，飞檐隆栋，焕然大新。精严寺高于学宫的部分被撤去。

乾隆三十五年(1770)，精严寺将作扩建，并欲改易旧观。禾郡绅士即聚集一地，共商严禁。限以旧址为基，自基至顶无逾三丈二尺五寸，顶不起脊，一仍旧式，并禁其创造后殿。次年，精严寺按此标准修建，不敢越轨。到光绪年间精严寺重建藏经阁时，寺僧桂岑上京去请龙藏，监院僧道秀则在禾辟地建阁。地方绅士以藏经阁逼近学宫为由，议令改作。待“龙藏”请到嘉兴，藏经阁已被拆毁。事情闹到秀水县衙，知县刘颂年问：“寺东偏有隙地乎”？答曰：“无矣”。这时，精严寺梧桐房僧余天起而请曰：“僧有地亩七分有奇，愿舍之。”刘知县征求绅士的意见，没有提出异议。于是，藏经阁易地建造，“龙藏”才有了安身之处。

许瑶光治禾留遗泽

同治三年(1864)四月，许瑶光知嘉兴府事。连续3任，前后17年。太平军撤离嘉兴时，嘉兴田园荒芜，百业凋蔽。许瑶光上任后，首先剿灭各地歹徒组成的枪船帮，整饬驻嘉湘军纪律，减少扰民举动。以优惠政策招徕外籍农民来禾垦荒。先有本省绍兴、宁波、台州、温州等府的农民前来垦荒，续有河南、苏北等外省人前来，随后清廷又裁撤部分湖北、湖南籍兵丁就地安置务农。不久，嘉兴各地的农业生产逐年有所恢复。同治八年(1869)，又在府治内东北隅建嘉兴府常平仓，调节丰歉。

同时，渐次修复或新建城乡设施。同治四年(1865)，重修嘉兴府城楼。五年(1866)，修小西门、大西门及南门月城内城身。府治内修复两廊房舍，于二堂之西建书屋三楹。堂东建补梅轩，轩之东筑墙为圃，培土为山，题曰东瓶，以与瓶山相对。同治四年(1865)，重建栅堰桥。七年(1868)，重建北丽桥,重修五龙桥。光绪二年(1876),重建西丽桥。同治十三年(1874)春,许瑶光会同嘉兴举人石中玉、程瑞生,并率西水驿丞李庞桂,由北路王江泾长虹桥起,转折而绕郡河,逾桐乡、石门,至德清界之安乐桥止,往返六日,量高测深,勘明秀水境内应建桥2座,应修桥22座;桐乡应修桥7座;石门应修桥22座。采石于吴县之木渎,购椿木于平湖之乍浦。于光绪元年(1875)春开始修建诸桥,至三年(1877)夏告竣。

许瑶光重兴教育。同治三年(1864),重建弘文馆。同年,重修嘉兴府学。重修嘉兴县学。集资重建鸳湖书院。同治十三年(1874),率郡人严大魁、张程式等将位于府治西南毛家坊的塼庵改建成育德义塾,延师以供无力读书的学童。兴办善举。同治四年(1865),将原东门外的普济堂改建于城南隅。同治五年(1866),劝谕丝商集捐洋三千三百元,置买徐姓房屋一所,作为嘉秀育婴堂。九年(1870)十月,开堂收养,由绅耆董其事。并劝谕各铺业每交易千文抽捐一文充经费。同治十二年(1873),倡捐将位于郡城南宫祠傍的嘉兴栖流所建为嘉秀两邑孤贫栖息之所。

许瑶光任嘉兴知府时,烟雨楼仅剩破砖残瓦,一片荒基。同治六年(1867),在烟雨楼大石埠上面建造门厅,取名清晖堂。同治八年(1869),为南湖八景题诗作序,请秦敏树绘《南湖八景图》,在钓鳌矶台上建八咏亭,又在烟雨楼遗址东北,建造亦方壶。同治十二年(1873),在清晖堂左右各建厢房,分别取名菱香水榭、菰云簃。同年,许瑶光赴京觐见前,地方士绅为他在烟雨楼旧址西北建造来许亭。吴仰贤撰《来许亭记》,勒石亭中。许氏在来许亭前建造式样相仿的鉴亭,亲撰《鉴亭铭》。光绪元年(1875),湘军将领彭玉麟来嘉兴,许瑶光陪同游览南湖。彭玉麟为许氏画横、直梅花图各一幅,每幅画上分别题了诗。许瑶光将这2幅梅花图勒石宝梅亭中。

许瑶光在兴建烟雨楼湖岛众多的景点时,曾留下《嘉兴俸满诗碑》《烟雨楼编年诗碑》《福寿碑》《构宝梅亭诗碑》。同时,将宋拓神龙兰亭序及题跋、马券帖诗跋、米芾书唐高宗诗、吴镇风竹图诗勒石湖岛。这些名迹,大多保存至今。

重九登高在东塔

东塔旧址在角里街现东塔弄。原系朱买臣故宅。梁天监二年(503)建东塔寺。隋仁寿元年(601)建东塔,木质,方形,高七层,每层围有木栏杆,是嘉兴最早的塔、寺合一建筑,数度兴废。东塔寺原有钟楼,名景阳楼。据宋《挥麈录》记,南宋时,一天晚上寺僧梦见金龙绕楼,楼为之一震。翼日,年幼的宋孝宗到此登楼,误行而失足坠地,旁观者失色,而孝宗屹然不动。后因更名景龙楼。东塔曾有奇异的传说:离东塔十余里外的湘家荡,湖面宽阔,风景秀丽,每当月净波明之夜,湖底塔影七级,清晰可见,塔身燃灯时,水中亦见灯光点点。旧时,每到重阳,东塔登高是少不了的。元末至正二十四年(1364)重九日,嘉兴高巽志、河东牛谅、武林陈世昌、天台徐一夔、四明周致尧等7人同登东塔,取杜甫《九日蓝田崔氏庄》中“玉山高并两峰寒”诗句,每人各拈一字,分韵赋诗,被传为美谈。《东塔朝暾》是“南湖八景”之一。同治九年(1870),嘉兴知府许瑶光《东塔朝暾》诗云:“地邻东海晓波黄,缥缈朝云捧太阳。吴越河山都入照,却饶孤塔早霞光。”解放前,东塔渐次衰败朽颓。1968年拆毁。

嘉兴裁并厘卡局

太平军起义后,清政府逐渐推行捐里助饷的办法,即日用必需品抽收百分之一的税款,名抽厘。厘捐本是临时性筹款,不算正税。但太平军撤出后,厘捐没撤消,继续实施五六十年。

嘉兴是同治三年(1864)起设局卡征收厘金的。府设厘捐总局,县及大镇设局,府属厘卡81个,卡下又设分卡。利用水乡特点,再设摇卡(驾船流动缉税),或三五里即有一卡,每卡都有权验扣客船,罚款加税,勒索钱货。局设总办,卡设委员,卡吏卡丁常有数十人。

原规定百货运销,初卡收厘后,各卡放行,规定“值百抽一”至“值百抽五”,而农民自销土产不抽厘。嘉兴府年厘金定额85600两。嘉兴府百货厘金年收钱165000多两,厘局支出49000两。除去航运业认捐30400两外,以85600两的捐数,设81卡网罗征收。由于地邻江苏,起验并收,各个环节加捐,各个环节送礼、行贿。

货物自嘉兴境"节节加捐，节节输贿(送贿)"，逐卡征收，税率常达10%以上。丝绸自嘉至沪，厘捐累计竟达货价的15%还多。农民的食米运往别地也要交捐。

1876年8月31日《申报》报道："嘉兴之厘卡与别处较异。每'总卡'及'分卡'外，又各分设船只为'摇卡'。所说摇卡为"嘉郡独擅"，卡船常隔数里，一般停在僻港汊河，不时突然闯出拦捡商货，挑剔留难，商民为求速行，只能任其罚没，甚至荡产。

光绪二十二年(1896)，嘉兴设立海关分关，商货多向海关报税，卡局无法再肆意妄为。浙江布政使恽祖翼要求按当地实际情况，设柜收捐。会同嘉兴知府宗培等人，检查、勘验，商量办理裁并厘卡，具体由嘉兴府同知刘颂年完成。光绪二十五年(1899)三月，嘉兴下属81卡撤并。只保留收取蚕丝税的厘卡7处。复核厘捐数量如旧，局支减少到原来的一半，对长路商贩全部免收厘捐。其后，年税定额不变，直至民国。

撤并厘卡后，行商免于征税，虽定额不变但改变了"昔时禾民，懋迁倾家"的局面，对商民还是有益的。因此，嘉兴合属绅耆商民立了一块《嘉兴府裁并厘卡颂》碑，用来肯定这件事。

设海关办警察

光绪二十二年(1896)七月，杭州设海关。九月间，江海关制定杭沪通商章程，外国轮船可以直航沪杭，嘉兴为停泊码头之一。日本轮船从是年起开辟航运，伸入内河。五月间，日商大东、新利洋行的轮船开始经营沪杭航线。十二月，嘉兴设杭州海关分关。先在北门外北丽桥下雇大船办公，过往船只均在此受检纳税。此后，日本轮船改组为大东汽船会社，又扩大为日清汽船株式会社，航线扩至乌镇、湖州、平湖乍浦，侵霸嘉区航权。二十四年(1898)，浙江茶盐等捐税，一律归总税务司英国人赫德派人管理。二十六年(1900)，嘉兴海关建成关舍，迁入办公。当时海关的行政管理权和关税收支权均由外人掌握，故称洋关。

嘉兴海关成立后，外洋交涉日益增多。为确保一方治安，促成了警察的诞生。

2010年7月29日，市区落帆亭东侧施工现场发现《嘉郡北门外绅商士庶公送钱南屿父台调办警察序》碑，说的是清末嘉兴兴办警察的事。一位叫钱南屿的秀才应嘉兴知府邀请，在郡北掌管警察。"华洋交涉，往往龃龉争执，少府不激不随，力为排解，西人服其公正。遇事和衷商榷，民赖以安。而地方之无赖宵小，亦皆敛迹他适，闾阎晏然。"钱南屿管理警察颇有办法，但上级官吏只允许他任职一年。后来郡守另调他任，钱南屿担心自己身体吃不消，屡次乞退。这样，北门外的绅商士庶亟请张鸣珂撰写这篇序文，后来，镌刻后立碑于落帆亭东侧，以示不忘钱南屿掌管警察的业绩。

光绪二十九年(1903)6月，护理浙江巡抚翁曾桂在杭州设立浙江巡警总局。

嘉兴市本级警察兴办于何年，未见明确记载。此碑文已有"郡守廉其才，令司北郭警察"之句，且钱南屿已管理警察一年。可见，最迟至光绪三十年(1904)，嘉兴已兴办了警察。

嘉兴初现中外交涉事务

鸦片战争以后，外国商人、传教士到嘉兴通商、传教，光绪《嘉兴县志》载2次中外交涉。

一次是同治七年(1868)7月，美国长老会惠志道派令教民来郡，租赁荐桥直街房屋传耶苏教。该屋为胡姓，朱姓盗租与教民。胡姓报官，经嘉兴县知县臧均之令迁让。驻沪美国总领事西华谓为驱逐教民，有违和约，累次照会查办，并有布国斯米德自称公使，英国姜辟理、美国惠志道、葛莲等来郡面论，经府县析之以理，系房主令其迁让，并未签差，驱逐通报上司。通商大臣马新贻札饬上海道转复美领事，以租屋传教，必先报明地方官酌办，且斯米德等四人未奉领事所派，迳至嘉兴面见府县，妄称公使，甚属悖谬，应作罢论。就此结案。

另一次是光绪三年(1877)3月，英国教士陶锡祈持驻宁领事给照，游历来府，称于市心弄租屋开讲，请出告示以杜骚扰。知府许瑶光批以条约，有保护之条，无出告示之文。后去奉宁道，札准英领事函陶锡祈遣教友饱哲桂在馆弄租屋开讲。该屋早租为中国义塾，当即退租。8月26日，有在嘉卖豆腐浆的华人戴行鸠，带领鲍姓、史姓2人将行李搬入馆弄义塾之侧，房主缪吴氏以业以退租，何得擅入寡妇之门，邻里将行李推出。陶锡祈又禀府，被众哄逐殴伤。戴姓约28日辰刻听信，戴姓不肯赴县验伤，府饬秀水县赴北门旬河干，验有微伤。观者如堵。群言戴行鸠装伤，耸动洋人牵制官长及陶教士，由府便门进署，观看之人盈千，跟入齐喝不要洋人在该地传教。陶锡祈知群怒难犯，作华语说："我不在此传教了。"府县喝退，士民保护出城，通禀完案。

这是嘉兴最初的外洋交涉事宜。自嘉兴设立杭州海关分关后，外洋交涉日渐增多。

建立辛亥革命联络点

西南湖中的分水墩，在清朝末年，当地人士建亭筑榭，辟池植荷，遍植垂柳。人称小放鹤洲，成为游览之地。

小放鹤洲北沿街一带，原有褚辅成创办的南湖学堂。当时，褚辅成参加了革命，但嘉兴缺少联络点，于是就乘废八股、停科举、兴学堂的机会，选择西南湖一隅，于清光绪三十年（1904）创办南湖学堂。先生集资购嘉兴竹行湾土地，拆宝莲庵，改建为平房为校舍，创立学堂，名为南湖两等小学堂，自任堂长。这里离南门不远，既不闭塞，又不招摇，交通联络，内外方便。更与西米棚下褚宅同处一坊，便于日常照顾。

褚辅成留日期间，委托田月斧主持南湖学堂。清光绪三十一年（1905）秋，褚辅成在日本加入同盟会。当年12月，受命回国，任同盟会浙江支部长。光绪三十二年（1906）3月，秋瑾到嘉兴，褚辅成在南湖学堂接待，商议反清义举，并推荐她到南浔女校任教，实际是要秋瑾以教师职业为掩护，发展同盟会、光复会两会会员。此后，又有陈英士、姚勇忱等同盟会中坚陆续到嘉兴联络褚辅成举行反清议事，均住南湖学堂。

至民国时，南湖学堂已有一定规模。当时学堂所聘的教员都是同盟会会员或社会进步人士，教育秩序井然。1912年，南湖两等小学堂更名南湖两等小学校。以后又历经更名，成为城区区立南湖国民学校兼办高小、第二小学校、南湖小学校。1945年8月，成立嘉兴县东南镇中心国民学校。1947年2月，改称嘉秀镇第二中心国民学校。

嘉兴解放后，更名为嘉兴市新兴区中心小学。其后，经多次调整或搬迁，更名为辅成小学。校园内有褚辅成先生的半身铜像，并开设褚辅成先生史迹陈列室。

怡情曲社曲会

1919年，烟雨楼重建落成。怡情曲社主事曲友聚集楼上举行曲会，一改以往使用曲船的形式。此后，凡荷花生日、七夕佳期，嘉兴南湖必有曲会。

怡情曲社，清宣统元年（1909）创办于南湖。首任社长徐怡声，清乾隆中医及音乐家徐灵胎后人，为"兰台药局"主人，嗜好昆曲，能登场串演。1917年，徐怡声辞社长，由蒋抚青接任。社址固定在张家弄寄园的藻香馆中，聘许鸿宾为笛师。1929年，迁居嘉兴的黎里人王怡业，爱好昆曲，唱老生，嗓音高亢，被推为怡情曲社副社长。1936年农历七月初七，在南湖举行的七夕曲会，是怡情曲社规模最大的一次曲会，由上海啸社发起，怡情曲社做东道主。前来参加的有上海、苏州、杭州、湖州、桐乡和硖石的曲友吴梅、徐凌云、曹颂陶、褚民谊等50余人，禾中的曲友有王怡然、蒋息欧、高玉衡等18人。后场有许鸿宾、陈凤鸣等9人。从早上开锣，一直唱至第二天早上6点钟，前后演唱42出戏。会后，编有《鸳湖记曲录》，记述这嘉兴昆曲的空前盛事。怡情曲社社长蒋抚青、上海啸社吴梅为《鸳湖记曲录》作序。吴梅序中说他"不图垂白之年，克与斯会，东南俊彦，集于一堂，丝竹裙裾，如见永和之风。"写完《序》，又赋鸳湖七夕诗4首。

抗日战争期间，怡情曲社暂停活动，然笛师曲友健在，向他们学曲的不乏其人。1946年元宵节怡情曲社在塔弄复社。社长、副社长及笛师，仍然是蒋抚青、王怡然、许鸿宾。

不久，社址迁至童军路民众茶室后，又先后迁至精严寺西房及椿树弄高玉衡宅。直到解放前夕，共举行20届。

创办嘉郡图书馆

嘉兴市图书馆的前身是成立于清末的嘉郡图书馆。光绪年间，嘉兴知府许瑶光组织编纂《嘉兴府志》完成后，将修志用的一批图书及光绪《嘉兴府志》书版一起存于鸳湖书院。光绪三十年(1904)，嘉兴金蓉镜、陶葆霖、沈进忠等人在这批书的基础上，又捐书集款，开办嘉郡图书馆，以秀水中学堂为馆址，由学堂总理沈进忠(字稚岩)兼主馆务，聘谭新嘉编藏书目。当时，并未向社会开放。

1915年1月，地方学界呈请官方批准在嘉郡图书馆的基础上创办嘉兴公立图书馆。办公、阅览室设在旧嘉兴府学训导署，书库设在省立二中大楼，陆仲襄为名誉馆长。图书馆订立章程，对外开放借阅。

1928年，筹款在道前街原弘文馆旧址新建一座两层西式楼房，为图书馆舍。次年春落成，成为浙江省当时馆舍设备比较精良的图书馆。1930年5月，嘉兴民众教育馆成立，图书馆并入民教馆，称图书部。1931年3月，恢复独立建置，称嘉兴县立图书馆，主要收藏线装书和地方文献、通俗图书，由民教馆负责。在此期间，图书馆先后接收金蓉镜遗嘱捐赠的图书1364部6228册，清嘉兴知府许瑶光遗嘱捐赠的图书12000册。图书馆藏书逐渐丰富，到1931年，嘉兴县立图书馆共藏书3563种40674册。此外，还收藏光绪《嘉兴府志》书版和《泺源问答》等书版。1936年9月，图书馆举办嘉兴县文献展览会展出馆藏的地方著述、金石书画数百件。是年藏书51000册。

抗日战争爆发，图书馆舍被日军占领。图书馆迁往塔弄。日军占领嘉兴前，馆内珍贵图书分装6大箱移往馆员仲欣木家乡濮院隐藏。1940年，被日伪全数盗劫，计损失图书280部3517册，其中元刻本1部29册，明刻本177部2759册，稿本22种377册，抄本38种122册，馆藏书版大部分在抗日战争期间损失。

抗日战争胜利后，嘉兴县立图书馆重新恢复，馆址几经迁移。1950年1月，嘉兴图书馆设在原秀水县学明伦堂。藏书为原嘉兴县立图书馆的4万余册古旧书和嘉兴人民文化馆移交的1000余册新书，1950年4月4日正式开馆。

建立共和政权

辛亥革命前一二年，嘉兴革命力量积蓄渐厚，渗透入上层领域，新军中嘉兴籍光复会同盟会员葛敬恩、吴思豫等多人在杭州掌握要害岗位，宣统元年(1909)八月建立全省民意机关省咨议局，同盟会浙江支部长褚辅成，以士绅身份当选常驻议员，沈钧儒当选为副议长，均当选为清廷资政院议员，学界中方於笥、计宗型等同盟会、光复会会员在学界中影响较大，联系较广，中学教职员大部分同情革命。绅商中的著名人士陶葆廉、祝廷锡、沈文华等都对革命赞助和支持。

辛亥革命爆发后，宣统三年(1911)九月十五日(11月5日)，杭州新军起义，省城光复，建立军政府，实现共和。褚辅成在省筹划部署，是杭州光复的实际领导者和组织者。杭州光复后，褚辅成任政事部长，综揽政务，不久改任民政司长，沈钧儒任教育司长。10月22日前后，褚辅成自杭去沪与陈其美等商议大计后，携手枪200支回杭时，与陈以义在嘉兴下车，密抵家中，召集田月斧、钱大忠、戚思周、庄幼山等，计议嘉兴适时发难。11月3日，计宗型、钱大宗、戚思周、唐稚轩、徐忍茹、张仲篪、汪石礽和水师统带陈家玉、董耀庭9人在南湖学堂密议，策划起义。当日，上海光复。11月4日，褚辅成在杭会计宗型，部署嘉兴起义。同日，嘉兴府署司库汪石礽游说知府杨兆麟，杨弃职赴沪，并托汪替他移交。革命党人掌握了自治公所，在精严寺办公，维持秩序，城中安定如常。11月5日，嘉防水师统领沈棋山，受省城逃来的督练公所参议袁思永煽惑，不肯反正，力图抵制革命。11月6日夜，城中因匪徒造谣说清军进攻，小有骚动，嘉兴革命党人连发七电至杭州，请派兵增援。浙军派顾乃斌率八十二标的3个营，于7日乘火车到嘉兴。3个营的士兵在南门外扬旗处下车，由马济生引导，经南门入城，列队绕城游行一周，然后驻所在精严寺内。清政府驻嘉的军政要员闻讯逃遁，赵廷玉连夜派船两艘，由王店驰嘉兴，护送统领沈棋山及嘉兴知县孙学智偕家属，至嘉善坐火车到上海。驻嘉兴清军反正，满城挂起了白旗，嘉兴宣告光复。

嘉兴各团体代表商讨建立嘉兴军政分府。守旧士绅拟推某官僚任都督，革命党人坚决反对，乃由嘉兴府学堂监督方於笥任分府府长，旋称军政分府支部长兼民事长。下设总务科、民政科、财政科、教育科、司法科等机构。11月8日起，嘉属各县先后光复，各县长官称民政长。嘉兴与秀水两县合并，称嘉兴县。12月20日，在嘉兴府学明伦堂召开光复庆祝会，到会者3000余人，盛况空前。

孙中山到嘉兴演讲

1912年2月14日，孙中山先生为求全国统一，辞去临时大总统职务。4月1日，正式解职。12月8日，孙中山先生应邀到嘉兴游览和演讲。

这一日，孙中山坐车抵嘉兴火车站下车，欢迎者有地方各界代表和闻讯自愿而来的群众数千人，还有南湖学堂的小学生代表。随后齐集于兰溪会馆庙台前，举行欢迎大会。台上只有孙中山和褚辅成两人。褚辅成首致欢迎辞，嗣后中山先生演讲，详述三民主义的主张，历时约一小时。演讲毕，掌声四起。

接着，由褚辅成以及大会筹备委员和各界代表40多人陪同孙中山上船到南湖。这时，烟雨楼尚未修复，在旧基后面所堆的太湖石狮子峰前，由嘉兴同益照相馆拍摄了一张长镜头的照片。孙中山并由同益照相馆拍摄了一张半身相片，亲笔签字，分赠同志。然后，孙中山坐原火车离开嘉兴。

建辛亥七烈士纪念塔

嘉兴在清末是革命势力基础较浓厚的地区，光复会、同盟会力量不小，光复会发起人龚宝铨、同盟会浙江支部长褚辅成都是嘉兴人。敖嘉熊建立的温台处会馆，一度是联络浙江会党力量的联络中心。秋瑾曾于清光绪三十一年(1905)先后两度到嘉兴，与褚辅成等在嘉兴南门外会聚计议，共商反清革命大计。辛亥革命前后，嘉兴的革命骨干力量或被清政权及袁世凯谋害，或积劳成疾病故。其中著名的有陈以义、敖嘉熊、龚宝铨、唐纪勋、姚麟、王家驹、徐象黼，在20世纪20—30年代被称为辛亥革命七烈士。

城内天星湖，原近城墙，向为名胜，小丘环湖，垂柳傍岸。1928年城墙拆除后，在临运河、靠马路的天星湖一带，辟地面积20多亩，建中山公园，以纪念孙中山先生。又经地方人士褚辅成、陆初觉等发起捐款活动，结合政府补助，在该园北部建造七烈士塔，为这7位尽瘁辛亥革命的历史人物垂留纪念，共用银1000元，于1931年3月落成。

“文化大革命”期间，七烈士纪念塔被拆。1986年10月，嘉兴市人民政府在人民公园内依样重建该塔，更名为辛亥革命烈士纪念塔。

兴办新政　出现新的产业和事业

光绪八年(1882)，清政府发动上海至广东沿海各口岸设立有线电报，规定杭嘉湖丝绸码头优先办理。九年4月15日架结至嘉兴，嘉兴电报局成立，11月15日全线开通，嘉兴至南浔、苏州随后也开通。之后，嘉兴逐渐创办起现代工商企业和事业。二十二年(1896)，清廷开办国家邮政，海关嘉兴分关代办邮政。二十七年(1901)，嘉兴邮政分局成立。

光绪八年(1882)，上海招商局“飞凫”号轮船开设上海至硖石客运航班，嘉兴设码头，为轮船营业航线之始。十八年(1892)，浙江轮船局宏济轮开设杭禾线，在端平桥设轮船局。十九年(1893)，硖石镇萃顺昌申硖轮船局的航班，行驶硖石、嘉兴、上海间，是嘉兴最早的民营航班。

光绪十三年(1887)，苏浙皖丝业公所成立，嘉兴设分所。二十三年(1897)，嘉兴府城开设茧行。二十二年(1896)11月，嘉兴设杭州海关分关，先在北丽桥下雇大船办公，过往轮船均在此受检纳税。二十六年(1900)，建关舍办公。

光绪二十一年(1895)，美国医士在嘉兴石条街开始行医，次年在北门内建福音医院。二十四年(1898)，美国传教士创办秀州书院。二十七年(1901)，清廷下令废私学，设学校，嘉兴府学堂、秀水县学堂先后建成。嘉兴还设蚕学分馆，推广新法养蚕。

宣统二年(1910)，嘉兴永明电灯公司在西河街创办。宣统四年(1912)，嘉兴培利布厂在永明公司对面创办，为嘉兴最早的近代工业。

温台处会馆设立与解散

同治三年(1864)7月，嘉兴府推行垦荒的优惠政策，发展农业生产，温、处、台3府和相邻的外省客民纷纷来嘉兴垦荒。陶成章《浙案记略》有同治间温、台、处3府之民视嘉兴各县为“乐土”，“迁入者接踵”的记载。外地人在嘉兴垦荒种粮，称为客民。

辛丑和约签订后，民族危机日益加深，嘉兴的有志之士接受革命思想，逐步走上反清道路。敖嘉熊（1874—1908），字梦姜，居嘉兴南汇镇，后迁柴场湾。光绪二十九年（1903），至上海入爱国学社。苏报案起，爱国学社解散，嘉熊回嘉兴。看到温、台、处3府旅居嘉兴的客民甚多，又素以强悍著名，欲创立温台处会馆，是以倡办团练，设计握地方兵权，引以为用。

光绪三十年（1904）秋，温台处会馆成立，由陶成章介绍魏兰到嘉兴，为会馆总理。

会馆先设东门城墙内，后迁西河街，三迁东门外放生桥南堍。会馆是敖嘉熊联系居禾的温州、台州、处州3府客民，代办租税、创建团练，借此联络江浙皖之会党，成为组织革命活动的场所。

为团结联系基层群众，敖嘉熊创立祖宗教（一说黄帝教），撰福书祷词，吸引群众，复用白话文体编写《新山歌》一书，散发流传甚广。光绪三十二年（1906），革命党人陈梦熊在乐清明强女校散发《新山歌》，被奸人告发，牵连敖嘉熊，著名学者孙贻让、名流陶葆廉向浙江省巡抚作保，才无事。

会馆费用支出皆敖嘉熊所垫，尤以派人至各县费用较大，实力不支。光绪三十一年（1905）后，嘉熊叠遭家难，财政困乏，温台处会馆因之不能维持。嘉熊尽出其妻簪铒等物给济，无济于事，于是，办事诸人逐渐散走，温台处会馆遂解散。

民国时期，子城前牌楼

清末时期，子城东辕门

第八篇　城乡建设

目 录

嘉兴早在公元前即有市井建筑。唐宋以来，城池、街道、桥梁建筑，多有文献记载，园林景区尤擅盛名。明清以来，外患内乱频繁，府城几度濒于毁灭，虽屡次兴复，但已难复旧观，抗日战争时期，遭受日本侵略军严重破坏，至解放时，市容凋零，建设停滞，沦为残破衰落的小城市。

解放初期，嘉兴城市建设逐步开展，改筑建国路、北京路、少年路；新建勤俭路等道路；拆除棚户、兴建职工住宅，改善居民住房条件；兴建自来水厂，普及使用自来水等，城市基础条件大为改观。"大跃进"和"文化大革命"时期，城市建设削弱，发展缓慢，造成基础设施严重滞后。

1983年建区以来，市、区政府将城乡建设列为建设的重点，贯彻"人民城市人民建"的方针，依靠社会各方面力量，集中一批人力、物力投入城乡建设。经过10多年的城市建设，全区的外部容貌和内部素质大为改观，成为嘉兴市较有规模、发展潜力较大的中心城区。全区城乡布局体系基本形成，现代化网络型中心城区框架初步建立，城市规划、城市建设、市政公用事业、园林绿化、环境卫生、城市管理和村镇建设发生巨大变化，中心城区集聚功能得到较好发挥，成功创建国家园林城市、全国绿化模范城市。

经过30多年的建设，全区城乡基本建设焕然一新，到2010年，全市区建成区面积85平方千米，南湖新区城镇建设配套设施齐全，成为嘉兴城市副中心，各镇都建设成为区域的中心城镇，各村的新农村建设蓬蓬勃勃，全区城市化率、城乡道路以及人均占有道路、人均占有公共绿地都在全市的前例。

第一章　城市规划

第一节　城市总体规划

市城规划管理

解放前嘉兴无城乡规划管理。解放后城市规划提上日程。1954年开始，嘉兴市酝酿讨论城市建设规划，1957年完成地形调查规划，绘制初步规划示意图。后因行政区域变更等原因，规划未能完成。1961年继续进行，制定城区总体规划近远期初步设计方案，但未形成法定文件。"文化大革命"开始后，城乡规划管理陷入混乱。

嘉兴撤地建市后，城乡规划管理工作得到加强。1986年10月，市政府出台《嘉兴市城市规划建设管理暂行办法》，逐步规范城市规划管理工作。1990年4月实施《城市规划法》，全市规划管理开始全面实行审批制度。2000年2月，市政府发布《嘉兴市城市规划管理暂行办法》，进一步规范城市规划管理行为，建立嘉兴市城市规划委员会以及城市规划专家组，为科学合理规划提供有力保证。2001年，开始实行规划方案公示制度和规划集体审批制度。2004年后推行"阳光规划"，实行规划项目批前公示与批后公布。2007年1月，市政府发文进一步加强城乡规划工作，完善城乡规划的审批备案程序，健全规划选址的分级管理制度，推行控制性详细规划编制的单元化管理。2009年4月，市委、市政府成立嘉兴市域规划委员会，采取全体会议和专题会议的形式，研究和审议、统筹协调全市的总体规划、专项规划以及重大项目布局等，促进现代网络型大城市建设快速、有序进行。

1956年《嘉兴市城市计划纲要草案》

1954年4月形成《嘉兴市城市规划纲要初步意见》，1956年7月形成《嘉兴市城市计划纲要草案》。

1956—1957年规划要点：人口规模近期（1967年）102200人、远期（1982年）159500人。城市用地规模1009.36公顷，其中居住用地人均居住面积9平方米。工业集中布置在城市的北面和东南方向。现有民丰厂加以发展；保留蚕种场；畜产加工厂布置在城市西北角；木材加工厂迁往西北；中丝一厂建议迁至湘家荡地区新建厂房；嘉兴铁工厂在民丰厂以东建设。现有道路按不同功能划分为主、次干道和支路。恢复苏嘉铁路，拓宽少年路及中山路，乍平嘉公路与沪杭铁路建立交，开辟一水陆联运码头。扩建现有自来水厂，在嘉平公路附近建成污水处理厂一座。在南湖之南设立湖心公园,形成一个多水面公园,设立劳动人民的休养区。

1961年延续1957年的规划方案。规划运用国内外的先进理论和方法,在结合江南水网地区特点方面作了一些尝试,特别注意到城市分区和地理环境的配合、城市原有基础的充分利用、城市发展的弹性等,城市在每一个发展阶段的完整性,交通联系的方便和经济,城市小气候条件和卫生条件的改善,绿化系统、河湖系统与城市公共建筑分别的结合,节约城市用地,城市道路和城市工程管线,城市道路性质在功能上有明确的划分,城市风格与城市优良传统的推陈出新等。人口规模:近期(1963—1967年)94165人、中期(1967—1973年)102780人、远期(1973—1977年)125000人。城市功能分区:市中心的工业及仓库逐步迁出,新建工业均布置在铁路以北,原有化工厂迁至城市以东头石桥地区,原有地点发展食品工业。居住分布于西北、西、西南,采用生活居住小区的组织方法进行规划,近期人均居住面积6平方米,远期人均居住面积9平方米。以南湖为主辟建风景区,穿越南湖的航运船只绕道而行,南湖西北角一带作为疗养地区之用,在工业区与居住区之间建防护林带。城市交通组织:1.市际交通:客运码头仍设于城中,在西南湖辟建内河航运码头;恢复苏嘉铁路;扩建铁路车站;远景修建嘉兴至湖州的铁路。2.市内交通:由主要交通干道、生活性干道以及主要步行道路3个比较完整的道路系统所组成。拓宽南北大道、中山大道、解放路;保留河边小道作为中心地区步行系统。城市组成一个点、带、面比较完善的绿化系统。点:整理原有的名胜古迹和基础较好的公共绿地、体育场,如三塔寺、范蠡湖、落帆亭、东塔寺等。带:利用河流、沟渠两边绿化为绿化系统中的纽带,同时把各点串联贯通起来,向纵深发展。面:以宽广的湖面和用地成片的公共绿地(植物园、苗圃)为基础。城市公用设施:扩建现有水厂,在铁路以南工业区新建水厂一座;市区建污水处理厂。

本次规划仅形成规划方案,未形成规划文本。

1985年《嘉兴市城市总体规划》

1982年,委托北京大学对城镇建设作出详细的科学规划,1982年10月上报。1983年嘉兴为省辖市后,编制新的城市总体规划,1985年11月省政府批复原则同意《嘉兴市城市总体规划》。

规划要点是:城市用地主要向北、向西沿干道两侧发展,向东适当填平补齐,构成以旧城为核心,同时向三翼扩展的风扇型布局形式。环城河以内的老城区是全市的行政、商业和文化活动中心,以生活居住用地为主。东片是在铁路以东,由纺织工业区、造纸化工区和三水湾居住区等组成。北片位于环城河以北,由丝绸食品工业区、工业冶金机械工业区和城北居住区等组成。西片是正在建设中的新区,由电子工业区、吉水行政商业区和城西居住区等组成。

城市性质确定为:嘉兴市域的政治、经济文化中心和交通枢纽,上海经济区内对外开放的重要工业城市之一。

城市规模确定为:近期1990年人口规模15万人,远期2000年人口规模30万人,城市建成区面积27平方千米。

1994年《嘉兴市城市总体规划》

1994年对1985年编制的城市总体规划进行修订,1997年7月经省政府批准。

本规划确定城市发展主轴:以中山西路和杭州塘为轴线发展;以禾兴北路和苏州塘为轴线向北发展;以城东路和长纤塘为轴线向东北发展;以角里街和平湖塘为轴线向东和东南发展。

规划市区将形成“三大区一中心共九片”的片区组织结构。城市的“九片”及其功能为:城中片:全市的中心商务区;西片:居住、公共设施、工业综合区;西南片:工业、教育科研、居住综合区;北片:居住、公共设施、工业综合区;东北片:对外交通、工业仓储、居住综合区;东片:工业区;东南片:居住、公共设施综合区;南片:旅游服务、文娱体育、居住综合区;卫城片:居住、公共设施、工业综合区。

城市的“三大区”是:城中片、西片、西南片合为西大区;北片、东北片合为北大区;东片、东南片、南片、卫城片合为东南大区。城市的“一中心”即为环城河以内的城中片。

城市性质确定为:嘉兴市域的政治经济文化中

心,浙北交通枢钮,长江三角洲南翼重要的工贸城市。城市规模确定:近期2000年人口规模30万人,城市建设用地控制在27平方千米;中期2010年人口规模50万人,城市建设用地控制在50平方千米;远期2020年人口规模70万人,城市建设用地控制在77平方千米。远景目标:城市人口70万人,城市建设用地77平方千米。

2003年《嘉兴市城市总体规划》

市规划建设部门在2002年完成《嘉兴城市发展概念规划》和《嘉兴城市总体规划纲要》评审的基础上,2003年3月开始城市总体规划方案的编制,2005年4月4日省政府批复原则同意《嘉兴市城市总体规划》。

规划确定嘉兴城市性质为长江三角洲的经济重镇,上海南翼的港口新市,江南水乡的文化名城。规划范围:嘉兴市域—嘉兴市所辖五县(市)两区的行政区域,总面积3915平方千米,编制市域城镇体系规划,强调未来滨海新城的发展。规划期限:近期:2003—2005年;中期:2006—2010年;远期:2011—2020年。城市规模规划至2010年,市区人口120万人,建设用地规模142平方千米,至2020年,市区人口150万人,建设用地规模187平方千米。中心城区规划近期2005年45万人,城市建设用地65平方千米;中期2010年60万人,城市建设用地72平方千米;远期2020年80万人,城市建设用地86平方千米。

城市总体规划以"内生双核,显嘉禾秀水;外织三片,塑水都绿城"为主题,建构"一心双核、两副两轴、三片三楔"的空间布局基本形式。结合水网、路网,围绕南湖核心,以城市快速路为纽带,以八条放射状主干河道为绿廊,以三大片绿楔为肌理,架构有机渗透的生态城市体系,实现集中与分散相结合的城市开发模式,延续和发展三叶伸展、向心积聚,富有江南水乡特色的"风扇型"城市形态。

中心城区总体结构为"一心双核、两副两轴、三片三楔"。"一心双核":指城市中心区,分商业金融核心和行政文化核心;"两副"指以秀洲新区和南湖新区为中心的两个城市副中心区;"两轴"指中山西路、中环南路构成的城市景观横轴,苏州塘、海盐塘构成的生态景观纵轴;"三片三楔"指城市东南片、西南片、北片及三块楔形绿地。城市总体发展目标:充分发挥其优越的地理位置、便捷的交通条件,围绕水乡特色,突出文化氛围,着眼于建设"实力嘉兴、人文嘉兴、生态嘉兴、法治嘉兴",全面建设小康社会,提前基本实现现代化。根据中心城区东西两翼扩展的强劲态势,规划提出"北控南移,东进西拓"的城市用地发展策略。

嘉兴市城市中心区城市设计

2000年4月,嘉兴市城市中心区城市设计的初步成果,参加嘉兴市城市规划宣传展和市民公示活动,同时向市人大、政协作了汇报;2000年6月下旬,邀请建设部规划司领导和国内知名专家对城市设计成果进行方案评审;2000年8月完成最终规划成果编制。

主要内容分为总体框架控制设计和重点地段片区设计指导两大部分。一是总体框架控制设计、功能定位和传统风貌体现区,辐射全市金融、信息、文化娱乐、旅游服务和医疗保健中心,并集中适量的办公、居住的功能结合体。城市设计主题:"城、水、绿、文"。总体空间结构:"两轴、两环、五区"。两轴:南北传统风貌轴、东西现代风貌轴;两环:环城绿带、步行环;五区:步行街区、古城保护区、民居保护区、运河风貌区、现代风貌区。二是重点地段片区设计指导,内容包括现代场地要素分析、片区设计指导、地块容量指标建议和交通组织等方面。

嘉兴历史文化名城保护规划

嘉兴市规划设计研究院组织编制完成。2000年2月28日经省政府批准为省级历史文化名城。在市政府及有关部门的重视下,为了使嘉兴历史文化名城的保护工作纳入正常轨道,2001年2月正式落实了《嘉兴历史文化名城保护规划》的编制任务。

2001年10月11日省政府原则通过了嘉兴历史文化名城保护规划,同时提出了进一步修改的意见,规划又作修改完善,并完成全部规划编制成果。

规划范围分两个层次,第一层次为市河以内区域、市河以东、北部分区域的老城区,以及老城区以南的南湖、西南湖区域,为是历史文化名城保护规划的重点区域;第二层次为城市总体规划(远期规划)中确定的城市用地范围及秀城区、秀洲区二区的用地范围,为历史文化名城保护规划重点区域的外围区域。

嘉兴市历史文化名城保护框架由自然要素、人工环境要素、人文环境要素3部分。自然环境要素主要指8条放射状河道(杭州塘、苏州塘、长水塘、海盐塘、平湖塘、嘉善塘、长纤塘、新塍塘)和三湖(南湖—西南湖、穆湖溪、湘家荡);人工环境要素包括古城、历史街区、特色街市以及各类文物古迹点;人文环境要素主要有地方特色的生活习俗、风土人情、名人文化、乡土文化、民间艺术等。

保护内容为各级文物古迹点、历史地段、自然环境、古城格局风貌、城市传统文化等。保护价值:以马家浜文化为代表的嘉兴史前文化、以南湖为代表的革命文化以运河及沿岸传统风貌为代表的运河文化、以古城区域为代表的城市历史文化以及“文风昌盛,名人荟萃”的名人文化,同时嘉兴文化又呈现多元化的特征。保护主题为历史悠久之古城,物华天宝之禾城,贸易兴盛之商城,人文荟萃之文化城,革命传统之名城,运河孕育之水城。

第二节　区建设规划

区城乡规划管理

2003年起,按照新一轮嘉兴市城市总体规划要求,区编制秀城新区分区规划和新区中心区详细规划,各镇全面开展各类控制性详细规划、修建性详细规划和专项规划编制,开始实施村级规划编制工作。2004年完成《全区村庄布点规划》《嘉兴科技城总体规划和控制性详规》《嘉兴工业启动区总体规划和控制性详规》等14个全区性规划。2005年,完成凤桥、新丰、余新3个重点镇总体规划编制和20.6平方千米控制性详细规划编制任务;完成《新丰镇嘉钢区块控制性详细规划》等4个规划编制和《嘉兴工业区大桥组团北园控制性详细规划》等3个规划编制,通过区规划委员会专家组评审。

2006年以农村新社区和新市镇建设为重点,完成5个控制性详细规划编制,规划面积17.5平方千米;完成《凌公塘路道路景观设计概念规划》。2007年完成《南湖区新农村社区布点规划》等9个规划。2008年,完成中心城区控制性详细规划,并着手实施各镇及园区控规编制。2009年,重点实施“两新”(现代新市镇和城乡一体新社区)建设规划编制和新一轮各镇镇域总体规划修编;完成“5个新市镇+18个城乡一体新社区”布点调整、《南湖区城乡一体新社区布点规划》编制;启动各镇镇域总体规划修编。2010年编制完成《南湖区全域规划》(南湖区城乡空间利用协调规划),并在《全域规划》指导下,加快余新、大桥、凤桥等镇总体规划的修编完善;开展《南湖田园城区概念规划》等策划研究工作;编制完成南湖区绿道网总体规划方案;配合完成特钢新城、世和新农村概念规划等编制;结合沪杭客运专线(高速铁路)嘉兴综合枢纽布局,配合做好城市东南片区规划的深化完善工作,进一步加强控制性详规编制;编制面积约5平方千米的中心城区1~38、1~40等4个单元控制性详规;编制嘉兴工业园区综合配套服务区、嘉兴工业园区凤桥分区、新丰镇工业南区等控规并通过论证。

秀城新区分区规划

规划范围　南至规划沪嘉轻轨,东至规划绕城公路,北至07省道老线、平湖塘,西由中环东路、中环南路(延伸段)、外环东路界定,总面积80.2平方千米。

规划期限　2003—2020年。

目标定位　城市副中心。市新一轮城市总体规划提出“一心两翼”的市区空间结构。“一心”指城市中心区,“两翼”中的东翼即围绕城市副中心(秀城中心区)的秀城新区,既是秀城区的政治文化中心,也是嘉兴市东翼的行政办公、商业、文化娱乐中心。

门户地带　利用上海大都市基础设施框架和沿海大通道,构筑以上海为龙头、面向国内和全球的区域交通网络;城市新区。在现有产业基础上,联动发展,放眼长三角,在区域竞争与合作中扮演更重要职能与角色;制造业基地。秀城新区具有发展大规模制造业的用地、用水及交通条件(特别是水运);人居家园 。利用沪、杭、苏、甬大都市之间“休闲地带”的环境优势,吸引人流,发展旅游业与房地产业，建设大都市“后花园”。

规划结构　一轴以中环南路为贯通嘉兴中心城区和秀城新区的城市产业发展主轴。一心指城市副中心。位于秀城中心区内，承担行政办公、商贸、文化娱乐等综合服务功能及居住功能。二园指科技产业园和工业产业园。科技产业园包括嘉兴科技城、亚太嘉兴科技工业园区和大桥镇区等，承担科研、产业创新、孵化、生产、服务、居住综合功能；工业产业园分产业服务中心、大桥组团、新丰组团，产业服务中心承担办公、商贸及旅游休闲娱乐职能等；大桥组团、新丰组团为区重点制造业基地；科技产业园、工业产业园组成嘉兴工业区。

南湖区城乡空间利用协调规划

规划范围　区域425.83平方千米，重点研究区域为大桥镇、新丰镇、凤桥镇和余新镇部分，面积273.53平方千米。

规划期限　近期2010—2015年；中期2016—2020年；远期2021—2030年。

总体思路　以“精明增长”理念为指导，改变自下而上（以需求定规模）的规划惯性思维，采取规模控制和有限增长的发展思路，高度关注生态环境和社会生活品质，整合公共交通和土地利用模式，以形成更为紧凑和人性化的城乡空间形态，促进经济、社会、环境的可持续发展，使南湖区成为城乡协调发展的典范区域。

功能定位　以科学发展观为引领，抓住区域产业转移和城乡空间重组的机遇，加快承接国内外高端产业转移步伐，大力发展现代服务业和先进制造业，促进自身产业结构转型升级，提升区域地位，把南湖区建设成为沪杭之间的田园城区。

南湖区城乡一体化总体规划

总体目标　社会发展实现民主化、现代化和均衡化，自然生态进入良性循环，秀水嘉禾、红色摇篮与新嘉禾精神作为当地文化和景观的特质得到确立和发展，耕地安全得到切实保障。

分区规划　划分为中心城区、七星分区、大桥—新丰分区以及余新—凤桥分区4个功能分区。中心城区定位为全区行政、经济、文化中心，人口高度集聚的田园化、生态型城市地区。七星分区以湘家荡生态旅游度假区开发为中心，以发展旅游业及其相关产业为主，布置和旅游度假区相配套的服务设施，同时将分区内的农业园区整合到国家级农业科技园区之内。大桥—新丰分区由大桥镇和新丰镇组成，是区域先进制造业基地，主要从事通讯电子材料、生物医药、精细化工等高水平制造业，同时具有科技研发的功能，在沪嘉轻轨北侧布置片区商贸中心，作为大桥—新丰分区未来的行政、经济、文化中心。余新—凤桥分区由余新镇和凤桥镇组成，以提供居住功能为主的城市化地区，保留并相对集中原有一般制造业用地，布置相应第三产业，使之成为周边地区的服务中心。

城乡空间发展功能　城市，优先发展以先进制造业为主体的第二产业，以区域性流通业、服务业、市域性商贸业、区域性红色文化旅游业和市域性城市观光、休闲旅游、生态旅游业为主体的第三产业，同时为市域性行政中心、文化中心和现代化发展、科学发展的典范区域；乡村，发展市域性生态农业、生态旅游目的地、生态涵养空间，江南水乡传统人文与自然景观相得益彰，同时粮食产出能力保持稳定并略有增长。

社会服务功能互补　实现城市高水平社会服务功能对乡村地区的覆盖。要求小学、初中面向全部入学儿童，要求城市相对水平较高的教育设施能平衡其对于城乡儿童的入学可达性，包括一定程度上对乡村给予扶持；提高综合性大型医院、各类专业医院在广大乡村地区的覆盖面，降低医疗门槛，同时完善以这类医院为首的遍及各乡村居民点的各级医疗服务体系；提供能让乡村居民可以承受的服务水平，使他们能更便捷地享受各类文化、体育活动设施。

基础设施功能互补　从大区域范围内进行统筹，以承担本区在区域中交通枢纽的地位，满足一体化发展中的城乡系统与外界的合作与交流；从最大程度地实现城乡设施共享的角度进行市政设施体系的安排，包括构筑城乡整体的供水、污水管网；完善城乡供电网络；建立城乡一体的管道天然气网络；建立城乡一体的环卫设施保障体系；加快城乡信息一体化网络的建设等。

支撑系统 保障平等发展机会，包括城乡统一就业市场政策，统一社会保障制度，统一教育制度。一体化管理体制 包括区域统一户籍制度，统一行政管理体制，统一市政设施管理体制；促进城乡合作政策，包括对城乡一体化开发行为及其企业的奖励机制，消除各种城乡壁垒（如收费站等）。

第二章 城市建设

第一节 城市道路

概况

民国以前，市城街路多沿河，路面多铺筑条石或砖，均不宽阔。1928—1932年拆除城墙，建嘉禾路、新马路和环城路等，多为泥结碎石路面，后筑嘉平公路、苏嘉公路市区段、建国路和中山路。解放后，市城内各项建设逐步开展，新建改建一批窄街陋巷，开始出现水泥混凝土路面、弹石路面等新式路面。1964年中山路铺设沥青路面后，市区道路先后铺设沥青路面。1983年撤地建市后，随着市区建成区扩大，城市道路数量不断增加，路越建越宽，越建越长，道路等级也越建越高，城市快速路开始出现。与此同时，在城市建设、旧城改造、行政村撤并、乡村城镇化、农田综合整治等过程中，许多老街巷随之消失。至2010年年底，市区建成区内各类城市道路总长549.8千米，面积973.6万平方米，人均城市道路面积15.61平方米，是1981年人均2.2平方米的7倍多。

快速路

三环东路 北起城东路与嘉申路交接点，南至规划中的嘉善大道与三环南路交接点，长10736米，宽60米，双向6车道，中间6米绿化带，两侧各非机动车道，2米绿化带，人行道。2004年开工，从泰宁路至老07省道，2007年1月竣工。与三环南路、西路、北路呈环状，为市区城市的第三条环线，故名。该路原是07省道市区段，自北而南与周安路、角里街、南溪东路、凌公塘路、广益路、由拳路相交，再往南与海盐大道相接。跨沪杭铁路向南，沿途有邱家桥、七里店等村，并形成与东外环河相平行的绕城快速路。跨嘉善塘、角里街和平湖塘后，是科技城与东栅街道的商贸交通干道。路两边有亚太花苑、英伦都市、中创电气商贸园、嘉兴总部商务花园、嘉兴汽车商贸园等商贸区和住宅区。该路与长水路交接处向北约700米至三环南路段。

三环南路 东起三环东路与海盐大道交接点，西至嘉杭路，规划长9869米，宽60米，双向6车道，中间6米绿化带，两侧各非机动车道，绿化带和人行道，与三环东路、西路、北路呈环状。该路沿南郊河而建，是中心城区最南面的一条快速路。自东而西与纺工路、南湖大道相交。至2010年，已建中环东路至南湖大道全线贯通，将与南江路、庆丰路、双溪路、泰宁路、城南路等道路贯通。三环南路在海盐塘建有大桥，并横穿中央公园植物园。路中段泰宁路、纺工路之间，住宅区和商贸楼正在建设开发中。该路南湖大道至嘉杭路段未建。

三环西路 南起嘉杭路，北至城北路，全长9470米，宽60米，双向6车道，中间6米绿化带，两侧各非机动车道，绿化带和人行道，与三环东路、南路、北路呈环状。该路原是320国道市区段，自南而北与桐乡大道、文昌路相交，是文博路和云海路的西止点。境内从嘉杭路至京杭大运河桥，路东有嘉兴职业技术学院和浙江科技工程学校，路西是综合物流园区有物资调剂市场、市建材陶瓷市场、市水果批发市场、市粮油土特产市场、市蔬菜批发市场及农产品交易中心，还有文昌商厦和新月公寓。跨京杭大运河（杭州塘）往北，为秀洲区境内。

中环东路 北起城东路，南至中环南路与广益路交接点，长4933米，宽60米，双向6车道，中间6米绿化带，两侧各非机动车道，4米绿化带和人行道，2000年8月开工，2001年全线竣工。与中环南路、西路、北路呈环状，为市区城市的中环线，故名。自北而南与周安路、泾水路、南溪西路、望湖路、凌公塘路相交。路北端两侧有麦德龙超市，禾东公寓和徐王公寓。过沪杭铁路后，有嘉城绿都、南湖创业园、许安公寓等。跨角里街和角里河，沿路两边有百隆花园、三景花园、天华苑、富安臻园、百盛花园和怡和园等住宅区，还有南湖区行政中心和南湖广场、欧尚超市和协和广场等。路南端西侧为巴黎都市，东侧有蔚蓝澳洲花园、嘉兴市妇幼保健院。

中环南路　东起中环东路与泰宁路交接点，西至中环西路与嘉杭路交接点，长5604米，宽60米，双向6车道，中间6米绿化带，两侧各非机动车道，4米绿化带和人行道，1997年开工，1999年12月全线竣工，为市区首条60米宽的道路。与中环东路、西路、北路呈环状。该路与广益路、桐乡大道为一线，成为市区东西向主要干道。中环南路自东而西与纺工路、花园路、新气象路、城南路、越秀南路相交，是富润路和南湖大道的北起点。路中所建嘉兴大桥跨长水塘和沪杭铁路，是市区最大的城市桥梁，设计新颖。路中段有横跨青龙港、海盐塘和海盐塘路的青龙大桥。沿路两侧有嘉兴一中、市体育中心、嘉兴大剧院、市建委、博雅酒店、嘉兴日报社、国际会展中心、市气象局、龙威大厦、中纬大厦、中环广场、龙港大厦和福地广场等单位与建筑。

2007年9月，中环南路

中环西路　南起中环南路与桐乡大道交接点，北至秀洲区城北路，长4804米，宽58～60米，与中环东路、南路、北路呈环状。该路自南而北与文昌路、中山东（西）路、洪兴路、洪波路和东升西路相交，是凯旋路西止点。中环西路建龙凤大桥跨京杭大运河（杭州塘）和吉杨路，建新塍大桥跨新塍塘和洪波公园。此路原系320国道市区过境段，从文昌路口至龙凤桥，路两边原是嘉兴农副产品和建陶等市场区。2003年4月道路实施改建，2004年5月竣工。2005年市场搬迁后，路西开发建设运河新区，建有水晶大厦、颐高数码大厦、明珠广场，路东省荣军医院正在建设中。过龙凤桥，先后有太阳城和阳光大酒店、世纪广场、友谊公寓、凯旋公寓、隆禧大厦、苏银大厦、名人国际花园、中丝国贸中心、虹泰公寓、虹泰商务楼等住宅区和商贸楼。过新塍河桥，沿路有金域兰庭、易初莲花购物中心超市以及嘉兴经济技术开发区行政中心等。该路龙凤桥至城北路是南湖区与秀洲区界路。

中环北路　西起城北路，东至城东路，境内长4595米，宽60米，东至运河大桥，双向6车道，中间6米绿化带，两侧各非机动车道，4米绿化带和人行道，与中环东路、南路、西路呈环状。此路原系320国道市区过境段，2003年4月实施改造，2004年5月工程竣工。自西而东与禾兴北路、东方路和塘汇路相交，是正原路南起点，穿越穆河溪、穆河森林公园和苏州塘、六里长泾及长纤塘。路中段有市邮政局和中国电信嘉兴分公司，与禾兴北路交叉口有汽车北站和农工商超市。穆河溪畔建有紫溪花园，过东方路以东，沿路有嘉兴东方钢帘线公司、韩泰轮胎有限公司、正原科技局、金鹰纺织印染制衣等单位与企业。该路自运河大桥西段，南湖与秀洲两区界路。

广益路　原是中环南路东段，建于1999年。2006年将西起中环东路与泰宁路交接点，东至嘉善大道，命名为广益路。2009年调整地名要素，将西止点延伸至平湖塘，长7003米，宽60米。双向6车道，中间2米绿化带，两侧4米绿化带，非机动车道和人行道。广益路自西而东与双溪路、庆丰路、南江路、三环东路、亚欧路、亚太路、亚中路、亚澳路相交，沿路两侧有市妇幼保健院、广宜文苑、汇金广场、市教育局、教育学院、嘉兴总部商务花园、好第坊、御上江南景园、浙江清华长三角研究院、浙江中科院应用技术研究院等企事业单位、科研机构和住宅区。作为城市副中心和南湖新区主干道的广益路彰显了对新兴产业的磁吸效应，还集聚了中港商贸中心、嘉洲世贸中心、万好家居、中南家居广场、中创电气商贸园、嘉兴汽车商贸园、嘉兴软件园等大型市场和商务中心。

南湖大道　北起中环南路，南至乍嘉苏高速公路南湖出入口，长7043米（不含入口广场），宽60

米,2003年3月开工,2004年12月建成。双向10车道,中间10米绿化带,两侧各有30米公共绿地,种植大量花木,四季常青,花香怡人。道路总宽120米,是市区唯一的双向10车道道路,以党的诞生地南湖命名。由北而南与会展路、文桥路、由拳路、长水路、槜李路、三环南路及余新到蚂桥的乡村公路相交,是珠庵路、庄前路、马塘路和南泉路东起点。该路三环南路以北段,大致依海盐塘同行,东为中央公园。三环南路以南,建大桥跨南郊河后,成弧形转向西南至终点。南湖大道北端是市体育中心,西侧是嘉兴大剧院,嘉兴市的重要会议、重大活动大多在这两处举办。

2009年,南湖大道高速公路出入口处

桐乡大道 东起中环西路与嘉杭路交接点,西至南郊河,长2995米,宽60米。双向6车道,中间6米绿化带,两侧分别为机动车道、绿化带、非机动车道和人行道。2005年12月开工,2008年1月建成,此道路通往桐乡,故名。该路自东而西与昌盛南路、三环西路相交,横穿嘉兴综合物流园,往西建天佑大桥,跨北南郊河和乍嘉苏高速公路通秀洲区。桐乡大道是嘉兴经济技术开发区东西向主要道路,该路东段是高教区,南有嘉兴学院梁林校区,北有嘉兴职业技术学院、嘉兴秀水学院。路西段是市水果批发和建材陶瓷市场。该路规划向西延伸至桐乡市交界处,2010年,东端的水晶大厦正在建设之中。

嘉杭路 北起桐乡大道与中环南路交接点,南至南郊河,长2805米,宽60米,原是320国道靠市区南段,2003年4月拓宽改造,以道路通往杭州方向而名。自北至南与广穹路相交,是昌盛南路南起点,长水路西起点。该路北端有嘉兴学院和百妙公寓,过广穹路是城南工业开发区,有金穗月亮湾住宅区,往南过长水路到南郊河是南湖经济园区,有亲亲家园和华天国贸广场。建嘉杭大桥跨南郊河及乍嘉苏高速公路后,路南西侧原有世茂花园宾馆,在与万国路交会处有新建的嘉兴市汽车客运中心。具有7000多年历史的马家浜文化遗址在嘉杭路南段东,建有马家浜遗址公园。该公园南是嘉兴机场,旧址传是春秋时期吴越战场南北草荡。

主干道

东升东路 东起城东路,西至中环西路,长4863米,宽42米,两侧各12米机动车道,2米绿化带和6米人行道。该路始建于1987年,因当时嘉兴制丝针织联合厂扩建新厂房,新开厂门,新建泥石公路通城北路,因路经秀水乡西马桥村,取该村原名东升大队命名。2000年后东升路向西向东延伸,2006年将东升路以中环西路为界,分为东升东路和东升西路。该路自东而西与凌塘路、东方路、建国北路、禾兴北路、城北路、百墅路相交,是越秀北路北止点。东段由东向西建有造型相同的上跨钢拱水泥桥乌桥港桥、菜花泾桥、望秋桥、落帆亭桥,分别跨乌桥港、菜花泾、长水新河、京杭运河,成为此路的一大特色。沿路两侧有解放街道和新嘉街道办事处,嘉丝联21世纪改制搬迁后,旧址为市人力资源与社会保障局,还有市广播电台、嘉兴实验小学等单位和沿路商店,住宅区主要有佳源都市、紫景雅苑、菜花泾(东、西区)、阳明公寓、东升苑、百墅花园、盛大花园、嘉州美都等。

东方路 南起勤俭路城东路,北至三环北路,长4390米,宽42米,1995年从秋泾桥路始建,1999年建至三环北路段,长3698米,22米车行道,2003年新建东方大桥,东方路向南延伸至城东路,2005年竣工。该路两侧各5米绿化带和5米人行道,其中南湖区段自城东路至中环北路。该路自南而北与东升东路、中环北路、昌盛东路相交,是塘汇路、锦绣路、和风路、岗山路西起点。该路是通向市区北郊的干道,旧址是苏嘉铁路路基,沿路有苏嘉铁路76号桥立交桥洞遗址。路南端有市老年大学,往北有紫景雅苑、东豪名都、东方新家园和江南太阳城等住宅区。过中环北路两边是工业区。有嘉兴市东方钢帘线有限公司、韩泰轮胎有限公司、禾欣嘉兴集团股份有限公司和晓星化纤(嘉兴)公司等企业。

越秀南路　南起广穹路与紫竹路交接点,北至中山东路,长2596米,宽28米,中间14米车行道,两侧各7米人行道。自南而北与中环南路、文昌路、吉杨路相交,是双园路东起点,真合路、文纬路、明月路、吉安路西止点。路南端原是南湖乡工业公司工厂区,后建南秀花园、姜家村公寓及龙港大厦等。路中段两侧有上海铁路公安学校、嘉兴学院、教育学院、市委党校等,与中环南路交汇处有中环广场(东、西区)组成商贸中心。路中越秀大桥跨杭州塘往北,西侧有吉水小学、嘉兴海关、秀州商城等,东堍有血印寺。路北端西侧是原嘉兴汽车西站。

越秀北路　南起中山东路,北至东升东路,长1513米,宽28米,中间14米车行道,两侧各7米人行道。自南而北与洪兴路、洪波路相交,是凯旋路、洪越路东起点。路南端建望秀桥跨竹桥港,北端有新秀桥跨新塍塘。沿路有望秀苑、风清云都、同创公寓、锦绣苑、银河苑、新秀苑等住宅区,还有市盐务局等单位和沿街商店。

昌盛南路　南起嘉杭路,向西折北至杭州塘,长3462米,宽42米,中间机动车道宽15米,两侧非机动车道,绿化带和人行道不同路段有变化。自南而北与广穹路、桐乡大道、文博路、文昌路相交,是龙腾路、龙凤路西止点。2010年年末,南段与嘉杭路相接,路南侧正在打造城南汽车精品文化街区,北侧正在规划开发建设中。路北段东侧有嘉兴检验检疫局、现代广场,还有正在开发建设的运河新区。路西有嘉兴职业技术学院,还有元一柏庄等住宅区。

南溪西路　西起南湖大桥东端,东至庆丰路,长4917米,宽42米,中间15米机动车道,两侧各4米绿化带,5米非机动车道和4.5米人行道。自西而东与纺工路、农翔路、中环东路、景宜路、双溪路和云东路相交,是新气象路、花园路、海盐塘路北起点;鸳湖路南止点。该路建于1993年,是环南湖的鸳湖路东南段,2000年南湖大桥建成后,在此路拓宽建成南溪路。后南溪路向东延伸更名为南溪西路,是南湖风景区主要道路,路西端南湖大桥呈月牙型跨鸳鸯湖和沪杭铁路,桥东堍有古小曹王庙,鸳鸯湖是嘉兴著名的名胜,嘉兴府志和县志都有记载。南溪西路到南湖南岸,从1993年起,先后建有英雄园、勺园、长堤、烟雨桥、荷池和草坪。1998年会景园开始新建园林,并作为南湖景区的主入口,建有迎宾广场、环园道、月波楼和游船码头。迎宾桥东堍的绿地原是南堰古镇。沿路建有桂苑小区、万家花园、天华苑、富安臻园等住宅区。中环东路以东两侧,先后建成协和广场、泰富广场等商住区,紫竹名苑、燕语林苑、皇都花苑、双溪花园和景湖花园等住宅区,南溪中学、东栅中心小学在南溪西路和双溪路交汇处。

南溪东路　西起庆丰路,东至亚澳路,长4290米,宽42米,中间16米机动车道,两侧各3米绿化带,5.5米非机动车道和4.5米人行道。与三环东路,亚太路相交,是南江路、亚美路、亚欧路和亚中路北起点。该路西接南溪西路,沿平湖塘向东,经过之地是原东栅和曹庄乡平湖塘南的方家娄、东车浜、日西浜和卜安浜自然村,穿过凌公塘、九曲港和王庙塘等河流。路中段王庙塘流入平湖塘处建有多孔水泥桥,桥东古代原建有横跨平湖塘的土坝,名麒麟坝。据《嘉兴县志》载,唐大河七年(833),为节制水流,调节王庙塘水位建此坝,清初重建,近代改建为石拱桥,20世纪70年代拆除。该路是嘉兴工业园区前身亚太工业园区西北部主要道路,沿路有南湖消防特勤一大队、嘉兴市瓯华贸易有限公司、宇飞通用设备有限公司、嘉兴恒冠汽车部件有限公司、浙江正方设计印刷有限公司、劳特士(嘉兴)机械设备有限公司、浙江蓝鸽科技有限公司、浙江波普电气有限公司等众多企业,东北师范大学南湖实验学校也在路中段南侧新建。还有庆丰苑、夏宫花园等住宅。

新气象路　北起南溪西路西端,南至三环南路,长5285米,宽42米,中间4米绿化带,两侧各8米机动车道,2米绿化带,4.5米非机动车道和4.5米人行道。2000年该路从南溪西路建至中环南路,长2800米。由市气象局冠名,寓有"新世纪新气象"之意。2010年已向南建至马塘路,长3446米。自北而南与广场路、中环南路、会展路、文桥路、由拳路、长水路、槜李路相交，跨南郊河。沿路两侧有市行政中心、嘉兴日报社、中国人民银行嘉兴分行、市气象局、国际会展中心等机关和单位，有绿溪玫瑰园、大华城市花园、蓝天嘉苑、府南花园、雅苑、隆兴公寓、南郊花园等住宅区。2010年路北端西侧姜水港大修，用作市民夏季游泳的河道。

花园路　北起南溪西路，南至三环南路，长5465米，宽18～24米。路北段原是南湖乡南湖村花园桥到市区南门的机耕路，习称花园路。解放初，这一带有多处明清古园林遗址。1995年精严寺在花园桥东移地重建，拓宽花园路。市行政中心建成后，再次拓宽和延伸花园路，建至马塘路，长3456米。自北而南与广场路，中环南路、会展路、文桥路、由拳路、长水路、槜李路相交。该路中环南路以北，路西为市行政中心和市民广场，路东为市旅游集散中心（由原精严寺2005年搬迁后改建）、南湖革命纪念馆、七一广场、市体育中心。过中环南路，有国际会展中心、市建委、市农经局、海事局和高速交警支队等单位，还有大华城市花园、阳光乐园、南郊花园等住宅区和府南公园。2010年，新成立的长水街道设在花园路和文桥路西南处。

双溪路　北起锦带河路，南至三环南路，长7477米，宽42米。已建成角里街至由拳路段，长3476米，中间8米绿化地带，两侧各12米车行道和5米人行道。该路原是嘉兴化肥厂通往角里街的道路，向南是延伸高桥包家村、郭家村的机耕路，习称双溪路，以古桥双溪桥得名。2000年后，随化肥厂搬迁，重建双溪桥，新建双溪路。该路锦带河路至角里街段尚未建设，从角里街起自北而南与南溪西路、望湖路、凌公塘路、广益路、由拳路、长水路、槜李路相交，是泾水路东起点，中港路西止点。双溪路北段原有化工厂、化肥厂，搬迁后厂址开发新建丽景苑和泾水公寓住宅区。路两侧先后建成双溪花园、燕语林苑、信达东郡、罗马都市、康桥花园、格林小镇、久久小区等住宅区。还建有国际中港城大型商贸中心，南溪中学、南湖国际实验学校、同济大学浙江学院及高中园区等学校。该路中段穿越凌公塘公园处，原有夫人庙自然村，村内有石笋夫人庙，庙建于南宋，明代重修，近代仍是城郊胜迹。

凌公塘路　西起花园路，东至亚太路，长6735米，宽24～36米，中间14米机动车道，两侧各2米绿化带，5米非机动车道和4米人行道。因路北河流凌公塘得名。2002年始建，是年农翔路至三环东路段完工，2006年东、西延伸段建成。该路自西而东与海盐塘路、纺工路、农翔路、中环东路、景宜路、双溪路、庆丰路、云东路、南江路、三环东路、亚欧路相交，建桥跨长盐塘、海盐塘。路西端环七一湖，湖北侧是七一广场和南湖革命纪念馆，路南是市体育中心。与海盐塘路相交处是市博物馆和市图书馆。路中段北侧是南湖广场和南湖区行政中心。往东是凌公塘公园、嘉兴国际网球中心和北京师范大学南湖附属学校。路东端是嘉兴科技城管委会。沿路两侧还有文星花园、巴黎都市、蔚蓝澳洲花园、康桥花园、格兰英郡、宝石公馆、亚太花苑、英伦都市等住宅区。

由拳路　西起广穹路与紫竹路交接处，东至亚澳路，长10823米，宽42米。以嘉兴最早的县名由拳命名。首期工程2003年8月开工，自新气象路向东至纺工路，长1928米，中间15米机动车道，两侧各设4米绿化分隔带，5米非机动车道，4.5米人行道。2004年7月，二期工程开工，自纺工路向东至三环东路，长3891米，路面设置不变。首期与二期分别于2005年3月和2007年12月竣工。因拆迁原因，二期工程中富润路至泰亚路、云东路至南江路两段工程未能实施。2008年2月，自三环东路继续往东延伸至亚澳路，长2300米，中间8米绿化分隔带，两侧各8米机动车道，2.5米绿化带，3.5米非机动车道，3米人行道，当年9月竣工。新气象路以西段，因需穿越沪杭铁路等原因，2010年底尚在施工中。该路自西向东与城南路、新气象路、花园路、南湖大道、纺工路、富润路、泰宁路、双溪路、云东路、庆丰路、南江路、三环东路、亚欧路、亚太路、亚中路相交，下穿沪杭铁路和玉泉路立交，横穿中央公园。路西端是城南街道办事处和嘉兴科技创业园，高速交警支队也设在由拳路。路东段是嘉兴科技城、汽车商贸园核心道路。沿路新建的住宅区有金港湾公寓、长新公寓（北区）、蓝天嘉苑、府南花园、新都名邸、华隆广场、文锦苑、中南公寓、久久小区和云东公寓等。至2010年已建成亚澳路至南江路、云东路至泰宁路和富润路至新气象路三段，长7450米。由拳路中段泰宁路和富润路之间因有嘉兴伊斯兰教墓地，没有迁移，尚未筑通。

农翔路　北起景湖路与东塔路交接点，南至夏家埭，长1696米，宽18～30米。建于1996年，2003年拓宽延伸。自北而南与南溪西路、凌公塘路相交，是烟雨路东起点，望湖路西止点。该路北段和东塔桥南段到泾水路西段习称三水湾，各类商店、饭店酒家和小饮食店齐全。沿路两侧有石榴坊、杜鹃坊、农翔坊、云洲苑、文星花园（探花苑）和巴黎都市等住宅区。路北端有三水湾医院，路中有农翔路农贸市场，路南段是市实验小学。南溪西路到农翔路农贸市场路段西侧的人行道，是农民自产自销水果蔬菜摊点，每年瓜果、桃李、葡萄上市季节，成为农翔路特有的风景。

泾水路　西起东塔路，东至闻泾桥港，长2120米，宽28米。以当地河流泾水得名。2010年已建成东塔路至双溪路段，长1500米，宽24米。该路与东塔路、天竹街交接处，习称三水湾。有三水湾农贸市场和各类商店、酒家及茶馆。泾水路中段与中环东路相交，是景宜路北终点。路西段北侧有三水湾公园，有小区道路通桂苑小区和天华苑。三水湾中学和钧儒小学隔泾水路相望。路东段两侧是泾水公寓住宅区。2010年，在与中环东路交叉口新建欧尚超市。

泰宁路　北起中环南路与广益路交接点，南至百川路，全长5319米，宽60米。2006年命名，喻"国泰民安"之意。自北而南与由拳路、文贤路、长水路、万兴路、槜李路、五环洞路、三环南路相交，建大桥跨南郊河。2010年已建成长水路至中环南路段，长1753米，中间8米绿化带，两侧各设12米机动车道，4米绿化带，7米非机动车道和3米人行道。该路北端东侧有同济大学浙江学院，南端有沪杭高铁嘉兴南站和南站广场。沿路两侧还有有文锦苑、香堤世家、石堰苑（北区）、尚景蓝湾、尚景翠苑等住宅区（该路于2011年更名为商务大道）。

长水路　西起嘉杭路，东至南郊河，全长11231米，宽60米，以春秋时嘉兴古名长水命名。自西而东与城南路、新气象路、花园路、南湖大道、纺工路、富润路、泰宁路等相交，建长水桥跨长水塘，下穿沪杭铁路和玉泉路立交，横穿中央公园少儿公园。2010年年底已建纺工路至新气象路段，长1717米，宽42米，中间15米机动车道，两侧各4米绿化分隔带，5米非机动车道，4.5米人行道。该路2010年筑通到双溪路，过双溪路段尚在修筑中。沿途两侧有亲亲家园和蔚蓝海岸等住宅区。该路南端有城南中心小学，路中段属嘉兴国际商务区，正在规划建设中。

云东路　北起闻泾桥港，南至三环南路，长6214米，宽28米。自北而南与南溪西路、望湖路、凌公塘路、广益路、由拳路、长水路和槜李路相交。路北段沿路两侧有双溪花园、罗马都市、当代华府和郁金香花园住宅区。过凌公塘及公园后，路西有中港名都、中成新世纪公寓、中港商贸中心等，路东有嘉洲世贸中心。过广益路后，西侧是高中园区。再往南，路两侧正在开发建设中。

中山东路　东起东门桥，西至新塍大道，全长9787米，宽40～42米，以中环西路为界分为中山东路和中山西路。中山路原是1945年抗日战争胜利后连接原荐桥街、县前街、集街、天官牌楼，拓宽为8米青砖侧砌铺成的新路，为纪念孙中山而名。系当时城内东西干道，路边店铺、宅院众多。清代"嘉兴八景"中"瓶山积雪""韭溪明月"都在路畔。路东段荐桥街的荐桥得名于民间流传的孝妇陈氏蒙冤，鸡鸣申雪的故事。路西段天官牌楼有明代吏部尚书吴鹏宅院，路边立有天官牌坊故名。路中段集街的历史可追溯到三国时期。解放时，该路东起环城路，西接西门大街，长1500米，街侧商店稀疏，楼房破败。1964年铺设沥青路面，1969年建向阳桥（后更名为东门桥）直通火车站。1980年先向西拓宽为36米，开通至环城西路。1984年开始中山路全路拓宽重建，新建中山西路桥（后更名为中山桥）向西延伸，带动城市向西区开发。1985年12月29日铁路立交桥至中山西路桥段中山路建成通车，1986年11月，全线筑成通车。重建的中山路长3140米，宽40米，中间12米机动车道，两侧各设2米绿化分隔带，7米非机动车道，5米人行道，这在嘉兴市区为首次。绿化带内种香樟、石榴、红叶李等树和杜鹃、美人蕉等花草，两旁人行道各宽6米，法国梧桐为行道树。路东段所有房屋全部拆除新建高楼，西段一座座新建筑在田野中拔地而起，共建大楼60多幢。东段五金大楼、文华园、丝绸大楼、工人文化宫、民丰商场、商业大厦、江南大厦、电力局、邮电局、中山影城、市政府、嘉兴宾馆、新华书店、交通大楼等，中山西路桥堍两边是当时最高的18层中山饭店和轮船码头，向西分别为郊区政府、市交通局、建委、电大、教育局、法院、检察院、安全局、报社、中医院以及汽车西站、体育馆等，道路宽畅，街貌优美，时称浙北第一街。

1991年，该路向西延伸至中环西路，长3140米，宽40米。1997年中山路再向西延伸2010米，直走新320国道，全长5350米。同时将东门桥至中环西路段定名为中山东路，往西秀洲区段为中山西路。2004年，改造中环西路至环城东路段，拆除路内两条绿化带，改建成中间20米双向6车道和两侧4.5米的非机动车道。2009年，改造北郊河西至新塍大道段，路宽拓至42米。2010年，中山东路自东至西穿越环城东路、建国南路、禾兴南路、环城西路、中环西路。沿路两侧有五芳斋大楼、嘉兴商业大厦、中信银行嘉兴分行、中山名都、电信大楼、市总工会、市第三医院、金悦大酒楼、交通银行嘉兴分行、市交通局、市民政局、中央花园、市中医院、东菱大厦、阳光大酒店等主要商厦、住宅区和机关单位，路中段有子城和瓶山公园等名胜。

禾兴路（禾兴南路、禾兴北路） 原名立新路，南起南湖大桥北堍，北抵三环北路，全长5878米。以东升东路为界，往南为禾兴南路，长2583米，宽28米，往北为禾兴北路，长3295米，宽42米。该路横穿嘉兴古城区，跨古运河，连接梅湾街和月河街两个历史街区，沿路有工商银行嘉兴分行、戴梦得大厦、江南大厦、阳光广场、青少年宫等楼宇，还有清河、西马桥、穆河、阳光等住宅小区以及秀州中学，是一条传承历史、展示现代的南北商业和交通干道。1971年，为贯通勤俭路、环城北路，便于群众集会游行，从老人民广场向北，将民权路、育子弄拓宽，连接庙弄和填平后的倾脂河，修筑成长868米，宽16米的沙石路，命名立新路。1975年，向南拓宽市心弄北段，将立新路延伸至原第一医院，并铺设沥青路面。1981年更名为禾兴路，以嘉兴古县名禾兴县命名。禾兴路、勤俭路交叉口至环城北路段旧时原为庙弄和倾脂河，庙弄因弄西侧有城隍庙而名。倾脂河原是城中河流，相传西施倾脂水于此得名。河西原为著名的古刹楞严寺，始建于宋嘉祐八年（1063），历经修建，明万历朝廷勅建。楞严寺旧址为南湖区公安分局和居民区，还有几株古银杏、老榆树。

1993年开始，禾兴路分别向南北延伸。同年11月向北建320米长、12米宽的机动车道，次年6月完工；同年将禾兴路以中山路为界，命名为禾兴南路和禾兴北路。1995年6月，自斜西街向南至环城南路段开工建设，路幅宽28米，中间14米车行道，两侧各2米绿化带和5米人行道，近环城南路交叉口段车行道加宽到21米，当年9月完工。同年12月建银大桥与禾兴路南北两路段竣工通车，延长1000多米，拓宽至40米。禾兴南路是由市心弄、馄饨弄、南大街、河东街等小街小巷及市河拓宽而成，这里原是老居民集中居住区，两岸民居夹市河，路宽不过几米。市心弄长100米、宽3.5米。南大街北起宋元古桥腊坊桥，南至环城南路旧南门遗址，长350米，宽4米，原为石板路，后改为弹石路面。1997年禾兴路向北延伸接通中环北路，长1285米，穿过秀水乡西马桥村的村庄和田地，这里原有外月河通往双桥的古道。1999年9月，拆除老南门道路和民居建成禾兴南路与南湖大桥连接工程，长320米，老南门包括南湖滩、通济河、东米棚下、西米棚下和丝行街等江南水乡居民商业区，同时将禾兴南路延伸至东升路，东升路以此为禾兴北路，其中禾兴北路南湖区段为东升路至中环北路。2008年，禾兴北路延伸至三环北路段建成，长2020米，宽42米。

2010年10月，禾兴南路

环城路（环城东路、环城南路、环城西路、环城北路） 环城路是绕老城区的环形道路，路基原是嘉兴城墙，唐文德元年(888)嘉兴始筑外城，城周12里。城垣历经战火毁损、重建，维持到民国。1928年1月开始拆城筑路，俗称城基马路，4年后全部完工后，命名为环城路，全长5360米，沙石路面，宽6至8米。环城路修筑后，分别有宣公桥、嘉禾第一桥、秀城桥、北丽桥和南门五龙桥直通城外各道路。1932年新筑苏嘉公路时建桥，习称大洋桥，解放后更名为城北路。1933年建东城河桥通嘉平公路，1918年定名为壕股桥。解放后，环城路按方位分设为环城东路、环城南路、环城西路、环城北路。1966年更名为红卫路，1981年恢复原名。

20世纪80年代，环城东路北起秀州中学东北角，南至壕股桥，长1080米。轮船码头位于勤俭路口，路中段原有东门大街通宣公桥，是纪念唐朝嘉兴籍名相陆贽而建(后宣公桥被拆)，宣公桥附近有狮子汇，旧时为去南湖的渡口。老中山路口到宣公桥一带，习称东门，曾是热闹的民间集市之一，迎紫桥至壕股桥段两侧和清真寺周围，为嘉兴回民集聚地。环城南路东起壕股桥，西至城南路一号桥，长1364米。西段有范蠡湖，原嘉兴第一中学，现为嘉兴实验初级中学和沈钧儒纪念馆东路东侧，东经旧南门，南门外有丝行街，东行接紫阳街，其旁为国际沙龙宾馆。沿路原还有汽车站、面粉厂、自来水厂等。环城西路南起城南路，北至城北桥，长1692米。该路段紧濒运河，与勤俭路相交处，宋元时有俯瞰运河的名胜月波楼及全国金鱼最早的发现地金鱼池，沿路原主要有地建公司、联合仓库、第一米厂和粮库、电力公司等单位。在粮食统购统销年代，每当粮食收获季节，粮库运河码头，农民售粮船只云集。环城北路西起城北桥，东与环城东路相连，长1081米。沿路原有油厂、百货公司、副食品公司、农行、人行、北门菜场、第二医院、房管所、地区电力局等单位。荷花堤至第二医院一段，曾是热闹的街市。

1998年市政府拨款2.85亿元拓宽环城路，路面拓宽至24米，中间14米车行道，两侧各5米人行道，整个工程分段实施。同时新建环河绿带。市农行、房地产管理处等几百户企事业单位先行搬迁拆除，先后拆迁民居2375户，拆除房屋19.2万平方米。至1999年年底拓宽改造全线竣工。2000年环河绿带建成。在勤俭西路交界处新建市区首座斜拉式勤俭大桥和环城路互通立交。环城西路和环城北路拓宽修建时，对曲折的弯道拉直，还对两处近90度弯道设计为弧形线路。环城路拓宽后，两旁香樟翠绿，道路宽畅秀美，除环城西路宽22米外，其余路段均为24米，全长5217米。2009年4月至8月，环城路自城南路口至中山东路口段的人行道进行改造，将原来的混凝土侧石和方形人行道砖全部更换成花岗石侧石和人行道板。2010年，环城路全段东西向的斜西街、中山东路、勤俭路相交；南北向秀州南路、建国南路、禾兴南路相交、还沟通县南街、府南街、紫阳街、砖桥街、杨柳湾、小西门横街、少年路、杨柳弄、天星湖弄城内街巷。环城北路有月河历史街区和望吴门广场，环城南路有范蠡湖公园和梅湾街历史街区等名胜和浏览区。

2010年10月，环城北路

城东路　西南起自东门桥，东北止于三环北路于三环东路交点，全长5014米，宽40~60米。原系杭申公路市区段，是通往嘉善、枫泾、上海的交通干道。1981年，将东门桥至大新路段定名为城东路，仅长1400米，宽9米。1989年，杭申公路拓建为320国道，筑中环线绕出市区，城东路延伸到中环北路，宽12米。其时沿途原有冷冻厂、外贸冷库、第五毛纺织厂、煤球厂、人造麂皮厂等单位。20世纪90年代初，向东扩展到秀水乡徐王村。

1996年配合铁路新客站建设，拓宽东门桥至勤俭路段到40米，中间14米机动车道，两侧各设2米绿化分隔带，6米非机动车道，5米人行道。1997—1998年拓宽勤俭路至中环路段到42米。2003—2004年城东路继续向外延伸，穿过塘汇，至三环东路与三环北路交接点，路幅宽度增至60米，设置为8

米中央绿化分隔带，两侧各设12米机动车道，4米绿化分隔带，7米非机动车道和3米人行道，其中城东路自东门桥至中环东路为南湖区段。该路自西南至东北与勤俭路、东方路、东升路、中环北路相交，2010年，沿路两侧有人民公园、中国人寿嘉兴分公司、中房置业有限公司、嘉兴火车站、嘉兴国税局等单位，有城东公寓、虹桥新村、佳源都市等住宅区及麦德龙超市，城东路秀洲区段东端北边有横跨三店塘的雄伟水闸。

城南路　南起南郊河，北至环城西路与环城南路交接点，全长6233米。该路原系杭申公路市区段，是杭州方向车辆进出嘉兴的通道。1981年将北起嘉桐公路1号桥，南止三号桥路段定名为城南路，长2000米，宽9米。其时沿路是南湖乡土地，有绝缘材料厂、自行车厂、汽车钢圈厂等厂家。城南路北段，历史上是南门外风光秀美的鸳鸯湖。路北端有范蠡湖，原是鸳鸯湖的一部分，唐代筑城后围入城中，相传湖畔有范蠡的故居而得名。1999年该湖南面建成城南公园，10年后公园大规模整修，更名为范蠡湖公园。路中段东侧原有真如寺和真如塔。真如寺始建于唐至德二年（757），相传是宰相裴休舍宅建寺，几经兴废，清中期毁于兵火。寺中真如塔始建于宋嘉祐七年（1062），宣和庚子毁，宋庆元三年（1197）仿掘地宫得银塔而重建真如塔。清顺治二年（1645）遭兵毁，14年后重建。光绪八年（1882）又失火，17年后再重建。塔形制保留宋朝旧观，高53米，塔基12米，可登临远眺。解放时已是残塔，1971年被拆除。

1989年中环线筑通后，城南路延伸至嘉杭路，成为市区的交通干道，长3537米。1996年8月至1997年6月中环南路至嘉杭路段拓宽到42米，中间15米机动车道，两侧各设2米绿化分隔带，6.5米非机动车道，5米人行道。三环路筑通后，向南再次延伸至南郊河。城南路自北至南与中环南路、由拳路、长水路相交，2010年沿路有城南花园、龙威大厦、创业大厦等住宅和楼宇，以及现代高科技工厂厂房。

城北路　南起环城北路与环城西路交接点，北至北郊河，全长4401米。原系嘉兴至苏州公路市区段。1981年将南起环城北路与环城西路交接点处，北至三官塘桥路段定名为城北路，长1800米，宽12米。其时沿路有内燃机配件厂、煤球厂、第二冶金机械厂、嘉兴变电所、嘉兴钢铁厂、水泥造船厂、钢铁厂、嘉兴殡仪馆等单位。在百花新村附近，商业和农贸交易尤为兴盛。20世纪90年代，城北路延伸到中环北路，长3600米，宽12～42米。2005年3—11月改造拓宽中环北路至三环北路路段，拓宽至42米，中间3米绿化分隔带，两侧各设13米机动车道，3米非机动车道、3米人行道，其中环城北路至中环北路段为城北路区境段。该路自南至北与同乐路、东升东路、三元路、中环北路、昌盛路相交。2010年沿路有泰坤国际大厦、电力大楼等楼宇，有禾兴公寓、半岛公寓、阳明公寓、百花小区等住宅区。

20世纪90年代，城北路

纺工路　北起甪里街，南至百川路，全长9005米，宽42米。该路原是东栅王家厍等村民进出的弯曲小道。1978年新建第二毛纺厂时，新建长征桥和路，俗称二毛路。1984年，在厂区南建纺工桥路延伸至毛纺总厂。1987年扩建成1580米，宽20米的道路，因连接第二毛纺厂、绢纺厂、毛纺总厂等纺织企业，通往二毛新村，绢纺、毛纺新村等纺织工人住宅区，命名纺工路。1989年建三水湾小区，筑通泾水路后，纺工路成为三水湾通往市中心的主要道路。2002年向南延伸至中环南路。

2005年8月至2006年6月，中环南路至万兴桥段拓宽到42米。2008年，嘉余公路拓宽成为纺工路延伸段，该路越过中环南路通向嘉兴高铁南站。同年自甪里街到南溪路的老路拓宽改建，2010年全线竣工，原24米拓宽为42米，双向六车道，中间设2.5米绿化隔离带，两侧各设11.25米机动车道，

2米绿化分隔带，3米非机动车道，3米人行道。自北至南分别和景湖路、南溪西路、烟雨路、凌公塘路、中环南路、由拳路、长水路、槜李路、三环南路接通。

纺工路成为市区南主要交通要道后，沿路主要纺织企业大多改制或搬迁，二毛旧址建设新湖绿都住宅区，绢纺厂和工人新村已拆除，只剩下已改制成兰宝集团的毛纺总厂。2010年，沿路两侧有新湖绿都、南溪花园、文星花园、赞成·学士苑、翰林府第、石堰小区香缇世家、世贸花园等住宅区，有嘉兴一中兰宝集团、南堰绿地以及和嘉兴中央花园、嘉兴植物园等。

角里街　西起壕股桥，东至07省道，长4405米。角里街原是东门处主要道路通东栅，长2736米，宽8.5米。角里街得名，一说是为纪念西汉"商山四皓"之一的角里先生；一说角里街自东门到吴泾桥长六里，故称六里街，后文人雅化为角里街。1966年曾改名为大庆路，1981年复名。1993年壕股桥至吴泾桥路段拓宽至14米，2000年再次拓宽至28米。2001年向东延伸至07省道。吴泾桥至07省道路段拓宽为42米，中间15米机动车道，两侧各设1.5米绿化分隔带，5米非机动车道，3米绿化分隔带，4米人行道，当6月竣工。嘉兴唐代筑城后，出东门，沿角里河通往东郊，形成街市。明清时，该街巨室大族宅第毗连，尤以屠氏园林最著名(现东大营地)。明嘉靖年间遭倭寇烧掠，清初毁于清军，经康乾盛世建设，重又繁华，太平天国时，再次成太平军和清军的前哨和战场。至民国，残破的东塔守望废墟和零落草棚。1923年，褚辅成在角里街投资创办禾丰造纸厂，后更名民丰造纸厂，到抗日战争前夕，该厂已成为全国闻名的造纸企业。民丰厂东边是冶金机械厂，再往东是部队驻地东大营，占地面积8.6万平方米。1958年起，先后在东栅新建化工厂、化肥厂、第二毛纺厂等企业，角里街一带成了嘉兴的工业区。街近处职工宿舍、工人新村丛集，商店、学校、医院配套。2010年，角里街自西至东穿越纺工路、东塔路、中环东路、双溪路，沿路主要有民丰特纸集团、嘉冶投资集团、嘉化集团、嘉兴石油机械厂、东大营等单位，有民丰一村、建新村居民区等住宅区。

2009年1月，角里街

建国路(建国南路、建国北路)　是有几百年历史的老街，几经改建和拓展延伸，2010年南起环城南路，北抵中环北路，全长3075米。自南而北与中山东路、勤俭路、环城北路、东升东路相交。以北丽桥为界，往南路段为建国南路，长1447米，宽20米，向北路段为建国北路，长1628米，宽28米。

老建国路自北丽桥至中山路长885米，宽9米，北宋已是市街，清末名上堂街，民国时以张家弄为界，北段名北门大街，南段俗称大落北。1937年11月日本侵略军侵占嘉兴，北门大街被烧成焦土。1939年北门大街、大落北两街拓建，统称复兴路。抗日战争胜利后，更名建国路。解放后仍名建国路，赋予人民当家作主建设新中国的新义。1951年改建为水泥路面，商业日益繁荣，人流不息。五芳斋开在建国路勤俭路交叉口，沿路还有正春和、新华绸布、味香斋、久香斋、一乐园、吴震懋、庆丰楼等名店老字号。其时北丽桥南堍西侧，建于抗日战争前的四层楼第一百货商店是全城最高的建筑。1995年5月，建国路自中山路向南延伸至环城南路工程开工。建国路首次拓宽为28米，中间14米车行道，两侧各7米人行道，次年1月竣工。1996年11月至1998年4月，老建国路实施拓宽改造，将老建国路和其东侧已填平的市河及河东的人民路改建成新的建国路。20世纪90年代先后建起占地面积七八千平方米、20多米高，代表90年代建筑风格的商厦，港澳商城、家电市场、中兴广场、姚氏广场、灯具市场等商厦内各类专业商铺在百家以上。2001年年初拆迁建国路西侧所有店铺住宅。五芳斋、正春和等老字号在瓶山脚下重新建造仿明清楼房。

建国路从勤俭路到环城北路的西侧，新建了集娱乐、购物、餐饮于一体，全新模式的华庭街购物中心，设有室内购物广场和华庭街步行街。还设有好又多超市、新源茶室、华庭国际影城、肯德基等300多家商店。

建国路往南，历史上是环偎子城的一湾碧水，宋到明期间曾是城中名胜洲东湾。1995年开始拆除从自由弄口到洲东湾两侧房屋9537平方米，1998年建成长551米，宽20米的建国路向南延伸段。路两侧有高5层，营业面积10万平方米的嘉兴商城，还建造了跨街牌楼。同年新建建国北路，建国路过北丽桥后穿越小坛弄，秀水兜和饮马河一带居民区，向北延伸至东升东路。路西重建成明清历史风格的月河街区，路东新建为现代商业业态的嘉禾北京城购物中心。在建国北路和东升东路交界处的市人才市场原是嘉兴制丝针织联合厂所在地。21世纪始，该路继续向北延伸，跨过清河金堂桥，沿穆河溪至中环北路，东侧为穆河溪公园，西侧陆续新建穆河学校和住宅区。2001年3月，建国路全线贯通。

2004年老建国路段改建成步行街，街面铺设漂亮的花岗岩，车行道为浅色，休闲区为深色，用石球和座椅分隔，设置艺术灯光、城市小品、雕塑，展示嘉兴老街街景和人文景观，还设有休闲茶吧、坐椅、儿童游乐设施等。2008年，步行街车行道花岗石破损严重，全部换掉，重新铺设沥青路面，撤销步行街。

次干道

勤俭路　南起角里街，向北过铁路立交桥拐弯折西至勤俭大桥，长2429米，宽18～20.5米。原勤俭路东起环城东路，西至环城西路，为旧城的中心市街。1956年，将芝桥街、张家弄、学前街和庙前街4条相连的小街拓宽，打通东首的玄妙观和西头的原省立二中，筑成长1168米、宽16米的东西向铺弹石路面，主干道两旁种植法国梧桐，命名勤俭路。1967年拓宽至20.5米，铺设沥青路面，成为当时市区最宽最长的街道。勤俭路中段原是长330米，宽仅3米的石板路张家弄，以小吃店、客栈、茶馆居多。20世纪30年代，张锦泉、冯昌年和朱庆堂合股在张家弄开设多味斋粽子店，后更名五芳斋。勤俭路建成后，轮船码头、嘉兴旅社、邮电局、妇儿保健院、新联百货公司、新华书店和兰台药局陆续在路两边新建，人民剧场、电影院重新改建。20世纪80年代，勤俭路中段兴办夜市，持续十几年。1986年年底，老轮船码头搬迁后，1995年新建嘉禾桥连接填平春波河新建的勤奋路，2006年勤奋路并入勤俭路。1999年在路西段建勤俭大桥连接洪兴路，该路自东而西与城东路、环城东路、秀州路、建国南路、少年路、禾兴南路和环城西路相交。沿路有民丰造纸厂后门、城东公寓、国税大楼、人民公园、春波坊、兴业银行、中兴商厦、华庭街购物中心等。

2010年11月，勤俭路西段

北京路　原名塘湾街，西南起自北丽桥，沿运河弯曲，东北至端平桥，长460米，宽9米。塘湾街因古运河在此分水形成港湾而得名。自古以来，塘湾街是京杭运河驿道北来进城的必经之路，并为南北货集散地，清末开始的客轮航运也都在此停泊。《嘉兴新志》载："城区以北门大街，塘湾街，中街三处最为繁盛……塘湾街有商店一百五十家，以钱庄，旅馆及南货、北货、腌腊、水果行、颜料行、米行等批发行为最多。"近代杉青闸运河设海关以来，端平桥外商号齐聚，塘湾街处于城内外交接处，货物交易兴旺，成为嘉兴主要的钱庄和南北货批发商号所在地。抗日战争胜利后，当局从北丽桥、端平桥首尾各取一字，将塘湾街更名北平路，解放后更名北京路，是嘉兴唯一一条以城市命名的街路。1952年改建成水泥路面。20世纪80年代后期，该路牌楼头和一些有河埠的商店开设了一些副食品商店和摊贩，形成了副食品批发市场。2000年，旧城改造时，此路全部拆迁，新建集商住、休闲为一体的商贸区，取名嘉禾北京城。嘉禾北京城主入口设在北丽桥堍北侧，商场内有一条大致依老北京路走势的内街，直抵东升路，连接杉青闸。2003年移用老街名北京路，该路西起建国北路，向东再拐弯朝北，接通东升东路，长336米，宽24米。

光明街　南起鈕家桥，沿运河东岸，北抵加洲长岛，长740米，宽12米。历史上这一带运河中商船小艇云集，两岸店家旅社林立。1952年将原中山路，国贸街、维新街、轿弄等街巷相连拓宽，命名光明街。原该街沿运河边货船云集。街中段是文生修道院，后院址划拨给浙航嘉兴分公司，改革开放后，嘉航公司陆续搬出，现为省级文保单位。街中段旧洋关街上原设有杭州海关嘉兴分关(1896—1934)，俗称洋关。20世纪30年代海关闭关后，曾在此办过国货馆和商业图书馆，街名也曾改为国货街。解放后其地为解放小学，90年代光明街拓宽和学校改造时旧海关被拆除。街中段东侧的双魁巷建于1917年，西北起光明街，东南至鈕家桥，长54米，宽2.5米，两旁有26间相对称排开的木雕砖木楼房，巷两头有雕花门券，青石板街面，台阶，木制门窗，是市区唯一保存完好的清末民初古巷民居，为市重点文物保护单位。街北端原嘉航船厂有桥跨秋泾与光明街相连，清代曾经是乾隆南巡时的行宫，到清末已荒。民国初在此植树造林纪念孙中山，还筑路接洋关街，名为中山路。2002年嘉航船厂土地被开发成商品住宅区，有别墅、排屋，冠以加洲长岛公寓。

南湖路　北起南湖桥，东南至南溪路，长1524米，宽20米。抗日战争前，南湖路南段为盐仓街，北段为高家湾，抗日战争胜利后，嘉兴县国民政府由南堰经盐仓街、高家湾入城，为纪念抗日战争胜利，将两路合并，更名凯旋路。1966年拓建为8米宽的沥青路，更名南湖路。1959年在南湖路中段新建石碑坊和南湖摆渡口。沿路有南湖街道办事处，浙江省武警医院、绢纺厂、毛纺织总厂、南湖中学等。

元《嘉禾志》记有盐仓桥、盐仓街。南宋时，湖畔园林遍布，有会景亭、金陀园、柳士园等。清代盐仓桥南有高士祠。1921年，在盐仓桥畔建造纬成公司裕嘉分厂，解放后为嘉兴首家国营企业，更名嘉兴绢纺厂。1958年，全省第一家大型毛纺织厂在南湖路南端诞生后，路畔先后建造了绢纺新村、毛纺新村等工人新村。

1990年，南湖路拓宽至20米。1991年，在南湖路渡口边建成南湖革命纪念馆。1992年路西侧所有房屋拆迁，建春、夏、秋、冬湖滨景点公园，2005年公园的树墙拆除，新铺草地，路与南湖融为一体。进入新世纪，南湖路再也不是南湖畔唯一的道路，南湖周围新建南溪路、会景园新渡口和新南湖革命纪念馆，南湖路不再人流拥挤。

鸳湖路　南起南溪西路，向北折东至南湖路，长1560米，宽20米。该路系1993年在原南湖乡许家村村道和航空箱包厂厂道基础上，自嘉平公路铁路平交道起，绕南湖半圈接通南堰南湖路东头，建成长2310米，宽12米的道路。2000年南湖大桥建成，鸳湖路东西向段扩建成南溪路，该路剩下南溪路至铁路平交道路段，长950米，平交道封闭后，延伸到南湖路。揽秀园是该路畔最先建造的园林式碑刻公园，以碑廊为中心，建有四进古建筑，珍藏历代碑刻。揽秀园外，文星桥至鸳湖路间建有明清石板仿古街，两边建筑大多用旧城拆迁的明清建筑材料所建。2001年，在古壕股塔基南800米处重建七层壕股塔，融入揽秀园景观。2005年该路中段建铁路立交桥，并新建五孔石拱紫阳桥，通紫阳街。2009年建单孔高桥杨家桥，沟通梅湾街和鸳湖路。该路过鸳湖桥是新建的揽秀园西园，2010年年底开放。左首是荷池公园，小路隐隐，荷池弯弯，中段立交桥边是南湖国际大酒店。

滨河路　东起东塔南路，西至南湖路，长1522米，宽10米。沿角里河东延，故名。与角里街隔河平行，是通往城东部的一条辅助通道。1984年建设铁路立交桥，角里街西段封闭，开辟此路，沿途有武警医院。纺工路以东段原是沿河水泥小路，宽2.7米左右，路南有第二毛纺织厂、民丰二村等。2005年第二毛纺织厂拆迁，新建新湖绿都住宅区，路拓宽到10米。

烟雨路　东起农翔路，西至花园路，长17.75米，宽24米。2005年规划建设中房文星花园时，规划的新道路，命名烟雨路。2007年建设文星花园探花苑时，筑农翔路至纺工路一段，在建设七一广场同时，筑海盐塘路至花园路段，2010年打通海盐塘路至纺工路段。

烟雨路自东而西，分别与纺工路、海盐塘路交叉，穿过七一广场。烟雨路农翔路至纺工路段北依凌公塘，南侧是探花苑和长中苑住宅区。路中段两边是菱香坊、毛纺五村住宅区。海盐塘路到花园路一段的烟雨路，是新南湖纪念馆景区道路，汽车限时通行。道路穿行七一广场纪念馆两条，南北向小路沟通南溪西路。

文昌路 东起城南路，西至锦霞路，全长4721米，宽42米。该路始建于1986年，东起城东路，西到嘉兴高专门口，长1125米，5年后延伸至中环西路，长1510米，新世纪继续向西延伸，原是南湖乡真如村地，因建成后，路两边新建高教区命名文昌路。路东的天城园林居住宅小区开发前是绝缘厂地，明清时是项坟头的一部分，传说原有明兵部尚书项忠墓，占地面积40余亩，千余株松柏参天，墓地中建有项忠祠，祭祀项忠和胡妇。清代中期，仍为嘉兴城南风景，凭吊先贤之地，后渐荒芜，解放时还有石人石马等遗迹。20世纪80年代，路两侧有嘉兴高专、浙江财税干校、粮食干校、供销干校、市委党校、教育学院、会计学校和郊区教师进修学校，附近还有浙江农村金融学校、工商银行干校等。

2005年文昌路越过中环西路，直达三环路和新辟的物流市场，路宽增至42米，中间设22米车行道，两侧各设7米绿化带和3米人行道。路北侧一直到运河区块，是开发中的运河新区，当年的陶瓷市场，连同汽车修理厂、加工厂，还有村庄和农田，已全部拆除，幢幢高楼正在兴建。2006年再次越过

2008年11月，文昌路东段

三环路向西延伸至锦霞路，抵南郊河东岸，成为经济开发区的主要干道。该路自东至西与越秀南路、中环西路、昌盛路相交，2010年沿路两侧有市委党校、嘉兴学院南湖学院、嘉兴检验检疫局、浙江科技工程学校等院校和单位，还有清漾桂苑、元一柏庄、梁林帆影庄等住宅区。

吉水路 北起中山东路，南至文昌路，1986年建成，长1230米，宽18米，以当地吉水桥自然村而得名。路中有吉运桥，是三塔塘首座大桥，跨杭州塘和三塔路。桥建成后，桥北境自发形成民间劳务市场。桥北堍东侧乳品厂搬迁后，建成远洋绿洲住宅区。桥北堍西侧原是公墓，“文化大革命”时拆除，改造为苗圃，1988年开发建成吉水花园住宅区。路北端西侧，最早建成的是少年宫的两幢欧式建筑，色彩鲜艳，紫红蓝绿相间，稍南是占地面积21.5亩的明月公园，有儿童游戏设施，还养大批白鸽，和少年宫配套。不到10年少年宫拆迁，建成交通银行、烟草公司两幢高楼。路北段东侧有幼儿园和吉水小学。该路还有红楼商厦、花旗饭店和室内农贸市场。2010年，该路自北至南与吉安路、吉杨路、文纬路、文昌路相交相通，沿路两侧有香溢大酒店、市经济协作集团、民政局、水利局、老年活动中心、三江购物中心、吉水小学等机关企事业单位，有远洋绿洲、吉水花园等住宅区和明月公园。

吉安路 东起吉水路，西至越秀路，沿明月公园北侧西延，长537米，宽9米，与中山西路平行。1986年，在路两边分别建造嘉兴军分区机关、武警部队驻地以及市政府机关宿舍。旧地为嘉北乡三塔村姚家门地，路名由吉水路派生。

吉杨路 始建于1985年，东起吉水路，西至新洲路南端，全长2971米，宽18米。其中区境西至龙凤桥下。以吉水路和当地的杨家村自然村各取一字得名。规划的目标是作为河西仿明清建筑的商业一条街，自吉水路至越秀路楼房具江南民居风格。其时土管局、工商局、水产局、民主党派和海关等都在吉杨路建房设机关办公，10多年后大都搬迁。原土管局大楼转让给新兴街道办事处，市工商局在吉杨路延伸段重建大楼，原楼转让给南湖区工商局，海关转让给太平洋保险公司。路西端是新建体育馆南门，体育馆和体育中心是当时河西区代表

性建筑，后在吉杨路又新建了市区设施最好的嘉兴游泳馆。

20世纪90年代初，城区政府在越秀路和吉杨路交汇处，建造了市区首家小商品市场秀洲商场，1992年年底秀洲路小商品试产搬迁秀洲商城，市区合署后，商城划归市工商局。1996年商城靠青杨路一侧，新建吉杨公寓高层住宅，底层开发成副食品市场。21世纪初，吉杨路西沿运河边建金都景苑、秀洲花园等住宅区，形成长长的滨河大道。2006年，吉杨路穿过龙凤桥下进入秀洲区域，滨河大道也成为吉杨路的一部分，直抵新洲路南端和新建的大运河水闸边。该路区境自东至西交越秀南路，穿越中环西路龙凤桥下和昌盛路杭州塘大桥下，通秀洲区。沿路有三江购物、花旗商务楼等购物商场，新兴街道、白云宾馆、体育场馆等单位，还有吉杨公园和三塔公园。

2009年，吉杨路东段

洪兴路　东起勤俭大桥西端，西至秀园路，全长5656米，宽18～42米，其中区境西至中环西路分段陆续修建，该路原系当年贯穿电子工业开发区的主干道，始建于1985年，东起洪波路，西至中环西路，长1240米，宽18米，1988年竣工。因其横穿秀水乡红星村地，取谐音名洪兴路。其时内迁的军工企业、研究所以及单位宿舍陆续兴建。沿路有电子工业部第36研究所和602厂、5318厂、834厂、4381厂等多家电子企业，36研究所对面是1985年建造的19幢市机关宿舍，路东端是市区早期的商品住宅开发区。1998年，602厂东边的市实业公司改建沿路厂房，新建五层楼商场，创办全市首家电子市场，吸引100多家数码经销商进场开店设摊。1999年9月勤俭大桥建成，洪兴路跨环城河与勤俭路连通，向东延长到环城西路，全长1875米。是年，洪兴路延伸至秀洲区境至三环西路段开工建设，全长2880米。2002年秀清桥段，路宽38～42米，2004年7月对洪兴路自越秀路至洪亮路段进行改造，后将相连的至秀秀园路的洪贤路，洪西路西段成为秀洲区主干道。

该路自东而西与越秀北路、友谊街、中环西路、昌盛中路、三环西路、秀洲大道相交，沿路境内主要有市妇女儿童活动中心、市国土局、36研究所等主要建筑楼宇。还有栅堰小区、中丝苑、陆家苑、名人国际花园等住宅区。勤俭大桥西堍洪兴路北侧原为小姚坟，又名又一村，有石人石马，花木河池，旧时为春季踏青之地。

栅堰路　东北起城北路，西南至洪波路，长900米，宽20米。路以栅堰得名。栅堰是古代新塍塘入运河的重要水利交通设施，建于宋以前，后废堰建桥。栅堰桥原是中街、殿基湾通往郊区必经之路。1932年苏嘉公路建造后，栅堰桥两边居民增多，建有酒厂、竹行、五金厂、草包厂等。过桥靠运河边原有小姚坟，俗称又一村。河边是苏北民居、毛竹行，后来建嘉兴造船厂、二航公司船厂等。

栅堰路原是河边小路，1962年电控厂搬迁到陆家港边，建了沙石路，1973年浇了水泥路，称电控路，1981年命名为栅堰路。后路北建造栅堰新区等住宅区。1998年随着环城河两岸改造，栅堰路拓建成跨新塍塘，穿勤俭大桥，依古运河，呈S形，弯曲起伏的道路。栅堰路东北段两边原是嘉兴著名的动力机厂，工厂改制搬迁后，路北建造半岛公寓，路东是临时的城北大排档。

洪波路　南起中山东路，北至邮电路南端折西至秀波路春晓源，长4150米，宽18～28米。境内至中环西路该路始建于1985年，20世纪90年代初越秀路，长1200米，宽18米。原为秀水乡红星村地，因有洪波桥而得名。路南端西侧是电气控制设备厂，自该厂门正东是栅堰路起点。1998年从越秀北路向西延伸至秀波路，2000年完工，路宽增至28米。2010年该路自南向北穿越洪兴路，至邮电路南端折西沿新塍塘往西越越秀北路、中环西路、常秀街、昌盛中路。境内沿路有市城管局、土管局等单位，路南段为绿岛摄影中心等商店旅馆。电气控制设备厂创办于1958年，1962年搬迁至该处，曾经是全国生产漏电开关和转换开关的主导厂，2010年厂已转制，部分厂房是市文保点。路两侧有栅堰新村、电子小区、中意苑、银河苑、虹泰公寓等住宅区，还有嘉高实验中学和洪波公园等。

2010年市区其他新建道路表

表8-1

名称	走向	起止点及已建路段	路长(米)	路宽(米)
嘉申路	东西	西南起三环东路与三环北路交接点，东北至上海方向	2961	24～42
嘉善大道	东西	西南起三环东路与海盐大道交接点，东北至广益路	5307	42
海盐大道	南北	北起三环南路与嘉善大道交接点，南至海盐方向	700	60
长浜路	南北	北起城南路，南至南郊河	3786	42
锦带河路	东西	西北起中环东路，东南至角里街	3079	42
庆丰路	南北	规划北起锦带河路，南至三环南路，全长6935米。已建南溪路至广益路段	1780	42
百川路	东西	规划北起三环南路与庆丰路交接点，折南向西至海盐塘，长3065米，宽42米	3065	42
锦霞路	南北	北起杭州塘，南至三环西路	3080	28
槜李路	东西	规划西起南郊河，向东折北至长水路，全长10749，宽42米	—	42
万国路	东西	西北起320国道，东南至嘉海公路，沥青路面	2100	60
亚澳路	南北	规划北起平湖塘，南至规划中的嘉善大道，全长1474米，宽42米。已建南溪东路至由拳路北	950	32
亚太路	南北	规划北起平湖塘，南至长水路嘉善大道，全长2958米。已建长水路至南溪东路段	2587	42
三元路	东西	规划东起东方路，西至东升东路，全长2926米。已建东方路至苏州塘段和建国北路至城北路段	1213	24～28
曙光路	半环状	西起三环北路，向东折南又折西至三环北路。规划长1343米，宽30米	1040	24
周安路	西南向东北	西南起城东路，东北至铁水中转港区	3030	30
华玉路	东西折北	西起城东路与创业路交接点，向东折东北至华洋仓储码头	3922	30—15
东大营路	东西	西起勤俭路，东至庆丰路	3285	24
创业路	南北折东	北起华玉路，向南折东至中环东路	1168	28
亚欧路	南北	北起南溪东路，南至规划中的嘉善大道、向南折东至亚太路，全长4384米。已建南溪东路至长水路	3004	36
东塔路	南北	南起景湖路与农翔路交接点，北至中环东路	2275	30
富润路	南北	北起中环南路，南至长水路，沥青路面	1804	28
景湖路	东西	西起南湖路，东至东塔路与农翔路交接点	997	28
横港路	东西	西起亚中路、东临大家浜	1113	24
科华路	东西	西起曹家桥港，东至王庙塘，沥青路面	975	30
文贤路	东西	规划西起纺工路，东至南江路，全长3260米。已建纺工路至庆丰路段，长1860米。沥青路面	1860	30

续表8-1

名称	走向	起止点及已建路段	路长(米)	路宽(米)
万兴路	东西	西起纺工路,向东折南至槜李路,沥青路面	4146	30
东至路	东西	西起纺工路,东至万兴路	3049	30
五环洞路	东西	西起纺工路,向东折北至槜李路	1650	30
海盐塘路	南北	规划北起南溪西路,南至文桥路东端,全长1975米,宽18米。沥青路面已建南溪西路至中环南路段	1326	24
拥军路	呈环状	北起南溪西路,向南呈环状至拥军路	1636	18
玉泉路	南北	北起中环南路,南至三环南路	4171	18
翠柳路	南北	北起紫竹路,南至金桂路	3200	30
银杏路	南北	北起长水路,南至南郊河	1962	30
金桂路	南北	西起长浜路,东至沪杭铁路旁	1428	30
市场路	南北	北起杭州塘,南至广穹路	1941	28
文桥路	东西	西起玉泉路,东至李泾港桥	1440	24
广场路	东西	东起花园路,西至拥军路	728	46
珠庵路	东西	东起南湖大道,西至玉泉路	1143	28
庄前路	东西	东起南湖大道,西至玉泉路	1087	24
马塘路	东西	东起南湖大道,西至玉泉路	1101	30
石隆路	东西	东起南湖大道,西至玉泉路	1264	30
四联路	东西	东起南湖大道,西至玉泉路	1557	30
红松路	南北折东	南起绿杨路,向北折东至沪杭铁路边	2774	30
紫竹路	东西	西起越秀南路和由拳路交接点,东至沪杭铁路边	1553	24
龙凤路	东西	东起中环西路,向西折南至文博路西端西至昌盛南路	940	24
文博路	东西	规划原东起中环西路,西至三环西路,全长2036米,宽28米。龙凤路南端已建昌盛南路至三环西路段	1135	24
广穹路	东西	东起越秀南路、西至锦霞路	3000	42
开禧路	东西	西北起320国道,东南至嘉海公路	3108	40
圣堂路	南北	东北起开禧路,西南至南浦路	1671	32
天带桥路	南北	东北起开禧路,西南至南浦路	1936	42
白云桥路	南北	东北起开禧路,西南至南浦路	1898	42
骏力路	南北	北起城南路、南至朝晖路	1997	24
庆春路	东西	西起嘉杭路,东至陆家漾河	850	24
马家浜路	东西	西北起320国道,东南至嘉海公路	3507	32

南湖新区　科技城　工业园区道路

望湖路　2002年一期道路建成;2005年二期建成通车。西起农翔路,东至南江路,全长3029米,路幅30米,其中中间4米绿化带,两边分别是8.5米车行道和4.5米人行道,沥青混凝土路面结构。望湖路自西往东,分别与中环东路、景宜路、双溪路、云东路、庆丰路相交。沿路两侧主要是住宅区,自西往东,路两侧分别是万家花园、农翔苑、怡和园、翡翠花园、罗马都市、当代华府、郁金香以及正在建造中翠湖花园。在中环东路和景宜路之间的望湖路南侧是南湖区行政中心,设有北大门。在双溪路和云东之间的望湖路横穿罗马都市住宅区,道路设计成西欧风格,两头立有欧洲骑士雕塑。

2010年7月,望湖路南湖区政府北门段

南江路 2007年建成通车。南起广益路,北至南溪东路,全长1700米,路幅30米,其中中间4米绿化带,两边分别是8.5米机动车道和4.5米人行道,沥青混凝土路面结构。南江路自北而南与凌公塘路、中港城和九曲路相交,是望湖路的东起点。路北端东侧是夏宫花园住宅区,南江路跨凌公塘,中段与凌公塘路交叉口西北是北师大南湖学校。路南端东西两侧分别是中创电气商贸和中南家居广场。2010年开始,南江路越过广益路向南延伸。

景宜路 2003年建成通车。北起泾水路,南至广益路,全长2041米,路幅30米,其中是4米绿化带,两边分别是8.5米车行道和4.5米人行道,沥青混凝土路面结构。自北而南分别与南溪路、望湖路和凌公塘路相交,是格林路的西起点。景宜路两侧主要是住宅区,路北端是泾水公寓,沿路有紫竹名苑,燕语林苑、新南社区、怡和园、澳洲花园、康桥花园、水榭花都、格林小镇、汇金广场等住宅区。路穿凌公塘公园,中段路西侧是南湖区行政中心。

九曲路 城市二级支路,2007年12月建成通车。西起庆丰路,在北董桥处转弯,北至为凌公塘路,全长3100米,路幅42米(其中为人行道3米+车行道12米+人行道3米),沥青混凝土路面结构,道路雨、污水管为DN300~600,雨水管管材为混凝土承插管、污水管管材为UPVC管。五号路与中港路和南江路相交,含三跨简支梁桥2座。

中港路 城市支路,工程在2006年建成通车。西起南溪路,东至五号路,全长1800米,路幅24米(分幅标准为人行道5米+机动车道14米+人行道5米),沥青混凝土路面结构。中港路与云东路、庆丰路、云东路、南江路相交。

格林路 城市支路,2005年建成通车。东起双溪路,西至景宜路,全长480米,路幅18米其中两边各3米人行道,中间机动车道12米,沥青混凝土路面结构。

亚中路 城市二级次干道,位于嘉兴科技城,2006年竣工,北起中环南路,南至07省道,全长1040米,路幅36米,其中两边人行道4米+车行道9.5米,中间绿化带5米,新建桥梁3座。

纬四路 位于嘉兴科技城,2006年建,东起经三路,西至王庙塘,全长410米,路幅18米,其中两边人行道4米,中间车行道10米,新建桥梁3座。

亚太路 城市主干路,位于嘉兴工业园区,2002年开工、2003年竣工,北起南溪东路,南至中环南路,全长887米,路幅42米,其中人行道两边5米、车行道12米,中间绿化带。

亚欧路(经一路) 位于嘉兴科技城,2005年开工分两期实施,2008年竣工。北起广益路,南至新07省道,全长1684米,路幅36米,(其中两边人行道6米+非机动车道4米+绿化隔离带2米,中间12密,新建桥梁2座。

亚中路 位于嘉兴工业园区,2002年开工、2003年竣工。北起南溪东路,南至中环南路,全长1800米,路幅32米,其中两边人行道4米、车行道9.5米。

亚澳路 位于嘉兴工业园区,2002年开工、2003年竣工。北起南溪东路,南至中环南路,全长1500米,路幅32米,其中两边人行道宽4米、车行道宽9.5米。

亚欧路 位于嘉兴工业园区,2005年开工、2006年竣工。北起南溪东路,南至中环南路,全长1300米,路宽36米,其中两边人行道宽3米、车行道宽14米,中间绿化带。

江南路 位于嘉兴工业园区,2001年开工、2003年竣工。北起北环三路,南至老07省道,全长800米,路幅36米,其中两边人行道宽5.5米、车行道宽14米。

明新路　位于嘉兴工业园区，2003年开工、当年竣工。东起步焦公路，西南至北环三路，全长1690米，路幅22米，其中两边人行道宽5米、车行道宽12米。

永叙路　位于嘉兴工业园区，2006年开工、2007年竣工。北起明新路，南至步焦公路，全长1860米，路幅36米，其中两边人行道宽5米、车行道宽10.5米，中间绿化带5米。

步焦路　次干道，位于嘉兴工业园区，2002年开工、2004年竣工。南北向—东西向，西起老07省道，北至人民桥，长4200米，路幅12～24米。

兴业路　新昌路至新大公路，2009—2010年建造，长400米，宽30米。

新昌路　余步公路至兴业路，2009—2010年建造，长500米，宽24米。

新桥路　余步公路至兴业路，2009—2010年建造，长780米，宽30米。

2010年嘉兴工业园支路表

表8-2

道路名称	起止点	道路等级	长度（米）	总宽度（米）			总面积（平方米）	竣工年月
				总宽度	其中：人行道	其中：车行道		
亚美路	南溪东路—亚太路	支路	1850	24	5	14	44400	2006.1
原高速公路匝道	新07省道—沪杭高速公路	支路	500	16	—	8	8000	1998.11
振兴路	新07省道—北环三路延伸段	支路	680	18	4	10	12240	2006.12
富源路	新07省道—沪杭高速公路	支路	630	18	5	8	11340	2001.12
顺风路	新07省道—河流	支路	460	18	4	10	8280	2004.8
欧嘉路	明新路—步焦公路	支路	1600	15	2.5	10	9000	2006.12
东塘路	江南路延伸段—河流	支路	400	18	4	10	7200	2005.3
嘉钢大道（东西向）	步焦公路—塘河	支路	380	24	5	14	9120	2005.10
东塘支路	东塘路—东方化工厂	支路	260	13	3	7	3380	2005.3
顺风路南段	新07省道—平湖塘	支路	240	18	4	10	4320	2000.9
仁和路	东起智慧路，西至信诚路	—	850	13	—	—	—	—
义集路	南起仁和路，呈环状，至仁和路	—	800	13	—	—	—	—
礼贤路	西南起义集路，东北至智慧路	—	300	13	—	—	—	—
智慧路	南起广益路，北至凌公塘路	—	600	13	—	—	—	—
信诚路	西起三环东路，东至智慧路	—	850	13	—	—	—	—
诚信路	老07省道路至北环三路	—	600	18	—	—	—	—

历史街巷

东塔弄　南起角里街，北至蓝天学校，长225米，宽4～8米，因弄内原有东塔得名。这一带明代是繁华之地，巨宅花园相连，东塔、东塔寺和朱买臣墓曾是一方风景。寺和墓在太平天国战乱中和角里街的花园宅院一起被毁，残留孤塔。“东塔朝暾”列为清嘉兴八景之一，1966年东塔被拆除。1958年开始，民丰、冶金等大厂在东塔弄两边，建造民丰新村、冶金一村、冶金新村等工人新村。东塔弄口往西，是民丰大会堂、民丰医院和幼儿园。弄底原是民丰子弟学校，后为招收外来民工子弟为主的蓝天学校。

嘉禾路　1926年，是首条以嘉兴古县名的道路，当时路南端是宣公桥，连接车站路和东门大街，往北沟通公园路和嘉禾桥，连接解放路，方便人们进出城和坐火车出行，沿路多有茶坊、饭店、旅店。1970年车站河上新建七一桥，沪杭铁路建了平交道，嘉禾路经改建向南延伸到七一桥，长630米，成为城内和城东南工厂区之间的交通要道，每当上下班高峰，嘉禾路南段和铁路平交道变成自行车的长河，1994春波河被填，因春波桥名存实亡，成了路中一段高坡，嘉禾路更名解放南路，1981年复名。宣公桥拆除后，嘉禾路原有露天农贸市场北移到嘉禾桥东堍，因得秀水、春波河便利，依火车站、轮船码头人流，集市越来越兴旺。1986年，改建成大型封闭式棚顶东门农贸市场，并成为城中农副产品集散中心，至20世纪90年代中期搬迁。

1986年沪杭复线改建后，在七一桥边建嘉兴首座铁路立交桥，嘉禾路分为南北两段，铁路立交桥引坡到七一桥的嘉禾路南段成了断头路，先是东门街道在七一桥上建了老年活动室。嘉禾路南段后为自由市场，取缔后路和河之间整修成小公园，建亭阁，立陆宣公雕塑，这段嘉禾路成为公园的小路。北段嘉禾路北起勤俭东路春波桥遗址，南至东门桥东堍、立交桥引坡口，长360多米，宽10米。

宣公路 东起公园路，西至铁路立交桥下，长约200米，宽2米，是沿车站河的通道。嘉兴火车站建成时，车站广场前的河是铁路货运站的黄金航道，被称为车站河。有路沿车站河西岸从公园路通往宣公桥，故名。民国初宣公路西段大多是旅馆，

2010年10月，宣公路

近宣公桥处多小饭店和茶馆。1938年年初，嘉兴站、宣公路附近建筑大多毁于日本侵略军炮火。解放后，宣公路边建有售票处以及铁路公房，宣公路嘉禾路之间还留有些清末民居。

1970年南湖路和嘉禾路间开通了铁路平交道，车站河上新建七一桥，拆除通往铁路桥洞的钢梁便桥，宣公路通七一桥。1985年，紧贴七一桥边，新建铁路立交桥，宣公路成了断头路。20世纪90年代中期，新火车站建成后，车站河成了断头浜，2008年河被填没。2009年，宣公路3～7号的传统民居被列为市级文物保护点。

解放路 原南起春波桥，折西过解放桥至秀城桥，全长799米，宽6米。南接嘉禾路，西、北分别接芦席汇和鱼行街。解放路一带，早在唐宋时，这里已是烟火万家，元代大画家吴镇就居住在春波桥下的春波草堂。明末清初这一代属北板坊，该路依秀水弯曲，由南向北转向西，南段旧名西河街，市河秀水沿路西侧北流，故得名，西北段昔有水漾，岸边有柴场，街得名柴场湾，有柴市，是嘉兴近代工业的发祥地。西河街柴场湾商铺栉比，商业繁华，尤以米行最盛。

铁路通车后嘉禾路、西河街商业繁华，1910年嘉兴永明电灯公司在西河街创办。1912年嘉兴培利布厂在永明电灯公司街对面开办，为嘉兴最早的近代工业。路南首原有兰溪会馆，1912年12月8日孙中山来嘉兴时，曾在该处举行欢迎大会。路中段东侧原有德心医院，系嘉兴最早的西医院，解放后曾为嘉兴中医院门诊部。抗日战争胜利后，将西河街和柴场湾合并，统一命名为中正路，解放后更名为解放路。

1968年从柴场湾到长纤塘，32米宽的长水新河，在路中段建造单孔水泥拱桥，取名解放桥。20世纪70—80年代，南湖染织厂、嘉兴印刷厂、酿造厂、纸品厂、铁器社、蜜饯厂和蚕种场等企业分布于该路，曾为嘉兴工业片区之一。2001年解放桥至春波桥路段扩建竣工，拆除路两侧全部民居，筑路宽18米，路东侧新建高低错落的新居民住宅小区，西侧沿河是休闲草地和小公园。解放桥至秀城桥路段，在河畔恢复修建粉墙黛瓦的明清商业街市，有江南名庄、吴越人家等酒家，石阶河埠、排窗长门、

飞檐马头墙倒映秀水水面。2010年始，扩建解放桥和解放路北段，北侧新建香橼别墅。

闸前街　西起光明街，东至秋泾桥，长520米，宽5米，因地处杉青闸前得名。闸前街原是市区到塘汇、马厍汇的古道。明代抗倭在该街周围数次激战。抗日战争初，国军在闸前街底的秋泾桥奋勇抗击。日本侵略军侵占时曾烧毁好几处闸前街清末民国院落。在闸前街沿河边的居民区中，大多是解放初从苏北来的船民所建的民居，自然形成的北起闸前街，南至河埠的10几条小弄，以门牌号作弄名。闸前街33号弄相对宽些，是通向鉏家滩的主要通道。闸前街口北侧是光明街小学，1949年6月1日，中共吴嘉湖独立团整编为省军区第一军分区嘉兴独立营，在这里举行成立大会。解放前闸前街有许多手工作坊，主要有竹行、染坊和酱酒坊，解放后闸前街西侧有竹器厂、纸品加工厂、嘉兴电池厂、金属工艺厂、嘉兴钢管厂等，新世纪后，先后搬迁。2006年东升路大桥跨过运河，跨过光明街，将闸前街拦腰截断，闸前街一分为二，街的西北段成了东升路通往光明街的交通要道，闸前街东升路到秋泾桥一段在等待拆迁。

大年堂街　大年堂前、大年堂后两街合称大年堂。前街东起环城东路，西至县南街，长350米，宽1.5至5米；大年堂后，北起环城东路，西至馆弄，长366米，宽2.85米。清真寺设于前街。后街原有市四中、南湖小学、食品公司宿舍等。2004年市四中搬迁，旧址为区教文体局和教研室。明代其地有大年堂药店，渐成街名。明清时嘉兴盛产铜锡器，工人多来自南京，多集中于大年堂。《古禾杂识》说："大年堂直街，止半里许，前后左右打凿之声昼夜不断"，人称"打铜街"。

东大街　东起环城路，西至拆迁留存的空地，当作停车场。长不到百米，北侧是文华园，南侧10几间平房和楼房，编号仅36号，是历史悠久的东门大街的遗存。老东门历来是繁华的地方，东门大街西至县南街，是东门到城里的要道。太平天国时，遭祸至惨。沪杭铁路通车后，在东门外设车站，新铺道路，旅馆、茶楼、饭店竞相开设，老东门和东门大街重新繁荣起来。1923年东门拆除月城，新筑通向车站和西河街的道路；1928年东门到南门先拆城墙筑马路。20世纪30—40年代，中山路筑通环城路以及南湖大戏院新建后，老东门商业中心转移到环城路、中山路口一带。1969年拆除宣公桥，新建中山桥后，东门大街和河对面的宣公路成了断头路。1981年将东起环城河口，穿过环城东路，西止县南街，长380米的东门大街，更名为东大街。20世纪90年代新建六层楼的住宅区，侵占东大街的西半段。

2010年11月，东大街

天星湖弄　长175米，宽处6米多，最窄处3米多。原是天星湖残余水面，解放后陆续填平建房，成为居民区，形成纵横交错的里弄，习称天星湖，1981年，将东西向道路命名为天星湖弄。天星湖原是古代湖泊，相传是秦始皇征发囚徒挖掘，又称天心湖。明代起城内住户增多，湖渐缩小，民国期间将部分湖面填建中山公园，至解放初为数亩大的水池和荒滩，大跃进年代陆续填平，慢慢地建满苏北民居。

20世纪50年代，在天星湖环城东路口设汽车站，天星湖热闹起来。天星湖弄东段靠环城路地势高，路也宽，中段有工程弄、绣花弄、水弄和环星弄等相交汇，形成块空地，再向西通秀州路时，弄狭小，地势也低。1970年汽车站搬迁后，天星湖弄口成三轮车运输公司，边上建造四层楼的生活资料公司。随着秀州路小商品市场的兴起，天星湖弄周围开满小旅馆、小仓库和小店。

20世纪80年代电控等工厂建了宿舍，90年代后期，市政工程队、桥梁队陆续搬走，开发新建小区，到了新世纪，所有苏北民居、小店统统拆迁，建成机电市场和天星湖公寓。2010年，在天星湖弄西段北新建好得利市场和住宅区。

新马路 东起环城东路，西止秀州路，150多米长，6米宽。1923年，在玄妙观东首新辟新东门，7月建城门到兴圣河街的城内首条通人力车的沙石路，命名新马路。1926年直对新东门建嘉禾第一桥，新马路沟通嘉禾路。1927年拆南门至新东门段城墙，先期筑成环城马路，将东门、芝桥街和新马路连在一起。1930年新马路南建成嘉兴第一个公园，命名中山公园。新马路中段原有玄妙观，是嘉兴最大的道观。元皇庆二年（1313）建，明洪武元年取《道德经》中"玄之又玄，众妙之门"之意得名，清咸丰年间毁于战乱，同治年间重建。1954年大殿被烧毁。玄妙观院内办过学校，1979年学校撤掉后，办过电器厂，后来轻工业局、纺织公司等单位联合建造六层办公大楼，现院内留存株古树。解放后，中山公园改建为首座儿童公园，1980年儿童公园拆除，新建南湖饭店。1985年，在新马路东首新建物资交易中心。20世纪80年代初新马路和秀州路交接处，形成以个体商贩为主的马路市场，以经营服装、小商品为主。1992年搬迁。2000年建开盛小商品市场。

秀州路 南起环城南路，跨环城河，北至鈕家桥，长1346米，宽10米。该路经3次拓宽延伸，填平两条小河和项家漾连接6条小街巷而成。旧时沿路一带人家尽枕河，荐桥河两街夹一河，项家漾风景优美，鱼行街集市兴旺。路南段原有荐桥，始建于宋景定年间，相传明代项元汴的天籁阁就在路中段的项家漾边，百年名校原秀州中学和冷仙亭也在该处。1970年，将荐桥河、兴圣河和项家漾修筑为防空洞和人防工事后，填平成路，后又拓宽、打通崔家桥上、荐桥河西、河东和项家漾4条小街，建成自东门大街至姚庄路棉纺厂的道路，长650米，宽8米，习称新马路。1981年，命名秀州路。当时秀州路、中山路至勤俭路段自发形成马路地摊市场，后由区工商局开辟全市，辟为第一个小商品市场。统一制作300多只铁架商铺，依路两边摆放。1992年年底搬迁至秀州商城，20世纪90年代初建秀州桥，并将鱼行街拓建为长615米、宽12米的新路，名为秀州北路。1995年秀州路向南延伸至环城南路，5年后，棉纺织厂搬迁，筑通最后的100多米，秀州路实现全线贯通。进入21世纪，原小商品市场地段，先后建开盛小商品市场和好得利小商品市场。秀州北路东侧正在开发市中心的香橼别墅。现该路自南至北与中山东路、勤俭路、环城北路相交。沿路有丝绸大楼、欣盛公寓、天星湖公寓、丁家桥社区、秀州公寓等。

2010年3月，秀州路

县南街 南起环城南路，北至中山东路，长450米，宽8米。该街原是县南街和干河滩街两条相连的路，2005年统称为县南街。老县南街南起县南桥，北接中山路，长120米，宽4米，因位于县衙南而得名。街北段和东门大街、自由弄交叉口原是东门街道办事处。自由弄以弄内苏小小墓而得名贤娼弄，解放后更名自由弄。苏小小墓1970年被拆平。干河滩街北起县南桥，南至环城南路，长330米，宽5米。街北段在"文化大革命"期间陆续新建了化肥厂、冶金厂工人宿舍，南段为居委会创办的便民商业街和露天菜市场。20世纪90年代初，县南街一带民居先后拆迁，新建成建南公寓。县南桥一段建成高速公路指挥部，后为建设街道办事处。1995年开始建国路向南延伸，带动县南街地段的旧城改造。干河滩西侧新建商铺和居委会办公用房，东侧建成一排商铺。

椿树弄 东起建设弄，西至建国路，长180米，宽5米多，两旁有彩砖人行道。椿树弄的西头原有宋元古桥香花桥，过桥是北门大街。相传弄东端昔有椿树，故名。弄内主要是居民住宅，北侧大多是大宅院，石库门，进门有厅有院，有天井楼房，通到丁家桥河。南侧房屋大多是日本侵略军烧光后重建的。

解放后，弄东段北侧是建设街道办事处，1970年，建设街道搬迁到勤俭路，让出房子和院子，创办建设水泥厂。凭着家庭妇女的创业精神，把球磨机装在老宅的厅堂里，把立窑竖在院子里，利用椿树弄、建设弄当晒场，生产出质量好的水泥，这在全国倡办小水泥厂的高潮中成了奇迹，1972年、1973年连续两年，建设水泥厂在全国小水泥现场会上作典型介绍，各地来参观的接连不断。当年利用椿树弄空房子，街道先后办起了五金厂、被服厂、胶木厂、纸品加工厂，都红火一时。1974年建设水泥厂搬到栅堰，后并入电控厂。街道办事处搬回椿树弄。1994年开始，椿树弄地块陆续拆迁，建起幢幢高楼。1999年街道办事处搬迁，旧址造起中兴公寓住宅区。

丁家桥路　东起秀州路，西至建国南路，长250米，与彩虹街、杨柳弄相交。西段建国南路口，已建成12米宽的小街。东段还是一条窄窄的小弄连接秀州路。20世纪80年代前，名丁家桥河下，俗称帮岸上，是一条沿河小路，从丁家桥到项家漾秀州中学。小河从北门市河，穿过丁家桥，流过帮岸和河埠，到项家漾与荐桥河会合。丁家桥、人民路、杨柳弄、椿树弄一带历来是人口稠密的民居区。丁家桥为元至元《嘉禾志》记载的古桥，有栏杆，贯通人民路，河水过桥两岸帮岸整齐，河埠相连。南岸是椿树弄深深庭院的后厢房、厨房，贴河建在帮岸上。丁家桥河下是典型的一河一街，5米宽的小路，路面不设阴沟，略向河倾斜。河埠是公用的，有双向八字形，也有单向的，可洗涤，可停船。1980年丁家桥河陆续填没筑路，在路中间搭了简易商铺。1999年建国路、椿树弄改造，丁家桥路延伸到建国路，路西段建成一片商住楼。2003年始丁家桥路中段北侧的民房陆续拆除，包括有着雕花厅堂、砖雕过楼、3米多长整块的阶沿石的老宅。2008年，该地块新建第二医院建筑面积5.28万平方米的15层的门诊大楼，2010年年底结顶。

杨柳弄　南起椿树弄，北至环城北路，长455米，宽8米，古时弄内多园林多杨柳，故名。明万历《秀水县志》的街巷中，记有杨柳巷，清代地图上标有杨柳巷弄。那时这一带为大户居住，多宅院，园林。太平天国后，衰落了，抗日战争时，又被日本侵略军轰炸烧抢。解放后的杨柳弄，北到当弄，南到丁家桥河下，长220米，宽二三米。西有风车弄，东有姚庄路相通。

杨柳弄西侧的民房大多和人民路民房相连，正门或石库门在人民路，花园或后门在杨柳弄。1958年时，这些宅院办了棉纺织厂和市工商联办公楼。杨柳弄过风车弄到当弄这段西侧，是清代丝绸商人造的大宅院，大门开在风车弄，后门在当弄，解放后成为家具工场和居民区。东侧是第二医院，清末曾是基督教堂。杨柳弄南段到丁家桥河下东侧，是20世纪30—40年代嘉兴有名的吴云彬洋房，青砖清水砌，抗日战争时被日本侵略军占据，解放后先是银行，后成了嘉兴地建公司宿舍。洋房在杨柳弄有边门，内有天井、庭院，住着40多户人家。杨柳弄10号到姚庄路一段东边，是1937年日本侵略军轰炸后的废墟，人称高高墩。1958年棉纺厂整理一块地方，盖大草棚做仓库，后建宿舍。过了三四年，一些苏北船民到这里，平整土地，搭起清水墙、毛竹椽的简易房。其后成了20多间房屋的苏北民居院落。

20世纪90年代建国路拓宽改造时，人民路两侧房子连同杨柳弄西侧的房子全部拆除，先后建造起占地面积七八千平方米，高20多米的商厦，前门在建国路，杨柳弄是后门。杨柳弄重新拓宽，并向南北延伸。2003年，杨柳弄东侧吴云彬洋房拆除，最后拆的是苏北民居和10号民房。

20世纪90年代，杨柳弄

姚庄路 东起秀州路,原到杨柳弄,20世纪末建国路改造时,将风车弄拓宽,建成商业街,连接姚庄路,统一命名为姚庄路。长310米,宽5~10米。清代,嘉兴望族姚氏在城东北建花园、深宅,取名为乐静山庄 俗称姚庄。清末富商姚访梅妾在城墙到姚庄路间新建宅院,称北望云里,有巷门。清末嘉兴府城地图标注姚庄边有龙树庵,据传,姚庄里的龙树庵里的年轻尼姑都能诗琴棋画,那时姚庄路名坛庵弄。姚老太太扩建姚庄后,俗称为姚庄路。

太平天国后,在杨柳弄和姚庄路间,建造嘉兴第一座基督教堂,后在姚庄路中段建基督嘉北堂,俗称耶稣堂,"文化大革命"停止活动,20世纪80年代教堂重建。1901年在姚庄路创办福音医院,门开在杨柳弄。1937年被日本侵略军飞机扔了炸弹,姚庄路从杨柳弄到天后宫弄的房屋被大火焚毁,成废墟,后称高高墩,解放后还残存被毁了屋顶的教会宿舍底层的走廊。20世纪70年代初,棉纺厂和地建公司在此新建五层楼的宿舍。

位于姚庄路东端原有的棉纺织厂,是"大跃进"年代创办的民政企业,先办在杨柳弄一座宅院内,后搬迁到姚庄和龙树庵遗址的地方。20世纪90年代中期,棉纺织厂搬迁到嘉兴西郊,厂址的一部分建成秀州路。20世纪90年代末开始到2005年年底,西从杨柳弄,东到天后宫,北从姚庄路,南到丁家桥河下,整个地块所有房屋全部拆除。2008年,新建第二医院门诊大楼后,姚庄路成了东西两段。

芦席汇 在秀城桥北堍西侧向前,沿秀水、运河边的长414米,宽3米左右的小街,旧为市易之处,沿街是前作商店,后为堆栈的老屋,河边码头帮岸整齐,岸上有精制的系船石穴。芦席汇南隔水相对有缸甏汇、风箱汇,东北运河中有分水墩,昔有水天庵,解放后为商业部门仓库。清光绪三十年(1904),革命志士敖嘉熊曾出资在芦席汇办一私人学堂,为嘉兴较早的新式学塾。

进入20世纪,嘉兴创建国家历史文化名城,芦席汇和梅湾街、月河街被列为嘉兴三大历史街区。芦席汇历史街区包括芦席汇、解放路、双魁巷3个区域,总面积19.7公顷,重点保护区域7.5公顷,核心区面积3.9公顷。2004年启动芦席汇历史街区保护开发建设,到2006年一期已建成。沿秀水的传统商铺中已开设江南名庄、吴越人家等餐饮名店,还有一家挨一家各式文化主题的茶馆。秀城桥已翻建,分水墩上新建了石拱桥连接芦席汇。

杉青闸路 南起落帆亭,北至百步桥,长1055米,宽8米。以古杉青闸名。杉青闸系古运河重要的水利设施,历代曾设官邑,由朝廷派官员管理。《宋史·孝宗纪》记,"建炎元年十月戊寅,生帝于秀州杉青闸之官舍。"元代后闸废,闸堰遗迹随岁月而消失。清代,杉青闸已是一个区域地名,指落帆亭一带。该路原南接北京路,北至原石油仓库,长850米,宽6米,与光明街隔河相望。东升路拓建后,新建落帆亭桥,路以桥下落帆亭为起点。落帆亭历代重建,清代列为江南名园,抗日战争时已衰败,解放时还有荷池、亭阁和假山。1988年,市园林局进行修葺。2010年新建落帆亭公园。路北段百步桥为宋元古桥,2009年开始杉青闸路边丝绸工业区的厂房开始拆除,河边建石柱栏杆、亭阁等景观。

坛弄 位于月河历史街区中心,长180米,宽4米,石板路。两旁是飞檐翘角,粉墙黛瓦的二层楼民居。前临街,后依河,楼房间,一条条小弄,通小桥、河埠。坛弄口的诸兴桥和边上的姐妹桥,沟通北京路、中基路和月河客栈,弄底的月河桥和抱月桥分别连接月河埭和荷月弄。改建前的坛弄原东南起自北京路,折西至杨家廊下,长156米,宽2.5米。因明代在该处设厉坛得名。初建于明洪武十五年(1382),清代废。那时坛弄依里月河,分两段,东从塘湾街到糕作弄口的水码头,称坛街,长156米;水码头至月河桥为杨家廊下。到解放时,仅几十米的杨家廊下还有两三幢石库墙门和月河桥边费家的中西结合新式楼房,长条石,洋门洋窗,后门还建有河埠、凉亭。弄中段北侧有小坛弄,弄底原有清凉禅院,画栋绘梁,花木满庭,抗日战争前为嘉兴商会所在,日伪时被警察分所驻占。解放后曾是嘉兴地区工农干校,后为医药公司职工宿舍。2003年始重建坛弄,恢复里月河,新开顺心河等两条小河,与流经的月河构成月河历史街区蜿蜒曲折的水系。重修月河石板桥,新建抱月桥、顺心桥等8座石桥。现坛弄已成为时尚酒吧、歌厅娱乐一条街。

中基路 系月河历史街区老字号一条街,东起踏月桥,西至城北路,长713米,宽5米,石板路面。

中间有荷月桥及广场，以西是陆稿荐、一乐园、四时春、真真老老、五芳斋、玉穗丰、同丰裕、龙须糖老字号。还有端午民俗馆、粽子博物馆和花鸟市场。中基路东段，是嘉兴地方餐饮特色街，清河煲店、邹大鲜、正兴源、月庭轩，店连店，居于热闹餐馆之间的德勤文化园，以展陈浙江省非物质文化遗产为特色，上演非遗演出和地方戏曲。中基路是闻名江浙沪的古玩一条街，每逢星期日古玩集市整条街人挤人，摊接摊。月河历史街区改建前的中基路东起北丽桥，西至城北路，长870米，宽4米。清代时以便民街为界，东称中街，西名殿基湾。1934年，两路合称中基路。1966年9月改名大寨路，1981年复名。1928年《嘉兴新志》载，城区以北门大街、塘湾街、中街最为繁盛……中街有商店112家，以鱼行、糖果茶食、腌腊、麻皮行等店为最多。当时中街上茶馆、饭馆从早到晚热闹拥挤。殿基湾以居民住宅为主，民国时曾建徐家洋房，在江南民居中独树一帜。解放后直至21世纪初，仍是商业市街，集市贸易尤为兴旺。古运河边小猪廊下曾是全市苗猪集散地，常年农船云集，相当有名。2003年始由嘉兴城投集团投资6亿元，以晚清时代的江南水乡建筑风格为主，修旧如旧，历时5年，基本建成，以中基路、坛弄、秀水兜为主干的月河历史街区。

府南街　北起府前街，南至环城南路，长359米，宽11米。因处府衙南故名。唐末嘉兴筑大城后，原城被称为子城，成为嘉兴历代官署的驻地，习称府衙。民国时期子城四周还有护城河，府南街北起府前街和瑞虹桥，南接斜东街，东西两侧明清时有南宫道院和南大营，太平天国后成为废墟，后开挖新开河，自南迎紫河通往门市河。抗日战争时，遭日本侵略军飞机轰炸，烧掠，到解放时，府南街一带无街市和像样的住房，大多成为蔬菜地。

1970年，在府南街东侧和环城南路交叉口新建长途汽车站。20世纪70年代后期，子城南的锦带河和洲东湾附近的小河填没后，新建了住宅和化工、化肥等工厂的职工宿舍。街东侧新建石油公司大楼和加油站，街西侧新建一批沿街商店。1991年汽车站搬迁，老车站地块开发成高档的商用办公楼。改革开放后，在嘉兴历次城市规划中，都将子城内街、子城城楼和府南街作为嘉兴古城的中轴线。

中和街　东起建国南路，西至少年路。长310米，原宽约3米，20世纪初少年路改成商业街，中和街西段随之拓宽成10米的商业街，东段有五六十米长的路因瓶山没有拓宽。

中和街，旧名混堂弄，是沟通上塘街、汤家弄和东道弄的要道。20世纪30年代初，红卍字会嘉兴分会在瓶山北麓建造会馆后，更名为中和街。日本侵略军侵占时，红卍字会馆成了日本侵略军汪伪在嘉兴的最高司令部，在瓶山中部挖造防空洞，山上的花草树木，石阶亭阁，全被毁坏。1942年，会馆中设过汪伪的清乡委员会浙江办事处。抗日战争胜利后，会馆改建成红卍小学，解放后改为中和街小学，后并入实验小学。20世纪70年代，瓶山曾为市人民防空办公室驻地。1987年瓶山公园建成。21世纪初，中和街南侧两幢西式楼房和庭院整修后成为嘉兴画院。随着建国路、少年路改造，中和街新建仿明清建筑，与瓶山公园相配。东首北侧新华书店一直到少年路的高楼间，还有一片旧民居。

塔弄　东起建国路华庭街购物中心南侧，西至少年路房地产管理处南侧，长305米，东为华庭街内街，宽5米左右，西段为塔弄老路，宽8米左右。塔弄在明以前名塔儿弄，沿称数百年。塔名同官或铜官塔，俗称孩儿塔，初建约在五代或北宋时。塔名的来历和含义很多，1981年地名普查塔名来历时有三说：一说传为北宋宦官童贯所建，取其谐音词同官得名；一说是官员们集资建塔得名；还有一说是因塔东北有孩儿桥而得名孩儿塔。不过老百姓都说孩儿塔是因县官宣传孝道、警示顽童这个凄美的故事而建。

原塔弄里大多是粉墙黛瓦江南民居，杉木门窗，一家挨一家，弄中有几个大的墙门，有小弄通向民宅，走进去，大多带有天井和庭院。抗日战争时期，日伪在弄内36号设特务机关残害爱国军民。1956年弄东首设自来水厂，有深井汲取地下水供应。“文化大革命”初期塔被毁。旧城改造后，塔弄内所有传统民居和自来水公司厂房全部拆除新建大楼，东为华庭街购物中心，西段北侧为房地产管理处，南侧是勤俭路的商贸楼。

天宁寺街　东起建国南路，西至少年路，长280米，原街宽3.5米。因街北古天宁寺得名。天宁寺为西汉辞赋家严助故宅，唐咸通年间改为院，北宋熙宁元年（1068）赐名寿圣院，崇宁二年（1103）年赐名“天宁寺”额。元代还建有奇石秀玉峰，号称“南湖第一山”，毗卢阁后有严助墓，严将军井，明清成为嘉兴名寺，城中名胜。天宁寺街因寺而兴，倾脂河沿天宁寺街过孩儿桥入市河，孩儿桥周围酒肆茶楼遍布，商市繁华，至清末始衰。民国时寺舍创办天宁寺小学，部分寺舍改作住宅，留有偏殿，延续香火。20世纪50年代，寺院的山门尚在。90年代前靠近建国路口，三层楼的五金公司成为天宁寺街口标志建筑。天宁寺遗留的房产被电影公司和学校陆续改建为五层楼住宅。填倾脂河后，自来水厂后门新建了办公大楼。2001年，天宁寺街东段所有房屋全部拆迁，建华庭街购物中心。2010年，该街东段是华庭街心广场，街口13米宽，西段是老天宁寺街和倾脂河填平形成，宽十六七米，街两边是五六层的楼房，底层开设着各种食品杂货店。

紫阳街　位于子城河西，因河边多梓树，辛亥革命后，筑城边路通斜西街，取其谐音，命名紫阳街。解放后北连中山路，南抵环城南路，长450米，宽7米。紫阳街南首原有南宫道院，为著名寺观，毁于清末。1917年，韩日禄在子城西建天主教大教堂，定名为圣母显灵堂，成为嘉兴标志性建筑。嘉禾布厂老板高如澧，在紫阳街、斜西街之间建占地面积1500平方米的中西结合宅院，俗称高家洋房，先后易为政府公署和驻军所用。解放后先后为新老兵中转站、嘉兴报社等单位。“大跃进”期间，圣母显灵堂内办有戏衣戏具厂，“文化大革命”时转产。嘉兴橡胶厂、汽车轮胎厂、轴承厂和螺丝厂先后在

2010年8月，紫阳街

紫阳街兴办、发展后，搬迁到城外。20世纪80年代末，紫阳街从7米拓宽到18米，成了中山路到城南的交通干道。1966年，在紫阳街斜东街交叉口建造嘉兴首个露天游泳池。在游泳池西原有浙北地区闻名的结核病防治所，20世纪90年代，结防所南建造紫阳饭店。1991年在紫阳街东侧建造了几十间二层楼房出租，开办子城酒家、贵族、天声渔村等20多家餐饮店，一度成为餐饮一条街。2010年底紫阳街和环城南路交叉口的沙龙宾馆新楼建成。紫阳宾馆被拍卖后，成为健康会所。

少年路　南起中山东路，北至环城北路，长735米，宽15米。始建于20世纪30年代，从中山路大营桥起，将原东道弄、钟家桥、鸣阳门3条小弄拓宽至天宁寺街口，取名童军路。抗日战争时期打通至环城北路，改名和平路。抗日战争胜利后复名童军路。1950年更名少年路。原路两侧多为民居住宅，少有商店，道前街和勤俭路、塔弄交叉口有几家油盐杂货店。沿路先后有建设小学、群力中学、聋哑学校、嘉兴五中和少年路小学等学校和市图书馆。该路除和天宁寺街、精严寺街相交外，自北至南还与平家弄、干戈弄、塔弄、中和街、道前街相交。少年路引人注目的是天宁寺和严助墓、勤俭路口的人民电影院和精严寺街上的少年村。天宁寺相传建于唐代，清末始衰。严助墓原在天宁寺后。少年村是1956年新建勤俭路时，张家弄的一些木结构老宅移地新建形成的居民区，整齐的几十幢房子，有小路间隔。位于勤俭路少年路口的人民电影院，是解放时嘉兴唯一的电影院，建于1932年，始名为银星大戏院，1952年翻建后更名人民电影院。

1991年，区农工商实业总公司投资少年南路东侧地块，建造金福公寓和沿街20多间门面，竣工店铺开张后，大多经营服装，成为市区颇具特色的服装一条街。原精严寺和少年村地块建造秀城公寓和沿街商铺，建设小学地块开发都市型商业广场，人民电影院等一些老房子也纷纷破墙开店。少年路北段先后开发建造港澳商场、少年公寓、慈光大厦、贵都写字楼和辅成小学沿街商铺。2004年开始培育少年路服装特色街，拓宽道路，铺设花岗石路面，2006年2月竣工，2009年4月少年路“女人街”举行开街仪式。到2010年年底，在360米的街区

中，共有171家商铺，其中从事服装行业的商铺有119家。

梅湾街　位于梅湾街历史街区中心，东起禾兴南路，西止城南路，长320米，青石条铺地，两旁是仿明清两层楼的江南民居，飞檐翘角，粉墙黛瓦，花格窗，落地门，阶沿石，街上汇集古玩、字画、奇石、珠宝等各类店铺，以及饭店、茶馆、咖啡店。梅湾历史街区改建前，东起南当弄，西止城南路，呈曲柄形，沥青路面，长300米，宽4.6米，习称梅湾里。从东边街口到中段弯曲处称外梅湾，从弯曲处到街底称里梅湾。相传明万历年间该地曾植梅修园，街因此得名。原是真如、人和、濮院等地乡民进城必经之路。沿途经真如塔、跨五龙桥，到梅湾街转南当弄进南城门。梅湾街和南门外东、西米棚下，帆落浜集许多现代名人和商贾大户，这些具有浓郁江南建筑风格的古典大宅大多依湖而建。梅湾街南侧76号原是地方人士陈桐生住宅，1932年上海"虹口爆炸案"后，大韩民国临时政府领袖金九曾在此避难。至后，部分要员也到嘉兴，在梅湾街北的日晖桥17号，设大韩民国临时政府，隐蔽居住。2002年起历时5年，投资1.07亿元，梅湾街和老南门开发建设成集商贸、餐饮、旅游、休闲为一体的梅湾街历史街区。

杨柳湾路　原由杨柳湾、徐家埭、酱园埭和南宫桥四条小街连接而成，以杨柳湾得名。1981年，该路尚是嘉兴一中后门外的幽静小路。1990年小路拓宽，自南大街至安乐路，长455米，宽6米。后向东延伸到紫阳街，向西延伸到环城西路，全长1150米，宽12米，更名杨柳湾路。自东至西穿越河东街、禾兴南路、砖桥街、安乐路。历史上南门范蠡湖，金明寺后的杨柳湾，徐家埭、屠家埭和报忠埭一带，都是风景幽静的地方，南宋殿函焦虎臣的宅第在杨柳湾，是城内闻名的私家园林，有奇花异石，垒石为峰，并在河岸遍植杨柳。抗日战争时期，杨柳湾和徐家埭、报忠埭一带惨遭日本侵略军炮击劫烧，到解放时留下一片废墟，杨柳湾一带因此开垦成蔬菜地。1962年，市结核病防治所搬迁现路。东端路西南荒地陆续建起锅炉厂、汽车配件厂和地区建筑公司。路西段南侧是老一中学府和地区烟糖公司。20世纪80年代，结核病防治所南新建紫阳宾馆，杨柳湾路西段北侧新建市府宿舍。后文化局、地区烟糖公司和文教卫生系统又在路两侧建宿舍，杨柳湾农贸市场等一些公共设施也在该路与安乐路口建成。

斜西街　东起建国南路，西至环城西路，长1170米，宽24米。斜西街全线贯通前后用了20年，分4次筑成。20世纪70年代，斜西街为3米多宽的小街，连接斜东街和报忠埭，一条小河穿过斜桥、砖桥。1980年，这里开发建成12幢5层楼的住宅小区，初名状元新村，后更名南杨新村。同时填平河流，拓宽报忠埭，建成630米长、24米宽的柏油路，初名创业路，随后向东，将斜西街、斜东街拓宽为10.6米，通到紫阳街，命名为斜西街。1989年第一米厂搬迁，斜西街延伸至环城西路。20世纪末，该街向东延伸到府南街。21世纪初，南门汽车站搬迁，斜西街前后全线贯通。2007年，市城投集团投资400多万元实施道路改造，设双向四车道。

斜西街旧有的醋坊桥和斜桥、老人桥、大悲桥都是宋元时期就有记载的古桥。被日本侵略军炸毁的陶家花园、高氏园、方家花园，据说都是世代居住于此的世族，几度兴废重建。位于报忠埭中段的刘公馆和方家厅是劫后遗留的大宅，抗日战争后作为救济院所用。1978年，方家厅改造成干部宿舍。20世纪80年代福利院搬迁，建造机关宿舍和老干部活动中心。觉海寺位于斜西街西段，"文化大革命"后只剩下大殿和厢房，是市区唯一保存原有建筑风貌的古寺。1983年，重修后恢复开放。2010年，该路自东至西穿越府南街、紫阳街、禾兴南路、安乐路，沿街有建设银行嘉兴分行、农业银行嘉兴分行、工商银行嘉兴分行、中国人保财险等金融机构，有市老干部活动中心和中国移动嘉兴分公司。

砖桥街　南起环城南路，北至府忠埭，长534米，宽10米。因有宋元古桥砖桥得名。从南到北，穿越杨柳湾路、南杨路和斜西街。该街自北至南原为砖桥弄、砖桥街和采弄3条相连的小街巷，2006年统一命名为砖桥街。历代这一带曾集居许多嘉兴世族大家。相传宋代焦虎臣园就在采弄和杨柳湾附近，留有4座莲花桥，其中2座西莲花桥就在采弄中。采弄在民国初称大兴弄和南街，当年南街有条通往范蠡湖的小街，长不到30米，以筑有帮岸得名，习称南帮岸。南帮岸3号是中国民主同盟创世人之一沈钧儒的祖居，现为沈钧儒纪念馆。民国时，砖桥街自北至南分别有核桃桥、砖桥和莲花桥。砖桥跨原报忠埭河，系由砖砌而成的拱桥。20世纪60—70年代，砖桥街北段西侧是社会福利院的菜园，东侧为地区建筑公司安装队，近报忠埭的地方有些民居。1977年始蔬菜地陆续征用。砖桥街、斜西街交叉口南原有民国救火会，解放初期为蔬菜大队驻地。90年代末，砖桥街和禾兴路之间，建了成片的住楼，重建了基督教嘉南堂。

姚家埭 西起禾兴南路，东至紫阳街，长188米，宽16米(原路宽4米)，因清代有姚姓商人开设米行而得名。姚家埭原是沟通子城和校场的小路，100多年前以“硕学通儒”领誉世界的大学者沈曾植，在世居的姚家埭，建坐北朝南四合院式三进大宅。20世纪50年代，其子沈慈护将大宅捐献给国家，后为第一医院及30多户居民住宅。1992年沈曾植故居成为市重点文保单位，2000年落架大修后对外开放。清光绪三十一年(1905)法籍修女巴底希将海盐车辐浜的仁爱堂，迁到嘉兴，在姚家埭中段建造仁爱堂，属法国天主教会仁爱会。仁爱堂占地面积7025平方米，内设有圣心医院、安老院、教义传习所、习艺所、童女会、慈幼院、奶牛场等，有四五百人。10几年中，院址扩大到3万多平方米，大部分在姚家埭北侧，路南是教会和仁爱堂神职人员宿舍。抗日战争初期，仁爱堂惨遭日本侵略军轰炸，育婴堂中许多婴儿丧生。1951年9月政府接管，圣心医院改名为市立医院。1953年，更名嘉兴市第一医院，院门开在姚家埭，路拓宽为16米。1993年第一医院扩建，将大门开设于禾兴南路。路中段南侧原教会宿舍，后为工商联办公地，1999年新建了六层办公楼。

府忠埭 东起禾兴南路，西止安乐路，长420米，宽10米。1990年前是东西两条街，东面称弓箭埭，西段称副忠埭，合并后统称府忠埭。原弓箭埭北侧明清时为练兵场所，称内校场，东临市心河，北为凤凰河，南是核桃浜。1917年，核桃浜边造中山纪念厅，内校场改为公共运动场。1945年9月9日，在运动场举行庆祝抗日战争胜利大会和入城仪式，1946年11月，举行第一次全县运动会。府忠埭过砖桥街，原是嘉兴三中所在地，前身是天主教的民德女中，1952年政府接管更名嘉兴三中。

解放后中山厅和运动场更名人民广场，几经扩建，占地面积2万平方米，有田径场、足球场等，改为人民体育场，中山厅为青少年体校。1976年9月18日，在人民体育场举行的毛泽东主席追悼大会。20世纪90年代，人民体育场搬迁，建造中山影院以及惠肯大厦和杭百大购物中心，后改名为戴梦得酒店和购物中心。2005年，占地面积4.61公顷的三中搬迁拆平，第二年开始建造旭辉广场。府忠埭南的核桃浜填没后建造住宅楼和机关宿舍。府忠埭小学撤销后，建造了教工宿舍。府忠埭西段北侧是建于20世纪80年代的部队家属宿舍。南侧是药监局的办公楼，现在是卫生系统退休人员的工会和医务室。

道前街 东起少年路，西至禾兴南路，长239米，宽5米，因街处清巡嘉湖道公署前故名。道前街直对西道弄原是嘉兴广播站旧址，边上有弄，内是机关幼儿园，是昔日嘉湖道台所在地，留有清代科考场所宏文馆。1928年在宏文馆旧址兴建图书馆，1936年9月，嘉兴图书馆举办“嘉兴县文献展览会”，展出馆藏及向社会征集的地方著作、金石书画等四五百件，在嘉兴文化史上影响很大。抗日战争时期，宏文馆被日本侵略军占据，抗日战争胜利后成为县政府办公楼。解放后为嘉兴专员公署办公楼，1953年改作机关幼儿园。

“文化大革命”期间，建设街道在道前街南侧的空地和民房创办制本厂、丝织厂等街道工厂。20世纪80年代初，第四印刷厂在这里新建了四层楼的厂房。90年代后期工厂搬迁，1999年成为建设街道办事处，底层开商店，2009年为建设街道城管驻地。街北侧的县委第一招待所，1983年为秀洲区政府招待所，80年代建造两幢机关宿舍。1998年，道前街南侧建设街道大楼往西，建了两幢商住楼，底楼都是商店，和少年路一样，大多是开服装、时尚店。道前街西道弄以西两旁，都是江南大厦，在道前街西首建江南大厦过街楼。

精严寺街 东起少年路，西至禾兴南路，长260米，宽6米。街因精严寺得名。精严寺始建于东晋咸康六年(340)，曾与杭州灵隐寺、宁波天童寺并称为浙江三大丛林，为嘉兴各寺之首。辛亥革命时，嘉兴军政分府和光复会嘉兴机关设于该处。1925年3月，中共嘉兴独立支部在该处建立机构。20世纪50年代中期，精严寺殿阁及僧房先后被烈军属和僧侣作为生产用房。1956年东部空地建少年村，安置张家弄拆迁户。60年代主要殿宇为烈军属制本厂使用，东部僧房作居民住房。藏经阁为文化部门使用。寺西面的精严寺小学和菜地新建了教工、电控厂宿舍和市区最早的三层楼居民住宅。精严寺偏殿和大殿分别于1965年和1979年拆建为厂房。80年代，电力局和房产科在精严寺街西段两边新建六七幢住宅楼。1982年嘉兴佛教协会恢复，设在精严寺残存禅房。

1993年，精严寺异地新建旧址开发房地产。20世纪初，靠近少年路街东段陆续开发了房地产和商业用房，精严寺街陆续开出休闲食品和服装等商店。

干戈弄　东起少年路，西抵禾兴南路，长270米长，宽3.5米，明万历《秀水县志》中记有干戈弄，相传吴越时在此打仗，得名干戈弄。抗日战争时，干戈弄遭战火，房子被毁，到解放时还是乱砖瓦堆。现在在弄中间地形明显要高。除两头有几幢高楼外，弄中大多是20世纪50—70年代的民居。弄中间北侧商业局宿舍，东西向15开间，木楼梯，木地板，建于1956年。弄东大楼后面，有幢十开间的两层楼，是1958年建造的邮电局宿舍，青砖砌墙，灰色的洋瓦。

干戈弄少年路交叉口的高楼旧址是国民党镇长造的花园洋房，解放后为地方主要领导住所。高楼北侧原是中医世家卢家，两道石库门，院有3厅，2幢楼及花园。干戈弄禾兴南路交叉口的9层商住楼对面，有1米多宽的干戈里，里面高墙和宿舍楼之间还有一块2亩多的荒草地。2010年，从这一带街巷文物和古建筑多的特点，正在调研规划，进行保护和开发建设。

平家弄　东起少年路，西接禾兴南路，长275米，宽5～8米。元至元《嘉禾志》中就记有平家弄。1932年苏嘉公路筑通后，平家弄成为城里通往城北的主要街巷。解放后，环城北路陆续办起锅厂、油厂、粮机厂、工量具厂和豆制品厂。20世纪60年代，倾脂河填平后，平家弄南侧菜地上先后建起针织厂、环卫处，靠西段是面粉厂生产筒面加工场。上下班高峰时，平家弄自行车、行人拥挤。70年代至90年代初，环卫处在平家弄先后建起办公楼和两幢六层楼的职工宿舍。21世纪开始，工具量具厂、环卫处的车间和豆制品厂陆续拆迁，成为停车场。一些摊贩和修理鞋包、五金的工匠在拆迁地块边设摊，平家弄两边的住房和单位办公楼底楼先后开出商店，平家弄又闹猛起来，渐渐成为商业街。2010年，平家弄至勤俭路的整块地块，采用保留重修和新建方式，正在进行规划集传统文化和商业为一体的休闲购物街区。

西大街　南起斜西街，北至住宅区，长约100米，宽3～5米。原是古城西门大街，从西门向北，拐向东，接天官牌楼，集街，是省城到嘉兴府城主城门，称官道。城门外有西水驿，城内外道路两侧全是巨宅深院，沿途是一座座牌坊。街东有河，上有大悲桥通报忠埭。太平天国期间，西门及西门大街都毁于战乱，一片废墟，清末西门大街路北是的嘉兴府文庙，也称庙学府学，东侧设有鸳湖书院。靠县前街、西门大街一带有部分民宅，再往西是祥符寺和送子庵。民国时建有省第二监狱，到解放时西门大街西段、报忠埭一带全是蔬菜地。

解放后，监狱旧址碾米厂和粮管所。祥符寺遗址上，先建县内招，后改建为嘉兴宾馆。“文化大革命”期间，西门大街转弯往南后，北侧是嘉兴第一米厂和地区农机公司的围墙，河边有些简易宿舍，还留有牌坊的残柱。1980年，中山路向西拓展到环城西路后，西门大街东西向的一段建成中山路，剩下南北向的一段，更名西大街。新华书店大楼建造后，阻断了西大街北端，住宅区中有小路通安乐路。2006年，移动公司在斜西街和环城西路交叉口新建大楼，将斜西街西段、西大街南段的地块建造高档住宅区，命名为天官坊。

县前街　南起中山路西段，北止小西门横街，长275米，宽3.5米。明清因街在秀水县署前，故称秀水县前街，简称县前街，又名直街。街西侧，唐以来为嘉兴府学，孔庙，是嘉属七县的最高学府，辛亥革命后，府学和秀水县署改设省第二中学，解放后，为嘉兴县、市政府，大门开在县前街、小西门横街交叉口。县前街南段，朝西门大街原有座牌坊，“文化大革命”时被拆。1987年，市政府大门迁到中山路。县前街小西门横街兴办花鸟市场。跨入21世纪，市政府搬迁，旧址新建中山名都高档住宅区。

百福弄 南起中山东路，北至小西门横街，原长261米，宽2.5米，1983年新建电信大楼时，阻断百福弄的中山东路出口，成为不到200米的断头弄。元至元《嘉禾志》记有嘉兴城中的74个坊名，至今还作为街巷地名使用的只有百福弄。坊名因巷通天庆观，取“旱麗受祖、申以百福”得名。

明清时的百福坊是繁华居住区，历经清末战乱和日本侵略军烧掠，到解放时，百福弄是砂石小路，两边是蔬菜地，残存天医庙及等零星平房。20世纪50年代后期，百福弄和县前街间建造一排机关宿舍。“文化大革命”后期，陆续新建三层楼的机关宿舍，还在蔬菜地下开挖防空洞。后天医弄以南防空洞上建嘉禾饭店。1980年新建秀城饭店，在秀城饭店主楼和餐堂之间建造横跨百福弄的过街楼。在80年代开始至20世纪末，百福弄居委会是区和市的先进居委会。

小西门横街 东起禾兴南路，西至环城西路，长750米，宽10米。自东至西与百福弄、县前街和宾都路相交。清康熙四十九年（1710），在西门和北门之间，新辟一座水城门，俗称小西门，引大运河水，经集凤桥而东，入局西河。局西河北岸小街，称柳岸，秀水县署在柳岸中段。当年局西河商船泊岸，柳岸商家相聚，成为繁衍街市，西段又名小西门横街，东段称育子弄横街。古城墙拆除后，局西河和小西门横街还在。解放后局西河东段逐渐填平，西段到20世纪80年代后期才逐渐填平。小西门横街附近，历代有县衙门、城隍庙、府学堂和幽深的禅林。街南爽溪西，旧有水西寺，唐宣宗为光王时，曾隐居于此。清末渐荒。街西段北侧，为古代最早发现金鱼之地，曾在此建放生池、金鱼院、月波楼。清末民初，府学堂改为省立嘉兴第二中学，秀水县衙改为二中北院。70年代，禾兴路段新建时，育子弄一带还是菜地，1985年在街口建造秀城饭店和四季香住宅区后，逐渐热闹起来。小西门横街成为农民自产自销的地摊菜场。

解放后，省立二中北院建嘉兴卫生学院，省立二中成为市、县政府驻地，政府大门开在县前街和小西门横街交叉口，政府门口向西还是小河和石板小路。1987年市政府大门移至中山路后，修建跨街雨篷，为育子弄菜场。10年后，改成花鸟古玩市场。市政府搬迁后，地块开发成中山名都高档商贸住宅区，小西门横街南侧建造了商店。街北也新建商店，经营工艺品、古玩和餐饮为主。2006年花鸟市场搬迁至紫阳街农贸市场，一年后搬至月河街。2008年嘉兴卫校搬迁推平，等待开发。

三塔路 东起西丽桥，西到三塔拐向北，接吉杨路，长1715米，宽13米。该路原是大运河的塘路（纤道），旧时沿路多名胜古迹。1949年西丽桥被炸毁，桥堍成了渡口。20世纪70年代初重建西丽桥，1973年，三塔塘路修建成可通汽车的水泥路，1981年命名三塔路。三塔始建于唐代，塔后旧有茶禅寺。1956年，三塔与茶禅寺为县级保护单位。“文化大革命”期间，塔被拆除建水泥厂，茶禅寺被毁。1999年水泥厂搬迁，三塔在原址按原样重建，立纤石，新建牌坊和三塔公园。三塔东有血印柱和血印寺，三塔与血印柱间旧有岳王祠。据康熙《嘉兴府志》载，清顺治二年（1645）清兵攻占嘉兴时，抢掠妇女数十人囚于岳王祠中，祠中守僧仗义相救，放走众女。清兵发现后，将僧绑于石柱，乱箭射死，血沁入石，留痕石柱。血印僧影的石柱便成众人崇敬凭吊之处，民国初建血印禅寺。1987年，路中段建烈士陵园。路北建越秀花园住宅小区和吉水中学（后为吉水小学）。1996年5月烈士陵园搬迁后，2009年重建岳王祠。该路三塔公园段的路两边2000年时植银杏树，现成秋季赏银杏景观。

消失的历史街巷

人民路 南起中山东路西埏（县）桥东堍，北至帮岸转接环城路，长884米，宽3米。原隔北门市河与建国路平行。人民路南段原名小落北，北段原名下塘街，有西埏桥、板桥、菩萨桥、香花桥、众安桥和望吴桥与建国路相通。抗日战争胜利后，为纪念嘉兴抗日知名人士陆初觉，南北两路合并更名为初觉路，解放后改名人民路。该路以住宅区为主，多石库墙门，沿路口有多家小旅馆，路中有古桥丁家桥、禅杖桥。路中段与勤俭路相交。自南而北相交的街巷有梧桐树街、郑家埭、椿树弄、丁家桥河下、风车弄、当弄和杨柳弄。20世纪80年代末，建国路南段东侧改造，梧桐树街以南人民路和民房全部拆除，以北至环城路的人民路及民房在20世纪末全部拆迁，现人民路成为建国南路的一部分。

壕股路　东起壕股桥，西止杨家桥，长约1000米，宽6.5～8米。该路原是沿铁道西侧的便道，20世纪70年代修筑成通车道路，因其地旧有壕股塔，1981年命名濠股路。壕股塔建于宋以前，又名濠罟塔、濠孤塔、壕姑塔，七级，下部方形，塔顶形如笔，高十丈，建筑二巧，傍有寺院。解放时塔已颓败不堪，20世纪60年代倾圮，70年代物资局等单位在其地设建筑材料仓库和码头，筑路。20世纪末新建环河绿化带时，路及所有建筑物拆除，壕股路消失。

南大街　又名南门大街，北起斜西街醋坊桥，南至环城南路，长350米，宽4米，沥青路面。旧时为沟通城南部的主要道路。南大街中部原有莲花浜，街西侧自北向南与杜家埭、徐家埭、杨柳湾相交，街东侧是通济河，又名南门市河，对面为河东街。南大街南段西侧有小弄名南帮岸，弄内有沈钧儒祖居。1995年禾兴南路向南拓宽延伸时，拆除南大街和所有民房，现南大街成为禾兴南路的一部分。

南堰街　在市城东南部，北接南湖路，南到探花路，长420米，宽4～6米，通南堰桥，是南堰主要道路。唐宋时建有堰坝，习称南堰。宋代废堰建桥，南堰遂成地名。解放前曾有茧行、米厂、油厂、酒行及其他多家工厂商店，有市集，为南堰镇。解放初，嘉兴县政府驻镇上。1958年在南堰东新建国营大型毛纺织厂，之后又先后建起职工新村，南堰成为新的住宅区和商业区，南堰街也成为商业繁荣的市街。1987年，石拱的南堰桥改建为水泥桥。1999年拓建延伸纺工路，南堰街连同南堰所有民房拆除，建成绿化地，原南堰街成为绿化带中的林荫小道，南堰也成为历史地名。

鱼行街　南起解放路，北至钮家桥，长180米，宽4米。明清时是城外居民聚集区，北接海关、端平桥，南连柴场湾、秀城桥，是商贸和农副产品交易的地方，街名也因鱼市而得名。清光绪年间设海关后，鱼行街茶楼酒肆应运而兴。日本侵略军侵占时，鱼行街被烧，商店尽毁。解放后，鱼行街依旧是城外热闹的街市。1966年曾改名为解放北路。20世纪90年代初秀州桥建造后，此街成为秀州路一段，后更名为秀州北路，鱼行街消失。

丝行街　北起环城南路，南至老桥西，接西米棚下，长280米，宽7.5米，原是南门外主要道路，沿街有数十家商店，是市城南繁盛的集贸中心。清代，因是嘉兴周边土丝集中贸易地，有丝行多家，故名丝行街。20世纪30年代，丝行街外销土丝旺盛，有鸳鸯、金鹅等名牌，质量优良，畅销上海等地。1966年该街和澄海路合并，更名为农路，1981年复原名。1999年新建南湖大桥时，和所在民房一起拆除，现成为禾兴南路的一部分。

东　西米棚下　通济河连接南门市河和西南湖，南门丝行街南有沿河两街，分别为东米棚下和西米棚下，楼房接有披棚伸向河岸，又多米行，故名米棚下。旧时曾是南门外热闹街市。西米棚下北接丝行街，南至南湖滩，长340米，宽4.5米。东米棚下北接娱老桥，南至梓瞳阁，长约180米，宽3.3米。20世纪20年代末有40余家商店。解放初商店摊铺仍多，后商业集中于丝行街。东米棚下15号为翻译家、《莎士比亚全集》译者朱生豪故居。东米棚下街后与之平行的街巷名帆落浜，有水利专家汪胡桢旧宅。1998年，新建南湖大桥和禾兴南路时填平通济河，两条街民房拆迁，东、西米棚下消失。现禾兴南路与环城南路交叉口东侧，尚有几幢宿舍移用了东米棚下地名。

洲东湾　北起府东街，向前折西连接府南街，长273米，宽3.2米。位于府城东，旧时有河流成湾漾，依偎子城，故名。地境清幽，曾被宋米芾题为“城市山林”。元明时河道甚宽，船可扬帆。旧时有五柳庄、凤凰岗等名胜和建筑，有诗句“五柳庄前载酒过，西来流水到门多。”清军馆亦设于此。地近城垣，登城游览，南湖风景尽收眼底。近代仍多宅第，有地方知名人士陶元镛、陶昌善住宅。陶元镛著《洲东杂咏》，用诗歌记其地掌故。抗日战争时日机滥炸，其地成为废墟。解放后建居民和工厂宿舍。1995年开始建国路向南延伸，从自由弄到洲东湾的建筑全部拆迁筑路、建嘉兴商城，洲东湾消失。

自由弄　北起中山东路，向南折东至县南街，呈曲尺形，长180米，宽3～5米，因弄内有苏小小墓得名贤娼弄，解放后更名自由弄。传苏小小系南齐歌妓，才艺出众，遭遇凄惨。唐《吴地记》载，苏小小死后葬于嘉兴县前。其处在自由弄37号住宅后，1970年坟被掘平。自由弄内另有江南著名笛手许鸿宾旧居。1995年建国路南段开发建设，自由弄一带民房全部拆迁，新建建南公寓。

天后宫弄 北起姚庄路，南到安乐桥，长130米，宽3米。弄内西侧一隅，有4条30多米长的里弄。东起天后宫弄，向西到底，分别为天后宫一里至四里。这一带原是天后宫故址，清代前称天妃宫，得名天后宫弄。天后宫祭祀妈祖，始建于北宋乾德年间。明嘉靖重修并立碑，记载："堂宇巍峨，松杉交翠，前带川原，后临城郊"。庙毁于抗日战争期间，后建居民住宅。2003年始，杨柳弄至天后宫弄间的民房全部拆除。2010年，新建市第二医院门诊大楼。

其他消失的街巷名录

丝厂路、青杨路、后马路、洪亮路、环湖路、探花南路、荷花堤北街、荷花堤南街、干河滩街、斜东街、东栅大街、落北街、建设弄、风车弄、胭脂弄、西仓弄、虎弄、泥水弄、南北弄、劳动弄、醋弄、古栈弄、向阳弄、殷家弄、荷花堤南北弄、缸甏汇弄、天星湖横弄、棕篷弄、樊公弄、财神弄、花园弄、馆弄、太监弄、幸福弄、高升弄、群力弄、干河滩弄、高墩横弄、井弄、环星弄、高墩南弄、高墩直弄、中星弄、打铁弄、禅杖弄、崔家弄、栅堰北弄、中基西北弄、中基西南弄、城基弄、城北路东弄、育才弄、利民弄、杨家弄、任家南弄、烟作南弄、渡弄、中基东北弄、夏家弄、施家弄、水弄、九曲弄、秀水兜东弄、秀水兜南弄、秀水兜西弄、秀水兜北弄、饮马河弄、祥润弄 、宝元弄、糟坊弄、才智弄、成才弄、西南弄、亭园弄、丝厂南弄、窑弄、东窑弄、西窑弄、向善弄、煤炭弄、新民东弄、新民南弄、新民西弄、旱桥弄、秀弄、芦席汇北弄 芦席汇南弄、吉祥弄、青龙街西弄、青龙街中弄 青龙街东弄、北新弄、冶新弄、富春弄、清卫北弄、清卫南弄、迎春弄、北水弄、朱家弄、南水弄、姜汶弄、春波桥弄、钱桥弄、智慧弄、市心弄、南当弄、当弄、客栈弄、王家弄、拔贡弄、新村弄、健康弄、民丰新弄、竹行弄、绢新弄、聚贤弄、南堰弄、滨河弄、东大弄、石家弄、曹家弄、育新弄、朝阳弄、殳家弄、水曲弄、欣汇弄、汪家弄、郑家埭、嘉秀埭、朝南埭、风箱汇、缸甏汇、狮子汇、洗帚汇、高家湾、东城湾、丁家桥河下、栅堰桥河下、清河桥河下、春波桥河下、杨家廊下、新民巷、南帮岸、长水西岸、南湖滩、螺蛳浜、帆落浜、槐树头、船厂头、梓疃阁、天官牌楼、陆家场等。

第二节 城市桥梁

概况

嘉兴市城河道密布，历代城内外桥梁众多。春波门内有瑞虹桥、爽溪桥、西县桥等32座；通越门内有济川桥、广平桥、韭溪桥等13座；澄海门内有范蠡桥、醋坊桥、莲花桥等25座；望吴门内有众安桥、孩儿桥、香花桥、丁家桥、胭脂桥等21座。城外有宣公、放生、天马、吴泾、双溪、五龙、盐仓、长生、澄海、北丽、西丽、秋泾、端平、秀城、鉏家、月河等桥。解放后，旧城内古桥大部分消失。随着城市建设发展，市区的扩大，桥梁特别是公路桥梁增加迅猛，至1990年已建成跨径13～50米的钢架拱桥10余座及其他新型桥梁20余座。进入21世纪，城市桥梁越造越大，越建越漂亮，不仅有大型道路桥梁，立交桥，还有风格各异的拉索桥、廊桥和仿古石拱桥，这些桥梁成为传承江南水乡历史文化名城新名片。

大型桥梁

中山桥 位于中山路与环城西路相交处，跨环城河，1984年中山路拓宽，为打通老城区连接河西新区新建。1985年12月29日竣工通车。桥型为预应力T型薄腹单悬臂梁桥，在嘉兴市是首次采用。全桥水上三跨，中跨33米，两边跨各21.65米；东端陆上设跨径9.46米小立交桥，净空3.50米；西端桥下设人行立交，宽4.50米，全桥总长89.55米，桥宽24.60米，中间18米车行道，两侧各3米人行道。桥西南、北两侧各设3米宽人行阶梯。1996年，采用预制钢筋砼小挑梁与原桥主梁联结，从桥两侧各向外挑出1.65米，铺设预制钢筋砼薄板成为外挑式人行道，将桥面宽度加宽到27.90米，增加一个机动车道。2009年，因中山路延长，中山西路所在更名为中山东路，桥更名为中山桥。

1985年12月29日，中山西路桥建成通车典礼

东门桥　俗称中山东路桥，位于中山路与环城东路交会处，跨环城河，有南、北、中3座桥并列。南桥建于1969年开挖长水塘时，拆除宣公桥，北移120米，正对中山路，命名向阳桥，1981年更名中山桥，系轻型空腹双曲拱桥，跨径32米，长37米，宽8米，原是城中通往城东路、东栅、南堰工业区的主要通道。中桥、北桥相继建成于20世纪80年代中期，均为单跨肋拱桥，净跨32米，中桥宽10.50米，北桥宽9.75米，3桥总宽36.50米，其中南、北二桥通行非机动车与行人，中桥为机动车道。2009年更名东门桥。

嘉禾桥　始建于1926年，原址位于新马路东跨秀水东接嘉禾路。钢筋砼5孔排架梁板桥。长47.2米，宽4.87米，因是嘉兴第一座钢筋混凝土新式桥梁，故称嘉禾第一桥，俗称新洋桥。1978年，因受船撞击后成为危桥而封闭，1991年拆除。1994年重建嘉禾桥，将桥位北移百余米至勤俭路口。新建桥梁采用中承式系杆拱桥型，在嘉兴城市桥梁中是首座。拱跨50米，桥宽18米，其中车行道9米，人行道及栏杆4.5米。工程于1994年7月开工，1995年12月竣工。

2010年10月，嘉禾桥

城北桥　位于城北路南端，跨运河接环城路。1932年，苏嘉公路新建时建8孔排架钢筋砼梁板桥，桥长77.25米，宽6米，荷载等级汽—13。俗称大洋桥，1966年改名反帝桥，1981年更名城北桥。1985年在桥东侧并列新建钢架拱桥，跨径50米，宽7米，长与老桥等，荷载等级汽—20。1998年9月，城北桥再次扩建，拆除老桥，在后建的钢架拱桥两侧各新建三跨简支梁桥，桥长57米。东侧桥净宽7.5米，西侧桥净宽15米，扩建后桥宽32.65米，为中间2.15米分隔带，两侧各7.5米机动车道、5.5米非机动车道、2.25米人行道加栏杆。1999年4月竣工。

越秀南路桥　位于越秀南路中段上，横跨大运河和三塔路。长83.4米，宽18米，五跨简支梁桥，主跨为31.4米后张法预应力空心板梁，两边跨分别16米、10米相对称的非预应力空心板梁。1996年10月开工，1997年9月竣工通车。桥北堍东侧是名胜血印寺，西面是三塔公园。

吉运桥　位于吉水路中段，跨京杭运河。钢架拱桥，净跨48米。桥面宽度15.4米，为中间9米车行道，两侧各3.20米人行道加栏杆。因吉水路跨运河故名。桥北端有净宽8.05米的立交空，跨三塔路，上部架设钢筋砼简支梁板。1986年11月开工，1987年12月竣工。

长板塘桥　位于中环东路北段，跨长板塘，建于1989年，为钢架拱桥，单跨40米，宽7米，荷载等级汽—20，是沟通市区东部与老07省道的主要通道。2000年新建中环东路时拆除重建，为5跨22米简支梁桥，全长110米。4幅分体平行式，与河道斜交15°。桥宽60米，为中间6米绿化分隔带，两侧各12米机动车道、2米绿化带、7米非机动车道、2米绿化带、4米人行道。2000年8月开工，2001年4月竣工。

建银大桥　位于禾兴南路北段，跨运河与外月河，其中跨运河段为8跨简支梁桥，跨径组合3×13米+25.50米+4×13米，长116.50米；跨外月河为单跨

20米简支梁桥；两桥间用浆砌块石挡墙填土筑成的联络道连接，长37.25米，全桥总长173.75米。桥宽24米，为中间9米机动车道，两侧各0.25米分隔带、5.50米非机动车道、1.75米人行道加栏杆。1993年12月动工，1995年12月竣工。该桥初名禾兴北路桥，后因建设银行嘉兴支行资助，冠名建银大桥。

勤俭大桥 位于勤俭路西端，跨环城河连接洪兴路，桥因勤俭路得名。系嘉兴首座斜拉桥，双塔双索面，与河道斜交40°，桥5跨，跨径组合23米+45米+72.50米+27.50米+29.15米，全长197.15米。其中23米跨为上跨栅堰路的立交孔，中间3跨为斜拉体系，29.15米跨为上跨环城西路的立交孔。上部结构斜拉索塔为H型异高双塔，西侧主塔高29米，东侧塔高17.50米，斜拉体系主梁为预制工字梁，主梁间设横梁，上铺预制板。桥面宽18.5米，为中间12米车行道，两侧各3.25米人行道加栏杆。1998年8月动工，次年9月竣工。

2009年9月，勤俭大桥

青龙大桥 位于中环南路中段，跨青龙港与海盐塘，桥因跨青龙港得名。预应力简支梁桥。分主线桥和辅道桥，主线桥跨青龙港和海盐塘，为双幅分体平行式桥梁，共16跨，长345.40米。其中跨青龙港的主跨为30米；其余15跨最大跨径22.976米，最小跨径14.028米，两幅桥总宽36.60米，为中间2米分隔带，两侧各12米车行道、5.3米人行道加栏杆。辅道桥在主线桥北侧，跨海盐塘，共5跨，中间主跨跨径22.80米，两边各2跨20.80米跨，全长106米。桥宽9.8米，为0.50米防撞护栏、7米车行道、2.3米人行道加栏杆。1998年7月动工，1999年6月建成。

十八里大桥 位于广益路东段，跨平湖塘。中间主桥为系杆拱桥，两侧引桥为各7跨简支梁桥，全桥跨径组合为7×20米+80米+7×20米，全长360米。主桥宽38.90米，为中间0.50米分隔带，两侧各12米车行道、7.20米人行道加栏杆；引桥宽35.10米，为中间0.50米分隔带，两侧各12米车行道、5.30米人行道加栏杆，其中紧邻主桥两端的一跨为桥面宽度渐变段。1998年开工，1999年10月建成通车，是市区当时最大的系杆拱桥。

神龙桥 位于城南路北端，跨环城河。桥始建1933年，为杭申公路2号桥，1995年改建，桥长52.30米，宽17.50米。1998年城南路拓宽改造时，在老桥两侧各新建单孔53米的下承式钢管拱桥一座。新桥与老桥各间距1米，桥宽9米，使桥总宽37.50米。分幅为中间15米机动车道，两侧依次各2米绿化分隔带、6.50米非机动车道、2.5米人行道加栏杆。1999年9月竣工。

2009年9月，神龙桥

王庙塘桥 位于广益路东段，桥因跨王庙塘得名。九跨双幅平行分体式简支梁桥，跨径组合4×20.50米+22.50米+4×20.50米，全长189.36米。桥梁宽度2×18.60米。1999年1月开工，同年10月底竣工。

新气象路凌公塘大桥 位于新气象路北段，跨长盐塘。三跨钢筋砼连续箱梁桥，主跨50米，两边跨各30米，全长110米，桥宽37.50米，分幅为中间4米绿化分隔带，两侧依次各设8米机动车道、0.50米分隔带、6米非机动车道、2.25米人行道加栏杆。1999年7月开工，2000年3月竣工。

三环路将军港桥 位于三环路。简支梁桥，跨径组合7×16米，总长112米。上部结构为预应力空心板梁，下部结构采用双柱式桥墩，桥面全宽21.50

米。2000年12月通车。

南郊河大桥　位于南湖大道南端，跨南郊河。主桥为3跨预应力变截面连续箱梁桥，跨径均为35米，南北引桥各11跨20米跨径的简支梁桥，全桥与河道正交，长569.04米，桥面宽60.50米，横断面布置为中间7米中央分隔带，两侧依次各0.50米护栏、18米非机动车道、8米人行道、0.25米护栏。工程于2003年5月2日开工，2004年12月完工。

龙凤桥　位于中环西路，跨杭州塘。此桥原是320国道市区过境路上的一座大型桥梁，为9跨简支T型梁桥，中间3跨跨径35米，后张法预应力砼T梁；两边各3跨跨径20米，钢筋砼T梁；全长225米，宽15.50米，其中车行道12米。2003年，拓宽改建中环西、北路时，桥梁也同步拓宽。老桥保留，在老桥两侧新建3幅桥梁，主线桥与辅道桥分离，成4幅并列式桥樑。新建桥梁跨径组合、长度、下部构造、上部结构均与老桥相同，拓宽后全桥宽56.50米，分幅为4米中央分隔带，两侧依次各12米机动车道、4米绿化分隔带、7米非机动车道、3.25米人行道加栏杆。2004年5月竣工通车。

新塍河桥　位于中环西路北段，跨新塍塘。此桥原为320国道市区过境段上一座桥梁，系总长225米的9孔简支T型梁桥。主桥3跨35米后张法预应力砼T梁；下部构造为三柱式钻孔灌注桩基础。桥面宽度15.50米，其中车行道12米。2003年拓宽改建中环西、北路时，此桥同步拓宽改建。老桥除主跨边墩4根桩利用作新桥桥台桩外，其余拆除。新建桥梁为五跨简支梁桥，跨径组合2×20米+25米+2×20米，全长105米，与河道正交。桥面宽56.50米，比道路每侧缩小2米。分幅为中间8米绿化分隔带，两侧依次各12米机动车道、4米绿化分隔带、6米非机动车道、2.25米人行道与栏杆。2004年5月竣工通车。

中环北路嘉运桥　位于中环北路中段，跨苏州塘，原有老桥一座，系320国道市区过境段上的公路桥，为10跨T型简支梁桥。中间是3跨35米的后张预应力T梁，东边3跨、西边4跨均为20米钢筋砼T梁，全长245米。下部构造为三柱式钻孔灌注桩基础。桥面宽度15.50米，其中车行道宽12米，与河道直线正交。2003年，拓宽改建中环西、北路时，桥梁同步拓宽改造。改造时老桥保留，在老桥两侧增建新桥，成为4幅并列式桥梁。新建桥梁的桥型、总长度及下部构造均与原桥同。拓宽后的桥面宽60.50米，横断面布置为中间8米绿化分隔带，两侧依次各12米机动车道、4米绿化分隔带、7米非机动车道、3.25米人行道加栏杆。2004年5月竣工通车。

中环北路长纤塘桥　位于中环北路东端，跨长纤塘。原系320国道市区过境段的桥梁，为9跨简支梁桥。中间3跨是35米后张法预应力砼T梁，两边各3跨为20米钢筋砼T梁，全长225米；桥面宽度15.50米，其中车行道宽12米。2003年，拓宽改建为中环西、北路时，桥梁同步拓宽改造，在原桥两侧新建桥梁，成为4幅并列式桥梁。新建桥梁的桥型、跨径组合及长度、下部构造均与原桥同，加宽后的桥面宽60.50米，分幅为中间8米绿化分隔带，两侧依次各12米机动车道、4米绿化分隔带、7米非机动车道、3.25米人行道加栏杆。2004年5月竣工通车。

中环北路穆湖溪桥　位于中环北路中段，跨穆湖溪。原系320国道市区过境段的桥梁，6跨20米简支梁桥，下部结构为3柱式钻孔灌注桩，上部结构为装配式钢筋砼T型梁，桥面宽度15.5米，其中车行道宽12米。2003年拓宽改建中环西、北路时，此桥同步拓宽改造。在老桥两侧增建新桥。成为4幅并列式桥梁，新建桥梁同为6跨20米简支梁桥，上部结构则改为先张法预应力空心板梁。加宽后全桥总宽60.50米，分幅为中间8米绿化分隔带，两侧依次各12米机动车道、4米绿化分隔带、7米非机动车道、3.25米人行道加栏杆。2004年6月竣工。

由拳路海盐塘桥　位于由拳路西段，跨海盐塘。5跨简支梁桥，跨径组合5×25米，全长125米。与河道斜交10°。下部结构为钻孔灌注桩基础接钢筋砼盖梁，桩径120厘米。上部结构为先张法预应力空心板梁。桥面宽度42.50米，分幅为中间15米机动车道，依次两侧各4米绿化分隔带、5米非机动车道、4.75米人行道加栏杆。2003年9月开建，2004年8月竣工。

虹海桥　位于长水路西段，跨海盐塘。5跨简支梁桥，跨径均为25米，全长125米。与河道斜交10°。下部结构桥台、桥墩均采用钻孔灌注桩接盖梁。上部结构为先张法预应力空心板梁。桥面宽度42.50米，横断面布置为中间15米机动车道，两侧依次各4米绿化分隔带、5米非机动车道、4.75米人行道加栏杆。2004年2月动工，当年9月竣工。

昌盛路杭州塘大桥 位于昌盛中路与昌盛南路交界处，跨杭州塘。双索面矮塔斜拉桥，全桥9跨，主桥3跨跨径组合为36米+65米+36米，两边引桥各3跨25米跨，全长298.16米。主桥下部构造采用钻孔灌注桩接承台、立柱盖梁。上部结构为单箱十室等截面预应力砼连续箱梁。斜拉系统采用塔梁固结、塔墩分离的稀索体系，索塔为钢筋砼花瓶造型，塔高9.521米。引桥下部结构桥台为重力式U型桥台、钻孔灌注桩基础；桥墩采用桩柱接盖梁结构；上部结构为预应力砼空心板梁。桥面宽40米，横断面为中间15米机动车道，两侧依次各3米绿化分隔带、5米非机动车道、4.50米人行道和栏杆。2004年3月开工，2005年8月竣工。

三环南路海盐塘路 位于三环南路中段，跨海盐塘。9跨简支梁桥，跨径组合9×25米，全长225米，与河道斜交15°。下部结构桥台、桥墩均采用钻孔灌注桩接盖梁。上部结构为先张法预应力空心板梁。桥面宽36米，分幅为中间0.50米防撞护栏，两侧依次各15.50米车行道、2米人行道加栏杆。2006年9月开工，2007年11月完工。

天佑大桥 位于嘉桐大道东段，跨常台高速与南郊河。预应力砼变截面连续箱梁桥。主桥3跨，跨径组合38米+64米+38米；引桥嘉兴一侧14跨，跨径组合13×25米+15.50米，桐乡一侧9跨，跨径组合9×25米，全桥长712.90米。上部结构主桥为预应力砼变截面连续箱梁，引桥除15.50米跨为异形简支变连续小箱梁外，其余25米跨均为后张法预应力砼简支变连续小箱梁。下部结构主桥采用钻孔灌注桩基础加承台、实体墩身；引桥采用桩柱式桥墩。全桥总宽48.50米，其中机动车道2×12.50米，非机动车道2×5米，人行道2×3米。2006年4月开工，2008年1月竣工。

中型桥梁

北丽桥 位于建国南路和建国北路间，跨环城河，历为城内通往城北区域之要道。始建于宋熙宁七年（1074）。相传，西丽、北丽二桥均为高丽国使臣过嘉兴时所筑的石拱桥。民国时桥堍改石级为坡面，1963年重建时改为梁板桥，跨径15米，宽8米桥额为书法家沙孟海所题。1983年又在桥东侧增建一行人桥，净跨20.40米，宽3.50米，桁架拱桥。1997年，在建国路拓宽中，北丽桥拆除重建。新建桥梁为三跨连续梁桥，采用先简支后连续的结构体系转换法。全桥长46.60米，跨径组合13.30+20+13.30米。桥面宽24.50米，分幅为中间14米混合车道，两侧各2米花坛、3.25米人行道及栏杆。人行道采用园林式结构，建有廊亭。1998年3月竣工。

2000年4月，北丽桥

西丽桥 位于三塔路北段，跨环城河，自古是城内通向杭州塘路的要道，原为石拱桥，解放前夕被国民党军炸毁。1966年重建，新建桥梁为钢筋砼肋拱桥，宽4.50米，跨径30米。

2009年10月，西丽桥

南堰桥 位于纺工路烟雨路交叉口交叉口北，跨长中港。原是南堰街东北的石拱桥，始建年代不详，重建于清代。1987年改建为钢架拱桥，单跨25

米，宽7米。2002年，纺工路南延工程实施，道路宽度42米，老桥拆除重建。新建桥梁为三跨简支梁桥，跨径组合3×25米，与河道斜交45°。下部构造桥墩、桥台均采用钻孔灌注桩接盖梁形式，桥台背加砌块石挡墙。上部结构为先张法预应力空心板梁。桥梁与道路同宽，横断面布置为中间6米绿化隔离带，两侧依次各设12米车行道、3米人行道、3米绿化带。

吴泾桥　位于角里街西段，跨吴泾河。1969年重建为单孔空腹双曲拱桥，跨径24.80米，宽7.50米，是去东栅往平湖的要道。2000年角里街第二次拓宽改造时，老桥拆除，重建为三跨简支梁桥，跨径组合16+22+16米，全长54米，与河道正交。桥面宽度32.60米，横断面布置为中间15米机动车道，两侧分别各1.50米绿化分隔带、5米非机动车道、2.30米人行道加栏杆。2001年2月竣工。

解放桥　位于解放路，故名。在解放路南北向转为东西向的转弯处，横跨长水新河。1968年开挖的长水新河时新建，单孔空腹双曲拱桥，跨径32米，宽5.50米。初名长水塘桥，1981年更名。

2010年10月，解放桥

长征桥　位于纺工路北端，跨平湖塘抵角里街，接勤俭路。1978年，为筹建嘉兴第二毛纺织厂时新建。桁架拱桥，跨径36米，宽9米，2008年纺工路实施拓宽改造，老桥拆除重建。新建桥梁为双幅三跨简支梁桥，跨径组合3×13米，与河道直线正交。桥面宽度41米。2009年6月竣工。

纺工桥　位于纺工路北段，跨纺工桥港。建于1987年，刚架拱桥，跨径35米，宽18.60米，其中车行道12米。2008年纺工路拓宽改造，桥梁同步拓宽。老桥保留用作西半幅桥，在其东侧新建东半幅桥，为三跨简支梁桥，跨径组合3×16米，桥面宽度20.25米。新、老桥之间，加建一幅三跨简支梁桥与老桥衔接，跨径组合7.25+16+14米。拓宽后的桥面与分幅为中间3米分隔带，两侧各11米机动车道，非机动车道、人行道及栏杆的宽度最窄4.17米，最宽7.75米。2010年2月竣工。

迎宾桥　位于南溪西路，南湖会景园东，跨海盐塘。建于1993年，三跨简支梁桥，初名会景桥，2005年更名。跨径组合3×16.80米，全长50.40米。与河道正交。桥面宽12.50米，分幅为中间9米车行道，两侧各1.75米人行道与栏杆。栏杆采用浮雕仿古石栏杆，桥两端各设石狮一对，更为现名。2008年，南溪路之海盐塘路—银柳桥段进行拓宽改造，迎宾桥也同步拓宽。老桥在梁底部贴碳纤维布作加固处理后保留。在老桥两侧各新建15米宽桥梁一座，跨径组合同老桥，拓宽后的桥面总宽42.50米，横断面布置为中间16米机动车道，两侧依次各3米绿化分隔带、5.50米非机动车道、4.75米人行道加栏杆。拓宽工程于2009年9月竣工。

丰乐桥　位于城北路半岛公寓边，原有公路桥，1988年改建的为钢架拱桥，跨径18米，宽7.5米。1998年配合城北路二期拓宽工程重建。新桥宽37米，设计荷载汽—20、挂—100级。1998年9月25日开工，1999年9月5日竣工通车。

落帆亭桥　位于东升东路，东西向，横跨光明街、苏嘉运河和杉青闸路。长91.2米，宽40.5米，桥型为下承式三跨连续钢管混凝土组合梁拱桥。全桥设四榀钢管拱肋，每两榀设风撑互相连接，外观上似两座独立式桥梁。2000年5月竣工。桥西埯北侧是名胜落帆亭，桥东埯北是文生修道院。

望秋桥　位于东升东路，穿越闸前街、长纤塘、长水新河和菜花泾小区，以眺望秋泾古桥实景命名。长138.835米，总宽40.5米，由二跨钢管混凝土组合梁拱桥和三跨简支板梁组成。1999年5月开工兴建，2000年7月竣工。

菜花泾桥　位于东升东路，跨越菜花泾。长65.4米，宽40.5米，车行道净宽28米，人行道净宽10米，为梁拱组合桥。1999年3月开工，2000年建12有竣工。

乌桥港桥 为东升东路上另一座钢管混凝土组合梁拱。长65米，宽40.5米。主车道宽15米，两侧为2米宽绿化隔离带，6.5米宽慢车道及4.25米人行道。1998年8月开工，2000年7月竣工。

东方大桥 位于东方路，跨越长纤塘和秋泾桥路。长172.6米，宽42米，车行道净宽29米。2001年开工，2003年竣工。

花园路凌公塘大桥 位于花园路北段，跨越长盐塘。长110.9米，宽37.5米，车行道净宽28米，人行道净宽4米。三跨(30+50+30米)。设计荷载20，挂100。连续性箱梁。

南湖桥 位于南湖路北端，故名。系单孔桁架双曲拱桥，长35米，宽11.8米，横跨角里河，原桥木结构，称小木桥。1969年重建，改名南湖桥。

2010年市区其他中型桥梁表

表8-3

桥梁名称	所在道路	跨越河流	桥梁类型	桥梁长度（米）	跨径组合（米）	桥梁宽度（米）	通车年份	备注
秀水桥	大新路	环城河	钢架拱	—	单跨32	14	1988	—
秀州桥	秀州北路	环城河	钢架拱	—	单跨35	12	1988	—
望秀桥	越秀路	竹桥港	简支梁	33	—	21.60	1988	—
东塔桥	东塔路	平湖塘	钢架拱	—	单跨35	9	1988	—
泾水桥	景湖路	泾水桥港	钢架拱	—	单跨35	18	1990	—
迎湖桥	鸳湖路东段	—	简支梁桥	25	单跨	12.6	1992	—
新港桥	东升东路	太平桥港	简支梁桥	41	8+20+13	35.50	1996	—
倪家桥	禾兴北路	渡船桥港	简支梁桥	23	单跨	31	1996	—
吴家桥	昌盛北路	—	简支梁桥	56	—	38	1997	—
越秀桥	越秀南路	杭州塘	简支梁桥	83.40	10+16+31.40+16+10	18	1997	四个边跨为非预应力板梁
凌塘桥	城东路	菜花泾	简支梁桥	51	13+25+13	38	1998	两边跨为非预应力板梁
乌桥港桥	城东路	乌桥港	简支梁桥	32	8+16+8	38	1998	—
新秀桥	越秀北路	新塍塘	简支梁桥	46	13+20+13	20	1998	两边跨为非预应力板梁
三里塘桥	常秀街	新塍塘	—	52	16+20+16	18.50	1999	—
马家桥	中环南路	—	简支梁桥	39	3×13	56.60	1999	—
真如桥	中环南路	—	简支梁桥	39	3×13	56.60	1999	—
长中港桥	中环南路	长中港	简支梁桥	44	13+18+13	56.60	1999	—
横港桥	广益路	—	简支梁桥	38.88	3×12.96	56	1999	—
洪兴桥	洪兴路	—	—	20	单跨	42	1999	—
张家港桥	三环北路	—	简支梁桥	48	3×16	21.50	2000	—
隆兴港桥	三环北路	隆兴港	简支梁桥	39	3×13	21.50	2000	—
华云桥	三环西路	华云港	简支梁桥	96	6×16	21.50	2000	—
雁金桥	三环西路	雁泾港	简支梁桥	39	3×13	21.50	2000	—
顾家浜桥	三环西路	顾家桥港	简支梁桥	39	3×13	21.50	2000	—
汪家桥	三环西路	—	简支梁桥	39	3×13	21.50	2000	—

续表8-3

桥梁名称	所在道路	跨越河流	桥梁类型	桥梁长度（米）	跨径组合（米）	桥梁宽度（米）	通车年份	备　注
庙塘河桥	中环东路	庙塘河	简支梁桥	48	3×16	60	2001	—
二号桥	中环东路	—	简支梁桥	52	16+20+16	60	2001	—
马桥港桥	建国北路	—	简支梁桥	48	3×16	28.50	2001	—
迎宾大道桥	迎宾大道	凌公塘	连续梁桥	84	10+19+26+19+10	2×20	2001	桥为2座，间距20米
凌公塘桥	农翔路	凌公塘	简支梁桥	48	3×16	30	2002	—
银柳桥	南溪西路	泾水桥港	简支梁桥	42	13+16+13	36	2002	—
横岗桥	东方路	—	—	20	单跨	42	2002	—
麒麟桥	南溪东路	—	简支梁桥	75	3×25	32.50	2003	—
兴业桥	横港路	—	简支梁桥	36	10+16+10	15.50	2003	—
吉杨桥（西）	吉杨路	—	—	33	13+20	18	2003	—
后浜河桥	昌盛路	—	—	66	2×25+16	42	2003	—
塘桥港桥	南江路	塘桥港	简支梁桥	48	3×16	30.50	2004	—
万兴桥	纺工路	万兴桥港	简支梁桥	80	5×16	43.75	2004	在原桥两侧加宽而成
施家浜桥	中环北路	六里长泾	简支梁桥	55	2×13+16+13	60.50	2004	南半幅跨径13+16+13
蒋水港桥	广场路	蒋水港	拱桥	30.237	单跨23.40	13.50	2004	—
上莊桥	亚中路	—	简支梁桥	25	单跨	19（车行道）	2004	—
张家港桥	南溪东路	—	简支梁桥	20	单跨	42.50	2004	—
五星桥	庆丰路	—	简支梁桥	40	10+20+10	42	2004	—
月河桥	月溪路	月河桥港	—	20	单跨	20.50	2004	—
新开河桥	昌盛南路	—	—	20	单跨	42	2005	—
新桥港桥	昌盛南路	新桥港	—	20	单跨	42	2005	—
七一港桥	文昌路	七一港	—	40	2×20	42	2005	—
二坝港桥	文昌路	二坝港	—	40	2×20	42	2005	—
新桥港桥	文昌路	新桥港	—	20	单跨	42	2005	—
陆仓港桥	文昌路	陆仓桥港	—	40	2×20	42	2005	—
高白大港桥	南溪东路	高白大港	简支梁桥	22	单跨	42.50	2005	—
朝阳桥	南溪东路	—	简支梁桥	40	10+20+10	42.50	2005	—
烧基浜桥	云东路	—	简支梁桥	40	10+20+10	32	2005	—
月河桥	二号路	月河桥港	—	25	单跨	28.50	2005	—
月河桥	桐乡大道	月河桥港	—	20	单跨	60.50	2005	—
月河桥	文昌路	月河桥港	—	20	单跨	28.50	2005	—
亚美桥	亚美路	—	简支梁桥	36	10+16+10	24.50	2006	—
向荣桥	凌公塘路	—	简支梁桥	20	单跨	36.50	2006	—

续表8-3

桥梁名称	所在道路	跨越河流	桥梁类型	桥梁长度（米）	跨径组合（米）	桥梁宽度（米）	通车年份	备注
圣贤桥	亚美路	—	简支梁桥	25	单跨	24.50	2006	—
泾水港桥	泾水路	周水泾港	简支梁桥	25	单跨	24.50	2006	—
长中港桥	凌公塘路	长中港	简支梁桥	52	16+20+16	36.50	2006	—
长中港桥	烟雨路	长中港	简支梁桥	52	16+20+16	24.50	2006	—
海盐塘桥	烟雨路	海盐塘	简支梁桥	46	13+20+13	24.50	2006	—
横一路一号桥	横一路	—	—	20	单跨	24	2007	在运河新区
横一路二号桥	横一路	—	—	20	单跨	24	2007	在运河新区
陆仓港桥	新盛西路	陆仓桥港		20	单跨	24	2007	在运河新区
广丰港桥	三环南路	—	简支梁桥	20	单跨	41	2007	—
义圣王桥	广穹路	陆仓桥港	—	25	单跨	42	2008	—
同德桥	同德路	华云港	—	25	单跨	24	2008	—
学荫路一号桥	学荫路	—	—	25	单跨	24	2008	在运河新区
学荫路二号桥	学荫路	—	—	25	单跨	24	2009	在运河新区
怀昌桥	市场路	怀昌桥港	—	39	3×13	32.50	2009	—
金谷桥	烟雨路	金谷桥港	简支梁桥	48	3×16	18.70	2009	在七一广场，外装饰为拱桥
南恒桥	烟雨路	张家门港	简支梁桥	48	3×16	18.70	2009	在七一广场，外装饰为拱桥
洪福东桥	龙盛路	秀清港	简支梁桥	20	单跨	36.50	2009	—
南溪桥	南溪西路	金谷桥港	简支梁桥	42	13+16+13	37.50	2009	1999年建，2009年改造
小木桥	南溪西路	张家门港	简支梁桥	42	13+16+13	43	2009	2009年拆除老桥后重建
吉杨桥(东)	吉杨路	环城河	连续梁桥	58	17.50+23+17.50	18.50	2010	—
乌桥港桥	普民路	乌桥港（南）	简支梁桥	25	单跨	20.50	2010	—
长中港桥	文贤路	长中港	简支梁桥	39	3×13	30.50	2010	—
乌桥港桥	文贤路	乌桥港（南）	简支梁桥	25	单跨	34	2010	—

2010年南湖新区、工业园区桥梁表

表8-4

桥梁名称	所在道路	桥梁类型	桥梁长度（米）	跨径组合（米）	桥梁宽度（米）
高桥	双溪路	梁桥	—	10+20+10	42
凌公塘桥	景宜路	梁桥	—	10+20+10	30
烧基浜桥	云东路	梁桥	—	10+20+10	32
五星桥	庆丰路	梁桥	—	10+20+10	42
麒麟桥	南溪东路	梁桥	—	25+25+25	32.5
上庄桥	压中路	梁桥	—	单跨25	32.5
圣贤桥	亚美路	梁桥	—	单跨25	14
夏义桥	夏义路	梁桥	—	单跨25	15.5
高白大港桥	南溪东路	梁桥	—	单跨22	15.5
朝阳桥	南溪东路	梁桥	—	10+20+10	42.5
向荣桥	凌公塘路	梁桥	—	单跨20	36.5
张家港桥	南溪东路	梁桥	—	单跨20	42.5
范福桥	天明小区 A区内支路	梁桥	—	单跨20	9.5
塔港桥	明新路	梁桥	—	单跨20	16
汤家桥	亚太路	梁桥	—	单跨13	42.5
天明桥	天明路	梁桥	—	13+20+13	15.5
天云桥	夏云路	梁桥	—	单跨20	15.5
蚕花木桥	云东路	梁桥	—	6+6+6	32
高家桥	望湖路	梁桥	—	单跨16	30
格林桥	格林路	梁桥	—	单跨6	18
郭家桥	双溪路	梁桥	—	单跨6	42
九曲里桥	南溪路	梁桥	—	单跨16	42
九曲桥	南江路	梁桥	—	10+10+10	30
牛桥港桥	景宜路	梁桥	—	单跨16	30
前进桥	南溪路	梁桥	—	单跨16	42
染店浜桥	庆丰路	梁桥	—	单跨8	42
生安桥	中港路	梁桥	—	单跨10	18
唐家浜桥	凌公塘路	梁桥	—	10+10+10	36
无名桥	景宜路	梁桥	—	单跨6	30
西车浜桥	凌公塘路	梁桥	—	10+10+10	36
周水泾港桥	南溪路	梁桥	—	8+10+8	42
郭家桥	中环南路	—	30.85	10+10+10	56.5
长中港桥	中环南路	—	44	13+18+13	56
北柴家港桥	纺工路	—	32	8+16+8	43.5

续表8-4

桥梁名称	所在道路	桥梁类型	桥梁长度（米）	跨径组合（米）	桥梁宽度（米）
东栅桥	—	—	39.2	—	4.5
双溪桥	双溪路	—	44.78	—	42.5
富民桥	纺工路	—	13	—	12.5
富兴桥	富润路	—	10.6	10	27
富强路1号桥	富强路	—	10	—	13
富润桥	富润路	—	10.6	—	27
跃马港桥	泾水路	—	26.74	8+10+8	30.5
泾水港桥	泾水路	—	25.97	—	27.5
吴家浜桥	泾水路	—	16.74	—	24.5
长丰桥	角里街	—	16.5	—	32.6
乌桥港桥	中环东路	—	20.74	—	60.5
郑家兜桥	中环东路	—	20.74	—	60.5
长板塘桥	中环东路	—	110.8	6跨	60
中环东路1号桥	中环东路	—	16.8	—	60
中环东路2号桥	中环东路	—	52.8	16+20+16	60
中环东路3号桥	中环东路	—	48.6	16+16+16	60
中环东路4号桥	中环东路	—	40.64	10+20+10	60.5
苏家桥	中环南路	—	27.24	—	56
常泾桥	北环一路	梁桥	—	单跨13	15.5
发展桥	亚欧路	梁桥	—	单跨16	36
范兴桥	天明小区 B区内支路	梁桥	—	单跨16	7.5
富源桥	富源路	拱桥	—	单跨10	11
广安桥	亚美路	梁桥	—	8+8+8	24.5
广通桥	亚欧路	梁桥	—	单跨6	36
江南桥	江南路	梁桥	—	单跨16	22.5
金泉桥	亚美路	梁桥	—	单跨6	24.5
南方桥	亚欧路	梁桥	—	单跨16	36
倪家浜桥	北环三路	拱桥	—	单跨18	20
前进桥	凌公塘路	梁桥	—	单跨13	36.5
天宁桥	天宁路	拱桥	—	单跨18	15.5
天义桥	夏义路	梁桥	—	8+13+8	15.5
旺湖桥	亚欧路	梁桥	—	单跨6	36.6
吴家桥	北环一路	梁桥	—	单跨6	15.5
西白洋桥	北环三路	梁桥	—	单跨13	14
夏霖桥	夏霖路	梁桥	—	单跨16	19.5

续表8-4

桥梁名称	所在道路	桥梁类型	桥梁长度（米）	跨径组合（米）	桥梁宽度（米）
夏云桥	夏云路	梁桥	—	单跨16	15.5
兴业桥	横港路	梁桥	—	10+16+10	15.5
亚美桥	亚美路	梁桥	—	10+16+10	24.5
夜字圩桥	北环三路	梁桥	—	单跨13	20
竹丝浜桥	亚澳路	梁桥	—	8+10+8	32.5
繁荣桥	恒欣路	—	13.6	—	37.35
竹丝桥	嘉善大道	—	30.73	三跨各10	60
横港桥	嘉善大道	—	39	三跨各13	60
马家桥	嘉善大道	—	36	13+10+13	60
亭子浜桥	嘉善大道	—	8.6	跨径8	60
大浜桥	嘉善大道	—	26.64	8+10+8	60

立交桥

铁路立交桥　嘉兴市区首座铁路立交桥，位于火车站西南侧，北起嘉禾路，下穿沪杭铁路后折向东连接角里街，全长451.29米。主体为箱涵3孔，长31.29米。中孔是机动车道，净高4.50米，净宽11.50米，中间设砼块分隔带；两边孔为非机动车道，各宽5.50米及人行道1.50米，净高2.80米。箱涵北端的车站河上架暗桥一座，跨径36米，宽27米，桥面与3孔箱涵对应。箱涵南端引道上空，设跨线桥一座，跨径44米，宽9米。引道全长340米，穿过箱涵后两侧各设7米宽联络道，长380米，与南湖路、鸳湖路互通。快、慢车道与联络道之间均用块石挡墙分隔，全长520米。南、北联络道西侧围合处，建立交排水泵站一座。该工程除箱涵由铁路部门施工外，其余均由地方施工单位施工。1984年4月工程开工，1985年12月29日举行竣工通车典礼。

紫阳街立交桥　位于环城河南岸壕股塔北，下穿沪杭铁路南接鸳湖路，北经紫阳桥接环城南路、紫阳街。1991年建成。由南、北两个箱涵串并组成，单个箱涵净宽8米，净高4.10米。箱涵南、北两端的两侧及两箱函间隔处均设有阶梯供人上下。建成后，少有人行走，因无排水设施，逢大雨必淹。2006年，在紫阳街南跨环城河建紫阳桥，利用该立交箱涵建成一条南湖风景区的新通道。紫阳桥为五孔仿古拱桥，跨径组合14+20+14米，全长48米，宽8.60米。桥身侧面均用花岗石贴面。桥南端建平台台阶和一螺旋形联络道分别与立交箱涵连接，

2008年5月，铁路立交桥

2010年10月，紫阳桥

行人由台阶进入箱涵，车辆则经联络道进入箱涵。箱涵内增配灯光，箱涵北端东侧新建全自动排水泵站，2006年8月工程竣工。该通道以人行为主，小型汽车由北往南单向通行。

嘉兴大桥 位于中环南路西段。主线桥自西向东上跨长水塘、沪杭铁路后与新气象路相交，共28跨，全长880.16米。辅道桥上跨长水塘后落地接地面道路，向东下穿沪杭铁路与新气象路相交。上部结构跨长水塘和沪杭铁路为单跨跨径30.84米和33.48米的后张法预应力T型梁，其余为跨径19.74～26.04米不等的先张法预应力空心板梁。桥梁红线宽度60米，主线桥宽2×12米，中间设0.50米中央分隔带；辅道桥2×7米；主线与辅道间净距3.75米。1998年5月19日开工，1999年5月7日竣工。

2009年10月，嘉兴大桥

南湖大桥 位于禾兴南路南端跨西南湖，整座桥呈月牙形，由北向南渐转向东接南溪西路，长550米。中间主线桥自禾兴南路南端起连接南溪西路；两侧辅道桥上跨西南湖口航道后落地，下穿沪杭铁路与南溪西路相连，线型与主线桥同。桥型为钢筋砼连续简支梁桥。上部结构为钢筋砼简支梁。桥总宽35米，其中主线桥宽18米，双向4车道；两侧辅道桥各宽7米，其中非机动车道5.50米，人行道1.50米。工程于1998年10月12日开工，1999年9月28日举行通车典礼。

勤俭路铁路立交桥 位于勤俭路东段，车站港南，与沪杭铁路立体相交。下穿式双涵铁路立交，单只箱涵总宽9.80米，净宽8.50米；总高4.75米。横断面布置为7米车行道加1.50米人行道。2000年6月与勤俭路东延工程同步竣工通车。

中环东路角里街立交桥 位于中环东路，上跨角里街与平湖塘。主线桥为17跨简支梁桥，主跨跨径25.80米，全长357.80米，两侧辅道桥跨平湖塘与角里街平交，为3跨简支梁桥，主跨跨径20米，两边跨跨径10米，桥长40米，桥面宽度及横断面布置主桥为中间2米中央分隔带，两侧各8米机动车道加0.50米防撞护栏，总宽19米；两侧辅道桥各8.50米机动车道、2米绿化分隔带、5米非机动车道、4米人行道，总宽各19.50米。2000年8月开工，2001年4月竣工。

中环东路铁路立交桥 位于中环东路北段，下穿沪杭铁路。1990年建有一座三孔下穿铁路立交桥，箱身净宽6米+9米+6米，是老07省道下穿沪杭铁路的立交桥。2005年，该路段扩建为中环东路时，同步对原立交桥进行改建，将原有三孔箱涵改建为道路的西幅，在东侧扩建二孔箱涵，箱身净宽12.75米+7米，作为道路的东幅，并拆除原有的排水泵站予以重建。扩建后的立交箱身总宽由原来的24.40米增加到46.95米，横断面布置自西向东为1米人行道、4.75米非机动车道、1.95米分隔带、8.50米机动车道、1.95米分隔带、5.50米机动车道、2.10米中央分隔带、12.25米机动车道、2.20米分隔带、5.75米非机动车道、1米人行道。箱身长21.80米，净空高度机动车道5米，非机动车道3.50米，人行道3米。路面结构为水泥稳定碎石层、水泥砼面层。2005年底主体工程完工。

嘉杭大桥 位于嘉杭路。市区最大的城市立交桥，是纵二路、三环南路和320国道的交会节点工程，也是南郊河改造项目中一个重要而复杂的节点工程。其中主线320国道起于纵二路，止于三环南路，起终点均为公路与城市道路的复合段；中间下穿乍嘉苏高速公路、跨越南郊河西段，全长1901米；纵二路西起世茂花园大酒店路口，起点段与320国道重合，中间分南北两侧N线和M线下穿乍嘉苏高速公路、跨越嘉于硖线南郊河西段，东至南园大道，全长904米；三环南路北侧起点与320国道重合，中间分S线和T线下穿320国道桥和纵二路，终点与规划的三环南路接顺，全长1405米。2005年8月底开工，2007年7月通车。

人行桥梁

秋泾桥 闸前街。跨秋泾(见第二十二篇“名胜与旅游”第二章第三节)。

秀城桥 在解放路。跨古运河(见第二十二篇“名胜与旅游”第二章第三节)。

2005年4月,秀城桥

端平桥 在光明街。跨古运河,长11.8米(见第二十二篇“名胜与旅游”第二章第三节)。

文星桥 在揽秀园仿古街东,俗称哑巴桥,始建年份不详,重建于清同治六年(1867),为三孔石拱古桥。主孔拱高4.4米,桥长32米,宽3.5米。站在桥顶眺望,南湖风光扑面而来。

2008年4月,文星桥

日晹桥 位于南溪西路曹王庙后跨长生河,为单孔半圆形石拱桥,桥长20.05米,桥顶宽3米,净跨8.6米,拱矢高4米,南北两端分别有石阶20级和15级,据清光绪《嘉兴府志》载,明万历年间(1573—1620)已有该桥。现桥为清光绪五年(1879)重建。

瀛洲桥 在湖滨公园,2007年建仿古三孔石拱桥。桥面为风雨桥亭廊。

2009年10月,瀛洲桥

思贤桥 位于锦绣社区南湖星辰湾小区内,东西向跨思车港。3孔石柱石梁桥,桥长20.8米,桥宽2.2米,3跨总厂14.3米。石柱由4块长条石并列组成,柱顶设雕刻纹饰的帽梁石,上置桥面石梁。桥面两侧为大块长条石护栏,栏石端部成抱鼓状,中孔有雕饰形态生动的石狮望柱4根,东西两端各有石阶7级。该桥始建年代不详。现桥为清嘉庆十年(1805)重建。

烟雨桥 在会景园,2003年建,为仿古三孔石石拱桥,一头连着会景园畔“湖风溪月”楼阁,一头为伸入湖心小屿。与湖心岛上的万福桥遥遥相对。

九曲桥 在小烟雨楼,1953年建。

杨家桥 在铁路西侧,通梅湾街区,跨环城河。

2010年5月,杨家桥

春雨桥 在南湖成功堤,2009年 新建仿古石拱桥。

鸳诸桥 在南湖成功堤，2009年新建仿古石拱桥。

湖墅桥 在南湖成功堤，2009年新建三孔桥石拱桥。

万福桥 在烟雨楼，石拱古桥。

鸳湖桥 在南湖渔村，2003年新建仿古石拱桥。

2006年4月，鸳湖桥

壕股桥 位于环城南路北段，跨环城河连接壕股路，1933年，筑嘉平公路时新建为木结构桥梁，长13.5米，宽7.74米，名东城河桥，桥南是铁路平交道，是嘉兴到平湖唯一汽车道，1953年改建为单孔梁板桥。1969年拓宽长水塘时，重建为三孔54米空腹双曲拱桥，宽8米，更名为南湖桥，1981年改现名，因壕股河得名，习称老南湖桥。2001年，对桥身进行景观改造。沪杭铁路建复线时，平交道封闭，桥不通车。

2009年5月，壕股桥

鉏家桥 在光明街，民国时建造。原是鱼行街通鉏桥路水泥板桥，跨鉏家河，长8.15米。光明街拓宽时新建桥梁后，不通车。2000年鉏桥路一带拆迁后，成弃桥，现是民国时期建筑的桥梁代表。

2007年10月，鉏家桥

张家桥 在凌塘社区，跨张家港，清代古桥。市文保点。

塘桥 在凌塘社区，跨长纤塘，清道光元年(1821)重修，为石拱桥民国时重修，20世纪80年代改建为砖拱桥。

2006年9月，塘桥

七一桥 位于嘉禾路南段，系单孔斜交坡横双曲水泥拱桥，长25米，宽10米，横跨车站河，1970年筑铁路平交道时新建此桥。因桥近，为纪念党的诞生，以“七一”命名。铁路立交桥建成后，铁路平交道关闭，桥弃用。

1990年10月，七一桥

五一桥　在公园路，跨车站河。长22.2米，车站河填后，成旱桥。

东风桥　跨角里河，水泥拱桥长35米，建于20世纪70年代，纺工路开通后，成人行桥。

2009年7月，东风桥

百步桥　在杉青闸路，跨穆河溪支流，重建于清道光十六年（1836），1970年桥北石板平桥重修。

2010年10月，百步桥

荷月桥　在月河街区，跨环城河。2007年新建的仿古三孔石拱桥。主孔跨13米，边孔跨1.9米，长40米，宽5米，原名荷花堤桥，2008年以桥两边荷花堤、月河街区各取一字命名荷月桥。

2010年10月，荷月桥

三环洞桥　在南堰凌公塘探花路，跨凌公塘，为石拱桥，始建年代不详。1958年，改建为水泥拱桥。新建烟雨路和改建纺工拓宽后，探花路和三环洞桥少有行人。

殿基桥　位于中基路中段，跨殿基河，2005年建造的石拱桥，长15米。

杨家桥　位月河街区，跨月河，北接月河北廊下，南接月河南廊下，长15米，2006年建造的三孔石板桥。

抱月桥　位于月河街区，北接坛弄，南接抱月埭，跨月河，长13.1米，石拱桥。移用老桥名。

2009年9月，抱月桥

丰乐桥　在月河社区，清代古桥。市文保点。

东马桥　在西马桥社区，清光绪二十四年（1898）重修，市文保点。

月河桥　在月河街区，跨外月河。东接坛弄，西接朝东埭，古石板桥，始建年代不详。1968年改

2009年9月，月河桥

建水泥拱桥，2005年改建为三孔石板桥。长14.9米。

便民桥 位于月河街区蒲鞋弄，跨月河，南北向，单孔梁式石板古桥，两边石栏杆。南北两侧分别有石阶6级和9级。桥长10.5米，桥顶宽2.2米，桥底宽2.5米。桥孔跨4.05米，中孔高2.5米。始建年代不详。

2009年9月，便民桥

清河桥 位于月河街区，跨月河，北接小坛弄，南接月河水廊下，长11.3米，2006年建造的三孔石板桥。

诸兴桥 位于月河街区，东接北丽埭，西接坛弄，长12.78米，2007年建造的石拱桥。

2009年9月，诸兴桥

踏月桥 位于月河街区，东接建国北路，西接中基路，长13米，仿古石拱桥，平坡，2006年建造。

娱老桥 位于梅湾街区梅湾岛，2005年建造的石拱桥，长11.56米，宽2.1米，拱高2.5米。桥名移用南门老桥名。有桥联：南联：啼莺啾啾响南浦，垂柳涟涟带烟浮。北联：八尺戏台论古今，泊船梅岛赏三弄。

澄海桥 位于梅湾街区梅湾岛，2005年建造的石拱桥，长12.28米，宽2.48米，拱高1.7米。桥名移用南门老桥名。有桥联：东联：扁舟向晚泊，长缆石岸伸。西联：一棹春波绿，双桥□□□。

上墩桥 位于芦席汇街区，连接芦席汇与分水墩。2009年建造的石拱桥。有桥联：西联：西靠芦席引两水，东接鉏河汇三店。东联：庵创千年慈云绕，虹挂五彩坦通途。

2009年8月，上墩桥

飞歌桥 位于凌公塘公园中心，又名彩虹桥，跨凌公塘。2009年建造，铁质S形艺术桥，桥长86.5米，宽3.1米。桥南堍建造有音乐塔。

2010年5月，飞歌桥

枕水桥 位于凌公塘公园，仿古石拱桥，南北有石板引桥。跨凌公塘。2009年建造。长39.5米，宽2.3米。

第三节 旧城改造

概况

1991—2010年，市区旧城改造累计投入建设资金170多亿元拆迁改造危旧房230多万平方米，动迁居民2.1万户、企事业单位1200多家，新建安置小区20多个，开发房屋面积450多万平方米，10万名居民喜迁新居，修缮改造梅湾、月河、芦席汇三大历史文化街区，改造整治171个老旧住宅区(点)，新辟绿地面积2100多公顷，新建改建城市道路300多千米，基本建成覆盖100平方千米的城市路网框架。

1983—1992年　嘉兴撤地建市后，将中山路拓宽重建作为城市建设的重点路东端在沪杭线上新建铁路立交桥，路西端新建中山西路桥。1984年4月，"两桥一路"工程建设全面启动，老城区旧城改造拉开序幕。1986年，"两桥一路"建成后，至1992年年底，又新建中山西路、文昌路、吉水路、洪兴路、洪波路、东升路、越秀路等道路和部分路段，并在京杭大运河以西和南岸以及市城东部、北部近郊开发新区。

1993—1997年　提出"以路带房，以房养路，路房结合，综合开发"的旧城改造方针，用7年时间，到2000年前基本完成环城河内的旧城改造任务。1994年8月建立市区旧城改造指挥部，加快推进旧城改造进程。1995年，重点开展老城区"一片三路四段"("一片"中山路以南片，"三路"禾兴路、建国路、秀州路，"四段"禾兴南路、禾兴北路、建国南路、秀州南路段)的拆迁改造。至1997年年底，完成禾兴南路、秀州南路、勤俭东路、斜西街东延伸段等道路沿线房屋拆迁和道路拓宽延伸，春、夏、秋、冬园、栅堰公园等绿化地块等拆迁任务。其中1996年开始老建国路大规模拆迁改造和禾兴北路及建银桥建成通车。

1998—2001年　提出城市建设"一年成框架、二年出形象、三年大变样"的目标基本完成城中片旧城改造任务。1998年开始，老环城路拓宽改造。1999年，以"一环一桥四路"(环城路、勤俭大桥、城南路二期工程、城北路二期工程、东升东路、勤奋路)为重点，年内环城路改建工程、城南路二期工程和勤俭大桥新建工程分别竣工。环城路改建后在环城河两侧建成绿带19.8公顷。2000年，结合"三中心一广场(市行政中心、报业中心、文化中心和南湖市民广场)重点工程建设，拆迁许家村等自然村，动迁居民、单位，建成南溪路、花园路、广场路等7条主次干道，新增绿地面积150公顷。城中片的旧城改造基本完成。至2001年年底，市区"三横(中山路、勤俭路、东升路)三纵(禾兴路、建国路、越秀路)二环(环城路、中环路)四放射(城东路、城南路、城北路、角里街)"的城市路网基本建成。

2002—2005年　提出"北控南移、东进西拓、中间完善"的城市发展思路。旧城改造在扩大中心城市规模的同时，启动危旧房拆迁改造工程，包括南门片、南堰片、城北片一期、城北片二期、城中片等5个区域以及芦席汇、香橼浜、螺蛳浜等10多个地块5800多户的危旧房拆迁，至2005年底，危旧房拆迁改造全部完成。并建成东升苑、府南花园、城东公寓等安置小区100.5万平方米。同时，2002年和2004年按照"修旧如故"的原则，分别启动梅湾和月河历史文化街区保护利用工程。

2006—2010年　提出"今后五年，市域中心城市要从注重规模扩张、形态建设向注重挖掘内涵、提升功能发展，加快城市现代化"的任务，先后启动南湖湖滨区块、市城"1812"(18个成块地块和12个零星地块)旧居老区改造以及芦席汇历史文化街区修缮工程；开展高中园区周边、东片楔形绿地及周边、南片楔形绿地植物园地块等5个地块的房屋拆迁整治；实施南湖风景名胜区和子城等片区的拆迁改造。动迁居民2000多户、单位60多家，拆迁旧房面积20多万平方米。建成安置房140多万平方米，百绿公寓、景帆苑、农翔苑、文贤小区、凌塘小区、嘉城绿都等安置小区全部或部分交付使用。新建拓建三环南路、由拳路等部分路段和南溪路、纺工路等一批城市主次干道，改造疏通一批城市支路。至2010年年底，梅湾、月河、芦席汇三大历史文化街区修缮基本完成并对外开放，居民的居住条件和生活环境得到进一步改善，城市道路网络不断完善，以"三环、三纵、三横、四放射"的现代化网络型大城市框架初步形成。

重点工程选介

"两桥一路"建设工程　"两桥"指铁路立交桥和中山西路桥(现名中山桥)；"一路"指中山路(东起环城东路、西至环城西路)拓宽重建。铁路立交桥1984年11月开工，1985年11月竣工。中山西路桥1985年12月竣工。中山路1985年5月开工，1986年11月竣工。共动迁居民1300户、单位174

家，拆除旧房面积6万平方米。拓宽重建后长3.14千米，宽40米，成为贯穿市区东西向的主干道。

秀州南路和禾兴南路改造工程 秀州南路北起中山东路，南至环城南路，长350米，宽18米，1995年2月开工，11月竣工。拆迁建筑面积9000多平方米，搬迁住户170户。禾兴南路北起斜西街，南至环城南路，长400米，1995年5月开工，9月建成通车。拆迁建筑面积1.1万平方米，搬迁住户228户。这两条路是市区纵向主次干道的延伸段。

老建国路改造工程 老建国路南起中山东路，北至环城北路，长930米，车行道宽14米，1996年11月开工，1997年5月建成通车。老建国路是市区商业网点最集中的一条街，拆除建筑面积8.69万平方米，其中拆迁商业网点1.7万平方米，搬迁住房和网点1654户。

环城路拓宽改造工程 环城路包括环城北路、环城西路、环城南路、环城东路，长5.13千米，宽24米，1998年5月开工，1999年9月建成通车。该工程是20世纪90年代最大的旧城改造项目，共拆除房屋建筑面积19万平方米，搬迁住户2375户。拓宽改造包括改造道路面积12.3万平方米，修建河岸4.73千米，铺设人行道面积3.74万平方米，铺设污水截流管5千米，建设环城路与环城河之间绿化带12.3公顷。

南湖区域环境综合整治工程 南湖区域是指南湖及其周边地区，南至中环南路，北到环城南路，东至南湖路、海盐塘路，西到西南湖西侧，面积为4.3平方千米。从2000年开始，按照创建优美和谐的生态环境、方便舒适的居住环境、文明开放的人文环境的总体思路，对南湖区域环境展开大规模的综合整治，至2001年5月，基本完成南湖清淤、征地拆迁、市政路桥、景点绿化、管线敷设、桥梁整修、周边亮化7项工程。其中完成两期征地拆迁工作，搬迁居民、单位1453户、拆迁旧房和农舍建筑面积38万平方米。拆迁地块经过整理，大部分作为新种乔木、灌木、花草相结合，以乔木为主的公园绿地。2010年年底，整治工程基本结束。

市区危旧房改造工程 2002年，市区危旧房改造拆迁工程全面启动，拆迁改造范围覆盖老城区16个地块，涉及6个街道、11个社区，拆除房屋面积40万平方米，搬迁居民5800户，是嘉兴市区历史上规模最大的旧城改造项目。危旧房改造工程共分5片，其中：城中片为天后宫328户、天星湖175户、醋弄和梧桐树街221户、新马路地块81户；城北片一期为芦席汇289户、香橼浜860户、螺蛳浜地块562户、光明街200户；城北片二期为中基路、糕作弄、秀水兜地块共1397户；南门片1068户；南堰片385户。至2005年年底，历时3年的市区危旧房改造项目拆迁安置工作全面完成。

南湖湖滨区块和市区“1812”旧居老区改造工程 2007年，南湖湖滨区块和市区“1812”旧区老区改造工程启动实施。改造工程涉及4个街道10多个社区，动迁居民2338户，企事业单位70家，拆迁房屋面积20.8万平方米。其中南湖湖滨区块（一期）拆迁项目动迁居民688户，企事业单位12家，拆迁房屋面积7.84万平方米；“1812”旧区老区改造涉及30个地块动迁居民1650户，企事业单位58家，拆迁房屋面积13万多平方米。至2009年年底，历时3年的改造工程基本完成。

1991—2010年嘉兴市区旧城改造房屋拆迁与安置情况表

表8-5

年度	拆迁				建造安置房			安置		
	单位（家）	建筑面积（万平方米）	民居（户）	建筑面积（万平方米）	套数	建筑面积（万平方米）	投入资金（万元）	居民（户）	套数（套）	建筑面积（万平方米）
1991	—	—	13	0.0854	—	—	—	13	13	0.0677
1992	4	0.0406	302	0.8262	—	—	—	302	313	1.6175
1993	15	0.4062	382	1.2345	—	—	—	368	368	2.1271
1994	8	0.1750	77	0.4592	—	—	—	77	82	0.5265
1995	16	0.1032	478	3.1728	—	—	—	468	468	3.0085

续表8-5

年度	拆迁				建造安置房			安置		
	单位（家）	建筑面积（万平方米）	民居（户）	建筑面积（万平方米）	套数	建筑面积（万平方米）	投入资金（万元）	居民（户）	套数（套）	建筑面积（万平方米）
1996	91	3.2800	859	4.3248	—	—	—	810	810	4.7010
1997	64	0.9429	522	2.2774	—	—	—	475	475	2.3744
1998	447	16.9347	3683	16.9377	—	—	—	3478	3478	17.4610
1999	132	8.3751	1682	7.3090	282	3.99	2250	1515	1515	6.5101
2000	73	22.2183	1122	13.8561	384	3.52	4010	1017	1435	13.4525
2001	2	0.1798	193	2.8388	1452	18.13	12877	187	308	2.9848
2002	77	9.1369	1608	11.7558	818	9.58	6600	607	1011	13.0841
2003	231	14.1642	7267	55.9755	1652	17.49	22400	6757	7670	94.7602
2004	20	0.2055	131	0.7600	840	7.08	11840	129	146	1.3313
2005	20	3.1605	283	2.2486	7062	79.46	102485	277	392	3.7469
2006	25	0.9097	835	11.1708	1102	13.44	17220	712	1373	14.5880
2007	58	3.9422	1963	15.1469	—	—	—	1579	2432	20.7486
2008	—	—	—	—	629	8.1	12000	—	—	—
2009	1	0.0109	102	0.4893	1410	17.48	22926	76	84	0.7032
2010	—	—	57	0.3933	10766	130.18	89388	57	57	0.6452
合计	1284	84.1863	21559	151.2630	26397	308.45	303996	18904	22430	204.4394

第四节　老住宅区环境整治

市区老旧住宅区内有居住性物业657万平方米，基础设施差、物业管理不齐全，2001年起实施老住宅区综合整治，至2010年共投入资金1.744亿元，启动境内“城中村”老旧住宅区和小街小巷基础设施综合整治改造工程，受益居民24.5万人。

“城中村”整治

2006年，实施南湖街道东塔里和新兴街道三塔里、文昌里3处“城中村”改造工程，投入资金460万元，改造总面积6.94万平方米，改造道路面积8265平方米、下水管道2460米，新建化粪池4座，新设路灯28盏，拆除违章建筑4234平方米，粉刷墙壁7328米，配备卫生桶80只，达到路面平、管道通、道路洁、路灯亮、环境美目标。

老旧住宅区整治

2001年始，启动开放式老住宅区综合整治改造工程。2001—2007年投资2135万元改造59个老住宅区；2008年投资3000万元改造29个老住宅区；2009年投资1800万元改造27个老住宅区；2010年投资7500万元改造77个老住宅区。整治重点包括道路拓宽、路面加铺、路面翻修、局部修补、人行道翻修、地面硬化、雨污分流、管道疏通或新设、配置照明、完善环卫设施、补种和提升绿化、增加机动车和非机动车停车位。累计改造区域面积100万平方米，整修道路25万平方米，新建下水道10万米，补种绿化面积10万平方米,新建卫生房100座，新设路灯500盏，改建公共厕所50座。至年底，累计投入资金14435万元，完成192个老旧住宅的改造工作。

小街小巷综合整治

2005年始，实施小街小巷整治和改造工程。当年对128条小街小巷进行全面整治；2006年启动34条小街小巷深化整治工程；2007年启动18条小街小巷拾遗补缺工程。至2008年年底累计完成境内180条小街小巷综合整治和改造，投入资金2545万元整修道路面积20.12万平方米，新建侧平石1918米，新建下水管道16330米，更换窨井盖315套，新设路灯232盏，新建围墙683米，粉刷墙壁1.78万平方米，增加绿化面积达7534平方米，并对135根线杆进行迁移和下埋。小街小巷经过整治和改造后基本实现“路面平、管道通、道路洁、街道畅、秩序好、设施全、绿化齐、环境美”目标，受益居民20多万人。

2001—2010年全区三项整治改造工程实施情况表

表8-6

改造期限	投入资金（万元）	改造内容	实施主体
2001—2003年	1150	主要是问题突出的小区的道路修复、化粪池清理和下水道疏通	市建委为主，区建设局协助工程质量安全管理
2004年	350	改造区域28.6万平方米，涉及居民楼278幢	市建委为主，区建设局协助工程质量安全管理
2005年	1340（专项整治项目不在老区整治经费列支）	128条小街小巷，改造道路12.14万平方米	市建委为主，区建设局负责工程管理，街道社区协助
		“绿空地、硬踏地、围工地”专项环境整治，共70处地块，硬化路面8426平方米，绿化面积1.15万平方米	市建委为主，区建设局协助工程质量管理
2006年	1070（610+460）	小街小巷改造深化工程，共有34条小街小巷列入改造计划	市建委为主，区建设局负责工程建设管理包括进度质量，街道社区协助，区监察局参与工程招投标
		3个“城中村”整治改造工程	市建委负责项目的前期，区建设局负责工程建设管理，街道社区协助
		整治开放式老住宅区16个	市建委为主，区建设局负责工程管理，街道社区协助，区监察局参与工程招投标
2007年	1230（430+800）	小街小巷改造拾遗补缺工程。对18条小街小巷进行改造，主要是道路破损、下水道堵塞、墙面污染、绿化杂乱等突出问题	市建委为主，区建设局负责工程管理，街道社区协助，区监察局参与工程招投标
		10个开放式小区综合整治工程（其中重点整治点4个区域）。涉及路面整治和硬化，铺设植草砖、改造公厕、新增值班室、新设路灯和空中架线杆整理	市建委为主，区建设局负责工程管理，街道社区协助，区监察局参与工程招投标
		园林小品建设工程	市建委负责项目立项，方案设计工作，区建设局负责施工单位招投标，组织工程施工管理工作
2008年	3000万	5个街道的29个开放式小区进行整治，改造内容除拓路、补绿和增设路灯外；还包括拆违、整理架空线路、配置体育健身设施、设置传达室等项目。特别新增了对老住宅区下水管道雨污分流的内容	市建委负责项目立项及委托专业设计单位进行设计，确定监理单位等，其他由区建设局负责

续表8-6

改造期限	投入资金(万元)	改造内容	实施主体
2009年	1800	27个老住宅小区进行整治,重新铺设污水管道,并与市区污水管网相连,实现老住宅区雨污分流,及其他原有项目	市建委负责项目立项及委托专业设计单位进行设计,确定监理单位等,其他委托区建设局负责实施工作
2010年	一期概算3000	一期34个老住宅小区,总面积约14.7万平方米	从整治范围确定、方案设计项目的立项等全部由南湖区负责
	二期概算4500	二期43个点,11月启动,次年6月完成	
总投入额	17440	—	—

第五节　城市防洪工程

境内位处太湖下游,八大河流交汇之所,水网密布,地势低洼,历年洪涝多发。据记载,自汉以来,共发生水灾700余次,且呈日渐频繁之趋势。1954—1982年的29年间,因涝成灾9次,1983至1990年的8年中,发生涝灾7次,其中1987年发生洪涝灾害2次,光明街积水达1米多。面对越来越严重的洪涝灾害和巨大的灾害损失,1989年起,在市区实施"小包围"城市防洪工程(以小片区域为单位建造防洪设施)和"大包围"(以市区规划建成区为单位建造防洪设施),至2003年,市区的防洪能力达到一百年一遇的标准,水灾隐患基本解除。

"小包围"城市防洪工程

1987年市区遭受两次洪灾后,市防汛指挥部提出"疏控结合,分片抗洪,分散排水,自流为主,内外兼治,各方统筹"的治理原则。具体措施为:提高道路、房屋地基的控制标高,控制在20年一遇的洪水位之上(室外道路标高不低于4.5米,室内地坪标高不低于4.8米,均为吴淞水准标高,下同);建设防洪堤、加固堤防;调整排水管网,扩大排水管道;建立泵站,加强电力排水设施,达到"挡得住、集得拢、排得出"的治理目标。由市政建设部门负责具体实施。1989—1999年,市区共完成"小包围"防洪工程6期11片,总计建造防洪堤16.72千米,排涝泵(闸)站34座,铺设排水管道13.7千米,总排水能力54.06立方米/秒,受益面积428.71公顷。

"大包围"城市防洪工程

1999年6、7月间,市区遭受特大洪灾,到7月1日洪峰水位达4.67米,超过危急水位0.67米,比历史最高水位高0.27米。市区受淹面积10.25平方千米,18条主要道路和54条街巷被淹,水淹最深处达1.3米。特大洪灾暴露出已建的6期"小包围"防洪工程建设标准低及城市防洪工程建设明显滞后的问题。是年7月,市水利部门提出建设市区"大包围"城市防洪工程的初步设想方案,2000年1月13日,市政府批准《嘉兴市区城市防洪工程(大包围)规划》。2003年10月,市区"大包围"城市防洪工程完成全部工程项目建设,2004年12月14至15日,工程通过省发展和改革委员会和省水利厅联合组织的竣工验收,实际投入建设资金3.66亿元。

规划设计标准　按防洪100年一遇、排涝20年一遇的标准设计。由防洪堤、节制水闸、排水泵站组成大包围防洪排涝系统,保护面积92.04平方千米,泵站排水总量近期按每秒204立方米设置,远期达到每秒255立方米,控制内河最高水位4.00米,水位在3.80米以上时"大包围"工程闭闸排水,3.80米以下时则用已建的"小包围"工程挡水排涝。

防洪堤　按城市总体规划环城布置。西、北面沿北郊河内侧河岸及中环西路,东面沿东外环河西岸,并顺延穿过广益路,南面沿规划三环南路南侧向西与新320国道形成闭合包围圈,包围圈闭合长度42.1千米(包括一段新320国道)。1999年12月24日,试验段杭州塘北岸防洪堤率先动工,施工采用机械与工人工相结合的方法进行,到2002年完成,实际修筑防洪堤42.5千米,填筑土方54.49万立方米,修筑护岸3.4千米。防洪堤堤顶标高6.0米,宽4.5米,均为土堤,局部地段用石块砌筑护岸以防冲刷。

节制闸　“大包围”城市防洪工程根据地形条件,在堤线与与之相交的河道口不能封堵的情况下,都建闸门控制,平时开启闸门通航通水,汛期则闭闸挡水。闸孔宽度按通航、过水断面确定。整个系统共建节制闸51座,其中较大的7座节制闸和三字宇等44座小节制闸以及穆湖溪泵站等4座泵站枢纽为“大包围”城市防洪工程配套设施。

杭州塘闸　位于杭州塘河口附近。闸分4孔,由2孔16米×5.7米和2孔8米×5米闸门组成,总净宽48米,门槛高程—0.2米,门顶高程5.5米,平面钢闸门。闸门启闭机选用双吊点快速卷扬机。2001年3月动工,2002年完工。

苏州塘闸　位于北郊河与苏州塘交叉口以南约100米。闸共4孔,2孔为16米×5,7米,2孔为8米×5米,总净宽48米。门槛高层—0.6米,门顶高程5.5米,平面钢闸门。闸门启闭机采用双吊点快速卷扬机。2000年12月开工,2002年完工。

三店塘闸　位于北郊河与三店塘交叉处西。为2孔12米×5.7米闸门,总净宽24米,门槛高程—0.2米,门顶高程5.5米,平面钢闸门。闸门启闭机选用双吊点快速卷扬机。2000年12月开工,2002年完工。

嘉善塘闸　位于嘉善塘与东外环河交汇的喇叭口西侧。分2孔,每孔净宽8米,总净宽16米,门槛高程—0.2米,门顶高程5.5米,平面钢闸门。闸门启闭机为双吊点快速卷扬机。2002年完工。

平湖塘闸　位于东外环河与平湖塘交界处,垃圾场西。闸分2孔,单孔12米×5.7米,总净宽24米,门槛高程—0.2米,门顶高程5.5米。闸门启闭机采用双吊点快速卷扬机。工程于2000年12月动工,2002年竣工。

海盐塘闸　东西向坐落于海盐塘上。由2孔12米×5.7米闸门组成,总净宽24米,门槛高程—0.2米,门顶高程5.5米,闸门启闭机使用双吊点快速卷扬机。2000年12月开工建造,2002年完工。

长水塘闸　位于长水塘上。排涝闸分2孔,每孔净宽12米,总净宽24米,门槛高程—0.2米,门顶高程5.5米。启闭机采用双吊点快速卷扬机。2002年完工。

第三章　市政公用事业

第一节　公共照明

路灯安装和管理

明清时,嘉兴城内居民照明用植物油作燃料。清末,始有煤油灯照明,街巷用防风灯为路灯。清宣统二年(1910),在西河街创建嘉兴永明电灯公司,安装60千瓦柴油发电机组1套。1912年7月1日发电,西河街始有少量路灯,此后城内街巷陆续开始安装路灯。1919年,永明电灯公司改组为永明电气股份有限公司,安装德国产120千瓦蒸汽发电机组1套,扩大电力供应。1922年5月11日晚,城墙内路灯齐明。是年7月,小烟雨楼及沿湖一带也装上路灯。1935年,市内共有路灯466盏。

解放后,市区路灯管理属建设行政主管部门,委托电力部门代管。1979年时,县城照明路灯共有1500盏,集镇路灯155盏。1986年5月,中山路安装路灯电自动开关,这一区域的路灯结束人工控制。1989年10月26日,全市第一盏组合高杆路灯(高压钠灯)在中山路与越秀路路口亮灯,照度达到国家规定的城市道路照明一级标准。2003年4月,嘉兴市恒欣路灯有限公司成立,管辖市区城市道路、巷弄、住宅小区及沿河绿化带内所有路灯的运行维护。2006年,投资650万元的市区路灯智能控制管理系统投入运行,变传统的巡灯找故障为实时无线报警。电力部门还利用“95598”服务热线,24小时受理路灯保修和服务投诉。

21世纪后,市区路灯除汞灯、钠灯外,还出现金卤灯、节能灯及LED灯等新型节能灯具,光亮度大为提高。路灯的造型,主要有双臂悬挑灯、单臂悬吊灯、中杆灯及庭院灯等。路灯的控制手段应用先进的光电自动开关设备控制路灯的启闭。2010年年底，市区路灯42680盏。

亮化工程

市区的亮化工程始于1997年，市区主要道路及其沿街高大建筑物、标志性建筑等都要安装夜景照明。1998年，重点对320国道市区过境段进行路灯建设，设置各种路灯993盏。1999年6月30日，中山路绿化带亮化工程竣工，安装彩色投光灯604座，灯光采用绿色、紫罗兰等色彩。2001年，环城河内、外两侧沿途16座桥进行景观改造和亮化，市区主要道路沿线相关单位、部门在各自所在建筑物上设计、安装夜景灯光设施，有投光灯、霓虹灯、草坪灯、树影灯等。

2006年3月14日，市政府发文规定市区夜景照明按照城市夜景照明规划的要求，遵循统一规划、统一标准、业主负责、同步建设、规范管理的原则进行；市区各机关、团体、学校、企事业单位及驻嘉兴的单位均有设置夜景灯光、美化城市的义务；市区主要道路沿街、景观河道沿河七层以上的建筑物及视野内的高层建筑物、重要的公园、广场、桥涵、旅游景点等场所的夜景照明，原则上必须纳入集中控制系统，由市城市管理行政执法局统一负责夜景灯光的启闭。规定夜景照明设施每逢周五、周六及国家法定节假日必须开启，遇重大节庆活动或特殊情况需要开启的另行通知。夜景照明的时间为：每年4月15日至10月15日为晚7时至晚10时；10月16日至次年4月14日为晚8时至晚9时30分；法定节假日节前一天至节日完毕当日，提前半小时开启，延后半小时关闭。至2010年年底，市区有189家单位安装夜景照明设施，其中纳入统一启闭管理的162家，初步形成南湖景区片、市中心商业区片、嘉禾北京城华庭街片、禾兴路梅湾街片、秀洲区江南摩尔片和中山路沿线的“五片一线”管控模式。

第二节　供　水

嘉兴市城区居民生活用水，历来以河水、井水为主，市城古井记载以东晋时精严寺的灵光井为最早，宋代葫芦井（口小腹大）也有发现；明嘉靖时，郡守刘悫为抗倭在城掘井百口，有些至今还在汲用。1918年筹建6口公井，省拨款3000元，翌年9月14日，在芝桥街椿树弄间的公井竣工启用。1928年在张家弄秀水学宫的魁星阁开设城区第一公井（自流井）。解放前，除秀州中学和少数工厂等自行打井、建塔，有自来水外，居民仍沿用河水、井水。1956年创建嘉兴自来水厂，日产2400立方米，铺设第一条供水管道长4000米，次年1月1日，嘉兴市民第一次用上了自来水。1968年，水厂总产能力达3.2万吨／日。1970年，在南门兴建第二套地面水工程，取水口在杨家桥堍东，1972年投产，至1980年达5.3万吨／日，供水管道长49.8千米。1981年筹建南门新水厂，规模5万吨／日，分两期建，分别于1983年、1987年投产。

嘉兴城乡供水能力已从1957年的2400立方米/日发展到2010年的43万立方米/日，供水管网长度从1957年的7千米增加到2010年的100毫米以上口径管道709千米，供水范围也已经从建设之初环城路以内扩展到2010年年底的建成区和南湖、秀洲两区10个建制镇600平方千米，受益人口110万人。

水厂

塔弄水厂　1956年2月在塔弄创建，1957年1月1日建成投产，为市区首座水厂。取水水源为深层地下水，制水设备主要是两口深度为117.4米和119.5米的机井，建造200立方米清水池和100立方米水塔，铺设了市区第一条供水管道，长度为4千米。是年2月成立公私合营嘉兴市自来水厂，后改名为地方国营嘉兴自来水厂。建厂之初，以供应生活用水为主，在市区设立供水网点，俗称公共水龙头的方式为市民集中式供水，居民采用购买水票的方式到公共龙头处取水，供水价格为0.18元/立方米。1967年建造第一套地面水制水工程，设计能力为500立方米/日，净水工艺采用水力循环澄清池，取水口设在少年路底的荷花堤，1968年建成投产，嘉兴城市供水由单一的地下水发展为地下水和地面水合流，总供水能力达到2.5万立方米/日。1995

年11月塔弄水厂停止生产。

南门水厂 1972年建成投产，设计规模1万立方米/日，取水水源为长水新河。净水工艺采用“水力循环澄清池”和“无阀滤池”。1977年5月，进行技术改造，进一步改善了水质，出水量提高近一倍。1980年年底，日供水能力5.3万立方米。1981年进行扩建，设计规模5万立方米/日，1987年建成投产。嘉兴自来水厂率先采用构筑物叠层布置的工艺技术，改变原先摊大饼式的水处理模式，创下9亩占地面积日供水规模达5万立方米的先例。1997年，南门水厂进行全面技术改造，使供水水质得到进一步提高。1998年年初步实现水厂工艺流程自动化。1999年10月19—24日受南湖化工厂排放污水的污染，南门水厂停产；2000年5月6日下午2时起，南门水厂取水口源水倒流且水体污染严重，晚上8点30分，停止供水一天。2007年6月，南门水厂停产，改作应急备用水厂。

贯泾港水厂 贯泾港水厂是市本级城乡供水一体化的重要组成部份。位于市区正南，设计总供水能力45万立方米/日，分三期建设。一期工程供水能力15万立方米/日，2006年2月开工建设，净水工艺采用“生物预处理+加强常规处理+臭氧生物活性炭深度处理”。2007年6月28日，工程建成并网供水，市区的日供水能力达到43万立方米。贯泾港水厂在提升净水工艺方面的新工艺，成为全国微污染城市供水企业的范例，被誉为城市供水“嘉兴模式”向全国推广。2008年12月，被命名为浙江省现代化水厂。2010年8月，占地面积3.5公顷，日供水能力15万立方米的贯泾港水厂二期工程启动。

市区管网建设

供水管网 1956年市区建成第一条长度为4000米的供水管道，到2010年年末，拥有100毫米以上口径供水管道709千米。管道材质也从最初的铸铁管、水泥管逐步替换成球墨管。

嘉兴市区100毫米以上口径供水管道统计表

表8-7

时间	DN100以上管网长度（千米）	时间	DN100以上管网长度（千米）
1956年12月	4	2000年12月	215.5
1957年12月	7	2005年12月	513
1980年12月	49.8	2010年12月	709
1990年12月	97.6	—	—

2003年11月，市区城市供水管网配合旧城改造和道路建设同步进行改造，包括文昌路、中山路至万国路、禾兴路、中山路、洪兴路、南湖路、东升西路等，总长度23.14千米，至2010年年底，市区管网新材料使用已达90%以上，大大减少了管网对供水水质的二次污染。

调峰水库 按照城乡一体化供水规划，2004年6月，投资1079.47万元在中环南路与古翠路的交界处新建1万立方米级的调蓄水库一座，并在高峰供水时投入运行，有效缓解市区东南片高峰时段供水紧张状况。也为削峰填谷和保持市区东南片管网正常压力发挥重要作用。

屋顶水箱

20世纪80年代，市区各小区多层住宅都建有屋顶水箱。1994年年底，市区共有居民屋顶水箱5030只，为彻底改善由于屋顶水箱造成的供水二次污染，1999年开始实施取消屋顶水箱工作，将屋顶水箱进水管和出水管直接联通，到2004年年底，改造和取消屋顶水箱4000余只。

一户一表改造

以前市区居民供水采用总分表供水服务，每个住宅单元安装总表，自来水公司负责抄读，作为水费结算依据，单元内各户安装分表，由居民推选的代表户负责抄读、收费。由此产生的总表与分表差额分摊引起的邻里纠纷、抄表收费困难问题。2001年开始，分3年时间对市区范围的总分表用户进行一户一表的改造，实行水表出户、抄表到户。改造中采用室外立面铺设表内管，水表落地或放在公共楼道内等形式改造；改造老化管道，取消屋顶水箱；以单元为单位，用户申请交费后，由自来水公司负责安装改造。到2003年年底，累计完成改造75170户，基本完成3年目标。

农村供水

长期以来，区境农村居民利用河流湖泊中的地表水和浅层孔隙潜水（土井，出水量<10立方米/日）作为生产生活用水。农村水改工作在80年初开始起步，受市区化工企业排放污水的影响，为确保农村居民的生活饮用水卫生条件，1985年七星建起全区农村第一家镇级自来水厂，开采地下水源，作为七星镇农村居民饮用水。20世纪90年代开始大力发展农村改水工作，新丰、大桥、余新、凤桥等镇陆续建立了镇级自来水供应站9家，开挖深井76眼，加上市区水厂供水，至2010年，区域建制镇日供水量4.32吨，受益人口5.45万人。

城乡供水一体化

2004年，东栅街道、大桥镇大桥片和余新镇余新片作为试点，率先与市嘉源给水公司的城市自来水接通。2008年，由市本级中心水厂将自来水经输水管网供应至南湖区现有的供水企业，完善布局、串点成线，实现城乡供水管网的全覆盖。一级管网建设由市水务集团承担，各镇主要负责二级、三级管网的建设。2009年6月1日起，全区执行城乡供水一体化价格：居民生活用水1.60元/吨，非经营性用水2.15元/吨，经营性用水2.20元/吨，特种行业用水4.00元/吨。对"一户一表"的居民生活用水试行阶梯式计量水价，居民生活污水处理费收费标准0.90元/吨。2010年，除七星镇因"两分两换"村庄布局调整近万人未接通市水一级管网外，全区均接通市级管网，实现城乡供水一体化。到2010年年底，全区镇级供水企业9家。

2010年区供水企业名单表

表8-8

名　称	地　址	建厂日期	性质	供水区域	供水量（万吨/年）
新丰水厂	新丰镇新阳路76号	1980	集体	新丰镇（含大桥镇由桥村）	522
凤翔水务建设公司	凤桥镇凤启路52号	2009	集体	除2个社区外的10个村	70
凤桥水厂	凤桥镇凤飞路	1986	民营	凤桥镇区	34
新篁水厂	凤桥镇新篁工业园区	1987	集体	新篁集镇	142
大桥水厂	大桥镇十八里桥07省道边	2008	集体	大桥集镇及7个村	360
步云清泉水厂	大桥镇步云汽车站2楼	1984	民营	步云集镇及村（除花园村）	368
余新水厂	余新镇余北大街32号	1984	民营	余新集镇及6个村	356
曹庄水厂	余新镇民丰路3号	2002	民营	曹庄集镇及5个村	44
湘湖水利公司	七星镇兴星路239号	2008	集体	镇区、大树、东进、湘店	72

节约用水

境内虽然河网密布，但河流水质大多是V类或劣V类，符合饮用水水质要求的取水水源几乎没有，市人均水资源占有量不足全省人均的二分之一，仅占全国人均的三分之一。1985年成立市节约用水办公室，负责市区城市节水和地下水管理。2009年4月区成立节约用水办公室，9月区召开创建国家节水型城市工作动员大会，组织和发动广大干部群众扎实持久地开展节水型城市创建活动，2010年12月通过国家节水型城市创建验收。

节水型社区和节水型企业 2008年区开始创建节水型社区，新兴街道文昌里社区作为试点，成功创建全市第一个节水型小区。2009年，嘉兴敏惠汽车零部件有限公司和嘉兴高科新纤维有限公司2家企业成功创建节水型企业。至2010年年底，全区有15家住宅区成功创建节水型社区，分别是新兴街道文昌里、文秀里、放鹤洲一期；新嘉街道中兴苑、嘉禾北京城一期、半岛公寓；南湖街道冶金新村、新湖绿都、汇龙苑；解放街道彩虹公寓、嘉州长岛；建设街道禾兴公寓、银河印象；东栅街道澳洲花园、格林小镇。

非节水型器具更换改造 2009年11月，开始对使用和经销用水器具的单位专项检查。区属机关事业单位率先更换非节水型水龙头59个、非节水型便器8个，区属企业单位更换非节水型水龙头116个。2010年3月，区节水办正式启动建成区居民小区非节水型器具改造工程，涉及5个街道、44个社区、9万多户居民家庭及沿街商铺，改造重点为冲水量大于6升的抽水马桶和非节水的螺旋式启闭水龙头。至2010年年底，累计改造非节水型水龙头4万余个、水箱配件8000多套，安放水箱替代品1.6万个，涉及居民2万余户，全年可节约用水约10万吨。

建设园林绿化、环境卫生取水口 自来水原是园林绿化、环境卫生的唯一用水，区通过创建国家节水型城市，以保护和合理开发利用水资源，将园林绿化、环卫用水取之于河水。2009年区确定7个取水口，2010年已完成第一批3个取水口建设。中心城区范围在东方路、禾兴路、三塔路、纺工路、环城路、农翔路、中环南路、城北路、新气象路等地段分别设置园林绿化环境卫生取水口。

控制地下水开采

1997年7月，按照市政府提出的“严格计划，逐年削减，慎重回灌，控制沉降”的深井管理总目标，制订年度地下水开采计划，严格实行地下水计划开采并纳入城市计划用水管理。

2000年区政府规定，无特殊情况一律不准新开深井，对不符合取用地下水条件的取水单位采取禁采、封井等措施。是年，全区有取水许可证的在册深井88眼。

2004年1月，中心城区和七星镇划入禁采区，其余镇划入限采区，要求嘉兴市在2010年前分两个阶段完成地下水禁采限采控制目标。禁采区和限采区均需全面禁止开采地下水，除留作监测、回灌、战备和地表水管网未到达地区确需暂时保留的生活用水深井外，由水务行政主管部门组织封井。2005年，用(GPS)卫星对全区地下水用水企业进行定位，利用高科技手段有效地加强了区规划区内地下水的开发利用管理。

2009年5月，区开展整治非法开采地下水专项行动，按照“供封同步”原则对原有的深井逐年填封。在制定封井计划同时考虑到深层地下水是城市的一种备用水源，在特殊情况下如遇战争、特大干旱时期应急开采满足居民饮用水需要，预留了部分深井，作平时监测之用。

2004—2010年，全区封井75眼，累计减少地下水开采3000余万吨。

第三节　排　水

合流制排水

旧时排水都是自然排放。后在民居集中点修缮暗沟和明沟用于排水，城内的河道，既是饮用水源，又是排水通道。解放后，始有专用的混凝土排水管道铺设。1951年修建建国路时，铺设市区第一条采用砼圆管的排水管道，长976米，管径400毫米。1954年起，对居民集中的道路铺设排水管道。使用是素混凝土管。1979年，在北门市河内修建下水道时，其中一段利用修建防空洞时剩余的材料砌筑的涵洞式下水道。1983年，市区下水道共有157条，总长15629米，1985年的中山路建设与排水管铺设同步，排水管道首次采用钢筋混凝土管，最大管径达到1200毫米。20世纪90年代，又先后有PVC管、玻璃钢夹砂管等新型管材面世，1990年年末，市区地下排水管道总长达44.93千米，较1983年增加近2倍。

1998年前，市区排水沿用雨污合流的排放体制，在路基下铺设排水管道，出水口建在就近的河岸处，排入河道。道路两旁的民居、商店等产生的污水，经道路排水系统与雨水一同排入河道。随着人口的增加、经济的发展，生产、生活污水不断增加，河道水体的污染日益严重。

分流制排水

1998年，环城路拓宽改造工程，沿环城路一圈铺设污雨截流管，沿途设多个预留接入口，供沿路单位、居民区接入。污水经截流管输送至狮子汇北侧的污水泵站，由泵站将污水打入污水外排主干管，集中输送至污水处理厂处理后排入杭州湾。

此后，凡新建或改扩建的城市道路，均按雨、污分流体制进行设计并同步施工。雨水经雨水管道就近排入河道；污水通过污水管道，沿路居民区、单位的污水接入污水管道，进入污水外排主干管后，输送至污水处理厂处理后排放。对原雨污合流排水体制的区域，单独规划设计污水管网体系，分区分片进行雨污分流改造。2010年年底，市区污水的污水处理厂集中处理率为88.45%，市区河道水体的污染得到有效控制。

1991—2010年市区排水管道情况表

表8-9

年份	排水管道长度（千米）	污水管道	建成区排水管道密度（千米/平方千米）	污水处理率（%）
1991	49	—	2.90	—
1992	51.20	—	3.40	—
1993	58.10	—	3.70	—
1994	63.90	—	3.30	—
1995	73	—	3.90	—
1996	77	—	3.61	—
1997	87.20	—	4.13	—
1998	92.19	—	5.21	—
1999	102.30	—	6.47	—
2000	108.91	—	6.84	—
2001	215.35	56.57	7.40	46.31
2002	222.60	44.82	8.02	52.34
2003	223.60	160.60	7.44	53.57
2004	261.61	184.61	7.51	54.22
2005	313.79	225.79	6.56	56.27
2006	456	317	2.44	68
2007	469	330	6.51	72.95
2008	610	471	7.92	79.85
2009	639	500	7.83	82.75
2010	662	523	7.78	88.45

注：数据源自1991—2010年《城市和县城建设统计年报》，其间统计口径和范围曾有变动

第四节　污水处理

污水处理主体工程一期

污水处理一期工程总投资8.4亿元。工程设计规模为日收集处理污水30万吨,由负责污水集中输送、处理、排放的主体工程和服务区域内的城镇污水收集系统两大部分组成。主体工程建设内容包括污水输送工程,输送管线总长92.35千米,提升泵站13座;日处理能力30万吨的二级污水处理厂一座,采用氧化沟处理工艺;日排放污水55万吨的排海口,2000年开工建设,2002年10月28日试通水,2003年4月试运行,2006年6月正式运行。2007年通过国家环保总局组织的环保现场检查与验收。到2010年年底,累计收集处理污水6.8亿吨,水体有机污染指标削减近30万吨。

管线建设　先施工试验段。分二段,一段位于东栅乡境内,沿嘉平公路南侧15米范围内布置,平行07省道,西起嘉兴1号泵站,东至铁水港西侧的2号顶管接收井,全长约1523米。全段有砼砌检查井一座,现浇钢筋砼透气井一座,过河管井两座。1999年11月25日开工,2000年6月30日完工。另一段位于海盐县西塘桥镇永宁村境内。试验段结实后,管线工程全线开工。设计污水输送管线总长约92.35千米,从市区起点泵站1号(东栅口)至污水处理厂共计37.07千米,为主干管;平湖、海盐、嘉善、乍浦至主干管总线长约55.28千米,为次干管。管线6个施工标段,2000年后陆续开工。2003年1月20日全部完工。

主干管泵站

嘉兴1号泵站　位于东栅街道雀墓桥村2路公交起点站)对面。电气装机容量500千伏安,安装4台功率135千瓦立式污水泵及泵站运行自动监控系统,并设有雨水排放与河水引入冲洗系统。

嘉兴2号泵站　位于大桥化工园区内、沪杭高速南50米。电气装机容量800千伏安,安装4台185千瓦立式污水泵及泵站运行自动监控系统。

嘉兴3号泵站　位于新丰镇东2千米的金丰村,老07省道旁。电气装机容量1000千伏安,安装6台功率185千瓦立式污水泵及泵站运行自动监控系统。

除上述主干管泵站外,还有平湖、海盐污水处理厂对面的4、5、6号主干管泵站。

次干管泵站　嘉兴城区出口泵站,位于环城东路,文华园宾馆对面。电气装机容量1000千伏安,安装3台功率30千瓦和4台功率185千瓦立式污水泵;中环南路3号泵站,位于中环南路软件园西侧,王庙塘旁。电气装机容量315千伏安,安装8台功率40千瓦潜污泵及泵站运行自动监控系统。

除上述次干管泵站外,还有嘉善、平湖、海盐等地5个次干管泵站。

污水处理厂　位于杭州湾北岸,海盐县海塘乡郑家埭村和泾海村之间,占地面积20.3公顷。设计处理规模为30万吨/日。2000年7月开工,2002年10月竣工。

污水处理主体工程二期

污水处理二期工程总投资10.4亿元。工程规模日处理能力30万吨,主要包括新建30万吨污水处理厂、总长44.4千米的污水输送主干管网、4座污水主干管提升泵站及一、二期工程连通管2根。

管线建设　污水处理主体工程二期污水输送主干管总长度34.1千米,工程共分9个管线施工标段和3个防腐标段,2007年2月后陆续开工,到2009年全部完工。

泵站建设

嘉兴2—1#泵站　位于嘉兴车城东南角。泵站规模20.90万立方米/日,配有6套水泵。2007年4月开工,2008年5月完工。

嘉兴2—2#泵站　位于凤桥镇新07省道南侧,距净湘路口不到500米。泵站规模23.5万立方米/日,配有7套水泵。2007年4月开工,2008年5月完工。

嘉兴2—3#泵站　位于新丰镇盐嘉公路与余云线交汇口向南30米。泵站规模27.50万立方米/日,配有8套水泵。2007年8月开工,2009年5月完工。

另有嘉兴2—4#泵站位于海盐县西塘桥镇。

污水处理厂　在海盐县西塘桥镇,位于一期污水处理厂西侧,占地面积20.73公顷。分3个区域:污水处理区、污泥处置区和预留污泥处置区。2009

年12月建成，2010年7月投入运行。

镇污水管网工程

2001年，区启动各镇工业污水管网建设，先后建成87千米污水管网，涉及企业80余家。当年，全区污水收集输送系统尚未形成，城镇生活污水收集输送处理处于空白，生活污水直接排入河流。

2007年，区各镇启动生活污水管网工程。2008年1月成立嘉兴市南环水处理有限公司，负责城镇生活污水管网工程的建设运营。经过2008年、2009年两年建设，总投资3.5亿元（未含各级补助资金3190万元），提前完成三年任务，在全市率先完成城镇生活污水管网建设。各镇生活污水管网工程建成以后，日平均输送污水量约2000吨，污水收集率约25%。2008年以后建设的污水管网以收集输送生活污水为主，附带输送沿线周边企业达到排放标准的工业废水，雨水收集至雨水管网，实行雨污分流。

污水管网一期工程　2008年3月动工，10月在全市率先全面完工。区南环公司负责实施二级管网58.86千米，各镇负责实施配套支管网101.656千米，新建污水泵站10座（地上式4座、地埋式6座），其中新丰镇1座、余新镇2座、大桥镇3座、凤桥镇1座、七星镇3座，日收集输送能力8.2万吨。一期工程2009年6月开始试运行，减排效果初步显现。

污水管网二期工程　主要向新农村建设集聚区和工业园区的扩展，2009年3月动工，10月完工。区南环公司负责实施二级管网48.67千米，各镇负责实施配套支管网42.91千米，新建污水泵站4座，其中余新镇1座、凤桥镇1座、七星镇2座，二期建成后日收集输送能力增加2.5万吨。在建设区级二级主管网的同时，相应启动各镇配套支管网建设。2008年五镇建设配套支管网101.656千米，其中七星镇17.6千米、大桥镇23.056千米、凤桥镇10.2千米、新丰镇21.15千米、余新镇29.65千米。2009年五镇建设配套支管网42.89千米，其中七星镇3.48千米、大桥镇19.9千米、凤桥镇8.36千米、新丰镇4.18千米、余新镇6.97千米。2010年五镇建设配套103.7千米。

污水管网建设资金　管网工程一期投资1.9亿元，其中向国家开发银行贷款1.5亿元，自筹4000万元。二期工程投资1.6亿元，自筹1.6亿元。各级补助资金3190万元，其中2008年专项补助资金2320万元，2009年中央预算内补助资金430万元，中央财政太湖流域专项补助资金410万元，市环保专项补助资金30万元。

污水泵房建设　污水泵房有两种形式：①地上式泵房，地面上有建筑，占地面积较大，需专人值班管理，适用于规模较大的泵房；②地埋式泵房，地面无建筑，占地面积小，无需派专人值班管理，只需定期维护，适用于规模较小的泵房。2008年新建污水泵站9座，2009年新建4座。其中地面式6座、地埋式7座，日收集输送能力10.2万吨，污水经收集、输送至市联合污水厂集中处理。

2008—2009年区生活污水二级管网建设情况表

表8-10

区域名称	二级管网长度（千米）		建设污水泵站（座）	设计能力	实际输送污水
	2008年	2009年			
七星镇	10.4	12.13	5	10.2万吨/日	2000吨/日
大桥镇	10.46	7.81	3		
新丰镇	13.1	7.8	1		
余新镇	14.6	11.52	2	10.2万吨/日	2000吨/日
凤桥镇	10.3	9.405	2		
合计	58.86	48.67	13		
投资（亿元）	1.46	1.1	—	—	—
完成情况	已完成	已完成	已完成	—	—

污水处理收费 居民生活用水污水处理费为0.9元/立方米，非经营性用水、特种行业用水、商业服务业企业用水污水处理费为1.7元/立方米，一般工业企业用水污水处理费为2.0元/立方米，高污染工业企业用水污水处理费为2.4元/立方米。

第五节 供 气

瓶装液化石油气

境内瓶装液化石油气使用最早在20世纪70年代末，嘉兴汽车客运站从上海购入液化石油气，装瓶15公斤供职工使用。1980年，县工业局与嘉兴水泥厂在市区北郊首建液化石油气灌装站，气源来自南京炼油厂等处，首批用户200户。后向杭州制氧机厂定购两台50立方米储罐，建成嘉兴第一座液化石油气站。1984年，又有市物资局、民丰造纸厂、冶金机械厂等单位先后建成液化石油气灌装站，主要供本单位职工使用。

1985年8月，市政府建立嘉兴市煤气公司，设于东栅乡雀墓村，占地面积1.07公顷，储配能力第一期为200立方米，1987年11月投产，气源主要向上海石油化工总厂化工一厂购买。

此后，市机关事务管理局、电力局、毛纺织总厂、电气控制设备厂、化肥厂、汽车钢圈厂等单位先后建起液化石油气站，供应本单位职工为主。到1990年，市区有液化石油气储配站12个，储存能力3300立方米。

20世纪90年代中期，市区管道液化石油气开始起步，瓶装液化石油气在市区的用户逐渐减少，乡镇农村的用户持续增加。至2010年年底，市区有瓶装液化气经营企业14家，总储存能力5350立方米，经营服务网点63个，大部份分布在各乡镇，气源主要来自上海石油化工总厂、南京炼油厂、镇海炼油厂等处。

管道液化石油气

1995年6月，成立嘉兴市管道液化气有限责任公司，负责实施市区住宅小区的管道液化石油气工程。1997年10月14日，市区首个住宅小区管道液化石油气工程在西马桥小区建成并点火成功。11月5日，吉水花园住宅小区管道液化石油气工程投入使用。

1999年1月29日，供气规模为1.5万户的电子小区管道液化石油气中心气化站投入使用。2001年1月，市政府发文规定市区在管道燃气规划供气范围内的新建改建住宅或需用燃气的非住宅，都必须根据规划设计要求同步配套建设燃气管网，并作为工程验收的必备条件。2004年8月20日，市区的电子站、岗山站、南湖站3个中心气化站实现联网，年最大供气能力可达2300万立方米。至2005年底，共铺设燃气管道142千米、建中心气化站3座、压缩天然气站1座，年供气能力8500立方米、管道燃气用户35423户，其中居民家庭35315户。管道燃气用户中，使用液化石油气的33488户、压缩天然气的1935户。2010年，市区液化气供气总量28078.77吨，用户74183户。

天然气

2006年4月，液化石油气南湖中心气化站改造为压缩天然气站，区境86个住宅小区2.1万户居民、53个非居民用户用上天然气。

国家实施“西气东输”“川气东送”工程后，2006年6月，由嘉兴市城市发展投资集团出资组建的嘉兴市天然气管网建设管理有限公司负责嘉兴市接纳天然气的主管网建设。

气源

嘉兴天然气利用的气源有3个。

西气东输国家一线 自新疆至上海，气源来自新疆。嘉兴从位于德清的杭湖线2号阀室接卸天然气，自德清经嘉兴桐乡至嘉兴市区，全长90千米，简称德嘉线。2007年12月开工，总投资2.51亿元，2008年12月30日18时，德嘉线竣工通气，“西气东输”天然气管道与嘉兴市区燃气管网顺利对接，市区居民首次用上来自新疆的管输天然气。2009年5月，市区天然气整体置换改造完成，使用液化石油气的用户，全部换用天然气。

川气东送国家线 自四川普光至上海，气源来自四川普光。嘉兴则从紧邻嘉兴南郊站的省天然气公司嘉兴分输站接卸，通过嘉兴南郊站向嘉兴供气。2010年2月10日，川气正式通气。

西气东输国家二线　气源来自中亚。嘉兴在该站边上建气站接卸后向嘉兴供气。2010年年底，嘉兴的接卸站已竣工，省天然气公司的分输站尚在建，未通气。

市区管网

市区的燃气管网，主要集中在中心城区。2006年，南湖液化天然气站和市区天然气管网两项工程立项建设。南湖液化天然气站的建设规模为储存容积900立方米，应急调峰能力54万立方米，供气规模1万立方米/小时，由市天然气公司投资建设。市区天然气管网工程的建设范围为南湖区、秀洲区所辖区域，总面积968平方千米。主要工程内容包括2座城市门站、2座天然气应急调峰气源站、9座天然气城镇站、5座高中压调压站、5座天然气汽车加气站及24千米次高压管道、395千米中压管道。

2006年开工，至2010年年底，市天然气公司已完成管道铺设14千米，建设完成四个高中压调压站，完成投资1.57亿元。市燃气公司已完成道路管线193千米，完成投资3.8亿元。

截至2010年年底，市区天然气用户数量108020户，其中家庭用户107586户，用气人口29.64万人，年供气总量达4506.30万立方米。

区燃气公司

2010年年底，区域内有瓶装燃气公司2家，公司所属瓶装燃气供应经营店24家，其中大桥镇4家、余新镇4家、凤桥镇4家、七星镇1家、新丰镇4家。

嘉兴市步云煤气有限公司：1996年5月成立，位于大桥镇步焦公路27号，占地面积5859平方米。主要经营液化石油气，全年销售1800吨，日煤气充装量约15吨，年产值约3000万元。液化石油气储存容积为400立方米（其中100立方米4只），残液罐1只30立方米。

嘉兴市新篁燃气有限公司：2004年3月成立，位于新篁工业园区乍嘉苏高速公路出口处，占地面积6000多平方米。主要经营液化石油气，全年销售约1500吨，日煤气充装量约5吨，年产值约2500万元。液化石油气储存容积为200立方米（其中50立方米4只），残液罐1只20立方米。

2010年全区小液化气供应站点情况表

表8-11

所属公司	供应点	地　　址
步云煤气有限公司	曹庄供应点	余新镇曹庄集镇民丰西路
步云煤气有限公司	余新液化气供应点	余新镇石堰市场南侧
步云煤气有限公司	嘉余液化气供应点	余新镇五星路西侧
步云煤气有限公司	七星镇供应点	七星镇兴星路62号
步云煤气有限公司	大桥液化气供应点	大桥广电站内
步云煤气有限公司	步云分公司	大桥镇步焦公路27号
步云煤气有限公司	农建液化气供应点	大桥镇江南路西侧
步云煤气有限公司	倪家浜供应点	大桥镇倪家浜云东村
铁东燃气中转有限责任公司	新丰供应站	新丰镇农贸市场综合市场北侧5—6号
铁东燃气中转有限责任公司	凤桥供应站	凤桥镇新康东路
铁东燃气中转有限责任公司	十八里桥供应站	大桥镇夏霖路199号
步云煤气有限公司	凤桥第一供应站	凤桥镇联丰村
步云煤气有限公司	新篁第一供应站	凤桥镇新篁

续表8-11

所属公司	供应点	地　　址
浙江华辰燃气有限公司	新丰供应站	新丰镇广场路
新篁燃气有限公司	余新液化气经营部	余新镇农庄村
新篁燃气有限公司	凤桥液化气经营部	凤桥镇凤飞路
新篁燃气有限公司	大桥液化气经营部	大桥镇西街322号
新篁燃气有限公司	新丰液化气经营部	新丰镇登云路197号

第六节　公共交通

解放前，境内的陆路交通工具多为人力工具，主要有轿子、人力车、自行车和三轮车。最早的代步工具为轿子，1930年境内有轿行3家。民国初人力车传入嘉兴，1935年城区有人力车车行34家、人力车285辆。自行车曾作为出租交通工具出现，1947年城区有自行车车行16家、出租自行车137辆，人力载客三轮车始见于1947年，城区有20辆，1958年嘉兴镇三轮小货车服务站有48辆。20世纪80年代，个体三轮车迅速发展。

1955年4月16日，市区第一条公共汽车线路通车，从汽车站至东栅，途经环城东路、甪里街、吴泾路，沿途停靠12个站点。以后陆续开通城内到南堰、市郊等多条线路，1983年运营的线路有4条，为城内到东栅、十八里桥、王江泾、洪合。

1984年1月，嘉兴市公共交通公司成立，10月1日开通南堰—百花新村1条公共汽车线路，公共汽车票价按0.023元/人千米计算，分站计价，以5分起价进位，实行多票制的人工售票方法。到1991年已开通9条公交线路。

1994年成立中外合资嘉兴嘉荷公交有限公司，公交客运业务由嘉荷公交接收经营。12月，对公共汽车线路的路别编号全部作了变更，改为百位数，1路改为101路等。1996年3月，首次推出城市公交免费乘车优惠制度，市区70周岁以上高龄老人、离休干部凭优待证免费乘市区公共汽车。9月1日，在108路线试行无人售票车，推出市区首条无人售票公共汽车线路，实行全程一票制，票价1.50元。1997年5月22日，嘉荷公交停止经营，业务移交公交公司。

1997年12月，对公共汽车线路路别编号恢复为个位、十位数。1998年3月1日，在2路公交线推行无人售票车，逐步推广到各条公交线路。

2003年7月5日，公交IC卡乘车收费管理系统建成开通，城市公交车辆实现电子智能无人售票。2007年4月8日，市第六届人民代表大会第一次会议确定公交优先工程为2007年市区十大民生工程之一。

2010年年末，公交企业职工951人，运营车辆716辆（折标准运营车数648.8辆）。停车场地6处，市区公共汽车线路有69条，总长度835千米，年行驶总里程3289.20万千米，年客运总量7091.82万人次，年客运总收入8188.69万元。

2010年境内公交线路站点情况表

表8-12

线路	起迄点	沿途停靠站点
1路（环线）	嘉兴学院医学院—嘉兴学院医学院	中环广场、放鹤洲公园、市建委、嘉兴大剧院、嘉兴一中（曙光医院）、南堰桥、烟雨小区、南湖会景园、南湖渡口（南堰）、南湖高级中学、景湖路、滨河路、火车站、环城东路、省荣军医院、江南大厦、安乐路、明月公园、文昌路、文昌路菜场，市委党校、越秀南路、嘉兴学院

续表8-12

线路	起讫点	沿途停靠站点
2路	经济开发区行政中心—雀墓桥村	二环西路、嘉州美都(实验小学)、洪波公园、科技馆、友谊街、洪越路、洪兴路、汽车西站(市中医院)、交通银行、安乐路、江南大厦、省荣军医院(嘉兴商城)、环城东路、火车站、角里街、民丰医院、冶金厂、东大营、双溪桥、张家弄、吴泾路、东栅
2路夜间线	经济开发区行政中心—东栅	二环西路、嘉州美都(实验小学)、洪波公园、科技馆、友谊街、洪越路、洪兴路、汽车西站(市中医院)、交通银行、安乐路、江南大厦、省荣军医院(嘉兴商城)、环城东路、火车站、角里街、民丰医院、冶金厂、东大营、双溪桥、张家弄、吴泾路
3路	火车站—高照客运站	环城东路、省荣军医院(嘉兴商城)、江南大厦、安乐路、交通银行、市中医院(汽车西站)、二环西路、招商银行、财富假日酒店、大润发超市、秀洲公园、秀洲大道、秀园路、嘉兴丝绸工业园、秀新路、五芳斋工业园、乙铨机械、康和路
4路	和风路—火车站	平五路、正原路、平安路、和风公园、古运河大桥、阳光小区、汽车北站(农工商超市)、西马桥小区、青少年宫、清河东区、嘉禾北京城、北丽桥(嘉兴二院)、华庭街、中和街、省荣军医院(嘉兴商城)、清真寺、文华园宾馆
5路	中南公寓—云海路	同济大学浙江学院、市妇幼保健院、巴黎都市、南湖区政府、万家花园、三水湾小区、景湖路、滨河路、火车站、南湖大饭店、秀州中学分部、嘉兴二院、荷花堤、城北路、同乐路、百花新村、百花菜场、永安路、二环北路、汽车北站(农工商超市)、阳光小 区、秀州中学、阳海景怡、禾平街、嘉兴电力园
6路	火车站—汽车西站	新东门农贸市场、大新路、城东路、青龙街、嘉兴二院、北丽桥、华庭街、中和街、省荣军医院(嘉兴商城)、紫阳街、中国人保财险、觉海寺、交通银行
7路	国际中港城—嘉康公司	格林路、康桥花园、南湖区政府、云洲苑、农翔路菜场、南溪路、三水湾小区、三水湾菜场、东塔桥、民丰医院、角里街、武警医院、火车站、文华园宾馆、清真寺、紫阳街、中国人保财险、环城南路、沈钧儒故居、范蠡湖公园、明月公园、明月路、汽车西站(吉杨路口)、文纬路、越秀南路、嘉兴学院、嘉兴外国语学校、嘉兴学院医学院、城南小学、金穗太阳城
8路	秀州中学—高中园区	阳光小区、汽车北站(农工商超市)、西马桥小区、青少年宫、东升路、勤俭路、育子弄、第一医院、市社保局、环城南路、南湖大桥、南溪路、革命纪念馆、南湖会景园、烟雨小区、图书馆、博物馆、嘉兴一中、曙光医院、文涛苑、巴黎都市、市妇幼保健院、景宜路
9路	国际中港城—江南摩尔	景宜路、市妇幼保健院、巴黎都市、南湖区政府、万家花园、三水湾小区、三水湾菜场、东塔桥、民丰医院、角里街、火车站、嘉禾桥、招商银行南湖支行、少年路、勤俭大桥、妇儿活动中心(船文化博物馆)、洪波路菜场、邮电路、电子小区、越秀北路、洪越路、洪兴路、陆家苑、友谊街、二环西路(洪兴西路)、市运管处、常秀街菜场、财富假日酒店、大润发超市、秀洲公园
9路夜间线	国际中港城—江南摩尔	景宜路、市妇幼保健院、巴黎都市、南湖区政府、万家花园、三水湾小区、三水湾菜场、东塔桥、民丰医院、角里街、火车站、嘉禾桥、招商银行南湖支行、中和街、江南大厦、勤俭大桥、妇儿活动中心(船文化博物馆)、洪波路菜场、邮电路、电子小区、越秀北路、洪越路、洪兴路、陆家苑、友谊街、二环西路、市运管处、常秀街菜场、财富假日酒店、大润发超市、秀洲公园
11路	火车站—水陆口岸	新东门农贸市场、大新路、公交凌塘路场站、创业路、城东路菜场、公交东场、中元混凝土构件厂、塘汇、茶香坊、张字圩村、湘家荡旅游区、七星油库、七星公路、七星汽车站、兴桥中路、潭湘路、杨庙路口

续表8-12

线路	起讫点	沿途停靠站点
14路	嘉兴学院—新义村	越秀南路、文纬路、汽车西站、市中医院(汽车西站)、二环西路、招商银行、财富假日酒店、大润发超市、秀洲公园、秀洲大道、秀清路、洪运路、华建公司、秀园路、好一家家居、洪兴西路、象贤、洪贤路、洪高路、锦绣公寓、加创路、秀新路
15路	公交禾兴北路场—综合物流园	秀州中学、阳光小区、汽车北站(农工商超市)、西马桥小区、青少年宫、东升路、勤俭路、勤俭大桥、妇儿活动中心(船文化博物馆)、洪波路(电子市场)、洪兴路、汽车西站(市中医院)、汽车西站(吉杨路口)、文纬路、嘉兴学院成人教育学院、二环西路(文昌西路)、梁三路、中环南路、嘉兴职业技术学院、建材水果市场
15路夜间线	公交禾兴北路场—职业技术学院	秀州中学、阳光小区、汽车北站(农工商超市)、西马桥小区、青少年宫、东升路、勤俭路、勤俭大桥、妇儿活动中心(船文化博物馆)、洪波路(电子市场)、洪兴路、汽车西站(市中医院)、汽车西站(吉杨路口)、文纬路、嘉兴学院成人教育学院、二环西路(文昌西路)、梁三路、中环南路
18路	人才公寓—同德路	创新路、城南街道、中环广场、嘉兴学院、真合里、文昌路、城南花园、沈钧儒故居、环城南路、市社保局、第一医院、育子弄、勤俭路、荷花堤、嘉禾北京城、清河东区、广播电台、城北路、老年公寓、嘉州美都(实验小学)、二环西路(东升西路)、经济开发区行政中心、广电中心、嘉北街道、昌盛花园B区、振兴路
19路	火车站—嘉康公司	环城东路、省荣军医院(嘉兴商城)、江南大厦、育子弄、勤俭大桥、妇儿活动中心(船文化博物馆)、洪波路(电子市场)、洪兴路、汽车西站(市中医院)、汽车西站、文纬路、越秀南路、嘉兴学院、姜家村、二号路、创新路、金穗月亮湾、二环西路(城南路)
20路	汽车北站—汽车西站	西马桥小区、求珠苑、百花菜场、百花新村、城北路、老年公寓、越秀北路、洪越路、洪兴路、汽车西站(市中医院)
21路	秀州中学—高照街道	阳光小区、汽车北站、西马桥小区、求珠苑、三官塘、百花菜场、百花新村、同乐路、城北路、勤俭路、育子弄、安乐路、栅堰新村、洪波路(电子市场)、陆家苑、友谊街、二环西路(洪兴西路)、市运管处、洪兴花园、昌盛路、秀州区政府、殷秀村、新安国际医院、秀州区实验学校、秀园路、象贤、洪兴西路、好一家家居、玻璃厂、运河路、化纤公司、捷顺、洪业路、加创路、陶泾村
22路	汽车北站—火车站	西马桥小区、青少年宫、东升路、荷花堤、嘉兴二院、秀州中学分部、嘉禾桥
23路	秀州中学—好一家家居	阳光小区、汽车北站(农工商超市)、西马桥小区、三元路、市人力资源中心市场、嘉禾北京城、北丽桥、华庭街、中和街、江南大厦、安乐路、交通银行、市中医院(汽车西站)、二环西路(中山西路)、招商银行、财富假日酒店、大润发超市、新秀路、秀洲区政府、殷秀村、新安国际医院、秀洲区实验学校、秀园路、象贤、洪兴西路
24路	火车站—南洋职业技术学院	环城东路、中和街、华庭街、北丽桥、嘉禾北京城、市人力资源中心市场、落帆亭、闸前街、菜花泾、秋泾桥、江南太阳城、热电厂、和风路、平五路、正原路、岗山路、茶园路、昌盛路、塘汇街道、新禾家苑、塘汇实验中学
25路	茶香坊—综合物流园	塘汇、中元混凝土构件厂、公交东场、城东路、凌塘路、菜花泾、闸前街、秀州北路、嘉兴二院(秀州路)、梧桐树街、秀州南路、紫阳街、第一医院(斜西街)、环城南路、城南花园、文昌路、文昌路菜场、嘉兴市委党校、嘉兴学院成人教育学院、二环西路(文昌路西)、昌盛路(文昌路口)、梁林帆影庄(高级技工学校)、浙江科技工程学校、蔬菜水产品市场、粮油市场
26路	洪浜—南洋职业技术学院	钱家桥、光明、南阳、古窦泾、染店浜、三阳村、百花庄村、莫家浜、道人浜、正阳村、曙光路、昌鸣路、新禾家苑、塘汇街道

续表8-12

线路	起迄点	沿途停靠站点
27路	府南三区—云海路	府南二区、府南一区、会展中心、市建委、嘉兴日报社、市行政中心、南湖大桥、子城广场、省荣军医院(嘉兴商城)、中和街、少年路、勤俭大桥、妇儿活动中心(船文化博物馆)、洪波路(电子市场)、洪兴路、洪越路、越秀北路、嘉州美都(实验小学)、二环西路(东升西路)、开发区行政中心、广电中心、嘉北街道、昌盛花园区、振兴公寓
28路	秀洲区政府—南湖区政府	佳园小区、嘉兴高级中学、市运管处、二环西路(洪兴西路)、中丝苑、友谊街、越秀北路、电子小区、邮电路、洪波路菜场、栅堰新村、安乐路、第一医院、市社保局、环城南路、南湖大桥、市行政中心、市信访局、博物馆、嘉兴一中、曙光医院、文涛苑、市妇幼保健院、巴黎都市、新南社区、怡和园
30路	好一家家居—城东枢纽站	洪兴西路、秀园路、秀洲大道、秀洲公园、大润发超市、财富假日酒店、招商银行、二环西路、市中医院(汽车西站)、交通银行、安乐路、第一医院、市社保局、环城南路、南湖大桥、市行政中心、嘉兴日报社、市建委、嘉兴大剧院、曙光医院、文涛苑、巴黎都市、市妇幼保健院、景宜路、国际中港城、高中园区北门
31路	火车站—长新公寓	环城东路、省荣军医院(嘉兴商城)、江南大厦、第一医院、市社保局、环城南路、沈钧儒故居、城南花园、文昌路、真合路、城南路、城南街道、嘉兴科技创业中心、乐家浜桥
32路	公交禾兴北路场—大桥汽车站	秀州中学、阳光小区、汽车北站(农工商超市)、西马桥小区、青少年宫、东升路、勤俭路、育子弄、江南大厦、省荣军医院(嘉兴商城)、环城东路、火车站、新东门农贸市场、大新路、公交凌塘路场站、创业路、城东路菜场、公交东场、嘉化公司、嘉兴农药厂、甪里街、雀墓桥村、工农桥、十八里村
33路	亚厦风和苑—汽车商贸园	江南摩尔、秀洲区政府、昌盛路、洪兴花园、市运管处、二环西路(洪兴西路)、友谊街、陆家苑、洪兴路、汽车西站(市中医院)、交通银行、安乐路、江南大厦、省荣军医院(嘉兴商城)、环城东路、火车站、滨河路、景湖路、南湖高级中学、水仙坊、万家花园、南湖区政府、巴黎都市、市妇幼保健院、景宜路、国际中港城、高中园区北门、万好家居
35路	七星汽车站—子城广场	七星卫生院、七星精严寺、高丰村路口、潘家头、厍头港桥路口、厍头港桥、半墩村、胜利农桥、七里店村、建新村、南湖创业园、冶金厂、民丰医院、甪里街、火车站、环城东路、省荣军医院(嘉兴商城)、江南大厦、第一医院
36路	子城广场—城东枢纽站	中国人保财险、环城南路、南湖大桥、南溪路、革命纪念馆、南湖会景园、毛纺新村、南湖高级中学、景湖路、三水湾小区、三水湾菜场、中环东路、泾水公寓、泾水三区、双溪路、南湖区文化馆、双溪花园、景湖花园、南溪农贸市场、凌公塘路
38路	府南三区—东方路	府南二区、府南一区、文桥路、市建委、市体育场、市信访局、南溪路、南湖大桥、环城南路、市社保局、第一医院、江南大厦、省荣军医院(嘉兴商城)、环城东路、火车站、新东门农贸市场、大新路、城东路、秋泾桥、江南太阳城、热电厂、二环北路(东方路)、韩泰轮胎有限公司、昌盛路
39路	高桥客运站—新洑村	圣堂桥、上仁浜、万民村、农场、劳教所、新运桥
51路夜间线	嘉兴学院医学院—火车站	嘉兴外国语学校、嘉兴学院、越秀南路、嘉兴市委党校、文昌路菜场、文昌路、明月公园、安乐路、江南大厦、省荣军医院(嘉兴商城)、环城东路

续表8-12

线路	起迄点	沿途停靠站点
52路夜间线	蔬菜水产品市场—火车站	浙江科技工程学校、梁林帆影庄(高级技工学校)、二环西路(文昌路口)、成人教育学院、文纬路、汽车西站(吉杨路口)、汽车西站、交通银行、安乐路、江南大厦、省荣军医院(嘉兴商城)、环城东路
53路夜间线	阳光小区—秀洲区政府	汽车北站(农工商超市)、西马桥小区、青少年宫、清河东区、嘉禾北京城、第二医院、嘉兴二院(秀州路)、中兴广场、中和街、江南大厦、安乐路、交通银行、市中医院(汽车西站)、二环西路、招商银行、财富假日酒店、大润发超市、新秀路
54路夜间线	南洋职业技术学院—火车站	新禾家苑、塘汇街道、昌盛路、茶园路、岗山路、正原路、平五路、和风路、热电厂、江南太阳城、秋泾桥、菜花泾、闸前街、落帆亭、市人力资源中心市场、嘉禾北京城、荷花堤、勤俭路、育子弄、江南大厦、省荣军医院(嘉兴商城)、环城东路
55路夜间线	汽车北站—三水湾小区	西马桥小区、求珠苑、三官塘、百花菜场、百花新村、同乐路、城北路、荷花堤、嘉兴二院、秀州中学分部、嘉禾桥、火车站、滨河路、景湖路
56路夜间线	大树银河湾—嘉兴一中	仪器厂、骏力路、金穗太阳城、城南小学、二环西路、金穗月亮湾、创新路、城南街道、城南路、真合路、文昌路、城南花园、沈钧儒故居、环城南路、市社保局、第一医院、江南大厦、省荣军医院(嘉兴商城)、环城东路、火车站、滨河路、景湖路、南湖高级中学、南湖渡口(南堰)、南湖会景园、烟雨小区、图书馆、博物馆
57路夜间线	茶香坊—府南三区	塘汇、中元混凝土构件厂、公交东场、城东路菜场、创业路、公交凌塘路场站、城东路、青龙街、秀州中学分部、中兴广场、中和街、江南大厦、第一医院、市社保局、环城南路、南湖大桥、市行政中心、会展中心、文桥路、府南一区、府南二区
58路夜间线	大桥汽车站—南湖大桥	夏霖路、万事杰、亚澳路、南溪路东、南溪东路、亚太路、科创路、嘉兴工业园区管委会、亚太花园、亚美路北、庆丰苑、景湖花园、双溪花园、南湖区文化馆、新南社区、万家花园、三水湾小区、景湖路、火车站、省荣军医院、江南大厦、环城南路
70路	秀洲区政府—八字桥村	新秀路、蓬莱路、大润发超市、文昌西路、嘉职院东门(高级技工学校)、嘉兴职业技术学院、建陶水果市场、万国路、月河菜场、里浜
71路	经济开发区行政中心—汽车西站	广电中心、嘉北街道、湿地公园、秀庄路、木桥港路、大德路、秀洲新区管委会、义庄村东大门、九里路、木桥港新村、秀洲大道、新安国际医院、殷秀村、秀州区政府、新秀路、蓬莱路、亚厦路、杭州塘大桥、常秀街、越秀花园
72路	汽车北站—秀洲区政府	西马桥小区、求珠苑、百花菜场、百花新村、城北路、老年公寓、嘉洲美都、二环西路、开发区行政中心、广电中心、常秀街、高级中学、佳园小区、春晓源
73路	华云路—殷秀小区	昌盛花园(东)、星洲小区、常秀街、市运管处、洪殷路、洪兴花园、昌盛路、秀洲区政府
74路	二环西路—浙江科技工程学校	嘉洲美都、越秀北路、电子小区、邮电路、洪波路菜场、栅堰新村、交通银行、汽车西站(吉杨路口)、文纬路、成人教育学院、二环西路(文昌路口)、昌盛路(文昌路)、梁林帆影庄(高级技工学校)
80路	东栅工业园区—汽车西站	富民路、富润南路、纬一路、植物园、嘉兴市公共卫生中心、文桥路、会展路、嘉兴日报社、市行政中心、南湖大桥、环城南路、市社保局、第一医院、安乐路、交通银行
81路	亚澳路—子城广场	亚中路、南溪东路、亚太路、科创园、亚太花园、北师大、庆丰路、双溪路、南湖区政府、巴黎都市、纺工路、博物馆、图书馆、烟雨小区、南湖会景园、革命纪念馆、南溪路、南湖大桥、中国人保财险

续表8-12

线路	起讫点	沿途停靠站点
82路	子城广场—中南公寓	省荣军医院、中和街、中兴广场、嘉禾桥、角里街、民丰医院、东塔桥、三水湾菜场、中环东路、泾水公寓、泾水三区、双溪路、凌公塘路、康桥花园、中环南路、高中园区、久久小区
82路夜间线	南湖大桥—中南公寓	环城南路、第一医院、江南大厦、中和街、中兴广场、嘉禾桥、角里街、民丰医院、东塔桥、三水湾菜场、中环东路、泾水公寓、泾水三区、双溪路、康桥花园、中环南路、高中园区、久久小区
83路	茶香坊—江南摩尔	塘汇、中元混凝土构件厂、公交东场、城东路、凌塘路、菜花泾东区、闸前街、落帆亭、建国北路、清河东区、嘉兴市广播电台、城北路、老年公寓、越秀北路、洪越路、洪兴路、陆家苑、友谊街、二环西路、市运管处、洪兴花园、大润发超市、秀洲公园
84路	市妇幼保健院—大桥汽车站	景宜路、国际中港城、高中园区北门、城东枢纽站、万好家居、汽车商贸城、亚欧路、嘉兴科技城、加西贝拉工业区、亚澳路、万事杰、大桥新村
85路	南郊花园—新安国际医院	府南三区、府南二区、府南一区、会展路、放鹤洲公园、城南路、真合路、文昌路、明月路、越秀花园、常秀街、财富假日酒店、大润发超市、新秀路、秀洲区政府、殷秀村
86路	大树银河湾—洪运路	仪器厂、骏力路、金穗太阳城、城南路小学、二环西路、金穗月亮湾、创新路、市人才公寓、科创中心、姜家村、嘉兴外国语学校、中环南路、桐乡大道、嘉职院东门(高级技工学校)、文昌西路、大润发超市、昌盛路、秀洲区政府、聚贤路、中山西路
87路	公交禾兴北路场—城东枢纽站	秀州中学、阳光小区、汽车北站农工商超市、西马桥小区、青少年宫、东升路、荷花堤、嘉兴二院、秀州中学分部、南湖大饭店、火车站、角里街、民丰医院、东塔桥、三水湾菜场、三水湾小区、南溪路、农翔路菜场、云洲苑、巴黎都市、南湖区政府、康桥花园、格林路、中环南路、南湖国际实验学校、庆丰路
88路	南郊花园—泾水三区	府南三区、府南二区、府南一区、会展路、市建委、嘉兴大剧院、嘉兴一中、纺工路、云洲苑、农翔路菜场、南溪路、三水湾小区、三水湾菜场、中环东路、泾水公寓
89路	嘉兴大桥—城东枢纽站	放鹤洲、放鹤洲公园、放鹤洲小区一期、范蠡湖公园、觉海寺、中国人保财险、紫阳街、省荣军医院(嘉兴商城)、环城东路、火车站、滨河路、景湖路、南湖高级中学、水仙坊、万家花园、新南社区、南湖区文化馆、双溪花园、景湖花园、南溪路菜场、凌公塘路
90路	市办证中心—亚中南路	市信访局、革命纪念馆、南湖会景园、烟雨小区、探花苑、农翔路菜场、南溪路、万家花园、新南社区、怡和园、南湖区公安局、南湖区人武部、罗马都市、当代华府、庆丰路、北师大、亚太花园、工业园区管委会、科创路、嘉兴科技城、亚太路、由拳路
91路	万家花园—大桥汽车站	新南社区、景宜路、南湖区文化馆、双溪花园、庆丰苑、南湖区消防大队、亚美路、亚欧路、高白夫大桥、亚太路、南溪东路、南溪路东、亚澳路、万事杰、广益路、天宁路、天明花苑
92路	高中园区—嘉兴学院医学院	中环南路、康桥花园、南湖区政府、巴黎都市、纺工路、博物馆、图书馆、烟雨小区、南湖会景园、革命纪念馆、市信访局、市行政中心、嘉兴日报社、放鹤洲公园、中环广场、嘉兴外国语学校
93路	公交禾兴北路场—高铁南站	秀州中学、阳光小区、汽车北站(农工商超市)、西马桥小区、求珠苑、百花菜场、百花新村、同乐路、城北路、勤俭路、育子弄、第一医院、市社保局、环城南路、南湖大桥、市行政中心、嘉兴日报社、会展路、府南一区、府南二区、府南三区、南郊花园、南湖大道、植物园、石堰

续表8-12

线路	起讫点	沿途停靠站点
93路夜间线	公交禾兴北路场—高铁南站	秀州中学、阳光小区、汽车北站(农工商超市)、西马桥小区、青少年宫、东升路、勤俭路、育子弄、第一医院、市社保局、环城南路、南湖大桥、市行政中心、嘉兴日报社、会展路、府南一区、府南二区、府南三区、南郊花园、南湖大道、植物园、石堰
95路	火车站—高铁南站	滨河路、景湖路、南湖高级中学、南湖渡口、南堰桥、嘉兴一中、中央公园、文贤路、石堰
95路夜间线	火车站—高铁南站	滨河路、景湖路、南湖高级中学、南湖渡口、南堰桥、嘉兴一中、中央公园、文贤路、石堰
96路	南湖科创中学—高南铁站	亚美路、智慧路、信诚路、亚太花园、北师大南湖学校、庆丰路、南溪农贸市场、景湖花苑、南湖文化馆、景宜路、怡和园、网球中心、南湖区政府、巴黎都市、市妇保院、同济大学浙江学院
97路	江南摩尔—高铁南站	大润发、招商银行、市中医院、汽车西站(吉杨路口)、文纬路、嘉兴学院、姜家村、乐家滨村、长兴公寓、府南二区、南湖大道、植物园、泰宁路、中南公寓
99路(环线)	市体育场—市体育场	曙光医院、文涛苑、市妇保院、巴黎都市、南湖区政府、南溪路、南湖创业园、城东路、长铁桥、正原路、东方路、汽车北站、邮政局、城北路、开发区行政中心、广电中心、嘉北街道、洪殷路、洪兴西路、大润发超市、文昌西路、嘉职院东门、中环南路、外国语学校、中环广场、放鹤洲公园、市建委
100路	高丰村路口—七星汽车站	厍头港桥路口、陈家桥、博山村委会、毛家浜、李家庙、五圣浜、芽芽水泥厂、邱家浜、陈塘浜、匠人浜、乌龙桥

公交车辆

公交公司成立初期,1984年7月至1987年5月,市区公交车辆的主要车型为杭州牌普通大客车和杭州牌绞接大客车,共20辆。1989年5月,首次引进4辆北京牌BJ632A旅行车。1991—2010年,先后购置浙江牌旅行车23辆;春洲牌旅行车9辆;长江牌普通大客车10辆;华新牌普通中客车86辆;华夏牌普通中客车10辆;扬子牌普通中客车7辆;友谊牌普通中客车50辆;高档空调大客车6辆;上海牌空调车大客车20辆;友谊牌空调大客车30辆;金龙牌空调大客车93辆;金龙牌空调中客车58辆;吉江牌空调中客车65辆;国Ⅲ排放标准车辆110辆,吉江牌空调中客车50辆;金旅牌空调大客车50辆;金龙牌空调大客车35辆;合客牌空调大客车35辆;金龙牌空调大客车30辆。2010年年末,市区城市公交企业有运行车辆716辆,其中大客车436辆,中客车280辆,空调车596辆,普通车120辆。

2010年年末,市区城市公交企业有公交停车场地6处,占地总面积72407平方米,建筑总面积12110平方米。

临时借用场地 位于城东路61号。公交公司成立初期,借用市房地产管理处预制厂部分场地作生产基地,建有临时的停车、修理和办公、生活设施。

徐王公交停车场 位于城东路。征用徐王村划拨土地8.43亩,设计停车规模为15辆,1985年12月开工,1986年6月建成使用。占地面积5228平方米,建筑面积889.61平方米,建设投资41.70万元。1986年6月投入使用,是公交公司第一处停车场地。

中山西路公交停车场 位于市区中山西路315号。征用城区嘉北乡三塔村划拨土地38.17亩,设计停车规模为40辆,1989年5月12日开工,1990年8月8日竣工。停车场占地面积15001.2平方米,建筑面积2265.26平方米。1990年9月30日投入使用,2001年土地出让后拆除。

同心路公交停车场(公交北场) 位于同心路

东端。1999年5月在嘉北乡陶家桥村，征用出让土地19.06亩，设计停车规模55辆，2000年12月8日开工，2001年3月30日竣工。停车场占地面积12696平方米，建筑面积1482.33平方米。2001年5月28日投入使用。

城东路公交停车场（公交东场）　位于城东路1271号。征用徐王村划拨土地31.14亩，设计停车规模为80辆，2002年9月23日开工，2003年1月28建成投入使用。停车场占地面积20070.3平方米，建筑面积1006平方米。

庄前路公交停车场（公交南场）　位于庄前路69号。2002年6月在城南街道南湖村，征用划拨土地32.35亩，设计停车规模为80辆，2006年9月21日开工，2007年7月27建成投入使用。停车场占地面积13511.6平方米，建筑总面积7142.88平方米。

嘉兴大桥公交停车场　位于中环南路嘉兴大桥东段引桥桥面下。2007年3月25日开工，7月26日投入使用。停车场占地面积8632平方米，其中停车坪面积5804平方米，共有96个停车位。

禾兴北路公交停车场　位于禾兴北路1651号。场地征用经济技术开发区划拨土地18.2 1亩，设计停车规模为86辆。2008年12月开工，2009年8月投入使用。停车场占地面积12140.06平方米，建筑面积1293.82平方米。

出租车

市区出租汽车业起步于20世纪80年代。1983年7月起，城乡个人或联户购置机动车从事公路客、货运输营业，市场开放。1985年前，客运出租汽车业以机动三轮车、方向式机动三轮车、厢式小货车为主要运输工具，充当出租车从事客运服务。

1985年7月，嘉兴市出租汽车公司成立。开业后先后投入少量菲亚特轿车，进行出租车包车业务运营。1987年起，有部分夏利、桑塔纳牌轿车进入嘉兴市场，从事客运出租业。20世纪90年代初，个体客运出租车逐渐增多，但出租车客运仅限于包车运营，尚未形成出租车客运市场。同一时期，个体运输户青睐于厢式小货车从事客运，车型都为昌河、大发、长安品牌。1995年，市区拥有客运出租汽车150辆，主要采用等客上门、驻点经营方式。

1995年10月1日起，有30辆出租汽车经营者自发组织，在市区实行票价7元一价制的流动招客经营方式，标志着市区的出租汽车开始。1999年1月29日，市区首次对新增50辆的客运出租汽车经营权进行公开招投标，经营使用期限为10年。2000年至2002年，市区进行3次新增客运出租汽车经营权公开招投标，共投放新车150辆。2004年7月，新增100辆客运出租汽车,经营权的招投标提高了准入门槛，车型全部定为桑塔纳3000型，采用50辆为1组的捆绑式方法。2组车的经营权全部由市南海巴士出租汽车有限公司中标。2007年12月，新增50辆客运出租汽车，经营权的招投标采用以服务质量为主、定价出让为辅的竞标方式。

2010年12月，新增50辆的客运出租汽车经营权进行公开招投标，为压缩天然气双燃料的桑塔纳专用车型。是年底，市区有出租汽车公司12家，出租汽车873辆，以桑塔纳轿车为主导车型。

城乡公交一体化

1990年，市郊有农村客运班车线路14条，线路长度323千米，有70余个停靠站点，汽车站日发班次54班。

2002年，嘉兴市在全省率先提出推进城乡公交一体化工程。把主城区的城市公交线路和始发至各乡镇、行政村的城乡公交线路规划成5个片区，由3家客运企业分片经营。 2003年9月1日，城乡公交一体化率先在秀洲区启动，首先开通始发至王店等5条城乡公交线路。2004年2月6日，城北片的10条城乡公交线路开通，市本级所有乡镇都通上公交车。嘉兴的城乡公交一体化改革走在全国的前列。10月12日，市区城乡公交运营体制改革启动，37条线路、202辆个体挂靠的城乡公交车全部退出经营，由嘉兴市国鸿汽车运输有限公司接手经营，实现国有主导、集约经营、公益服务的公交运营模式。

2010年年末，市区城乡公交由国鸿汽车有限公司运行，线路60条，车辆283辆。其中二、三级城乡公交线路（市区城乡公交线路）49条，投入运营车辆219辆。

2010年境内城乡公交线路情况表

表8-13

线路	起讫点	主要停靠点
K101	火车站—凤桥	火车站、余新、凤桥
K102	火车站—余新	火车站、曹庄、余新
K103	火车站—新篁	火车站、大桥、新丰、新篁
K104	火车站—大桥	火车站、东栅、雀墓桥、十八里桥、大桥老镇
K105	火车站—步云	火车站、农建、步云
K106	火车站—槜李	火车站、雀墓桥、竹林路口、竹林、槜李
K107	火车站—云东村	火车站、步云、云东村
K108	火车站—余新	火车站、石堰、余新
K201	余新—王店	余新、金星、明星、凤珍、王店
K202	吕塘—曹王	吕塘、永利、普光、余新、曹王
K210	凤桥—新篁	凤桥、茜柳、陈良、新篁
K211	星火—新篁	星火、凤桥、庄史、新篁；
K212	荆阳—新民	荆阳、永红、凤桥、新民
K213	乌桥—凤桥	乌桥、新丰、竹林、凤桥
K220	栖凰埭—大桥	栖凰埭、新丰、镇北、大桥
K230	大桥—建国村	大桥、中华、建国
K231	大桥—丰南	大桥、步云、丰南

第七节　公共卫生设施

公厕建设与管理

解放前，极少建公厕，大都是粪包头私人所建。1950年后，对遗留的800余座露天坑厕逐步拆除与改建。1950年市区首建以蹲式为主，蹲位与粪坑分离，男女分间的公厕5座，厕内地面、槽面水泥抹面，以后逐年新建。厕所从旱厕改为人工水冲式，蹲位有通槽式和丁字式两种，公厕的卫生管理由环卫部门负责清扫。“文化大革命”期间，公厕疏于管理，墙体和门窗破损不堪。1978年开始进行修复。1982年，新建的南湖渡口公厕首次安装集中水箱自动冲水设备，此后，新建公厕全部采用这类设备。20世纪80年代后期所建公厕，设立公厕字牌，男女厕所头像标识，采用水磨石、马赛克、地砖等墙面装饰。

1991年8月开始，将原有123座公厕中选定68座，改造成符合标准的水冲式；45座改建成倒桶间带小便池，拆除10座。1992年，市区较好的公厕开始实行有偿使用(大便0.2元、小便0.1元)。1995年市区首次使用全国统一公厕指示牌。1999年6月，环卫部门将建国路生态公厕等6座公厕的保洁管理面向社会公开招标。

2002年，南湖老渡口等6座公厕按“星级公厕”标准改造。2006年、2007年，市区主要道路沿线69家机关企事业单位的内设厕所先后向社会开放。2008年，市区52座公厕停止收费。2010年12月，市区首座节能生态公厕在嘉兴植物园建成。至2010年年末，市区有公厕151座，其中一类93座，二类37座，三类及以下21座，另有移动公厕18座。

垃圾收集处理设施

垃圾箱　民国时，城区各街道已设置垃圾桶，解放初，政府接收残破垃圾筒90只，增添垃圾箱227

只。1986年，市区有固定垃圾箱1327只。同年6月，30只铁皮活动垃圾箱投放在主要道路人行道。1991年，主要路道两侧人行道设置地痰盂138套。1996年，300套不锈钢果壳箱首次亮相市区街头，取消所有的地痰盂和陶瓷、水泥制品果壳箱。2002年，设置玻璃钢果壳箱488只。次年，又新设置和更新果壳箱325只。2005年，第一次投放塑料垃圾收集桶1300只。

2007年7月，拆除部分垃圾房、封闭全部老式多层住宅的垃圾出口，在市区主要道路两侧和部分居民区首次投放500只容积为360升的大型塑料垃圾桶。

2008年5月，市区中山路首次投放垃圾分类果壳箱100只。2009年4月，少年路、城东路首次安装60个外形美观、与街容市貌相匹配的灯箱广告果壳箱。2010年12月，在勤俭路和少年路试点，取消沿街摆放的大型塑料垃圾桶，为沿街各商户配发卫生桶246个，由环卫部门早、中、晚3次定时上门收集，保留沿街果壳箱。2010年年末，市区大街小巷、开放式居民区投放大小不一的塑料垃圾收集桶2600余只，造形、材质各异的果壳箱2500余只。

垃圾中转站 1981年后，首次辟建勤俭路西口、大营桥堍、虹桥堍、人民广场南角等6处露天简易垃圾中转站。1985年10月，市区第一座机械化垃圾中转站西门垃圾中转站建成投入使用。1987年在环城西路北端、环城南路、环城东路北端分别建造3座机械化垃圾中转站，撤销5处露天简易垃圾中转站，保留虹桥堍1处。1989年，栅堰、吉水、文昌路3座室内吊装机械化垃圾中转站相继投入使用。是年，还增建塘汇水运垃圾中转站。1995年，虹桥堍垃圾中转站撤销，结束市区露天转运垃圾的历史。1999年3月始，新建的菜花径、东升西路中转站首次采用垃圾压缩块装运。2000—2001年，文昌路、清河小区、三水湾的3座集装箱垃圾中转站也先后采用生活垃圾压缩块运输。2008年至2009年1月，新建7座机械化垃圾中转站，其中章基浜、东方路污水泵站边、府南农贸市场3座采用移动式水平压缩设备，07省道与南溪路交叉口、中环南路嘉兴大桥旁、大德路和农产品批发市场4座采用“垂直式压缩”设备。之后先后改建三元路、东升路、洪波路、吉水路和三水湾5座垃圾中转站，压缩设备由地面转入地下，首次采用下沉式水平压缩设备，垃圾转运无缝对接。2010年年末，市区有机械化垃圾中转站24座。

垃圾填埋场 1992年7月，市区最大的位于东栅乡天德圩垃圾填埋场建成投入使用。始建于1990年10月，占地面积3.23公顷。1996年扩大改造，开始采用卫生填埋，在周围采用1.5米深的尼龙薄膜作隔离层，防止侧渗，采用石龙子导气，作为防爆措施。2006年，垃圾填埋场容量趋于饱和，近30米高的垃圾堆体产生的污水，严重影响周边环境，垃圾堆体内自然发酵产生的沼气引发多起火警。2007年年底，对该场进行封场改建成天德山公园。之后新建天德圩生活垃圾应急中转场，为解决步云垃圾焚烧厂检修期间市区生活垃圾无害化处理应急处置而建。占地面积4.6公顷，2009年4月投入使用，配有地磅秤和电子监控系统，库区污水集中后排入天德山公园排污管道，纳入城市污水收集管网。

垃圾焚烧厂 全市首座垃圾焚烧厂位于大桥镇步云花园路，前身为1996年11月开办的步云热电厂，占地面积3.73公顷。主要从事垃圾焚烧余热发电。2004年5月更名为绿色能源有限公司。公司建设初期为2台日处理垃圾250吨/天循环流化床垃圾焚烧锅炉及1台12兆瓦抽凝汽轮发电机组。2008年2月，建设完成并投入运行300吨/日垃圾焚烧锅炉。是年11月上旬，排放的气体对当地造成空气污染，9—11日连续3天遭周边村民围堵，垃圾清运车无法进入厂内，导致市区30余座垃圾中转站数百吨垃圾无法转运，中转站成了临时垃圾场。之后，公司再次投资6100万元，对原有的250吨/天垃圾焚烧锅炉进行技术改造，垃圾处理能力从单炉250吨/天提高至800吨/天。

垃圾焚烧厂最初主要接纳市区、平湖市、嘉兴港区等地生活垃圾。2005年5月，增加接纳南湖和秀洲两个区的农村生活垃圾。到2010年累计焚烧处理生活垃圾156.21万吨，发电2.48亿千瓦时，平均每吨垃圾发电量323千瓦时，平均每日上网电量20多万千瓦时。还为大桥镇工业园区等60余家企业供热。

蓄粪池　贮粪池

1963年前,市区粪便未经任何处理直接销售给农民。1963年,在东门、南门、北门各建造蓄粪池(粪码头)1座,采用快速沉卵法,将粪便捣碎经沉淀后出售,9月建成首座“一池五格式”虫卵块快速沉淀池,对粪便进行无害化处理,每天可处理粪便400担。1971年后普遍推广三格式发酵沉卵池,1980年后,开始采用家用小三格沉卵粪池取代三格式粪池。

1987年,市区共有蓄粪池(粪码头)6座。1989年在许安村兴建大型粪便无害化处理池一座,有4只无害化贮存池,总容量为3000立方米,总贮粪量为6万担,贮存能力10.5天。1992年,在双园路新建大型贮粪池一座,容量1000立方米,使市区密封贮存能力达到4150立方米,日处理能力达到138吨。进入21世纪,城市建设与旧城改造推进,市区的蓄粪池(粪码头)、贮粪池逐年拆除。2007年,双园路贮粪池拆除,结束用蓄粪池、贮粪池处理城市粪便的历史。

环卫机械

千百年来,人工肩挑手提一直是收集清运垃圾粪便的主要手段。解放后,以手拉垃圾车和粪便车为主。20世纪60年代初期,首次使用真空泵吸粪车。80年代洒水车、密封垃圾清运车、汽翻自卸车等在市区普遍使用。2004年起,电动三轮垃圾收集车逐步替代人力手拉垃圾车。2006年,市区环卫部门首次对环卫专用车辆安装车载GPS监控系统。至2010年,市区环卫部门已有了清运车、洒水车、清扫车、高压清洗车、吸粪车、推土车等一批新型环卫专用车辆;车辆吨位也从初始的2吨、3吨发展到5吨、8吨。至2010年年末,市区有各类环卫专用车辆75辆、电动三轮垃圾收集车181辆。

第八节　环境卫生

道路保洁

人工保洁　解放前夕,城区有30名清道夫负责清扫,设卫生警察。解放后,成立25人的清道队。1952年8月,成立市环境卫生管理处,清道队属环卫处。1959年,规定市区所有街道、里弄、广场由单位和居民清扫,划段分片包干负责,建立轮流值日制度。1962年在市人民公社新嘉分社试行“地段保洁员专人负责制”和“群众性保洁”相结合的办法。1963年,市环卫处组织职工家属20人,街道办事处派出30人,连同市环卫处原有清扫专业人员组成一支联合清扫队,对市区53个居民会进行保洁包干,固定时间摇铃巡回收集垃圾。至1965年,市区街道保洁员发展到127人。1982年,建国路、勤俭路、中山路、北京路、禾兴路、南湖路、环城路等主要道路,由市环卫处负责清扫保洁。小街、小巷、里弄及生活居住区则由街道划定包干区,指派附近单位或民办清工员负责清扫保洁。

建区后,市区保洁由区负责,1985年,主要街道总面积约30万平方米的清扫任务划归街道包干。1986年,各街道组织拥有189人的民办清扫队伍,负责清扫大小道路和街巷666条、总面积60.5万平方米。1989年,建立起市环卫处、街道、居委会的三级保洁网络。1994年,市区保洁队伍由各街道办事处管理。

2005年,市区道路开始实行三级保洁标准。主要道路、商业街区密集居住区等重点区域实行一级保洁标准;次要道路、一般居民住区等次要区域实行二级保洁标准;其余其余实行三级保洁标准。同年,区根据市城市道路保洁权下放,实行道路、一般居住区等次要区域实行二级保洁标准;其余区域实行三级保洁标准。一级道路保洁方式,人工实行18小时巡回保洁,垃圾滞留时间不超过20分钟;二级道路保洁方式,人工实行16小时巡回保洁,垃圾滞留时间不超过30分钟;三级道路保洁方式,人工实行14小时巡回保洁,垃圾滞留不超过40分钟。背街小巷每日二扫,垃圾日产日清。2006年,全区城市道路保洁总面积达到348.33万平方米,分别由园林工程有限公司等3家单位承揽。2010年,全区城市道路保洁总面积377.88万平方米。

机械保洁　机械清扫道路始于1998年,市环卫处购置清扫车2辆,用于主要道路快车道清扫保洁。2008年,区城市道路保洁面积377.88万平方米,其中机扫面积302.3万平方米,机扫率80%。建设街道内的10条一级道路36万平方米面积全部实行机扫保洁。2010年，机械化保洁面积340.09万平方米，机扫率90%。

垃圾收集与清运

城市垃圾收运　民国时期，由农民进城自由收运居民生活垃圾，作农家肥料，剩余的由清道夫清运。解放后，生活垃圾主要由专业清卫人员清运。1959年，由各单位自行处理，大部分由农民自由装运出城。1963年后，市区垃圾收集清运大体有如下4种形式：居民自由倾倒，农民进城收集清运；设垃圾箱，由环卫部门统一收集，再由农民收运出城，部分堆肥待处理后出城；由街道保洁员收运至中转站，环卫部门再清运至近郊社队，裸露堆放；由街道保洁员收运至中转站，环卫部门再清运至垃圾场填埋。

农村垃圾清运　全区农村总户数62746户，21万人左右，日均产生活垃圾130吨。以前农村垃圾被倒入河以及房前屋后，对环境的影响越来越大。2004年开始，区以垃圾集中收集为重点，整体推进生态环境建设，采用“户集、村收、镇运、区处理”方式，为每家农户免费发放垃圾桶，每10～15户配置1个垃圾箱，每个自然村建造1座垃圾收集房，每个行政村购置2～3辆垃圾清运工具，建立垃圾收集和卫生保洁队伍，将生活垃圾运至垃圾焚烧厂。2007—2010年，全区农村清运处理垃圾分别为31915吨、34051吨、39967吨和44551吨。全区农村有机械化垃圾中转站6座，垃圾房400余座，配备垃圾收集人员400余名，累计发放家庭垃圾桶4.5万余只。

1999年2月起，市区环卫部门对无害化生活垃圾填埋进行如实计量。2010年，市区清运生活垃圾16.2万吨，无害化处理100%。

水上垃圾管理　始于1949年年初，县警察局为清除市区河道漂流垃圾，征用民船一只，设清河艇。1950年，市卫生委员会劝禁市民不在河内倾倒垃圾洗刷马桶。1984年8月1日起，清运生活垃圾、经营性垃圾、水冲粪便等项目实行有偿服务收费。

垃圾消纳

1952年，有约11亩的垃圾堆放场，后作他用。市区垃圾在近郊分散堆放，大部分垃圾由农民直接清运作农家肥。1963年起，垃圾由环卫部门统一收集，再由农民装运出城，部分由环卫部门清运至垃圾堆放场，进行填埋处理。1965年，有400担生活垃圾采用平地泥封堆肥发酵法进行无害化处理。1984年，在西马桥村建面积为2.84公顷、日处理生活垃圾100吨的堆放场，采用“平地泥封堆肥发酵法”进行无害化处理，1987年停止使用，迁建嘉北乡和殷村新场，面积2.8公顷，1992年停止使用，同时建天德圩大型垃圾卫生填埋场。

2003年6月，步云垃圾焚烧厂投入运行。

粪便收集　管理

粪便收集　销售　20世纪50年代起实行统一管理、计划销售，粪肥销售价0.2～0.3元/担。由环卫部门清早收集居民放置门口的马桶以及公厕内粪便送入贮粪池后出售。1953—1982年是市区粪肥旺销时期，市环卫处年均粪肥销售额30.69万元，1979年、1980年分别46.65万元和47.79万元。1983年起，化肥大量供应农村粪肥需求减缓。粪肥消纳经历从分配供给→自由采购→送肥下乡→季节性使用→不受欢迎变化过程。随着农村产业结构变化和城市化推进，粪肥除农村鱼塘有少量需求外已无销路，1999年市场处销售1.56万元，2002年销售0.21万元，2003年终结粪肥销售。

化粪池清理　1970年，参照农村建造三格式粪池贮存处理粪便。1980年后，市区新建住房都建造化粪池。1995年4月起，新建住宅的化粪池建造管理实行统一审批；对住宅楼化粪池管理、消毒、清运、清渣、疏通及维修由环卫部门实行有偿服务。收费标准为每座化粪池120元；化粪池代运处理管理费，每座每年400元，居民每户每年30元。是年，市环卫处有偿服务收入140万元。

2010年4月，市区启动化粪池清淤工程，4050座化粪池计划在3年内全部完成清理，至年底已清理化粪池1213座。2010年年末，市区签约委托市环卫处清理、疏通的化粪池7400余座。

水上流动户粪便管理　自古以来水上流动户使用无底马桶，粪便直接排入河流。1958年，对渔民、船民等水上流动户进行管理，规定船内设置有底马桶，发给收粪卡，渔、船民必须定期到指定收粪点倒马桶，登记入卡。随着渔、船民上岸定居，该习俗和管理消失。

家庭便具

市区家庭历来使用便具是马桶。解放初期，市区清晨大街小巷居民家门口待清倒的马桶最多时2万余只，由私人粪行雇员清倒。1950年，市卫生委员会颁布劝禁市民不在河内洗刷马桶公告。1952年8月起，马桶由市环卫处清倒。20世纪70年代前，市区尚存马桶1万余只。80年代后，住宅小区陆续建成，市区马桶数量逐年减少，2000年尚存100余只，分布在南湖滩、干河滩、竹篱弄、民生路等老居民区。2010年年末，由环卫处清倒的尚存16只，分布在干河滩、竹篱弄等老居民区。

人粪便处理厂

市区粪便处理厂位于东栅街道七里店村，2003年2月开工，2004年9月竣工，2005年投入试运营，日处理粪便能力150吨。2007年起，市区清运的人粪便在该厂进行无害化处理。2008年，该厂对人粪便进行固液分离，固体用作有机肥原材料，液体经初级处理后排入污水管网。2010年年底，累计处理人粪便15.63万吨。

第四章　园林绿化

第一节　园　林

自唐宋以来，市区园林建筑兴盛，规模数量不亚于苏杭。唐有鸳鸯湖，五代有烟雨楼，宋代放鹤洲、落帆亭、范蠡湖，明代的屠氏隐园等。旧时园林多为私家所有，多与宅第相连，近现代演变为公众游憩之。1928年县署购地10亩建苗圃。1930年在天星湖畔建中山公园；建辛亥革命七烈士纪念塔、茅草亭，栽植树木等，设施较差；解放前，市区除车站路有行道树外，基本无行道树与公共绿地。

解放后，开始有计划地进行城市绿化。“文化大革命”期间遭到严重毁坏。20世纪80年代中期开始，绿化成为城市建设的重要组成部分。行道绿化、交通绿岛、绿带、滨河绿化的迅速发展，城市建设总体规划的制定，为园林绿地的建设提供法律保障。在住宅区建设中，绿化成为小区配套工程的重要组成部分。机关企业单位对绿化的重视，推动专用绿地的发展。1990年年末，市区有公园3处，10.49公顷，苗圃1.55公顷，园林绿地总面积153.82公顷，人均公共绿地1.31平方米，城市绿化覆盖率10.85%。绿化道路50条，总长33.56千米，行道树8305株。

20世纪90年代起，陆续建成一批供居民休闲健身的小型公园以及大型综合性公园、主题公园。区各镇也加大园林绿化建设力度，新建大量公园、绿地。2000年年底，市区绿化覆盖率、绿地率和人均公园绿地面积分别达到30.40%、25.40%和7.01平方米。2001年3月，市区掀起创建国家园林城市活动，每年都有大量绿地建成。2003年7月，嘉兴获省级园林城市称号。2006年1月，获国家园林城市称号。2010年年底，市区的绿化覆盖率、绿地率和人均公园绿地面积分别达到42.74%、40.76%和13.22平方米。区属建制镇有绿化覆盖面积507公顷，绿地面积420公顷，公园绿地面积94.8公顷。

市区公园

人民公园　位于城东路西、北，原为铁路苗圃，1954年辟建为公园，面积6.04公顷（详见第二十二篇“名胜与旅游”第二章第二节）。

湖滨公园　位于壕股桥东，鸳湖路南，面积1.65公顷（详见第六篇“南湖”第四章第三节）。

范蠡湖公园　位于环城西、南路结合部，原为范蠡湖、城南公园两个园林，组合后名范蠡湖公园（详见第二十二篇“名胜与旅游”第一章第九节）。

落帆亭公园　位于杉青闸路。落帆亭是环绕古代杉青闸吏宅的名胜，取船只过闸落帆实景而得名（详见第二十二篇“名胜与旅游”第一章第八节）。

吉杨公园　位于吉杨路南侧，东依明月河，西、南与吉杨小区为邻，故名。1988年建成，面积0.69公顷，是市区首批建成的小区公园之一。公园临吉杨路设紫藤花架为开放式大门。入门，园路分东、西向南徊环贯通。公园南侧依地势堆为竹林山坡，有园路自山坡缓缓而下。园内有小池塘，沿岸湖石装点，绿柳环绕。草坪上高大的银杏树下，设圆形树围座凳。园东南建有四角仿古亭。吉杨公园绿化以腊梅、石榴、红叶李、垂丝海棠、水杉小竹等为主，自然成景，色彩丰富，季相分明。

瓶山公园　建于1987年，地处市中心，南临中山路，旧址有瓶山，高15.8米（详见第二十二篇“名胜与旅游”第二章第二节）。

越秀公园　位于吉水路南段西侧，1993年建成，占地面积1.23公顷，四周为居民区。大门入园，分南北向西贯通全园。有垂柳环绕的小池塘，大草坪，春季吸引风筝爱好者放飞。草坪两侧，设紫藤花架2座，设有健身小广场。越秀公园以雪松林、腊梅林、竹丛以及桂花、银杏、香樟、垂柳、垂丝海棠、紫薇等乔灌花木分层次配置，形成不同季相的植物景观。

2005年3月，公园改造以绿化为主，对花坛、园路、亭、花架、水池、假山进行更新，增加落叶庭荫树、水生植物和地被植物。

明月公园　地处吉水路北段西侧，1994年春建成，占地面积1.22公顷。园中设有童话式城堡两座，下有儿童戏水池。中心设有半圆形喷泉水池，以汀步相连，公园西南侧设长方形金鱼水池，游步道两侧为草坪，园中遍植桂花、樱花、垂丝海棠、锦带等各色花木，又配以高大香樟、杜英、广玉兰等常绿乔木，四季花叶喜人。公园多次举办郁金香花展等大型花展。1997年，省第二次艺术插花选拔赛也在明月公园举办，是嘉兴知名度较高的公园之一。2006年5月1日，经过5个月的改造重新开园。增设入口景墙、四方亭和水池护栏等设施，新增苗木30余种。

三塔公园　位于三塔路，西、南侧与大运河相依，占地面积1.93公顷，因三塔得名。公园分3个景区。南为三塔古风景区。立仿古石牌坊，上刻“茶禅夕照”额。西行是重建的三塔。塔西侧建有寻古亭，亭内立石碑一块，记述三塔历史。中为纤道凝碧景区。沿河石板小径，穿行在疏木密林间，意喻古运河径流广袤大地。北为随塘夕照景区。复土堆有小山丘，河岸建枫照亭，可赏波光映夕阳美景。2000年5月历时2年建成开放。2002年春，又在园之西南沿运河岸边补植绿化。

三水湾公园　位于泾水路。公园南接桂苑居住小区，西邻三水湾中学，占地面积3.8公顷。三水湾公园原为空置荒地，1998年建设公园，2000年建成开放。东、西、南三面分别设有出入口。园内沿水设景，依势造型。原小河浜改造为池塘。南部傍水起伏的小山坡上，建有休息园亭，造型简明古朴，山坡上遍植桂花、紫玉兰。池塘中芦苇与垂柳交映成景。园内小桥、休息廊、圆亭等建筑小品，皆为仿木或木结构，与公园木栏围墙的建筑风格融为一体。绿化以香樟、水杉、湿地松及垂丝海棠、紫薇、黄馨等乔灌花木与地被草坪分层次配置，形成天然野趣的疏林草地景观。2003年，又增建木质平桥、拱桥两座，使被河浜分隔的东、西两园连接贯通。

放鹤洲公园　位于西南湖南端的小岛，原名无名圩，占地面积4.36公顷（详见第二十二篇“名胜与旅游”第一章第六节）。

凌公塘公园　位于凌公塘路中段，占地面积11.6公顷，是大型滨水文化休闲园林绿地（详见第二十二篇“名胜与旅游”第一章第十节）。

嘉兴植物园　位于市区东南部，纺工路和海盐塘之间，占地面积120公顷，为以休闲游览、科普教育和科学研究的植物园（详见第二十二篇“名胜与旅游”第二章第二节）。

中央公园　位于嘉兴植物园北，东依纺工路，西临海盐塘，占地面积101.9公顷，由体育公园与少儿公园为主组成（详见第二十二篇“名胜与旅游”第二章第二节）。

妇女儿童活动中心公园　位于栅堰小区，洪兴路北侧，占地面积1.53公顷，1995年开工，1996年11月建成开园，园内设有喷泉小广场、花架、水池、小迷宫及秋千、滑梯等多种儿童游戏器具。绿化广植垂柳、广玉兰、木芙蓉等各色树木，绿草如茵，花木扶疏，为西区居民喜爱的娱乐活动园地。

府南公园　府南公园位于花园路与珠庵路交叉口，占地面积近2公顷，该公园地理位置优越，紧邻府南花园住宅小区，是居民休憩游玩的好去处。

镇公园　绿地

2000年以后，各镇先后新建公园和绿化带。至2010年已建成公园20处，其中综合性公园6处，社区公园8处，带状公园6处。

2010年各镇公园、绿地情况表

表8-14

完整名称	公园绿地类别	面积（平方米）	具体位置（详细）	所属区域
九曲公园	带状公园	30800	07省道西侧，凌公塘路北侧	南湖新区
南江公园	带状公园	18200	中港路南侧，南江路西侧	
邮电支局绿地	带状公园	1500	中山颐和园北侧	
格林小镇南绿地	街旁绿地	8670	格林小镇南侧，双溪路西侧	
凌公塘东段	综合公园	90000	凌公塘路北侧，庆丰路以东	
南湖市民公园	综合公园	88590	凌公塘路北侧，中环东路东侧	
大桥中心公园	社区公园	28013	大桥镇政府北侧	大桥镇
大桥南区小公园	社区公园	5330	大桥镇南区	
平湖塘绿化带	街旁绿地	7960	大桥镇南区平湖塘沿岸	
夏义港绿化带	街旁绿地	7569.5	夏义路路东	
天明路绿化带	街旁绿地	4467.2	天明路，大桥中心小学对面	
余步路绿化	街旁绿地	112364	余步公路，嘉兴工业园区南区	
凤桥镇北公园	带状公园	15800	凤桥社区中心西侧	凤桥镇
吴家浜公园	社区公园	1000	联星路	
文化体育广场	综合公园	10000	新科路凤篁公路交叉东北	
新丰镇中心公园	综合公园	43355	新丰镇广场路与人民路交叉口东南侧	新丰镇
余新镇市民公园	社区公园	19000	南北湖大道西侧，余里路北侧	余新镇
镇区公园	社区公园	1300	余北大街南侧，新贤路西侧	
大艺树广场	社区公园	1000	余新社区南侧，新贤路西侧	
湘家荡公园	综合公园	2145000	湘家荡	七星街道
栽桑圃	综合公园	40000	湘家荡湖区东南侧	
嘉城绿都公园	社区公园	50000	嘉城绿都东侧	
三家浜公园	社区公园	50000	三家浜小区东侧	
东郊河景观绿化带	带状公园	64000	东外环河东侧	
320国道与环湖路景观绿化	带状公园	95000	320国道与环湖路之间	

第二节　广场绿地

文昌绿地

位于文昌路东段，南倚小河，北临文昌路，为沿河绿地，建于1992年，面积1.43公顷，自东向西建有雪松草坪、色木秋景、桃花春景等景区。种植垂柳、雪松、樱花、香樟、芭蕉、杜鹃、花桃等23个花木树种，铺草坪4000平方米。1998年，对文昌路原有绿地进行调整完善，铺植地书带草被。

西园绿地

西园绿地为中山桥西南埦向南延展的条状滨河绿地。绿地西侧为居住小区，东侧滨河，并与环城河绿带隔水相映。建于1993年，面积0.67公顷。绿地于桥西南埦下设主出入口，大型花坛做障景，沿花坛两侧拾级而下，为下沉式铺装广场，广场东侧临桥处，一排高大雪松，沿河植垂柳、木芙蓉、红叶李、紫荆等花灌木，广场铺装地上，点植数株银杏、香樟。沿广场东南临河小径南行，即进入绿地滨河地段，长200余米。中间步道两侧垂柳、水杉、广玉兰、夹竹桃、紫薇等乔灌花木分层次配置，林下遍植鸢尾，书带草地被。南端西侧，以墙景、花坛辟为出入口，通西园弄。

子城广场绿地

位于子城正北，遥对瓶山公园，下为地下商场，建于1994年，面积0.45公顷。

绿地地表高于中山路近2米，北侧设两组石阶与人行道相连。东、西两侧设有通道，与南侧的园路贯通。地呈四方形，中心设杜鹃花坛，花坛西有小土山，设仿古亭。园路两侧山坡上丛植孝顺竹。花坛东南设紫藤花架，花架北侧为树丛草坪。绿地以香樟、垂柳为高大乔木，石榴、茶花、垂丝海棠、红枫、紫荆等花灌木点缀其间。是市区利用率最高的开放绿地之一。

环城河绿带

环城河绿化带是旧城改造重点工程。1999年开工，2000年春全面建成。建成面积为13.03公顷，分西南、东北两段，共6个景区（详见第二十二篇“名胜与旅游”第二章第一节）。

东方路滨河绿带

位于东方路东侧，沿河呈带状分布，全长730米，最宽处约65米，最窄处约40米，面积约2.3公顷。利用带内小径围合成不同植物空间，有浓密的森林树木园，缓坡疏林草地园、木兰茶花园、槭树杜鹃园、湿地园等。结合地形设置汀步、休闲座凳等。常绿乔木以香樟、杜英、木荷、桂花为主，落叶乔木以无患子、榉树、枫香等为主，穿插红枫、日本早樱、紫薇、白玉兰等观花冠叶植物，品种丰富，搭配优质，有季相变化。2007年，荣获浙江省“优秀园林工程奖”金奖。

街心绿地

2005年8月，市区推出43块、30多万平方米的街心绿地建设任务，其中位于城市出入口3块，位于主要道路交叉口15块、位于商业繁华区4块、位于居住区周围14块、位于旅游景区7块，并动员社会各界认建。共有15家房地产开发企业和单位认建16块计18.3万平方米，其余27块按属地原则，由相关责任部门负责建设。此后又先后开展“绿空地、围工地、黄土不朝天”工程、园林绿化小品景点建设、城市绿荫生态工程、公益性群众休闲设施建设等绿化美化专项行动，在街边路口、城市出入口、住宅小区周围、大型建筑周边等，大范围地进行绿化美化。到2010年年底，共建成园林景观、街心绿地343个，总面积101.25公顷，部分街心绿地内建有雕塑、小型假山等景观。

运河绿地

位于市区大运河南岸，东与信用干校为邻，20世纪80年代中期建设，1989年续建，现有面积54.75亩。功能是为教学科普服务的植物园式的开放绿地。绿地内有水池667平方米，水池东南为芝草坪。绿地有裸子植物区、木兰山茶区、槭树杜鹃区、竹类区、色叶木类区、海棠桃梅区等，并设园路贯通各个景区。园中植香樟、垂柳、雪松、龙柏、杜鹃、广玉兰等29个品种4569株。

西南湖生态绿洲

包括西南湖沪杭铁路沿线及放鹤洲一带地域，面积33公顷（详见第二十二篇“名胜与旅游”第一章第六节）。

东片　西北片　南片楔形绿地

南片楔形绿地　建于2003年，位于嘉余公路西侧、海盐塘东侧，规划绿化面积347公顷，种植香樟、金合欢、银杏等35个品种、共100万株树木，并在绿地内设景观木桥17座，区间道路13千米，投入资金630万元，已建成嘉余公路西侧、中环南路南侧的南片楔形绿地133.3公顷。

东片楔形绿地　建于2003年，位于东栅街道的建新、七里店、邱家桥、雀墓桥村和南湖街道的许安村，规划绿化面积424公顷，种植香樟、杜英等42个品种、共115万株树木。

西北片楔形绿地 建于2003年，投入资金310万元，在嘉余公路边，建成西北片楔形绿地42.4公顷。楔形绿地通过种植马褂木、青桐、水杉、湿地松、香樟、垂柳、夹竹桃、腊梅等20多种乔木、灌木，营造植物多样性、色彩丰富性的大型生态区块。

第三节 绿 化

道路绿化

解放前，市区除车站路行道树外，其他道路少有行道树。1956年建勤俭路时，在路两侧人行道栽法国梧桐。此后，陆续在市区主要道路两侧人行道植行道树。1985年中山路拓宽改造后，首次出现建有机动车道与非机动车道用绿化隔离带分隔的“三块板”道路，道路绿化也从单一的行道树发展到道路隔离带绿化。

1990年年末，市区绿化道路50条，总长33.56千米，行道树8305株。特别是中山路分车带花坛中，四时花开，绿荫覆地，改善了城市景观和环境质量。20世纪90年代初起，逐年对有条件种植而尚未种植的道路新植补植行道树，凡新建或改扩建的道路，在施工图设计中就加入道路绿化的设计，与道路施工同步实施。道路绿化的形式也逐渐多样化，从原先的单一在人行道上种植行道树，到在道路隔离带内进行绿化，进而发展到在部份具备条件的道路或路段的人行道内外两侧都种植行道树或设置花坛、绿化带，形成多层次的绿化。行道树的树种也从以前的法国梧桐、香樟、广玉兰等少量品种逐步增加到10多种。2008年，首批命名中环东路等市区12条道路为园林景观路。2010年年底，市区建成区内已绿化的道路246条，有行道树52708株，主要树种有香樟、悬铃木、银杏、黄山栾树、无患子、黄榉、珊瑚朴、广玉兰、枫香、水杉等。

境内园林景观路一览表

表8-15

道路名称	起迄点	长度（米）	绿化面积（公顷）	主要绿化品种
中环东路	07省道—中环南路	3920	11.2	香樟、榉树、杨树、石楠、桂花等
泰宁路	中环南路—由拳路	1100	2.8	香樟、马褂木、海棠、红叶石楠等
中环南路	中环西路—中环东路	5328	13	悬铃木、香樟、白玉兰、杨树、夹竹桃、红花继木等
广益路	中环东路—十八里桥	8112	21	悬铃木、香樟、白玉兰、杨树、夹竹桃等
桐乡大道	中环西路—新320国道	2015	4.8	香樟、珊瑚朴、榉树、书带草等
中环西路	中环南路—城北路	4824	11.8	香樟、悬铃木、杨树、杜英、石榴等
嘉杭路	中环南路—荣佳路	2430	5.9	海棠、紫薇、黄杨、花石榴、乐昌含笑、悬铃木、香樟、杜英等
中环北路	城北路—城东路	4611	11.2	悬铃木、香樟、黑杨、杜英、杜鹃、金边黄杨、金叶女贞、红花继木、紫叶小檗、乐昌含笑等
南湖大道	乍嘉苏高速出入口—中环南路	6449	15.5	香樟、广玉兰、银杏、枇杷、桂花、梅花、黄山栾树、黄玉兰、杨树等
南溪路	南湖大桥—迎宾桥	1320	2.3	香樟、无患子、红枫、紫荆、海棠、樱花等
新气象路	南溪路—中环南路	1022	1.8	香樟、雪松、银杏、红叶石楠、金边黄杨等

单位绿化

解放前，工矿企业无绿化意识。解放后，绿化工作逐渐被人们所认识并逐步加以重视，各工矿企事业单位、机关部队开始在单位内部进行绿化，至20世纪80年代，嘉兴涌现出一批绿化工作先进单位。民丰造纸厂绿化面积占全厂区可绿化面积的90%，1982—1987年先后3次评为省绿化先进单位，1987年又被评为全国绿化先进单位；武警浙江省总队医院绿化覆盖面积达85%，被誉为“花园医院”，1986年被评为省绿化先进单位。1991年，原浙江省冶金经济专科学校因校园绿化成绩突出，获冶金部绿化先进单位称号。1993—1996年，受嘉兴市绿化委员会表彰的单位有嘉兴市自来水公司、嘉兴第一中学、嘉兴清河中学、嘉兴市机关事务管理局等21家单位。这些单位绿化面积大，绿化效果好，能把绿化与美化结合起来，建小桥流水、亭台廊榭，使整个单位犹如一座美丽的大花园，民丰纸厂、嘉兴市热电厂等，还设有专门的绿化机构，建有自己的小苗圃培育花草苗木。1996年年底，市区机关、企事业单位绿化面积已达280公顷。1998年起，开始“园林式单位”评选活动。2010年年底，市区保有园林式单位136家，市区各单位绿地总面积达560.13公顷。

住宅小区绿化

1982年，新建设的住宅小区，都在建设时安排有一定的绿化，于房前屋后、道路两侧栽植花草树木，或设置花坛、种植草坪。

1994年春，清河小区的环境面貌整治改造列为重点工程，由园林绿化部门负责对小区进行全面绿化，1995年、1996年，又相继对清河东区、三水湾小区、电子小区等住宅区进行全面绿化改造。是年，市区7个主要住宅区的绿化面积达到40余公顷。1996年3月，市政府规定新建居住区其用地内的绿地率为30%。

1998年，市区开展“园林式居住区”评选活动。4月初，8个小区的绿化补植全面铺开，拆除违章建筑补植绿化，对尚未绿化的空地和被损毁的绿地进行绿化补植。年内，8个小区绿化补植总面积43公顷，栽种乔木3056株，灌木1.5万株，筑绿篱2.4万米。2010年年底，市区有园林式居住区73个，居住小区绿化总面积达543.1公顷。

市树　市花

1985年，嘉兴市开始评选市树市花。通过《嘉兴日报》进行对自己喜爱的市树、市花投票。投票结果，市树以香樟票数最多；市花以杜鹃、荷花得票最多。经市长办公会议审定，以石榴取代荷花。1986年12月11日，市一届人大常委会第20次会议讨论通过，嘉兴市市树：香樟，嘉兴市市花：杜鹃、石榴（见第十八篇“农业”第五章第三节）。

绿化花木种类

市区园林花木　有103科355种。花卉品种有西洋鹃77个、春鹃25个、菊花252个、兰花18个、山茶95个、日本山茶11个、日本茶梅12个、美国山茶30个。

市区常见树木　有悬铃木、银杏、松、柏、水杉、垂柳、柳杨、榆、朴、紫薇、紫荆、石榴、广玉兰、梧桐、杜仲、枇杷、海裳、木香、桃、梅、日本樱花、合欢、槐、香樟、黄杨、鸡爪槭、红枫、桂花、女贞、小蜡、棕榈等80余种。

民间常见花卉　美人蕉、凤尾兰、矮牵牛、鸡冠花、紫茉莉、半支莲、石竹、凤仙、锦葵、虎耳草、天竹葵、三色槿、四季海棠、蟹爪兰、仙人掌、报春花、兔耳花、茑萝、一串红、爪叶菊、大丽花、万寿菊、百日草、金鱼草、菊花等40余种。

第四节　绿道建设

绿道规划

2010年4月，市建委组织人员到广东省考察绿道的规划建设，着手开展《嘉兴市区生态绿道网总体规划》。规划范围涵盖嘉兴市区全部行政辖区，规划期限为2010—2013年，规划目标为“一年成绿、两年成网、三年成景”，即2010—2011年初步建成若干条示范生态绿道；2011—2012年形成郊野、都市、市区主次等级分明的生态绿道和分工明确的道绿网络；2012—2013年完善成景。生态绿道结构为三环八放射四连，辅以社区生态绿道和郊区绿廊。三环为环城河、外环河和三环路3条环形绿道，八放射为以环城河—南湖为中心的市区8条放射状水系的生态绿道，四连为六里长泾、凌公塘、长中港和城市防洪堤4条联系生态绿道。2010年4月，凌公塘绿道先期建设。2010年7月，市区生态绿道规划编制完成，8月19日，获市规划专业委员会审议通过，9月，进行设计招标并开展设计，11月初，生态绿道试验段在市区洪波公园放样启动。试验段长约10千米，分3段：自洪波公园沿新塍塘向西至北郊河的湿地休憩区，从新塍塘沿北郊河向南至杭州塘的城市山林区，自北郊河沿杭州塘向东至三塔湾的运河风情区。至年底，生态绿道试验段初步成形。

凌公塘绿道

全长6千米，为市区先行建设的示范绿道之一（详见第二十二篇“名胜与旅游”第一章第十节）。

第五节　创建全国绿化模范城市

1981年起，开展全民义务植树运动。1991年3月9日，市四套领导班子率机关干部150余人到中山西路、东栅参加植树活动，此后，每年植树节前后都开展类似活动。市绿化委员会在南溪西路北侧开辟义务植树基地；各级共青团组织开展“我为城市献一日”“营造青年绿化林”等活动，共植树157800株；市妇联组织妇女营造“三八绿色工程林”；市级机关党员干部捐资营造“先锋林”；市区各民主党派成员捐款认种“同舟园”（南湖大桥东堍）；市个体劳协筹资建成“光彩林”（揽秀园南端）；市交警支队捐款营造“交警林”（环城路绿带）、嘉城集团设置义务植树示范点（英雄园边）等。市民个人在市城10处公园、绿地认养树木20余个品种1083株；市第二医院、人寿保险嘉兴分公司和市建设房地产开发公司等单位认养绿地1.89万平方米。2004年，市本级有52.9万人参加义务植树，义务植树基地61个，面积547公顷。

2007年12月，嘉兴市被全国绿化委员会授予全国绿化模范城市称号。创建全国绿化模范城市主要对市本级进行考核，作为嘉兴市的主城区，市、区两级领导和各机关、各街道社区和企事业单位为创建工作主力军。

第五章　城市管理

第一节　管理机构

解放后，城市管理由政府各行政主管部门，按分管范围进行专业管理，主要是城内街道路面狭窄不平，石板阴沟排水不畅，行人拥挤等，及时进行街道拓宽、延伸改造，使市容有所改观。随着经济的发展，城市人口增加，道路、桥梁等城市基础设施不相适应，城市管理问题逐渐突出。“文化大革命”初城市管理受冲击，违章建筑大批出现，许多市河被擅自填塞，影响排水。1968年后逐步恢复管理。1976年6月成立嘉兴镇整顿市容办公室，针对随意挖掘路面、无控制地开挖深井等问题进行管理，避免道路的破损、深井布点的不合理。1978年后，市区机动车、自行车猛增，引起交通卡口，拥挤阻塞；第三产业和个体经济发展，市区主要街道和人行道，到处摆摊，自行车乱停乱放，“脏、乱、差”严重。1981年9月成立嘉兴市综合治理办公室，与各主管部门、街道配合，进行突击整顿，综合治理，及时解决了市容管理上突出的矛盾，改变了市容市貌。

1984年2月27日，成立嘉兴市市区城市管理领导小组，由常务副市长任组长，下设办公室，由区长任副组长兼办公室主任。建立市区城市管理执勤队。1984年起，嘉兴市的城市管理机构主要职能是管理城市环境卫生，成立“三整顿”（脏、乱、差）办公室。1985年8月，成立市城市管理办公室。1988年2月，市城管办撤销，成立区城市管理办公室。1985年8月13日原小组改为市城市管理领导小组，由市长任组长，两名副市长与区委书记、区长共4人任副组长，设市区城市管理办公室，设在城区政府内，下设城市管理、爱国卫生、城市建设3个科。

1994年11月市、区合署办公，撤销区城管办，组建市城市建设监察大队，归口市城建委管理。1998年更名为市城市建设监察支队，为市城建委下设事业单位。

1999年，恢复市城市管理办公室。主要承担市区市容市貌、环境卫生、城市绿化、创建文明及卫生城市等工作的实施协调和管理职能。管辖市中心区域28平方千米和新区33平方千米。2003年10月，区城市管理行政执法局成立，内设办公室、综合科、法规监督科。2004年2月24日，区城市管理委员会成立

2005年9月，调整区城市管理委员会，下设办公室，挂靠区城管执法局，建立区市容管理中心。履行道路综合保洁、摊位管理、非机动车停放管理、整治城市"牛皮癣"、城市建筑垃圾管理5项管理职能及设摊审批、建筑垃圾清运审批等5项审批职能。

第二节　城市行政执法

执法机构

区城管执法局为区政府在城市管理方面相对集中行使行政处罚权的工作部门，同时挂区城市管理行政执法大队牌子，设区城市管理机动警察大队。执法大队实行条块结合、双重领导的管理体制，内设机动中队和派驻建设、新兴、新嘉、解放、南湖、东栅6个中队；城市管理机动警察大队由区公安分局派驻。执法大队履行全区市容环境卫生、城市规划、城市绿化、市政公用、对环境有影响的建筑施工、社会生活噪声及饮食服务业排污、工商行政管理中无照商贩、公安交通管理中侵占道路等7大项违法行为处罚职责及履行法律、法规和省、市、区人民政府规定的其他职责。

行政执法

区城管执法局通过完善办案制度，严格案件审查程序，明确执法办案责任，推行优劣案件评判制和错案追究制，开展优秀执法办案中队和办案能手的评选。城管机动警察充分发挥执法保障作用，暴力抗法案件呈显著下降势头。2010年5月，引入大案要案市民参与评审机制，营造市民积极参与城市管理良好氛围。

区城管执法局开展以评促建，争创市学习型机关、市、区两级文明单位、群众满意基层站所、机关效能示范岗和规范化中队等，强化内务、队务建设的督查，定期编发督查通报。全体执法队员及协管员每年定期参加封闭式军训，接受执法业务培训，结合辖区内城市管理的实际情况，逐渐建立健全商业街区和农贸市场的综合治理机制、市区"三乱"整治工作的长效机制、摊位管理机制、建筑工地道路抛洒管理综合机制、城乡执法联动机制，深入推进"门前三包"责任制的落实，引入行政执法和行政处罚的市民参与及监督机制，构建城管公安联动保障机制，形成制度化的城管执法队员素质提升机制，为城管执法工作奠定了基础。

区城管执法局围绕精细化管理要求，巩固效能建设先进成果，提高上路率和处置率，认真履行白天15分钟、夜间30分钟到达现场、24小时接受举报投诉、数字城管限时办结制等对公众承诺。科学安排早晚班、双休日、节假日执法力量，变被动应付为主动执法，变突击整治为长效管理，街面控制达到全年无间断。

2008—2010年，区城市管理行政执法局共办理各类行政处罚案件2万余起，案值600余万元；处置严重暴力抗法事件20起。先后获得区工作创新奖、效能建设先进单位、市区学习型机关示范点、先进基层党组织、文明单位、平安建设先进集体等30余项表彰荣誉。

工作实绩

区城管执法局以创建国家卫生城市、全国文明城市为中心开展工作。落实"门前三包"责任制，建立健全商业街区和农贸市场综合治理机制、摊位管理机制、"三乱"整治工作长效机制、建筑工地道路抛洒管理综合机制、城乡执法联动机制、城市道路保洁长效管理机制、城管执法队员素质提升机制等。引入行政执法、行政处罚的市民参与监督机制。2006年4—5月，实施疏堵结合，引摊入市，分别清除长达20年之久的干河滩、解放路等马路菜场，新建城北大排档、三水湾小商品一条街、水果市场

等。在全市率先推行建筑垃圾市场化运作新模式；试行现场固定证据不扣押物品的执法新模式；建立“三劝告一服务一上门”的执法服务新机制；推进摊位管理便民工程，解决城市管理特别是创卫中遇到的一系列热点难点问题。2009年在全市率先开展“城管执法宣传月”活动，以执法进社区为宗旨设立16个社区城管执勤室。

第三节　市容管理

管理机构

2005年12月，成立区市容管理中心，以新一轮“五城联创”为目标，创新市容管理机制，服务民生，提升市容环境水平，推进市容环卫作业市场化、专业化、规范化，完善保洁市场化运作体制。

管理制度

按照完善“两级政府、三级管理、四级服务”的管理体制。区市容管理中心在城市道路综合保洁考核管理体制下，本着工作长效化、管理精细化的目标，规范考核程序，完善考核体系，突出加强对城市道路综合保洁的日常考核；建立客观公正、绩效挂钩、奖惩分明的绩效考核运行机制。建立健全区政府领导、区市容管理中心、各街道城管办督查督办机制，确保考核质量和效果；不断改善市区环卫基础设施，定期对辖区内的垃圾桶、果壳箱进行更新维护。

工作实绩

1984年3月市区城市管理执勤队与各主管部门、街道配合，对随意摆摊设档、自行车乱停乱放等“脏、乱、差”现象进行突击整顿，综合治理。着重抓“二河”（迎紫河、通济河）、“四站”（汽车站、火车站、轮船客运站和垃圾中转站）、“五场”（东门、北门、南门农贸市场和工业小商品、丁家桥工业品市场）、“十路”（建国路、勤俭路、北京路、禾兴路、南湖路、角里街、嘉禾路、解放路、环城路和公园路）的市容卫生。市容监察队和环卫处。监察队负责市区市容卫生、交通秩序、城市建设的检查和监督。

1988年12月为创建中山路文明一条街，加强市容管理。负责管理市区13条主要干道及火车站、汽车站、轮船码头、公园、南湖渡口、工人文化宫、青少年宫等重要窗口，对“门前三包”（包卫生、包绿化、包秩序）单位随时监督检查。另设“三禁”（禁止随地吐痰、禁止随地抛丢果壳纸屑、禁止随地抛撒建筑垃圾）执勤队，负责对各街道的专项治理。有义务监察队员1400余人，小街小巷市政管理专业队员22人。

区市容管理中心负责辖区内的道路保洁监管工作，按照道路保洁质量检查标准对各街道进行检查考核；负责辖区内有证摊位管理；非机动车（摩托车）停放管理；负责辖区内城市“牛皮癣”整治，及时清理乱张贴、乱涂写；负责辖区内城市建筑垃圾管理。同时负责辖区6个街道有证摊位的设摊审批。

2009年3月，区市容管理中心在履行辖区内市容管理职能外，开始履行南湖新区、嘉兴工业园区、嘉兴科技城户外广告设置、占道、挖掘等审批业务。本着“对外简化手续、缩短审批时限，对内严格流程、规范操作”原则，修改规范各项审批流程和审批申请表上墙、网络等方式予以公示，完善调整管理流程与技术规程，严把申请审批资料和现场勘察关，加强相关部门之间的配合，落实抄送制，方便后续管理。到2010年年底，共审批户外广告设置、占道、挖掘等业务52件。

第六章　村镇建设

第一节　村镇规划

镇总体规划

在区域规划的指导下，及时编制各镇总体规划。其中余新镇——全国小城镇综合改革试点镇，嘉兴市小城市培育试点镇,将打造沪杭高铁第一镇,精致生活田园城和生态商务新市镇;大桥镇——积极融入嘉兴东部科技创新平台和南湖区江南水乡现代田园城区的建设,进一步强化沪杭经济走廊的节点职能,突出嘉兴中心城区东大门的门户地位,是嘉兴东南产业新城;凤桥镇——现代农业示范区、长三角重要的旅游度假胜地、宜居和谐的组团式新市镇;新丰镇——浙江省强镇扩权试点中心镇和省新农村建设规划试点镇,规划定位长三角特钢基地,区域物流中心、新汉塘丰乐之城。

七星镇

规划　始编于20世纪90年代。2001年12月,市政府编制《湘家荡旅游度假区总体规划》。2002年,为适应湘家荡旅游度假区总体规划,重新修编《秀城区七星镇总体规划》。规划期限:近期2002—2007年,远期2008—2020年。镇区规模:近期0.8万人,建设用地8168公顷;远期1.5万人,建设用地149.4公顷,形成一街、二轴、二心、三区的功能结构形态。规划集镇性质为旅游观光、度假休闲基地。2008年10月,湘家荡实行区域联合开发,湘家荡区域联合开发建设管理委员会组织编制《嘉兴湘家荡旅游度假区总体规划》,将七星镇域纳入规划范围。湘家荡区域定位为国际一流的低碳生态区、中国城乡统筹发展试验区、长三角现代服务业集聚区。

基础设施建设　20世纪90年代起,先后兴建兴星路、星桥路、纬九路、经二路、东大路、东进路、振兴北路、车站路等多条街巷,其中兴星路为南北走向主干道。1998年,启动建设占地面积400多亩的湘家荡森林公园。2001年,新辟东西向2286千米的七星路。2005年年底,形成以桥埭路、兴星路、七星路3路围成的镇建成区和星桥路两侧的镇工业区。2007年,开建占地面积33亩的文化景观广场工程。同年10月,镇域一级供水管网与嘉源集团供水管网并网,实现城乡供水一体化。2008年10月,完成9.8千米的城镇生活污水一期主管网工程和8.9千米城镇生活污水支管网工程。2009年,启动覆盖镇都市经济产业园的污水主管网二期工程。2010年3月,开建湘家荡生态湿地公园,改造西片53.67万平方米生态林地。当年,完成东、西片湿地公园土方造型,并种植苗木2000多株。至2010年年底,镇建成区有主要道路11条,总长10673米,各类桥梁10座,累计完成镇村污水接入管网104千米。

公共设施建设　20世纪90年代,镇区公共设施主要沿兴星路布置。2005年,在七星路新建家居广场。2007年年末,全镇有各类商店336家。2010年,镇区公共设施总用地12.2公顷,商业、金融业主要沿兴星路、320国道布置。

大桥镇

规划　20世纪80年代,编制首轮总体规划。2002年,对首轮总体规划进行修编。规划近期(2002—2005年)期末镇域人口4.2万人,镇区人口1.5万人,远期(2006—2020年)期末镇域人口5.5万,镇区人口3.0万人。规划城镇性质为嘉兴市东大门,市建成区组成部分,以化工、食品加工、现代物流为主导产业的城市组团型城镇。规划镇区结构为“一心、三轴、四区块”。其中“一心”为一个行政办公中心:“三轴”为沿天全路的公建轴、沿角里街的交通轴和沿平湖塘的绿化轴:“四区块”为三个居住小区和一个物流园区。

基础设施建设　2001年10月25日,大桥乡与步云乡合并为大桥镇,镇政府设在十八里桥集镇。镇区有夏霖路、夏云路、夏义路、天宁路、天福路、天明路、天全路、中华路、华南街等道路20条。此外,老07省道、嘉善大道、广益路等穿镇而过。镇区“三横三纵”的快速路与主干路构成大桥镇对外交通网络。中环南路的建成,拉近了十八里桥集镇与市建成区的距离。沪杭高速公路大桥出入口位于镇区东南侧,通过引线与老07省道相接。2004年4月19日,镇域一级供水管网与嘉源集团供水管网并网。2009年8月,总投资106.77万元,全长1.874千米的二级管网建成,实现城乡供水一体化。当年,镇域排污管网纳入全市排污体系,日均输送污水约400吨。至2010年年末,共铺设排污支网87千米,镇域排污干道全线贯通。

公共设施建设　20世纪90年代,十八里桥集镇商业设施主要位于老07省道两侧,有商店近百家。2008年后,镇中心公园、体育中心、社会福利救助服务中心、科创中心、图书阅览中心等陆续建成。镇政府、派出所、经管站、水产站、水利农机站等沿202省道和中环南路分布。卫生院位于天平路和老07省道交叉口西南侧。农贸市场位于202省道和中华大道交叉口北侧。餐饮和零售等商业主要沿202省道分布。2010年年末，镇区沿街商铺1118家。集镇功能区布局为，东区：镇政府机关、万国旗广场、镇中学、锦华公寓、农贸市场和公交站，南区：镇中心小学、文化活动中心，北区有银行、卫生院等。

凤桥镇

规划　先后4次规划和修编。2009年第4次修编，完成《嘉兴市南湖区凤桥镇总体规划》，2010年通过区政府审核。规划期限，近期2009—2015年，远期2016—2030年。镇域总体空间布局为“一廊、两片，四轴七点”。其中“一廊”为由乍嘉苏高速公路形成的基础设施廊道，“两片”为凤桥镇功能片区和新篁集镇功能片区：“四轴”为由两纵两横形成的“井”字型道路发展轴，“七点”为“1十X”模式布点形成的永红、大星、新民、茜柳、庄史、栖柽、陈良七个城乡一体新社区。

基础设施建设　1996年起，镇区相继拓建风启路、凤北路、凤南路、吼桥路、凤飞路、凤凰路，并将大桥弄改建为大桥路，路幅拓宽到18米。1997年，建成长3.4千米的凤桥至新篁沥清公路。1998年，建成凤桥至新民、砖瓦厂7.85千米水泥路。2000年后，镇区形成五纵五横道路框架（五纵：凤篁公路、凤飞路、大桥路、新风路、七沈公路；五横：余云公路、风启路、新康路、风南路、镇南路）。2009年8月，嘉兴市凤翔水务建设有限公司成立，原凤桥自来水厂供水的星火村、利民村和新篁自来水厂供水的陈良村、茜柳村、栖柽村同时并入城乡一体供水管网。城市排污干道同时贯通全镇，排污管网纳入全市排污体系，日均输送污水约300吨。镇域内共建支管网70千米，镇建成区及工业集聚区均有污水管网接入。

公共设施建设　1991年，凤桥镇区有中国银行凤桥营业所和凤桥信用社两家金融机构，镇政府、财税所、工商所、中心医院、卫生院和广播站等公共服务设施，主要沿新康路两侧分置。2010年，占地面积15亩的镇北公园建成。2010年年末，镇域有中学1所，在凤桥镇区和新篁集镇各建有卫生院、农贸市场和小商品市场。

余新镇

规划　先后2次规划和修编。2001年第2次修编，完成《余新镇城镇发展概念规划》。2009年3月，通过区政府审批。规划近期（2007—2010年）期末人口2.6万人，远期（2010—2020年）期末人口5万人；远景规划建设用地806.3公顷，人口8万人。规划定位余新镇为长三角一体化重要节点，以生产性服务业为主的产业发展中心，以商业贸易为主的城市综合服务中心和以休闲度假为主的生态游憩中心。镇区定性为市区南部中心镇和余凤片区中心，发达的工贸型城镇和良好人居环境的生态型城镇。

基础设施建设　1997年，沪杭高速公路贯通余新，并在集镇西设置出入口。2004年修复新达路、水达路、余北大街，翻修扩建商业街；镇域供水管网基本建成，实现村村通自来水。2005年，拓宽改造余贤埭大街，实施镇“联金公路、曹余公路、田桥公路”等道路贯通工程。2006年6月10日，镇域一级供水管网与嘉源集团供水管网并网，实现城乡供水一体化。2009年，修复五星路、镇北路。当年，镇域排污管网纳入全市排污体系，日均输送污水约800吨。2009年，沪杭高速铁路建成通车并在镇北1000米处设置嘉兴南站。

公共设施建设　20世纪90年代，镇区五星北路已形成全镇农副产品和日常工业品交易商业中心，两侧建有供销大楼、集体商业大楼和770平方米的高棚农贸市场。2010年，镇区公共设施总用地20.9公顷，建有中心医院、中学、小学、幼儿园、政府机关、餐饮娱乐、文化活动中心、金融机构及市场等。商业设施主要沿镇北路、五星路、余北大街、余贤大街、镇东路、五星路等道路分布。

新丰镇

规划　先后3次规划和修编。2005年第3次修编，完成《新丰镇城镇总体规划》。规划总面积69.3平方千米。规划近期（2005—2010年）人口8.1万人，建设用地5～6平方千米；远期（2011—2020年）人口11万人，建设用地8～9平方千米。规划城镇性质为南湖新区重要制造业和配套服务业基地，以工业为主体、以商贸和都市农业为特色的市区东部中心城镇，省级重点中心镇。村镇空间布局为“一个中心、两个重点，三条轴线”，即以新丰镇区为中心，以竹林、栖凰埭为重点，以07省道、绕城公路、港城连接线为三轴线。城镇规划结构为“两带一心四片一组团”，“两带”为平湖塘滨水景观带和丰乐路人文景观带，“一心”为位于镇区东部的城镇综合公共服务中心，“四片”为丰北、丰南工业功能区、新北、新南居住区，“一组团”为规划绕城公路东以嘉化物流为核心的工业功能组团。

基础设施建设　2000年开始，镇域以平林大道、嘉钢大道、丰乐路、新竹路、登云路等构成的方格网状道路体系逐步形成。镇区以七横（新荷、万丰、汉塘、丰南、双龙、广场、平林）三纵（妙峰、人民、登云）道路为框架，连通教堂弄、花园弄等60余条街、路、弄、巷。2009年，全长100多千米的排污管网纳入全市排污体系，日均输送污水约500吨。同年7月20日，镇域一级供水管网与嘉源集团供水管网并网，实现城乡供水一体化。

公共设施建设　1997年，区首家二级乙等综合性医院——新丰医院建成启用。2000年，镇中学易地新建。同年，镇区南部形成以太平洋商贸中心为代表的商务服务区，中部形成以汉塘文化广场为中心的休闲区，北部形成以汉塘商贸街、万丰商贸街为代表的商业区，东部形成中小学、幼儿园、医院集聚的文教卫生区。2009年实施1日城镇改造，启动汉塘公园、中心公园、沿河及重点道路绿化带建设。

村庄布点总体规划

按照集约集聚发展和基本实现现代化的总体要求，2009年优化“1+X”镇村规划布局，形成“5个新市镇社区组团+18个城乡一体新社区”，着力打造现代新市镇和城乡一体新社区。在新市镇社区重点安置征地拆迁和土地流转农户，并考虑入住居民非农就业需要，而在“X”点则考虑农民从事农业生产的需要，从规划上引导农民居住向新市镇和城乡一体新社区有序集中。

2000年村庄规划　1997年，编制首个村庄规划。2000年开始，全区85个行政村按“布局优化、道路硬化、村庄绿化、路灯亮化、卫生洁化、河道净化”要求，编制村庄规划，其中10个村按示范村标准编制，75个村按整治村标准编制。

2004年村庄规划　2004年，嘉兴市规划设计研究院编制《嘉兴市区村庄布点规划》，规划至2007年，南湖区5个镇建设人口规模600人以上中心村10个，150人以上基层村33个。

2007年村庄规划　2007年，根据新市镇、新社区建设要求，编制《南湖区新农村社区布点规划》，将原有1573自然村聚集为179个新农村居民点。

2009年村庄规划　2009年下半年，开展新一轮农村新社区布点规划调整，将原规划179个新农村居民点调整为“5个新市镇+18个城乡一体新社区”。2008年4月，嘉兴市被列入省统筹城乡发展综合配套改革试点市。按照市总体部署和要求，南湖区以“两分两换”（宅基地和承包地分开、搬迁与土地流转分开，以宅基地置换城镇房产、以土地承包经营权置换社会保障）为抓手，全面启动新市镇、新社区建设。2009年下半年起，进行新一轮农村新社区布点规划调整。在调查摸底、尊重民意基础上，将全区各镇原179个规划布点、1573个自然村落规划调整为“5个新市镇+若干城乡一体新社区”样式。

镇新社区布点规划

2009年制订各镇新社区布点规划，全区各镇规划新市镇社区23个，城乡一体新社区18个，合计41个。其中余新镇、七星镇全部规划为新市镇社区。

凤桥镇新市镇社区布点表

表8-16

社区名称	位　置	规划用地面积（公顷）	规划户数（户）	规划人数（人）
凤桥社区	凤桥镇区东部	92.35	3485	11666
梅家兜社区	凤桥镇区凤余公路南侧	18.65	704	2357

续表8-16

社区名称	位　　置	规划用地面积（公顷）	规划户数（户）	规划人数（人）
吴家浜社区	凤篁路东侧	6.52	246	824
兴居花苑	嘉盐公路西侧	12.32	465	1557
竹里社区	镇域东南部，东靠嘉盐公路	18.81	710	2377
合计	—	148.65	5610	18781

凤桥镇城乡一体新社区布点表

表8-17

社区名称	位　　置	规划用地面积（公顷）	规划户数（户）	规划人数（人）
永红社区	镇区港城连接线南北两侧	23.21	698	2337
大星社区	乍嘉苏高速公路南面，西靠通村道路	15.74	473	1583
新民社区	海盐大道东侧，规划乍嘉湖铁路南面	25.44	770	2577
茜柳社区	通村道路南侧	26.20	792	2651
庄史社区	凤篁公路南侧、七沈公路东侧	29.47	885	2963
栖柽社区	凤篁公路两侧	21.54	647	2166
陈良社区	乍嘉苏高速公路北侧	20.24	608	2035
星火社区	07省道新线与七沈公路南面	13.48	405	1356
合计	—	175.32	5278	17668

余新镇新市镇社区布点表

表8-18

社区名称	位　　置	规划用地面积（公顷）	规划户数（户）	规划人数（人）
新贤园社区	镇区东南部，乍嘉苏高速公路北侧	132	4570	16910
横金桥社区	新贤园社区东北侧	3.6	110	410
金星社区	镇区南侧	66.7	2500	9250
老农会社区	镇域中部	10.3	310	1150
虎啸桥社区	镇域东侧	1.2	45	170
洗文浜社区	镇域东侧，北至洗文浜自然村，西临新盛北路	1.3	40	150
普光寺社区	镇域东北侧，东临自然河道，南到通组道路	22.4	840	3110
长秦社区	镇域西侧，分北、中、南三片区	34.6	1300	4810
黎明苑社区	镇域北部，北靠曹庄路，东、西、南各临自然河道	15.8	590	2180
石堰社区	镇域西北，分东、西、南三个片区	25.3	1270	4700
合计	—	313	11575	42840

大桥镇新市镇社区布点表

表8-19

社区名称	位　　置	规划用地面积（公顷）	规划户数（人）	规划人数（人）
大桥社区	镇区北侧，北至天宇路，东至东平路，南至南祥路，西至自然河流	58.50	2250	9000
中华社区	紧靠镇区，西至中华大道、南至干枯浜	12.22	470	1880
合计	—	70.72	2720	10880

大桥镇城乡一体新社区布点表

表8-20

社区名称	位　　置	规划用地面积（公顷）	规划户数（人）	规划人数（人）
建国社区	建国集镇西侧，东至七沈公路，北至嘉善塘	32.17	975	3900
花园社区	步云集镇东侧，人民路的两侧，北至自然河浜	13.20	400	1600
云东社区	云东村内，东至通村道路、北至嘉善塘	22.44	680	2720
胥山社区	胥山村内，东至嘉善大道，南至山塘江	35.50	1075	4300
倪家浜社区	倪家浜村内，北至自然河浜，南至通村道路	31.02	940	3760
合计	—	134.33	4070	16280

新丰镇新市镇社区分布表

表8-21

<table>
<tr><th colspan="2">社区名称</th><th>位　　置</th><th>规划用地面积（公顷）</th><th>规划户数（人）</th><th>规划人数（人）</th></tr>
<tr><td rowspan="2">丰北新社区</td><td>民丰东区</td><td rowspan="2">南至新乌路和大珠楼自然村，西靠嘉盐路，东到金家浜村道，北至规划嘉钢大道</td><td>27.2</td><td>1030</td><td>3750</td></tr>
<tr><td>镇北西区</td><td>25.4</td><td>950</td><td>3450</td></tr>
<tr><td rowspan="2">丰南新社区</td><td>横港东区</td><td>镇区东南，南至新07省道控制线，西靠嘉盐公路，东到沈家头村道，北至横港小学</td><td>29.2</td><td>1100</td><td>4000</td></tr>
<tr><td>横港西区</td><td>镇区西南，南至规划同德路，西至规划丰南西路，东靠嘉盐公路和西青龙港，北到夏家头自然村</td><td>32.2</td><td>1210</td><td>4400</td></tr>
<tr><td>合计</td><td>—</td><td>—</td><td>114</td><td>4290</td><td>15600</td></tr>
</table>

新丰镇城乡一体新社区分布表

表8-22

社区名称	位　　置	规划用地面积（公顷）	规划户数（人）	规划人数（人）
杨庄社区	镇区东侧，北靠新乌公路，西至屠家村通组道路，东至北长浜通组道路，南临白龙潭自然村	22.6	680	2470
乌桥社区	镇域东北，新乌路南北两侧，西靠乌桥港，南至林金浜自然村，北至许子浜自然村，东临平湖经济开发区规划道路	30.0	900	3270

续表8-22

社区名称		位　　置	规划用地面积（公顷）	规划户数（人）	规划人数（人）
金章社区		镇域东侧，南至新07省道控制线，西至油车浜自然村，东临自然河道，北至林家堰自然村	22.6	680	2470
栖凰埭社区		镇域东南，包括栖凰埭村和净湘村，南至石家埭、祥湾浜自然村，东靠栖凰埭集镇，北临自然河浜，西至老嘉盐公路	48.2	1440	5230
竹林社区	西区	镇域西南，南至港城连接线控制线，西至新建自然村，东、北至自然河道	32.6	980	3560
	北区	北至沪嘉轨道交通控制线，东、西临自然河道，南至竹林集镇			
合计		—	156	4680	17000

七星镇新市镇社区布点表

表8-23

社区名称	位　置	规划用地面积（公顷）	规划户数（人）	规划人数（人）
江南新家园	三店塘南侧，东至潭港，南至320国道	52.27	1758	5980
大树绿苑小区	兴民路东侧，潭湘路北侧，北至天声市场	5.13	295	1000
三家浜社区	沪杭铁路北侧，西至潭港，南至富民路，北、东以自然河流为界	31.72	1529	5200
博山高丰社区	沪杭铁路南侧，东至潭港，西至现状道路，南以自然河流为界	51.54	1848	6280
合计	—	140.66	5430	18460

第二节　农民住房

旧时村落自然形成，多数村庄户数很少，人不过百，小的只有三四户，也有独家村。条件较好的住房，也只是盖瓦的平房，多为明清时的简易砖木结构建筑式样，一般三开间，俗称五路头，门窗较少，中间为堂屋，一旁设卧房，一旁为灶间，前门有廊檐，为冬季取暖蔽风，有的屋后或两侧筑披屋，住屋与畜舍相连，整个房屋低矮潮湿，十分简陋。少数富裕户有前后二三进房舍，规格为“七路头”“九路头”，两侧厢房相连，中央有天井，有围墙设大门，两侧有风火墙，超越屋顶，屋前有晒谷场，院周植树木，屋后有竹园，反映了农业社会自然经济生活方式的特点。近代从绍兴等地迁入的“客帮”农户以及被日本侵略军烧毁的村庄户绝大多数住草棚，少的一间，多的数间，其规格有直舍、横舍、箍铺式之别，草棚虽略具冬暖夏凉的优点，但通风采光防潮较差，居住条件简陋。

随着农村经济的发展与农民生活的改善，近一二十年来，农民居住条件根本改观，在20世纪60—70年代已大多数改建为瓦平房，80年代有更多的农户建楼房，以1984年后建房较多，城区2.52万户中，新建房户有1.05万户；建筑注重造型、通风、采光、住房与畜舍分离。楼房多为二三层，上下各3间，也有四上四下，或两上两下，少数户建筑考究，上有阳台，下有走廊，外墙涂色彩，白色内壁，也有的墙外用瓷砖或马赛克贴面，内墙涂彩色，贴墙纸，地面多为混凝土，有的用涂料，绘彩色图案，也有铺地砖或水磨地坪，门窗宽畅；楼上为卧室、楼下有客堂间、厨房灶间，并设有卫生设施，前有晒场，后有庭院、畜禽舍、储藏室，屋旁植树种竹，环境优美。

1990年,区(行政区划调整前)农村住宅实有建筑面积331.9万平方米,其中楼房128.84万平方米,人均居住面积22.29平方米,尚有少部分农民居住草房,人均居住面积22.72平方米。

1991年,制定农民建房用地标准,占用非耕地建房占地面积,小户(1~3人)、中户(4~5人)、大户(6人以上)分别不得超过110、150、170平方米;占用耕地建房占地面积,小户、中户、大户分别不得超过105、110、150平方米。20世纪90年代中后期,农房进入改造提升阶段。新建的楼房大多为3层楼房或别墅式小洋房,墙外贴彩砖,屋顶用琉璃瓦,水电配套,厨房、卫生间齐全,宽敞明亮。2000年,全区村庄住宅总面积为1043.9万平方米,其中楼房面积806.99万平方米。人均使用面积37.79平方米,人均居住面积25.19平方米。2000—2010年,全区审批农民建房11494户,建筑面积325.91万平方米,其中楼房320.04万平方米。至2010年年末,全区农房户均建筑面积为283.6平方米(包括生产辅助用房)。

1991—2010年区农民建房情况表

表8-24

年份	建房户数(万户)	建筑面积(万平方米)	其中:楼房建筑面积(万平方米)
1991	2600	28.33	22.48
1992	900	16.17	13.45
1993	1000	16.10	13.86
1994	1200	14.01	13.38
1995	1800	24.82	21.39
1996	1500	19.86	15.98
1997	900	13.00	10.79
1998	700	11.87	8.45
1999	700	12.81	10.73
2000	715	20.58	20.00
2001	698	22.30	21.67
2002	682	21.39	20.97
2003	866	27.68	27.29
2004	1451	33.98	33.29
2005	1274	33.37	31.97
2006	1213	32.04	31.37
2007	1333	35.82	35.20
2008	681	20.77	20.66
2009	1224	37.76	37.76
2010	1357	40.22	40.22

第三节　村庄建设

解放前,境内村庄历经沧桑,时兴时衰。抗日战争时,嘉兴县许多村庄被日本侵略军烧毁,境内还有17个村庄深受血吸虫病害,其中完全毁废的有5个村,多数村庄面貌凋零,农居分散,农户多以草棚栖身。村庄上除少数建有学校外,无公共设施。解放后公共活动和生产用房亦都利用旧有房舍。近年来,陆续兴修新的公共用房建筑均为混合结构,大的村庄也有生活服务设施,主要有村民委员会办公室、商店、饮食店、卫生所、小学、广播、文化活动室等。

解放前，农村的饮用水大都不合卫生要求。解放后进行了“水改”工作，部分改用井水。20世纪80年代农村陆续兴建自来水工程，1980年七星乡西王浜、谢家浜两村集体投资1.2万余元，挖深井、建水塔1座，高13米，储水40吨，家家用上自来水，为全县村庄中最早建立的水厂。1990年七星乡建5个水厂，88个村庄，17160人中有15039人用上自来水，占87%。城区5个乡有296个村庄使用自来水，受益2.89万人，占35%。

解放后，农村住宅、道路、饮水等状况逐步得以改善。1968组织渔民在陆上定居，嘉兴县建立20个渔民新村，出现了一些新的居住点。70年代末起，农民建房逐步形成高潮。80年代中期，农村建房有组织地进行，村庄建设进入新阶段。

20世纪90年代后，为适应工农业生产发展需要，境内修建连接乡(镇)的公路，一般为混凝土结构准4级，路宽6~7米，总长度10.4千米，实现村村有道路，通电村庄100%。进入21世纪后，采取“以点带面、整体推进、立体整治、综合治理”的方法，在全区掀起村庄整治高潮，以农村环境综合整治、提升农村公共服务为抓手，大力实施农村道路硬化、生活垃圾收集、河道疏浚整治、农业面源污染治理和村庄绿化美化等。通过数年努力，农村社区综合服务功能不断完善，社区综合环境不断优化，基本做到布局合理，设施辐射半径不超过3千米，形成20分钟活动圈，极大方便农村社区居民生产生活。

2003年12月，全区第一个城乡供水一体化工程在大桥镇启动。2004年，开展道路硬化、村庄绿化、路灯亮化、卫生洁化、河道净化为中心的村庄整治，粉刷房屋外墙，美化围墙、绿篱，拆除严重妨碍道路通畅的建筑。2005年1月15日，在全省率先实现村村通公交。当年，建设通组达户道路235千米，连村公路35千米，等级公路通行政村率和路面硬化率均达100%。2008年，全面启动城乡一体化供水工程(农村饮水安全项目)，完善“户集、村收、镇运、区处理”的生活垃圾收集处理系统。2009年8月，新丰、余新、大桥、凤桥4镇的二级供水管网完工，共建设二级供水管网60.74千米，投资3153.53万元，新增受益人口112万人，累计受益人口18.07万人。10月，总长107.03千米、投资2.56亿元的乡村生活污水收集二级管网工程(一级工程由市负责)完工。同年，实现农村生活垃圾收集全覆盖。2010年末，全区有乡道178.55千米，村道260.03千米，公路密度154.36千米/百平方千米；乡道桥梁180座，村道桥梁198座，城乡公交线路17条。

2010年年末，区属建制镇住宅建筑面积334.24万平方米(人均61.34平方米)，公共建筑建筑面积67.6万平方米，生产性建筑面积450.14万平方米。有道路长度128.85千米、道路面积178.45平方米，道路照明灯盏3349盏，桥梁117座，防洪堤长度11.4千米，污水处理装置10个、年污水处理总量669.5万立方米，排水管道长252.13千米，排水暗渠长35.6千米。同年，区属建制镇清运、处理生活垃圾2.9万吨，无害化处理率100%；有生活垃圾中转站4座，环卫专用车辆119辆，公共厕所64座。

第四节　新农村建设

区委、区政府先后制定出台《关于进一步加大统筹城乡发展力度加快推进城乡一体化促进现代新农村建设的若干意见》等20多个政策性文件，加大资金筹措、土地承包经营权流转、社会保障和就业创业等扶持力度，形成了比较完整的政策体系，有力推动“两分两换”“两新”工程建设和统筹城乡综合配套改革工作。

2007年以前，区5个镇有90%左右的农民散居在1573个自然村落，户均宅基地面积达0.86亩，土地利用率低，土地资源节约集约利用空间较大。2007年，印发《南湖区农村社区实验区工作实施意见》，编制《南湖区新农村社区布点规划》。新社区规划编制坚持“两个分离”，即人畜分离、居住与生产分离。区、镇财政投入10多亿元，由各镇选择1个村进行农村新社区试点。

2008年4月，区成为嘉兴统筹城乡综合配套改革的先行先试区，选择七星、余新两镇率先启动统筹城乡综合配套改革，以推进“两分两换”(指即宅基地与承包地分开，搬迁与土地流传分开，以土地承包经营权换股、换租、增保障，推进集约经营，转换生产方式，以宅基地换钱、换房、换地方，推进集中居住，转换生活方式。）为重点，通过人口集中、产业集聚、配套设施集成的手段来完成全区的5个新市镇的建设，将51个行政村1573个自然村进一步压缩整合，规划集聚成5个新市镇社区组团、18个城乡一体新社区。10月，七星镇作为全市第一家统筹城乡综合配套改革试点镇，启动“两分两换”试点工作。同时，余新镇也选择明星、金星等5个村先行“两分两换”。至2009年8月，余新镇累计竣工城乡一体新社区农民住宅1709户，在建918户。

2009年，区被确定为“全国农村社区建设实验县（市、区）”，全区启动建设新市镇社区点26个，城乡一体新社区点18个，80%的建制村开展农村社区建设。当年，完成34个农村新社区建设规划，提出《南湖区农村新社区建设公建配套实施意见》，推出《南湖区新农村住宅建设图集》，向农户推荐占地面积90～110平方米的6种农房户型。至年底，全区累计启动现代新市镇社区和城乡一体新社区在建数44个，累计竣工农房2088户（不含“两分两换”、拆迁安置公寓房建设，下同），其中竣工799户，在建户数1156户，新启动建设1647户，累计完成新社区公建投入12639万元，其中2009年投入5427万元。区财政已下拨专项补助资金1240万元。

2010年，全区提前完成农村新社区建设任务，16个农村新社区被命名为“省级农村全面小康新社区”。同年末，七星镇已启动“两分两换”6期，开工建设建筑面积250万平方米的五大安置小区。其中位于镇区东北的大树绿苑共27幢701套，总建筑面积8.6万平方米，位于320国道北侧的江南新家园191幢5694套，总建筑面积72万平方米。

第七章　建设管理

第一节　管理机构

机构

1949年5月，市政府建立实业科，8月改为建设科，1954年8月改为交通建设科，1981年3月设县基本建设局。1983年8月建区后新建城乡建设环境保护局，1993年11月更名为区城乡建设环境保护局，2000年更名为区建设交通局。2001年12月26日，分设为区建设局，2005年4月15日，更名为区规划与建设局。2008年12月24日，挂区人民防空办公室牌子。2010年年底，下属有4个事业单位，有专业技术人员26人，其中有副高级职称6人，大学以上学历20人。

2000年10月12日，局属区房地产管理处与区拆迁管理办公室合署办公；市政公用事业处另挂区建设规划管理处牌子，2004年9月19日分设。2006年7月11日增设法制科，挂牌于管理科；建筑业管理处增挂区建设安全监察站，并增加人员编制2名。2009年6月15日增设行政许可科，挂牌于管理科。

职能

2000年7月6日，市政府印发关于市和区规划建设事权划分，规定：以杭州塘、平湖塘为界，北至北郊河及东外环河，南至规划外环路（包括东部延伸段），面积约100平方千米的规划建设管理，由市建设行政主管部门负责；区建设管理职能范围为秀城新区、嘉兴科技城、嘉兴工业区及区辖新丰、余新、凤桥、大桥、七星5镇，同时，按照属地管理与行业管理相结合原则，参与辖区内住宅小区（住宅组团）的总布方案会审、综合验收工作，对物业管理工作进行监督、指导和组织实施。2008年7月30日，市委、市政府决定组建嘉兴市湘家荡区域联合开发建设管理委员会，作为市政府派出机构，对湘家荡区域开发建设全面管理。

根据全区国民经济和社会发展的总体目标和规划，区规划与建设局研究拟订建设事业的发展战略、中长期规划、产业政策和体制改革方案，并监督指导实施；贯彻执行国家和省、市关于城市规划、村镇规划、工程建设、城市建设、村镇建设、建筑业、住宅业与房地产业、勘察设计咨询业、园林、市政公用事业的法律、法规和方针、政策；负责全区建设规划工作，承担推进城市化的组织协调工作，负责城镇总体规划、城镇体系规划及相关专业规划的编报工作，指导优化城镇土地资源配置和利用的规划管理，参与土地利用总体规划、国土规划。

会同有关部门监督执行省建设项目可行性研究经济评价方法、经济参数、建设工期定额、建设用地指标和工程管理制度，组织实施建设行业的地方性标准和行业规范，监督指导各类工程建设标准、规范、定额的实施；指导监督全区建筑业活动，负责建设工程勘察设计、施工、工程监理、工程造价的咨询管理和指导监督，指导监督建筑市场准入、建设工程招投标，扶持建筑产业发展；指导城镇和村建设，负责城镇规划区内的城镇规划、建设、测绘、管理；根据建设行业科技发展规划、计划，组织重大建设科技项目攻关和科技成果转化、推广，指导技术引进和创新工作，推进建筑节能的全面实施；制定行业人才培养规划，指导行业科技人才队伍建设，负责建设行业职工队伍的培训，负责指导本系统专业技术人员管理和精神文明建设。

贯彻落实人民防空、民防相关法律政策，制定人防、民防实施方案，负责人防、民防设施建设管理工作。

负责管理住宅产业化、住房保障、房地产开发、物业管理、城市房屋拆迁工作，负责住房制度等政策落实，负责房屋登记、房屋产权产籍管理，负责房地产开发企业、物业行业管理和物业服务企业资质管理，负责白蚁防治管理工作。

第二节　行政审批

2004年，根据《中华人民共和国行政许可法》规定，将涉及区建设局行政许可的23项，包括建设用地规划许可证、建设工程规划许可证、建筑工程施工许可证、建筑业企业资质认证等由秀城区政府一号、二号令予以公布。2006年，将部分审批和管理权限委托给各镇政府行使。

2007年9月1日，印发《南湖区规划与建设局行政许可法配套制度》，其中包括行政许可受理、审核等7项制度。

2009年6月，根据市、区关于扩大新市镇部分管理权限和推进强镇扩权、积极培育现代新市镇的实施意见，进一步扩大委托镇政府行使建设类审批和管理范围，包括临时建设用地和临时建设工程规划许可证；村镇规划选址意见书和村镇规划许可证；市政、园林、绿化、环卫等公用事业的建设管理工作；镇区范围内户外广告及建筑物、设施上张挂、张贴宣传品等审批；村民建房质量安全监督管理事项，临时建设工程（含市政）建设管理；建设工程（含房屋、市政）拆除、拆迁等安全管理；摊位审批管理；建设垃圾运输和堆放管理等行政管理职能和行政执法事项。9月，为规范委托行为，明确双方的权利义务关系，续签为期2年的委托管理协议。同年，将19项行政许可事项和26项非行政许可事项统一进入市行政审批中心，挑选20名人员整体进驻。

第九篇　开放　开发

目 录

宋元及清代前期嘉兴对外贸易兴盛,鸦片战争后,生产日益萎缩,出口不振。新中国成立初期,嘉兴对外经济贸易有所恢复和发展,因计划经济所限,工业品出口较少。改革开放后,嘉兴对外交流日益活跃,开放型经济不断发展,1985年1月23日首批列入长江三角洲经济开发区。建区后,因行政区划面积较小以及市、区合署等因素,外向型经济一度发展滞缓。2000年后,区域面积扩大,经济实力明显增强。2002年起,将发展外向型经济作为“一号工程”来抓,历届政府每年举办“南湖之春”文化经贸活动,将其作为招商引资的重要平台和载体,外向型经济发展迅猛,成为区域经济的一大重要特征。截至2010年,全区实际运营的外资企业有200多家,投资总额近20亿美元;年进出口贸易额13.13亿美元。内资引进到位资金合计357.6亿元。

承载开放、开发的主阵地主要是嘉兴工业园区、南湖新区和嘉兴科技城。嘉兴工业园区作为嘉兴城市东翼副中心和门户地带,并作为区和市今后工业发展的重要基地,迄今已落户企业近500家,2010年工业总产值129亿元。南湖新区主要围绕园林、教育、商业和住宅等特色地产展开招商引资,创意文化产业发展迅速。嘉兴科技城则以引进浙江清华长三角研究院为契机,吸聚国内外著名科学研究院、名校入驻,形成以浙江清华长三角研究院、中国科学院嘉兴应用技术研究与转化中心为龙头,软件园、通讯园、芯片园、材料园、生物园、孵化园蓬勃发展的“双核六园”格局。

各镇、街道外向型经济各有亮点。新丰镇的特钢、余新镇的电动工具、七星镇的防爆、凤桥镇的机械制造和新型材料等产业已形成一定规模优势。

第一章 嘉兴工业园区

第一节 概 况

嘉兴工业园区(简称“工业园区”)位于嘉兴城市东南片区域,总规划面积35平方千米,围绕打造嘉兴东南产业新城目标,分商务科教文化核心区、战略性新兴产业发展区、新材料产业集聚区、都市型生态农业示范区4大功能区块,是南湖区发展先进制造业的重点区域和招商引资的重要载体。累计已开发面积20平方千米,落户企业400多家,形成通信电子、汽配机电、新材料产业3大产业集群。2010年,实现工业总产值129亿元;合同利用外资1.2亿美元,占全区总量的50%;实到外资6150万美元,占全区总量的47%;引进区外内资10.7亿元;完成全社会固定资产投资32亿元。

园区沿革

2001年5月14日,在沪杭高速公路十八里桥出口处,沿07省道,规划设立秀城工业区。规划面积20平方千米,由东区9平方千米、中华精细化工特色园区1平方千米和东南综合工业区(西区)10平方千米三部分组成。发展目标以现有的精细化工、轻工纺织等支柱产业为基础,致力于发展高新技术和新能源、新材料工业,使工业区成为集工业、商贸、居住、景观形象等功能为一体的城市现代化、生态化综合新区和科技企业孵化基地。至2002年4月,引进企业45家,其中三资企业10家,计划总投资9.10亿元,实际到位2.25亿元;利用外资1952.07万美元,投资的外商有德国、日本、韩国、美国、加拿大等国家。

2003年4月5日,在整合现有工业园区的基础上设立嘉兴工业区,定位目标为嘉兴城市东翼副中心和门户地带,城乡一体化的先行示范区,并作为区及市今后工业发展的重要基地。规划面积100平

2010年1月12日,澳大利亚MOX集团嘉兴产业化基地项目签约仪式

方千米，作为嘉兴经济技术开发区分区，享受省级经济开发区有关政策。2003年7月8日，嘉兴工业区开发建设领导小组成立，区主要领导分别任顾问和组长。2006年4月17日，嘉兴工业区被认定为省级开发区。

2002年4月，亚太嘉兴科技工业园区成立。园区东临秀城工业区，北至平湖塘，南至规划中的外环南路，西至规划中的外环东路，沿广益路两侧开发，总面积10.48平方千米。其中首期位于现广益路北侧，面积约5平方千米，主要吸纳高新技术产业和以通过高新技术改造实现升级换代的传统优势产业，以一类工业为主。2005年5月28日，亚太嘉兴科技工业园区更名为南湖（亚太）工业区。

2006年1月24日，嘉兴工业区、大桥镇和南湖（亚太）工业区3方整合，统称嘉兴工业园区。嘉兴工业园区和大桥镇合署办公，实行1套班子、两块牌子运作。

四大功能区块

商务科教文化核心区 规划面积18.43平方千米，以产业集聚促进人口集聚，重点发展商务、科研、教育、商贸、居住等功能，优化工业园区配套环境。

战略性新兴产业发展区 规划面积12.85平方千米，重点发展节能环保、信息技术、生物医药、新能源汽车、先进装备制造等战略性新兴产业。

新材料产业集聚区 规划面积11.4平方千米，依托原有产业基础，积极培育和发展功能性高分子材料、香精香料等产业，进一步延长产业链，实现产业提升、集群发展、科学发展。

都市型生态农业示范区 规划面积42.09平方千米，发展葡萄、蔬菜、甲鱼、西甜瓜4大特色农业，促进传统农业向高效农业、休闲农业、生态农业转变。

中国长三角·嘉兴总部商务花园

位于园区东至高白夫港、南至广益路、西至三环东路、北至吴家荡和陆家浜，规划用地面积738亩，建造69幢商务办公大楼、酒店式公寓、住宅区及生态公园各1个。重点引进大中型企业、集团的科技研发、销售、营运中心，定位为浙北第一、长三角一流的企业、集团总部（或中心）集聚地。2006年5月28日举行奠基仪式，作为第四届“南湖之春”文化经贸系列活动主要项目之一向社会推介。至2010年年底，入驻国内外知名企业43家，注册资本6.3亿元，总投资超13亿元。

嘉兴市禾众汽车服务有限公司 成立于2002年9月，公司注册资金人民币2千万元，2008年公司在嘉兴工业园区总部商务花园内新建1幢6层办公大楼，投资2000万元，总建筑面积4752.21平方米，拥有800多平米的大型地下车库，大楼内配套办公设施齐全。

嘉兴市汇创贸易有限公司 成立于2007年4月，注册资金3000万元，是进驻总部商务花园的一家经营建筑、工业钢材的贸易公司，公司于2009年纳税超百万元，为此，2009年度被评为嘉兴工业园区纳税“突出贡献奖”。

中国电器科学研究院华东分院 2009年2月，设立于嘉兴工业园区，建筑面积22000平方米，总投资1亿元。华东分院以嘉兴为中心、辐射整个长三角地区，主要开展电器、电子、汽车内饰材料、金属材料等相关产品认证检测和服务、标准和行业技术培训、咨询、交流等行业推动、研发及高科技产品的市场推广和售后服务的业务，对完善嘉兴市区域创新体系和科技服务体系、提升嘉兴市科技和经济品牌价值、城市品位，将产生积极的意义。

嘉兴市德益流体科技有限公司 2007年，由浙江德威不锈钢管业制造有限公司投资创办，公司注册资本5000万元，总投资1.2亿元，是一家专业生产不锈钢大、中、小口径焊管及不锈钢管件的企业。公司已通过ISO 9001—2008质量管理体系认证，ISO 14001环境管理体系认证，ISO 28001职业健康管理体系认证，压力管道元件A2级认证，浙江省卫生厅涉水产品认证等，并建立了一套行之有效的科学质量管理制度。

第二节 园区建设

征迁安置

2001年，秀城工业区修筑道路，焦山门村、农建村被征用土地16公顷，失地农民参加养老保险312人。2002年，秀城工业区首期开发，焦山门村、农建村被征用土地98.67公顷，失地农民参加养老保险306人。2003年，德丰工业园和嘉兴工业区东区征迁，焦山门村、农建村862户农户被征迁，被征用土地236.93公顷，失地农民参加养老保险2864人；建造天明花苑A区安置房851套，建筑面积10万平方米，投入资金1.33亿元。2004年，加西贝拉、亚太工业园、科技城、湖滨安置房区块和“三合一”工程征迁，十八里村、八里村、江南村995户农户被征迁，征用土地124公顷，失地农民参加养老保险632人；建造天明花苑B区安置房512套，建筑面积5.5万平方米，投入资金0.65亿元。2005年，继续征用十八里村、八里村、江南村土地105.07公顷，失土农民参加养老保险1326人；建造湖滨花苑安置房745套，建筑面积5.9055万平方米，投入资金1.3411亿元。建造景湖花园一期安置房，建筑面积7万平方米，安置南湖（亚太）工业园区的征迁户，投入资金1.75亿元；失土农民参加养老保险1326人。

2006年，步云热电厂周边区域征迁，花园村和桥西村76户农户被征迁，征用土地58.4公顷；建造景湖花园二期，建筑面积2.8万平方米，继续安置南湖（亚太）工业园区征迁户，投入资金0.7亿元。失地农民参加养老保险688人。2007年，工业园区东区环境整治、东区遗留户、工业园区南区一期和香料产业园征迁，花园村、焦山门村、吕塘村、建国村429户农户被征迁，征用土地85.2公顷；建造步云花苑安置房171套，建筑面积2.0876万平方米，投入资金0.2亿元；建造天香花苑安置房1397套，建筑面积18.3535万平方米，投入资金2.3亿元。失地农民参加养老保险1623人。2008年，工业园区南区二期和三期、步云热电厂周边环境整治和跨海大桥北岸连接线、统筹城乡新农村建设一期和二期征迁，吕塘村、十八里村和由桥村等1116户农户被征迁，征用土地257.33公顷，拓展发展空间约566.67公顷；建造平湖塘花苑安置房906套，建筑面积10.27万平方米，投入资金1.7亿元。870户进入城镇集聚，失地农民参加养老保险706人。2009年，沪杭客运专线、农建村环境整治和由桥村（高压线）、胥山天燃气管道、07省道等拓宽工程，十八里村、东洋浜村、由桥村、焦山门村等231户农户被征迁，征用土地184公顷；建造亚澳花苑安置房439套，建筑面积5.8886万平方米，投入资金0.877亿元。失地农民参加养老保险3204人。

2010年，建造十八里花苑安置房230套，建筑面积5.4255万平方米，投入资金0.9亿元；南祥苑小高层安置房89套，建筑面积4.4135万平方米，投入资金1.2078亿元；水马南苑安置房177套，建筑面积8.1534万平方米，投入资金1.8亿元。安置十八里村、吕塘村、由桥村、花园村、农建村、焦山门村和建国村被征迁户。当年，征用土地22.13公顷，失地农民参加养老保险1182人。

至2010年，嘉兴工业园区（未含亚太工业区）共征用土地1188.2公顷，征迁农户3721户，征迁安置人口1.28万人，失地农民参加养老保险12843人；建造安置房6785套，建筑总面积72.2187万平方米。资金总投入20.7165亿元，其中征迁经费7.7616亿元。

基础设施

路、桥　2001年3月始，东区拉开建筑“四横五纵”道路帷幕。“四横”为老07省道（拓宽）、北环三路、明新路和北环一路；“五纵”为步焦公路、欧嘉路、顺风路、永叙路和江南路。当年，富源路和富源桥建成通车。2002年9月起，西区相继启动“一环三横五纵”。“一环”为中环南路；“三横”为南溪东路、凌公塘路、横港路；“五纵”为亚美路、亚欧路、亚太路、亚中路、亚澳路。2003年，亚太路、亚中路、亚澳路、前新路、江南路和麒麟桥、塔港桥、江南桥、倪家浜桥、西白洋桥、兴业桥、夜字圩桥竣工通车。2004年，北环一路、北环三路、步焦公路、顺风路和上庄桥、先圣桥、夏义桥、张家港桥、汤家浜桥、夏霖桥、夏云桥、竹丝浜桥建成通车。2005年，东塘路、东塘支路、嘉钢大道、南溪东路、凌公塘路和高白夫港桥、朝阳桥、范福桥、天云桥、常泾桥、天宁桥、天义桥、吴家桥建成通车。

2006年，亚欧路、亚美路、振兴路、欧嘉路和向荣桥、发展桥、范兴桥、广安桥、南方桥、共进桥、亚美桥建成通车。2007年年底始，南区全面实施“三横三纵”路网建设。“三横”为新桥路、新昌路和新大公路延伸段；“三纵”为余步公路、永庆路和兴业路。当年，永叙路和天明桥、广通桥、金泉桥、旺湖桥建成通车，完成中华大道拓宽改造工程。2008年，实施新社区道路、管线等基础设施建设；规划建设中心农贸市场和十八里大街拓宽改造工程；长4千米、宽4～13米的总部花园商务配套道路开工建设。当年，余步公路延伸段竣工通车。2009年，余步公路跨平湖塘大桥段和余步大桥竣工通车。2010年，南区路网后续建设、焦山门大桥拓宽等竣工通车；七沈公路大桥段、十八里大桥改造段工程全面展开。

2001—2010年，嘉兴工业园区共投资3.2亿元，先后建成30余条不同等级道路，总长49.512千米。

电 2007年，西区11万伏亚太变投入运行；东区11万伏江南变开工建设。至2010年年底，园区内共有南湖、亚太、江南、步云4个变电所，变压器450台，总容量87975千伏安。年用电总量4792.2842万千瓦时。

水 园区供水主要来自步云清泉自来水有限公司、大桥自来水厂和嘉兴市嘉源给排水有限公司，年供水量超400万吨。

汽 园区企业绿色能源有限公司从1998年开始，为东区（原秀城工业园区）企业输送蒸汽。至2010年，用汽企业77家，年供气量58万吨。中华热电公司年供蒸汽65万吨。

气 2000年，开始实施天燃气管道建设工程。大桥镇区已建成投产中压管线49千米，日供应天燃气30万立方米；西区及东区共有天燃气使用企业15家，年用气量1095万立方米。

教育 2010年10月，位于工业园区内的东北师范大学南湖实验学校筹建工作启动。占地面积123亩，建筑面积约4.4万余平方米，实行9年一贯制，设计规模60个班，计划于2012年秋季招生。

园林绿化 “十五”计划时期（2001—2005），对西区亚太路、亚中路、亚澳路、南溪路和平湖塘路段实施道路绿化工程。“十一五”规划时期，东、西、南三区全面实施区道路绿化工程，其中东区高速公路出口处路段、北环三路延伸段、江南路、老07省道和大桥休闲公园等路段植树绿化30.8933万平方米；西区广益路、总部商务花园西片、二号路、凌公塘路和亚欧路等实施绿化面积9.57万平方米；南区新07省道与余步公路交叉口等实施绿化1000余平方米。至2010年，道路绿化面积40.5633万平方米，总投资1542.9953万元；休闲公园、环保绿地等生态园林总面积184.58公顷。人均公共绿化面积5.2平方米。

招商引资

2002—2006年，以南湖（亚太）工业园区为主平台，实施“提升一产、主攻二产、发展三产”三大战略，5年累计完成合同外资33487万美元，到位外资9438万美元，区外内资32.18亿元，完成工业投入49.12亿元。成功引进一汽奥迪4S，上汽大众4S、大地房产、大树房产、川富置业、美嘉房产等多个三产项目。

2006年8月22日，温州新天地塑胶有限公司签约入驻园区东区，总投资10亿元人民币。28个知名企业（集团）签约入驻中国长三角·嘉兴总部商务花园。2007年，出台《嘉兴工业园区项目引荐奖励试行办法》。目标主招汽车配件、通信电子、机械电气3大产业。在北京、上海、广东、杭州、宁波、温州等地举办多场招商推介活动。完成合同外资10587万美元，实到外资3006万美元；引进区外内资8.5亿元，其中市外内资3.88亿元。引进外资项目9个、内资项目17个，其中晟仁电子、华捷汽车零部件注册资本各1000万美元以上，华滨包装、奔腾电器各投资10亿元。完成工业生产性投入17.5亿元。2008年，合同利用外资8093万美元，实际利用外资4095万美元，分别占南湖区三分之一；引进区外内资9.26亿元，其中市外内资4.1亿元。工业生产性投入完成20亿元。

2009年5月，园区招商局成立。组织外出招商活动110多批次。承办第七届“南湖之春”文化经贸活动、南湖航空产业园建设研讨会、压缩机产业集群推介会等活动。中国电器研究院华东分院、锐奇电动工具等重大项目相继落户。实现合同利用外资7378万美元，实际利用外资6001万美元；引进区外内资9.6亿元，其中市外内资4.6亿元。完成工业生产性投入21亿元。完成固定资产投资26.92亿元。为企业融资和提供担保5000多万元，盘活存量土地282亩，出租标准厂房23546平方米。

2010年，合同利用外资13098万美元，实际利用外资6151万美元，分别占南湖区的42.25%和44.9%；引进区外内资10.7亿元，其中市外内资9.7亿元；完成出口交货值19.5亿元。完成工业生产性投入23亿元。成功引进敏实电动汽车、普利特新材料等大项目。

2010年5月31日，引进印度项目签约仪式

第三节 企业选介

浙江卫星控股集团 位于步焦公路边。1992年10月创办于嘉北乡殷秀村，名卫星纺织助机厂。2005年8月搬迁至工业园区，2006年8月新建厂房，占地面积33.33公顷，总建筑面积5万余平方米，2010年更名为浙江卫星石化股份有限公司，成为国内最大的丙烯酸酯高分子乳液和树脂生产企业之一。产品应用于航天航空、汽车制造、医疗卫生、纺织、建筑等领域，畅销国内，出口美国、英国、印度等国家和中国香港地区，具有自营进出口权。卫星运输有50余辆运输车辆。2010年，实现销售收入15.4亿元，税收4628万元，被评为中国化工行业最具竞争力500强企业，中国专用化学品制造业最具竞争力50强企业。

嘉兴市中华化工有限责任公司 创办于1976年，为中国化工行业500强和中国香兰素生产基地。占地面积700余亩，总建筑面积7.5万平方米，总资产15亿元，员工1308名。下属嘉兴市民新香料有限公司、嘉兴市华明物资贸易有限公司、嘉兴市中华热电开发有限公司、嘉兴市经发化工有限公司、嘉兴市丰杰精细化工有限公司5家企业。主要生产经营香兰素、乙基香兰素、邻硝基氯苯、二甲基苯胺、愈创木酚、疏酸钾、水泥等产品。香兰素产品90%出口，占全球销售额的54%，分别销往亚洲、欧美等国家和地区。公司“久珠”商标为中国驰名商标和省著名商标。“久珠”香兰素为省名牌产品。在国家统计局发布的“2007中国工业行业排头兵企业”中，中华化工有限责任公司为全国香料、香精制造业第1名。2010年实现销售收入19.2亿元，税收1.5亿元。

敏实集团嘉兴企业 为国际车身结构件、汽车装饰件、汽车装饰条产品著名厂商。2003年8月起，在嘉兴工业园区先后设立敏惠、兴禾、敏凯、振禾、敏实、敏德等6家汽车零部件企业。总占地面积约730亩，总注册资本14151万美元，累计投资2.5亿美元。2010年，实现销售产值15.5亿元，利税1.9亿元。其中敏惠公司是国家高新技术企业，是敏实集团目前规模最大、工艺最全的生产制造、海外出口、技术研发和人才培养基地，获2010年市长质量奖，为全市首家获此奖外资企业。

加西贝拉压缩机有限公司 创建于1988年12月，创办于王店镇，2002年迁址工业园区，新建厂房占地面积205亩，厂房建筑面积67178.76平方米，总资产13.47亿元。年产压缩机800万台以上。为国家高新技术企业，冰箱压缩机行业国家标准制修订牵头组长单位。分别与德国博世西门子、瑞典伊莱克斯、意大利尹黛喜、西班牙法格、韩国三星和海尔、海信、美的等国内外知名家电生产企业建立良好合作关系。连续9年在产销总量、产品性能、经济效益三方面保持国内行业领先地位。先后获中国驰名商标、中国名牌产品、国家火炬项目新产品、中国环境贡献奖、全国五一劳动奖状、浙江出口名牌等荣誉称号。

天通控股股份有限公司嘉兴基地 天通控股公司为国内首家自然人直接控股的上市公司，国家高新技术企业，主要发展磁性材料、光电器件、电子制造服务3大产业和与之配套的专业装备产业。2005年起，在嘉兴工业园区亚太路1号创办嘉兴基地，占地面积382亩，总建筑面积30万平方米。先后成立天通浙江精电、天通浙江光电、嘉兴天日工业设备、博创科技、嘉兴思博咨询、嘉兴天盈科技等6家公司企业。其中天通浙江精电系总公司电子制造服务平台，为全球客户提供集客制化设计、制造、采购和物流管理为一体的完整解决方案。

浙江正泰电缆有限公司 创建于2003年9月。浙江南湖电缆有限公司创建2005年12月，正泰电气电线电缆公司控股重组后更现名。占地面积85亩，总建筑面积3万余平方米。主要生产布电线、电力电缆、计算机电缆、预分支电缆、特种电缆等20多个系列产品，规格26000多种。生产设备先进，建有具国内先进水平的中心试验室。产品覆盖全国，并销往俄罗斯、捷克、尼日利亚等国家。2010年，实现销售额7.8亿元，税收1806万元。

艺巴萨印刷设备(嘉兴)有限公司 由西班牙艺巴萨工业有限公司全额投资，注册资金1100万美元，2008年7月落户，占地面积约34亩。有上下2层近7千平方米的现代化厂房；一条长200米，高精度、高自动化程度的PS/CTP板生产线；投资160万元，建立达欧洲排放标准的污水处理系统。2009年6月，成功试生产50万平方米PS板，其中38万平方米出口欧洲等地。现形成年产500万平方米平版印刷板(PS板和CTP板)生产规模，年销售收入840万美元，利税200万美元。

浙江罗卡芙家纺有限公司 ROYALCOVER(罗卡芙)是意大利纺织品名牌，定位中高档家用纺织品市场。2004年在工业园区设立公司，为ROYALCOVER品牌在中国的生产加工中心。公司占地面积81亩，建筑面积6万平方米，总投资1.2亿元，从日本、台湾等地引进先进生产设备。在上海设立全资子公司上海香玫坊床上用品有限公司，主要负责罗卡芙家纺(Royal Cover Hometex)的研发设计工作。2010年，实现销售额9164万元。

浙江格兰德机械有限公司 创建于2003年，占地面积4.6万平方米，总建筑面积2.2万平方米。产品主要为加西贝拉压缩机有限公司、上海日立等多家国内知名压缩机制造公司的机用压铸件、冲压件、电机等配套，系全国大型压缩机配套厂家。2010年，实现销售额2.33亿元。

第二章 南湖新区

第一节 概 况

位于市区东段广益路两侧，规划面积6.5平方千米。是南湖区行政中心驻地，是嘉兴城市“东进南移”的核心区域和城市副中心。定位于与嘉兴老城区错位发展、功能互补，建成集行政办公、新型商贸服务、文化娱乐和居住功能为一体的现代化生态宜居新城。

2000年8月，按照嘉兴市城市总体规划和发展需要，规划建设秀城新区，东至双溪路、西至中环东路、南至中环南路、北至南溪路，面积1.5平方千米。2002年5月，市政府同意秀城新区沿中环南路北侧、平湖塘南侧向东拓展，面积扩大至6.5平方千米。2002年6月，成立秀城新区管理委员会和秀城新区开发建设有限公司，管委会和公司实行两块牌子、一套班子运作模式，下设办公室、前期部、招商部、财务部、工程部5个工作机构。2005年，更名南湖新区。2009年1月，南湖新区与东栅街道合署办公，行政区域面积为26平方千米。

第二节 新区建设

规划编制

2004—2006年，先后制定《秀城新区控制性详细规划》等规划。

《秀城新区控制性详细规划》委托上海同济大学于2004年3月开始制订，2005年经嘉兴市城市规划委员会评审通过。确定新区“三心”(商贸中心、行政中心、绿化中心)、“四带”(商贸发展带、绿化休闲带、商业设施带、滨水生态带)、“五区”(四大居住片区和商贸综合区)的整体空间结构。

《凌公塘生态景观区规划》 南京大学城市规

划院于2004年初开始编制。规划区域为市区东南片花园村北侧，西至中环东路，东至外环东路，总面积约52.4公顷，包括凌公塘水域以及周边规划功能区。规划功能区包括秀城公园、体育公园、文化主题公园和若干商贸配套设施。

《南湖新区商业规划》　2005年12月制定完成。确定一轴一心（中环南路商务景观大道和商贸中心区）、一带四园（凌公塘生态景观带和四个休闲主题公园）、二路四街（五星路、南溪路商业街区和四条专业特色街）、二片二十区（两片新型社区和20个社区商业）的商业布局网络体系。

拆迁安置

2002年4月25日，启动秀城新区第一期拆迁工作。拆迁范围东至嘉凤公路，南至中环南路，西至中环东路，北至南溪路，面积1.5平方千米。征用土地2250亩，涉及东栅街道汇农、高桥、郭家桥3个村212家农户和嘉禾毛纺厂、国君通用机械厂2家单位，约63150平方米房屋建筑，2002年5月21日完成拆迁。

2003年5月26日，启动第二期拆迁。拆迁范围东至外环东路，南至中环南路，西至双溪路，北至东栅小学北河道，面积5平方千米。征用土地5200亩，涉及东栅街道高桥、郭家桥、九曲3个村780家农户、7家单位，约17万平方米房屋建筑。于2003年7月4日完成拆迁。

拆迁同时，投入2.8亿元建造中山怡和园、双溪花园、景湖花园3个安置小区，71幢2023套安置房。2003年，中山怡和园率先建成。

生活和基础设施

道路　2003年9月至2004年6月，先后启动“三横三纵”主干道建设，建成全长约15.7千米道路网。“三横”主干道为南溪路、景湖路、凌公塘路；“三纵”主干道为景怡路、双溪路、五星路。

公园绿化　道路建设同时，进行路边绿化，完成25万平方米道路绿化。2007年2月28日，启动建设凌公塘音乐文化主题公园，总投资8000万元，占地面积175亩。2010年4月，投资3000万元将区行政中心南面8.86万平方米绿地改建为南湖广场。

河道整治　2004年下半年，启动新区河道整治工程。总计投入1100多万元整治河道5.6千米，疏竣土方50万立方米，修筑护岸11千米。

南溪农贸市场　2006年8月28日开工建设。北邻南溪东路，东靠五星路，西接河道，占地面积20亩，建筑面积近3万平方米，经营面积4459平方米，到2010年，仍为市区规模最大的农贸市场。

南湖新区公交枢纽站　2007年9月启动建设。位于五星路西侧、万好家居购物广场斜对面，总用地面积2万多平方米，一期工程占地1.2万平方米，概算总投资200万元，为嘉兴城市东南片区公交换乘中心。

教育　由区政府和北京师范大学合作办学的北师大南湖附属学校于2009年8月建成。学校位于凌公塘音乐文化主题公园东侧，占地面积11万多平方米，投资2亿多元，实行小学到高中12年一贯制，校舍及所有配套设施均达到或高于省标准化一类学校。

招商引资

主要围绕园林、教育、商业3大特色地产展开。园林地产优势为：新区外围由2万亩城市楔形绿地、植物园组成生态屏障，腹地沿平湖塘滨水绿化景观带组成生态轴，中心由南湖广场、国际网球中心、凌公塘音乐文化主题公园等构成3千米凌公塘生态景观群落；教育地产亮点为：新区周边已集聚同济大学浙江学院、嘉兴一中、市实验小学、高中园区、南湖国际实验学校等名校，区政府还与北京师范大学合作办学，使新区有了从幼儿园到大学学制齐全的优质教育资源；商业地产着眼于打造城市“新商圈”。

2003年起，每年举办的区“南湖之春”文化经贸活动，都将新区作为重点推介区域，新区也根据自身特点，举行国际轮滑马拉松邀请赛、国际男子网球巡回赛、全国FLASH公益动画创作大赛、钢雕艺术节、中国网页游戏高峰论坛等活动，充分展示自身优势，凝聚人气，扩大影响。

2008年8月，启动嘉兴中心活力区江南CBD（中央商务区英文缩写）项目建设。江南CBD选址在国际中港城东侧，建筑规模70万平方米左右，由“一带”(第五大道商业带)、“四区”(办公区、商业区、生活区、休闲娱乐区)、“五中心”(新区行政中心、商业中心、商务中心、文化休闲中心和生活中心)组成。建成后,可引入1200户商家,供2000家左右企业入驻,集聚常住人口1万人以上。2009年5月30日,江南CBD南湖新区商务大楼与南湖区商会大厦已率先开工建设。

新区先后引进格林小镇、澳洲花园、康桥花园、罗马都市、广宜文苑、水榭花都、当代华府、远洋花园、中成名都、格兰英郡等高档小区;万好家居购物广场、国际电气城、汽车商贸园、红星美凯龙生活家居广场等大型专业市场竞相入驻;国际中港城、协和广场、泰富广场、汇金广场等商务楼宇相继建成。累计开发建设各类项目74个,建成或在建各类住宅、商贸、公共建设项目建筑面积500多万平方米,计划总投资144亿元。集聚常住人口4万多人。

经求是《小康》杂志社发起的“中国(国际)休闲发展论坛”组委会评选,南湖新区获“2008中国十大文化休闲基地”称号。

2010年12月,国家973项目,微藻能源规模化制备科学基础项目,在嘉兴科技城举行项目启动会议

第三节　嘉兴国际创意文化产业园

为全市最早开发建设的国际文化创意产业园区,浙江省集聚发展的31个文化创意产业园区之一。位于东至都市文涛苑小区,南至富民路,西至浙江宏正设计院,北至中环南路,面积约100亩,建筑面积约7.4万平方米。规划东至现商务大道,南至长水路,西至纺工路,北至中环南路,总面积2400余亩。

2006年12月东栅工业园区“退二进三”,建设嘉兴国际创意文化产业园。定位于设计与广告、传媒与动漫、文化与艺术、教育与培训、配套服务等五大业务范围。2009年3月6日成立嘉兴国际创意文化产业园管委会,并由东栅街道与嘉兴科技城共同出资3000万元组建嘉兴创意投资开发有限公司,具体承担园区基础设施建设、投融资等行为。

以“突出重点区域、突出重点产业、突出园区特色”为原则,着力引进规模大、成长性好、经济效益突出、有利于产业集聚发展的创意产业龙头项目。同时出台扶持政策,吸引企业入驻。

2008年8月18日,与上海文汇新民联合报业集团签订联建上海文新传媒CG艺术谷(CG,英文缩写,指利用计算机技术进行视觉设计和生产)暨CG艺术国际联盟中国站战略合作框架协议。10月24日,与中国美术家协会漫画艺委会签约建立中国南湖漫画作家村,将逐步引进漫画创作个体、漫画创作工作室、漫画产业经营运作机构进入南湖漫画作家村,培育相关中介机构。

2009年5月19日,与中华网科技公司联合建立的网页游戏孵化平台启动,计划打造一个国内最大、全球领先的网页游戏开发、经营基地,并带动3G、动漫、创新型互联网业务等相关产业的共同发展。

2010年5月23日,与嘉兴日报报业传媒集团签约合作的嘉报集团文化产业园项目开工,项目占地面积32亩,建筑面积5万平方米,投资2.5亿元将积极发展报业传媒、教育培训、咨询策划、时尚消费、工业设计等文化创意产业。另与浙江微软技术中心、上海创意产业协会、复旦大学视觉艺术学院美术学院、上海狂龙数码科技有限公司、嘉兴学院服装与艺术设计学院、嘉兴职业技术学院艺术与设计分院、嘉兴画院等多个创意团队和高等院校建立战略合作关系。

先后举办“江水如蓝·博巴油画训练班文献展”、“创意与环保”铁哥们环保铁艺展、2008中国(嘉兴)创意产业论坛、嘉兴首届和第二届国际钢雕艺术节、第二届和第三届中国网页游戏高峰论坛、2009南湖杯全国flash(矢量动画)公益动画创作大赛、非物质文化遗产民间剪纸作品展、《风雅之江》5

人水彩画展、《天工苑》集邮文化展、爱我中华——“两岸三地”集邮联谊展等一系列创意活动。

到2010年年底，园区已集聚各类创意及配套企业101家。初步形成以嘉兴规划设计研究院、浙江宏正建筑设计有限公司、嘉兴市典尚空间装饰工程有限公司等为代表的设计产业的集聚；以嘉兴日报报业传媒集团、上海文汇新民联合报业集团为代表的报业传媒等文化创意产业的集聚；以浙江（嘉兴）微软技术中心、中华网科技公司、麦包包（全国最大的箱包在线商城）等为代表的创新型互联网产业的集聚；以东栅当代艺术中心铁哥们环保钢雕艺术、6070文化俱乐部、天工苑艺术集聚区、G&D（葛芮丝丹——完全手绘工坊）等为代表的文化艺术产业的集聚。

第四节　项目选介

国际中港城

为南湖新区核心区域商业“航母”。位于广益路与双溪路交叉口东北侧，用地面积528亩，总建筑面积115万平方米，计划总投资约40亿元人民币。2003年12月，由香港盈兆集团开发建设，2007年年初由浙江中成控股集团有限公司接手续建。由层高168米、9.5万平方米五星级中港名都大酒店、25万平方米商贸居住旅游综合体、5.6万平方米俪都大酒店、66万平方米高档住宅以及配套物业等组成。俪都大酒店总投资15000万元，于2004年5月开工建设，2010年1月竣工。商贸居住旅游综合体总投资71070万元，于2004年11月开工建设。中港名都大酒店总投资50000万元，于2007年8月开工建设。其中商贸居住旅游综合体内的浙江东方地质博物馆面积1.2万平方米，为省首个综合性地质博物馆和全国规模最大的地质博物馆之一；中港国际会展中心，金悦王朝国宴中心集展览展示、千人会议、餐饮为一体；还有沃尔玛大型超市及各式餐饮、数码院线等业态。国际中港城外围为中港乐园，投资5000万元，建筑面积3万多平方米，集特色饮食、民间文艺、主题游乐、体验文化为一体。

红星美凯龙全球家居生活广场

位于广益路北侧万好家居东侧、国际电气城西面，建筑面积10万平方米，由嘉兴中弘置业与上海红星美凯龙集团合作建设，为嘉兴市域规模最大的一站式精品家居广场。项目总投资38000万元，于2009年5月开工建设，2010年1月竣工。项目以体验式全球家居博览中心和一站式世界家居工厂直销中心为目标，可容纳500家商户进入市场营业。商场共分五层，其中一楼至二楼为建材区，三楼至五楼为家具区。

信源·国际电气城

位于广益路北侧，占地面积300亩，建筑面积30万平方米，为市政府“十一五”重点工程之一。其中一期五金机电市场，总投资52000万元，建筑面积13.2万平方米，2007年2月开工建设，2008年9月竣工，集商品交易、品牌展示、贸易办公、电子商务、会展服务、现代物流等多项业态。二期信源·商业城建筑（赛格电子市场）总投资4.45亿万元，建筑面积约8.5万平方米，2009年11月开工建设，一至二楼定位为电子专业市场，三至四楼专营酒店、文体用品。三期灯饰灯具市场正在规划中。至2010年，一期五金机电市场已集聚国内外各大五金机电知名品牌总代理商近千家。

嘉兴汽车商贸园

位于广益路南侧，规划总用地1420亩，前身为嘉兴车城，位于中环西路新塍塘桥北堍，1999年10月开业，2004年3月28日迁至现址并更名。项目北区一期工程占地面积202亩，总投资20000万元，于2003年7月开工，2004年3月竣工，为品牌店集中区及车辆交易中心区，包括品牌专营店、汽车展示厅、摩托车展示厅等，除品牌店外均由园区自行建设。北区二期用地约409亩，其中4S汽车品牌专卖店用地80亩，总投资65950万元，2009年12月开工，2010年11月竣工；汽配交易中心用地195亩。汽配市场一期工程占地67亩，建筑面积约4.5万平方米，总投资1.3亿元，于09年12月28日开业。南区用地约769亩，沿三环东路、南江路规划品牌店用地约150

亩，规划建设二手车市场建设用地110亩，东南侧规划建设汽车宾馆及配套设施58亩。现入驻商家168家，其中汽车45家，摩托车4家，二手车商81家，金融保险机构13家，汽车品牌店18家。2006年评为省四星级文明规范市场。

第三章　嘉兴科技城

第一节　概　况

位于市区东，北靠广益路，东邻沪杭高速出口处，南接规划中的嘉兴客运中心，西连南湖新区，规划面积10.66平方千米。至2010年年底，已基本形成以浙江清华长三角研究院、中国科学院嘉兴应用技术研发与转化中心为龙头，软件园、通讯园、芯片园、材料园、生物园、孵化园蓬勃发展的“双核六园”格局。

成立背景

2003年年底，嘉兴年人均GDP已近3000美元，新的发展受多种要素制约，正探索以创新要素供给替代自然资源不足并克服环境容量制约之际，获悉省政府欲引进清华大学科技创新载体时，市委书记、市长率队展开一系列强有力争取引进工作，终获成功。12月31日，省政府与清华大学正式签约，在嘉兴设立浙江清华长三角研究院，总部落户秀城区。同时，为进一步推动“大院名校”引进和落户需要，市委、市政府决定在秀城区兴建嘉兴科技城，成立嘉兴科技城管理委员会，由负责科技、信息产业工作的副区长任主任，区相关部门担任成员，合力推进科技城开发建设。

运作机制

嘉兴科技城实行行政管理主导与公司运作相结合。管委会作为区政府派出机构，通过搭建平台，推进“政、学、研、产”合作，行使管理服务职能。管委会下设企业实体浙江兴科科技发展投资有限公司，作为区国资委投资成立的国有独资公司，具体承担科技城基础设施建设、投融资等行为。管委会与公司实行合署办公，内设综合管理部、创新部、经济发展服务部、社会发展服务部、资产运营部和工程建设部。

发展规划

按照“高起点规划、高品位建设、高水平集聚”的原则，先后由世界著名战略咨询公司罗兰贝格、同济城市规划设计研究院、中国城市规划设计研究院、清华大学建筑设计研究院等进行战略咨询和规划。一期核心功能区规划面积3.65平方千米，以技术研发、科技孵化、产业示范、教育培训、科技商贸、生活服务为主，目标建成为区域技术、信息、人才最为集中的核心高地；二期规划拓展至10.59平方千米，围绕科技企业孵化、高技术产业化和教育培训，布局科技成果转化基地和产业示范基地。旨在通过科技创新，优化区域创新环境，加快产业结构提升，改造传统产业，打造新兴产业，实现区域经济的可持续增长，最终成为长三角地区科研原创、人才集聚、高新技术快速转化的高地和区域经济腾飞的技术引擎。

根据“五年成势、八年成型、十年成城”的中长期规划，计划到2015年，以嘉兴科技城为主的科技创新要素推进南湖区实现产值800亿元，并以此带动全省相关产业产值2000亿元以上，成为省区域创新体系副中心的主平台和核心区。

科技城功能　应用性研发和高技术成果转化、科技创业和孵化、高技术产业示范和知识产业培育、教育培训、技术转移、现代生活新居和生态文明新城。

2010年10月，区领军人才项目落户科技城

2006—2010年嘉兴科技城三项经济指标情况表

表9-1　　单位:万元

年份	技工贸总收入	税收	规上工业企业产值
2006	2600	99	—
2007	40013	430	37671.5
2008	171696	1855	105048
2009	207820	2089	111771
2010	345886	5217	203530

第二节　科技城建设

基础设施

至2010年年底,已在园区基础设施与公共配套方面累计投入10亿元,开竣工面积34万平方米。已建成项目有浙江清华长三角研究院创业大厦A段、中科院嘉兴中心一期、余新石堰小区拆迁安置房、亚太花苑拆迁安置房;改造完成项目有:南湖科创中心、许家港河道整治、亚太路、亚欧路、亚中路、由拳路等道路、人才公寓、万好家居、亚太花苑等住宅区等;在建项目有中科院嘉兴中心二期A段等工程。

科创载体引进

2003年12月31日,浙江清华长三角研究院总部落户嘉兴科技城;2004年11月23日,中国科学院与嘉兴市政府签约共建中国科学院嘉兴应用技术研究与转化中心,先后引进中科院所属14个研究所在嘉兴建工程中心,其中在嘉兴科技城建设的工程中心有中科院嘉兴无线传感网工程中心、中科院声学研究所嘉兴工程中心、中科院嘉兴微电子与系统工程中心、中科院微电子仪器与设备工程中心、中科院嘉兴材料与化工技术工程中心、中科院物理研究所嘉兴工程中心、中科院理化技术研究所嘉兴工程中心、中科院金属研究所嘉兴工程中心、中科院嘉兴轻合金技术工程中心、中科院嘉兴应用化学工程中心、中科院绿色化学工程中心。

2005年12月20日,浙江省科技厅、嘉兴市政府与乌克兰国家科学院签约共建乌克兰国家科学院国际技术转移中国(嘉兴)中心暨研发与产业化基地,落户嘉兴科技城;2007年6月24日,嘉兴科技城与俄罗斯科学院签约共建中俄科技转化中心。

博士后　院士工作站

嘉兴科技城博士后科研工作站于2009年5月成立,至2010年已引进6名博士到科技城或南湖区企业进行博士后研究工作。

嘉兴科技城院士专家工作站于2009年12月成立,以园区、科研院所、企业的创新需求为导向,以产学研合作项目为纽带,引进院士及其创新团队高端智力资源,实现创新要素集聚,帮助解决重大关键技术难题,促进科技成果转化。至2010年,已签约3名院士。

中科院创业CEO俱乐部

2008年7月,中科院从各地分院和研究所推荐的100多个科研成果项目中选拔出30名科技精英,开设联想之星创业CEO(企业中负责日常事务的最高行政官员)特训班,免费为科技精英提供CEO特训,根据科技与产业发展趋势以及社会需求培养科技企业家,推进科学院科技成果转移转化。“中科院创业CEO俱乐部”由联想之星创业CEO特训班首期学员发起成立,作为联想之星创业CEO特训班学员们交流信息、共享资源的平台。

战略性产业平台

通讯电子　嘉兴科技城规划建设的通讯园2007年获批浙江省通讯产业(嘉兴)基地,集聚了闻泰、德景、利华、华珅、泽领等一批手机制造企业和斯达、博创、正原、天通精电等产业链上下游企业。南湖区通讯电子工业产值从2006年的7亿元,以年均90%以上速度增长。

无线传感网 中科院嘉兴无线传感网工程中心已成为我国第三代特种传感器设备研制主体,在传感器网络体系构架、组网、协同处理、传输、多种传感器及阵列等方面拥有发明专利93项,2008年发明专利申请数名列全国第一。主导我国无线传感器网络标准的制定,并参与无线传感器网络国际标准制定。

新材料 中科院镁合金型材产业化项目已完成中试生产测试,即将进入大规模产业化生产阶段,为国内首个规模化镁合金型材项目。俄罗斯机械化学磨项目主要依托俄罗斯科学院西伯利亚分院固体化学和机械化学研究所的技术,开发研磨专用设备,在新材料、新能源及农业废弃物的综合生物利用方面有了自己的核心技术。

新能源 依托中科院物理研究所等国内顶级新能源研究机构的前沿技术,布局以光伏(超白玻璃、薄膜电池、硅片清洗等)、风电、生物质能(微流控芯片、养藻制生物柴油)、储能转换(逆变器、钒流电池、超级电容器、锂离子电池)、节能产业(LED照明、功率芯片、变频器)等为核心的新能源产业基地。

精密制造 由东京大学留学归国博士开办的科创企业"华嶺机电"的直线电机技术在国内具领先地位;微电子仪器与设备工程中心主要开展常压等离子体纺织后处理、硅片表面处理、皮肤表面消毒灭菌、医疗器械灭菌等微电子成套设备的技术研发和产业化。

教育培训

2008年3月24日,华点软件学院IBM软件产品实训基地举行首期开学典礼。华点软件学院为从事高级软件人才培养的教育机构,由IBM公司支持,华点盈智教育股份公司与嘉兴科技城共同投资创办。实训基地以IBM、微软、慧点及35所示范性软件学院等为依托,以本科为起点,通过项目实训、双语教学、沙盘管理、职业规划、认证测评等国际先进方式,培养高层次、实用型、复合型中高级软件人才。2010年,培训软件专业人才1500余人。

2010年6月19日,Infosys中国教育中心(嘉兴)落成典礼在嘉兴科技城举行。Infosys技术有限公司是全球服务外包前五强企业,Infosys中国教育中心(嘉兴)是该公司在印度本土以外设立的首家培训中心。培训区占地1200平方米,设置220个在线培训坐席,学员为来自全国各所大学的优秀毕业生,每年学员人数超1000人。至2010年,累计培训人员455名。

2010年6月19日,中国教育中心(嘉兴)落成典礼

第三节　浙江清华长三角研究院

概况

2003年12月31日,浙江省人民政府与清华大学签约共建。旨在以清华大学的技术、人才为依托,立足浙江,充分发挥和利用双方优势,面向长三角地区经济社会发展需求,面向国际竞争,在先进制造、信息技术、生物医药、生态环境保护、海洋资源开发等领域,设立重点实验室、工程研究中心和博士后科研工作站,建立国际技术转移中心和继续教育基地,努力将研究院建成国内一流的科技创新、人才培养和高新技术产业化基地,促进清华大学教育、科技事业进步和浙江省及长三角地区科技、经济与社会全面发展。

三大功能

科技创新 建院以来,不断加大科研投入,创建了集成光学、生物技术与医药、生态环境、信息技术4个研究所及10余个研究中心和技术中介机构，并已有省重点实验室和市重点实验室各1个。还在筹建海洋资源开发与利用研究所。至2009年底，已累计承担纵向科研项目94项，其中国家级科研项目13项、省级科研项目41项、市级项目40项，累计合同金额2986.03万元；获政府非计划项目、企事业单位横向项目等95项，累计合同金额4146.42万元；发表各类科技论文135篇；申请并获受理专利24项，其中发明专利21项，已获专利2项；获教育部自然科学一等奖1项，浙江省科学技术进步奖二等奖1项、三等奖2项，嘉兴市科学技术进步奖二等奖一项、三等奖1项。至2010年年底，已累计承担纵向科研项目116项，其中国家级科研项目15项、省级科研项目53项、市级项目49项，累计合同金额4369.03万元；获政府非计划项目、企事业单位横向项目等130项，累计合同金额6153.82万元；发表各类科技论文169篇；申请并获受理专利25项。

高新技术产业化　2009年被省科技厅批准为省级孵化器，被中国产学研合作协会授予2009年中国产学研合作促进奖。

建院至今已引进、孵化50多家科技企业。引进深圳市创新投资集团，共同发起建立浙江创新创业投资基金，由省、市政府的引导资金和募集的民间资金构成，专为扶植高新技术企业发展，基金80%以上投资浙江企业，其中投向成长型高新技术企业占基金30%以上。与天津股权交易所合作建立投融资服务机构，积极推荐高科技、高成长、非上市、非公众型企业到天津股权交易所挂牌和交易，对解决中小企业融资难发挥了积极作用，并可促进非上市公司熟悉资本市场规则，完善公司治理结构，提供改制、重组、引入战略投资者等咨询服务。

人才培养　为地方政府和企业举办200多期管理、营销、职业技能等专业培训班，已培训11000多人。与清华大学计算机系共同在嘉兴开办清华大学计算机技术研究生课程进修班，2007年11月18日开班，课程学习时间为1～2年，招收具有大学本科毕业学历与学士学位在职工程技术或管理人员，且具有专业基础和实践经验，工作业绩突出，有24人通过该班被录取为清华大学工程硕士研究生。

2010年10月28日，中国浙江国际科技合作交流会——国际物联网应用成果推介交流会

第四节　中国科学院嘉兴应用技术研究与转化中心

概况

成立于2004年11月23日，简称中科院嘉兴中心，为中国科学院和嘉兴市政府签约共建的应用性研究和成果转化机构，也是中国科学院创新体系布局中全国首个平台型工程研发与转化中心。到2010年已入驻14家中科院研究所，在嘉兴组建16家工程中心。主要功能是充分发挥中国科学院研究所雄厚的研发力量、人才优势和综合技术实力，紧密围绕地方经济社会的科技需求，以项目合作为切入点，结合嘉兴及周边地区的产业基础、市场机制，建立创新体制和创新平台，重点开展应用技术研究开发和成果转化，加强需求牵引的技术创新与集成，加快中科院高技术成果的转移转化和规模产业化。

主要功能

技术创新平台建设　以中科院各入驻研究所共建的工程中心为主体，通过与企业合作共建和构建技术转移平台等方式，逐步形成“实验室—中试孵化—工程化推广—生产基地”的创新链。

已在信息技术、新材料、绿色化工和现代农业四大领域中的一批关键技术方向具备相当的研发能力。信息技术领域涉及无线传感网及系统、功能集成电路开发与设计、数字声学、微电子设备制造、软件开发等；新材料领域涉及高分子润滑材料、新型纳米材料制备、轻合金材料、太阳能材料、无机材料高分子复合材料等;绿色化工领域涉及高分子合成、新一代催化工艺、化工及医药中间体、环保型合成胶水、有机化学合成及改性、生物活性陶制备等;现代农业领域技术涉及农作物工厂化育种、胚胎移植技术、生态控制及检测、水资源保护等。

技术成果转化 以贴近市场、服务企业为宗旨,每年100项以上的项目中60%直接来源于当地企业的技术难题,逐步形成"面向市场+企业参与+产业化推进"的可持续项目开发机制。中科院一批高技术成果,如太阳能高效能硅片、ASP(动态服务器)、True Sound电声参数综合检测仪、分子筛分离膜、低能耗音频功放芯片、嘧啶甲醛等一批项目分别在嘉兴成功实现产业化。

区域创新研发水平

中科院嘉兴中心近5年获发明专利182项,其中无线传感网工程中心3年申请发明专利115项,占该行业国内发明专利40%以上。

在近年代表国家最高水平的16个国家重大科技专项中,无线传感网工程中心牵头申请的"国家03重大专项"(新一代宽带无线移动通信)中的"低功耗传感器网络系列节点、网关设备的研制与产业化"课题获国拨资金3250万元;微电子系统与工程中心与母体研究所共同申请的"01专项"(核心电子器件、高端通用芯片及基础软件)中的"自适应多模多频射频芯片"课题和"02专项"(极大规模集成电路制造技术及成套工艺)获中央补助金额3000万元,项目一部分正通过嘉兴平台实施产业化项目,在全市全省都具有重大意义。

2010年5月23日,德景电子产业化基地奠基仪式

第五节 高科技项目

闻泰手机产业化基地

2007年闻泰集团在嘉兴科技城建嘉兴基地,占地面积200亩。2008年11月一期工程建成投产,建筑面积8万平方米,员工1500余人,建成SMT(表面组装技术)、成品组装线、模具注塑、五金、天线、电声器件等零部件工厂,具有年产3000万台手机的生产能力。设有专业的测试实验室,分元器件确认实验室、音频实验室、ESD(静电阻抗器)实验室、硬件测试实验室、机械可靠性实验室、环境可靠性实验室、模拟用户实验室和用户体验实验室,是目前国内最完善的手机综合测试实验室之一。二期工程建成后基地将年产手机5000万台以上。

嘉兴斯达半导体有限公司

由归国留学生创办,专业从事IGBT芯片和模块设计生产的高技术企业。位于嘉兴科技城,建于2005年4月,占地面积106亩,一期总建筑面积约1万多平方米。

技术骨干为美国麻省理工学院、斯坦福大学、英国剑桥大学毕业的博士,并都曾在国际知名集成电路或半导体生产企业从事新产品开发及技术管理工作,有着5~12年开发IGBT芯片和模块的经验。先后从浙江大学等国内高等院校引进优秀人才。

客户包括变频器、焊机、风力发电,汽车制造等领域的主要生产厂家。2005年起,开始在国内半导体公司进行IGBT芯片的流片;2006年2月起,开始IGBT模块的设计生产及市场推广。2008年IGBT芯片和模块产业化项目被国家发改委列为新型电力电子器件产业化专项,获国家资助资金800万元;1700VIGBT模块产业化项目获工业和信息化部2008年度电子信息产业发展基金支持资金100万元。2010年产值超1亿元,已成为国内IGBT芯片和模块产能最大、技术领先的专业研制和生产企业。

中国民航信息集团嘉兴灾备中心

2008年12月26日，由中国民航信息集团公司与嘉兴市政府签约引进。项目占地面积约340亩，规划建筑面积17.85万平方米，总投资30亿元，计划4年建成。

2010年11月29日，助听器验配师培训班开班

中航信嘉兴灾备中心建成后，将成为中国央企的两个数据备份中心之一，服务对象是国资委直属的各大型国企；涉及公共安全的国家级数据备份中心，包括国家及全国各地的社保数据、医保数据、户籍等公安数据和金融保险行业数据备份等；以及航信集团公司自身的数据灾备中心；将成为国际的公共服务平台。在服务国内的同时，开拓国际公共安全信息增值服务市场。建成后将实现年销售收入5亿～10亿元，将以年均30%～50%速度增长，成为我国最大的国有数据灾备中心。

第四章　招商引资

第一节　概　况

建区以来，区外向型经济经历了从无到有、从小到大的发展阶段。20世纪90年代，全区工业经济发展较缓，招商引资力度相对周边地区较为薄弱。2000年后，区委、区政府把发展外向型经济作为"一号工程"来抓，每年举办大型"南湖之春"文化经贸活动，成立区招商服务局，出台一系列招商引资政策，组织企业参加广交会、台洽会、深圳推介会等大型招商引资活动，着力解决影响项目发展的瓶颈制约因素，坚持为招商引资搞好服务，招商引资成绩斐然，外向型经济迅速发展，工业经济总量和效益成倍提高。

发展进程

1988年2月成立的中加合资富兴服装公司，为区境第一家中外合资企业。进入20世纪90年代，因区域狭小及市、区合署等因素，区属外向型经济发展比较缓慢，至2000年，全区外资企业仅9家，协议利用外资项目17个，协议利用外资及港澳台资3353万美元，实际利用外资及港澳台资472万美元，地方出口总值3405万美元，外向型经济尚属起步阶段。

2000年，区域调整后，外向型经济逐渐步入由缓到快，直至快速发展时期。2002年，发展外向型经济成为区"一号工程"，成立区招商服务局，组织有关企业参加省内外10多次较大规模的投资洽谈活动，当年协议利用外资7230万美元，同比增长791%；新批外资企业49家，新批外资企业总投资13069万美元。2003年以来，实施"工业立区"战略，接连出台一系列有利于招商引资的鼓励政策，加大招商引资奖励力度；积极组织企业参加各种招商引资洽谈会；连续举办8届"南湖之春"大型文化经贸活动；邀请外商参观考察区域投资环境，广开招商引资渠道。同时，采取"以外引外""以民引外""蹲点招商""以才引商""以商引商"等多种措施，广泛开展招商引资。全区招商引资项目和招商引资到位资金，呈逐年大幅度增长态势。

2005年起，注重招商引资质量，从广泛的招商引资向"招商选资"转变，强调引进项目的科技含量、行业带动、产业配套能力等作用。特别关注龙头企业、大型项目的引进，采取各种措施给予扶持；同时，拒绝引进对环境破坏较大的高污染、高能耗、低效益产业。这一阶段，各工业区、新区和镇工业功能区都根据相应产业规划，引导优势产业配套，发展产业集群，不断提升产业层次。引进通讯电子、汽车零配件、生物医药、服务外包、先进制造业等众多科技含量较高的大企业、大项目。

2007年9月,招商服务局更名为投资促进局。当年,与上海交通大学品牌战略研究所合作开展南湖品牌课题策划,并在上海举办产业与科技推介周活动。2008年,举办温州企业家投资南湖考察行和统筹城乡发展上海行推介会。2009年,开展"上海国资走访月"活动,积极招引高科技生物医药产品、大型商贸、数字动漫、新能源装备、特色农产品资源型生产基地等国企意向项目。2010年,引进项目303个,其中外资24个、内资279个。引进了世合新农村、浙江金湖置业等企业。

政策扶持

为吸引外资及港澳台资企业落户新区,在企业所得税、增值税、营业税等方面实行"一事一策"的特别优惠。对于外商投资基础设施和高新技术项目,投资现代加工农业项目,投资开发旅游、商贸、交通运输、仓储、货运代理及中介、信息咨询等现代服务业项目,实行企业所得税区地方留成部分按一定比例由财政反馈奖励给企业的政策。在城建、土地、用电等企业发展的"瓶颈"方面,专门出台加强管理和搞好服务方面的有关扶持措施。对于单位和个人引荐并参与洽谈成功的外资、区外内资项目,实行项目引荐奖励。

服务配套措施

"南湖之春"文化经贸活动　2003年3月举办首届,每年一届,每届活动内容丰富,客商云集,为区招商引资的重要平台和载体。活动期间,各镇、街道、园区都要制订相应的文化经贸活动分方案,主要内容有文化艺术展示表演、各类庆典仪式、论坛研讨会、奠基开工项目、投产竣工项目、大会集中签约项目等。

工作服务机制　各镇、街道和部门一把手为招商引资和项目推进的第一责任人,配强配好专业招商人员,配备专业人员负责各招商网站的管理。充分利用北京、上海、福建、温州等地的招商资源,开展蹲点招商、定点招商。强化引进项目跟踪服务机制,对重点客商跟踪,重大项目亲自服务,重要问题亲自协调,着力解决影响项目发展的土地、资金、电力等瓶颈制约。为企业服务执行资料齐全马上办、资料不全指导办、紧急项目加班办、难点项目跟踪办、重点项目领导办的原则,千方百计加快洽谈项目早签约、早开工、早投产。通过BT方式、滚动开发或信贷融资等方式,重点加大嘉兴工业园区、嘉兴科技城、南湖新区和各镇工业功能区的基础设施建设,为外资项目落户提供有力保障。

2005—2010年区部分招商引资活动情况表

表9-2

序号	年份	地　点	名　　称	到会客商人数
1	2005	东莞	中国南湖投资推介会	100余人
2	2006	温州	中国南湖.温州投资推介会	200余人
3	2007	上海	南湖区产业与科技上海推介会	150余人
4	2008	香港	赴香港开展经贸考察推介活动	120余人
5	2009	嘉兴	中印合作嘉兴(南湖)投资洽谈会	印度20余家企业参加
6	2010	印度、马来西亚	服务外包专场推介会	70余人

第二节　成　果

投资引进

2003年前,引进的外资及港澳台资项目大多规模比较小。2003年,1000万美元以上大项目有4个;2004年有9个;2005年起,1000万美元以上的大项目每年都在10个以上。其中2007年合同利用外资金额最大,全年5.15亿美元,引进的49个项目,平均每个1052万美元。其中,嘉兴世茂新城房地产开发有限公司投资总额近9000万美元。2008年,实际利用外资1.41亿美元,占全市实际利用外资及港澳台资总量的10.36%，比2001年的3.50%提高6.85个百分点。2009年，因受全球金融危机影响，合同利用外资1.78亿美元，比2008年下降29%；实际利用外资1.27亿美元，比2008年下降9%；引进1000万美元以上大项目12项，比2008年下降20%。

2005年以来，招商引资渠道从原来的中国香港、中国台湾地区扩大到欧美和东南亚等国家和地区。截至2010年，按外商及港澳台商投资企业数量排名，名列前10位的国家和地区是中国香港（78家）、美国（32家）、中国台湾（26家）、日本（25家）、英属维尔京（21家）、韩国（15家）、萨摩亚（5家）、德国（3家）、澳大利亚（3家）、菲律宾（3家）；按资金总量排名，名列前10位的国家和地区是：中国香港（5.36亿美元）、英属维尔京（4.27亿美元）、美国（1.62亿美元）、中国台湾（0.57亿美元）、德国（0.31亿美元）、澳大利亚（0.31亿美元）、日本（0.31亿美元）、菲律宾（0.26亿美元）、韩国（0.24亿美元）、萨摩亚（0.19亿美元）。

2001—2010年，全区累计新批外资及港澳台资项目411个，合同利用外资及港澳台资总额22.3亿美元，实际利用外资总额8.3亿美元。至2010年，全区仍在运行的245家外资企业，累计投资总额21.9亿美元。在投资总额2500万美元以上的22家外资企业中，外资到位率达100%的有12家，占54.5%。

2001—2010年区利用外资及港澳台资项目情况表

表9-3　　单位：万美元

年份	项目个数（个）	同比增长（%）	合同利用外资总额	同比增长（%）	合同外资项目平均额	实际利用外资总额	同比增长（%）
2001	29	211	809	496	28	1304	176
2002	49	71	7230	791	148	2078	60
2003	66	38	15522	115	235	4138	99
2004	57	-14	21094	36	370	5193	26
2005	40	-30	22490	7	562	7204	39
2006	46	15	30139	34	655	8074	12
2007	49	7	51528	71	1052	14065	74
2008	26	-47	25124	-51	966	14071	持平
2009	25	-4	17797	-29	712	12741	-9
2010	24	-4	30952	74	1289.6	13701	8
合计	411	—	222685	—	541.8	82569	—

2010年全区411个外资及港澳台资项目投资产业分布情况表

表9-4　　单位：万美元

投资产业		项目个数（个）	比重（%）	合同外资	比重（%）	实到外资	比重（%）
一产		5	1.2	12517	6	1333	2
制造业	纺织服装、鞋、帽制造业	67	16.3	11417	5	4154	5
	纺织业	35	8.5	13265	6	4880	6
	化学原料及化学制品制造业	17	4.1	4062	2	1458	2
	交通运输设备制造业	29	7.1	15720	7	7270	9
	通信计算机及电子设备制造	35	8.5	25190	11	4839	6
	电子元件及组件制造	4	1.0	392	0.2	160	0.2

续表9-4

投资产业		项目个数(个)	比重(%)	合同外资	比重(%)	实到外资	比重(%)
制造业	通用、专用设备制造业	31	7.5	9671	4	5753	7
	塑料制品业	16	3.9	4658	2	3680	4
	造纸及纸制品业	8	1.9	4283	2	4086	5
	生物、生化制品的制造	2	0.5	55	0.02	—	—
	其他	75	18.2	14170	6	10342	13
三产	房地产	21	5.1	45112	20	17030	21
	租赁和商务服务业	27	6.6	44513	20	9736	12
	其他	39	9.5	17660	8	7848	10
合计		411	100	222685	100	82569	100

注:截至2010年

2010年区生产经营指标排名前10位的外资及港澳台资企业表

表9-5　　单位:亿元

十大销售企业		十大纳税企业	
企业名称	营业收入	企业名称	税金总额
嘉兴敏惠汽车零部件有限公司	8.25	嘉兴森创时装有限公司	0.398
嘉兴兴禾汽车零部件有限公司	7.34	嘉兴市四通车轮制造有限公司	0.17
浙江亚特电器有限公司	4.99	嘉兴敏惠汽车零部件有限公司	0.157
嘉兴森创时装有限公司	3.59	浙江亚特电器有限公司	0.113
金石包装(嘉兴)有限公司	2.46	嘉兴兴禾汽车零部件有限公司	0.089
嘉兴市四通车轮制造有限公司	1.89	嘉兴高科新纤维有限公司	0.066
浙江瑞华皮业有限公司	1.7	浙江瑞华皮业有限公司	0.046
浙江海晨化工有限公司	0.86	嘉兴科隆化工有限公司	0.033
嘉兴科隆化工有限公司	0.82	浙江海晨化工有限公司	0.027
浙江雅迪世纪汽车内饰件有限公司	0.70	金石包装(嘉兴)有限公司	0.026

内资引进

2003—2010年,引进内资项目累计2367个,其中区外内资项目1274个,占53.8%;市外内资项目1009个,占42.6%。在2367个引进内资项目中,属于工业类项目635个,占26.8%;商贸类项目1650个,占69.7%;其他类项目82个,占3.5%。2001—2010年,全区引进内资项目到位资金合计429.7亿元,其中市外内资项目到位资金170.2亿元,占39.6%。

2010年6月4日,科技城与野村综研签订物联网战略合作协议

2001—2010年南湖区引进内资项目资金到位情况表

表9-6　单位:亿元

年份	项目个数(个)	项目类别				到位内资			
		市外项目	区外项目	工业类项目	商贸类项目	合计	工业类项目	商贸类项目	其中市外
2001	—	—	—	—	—	3.87	—	—	—
2002	—	—	—	—	—	7.33	—	—	—
2003	84	—	—	—	—	10.7	—	—	5.81
2004	237	71	166	84	153	30.5	16.5	14.0	7.29
2005	402	130	272	127	275	55.8	17.3	38.5	11.6
2006	565	248	317	175	390	60.9	22.4	38.5	20.3
2007	444	204	240	72	376	62.9	26.7	35.9	27.4
2008	177	100	77	64	113	62.7	30.0	32.7	31.3
2009	179	89	90	60	117	62.9	26.3	36.6	26.6
2010	279	167	112	53	226	72.08	21.74	50.33	39.9
合计	2367	1009	1274	635	1650	429.68	160.94	246.53	170.2

服务外包产业

服务外包产业为近几年紧跟国际流行趋势，拓宽利用外资领域的一种新形式，即以信息技术为依托，利用外部专业服务商的知识力量，帮助企业完成某项工作，使企业达到降低成本、提高效率、提升市场环境应变能力的一种服务模式。

区服务外包产业起始于2005年，主要载体为嘉兴科技城和嘉兴国际创意文化产业园。其中嘉兴科技城有服务外包企业49家，注册资金2.15亿元；研发机构28家，注册资金8548万元，年营业收入9834万元；软件服务企业21家，其中省级服务外包人才培训机构3家，注册资金12960万元，年服务外包收入10746万元，2009年被省商务厅认定为省级服务外包示范园区。嘉兴国际创意文化产业园，至2010年，已入驻服务外包企业和机构等12家从业人员630人。

第三节　外商及港澳台商投资企业选介

截至2010年，南湖区正常运作的外商投资企业共245家，其中外商独资企业132家，中外合资企业106家，其他企业7家。投资规模和经营状况较好的前10家企业如下：

浙江本科特水松纸有限公司

位于大桥镇步焦路。为德国本科特公司和民丰特种纸股份有限公司在嘉兴的合资企业，2004年4月成立。注册资金890万美元，实际投资1500万美元，其中德方占95%，中方占5%；占地面积3万余平方米，建筑面积7千余平方米。

主要生产销售水松纸和经营包装装潢印刷业务，其中高档印刷型水松纸年生产能力3500吨。生产设备先进，印刷机、静电和激光打孔机等都从国外进口，其中静电和激光打孔生产技术处世界领先地位。2007年6月通过ISO 14000环境管理体系认证，2008年5月通过ISO 9000质量管理体系认证。2009年，完成工业总产值3924万元，工业出口交货值2747万元，实现利税总额256万元，税金290万元；2010，完成工业总产值4369万元，工业出口交货值3013万元，实现利税总额684万元，税金309万元。

嘉兴藤王绅士服有限公司

位于广益路。为中日合资股份制企业，2001年成立。注册资金140万美元，实际总投资240万美元，其中日方占85%，中方占15%。占地面积1.5万平方米，建筑面积8000余平方米；专业生产、加工国际名牌及伊藤洋服的中高档西服，年产量20万套，全部外销，主要销往日本、韩国、意大利、英国、法国等国家和地区。生产、检测，整烫及形态安定工艺等全套设备均从日本、德国、意大利引进。于2007年8月通过ISO 9001质量管理体系认证。2009年完成工业产值1886万元，工业出口交货值1708万元，实现利税111万元，税金15万元；2010年完成工业产值1696万元，工业出口交货值1404万元，实现利税42万元，税金20万。

艺巴萨印刷设备(嘉兴)有限公司

（见本篇第一章第三节）

浙江美嘉家纺有限公司

位于大桥镇嘉兴工业园区。为美国世纪家纺集团全额投资的独资企业，成立于2003年，注册资金1700万美元，占地面积80余亩，规划建筑面积12万平方米，分3期建设完成。主要生产经营高档家纺用品及高档家具。现一期建设项目已完成，已建厂房3万余平方米，投资约3000万元，主要生产加工高档家具；二期建设项目已进入竣工验收阶段。三期建设项目已开工实施。预计2011年年底全面投产，固定资产4亿元，年销售额预计6亿元，税后利润约8000万元。

嘉兴市正麒高新面料复合有限公司

位于大桥镇江南路新嘉工业园。为中国台湾企业独立投资的纺织类加工企业，成立2002年12月。注册资金401万美元，投资总额802万美元；占地面积4.2万平方米，建筑面积1.6万平方米；源起是中国台湾，现集团总部设于嘉兴，在上海、浙江、广东与中国台湾等均设有投资企业。主要生产复合型高新面料，属新材料技术领域，应用于服装、家纺、医疗等产品，10%的产品为出口加工业务。拥有各类技术专利21个。2009年，被认定为国家级高新技术企业和浙江省科技型中小企业。2009年销售收入5354万元，工业出口交货值786万元，实现利税461万元，税金276；2010年销售收入6258万元，工业出口交货值507万元，实现利税513万元，税金307万。

麦吉饲料(嘉兴)有限公司

原名农标普瑞纳(嘉兴)饲料有限公司位于七星镇，1996年，由美国嘉吉集团公司投资新办的嘉兴首家美商独资企业，2002年4月更为现名。占地面积85亩，建筑面积2万平方米，总投资2100多万美元。生产设施先进，从原料接收到成品出货全程自动化控制。制造大楼采用世界最先进的滑模建筑技术，高达68米；一个可容纳3000吨6种不同原料的散料库；4个储量为14000吨的立式原料筒库，每个原料筒库带有独立的调温调湿装置，以及多个产成品仓库等。从美国引进WEN公司先进的电脑配料系统和SCOTT公司的混合机配套使用。生产销售和财务分析等企业管理，全部采用计算机系统处理。2009年，完成工业总产值3.8亿元。

嘉兴阿尔法精细化工有限公司

位于嘉兴工业园区。为意大利独资科技型化工生产企业，2002年成立。注册资金350万美元；占地面积1.6万余平方米，主导产品有酸酐类固化剂和有机磷化合物2个大类15个系列。具企业自营进出口权，产品出口美国、德国、韩国、巴西、日本等近10个国家和地区。2009年完成工业产值5164万元，完成工业出口交货值2956万元，实现利税457万元，税金5万，2010年完成工业产值9730万元，完成工业出口交货值5658万元，实现利税484万元，税金115万元。

嘉兴高科新纤维有限公司

位于大桥镇嘉兴工业园区。为集“科、工、贸”为一体的中港合资化纤企业，浙江省高新技术企业和浙江省外商投资诚信企业。成立于2003年。注册资金600万美元，总投资2980万美元，其中中国香港深圳鑫金龙丝绸制品有限公司占25%，中方占75%。从日本、德国引进世界先进生产线，生产20D—200D等不同规格半光、有光、全消光、阳离子、有色丝等FDY锦纶和涤纶丝，广泛应用于各种喷气喷水织机作经纬纱及经编、纬编、圆机等织物。2009年完成工业产值20987万元,完成工业出口交货值85万元,实现利税879万元,税金190万元。2010年完成工业产值30176万元,完成工业出口交货值44万元,实现利税280万元,税金715万元。

浙江欣欣生化科技有限公司

位于大桥镇欣欣产业园。为大陆与中国台湾合资的科技型生化企业,2003年成立。2006年被授予浙江省科技型中小型企业称号,注册资金43.23万美元,总投资61.77万美元,其中,大陆浙江欣欣饲料股份有限公司占70%,台方占30%;占地面积1.6万余平方米,建筑面积8.6亩;建有省级企业技术中心,配备先进的实验仪器和检测设备。主要生产纯天然大豆异黄酮、大豆异黄酮软胶囊和大豆皂甙,其中,异黄酮提取精制技术居国内领先水平。产品销往日本、韩国、美国、加拿大、欧洲等国家和地区。2010年完成销售收入4382万元,实现利税419万元,税金184万元。

嘉兴市亚泰数控机械制造有限公司

位于东栅经济园区。为中德合资的数控机械设备精密改造加工企业,2003年3月成立。注册资金524万美元,其中德方占63%,中方占37%;占地面积3000平方米;配有32吨行车和8台大型进口设备,主要经营大件机械精密加工、二手设备翻新及数控改造、数控落地镗铣床生产和大型数控机床操作培训。其中,机械加工涉及风电、冶金、建材等行业。已为国内企业陆续翻新改造20台多台大中型数控机床,其中90%以上为欧美进口设备。2010年,营业收入5461万元,实现税金70万元。

第五章　进出口贸易

第一节　概　况

2001年前,区属进出口贸易总体规模偏小。2001年,全区有进出口实绩企业36家,其中三资企业27家,自营进出口企业9家。到2010年,进出口实绩企业265家,三资企业123家,自营进出口企业142家,分别比2001年增长7.4倍、4.6倍和15.8倍。2001年,全区进出口总额0.81亿美元,2010年为13.13亿美元,增长16.2倍。10年内,全区进出口总额57.65亿美元,其中进口总额13.88亿美元,出口总额43.77亿美元。改革开放初期,出口以农副产品为主,2001年后,逐渐以机电产品、有机化学产品、塑料及其制品、皮革制品、旅行箱包、纸及纸板纸浆、纺织原料及纺织制品等产品为主。2010年,全区机电产品进出口总额2.86亿美元;有机化学品进出口总额1.43亿美元;纺织原料及纺织制品进出口总额2.37亿美元。有进出口贸易关系的国家和地区2005年为107个,2010年增加到154个。

2009年从区"工业发展资金"中划拨一定资金,规定凡各类贸易展会、保出口信用保险、实施品牌战略、国际标准体系认证、实施走出去战略、参加"两反一保"应诉等6大类项目,可获得不同程度的政策支持。

2008年12月,中华化工"久珠"牌香兰素和梦迪集团"梦迪"牌服装获浙江省出口名牌产品称号。2009年,森创、中意、博创、亚特、敏惠5企业获市出口名牌称号。2010年7月,"亚特电器"在韩国成功上市,是区首家在韩国上市企业。

第二节　进口贸易

2001年,全区进口贸易总额0.13亿美元,2010年为3.32亿美元,累计进口总额13.88亿美元。从贸易方式看,一般贸易方式进口19311万美元,加工贸易方式进口13279万美元;从国别地区看,从日本进口6177万美元,从韩国进口2209万美元,从中国台湾进口3831万美元,从欧盟进口3110万美元。

2010年,全区机电产品进口额为6491万美元,比2009年增长33.6%;塑料及其制品进口额为1503万美元,比2009年增加19.7%;纺织原料及纺织制品进口额为2000万美元,比2009年下降9.7%。但有机化学品进口4958万美元,比2009年增长71.68%。

2010年,全区进口贸易前10名企业依次为:嘉兴闻讯电子科技有限公司、浙江卫星石化股份有限公司、浙江瑞华皮业有限公司、嘉兴华珅电子科技有限公司、博创科技股份有限公司、浙江友好化学工业有限公司、嘉兴市富达化学纤维厂、嘉兴市华盛塑料有限公司、嘉兴斯达半导体有限公司、振石集团东方特钢股份有限公司。

第三节　出口贸易

2005年，区出口总额29146万美元，其中，机电产品出口额3006万美元；纺织原料及纺织制品出口为14282万美元。

2010年，全区出口总额9.81亿美元，其中，机电产品出口额22136万美元；有机化学品出口额9384万美元；纺织原料及纺织制品出口额21694万美元。香精香料、通讯电子、汽配机电、不锈钢产业四大产业出口总额29869万美元，占全区出口总量的30.4%。其中，香精香料产业出口总额12001万美元；通信电子产业出口总额1443万美元；汽配机电产业出口总额12068万元。出口值较大的国家和地区分别为：出口美国22539万美元；出口日本8690万美元；出口中国香港13896万美元；出口东盟3296万美元；出口欧盟21572万美元。

2010年，全区出口额在1000万美元以上的企业17家，出口总额60374万美元，占全区出口总额的61.5%。新增出口业绩企业39家，占有出口业绩企业数的14.7%。

2010年，全区出口贸易前10名企业依次为：嘉兴闻讯电子科技有限公司、嘉兴市亚特贸易有限公司、嘉兴贵华进出口有限责任公司、嘉兴森创时装有限公司、嘉兴市中意电器有限公司、嘉兴市梦迪进出口有限公司、浙江卫星石化股份有限公司、嘉兴市良友木业有限公司、浙江普瑞克特种纸有限公司、振石集团东方特钢股份有限公司。

第六章　对外经济合作

第一节　境外投资

区企业在境外投资兴业有10多年历史。1998年市中华化工总厂在泰国曼谷投资10万美元，设立贵发贸易(泰国)有限公司。嘉兴南湖工艺厂1999年投资9.75万美元，在美国洛杉矶设立贸易机构。以后几年，发展速度缓慢，其中2000—2001年、2006—2007年没有新批到境外投资机构和企业。2009—2010年，嘉兴四通车轮制造有限公司、圣格兰(嘉兴)光机电技术有限公司和浙江昱能光伏科技集成有限公司等分别到印度、伊拉克和美国进行投资考察，但多数没有投入资金或进入实际运作，有的运作一段时间后也停滞不前或撤销。进入实际运作且正常开展经营活动的，仅嘉兴市名仕家具有限公司在俄罗斯莫斯科设立的莫斯科名仕家具有限公司和圣格兰(嘉兴)光机电技术有限公司在伊拉克库尔德地区设立的投资贸易公司(待批)。截至2010年，全区在境外投资设立贸易公司或办事处11个，境外投资总额177.15万美元。其中贸易公司7家，境外投资99.4万美元；办事处4个，境外投资77.75万美元。

1998—2010年间企业境外投资情况表

表9-7　　　　单位：万美元

序号	单　位	投资时间(年)	国家(地区)	投资总额	境外企业名称
1	中华化工总厂	1998	泰国曼谷	10.0	贵发贸易泰国有限公司
2	南湖工艺厂	1999	美国洛杉矶	9.75	办事处
3	浙江威能消防器材有限公司	2002	阿联酋迪拜	8.90	FLAMEX FIRE & SAFETY EQUIP 合资公司

续表9-7

序号	单　位	投资时间（年）	国家（地区）	投资总额	境外企业名称
4	浙江大都市装饰有限公司	2003	英国伦敦	10.0	办事处
5	浙江嘉信医药股份有限公司	2004	新加坡	12.0	办事处
6	嘉兴市名仕家具有限公司	2004	俄罗斯莫斯科	12.0	莫斯科名仕家具有限公司
7	浙江新阳服饰股份有限公司	2004	日本东京	16.0	办事处
8	嘉兴良友进出口集团有限公司	2005	香港	10.0	香港嘉良国际贸易有限公司
9	嘉兴友邦精细化工有限公司	2005	南非开普敦	20.0	中非浙嘉国际贸易有限公司
10	浙江森创服装有限公司	2008	英国斯托克波特市	17.5	英国睿创公司（合资）
11	嘉兴汇众电脑商标织造有限公司	2008	越南河内市	21.0	河内汇众生物科技有限公司
12	浙江昱能光伏科技集成有限公司	2010	美国加州圣荷塞市	100	昱能光伏（美国）科技公司
13	闻泰集团有限公司	2010	香港	12.88	闻泰集团（香港）有限公司

第二节　劳务输出

区劳务输出始于2003年，全社会外派劳务人员6人，外派劳务营业额6万美元。2004年全社会外派劳务人员79人，自营外派劳务营业额11万美元，此后，逐年减少。据不完全统计，截至2010年，全区全社会外派劳务人员累计339人，自营外派劳务营业额851万美元。劳务输出的国家和地区主要是日本、美国塞班岛和关岛、俄罗斯、伊拉克、阿联酋、香港等地。劳务输出人员类别主要是服装缝纫工，其次是贸易人员和工程技术人员。新丰镇海达制衣厂为区劳务输出主体，企业主营服装加工生产，兼劳务输出培训。2004年以来，共培训164余名服装缝纫研修出国劳务人员，分别派往日本、美国塞班岛和关岛、越南等国家和中国香港地区。2004年被市外经贸局列为嘉兴市出国劳务培训中心。

2003—2010年劳务输出情况表

表9-8　　单位：万美元

序号	年 份	全社会外派劳务人数（人）	劳务派往国家（地区）	外派劳务营业额
1	2003	6	日本	6
2	2004	79	美国塞班岛、俄罗斯、日本、新加坡	11
3	2005	55	阿联酋、美国关岛、香港	24
4	2006	56	日本、美国塞班岛、香港	25
5	2007	36	美国塞班岛、日本	21
6	2008	36	越南、日本、英国	39
7	2009	35	伊拉克、越南、美国塞班岛	25
8	2010	36	阿联酋、俄罗斯、日本	700
合 计		339	—	851

农村住房变化

20世纪60年代，余新公社金星大队农民居住的草棚

20世纪70年代，新篁公社五一大队民房

20世纪80年代，塘汇公社胜利大队秀才村农民住房

20世纪80年代，七星公社红旗大队三家村农民传统住房

20世纪90年代末，大桥镇亭子桥自然村农民住宅

20世纪80年代，步云公社花园大队农民住房

2009年，新丰镇镇北村农民住宅区

2009年，余新曹庄村东洋浜村农民别墅

20世纪90年代末，余新镇金星村农民住宅

第十篇　镇　街道

目　录

境内乡镇自唐代就有记载，嘉兴县有乡50个，其中境内9个。明宣德五年(1430)后，境内有市镇3个、乡9个。清代有乡镇11个。1928年有镇市17个。解放后划区建乡后，境内有5个区、30个乡。1956年撤区并乡，有13个乡。1958年境内7个公社，1961年调整社，队规模，嘉兴县辖31个公社，1963年调整为3个镇30个公社，境内有嘉兴镇和14个公社。1981年撤销嘉兴镇，镇辖农村成立秀水公社。

古代城区设坊里制，城区元代有70个坊，明有28个坊，清有27个坊。到民国分为24坊，同年实行里村制，设22个里、5个村。解放后城内设嘉兴市，下辖3个区及2乡1镇。1951年设5个镇公所，到1954年城市的镇公所改建为街道办事处，为市人委派出机构。到1981年，嘉兴镇下属6个街道办事处，镇撤销后，街道为嘉兴市政府派出机构。

1983年建区后，辖5个公社、6个街道。2000年5月市行政机构区划调整后，区辖5个街道、4个镇和5个乡，几经撤乡扩镇，乡镇改街道，到2010年5月，区辖8个街道、5个镇。

建区以来，境内各街道和镇的地理位置、经济和社会发展以及人文历史各有不同。几十年来，随着行政区划的不断扩大，行政管理范围和内涵的不断变化，逐步显现各具闪光的经济文化和城市管理区域强镇、特色街道。

第一章 新丰镇

第一节 概 况

区位

位于区最东部，东与平湖市当湖、曹桥两街道交界，南与凤桥镇相连，西、北与大桥镇接壤，全镇东西宽8.5千米，南北长12千米。202省道、乍王公路(原07省道)与嘉平塘呈平行贯穿全境，处在沪杭、乍嘉苏、沈海3条高速公路构成的“金三角”中心位置。面积65.26平方千米，其中城镇建成区面积6.4平方千米，耕地面积51623亩，水域面积占7.6%。1999年10月26日，被列为市首批全国小城镇综合改革试点镇，当年12月为省中心镇。镇政府驻新丰镇双龙路1428号。2010年，总户数12911户，总人口42086人，流动人口14573人。

特色

特钢产业为“十一五”(2006—2010)区工业发展战略重点。2010年4月7日，成立嘉兴特钢新城管理委员会，东方特钢是新丰的龙头企业。生姜是新丰著名特产，明代已开始种植，被誉为生姜之乡。为生猪饲养大镇，久负盛名。2003年，被评为“浙江省教育强镇”。2006年，为“浙江省科普示范乡镇”；2008年，为“浙江省农业特色优势产业畜牧强镇”，当年被评选为市“十大魅力城镇”。

第二节 建 置

沿革

古名平林，亦称新坊。唐后期嘉兴大规模屯田，新辟田园名新坊，建新风乡。北宋末年，陕西新丰人南渡居此，至元代改称新丰乡。元至正间，为嘉兴东巨镇。宋初置新坊巡检寨，元改巡检司，明宣德五年(1430)置新丰镇。清宣统元年(1909)设新丰区，1928年为新丰镇。1949年7月建新丰乡；1958年9月29日成立红旗人民公社，当年11月改称新丰公社；1984年1月复建新丰乡，当年9月7日改新丰镇。1990年新丰镇面积24.15平方千米，辖乌金浜、林金、乌桥、项前、观丁、杨庄、民丰、登青、荣耀、北牛桥、镇北、繁荣、胜利、渔村14个行政村、147个村民小组。

1992年净相乡并入，1998年竹林乡并入。原净相乡在20世纪30年代至解放时为栖凰镇及槜李等乡的辖境，解放后建政为净相乡，1958年为净相公社，1984年复乡，1990年面积22.52平方千米，辖横港、北汤、金丰、上八、永济、寿山桥、叶家桥、张家埭、栖凰埭、金章、净相、渔村12个行政村，128个村民小组；原竹林乡唐至清属里仁乡与永丰乡地，抗日战争胜利后丰南乡、槜李乡及栖凰镇部分辖区组成竹林乡，1956年并入净相乡，1961年4月为竹林公社，1984年复乡，1990年面积21.86平方千米，辖槜李、竹林、赵家埭、高家埭、东洲、永丰、由桥、桂花、钱家浜9个行政村、116个村民小组。2008年9月，由桥村划归大桥镇。2010年，新丰镇辖2个社区、10个行政村。

社区与行政村

2010年新丰镇2个社区，有21个居民小组，主要有青龙苑、花园新村等16个住宅区；10个行政村，有243个村民小组，316个自然村。

2010年新丰镇社区与住宅区一览表

表10-1

社区	驻地	面积（平方千米）	居民小组数（个）	户数（户）	人数（人）	住宅区
丰南社区	中兴南街36号	3.78	10	1713	3859	青龙苑、金檀苑、隆兴别墅、金桂苑、尊贵·丽景家苑、双龙景苑、黄鹤花园、欣欣苑、欣粮苑、西洋新村
丰北社区	义学弄21号	2.62	11	1378	2764	花园新村、民丰新村、中核二四、何家浜、荷花浜、大王庙
集体户	—	—	—	—	29	—
合 计	—	6.4	21	3091	6652	—

2010年新丰镇行政村与自然村一览表

表10-2

行政村	驻地	面积（平方千米）	村民小组数（个）	户数（户）	人数（人）	自然村
乌桥村	沈家汇	6.4217	44	1139	4150	沈家汇、湾塘、吕家浜、西王金、东王金、东楼、后浜、里浜、邱家村、邱家桥、牌楼、港东、乌金浜、朝东浜、朱家、双园、北沈家浜、沈家桥、南浜、东姜、中王浜、中王村、南姜、孟竹园、西村、赵家桥、联丰、瓜亩浜、沈家泾、陈家浜、许子浜、胡南村、赵家、市河、马家、林金浜、王金浜、潭子塘、北王家浜、王埭、姜村、北独圩、宗村、红旗
杨庄村	高宅基	4.9002	20	865	3084	桂花浜、小木桥、杨子庵、屠家木桥、白龙潭、范小浜、杨庄浜、观丁桥、港南、南长浜、施家桥、项前、北长浜、大洋浜、倪家浜、肖家木桥、杨家浜、高宅基、堰东、王石堰
民丰村	金家头	4.3806	31	905	3204	金家头、潘家头、蔡家头、徐家头、金象浜、王家头、东胡家头、严家头、南长埭、东宅基、西宅基、顾项村、丁家头、北长埭、西姚村、姚家村、大珠楼、曹塔浜、东姚村、华家桥南、华家桥北、朱家浜、庄浜、冯家浜东、冯家浜西、周庵港、刘家堆、东蛋浜、中蛋浜、包木桥、庙湾
镇北村	实际庵	6.5261	16	882	3103	汤曹村、田洋、宗家头、前戴、后戴、文浜、浜南、下车浜、牛桥港、和尚浜、柳浜、李家村、胡家头、东圣、南圣、北圣、蔡家村、张家村、陈家村、潘家浜、下蔡浜、高家头、上蔡、芥菜桥
横港村	石人浜	5.8231	18	1143	4189	北庄、许家泾、夏家头、砖场、小桥、河东浜、田畈、周家木桥、石人浜、永康、横泾、汤家桥、小钟浜、黄鹤、石缺口、墙泥浜、北汤浜、长浜、邹家埭、海洪、东俞家浜、横港、徐家宅基、塔西浜、东沈家头、罗秋浜、南汇、倪家木桥、南汤浜、戴家埭、范公、南庄、堰西、堰东、吴家浜、唐家楼、王家浜、北张家浜

续表10-2

行政村	驻地	面积（平方千米）	村民小组数（个）	户数（户）	人数（人）	自然村
金章村	花家浜	4.6303	13	867	3220	东新开河、顾家埭、曹家埭、林家埭、葡萄滩、花家浜、牛湾头、雀官桥、东油车浜、楼底浜、菜塘浜、南珠桥、李家头、王家兜、人工山、长春桥、鲍家头、胡家泾、南小木桥、麻皮桥、东木桥、北池浜、南池浜、汤家门、南独圩、东丁家浜、东沈家浜、蒋浜、金章、南杨家浜
栖凰埭村	栖金路72号	4.7831	24	816	3071	海东、海西、杨港、钟家头、倪家村、部家埭、周家浜、河西浜、东王埭、东吴家浜、中和桥、金堂桥、东张家浜、长生浜、徐家浜、庄桥、石家埭、盛家头、宋家埭、淡旱浜、石弄、南胡家头、清水浜、汤家头
净相村	长子浜	7.0476	33	1019	3810	东蔡家浜、寿山桥、北港、车浜、船渡浜、南赵家桥、董家木桥、瑶池、环桥浜、祥湾、长屋、新开河、梅金浜、南后浜、毛家头、蒋浜 、姚桥、何家浜、南中浜、南姚浜、荷花浜、张家浜、吴家庙、罗家埭、沈家村、章浜、大周村、大周桥、南王家浜、泥桥、吴祥村、吴祥浜、石蟹桥、张浜、南宗、黄泥浜
竹林村	新竹南路359号	9.0088	18	1381	4739	赵家兜、泥龙、马长桥港、千步泾港、袁家汇、富财浜、楼坟墩、赵家埭、蔡家浜外浜、蔡家浜、石曲口、竹林庙、周家宅基、杜家浜、洗帚浜、胡家埭、仁义台、戴家浜、彰家浜、集家禾桥、南埭廊、钱家兜、褚家浜、杨家堰、韩家浜西、韩家浜东、南杨埭、中杨、北杨埭、许车浜、刘坟浜、范公寺、卧龙港、北朱桥、油车浜、车夫浜、沈家浜、高家浜、黄泥浜、徐祥浜、斜港、亭子桥、小圩、西兜、胡家浜、仁庄
永丰村	商家湾	5.3387	26	803	2864	仁家浜、万安桥、金家浜、聚贤村、西仁浜、姚才浜、众欢、姚池浜、塘口、众欢桥、常住桥、戴家小桥、杨家桥、西姚浜、商家湾、陆家浜、南倪家浜、道人浜、圩浜、王家宅基、东坟浜、任家头、东汤桥港
合计	—	58.8602	243	9820	35434	—

第三节　经　济

农业

水稻亩产从解放初150～200公斤到1980年超“双纲”（即800公斤）。1990年，在全区（时属郊区）率先实现吨粮田。1996年后，先后建成新丰镇现代农业园区、效益农业综合示范园区、镇北新技术、新品种示范园区和区农业技术观光园区，为省百家农业和农村现代化教育示范基地。2006年起，推行冬

2010年7月，大棚栽培的新丰生姜

春季种植瓜类蔬菜，夏秋季种植晚稻，亩年产值10000元、产粮500公斤的种植模式，其中生姜种植10000亩，亩均产值12000元左右。2010年，全镇农林牧渔业总产值68054万元，其中农业14650万元、林业134万元、牧业47388万元、服务业630万元。晚稻播种面积44811亩，总产量22706吨；生猪存栏总头数324620头，肥猪出栏数491959头。农民人均年纯收入15143元。

工业

解放前没有工业。1954年，先后成立铁、竹木、服装等8个手工业生产合作社。1954年下半年，由原市第三加工厂和县第二加工厂迁移至新丰合并建新丰加工厂，日加工大米7.5万公斤。1956年1月，办新丰服装厂。1957年，新丰造船厂造出40吨位大船。1958年，新丰先后办起中小型工厂35家，卫星厂6家，工业产值由1957年的26.9万元上升到427万元。1975年7月成立新丰公社工业办公室，1984年2月成立镇政府经济联合委员会，下设工业公司，净相、竹林也如此。新丰先后办起羊毛衫厂、水泥厂、弹力絮片厂、自来水厂、民政电器厂、美术钉厂、不锈钢厂、砖瓦厂。原净相乡办起嘉兴钢窗厂、净相砖瓦厂、净相电线厂；竹林乡办起嘉兴市图钉厂、微波屏蔽材料厂、电渗析器厂、竹林麦芽厂和佳惠食品厂等一批企业。1990年，新丰镇有镇村企业41家，产值3785万元；原竹林乡有企业36家，其

2010年6月，振石集团东方特钢股份有限公司

中乡办和村办各18家，销售额3000万元；净相乡有企业68家，其中乡办24家、村办44家，销售额3685万元。2000年后，在乍王公路新丰段陆续建起或迁入规模企业60家，形成“工业走廊”，其中新丰特种纤维厂、丰川集团有限公司、欣欣饲料有限公司等较著名。2001年5月2日，国家副主席胡锦涛视察浙江新阳服饰有限公司。现特种钢铁、特种纤维为镇两大支柱产业。2010年，特钢产值40.22亿元，3家特纤企业产值均超亿元，规模企业96家，工业产值79.38亿元，全镇全年实现工业总产值95.51亿元，利税1.86亿元。

商贸

清初新丰镇有“民务农贾，专聚棉花及布，而商来贩之”的记载。民国初至抗日战争前商贸繁华，以姜行、酱园、米行、南货为最多，抗日战争时期遭重创。1950年起，设新丰供销社、粮管所、米厂、食品站等。1962年5月起，供销社对合作商店等给予扶持，但商贸业总体发展缓慢。改革开放后，各类商店陆续在新丰、净相和竹林集镇上开设。2010年年底，新丰镇建成区有大小商店320余家，竹林、栖凰埭集镇和各村有200多家，全镇商业网点1986个，社会商品销售总额2332万元，城乡集市贸易成交额4.2亿元。

金融财税

清咸丰战乱前新丰镇有典当3铺，其中和顺当铺占地面积约5亩，建筑面积约2500平方米。1935年中国农业银行新丰办事处成立。1942年新丰信用社始建。1954年6月成立新丰乡信用社，1991年设中国人民保险公司新丰中心所，1996年5月分设人寿和财保中心所。民国时期设新丰营业税征收办事处，解放后成立国税查征站，稍后为新丰税务所，1958年2月改财政所，11月改财税所。1995年国税、地税、财政三块牌子、一套班子，1997年10月分设。2010年，新丰镇地方一般财政收入4236万元，各类存款余额18.9亿元，各项贷款余额9.36亿元。

第四节　社会事业

文化教育

文化　旧时，新丰仅在东施王庙有戏台。“文化大革命”期间，新丰公社建大礼堂有900多个座位，会堂与影剧院兼用。1962年5月净相公社设文化站。1974年1月竹林公社成立文化站。1981年2月新丰公社成立文化站。20世纪80年代初，竹林乡建影剧院。1988年净相乡建影剧院。2001年7月，新丰镇在双龙路南侧建成文化广场，占地面积1.9公顷。

教育　镇城于明万历二十六年（1598）开设社学，清嘉庆元年（1796）创设平林义塾，1949年10月改为新丰乡完全小学，1984年起定名为新丰镇中心小学。1900年在竹林庙创办的竹林启蒙书塾，为嘉兴最早的新式学校。新丰中学创办于1956年8月，1973年起招收高中生，1990年设高中6个班、初中2个班，2004年与原新塍中学合并迁至嘉兴高中园区。新丰镇中学创办于1984年8月，时为8个班级，2000年扩建为42个班。1950年在乡中心小学设置幼稚班，1951年更名幼儿班，1985年为新丰镇中心幼儿班，1991年8月为中心幼儿园，2000年9月为嘉兴市蓓蕾艺术幼儿园。

明清古亭新丰九里亭，于1966年8月再次修建

卫生体育

卫生　1951年12月创办新丰中心医院，1955年11月18日毛泽东派卫生部副部长徐运北到净相乡调查血吸虫病流行情况，接着向全国发出“一定要消灭血吸虫病”的号召。当时率先在新丰、净相建立血防医疗站，经过群防群治，至1993年整个嘉兴地区达到消灭血吸虫病的卫生指标。新丰中心医院在2001年时为全区规模最大、设备最先进的综合性医院。“文化大革命”期间，新丰、净相、竹林乡都实行合作医疗，村村有卫生室。2002年年底，全镇12个村卫生室全部改为农村社区医疗卫生服务站，归属新丰中心医院领导。

体育　1985年成立镇体育领导小组，后为镇体委。1985年9月举办镇第一届运动会。1997年7月举办镇第一届农民运动会。近年创建省级农村体育俱乐部1个、小康体育村9个。1995年有个体户在丰南社区投资建500多平方米溜冰场。2002年时，新丰镇有中小学田径场4个，各单位水泥篮球场16个、乒乓室20多个。镇工会活动室和镇青年活动室有两家棋室。有镇工会和海天娱乐城两间桌球室。

社会保障

清同治十一年（1872），新丰镇设立保婴会。建国后对鳏、寡、孤、独者实行五保，1960年五保户每人每月补助8元。2001年，确定城乡居民最低生活保障线。2002年，全镇60周岁以上五保户94人，其中集中供养31人，分散供养63人。2010年，全镇最低生活保障户322户630人。1995年开展农村养老保险，到2002年有7000人投保，投保金额200多万元。2002年8月，67个企事业单位和179名个人联合建慈善协会，为区首家慈善机构，不到一年筹到捐款450237元。

城镇管理

清代前，乡镇无专职管理部门。1935年，登云寺内始设区乡镇建设联合办事处，抗日战争时被撤销。1962年，集镇配专职书记、镇长及文书加强管理，后时撤时设。至1984年确定为建制镇后，设镇城建办，1987年增设土管办，2002年城建办和土管办工作合并。2010年设村镇建设与管理办，对道路、交通、给排水、供电、绿化等通盘考虑，综合管理。

综合治理

清代，镇内有地方民团，1892年竹林集镇专设联圩团防局。1913年，设警察分驻所，1927年改称公安派出所，1935年升为公安局，1949年又改为分驻所。1950年以后，先设公安特派员，1984年建立派出所，其主要职责均为维持一方治安。2002年增设镇综合治理办，负责镇村平安建设、企业安全保障、民事调解等工作，并协调政法部门对相关事项进行综合执法。

第五节　镇村建设

集镇建设

新丰镇境集镇有新丰、竹林、栖凰埭，均为原乡或区、镇驻地。新丰集镇在解放初期破败不堪，1958年老街翻建成石板路，1964年改为砖铺路，1974年拓宽铺浇柏油路，1986年改建成水泥路，疏通地下水道，将桥湾、白湾两处道路拉直，2004年更名为汉塘街。1998年，依托乍王公路在新丰段东青龙港与西青龙港之间新建街路，2004年命名为双龙路。2002年，在汉塘北新开辟了万丰路。其他街路弄巷陆续更新并命名。镇区先后新建新丰信用社、农业银行新丰分理处、中心医院、镇中学、文化广场、广电中心、警署、农贸市场与太平洋商贸中心等。2002年，中国核工业第二四建设公司核电工程公司新丰基地竣工。

2002年1月，新丰镇建丰北、丰南两社区。丰北社区南侧为老镇区，北部逐步开辟成厂区，东部是集镇副中心—文教卫生区，万丰路为镇区景观最佳、设施最为现代化的街区。丰南社区位于新丰镇建成区南半部，镇政府等机关驻丰南社区，社区西首为镇工业功能区块。竹林、栖凰埭集镇由丰南社区管理。竹林在解放初是个小集市，1974年筑通至新丰的机耕路，加快了发展，陆续开办不少企业，其中图钉厂、屏蔽材料厂、化纤厂在市内闻名。2000年、2009年，分别在集镇北部与西部新建住宅区。栖凰埭在解放初还很闭塞，老盐丰路到集镇有段泥路，直到世纪之交才修筑了栖金路与栖叶路，北通新丰、南往海盐渐趋便捷，中心地段新建了农贸市场，在西部开辟了43.4万平方米的龙凤苑住宅区。

村庄建设

解放初，自然村均沿河而建，农房以草房和单层瓦房居多，家境稍好的在一端或两端建1～2间厢房。公社化后，农民大多建3开间、5开间砖木结构民居。20世纪90年代后，以2～4层楼房为主，先富的农民已建新颖别致的小洋楼。各自然村历来没有规划，随着镇工业发展和工业小区的新建，分散的农居及自然村拆迁后，规划重建住宅区，大多为联排别墅与3层独幢宅组成。2008年起，各村规划了新社区，安置了拆迁户与搬迁户数千家，已建造的住宅新区有南溪园、新安园、弘德园、同创园、白龙苑、百谷里、葡萄新村、龙凤苑、竹林里9个。

交通邮电

交通　乍王公路新丰段形成于1931年，盐丰公路形成于抗日战争前夕。乡村机耕路始于1984年，1988年成碎石路面，在世纪之交浇铺沥青路面。

乍嘉苏、沈海2条高速公路境内长9千米；202省道和老07省道境内长17千米。202省道为原07省道，于2004年3月开工改建，2006年9月竣工，其中新路段仍纳入原省道，老路段现习称老07省道；嘉盐公路于1999年12月开工，2001年7月竣工。平湖塘境内长9.8千米。2004年起，新丰到乌桥、栖凰埭、竹林各自然镇村通公交车，2010年村村通公路，道路硬化到户。

邮电　1953年，设新丰邮电支局。2000年，分设邮政支局和电信分局。现邮政网点1个，投递路线单程总长175千米，乡村通邮率100%。

河道整治

域内河流有91条，长度200米以上河浜177只，位于河流之间或河浜交汇处较大规模的漾10个。隋唐整治河道有记载，至宋代已基本形成网络。

1958年、1963年、1970年和1992年对境内主河道、河浜及漾兜进行较大规模疏浚和拓宽。2010年，在汉塘新丰镇市河段新筑了帮岸，航道等级提高到国家五级标准。

2010年，新丰镇金章村整治后的菜塘浜

第六节　古镇名村

古镇

新丰　草创于唐末宋初，元至正间形成3华里长街，有妙峰桥、丰乐桥、登云桥和妙峰寺、慧珠寺、登云寺等古迹。明宣德五年（1430）设镇，弦诵之声遍于户里。清咸丰前“市廛有三千余户”，人口在万人以上。历为乡、区、公社、镇驻地。

清代遭咸丰战乱后，“重构屋宇仅存十一”。1937年日本侵略军入侵时，房屋被烧毁1018间，拆毁100余间。解放前新丰镇恢复缓慢，只有1家碾米厂，商业凋零，市街狭陋，两旁全是低矮的茅屋草棚，没有电灯。解放后，新丰加工厂和油厂等企业在镇上开办，医院、学校、供销社和各类商店陆续兴办，镇区平湖塘边有轮船码头，公路07省道设新丰汽车站。改革开放后，镇区日益繁华，向塘南成倍增长发展，镇政府机关和工商、税务、警署、金融、邮政、电讯、供电等派驻机构均设于丰南社区，文化广场和小商品综合市场坐落于社区中心；新开辟的平林路上，黄鹤花园、双龙景苑和尊贵丽景家园3大住宅区驻足两侧。镇区以新荷路、万丰路、汉塘街、丰南街、双龙路、广场路、平林路和妙峰路、人民路、登云路等七横三纵为主要道路框架，水陆交通便捷。

栖凰埭　原为自然村落，境内住户以王姓为主，分东、西两块，东曰东王埭，西称西王埭。清代西王埭逐渐成市，雅化为栖凰埭，寓凤凰栖息地之意。镇上汪家大院，属宦官之家。20世纪30年代有商店34家，多茶店、酒店，有船通各处。1949年起为净相乡、公社驻地，并为栖凰埭大队、高级社、村驻地。先后办起农具、塑料等厂，有信用社、供销社、邮电所及各类商店。供销社曾年收购兔毛万斤以上，松子状元糕、麻片、绿豆燥片为集镇传统糕点。2010年，镇上有201个店铺及网点，规模企业有华通高压开关厂。1975年，新丰—净相公路形成路基。2000年铺沥青路面，沟通了嘉盐公路与乍嘉苏高速。

竹林　宋代名笃行里，元代为东周里，明代始称竹林里，清代习称竹林庙。1949年5月至1956年为竹林乡驻地，1961年6月起先后为公社、乡驻地，1998年后为竹林村驻地。竹林庙建于宋代，时称道院，清代规模最大，占地面积9亩多，有三元殿、观音殿等。庙前后为沈氏宅，明清时沈氏数代为官。寺庙东侧有竹园，产白箬笋，甜脆味美，擅一方之冠。解放前镇上有茶馆、酒店、烟杂、粮、肉等商店20家及初等小学校，通轮船。20世纪70年代起，陆续兴办各类社办企业。1984年，时有乡中学、中心小学、卫生院、供销社、信用社、影剧院等。1995年创办的嘉兴市富林化学纤维厂，2010年产值5.45亿元。2010年旧镇改造，新建街道，开设店铺及网点300多家。集镇已与乍嘉苏高速及嘉盐公路接轨。

名村

牌楼浜　位于乌桥村，有21户、87人。据传明嘉靖冯汝弼曾御赐“爱日堂”匾额，后裔冯錡以孝闻名。清乾隆八年（1743）奉旨旌表在漾东爱日堂前建冯氏孝子牌坊。因漾畔原葬有明代佥事官姜学夔，其漾俗呼姜家白漾，故冯家牌楼被讹称为“姜家牌楼”。

金家头　为民丰村驻地，有22户、78人。传明代为金氏大族宅基，号称“金半镇”，清咸丰战乱时被毁。村西北有坟冢，冢前有石桥，因金家后裔年年要来祭祀，故桥名上坟桥，习称长坟桥，桥下河道称长坟桥港。20世纪90年代初起，金家头大部分土地成了新丰集镇的一部分，金家头自然村已和集镇相连。2001年5月2日，国家副主席胡锦涛到民丰机械螺丝厂视察，登门访问厂长潘金良家和金家头村民。

罗家埭　位于净相村，有26户、113人。旧时有罗氏大户。抗日战争前乡沙石公路经罗家埭，国军和日本侵略军多次交战。1944年5月23日，县自卫大队和专区突击三大队在此截击伪军，俘获新丰区伪区长、镇长和中队长等17人。20世纪70年代村东公路开始改建，1986年与盐丰公路相通。2001年7月村北嘉盐公路建成，盐丰、嘉盐两路在该处会合，罗家埭成为当地交通中心。

高家埭　位于竹林村，有33户、122人。旧有高姓大族。传说明代建文帝被推翻逃离时，曾到过高家光裕堂。高氏大宅在建文朝曾悬“讲幄宣劳”额，崇祯朝挂“功在封疆”额。高家埭明清时曾筑土城，有壕堑、吊桥等。历代高氏入仕较多，官居正七品以上有19人，其中7名当过知县。清康熙十八年(1679)，高以永任河南内乡知县时写下“得一官不荣，失一官不辱，勿说一官无用，地方全靠一官；吃百姓之饭，穿百姓之衣，莫道百姓可欺，自己也是百姓”对联，张挂于县衙门内，声名远播。1995年6月8日，国务院副总理朱镕基在参观内乡县衙时，高度评价这副对联中阐述的官与民的辩证关系。1999年5月25日，中共中央总书记江泽民在南阳市视察得知这副对联时，给予很高的评价。现村东为嘉盐公路，西有新竹路，环境优越，交通方便。

消失的自然村

20世纪90年代开始，新丰镇因经济和村建设需要，一些自然村先后征迁，至2010年全镇有103个自然村逐步消失。

2010年新丰镇已消失的自然村情况表

表10-3

原处地域	原名称
丰南社区	净相渔村
丰北社区	新丰渔村
乌桥村	鲢鱼浜、长马浜、屠家头、柏角里、王港桥、三家村、林家头、施家汇、彭家头、西成堆
杨庄村	朱家头、土地港、连口、颜家村、张家浜、曹家头、肖家浜、徐家宅基、张家小桥、木雪家桥、店浜村、李家浜、黄牛浜、桥港北、新开河、马家浜、解放桥、大王庙桥、网船汇
民丰村	陈家头、屈家头、俞家头、张家湾、马塘汇、南溪浜、西港塘、俞家浜、赵家浜、西港头、北村、长坟桥
镇北村	汤家底头、北朱、南朱、董家浜、老屋浜、马楼浜、东港、张户塘、油车桥、杨家浜、塘耀里、利其浜、谢家头、双浜、蔡家浜、蒋庵
横港村	地藏王浜、韩家堰兜、镬盖圩、糜家木桥、西村、东村、奖贤桥、西洋、王家头、曹家、庄家村、老石基、肖家堰、秤钩浜、盛家浜、西青龙港、南村、毛桥、渡船桥
金章村	钱家坟、西沈埭、鸟船村、钱家头、东泾湾、顾家厅、楼底浜、马家头
栖凰埭村	姚湾、马家村、坟浜、角上、北港、姚东
净相村	净相寺、朱川浜、上南浜、万家浜、金家头、长子浜、岳带浜、曹家门
竹林村	樊家头
永丰村	西安浜、六亩浜

第七节 名胜 特产 风情

名胜

黎林禅寺 位于横港村境。宋理宗景定五年(1264)建庵，名离林，祀火神。明宣德二年(1427)更名黎林庙。清康熙三十五年(1696)康熙帝敕赐御书《金刚经》，晋升为黎林禅寺。乾隆十九年(1754)在武惠王殿募造武惠王鼎，表彰宋代大将曹彬。道光三十年(1850)建都城隍殿祭祀杨继盛。寺院于1938年4月11日被日本侵略军烧毁，2002年10月29日奠基重建，2007年大雄宝殿、厢房、院墙先后竣工，寺院占地面积25亩。

姚家村遗址 位于民丰村姚家村自然村，曾出土大量印纹陶片。1992年，被公布为市级文物保护单位。2008年年底修建余云公路时被发现，为新石器时代良渚文化与印纹陶文化遗址。

消失的名胜

净相寺、登云寺、慧珠寺、妙峰寺、竹林庙、金章庙、鲁肃坟、陆贽坟、娄机坟。

特产

新丰生姜 产地以新丰为中心，是江浙一带著名经济作物，以肉质厚、辣味浓驰名。鸦片战争后，从新丰起运的生姜，曾占全国总量的70%。2001年9月，新坊牌生姜被认定为嘉兴名牌产品，并获浙江国际农博会银奖。2010年11月，新丰生姜被国家工商总局商标局核准注册国家地理标志证明商标，当年全镇种植1.2万亩，年产15000吨。

新丰西瓜 为传统土特产，与平湖西瓜齐名，有400余年种植历史。旧以三白瓜和马铃瓜为主，近年品种不断更新。

净相槜李 清同治九年(1870)由新篁王芑亭刊印的《槜李谱》称："嘉兴为古槜李地，郡邑多产佳李，唯里中净相寺所产，为真种子"。2005年，净相村培育槜李园15亩，槜李苗800余株，散种于农户槜李树约30亩。2000年，净相槜李获浙江省槜李品种品质果形一等奖。

竹林三元猪 以新丰全镇为主产地，肉质鲜美，是我国生猪养殖同行普遍认可的优良品种。1985年，市农业局和外贸公司给予40万元低息贷款，在竹林建供港(中国香港)生猪基地。竹林三元猪抗病力强，生长速度快，一般在饲养3~4个月即可出售，瘦肉率达57%~60%左右，2001年荣膺中国浙江国际农博会金奖。2000年后，新丰生猪产量猛增，最高年份饲养80万头，近年为保护生态环境，存栏数保持在32万头左右。

风情

汉塘文化节 2008年5月18日举办镇首届“汉塘文化节”，以后每年1届，到2010年共办3届。首届“汉塘文化节”上，举行《新丰镇志》发行仪式，设“红五月”广场电影月、赴外招商推介、落实推进投资项目、特钢产业发展论坛、绿色农产品展示周、首届腰鼓擂台赛、“生态新丰 你我关注”千人签名活动等内容。

2007年9月，新丰腰鼓队

赛花船 源于明末清初。传新丰施王庙所祀施王老爷夫人是平湖人，娘家人每年大忙过后要到施王庙烧香。来时为求快，4人操橹，7人操桨，动作整齐划一，船快如飞。新丰人见后仿效，外加金锣咣咣响，赶超平湖人。后习惯成俗，每年农历五月二十日互相竞舟。届时各村特制一条花船作领队，挂满五彩小旗，故该俗又称赛花船。清晨，一艘艘装扮一新的船在平湖报恩寺内的洪钟撞响后，在一片欢呼声中擦水飞驰。只见阳光下桨板闪烁，水花横溅。日上三竿，新丰将至，岸上观众助威欢声雷动，为一方胜事。

第二章　余新镇

第一节　概　况

区位

位于区南部，东与大桥镇、凤桥镇相接，南与海盐县沈荡镇接壤，西与王店镇、城南街道、长水街道相连，北与东栅街道相邻。沪杭和乍嘉苏高速公路在余新设有互通枢纽和出入口；海盐塘贯穿整个镇区。余新镇区与高铁嘉兴南站相距甚近，有“高铁第一镇”之美誉。全镇面积80.93平方千米，其中建成区面积14.14平方千米。耕地面积63683亩。辖9个行政村、5个社区，镇政府驻余北大街70号。2010年，总户数15041户，总人口44656人，流动人口18458人。

特色

拥有各类企业1560多家，形成服装、包装、五金塑料、电子电器、食品等块状经济。是全国知名的白玉蜗牛生产基地，华东地区的五金塑料配件集散地，浙北最大的包装（主营瓦楞纸箱）生产基地。

1999年11月，被列为全国小城镇综合改革试点单位。获得1997年12月浙江省卫生城镇、2000年12月浙江省可持续发展实验区、2003年12月省级社会治安综合治理先进集体、2005年3月全国环境优美镇、2005年10月全国文明村镇、2000年1月浙江省教育强镇、2001年3月省级文明镇、2006年8月浙江省百强乡镇、2006年10月全国新农村建设明星镇、2007年12月浙江省科普示范镇、2010年12月浙江省森林城镇。2008年1月全国乡镇管理先进单位、2008年2月国家级园林城镇、2008年6月全国村务公开民主管理先进镇、2008年10月全国生态文明示范镇等荣誉。

第二节　建　置

沿革

明清时，海盐塘东、西分属嘉兴县永丰乡与大彭乡。清中叶，置余贤汛。咸丰十年（1860），太平天国一度在此建政权，设乡官以治。1930年，嘉兴县划为7个区，第6区为余贤区，余贤埭属其管辖。1947年春，余贤、新社市合并，始称余新。1949年7月，现镇域分属余新乡、长秦乡、汉塘乡。1950年5月，余新乡分设余新、曹王2个乡；6月，长秦乡分设长秦、镇东、余西3个乡。1950年2月，汉塘乡分设曹庄、吕家、南塘3个乡。1950年5月，撤并南塘乡，其中1~4代表区划入曹庄乡，5～8代表区和吕家乡合并，改名为吕塘乡。1956年2月，余新乡、余西乡、曹王乡（5个代表区）和长秦乡（2个代表区）合并为余新乡；曹庄乡、吕塘乡、南堰乡（2个代表区）合并为曹庄乡。1958年10月1日，成立余新人民公社和曹庄人民公社。1960年3月，余新、曹庄合并为余新人民公社，1961年9月重又分设。1984年1月，余新、曹庄撤公社建乡。1985年10月，余新乡改建制镇。1990年，余新镇总面积48.36平方千米，辖新兴、石堰、建成、长秦、农庄、余北、幸福、水产、联星、余南、翻田、曹王、金星、余西、明星15个行政村和余新居民会。曹庄乡总面积43.90平方千米，辖八里村、联民、永安、五星、东洋浜、阔家桥、复兴、邓家港、永明、永利、吕塘、沙桥、黎明、红民、普光、盛家浜、渔村17个行政村。

1998年5月，曹庄乡并入余新镇。2001年10月，吕塘、八里村划入大桥镇。2007年1月，东洋浜村划入大桥镇。2010年，余新镇辖9个行政村和5个社区。

社区与行政村

2010年余新镇5个社区，有68个居民小组，主要有秀景苑、石堰苑等23个住宅区；有9个行政村，有274个村民小组，281个自然村。

2010年余新镇社区与住宅区一览表

表10-4

社区	驻地	面积（平方千米）	居民小组数（个）	户数（户）	人数（人）	住宅区
余新社区	新贤路与幸福路交叉口	7.5	22	2493	5476	秀景苑、香叶小区、茗品别墅、同创别墅、怡江苑、幸福家园
幸福社区	镇北路与新盛路交叉口	1.14	16	263	761	横泾桥小区、老农会小区、仁和苑、南江苑、三泰家园
曹庄社区	嘉凤公路西侧	2	7	1187	2238	紫金豪庄
石堰社区	泰宁路西（商务大道）	3.5	10	1480	4140	石堰苑、石堰新区、香缇世家、世茂房产
长秦社区	余北大街水文站北	1.74	13	182	462	秀沁苑、长秦新村、平桥住宅区、章泾港西住宅区、章泾泾东住宅区、建城商贸住宅小区、民营住宅区
集体户	—	—	—	1520	5282	—
合计		15.88	68	7125	18359	—

2010年余新镇行政村与自然村一览表

表10-5

行政村	驻地	面积（平方千米）	村民小组数（个）	户数（户）	人数（人）	自然村
永利村	曹焦公路北月宫浜东	5.4	28	953	2838	永兴桥、浦家浜桥、浦家浜西、东油车浜、南沈家浜、沈家滩南、沈家滩、庙桥、益民桥、花园浜、大木桥、洋海浜南、洋海浜北、吴家浜、古牛桥南、和宜浜、董家浜、寺前桥、古牛桥北、高家浜、月宫浜、金家湾、盛家木桥、举叉浜、殳庄浜、怀兜、北殳浜、北沈家浜、富家浜、蔡小庙、殳家埭、北塘桥
普光村	普光寺8号	5	15	695	2248	铁铁浜、沈家横头、南圣堂、荷叶地、陈家头、汤家头、夏家埭、普光寺、虎啸桥、洗文浜、杨板桥、永丰桥、丰收桥南、童家浜
黎明村	曹焦公路与嘉凤公路交接处西南	5.8	29	978	3023	永安桥、凤翔浜、东郁家浜、东家浜、沙月泾、后潮浜南、后潮浜北、王匠桥、俞家浜、丰收桥、庵浜、梅泾港、余贤桥、雪庵浜、年佳桥、日辉桥、邵家埭、徐家浜、东孙家桥、亭子桥、塘浜、沙家木桥、陆翁房浜、吴家木桥、陶家浜、戚家桥、潘家浜、娘娘河桥、曹家埭、西守村、东义河桥、西义河桥、王道泾桥、董家兜、潘家桥、西木桥、周家门、东张家浜、文浜、南张桥
永明村	尹庄港北（尹庄浜自然村）	9.3	40	742	2375	曹家圩、双桥港、怀家浜、濮斜泾、王匠桥北、潘家兜、邓家港、烧基浜、秀才浜、周家桥、王家楼、尹庄桥、尹庄浜、倪家浜、殷家浜、江家浜、韩家浜、石桥头、赵家埭、董至浜、合作桥、东王家浜、钟家弄、赖施浜、东庙浜、高地上、坝桥汇

续表10-5

行政村	驻 地	面积（平方千米）	村民小组数（个）	户数（户）	人数（人）	自 然 村
余北村	灵观音桥（东兜里自然村）	7.2	33	625	2138	学官桥、和尚浜、塘河桥、西古浜、廿里桥、孙家埭、金介桥、北冷水湾、梅家浜、金介浜、沈家汇、东兜里、成家埭、虎丘浜、万家浜、南杨树湾、杨树湾、石碑堰、东岳庙、西吴家浜、河桥浜、曹家头、张家浜、北堰兜
农庄村	南北湖大道西沪杭高速余新进出口北	8.97	38	1297	4187	北星桥、石家浜、朱家浜、横金桥、香园浜、唐家门、北青龙桥、里长桥、三官浜、老农会、高家桥、朱家村、广开桥、老太木桥、新桥港、张家桥港、东兆浜、田桥路、西兆浜、蔡家浜、横桥港北、田家浜、烧香港、坝上、翻田新村、楝树浜、大树下、南窑门、北窑门、南盛家木桥、南沙浜、汪家桥、杨家浜、毛家浜、新贤园一区、新贤园二区、新贤园三区、登云桥、堰兜
曹王村	庙西桥自然村	3.25	11	489	1784	青龙桥、富家村、新桥港东、干家村、新桥港西、张思桥港、叶家浜、厉家桥、张思桥、厉家村、齐安桥、庙南桥、曹王庙、庙西桥、仲家斗、施姑浜、马泾桥港、河泾桥、蒋家堰、铜丝浜、横桥港、友谊桥
金星村	金星新村	13.15	69	1001	3607	曹墩、横泾桥、黄姑庵、祝家堰桥、石泾桥、金家木桥、张天浜、东幽浜、姜贤桥、文龙桥、金星新区、马带浜、西子浜、丁家浜、钟响桥、高家木桥、李庆石桥、朝阳庙桥、范罗浜、砖头桥、花行里、西文桥、兴安桥、南宋家兜、顾家庄、王家浜、西庄浜、冷水湾、大慈航、万福桥、宋家木桥、史家洋、油车浜、小堰桥、南杨家浜、曹头洋、陆家场、南桥庙、陈家浜、渔桥头、角角浜、鲍家浜、南横泾桥、陆家汇、张家头、朱家场、茧厂头、五儿子、肖家头、东周家、幽浜、言家坝、贞姑庙、何家桥、粮道文、磨夏桥、龙兴桥、草鞋浜、殷家湾、秋泾浜、西周家、周家大房子、毛家木桥、杜家头、郁家浜、周家石桥、顾家浜、西王家浜、报恩桥、胡家浜、新开河
长秦村	长水街道永丰社区卫生服务站北	3.84	11	1136	4097	庙浜、新庵浜、宋家兜、后村浜、孙家桥、早和浜、薛家泾、余双桥、法华桥、梓童浜、仓库浜、和庵浜
合计	—	61.91	274	7916	26297	—

第三节　经　济

2010年8月，余新农田风光

农业

从清朝初起蓑草业逐渐兴盛，四乡农民以划蓑草、织蓑衣和制灯草为主要副业，延续到抗日战争时期。清代后期大批客籍农民到余新开荒种粮，栽桑养蚕。农业以粮油、蚕桑为主。解放初期,粮食亩产不到200公斤。1953年亩产221公斤,1980年亩产598公斤。原余新乡1990年时有水田36355亩、旱地5922亩、桑园6320亩。粮食亩产1020公斤。蚕茧总产量1953年69吨,1980年285吨,1998年1538吨。原曹庄乡以粮油、蚕茧、畜牧为主。1990年时有水田36370亩、旱地4297亩、桑园4140亩,产粮食32081吨,比1978年增长33.5%,粮地亩产888公斤,蚕茧415吨,淡水鱼278吨,水果62吨。全年生猪饲养量42253头,商品猪23392头。2000年后,余新镇发展都市型农业势头强劲。并注册区域公共品牌“渔里”牌。“渔里”牌菜心、“潜福”牌白玉蜗牛等获无公害农产品证书,关祥蔬菜,褚大姐甜瓜、南洋浜葡萄、禾欣米业、建林鹌鹑、康老头畜禽等农产品获良好信誉。2010年,全镇农林牧渔业总产值56132万元,其中农业22591万元、林业358万元、渔业15366万元、牧业17817万元。晚稻播种面积36452亩,总产量20373.5吨;生猪存栏总头数70456头,出栏数216819头。农民人均年纯收入15133元。

工业

1958年,余新社队企业开始起步,相继办起农具、砖瓦、被服、草纸等厂,从业人员596人,年产值13万元。20世纪70年代初,以砖瓦、电扇、服装、造船等行业为龙头企业。其中砖瓦产品远销上海等地,秀水电扇全国有名。1982年工业产值突破千万元,1983年超农业总产值。1985年村办工业首超千万元,1995年首超亿元。2001年镇工业产值16.35亿元,2005年40亿元。

原曹庄乡工业起步于20世纪70年代,80年代发展较快。1990年有企业41家,其中乡办10家、村办31家,共有职工1832人,拥有固定资产648万元,当年实现税利96万元。主要产品有仪表机床、织锦被面、丝织化纤、五金机械、家用电器、红砖等。

全镇已形成以纺织业及纺织服装业、造纸及纸制品业、塑料制品业、金属制品及通用设备制造业等4大行业为主的优化结构,涌现了大华包装集团、梦迪集团、亚特电器、嘉宇建设、良友木业、恒华热电、众兴塑料、舜天机械、久盛旅游用品、大通机械等一批年产值超亿元的企业。2010年,全镇全年实现工业总产值95.51亿元,利税1.86亿元。

2009年,亚特电器集团公司车间

商贸

民国时,余新和曹庄集镇上只有几家店铺,市面萧条。解放前夕,余新集镇有店铺139家,破陋房屋161间,草棚37间,从业人员不到300人;曹庄集镇有房屋119间,从业人员85人。商贸业态均以南货店、广货店、酱园店、布店、杂货店、理发店、茶馆店、米店等为主。20世纪50年代起,分别成立供销社和合作商店。1990年时,余新镇有商业网店64个,从业人员279人。曹庄乡有商业网店92个,年销售额1379万元。

2010年,余新、曹庄2个集镇已形成60多条街、路、弄,合计有1303家商店,全镇新增楼宇面积24525平方米,商业网点12个,限额以上单位零售额6.56亿元,城乡集市贸易成交额1.1亿元,实现税收6165万元。

金融财税

清道光年间,余新镇上开有当铺。1953年曹庄信用社成立。1954年10月余新信用社成立。1987年3月设余新保险代理处。1996年5月,分设中保财产保险和中保人寿保险。1989年2月中国农业银行余新分理处成立,2005年12月为余新支行。1990年余新镇财政收入327万元,财政支出74.4万元;曹庄乡财政收入117.8万元,财政支出58.7万元。

2010年，余新镇地方级财政收入8540万元。各类存款余额19.5313亿元，各项贷款余额7.5359亿元。

第四节　社会事业

文化教育

文化　1951年上半年，余新乡业余文工团成立。1954年组建乡文化俱乐部。1965年建立全县第一个公社广播站。1974年成立公社文化站。2006年建镇文化中心。2007年，14个村级文化活动中心建成。1989年举办首届“渔里之谣”文化节，至2010年已办15届。

教育　1950年，余新乡、村开办“冬学”，开展扫除文盲、半文盲工作。1984年，余新乡青壮年非文盲率达到99.14%以上。1958年9月，余新公社中心小学附设幼儿班，各大队办起幼儿园。1998年9月，创办余新镇中心幼儿园。2001年9月，在曹庄创办余新镇第二幼儿园。2010年，全镇幼儿教育有班级30个，学生1183名。余新镇中心小学前身为清光绪二十七年(1901)沈文华创办的余贤初等小学堂，1984年始定名余新镇中心小学。光绪三十年(1904)沈文华创办的余贤女子学校，是浙北地区创办最早的女子学校。1959年，在余新中心小学内创办嘉兴县第二十中学，1961年并入塘汇中学。1968年余新公社中心学校附设初中班，1984年定名为余新镇中学。1907年2月，曹庄初等小学堂创办，1984年改名为曹庄乡中心小学，1998年8月改名曹庄完小。2003年，余新镇成人文化技术学校从原中心小学内易地新建，新校占地面积100亩，建筑面积7200平方米，为省示范性成校、区劳动力培训基地、省中小企业培训基地等。

2001年4月14日，联合国环保专家美籍华人、博士沈铎(左)到故乡余新访问母校余新镇中心小学

卫生体育

卫生　解放前医疗只是在中药店内设座堂门诊。解放前夕，余新、曹庄各有一间门诊室。1952年余新成立联合诊所，1958年更名公社卫生院。1998年8月建余新中心医院。“文化大革命”期间，各大队都配备赤脚医生，实行合作医疗。1983年年底，彻底消灭了血吸虫病。1996年年底，各村都有农村社区医疗卫生服务站。2005年11月23日，中共中央政治局委员、国务院副总理吴仪到余新镇金星村社区卫生服务中心考察。1953年，余新乡在全县农村率先成立清洁卫生所。1989年起，开展以治理“脏、乱、差”为主题内容的爱国卫生运动。2001—2003年，镇政府投入1.24亿元用于城镇道路建设、扩建农贸市场、安装路灯、改建厕所、兴建垃圾中转站等市政设施。

体育　20世纪50—70年代，各企事业单位先后建篮球场9个。1984年5月成立镇武术协会。1990年5月成立老年人体育协会，1993年被评为全国老年体协先进单位，2005年10月首次举办老年农民体育运动会。2010年，各村、社区都建有篮球场、乒乓室等体育设施。中、小学的田径场、篮球场每天早、晚开放。

社会保障

1960年开始，对五保户实行每月补贴。1991年建余新敬老院。2003年新建余新镇敬老院，内设床位100只，有多功能厅、图书室、棋牌室、健身房等设施。2004年4月24日，全国政协副主席阿不来提·阿不都热西提率“统筹城乡发展”专题调研组考察余新镇敬老院。2010年，有享受最低生活保障183户、272人，人均享受金额164元/月；国家抚恤、优抚对象补助32人；安置义务兵、士官24人。镇慈善工作站接受社会捐款40余万元。参加城乡居民社会养老保险13761人，参保率100%。

城镇管理

1985年10月，成立镇城建办公室。对工业小区、居民住宅区、商贸区等提出洁化、亮化、绿化、美化要求。及时清理城镇卫生死角，对车辆乱停放、店面乱搭建、店外设摊等进行清理和规范，维护市场秩序和整洁。

综合治理

1984年成立余新镇司法办公室。1990年7月成立余新镇司法所。2007年5月成立余新镇综合治理办公室，一套班子二块牌子，负责镇村平安建设，调解企业劳资纠纷，化解民事纠纷，确保全镇的平安建设。2010年，全镇有各类调解组织11个，调处纠纷案件178件，涉案金额750.38万元。

第五节　镇村建设

集镇建设

余新、曹庄均为原乡、镇政府驻地。抗日战争时期余新集镇商衰景废。市河两侧的南北两条街又小又窄。20世纪五六十年代，镇区先后造起4座粮库、余新茧站、供销社办公楼、大礼堂和公社办公楼。70年代后期，经济发展迅速，集镇日益繁华。80年代后期开拓五星路。90年代建余贤埭街和余北大街，集镇迅速向四周拓展。1998年年底，集镇形成4条主干道、8条支干道和3条支路。1999—2003年，完成余新镇中学省级示范性初中工程和镇中心幼儿园、中心医院、文化中心、成人文化技术学校和派出所等社会公益设施的建设，开辟新市路、镇东路、新昌路和镇北路，实现余沈公路、余北大街、为民路、新盛路、新达路等的沥青路工程，实施余北大街西段、乍嘉苏高速公路连接等工程，开发3个居民住宅区。2004—2010年，完成镇汽车站的硬化、余贤埭街的改建、五星路路面的修复改造、新市路南段的建设、新昌路延伸段的建设及新联路的建设等工程，建造垃圾中转站、公厕，扩建农贸市场等，建变电所和镇供电营业所及广电站，完成恒华热电网架式管道工程；2009年对镇区的公共绿化进行修整，镇区面貌一新。

2005年建余新社区和曹庄社区，2009年建幸福社区。余新社区主体为余新老镇区，北部以政府驻地为中心向北扩展成工业区，并向塘西延伸；东部为文化教育区，余北大街是社区主街道，商贸繁荣。幸福社区位于余新建成区的东半部，以镇工业东区为主体。余新镇内有路街共37条。

曹庄社区位于原曹庄集镇区域。南北纵向道路有人民路、黎明路（嘉凤公路），东西横向道路有庆丰路（曹焦公路）、曹焦二线、民丰路和春风路。

村庄建设

解放初，客籍农户大多住草棚，本地人的平房简陋低矮。20世纪60年代后期，农户开始拆草棚建土砖杜竹结构的平瓦房。80年代开始，大多数农户拆平房建二层楼房。90年代后，大多翻建为三层楼房，较为富裕的农民到集镇购买商品房，也有自建别墅式小洋楼。随着工业的发展，城乡一体化的实施，对分散的农居进行拆迁，规划重建的住宅大多为联排别墅。2005年起，镇规划建新社区及各村的新住宅区，安置拆迁户3900余户。对各行政村基本达到布局优化、道路硬化、村庄绿化、路灯亮化、卫生洁化和河道净化的文明村六化标准。

交通邮电

交通　乡村的机耕路始于1984年，后逐年实施硬化。1989年浇筑嘉凤公路余新延伸段油面。1994年开筑余沈公路。2000年5月实施嘉余公路土石方基础工程。2003年9月8日余步公路动工建设，2008年建成通车。2010年，余新通往周边县（市）区的公路总长度为24千米，实现了村村通公路。镇域内有余新公交客运站和13个停靠站。乍嘉苏、沪杭高速在境内相交，境内设沪杭高铁嘉兴南站。

邮电　1953年设余新邮电所，后称余新邮电支局，1998年分设邮政支局和电信分局。邮政支局下设网点2个，2010年年末业务总量413万元。电信支局下设网点4个，电话交换机总容量1.8万门，宽带用户0.77万户。曹庄邮电所1986年成立（1986年之前称邮电代办所），1998年开始邮电分营，分为曹庄邮政所和曹庄电信所，2003年并入余新电信支局。

河道整治

镇域内河港交叉，主要河道有海盐塘、王庙塘、孔庙塘3条南北向水系，主干河道总长115.71千米。长度200米以上的河浜有259个，河流之间或与河浜之间交汇的较大的漾有33只。2003年基本结束第一期河道整治工程，以后每年进行有计划疏浚、整治，至2010年共治理河道266条，长147.41千米，其中对414条总长249.5千米的河道进行保洁。

2010年5月，余新普光村整治后的河道

第六节 古镇名村

古镇

余新 镇政府驻地，西濒海盐塘。原名余贤埭，别名渔闲里，简称渔里，后谐音雅化为余贤。明朝后期，余贤埭已成集镇雏形，因树木繁多，绿树成荫，尤以榆树为最多，也称榆里。清代中叶，商业繁荣，街市由海盐塘岸向镇东莫家埭扩展，由渔民聚居之处渐变为水乡市镇，有“大桥赏雪”“古塔吟风”“坟坞渔歌”等十景。1938年4月30日上午，日伪军100多人从蚂桥直扑余贤埭烧杀抢掠，7名男子被杀，1名女子捆绑后烧死，继而纵火焚镇。下午4点多钟日本侵略军撤走时，镇上仍浓烟滚滚，火光冲天。1939年7月1日，日本侵略军再次入侵，子弹横飞，打掉了塔塘桥上石狮的耳朵，惨杀平民30多人。余贤埭开新篁的航船被烧毁，4名船工被活活戳死。余贤埭经过日本侵略军2次焚烧，沈氏“和衷草芦”、谢氏“洋房”、邹氏“别业”、郑氏“得荫轩”等1000余间房屋被毁。到解放时只有139家店面，部分是草棚。现集镇东至嘉凤公路，西至长秦余双桥自然村，南邻农庄翻田庙自然村，北靠沪杭高速公路。集镇街面店铺林立，商业繁荣。镇中学、小学、幼儿园、中心医院、银行、邮政、电信、警署、供电所、文化中心等多家单位云集镇区。大华包装集团、梦迪集团、建城集团、大通机械厂、恒昌旅游用品公司等企业闻名省内外。2010年，集镇建成区8.6平方千米，有3320户、7229人。

曹庄 据传，唐末嘉兴守将曹信及子曹珪“慈惠及民”，后其子孙居住于该处，故名曹庄。解放前，这里曾是曹庄里、曹庄镇、曹普镇、汉塘乡驻地，解放后为曹庄乡及公社驻地。1938年日本侵略军侵占曹庄，烧毁房屋250余间，镇从此衰败。解放初有居民210人，商业人员85人。曹庄原有轮船往返于曹庄、嘉兴之间。1988年，嘉凤公路建成通车，途经曹庄。现集镇商店栉比，并有骏驰电镀、益恒五金、东南电镀、斯帝特太阳能等几十家较著名企业汇集于此。2010年镇区面积2平方千米，居民940户、1904人。

名村

和宜浜 位于永利村。1949年7月至1956年为吕塘乡政府驻地。村名原为河泥浜，后更名和宜浜。解放前有大户梅馥园，被称是嘉兴出东门外3大财主之一（另2家是大桥八里村姚家和吕塘村陆家）。抗日战争胜利后有统计，梅家有田地7000多亩、房屋300多幢，分布在上海、嘉兴、嘉善、硖石等地。解放前夕，村中32户中有25户为楼房，梅馥园的楼房最好，当地称“小洋房”。2010年，村民47户、143人，家家住楼房，村通公路，户通水泥路。

普光寺 普光行政村驻地，村以普光寺得名。古寺始建于后晋天福元年（936），规模宏大。1927年军阀孙传芳和夏超部队混战，普光寺大部分建筑被毁。1931年清吏部右侍郎汤氏后裔出资修缮，将普光寺改成学堂，至1999年，普光寺小学延续开办近70年。1940年1月5日，日本侵略军在凤桥杀害政工队员，制造震惊浙江的“徐八房惨案”，当时由嘉兴县政府主持的追悼大会在普光寺召开，其中陈云华烈士遗体被葬于村中陆氏祖坟。20世纪70年代开始，村中陆续开办8家企业。普光寺香豆腐干闻名，有作坊5家，村中有小饭店等各类商店。2010年村民207户、740人。

成家埭　位于余北村。明代为渔民避风港，民间有"先有成家埭，后有余贤埭"的说法。清康熙年间，河南一成姓官员为躲避纠葛，举家逃至该地隐居，随着成姓族人增多，遂为村落，名成家埭。1951年，成立余新第一个杨四林农业互助组闻名全县及省。1986年村西办起石龟酒厂。2010年，村民78户、257人。

贞姑庙　余西村驻地。传说宋代靖康年间，康王因金兵追杀至该地，乞求正在拔秧的崔家三姐妹搭救。三姐妹让康王兜上头巾作拔秧姿态，得以幸免一死，而三姐妹性命却断送在金兵刀下。康王为答谢三姐妹的救命之恩，建造贞姑庙，后庙周边成村落。解放前贞姑庙每逢农历初一、十五日，远近村民前来烧香念佛。1970年10月贞姑庙拆除，1958年后为余西大队、余西村驻地。2010年，村民60户、142人。

消失的自然村

20世纪90年代开始，余新镇一些自然村因经济发展和村镇建设需要先后征迁，至2010年，全镇有64个自然村逐步消失。

2010年余新镇消失的自然村情况表

表10-6

原处地域	原名称
余新社区	小桥河路、水杏桥路
曹庄社区	曹家浜
永利村	永庆寺
普光村	万安桥、里长桥
黎明村	兴桥
永明村	水马浜、刘家石桥、湖泥浜、北顺浜、高家舍、严家浜、水达桥、夏家漾、谢家木桥、丁家桥、泾径港、徐王村、庙泾港、力士浜
余北村	后石桥、吕家头、沈家浜、万兴桥、戚家浜、北横泾桥、鸡脚浜、倪家汇、东南汇、倪家浜、石五桥、汪家浜、占家浜、五环洞、斜港浪、施家浜、青龙庵、石泾弄、顾家头、广宁桥、香樟树、徐家兜、夏庵桥、江家浜
农庄村	水车浜、东长浜、水杏桥、仁和桥、思仙桥、范家湾、沈家浜、坟浜、陆家浜、王家桥、东冷水湾、章贤桥
明星村	吴家浜、郑家头
长秦村	秀龙桥、顾家浜、倪家浜、马泾桥、唐厅

第七节　名胜　特产　风情

名胜

曹墩遗址　位于镇西南金星村境内。1981年前考古发现，是新石器时代遗址。1981年9月被列为市文物保护单位。

塔塘桥　位于余新集镇西南，跨海盐塘。重建于清光绪三十年(1904)。为新石器时代文化遗址，旧时，"大桥赏雪"曾被列为余新第一名胜。1992年10月20日，被列为市级文保单位。

曹王庙　位于镇东南曹王村。祭祀北宋开国功臣曹武惠王曹彬，有著名特产泥猫、泥美人等。现每年春节、清明及八月初二的曹王生日，都在曹王庙举办活动。

五环洞桥　位于余北村，明末已有此桥，清光绪六年(1880)重建。2009年8月25日被列为市级文保点。

曹庄砖桥 位于黎明村。清古文化遗址，2009年8月25日被列为市级文保点。

黄姑庵遗址 位于金星村。新石器时代遗址，1992年被列入市级文保点。

银杏树 明代普光寺遗址，有3棵610年的古银杏树，1998年9月被列入区文保点。余新小学东侧有棵树龄约270年的古银杏树，旧址为清代关帝庙古遗址，2004年被列入区文保点。

消失的名胜

渔里十景

大桥赏雪 桥跨横塘，高竦雄壮，为郡郭南来第一桥。当三冬积雪，陟顶四望，千家比屋，万顷连原，诚胜观也。

古塔吟风 塔峙横塘东涘。以砖甃之，制度古朴，不知起自何代。年久颓废，仅存基址。抚今吊古，吟思动人。

坟坞渔歌 在里中西市之末。古坟联络，溪流经其前，折而成坞。渔舟数十，泊宿月夜，唱歌互答，娓娓可听。

荷湾晓市 中市之南。昔年曾种荷花，今则人烟稠密，为贸易之所。每以晓集，四方毕至，百货俱陈，人声喧动。

清溪玩竹 市南百步而近，绕庵皆竹，寒碧森然。客有过其地者，颇挹清泠之致，春笋茁时，尤可兼参玉版也。

禅悦探梅 地为里中夏氏宗祠。小桥流水，庭有老梅六七本，苍古离奇。西偏小楼，楚楚精雅，春初梅放，恍如置身孤山篱落。

莲社嬉春 市南迤逦而东，亦数百武，招提一区，榜曰“栖莲”。内供白衣大士。春光明媚，香火最盛，踏青来者，每流连不能去云。

松寮消夏 市北百步，比丘尼所居。西偏多古墓，松林映之，长夏风来，涛声满耳，似在深山大谷中，不知人世之有炎热也。

葆林新月 傍塘有兰若。殿墀虚敞而精洁，新月东升，禅关未掩，中庭照耀，携朋夜过，与僧清谈，飘飘乎离俗尘矣。

莫埭晴烟 市北稍东，小有村落。错处数家，桑麻桃柳相掩映，晴晖乍展，和以炊烟，缭白萦青，别有幽趣。

其他名胜 万松庵、施王庙、关帝庙、永庆寺、荒田庙和翻田庙、乌龟坟、南姚坟、五儿子桥、陆费墀墓。

特产

渔里青菜苔 由区青菜苔生产基地生产，采用无公害生产技术，2004年通过国家级无公害产品认证，销往江浙沪一带。

“潜福”白玉蜗牛 系列产品采用鲜活白玉蜗牛，经特殊加工工艺制成，制成菜肴，肉嫩味美，是盘中珍品。2004年通过国家级无公害产品认证，为全国规模最大的生产养殖和加工基地。

大红袍荸荠 产于余西村一带，是传统土特产品。17世纪，余西荸荠的主要品种是大红袍。大红袍最宜生吃，嫩甜，无余渣，为水果上品。性微寒，有清热降火的药效。

曹王泥猫 产于曹王庙一带。泥猫又称为蚕猫，古扑典雅，色彩夺目，人见人爱。置于蚕室中，驱鼠辟邪，已成风俗。在1993年的第十届中国工艺美术年会上，曹王泥猫赢得港台韩日商客喜爱。除泥猫外，还有泥菩萨、泥美人、酒仙、水浒人物等工艺品。

风情

“渔里之谣”文化节 由余新镇政府主办，1989年起，每年举办一届。文化节有文艺行街活动，各村及企事业单位组织各类文体赛事，更有企业项目签约仪式。开幕式当天，镇上各店家张灯结彩，夜晚万人空巷，争睹文艺演出及烟火、礼花表演。

纤塘路 海盐塘东岸原为嘉兴市区至海盐县城的纤路，海盐塘上，来往船只繁忙，风帆片片，百里纤塘上，纤夫来往穿梭，一派水乡风光。现蜿蜒几十里的纤塘路仍可辨旧踪。

曹王庙会 每年春节、清明及八月初二曹王生日的前后3天，举办曹王庙庙会（见第三十七篇“宗教 民俗”第一章第六节）。

第三章　凤桥镇

第一节　概　况

区位

位于区东南，距市中心18千米。东北与新丰镇交界，东南与平湖市曹桥街道为邻，南与海盐县沈荡镇、元通街道相接，西北与余新镇相连。交通便捷，乍嘉苏高速公路在新篁设出入口，余步线、余篁线等县乡公路遍及镇区和各行政村。面积80.39平方千米，其中耕地面积76995.4亩，水田65205.7亩，旱地11789.7亩。镇政府驻凤桥集镇新康路105号。2010年，总户数14343户，总人口45295人，流动人口10506人。

特色

凤桥是著名的水蜜桃之乡和茭白之乡，2010年3月28日，嘉兴市首届生态文化旅游节暨2010年南湖桃花节在凤桥举行。以千年古寺石佛寺为依托的梅花洲核心区，是国家AAA级风景旅游区，南湖新十二景之一。

荣誉

凤桥镇1996年10月被评为全国亿万农民健身活动先进乡镇，1997年10月评为全国群众体育先进集体，是省"东海文化明珠"镇、省教育强镇、省体育强镇、省生态镇、省科技示范镇、省卫生镇、省水蜜桃之乡。

2010年10月，新篁工业园区

第二节　建　置

沿革

以驻地凤喈桥得名。镇域宣统元年(1909)为凤石区与新篁区。1934年，为新社镇、石佛镇、凤桥镇、新篁镇、庄史镇。1945年，为凤桥区、新篁区。1947年，凤桥镇、石佛乡合并为凤石镇。解放后为凤桥乡，1950年3月，分设石佛乡、石隍乡、荆阳乡。1956年2月，石佛乡、石隍乡和曹王乡的6个代表区合并为凤桥乡。1958年10月，凤桥、新篁两乡合并，建凤桥人民公社。1961年4月，分设新篁、凤桥公社。1962年8月，凤桥集镇单独建制为县辖镇。1965年1月撤销。1982年，时凤桥公社面积45.78平方千米，辖1个镇(凤桥镇)和15个大队。15个大队分别为荆阳、星火、永红、利民、三星、石佛、杨树、庄桥、清池、联丰、大星、瑶池、新民、新东、水产。1984年1月凤桥公社复称乡，3月改为建制镇，4月恢复凤桥乡建制，9月撤乡建镇。新篁公社1982年面积33.49平方千米，设1个镇(新篁镇)和朱家浜、南庄、鲍桥、胡庵、支家桥、新建、陈良、金家浜、勤丰、珠泾港、庄史、栖柽、双石桥、水产14个大队。

2001年10月，凤桥、新篁两镇合并为凤桥镇，辖21个村、2个居民委。2005年2月区划调整，2010年凤桥镇下辖2个社区和10个行政村。

社区与行政村

2010年凤桥镇2个社区，有12个居民小组，28个村民小组，主要有马家浜、长埭村等50个住宅区(自然村)，10个行政村，有308个村民小组，373个自然村。

2010年凤桥镇社区与住宅区一览表

表10-7

社区	驻地	居民(村民)小组(个)	户数(户)	人数(人)	住宅区(自然村)
凤桥社区	凤桥集镇	4个居民小组 14个村民小组	1760	4024	里泾浜、马家浜、高家头、称钩浜、钟家桥、倪家桥、曹川泾桥、秀才兜、桃子竹、曹家浜、曹家村、火烧桥、胡家桥、青狮庵、堰坊桥、俞家汇、小五房、石灰弄、牛场弄、油车弄、凤华丽都、凤南景苑、钢圈新村、金浪新村、桃源小洲
新篁社区	新篁集镇	8个居民小组 14个村民小组	1553	4036	长埭村、胡家村、网船汇、盛家门、南双石桥、刘家头、北甲娄、陆家埭、圣塘浜、蒋家堆、染渡头、小新篁、曹家村、鲁圩、姚家场、长浜、钱家兜、新娄浜、网船浜、汪潭里、乌金浜、北郭桥、兴居花苑、竹里小区、凤凰花苑
合计	—	—	3313	8060	—

2010年凤桥镇行政村与自然村一览表

表10-8

行政村	驻地	面积(平方千米)	村民小组数(个)	户数(户)	人数(人)	自　然　村
星火村	陆家浜	6	25	908	3141	义巷浜、沈家浜、沙海村、荆阳村、赵庵汇、镯头浜、雉鸡浜、益家弯、打铁桥、万安桥、油车浜、对牛浜、西河滩、禅堂浜、陆家浜、金家浜、椿头浜、曹家港、义沙金桥、杨板桥、北村头、曾家石桥、顺洋桥、林家浜、邱家桥、俞万桥、陈家兜、沈家浜、陆家洋
三星村	厉三浜	7.46	29	1261	4116	杜家桥、田家桥、西至浜、张家桥、吴家浜、厉三浜、东至浜、北至浜、潘家浜、落塘并桥、日晖桥、秀才桥、西梅家兜、东梅家兜、梅花桥、胡家村、肖家桥、荷花浜、陈坟桥、金家洋、张家桥、汪兴桥、万家浜、胡家浜、施家桥、万丰桥、赵坟桥、盛家墩、彭尖洋、长浜、庄桥、北窑桥、西湖桥、东浜、南窑桥、陈家桥
大星村	慎思桥	6.99	25	1120	3440	慎思桥、王家埭、百官桥、章家埭、沈家浜、侯家浜、任浜、陆家斗、高地上、谢家头、巢家弄、同家浜、吴家浜、许果园、罗家湾、汪埃塘、马家港、赵家汇、水落泾、金堂桥、瑶池、朱家浜、厉家村、李家康桥、香堂里、王沙浜、邬家头、俞家村、洪油车、星浜
新民村	兴善寺	7.46	28	1190	3822	兴善寺、螺蛳板桥、长浜、缪家浜、独圩、张家头、丰乐桥、邱家兜、严家兜、大墙村、曹九村、步鞋浜、肖家场、北地廊、牛桥浜、箭上、大船坊、团子浜、菱浜、邹家弄、史家头、黄道宅、邹家兜、俞家场、牛桥、任间寺桥、庄桥、张义浜、万年桥、张义塘桥、西楼、张家桥、小月浜、丁家浜、柏家浜、槐家堰、潘家浜、新浜、东车浜、花园里、李家浜、建设桥、春花桥、罗家头、王家浜、刘家汇

续表10-8

行政村	驻地	面积（平方千米）	村民小组数（个）	户数（户）	人数（人）	自　然　村
联丰村	宗家浜	7.19	24	1178	3802	冷水湾、马鸣里、张店村、石隍庙、盛家浜、黄家村、徐墙门、李家木桥、钟家石桥、巢家园、西晒浜、堰头浜、章山金桥、水车浜、杨古浜、许家湾、彭家木桥、郭家堰、吴家宅基、张家木桥、杨树桥、丁家桥、鱼池洋、李家头、王祥里、宗家浜、塘坊桥、牌楼浜、梅家浜、张木桥、小天竺、项家头、北青龙桥、新桥头、石头村、富家木桥、北张家浜、林家浜、汤板桥
永红村	永久桥	6.96	30	1080	3515	积功桥、沈方村、福新桥、晒桥、南车浜、吴庄桥、乌桥、燕桥、北车埭、俞家坟、小桥弄、高地上、怀家桥、南水弄、万仁浜、小石桥、缪家浜、塘家浜、圣塘桥、大寺村、周墩头、梅育浜、翁家浜、董挤头、堰桥头、岸桥头、葛家桥、芦家村、北清池、梅育桥、南清池、金家埭
陈良村	王家兜	725	30	1053	3955	东王家兜，李屋里、西油车浜、西王家兜、西肖家村、陈留村、廿亩浜、陈良里、王家桥、徐家村、陈家浜、许家汇、凤湾村、庙后头、屈家浜、屠家村、东高村、张施浜、李家浜、韩家浜、戴风浜、南仁桥、红家汇头、新屋廊、冲斗浜、金家浜、三角汇、油车浜、北汤浜、香船浜、柴家村、梁泾桥、汤汇桥、石灰浜
茜柳村	茜柳村	796	40	1127	4038	茜柳村、菜花浜、堆金桥、支家桥、徐家桥、三家村、汪家头、陶家村、赵家头、陆家浜、宋家浜、菱荡浜、李家浜、鹤粮浜、鲍家汇、姜家娄、苏家兜、朱家浜、杨家浜、新浜、桃花村、柞树头、晒浜、朱家汇、冯家浜、划船浜、北石桥、鲍塔村、南塘泾、北塘泾桥、高瓦桥、戴家浜、西张桥、南汤浜、徐家浜、北臬桥、黄泥浜、油车村、张家村、黄家头、麻泾桥、南地村、旱桥村、胡庵、板桥头、巨娄浜、南木桥、胡家村
栖柽村	杜家桥	680	30	774	2618	杜家桥、栖柽桥、西张桥、秀才浜、冯家浜、蒋家浜、陆家头、独圩、柳姑庙、东珠木桥、桥里、杨思桥、三攀港、大浜、孙家浜、马家浜、戴家村、钱家村、短浜、汤洞里、千河浜、谢金堰、张家埭、西长浜、葛家村、梅园、高庭寺、吴家浜
庄史村	庄史	969	47	1339	4788	庄史、张家浜、董家浜、汪家头、吕花村、徐家浜、湾里、泉泾巷、河西村、杜家车渡、高桥、陈家石基、太平桥、前木桥、周家浜、堰兜浜、永丰桥、朱家浜、厚睦桥、陆家浜、汤泾桥、南庄、池潭海、石场、窑浜、周家堰桥、李万村、后圩村、南浜、清水浜、倪家浜、陈家桥、北圩兜、前圩桥、义合村、周家浜、沈家浜、胡家浜、石屑浜、史家村、打铁桥、章家村、戴家村、郭家头、盛家木桥、牛桥、染店浜、青龙桥、车浜、珠泾港、南码头
合计	—	73.76	308	11030	37235	—

第三节　经　济

农业

镇域历来以种植水稻为主。1982年，凤桥公社有集体耕地39975亩(水田38878亩、旱地1097亩)，专业桑园4414亩，社员自留地4190亩。粮食亩产1957年226.5公斤；1979年763公斤，创历史最高纪录，总产2832.5万公斤，向国家提供商品粮1205万公斤，集体经济人均分配230元。新篁公社1982年时有集体耕地29214亩(水田28264亩、旱地950亩)，专业桑园3800亩；1979年粮食亩产768公斤，集体分配人均215元。1990年凤桥镇粮地亩产945公斤，总产粮食32427吨，交售粮食15947吨，还交售议价粮6186吨；新篁镇农田复种指数264%，粮食总产24849吨，粮地亩产941公斤，交售粮食11414吨。

2010年，凤桥镇农林牧渔业总产值76966万元，其中农业23772万元，林业144万元，牧业51099万元，渔业1196万元，服务业755万元。农作物总播种面积128302亩。其中粮食播种面积67613亩，总产量28612吨。油菜籽播种面积10478亩，总产量1618吨；蔬菜种植面积35511亩，总产量59867吨。桑园总面积4164亩，全年养成蚕3115张，总产量125吨。生猪存栏221813头，出栏数505416头。全镇农业龙头企业13家，农民农业合作社18家，其中省级龙头企业1家，市级科技示范村2个，无公害产品基地7个。

工业

凤桥镇解放前只有几个铁匠铺，以生产或修理农具为主。新篁镇也基本没有工业基础。改革开放后，凤桥先后建起丝厂、砖瓦厂、啤酒厂、麦芽厂、泡沫厂、五金胶木厂、丝织厂、羊毛衫厂等社队企业。凤桥丝厂带动了当地种桑养蚕；康乐啤酒厂和康华麦芽厂带动当地种植大麦和加工麦芽，凤桥丝厂生产的白厂丝等产品出口，年出口额超百万元。1990年时，凤桥镇有工厂58家，其中市属4家，镇、村办54家。市属的嘉兴市家用电器厂生产的金浪牌系列电吹风风靡全国；嘉兴市第二钢圈厂生产的叶仑牌拖拉机钢圈在行业内较有名声。凤桥砖瓦厂1980年11月投产，主要生产标准实心粘土砖、多孔砖，最高年产量达到1.2亿标准砖，销售收入最高年份达到2200多万元，实现利税最高年份达600多万元，多年上缴税金超百万元。

新篁镇有嘉兴市皮件四厂、五金农具厂、电磁厂等市属企业5家，新篁镇村工业起步于20世纪70年代，多为砖窑及小型粮饲加工。80年代后，开发相册簿籍、电池、自行车、打字机、柴油机、千斤顶、电器、农机配套的部件和整机生产。新篁镇1990年末有镇办企业12家，村办企业25家，当年销售总收入2164万元，利润115万元。砖瓦二厂、嘉兴自行车新篁分厂、海鸥纸品分厂、量具仪器厂等年产值在百万元以上。

2010年10月，新篁集镇上的市五金工具厂老厂房

凤桥镇现有企业734家，主导产品以机械制造、消防安保、汽配电子、新型材料为主。其中中法控股集团有限公司、浙江秀舟纸业有限公司、浙江荣泰科技企业有限公司、浙江威能消防器材股份有限公司、嘉兴市高翔纸业有限公司和嘉兴市超越饲料有限责任公司6家超亿元企业，500万元以上企业72家。全镇有国家级高新技术企业3家。浙江荣泰科技企业有限公司于2007年获中国驰名商标。2010年3月设嘉兴工业园区凤桥分区，启动5平方千米各项基础设施建设。凤桥镇2010年第二产业绝对值为9.79亿元。

商贸

凤桥、新篁清代以来一直是区域经济中心，抗日战争前两个镇上各有商店百余家。新篁明弘治年间开设丝行，形成丝市，抗日战争前有茧厂、木行、典当各3家。抗日战争时期，凤桥、新篁镇区大多被日本侵略军烧毁。解放后，凤桥街市主要在凤嘴桥南北两侧，桥北为东西横街，长1里多；桥南为南北直街，与横街成丁字形。新篁镇上有港东、港西、朝南3条集市街道。1990年时，凤桥镇上商业网点90个。国营商业有食品公司购销站，供销合作社设综合商场2个、门市部20个，合作商业有销售服务网点28个，个体商业124户，镇农贸市场有124个摊位；新篁镇商业网店258个，国营商业有食品公司购销站，供销合作社设综合市场1个、门市部22个，年销售额1608万元，个体商业233户。2010年，凤桥镇第三产业绝对值为3.13亿元。

金融财税

1990年，凤桥镇财政收入282.9万元，财政支出75.7万元。镇设农业银行营业所及信用社，营业所存款储蓄2388.23万元，信用社年末存款余额2027万元，年发放贷款1233万元。新篁镇1990年财政收入217.3万元，财政支出75.7万元。镇设农业银行分理处，当年收储存款1136.28万元，镇信用社入股社员7167户。2010年，凤桥镇地方一般财政收入3915万元，同比增长31.4%；地方财政支出2346万元，同比增长73.0%。

第四节 社会事业

文化教育

文化 1963年12月，成立公社文化站。1985年，新建镇文化中心。1990年，与镇工人俱乐部整合为文化活动中心。2003年，文化站更名文化体育站。2005年文化中心还建有篮球场、门球场和健身路径。2005—2007年期间，各村、社区的文化活动中心相继建立。2009年1月，凤桥图书馆建成，藏书32000册，报刊杂志300种。2010年庄史村、新篁社区图书分馆相继建立。1984—2001年，共举办十一届“凤桥之声”群众文化节。2000年4月开始，每年的3月底至4月初举办“桃花观赏活动”。2008年为南湖桃花节，2010年为嘉兴市生态文化旅游节。

文艺创作呈现繁荣。傅尔宁作曲的歌曲多次获文化部群星奖，《走进七月》等音乐作品在全国性音乐创作比赛中获一等奖；张觉民的农民画《南湖菱歌》获全国农民画一等奖。冯嘉生的竹刻《清明上河图》在2005年7月首届浙江省工艺美术博览会上荣获“天工奖”。20世纪80—90年代，胡玉珍、黄永安等创作的农民画作品多次出国展出。

1965年3月，凤桥、新篁创建公社广播放大站，转播县广播节目。1976年2月凤桥公社成立电影放映队，在全公社巡回放映电影。1978年凤桥建影剧院。1981年建新篁影剧院，1990年新篁镇建文化中心站、工会俱乐部，各村均设广播室。

教育 清光绪三十二年(1906)正月，凤桥镇南街半山横头创设凤溪小学堂。1917年改称凤石区第一国民学校，1947年改名凤石镇中心国民学校，1949年8月为凤桥完全小学。1984年定名凤桥镇中心小学。下辖兴善寺、永红、庄史、清池、星火、茜柳、鲍桥7所村完小。2007年12月与秀城实验教育集团联合，成为嘉兴市首个城乡一体化松散型教育集团。2010年，学校有30个教学班、学生1514人。

1956年年初创办的嘉兴第六中学，1958年8月为县第七中学，1961年9月更名凤桥中学，1998年5月更名为郊区中等职业技术学校。2003年7月，迁入嘉兴高中园区。1984年，创办凤桥镇中学(初中)和成人文化技术学校。凤桥镇中心幼儿园创办于1984年，2010年10个教学班。新篁镇清末即开办学堂。1990年时有镇中学1所，有初中7个教学班。镇中心小学和村小学14所，38个教学班。2010年新篁社区中心幼儿园6个班，庄史幼儿园5个班。

卫生体育

卫生 1952年凤桥乡建立联合诊所，1983年改名凤桥镇卫生院。各大队均设有保健站，有乡村医生16名。新篁卫生院设有区精神卫生康疗中心，下设陈良、茜柳、庄史3个社区卫生服务站。

1956年11月建凤桥地区卫生院，后更名凤桥地区中心医院。20世纪50年代，区域内有联合诊所6处，清卫所3处，血吸虫病治疗组3个，中药铺(带卖西药)供销站1个。1990年起,凤桥地区中心医院为区属医院。

体育 2008年凤桥镇文化体育公园落成,有灯光篮球场、露天舞池、门球场、键身路径等。2010年,全镇人均文化体育活动场地面积1.51平方米。

社会保障

2010年,凤桥镇通过劳动力就业转移培训,顺利实现转移就业1020人,转移就业率90.6%。2010年参加农村合作医疗保险人数39213人,参保率98.4%。至2010年6月,已有8120名60周岁以上老年人开始享受60元基础养老金,覆盖面100%。参加城乡居民养老保险人员7085人;参加职工养老保险人员7351人;土征人数2949人,已经享受土征养老金人员1770人。1992年10月凤桥镇新办敬老院,占地面积2400平方米,建平房12间,入住五保老人17人。2003年11月,二期扩建敬老院,建主体房16间,辅助房7间。2003年末入住五保老人52人。2007年8月,三期扩建敬老院及避难所,到2010年年底,敬老院拥有房屋59间,建筑面积2523.58平方,床位80张,入住老人37人。

城市管理

2003年5月,凤桥镇建立综合执法联动中心。主要负责镇区域范围内的市容秩序管理,配合镇政府城建部门对新建农宅在主体工程完成之前进行规划执行情况检查,对违规行为采取切实措施予以控制;负责镇区和道路两侧挖掘工程的审批与检查;负责辖区内安全生产、环境保护、土地管理处罚案件;配合镇政府完成一户多宅、违章猪舍拆除等中心工作。

综合治理

1950年5月县法院成立,实行巡回审判。1980年设立凤桥人民法庭,2000年6月更名区法院凤桥法庭,2010年管辖凤桥、余新两镇和长水街道。1984年,凤桥建立司法办,设立司法助理,1999年建立凤桥镇司法所、凤桥镇基层法律服务所。2007年镇成立综合治理办公室,2010年,有调解组织14个,调解员80多人,形成了一支强有力的调解队伍。1982年县公安局凤桥派出所成立,与凤桥法庭合署办公,管辖凤桥、余新、新篁和曹庄4个人民公社。1984年,凤桥派出所管辖范围为凤桥镇和曹庄乡。2001年,凤桥和新篁两个派出所撤并为凤桥派出所。

第五节 镇村建设

集镇建设

镇以凤喈桥为中心,建成区面积2.5平方千米,新篁集镇、凤桥集镇常住人口4876人。凤桥市河穿境而过,凤喈桥凌驾于上,沟通镇区南北。在凤喈桥以北开辟了横贯镇区东西的新康路、凤启路、凤北路。凤喈桥以南新辟了凤南路等路,扩建了镇中小学,开发了凤南景苑、凤南新村、凤鸣佳苑、凤栖桃苑等住宅小区,迁入了好又多超市,新建了大型农贸市场、凤桥公交枢纽站等。在凤喈桥东西分别扩建了吼桥路、凤飞路、凤篁路,构成了凤桥镇区四通八达的交通网络新格局。1987年3月,凤桥镇和新篁镇自来水厂建成。2008年,全镇范围内实现村村通公路,家家有水电。

村庄建设

2009年,凤桥在全镇范围内开展村庄环境、村组道路、河道改造等三位一体的生态环境综合治理及卫生保洁、垃圾清运工作。12个村(社区)均建造了垃圾中转站和保洁员工作站,累计投入绿化资金796万元用于道路绿化、河道绿化和村镇绿化。先后创建市级生态村8个、省级绿化示范村1个、市级绿化示范村3个、省级绿色社区1个。

交通邮电

交通 1946年时,新篁、凤桥分别有平湖至硖石、王店的轮船和货船航线,农村有停靠站。1956年开通嘉兴至新篁轮船客运,途经东栅、曹庄、凤桥。至1987年,凤桥、新篁公交客运车开通后客轮停航。

镇域内河有50吨以上舶位航运河道3条,连接海盐塘、平湖塘与各港沟通。新篁罗汉塘、西青龙港可通过20吨以上货运船。

1986年嘉盐公路、嘉篁公路均通车；嘉风公路1988年6月通车；2002年乍嘉苏高速公路通车，新篁设出入口；凤篁公路1996年11月通车；新篁镇北公路1999年建成通车；07省道凤桥镇境内长1.8千米。凤桥全镇村村通公路，通公交车。

邮电　1917年凤喈桥和新篁设邮务代办所，抗日战争时停办。1945年9月恢复。1987年3月，新篁、凤桥邮电支局升为三级局。1990年凤桥镇设邮电支局，1998年5月凤桥镇设电信支局和邮政支局，2010年实现“村村通宽带”建设。电信服务网点6个，固定电话0.87万户，电话用户普及率60%；移动电话用户0.43万户；互联网用户4005户。

河道整治

河道清淤　2005年凤桥镇河道清淤完成29条，长度22.62千米，清淤土方13.6737万立方米。2006年完成河道清淤117条，长度97.6千米，清淤土方53.96万立方米。2007年完成河道清淤217条，长度89.238千米，清淤土方59.32万方。2008年完成河道清淤162条，长度69.9千米，清淤土方47.15万立方米。2009年完成河道清淤46条，长度38.434千米，清淤土方14.4379万立方米。2010年完成河道清淤50条，长度51.416千米，清淤土方21.1928万立方米。

河道护岸建设　1970—2004年凤桥和新篁集镇建块石护岸10552米，2005—2007年完成三星村、凤桥社区施家塘块石护岸2100米，2008年完成凤桥社区北里泾浜、秀才堆浜、钟家桥港生态护岸4526米，庄史村刘王庙港、燕桥港生态块石1494米，永红村万南港生态块石362米。2010年，建成陈良港块石河岸长度1280米。

第六节　古镇名村

古镇

凤桥　凤喈桥原名庞家桥，清咸丰八年（1858）改建石桥时更名凤喈桥。桥名源于《诗经》，后简称凤桥。清中后期一直是嘉兴县东南重镇和经济中心。1938年5月，省十区专员公署和县政府驻地迁此，凤桥成为浙北游击抗日中心，军民在凤桥石佛寺一带抗击日本侵略军。1940年1月5日“徐八房惨案”中，牺牲抗日志士23人，被烧房屋500多间。解放后，凤桥曾为中共凤桥区委驻地。1984年，凤桥建宽19米新康路，为镇首条宽阔道路，后陆续兴建凤启路、凤南路、大桥路、吼桥路、凤飞路、凤篁路等道路和市河上的3座桥梁。集镇区域不断扩大，镇办丝厂、绸厂、市属拖拉机钢圈厂等11家企业在镇上。1971—1981年，新建职工住宅207万平方米，建成桃源小洲、凤华丽都、凤南景苑等规范化居住小区。全镇镇区面积3.45万平方千米，居民4332人。

新篁　地处区与海盐县交界处。原名竹田里，简称竹里。明弘治年间，村里开设丝行，逐渐形成集市，人称新行里。后人将新行里更名新篁。1928年，镇有电灯厂，四乡织布者近万人。有茧厂、米行、茶馆等52家商铺，人称“小上海”。1938年4月，日本侵略军纵火焚烧新篁，后又有2次较大规模烧杀，新篁镇容破败不堪。解放后，集镇发展较快，1986年新篁至新丰公路建成通车，2000年11月嘉盐公路通车经新篁。集镇上先后兴建了哺育路、新兴路、凤篁路等道路。新篁可分为古镇和新区。古

2010年，新篁集镇西节孝牌坊遗存

镇呈“两纵两横”道路格局，为居民区；新区为工业区，集中了箱包、天线丝绢、消防器材、纸业、建筑材料等企业。2005年2月，新篁社区与双石桥村合并为新篁社区。2010年，集镇面积1.12平方千米，居民4076人。

兴善寺 新民村驻地。镇以古寺兴善寺得名，古寺始建于南朝梁天监二年(503)，宋英宗时改称兴善院，明洪武二十四年(1391)名为兴善教寺，寺毁废于清中期。民国时成集市，更名新社市，有商店30多家，茶馆、酒店占了一半。解放后，集镇发展较慢，保留原生态乡村集镇风貌，集镇长约0.5千米，有小学和茶馆、酒店、南货店等商铺30余家。抗日英雄姜维贤幼年随父迁居兴善寺，1938年年初在兴善寺组织嘉兴第一支抗日武装嘉兴义勇军。清末，兴善寺创办秦溪学堂，抗日战争时为余贤区第二初级小学，2006年并入凤桥中心小学。

石佛寺 以古寺得名。清朝中期已形成集市称石佛市。以“三步两爿桥”为中心，分东、西、南、北四条商业街，有酒店、南北货店、当铺、米行、药店等。民国时期石佛寺建制为镇，商家店铺100多家。“冯氏大院”为当地著名深宅大院，名下有田地3000多亩。抗日战争时期，石佛寺被毁损房屋141间。1950年，尚有居民313人，有粮站、南货店、茶馆等15家，有嘉兴客轮在石佛寺设停靠站。2002年，仅存粮站库房、茧站和桥西堍的冯家大院及马家弄部分旧宅。2007年11月28日，石佛寺重建奠基仪式举行。石佛寺成为梅花洲景区一部分。

2010年，石佛寺

庄史 位于区南16千米，清代属里仁乡，名庄丝。辛亥革命后建庄史镇。当时有丝行、米行、纱行、木行等，市场繁荣。1938年遭日机轰炸，镇区毁损严重。1993年中法天线厂在庄史集镇上开办，现发展成拥有天线、箱包、制药、金属表面处理、生物工程、农业科技、休闲观光等10多个经济实体的中法投资股份有限公司，员工4000多名，年销售收入10几亿元。现中法桥至庄史桥1千米路段内，有中法工业园区、农贸市场、图书流通站、超市和各类商店数十家。庄史大桥以东至新桥，已建成连片新农村居住小区。

名村

三星村 位于区东南13千米处，东靠凤桥社区，西北与余新农庄接壤，南邻大星村，驻地厉三浜5号。村域面积7.46平方千米，其中耕地面积5356亩。全村农户1265户、4100人。三星村是凤桥水蜜桃的主产地，被认定为省无公害水果基地、省林果特色基地。凤桥水蜜桃被农业部、农产品质量安全中心认证为无公害农产品，省级绿色农产品，连续获省农业博览会金奖、省精品水果展示会金奖。2005年，通过国家质量监督检验检疫局原产地保护标志注册。2005年、2008年，凤桥牌水蜜桃连续两届被评为市名牌农产品。2009年，三星村被授予浙江省特色旅游村。

栖柽村 位于区东南16.8千米，东与新篁集镇相邻，南与海盐县交界，西与庄史村相接，北与胡庵村相连。村域面积6.8平方千米，其中耕地面积5455亩，全村有775户、2615人。栖柽村始成于元代，古时遍植赤柽柳，栖柽村意为柽柳栖息之地。自1986年培育出品质优良的“栖柽茭白”后，发展到联户和成片种植。1997年以后种植面积超万亩，并迅速向周边乡镇和邻近的平湖、海盐、海宁等县市扩展。1998年，栖柽茭白获市优质农产品和省优质农产品称号。1999年，被市政府列为万亩无公害茭白生产基地和省五大无公害蔬菜生产基地之一。

瑶池村 位于乍嘉苏高速公路南，村名因水塘得名。村旁较大的一片水塘，原属陆姓家族，这片水塘叫瑶池，传说王母娘娘曾带七仙女到该处沐浴。乾隆皇帝下江南时，在瑶池处观光并写下“陆府三益堂”匾。另有记载称，这里可能是殷澄的故居或园林。殷澄为南宋人，人称“泖南浪翁”，曾阻止元兵杀戮，使得瑶池一带百姓获救。宋亡后，殷澄隐居凤桥镇南。解放时，还遗留有整齐的石帮岸和临水而建的古宅，北岸矗立高大的牌楼，牌楼顶部有文字，十分精致。解放初有农户25户、130人。

消失的自然村

20世纪90年代开始，凤桥镇一些居住区和自然村，先后因经济发展和镇村建设而征迁。至2010年全镇先后有3个居民区和9个自然村逐步消失。

至2010年凤桥镇消失的自然村情况表

表10-9

原处地域	原名称
凤桥社区	石佛寺、和安桥、耶稣堂
新篁社区	娄上
联丰村	钱家浜、傅家浜
三星村	马家浜、黄桥头
庄史村	毛家桥、石皮桥、甲娄浜、西戴村

第七节　名胜　特产　风情

名胜

梅花洲景区　（见第二十二篇“名胜与旅游”第一章第十二节）。

太平寺　（见第二十二篇“名胜与旅游”第二章第五节）。

白坟墩遗址　位于永红村11组，为新石器时代崧泽、良渚文化遗址（古遗址），2005年3月16日被公布为浙江省文物保护单位。

2008年7月，位于永红村的省级文保单位白坟墩

刘家墩遗址　位于星火村4组，为新石器时代良渚文化至春秋战国时期的文化遗址。遗址呈长方形，占地面积约4万平方米。曾在现场采集到良渚时带孔石斧、灰陶残片、锥形足残件等文物，具有很高的历史和科学价值。2009年9月，被列为市文物保护单位。

南星桥、大中桥、北郭桥　（三桥见第二十四篇“交通运输”第四章第一节）。

特产

凤桥水蜜桃、栖柽茭白、大红袍荸荠（均见第二十三篇“名优特产”第二章第二、五节）。

金家浜烹浆饭糍　是在清康熙年间太平寺僧人金和尚制作的豆腐皮的基础上加以改进发明的。通过特有的工艺，将豆浆饭糍烹制成各式鲜美佳肴。金和尚出家前是金家浜人。

风情

桃花观赏　2000年起，以三星村为核心，每年阳春三月举办凤桥桃花观赏活动。2010年3月28日，嘉兴市首届生态文化旅游节暨2010年南湖桃花节在凤桥镇举行。当年1—5月接待游客18.5万人。

园艺观赏　位于永红村的天香园艺场，2003年建成，占地面积100亩，是市首个“基地+企业”苗木花卉产销一体化经营的花卉行业企业，建有连体大棚，内设鲜花、园林小品和茶座，建休闲游览区，常年接待游客园艺观赏。企业年产鲜切花800万支，鲜切叶5000万支。主要生产培育彩色玫瑰、天堂鸟、银边常青藤等鲜切花、鲜切叶产品。天香花苑是嘉兴市著名商标。2010年，被列为省级现代农业特色花卉产业精品园创建点。

太平寺烧头香　古时习俗。年初一零点，到太平寺争烧头香、放爆竹，祈求保佑平安，时为一方之胜。

第四章　大桥镇

第一节　概　况

区位

位于区东部，东邻平湖市钟埭街道，南接新丰、凤桥、余新，西连东栅街道，北界七星镇和嘉善县罗星街道、大云镇，处于南湖、平湖、嘉善交界处。沪杭高速公路、杭州湾跨海大桥北岸连接线、新老07省道和嘉善大道、七沈公路（在建）等穿境而过，平湖塘、嘉善塘等主航道和王庙塘、孔庙塘、环桥塘、伍子塘、钟埭塘等河纵横。镇域西侧中国长三角·嘉兴总部商务花园与三环东路等对接。全镇面积85.23平方千米，其中水域面积11.22平方千米，耕地面积64470亩，园地面积6810亩，林地面积360亩，养殖面积690亩。2010年，总户数14376户，总人口42899人，流动人口31080人。镇政府驻广益路3788号。

特色

2003年4月5日，设立嘉兴工业区，享受省级经济开发区有关政策，规划面积100平方千米。2006年1月24日，嘉兴工业园区由原嘉兴工业区、大桥镇和南湖（亚太）工业区整合，嘉兴工业园区和大桥镇合署办公。嘉兴工业园区（大桥镇）成为全区招商引资的主战场和工业生产的重要基地，各项主要经济指标在区内领先。

荣誉

2003年评为省教育强镇，2006年评为全国千强镇，2014年列为全国百强镇，2007年认定为省农业特色优势（果品）产业强镇，2008年评为省体育强镇。

第二节　建　置

沿革

境域自唐、宋至清末属德化、胥山两乡，民国时期为汉中乡、汉北乡和汉塘乡的一部分。1949年5月解放，建政为胥山、大桥、云西3乡。1956年，大桥、胥山、云西3乡及湘店乡一部分合并为大桥乡。1958年10月为红旗人民公社大桥管理区，后改称新丰公社大桥管理区。1960年3月，从新丰公社划出并入东栅公社。1961年4月从东栅公社划出，建大桥人民公社，驻地大桥自然镇。1984年，复建大桥乡。2001年10月大桥乡与步云乡合并，划入余新镇的吕塘村、八里村，建大桥镇。1990年时原大桥乡面积33.08平方千米，设胥山、卫星、卫国、建国、渡船浜、中华、东山桥、光辉、南子、江家斗、云西、焦山门、渔村13个行政村；原步云乡总面积31.36平方千米，设农建、桥西、石街、花园、勤俭、镇东、联合、光明、云东、倪家浜、丰南、丰北、群联、渔业14个行政村。2007年12月12日，新丰镇由桥村、余新镇东洋浜村划入大桥镇。

2010年大桥镇设14个行政村、3个社区。

社区与行政村

2010年大桥镇3个社区，有22个居民小组，主要有顾家花苑、西王浜小区等35个住宅区；14个行政村，有377个村民小组，328个自然村。

2010年4月，步云集镇

2010年大桥镇社区与住宅区一览表

表10-10

社区	驻地	面积（平方千米）	居民小组数（个）	户数（户）	人数（人）	住宅区
天明社区	夏霖路	2	12	1673	5552	顾家花苑、八里花苑、天明花苑、锦华公寓、锦华丽都、天平公寓、步云花苑、机关商住楼、伟佳商住楼、教工宿舍、万春堂商住、正大公寓、棕榈苑、江南苑、湖滨花苑、平湖塘花苑、天香花苑等
步云社区	曹家房	0.315	7	628	1167	教工宿舍、步丰东路住宅楼、步丰西路住宅楼、机关住宅楼、卫生院住宅楼、染化厂宿舍、银行住宅楼、人民东路住宅楼、人民西路住宅楼、渔业村住宅楼、北街住宅楼、西街住宅楼、东园村住宅楼、文苑东河滩住宅楼、花园路住宅楼
大桥社区	益马浜	0.3335	3	2426	4645	西王浜小区住宅楼、中华化工厂员工宿舍楼，明德小学教工楼等
合计	—	2.6485	22	4727	11364	—

2010年大桥镇行政村与自然村一览表

表10-11

行政村	驻地	面积（平方千米）	村民小组数（个）	户数（户）	人数（人）	自然村
胥山村	孙家浜组	8.02	47	1107	3338	光明桥、晒浜、俞家浜、南姚浜、北姚浜、红星、山浜、鲁家浜、尼姑浜、章店、兴春桥、桥里、西浜、山塘桥、孙家浜、钟家浜、外木桥、蒋浜、张木桥、里木桥、谢家浜、桃花浜、朱家浜、徐家浜、怀家浜、新开河、五圣浜、卖盐浜、高地上、金家滩、油车浜、张家湾
建国村	益马浜	5.1	39	1104	3371	鹅九湾、沈家湾、张家浜、塘浜、泮家斗、徐家浜、里浜、西王浜、东王浜、丁家浜、神龙浜、横塘、桥东、桥西、港北、三角子、夹溇浜、赵家埭、杨家桥、东坟浜、西坟浜、益马浜、陆和浜、东河头、吴张圩、川鸡浜、周家湾、陆家浜、薛家港、横山塘、李埭村、东村、西村、前河浜、后河浜、马家浜、邓家浜、洪合浜、项家渡
中华村	中华一村	3.14	17	428	1322	沈家村、盛家浜、大兴桥、白船浜、木桥头、喜洋桥、长娄浜、白古潭、曹家王、夏义浜、罗幕桥、老坝底、倪家头、曹家桥、港东
十八里村	山家浜	2.8	15	608	2119	东山浜（许文桥）、禹王桥（工农桥）、北金家浜、水马浜（港南、新桥）、杨湾里、山泾里、庄上、杨家村（东杨家村、西杨家村）、俞家斗、山家浜、元子三浜（东元子三浜）、晒上
江南村	南子村	1.64	10	297	865	北阳桥、马家溇（东溇、中溇、西溇）、顾家浜（里浜）、南子村（村南、村北）、南河浜

续表10-11

行政村	驻地	面积（平方千米）	村民小组数（个）	户数（户）	人数（人）	自然村
焦山门村	陶墩	7.13	46	965	3193	里仁桥、陶墩、戴家、蒋浜、杨柳浜、鑫桥、巨里岸、水波村、黄家木桥、叶家弄、马家村、亭子桥、全大浜、东塘桥、唐家湾、黄庄村、庄打浜、南晒、西花园、夏家浜、横港、金家浜、张家浜、石街、万家圩、胡家兜（斗）、奚家兜（斗）、北水兜（斗）、郭家浜、田畈浜、王字浜、刘家浜
吕塘村	湖滨小区（暂驻）	0.44	3	364	1098	姚浜
八里村	八里花苑天顺路	5.3	5	171	580	十八里桥、孙家浜、杨和宜浜、张家浜、大家浜、盛家头
农建村	韩家埭	2.5	10	327	1105	北周、晒浜、东太平桥、韩家埭、房家头、俞家头、花园浜、吉庆桥、于家木家、北宗
花园村	曹家房	7.72	47	1116	3523	花园里、陈家浜、横塘坝、姚湾、兜里、胡家埭、庄家桥、曹龙浜、小里港、竹桥头、周家浜、祥宁浜、姚家浜、鸿家兜、潘家桥、薛家浜、卫家头、徐家浜、费家浜、顾家村、西南汇、染店角、赵坟桥、南晒、陈厅、和合浜、王家浜、坟浜、外浜、朱家浜、河泥浜、王家埭、黄家村、手巾浜、港北、港南、沈家桥、东南村、观音浜、曹（槽）坊、染店浜、小浜头、曹家房、娄家浜、北村、白荡村、东洋浜、丁家圩
倪家浜村	倪家浜组	9.6	54	1179	4229	竹园弄、斜港桥、莫干浜、葛家湾、遇家浜、秋太庙、张泾港、央林浜、河桥、倪家浜、张泾桥、高石基、缪家浜、西姚浜、北石桥、外木桥、中巨里、柴家浜、里木桥、永康、南怀村、蒋家头、小港村、罗家头、王家头、小圩里、西河浜、天主堂、小桥湾、南张泾港、毛家行、三家村、张家堰、鲁家村、许家村、朱家浜、百亩尖、塘桥浜、陈家头、西南浜、杨家桥、西马村、戴家头、王厅、项家湾、乌子洋、丁家桥、网船汇、王家汇、东浜、西浜、屠家浜、槐家浜、乌子浜
云东村	梅庵桥	6.02	32	681	2347	陆家浜、南村、小圩、泥桥头、蒋家村、梅庵桥、冯家浜、季家桥、于家浜、北浜、陆庄、蔡家浜、施家村、古项村、东洋桥、南成浜、潘项桥、北柴家浜、方家浜、西北塘、董家浜、东北塘、陈家屋、褚家浜
东洋浜村	塘湾里	3	19	513	1643	东洋浜、祝家浜、戴公桥、陶家庄、罗带里、三茶浜、孙家园、塘湾里、仲家浜、东浜、石浜、金家埭、田畈里、河桥头、太平桥
由桥村	桥北组	4.37	33	789	2802	百家兜、百家浜、马家浜、薛家浜、增浜、乌桥、凤凰桥、染店港、由桥南、由桥北、祥仁浜、陈家头、安浜、顾家埭、长春桥、赵家楼、塔下浜、肖家浜、闸坝、独圩、桂花楼、薛家浜、俞家浜、沈家头、汤家浜、北虎浜、石家浜、方家浜西、方家浜北、丁家浜、钱家浜、蔡家木桥南、蔡家木桥北、方家浜南、方家浜
合计	—	66.78	377	9649	31535	—

第三节　经　济

农业

镇域经济历以纯粮食农业为主。解放后整治农田，兴修水利，推广农业机械和科技成果。1990年，大桥乡建成旱涝保收田19434亩，产粮24544吨，粮地亩产966公斤；产油菜籽793吨，蚕茧103吨，淡水鱼367吨；出栏肉猪16506头，家禽45.54万羽。1987年，被市政府授予粮食生产先进乡称号。步云乡全乡旱涝保收田面积占总面积的89%。1990年，产粮食25160吨，粮地亩产870公斤；产油菜籽570吨，蚕茧46吨，淡水鱼195吨；出栏肉猪16779头，家禽33104羽，农民人均净收入1142元。

改革开放后，镇域已形成精品葡萄、设施栽培蔬菜、优质西甜瓜、生态水产品四大特色农产品。2007年，被认定为省农业特色优势（果品）产业强镇。近年来，在确保粮食种植面积7万亩、产粮3.2万吨的基础上，全镇葡萄种植1.69万亩，销售葡萄2.3万吨；设施栽培蔬菜6570亩，投售蔬菜近3万吨；种植优质西甜瓜大棚面积5371亩，复种面积1.2万亩，总产1.3万吨。养殖生态鳖3518亩，商品鳖11359吨。出售生猪15.7万头。出栏家禽32.6万羽，出售禽蛋153吨。2010年，全镇有14个村经济合作社，11家农民专业合作社，3家市级、2家区级农业龙头企业，无公害农产品生产基地6个。葡萄、甲鱼、蔬菜和西甜瓜四大特色主导产业实现总收入8.27亿元，占农业总收入的71%。全年完成农业生产性投入1.08亿元，实现农业经济总收入11.7亿元，实现粮食产量3.2万吨。

工业

解放前，大桥乡域以原始的手工业为主，几家铁匠铺生产和维修简易农具。解放后，工业不断发展。1976年，投产的中华化工总厂成了大桥工业的领头雁。1990年，大桥乡有企业32家，其中乡办12家、村办20家，职工2410人，年销售收入4439万元，实现税利390万元。1990年，步云乡有企业42家，其中乡办17家、村办25家，职工2121人，年销售收入4205万元，创税利434万元。步云乡油脂、染料等4个骨干企业产值占全乡工业总产值的38.63%。步云工艺帽厂主要设备由国外引进，产品85%外销，年产值242.84万元。

镇域以香精香料、通讯电子、汽配机电三大百亿产业为龙头，有450多家企业聚集于此。2010年，实现工业产值1266417万元，实现利税161882万元。

2005年5月，敏实公司车间

商贸

解放前，大桥自然镇只有几家商铺和茶馆。1990年，大桥乡有商业网点110个，供销合作社入股社员4368户，年销售总额765万元。步云集镇有商业网点21个，供销合作社入股社员3646户，年销售额685万元。大桥镇域有商业网店2190家。镇政府驻地十八里桥新区形成大小商业街20条，开设商业网店1118家。2010年，全镇贸易营业收入总额330563万元，完成利税3032万元。

金融财税

大桥信用社和步云信用社均成立于1954年10月。1986年，设立中国人民保险公司嘉兴郊区分公司大桥保险服务所、步云保险服务所。2001年10月，大桥、步云2个信用社合并为大桥信用社。2005年6月18日，更名为浙江禾城农村合作银行大桥支行，2010年存款余额约11亿元，贷款余额约5.9亿元。

解放后税收工作贯彻“发展经济，保障供给”的方针，建立新税制，减轻负担，促进生产，发展城乡经济。2003年，大桥镇农业税应缴额为158.06万元，实际完成税额为158.06万元，完成率100%。农业逐年增产增收，农业税所占比例明显下降，至2004年取消农业税征收。2010年年底，嘉兴工业园区、大桥镇企业生产经营贸易合计为5616万元，实缴税金3262万元。

第四节　社会事业

文化教育

文化　1957年，农村高级社开始装有线广播。1973年，大桥、向阳（步云前身）两公社分别建乡文化站和电影放映队。1981年，大桥乡新建面积700平方米、有1006座位的影剧院。1987年12月，步云乡文化站宋春华被评为全国先进文化站站长。2001年，大桥镇被评为浙江省“东海文化明珠”乡镇。2007年3月10日，大桥狮舞入选区第一批非物质文化遗产名录，到2010年大桥镇各行政村都建有文化活动中心。

教育　1987年，大桥乡被评为全省一百个基础教育先进乡（镇）之一。1990年，大桥乡有初级中学1所，小学11所，学龄儿童入学率和在校学生巩固率均在99%以上，小学普及率94.66%。步云乡有初级中学1所，小学12所，学龄儿童入学率和在校学生巩固率均在99%以上，小学普及率92%。2003年，大桥镇被评为省教育强镇。镇有初中1所，小学3所，成校1所，幼儿园3所。大桥乡中学办于1984年，2007年被评为省级示范初中。大桥镇中心小学2008年被评为省级示范小学，下辖步云完小和倪家浜初小。大桥镇成人文化技术学校建于1994年，2009年被评为省级示范性成校。大桥镇中心幼儿园和步云中心幼儿园、建国幼儿园均为省三级幼儿园。

卫生体育

卫生　解放初，步云乡77%的人患血吸虫病，是有名的“血吸虫病”之乡，1955年开始治疗血吸虫病，经各级重视医疗，于1985年11月通过省级验收，达到基本消灭血吸虫病标准。1958年时大桥乡、步云乡创办有卫生院，1964年各村设保健站。

全镇设镇社区卫生服务中心1家，村（社区）标准化卫生服务站9个，其中大桥镇社区卫生服务中心为省级规范化社区卫生服务中心。步云、建国、中华、胥山、吕塘、倪家浜、云东、由桥、亚太9个村卫生服务站为标准化卫生服务站。全镇37616人参加合作医疗保险，农民、职工、妇女、中小学生、幼儿体检全覆盖，免疫接种率100%。全镇计划生育投入经费人均25元，计生合格率100%。

体育　全镇有4个田径运动场（其中3个塑胶场地）、33个篮球场、2个足球场、6个网球场、2个地掷球场、33个乒乓室、20处晨练健身点，各行政村（社区）和16个企事业单位体育设施齐全。全镇人均体育活动面积1.69平方米。大桥健身体操队、健美操队、踏白船队、女子舞龙队、男子舞狮队、跆拳道队等参与文化体育活动多次获奖。2007年10月28日，大桥镇举办首届“希望之路”文化节暨农民运动会。2008年12月，大桥镇被评为省体育强镇。

社会保障

解放后，镇域内孤寡老人实行“五保”。1969年，大桥、向阳公社分别建立农村合作医疗制度。2007年，大桥镇实行城乡居民养老保险。2008年，拥有96个床位的镇养老服务中心和可容纳300人的避灾中心同时投入使用。2010年，城乡居民养老保险参保2904人，合作医疗参保42851人，农民参保率98.6%，2200多名老人享受生活补助。为97户困难户改造危房，为24户孤寡空巢老人提供居家安养服务。为214户低保户、69户困难户、烈军属等发放各类救助、补贴、优待金等447.74万元。

综合治理

全镇各行政村、社区均设立治保和调解组织。组建建国、八里、吕塘、步云、科技城5个警务室。“十一五”规划期间，人民调解委员会共受理各类民间纠纷482件，调处472件。外来新居民都进行登记、办证和签订房屋出租责任书。

第五节　镇村建设

集镇建设

镇域有大桥自然镇、十八里桥和步云自然镇。

大桥自然镇为大桥乡(公社)和建国村(大队)驻地,1982年,时镇长约200米,宽约150米。嘉平公路筑通时设汽车客运站点,名十八里桥,后来周边有几家商店和修理摊。1998年8月,大桥乡政府迁至十八里桥。2001—2007年,先后投入6500万元易地新建镇中学、小学、幼儿园、成人文化技术学校等。2008年,投入3.7亿元先后建中心公园、体育中心、图书阅览中心、工会培训中心、文体活动中心、党员活动中心、就业服务中心、敬老院等21个项目。2009年,投入7.5亿元实施农贸市场、公立中心幼儿园、科创中心大楼、科普广场、商业特色街、城镇污水管网(二期)等52个新市镇建设项目。2010年形成商业街20条,开设商业网点1118家,集聚人口23854人。原大桥老镇和步云集镇分别更名大桥社区和步云社区。

2009年5月,十八里桥镇鸟瞰

村庄建设

旧时,农民住房比较简陋,很少有砖瓦结构的平房。20世纪50年代,焦山门、江家兜和罗家头一带还有较多草棚。60年代后,农民经济条件有所改善,部分农家开始拆除草棚改建瓦房。80年代至90年代初,农民住房开始第二次改造,将平房改建成楼房。90年代以后,建起多层楼房、别墅和花园式小洋房。中华、云东、倪家浜、花园、胥山和建国等村开始建设农村新社区,五六层楼房连片排列,商铺、文化活动室、周边绿地等相继建成。

交通邮电

交通　1930年建嘉平公路,原为国防公路,穿镇域,连通嘉兴和新丰、平湖两端。1998年12月29日,十八里桥设沪杭高速公路嘉兴东进出口处。杭州湾跨海大桥北岸连接线在花园村过境3.4千米。嘉平公路扩建为07省道,大桥境内长7.6千米。后由桥村地段筑新07省道路段。2000年后,中环南路通十八里桥,2004年12月,十八里桥通嘉善的嘉善大道竣工。主要航道为平湖塘,绕经十八里桥镇区。2007年,大桥镇实现村村通公路,通公交车,途经有17条公交线路。

邮电　1948年大桥和步云设有邮政代办所,办理联运收寄包裹等物。1951年,嘉兴电信局设大桥乡、步云乡电信代办处。1971年,大桥、步云两公社分设邮政所。1973年邮电合并,至2000年分设邮政和电信,各设邮政和电信支局。

河道整治

民国时期,境内极大多数塘岸和圩堤都是泥土护岸,极易坍塌和损毁。1960年起,在平湖塘和杨梅滩港两岸实施砌筑块石护岸,至2010年累计完成51千米。1970年年初,大桥公社组织对长1744米的气闷港进行拓宽疏浚。1990年大桥乡政府购买3艘挖泥船,2001—2004年,每年疏浚河道5千米,挖取淤泥13万立方米。2005年,疏浚河道26.3千米,挖淤泥18.7万立方米。2006—2010年,共疏浚河道539条,长度318千米,挖淤泥229.9万立方米。

第六节　古镇名村

古镇

十八里桥　地处乍王公路沟通广益路、嘉善大道、余步公路、新大公路以及步焦公路、中华路的连接处,大桥镇政府驻地。十八里桥原是平湖塘边小集市,因距嘉兴城东18里,横跨平湖塘上最大的三孔石桥十八里桥而得名。嘉平公路建成后,在建停靠站时形成集镇,移用十八里桥地名。1998年8月,大桥乡政府驻地迁至十八里桥。2001年10月,成为大桥镇政府和嘉兴工业园区管委会的驻地,地域面积扩至约3平方千米。集镇上新建镇中学、中心小学、中心幼儿园,建成中心公园、体育中心、图书阅览中心、工会培训中心、文体活动中心、党员活动中心、就业服务中心、敬老院等特色城镇项目，建造公寓房超过60万平方米，成为日益繁荣的新兴城镇。

大桥 当地有幽港，水面宽阔，自然景色姣好，习称幽港大桥。集镇形成于清代中期，因位置偏僻，交通不便，集市难发展，故有群众戏称幽港为阴港。解放后，集镇为大桥乡政治、经济和文化中心。建有学校、供销社和各类商店。每天有往返嘉兴两班客轮经该地，机耕路南抵嘉平公路十八里桥。1998年，大桥乡政府迁至十八里桥后，大桥集镇重又相对冷寂。2010年，建成区面积0.3335平方千米，聚居1343人。

步云 太平天国后形成集镇。因宋时徐婆在此行善，旧有徐婆寺、徐婆桥，故称徐步桥镇。1935年，该镇与嘉善县大云寺镇合并，改称步云镇。当时镇上有米行、酒店、茶馆、杂货店、药材店等20余家。日本侵略军入侵后，集镇遭严重破坏，市面萧条。解放后，集镇为步云乡（公社）驻地，重新恢复生机。1990年开始，经济发展很快，有43家企业相继在集镇周边成立，有商业网点273家。2001年10月，步云乡和大桥乡合并，集镇改步云社区。1982年，建成区面积0.059平方千米，聚居1618人。2010年，建成区面积0.32平方千米，聚居1066人。

名村

陆庄 在云东村村部东北约1千米处，又名旗杆浜，至少有五百多年历史。明代杰出画家姚绶曾居于此（详见第三十八篇“人物”第一章第一节）。故居陆庄，原有亭榭楼阁，花池环桥，均已废。解放初尚存旗杆石一块，早已丢失。故陆庄又名旗杆浜，群众至今仍称旗杆浜为姚御史家。2010年，有村民29户、105人。

寺基湾 是原步云渔业村驻地。位于区行政中心东14千米处，步云集镇西侧，与黄庄村接壤，系徐婆寺旧址。寺基恰当河港转弯处，故称寺基湾。1968年，原东栅公社水产大队、嘉兴渔菱队的部分渔民和步云本地个体渔民，三体合一建成步云水产大队。1969年，渔民定居寺基湾，逐步兴建房屋。成为水产大队（渔业村）驻地后，寺基湾逐渐发展成渔民新村，过去被世人说成“江北棚”的破屋已被耸立的楼房取代，渔民住进了新套房。寺基湾的于春燕是国家级帆船运动员，2005年第十届全运会亚军，2006年亚洲锦标赛冠军，2006年第十五届亚运会季军，境内唯一参加2008年北京奥运会比赛的运动员。2010年，有41户、134人。

江南村 是由原大桥乡江家兜村和南子村合并后得名。村域面积3.928平方千米，耕地157.16公顷。位于十八里桥东1千米处。解放前，江南村以盛产稻米为主。改革开放后，江南村以盛产葡萄闻名，村民成立江南葡萄协会、十八里葡萄研究所和绿江葡萄专业合作社等。所产江南牌葡萄被评为浙江省著名商标，2010年，“江南牌葡萄”入选上海世博会。2010年，村民330户、1306人，村民高级农技师朱屹峰获全国“五·一”劳动奖章和省劳动模范。

中华村 中华村以中华高级社得名。驻地白船浜已有300多年历史，解放初人丁稀少，据传古时曾设粮仓，称白粮浜，后因一粮船在浜中沉没，改称白船浜。1966年起，为中华大队驻地。习称中华村。改革开放后，中华村以创办中华化工有限责任公司闻名。

中华化工总厂创办于1976年，几十年艰苦创业，成为香料化工出口创汇的大型集团企业，下有8个分（厂）公司，总资产超20亿元，全村80%的劳动力在中华企业工作。年满55周岁的村民每月发放550元生活费；60周岁以上老人看病，医药费全部由村里负责。“中华大道”穿村而过，村级道路全硬化，河道净化、环境洁化、村庄绿化、路灯亮化，417户农居户已有389户分别入住中华一村、二村、三村，集聚率93.3%，有线电视入户率和自来水用户率100%。

消失的名村 自然村

花园里 在花园村村部北约1千米处。位于区行政中心东14千米。解放初有12户。2007年7月有40户、136人，同年8月，因环境整治拆迁至十八里桥新区。据清《嘉兴府志》载，明礼部主事陆淞曾受刘瑾打击，老年隐居于此，筑有别墅，称荒远林。清代文人朱贞也在此筑有鹤间草堂，四周林茂竹修。花园里之称与此有关。另有一说：清代，邑人吴某入朝作官，携回牡丹数本，在林中辟建花园，远近闻名，故称花园。解放后，尚存牡丹一本。

墙头村　墙头村又名城头村，紧傍步云集镇南端，步焦公路东侧。解放前，墙头村是血吸虫病的重灾区。1948年12月19日，上海《大公报》头版载文记述该村20年前有10余家约100人，后仅存一家四口，且一人已有腹水。报道说，当时的墙头村等"有田无人种，有屋无人住，看不见一个姑娘出嫁，听不到一声婴儿啼哭"。解放后，在党和人民政府的领导下，送走了瘟神，消灭了血吸虫病，萧疏荒凉的墙头村，逐渐成了人丁兴旺、欣欣向荣的水乡新村。2009年11月，墙头村37户、102人，因环境整治拆迁至十八里桥新区。解放后，这里曾陆续出土新石器时代的石刀、石斧、石锛等文物及各种类型的陶器。其历史和科学价值，考古工作者正在考证中。

竹丝浜　竹丝浜原位于八里村莲花庵南，有农村居民30户、120人。1938年，在竹丝浜一带，有一支由当地的河南籍人董立发组织的民间抗日武装大刀队。有100余人，包括董立发妻子董国英、女儿董雪青、女婿阿二在内。在凤桥石佛寺保卫战中，董立发和大多数大刀队员为国牺牲。身负国仇家恨的董国英、董雪青母女，带领大刀队余部立志报仇雪恨。1940年6月23日，大刀队会同县暂编自卫队第四中队，在平嘉公路旁的夜字圩，伏击日本侵略军，后因敌我力量悬殊，战斗激烈，大刀队除2名队员负伤撤回外，董国英、董雪青母女和女婿阿二等10名队员壮烈牺牲。是役，毁汽车两辆，毙伤敌40余人。大刀队队员用热血捍卫了国家的尊严，竹丝浜因此闻名。1996年，因建造中环南路全村搬迁。

至2010年大桥镇有76个自然村逐步消失。

至2010年大桥镇消失的自然村情况表

表10-12

原处地域	原名称
建国村	渡船浜、长桥庙、李大村、屠家湾
中华村	陶家村、夏家浜
十八里村	范家浜、西元子三浜、金家浜、普家浜、十八里桥、网船浜、天宁里浜、天宁外浜、毛港汇、杨庄桥、金港埭、大西浜
江南村	长经桥、南王村、墙里头、许家兜、马家桥、祖家兜、里浜、外浜、江家兜、独圩
焦山门村	吴家村、汤家埭、石灰浜、祖家浜、夜字圩、杨树浜
吕塘村	吕家埭、浦家浜、夏河桥、通泾桥、申板桥、万家浜、阔家桥、陈家浜、毛家弄
八里村	长子泾、上庄港、罗安港、竹丝港、高白夫港、王庙塘、北安浜、许家港、晒浜、麺丈港、九曲港、王山庙、南杨家汇、北杨家汇
农建村	施家浜、小圩浪、塘河桥、黄泥浜、倪家浜、葛家桥、塔港、西太平桥、墙头村、陶家头
花园村	赵家桥
东洋浜村	圣塘头、八字桥、白漾头、西塘港、河西浜、双珠港
由桥村	庞家头、朱泗浜

第七节　名胜　特产　风情

名胜

南河浜遗址　位于江南村与焦山门村交界处。为崧泽文化重要遗址，1996年为配合沪杭高速公路建设，省考古研究所进行抢救性发掘，考古发现，2006年5月被认定为全国重点文物保护单位。

南河浜遗址呈东西走向，由几块高地组成，面积约2万平方米，是由相对高度约2米左右的不规则台地组成。所在高地海拔高度约3.5～4.9米，周围水田海拔高度约2.3米。遗址的南部为南河浜自然村，遗址北部的地貌呈"回"字形，中心和四周为高地，内部有一周低凹地带，宽约20～30米，与高地相对高差约1米。中心部位的高地略呈长方形，为东北—西南走向，长约40米，宽约20米。

步云遗址 位于步云集镇文苑路。据考证为良渚文化遗址，1981年10月21日被列为嘉兴市重点文物保护单位。遗址东西长150米，南北宽100米，曾出土石斧、石刀和印纹陶片。

高地遗址 位于胥山村30组。为良渚文化遗址，1992年10月20日被列为嘉兴市重点文物保护单位。高地遗址是春秋时期的古文化遗址。遗址在胥山村（原卫国村）高地上，面积约4000平方米。现整体保存较好，遗址范围内种植竹子、玉米、葡萄等多种农作物，北侧散落几处村民住房。

石龙桥 位于花园村兜里境内，为单孔石拱桥，建于明代。共有石阶42级，桥面两边有桥石栏相护。桥畔银杏树树龄400多年，2000年被列为区古树名木。传说石龙桥西下侧有庙一座，名“庆云寺”，现无觅处。

消失的名胜

胥山 位于胥山村村部东北2千米处。原为市本级唯一小山，面积约6公顷，山呈M形，北峰高19.3米，南峰稍低。传伍子胥伐越扎营于此，故名。山左原有石龟，右有吴王磨剑石，山巅旧有子胥墓，设子胥祠，古柏环耸，其境清幽。1969年11月大桥公社在该处开石料厂，至1980年山底被挖空，形成宽约60米的深水谭，现山无，地名犹在。

麒麟坝 位于八里村的西北，王庙塘流入平湖塘处，稍东水中为古代所筑堰坝，横跨平湖塘。唐太和七年（833）开汉塘，为节制上下流水势，调节王庙塘之水位，建成此坝。20世纪70年代为便利航运将坝拆除，部分坝基残留水中。附近水中常捞得树枝状、似有鳞甲的化石，质坚，色褐黑，群众称之为“麒麟尿”。据鉴定是沼铁矿石，多出现在古湖泊沿岸，专家推测，麒麟坝一线系古太湖南岸。80年代，麒麟坝是新篁至市区客轮的停靠站。

特产

中华鳖 1985年后，水产养殖业崛起，1987年，中华化工厂率先投入资金引进技术，人工繁殖和饲养甲鱼，年底就存有亲鳖549只、幼鳖2100只、仔鳖9400只。之后，甲鱼人工繁殖成为当地一大特产，被称为中华鳖。2008年，养殖甲鱼200.93公顷，出售商品鳖10769吨，销售产值3.17亿元。主要销往嘉兴附近，还销往上海、杭州等大城市。

2008年6月，中华村中华鳖养殖场

江南葡萄 主产地江南村。原为农民庭园植物，20世纪90年代开始作为重要产业发展迅速。现全镇有1600多户果农种植葡萄，总面积1.56万亩，年销售葡萄2万吨左右，销售额近2亿元。2008年1月1日“江南葡萄”获省著名商标，同年8月获省名牌农产品证书。

2009年，江南村葡萄种植园

风情

江南葡萄节 2008年7月17日，大桥镇首届江南葡萄节在江南葡萄休闲广场隆重开幕。活动内容有参观葡萄产业基地、葡萄评比擂台赛、葡萄产业发展高层论坛、洽谈合作协议等。后江南葡萄节每年举行一届。

大桥风筝节 民国时期，大桥放风筝名声在外，大桥乡中华村村民陈文华之父能做百余节大型蜈蚣风筝。大桥建镇前已举办13届风筝节，建镇后，举办了6届风筝节，而每届夺魁的是陈文华。陈文华子承父艺，对风筝的情结有口皆碑，人称"风筝的传人""大桥镇风筝大王"。

第五章　七星镇

第一节　概　况

区位

位于区东北部，东、北与嘉善县魏塘街道、天凝镇交界，南与大桥镇相连，西南与东栅街道相邻，西、北与秀洲区塘汇街道、油车港镇接壤。全镇东西宽7.89千米，南北长3.88千米。320国道、沪杭铁路与三店塘、嘉善塘呈东西平行方向贯穿全境。面积30.26平方千米，其中城镇建成区面积5平方千米，耕地面积24906亩，水域面积占15.5%。2010年，总户数6579户，总人口19632人，流动人口14003人。镇政府驻七星镇七星路358号。

特色

旅游业、现代农业和现代服务业为七星镇的发展战略重点。1997年12月，成立省级湘家荡旅游度假区，为首批四个省级旅游度假区之一。2000年，境内东进现代农业示范园区被列为省农业高新科技示范园区。2001年，境内嘉兴国家农业科技园区被科技部等6部委列为全国首批21个国家农业科技园区(试点)之一。2008年10月，被列为嘉兴市统筹城乡发展综合配套改革试点镇。镇域内嘉兴内河国际集装箱港区为交通部规划的全国28个主要内河港口之一，浙江省首个内河集装箱专用港区。2006年，被评为省教育强镇。2010年，被评为省环境优美乡镇。

第二节　建　置

沿革

唐代嘉兴境内大规模屯田，现高丰村一带为屯田指挥所，名高丰。唐、宋、元、明、清时，镇域大部分区域为德化乡，小部分属白苎乡。清宣统元年(1909)，部分区域为秀水县玉溪、三店、塘汇一带。1928年，为县直属七星桥村。其后境内先后设湘溪、三店、湘店等乡。解放前夕，为湘溪乡。1950年，始设七星乡，境内还有湘店、新塘2乡。1956年，七星乡、湘店乡合并为七星乡。合作化时与塘汇、栖真3个乡合并成立塘汇人民公社。1961年4月，为七星公社。1984年1月，恢复七星乡。1990年，有13个行政村，分别为大树村、新荡村、东进村、湘店村、博山村、庄浜村、陈桥村、高丰村、七星村、谢家浜村、清水港村、栅口村和渔村，144个村民小组，101个自然村；有4969户、17288人，除回族4人、壮族1人外，均系汉族；农业人口16964人，占98%。2000年7月，塘汇乡张字圩村并入。2001年10月，撤乡建镇，改称七星镇。

2010年，七星镇辖1个社区、6个行政村。

社区与行政村

2010年七星镇湘湖社区，有48个居民小组，主要有桥埭路、兴星路等6个住宅区；6个行政村，有144个村民小组，111个自然村。

2010年七星镇社区与住宅区一览表

表10-13

社区	驻地	面积(平方千米)	居民小组数(个)	户数(户)	人数(人)	住宅区
湘湖社区	里仁街商铺	4.38	48	2922	7628	桥埭路住宅区、兴星路住宅区、湘湖苑、湘景苑、七星花园、江南新家园
合计	—	4.38	48	2922	7628	—

2010年七星镇行政村与自然村一览表

表10-14

行政村	驻地	面积（平方千米）	村民小组数（个）	户数（户）	人数（人）	自　然　村
七星村	西王浜	4.1	36	309	812	西王浜、谢家浜、清水港、栅口、北泉浜、田堵浜、三家浜、钱家湾、严家浜、徐家浜、石塔浜、周家浜、王家浜、金德浜、沈庄、西浜、陈家湾、北王港、磨坊浜、顾家湾、三家浜公寓、湘滨苑
高丰村	庄浜	5.86	31	902	3071	庄浜、蒋家娄、横港、王浜、高家湾、染店浜、南湾、莫家浜、东三里港、渔池浜、西三里港、池潭浜、罗庵浜、许家浜、方家浜、张家浜、马浜、朱家浜、方家港
博山村	沈家浜	5.8	27	972	3485	陈塘浜、匠人浜、乌龙桥、放鸟埭、小圩、安浜、西长浜、沈家甸、东长浜、邱家浜、俞家浜、掘浜、陈家桥、顾庄港、骨头村、毛家浜、殷家浜、沈家浜、五圣浜、夏汇埭、吉子港、吊提浜、小港、毛家桥
张字圩村	三家村	1.33	0	267	700	南浜、汇丰、汇中、西浜、石桥头、三家村、东浜、北怀浜
大树村	大树	2.77	13	230	749	大树、北丁浜、计家浜、长浜、鸳鸯浜、凤凰浜、陶家浜、杨花楼、钱家浜、沈家浜、薛家港、西洪家村、大树绿苑
东进村	南里埭	6.1	37	977	3187	南里埭、张家浜、陆家浜、南周浜、东浜、荷花桥、史家兜、忠义浜、塔湾、东港、三店、叶家浜、杨家浜、东洪家村、蒲鞋浜、丁冬浜、江圩、施家埭、界泾港、南朝浜、前中港、遇世桥、杨河港、后中港、芦花村
合计		25.96	144	3657	12004	—

第三节　经　济

农业

解放前境内地势低洼，住户稀少，清朝后期绍兴等地农民来此开荒种田。解放前后粮食亩产150公斤左右，公社化后粮食亩产350公斤。20世纪80年代中期后，在粮食生产上大力推广新技术，提高了单位面积产量。1990年，耕地复种指数248%，产粮食21556吨，交售粮食10584吨，粮地亩产1014公斤，油菜籽4064吨，出栏肉猪21490头，家禽39780羽，产淡水鱼374吨。境域南部有种植雪菜、毛豆、玉米等经济作物的传统，有“雪菜之乡”的美誉。雪菜年产量1.5万吨以上。毛豆年产量达200多万公斤，畅销江、浙、沪地区。畜牧业以家庭散养为主，也有专业户大规模饲养，以饲养生猪、湖羊、兔、鸡、鸭、鹅等为主。1994年4月26日，中共中央政治局常委、国务院副总理朱镕基到七星乡视察，并与种粮大户王正祥和陶海荣座谈。

2008年，东进村暖棚栽培七星雪菜

1996年，启动东进现代农业示范园区建设，1997年，该园区为区级农业园区，1998年被列为市级农业园区。1998年10月6日，中共中央总书记、国家主席江泽民考察七星乡东进村现代农业示范园区，并走访农户张寿兴家。2001年，成立嘉兴国家农业科技园区。2003年，省农科院在大树村东北部成立浙江绿嘉园牧业有限公司，为远近闻名的生猪养殖基地。同年，浙江天龙生物工程有限公司养殖中华鳖、鳄、巴西彩龟等高档水产品。湘家荡养渔场年产鲜鱼30万公斤以上。2010年，全镇农林牧渔业总产值25788万元，其中农业7280万元、牧业5306万元、服务业1150万元。晚稻播种面积16197亩，总产量8918吨；生猪存栏总头数40559头，肥猪出栏数23717头。农民人均年纯收入14788元。

工业

解放前镇域基本无工业。1961年开办公社农机厂，1975年扩建，1980年时年产值13.51万元。1964年4月镇组建综合服务社，1966年5月改名手工业联社，管辖全公社泥木工及农机厂和粮饲加工厂，1972年3月更名建筑队，管理磷肥厂、标牌厂、灯泡厂、木器厂等企业。1977年建公社工业办公室，有各类企业16家。1984年成立乡工业公司。当年，位于博山村的嘉兴市第二水泥厂投产，职工2245人，年设计生产能力5万吨，为市境最大水泥厂。2000年，七星镇有各类企业170家，其中集体14家，私有156家；工业总产值46116万元。2002年开始建七星镇工业功能区，位于320国道杨庙路两侧，2005年年底进入园区的企业有37家，其中三资企业5家。2009年4月，七星镇被中国电器工业协会授予“中国防爆电器研发制造基地”，创正、华夏、飞策、中气电器、沪乐电气等一批知名防爆企业入驻。位于东进村320国道东侧的浙江森创时装有限公司有职工3500人，是全区最大的服装出口企业，SCFASHION女装品牌风靡市场。2010年，全镇规模以上企业44家，实现工业总产值25.33亿元，利税1.8787亿元。

2006年7月，嘉兴芽芽水泥有限公司

商贸

20世纪40年代末，七星集镇有店铺24家。七星供销合作社创建于1951年，当时有300多户农民入股，每份股金2元，股金总额1000多元。至70年代，七星供销社有农副产品收购部、生产资料、生活资料等14个部门，成为域内主导商业。1962年，合作商业从供销社划出，有文具店、药材店、理发店、点心点、饭店、茶店、豆腐店、早夜店等。20世纪80年代起，随着七星集镇建设的日新月异，集市贸易日益繁荣。2005年，仅分布在兴星路、桥埭路、七星路和兴桥路的商业网店就有336家。

2003年3月开工建设七星天声国际家居广场，2005年11月12日东区市场先行开业。2006年年底建成，营业面积12万平方米，成为华东地区大型家居销售、仓储中心。2010年，全镇新增楼宇面积6800平方米，商业网点181个，城乡集市贸易成交额1亿元，实现税收18372万元。

金融财税

解放前域内无金融网点。1953年，七星、湘店两乡分别筹建信用合作社，1956年合并为七星信用社，2005年改制为浙江禾城农村信用合作银行七星支行。1986年七星镇恢复开办邮政储蓄。2000年后，农业银行、工商银行等先后开设网点。1987年设中国人保七星所，1996年设中国人寿保险七星中心所。1984年设七星税务组，1985年年底成立财政所。2010年，七星镇财政税收2亿元。

第四节　社会事业

文化教育

文化　1967年9月，七星公社建广播放大站。1973年，成立公社文化站。1975年7月，成立电影放映队。1993年，新建成乡文化中心大楼。1994年10月，七星集镇首次安装有线电视用户107户。2006年，被评为市特色文化镇及省“东海明珠”镇。2008年12月，市图书馆七星分馆开馆。同年，创刊月报《七星镇报》。

教育　清末民初，域内已有私塾，1927年新荡沈庄沈桂和借用永年庵开办私塾，学生20人。辛亥革命后提倡国民教育，1912年境内有第一和第二国民小学。1945年，在陈家桥开办湘溪中心国民学校。解放后，送子庵小学改名七星桥小学，1950年8月为塘汇区第三中心小学，1956年更名七星乡中心小学，1984年分设中、小学。同年，建七星乡中学。1978年，开始在3所村小附设幼儿班。1987年，创办七星乡幼儿园。1950年冬季，域内开设农民夜校。1985年乡建立成人教育委员会，1994年成立成人教育文化技术学校。

卫生体育

卫生　1951年在七星集镇开设七星联合诊所，1969年11月更名七星卫生院，1986年被省卫生厅授予文明单位。1968年，七星联合诊所首批培训赤脚医生13名、生产队保健员96名。至1980年，又多次培训赤脚医生及保健员。

历史上七星是血吸虫病的重灾区，据七星地方病防治办公室统计，1949年被血吸虫病夺取性命的有3000余人。1956—1976年，域内形成“男女老少齐上阵，千军万马送瘟神”的局面，发动千人以上查螺、万人以上灭螺的群众性运动。1972年，七星镇基本消灭血吸虫病，1981年经抽查验收达到消灭血吸虫病标准。至1980年，全镇19309总人口中，治疗血吸虫病12614人次，治愈血吸虫病牛532头。

1951年开始，进行针对性的预防接种工作。1985年起，对1～15岁儿童实行计划免疫。防治工作做到标本兼治。

体育　20世纪50年代，供销社、学校、医院等少数单位开展象棋、乒乓球群众体育活动。70年代，组建有知青和本地青年参加的篮球队，1982年获秀洲区农民篮球赛男子组第一名。1985年，在七星乡中学内建起水泥场地篮球场及200米简易跑道。全镇有1个室内体育场馆，多个塑胶运动场、篮球场、网球场，每个村、社区建有文体活动设施。全镇有各类体育队伍15支。1989年，七星乡被省政府授予群众体育先进单位。

社会保障

1986年在大树村办起乡敬老院，1989年在七星集镇易地新建院舍，2009年改建成湘湖养老服务中心。2009年7月，浙江天声企业集团新建湘家荡颐养中心。

2002年开始对低保对象实行动态管理，2010年底78户136人享受农村最低生活保障。2010年，参加城乡居民保险人数13909人，参保率达87%。镇慈善分会每年定期向社会开展募捐及救助工作。

城镇管理

1984年设乡城建办。1986年设土管办。2004年，成立村镇建设办公室，对道路、交通、给排水、供电、绿化等通盘考虑，综合管理。次年又成立城管监察中队、城建监察中队等机构。

2006年10月23日，嘉兴首条城市公交通到七星镇

综合治理

2002年,设乡综合治理办,负责镇村平安建设、企业安全保障、民事调解等工作,并协调政法部门对相关事项进行综合执法。

第五节　镇村建设

集镇建设

1963年和1971年拆除集镇上的旧店面,先后新建粮站、邮电所、信用社、公社办公楼等。1978年移建七星桥,新筑桥埭路向西至卫生院,桥南侧新建二层楼约900多平方米作店面。1981年,建三层楼供销大楼。后又翻建农贸市场,新建中小学校、卫生院、派出所等公共建筑。2000年后,先后修建兴星路、七星路等32条集镇道路,总里程61.77千米。道路周边建起商厦、文化中心、电信、移动通信、银行等。新建七星花园、湘湖苑、湘景苑等商品房项目。湘家荡旅游度假区沿湖陆续建设上置香岛澜湾、国际会议中心、君澜度假酒店等多家高档酒店及居住项目,总投入20多亿元。镇区范围已扩大到5平方千米。

村庄建设

解放初,自然村均沿河浜而建,以草棚和平房居多。20世纪70年代后开始翻建砖木结构民居。90年代后,各式别致新颖的小洋楼到处可见。2003年,在兴星路上建成第一个农村别墅区湘滨苑。2004年,在320国道北建设79万平方米的江南新家园拆迁安置小区。随后,大树绿苑、三家浜公寓等安置房项目陆续开工建设。

交通邮电

交通　境内沪昆铁路、320国道横穿而过,三店塘、东外环河可通航百吨级船舶。嘉善塘北岸南方水泥运码头,年吞吐量300万吨以上。三店塘上的天龙码头,可靠泊500吨级船舶。境内曾有七星桥、丁东浜两个铁路车站,2006年沪杭铁路电气化改造后撤销。2001年8月,嘉兴火车站至七星的11路公交车开通运营。2005年,35路公交车、100路环七星公交车开通。2006年,七星镇建首座公交站。

邮电　1956年七星设邮政代办点,1965年为七星邮电所,1988年为七星邮电支局,1995年又恢复邮电所。1998年设七星邮政所和电信所,中国电信、中国铁通、中国移动、中国联通等业务网点遍布镇区。

河道整治

域内有较大漾荡3个,河港及航道49条,大小河浜112个,从唐代高丰屯田开始河道密如蛛网。解放前,域内除少数富户临河砌石帮岸,其余全部为圩堤或泥土护岸。1964年、1970年和1985年先后对湘家荡、三店塘、嘉善塘等主要河荡砌石帮护岸。因区域内地势低洼易涝,20世纪60年代开始建设小圩区,至2003年建成7大圩区,2004年10月起建全域防洪包围圈工程。2008年,启动潭港护岸治理工程,总投资4000多万元,被列入中国和联合国开发计划署水资源管理方案。

第六节　古镇名村

古镇

七星桥集镇　清道光十五年(1835)该地建有青云桥,系七孔石拱桥,习称七星桥。清末宣统年间,嘉兴商人赵富亭在七星桥东堍购地并建造30多

2010年1月,市级文保单位半墩王家祠堂

间店面出租,形成颇具规模的集镇。因商店大多汇集于七星桥东堍,故该镇又有桥埭之称。镇东原有圣胜庵,镇西原有送子庵,镇南有水亭庵。旧时每逢清明,四乡蚕农纷纷去三庵进香,并搭台演蚕花戏,商贩云集。解放初为湘溪乡驻地。1977年青云桥拆除向南移20米,新建了水泥钢筋拱桥——七星桥,贯通了桥东、西两侧的街路。现七星桥为七星镇政府和嘉兴市湘家荡管委会驻地,2010年镇建成区3.9千米,居民340户、1073人。

名村

博山 村东旧有博山庵,庵内天井两侧各放置一块石头,状似假山,雅称博山。博山庵有一棵古银杏树,"文化大革命"时期被砍去一半修船,现枯枝还在博山庵址上。另有一块保存完好的清乾隆年间建庵石碑。民国时期,此地为嘉兴县直属神塘村,本地因出道士和中医出名,故又名神道浜。2010年,村民110户、317人。

西王浜 为七星村驻地。解放前此地多地主,建有多处古宅及石片路通往集镇。1950年,《浙江日报》记者徐永辉在西王浜底为叶根土一家拍下第一张"全家福",而后60年,徐用手中镜头不间断记录叶根土一家从新中国成立以来发生的翻天覆地的变化。这些照片已被中国革命历史博物馆收藏。1981年,西王浜建起全公社第一座自来水塔。2010年,村民33户、125人。

南里埭 东进村驻地。是现代农业示范园区的聚集之地,东进种业和嘉兴农业科技示范园区均位于东进村境内。1986年,东进村村民购车六七十辆,在嘉兴市区开出租车,东进籍司机被称为嘉兴第一代出租车司机。2010年,村民34户,111人。

大树 村旁有一株树龄近500年的古银杏树,树围5米,树高25米,树冠有500平方米,传为南浔一丁姓员外到该地进香而植。另有一说,村旁池边有几株古老大榉树,"池"与"树"音近,遂称大树村。2010年,村民390户、1559人。

消失的镇 名村 自然村

三店镇 位于七星镇东部三店塘北。三店镇始于明代,一直属嘉兴县管辖。民国时现七星境域一半属三店乡,一半为湘溪(玉溪)乡。

民国时镇上有初级小学、寺庙各2家。小商店数家,有航船东通嘉善,北通杨庙,西南至嘉兴。1937年11月15日三店阻击战过后,日本侵略军烧毁三店镇。

新镇 民国初,清廷法政科举人、"宋教仁案"辩护律师金民澜在博山村15组,靠近嘉善塘北岸的石里购地10多亩,建有护院小河、吊桥、洋房、花园、假山、凉亭等。在庭园南200米处的嘉善塘北侧沿岸,分3期建造厂房和商业用房,开办纺织厂、茶馆、杂货店、豆腐店等,由此形成集镇,称新镇。后毁于日本侵略军炮火,现只留有护院河等遗址。

张字圩 北临三店塘,东连湘家荡。明万历年间已有张字圩记载。为明代吏部尚书吴鹏故地。明清时部分区域属白苎乡。民国时为张月河村,在1928年嘉兴县城区里名表中,有张月河之名。原有村民200多户,闫姓居多,2008年4月因湘家荡建设征迁,村民全部搬入江南新家园小区。在拆迁中,该地发现"圆通庵碑",记载五代后唐同光年间(923—925)有圆通庵初创于该地。

高丰 旧有高丰庙,系为纪念唐代屯田的功绩,祈求丰年而建。高丰桥建于同时期,重建于清咸丰七年(1857),北侧桥联为"顺里千家乐,魏塘万户安",南侧是"春波喜看瑞虹,秋月常迎福址",因年久失修,高丰桥于2009年圮塌。

至2010年,全镇有69个自然村先后消失。

2010年七星镇已消失的自然村情况表

表10-15

原处地域	原名称
博山村	东长浜、东沈家浜、石里、俞家浜、吉子港、西长浜、安浜、放鸟埭、邱家浜、掘浜、夏汇埭、小港、殷家浜

续表10-15

原处地域	原名称
高丰村	蒋家楼、外庄浜
张字圩村	南浜、汇丰、汇中、西浜、石桥头、三家村、东浜、北怀浜
东进村	张家浜、南朝浜、荷花桥、史家兜、芦花村、东港、三店、叶家浜、东洪家村、丁冬浜、江圩、施家埭、界泾港、南周浜、前中港、遇世桥、西杨河港、穆家浜、屠家坟、对义坝、小浜
七星村	顾家汇、顾家湾、陈家湾、西浜、北王港、沈庄、钱家湾、北泉浜、清水港、湾田浜、鸳鸯浜、金德浜、磨坊浜、三家浜、严家浜、徐家浜、冯家浜、白老鼠浜、田堵浜
大树村	长浜南、凤凰浜、沈家浜、陶家浜、西洪家村、大树

第七节 名胜 特产 风情

名胜

湘家荡、精严寺 （见第二十二篇名胜与旅游第一章第十一节）。

周家庄园 位于东进村杨河港两侧，320国道南，占地面积180多亩。庄园集园林绿化、休闲观光、特色餐饮为一体，年接待游客10万人次。2006年，被评为国家AA级旅游景区，获省农家乐特色点、市休闲观光农业基地等称号。

泗洐泾庵 为七星渔村驻地。庵建于明代，边有泗洐泾桥，解放前盛行网船会。

万兴桥 位于七星集镇桥埭街区，与青云桥相邻，跨清水港。原为木桥，1948年重建为三孔石板桥，为嘉兴市文保单位。

消失的名胜

相湖八景 白雪窝、采菱滩、钓鱼所、耕云堂、观莲亭、清风榻、栽桑圃、载春舫

高丰庙 曾位于七星高丰村，在魏塘高丰桥北约50米处。初建于唐或五代。重建于清乾隆十八年(1753)。高丰庙是为祭祀唐代朱自勉主持嘉禾屯田，获高产丰收而建。解放初被毁。1986年，乡民又自发重建简易庙舍。

圆通庵寺、屠家坟、博山庵、罗庵禅院、先福寺、高丰桥。

特产

雪里蕻 境内素有种植雪里蕻(雪菜)、罗卜干、大头菜的习俗。民间有“塘汇雪菜，七星萝卜干”之说，每年农闲，塘汇、七星农妇摇船挑担在嘉兴走街穿巷叫卖雪菜为常景。1998年5月，七星乡被命名为“雪菜之乡”。现有阿妈大头菜、绿洲公司蔬菜加工场等企业进行真空包装加工生产。

毛豆 在高丰、博山两村大量种植，种植率接近100%。通过品种改良，技术推广，全镇毛豆种植面积达6000多亩，年产量200多万公斤。收获季节，苏州、上海、无锡等地客户纷纷前来收购，每天毛豆收购量达80吨左右。

有机蔬菜 东进牌小黄瓜、小蕃茄，2005年双获浙江省农业博览会优质奖。

南湖斋粽子 1997年9月创办南湖斋食品有限公司，年产粽子800多万只。2005年获中国粽子文化节银奖，2010年再获中国粽子文化节全国著名粽子产品。

湘家荡水产品 湘家荡盛产青壳螺丝、乌背鲫鱼、鲢鱼、白丝鱼。清朱彝尊有诗赞咏：“犹有白苹香十里，生来黄蚬蛤蜊粗”。其中的湘家荡白丝鱼喜食小鱼虾，游动快捷，有“浪里白条”之美称。由于白丝鱼出水即死，故市价昂贵。

风情

七星舞龙 兴盛于清乾隆年间民间庙会，后逐渐演变为一种群众性娱乐活动，2008年被确定为市

第二批非物质文化遗产项目。七星舞龙有龙门、龙塔、地趟龙等10多套动作，配以喧天锣鼓，观者无不赞叹。全镇现有8支成人舞龙队，大多成立于2005年、2006年。其中高丰村女子舞龙队组建于2006年6月，地趟舞龙、绕身舞龙是其招牌动作，多次在各级文娱活动中亮相，深受好评。

2009年3月，传承百年的七星舞龙

湘湖文化节 1988年举办首届"湘湖金秋"文化周活动，项目有文艺、体育竞技等。2000年后改"湘湖文化节"，每年举办一届。

"枯木逢春"的故事 娄玉妹，1964年时15岁，因患血吸虫病，肚子鼓胀，骨瘦如柴，奄奄一息。经血防医院160天精心治疗，娄玉妹康复出院。1970年，冬与东进村村民卢孝良结婚生子。上海电影制片厂于1961年摄制的电影《枯木逢春》，原型人物就是娄玉妹。人们亦习称娄玉妹是枯木逢春的"苦妹子"，各级报刊有生动报道。

第八节 驻镇主要单位

嘉兴市东进现代农业示范园区

1997年时为区级农业园区。1998年为市级农业园区，年底被列入国家计委现代农业示范项目。2007年7月为省农业高新科技示范园区。至2009年年底，完成固定资产总投资2578万元，建设面积746.3公顷，其中中心区面积71.3公顷，投入资金2210万元；示范区面积675公顷，投入资金368万元。园区按现代企业制度和市场机制运行。1998年10月6日上午，中共中央总书记江泽民到东进现代农业示范园区视察，并到附近农户张寿兴家座谈，提出"沿海发达地区要率先基本实现农业现代化"号召。

浙江嘉兴国家农业科技园区

位于东进村，是2001年9月经科技部等6部委批准建立的全国首批21个国家农业科技园区（试点）之一。总面积23400公顷，由核心区（1000公顷）、示范区（4200公顷）和辐射区（18200公顷）三部分组成，围绕畜禽、蔬菜、瓜果、特种水产等六大产业建设经营。

驻镇主要单位一览表

表10-16

单位名称	地址	简 介
湘家荡区域联合开发建设管理委员会	七星镇江南新家园小区	1998年8月26日，嘉兴市湘家荡旅游度假区管理委员会成立，主管单位为市旅游局。2008年8月，组建成立湘家荡区域联合开发建设管理委员会，为嘉兴市政府派出机构
嘉兴市湘家荡投资集团有限公司	七星镇江南新家园商铺46－80号	2009年10月，以"嘉城集团"下属湘家荡投资建设有限公司为基础组建成立嘉兴市湘家荡投资集团有限公司（简称"湘投集团"），全面负责湘家荡区域的开发建设
嘉兴内河国际集装箱码头有限公司	七星镇星桥路777号	2008年12月，全面开工建设内河港国际集装箱港区，设计年吞吐能力250万吨，年集装箱实际作业能力为70万TEU（标准箱），2010年10月正式开港运营

第六章 建设街道

第一节 概 况

区位

位于市中心环城河内，面积2.92平方千米，由19座风格各异的桥梁分别连接解放、新兴、南湖和新嘉街道。办事处驻县南街46号。

三国吴黄龙三年(231)由拳县改禾兴县，赤乌五年(242)改嘉兴县，街道区域为嘉兴县城。宋以来历代州、府、路、县等官署均设于该处。解放后至2001年，为县、地(市)机关驻地，1983—2004年为城区(秀城区)驻地。大运河等8条河流与环城河相通；9条陆路主干道与93条街巷里弄相连，交通便捷。街巷呈井字网状，沿街新老商店鳞次栉比，著名商厦和特色商店云集于该处，是城市商业最繁华地方。2010年，常住居民总户数12884，总人口37198人，流动人口14244人。

2009年1月，位于县南街建设街道办事处

特色

嘉兴建城后，环城河汇八水，环城内河流纵横，一街一河或二街夹水，人家枕河而居。宋后，嘉兴城繁华，为江南著名旅游地，称“泽国之雄、江东一大都会”。街道区域内古城轮廓明显，历代遗迹众多，有省级文保单位4家、市级文保单位19家，市级文保点6家。历代严忌、严助、陆贽、苏轼、刘禹锡、沈曾植、沈钧儒、朱生豪、陈省身、褚辅成等著名人物留有印迹。2000年，嘉兴被命名为浙江省历史文化名城，建设街道区域为城中心。

中山路和禾兴路交叉口为嘉兴市繁华中心，戴梦得购物中心和江南大厦成犄角之势。建国路、少年路、勤俭路等特色商街和旭辉广场、开盛小百货批发市场等人流簇拥。

1994年，街道获省委宣传部先进基层党校称号。1998年，获全国民族团结进步模范集体(时为东门街道)。2005年，获全国婚育新风进万家先进街道。2008年，获全国和谐社区建设示范街道、第二次全国经济普查先进集体。2009年，获省流动人口管理先进集体。2010年1月，获全省无邪教社区(村)创建工作先进单位，2010年3月，获省文明街道。

第二节 建 置

沿革

民国时期属嘉兴县安湖镇、湖光镇、东南镇的一部分。1946年设嘉兴县嘉秀镇。1949年7月设嘉兴市建设区政府。1951年7月改建设镇。1954年12月更名建设街道。1961年1月，为嘉兴市人民公社建设分社。1964年8月，为嘉兴镇建设街道。1968年12月成立建设街道革命委员会。1978年复称建设街道办事处。1983年11月，为嘉兴市城区建设街道。1990年，辖椿树弄、人民路、丁家桥、环城北路、风箱汇、杨柳湾、荷花堤、平家弄、建国北路、少年北路、建国南路、少年南路、勤俭中路、育子弄、百福弄、民生路、中山中路、禾兴路18个居委会。1999年10月，东门街道撤销，环城河以内新马路、环城东路、梧桐树街、天星湖、中山东路、东大街、迎紫桥、府东街、洲东湾、城东、新东11个居委会并入建设街道；新兴街道环城河以内安乐路、府忠埭、南杨路、杨柳湾、南大街、河东街、紫阳街、府前街、青阳路、梅湾街10个居委会同时并入建设街道。2000年2月，35个居委会调整为17个，分别为城东、新东、子城、紫阳街、河东街、南湖桥、安乐路、南杨路、杨柳湾、百福弄、禾兴路、少北、少南、瓶山、丁家桥、梧桐树街、天星河。2001年3月，调整为11个社区居委会，分别为城东、子城、紫阳、南湖桥、南杨路、杨柳湾、百福弄、少北、瓶山、丁家桥、星桐。2002年1月，调整为10个社区，后又调整为7个社区。

社区

2010年建设街道7个社区，居民小户13089户，暂住户4835户，主要有建南公寓、紫阳公寓等34个住宅区以及企业宿舍。

2010年建设街道社区及住宅区情况表

表10-17

社区名称	所在地	居民户（户）		人口（个）		居民小组数（个）	社区面积（平方千米）	住宅区
		户籍数	暂住户	户籍人数	暂住人数			
城东	干河滩33号	1348	619	3665	1607	27	0.21	望湖公寓、欣盛公寓、康达公寓、建南公寓（东）、模范新村
紫阳	南杨路81号	2041	862	5383	1664	32	0.65	建南公寓（西）、紫阳公寓、紫欣公寓、紫荆公寓、信元公寓
杨柳湾	杨柳湾路326号土产4幢203室	1270	429	3703	1324	22	0.35	杨柳湾公寓、汽钢厂宿舍、市政府宿舍、杨柳湾326号、大地公寓、太阳公寓、天官坊、砖桥弄公寓
南杨	安乐路15号	2380	1141	6762	2305	29	0.32	除南杨新村外，其他为传统民居
百福弄	环城西路791号	1551	810	4472	1837	22	0.35	粮食局宿舍、四季香公寓、禾兴公寓、公安局宿舍、古井寺、四季香、卫校宿舍
瓶山	中山路399弄5号	2016	917	5542	2601	24	0.5	金福公寓、秀城公寓、少年公寓、荷花堤公寓
丁家桥	秀州路519号	2031	1586	5153	2900	34	0.54	秀州路44号邮政宿舍、慈光宿舍、天星河小区、开盛市场、椿秀公寓、中兴公寓、秀州公寓、梧桐树街宿舍、干休所宿舍、建业公寓、电力嘉苑、耀江商厦、港澳商城公寓、鸿雁公寓
集体户	—	247	—	2518	—	—	—	—
合计	—	12884	6365	37198	14244	190	2.92	—

第三节　经　济

工业

辖区内工业较弱，1948年建惠农油厂，1949年创建嘉兴市第一米厂，1952年惠农油厂改组嘉兴油厂，新办针织厂、六盛毛巾厂和铸锅厂等。1958年，街道创建建设被服厂等工厂。20世纪60年代街道所办的建设水泥厂、五金胶木厂、化工厂等在嘉兴镇颇具规模。1980年，街道工业总产值227万元、利润20万元，1990年年末，有工业企业11家、职工442人、年产值664.43万元。其中百万元产值以上的有建设经编厂、民政工艺厂，规模稍大的还有市玻璃制品厂、市第四印刷厂等。1992年，街道引进外资78万美元创办巴克耐尔、福来特等合资企业，生产高规格玻璃镜子，创汇800万元。1995年1月，组建巴克耐尔集团公司。1994年，街道经济总量实现1.8亿元，其中工业产值7094万元。原东门街道创办企业也较早，1959年有3家企业，1978年工业总产值21.43万元、利润4.16万元，1983年工业总产值119.91万元、利润16.23万元，1990年工业企业13家、职工398人，年产值1052.85万元，居城区各街道之首，百万元产值以上的企业有屏山针织厂、民政丝织厂、东门日用化学厂、丁烷气厂、电脑信息纸厂等。至2010年，建设街道工业企业大多转制或转为第三产业。

商贸

20世纪70年代，街道创办建设商场、月波楼酒家、群利百货商店、工艺礼品社、建设五金建材商店等，还有建青斋粽子店等居委会办企业。1990年有商家企业35家，营业额1913.85万元。1991年新办三产企业14家，年产值104.04万元。1994年商业销售额9370万元，社区服务业（三产）营业额1205万元。1999年年末有个私三产企业735家。原东门街道商业初创于1978年12月，有东门工业公司经理部等七八家商店以及居委会商店。1987年居委会办企业有19家，产值居各街道前茅，其中城东、迎紫桥两居委会经济和社会效益突出。1986年12月，东门街道成立全市首家家务劳动服务社，开嘉兴家政、保姆等劳务中介先河。

2000年，重建开市的育子弄花鸟古玩市场

1994年3月，街道在勤俭路开设夜市，摊主大多为下岗、残疾、归正等困难群体。2003年8月，夜市迁至新建的建国南路，改名休闲夜市。2000年4月，育子弄花鸟古玩市场重建开市。街道先后还开办建国路、少年路步行街，紫阳美食街、禾兴南路手机街、少年路女人街等特色街市和灯具市场二期（湧鑫公寓）、府南广场餐饮娱乐等项目。2006开始，每年协办和主办“欢庆五一节，相聚建国路”商贸活动。2008年8月6日，占地面积16亩，投资10亿元的旭辉广场奠基。2010年街道共有商业企业3363家，销售额342334.9万元。

1995年7月，勤俭路夜市

金融财政

2002年探索“楼宇经济”等育税新路子，引进嘉华置业房地产有限公司、好友多百货有限公司、水木清华置业有限公司等7家公司。2006年，三产楼宇利用面积45748平方米，完成税收收入1.74亿元，列全区各街道之首。

2010年，地方财政收入8773万元，同比增长16%；固定资产总投资45109万元，同比增长105.8%；地方一般财政收入25655万元，同比增长18.4%；地方财政支出2358万元，同比持平，税收2.56亿元，同比增加18%。

第四节　社会事业

教育文体

教育　建设街道丁家桥幼儿园成立于1955年，

2001年9月停办。1958年,南湖街道创办的六一、城东两所幼儿园,后属东门街道,到1990年幼儿入托300多名,缓解了当时的幼儿入托难。

文体 1976年在椿树弄开办新园书场,面积近2000平方米。1979年,成立嘉兴群艺越剧团。1984年,成立街道文化站。2009年,建街道文体活动中心。1999年成立老年人体育协会,各社区建老年文体活动中心。2006年,成立区社区教育学院建设街道分院。2006—2008年,在街道和各社区建全国文化信息资源共享工程8个服务点。创作街歌《建设我们的家园》,征集、传唱其他原创歌曲3首。2008年,主办南湖区城乡文体十大联赛——"嘉信杯"太极拳比赛,成功创建市级东海文化明珠工程。现有腰鼓、合唱、时装模特、舞龙、书画、舞蹈、排舞、太极拳、戏曲、乒乓球、老年排球等业余文体团队17支近500人。

医疗卫生

建设卫生所成立于1964年,有针灸、伤科等特色门诊,现为街道社区卫生服务中心,职工50余人。1965年创办的东门卫生防治所,以中医、推拿、妇科闻名全市,20世纪80年代末发展成为城区中心门诊部。

1985年,成立街道计划生育办公室。2003年,在瓶山社区开展育龄妇女生殖健康档案试点。2006年,在8大专业市场建计划生育协会。2007年,推出"五色爱心包"即粉色产后爱心包、红色新婚爱心包、黄色流动人口爱心包、绿色术后爱心包、蓝色青春期爱心包系列活动。2008年创建早教基地。2009年,重点宣传推广优生两免政策和防范出生缺陷措施等。辖区内有嘉兴市第一医院、嘉兴市第二医院、浙江省荣军医院等省、市属著名医院。

社会保障

1984年,街道成立民政办公室。2004年10月成立慈善工作站,至2010年3月共募集善款96.33万元。2007年,在全国率先实行全社会养老保险,到2009年,在保人数761人;救助困难户78户、发放救助金38700余元;救助大病医疗困难群众244人次;186户低保户全年发放低保金585079元。2010年,低保198户、322人,低保金发放1138596元;救助困难户322人次,发放救助金434479元;其中大病医疗救助20人,约10万元,辖区有残疾人396人,其中享受重度居家安养16人,享受城市居民低保待遇52人。

1982年建劳动服务站,2007年更名社会事业服务中心。发放失业保险金200多万元(3000多人次),举办绣花、编织、家电维修、家政服务等职业技能培训,每年有800多失业人员实现再就业。

综合治理

1949年6月,设公安派出所。20世纪70年代后期,各居委会设专职治保主任。1985年,成立街道司法所。1991年,成立综合治理委员会,下设办公室。2001年,各社区建综治警务室。2004年,街道组建平安办,成立综治司法信访联动中心、社会治安综合治理工作中心。辖区共建人民调解委员会76个,治保委员会61个。成立社区综合管理服务社。2008年1月8日,在全区率先挂牌成立新居民事务所、社区新居民事务站。

第五节　城市管理

机构

1985年,设城市管理办公室。1994年,改城建监察中队。2003年,更名区城市管理行政执法局建设中队。2005年,明确街道办事处是城市管理工作第一责任主体,重置城管办。城管办落实城市管理的具体工作,建设中队是在城市管理方面相对集中行使行政处罚权的工作部门。

主要工作

20世纪80年代,在市区首创"门前三包"城管机制,包括综合保洁、摊位管理、非机动车停放管理、整治城市"牛皮癣"、城市垃圾管理等日常工作。会同街道爱卫会,对辖区内宾馆、饭店、商场、食品卫生经营单位保持经常性监督检查。2008年,获嘉兴市食品安全示范街道和创建国家卫生城市先进街道。2009年，创建少年路保洁工作长效管理示范路。在城管执法上，试行联警联巡和城乡结对联动执法，成立女子执勤小分队，体现城管工作的人性化。

第六节　特色道路　街区　住宅区

特色道路

环城路　分环城东路、环城西路、环城南路、环城北路，是环老城区和进出市中心区的通道。

勤俭路　是老城区东西向中心市街。

少年路　创建为服装一条街，有“女人街”之称。

紫阳街　有美食一条街之称。

斜西街　有金融一条街之称。

中山东路　有“浙北第一路”之称。

建国南路　市中心繁华商业市街。

禾兴南路　市中心南北交通干道。

秀州路　市中心东部至东北部交通干道。

特色街区

梅湾街历史街区　（见第二十二篇“名胜与旅游”第二章第三节）。

华庭街步行街　位于建国路西侧，2003年12月开街（见第二十一篇“商贸服务业”第九章第三节）。

特色住宅区

南杨新村　1979年开工，1980年12月竣工，是市区最早的住宅小区，因旧址明代兵部尚书徐必达曾住此而名状元新村，1981年更名南杨新村，以南杨路得名。占地面积1.5万余平方米，有5层楼房12幢，居民623户。

中山名都　2004年4月开工，2005年12月竣工。由4幢豪华高层、小高层电梯公寓和2幢高层商务楼组成。因地处中山路，旧址为市政府大院，故命名。建筑面积10万平方米，住户2000户，绿化率35%，停车位359个。

东菱天官坊　2002年8月开工，2003年10月竣工，位于西门大街西段，移用西门大街东接的老地名天官牌楼取名天官坊。由11层小高层、11层和6层组合体以及3层的商业用房各1幢组成，居民83户、256人，绿化道中立有古牌坊石柱。

建南公寓　位于建国南路，1996年8月开工，1997年6月5日竣工。时为市中心规模较大、附属设施完善的居民小区。占地面积约9.43公顷，建筑面积11.5万平方米（含部分沿街商铺），有住宅39幢，居民562户。

消失的主要街巷里弄

人民路、青杨路、后马路、南大街、丝行街、火德庙直街、火德庙横街、自由弄、风车弄、西仓弄、馆弄、崔家弄、禅杖弄、花园弄、财神弄、向阳弄、殷家弄、平家湾、风箱汇、缸甏汇、太监弄、高升弄、群力弄、智慧弄、市心弄、南当弄、当弄、客栈弄、王家弄、拔贡弄、健康弄、打铁弄、采弄、古栈弄、东西米棚下、帆落浜、长生桥、日晖桥、槐树头、船厂头、天星湖横弄、星弄、棕簟弄、樊公弄、起凤桥弄、万兴弄、幸福弄、绣花弄、土产弄、高墩横弄、井弄、环星弄、东城湾、高墩南路、高墩直弄、中星弄、荣军弄、新秀里、迎紫里、全安里、柏家里、福德里、宣寿里、福安坊、通天弄、兴学里、天籁阁、建设弄、郑家埭、醋弄。

20世纪90年代，人民路

第七节　名胜　风情

名胜

子城、瓶山、冷仙亭、西驿亭、明伦堂、范蠡湖、金明寺、觉海寺、清真寺、沈曾植故居、天主教堂、狮子汇渡口、汪胡桢故居、朱生豪故居、金九避难处、褚辅成史料陈列室、沈钧儒纪念馆、宏文馆。

消失的名胜

铜官塔、洲东湾、苏小小墓、天官牌楼、楞严寺、天宁寺、天星湖、项家漾、玄妙观、荷花堤、天妃宫、中山公园、倾脂河。

风情

西施的民间传说　西施随范蠡隐居嘉兴多年，城内有西施妆台、倾脂河等遗迹。又传西施忍辱负重至吴国时途经嘉兴，由此留下望吴门、望吴桥、通越门等老地名。

塔弄的民间传说　传明嘉靖时一幼儿正当街骂年老祖母，适逢县官经过呵斥。祖母称小孩年幼不懂事，县官便命各置糖和盐，令小孩抓食，小孩弃盐吃糖。县官当下传令，说小孩分明已懂事，按律应就地正法。老祖母痛不欲生，为小孩制一铜棺，安葬在弄内，上建塔为铜棺塔，后人又称孩儿塔。离塔不远处孩儿桥也与该传说相关。

腊八节风俗　煮腊八粥习俗始于宋代，清代盛行。嘉兴民间很重视腊八节，有吃了腊八粥可延年益寿之说。在腊月初七的晚上，觉海寺等寺庙开始忙碌，用一口大锅按腊八粥配料烧煮，再用微火熬到初八清早，到时过往群众都可免费领取香甜味美的腊八粥。

第八节　驻街道主要单位

驻街道企事业单位

建设街道历来是嘉兴市政治经济商贸中心，驻街道单位以机关事业单位和商贸企业，2010年，驻街道主要单位见表。

2010年驻建设街道主要单位情况表

表10-18

单位名称	地　址	简　　介
嘉兴市第一医院	禾兴路329号	国家三级乙类综合性医院
嘉兴市第二医院	环城北路1518号	国家三级乙类综合性医院
浙江省荣军医院	中山路352号	国家二级甲类综合性医院
中国银行嘉兴市分行	中山路218号	1993年11月，升格为分行
中国工商银行股份有限公司嘉兴分行	禾兴路399号	1985年5月，升格为分行
中国建设银行股份有限公司嘉兴分行	斜西街199号	成立于1983年
中国农业银行嘉兴市分行	斜西街285号	成立于1951年
中国人民财产保险股份有限公司嘉兴市分公司	斜西街217号	1949年10月，成立中国人民保险公司嘉兴中心支公司，1980年为分公司。1996年，为中保财产嘉兴市分公司。1999年复名中国人民保险公司嘉兴分公司。2003年为现名
中国太平洋人寿保险有限公司嘉兴中心支公司	禾兴南路168号	成立于2001年12月

续表10-18

单位名称	地　址	简　　介
嘉兴市秀州中学分校	环城东路75号	秀州中学创建于1900年。2000年12月初、高中分设,分校(初中部)为原校址
嘉兴市实验初级中学教育集团	环城南路199号	2004年,由嘉兴三中、洪波中学分离出来的初中部组建。2008年秋,吉水中学并入
江南大厦股份有限公司	中山路481号	1988年6月1日,开业,为市中心最大购物商场
戴梦得购物中心	禾兴南路366号	1999年12月,开业,为国有大型商贸企业
嘉兴市沙龙国际宾馆有限公司	环城南路143号	1991年7月,开业
戴梦得大酒店	禾兴南路366号	原为1997年9月28日,惠肯大厦开业
嘉兴华庭国际影城	华庭街Z区4楼	2003年,开业,为数码立体声电影厅
中国移动通信集团浙江有限公司嘉兴分公司	环城西路斜西街口	1997年7月,从原嘉兴市邮电局剥离
嘉兴市财政局地税局	环城西路2588号	1989年10月,分挂财政局和税务局两块牌子
嘉兴市社会保障事务局	禾兴南路200号	2001年8月,成立嘉兴市社会保险事业局,2007年12月,为现名
五芳斋集团	环城东路口	创业于1939年
浙江嘉欣丝绸股份有限公司	中山东路88号	1999年,由市国有资产管理局、中国丝绸进出口公司、浙江丝绸集团公司3家单位和308名自然人组建
嘉兴市文华园宾馆	环城东路415号	1997年6月18日,开业
嘉兴宾馆	中山路699号	建于20世纪50年代,原为县(市)内部招待所
嘉兴市辅成教育集团	少年北路403号	2005年8月,由原南湖小学和辅成小学合并组成
嘉兴市第一幼儿园	勤俭路585号	1951年创办
嘉兴人民剧院有限公司	勤俭路480号	1952年10月1日,注册成立

消失的著名企业

嘉兴市汽车钢圈厂　厂原在城南路环城路交叉口,是国内最早生产汽车钢圈的专业化生产厂之一。始建于1954年11月的嘉兴白铁生产合作社,1958年,改建为嘉兴五金机械厂,开始试制钢圈。1964年更名汽车配件厂,1965年更现厂名,是机械电子工业部和浙江省机械工业厅的重点企业,主要生产汽车车轮、工程机械车轮、农业机械车轮和部分汽车制动器,为各汽车制造厂和军工单位配套。厂占地面积44783平方米,建筑面积19701平方米。固定资产原值1082.2万元。

1978年后,企业立足技术改造,1980年开始采用7.33V轮辋,改制成日本50铃车型维修配套用的车轮,开拓了代替进口车轮的新路。接着8V型轮辋车轮投入批量生产。1987年,生产为多种国产车型和多种进口车型配套的钢圈规格近50种,质量接近国际先进水平。F5S-20和6T-20型钢圈1982年被评为部优产品,产品除销往全国各地外,还远销美洲和东南亚。1990年,共生产各种汽车车轮钢圈及汽车制动器223349套,工业总产值3035万元,销售收入2306.3万元,创汇50万美元。1995年梅湾历史街开发,企业搬迁。

嘉兴市工具量具厂　厂址原在禾兴路,是全国量具生产专业厂家之一,始建于1954年的嘉兴车木生产合作社,后几易厂名,1969年始产量具。1971年3月与东方红乐器厂合并更现名,1980年9月嘉兴钟表厂并入。

主要产品有各类游标卡尺及测力仪、钢角尺等。部分产品远销美、法、澳等国家和中国香港地区。产品多次评为省优产品,0～300毫米长尺为部优产品。1988年被评为省级先进企业,1989年获国家二级企业称号。1990年年末厂占地面积8304平方米，建筑面积6100平方米，年产各类游标卡尺7.68万支，喷塑角尺21.22万支。工业总产值838.23万元，出口交货值305.09万元，销售收入670.97万元。1996年搬迁。

第七章　新兴街道

第一节　概　况

区位

位于市区西部，西、南分别以中环西路、中环南路与嘉北、城南两街道接壤，北隔竹桥港与新嘉街道为邻，东南部隔长水塘、西南湖与南湖街道相望，东有环城河与建设街道为界。街道面积约5.1平方千米，办事处驻吉杨路268号。2010年，街道辖9个社区。总户数14644户，总人口42220人，流动人口14497人。

2009年9月，位于吉杨路的新兴街道办事处

特色

集行政机关、商贸居住、文化教育于一体的城市新区。辖区内名胜古迹众多，公园林立，绿地成片，旅游资源丰富。三塔、西南湖、放鹤洲、血印禅院等为辖区著名古迹和风景旅游区。明月、吉杨、文昌等公园以及环城河绿化带、运河沿河绿化带等为市民休憩之地。

辖区大都是改革开放后新建的城区，交通便利，高楼相连，街路四通八达，沿街商贸企业林立，京杭大运河和长水塘连通，嘉兴汽车西站每天接发车辆千余班次。中山东路及附近一带是部分市级机关的驻地，有市文化广电出版局、旅游局、水利局、教育局、交通局、民政局等16个局办驻此。金悦、香溢、太阳城、阳光、花中城、白云等大酒店以及副食品批发市场、三江超市开设。西南部是文教区，集中了嘉兴学院、嘉兴教育学院、市委党校、外国语学校、农金学校、嘉兴市警察培训学校、上海铁路公安学校、银行干校等12所大中专院校。

1996年获全国群众体育先进单位，1998年获全国城市体育先进单位，2001年获省级科普街道，2002年获全国全民健身周先进集体，2003年获全国基本普查先进单位，2008年获省小康型老年体育街道。

第二节　建　置

沿革

1949年取“建设新嘉兴”之寓意，设置嘉兴市新兴区政府。1951年7月划为新兴、南湖两镇，设镇公所。1954年12月，为新兴镇街道办事处。1961年年初，为嘉兴市人民公社新兴镇分社。1968年，成立新兴街道革命委员会。1978年11月，复称新兴街道办事处，1983年11月，为嘉兴市城区新兴街道办事处。街道辖区原在老城区西门和南门环城河内外一带。1983年后，随着城市开发建设，辖区跨越环城河向西和南扩展。1987年2月，嘉北乡三塔村和南湖乡真如村划入新兴街道。1999年10月，新兴街道原环城河以内区域全部划归建设街道。2001年10月，原南湖乡西南湖村划入新兴街道。真如村在解放后建政时，为真如乡七村、八村，1958年为南湖公社真如、西南湖大队，1984年改名真如村和西南湖村。三塔村在解放后建政时为双南乡（曾先后改称马河乡、嘉北乡），三塔村1958年后改称嘉北公社三塔大队，1966年改名红卫大队，1968年并入曙光大队，1971年分开，1984年改名嘉北乡三塔村。新兴街道办事处于2000年10月由禾兴南路148号迁至吉杨路96号，2009年12月搬至吉杨路268号。

社区

2010年新兴街道9个社区，有241个居民小组，主要有西园弄、吉水花园、东陵梅湾花园等59个住宅区以及企业宿舍。

2010年新兴街道社区及住宅区情况表

表10-19

社区名称	所在地	居民(户)		人口(人)		居民小组数(个)	社区面积(平方千米)	住宅区
		户籍数	暂住户	户籍人数	暂住人数			
西丽	吉水路吉丽街68号	1400	492	3739	2592	38	0.34	西园弄、西园里、吉丽街、吉水路、吉水路188弄、农贸甲楼、农贸乙楼、中园集体宿舍、远洋绿洲、三塔路集体宿舍、乳品、制药、水泥厂宿舍
明月	吉明里18幢南侧	1958	1350	5162	3000	37	0.92	吉明里、吉杨里、吉水花园、吉明路、明月路及军分区宿舍、吉水路、吉杨路、越秀南路公安、传输、水产局宿舍、吉安公寓、中山路报社、电影公司宿舍、吉安路武警、西北设计院、老市府宿舍、中央花园、名典公寓
秀运	吉杨路280号	1427	485	4046	2982	29	0.55	三塔里、越秀里、越运里、越秀花园、耀成广场、吉杨公寓、大陆世家、世纪广场、公交宿舍、嘉北乡宿舍
运南	吉水路文运里43幢边	1059	312	2694	578	28	0.3	文南里、文运里、嘉兴学院宿舍、绢纺宿舍、铁路、港航、毛纺、供销社宿舍
文昌	越秀南路文秀里3幢后	2039	841	5546	3733	38	2.5	文昌里、文经里、文武里、文纬里、文秀里、齐心弄、双园公寓
城南	城南路109号	1128	425	2979	942	32	0.28	城南花园、文苑里、汽钢宿舍、电机、纸本、锅炉、自行车厂宿舍、农民新村41号楼、南空干休所、东菱梅湾花园
真合	城南路449号	1795	759	4642	2761	27	0.67	绝缘小区、真如新村、真合路5号、瀛洲花园、725号宿舍、腾飞新村、真合里、王冠里、景萃里、文萃里、文萃路、天城园林居、真如村和农行宿舍
松鹤	城南路776弄133号放鹤洲二期大门对面	1875	765	4799	3311	25	1.2	医药公司宿舍、海军基地宿舍、农行宿舍、松合里、鹤翔里、西南湖公寓、自行车厂宿舍、乡经委宿舍、怡南花园、兴业苑、天天嘉苑、放鹤洲花园、云鹤洲、望鹤苑
王安	博海路210号	1050	450	2710	1425	16	0.3	王安里南区、王安里北区、520弄、工行宿舍、秀洲教师进修学校宿舍
集体户	—	913	—	5903	—	—	—	—
合计	—	14644	5879	42220	21324	241	7.06	—

第三节　经　济

工业

1927年，在五龙桥南创建秀纶丝厂，抗日战争初期被日机炸毁。解放后，在嘉桐公路先后建造绝缘厂、家俱厂、轴承厂、自行车厂。20世纪70年代，在三塔塘边建造了嘉兴水泥厂、乳品厂、制药厂和石灰厂等。街道企业起步于70年代。1978年，有篷布软垫厂、日化厂、塑料制品厂、印刷厂等5家工厂。1983年，工业企业有6家，其中产值百万元以上的有蓬布软垫厂和化工实验厂。2010年，辖区共有各类企业2166户，其中私营企业879户、个体工商户1287户。

2002年，街道开始招商引资工作，当年引进浙江星业阿力克斯绿色食品有限公司、嘉兴锐泰医疗科技咨询有限公司等3家企业。总投资1020万美元。2004年，合同利用外资258万美元引进内资72个项目计12000万元。以后逐年呈上升趋势，2006—2010年，累计引进实到外资2278万美元，内资人民币25.65亿元。

商贸

2000年后，街道“三产经济”发展较快，至2005年，金悦大酒楼、太阳城大酒店等餐饮项目建成投产，中环、世纪两大广场竣工投入使用，入驻企业130家，其中“安利”“中石油”等地区性经济总部入驻。2009年，中环广场内企业税收2614.6万元，世纪广场内企业税收1142万元。

街道利用优势，打造“精品楼宇”“餐饮经济”“电子商务”三张“金名片”。以阳光大酒店和中环广场两大商务圈为依托，拓展楼宇经济，提高中环、世纪和耀城三大知名精品楼宇的单位产出率。2010年，楼宇实现税收8990万元。以龙禹酒店开业和阳光大酒店升级五星级酒店为契机，培育一批服务名店，促进生活性服务业增量提质。重点培育好耀成广场电子商务专业楼，扶持和引进衣派网络、菜鸟网络、驰方服饰、唯友电子商务等10家企业，电子商务企业累计总数达21家。2010年，电子商务实现税收434万元，同比增长334.00%。

金融财政

2005年1—11月，完成财政税收7922.95万元。2006年，实现财政税收11840万元。2007年，达1.51亿元。2008年，增至1.84亿元，其中街道级税收完成6950万元。2010年，实现财政税收1.86亿元，同比增长9.67%，全社会固定资产投资1.96亿元。

第四节　社会事业

教育文体

教育　越秀南路、文昌路一带是市文教区，有嘉兴学院等大中专院校10余所，另有吉水中学、吉水小学、文昌路小学、行知小学和卫生幼儿园、文昌幼儿园、庆安幼儿园、河西幼儿园等中小学、幼儿园，其中河西幼儿园于1987年8月由新兴街道创设，占地面积4882平方米，14个班、幼儿434人，为市一级幼儿园。

文体　街道文化体育活动中心设于明月社区，与社区“资源共享”。各社区设有文体活动中心，有阅览室、活动室和室内外健身场所。街道有舞龙队，各社区都有1～3支文艺表演和健身队伍。街道每年举行各种健身和文体单项或综合比赛活动，开展“一居一品”活动，打造“新兴文化十景”（电商文化、廉政文化、人口文化、爱心文化、绿色文化、平安文化、科普文化、美食文化、夕阳红文化、校园文化）。

医疗卫生

街道卫生防治所创建于1986年，1998年更名新兴街道卫生院，2007年更名新兴街道社区卫生服务中心。设中医内科、妇科以及西医内分泌、康复、计划生育等10个科，是省级社区卫生服务中心示范点。下设城南、吉杨和真合3个社区卫生服务站。在运南社区建立生育文化园、计生服务室，免费组织育龄妇女生殖健康普查。在河西幼儿园建立早教园，2002—2010年间，辖区计划生育率平均为98.4%。

1981年,从清洁卫生、文明礼貌做起,开展“五讲”“四美”活动。1984年后,推进城市文明卫生创建工作。街道于1984年开展爱国卫生活动,结合文明嘉兴、文明社区创建,常年开展“卫生居委会”“卫生楼道”“卫生户”的创评活动。加强对蚊、蝇、蟑、鼠密度检测,开展春秋季灭鼠灭蟑、夏秋季灭蚊蝇活动。开展专项整治,巩固创卫成果。

社会保障

1984年,街道成立民政办公室。2004年10月成立慈善工作站,至2010年12月共募集善款54.19万元。救助困难群众94人、214680元;低保174户,全年发放低保金701652元。2010年,低保163户、294人,低保金发放776628元;救助困难户922户,245946元;其中医疗救助128人,279841元;辖区有残疾人316人,其中享受居家安养14人。

2003年1月,在城南路创设新兴街道老年公寓,入住老人55人,年入住率90%左右。老年公寓和明月社区卫生服务站为老年人服务点。现有居家养老93户,已安装老年电话“一键通”171户、1450人进行老年人优待登记,122人获养老生活补贴。

2003年街道建社会事务所,至2010年累计登记失业人员4320人(次),发放再就业优惠证2258份,发放失业救济金781.928万元,督促有关企业补签劳动合同297人,调解劳资纠纷218起。开办就业培训班17期,提供岗位7136个,有6030人实现再就业,119人自主创业,发放扶持金5.1万元。

综合治理

1985年8月街道成立综合治理领导小组,设立综治办公室,与111个单位签订治安目标责任书,2006年起,扩大签订范围至民营和私营企业。2000年后调整基层治保组织15个,调解组织16个。各社区、单位有专职值班人员,组织义务巡逻队9支,党员治安巡逻队910人。开展“平安市场”“平安小区”活动,达标率100%。推广“枫桥经验”,排查矛盾纠纷苗头,及时疏导做好调解工作。2005—2007年连续3年被命名为市平安街道。2006年,获市综合治理先进集体称号。

第五节　城市管理

机构

1985年设城市管理办公室,2003年更名区城市管理行政执法局新兴中队。2005年重置城管办,城管办与行政执法局新兴中队工作相互配合。

主要工作

历年来开展“以拆违整治为重点,创建整洁市容市貌”的系列整治活动。2005年深入“执法进社区,城管连万家”的宣传发动工作,落实责任人,建立城管与社区联系制度,发放便民联系卡,建立市容巡查员队伍等。2006年,获浙江省城市管理相对集中行政处罚权工作先进单位称号。

城管办与沿街单位签订或重签“门前三包”责任书,定期考核。重视配齐街道卫生保洁人员,落实责任制。合理配置垃圾房和垃圾投放点,做到日产日清。有专职人员不定时上路巡查,组织50名热心市民参与市容巡查,提高道路保洁质量。

第六节　特色道路　街区住宅区

特色道路

中山东路　连接老城区最重要道路。

吉水路　辖区主要商业街。

2010年6月,吉水路

越秀南路 与文昌路同为教育文化街。

城南路 老城区西南繁盛商业街和交通主干道。

中环南路 与中环西路同为城南出入口主干道。

三塔路 原为京杭大运河纤道，现为名胜景观道路。

2010年，三塔路状元及第牌坊段

特色街区

网店一条街 位于吉杨路耀城广场沿街商铺。2010年5月28日开街，嘉兴首届网货购物节同时开幕。是嘉兴首条网店一条街，有店面33间，总面积约3200平方米。首批入驻有麦包包、美丽家、三珍斋、恒泽堂等知名企业和商号。经营范围涉及服装、包具、保健品、土特产、文体用品等。

吉杨路副食品一条街 位于越秀南路与吉杨路交汇处。1992年年底，城区在此建秀州商场。1993年，天声公司在商城内建7100平方米的天声家具市场，号称华东家具第一城。1996年，在商城靠吉杨路一侧进行房地产开发，新建吉杨公寓高层住宅，底层开发成副食品市场，市场内人气很旺。

特色住宅区

城南花园 位于城南路1109号。由浙江中房置业股份有限公司1999年开发建造，占地面积10万平方米，有住宅45幢，住户931户。2001年，城南花园获中国房地产开发集团组织评选的“中国房产”金牌。

东菱梅湾花园 位于城南路158号，2005年4月开始建造，2008年12月竣工完成。东临西南湖，北隔大运河与梅湾街为邻。占地面积6.1万平方米，有住宅10幢，住宅房458套，住户361户。住宅区有地下车位749个，有游泳池、健身房、网球场、高尔夫球场等健身设施。2006年，获“全国人居经典综合大奖”。

放鹤洲花园 位于望鹤路99号，放鹤州花园一期2004年8月建成，北区7幢244户，中区14幢188户；放鹤洲二期2005年4月建成，30幢388户；放鹤洲老三期2007年12月建成，40幢408户；放鹤洲新三期2009年6月建成，8幢158户。占地面积12.03万平方米，绿化率35%。紧临西南湖和放鹤洲公园，环境优美。

中央花园 位于中山东路240号，2004年2月开始建造。南靠明月公园，由4幢高层住宅楼和沿街商铺组成，共4.138万平方米，住户319户，商铺37户。

越秀花园 位于吉杨路488号，1998年建造，2000年1月竣工。东靠吉水小学，西接三塔公园，南傍大运河，北临嘉兴网店街。占地面积4.46万平方米，有住宅30幢，住房765套，住户765户。

天城园林居 位于文昌路148号，1998年7月开始建造，一期工程为玉露台，欧鹭阁，2000年2月交付，7幢206户，二期工程为紫荆园、菘翠园、清宵居，2001—2002年期间造一幢交付一幢，19幢379户，三期工程为菘翠园1号楼、竹里园，2003年4月交付，12幢203户，四期工程为38幢，2012年建造，2014年6月交付，1幢45户。住宅风格为“仿欧式”，建筑占地面积7.4344万平方米，绿化率45.5%。小区中心开挖人工湖，旁有长廊、小桥、亭台楼阁等园林小品。

第七节 名胜 风情

名胜

三塔、岳王祠、血印禅寺、放鹤洲、状元及第坊（以上见第二十二篇“名胜与旅游”第一章）。

消失的名胜

茶禅寺、真如教寺、真如塔、顺济龙王庙；明代牌坊：壬戌进士坊、科甲绳芳坊、万古精忠坊、两朝元辅坊、表宫硕辅坊、兄弟名臣坊、忠著三朝坊、宠赉三世坊、孝义坊、旌表坊、烈女坊、节孝慈惠坊；清代牌坊：节孝坊（两座）、贞节流芳坊、孝义维风坊、节孝永思坊、贞节坊、乐善好施坊。

风情

踏白船　传农历三月十六日为蚕花娘娘生日，旧时嘉兴多地每年这一天举行赛船活动，其中三塔塘之赛船最出名。以前养蚕桑叶常须由远地购回，宋时“踏白”为水军番号，故此项比赛被称作踏白船。是日，三塔塘上张挂各式彩旗的赛船不时急速穿梭往来，运河两岸观者如堵，气氛热烈。

茶禅寺看碧桃　以前茶禅寺后有园圃，植有茶树、竹子、碧桃树等。农历三月间，碧桃花尤为艳丽。每到此时，禾城士女至茶禅寺看碧桃花为一大时尚，三塔运河上画舫首尾相接，塘路上游人不断，小商小贩沿路搭棚设摊招揽游客，民间有三月“茶禅寺看碧桃”之说，俗称“游三塔”。

第八节　驻街道主要单位

街道辖区原是城郊结合部，驻街道单位以工厂企业为主，随着城市发展，驻街道单位以机关、学校和商业企业为主，主要单位见表。

2010年驻新兴街道主要单位情况表

表10-20

单位名称	地　址	简　介
中共嘉兴市委党校	文昌路437号	1985年6月1日建造，是省委党校南湖分校，被誉为“红船旁的党校”
嘉兴市文化广电出版局	中山东路922号	市政府主管文化广电出版职能部门
嘉兴市环境保护局	中山东路922号	市政府主管环境保护职能部门
嘉兴市旅游局	中山东路922号	市政府主管旅游职能机构
嘉兴市科技局	中山东路922号	市政府主管科技职能部门
嘉兴市知识产权局	中山东路922号	市政府负责专利申请的受理、审查、复审、授权职能部门
嘉兴市文物局	中山东路922号	市政府主管文物保护职能部门
嘉兴市水利局	吉水路303号	市政府主管水利职能部门
嘉兴市教育局	中山东路974号	市政府主管教育职能部门
嘉兴市交通局	中山东路1005号	市政府主管交通运输职能部门
嘉兴市民政局	中山东路1006号	市政府主管民政职能部门
嘉兴市司法局	中山东路1177号	市政府主管司法行政职能部门
嘉兴市计生委	吉水路12号	市政府负责人口与计划生育工作职能部门
嘉兴市安监局	中山东路974号	市政府安全监督职能部门
嘉兴市药监局	中山东路1177号	市政府药品监督职能部门
嘉兴市电信传输局	越秀南路973号	市政府主管电信传输职能部门
嘉兴市海关	吉杨路越秀路口	1991年10月16日成立，负责嘉兴地区海关事务职能部门
嘉兴日报社	中环南路迎宾大道	中共嘉兴市委机关报建于1984年，2002年，搬迁至中环南路迎宾大道
中国人民银行嘉兴支行	文昌路437号	建立于1949年7月
交通银行嘉兴支行	中山东路1086号	建立于1994年10月
嘉兴学院	越秀南路56号	省属综合性本科院校。2000年，由浙江经济高等专科学校和嘉兴市高等专科学校合并组建而成。设置经济学院、管理学院、信息工程学院、教育工程学院、服装与艺术设计学院、外国语学院、医学院、初等教育学院、工程技术学院、南湖学院、成人教育学院

续表10-20

单位名称	地　址	简　介
浙江省农村金融学校	双园路49号	创办于1986年2月，全省金融系统专业培训学校
嘉兴外国语学校	中环南路8183号	创办于1995年3月，以外语教学为特色的全日制完全中学，嘉兴接轨上海的教育合作项目
上海铁路公安学校	越秀南路288号	负责公安干警的政治、业务、教育培训
嘉兴市工商银行干校	越秀南路477号	主要进行工商银行成人培训，岗位培训
嘉兴市城建培训学校	越秀南路325号	创建于1993年。承担全市建设系统各类培训
嘉兴市中医院	中山东路1501号	创办于1959年，集医疗、科研、教学、预防为一体、中、西医门类齐全、综合性三级甲等医院
嘉兴市汽车西站	中山东路1362号	嘉兴两大汽车站之一，承担公路旅客运输。1990年8月营业
嘉兴市体育馆	育才路50号	总建筑面积8789平方米。1995年5月开馆
96345社区服务求助中心	城南路509号	2003年，区政府实事工程，区人民政府主办，市民政局、秀洲区人民政府和经济技术开发区联办，2003年9月6日，正式运行。24小时全天候受理市民五大类120多项服务
阳光大酒店	中山东路1628号	1997年开业，市五星级大酒店，市区的标志性建筑之一
金悦大酒楼	中山东路875号	2002年8月开业
香溢大酒店	吉水路1号	三星级酒店。2011年5月开业
太阳城大酒店	中山西路中环西路口	五星级餐馆，2003年10月18日开业
龙禹大酒店	中山东路1061号	2010年10月开业，餐饮五星级
嘉兴副食品批发市场	越秀南路和吉杨路交叉口西北侧	1999年，市政府定为重点专业市场，嘉兴大陆置业有限公司投资承办的大型副食品市场

第八章　新嘉街道

第一节　概　况

区位

位于市区西北部。东南以京杭古运河为界，与解放、建设街道隔河相望；西北与新兴街道和嘉北街道为邻。北至二环北路与运河交叉口为界。面积5.83平方千米。办事处驻东升东路1477号。

京杭大运河自北而来，穿越端平桥入嘉兴城。此段人烟辐辏，运河穿城而过，河岸北侧旧时里、弄、汇、埭、兜、廊曲折相交，典型的江南“小桥、流水、人家”景象。北丽桥北堍为辖区精华，历来商贾云集，市廛林立。中基路、北京路等原为农民进城

1993年7月，洪水期间，位于坛弄糕作弄内的新嘉街道办事处门口

必经之处和农副产品集散地，沿街商铺挤兑，人流熙攘。是清末民国时期嘉兴繁华商业区。2010年，街道辖12个社区，总户数23172户，总人口66679人，流动人口19149人。

特色

辖区内嘉兴月河历史街区，是嘉兴市政府的重点投资项目，修缮了传统民居建筑8.8万平方米，是市区现存最完整、规模最大，最能反映江南水乡城市居住特色和文化特色的区域。

1989年年底，嘉兴市政府引进中国电子科技集团公司第36研究所，整体从江山市搬迁到嘉兴市洪兴路。

2000年，街道获省科普示范街道。2002年，获浙江省民政工作先进街道。2004年，获省再就业先进工作单位和关心下一代先进集体。2005年，获省残疾人工作先进街道和省家庭教育工作先进集体。2006年，获浙江省小康型老年体育街道。

第二节　建　置

沿革

1949年7月，取"建设新嘉兴"之意，设置嘉兴市新嘉区政府。1951年7月，新嘉区划分为新嘉、解放两个镇，设镇公所。1954年12月，改镇设新嘉镇街道办事处。1961年，为嘉兴市人民公社新嘉镇分社。1963年7月，为嘉兴镇新嘉街道，设办事处。1968年，成立新嘉街道革命委员会。1969年8月解放街道并入，1972年7月又分置。1978年11月恢复街道办事处。1982年，面积0.82平方千米，设栅堰、中基西路、中基东路、月河、杨清、坛弄、秀水兜、饮里、北京路、杉青闸10个居民委员会，共4078户、15308人。1990年，辖落帆亭、杉青闸、北京一、北京二、饮里、坛弄、秀水兜、秀水新村、杨清、清河、动力新村、朝东埭、月河、抱月村、栅堰、中基一、中基二、中基三、百花一至六村、东升一村、东升二村、洪堰、洪二、洪三、洪光、洪波、洪桥、洪声、洪六、北区、嘉兴新村、吉水等37个居委会。有383个居民小组、12108户、38779人。1996年，西马桥村划归街道管理，辖43个居委会和1个村委会，分别为兴波、竹桥、新月、朝东埭、中二、电控、中波、洪亮、洪波、洪兴、洪堰、洪声、洪三、杨清、中一、饮里、秀水新村、嘉丝新村、清河苑、清泰苑、清华苑、清沁、穆河、红枫、紫藤、翠竹、绿杨、新秀、布金、长风、求珠、赤松、百一、百二、百三、百四、同乐、运集、中兴、中秀、中意、锦绣、银秀居委会和西马桥村委会。2006年7月，西马桥村建制撤销。2000年后，居委会作多次调整。

社区

2010年，新嘉街道12个社区，有264个居民小组，主要有月河公寓、穆湖花园、嘉禾北京城等88个住宅区以及企业宿舍。

2010年新嘉街道社区及住宅区情况表

表10-21

社区名称	所在地	居民户(户)		人口(人)		居民小组数(个)	社区面积(平方千米)	住宅区
		户籍数	暂住户	户籍人数	暂住人数			
竹桥	越秀北路204号	1209	1465	3264	985	17	0.6	竹桥苑、兴波苑、望秀苑
清华	三元路社区北门	1492	403	3963	910	15	0.2	清华、清河、清泰、清雅苑、富安御园、商住楼
百花	城北路582号	2207	1771	5706	2800	20	1.3	百花新村、电力、农行、饮服宿舍、翠园、兰园、龙鑫、阳明、百家、百绿公寓
电子	洪波路458号	3254	2596	8604	3720	38	0.55	春晖、洪三、中意、中秀、银河、福达、锦绣、银秀、中兴苑、同创公寓、风清云都

续表10-21

社区名称	所在地	居民户(户)		人口(人)		居民小组数(个)	社区面积(平方千米)	住宅区
		户籍数	暂住户	户籍人数	暂住人数			
月河	同乐路4号	1530	2160	4043	1984	28	0.65	半岛、月河公寓、怡景、丰乐、光明苑、朝东埭、抱月河、清风阁、石臼巷
栅堰	洪兴路95号	3544	1500	10311	2824	34	0.67	电控厂、602厂、36所、教委、公安宿舍、洪波、中旺、中波、邮电、中为、佳景苑、栅堰新村
清河	禾兴北路126号	1514	470	3925	908	15	0.25	长风、求珠、赤松、清秀苑
西马桥	禾兴北路552号	1833	380	4958	782	18	0.28	红枫、翠竹、绿杨、紫藤苑、三元公寓、嘉房1幢
花园	东升中路1897号	2164	750	5520	1214	28	0.18	新秀、东升苑、金湖小区、花园公寓
穆湖	禾兴北路穆湖花园	1222	389	3235	1860	18	0.25	清沁苑、福临新家园、穆湖花园
北京路	建国北路367号	1178	1286	3164	2936	19	0.9	嘉禾北京城一、二期、嘉丝联、石油公司、电力、动力、酒厂、中百宿舍,景帆、月河苑、外月河花园
秀水兜	秀新弄1号	1515	348	3782	785	14	0.22	加航、财税、农场、动力、电力、酒厂、南布、外月河花园、五金新村、阳光广场、瀚森商住楼
集体户	—	510	—	6204	—	—	—	—
合计	—	23172	13518	66679	21708	264	6.05	—

第三节　经　济

工业

街道企业创办于1958年。1980年,工业产值102万元。1982年,时有街办企业26家,从业人员386人。1990年,工业企业有5家,职工217人,其中百万元产值以上的有新嘉印刷厂、新海联营纸品厂。1992年开始,努力拓展外向型经济,积极扶持和培育个体、私营经济,大力发展第三产业。其间,街道对直属企业通过租赁、拍卖、股份合作等形式,全面完成转制工作。街道经济年均增幅达50%以上。2010年,街道工业企业133家,生产性投资4252万元,同比增长10.4%;第二产业增加值15.57亿元,同比增长5.6%。

商贸

街道地处老城区北侧的城乡结合部,是沟通城乡的纽带和农副产品的主要集散地。1982年,北京路有嘉兴地区和县级糖果、食品、蔬菜、水产和各种副食品专业公司6个,水果、蔬菜、水产品年吞吐量万余吨。1990年,街道商业、服务企业有新嘉化建商店、新嘉生活用品商店,还有居委会办的一些饮食服务商店。街道依托嘉禾北京城、月河历史街区的建设开发,努力构建具有江南民俗风情特色,融市民购物、休闲于一体的嘉兴城北新商圈。先后引进颐高数码广场、沪通担保有限责任公司等企业95家,引进内资4.97亿元人民币,合同利用外资1000万美元。对于建国北路、禾兴北路及城北路等街面,致力于培育引进品牌店、专业店和特色店。

2010年，利用楼宇面积11.79万平方米，主要楼宇有同乐商务楼、锦江商务楼、银座商务楼和阳光广场商务楼等，共入驻企业100余家。2010年，第三产增加值22.94亿元，增长11.8%

金融财政

2010年，街道地方一般财政收入5947万元，同比增长32.1%；完成税收1.8亿元。合同利用外资1330万美元，实际利用外资1600万美元；三产投入4.02亿元，三产注册资金5.6亿元；全社会固定资产投入5.12亿元。其中，引进内资、合同外资、实到外资等有较大幅度增长。

第四节　社会事业

教育文体

教育　辖区有清河中学、清河小学、艺术学校、元培实验小学、市特殊教育学校、市百花育才学校等校。1958年8月街道创办北京路幼儿园，1998年7月停办。1985年8月创办百花幼儿园，2008年7月停办。栅堰幼儿园创办于1990年9月。市青少年宫、市妇儿活动中心、嘉兴船文化博物馆、嘉禾端午民俗体验馆等教育、文体和民俗设施坐落于辖区内。

文体　1986年3月，成立街道文化站。2005年，成立街道文体中心，各社区相继建文体活动中心和老年文体中心。2002年，成立老年人体育协会。2006年，成立区社区教育学院新嘉街道分院。2006—2008年，陆续建全国文化信息资源共享工程服务点11个。2006年后，结合月河街区建设，街道先后举办“月河之韵”文化节3届。征集街歌6首，其中《新嘉爱·月河情》得到广泛传唱。街道有合唱、舞蹈、排舞、时装模特、戏曲、书画、腰鼓、鼓乐、太极拳、乒乓球、老年排球等业余文体团队68支、2000余人踊跃参加。1998年4月成立的栅堰社区合唱团，参加演出100多场，多次在全国和省老年合唱比赛中获奖。

医疗卫生

新嘉卫生院建于1966年。现有街道和社区两级卫生服务用房2200平方米，有医务人员47名。1985年，成立计划生育办公室。建人口文化园、计生协会等群众自治组织。2010年12月底，辖区内共有育龄妇女（15～49周岁）18928人，计划生育符合率97.72%；8260人领取独生子女证，领证率59.53%；人口自然增长率2.64‰。

社会保障

1984年，成立街道民政办公室。2004年10月，成立慈善工作站。2010年，有145户生活困难家庭办理低保；34户困难家庭实行帮困结对；对因病致贫的993人，拨专款114.08万元给予医疗救助。对11058名企退人员建基本信息库，实行街道和社区共同管理。创办乐业俱乐部，为创业和就业提供多方面服务。开展社会养老保险工作，现有11344人享受社会养老保险待遇。创办新嘉百花托老（助残）中心，建筑总面积1000平方米。

综合治理

1949年6月，设公安派出所。70年代后期，各居委会设专职治保主任。1991年，成立综合治理委员会。1995年9月，成立司法所。2001年，各社区建警务室。2004年，街道先后组建平安办公室，成立综治司法信访联动中心、社会治安综合治理工作中心、社区综合管理服务社。辖区共建人民调解委员会89个、治保委员会56个。2008年5月8日，成立新居民事务所，各社区设新居民事务站。

第五节　城市管理

机构

1985年，成立街道城市管理办公室，1994年改城建监察大队，2003年，更名区城市管理行政执法局新嘉中队。2005年，重置城管办，与新嘉中队工作整合，相互配合，协同处理有关事宜。

主要工作

对辖区市容环境、农贸市场、违章搭建等不间断进行整治。积极推进"门前三包"自治工作。经街道物业管理公司牵头,招聘143名卫生保洁员,添设垃圾清运车、道路洒水车和路面清扫车,并形成一系列工作机制,确保市容环境整齐美观。

第六节　特色道路　街区　住宅区

特色道路

建国北路　区域内商贸聚集区和交通干道。近中环北路东侧与穆湖溪并行,建有亲水公园。

洪兴路　区域内电子工业一条街。

东升东路　市区东西向交通主干道。

城北路　原为苏嘉公路城区段,1981年定名城北路,为本区域内重要交通道路之一。

栅堰路　起自栅堰桥,故名。南宋时已有该堰存在,为调控城池与西边水道之著名水利设施。该路原为市郊田间小路,20世纪80年代一度成为市区通向嘉兴造船厂、电控厂等唯一道路。

2009年10月,栅堰路畔的船文化博物馆

杉青闸路　古运河畔历史悠久的古道,有古桥百步桥、古园林落帆亭。

(以上道路详见第八篇"城乡建设"第二章第一节)。

特色街区

月河历史街区　(见第二十二篇"名胜与旅游"第一章第三节)。

2009年夏,月河街区夜景

嘉禾北京城购物广场　位于建国路北丽桥北侧,为市区最大的旧城改造工程。2000年初,春开工,2002年9月,竣工开业。项目占地面积107亩,总建筑面积14万平方米,绿化率35%。广场以室内街巷式购物形式经营家居产品为主,设厅居馆、新古典馆、睡眠中心、家装中心、办公家具、生活电器等名品家居展示厅。共引进中、高档家居及家电产品连锁企业45家。2010年,销售收入36310.9万元,上缴税收100万元。

特色住宅区

西马桥社区　1999年8月,建成西马桥小区,是市第一个国家安居工程(见第十二篇"建筑业和房地产业"第五章第四节)。西马桥社区先后获全国城市物业管理优秀住宅区、省级文明社区、省绿色社区、城市党建工作省级示范社区、省百佳社区、全国残疾人工作先进社区、省巾帼文明示范岗和省民主法治社区。

栅堰社区　位于洪波路东侧,1995年10月,建成栅堰新区,163幢住宅楼,2010年,住有4673户、1.3万人。栅堰社区建有335平方米文体活动中心,内设阅览室、书画创作室、健身房、棋类室、电教培训室、文艺排练室、室外健身路径等。社区组建老年合唱队、舞蹈队、时装队、戏曲队、腰鼓队、武术队等19支文体团队,有文体活动协会会员600余人。2004年,被中央文明委、文化部命名为全国文化工作先进社区。

百花社区　位于城北路。1981年,开始规划建造,百花新村是20世纪嘉兴市区开发建设时间最早、基本设施最全的居民住宅小区。2000年，建百花社区。2010年，住3391户，户籍总人数5960人(见第二十篇“建筑业和房地产业”第五章第四节)。

2009年9月，百花新村

消失的主要街巷 自然村

北京路 明清时即有此路。起始于北丽桥北堍，原称塘湾街，为嘉兴北城外最繁华和商贸汇集之处。民国时有商店150家，以钱庄、南北货、腌腊、水果和米行等批发行为最多。1934年，从北丽桥、端平桥各取一字更名北平路，解放后更名北京路。2000年开始拆迁，改造为嘉禾北京城购物广场。

西马桥 位于禾兴北路西侧，因村内有西马桥得名。全村有9个自然村、14个村民小组，1359人。共有土地2003.7亩。是一个以种粮为主、兼种蔬菜的“城中村”。

西马桥村在解放初期为马河乡十三村，后改为马河乡第三代表区。合作化时期为嘉北乡第三高级社，公社化时期为双桥公社西木桥大队。1961年，隶属嘉北公社时分为百花、吴家桥、西木桥3个大队。1967年，西木桥大队改名东风大队，1968年，百花、光明(陶家桥)、西木桥、向阳(吴家桥)4个大队合并为先锋大队，1970年，重新分开，西木桥更名为东升大队。1977年，隶属嘉兴镇，1981年，更名西马桥大队，同年划归秀水公社，1984年1月，更名为秀水乡西马桥村。1996年1月，撤销秀水乡建制，西马桥村划归新嘉街道管理。2006年7月，撤销西马桥村建制。全体村民同时转为城市居民，分别按居住地转入所在社区。

相关链接 据当地老人回忆：西马桥所在地原称汪字圩，四面环河，圩上人们进出不便。相传，清光绪年间，圩上有一大户人家姓马，其女儿攀亲杭州府台。马家姑娘提出在村上造桥，以解除乡亲进出不便之苦，作为嫁娶的条件。这要求使杭州府台深感马家姑娘心系乡亲、胸有大志，一口答应筹资特造西、南、东3座石桥，分别称为西马桥、南马桥和东马桥。3座马桥流经的河流称为马桥港，港下游入京杭古运河的河口称为穆河溪。西马桥东堍旁村落即是西马桥村的祖先们繁衍生息之地。随着社会发展和城市化的推进，西马桥村建制于2006年7月撤销，村民全部转为城市居民，分别进入居住地社区。如今的西马桥村成为环境优美、居住安宁的全市第一个国家安居工程——西马桥小区。

3座马桥历经百年，变化巨大。西马桥年久失修已塌淹河中；南马桥变成钢筋水泥大桥；只有东马桥地处冷僻，三孔石板平桥整体完好，至今仍在马桥港上，见证百年历史的变迁。

第七节 名胜 风情

名胜

落帆亭 (见第二十二篇“名胜与旅游”第一章第八节)。

唐兰故居 (见第二十二篇“名胜与旅游”第二章第四节)。

北丽桥 (见第八篇“城乡建设”第二章第二节)。

金鱼池 月河街区建有大金鱼池，池边立有碑，记载最早发现金鱼的史实。早在宋初开宝年间，唐刺史丁延赞在嘉兴城西北月波楼下一池子发现金鲫鱼，该地也就被称为金鱼池，后建为金鱼院，成为一方名胜。金鱼池的位置应在城隍庙南面的育子弄一带。这是自宋至清初嘉兴人观赏金鱼的地方。北宋时，已有许多名人为金鱼池等名胜作诗吟咏。王安石《金鱼池》诗有句“纷纷水中游，岂是昔时鱼。吹波浮海波，竟食糠秕余”，可见已是人工成群饲养。重建的金鱼池成方形，池内有上百条金鱼，池周自然形成金鱼市场和店铺。

百步桥 位于杉青闸北面的运河边，以前船只运行靠风力和人力，逆风时人们靠人力拉纤，纤夫们拉纤过桥约需100步，故称百步桥。

消失的名胜

嘉禾墩 （见第二十二篇“名胜与旅游”第二章第七节）。

杉青闸 亦称“杉青第一闸”，是隋朝开凿运河后设置的一座长850米、宽6米的著名水闸。宋熙宁元年（1068）七月杉青闸建官署，一说宋孝宗赵昚出生于该地。“杉青风帆”为清“南湖八景”之一。

羞墓 位于杉青闸，传为汉朝名人朱买臣妻子的墓葬。成语“覆水难收”出于该典故。

饮马河 位于建国北路，与穆河相邻。据传，以前此河边驻有军营，军队的马匹长期饮用这河里的水，故称“饮马河”。

特产

陆稿荐酱鸭 （见第二十三篇“名优特产”第三章第一节）。

风情

嘉兴粽子文化博物馆 位于月河历史街区，2009年端午节前夕开馆。

月河花鸟市场 位于月河街区西端，2008年1月22日营业。市场经销户大多为原育子弄花鸟市场业主。育子弄花鸟市场于1991年开始形成，生意较好，由于路面狭窄，不少经营户将花鸟、金鱼、古玩等在马路地摊买卖，影响市容，造成交通堵塞而搬迁。新市场面积约6000平方米，设鸟类宠物区、花卉草木区、鱼类区、陶瓷区、老字号区等，周边古宅和河道环绕，环境优雅。

中基路古玩市场 位于月河荷月桥北埯广场，往西延伸至中基路、荷月弄、蒲鞋弄，2008年9月正式启动。该集市拥有大型的广场，传统的建筑，旺盛的人气，每到周日，来自全国各地的古玩古董商都到这里设摊销售，成为浙北第一古玩集市。

第八节　驻街道主要单位

街道辖区原是城郊结合部，驻街道单位原以工厂企业为主，随着城市发展，一些内迁科研单位和机关企事业迁入，2010年主要驻街道单位见表。

2010年驻新嘉街道主要单位情况表

表10-22

单位名称	地　址	简　　介
中国电子科技集团公司第36研究所	洪兴路99号	1989年10月入驻。是经国务院批准、在原信息产业部直属研究院所和高科技企业基础上组建而成的国有大型高科技企业集团
苏宁电器嘉禾北京城旗舰店	嘉禾北京城二楼	2006年12月入驻，为家电产品全国连锁企业
嘉兴电力局	城北路99号	2001年5月入驻，负责全市电网建设及供电业务
市青少年宫	禾兴北路125号	1997年9月入驻，属团市委管理。占地面积22000平方米，总建筑面积13000平方米。是融全市青少年儿童文化、体育、艺术培训和活动、娱乐、德育教育于一体的综合性校外教育活动场所
嘉兴市劳动和社会保障局（市人力资源服务中心）	东升路150号	2003年12月入驻
市妇女儿童活动中心	洪声路168号	1993年5月入驻，属市妇联管理。是融全市妇女儿童文化、体育、艺术培训和活动、娱乐、德育教育于一体的综合性教育培训活动场所
嘉兴市国土资源局	洪兴路253号	1998年10月入驻
嘉兴市审计局	洪兴路217号	1998年5月入驻
嘉兴市质量技术监督局	洪兴路88号	1992年3月入驻
中石油浙江嘉兴分公司	东升中路1500号	2003年3月入驻
嘉兴市特殊教育学校	越秀北路1395号	创办于1949年，六易校址，1992年7月入驻。现占地面积13666.67平方米，建筑面积6200平方米，绿化面积1200平方米。从原来的聋哑教育发展为智障、聋残教育功能齐全的嘉兴地区唯一一所特殊教育学校。现有17个班，194名学生，45名在职教职工

续表10-22

单位名称	地　址	简　　介
市广播电台	东升路1462号	1993年入驻
洪兴路电子市场	洪兴路	1999年形成
嘉兴船文化博物馆	栅堰路36号	嘉兴市港航管理局承办，于2003年10月26日建成开馆
嘉兴市东方钢铁有限公司（原嘉兴钢铁集团）	城北路294号	1990年1月入驻。公司创建于1972年。所属行业：二手冶炼设备。主营煤焦油的生产，金属制品制造，黑色金属冶炼及其压延加工；钢材重复改制及批发、零售；金属加工机械、通用设备的制造及技术咨询，矿产品的销售

消失的著名企业

嘉兴制丝针织联合厂　20世纪省、市著名的大型丝绸企业，原址在落帆亭北面。前身为福兴丝厂。1926年筹建，1929年投产。先后更名禾兴丝厂、协鑫丝厂、中丝一厂、嘉兴缫丝厂、永红丝厂、嘉兴丝厂等，是国内屈指可数的制丝企业，生产的白厂丝远销国际市场。20世纪80年代发展成为当时国内最大的制丝针织联合厂，生产的"金三塔"丝绸产品畅销国内外。2001年4月企业破产，旧址部分改造为市人才市场和人事劳动局办公室。

2000年12月，嘉丝联厂大门

第九章　解放街道

第一节　概　况

区位

位于市区东北部，南隔沪杭铁路与南湖街道接壤，北与秀洲区塘汇街道隔河相望，西南与建设街道交界，西北与新嘉街道为邻，2010年面积约4.24平方千米，办事处驻东升东路199号。至2010年，解放街道共有7个社区、172个居民小组。总户数8700户，总人口22572人，流动人口11367人。

地处嘉兴市水陆交通要道。嘉兴火车站位于与南湖街道交界处解放街道一侧；东升路、东方路、中环东路、城东路4条市区主干道组成井字型交通网络；大运河、秀水、长水新河等环绕街区。境内多河、浜、汇、泾、滩之名，水乡风貌浓厚。辖区西部为居民聚居区，原多旧式民房，小街小巷迂回曲折，纵横错列；北部鱼行街、光明街、闸前街等旧时早已有街市，是城乡交往主要通道；东部原为桑地菜圃，畴平地旷，现多辟为新型住宅区，高层建筑竞相耸峙。

2010年11月，解放街道办事处

特色

区域内河道众多，自古航运业历史悠久，且中心区域位于运河东岸，客观上成为近代中西文化的交流地和商品的重要集散地。

以城东路、东升路、东方路和中环东路为中心区域商贸物流和楼宇经济发达。现光明街底长岛公寓区域，为清乾隆帝出行江南行宫之处，现周围地貌基本如旧。杭州海关嘉兴分关建于清光绪二十二年(1896)，人称“洋关”。二十八年(1902)天主教会在现光明街153号建造法兰西文生修道院，时为全国性天主教会神职人员进修场所，原有建筑和肃穆环境仍完整保存。

荣誉

解放后区域内相当长时期内延续着航运的盛况，省航运公司嘉兴分公司就座落在光明街上。

2001年11月，评为省第五次全国人口普查工作先进集体。2002年12月，被评为第三批全国城市体育先进社区。2004年12月，为全国全民健身周先进单位。2004年，被评为全国经济普查先进单位。2007年，评为全国计生协会工作先进单位。

第二节　建　置

沿革

1949年7月，属新嘉区管辖。1951年7月，原新嘉区分设解放、新嘉两镇。1954年12月，改设解放镇街道办事处。1961年，曾为市人民公社解放镇分社。1963年7月，改为嘉兴镇解放街道，设办事处。1968年，成立解放街道革命委员会。1969年8月，并入新嘉街道革委会。1972年7月又分置。1978年11月复称解放街道办事处。1988年9月29日，塘汇街道并入解放街道。1995年12月徐王村划入，成为街道管辖的城中村。1999年10月11日，东门街道在环城河以东的车站路和嘉冷新村居委会划入。2000年5月，塘汇居民区划归秀洲区。2007年，撤销徐王行政村。

20世纪70年代初，有秀城桥、春波桥、大新桥、解放中路、光明街、闸前街6个居委会。80年代初，有航运新村、香橼浜、青龙街、闸前街、光明街、秀城桥、解放中路、大新桥、春波桥9个居委会。1995年，有21个居委会和1个村委会：航运一村、航运二村、闸前街、光明街、香橼浜、秀城、解放中路、菜花新村、菜花二村、青龙街、大新桥、虹桥新村、虹桥二村、春波桥、凌塘桥、凌南、华美、塘东、塘西、太平桥、秋泾桥和徐王村；有230个居民小组、7908户、23056人。2001年4月，调整为7个社区、1个行政村，其中7个社区分别是菜花泾、解放路、航明、秀城桥、凌塘、虹桥、秋泾桥。

20世纪70年代，解放路

社区

2010年，解放街道7个社区，有172个居民小组，主要有菜花泾、加州长岛等15个住宅区。

2010年解放街道社区及住宅区情况表

表10-23

社区名称	所在地	居民户(户)		人口(人)		居民小组数(个)	社区面积(平方千米)	住宅区
		户籍数	暂住户	户籍人数	暂住人数			
菜花泾社区	菜花泾社区内	1544	497	4030	1256	25	0.16	菜花泾东区22幢、菜花泾西区25幢、东豪名都3幢
解放路社区	长水东岸23号	1301	430	3308	860	22	0.7	彩虹公寓8幢、怡梦苑7幢、秀水人家10幢(在建)
航明社区	光明街208号加洲长岛会所内	1502	290	3990	880	30	0.8	加洲长岛58幢
秀城桥	秀州北路菜场二楼	382	—	788	—	20	0.2	香橼别墅34幢(在建)
凌塘社区	徐王路217号	1609	2581	4086	5165	23	1.2	徐王公寓19幢、禾东公寓41幢、佳源都市46幢
虹桥社区	城东路52号	1392	350	3609	1078	27	0.8	城东公寓7幢、紫景雅苑17幢(在建)
秋泾桥社区	三元路57号	843	431	2003	1417	25	0.38	江南太阳城35幢、秋泾公寓31幢
集体户	大新路192弄	127	—	758	—	—	—	—
合计	—	8700	4579	22572	10656	172	4.24	—

第三节　经　济

工业

清宣统二年(1910),嘉兴地方人士金沧伯在西河街创建嘉兴永明电灯公司,成为嘉兴电力工业的开端。1912年,嘉兴军政府与商人合股创建培利布厂,解放后改名嘉兴南湖布厂,为嘉兴纺织行业大型企业。解放后区域内有名的企业还有嘉兴电池厂、蚕种场、电子仪器厂、酿造厂和蜜饯厂等。

街道企业初创于1958年。1980年,时有羊毛衫厂、制帽厂等企业8家,职工359人,年产值161万元。1990年年末,有街道企业10家,职工282人,固定资产原值91.7万元,工业总产值375.04万元,销售收入280.1万元,销售税14.5万元,利润10万元,其中百万元产值以上的企业有城区标牌厂。2001年,工业总产值6223万元,销售收入5455.68万元,利税356.2万元,工业增加值1775.61万元,出口交货值3535.6万元。2008年年底,有企业法人单位395家。2010年年底,有580余家企业,生产总值14.76亿元,同比增长8%。

商贸

解放路一带清初为商业区,其地原属北板坊,光绪《嘉兴县志》载:“北板米市,囤积数十万,虽僻巷无隙地,可谓盛矣”。清末和民国初期,洋关街、鱼行街、芦席汇一带商业繁华。芦席汇处运河与秀水会合处,附近系水路要道,行船如织,其地传以堆放芦席得名,昔为市易之地。解放后,因区域与市中心相比,相对偏僻,商贸无重大发展。改革开放后,商贸形势有了巨大变化。2001年,商业销售额12450.37万元,同比增长13.58%。2010年,第三产业增加值为10.23亿元,同比增长10.1%。

金融财政

2009年度财政总收入7505万元,2010年度项目总投资3284万元,其中工业生产性投资2507万元,年总产值1.4亿元,财政总收入1.2亿元,同比超60%。同期区财政拨款1828万元,街道自收25万元。2010年度,街道固定资产3679万元,总资产贡献率17.82%,资本保值增值率114.91%,资产负债率54.79%,万元产值综合能耗降低2.20%。地方一般财政收入2610万元,同比增长50.0%,

第四节　社会事业

教育文体

教育　1938年11月,建闸前街小学,3个班级、学生100人,1952年改名光明小学。嘉兴汉伟幼儿园位于光明街嘉洲长岛内,为香港汉伟教育管理公司下属中英双语幼儿园,创建于1995年。解放幼儿园位于菜花泾东区美菱苑内,1996年开办,为区一级幼儿园。嘉兴广播电视大学创建于1979年。2004年7月,由中山中路搬迁到街道区域内大新路131号。嘉兴市中杰中等专业学校,1995年6月注册,设民航、海员、汽修等7个专业,在校学生400余人。街道科协成立于2000年,设200平方米科普电教室,7个社区均成立基层科普组织网络及科普联络员。2007年5月,在凌塘社区设科普教育中心,向青少年和居民进行天文轨道、人体功能、光学原理、四季气候等知识普及教育。

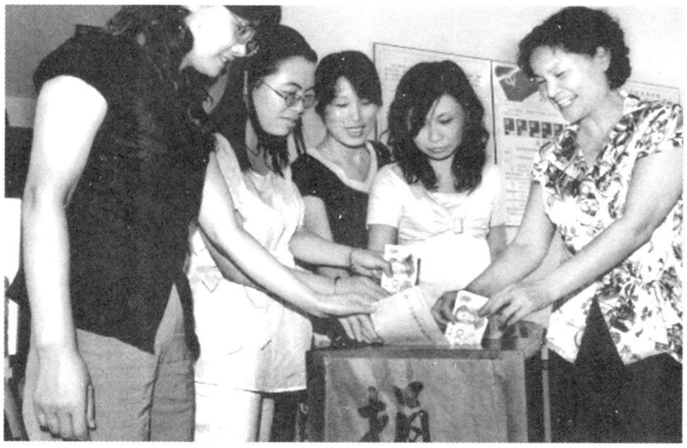

航明社区党员“一月捐”爱心基金活动

文体　1986年成立街道文化站,1992年3月被授予省一级文化站。2004年9月建文化中心,配备健身室、排练房、乒乓球室、老年活动室、图书阅览室、电教室、谈心室等。图书室藏书1万多册,配置文化信息资源共享工程。室外广场安装健身路径、宣传画廊等。文化中心拥有各类文化团队59支,队员450余人,年组织各类大型活动8场、中小型活动30场。2007年度被授予省城市体育先进社区。2008年,被授予省级社区体育健身俱乐部,创建成省级社区文化示范中心。

菜花泾社区有文化活动中心、红色影院等室内活动场所,又有文化广场、篮球场等室外活动场所,办有燕之乐文艺工作室。2005年,建有女子大鼓队、太极拳队、健身操队、扇子舞队、腰鼓队、排舞队等9支文体团队,开展形式多样的文艺活动,优秀节目通过“文艺走亲”形式进行传播,扩大了群众的参与面,获得2008—2009年度全国第六批体育先进社区荣誉称号。

医疗卫生

1997年,设解放卫生院,设内、外、妇科。2009年年底,更名社区卫生服务中心,迁至东升东路530号。新建的社区卫生服务中心占地面积2318平方米,工作人员增至56人,其中卫技人员47人,有新型X光机、彩色超声波和B超等设备,开设科室19个,下设凌塘禾东、航明、解放3个站。1988年,街道设计生专职干部岗位,成立计生协会,会员3899人。辖区22个重要企事业单位都有计生组织。2007年,街道计生协会被授予全国计生协会工作先进单位。

浙江省航运公司嘉兴分公司医务室在公司破产后,在光明街153号成立嘉兴市同昌门诊部,性质为民营性医疗单位。

社会保障

20世纪50年代初,有分管民政工作的机关工作人员,1958年开始设专职民政助理。为解决社会就业问题,1973年成立街道综合站,1975年其职责与街道工业公司的劳动力管理部门合并。1979年9月成立劳动服务站,1985年定名街道劳动服务公司,1990年3月更名解放劳动管理所。工作职责为调查和掌握当地劳动力资源,负责社会劳动力的登记、组织和管理等。2003年9月成立街道社会事业所(劳动保障所),2007年7月为社会事业服务中心。2010年,低保99户,低保金发放34200元,救助困难户93人次;辖区有残疾人361人,享受城市居民低保待遇的16人。2000年,街道创办解放托老所,有入托老人23名。2010年6月创办街道养老助残服务中心，至年底入住老人20人。

综合治理

街道综合治理委员会成立于1990年，综治委下设办公室，负责领导辖区内社区的治保工作及指导由辖区内企事业单位组成的综治协会工作，部署开展群防群治和不定期治安大巡查、组织军警民大联防、消防安全生产和对非法组织的监控等专项工作。

虹桥社区于2005年6月在“平安南湖”创建活动中首创居民小区自治管理模式，作为成功的案例在全区推广。

第五节　城市管理

机构

1984年4月，成立街道城市管理办公室。1987年设城建监察分队，由市城建监察大队统一管理。2003年10月，街道城市管理行政执法中队与街道城市管理办公室合署办公，主要行使辖区内城乡规划、园林绿化、市政公用、市容环卫、爱国卫生等方面的日常管理和行政处罚职能。

主要工作

区域内的道路保洁、纠正路面抛洒、老住宅小区和沿街立面的整治改造、开放式小区内的下水道的疏浚、防汛抗台中的抢险、辖区内的广告管理、店外经营及占道经营、治理“五小行业”（小餐饮、小宾馆、小洗头、小歌厅、小浴室）常见的证照不全、卫生不达标、除“四害”清除卫生死角、开展爱国卫生宣传及健康教育、门前“三包”、文明城市、卫生城市的创建、节水小区的创建等。

2010年度，街道城管办共查处案件80起，罚款73953元，取缔无证设摊1200余起，店外出摊650余起，规范非机动车乱停放270余处，劝导乱扔垃圾等不文明行为2000余起，拆除乱吊挂200余起，限期整改违法占道及路面抛洒行为100多起，拆除违法建筑2000余平方米，补签“门前三包”责任书108份，共组织集中整治6次，取缔无照经营夜排档18个，保障了当年度的公共文明指数测评检查和整个街道区域内的市容环境卫生整洁、有序和稳定。

第六节　特色道路　街区住宅区

特色道路

解放路　曾名西河街、柴场湾、中正路，解放后更现名。

城东路、东方路、东升路　均为区域内主要交通干道（见第八篇“城乡建设”第二章第一节）。

特色街区

芦席汇　（见第二十二篇“名胜与旅游”第一章第三节）。

春波坊　南起勤俭路，北至东升东路，长808米。虹桥港原是嘉兴城外穿行在桑园野树间的幽静小河，石拱桥虹桥横在河腰，河水流过春波河、春波桥，汇进环城河。1996年，解放街道填没虹桥港，新建商业街，取吴镇《春波烟雨图》意，命名春波坊。首期南段，从勤俭东路口到大新路，长300米，宽6米，建成于1997年年底。时恰逢北京路拆迁，南北货、食品批发商搬迁至此，街两边商店里，传统的南北干货，时尚的方便速煮食品琳琅满目，生意兴旺。二期北段，从大新路到东升东路，2004年竣工，街道增宽至12米。两旁有骑马墙角的二、三层楼，大红柱子撑着的廊檐。街中间和大新路交叉，原有古桥和大新桥。全街有商店200多家，为市区首条仿江南明清民居建筑的商贸街，开了市区传承江南商业街巷历史文脉的先河。

特色住宅区

菜花泾小区　据载，康熙帝南巡御舟过这里时，看到大片菜花盛开，烂漫如锦，赞赏不已，遂传旨御舟泊停住宿，菜花泾由此闻名。菜花泾小区建于20世纪80年代，东升东路贯穿其中，整个小区形成东西两块，占地面积13万平方米，建筑面积约11万平方米，有楼房36幢，居民2065户、5363人。菜花泾社区重视做好文明社区创建工作，多年未曾发生过重特大恶性案件,社区内民风淳朴。2008年11月,被评为省和谐示范小区。

航运新村 为浙航嘉兴分公司于20世纪70年代中期开始建造的航运工人新村,紧靠京杭大运河。最早的工房72间。1980年,有335户、1238人,分设航一、航二两个居委会。

虹桥新村 因原紧邻虹桥港得名。该区域历史上是嘉兴蚕种场桑园地,20世纪70年代后期建造住宅楼28幢,命名虹桥新村。2001年4月,虹桥新村居委会和虹桥二村居委会合并成立虹桥社区居委会。区域内有嘉兴火车站、区人民法院、嘉兴职业技术学院等重要窗口单位,城东路为社区主干道。社区有户籍1850户、6275人,为街道第二大社区。

江南太阳城 位于东方路西侧,建于2007年,建筑面积21万平方米,吸引众多上海籍老人在该地定居。

消失的街巷 河流 自然村

街巷

鱼行街、香缘浜、螺蛳浜、向善弄、煤炭弄、鉏桥弄、新民弄、旱桥弄、吉祥弄、北新弄、冶新弄、富春弄、迎春弄、姜汶弄、钱桥弄。

河流

春波河 春波河位于解放路南端,河宽约6米,紧靠人民公园北大门,连接虹桥港河道,1993年的城市改造中因勤俭路拓宽改造而被填埋,成为现勤俭路的延长段,其上原有春波桥现仍存。

春波河曾享誉文化界,为元末著名书画家梅花道人吴镇隐居后的读书处,因其地处嘉兴古时旧城春波门外,故名其居为“春波草堂”,后于明清时迭遭兵燹,已荡然无存。

虹桥港 旧址位于现在的春波坊商贸街,20世纪90年代城市建设,要打通勤俭路与火车站之间的道路,填平春波河,建设勤俭路,致使其虹桥港成为了死河,污染情况严重,周边居民强烈要求治理。1997年开始填埋虹桥港,2002年建成春波坊仿古商贸街。

自然村

乌桥港 位于城区东北约2千米处,村呈长方形,因乌桥港得名,是原徐王大队驻地。乌桥港名由乌桥而来,明万历《秀水县志》记有此港名。乌桥即乌鹊桥,来源于七夕牛郎织女相会,乌鹊架桥的神话故事,以乌桥命名,极言桥之广阔及造福于人。1990年有62户、204人,队办企业、小学、综合商店、合作医疗站都设于该地。

徐王村 因村内有徐王庙得名,20世纪90年代前期根据市政府的旧城改造自然村被拆迁。在原4组的地块上引进了内迁兵工企业8300厂,新建了嘉兴麂皮厂;在原9组地块上引进了房地产企业,建造了嘉源都市住宅小区;7组则修建了8300厂的配套生活住宅区华美小区和成立了嘉康公司、木村公司、蔬菜公司等一批企业;5组新建凌波苑安置小区。

乌桥头 (凌波苑5组和嘉源都市9组)、小圩里(南京军区通信站3组)、莫三庄(长纤塘南原三家木行6组)、十字圩、王家门(靠近城东路菜场3组)、鲁家浜(现为麦德龙商场8组)、河南浜(为现徐王街2组)、朝北庙(城投公司安置房禾东公寓1组等)。

菜花泾 位于城区之东,杭申公路北侧,人口96人。传说清康熙四十四年(1705)春,康熙帝南巡经该地,见菜花遍野,遂驻宿该处,菜花泾之名遂著称。

第七节 名胜 风情

名胜

秀城桥、秋泾桥、双魁巷、文生修道院、小普陀禅寺 (见第二十二篇“名胜与旅游”第二章)。

分水墩 位于芦席汇北运河边。为隋朝水利设施,在开通江南运河(即京杭大运河)时,分水墩起到调节上流水势的作用。唐神龙二年(706),分水墩上修建了水天庵。

嘉兴火车站 清光绪三十二年(1906)建站,是嘉兴最重要的交通枢纽,也是名胜之地(见第二十四篇“交通运输”第二章第二节)。

消失的名胜

春波草堂 为元末著名画家吴镇所建,早废,旧址在原农校宿舍。

御花园 为宋孝宗所建,早废,旧址为原嘉航船厂所在地。

味水轩 为明初李日华所建,早废,旧址在原农校宿舍。

春波桥　为街道解放路区域内著名的桥梁，位于解放路南端，跨虹桥港，为横向砖砌双曲拱桥，长12.75米，宽6.4米，1995年春波河被填时废，现残桥栏杆仍存。

徐王庙　（见第二十二篇“名胜与旅游”第二章第七节）。

风情

运河遗韵　光明街西侧京杭大运河。是船只出入嘉兴城必经之处。清乾隆帝巡游江南时，曾在现嘉洲长岛处建御花园。鸦片战争后，法国天主教会在此建文生修道院。光绪二十八年(1902)光明街中段设嘉兴海关。京杭大运河申报世界遗产时，该段被列入重点保护区段。

第八节　驻街道主要单位

街道辖区原是嘉兴城东交通要道，驻有火车站、汽车站和航运公司及贸运、商贸公司，城市扩展后，成为市中心区，2010年驻街道主要单位见表。

2010年驻解放街道主要单位情况表

表10-24

单位名称	地　址	简　　介
嘉兴市国家税务局	城东路261号	下辖南湖、秀洲、经开、嘉兴港区4个分局
南湖区人民法院	城东路112号	内设立案厅等15个部门
嘉兴铁路车务段	城东路65号	管辖沪杭线、宣杭线240.435千米线路及17个车站
嘉兴火车站	城东路179号	1992年前为单线客货运，1994复线建成，东连嘉兴东站，西接马王塘站，整个车站在职职工约170人
嘉兴广播电视大学	大新路131号	占地面积68亩，建筑面积3万平米，在职教师257人
浙江中房置业股份有限公司	城东路83号	为房地产综合开发的集团型企业，具国家一级开发资质
嘉兴市食品肉类有限公司	城东路157号	有两座大型冷库，库容量6500吨
兴业银行嘉兴分行	城东路83号西侧	为股份制商业银行二级分行
嘉兴市蚕种场	勤俭路467号	年产蚕种20万张，承担为南湖区、海盐县、平湖市的蚕种供应
嘉兴嘉爱斯热电有限公司	中环北路3929号	发电能力3.6万千瓦时
中保人寿嘉兴分公司	城东路108号	管辖城郊两区及嘉善、平湖、海盐、海宁、桐乡5个县支公司

消失的著名企业　浙江航运公司嘉兴分公司（见第二十四篇“交通运输”第五章第五节）。

第十章　南湖街道

第一节　概　况

区位

位于市区偏东南部，东沿中环东路，南临中环南路，西至环城河中线，北至沪杭铁路线，地形呈直角三角形，面积9.14平方千米。街道办事处驻景湖

2010年，位于景湖路的南湖街道办事处

路318号。2010年,有10个社区,总户数19551户,总人口52324人,流动人口14170人,有回、蒙等少量少数民族居民。

街道以中国共产党诞生地南湖命名,是嘉兴市委、市政府驻地。市行政审批中心、报业中心、体育中心、南湖革命纪念馆、嘉兴军分区、省武警医院等单位林立其间。辖区水陆相连,交通便捷。角里街、纺工路、拥军路、海盐塘路、凌公塘路等道路纵横交错,四通八达。有平湖塘、海盐塘等河流20余条。辖区东部原为嘉兴主要工业区职工居住区;西部主要为以南湖为核心的风景区,环湖有南湖渔村、壕股塔、勺园、揽秀园等景点;中、东部大多是住宅区,近几年开发建设翰林府第、巴黎都市、文星花园等中高档小区。

特色

党的诞生地南湖和南湖革命纪念馆坐落在街道辖区,街道被亲切地誉为"红色街道"。1997年6月,南湖革命纪念馆被中宣部命名为全国一百个爱国主义教育示范基地之一。2006年,被团中央确定为全国青少年教育基地。

辖区东部原为嘉兴主要工业区,聚集民丰造纸厂、冶金机械厂、第二毛纺厂、绢纺厂、毛纺织总厂等大厂,职工2万余人。1982年,年产值占全市(县级市)三分之一左右。

1982年,街道获全国计划生育先进单位。2002年10月,获国家体育总局授予的全民健身周先进单位。2007年,获省小康型老年体育街道。2008年7月,获省征兵工作先进街道、省先进体育街道。2009年1月,获省旅游强镇(街道)。

第二节　建　置

沿革

1949年7月,属嘉兴市新兴区。1951年7月,撤新兴区划为南湖、新兴两镇。1954年12月,改称南湖街道办事处。1960年,为嘉兴市人民公社南湖镇分社。1963年2月,为嘉兴镇南湖街道办事处。1969年,与新兴街道合并,更名南湖街道革命委员会。1972年,分置东门、南湖、新兴三街道革命委员会。1978年11月,复称南湖街道办事处。1981年,为嘉兴市南湖街道办事处。1983年10月,为嘉兴市城区南湖街道办事处。1988年10月,原东栅街道并入南湖街道,2002年10月重又划出。1990年,辖区有28个居民委员会,分别为南湖、绢纺新村、绢纺一村、三村、毛纺新村、毛纺一村、二村、三村、南堰、二毛一村、二村、三村、角里街、民丰新村、民丰一村、二村、三村、四村、五村、冶金新村、冶金一村、二村、三村、长丰桥、张家弄、杨庙弄、双溪弄、吴泾桥等。1995年,秀水乡撤销,许家村、许安村委托南湖街道管理。2001年许家村撤销,2005年8月,许安村撤销。

2010年11月,南湖街道新建云都、文星社区;民北社区和许安社区合并,桂苑社区和东塔路社区合并,南湖社区和新湖社区北片(纺工桥港以北)合并;泾水社区更名南溪社区;调整扩大农翔社区范围,由原农翔社区杜鹃坊、牡丹坊、银柳坊和原泾水社区的石榴坊、教工宿舍等组成;调整万洲社区范围,由万家花园、富安臻园、农翔苑小区等组成。

社区

2010年,南湖街道10个社区,有231个居民小组,主要有民丰新村、桂苑社区等49个住宅以及教工宿舍。

2010年11月,在嘉兴第二毛纺织厂旧址开发建设的新湖绿都住宅区

2010年南湖街道社区住宅区情况表

表10-25

社区名称	所在地	居民户(户)		人口(人)		居民小组数(个)	社区面积(平方千米)	住宅区
		户籍数	暂住户	户籍人数	暂住人数			
民北	街道北部	2181	770	6306	1547	21	2.45	民丰新村、民丰一村、民丰四村、冶金新村、冶金一村、许安公寓等
云都	街道南部	257	510	1229	1391	12	0.6	巴黎都市、百盛花园、云洲苑
枫杨	街道中东北部	3090	615	8033	1236	40	0.18	民丰二村、民丰三村、化肥新村、二毛三村、工农村、铁树坊、枫杨坊、天竹坊、桂林坊
农翔	街道中东南部	1485	335	3894	689	22	0.15	杜鹃坊、牡丹坊、银柳坊、石榴坊、教工宿舍
南溪	街道中南部	2206	371	5675	749	25	0.51	南溪一期、南溪二期、绢纺三村、南堰部分
桂苑	街道中东部	2436	482	6706	1014	31	0.55	桂苑社区、民丰三村、冶金新村(东塔路东片)、三景花园、百隆花园
万洲	街道东南部	2785	712	7144	1515	26	0.2	万家花园、富安臻园、农翔苑小区
文星	街道东南部	450	478	1130	1023	6	0.8	翰林府第、文星花园(探花苑、长中苑、海棠苑、汇龙苑)、赞成学仕苑、波旁宫
烟雨	街道西南部	2044	845	5532	1780	30	2.8	皇冠花园、菱香坊、烟雨苑、烟波苑、烟湖苑、毛纺五村、名湖人家
南湖	街道西部	2617	1412	6675	2966	18	0.9	毛纺新村、绢纺新村、新湖绿都、二毛二村
合计	—	19551	6530	52324	13910	231	9.14	—

第三节 经 济

工业

1958年，成立街道劳动服务站，组织和管理辖区个体手工业者和无业人员从事日常生活所需的服务性行业。1987年，街道企业有服装绣花厂、民政塑料厂、南湖商场等工商企业18家，从业人员近500人。民政塑料厂生产的“爱爱”牌化妆柜曾风靡市场，产品畅销全国。1992—1997年，街道累计完成工业总产值35131.29万元，平均年增长67.96%；实现利税962.38万元，平均年增长32.74%。许家村办有机电修配厂、自行车厂、扬声器厂等企业。许安村的家用电器塑料厂，是城区骨干企业之一。2010年，街道年销售收入500万元以上企业有14家，资产总额34.03亿元；街道年第二产业绝对增加值为9.74亿元。2010年，辖区内有工业企业145家，年销售收入27.13亿元。

商贸

1990年，街道商业有南湖商场、旅馆、饭店、嘉深电子产品经营部等。在嘉深电子产品经营部经销的“佳丽彩”电视机，每天门庭若市。各居委会有数量不等的居办商业。随着街道人口的骤增和经济的繁荣，各居委会（社区）沿街商铺、农贸市场、商街乃至商圈不断增加。三水湾菜场为市政府1996年“为民办实事”工程，由街道筹资建设，建筑面积6900平方米，营业用房63间，可设摊位760只，为当时市区面积最大的菜场之一。2008年，街道对三水湾菜场按三星级农贸市场规范进行改造。2010年3月底竣工的南湖新型农贸市场，为市政府民生实事工程，投资4600万元，占地面积10256平方米，建筑面积16417平方米，分地下车库及地上5层构建，设“天天农展会”农贸市场和商业用房。2004—2006年间，街道为加强辖区市容管理，整治马路活动摊点，解决下岗失业人员再就业，在靠近三水湾菜场一带兴办小商品一条街、美食一条街。

金融财政

2010年，街道地方一般财政收入6851万元，同比增长16.1%；地方财政支出2772万元，同比增长7.7%；生产总值21.45亿元，同比增长1%。其中，第三产业增加值11.71亿元，同比增长5%。固定资产总投资72782万元，其中项目投资44368万元，房地产投资28414万元；工业生产性投资24182万元。

第四节　社会事业

教育文体

教育　解放后辖区市属工厂均单设幼儿园。市第二幼儿园于1995年由丁家桥迁至街道内三水湾天枫路，为省一级幼儿园。还有中国音乐学院附属幼儿园、万舟幼儿园、桂苑小区社区幼儿园、烟雨幼儿园等。辖区内小学有三水湾小学、钧儒小学、市实验小学东校区等。三水湾中学成立于1958年8月，前身为民丰职工子弟学校。嘉兴一中于2002年迁入街道内纺工路1860号。南湖高级中学位于南湖路，1961年建校，原名南湖中学，为省重点中学。

文体　街道文化站建于1985年，各居委会设文化室。2005年，在桂苑社区建街道文化活动中心，面积550平方米，设电子阅览室、健身房、书画室、远教室、排练厅等和1500平方米室外活动场所。组建腰鼓队、合唱队、戏曲队等15支文艺团队，参加者600多人。1997年，成立街道老龄协会，400多名老人分别参加乒乓球、太极拳、排舞等体育团队。

医疗卫生

辖区主要医疗单位为武警浙江省总队医院和区中心医院。武警医院为部队医院，同时为地方医疗服务。区中心医院于2008年12月由新丰中心医院和南湖街道卫生院合并，街道区域为区中心医院门诊部和住院部。各社区卫生服务站隶属区中心医院。1985年，成立街道爱国卫生运动委员会。爱卫会健全街道、社区、单位环保网络，置办环境保护宣传窗、黑板报，开展创建绿色环保社区活动；建立健康保健学校，举办中老年保健、疾病防治等知识讲座；每年开展各种健教活动12次以上。依托区中心医院，成立健康教育协会等，每年提供免费体测服务。1984年，街道成立计划生育领导小组和计划生育协会，计划生育工作形成街道、社区专人负责管理网络。计划生育符合率稳定在98.8%以上。

社会保障

1994年，街道成立残疾人联合会，持证残疾人有641人。2008年7月，建立为残疾人服务的“小康家园”。2008年起，街道对年满16～60周岁没有任何社会养老保险的城乡居民积极推行社会养老保险，参保人数693人。街道现有无社会保障无法定抚养、赡养人，无劳动能力的，无生活来源的人员6人，低保家庭200户、309人。街道近年发放低保金86.9万元；开发公益性就业岗位250个，1020多人次就业。1997年，街道成立老龄协会。现有60岁以上老年人10133人，占总人口的19%。各社区都办有老年人活动室。桂苑、烟雨、民北3个社区各建有150平方米卫生医疗服务站。为26户老年困难群体每月服务188小时；为103户空巢、高龄老人家庭开通“一键通”求助电话；与47户113人扶贫结对；红、蓝卡服务167人;建立枫杨、南溪为老服务站点,开办老人食堂和老人洗衣坊。

综合治理

1958年2月,设南湖派出所,下辖社区综治警务站10个,12支防治志愿巡逻队。1998年,建街道司法所,实行街道、社区二级司法调解管理。同年11月,成立归正人员帮教安置工作领导小组。2008年8月,建街道综治中心,综治、司法行政、人民调解、新居民事务、安全监管、反邪教、妇女维权等部门集中办公。2008年6月,成立新居民事务所。2009年8月,设"老娘舅"工作室,协助人民调解。

第五节 城市管理

机构

1976年6月,嘉兴镇成立整顿市容办公室后,南湖街道配合开展城管工作的上级部门有嘉兴市综合治理办公室、城市管理执勤队等。1984年8月,街道设立城市管理办公室。2003年10月,区城市管理行政执法大队南湖中队成立,街道城管办与其受街道双重领导。

主要工作

主管清理占道经营、无证摊贩,整治"脏、乱、差";监督"五小"行业规范经营;维护辖区街巷、市场秩序和环境卫生,依法行使行政处罚职权等。

至2010年,累计查处各类违规案件85起,总计罚款91350元。开展迎世博、迎省运、节假日环境整治等活动93次。积极开展"城管连万家,执法进社区"活动,接待群众170多人次,解决无照经营、违法建设等投诉56件,清理社区乱堆放达20多处,回复率达到100%,满意率达到100%,有效地改善了辖区的市容环境卫生状况。2005年10月前,辖区环境卫生工作由街道城管办和居委会负责管理,现由烟雨物业有限公司接管,配有150多名保洁员,负责辖区50多条道路18小时动态保洁,每年春秋季节发放除"四害"药物,统一时间消杀"四害"。

第六节 特色道路 街区 住宅区

特色道路

南湖路 紧靠南湖的景观路。

角里街 明清古街,工业区主要道路。

鸳湖路 紧贴南湖东岸的景观路。

烟雨路 穿越七一广场的新路。

滨河路 位于角里街边上,沿路有武警浙江省总队医院、新湖绿都住宅区、民丰造纸厂职工宿舍等。

创业路 位于民北社区许安公寓住宅区,因南湖创业园建园命名此路。

海盐塘路 为南湖会景园附近重要道路,市图书馆、博物馆、档案馆建于此。

纺工路 市区通向高铁嘉兴南站的重要道路。

拥军路 嘉兴军分区驻于该地。故名。

特色街区

南湖创业园 位于中环东路长板塘桥北堍西侧。2001年5月23日,开始创办,面积445亩,规划建造20万平方米标准厂房及2万平方米民工公寓。园区宗旨为"心系下岗失业人员,营造再就业工程"。市委、市政府协调给以相关优惠措施,如以成本价出让土地使用权,减免有关税收,无偿搞好配电线路,无偿铺设排水管线工程等。2002年7月,第一批标准厂房竣工,入驻企业近50家。到2010年,入驻超过150家中小型工业企业及20家三产服务企业,可提供就业岗位5000个。创业园区于2004年被省政府授予全省再就业先进单位。

巴黎都市 2005年,开工建设,有巴黎都市住

2008年11月,巴黎都市生活街口

宅区和商业中心两部分组成。居民865户,常住人口1860人。商业中心总建筑面积8万平方米,由巴黎生活街、巴黎风情街、巴黎亲子街等"三街一中心"组成。

特色住宅区

桂苑小区 1999年,投入使用。是市第一个省级城市住宅试点小区,2010年,居民1531户,常住人口近4000人。社区内有幼儿园、超市、医疗卫生服务站等,实行"以人为本、服务社区"的物业管理,2007年6月30日,中共中央政治局委员、书记处书记、中组部部长贺国强到社区视察党建工作,慰问优秀党员和困难党员。

文星花园 2008年起,建造,为大型现代化住宅区。2010年,有居民689户,常住人口2845人。

翰林府第 位于纺工路1235号,近嘉兴一中,小区取名寓意学子居此能茁壮成长。2010年,居民516户,常住人口2515人。及商铺60家。

(以上住宅区详见第二十二篇"建筑业房地产业"第五章第四节)。

云洲苑 位于农翔路556号,建于2003年,有15幢楼,建筑面积4.6万平方米,居民571户。云洲苑为嘉兴发电厂员工住宅区,小区内配套设施齐全,有职工俱乐部、篮球场、室内乒乓球馆、羽毛球馆、图书阅览室等。发电厂职工每天有厂车接送去乍浦厂区上下班。

消失的街巷　镇　自然村

街巷

东塔南路、探花南路、壕股路、新和弄、绢新一弄、聚贤弄、南堰路、南堰弄。

南堰镇 南堰位于南湖路南端,是嘉兴东南郊历史悠久的集镇。唐宋时海盐塘建有白苎堰,调节南湖通海盐水源。后废堰建桥,因地处嘉兴城南,俗称南堰,桥亦名南堰桥,是通海盐陆路的必经之路。宋明时,南堰桥北埦沿彪湖东岸逐渐集聚人家,形成集市,风光秀美。明嘉靖年间,倭寇进犯,南堰深受其害。太平天国时,开设南堰为买卖街,1864年,成为太平军和清军的战场,一些住宅和园林毁于战火。

民国时南堰商市仍旧繁华。茧行、米厂、油厂、竹木行、铁匠铺等手工作坊,前傍街,后沿河,生意兴隆,茶馆、酒店、南货店和杂货店一家连一家。南堰桥下,海盐塘畔,原有刘猛将军庙,俗称南皋峰庙。

抗日战争时期,南堰是抗日游击活动前沿。1945年,抗日战争胜利后,国民政府从凤桥出发,进驻南堰,再沿南湖路凯旋进城受降。1954—1957年南堰还作为中共嘉兴县委、县政府的驻地。1958年4月,南堰东建起全省第一家国营大型毛纺织厂,到六七十年代,南堰除了南堰街、探花路和竹行路、聚贤弄等街巷里弄外,还有探花南路和青年路等一些新建的道路和毛纺新村住宅区,成为嘉兴东南部的居民区和毛纺工业区。

20世纪90年代中期,开发南湖风景区时,新建迎宾桥、会景园、鸳湖路等新建筑和道路。1999年,420多米的南堰老街以及老房子、旧院落,连同职工宿舍全部拆除。

自然村

许家村　位于南湖以西、座落在南湖椭圆形湖滩上的许家村,121户、466人,村内池塘小河密布,渔家小屋临水构筑。村民世世代代种菱、养鱼、摇游船。

许家村宋元时为大宅园林,明崇祯时吏部员外郎吴昌时在该地建私家园林,名勺园。吴昌时被杀后,勺园败落。清乾隆时已形成较大的渔村,因渔民多姓许,习称许家村。新中国建立后,为新兴区下滩村,先后成立渔菱合作社、渔菱大队,1961年,更名水产大队。1959年后,许家村承担了游客摆渡。20世纪80年代,许家村内荡养鱼2.5万公斤,外荡捕捞3.25万公斤,产菱26.5万公斤。渔村里办起湖滨旅馆、机电修配厂、自行车厂、扬声器厂等企业。进入2000年后,许家村整体动迁。2003年,在旧址建南湖渔村,内有亭楼、石拱桥、水曲荷花池等。

新农桥　新农桥位于现中环东路北段西侧,原是蔬菜村,为许安村驻地。

新农桥原是滮水里、姚浜两个小村,1954年喜岸港建农桥,取名新农桥。两村统一后以桥得名,有53户、151人。

解放前,当地有些村民住草棚,20世纪70年代,住平房,80年代初开始,翻建楼房,村子沿喜岸港呈长方形。村民以种蔬菜为主,改革开放后,办起了村办企业,其中许安家用电器塑料厂,是城区的骨干企业之一。还办起综合商店、合作医疗站等，村民经济收入明显增加，生活水平提高很快。新农桥西南原有八老爷庙，传八老爷行医，有医德，受百姓爱戴，故建庙以示纪念；另传，庙为乾隆钦定所建。

许安村 以喜岸港谐音得名，管辖11个自然村。1981年，从东栅公社划入秀水公社。1995年，秀水乡撤销，委托南湖街道管理。2001年，许安村创办南湖创业园，新农桥等自然村拆迁。2005年8月，行政村撤销，所辖的自然村潘家浜、顾家场、朱庵、三家村、小木桥、南村廊、包公庙、东塔、卸甲场、曹家浜也先后消失。

第七节 名胜 风情

名胜

南湖 （见第六篇“南湖”第一章）。

小曹王庙 （见第二十二篇“名胜与旅游”第二章第五节）。

风情

荷花灯会 清道光年间，南湖荷花最盛处从庄曹圩移至烟雨楼北的小曹王庙，观者不绝。清光绪年间，每年荷诞日（农历六月廿四）入夜南湖湖面上均放荷花灯，随流漂荡，景色迷离。2008—2010年，恢复南湖荷花灯会，共举办3届。

南湖采菱歌 许家村为原南湖西岸渔村，以鱼、菱等水产为主，兼营南湖渡口摆渡等。南湖菱为其著名特产，每当夏秋季节，村民种菱、采菱成为南湖一道风景，村民们在劳作时常即兴吟唱采菱民歌。2008年6月，《南湖采菱歌》入选嘉兴市第二批非物质文化遗产名录。

消失的名胜

东塔、东塔寺、朱买臣墓、南皋峰庙、八老爷庙、包公庙、放生桥。

第八节 驻街道主要单位

驻街道单位

街道辖区原是嘉兴工业区，集中嘉兴主要大企业，随着城市发展，企业外迁，市政府等机关企事业建于街道区域内，2010年驻街道主要单位见表。

2010年驻南湖街道主要单位情况表

表10-26

单位名称	地 址	简 介
嘉兴市行政中心	广场路1号	为嘉兴市人民政府驻地，竣工使用于2001年2月2日
嘉兴市档案局（市委党史研究室、市地方志办公室）	海盐塘路201号	竣工使用于2003年10月
嘉兴市图书馆	海盐塘路280号	竣工使用于2003年3月
嘉兴市博物馆	海盐塘路485号	有馆藏文物10000余件，其中一级文物16件。竣工使用于2003年10月
嘉兴市行政审批中心	广场路350号	竣工使用于2004年12月
嘉兴日报社	迎宾大道99号	竣工使用于2002年9月
嘉兴市水务投资集团有限公司	拥军路680号	为市属对涉水事务一体化投资、建设与经营管理单位，竣工使用于2002年12月
嘉兴市质量技术监督局	祝家港路66号	2008年11月10日，从洪兴路88号迁此
中国人民银行嘉兴市中心支行	中环南路1385号	是中国人民银行的派出机构，同时承接国家外汇管理局嘉兴市中心支局职责
民丰集团有限公司	甪里街70号	1923年，为中国著名造纸企业

续表10-26

单位名称	地　址	简　　介
嘉冶投资集团有限公司	角里街112号	原嘉兴冶金机械厂厂区，现已有近百家中小企业入驻，为省级小企业创业基地
浙江华源兰宝有限公司	南湖路200号	前身为嘉兴毛纺织总厂，1999年8月破产重组为嘉兴兰宝毛纺有限公司，2007年4月，为中国华润集团有限公司所属，更为现名
武警浙江省总队医院	南湖路16号	1949年，解放后为华东军区后勤部卫生部嘉兴疗养院，1983年由解放军第111医院改编为武警浙江省总队医院
南湖区中心医院	景湖路472号	2003年12月，由新丰中心医院和南湖街道卫生院合并，2008年12月更名南湖区中心医院
嘉兴一中	纺工路1860号	清光绪二十八年(1902)创办，初名嘉兴府学堂，1954年，定名嘉兴一中，1995年，被确定为省首批一级重点中学
嘉兴一中实验学校	中环南路239号	由嘉兴一中与浙江晟欣实业发展有限公司于2000年共同投资创办的一所股份制民办完全中学
南湖高级中学	南湖路72号	创办于1961年，为省重点中学，嘉兴市政府现代学校德育制度试点学校
博雅大酒店	迎宾大道88号	成立于2006年3月，占地面积34728平方米，有168间行政及豪华客房
南湖国际俱乐部	鸳湖路237号	2005年10月开业，第一期占地46230平方米，有豪华客房83间，按五星级标准建设的园林商务度假酒店
南湖船菜大酒店	海盐塘路150号	近南湖景区入口处。营业面积3000平方米，设35间不同风格的雅间和同时可容纳300人用餐的大厅，主营传统南湖船菜和创新船菜
世纪贵族大酒店	海盐塘路133号	总面积4800多平方米，内设豪华包房和一次性接待380人同时就餐的大厅、小型宴会厅、小型会议室、小型就餐间
嘉兴市旅游集散中心	花园路182号	属嘉兴市城投公司所辖子公司，2010年5月6日启用，以嘉兴本地散客和外来散客为主要服务对象，具"集""散""旅游咨询"功能

消失的著名企业

嘉兴绢纺厂　位于南湖路48号。前身为杭州纬成公司嘉兴裕嘉分厂，建于1921年，有职工2000余人，分设缫丝、力织、绢纺3部，时为国内最大的丝绸企业。后先后更名纬成庆记和利记绢纺厂。1942年被日资强行收买，抗日战争胜利后由中国蚕丝公司接收，1947年更名嘉兴第一实验绢纺厂。解放后，成为全市首家国营企业，更名国营嘉兴绢纺厂。

该厂生产规模、技术力量和装备、科技成果、产品质量、经济效益在全国同行中处领先地位。"红梅牌"SPA特级210NM/2桑蚕绢丝，1979年获国优银质奖，1984年获国优金质奖，是全国独有的高级绢丝，销往欧美市场，享有盛誉。"红梅牌"绢丝1980年被评为部名牌产品，1984年被评为全国丝绸业优质产品，1988年被评为部优产品。"金龙牌"绢纺绸为部优产品，深受国外市场欢迎。

1985年5月，绢纺厂行政楼

1990年，全厂占地面积21.20万平方米，建筑面积17.85万平方米。有职工3656人，主要设备有绢丝纺主机21312锭、丝纺主机5040锭、织机227台。是年实产绢丝810.73吨、丝517.19吨、织品534.74万米。工业总产值15930.19万元，销售收入13953万元，利润3099.86万元，税金959万元。产品出口30多个国家和地区，年创汇2000多万美元。

该厂曾多次被评为全国和省级先进企业，1988年获国家二级企业称号。2002年，绢纺厂宣告破产。2005年，开始厂区拆除。2010年，厂区还保留部分厂房。

嘉兴第二毛纺织厂　厂址原在纺工路2号，是1978年新建的全民所有制大型企业。规模为精毛纺锭5000枚，产精纺呢绒120万米。依靠嘉兴毛纺织厂，仅用18个月就完成一期工程，时为全国在建同规模厂中进度最快、投资最省、质量最好的企业。1980年，命名第二毛纺织厂。1983年6月，二期工程竣工，规模达1万锭，产精纺呢绒240万米。1985年，又从联邦德国、意大利等国引进整套染整生产线。所产全毛单面花呢、涤毛中厚花呢丝毛花呢、涤毛凉爽呢等产品分别获省优产品、部优产品。

1990年11月，第二毛纺织厂车间

1990年年末，职工有2389人，其中工程技术人员67人，全厂占地面积12.36万平方米，建筑面积8.29万平方米。有精梳机、细纱机等48台、11088锭，192台毛织机及染整配套等设备。固定资产原值3521.31万元，工业总产值6374.5万元，税金610万元，利润110.38万元，外贸收购值985.30万元。1999年破产后，被新湖集团收购，开发新湖绿都住宅区。

嘉兴冶金机械厂　厂前身是1940年创办在西河街的杜锦记铁工厂，解放后更名新新铁工厂，职工仅10人。1956年，先后更名嘉兴铁工厂和农业机械厂。1957年，厂址迁至角里街。1958年，更名为嘉兴冶金机械厂，1960年5月，定为今名。

扩建金工、铸工车间，改变产品结构，试制成功叶氏5号鼓风机、250毫米轧钢机等。后又接受成批冶金矿山机械1.2米卷扬机、皮带运输机、深孔凿岩机、矿车及减速器等制造任务。还与有关院校、科研及使用单位共同研制开发井下铲运机、高炉开铁口机、液压碎石机等新产品，广泛应用于冶金、矿山、水电、建筑、轻工、铁道等行业。多种产品获得国家科技进步奖或被评为部、省级优质产品。如S1/D2000型高能液压碎石机、SQ100型高风压边坡钻机获国家科技进步特等奖，J系列潜孔冲击器获国家科技进步一等奖。1988年9月，被评为国家二级企业。1990年，J150型潜孔冲击器获国家优质产品银质奖。

1990年年末，职工3800人，厂区占地面积54万

20世纪80年代，嘉兴冶金机械厂

平方米,建筑面积20万平方米。固定资产原值5688万元。拥有各种机械设备近千台,其中金属切削机床450台,5吨和1.5吨电弧炉各1座,2500吨水压机1台。全年工业总产值5822.8万元,产品销售收入5357.89万元,税金183万元,利润总额250.58万元,2002年宣告破产。

嘉兴毛纺总厂 在南湖路200号,是全国毛纺业的大型骨干企业。建1958年4月,为全省毛纺织业创建最早的厂,1979年更名嘉兴毛纺总厂。下设第一、第三毛纺织厂,生产呢绒、毛线与针织绒。另设有羊毛衫厂。

2006年4月,嘉兴兰宝毛纺有限公司大门

1980年后,从英、意、日、比利时等国进口部分纺织、染整及羊毛衫设备,形成纺、织、染、整等一套完整生产线。一年实现利润可回收一个厂的固定资产,成为嘉兴市的利税大户。近年生产的50多个品种,分别获省、部、国家优质产品称号;272全毛绒线被国际羊毛局批准使用该局颁发的优质标志,80%:20%兔羊毛衫获国家银质奖。

1990年年末,有职工4546人,厂区占地面积24.7万平方米,其中建筑面积17.30万平方米,固定资产原值6691.5万元。粗梳毛纺锭5100枚、毛织机109台、绒线针织绒纺锭6748枚、针织横机100余台等。总厂下属9个工厂年产兔毛纱200吨、呢绒220万米、毛衫30万件、毛线1500吨、腈纶纱1200吨。工业总产值11744万元,税利546.29万元,出口创汇129.77万美元。产品畅销国内外,其中毛衫出口美、苏、英等30多个国家。1999年8月,宣告破产后,企业重新组建嘉兴兰宝毛纺有限公司,总厂所属企业全部归入兰宝旗下。

第十一章　东栅街道

第一节　概　况

区位

位于市区东部,东与七星、大桥镇相邻,南与余新镇相接,西至海盐塘与南湖街道交界,北至沪杭铁路。平湖塘、嘉善塘贯穿东西全境,海盐塘在区域西南流经汇农、缪家圩两村。乍王公路沿平湖塘横贯东西。甪里街、南溪路、凌公塘路和中环南路等主干道连接市中心。为嘉兴城市东南翼副中心和区行政中心所在地。面积32平方千米,街道办事处驻中环南路富润路2号。2010年,东栅街道辖6个社区和10个行政村。总户数9995户,总人口24031人,流动人口17228人。

特色

历为嘉兴东南城防屏障和交通要道。明代起双溪桥下水栅日启夜闭,秦台、汉台和魏台均为防御倭寇入城而筑。东栅镇东面自古为风景名胜地,“双溪夕照”为元代“嘉禾八景图”之一,“汉塘春桑”为清“南湖八景”之一。解放后,东栅是嘉兴重要工业区,化肥厂、化工厂、农药厂、石油机械厂等都设在这里。2000年10月,东栅区域建秀城新区。2005年,更名南湖新区,为嘉兴城市“东进南移”的核心区域和嘉兴城市副中心。2009年1月,南湖新区与东栅街道合署办公。

1958年12月,东栅公社获国务院所颁农业社会主义建设先进单位。1985年12月,建新村被授予省劳动模范集体。2002年,街道通过省教育强乡验收。2009年,获省体育先进街道。

第二节　建　置

沿革

明代东栅是和县城相连的常丰坊，清为白苎乡，清末至解放前夕为东栅区、东栅乡和东栅镇。1949年10月，建东栅乡，设10个村、1集镇。1956年1月，南堰乡和大桥乡部分并入。1958年10月，成立东栅人民公社，设8个大队和1个集镇。1960年3月，新丰公社大桥管理区并入东栅，1961年4月，分开。1960年10月，七星公社陈桥、半墩大队并入，1961年4月，陈桥大队划回。1960年3月至1962年12月，三水湾大队曾划归市公社。1962—1964年，东栅集镇曾改为县属镇。1984年1月，东栅公社改乡，辖13个村和东栅镇。1984年7月，东栅集镇片区升格为城区东栅街道，1988年9月，撤销，并入南湖街道。1996年3月至2000年5月，东栅乡由南湖综合开发区托管。2001年9月，长丰村因角里街延伸段拓宽拆迁而撤销。10月，东栅撤乡建街道。12月，东栅集镇划回东栅街道管辖，设化东社区。中环东路以西工农村三水湾片区归南湖街道。2005年1月，新建云阳、新南、双溪、中南4个社区。2009年11月，建云东、格林社区。

2010年5月，中南社区、缪家圩村、腾字圩村和汇农村中环南路以南划归新建的长水街道。

2008年3月，位于下塘路的东栅街道办事处旧址

社区与行政村

2010年，东栅街道有6个社区，115个居民小组，主要有中山怡和园、双溪花园、汇金广场等11个住宅区以及企业宿舍；还有10个行政村，14个等待拆迁和安置的自然村。

2010年东栅街道社区住宅区情况表

表10-27

社区	驻地	面积（平方千米）	居民小组数（个）	户数（户）	人数（人）	住宅区
化东社区	下塘西路（原塑包厂对面）	0.75	11	691	1587	化工大院、农药厂宿舍、地建宿舍、石机厂宿舍、化肥厂一期、二期宿舍、八一耐火厂宿舍、塑料总厂宿舍、供销社、模具厂宿舍、房管所公租房
云阳社区	泾水公寓（二期内）	0.53	33	1311	3157	泾水公寓一期、二期、三期、紫竹名苑
新南社区	中山怡和园内	0.67	22	1091	2833	中山怡和园、澳洲花园
双溪社区	双溪花园大门口	0.45	30	1435	3792	双溪花园、景湖花园
格林社区	格林小镇小区西侧	0.46	10	568	1374	格林小镇、康桥花园、汇金广场
云东社区	格林小镇当代华府1号楼	0.7	9	207	501	当代华府、雨润天阁
集体户	—	—	—	2803	6501	—
合计		3.56	115	8106	19745	—

2010年东栅街道行政村与自然村情况表

表10-28

行政村	驻地	户数（户）	人数（人）	自然村
半墩	半墩村五组	331	1158	半墩、罗家厍、西呛里、长浜、东横泾、西横泾
雀墓桥	龙角（老07省道边）	605	1674	张家浜、德行港、南溇、北溇、赵浜、姚家浜、南庄村、前圩村、后圩村、河西浜、人中浜、塘湾里、腰泾港
建新	乍王线路北	315	518	俞家汇、头石桥、二石桥、北屠肖、湾泾上、包家村、屠家浜、长浜、南屠肖
邱家桥	三环东路东侧	231	349	三石桥、野猪浜、木桥头、天井湾、钮家浜、盛家浜、椿树下、六塔里、薛家兜、竹园浜
七里店	角里街延伸段	272	389	七里店、黄泥墩、韦陀浜、陈庄桥、陆家浜、吴家村、西王浜、新浜、马浜
九曲	陆家浜	11	11	九曲里、凌公塘、北董头、陆家浜、亭子浜、王马浜、吴家荡、张店浜、茶士浜、东车浜、西车浜
高桥	下塘路	52	91	烧基浜、施家浜、徐塘寺、京庵兜、莫家村、包家村、夫人庙、西南汇、方家溇、丁家浜、呛浜、闻泾桥、高家埭
郭家桥	中港城	10	17	郭家桥、祝家浜、生安桥、串头浜、夏家浜、染店浜、唐家浜
汇农	富民路118号	60	75	徐家汇、普陀浜、娄家浜、和尚桥、九曲湾、何家园、马塘泾、南柴家桥、北柴家桥、葛家浜、花园村、盛家浜、大平桥、夏家埭、俞生桥、南村浜
工农	东塔南路18号	2	4	—
合计	—	1889	4286	—

第三节　经　济

农业

历史上以种植粮食、油菜籽、蚕茧为主。1956年，为县农田机电排灌化试点乡之一。1958年，水稻亩产达农业发展纲要400公斤指标。80年代超“双纲”。蚕茧由一熟春蚕逐步转变到饲养三熟。1990年，粮食总产21265吨，亩产854公斤，交售粮食11870吨；油菜籽总产896吨；蚕茧交售80.2吨（1973年达173.2吨）；生猪出栏数19818头；养奶牛81头，时为全区首位。淡水鱼年产199.34吨。家禽总饲养量近百万羽。1996年，投资165万元建腾字圩309亩省级农田水利示范园区。1997年，投资285万元建国家第四期农业综合开发11820亩“高腾”子项目，在高桥村、腾字圩村及汇农村牛桥片区改造机埠、硬化渠道、新筑机耕路、营造绿化带并建造种子仓库1座。2002年，该项目地块开始征用土地，至2008年全部被征用。

工业

解放前只有少数油车和若干手工作坊。1958年12月，乡妇联在民丰造纸厂协助下，发动妇女集资1200元，租用下塘街民房办起三八纸筋厂。1960年，获全国三八红旗集体称号。1967年5月，公社组织4户锻工办起铁联社，1968年，为农机修理厂，1979年，更名水处理设备厂。1978年，全公社工业产值158万元，销售160万元，税利40万元，务工人员占农村总劳力的9%。1979—1982年，新办塑编厂、石灰厂、针织厂、丝织厂等多家社办骨干企业、社队企业49家，社队企业总收入和从业人数在嘉兴县级名列第二。1987年后，建嘉禾毛纺厂、凯林瑞制衣有限公司等10多家规模企业。2000年，全乡有企业168家，工业产值5.23亿元，销售4.62亿元，税利2187万元，从业人员5949人。2000年，建东栅工业园，入园企业60余家。至与南湖新区合署办公前的2008年，街道所辖企业252家，产值22.11亿元，销售收入24.65亿元，税利1.23亿元，从业人员10008人（占农村总劳力的81.7%)。其中有年销售收入3.56亿元的中意电器有限公司、年销售收入1亿元以上的有四通车轮制造有限公司、华荣电池有限公司,还有凯林瑞制衣有限公司、文虎酱鸭总厂、悦泰制衣有限公司等。2010年,第二产业增加值为10.72亿元,增幅38%。

东栅集镇一度发展成市区新兴工业区和化工、塑料产品生产基地。1958年,由嘉兴土产公司和建成木行合资创办的嘉兴化工厂从栅堰搬至东栅许安,同年嘉兴农药厂始建。1960年,嘉兴化肥厂在双溪桥南筹建,此后,国营嘉航水泥厂、石油机械厂和二轻系统的嘉兴塑料橡胶总厂、东栅电镀厂、南湖工艺美术厂、塑料模具厂等相继在镇域开办、整合与发展。

商贸

1928年,镇上开有商店、作坊、栈行等97家。其中以“王恒森”丝行、“张源盛”小猪行为代表,是城东乡下蚕茧、小猪集散地。解放初期,东栅大街开满茶馆、酒店、酱园、米行、鱼行、肉店、南货、水果、百货、铁器、理发等商店。下塘街开有竹行、硝皮作等商号。1950年,创办东栅供销社,有东栅茧站以及10个生产、生活资料门市部和2家食品制造企业。双溪桥下北埯耕牛交易市场远近闻名。“大跃进”时合作商店并入供销社,1961年划出。在以后的30多年里,由于市属企业的入驻与社队企业的发展,东栅集镇商业和零售商业不断发展。2008年4月起,在广益路商业街段新开中港城会展商贸购物娱乐中心,万好家居、信源电气城和嘉兴汽车商贸园(一期)等商业巨头相继开业;罗马都市商业街豪华亮丽、商品林立。中环东路开设欧尚超市。2009年1月,在新区地段引进不少知名商家,2010年年底,已经形成两条商业街,年末街道商业零售额4958万元。

金融财政

1954年8月创办东栅乡信用社,1997年12月,转为嘉兴商业银行东栅支行,2009年,更名嘉兴银行东栅支行。1986年,始建东栅乡财政组,后称财政所。2010年年末,街道各类存款余额13.98亿元,贷款余额8.73亿元。2010年,地方一般财政收入6459万元,同比增长32.3%;地方财政支出3614万元,同比增长49.5%。

第四节　社会事业

文化教育

文化　解放前镇上设有书场。1959年,建文化站、广播站,建东栅剧场,为各类文艺演出或俱乐部活动平台。2005年,街道文化体育中心投入使用,次年文化体育广场建成。2007年,街道获省“东海文化明珠”称号。2008年4月,浙江东方地质博物馆对外开放,展馆面积12000平方米,为国内最大的地质博物馆之一。2009年5月,凌公塘文化主题公园开园,成为街道文化活动主要场所。

教育　清光绪年间办起常丰、碧漪等学堂。光绪三十二年(1906)设东栅小学堂。1933年,镇北吉祥庵学堂改嘉兴县第一区区立东栅小学,解放后更名东栅完全小学。各村村小均由大队筹资建造。1986年9月,实行九年制义务教育。2000年8月,东栅中心小学易地南溪路新建校舍启用,建筑面积8289平方米。2005年,普明寺小学并入中心校后,结束村办小学历史。2010年,中心小学共设24个班,学生1100多名。1960年,东栅中心小学校附设初中部,几经合并调整后为东栅中学,1987年,在双溪路建东栅乡中学新校舍,更名南溪中学,2010年,有14个班,学生688名。1962年,中心小学附设幼儿班,1984年,分立为东栅幼儿园,2002年,建成东栅中心幼儿园,占地面积3645平方米,以后几年在格林、双溪、云阳等社区开办新园。

卫生体育

卫生　解放前东栅只有几间个人诊所,解放初组建联合诊所,1955年,称塘汇区第一联合诊所。1956年,更名东栅乡联合诊所,并设血吸虫病治疗组。1958年,建东栅中心医院,1967年,改名东栅卫生院,在西市新建新楼,2007年5月,在双溪路与南溪路交叉口的东栅卫生院新院启用,设9个科室。2009年,获省级先进基层医疗卫生单位称号。5个社区设置卫生服务站。1988年,全乡安装自来水。2009年,街道获市创建国家卫生城市先进街道。

体育 群众体育以篮球、排球、羽毛球、棋类居多。20世纪80年代，中国象棋协会副主席、中国象棋国际特级大师胡荣华、李来群、吕钦等大师曾到东栅乡机关大院表演棋艺普及象棋活动。2000年11月，举办乡首届农民运动会，后改名文化体育节，每两年举办一次。2008年，街道获省级小康型老年体育街道。2009年，获省体育先进街道。

社会保障

1957年，成立高级社起，对农村鳏、寡、孤、独老年人由村（大队）集体经济实行“五包”（包吃、包穿、包住、包医、包葬）照顾。1958—1961年，公社曾在九曲村凌公荡（塘）举办养老院，有30多名老人，以后又分散到各大队实行“五包”。1984年，乡政府在高桥村二组办起敬老院，由乡和村统筹分担经费，其中有寄养老人12名。2010年5月，敬老院迁至雀墓桥龙角上。现街道有享受城乡低保167户。农村拆迁老人享有征地养老保障金。农村合作医疗参保率达99%。

城市管理

2002年9月，街道设置城市管理办公室。2009年，新区和街道合署办公后，组成一体化管理的大城管格局，由城管办统一管理和协调保洁、道路绿化、道路维护、执法中队等工作职责。

综合治理

解放初期，乡建民兵大队。1954年，公安特派员驻乡，乡和村均建立治安、调解、妇女委员会。1978年，乡设综合治理委员会。1988年5月，设乡民警值班室，1994年1月，建乡派出所。2005年10月，街道建社会治安治理工作中心，2005年9月，东栅街道司法所被授予全国模范司法所，2007年11月，街道调解委被授予省优秀人民调解委员会。

第五节 镇村建设

集镇建设

解放以后，东栅兴建自来水厂，开办信用社、供销社、邮电所、卫生院、清卫所等。1966年，冬石板街路浇筑水泥路。1968年起，房管所陆续翻建老旧公租房。1970年起，开发下塘路。1972年，东栅市河由15米疏浚拓宽至30米。1987年，乍王公路稍往北改道，原公路过境段成为镇区吴泾路一段，东市的供销社翻建成楼层，地区建筑公司和嘉航水泥厂新建宿舍；中市有石机厂入驻，房管所在张家弄新建公租房；西市则形成化工、农药、八一耐火器材厂宿舍区。河对面下塘路也逐渐成为集企业、居民住宅、机关事业单位的新街区。2000年，甪里街延伸，东栅大街以南临河房屋全部拆迁，成为绿化带。2010年，化东社区获嘉兴市文明社区和市科普示范社区。

村庄建设

村庄沿河而建，解放初农房以单层瓦片及砖木结构的“硬伞头”居多，也有一些砖木结构为六戗屋和草舍。20世纪80年代，起开始建造以水泥预制件楼面为主的砖木结构楼房。2000年前后，2～3层楼房普遍出现，郭家桥村等少数农户建造混凝土框架的小洋楼。全街道原有13个行政村、122个自然村。1988—1989年，工农村三水湾自然村的80户开始征地拆迁新建住宅区。到2010年，基本结束拆迁，自然村消失。

交通邮电

交通 水路旧有平湖塘、嘉善塘、海盐塘，陆路北有沪杭铁路过境。1931年，平嘉公路横贯全乡东西，先在常丰桥拐弯处设停靠站，后迁至张家弄底。1955年4月，市区首条公交线路开通，东栅为终点站。1984年，嘉凤公路东栅段筑通。2000年，村村通公路。至2010年，辖区内有中环南路、凌公塘路、中环东路、双溪路等7条主干道，望湖路、泾水路、云东路、富润路等6条次干道。

邮电 宋、元时半墩设急递铺，现仍依稀可辨昔日驿站和马厩的概貌，东栅境内的古常丰铺驿路也有遗迹可寻。解放初，镇上设邮电所。1958年，大队安装有线电话办公。1988年6月起，东栅划入市话营业区，建新村率先安装农民住宅电话。

河道整治

1972年，东栅市河疏浚，并往南由15米拓宽至30米，新筑帮岸，改建轮船码头；拆除会龙桥，新建东栅桥。1996—1997年间，对市级“九五”重点工程铁水中转港河道进行大规模改造，将原来狭小弯曲的农用乌桥港、白鹭泾港疏浚拓宽至55米，改造加长沪杭铁路金栖埭铁桥，贯通平湖塘、嘉善塘和三店塘，成为五级航道。2000年开始，对横贯区域中心的凌公塘进行清淤，沿河筑帮岸，建绿道，四周绿色环抱，成为一道美丽风景线。

第六节　村镇　街区

古镇

东栅　明清时名胜古迹甚多，有白莲寺、会龙山等，又是古代驿站常丰铺的所在。传元末刘基曾从白莲寺前的会龙山漾乘船西行，沿途览景，直达郡城。镇容素为兴盛，明清时有6条街巷。虽迭经战乱，1928年时，仍有商店、作坊、栈行等97家，昔日本侵略军侵入时又遭破坏。解放后，嘉兴县政府先后于1949年和1954年，两次驻扎于东栅。卢、石、许、张4户老宅于2010年6月被公布为嘉兴市历史建筑。20世纪80年代，东栅周围成为工业区，集镇建造职工宿舍和新村，改造道路和住宅区。2000年，角里街延伸段东栅老街拓宽工程启动，老街及以南沿河民居全部拆除，老街北侧民居仍保留。居民大多安置在桂苑小区，一部分在万家花园。2000年后，化肥厂、农药厂相继拆迁，以2009年化工厂拆迁至乍浦港区为标志，嘉化集团拆迁基本结束。

1998年，东栅旧貌

特色道路

中环南路　广益路　南湖区和市区主要道路。1995年始建，长12166米，路宽60米加两旁绿化带30米。是城南横贯东西的交通大动脉。

凌公塘路　新兴的商业街和交通干道。

南溪西路　1999年，始建的直通南湖大桥的主干道。

角里街　历史老街，2000年，开始拓宽重建。

中环东路　南北向主要交通干道。

双溪路　城东南北大通道。

望湖路、泾水路、九曲路、云东路、景宜路、富润路。

特色街区

创意文化产业　（见第九篇“开放 开发”第二章第三节）。

特色住宅区

澳洲花园　一期2005年12月交房，以后续建2～3期，位于南湖区政府南，是较早建成的高层、小高层、多层联排联体澳式别墅群商品楼盘，具有生态环保、集聚新居民共建家园、运动型特色的住宅区。区内高大长青树郁郁葱葱，绿树成荫，曲径两旁花草遍布，鸟语花香。排水管道流入区内小河，用作浇灌树木花草，循环用水，获评市节水型小区。建有网球场、游泳池、乒乓球室与健身路径等体育设施，2009年，获评省城市体育先进社区。

泾水公寓　是首批建成安置房之一，2005年年初，开始入住，位于泾水路，建有1～3期93幢3554套拆迁安置住宅区，入住人口近万人，其中市中心外迁入住占80%，该街道拆迁户占15%。建有文化广场、2个幼儿园、卫生服务站和居家养老服务站；组建为老服务组、欢歌笑语综合组、春风化雨调解组、社工关爱温暖组、社会公益服务组、守家护园平安组等组织。至2010年，获市文明社区、省绿色社区和体育先进社区等荣誉。

双溪花园　是首批建成安置房之一，2005年9月，开始入住，位于南溪路上，与罗马都市一街之隔，建有55幢近1500套拆迁安置房，入住1400余户。来自原高桥、郭家桥、九曲村居民较多，建有文娱、体育团队各4个；开办2个电大班，曾获市绿色社区、省节水小区和体育先进社区等。

消失的名村　自然村

半墩　地处嘉善塘与狭泾港交汇处，因土地突出水面较高故名。元时嘉兴县设急递铺17处，东塘6铺自嘉善通松江，半墩序列第二铺。清初陆以誠诗说嘉兴古代驿递："行过马桥即半墩，绿坡潋滟映前村"。半墩与时为急递铺铺兵驻地的罗家库有街路相通，前几年曾发现马槽遗存。半墩村在民国时期盛产蚕丝，其绿牡丹牌生丝闻名沪杭。明末清初，当地王哲卿家所开设的庆元堂药铺名声甚响，王家遗址大多于民国年间被土匪焚毁。1992年8月，半墩祠堂被定为市文物保护点。2009年，半墩村拆迁，2014年，半墩祠堂移址原邱家桥村白虎桥东凤凰洲。

东栅街道已消失的自然村情况表

表10-29

原处地域	原名称
建新村	俞家汇、头石桥、二石桥、北屠肖、湾泾上、包家村、屠家浜、长浜、南屠肖
邱家桥村	三石桥、野猪浜、木桥头、天井湾、钮家浜、盛家浜、椿树下、六塔里、薛家兜、竹园浜
七里店村	七里店、黄泥墩、韦陀浜、陈庄桥、陆家浜、吴家村、西王浜、新浜、马浜
半墩村	半墩、罗家厍、西仓里、长浜、东横泾、西横泾
雀墓桥村	张家浜、德行港、南溇、北溇、赵浜、姚家浜、南庄村、前圩村、后圩村、河西浜、人中浜、塘湾里、腰泾港
九曲村	九曲里、凌公塘、北董头、陆家浜、亭子浜、王马浜、吴家荡、张店浜、茶士浜、东车浜、西车浜
高桥村	烧基浜、施家浜、徐塘寺、京庵兜、莫家村、包家村、夫人庙、西南汇、方家溇、丁家浜、呛浜、闻泾桥、高家埭
郭家桥村	郭家桥、祝家浜、生安桥、串头浜、夏家浜、染店浜、唐家浜
腾宇圩村	姚家浜、崔家浜、关家桥、杨家桥、蒋家浜、陈家浜
缪宇圩村	缪家圩、郑家兜、倪家头、真家桥、石家浜、赵家浜、新桥、六长步桥、金家浜、举秀浜、吴家漾、石五桥、路家浜
汇农村	徐家汇、普陀浜、娄家浜、和尚桥、九曲湾、何家园、马塘泾、南柴家桥、北柴家桥、葛家浜、花园村、盛家浜、大平桥、夏家埭、俞生桥、南村浜
工农村	三水湾、红庵、王家厍、李家桥、汪家浜、孙家头、杨家浜、万家浜
常丰村	常丰桥（水产）
合计	—

第七节　名胜　特产　风情

名胜

雀墓桥遗址　（见第二十二篇"名胜与旅游"第二章第三节）。

消失的名胜

汉塘春桑、双溪夕照、普明寺、白莲讲寺、会龙山寺。

夫人庙　位于凌公塘北侧罗马都市西南区块。始建于南宋，明景泰嘉靖重修。明代曾炳《重修石笋夫人庙碑记》载：嘉兴城"东南十里，石出如笋，里人异之，因名石笋庙，庙之中央题曰顺天夫人"。清咸丰年间庙毁。2003年，拆迁时残碑出土。当地张紫绶于光绪十八年(1892)十月中武举，传一块举人当年的练武舞石仍存放在其子嗣处。

凤凰洲　地处东栅镇东老魏塘桥南堍，从乍王公路边向西延伸至会龙山漾成一半岛，故名。它是汉塘、魏塘分流处，宋代起誉两塘为"双溪"，城防位置重要，"镇魏""镇汉"两座敌楼在该处防御。凤凰洲元代建有会龙山寺，漾北岸便是宋代名刹白莲寺，汉塘南岸"汉塘春桑"是嘉兴八景之一，旧时日落时分，古刹映晚霞，渔舟泛波光，"双溪夕照"乃城东胜景。

2010年10月，凤凰洲和汉塘、双溪

特产

文虎酱鸭　(见第二十三篇"名优特产"第三章第一节)。

风情

东栅水会　起始于明清时期，每至阳春三月，择日集结。清晨，各式彩船汇集于镇东会龙山漾，当被称为"龙珠"的湖心墩上铳声响起，彩船列队向市河进发。船队有四船双排并连，有两船首尾连接，以飘扬"东栅""会龙"旗号的起码船开道，接着锣鼓船、菩萨船、鳌山船、拜香船、蚕花船、钢叉船、舞龙船、戏文船依次行进。船过东栅市河，再经双溪桥、东马桥抵达南湖。船队彩旗招展，船到之处，河两岸欢声雷动。到了南湖竞技共乐后，登烟雨楼烧香迎神，之后返回东栅。

半墩庙会　起源于明末清初，祭祀(流动医生)悬壶济世的"神医"孙正。传孙正为四川籍走方郎中，在半墩定居后，医术高超，待人谦和，口碑极好。他故世后，村民在魏塘畔择地厚葬，盖庙塑像。每年七夕清晨3点半，众信士敲锣打鼓抬着孙正神像至魏塘边"按灵性"，然后抬回庙里举行"开光"仪式。庙场上搭起孙正桥，有香桥也有木桥。这一天，村上家家敞门招待各方香客，每人只需付两角钱，便可随意享用午餐和晚餐，当时称为"吃两角"。黄昏时点燃香桥，共祝人间平安，香客们尽兴而散。后半墩人将该习俗演绎成扎彩龙、搭香桥、舞龙会等系列七夕民俗活动。半墩村在2009年6月被列入第一批嘉兴市民族传统节日保护地。2009年，半墩村拆迁时保留孙正庙，庙会依然延续。2010年10月，七夕庙会入选市第四批非物质文化遗产名录。

凌公塘绿道　(见第二十二篇"名胜与旅游"第一章第十节)。

东栅舞花环　2006年12月，被列入区首批非物质文化遗产名录。舞花环形成于1999年，表演由3～4人演变到12人，每年半墩七夕庙会必演，系多女共舞节目，吸取民间养分，舞姿优美，柔中带刚，整齐划一，观赏性好，与舞龙、挑花篮共为半墩七夕庙会三大保留节目。

第八节　驻街道主要单位

2010年，东栅街道为城市东南翼副中心，辖区驻有南湖区行政中心等一些市、区行政事业单位和工商企业，主要单位情况见表。

2010年驻东栅街道主要单位情况表

表10-30

名　　称	地　址	简　　　介
南湖区行政中心	凌公塘路1260号	2004年5月由勤俭路611号迁入
南湖新区管理委员会	中环南路富润路2号	2000年10月，市政府批准建秀城新区，2009年2月，与东栅街道合署办公

续表10-30

名　　称	地　　址	简　　　　介
同济大学浙江学院	双溪路1871号	2008年5月成立,是一所全日制本科学历教育的独立学院
嘉兴教育学院	双溪路1798号	2009年迁入,是一所集教研、师资培训、成人高等学历教育的市级高校
嘉兴高中园区	双溪路1922号	2004年9月启用,内设嘉兴三中、四中、五中三所高中和市建筑技工学校
南湖国际实验学校	双溪路1396号	2003年建造,是市第一所民办寄宿制小学
北师大南湖附属学校	凌公塘路2176号	2008年8月投入使用,是一所校地合作南湖区投资的公办学校
嘉兴市妇幼保健院	中环东路2468号	是一所集医疗、保健、科研、教学于一体的三级乙等妇幼保健院,其前身是1932年创建的私立三一医院,现为第二院名,2006年6月落成
嘉兴曙光中西医结合医院	中环南路纺工路东南侧	2004年6月开业,是一所集医疗、康复、保健教学为一体的现代化综合性民办医院
浙江宏正建筑设计院	中环南路320号	成立于1978年,由市建筑设计研究所2001年改制而成,具国家批准的多项设计资质,2005年11月启用
嘉兴市规划设计研究院	中环南路318号	成立于1980年,具规划设计甲级资质,市政设计和测绘乙级资质,承担政府下达任务与服务社会业务,2005年12月启用
嘉兴国际中港城	广益路北双溪路东	浙江中成实业有限公司于2003年起在嘉兴开发的包括中港娱乐城、五星级大酒店、新世纪公寓、中国节能环保商贸城等板块组成的大型商贸联合体
嘉兴汽车商贸园	广益路南东环三路西	前身为嘉兴车城,1999年10月开业,2004年3月28日迁至现址并更名。规划面积1400亩左右,为浙北地区最大的大型汽车经营综合体之一
嘉兴国际电器城	广益路1319号	2008年5月24日开业,是市政府"十一五"重点工程,主营各大知名品牌机械设备、机电产品、高低压电器、仪表仪器、五金等商品
欧尚超市	中环东路东泾水路南	由法国欧尚超市集团分公司入驻嘉兴的高档购物娱乐场所,2007年年底开市

消失的著名企业

嘉兴化肥厂　位于东栅双溪桥南,1960年10月,筹建时称嘉兴氮肥厂,1962年8月、9月,先后生产出合成氨与碳酸氢铵,1963年1月,投产,更名嘉兴化肥厂。1980年,合成铵年产2.3874吨,能耗低于部颁标准,被化工部命名为红旗单位。1986年,建成纯碱、氯化铵产品项目,1989年7月起,扩建年产3万吨合成氨工程。1990年年末,职工1223人,厂房占地面积149364平方米,工业总产值3827万元,销售收入3928万元,为全民所有制中型企业。"友朋牌"碳酸氢铵获评省优质产品。1998年9月,宣告破产,由嘉化集团托管,整合为集团合成氨分厂,2006年,停产。化肥厂地块于2010年9月建成

20世纪80年代初,社队农船在化肥厂购买化肥

丽景苑商住楼盘。

嘉兴农药厂　位于东栅吴泾路93号，是全民所有制中型企业。创建于1958年，1962年暂停，1965年重建。初期生产敌百虫、疏磺、西力生、苏化203等产品。1965年后，新增甲、乙基1605、三氯化磷、三氯疏磷、1059乳剂、治螟灵、稻瘟净乳油、倍疏磷、稻丰散、杀螟灵、异稻瘟净乳油和农药中间体等产品。1982年，与上海农药研究所联合生产高效、低残留喹疏磷，1983年，又试制甲胺磷，先后投产。先后有喹疏磷被评为国家新产品金龙奖，甲醇钠被评为省优质产品，异稻瘟净原油被评为部优产品。1990年年末，职工397人，厂占地面积41063平方米，固定资产原值468.5万元，年产能力甲胺磷700吨，甲醇钠3000吨，异稻瘟净1500吨，工业总产值4108万元，销售收入2938万元，利润405.9万元，1990年度，全市50家最佳经济效益工业企业之一。1995年8月，与嘉兴化工厂合并组建嘉化集团，成为集团农药分厂，拆迁前年产值峰值近亿元。2007年年末，停产，2008年，开始拆迁，随嘉化集团迁离东栅。

嘉兴化工厂　建于1954年，1956年公私合营，1958年7月，由栅堰桥迁至东栅吴泾桥堍，红旗化工厂、电化厂等并入。1966年11月，更名为地方国营嘉兴化工厂，主产氯碱系列产品、糖精、电木粉、环氧树脂、苯甲酸钠等，为中型综合性化工企业。1970年后，部分产品出口日、美、西亚、东南亚，同时销往香港。1980年，烧碱生产能力5000吨，液氯与盐酸产能也有增加。"熊猫牌"E—44环氧树脂、糖精、苯甲酸钠获化工部、省优质产品称号，"嘉化牌"工业盐酸1988年获省优质产品。1990年年末，职工1544人，厂房占地面积112983平方米，固定资产原值2135万元，工业总产值7834万元，销售收入5539万元，主产盐酸、烧碱、苯甲酸钠、电木粉、环氧树脂、商品液碱、糖精等。1990年，为全省200家最大经济规模和全市50家最佳经济效益工业企业之一。1995年，与嘉兴农药厂等企业组建嘉化集团公司，是一家研究、开发、生产、经营基础化工、精细化工、高分子材料、化学农药、化学肥料等系列产品的综合化工企业，由多元投资主体组成的经省批准为股份制公司。注册资本1.4亿元，投资控股5个子公司，在册员工2500名，2004年起，年销售收入超10亿元，税利超亿元。公司曾获评省文明企业、省石化行业十优企业等称号。2009年前后，嘉化集团除化工少量建筑外，已整体迁往乍浦港区。

第十二章　城南街道

第一节　概　况

区位

城南街道前身是南湖乡，因地处南湖之滨，1958年，建人民公社时以南湖得名。2001年，乡改街道时，因市区有南湖街道，取名城南街道，依方位得名。街道东临海盐塘，南与王店镇接壤，西与洪合镇相邻，北靠京杭大运河。交通便利，京杭大运河、南郊河、长水塘、沪杭高铁、320国道、嘉桐大道、乍嘉苏高速、沪杭高速公路穿越其中。嘉兴综合物流园、嘉兴汽车客运中心（在建）、嘉兴市第一医院（在建）等坐落于街道区域内。2010年，街道面积33.27平方千米，其中耕地面积13.55平方千米，街道办事处驻城南路1235号。2010年年底，城南街道辖5个社区，6个行政村。总户数7683户，总人口22638人。

2010年3月，位于城南路的城南街道办事处

特色

1959年初春，马家浜村民在田地里积肥时，不经意发现一遗址，经省考古队发掘查明，遗址距现

在7000多年前。1977年11月，被确认为长江下游、太湖流域新石器时代早期文化代表，定名马家浜文化。嘉兴综合物流园是2002年市委、市政府为推进城市化进程，加快发展第三产业和现代物流业而决策实施的一项重大工程，总占地面积3980亩。现农产品水果批发市场已跻身全国果品市场交易量前三甲，蔬菜批发交易市场成为华东地区最大的蔬菜交易市场之一。嘉兴汽车客运中心2009年起规划建造，总用地面积约8.3万平方米，工程总投资约2.7亿元，为全市最大汽车客运中心。1987年，工农业总产值在城区各乡中首个突破1亿元，被区委、区政府授予“首创亿元乡、再谱新篇章”奖状。

第二节　建　置

沿革

解放时属真如乡和人和乡一部分。解放后建政为真东乡、真西乡，及蚂桥乡、塘濮乡、国界乡的一部分。1956年，真东、真西合并为真如乡。1958年10月，真如乡、蚂桥乡、洪合乡合并成立南湖人民公社。1961年4月，分为洪合、蚂桥、南湖3个公社。南湖公社20个大队、217个生产队、224个自然村，5682户、23142人，除满族一户外，其余均为汉族。1983年11月，更名南湖乡。1990年，全乡有隆兴、珠庵、南湖、西南湖、长桥、真如、六号桥、七号桥、天带桥、红旗、新联、开禧桥、永联、月河桥、莫家泾、三乡桥、八字桥、乘堂桥、梁林桥、南湖水产20个行政村、214个自然村、247个村民小组，6404户、23321人，其中非农业人口336人，农业劳动力9223人，乡村务工人员5309人。2001年5月，区域调整为8个行政村。2002年7月，城南街道委托嘉兴经济开发区管理。2005年时，城南街道有府南、百妙、良秀、金穗、禾源5个社区，南湖、长新、真如、马家浜、八字桥、月河桥和梁林桥7个行政村。2010年6月，南湖村、府南社区划归长水街道。

社区与行政村

2010年，城南街道5个社区，126个居民小组，主要有百妙公寓、金穗月亮湾等12个住宅区；6个行政村，85个自然村。

2010年城南街道社区与住宅区情况表

表10-31

社区	驻地	面积（平方千米）	居民小组数（个）	户数（户）	人数（人）	暂住人口	住宅区
百妙社区	百妙二期内	1.07	25	981	2706	3510	百妙一期、百妙二期、常睦公寓、姜家村公寓
金穗社区	金穗月亮湾	1.87	20	1169	3031	5945	金穗月亮湾、金穗金港湾、金穗银河湾、金穗太阳城
良秀社区	梁林帆影庄	6.1	38	1190	3511	6285	梁林帆影庄、新月公寓
禾源社区	禾源新都	6.1	18	827	2709	4740	禾源新都
长新社区	长新公寓一期	6.3	25	335	1173	20045	长新公寓一期
集体户	—	—	—	1233	1917	—	—
合计	—	21.44	126	5735	16047	40525	—

2010年城南街道行政村与自然村情况表

表10-32

行政村	驻地	面积（平方千米）	村民小组数（个）	户数（户）	人数（人）	暂住人口	自然村
长新村	城南路四号桥东侧	5.6	25	609	1998	5900	李花村、双坟桥、高墩上、杨家门、汪家港、龚家门、盛家门、白果树、王家汇、渔业村、许家浜、崔家桥、姐夫浜、裘河柳浜、长浜、短浜、柴家头、金家浜、乌木桥、荷花荡、夏家港、陈家浜、万家浜、南木桥、北木桥、谈家池、古金浜、塘口、顾家门、车浜、石头寺、姚家浜、横泾港、芦梗村、袁家圩、李花村、黄草浜、汪家港、四方滩、北桥
真如村	城南路五号桥南侧	2.5	30	84	161	3800	原六号桥村、七号桥村、真如村
马家浜村	320国道八号桥堍	0.0016	2	78	265	1106	王家浜、方家浜、短浜、百公桥、元角上、方家田坂、金家村、李家埭、施家荡、马家浜、朱家埭、俞家门、庵东
月河桥村	乍嘉苏高速公路西侧	1.44	9	157	543	3600	钟家浜、铁仙桥、天佑桥、金家头、张家浜、江家头、夏家浜、兴福桥、陈家浜
八字桥村	八字桥村村部	0.012	43	922	3408	3280	东南浜、西南浜、三汶头、王家桥、施家兜、李家桥、李家浜、谢家浜、邹家门、计家头、马家头、曹家头、计家浜、魏家埭 朱家门、铁店桥、于家兜、南仁浜
梁林桥村	新320国道东边汇元仓储内	0.4	2	98	216	226	西河北浜、姜家兜
合计	—	9.9536	111	1948	6591	17912	—

第三节 经 济

农业

解放前主要种植粮食和种桑养蚕，猪羊饲养很少。1951年2月，嘉兴地委在八字桥村试办姚岩宝农业互助组，为全地区最早互助组之一。此后，该区域一直为地、县试点乡和重点扶植乡。很早开展大规模农田基本建设，先后新开河道4条，拓宽6条，修筑坝石护岸3千米，建排灌机埠97只。1982年，南湖乡总面积48.84平方千米，其中水田占45.8%，旱地占27.6%，水面占5.9%。1990年，全乡粮食总产量27162吨，其中水稻23702吨，粮地亩产865公斤；交售粮食15570吨，人均提供677公斤，为全区人均售粮首位。油产籽总产1173吨、蚕茧591吨，饲养猪43710头、羊13672头，淡水鱼总产263.7吨。天带桥村为市区蔬菜基地，有菜地610.67亩，蔬菜总产1529.33吨。草莓、桃、李等形成规模经营。真如、南湖、西南湖三村产南湖菱、南湖蟹。后随着区域不断向城市化方向发展，农业规模随之萎缩。2003年，西南新区开始征用农田，到2010年，已征用11664亩，还有11944亩。2010年，全乡粮食总产2964.7吨，其中水稻2255.3吨、亩产865公斤；种桑1397亩，蚕茧591吨。

工业

1972年，创办南湖乡农机厂，到1982年时，有社队企业87个，务工人员1000余人，以生产砖瓦、粮饲加工、农机修配、化工、建筑材料为主，年产值297万元。80年代初，南湖乡经济发展步入快车道。1990年，有企业60家，职工4749人；固定资产原值3826万元，销售收入9581.74万元，销售税814.21万元，利润248.84万元。百万元产值以上的有南湖食品厂、南湖袜厂、石油溶剂厂、毛纺针织厂、南湖化工厂、南湖砖瓦一厂、冷轧厂等15家；超千万元产值的有市第六毛纺织厂、南湖电子器材厂。主要产品有汽油、柴油、红砖、呢绒、袜子、油漆、电子磁性材料、铁锅等。1990年，出口腈纶绣花童套装2.28万件、磁钢531.40万打、簿本14.33万打等，出口交货值361.92万元，创汇70余万美元。南湖建设创建于1975年，为国家一级房屋建筑工程施工总承包企业；浙江文娜针织有限公司始建于1994年，为当时国内最大的无缝内衣生产商，80%的产品远销欧美、日韩等国家和地区。1999年，南湖乡开始建工业园区一期，面积850亩。2001年，开始规划工业园区二期。2008年，城南工业园区被评为市甲级工业园区。吸引各类企业上千家，主要以电池、建筑建材、针织服装、电子信息及现代服务业为主导。2005年11月，玛氏食品(嘉兴)有限公司落户，该企业拥有德芙、士力架以及MM豆、宝路、伟嘉等众多国际品牌，年产5万吨巧克力和糖果，为嘉兴最大食品企业之一。2010年，街道各企业主营业务收入68.08亿元，实现现价工业总产值42.01亿元，销售收入43.83亿元。

2009年10月，城南工业园区入口

商贸

南湖公社成立后，供销社有商业点32个，1982年创办的真如商店是乡办最早的商贸企业。1990年，南湖乡供销社有商业企业4家、14个门市部、1个合作商店、8个代购代销点。2002年起，街道大力拓展商贸、三产和楼宇经济。2008年开工的华天国际商务中心，建筑面积4.02万平方米，高13~15层。2008年，共引进三产企业10家。浙江三浦灵狐动漫产业集团于2009年12月15日签约入驻街道，其“动漫娱乐及网游”总投资3.7亿元，拟建成集数字动漫、网游、影视、展览、拍卖、教育、科技与文化交流为一体的大型主题娱乐基地。2007年起，10余家汽车4S店陆续集聚在嘉杭路沿线，2010年该区域上缴税收2000万元。2010年8月10日浙江昱威科技大厦开工，总投资2800万美元，是一个以汽车销售和办公为一体的综合大厦。同年街道商业零售额4958万元。

金融财政

1990年，乡财政收入924.14万元，乡可用资金及预算内自筹资金201.43万元；乡信用社入股6000户；全年收储存款3570万元，贷款5777万元，年末存款余额4023万元。财政一般预算收入在2006年首次突破1个亿，2010年，街道实现财政一般预算收入2.53亿元。

第四节　社会事业

教育文体

教育　1982年，南湖公社有中学2所、小学22所，其中2所附设初中班，共计中学生855人，小学生2812人。1990年，时南湖乡有初级中学1所，班级18个；小学1所；幼儿班17个；学龄儿童入学率达99.8%。2000年，撤并村级小学，投入1000万元搬迁城南中心小学，该学校先后被评为省示范小学、省绿色学校、省艺术教育特色学校等。2002年，南湖乡中学更名城南中学，2008年，搬迁新址，占地面积53亩，建筑面积18800平方米；改造城南中心幼儿园，为省二级幼儿园、省体育示范园、省巾帼文明示范岗和市示范幼儿园。2010年，有中学1所、小学

3所。

文化　1982年，有公社广播站、电影放映队。1990年，乡有线广播站有广播线路426千米。乡文化站设图书室、乒乓室和录像放映点。

医疗卫生

南湖乡卫生院1957年建于八号桥，1988年，搬迁至中环南路和城南路交叉口，设门诊、住院部，2001年更名城南医院。2006年，同时为社区卫生服务中心，下设8个社区卫生服务站。2010年，城南医院用房面积3500平方米，住院床位30张。获省级规范化社区卫生服务中心称号。

社会保障

1969年，开始对农村鳏、寡、孤、独老年人由集体经济实行“五包”（包吃、包穿、包住、包医、包葬）照顾。1969年，公社举办敬老院。2006年，街道设社会事业服务中心。2008年，街道投资1000多万元建城南街道敬老院，占地面积4662平方米，用房面积5010平方米，为经济开发区管理重度残疾人集中托养点。

2010年，街道有享受城乡低保73户，共125人。农村拆迁老人享有征地养老保障金。农村合作医疗参保率97%。

第五节　城市管理

机构

20世纪90年代初，设南湖乡村镇建设管理办公室。2004年，分别成立城市管理办公室和行政执法中队，负责街道区域的城市管理工作。

主要工作

城市管理办公室负责编制全街道建设规划并监督实施，协助办理社区（村）居民公寓建设的各项手续；对居民住宅建设进行监督和管理，组织拆除各类违法建筑；负责建筑市场、园林、绿化管理、市政公用设施的维护和管理等。

行政执法中队负责街道城市管理综合执法工作，接受城市规划、市政公用、园林绿化、市容环境、房产管理、建筑管理、人民防空、城建专业行政主管部门的委托，对违反城建法规的行为实施行政处罚，组织开展街道城市管理综合执法工作以及有关法律法规知识的宣传普及等工作。

第六节　村镇　道路　街区

自然镇

八号桥　人民公社时形成的小集镇，以嘉桐公路的桥名命名。1936年，嘉桐公路建成后，桥梁自嘉兴按序数排列，该桥为第8座桥，命名为八号桥。解放初桥附近无居民，1958年10月，成立南湖人民公社，八号桥为公社驻地，建造办公楼和宿舍后，形成村庄，发展为集镇。

1979年，南湖公社粮食亩产848.5公斤（1949年亩产150公斤左右），粮食总产2842万公斤，创历史最高纪录；全公社集体分配人均278元，南湖公社由此声名远扬，成为全县的样板公社，县政府工作的试点，前来参观取经的络绎不绝，接待外来参观都安排在公社驻地八号桥。1980年，全社三级经济收入1071万元。

八号桥集镇的建筑分布在公路两边，主要是公社机关、邮电所、广播站、信用社等企事业单位，有自然形成的集市道路。八号桥设有长途汽车和公共汽车站点。邮电所搬迁至政府办公楼西侧时，程控电话与市联网，全公社三分之二的报刊、信件由邮局办理投递。紧挨邮电所的是供销社，主营农机、五金、百货、副食品等，全公社20个大队有14个供销门市部，后面是糕饼加工厂和兽医站。

南湖公社中心学校设有小学、初中，是全县的重点学校之一。嘉兴机场在八号桥西，驻军营地距八号桥不到1千米，空军家属的子女都在八号桥公社中心学校读书学习，在八号桥每天都看到飞机低空呼啸而过。公社卫生院设在嘉桐公路南面。

20世纪80年代初，南湖乡在嘉桐公路四号桥一带创办乡办企业，形成工业小区，1987年，乡政府迁至四号桥旁，八号桥集镇逐渐冷寂。八号桥桥梁始建于1935年，原址在320国道北侧100米左右处，长12米左右，是老嘉杭线的主要桥梁，嘉兴机场扩建时又重新建造。

名村

八字桥 八字桥村东是岳西连桥，南是三墩埭，西是姚家埭，北偏东是姜家兜。八字桥是两个方向两座桥的合称，八字桥村南八字桥港，流到村时，朝北分一支流，呈"丁"字形河道。清乾隆四十二年（1777），造了龙兴桥；清嘉庆二十四年（1819），支流上建造了长明桥后，两个桥挽相连，就像"八"字，老百姓便将这两座桥称为八字桥，桥边的村落就叫八字桥村。20世纪六七十年代，这两座石板桥都改建为水泥拱桥。

八字桥村落不大，只有30多家、100多人。公社化时，当地建南湖公社联丰大队。1961年，八字桥从联丰划出，成立八字桥大队，驻地八字桥，成为当地的活动中心。公社茧站、供销社分社、卫生医疗站、小学、肉店、茶馆、理发店等相继开设在这里，后来还建了八字桥寺。乡村企业兴起的时候，这里还开办好几家工厂，玻璃器皿厂是办得较好的工厂。

1951年2月，嘉兴地委在八字桥搞试点，贫农出身的姚岩宝积极办起了全地区最早的互助组，有姚家石桥、姚家埭、施家兜14户农民自愿报名，名姚岩宝农业互助组，1952年，转为姚岩宝农业初级合作社。初级社实行土地入股，耕牛农具折价归公，集体劳动，统一经营，收益按土劳比例分配（土四劳六）的办法。

合作社在第一年就获得了粮食丰收。第二年合作社发展到了16户人家，1954年，有32户参加，到1955年春，有160多户农民参加，占当地农户的90%以上。在"坚决收缩"时期，姚岩宝合作社成了7个小社。1956年，合并成八字桥高级农业生产合作社。1957年，八字桥、乘堂桥和三乡桥合作社联合组建全乡最大的联丰高级农业合作社，姚岩宝担任社长。1958年10月，姚岩宝任南湖公社副社长、兼联丰耕作区党支部书记。

姚岩宝在1953年评为省劳动模范，当年5月当选为省二届人大代表。1966年6月，在嘉兴县第六届人民代表大会上被选为县人民政府委员会委员。

特色道路

城南路 北起环城南路和环城西路交接处，南至南郊河，长6233米，宽42米。原是320国道市区段，是嘉兴进出南面的主要道路。

2008年12月，城南路南湖乡段

万国路 因位于外贸投资区域，故名。西北起杭州塘，东南至嘉海公路，长4700米，宽60米。

由拳路 以嘉兴古县名由拳命名。长10823米，宽42米。街道路段东至长水大桥止。

嘉杭路 原是320国道市区段，后改为市区道路，命名嘉杭路，全长2805米，宽42米。

特色街区

市场路街区 一路连接嘉兴综合物流园农产品、蔬菜、建材陶瓷、粮油土特产、水产肉食品、物资调剂6大批发交易市场，从早到晚车辆不断，人流熙攘。

翠柳路街区 此路两侧遍植柳树。因路北端即为在建市第一医院后门，长新公寓一期、二期、三期都在此路上，商贸各业兴旺。

南湖工业园区 20世纪70年代末，南湖乡在四号桥这一段公路两边，先后创办石油溶剂厂、第六毛纺厂、南湖电子器材厂、南湖袜厂、南湖纸品厂、化工厂和锅厂等16家乡办企业和10几家村办企业，形成南湖乡工业区。南湖电子器材厂是当时区最大企业，也是华东地区最大的电子磁性材料生产基地。南湖工业区逐渐与市区连成一片，南湖工业园区向南移，旧址大多企业搬迁，开发成住宅区和商贸区。

特色住宅区

大树银河湾 位于银河路，建成于2006年，总建筑面积11.75万平方米，由2幢小高层、1幢高层电梯公寓和10幢别墅、30幢多层组成。住户807户，绿化率35%，停车位587个。

金穗月亮湾 位于城南路，属于拆迁安置小区，2003年，启动建设，2005年6月，竣工，建筑面积25.85万平方米，有67幢住宅楼，住户2134户。

禾源新都 位于乍嘉苏高速东侧，开禧路以西，周庵港以北。2003年，开始建造，2005年11月，交付使用，有121幢住宅楼组成。建筑面积42万平方米，居住3500多名拆迁居民和8600多名新嘉兴人。

梁林帆影庄 位于杭州塘南侧，文昌西路以北，是运河边的文化住宅区。2004年，开始建造，2005年12月，交付使用。总建筑面积21.84万平方米。有56幢住宅楼，住户1786户，配套480个停车位。

新月公寓 位于外环西路与文昌西路，2004年6月建造，2005年9月，交付使用。总建筑面积23.26万平方米。有58幢住宅楼，住户1934户，配套550个停车位。

2010年9月，百妙公寓二期

嘉兴人才公寓 位于创新路220号。2004年，开始建设，是市政府为解决刚到嘉兴工作的外籍大学毕业生居住的项目。2004—2006年，连续3年被列入嘉兴市政府十件实事工程。建筑面积41868平方米，共有1762套一室一卫的单身公寓房，住户1673户。

消失的名村 自然村

20世纪80年代后期开始，街道辖区工业和工业区发展迅速，随着经济和社会发展，一些名村和自然村先后拆迁，至2010年203个自然村逐步消失。

北木桥 原称陈家门，村民陈姓居多，故名。村庄南、北各架一木桥，因北木桥距村近，更名为北木桥。解放初，陈家大户的房子为村办公室。1958年，建长新大队，后改村，都驻北木桥，先后开办了合作医疗站、商店、肉店、粮饲加工厂、木器厂等。全村21户、83人，

20世纪50年代早期，村里的年青人学会了唱歌跳舞。1955年时，组成能唱越剧的戏班子，还在村部旁建500多平方米的草棚，用来练功、演戏，名震四方。戏班子经常到马桥、王店、新塍、斜桥、袁花等地演出，很受欢迎。1966年，越剧停唱，改演文艺节目。

北木桥村西原本有乌龙井湖，产鱼虾。1979年，围湖造田70余亩，2010年北木桥动迁，消失。

顾家浜 是千年古村。唐至清末，属嘉兴县长水乡桃花里，留有桃花港、桃花庙桥等地名，是嘉兴城南颇有名的游览地。明代文学家李日华说，此地产软壳蟹。清初朱彝尊的《鸳鸯湖棹歌》里说，当地建有桃花夫人庙，传说为纪念息国息夫人。息夫人长得“人面桃花”，亦称桃花夫人，为春秋时期美女。桃花夫人的故事被封建社会所标榜、渲染、流传，顾家浜也成了建有桃花夫人庙的地方之一。

桃花港1千米多长，自东向西从城南中心小学的南侧蜿蜒流经顾家浜。岸上种满桑树，应是从前种桃树的地方。桃花桥即桃花庙桥，桥石板上还刻凿着对联和吉祥如意的花纹，这些题刻已模糊不清。桃花夫人庙在毁掉以前，香火旺盛，抗日战争期间，桃花夫人庙和桃花桥被日本侵略军毁掉。2003年，顾家浜整体动迁，有31户、95人，村民大多搬进市区的居住区。

怀昌桥 以怀昌港上的怀昌桥得名，有43户、152人。钱、姜、赵、马姓氏居多。怀昌桥系古石桥，始建年代不详，清光绪年间重建。桥型别致，结构巧妙，桥长15米，宽1.8米，左右各有18个台阶，桥面中央的锁桥石刻有罗盘水花图案，桥洞顶部雕刻牡丹花图案，桥身采用暗红色花岗岩条石，桥下由20块青条石筑成石拱桥洞，条石上都雕刻吉祥图案及文字。桥堍两边用方块青石筑成，近水面的条石

上刻着字，记载建造时捐款情况。

桥堍两岸有肉店、茶馆、酒家等商铺。历史上这里办过私塾，桥边的庙宇曾上演草台戏。2008年，村子动迁，2009年，怀昌桥拆除，移至凤桥梅花洲。村域旧址建起物资交流中心。

李花村 李花村是街道最南面的村庄之一，全村17户、84人，2004年7月，开挖南郊河，村子动迁。

村南有六万军塔港和六万军桥，相传北宋朝与方腊军作战，死伤六万而得名。宋宣和二年（1120）十月，方腊起义，3个月里占领杭州等6州52县。第二年方腊遣将方七佛攻秀州。方驻城南一带。朝廷派童贯带兵支援，方七佛落败，被迫撤往临安。据传李花村一带为当时的主战场之一，尸体遗骨堆埋，成塔形，后世称为六万军塔，留下六万军塔港和六万军桥等地名。

项坟头 项坟头原在南湖乡真如村，31户、103人。现中环南路城南医院、中纬大厦和龙威大厦一带即村旧址。

项坟头因项忠墓而得名。项忠（1421—1502），字荩臣，号乔松，嘉兴人。正统七年（1442）进士，授刑部主事，进员外郎。正统十四年（1449），项忠随英宗北征蒙古瓦剌，被蒙古军俘虏，命他喂马，他乘机挟马南奔，马疲倒后，徒步七昼夜始归。传说项忠被俘后，有一蒙族姑娘和他结为夫妇，帮助他逃归中原，中途舍身救夫。项忠回乡后在项坟头建项家祠堂祀"胡妇"。祠广40余亩，千株松柏，清明时游人甚多。清中期，祠尚存。项坟头村北20世纪60年代为备战用土堆砌的靶场，当地又称靶场，本世纪初，靶场废。20世纪末，项坟头一带建乡卫生院及乡办企业。现村已拆迁。

2010年城南街道消失的自然村情况表

表10-33

原处地域	原名称
长新社区	李花村、双坟桥、高墩上、杨家门、汪家港、龚家门、盛家门、白果树、王家汇、渔业村、许家浜、崔家桥、姐夫浜、裘河柳浜、长浜、短浜、柴家头、金家浜、乌木桥、荷花荡、夏家港、陈家浜、万家浜、南木桥、北木桥、谈家池、古金浜、塘口、顾家门、车浜、石头寺、姚家浜、横泾港、芦梗村、袁家圩、黄草浜、四方滩
百妙社区	王庵浜、赵家圩、蔡家浜、大船浜、范家桥、项坟头、白毛墩、双园浜、石桥头、三家桥
金穗社区	姚家荡、蒲鞋浜、晒木桥、殷家桥、乐家浜、鸭河浜、小桥港、徐家浜、乐家埭、徐家门、成家门、湾里、严家浜、陆塘浜、唐家头、孙家浜、章家头、全长桥、众兴桥、汪家头、鉏老桥、顾家头、南兜、顾家浜、汪家浜、朱家浜、陈庵浜、金家浜、岳家埭、和平浜
禾源社区	方家浜、九号桥、百公桥、元角上、凌家浜、方家田畈、王介浜、短浜、金介村、李介埭、施介堂、马家浜、俞介门、朱介埭、庵东、黄家门、陈家浜、陆家门、龚家厅、郁家兜、赵家兜、朱家头、姚家头、拉石浜、袁家浜、崔家木桥、厅上头、徐家门、周家门、柴家桥、三官塘、曹家头、汪家浜、沈家桥、丝瓜径、庙桥浜、西章
良秀社区	钱家头、马家汇、日晒浜、王家木桥、孙家浜、扒泥浜、冯家桥、曹家埭、钮家头、沈家门、陈家门、钟家村、泗金坝、梁林桥、盛家坟、陆家浜、龙凤浜、施家头、怀昌桥、张网船、何家浜、打丁桥、小营桥、岳西连桥、姜家兜、鉏家桥、西河北浜、池鱼浜、朱家浜、周家浜、顾家浜、东浜、西浜、锡金坝
乘堂桥、八字桥村一带	张家浜、金家头、江家头、莫家泾、天佑桥、俞泾桥、陈家浜、钟家湾、唐兜、德福桥、章家头、范家头、孙家弄、姜家浜、钱家浜、俞家门、西木桥、杨家浜、史家埭、北张门、沈家头、划船浜、池家木桥、沈家门、徐家门、北汤、乘堂桥、朱家门、南仁浜、铁店桥、魏家埭、曹家头、计家浜、徐家桥、马家头、计家头、邹家门、李家桥、李家浜、杨家桥、王家桥、施家兜、葫芦浜、东南浜、姚家埭、钟家浜、北港、西河新村、西河中浜、老屋里、新屋里、西河南浜、竹园浜、里浜、三墩埭

第七节　名胜　风情

马家浜文化遗址

（见第二十二篇“名胜与旅游”第一章第四节）。

消失的名胜

六万军塔、桃花里、项坟头、怀昌桥

周安庙　原有千年黄榉树。

汪如洋墓　位于原新联大队汪家港自然村。汪如洋为乾隆四十五年（1780）进士第一，状元。

风情

姚家荡　为原南湖公社水产大队驻地。水面约53公顷，与南湖水面相当。1966年，嘉兴镇渔菱队迁至这里。1982年，人口215人。2010年11月，被规划建姚家荡公园，计划投资2.2亿元。

金九避难严家浜　位于嘉杭公路6号桥。韩国著名独立运动家金九于1932年4月29日策划上海“虹口爆炸案”后，为躲避日本侵略军的追捕，流亡到嘉兴，先隐居在市区南门梅湾街，后因风声更紧，又到严家浜暂避一段时间。

嘉兴综合物流园　嘉兴综合物流园是2002年市委、市政府为推进城市化进程、加快发展第三产业和现代物流业决策实施的一项重要工程，由嘉兴农产品交易中心开发建设有限公司负责开发建设。园区总规划面积3.69平方千米，东临320国道，西倚京杭大运河，南靠嘉兴机场，形成了以公路、航运为主，水陆空配套的立体交通网络，物流配送方便快捷，可辐射整个长三角范围内的物流体系，区位优势十分显著。2005年4月，水果、蔬菜、建材陶瓷、粮油副食品、水产肉食品、物资调剂六大市场迁建项目建成并投入营运。

嘉兴学院梁林校区　位于嘉杭路118号。学校秉承“方正为人，勤慎治学”校训，努力提高人才培养质量，不断提高科研工作水平，深化各项管理体制改革。梁林一期学生宿舍建设和学院搬迁完成后，为学校科研、办学提供了有力保障。各个学院根据办学特色，着力营造全员育人、全过程育人、全方位育人的文化氛围。机械设计制造及其自动化、电气工程及其自动化为省级重点建设专业。2010年，梁林校区7个学院学生获得省级各类竞赛奖项26项，国家级奖项1项。

第八节　驻街道主要单位

街道辖区原是近郊农村，驻街道主要是企业，城市发展后，2010年驻街道单位见表。

2010年驻城南街道主要单位情况表

表10-34

单位名称	地　址	简　　介
嘉兴综合物流园	市场路1061号	设水果、蔬菜、建材陶瓷、粮油副食品、水产肉食品、物资调剂六大专业交易批发市场，2005年4月开业
嘉兴科技创业服务中心	城南路1539号	1999年成立，属市科技局主管的公益性科技服务机构。占地近200亩，规划孵化面积18.6万平方米。为“国家高新技术创业服务中心”“浙江省级小企业创业示范基地”。2008年10月29日，省委书记习近平到这里视察
嘉兴智慧产业创新园	昌盛南路和嘉杭路交会处	2010年7月挂牌成立，由嘉兴经济技术开发区（国际商务区）直接领导管理。总占地面积3.23平方千米，规划建筑面积100万平方米，总投资35亿元
嘉兴汽车客运中心	320国道和万国路交叉口	2009年6月26日开始建造。总占地面积8.3万平方米，建筑面积3.8万平方米，总投资2.7亿元。有90条左右线路，平均每天发车215辆，客流1500人左右
嘉兴学院梁林校区	嘉杭路1号	嘉兴学院梁林校区于2010年9月竣工并投入使用，下设数理与信息工程学院、文法学院、医学院、机电与工程学院、生物与化学工程学院、设计学院、材料与纺织学院等7个学院，在校师生10077人

第十三章　长水街道

第一节　概　况

区位

位于市中心区东南片区，区中部偏西。2010年6月18日，南湖区长水街道成立。街道以长水命名。长水是嘉兴的古地名，长水塘在街道境域西侧绕行，长水路东西贯穿全境，故得名。区域东南与余新镇相邻，西南与秀洲区王店镇毗连，西北与城南街道紧靠，北与南湖街道、东栅街道相接。沪杭高铁、南郊河、海盐塘贯穿全境，南湖大道、商务大道、纺工路、由拳路、长水路、槜李路纵横境内，是沪杭高铁嘉兴南站所在地，交通枢纽中心区域。2010年，街道面积12.06平方千米，办事处驻花园路958号。辖2个社区、3个行政村。2010年，总户数4179户，总人口11337人。

特色

长水街道是最年轻的街道，是正在开发建设的嘉兴城市新经济区，嘉兴国际商务区核心区域，长水街道成立后区政府委托嘉兴国际商务区管理。2010年1月，嘉兴市成立嘉兴国际商务区，与经济技术开发区合署办公，重点发展总部经济、商务会展经济和科技研发、服务外包等现代服务业，目标打造成为嘉兴乃至全省接轨上海、融入长三角、面向世界的窗口和长三角重要的区域性国际商务中心。嘉兴最大的公园中央公园和植物园依海盐塘和纺工路穿街道南北。2010年11月8日，长水街道总工会成立，为嘉兴经济技术开发区、国际商务区内4个街道中建立的第一个街道总工会。

第二节　建　置

沿革

解放前，街道区域为南堰乡赵罗村、三桥村、和平村；余新乡石堰村、长乐村、塘河村；长秦乡农丰村、协民村、贯泾村；真如乡南湖村、东南湖村，汉塘乡三元村、曹庄村、百花村等村。解放后分别为东栅、南堰、余新、曹庄、南湖、蚂桥、长秦等乡的一部分。1958年，建公社时，为东栅公社汇农、缪家圩和腾字圩大队；余新公社石堰、永丰和建成大队；曹庄公社黎明、永明大队；南湖公社南湖大队；蚂桥公社四联大队的部分。街道成立前夕，分别为东栅街道缪家圩村、腾字圩村全部范围，汇农村中环南路以南范围；余新镇石堰社区、长秦村乍嘉苏和沪杭高速公路以北范围、余北村沪杭高速以北范围、黎明村西南侧部分、永明村西侧部分，城南街道府南社区和南湖村全部范围，秀洲区王店镇四联村、蚂桥村沪杭铁路以东、乍嘉苏高速公路以北范围。

2010年6月，以东栅街道中南社区、缪家圩村、腾字圩村的整个范围和汇农村的中环南路以南范围，城南街道府南社区、南湖村的整个范围，面积12.51平方千米为基础成立长水街道，其余正在逐步调整中。

社区与行政村

2010年，长水街道2个社区，有71个居民小组，主要有久久小区、府南花园等，6个住宅区，3个行政村，43个自然村。

2010年长水街道社区与住宅区情况表

表10-35

社区名称	驻地	面积（平方千米）	居民小组数（个）	户数（户）	人数（人）	暂住人口	住宅区
中南社区	久久小区18号商铺	0.17	20	1094	2511	2386	久久小区、中南公寓

续表10-35

社区名称	驻地	面积（平方千米）	居民小组数（个）	户数（户）	人数（人）	暂住人口	住宅区
府南社区	府南花园一期中心会所	3.02	51	2428	6330	4242	府南花园一至三区、绿溪玫瑰园、蓝天嘉苑、大华城市花园
集体户	—	—	—	563	2147	—	—
合计	—	3.19	71	4085	10988	6628	—

2010年长水街道行政村与自然村情况表

表10-36

行政村	驻地	土地面积（平方千米）	居民小组数（个）	户数（户）	人数（人）	暂住人口	自然村
缪家圩村	缪家圩村3组	3.12	13	68	188	无	陈家兜、六长步桥、缪家圩、倪家头、真家桥、石家浜、赵家浜、新桥、金家浜、举秀浜、吴家漾、石五桥、路家浜
腾字圩村	由拳路2735号	1.27	7	12	49	无	姚家浜、崔家浜、杨家桥、技家浜、陈家浜
南湖村	马塘路南侧	2.71	14	14	112	1736	花园桥、团子浜、陈河浜、如意桥、杨家浜、刘文桥、长浜、徐家浜、学堂泾浜、陈家浜、曹家浜、张家浜、长生桥、吴家港、祝家港、鉏家浜、庄前桥、姚王村、小木桥、西马塘泾、戚家村、汤家门、薛家兜、李家头、木家头
合计	—	7.1	34	94	349	1736	—

第三节　经　济

农业

长水街道大多区域历来是农产区，以种植粮食、油菜籽、蚕茧为主。20世纪60年代，杨家桥村的桑树成片，桑叶宽厚多汁，养蚕，产茧多，全村养春、夏、秋蚕100多张，产茧万余公斤。1964年，被嘉兴蚕种场征去60多亩桑园。八九十年代粮油产量名列前茅。2010年，尚有部分未拆迁农户从事农业生产，生产粮食4800吨左右，其中水稻3600吨左右、大麦142吨、小麦550吨左右；蔬菜种植面积1000亩左右；年生猪饲养量2万头，年末存栏6000头；家禽饲养量14万羽左右；还有玉米、薯类、油菜籽、棉花、甘蔗、西瓜、甜瓜等农产品。农业总产值2.13亿元，其中畜牧业产值5000多万元，农民人均年纯收入18000元左右。

工业

长水街道区域大多为原城郊型农村人口集聚地，工业基础薄弱。改革开放后，区域内缪家圩、腾宇圩和南湖村企业起步较早，先后创办人民羊毛衫厂、农机粮饲加工厂等工厂，缪家圩曾经是市本级和区羊毛衫生产基地。2010年，区域内企业规模不大，主要有嘉兴市华炬纺织有限公司、嘉兴市大荣纸业有限公司、嘉兴市昂达服饰有限公司、嘉兴市莉当家居休闲用品有限公司等，主要产品有高档织物面料、服装、箱包、针织品、纸张等。出口3亿多美元，主要产品有针织布料、服装及电动机械等。2010年，工业总产值8.93亿元。

商贸

20世纪，区域内只有村驻地有一些商业和供销社商店。新建道路和住宅区陆续开发建成后，商业逐步发展，商贸活动主要集中在府南花园新气象路两边和中南公寓、久久小区周边。2010年，社会商品销售总额1.59亿元，城乡集市贸易成交额0.23亿元。

金融财政

2010年，街道财政总收入1.14亿元，其中地方财政收入0.42亿元。

第四节　社会事业

教育文体

教育　2006年，创办嘉兴经济开发区实验小学。学校占地面积31846平方米，建筑面积15016平方米，配套有250米塑胶田径场，860平方米的室内运动场等，设计规模为36个教学班，全部实行小班化教学。南湖实验幼儿园创办于2007年，隶属市第三幼儿园管理，现有12个班级。

文体　境内有嘉兴大剧院，嘉兴市群众艺术馆等，先进的音响、灯光设备等现代化设施和文化教育培训等功能齐全。

医疗卫生

中南社区和缪家圩、腾字圩、汇农3个行政村原就医由东栅街道社区卫生服务中心负责，府南社区和南湖村原就医由城南街道医院负责。长水街道成立后，开始筹建社区卫生服务中心。2010年7月，设街道计划生育办公室。

社会保障

2010年7月，设街道民政办公室。适时结转城南、东栅两街道低保户，掌握街道区域内居民贫困状况、低收入困难家庭户档案信息，进一步完善进出机制。积极开展以服务高龄、孤寡、空巢、困难四类老人为重点的居家养老服务工作，依托“96345”求助中心建立为老服务网络，为有需求的老人提供服务。

2010年8月，长水街道社区居家养老服务中心

综合治理

2010年7月，设街道综合治理办公室。8月26日，成立综合治理委员会，下设办公室。9月30日，长水派出所成立。12月23日，成立街道新居民事务所，各社区设新居民事务站。

城市管理

2010年7月，设街道城市管理办公室。同月，设长水行政执法中队。积极做好辖区内征迁工作，加强城市管理监管和考核机制，促进“二保一养”工作落实到位。及时办结“数字城管”及市长电话投诉。全力整治道路乱象，进一步提升城市品位。

第五节　特色道路　街区住宅区

特色道路

南湖大道　市区最宽阔、绿化最密集的道路，道路最南端为乍嘉苏高速公路南湖出入口。

纺工路　城市南北向主干道，是市区连接高铁嘉兴南站的主要交通道路之一。

中环南路　市区东西向主要通道之一。

长水路　纵贯街道东西向主要通道之一，以嘉兴古地名长水命名。

由拳路 纵贯街道东西向主要通道之一，以嘉兴古地名由拳命名。

特色街区

会展路街区 路段北侧为嘉兴国际会展中心，沿路有绿溪玫瑰园、蓝天嘉苑、大华城市花园等较高档小区和市农经局、市房地产交易中心、市公积金管理中心、市群艺馆、嘉兴大剧院等单位。

特色住宅区

久久小区 2004年开始建造，为当时市区规划建造的档次较高的经济适用房小区，群众争相传告，后取名久久小区，寓意能在此安居乐业。2010年，小区有住宅31幢，住户744户。

府南花园 位于新气象路，2002年起建造，2005年竣工。总建筑面积44.74万平方米，共113幢住宅。位于市政府之南，取名府南花园。分一区（1～37幢）、二区（38～78幢）、三区（79～113幢），时为市本级最大的住宅区，当地农民拆迁户和城市居民拆迁户人数基本相当。2010年，住户3597户、10327人。

中南公寓 为原东栅街道缪家圩、腾字圩区域拆迁建造较早的住宅区，2004年建造，总建筑面积14.025万平方米，多层35幢，住户971户。同济大学浙江学院和嘉兴高中园区落户于街区周边。

大华城市花园 2005年6月竣工。取名寓意在水岸绿树环抱中，一座健康之城诞生。总建筑面积16.83万平方米，有多层48幢、小高层4幢、27幢联排别墅。2010年，有住户779户、2018人。

绿溪玫瑰园 建成于2006年。取名寓意邻近南湖和玉泉等众多河流，秀丽景色。总建筑面积16.86万平方米，有别墅14幢、多层38幢、小高层12幢。2010年，有住户914户、2455人。

蓝天嘉苑 建成于2006年，取名寓意得天独厚的地理位置和景观资源。总建筑面积约13万平方米，共36幢多层、小高层公寓楼。2010年，总户数800余户。小区内设一座幼儿园9个班。

消失的名村 自然村

崔家浜 村以河崔家浜得名，48户、151人，村民大都讲绍兴方言。2008年，村子整体动迁，村民安置到中南公寓。

20世纪初，当地只有1户崔姓村民，附近有上千亩田，地势高，灌水难，俗称“饿煞田畈”。民国初，从绍兴陆续迁来农户落脚，称“客帮人”，垦荒种粮，全住草棚，遂成村落，乡音一直不改，村庄又称草棚村。1961年，腾字圩大队在崔家浜建电灌机埠，修排灌渠，搞积肥运动，产量逐年提高。1962年，村里提出“奋斗一年，苦干实干，年底要吃肉丝炒年糕”口号。年底大丰收，在完成国家粮食任务后，村民人均分到250公斤定粮，还有100公斤的余粮。村里设屠宰点杀猪，村民真的吃上了猪肉炒年糕。1996年，“饿煞田畈”已成为省农业、水利示范园区。

20世纪60年代末，村民开始拆草棚盖瓦房。改革开放后，村里办起羊毛衫厂、水泥预制品厂，还有运输专业户，村民拆平房盖楼房，也有直接拆了草棚盖楼房。崔家浜曾经是腾字圩大队的驻地，浜口有三孔石板桥关家桥，桥堍有码头，有三水庵。1956年，县政府迁驻南堰，为翻建人民大礼堂，三水庵拆除，拆下的建筑材料被运到南堰。1962年，崔家浜搭草棚当教室，改善学校的办学条件。草棚学校办了两年后翻建成瓦房。学校白天小学上课，晚上点汽油灯办民校扫文盲。村里的年轻人利用学校搞俱乐部活动，为村民表演文艺节目。还到县里演出，1965年还到地区作调演。

举秀浜 长中港南段，分出支流，名举秀浜。相传，当地曾出过举人和秀才，故得名，村以河名。举秀浜历来多泥瓦匠、木匠，以沈木匠为首的一班泥木匠，帮人建房，口碑甚好。20世纪50年代后，东栅乡南片的民房、大队的蚕室、仓库、大多是他们承建，省工省料，保证质量，群众称道。沈木匠的徒弟很多，有好几个已成为建筑工程师。1958年，东栅乡的机电排灌得到国家的嘉奖。负责高桥机埠建设的陈雪标，就是举秀浜人。省劳模、司法部一等功获得者吕萌国也是举秀浜人，2005年，他所在的东栅街道司法所被评为“全国模范司法所”。五六十年代，与缪家圩一起作为农村基层中贫、富两端的典型，成为中央有关部委调查研究对象。时任国家统计局局长黄德一与省市领导先后到村里，长时间与农民同吃同住同劳动，开展调查研究，为制订各项政策提供基层情况的依据。

举秀浜有41户、117人。原村民房屋多为平瓦房，沿河建造。20世纪70年代后，开始翻建楼房。到80年代，基本是砖混结构的楼房。1988年，举秀浜的土地开始征用，村民搬迁，旧址建举秀小区，村民安置在举秀小区和中南公寓。

杨家桥 村里有桥，称杨家桥，村以桥得名，54户、178人。杨家桥的水面较多，有"二港、四漾、五浜"一说，村北五马进漾的水面近百亩，养鱼、种菱。20世纪80年代，五马进漾成了乡的养鱼场。1995年，五马进漾被填掉，成了中环南路的一段及同济大学浙江学院的一角。

村的东西两头，河两岸桑树成片，品种优良，桑叶宽厚多汁，养蚕，产茧多，质量好。无锡、苏州等地蚕农经常到这里买桑叶。20世纪60年代，全村养春、夏、秋蚕100多张，产茧万余公斤。村里还有许多竹园，出产的燕来笋上市早，口感嫩脆鲜甜而闻名。

杨家桥是古村，河边有石帮岸，家家有河埠头，还有搭过船棚的痕迹。70年代，有人翻建新房，挖出的老房子地基，有几进深。民国期间，受战乱、灾荒、血吸虫病等影响，全村人家不足10户。解放后，及时治疗血吸虫病，恢复生机。1955年，杨家桥成为全乡第一批装有线喇叭的村之一。1962年，村里通电。1984年，新建嘉凤公路穿村而过。1987年，村民用上自来水。1990年，2米多宽的水泥路通到每家每户。2003年8月，杨家桥村拆迁，陆续建起高中园区和同济大学浙江学院，村民安置到双溪花园、景湖小区和中南公寓。

普明寺 村因普明寺院得名。20世纪70年代，居民陆续迁到普明寺旧址，形成自然村。旧址在现中环南路与泰宁路交叉口的东南角。2002年，村子动迁时，有43户、69人。拆迁后的村民大多安置在中山怡和园。村东的升龙桥为三孔石板桥，原是嘉兴到曹庄、凤桥的必经之路。

普明寺始建于后晋天福元年(936)，占地面积34亩，颇有规模，香火旺盛。后来，寺院周围形成了集市。明代，普明寺在盐仓街、甪里街，建起许多盐仓，盐船、盐商经常往来，形成浙北食盐的集散地。清代，在普明寺内设盐公堂，检查往来平湖塘、海盐塘的私盐贩运。普明寺前山门的东侧，建有一座盐大王庙，1912年有翻建。20世纪20—30年代，普明寺逐渐衰落。解放时，只剩大殿和盐大王庙和两家杂货店。

1950年8月，南堰乡政府搬进普明寺和盐大王庙。寺院的大殿垒一戏台，成为乡里开会和文艺演出的场所。1953年年底，乡政府搬回南堰，普明寺和盐大王庙改成临时医疗点，治疗血吸虫病。1961年，创办普明寺小学。1972年，殿堂和庙全部拆掉，改建成教室。1997年，教室翻建成楼房，直至全部拆迁，建造同济大学浙江学院的一部分。

郑家兜 郑家兜西的六扇洞附近有侍郎墓，前有一对石狮，高大威武，解放后，被嘉兴绢纺厂搬在厂门口。六扇洞流向村庄的河，由北弯成兜，村里大多郑姓，得名郑家兜，29户、92人；村民房屋以砖木平房为主，建在河浜东岸。1976年起，村里开始翻建楼房，几年后基本上都造了楼房，这在当时的农村算是早的。

1958年后，郑家兜属缪家圩大队。1966年，在郑家兜河的西岸建造大队办公用房和礼堂，郑家兜成为大队驻地，陆续建起小学、卫生医疗站、农机修理厂、粮饲加工厂、商店和生猪屠宰点。

改革开放后，大队创办的人民羊毛衫厂，是嘉兴县最早的队办企业之一，也是最早生产羊毛衫的基地之一，有200多名工人，年产值5000万元，羊毛衫畅销上海、东北等地，为郑家兜培养了一批羊毛衫生产和企业管理的人才。20世纪90年代初，人民羊毛衫厂停办后，办起许多个体羊毛衫厂和工场，经营羊毛衫生意，郑家兜仍然是嘉兴的羊毛衫生产基地。1976年，郑家兜人均年收入不到200元。2007年，人均收入8700元。2008年，郑家兜村庄整体动迁，村民全部搬进举秀小区。

2010年长水街道已消失的自然村情况表

表10-37

原处地域	原名称
腾字圩村	姚家浜、崔家浜、跃马港、陈家浜、祝家浜、蒋家浜、杨家桥、吴家浜
缪家圩村	普明寺、缪家圩、真家桥、石家浜、路家浜、赵家浜、新桥、金家浜、举秀浜、吴家洋
南湖村	倪庵浜、朱板桥、吴家湾、东沙浜、范家头、董家漾、一螺青、龚家兜、西沙浜、张大桥、三星桥、北姚浜、南泉桥

第六节　名胜　风情

名胜

中央公园、嘉兴植物园　（见第八篇“城乡建设”第四章第一节）。

风情

长水的传说　秦始皇三十七年(前210)，秦始皇东巡，观天象的术士说，500年后江东有天子气。秦始皇过长江到海盐，登山观海，溯江而上，从江面狭窄处渡江到会稽祭大禹。回来时，乘船从长水过，见当地人都泛舟买卖交易，有民谣流传“江南好风光，水市出天子”，秦始皇于是信术士，令随众和囚徒10万人，拓宽长水，新建驰道，拦河筑堤堰，斩宝马祭河神，破坏当地的风水。并将长水改名由拳县。长水街道境内马塘泾、秦溪、长秦、秦湖等都是这个传说留下的地名。

嘉兴城内原有天星湖，也传为秦始皇发囚所掘。

海盐塘风光　海盐塘连接嘉兴和海盐两个古县城，历史上又称横塘、官塘，航运繁忙。沿途旧有塘路、纤道，两岸自然景色和田园风光旖旎。修建南湖大道时，沿河岸构筑长4千米多海盐塘生态廊道，对岸是中央公园和植物园。

消失的名胜

珠庵台桂　旧踪位于现珠庵路边，昔有珠庵，庵中有丛桂两株，永乐年间故物，树身屈曲如虬龙，招展玉立，高者约6米，另一株稍矮，枝叶分层环绕成叠盘状，故称台桂。秋天去珠庵赏台桂曾为嘉兴民间一大盛景，1959年，台桂枯死，1972年，珠庵拆除。

第七节　驻街道主要单位

国际商务区建设　长水街道是嘉兴国际商务区核心区域，是为国际商务区开发建设而成立的区政府的街道办事处，委托国际商务区管理，街道经济和社会的各项工作紧紧围绕国际商务区中心工作开展。2008年12月，借助高铁嘉兴南站建设契机，嘉兴市启动“以轨道交通枢纽为中心，加快嘉兴国际商务区建设”课题研究。2010年4月23日，嘉兴国际商务区建设动员大会召开。7月8日，嘉兴国际商务区入选全省14个省级产业集聚区之一，成为嘉兴市唯一入选的省级产业集聚区。12月14日，嘉兴国际商务区总体规划及核心区城市设计获专家组原则通过，国际商务区被定位为“长三角城市群国际商务中心的组成区、浙江省现代服务业集聚发展示范区、嘉兴市宜居新城区和枢纽门户区”，确定

2010年9月，纺工路植物园段

“一心”（嘉兴国际商务副中心）、“一廊”（海盐塘生态廊道）、“五板块”（教育培训板块、综合商务板块、枢纽总部经济板块、市级综合服务板块和生态休闲度假板块）。规划居住总人口26万人。预计到2020年，高铁嘉兴南站日均到发客流将达2.3万人次。在以高铁站点为中心辐射的7.65平方千米是嘉兴国际商务区核心区，设计方案是“南郊绿洲、动感水城”，包括“南郊多园”“绿洲嵌城”“动感街巷”“水城五韵”等创意。2010年7月，国际商务区和长水街道抽调精干力量，充分动员群众，仅用20多天，完成原南湖村303户农房的拆迁任务。国际商务区各项工作全面展开。

2010年驻长水街道主要单位情况表

表10-38

单位名称	地　址	简　　介
嘉兴市城乡规划与建设管理委员会	花园路616号	2008年10月，市委、市政府机构改革后更名成立的市政府组成部门，主要负责统筹、协调和综合指导全市城乡规划、建设和管理工作，承担嘉兴市区范围内城市管理的综合协调、监督管理职能
嘉兴市公积金管理中心	会展路408号	—
嘉兴市农业经济局	花园路758号	—
嘉兴市海事局	花园路790号	为浙江海事局5个分支局之一，于2000年9月28日，挂牌成立
嘉兴市卫生局	文桥路486号	—
嘉兴市公共卫生中心	文桥路486号	建筑面积5万余平方米。该中心包括嘉兴市突发公共卫生事件应急指挥中心、疾病预防控制中心、市卫生和计划生育委员会、卫生监督所等
嘉兴市气象局	新气象路589号	—
同济大学浙江学院	泰宁路168号	2008年5月成立，占地面积830亩，规划校舍总面积38万平方米，总投资8.75亿元
嘉兴教育学院	双溪路1798号	创建于1984年，原名嘉兴市教师进修学校，2009年，迁入新校区
嘉兴高中园区	双溪路1798号	2003年，市重点工程，市本级高中学校全部集聚于该地
浙江省公安厅高速公路交通警察总队嘉兴支队	花园路1106号	与嘉兴市公安局高速公路交通警察支队为两块牌子、一套班子
嘉兴大剧院	中环南路苏家桥堍	2003年10月建成，占地面积近73亩，总建筑面积28000平方米，总投资1.6亿元
嘉兴国际会展中心	新气象路618号	2005年10月竣工（一期），占地面积近5万平方米，总建筑面积4万余平方米，其中展馆面积为2.1万平方米
中国移动通信集团浙江有限公司嘉兴分公司	由拳路1399号	1997年7月1日，从原邮电局剥离分营，是嘉兴地区网络规模最大、资产质量最优、经营效益最好的全业务通信运营中央企业。2011年10月18日，迁入南湖大楼办公
同济大学浙江学院	泰宁路168号	2008年5月，经教育部正式批准设立，是一所按新机制和新模式运作的具有独立法人资格、举办全日制本科学历教育的独立学院

嘉兴市南湖区志

嘉兴市南湖区志编纂委员会 编

（中 册）

方志出版社
Publishing House of Local Records

图书在版编目（CIP）数据

嘉兴市南湖区志 / 嘉兴市南湖区志编纂委员会编
. -- 北京 : 方志出版社，2020.9
ISBN 978-7-5144-4347-9

Ⅰ . ①嘉… Ⅱ . ①嘉… Ⅲ . ①区 (城市) —地方志—嘉
兴 Ⅳ. ①K295.54

中国版本图书馆 CIP 数据核字 (2020) 第 236158 号

嘉兴市南湖区志

编　　者：嘉兴市南湖区志编纂委员会
责任编辑：高孟君

出 版 者：方志出版社
地址 北京市朝阳区潘家园东里 9 号（国家方志馆 4 层）
邮编 100021
网址 http://www.zgfzcb.cn
发　　行：方志出版社图书经销中心
电话（010）67110500
经　　销：各地新华书店
印　　刷：浙江正方设计印刷股份有限公司

开　　本：889 × 1194　　1/16
印　　张：129 印张
字　　数：3612 千
版　　次：2020 年 12 月第 1 版　　2020 年 12 月第 1 次印刷
印　　数：0001 ～ 3000 册

ISBN 978-7-5144-4347-9　　定价：980.00 元

总目录

上 册

中 册

下 册

中册目录

第十三篇　地方人民政府

第十四篇　人民政协地方组织

第十五篇　民主党派　工商联　社会团体

第十六篇　政　法

第十七篇　军　事

第十八篇　农　业

第十九篇　工　业

第二十篇 建筑业 房地产业

第二十一篇 商贸 服务业

第二十二篇　名胜与旅游

第二十三篇　名优特产

第二十四篇　交通　运输

第二十五篇 电力 水利

第二十六篇 邮政 电信

第十一篇

中国共产党地方组织

目 录

嘉兴南湖区是中国共产党诞生地。1925年3月，建立了嘉兴历史上第一个共产党组织—中共嘉兴独立支部，隶属于中共上海地委。1927年9月，中共嘉兴县委成立，在城区的嘉禾布厂、纬成公司裕嘉分厂建立了党小组。在大革命、土地革命、抗日战争和解放战争时期极为艰险的环境中，境内中共党组织发动和依靠群众为推翻旧政权，建立新中国而励精图治、艰苦奋斗，作出了卓越贡献。

1949年5月7日，嘉兴解放，建立了中共嘉兴市委员会。1958年2月，中共嘉兴县委、嘉兴市委合并，1959年7月，重建在县委领导下的嘉兴市委。1962年7月，又将嘉兴市改为嘉兴县城关区，建立了中共嘉兴县城关区委员会。1966年5月至1976年10月“文化大革命”期间，地方党组织实行革命委员会党政一体化领导，这一时期随着行政区域和体制的变更，党组织也有重大调整。

1981年3月，嘉兴县改为嘉兴市(县级市)，建立中共嘉兴市委。1983年8月，将嘉兴地区撤销，设嘉兴、湖州两市，将原来辖区分设城区和郊区。同年10月，中共嘉兴市城区委员会成立。

中共嘉兴市城区委员会成立后，领导全区人民，深入贯彻中共十一届三中全会以来的路线、方针、政策，以经济建设为中心，以改革开放总揽全局，推进全区经济社会持续稳定协调地发展。尤其是进入21世纪以来，中共嘉兴市南湖区委全面贯彻“三个代表”重要思想和科学发展观，进一步加强党的组织、思想、作风建设，坚持深化改革，与时俱进，开拓创新，以实施产业集群、创新推进、和谐构建三大工程为抓手，着力建设一个综合实力更加壮大、发展动力更加强劲、经济社会更加协调、人与自然更加和谐的新南湖。

第一章　建区前中共党组织

第一节　民国时期党的组织

嘉兴是中国共产党地方组织建立较早的地区之一。1925年3月，建立中共嘉兴独立支部，隶属于中共上海地委领导。1927年，蒋介石在上海发动了“四一二”反革命政变，实行“清党”反共，镇压革命，嘉兴独立支部书记顾作之及一些党员骨干遭通缉，嘉兴独支部分党员就地坚持斗争。同年6月，中共浙江省委建立，即在各地恢复和建立党组织。8月建立中共嘉兴临时县委，9月成立中共嘉兴县委。在城区的嘉禾布厂、纬成公司裕嘉分厂分别建立党小组或党支部。至1929年3月，中共嘉兴县委两次被破坏。同年4月，省委建制撤销，嘉兴党的组织归属杭州党组织领导。在城区又先后建有中共嘉兴特别支部、中共嘉兴临时县委等组织。由于国民党反动当局的疯狂镇压，不少共产党员被捕，嘉兴党组织屡遭破坏。1931年2月，中共杭州中心县委被破坏，殃及嘉兴，城区党组织与上级失去联系。

抗日战争爆发后，随着党领导的抗日救亡运动的兴起和发展，嘉兴地方党组织重新建立。1940年2月，建立中共嘉(兴)崇(德)桐(乡)工委，3月工委在嘉兴县城建立了党的联络点。此后，城区党的联络点先后在中共嘉崇桐工委、中共海北工委等上级党组织的领导下，秘密发展党员，团结群众，坚持艰苦的抗日救亡运动。

抗日战争胜利后，城区党的联络点在中共海北工委特派员的领导下开展活动。1948年4—5月，中共吴(江)嘉(兴)工委成立后，在城区发展党员、筹建地方革命武装，开展统战、策反工作。1949年4月19日，吴嘉工委在策反国民党嘉兴县民兵队、自卫队起义的基础上，组建了以共产党员为骨干的中国人民解放军江南军区直属吴嘉湖独立团。同月，袭击了国民党驻军在杨柳湾的弹药库。嘉兴解放前夕，中共上海局多次派员到城区开展活动，发动群众护厂护校，保护人民财产，迎接解放。其时，在中共上海局的直接策反下，驻在城区的国民党陆军预干团第一总队约3000人宣布起义。1949年5月7日，中国人民解放军第二十七军解放嘉兴县城。

第二节　解放后至建区前党的组织

党组织

1949年5月建立中共嘉兴市委后，即与市军管会一起接管城市，建立人民民主政权，开展剿匪反霸，组织生产自救，平抑物价，稳定社会秩序和人民生活。从嘉兴解放至“文化大革命”前夕，嘉兴市委领导机构和隶属关系经历过多次调整。1950年5月，撤销嘉兴市建制，同时撤销嘉兴市委。1951年5月，恢复嘉兴市建制，复设嘉兴市委。1958年2月，嘉兴市委与县委合并，组成中共嘉兴县委。1959年6月，重新建立中共嘉兴市委，隶属嘉兴县委领导。1962年6月，嘉兴市改为嘉兴县城关区，撤销嘉兴市委，建立中共城关区委。1963年2月又改为嘉兴镇委。

1966年5月至1968年12月的“文化大革命”前期，由于受到严重冲击，嘉兴镇委及所属街道的党组织、各公社党委都陷于瘫痪。1968年3月后，镇及街道、公社相继成立革命委员会，统揽党政大权，实行“一元化”领导。1970年8月，恢复重建嘉兴镇委，各街道、公社的党组织也相继重新建立。

1981年3月，嘉兴撤销县建制，恢复市建制，嘉兴县委更名为嘉兴市委。同年9月，原嘉兴镇委下辖的6个街道党支部改建为街道党委，隶属市委领导。同年11月，嘉兴镇委撤销。

中共嘉兴县（市、区）委历任书记名录表

表11-1

<table>
<tr><th>组织名称</th><th>任职时间</th><th>姓　名</th><th>备　　注</th></tr>
<tr><td rowspan="4">中共嘉兴市委</td><td>1949.5—1956.6</td><td>吕志先（兼）、金孟加（兼）、杨　彬（女）、杨　铭、赵　星</td><td rowspan="8">①1958年2月，中共嘉兴市委与嘉兴县委合并，组成嘉兴县委，嘉兴市委撤销。1961年8月，地委任命中共嘉兴市委书记。1962年7月，嘉兴市改为嘉兴城关区，中共嘉兴市委终止
②1981年3月，经国务院批准，嘉兴县改为嘉兴市建制。省委决定，撤销嘉兴县委，建立中共嘉兴市委，县委书记改任市委书记</td></tr>
<tr><td>1956.6—1958.2</td><td>沈如淙</td></tr>
<tr><td>1961.8—1962.7</td><td>沈如淙</td></tr>
<tr><td>1981.3—1983.10</td><td>朱孔宇、马汉民</td></tr>
<tr><td rowspan="4">中共嘉兴县委</td><td>1949.5—1956.6</td><td>杨　铭、刘　剑、董方明、盛　平、郑寄民、徐永三、纪　元（第三书记）</td></tr>
<tr><td>1956.6—1968.7</td><td>徐永三、周平臣</td></tr>
<tr><td>1969.6—1975.8</td><td>周平臣、赵友干（第二书记）、朱孔宇</td></tr>
<tr><td>1975.8—1981.3</td><td>朱孔宇</td></tr>
</table>

嘉兴市县（市）党代会

1956年6月，嘉兴县召开第一次党的代表大会，审议县（市）委工作报告，选举产生县（市）党的第一届委员会。至1970年9月，嘉兴县先后召开过4次党的代表大会。

中共嘉兴县（市、区）历次党的代表大会表

表11-2

会议届次	会议概况
中共嘉兴县第一次代表大会（1956年6月6—11日）	出席代表381名。会议听取和审议徐永三代表县委所作的《关于六年来的工作总结和今后任务》的报告，选举产生中共嘉兴县第一届委员会和监察委员会，选举出席省第二次党代表大会的代表，通过县委工作报告等决议
中共嘉兴市第一次代表大会（1956年6月8—13日）	出席代表119名。会议听取和审议沈如淙代表市委所作的《关于七年来的工作总结和今后任务》的工作报告，选举产生中共嘉兴市第一届委员会和监察委员会，选举出席省第二次党代表大会的代表，通过《中国共产党嘉兴市第一次代表大会决议》

续表11-2

会议届次	会议概况
中共嘉兴县第二次代表大会（1959年12月12—17日）	出席代表691名。会议听取和审议徐永三代表上届县委所作的工作报告，选举产生中共嘉兴县第二届委员会，选举出席省第三次党代表大会的代表
中共嘉兴县第三次代表大会（1963年2月14—18日）	出席代表438名。会议听取和审议徐永三代表二届县委所作的工作报告，选举产生中共嘉兴县第三届委员会和监察委员会，选举出席省第四次党代表大会的代表，通过中共嘉兴县第三次代表大会工作报告的决议
中共嘉兴县第四次代表大会（1970年9月4—6日）	出席代表946名。会议听取和审议赵友干代表党的核心小组所作的工作报告，选举产生中共嘉兴县第四届委员会，通过中共嘉兴县第四次代表大会决议

第二章　区党代会

1983年8月，撤销嘉兴地区建制，嘉兴市改为省辖市，新建嘉兴市城区和郊区。同年10月，建立中共嘉兴市城区委员会和区纪律检查委员会。1984年3月召开中共嘉兴市城区第一次代表大会，至2006年12月，已召开党员代表大会7次。区党代会的主要议程是：听取和审议区委工作报告；选举产生新一届中共区委员会和纪律检查委员会；选举出席嘉兴市党代会代表；通过区委工作报告等决议。

第一节　党代表产生

参加党代会的正式代表通过差额选举产生。区委根据全区党员人数和该次党代会任务，确定正式代表名额。以各乡镇、街道和区属各部门、各企事业单位党组织为选举单位，按党员分布情况和工作需要，将代表名额分配到各选举单位。各选举单位按多于分配名额20%的比例，确定本单位代表候选人名额，由下属党支部组织党员充分酝酿，民主推荐，选举单位党组织汇总各支部推荐意见，结合考虑各种代表比例，提出代表候选人预备名单，再交各支部征求意见，确定正式候选人名单。该名单经区委审查原则同意后，各选举单位召开党代会或党员大会，通过无记名投票选举产生正式代表。区委确定代表名额和选举方案，报市委批准。

第二节　代表大会

第一次代表大会

1984年3月19—21日在城区礼堂召开。出席代表大会代表204名，代表全区2916名党员。特邀离休老党员6名，有关部门党员负责人列席18名。

大会听取和审议区委书记张汉臣代表中共嘉兴市城区区委所作的题为《坚定不移地贯彻十二大精神，为全面开创嘉兴市城区社会主义现代化建设的新局面而奋斗》的工作报告。大会选举产生中共嘉兴市城区第一届委员会委员19名，候补委员2名；选举产生中共嘉兴市秀城区纪律检查委员会委员9名；选举出席嘉兴市第一次党员代表大会的代表13名。

1984年3月19—21日，中国共产党嘉兴市城区第一次代表大会召开

第二次代表大会

1987年4月26—29日在城区礼堂召开。出席代表大会代表230名，代表全区3792名党员。特邀

离休老党员7名，有关部门党员负责人列席25名。

大会听取和审议区委书记张汉臣代表第一届区委所作的题为《坚持四项基本原则，坚持改革开放搞活，为建设文明富裕的社会主义新城区而奋斗》的工作报告，大会选举产生中共嘉兴市城区第二届委员会委员19名，候补委员2名；选举产生中共嘉兴市秀城区纪律检查委员会委员9名。

第三次代表大会

1990年3月22—25日在城区礼堂召开。出席代表大会代表211名。列席代表30名，特邀代表9名。

大会审议通过区委书记张汉臣代表第二届区委所作的题为《同心同德、艰苦奋斗，夺取我区社会主义事业新胜利》的工作报告，大会选举产生中共嘉兴市城区第三届委员会委员19名，候补委员2名；选举产生中共嘉兴市秀城区纪律检查委员会委员9名。

第四次代表大会

1993年3月12—15日在城区礼堂召开；出席代表大会代表230名。列席代表30名，特邀代表10名。

大会审议通过区委书记杨有金代表第三届区委所作的题为《把握机遇、团结奋进，夺取我区社会主义现代化的更大胜利》的工作报告，大会选举产生中共嘉兴市城区第四届委员会委员19名，候补委员3名；选举产生中共嘉兴市秀城区纪律检查委员会委员11名。

第五次代表大会

1998年2月19—22日在秀城区礼堂召开。出席代表大会代表230名，特邀人员10名，列席人员38名。

大会审议通过区委书记王洪涛代表中共嘉兴市秀城区第四届委员会作的题为《解放思想，振奋精神，同心同德开创秀城区跨世纪新业绩》的工作报告。会议作出关于开展向李雄伟、吴桂平同志学习的决议。大会选举产生中共嘉兴市秀城区第五届委员会委员19名，候补委员3名；选举产生中共嘉兴市秀城区纪律检查委员会委员11名。

1998年2月19—22日，中国共产党秀城区第五次代表大会召开

第六次代表大会

2003年2月23—27日在文华园召开。出席代表大会代表290名，特邀人员10名，列席人员30名。

大会审议和通过区委书记赵树梅代表第五届区委作的题为《全面建设小康社会努力开创秀城现代化建设新局面》的工作报告，大会以无记名投票的方式，差额选举产生中共嘉兴市秀城区第六届委员会委员23名，候补委员5名；选举产生中共嘉兴市秀城区纪律检查委员会委员11名，选举出席嘉兴市党代会代表35名。

第七次代表大会

2006年12月26—30日在南湖区礼堂召开。出席代表大会代表320名，特邀人员19名，列席人员46名。

大会审议和通过区委书记魏建明代表中共嘉兴市南湖区第六届委员会作的题为《坚持科学发展观，全面奏响构建和谐社会主旋律》的工作报告。大会以无记名投票的方式，差额选举产生中共嘉兴市南湖区第七届委员会委员33名，候补委员6名；选举产生中共嘉兴市南湖区纪律检查委员会委员19名；选举出席嘉兴市党代会代表35名。

第三节　出席中央 省 市党代会的代表

出席中央党代会代表

中共第九次全国代表大会代表

王三毛　嘉兴冶金机械厂铸工车间革命委员会副主任

王宝根　嘉兴县革命委员会副主任、东栅公社革命委员会副主任

中共第十四次全国代表大会代表

唐玲华　女 嘉兴绢纺厂工人、全国劳动模范、省优秀党员

出席省党代会代表

中共浙江省第八次代表大会代表

张汉臣　金雪英(女)

中共浙江省第九次代表大会代表

杨有金　陶志来(女)　姚荣奎

中共浙江省第十次代表大会代表

王洪涛　怀一尘　吴桂平

中共浙江省第十一次代表大会代表

朱春林　邬泉林　徐凯勤(女)

中共浙江省第十二次代表大会代表

魏建明　吴　健　朱屹峰　骆叶青(女)

出席市党代会代表

中共嘉兴市第二次代表大会代表

马根良　王金荣　卢展工　杨有金
李佃杰　张汉臣　怀一尘　胡世喜
骆成信　徐加庭　徐志荣　徐培根
钱月英(女)　董　静(女)　甄信田
蔡娟娥(女)

中共嘉兴市第三次代表大会代表

于　兰　许鑫鸿　杨有金　严　铭(女)
沈本恭　张汉臣　陈水林　姜顺荣
陶志来(女)　黄时龙　童炽昌　曹志龙
闫永根　王龙其　陈　斌　吴婷婷(女)
周明珠(女)

中共嘉兴市第四次代表大会代表

王　蔚(女)　王洪涛　方定英(女)
冯金荣　杨有金　怀一尘　沈敏谷
宋顺良　张汉臣　张永凯　张晓江
项　耿　徐文俊　徐加庭　高铁鹰
章传根　董　静(女)　傅金明　谢元根

中共嘉兴市第五次代表大会代表

马纪良　王才根　王金明　王洪涛
卢金刚　叶春林　朱春林　乔爱生
邬泉林　许国桢　严明根　苏志强
李　明(女)　杨有金　沈晓红(女)
陈水华　陈连根　陈国良　陈荣根
陈敏红(女)　罗献中　赵树梅(女)
赵群乐(女)　钟益民　施尚地　施俊发
姚钰明　徐凯勤(女)　徐福祥　傅正德
雷爱娥(女,畲族)　薛琏德　戴　锋
魏建明

中共嘉兴市第六次代表大会代表

王才根　王炳林　王洪涛　王增林
叶春林　朱立乔　朱屹峰　朱张坤
朱贵法　朱轿淋(女,满族)　乔丽娜(女)
许国桢　杜克强　余柏根　邹伏明
张兴业　张志伟　张培新　张善根
赵树梅(女)　赵群乐(女)　柏卫东
钟伟华　骆叶青(女)　徐耀银　翁建荣
陶志来(女)　章建军　董　葵(女)
董苗虎　雷爱娥(女,畲族)　蔡志昌
潘培荣　薛琏德　魏建明

第三章　中共南湖区委

第一节　区委员会

区委员会成立于1983年10月,历届区委委员由党员代表大会选举产生,中共城区(秀城区)第一届委员会至第五届委员会委员人数保持为19人,候补委员2~3人;第六届委员会委员人数有23名,候补委员5名;中共嘉兴市南湖区第七届委员会委员人数增至33名,候补委员增至6名。在代表大会闭会期间,区委员会执行上级党组织的指示和代表大会的决议,领导全区的各项工作。

第二节　区委常委会

区委常务委员会是中共南湖区委员会的常设机构,在区委员会全体会议闭会期间行使委员会的职权。建区后的历届区委常委会由区委书记、区委

副书记（2~4人）、区委常委（7~10人）组成。区委常委会实行集体领导和个人分工负责相结合的制度，区委日常工作，由常委按分工负责处理，凡属重大问题，由常委会集体讨论决定。

第一届至第七届中共南湖区委书记、副书记、常委任职情况表

表11-3

届别	起讫时间	区委书记	副书记	常委
一届	1984.3—1987.4	张汉臣（1984.3—1987.4）	盛春观（1984.3—1986.7） 梅永明（1984.3—1987.4） 杨有金（1986.7—1987.4）	徐培根（1984.3—1987.4） 李振华（1984.3—1985.10） 张亚平（女1984.3—1987.3） 姚殿基（1984.3—1986.6） 沈本恭（1985.10—1987.4） 李连芳（1986.6—1987.4） 潘虹良（1987.3—4）
二届	1987.4—1990.3	张汉臣（1987.4—1990.3）	杨有金（1987.4—1990.3） 徐培根（1987.4—1989.9） 徐加庭（1989.9—1990.3）	沈本恭（1987.4—1990.3） 李连芳（1987.4—1990.3） 潘虹良（1987.4—1990.1） 徐加庭（1987.4—1989.9） 怀一尘（1987.7—1990.3） 魏立人（1990.1—3） 严　铭（女，1990.1—3）
三届	1990.3—1993.3	张汉臣（1990.3—1991.10） 杨有金（1991.10—1993.3）	杨有金（1990.3—1991.10） 徐加庭（1990.3—1993.3） 沈本恭（1991.11—1993.3） 陶志来（女，1992.12—1993.3）	沈本恭（1990.3—1991.11） 李连芳（1990..3—1991.7） 怀一尘（1990.3—1993.3） 魏立人（1990.3—1993.3） 严　铭（女，1990.3—1993.3） 薛琏德（1990.3—1993.3） 肖善才（1991.6—1993.3） 陈水林（1991.11—1993.3） 许鑫鸿（1992.12—1993.3）
四届	1993.3—1998.2	杨有金（1993.3—1997.9） 王洪涛（1997.9—1998.2）	沈本恭（1993.3—1995.11） 陶志来（女，1993.3—1998.2） 怀一尘（1997.9—1998.2）	陈水林（1993.3—1995.11） 许鑫鸿（1993.3—1995.11） 肖善才（1993.3—1995.6） 严　铭（女，1993.3—1998.2） 石启铃（1993.3—1998.2） 蒋光明（1993.3—1995.11） 唐根富（1995.6—1998.2） 韩忠烈（1996.5—1998.2） 沈敏谷（1995.11—1998.2） 沈洪德（1997.12—1998.2）
五届	1998.2—2003.2	王洪涛（1998.2—2000.6） 朱春林（2000.6—2002.12） 赵树梅（女，2002.12—2003.2）	怀一尘（1998.2—2002.8） 陶志来（女，1998.2—8） 宋顺良（1998.8—2000.5） 魏建明（2002.8—2003.2） 邬泉林（2000.5—2003.1） 乔爱生（2002.11—2003.2） 朱　伟（2002.12—2003.2） 罗献中（2003.1—2003.2）	严　铭（女，1998.2—2000.2） 唐根富（1998.2—1999.8） 沈敏谷（1998.2—2000.5） 韩忠烈（1998.2—2000.5） 沈洪德（1998.2—2001.3） 傅光良（2000.2—2003.2） 赵群乐（2000.4—2003.2） 姚钰明（2000.5—2003.2） 乔爱生（2000.5—2002.11） 张培新（2000.10—2003.2） 韩月忠（2000.10—2002.11） 翁建荣（2002.11—2003.2） 沈晓红（女，2002.11—2003.2） 戴　锋（2002.12—2003.2）

续表 11-3

届别	起讫时间	区委书记	副书记	常委
六届	2003.2— 2006.12	赵树梅（女，2003.2—2006.11） 魏建明（2006.11—2006.12）	魏建明（2003.2—2006.11） 朱　伟（2003.2—2006.12） 乔爱生（2003.2—2006.11） 罗献中（2003.2—2006.11） 吴　健（2006.11—2006.12） 成佳刚（2004.3—2004.5） 董苗虎（2006.11—2006.12）	赵群乐（女，2003.2—2006.12） 姚钰明（2003.2—2006.11） 张培新（2003.2—2005.10； 2006.11—12） 翁建荣（2003.2—2006.12） 沈晓红（女，2003.2—2004.12） 戴　锋（2003.2—2006.12） 柴伟龙（2005.7—2006.12） 邓　辉（2005.10—2006.11） 王金福（2006.9 —12） 杨永健（2006.11 —12） 赵建华（2006.11 —12） 蔡志昌（2006.11 —12）
七届	2006.12—	魏建明（2006.12—　）	董苗虎（2006.12—　） 吴　健（2006.12—　）	赵群乐（女，2006.12—　） 张培新（2006.12—　） 翁建荣（2006.12—2007.5） 戴　锋（（2006.12—2008.8） 杨永健（2006.12—　） 赵建华（2006.12—2010.12） 蔡志昌（2006.12—　） 朱林森（2006.12—2009.6） 王金福（2006.12—2007.9） 吴海松（2007.5—2010.4） 陈永铮（2007.12—2010.5） 章一川（2008.9—　） 徐　军（2009.6—　） 陈荣根（2010.4—　） 张申龙（2010.5—　） 李建政（2010.7—　） 黄炳金（2010.12—　）

第三节　区纪律检查委员会

区纪委届别与区委届别相同，由区党员代表大会选举产生。

1984年3月，城区召开第一次党代会，选举产生中共嘉兴市城区第一届纪委，委员9人，梅永明代表区纪委作工作报告。城区纪委第一次全体会议选举产生纪委常委3人，其中，书记1人。

1987年4月，城区召开第二次党代会，选举产生第二届区纪委，委员9人，徐加庭代表区纪委作工作报告。城区纪委第一次全体会议选举产生纪委常委3人，其中，书记1人，副书记1人。

1990年3月22—25日，城区召开第三次党代会，产生第三届纪委，委员9人，魏立人代表区纪委作工作报告。城区纪委第一次全体会议选举产生纪委常委3人，其中，书记1人，副书记1人。

1993年3月12—15日，城区召开第四次党代会，大会选举产生第四届区纪委，委员11人，魏立人代表区纪委作工作报告。城区纪委第一次全体会议选举产生纪委常委4人，其中，书记1名，副书记2名。同年5月，经区委、区政府同意，区纪委、监察局进行合署办公。同年11月，原嘉兴市城区更名为秀城区，城区纪委更名秀城区纪委、秀城区监察局。

1998年2月19—22日，秀城区召开第五次党代会，大会选举产生第五届区纪委，委员11人，沈敏谷代表区纪委作工作报告。城区纪委第一次全体会议选举产生纪委常委4人，其中，书记1名，副书记1名。

1999年1月，秀城区党政机关部门和群众团体，分别与嘉兴市党政机关和群众团体对口部门继续实行合署办公，区纪委继续保留。

2003年2月23—27日，秀城区召开第六次党代会，大会选举产生第六届区纪委，委员11人，乔爱生代表区纪委会作工作报告。城区纪委第一次全体会议选举产生纪委常委5人，其中，书记1名，副书记2名。

2005年5月，秀城区更名为南湖区，区纪委、区监察局更名南湖区纪委、南湖区监察局，合署办公。

2006年12月28日，南湖区召开第七次党代会，大会选举产生第七届区纪委，委员19人，张培新代表区纪委作工作报告。城区纪委第一次全体会议选举产生纪委常委7人，其中，书记1名，副书记2名。

1984—2010年中共南湖区纪律检查委员会书记、副书记名录表

表11-4

届别	时间	职务	姓　名	任职时间
一	1984.03—1987.04	书记	梅永明	1984.03—1987.04
		副书记	徐加庭	1984.03—1987.01
二	1987.04—1990.03	书记	徐加庭 魏立人	1987.04—1990.01 1990.01—1990.03
		副书记	冯家禄	1988.01—1988.10
三	1990.03—1993.03	书记	魏立人	1990.03—1993.03
		副书记	陶润福	1990.03—1993.03
四	1993.03—1998.02	书记	许鑫鸿 沈敏谷	1993.03—1995.11 1995.11—1998.02
		副书记	陶润福 高子琛	1993.03—1998.02 1993.03—1997.04
五	1998.02—2003.02	书记	沈敏谷 傅光良 乔爱生	1998.02—2000.05 2000.05—2002.12 2002.12—2003.02
		副书记	李　明（女） 陈连根 周永强 陈天英（女）	1998.02—2003.01 2000.10—2001.09 2001.09—2003.02 2003.01—2003.02
六	2003.02—2006.12	书记	乔爱生 张培新	2003.02—2006.11 2006.11—2006.12
		副书记	陈天英（女） 周永强 张虎根	2003.02—2006.12 2003.02—2006.12 2006.11—2006.12
七	2006.12—	书记	张培新	2006.12—
		副书记	周永强 张虎根	2006.12— 2006.12—

第四节　区委工作机构及党校

区委工作机构

1983年10月。成立中共城区区委，区委工作部门设办公室、组织部、宣传部、政法委员会。

1994年11月，市委、市政府决定，秀城区与市委、市政府党政机关合署办公，保留区人大机关、法院、检察院。有部分机构设立了城区工作科（处）。

2000年7月，秀城区按实运作时机构设置：办公室（政策研究室）、组织部（区级机关委员会）、宣传部、统一战线工作部（台湾事务办公室、侨务办公室、民族宗教事务局）、政法委员会（社会综合治理委员会办公室）。

2001年12月25日，机构改革时机构设置：办公室（农业和农村工作办公室、政策研究室）、组织部（区级机关委员会）、宣传部、统一战线工作部（工商联、台办、侨办、民族宗教事务局）、政法委员会（社会综合治理委员会办公室）

2005年5月20日，根据经国务院批准，秀城区更名为南湖区。同年，深化完善机构改革时的设置：办公室（政策研究室）、组织部（区委人才办、区级机关委员会）、宣传部、统一战线工作部（工商联、台办、侨办、民族宗教事务局）、政法委员会（社会综合治理委员会办公室、防处邪教办）

2010年，区委工作部门设：办公室（政策研究室、台办、区经济社会发展研究中心）、组织部（区委人才办、区委新经济与新社会组工委、区级机关工作委员会）、宣传部、统一战线工作部（工商联、侨办、民族宗教事务局）、政法委员会（社会综合治理委员会办公室、防处邪教办、维稳办）

中共南湖区委工作机构设置沿革情况表

表11-5

起迄时间	（县、市）区委名称	内设机构名称
1983.10—1984.3	城区区委	办公室、组织部、宣传部、机关党委、政法委
1984.3—1987.4	一届区委	办公室、组织部、宣传部、农村工作部、整党办公室、政法委、老干部局、机关党委
1987.4—1990.3	二届区委	办公室、组织部、宣传部、农村工作部、政法委、老干部局、机关党委
1990.3—1993.3（1988.1—1993.12）	三届区委	办公室、组织部、宣传部、农村工作部（后改为农委）、政法委（后改为政法领导小组，后再改政法委）、老干部局、机关党委、党校（1990.4建立，1994年与市委合署后并入市委党校）
1993.3—1998.2	四届区委	办公室、组织部、宣传部、政法委、老干部局、机关党委、党校
1994.11—2000.7	与市委合署	实行与市委合署办公体制，保留办公室、组织部、宣传部、政法委；2000年5月，（根据嘉委办〔2000〕56号）文件，调整为办公室、组织部、宣传部、统一战线工作部、政法委
1998.2—2003.2	五届区委	办公室、组织部、宣传部、政法委、统一战线工作部（2000.5建立）2000年5月28日，区老干部局、区级机关党工委（党委）归口组织部；区委文明办挂靠宣传部；区委台湾工作办公室、区政府台湾事务办公室、侨务办公室、民族宗教事务局挂靠统战部；区委防范和处邪教问题领导小组办公室挂靠区委政法委办公室
2003.2—2006.12	六届区委	办公室、组织部、宣传部、政法委、统一战线工作部、区委农办（2004.6建立）2004年6月，区委、区政府决定，原挂靠在区农业经济局的区委农业和农村工作办公室单独设置，与区城乡一体化办公室合署办公
2006.12—2010	七届区委	办公室、组织部、宣传部、政法委、统一战线工作部、区委农办

区委党校

1989年6月，区委批准建立党校筹备领导小组，1990年4月，区委党校建立。党校校长由区委副书记兼任，内设教育科和行政科，担负对党员和入党积极分子的教育培训工作。1994年11月，并入嘉兴市委党校。

第四章　区委重要会议

第一节　区委全委会议

区委全委会议由区委常委会召集并主持，会议议题由区委常委会确定，必须有三分之二以上委员到会方能举行。根据工作需要，可以召开扩大会议，确定有关人员列席全委会，扩大参加人员的范围。扩大范围由区委常委会确定。区委全委会一般每年至少召开2次，遇有重要情况可随时召开。

自1984年第一届第一次区委全委会以来至2010年年底的第七届第十三次区委全委会，共召开69次区委全委会。（除第一届资料不全）第二届8次，第三届9次，第四届12次，第五届15次，第六届11次，第七届13次。

中共南湖区委第一至七届全委（扩大）会情况表

表11-6

届次	时间	参加对象	主要议程
一届一次	1984.3.21	全体区委委员、候补委员	选举产生常务委员7人，其中书记1名，副书记2名
二届一次	1987.4.29	区委委员、候补委员215。7名区纪委委员列席	选举产生区委常委7名。其中书记1名、副书记2名。区委书记张汉臣代表新当选的常委讲话
二届二次	1988.3.28—30	区委委员、候补委员21名。纪委委员、人大、政府、人武部领导和法院、检察院、区机关各部门负责人、以及各乡、街道党委（总支）书记40人列席	区委书记张汉臣向全会作工作报告。学习中共中央、省、市委有关指示精神，联系实际，就南湖区一年来的工作和当年主要任务，围绕进一步解放思想，发展外向型经济，以及加强党的自身建设等重点，展开认真热烈的讨论
二届三次	1988.8.9	区委委员、候补委员20名。区纪委委员列席会议	传达省委两个文件。张汉臣就选举出席嘉兴市党代会代表和省党代会代表有关问题讲话；怀一尘介绍省、市党代会代表候选人预备人选名单
二届四次	1988.10.13	区委委员、候补委员19名，纪委委员列席会议	区委书记张汉臣就我区出席嘉兴市第二次党代会代表和召开中共嘉兴市城区代表会议等问题讲了话
二届五次	1988.11.3—15	区委委员、候补委员出席了会议，区纪委委员、区人大常委会副主任、专职常委、区政府副区长、人武部政委、科长、法院院长、副院长、检察院检察长、副检察长、区级机关各部门负责人，以及各乡、街道党委书记、乡长、办事处主任、区属单位党支部书记列席会议	传达党的十三届三全会和省委七届九次全会扩大会议精神；区委书记张汉臣作了题为《统一思想、团结奋斗，以实际行动贯彻落实党的十三届三中全会精神》的报告
二届六次	1989.2.25—26	区委委员、候补委员，区纪委委员、各乡、街道党委书记、办事处主任、区委党群部门、区人大、人武部、法院、检察院、以及环卫处、福利院、火化殡仪馆负责人共80余人	区委书记张汉臣作了题为《认真贯彻十三届三中全会精神，努力把我区两个文明建设提高到新水平》的报告。对这个报告进行讨论

续表11-6

届次	时间	参加对象	主要议程
二届七次	1989.7.6	区委委员、候补委员。区纪委委员、区人大副主任、区府副区长、人武部政委、区人大专职委员、法院院长、副院长、检察院副检察长、部委办局正副职(包括巡视员)、各乡、街道党委书记、区属单位党支部书记	传达学习十三届四中全会精神及省委八届二次全会扩大会议精神。8日又举行全委会,讨论审议了《区委工作规则》
二届八次	1989.12.21—23	区委委员、候补委员、区纪委委员、各乡、街道党委书记、乡长、办事处主任、区机关各部门党员负责人,区属单位党支部书记	学习贯彻中共十三届五中全会和省委八届四次全会扩大会议精神,着重讨论和研究当前面临的经济问题。区委副书记、区长杨有金作了《团结一致、同心同德、坚定不移地贯彻中央关于治理整顿和深化改革的决定》的报告。区委书记张汉臣在会议结束时讲了话
三届一次	1990.3.25	区委委员、候补委员。区纪委委员列席	选举区委常委7名,其中书记1名,副书记2名。区委书记张汉臣代表新当选的常委讲了话。通过了《区委关于加强自身建设的决定》
三届二次	1990.7.30—31	席和参加会议人员;区委委员、候补委员、区兰矮委员、各乡、街道党委书记、区机关各部门负责人	分组讨论修改《区委工作规则》。杨有金报告上半年经济工作和下半年工作的意见,张汉臣汇报赴闽学习考察情况
三届三次	1991.2.9—11	区委委员、候补委员、区纪委委员:出席会议。区人大副主任、专职委员、区府副区长、区人武部政委、区级机关各部门主要负责人和部分离休干部	区委书记张汉臣作《团结奋斗、励精图治,夺取"八五"计划第一年经济建设和各项工作新胜利》的讲话,通过《嘉兴市城区国民经济和社会发展"八五"计划及十年规划的建议》
三届四次	1991.9.25—28	区委委员、候补委员、区纪委委员外,还有区人大、区政府副职领导、各乡、街道党委书记、区属党支部书记和区机关各部门主要负责人,部分离休干部参加了会议	贯彻省委读书会精神,学习江泽民"七一"重要讲话,提高抵御和反对和平演变的能力。区委书记张汉臣作题为《增强抵御和平演变能力,切实做好当前各项工作》报告。通过《中共嘉兴市城区区委党风责任制》
三届五次	1991.12.20—21	出席和参加会议人员与四次会议相同	区委书记杨有金对城区1992年工作提出初步思路和几点说明,到会人员认真讨论
三届六次	1992.2.17—19	区委委员、候补委员、区纪委委员、区人大正副主任、专职委员、副区长、副区级巡视员、区人武部部长、法院院长、副院长、检察院检察长、副检察长,区级机关各党委、党组书记、各部门主要负责人、各乡、街道党委书记、纪委书记、乡长、乡人大主席、街道办事处主任、分管工业的副主任、区属党支部书记,部分离休干部	贯彻落实中共十三届八中全会和省委八届六次全会扩大会议精神,结合本区实际,研究确定实现小康,建设社会主义新农村和进一步搞好重点骨干企业的目标措施。区委书记杨有金在会上作了题为《认真贯彻八中全会精神,努力开创我区工作新局面》的报告

续表11-6

届次	时间	参加对象	主要议程
三届七次	1992.3.21	区委委员、候补委员17人。参加会议的有区人大副主任、区府副区长、农业顾问、区人武部部长、区纪委副书记、副区级巡视员，区机关各部门党委、党组书记和主要负责人，组织部、宣传部副部长、乡、街道党委书记和部分离休干部共46人	区委常委、组织部部长陈水林传达市委召开的各县市区党群副书记、组织部长会议内容：推荐十四大代表
三届八次	1992.10.28—29	区委委员、候补委员	区委副书记徐加庭传达中共十四大精神，区委书记杨有金就如何学习、宣传、贯彻十四大精神作部署
三届九次	1992.12.26	区委委员、候补委员	传达贯彻省委八届八次全体(扩大)会议精神，研究确定明年和今后一个时期全区加快改革开放和经济发展目标及主要任务。区委书记杨有金作题为《认真贯彻党的十四大精神，把我区的改革开放和建设事业推上新台阶》的报告，并讨论通过了这个《报告》
四届一次	1993.3.15	区委委员、候补委员	选举产生城区区委常委9名，其中书记1名、副书记2名。审议通过了城区纪委常委、书记、副书记名单；审议通过了城区区委《关于坚持和健全民主集中制进一步加强自身建设的决定》
四届二次	1993.7.12—13	区委委员、候补委员、区纪委委员、区人大副主任、专职常委、副区长、区人武部部长、正副区级巡视员、区府农业顾问、法院院长、副院长、检察院检察长、副检察长、区机关各党委，党组书记、各乡党委书记、乡长、党群副书记、人大主席团常务主席、分管工业、农业副乡长、街道党委书记、主任、党群副书记、分管工业副主任、区属单位党支部书记、区机关各部门副职、助理、党委、党组成员、各乡党委委员、副乡长、工业公司经理、副经理、信用社主任、各村党支部书记、以及重点骨干企业厂长(经理)、党支部书记等	贯彻落实中共十四大精神，回顾分析上半年经济形势，研究部署下半年工作。审议《中共嘉兴市城区第四届委员会工作规则》。会上由城区物资总公司介绍《解放思想、深化改革，把握机遇、稳步发展》，嘉北乡《形成全力抓经济》，新兴街道《抓住机遇、加快步伐、力争今年工业产值翻一番》，东栅乡《抓乡村两级工业齐头并进，使企业经济全面发展》，区计经委《抓住机遇、知难而上、利势而进，持续掀起我区乡镇企业高速高效发展》和城区区委宣传部《围绕经济、服务经济》的发言
四届三次	1993.8.10	区委委员、候补委员21人出席会议。区纪委委员、乡、街道和区机关各部门有关领导32人列席了会议	审定通过出席省第九次党代表大会的代表候选人初步人选；推选嘉兴市城区出席中国共产党嘉兴市代表会议代表。审定通过杨有金、陶志来(女)、姚荣奎三人为出席省第九次党代会代表候选人初步人选；王龙其、邢承兴、朱家煌、吴婷婷(女)、钟水荣、阎永根6人为城区出席市党代会代表

续表11-6

届次	时间	参加对象	主要议程
四届四次	1993.12.28	出席会议区委委员候补委员、区纪委委员；区人大副主任、专职常委、副区长、区人武部部长、区级巡视员、副区级巡视员、区府农业顾问，法院院长、副院长、检察院检察长、副检察长、区级机关党委（党组）书记、各部门主要负责人；各乡党委书记、乡长、党群副书记、人大主席团常务主席、分管工业、农业副乡长、各街道党委书记、主任、党群副书记、分管工业副主任、区属党支部书记；部分离退休干部	进一步贯彻落实中共十四大和十四届三中全会精神，回顾总结1993年工作，研究确定1994年改革和发展的目标及任务；审议《嘉兴市秀城区精神文明建设规划（1994—2000年）》
四届五次	1994.1.25	区委委员、候补委员，区纪委委员列席了会议。	审定通过出席中国共产党嘉兴市第三次代表大会候选人。区委书记杨有金讲话
四届六次	1994.7.15—16	区委委员、候补委员，区纪委委员；区人大副主任、专职委员，副区长，区人武部部长，区级巡视员，副区级巡视员，区政府农业顾问；区法院副院长、检察院副检察长，区级机关各党委（党组）书记，各部门主要负责人，公安分局政委；各乡党委书记、乡长、党群副书记、纪委书记、乡人大主席团常务主席、分管工业和农业的副乡长；各街道党委书记（办事处主任）、党群副书记、纪委书记、分管工业的副主任；各区属单位党支部书记、行政主要负责人；部分离退休人员	进一步贯彻落实中共十四大和十四届三中全会精神，回顾总结上半年工作，研究部署下半年工作
四届七次	1996.2.1	区委委员、候补委员。区纪委委员、区人大党员副主任、副区长、区人武部部长，各乡、街道党委书记列席	通过《嘉兴市秀城区国民经济和社会发展“九五”计划和到2010年规划纲要》；总结1995年工作，部署1996年工作。区委书记杨有金作报告
四届八次	1997.1.6	区委委员、候补委员。区纪委委员、区人大党员副主任、副区长、区人武部部长、区级机关各部门、（包括区人大各工作委员会）主要负责人，各乡、街道党委书记、乡长、办事处主任列席	回顾总结1996年工作，研究部署1997年工作。区委书记杨有金作了题为《抓住机遇、齐心协力，努力开创我区两个文明建设新局面》的报告
四届八次（增）	1997.1.21	区委委员、候补委员	表决通过给予周福鹏开除党籍处分的决定
四届九次	1997.4.2	区委委员、候补委员、区纪委委员；区人大党员主任、副主任、副区长、县团级离退休人员；乡、街道党委书记；区委、区政府各部门负责人；区人大各工委、人大办、检察院、法院负责人	推选出席中国共产党第十五次代表大会的代表
四届十次	1997.11.29	区委委员、候补委员，区纪委委员列席会议	一、区委副书记陶志来就明年区委换届选举工作作了几点说明；二、审议通过关于召开中共嘉兴市秀城区第五次代表大会的决定；三、副市长、区委书记王洪涛就开好区第五次党代会讲了话

续表11-6

届次	时间	参加对象	主要议程
四届十一次	1998.1.19	区委委员、候补委员。区纪委委员、区人大党员副主任、副区长、区人武部部长、区级机关各部门(包括区人大各工作委员会)主要负责人,各乡、街道党委书记、乡长、办事处主任列席了会议。嘉兴经济开发区、嘉兴市南湖综合开发区、市委城工委各1名领导参加	一、讨论确定区第五次党代会有关事项;二、回顾总结1997年工作,研究部署1998年工作。副市长、区委书记王洪涛作了题为《解放思想、开拓进取,齐心协力开创秀城区工作新局面》的报告
五届一次	1998.2.22	区委委员、候补委员22名	选举产生秀城区区委常务委员8名,其中书记1名、副书记2名;审议通过秀城区纪委常委、书记、副书记名单
五届二次	1998.8.26	区委委员、候补委员20名	区委副书记宋顺良传达市委〔1998〕29号文件《关于中国共产党嘉兴市第四次代表大会选举工作的通知》;通报秀城区党代会代表名额分配方案和产生办法;通过于1998年9月中旬召开秀城区党代会的决定;副市长、区委书记王洪涛讲话
五届三次	1998.9.8	区委委员、候补委员18名	通过秀城区出席中国共产党嘉兴市第四次代表大会代表候选人名单;通过中国共产党嘉兴市秀城区党代会于1998年9月25日召开
五届四次	1999.2.4	区委委员、候补委员,区纪委委员,区人大、区政府党员副主任、副区长,区人武部部长,区级机关各部门(包括区人大各工作委员会)主要负责人,各乡、街道党委书记、乡长、办事处主任,邀请市委城工委、嘉兴经济开发区党工委,南湖综合开发区党工委各1名领导参加	回顾总结1998年工作,研究部署1999年工作
五届五次	2000.1.20	区委委员、候补委员,区人大副主任,区人武部政委、部长,区级机关各部门、区人大各工作委员会主要负责人,各乡、街道党委书记、乡长(主任)、分管工业的副乡长(副主任)。邀请嘉兴经济开发区、南湖综合开发区党工委各1名领导参加	回顾总结1999年工作,研究部署2000年工作
五届六次	2000.8.3	区委委员、候补委员,区纪委委员,区人大副主任,区政府副区长,区人武部政委、部长,区级机关各部门、区人大各工作委员会主要负责人,各乡镇、街道党委书记、乡(镇)长(办事处主任),区土管、环保、工商分局、市总工会秀城区办事处、区团工委、市科协秀城区办事处负责人。邀请曾担任副处以上实职的离退休老干部,市国税局、地税局、粮食局、供销社、农业银行、保险公司、人寿保险公司、信用联社、城郊供电分局的领导及新闻单位的负责人	回顾总结上半年工作,交流经验,分析形势,部署下半年及后一段时期工作任务

续表11-6

届次	时间	参加对象	主要议程
五届七次	2000.12.31	区委委员、区纪委委员，区人大副主任，区政府副区长，区政协工委副主任，区人武部部长，区级机关各部门、区人大各工作委员会主要负责人，各乡镇党委书记、人大主席、乡（镇）长，各街道党委书记、办事处主任，区土管、环保、工商分局、市总工会、市科协秀城区办事处，市国税直属征管分局、市地税征管一分局、市农行秀城区支行、秀城区供销社、市财保公司秀城区支公司、市人寿保险公司秀城区支公司、信用联社、城郊供电分局主要负责人。邀请曾担任副处级以上实职的离退休人员参加	上午，一、区委副书记、区长怀一尘作区委《关于制定秀城区国民经济和社会发展第十个五年计划建议的说明》；二、区委副书记邬泉林就对乡镇、街道、部门测评作有关说明；三、分组讨论区委《关于制定秀城区国民经济和社会发展第十个五年计划的建议》；四、讨论通过区委《关于制定秀城区国民经济和社会发展第十个五年计划的建议》和区委工作规则。（区委委员纪委委员参加）下午，一、区委书记朱春林作迎接新世纪动员大会动员报告；二、迎接新世纪文艺活动
五届八次	2001.8.3	区委委员、区纪委委员，区人大副主任，区政府副区长，区政协工委主任、副主任，区人武部部长，区级机关各部门、市直秀城各分局党政主要负责人，各乡镇、街道党委书记、乡镇人大主席，乡镇长、街道办事处主任。会议邀请曾担任副处级以上实职的离退休人员参加	一、区委书记朱春林作工作报告；二、区委副书记邬泉林作区委《关于进一步开展依法治区工作的决定》的说明和双向测评说明；三、分组讨论（区委工作报告和《关于进一步开展依法治区工作的决定》）；四、区长怀一尘作小结
五届九次	2002.1.28	区委委员、区纪委委员，区人大副主任，区政府副区长、区长助理，区政协工委主任、副主任，区人武部部长、副部长，区级机关各部门、市直秀城各分局党政主要负责人，各乡镇、街道党委（党工委）书记、人大主席（主任），镇长（办事处主任），曾担任副处以上实职的离退休人员	深入贯彻学习江泽民“七一”重要讲话、中共十五届六中全会和中央、省、市委有关会议精神，回顾总结2001年工作，部署2002年工作任务
五届十次		区委委员	推选出席市党代表会议代表
五届十一次	2002.7.19	区委委员、区纪委委员，区人大副主任，区政府副区长、区长助理，区政协工委主任、副主任，秀城新区管委会主任，区人武部部长、副部长，区级机关各部门党政主要负责人、市直秀城各分局主要负责人，各乡镇、街道党委（党工委）书记、人大主席（主任）、镇长（办事处主任）。邀请曾担任副处级以上实职的离退休人员参加	认真学习贯彻江总书记“5·31”重要讲话和省第十一次党代会精神，回顾总结上半年工作，研究部署下半年任务，动员全区各级党组织和广大干部群众以“三个代表”重要思想为指导，进一步明确目标，突出重点，狠抓落实，努力实现全年各项工作的新突破
五届十二次	2002.11.22	区委委员、区纪委委员	全面部署换届选举有关工作
五届十三次	2002.12.27	区委委员、区纪委委员，区人大副主任，区政府副区长、区长助理，区政协工委主任、副主任，秀城新区管委会主任，区人武部部长、副部长，区级机关各部门党政主要负责人、市直秀城各分局主要负责人，各镇、街道党委（党工委）书记、镇长（办事处主任）、人大主席（主任）。邀请曾担任副处级以上实职的离退休人员参加	学习贯彻中共十六大、中央经济工作会议以及省、市委全体扩大会议精神，回顾总结即将过去的一年工作，研究部署明年的工作目标和任务，进一步动员全区各级党组织和广大干部群众解放思想，振奋精神，与时俱进，开拓创新，为秀城区全面建设小康社会而努力奋斗

续表11-6

届次	时间	参加对象	主要议程
五届十四次	2003.1.28	区委委员、区纪委委员	圈选出席中共嘉兴市第五次代表大会代表候选人预备人选
五届十五次	2003.2.18	区委委员，区纪委委员	区委副书记乔爱生通报党代会筹备工作情况；区委书记赵树梅通报第六次党代会主题报告的基本框架和主要内容，说明人事安排原则和指导思想，通过第六次党代会的召开日期
六届一次	2003.2.27	区委委员23名，候补委员5名，区纪委委员列席会议	会议选举产生中共嘉兴市秀城区第六届委员会常务委员11名。其中书记1名、副书记4名，通过区纪委第一次全体会议选举产生书记、副书记、常委名单
六届二次	2003.7.23	区委委员、候补委员，区纪委委员，区人大副主任，区政府副区长、区长助理，区政协工委正、副主任，秀城新区管委会主任，区人武部部长、副部长，区级机关各部门党政主要负责人、市直秀城各分局主要负责人，各镇、街道党委（党工委）书记、镇长（办事处主任）、人大主席（主任）。邀请曾担任副处级以上实职的离退休人员参加	回顾总结上半年工作，研究部署下半年的工作任务；审议并通过《中共秀城区委工作规则》和《中共秀城区委关于切实加强自身建设的决定》
六届三次	2004.1.7	区委委员、候补委员，列席会议的有区纪委委员，区人大副主任，区政府副区长、区长助理，区政协工委主任、副主任，县级干部、副县级干部，秀城新区管委会主任，区人武部部长、副部长，区级机关各部门党政主要负责人、市直秀城各分局主要负责人，各镇、街道党委（党工委）书记、镇长（办事处主任）、人大主席（主任），曾担任副处以上实职的离退休人员	深入学习贯彻中共十六届三中全会、中央经济工作会议、省委十一届五次全体（扩大）会议和市委五届三次全体（扩大）会议精神；回顾总结2003年工作，研究部署2004年工作任务
六届四次	2004.7.1	区委委员、候补委员，列席会议的有区纪委委员，区人大副主任，区政府副区长、区长助理，区政协工委主任、副主任，副县级干部，区人武部部长、副部长，区级机关各部门党政主要负责人、市直秀城各分局主要负责人，各镇、街道党委（党工委）书记、镇长（办事处主任）、人大主席（主任），曾担任副处以上实职的离退休人员	认真学习贯彻中共十六届三中全会和省委十一届六次全会精神，回顾总结上半年工作，研究部署下半年工作任务。审议并通过《区委关于建设“平安秀城”的决定（草案）》《区委全委会任用或推荐正职领导干部表决办法（试行）》草案
六届五次	2005.1.7	区委委员、候补委员出席会议。区纪委委员，区人大副主任，区政府副区长、区长助理，区政协工委主任、副主任，区人武部部长、副部长；区级机关各部门党政主要负责人，市直秀城各单位主要负责人；各镇、街道党委（党工委）书记，镇长（办事处主任），人大主席（主任）列席，邀请曾担任副处以上实职的离退休人员参加	深入学习贯彻中共十六届四中全会、中央经济工作会议、省委十一届七次全体（扩大）会议和市委五届五次全体（扩大）会议精神；回顾总结过去一年工作，研究部署今年工作任务

续表11-6

届次	时间	参加对象	主要议程
六届六次	2005.8.4—5	区四套班子有关领导；各镇、街道党委（党工委）书记；区级机关有关部门主要负责人参加8月4日学习考察。）区委委员、候补委员；区纪委委员；区人大副主任，区政府副区长、区长助理，区政协主席、副主席，区人武部政委和部长、副部长；区级机关各部门党政主要负责人，市直南湖各单位主要负责人；各镇、街道党委（党工委）书记，镇长（办事处主任），人大主席（主任）参加了8月5日的会议；同时邀请了曾担任副处以上实职的离退休人员参加	会议分两个阶段召开，4日组织相关人员到德清县、吴兴区学习考察项目推进和招商引资工作，8月5日上午集中开会。深入学习贯彻中共十六大、十六届四中全会、省委十一届八次全体（扩大）会议和市委五届七次全体（扩大）会议精神；回顾总结上半年工作，研究部署下半年工作任务
六届七次	2005.12.30	区委委员、候补委员参加。区纪委委员，区人大副主任，区政府副区长、区长助理，区政协副主席，区人武部政委、副部长；区级机关各部门党政主要负责人，市直南湖各单位主要负责人；各镇、街道党委（党工委）书记，镇长（办事处主任），人大主席（主任）列席；邀请曾担任副处以上实职的离退休人员参加	贯彻中共十六届五中全会、中央经济工作会议、全省经济工作会议和市委五届八次、九次全体（扩大）会议精神；回顾总结“十五”特别是今年一年的工作，讨论“十一五”发展思路，部署明年工作
六届八次	2006.8.4	区委委员、候补委员；区纪委委员；区人大副主任，区政府副区长、区长助理，区政协副主席，区人武部政委、部长、副部长；区级机关各部门党政主要负责人，市直南湖各单位主要负责人；各镇、街道党委（党工委）书记，镇长（办事处主任），人大主席（主任）和曾担任副处以上实职的离退休人员参加	紧紧围绕年初确定的指导思想和目标任务，总结上半年工作，部署下半年任务和工作要求，坚持科学发展观，进一步认清形势、统一思想，振奋精神、坚定信心，咬定目标、狠抓落实，确保全年目标任务的圆满完成
六届九次	2006.9.15	区委委员、候补委员出席，区纪委委员列席	学习贯彻上级有关换届工作精神，研究区、镇党委换届选举工作
六届十次	2006.12.16	区委委员、候补委员，区纪委委员，区人大、区政府、区政协党员领导干部，区法院、区检察院党员主要领导干部；区长助理，区人武部部长；各镇、街道和区级机关部门正科级党员领导干部；市直南湖区工商、国土、质监、药监分局，国税南湖分局、地税第一分局，工会、科协办事处党员主要负责人；担任过县处级实职的党员离退休人员参加会议	民主推荐新一届南湖区委、区纪委候选人初步人选
六届十一次	2006.12.23	区委委员、候补委员参加会议；区纪委委员列席会议	听取区第七次党代会筹备工作情况，研究部署区第七次党代会有关事项
七届一次	2006.12.30	区委委员33名，候补委员6名，区纪委委员列席会议	选举产生第七届常务委员11名。其中书记1名、副书记2名，通过区纪委第一次全体会议选举产生书记、副书记、常委名单

续表11-6

届次	时间	参加对象	主要议程
七届二次	2007.1.25	区委委员、候补委员，区纪委委员；区人大常委会副主任、党组成员，区政府副区长，区政协副主席，区人武部部长、副部长，区检察院检察长，区法院代院长，区长助理；区级机关各部门党政主要负责人，市直南湖各单位主要负责人；各镇、街道党委（党工委）书记，镇长（办事处主任），人大主席（主任）参加了会议；邀请曾担任副处以上实职的离退休人员参加	深入学习贯彻中共十六届六中全会和省委、市委全委会精神，回顾总结2006年工作，部署2007年工作目标任务，审议通过《中共嘉兴市南湖区委关于贯彻落实党的十六届六中全会精神，构建社会主义和谐社会的实施意见》
七届三次	2007.2.15	区委委员、候补委员	圈选十七大代表候选人初步人选
七届四次	2007.6.20	区委委员、候补委员；区纪委委员；各镇、街道党委（党工委）书记	传达贯彻省第十二次党代会议精神
七届五次	2007.7.20	区委委员、候补委员；区纪委委员；区人大、区政府、区政协领导，副县级干部，区长助理，区人武部部长；各镇、街道党委、区级机关各部门党政主要负责人，市直南湖各单位主要负责人	学习贯彻上级有关会议精神，回顾总结上半年工作，研究部署下半年任务
七届六次	2007.12.27	区委委员、候补委员；区纪委委员；区人大、区政府、区政协领导，副县级干部，区长助理，区人武部部长；各镇、街道党委、区级机关各部门党政主要负责人，市直南湖各单位主要负责人；邀请曾担任副处以上实职的离退休人员及部分党代表	回顾总结2007年工作，审议通过《中共南湖区委关于贯彻落实党的十七大和省市委决定精神，坚持创业创新创优，加快推进三大工程的决定》，研究部署2008年工作的主要任务
七届七次	2008.7.21—22	区委委员、候补委员；区纪委委员；区人大、区政府、区政协领导，副县级干部，区长助理，区人武部部长；各镇、街道党委、区级机关各部门党政主要负责人，市直南湖各单位主要负责人；曾担任副处以上实职的离退休人员、部分党代表	回顾总结上半年工作，研究部署下半年任务，确保完成年初确定的各项目标；部署推进全面改善民生工作，审议通过《中共南湖区委关于全面改善民生促进社会和谐的实施意见》和《中共南湖区委工作规则》
七届八次	2008.12.24	区委委员、候补委员；区纪委委员；区人大、区政府、区政协领导，副县级干部，区长助理，区人武部部长；各镇、街道党委、区级机关各部门党政主要负责人，市直南湖各单位主要负责人；曾担任副处以上实职的离退休人员、部分党代表	贯彻中共十七大、十七届三中全会、中央经济工作会议和省委十二届四次会议精神，回顾总结2008年工作，研究部署2009年工作的主要任务
七届九次	2009.7.25	区委委员、候补委员；区纪委委员；区人大、区政府、区政协领导，副县级干部，区长助理，区人武部部长；各镇、街道党委、区级机关各部门党政主要负责人，市直南湖各单位主要负责人；曾担任副处以上实职的离退休人员、部分党代表	贯彻中共十七大、十七届三中全会、省委十二届五次会议和市委六届七次全体（扩大）会议精神，总结上半年工作，部署下半年任务，通过《中共南湖区委关于深化改革开放推进科学发展的实施意见》
七届十次	2009.11.23	区委委员、候补委员	研究竞争性选拔副科级领导干部工作

续表11-6

届次	时间	参加对象	主要议程
七届十一次	2009.12.25	区委委员、候补委员；区纪委委员；区人大、区政府、区政协领导，副县级干部，区长助理，区人武部部长；各镇、街道党委、区级机关各部门党政主要负责人，市直南湖各单位主要负责人；曾担任副处以上实职的离退休人员、部分党代表	贯彻落实中共十七届四中全会、中央经济工作会议和省委十二届六次全会精神，回顾总结今年工作，通过《中共南湖区委关于认真贯彻〈中共中央关于加强和改进新形势下党的建设若干重大问题的决定〉的实施意见》
七届十二次	2010.7.31	区委委员、候补委员；区纪委委员；区人大、区政府、区政协领导，副县级干部，区长助理，区人武部部长；各镇、街道党委、区级机关各部门党政主要负责人，市直南湖各单位主要负责人；曾担任副处以上实职的离退休人员、部分党代表	贯彻落实中共十七届四中全会、省委十二届七次全会精神，总结上半年工作，研究部署下半年任务。通过《中共南湖区委关于加快推进生态文明建设的意见》
七届十三次	2012.12.10	区委委员、候补委员；区纪委委员；区人大、区政府、区政协领导，副县级干部，区长助理，区人武部部长；各镇、街道党委、区级机关各部门党政主要负责人，市直南湖各单位主要负责人；曾担任副处以上实职的离退休人员、部分党代表	贯彻落实中共十七届五中全会和省委十二届八次全会精神，总结今年和“十一五”工作，分析当前形势，谋划“十二五”发展，研究部署明年重点工作。通过《中共南湖区委关于制定南湖区国民经济和社会发展第十二个五年规划的建议》

第二节　区委常委会议

区委常委会议一般每月举行1~2次，须有半数以上常委到会方能举行，必要可以临时召开；讨论干部问题时，应有三分之二以上常委到会方能举行。常委会议由区委书记召集并主持，也可由书记临时委托副书记召集并主持，区人大常委会主任、区政协主席、区委办公室主任列席会议，团区委党员书记可以列席会议；会议议题由书记或书记委托的副书记确定，需要报请常委会讨论的问题，一般要写出请示报告，由区委办统一汇总，提请书记或书记委托的副书记审定。区委常委会议决定重大问题，按少数服从多数的原则进行表决，常委会议讨论决定的事项，根据需要，经区委主要领导同意，印发《常委会议纪要》。

自1984年第一届第一次区委常委会以来至2010年年底的第七届第14次区常委会，除2002年前资料不全外，共召开120次区委常委会。

第三节　区委专题办公会议

区委书记专题办公会议视工作需要召开，在保证区委各项决策落实到实处及处理区委日常事务中起到协调和检查督促的作用。参加人员为区委书记和副书记。会议可根据需要确定有关区委常委及部门负责人列席会议。会议一般由区委书记召集并主持，也可由书记委托副书记召集并主持，常委对分管范围内的工作进行协调或常委受书记委托协调有关事项时也可召开区委专题办公会议。根据会议需要，由会议主持人确定有关常委和有关区级领导及有关部门负责人参加会议。

第五章　区委重要决策

第一节　政治决策

党的建设

干部工作　1985年9月，区委批转组织部《关于干部调配工作的报告》的通知，对干部调配责权作出明确规定，加强机关行政编制和科技人员管理。1991年起，区委实施干部谈话制度。1991年12月，区委出台《关于加强培养教育青年干部的意见》。1992年8月，区委制定《关于加强干部调配工作纪律的若干规定》。1994年10月，区委批转区委组织部《关于嘉兴市秀城区领导干部谈话制度的暂行规定》，对谈话对象、谈话内容、谈话要求、谈话分工、谈话方法作出规定，进一步规范干部谈话制度。批转区委组织部、区纪律检查委员会《关于建立局(科)级领导干部个人生活中重大事项汇报制度的意见(试行)》。2003年，区委首次决定公开选拔部分科局级领导干部，6人被选拔任用。2004年7月，区委对进一步加强领导干部因公出国(境)审批管理作出规定。2008年，区委印发《区委全委会成员民主提名推荐领导干部人选实施办法(试行)》，进一步规范干部任用初始提名程序。2010年6月，区委印发《关于进一步深化干部人事制度改革的若干意见》，深入推进干部人事制度改革工作。

基层组织建设　1983年12月，开展政社分设工作。1990年11月，成立城区加强农村基层组织建设领导小组。1991年6月，印发《关于加强我区农村基层组织建设的意见》，提出加强村级组织建设的指导思想和工作目标。1994年3月，印发《秀城区农村基层组织建设领导小组及成员单位职责》。1994年10月，区委印发《关于在全区农村继续深入开展党的基本路线教育的意见》，明确指导思想、教育内容和要求、教育对象和重点、实施办法。2002年4月，区委印发《关于进一步加强社区党建工作的意见》，明确社区党建工作的主要目标、指导原则、组织网络。2006年3月，区委印发《南湖区街道组织工作规程(试行)》，规范街道干部行为，提高街道工作的效能。2007年11月，区委、区政府印发《关于全面推进农村基层基础建设的若干意见》，对推进农村基层组织建设、推进村级民主政治建设、壮大村级集体经济、健全党群共建工作机制等提出意见。2008年9月，区委转发《南湖区农村“六六群众工作制”实施方案》，决定在全区农村推行“六六群众工作制”(选调600名干部，联系600户中心户)。2009年2月，转发《南湖区城市“六六群众工作制”实施方案》，决定推行城市“六六群众工作制”工作(选拔66名干部，联系600名社区服务员)，着力破解机关效能难题，建立联系农村、社区基层新机制。2010年3月，区委印发《关于按照构建城乡统筹的基层党建新格局要求全面加强基层党建工作的意见》《关于加强新社会组织党建工作的意见》，全面加强基层党建工作。

党风廉政建设　1985年3月，区委印发《坚决贯彻党中央和国务院关于坚决制止新的不正之风的各项规定的通知》。1985年10月，区委制定《关于建立党风责任制实现全区党风根本好转的规划》，全面落实中共十二大提出的要在5年内实现党风等4个根本好转的目标任务。1987年7月，区委对原规划作修订，出台《中共嘉兴市城区区委党风责任制》，明确区委及区纪委的职责和落实党风责任制的几项措施。1988年3月和1991年9月，区委两次出台新的《中共嘉兴市城区区委党风责任制》。1993年9月，区委制定印发《关于加强党风廉政建设的规定》，提出不得收受礼金和有价证券、不得巧立名目组织公费旅游和出国出境观光、不准“吃拿卡要”和巧立名目“乱收费、乱罚款、乱集资摊派”、严格用车等9项规定。1999年11月，区委印发《关于落实党风廉政建设责任制的实施意见》。2000年2月，区委印发《关于在区领导班子、领导干部中深入开展以“三讲”为主要内容的党性党风教育的实施意见》。2001年7月，区委转发《中共嘉兴市委关于领导干部8小时外加强自律与监督管理的意见》，规范领导干部8小时外的行为。2001年7月，区委印发《关于科局级党政领导干部年度考核工作的实施意见(试行)》《关于加强对科局级党政“一把手”管理监督的意见》，对科局级干部考核和“一把手”管理监督工作作出规定。2002年4月，区委印发《关于做好调整和处理不称职、不胜任现职领导干部工作的实施意见（试行）》，对调整和处理不称职、不胜任现职领导干部作出规定。2005年9月，区委结合实际研究制定《建立健全惩治和预防腐败体系实施细则》。2008年10月，印发《南湖区建立健全惩治和预防腐败体系2008—2012年工作要点》。

2010年12月，区农村基层党风廉政建设会议

自身建设　1985年6月，区委印发《嘉兴市城区机关整党工作计划》，明确区级机关整党工作总的目的要求、基本任务和重点、指导思想、大致步骤、组织领导和要求等方面内容。1985年12月，区委印发《嘉兴市城区第二期第三批整党单位整党工作实施意见》，研究决定约用3个月时间，对乡、街道机关及区属企业事业单位的党组织开展整党。1986年6月，区委印发《嘉兴市城区第二期第四批整党工作部署》。1989年7月，区委印发《中共嘉兴市城区区委工作规则（试行）》。1993年3月，区委印发《关于坚持和健全民主集中制，进一步健全自身建设的决定》，就切实加强自身建设，提出政治坚定、勇于改革、团结协调、廉洁务实4个方面的要求。2000年12月，区委印发《关于进一步加强区委领导班子自身建设的意见》。2003年7月，区委印发《关于切实加强自身建设的决定》。2005年1月，区委印发《关于认真贯彻中央、省、市委精神切实加强党的执政能力建设的实施意见》，就切实加强党的执政能力建设提出贯彻意见。2005年11月，区委印发《关于进一步加强自身建设充分发挥区委总揽全局、协调各方领导核心作用的意见》，进一步加强区委自身建设，切实改进和完善领导方式。是年，区委印发《关于进一步加强和改进机关党的建设的意见》，推动机关党的建设走在前列、作出表率。2010年1月，区委印发《关于认真贯彻〈中共中央关于加强和改进新形势下党的建设若干重大问题的决定〉的实施意见》，全面加强和改进新形势下党的建设。2010年3月，区委印发十项制度文件，规范区党代表提案、提议、调研视察、联系党员群众、列席重要会议、学习培训、参加干部民主推荐、民意调查和民主评议、重要情况向区党代表通报、重要事项征求区党代表意见、区委委员、区纪委委员联系区党代表等行为。

思想政治教育

1987年5月，区委转发区“五四三”活动委员会《一九八七年开展五讲四美三热爱活动意见》，具体提出了以“四有”为目标，大力加强思想政治教育等6个方面内容。1991年8月，区委印发《关于在全区农村开展社会主义思想教育的意见》。2000年6月，区委办公室下发《关于结合纪念“七一”活动，在全区广大党员干部中开展“三个代表”重要思想学习活动的通知》，部署全区学习活动。2000年12月，区委印发《关于加强和改进思想政治工作的意见》。2001年1月，区委印发《关于在农村开展“三个代表”重要思想学习教育活动的实施意见》。2002年，区委决定开展转变作风年和调查研究年活动。2003年，区委作出兴起学习贯彻“三个代表”重要思想新高潮的决定。2004年，区委开展“三树一创”教育实践活动，进一步加强区委、区政府领导班子和科局级领导班子思想政治建设。2005年，区委决定在全区党员中开展以实践“三个代表”重要思想为主要内容的保持共产党员先进性教育活动和以“8小时内敬业岗”和“8小时外奉献岗”为主要形式的“一员双岗”活动。2006年，区委决定在全区组织开展社会主义荣辱观教育活动，并以此为主要内容全面实施文明素质提升工程。2007年，区委决定在全区范围内开展以“创业、创新、创优”为核心内容的“践行三创精神，推进三大工程”实践活动，推动全区上下在换届之年树新形象、创新业绩。是年，决定开展“作风建设年”活动，全面加强领导干部作风建设。2008年，区委决定开展“创业服务年”“创新推进年”

和改革开放30周年暨撤地建市25周年纪念活动。2009年，区委决定在全区范围内开展深入学习实践科学发展观活动暨"招商引资攻坚年、转型升级推进年、城乡统筹突破年"活动。2010年，区委决定深入开展以学习实践科学发展观、建设服务型基层党组织为主要内容的"南湖先锋"创先争优活动。

民主政治和法治建设

民主政治建设 2004年7月、2009年11月，区委分别印发《关于进一步加强人大工作的意见》，要求进一步加强和改进党对人大工作的领导，更好地坚持和完善人民代表大会制度，不断加强社会主义民主法制建设。2004年12月，区委印发《关于切实推进人民政协履行职能制度化、规范化和程序化建设的实施意见》，对即将建立的区政协委员会的"三化"建设作出明确。2009年11月，区委印发《关于加强人民政协工作的意见》，推进政协工作创新发展。2010年10月，区委批转《政协嘉兴市南湖区委员会关于切实加强政治协商、民主监督、参政议政的实施意见》，进一步推进履行政协职能的规范化、制度化、程序化。2006年5月，区委印发《关于进一步加强中国共产党领导的多党合作和政治协商制度建设的实施意见》，充分发挥民主党派、无党派人士在促进全区经济社会发展中的作用。

统战、群团工作 1986年2月，批转共青团区委《关于要求加强共青团组织建设的报告》。2001年，区委同意建立区民盟、民进支部、九三支社和秀城归侨侨眷联合会、区台胞台属联谊会。2003年，区委同意建立民革秀城区支部、民建秀城区支部和农工党秀城区支部。2003年10月，区委印发《关于进一步加强党对科协工作领导的意见》。2004年5月，区委印发《关于进一步加强非公有制经济单位工会组建工作的意见》。2004年12月，区委印发《关于加强和改善党对新世纪新阶段工会、共青团、妇联工作领导的意见》，着力构筑党对工会、共青团、妇联工作领导的新格局。2008年3月，区委印发《关于巩固和壮大新世纪新阶段统一战线的实施意见》，进一步加强统一战线工作。2010年9月，区委批转《关于建立镇、街道总工会的报告》，同意建立镇、街道总工会。

法治建设 2001年8月，区委印发《关于进一步开展依法治区工作的决定》，明确到2005年依法治区的目标。2006年8月，区委印发《关于加快建设"法治南湖"的决定》，对深入推进社会主义民主政治建设，加强法治政府建设、加强司法体制和工作机制建设、加强法制宣传教育、切实尊重和保障人民政治经济文化权益、加强对"法治南湖"建设的领导等提出要求。

党政机构改革

1996年5月，区委、区政府印发《关于实施秀城区党政机构改革方案的通知》，秀城区机关原有党政机构27个调整为12个。2001年10月，区委、区政府印发《关于实施乡镇(街道)行政区划调整工作的通知》，调整后全区设5个镇、7个街道。2003年5月，区委、区政府印发《关于进一步深化事业单位改革的意见》，对事业单位改革的指导思想、基本原则、方向、主要任务、配套政策等作出规定。2005年，区委成立财经工作领导小组。2008年，组建区农村合作经济组织联合会，"农合联"与区农业经济局实行2块牌子、合署办公。2008年12月，区委、区政府决定实施行政机关内设机构行政许可职能归并工作。2009年，区委决定建立区委社会工作委员会，为区委领导社会建设和管理工作的议事协调机构，区委社工委下设办公室，作为区委社工委的办事机构，区委社工委办公室设在区民政局。2010年，区委决定成立区委农业和农村工作委员会，区委农工委下设办公室，作为区委农工委的办事机构，与区委农办合署办公。

第二节　经济建设与改革决策

加强党对经济工作领导

2000年12月，区委印发《关于进一步加强和改善区委对经济工作领导的意见》，切实履行好区委对经济工作的领导职能。2004年9月，区委、区政府印发《关于贯彻落实中央宏观调控政策的若干意见》，对加快经济结构战略性调整、切实推进经济增长方式转变、提高土地集约利用水平，以及加强经济运行即期调控、积极推进效能建设等提出要求。

农业农村工作

2001年1月，区委、区政府印发《关于进一步发展壮大村级集体经济的若干意见》，对发展村级集体经济提出意见。2001年9月，区委、区政府印发《关于进一步发展效益农业增加农民收入的若干政策意见》，积极推进农业和农村经济结构的战略性调整。2010年5月，区委、区政府印发《关于全面开展粮食生产功能示范区和现代农业示范园区建设的意见》，提出争取用5年左右时间，全区建成10个以上粮食生产功能示范区和20个以上现代农业示范园区。2010年7月，区委、区政府印发《关于全面开展农村集体资产股份化改革的实施意见》，决定通过清产核资、清人分类、折股量化、建章立制、规范监管等程序，在农村集体经济组织内将集体资产按一定标准折股量化到人，建立起新的农村集体资产管理和运作模式。

工业发展　科技创新　园区建设

2003年5月，区委、区政府印发《关于秀城区工业立区战略的实施意见》，决定在今后5年实施“工业立区”发展战略，更快更好地发展工业经济，以工业化推动城市化和现代化进程。是年，建立嘉兴工业区，规划面积为100平方千米，提出通过五年的建设，基本建成嘉兴东南的工业基地和浙江省、乃至长三角地区的先进制造业基地之一。2003年，启动建设嘉兴科技城，2004年嘉兴科技城控制性详细规划得到批复，规划面积3.65平方千米。2006年6月，区委、区政府印发《关于增强自主创新能力建设创新型南湖的决定》，提出到2010年，基本建成以嘉兴科技城为龙头的环杭州湾区域科技创新基地、以国家农业科技园区为依托的都市型农业科技示范基地，初步形成规模较大、结构优化、层次较高、竞争力较强的科技创新体系，区域科技创新能力和科技进步贡献率明显提高，成为嘉兴创新型城市和浙江省区域创新体系副中心的核心区。

人才工作

2004年7月，区委、区政府印发《关于大力实施人才强区战略的决定》，提出到2010年每万人中人才数达到1000人以上，在若干区域和领域形成人才密集区，在传统优势产业、高新技术产业和现代服务业形成若干优势人才群。2008年，发布《“十一五”人才发展规划》。2010年7月，区委、区政府印发《关于加强创业创新领军人才队伍和创新团队建设的实施意见》，提出用5年左右时间，引进培育100名左右南湖区创业创新领军人才，打造100个左右南湖区重点创新团队。

深化改革开放

2003年，区委、区政府决定举办首届“南湖之春——2003年文化经贸系列活动”。2004年9月，区委、区政府印发《关于加快民营经济发展的若干意见》，积极支持民营企业做大做强，提高经济综合竞争能力。2008年4月，区委、区政府印发《关于接轨上海关联发展的实施意见》，要求牢牢抓住“世博经济”和上海新一轮经济发展机遇，接轨上海，推动南湖区经济社会实现更好更快发展。2009年8月，区委印发《关于深化改革开放推动科学发展的实施意见》，就继续解放思想、深化改革开放、再创体制优势、推动科学发展提出要求。

第三节　统筹城乡发展决策

城区建设

2001年7月，区委、区政府印发《社区建设发展三年规划》，促进社区建设上新台阶。2004年1月，就进一步加强城市社区建设作出规定。2005年8月，区委、区政府印发《关于进一步加强城市管理工作的实施意见》，提出力争通过2~3年时间的努力，在市容市貌、环境卫生、市政公用、园林绿化、公共秩序等方面全面达标，以城带乡，城乡联动。

新市镇和新农村建设

2006年9月，区委印发《南湖区农村综合改革实施方案》及配套文件，着力探索“三农”工作的新机制、新方法，加快建立精干高效的基层行政管理体制和覆盖城乡的公共财政制度，促进农村经济社会全面进步。2007年11月，区委、区政府印发《关于进一步加快新型城镇建设的实施意见》，进一步优化城镇体系，加强城乡规划，提升城镇功能，加强城镇管理。2008年2月，区委、区政府印发《关于全面推进村庄集聚加快农村新社区建设的实施意见》《关于全面推进农民自主创业的实施意见》，推进社会主义新农村建设。2008年4月，区委、区政府印发《关于推进强镇扩权积极培育现代新市镇的实施意见》，要求到2012年市镇建设形成产业特色明显、功能设施完善、管理规范有序的现代化新市镇。2008年5月，区委、区政府印发《关于进一步加大经济薄弱村扶持力度的实施意见》，提出通过两年努力，使全区经济薄弱村集体经济实力明显提升，村级集体经济年经常性收入达到30万元以上，并形成较为稳固的收入来源。

2010年5月5日，市领导到凤桥镇调研新农村建设

城乡一体化发展

2004年4月，区委、区政府印发《城乡一体化发展规划纲要》，系统总结了推进城乡一体化的经济社会基础，明确了推进城乡一体化工作的指导思想、基本原则、总体目标和实施步骤，提出到2010年，全区城市化水平达到75%以上，秀城新区常住人口达到10万人以上，两个中心镇镇区人口达到3万人以上，基本形成秀城新区、中心镇、特色镇、中心示范村、农村新社区各具特色、交相辉映的城乡空间布局一体新格局。2008年2月，区委、区政府印发《关于进一步加大统筹城乡发展力度加快推进城乡一体化促进现代新农村建设的若干意见》，提出力争到2011年，初步建立起新型城乡管理体制和统筹城乡发展的运行机制，基本形成“四位一体”城乡统筹协调发展的新格局。

生态文明建设

2002年5月，区委、区政府印发《关于在全区农村深入开展“双整治”工作的实施意见》，全面推进农村两个文明建设。2010年2月，区委、区政府印发《关于开展“拆旧治违”专项整治工作的实施意见》，决定在全区范围内对农民住宅房“建新不拆旧”引起的一户多宅和生产用违法建设集中开展专项整治工作。2010年8月，区委印发《关于加快推进生态文明建设的意见》，对“十二五”规划时期生态文明建设提出要求。

第四节　社会事业发展决策

文明创建与文化建设

2003年3月，区委、区政府印发《关于深入开展创建文明城区活动的实施意见》，对围绕全市创建全国文明城市、力争首批进入省级文明城区的行列提出意见。2004年，区委表彰首届秀城区“南湖之星”，分别授予10人“南湖之星”荣誉称号和提名奖。2009年5月，区委印发《关于推动文化大发展大繁荣的实施意见(2009—2011)》，进一步加快全区文化建设。

社会事业和民生改善

2001年12月，区委、区政府印发《嘉兴市秀城区创建教育强区规划》。2004年4月，南湖区被省人民政府授予“浙江省教育强区”称号。2006年5月，区委印发《关于进一步深化省教育强区创建工作的意见》，巩固教育强区创建成果。2003年5月，区委、区政府印发《关于进一步做好下岗失业人员再就业和推行城乡统筹就业工作的实施意见》。2004年8月，区委印发《关于进一步加强和改进未成年人思想道德建设的实施意见》。2006年11月，区委对开展慈善募捐活动提出指导意见。2007年1月，区委印发

《关于贯彻落实党的十六届六中全会精神构建社会主义和谐社会的实施意见》。2008年7月，区委印发《关于全面改善民生促进社会和谐的实施意见》，深入实施民生改善工程，努力促进社会和谐，使全面建设小康社会的成果更好地惠及全区人民。2008年10月，区委、区政府印发《关于加强社会工作者队伍建设推进社会工作发展的意见（暂行）》，加强社会工作者队伍建设，推进全区社会工作发展。2009年11月，区委印发《关于加快推进残疾人事业发展的实施意见》，加快推进残疾人事业全面发展。2010年3月，区委、区政府印发《关于深化医药卫生体制改革的实施意见》，提出建立健全覆盖城乡居民的基本医疗卫生制度，为群众提供安全、有效、方便、价廉的医疗卫生服务。2010年9月，区委、区政府印发《关于进一步加强安全生产工作的实施意见》，决定从2010年起，全面实施“365安全生产行动计划”，全面加强安全生产工作。

第六章　组织建设

第一节　党员队伍

党员发展

20世纪50年代起，各级党组织贯彻积极慎重的建党方针，按照共产党员的标准八项条件，结合对私营资本主义工商业的三大改造，讲究阶级成分，重点发展工人、农民家庭出身入党。“文化大革命”期间，贯彻“五十字”建党纲领，吸收一批党员，其中，在1974年突击发展了一批党员。1975年，贯彻中共中央16号文件纠正“双突”错误时，分别作了妥善处理。

“文化大革命”结束后一段时间，党员发展工作一度停止。中共十一届三中全会后，各级党组织为适应党在新时期所担负的任务，重视加强党的建设，按照党中央提出的“坚持标准，保证质量，改善结构，慎重发展”的方针，重点发展在改革开放和经济建设中涌现出来的优秀分子入党，特别注重优秀知识分子和先进青年中吸收党员，并开始重视在生产第一线的工人、农民优秀分子中发展党员，并注意发展女性党员，改善年龄、性别和知识结构。

1983年全区党员2832名，其中，大学生文化25名，中专、高中文化2487名。1988—1993年，全区从生产第一线的工人、农民、知识分子和其他方面的积极分子入党，共发展党员562名。

1993年全区党员5364名，具有大专以上文化318名，党员中文化层次比10年前高88.9%。

20世纪90年代起，尤其是2000年后，贯彻党中央有关加强非公有制企业党建工作的部署，全区非公企业党建工作稳步推进，吸纳发展了一大批非公企业中的优秀职工加入中共党员队伍。

2001—2010年，全区共发展党员2150名，其中在非公有制企业中发展的党员561名，占24.9%。大专以上学历951人，占42.3%。

至2010年年底，全区共有党员22777名，其中，女党员6898人，占30.3%；大专以上学历6903人，占30.3%。

2004—2010年全区共产党员发展情况表

表11-7　　　　单位：人

年份	发展党员总数	发展女党员数	发展非公经济单位党员数	年龄			学历				
				25岁及以下	26岁至35岁	36岁至59岁	大学本科以上	大学专科	中专	高中	初中及以下
2004	191	80	33	22	108	61	20	57	29	32	53
2005	189	88	46	28	98	63	20	60	27	28	54
2006	192	77	37	34	94	64	19	52	13	43	65
2007	229	101	46	158	70	1	53	66	34	35	41

续表11-7

年份	发展党员总数	发展女党员数	发展非公经济单位党员数	年龄			学历				
				25岁及以下	26岁至35岁	36岁至59岁	大学本科以上	大学专科	中专	高中	初中及以下
2008	252	104	58	164	87	1	57	56	30	48	61
2009	282	146	120	196	85	1	69	80	43	41	49
2010	272	113	101	189	81	1	83	76	24	35	53
合计	1416	629	408	769	515	131	301	390	171	230	323

党员教育

20世纪50年代起，嘉兴县(市)委通过各系统和农村人民公社的业余党校，对党员进行党的基础知识教育，学习党的理论和基本知识，增强为共产主义事业而奋斗的信念。全区普遍建立党课教育制度，“文化大革命”时中断。

“文化大革命”后，党课教育制度逐步恢复，组织部、宣传部联合制定《关于加强党员教育工作的意见》。20世纪80年代前后，各乡镇、街道普遍恢复建立业余党校。1990年4月建立区委党校，配备专职和兼职教师，党校校长由区委主要领导兼任。通过在党校举办党员培训班的形式，对党员和入党积极分子进行教育培训，还分批组织党员干部参加市委、省委党校培训，培训成绩记入党员成长档案。培训内容主要是《中国共产党章程》和中共中央党代会会议精神，马克思主义理论，同时根据形势不断更新教育内容。

1986年6月至1987年1月，按照中共中央《关于整党的决定》结合开展的整党活动，编发党课教材，开展增强党性修养教育，1987—1989年，主要对党员进行以经济建设为中心，坚持四项基本原则、反对资产阶级自由化的基本路线教育，批判了消弱思想政治工作和淡化党的领导的错误倾向。从1989年起，还通过民主评议党员的工作，处置了一批不合格的党员，改善了党员队伍结构，增强了党的活力。

1991年，结合中国共产党成立70周年活动，开展以“讲党史、忆传统、作贡献，为党奋斗终身”为主题的党员教育，重温入党宣誓教育。

1994—1998年，在全区深入开展“三讲、三学、三树”活动、“三德”教育和以爱国主义、集体主义、社会主义为主要内容的思想教育，提高党员的思想理论水平，增强党员执行党的基本路线和各项方针、政策的自觉性。

2003年，在全区各级党组织和广大党员中开展了十六大精神主题教育活动，共举办专题辅导234场，受益达15000多人；同时，在全区范围内组织开展学习贯彻“三个代表”重要思想活动，深入开展了“我为秀城发展作贡献”主题教育活动。2004年，成立了96345社区党员志愿者服务总站和分站，3800多名党员注册成为志愿者。认真开展“双带三培养”活动，精心实施基层组织建设“城乡联动”，在镇机关中普遍推行为民服务“五承办”制度。2005年，以“弘扬红船精神，永葆先锋本色”为主题，深入开展保持共产党员先进性教育活动。在全区基层党支部中推行发展党员票决制。在农村、社区和非公有制企业党组织中建立30个党员电教片直接供应点。

2006年，建立首批党员干部现代远程教育基本型终端接收站点142个，完成计划建点任务的188%，实现了农村和城市基层的全覆盖。组建了一支由160名基层骨干力量组成的操作管理维护员队伍，实现“一点一员，一站双员”。建立教学、管理等制度，印制工作手册和节目收看记录卡，开展远程学用“好样板”建设，促进了远程教育的作用发挥。2007年，开通现代远程教育视频点播系统，建立9个“远教超市”和13个远教信息亭，在全区50%的行政村建立了远程教育门户网站。共组织党员干部集中学习3400余场次，各类兴趣小组、居民群众自主学习2000多次，近10万人次通过远教站点接受了教育。至2008年，已建立远教网络进党员中心户299家，进文化科技示范户65家，进实践基地10个，进专业合作社20家，进规模以上企业151家。开发课件资源，摄制的《红船旁的承诺》获市课件评比二等奖。建立远教辅导咨询专家库，开展远教专家上网下乡活动。

2009年，开展“远教主题月”活动，组织农民学上网、特色实用技术培训和星级门户网评选等系列活动。抓好课件制作工作，2部课件分获市一、二等奖。

2010年，对全区所有远教终端接收站点管理员进行培训，积极配合市远程办开展的远教主题月活动，推荐9种远教学用方法参加市级最具活力学用方式的评选。摄制《新丰生姜的大棚模式》《嘉兴粽子的制作流程》《党员专业工作室》3部远教课件。

组织整顿

解放后，根据党中央统一部署，多次进行党的组织整顿。20世纪50年代，以毛泽东《关于正确处理人民内部矛盾问题》为基本指导思想，在全区开展反对官僚主义、宗派主义和主观主义的整风运动，提出了坚持党的领导和社会主义制度，但是，在组织整顿中犯有反右扩大化错误，误伤了一部分人。

20世纪60年代，全区结合城乡社会主义教育运动，简称“社教”，开展整党，后因“文化大革命”停止。1969—1970年，“文化大革命”期间也进行过整党，对党组织进行整顿，当时一批“造反派”被当作“新鲜血液”而“火线”入党，党组织的纯洁性受到破坏。

1984年9月至1987年7月，区委根据《中共中央关于整党的决定》，分3批开展全面整党，对党组织进行整顿。这次整顿，广大党员学习中共十一届三中全会以来的重要文件，彻底否定“文化大革命”，开展批评与自我批评，清理“左”的思想倾向，履行了党员登记手续。全区247个党支部、3486名党员参加了整顿。对“三种人”及其他违反党纪，犯有严重错误的党员作出组织处理。其中，取消预备党员资格、退党除名2名，不予登记功缓期登记16名，党纪处分4名。

1989年后，党员组织整顿主要通过每年的民主评议党员、民主评议党支部活动，召开党外人士、群众座谈会、问卷调查的形式，听取党外人士的考评意见，和个人的业绩进行考评。从而转化了一大批领导软弱涣散的后进党组织，处置了一批不合格党员，纯洁了党员队伍，增强了党的战斗力。

“争先创优”活动

解放以来，在社会主义革命和建设中，各级党组织的战斗堡垒作用和共产党员的先锋模范作用相当明显。全区受到各级组织表彰的各条战线的劳动模范和先进工作者，“五一”劳动奖章，大多数是共产党员。他们中有全国劳动模范，大桥中华化工厂厂长朱贵法，有全国先进生产工作者原嘉兴市实验小学校长周坚，有教育部劳动模范教师，原新丰中心小学教师童坚心、有全国劳动模范，褚大姐甜瓜生产合作社社长褚福宝等。

1980年起，在各级党组织中开展争创先进党组织，争当优秀党员的“双争”活动，并深入持久地进行，逐步完善“双争”目标管理和考评制度，大大加强了基层党组织建设。

在农村经济体制改革不断深化，商品经济蓬勃发展的同时，涌现出了一大批党员文明致富带头人，“双带”好党员，先锋工程“五好”乡镇和“五好”村党组织。区委每年在建党纪念日前后，表彰一批农村先进基层党组织和优秀共产党员。

1988—1993年，区委授予137个基层党组织为先进基层党组织，另有5个基层党组织为市级先进基层党组织，2个基层党组织为省级先进基层党组织，669名共产党员为区级优秀共产党员，8名共产党员为优秀党务工作者；另有8名共产党员为市级优秀共产党员，8名共产党员为市级优秀党务工作者，2名共产党员为省级优秀党务工作者。

2004—2010年，获得先进基层党组织称号的有402个，其中，市级26个、省级6个，他们中有2004年获得省级先锋工程“五好”乡镇和“五好”村党组织的余新镇党委及其长秦村党支部，有获得省级城市党建工作示范社区的新嘉街道西马桥社区。2007—2009年，获得省级先进基层党组织的新兴社区服务求助中心党支部、七星镇七星村党支部。

2004—2010年，获得优秀共产党员称号的有593名，其中，市级29个、省级7个；优秀党务工作者有122名，其中，市级51个、省级1个。他们中有省级为民好书记叶春林、王才根；省优秀党务工作者计凤才和优秀共产党员褚福宝、简令奇，省“双带”好党员朱屹峰。

2000—2010年全区获区级以上各类党务先进集体与个人情况统计表

表11-8

年份	先进基层党组织(个)			优秀共产党员(人)			优秀党务工作者(人)		
	区级	市级	省级	区级	市级	省级	区级	市级	省级
2000	50	—	—	112	—	—	—	—	—
2001	46	—	—	124	—	—	—	—	—
2002	47	—	—	108	—	—	—	—	—
2003	38	—	—	90	—	—	—	—	—
2004	71	3	4	90	—	3	—	—	—
2005	50	6	—	81	8	—	—	—	—
2006	45	6	—	69	5	2	37	5	1
2007	50	6	—	72	11	2	—	—	—
2008	51	—	—	85	—	—	10	—	—
2009	51	5	2	95	5	—	10	—	—
2010	52	—	—	65	—	—	23	—	—
合计	370	26	6	557	29	7	70	51	1

第二节　基层党组织

建区后，全区基层党组织建设持续推进。至1987年年末，全区建有基层党委13个、党组10个、党总支8个、党支部274个、党员4021名。

20世纪90年代后撤乡并镇建街道，全区的乡或镇有的陆续改为镇或街道。1998年12月底，区下辖的4个乡、6个街道、4个直属单位共建基层党委10个、党组4个、党总支6个，党支部269个，党员5779名。

2000年后，南湖区在进一步加强农村党建、机关党建、社区党建工作的同时，大力推进非公有制企业党建工作，基层党组织数量及覆盖范围不断扩展。至2010年年底，全区有党的基层组织1019个。其中，党委23个，党总支86个，党支部910个。其中，非公企业党委9个，总支3个，党支部197个，还有联合党支部100多家。

1984—1998年全区基层党组织情况表

表11-9　　单位：个

年度	党委			党组	党总支	党支部				
	乡党委	街道党委	机关部门党委			合计	农村支部	街道支部	企事业支部	机关支部
1988	5	6	—	10	6	273	68	77	77	51
1989	5	6	4	9	6	274	69	74	77	51
1990	5	6	4	9	6	290	69	86	78	57
1991	5	6	4	10	5	305	133	116	20	30
1992	5	6	4	10	4	305	71	91	83	60

续表 11-9

年度	党委			党组	党总支	党支部				
	乡党委	街道党委	机关部门党委			合计	农村支部	街道支部	企事业支部	机关支部
1993	5	6	5	15	7	318	70	90	95	63
1994	5	6	—	4	6	264	70	90	84	20
1995	5	6	—	4	4	267	70	93	80	24
1996	4	6	—	4	6	269	68	99	79	23
1997	4	6	—	4	6	270	69	100	77	24
1998	4	6	—	4	6	269	74	98	86	11

1999—2010 年全区基层党组织情况表

表 11-10　　单位：个

年度	党委（党组）				基层党组织												
	乡（镇）党委	街道党工委	机关部门		行政村			社区			企业		事业		机关		
			党委	党组	党委	总支	支部	党委	总支	支部	党委	支部	党委	支部	党委	总支	支部
1999	9	6	—	—	—	2	67	—	—	112	—	30	—	7	—	—	10
2000	9	5	—	6	1	1	126	—	—	60	—	51	—	19	1	—	14
2001	5	7	1	12	1	3	106	—	11	40	—	140	—	38	1	3	39
2002	5	6	2	11	1	1	85	1	21	28	—	142	—	36	2	2	43
2003	5	6	3	10	1	1	84	1	22	27	—	168	—	84	3	2	71
2004	5	6	3	15	—	1	84	1	22	33	1	164	1	86	2	3	74
2005	5	6	3	17	—	1	74	1	37	12	1	149	—	76	3	3	83
2006	5	6	3	17	—	1	72	1	37	9	1	163	1	76	1	4	91
2007	5	6	—	22	7		60	45		16	—	162	—	69	2	4	77
2008	5	6	—	25	35		24	46		17	9	179	—	73	2	6	44
2009	5	6	—	25	35		24	46		17	10	212	—	77	2	6	44
2010	5	6	—	28	33		22	46		15	7	216	—	73	2	6	45

机关党建

1985 年建区以来组建区级机关委员会，隶属区委组织部，直属党（总）支部 33 个，党员 380 名。至 2000 年，区级机关党委把建立健全机关党组织，提高机关党员干部思想政治素质为重点。2001 年，开展“规范化党支部”建设活动。以学习“三个代表”重要思想为统领，进一步牢记党的宗旨，树立“干净干事”，全心全意为人民服务的新形象活动。

2002 年，组织机关党员干部开展到居住社区报到，有 355 名党员报到。占比 98%。2003 年，开展了以文明机关创建为主线、以“三优一满意”为主要内容的文明机关创建活动。开展“提素质、提效能、提学历”为主要内容的学习型机关建设。组织职工疗修养，组建机关文体俱乐部，组织开展“和谐南湖”机关系列文化活动，开展“我为南湖献一计”金点子活动。2006 年以来从建章立制着手，完善了机关工作人员首问责任制，AB 岗和部门联系镇、街道、行政村、社区等一系列制度，围绕弘扬“红船精神”这条主线，开展“机关党建工作创新”，以“一员双岗”为目标，在区级机关开展党员实事承诺制。以科学发展观为统领，把"建党圣地打造为党建高地"为工作目标，着力开展"五型机关"创建活动，组织广大机关党员参与"全民创业、全面创新、全区创优"实践活动。

2009年，除公安分局党委外，其余区级机关各部门的机关党支部全部隶属于区级机关党工委。在册支部总数59个。

2010年，开展以学习实践科学发展观，建设服务型基层党组织为主要内容的"南湖先锋"创先争优活动，着力发挥党员先锋模范和落实党员实事承诺上。开展"书香伴我行"为主题的读书活动，培育"三创"精神，营造机关和谐氛围。

农村党建

1983年，设立城区时建有农口线党支部68家，到2000年，有行政村党支部126家。2000年，扎实开展"六好"农村乡镇建设；在全区各行政村推行了村级民主"听证会"制度。2001年，开展"六好"乡镇党委回头看工作及"五好"村党支部创建活动。2002年，巩固和拓展农村"三个代表"重要思想学习教育活动成果，建立加强农村基层组织建设的长效机制；开展了村党支部、村委会、村经济合作社的换届选举工作。2003年，开展农村基层党组织"先锋工程"创建工作，建立了"先锋工程"创建工作领导联系制度。

2004年，实施基层组织建设"城乡联动"；在镇机关中普遍推行为民服务"五承办"制度；开展"星级党员"评定试点工作。2005年，制订下发了《关于加强扶持发展村级集体经济的若干意见》；选派首批19名村"两委"主要负责人到社区挂职锻炼。2006年，开展镇党委换届选举工作；下发《关于进一步调整农村基层组织先锋工程"五好"村党组织考核细则的通知》；开展"学习郑九万，建设新农村"活动；启动经济薄弱村"摘帽子"工程。

2007年，在农村试点开展党员承诺制工作；全面完成先锋工程创建目标；将全区范围内各镇（含东栅街道）现任符合条件的村干部全部纳入职工基本养老保险的参保范围。2008年，开展村级组织换届工作；开展农民专业合作社党组织覆盖推进月活动，年内新建5个农民专业合作社党组织；加强"三组长一代表"队伍建设，制定工作规则。2009年，推进南湖先锋长廊建设；下发《关于实施村、社区干部队伍建设"春天行动"的意见》。2010年，在村设立为民服务代理站，推广为民服务代理制。

社区党建

2000年，区委成立社区建设工作指导委员会。2002年，制定实施《中共秀城区委关于进一步加强社区党建工作的意见》，率先于全市开展了社区建党委的试点工作，南湖街道民北社区党委于中共十六大开幕之日成立。此时，建有1个党委、21个总支、28个党支部。

2003年，开展"在职党员进社区活动"，在社区建立在职党员之家，5109名在职党员到社区报到。2004年，下发了《关于开展争创党建工作示范社区活动的通知》，形成了省、市、区、街道四级党建工作示范社区群；建立了创建党建工作示范社区领导联系制度；开展了"社区党员家庭教育联系点"试点工作。

2005年，在6个社区直选试点的基础上，完成社区党组织的换届选举工作；开展以"送安全、送知识、送健康、送岗位"为主题的"四送"活动和"党员奉献日"活动等一系列大中型活动50余次，参与党员1万多人次，服务居民2万多人次。

2006年，制定实施《南湖区2006—2010年和谐社区建设发展规划》和《南湖区社区组织工作规程（试行）》；承办了"全国社区信息化建设论坛"。2007年，开展社区党建"三级联创"活动；探索建立在职党员联络站；将社区工作者纳入城镇职工基本医疗保险范畴。

2008年，完成社区党建"三级联创"活动，被评为省级党建工作示范区；开展社区党组织书记成长规律研究调研。2009年，开展机关、企业党组织向社区捐赠公益性岗位活动。2010年，在东栅街道云阳社区试点实施"党员会客厅"，探索社区服务居民新途径；在南湖街道民北社区试点组建"区域党组织联合委员会"，推进区域化党建工作。到年末，全区建有党组织61家。

非公有制企业党建

20世纪90年代后，私营经济发展迅速，形成了一个巨大的产业群体。党中央高度重视非公有制企业的党建工作，在非公有制企业中建立基层党组织。

在这期间，区委组织部通过单独组建、村企联建、建立乡镇工业小区和街道商会党组织等途径，扩大党组织覆盖面；同时，以举办非公企业优秀青年职工培训班，建立非公有制企业党员责任区和示范岗为载体，扩大入党积极分子队伍，对没有党员或开展党建工作比较困难的企业，采取联建、选派党的工作员等方法，指导帮助工作，坚持成熟一个，发展一个，壮大非公有制企业党员队伍。

2000年，按照市委非公有制企业党建“三年两目标”的要求，区委建立非公有制企业党建工作领导小组，下发《关于进一步加强非公有制企业党建工作的意见》。2001年，在100名职工以上的非公有制企业开展党支部组建工作，全区新建非公有制企业党组织21家，100名职工以上的非公有制企业党组织单建数72家，单建率78%。

2002年，区委组织部下发《关于进一步加强非公有制企业党建工作确保3年工作目标如期实现的通知》，建立非公有制企业党建工作情况通报制度。全区50名以上职工的非公有制企业中有党员的企业占97%；100名以上职工的非公有制企业单独建立党组织的企业占85%。

2004年，开展“五好”非公有制企业党组织示范点建设；举办首期非公有制企业党组织书记和经营者培训班。2005年，区委组织部选派56名党建工作指导员和12名党建工作联络员到企业指导开展党建工作；探索工业园区和商务楼宇党组织建设，共建园区和商务楼宇党组织7家。

2006年开始，逐步完善非公企业党建工作指导员制度，选派108名非公企业党建工作指导员到职工80人以上尚未单独建立党组织和职工30~79名没有党员的非公有制企业帮助开展工作。新兴街道根据辖区企业的3大特色，分别组建餐饮企业党组织、商务楼宇党组织、电子商务企业党组织。全年该街道已有14家非公有制企业单独设立党组织，2幢商务楼宇建立联合党支部，共有党员143名。2007年，开展规模以上非公有制企业党组织组建工作“百日推进”活动。

2008年，开展非公有制企业党组织规范化建设，选派175名非公企业党建工作指导员，联系指导331家企业开展党建工作。并组建非公企业党务工作者人才库，全区有245家非公企业建立党组织。2010年，开展“新社会组织党建月”活动，实现新社会组织党建工作全覆盖。

2010年全区非公有制企业党建情况

表11-11

单位	职工100人以上企业数(个)	职工50~99人企业数(个)	建党组织数(个)	职工100人以上企业(个)	职工50~99人企业(个)	党员数(人)	2000年后新发展党员数(人)
新丰镇	11	19	24	11	11	281	11
余新镇	16	18	24	15	5	262	8
凤桥镇	14	14	19	14	5	203	7
大桥镇	12	14	13	12	1	109	2
七星镇	9	8	13	9	3	104	3
东栅街道	7	20	9	7	2	119	1
建设街道	—	—	8	—	—	31	—
新兴街道	1	2	5	1	1	40	—
新嘉街道	1	6	9	1	6	60	1
解放街道	—	1	3	—	—	14	—
南湖街道	2	1	2	2	—	11	—
全区总计	73	103	129	72	34	1234	33

第三节　干部管理

干部制度改革

建区以来，区委高度重视干部人事制度改革，实行下放管理权限，在区内外公开选拔干部，民主选举领导班子人员，对干部工作时间以外进行考察与监督。建立健全领导干部考察公告制、任前公示制、任职试用期制、聘任制、对部分岗位竞争上岗制等一系列新机制，并高度重视干部培养及干部队伍结构优化，尤其是年轻干部的培养选拔。落实群众对干部工作的知情权、参与权、选择权和监督权，使领导干部的选拔任用工作逐步实现科学化、规范化、程序化、民主化和制度化。

1988年7月，区委批转区委组织部《关于修订干部职务管理试行意见》，试行干部分级管理制度。为了正确评估干部的工作实绩，更好地使用和提拔干部，实现新老干部合作和交替，建立和健全干部民主考评、任期目标考核、后备干部队伍建设以及干部离退休等制度。

1984—1988年，区委选拔103名优秀中青年到各级领导岗位，实现新老干部的合作和交替，改善干部队伍结构。1987—1993年间，区委按照“四化”方针和德才兼备的原则，深入考察、大胆选拔使用干部，实行民主考评，任期目标考核，加强各级领导班子的建设，积极落实历次组织部长会议精神，在1990年和1993年，区和乡、街道两次换届选举中，按照“革命化、年轻化、知识化、专业化”要求，实现各级领导班子个体素质的提高，干部群体结构趋向合理。

1994—1998年的5年间，区委按照干部“四化”方针和德才兼备原则，加强领导班子和干部队伍建设，先后培养选拔了80多名中青年干部充实区、乡、街道各级领导班子，完成乡、街道换届工作。

2000年后，全区跨部门中层干部竞争上岗有序开展，2005年首次尝试在全区范围内开展跨部门中层干部竞争上岗，并在2007年得到深入实践和完善。同时，出台《南湖区机关干部竞争上岗和交流轮岗实施意见》，两次跨部门中层干部竞争上岗，共选拔14名中层干部。至2007年年底，有340余名优秀年轻干部通过各种竞争比选走上了中层岗位。

2002年，区委出台《中共秀城区委关于做好调整和处理不称职、不胜任现职领导干部工作的实施意见(试行)》，为建设高素质的干部队伍，建立起干部能上能下的机制。2008年，区委办公室、区政府办公室印发《嘉兴市南湖区领导干部经济责任审计结果运用实施办法(试行)》等3个文件，形成一整套完备的经济责任审计制度，突出加强对领导干部经济方面的监督管理，进一步完善干部经济责任审计工作的协调机制。

2009年，区委出台《南湖区挂职干部综合管理暂行办法(试行)》，规范挂职干部的管理，形成富有生机和活力的挂职干部工作机制，通过对干部上挂下派进行培养锻炼。2007—2010年，全区共派出和接收挂职干部79名，其中，援藏、援疆、援川3名，挂职到中央国家机关的3名，省级机关的4名，市级机关的9名，区级机关单位交流挂职14名；外地来区内挂职的干部中，中央国家机关1名，省级机关的9名，市级机关的36名。

干部教育培训

1989年以后，区委组织区和乡、街道机关干部普遍学习马克思主义理论，先后建立乡、街道党校和区委党校。副科级以上领导干部分别参加省、市、区党校脱产轮训，增强党性修养，发扬党的优良传统和作风，增强正确贯彻执行党的基本路线的自觉性。

1992年后，区委组织各级领导和广大党员、干部认真学习邓小平南巡讲话和《邓小平文选》第三卷，结合改革和建设实践，用建设有中国特色的社会主义理论武装党员干部头脑，保证改革开放的现代化建设事业的顺利进行。

1994—1998年，区委持续加强党的思想、组织、作风建设，认真组织党员干部学习马克思主义、毛泽东思想、邓小平理论，深入开展“三讲、三学、三树”活动，依托各级党校，切实抓好党员、干部的思想教育，全区开展以爱国主义、集体主义、社会主义为主要内容的思想教育和“三德”教育，不断提高党员、干部的思想理论水平。1999—2007年，区委共组织举办各类干部培训班197期，培训干部达10638人次。制定领导干部下访制度和区党政机关办公无休息日制度，广泛组织开展以践行8个方面良好风气为主要内容的“作风建设年”活动，对各级领导班子和领导干部进行了“讲正气、树新风”主题教育，认真落实领导干部联系镇、村、社区、企业制度，深入基层，察实情，办实事。全区各级党委（党组）理论学习中心组每年有计划地安排专题学习。

2007年，区委出台《中共南湖区委中心组理论学习制度》，进一步贯彻落实中共中央关于加强领导干部学习的精神，从制度上保证区委理论中心组的学习落到实处，提高学习的自觉性、时效性。2007年，区委出台《2006—2010年嘉兴市南湖区干部教育培训规划》，着力把握党性素养、实际能力、工作作风3个环节，持续深入地大规模培训干部。以创新为动力，转变培训观念，丰富培训内容，拓展培训形式，加强培训管理，提高培训质量，提升干部素质，为南湖区全面建设小康社会、加快推进富民强区、努力构建和谐社会提供政治保证、人才保障和智力支持。

2010年，区委出台了《关于2008—2012年大规模培训干部工作的实施意见》，以坚持理想信念，增强执政本领、提高领导科学发展能力为重点，把提高干部教育培训质量和效益摆在更加突出的位置，积极推进干部教育培训改革创新，实施全覆盖、多手段、高质量的培训，更好地为科学发展服务、为干部健康成长服务。

党管人才工作

1999年12月，南湖区按实运作以来，区委区政府高度重视人才工作。2004年3月建立全区人才工作领导小组。同年4月，召开第一次全区人才工作会议，会议明确了“人才资源是第一资源”的理念，提出实施“人才强区”战略，表彰一批人才工作先进集体和个人。

2002年、2005年、2007年、2009年共入选市级第2、3、4、5批次专业技术带头人45人、后备84人；2006年、2007年，开展区“十佳农村实用人才”评选，入选19人。2007年，开展区“科技创新创业优秀人才”评选，入选10人；历年入选区优秀企业家人选13人。

全区人才工作领导小组自成立以来，先后召开12次人才工作会议。其间，经过调整补充小组成员，增补领导小组副组长等措施，使领导小组机制更加健全，功能发挥更趋完善。2006年，印发《关于进一步加强人才队伍建设的若干规定（试行）》，进一步加强党政人才队伍、专业技术人才队伍、企业经营管理人才队伍、高技能人才队伍和农村实用人才队伍的建设，并重点做好高层次人才和紧缺急需人才的引进、培养和使用，对引育的高层次人才实施首次购房、工资外津贴和柔性引进等生活补助，累计发放各类奖励经费110.47万元。

2008年12月设立“嘉兴科技城”博士后科研工作站（省级），3年多时间有9名博士进站开展科研工作，在省级博士后工作站建设中走在前列。至2010年年底，全区人才总量109560人，每万人人才拥有量2331人。

2010年，组织实施“创业南湖·精英引领计划”，同年7月，出台《关于加强创业创新领军人才队伍和创新团队建设的实施意见》《“创业南湖·精英引领计划”实施办法（试行）》和《嘉兴市南湖区重点创新团队遴选办法（试行）》，借助嘉兴科技城“双核六园”模式，全力开展创业创新领军人才和创新团队的引育工作，引进领军人才项目102个，创新团队21个，累计发放助业扶持和生活补助资金近7000万元。

至2010年，全区拥有博士、硕士、高级职称人才分别达到320人、685人和854人。

老干部工作

建区后，成立城区老干部局。1985年4月，城区老干部局更名为中共城区区委老干部局，作为区委下属部门，归口区委组织部。

2001年1月，成立秀城区老干部服务中心，由组织部负责管理。主要职责为负责秀城区离休干部和外省、市易地安置在秀城区的离休干部及原担任过县（处）级实职退休干部的行政管理和服务，老干部管理服务工作逐步正常运行。同年，印发《嘉兴市秀城区离休干部工作管理服务办法》，明确了老干部工作管理服务具体要求和做法，保障各项工作制度落实。

2000年年底，有区管离休干部60人（含委托市教育局管理的离休干部10人），其中，机关39人、事业21人，外省、市易地安置在南湖区的离休干部11人，托管离休干部2人，原担任过县（处）级实职退休干部4人。2003年9月，成立秀城区离退干部工作协调领导小组，同时承担区离休干部“三个机制”工作领导职能。2004年6月，相继制定区委老干部局规章制度、区老干部活动中心规章制度。从此，老干部工作纳入制度化、规范化建设轨道上来。

至2010年，有区管离休干部43名，其中，机关24名、事业19名，外省、市易地安置在区的离休干部8名，托管离休干部2人，原担任过县（处）级实职退休干部9人。

离退休干部党组织活动 区按实运作后，全区有离退休干部党支部13个。每年组织离退休干部支部书记培训、定期交流工作。2006年，区明确离退休干部党支部建设的基本要求、主要职责、组织建设、制度建设。2009年，在全区开展“五好”离退休干部党支部创建活动。2010年，区人大机关、区公安分局、南湖街道离退休干部党支部及东栅街道机关老干部党支部获区“五好”离退休干部党支部。

政治待遇 老干部离休后，基本政治待遇不变。离休干部的政治待遇，包括阅读文件、听报告、参加重要会议和重大活动、向离退休干部通报情况、组织离退休干部就近就地参观学习、走访慰问离退休干部等制度。

区委老干部局每年组织老干部参观考察2~3次，每年元旦、春节期间，开展由区主要领导、各单位主要领导带队的集中走访慰问老干部活动。每年定期召开全区形势报告会，重要会议、活动邀请部分老干部参加。每年为老干部征订报刊，使老干部及时了解党和国家的方针政策和区委、区政府重要工作。

2001年，建立区老干部阅文制度，每月5日、20日2天到区老干部活动中心阅读相应级别阅读的文件。2005年，组建老干部理论学习小组，充分发挥其作用，坚持每月学习活动。

生活待遇 老干部离休后生活待遇略为从优。1921年7月1日到1949年9月30日各个革命时期参加革命工作的老干部，离休后工资照发。对1937年7月6日以前参加革命工作的老干部每年增发2个月的标准工资，对1937年7月7日至1942年12月31日参加革命工作的老干部每年增发1个半月的标准工资，对1943年1月1日至1945年9月2日参加革命工作的离休干部每年增发1个月的标准工资，作为生活补贴。

此后，按照中央、省、市有关规定，落实离休干部的交通费、书报费、生活补贴费，并发放高龄离休干部发放护理费。2003年，制定文件保障事业单位离休干部离休费、医疗费和各项生活待遇的落实。同年，机关离休人员补贴水平（不含国家统一规定的津贴补贴和改革性补贴）占同级政府同职级在职人员津贴补贴水平（指规范津贴补贴后发放的工作性津贴和生活性补贴之和）的比例低于90%的，提高到90%。

同时开展“情暖老干部”志愿者服务行动，由基层团支部和青年志愿者，与老干部开展“一助一”结对服务活动。

按照机关离休人员和企事业单位离休人员收入水平大体相当的原则，企事业单位离休人员参照机关离休人员待遇水平执行。2010年，建立区离休干部帮扶机制，每年安排离休干部帮扶专项经费5万元，为有特殊困难的离休干部提供帮助。

卫生保健 2001年起，定期举办卫生保健知识讲座，每年组织老干部健康检查。2004年1月，为曾任县（处）实职领导离退休干部及享受县（处）级待遇的离休干部共提供医疗保障。2009年，在全区离休干部中实行家庭保健医生制度，由社区医生为有需求的老干部提供结对服务。同年，在建设街道南杨社区率先开展利用社区资源做好离退休干部服务工作试点。2010年，在建设街道7个社区推开此项工作，让离退休干部在社区就近学习、就近活动、就近得到关心照顾、就近发挥作用。

老干部活动中心 建区后，在勤俭路611号建立区老干部活动中心。2004年，搬迁到禾兴南路148号，面积约600平方米。配备专人管理。常年举办各类学习、娱乐、文体活动。拥有会议室、报刊室、棋牌室、健身房、理发室等，配有电视、电脑、报刊杂志等。活动中心周一至周六均对外开放。

关工委工作

组织机构　1989年5月,成立全市首家区老干部关心下一代成长协会,原人大常委会副主任、离休干部沈彪担任主席。2000年1月,更名为市关心下一代工作委员会周末少儿读书社,隶属市关工委领导。

2002年2月,成立区关心下一代工作委员会,区委副书记邬泉林担任主任,原区人大常委会主任徐昌鑑担任常务副主任。下设办公室,是年,各镇、街道先后成立关心下一代工作委员会。2003年4月、2004年3月、2007年7月、2009年3月,区关工委成员进行部分调整。

主要活动　1988年年初,区10人倡议建立关心下一代成长协会,一年时间,吸收56人加入协会,并担任中、小学校外辅导员。筹备组边筹建,边活动,紧密配合各学校,通过讲课、座谈对话、报告会等形式,对学生进行革命传统、政策形势、爱国主义和理想道德等教育。

2002年7月,聘请离退休干部赵亚川等14人成立讲师团,分设革命传统教育、法制教育、科技教育3个组,开展青少年教育活动。

2002年区关工委成立以来,以创建"三无"村(居)、青少年暑期社会实践活动、各类主题教育活动、"五老"结对关爱农村未成年人活动、"五帮扶"活动为抓手,以社会主义核心价值观为引领,充分发挥老同志的优势作用,努力为青少年办实事、做好事、解难事,为培养、教育青少年作出了积极贡献。沈彪、朱亚等7人获得省级以上关心下一代工作先进个人。2010年,徐昌鑑被评为全国关心下一代工作先进个人。

第七章　宣传思想工作

第一节　区委理论学习中心组

建区以来,各届区委都建立理论学习中心组。区委理论学习中心组组长由区委书记担任,副组长由区委常委、宣传部长担任。中心组学习服务工作由区委办公室和区委宣传部负责,区委宣传部分管理论工作的领导担任学习秘书。组长、副组长的职责是审定学习计划,确定研讨专题,提出学习要求,主持集中研讨活动,指导和检查中心组成员的学习。区委理论学习中心组学习时,除了党政领导班子成员参加外,吸收区人大、区政协领导班子全体成员,区法院院长,区检察院检察长,副县长级干部,副县级干部,区长助理,区委办公室主任,区政府办公室主任,区纪委副书记参加。根据需要,确定各镇(街道、园区)党委(党工委)书记、镇长(办事处主任),区级机关各部门主要负责人作为中心组的列席人员;同时,视情举行中心组(扩大)学习会,扩大范围视学习内容而定。区委理论学习中心组坚持集中辅导和个人自学相结合,专家讲课和讨论发言相结合,年均学习时间12天以上,学习出勤率95%以上。

2007年3月,区委常委会研究通过的《中共南湖区委中心组理论学习制度》明确组织制度、自学制度、理论辅导制度、调研制度、考勤制度、服务保障制度等六大制度。2010年8月,区委常委会研究通过的《关于推进南湖区学习型党组织建设的实施意见》,提出,充分利用党委(党组)理论学习中心组这一重要平台,抓好各级领导干部的理论学习。区委理论学习中心组突出党的指导思想、党章党规党纪、党的路线、方针、政策和决议等的学习,加强重要政治理论和基层工作必备知识的学习。2005年起,区委理论学习中心组每年汇编所有成员理论(调研)文章,为区委、区政府提供重大决策参阅。

第二节　干部理论学习

领导干部学习

自建区以来,各届区委建立理论学习中心组,各镇(街道、园区)、区级机关各部门也成立理论学习中心组,坚持集中辅导和个人自学相结合,专家讲课和讨论发言相结合,全年各中心组学习不少于12次。自2005年始,每年评选1次优秀理论调研文章并汇编成册，至2010年年底已编辑6辑。

基层党组织学习

2004年11月始，先后成立区建设学习型城区工作指导委员会、区建设学习型党组织工作协调小组及其办公室，开展学习型党组织和其他5大类学习型组织建设。2005年，始创设每年1届的“南湖区读书月”。2010年开展的基层党组织读国学、学国学、用国学博空大赛，在省内外影响较大。共有3家单位被评定为省先进基层党校示范点；1家单位为省示范基层党校。

全区上下积极开展红船精神研究与实践活动，2005年3月8日，向社会各界公开征集“红船精神”表述语。2005年6月21日，习近平在《光明日报》发表署名文章《弘扬“红船精神”走在时代前列》。2010年11月26日，成立嘉兴南湖红船精神研究会。

第三节　社会舆论宣传

宣传队伍与载体

建区后，1989年各级党委班子均有宣传委员，区委建立报道组，全区在各镇(街道)、部门建立了一支专职与业余相结合的通讯报道员队伍，以嘉兴电台、《嘉兴日报》、电视台等为主要平台向社会发布舆论信息。

2000年10月，成立区新闻采编中心。2007年11月，区政府信息中心和区委宣传部下属新闻采编中心进行合并，更名为区新闻信息中心，由区委宣传部主管，负责全区的新闻宣传、新闻网站建设、电子政务网络技术建设等工作。

2001年7月，在嘉兴日报推出《秀城新闻》，后更名《南湖新闻》，每2个星期为1个版面。2005年10月，增加到每周一至周五每天1个版面，全面报道南湖区新闻。

2003年，在嘉兴电视台公共频道推出《秀城新闻》(后更名为《南湖新闻》)栏目，每周一、周三、周五晚上，每期10分钟。2007年，在嘉广集团(总台)城乡生活频率推出了《今日南湖》栏目，每周一至周五，每天中午10分钟。2008年5月，开通南湖新闻网。2002—2010年度中心连续9年被浙江日报报业集团评为优秀(先进)报道组。2009年、2010年度，均被嘉兴日报报业传媒集团评为先进报道组。

对外宣传工作

2001年7月，成立区委对外宣传小组，加强对外宣传领导工作。2002年，精心组织迎接和贯彻中共十六大精神的对外宣传。依托各级媒体和基层党校、市民学校、宣传橱窗等宣传阵地，广泛宣传中共十五大以来全区人民团结奋进、开拓创新的良好精神风貌和经济社会发展的光明前途，先后推出新丰镇民丰村、嘉兴新阳针织有限公司、建设街道党工委书记汪泽韵等先进典型，并在省市媒体作报道。中共十六大召开后，配合各级新闻媒体及时报道全区广大干部群众认真学习贯彻落实中共十六大精神的情况，《人民日报》、新华社驻杭州记者站、浙江电视台、《浙江日报》和市本级新闻单位都作了宣传报道。邀请中央电视台二台、人民日报华东分社、《解放日报》、《文汇报》、浙江电视台、《浙江日报》等新闻单位来区采访，重点报道工业园区建设、招商引资和投资环境等情况，刊发新闻报道150余篇。开通与浙江日报报业集团、浙江在线联办的“秀城之窗”网站(二级域名)。实施“请进来、走出去”战略，做好区发展开放型经济区位优势的宣传推介工作，先后组织重大经贸招商推介活动10次，赴外考察组(团)12个，发送外宣品5000余册，规范对外宣传。

2006年1月，由南湖区创作、著名歌唱家殷秀梅主唱的《南湖之歌》MTV获得中央电视台第七套节目首届“诗仙太白”杯形象歌曲音乐电视展播城市类最佳城市形象歌曲奖、最佳导演奖和最佳制作奖。2007年10月，《南湖之歌》获省第九届精神文明建设“五个一工程”奖。同年，组建首批新闻发言人队伍。2008年9月，举办“聚焦南湖”采风活动，邀请新华社、香港大公报等境内外媒体20余家，刊登报道百余篇。先后制作《秀城》《风雅南湖》《华彩十年——嘉兴市南湖区十年发展纪实》等综合性画册和宣传片。

2010年年初，区委宣传部增设网络管理科，与区委外宣科合并为对外宣传与网络管理科。

第四节　基层文化建设

20世纪90年代已开展企业文化建设活动，在规模企业开展树一种企业精神、谱写一首厂歌、办一份厂报、建一个宣传橱窗、办一个活动室、建一支文体队伍为依托的企业文化建设。2000年后，各重点骨干企业办起职工书屋，藏书量都在1000册以上；各中小学每年在“五四”前后开展文化艺术节活动；全区乡镇、街道也纷纷举办有地方特色的文化节庆活动。到2010年，新丰的汉塘文化节、大桥的葡萄文化节、新嘉街道的月河文化节等已连续举办3届，余新的“渔里之谣”文化节举办15届，在全市有一定的影响。

2003年，举办首届中国·嘉兴南湖合唱节。2004年，成立区合唱协会。2007年6月，承办省第八届广场文化艺术节暨第五届嘉兴南湖合唱节。2008年10月，第六届中国·嘉兴南湖合唱节成功举办南湖区原创歌曲创作演唱大赛和“唱响南湖”纪念改革开放30周年暨嘉兴撤地建市25周年群众合唱大赛等大型比赛。2009年10月，承办南湖——中国城市合唱周暨第七届南湖合唱节。2010年，承办由文化部等主办的“永远的辉煌”第十二届中国老年合唱节，努力打造出南湖“歌城”品牌。

2004年，全区各镇（街道）以创建“东海文化明珠工程”为载体，全面加强基层文化阵地，普遍建成以黑板报、广播室、阅报（宣传）栏为载体的宣传阵地。2006年，推出基层文化阵地年度考核工作。2007年，推出两年一届的城乡文体十大联赛。南湖街道桂苑社区获浙江省文化建设示范点荣誉称号。

第五节　精神文明创建

精神文明建设

20世纪70年代起，全区在抓物质文明建设的同时，重视和加强精神文明建设。在城乡深入进行党的基本路线教育和爱国主义、集体主义、社会主义思想教育，结合学雷锋、学先进模范人物，进行职业道德、社会公德教育。1988年12月20日，区精神文明建设领导小组成立。1990年，区精神文明建设委员会成立。

20世纪90年代，开展“岗位学雷锋，行业树新风”百日优质服务竞赛活动。1990年，以庆祝建党70周年为契机，动员、组织广大党员和干部群众积极投入“我为南湖增光辉”活动。全区有17000名南湖儿女、58个单位，为新建南湖革命纪念馆集资捐款16万余元。其中4000多名党员，捐款6.4万元。2000年后，全区进一步加强精神文明建设，文明城区、文明镇（街道）、文明单位、文明村（社区）等各类文明创建工作硕果累累。

文明单位创建

1984年开始，全区开展文明单位创建活动，广泛深入地开展“做文明市民，兴文明家庭、创文明单位、建文明城区”、军警民共建精神文明和农村“评三户、创新风”等多种形式的群众性精神文明建设活动。

1991年，开展创优美环境，优良秩序、优质服务的“创三优”活动。在各街道和个体劳动者协会兴办文明市民学校。1992年2月开始广泛开展“文明在城区，满意在嘉兴”活动，继续深化“创三优”活动。1994年年底，区已创建市级文明单位11个，区级文明单位103个，各行各业涌现了一大批先进典型，人民群众的精神面貌发生了明显的变化。

2001年起，配合全市全国文明城市创建工作，持续开展了市容市貌整序、市政设施完善、交通秩序畅通、老住宅区整治改造、市区环境卫生清洁、市民素质提升等六大专项工作。2002年，成立区公民道德教育业余讲师团，受聘的老干部巡回宣讲公民道德，倡导精神文明。先后印发系列文明创建有关的管理办法和考核细则。评选工作做到公开、公正，接受社会各界监督，表彰命名前征求各职能部门（单位）意见，在新闻媒体进行公示。

2003年3月，部署文明城区创建工作。2004年1月，秀城区成功创建浙江省文明城区，获省委、省政府表彰。同年3月，开展首届区“南湖之星”评选活动。2005年，启动首届睦邻节，社区读书月活动；

6月10日，启动省级示范文明城区创建工作。2006年，开展社会主义荣辱观教育活动，全面实施文明素质提升工程，并开展“文明之星”宣传评选活动，分别评出“社会公德之星”“职业道德之星”“家庭美德之星”先进典型30名。2006年12月，南湖区被省委、省政府命名为首批省示范文明城区。

2009年，开展首届道德模范评选表彰活动，有10名道德模范受到表彰。2010年4月，开展“十年感动南湖十大人物”评选活动。同年9月，开展“身边好人我来评——‘南湖星光’海选活动”，评选出“十大孝子”“十佳好媳妇”“十大杰出员工”“十佳诚信户”“十佳志愿者”“十佳文明新居民”6类先进典型。

对已创建成功的区级系列文明单位每两年复评1次，实行动态管理。至2010年年底，全区已有各级文明单位264家，其中全国文明单位1家，省级文明单位29家，市级文明单位119家，区级文明单位115家；省级及以上文明村3家，市级文明村10家，区级文明村21家；省级及以上文明镇3家，市级文明镇1家，区级文明镇1家；省级文明街道1家，市级文明街道4家，区级文明街道1家；省级文明社区15家，市级文明社区21家，区级文明社区9家；市级文明行业2家，区级文明行业1家。

农村精神文明创建

20世纪90年代，组织开展全区“双文明标兵户”评选活动。进入21世纪初年，在农村开展以整治社会风气、整治居住环境为内容的“双整治”活动。2002年，深化“双整治”活动后开展以实施农民素质工程、农村环境整治工程和农村文化阵地建设为主要内容的文明联创活动。2004年，开展城乡文化结对交流活动。2005年，开展“城乡结对、共创文明”活动。2009年，开展第二轮“城乡结对、共创文明”活动，南湖区“种文化”活动在CCTV—1《新闻联播》播放。

未成年人思想道德建设

20世纪90年代，组织全区青少年开展爱国主义教育“七个一”（一次中华民族悠久历史教育、一次党的基本路线和社会主义建设成就教育、一次中国国情教育、一次社会主义民主与法制教育、一次国防和国家安全教育、一次民族团结教育、一次“和平统一、一国两制”教育）工程。当年，首次组织中、小学生代表参加“红色教育长廊”考察活动。

2004年，建立社区家长学校，同年下发《关于进一步加强和改进未成年人思想道德建设的实施意见》。2005年，建立未成年人思想道德建设工作制度。2007年，成立未成年人思想道德建设工作领导小组。2009年起，在全区57个行政村和农村社区开展“春泥计划”工作。

2002年4月，举办中学生演讲比赛

第八章　纪律检查工作

第一节　纪检组织机构

区纪委机构设置

1989年5月，成立区纪委办公室。1993年3月，又设信访举报室、纪检监察室、案件审理室和监察综合室。2002年3月，区纪委机关编制11名。2004—2010年，内设机构为办公室、信访室（举报中心）、纪检监察室、案件审理室、党廉室。

机关乡镇（街道）纪检组织

机关纪检组织　1988年1月至1993年12月，区政府机构15个党组、3个党委中，有2个建立纪检组。1992年4月，区机关党委成立区机关纪检组。2010年，全区有部门纪检组16个，纪检干部53名。

乡镇(街道)纪检组织　1989年7月，全区5个乡和6个街道全部建立纪检组。1992年1月起，各乡、街道纪检组先后改建为纪律检查委员会。设书记1名，后陆续增加专职纪委副书记1名，委员3名为兼职。2010年年底，全区5个镇、6个街道纪检组织，拥有专兼职纪检干部54名。

第二节　廉政制度建设

建区后，每年陆续出台廉政制度建设新规，包括党风廉政建设责任制、领导干部廉洁自律承诺制、领导干部离任审计制度、对拟提拔的领导干部进行廉政鉴定等10余项关于党风廉政建设的制度。1984—1986年，开展区机关和基层单位的整党工作，进一步清除“左”的影响，建立和完善党风责任制，其间1984开展党风调查，对全区5个乡、8个街道领导班子的党风情况作了调查。并针对调查中发现的问题进行教育和整改。

1989年，制定“两公开一监督”等制度和规定。1990年，清理党政干部利用职务多占住房、用公款购买超标准住房，以及“空关房”问题，纠正以权谋私不正之风；严刹党员干部参赌歪风。

2001年，区纪委与区监察局合署后，加大廉政制度建设力度，制定党员干部廉洁从政八项要求，加强对礼金礼券礼卡管理和处理，并在市商业银行嘉北支行开设廉政专用账户。2002年开始，全区建立并实施推行收支两条线、实行政府采购、减轻农民负担和企业负担、纠风专项治理和民主评议行风，实行行政财务“零户统管”、清理通讯工具等措施，规范公务接待、车辆管理、通讯工具管理、会议经费管理、后续教育管理、政府采购行为监督管理、违规处罚、廉政教育程序，健全完善领导干部承诺、经济责任审计、重大事项民主科学决策、述廉、谈话、考察任用、财务监督、收受礼品礼金申报登记等一系列党风廉政纪律规定。

2003年4月，全区召开党风廉政建设大会，由区纪委书记与各镇、街道、部门第一责任人签订党风廉政建设责任书。此后，每年延续实行这一做法。8月，制定贯彻落实干部提拔任用党风廉政“一票否决制”规定。

2005年，根据中央和省、市委关于建立健全教育、制度、监督并重的惩治和预防腐败体系的重要部署，制定南湖区惩治和预防腐败体系实施细则，对2005—2007年反腐倡廉任务作出具体安排。2007年开始，每年出台南湖区党风廉政建设和惩防体系构建工作组织领导和责任分工，每年年底，对全区各镇、街道、机关部门党风廉政责任制落实情况进行考核。同时，规范领导干部廉洁从政行为。2008年，从加强反腐倡廉教育、完善反腐倡廉制度建设、强化对权力运行的监督、深化作风建设、推进体制机制改革、坚决惩治腐败、推进重点领域体系建设7大方面全面推进反腐倡廉建设，并陆续出台村级廉情预警、公务用车规范管理、办节办会及庆典活动、厉行节约、廉政风险防控等机制制度。

第三节　党风廉政教育

党风党纪教育

建区以来，区纪委会同有关部门，通过健全“三会一课”制度，举办党员培训班，开展电化教育、专题教育、党纪法规教育和正反面典型示范(警示)教育，大力推进廉政文化建设等多种举措，对党员干部进行经常性的党风廉政宣传教育。

1987年，结合“双增双节”运动，利用典型案例、正面典型教育、“上岗培训”等方式抓好党员的党风党纪教育。1991—2002年，通过开展电化教育，举办专题辅导报告，组织党员干部观看教育片、参观图片展览、学习勤政廉政事迹，印发《纪检动态》，通报领导干部违法违纪案例等形式进行党风党纪教育。

2000—2010年期间，区纪委不断强化党风廉政建设和惩防体系构建，加强对全区各单位(部门)的党风廉政建设年度检查考核。实施了领导干部廉洁自律情况年度报告制度、干部经济责任审计制度、谈心谈话和诫勉制度、干部选拔任用公示制、

“一票否决制”等一系列制度。强化廉政宣传教育，组织党员干部观看警示教育片、听廉政教育讲座，开展党风廉政专题宣传教育、设立廉政短信平台，建立廉情预警机制和党风廉政建设公众评议机制，切实增强领导班子和领导干部的自律意识。通过“听廉、签廉、考廉、诺廉、示廉”“五育并重”党性党风党纪教育，筑牢领导干部的思想道德防线。

廉政文化建设

2005年6月，组建南湖区反腐倡廉新闻报道员和廉政文化创作员队伍，并制订《南湖区反腐倡廉新闻报道员和廉政文化创作员队伍工作制度》，在《嘉兴日报—南湖版》和南湖党风廉政网上开设“书记（局长）谈《纲要》”专栏。2006年8月，召开全市廉政文化进社区工作会议。至2010年，区教育文化体育局、南湖街道万洲社区、新嘉街道穆河社区、新丰镇中学、浙江中法投资股份有限公司、新丰镇民丰村先后被命名为嘉兴市廉政文化建设示范点，嘉兴市沈钧儒纪念馆被命名嘉兴市廉政文化教育基地。

第四节　信访举报

信访举报制度

1988年，建立区举报中心，各乡、街道设置举报箱，依靠群众开展反腐败斗争，严肃查处各类违纪违法案件。1984—1998年，受理群众举报案件188件。

2002年，制定《关于开展信访举报工作“责任年”活动的实施意见》及《基层纪检监察组织信访举报工作目标》，针对基层信访工作中存在的薄弱环节，进一步加强对基层信访工作的帮助指导和督促检查。2003年，建立《信访举报工作情况定期汇报分析制度》，区纪委常委会每半年听取1次信访举报工作情况汇报，区纪委主管信访副书记每3个月听取信访室工作情况汇报，分管信访常委每月1次听取信访室工作情况汇报。2008年，制定《领导班子成员公开接访日制度》《领导信访约访制度》《领导包案责任制处理信访大要案办法》，实行区纪委常委领导班子接访轮值制。每月15日，以群众上访或约访相结合，受理群众信访举报；规定区纪委常委、区监察局正、副局长每年至少约访1次；区纪委、监察局领导承担本职责范围内的信访大要案处理工作，负直接责任。

信访举报办理

2000—2010年，共受理群众信访举报1084件（次），每年信访举报件办结率均在95%以上，其中，转交办289件（次），初核后立案查处违纪违法案件295件。

2000—2010年，收到作风效能投诉举报158件，主要涉及违反工作禁令、工作作风粗暴、效率低下、执行不力、推诿扯皮、行政不作为等方面。通过下发作风效能告知书，责成限期整改，并对存在作风效能问题的117名责任人进行问责处理。

第五节　违纪违法案件查处

建区以来，区纪委始终把严肃党纪、惩治腐败作为纪检工作的中心环节，持续加大对违纪违法案件查处力度。1984—1998年，共有88名党员干部受到党政纪处分。2003—2004年，先后出台《秀城区查办案件组织协调工作实施办法》《秀城区纪检监察机关与审计机关在查处案件中加强协作配合的规定（试行）》，加强和规范纪检监察机关与司法机关、审计机关等职能部门在案件查处中的协作配合工作。2007年，成立区委反腐败协调小组，区纪委、区法院、区检察院、区公安分局、区审计局等单位为协调小组成员，下设办公室，每年定期开展会议，加强各成员单位的沟通联系，推动反腐败工作有效协调。

2000—2010年，共查处违法违纪案件406件464人，其中，给予党纪处分387件、440人，给予政纪处分24件、29人（5件5人既有党纪处分又有政纪处分），其中涉及科级以上干部32人，移送司法机关追究刑事责任的20人。

第六节　纠风治乱

1984—1989年，重点解决群众反映最大的官僚主义、以权谋私、生活作风腐化等突出问题以及违反计划生育、违纪建房、非正常户口迁移、赌博等不正之风。严查偷税漏税、私设小金库、营私舞弊等问题。

1990—1999年，对纠正行业不正之风深入宣传发动，成立“纠风治乱”小组，摸清全区近几年收费、罚款、集资摊派项目和资金管理使用情况，取消一批既不合理又不合法的收费、罚款。

2000—2004年，围绕有形建筑市场工程项目招投标，中小学收费，乡镇卫生管理所、个体劳动者协会和私营企业协会等组织的监督检查、医药购销等领域展开纠风工作。

2005—2006年，加大医药购销、中小学收费、报刊征订及征地、拆迁等领域的纠风工作力度，认真开展了涉农价格和收费等专项检查以及学校春秋季收费检查，对媒体和群众反映的热点问题、校中店问题和教辅材料征订情况进行专项调查，并督促落实整改。

2007—2009年，扎实开展基层站所评创活动；组织区有关职能部门参加“行风热线”活动，受理群众咨询投诉280余人次；开展专项清理和监督工作，清理评比达标表彰项目128个，涉及金额1019.06万元；加强“三年”活动督查；促进机关服务品牌建设，组建12支队伍作为打造机关服务品牌的试点团队，12支服务团队共走访企业4200多家，服务企业79500余人次，为企业解决实际问题1800多个，为基层解决实际问题360多个，服务群众18200余人次，为群众解决实际问题172000多个。

2010年，以“服务品牌”建设为抓手，面向民生、企业、基层深入开展“百局站所优质服务”活动，全面深化“服务民生满意站所（办事窗口）”创建活动。做好“行风热线”栏目，接听群众咨询投诉热线83个，办结率98%。开展强农惠农政策落实和减轻农民负担检查，开展行政村的“三资”管理情况审计，提出整改意见60多条。

第九章　政法工作

第一节　组织机构

1984年2月，区委政法委员会成立。1991年，区委政法委机关与区社会治安综合治理委员会办公室（简称区综治办）合署办公。2004年9月，区委防范和处理邪教问题领导小组办公室（简称区委610办公室）挂靠区委政法委机关。2007年7月，增设区维护社会稳定工作领导小组办公室（简称“区维稳办”）作为常设机构与区委政法委机关合署办公。

区委政法委员会建立后，承担着统一政法部门的思想和行动，组织协调和督促落实各项政法工作措施，支持和监督政法部门依法行使职权，指导协调政法各部门依法相互制约，密切配合，研究和协调有争议的重大疑难案件，研究加强政法队伍建设和领导班子建设的措施，协助党委组织部门考察、管理政法部门的领导干部等职责，并按照政法委的职责定位，不断加强执法监督工作，实行政法联席会议制度。坚持从严治警、依法治警的方针，大力加强政法队伍建设，不断提高干警政治业务素质，保证了各项业务工作的顺利完成。2006—2007年，南湖区委政法委连续两年被省委政法委授予“全省政法综治宣传工作先进集体”荣誉称号。

第二节　社会治安综合治理

1991年，原嘉兴市城区社会治安综合治理办公室更名为嘉兴市城区社会治安综合治理委员会，下设办公室与区委政法委员会合署办公。按照“属地管理”原则，每年，区委、区政府与区有关部门、各乡镇（街道）签订年度社会治安综合治理目标责任书，各乡镇（街道）与辖区企事业单位也层层签订责任书。

1996年起，实行社会治安综合治理“一票否决制”，作为领导干部政绩考核的主要内容，对社会治安综合治理目标管理责任制不执行或执行不力，导致重大治安问题的，予以否决。2000年，成立秀城区社会治安综合治理协会。1991—2010年，全区共表彰社会治安综合治理先进集体319个（次）、先进个人343人（次）。2002年，秀城区被省委、省政府授予2000—2001年社会治安综合治理先进集体称号。2008年、2010年，南湖区综治办2次被省委、省政府授予社会治安综合治理先进集体称号。

第三节　维护社会稳定

1998年，区委政法委把全力维护社会政治稳定作为首要任务，当年先后召开7次会议，明确政法各家维稳工作重点。同年，及时妥善处理了农产品市场带有黑社会性质的福建漳州人强占香蕉市场事件等40余起群体性事件。

2000年，建立区维护稳定工作领导小组。2004年，及时调整充实区维护稳定工作领导小组成员单位，设立由分管区领导负责、主要职责部门牵头、相关部门参与的农村征地拆迁、城市拆迁建设、工业企业、农业农村、学校学生、民政、环境污染和涉法涉诉共8个具体工作组；建立政法“四长”信访接待日制度，推行每月15日为公、检、法、司“四长”接待日；部署开展涉法涉诉信访集中处理活动，共处理案件32件，有效地促进执法水平的提高，维护了群众的合法权益。

2007年，在全区推出重大事项稳定风险评估工作新机制。至2010年，共评估36个项目（决策类10个、工程建设类26个），按照现行风险、潜在风险、可能诱发风险的分类处置要求，作出“可以实施”决定的有31件，作出“暂缓实施”决定的有5件，切实从源头上预防、减少矛盾纠纷的发生，变以往被动保稳定为主动创平安。2008年，南湖区被省平安建设领导小组授予“涉奥信访与维稳工作先进区”荣誉称号。

第四节　依法治村

1994年，全区开展以“依法治村（社区）、民主管理”为主要内容的“依法治村（社区）”创建工作。先从法制教育入手，开展群众性的学法活动，重点学习《中华人民共和国宪法》《中华人民共和国村民委组织法》《中华人民共和国民法通则》《中华人民共和国婚姻法》等法律；再通过上下结合，制订并宣传、执行《村规民约（居民公约）》，至2000年，南湖区所有村已基本实现《村规民约（居民公约）》制定、执行全覆盖，并在村（社区）对外宣传栏进行公开；最后重点解决农村中的计划生育、土地管理等突出问题。在村（社区）换届选举方面，每次换届选举前都出台《关于认真做好村（社区）组织换届选举工作的意见》，并实地开展督查，严肃选举纪律，确保村（社区）选举工作健康有序开展。

2006年，区制定下发《关于开展村（居）务公开民主管理规范化建设和示范单位创建活动的通知》，进一步加强村（居）务公开民主管理规范化，同时通过评比的方式更好地推动工作开展。同年，全国“民主法治村（社区）”创建工作开展，每年开展评选活动，至2005年，全区有15个村（社区）获得省级“民主法治村（社区）”荣誉称号，55个村（社区）获得市级“民主法治村（社区）”荣誉称号。2009年，新丰镇民丰村获全国“民主法治村”荣誉称号，通过“依法治村”，境内出现“三多三少”可喜现象：即关心集体的人多了，损人利己的人少了；依法办事的的人多了，违法犯罪的人少了；团结互助的多了，无原则的纠纷少了。

第五节　“平安南湖”创建

2004年7月，按照省委、市委的统一部署，区委作出建设“平安秀城”的决定，成立由区委书记任组长的“平安秀城”领导小组。区委、区政府坚持经济和平安“两张报表”一起抓。经过三年努力，2007年，“平安南湖”创建取得明显成效，当年市对镇（街道）平安考核中，全区11个镇（街道）实现“满堂红”，省对县（市、区）平安考核中，南湖区列省32名，全市第3名，实现三连冠，在全省率先夺得“平安鼎”。

2007年以来，积极探索小区居民小区自治管理，建立起“社区居委会—居民小组—楼道单元小组”的“网格化管理、组团式服务、阶梯式自治”的社区自治管理新模式，努力实现社区居民的自我管理、自我教育、自我服务和自我监督，老小区旧貌换新颜。

2010年，在总结世博安保成功经验在“守门护院、联户群防、共创平安”工作的基础上，根据街道和乡镇治安防范的不同特点，按照“1+X”群防模式，最大限度地动员广大群众参与治安综合治理和平安建设，构建了各行业、多层次、全天候的群防群治体系。年底在市对镇(街道)平安考核中，全区11个镇(街道)实现满堂红；省对县(市、区)平安考核中南湖区位列全省第16名，全市第2名，实现六连冠，在全省率先夺得“平安铜鼎”。

第十章　统战工作

第一节　组织机构

城区设立初期，统战工作由城区宣传部兼管。1994年11月至2000年年初的市、区合署办公期间，区委统战工作由市委统战部直管，区委办公室协助工作。

2000年5月28日，建立中共嘉兴市秀城区委统战部，归口管理台湾工作办公室(区人民政府台湾事务办公室)、区政府侨务办公室、区民族宗教事务局、区工商业联合会(商会)工作。2005年5月，更名为南湖区委统战部。2007年4月，区委台湾工作办公室单设，列入区委工作机构。至2010年，区委统战部内设机构3个，分别为办公室、工商党派科和民族宗教侨务科。

第二节　民主党派和工商联工作

民主党派与无党派人士

区委统战部设立后，建立与各民主党派、无党派人士的情况通报会、重大问题政治协商会、征求意见座谈会等制度。2000—2010年，先后召开各种通报会、协商会、座谈会90余次；协商推荐民主党派、无党派人士担任区人大代表和区政协委员分别为63人和153人；举荐民主党派成员42人次担任人民监督员、监察员、审计员和教育督导员。协助各民主党派做好换届工作和发展成员工作。鼓励各民主党派开展各类专项调研，并在人代会、政协会议上提交议案，积极参政议政。10年间，由民主党派成员在人代会、政协会议上提交的议案、建议有154份。

工商联工作

2000年12月，建立区工商业联合会。2001年至2003年8月，区工商联在新丰、余新、新嘉、新兴4个乡、镇街道，建立第1批基层商会组织。2003年10月，秀城区工商联成立党组。区工商联成立后，致力于基层商会组织的组建和会员的发展吸纳工作，至2007年12月，全区5个镇、6个街道全部建立商会。共有会员总数720个，其中，企业会员653个，团体会员1个，个人会员22个。并在此基础上继续向建立社区(村)商会方向拓展，2010年11月，筹建南湖区首个村级商会——余新镇黎明村曹庄社区商会。

开展各类行业协会的筹建发展和规范化制度建设，2008年起，先后成立南湖区旅游、足疗保健、美发美容、餐饮、金融、咨询、零售、西餐咖啡茶饮、房地产中介、洗染等12家行业协会。制定实施《南湖区基层商会工作考核办法》《关于建立服务业行业协会管理工作的实施意见》《建立服务业行业协会工作评价体系意见》等一系列管理、考核制度，推进基层商会和各行业协会工作的规范化开展，至2010年年底，已发展吸纳行业协会会员1184家。

区工商联(商会)组织，注重发挥参政议政和服务社会的作用，第二届工商联会员中担任区级以上人大代表、政协委员有70多人，有20名会员被聘政府有关部门的特约监督员。2005—2010年，会员中先后有20人次在政协会议上提交各类提案86件。众多非公有制企业响应政府号召，投身社会光彩事业。2001—2010年，工商联会员先在汶川抗震救灾和抗洪抢险、生产救灾、扶危济困、捐资助学、元旦新春送温暖等各项公益事业中捐款捐物近亿元。

第三节　宗教工作

宗教场所建设

2000年7月,南湖区民宗局建立之初,从市政府承接16处教堂(其中10处由秀洲区划转),以堂带点场所54处。登记开放的佛教场所有3处,其中太平寺为正式登记场所,冷仙亭及大曹王庙为临时登记场所。

针对区境内的宗教场所以老、旧、破建筑居多,安全状况较差的情况,区民宗局将改善宗教场所环境作为重要工作目标,通过积极协调,依靠城建等有关部门的支持,广筹善款,在2000—2010年的10年间,先后扩建三水湾基督教堂、凤桥太平寺、大曹王寺、新善寺基督教堂和小曹王庙;移址兴建了嘉兴基督恩爱堂;恢复重建黎林禅寺、小普陀禅寺、石佛古寺、真实禅寺以及民间信仰场所横塘庙及古丰庙;翻建修缮大桥八里村基督教堂、大桥基督教堂、新丰基督教堂、新篁基督教堂、凤桥基督教堂、曹庄基督教堂、七里店基督教堂、东栅基督教堂、步云基督教堂。

宗教事务管理

2000年12月,成立区佛教协会筹建领导小组。2001年12月,成立区基督教三自爱国运动委员会(基督教协会)筹建小组。2005年,国务院《宗教事务条例》颁布实施后,组织全区宗教界人士进行专题学习培训200多人次。

2006年10月20日,宗教条例培训会议

2006年,在全市率先开展"平安宗教活动场所"创建活动,开启宗教场所的规范化建设,先后制订佛教、基督教、民间信仰场所3项制度,并汇编成册,共计印刷300多册下发各镇、街道和各宗教场所。同时,统一制作系列制度图板挂于各宗教场所。以"平安宗教活动场所"创建为载体,经常性地做好重大节日、重大宗教活动前,消防、安全、值班等安全保卫工作。

2007年,对宗教场所重新开展分类换证工作,全区共有23处宗教活动场所重新进行登记换证,其中16处为教堂,7处为佛教场所。2010年,对全区开放的佛教场所全部实行会计代理制,即各寺院各自配1名出纳,建立寺院现金日记账,做好票据管理。区佛协聘请1名专业会计,负责这些佛教场所的财务会计代理,按寺院建立会计账目,受理各寺院的票据、凭证,指导各寺院规范财务管理。

第四节　侨务工作

建区至2000年前,全区侨务工作由城区宣传部兼任。期间,多次开展侨情普查、落实对侨胞的各项优待保护政策。2000年5月,秀城区委统战部建立时,兼设区人民政府侨务办公室。2001年11月,召开秀城区归侨侨眷第一次代表大会,选举产生秀城区侨联第一届委员会。

区侨办、侨联设立后,落实各项优侨政策,加强与侨胞侨眷的联系沟通,建立各项联络、服务、保护机制和制度、完善基层侨务网络建设和信息基础工作。在每年的重大节日期间,组织侨胞和侨眷代表参加全区各界人士中秋联谊会、迎春酒会等,相互交流,增进友谊。每年的"南湖之春"经贸活动,均邀请香港同乡会班子成员参与经贸活动

2009年,进一步密切与海外华侨联络联谊,接待加拿大加京华人联合会副会长、博士曹亚林等华侨华人50多人次。区侨联还先后参与举办纪念改革开放30周年广场文艺晚会、庆祝新中国成立60周年侨界人士共话发展座谈会及"喜看家乡新变

化”考察南湖新貌和新农村建设、参观世博会、“乘高铁、游西湖”“南湖儿女在海外”图片展等活动。并建立基层侨务联络员制度，拓宽侨务工作平台，进一步凝聚侨心，增强侨联组织的活力。

2000—2010年，共接待海外及香港嘉兴同乡会等考察团队来区考察110批次。接待“三胞”及其亲属来信来访10人次，引荐、协助侨胞侨眷在区创办企业30多家。2010年年底，全区有侨资企业108家。

第五节　对台工作

机构

建区初期，对台工作由城区宣传部兼管。2000年5月，设立台湾工作办公室（区人民政府台湾事务办公室）。2001年12月，选举设立台商联谊会和台胞台属联谊会。

2007年4月，台湾工作、事务办公室牌子改挂在区委办，其职能也相应地由区委办行使。各镇、街道的对台工作由镇（街道党群副书记和分管经济工作的副镇长（副主任）分管。在健全镇、街道对台工作组织网络的基础上，加强涉台部门对台工作机制，完善工作机制，进一步增强南湖区对台工作的整体合力。

对台宣传

1988—1989年，以文字和照片的形式，向《联谊报》、《浙江侨声报》、海峡之声电台、“金陵之声”以及台湾的《嘉兴同乡通讯》等报纸投稿，刊用20篇，把嘉兴两个文明建设新貌向海外、台湾港澳地区宣传。吸引更多的台胞来嘉兴观光投资。1999年，城区召开台胞台属座谈会，贯彻执行“和平统一、一国两制”基本方针，批判李登辉公开分裂中国领土和主权的卖国行径，揭露“两国论”政治本质和严重危害，遏制其恶劣的影响。

2008年，拓展对台宣传工作。通过政府网站、媒体等各种形式加强对台方针、政策、两岸关系和台海局势的宣传。推动两地新闻交流与合作，借助大型文化经贸活动，善于寓宣传于经济文化中。并开展涉台宣传教育进机关、到学校、入社区、下镇村活动。通过区委理论学习中心组（扩大）学习会的平台，组织涉台形势报告会；利用党校干部培训教育基地，将涉台教育引入各级干部培训课程；结合学校德育教育体系，在全区中小学校开展宣讲教育活动。强化责任意识，加强涉台保密工作，确保对台工作的安全。

台胞服务和权益维护

1984年5月24日，召开住在城区的11户台湾同胞台属座谈会，听取了解台胞台属对城区涉台工作的意见建议和诉求，并帮助解决部分台胞所提出的住房困难、子女就业等问题。

1988年，走访台胞台属150人次，帮助5名到嘉兴寻亲的台胞找到了亲人。其中新兴街道台胞、原国民党空军少将陈瑞奇、新嘉街道台属陆志庆找到失散40年的亲人。

2000年后，进一步完善涉台事件的突发应急机制，切实稳妥地做好各类涉台纠纷投诉、涉台突发事件的处理和信访工作，确保南湖区对台工作大局的稳定。2008年，区台办配合市台办做好对嘉兴钱乐娱乐有限公司与上海茂德商务咨询有限公司的装修纠纷事件、嘉兴市威凯旅游用品有限公司与江苏爱高卡夫特家私有限公司合同纠纷事件等涉台纠纷事件的协调处置工作，使这些事件得到及时妥善解决。

对台交流交往

20世纪90年代后，对台交流交往趋于活跃，组团考察互访活动频繁。1999年，共有5个政府团组和1个跨地区团组共39人入岛交流，还有129名台属赴台。《嘉兴日报》开辟“访台记事”专栏，刊登19名赴台人员赴台考察的感想与见闻。

2000—2010年，海峡两岸交流交往持续升温，区台办先后接待台胞、台属、台商来南湖区参观考察，政府、企业组团赴台进行经贸、文化考察有8批次80人。

2009年，共接待台胞、台属、台商9批100多人次。同年5月，邀请全市部分台商参加由市台办和区政府主办的“台商看嘉兴——南湖行”活动，参观考察凤桥梅花洲景区，受到广大台商和台胞的赞赏和欢迎。10月，在省市台办的指导下，承办了“两岸邻里节”，邀请来自台湾高雄县民间代表团10名台胞对南湖区进行考察和访问，考察了浙江。

2010年，加强与台湾的校际教育交流，嘉兴市实验小学与台湾龙安国小学开展结对活动。

经贸交流与合作

1991年8月，首家台资企业浙江悦泰制衣有限公司在区落户。至2001年，全区台资企业有8家。总投资额832.1万美元。2002年后，持续加大对台招商工作力度，通过组织经贸考察团赴台考察招商，邀请台商参加南湖之春文化经贸活动、台商看嘉兴—南湖行等活动与台湾中央贸易开发集团等重要台商团队建立经贸合作关系等举措，拓展招商渠道。并充分发挥台商联谊会、台胞台属联谊会在促进海峡两岸经贸交流中的桥梁和纽带作用，做好台商投资项目的引荐、协调、对接、服务等工作。吸引了众多台商到南湖区投资兴业。至2010年年底，全区台资企业38家，总投资额39780.59万美元。其中投资2000万美元以上的台资企业有5家。

2009年8月，长中港畔巴黎都市住宅区

第十二篇

地方人民代表大会

目 录

嘉兴解放后，建立人民民主专政政权。1954年，实行人民代表大会制度，人民通过各级人民代表大会行使民主权力。是年底至翌年春，全面开展乡（镇）人民代表大会代表普选工作，召开各乡（镇）人民代表大会，选举产生乡（镇）长、副乡（镇）长和县（市）人大代表。1955年7月，嘉兴市（县级）召开首届人民代表大会，行使人民代表大会的职权。

1983年12月，举行嘉兴市城区人民代表大会，选举产生区人大常委会主任、副主任、委员；区人民政府区长、副区长；区人民法院院长、区人民检察院检察长。并选举产生出席嘉兴市第一届人民代表大会代表。1984年9月，召开城区第一届人民代表大会一次会议，此后每年召开一次区人民代表大会。至2010年的南湖区第七届四次人民代表大会，已先后召开区人代会27次。大会期间，审议和批准区政府工作报告、区国民经济和社会发展计划、区财政预决算执行情况报告、区法院和区检察院工作报告；选举产生区人大常委会组成人员、区政府区长、副区长、区法院院长和区检察院检察长，选举区出席嘉兴市人民代表大会代表。区人民代表大会常务委员会在大会闭会期间，行使地方国家权力机关职权，开展日常工作。区人大常委会在区委领导下，围绕中心工作，依法行使宪法和法律赋予的监督权、决定权、任免权，检查人民代表大会决议的执行情况。区人大代表小组定期开展活动，密切联系选区，听取选民意见，及时反映人民群众的要求，为加强社会主义民主与法治建设，促进全区物质文明、政治文明、精神文明建设和构建和谐社会做了大量工作。

第一章　建区前人民代表会议

第一节　各界人民代表会议

县　市各届会议

1949年5月至1954年期间，嘉兴县、市由分设至合并再分设，嘉兴市共召开各界人民代表会议两届9次。1949年9月29日，召开嘉兴市各界人民代表会议第一届一次会议，主要议题是剿匪治安，恢复和发展生产，支援前线，加强税收和开展城市物资交流等，到1952年8月一届各界人民代表会议召开7次。1952年11月22—26日举行二届一次会议。1953年9月15—18日举行二届二次会议。

嘉兴县在1949年12月5—9日举行嘉兴县各界人民代表会议第一届第一次会议，到1953年5月举行第二次会议。

代表产生

嘉兴县（市）各界人民代表会议代表的产生，是在人民政府或军管会的主持和领导下，分别制定各界人民代表会议组织规则及各界人民代表会议代表选举办法。代表的条件为：在群众中有威信，能代表群众反映意见和要求的工人、农民；爱国的中小商人；思想进步的青年知识分子；有代表性的上层工商业者及自由职业者；赞成反帝反封建的开明绅士；进步的文教界人士。产生办法，采取民主选举和组织推荐相结合。党派代表，由中共县（市）委推选；县（市）人民政府代表，由县（市）长及其他负责干部担任；军警代表，由县（市）公安局、警备部队选派；农民代表，由乡农会推派；工人代表，经工人会议选举产生；青年、妇女代表，分别由各级青年、妇女组织推派；士绅、工商业、文化界代表，由县（市）政府聘任。

第二节　人民代表大会

1954年，嘉兴县（市）开始建立人民代表大会。人民代表大会是县（市）地方国家权力机关，由人民民主选举产生，代表人民集中行使国家权力。其职权是：在本行政区域内，保证法律、法令的遵守和执行；规划、决定本地的经济建设、文化建设和公共事业；审查和批准地方的国民经济计划、财政预算和决算，并依照法律规定的权限通过和发布决议；产生并监督国家行政、司法机关。国家行政、司法机关对人民代表大会负责。任期二年。

1953年年底至1954年春，先后进行普选，通过直接选举形式产生嘉兴县第一届人民代表大会人民代表，基层以后逐级举行乡（镇）、县（市）人民代表大会。第一至第六届换届选举工作均由人民委员会依法组织实施。1981年起，换届选举工作建立选举委员会，由人大常委会具体组织实施。

嘉兴县（市）因建制几次撤并，1954—1983年，嘉兴市举行5届共11次全体会议，嘉兴县举行6届共11次全体会议。

嘉兴市人民代表大会

1954年7月10—15日举行嘉兴市人民代表大会第一届一次会议，出席代表122人，列席代表14人。大会听取和审议嘉兴市人民委员会1953年及1954年上半年工作情况和下半年工作任务报告等，集中商讨进一步开展过渡时期总路线的宣传教育，开展对农业、手工业、资本主义工商业的社会主义改造。选举产生浙江省第一届人民代表大会代表5名。1955年6月17—21日举行一届二次会议，出席代表117人。大会选举武晓山为市长，人民委员会委员18人，选出人民法院院长。1956年3月17—21日举行，一届三次会议出席代表94人。1956年9月6—8日举行，一届四次会议，出席代表72人。

1956年11月30日举行第二届第一次会议，出席代表118人。大会选举武晓山任市长，市人民委员会委员16人。1957年6月28日至7月2日举行二届二次会议，出席代表112人，会议作出关于进一步开展增产节约运动、反击资产阶级右派分子言论等3项决议。

1958年2月12—15日举行第三届第一次会议，出席代表125人。是年，嘉兴县、嘉兴市人委合署办公，市人民委员会仍保留为一级行政机构。1959年9月7—9日举行三届二次会议出席代表106人。补选蔡学忠为市长。

1962年3月11—18日举行第四届第一次会议，出席代表170人。选举沈彪为市长，人民委员会委员18人，选举了人民法院院长。1963年1月3日，嘉兴市建制撤销，设嘉兴镇，归嘉兴县领导。

1982年1月5—10日举行第五届第一次会议（1981年嘉兴市恢复建制，人民代表大会仍按原届数继续），出席代表489人。选举市人大常委会组成人员18人，孙镜秋为主任，选举李佃杰为市长，选举市人民法院院长、市人民检察院检察长各1人。1983年3月13—17日举行五届二次会议，出席代表470人，列席代表74人。选出浙江省第六届人民代表大会代表20人。嘉兴市五届人大常委会主任孙镜秋，副主任7人。

嘉兴县人民代表大会

1954年7月13—18日举行第一届第一次会议，出席代表275人。大会选出浙江省第一届人民代表大会代表7人，向毛泽东、省人民政府谭震林发了致敬电。1955年3月举行一届二次会议。1955年12月5日举行一届三次会议，出席代表280人。1956年11月25—28日举行二届一次会议，出席代表261人，选举樊家禧为县长。选举人民法院院长。1958年1月24—27日举行二届二次会议，出席代表197人，补选人民法院院长。

1958年6月6—9日举行第三届第一次会议，出席代表287人。选举县人民委员会委员17人，樊家禧连任县长，选举副县长3人，人民法院院长1人。选出浙江省第二届人民代表大会代表7人。1960年2月10—12日召开三届二次会议，出席代表289人。1962年3月29日至4月1日举行四届一次会议，出席代表275人。大会选举县人民委员会委员17人，樊家禧连任县长，选举副县长3人。

1963年12月31日至1964年1月4日举行五届一次会议，出席代表351人。大会选举县人民委员会委员20人，沈如淙为县长，副县长6人。选举了人民法院院长。

1964年8月9—12日举行第五届第二次会议，出席代表341人。选出浙江省第三届人民代表大会代表12人。1966年6月3—7日举行六届一次会议，出席代表349人。大会选举县人民委员会委员21人，吴根生为县长，副县长5人。

1954年7月至1979年，各县（市）人民代表大会不设常务委员会，休会期间的日常事宜，由县（市）人民委员会（人民政府）负责处理。1979年后，各县（市）在召开新一届人民代表大会时，均选举产生常务委员会，下设若干工作机构，行使法律赋予的职权。

县人大代表构成

嘉兴县历届人大代表构成体现广泛性、代表性，中共党员身份代表比例逐年增加，工农和知识分子比例上升明显。

嘉兴县历届人大代表构成情况表

表12-1　　单位：人

届次	年份	代表数	其中女性	党派		组成情况					
				中共党员	民主党派	知识分子	工农	干部	少数民族	军人	其他
县一届	1954	304	58	140	17	—	179	—	—	—	47
县二届	1956	288	70	113	35	30	179	37	—	3	39
县三届	1958	288	65	164	—	30	214	36	—	3	5
县四届	1962	298	61	169	35	40	170	67	—	3	18
县五届	1963	387	103	194	63	57	246	70	1	5	8
县六届	1966	387	104	195	57	53	244	76	—	5	9

第二章　人大代表

第一节　区人大代表

区代表选举

区人大代表由选民直接选举产生。区第一届选举工作开始，建立选举委员会和工作班子，分配代表名额，划分选区，培训选举工作骨干；进行选民登记，审查选民资格，公布选民名单，受理申诉并作出决定；提名推荐、协商代表侯选人；张榜公布侯选人名单；差额选举，无记名投票，依法选举产生区人大代表。1984—1993年，区人民代表大会每届任期3年，换届选举与乡（镇）人民代表大会换届选举同时进行。1993年起，区人民代表大会每届任期改为5年，区、乡（镇）两级换届选举不再同时进行。区六届人大时，因考虑到区、镇两级同时换届选举额的问题，区人大在2007年提前进行换届选举，故六届人大任期是4年。1986—2007年，区人民代表大会共进行6次换届选举。区选举委员会主持第一至第七届区人民代表大会代表选举工作。

在第一至第七届区人民代表大会代表中，工人、农民占19.2%~47%，知识分子占6.01%~25.34%，党政干部占17.5%~48%；中共党员占51.6%~89%，非中共党员占11%~48.4%（民主党派人士占适当比例）；妇女代表占20%~37.8%。

第一至第七届区人大代表选举情况表

表12-2

选举年份	届别	乡镇数（个）	选民登记人数（人）	参选选民人数（人）	参选率（%）	当选代表（人）
1984	第一届	5	158330	155508	98.2	246
1987	第二届	5	175862	168012	95.54	232
1990	第三届	5	195331	187700	96.1	250
1993	第四届	5	209773	193886	92.43	270
1998	第五届	3	21335	—	—	182
2003	第六届	5	338717	324472	95.8	221
2007	第七届	5	374051	361270	96.6	221

区代表构成

区第一届至第七届人大代表构成体现广泛性、代表性，中共党员身份比例呈增加趋势，各界人大代表比例相对稳定。人大代表中大专以上学历大幅度增加。

第一至第七届区人大代表构成情况表

表12-3　　单位：人

选举年份与届别	代表人数(人)	其中(%)			各界组成(%)				年龄结构(%)			文化结构(%)		
		女性	中共党员	非中共党员	工人农民	党政干部	知识分子	其他	35岁以下	36—55岁	56岁以上	大专以上	高中	初中及以下
1984年第一届	246	37.8	51.6	48.4	37.8	17.5	24.79	19.91	23.6	61	15.4	19.1	14.2	66.7
1987年第二届	232	26.72	76.7	23.3	33.62	23.71	22.84	19.83	12.07	67.24	20.69	24.57	15.09	60.34
1990年第三届	250	25.2	78.8	21.2	19.2	48	12	20.8	7.2	65.2	27.6	28	24.8	47.2
1993年第四届	270	26.67	74.07	25.93	41.48	23.70	12.96	21.86	7.78	69.63	22.59	31.11	27.41	41.48
1998年第五届	183	26.23	76.5	23.5	47	26.78	6.01	20.21	9.29	70.49	20.22	39.34	26.78	33.88
2003年第六届	221	23.98	82.81	17.19	30.76	35.29	25.34	8.61	11.76	83.26	4.98	54.3	28.96	16.74
2007年第七届	221	20	89	11	38.5	38.9	10.4	12.2	5	90.5	4.5	65.6	23.1	11.8

第二节　乡(镇)人大代表

乡(镇)代表选举

乡(镇)人大代表由选民直接选举产生。1984—2003年，乡(镇)人民代表大会每届任期3年。2004年起，根据修改后的宪法和地方组织法，乡(镇)人民代表大会每届任期改为5年。1984—2007年，乡(镇)人民代表大会共进行8次换届选举。其中1984—1993年换届选举与区人民代表大会换届选举同时进行；1993年起，因区人民代表大会每届任期改为5年，区、乡(镇)两级换届选举不再同时进行。后考虑区、镇两级同时换届选举，区六届人大任期4年。2007年1月5日，区、镇两级换届选举同时进行。各乡(镇)选举委员会主持1984—2007年历届乡(镇)人民代表大会代表选举工作。

乡(镇)代表结构

建区后，各届乡镇人大代表主要分妇女代表、非中共代表和党政干部3类统计。妇女代表和非中共代表所占比例基本稳定，党政干部代表所占比例第十四、十五两届减少。

1984—2007年乡(镇)人大代表结构情况表

表12-4

选举年份	届别	代表人数(人)	其中					
			妇女代表		非中共代表		党政干部代表	
			人数(人)	占比(%)	人数(人)	占比(%)	人数(人)	占比(%)
1984	第八届	566	103	18.2	368	65.0	—	—
1987	第九届	282	35	12.4	106	37.6	—	—
1990	第十届	352	58	16.5	118	33.5	57	16.2
1993	第十一届	377	68	18.0	120	31.8	97	25.7
1996	第十二届	212	46	21.7	84	39.6	128	60.4
1999	第十三届	212	50	23.6	76	35.8	136	64.2
2003	第十四届	349	70	20.0	71	20.3	31	8.9
2007	第十五届	349	83	23.8	82	23.5	33	9.5

第三节　市人大代表

出席市人民代表大会的代表，在区人民代表大会召开期间，由大会主席团依法提出代表候选人名单并印发至全体代表，进行差额选举产生。建区至2010年，区人代会进行过6次市人大代表选举，产生区参加市一届至六届的市人大代表。

第一届市人大代表

郭清心　王惠芳(女)　马翰伟　李　勤(女)
杨祖昌　杨惠珍(女)　沈泳琪(女)　张金清
陆桂芳(女)　陈杏林(女)　陈楚南　屠宛平
祝祥钦　曹　群(女)　潘光煦　沈光其
俞　建　王观成　冯瑞英(女)　顾聘潮
蒋福林　何国樑　张春蓉(女)　袁希忠
徐奕章　丁慰慈　朱文彬(女)　沈年茂
徐菊昌　丁桂英(女)　王梅宝　朱子坤
朱子才　王光明　杨凤根　沈毛毛　陈福田
俞凤英(女)　夏阿长　陈静珠(女)
金雪英(女)　张小八　龚明观　于霞云(女)
忻德宇　余谷兰(女)　陆　华(女)　陈德献
陆建华　黄燕文(女)　潘惠敏(女)　方朝曙
史　念　金　松　胡天如　费佩秋(女)
徐承铎　邵传统　于　兰　于伯民　朱砚云
徐玉英(女)　张国雄　盛春观　杜云昌
沈明道　顾启麟　杨忠义　许有土
马银娥(女)　卢　云(女)　吴桂征(女)
王灿灿(女)　冯扣娣(女)　朱长根
潘燕飞(女)　李清山　庞锦祥　王金荣
吕苏民　怀金法

第二届市人大代表

丁维璇(女)　卜增良　于　兰　于锦元
于霞云(女)　马心海(回族)　马汉民
马翰伟　王玉观　王锦淇　计瑞祥　申邦达
卢存廉　叶立祥　朱一平　朱文虎　朱友荣
朱树根　刘乃武　许友土　杜云昌
严钟慧(女)　李连芳　杨友金　杨森和
吴　法　吴炳良　何晓玲(女)　应凤莲(女)
沈云珠(女)　沈本恭　沈正清　沈祖洪
沈福明　张汉臣　张仲然(女)　张明权
陆顺观　陆惠明　陈瑞炎　邵传统　郁水根
金明娇(女)　金荣发　周崇兴　周智慧
周福鹏　胡兰姿(女)　胡永祥　姜顺荣
施智国　洪荣康　姚海根　费佩秋(女)
顾启麟　徐承铎　徐昌鑑　徐顺泉
凌秀英(女)　翁惠敏(女)　黄明珍(女)
曹有根　逯海东　蒋琰瑛(女)　腾桂荣

谭春晓　潘光煦　潘　炜　潘燕飞(女)
薛琏德

第三届市人大代表

丁师尹　丁维璇(女)　马勤奋(女)　王文根
王玉观　卢存廉　叶立祥　叶杏英(女)
朱一平　朱玉春　朱志立　朱张坤　朱金松
刘　勇　刘敬(女)　刘长春(回族)　许全训
李金军　杨　敏　杨永生　杨有金　杨祖云
杨渤生　吴　骞　吴云龙　吴炳良　沈本恭
沈建明　沈洪德　张汉臣　张振钰　陆顺观
陆惠明　陆惠敏(女)　陈惠芬(女)　陈越强
邵传统　欧福娟(女,壮族)　金明娇(女)
周　坤　周君良　周其荣　周福鹏
郑士枫(女)　单丽蓉(女)　姜顺荣　袁通海
顾　伟　柴伟龙　倪金荣　徐加庭　徐启明
徐昌鑑　徐耀宗　高寅华　唐根富　陶卫忠
黄丽华(女)　曹怀云　董海潮　蒋永章
蒋光明　蔡苏梅(女)　蔡耐荣　谭春晓
潘　令(女)　糜义昌　濮思湘

第四届市人大代表

于霞云(女)　马　健　马月英(女)　王玉观
王玉林(女)　王洪涛　王贵富　叶忠书
卢存廉　吕士林　朱兴福　朱张坤　朱金松
刘　勇　许全生　孙建良　杨永生　杨有金
杨祖云　苏志强　李粉林　李家荣(回族)
来玲玲(女)　吴　骞　吴惠芳(女)
吴婷婷(女)　吴颖生　怀一尘　汪根珍(女)
沈文娟(女)　沈建明　沈洪德　沈福观
宋　勤　宋永怡(女)　张匀智　张淄良
陈　华(女)　陈士洪　陈玉林　陈宏达
陈彝海　林大椿　周　明(女)　钟水荣
郑其水　施尚地　姜顺荣　姚佐朝　姚荣奎
柴伟龙　徐加庭　高寅华　陶志来(女)
黄丽华(女)　曹志龙　崔明刚
韩忠烈(回族)　蒋月英(女)　谭　镭

第五届市人大代表

王　波(女)　王　震　王中佳　王军跃(女)
王洪涛　王海萍(女)　王增林　孔繁钢
石　菁(女)　包桂荣　冯　晴(女)　孙厚祥
朱　伟　朱文虎　朱兴福　朱张坤
朱定芳(女)　朱轿淋(女)　朱福观
刘　健(回族)　刘稚红(女)　许　立
杨永乐　杨泉耿　杨培初　魏建明　李飞雄
萧洪涛　吴　燕(女)　吴金观　吴颖生
应丽斋(女)　沈志华(女)　宋玉林　钟伟华
张来富　张淄良　陈　华(女)　陈有仁
陈国良　陈培华(女)　陈德荣　邵建华(女)
林大椿　尚　群　金玉观　周礼平　周国建
周楚兴　郑遂明　赵　阳　赵其法
赵树梅(女)　蔡天法　敖文治　秦文建
莫建林　夏付良　柴荣明　徐加庭　浦加渔
陶志来(女)　曹志龙　龚良初(女)　盛明强
盛黄英(女)　章水强　蒋光明　傅金根
蔡文英(女)　蔡菊芳(女)

第六届市人大代表

于晓萍(女)　王　震　王马青　军　跃(女)
王爱红(女)　计凤才　方建平　平培元
石　菁(女)　朱　伟　朱文虎　朱张坤
朱定芳(女)　朱建宏　朱轿淋(女,满族)
朱维君　朱福观　刘　健(回族)　刘海涛
齐福利　许国桢　许洪明　孙建华　杨永乐
杨静珍(女)　李　峰　李　跃　李飞雄
李云鸿　吴　健　吴　燕(女)　吴兴荣
应丽斋(女)　汪泽韵(女)　沈志华(女)
沈锦坤　沈楚赓　宋玉林　宋家聪　张志伟
张建荣　张春林　陈　华(女)　陈冬梅(女)
陈国良　陈培华(女)　陈新华　林　毅
林伟娟(女)　尚　群　金玉观　周礼平
周海梦　赵其法　赵树梅(女)　施国良
姚瑶(女)　敖文治　秦文建　莫建林
夏付良　柴荣明　倪蔚天　唐绍福　陶卫忠
陶志来(女)　曹浩强　盛黄英(女)　董苗虎
傅金根　曾挺健　褚水林　蔡山林　蔡光圻
魏建明

第四节　全国　省人大代表

全国人大代表

全国第三届人民代表大会代表：周坚（少年路小学）、陈志蔚（女，民丰造纸厂）。

全国第四届人民代表大会代表：张明星（民丰造纸厂）。

全国第五届人民代表大会代表：徐张奎（嘉兴邮电局）。

全国第六届人民代表大会代表：王重九（第二医院）。

全国第七届人民代表大会代表：范巴陵（女，副市长）、刘梅芳（女，第一医院）、张贞契（民丰造纸厂）。

全国第八届人民代表大会代表：陆忠岳（嘉丝联）、范巴陵（女，副市长）、潘燕飞（女，南湖饭店）。

全国第九届人民代表大会代表：夏益昌（市长）、傅一鸣（女，三中校长）。

全国第十届人民代表大会代表：黄坤明（市委书记）、陈德荣（市长）、吕士林（民丰造纸厂）、傅一鸣（女，三中校长）。

全国第十一届人民代表大会代表：李卫宁（市长）。

县（市）出席省人大代表

省一届人大代表：沈文儒、姚岩宝、刘慎言、金润痒、盛承楷、潘承折、倪桐冈（女）。

省二届人大代表：樊家禧、姚岩宝、张阿妹（女）、郑传松、金润摩、盛承楷、黄季冕。

省三届人大代表：王掌生、司建兴、冯惠珍（女）、沈如涤、李光亭（回族）、罗雪宝（女）、周学章、金守义、张勤奋、姚迅、姚岩宝、龚应张。

省五届人大代表：王加富、寿鑫桥、沈文奎、俞彩林（女）、吴玉梅（女）、计彪、邵培生、罗雪宝（女）、李光亭（回族）、金守义、蒋小弟、姚岩宝、顾小弟、胡永贞（女）、周学章、张汉臣、宋森宪、卢继荣。

省六届人大代表：李丰平、陈志蔚（女）、李佃杰、周家骏、宋棘宪、刘梅芳（女）、莫杏英（女）、夏志斌、周剑英（女）、寿鑫桥、竺培农、陆锦春、徐承铎、褚惠芳（女）、沈文娟（女）、郭清心、张汉臣、张薇（女）、金守义、黄加芬（女）。

区出席省人大代表

省第七届人民代表大会代表：张汉臣、孙敏芝（女）、王中夫、李忠邦、顾伟、王重九、李青山。

省第八届人民代表大会代表：沈本恭、朱利华（女）、孙志顺、李忠邦、张企雯（女）、庞乐明、赵荣华、马庆发（回族）、吕士林、朱文虎、朱贵法、王新民。

省第九届人民代表大会代表：任维明、刘雪珍（女）、武亮靓、朱文虎、朱贵法、徐加庭、莫文珍（女）。

省第十届人民代表大会代表：王永明、赵树梅（女）、魏建明、朱贵法、吴志萍（女）、刘颖（女）、陆英（女）。

省第十一届人民代表大会代表：傅金根、刘海涛、应华伦、马玉君（女）、金哲会、陆英（女）。（届中金哲会调离浙江省，代表资格自行终止，补选濮文斌为省人大代表）。

第三章　区人民代表大会

第一节　城区人民代表大会

1983年12月7—11日，城区人民代表大会召开

建区后，在原市人民代表大会的基础上，采用改名不换届的办法，由城区区域范围内的233名人民代表大会代表，成立城区人民代表大会。这是一个临时措施，因此不算一届。

1983年12月7—11日，城区人民代表大会顺利召开。大会听取区委书记张汉臣作形势和任务报告，补选于兰为城区人民代表大会常务委员会主任；盛春观为区长，沈本恭、宋秀珍为副区长；姚玉珍为区人民法院院长；许友土为区人民检察院检察长。会议选举城区出席嘉兴市第一届人民代表大会的代表81名。

第二节　城区第一届人民代表大会

城区一届人大任期自1984年9月至1987年6月，共举行3次会议。

第一次会议

1984年9月20日至23日举行。出席会议的城区人大代表246名。会议听取和审议区长盛春观的政府工作报告，听取和审议区法院院长姚玉珍关于城区人民法院工作报告，听取和审议区检察院检察长许友土关于城区人民检察院工作报告，同时通过“一府两院”工作报告的决议。会议选举于兰为城区人民代表大会常务委员会主任，刘梅芳、徐昌鑑为副主任，马水花、沈锡琪、张金宝、陈幸诚、陈瑞炎、周云才、郑学忠、胡培荣、费佩秋、顾明华、徐玉英、海定厚、黄有福、韩加生为委员；盛春观为区长，杨有金、沈本恭、宋秀珍为副区长；姚玉珍为区人民法院院长；许友土为区人民检察院检察长。

1984年9月20—23日，区第一届人民代表大会第一次会议召开

第二次会议

1985年11月4—6日举行。会议听取和审议区长盛春观的政府工作报告，听取和审议城区人大常委会副主任徐昌鑑关于城区人大常务委员会工作报告，听取和审议姚玉珍关于城区人民法院工作报告，听取和审议许友土关于城区人民检察院工作报告，并通过了相应决议。

第三次会议

1986年7月9—12日举行。会议听取和审议副区长杨有金关于城区人民政府工作报告，听取和审议徐昌鑑关于城区人大常务委员会工作报告，听取和审议姚玉珍关于城区人民法院工作报告，听取和审议许友土关于城区人民检察院工作报告，并通过了相应决议。会议补选杨有金为城区人民政府区长。

第三节　城区第二届人民代表大会

城区二届人大任期自1987年6月至1990年4月，共举行3次会议。

第一次会议

1987年6月10—14日举行。出席会议的城区人大代表232名。会议听取和审议区长杨有金的政府工作报告，听取和审议徐昌鑑关于城区第一届人大常务委员会工作报告，听取和审议姚玉珍关于城区人民法院工作报告，听取和审议许友土关于城区人民检察院工作报告，并通过了相应决议。会议选举于兰为区人民代表大会常务委员会主任，于伯明、刘梅芳、徐昌鑑为副主任，王中夫、王志荣、许建英、沈昌桂、沈锡琪、张金宝、陈文彪、陈瑞炎、胡万方、费佩秋、钱通民、徐玉英、梅永明为委员；杨有金为区长，沈本恭、宋秀珍、施智国为副区长；周福鹏为区人民法院院长；许友土为区人民检察院检察长。

第二次会议

1988年4月23—28日举行。会议听取和审议杨有金关于政府工作的报告，听取和审议徐昌鑑关于城区人大常委会工作报告、听取和审议周福鹏关于城区人民法院工作报告，听取和审议许友土关于城区检察院工作报告，并通过了相应决议。会议选举城区出席嘉兴市第二届人民代表大会代表70名。

第三次会议

1989年4月15—18日举行。会议听取和审议杨有金的政府工作报告，听取和审议徐昌鑑关于城区人大常委会工作报告，听取和审议周福鹏关于区人民法院工作报告，听取和审议许友土关于区人民检察院工作报告，并通过了相应决议。会议听取了全国七届人大代表、城区人大常委会副主任刘梅芳传达全国七届人大二次会议的精神。

第四节　城区第三届人民代表大会

城区三届人大任期自1990年4月至1993年3月，共举行3次会议。

第一次会议

1990年4月26—30日举行。出席会议的城区人大代表250名。会议听取和审议杨有金的政府工作报告，听取和审议徐昌鑑关于城区第二届人大常务委员会工作报告，听取和审议周福鹏的城区人民法院工作报告，听取和审议副检察长朱久成的城区人民检察院工作报告，并通过了相应决议。会议选举徐昌鑑为区人大常务委员会主任，刘梅芳、宋秀珍、胡世喜为副主任，马根良、王中夫、许建英、肖善才、沈大年、沈秀英、沈昌桂、陈文彪、周月昌、胡万方、费佩秋、钱通民、徐志荣为委员；杨有金为区长，石启玲、吴炳良、沈本恭、张纬宙为副区长；周福鹏为区人民法院院长；朱久成为区人民检察院检察长。

第二次会议

1991年4月23—26日举行。会议听取和审议杨有金的政府工作报告，听取和审议徐昌鑑关于城区人大常务委员会工作报告，听取和审议周福鹏的城区人民法院工作报告，听取和审议朱久成的城区人民检察院工作报告。会议还听取了刘梅芳传达七届全国人大四次会议的精神。

第三次会议

1992年4月20—24日举行。出席代表250人，特邀、列席人员108人。会议听取和审议代区长沈本恭关于城区人民政府工作的报告，听取和审议徐昌鑑关于城区人大常务委员会工作报告，听取和审议周福鹏关于城区人民法院工作的报告，听取和审议朱久成关于城区人民检察院工作的报告。会议补选沈本恭为城区人民政府区长。

第五节　秀城区（城区）第四届人民代表大会

秀城区（1993年12月由城区更名）四届人大任期自1993年3月至1998年3月，共举行5次会议。

第一次会议

1993年3月28日至4月2日举行。出席会议的代表270名。会议听取和审议区长沈本恭关于城区人民政府工作的报告，听取和审议徐昌鑑关于城区人大常务委员会工作报告，听取和审议周福鹏关于城区人民法院工作的报告，听取和审议副检察长李建平关于城区人民检察院工作的报告，通过了相应决议。会议选举徐加庭为区人大常务委员会主任，胡世喜、姜顺荣、胡万方、沈秀英为副主任，王志荣、石菁、吴法、吴菊明、沈大年、沈爱林、周月昌、徐顺泉、陶鸿鸣、黄燕文、董关生、蒋晓辉为委员；沈本恭为区长，石启玲、吴炳良、怀一尘、杨祖云为副区长；周福鹏为区人民法院院长；李建平为区人民检察院检察长。会议选举区出席嘉兴市第三届人民代表大会代表68名。

第二次会议

1994年3月28—31日举行。出席会议的代表269名。会议听取和审查沈本恭关于秀城区人民政府工作的报告，听取和审查徐加庭关于秀城区人大常务委员会工作报告。听取和审查周福鹏关于秀城区人民法院工作的报告。听取和审查李建平关于秀城区检察院工作的报告，并通过了相应决议。

第三次会议

1995年5月27—30日举行。自区四届人大二次会议以来，暂时停止执行代表职务和终止代表资格共有5名，其中3名代表因工作需要调离本行政区域，1名因犯罪被依法终止代表资格，1名未经批准2次不出席本级人民代表大会会议被依法终止代表资格。出席第三次会议代表有264名。会议听取和审议代区长杨有金关于秀城区人民政府工作的报告，听取和审议徐加庭关于秀城区人大常务委员会工作报告，听取和审议周福鹏关于秀城区人民法院工作的报告，听取和审议李建平关于秀城区人民检察院工作的报告，并通过了相应决议。会议补选杨有金为区人民政府区长。

第四次会议

1996年5月7—10日举行。第三次会议以后，1名代表因犯罪被依法终止代表资格，1名代表因病逝自然终止代表资格，1名代表因涉嫌犯罪被依法暂停执行代表职务，出席第四次代表261名。会议听取和审议杨有金关于秀城区人民政府工作的报告，听取和审议徐加庭关于秀城区人大常务委员会工作报告，听取和审议法院副院长肖培云关于秀城区人民法院工作的报告，听取和审议李建平关于秀城区检察院工作的报告，并通过了相应决议。

第五次会议

1997年4月8—11日举行。出席会议的区人大代表261名。会议听取和审议杨有金关于秀城区人民政府工作的报告，听取和审议徐加庭关于秀城区人大常务委员会工作报告，听取和审议法院代院长苏志强关于秀城区人民法院工作的报告，听取和审议李建平关于秀城区人民检察院工作的报告，并通过了相应决议。会议补选苏志强为区人民法院院长。

第六节　秀城区第五届人民代表大会

秀城区第五届人大任期自1998年3月至2003年3月，共举行5次会议。

第一次会议

1998年3月16—21日举行。出席会议的区人大代表183名。会议听取和审议代区长怀一尘作的区人民政府工作报告，听取和审议徐加庭作的区人大常务委员会工作报告，听取和审议苏志强作的区人民法院工作报告，听取和审议代检察长章传根作的区人民检察院工作报告，并通过了相应决议。会议选举徐加庭为区人大常务委员会主任，沈秀英、陆惠明、肖培云、杨培初为副主任，王志荣、石菁、朱小英、吴法、沈大年、沈志华、沈炳章、张新泉、林江海、胡国荣、姚荣奎、徐顺泉为委员；怀一尘为区长，沈洪德、柴伟龙为副区长；苏志强为区人民法院院长；章传根为区人民检察院检察长。会议选举区出席嘉兴市第四届人民代表大会代表60名。

第二次会议

1999年3月16—18日举行。出席会议的区人大代表179名。会议听取和审议区人民政府工作报告，听取和审议区人大常务委员会工作报告，听取和审议区人民法院工作报告，听取和审议区人民检察院工作报告，并通过了相应决议。

第三次会议

2000年3月8—10日举行。出席会议的区人大代表176名。会议听取和审议区人民政府工作报告，听取和审议区人大常务委员会工作报告，听取和审议区人民法院工作报告，听取和审议区人民检察院工作报告，并通过了相应决议。

第四次会议

2001年3月7—10日举行。出席会议的区人大代表218名。会议听取和审查区国民经济和社会发展“十五”计划纲要报告，听取和审查区人大常务委员会工作报告，听取和审查区人民法院工作报告，听取和审查区人民检察院工作报告，并通过了相应决议。会议补选沈洪德为区人大常委会副主任，补选冯金荣、许丽华为委员。

第五次会议

2002年3月18—21日举行。出席会议的区人大代表216名。会议听取和审议区人民政府工作报告，听取和审议区人大常务委员会工作报告，听取和审议区人民法院工作报告，听取和审议区人民检察院工作报告，并通过了相应决议。

第七节　南湖区（秀城区）第六届人民代表大会

南湖区（秀城区）六届人大任期自2003年3月至2007年3月，共举行4次会议。

2003年4月10日，区六届一次人代会代表意见建议交办会议

第一次会议

2003年3月17—21日举行。出席会议的区人大代表221名。会议听取和审议代区长魏建明作的区人民政府工作报告，听取和审议徐加庭作的区人大常务委员会工作报告，听取和审议区人民法院工作报告，听取和审议区人民检察院工作报告，并通过了相应决议。会议选举赵树梅为区人大常务委员会主任，傅金根、沈洪德、傅光良、杨培初、章传根、汪泽韵为副主任，王才根、冯金荣、苏焕镛、邹伏明、沈大年、沈志华、陆建良、林江海、赵其法、施尚地、龚良初、裘茂水为委员；魏建明为区长，翁建荣、沈晓红、柴伟龙、马玉华、朱全根、章一川为副区长；苏志强为区人民法院院长；杜克强为区人民检察院检察长。会议选举区出席嘉兴市第五届人民代表大会代表72名。

第二次会议

2004年2月16—18日举行。出席会议的区人大代表220名。会议听取和审议区人民政府工作报告，听取和审议区人大常务委员会工作报告，听取和审议区人民法院工作报告，听取和审议区人民检察院工作报告，听取和审议区2003年国民经济和社会发展计划执行情况与2004年国民经济和社会发展计划草案的报告，听取和审议区2003年财政收支执行情况和2004年财政收支计划安排的报告，并作出了相应决议。

第三次会议

2005年1月21—23日举行。出席会议的区人大代表214名。会议听取和审议区人民政府工作报告，听取和审议区人大常务委员会工作报告，听取和审议区人民法院工作报告，听取和审议区人民检察院工作报告，并通过了相应决议。会议补选徐金凤为区人大常委会委员。

第四次会议

2006年2月22—24日举行。出席会议的区人大代表213名。会议听取和审查区国民经济和社会发展第十一个五年规划纲要的报告，听取和审查区人大常委会工作的报告，听取和审查区人民法院工作的报告，听取和审查区人民检察院工作的报告，听取和审查区2005年国民经济和社会发展计划执行情况与2006年国民经济和社会发展计划草案的报告，听取和审查区2005年财政收支执行情况和2006年财政收支计划安排的报告，并通过了相应决议。

第八节　南湖区第七届人民代表大会

南湖区七届人大任期自2007年3月始。至2010年2月，共举行4次会议。

第一次会议

2007年3月2—6日举行。出席会议的区人大代表221名。会议听取和审议代区长董苗虎作的区人民政府工作的报告，听取和审议区人大常委会副主任傅金根作的区人大常委会工作的报告，听取和审议区人民法院工作的报告，听取和审议区人民检察院工作的报告，听取和审议区2006年国民经济和社会发展计划执行情况与2007年国民经济和社会发展计划草案的报告，听取和审议区2006年财政收支执行情况和2007年财政收支计划安排的报告，听取和审查《全面整治农村水环境》议案办理情况的报告等，并通过了相应决议。会议选举傅金根为区人大常务委员会主任，傅光良、柴伟龙、汪泽韵、王士官、苏志强、许立为副主任，王才根、冯金荣、冯琪珏、吕勇、杨志明、邹伏明、沈志华、沈锦坤、张新泉、陈知群、陈美玲、陈晓萍、金莉萍、徐金凤、龚良初、裘茂水为委员；董苗虎为区长，翁建荣、戴锋、章一川、陈荣根、孙旭阳、陈天英为副区长；朱建宏为区人民法院院长；杜克强为区人民检察院检察长。会议选举区出席嘉兴市第六届人民代表大会代表75名。

第二次会议

2008年1月30日至2月1日举行。出席会议的区人大代表218名。会议听取和审议区人民政府工作报告，审议区发改局关于区2007年国民经济和社会发展计划执行情况与2008年国民经济和社会发展计划草案的报告，审议区财政局关于区2007年财政预算执行情况和2008年财政预算草案的报告，听取和审议区人大常委会工作报告，听取和审议区人民法院工作的报告，听取和审议区人民检察院工作的报告等，并作出了相应的决议。

2008年1月31日—2月1日，区第七届人民代表大会第二次会议

第三次会议

2009年2月5—7日举行。出席会议的区人大代表216名。会议听取和审议区人民政府工作报告，审议区发改局关于区2008年国民经济和社会发展计划执行情况与2009年国民经济和社会发展计划草案的报告，审议区财政局关于区2008年财政预算执行情况和2009年财政预算草案的报告，听取和审议区人大常委会工作报告，听取和审议区人民法院工作的报告，听取和审议区人民检察院工作的报告，审议区人大常委会关于提请审议《嘉兴市南湖区人民代表大会议事规则（草案）》的议案等，并作出了相应的决议。

第四次会议

2010年2月2—4日举行。出席会议的区人大代表213名。会议听取和审议区人民政府工作报告，审议区发改局关于区2009年国民经济和社会发展计划执行情况与2010年国民经济和社会发展计划草案的报告，审议区财政局关于区2009年财政预算执行情况和2010年财政预算草案的报告，听取和审议区人大常委会工作报告，听取和审议区人民法院工作的报告，听取和审议区人民检察院工作的报告等，并通过了相应的决议。会议依法补选高志兴为区第七届人民代表大会常务委员会委员。

第四章　区人大常委会

第一节　组成人员

区第一届至第七届区人民代表大会常务委员会(简称人大常委会)组成人员情况分别为:

一届常委会主任,副主任2人,委员14人;二届常委会主任,副主任3人,委员13人;三届常委会主任,副主任3人,委员13人;四届常委会主任,副主任4人,委员12人;五届常委会主任,副主任4人,委员12人;六届常委会主任,副主任6人,委员12人;七届常委会主任,副主任6人,委员16人。

1984—2010年区人大常委会主任、副主任名录表

表12-5

届　次	主　任	副主任
改名不换届 (1983.12—1984.9)	于　兰 (山东临沂,1983.12—1984.9)	徐张奎(1983.12—1984.9) 董　静(女,1983.12—1984.9) 沈　彪(1983.12—1984.9) 邵传统(1983.12—1984.9) 周学章(1983.12—1984.9)
第一届 (1984.9—1987.6)	于　兰 (山东临沂,1984.9—1987.6)	刘梅芳(女,1984.9—1987.6) 徐昌鑑(1984.9—1987.6)
第二届 (1987.6—1990.4)	于　兰 (山东临沂,1987.6—1990.4)	于伯明(1987.6—1990.4) 刘梅芳(女,1987.6—1990.4) 徐昌鑑(1987.6—1990.4)
第三届 (1990.4—1993.3)	徐昌鑑 (浙江嘉兴,1990.4—1993.3)	刘梅芳(女,1990.4—1993.3) 宋秀珍(女,1990.4—1993.3) 胡世喜(1990.4—1993.3)
第四届 (1993.3—1998.3)	徐加庭 (浙江宁波,1993.3—1998.3)	胡世喜(1993.3—1998.3) 姜顺荣(1993.3—1998.3) 胡万方(1993.3—1998.3) 沈秀英(女,1993.3—1998.3)
第五届 (1998.3—2003.3)	徐加庭 (浙江宁波,1998.3—2003.3)	沈秀英(女,1998.3—2000.5) 陆惠明(1998.3—2003.3) 肖培云(1998.3—2003.3) 杨培初(1998.3—2003.3) 沈洪德(2002.3—2003.3)
第六届 (2003.3—2007.3)	赵树梅 (女,山东诸城,2003.3—2007.3)	傅金根(2003.3—2007.3) 沈洪德(2003.3—2007.3) 傅光良(2003.3—2007.3) 杨培初(2003.3—2007.3) 章传根(2003.3—2007.3) 汪泽韵(女,2003.3—2007.3)
第七届 (2007.3—　)	傅金根 (浙江嘉兴,2007.3—　)	傅光良(2007.3—　) 柴伟龙(2007.3—　) 汪泽韵(女,2007.3—　) 王士官(2007.3—　) 苏志强(2007.3—　) 许　立(2007.3—　)

第二节 工作机构

区一届人大常委会下设办公室，1986年办公室内设秘书科、代表科。区二届人大常委会第一次会议决定建立法制、经济、教科文卫3个工作委员会，区二届常委会下设办公室和法制、经济、教科文卫3个工作委员会。区三届常委会机构设置与二届相同，1992年人大常委会办公室内改设秘书科、综合科。

区四届人大常委会第一次会议决定建立法制、经济、教科文卫、代表工作4个工作委员会，常委会下设办公室和4个工作委员会。区五届人大常委会机构设置与四届相同。区六届人大常委会第十五次会议决定区人大常委会增设城建农经工作委员会，常委会下设办公室和法制、财经、城建农经、教科文卫民侨、代表工作5个工作委员会。区七届人大常委会下设办公室和法制、财经、城建农经、教科文卫民侨、代表工作5个工作委员会，办公室内设秘书科、调研科、综合科、行政科。2004—2010年，区人大机关行政编制数为9名（不含常委会主任、副主任和专职委员）。领导职数：区人大常委会办公室及各专门委员会科级领导职数6名，副科级领导职数6名。

第三节 区人大常委会会议

建区后至城区第一届人民代表大会一次会议召开前，区人大常委会先后举行会议6次，听取和审议决定城区人民政府、区人民法院、区人民检察院的18项重要议题，依法任免区人民政府、区人民法院、区人民检察院和区人大常委会办事机构工作人员25人次。这一时期，常委会把主持城区第一届人民代表大会代表的选举和筹备首届首次人民代表大会的召开作为主要工作。

依照宪法和法律的规定，区人大常委会会议每两个月至少举行一次，听取和审议区人民政府及其组成部门、区人民法院和区人民检察院的工作报告以及有关议案。1989年，区二届人大常委会第十七次会议制定通过《区人大常委会议事规则》，并先后4次修订完善。2004年，区六届人大常委会第十二次会议制定通过《公民旁听区人大常委会会议的办法》，建立公民旁听人大常委会会议制度。

区一届人大常委会会议

区一届人大常委会共举行会议20次，听取和审议工作报告19项，作出决议或决定5项，任免国家机关工作人员52人次。支持和促进区人民政府为人民群众办好10件实事，组织代表进行调查视察，评议人民政府工作，推动全区两个文明建设。常委会把监督法律法规在城区范围内的贯彻实施，作为区人大常委会的重要职责，先后3次听取区司法局关于城区普及法律常识教育情况的汇报，并在第3次会议上通过《关于加强法制宣传普及法律常识的决定》。

区二届人大常委会会议

区二届人大常委会共举行会议22次，听取和审议工作报告54项，做出决议或决定4项，任免国家机关工作人员38人次。依法实施法律监督，先后听取《中华人民共和国土地管理法》《中华人民共和国义务教育法》《中华人民共和国村民委员会组织法》等8项法律法规贯彻实施情况的汇报。对区政府、区法院、区检察院等14个机关部门开展执法检查，组织部分区人大代表对重点单位、重点法律法规的实施情况进行抽查。常委会围绕中央关于治理整顿、深化改革的方针，清理整顿公司、发展个体私营经济等6项重大事项进行审议。常委会重视对教育、科技、计划生育、文化卫生、社会治安、城建等方面的工作监督，多次听取人民政府工作汇报，组织人大代表调查视察，检查督促政府工作。

常委会第一次会议，对常委会任免的国家机关工作人员的任免方式由举手表决改为无记名投票方式进行。常委会加强与代表的经常性联系，确定每月20日为常委会主任、副主任接待人大代表日，常委会成员与代表建立通信联系，3年共收到代表反映意见、建议来信158件。

区三届人大常委会会议

区三届人大常委会共举行会议19次，听取和审议工作报告48项，做出决议或决定7项，任免国家机关工作人员88人次。主要听取关于农业生产和水利建设情况、工业生产和第三产业情况、职业技术教育和成人教育、幼儿教育情况、城市管理和交通建设、农村卫生“初保”及社会治安综合治理工作情况等的汇报。通过《关于在全区深入开展法制宣传教育的决议》等7项决议、决定。在坚持和完善各项制度的同时，制定《常委会主任会议议事规则》《常委会与区人民政府、区人民法院、区人民检察院联系制度》等制度。

区四届人大常委会会议

区四届人大常委会共举行会议38次，听取和审议工作报告54项，做出决议或决定10项，任免国家机关工作人员105人次。1993年10月15日，区四届人大常委会会第五次会议听取和审议区政府《关于发展外向型经济和“三资”企业情况的汇报》《关于调整农业产业结构、发展“一优两高”农业情况的汇报》和《关于开展“三打一禁”斗争情况的汇报》。1994年12月29日，区四届人大常委会第十四次会议听取和审议区政府《关于蔬菜基地建设和菜篮子工程建设情况的汇报》和《关于计划生育和人口规划执行情况的汇报》，并对区人大常委会任命的司法机关干部进行书面述职评议。1995年9月27日，区四届人大常委会第十九次会议听取和审议区政府《关于深化改革提高经济效益情况的汇报》和区人民法院《关于审判执行工作情况的汇报》，通过有关人事任命事项。1996年8月28日，区四届人大常委会第二十六次会议听取和审议区政府《关于调整产业结构推进优高农业情况的汇报》和《关于加快基础设施建设争创全国卫生城市情况的汇报》。1997年5月27日，四届人大常委会第三十二次会议听取和审议区政府《关于稳定粮食生产、加快农业产业化进程情况的汇报》和《关于农村社会养老保险情况的汇报》，讨论通过有关人事任免。

区五届人大常委会会议

区五届人大常委会共举行会议36次，听取和审议工作报告55项，做出决议或决定48项，任免国家机关工作人员182人次。1998年4月30日，区五届人大常委会第一次会议审议通过《区人大常委会1998年工作要点》《区人大常委会议事规则》《关于任免国家机关工作人员暂行办法》，通过有关人事任免事项。1999年6月8日，区五届人大常委会第九次会议，听取和审议区政府《关于贯彻实施村民委员会组织法情况的汇报》，通过有关人事任免事项。2000年1月27日，区人大常委会第十四次会议审议通过《区人大常委会2000年工作要点》《区人大常委会关于召开区第五届人大三次会议的决定》等区人大三次会议有关文件。2001年10月19日，区人大常委会第二十九次会议听取和审议区政府《关于秀城区社区建设情况的汇报》和区经贸局《关于秀城区第三产业发展情况汇报》。2002年6月28日，区人大常委会三十七次会议听取和审议区经贸局《秀城区开放型经济发展情况的汇报》和区建设局《秀城区新区规划和实施建设情况汇报》，会议审议通过了有关人事任免。

区六届人大常委会会议

区六届人大常委会共举行会议29次，听取和审议工作报告31项，做出决议或决定29项，任免国家机关工作人员124人次。2003年8月28日，区六届人大常委会第三次会议听取和审议区政府《关于我区创建教育强区工作情况的汇报》和区人事劳动保障局《关于贯彻实施劳动法情况的报告》，审议通过《区人大常委会关于进一步健全理论学习制度的意见》，通过有关人事任免事项。2004年4月28日，区六届人大常委会第八次会议听取和审议区公安分局《关于我区公安工作和当前治安形势的报告》，通过有关人事任免。2005年4月29日，区六届人大常委会第十六次会议讨论修订《秀城区人民代表大会常务委员会议事规则》《秀城区人民代表大会常务委员会关于任免国家机关工作人员办法》，审议通过《区人大常委会关于同意区人民法院提出的人民陪审员名额的决定》。2006年4月25日，区六届人大常委会第二十三次会议讨论通过《嘉兴市南湖区人民代表大会代表议案处理办法(试行)》和《嘉兴市南湖区人民代表大会代表建议、批评和意见办理规定》。2007年1月17日，区六届人大常委会第二十八次会议听取和审议区政府《关于2006年南湖区国民经济和社会发展计划执行情况与2007年南湖区国民经济和社会发展计划草案的报告》和《关于2006年南湖区财政收支执行情况和2007年南湖区财政收支计划安排的报告》，审议通过《嘉兴市南湖区人大常委会关于召开嘉兴市南湖区第七届人民代表大会第一次会议的决定》，讨论修订《嘉兴市南湖区公民旁听区人民代表大会会议的规定（修订案草案）》和《嘉兴市南湖区公民旁听区人民代表大会常务委员会会议办法（修订案草案）》。

区七届人大常委会会议

至2010年，区七届人大常委会共举行会议28次，听取和审议工作报告89项，做出决议或决定35项，任免国家机关工作人员191人次。2007年6月15日，区七届人大常委会第二次会议听取和审议区政府《关于社会救助体系建设情况的报告》和《科技平台建设情况的报告》。2008年6月27日，区七届人大常委会第十次会议听取和审议区政府《关于生态南湖建设情况的报告》和《南湖区实施法制宣传教育第五个五年规划情况的报告》。2009年10月29日，区七届人大常委会第十九次会议听取和审议区政府《关于全区"两分两换"工作开展情况的报告》和《关于区七届人大三次会议代表建议、批评和意见办理情况的报告》，通过《嘉兴市南湖区人民代表大会常务委员会关于召开嘉兴市南湖区第七届人民代表大会第四次会议的决定》和有关人事任免。2010年10月21日，区七届人大常委会第二十六次听取和审议区政府《关于依法行政工作开展情况的报告》《关于区七届人大四次会议代表建议办理及区七届人大一、二、三次会议代表建议"回头看"办理情况报告》，通过《嘉兴市南湖区人民代表大会常务委员会关于召开嘉兴市南湖区第七届人民代表大会第五次会议的决定》《嘉兴市南湖区人民代表大会常务委员会关于同意嘉兴世合新农村项目的决议》和《嘉兴市南湖区人民代表大会常务委员会关于同意区政府将凤桥镇"两新"工程建设项目贷款资金列入财政预算的决议》。

第四节　区人大常委会主任会议

区人大常委会主任会议由区人大常委会主任、副主任组成，负责处理常委会的重要日常工作。1990年，区第三届人大常委会第五次会议制定通过《区人大常委会主任会议议事规则》。

区一届人大常委会主任会议

区一届人大常委会主任会议共举行会议39次。1985年12月21日，区一届人大常委会主任会议听取区司法局、区计生委关于城区人大常委会第四次会议作出的《关于加强法制宣传、普及法律常识的决议》和《关于认真贯彻执行〈浙江省计划生育条例〉的决议》贯彻执行情况的汇报。1987年1月24日，区一届人大常委会主任会议通过关于嘉北、南湖、东栅、塘汇、秀水5个乡选举委员会组成人员任命名单。

区二届人大常委会主任会议

区二届人大常委会主任会议共举行会议39次。1987年10月26日，区二届人大常委会第七次主任会议组织人大机关干部学习中共十三大文件。1989年5月19日，区二届人大常委会主任会议听取区政府关于实施《村民委员会组织法（试行）》的情况和今后工作意见的汇报。

区三届人大常委会主任会议

区三届人大常委会主任会议共举行会议68次。1990年9月21日，区三届人大常委会第十一次主任会议听取区政府关于《居民委员会组织法》试点情况及面上开展打算的汇报。1991年7月4日，区三届人大常委会第三十一次主任会议听取区政府关于城区开展《残疾人保障法》宣传活动情况的汇报。1992年9月5日，区三届人大常委会第六十次主任会议听取区政府关于行政监察工作和治理"三乱"情况的汇报。1992年9月22日，召开区三届人大常委会第六十一次主任会议听取区政府关于完善双层经营，发展村级经济情况的汇报。1992年10月4

日，区三届人大常委会第六十三次主任会议听取区政府关于贯彻实施《城市居民委员会组织法》以及关于实施九年制义务教育的情况汇报。

区四届人大常委会主任会议

区四届人大常委会主任会议共举行会议45次。1993年9月9日，区四届人大常委会第五次主任会议，讨论通过《嘉兴市城区人大常委会工作委员会工作职责和制度》《嘉兴市城区人大常委会关于加强与区人民政府、区人民法院、区人民检察院工作联系的制度》和《嘉兴市城区人大常委会关于处理人大代表和人民群众来信来访的办法》等制度。1994年8月10日，区四届人大常委会第16次主任会议学习省委、市委关于组织开展人大常委会任命干部述职和司法、行政执法机关工作评议文件，讨论有关人事任免事项。1995年11月6日，区四届人大常委会第二十八次主任会议讨论第二十次常委会议题安排，听取塘汇乡人大换届选举工作试点情况，传达省人大工作经验交流会精神。1996年4月15日，区四届人大常委会第三十三次主任会议讨论第23次常委会建议议题安排，讨论人代会大会主席团、大会常务主席、大会常务主席分组、大会副秘书长、邀请列席人员及单位等名单草案，讨论各代表团的划分及各代表团召集人员、部署人代会前人大领导的走访及座谈会的安排。1997年9月27日，区四届人大常委会第四十二次主任会议传达王国平、吕毅强有关换届选举工作的讲话精神、省委24号文件精神、市人大关于换届选举工作的报告，讨论研究换届选举有关事项。

区五届人大常委会主任会议

区五届人大常委会主任会议共举行会议66次。1998年4月27日，区五届人大常委会第二次主任会议审议区五届人大常委会各工作委员会建议名单、区五届人大常委会代表资格审查委员会建议名单、《嘉兴市秀城区人民代表大会常务委员会议事规则》(草案)及有关人事任免议案。1999年6月24日，区五届人大常委会第十四次主任会议传达省人大常委会第二十六期干部培训班及全省人大宣传工作会议精神，学习中宣部《关于加强社会主义民主法制和人民代表大会制度宣传报道的意见》，研究进一步加强人大宣传工作，办好《秀城人大工作》的意见，讨论通过《秀城区人大常委会机关公文处理办法》。2000年1月13日，区五届人大常委会第二十一次会议讨论通过1999年区人大常委会工作总结和2000年工作要点，讨论区五届人大三次会议的有关筹备工作及五届人大常委会第14次会议召开的时间、议题。2001年2月16日，区五届人大常委会第36次主任会议讨论区人大常委会工作报告，讨论通过区人大常委会有关工委工作职责，讨论提交常委会通过的有关人事任免议案。2002年4月24日，区五届人大常委会第53次主任会议讨论《嘉兴市秀城区人民代表大会代表建议、批评和意见办理的决定(草案)》和《嘉兴市秀城区人民代表大会常务委员会街道工作委员会(联络室)工作职责(草案)》。

区六届人大常委会主任会议

区六届人大常委会主任会议共举行会议63次。2003年5月30日，区六届人大常委会第三次主任会议听取和审议区政府关于土地管理情况的报告和关于区非典防治工作情况的报告。2004年2月4日，区六届人大常委会第十四次主任会议听取区2003年国民经济和社会发展计划执行和2004年财政预算安排情况的报告、区2003年财政预算执行情况和2004年财政预算安排情况的报告，研究区六届人大二次会议的筹备工作。2005年7月26日，区六届人大常委会第三十七次会议听取区政府关于村民委员会换届选举工作情况的汇报，讨论研究农民拆迁安置房视察方案等。2006年3月29日，区六届人大常委会第四十七次会议听取区政府关于政府投资项目情况的汇报，讨论研究《南湖区人民代表大会议案处理暂行办法》和《南湖区人民代表大会建议、批评和意见的办理规定》等。2007年1月16日，区六届人大常委会第六十二次主任会议讨论修订《南湖区公民旁听区人民代表大会会议的规定(修订案草案)》和《南湖区公民旁听区人民代表大会常务委员会会议的规定(修订案草案)》。

区七届人大常委会主任会议

至2010年，区七届人大常委会主任会议共举行

58次。2007年3月15日，区七届人大常委会第一次主任会议听取区政府关于政府投资项目资金安排情况汇报，讨论研究区人大常委会领导分工的有关事项。2008年5月20日，区七届人大常委会第20次主任会议听取区政府关于行政监察工作情况的汇报，讨论人大常委会组织部分人大代表视察政府重大项目实施情况的方案等。2009年4月20日，区七届人大常务会第三十三次主任会议听取区政府关于沪杭客运专线南湖区段项目建设的情况汇报、关于新丰镇宅基地复垦项目建设资金有关问题的报告，讨论通过《关于开展农业法及相关法律法规贯彻实施情况检查的实施方案》。2010年4月27日，区七届人大常委会第四十六次主任会议听取和讨论区政府关于授予陈秋荣等8人“嘉兴市南湖区荣誉市民”的报告、关于世合新农村建设项目推进情况的报告、关于《嘉兴市南湖区省级可持续发展实验区建设总体规划》情况说明的汇报和关于南湖区部分街道行政区划调整工作情况的汇报，讨论通过开展水污染防治“一法一条例”执行检查的实施方案等。

2007年11月23日，区人大代表民情接待现场会

第五章　区人大主要工作

第一节　法律法规实施监督

区一届人大常委会先后3次听取区司法局关于城区普及法律常识教育情况的汇报，并在第三次会议上通过《关于加强法制宣传普及法律常识的决定》。1985年12月21日，区一届人大常委会主任会议听取区计生委关于城区人大常委会第四次会议作出的《关于认真贯彻执行〈浙江省计划生育条例〉的决议》贯彻执行情况的汇报。

区二届人大常委会先后听取《中华人民共和国土地管理法》《中华人民共和国义务教育法》《中华人民共和国民法通则》《中华人民共和国会计法》《中华人民共和国统计法》《中华人民共和国经济合同法》《中华人民共和国涉外经济合同法》《中华人民共和国村民委员会组织法》等法律法规贯彻实施情况的汇报。对区人民政府、区人民法院、区人民检察院等14个机关部门开展执法检查，抽查重点单位对法律法规的实施和执行情况。1989年5月19日，区二届人大常委会主任会议听取区政府关于实施《村民委员会组织法（试行）》的情况和今后工作意见的汇报。

区三届人大常委会通过《关于在全区深入开展法制宣传教育的决议》。区三届人大常委会第三十一次主任会议听取区政府关于城区开展《残疾人保障法》宣传活动情况的汇报。第六十三次主任会议听取区政府关于贯彻实施《城市居民委员会组织法》以及关于实施九年制义务教育的情况汇报。

1999年6月8日，区五届人大常委会第九次会议学习《中华人民共和国村民委员会组织法》，听取和审议区政府《关于贯彻实施村民委员会组织法情况的汇报》。

2003年8月28日，区六届人大常委会第三次会议听取和审议区政府《关于贯彻实施劳动法情况的报告》。2008年6月27日，区七届人大常委会第十次会议听取和审议区政府关于《南湖区实施法制宣传教育第五个五年规划情况的报告》。

2009年4月20日，区七届人大常委会第三十三次主任会议讨论通过《关于开展农业法及相关法律法规贯彻实施情况检查的实施方案》。2010年4月27日，区七届人大常委会第四十六次主任会议讨论通过开展水污染防治“一法一条例”执行检查的实施方案等。

第二节　决定重大事项

1984—2010年，区第一届至第七届人大常委会共作出决议、决定138项。其中：第一届人大常委会作出决议、决定5项，第二届人大常委会作出决议、决定4项，第三届人大常委会作出决议、决定7项，第四届人大常委会作出决议、决定10项，第五届人大常委会作出决议、决定48项，第六届人大常委会作出决议、决定29项，第七届人大常委会至2010年作出决议、决定35项。这些决议、决定主要包括召开区人代会，调整财政收支预算，调整国民经济发展计划部分指标，审查同意扩镇并乡方案，对人大代表议案审议结果，任免"一府两院"机关工作人员，接受区人大代表和区人大常委会组成人员、区长、副区长、法院院长、检察院检察长等辞职请求，开展法制宣传教育，以及其他有关政治、经济、教育、科学、文化、卫生、环境和资源保护等工作的重大事项。

1983—2012年区人大常委会决议、决定情况表

表12-6

届别	决议、决定数（个）	内容
城区人大常委会 1983.12—1984.9	2	1984年3月16日，关于区、乡两级人民代表大会代表选举工作的决定 1984年4月7日，关于南湖、塘汇、东栅、嘉北、秀水5个乡人民代表大会代表名额的决定
第一届 （1984.9—1987.6）	5	1985年3月27日，关于认真贯彻执行《浙江省计划生育条例》的决议；关于加强法制宣传、普及法律常识的决议 1985年6月1日，一届五次 关于补选林大椿为嘉兴市第一届人民代表大会代表的决定 1986年2月28日，关于接受胡培荣辞去区人大常委会委员的请求的决议 1986年12月30日，关于区、乡两级人民代表大会换届选举工作的决定
第二届 （1987.6—1990.4）	4	1987年7月28日，关于设立法制、经济、教科文卫三个工作委员会的决定；关于设立代表资格审查委员会的决定 1989年11月18日，关于一九九〇年区、乡两级人民代表大会换届选举时间和代表名额的决定 1990年3月26日，关于同意施智国辞去嘉兴市城区人民政府副区长职务的决定
第三届 （1990.4—1993.3）	7	1990年5月19日，关于设立法制、经济、教科文卫3个工作委员会的决定；关于设立代表资格审查委员会的决定 1991年8月20日，关于在全区深入开展法制宣传教育的决议；关于在区人大代表中开展评议优秀代表、创先进代表组活动的决定 1991年10月26日，关于接受杨有金请求辞去嘉兴市城区区长职务的决定；关于任命沈本恭副区长为嘉兴市城区代理区长职务的决定 1992年10月27日，关于区、乡两级人民代表大会换届时间和代表名额的决定
第四届 （1993.3—1998.3）	10	1993年4月22日，关于设立代表资格审查委员会的决定；关于设立法制、经济、教科文卫、代表4个工作委员会的决定 1994年3月15日，关于表彰1993年度优秀代表、先进代表组、先进联络员的决定 1995年4月28日，关于接受沈本恭同志请求辞去嘉兴市秀城区人民政府区长职务的决定；关于任命杨有金副区长职务的决定 1995年11月21日，关于乡人民代表大会换届代表名额的决定 1997年1月30日，关于撤销周福鹏区人民法院院长职务的决定 1997年3月20日，关于任命苏志强副院长为嘉兴市秀城区人民法院代理院长职务的决定 1997年9月26日，关于接受杨有金同志辞去嘉兴市秀城区人民政府区长职务的决定；关于任命怀一尘副区长为嘉兴市秀城区人民政府代理区长的决定

续表12-6

届 别	决议、决定数（个）	内 容
第五届（1998.3—2003.3）	48	批准区上年财政决算的决议（4项）；调整2000年度秀城区国民经济和社会发展计划部分主要指标的方案的决议（1项）；调整财政收支预算的决定（3项）；南湖区部分行政区划调整方案的决议（1项）；同意将4个项目的资金列入区财政预算的决议（4项）；区政府向国家开发银行申请基础设施项目贷款的决定（1项）；关于全面实行城乡一体化战略的决议（1项）；同意嘉兴世合新农村项目的决议（1项） 召开区五届人大二次、三次、四次、五次会议的决定（4项）；召开六届人大一次会议的决定（1项）；设立常委会工作委员会及街道人大工作委员会的决定（3项）；常委会关于对提请任命和述职评议的国家机关工作人员进行法律知识考试的决定（1项）；部分镇行政区划调整后重新确定镇人大代表名额的决定（1项）；常委会关于认真实施法制宣传教育第四个五年规划的决议（1项）；常委会关于加快建设“法治南湖”的决议（1项） 设立常委会代表资格审查委员会的决定（1项）；罢免1名市人大代表职务的决议（1项） 接受2名常委会委员辞去职务的决定（2项）；接受1名区长、副区长辞去职务（2项），任命代理区长的决定（1项）；同意区人民法院提出的人民陪审员名额的决定（1项）；许可对1名区人大代表采取逮捕强制措施的决定（1项）；撤销1人行政职务的决定（1项） 秀城区更名为南湖区后有关人大代表、任命干部等事项的决定（1项）；区、镇两级人大换届选举和代表名额的决定（1项）；补选2名嘉兴市代表的决定（2项）；设立区选举工作办公室的决定（1项）；重新确定镇人民代表名额的决定（1项） 授予“嘉兴市南湖区荣誉市民”称号的决定（4项）
第六届（2003.3—2007.3）	29	批准区上年财政决算的决议（4项）；调整财政收支预算的决定（1项）；同意区政府向国家开发银行申请基础设施项目贷款的决定（1项）；关于全面实行城乡一体化战略的决议（1项） 召开区六届人大二次、三次、四次、五次会议的决定（4项）；召开七届人大一次会议的决定（1项）；设立常委会工作委员会及街道人大工作委员会的决定（3项）；关于对提请任命和述职评议的国家机关工作人员进行法律知识考试的决定（1项）；关于认真实施法制宣传教育第五个五年规划的决议（1项）；关于加快建设“法治南湖”的决议（1项） 设立常委会代表资格审查委员会的决定（1项）；罢免1名市人大代表职务的决议（1项） 接受2名常委会委员辞去职务的决定（2项）；接受1名区长、副区长辞去职务（2项），任命代理区长的决定（1项）；同意区人民法院提出的人民陪审员名额的决定（1项）；许可对1名区人大代表采取取保候审强制措施的决定（1项） 关于秀城区更名为南湖区后有关人大代表、任命干部等事项的决定（1项）；关于区、镇两级人大换届选举和代表名额的决定（1项）
第七届（2007.3— ）	35	批准区上年财政决算的决议（4项）；调整财政收支预算的决定（3项）；南湖区部分行政区划调整方案的决议（4项）；同意将4个项目的资金列入区财政预算的决议（4项）；同意区国有资产投资有限公司与嘉发集团合作发行企业债券的决定（1项）；南湖区省级可持续发展实验区建设总体规划的决议（1项）；同意嘉兴世合新农村项目的决议（1项） 召开区七届人大二次、三次、四次、五次会议的决定（4项）；召开八届人大一次会议的决定（1项）；设立常委会工作委员会及街道人大工作委员会的决定（3项）；常委会关于加强自身建设的决定（1项）；部分镇行政区划调整后重新确定镇人大代表名额的决定（1项）；常委会关于进一步深化法制宣传教育的决议（1项） 设立常委会代表资格审查委员会的决定（1项）；罢免1名市人大代表职务的决议（1项） 接受2名常委会委员辞去职务的决定（2项）

说明：资料来源于区人大办公室档案

第三节　人事任免与述职评议

任免国家机关工作人员

决定任免地方国家机关工作人员，是宪法和地方组织法赋予地方各级人大常委会的一项重要职权。区人大常委会任免区级国家机关工作人员的范围是：决定区长、区人民法院院长、区人民检察院检察长的代理人选；在区人大闭会期间决定副区长的个别任免；决定区政府组成部门的各委、办、局的主任、局长的任免；任免区人民法院副院长、庭长、副庭长、审判委员会委员、审判员；任免区人民检察院副检察长、检察委员会委员、检察员；任免区人大常委会办公室主任、副主任和各工作委员会主任、副主任等。根据全国人大常委会《关于完善人民陪审员制度的决定》，从2005年5月1日起，比照法官的产生程序，人民陪审员由同级人大常委会任命，任期5年。1984—2010年，区人大常委会共任免地方国家机关工作人员828人次。

2003年4月20日，首次对提请任免的国家机关工作人员进行任前法律知识考试。同年，区六届人大常委会第一次会议通过《关于对提请任命和述职评议的国家机关工作人员进行法律知识考试的决定》，对考试成绩不合格者，暂缓提请任命，但可申请补考，补考仍不合格者，年内不予任命。2005年，区六届人大常委会第十六次会议通过《秀城区人民代表大会常务委员会任免国家机关工作人员办法》。2008年，区七届人大常委会第十一次会议对《区人大常委会任免国家机关工作人员办法》进行修订。

述职评议

区人大常委会在每年人代会召开前，组织代表讨论"一府两院"工作报告（征求意见稿），对"一府两院"工作或有关负责人进行评议。对常委会任命干部的述职评议主要从任职以来贯彻执行党的路线、方针、政策和国家法律、法规以及人大常委会的决议、决定情况；依法履行职责情况、包括岗位目标的实现、工作实绩、存在问题和今后打算；廉洁自律情况；接受人大及其常委会和人大代表、人民群众的监督以及办理代表建议、批评和意见的情况等方面开展，经过调查评议，提出评议意见。1993年10月，区四届人大常委会开展对公安、司法机关工作的评议活动。1994年12月，区四届人大常委会根据市、区合署的实际情况，对区法院、区检察院的副职，区司法、土管局长进行书面述职评议。2001年9月，对区法院、区检察院副职进行述职评议。2002年9月，对区教文体局、区农业经济局、区民政局局长开展述职评议工作。2004年9月，对区计卫局、区交通局局长开展述职评议工作。2005年9月，对区财政局、区人事劳动社会保障局局长进行述职评议，12月，组织区人大常委会任命的政府组成部门局长（主任）和区人民法院的副院长、区人民检察院的副检察长向区人大常委会进行书面述职。2006年9月，组织区人大代表评议区规划与建设局行政执法工作。

2004年11月，开展市、区人大代表向原选举单位、选区选民述职评议试点工作，并于2006年2月区六届四次人代会上对嘉兴市第五届人大代表进行述职评议工作。

2007年《中华人民共和国监督法》正式实施。因原来的"述职评议"与现行法律不相适应，从2008年起，区人大常委会探索完善"工作评议"监督形式。通过政府部门作专项工作报告，区人大常委会评议工作组作调查情况报告，区人大代表评议发言，政府部门负责人作表态发言，区委、区人大、区政府领导讲话，组织相关人员进行民主测评等工作流程，使监督流程进一步规范，监督内容更加丰富。2008年8月，对区科技局开展工作评议。2009年8月，对区民政局、区交通局进行工作评议。

第四节　人大代表工作

代表联系与活动

人大代表是人民代表大会的主体，代表工作是人大常委会工作的基础。因此，历届人大常委会都很重视代表工作，充分发挥代表作用。代表选举产生后，按乡镇、街道建立代表联络组和若干代表小组，推选组长，聘请联络员，以组为单位开展代表活动。组织代表学习培训，提高代表依法履行代表职务的能力和水平。同时，在代表中开展争优秀代表、创先进代表小组活动。人大常委会定期召开代表联络组长、联络员会议，交流代表活动情况，布置每季代表活动的重点和要求。每年年底召开一次代表工作经验交流暨评选表彰会。

2007年，区人大常委会指导镇、街道积极探索人大代表活动创新工作，在建设街道人大工委开展"两代表一委员"民情接待试点工作，七星镇人大开展"四比四看两评选"活动等。由区人大常委会牵头探索建立以人大代表为主体的"两代表一委员"民情接待联动机制，通过建立组织、明确程序、分类受理，将群众反映的问题，按职权范围内不同，分别交街道办事处各科室和社区、以"闭会期间人大代表意见建议"方式交"一府两院"及相关部门办理。接待问题属信访类别的，引导群众直接把信访问题转给信访部门按照信访渠道予以解决。在总结试点经验基础上，深化代表民情接待、代表进社区调研，代表联系选民开展结对活动以及代表述职等工作。

2007年11月22日，区人大代表视察老住宅小区整治

2008年，区人大常委会探索建立人大代表民主恳谈制度，先后在余新、新丰两镇进行试点，分别就财政预算执行情况和实事工程进展情况进行民主恳谈。由镇政府分别将财政预算执行和实事工程办理情况形成书面材料，提前发放到代表手中，并将代表分为工业、农业、城建、社会事业四个组分别进行审议，在此基础上，在大会上集中与政府领导面对面进行恳谈，政府主要领导根据代表提出的意见直接向代表答复表态。民主恳谈后，由镇人大主席团将代表发言内容形成书面审议意见后交由政府办理，并在一定期限内向人大反馈办理情况。从两个试点镇的实践来看，建立人大代表民主恳谈制度成效是明显的。

2009年，建立代表履职情况登记制度，探索和建立起代表履职的约束、监督、激励、评价、关爱、保障等6项工作机制，对代表履职情况进行综合评价，增强代表的履职意识，同时还建立了法制、财经、农经以及教育4个专业代表小组，充分发挥代表在履职中的专业优势。重点开展了代表进社区(村)3项活动(即代表联系选民活动、发放代表民情联系卡、设置代表民情信箱)，帮助群众解决实际困难200多个。注重发挥区选举产生的市人大代表作用，认真开展了市人大代表"献计南湖，共谋发展"研讨活动。

2010年，率先在全市建立"一府两院"领导联系代表制度，"一府两院"领导根据工作分工分别联系若干名区人大代表，通过向代表通报工作情况、征求代表的意见和建议等形式，拓宽代表知情知政渠道。首次建立了代表列席人大主任会议制度，根据议题有针对性地邀请2名人大代表列席，首次组织人大代表与区政府领导围绕"经济转型升级"进行民主恳谈，建议区政府做好区域产业发展规划，做大做强主导产业，改造提升传统产业，以科技创新推动转型发展。部分代表还在人大常委会会议上就民生问题向政府相关部门领导进行询问，促进相关工作的顺利开展。认真组织省市人大代表开展跨区域调研活动，为南湖区经济社会发展献计献策。

代表议案　建议督办

1984年，区一届人大一次会议共收到代表来件436件，其中提案278件，意见、建议156件。1987年开始，根据法律规定，代表提案分为代表议案和代表建议、批评、意见(以下简称建议)。代表议案由10名以上代表依法联名向本级人民代表大会提出。自1987年区二届人大一次会议至2010年区七届人大四次会议，经大会议案审查委员会审查，并经大会主席团通过，决定立为大会议案的有7件。其间，代表还提出建议4518件，其中二届513件，三届966件，四届1017件，五届1099件，六届521件，七届(至2010年)402件。代表议案涉及当时全区经济、政治和社会生活中人民群众普遍关心的热点和难点问题。

历届区人大代表意见、建议办理情况表

表12-7　　单位:件

届次	会议次数	议案和意见建议			代表满意率(%)	议案标题
		议案	意见建议	合计		
第一届	第一次会议	—	436	436	81.5	—
	第二次会议	—	242	242	88.7	—
	第三次会议	—	230	230	89.3	—
第二届	第一次会议	3	285	288	88.3	1.要求抓好蔬菜生产,平抑市场物价的议案 2.要求恢复农村合作医疗和解决村医务人员的报酬问题的议案 3.要求政府拨款举办精神病患者工疗站的议案
	第二次会议	—	126	126	90.2	—
	第三次会议	—	102	102	90.3	—
第三届	第一次会议	—	342	342	91.3	—
	第二次会议	—	358	358	90.6	—
	第三次会议	—	266	266	92.4	—
第四届	第一次会议	—	282	282	89.5	—
	第二次会议	—	221	221	88.8	—
	第三次会议	—	179	179	93.5	—
	第四次会议	—	162	162	91.76	—
	第五次会议	—	170	170	93.6	—
第五届	第一次会议	—	277	277	92.1	—
	第二次会议	—	205	205	93	—
	第三次会议	1	160	161	91.3	关于加强社区建设的议案
	第四次会议	1	—	—	—	关于争创教育强区推进教育现代化的议案
	第五次会议	—	—	—	—	—
第六届	第一次会议	—	182	182	97.11	—
	第二次会议	—	102	102	95.1	—
	第三次会议	—	111	111	95.5	—
	第四次会议	1	126	127	97.67	全面整治农村水环境
第七届	第一次会议	—	103	103	100	—
	第二次会议	1	89	90	97.76	关于进一步加大农业面源污染治理工作力度的议案
	第三次会议	—	69	69	100	—
	第四次会议	—	141	141	99.29	—
	第五次会议	—	92	92	98.01	—

区人大常委会加强各次会议议案及代表建议的督办力度，形成交办、催办、联系、反馈、检查、审议等制度。大会主席团通过的议案，经区人大常委会会议审议提出处理意见后，交区责任机关办理。办理结果分别向区人大常委会和区人代会报告。

第五节 信访工作

1986—1991年，区人大常委会办公室确定人员具体承办信访工作。1992年，常委会办公室设立信访联络科，负责承办信访工作。1993年，信访联络科改称信访科。1993年9月，区四届人大常委会第五次主任会议讨论通过《城区人大常委会关于处理人大代表和人民群众来信来访的办法》。1999年8月，区五届人大常委会第十一次会议审议通过《秀城区人大常委会办理人民来信来访试行办法》，规范信访受理、审阅、转办、反馈等程序。2007年，区七届人大常委会建立信访工作领导小组，下设办公室，进一步完善信访工作机制。2008年8月，区第七届人大常委会第十一次会议重新修订《南湖区人大常委会信访处理办法》。1984—2010年，区人大常委会共受理人大代表和群众来信来访2108件(次)。

1984—2010年区人大常委会受理来信来访情况表

表12-8　　单位:件(次)

年份	来信来访数量	年份	来信来访数量	年份	来信来访数量
1984	52	1993	80	2002	73
1985	87	1994	81	2003	89
1986	43	1995	45	2004	62
1987	89	1996	55	2005	60
1988	77	1997	61	2006	59
1989	158	1998	105	2007	52
1990	146	1999	87	2008	55
1991	100	2000	103	2009	68
1992	65	2001	113	2010	43

第六章 乡镇 街道人大工作

第一节 乡镇人民代表大会会议

1984—2010年，全区乡镇建制进行过多次调整，2010年年底有新丰、余新、凤桥、大桥、七星5个镇，共进行过8次换届选举，每届任期3年或5年，每年至少举行1次人民代表大会。会议由大会主席团主持，主要议题有听取审议政府工作报告；听取审议人大主席团工作报告；听取审议财政预决算报告；听取和审议农村和农业教育费附加收支情况报告；选举乡镇人大主席、副主席、正副乡镇长；通过大会决议决定等。

第二节 乡镇人民代表大会主席团

乡镇人民代表大会主席团由本级人民代表大会会议在代表中选举产生，名额7~13人。主席团主持人民代表大会会议，在会议期间行使职权。1990年4月，根据《中华人民共和国地方组织法》和《浙江省乡镇人民代表大会组织条例》的规定，全区各乡镇举行第十届人民代表大会第一次会议，选举产生乡镇人大主席团常务主席和常务副主席。1995年4月，根据修改后的《中华人民共和国地方组织法》的规定，各乡镇举行第十一届人民代表大会第三次会议(南湖、东栅两乡于1996年2月举行第十二届人大第一次会议)，选举产生人大主席、副主席。各乡镇人大主席依法履行职责，围绕经济建设的中心，努力做好人大工作；积极开展代表活动，协助政府推行工作；宣传宪法和法律法规，推进基层民主政治建设。2002年2月起，镇人大任期由3年1届改为5年1届。

在区人大常委会的领导下，各镇人大不断强化镇人大主席团在推进农村民主管理制度建设中的作用，结合实际开展工作创新，探索建立基层代表参与政府监督和重大事项民主决策活动机制，总结推广代表民主恳谈工作，推进基层民主政治建设。

2009年，各镇人大围绕区委的中心工作、政府的重点工作，充分发挥自身优势，依法行使监督职权，加强对农业面源污染治理、节能减排、“两新”工程建设等重点内容的监督，积极创新监督举措，推动经济转型升级、统筹城乡发展、改善民生民本。大桥镇人大结合当地化工企业较多的产业现状，通过组织代表定向视察、代表联系农户、代表联系企业等措施，加强监督，助推企业完成环保技改任务，促进当地政府节能减排工作有序推进；七星镇人大组织代表听取关于新居民服务所工作情况汇报和江南新家园管理情况的汇报后，提出合理的意见建议被政府采纳；在余新镇和新丰镇试点开展民主恳谈后，区人大常委会及时进行总结完善，各镇根据区人大常委会的工作要求，积极推广民主恳谈制度，有力推进了基层民主法治建设；凤桥镇人大建立8个民生实事工程联系督查组，全过程跟踪督查和评估政府实事工程。

2010年，各镇人大围绕服务经济社会发展，依法行使监督职权，重点对农业面源污染治理、“两新”工程建设、节能减排等开展监督。新丰镇人大成立农业面源污染督查组，不定期进行检查和督查，并向政府提出整改意见，推进农业面源污染治理工作。余新镇人大组织开展安置房建设、宅基地复垦、“拆旧治违”、民生实事工程4个专项督查，有力推进当地经济社会的发展。大桥镇人大组织代表专题视察化工行业整治情况，并提出意见建议，经过整治环境质量明显改善，群众满意度不断提高。凤桥镇人大建立4个评估小组，对代表建议办理情况进行调研，实施全过程跟踪监督评估，确保代表建议办理的满意率。

第三节　区人大街道工作委员会

区人大常委会街道工作委员会，是区人民代表大会常务委员会在街道的派出机构，接受区人大常委会和街道党工委的领导，向区人大常委会负责并报告工作。

2001年10月，设立区人大常委会城南街道工作委员会、东栅街道工作委员会。2006年，区六届人大常委会第26次会议制定通过《区人大常委会街道工作委员会工作职责》。明确街道人大工委的主要职责：协助区人大常委会保证宪法、法律、法规和区人大及其常委会的决议、决定在本辖区内的执行；开展人民代表大会制度和民主法制的宣传、教育；联系本行政区域内的各级人大代表，组织人大代表开展学习、视察、监督检查和评议等各项活动；接待和办理人大代表的来信来访等。2006年8月，建立区人大常委会建设街道工作委员会、新兴街道工作委员会、新嘉街道工作委员会、解放街道工作委员会、南湖街道工作委员会。

2007年，组织代表在辖区内开展联系结对活动，专门与困难户、烈军属、老党员等特殊群体结对帮困，切实为群众解决就业、就医、助学、助残等问题。2008年，区人大常委会进一步加强对基层人大的工作指导，首次对镇(街道)人大(工委)实行工作责任制考核，对进一步规范和促进基层人大工作发挥了一定的作用。“两代表一委员”民情接待在各镇、街道全面推广，协调解决了一批人民群众关心的热点、难点问题。东栅街道人大工委创新设立村(社区)人大工作联络员(信息员)，实现区、街道、村(社区)三级人大工作网络，进一步拓宽了收集群众意见建议的途径。建设街道人大工委创新设立“居站分设”社区管理模式，推进社区民主管理。新嘉街道人大工委把推动“创业带动就业”工作纳入重要议事日程，协助街道办事处创办“乐业俱乐部”。2009年，在全区开展“人大代表进社区（村）三项活动”：开展区人大代表联系选民活动，人大代表围绕全区工作重点和社会普遍关心的问题，深入选区，主动联系选民，听取群众的意见和建议，每位代表联系选民5~10名；发放区人大代表民情联系卡，人大代表重点走访联系老党员、失业人员、困难家庭、残疾人、孤寡老人等弱势群体；设置区人大代表民情信箱，在选区醒目地点设置若干只人大代表民情信箱，收集群众的意见建议，每周定时开箱、定专人负责收集。

2010年，围绕“发展经济、改善民生”主题，加强对基层代表活动的组织和引导，认真开展代表述职评议，有重点地组织开展集中视察、跨区域考察和专题调研，真诚倾听群众呼声，真实反映群众愿望，真情关心群众疾苦，发挥代表的桥梁纽带、为民代言和模范表率作用，鼓励基层人大积极开展工作创新，指导相关街道开展“议政会”工作，推进基层民主政治建设。

2010年10月，大运河三塔湾风光

第十三篇　地方人民政府

目 录

1949年5月，嘉兴解放之初，建立嘉兴市、县人民政府。从嘉兴解放至区政府成立，地方政府机构和隶属关系经历过多次调整。1950年5月，撤销嘉兴市建制。1951年5月，恢复嘉兴市建制。1958年2月，嘉兴市政府与县政府合并。1959年6月，重设嘉兴市，隶属嘉兴县领导。1962年6月，嘉兴市改为嘉兴县城关区。1963年2月，又改为嘉兴镇。"文化大革命"期间，革命委员会曾取代人民政府职能。1981年3月，嘉兴县改为嘉兴市建制。

1983年8月，城区人民政府成立，辖建设、新兴、新嘉、解放、南湖、东门6个街道办事处和塘汇、嘉北、南湖、东栅、秀水5个公社。1993年12月，城区更名为秀城区。1994年11月，市、区两级政府合署办公。

2000年5月，市本级行政区划作较大调整，原秀洲区的凤桥、新丰、新篁、余新、步云、七星、大桥7个乡（镇）划归秀城区。原秀城区的嘉北乡、塘汇乡、新城街道和解放街道的塘汇居民区划归秀洲区。同年7月，区党政机关按实运作。2005年5月，秀城区人民政府更名为南湖区人民政府。

建区以来，在改革开放和社会主义现代化建设进程中，历届区人民政府依法施政，致力于推进全区经济、社会、文化建设的快速、持续、协调、健康发展，取得了具有开创性的优良业绩。

第一章　建区前地方政府

第一节　嘉兴市人民政府
市人民委员会

县级市政府

1949年6月2日，成立嘉兴市人民政府，属嘉兴专区领导。1950年5月，嘉兴市并入嘉兴县。1951年5月，复设嘉兴市。1952年11月，市二届一次各界人民代表会议，代行人民代表大会职权，选举产生市人民政府委员会委员21人。1955年6月，召开的市第一届人民代表大会第二次会议和1958年5月召开的市第三届人民代表大会第一次会议上，选举产生的市人民委员会，委员21人。1960年5月30日至6月1日，召开市人民公社第一届社员代表大会，选举产生市人民公社管理委员会，委员27人。1961年8月，市人民公社撤销，复称市人民委员会。1962年3月，市第四届人民代表大会第一次会议，选举产生市人民委员会，委员23人。1962年6月，嘉兴市改为嘉兴县城关区。

1963年2月15日，撤销嘉兴市建制，改称嘉兴镇，隶属嘉兴县。1981年3月，撤销嘉兴县建制，建立嘉兴市（县级），成立市人民政府。1982年1月，第五届人民代表大会第一次会议选举市长、副市长。1983年8月，撤销嘉兴市（县级）建制，分设为城区、郊区人民政府（县级），隶属嘉兴市（地级）。

政府机构

解放初，嘉兴市人民政府（县级）设民政科、实业科（后改建设科）、司法科、工商科、文教科、财粮科、粮食局、公安局、劳动局、秘书室（后改办公室）10个工作部门。1958年年初，增加到22个工作部门。1963年，工作部门为9个。

1983年，撤地建市前，嘉兴市（县级）有工作部门43个：办公室、民政局、公安局、司法局、人事局、劳动局、知识青年上山下乡办公室、计划委员会、统计局、经济委员会、轻工业局、第二轻工业局、机电工业局、化学工业局、社队企业管理局、基本建设委员会、建筑工程局、城市建设局、交通局、农业委员会、农业局、农业机械局、水利局、财贸办公室、财政税务局、粮食局、商业局、工商行政管理局、对外贸易管理局、物资局、经济协作办公室、物价委员会、科学技术委员会、教育局、文化局、工农教育委员会、广播事业局、卫生局、计划生育委员会、体育运动委员会、台湾同胞接待办公室、邮电局、供销合作联社。

嘉兴市(县级)人民政府市长名录表

表13-1

姓　名	职务	籍　贯	任职时间
董方明	市长	山东潍坊	(兼)1949.5—7
张澄秋	市长	山东长青	1949.7—1950.5
沈如淙	市长	浙江绍兴	1951.5—1954.11
武晓山	市长	山东肥城	1954.11—1958.5
丁　力	市长	山东乐陵	1958.5—1959.5
蔡学忠	市长	山东博兴	1959.9—1961.8
沈　彪	市长	江苏启东	1961.8—1963.2
李佃杰	市长	山东寿光	1981.3—1982.1代理市长 1982.1—1983.12任市长

第二节　嘉兴县人民政府　县革命委员会

县政府

1949年5月中旬,嘉兴县人民政府成立。1955年12月,县第一届人民代表大会第三次会议,选举成立县人民委员会。1956年5月、1963年12月、1966年6月,分别召开历届人民代表大会,选举产生县人民委员会。1968年7月,成立县革命委员会,1981年3月,撤销嘉兴县建制。同年11月,撤销嘉兴镇。

政府机构

解放初,县人民政府设秘书室、民政科、公安局、司法科、财粮科、文教局、实业科及供销合作总社7个部门和单位。

1956年年末,工作部门增加到24个。"大跃进"时期,工作部门增加到28个。1963年后,工作部门调整为26个(含邮电局和供销联社)。"文化大革命"期间,县革命委员会工作机构48个(含邮电局)。

1981年3月,县建制撤销时,工作机构42个:办公室、民政局、公安局、人事局、劳动局、知识青年上山下乡办公室、计划委员会、统计局、工业交通办公室、轻工业局、第二轻工业局(手工业联社)、机电工业局、化学工业局、社队企业管理局、基本建设局、农业办公室、农业局、农业机械局、机械局、水利局、财贸办公室、财政税务局、粮食局、商业局、工商行政管理局、对外贸易管理局、物资局、经济协作办公室、物价委员会、科学技术委员会、教育局、文化局、工农教育管理委员会、广播事业局、卫生局、计划生育委员会、体育运动委员会、人民防空办公室、推广沼气办公室、侨务办公室、供销合作社、邮电局。

历任县长、革委会主任

1949年5月嘉兴解放后成立嘉兴县人民政府。至1968年7月先后有10名县长。1968年7月成立嘉兴县革命委员会,先后有2名县革委会主任。

1949—1968年嘉兴县人民政府县长名录表

表13-2

姓　名	职务	籍　贯	任职时间
郑寄民	县长	江苏盱眙	1949.5—1950.10
张澄秋	县长	山东长清	1950.5—1951.6
郑寄民	县长	江苏盱眙	1951.6—1952.10

表 13-2

姓　名	职务	籍　贯	任职时间
马吉德	县长	山东莒南	1952.10—1953.11
郑寄民	县长	江苏盱眙	1953.11—1954.4
马吉德	县长	山东莒南	1954.4—1954.11
刘慎言	县长	山东日照	1954.11—1956.5
樊家禧	县长	江苏赣榆	1956.5—1963.12
沈如淙	县长	浙江绍兴	1964.1—1966.6
吴根生	县长	浙江平湖	1966.6—1968.7

1968—1981 年嘉兴县革命委员会主任名录表

表 13-3

姓　名	职务	籍　贯	任职时间
周平臣	主任	山东陵县	1968.7—1975.8
朱孔宇	主任	江苏赣榆	1975.8—1981.3

第二章　区人民政府

第一节　区历届政府领导

区人民政府 1983 年 10 月至 1984 年 9 月，沿嘉兴小市，改名不换届，区长、副区长为区人民政府领导成员，设区长 1 人，副区长 2 人。一届、二届区政府设区长 1 人，副区长 3 人，任期各 3 年。三届区政府设区长 1 人，副区长 5 人，下派任副区长 1 人，任期 3 年。四届区政府设区长 1 人，副区长 5 人，任期 5 年。五届区政府设区长 1 人，1998 年 3 月至 2000 年 6 月副区长 3 人，2000 年 6 月后 4 人，任期 5 年。六届区政府设区长 1 人，副区长 6 人，下派任副区长 1 人，任期 5 年。七届区政府 20007 年 3 月起，设区长 1 人，副区长 6 人，下派任副区长 2 人。1983—2010 年，区人民代表大会先后补选区长 5 名，副区长 22 名，区人大常委会任命代理区长 5 名。

1983—2010 年区历届政府区长、副区长名录表

表 13-4

届　别	区　长	副区长
建区时改名不换届 （1983.10—1984.9）	盛春观（1983.12—1984.9）	沈本恭（1983.12—1984.9） 宋秀珍（女，1983.12—1984.9）
一届 （1984.9—1987.6）	盛春观（1984.9—1986.7） 杨有金（1986.7—1987.6）	杨有金（1984.9—1986.7） 沈本恭（1984.9—1987.6） 宋秀珍（女，1984.9—1987.6）
二届 （1987.6—1990.4）	杨有金（1987.6—1990.4）	沈本恭（1987.6—1990.4） 宋秀珍（女，1987.6—1990.4） 施智国（1987.6—1990.3）

续表13-4

届　别	区　长	副区长
三届 （1990.4—1993.4）	杨有金（1990.4—1991.10） 沈本恭（1992.4—1993.5， 1991.10—1992.4代区长）	沈本恭（1990.4—1991.10） 石启铃（1990.4—1993.4） 吴炳良（1990.4—1993.4） 张纬宙（1990.4—1993.4） 怀一尘（1991.12—1993.4） 腾　凯（1992.6—1993.4）
四届 （1993.4—1998.3）	沈本恭（1993.5—1995.4） 杨有金（1995.5—1997.9， 1995.4—1995.5代区长） 怀一尘（1997.9—1998.3代区长）	石启铃（1993.4—1998.3） 吴炳良（1993.4—1998.3） 怀一尘（1993.4—1997.9） 杨祖云（1993.4—1998.3） 腾　凯（1993.4—1994.10） 沈洪德（1997.12—1998.3） 柴伟龙（1997.12—1998.3）
五届 （1998.3—2003.3）	怀一尘（1998.3—2002.8） 魏建明（2002.8—2003.3代区长）	沈洪德（1998.3—2000.6） 柴伟龙（1998.3—2003.3） 黄时龙（1999.6—2000.6） 马玉华（2000.6—2003.3） 韩月忠（2000.6—2002.11） 张汉良（2000.6—2001.12） 陈士洪（2000.6—2003.3） 翁建荣（2002.8—2003.3） 沈晓红（女，2002.12—2003.3） 朱全根（2002.12—2003.3） 章一川（2002.12—2003.3）
六届 （2003.3—2007.3）	魏建明（2003.3—2006.12） 董苗虎（2006.12—2007.3代区长）	翁建荣（2003.3—2007.3） 沈晓红（2003.3—2004.12） 柴伟龙（2003.3—2007.3） 马玉华（2003.3—2006.12） 朱全根（2003.3—2007.1） 章一川（2003.3—2007.3） 蔡　杰（女，2004.6—2007.3） 陈荣根（2005.8—2007.3） 张培新（2005.10—2006.12） 王金福（2006.10—2007.3） 戴　锋（2006.12—2007.3） 孙旭阳（2006.12—2007.3）
七届 （2007.3—　）	董苗虎（2007.3—　）	翁建荣（2007.3—2007.6） 戴　锋（2007.3—2008.10） 章一川（2007.3—　） 陈荣根（2007.3—2010.5） 孙旭阳（2007.3—　） 陈天英（女，2007.3—　） 王金福（2007.4—2007.10） 吴海松（2007.6—2010.5） 陈永峥（2008.2—2010.6） 马纪良（2008.10—　） 徐　军（2010.5—　） 毛扣祥（2010.5—　） 张申龙（2010.6—　） 李建政（2010.9—　）

第二节　区政府机构

建区至2000年机构设置

1983年8月，嘉兴市城区人民政府成立。区政府成立之初，设办公室、民政局、司法局、市公安局城区分局、劳动人事局、计划统计局、工业交通局、城乡建设环境保护局、社队企业局、农林水利局、市财税局城区分局、工商行政管理局、文化教育局、卫生局、计划生育办公室、老干部局、市供销社城区办事处17个工作部门和单位。

1990年，增至21个工作部门和单位。分别是：办公室、信访室、监察局、民政局、计划生育委员会、经济技术办公室、爱国卫生运动委员会、农村经济委员会、财政科、计划经济委员会、文教局、劳动人事局、乡镇企业局、城乡建设环境保护局、商业局、农林水利局、土地管理局、卫生局、公安局分局、司法局、交通局。

1994年11月4日，秀城区和嘉兴市合署办公，30个部门和团体，与市机关对口部门和团体合署，实行两块牌子、一套班子。1996年5月23日，市政府《关于嘉兴市秀城区党政机构改革方案》的通知，区政府保留办公室、民政局、农经委、统计局、计生委、乡企局、城建局7个工作部门，其它部门撤销。区公安分局、区工商分局由市局直接管理。

按实运作后机构设置

2000年5月，区党政机关按实运作，对区政府工作机构进行调整。保留区政府办公室，增挂区经济体制改革委员会办公室牌子。区委、区政府的信访和区级机关事务管理职能由区政府办公室承担。保留区民政局，将区老龄委员会办公室的有关职能划归区民政局。保留区公安分局，列入区政府序列。增设区发展计划与科学技术局(挂区统计局牌子)，将统计和物价管理职能划归区发展计划与科学技术局。增设区经济贸易局(挂区对外贸易经济合作局牌子)，将内贸流通和旅游的有关管理职能划归区经济贸易局。增设区教育文化体育局、区司法局(挂区政府法制办公室牌子)、区财政局、区人事劳动局(挂区机构编制委员会办公室牌子)、区农林水利局、区审计局。区监察局列入区政府序列，但不计入政府机构个数。撤销嘉兴市城镇经济发展局(区乡镇企业局)，其管理职能划归区经济贸易局。撤销区城乡建设局，组建区建设与交通局。撤销区计划生育委员会，组建区计划生育与卫生局。区国有资产管理委员会办公室的有关职能划归区财政局。将区农村经济委员会改为区委、区政府农业与农村工作领导小组的办事机构，牌子挂在区农林水利局。将水产业的管理职能划归区农林水利局。区土地管理、环境保护、工商行政管理3个分局，实行条线垂直管理。区社保服务中心，作为市社会保险管理处的分支机构，负责区属单位和个人的社会保险服务工作。

2001年12月，对政府机构设置作了调整。不再保留区建设与交通局，组建区建设局和交通局。不再保留区发展计划与科学技术局，组建区发展计划与统计局(物价局)、区科学技术局。不再保留区农林水利局，组建区农经局和水利局。保留区政府办公室、经济贸易局、教育文化体育局、公安分局、民政局、监察局、司法局、财政局、人事劳动局、计划生育局、审计局；经济贸易局挂对外贸易经济局和招商服务局牌子；政府信访和机关事务管理局职能交由区政府办公室承担，政府信访局为区政府办公室内设机构，对外挂牌。区政府办公室挂法制办公室，经济体制改革委员会办公室、外事办公室牌子。调整后，区政府设16个工作部门，(监察局与区纪委合署办公，列入政府序列，不计入政府机构个数)。市国土资源局和环境保护局分别设秀城区分局，仍实行垂直管理。

2005年4月，设立区安全生产监督管理局；区发展计划与统计局改组为发展改革与统计局(挂区物价局牌子)；将区计划生育与卫生局更名为区人口计划生育与卫生局；区环境保护分局更名为区环境保护局；将区建设局更名为区规划与建设局；区农业经济局增挂区渔业局、区林业局牌子，原在区委办公室挂牌的区委农业和农村工作办公室，改在区农业经济局挂牌；区经济贸易局挂对外贸易经济合作局牌子；区三产发展局与区经济贸易局合署办公。至2007年5月，区政府工作(派出)机构共有24个，市有关部门、单位分支机构7个。

1983—2010年区政府工作机构沿革情况

表13-5

机构名称	机构编设情况
区政府办公室	1983年11月设区政府办公室。1993年内设法制科、行政复议办公室。1994年11月与市政府办公室合署办公。2000年5月区政府按实运作后增挂区经济体制改革委员会办公室牌子，并承担区委、区府的信访和机关事务管理局的职能。内设秘书科、综合科、调研科、督查室（"市长电话"办理办公室）、信息科
民政局	1983年8月城郊分离后，11月设区民政局。1988年内设综合股、民政股、社会救济股。1994年11月与市民政局合署办公，内设机构有办公室、救灾救济科（行政许可科）、优抚安置与基层政权建设科、社会工作科；局直属单位有婚姻登记处、社会福利生产管理办公室、社区服务中心、殡葬管理执法大队、社会养老服务指导中心
规划与建设局	1983年8月设城区时归口于城市环境卫生保护局。1993年12月为城乡建设环境保护局。1994年11月与市城建委合署办公。1996年5月更名为区城乡建设局。2000年区政府按实运作后，更名为区建设交通局。2001年12月分设为区建设局和区交通局。2005年4月，区建设局更名为区规划与建设局，内设办公室、城建科、规划管理处、建筑业管理处、工程质量监督站、房地产管理处
经济贸易局（外经贸局）	前身为1983年设立的区乡镇企业局（原社队企业局）。1984年11月建区计划经济委员会。1992年6月成立区对外经济贸易委员会（与乡镇企业局、计划经济委员会三块牌子）。1996年3月15日组建市街道发展局（副科级），归口市城工委、市城建委；1996年5月保留乡镇企业局，与市街道发展局合署办公。1997年12月22日街道发展局更名为市城镇经济发展局。2000年5月增设区经贸局，将内贸和旅游职能划入区经贸局，撤销市城镇经济发展局（乡镇企业局）。2005年4月15日，经贸局挂对外贸易经济合作局牌子，内设办公室、工业综合科、投资能源科、外经贸科
财政局	1983年8月城郊分离后，11月设立区财政税务局。1985年4月撤销，同年7月建立财政科。1992年5月更名为区财政局，内设预算股、综合股。1994年11月，区财政局与市财政局合署办公。2000年区按实运作后，分离出区财政局，内设办公室、预算国库科、行政事业科（经济建设科）、农财农税科、监督检查科、财政支付（核算）中心、非税收入管理中心、农业税收征收管理中心、国有资产管理委员会办公室、区农业综合开发办公室、农村综合改革领导小组办公室
人口计划生育与卫生局	1983年8月城郊分离后为区卫生局、区计划生育办公室。1984年12月撤销区计划生育办公室，建立区计划生育委员会与卫生局并列；1994年11月与市计生委合署办公。2000年5月撤销区计划生育委员会，组建区计划生育与卫生局，内设计划生育、医政管理等职能科室。2005年又更名为区人口计划生育与卫生局，内设办公室、政策统计科（流动人口管理办公室、宣教技术科、医政科、卫生监督与疾病控制科
投资促进局	2007年9月成立，将区经济贸易局内设机构招商服务局另设投资促进局，并于当年12月挂牌，内设发展规划部、综合事务部、招商业务部、外事办
新居民事务局	2007年12月成立，内设综合科、监督协调科、登记管理科
发展和改革局	1983年11月设立区计划经济委员会。1994年11月与嘉兴市计划经济委员会合署办公。2000年区按实运作后，计划经济委员会、科技局、物价局、统计局合并组建为区计划改革和科学技术局。2003年3月科学技术局单设，更名为区发展改革与统计局。2009年5月区统计局单独挂牌，更名为区发展和改革局（区统计局、区物价局），内设办公室、发展规划和投资科、体制改革科、物价科、合作交流科、综合统计科、专业统计科7个科室，下辖社会经济调查队、普查中心、金融办3个事业单位
科学技术局	前身是区发展与统计局的内设机构。2000年12月分离出来建科学技术局。2004年增设知识产权办公室，科技综合服务中心。2008年增设地震办
农业经济局	2001年为农林水利局，同年12月改建农业经济局和水利局。区农业经济局内设办公室、产业科、法制科（含执法大队）、畜牧兽医局、农作站、农经站、蚕林站、水产站、农机站、治污办
档案局	1983年为政府办公室内设机构档案科。1991年3月更名为档案局（副科级）。1994年11月，区档案局与市档案局合署办公。区政府按实运作后。2002年10月成立区档案局，由区政府办公室负责管理，属二级局单位。2006年7月，区档案局增挂区档案馆牌子。2010年7月，升格为正科级。内设综合科和信息技术科（档案登记备份中心、电子文件中心）

续表13-5

机构名称	机构编设情况
统计局	1992年5月建立。1994年11月与市统计局合署办公。2000年区按实运作后，统计局与计划经济委员会、科技局、物价局合并，组建为区计划改革和科学技术局。2009年5月区统计局单独挂牌，更名为区发展和改革局（区统计局、区物价局）
环境保护局	1983年8月归口于城市环境卫生保护局。1993年11月为区城乡建设环境保护局。1994年11月与市城建委合署办公。2000年5月，成立嘉兴市环境保护局秀城区分局，实行垂直管理。2002年11月，成立区环境监察大队。2003年8月，嘉兴市环境保护局秀城区分局整体划归秀城区管理。2005年4月，更名为区环境保护局；内设机构为办公室、管理科、生态法规宣教、监察大队、监测站、排污权交易中心
城市管理行政执法局	2003年9月建立，内设办公室（指挥中心）、综合科、法规监督科
安全生产监督管理局	2005年1月建立，内设办公室、综合安全科、政策法规科、安全生产监察大队
食品药品监督管理分局	是市局派出机构，2006年建立，内设综合办公室、食品安全协调监察科、药品医疗器械监管科、食品药品安全监察大队
质量技术监督分局	是市局派出机构，2005年建立，内设安全监管科、综合业务科、办公室
国土资源分局	1988年9月建立区土地管理局，内设用地管理处。1994年11月与市土地管理局合署办公。2004年12月实施市直属管理体制，为市局派出机构。内设办公室、土地利用科、地质矿产科、规划地籍科、土地储备中心
司法局	1983年8月城郊分离后，11月设区司法局。1994年11月与市司法局合署办公。2000年5月设立区司法局，内设办公室、基层工作管理科、法制宣传科
监察局	1988年6月建立。2001年12月与区纪委合署办公。内设办公室（监察综合室、干部管理室）、信访室（举报中心）、纪检监察室（执法监察室、纠风办）、案件审理室、党廉室（调研室）
信访局	1988年建信访办，副科级。1994年11月与市信访局合署办公。2000年11月建区信访局。2002年7月为正科级
工商行政管理局南湖分局	1983年11月设立。1986年10月改为城区分局。1994年11月改为市局派出机构工商行政管理局秀城区分局。2005年5月为南湖分局，内设办公室、人事教育股、法规股、企业注册监管股、市场规范管理股、经济检查股
公安分局	1983年11月设区公安分局。1994年11月改为市局派出机构，内设机构有政治处、纪检监察督察队、办公室、法制科、后勤科、国安大队、网监大队、拘留所、刑侦大队[刑事科学技术室（物证鉴定室）]、经侦大队、交警大队、治安大队、巡特警大队、禁毒大队、机动大队、水警大队
水利局	2001年为农林水利局，同年12月改建农经局和水利局。区水利局内设办公室、水利规划建设管理站、水政监察大队、水文站、防汛防旱指挥中心
机关事务管理局	1988年建为事务管理科。1993年更名为事务管理局。1994年11月与市对口单位合署办公。2000年10月建立区机关事务中心。2004年4月更名为区机关事务管理局
国税分局	1999年1月建立，市国税局派出机构，内设办公室、监察室、综合业务科、征收科（办税服务厅）、车辆购置税征收科、税源管理一至五科
第一税务分局	1999年1月建立，是嘉兴市地方税务局的派出机构。内设办公室、综合业务科、计会信息科、办税服务科、企业管理科、个体管理科、新丰延伸申报点、凤桥延伸申报点
人事劳动社会保障局	1983年11月设区劳动人事局。1994年11月与市对口部门合署办公。2000年5月，设区人事劳动局（挂区机构编制委员会办公室牌子）。2002年12月，更名为区人事劳动社会保障局，内设办公室、公务员管理科、政策法规科、仲裁科

续表13-5

机构名称	机构编设情况
供销社	1983年12月设立嘉兴市供销社城区办事处。1985年7月改为区供销社,内设办公室、基层工作部、资产经营部、财务部
农村经济委员会	1988年6月建立,内设农村合作经济管理指导站、农业企业管理站。1994年11月与市机关合署办公。2000年5月,增设区农林水利局。将区农村经济委员会改为区委、区政府农业与农村工作领导小组的办事机构,牌子挂在区农林水利局。2001年12月,区农林水利局分设为农业经济局和水利局
审计局	2000年9月建立区审计局,内设机构为办公室、审计科
教育文化体育局	1983年8月城郊分离后,11月设立区文化教育局,1994年11月与市对口机关合署办公。2000年5月设立区教育文化体育局,内设机构办公室、人事科、计划财务科、教育科、文化体育科、督导室
交通局	1990年6月建。1990年10月建交通管理所与交通局合署办公。2000年区政府按实运作后,组建区建设与交通局。2001年12月撤销建设与交通局,分别组建交通局和建设局。内设机构:办公室(交通管理科)、交通工程科
老干部局	1983年11月设立。1985年4月列入党委序列
三产发展局	2005年4月建立,内设办公室(行政管理办公室)、市场科、旅游科、服务业发展中心
国资局	前身是区国有资产管理委员会办公室。2000年5月,区国有资产管理委员会办公室的有关职能划归区财政局。2010年2月,挂靠在区财政局的区国有资产监督管理办公室更名为区国有资产监督管理局(简称区国资局),与区财政局分设,按实运作

历届区政府工作机构组织架构情况表

表13-6

1983.12—1984.9 工作机构改名不换届	1984.9—1987.6 第一届政府工作机构	1987.6—1990.4 第二届政府工作机构	1990.4—1993.4 第三届政府工作机构	1993.4—1998. 3 第四届政府工作机构 (1996年与市合署办公,1998年又分署)
办公室	办公室	办公室	办公室	办公室*
民政局	民政局	民政局	民政局	民政局*
司法局	司法局	司法局	司法局	司法局
公安分局	公安分局	公安分局	公安分局	公安分局
劳动人事局	劳动人事局	劳动人事局	劳动人事局	劳动人事局
社队企业局	乡镇企业局	乡镇企业局	乡镇企业局	乡镇企业局
城乡建设环境保护局	城乡建设环境保护局	城乡建设环境保护局	城市环境卫生保护局	城乡建设局(1996.5由原城乡建设环境保护局更名)
农林水利局	农林水利局	农林水利局	农林水利局	农林水利局
财政税务分局	财政税务分局	财政科	财政局(1992.5改建)	财政局
工商行政管理局	市工商行政管理局城区分局	市工商行政管理局城区分局	市工商行政管理局城区分局	工商分局
文化教育局	文化教育局	文化教育局	文化教育局	文化教育局
卫生局	卫生局	卫生局	卫生局	卫生局
计划生育办公室	计划生育委员会(1984.12建立)	计划生育委员会	计划生育委员会	计划生育委员会

续表 13-6

1983.12—1984.9 工作机构改名不换届	1984.9—1987.6 第一届政府工作机构	1987.6—1990.4 第二届政府工作机构	1990.4—1993.4 第三届政府工作机构	1993.4—1998. 3 第四届政府工作机构（1996年与市合署办公，1998年又分署）
市供销社城区办事处	供销社（1985.7改建）	供销社	机关行政事务管理局（副科级，1993.3改建）	机关行政事务管理局（副科级）
工业交通局	工业交通局	商业局（1988.9建立）	商业局	商业局
老干部局	老干部局	土地管理局（1988.9建立）	土地管理局	土地管理局
计划统计局	计划经济委员会（1984.11建立，计划统计局并入）	计划经济委员会	计划经济委员会	计划经济委员会
—	财政科（1985.7建立）	信访办（副科级）	信访办（副科级）	信访办（副科级）
—	—	科学技术委员会（1987.12建立）	科学技术委员会	科学技术委员会
—	—	农村经济委员会（1988.6建立）	农村经济委员会	农村经济委员会
—	—	监察局（1988.6建立）	监察局	监察局
—	—	经济协作办公室（1988.8建立）	经济协作办公室	经济协作办公室
—	—	—	交通局（1990.6建立）	交通局
—	—	—	档案局（副科级）（1991.3改建）	档案局（副科级）
—	—	—	统计局（1992.5建立）	统计局＊
—	—	—	对外贸易经济委员会（1992.7建立）	对外贸易经济委员会

1998.3—2003.3第五届政府工作机构	2003.3—2007.3第六届政府工作机构	2007.3—第七届政府工作机构
办公室（2000年增体改办）	办公室	办公室
民政局	民政局	民政局
司法局	司法局	司法局
公安分局	公安分局	公安分局
2000年5月建人事劳动局（编办），2002年12月更名人事劳动社会保障局（编办）	人事劳动社会保障局（编办）	人事劳动社会保障局（编办）
2000年增发展计划与科学技术局（统计局），2001年改发展计划与统计局、科学技术局	2005年4月改发展改革与统计局	2009.9改发展和改革局（统计局、物价局）
	科学技术局	科学技术局
2000年5月组建建设与交通局，2001年12月分设建设局、交通局	规划与建设局（2005.4组建）	规划与建设局
	交通局	交通局
国税分局	国税分局	国税分局

续表13-6

1998.3—2003.3第五届政府工作机构	2003.3—2007.3第六届政府工作机构	2007.3—第七届政府工作机构
地税一分局	地税一分局	地税一分局
环境保护分局	环境保护局(2005.4更名)	环境保护局
财政局	财政局	财政局
工商分局	工商分局	工商分局
供销社	供销社	供销社
教育文化体育局(2000.5建立)	教育文化体育局	教育文化体育局
计划生育与卫生局(2000.5建立,计划生育委员会撤销)	人口计划生育与卫生局(2005.4改名)	人口计划生育与卫生局
档案局(副科级)(2002.10建立)	档案局(副科级)	档案局(2010年7月正科级)
信访局(2000.11改建,2002年正科级)	信访局	信访局
2000年5月增经济贸易局(对外贸易经济合作局)	经济贸易局	经济贸易局
	三产发展局(2005.4.建立与经济贸易局合署办公)	三产发展局(与经济贸易局合署办公)
2000年5月增农林水利局。2001年12月改农业经济局、水利局	农业经济局	农业经济局
	水利局	水利局
国土资源分局(2000年建立)	城市管理行政执法局(2003.9建立)	城市管理行政执法局
机关事务服务中心(2000.10建立)	机关事务管理局(2004.4改建)	机关事务管理局
监察局	监察局	监察局
审计局	审计局	审计局
—	国土资源分局	国土资源分局
—	信息中心(2004.4建立)	信息中心
—	安全生产监督管理局(2005.4建立)	安全生产监督管理局
—	质量技术监督分局(2005年建立)	质量技术监督分局
—	食品药品监督管理分局(2006年建立)	食品药品监督管理分局
—	—	投资促进局(2007.9建立)
—	—	新居民事务局(2007.12建立)

注:"*"为1996年机构改革中曾一度保留的工作部门,1998年又分开重新设立

第三节　区政府派出机构

街道办事处

建区前,街道办事处是嘉兴市、县属嘉兴镇政府的派出机构。嘉兴镇及镇属街道革命委员会,隶属嘉兴县革命委员会领导。1978年街道革命委员会撤销,街道办事处为嘉兴镇的派出机构。1981年3月撤县建市,11月撤销嘉兴镇建制,镇属的6个街道办事处改为嘉兴市人民政府派出机构。

建区后,为嘉兴市城区人民政府派出机构,分别是:南湖街道、建设街道、新兴街道、新嘉街道、解放街道、东门街道办事处。1987年7月,东栅、塘汇2个乡属镇改为区属东栅、塘汇街道办事处。至此,区政府有8个街道的派出机构。

1999年10月撤销东门街道办事处,设新城街道

办事处。2000年5月，将区属新城街道办事处划归秀洲区管辖，区政府派出结构为5个街道办事处。2001年10月，区政府对乡镇、街道行政区又作调整，撤销东栅乡，成立东栅街道办事处，撤销南湖乡，成立城南街道办事处，城南街道办事处委托嘉兴市经济开发区管委会管理。

2010年5月31日，新成立长水街道，将东栅街道中南社区、缪家圩村、腾字圩村整个范围和汇农村（中环南路以南的范围）；城南街道府南社区、南湖村整个范围，统一划入整合为长水街道，设立区政府长水街道办事处，委托嘉兴市经济开发区管委会管理。2010年年末，区政府派出机构为南湖、新兴、建设、解放、新嘉、东栅、城南、长水8个街道办事处。

开发区管委会

2001年开始，区委、区政府决策，经市审批先后建立秀城工业区、秀城新区和嘉兴科技城，作为区经济科技开发区，同时建立各开发区的管理委员会，作为区政府的派出机构。

南湖新区管委会　2002年6月，建立秀城新区管委会。2005年5月，更名为南湖新区管委会。负责新区开发建设的总体规划和管理；负责抓好新区总体规划和区内建设各项工作的落实，开展招商引资、引进项目、引进资金等工作。内设办公室、前期部、招商部、财务部、工程部。

嘉兴科技城管委会　2003年12月建立。负责科技城的基础设施和公共配套建设的规划、管理、监督；招商引院（所）、校及吸引国内外著名院校入驻，并做好入驻机构和人员的服务工作；推进科技研发、创业孵化、成果转化、人才培训、信息合作、国际交流、创业投资等。内设综合管理部（办公室）、工程建设部、创新服务部、资产营运部。

嘉兴工业园区管委会　2001年5月，建立秀城工业区管委会。2002年4月，亚太嘉兴科技工业园区管委会成立。2003年4月，在秀城工业区基础上设立嘉兴工业区管委会。2005年，更名为南湖（亚太）工业区。2006年1月，更名嘉兴工业园区管委会。内设办公室、财务部、招商部、项目服务部、前期部、工程部。嘉兴工业园区，大桥镇和南湖（亚太）工业区三方整合，嘉兴工业园区管委会和大桥镇政府合署办公。

第四节　基层政权

乡人民公社

建区前，境内基层政权是乡镇人民政府、乡人民公社，期间，并合频繁。建区后，区人民政府基层政权是乡人民公社，辖塘汇、嘉北、南湖、东栅、秀水5个乡人民公社。人民公社为政社合一，设管理委员会。1984年1月政社分设，撤销各人民公社，建立乡人民政府。

乡　镇人民政府

1995年12月28日，撤销秀水乡建制。区政府辖塘汇、嘉北、南湖、东栅4个乡人民政府。

2000年5月，市本级行政区划调整。秀洲区的凤桥、新丰、新篁、余新、步云、七星、大桥7个乡（镇）划归秀城区，原塘汇乡的张字圩村并入七星乡。秀城区的嘉北乡、塘汇乡、新城街道和解放街道的塘汇居民区划归秀洲区。

2001年10月，步云乡与大桥乡合并组建大桥镇，新篁镇与凤桥镇合并定名凤桥镇，七星乡改为建制镇；撤销东栅乡，改为东栅街道，撤销南湖乡，改为城南街道。至2010年年末，区政府辖新丰、余新、凤桥、大桥、七星5个镇人民政府。

第三章　政务会议与主要政务

第一节　政务会议

区政府全体会议

参加人员为区长、副区长和区政府组成部门主要负责人，由区长或委托主持工作的副区长召集或主持，会议不定期召开，每年举行1~2次。根据需要可安排有关部门、单位负责人列席会议，视情邀请区委、区人大常委会、区政协领导以及区纪委、区法院、区检察院、区委各部门、区人大常委会办事机构、各群众团体、民主党派和工商联负责人参加。会议主要任务是总结上一年度或上半年工作，部署本年度或下半年工作，讨论、决定全区全面工作的重大问题。

2001—2010年，区政府共召开全体会议15次。

区政府常务会议

参加人员为区长、副区长、区长助理和区政府办公室主任，会议由区长或委托主持工作的副区长召集或主持，一般每月召开1次，如有需要可临时召开。主要议题是讨论和决定区政府工作中重大事项，研究制定政府规章制度及人事任免奖惩等。会议列席人员为区监察局长、与议题相关的区政府组成部门负责人。2001—2010年，区政府共召开常务会议74次。其中，讨论和决定的事项有：2001年，研究制订《秀城区关于做好三峡移民安置工作的若干意见》。2002年，研究讨论《嘉兴市秀城区水土保持设施补偿费、水土流失防治费征收和使用办法》。2003年，研究通过《关于农业提升战略实施意见和实施农业提升战略的若干政策意见》。2004年，研究通过《关于建立解决企业拖欠职工工资问题应急处置办法的意见》。2005年，研究通过《全市环境污染重点整治方案》。2006年，研究通过《嘉兴市房地产业发展规划》。2007年，研究通过《关于南湖区企业上市的若干政策意见》。2008年，研究通过《关于南湖区企业上市的若干政策意见》。2009年，研究通过《南湖区经济适用房建设实施计划》。2010年，研究通过《“创新南湖 精英引领计划”实施办法（试行）》。

区长办公会议

参加人员为区长、副区长、区长助理和区政府办公室主任，区政府有关部门负责人出席，根据需要不定期召开。由区长或委托主持工作的副区长召集或主持，主要议题是研究处理区政府日常工作中的重要问题，研究部署区政府的阶段性工作。2001—2010年，区政府共召开办公会议107次，其中，研究通过《秀城区国民经济和社会发展第十个五年计划纲要的报告》《关于加强全区基层文化阵地建设，推进城乡文化一体化的实施意见》《南湖区服务业发展规划》等。

区政府专题会议

由区长、副区长或委托区长助理、区政府办公室主任召集和主持，专题研究处理需要统筹协调或需要组织实施的事项。根据会议议题，分别召集有关部门负责人和工作人员出席。会议不定期召开。2001—2010年，区政府共召开专题会议195次，其中，研究处理了农村水环境整治工作、原07省道整治完善工作、欠缴土地出让金处置办法、完善区域公交工作、区人才公寓项目建设、城中村、开放式小区和城郊结合部整治等问题。

第二节　施政纪要

一届政府主要政务

贯彻中央关于经济体制改革的决定，推进以城市为中心的经济结构、经济形式、经营方式和经济管理体制等各方面的探索和改革。在工业生产上，坚持从搞活企业着手，积极推行各种形式的经济责任制；贯彻按劳分配原则，打破“大锅饭”“铁饭碗”，扩大企业生产经营自主权，调动企业、职工的劳动生产积极性。

按照区、乡、街道、村、联户以及个体一齐上的方针，发展横向经济，大力兴办乡村和街道工业及第三产业，着力扭转工农业生产比例不协调的状况，使全区整个经济结构日趋合理。在农业生产上深化农村改革，落实“以工补农”“以工建农”等各项政策，促进农村家庭承包经营责任制不断完善。

全面贯彻实行岗位责任制，坚持多为群众办实事，办好事，促进全区城市管理上台阶；加强以街道为主的环境卫生监督管理，建立5支城市清扫队伍，采取划定地段，分片包干，责任到人、“门前三包”的办法，使城市公共环境保洁美化到位；新建育子弄、斜西街及塘汇街道等农贸市场和第一副食品批发市场，增加市区商业服务网点，解决群众生活难题。

千方百计筹集资金，改善原有公办小学和幼儿园设施，实施九年制义务教育，结合原有校舍改造，进行翻建、扩建，3年里共新建学校大楼10所，解决群众“入托难”“入学难”；搞好乡卫生院、街道防治所的整顿提高工作，建立好有医有药、有防有治的医疗卫生保健站，解决群众“就医难”。

1986年建立乡一级财政，使各乡基层政权的地位和作用得到发挥；新建自来水厂二期工程上马，农村水改工程也加紧进行，有效解决群众“饮水难”的问题；开展“创文明单位”“五好家庭”“文明墙院”活动。严厉打击严重刑事犯罪和严重经济犯罪活动，社会治安明显好转。

二届政府主要政务

根据国务院一系列治理整顿的政策措施，认真落实各项“双增双节”措施，深化企业内部改革，落实和完善承包经营责任制。扶持各类专业生产大户，壮大集体经济，完善双层经营机制。增加对农业的投入，搞好农田水利建设，提高抗震能力。制订“四制配套”改革方案，拟订企业承包合同审评、考核、兑现实施意见，鼓励企业出口创汇，落实农业丰收计划，分别出台工业、农业两个“七条激励措施”。进行承包土地“大稳定、小调整”工作。修订完善今后3年扶贫工作办法及优惠政策。

市政建设及管理取得进展，整修市区小街小巷道路7.17万平方米，兴建公厕20座，相继建成市区7个垃圾中转站，农村翻改建桥梁36座，塘汇公交车站建成并投入使用，各乡实现村村通水泥路。吉水、百花2个综合市场，东栅、塘汇2个农贸市场建成并投入使用。全区征收教育事业费附加228万元，原有学校危房全部消除，3年内新翻建校舍19545平方米。

建成教工宿舍54套，建成嘉北乡、东栅乡中学，动工新建塘汇乡中学，计划扩建南湖乡中学。新建扩建嘉北、南湖乡、丁家桥、塘汇、百花幼儿园。各乡、街道建立文化站，44个居民会设立活动室，居民干部生活补贴得到提高，为居民工作15年以上老居民干部颁发荣誉证书。

企业职工普遍实行退休养老金制度。1988年、1989年开展清理整顿公司工作，全区28个公司撤并9家。

1988年成立区监察局，配合治理整顿方针，开展反腐工作，查处各类违纪案件21件，其中贪污受贿和严重以权谋私干部3名。

三届政府主要政务

工业生产实施“打基础、上水平、增效益”发展思路，以大发展促大提高，全区年产值200万元以上企业达88家，1000万元以上14家。第三产业发展明显，全区103个居委会办起219个商业或服务型企业。发展外向型企业作为全区经济发展新的增长点。制订《关于积极推行股份合作制的实施意见》，修订完善“七条激励措施”，加快发展股份制企业，成立22家股份合作制企业。

积极推行社会养老保险、职工待业保险、公费医疗制度、住房制度、劳动制度等方面改革，取得一定的进展。农村继续推进稳定完善家庭联产承包责任制的同时，大力发展社会化服务体系。粮食购销体制改革推动农业生产结构调整。同时推进土地使用制度改革，全面开展农村宅基地有偿使用和村镇规划管理工作。

召开全区科技工作会议，制定“科教兴区”十年规划和“八五”计划纲要。提出《大力推进科技进步加速经济发展的若干意见》。农业继续实施“丰收计划”和“星火”计划，推广“一优两高”农业和吨粮田工程，大面积种植“紫香七号”“嘉兴香米”。机泵更新改造任务完成，渠系配套水利设施建设加快，1992年12月，完成南排工程之一的长盐塘开挖任务。

重视基础教育，投入资金633万元新建校舍2万平方米，翻建村校6所，全面完成村校改造计划。注重提高劳动者科学文化素质，制订《关于鼓励企业引进和培养人才的若干意见》，成立区人才交流服务中心，开展多层次人才引进工作。理顺城市管理体制，重新组建城市管理队伍。建立社会治安综合治理网络，形成各方齐抓共管的局面。完成市政建设项目27个，65%的农户通水泥路。东门农贸市场扩建工程开工、南门农贸市场投入使用，秀州商城开业。“门前三包”工作继续落实，市容市貌有新改观，市区评为省级卫生先进单位。完成残疾人3项康复治疗任务。区级机关岗位责任制考核促进机关职能转变。

四届政府主要政务

按照"依托市场、服务城市、富裕农村"的城郊型农业发展思路，以调种植业结构为突破口，树立一批粮经结合型的新三熟典型。相继建立各类农贸市场和专业性批发市场，带动农业结构调整和农村产业化生产。按照"稳制活田"的要求，培育粮田适度规模经营大户。全面清理村级财务和现有集体资产，拓展农业社会化服务领域。

积极开展水利基本建设，新建和改造机埠等水利设施，完成第3期农业综合开发南湖乡子项目工程。开展现代农业示范园区建设，建成4个农业示范园区。鼓励企业上规模、增效益，先后制定《关于促进秀城区乡街"优势工程"企业发展的若干意见》《秀城区组建区级集团暂行办法》，出台并完善工业、农业和商业3个"七条激励措施"，促进工业生产总量扩张。

制定《关于进一步推进秀城区乡村企业产权制度改革的若干意见》，推进以股份合作制为重点的企业产权制度改革，对"小、微、亏"企业以租赁、兼并、转让等多种方式进行改制，盘活资产存量。扩大对外开放，提高经济外向度。1993年，在全市率先制定《关于加强对"三资"企业服务的若干意见》，采用"以外引外""以优引优""以大引大"等方式，多渠道引进外资。

拓宽三产领域，参与房地产开发，兴办农贸市场，发展社区服务网点，建成三水湾、凌塘路、洪波路农贸市场。加快市政建设，相继完成3期城市防洪工程，天德圩垃圾处理场及无害化处理改造工程，并通过省级验收。硬化小街小巷路面，新建、改建公厕，疏通、铺设地下管道，开展市河整治，小区实行垃圾袋装化，1993年来评为省级卫生城市。两次提高居委会干部补贴和居委会办公经费标准。初步建立城乡居民最低生活保障制度和农村社会养老保险制度。开展扶贫帮困活动，基本解决城市特困人员生活困难。

重视农村初级卫生保健工作，圆满完成每年的人口计划。各乡、街道建立科技协会，认真贯彻实施《中国教育改革和发展纲要》，5年新增校舍2.5万平方米。制定并全面实施《嘉兴市秀城区精神文明建设规划(1994—2000)》，开展"我为秀城添光彩"文明创建活动。加强社会治安综合治理，严厉打击各类刑事犯罪，创建"平安小区"，维护社会稳定。

按照中央规定，相继开展清理乱收费、减轻农民负担、执法部门行风评议、公费出国(境)、行政机关干部电信消费等专项检查，各乡、街道建立行政监察网络，5年里查处违纪违法案件38起。

五届政府主要政务

制订区经济社会发展"十五"计划，相继提出"社区建设年""工业园区建设年""工业园区形象建设年"等活动。强化国家农业科技园区、工业园区、秀城新区、城镇社区、教育强区"五区"建设。基本完成城镇、乡村集体企业的产权制度改革，现代企业制度改革逐步推进。第二轮土地承包全面完成，推行粮食购销体制改革和农村税费改革。合理配置区域资源，优化行政区域布局。先后于1999年、2000年，实施街道区划和社区居委会规模调整。2001、2002年，实施乡镇、行政村区域调整和撤并工作。

加大秀城新区和城镇的规划、建设力度。确定秀城新区总体规划，一批重点基础和公建设施项目先期建设。小城镇建设步伐加快，2个镇被列为国家综合改革试点镇，其中1个镇还被列为省级中心镇。放宽农民进城镇限制，城市化水平提高到58%。

道路、桥梁等交通建设加快，实现全区镇镇通二级以上公路和村村通公路。先后开展创建全国卫生城市环境大整治、"城中村"改造和市区拆违、南湖周边环境整治以及老住宅区的环境整治工作，新建、改建一批公共基础设施，城市形象显著改善。

制订并实施科教兴区"十五"计划，通过全国科技进步考核，实行以区为主的基础教育管理体制，在学校布局调整和师资队伍建设等方面采取一系列措施，5年共撤并学校90所，学校的规模办学能力得到提升。采用BOT形式建设的南湖国际实验学校竣工。

开展"三五""四五"普法工作，加快依法治区步伐。认真组织开展整顿和规范市场经济秩序和"严打"整治专项斗争，坚决依法查处非法活动，各类刑事案件明显下降。"社区警务站"创建模式在全省得到推广。全面完成三峡移民安置任务。

完成区级机关、镇(街道)的机构改革。深化审批制度改革,进一步削减审批事项和审批环节,规范审批行为,组建区企业服务中心,完善区、镇(街道)两级服务体系。强化政府调控,加强财政预算外资金管理,建立和完善"四统一"管理制度。推行和完善以财务公开为主要内容的公开工作。养老、失业、医疗、工伤等社会保险体系进一步健全,城乡居民最低生活保障制度全面实施。就业和再就业工程深入实施,城乡特困居民的生活困难得到缓解。

六届政府主要政务

推进南湖新区、嘉兴工业园区、嘉兴科技城、城市中心商贸区、国家农业科技园区5大空间的开发建设。嘉兴工业园区成功升级为省级开发区,城市中心商贸区集聚功能明显增强,国家农业科技园区科技示范推广网络逐步完善,先后实施部、省级科技研发和科技成果转化项目33项。推进嘉兴科技城建设,引进浙江清华长三角研究院、中科院嘉兴中心、乌克兰国家科学院国际技术转移中国(嘉兴)中心等一批国内外知名科研院校。

加大城市改造力度,完成48个老住宅区整治、128条小街小巷改造和8个"城中村"拆迁整治。开展市容市貌"五小"行业、农贸市场等专项整治活动,市区环境面貌得到较大改观。通村公路硬化率、等级率均达到100%,在全省率先完成乡村康庄工程,实现村村通公交。全面实施村庄示范整治工程,村庄整治率达到100%,疏浚河道625千米,七星镇防洪工程竣工使用,建成农村生活垃圾统一收集处理系统。初步建成畜粪统一收集处理系统。工业污染排放总量得到控制,新建污水管网92千米,重点污染企业入网率达到90%。累计造林1.7万亩,全区森林覆盖率达到14%。

调整完善街道收支挂钩激励机制,开展农村税费改革和农村综合改革。成功举办四届"南湖之春"文化经贸活动,利用外资的领域和规模不断扩大。累计引进外资企业209家,创办境外贸易机构9家。成立区人民对外友好协会,与韩国大邱市达城郡、澳大利亚卧龙港市、美国高点市建立友好合作关系。

成功创建省教育强区、省科技强区、省文化先进区、省级示范文明城区、全国计划生育优质服务先进区。合理调整学校布局,新建、改建中小学校16所,撤并中小学校28所。9年义务教育入学率和巩固率均达到100%,学前教育入学率达到98.5%,初中升高中比例达到95.8%。城乡社区卫生服务覆盖率达到100%。创办96345社区服务求助中心。有效防控非典、霍乱、高致病性禽流感等疫情,妥善安置三峡移民2批500人。实现农村劳动力转移就业2.4万人,被征地农民基本生活保障参保率、职工基本养老保险企业覆盖面均达100%。推进和完善城乡居民合作医疗保险制度,参保人数达到17.5万人。

实施城乡居民最低生活保障动态管理。全面启动"五五"普法,行政执法责任制和两错责任追究制全面推行。建立综治司法信访联动机制和流动人口管理服务中心。设立区长信箱,建立街面治安动态视频监控系统和24小时巡逻制度。三产发展步伐加快,一大批现代品牌连锁企业落户市区。南湖新区商贸服务集聚功能增强,国际电气城、汽配城等35个项目相继落户,格林小镇一期、万好家居等一批项目先后建成。

七届政府主要政务

推进工业产业集群发展,推进国家科技发展重大专项中的无线传感器网络、GPS芯片等项目产业化,打造"4+3"特色主导产业,淘汰落后产能和重点污染企业,关停粘土砖瓦窑12座、电镀企业6家,关迁化工企业12家,化工园区整治通过省级验收;全面推进城乡供水一体化建设管理改革,建成城镇生活污水管网329千米,完成环太湖流域城镇生活污水治理目标,实施千万农民饮水工程,城乡供水一体化管网实现全覆盖。

至2010年,成功举办第五至第八届"南湖之春"文化经贸活动,引进世合新农村、中航信等一批重大项目;支持企业投融资制度改革,亚特电器、卫星石化先后上市;引入和培育股权投资类机构34家,认缴资金68亿元,引进天津股权交易所科技创新版,在全省率先推出初始排污权有偿分配制度,990家企业完成交易额8690万元;完成农村集体资产股份化改革和农村资金、资产、资源管理改革。

全面深化与高等院校、科研院所、金融机构的合作,加强与上海黄浦区、徐汇区,杭州上城区的合作交流，与美国瓦尔普莱索市、意大利蒂沃利市建立友好关系，与农业部农村社会事业发展中心建立战略合作关系；建成省级博士后工作站、省级院士专家工作站和省级留学生创业园，引进各类人才1.2万余名，推出人才公寓4万余平方米。

做好杭州湾跨海大桥北接线、“西气东输”等重点工程建设；推进田园城区路网规划建设，原07省道改造、新大公路、嘉兴至南北湖等公路建成通车，新改建农村联网公路116千米；配合完成城乡公交体制改革，新增公交停靠站174个。

强化电网规划建设，建成110千伏变电所4个，全面完成新农村电气化村建设；加强农田水利设施建设，新增高效节水灌溉面积6560亩；制定实施“5+18”村镇布局规划，推进现代新市镇和城乡一体新社区建设；完成农房集聚1.6万户、土地流转面积7.7万亩，引进现代农业经营主体42家；改造农村危旧房490户，建设经济适用房6.5万平方米。

推进强镇扩权，健全新市镇管理职能；开展“拆旧治违”专项整治，拆除违法建筑8.7万平方米；加强耕地保护，连续5年实现占补平衡；完成162个老住宅区综合整治和18条小街小巷改造；加快“八个十”绿化工程建设，新增绿化面积1.8万亩，建成生态绿道72.6千米；注重水资源保护利用，疏浚河道1164千米，河道长效保洁、农村生活垃圾收集实现全覆盖。

在全市率先开展公务用车改革，建立区政府常务会议学法和行政机关主要负责人出庭应诉制度；实施平安建设全员工作责任制，构建社会矛盾大调解网络，打响“老娘舅”品牌；以群众工作统领信访工作，创新开展“六六群众工作制”；组建区新居民事务局，完善新居民议事制度和服务管理新模式。

创建省级体育强区、省级卫生强区，引进北师大南湖附属学校和东北师大南湖实验学校；嘉兴国际网球中心、凌公塘文化主题公园等建成使用；成立区残联，全面推进残疾人共享小康工程，通过省级扶残助残爱心城区考核验收；完成第6次全国人口普查任务。

新增市场主体2万余户，推进充分就业村（社区）建设，建立农村劳务合作社26个，转移农村劳动力3万余人；城乡居民社会养老保险参保率达到95.7%，城乡居民合作医疗保险，农民参保率达到98.8%；社会福利和慈善事业、社会救助力度加大，发放各类救助补贴9421.4万元。

第三节　实事工程

第一届政府10件实事

解决群众“行路难”问题　完成街巷路面硬化26721米，计86019平方米。完成人行道硬化19364平方米，整修路面665平方米，改造桥梁2座。全区小街小巷道路普遍实现硬化。农村道路基本实现村村通水泥路，总计长40千米。修筑农村桥梁21座。

消除垃圾污染之害问题　增添改造市区的公共卫生设施，其中新、翻建公共厕所25座，增设、维修垃圾箱285只，改造机械化垃圾中转站2座，建造占地42亩的垃圾处理场。全面推行承包责任制，实施化粪池的统一管理；加强以街道为主的环境卫生监督、检查和管理，采取划定地段、分片包干、责任到人的办法，实行定人员、定岗位、定任务、定时间、定奖罚的“五定”考核制度，全区道路及居民区公共环境卫生的清扫保洁工作落到实处，逐步做到经常化、制度化。

解决群众“吃饭难”“修理难”“住宿难”“买菜难”问题　先后新建育子弄、角里街、斜西街及塘汇街道的农贸市场，大规模扩建改造北门、东门菜场，筹建东栅街道的农贸市场，与市蔬菜公司联合举办的第一农副产品批发市场开业；市区商业服务网点发展较迅速，国营、集体和个体兴办的各类商店、饮食店及旅馆陆续开设。1986年，全区个体工商户发展到2118户，从业人员2846人。农村生猪、禽、蛋、水产、蔬菜等生产的发展和购销政策的放开，促进了商品流通。市场农副产品供应紧张的状况逐步缓和。

解决群众“入托、入学难”问题　全区实现普及小学教育，市区实行9年制义务教育。1986年，农村小学毕业生的初中入学率达到82.18%。部分乡正积极创造条件，在1987年开始实施9年制义务教育。改善原有公办、民办幼儿园设施条件，新增幼儿园面积2705平方米，幼儿入园增加53.7%。新建吉水、百花、菜花泾等民办幼儿园。利用小学校舍，增设学前班。积极建议多方联系，促使市有关系统和单位创办幼儿园、托儿所。

解决群众“就医难”问题　整顿乡卫生院、村保健站和街道防治所，调整充实领导班子，健全各项规章制度，加强职业道德教育，改善医疗条件，促进医疗作风的转变，不断巩固和完善乡、村医疗卫生工作网。全区70个村中，68个村通过整顿和重建，建立了有医有药、有防有治的医疗卫生保健站。农村血防工作着重做好查螺、灭螺及查病、治病等巩固监察工作，杜绝新感染源和防止新发病人。塘汇、秀水乡消灭了血吸虫病。群众性的防病治病工作取得较大进展。1986年，6种主要传染病的疫苗接种率均达到90%以上，其中有部分达到100%。对各校教师和7岁以下儿童进行了健康普查。

解决群众受水淹之苦问题　修筑完成光明街、杉青闸2条防洪堤。当年六号台风侵袭，河水上涨，居民区无水淹。增设下水道13.186千米，整修下水道0.481千米；增设窨井1327只，疏通窨井1160只，基本解决市区各下水道、窨井的堵塞问题。疏通河道1.43千米，挖土19253立方米，修筑邦岸9530米，石邦岸1070米。州东湾、秀州路、角里街一弄、闸前街等原水淹较突出的地段基本消除雨季积水现象。农村结合水利建设，共修筑块石护岸11.65千米，加固加高圩堤30.578千米，增设机埠27只，提高了抗洪排涝能力。

解决学校危房维修问题　维修翻建学校危房6720平方米，完成全部学校危房面积的87.32%。新建学校大楼10所，总面积14252.5平方米，总投资266万元，是解放以来发展最快的时期。

落实“门前三包”和创建文明卫生居民会问题　全区各街道与1654家单位、商店签订“门前三包”责任书，确定义务监督员，加强定期检查和评分考核工作。创文明单位和“五好家庭”活动逐年深入，进展，涌现出区级文明居民会、文明村、文明墙院、文明街和文明单位59个，“五好家庭”20554户，占全区总户数的32.2%。

加强社会治安，增强群众安全感问题　公安政法部门按照中央依法“从重从快、严厉打击”的方针，集中力量，连续打了3个战役，给严重刑事犯罪分子和严重经济犯罪分子以沉重打击，依法惩办652名犯罪分子。全面贯彻落实各项社会综合治理措施，法制宣传教育在全区城乡全面展开。调处各类民事纠纷5782起，防止非正常死亡55人，帮教失足青少年342名。流动人口的户籍管理工作逐步纳入正常管理的轨道。1986年，刑事案件的发生数比1983年下降33%。

解决群众“饮水难”问题　市区居民饮用自来水问题，除新建塘汇街道的太平桥居民会及南湖街道壕股路一段外，已基本解决。新建水厂二期工程上马后，夏季居民用水供应中断的现象已消除。全区农村中有21.4%的农户饮用自来水。

第二届政府12件实事

抓好公共市政建设　整修市区小街小巷道路7.17万平方米，整治下水道9050米；通济河开挖工程竣工；塘汇公交车站建成并投入使用。

增建、完善环卫基础设施　新建及改造公厕20座；北门、东升、栅堰、吉水、文昌、菜花泾、纺工路等垃圾中转站相继建成；逐年增添垃圾、粪便清运的车辆船只及其他辅助设施，市区范围内基本做到垃圾日产日清；区和街道两级环卫队伍的建设得到加强，环卫后勤基地及职工生活基地正在筹建，各街道清扫保洁人员的工作条件和生活条件逐步得到改善。

抓好农村道路、桥梁建设　农村翻改建桥梁36座，完成杭枫公路城区段建设。各乡实现村村通水泥路，村组水泥路的建设逐年取得新进展。

加强农村水利圩岸建设　基本消除农村危险圩岸，不安全圩岸得到加高加固，完成机埠水泵改造122座，共投资144万元，受益面积57896亩。

加强市场建设和管理　建成百花、吉水综合市场及东栅、塘汇农贸市场；动工建设纺工路市场，嘉兴市工业品市场完成两期工程，逐步投入使用；市场管理工作进一步加强，1989年共查处各类违法、违章案件1255件，结案1236件。

改善中小学办学条件　1988年，全面开始实施九年制义务教育。3年内共征收教育事业费附加228万元，财政预算内教育事业经费逐年增加，累计支出769万元，市拨及其他经费投入173万元，乡、村自筹91万元,合计1261万元。全区原有的学校危房已全部清除,新翻建校舍19545平方米,建造教职工宿舍54套、2980平方米。建成嘉北、东栅乡中学,开始动工建造塘汇乡中学,南湖乡中学扩建计划已落实。1989年,全区普及初等教育的入学率99.86%,巩固率99.92%,毕业率99.06%,普及率99.53%。

巩固和发展乡、街道文化站、俱乐部 建立各乡、街道文化站,其中有5个乡、街道的文化站达到三级站,1个达到二级站的标准。全区原有44个居民会的活动室未设立,3年内全部得到落实。

加强基层防病治病工作 翻建东门、新兴街道防治所及南湖、塘汇乡卫生院,新嘉防治所得到扩展。区计划生育指导站即将竣工。至1989年,各乡全部达到消灭血吸虫病的标准。

搞好农村水改工作 农村改水工作共筹集资金210万元,至1989年完成38%,其中东栅乡全部完成。塘汇乡太平桥及秋泾桥居民区饮用自来水的问题得到解决。

巩固和发展民政福利事业 全区除秀水乡与福利院挂钩收养五保老人外,乡乡办起敬老院,收养五保老人102人,占总数的71%。福利院进一步扩大服务范围,已收养自费寄养老人16人。开办精神卫生工疗站。至1989年年底,全区安置有劳动能力的468名残疾人员就业,占总数的83.69%。残疾人3项康复调查摸底工作基本结束。至1989年年底,农村扶贫除少数特困户转为国家救济对象及送敬老院抚养外,原有的贫困户基本脱贫,继续扶持的仅有7户。复退军人的定补面达到80.7%,保障面达到100%,定补标准逐年提高。完成烈士陵园的局部整修改造工作,公墓已建成对外开放。殡葬改革的成果进一步得到巩固,火化率连续5年达到100%。

巩固发展幼教事业 建成南湖乡和嘉北乡幼儿园,东栅乡幼儿园已兴办,完成丁家桥幼儿园和塘汇幼儿园改造及百花幼儿园扩建,文昌和吉水幼儿园已开办,城东、六一幼儿园改造计划已落实。1989年,各街道9所民办幼儿园转为区级大集体事业单位,实行统一管理,教学工作纳入教育部门的正常业务轨道。

抓好城乡安置就业工作 3年安置7202人就业。至1989年年底,登记发照的个体工商户3955户,比1988年增长10.14%;从业人员达到6843人,比上年增长19.32%。全区乡村企业的在职职工,加上外出工作的人员共31300人,占农村总劳力的56.09%,企业职工普遍实行退休养老统筹。

第三届政府实事

市政交通 完成市政项目27个,硬化小街小巷路面7733平方米;新建、改建农桥13座;完成东栅至凤桥公路城区段4.5千米油路改建工程;完成嘉北至高照公路城区段南北两线4千米路面铺设工程及其附属设施建设;65%的农户通了水泥路。

环卫 后方基地基本建成;翻建公厕7座,清运条件得到改善;新的垃圾填埋场投入使用。

市场建设 面积为1万平方米的东门农贸市场扩建工程正抓紧施工,新建的南门农贸市场已投入使用;秀州商城正式开业。

教育事业 翻改建村校6所,面积2622平方米,全面完成村校改造计划。南湖中心小学2000平方米教学楼改建;电化教育、实验仪器等教学设施有了增加;中小学和幼儿园办学条件有了一定的改善。

文体建设 区文化馆、11个乡街文化站都达到三级以上标准;全区组建业余文体队伍33支,开展丰富多彩的文化体育娱乐活动。

卫生保健 全区22%的村卫生室达到甲级标准,农村卫生厕所普及率达到20%以上。血吸虫病达到消灭标准。东栅卫生院翻建工程已竣工。群众性爱国卫生活动扎实展开,“门前三包”工作继续落实,市容市貌继续得到改善,市区被评为省卫生先进城市。

民政工作 各项社会福利保障事业逐步施行,农村养老保险完成调查摸底工作;完成残疾人3项康复医疗任务。

第四届政府实事

市政设施建设 完成3期城市防洪工程,总投资2725万元;维修硬化小街小巷路面5.56万平方米,市区道路人行道铺装率91.5%;新建、改建农桥48座;完成欧阳楼至义庄3.34千米和嘉兴至高照公路2.5千米城区段油路改建工程,完成塘汇至杨庙城区段7千米道路建设工程;新建塘汇乡茶园村自来水厂，新增饮用自来水的农村人口7000余人；疏通、铺设下水道48.5千米；完成秀水兜、月河、澄海河等9处(段)河道整治工作。

环境卫生工作　新建、改造公厕58座，市区二类以上公厕比例达到69.3%；新建、改造垃圾中转站8座；新建嘉北乡卫生院；新建、扩建居民区卫生诊所2处；新建保洁员宿舍1650平方米；强化日常保洁工作，环境卫生状况明显改善，60%的居民小区实行垃圾袋装化。

“菜篮子”工程建设　完成南湖乡天带桥村、嘉北乡收藏村、殷秀村、木桥港村蔬菜基地建设，总面积900余亩，2个较高标准的蔬菜生产示范园区已形成；先后新建、扩建东门、吉水、纺工路、百花、荷花堤、三水湾、洪波路、凌塘路农贸市场。

教育事业发展　拓宽教育经费筹措渠道，增加教育投入，改善办学条件，新建、扩建清河、三水湾、真合路小学和4所乡中学运动场，新增中小学校舍2.5万平方米，建造教工宿舍308套，计19263平方米。

扶贫帮困工作　先后有54家机关企事业单位、社会团体与72户、115名城市特困户结成扶贫帮困对子，累计资助10.6万元，基本解决了城市特困人员的生活困难。农村散居五保户、特困户的住房困难得到解决。

第五届政府实事

基础设施建设力度加大　推进小城镇建设，5年累计小城镇建设投入资金11.4亿元，城市化水平提高到58%；加快道路、桥梁等交通建设，建成嘉余公路和步焦公路，实现全区镇镇通二级以上公路和村村通公路，改造危桥29座，乡村公路硬化率达62.9%。

城市管理扎实推进　先后开展了创建全国卫生城市环境大整治、“城中村”改造和市区拆违、南湖周边环境整治以及老住宅区的环境整治工作，先后分2批完成了60个老住宅区的环境整治任务；新建、改建公共厕所18个，新建东升路、洪波路等垃圾中转站；新建和扩建了春波坊商贸街、虹桥港商贸街等专业市场和新兴、南门等农贸市场。

教育事业协调发展　实行以区为主的基础教育管理体制，撤并学校90所，学校的规模、办学能力得到提升，9年义务教育高质量普及，幼儿教育、基础教育及成人教育等协调推进。加强社会力量办学，采用BOT形式建设的南湖国际实验学校竣工。

城乡医疗卫生事业得到加强　社区卫生保健设施和服务质量不断优化，农村合作医疗制度得到巩固和发展，改水、改厕工作继续推进，农村人口自来水受益率达到75%。

社会保障机制日益完善　养老、失业、医疗、工伤等社会保险体系进一步健全，社保覆盖面进一步扩大，城乡居民最低生活保障制度全面实施。扶贫帮困活动大力开展，就业和再就业工程深入实施，城乡特困居民的生活困难得到缓解。

第六届政府实事

改善农业生产条件　累计建成标准农田17.9万亩，疏浚河道625千米，全省受益面积最大的农村水利防洪工程——七星镇防洪工程竣工使用。

加大城市改造力度　累计投入3693万元开展城市老住宅区基础设施改造，完成48个老住宅区整治、128条小街小巷改造和8个“城中村”拆迁整治。

加速推进城乡道路交通建设　累计新建、改建县道公路75.5千米、镇村道路112.9千米，改造危旧桥梁460座，通村公路硬化率、等级率均达到100%；在全省率先完成乡村康庄工程，实现村村通公交汽车。

强化环境卫生整治　实施村庄示范整治工程，建成农村生活垃圾统一收集处理系统，村庄整治率达到100%；探索畜禽养殖污染治理的有效途径，初步建成畜粪统一收集处理系统；新建污水管网92千米，重点污染企业入网率达到90%；累计造林1.7万亩，全区森林覆盖率达到14%，被省政府命名为高标准平原绿化先进区。

加强基层医卫服务工作　新建、改建社区卫生服务站18个，城乡社区卫生服务覆盖率达到100%，有效防控了“非典”“禽流感”等疫情。

优化教育、文化工作　调整学校布局，新建、改建中小学校16所，撤并中小学校28所，财政对教育的投入4年累计6.3亿元，9年义务教育入学率和巩固率均达到100%。加强基层文化阵地建设，全区村文化活动中心(室)建设覆盖面达到95%；

完善社会保障、服务机制　推进和完善城乡居民合作医疗保险制度，参保人数达到17.5万人，其中农民参保率为92.4%；实施城乡居民最低生活保障动态管理，实现应保尽保，农村五保对象和城镇“三无”对象集中供养率稳定在98%以上，企业退休人员社会化管理率达100%；被征地农民基本生活保障参保率、职工基本养老保险企业覆盖面均达100%；累计新增就业岗位3.9万个，实现农村劳动力转移就业2.4万人；整合社会服务资源，创办了96345社区服务求助中心；妥善安置三峡移民2批500人。

第七届政府实事

路网工程和公交设施建设加速推进 配合完成沪杭高铁南湖段建设任务；顺利完成07省道改造、余步公路、新大公路、余云公路和焦山门大桥拓宽等工程；新（改）建农村联网公路116千米；18条小街小巷和10个开放式小区整治改造全面完成；改造农村危桥64座；调整增开11条公交线路，建成港湾式停靠站46个。

城乡通信、电力、供水等基础设施进一步完善 全面完成新农村电气化村建设；110千伏湘湖变、新篁变建成投产，开工建设110千伏解放变、凌公变；建成城市供水二级管网60千米，铺设农村饮用水管49.7千米，全区实现城乡供水一体化。

城乡环境卫生状况日益改善 推进农村生活垃圾集中处理，完成河道清淤1026千米，河道长效保洁和农民安全饮用水管网实现全覆盖；实施农民健康工程、社区健康促进工程，成功创建省级社区卫生服务先进区；推进城镇生活污水处理工程建设，建成管网146.5千米；加强农业面源污染治理，按照一户一方案的要求，全完成15631家生猪养殖场（户）治理任务。

“两新”建设和老住宅区改造成效显著 现代新市镇、城乡一体新社区建设全面推进，新建镇区道路23千米，完成凤桥等老集镇改造；创建示范性城乡一体新社区10个，新社区在建44个，江南新家园3期、嘉城绿都1期竣工交付，南祥苑、新贤园等小区加快建设；全区改造集聚农户8166户（市口径）；加快推进老住宅区改造，完成143个老住宅区综合整治和18条小街小巷改造；新增20个公益性群众休闲文化设施和6个城市街心绿化广场；新增造林绿化14430亩，生态绿道7.5千米；配合市政府推进“1812”老区改造和“一环两路”街景立面改造。开展市容环境、农贸市场、“五小”行业等9大专项整治工作。

劳动就业和社会保障进一步加强 城乡统筹就业成效显著，累计新增城乡就业50493人，“零就业家庭”再就业率100%，失业率控制在3.6%以内；对全区所有70周岁以上高龄老人实施养老基本生活补助；推进城乡居民社会养老保险工作，参保人数6.7万；城乡居民合作医疗参保21.9万人，其中农民参保率98.9%；推进保障性住房建设，建设经济适用房6.32万平方米。

公共卫医服务体系不断完善 组建区卫生监督所，解放街道社区卫生服务中心、区精神卫生康疗中心建成使用，新（改、扩）建社区卫生服务站27家；深化医药卫生体制改革，实施国家基本药物药品零差率销售制度。

教育事业快速发展 引进优质教育资源，北师大南湖附校顺利建成开学，东北师范大学南湖实验学校签约筹建；组建市实验初级中学教育集团，秀城实验教育集团与凤桥小学在全市率先实现城乡集团化办学，建立11个城乡教育共同体；新居民子女接受义务教育进一步落实。

第四章 政务制度

第一节 政府主要工作制度

建区后，区政府及时制定重要工作制度，对领导分工、会议、请示汇报、工作总结等都有规定。严格执行政务会议制度，重要工作、人事任免都由党政联席会议讨论决定。每次会议都有会议纪要。制订区人民政府关于工作制度的集体领导和分工负责制度、会议制度、调查研究制度、请示报告制度、文件审批制度，以后又颁发一些具体实施办法和制度。

民主决策制度

集体领导和分工负责制　区人民政府在市人民政府和区委的领导下，按照民主集中制的原则，实行统一领导下的分工负责制。区长主持全面工作，副区长协助区长负责处理分管的工作。委、办、局各直属部门，实行正职主持全面工作，副职分工负责，协助正职搞好全面工作。

重大问题集体讨论决定制　凡涉及全区重大或重要问题，按规定分别由区政府全体会议、区政府常务会议、区长办公会议讨论决定。

调查研究制度　政府和政府各部门的领导安排足够时间进行调研活动，每年有一定的时间到基层开展调研。采取蹲点调查、典型调查、专题调查、跟踪调查等方法，深入第一线，特别到困难多、问题多的地方，广泛听取群众的意见和呼声，了解工作中的矛盾和问题，提出有针对性的、可操作性的工作建议。每年要有不少于3个月的时间深入基层。有些重大问题，采用区长现场办公会议的办法研究解决。

请示报告制度

凡报请市人民政府、区委、区人大常委会批准的，涉及重大方针、政策决定，国民经济计划和地方财政预算的制度、基建项目和重要行政措施的确定，根据地方情况拟订执行国家法律、法令的重要规定，管理制度上的重大改革，各部门机构的设立和撤销等事项，必须严格执行请示报告制度。

文件审批制度

区政府作出的决定、制定的规范性文件，向区人大提出的议案，任免区政府组成人员，由区长签发。其中，属于规范性公文或需要从法律角度审核的公文，由区法制办提出审核意见后报区长签发。以区政府名义制发的公文，一般由区长或分管副区长签发；分管副区长签发的文件，如内容涉及其他副区长分管工作的，经有关副区长会审后再签发；重大事项，由分管副区长审核后，送区长签发。区政府报送市政府的公文，由区长签发。

以区政府办公室名义发文一般由区政府办公室主任签发。其中内容重要、涉及面广的，或者文内注明经区政府或区政府领导同意的，由区长或分管副区长审核签发。区政府各部门要认真履行各自的行政职责，属于部门职权范围内的事务，由部门自行发文。部门文件确需区政府或区政府办公室名义转发的，由区政府办公室主任或副主任审核后，由区长或分管副区长签发。需几个部门联合发文的，主办部门应与其他部门充分协商，达成一致意见后，联合行文。

岗位责任制

建区后，在区第一届人民代表大会第一次会议上政府所作的工作报告中，提出加强和改进政府工作，建立布置、检查、考核制度，制订健全各局、办岗位责任制。

1984年起，试行乡机关干部岗位责任制，采取集体和个人相结合的两级考核办法，包括区对乡的考核（集体岗位责任制）和各乡对本乡干部的考核（干部个人岗位责任制）2部分。各乡根据区和主管部门下达的考核指标、任务要求，逐项进行分解，落实到每条线和每个干部，期中进行检查，年终总结评比，并按照考核要求，逐项自评计分，由各主管部门考核计分，报区委、区政府审查批准，正式确定各乡的得分总数和发放奖金的标准。对干部个人考核具体分本职工作、中心工作和遵守纪律与制度3部分。

1985年，建设街道率先试行干部岗位责任制。1986年，区内各街道试行干部岗位责任制。街道干部岗位责任制，采取集体和个人相结合的办法，实行两级考核。区对街道的考核指标，是一个街道全体干部共同奋斗的目标，是集体岗位责任制；干部个人岗位责任制，是保证完成集体岗位责任制的基础，由各街道根据区的要求，自行制订分解考核指标，分期进行考核。区对街道的考核，按照区下达给各街道考核指标和工作要求，进行考核计分。区党政机关各有关部门根据区委、区政府的要求，结合本部门的实际情况，分别对街道各线提出具体的工作要求和考核办法，年终负责对本部门线上工作的考核。各街道负责对本街道各条线、每个干部进行考核，考核内容主要是考德、考能、考绩、考勤，具体分为本职工作、中心工作和遵守纪律与制度3部分。

为了表彰和奖励有突出成绩和特殊贡献的干部，设特别奖，如区级以上（含区级）单项先进集体的线上干部、区级以上（含区级）先进乡的全体干部、区以上先进工作者、劳动模范等，可在百分制计分中相应加分。

1987年9月，在嘉北乡进行任期目标责任制试点。试点后首先在区级机关全面推行。机关各部、委、办、局共制订了147项任期目标和521条工作任务，并分别层层落实到各个股室、每个干部，建立干部岗位责任制。各乡、各街道分经济建设、社会服务、党群工作3大部分，制订了乡和街道的任期目标。1988年，全区区级机关31个部门和5个乡、8个街道全部建立了任期目标责任制，并实行分年和年终考核奖惩。任期目标责任制采取百分计分、两级考核的办法，规定每年年终，各部门和各乡、街道的党政主要负责人，向上一级党委和政府写出述职报告，然后进行组织测评和群众评议，按完成任期目标和分年目标的实绩，进行计分，按照所得总分进行精神奖励和物质奖励。以后各年通过已有的实践对年度任期目标责任制考核办法不断总结、完善。

2000年区按实运作至2010年，区委、区政府每年分别印发镇、街道、区级机关部门（单位）工作目标责任制考核办法，成为区委、区政府每年推进全区各项目标任务的主要抓手和工作常态。

2010年，对镇、街道工作目标责任制的考核以产业集群、创新推进、和谐构建“三大工程”为主要内容，以“三年”活动为抓手，包括“选商聚智攻坚年”活动、“转型升级深化年”活动、“统筹城乡拓展年”活动、党群工作、社会事业工作、创新工作和效能建设等部分。整个考核由考评、测评组成，分为工作实绩考评（占总基本分88%）；部门对镇、街道测评；区级领导对镇、街道测评；两代表一委员、村、社区、企业和群众满意度测评；区考评工作委员会综合考评。另有加分和扣分情况设置。

2010年，对区级机关部门、单位工作目标责任制考核以创业、创新、创优工作绩效为主要内容，包括履行职能、完成工作目标任务、服务中心工作、创优工作、创新工作等方面。整个考核由互评、测评和考评组成，分为工作实绩（包括共性工作和职能工作）考评，占总基本分70%；镇、街道对部门测评；区级领导对部门测评；部门互评；两代表一委员、村、社区、企业和群众对部门测评；区考评工作委员会综合考评。另有加分和扣分情况设置。

第二节　政务公开

1999年，在全区各乡镇、街道推行政务公开工作。区按实运作后，进一步加大政务公开的推进力度，制定实施深化完善政务公开的一系列制度，在政府各级、各部门、各岗位和各个政务环节全面推行政务公开工作，自觉接受社会公众的监督。2001年3月26日，区政府成立区政务公开工作领导小组，由各部门主要领导10多人组成，区长为组长，下设办公室。

2002年1月17日，区政府发文，对全区政务、村务公开的指导思想、原则、内容、方法、形式与监督保障措施包括办事时限、办事纪律、便民措施、投诉办法等作出明确规定。规定要求镇政府、街道办事处，区级机关部门公开办事规章制度（包括办事的权限、依据、职责、纪律等）；公开办事程序结果（包括办事的手续、期限、投诉渠道等）；公开财务（包括财务管理制度、财务收支情况等）。

乡镇　街道政务公开

1999年，区政府重点在各乡镇（街道）和有关行业、系统推行政务公开工作。年初在东栅乡、建设街道率先开展政务公开试点工作。同年6月，在全区各乡镇、街道全面推行政务公开工作。

乡镇、街道政务公开内容　对依法开展的各项政务、公务活动均列入政务公开范围。包括：办事机构设置、工作职责、工作制度、工作纪律以及承办人员和分管领导；乡镇、街道及有关部门的年度工作目标及执行情况；财政年度预算及执行情况；乡镇、街道及其职能部门的月度会计报表和年度决算报表以及收费标准、开支标准、支出范围，财政债务情况，上级政府或部门下拨的专项经费及使用情况、政府大额物品的采购招投标情况，筹费的征收标准、收取和使用情况等财务收支情况及财务管理制度;实事工程建设方面的基建项目招投标,预决算审核情况,公益事业投入等;计划生育管理方面的有关指标,涉及群众普遍关注的生育审批、收费、罚款等政策规定,执法标准,办事程序和结果。民政工作方面的优抚、救济、五保户供养、乡街统筹和最低生活保障线对象及其审批的政策条件、程序和标准,救灾救济财物的接收和发放情况;土地管理方面的土地使用及审批权限和程序;城市管理方面的城管工作职责,办事程序,临时摊位、早点、快餐、夜排档摊位、临时占用城市道路、挖掘城市道路、私房搭建、翻修等审批程序以及城管工作制度、工作纪律;其他政务公开的事项还有:征兵工作、干部选聘工作、集体资产拍卖、转让、租赁、承包等。

与村务公开相对应的事项 农业税、农业特产税其他税费征收政策、收入进度及减免情况;计划生育指标执行情况和计划外生育费、超生子女社会抚养费的收支使用管理情况;征用土地及土地补偿费、安置补助费的使用情况;各村农民宅基地审批情况;民兵训练、优抚、最低生活保障补助金困难户补助费的发放情况。

镇(街道)各部门和条线驻镇、街道站所公开的事项 工作职责、办事依据、办事条件、办事程序、办事纪律、办事时限、监督办法和办事结果,执收执罚部门的收费、罚款标准和收缴情况等。

对内部干部职工公开的事项 领导干部廉洁自律情况;镇、街道本级和下属独立核算单位财务收支情况;招待费、考察费、会议费、通讯费、差旅费等的支出情况;工资外补贴福利及考核奖发放情况;干部考核奖惩情况等。

乡镇、街道政务公开方法 在机关大院内设置统一公开栏,各职能部门、条线根据自身职责制定详细的图表、办事程序,在本科室内上墙公开;乡、街道机关干部肖像照片均上墙或在办公桌上立上岗牌,注明姓名、职务,同时制作机关干部记事栏;成立政务公开领导小组和政务公开监督小组;建立政务公开监督箱,设置监督电话,做好政务公开台帐;聘请人大代表,党代会代表、村民(居民)代表、干部代表和离退休干部代表为监督员,负责定期或不定期地对政务公开实施情况进行检查、督促,反馈意见和建议。

镇(街道)的年度工作目标、财政预决算每年公开1次;年度工作目标进展情况、镇年度财政预算的执行情况、财务收支、各项罚款上缴情况每半年公开1次;与村务公开相对应的事项,每季公开1次;工程项目招投标、宅基地审批、干部提拔、救灾救济款物发放等群众关心的重要事项随时公开;基层站所的办事依据、程序、纪律和收费、罚款标准等,长期公开。

区政府部门政务公开

凡是依照国家法律、法规和有关政策规定,运用行政权力办理与人民群众利益相关的各类事项,除涉密事项外,原则上都要公开。政务公开的形式包括推广普及政务公开专栏、印发办事小册子、召开新闻发布会和重大决策(决定)事项听证会、利用新闻媒体宣传等传统公开形式,广泛运用电子显示屏幕、电子触摸屏和互联网等现代科技手段,充分利用政府门户网站实行即时政务公开。公开类型包括政务公开、办事公开和内部公开。

政务公布事项 政府规范性文件、政府部门制定的规范性文件以及与经济、社会管理和公共服务相关的其他文件;经济社会发展的规划、计划及其进展和完成情况;区总体规划、其他各类区级规划以及土地利用规划等;区政府及有关部门年度工作目标及执行情况;财政预算及执行情况;政府集中采购项目的目录、政府采购限额标准、采购结果及监督情况;重大城市基础设施项目的公开招标中标情况及工程进度情况;上级政府或政府部门下拨的专项经费和物资的分配、使用和管理情况;为抵御灾害而接受捐赠款物的管理和使用情况;土地征用出让、房屋拆迁的批准文件、补偿标准、安置方案等情况;药品(医疗器械)集中采购及其监督情况;扶贫、优抚、教育、社会保障、劳动就业等方面的标准、条件及实施情况。

办事公开事项 区政府工作部门的管理职能及其调整、变动情况;有关项目、指标分配、发证验照、行政收费、行政处罚和干部选拔任用、公务员录用等情况;办事依据、办事要求、办事程序、办事时限、办事人员责任和办事结果,以及办事过程中的监督制度。

内部公开事项　领导干部的廉洁自律情况，机关内部财务收支情况，机关干部交流、考核情况及其他重要事项。

政务公开施行保障

建立、健全一整套规范的政务公开工作规章制度、工作体制、监督保障机制。加大对政务公开工作考核力度，把政务公开工作作为乡镇（街道）和部门目标责任制考核的重要内容，作为党风廉政建设责任制和党政干部年度考核的一项重要内容。建立政务公开监督电话和意见举报箱，聘请政务公开监督员；充分发挥人大、政协和群众的监督作用。定期或不定期地组织监督、检查、征求意见活动，广泛听取意见。

向基层和群众公开的，设立公开栏，将公开的内容张榜公布；与群众利益密切相关的重点部门和单位通过广播、报刊等新闻媒体以及印发公告、卡片、办事指南等形式向大众公开；向全体机关干部公开的，采取会议、文件、专栏、简报等形式公开；向本部门、本单位干部公开的，采取开通报会等形式公开。

经常性的事项采取定期公开的办法，阶段性的事项采取一次公开的办法，重大事项采取事前、事中、事后专项公开的办法；对外服务的窗口单位有条件的采取"一个窗口"对外，"一条龙"审批、"一站式"服务的工作措施，简化程序，提高效率。

政府信息公开

2005年5月，区政府建立中国南湖门户网站，这是推介政府政务公开和向公众提供便民服务的窗口，是加强政府与市民沟通的新举措。2007年1月后，贯彻国务院《政府信息公开条例》。区政府先后制订有关政务信息公开的规定，进一步明确政府信息公开的原则、范围、方法、程序，建立完善相应的监督和保障机制。2008年3月6日，区政府成立政府信息公开办公室，由监察局等9个部门组成，在区政务公开工作领导小组统一领导下开展工作，具体负责全区政府信息公开工作的推进、监督、检查、指导等事项。同时，明确区长信箱或"12345"市长电话系统为受理政府信息公开工作的举报渠道。

到2010年，全区50个行政机关单位主动公开政府信息6292条，公开信息全文电子化率100%。

第五章　行政监察

第一节　监察机构

1988年6月，区人民政府建立监察局，为区人民政府行使监察职能的机关。依法负责对区政府各部门及其国家公务人员、各镇（街道）及其主要负责人及区政府各部门任命的其它人员执行国家法律、法规、政策和决定、命令的情况以及违法违纪行为实施监察；对本级人民政府和上级监察机关负责并报告工作，监察业务受上级监察机关领导，监察局依法行使职权，不受其它部门、社会团体的干涉。

2001年12月，区监察局、区纪委两机关合署，履行纪检、监察2种职能。监察机关注重查处群众反映强烈的热点问题、难点问题，突出重点，集中力量查处党政机关、司法机关、行政执法机关和经济管理部门以及金融、建筑领域里的案件，特别是查处这些部门的大案要案；坚持把查处违法违纪案件作为推进反腐倡廉工作的重要手段，发挥执法执纪机关的整体效能。

第二节　行政执法监察

工程监察

监督重点放在区级有关工程及工程造价预算在500万元以上的工程上。2003年上半年，对19项建设工程的招投标（工程开标）进行监督，涉及工程资金达15000万余元，并督促建设与施工单位签订廉政协议。从信息发布、投标报名单位资格审查、投标单位的考察、开标评标等环节进行监督，及时处理一起虚假投标行为，保证工程招投标的公平、公正、规范。

行风监察

加强卫生系统的行风建设，开展药品集中采购招标专项检查，纠正医药购销行业中的不正之风。对全区中小学进行收费情况的专项检查，开展治理学校乱收费，全面推行校务公开，实行“收支两条线”管理，教育收费公示制度、“收费联系卡制度”。纠正、清退包括大病医疗保险、蒸饭费、开水费、双休兴趣班费等各种违规收费。

保障弱势群体权益

出台规范村级公益事业资金征收和管理的指导意见，抓好减轻农民负担工作，开展农村税费改革调研和农民负担调查，全面检查各乡镇税费政策执行情况。向每家农户发放农民负担监督卡。2003年税费改革后，农村人均税费负担下降至119元。

牵头开展工程建设领域拖欠农民工工资问题专项治理工作，组织规划建设、人事劳动等职能部门，深入镇、街道和企业，召开调研座谈会、部门协调会，广泛听取各方意见建议。及时研究出台《关于工程建设领域拖欠农民工工资问题专项整治的实施意见》，明确发改、规划建设、人事劳动、工商、信访等11个部门（单位）的工作职责，促进欠薪问题处理形成合力。

执法监察

做好招商引资、土地征迁、重大项目建设的执法监督工作。牵头或协助相关部门开展经营性土地使用权招标拍卖挂牌出让情况执法监察，清理整顿不法排污企业环保行动及统计执法检查等多项专项整治检查工作，严肃查办集体土地非法出让案件，对涉及的责任人给予相应的纪律处分。

组织相关职能部门，对各镇、街道、嘉兴科技城等单位贯彻执行《中华人民共和国招投标法》情况进行监督检查。针对在检查中发现的项目前期准备不充分、招标文件编制不完善、招标程序不规范、合同管理不到位、工作人员专业知识缺乏、招投标存在封闭运行倾向等问题，及时下发通报，要求相关单位抓好整改落实。

加强对区干部人事制度改革的执法监察，严格公务员和事业单位人员招聘资格确认、笔试、面试、考察等重点环节的监督，体现公平、公开、公正原则，择优选拔人才。2007年以来，区纪委、监察局参与600多名公务员和事业单位工作人员招聘、竞聘、选拔、考察等监督，推进干部人事制度改革。

会同区人大法工委、区法制办、区行政审批服务中心，推进行政审批职能“两集中、两到位”工作，督促重点部门人员到位、授权到位。

专项监察

加强对企业违法排污、畜禽养殖违法排污专项督查，督促职能部门加大环境执法力度，严厉打击违法排污行为。

2008年后，积极开展工程建设领域突出问题专项治理，重点抽查中科院嘉兴应用技术研究与转化中心二期、北师大附属学校、新丰特钢、老07省道改造、解放街道社区卫生服务中心用房等项目。督查政府投资项目152个，纠正问题46个。针对反映的问题，组织专门力量，进行深入调查核实，形成专题调查报告19份，提出办理意见，及时纠正存在问题。

开展“拆旧治违”工作专项监督检查，对涉及违法建设的党员干部发出“告知令”，促其带头自纠、自拆；对在期限要求内未及时主动整改或干扰“拆旧治违”工作的发出“告诫令”，督促其限期整改。

第三节　案件受理查处

1984—1998年，受理群众举报案件188件，受处分党员干部88人，其中1989年，根据群众举报和其他有关线索，查处违纪违法案件21件，当年结案20件，有3名领导干部不同程度受到政纪处分。

2002年，开展查处领导干部违反住房规定专项清理工作。1月25日，召开全区领导干部违反住房规定专项清理工作会议，成立区住房清理领导小组。抽调力量集中办公，公布举报电话，接受群众监督。规范和纠查全区一批领导干部住房违规和不规范的问题，有30名区管干部存在住房违规和不规范的问题得到查处，共补、退款20.5万元，退出公有住房2套，还对462套乡镇集资房作出处理。

2000—2010年，受理群众信访举报1084件（次），提供案件线索42件（次）；全区受党纪处分党员463人，政纪处分27人，违纪违法涉及科级干部32人，其中开除公职3人，行政撤职查办1人，移交司法机关查处20人。

2000—2010年区信访案件受理查处情况表

表13-7

年份	处分党员（人）	政纪处分（人）	涉及科级干部（人）	移送司法（人）	信访举报（起）	提供案件线索（个）
2000	14	1	—	—	68	7
2001	27	2	1	—	78	7
2002	82	1	2	1	154	—
2003	72	8	6	1	99	2
2004	70	5	6	3	130	3
2005	52	3	5	3	137	3
2006	34	—	1	9	89	6
2007	28	3	2	—	122	5
2008	28	—	5	2	78	3
2009	28	3	2	—	78	3
2010	28	1	2	1	51	3
合计	463	27	32	20	1084	42

第四节　廉政制度和作风建设

廉政制度

1984年1月20日，制订城区机关公务车使用的5条规定，公务用车只限区委正、副书记，区人大常委会主任，区长；其他只限工作急需。各部门用车因公急需报请区政府办公室同意，并提倡乘坐公共交通工具。1988年6月建立区监察局后，成为行使监察职能的机关，每年陆续出台廉政制度建设新规。

1989年8月14日，区委、区人民政府作出《关于廉政建设的若干规定》，其中有禁止用公款请客吃喝和收受礼品，制止用公费旅游，实行“两公开一监督”制度的重要廉政举措。以后，又出台党风廉政建设责任制、领导干部廉洁自律承诺制、领导干部离任审计制度、对拟提拔的领导干部进行廉政鉴定制度等10余项关于党风廉政建设的制度。

2001年12月，监察局与纪委合署后，加大廉政制度建设力度，制订《党员干部廉洁从政八项要求》，印发《关于对礼金礼券礼卡管理和处理的通知》，并在市商业银行嘉北支行开设廉政专用帐户。

全区自2002年建立并实施推行收支2条线、实行政府采购、减轻农民负担和企业负担，纠风专项治理和民主评议行风、实行乡镇财务“零户统管”、清理通信工具等措施，规范公务接待、车辆管理、通信工具管理、会议经费管理、后续教育费用管理、政府采购行为监督管理、违规处罚、廉政谈话教育程序，健全完善了领导干部承诺、经济责任审计、重大项目民主科学决策、述廉、谈话、考察任用、财务监督、党风廉政建设巡视、领导班子民主生活会、收受礼品礼金申报登记，规范了“廉政账户”管理。

2005年，制定党风廉政制度，党风廉政9不准、“首问责任”等制度以及机关工作人员6条禁令、服务承诺等规定。其中有：不准参与可能影响公正执行公务的宴请和娱乐活动；不准在公务活动和对外交往中收受礼金、实物；不准参与任何形式的赌博和封建迷信活动；不准利用职权谋取私利、索要管理与服务对象的钱物；不准借用公款为个人或亲属从事营利性活动；不准收取回扣、中介费、好处费；未经批准不准在各类经济实体中兼职。

2008年，区政府出台区公务接待工作以及镇、街道与部门公务接待费使用管理和规范公务员津贴、补贴等制度和规定。

其后，区人民政府又作出干部廉洁自律6条规定，进一步完善廉政制度，切实加强了党的组织对党员、干部实行有效的管理和监督，促进了党风廉政建设向更好的方向发展。

作风建设

2003年，区监察局、区纪委组织开展机关作风评议活动，从部门履行职能、办事效率、联系基层、工作作风、服务态度、廉洁自律6个方面进行评议。同年，又推出公开选拔领导干部和公务员、事业单位工作人员招聘工作，把好选拔任用党风廉政建设"一票否决"关，出台《关于落实干部提拔任用党风廉政"一票否决制"规定的实施办法》，召开全区党风廉政建设大会，签订党风廉政责任书。按照谁主管、谁负责的原则，落实好各项廉政工作。

2004年，区政府出台《关于深化收支两条线改革进一步加强财政管理的通知》《关于进一步规范组织各种出区参观学习考察活动的通知》《关于加强公务车辆配备管理的通知》及区纪委、监察局关于《纪检监察机关对领导干部实行谈话诫勉制度的规定（试行）的通知》《规范机关工作人员为民服务各项制度的实施办法》。同时，区委、区政府每年印发《党风廉政建设和惩防体系构建工作组织领导与责任分工》，做到党风廉政建设和反腐败工作层层负责。

第五节　效能建设

行政集中审批

针对原有审批地点分散，审批科室、环节比较多，审批效率不高，审批透明度低的现状，按照"精简效能、依法调整、集中办理"的原则，全面推进行政审批职能归并"两集中、两到位"工作。2000年11月28日，区成立行政审批中心。各行政审批部门通过向窗口人员直接授权，实现窗口受理、审批、办理"一条龙"服务，推行简单事项直接办理制、一般事项一审一核制、重大事项联审会办制。同时，建立行政审批电子监察系统，对行政审批事项实行全程监察，推进阳光审批，自觉接受监督。各窗口单位推行即时办结制、限时办结制、跟踪服务等措施，实现行政审批提速提效。

动行机制

2003年3月，区政府成立区效能建设工作领导小组，办公室设在区纪委，负责全区机关效能建设的组织、协调和监督检查工作。成员由区纪委、政府办等九部门组成，各镇、街道、区级机关各部门成立相应组织。各部门（单位）形成"一把手"负总责、分管领导具体负责、纪检组织监督检查、职能科室具体落实、干部职工积极参与的工作机制。

效能办陆续出台以首问责任制、便民服务值班岗制、工作日记制等8项制度为主要内容的《规范机关工作人员为民服务各项制度》，强化日常行为规范；以后又出台机关效能建设考核办法，采取平时考核、民主测评与年度考核相结合的方式，加强效能考核力度。同时，建立"效能示范岗"平台创建工作机制，区、镇（街道）、村（社区）三级服务平台建设，机关"服务品牌"创建，"服务民生满意站所（办事窗口）"创建，行政处罚公众参与机制建设，新市镇执法监察机制建设，提升机关、行业、单位、干部的服务水平和服务效率，解决基层、企业和群众的生产生活问题。

2005年后，不断强化效能建设考核办法，组织"两代表一委员"，特邀行政监察员，效能建设监督员，企业、基层代表等，对机关服务基层、服务企业、服务群众等情况进行测评，了解效能建设实际情况。

2007年后，开展"服务民生满意站所（办事窗口）"创建工作，市直南湖各分局、区级机关各部门、镇（街道）120余个基层站所参加创建，至2010年年底，全区各镇、街道均建立便民服务中心，95个村、社区实现便民服务中心建设全覆盖，提高了区、镇（街道）、村（社区）三级便民服务中心规范化、标准化、信息化建设水平。

2008年7月，出台《南湖区影响机关工作效能行为责任追究办法(试行)》。2009年8月，出台《机关效能监察投诉处理办法》，严肃查处违反效能建设规定的行为，追究相关人员的责任。2009年9月，出台《南湖区规范公务用车管理工作实施意见(试行)》，加强车改后机关效能建设，提高工作效率。

2010年5月，效能办推出“公众评审平台”新举措。针对行政处罚自由裁量权大、透明度低、风险高、执行难等现状，在行政处罚自由裁量权相对集中的环境保护、城管执法、食品药监、安全生产等部门，引入行政处罚公众参与机制。通过公众评审，有效压缩行政机关自由裁量空间，增加行政处罚的透明度，缓解处罚者与被处罚者之间的矛盾，提高了执法效能，促进了廉政建设。同月，还出台《南湖区行风热线工作制度》，坚持“不定时间、不定路线、不定单位、不定内容”的明查暗访、定点督查、交叉督查相结合，及时发现和纠正行业不正之风和违反效能建设的行为。

2007—2010年，先后开展效能明查暗访40多次，被检查单位500多个(次)，受理效能投诉97件，办结97件，效能追责121人，发出效能通报20多期，做到“事事有回音，件件有着落”，解决了一批群众反映强烈的热点和难点问题。

第六章　对外交往

建区后，区政府没有外事机构，外事工作由区政府办公室承担。2004年12月10日，成立区人民政府外事办公室，作为区政府外事工作的职能部门，配合区政府，全方位、多渠道、宽领域地开展对外交往。

1984年后，随着国家对外经济贸易日益发展，对外政策和企业经营权益放开，外商外资引进，对外交往日益频繁。20世纪90年代初，政府努力发展外向型经济，抓外向引外资，抓外贸兴外经，国际间交流渐趋增多。

2000年后，经济社会发展和城市影响力扩大，对外经济贸易发展速度加快，国际交流渠道、交流领域不断延伸和拓展，从企业界发展到文化教育界和政府间和民众之间交流。国际友人和侨胞、港澳台同胞来访增多，区与省内外各城区经济文化交流日趋频繁，包括缔约友好城区、政府间访问，校际之间访问等。自1987年开始至2009年，与国内缔结友好城区8个；2000—2010年，与国外缔约友好城区4个，国际友人来访团60多个，计20多个国家2000多人次。

通过扩大对外宣传、开展外向型招商引资、加强国际交流合作、实施对国外人才等市场资源的配置利用，促进经济建设和社会发展。从2008年开始，对有贡献的外籍友人授予“南湖区荣誉市民”称号，有27人获该称号。

第一节　外事工作

接待外宾

1986年6月8—9日，巴西巴拉那州友好代表团参观南湖乡真如村农户和石油溶剂厂。同年7月15日，巴基斯坦穆斯林代表团参观清真寺及开展宗教活动。

2002年3月，美国共产党主席塞缪尔·李奥纳多·韦伯一行4人参观访问中共“一大”南湖会址。2003年10月12日，来自美国、英国、澳大利亚、法国、德国等16个国家的32家媒体记者进行为期一周的“连线浙江”中外媒体采访活动，实地采点南湖风景区。

2004年5月15日，韩国大邱市达成郡郡守朴庆镐率领考察团一行8人考察访问城区建设。同年10月19日，世界华人工商联合会会长李农合博士一行来访，考察区农业工作。同年11月13日，法国红磨坊设计师一行考察访问秀城新区国际中港城娱乐城设计、运营等情况。

2005年1月17日，乌克兰国家科学院专家来访。同年3月24日，日本京都产业大学ORC中国经济研究项目组一行考察秀城(亚太)园区和敏惠有限公司、滕王服饰有限公司。9月12日，澳大利亚新南威尔士州卧龙岗市市长阿莱克斯·达林率该市相关政府人员到访。2007年中秋佳节，英国普利茅斯市教育代表团、墨西哥瓜纳华多州州政府代表团、美国塔科商学院代表团、德国哈勒市政府等多个国家地区的代表团来访。

2006年2月17日，南湖区与澳大利亚新南威尔士州卧龙岗市举行建立友好交流和经济合作备忘录签字仪式

2009年8月，南湖区参与“郁金香岸杯”国际男子网球巡回赛，此次比赛共接待来自美国、澳大利亚、日本、韩国等国家的职业网球运动手约100人。2010年5月21日，南湖区开展上海世博会“嘉兴友谊日活动”。接待来自五大洲国家和国际组织的近50名政府官员、参展代表。他们走进普通嘉兴市民家庭，看越剧、吃粽子、学做端午香囊、下象棋、学书法、欣赏剪纸，体验江南水乡普通居民的生活。

自2003年始，每年“南湖之春”文化经贸活动吸引众多外商以及友好城市代表团参加，在热情接待好外宾的同时，也为全区签订了外资项目67个，签约金额15.9亿美元。

2006—2010年南湖区接待部分国际友人到访情况表

表13-8

到访时间	到访国家	主要内容
2006.2.13	澳大利亚新南威尔士州谢尔哈伯市副市长密歇尔克瑞格	考察访问
2006.3.11	美国金马公司总裁 Aric Rusk	访问，并聘请其为区经济发展顾问
2006.4.11	英国普利茅斯市优秀教师代表团	访问学校
2006.8.8	美国国会、疾病预防与控制中心考察团	考察余新镇中美预防出生缺陷和残疾合作项目开展情况
2006.9.29	莫斯科中俄友谊科技园总裁尼·弗·阿尔扎马斯采夫	签订《嘉兴科技城与俄罗斯中俄友谊科技园合作备忘录》
2006.11.6	澳大利亚伊拉瓦拉地区经济发展局局长彼得·毕得森率卧龙港市贸易商务考察团	参观考察
2006.11.14	韩国全罗南道和顺教育厅教育长林福姬率教育代表团	考察访问
2006.11.17	俄罗斯各大科研机构和院校专家	科技交流活动
2006.11.29	墨西哥瓜那华多州州长代表、联邦内陆海关管理局局长阿塞维多一行	参观访问
2007.7.18	美国德州众议员查理霍华德一行	考察嘉兴科技城和嘉兴工业园区
2007.10.10	澳大利亚新南威尔州卧龙岗市市长阿莱克斯·达林率贸易商务考察团	商务考察
2008.1.18	美国SL公司首席执行官吉姆·泰勒、嘉兴晟仁电子有限公司总经理周浩森一行	参观考察嘉兴工业园区
2008.2.22	印尼管理与投资公司董事长 Zafar D. idham 率领的印尼投资考察团	参观考察嘉兴工业园区基础设施情况
2008.3.16	中英科技创新计划（ICUK）中国代表来访	商谈技术项目对接与合作
2008.4.7	美国波士顿“美中校际交流组织主席”Henderson 和“全美学校亚洲事务委员会”主席 Mason	访问吉水中学

续表13-8

到访时间	到访国家	主要内容
2008.4.22	韩国庆北科技院	与嘉兴科技城签订合作备忘录
2008.7.9	西班牙IPAGSA公司一行	访问嘉兴工业园区
2008.8.22	马来西亚环球集团有限公司独资子公司——环球百货集团有限公司	正式签约入驻国际中港城
2008.9.23	澳大利亚卡罗琳学院Michael Quin校长率教师代表团	与嘉兴二十一世纪外国语学校教学交流
2008.9.25	美国、加拿大、日本等国家和地区的53名海外高层次人才带着高新技术项目齐聚嘉兴	考察南湖新区、嘉兴工业园区、嘉兴科技城等
2008.10.14	美国阿罕布拉市市长沈时康	访问南湖国际实验学校、北师大南湖附中
2008.10.16	日本富士市市民友好之翼代表团	参观访问嘉兴实验小学
2008.10.19	加拿大温哥华教育局国际教育课程统筹梁洁娴与加拿大国际教育中心总裁和副总裁	访问南湖国际实验学校
2008.12.10	美国工程院院士、美国康奈尔大学前副校长Norman R Scott	参观浙江绿嘉园牧业有限公司和富兴畜禽有限公司的沼气工程建设
2009.6.15	法国利马格兰	考察新农村建设
2009.6.30	韩国大邱郡	考察旅游服务行业
2009.9.20	日本早稻田大学、一桥大学、国立环境研究所、东京经济大学环保专家考察团	考察浙江中法农业科技公司屠宰废水综合生态利用项目
2010.5.24	美国印第安纳州瓦尔普莱市	考察城乡一体化建设方面先进理念
2010.5.28	美国印第安纳州瓦尔普莱索大学室内管弦乐团	访问演出
2010.9.16	新西兰瓦卡回亚毛利艺术团为期两天的访问	凌公塘文化主题公园合唱表演
2010.9.29—30	国际多媒体协会联盟代表团一行6人	考察嘉兴市创意产业及多媒体产业发展
2010.10	意大利蒂沃利市前副市长佩切尼·安佐率领的意大利蒂沃利市代表团一行3人	友好访问
2010.10.18	日本岐阜市	考察高科技园区

出国访问

2004年4月9—20日，区委书记赵树梅一行前往日本、韩国举行经贸洽谈会。同年4月22日—5月2日，副区长柴伟龙到日本、韩国开展农业招商活动。同年5月20日—6月1日，区长魏建明、副区长朱全根到加拿大考察经贸和招商引资。2005年3月9—24日，区委书记赵树梅率团赴美国、加拿大进行经贸考察活动。同年6月20—28日，区长魏建明率区考察团赴新加坡考察学习。2007年1月，区人大常委会副主任率团赴达城郡进行友好访问。

2010年5月4—12日，区政协主席张亚平率市实验小学红蜻蜓合唱团一行24人，代表南湖区前往德国哈勒市参加第三十一届“国际儿童合唱节”的活动，双方在文化层面进行广泛交流。同年10月8—19日，区委书记魏建明率区党政代表团一行5人，对意大利蒂沃利市进行友好访问。代表团一行实地考察了该市的市政建设与管理。

学校对外交流

2002年后，区内各中小学校开展国际间友好交流。截至2010年年末，共有25对校际间的结对学校。

2002—2010年国际交往部分学校到访情况表

表13-9

到访时间	到访国家	主要内容
2002.4.18	韩国全罗南道和顺初等学校一行8人	访问辅成小学
2004.1.1	韩国全罗南道万渊小学一行4人	访问光明小学
2005.1.1—21	韩国启星初等学校访问团	考察辅成小学
2006.4.11	英国普利茅斯市优秀教师代表团	考察秀城实验教育集团学校
2006.5.8	韩国全罗南道和顺初等学校12人	访问辅成小学北校区
2006.11.11	韩国全罗南道万渊小学6名师生	访问光明小学
2007.12.4	英国普利茅斯市两名科技教师	访问嘉兴市第一幼儿园
2007.12.5	英国普利茅斯市教育专家	访问秀城实验教育集团与行知小学
2008.4.7	美国印第安纳州布里奇波特小学	考察秀城实验教育集团学校
2008.5.6	韩国和顺教育厅、和顺中学校教育代表团一行	参观访问辅成教育集团
2008.5.6	韩国全罗南道万渊小学8人	考察秀城实验教育集团学校
2008.5.10	韩国和顺教育厅、和顺中学校教育代表团13人	访问清河中学
2008.5.17	意大利普拉托省华人华侨联谊会常务副会长、中文学校校长陈洪生先生	考察钧儒小学
2008.5.19	英国普利茅斯市中小学校长代表团一行10人	访问行知小学、南湖国际实验学校等6所结对学校
2008.5.24	韩国全罗南道和顺初等学校9人	访问辅成小学北校区交流教育体制
2008.10.13	美国“全球印第安纳”教育项目代表团	访问秀城实验教育集团
2008.10.28	英国普利茅斯市	访问市第一幼儿园
2009.10.15	美国印第安纳州	访问秀城实验教育集团
2009.11.23	澳大利亚Illawarra Grammar School	访问北师大南湖附属学校
2010.5.25	韩国全罗南道和顺初等学校11人	访问清河中学等校区
2010.10.25	英国普利茅斯市9人	访问清河中学、市实验小学等6校

2006—2010年部分学校出国校际交流情况表

表13-10

出访时间	出访学校	出访人数	到访国家学校
2006.1	光明小学	5	韩国全罗南道万渊小学
2007.10.12—16	辅成教育集团辅成小学北校区	8	韩国全罗南道和顺初等学校
2008.1	清河中学	7	韩国全罗南道和顺中学校
2008.1.3—7	光明小学	6	韩国全罗南道万渊小学
2009.5	清河中学	9	韩国全罗南道和顺中学校
2009.5.2—28	光明小学	8	韩国全罗南道万渊小学
2009.8.22—27	秀城实验教育集团	2	美国印第安纳州
2009.10.9—13	辅成教育集团辅成小学北校区	8	韩国全罗南道和顺初等学校
2009.10.12—16	市实验小学	1	英国普利茅斯市

续表 13-10

出访时间	出访学校	出访人数	到访国家学校
2009.10.19—25	市第一幼儿园	1	英国普利茅斯市
2010.3.8—13	秀城实验教育集团	1	英国普利茅斯市古修道院小学等学校

第二节　侨务　港澳台事务

实行对外开放后，华侨、港澳同胞、台湾同胞和外籍华人回国探亲访友、洽谈商务，进行科学、技术、文化交流、旅游观光者日增。

1985年6月29日，美籍华人、世界著名数学家陈省身偕夫人郑士宁访问母校秀州中学。1987年11月2日，台湾当局开放民众赴大陆探亲政策，随后陆续有台湾同胞到大陆探亲并投资办实业。1988年4月，台湾同胞沈忠华来访，1992年10月10日，再次来访的沈忠华在嘉兴沙龙国际宾馆签订为家乡投资20万美元建设协议书，在原余新长秦纸品厂的基础上合资组建嘉兴大华包装有限公司。

1988—2010年台湾、港澳同胞到访情况表

表 13-11

到访时间	到访者	主要活动内容与成果
1988.4	台胞沈忠华	到访
1992.10.10	台胞沈忠华	再次来访。在嘉兴沙龙国际宾馆签订为家乡投资20万美元建设协议书，在原余新长秦纸品厂的基础上合资组建嘉兴大华包装有限公司
1994.6	台湾科汉企业	考察区化工业，并于2003年4月在区签约购地建厂，2004年7月成立嘉兴科隆化工有限公司
1995	台胞“台北嘉兴同乡会”杨咏皋夫妇	设立杨咏皋夫妇教育基金会，每年奖励35名优秀中小学教师，年人均500元。2000年，区域调整后奖项面向南湖区，到2007年结束，全区37名教师获得奖励
1997.9.26	台湾福炬股份有限公司毛健卿、袁祖忻、高爱童、张福荣、温雄京一行	考察投资环境，在余新镇金星村征地43亩，成立福茂塑料金属制品（嘉兴）有限公司
2000.5.6	台胞王滨	访问三水湾中学，拜访当年上海复旦大学校友现任校长徐洪潮，决定每年向三水湾中学捐款1500美元，设立校园亲情奖，每年颁给10名教师和20名学生
2002.5	台胞王滨	出席三水湾中学首届校园亲情奖颁奖仪式
2002.11	台胞张益彰、李建达、吕玄卿	探访嘉兴寻找设厂用地。12月，在新嘉工业园区投资成立嘉兴正麒高新面料复合有限公司
2003.6.19	台湾敏实集团董事长秦荣华一行	考察亚太工业园区，于7月签订投资协议，设立嘉兴敏惠汽车零部件有限公司
2005.5.10	台胞陆廷贤的义女凌浮生和义女婿沈国桢（陆廷贤曾任嘉兴集贤小学校长）	访问嘉兴市实验小学，带来台湾亲民党主席宋楚瑜先生为学校的题词：“十年树木，百年树人。嘉猷式焕，兴校乐群”以及在实验小学设立教育奖励基地的意愿

续表13-11

到访时间	到访者	主要活动内容与成果
2005.9	台胞陆廷贤的义女凌浮生和义女婿沈国桢	捐赠10万元人民币，从2006年起在市实验小学设立“陆廷贤园丁奖”，每年提取6000元用于奖励实验小学的优秀教师
2005.9.28	台胞王滨	拜访当年就读的嘉兴市实验小学
2006.5.9	台胞陆廷贤的义女凌浮生和义女婿沈国桢	到凤桥镇石佛寺为期20天访问，拜祭义父王梓良与义母陆廷贤，捐赠署名“净空”的《嘉兴抗日战争纪事》史料
2006.10.10	香港嘉兴同乡会会长周利春率代表团一行	参观考察
2008.6	台胞何鸿鹏、姚声明	商业项目洽谈。投资成立浙江欧嘉投资管理有限公司
2008.9	台湾苗栗代表团、新竹县农业发展协进会、桃园代表团、台湾中华农业交流协会共65名台商	参加2008金秋南湖现代农业投资合作洽谈会。长三角现代农业总部基地、生活休闲主题园这两个现代农业大型项目正式签约，总投资额5.8亿元
2009.3.16—17	台湾嘉义县访问团	参观考察余新农庄村新农村建设和敏惠公司建设发展状况
2009.4.28	台湾翰林科技公司董事长助理麦克等	参观嘉兴工业园区、嘉兴科技城以及天通控股股份有限公司
2009.5.29—30	福建漳浦县台商协会18名台商，台胞董育群、陈韦廷等	参加第七届“南湖之春”文化经贸活动
2009.6.29	台胞蔡敬文	考察余新镇投资环境，并在余新镇征地38亩，成立康美舒国际股份有限公司
2009.8.3	台胞巴大文等	考察投资环境
2009.12.17	台胞丁广鋐、巴大文等	与区政府签订合作意向书
2010.3.5	台胞丁广鋐、巴大文等	与区国有资产投资有限公司签订投资项目意向书
2010.8.26	台湾海基会副董事长兼秘书长高孔廉一行及海基会大陆华东台商访问团	考察嘉兴敏惠汽车零部件有限公司(敏实集团)
2010.10	台湾高雄县代表团10人	参加主题为“情牵两岸同胞、共建和谐邻里”的2010年南湖区“两岸邻里节”活动

第三节　国内交流与合作

国内来访

随着改革开放的不断深入，经济建设日益发展，区与省内外城区交往日益频繁。省内外城区组团来区交流访问日益增多。2000年前已有少量省内外组团到访，当时未作纪录，无法查考。2000年后，省内外组团到访由区政府办公室和机关事务管理局作部分记载。2008年后，省内外城区组团到访逐渐增多，每年组团达到30个以上。

2000—2010年南湖区接待部分省内外区(县、市)组团到访情况表

表13-12

到访时间	到访地区	到访主要活动内容
2000.9.4	绍兴市越城区	考察交流
2004.8.6	广西柳州市柳北区	考察招商引资工作
2006.4.1	成都市	考察城乡一体化与新农村建设
2008.3.13	江西赣州市章贡区	考察96345社区服务求助中心
2008.3.13.	广西柳州市柳南区	学习工业园区建设方面的先进经验
2008.3.14	长兴县	考察浙江清华长三角研究院和中科院嘉兴应用技术与转化中心
2008.5.13	乌鲁木齐市新市区	学习农村经济发展方面的经验
2008.5.14	江苏扬州市广陵区	学习古城保护、城市建设与管理等的经验
2008.5.20	云南红河州元阳县	余新明星农村新社区
2008.5.23	绍兴市越城区	学习外来人员服务管理模式
2008.5.28	江苏无锡市锡山区	学习科技创新和载体建设方面的经验
2008.6.18	广西柳州市柳南区	学习有关城乡一体化及土地流转经验
2008.7.31	江苏常州市	考察嘉兴科技城
2008.10.7	舟山市	考察浙江清华长三角研究院和中科院嘉兴应用技术与转化中心
2008.10.9	天津市东丽区	学习城市建设与管理经验的做法
2008.10.27	金华市婺城区	学习城市建设与管理经验的做法
2008.10.29	江苏无锡市惠山区	学习“两分两换”方面的经验
2008.11.3	辽宁辽阳市文圣区	学习农村土地流转工作及城中村改造
2008.11.12	平阳县	学习工业转型升级做法
2008.12.2	丽水市莲都区	学习统筹城乡发展有关方面的经验
2008.12.16	安徽巢湖市居巢区	学习工业园区建设方面的先进经验
2008.12.21	安徽铜陵市狮子山区	学习考察行政中心建设及管理经验
2009.2.25	东阳市	学习考察城管执法协同保障机制
2009.2.29	德清县	学习工业园区建设方面的先进经验
2009.3.6	安徽马鞍山市	学习老城区开发与管理等方面的经验
2009.3.16	台湾嘉义县	学习考察新农村建设
2009.3.20	江苏海安县	学习农村土地“两分两换”工作经验
2009.3.26	广东佛山市禅城区	学习统筹城乡发展工作经验
2009.4.1	广东佛山市三水区	学习统筹城乡发展工作经验
2009.4.12	上海浦东新区	考察浙江清华长三角研究院、闻泰集团有限公司、中科院嘉兴中心等地
2009.4.22	广东佛山市南海区	学习统筹城乡发展工作经验
2009.4.23	广东佛山市高明区	学习统筹城乡发展工作经验
2009.5.9	重庆市涪陵区	考察富兴畜禽污染零排放
2009.6.23	湖北襄樊市襄阳区	学习考察集体土地流转管理
2009.6.26	云南富宁县	爱国主义教育交流活动
2009.6.29	安徽黄山市黄山区	学习扩权强镇方面工作

续表13-12

到访时间	到访地区	到访主要活动内容
2009.7.1	德清县	学习考察畜禽养殖污染治理工作
2009.7.15	四川广元市元坝区	对口帮扶工作
2009.7.16	安吉县	考察社区服务救助中心建设发展情况
2009.7.22	杭州市江干区	学习推动产业转型结构调整的先进经验
2009.8.6	安徽芜湖市南陵县	学习“两分两换”工作经验
2009.8.6	广西柳州市柳北区	学习考察科技园区投融资平台建设经验
2009.8.26	象山县	学习考察农村住房制度改革和住房集中改建工作
2009.9.1	江苏苏州市	考察七星镇江南新家园“两分两换”和农房建设工作
2009.9.2	辽宁省庄河市	学习创卫工作经验
2009.9.3	杭州市	考察七星镇“两分两换”工作
2009.9.19	温州市	考察湘家荡“两分两换”工作
2009.10.12	上海徐汇区	考察浙江东方地质博物馆
2009.10.13	平阳县	学习考察科技园区投融资平台建设经验
2009.10.21	温岭市	学习考察农村住房改造建设经验
2009.10.27	上海市	考察湘家荡“两分两换”工作
2009.11.6	河北隆化县	学习考察城市建设发展方面经验
2009.11.12	云南富宁县	学习经济社会发展经验
2009.11.13	陕西杨陵区	学习考察新农村建设发展方面经验
2009.11.18	江苏姜堰市	学习软件产业建设经验
2009.11.19	绍兴市越城区	学习考察新农村建设、城市管理方面经验
2009.11.24	湖州市吴兴区	学习科技创新工作的经验做法
2009.11.30	湖南偃师市	学习考察农村土地流转工作方面的经验
2009.12.1	广西南宁市兴宁区	学习考察“城乡一体化”建设方面的经验
2009.12.9	浙江永康市	考察大桥城镇实验示范区
2009.12.17	山东新泰市	学习贯彻落实科学发展观方面的经验
2010.1.27	海南三亚市	考察大桥镇、余新镇城乡统筹发展情况
2010.3.2	江苏张家港市	学习城乡统筹、“两分两换”工作的经验
2010.3.4	安徽蚌埠市淮上区	学习“两分两换”土地流转做法
2010.3.9	江山县	学习城乡统筹、“两分两换”工作的经验
2010.3.11	象山县	学习考察乡村医生管理方面的经验
2010.3.15	辽宁灯塔市	学习考察现代新城镇建设方面的经验
2010.3.31	江苏扬州市邗江区	学习农民集中居住区建设的经验做法
2010.4.2	河南郑州市上街区	学习新农村建设方面的经验
2010.4.2	辽宁大石桥市	学习新农村建设方面的经验
2010.4.8	江苏镇江新区	学习统筹城乡发展综合配套改革经验
2010.4.18	安徽芜湖市弋江区	学习考察城市立面改选工作的经验
2010.4.22	长沙高新技术产业开发区	学习考察城乡一体化建设方面先进理念

续表13-12

到访时间	到访地区	到访主要活动内容
2010.4.27	河南新乡市平原新区	学习“两分两换”城乡统筹发展方面经验
2010.5.6	四川成都市金牛区	学习考察电子商务发展方面的经验
2010.5.9	舟山市普陀区	学习创建国家卫生城市长效机制经验
2010.5.18	东阳市	学习科技孵化器建设的经验
2010.5.20	江山市	学习推进新型城市化工作方面的经验
2010.7.4	江苏姜堰市	学习考察科技服务业发展的经验
2010.7.22	温州市鹿城区	学习考察农村社区建设方面的工作经验
2010.7.22	新疆维吾尔自治区沙雅县	学习城市规划发展方面的经验
2010.8.30	广西柳州市柳北区	学习考察新农村建设方面的经验
2010.9.17	云南富宁县	学习经济社会建设方面的经验
2010.9.19	贵州兴仁	学习考察投融资体系建设方面的经验
2010.9.28	江西吉安市吉川区	学习考察城乡一体化建设方面的经验
2010.10.10	台湾高雄县	“情牵两岸同胞、共建和谐邻里”活动
2010.10.21	淳安县	学习考察畜禽养殖污染治理
2010.10.26	温州市瓯海区	学习农房改造方面工作经验
2010.11.9	绍兴市越城区	学习流动人口服务管理方面的工作经验
2010.11.11	江苏常熟市	学习“两分两换”城乡一体化建设的经验
2010.11.11	宁夏回族自治区银川市	学习考察清华长三角研究院
2010.11.17	江西浔阳县	学习考察楼宇经济和总部经济
2010.11.22	仙居县	学习工业经济发展的先进经验
2010.11.22	武义县	学习科技城建设方面的先进经验
2010.11.25	余姚市	学习考察地质公园
2010.11.25	温州市鹿城区	学习考察投融资平台建设的经验
2010.12.16	舟山市普陀区	学习人才工作先进经验
2010.12.16	宁波市江东区	学习考察现代服务业发展方面的经验
2010.12.30	河南焦作市修武县	学习考察城乡一体化建设方面的经验

国内访问

1984年2月8日，区人大主任于兰带队到杭州考察城区工作开始，每年都有区领导带队组团访问，考察、学习发达地区和兄弟县（市、区）先进经验。至2010年共组团26个。

区领导率区代表团国内出访一览表

表13-13

出访时间	出访领导	出访地点	出访活动内容
1984.2.8	于兰	杭州下城区、西湖区	考察城区工作
1986.5.5	盛春观、杨有金	江苏武进、苏州、吴江	考察乡镇街道经验
1987.5.26	杨有金	绍兴越城区	考察乡镇街道经验

续表13-13

出访时间	出访领导	出访地点	出访活动内容
1987.11.26	区领导	深圳、珠海、湖南宜章县	学习开拓横向协作和发展外向型经济
1989.8.16	杨有金	江苏吴江、梅堰和黎里	学习考察加强村级服务经验
1990.11.2	杨有金	厦门	学习外向型经济和区、街经济
1991.1.22	张汉臣等	江苏扬州	学习考察社会综合治理经验
1991.11.2	徐加庭、石启铃、宋秀珍	江苏常熟、苏州	学习考察经济工作
1992.5.7	杨有金、石启铃	温州鹿城区	学习考察企业股份合作制情况
1993.8.29	区领导	绍兴县、余杭县	学习考察企业股份合作制情况
2004.2.28	朱全根	温州	招商工作与秀城·温州推介事项
2004.4.19—22	沈晓红	香港	举办三产项目招商推介会
2004.6.28—29	赵树梅、魏建明	江苏常熟、江阴	学习考察
2004.7.3—7	朱伟	云南昆明	学习考察
2004.8.27	朱伟、翁建荣	新疆乌鲁木齐	经贸洽谈会
2004.10.16—17	魏建明、朱全根	深圳市福田区	考察CEPA港澳购物城建设等方面的经验和做法
2004.11.24—28	赵树梅、魏建明	广西南宁、柳州、桂林	学习考察
2004.11.29—12.3	赵树梅、魏建明	江苏泰州、常州、无锡	学习考察
2005.11.14—17	赵树梅	桂林秀峰区	考察学习城市建设和三产发展工作
2006.12.14—17	章一川	江西南昌市东湖区	考察创卫工作
2006.11.13—24	马玉华等	台湾	教育考察访问
2007.7.8—10	魏建明	江苏无锡市锡山区、苏州市相城区、昆山市和上海市闵行区	学习考察
2007.11.12	吴海松	河北邯郸市丛台区	考察经济和社会发展情况
2010.5.6—10	吴健	香港	经贸考察访问，考察香港保华集团、大光集团、千叶园有限公司等
2010.7.14—16	魏建明等	苏州、无锡、杭州	考察城市经济和管理工作
2010.11	董苗虎	香港	参观考察香港保华集团，具体对接开港运营后税收缴纳有关事宜

第四节　友好城区缔结

自1987年开始，区人民政府与国际、国内一些市辖区缔结友好城区，欢迎国内外来宾到南湖区考察访问，建立友好合作关系，促进两地之间的对外开放，扩大横向经济合作，推动双方经济发展。至2010年年底，先后有江西省井冈山市、合肥市居巢区等国内8个区（市、县）和国外4个市（郡）结为友好城区。

国内友好城区缔约一览表

表13-14

来访城市	缔结协议时间	签约领导		友好城区简况
		南湖区	友好城区	
江西井冈山市	1987.12.27	区长杨有金	市长王晓峰	县级市，国家AAAA级风景旅游区
四川乐山市市中区	2001.11.15	区长怀一尘	区长夏玉男	乐山市的政治、经济、文化中心，有3000多年历史
安徽凤台县	2003.10.25	副区长翁建荣	县长姚多咏	位于淮河中游，全县辖7镇、12乡、1个经济开发区、264个行政村、21个社区
广西柳州市柳北区	2004.9.12	区长魏建明	区长刘芳	位于柳州市区北部，是人流、物流、信息流的集散地和工业、商业、文化中心
湖南岳阳市岳阳楼区	2007.9.14	区长董苗虎	区委书记李可波	位于洞庭之滨，全区城乡一体，共辖5乡1场、8个街道办事处
河北隆化县	2008.10.27	副区长章一川	刘振洲（代表）	位于承德市中部，七老图山脉西侧。是著名战斗英雄董存瑞英勇献身的地方
安徽合肥市居巢区	2009.1.6	区委书记魏建明、区长董苗虎、政协主席张亚平	区长余忠勇	是合肥市管辖的县级区。全区下辖12个乡镇、6个街道办事处
云南富宁县	2009.5.6	区长董苗虎	县长王毅	通往广西、广东等沿海地区重要门户，全国一类革命老区，被誉为“中国八角之乡”

国外友好城区缔约一览表

表13-15

友好城区	缔结协议时间	南湖区签约领导	友好城区简况
韩国达城郡	2004.4.17	区委书记赵树梅	大邱市的母胎城市，大邱西南部交通要地，四季观光的旅游城市
澳大利亚新南威尔士州卧龙岗市	2005.9.12	区长魏建明	位于新南威尔士州东海岸，是一座工业城
美国高点市	2006.3.8	区长魏建明	是专门以家具展览为主要商业活动的城市，全球三大国际家具博览会之一
意大利蒂沃利市	2010.5.23	区长董苗虎	被誉为“世界最迷人十大花园之一”

第七章　信访工作

第一节　信访机构

建区后，成立信访办公室。1988年1月，城区重建信访办，确认副科级，归属区委办公室，配备2~4名专职信访干部。1994年11月，信访办与市合署办公。2000年11月，建区人民政府信访局。2002年，各镇、街道建立综治司法信访联动中心，各镇、街道配备信访员。2006年起，区委组织部给各镇、街道配备科级专职信访员，各镇、街道建立信访办，配备1名专职信访干部，建立区、镇（街道）、村（社区）三级专职或兼职信访信息员队伍，区级机关各部门也配备了专（兼）职信访员。

2007年，区级安装全国信访信息系统，实现与国家、省、市信访信息的共享。2010年起，开展基层信访“五个一”工程建设，全区11个镇、街道达到“五个一”标准，即具备一个完善的信访工作组织网络、一支健全的信访员队伍、一套完整的信访工作机制、一个固定的办公场所、一笔专项信访工作经费。信访调解员、信访信息员（联络员）队伍延伸至社区、企业、居民小区，形成“信访、综治、司法”互动的“三位一体”大信访格局。

2008年7月开始，由区委组织部从全区机关干部中选调2名年轻干部到区信访局任局长助理，充实信访局工作力量，至2010年，到区信访局挂职的局长助理7名。至2010年，全区有专职信访干部11名，兼职信访干部40余名，各类信访调解员、信访信息员（联络员）近百名。

第二节　信访工作制度

建区后建立党政领导接待日、信访办公会议制度。1985年后，历届政府都建立政府主要领导为组长，区政府办、区委办等有关部门负责人任成员的信访领导小组。

2000年后，区委、区政府建立区党政领导阅批群众来信、区信访案件领导包案、区信访工作首问责任等信访工作制度。每年年初区委、区政府与各镇街道、区级机关重点部门签订信访工作责任书。2008年后，对这些制度进行了规范。

2000年建立信访局以后，建立领导接待日制度。每月15日，由区4套班子领导到市信访局和区信访局接待来访群众，同时实施由政法委牵头的“四长”（由法院、检察院、公安局、司法局有关领导组成）联合接待群众来访制度，并于每年开展一次区领导下访、约访活动。2007年，开展“两代表一委员”定期接待群众工作制。同年7月27日，浙江省政协主席周国富、副省长茅临生率省级有关部门领导到区开展联合下访接待群众活动，“零距离”倾听群众呼声，真心解决信访事项。

2008年9月、2009年3月，分别在农村和城市开始全面推开“六六群众工作制”。以600名联户干部联系农村600个中心户、66名联系干部联络600名城市社区服务员的模式，促使领导干部转变作风，深入基层联系群众，在党委政府与人民群众之间搭建起新的桥梁。

2009年，建立区级领导干部值班处理基层群众反映问题工作制度，每日安排一名区级领导干部值班，作为“总责任人”，负责处理当日“六六群众工作制”工作中群众反映的问题和重大信访问题，并视情况直接协调处理或批示转办。

2010年，全面推行信访工作“三三工作法”，在接访中做到“三问清”、经办中做到“三见面”、办理中做到“三到位”，规范信访接待办理秩序。试行实施越级上访告知制度。对越级来区上访的群众出具越级上访告知单，告知上访群众先到所在镇、街道反映问题。

2010年，探索建立南湖区“六六群众工作制“网格化管理、组团式服务工作，努力构建具有南湖特色的社会管理服务新体系。同年4月，拟定《南湖区六六群众工作制“网格化管理、组团式服务”实施方案》，确定新丰镇和解放街道作为试点镇（街道），实施“网格化管理 组团式服务”工作。12月，全区全面推进“网格化管理 组团式服务”工作。

第三节 重点信访问题处理

1985—2000年，群众反映的主要信访问题有在农村围绕宅基地、土地承包、农村产业结构调整中的纠纷；城市管理中的市容市貌、无证设摊、马路市场管理引发的信访问题；企业转制下岗职工要求再就业、要求"两保"（养老保险和医疗保险）、落实退休职工待遇引发的信访问题。

2000—2010年，全区共受理群众信访件7792批次33213人次。群众反映的主要信访问题涉及城乡建设、国土资源、生活福利、劳动保障、城镇管理、治安管理、环境污染、涉法涉诉、文教卫生、交通安全、农林水利等一系列民生问题。

2004年信访案件有增加，主要是因"两分两换"，拆迁安置、土地征用等引发的信访逐渐增多。到2006年信访量又开始下降，主要是很多群众关注的热点、难点，特别是劳资纠纷和社会保障类信访明显下降。

2006年后，开展集中处理"四访"（即重访、缠访、无理访、异常访）问题专项活动。2006年全区共处理"四访"14件，其中区督办件10件，各镇、街道和部门处理4件。对已办理终结的"四访"件，按照规定程序，一事一件制作完整的档案，逐级上报。

2006年4月5日，经区政府第24次常务会议通过，区政府印发《南湖区信访事项终结办法》和《南湖区信访事项复查（复核）工作规程（试行）》两个文件，就如何办理信访事项的复查（复核）以及确定其终结作出明确统一的规定。

同年5月，成立区信访事项复查复核小组，启用复查复核专用章。以后陆续制定完善《南湖区处理群众来信工作暂行办法》《南湖区处理群众来访工作暂行办法》和《南湖区处理群众信访督查工作暂行办法》。

2007年后，开展重复信治理、积案化解等活动，针对去省赴京重信重访问题，按照上级统一部署，以上访老户、重信重访、解决难度大的信访事项，以及赴京非正常上访的重复访为重点，妥善处理重信重访问题，促使一些长期积累的疑难信访问题得以解决。

2008年后，完善信访联合排查、调处和处置机制。各镇、街道及区级机关有关部门坚持条块结合，每月至少进行一次排查，对排查和化解情况，建立台账，报区信访局，区信访局每月编辑《南湖区信访不稳定因素情况》，报区委、区政府主要领导和分管领导批阅。

2009年3月，建立群众反映问题来信快速应对解决绿色通道，精心设计"六六群众工作制"，群众来信专用信封、信笺纸，凡是基层群众用"六六群众工作制"专用信封反映问题的，群众不用交付邮费，直接将信件寄给领导或部门，一般信件15天办结，疑难信件不超过1个月。区信访局被省信访局命名为"文明接待室"。同年，实施"三联单"制度，各镇（街道）、区信访局和区级机关责任部门对受理的来访件都按照"三联单"的要求一式三份填写办理，充分落实首办责任。

2010年，从建立健全基层信访工作组织网络、配齐配强基层信访工作队伍、建立完善基层信访工作机制、落实固定办公场所、落实信访工作经费等着手，全面推进"五个一"工程建设，真正将组织网络延伸到村（社区），形成区、镇（街道）、村（社区）三级联动的基层信访工作网络和工作机制。同年建立百名平安信息员队伍，从600户农村中心户和600名社区服务员中选出100名平安信息员，充分发挥他们熟悉所在社区、场所、行业、单位情况的优势，关注身边的社情民意，收集并及时报告各类不稳定因素和苗头信息。

2001—2010年南湖区来信来访情况表

表13-16

年份	来信		同比		来访		同比		合计		同比	
	批次	人次	批次	人次	批次	人次	批次	人次	批次	人次	批次	人次
2001	246	1739	—	—	242	622	—	—	488	2361	—	—
2002	201	1355	-18%	-22%	300	742	24%	19%	501	2097	3%	-11%
2003	206	1375	2%	1%	405	1023	35%	38%	611	2398	22%	14%
2004	311	2164	51%	57%	577	2129	42%	108%	888	4293	45%	79%
2005	373	3468	20%	60%	619	2121	7%	-0.3%	992	5589	12%	30%
2006	297	1554	-20%	-55%	490	1395	-21%	-34%	787	2949	-21%	-47%
2007	258	1044	-13%	-33%	495	1462	1%	5%	753	2506	-4%	-15%
2008	282	1283	9%	23%	568	1833	15%	25%	850	3116	13%	24%
2009	267	1846	-5%	44%	535	1499	-6%	-18%	802	3345	-6%	7%
2010	189	1490	-29%	-19%	507	1479	-5%	-1%	696	2969	-13%	-11%

注:2000年7月区按实运作,信访数据从2000年11月开始统计,2000年11—12月数据计入2001年内

第四节　机关事务管理

机构

建区后机关事务由区政府办公室管理,内设行政科,1989年为副科级。1994年11月市和秀城区合署办公,行政科并入市机关事务管理局。

2000年10月成立秀城区机关事务服务中心,副科级全民事业单位。核定编制5名,区政府办公室管理,核定机关工勤服务专项编制24名。2004年4月更名为秀城区机关事务管理局,11月确定为科级。2007年8月,设办公室、综合管理科、后勤服务科。2010年9月,将区机关事务管理局调整为承担行政职能事业单位。

机关行政管理

机关事务管理局主要职责是研究制订区级机关事务管理工作规划和规章制度,组织实施负责区行政中心卫生保洁、餐厅管理、设施维修、安全保卫等日常管理工作。负责管理区行政中心基本建设项目,组织、参与机关基本建设项目的建设管理;负责全区重大会议和全区性重大活动的后勤保障及服务工作;区委、区政府重要来宾的接待服务工作;以及授权范围内政府采购的集中采购等。

建区时,机关行政大院在勤俭路611号。1994年11月市和秀城区合署办公,行政大院等所有区机关物资财产以及各项事务由市机关事务管理局管理。2000年7月按实运作后,区委区政府在吉杨路吉杨大酒店内办公。2002年2月,搬迁回勤俭路611号办公地点。2004年5月,区行政中心搬迁至凌公塘路1260区行政中心办公。

在凌公塘路区行政中心,区机关事务服务中心根据服务社会化、运行市场化、职责职能化、实行管干分离的服务模式,创新机关大院的各项管理服务工作。

2009年,区机关事务局具体负责全区规范公务用车管理专项工作,配合区规范公务用车领导小组做好车辆统计、车况摸底等各项准备工作,协助国资办做好区公务用车收缴工作;参与公车拍卖,调整处级领导用车。管理全区保留的车辆20辆,以及调配公检法、行政执法局等单位13辆。认真负责地处理好分流驾驶员的劳动合同解聘及经济补偿,分流安置等工作,实现了改革前后车辆、人员的平稳过渡。在公务接待上规范和简化接待程序,在全国

范围内首创“公务套餐”模式。2009年“公务套餐”在全区创新工作评选名列第一。

至2010年，区机关事务管理局继续负责大院的门卫和安全保卫工作，维护区机关大院办公秩序，保障办公区域安全。协助信访部门做好上访者疏导、说服教育和劝返工作。做好机关环境卫生和绿化管理。定期组织卫生检查，开展创卫达标，维护机关大院内公共通道、机关绿化与卫生设施，打造绿色美丽机关大院。

附：清代　民国时期政权

清光绪　宣统嘉兴县

管辖原嘉兴县南部和东部，县署在域内嘉兴县前街（今中山路工人文化宫和秀洲区党校间）。

清光绪四年（1878）至宣统三年（1911）知县名录表

表13-17

姓　　名	籍　贯	任职时间	备　　考
王肇敏	昆山	光绪四年（1878）代理	—
黑式濂	通州	光绪四年（1878）署理	—
王晋玉	溧阳	光绪五年（1879）任	—
廖安之	临桂	光绪六年（1880）署理	四月革职
施振成	崇明	光绪六年（1880）署理	—
王晋玉	溧阳	光绪八年（1882）回任	—
周云章	新都	光绪十六年（1890）兼理	—
赵惟崙	南丰	光绪十六年（1890）署理	—
王寿枬	镇洋	光绪十七年（1891）任	—
金廷栋	山阳	光绪十八年（1892）六月署理	—
王寿枬	镇洋	光绪十七年（1891）回任	—
刘颂年	金匮	光绪二十年（1894）正月任	—
宁本瑜	休宁	光绪二十年（1894）四月	秀水知县兼嘉兴知县
刘裔祺	德化	光绪二十年（1894）四月任	—
杨文斌	蒙自	光绪二十三年（1897）署理	—
金廷栋	山阳	光绪二十四年（1898）三月兼任	秀水县知县
叶昭敦	吴县	光绪二十四年（1898）八月署理	—
萧治晖（蕴斋）	临桂	光绪二十五年（1899）正月署理	—
刘裔祺	德化	光绪二十六年（1900）二月兼任	—
巢凤仪（和仲）	武进	光绪二十七年（1901）二月署理	—
陈廷勋（可亭）	清江	光绪二十七年（1901）十月任	—
瞿　卓（蔓馨）	阳湖	光绪二十九年（1903）七月署理	—
吴跃金	汉阳	光绪三十年（1904）七月署理	—
陈廷勋（可亭）	清江	光绪三十一年（1905）八月回任	—
沈维贤（师徐）	娄县	光绪三十二年（1906）六月署理	—
丁调人（燮）	—	光绪三十三年（1907）十一月署理	—
胡为和	—	光绪三十四年（1908）任	—

续表13-17

姓　　名	籍　贯	任职时间	备　　考
张学智	—	宣统元年(1909)六月任	—
宗彭年	—	宣统元年(1909)署理	—
张学智	—	宣统二年(1910)回任	—
沈思齐	—	宣统三年(1911)任	—
王淑庄	—	宣统三年(1911)	—

民国时期嘉兴县公署　政府

辛亥革命后短时期内，嘉兴县设军政分府，为嘉兴县军政统一领导机关。后嘉兴(禾)县及原嘉属各县均设县公署，为县一级政权机关，上承省。县政由县知事统管，多兼理司法。北伐后，国民党政权建立，县设县政府，县长主管县政，抗日战争时期亦兼理司法。整个民国时期，县公署和县政府组成部门以民(政)财(政)建(设)教(育)四科(局)为基本机构，亦曾称一、二、三、四科，后期增设粮政、兵役(军事)、社会、地政等科，最少时二三个科，最多时八九个科(北伐前有实业科，无建设科)。另设秘书、会计等室，多时四五个室。科(局)室主管为科(局)长、主任。县政府设主任秘书，不设副县长。县公署、政府公务人员最多时100人稍多。县级辖属机构各个时期不同，警察局(所)、税捐稽征机构，田赋征收机构为主要单位。1937年11月19日，嘉兴县城沦陷，至1945年8月，民国县政府驻在凤桥等地，嘉兴城内建立日伪县政权。1949年5月7日嘉兴解放，县人民政府成立，民国县政府解体。

民国嘉兴县知事、县长名录表

表13-18

姓　　名	籍　贯	任免时间	备　　考
吴　清(筱卢)	浙江海宁	1912年4月卸任	—
汪　嵚	—	1912年4月委任 1913年1月16日辞职	—
王孝俌	—	1913年1月16日充任	—
袁庆萱	江苏宝山	1914年6月27日至1916年9月29日	—
张梦奎(衡甫)	—	1916年10月至1917年2月	—
张昌庆	直隶南皮	1917年2月任 1918年8月调离	—
韦绍皋	—	1918年署理，是月调离	—
张昌庆	—	1918年8月留任 1919年9月11日卸任	—
王国铎	—	1919年8月21日署理 1919年9月11日接任 1920年8月3日辞职	—
秦联元	—	1920年8月3日代理，是年10月1日卸任	—
汪　莹	安徽休宁	1920年8月3日署理 1920年10月1日接任 1923年3月29日卸任	—

续表13-18

姓　　名	籍　贯	任免时间	备　　考
李寿慈	直隶南皮	1923年3月29日接任 1924年8月卸任	—
周佚英	—	1924年9月署理数天	—
危道丰	—	湖南1924年10月任 1926年3月30日调省，是年4月7日卸任	—
徐庆彪	—	1926年3月30日署理，是年11月13日辞职，同月26日卸任	—
廖家驹	—	1926年10月21日布告正式就职	因夏超反孙传芳失败，所任命官员皆去职，只在任一天，徐庆彪复任
姚应泰(寅生)	—	1926年11月13日署理，同月26日接印	—
赵鼎华	—	1927年3月7日代理县长，是年5月7日调离	自此改称县长
寿家骏	浙江诸暨	1927年5月7日任命 1928年4月4日调省察看卸任	—
阎幼甫	湖南长沙	1928年4月4日任命 1929年6月14日调离	—
蒋志澄	浙江诸暨	1929年6月14日代理，是年7月11日到任 1930年10月3日调离	—
龚式农	江西上饶	1930年10月3日任命 1932年5月17日辞职	—
姜　若	江苏丹阳	1932年5月17日到职 1935年3月13日调省	—
王先强	湖南长沙	1935年3月13日代理 1937年4月卸	任专员兼任县长
翁　柽	浙江泰顺	1937年4月至11月	—
陆志棠	浙江嘉兴	1938年1月至是年5月3日卸任	县行动委员会主任
赵　炽	湖南邵阳	1938年5月3日任职 1940年11月卸任	—
王梓良	浙江嘉兴	1940年11月就任 1941年11月16日卸任	—
郑器光	—	1941年11月16日就任 1942年9月7日停职	—
赵　炽	湖南邵阳	1942年9月7日兼任 1943年2月27日辞职	专员兼任县长
王梓良	浙江嘉兴	1943年2月27日代理旋即就任 1945年12月11日调离	—
胡云翼	湖南	1945年12月11日代理旋即就任 1947年7月24日辞职	—

续表13-18

姓　　名	籍　贯	任免时间	备　　考
潘震球	宣平	1947年7月24日代理旋即就任 1948年12月21日卸任	—
陈鸿陆	湖北	1948年12月21日任命 1949年5月逃亡	—

日伪嘉兴县长名录表

表13-19

姓　　名	籍　贯	任职时间	备　　考
张绍康(熙民)	嘉兴	1938年3月至8月	时称县公署、县知事
沈翰卿	嘉兴	1938年8月27日至1939年7月10日	—
董开荣(雄)	—	1939年7月10日至9月30日	—
金建宏	江苏常熟	1939年9月30日至1942年5月	1940年改称县政府、县长、代县长
邵正华	安徽	1942年5月至8月	—
葛玉龙	北平	1942年9月至1943年3月	时称(日伪)太湖东南第二期清乡地区两嘉(嘉兴、嘉善)特区公署,葛为署长
邵正华	—	1943年3月至1945年8月	—

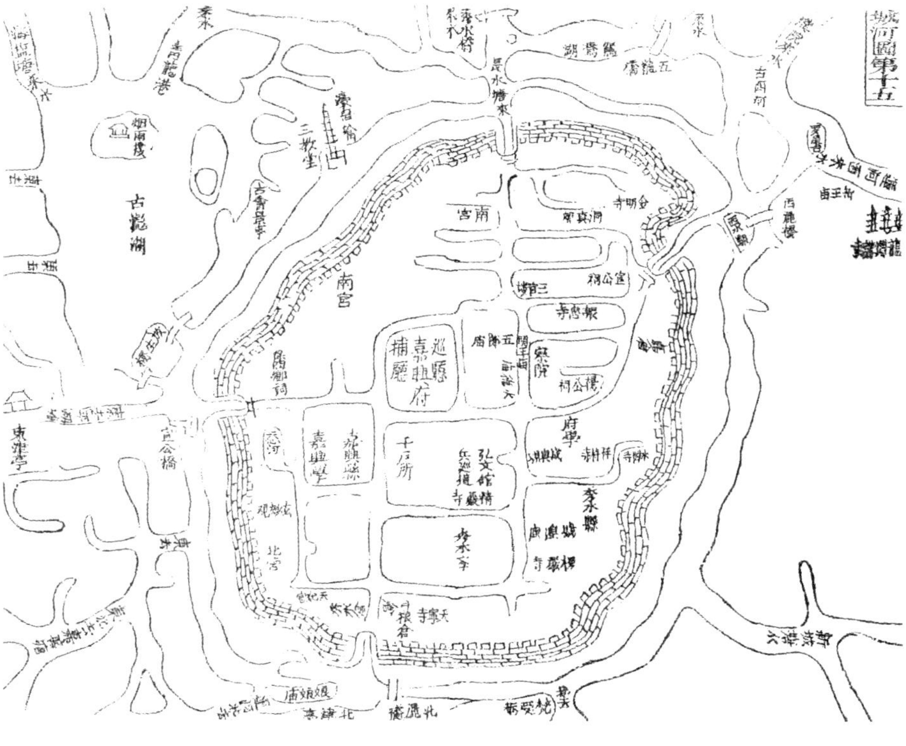

清康熙《嘉兴县志》城河图

市区防洪工程三店塘枢纽

第十四篇

人民政协地方组织

目 录

1950年1月，建立嘉兴市各界人民代表会议建立协商委员会，为境内设立地方政协机构之始。1983年12月，人民政治协商会议嘉兴市第一届委员会成立后，虽未设立城区政协机构，但在城区的市政协委员积极参与政治协商、民主监督、参政议政等各项政协工作，为区政协工作机构的设立和机构设立后各项政协职能的充分履职夯实了基础。

2000年8月，设立政协嘉兴市委员会秀城区工作委员会。2005年1月成立政协嘉兴市秀城区委员会，召开政协秀城区第一届委员会第一次会议。选举产生区政协主席、副主席、秘书长和常务委员会委员。至2010年2月区政协二届四次会议，先后召开6次全体委员会议。区政协机构设立以来，认真贯彻落实中国共产党领导的多党合作和政治协商制度，紧紧围绕经济建设这个中心，切实履行政治协商、民主监督、参政议政职能，广泛开展调查研究、咨询服务和海外联谊等活动，为促进全区经济、政治、文化建设和经济社会和谐发展作出了贡献。

第一章　地方政协会议沿革

第一节　嘉兴市协商委员会

协商委员会机构

解放后，嘉兴建立协商委员会，1950年1月在市各界人民代表会议一届三次会议上选举产生嘉兴市各界人民代表会议协商委员会，为境内设立地方政协机构开始。1950年12月、1951年7月、1951年12月、1952年11月，嘉兴市各界人民代表会议协商委员会先后4次更迭。中共嘉兴市委书记金孟加等5人先后担任主席。协商委员会先后建立过学习、劳资关系、生产建设、文化教育、社会救济、文教卫生、政法、财经等委员会及秘书处。开展嘉兴县区域各项协商事项，1954年7月起，市协商委员会负责筹建市政协。

嘉兴市历届协商委员会主席一览表

表14-1

届　别	姓　名	任　期	届　别	姓　名	任　期
第一届	金孟加	1950.1—1950.4	第一届	杨　铭	1951.12—1952.9
第一届	董方明	1950.12—1951.7	第二届	赵　星	1952.11—1953.3
第一届	杨　彬(女)	1951.7—1951.8	—	—	—

协商委员构成

嘉兴市协商委员会共两届，召开五次会议，每次参加会议的协商委员代表社会各界层，一届一次涉及9个界层，之后各届次会议协商委员逐年增加，涉及的社会界层随之逐步扩大。

嘉兴市历届协商委员会构成表

表14-2

任　期	届次	总数(人)	中共市委	市政府	职工界	工商界	民主人士	妇女界	青年界	农民	文教界	特邀人士	军队	青年团	宗教界	少数民族	居民	医务界
1950.1—1950.12	一届一次	17	1	2	4	4	2	1	1	1	1	—	—	—	—	—	—	—

续表14-2

任期	届次	总数(人)	中共市委	市政府	职工界	工商界	民主人士	妇女界	青年界	农民	文教界	特邀人士	军队	青年团	宗教界	少数民族	居民	医务界
1950.12—1951.7	一届二次	21	1	4	4	4	1	2	1	—	1	2	1	—	—	—	—	—
1951.7—1951.12	一届三次	23	1	3	4	4	—	2	2	—	2	2	1	1	1	—	—	—
1951.12—1952.11	一届四次	25	1	3	5	4	—	2	1	—	2	2	1	1	1	1	1	—
1952.11—1956.3	二届一次	25	2	2	4	5	—	2	1	—	2	2	1	1	—	—	1	2

第二节 政协嘉兴县(市)委员会

嘉兴县(市)政协,自1956年3月至1983年12月("文化大革命"期间停止活动),共举行过5届计8次全体会议,举行过41次常务委员会议。并列席县(市)人民代表大会,听取和讨论政府工作报告和其他各项报告,听取和讨论中共嘉兴县(市)委形势与任务报告,学习上级重要文件,在政协委员中开展爱国主义、国际主义、社会主义教育。换届时选举政协县(市)委员会正副主席、秘书长和常务委员。

政协嘉兴市委员会

1956年3月9日,市协商委员会举行扩大会议,中共嘉兴市委与各民主党派、人民团体、民主人士、少数民族等代表协商确定市政协首届委员会人数、界别和人选。3月12日,举行首次会议正式成立市政协。

市政协第一届委员会,由65名委员组成。任期从1956年3月至1962年3月。6年间,委员逝世2人,调离3人,增补41人,任期届满时有委员99人。一届常委会由21人组成,在第二次会议上增补常委6人。任期内召开常委会议25次,全体委员会议3次。

市政协第二届委员会,1962年3月换届产生,委员108名,其中上届留任49人。二届常委会由27人组成,任期内举行会议、扩大会议、与县、市人民委员会联席会议5次。全体委员会议1次。

政协嘉兴县委员会

1963年2月撤销嘉兴市,12月建立嘉兴县政协第一届委员会,委员145人,其中有67人系市政协委员转任,任期内调离1人,任期届满时有委员144人。常委会由25人组成,任期内召开常委会议6次,全体委员会议1次。

县政协第二届委员会,1966年6月换届产生,委员140人,其中上届留任119人。常委会由27人组成,仅召开1次全体会议,旋即停止活动,未举行过常委会议。1979年恢复活动。任期到1982年1月,任期内委员逝世24人,换届时有委员116人。

政协嘉兴市第三届委员会

1981年1月,恢复市建制。1982年1月换届产生市政协第三届委员会,委员206人,其中上届留任34人。是届委员中,有知识分子委员97人,占47%;港、澳、台同胞,归侨与侨眷50人,占24.27%;还有起义人员3人,宽大释放的原国民党县团以上人员2人。委员中最长者85岁,最年轻的20岁。后增补委员1人。1983年12月建制更动,此届政协结束。常委会由35人组成,任期内召开常委会10次,全体会议2次。

嘉兴县(市)历届政协主席名录表

表14-3

届　次	任　期	姓　名	届　次	任　期	姓　名
市一届	1956.3—1962.3	沈如淙	县二届	1966.6—1982.1	周平臣
市二届	1962.3—1963.12	沈如淙	市三届	1982.1—1983.12	李　侨
县一届	1963.12—1966.6	徐永三	—	—	—

工作机构

1956年,县(市)政协设一会七组及秘书处。1982年,改建为一会九组:学习委员会和工业、农业、教育、医卫、文体、工商、文史、城镇、民族宗教9个工作组及秘书处。

政协委员构成

嘉兴县(市)历届政协委员主要由党派、人民团体、社会各界以及特邀人士组成。

嘉兴县(市)历届政协委员界别分类表

表14-4

届次	委员总数(人)	委员分类统计数																										
		中国共产党	民主同盟	民主建国会	民主促进会	农工民主党	九三学社	共青团	工会联合会	妇女联合会	工商联	合作社	人民公社	农民	科技界	教育界	医卫界	文艺界	民主青联	个体劳动者	少数民族	宗教界	归国侨联	归国华侨	体育界	社会福利	中苏友协	特邀人士
市一届一次	65	4	—	—	—	—	—	1	4	3	10	1	—	1	3	6	6	2	1	1	1	3	—	—	—	—	1	17
市一届二次	99	4	2	2	1	1	—	1	4	3	10	1	—	1	3	6	6	2	1	—	1	3	—	1	—	—	1	45
市一届三次	99	4	2	2	1	1	—	1	4	3	10	1	—	1	3	6	6	2	1	—	1	3	—	1	—	—	1	45
市二届一次	108	5	3	3	1	2	1	3	5	3	10	2	—	3	8	9	8	5	—	—	2	4	—	2	—	—	—	29
县一届一次	145	10	3	3	1	2	1	6	10	6	13	6	7	—	8	13	10	6	—	—	2	3	—	2	—	—	—	33
县二届一次	140	10	3	3	1	2	1	6	10	5	10	6	7	—	8	10	10	6	—	—	2	3	—	2	—	—	—	35
市三届一次	206	13	5	5	3	3	2	8	15	7	10	—	—	9	15	15	14	8	—	—	4	3	10	—	4	—	—	51
市三届二次	207	13	5	5	3	3	2	8	15	7	10	—	—	9	15	15	14	8	—	—	4	3	10	—	4	2	—	52

第三节 市政协秀城区工作委员会

1983年12月，人民政治协商会议嘉兴市第一届委员会成立。城区未设立政协机构。2000年8月嘉兴市第四届委员会成立秀城区工作委员会，由在境内的37名委员组成。在城区的市政协委员在市政协秀城区工作委员会的组织下，认真履行政治协商和民主监督的职能，积极参政议政，开展调查研究、建言献策、评议监督、咨询服务、海外联谊及文史资料征集等政协活动，为推进全区政治、经济、文化建设和各项社会事业的持续、快速、健康发展，竭诚尽力，作出了积极贡献。

政协机构

2000年8月14日，政协嘉兴市委员会秀城区工作委员会建立。嘉兴市政协秀城区工作委员会是嘉兴市政协的派出机构，在中共秀城区委和市政协的双重领导下开展工作。区政协工委下设办公室，作为办事机构。2001年8月，建立中共政协嘉兴市委员会秀城区工作委员会党组，张亚平任党组书记，王士官、董雄任党组成员。

2000年8月，市政协秀城区工作委员会有第四届政协委员37名。成立经济科技、教科文卫和社会法制三胞联谊3个委员界别组。2001年区政协工委建立学习中心组，由政协工委正副主任、各委员界别组组长、办公室主任组成。

2003年市五届政协组成后，秀城区工作委员会有第五届政协委员39名，组成经济科技、教科文卫和社会法制三胞联谊3个委员界别组，在各镇、街道成立政协委员活动小组。

市政协秀城区工作委员会主任、副主任名录表

表14-5

职　务	姓　名	籍贯	任职时间
主　任	张亚平	浙江温州	2001.3—2005.1
副主任	王士官	江苏张家港	2000.8—2005.1
副主任	孙旭阳	浙江嘉兴	2000.8—2005.1
副主任	祝秀平	浙江湖州	2003.4—2005.1

主要工作

提案工作　组织区政协工委的市政协委员，积极开展调研，了解民情民意，撰写提案和提出意见建议，为市、区经济社会发展献计献策。

2001年，市政协四届四次会议期间，提交提案8份，社情民意12件。2002年，市政协四届五次会议期间，提交提案26件，反映社情民意12件。2003年，市政协五届一次会议期间，提交提案38件，反映社情民意10件。2004年，市政协五届二次会议期间，提交提案25份，反映社情民意8件。2001年3月，在政协嘉兴市第四届四次会议期间和2003年4月，在政协嘉兴市第五届一次会议期间，在区的市政协委员都提交《关于成立政协秀城区委员会的建议》的提案。之后，区政协工作委员会根据区委意见进行调研，形成调研报告上报。2004年，嘉兴市委同意建立南湖区政协委员会。

祝秀平等委员提出的《进一步加大社区建设力度，使我区早日成为省级文明城市》等4份提案被评为嘉兴市四届政协优秀提案；顾永明等委员《关于市区路、巷、住宅名称的启用应规范化、制度化的建议》等5份提案被市五届政协一次会议列为重点提案办理。

视察调研　2000年12月至2004年，区政协工委结合区委、区政府中心工作，先后组织3个界别组分别进行13次视察，开展21次调研活动。组织开展的围绕市、区两级事权划分，工业园区建设，加快农业产业化进程，马家浜文化保护挖掘，促进农村劳动力转移等课题开展调研和视察，得到区委、区政府的重视和肯定，大部分问题得到妥善解决。2004年5月，区政协工委组织在区的部分市政协委员，对《中华人民共和国工会法》贯彻落实情况进行视察。6月，开展城隍庙遗存和楞严寺遗址的考察，为挖掘深厚的文化底蕴，传承城市历史文化开展专题调研，形成调研报告，引起区委、区政府的重视，区长作了专题批示，有关部门作了规划，调研报告还获得2004年度全区理论文章一等奖。8月，开展城乡供水一体化情况的视察活动，并召开专题座谈会。9月，组织在区的部分市政协委员视察安全生产情况。

2004年7月，区政协工委组织开展加快农业产业化视察调研活动

服务发展大局　区政协工委组织委员积极支持社区建设，为社区捐物、捐款，就社区物业管理专题献计献策。每年开展政协委员捐资助学活动，召开招商引资委员约谈会，积极牵线搭桥，帮助接待客商洽谈、引荐项目落户，协助考察投资环境，几年来，政协工委先后成功引荐电气控制、天声家私、威士能源、管道塑料等项目签约落户七星、凤桥等镇。共引进招商引资项目9个，人民币7500万元、美元28万元。连续2年获得区政府招商引资奖。

组织学习　区政协工委学习中心组组织学习中央省、市委全会政协会议精神，组织委员培训，邀请专家上课等。每年召开政协工作座谈会，邀请区委、区政府领导进行情况通报。每年召开全区政协工作会议，举办中秋茶话会和各界人士迎新茶话会，区委、区政府、区人大、区政协领导和社会各界人士代表以及港澳台胞、海外侨胞代表欢聚一堂。

组织联谊会　2003年6月区政协工委成立企业家联谊会，由在区的市政协委员中的企业家和区各行业知名企业家组成。区政协工委企业家联谊会成立后，每年开展以经济发展、社会和谐、健康与事业等主题的座谈联谊会，邀请区政府和有关部门领导参加，同时以行业为主组成活动小组和沙龙等同时以行业为主组成活动小组和企业家沙龙等。为政府和企业家之间构建沟通交流的平台，为政府招商引资和企业发展献计献策。

文史工作　2001年1月，秀城区政协工委创刊《秀城政协》，刊物中每期都编选刊登区政协文史资料。2004年，区政协工委开始组织文史编撰，经过调研走访、史料挖掘，2005年编印出版《南湖名胜》，较为全面地反映了南湖区域内主要历史遗存、名胜景点、人文渊源以及保护开发情况。

第二章　区政协委员会

第一节　区政协委员

界别设置

区政协委员由中国共产党、民主党派、无党派民主人士、人民团体和各界代表，以及特别邀请人士组成。第一届委员会委员各方面的代表组成由区政协筹备组协商产生，从第二届起，每届委员均由区政协常务委员会协商产生。区政协每届委员会人数和界别设置均有所调整和变动。每届区政协的参加单位、委员名额和人选及界别设置，经上届区政协主席会议审议同意后，由常务委员会协商决定。政协委员素质逐届优化，具有代表性和广泛性。

政协区第一届委员会由中共、民革、民盟、民建、民进、农工、九三、工商联、无党派、工会、共青团、妇联、侨联、台联、社会科学、科技、经济、农业、教育、文化体育、医药卫生、社会保障与社会福利、宗教、特别邀请人士24个界别和方面组成，委员总数100名。委员中，中共党员42名，占委员总数的40.38%；民主党派和无党派人士62名，占59.62%。

妇女委员29名，占委员总数的27.88%。少数民族委员2名，占委员总数的1.92%。具有大专以上文化的77名，占委员总数的74.04%。

第二届委员会由24个界别和方面组成，委员总数151名，各界别委员名额均有增加，新任委员占委员总数五分之三。二届政协委员设置24个界别。委员中，中共党员60人，占39.7%；非中共党员91人，占60.3%；民主党派成员27人，占17.9%；妇女委员44人，占29.1%。文化程度在大专以上的有118人，占78.2%；高中(含中专)的29人，占19.2%；初中4人，占2.6%；具有中级以上专业技术职称的60人，占39.7%。

南湖区政协第一届、第二届政协委员会各界别及委员数表

表14-6

界　别	第一届		第二届	
	人数(人)	比例	人数(人)	比例
中国共产党	11	11%	13	8.6%
民革	2	2%	3	2%
民盟	2	2%	3	2%
民建	2	2%	3	2%
民进	2	2%	3	2%
农工	2	2%	3	2%
九三	2	2%	4	2.6%
工商联	8	8%	14	9.3%
无党派	2	2%	3	2%
工会	2	2%	2	1.3%
共青团	2	2%	3	2%
妇联	2	2%	3	2%
侨联	2	2%	4	2.6%
台联	2	2%	3	2%
社会科学界	5	5%	9	6%
科技界	3	3%	7	4.6%
经济界	10	10%	20	13.2%
农业界	6	6%	9	6%
教育界	5	5%	7	4.6%
文化体育界	3	3%	5	3.3%
医药卫生界	4	4%	5	3.3%
社会保障与社会福利界	5	5%	5	3.3%
宗教界	2	2%	3	2%
特别邀请人士	14	14%	17	11.3%
合计	100	100%	151	100%

委员增减情况

2005年12月，增补区一届政协委员：卫飞翔、马国林、钟富根3名。

2007年5月23日，增补区二届政协委员：孙辉、张学政；同日，辞去区二届政协委员：白景宇。

2007年12月25日，增补区二届政协委员：宁卫东、汤海勤、许翔、徐其法4名；辞去区二届政协委员：刘彦生、虞廷青。

2008年8月7日，增补区二届政协委员：应恒建。

2008年12月23日，增补区二届政协委员：丁雅玲、汪明根、张学营、杨叶军4名；辞去区二届政协委员：张学政、吴学忠、沈传根3名。

2009年12月22日，增补区二届政协委员：王文华、石小林、卢剑飞3名；辞去区二届政协委员：孙辉。

2010年1月13日，增补区二届政协委员8名：计百姓、叶海峰、薛正根、邱培忠、罗荣强、项光清、陶明、罗卫勤；同日，辞去区二届政协委员6名：周金林、杨琳琳、邵永华、钟惠翔、林补根、高小梅。

2010年4月29日，增补区二届政协委员：金洪良、周依群、俞益东3名；辞去区二届政协委员：高丹霞、杨玲珠、张剑舟、梁胜凯4名。

2010年8月30日，增补区二届政协委员：马炎星、夏建华、黄春燕、钱强寒4名。

2010年11月3日，增补区二届政协委员：堵微子。

2010年12月22日，增补区二届政协委员：芮明忠；辞去区二届政协委员：罗卫勤。

在区的省、市政协委员

第五届省政协委员：周坚（女）。

第十届省政协委员：连育彬。

第四届市政协委员：张亚平（女）、王士官、孙旭阳、马玉华、张强元、魏善镛、雷鸥、祝秀平（女）、肖忠堃、沈志华（女）、沈季林、陆有德、费爱华（女）、沈冰（女）、吴一慧（女）、沈锦坤、陈俐（女）、汝才良、金玉观、严龙飞、顾永明、沈左峰、张炳元、陈晓栋、沈永山、应华伦、徐燊、孔俭、曹才荣、郑龙根、徐弘、杨民杰、黄雅芬（女）、雷爱娥（女）、王军跃（女）、朱桂英（女）、章冬梅（女）。

第五届市政协委员：张亚平（女）、王士官、孙旭阳、祝秀平（女）、郑龙根、陈晓栋、陆有德、杨德明、曹万荣、徐燊、沈季林、沈永山、费爱华（女）、孔俭、沈冰、肖忠堃、吴一慧（女）、吴春、陈俐（女）、朱樾、严龙飞、汝才良、应华伦、朱桂英（女）、韩钰彦、朱启丰、孙雅囡（女）、顾永明、朱娇银（女）、沈陈良、雷鸥、冯琪珏（女）、沈锦坤、沈左峰、李峰、王建芬（女）、陈忠祥、马玉华、徐弘。

第六届市政协委员：张亚平（女）、钟富根、楼解民、陈俐（女）、吴春、朱启丰、沈萍（女）、沈陈良、石建辉、朱娇银（女）、朱晓红（女）、孙雅囡（女）、杨思静、严龙飞、吴一慧（女）、何萍（女）、沈福良、张元卿、陈梅丽、顾云祥、钱惠祥、倪玲芳（女）、曹金、曹虹（女）、盛刚。

第二节　政协全体委员会议

第一届委员会

一届一次全体会议　2005年1月20—22日召开，会议应到委员100人，出席100人，邀请和列席人员80人。市政协副主席朱立乔、区委书记赵树梅作重要讲话。会议听取和审议主席团常务主席王士官所作政协嘉兴市秀城区第一届委员会筹备工作和今后工作建议的报告。会议举行大会发言，徐燊、钱惠祥、孔俭、胡燕、陆有德5名政协委员作大会发言。会议选举张亚平为政协主席，王士官、孙旭阳、祝秀平、施俊发为副主席，董雄为秘书长，马学文等19人当选为常务委员。

2005年1月20—22日，区政协第一届第一次会议召开

一届二次全体会议　2006年2月21—23日召开。会议应到委员103人，邀请和列席人员共90人。会议审议通过区政协主席张亚平代表区一届政协常委会所作的工作报告和副主席祝秀平所作的

关于区政协一届一次会议以来提案工作情况的报告。会议表彰区政协一届一次会议以来的5件优秀提案。会议收到大会发言15篇,会议期间,共收到委员以提案形式提出的意见建议67件,立案62件。

第二届委员会

二届一次全体会议 2007年3月1—4日召开。151名区政协委员,邀请、列席人员共106名。会议听取张亚平代表区一届政协常委会所作的工作报告。会议表彰8件优秀提案。会议收到17份发言材料。会议选举张亚平当选为主席,祝秀平、施俊发、王天松、阮全海、陆建良当选为副主席,阮全海当选为秘书长(兼),卫飞翔等26人选为常务委员。会议期间共收到以提案形式提出的意见建议124件,立案116件。

二届二次全体会议 2008年1月29—31日召开。154名区政协委员和97名列席人员参加会议。会议听取张亚平代表区政协二届常委会所作的工作报告和祝秀平所作的关于区政协二届一次会议以来提案工作情况的报告。会议表彰2007年度区政协工作先进集体和先进个人以及区政协二届一次会议以来的优秀提案。会议期间,共收到以提案形式提交的意见建议137件,立案118件。

2008年1月29日,区政协二届二次会议

二届三次全体会议 2009年2月4—6日召开。156名区政协委员和108名列席人员参加会议。会议听取区政协主席张亚平代表区政协二届常委会所作的工作报告和副主席祝秀平所作的关于区政协二届二次会议以来提案工作情况的报告。会议表彰2008年度区政协工作先进集体和先进个人以及区政协二届二次会议以来的优秀提案。大会收到以提案形式提交的意见建议165件,立案147件。

二届四次全体会议 2010年2月1—4日召开。160名区政协委员和124名列席人员参加会议。会议听取和审议区政协主席张亚平代表区政协二届常委会所作的工作报告和副主席祝秀平所作的关于区政协二届三次会议以来提案工作情况的报告。会议表彰2009年度区政协工作先进集体和先进个人以及区政协二届三次会议以来的优秀提案大会共收到以提案形式提交的意见建议182件,立案157件。

第三节 政协工作机构

2005年1月,区政协第一届委员会设置区政协办公室、提案委员会、经济科技委员会、文教卫体与文史委员会、社会法制(三胞联谊)委员会,办公室下设秘书科、综合科。

2007年3月,区政协第二届委员会保持上届机构的设置,2009年下半年按照新时期关于加强和改善党对政协工作领导的要求,开展政协专委会和内设机构调整的试点工作,将原来的"一办四委"按照政协政治协商、民主监督、参政议政3大职能调整为"二室三委",即政协办公室、政协研究室和政治协商工作委员会、民主监督工作委员会、参政议政工作委员会。其中政协办公室下设秘书科,研究室下设综合科,各工作委员会下设办公室。2010年1月起,各工作机构正式运作。

第三章 区政协常委会

第一节 常务委员会组成人员

区政协常务委员会由主席、副主席、秘书长和常务委员组成。第一届为主席1人，副主席4人，秘书长1人，常务委员19人，共25人。其中，中共党员11人，占44%；民主党派成员和无党派人士14人，占56%。第二届为主席1人，副主席5人，秘书长1人（兼），常务委员26人，共32人。其中，中共党员14人，占43.75%；民主党派成员和无党派人士18人，占56.25%。

第一至第二届南湖区政协主席、副主席、秘书长名录表

表14-7

届别	职务	姓名	籍贯	党派	任职时间
第一届	主席	张亚平（女）	浙江温州	中共	2005.1—2007.3
	副主席	王士官	江苏张家港	中共	2005.1—2007.3
		孙旭阳	浙江嘉兴	无	2005.1—2007.3
		祝秀平（女）	浙江湖州	中共	2005.1—2007.3
		施俊发	浙江桐乡	中共	2005.1—2007.3
	秘书长	董　雄	浙江桐乡	中共	2005.1－2007.3
第二届	主席	张亚平（女）	浙江温州	中共	2007.3—
	副主席	祝秀平（女）	浙江湖州	中共	2007.3—
		施俊发	浙江桐乡	中共	2007.3—
		王天松	浙江嘉兴	九三	2007.3—
		阮全海	浙江绍兴	中共	2007.3—
		陆建良	浙江海宁	中共	2007.3—
	秘书长	阮全海（兼）	浙江绍兴	中共	2007.3—

第二节　区政协常委会议

区政协常委会议的主要任务是审议决定区政协及常委会会务和工作中的重大事项；听取区委、区政府及其有关部门对重要问题的通报或说明，提出建议和意见；审议提交区政协委员会全体会议的文件；审议重要的建议案、提案、视察报告、调研报告及其他报告等。2005年1月至2010年12月，区政协各届常委会共举行36次会议。

第一届区政协常委会议

第一届区政协常务委员会共举行会议10次。2005年1月，一届一次常委会议审议通过区政协2005年工作要点（草案），审议通过区一届政协办公室和各专门委员会主任、副主任名单。2005年3月，一届二次常委会议审议通过区政协常务委员会议事规则、专门委员会通则、提案工作规则、关于加强社情民意工作的规定等规章制度。2005年6月，一届三次常委会议审议通过关于政协秀城区委员会更名为政协南湖区委员会的决定，并就实施人才强区战略问题开展协商。2005年9月至2006年8月，一届四次、五次、八次、九次常委会议分别就加快实施工业立区、全面推进城乡一体化进程、加快发展现代商贸旅游集聚区、加快新农村建设进行协商。

第二届区政协常委会议

2007年3月至2010年11月，第二届区政协常务委员会共举行会议26次。2007年3月，二届一次常委会议审议通过区二届政协办公室主任、各专门委员会主任、副主任名单。2007年5月，二届二次常委会议专题协商“充分利用科技平台打造南湖区特色经济”议题，并审议通过常务委员会议事规则、专门委员会通则、提案工作规则、关于加强反映社情民意工作的规定、委员活动小组工作通则、关于进一步加强政协委员管理的意见、关于政协工作先进集体和先进个人评选办法(试行)、关于优秀提案评选办法(试行)等有关规章制度和意见办法。2007年9月至2008年6月,二届三次、四次、八次常委会议分别就加快建设生态南湖、做好社会保障工作、推进工业创新和节能减排等议题进行协商讨论,提出意见建议。2008年8月,二届九次常委会议审议通过《关于加强和改进提案工作的意见》。2008年9月至2009年9月,二届十次、十一次、十五次、十六次常委会议就加快培育品牌产业群、促进全民创业、深入推进经济转型升级、加强食品卫生安全监管议题开展专题协商。2009年11月,二届十七次常委会议审议通过人事事项,任命3名政协联络室专职副主任。2009年12月,二届十八次常委会议专题协商加快特色文化商贸街建设议题,审议通过有关区政协机构调整设置事项,决定将原区政协办、提案委、经济科技委、文教卫体与文史委、社会法制(三胞联谊)委调整设立为政协办公室、政协研究室和政治协商委、民主监督委、参政议政委。2010年4月,二届二十一次常委会议协商部分街道行政区划调整事宜,会议同意区划调整实施方案。2010年6月,二届二十二次常委会议就加快农村"两新"建设开展专题协商。2010年8月,二届二十四次常委会议审议通过有关联络室人事事项,任命各镇、街道政协联络室主任和副主任共9人。2010年9月,二届二十五次常委会议专题协商完善应急管理体系建设议题。2010年11月,二届二十五次常委会议专题传达贯彻省政协主席周国富来区政协调研设置职能专委会的指示精神。

第四章　主要工作与活动

第一节　政治协商

区政协政治协商的主要形式有全体会议、常委会议、主席会议、专题座谈会等。2005—2010年,区政协共举行政治协商方面的专题会议30次,协商内容涉及人事安排、重大决策、重要政策、民生问题等。2009年12月,区政协设立政治协商工作委员会。2010年9月,区政协制定出台《关于开展政治协商工作的实施意见》,就政治协商工作的意义主要任务与内容、方式和程序等作明确规定。

2005年1月21日,区政协一届一次会议第一组合影

决策协商

2005—2010年,共举行重大决策方面专题协商会8次。区政协坚持把促进科学发展作为履职第一要务,围绕全区经济社会发展中的热点、难点,精选协商议题,进行充分协商,使各项决策切实可行。区政协每次全体会议都举行大会发言,进行各类议题协商。一届一次会议围绕第三产业发展、工会法制化、外来流动人口管理、妇女维权、社区侨务工作等建言献策,一届二次会议围绕发展都市农业、加强生态保护、解决中小企业融资障碍、发展循环经济、建立和谐劳动关系、建设农村文化等献计献策。

二届一次会议围绕加强流动人口管理、促进民企自主创新、遏制青少年犯罪、发挥台联会作用、建设家庭文化等议政建言。二届二次会议围绕市区交通整治、中小企业创新、工业集聚开发、外来人员子女教育、面源污染治理等协商议政。二届三次会议就中小企业转型升级、老社区物业管理、都市经济发展、公共卫生服务、培育餐饮休闲品牌等出谋划策。二届四次会议围绕嘉兴工业园区发展、自然资源保护、社区基础设施建设、新市镇建设管理、企业职工文化建设、农业转型升级等议题协商建言。区政协常委会议紧紧围绕党政关心、群众关心的重要内容选择议题，组织视察调研，广泛听取意见，提出真知灼见，先后围绕人才强区、工业立区、城乡统筹、商贸集聚、新农村建设、打造科技平台、建设生态南湖、完善社保体系、培育品牌产业群、工业创新与节能减排、推进三次产业融合、推进经济转型升级、加强食品卫生安全监管、加快特色文化商贸街建设、加快农村"两新"建设、完善应急管理体系建设等重点议题，与区政府及相关职能部门展开协商，提出建设性意见建议。同时，还先后就镇、街道区划调整等事宜进行专题协商。

区一届政协主席会议就打造平安南湖、建设新型社区、加快中心城区功能建设、宗教文化和旅游发展、居民思想道德建设、农业面源污染整治、老年人业余生活、城乡居民健康工程等问题开展调研视察，进行协商讨论，提出意见建议；区二届政协主席会议围绕提高农产品质量、加强城乡社区卫生服务建设、壮大农业龙头企业、加快南湖新区开发建设、做好区应急指挥系统、加强社区服务网络建设、发挥农村文化阵地作用、推进公民道德建设、提高全民健康水平、加快老社区整治改造步伐、推进生态南湖建设、打造群防群治体系，创建平安南湖、加快科技资源集聚、推进城乡统筹步伐、提高城市管理水平、关注残疾人共享小康工程、贯彻落实《劳动合同法》、加快嘉兴工业园区开发、提高流转土地使用效益、确保国有集体资产保值增值、加大绿化造林力度、加快科技城平台建设、加强民族宗教事业等议题进行视察调研，积极建言献策。

人事协商

人事协商包括每届政协换届主要领导更替的协商，每届政协换届政协委员推荐名单协商，每届委员会增补政协委员协商等。2005—2010年，共举行人事协商专题会22次，主要就区政协参加单位、委员名额、人选和本届委员名额、人选的变更，区政协副主席、区政协办公室、研究室、专门委员会和各镇、街道政协联络室正副主任任免等人事事项。2004年12月，区委就区政协一届成立时的政协领导班子、常务委员、委员等人事安排情况召开专题会议征求意见。2007年1月，区政协一届十次会议协商通过区二届政协委员会界别设置、委员名额和委员名单，免去1名区政协副主席职务。

基层民主协商

2009年7月，区二届政协在各镇、街道开展政协联络室创建工作。至2010年8月，全区13个镇、街道全部建立联络室，任命各镇、街道联络室主任(副主任)，配备联络员，其中3个镇还配备联络室专职副主任(职级副科)。

着眼于规范和完善相关制度。各镇、街道政协联络室建立健全联络室工作制度和委员联系制度，充分发挥联络室的作用，组织委员参加政协联络室的各项会议和活动。加强与委员的联系，及时了解委员的思想动态，反映他们的要求和愿望，激发委员履行职能的热情，确保活动更有序、内容更丰富、成效更明显。

有效推进基层民主协商。各镇、街道政协联络室充分发挥位于基层、紧贴群众的优势，围绕区域发展和基层群众关注的问题，开展调研协商。各镇、街道政协联络室组织辖区政协委员分别就"一户多宅"拆除、社区卫生服务中心能力提升、老年公寓建设等涉及基层群众利益的重点难点工作，与镇、街道主要领导面对面协商、心贴心交流，有力助推了镇、街道相关工作的开展。

立足本职参政建言。各镇、街道政协联络室认真做好政协提案线索征集工作与社情民意征集工作，广泛发动政协委员、机关干部、社区居民参与政协提案和社情民意线索的征集。在全会召开期间，积极组织辖区政协委员撰写提案与社情民意，积极为党委政府建言献策。

第二节　民主监督

2005—2010年，区政协以主席会议、常委会议、选派民主监督员、民主评议、专题会议等形式，对法律法规的实施和国家机关以及工作人员的工作，通过意见、建议和批评进行监督。2009年12月，区政协设立民主监督工作委员会。

民主监督制度

区政协注重民主监督制度建设,2009年由区委批转印发《关于建立民主监督员制度的意见》,对民主监督员的工作意义、产生条件、工作职责、管理方法以及受派部门职责要求等作出规定。区政协又制定《关于建立民主监督员制度的实施方案》,明确民主监督的内容方式和组织领导。2010年4月,区政协制定出台《关于开展民主监督工作的实施意见》,明确民主监督工作的意义、目标、内容、程序以及保障措施等,并制定印发统一的民主监督建议书、建议采纳落实情况反馈书等,从各个方面规范民主监督工作。

主席约谈会

2008年9月,区政协开展政协主席约谈会,搭建各利益阶层反映自身诉求平台,促进民众有序参与政治,发挥监督作用,推进政府部门律政执法,通过制定实施办法,先后以“城市(新农村)建设与百姓生活”“加强环境治理保护”“拓展社会工作领域”“促进教育均衡发展”等主题召开主席约谈会,邀请20余个职能部门与80多名各界群众代表零距离交流,针对代表们提出的200余条监督意见,部门领导当面解答、落实整改,未能当场答复的问题函报区政府处理。

专题委员会议

2008年5月,区政协围绕发挥委员主体作用,主动参与监督,探索开展专题委员会议。由民主党派委员牵头,带领相关界别委员,先后以生猪养殖管理、加快面源污染治理、历史文化名镇(街)建设、降低政府行政成本、加强公务员队伍建设等议题开展调研,与政府及相关部门进行专题协商建言,并以建议案、会议纪要等形式提出意见建议50余条,报送区政府及职能部门办理,监督意见得到了及时反馈和积极采纳。

民主监督员

2005年1月以来,针对部门主动邀请委员担任行风监督员、特约监督员等情况,区政协积极推荐,支持他们对有关部门执行政策法规、勤政廉政、行风建设等工作开展民主监督。2009年7月,区政协统一选派30名委员到区科技局、区水利局、区民政局、区教育文化体育局、区公安分局、区人事劳动社会保障局、区交通局、区人口计划生育与卫生局、区城市管理行政执法局、区食品药品监督管理分局等10个政府部门开展民主监督工作,推进民主监督工作制度化、规范化和程序化。区政协多次开展专题培训,引导监督员发挥优势,认真履职。民主监督员以小组为单位,充分发挥组织优势,积极探索监督方式,深入受派单位开展视察调研、座谈交流、检查督办等,并对履职情况、行风建设、意见办理等方面存在的问题提出意见建议,促进部门改进作风、提升效能。

专项民主评议

区政协以促进全区经济社会健康发展为目标,围绕提高依法行政和管理工作水平开展民主评议工作。2010年12月,根据区委区政府工作实际,成立由副主席牵头的评议小组,选定政府职能部门开展民主评议。评议过程中制定实施方案,规范工作程序,从制定措施、选派委员、业务培训、开展调研等各个环节狠抓工作落实,形成专项民主评议报告。在被评议对象整改措施提出后进行“回头看”,对落实情况跟踪督查,产生了积极效果。

特约专题监督

2005年以来,区政协结合卫生文明城市创建、农村拆旧治违、面源污染整治、世博安保活动等重点,政协领导亲自带队,机关分工落实,分组联系,组织委员开展视察活动,深入了解情况,全程参与监督,提出整改建议,不断强化民主监督实效。2007年10月,区政协开展委员信箱工作,在各镇、街道设立委员信箱,出台实施办法,规范运作程序,共收到群众来信80多封,委员们对相关问题所涉单位开展监督,并多方奔走,协助解决问题近百个。

2008年4月,开展“百名委员联百户”活动,共结对群众120户,开展走访慰问、联系帮扶,收集意见建议110余条,向有关方面反映并帮助解决问题70多个,起到了督促部门为民服务的监督作用。2009

年开展“委员征集社情民意服务日”活动，全体委员每周晚间走访所在区域的中心户、企业和居民群众，共收集意见建议180余条，推进部门解决相关问题近120个。

2010年5月，针对贯彻落实新《中华人民共和国邮政法》，建议设立村组信报箱，并邀请省市邮政部门领导来专题视察，对民主监督进行“回头看”，取得良好效果。同年12月，结合城市执法管理，就农贸市场整治问题开展专题民主监督活动，与政府分管领导及相关单位面对面交流，提出意见建议，发挥了民主监督作用。

第三节　参政议政

区政协围绕全区全局工作开展专题调研、视察考察、咨询论证等活动，向党委和政府提出建议案、提案、调研报告、考察报告，反映社情民意等意见和建议。2009年12月，区政协设立参政议政工作委员会。2010年9月，制定出台《关于开展参政议政工作的实施意见》，就参政议政工作的意义、任务、内容、形式以及工作要求等作了明确和规范。

提案

每届区政协一次全体会议预备会议协商通过成立提案审查委员会。一次全体会议闭会后，提案审查委员会即作为该届政协提案委员会。2005年3月，一届二次常委会议审议通过《政协秀城区委员会提案工作规则(试行)》。随着提案工作的不断发展，按照全国、省、市政协提案工作的相关文件精神，对区政协提案工作试行条例进行修改，并于2007年5月，二届二次常委会议通过《政协南湖区委员会提案工作规则》。为推进提案工作制度化、规范化和程序化，先后制定出台《区政协关于优秀提案评选办法(试行)》《关于重点提案产生和办理的办法》《关于加强和改进提案工作的意见》等规章制度。2009年3月，区委办、区府办关于转发区政协办《进一步规范政协提案办理程序的意见》，对提案工作从各方面进行规范。区政协提案委员会负责收集提案、审查提案、立案、追踪落实提案，通过提案交办会、例会、座谈会、提案承办单位见面会、提案办理督查和提案办理回头看等开展工作。同年12月，区政协参政议政工作委员会成立后，负责由提案委承担的提案工作。

2005—2010年，区政协共收到委员以提案形式提出的意见建议743件，立案650件，其中第一届共收到120件，立案102件；第二届至2010年623件，立案548件。提案内容涉及政治、经济、文化和社会发展各个方面。从2007年开始，区政协开展提案线索征集，就群众最关心、最直接、最现实的热点、难点问题和事关全区社会经济发展的问题等内容，通过《嘉兴日报》、嘉兴在线网等以及各镇、街道的村、社区发布启事，发放“提案线索征集表”，面向社会各界公开征集提案线索，并将征集到的提案线索梳理整合提供给委员和各参加单位，作为调研和撰写提案的参考，提案质量不断提高。

区政协加强提案督办工作，积极探索分重点部门督办、分政府条线督办、邀请市民代表和新闻媒体参与公开督办等形式，政府和政协分管领导、区政府办、提案人和承办单位面对面协商沟通，确保“件件落实、事事见效”，基本实现一般提案督办全覆盖。区政协每年围绕党政中心和民众关心的热点、难点工作，确定一定数量的提案作为重点提案，采用政府领导分头领办、政协领导分工督办的方式进行重点办理，并开展主席会议督办重点提案，先后围绕中小企业发展、农村拆旧治违等难点开展督办，强化办理实效。

2005—2010年，区政协共立案的650件提案，经党政部门认真办理，大多得到解决。第一届102件提案，委员满意的有72件，占提案总数的70.6%；基本满意的有30件，占29.4%；满意和基本满意率为100%。第二届548件提案，解决或基本解决的共457件，占总数的83.4%；正在解决或已列入计划解决的共63件，占11.5%；留作参考或条件限制以后研究解决的共28件，占5.1%。

政务情况通报

2005—2010年，区政协共举行形势报告会7次，分别听取区委、区政府领导关于经济发展形势、社会事业建设、当前工作安排等方面的情况通报。区政协一届委员会期间，共举行政情政务通报13次，分别就实施人才强区战略、加快工业立区、推进城乡一体化进程、加快发展现代商贸旅游集聚区、加快新农村建设、打造平安南湖、建设新型社区、加快中心城区功能建设、宗教文化和旅游发展、居民思想道德建设、农业面源污染整治、老年人业余生活、城乡居民健康工程等问题听取区政府及职能部门的情况通报。

区政协二届委员会期间，共举行政情政务通报35次，分别听取区政府及其相关部门关于科技发展、生态南湖建设、完善社保体系、培育品牌产业群、工业创新与节能减排、推进三次产业融合、推进经济转型升级、加强食品卫生安全监管、加快特色文化商贸街建设、加快农村“两新”建设、完善应急管理体系、提高农产品质量、加强城乡社区卫生服务建设、壮大农业龙头企业、加快南湖新区开发、加强社区服务网络建设、发挥农村文化阵地作用、推进公民道德建设、提高城市管理水平、关注残疾人共享小康工程、贯彻落实《中华人民共和国劳动合同法》、加快嘉兴工业园区开发、提高流转土地使用效益、加大绿化造林力度、加强民族宗教事业发展等情况的通报。

社情民意信息

2005年起，区政协办公室不定期在《南湖政协》刊登《社情民意》，并以民情反映的方式报送区委、区政府和有关部门领导，供决策参考。2005—2006年，《南湖政协》刊登社情民意8篇，主要涉及如何更好地发挥城市公共设施功效、分质供水在城乡一体化过程中的实施等，引起区政府及相关部门的高度重视，部分需要上级政府协调解决的突出问题，得到了妥善解决。《进出上海农产品特许证办理问题》，引起市政府领导的重视，批示相关部门抓好落实。

2007—2010年，区政协进一步创新社情民意信息工作机制，作为“一把手”工程，落实人员负责处理，并健全网络建设机制，以镇、街道联络室作为发动、撰写、收集、交流社情民意的基本单位，从各个界别中挑选有较高专业知识水平、较强参政议政能力的委员作为特约信息员，形成以委员为主体、信息员队伍为骨干的反映社情民意工作网络。同时完善机制建设，先后制定《关于加强社情民意工作的规定》《关于加强反映社情民意工作的意见》《关于社情民意信息工作的考核奖励办法》等制度，对反映社情民意信息的内容、途径、考核要求、奖励办法等加以明确。对有深度、有内涵、具有一定代表性的社情民意，安排专门力量，深入调研，专题报送省、市政协，如加强公共安全工作的建议、建立医疗纠纷调解机构的建议、加强涉农领域预防职务犯罪工作的建议等得到市领导的批示；关于要求及早落实嘉化集团整体易地改造的情况反映、关于补办老年公交卡、居民小区出口道路改进、完善体育健身设施等社情民意，得到市级职能部门响应而圆满解决；实行就诊卡门诊病历一卡通、老区整治改造与长效管理并举、公交站牌增设文明警句等建议，被市有关部门积极采纳。对属于区管辖范围内的社情民意，及时转报给区委、区政府及相关职能部门，如关于要求改进年底考核的情况反映与建议、关于把南湖区建设成市场大区的建议、推进我区律师业发展等得到采纳和解决。社情民意信息工作连续多年在全市政协系统和全区信息工作考核中名列前茅。

2007年，共收集社情民意47件，向省、市政协反映28件，转送区级职能部门11件，共计提出意见建议110余条，社情民意工作在全市政协系统考核中名列前茅。2008年，共收集社情民意68件，向省、市政协反映50多件，提出意见建议共计120余条。2009年，共收集社情民意70件，向省、市政协反映社情民意46件，上报区政府近40件，提出对策建议110余条。2010年，共收集社情民意信息160余件，向省、市政协反映70余件，报送区政府30余件，提出意见建议共计300余条，

视察

2004—2010年，区政协共组织市政协委员对各部门、各有关单位、各重要事项进行视察，开展约谈。

区政协第一届委员会共组织政协委员视察11次。2005年4月，社法委组织部分委员视察区法律援助工作的开展情况，提出要建立相互协作机制，强化管理指导，提高服务质量。7月，经科委组织部

分经济、科技界委员专题视察七星镇防洪工程，建议规范管理，确保工程质量，功能配套，实现多方结合，建管齐抓，争取上级支持。9月，文教卫体与文史委就加强农村文化建设组织部分委员到区教文体局进行专题视察，并建议要大力开展农村文化活动，加强设施建设投入，探索建立长效机制。11月，文教卫体与文史委组织部分教育文化卫生界委员专题视察农村教育工作，提出若干建设性意见。12月，社法委组织部分农业及社科界委员专题视察"放心菜场""放心菜"工作，提出要严把市场准入，有效整合资源，加强监理，加大宣传。2006年4月，文教卫体与文史委围绕促进文化产业发展座谈视察，协商建言。社法委就"以农业观光、特色休闲为重点，大力推进旅游休闲业"课题进行视察与调研，提出重视休闲农业发展，加强规划宣传，给予政策支持等意见建议。7月，经科委组织经济、科技界委员视察嘉兴工业区建设，建议要明确目标，加快进度，加大招商，完善服务等。

区政协第二届委员会共组织政协委员视察13次。2007年2月，区政协"一办四委"按界别组成，分别组织委员重点围绕食品安全管理、科技创新、城市创卫、职工合法权益保障等专题，开展会前视察，听取职能部门汇报，积极建言献策。6月，文教卫体与文史委组织部分专委会成员就构建和谐校园工作进行专题视察。市政协南湖区联络组的部分委员专题视察老住宅区改造和开放式小区整治工作，建议老社区整治改造要做到"六个坚持"。12月，区政协领导班子分头带队就生态农业、工业园区建设、三产开发等内容进行会前视察。2008年3月，市政协南湖区联络组就"嘉化集团整体搬迁进展情况"进行视察。8月，经科委开展企业创新视察。9月，经科委中小企业、镇经济服务中心，就企业经济运行中遇到的突出问题作专题视察。10月，文教卫体与文史委组织部分成员就开展全民健身、争创体育强区工作进行专题视察，建议狠抓落实创强工作，加大设施建设力度，开展特色文体活动。11月，区政协主席会议成员视察残疾人工作开展情况。2009年12月，文教卫体与文史委组织部分专委会成员就城乡居民社会养老保险工作进行专题视察。2010年6月，市政协南湖区联络组就"生态南湖"建设开展视察活动，建议加大宣传力度，加强秸秆焚烧引导管理，加快污水收集处理等。7月，民主监督委组织委员围绕"新农村建设中农民财产权利与利益保护"课题，赴镇、街道开展视察调研。8月，民主监督委组织科技组民主监督员与区科技局开展视察座谈，并联系实际提出意见建议。

约谈

2005年9月，区政协先后召开有序供电、社会治安委员约谈会，相关界别的委员积极发言，为用电高峰期间有序用电、节能降耗以及创建"平安南湖"，建净言、献良策。10月，举办以"发展循环经济"为主题的企业经营者专题研讨班，旨在提升企业经营者的循环经济意识和可持续发展理念。2007年10月，市政协南湖区联络组的部分委员举行市区宗教旅游文化开发建设约谈会，对马家浜遗址公园的建设和天主教堂、文生修道院的保护提出许多中肯的意见建议。

调研工作

2005—2010年，区政协共形成各种课题调研材料48件，内容涵盖政治、经济、文化、社会等各个方面。课题调研材料上报区委、区政府或作为政协常委会发言材料，供决策参考。2005年，区政协形成题为《加强实施人才强区战略，促进经济和社会发展》《进一步提高服务水平，优化企业发展环境》等调研材料9件。2006年，形成题为《加快南湖新区商贸集聚区建设，促进全区三产新发展》《发展壮大村级集体经济的思考》等调研材料6件。2007年，形成题为《充分利用科技平台，发展区域特色经济》《大力推进工业节能减排，实现我区经济可持续发展》等调研材料9件。2008年，形成题为《推进工业集群发展，打造南湖区百亿产业》《培育餐饮和休闲品牌，推进我区三产服务业发展》《依托南湖区位优势，寻求旅游业发展新亮点》等调研材料9件。2009年，形成题为《南湖区农业转型升级的思考》《综合协调，齐抓共管，确保食品安全》《依托历史文化名镇，推进商贸特色镇建设》等专题调研报告9件。2010年，形成题为《积极探索创新"两新"工程建设的若干思考》《完善应急管理体系，促进"平安南湖"

构建》等专题调研报告6件。

第四节　基层政协工作

镇　街道政协联络室

2009年7月，区二届政协在各镇、街道开展政协委员联络室创建工作。2010年8月，全区13个镇、街道全部建立联络室，任命联络室主任4名、副主任10名，其中专职主任、副主任5人，各联络室配备专职或兼职联络员1名。并健全联络室工作制度和委员联系制度，明确政协委员联络室性质地位、工作职责和工作制度，各政协委员联络室结合自身特点，制定了委员学习、调研、视察、例会等制度。委员参会率不少于80%；每年安排调研课题至少1个、视察活动至少3次；委员提案参与率不少于80%，反映社情民意信息参与率不少于80%；确保委员活动工作有章可循、有序推进。

主要工作

各镇、街道政协联络室积极履行工作职能，加强与委员的联系，组织委员参加政协各项活动。

组织调研　充分发挥位于基层、紧贴群众的优势，围绕区域发展和基层群众关注的问题，组织政协委员开展调研，积极献智出力，提出具有针对性、前瞻性和可操作性的意见建议。调研范围包括：农业面源污染整治、现代农业园区发展、嘉兴科技城设施配套等全区重点工作以及老小区居民自治、社区卫生服务中心能力提升、老年公寓建设、乡镇公交夜班线路增设、“一户多宅”拆除等涉及基层群众切身利益热点难点问题。

征集民意　开展了“征集社情民意服务日”“进基层听民声”“委员约谈会”等活动，同时，认真做好政协提案线索征集工作与社情民意征集工作，广泛发动政协委员、机关干部、社区居民参与政协提案和社情民意线索的征集。在区政协全会召开期间，组织辖区政协委员撰写提案与社情民意，积极为党委政府建言献策。

民主监督　拓宽基层民主监督新渠道，组织政协委员参与镇、街道有关组织换届工作和干部队伍作风保障行动，对机关人员进行效能督查；对农村“三资”管理和村务公开开展检查。

第五节　团结联谊

联谊活动

区政协加强与委员和各界人士的联谊，加强与民主党派、工商联、人民团体、无党派人士和各族各界人士的团结合作，通过政协例会等各类活动，发挥他们在政协舞台上开展多党合作和政治协商的作用。常委会充分发扬民主，倡导民主、团结、融洽的政治氛围，民主党派和政协委员自由发言积极性日趋高涨；主席会议协商讨论内容丰富，发表意见充分；中心学习组畅所欲言，民主和谐、合作共事的政治氛围浓厚；联合开展视察、调研、座谈。2005年，区政协召开各民主党派、工商联和人民团体负责人座谈会，征求对政协工作意见。

区政协利用重大节庆日等开展各类联谊活动，加强沟通，增进友谊，营造团结民主、畅所欲言的政治氛围。通过每年的迎新茶话会、南湖之春经贸活动等，加强区党政领导与党外各界代表人士的接触交流。区政协开展走访慰问、座谈约谈、视察调研、政情通报等形式多样的活动，与政协委员和政协各参加单位建立起密切的联络联谊机制，为他们履行政治协商、民主监督、参政议政职能搭建舞台。同时以镇、街道政协联络室为单位开展学习、调研等活动，加强与镇、街道的联系，为当地经济社会发展建言立论。区政协以界别为纽带，密切与各界人士的联系沟通，出台《关于重视和发挥界别作用的意见》，建立界别活动小组，设立界别召集人，组织开展界别活动视察和专题调研、专题研讨“三下乡”和相关业务咨询以及富有界别特色的社会活动等。每年区政协会同市政协组织部分医卫、法律、科技、农业等界别委员深入村、社区开展送医送药送法律送科技等活动。每年教师节，区政协领导走访慰问教育界政协委员，召开座谈会、茶话会，听取广大教师意见和要求。年末，区政协领导走访慰问低保户、特困户、老党员等。

区政协按照人民政协和统战工作方针，积极开展海外联谊工作，通过港澳台同胞、海外侨胞及其亲属参加中秋、迎新茶话会等渠道，接待联系回乡探亲、访友、经商、旅游的“三胞”，增进“三胞”对祖国、对家乡的了解和情谊，为发展经济服务。

2009年9月，区政协以纪念新中国成立60周年和人民政协成立60周年为契机，举办文史资料征集活动、专题图片展等系列活动。

区政协加强与上级政协和省内外兄弟单位的联络联谊，先后接待省内外政协组织、各民主党派、人民群众团体共200多批。通过参观、视察、交流活动，结合课题调研、经验交流等形式，加强联系，互相学习，为促进经济发展和社会进步提供支持。

企业家联谊会

2007年11月，区二届政协成立企业家联谊会，共有会员66人。2010年，调整增加到74人。新组建的企业家联谊会是以市、区政协部分企业家委员为主体，邀请部分区知名企业家和相关部门领导自愿组成的沙龙式民间组织，旨在加强企业家、政府及各部门领导间的交流沟通，构筑一个企业与政府间平等交流的平台。企业家联谊会每年不定期举办活动，研究探讨企业改革和发展的有关问题，反映企业界的意见和建议，促进企业间的团结互助、互通信息、共同发展，为经济发展服务。

诗书画联谊会

2009年9月成立，张亚平为名誉会长，施俊发为会长。诗书画联谊会设诗歌组、书法组、绘画组，汇集了来自全区机关、学校、企事业单位及社区在诗歌、书画创作方面有较高造诣的文艺人才，有会员55人。诗书画联谊会成立后，先后围绕新中国成立60周年和人民政协60华诞、南湖10年发展等主题开展诗书画征集、展览、交流等活动，并会同鸳鸯湖诗社等开展各类笔会交流活动，营造浓厚的艺术创作氛围，对提高全区干部群众的文化艺术整体素质起到了积极的促进作用。

人民政协理论研究会

2010年9月成立，会长张亚平，副会长祝秀平、施俊发、王天松、阮全海、陆建良，秘书长陆建良，副秘书长徐建良、严明根，理事4人。人民政协理论研究会团结全区政协组织、政协参加单位，热心人民政协理论研究的个人，通过学术研讨、学习交流、专题调研、发表理论文章等多种方式，积极开展中国共产党领导的多党合作和政治协商制度、人民政协理论与实践的研究，促进政协事业和经济社会发展。人民政协理论研究会围绕“履行政协3大职能，推进工作创新发展”开展理论征文活动，进一步深化政协理论研讨。

第六节　文史工作

区政协文教卫体与文史委成立后，2005年开始，《南湖文史》创刊，至2010年共编辑刊印10辑。主要涉及辖区内的古今名人、名胜古迹、风俗民风、名校老校、文化遗产、南湖古桥等内容。2005—2006年，组织力量，对辖区内各镇、街道的古今名人、名胜古迹、风俗民情等进行梳理，编撰出版《南湖文史》1~4辑，约22万字。2007—2008年，编撰出版《南湖文史》5~8辑，对区域范围内的老校名校历史资料和风俗民情进行收集、梳理，并编印嘉兴名人褚辅成专辑。2009年，健全文史研究员和联络员队伍，征集文史资料20余万字，编印《南湖文史》9~10辑，分别以纪念人民政协成立60周年和南湖区的桥为主题，并挖掘宗教历史文化，出版发行了首本文史图书《嘉兴太平寺史话》。2010年，围绕“南湖十年发展变化”主题广泛征集“三亲”（亲历、亲见、亲闻）史料，编印了《南湖新十年》一书，充分展示了南湖区10年艰辛创业历程。

1985年城区鸟瞰。上方是南湖，依次是拓建的中山路，运河、中基路，下方是月河

第十五篇

民主党派　工商联　社会团体

目 录

建区后，各民主党派在境内发展成员，建立组织，参政议政。先后组建了民革、民盟、民进、民建、农工、致公、九三学社7个民主党派基层组织，到2010年各民主党派，成(社)员230人。各民主党派与共产党互相监督，积极履行参政议政、民主监督职能，参与全区的经济、政治、文化等方面的建设，充分发挥人才优势，竭诚服务社会，为全区经济社会发展作出了积极贡献。

境内工青妇组织始于民国。1926年，共青团嘉兴支部成立，直属团中央。1927年，嘉兴相继成立各行业工会。1946年，嘉兴县总工会恢复。1927年，嘉兴县妇女协会成立。

解放后，相继成立工青妇组织。1950年5月，成立嘉兴县总工会(筹)。"文化大革命"前，召开六届工会代表大会。建区后成立市总工会城区办事处，2007年9月，区总工会成立。1949年11月，青年团嘉兴县(市)工作委员会建立。1952年，县(市)举行首次团员代表大会。1984年6月，共青团城区第一届委员会成立。1950年3月，市、县分别召开首届妇女代表大会，成立妇女联合会。建区后，相继成立共青团团委和妇女联合会。

建区后，设立市科协城区办事处。1990年，区残联成立。建区前侨务组织由市统战部门和政协兼任。2002年5月，成立区侨联。2007年12月，新嘉街道成立归侨侨眷联合会，是全区首个基层侨联组织。2000年12月，区工商业召开首届会员代表大会，组建区工商联(总商会)。2001—2003年，各镇街道先后建立基层工商联。到2010年，已相继成立8家行业协会。

第一章　民主党派

第一节　中国国民党革命委员会基层组织

组织机构

1984年6月6日，中国国民党革命委员会(简称"民革")嘉兴小组成立。1986年4月22日，嘉兴召开民革第一次代表大会，选举产生民革嘉兴市第一届委员会。2003年8月15日，民革秀城区支部成立，时有党员14名，由原民革嘉兴市直属第五支部整体划入。在一届一次党员大会上选举出支部委员5名；主委楼解民，副主委叶启明。

2006年7月30日，召开民革南湖区二届一次党员大会，举行换届选举，时有党员22名。2008年12月20日，民革南湖区支部升格为民革南湖区总支，下设3个支部，各支部主委分别由总支委员兼任，并选举2名支部委员。2010年年底，民革区总支有党员31名，主委楼解民，副主任叶启明。

参政议政

民革党员积极履行参政议政，民主监督职能。先后有8人担任市、区10个相关政府职能部门的人民监督员，有4人担任区政协第一届、第二届委员，其中，楼解民担任区政协一届、二届政协常委和市政协委员。

在历届市、区"两会"上，民革区总支委员立足区社会、政治、经济和文化建设积极建言立论，提出多个团体提案，其中《关于加快嘉兴工业园区建设和发展的建议》《关于对实施"十二五"规划的几点建议》《政企联动，推进集群产业转型发展》等提案的部分内容作为南湖区政协二届四、五次全会的大会发言材料，被区政协列为重点提案。《积极探索，创新农业面源污染治理的机制体制问题》提案中提出的建立初始排污权交易的建议，被市、区两级政府列入2011年政府工作报告，由环保部门在农业污染排污政策措施中予以运用。

服务社会

区民革支委每年都组织民革党员参加"三下乡"活动，利用党派法律、医药、教育类人才的优势，为广大人民群众提供报务。党员吕慧、张晖等多次为嘉兴市社会福利院、妇联、司法基层组织上法制课，进行法制宣传。施华新等企业家党员积极为困难群体及慈善捐款、结对助学，3年内捐款20多万元。

荣誉

历年来，多名党员获得多项省市级荣誉。2008年，楼解民被省民革评为全省基层工作先进个人称号，何建丽被评为嘉兴市学科带头人。2010年，总支委员会被民革省委会评为学习践行社会主义核心价值体系先进基层组织。

第二节　中国民主同盟基层组织

组织机构

1980年12月，中国民主同盟（简称“民盟”）嘉兴市第一届委员会成立。1984年12月，民盟嘉兴市委员会正式成立。2001年，民盟南湖区支部成立，由萧忠堃担任支部主委。2006年，民盟南湖区支部换届，由沈冰担任支部主委。

2009年3月，民盟南湖区支部升格为民盟南湖区总支，主委沈冰，下设实验小学支部、实验初中支部、综合支部、退休支部，分别由申海明、孙奔、陈培华和邱建华担任主委。截至2010年，民盟区总支有4个支部，盟员53人，其中高级职称29人，占总数的54.7%；中级职称占43.7%；女盟员29人，占54.7%。

参政议政

2001—2010年，盟员中先后有6人担任市、区人大代表、政协委员，多名盟员担任政府相关部门特约监督员、特约审计员、教育督导员。历年来，担任市人大代表、市、区政协委员的盟员们关注社会，关注民生，积极撰写质量较高的提案和意见建议，内容涉及教育、经济建设、外来人口就业、社会保障、社区服务、城市建设、环境污染、社会治安等，在市、区的“两会”上提出《加大社会监管力度 更有效遏止青少年犯罪》《市区交通整治状况调查及建议》《南湖区外来农民工生存现状分析与建议》等集体提案，受到了南湖区委、区政府的高度重视和肯定。

服务社会

民盟南湖区支部成立后，组织开展帮扶慰问贫困户、残疾儿童，向四川地震灾区捐款、与“新居民”子女学校结对助教等社会公益活动。每逢春节，都深入社区看望贫困户，给他们送上慰问金和生活品。2008年，总支通过盟市委向四川地震灾区捐款4600元。

荣誉

主委沈冰获得2007—2008年度民盟省委会先进盟员的称号。

第三节　中国民主建国会基层组织

组织机构

2003年8月，在中国民主建国会（简称“民建”）嘉兴市综合支部的基础上组建民建秀城区支部。2005年5月，民建秀城区支部更名为民建南湖区支部。召开第一次会员大会，选举陈俐任第一届支部主任，郑龙根、徐海明为副主任，朱晓红、查湘洁为支部委员，共有会员26人。

2006年7月，召开民建南湖区第二次会员大会，选举二届支部委员会。民建嘉兴市委会副主委陈俐连任民建南湖区二届支部主任，支部下设社情活动、老年活动和企业活动3个小组。2008年，支部升格为总支委后由朱晓红任民建区总支主委员，申灏、沈军为总支副主委。总支下设3个支部委员会。至2010年年底，民建南湖区总支有3个支部，41名会员。其中，大专以上学历23人，中级职称以上16人，担任企业董事长、厂长、经理16人。

参政议政

民建南湖区支委注重发挥参政议政、民主监督的作用。陈俐、郑龙根、朱晓红担任嘉兴市政协委员、南湖区政协委员10人（次），陈俐、郑龙根、周新镇，徐海明、申灏、吴耐冰、董建国担任南湖区政协常委3人（次），政协民主监督员3人（次），特邀行风监督员、督察员6人(次)。

民建区总支在南湖区政协一届、二届会议上共提交8件党派提案。其中,3件党派提案被列为重点提案,有5件党派提案被评为优秀提案,特别是2009年针对金融危机对中小企业的影响提出《树信心谋发展和衷共济帮助中小企业渡难关》的提案,被列为全区"一号提案",由政府主要负责人领办责成相关部门进行了落实。

至2010年,民建南湖区总支的政协委员在市、区两级政协会议上累计提交个人提案53件。其中,董建国、申灏委员5件提案被列为区政协重点提案。申灏在南湖区政协二届四次会议上提交的《创建电子商务园打造网络经济强区》等3件提案,不仅引起区相关部门的高度重视,同时得到媒体的广泛关注,《嘉兴日报》进行专门采访报道,产生良好的社会反响,国内、省内多家媒体网站进行转载报道。

2003—2010年,民建南湖区支部(总支)向党委、政府、政协、上级民建累计反映社情民意等有近百余份,引起相关部门高度重视,反映的问题得到解决或部分解决。社情民意工作被区政协评为2010年度先进集体。

2006年9月8日,由民建南湖区支部承办,面向中国企业家以及高级管理人员的教育培训机构"建华企业家课堂"浙江分课堂开课。其间,民建中央副主席黄关从,省人大常委会副主任、民建浙江省委会主委吴国华等领导与民建南湖区支部成员进行座谈,提出了加强民建参政议政工作的有关问题。2007年9月,创办《南湖民建》会刊。

服务社会

民建南湖区总支的多数企业会员担任企业董事长、厂长、经理,他们在各个行业发挥"领头羊"作用。陈俐创办的嘉兴市聚力源典当有限公司,为嘉兴市首家典当公司,先后荣获商务部市场监测工作"先进单位"、浙江省典当行业协会"先进单位"等荣誉。

王祖勇创办的常青藤光电技术(嘉兴)有限公司。2005年,成功开发"光学膜厚度控制传感器晶片",列入2005年浙江省火炬计划,同时列入2005年省级新产品。公司生产的核心技术处于国内绝对领先地位,在美国市场大约占了50%的市场份额,成为传感器晶片生产领域举足轻重的企业,并荣获省级科技创新企业。

姚晓冬热爱绘画事业,被民建中央聘为画师,董建国律师被浙江省乡镇企业局、中小企业局聘请为浙江省中小企业创业指导师,被嘉兴市政府聘请担任法律事务咨询团成员。

民建南湖支部的会员热心社会公益活动。2008年,对四川汶川特大地震灾区赈灾捐款,企业会员加上个人会员合计捐款15万余元;会员陈俐在创办的典当公司在嘉兴学院设立"聚力源爱心助学基金",当年就有10几名品学兼优的贫困学生得到了援助,每年公司及员工定期向基金注入爱心款项,累计已捐助贫困学生100多人,被嘉兴学院授予"心系教育、无私援助"的称号。2010年,支部发动会员捐资助学,资助南湖创业园外来民工子弟学校建立"民建图书角",首批捐书近1000册。

荣誉

2005年以来,民建南湖支部连续被民建嘉兴市委评为先进集体,2008年被民建浙江省委会评为"2006—2008年度先进基层组织"。2010年,再次被民建浙江省委会评为"2008—2010年度先进基层组织"。

2008年,会员姚晓冬被评为嘉兴市"十佳"青年。2010年,会员陈俐被民建中央委员会评为全国"优秀会员";申灏被民建浙江省委会评为省级"优秀会员";朱华、吴耐冰、王祖勇、宓俊彦被民建嘉兴市委会评为市级"优秀会员"。

第四节　中国民主促进会基层组织

组织机构

2001年9月18日,成立中国民主促进会(简称"民进")嘉兴市南湖区支部,有会员28人。经全体会员选举产生第一届支部委员会,沈志华任支部主任,万金鑫、谢仁杰任委员。2004年11月17日,增补吴春、王忠良为支部委员。2006年7月30日,民进南湖区支部召开第二次全体会员大会，选举产生第二届支部委员会，沈志华任支部主任，吴春、戴时农任支部副主任，王忠良、姜友良任支部委员。支部有会员33名。支部下设小学组、中学组和机关综合组，王忠良、姜友良、吴春分别兼任组长。2007年4月，市实验小学、市实验初中两所学校民进会员转入南湖区支部。至2010年，共有支部会员48名。

参政议政

支部成员中，沈志华、夏付良任嘉兴市五届、六届人大代表；吴春任嘉兴市五届、六届政协委员。顾云祥任嘉兴市六届政协委员。沈志华、吴春、姜友良、王忠良历任区人大代表和政协委员。

民进南湖区支部自成立以来，以“以党为师，立会为公，参政为民”为全体会员的共同价值理念，以“服务社会，参政议政”为支部的工作宗旨。支部充分发挥人才和智力优势，在发展教育事业、关注外来民工、促进经济转型升级等方面进行深入调研，积极向政府建言献策。在政协大会上提交的多份集体提案受到南湖区委、区政府的高度重视和肯定。《关于我区外来人口子女学校的调研》《建议政府尽快出台对幼儿教育贫困家庭实施扶贫助学工作的指导性意见》被评为优秀提案；《切实关心外来务工人员的业余生活》《关于加强我区社区教育的提案》被列为重点提案；《实行工业集聚开发》和《统筹城乡发展推进城市化进程中的农民再就业问题》两个课题分别于2008年和2010年被浙江省民进采纳为省级立项课题并受到表彰。

服务社会

2003年，在全区创建教育强区活动中，支部发动全体会员积极开展捐书活动，共筹集价值8000多元的图书，赠送给新丰镇横港小学、竹林小学。2005年起，支部与百花育才新居民子弟学校开展结对支教活动。每年向学校赠送文体活动器材，由支部会员中的骨干教师进行上课、听课，开展教学讲座等活动。并作为一项长期的特色活动坚持。

第五节　中国农工民主党基层组织

组织机构

2003年7月，成立中国农工民主党（简称农工党）嘉兴市南湖区一届支部，选举费爱华为主任委员，周月琴、王军跃为副主任委员，周晓林为支部委员，有党员15名。此后，发展党员9名，从农工市委会直属支部调入1名，年龄结构上趋于年轻化。

2006年7月，支部换届，农工党嘉兴市南湖区二届支部成立，费爱华为主任委员，许立、周月琴为副主任委员，王军跃、陈芬娟为支部委员。至2010年，有党员23名，职龄内党员14名，其中，公务员身份6名，现有副处级领导1名，副科级1名，部门中层3名，市人大代表2名，市政协委员1名，区人大常委会副主任1名、区政协常委1名，区政协委员2名。

参政议政

支部认真履行职能，积极发挥参政议政、民主监督的作用，部分党员受聘担任市、区两级审计机关的特约审计员、区检察院、区监察局、区卫生局、地税一分局、市交警支队行风监督员。每年在市、区“两级”人大、政协会议提案及建议22件，社情民意50余件。

服务社会

支部积极投身于社会服务，每年在基层开展义诊、医疗咨询、扶贫帮困等服务，部分党员与困难家庭、困难大学生结成帮困对子，常年给予关心帮助，4年来累计扶贫帮困捐款捐物7.8万元。

荣誉

2009年度、2010年度被农工党市委会评为先进支部，2010年度被农工省委会评为学习十七大先进基层组织。

第六节　中国致公党基层组织

组织机构

2008年5月，成立中国致公党嘉兴市南湖区支部委员会，选举张元卿为致公党南湖区支部第一届委员会主委，于晓萍、杨叶军为委员。成立之初共有致公党党员10名，至2010年共有党员12名。其中女党员6名，占50%。

参政议政

致公党南湖区支部成员中担任市人大代表一名，市政协委员一名，区政协委员一名。自支部成立以来，充分发挥自身侨海优势，广泛开展调查研究，积极履行参政议政、民主监督职能，为政府决策部门提出建设性的意见和建议。就实施经济转型升级、社区卫生等课题进行了充分的调研，在市、区的"两会"期间提出了《提高慢病合作医疗参保人员门诊药费报销比例的建议》《将"老社保"人员就医纳入社区卫生服务机构报销范围的建议》等团体提案、大会发言及委员个人提案，受到嘉兴市委市政府以及南湖区区委、区政府的高度重视和肯定。其中，《切实加强中小学安全教育》提案在区政府的高度重视下，职能部门积极落实提案建议，全区中小学学校的安全装备、人员配置上了一个新的台阶。

服务社会

南湖区支部先后与南湖区侨联、南湖区三水湾小学、北师大南湖附属学校全方位结对，通过组织不定期的义务咨询、文化交流、捐物赠书等各种活动，为和谐南湖建设尽到自己的责任。支部在2008年"5·12"汶川特大地震的抗震救灾工作中，张元卿积极捐款捐物，为灾区人民送去急需的物资，受到致公党中央的表彰。

荣誉

2005年，陆有德获得致公党中央全国优秀党员称号。2008年，张元卿荣获中国致公党"全国抗震救灾先进个人"称号。

第七节　九三学社基层组织

组织机构

1956年，建立九三学社杭州分社嘉兴直属小组。1981年，成立九三学社嘉兴支社。1985年，更名为九三学社嘉兴市委员会，全区九三学社人员参加市九三学社活动。2000年，成立九三学社南湖支社，马玉华为主任委员。

2006年7月，九三学社南湖支社进行换届选举，孔俭、韩钰彦、夏庆为委员，其中，孔俭为主任委员。2009年3月，南湖区支社更名成立九三学社南湖区基层委员会，下辖一、二、三支社，孔俭、韩钰彦、连育彬、夏庆、游锡坤为委员，其中，孔俭为主任委员、韩钰彦为副主任委员。2010年有社员22名，其中，具有高级职称占45.45%、中级职称者占54.55%。

参政议政

在九三学社南湖区支社员中，有1名省政协委员，2名市政协委员，曾先后有2名社员分别担任南湖区副区长、政协副主席。

九三学社南湖区支社充分发挥人才和智力优势，就实施经济转型升级、环境的污染和治理、就业和再就业情况、外来人口的生存状况等课题进行调研，在市、区的"两会"上提出《关于切实加强失土农民培训，促进失土农民就业的建议》《加强外来流动人口管理，促进经济社会协调发展》《发展循环经济，建设生态南湖》《加快建设生态南湖，促进人与自然和谐相处》《南湖区中小企业转型升级的若干思考》《流动人口子女教育现状和对策》《关于加强新市镇社区建设和管理的几点建议》等集体提案，受到了南湖区委区政府的高度重视和肯定。

服务社会

九三学社南湖区支社先后与南湖区辅成小学、

余新镇黎明村长期全方位结对，通过组织不定期的义务咨询、文化交流、捐物赠书和长期结对困难学生等各种活动，为新农村建设提供直接和全方位服务。

荣誉

南湖区基层委员会多次被评为浙江省先进基层组织。

2010年南湖区民主党派负责人及党派人数情况表

表15-1

民主党派机构名称	现届次	负责人任职情况				人数（人）
		主委	任职期限	副主委	任职期限	
民革	第二届	楼解民	2008.12—2011.7	叶启明	2008.12—2011.7	31
民盟	第二届	沈　冰	2006.7—2011.7	沈陈良、赵桂芳	2006.7—2011.7	53
民建	第二届	陈　俐	2006.7—2011.7	郑龙根、徐海明、朱晓红	2006.7—2011.7	41
民进	第二届	沈志华	2006.7—2011.7	吴春、戴时农	2006.7—2011.7	48
农工	第二届	费爱华	2006.7—2011.7	许立、周月琴	2006.7—2011.7	23
致公党	第一届	张元卿	2008.5—2011.7	—	—	12
九三	第二届	孔　俭	2006.7—2011.7	韩钰彦	2009.3—2011.7	22

第八节　区工商业联合会（总商会）

县　市工商联组织

1949年12月11日，嘉兴市工商业联合会筹备委员会成立。1951年10月，召开首届会员代表大会，成立嘉兴市工商联，后更名嘉兴县工商联。1966年9月起，停止活动，1978年8月，恢复活动。1984年更名嘉兴市工商业联合会（总商会）。

区工商联组织

2000年12月，区工商联召开首届会员代表大会，组建秀城区工商联（总商会），选举产生会长1名、副会长7名。嘉兴市中华化工有限公司董事长朱贵法当选为区工商联首位企业家会长。2001年至2003年8月，新丰镇、新嘉街道、新兴街道、余新镇先后建立基层商会组织。2005年12月，区工商业联合会（总商会）召开第二次会员代表大会，选举产生第二届执行委员会，沈锦坤当选为会长，副会长14名，秘书长1名。2007年4月，计百姓为工商联（总商会）党组书记。6月，区工商联召开二届四次执委会议，增选计百姓为区工商联（总商会）副主席。2007年4月至12月，凤桥镇、七星镇、大桥镇、

2000年12月18日，南湖区工商业联合会第一次会议

东栅街道、南湖街道、解放街道、建设街道建立基层商会。

至2010年，会员总数1200余家，其中企业会员1157个，团体会员21个，个人会员22个。

参政议政

深入实际调查研究，组织人员到会员企业、基层商会、个人会员当中进行调查研究。在各届人大和政协会议上，工商联会员中的人大代表和政协委员提交各种建议90多条，其中代表建议案40多条和政协委员提案30多件，涉及区域内的城镇规划、城市交通、环境保护、非公有制经济发展等方面的建议案和提案中的建议意见多数被政府采纳。

自身建设

加强组织建设 按照“稳步发展，调整结构，提高质量”的工作思路，区工商联对懂统战、热心工商联工作和社会公益事业的非公有制经济人士中的积极分子发展吸纳到组织中来。

在发展会员中注重优化会员组织结构，对爱国、敬业、诚信、守法、积极参与光彩事业、社会公益事业的会员，区工商联认真推荐、提高他们的政治、社会地位。至2010年，会员中有市人大代表12人、市政协委员9名、区人大代表32人、区政协委员45名。

思想政治工作 区工商联组织非公有制经济人士认真学习中国共产党各届代表大会精神，以及全国工商联九大、十大和各级有关会议精神，坚持“团结、帮助、引导、教育”的方针，开展“致富思源、富而思进”活动和企业文化建设。

积极推动民营企业文化建设，把企业的健康发展同党和国家前途的命运紧密联系起来，自觉加强对党的基本理论，特别是社会主义初级阶段理论的学习和研究，不断地调整企业的经营思路和策略，规范管理，做到爱国、敬业、守法、守信用、讲信誉、重信义。

采取多种行之有效的方法，经常开展深入细致的思想政治工作，保证了工商联工作的正确政治方向。区工商联会员受各级表彰的290人次，涌现了省、市劳模朱贵法、赵其法等。

主要活动

发挥职能作用 认真履行党和政府赋予工商联的职能，坚持以会员办会，以服务立会、以实力兴会的原则，为广大会员提供信息和科技、管理、法律、会计、审计、融资、咨询等服务，增强工商联在非公有制经济人士中的凝聚力和吸引力。

信息服务 加强与全国各地工商联友好商会的联系，加强与区有关部门的协作，收集大量信息为会员提供可靠的信息服务。2008年6月，创建区工商联（总商会）网站，介绍区及工商联（总商会）招商引资等优惠政策，为会员企业提供产品供求信息，加强产品宣传力度。

教育培训 积极开展对非公有制经济代表人士的培训工作，帮助会员改进经营管理、完善财会管理、照章纳税、提高生产技术和产品质量。举办非公有制经济人士培训班20期，组织23名非公有制经济代表人士到中央党校学习培训。2001—2010年，组织10名非公有制经济人士到全国各地考察学习10余次。举办展销会、推介会等10余次。

维权服务 区工商联热情接待会员来信来访，积极向上级及有关部门反映会员的意见、要求和建议，通过区工商联的协调，成功处理会员合法权益的事件有10多件。利用元旦、春节前后走访慰问会员，增进了解加深友谊。

商务活动 引导会员热心社会公益事业，积极参与“光彩事业”，致富思源、富而思进，扶危济困、共同富裕、义利兼顾、德行并重，发展企业、回馈社会。近10年来，工商联会员为区经济建设和各项公益事业捐款捐物2000多万元。

行业协会

2008年以来，先后成立8家行业协会，发展会员510家。境内还有通信产业行业协会、电子商务行业协会、美容美发行业协会和照相婚庆商会4家市属行业协会。4个行业协会各配备专职秘书长。

南湖区旅游协会 2008年3月26日成立，选举嘉兴市假日旅行社有限公司顾明庆为会长，副会长7名，常务理事8名，理事16名，秘书长，执行秘书长各1名，为嘉兴市首家县级旅游协会。会员企业32

家,主要从事旅行社、酒店,旅游景区等行业。协会发挥服务、自律、协调、监督的作用,沟通政府与企业的联系,维护会员的合法权益,加强企业与生产者、消费者之间的联系,为企业服务。

南湖区足疗保健协会　2008年5月19日,区足疗保健协会成立暨第一次会员大会召开,选举南湖区城西黄龙太极足道会所杨德喜为会长,副会长4名,理事9名,秘书长1名。全区注册足浴企业90余家,专营足疗保健企业30余家,协会发挥行业服务、自律、协调、监督的作用,沟通政府与企业的联系,维护会员的合法权益,加强行业内部企业之间、企业与生产者、消费者之间的联系,为会员服务,为企业服务。

南湖区美容美发协会　2008年7月29日成立,共有会员企业30家参加。选举嘉兴阿龙美容美发城胡久龙为会长,副会长16名,理事12名,秘书长1名。会员主要有美容、美发行业、养身、健身等行业的企业和个人。协会倡导行业自律,提倡职业道德,为社会提供诚信服务,加强同业联络,维护同业利益,密切政府与企业的联系,起到桥梁与纽带作用,推动全行业的健康发展。

南湖区餐饮行业协会　2008年11月24日成立,选举石启铃为会长,常务副会长6名,副会长7名,理事15名,秘书长1名。会员是境内从事餐饮服务的企业、热心研究并支持餐饮行业发展的单位、研究机构、其他有关法人团体或组织、从事餐饮行业经营的实际工作者、从事餐饮理论研究并支持餐饮行业发展的个人。境内有大小餐饮企业500余家,协会发挥服务、自律、协调、监督的作用,沟通政府与企业的联系,维护会员的合法权益,加强行业内部企业之间、企业与生产者、消费者之间的联系,为会员服务,为企业服务。

南湖区金融行业协会　2009年5月23日成立,选举中国人民银行嘉兴市中心支行侯育彬为会长,副会长12名,理事18名,秘书长1名。会员主要是从事各银行分行及支行、保险公司、担保机构、典当行业等。协会坚持支持经济发展,发挥沟通、服务、协调作用,加强政府、金融机构和企业之间的联系,促进金融与地方经济的协调发展。

南湖区咨询行业协会　2009年5月25日成立,选举嘉兴信业税务师事务所有限责任公司张成民为会长,副会长7名,理事13名,秘书长1名。协会宗旨贯彻执行党和国家的方针、政策和法律法规,发挥服务、自律、协调、监督的作用,沟通政府与企业的联系,维护会员的合法权益,加强行业内部企业之间、企业与生产者、消费者之间的联系,为会员服务,为企业服务。

南湖区西餐咖啡茶饮行业协会　2009年5月26日成立,选举南湖区城东名门浮水印西餐咖啡厅陈高翔为会长,副会长5名,理事10名,秘书长1名。协会主要由从事西餐、咖啡、茶饮行业的企业、组织和个人组成。协会发挥服务、自律、协调、监督的作用,沟通政府与企业的联系,维护会员的合法权益,加强行业内部企业之间、企业与生产者、消费者之间的联系,为会员服务,为企业服务。

南湖区零售行业协会　2009年5月26日成立,有31家会员企业参加成立大会,选举江南大厦股份有限公司徐忠为会长,副会长10名,理事5名,秘书长1名。境内有零售企业近万家,协会发挥行业作用,沟通企业与政府和职能管理部门的联系,维护会员的合法权益;加强行业内部企业之间,企业与生产者、消费者之间的联系,为会员服务,为企业服务,为搞活流通、繁荣市场、推动境内零售事业发展服务。

第二章　社会团体

第一节　工　会

建区前工会组织

民国时期工会组织　1927年2月,在中共嘉兴独立支部领导下,嘉兴的绸布业、米业、药业、印刷业、搬运工人等相继成立工会。3月初,嘉兴第一个产业工会纬成公司裕嘉分厂工会成立,中共党员施恩武和唐文彪为负责人。之后,嘉兴县临时总工会成立,中共嘉兴独立支部书记顾作之任委员长。“四一二”反革命政变后,县总工会被破坏。1928年4

月，国民党嘉兴县党部成立嘉兴县工会整理委员会，后成立县总工会。日伪统治时，裕嘉分厂等部分工人离厂，福兴丝厂被伪中华蚕丝公司侵占后，全厂600余名职工离去。1946年6月，国民党嘉兴县总工会复成立。1949年2月，民丰纸厂职工成立产业工会。

嘉兴县工会组织　1949年8月6日，市总工会筹委会成立。1950年5月，嘉兴县、市合并，改称县总工会筹备委员会，李侨为主任。1950年7月，嘉兴县召开第一次工人代表大会，24日，举行一届一次会议，选举产生常务委员会委员13人，主任1人，副主任1人。1951年5月，嘉兴县、市分设，同年10月，成立嘉兴县总工会筹备委员会。1953年12月，嘉兴县总工会筹备会更名为嘉兴县工会联合会筹备委员会。1954年6月，召开嘉兴县第三次工人代表会议。1955年10月，召开嘉兴县工会联合会首届一次工会会员代表大会。出席代表49人，列席代表7人。大会选举产生嘉兴县第一届执行委员会委员13人、候补委员3人；刘继运任主席、瞿绪芳、盛文开任副主席。1958年3月，县、市工会联合会合并办公，更名嘉兴县工会联合会，赵月英任主席、沈秉廉任副主席。1958年11月，嘉兴县工会联合会与嘉善县工会联合会合并为嘉兴县工会联合会。1959年4月，更名为嘉兴县总工会。1961年4月，嘉兴县与嘉善县分设，嘉兴县总工会主席楼掌观。1962年3月，吕火荣任主席，副主席赵月英、沈永泉。1963年4月，嘉兴县工会第六次代表大会召开，参加会议代表125名。5月，选举主席吕火荣，副主席赵月英、林良荣，同时选出县工会第六届经费审查委员会。“文化大革命”期间，县总工会受到冲击，建立县工人革命派代表会议。1967年12月，县工人革命代表会议召开会议。1970年12月，召开县第二次革命职工代表大会，会议选举顾海栋为主任。1973年5月，建立嘉兴县工会筹备小组。1978年4月，嘉兴县工会第九次代表大会召开，出席大会代表944名，选举产生主任卞瀛生、副主任王存梅、冯惠珍、朱明忠、郭成宝。1981年3月，改为嘉兴市总工会。

建区后工会组织

1983年8月建区后，成立嘉兴市总工会城区办事处。

2000年6月，更名秀城区办事处。2005年5月，更名为南湖区办事处。2007年5月，成立南湖区总工会筹备委员会。同年9月，南湖区总工会成立，陆建良任主席，储彬、李静任副主席。下设办公室和基层工作部。2010年，全区有镇工会5个，街道工会6个，系统工会4个；全区工会组织总数757家，覆盖企业2027家，会员总数11.8万人。

2007年9月21日，南湖区总工会成立大会

镇、街道系统工会一览表

表15-2　　单位：人

单　位	成立年份	工会主席	变更情况	基层工会 2010年9月止	会员 2010年9月止
新丰镇工会	1953	钟勤民	1958年撤消，1981年重建	99	15300
凤桥镇工会	1984	刘羽泉	—	89	14200
余新镇工会	1994	张有法	—	90	15000
七星镇工会	1994	谢根祥	—	55	8100
大桥镇工会	2002	沈桂英	—	107	15000
东栅街道工会	2000	吴佳敏	—	53	7101

续表15-2

单　位	成立年份	工会主席	变更情况	基层工会 2010年9月止	会员 2010年9月止
建设街道工会	2000	张金宝	—	25	15000
新兴街道工会	2000	高水华	—	15	1100
新嘉街道工会	2000	谢惠珍	—	23	1100
解放街道工会	2000	许根华	—	12	600
南湖街道工会	2000	张剑舟	—	24	1326
区公安分局工会	1989	蒋光明	—	—	—
区教育系统工会	2002	丁丰献	—	—	—
区机关工会工会	2000	沈翠明	—	—	—
嘉兴科技城工会	2009	杨玲珠	—	—	—

主要活动

发挥职工国家主人翁作用　1950年，各级工会成立肃清反革命委员会，协助政府捕办混入职工队伍的汉奸、特务、工贼、封建把头等80余人。1951年，支援抗美援朝，职工踊跃捐献飞机大炮；“三反”“五反”运动中，组织职工对资本家违法行为进行揭发和斗争。1956年，协助政府实现了国家对资本主义工商业和手工业的社会主义改造。中共十一届三中全会后，各级工会组织职工积极参与改革开放。

2007年，区总工会成立后，新建职代会制度37家，累计291家。2009年，开展“集群智、聚民意、促发展”主题活动，全年新增实施职代会制度37家，全区非公有制企业职代会制度覆盖面75%以上。至2010年7月，境区国有、集体企业和教、科、文、卫等事业单位的职代会建制率100%，已建工会企业建立职代会制度1623家，建制率80.06%。

维护职工权益　1999年，成立区职工技术协会首届委员会。2008年，成立区职工维权帮扶中心，镇(街道)级维权站11个，村、社区和企业维权点237个。建立基层劳动争议调解委员会471家，有专兼职相结合的调解人员607人。同年，成立区职工法律服务团，接待职工来电、来信、来访咨询，协助劳动部门调处劳资纠纷，帮助职工追讨工资。调处农民工案件500多起，人数4300多人。全面开展推进工资集体协商工作，共签订集体合同485份，覆盖企业1871家，覆盖会员10.4万人。

关心职工生活　解放初期，工会参与劳资协商，协助政府发放救济金，通过组织生产自救、介绍就业及动员回乡务农等，解决职工生活困难。1952年，解放前留下的2000多名失业工人基本就业。1951年起，各级工会监督厂方执行劳动保险条例、建立抚恤制度、为职工办好各项福利事业，实行男女同工同酬，维护女工权益等各项制度和具体措施。20世纪70年代后，各级工会积极做好计划生育、优生优育、晚婚晚育、独生子女奖励和职工的疗、休养等工作。“文化大革命”期间，职工疗、休养一度中断，1978年恢复。2008年，组织企业和职工向汶川大地震灾区捐款668万余元，物资22万余元，奉献特殊工会费16万元。2009年，建立困难职工档案118户，帮助5000余名外来职工购买返乡车票。2010年，全区各级工会筹款慰问困难企业、困难职

2008年2月22日，七星基层工会为新居民职工办年夜饭

工、困难劳模、农民工、环卫工人等，资助困难职工家庭学生并发放助学金。同时开展"农民工就业援助行动"，组织家政服务技能培训，开展职业介绍，提供就业岗位3472个。

职工教育　20世纪50年代，工会开展职工扫除文盲、补习文化工作。9年间，嘉兴县脱盲228444人，占青壮年职工总数的85.32%。1978年起，以市总工会职工业余学校为主要基地，对"文化大革命"期间初中未毕业的职工补习文化和初级技术。1980—1984年，平均在校生3700人。1985年起，职工业余学校转入高中文化教育和职业技术培训。2008年，在区首届职工技能运动会上30名职工被评为"技术操作能手"，获得国家高级工资格证书。2009年，有3人在区第二届职工技能运动会上，破格获得技师职称、12人获得高级工程师职称。2010年，3名厨师在第三届职工技能运动会上获国家职业资格技师证书。

职工文体活动　1949年，嘉兴市总工会(筹)创建工人体育协会和文工团，成立篮球队、排球队和美术创作组、文艺创作组，各大厂工会先后创办职工俱乐部和体育协会。1953年，嘉兴市、县总工会分别建立电影放映队，建立厂文工团。1954年，嘉兴市举行职工运动大会。改革开放以来，大力开展职工文体活动。区职工积极参加业余文工团、业余文艺创作组、兴趣爱好小组、各类体育比赛活动。2007年后，区总工会连续举办两届为百名优秀外来职工赴无锡活动；举办汇金杯职工卡拉OK大赛；举办区企业职工文化建设论坛；开展企业报和企业之歌评选活动；举办以"创业、创新、奋斗、和谐"为主题的职工文化建设成果展；组织职工群众参加国庆南湖儿女游园会。2010年，全区各级工会共举办文体活动354场次，参与职工4.1万人次。举办"感受文字之美、尽享读书之乐"为主题的征文活动；打造"红五月"职工文化品牌，举办南湖区"劳动者之歌"职工文艺演出等。

2009年9月27日，南湖区庆祝建国60周年劳模事迹报告会

附：工会系统全国先进集体

1956年：嘉兴民丰造纸厂新产品试制小组

嘉兴绢纺厂财务科

嘉兴血吸虫病防治站第二小组

1959年：嘉兴炼焦厂

嘉兴搬运装卸站

1960年：嘉兴第一医院

2001年：全国五一劳动奖状：浙江欣欣饲料有限公司

2007年：全国"五一"劳动奖状：96345社区服务求助中心

2007年：全国模范职工小家：浙江中法投资股份有限公司

2008年：全国"工人先锋号"：96345社区服务求助中心

第二节　共青团

县(市)共青团组织

1926年2月，共青团嘉兴支部成立，直属团中央，有县城和新塍两个小组，团员6人(其中中共党员4人)，中共嘉兴独立支部书记沈选千兼负责人，不久，由中共党员黄一平任支部书记，4月，吴剑青任书记。次年4月，方叔昆任书记。11月，共青团机关与共产党、县总工会机关同时遭国民党右派破坏。1928年4月，共青团嘉兴支部重建。1929年，境内共青团组织消失。

1949年11月，青年团嘉兴县(市)工作委员会建立。1952年，县(市)普遍举行首次团员代表大会，成立县(市)团委。以后，随县市体制变动而撤并或恢复。"文化大革命"后，共青团停止活动。1971年，恢复共青团组织机构。

区共青团组织

1984年6月，成立共青团嘉兴市城区第一届委员会，团委常委4人，团委委员8人。1987年10月，召开共青团嘉兴市城区第二次代表大会，团委常务委员4人，团委委员7人。1991年2月，召开共青团第三次代表大会，选举产生共青团嘉兴市城区第三届委员会，团委常务委员4人，团委委员8人。1993年11月，成立共青团嘉兴市城区第四届委员会，团委常务委员6人，团委委员8人。2001年，成立共青团嘉兴市秀城区第五届委员会，团委常务委员5人，团委委员16人。2004年9月，成立共青团嘉兴市秀城区第六届委员会，团委常务委员6人。2005年5月，更名中国共产主义青年团嘉兴市南湖区委员会。2007年，成立共青团嘉兴市南湖区第七届委员会。2010年12月，成立共青团嘉兴市南湖区第八届委员会。

2010年，共青团南湖区委下设办公室，全区基层团组织有基层团委19个，基层团工委9个，团总支20个，团支部225个，共有团员8897名。

截至2010年嘉兴市城区共青团组织情况表

表15-3

年份	团委数（个）	团工委数（个）	团总支数（个）	团支部数（个）	团员数（人）	其中女团员数（人）	青年数（人）	团员青年比例（%）	当年发展新团（人）	超龄离团（人）	当年团员入党（人）
1984	—	—	—	—	—	—	—	—	—	—	—
1990	6	—	20	157	3001	1646	19571	15.33	374	252	55
2000	—	—	—	—	—	—	—	—	—	—	—
2007	16	8	18	489	8911	—	—	—	—	—	107
2010	22	9	23	598	9344	—	40731	22.9	1755	253	178

截至2010年共青团南湖区历任书记名录表

表15-4

届　次	职　务	姓　名	任　　期
共青团嘉兴市城区第一届委员会	书记 副书记	张亚平	1984.6.2
共青团嘉兴市城区第二届委员会	书记 副书记	陆　勤 俞志宏	1987.10—1989.12 1989.12—1990.12（主持工作）
共青团嘉兴市城区第三届委员会	书记 副书记	俞志宏 蒋晓辉	1991.2—1992.8 1992.7—1993.11（1992年起主持工作）
共青团嘉兴市秀城区第四届委员会	书记 副书记	蒋晓辉 陈敏红	1993.11—1996.5 2000.9—2001.4
共青团嘉兴市秀城区第五届委员会	书记 副书记	陈敏红 盛　刚	2001.4—2004.9 2003.8—2004.9
共青团嘉兴市南湖区第六届委员会	书记 副书记	陈敏红 盛　刚	2004.9—2007.4 2004.9—2007.4
共青团嘉兴市南湖区第七届委员会	书记 副书记	沈新良 沈　洁	2007.4—2010.5 2007.4—2010.12

续表15-4

届　次	职　务	姓　名	任　　期
共青团嘉兴市南湖区第八届委员会	书记 副书记 副书记	沈　洁 冯月苹 朱　敏	2010.12—2013.8 2010.1—2013.12 2010.12—2013.12

组织建设

团区委始终把基础建设作为根本保障，深化团建基础工程，创建10个“团建工作示范点”，实现示范点单位“一团一品”工程，以示范点为典型带动全区的基层团组织建设。依托业余党团校、青少年网站等阵地，积极探索基层团（工）委书记交叉授课、团干部兴趣小组、团支部书记小讲坛等新载体，举办团干部周末课堂、团干部培训班、基层团干部务虚读书会、专题讲座、辅导报告会等理论学习活动，坚定广大团员青年的理想信念。开展以团组织创业承诺、团员先锋承诺为主要内容的“双承诺”活动以及争创“五四红旗团委”“五有团支部”活动，使团的基层组织建设得到规范和加强。

主要工作

政治思想教育　结合共青团工作实际，围绕庆祝建党周年、建军周年、“五四”运动等重大节日，广泛开展贴近青年、形式新颖的教育活动，引导广大团员青年深入了解党史、军史、团史，牢固树立“永远跟党走”的坚定信念。同时，引导青少年进一步认真学习实践科学发展观，用社会主义核心价值观体系武装全团、教育青年，使马克思主义中国化的最新成果真正深入青年头脑，并转化为自觉行动。团区委以爱国主义教育基地、博物馆、社区、农村等场所为主要活动阵地，连续8年开展青少年暑期社区实践活动，开展各类活动3000余项，参与青少年近10万名，团区委也曾多次荣获浙江省中学生暑期“四个一”社会实践活动组织工作奖。

引领青年创业创新　团区委通过开展青年文明号信用示范月活动、青年文明号创业创新示范行动、青工服务技能竞赛、青年岗位练兵等实践活动，引导青年职工爱岗敬业、钻研技术、创业创新，不断提高职业文明和岗位技能水平。全区建立9家“青年就业创业见习基地”，提供见习岗位80余个。联合浙江禾城农村合作银行推出青年创业贷款，2007年以来共向全区507名创业者发放青年创业贷款9075万元，为信用良好、还款及时的创业青年提供295万元的信用贷款。还积极探索适合初创型青年创业者的信贷模式，通过“大户带小户”的方式，鼓励青年积极投身创业实践。为提高青年的创业意识，联合人事、三产、妇联等相关部门组织实施大学生创业援助计划，召开大学生创业工作座谈会，组织参与2009“星耀南湖·嘉兴市青年科技创业项目大赛”和第二届“创业浙江”——青年创业创新项目竞赛，其中4个科技创业项目获奖。

青年志愿者工作　扎实推进“一助一”结对式经常性志愿服务、“孝心暖夕阳，关爱见真情”结对空巢行动、“低收入青少年关爱行动”“情暖老干部”“三五”志愿者便民服务等品牌活动，积极为市、区组织的大型活动提供志愿服务。近五年来，累计有24.7万人次为社会提供各类志愿服务近300万小时，在扶贫助困、医疗救助、社区建设、环境保护、大型活动、抢险救灾等不同领域做出重要贡献，在传播文明新风、推动社会和谐发展方面发挥积极作用。2010年，全区登记注册志愿者71462名，镇（街道）志愿者服务站11个，志愿者服务点212个，志愿者服务队近千支。

2009年3月，市区“三五”学雷锋志愿服务活动

爱心助学行动 近年来每年开展“共青团与人大代表、政协委员面对面”活动，扎实推进青少年维权工作，拥有省级优秀青少年维权岗5个，市级优秀青少年维权岗7个。关注特困青少年、农村留守儿童、孤残青少年等弱势群体，连续13年开展“托起明天的太阳”爱心助学行动，已累计为辖区900余名贫困学子发放助学金50余万元，从学习、生活、思想等多方面关爱贫困学生。针对新居民学生开展7期微心愿认领活动，覆盖辖区4所民工子弟学校，累计为900余名新居民子女完成心愿；结合嘉兴结对新疆沙雅的契机，连续开展2期青年公益篮球赛，将95627元公益金捐至新疆沙雅县援建学校和贫困学生，用于购买教学器材和学习用品等，巩固两地民族团结友谊。

共青团南湖区委先后获2009年度省先进县级少工委、省中学生暑期“四个一”社会实践活动组织工作奖。2009—2010年度，省共青团先进工作信息站。2010年度，共青团服务农村青年创业工作先进县(市、区)。

至2010年，全区在青年文明号集体、青少年维权岗等创建活动中，有全国级青年文明号2个，省级5个，市级37个；省级“优秀青少年维权岗”5个，市级“优秀青少年维权岗”7个，省级“保护母亲河号”2家，省级“保护母亲河生态监护站”1家；1人被评为全国农村青年创业致富带头人，3人被评为浙江省青年星火带头人。

第三节 妇联

解放后妇女组织

1949年年底，由王存亭负责筹建嘉兴县妇女联合会。1950年3月7—9日，嘉兴县召开首届妇女代表大会，成立由17万妇女参加的嘉兴县民主妇女联合会筹备委员会。1950年7月，嘉兴县第二届妇女代表大会召开，成立嘉兴县民主妇女联合会。1952年10月9—11日，举行嘉兴县第三届二次妇女代表大会。1953年5月下旬，召开嘉兴县第四届一次妇女代表大会。1954年10月15—19日，嘉兴县第五届一次妇女代表大会。1957年11月，嘉兴县民主妇女联合会改为妇女联合会。1966年2月28日至3月3日，召开嘉兴县第六届妇女代表大会。“文化大革命”期间，嘉兴县妇联组织处于瘫痪状态。1973年6月26—28日，嘉兴县第七届妇女代表大会召开，大会选举产生嘉兴县妇女联合会第七届委员会，县妇联的组织机构基本健全。1978年10月16—18日，召开嘉兴县第八届妇女代表大会，选举执委39名，常委13名，主任徐玉英。

区妇联组织

1983年9月，建立嘉兴市城区妇联。1984年9月11—14日，召开区第一次妇女代表大会。选举执行委员会委员15名，常委7名，主任徐玉英。1987年10月18—20日，召开区第二次妇女代表大会。选举产生城区妇女联合会第二届执行委员会委员15名、常委7名，沈秀英任主任。1992年10月31日，召开城区第三次妇女代表大会，选举产生区妇女联合会第三届执行委员会委员15名、常委5名,沈秀英任主任。1993年10月，妇联主任改称主席。1994年11月至2000年6月，区妇联与市妇联合署办公。2001年3月4—5日，区第四次妇女代表大会召开，会议选举产生秀城区妇女联合会第四届执行委员会委员19名、常委5名，祝秀平任主席。2001年8月，龚良初任主席。2003年增设副主席一名，6—10月吴红秀任副主席。2003年10月至2007年5月杨奕任副主席。2006年4月10—11日，区第五次妇女代表大会召开。选举区妇联第五届执行委员会委员21名。常委7名，龚良初担任主席。2006年8月至2008年7月，杨奕和吴红秀任副主席。2008年7月，胡琼玉、陈静芬任副主席。

2001年3月4日，区第四次妇女代表大会会场

主要活动

“双学双比”“巾帼建功”活动　建区后，围绕区委、区政府中心工作在农村妇女中以开展“学文化、学技术、比成绩、比贡献”“双学双比”活动为载体。1990年3月，全区有4364名农村妇女报名参加“双学双比”，占农村妇女劳动力的15.76%，其中乡镇企业女职工1520名。1990年3月7日，嘉北乡顾家浜村章建琴被授予“全国双学双比先进女能人”称号。1993年，全区有1.6万名妇女参赛，举办实用技术培训班134期，3972人参加。

从1992年开始，全区城镇妇女中开展“巾帼建功”活动，根据各行业特色和妇女的特点，狠抓系统行业竞赛、发挥行业优势，积极开展岗位建功赛、科技攻关赛、市场建功赛、经营管理赛，每年赋予竞赛活动新的内容。

2000年后持续开展“巾帼赛”活动，全区共有12000名农村妇女接受农业科技培训，1200名农村妇女获得“绿色证书”，281名妇女获得农民技术员职称。发挥小额贴息贷款作为妇女创业“助推器”作用，有656名创业妇女得到扶助共培育“妇字号”龙头企业15家、“妇字号”培训基地4家，“双学双比”示范基地27个，起“双带”作用的女能手95名。在城镇，大力实施巾帼社区服务工程，提高妇女的创业和就业能力，由各级妇联扶持的社区服务实体23个。依托特色产业和专业市场，培育女经纪人队伍，全区有创业、再就业带头人20名。发展建立以来料加工为主的社区爱心编织站等基地30多个。

五好文明家庭创建　1983年，区妇联在全区开展五好家庭的评比活动。1988年，五好家庭评比纳入精神文明建设的总体规划，开展“争当好婆婆”“好媳妇”和“好女儿”“好母亲”等单项竞赛活动。2000年7月，各级妇女组织围绕“家”字做文章，开展以邻里和睦为主题的“睦邻节”及“树文明新风、扬家庭美德”的广场文艺活动，开展“千名好妈妈观新貌、游古镇”“城乡结对、共同成长”的城乡文明家庭结对等家庭文化活动。组建一批以妇女为主的健身队、腰鼓队、宣传队、服务队等巾帼志愿者队伍。至2010年，全区建成文明家庭121442户，建成率84.84%。建立各类“学习型家庭”联系户1000户。

2009年春节，五好文明家庭送春联

先进集体和个人　“双学双比”“巾帼建功”活动涌现出一大批先进个人和集体。2001年，大桥镇云东现代农业示范基地被命名为浙江省双学双比生产基地。2002年，新丰镇朱明宝获得浙江省“妇字号”营销大户称号。嘉兴市实验小学2005年获得省三八红旗集体；嘉兴市南湖斋食品有限公司、嘉兴绿晨食品公司等5家单位获得省妇字号农业龙头企业；嘉兴十八里葡萄研究所获得浙江省双学双比科技示范基地。至2010年，有市级“巾帼文明岗”53个，省级15个，96345社区服务求助中心为全国巾帼文明岗；褚富宝荣获2008年全国双学双比女能手、2009年获得全国三八红旗手称号；嘉兴十八里葡萄研究所所长张全英等6人2010年获得省三八红旗手标兵，骆叶青等3人获得省巾帼建功标兵；新丰镇民丰村等3个村获得省巾帼示范村。

维护妇女儿童合法权益

1986年，区妇联开展多种形式的维护妇女儿童合法权益宣传活动，开展以幻灯宣传，黑板报、宣传栏和翻印资料等形式进行宣传教育，召开宣讲大会326次，广播会435次。1987年，开展打击拐卖妇女儿童犯罪专项斗争。1989年5月，市人大开展执法检查，全区订小亲、调换亲等分别比1984年下降81%和46%。在乡镇企业中男女同工同酬问题初步解决。

2000年6月，区妇联立足完善区、镇、街道、村、社区，小组四级妇女组织，做好来信来访接待工作，逐步健全横向维权平台。与公安分局联合成立从区到社区的三级反家庭暴力维权站，与司法局联合建立法律援助站，建立“2977138”农行妇女维权热线和心理咨询接待站。在各社区建立姐妹谈心站，成立社区家长学校，维护妇女儿童合法权益。从2005年开始，在全区广泛开展“平安家庭”的创建活动，村、社区平安家庭创建面达100%。2008年，区妇儿工委办被评为省妇女维权工作先进集体。2010年，新丰镇中心小学妇委会被评为省巾帼文明岗。

为妇女儿童办实事

建区后，把幼儿入托难问题列入为民办好十件大事之一，提倡国家、集体、个体一起，先后为5所幼儿园翻建园舍。1988年，区妇联创办嘉兴市文昌路幼儿园，现为省二级幼儿园。1992年3月14日，区妇联成立三八服务中心。1992年6月1日前后，组织4500多名儿童参加游园活动，开展幼儿保健咨询等服务。1992年12月，联合区文教局举办保育员培训班。1993年6月1日，区妇联联合区文教局举办区第三届中小学文化艺术周。1994年，创办嘉兴市清河幼儿园（后为省二级幼儿园）。2002年，清河幼儿园接收新嘉街道穆河小区配套幼儿园，成立清河幼儿园穆河分园，现为省二级幼儿园。2003年5月，文昌路幼儿园接收南湖街道万舟社区的配套幼儿园，成立文昌路幼儿园万舟分园（为省一级幼儿园）。

从2002年开始，区妇儿工委成员单位开展的三期“春蕾计划”结对活动，有62名贫困女童得到结对帮扶。从2005年开始，联合区慈善总会开展六期主题为“同样的蓝天、同样的爱”活动，慰问贫困儿童和在校学生，赠送电脑、体育用品以及慰问金等。

2007年开始，深入开展“姐妹手拉手”扶贫帮困送温暖活动，每年走访慰问全区贫困女党员、贫困妇女、外来妇女。会同各镇妇联对贫困妇女家庭走访调查，开展贫困母亲扶助活动。每年春节期间开展“情系关爱基层行”活动，“三八”妇女节举办各类书画及歌咏及送温暖活动，端午节前后举办“我做香囊送健康”活动。2010年“六一”儿童节期间，开展师生结对、爱心慰问等活动。

第四节　中国少年先锋队

县少先队组织

1950年1月10日，嘉兴中学60名学生举行少年儿童队入队仪式。1952年，嘉兴县中小学基本上都建立了少年儿童队。1953年6月，改名为中国少年先锋队。中小学设大队部和总辅导员，教学班设中队或小队，配辅导员。“文化大革命”期间，少先队为“红小兵”取代。1978年10月恢复少先队。1985年7月，召开嘉兴市首届少先队员和辅导员代表会议，产生少先队嘉兴市首届工作委员会。

1988年，嘉兴光明街中心小学、新丰镇小学等12个大队部先后获全国少先队红旗大队称号，光明街小学六（2）、中山路小学六（1）中队，获全国少先队优秀中队称号。

区少先队组织

建区后，召开区首届少先队员和辅导员代表会议，成立中国少年先锋队城区工作委员会，区属各学校成立大队部和大队辅导员，各班设中队、小队，配辅导员。1994年11月，市区合署，少先队员工作由市团委统一管理。2000年市、区行政区域调整后，2002年，中国少年先锋队区第一次代表大会召开，成立少先队区第一届工作委员会。

2005年，召开中国少年先锋队区第二次代表大会，选举产生少先队区第二届工作委员会；

2008年，召开中国少年先锋队区第三次代表大会，选举产生少先队南湖区第三届工作委员会；当年全区有少先队员3.6万余名，大队54个，中队930多个。

到2010年，全区少先队员在科技创新方面获得全国级奖项47项，省级奖项212项，余新镇中心小学被评为首届“全国科技教育十佳学校”“全国科技之星”；6所学校被确定为嘉兴市少先队规范化建设示范学校和中学共青团规范化建设示范团委；省级优秀辅导员4名，市级优秀辅导员4名；全区已建有各类实践和教育基地88个，少年军（警）校20个，少先队队室35个，图书室40个，红领巾广播站37个，红领巾网站25个，鼓号队和铜管乐队13支。

主要活动

1955年，少先队开展“我为祖国捡粮”活动。20世纪60年代少先队开展“学雷锋”，80年代开展“爱祖国、爱家乡”“学科学、爱科学”“学英雄、争做好少年”等活动，建立各种兴趣小组，活动内容丰富，形式灵活多样。1982年，实现“红领巾”市，队员发展到2454万人，基层队1888个，辅导员7671人（大、总队1594人，中队5849人，校外228人）。

1990年，市少年宫、区团委、区文教局、《嘉兴日报》联合举办“学赖宁”征文活动，少先队员写心得体会、日记等应征作品85193篇，获奖作品登报，受到各界好评。区成立学雷锋、学赖宁、送温暖等小队918个，10300余队员做好事57589（人）次。开展了“我与祖国共奋进”“红领巾心向党”“民族精神代代传”“网上祭英烈”等教育活动，约有10余万人次参加。

2000年以后，开展“共创和谐，从我做起”、“微笑承诺迎奥运，爱心传递颂和谐”等各级各类主题实践活动1200多次，参与青少年达6.4万人次；全区少先队员雏鹰争章率达到92%，开展各类争章活动达660余次。8人获得四星级雏鹰奖章，12人获得三星级雏鹰奖章，107人获得浙江省少先队文明礼仪章，秀城实验教育集团获全国青少年文明礼仪教育示范基地；组织开展了首届“十佳少先队员”评选活动，有8名少先队员获得了“浙江省优秀少先队员”称号。

2010年，全区开展“红领巾与祖国同在、与队员同行、与社会同进、与时代同步”“歌唱祖国歌唱党快乐童年大家唱”“祖国发展我成长”“童眼看嘉兴”少儿摄影大赛、“我爱祖国我爱党诗歌朗诵比赛”“童心向党”歌咏比赛等系列活动；开展“网上祭英烈 共铸中华魂”“我是少先队员我光荣”等主题教育实践活动。“托起明天的太阳”爱心助学行动不断深化，3年来共向270余名贫困学生发放爱心助学金8万余元。文昌路小学、钧儒小学100多名学生与新疆阿克苏地区沙雅县小学生开展“少年儿童手拉手”活动。

全区城市少先队员雏鹰争章率达到96%，农村少先队员雏鹰争章率达到90%，建立争章活动基地15个，3所小学被确定为省级《纲要》试点学校；深化“优秀青少年维权岗”创建活动，创建省级“优秀青少年维权岗”3家，市级7家；深化“保护母亲河号”和“保护母亲河生态监护站”创建活动，创建省级“保护母亲河号”2家，省级“保护母亲河生态监护站”1家。

全区少先队员在科技创新方面获得全国级奖项47项，省级奖项212项，余新镇中心小学被评为首届“全国科技教育十佳学校”“全国科技之星”。6所学校被确定为嘉兴市少先队规范化建设示范学校。

第五节 科学技术协会

县科协组织

1956年9月23日，县科学技术普及协会举行成立大会，会议选举杨含清为主任，副主任刘建中、金辉映、康润仁，并设立农学和医学两个学组。1958年年底，建立新的嘉兴县科学技术协会，召开科普委员全体扩大会议，将原有的各级科普组织改组为科协。在大跃进时期，科普活动基本停止。1963年10月，嘉兴县科协第一届代表大会召开，选举产生嘉兴县科协第一届委员会主席沈如淙、副主席沈彪、周学章、陈志蔚、楼掌观、司建兴。1981年9月8—10日，市科技工作者代表大会召开，参加这次大会的有工业、农业、基层建设、交通邮电、财贸和文教卫生等各个方面的四百多名科技工作者的代表。选举产生嘉兴市科学技术协会第二届委员会，选举主席徐张奎，副主席谢春田、周学章、徐沂、戴应如、王惠芬。

区科协组织

建区后，设立嘉兴市科协城区办事处，作为市科协的派出机构，任命谢春田为市科协城区办事处副主任，1990年任谢春田主任，梅魁为副主任。1997年3月至2000年9月，秀城区和秀洲区办事处合并成立基层部，任命周杏宝为基层部部长。1996年，在区各街道建立科协组织。2000年9月，任命陈忠祥为副主任，2002年1月任主任。

主要活动

配合实施“星火计划” 建区后，紧紧围绕区委、区政府的中心工作，开展各项科普活动。积极配合“星火计划”的编制和实施，使科学技术和两个文明建设更加紧密的结合起来。城区的“星火计划”主要以为城市服务、富裕人民为宗旨，着重开发南湖六号桥鸡场的蛋、塘汇雪菜小包装产品开发以及南湖菱的加工等禽蛋生产和名优特产产品。组织科技人员和各行业能手为实施计划发挥自己的聪明才智。

金桥工程 1993年2月，启动金桥工程，依靠广大科技工作者，面向经济建设，在科技与经济之间“架桥”，促进科技与经济的有效结合，促进科技成果向现实生产力转化，促进高新技术的推广与应用，促进技术创新和技术市场的繁荣与发展。在该项目助推下余新镇实施“万亩晚稻免耕直播工程”，推广应用新型栽种技术面积5万亩，增收粮食700多吨，节约成本700万元；七星镇的雪菜高产高效模式种植推广技术，仅一年，全镇雪菜种植户就增收60多万元；大桥镇的葡萄简易棚栽培技术就为大桥镇果农减少生产成本22.4万元，增加效益131.9万元。

科普教育基地 动员全社会力量，利用社会科普资源，在全市范围内建设一批科普教育基地，以基地为载体开展各种形式科普活动，普及科学知识，弘扬科学精神，提高公众科学素养。至2010年，浙江东方地质博物馆、梅花洲休闲农业与乡村旅游示范园被列为省级科普教育基地，市级科普教育基地6家，区级科普教育基地19家。

农村专业技术协会 农村专业技术协会是由从事农业、农村专业技术研究和科学普及推广的科技工作者、专业技术能手，以及农村专业技术协会（联合会）自愿组成并依法登记成立的社会公益性科普社团，先后有凤桥镇三星村水果专业技术协会、南湖区生姜技术协会、南湖区葡萄专业技术协会。

函授培训 中国农村致富技术函授大学嘉兴市分校成立于1989年。以培训农村科技人才为目标，积极推广农村实用技术。区科协每年都开展农函大培训，积极培训农村专业技术人才。会同农业经济局在中学生中抓好农函大和绿色证书培训。2001年，同有关部门在余新镇招收农函大中专学历班考试率达100%。2002—2003年，被评为省农函大先进分校。2002年，区镇两级科协开办种科技实用培训班28期。2003年，组织全区农村党员、镇干部以及村干部进行适用技术和市场经济知识和农函大培训，首期开班123名学员参加培训。2004年，举办各类短训班26期，组织各类专家210多名，开展咨询服务，发放各类科普宣传和实用技术资料3.3万多份。

农民技术职称 1988年7月26日，开展农民技术人员职称评定工作。至2010年，全区拥有高级技师的农民有22人、技师职称的有357人、助理技师职称的有976人、技术员职称的有4491人。

全国科普日活动 2003年9月，举办第一届区“金秋科普”系列活动，有区级各部门参与联动，从镇、街道到村、社区；走进校园走进企业，针对不同人群开展有重点的科普主题宣传活动，连续举办十四届全区性的“金秋科普”系列活动。从2005年起，在每年9月的第三个公休日作为全国科普日活动集中开展的时间。2010年，全国科普日活动相关信息在嘉兴科学网、新闻媒体连续报道，科普讲座、发映科普电影放映10场，还制作科普图板、挂图，发放科普小册子等。

科普画廊 科普画廊是展览科普宣传图片、展板、挂图、视频等，直接面向公众传播科学和技术知识的固定科普设施。到2010年，全区建科普画廊105个，其中乡镇34个、街道71个，实现全覆盖。

第六节 残疾人联合会

残疾人组织

区残联机构 1990年秀城区残联成立，鲁瑞娟任主任。1994年11月，区残联并入市残联，设秀城区工作部，开展残疾人文体宣传、扶贫解困、信访维权、组织建设等工作。2001年6月9日，市首家社区残疾人协会在西马桥社区成立。

区残联 2008年1月11日，成立区残疾人联合会，陈天英任第一届主席团主席，陈月明当选区残联执行理事会理事长；2月28日，区政府残疾人工作委员会成立；9—10月，先后成立区残疾人体育协会；区盲人协会、聋人协会、肢残人协会及智力精神残疾人亲友会。2009年11月，区残联选聘38名残疾人专职委员。2010年，王炳林担任区残联执行理事会理事长；5月，11个镇(街道)残联全部选配专职理事长。区残联荣获2002年度省先进残联；2005年新嘉街道荣获全国残疾人工作先进乡镇(街道)，西马桥社区荣获全国残疾人工作先进社区。

2010年，全区有残疾人2.98万人，持证残疾人6266人。各类持证残疾人中，视力残疾805人、听力残疾548人、言语残疾64人、肢体残疾3328人、智力残疾829人、精神残疾539人、多重残疾153人。

残联工作

残疾人教育 保障残疾人平等享有教育权利。残疾儿童在公办幼儿园接受教育给予减免保育费；对于需要康复训练的聋儿、脑瘫儿、智障儿、视障儿和孤独症儿，给予减免教育康复训练费用。对残疾人学生以及贫困残疾人家庭子女考取高中(中专)及以上，给予奖励和补助。开展爱心助学活动，为20名残疾学生提供助学资金，确保残疾学生及残疾家庭子女不因贫困而辍学。

残疾人就业 保障残疾人平等就业的机会和权利。2009年1月，在南湖街道小康家园建立残疾人集中就业的工疗机构，集中安置残疾人36人。同月，与区财政联合出台政策，鼓励残疾人自主创业，对从事个体工商业、种养业给予补助；扶持基地建设，通过基地+农户、企业+农户的做法，实现农村残疾人家庭的增收致富。2010年，命名6家残疾人扶贫基地，扶持贫困残疾人家庭116户。

2008—2010年，帮助残疾人培训电子商务知识，开设网店；选送盲人按摩师参加盲人按摩提高班及盲人计算机应用；推荐视力残疾人参加省盲人初级按摩培训班；选送肢体残疾人参加全省举办的速录培训班；举办21期残疾人技术培训；举办手语培训三期等。至2010年年底，全区残疾人实现正规就业1807人，从事个体工商业252人。

依法开展残疾人就业保障金征收工作，规范保障金征收程序，加大征收力度，2008—2010年，共征收残疾人就业保障金3510.55万元。

残疾人康复 2004年，依托社区卫生服务中心(站)，建立4个残疾人康复指导中心和残疾人康复指导站，推进全区“20分钟康复圈”建设工作。2008年，开始全面开展康复工作，也是全省全面开展“小康工程”之年。以残疾人“人人享有康复服务”为目标，使广大残疾人普遍得到就近、就便的康复服务。全区设立康复中心12家，康复站29家。2010年，全区共有971人受益“小康工程”，其中“助明工程”552例，“助行工程”33例，“助听工程”386名，通过各种康复手段，使残疾人回归社会，参与社会活动。

残疾人文体活动 利用新闻媒体和全国助残日、爱耳日、国际残疾人日等节日开展宣传活动。2002年，区代表团荣获市第三届残疾人运动会团体第一名。2003年，荣获省“九五”残疾人康复工作先进市县；1998—2002年，全省残疾人体育先进单位。2004年，建设街道脑瘫女孩殷欢欢出版24万字的长篇小说《柔柔女孩心》。2005年10月，区代表队荣获市残疾人棋类比赛团体第一。5月，区精神卫生康疗中心启动仪式在新篁卫生院举行；6月，举办区首届特殊奥林匹克运动会；7月，承办市第二届特殊奥林匹克运动会。10月，南湖街道小康家园重度残疾人康复训练图片在“辉煌六十年——中华人民共和国成立60周年成就展”上参展，成为全国唯一反映残疾人工作的参展图片。2010年1月，组织35名残疾人运动员参加市第五届残疾人运动会；6月，举办区第三届残疾人运动会；8月，举办“绽放生命 共享阳光”残疾人文化艺术周书画展评和声乐比赛活动。2009年，参加省第六届残疾人艺术会演活动。

维权和社会保障

残疾人维权 2009年6月，联合区司法局共同举行“南湖区残疾人法律援助绿色通道”授牌仪式，在各镇、街道残联建立残疾人法律援助工作站，所有村和社区配备法律援助信息员，完善残疾人法律援助体系和工作机制，保障残疾人合法权益。2010年5月，在全区开展“扶残助残—法律援助专项行动”，为残疾人实际挽回经济损失309.575万元。

残疾人保障　全区共建立6家小康家园，为残疾人提供日间照料、集中托养、康复、文体娱乐等服务。对家庭人均收入低于低保标准的二级以上残疾人，单独施行最低生活保障，全额享受低保金。至2010年年底，全区有234名残疾人享受基本生活保障工程。

对残疾等级为一级且生活无法自理的重度残疾人实施居家安养、日间照料或集中托养。家庭人均收入在低保标准150%以内的，集中托养每年补助9000元，居家安养、日间照料每年补助3900元；其他家庭集中托养每年补助4500元，居家安养、日间照料每年补助1950元；且财政按一名护理人员照顾4名残疾人的标准，补助集中托养机构护理经费每年每人1.8万元。至2010年年底，全区有242人享受托(安)养工程。

2009年开始，对家庭年人均收入在低保标准150%以内家庭的残疾人，参加城乡居民养老保险给予补助。2008—2010年，发放特困残疾人优惠证，可享受电费、水费、有线电视收视费等优惠；为重度贫困残疾人定期补助；给本人有就业要求但一时难以就业的残疾人给予补助；给个体户参加养老保险给予个人缴费部分30%的补助。

第七节　归国华侨联合会

侨务组织

建区前侨务组织由市统战部门和政协兼任。2002年5月，区成立归国华侨联合会，陆有德任第一届侨联主席，俞华良、杨先斌、李其红为副主席。2007年5月，区侨联换届，张元卿任第二届侨联主席，陈锡慧、沈中华、徐丹利、许红、丁慧玲、王小玄、叶耀坤、万亚丁任副主席。2007年12月，区新嘉街道成立归侨侨眷联合会，为全区首个基层侨联组织。

基本侨情

20世纪80年代，嘉兴县有华侨、外籍华人9784人，分布于42个国家和地区，大多数旅外侨胞已加入外籍，成为外籍华人。许多华侨、华人在当地已成就事业。其中，政治上有地位、经济上有实力，社会上有影响或学业上有造诣的有851人，占总数的8.9%。数学家陈省身、环保学家沈铎均在美国成为知名的或蜚声国际的学者专家。

2007年，经侨情普查，全区有海外华侨、华人(含港澳居民)1600多人，留学人员400多人，侨眷2500多人。其中，海外华侨、华人亚洲(500多人)、欧洲(120多人)、美洲(900多人)大洋洲(90多人)。2007—2010年，每年出境人数在1000人左右。

侨务活动

建区前，侨务活动由市统战部门和政协发动侨眷侨属参加社会主义建设，团结侨胞热爱祖国。在20世纪80年代后，主要执行侨务政策、保护侨胞利益，处理政治遗留问题、平反冤家错案、落实侨胞私房政策，全区共落实59户、4735平方米。对归侨、侨眷(属)在“文化大革命”期间被查抄、没收的钱物、精简下放等问题，按规定落实政策，并照顾解决了许多归侨、侨眷(属)亲属夫妻分居、子女升学、就业、住房分配、工作调动等问题，对其中的知识分子按照政策和实际可能从优照顾。1978年以来，国家放宽归侨、侨眷出国定居政策，对申请出境探亲定居的归侨、侨眷，政府侨务部门给予关心协助。

国家对外开放后，重点做好华侨、港澳同胞、台湾同胞和外籍华人回国回乡探亲访友、洽谈商务，进行科学、技术、文化交流、观赏旅游的活动。依照“热情接待，多做工作”的精神，加强联络联谊，加大海内外交流交往力度。

区侨联还积极联络侨商港商，引进侨资兴办企业，为经济建设和改革开放服务。2004年，区侨联会同新兴街道卫生院，创建全省首个归侨侨眷健康服务部，通过侨属外贸企业资金担保，扩建诊疗大楼，改善医疗环境，使街道卫生院被评为省级社区医疗示范点。区侨联委员陈培青在社区创办颇具特色的小儿中医门诊，为小儿患者提供质优价廉的医疗服务，被外来务工者称为“最贴心的爱心门诊”。

2007年4月，成立香港南湖同乡会，南湖、香港两地交流日趋活跃，区侨联连续5次接待香港南湖同乡会乡亲回乡访问。每年的“南湖之春”经贸活动，均邀请香港同乡会班子成员参与，邀请嘉兴港澳政协委员到区考察。

组织侨眷代表和在南湖区的侨胞参加全区各界人士中秋联谊会、迎春酒会等，通报形势，相互交流，增进友谊。开展对侨户家庭轮访工作。区侨联先后参与举办纪念改革开放30周年广场文艺晚会、庆祝新中国成立60周年侨界人士共话发展座谈会、“喜看家乡新变化”考察南湖新貌和新农村建设、参观世博会、“南湖儿女在海外”图片展等活动，进一步凝聚侨心，增强侨联组织的活力。

第八节　农民组织

农民协会

1949年秋，嘉兴县成立农民协会筹备委员会筹委会，由中共县委书记和民运部长兼任正副主任。

1950年，嘉兴县建立农民协会，有会员154290人，占农村人口的51.11%。是年春，嘉兴县召开首届农民代表大会，选举县农协委员会，马吉德当选主任。1952年10月，曹洪源继任主任。区、乡农协配备专职干部，村农协选举产生不脱产委员及主任。

1954年，全区互助合作组织迅速发展，各级农协先后停止活动。

解放初的几年中，各级农民协会在带领农民反对封建制度、实行土地改革、保护农民利益；组织农民生产、举办合作社、发展农业和副业、改善农民生活；保障农民的政治权利、提高农民的政治和文化水平、参加政权建设、支援解放战争等方面，做了大量工作。

1949年下半年，在建立区、乡人民政权的同时，就发动农民群众建立农协机构。

农协建立后，协助政府肃清匪特，废除伪保甲制度，建立人民政权，恢复与发展农副业生产，督促地主富农缴纳公粮，在农村中发挥了重要作用。1949年，农协会员中的先进分子先后加入共产党和新民主主义青年团，选拔当了区乡脱产和半脱产干部，35970人当了不脱产的村政权及工、农、青、妇、民兵、自卫队干部。农协会员在政治上翻身和减轻受封建剥削的同时，在经济上也获得斗争果实，初步改善了生活。不少乡村农协还抽出部分果实或集资，办供销合作事业和教育事业。农协积极领导生产，1949年夏秋发动会员排涝抗灾、点灯诱蛾、采卵除虫，帮助政府办好农贷蚕贷等。减租后，农协协调租佃关系和雇佣关系。

1950年10月，嘉兴县土地改革委员会成立，随即举行农民代表大会，全面发动土地改革。各级农协是协助政府进行土地改革的执行机关，根据国家土地改革法，组织农民划阶级，定成份，没收、征收，分配土地和其他斗争果实。在土改工作队帮助下，到1951年上半年，顺利完成了消灭封建土地所有制任务。土改后，农民领到人民政府颁发的土地所有证，生产积极性空前高涨。嘉兴县南湖乡八字桥村姚岩宝，1952年4月创建嘉兴地区第一个以“土地入股，统一经营”为特点的初级社。评为省劳模，参加全国赴朝慰问团出访朝鲜。翌年初夏，朝鲜参观团回访姚岩宝农业社。1951年，省农业劳模嘉兴县荷花乡沈三山、油车港养猪模范张阿妹在全专区影响也较大。

贫下中农协会

1964年，开展社会主义教育运动，省、地区在1965年先后建立各级贫农、下中农组织。1965年2月22日，举行嘉兴县首次贫农、下中农代表大会，到会代表2135人，会上成立县贫农、下中农协会筹委会，中共嘉兴县委书记徐永三兼主席。到1966年，建立贫下中农协会，先后举行过5次代表大会。“文化大革命”期间，县造反派夺了贫下中农协的权，成立贫下中农代表大会，简称“贫代会”。粉碎“四人帮”后，召开贫下中农代表大会恢复贫协组织活动。1978年9月，宋明高兼任嘉兴县贫协主席。1983年后，贫协机构撤销。

附:解放前境内主要政治组织

中国国民党

1912年建立中国国民党嘉禾县支部,支部长陈仲权。支部在袁世凯篡权后被取缔,以后国民党人在嘉兴活动频繁,未建立组织,曾用“丙辰俱乐部”名义活动。

1924年8月,以顾作之、王贯三为骨干,建立国民党嘉兴临时县党部(筹)。次年夏,临时县党部成立,顾作之为常委。1926年2月,国民党嘉兴第一次代表大会召开,清除右派成立县党部。次年,“四一二”反革命政变后顾作之等撤离,县党部一度由陆志棠负责。后国民党省当局派魏廷鹤为嘉区六县党务特派员来“清党”,7月,派姜维贤为驻嘉“清党”专员,组织“清党委员会”。8月,改为县党部改组委员会,陈乐山为常委。10月,又改为县党部临时执行委员会,林超为常委。1928年5月,改为县党部指导委员会,沈明才为常委。当时下设7个区党部及3个直属区分部,每一区党部辖3个区分部,对过去所有党员重新办理登记,登记党员200余人。

1929年1月,嘉兴县国民党召开代表大会仍称第一次,选举产生了第一届执行委员会和监察委员会。至1937年共有7届。第一届至第七届执行委员会常务委员有陈乃和、陆志棠、朱振凡(连任5届)等;监察委员会常务委员分别为黄传相、陈乃和(连任2届)、沈大瓒、陶琢如、沈士奇、沈明才等。

1937年11月,嘉兴沦陷后,所有党政机构停顿。1938年1月,在余姚县成立国民党嘉兴县行动委员会,行使沦陷后的嘉兴党政职能,主任委员陆志棠。同年6—7月间,省党部任命陆志棠为嘉兴县党部特派员,设办事处,秘书朱振凡。9—10月间,国民党组织机构变更,省党部改任许敏中为国民党嘉兴县党部书记长,要求许返回嘉兴县重建国民党组织。许敏中任职不到一年,调任平湖县县长,省党部改派卢其美为书记长(未到任),后又改派王梓良为书记长,王梓良在嘉兴县凤桥镇设立县党部。1942年,侵华日军实施“清乡”,嘉兴县国民党党政机构又瓦解,王梓良等人去天目山设立后方办事处,王梓良为书记长兼县长,办事处主任陈乃斌。1944年,王梓良带领在天目山的人员返回凤桥一带活动,县党部也设在凤桥,书记长仍为王梓良。抗日战争胜利后,国民党嘉兴县党部由凤桥迁入城区,党部设在道前街原图书馆左侧,后迁至鸣阳门孔庙,组织机构迅速扩大,国民党区分部由抗日战争期间的几个扩展到50余个。

1946年起,国民党县党部由干事制改为委员制。到1949年5月,国民党嘉兴县共产生两届委员会。第一届执行委员会书记长王梓良,监察委员会常务委员王纯农。1947年10月,国民党与三民主义青年团合并,三青团干事并入执行委员会,监事并入监察委员会。党团合并后,国民党嘉兴县党部下设区分部63个,共有国民党党员1700余人。

三民主义青年团

1939年夏,三民主义青年团(简称“三青团”)浙江省支团海盐分团筹备处在武原镇成立,辖海盐、嘉兴、海宁、平湖、嘉善、桐乡、崇德7县。筹备处主任徐志余,书记沈麟趾,于游击政府所在地,发展团员数十名。1940年,由海盐县长钟家洲兼筹备处主任。同年3月,分团部(筹)迁凤桥石佛寺。1941年,嘉兴、嘉善、桐乡、崇德4县从海盐分团划出,成立嘉兴分团筹备处。1942年,编队名册记载有4个区队、16个分队,团员215人。赵炽为主任,郑重为任书记。1944年,朱希任主任,书记王梓良,后戴文浩继任书记,实际主持人王文琛,后王文琛任书记,总干事陈乐平。1944年,有6个区队、18个分队,团员288人。

1946年2月,沈麟趾为筹备处主任,戴文浩任书记。是年春,嘉善、桐乡、崇德3县团组织从嘉兴分团划出,单独成立分团。此后扩大发展,在城乡吸收了大批团员,许多乡镇长和乡镇干事都发展为团员,区队、分队遍及各界。1947年6月,成立干事会,沈麟趾为干事长、戴文浩为书记,常务监察吴寿彭。是时,嘉兴分团部有28个区队、88个分队(2个直属分队),团员1017人。10月,党团合并,参加登记的团员转为国民党员,合并时成立嘉兴县党团统一委员会,三青团领导人员均任国民党县执监委。

1943年,嘉兴县抗日政工队解散,改组为嘉兴青年战地服务队，归三青团分团领导。1945年10月，战地服务队撤销。抗日战争胜利后，三青团掌握的组织有县青年文化供应社、职业青年联谊社及王店青年服务社、义务小学等。

中国民主社会党

1947年5月，谢廷琦等人筹备建立中国民主社会党（简称民社党）嘉兴县党部。7月11日，民社党任命谢廷琦为民社党嘉兴县党部筹备委员会主任委员。县党部筹委会成立后，设立城区、新塍等8个区分部，发展党员100多人。

县党部设在中山路台州会馆，党员中台州人居多，台州旅禾同乡会的主持人都是民社党党员。民社党在嘉兴还办有《明报》作为舆论工具。

民社党建立嘉兴县党部，主要是为竞选立法委员拉选票。1947年11月间，民社党县党部在嘉兴东门老大东旅馆开会，参加竞选"立法委员"的上海某棉纺织厂老板陈大器讲话承诺，竞选成功后，对大家都有利益，每人送羊毛围巾一条、好钢笔一支。

中国青年党

青年党的前身为中国国家主义青年团。抗日战争前夕，王店镇忻奇（忻士奎）参加国家主义青年团，并在王店发展10多人成立一个小组。抗日战争期间在王店以"集邮"为名开展活动。1946年，转为青年党。次年7月，省党部派忻奇为嘉兴县临时党部主席，成立了青年党嘉兴县临时县党部。同年10月，嘉兴县选举国大代表，青年党的汤肇封（上海中华时报经理）参加竞选落选，青年党中央向国民党大闹，演出一幕丑剧。

青年党在嘉兴先后发展党员46人，其中王店地区有33人。

国民党组织的工农妇及商会组织

1927年"四一二"反革命政变后，国民党嘉兴县党务指导委员会、县党部，派员指导成立县工会整理委员会，随后嘉兴县成立县总工会。沦陷后，活动停止。抗日战争胜利后，1946年嘉兴成立总工会，由阮成智任理事长。

"四一二"后，国民党嘉兴县党务指导委员会、县党部，分别指导成立县农协整理委员会，组建县农会。1927年3月，嘉兴县农民协会成立。1931年，嘉兴县农会辖33个乡农会，有会员28280人。抗日战争胜利后，又成立嘉兴县农会，辖44个乡农会，有会员14778人，会长曹宪章。县农会曾推广除螟、施用化肥、改良养蚕等科学技术。同时，成立嘉兴县渔会，有会员761人，会长王纯农。

"四一二"后，国民党嘉兴县党务指导委员会、县党部，派员指导重新登记，成立县妇女协会。沦陷后，各县妇女协会基本上停止活动。

1926年2月，国民党嘉兴县党部下设妇女部，领导妇女参加国民运动。1927年3月，嘉兴县妇女协会成立，有方英、陈乃和等先后担任会长。1940年，在游击区由吴巧珍等发起，把因"七七"事变而分散无法活动的妇女会组织起来开成立大会，因日本侵略军进犯尚未选举而中断。1945年10月，恢复成立嘉兴县妇女会，28日，召开全县第一次会员大会，有会员106人。1947年11月，嘉兴县妇女会第一届第二次代表大会召开，出席代表22人。大会选举产生9名理事，石令晖为理事长，并当选出席省妇女会代表，有委员13656人。

清光绪二十八年（1902）设嘉兴府商务总局，两年后改称嘉属商务总会，下属县、镇先后成立商会组织。1924年4月，经陆初觉发起，嘉属商务总会第一张《嘉兴商报》发行，报道新闻与商情。1928年筹备成立嘉兴商民协会。1931年2月9日，嘉兴商会成立，签到会员320人，选举姚子桐、高仲兰等15人为执委，钱伯英、韩笃初等7人为监委。20日，通过《嘉兴县商会章程》。商会成立了筹建会所委员会。筹建会所委员会第一次会议通过决议，要求县政府将第二期拆城筑路余地，即商品陈列所附近划拨2亩左右以备建造县商会，或请于荷花堤浙南公所前填浜之地全部拨给。1945年9月29日，县商会整理委员会推定孙定阳为主席。其决议有：收集敌伪资料，供政府为惩治汉奸之参证；推定各业同业公会整理委员；接管伪商会等。1949年5月4日，商民独立中队在蒋志新主持的嘉兴各民众团体联合办事处管辖下，维持地方治安。1949年底，经嘉兴工商业联合会（筹）统计，县城厢商户有1977家，从业人员5216人,资本金239万元。

中统特务组织

1933年,国民党省党部在杭州开办训练班,各县党部抽调一人集中训练,施以特务教育。回县后,充当调查员开展特务活动,向浙江省党部调查室提供各种情报并发展特务组织。省党部又直接派人来开展特务活动,指挥下属调查人员。

1936年4月,省党部特务室成立嘉兴督导区,任命督导员,管辖嘉属七县,嘉兴县设县特务室,重要镇设通讯员。督导员数次更易。1938年8月,省党部特务室改为调查室,下属督导员制改为站长制。任命嘉区工作站站长,辖嘉属七县,各县均设常驻调查员和党政情报室。

1939年6月,嘉区工作站改为第三战区司令长官部特派员办公处嘉区工作站,工作站设在新塍。

1943年,敌伪清乡,工作站撤到桐乡、乌镇一带。1944年春,杭州、嘉兴两个工作站合并为杭州湾工作站,站址设新塍。1945年10月,杭州湾工作站改组为嘉湖工作站,1946年结束。

抗日战争胜利后,省党部在嘉兴继续设置基点进行特务活动。1948年秋,省党部调统室派专人来嘉兴加强对地方的控制,并任命嘉兴组正副组长,进行特务活动到解放时。

军统特务组织

1937年10月,军统头子戴笠指派蒋剑民等携带电台至海北成立乍浦直属组,蒋剑民任组长,专事搜集情报。1938年7月,军统嘉兴小组进入城区,塘湾街设正昌杂货店为掩护。1939年春,成立行动组,组长朱经魁配有武器,活动于海北各县。同年冬,副组长茅西林被敌伪逮捕,小组撤至乍浦。同年10月,成立军统局浙江站。1940年春,在新篁成立浙江站海北督察室。1942年秋,敌伪清乡,海北军统活动中断。1943年秋,蒋剑民任军统浙西站站长,恢复海北特务工作,建立秘密的嘉兴组。1946年9月,张开运任浙江站直属通讯员,负责嘉兴军统活动,1948年3月,张调任军统局浙江站副站长,嘉兴工作由张云负责。1948年5月,成立海北组,7月又改为嘉兴组,在嘉兴设秘密信箱。

1949年1月,嘉兴组撤销,同年4月27日,张开运奉军统头子毛万里之命,在嘉兴组织海北流动组,在凤桥镇进行潜伏活动。6月7日被破获,军统特务组织被摧垮。

1949年8月3日,国民党保密局特务顾克家潜入境内收罗散匪,为首组织东南人民反共救国军,以嘉兴四乡为活动中心,9月17日顾克家在曹庄被捕获,全部匪特被歼。

清末民初,范蠡湖

第十六篇　政　法

目 录

嘉兴解放后，废除旧的司法体制，建立起人民民主专政的政法机关。1949年5月18日，嘉兴县公安局成立。1950年5月，嘉兴县人民法院成立。1951年8月，设立嘉兴市人民检察署。各司法机关根据各个时期的方针政策和法律法规开展工作，维护地区治安秩序，保障人民生命财产安全。

1950—1956年，处于国民经济恢复和社会主义改造时期。政法工作以巩固人民政权，开展肃反及清匪反霸运动为重点，坚决打击破坏社会主义改造的反革命分子和其他严重危害社会稳定的刑事犯罪分子，维护区境社会稳定，巩固了年轻的人民政权。

"文化大革命"期间，境内的公安司法工作受到严重干扰和冲击。1968年4月至1972年12月，公、检、法三机关实行军事管制，公安、检察院、法院所担负的政法工作职能由公安机关军事管制组行使。

1972年后，嘉兴人民法院、县公安局相继恢复。1978年7月，重建嘉兴县人民检察院。1981年建立嘉兴县司法局，政法工作开始步入法制化轨道。

建区后，区政法机关坚定不移地贯彻执行中共十一届三中全会以来的路线、方针、政策，坚持以经济建设为中心，坚持四项基本原则和改革开放，依法严厉打击刑事犯罪和经济犯罪、职务犯罪活动；搞好社会治安综合治理，维护社会政治安定和社会稳定；运用法律手段调整经济关系，维护社会秩序；广泛开展法制宣传教育活动，增强全民法律意识；扎实开展"平安南湖""法治南湖"创建活动，促进和谐社会建设，为南湖区经济社会持续、健康、稳定发展提供了良好的法治环境和社会环境。

第一章 公 安

第一节 机 构

旧警察机构

清光绪三十三年(1907)，嘉兴县设巡警局。1912年，设县警察署，下设若干分署(公所)，分署下设派出所、派驻所。之后，县警察署先后改称县警察事务所、县公安局、县政府公安科等。1944—1945年，成立县警察局。1949年，嘉兴县警察局下辖8个警察所、9个分驻所、4个派出所，共有警员640人。

1913年，嘉兴成立省内河水上警察厅下属的第一总署，下辖5个署，总署与第五署驻嘉兴城内。1927年2月，省内河水上警察厅改称省内河水上警察局，第一总署改第二区。1945年10月，省内河水上警察局辖3个防区，第二防区以嘉兴为中心，管辖今市境各县。1948年，省内河水上警察整编为3个大队，分属3个防区，第二大队驻嘉兴城内，有水警252名。

解放后县(市)公安局

1949年5月18日，成立嘉兴县人民政府公安局。5月24日，中国人民解放军华东军区嘉兴市军事管制委员会成立，下设社会部(即公安局)。5月26日起，市军管会公安局接管国民党嘉兴县警察局。6月2日，成立嘉兴市人民政府公安局，与市军管会公安局为两块牌子、一套班子。县、市公安局合署办公，建侦防、治安、秘书、审讯4个科，留用部分旧警察建警察队，警员27人，从事交通、市场管理等工作。12月，县、市两局分开办公，市公安局设侦防、治安、秘书、审讯4个科及看守所、警卫排、警士班。1950年5月，市公安局并入县政府公安局。合并、整编后的县公安局设秘书室、侦保股、治安股、审讯股、看守所、公安队和警察分队。1951年3月，县法院看守所移交县公安局管理。5月，县、市政府公安局再次分置。1952年10月，县、市公安局进行整编。整编后，县、市两局均设侦保(政保)、治安、审讯(执行)3个股及秘书室。两局原公安队划归部队建制，实行与公安机关双重领导。1955年7月，公安队改编为人民武装警察队，从部队建制划归公安建制。12月，建立消防民警队。1957年6月，市公安局设第五股(刑警队)。7月，县公安局设刑侦股。至1962年，嘉兴县公安局设政治协理员办公室、秘书、政经保、治安、刑侦、预审股（含看守所）及消防队。

1967年12月，嘉兴县公安机关军事管制组成立。1970年1月，嘉兴县革命委员会成立人民保卫组，与军管组合署办公。

1973年4月，恢复嘉兴县公安局，原军管组、人民保卫组停止行使职权。县公安局下设政工室和政保、内保、治保、预审、秘书、检察6个股以及看守所、刑警队、交通队和消防队。1976年1月，曾于1966年划归军分区编制的县中队，仍由公安机关领导，改为人民武装警察中队。1978年2月，县公安局设嘉兴镇公安分局，受县公安局和嘉兴镇委双重领导，下设秘书、政保、治保股和交通队。1981年4月撤销。

1981年3月，嘉兴县公安局更名为嘉兴市公安局，设政工室、秘书股、一股（政保）、二股（内保）、三股（治安）、四股（预审）以及看守所、刑警队和交通队。

区公安分局

1984年1月1日，成立嘉兴市公安局城区分局，下设政工室、秘书股、第一（政保）、第二（内保）、第三（治安）、第四（预审）股和刑警队。2月，各股改科。6月，设消防科。11月，政工室改政工科。1987—1992年，先后增设分局行政拘留所、法制科、户政科、装备科。1993年3月，刑警队更名刑事侦察大队。1994年7月，消防科更名为消防大队。1996年7月，增设经济犯罪侦察大队。9月，增设出入境管理科，

1985年，位于禾兴路的区公安分局大门

与政保科合署。12月，治安、预审科分别更名为治安警察大队和预审警察大队，建巡警大队。

1997年4月，分局共设有15个职能部门：政工科、秘书科、装备科、政治保卫科、出入境管理科、经济文化保卫科、法制科、行政拘留所、治安警察大队、刑事侦察大队、经济犯罪侦察大队、预审警察大队、巡警大队、消防大队、水上警察大队。1999年3月，预审警察大队并入刑事侦察大队。7月，设警务督察队。12月，政治保卫科更名国内安全保卫科。

2000年8月，建交通巡逻警察大队。12月，原巡警大队并入交通巡逻警察大队。2002年3月，政工科更名政治处，增设公共信息网络安全监察大队（科技信息通信科）；国内安全保卫科更名国内安全保卫大队（出入境管理科）；刑事侦察大队更名刑事侦查大队；经济犯罪侦察大队更名经济犯罪侦查大队；后勤装备科更名后勤科；行政拘留所更名治安拘留所；撤销经济文化保卫科，其职能分别划归国内安全保卫大队和治安警察大队。2003年2月，成立禁毒大队。6月，设行政复议办公室，与法制科合署办公。10月，设城市管理机动警察大队。2004年5月，交通巡逻警察大队更名交通警察大队，原巡警职能划归治安警察大队。2005年6月，设巡特警大队。2006年5月，设审计室，与纪委、监察室合署办公。7月，治安拘留所更名南湖区拘留所。

2008年4月，机构调整，设政治处、指挥中心（加挂办公室、信息通信科）、国内安全保卫大队（加挂出入境管理大队）、刑事侦查大队（加挂刑事科学技术室）、交通警察大队、治安管理大队（加挂水上治安管理大队）、经济犯罪侦查大队、公共信息网络安全监察大队、巡特警大队、禁毒大队（加挂区禁毒委员会办公室）、警务督察大队（与纪委、监察室、审计室合署办公）、法制室、警务保障室和拘留所。

2010年，区公安局分局共有民警518人，职工14人，协警851人。

建区前公安派出所

1949年6月，市公安局下设建设、新嘉、新兴3个公安派出所。7月，县公安局相继在凤桥、新丰、新篁、王店、新塍、王江泾、塘汇设公安员。12月，市公安局增设解放路派出所。1950年5月，市、县公安

局合并,设解放路、建国路、北门、南门、东门、王店、新塍7个派出所。1951年8月,增设水上派出所。1958年2月,市、县合并。11月,嘉善县并入。合并后,嘉兴县公安局辖13个派出所。1961年4月,原嘉善县4个派出所复归嘉善县公安局管辖。1965年12月,县公安局新建凤桥、新丰、塘汇、双桥、南汇5个派出所,南湖公社派出所改为机场派出所。

1967年12月,县公安机关实行军管,公安派出所全部撤销。

1973年1月,嘉兴县公安局恢复,军管会(组)和保卫组撤销。县公安局辖东门、新兴、建设、新嘉、解放、南湖、王店、新塍、机场、水上10个派出所。1978年2月,设县公安局嘉兴镇分局,辖新嘉、建设、解放、东门、新兴、南湖6个派出所。1981年4月,嘉兴市(县级)公安局辖新嘉、新兴、解放、东门、南湖、建设、水上、王店、新塍、新丰、凤桥、东栅、王江泾、机场14个派出所。

建区后公安派出所

1984年1月,嘉兴市公安局城区分局辖建设、新嘉、解放、南湖、东门、新兴、城郊、水上、机场9个派出所。7月,建塘汇派出所,原城郊派出所更名东栅派出所。1988年5月,建东栅乡、塘汇乡2个民警值勤室。12月,建南湖乡、秀水乡、嘉北乡3个民警值勤室。1994年1月,5个乡民警值勤室改建为乡派出所。1995年12月,秀水乡派出所被撤销。

1997年4月,区公安分局辖新兴、新嘉、建设、南湖、东门、解放、机场、塘汇、东栅、塘汇乡、东栅乡、南湖乡、城西、嘉北乡和水上15个派出所。其中东栅乡所与东栅所、塘汇乡所与塘汇所、南湖乡所与机场所合署办公。1999年12月,东门派出所更名为建南派出所。

2000年7月,行政区划调整,城西、塘汇、嘉北3个派出所划归秀洲区管辖;新丰、余新、凤桥、新篁、大桥、步云、七星7个派出所划归秀城区公安分局管辖。2001年8月,设新丰、余新警察署(职级不变)。11月,步云、新篁2个派出所分别并入大桥、凤桥派出所。12月,南湖乡派出所更名为城南派出所。2003年2月,建南派出所相关职能由建设派出所接管。

2008年4月,南湖区公安分局辖建设、新兴、新嘉、南湖、解放、东栅、新丰、余新、凤桥、大桥、七星和水上12个派出所。不再设新丰、余新警察署。

第二节　惩治犯罪

刑事侦查

解放初期,开展剿匪肃特、镇压反革命运动。同时,严厉打击凶杀、抢劫、强奸、盗窃等严重刑事犯罪活动,

1955年7月,开展打击刑事犯罪分子的斗争,重点是打击对国家和人民财产危害极大的惯盗惯窃、诈骗犯、销赃犯和窝主,一贯作恶的流氓恶棍、赌棍及其他社会渣滓。10月,又一次开展打击。两次行动依法逮捕了一批严重刑事犯罪分子。

1960—1962年,以城镇、铁路、公路交通沿线为重点打击流窜犯罪活动。严惩趁国民经济暂时困难时期进行抢劫、杀人和重大盗窃犯罪。1964年开始,贯彻“枫桥经验”,发挥基层治保组织作用,打防并举,境内刑事发案下降,社会治安明显好转。

“文化大革命”开始后,公安工作遭到破坏,基层治保组织解体,社会秩序失控,各类犯罪活动猖獗。严重影响社会生产和人民群众的正常生活。

“文化大革命”结束后,随着《刑法》《刑事诉讼法》的施行,公安机关依法打击各类刑事犯罪的工作力度持续加大,执法水平不断提高。1983—2010年间,区公安机关按照党中央的统一部署,先后开展3次“严打”斗争,并针对各个时期的治安形势,持续不断地开展各类专项集中整治行动。有力维护、保障区域的社会稳定和经济发展。

“严打”战役与专项斗争

“文化大革命”结束初期,社会治安较差,团伙犯罪,抢劫、盗窃、强奸、流氓等重特大刑事案件增多。1983年8月,中共中央作出严厉打击刑事犯罪活动的决定,市、区公安机关与检察、法院、司法等部门协同配合,广泛发动群众,依照从重从快的方针,迅即开展三年为期、三个战役的“严打”斗争。

第一战役从1983年8月至1984年7月。第一仗主要是打击浮在水面上的犯罪分子，搜捕一大批犯罪分子，破获一批久侦未破的积案。第二仗是深挖犯罪，集中搜捕流窜犯、逃犯，打击流氓团伙，大力侦破大案、要案和重大积案。第三仗是巩固前两个战役的成果，挖出一批隐藏较深的大要案。第二战役从1984年8月到1985年12月，共分4仗开展。主要是推进"严打"斗争向纵深发展，打击那些最严重的犯罪分子，并广泛深入地发动群众，加强政治攻势，瓦解犯罪分子。第三战役从1986年4月上旬至国庆节，分打击流氓、打击流窜和打击盗窃3仗。打击的主要对象还是最严重的犯罪分子，边打击，边防范；边打击，边建设，逐步过渡到正常。

"严打"斗争历时3年5个月，先后组织3个战役10次集中打击活动，并积极开展"打击流窜""追捕逃犯"和"三打一禁"（打击团伙犯罪、打击"车匪路霸"、打击拐卖妇女儿童，查禁卖淫嫖娼）等专项斗争，取得了明显的阶段性成果，境内刑事犯罪活动得到有效遏制。1987年的刑事案件发案数比1986年下降了13.6%。

1987年，先后共组织"狠抓禁赌""打流窜、反扒窃、破大案""打击流氓犯罪、查禁淫秽物品""打击拐卖妇女儿童犯罪""打现行、刹赌风、抓防范"5次专项斗争。1988年5月、9月和11月，先后组织4次以"反盗窃、打流窜、破大案"为主要内容的专项斗争。并于1月中旬、6月下旬、9月下旬和12月下旬，组织4次较大规模的集中打击行动。1990年，根据上级政法部门和公安机关的统一部署，2—4月进行规模较大的反窃车斗争。分别在3月下旬、6月下旬、7月中旬、9月中旬和12月下旬，组织进行5次集中打击行动。1993年，遵循"大搞、深挖、狠打、实效"的指导思想，从5月开始，分两仗开展以打击团伙犯罪为重点的"三打一禁"斗争。在8个月中，共摧毁各类犯罪团伙46个154人，共破获各类刑事案件660起，破案率达80.4%。

1996年4月开始，区公安机关根据中央政法委和公安部的统一部署，组织开展"严打"。先后打4仗，围绕破大案、追逃犯、打团伙、反窃车、端窝点，先后组织反窃车、打流氓恶势力犯罪、扫丑专项斗争和枪支弹药整治、冬季严打等多次专项整治行动，侦破一批重大刑事犯罪案件。

2001年4月起，区公安机关贯彻全国社会治安工作会议的统一部署，开展为期两年严打整治斗争。连续组织开展了"追逃""打拐""指纹破案会战"、命案侦破、打黑除恶、打击"两抢一盗"系列专项斗争，对刑事犯罪始终保持主动进攻的高压态势。在2001年4月23日晚至24日的严打整治斗争第一次集中行动中，区公安分局抓获持刀拦路抢劫作案多起，潜逃5年之久的网上逃犯陈某。

2008年7月，区公安分局刑侦大队获全国公安机关侦破案工作先进集体。

2001—2010年，区公安分局年均破获刑事案件2195起，破案率自2003年后逐年提高，2010年的刑事破案率比2003年提高了19%。

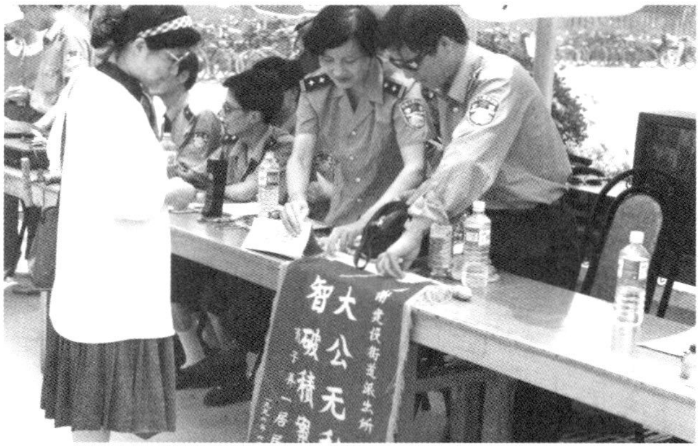

失主从东门派出所领取被窃的摩托车

侦破重特大刑事犯罪案件

1986年5月25日，区公安分局破获系列"白闯"重大盗窃案，抓获在较短时间内连续"白闯"作案43起的犯罪嫌疑人闵某。

1994年10月12日，秀城区中外合资嘉兴福浩旅游品有限公司副总经理、德商卡尔的住宅被盗，遭窃人民币40余万元，是嘉兴市解放以来最大的涉外盗窃案件。10月29日，案件告破，从湖南抓获2名犯罪嫌疑人，并追缴部分赃款。

1996年4月30日，秀城区物资回收公司职工于某从银行取款后，在紫阳街被骑摩托车歹徒抢走30万元。1997年1月和7月，犯罪嫌疑人李某、周某、李某从广东省五华县和深圳市被抓获。

1997年7月31日，接嘉兴友谊电脑制版厂中山路门市部女工王某失踪的报案。经缜密侦查，于8月29日将犯罪嫌疑人郑某抓获。郑系该厂厂长，为掩盖男女私情，将王某杀死、肢解，并用绞肉机、刀具等进行分尸、弃尸。

1998年1月17日，嘉兴商业大厦发生特大黄金珠宝被盗案，案值260万余元，为全省建国以来最大的一起盗窃案件，被省公安厅列为"'九八'必破案件"。4月11日，犯罪嫌疑人徐某在宁波鄞县被抓获，大部分被盗物品被追回。

1998年2月17日，新嘉派出所副所长吴桂平、民警李雄伟在抓捕犯罪嫌疑人严某时，严持剪刀、菜刀暴力拒捕。李雄伟被戳断右大腿股动脉，失血过多，经抢救无效壮烈牺牲；吴桂平被砍成重伤。经200多名公安民警和武警民兵等连续4昼夜的拦截、搜索、围捕，21日上午，在大桥乡建国村神龙浜将犯罪嫌疑人严某缉捕归案。

2005年1月23日，市区发生一起"168"声讯电话盗打"传奇世界""征服""传奇3"等网络游戏充值案，1000余个电话用户被盗打，案值12万余元。经侦查，成功抓获犯罪嫌疑人石某。

2006年7月，侦破"2006·7·16"绑架杀人案。专案组经过30余个小时走访调查、排摸、设卡和布控，18日下午分别抓获犯罪嫌疑人魏某、孙某、李某。经查，7月16日下午，3名犯罪嫌疑人预谋将张某从游戏厅骗到东升路租房，迫使其说出自己父母的名字及家庭电话，并骗其吃下三唑仑。当晚犯罪嫌疑人采用扼颈等手段将其残酷杀害抛尸河中，后致电被害人父亲张利明勒索20万元。

2007年7月11日，成功侦破市首起网络复制、传播淫秽物品案。犯罪嫌疑人徐某和陈某自2007年4月以来，为招揽顾客，通过网络复制淫秽色情物品50余件，其网站淫秽色情影片被点击数近4万次。

2008年侦破"2008·4·10"特大抢劫案。一歹徒在闹市区采用榔头击打头部的手段打伤人后，抢走现金2万余元。专案组积极开展现场勘查和调查走访，获取案件重要证据，通过对调取的80多个重点部位相关监控录像的反复比对查看，先后赶赴江苏、湖南、山东、安徽及宁波、金华、绍兴、湖州等地开展调查。2008年11月18日，分局民警在巡逻中发现一名与此案犯罪嫌疑人特征相似的男子，当场将其抓获，并查获随身携带的榔头一把。

2009年，侦破"2009·6·20"故意杀人案。2009年6月20日大桥所接报警人曾某反映：上午8时许，发现女儿曾娅雪（8岁）和儿子曾鑫吉（7岁）分别死在自家租房的两张床下，其妻李某及小儿子不知去向。专案组克服种种困难，于22日凌晨5时许，在T197次列车上将犯罪嫌疑人邓某抓获。该案在短短两天时间内成功侦破。

2010年，先后相继破获了建设"1·6"、欧尚"1·20"伤害致死案、新嘉"4·16"、东栅"5·13"、七星湘家荡"7·21"强奸杀人案、余新"7·29"学生故意杀人案等一批现行恶性大案，实现了境内命案连续11年全破的目标。同时，还成功破获"1994·9·1"魏某被杀案件和"1998·8·1"杀人案件，抓获了潜逃在外10多年的犯罪嫌疑人。

20世纪90年代，警校共建

1984—2010年南湖区刑事案件立、破案情况表

表16-1　　单位：起

年份	发案数	破案数	其中	
			重特大案件数	破案数
1984	249	166	15	11
1985	240	183	26	21
1986	375	296	31	27
1987	324	243	49	45
1988	572	465	145	117
1989	810	475	244	151
1990	2539	556	284	156
1991	5333	987	340	166
1992	979	590	238	148
1993	855	662	319	231
1994	885	706	359	271
1995	946	822	360	282
1996	1040	898	386	286
1997	2649	1069	978	319
1998	3047	1310	1191	387
1999	3012	1700	1285	605
2000	3338	1899	116	85
2001	3051	1698	99	70
2002	2924	1714	104	79
2003	6375	1735	191	117
2004	7391	2115	244	146
2005	6670	2021	192	137
2006	6373	2238	193	132
2007	6175	2501	182	126
2008	6147	2580	160	122
2009	6108	2660	156	111
2010	5814	2691	142	135

经济犯罪侦查

1996年以前，破坏社会主义市场经济秩序犯罪案件由公安机关和检察机关分工管理。1996年3月17日，《刑事诉讼法》（修正案）对刑事案件的管辖作了调整，原由检察机关负责侦查的大部分经济犯罪交由公安机关管辖。1996年7月15日，区公安分局成立经济案件侦察大队。主要承担对《刑法》分则第三章中生产、销售伪劣商品，妨碍对公司、企业秩序管理，职务侵占，挪用资金，破坏金融管理秩序，金融诈骗，侵犯知识产权，扰乱市场秩序，危害税收征管9大类经济犯罪案件的侦查工作。经侦机构建立后，通过加强基础业务建设、破案机制建设和队伍素质建设，惩治经济犯罪的能力得到不断提高。

同时，根据经济犯罪在不同时期的发案动态、特点，开展打击税收征管犯罪、传销违法犯罪等“专项行动”和“集中整治”，持续加大案件查办工作力度，侦破了一批经济犯罪大案、要案。1996年7月至2010年，共侦破各类经济犯罪案件949件，案值18863..26万元，为受害单位和个人挽回经济损失4813万余元。

侦破经济犯罪大要案

1988年4月29日，区公安分局接到报案后，迅速破获以花某为首的诈骗犯罪团伙。花某等人从1986年5月开始，假冒嘉兴电控厂名义，伪造“嘉兴电控厂供应合同专用章”，先后以需方身份与浙江、江苏、上海、安徽等省市的74家单位签订126份电器产品加工假合同，总价值1.5亿元，从中以咨询费、业务费等名义骗取现金和电器件等价值300多万元。

2002年5月，破获杨某、李某、王某以传销形式进行非法经营案。2001年11月中旬以来，3人以授课、传发VCD光盘等方式在嘉兴发展会员，参加总部设在美国的互联网基金会的非法传销活动。至案发，杨已发展会员300多人次，从中非法获利人民币4万余元；王、李已发展会员1000多人次，分别非法获利10万余元和6万余元。

2004年6月11日凌晨1时，在陕西西安抓获潜逃的特大汽车诈骗犯罪嫌疑人黄某。2003年6月至2004年4月间，黄在没有实际履行合同能力的情况下，以非法占有为目的，以租用汽车为借口，骗得西耶那、桑塔纳、奥迪、捷达、别克赛欧等型号总价值60余万元的汽车10辆，然后将汽车抵押给他人，获赃款50余万元，且黄另有贷款诈骗6辆汽车的犯罪事实。黄归案后，16辆赃车被全部追回，发还给受害单位和个人。

1996年7月至2010年全区打击经济犯罪情况表

表16-2

年份	立案数（起）	破案数（起）	打击数（起）	案值（万元）	挽回损失（万元）
1996	99	98	65	794.9932	616.5028
1997	228	174	111	1301.5	616.3
1998	199	96	109	877.16	536.12
1999	93	87	53	935.78	352.72
2000	92	87	33	475.2	91.93
2001	56	53	28	307.38	112.48
2002	15	14	18	264.24	186.5
2003	14	10	10	264.48	142.64
2004	49	42	36	328.54	206.66
2005	42	36	34	308.78	155.1
2006	59	43	22	333	177
2007	34	20	24	300	76
2008	48	45	32	535.35	795.47
2009	40	25	42	147.74	196.69
2010	127	119	79	11689.12	551.09
合计	1198	949	696	18863.26	4813.203

第三节 社会治安管理

查禁赌博

嘉兴解放后，人民政府十分重视禁赌工作。1949年6月，嘉兴县、市人民政府相继发布《禁赌布告》，严禁一切形式的赌博活动。

1957年，嘉兴县、市公安机关按照公安部《关于全国禁赌意见》和浙江省公安厅《执行禁赌措施》，深入开展禁赌活动，以各种方式向群众宣传赌博危害，号召私藏赌具者将赌具上缴政府，建议商业部门停止经营花牌、麻将牌、牌九、骰子等赌具，库存部分上缴公安机关集中销毁。至20世纪50年代末，旧社会遗留下来的赌博顽症在境内得到有效遏制。

1961年1月5—10日，嘉兴县公安局依靠广大群众和干部，在凤桥地区以公社为单位开展禁赌群众运动，共揭发批判15名参赌人员，当众警告22名，依法拘留6名，3000名群众受到教育，200余人写了悔过书，收缴各种赌具51副。

“文化大革命”期间，社会治安秩序陷入混乱，赌博风气再次在城乡蔓延。1974年1月和1977年2月，嘉兴县革命委员会先后两次发布《禁赌布告》，在全县部署禁赌工作，明确规定严禁以任何赌具进行赌博，严厉打击赌头赌棍。

建区后，城区公安分局开展对境内赌博违法犯罪活动的打击查禁工作。1987年，组织广大公安干警、城乡基层治保干部开展“刹三风”(赌博风、封建迷信风、婚丧事大办风)专项治理，查禁赌博。1989年8月，市公安局组织城区、郊区公安分局、嘉善县公安局和嘉兴航运公司，联合整治在客运轮船上聚众赌博的违法犯罪活动。通过调查摸底，线索查证，查获一批赌博违法犯罪人员。

1991年7月，区公安机关按照《浙江省禁止赌博条例》的规定，坚持专门工作与发动群众相结合，教育与处罚相结合的原则；加强宣传教育，动员全社会力量，发挥城乡治保组织作用，实行综合治理。通过举办法制学习班，缴纳禁赌保证金、组织妇女禁赌队等多种形式，敦促、教育参赌人员悔过自新。1995年8月16日，秀城区公安分局在南湖饭店抓获赌徒43名，缴获赌资5万余元。2000年3月7—17日，集中打击利用游戏机赌博违法活动，重点取缔校园周边200米内的电子游戏经营场所和无证经营场所，突击检查340家，59家违法经营场所受到处罚。

2004年4月16日，纺工南路发生一起因赌博引发的持械聚众斗殴案，致8人受伤。区公安分局立即组织警力查处，分别在江苏省常熟市、黑龙江省大庆市等地抓获以陆某某、吴某某为首的2个赌博犯罪团伙成员38名，其中逮捕22名，治安处罚16名，依法追缴赌资50余万元。9月9日，区公安分局获悉余新镇曹王村、金星村一带有人聚众赌博。经侦查，查获夏某某等8人为首的赌博团伙、抓获参赌人员41名，追缴赌资40余万元，并缴获仿真手枪及匕首、砍刀等管制刀具若干。

2008年10月1日晚，获得一赌博团伙在余新镇一农户家赌博的信息后，市、区公安机关迅速组织100余名精干力量冲击赌场，抓获参赌嫌疑人员36名，缴获赌资10余万元，查获车辆7辆。次日，在市区某宾馆抓获组织赌博的嫌疑人徐某某，成功摧毁以徐为首的联络、运输、护赌、后勤一条龙的有组织赌博犯罪团伙。该团伙从4月开始，在余新、大桥、凤桥三地交界处农户家开设赌场，从中抽头获利达10余万元。经审查，采取形式强制措施5人，行政拘留19人。

2009年3月起，区公安分局针对境内赌博游戏机摆设现象回升和群众反响强烈的社会现象，在全区范围内组织开展了为期半年的打击游戏机赌博专项集中行动。截至9月，共办理赌博游戏机案件24起，其中刑事案件1起，采取刑事强制措施4名，行政案件23起，行政处罚102人，处罚场所17家，罚没款40余万元，收缴各类赌博游戏机1405台。

2010年全区破获黄赌刑事案件32起，采取强制措施97人；办理黄赌案件508起，查处人员2030人。打掉赌博团伙8个。

查禁毒品

1950年开始，各级公安机关贯彻中央人民政府政务院颁布的《关于严禁鸦片烟毒的通令，紧紧依靠群众，实行禁种、禁贩、禁吸“三禁并举”措施，大力开展禁毒工作。同年10月，嘉兴县公安局查获烟毒80余起，抓获吸毒和贩毒人员120余名，收缴海洛因700余克、鸦片1000余克及一批烟具。11月初，在少年路鸣阳小学操场召开禁毒大会，公审判决鸦片贩子肖秋生，逮捕一批贩毒、吸毒人员。至1953年上半年，境内禁毒工作基本结束，在较短时间内，把旧中国遗留下来的贩毒、吸毒现象清除殆尽。此后近30年，毒品在境内基本绝迹。

20世纪80年代后期，境内的涉毒违法犯罪活动死灰复燃，公安机关贯彻全国人大常委会颁布的《关于禁毒的决定》，严惩涉毒违法犯罪活动。1994年，区公安分局破获建区以来境内第一例涉毒案件。10月23日23时许，东门派出所在环城南路云海旅馆治安检查中发现一名青年的香烟盒中有吸管、空心烟等可疑物品，经审查，姜某自1993年5月在广州购买并开始吸食海洛因，曾被南昌市公安机关治安处罚两次。干警从其身上查获海洛因0.1克。

1996年6月26日，嘉兴市暨秀城区严厉打击毒品违法犯罪公开处理大会在市中山电影院召开，依法对17名吸、贩毒犯罪嫌疑人作出一审判决，湖南衡阳籍贩毒罪犯尹某被判处死刑。1998年6月26日，区公安分局查获一起重大非法买卖毒品原植物案件，查获罂粟壳（籽）1967.5公斤。10月3日，抓获毒贩2名，缴获毒品海洛因150克。

2003年上半年，打击处理贩毒人员21人。4月23日，抓获犯罪嫌疑人李某某，缴获毒资15万元、易制毒化学品苯基丙酮1吨，为当年全省最大的一起非法买卖制毒物品案件。5月5日，查获以曹某为首的特大贩卖“摇头丸”违法犯罪团伙，抓获犯罪嫌疑人4名、吸毒人员7名，缴获“摇头丸”1644颗、K粉43包、毒资5000余元。11月30日，在竹桥苑抓获新疆籍贩毒犯罪嫌疑人马某，当场缴获毒品海洛因1421克，12月9日，另一犯罪嫌疑人马某被抓获。该案被列为2003年度“全省涉毒十大精品案件”。

2005年4月14日，在嘉兴高速公路出口处成功堵截犯罪嫌疑人张某，查获毒品海洛因140克，又在上海其暂住地搜出海洛因340克，抓获李某等另2名犯罪嫌疑人。

2008年5月12日，破获首例利用邮包贩卖新型毒品案，抓获犯罪嫌疑人张某等13人，缴获毒品麻古174粒（17.4克）、冰毒192克、K粉500克。2009年7月，破获以本地人江某为首的特大贩卖新型毒品案件，抓获犯罪嫌疑人12人，吸毒人员9人；缴获冰毒581克、麻古304粒、大麻20克、毒资人民币10万余元、汽车3辆、自制手枪2支。

2010年5月23—26日，破获一起特大贩毒案，抓获犯罪嫌疑人陈某某等5人及吸毒人员16人；查获冰毒2150克、麻古105颗。

2003—2010年全区打击毒品犯罪情况表

表16-3

年份	破案（起）	重特大案（起）	刑事拘留（人）	劳动教养（人）	强制戒毒（人）	社区戒毒（人）	行政处罚（次）	缴获毒品数
2003	35	2	35	10	52	—	16	海洛因14809克、摇头丸1647颗、K粉35.7克
2004	48	1	40	18	82	—		海洛因459.4克、摇头丸457颗K粉230克
2005	50	2	40	25	92	—	26	海洛因835克、冰毒168.5克、摇头丸100颗、K粉134.3克、麻古505颗
2006	51	1	41	29	104	—	39	海洛因281.6克、冰毒324.1克、摇头丸600颗、K粉448克
2007	50	6	56	24	112	—	87	海洛因284克、冰毒108克、摇头丸60颗、K粉1175克
2008	42	16	40	17	64	13	99	海洛因110.3克、冰毒412克、K粉502.3克、麻古147颗

续表16-3

年份	破案（起）	重特大案（起）	刑事拘留（人）	劳动教养（人）	强制戒毒（人）	社区戒毒（人）	行政处罚（次）	缴获毒品数
2009	45	15	55	—	52	29	132	海洛因14.1克、冰毒1216.2克、大麻25克、麻古1423颗
2010	51	—	70	—	72	11	—	海洛因282.2克、冰毒5127克、K粉111克、麻古442颗
合计	372	43	377	123	630	53	399	海洛因17075.6克、冰毒7355.8克、摇头丸2864颗、K粉2632.3克、麻古2517颗

查禁卖淫嫖娼

解放前，嘉兴城内娼妓活动有“海、陆、空”之称（海，指南湖水上卖淫；陆，指张家弄一带卖淫；空，指西门送子庵卖淫）。解放后，嘉兴县人民政府公安局结合剿匪肃特、镇反肃反等斗争，加强城乡社会治安管理，大力开展禁娼工作，取缔卖淫、暗娼、嫖妓活动。1950年，市城内取缔娼妓100余名，经收容教育后，多数分配工作或遣送原籍；对于少数老鸨和皮条客给予严惩。1952年，嘉兴禁绝娼妓卖淫现象。

进入20世纪80年代后，卖淫嫖娼活动死灰复燃。公安机关坚持发现一起，严肃查处一起。1987年7月29日至9月20日，全区查获流氓团伙6个49人，其他流氓犯罪分子33人、嫖客3人、卖淫妇女3人。1988年，全区查处卖淫嫖娼和传播淫秽物品等案件15起，查获卖淫团伙1个8人，取缔卖淫窝点4个，10名违法犯罪分子送劳动教养。3月2日，区公安分局查获以蔡某为首的历时1年多的卖淫嫖娼团伙，6名卖淫妇女和1名嫖客被劳动教养。

1989年10月下旬至1990年春节前后，全区开展扫除“六害”（卖淫嫖娼、制作贩卖传播淫秽物品、拐卖妇女儿童、私种吸食贩运毒品、聚众赌博、利用封建迷信骗财害人）统一行动。1991年3—9月，全区开展取缔卖淫嫖娼活动专项斗争。1995年，针对公共娱乐场所内卖淫嫖娼活动猖獗的状况，区公安分局组建扫丑队，侦破一批卖淫嫖娼案件。1999年1月，以美容美发行业、路边店为重点，组织“扫黄”专项整治、“扫黄打非”集中行动。

2001年7月20日至9月30日，市、区两级公安机关组织开展夏季“扫丑”专项行动。通过两个多月的专项行动，区公安分局共查处涉丑治安案件184起；抓获涉丑违法犯罪人员329人，其中治安拘留104人，罚款206人；端掉卖淫团伙1个；查获淫秽光盘489盘。

2002年7月23日，市、区两级公安机关开展查处打击街头拉客卖淫嫖娼违法活动联合行动，通过集中清查造声势、秘密守候抓现行等措施，严厉查处发生在公共娱乐场所内的涉丑活动。至7月25日，区公安分局共查处有涉丑违法行为的美容美发店、歌舞厅等娱乐场所27家，发放整改意见通知书70余份，并对拉客招嫖现象比较严重的洪波公园、越秀公园进行整治。

2006年8月18日，区公安分局在城北路百花朝凤休闲浴室查破一起卖淫嫖娼案，当场查获卖淫嫖娼违法犯罪嫌疑人29名，抓获浴室老板夏某夫妻。经查证，犯罪嫌疑人夏某夫妻从是年7月起，组织卖淫女在浴场包厢内卖淫200多人次，被依法追究其刑事责任。

2009年9月24日，区公安分局摧毁一个通过发“色情卡片”招徕嫖客的有组织卖淫团伙，抓获团伙成员22人，郭某某等5人被刑事拘留，其他人员均被治安处罚。

处置群体性治安事件

1989年9月2日，市区发生聚众斗殴事件，新疆人祁某等与嘉兴闲散人员曹某、马某等10余人因纠纷持械群殴，祁某被杀。嘉兴、苏州、上海等地数十名新疆人聚集到东门派出所、第一医院扬言报复。市、区公安机关迅速出警，周密处置，及时平息事态、抓获肇事者，凶犯马某自首。

20世纪90年代中后期，随着改革的深化，因企业改制、征地拆迁、环境污染等引发的群体性事件增多。区公安分局在具体处置工作中，按照市公安局《处置群体性事件预案》，实行部门配合，落实责任，坚持“慎用警力”和“可散不可聚，可解不可结，可顺不可激”的原则。全力做好严重影响社会秩序的群体性事件的处置工作。

2004年6月1日，七星镇七星村200余名村民因对湘家荡风景区拆迁政策不满而围堵镇政府大门，随后又到320国道聚集，经区公安民警耐心疏导，村民散离，事态平息。

2007年1月15日下午，民丰特纸有限公司内退、退休、买断工龄的400余名职工为向公司领导要求解决工资、福利、待遇问题，在公司大门口聚集，阻止车辆进出，后又将两辆集装箱车横在甪里街上，堵塞交通。市、区公安机关立即出警维护秩序，至晚9时平息事态。

2005—2010年，区公安分局共妥善处置各类群体性治安事件299起。

公共场所管理

1949年8月，市公安局公布《公共娱乐场所管理规则》，对公共娱乐场所进行调查登记。次年1月，颁布《娱乐场所违警暂行罚则》，明确规定：唱演剧本内容、剧情说明书必须预先送请公安局会同文化馆审查后，方准演出。必要时，电影可预映检查。外来演唱团体的演员，须将演出证或区政府以上证明书申请登记。各娱乐场所如有违章情节禁止演唱。1951年，对旅馆业、公共娱乐场所（包括戏剧院、电影院、歌场、舞厅、说书场、弹子房、清唱社、茶馆、咖啡馆等）、印刷刻字业、无线电业、旧货业等全面登记，进行治安管理。

1953年9月后，普遍加强电影院、戏剧院安全防范工作，落实人员，对电影院、戏剧院的安全设施的配备情况及安保工作进行经常性的检查。

20世纪60年代，农村电影放映活动普及，公安机关把维护农村公共文娱活动的治安秩序，列为基层公安工作的一项重要任务。各地放映电影期间，协同基层治保组织，维护现场治安秩序。“文化大革命”期间，公安机关对文化娱乐活动的治安行政管理不能正常进行，治安秩序有所失控。“文化大革命”结束后，全市电影院、戏剧院恢复演出、放映，公安机关对公共场所治安管理工作逐步加强。

1988年8月，颁发《嘉兴市区舞会审批和管理暂行规定》，对舞会的审批手续、场地、设施、安全、卫生条件、管理制度等场作出明确规定，对公共娱乐场所业主和从业人员进行建档，规范管理和经常性地检查督促。1991年6月，全市公安机关把农村公共场所纳入治安管理，实行治安许可证制度。1993年，市、区公安机关会同有关部门对新开办的文化娱乐场所从严控制，严格审批，加强经常性的检查督促。严禁歌厅、舞厅、卡拉OK厅和其他营业性歌舞娱乐场所进行色情活动，拆除歌厅、舞厅、卡拉OK厅内设置的封闭式包厢。明令禁止美容、美发、浴室等场所开设异性按摩等经营项目，违者予以取缔。1996年4月，对境内美容美发场所进行集中清理整顿。11月，开展电子游戏机娱乐场所专项清理整顿工作，取缔有奖电子游戏机经营场所，收缴有奖电子游戏机。1999年，开展全市娱乐场所集中整治，重新审核经营资格。

2002年，全区办理公共场所治安许可证209家，年底的场所年审、换证工作中，共审验各类场所553家、办理换证手续49家，注销手续162家。全区共有公共场所833家，特种行业435家。2004年，在全区娱乐场所和旅馆业开展治安星级评定工作，强化娱乐服务场所特种行业自律机制星和治安工作监管机制。星级管理划分为治安三星级、治安二星级、治安一星级及无星级4个等级。

2005年1月1日起，对全区旅馆业实施分层次管理。全区128家低档旅馆中，58家市中心旅馆和28家乡镇低档旅馆由辖区派出所全体民警两人一组负责。42家市区低档旅馆由机关民警两人一组负责。

2008年9月，根据省公安厅的统一部署，全面开展营业性歌舞厅、卡拉OK厅以及提供卡拉OK舞台的酒吧、迪吧等娱乐服务场所社会信息采集系统建设。全区共68家娱乐场所、12家通宵浴室全部按时完成任务,共采集信息2954条。

2009年,全区开展整治治安乱点“雷霆”行动和赌博游戏机专项整治行动,全年共开展检查次数335次,检查美容美发店938家次,检查娱乐场所497家次。

2010年9月,区公安分局对全区范围内的无证通宵浴室开展集中统一整治。共清查非通宵经营浴室27家,查获未经公安机关许可的非法留宿旅客的浴室7家。对7家违法浴室的负责人依法进行了处罚。

南湖风景旅游区治安管理

1951年5月开始,南湖景区治安管理由南湖派出所管辖,在景区开展治安巡逻等工作。“文化大革命”期间,公安机关被“砸烂”,景区的治安管理处于瘫痪状态。1978年12月,景区治安管理得到恢复。1982年4月4日,南湖风景区被列为对外开放参观点。

1986年3月,区公安分局建南湖纪念馆民警值班室。1992年民警值班室撤销,改设保卫科。1994年,市公安局会同有关部门对旅游景区安全工作进行整治,加强对旅游景区单位职工的安全教育,建立和健全旅游安全管理工作责任制。区公安分局全面落实对南湖革命纪念馆的安全管理工作措施。同年6—7月,安全接待游客10万余人。

1999年6月27日,南湖革命纪念馆和烟雨楼环岛四周堤岸全部被洪水淹没。市、区公安局组织警力进行抗洪抢险,对红船、古建筑、古树名木进行防护、加固,实行24小时值班。在“七一”前后纪念馆参观高峰期间,公安机关在南湖革命纪念馆危险地段设置路线牌、警示标志牌;为避免红船与浜岸碰撞,搭跳板、加派安全人员维护秩序,确保观众安全瞻仰。至7月5日,安全接待观众3万余人次。

2003年6月,南湖风景区扩建后,会景园、湖心岛、革命纪念馆、揽秀园等景点串点成线,治安管理工作增加新的压力。区公安分局采取部门联动、多警种协作、理顺关系、各负其责的管理模式,强化治安管理。是年夏季,针对风景区夜间游人增多,公安机关组织警力开展绿化带治安整治行动。至年底,景区仅发生刑事案件1起。

2005年6月,景区成立警务站。2007年,在景区英雄园安装红外线报警装置。2008年7月23日凌晨,民警在景区环路巡逻时,抓获盗窃犯罪嫌疑人刘某某。经审查,查明刘某某自2008年7月以后多次作案,盗窃景区景观灯30只,涉案价值6万余元。

2009年3—6月,区公安分局会同有关部门开展景区治安专项整治,实行24小时动态型全天候巡逻,17处治安巡更点全方位覆盖;民警、保安不定期在湖心岛巡查和守护红船;在景区区域内增设公共电话亭,方便旅客求助报警;消防栓、消防器材、防火警示牌落实到位;5千米环湖沿线实施景观亮化,有效遏制夜间“两抢”等重大案件发生。为确保旅客人身、财产安全,建立完善各种治安安全责任制。5艘机动渡船均配备救生衣、救生圈,20名渡工分别协助公安机关担任义务安全宣传员、兼职治安管理员、警务信息联络员,重大节日或旅游高峰季节,组织民警、保安随渡船做好旅客人身财产安全保卫工作;对年老、伤残、孕妇、儿童等旅客提供绿色通道;严防精神病患者或“武疯子”进入景区扰乱社会治安;按照“谁主管、谁负责”的原则,督促景区周边宾馆、饭店、KTV、洗浴服务等行业场所落实治安管理长效机制。景区周围治安秩序井然有序,旅客安全感、满意度明显提高。是年,实现重大刑事、治安案件“零增长”的预期目标。

重大节日和重大活动安保工作

20世纪80年代开始,随着境内重大社会文化体育活动和节日庆祝活动的增多,公安机关的治安管理和安全保卫任务亦相应渐趋繁重。

1984年4月26日,市政府发文规定,各地凡组织3000人以上的集会和娱乐活动,都要由市、县(区)政府领导亲自组织安排,由公安部门负责检查和落实安全保卫措施。10月1日上午,嘉兴市区举行文体大巡游,以人民广场为起点,经市区主要街道,终至中山路,有6500人,91辆彩车参加。市、区公安机关组织140名公安干警、520名解放军官兵、210名民兵维护秩序,配备对讲机,分7段包干负责。市区实行交通管制,准备机动力量,确保巡游道路畅通和群众安全。

1990年9月6日,第十一届亚运会“亚运之光”火炬从舟山市传递到嘉兴,市公安局制定方案,组织近千名公安民警、武警、驻嘉部队官兵和联防队员现场维护火炬传递活动,圆满完成嘉兴“亚运之光”火炬传递社会治安管理任务。

1991年6月25日,境内隆重举行省纪念中国共产党建党70周年暨嘉兴革命纪念馆落成典礼庆祝活动。市公安局成立以局长为总指挥的安全保卫组,制定方案、勘察现场、进行安全检查,抽调535名公安民警和武警官兵到现场维护秩序,确保庆祝活动安全有序。

1992年,举办“92中国嘉兴时装节”,市公安局成立安全保卫指挥部,制定安全保卫工作方案,抽调市公安局、城区分局、武警、消防官兵500多名民警投入保卫工作,维护时装节中心会场、各展馆和住宿点的秩序稳定,保证时装节活动顺利进行。

1996年3月3日,嘉兴红楼股份有限公司擅自举办元宵灯展揭幕仪式和焰火晚会。19时20分,焰火晚会结束,大量市民转入红楼商厦观灯展购物时,商厦三楼的自动电梯发生故障突然下滑,造成8人受伤。公安机关采取果断措施,责令红楼股份有限公司立即停止灯展,有效避免群伤事件的扩大。

1997年,为庆祝香港回归和中共十五大胜利召开,全市举行各种大型群众性庆祝活动。市、区公安机关坚持“谁主管,谁负责”“谁主办,谁负责”的原则,制定保卫方案,抽调8614人次警力,加强“嘉兴市南湖民俗文化节”“嘉兴市千人万米长跑活动”“庆七一、迎回归”等大型活动的治安管理,确保安全。

1999年5月9日,浙江经济高等专科学校、嘉兴高等专科学校2500名师生上街游行,抗议北约袭击中国驻南联盟大使馆暴行,市、区两级公安机关依法及时许可,并调集400多名民警上街维护交通、治安秩序,确保游行活动有组织、有秩序地进行。

2000年9月30日至10月3日,嘉兴首次举办“南湖船文化节”。节庆期间,举行空中跳伞表演、皮划艇表演赛、广场文艺演出、旅游商品展销会等大型活动,全市公安机关严密部署,精心组织,全面落实各项安全保卫措施,确保首届“南湖船文化节”系列活动的安全。

2001年5月3日至7月3日,市委、市政府组织以纪念建党80周年大会、中央电视台心连心艺术团演出、第二届南湖·船文化节等活动为主要内容的纪念建党80周年系列庆祝活动。6月19日,南湖市民广场“心连心”演出活动,现场观众6万余名,机动车数千辆,非机动车数万辆,保卫工作任务繁重。全市公安机关以确保万无一失为目标,全警动员、全力以赴,2500余名公安民警、武警、消防官兵圆满完成各项保卫任务。演出现场未发生任何案件。

2002年6月14—17日,嘉兴市举行“南湖船歌”大型文艺晚会、“相约南湖”嘉兴市国内友城民俗文艺大会演、“五芳斋”杯中国嘉兴南湖国际龙舟邀请赛等第三届南湖·船文化节活动。区公安局按照保卫方案,圆满完成任务。

2003年10月23日至11月5日,第四届中国·嘉兴江南文化节和第十二届中国金鸡百花电影节(简称“两节”)在嘉兴市举行,“两节”共有各种活动34项,是嘉兴解放以后承办的规模最大、参与人数最多的节庆活动,同时也是最为繁重、投入警力最多的一次安全保卫工作。为确保“两节”安全,建立由市公安局局长为组长的安全保卫工作领导小组,先后召开专题会议28次,制定具体活动保卫方案35个。其间,共出动公安民警、武警、消防官兵6500余人次,确保“两节”圆满成功。

2005年10—11月,市、区两级公安机关精心制定《2005中国·嘉兴江南文化节安全保卫工作总体方案》和各类方案37份,动用公安民警、消防官兵4100多人次,顺利完成2005中国·嘉兴江南文化节22项活动的安全保卫工作。2006年,进一步严格大型活动审批制度,加强监督管理,完善有偿服务大型活动安保工作市场化运行模式。4—7月,嘉兴市举办“浙江省庆祝中国共产党成立85周年暨总结保持共产党员先进性教育活动大会”“南湖革命纪念馆新馆奠基仪式”等纪念建党85周年庆祝活动共13项,活动多、规模高、跨度长。市、区两级公安机关精心制定保卫方案,调动公安民警、消防官兵1100余人次,顺利完成安全保卫工作。

2008年5月22日下午,全市公安机关顺利完成北京奥运火炬接力在嘉兴境内传递活动的各项安全保卫工作。其间,90名火炬手和75万名观众参与10.71千米火炬传递运行,火炬车行市内转场53.1千米，全市投入安保力量6450人，确保活动安全、顺利、热烈、祥和进行。

2003年3月，举行"秀城·南湖之春"文化经贸系列活动，其间，举办了嘉兴(秀城)新区投资推介会、"与时俱进的秀城"大型展览、"秀城·南湖之春"文艺晚会等多项活动。区公安分局根据活动组委会总方案的要求，制定周密的安全保卫方案，抽调警力90名组织9个保卫组开展保卫工作，圆满完成安保任务。

2004—2010年，在一年一届的"南湖之春"文化经贸活动"期间，区公安分局根据活动组委会实施方案的要求，抽调数百名警力组成驻地保卫组、活动现场保卫组、机动备勤组等全力落实安全保卫工作，确保了活动安全顺利进行。

特种行业管理

旅馆业管理 1950年1月28日，市公安局规定：旅店经营者需履行相关手续后方可准许营业，旅馆业每晚须向派出所报送旅客登记循环薄。1958年，旅馆业不再作为特种行业管理。1961年12月，旅馆业重新列为特种行业管理范围。1977年，旅馆业重新核发特种营业许可证。

1985年10月，调整、缩小特种行业管理范围，放宽审批手续，旅馆业不再列为特业管理。1989年，推行旅馆业治安承包责任制，实行安全业务合格证制度。对违反旅馆业治安管理法规和《治安处罚条例》者，责令其停业整顿，吊销营业执照，直至追究业主法律责任。1998年10月，市公安局在秀城区进行旅馆业治安管理信息系统推广应用工作试点。

2004年3月6日起，区公安分局将中低档旅馆由刑侦队、派出所共管模式改为刑侦部门管理，制定完善《中低档旅馆管理办法》。

印刷刻字业管理 1949年10月，市公安局规定：印刷刻字业须经公安机关审查核准后，方可开业；刻字店受理单位刻制公章，需凭公安机关介绍信，并进行登记。1950年10月起，将印刷刻字业列为特种行业。1985年10月，省公安厅不再将印刷业列为特种行业管理。1987年7月后，印刷业重新纳入特种行业管理。

1991年，省公安厅发布规定，凡开办经营承制各类印章的刻字厂、店、铺等，必须向所在地县以上公安机关提出申请，经同级工商行政管理部门核准，领取营业执照后方准营业。刻制公章必须建立凭证登记、监制、保管和情况报告制度。

至2010年，全区共核准公章刻制企业5家。

废品旧货业管理

1951年，嘉兴县(市)公安局把旧货店、拍卖行、委托寄售商行及估衣店列为废品旧货业的管理范围。1953年6月，将旧自行车行和旧钟表行列为特种行业。1956年7月，根据公安部规定，旧货业(含旧货、委托寄售自行车、钟表、古董玩物)不再列为特种行业管理。1961年12月，省公安厅将旧货业重新列为特种行业管理。

1979年，根据国家工商行政管理总局、公安部等7部门规定，嘉兴公安机关结合登记发证，对废品旧货业进行了一次集中清理整顿。1985年，根据省公安厅规定，区境调整废品旧货业的管理范围，将收购生产性废旧金属业继续列入特种行业管理。修理业、寄售行和其他废品收购业不再列入特种行业。

1986年，区公安分局组织开展盗窃有色金属专项斗争，期间，对水上无户口、无牌照、无固定住址的"三无"船只进行清查，加强对旧货收购站、旧货交易市场和流动收购人员的管理。是年6月29日，破获一起以收购废旧钢铁为名的盗窃案。来自郊区荷花乡的范某、罗某、沈某，时分时合连续作案16次，盗窃建筑工地及工厂企业内部的工业原材料和有色金属，案值2.1万元。

2000年底，市公安局核准嘉兴首家典当业——位于三元路的嘉兴市聚力源典当有限责任公司成立开业。

2006年起，对废旧金属收购、典当和寄售、报废机动车回收、二手机交易、金银饰品加工、出租车及二手机动车交易等行业严格责任，强化落实阵地管控措施。是年8月，市、区公安机关统一开展废旧金属收购业专项整治。

危险物品管理

公安机关列管的危险物品主要有：枪支弹药、爆炸物品、剧毒物品、放射性物品，以及其他易燃易爆物品。

枪支管理　1957年7月29日，嘉兴县公安局全面开展枪支弹药登记工作。1958年，把猎枪、鸟枪列入枪支管理范围。1963年4月5日，嘉兴县人委规定枪支管理和佩戴范围。1972年10月，嘉兴县成立收缴武器领导小组，日常工作由县人武部和县公安局负责。1981年，嘉兴县公安局对金属弹丸气枪进行登记发证管理。同年7月20日，嘉兴镇人武部武器库"五六式"自动步枪2支、冲锋枪1支、子弹217发等物被盗。案发后，公安机关及时破案，案犯庄某、缪某落网。

2009年8月，区公安分局组织开展打击涉枪犯罪专项斗争，确保北京奥运会、国庆60周年庆祝活动安全顺利进行。

易燃易爆和其他危险物品管理　1957年，嘉兴县公安局对爆炸物品的采购、使用、运输建立审批发证制度。1961年，嘉兴县公安局对生产、贮存、使用化学危险物品的单位进行登记管理。1974年，爆炸物品的管理由治安部门移交消防部门。20世纪80年代初，对涉燃涉爆危险物品的社队企业开展安全检查，落实管理措施。1984年1月，爆炸物品的管理由消防部门移交治安部门。8月，区公安分局对失散在社会上的爆炸物品进行清理收缴。2004年开始，对扬言要采取爆炸等过激行为报复社会的高危人群进行重点排摸，做到逐一见面、逐一签署涉爆重点人员具结保证书，填写信息表。2007年8月，区公安分局开展以"防爆炸、防枪击、防破坏、防滋事、防事故"为重点的"五防"专项行动。

第四节　出入境管理

解放初期，出入境管理由嘉兴专署公安处治安科负责。1950年8月，嘉兴县公安局建立外国侨民管理制度，对居住在嘉兴市区的外侨进行调查登记，据当时登记，市区有外国侨民22人，其中美国3人、法国7人、意大利7人、瑞士1人、奥地利1人、西班牙1人、匈牙利1人，另有1名日本侨民与中国籍丈夫居住在嘉兴。1965年3月，居住在嘉兴的日本侨民返回日本。至20世纪80年代末，嘉兴无外国侨民居住。

1996年9月，区公安分局设立出入境管理科，与政保科合署办公。1999年，取消涉外定点宾馆饭店管理，改为涉外临时住宿登记宾馆饭店向公安机关登记管理。2003年8月，秀城区居民黄兴华为嘉兴市第一个赴香港自费留学人员。

2005年10月，区公安分局在嘉兴红磨坊酒吧查处一起外国人非法就业案件。4名分别来自俄罗斯、吉尔吉斯斯坦、哈萨克斯坦的外籍女子，在未取得文化部门演出许可的情况下，在嘉兴从事演出活动。区公安分局依法对该4名外籍女子每人作800元罚款处罚；红磨坊酒吧私自雇佣外国人就业，被处以5000元罚款。

2009年，共受理、接待境外人员临时住宿登记16415人次，其中外国人12244人次，华侨409人次，港澳居民1821人次，台湾居民1941人次。全区有常住的境外人员533人，其中外国人447人，港澳台居民86人。全年共发生各类涉外案（事）件32起，其中违反出入境管理法律法规的案件7起，查处违法外国人5名、台湾居民2人。发生涉外刑事案件17起。

2010年，共受理、接待境外人员临时住宿登记20282人次，其中外国人14868人次，华侨457人次，港澳居民1990人次，台湾居民2967人次。全区有常住的境外人员535人，其中外国人416人，港澳台居民119人。全年共发生各类涉外案（事）件31起，其中违反出入境管理法律法规的案件7起，查处违法外国人3名、台湾居民4人。发生涉外刑事案件1起。全区有各类"三资企业"、外事机构225家。其中，独资企业91家，合资企业122家，合作企业3家，办事处9家。有外籍教师37名，外国留学生40名。

第五节　户政管理

常住人口管理

1949年8月，嘉兴县建立户口登记、报告制度。11月，在废除保甲制度的基础上，组建居民委员会和居民小组，对居民进行审查登记，建立迁出迁入报告制度。1950年5月，嘉兴县公安局建立户口异动管理与特种户口管理制度,全面开展城镇户口管理。在居民委员会设户政委员会,派出所设户籍民警,县公安局治安股内指定专人负责户口管理工作。

1951年,农村开始执行户口迁移证制度。同年7月起,执行公安部颁布的《城市户口管理暂行条例》。1953年1月,嘉兴市、县设有公安派出所的镇,都建立户口的出生、死亡、迁出、迁入、来客住宿等管理制度。6月,结合第一届基层选举,农村开展人口调查登记,登记表以乡村为单位装订成册,并开始建立户口登记簿。1954年12月25日,乡镇户口由各级民政部门登记管理。1956年2月,农村户籍工作移交公安部门接管。5月,使用全国统一的户口迁移证。1958年1月,嘉兴县(市)公安局全面开展户口复查登记,发放全国统一的户口簿册,建立和健全农村户口管理制度。1962年后,统一实行户口登记以户为单位和在常住地登记制度。1981年,嘉兴县(市)公安局对农村户口进行全面整顿,农村乡镇重建户口簿册,恢复建立各项户口登记制度。

1992年8月,市、区公安部门对符合务工经商等条件的农民进城镇落户办理常住户口。为与原城镇非农业户口有所区别,由承办地公安机关在其户口簿上加盖蓝色“户口专用”印章,称为“蓝印户口”。对要求办理人员收取适当的城市建设配套费,至年底,全区办理“蓝印户口”186人。1994年1月停止办理。

1993年以后,逐步推行农村户口城市化管理和小城镇户籍制度改革。

1995年,嘉兴市全面开放人才的户口迁移和投资兴业办理“农转非”户口。是年,全区办理投资兴业户口1005人。1991—1995年,全区共办理农转非户口5000余人。

1996年6月5日,乡镇实行农村户口城市化管理。1997年11月17日,区公安分局建立全市首家户政办理中心,将原6个街道派出所的户口迁移和居民身份证换证工作集中办理。1999年2月1日,区公安分局与市电信局“168”声讯服务台联手推出户政服务热线,只要拨打“168”电话,即可获得45个与群众生活密切相关的户政信息。

2008年10月1日起,实行城乡统一的户口登记和户口迁移制度,结束了历时50年的城乡户口二元化状态。2009年8月1日起,市区办理户口实行“网上迁移”。办理户口迁移,无需再到迁出地派出所办理迁出手续。

暂住人口管理

解放初期,暂住人口管理主要是对寄居于居民家中人员的登记管理及掌握外出人口和嫌疑户口动向。居民家中有来客住宿的,由户主或住户主要人于当日向派出所申报来客住宿登记;居民如需他往,当天不能返回者,应由本人事前向派出所申报他往登记,领取通行证方准外出,归来后即报注销。

1957年5月,嘉兴县公安局规定,在城市暂住3天以上的,才需申报暂住登记,取消同一市内的暂住申报登记制度,对不超过预住期的,不需办理离去注销手续。1962年夏秋,规定对暂住2天以上的人口,须在12小时之内到当地派出所登记,暂住期满的,督促其返回。集体单位建立来客登记制度。

建区初期,规定对进入城镇从事建筑、运输、装卸、清肥等行业以及其他零散杂工的农村劳动力,用工单位需于3日内逐人填写暂住人口登记表,持市、县以上建工(基建)、计划、劳动等部门批准进城做工的文件、公社(乡)以上机关的证明和承包合同及使用单位的证明,向住地派出所申报暂住,登记临时户口。1986年起,城镇全面开展暂住人口的调查登记,在摸清底数的基础上,建立经常性的管理制度。1987年6月,城区公安分局实行全省统一的申领暂住证。

1992年,开展暂住人口清理整顿工作。各镇(街道)建立暂住人口管理领导小组。对符合发证条件的按省厅统一式样换发新的暂住证。1995年5—8月,区公安分局会同有关部门,按照“街(村)不漏组、组不漏幢(户)、幢(户)不漏间、间不漏人”的要求,对全区暂住人口进行全面排摸。1999年3月1日,区公安分局在全市率先对暂住人口管理启用IC卡,8月,在全市各县(市、区)推广。

2006年,区公安分局推出出租房屋“五色卡”管理。将出租房屋划分为单居户、混居户、家庭居住户、店面、公房5种,并分别用蓝、黄、粉红、绿、桔黄5种颜色的卡片来表示,统一制作出租房屋动态分布图,及时掌握变化情况。同年11月起,对到嘉兴务工、经商、创业的非本市户籍、有固定住所的人员统一称之为嘉兴新居民。

居民身份证管理

1987年,居民身份证发证工作在南湖街道和新丰镇试点。至1988年底,全区颁发居民身份证工作基本结束,比原计划提前半年。1996年1月1日起,启用新的防伪居民身份证。1997年开始,首批10年期居民身份证陆续期满换发。换发后改20年期。至年底,秀城区换证率达98%。

1998年1月,开展居民身份证编号清理纠错工作。通过逐户上门、逐人核对、清理核对底册、运用计算机逻辑排查和发函核对等方式进行。2001年开始,逐步换发第二代居民身份证。

2006年1月1日起,停止制发一代证。

第六节　道路交通安全管理

区交警机构

建区至2000年8月,境内交通管理由市交警部门直接负责。

2000年8月成立区交通巡逻警察大队,下设事故处理中队、公路巡逻中队、新丰中队、余新中队,主要负责维护全区管辖道路的交通秩序和公路治安秩序依法查处道路交通违法行为和交通事故;负责市局车管部门委托的安全检测、牌证发放、驾驶员管理,开展交通安全宣传教育工作;负责道路沿线的交通警卫工作;协助做好管辖道路沿线、社会面的治安控制,预防、打击违法犯罪;负责交警的财务管理;承办领导交办的有关工作。2000年12月,原巡警大队并入交通巡逻警察大队。2003年12月底,撤销交通巡逻警察大队内设的巡警中队建制,划出巡警职能。2004年5月,区交通巡逻警察大队更名为区交通警察大队。

道路交通违章(法)处理

交通法规实施　1955年10月起,施行公安部颁布的《城市交通规则》。之后,公安部、省政府又先后颁布实施《公路交通规则》《浙江省城市和公路交通管理规则实施细则》等法规,1988年3月9日,国务院颁布《中华人民共和国道路交通管理条例》,1998年1月1日起统一使用公安行政处罚决定书和当场处罚决定书,道路交通管理法规不断趋于完善。

区交巡警大队成立后,先后依法开展对无牌无证摩托车专项整治和对余新、凤桥、新篁3镇无牌无证拖拉机的专项整治活动。

2004年后,区交通警察大队牢牢抓住“安全与服务”这个主题,切实履行维护道路安全、畅通的天职。强化“四个机制”,即强化科学管理机制,改变传统交通管理模式;强化竞争激励机制,充分调动民警工作积极性;强化监督制约机制,确保各项工作落实到位;强化经费保障机制,保证交管工作顺利进行。

2005年2月1日起,启用机动车违法非现场处理系统,出台各项办法、规定,对人、车、路交通三要素进行了一系列科学管理,道路交通管理工作步入规范化、信息化的持续发展轨道。

交通违章处理机制　1992年5月,启用机动车驾驶员违章联系单,确认驾驶员违章后,填制联系单分别告知驾驶员所在单位和所在车辆管理部门,确保非现场道路交通违法行为的机动车所有人和管理人及时接受处理。1996年12月10日,交警和建设银行联合设立交通违章受理处,交警处理违章,银行负责收取款项。

2000年3月1日起,施行公安部《交通违章处理程序规定》。对当事人处以50元以下(含)罚款或者警告的,适用简易程序,由交通民警当场作出处罚决定;对当事人处以50元以上罚款、吊扣和吊销机动车驾驶证的,适用一般程序,由县以上(含)公安机关交通管理部门作出处罚决定。2004年5月1日起,对个人处以200元以下罚款的,可由交通警察当场作出处罚决定;对违法行为人作出200元(不含)以上罚款、暂扣或者吊销机动车驾驶证,对单位处以罚款的,在调查取证后,按照一般程序作出处罚决定。

2000—2010年,区交警部门共处理交通违章477015件,其中现场处罚298421件,非现场处罚178594件。在现场处罚298421件中,简易程序

291160件，一般程序7261件；在非现场处罚178594件中，简易程序165776件，一般程序12818件。

交通事故防控与处理

解放初期，道路交通事故发生较少。“大跃进”期间，车辆多装快跑，事故开始增多。“文化大革命”期间，交通管理工作遭破坏，1971年起，交通事故剧增。1977年后，交通事故数开始回落。20世纪80年代后，机动车大量增加，一些单位、个人片面追求经济效益，超载、超速、违章超车和疲劳驾车等严重违章行为屡禁不止。交通事故持续上升。

交通巡逻警察大队成立初期，认真履行道路交通安全管理职责，多措并举：推进路口专项整理工作，加大资金和人力投入，完善事故高发路口的交通安全设施；深入辖区开展牌证下乡一条龙服务，多渠道完善牌证服务工作；加强交通肇事案件查控侦破工作。2000年10月24日，乍王线沪杭高速公路出口处发生一起死亡交通事故，肇事汽车逃离现场，区交巡警大队在上海金山警方的大力协助下，2个小时破获了区交巡警大队成立以来首起交通肇事逃逸案。2001年1月10日，07省道新丰镇竹林路口一辆摩托车撞倒一辆自行车后逃逸，自行车主韩某伤势严重，经医院抢救无效死亡。1月13日，该起案件肇事逃逸嫌疑人张某、赵某、蔡某均被抓获。2004年11月，增设大桥、凤桥和七星3个交警组，负责处理主干道路以外的轻微交通事故。

2006年6月15日，市道路交通安全委员会颁发相关办法，鼓励轻微交通事故当事人自行协商处理，简化程序，提高道路通行效率。

2008年9月，建立区公安分局交通警察大队新丰、余新、大桥、凤桥和七星中队，负责事故处理、违法受理、路面巡逻、安全宣传、交通违章查处。重案分离机制实施后，各中队开始承担本辖区的交通事故处理，各镇农村道路交通事故防控工作成果凸显。2009年，全区道路交通事故发生数和死亡人数分别比2008年下降了10.8%和50%。

2001—2010年，区交通巡逻警察大队共处理交通事故1062起，其中重特大事故183起。

2001—2010年全区道路交通事故情况表

表16-4

年 份	事故发生数(起)	死亡人数(人)	受伤人数(人)	直接经济损失(万元)
2001	150	13	133	89.77
2002	170	27	127	114.73
2003	122	23	97	71.05
2004	142	17	155	44.49
2005	60	16	112	42.27
2006	104	20	124	38.53
2007	84	18	109	34.42
2008	83	22	99	36.14
2009	74	11	99	29.58
2010	73	16	95	32.43

交通安全宣传

交通安全教育 2003年，区交巡警大队累计向居民群众发放各种交通安全宣传资料1万余份。2004年起，组织民警在春节期间走访事故高发路段居民家庭330余户，督促参加春运的运输车辆到指定地点进行安全检验。2006年，深入辖区企业、行政村和中小学校进行图板展览、发放宣传资料、光盘播放等宣传活动。2007年，在388家50人以上企业、43所中小学校、幼儿园及54个行政村、社区全部设立负责交通安全宣传教育的专（兼）职人员。2010年春运前夕，组织民警深入外来务工人员密集单位通过举办交通安全讲座、播放光碟、发放资料等形式进行宣传，受教育外来务工人员达5000余人。

专题宣传教育活动　2008年5月，先后开展“奥运交通安全宣传日”“迎奥运文明出行”知识竞赛等奥运专题宣传活动。2009年4月，开展“遏制重特大交通事故，深化农村地区道路交通安全整治‘飓风’专项行动”。在主要道路悬挂交通安全宣传横幅60余条，在各镇区张贴宣传挂图800余张，开展集中宣传教育活动10余场次。2009年9月1日各中小学开学的第一天，以向学生家长发放《致学生家长的一封信》、展出图板等形式进行学生交通安全专题宣传。

重点企业宣传　2004年起，在春运期间，组织宣传队走访道路沿线各企业，进行交通安全宣传。2010年7月—8月，组织民警深入企业开展夏季交通安全宣传工作，针对夏季开车容易发生的典型交通事故案例和安全出行要点进行讲解，播放教育光盘、发放宣传资料，教育广大驾驶人自觉遵守交通法，安全驾驶、文明交通。

第七节　消防安全管理

消防机构与装备

解放前，嘉兴城里及农村较大集镇已有龙会、救火会、救火联合会和水陆公所等救火组织。1950年2月，嘉兴县成立人民消防总会。翌年，嘉兴市成立人民消防委员会，设5个分会、14个消防队、84个消防小组，会员1107人。1956年12月，市公安局成立消防民警队。1965年，成立县公安消防中队，为义务兵役制。1983年8月，武警嘉兴市支队下辖消防中队。

1984年6月，区公安分局消防科成立，履行监督执法、灭火救援、宣传教育等职责。1994年7月，消防科更名为消防大队，接受区公安分局和武警嘉兴市消防支队双重领导。至2010年，消防大队内设大队防火、后勤、特勤一中队、南湖中队，干警人数65人，另有乡镇专职消防队5支、企业专职消防队2支。

20世纪90年代后，消防装备日趋完善，逐步向大功率、高效能、自动化、快速反应发展。1994年底，筹款近百万元在市消防支队直属一中队，配置一辆32米高的登高车，为高楼层抢险灭火创造有利条件。1996年，配备一辆消防灭火设施齐全的12吨位大型水罐车。

重大火情和抢险救灾

1972年4月20日14时30分左右，东风造纸厂东草场274号草堆突然起火，正值大风，火势迅速蔓延，全场46个草堆有43个起火，烧毁造纸原料4.6万担，直接经济损失19.1万元。公安部、轻工业部向全国发出通报。该厂原料保管班王某、电工伍某被追究刑事责任。

1977年8月14日17时，嘉兴火车站7号道岔因第1227次直通货物列车脱轨，油槽车颠覆，油槽罐摩擦起火，火焰高达30多米。县公安局消防队在5分钟内赶到现场，嘉善、平湖、桐乡、湖州、杭州、上海等地增援的16辆消防车相继到场，嘉兴党、政、军领导及驻嘉部队官兵、工人、农民等5000多人投入灭火。在大火向后部油槽车蔓延的紧急关头，数千人齐心协力，将未着火的34节油槽车推离火场中心80多米。20时10分，大火被成功扑灭，保住了铁路嘉兴站以及附近企业单位和居民的安全。

1984年3月6日3时，嘉兴酒厂因外单位泥工进入仓库内吸烟引起火灾，烧毁库房50平方米，粮食4.5万公斤及库内麻制品一批，直接经济损失3.4万元。

1992年10月20日晚，正值余新镇“渔里之谣”活动节，嘉兴针织内衣厂的6名值班干部和职工先后擅自离岗前往镇上观看节目。当晚7时05分，该厂成衣间突然起火。由于该镇缺乏消防水源，加之起火部位堆放了大量棉织品，起火仅几分钟，整个车间已浓烟滚滚，火势灼人，灭火人员被迫撤离。这起火灾烧毁厂房172平方米和大批纺织制品，直接经济损失63万余元。

1993年8月22日，嘉兴市区洪水达最高点，百花新村数百户居民被洪水围困。消防官兵会同市区各专职消防队，出动7辆消防车连续抽水三天三夜，排除了险情。

1994年5月15日20时03分，舟山汽运公司一辆浙L—A0689中巴客车在途径嘉兴南门七号桥收费处停车买票时，发动机回火起火，因扑救不及，火势迅速蔓延，烧死82岁女乘客1名，烧毁中巴车1辆，直接经济损失12.1万元。

2009年10月19日10时55分，嘉兴工业园区步焦路浙江卫星丙烯酸有限公司装有120吨乙酯的104号储罐发生爆炸燃烧，浓烟滚滚，火势猛烈，相继发生3次爆炸。邻近另有容积3000立方米的立式储罐8个和甲苯、丙烯等22个不同大小储罐，情势十分紧急。区消防大队特勤、荷花堤中队第一时间赶赴现场，市公安局消防支队迅速调派秀洲、经济开发区、嘉善、平湖等10个中队29车167人，以及新丰、凤桥、大桥、中华化工厂4个专职消防队5车26人增援。14时38分许，火势得到有效控制，成功避免了邻近储罐的再次爆炸。16时许，火势被完全扑灭，无人员伤亡。

2010年，消防大队共接警1213次，出动消防车辆1679车次、9728人次，抢救和疏散人员97名，抢救财产价值4514.2万元。

消防宣传

1984年，在城乡广泛宣传新颁布的《中华人民共和国消防条例》。1992年，开始与各中小学校合作举办消防少年警校。1995年3月，组织公共娱乐场所的管理、从业人员进行以消防知识、消防安全意识和自防自救能力为内容的消防安全培训。

2001年11月9日，全区所有消防站对社会开放。整个“冬防”期间，区消防大队通过发放宣传资料，悬挂横幅，设置黑板报，放映消防电影、录像，举行消防知识竞赛、举办消防知识培训班等多种形式开展冬季消防宣传。2005年，在“嘉禾119”广播版、电视版设专题和专栏，刊播96119隐患举报热线。发动社会基层单位广泛开展消防安全宣传活动。2006年10月，召开“百校消防安全教育示范”现场会，推广市实验中学、王江泾中学等学校开展消防宣传的经验和做法。2008年，开展消防宣传进社区、进学校、进企业、进农村、进家庭、进机关活动。新建的三星级消防教育馆对外开放。2010年，深入开展百日消防安全大宣传、《消防法》宣传月、新《消防法》知识大赛、夏季消防宣传等专项活动。吸纳消防宣传志愿者3550名，举办社会消防培训班22期，开放消防站(教育馆)25余次。同时，举行《消防法》和社区消防知识讲座、灭火逃生演练，发放消防宣传资料，张贴横幅标语，播放视频公益广告，发送手机短信等。

第二章 检 察

第一节 机 构

县人民检察院

1912年8月，设嘉禾县法院检事厅。翌年3月，更名为嘉禾地方初级审判检察厅。在此后的整个民国时期，检察机构除在袁世凯复辟帝制时曾遭裁撤。抗日战争期间被解体外的大部分时间里，一直实行审检合署制度，直至嘉兴解放。

1951年8月，设立嘉兴市(县级)人民检察署。1954年12月，更名为嘉兴市人民检察署。1966年末，检察工作受“文化大革命”冲击陷于瘫痪。1967年12月，公、检、法实行军管，检察职能由军管组替代。1975年后，检察职权由公安机关行使。1978年7月，恢复建立嘉兴县人民检察。1981年3月，更名为嘉兴市人民检察院。

区人民检察院

1984年1月1日城区人民检察院成立，内设办公室、刑事检察一科、刑事检察二科、经济检察科、法纪检察科5个部门。2003年9月，院址由禾兴路迁至中山东路1177号。随着国家法治建设的发展和检察制度的日趋完善，内设检察业务部门相应增设。截至2010年底，区检察院内设反贪污贿赂局、反渎职侵权局、职务犯罪预防局、民事行政检察科、控告申诉检察科(职务犯罪举报中心)，侦查监督科、公诉科、监所科，检务督察室、政治处、办公室、行政技术装备科、法警队共13个职能部门。

区检察院历任检察长名录表

表16-5

姓　名	任职时间	备　注
许友土	1983.12—1987.6 1987.6—1990.4	—
朱久成	1990.4—1993.4	—
李建平	1993.4—1997.12	—
章传根	1998.3—2003.1	1997.12—1998.3任代检察长
杜克强	2003.3—2007.3 2007.3—	2003.1—3任代检察长

第二节　刑事检察

区检察刑事检察一科、二科，分别担负刑事案件的审查批捕、审查起诉职能。1998年2月，刑事检察一科、刑事检察二科分别更名为审查批捕科、审查起诉科。2003年2月，又分别更名为侦查监督科、公诉科。1987年3月，设立监所检察科，承担对辖区内缓刑、管制、剥夺政治权利、假释、暂予监外执行"五种罪犯"执行情况的监督工作。

审查批捕　审查起诉

1983年8月，中共中央发出《关于严厉打击刑事犯罪活动的决定》(简称"严打")后，检察机关贯彻"依法从重从快"方针，紧密协同公安机关、人民法院等司法机关，积极投入"严打"斗争。1984年1月区检察院成立后，继续坚持"双从"方针，坚持"以事实为根据，以法律为准绳"的办案原则，坚持"两个基本"(即：基本事实清楚，基本证据确凿)的工作标准，并采取提前介入公安机关勘察现场等侦查活动、细致阅卷、讯问犯罪嫌疑人等工作措施，严格把好案件质量关和法律程序关，做到不枉不纵、既"准"又"快"地打击刑事犯罪活动。是年，区检察院共批准逮捕各类刑事案犯123人，向法院提起公诉111件146人，有力地打击了严重社会治安的各类刑事犯罪活动。自恢复重建至2010年，南湖区检察院共批准逮捕各类刑事案件犯罪嫌疑人11133人；向法院提起公诉7029件11788人，移送上级检察院和其他检察院审查起诉227件589人。

在审查批捕和审查起诉工作中，随着法治建设的推进和完善，不断强化对刑事侦查活动、审判活动的监督，注重防止错漏和纠正违法，以保障国家法律的统一正确实施及涉案当事人的合法权益。自恢复重建至2010年，通过对公安机关提请批捕和移送起诉案件的细致审查把关，依法作出不批准逮捕决定631人、作出不起诉决定15件30人，追捕34人、追诉194人。要求公安机关说明不立案理由83件141人。依法对认为一审判决认定事实或适用法律明显不当和量刑畸轻畸重案件提出抗诉24件，提请上级检察院抗诉2件。

公诉机制改革

1996年和1997年，《刑法》及《刑事诉讼法》相继修订实施，对刑事检察工作提出新的要求，区检察院按照高检院"学懂、弄通、会用"的要求，组织全体检察干警集中学习培训，并积极探索、实践刑事检察工作新机制、新措施，以尽快适应"两法"。1999年6月，区检察院作为全省4个实行主诉检察官试点工作的基层院之一，率先推出《主诉检察官工作规则(试行)》等4项配套制度。成立了主诉检察官考评小组，选任3名业务骨干为首批主诉检察官。是年8月，制定实施《秀城区人民检察院错案责任追究办法》，以进一步强化干警的办案质量意识，规范执法行为。

2002年3月，试行刑事案件普通程序简易审理改革，与区法院联合制定《刑事案件普通程序简易审理规则》，对适用普通程序简易审理案件的条件、程序等作了明确、具体的规定，是年，按普通程序起诉刑事案件47件。2003年，共对170件公诉案件适用普通程序简易审理，占当年起诉案件数的51%，提高了办案效率。

同时，积极而又慎重地办理新类型、新罪名案件。1999年9月，由分管副检察长亲自承办并出庭公诉的浙江省首例违法向关系人发放贷款案的两名被告人被区人民法院依法判处有期徒刑。2004年4月，在审理公安机关移送的吴某某偷盗公共道路窨井盖案件中，依照修正后刑法的相关规定，对此类犯罪的构成要件、定罪依据进行认真分析甄别，在全省首次以危险方法危害公共安全罪定罪起诉，该案的准确起诉、判决，为各地司法机关审理同类案件提供了示范性判例，被广泛运用于司法实践。

2009年3月，制定《快速办理认罪刑事案件实施意见》，对具备"案情简单，基本事实清楚，主要证据确实、充分，犯罪事实一般不超过3起；案犯罪嫌疑人不超过3人，且均自愿认罪，辩护人对指控的犯罪事实没有异议；案件定性、适用法律无争议"3个基本条件的刑事案件办理开辟了一条快速办理通道，从而有效提高诉讼效率、节约司法资源，实现办案的法律效果和社会效果的有机统一。至2010年底，公诉部门共适用快速办理的认罪案件343件409人，占同期办理案件数的35%。

2009年9月，区人民检察院召开新闻发布会向社会通报检察工作情况

监所检察

1987年3月，设立监所检察科，依法开展对缓刑、管制、剥夺政治权利、假释、暂予监外执行的五种罪犯执行情况的监督。通过加强与各派出所、司法所等基层执行机关的联系配合，开展定期检查或不定期抽查等方式，随时掌握"五种罪犯"执行情况，注意防止和纠正监外罪犯的脱管漏管及刑罚执行工作中的违法现象，以促进和规范对监外罪犯社区矫正工作的依法扎实开展。1994年8月，监所检察部门在对保外就医罪犯进行专项检察中，根据群众举报，对保外就医罪犯陈某进行突击尿检，查明其在服刑期间与狱医串通，在尿检时滴血作弊，骗取保外就医的事实，依法建议将罪犯收监，并配合当地检察机关依法追究涉案狱医的刑事责任。至2010年，配合执行机关考察监外执行罪犯6000余人次。通过检察，建议对14名不符合或丧失保外就医、假释条件的罪犯予以收监执行；建议对20名在缓刑考验期内违法的罪犯撤销缓刑，予以收监执行；建议对8名罪犯延长缓刑考察期限。1997—2010年，向公安机关、审判机关和刑罚执行机关共发出各类检察建议220份。

社会治安综合治理

结合办案，运用检察建议，督促、指导发案单位建制堵漏，落实防范措施。至2010年，共向发案单位发出书面检察建议300余份；加强预防青少年犯罪工作，以开展争创"优秀青少年维权岗"活动为抓手，通过到学校上法制教育课，开展庭审教育和结对帮教等方式，做好中小学生的法制、道德教育及失足未成年人的教育转化工作。2000年1月，区检察院审查起诉科被共青团嘉兴市委确定为首批市级"优秀青少年维权岗"争创单位。至2010年底，已到中小学校上法制课50多次，先后与284名有违法行为的青少年结对帮教，取到了良好的效果，连续10年荣获全市"优秀青少年维权岗"称号；以案释法，开展检察宣传。2000—2010年，被报刊、电台等主流新闻媒体刊用、录用的法制宣传稿900余篇，邀请和配合电视台拍摄播出法制宣传节目18期。

第三节　查处和预防职务犯罪

1984年，南湖区检察院设立后，职务犯罪案件分别由经济检察科、法纪检察科负责侦查。1990年

7月，经济检察科更名为贪污贿赂侦查局；1996年5月，又更名为反贪污贿赂局。2003年2月，法纪检察科更名为渎职侵权检察科。2006年6月，又更名为反渎职侵权局。

1997年刑事诉讼法修订后，检察机关管辖的职务犯罪案件范围有所调整缩减。区检察院反贪部门负责侦查国家工作人员贪污、挪用公款、受贿等12个罪名的犯罪案件；反渎职侵权部门负责侦查国家机关工作人员利用职权实施的滥用职权、玩忽职守、徇私舞弊等34个罪名的渎职犯罪案件，以及利用职权侵犯公民人身权利、民主权利的犯罪，妨害国家机关的正常管理秩序、活动秩序的7个罪名的犯罪案件。

反贪污贿赂侦查（经济检察）

区检察院始终把查处贪污贿赂等经济犯罪作为检察工作的重点。1984年，院领导带领检察干警深入辖区16个机关企业、5个乡镇开展调查，掌握经济犯罪动向和规律，排摸案件线索。1985年12月，在市属20个大中型企业和区辖13个乡、街道的干部中聘任45名检察联络员，组建检察联络员队伍。1986年，检察联络员提供经济违法犯罪线索45件，经初查后立案侦查3件，占全年立案总数的16.7%。同年11月起，贯彻打击经济犯罪"一要坚决、二要慎重、务必搞准"的原则，自侦案件由原来的侦查、批捕、起诉"一竿子到底"，改为侦查与批捕、起诉分开，各负其责的办案制度。1987年，先后在商业、财税、物资、供销等重点系统查处了一批企事业单位内部的经济犯罪案件。全年共立案查处企事业单位内部经济犯罪案件19件，其中大要案5件，占立案数的26%。是年4月，根据群众举报，立案查处嘉兴市中百公司纸张批发部会计吴某贪污5.7万余元特大案件，经法院审判，吴某被判处无期徒刑。

1989年8月15日，最高人民法院、最高人民检察院发布《关于贪污受贿投机倒把等犯罪分子必须在限期内自首坦白的通告》。9月16日，区委、区政府召开深入贯彻"两院"《通告》动员暨宽严处理大会，区长杨有金宣读"两院"《通告》，区委书记张汉臣作动员报告。区检察院对"两院"《通告》公布后能主动自首坦白的3名受贿犯罪嫌疑人宣布免予起诉决定，对2名拒不投案自首的受贿犯罪嫌疑人宣布逮捕决定。10月23日，区委、区政府再次召开进一步贯彻"两院"《通告》动员大会，敦促经济违法犯罪分子在《通告》规定的期限内投案自首，争取从宽处理。同时加大侦查破案力度。在《通告》规定的两个半月中，42名经济违法犯罪人员投案自首。11月23日，按照市检察院的统一部署，对在"两院"《通告》规定的期限内拒不自首坦白的5名经济犯罪分子，依法进行集中抓捕。是年共立案侦查经济犯罪案件58件66人，其中大要案12件，办案数量为历年之最。

1992年10月，区检察院在市财税分局设立税务检察室，强化对偷、抗税等涉税犯罪的查办工作。1993—1996年，共立案查办涉税犯罪案件11件。1997年，涉税犯罪案件调整为由公安机关管辖，1998年1月，税务检察室撤销。

2010年5月，立案查处了犯罪嫌疑人戴某等12人在东栅街道、南湖街道、七星镇农村拆迁过程中，内外勾结，非法侵占国家拆迁补偿款系列案件，涉案总金额170余万元。同年12月，经区人民法院依法审理，分别以受贿罪、介绍贿赂罪和行贿罪对12名被告人作出有罪判决，其中一审判处有期徒刑十年以上并处没收财产1人、有期徒刑五年及以上并处没收财产3人、有期徒刑五年以下4人，判处免予刑事处罚4人。

1984—2010年，区检察院共依法立案查办贪污贿赂等职务犯罪案件439件547人，其中1997—2010年立案154件195人，内含贪污、贿赂两类案件147件184人，其中贪污贿赂大要案82件。通过办案为国家和集体挽回经济损失4500余万元。

反渎职侵权侦查（法纪检察）

区检察院成立后，设法纪检察科，重点查处玩忽职守、重大责任事故和侵犯公民民主权利这3类犯罪案件。1984—1996年，依法受理玩忽职守、重大责任事故等渎职侵权法纪案件线索202条，经初查，立案查处37件44人。1985年，对市妇女保健院发生的一起因夜间值班护士张某脱岗打瞌睡致使婴儿室失火、两名婴儿一死一残的重大伤亡事故依法立案侦查，以玩忽职守罪追究其刑事责任。1997年，全国人大对刑事诉讼法作重大修订后，由检察机关直接立案侦查的渎职侵权犯罪案件范围有所缩小，侦查的主体对象仅限于国家机关工作人员，查办案件数量也随之明显减少。1997—2010年，共受理国家机关工作人员渎职侵权案件线索41件，经初查，立案查处11件14人。

预防职务犯罪

建院后，各侦查办案部门结合查办职务犯罪案件，通过深入案发单位开展法制宣传教育；提出检察建议，督促、指导案发单位健制堵漏等形式，积极开展预防职务犯罪工作。1997年，针对劳务市场开票收费环节中由于缺乏有效监督，管理失控，以回扣进行不正当竞争现象严重，导致连续发生贪污贿赂违法犯罪的突出问题，进行深入调研，形成了剖析深刻、对策明晰的专题调研报告，引起市政府、市就业管理局领导的重视，研究制定了规范劳务市场管理的一系列规章制度和整改措施，有效地防范、遏止了此类违法犯罪活动的滋生蔓延。2003年，区检察院设立职务犯罪预防科，并制定了行业预防、重点工程预防等工作制度，职务犯罪逐步走上规范化轨道。2007年7月，职务犯罪预防科更名为职务犯罪预防局。

2006年起，区检察院启动行贿犯罪档案查询系统，将1997年10月以来由检察院立案侦查并经法院作出生效判决的行贿、介绍贿赂犯罪案件等信息进行分类、整理、录入、存储，从而建立以行贿受贿主体情况、基本犯罪事实、判决结果等为主要内容的犯罪信息系统，并受理单位和个人的查询，提供查询结果。有关主（监）管部门或业主单位对经人民检察院查询有行贿犯罪记录的单位和个人，采取限制准入、取消投标资格、降低信誉分或资质等级、中止业务关系等处置。2007—2010年，区检察院共为有关单位提供行贿犯罪档案查询1914次，协助把好建筑施工市场准入第一关。

2007年后，坚持"标本兼治、综合治理、惩防并举、注重预防"的方针，把检察机关预防职务犯罪工作纳入党委反腐败总体格局和惩防体系之中，形成在区委统一领导下，检察机关与监察、审计部门依法监督指导，相关职能部门密切配合的工作格局。先后与区建设局、交通局等8个职务犯罪易发、多发、高发领域的重点部门和单位，以及与行政执法机关建立联合预防机制，共同制定开展预防职务犯罪工作实施意见，加强对职务犯罪易发、多发、高发部位重点部位预防监督。同时，强化宣教预防和预防调研工作。择用典型职务犯罪案例，深入机关、镇街道以及国有企事业和案发单位，召开案例剖析会、警示教育会，以案说法；组织区建设局、区交通局等重点部门有关领导干部和工作人员到浙江省第六监狱、杭州南郊监狱，开展警示教育。运用检察建议的形式帮助发案单位建章立制，堵塞漏洞。

2009年4月，开展南湖区"三个千亿"工程建设预防职务违法违纪专项工作。检察人员深入沪杭客运高铁专线建设工程有关单位和施工现场开展调查研究，召开有关领导和重点岗位工作人员工作座谈会，举办职务犯罪法制讲座，开展高铁建设工程项目专项预防工作，以保障沪杭铁路客运专线南湖段工程优质高效、干部优秀廉洁。

职务犯罪侦办监督

为强化对职务犯罪侦查办案活动的自我监督，促进公正执法，保证办案质量。2000年起，对首次讯问犯罪嫌疑人实行全程同步录音录像制度。并推行办案安全防范监督卡、案件质量跟踪监督卡、办案廉政监督卡和办案廉政登记表制度。2004年，开展人民监督员制度试点工作。经民主推荐，选任以区人大代表、政协委员为主要人选的人民监督员10名，担负对区检察院查办职务犯罪工作的监督职责。至2010年底，已对1起职务犯罪案件嫌疑人不服逮捕决定，8起拟作不起诉决定和5起拟作撤案处理的职务犯罪案件，启动人民监督员的案件监督程序，由人民监督员对该案进行独立评议、表决，接受人民监督员对办案程序、办案质量的监督。

第四节　民事行政检察

1997年2月，区检察院设立民事行政检察科，履行民事行政检察工作职能。当年受理案件当事人不服审判机关生效民事行政判决、裁定的申诉18件，经审查后，以检察建议书等形式依法建议法院纠正判决3件。对一起房租纠纷案件因被告方提供虚假证据，导致法院一审错判、二审维持原判，原告向检察机关提出申诉的民事案件进行深入调查，在获取可靠证据后建议上级检察院依法抗诉，案经省检察院抗诉后，由省高级法院改判纠正。

1997—2010年，区检察院共受理各类民事行政申诉案件358件，对申诉案件经审查后立案156件，其中提请和建议上级检察院抗诉126件，以检察建议的形式建议纠错12件。各级人民法院经再审改判和调解结案35件。做好社会矛盾的化解工作，通过耐心细致的工作，促成当事人和解息诉63件。充分发挥检察机关在维护国家财产和公共利益的法律监督作用，以土地出让资金回收、保护环境为重点，积极开展民事督促起诉工作，共受理案件线索28件，经审查发出督促起诉意见书36份，依法督促有关单位通过诉讼等途径追回国有资产7620万元。

第五节 控告申诉检察

区检察院成立后，确定专人具体承担信访接待工作。1988年11月，成立经济罪案举报站，负责受理机关团体和人民群众对贪污贿赂等经济犯罪的举报工作，开展举报线索初查，接受有经济问题人员的投案自首。至当年底，举报站共受理各类举报案件线索96件，接受投案自首3人，经初查后立案8件。并向2个单位和6个署名举报，协助破案人员兑现举报奖。为完善人民检举制度，使控告申诉工作更好地与举报工作有机结合，1989年7月，设立控告申诉检察科，与经济罪案举报站(后更名为举报中心)合署办公。1990年起，实行每月15日由检察长、副检察长接待公民控告、申诉的日检察长接待日制度，1998年10月改为每月1日、15日两天。对上门控告、申诉的群众始终以热情、礼貌的态度认真接待。对受理的举报线索，院举报中心按照“保密、规范、科学、有效”的要求，加强统一管理，规范举报线索的受理登记、分流移交、催办督办、答复反馈等各个环节的工作程序，并严格保密纪律，使参与举报的群众信赖放心，在人民群众中树立了良好的检察“窗口”形象。1995年10月，区检察院控告申诉(举报)接待室被省人民检察院授予全省检察系统“文明接待室”。2000年12月，控告申诉(举报)接待室被最高人民检察院授予“全国文明接待室”，成为嘉兴市首个进入“全国文明接待室”行列的基层检察院控告申诉部门。至2008年3月，已连续第三次被评为全国检察机关“文明接待室”。

1996年5月1日，组织10多名检察干警到江南大厦门前开展首次举报宣传月活动，此后又以到乡镇巡回宣传，展出宣传栏、印发宣传资料等形式进行举报宣传。1999年，高检院将每年5月已连续开展3年的举报宣传月活动统一调整为每年6月的最后一周举办全国检察机关“举报宣传周”活动，每年确定一个举报宣传主题，重点宣传检察机关直接受理自侦案件范围，宣传检察机关查处贪污贿赂、渎职侵权案件所取得的成绩，营造反腐倡廉氛围。

第三章 法 院

第一节 机 构

嘉兴地方法院

1912年8月，设审检合署的嘉禾县法院检事厅，司法始与行政分立。1913年3月，改嘉禾县法院检事厅为嘉禾地方初级审判检察厅。1914年3月，被裁撤。1922年10月，杭县地方审判厅嘉兴分庭设立。1927年，改为杭县地方法院嘉兴分院。1935年更名嘉兴地方法院。抗日战争时期停顿，抗日战争胜利后恢复。

1949年6月，嘉兴市人民政府接管嘉兴地方法院。8月1日嘉兴市政府设司法科，负责刑事、民事案件的审理。1950年5月20日，成立嘉兴县人民法院。10月，建立县人民法庭，并在王店、新丰、王江泾、新塍、凤桥、新篁6个区建立分庭。1951年5月，嘉兴县、市分设，建立嘉兴市人民法院。1958年2月，市人民法院并入县人民法院。“文化大革命”开始后，公、检、法机关实行军事管制，由嘉兴县公安机关军事管制组行使法院审判职能。1972年底，嘉兴县人民法院恢复。1973年3月建立巡回法庭，先后恢复各人民法庭。1981年4月，县人民法院更名为嘉兴市人民法院。1982年5月，嘉兴镇人民法庭改为嘉兴市市区人民法庭。

区人民法院

1984年1月5日，城区人民法院成立，内设刑庭、民庭、市区法庭、巡回法庭、经济庭、办公室(兼接待室)。1987年3月，增设城东、城北和城中人民法庭，撤销市区法庭、巡回法庭。1988年1月，设立告诉申诉庭、执行庭和行政庭。1993年1月，成立城郊人民法庭，管辖区属5个乡，撤销城东、城北人民法庭。1997年12月，区法院内设政治处、办公室、刑事审判庭、民事审判庭、经济审判庭、行政审判庭、告诉申诉审判庭和执行庭、司法警察科、司法行政科10个科室；设立城中、城西、南湖3个法庭。后又设立纪检组和监察室。2000年6月，撤销城西人民法庭，设立新丰、凤桥人民法庭。同年9月15日，撤销南湖人民法庭。2001年1月撤销告诉申诉审判庭，设立立案庭、审判监督庭。同年12月，设立执行局。2001年1月，院址从禾兴路迁至城东路112号。2007年8月，增设简案庭，加强案件的繁简分流工作。2008年6月，增设知识产权审判庭(民事审判第三庭)。2009年8月，设立嘉兴工业园区巡回法庭。

2001年5月，位于城东路的区人民法院

区人民法院历任院长名录表

表16-6

姓　名	任职时间	备　注
姚玉珍(女)	1983.12—1987.6	—
周福鹏	1987.6—1997.3	—
苏志强	1997.4—2006.12	—
朱建宏	2007.3—	2006.12—2007.3任代院长

第二节　刑事审判

建国初期至“文化大革命”期间，刑事审判以肃清反革命分子，严惩有现行破坏活动的反革命罪犯为重点。20世纪50年代，嘉兴地、县(市)两级法院审结反革命案件数占刑事收结案总数的40%以上。1980年1月1日《中华人民共和国刑法》《中华人民共和国刑事诉讼法》颁布施行，人民法院的刑事审判工作步入依法办案的法制轨道。

刑事犯罪案件审判

1983年8月后，刑事审判以“严打”为重点。1984年，依法判决结案128件201人，其中杀人、放火、强奸、抢劫、流氓团伙等7类严重刑事犯罪分子64件108人，分别占判结案总数的50%和53.73%。在判处的案件中，死刑2名、无期徒刑1名，有期徒刑15年以上5名。1985—1989年，“严打”斗争继续深入开展，5年共受理各类刑事案件526件799人，审结496件，判处罪犯748人，其中审结杀人、放火、强奸、抢劫和重大盗窃等严重刑事犯罪案件84件，占同期刑事案件的16.94%。

1991年8月8日，最高人民法院副院长华联奎率全国各省高级法院院长30余人到区法院考察

20世纪90年代初，针对严重刑事犯罪案件趋于大幅度上升、社会不安定因素明显增加的严峻社会治安形势，区法院把刑事审判列为各项审判的首位，以打击杀人、抢劫、强奸、流氓、重大盗窃及带有黑社会性质的集团犯罪为重点，进一步加强对严重刑事犯罪分子的惩处。1990—1999年，收结各类刑事案件1966件，其中杀人、抢劫、强奸、流氓、引诱容留妇女卖淫、重大盗窃等严重刑事犯罪案件234件，判处罪犯439名。

在开展刑事审判工作中，区法院按照党委政府的"严打"部署和各个不同时期的犯罪活动趋势，开展专项斗争。1996—1997年，区法院针对毒品犯罪呈上升趋势，积极参与禁毒斗争，加大对涉毒犯罪的惩处力度，2年间共惩处毒品犯罪分子51名。

2000年后，区法院继续坚持"严打"方针和"宽严相济""不纵不枉"的刑事政策，依照1997年修订的刑法和刑事诉讼法，正确运用刑罚手段，稳、准、狠打击各类刑事犯罪，努力维护社会稳定。重点打击严重危害社会治安，侵犯公民人身、财产安全的各类暴力犯罪、侵财型犯罪；贪污、受贿等严重职务犯罪。同时，加大对虚开增值税专用发票、金融诈骗等经济犯罪和生产销售有毒有害食品等危害食品安全犯罪的打击力度。2001—2010年，共受理审结各类刑事案件4393件，判处被告人7457人。其中，审结放火、交通肇事罪等危害公共安全类案件385件判处被告人464人；审结故意伤害、强奸等侵犯公民人身权利、民主权利类案件581件，判处被告人863人；审结聚众斗殴、寻衅滋事等危害社会管理秩序类案件619件，判处被告人1215人；审结破坏社会主义经济秩序类案件130件，判处被告人227人；审结抢劫、盗窃等侵犯财产类案件2567件判处被告人4572人。

经济犯罪案件审判

建区后，区法院贯彻全国人大常委会颁布的《关于严惩严重破坏经济的罪犯的决定》，从严惩处贪污、受贿、偷税、诈骗和盗窃公共财物的经济犯罪分子。1984—1989年，6年共审结经济犯罪案件185件，占同期各类刑事案件的28.73%。

进入20世纪90年代后，随着改革的深化和市场经济体制的逐步建立，国家工作人员贪污受贿等职务犯罪及经济领域中的各种新的犯罪呈现上升趋势。区法院进一步加大对这些犯罪活动的惩处力度，重点打击发生在党政机关、行政执法部门、司法机关和经济管理部门工作人员中的贪污、受贿、徇私舞弊等职务犯罪。依法审结判处了原中国农业银行嘉兴分行计划处副处长吴某受贿9.5万元人民币、2000美元案；原市府机关事务局副局长许某受贿6.1万元案等一批严重职务犯罪。1990—2000年，受理审结国家工作人员贪污、受贿、挪用公款等职务犯罪案件199件216人，其中处级以上领导干部7人。同时，依法审结判处了假冒商标、虚报注册资金、违法向关系人发放贷款、非法出具金融票证等一批新类型案件。受理审结诈骗、偷税、职务侵占等各类经济犯罪案件148件204人。通过审判，为国家、集体挽回经济损失1135.22万余元。2001—2010年，审结国家工作人员贪污受贿等职务犯罪案件114件，判处被告人149人。

典型重特大案件

1992年，审结市妇女保健院收费员吴某贪污案，判处有期徒刑12年，剥夺政治权利2年，没收赃款5万余元，并处没收财产金项链2根、金鸡心3只、金戒指2枚、嵌宝戒3只、现金11920元。1995年，审结黄某非法买卖枪支弹药案件，判决有期徒刑14年，剥夺政治权利2年。2001年，审结孙某生产销售含有“瘦肉精”的猪肉致179人中毒案，判处孙某有期徒刑2年6个月，并处罚金5千元。2004年，审结造成23人死亡、10人受伤的“5·21”特大交通肇事案，判处杨某有期徒刑5年8个月、陈某有期徒刑五年。2008年，审结宋某、葛某非法吸收公众存款2.7亿大案，宋某因非法吸收公众存款罪、挪用资金罪被判处有期徒刑4年，并处罚金30万元。葛某因非法吸收公众存款罪、虚报注册资本罪被判处3年6个月，并处罚金35万元。2010年，审结嘉兴市教育研究院原院长欧某贪污受贿48万余元案，欧某因受贿罪、贪污罪，数罪并罚被判处有期徒刑12年，并处没收财产15万元，附加剥夺政治权利1年。

庭审制度改革

1991年3月，区法院建立少年庭（未成年人刑事案件合议庭），负责对未成年人刑事案件的审理。根据“寓教于理、惩教结合”的原则，结合审判工作，教育、感化和挽救失足青少年。1997年10月后，按照修改后的《刑事诉讼法》，刑事审判改变过去由法官大包大揽，集控诉、辩论、审判为一体的做法，审判方式由“审问式”改为“控辩式”。对部分事实清楚、情节简单、犯罪轻微的刑事案件适用普通程序简易审理，加快了审理速度，提高了当庭宣判率。2002年7月，开始使用法锤。2005年起，法官在开庭审理时统一穿着法袍。

1984—2010年区法院刑事案件生效判决情况表

表16-7　　　　单位：人

年份	生效判决		十五年以上二十年以下	十年以上不满十五年	五年以上不满十年	不满五年	拘役	缓刑	管制	无罪	免予刑事处罚	其他
	件数（件）	人数										
1984	127	204	5	10	34	118	3	14	2	2	7	9
1985	68	86	—	1	8	68	2	5	—	1	1	—
1986	110	151	—	2	14	107	8	18	—	2	—	—
1987	60	89	—	—	9	66	3	8	—	—	3	—
1988	64	106	—	1	27	59	3	13	—	—	2	1
1989	134	226	1	13	35	142	2	32	—	—	1	—
1990	162	283	—	9	45	169	2	52	—	—	6	—
1991	133	241	1	11	38	136	8	43	3	—	1	—
1992	139	259	1	11	50	145	2	39	7	1	3	—
1993	119	227	1	10	54	107	1	47	4	—	3	—
1994	123	195	—	6	53	105	4	21	2	—	—	4
1995	169	261	1	22	62	131	2	40	2	1	—	—
1996	250	374	2	33	80	198	6	49	1	—	—	5
1997	213	288	—	13	40	155	18	51	6	—	3	2
1998	249	382	1	15	39	232	25	49	14	2	—	5
1999	307	490	—	18	44	288	51	64	20	—	5	—
2000	362	525	—	16	38	302	70	67	17	—	8	7
2001	352	564	—	12	34	323	46	94	25	3	4	23
2002	353	538	1	12	31	275	71	90	23	—	16	19
2003	385	578	1	19	34	308	75	105	16	16	—	4
2004	507	753	—	17	39	403	132	106	39	1	2	14

续表16-7

年份	生效判决		十五年以上二十年以下	十年以上不满十五年	五年以上不满十年	不满五年	拘役	缓刑	管制	无罪	免予刑事处罚	其他
	件数(件)	人数										
2005	467	797	2	20	53	470	96	123	19	1	5	8
2006	409	698	1	40	61	389	73	118	1	—	11	4
2007	455	851	1	30	79	491	96	142	3	—	3	6
2008	452	874	2	31	65	520	99	116	9	—	9	23
2009	487	883	1	29	77	598	80	83	6	1	3	5
2010	436	783	2	27	75	525	66	85	—	—	2	3

第三节 民事审判和商事审判

民事审判

民事案件主要有婚姻家庭纠纷(包括婚姻纠纷,继承纠纷,赡养、抚养纠纷)和民事权益纠纷(包括债务纠纷、房地产纠纷、损害赔偿纠纷等)两大类,涉及到千家万户。嘉兴县人民法院建立之初,正值《中华人民共和国婚姻法》颁布实施,婚姻家庭纠纷案件占民事案件受理总数的70%以上。法院通过积极审理这类案件,为《婚姻法》的顺利施行提供了有力的司法保障。

1982年《民事诉讼法》公布实施。1987年《中华人民共和国民法通则》施行,民事审判工作走上了在程序和实体的审理上有法可依的道路。1984—1994年,区法院受理各类民事案件3549件,审结各类民事案件3584件,年均结案358件,结案率87.56%。20世纪90年代后,随着改革开放的深入和法律制度的逐步完善,民众的依法维权意识不断增强,民事纠纷案件数量趋于增多。1995—2001年,区法院共受理各类民事案件8533件,审结8494件。在审理民事案件过程中,把教育、调解手段贯串审理案件全过程,发挥人民法庭和调解组织的作用,注重做好当事人的思想教育工作,使绝大多数民事纠纷真正达到案结事了。在审理离婚案件中,区法院严格掌握离婚界限,把调解作为审理婚姻案件的基本出发点和必经程序,把夫妻感情是否确已破裂作为是否准予离婚的主要原则,坚持说服教育,使一些濒临破裂的夫妇关系和家庭得以重圆,对准予离婚的案件,在处理上也充分保护妇女和儿童的合法权益。1984—2001年,区法院共审结离婚案件4913件,其中调解结案2886件,调解率58.74%。对于社会影响大的群体性诉讼案件,既坚持严格依法办事,又做好教育疏导工作,努力化解矛盾。2000年,区法院在审理秀城区大桥乡渔村许某等53户渔民诉浙江嘉化实业股份有限公司超标排污致鱼死亡索赔案件中,耐心做好众渔民思想工作,引导其依法理智地解决问题,在查明事实的基础上果断判决,依法保护了渔民的合法权益,避免了集体上访事件的发生,达到了良好的法律效果和社会效果。

1984—2001年南湖区法院审结民事案件情况表

表16-8 单位:件

年份	旧存数	收案数	结案数	结案方式				其中			
				判决	调解	撤诉	其他	婚姻家庭类案件	债务案件	赔偿案件	房屋案件
1984	67	258	243	25	148	68	3	193	3	9	14
1985	82	168	195	23	135	35	2	165	4	6	6
1986	55	185	213	24	139	43	7	174	5	5	20
1987	27	277	266	26	209	28	3	220	14	20	14
1988	38	349	349	38	255	53	3	263	33	10	26
1989	38	395	390	38	298	53	1	300	57	5	20
1990	43	347	309	22	213	71	3	228	45	13	16
1991	81	336	372	51	228	89	4	271	54	15	19
1992	45	395	402	42	241	118	1	299	48	18	29
1993	38	381	389	59	257	71	2	264	39	24	29
1994	30	458	456	74	292	88	2	317	81	14	34
1995	32	648	644	136	383	123	2	334	233	21	48
1996	36	772	741	204	338	193	6	348	271	28	81
1997	67	849	796	278	344	169	5	347	322	21	86
1998	120	929	931	390	342	195	4	366	404	42	105
1999	118	1319	1350	613	481	228	28	433	707	64	128
2000	87	1985	1984	811	732	425	16	495	986	182	305
2001	88	2031	2048	790	604	629	25	547	1029	261	193

经济审判

20世纪50年代至80年代初的计划经济时期,经济纠纷案件审判数量较少,归民事权益纠纷案类,由民事审判庭审理。随着商品经济和市场经济的发展,经济纠纷案件逐渐增多,收案范围扩大。1984年1月,区法院成立时设经济庭,当年受理经济纠纷案件11件,审结11件,解决诉讼标的额30.595万元。1985年,受理32件,受理案件数比上年增加近2倍。1986年,受理58件,其中购销合同、货款、质量纠纷合同40件,占收案数的71%。1984—1989年共受理各类经济纠纷案件864件,审结771件,解决诉讼标的额1987.1369万元。

进入90年代,随着经济管理体制和产业结构改革的不断深化,新类型经济纠纷案件不断出现,从常见的购销合同、借款合同、加工承揽合同案件发展到商标侵权、不正当竞争、期货交易、信用卡透支、票据等多种类型。案件数量亦相应剧增,1995年受理经济案件1089件,审结1057件,首次突破千件,审结经济纠纷案件标的金额首次突破1亿元,其中购销合同、借款合同、加工承揽合同案件占总结案数的95.46%。区法院在经济审判中,坚持当事人举证原则,合法自愿调解原则,急案急办,及时采取诉讼保全法律措施,保护债权人和企业的合法权益。1999年,在审理众多债权人诉市百信超市欠款的债务纠纷案中,审执兼顾,及时采取财产保全措施,快审快结,仅6天就将84件债务纠纷全部审结,防止了矛盾激化。1990—2001年,共受理各类经济纠纷案件10366件,审结10402件,解决诉讼标的额134578.96万元。

1984—2001年南湖区法院审结经济案件情况表

表16-9　　单位:件

年份	审结案件数(件)	解决争议标的(万元)	年份	审结案件数(件)	解决争议标的(万元)
1984	11	30.595	1993	446	3902.26
1985	34	121.95	1994	798	7674.64
1986	56	127.5224	1995	1057	10753.90
1987	73	113.9095	1996	985	11721.77
1988	198	699.88	1997	1429	21356.90
1989	399	893.28	1998	1375	26547.21
1990	266	817.62	1999	1170	16795.93
1991	287	1017.28	2000	1335	18601.33
1992	270	966.89	2001	984	14423.23

民商事审判

2002年,经济审判改名为商事审判,将原经济审判统一改为商事审判,民事纠纷案件与商事纠纷案件统称民商案件,区法院设立民事审判第一庭和民事审判第二庭。民事审判一庭承担原民事审判庭的职能审理民事案件;民事审判二庭,承担原经济审判庭的职能审理经济纠纷案件。

2002—2010年,共受理民商事纠纷案件32434件,审结32156件,其中买卖、借款、房地产、劳动等各类合同纠纷案件13923件,婚姻家庭类案件4543件,人身、财产、精神损害等方面的赔偿案件5867件,企业承包、租赁、股份制改造、产权转让、资产重组及企业破产纠纷案件122件,解决争议标的总额49.93亿元。区法院在审理案件中、注重调解、化解矛盾、防止激化,以调解方式来结案的结案数逐年上升。2006年9月,刘某诉言某人身损害赔偿纠纷案(即被社会媒体强烈关注的“人跪狗”案件),在法官的主持下,经过合议庭多方协调,原被告双方达成调解协议。2007年8月,区法院增设简案庭,制定了《民商事案件繁简分流规则》,确定了纳入简案庭审理的案件范围及审理程序。2008年,简案庭审结民商事案件1076件,其中调解结案699件,撤诉164件,调撤率达80.20%,适用简易程序速裁速决的民商事一审案件达984余件,简易程序适用率91.45%。是年10月,经最高院批复和省高院指定,区法院取得了发生在辖区内除专利、植物新品种、集成电路布图设计纠纷案件之外的知识产权纠纷案件的一审管理权,并设立知识产权审判庭(民事审判第三庭),专司知识产权纠纷案件审理。2010年5月,又成立了驻嘉兴科技城知识产权审判工作站。2008—2010年,共审理知识产权一审民事案件68件,涉及著作权、商标权、技术合同、商业秘密等各种类型,其中包括《丑女无敌》电视剧作品、绿源电动车、彪马服饰等一批具有影响力的典型案件。2010年,区法院被浙江省高级人民法院评为全省法院知识产权审判工作先进法院。

2002—2010年区法院审结民商事案件情况表

表16-10　　单位:件

年份	民商事案件结案数	诉讼标的总金额(万元)	适用程序			结案方式			
			简易	普通	特别	判决	调解	撤诉	其他
2002	3235	22516.43	2839	307	89	1430	968	730	108
2003	2841	16621.30	2411	273	157	1328	744	680	89
2004	2655	20628.87	2277	306	72	1258	686	654	57

续表16-10

年份	民商事案件结案数	诉讼标的总金额（万元）	适用程序			结案方式			
			简易	普通	特别	判决	调解	撤诉	其他
2005	2852	33469.76	2427	359	66	1191	781	821	59
2006	2989	43322.73	2389	513	87	1372	752	788	77
2007	3428	47537.14	2633	687	108	1260	1172	908	97
2008	4449	74909.19	3708	663	78	1191	2580	628	50
2009	4965	111599.34	4092	812	61	1663	2375	762	165
2010	4742	128660.10	3851	840	51	1367	2613	759	3

第四节　行政审判

1990年1月区法院设立行政审判庭，由于当时行政审判仍处于起步阶段，向法院起诉的行政诉讼的案子较少。1990—1999年，共受理审结行政诉讼案件33件，年均3件。2000年之后，区法院不断拓宽行政案件的受案范围，行政案件收案数逐年上升，2000—2010年，共受理行政案件355件，审结347件，其中维持行政机关决定52件，撤销和变更行政机关决定有14件，撤诉和驳回（诉讼请求、起诉）193件。

1990—2010年区法院审结行政案件情况表

表16-11　　单位：件

年份	收案（不含旧存）	审结	年份	收案（不含旧存）	审结
1990	2	2	2001	24	24
1991	4	4	2002	10	8
1992	2	2	2003	17	19
1993	2	2	2004	28	27
1994	2	2	2005	36	33
1995	4	3	2006	30	30
1996	3	5	2007	32	30
1997	8	7	2008	24	25
1998	3	4	2009	122	54
1999	3	2	2010	22	89
2000	15	16	—	—	—

第五节　案件执行

建院初期，实行“审执合一”制度，各庭审理的案件各自负责执行。1989年区法院设立执行庭，与审判工作配套，执行工作的方式有审执合一、审执兼顾、审执分立等。1989—1992年，共执结案件567件，追回资金856.49万元。1993年后，实行审执结合和执行案件的合理分流，坚持经常性执行与突击集中执行相结合，说服教育与强制执行相结合，摸索出一套行之有效的执行方法，执行工作收案下降，结案上升。1993年，共办结执行案件217件，为企业追回资金419.46万元，年末未结案仅存30件。

1997年后，区法院针对案件执行难问题凸显的社会现象，进一步加大案件执行力度。1997年4—6月，开展了集中执行活动，共执结309件，占全年执结案的36.35%，追回资金1738.4万元。1998年全年共受理各类执行案件1296件，执结1398件，分别比去年上升33.88%和64.14%，执结总金额5287.3万元，执结率达85.8%。被省高院评为集中清理执行未结案行动先进单位。1999年，采取日常执行与集中执行相结合，与外地法院联合执法等举措，积极开展"执行年"活动，是年共执结1726件，同比上升23.5%，执结标的额8846.9万元，执结率达92.95%。

2000年后，区法院重点抓执行规范化工作，制定实施了《执行工作管理规定》《关于委托评估、拍卖的补充规定》等一系列执行工作制度，对执行的立案、分案、办案、结案及委托评估、拍卖等各个环节依据法律作了严格规定。2002年10月，设立区人民法院执行局，进一步规范执行工作流程管理，实行执行裁决权与实施权相分离的内部管理运行机制，保持执行工作良性循环态势。是年，共受理各类执行案件1866件，办结1766件，执结标的总金额2.6亿元。2005年，区法院积极配合政府创建"无欠薪城市"，强化对拖欠工人工资等涉及民生案件的执行工作，是年共执结企业欠薪纠纷12起，涉及民工1451人，执行到位工资款66万元，民工工资平均受偿率超过80%。

2008年，区法院开展集中清理执行积案活动，建立"五定一包"（定承办人员、定督办人员、定执行措施，定执行期限，定目标责任，重点案件领导包案）工作机制，并充分发挥执行协作网络的作用，实行公开曝光、悬赏举报，依法运用威慑惩戒措施等举措，加大执行工作力度。2008—2010年，共执结6496件，执结标的额10.40亿元，司法拘留53人次。

1993—2010年区法院执行案件情况表

表16-12　　单位：件

年份	结案数	执结标的金额（万元）	结案方式					
			自动履行	和解	强制执行	终结	不予执行	其他
1993	217	546.92	84	82	30	21	—	—
1994	280	1361.45	82	118	43	37	—	—
1995	597	3013.86	152	259	130	56	—	—
1996	704	4741.81	138	355	92	119	—	—
1997	850	4315.20	208	307	113	222	—	—
1998	1396	5287.33	232	375	170	209	2	408
1999	1692	8846.91	292	603	167	20	—	610
2000	1849	23461.76	348	636	193	291	3	378
2001	1581	6258.55	370	561	133	461	—	56
2002	1766	25920.53	414	481	254	405	—	212
2003	1330	9712.99	318	443	212	265	35	57
2004	1237	10614.13	204	349	256	365	14	49
2005	1190	13085.77	257	264	188	450	—	31
2006	1325	16313.01	319	87	290	578	—	51
2007	1527	34191.48	607	65	290	463	—	102
2008	2054	26969.97	526	58	852	514	4	100
2009	2022	50237.83	514	56	638	689	—	125
2010	2420	26810.94	647	26	920	717	1	109

第六节　审判监督与人民陪审员

审判监督

1988年1月，区法院在全省法院系统率先设立告诉申诉庭，其主要职能是接待人民来信来访，审查立案，处理简易纠纷和申诉纠纷。1990年，共审查经济、民事、刑事自诉和申请执行案780件，接待群众来访811次，处理来信786件。1994年，制定告诉申诉审判庭工作细则，规范职责范围、工作程序及要求。此后，随着法制逐步健全，各类诉讼法相继颁布实施，审判监督工作更趋规范化。

2001年1月，区法院撤销告诉申诉庭，设立立案庭和审判监督庭，实行立案与审判监督立审分离。审判监督庭负责审理再审案件及上级法院发回重审的案件，负责对本院已发生法律效力的刑事、民商、执行案件进行程序和实体评查。开展案件质量监督管理工作，坚持案件质量常规评查与专项评查、交叉评查相结合，案件质量得到明显提升，申诉、申请再审收案数由2002年的45件下降至2009年的1件。2002—2010年，共办结申诉、申请再审案件173件，办结再审案件59件。

人民陪审员

1954年9月起，根据《宪法》和《人民法院组织法》规定，人民法院审判一审案件，实行人民陪审员制度。“文化大革命”期间，陪审制度遭破坏。1979年7月1日颁布的《刑事诉讼法》等法规，重新明确了人民法院审判第一审案件实行人民陪审员制度。

1984年，城区选举委员会在全区普选人民陪审员，以思想好、作风正、有一定政策水平、初中文化程度以上的年满23岁的男女公民为条件，选出人民陪审员60名。1987年，结合区、乡人民代表大会换届选举工作选举新一届人民陪审员，共选出80名。1988年7月25—30日，城区法院举办第二期陪审员培训班，来自城区33个单位的34名人民陪审员、调解干部参加了培训。1989年，换届选举产生45名新任人民陪审员。

2005年2月1日，人民陪审员产生方式由普选制变为选任制。区法院与区司法局联合面向社会公开招聘人民陪审员，经审查和任前培训，拟确定人民陪审员23名。4月29日，经区第六届人大常委会第十六次会议审议决定，任命鲍嘉等23人为区人民法院人民陪审员，其中女性9名。大专以上文化程度占87%，来自国家机关、人武部、乡镇街道、金融机构、学校、医院等多种行业。

2010年4月，大部分人民陪审员任职期满。区法院依照法定程序，启动新一轮人民陪审员选任工作，新聘、续聘25人为区法院人民陪审员。

2002—2010年全区人民陪审员参审情况表

表16-13　　单位：件

年份	2002	2003	2004	2005	2006	2007	2008	2009	2010	合计
刑事	194	182	236	234	221	242	250	263	247	2069
民商事	—	—	3	10	3	—	2	64	247	329
行政	—	—	27	9	2	—	—	—	—	38
合计	194	182	266	253	226	242	252	327	494	2436

第四章　司法行政

第一节　机　构

区司法局

1983年11月，设区司法局。1994年11月，与市司法局合署办公。2000年5月重设区司法局，内设办公室、基层工作科、宣传教育科。2008年7月，增设社区矫正管理科，招聘17名社区矫正辅助工作人员，分配到各镇、街道司法所工作。

2010年，区司法局内设办公室，基层工作科、法制宣传教育科、社区矫正管理科，共有司法行政工作人员17人。

司法所

1984年，区司法局下设南湖、塘汇、东栅、嘉北、秀水5个乡和建设、东门、新嘉、南湖、解放、新兴6个街道11个司法所。

2001年，全区共有14个司法所，其中13个司法所达到规范化标准。10月，全区的乡镇、街道行政区划作了调整，设5个镇（新丰、大桥、余新、凤桥、七星）和7个街道（建设、新兴、新嘉、解放、南湖、东栅、城南）司法所。2008年，共有9家司法所基本达到C类建设标准。2009年基本实现司法所基础设施建设C类标准“全达标”。2010年，全区司法行政工作人员67人，其中局机关17人，司法所50人。

第二节　普法教育

1985—2010年的25年间，全区相继实施“一五”至“五五”普法工作规划，致力提高全民的法制观念，推进依法治区。

“一五”普法

1985年下半年至1989年11月底，开展全区普法教育工作。全区应普法总人数142483人，占总人数比例的59.34%，普法对象包括农民、城镇居民、区级机关干部、教师、企事业单位职工和个体劳动者。普法内容包括《宪法》《民族区域自治法》《刑法》《刑事诉讼法》《民法通则》《民事诉讼法（试行）》《婚姻法》《继承法》《经济合同法》《兵役法》《治安管理处罚条例》等法律法规条例。

1986年，组织区级机关和乡、街道干部及普法骨干的培训，青少年的法律知识教育。1987年，按照普法教育先干部后群众，先城市后农村的部署，将工作重心放在抓好街道干部、城镇居民、个体工商户的普法教育上。1988年，在嘉北乡召开了农村普法教育工作现场会，全面展开了农村的普法教育工作。1989年，相继在新嘉街道、塘汇乡召开了普法验收工作现场会，对乡、街道、区级机关、企事业单位进行了普法验收。

“一五”普法期间，召开各种类型座谈会36次，通过一听、二看、三查、四座谈、五考试的方法，进行了认真的验收。在全区召开了普法教育先进集体、先进工作者表彰会议，表彰了3个普法红旗单位，38个普法工作先进集体，252名普法先进工作者，颁发了奖杯、奖状、荣誉证书。

“二五”普法

1991—1995年，为巩固和发展第一个五年法制宣传教育的成果，开展“二五”普法教育，结合全区实际情况，制定在全区公民中开展法制宣传教育的第二个5年规划，有领导、有组织、有计划地开展“二五”普法教育。普法教育的对象是工人、农民、渔民、知识分子、干部、学生、军人、个体劳动者以及其他一切有接受能力的公民。重点对象是区级、科局机关领导干部、执法人员、宣传教育工作者和青少年。普法内容以宣传宪法为核心、以专业法为重点，继续深入学习《宪法》普及《选举法》《行政诉讼法》《义务教育法》等法律法规。并且坚持学用结合，促进依法管理。

1992年上半年，按照区“二五”普法教育规划，完成区5套班子领导干部法律、法规的学习，至年底全面完成区级机关干部普法学习计划。1993年上半年，完成乡、街道和区属企事业单位干部的普法学习任务。1992年至1994年6月，按照每年三分之一的普法教育进程，分期完成工人、农民、渔民、城镇居民及个体劳动者的法律法规宣传教育工作。1994年7—12月，由城区法制领导小组对乡、街道、区属企事业单位采取普遍检查和重点抽查相结合，自上而下逐级考核的方法进行考核验收。

“三五”普法

1996年，区委、区政府制定《“三五”普法教育规划》。学习邓小平关于社会主义民主与法制建设的理论；继续开展宪法知识和公民工作、生活密切相关的基本法律知识以及与维护社会稳定有关的法律知识教育；着重抓好社会主义市场经济法律知识的普及。普法教育的重点对象是领导干部、司法人员、行政执法人员、企业经营管理人员和青少年。针对领导干部、企业经济管理人员和青少年3类重点对象，立足机关、企业系统和学校3个阵地，抓好办班、面授和考试普法3个重要环节。经过几年的试点，全区乡镇、村的依法治理工作在“三五”普法阶段全面启动，开展了依法治乡（镇）、依法治村活动，农村普遍实施了政务公开、村务公开制度，增强了工作透明度。

“四五”普法

2001年，区委、区政府制定全区开展法制宣传教育的第四个5年规划和《秀城区依法治区五年规划》。学习宣传宪法和与公民工作、生活密切相关的基本法律知识；学习宣传社会主义市场经济相关的法律法规和促进国家西部大开发、加入世界贸易组织、维护社会稳定等社会发展迫切要求的各项法律法规。普法教育的重点对象是各级领导干部、司法和行政执法人员、青少年、企业经营管理人员。

在领导班子学法方面，先后组织了《WTO与政府行为》《依法行政》《行政许可法》等11次专题法制讲座，区领导及相关人员1500余人次参加了学习；在青少年学法用法方面，以学校为“第一课堂”，落实“教育有大纲，学习有教材，任课有教师，课时有保障”的“四有”措施。在公务员、行政执法人员学法用法方面，全面完成了《WTO基本知识》和《依法行政》教材以及《行政许可法》等法律法规的培训与考试，全区有5000多名公务员、行政执法人员、事业干部参加了各类培训与考试。5年来，全区共开展法制宣传活动1250次，举办讲座630场次，发放法制宣传教育资料20余万份，受教育人数25万余人次。

“四五”普法期间，清理各类规范性文件948件，规定了政府规范性文件审查备案的具体要求；全面实行政务公开制度，推行“首问责任制”和“服务承诺制”，清理审定行政许可项目303件；认真落实了行政执法责任制和“两错”责任追究制度，明确执法主体和执法责任。

“五五”普法

2006年，区委、区政府发布《“五五”普法教育规划》，普法教育的主要任务为深入学习宣传宪法，深入学习宣传与经济社会发展相关的法律法规，深入学习宣传与群众生产生活密切相关的法律法规，深入学习宣传整顿和规范市场经济秩序的法律法规，深入学习宣传维护社会和谐稳定、促进社会公平正义的相关法律法规，坚持普法与法治实践相结合，大力开展依法治理，组织开展法制宣传教育主题活动。普法的对象是一切有接受教育能力的公民，重点加强对领导干部、公务员、青少年、企业经营管理人员和农民的法制宣传教育。

2008年9月10日，区司法局开展法律服务活动

2006年12月，嘉兴市“法律七进”活动启动仪式在新丰镇市民广场举行，市、区两级的“法律七进”活动全面启动。2008年3月，全区首个新居民法制教育基地在解放街道徐王公寓成立。同年12月，对10个新居民集聚的村、社区、学校和企业新居民法

制宣传教育基地授牌。2009年3月，全区出台区人民政府领导干部学法制度，进一步完善区政府常务会议学法制度，对镇、街道领导干部学法用法提出了明确要求。2010年，区政府把“法律服务惠民项目”列为政府的9大民生项目之一，政府出资购买服务，为每个村、社区都聘请了一名律师作为法律顾问，又为每个村、社区配一名“老娘舅”，每个镇、街道两名“老娘舅”。

“五五”普法期间，市、区两级司法机关的38名政法干警受聘担任区属34所学校和民工子弟学校的兼职法制副校长，实现了学校法制教育全覆盖，受教育学生20多万人次；组织企业经营管理人员和职工参加《劳动合同法》《安全生产法》等社会主义市场经济法律法规的讲座和知识竞赛，开展“劳动送法进万家”活动，仅工会组织的《劳动合同法》知识竞赛，全区共有3.2万名职工参加；选聘了70名以农村人大代表、政协委员、党员、农村“两委干部”和种养殖大户为主要对象的农村“学法带头人”，向全区农民赠送《农民法律知识读本》5000册。至2008年12月，全区已涌现出1个全国“民主法治示范村”，4个省五星级“民主法治村(社区)”，38个四星级“民主法治村(社区)”。2009年，新一轮“民主法治村(社区)”创建启动。至2010年，全区有省级“民主法治村(社区)”7个，市级“民主法治村(社区)32个。

第三节　人民调解

人民调解组织

建区后，各乡、街道先后建立由乡、街道党政领导参加的调解委员会，村、居委会和企业的基层调解组织网络不断健全，一批热爱人民调解工作，有较强责任心和工作能力的青年充实到调解员队伍中来。并采取以会代训、以老带新等方法开展调解业务学习培训，使调解人员调处各类矛盾纠纷的业务能力得到普遍提高，涌现出一批深受群众信赖的优秀人民调解员。东门街道城东居委会调解委员会主任王中夫被评为全国调解先进工作者，在1985年12月第二次全国人民调解工作会议上受到表彰。至1999年，全区建有镇(街道)人民调解中心(人民调解委员会)11个。村、社区调解组织网络实现了全覆盖。

2000年后，进一步推进人民调解组织建设。2001年10月，全区各镇、街道均建立调解中心，361个基层调委会中有103个村调委会、59个社区(居)调委会、6个企业调委会建成了标准化调委会，村(社区)标准化建成率为94%。

人民调解工作

2001年，区司法局深入学习“枫桥经验”，坚持“调防结合、预防为主”的方针，认真抓好人民调解工作。全区基层调委会全年共调解民间纠纷1990件，调解成功1880件，调解成功率为94.5%，调委会防止民转刑16件，制止群众性械斗2件，防止群体性上访17件约800人。全区14个调解中心调处矛盾纠纷198件，其中群体性矛盾纠纷12件；14个司法所调处民间纠纷281件，协助调委会调解纠纷158件；防止因纠纷引起自杀案件3件，防止民转刑案件4件，制止群众性械斗1件，防止群众性上访23件。

2002年，各镇、街道不断创新调解工作机制和工作方法，新兴街道全面落实调解责任制，实行“社区主任包面，调解主任包重点，调解小组长包片，调解信息员包楼道”的调解方式；七星镇实行司法所、派出所、法律服务所“三所联动”的调解模式；南湖街道设立“社区治安调解办公室”，纠纷调解实行社区调委会与警务站联管、联动、联抓。2005年，在镇和街道建立首席人民调解员制度，对村、社区调解组织开展评定“星级人民调解委员会”活动。

2007年，区政府将人民调解工作列入政府9项实事工程之一，并拨专款用于人民调解工作的宣传、培训和奖励，落实“以奖代补”政策，调动广大调解干部的工作积极性，并在全区推广“二次调解不终结，就地化解不上交”的人民调解工作“东栅模式”，使矛盾纠纷的受理调处率有了明显上升。至2010年，全区共调处各类矛盾纠纷4589件，调处成功4546件，成功率99.06%。

第四节　法律服务

法律服务所（中心）

1985年后，在乡镇（街道）组建法律服务所。法律服务所在紧密结合调解工作，加强对调解人员的业务培训、指导，提高调处化解各类矛盾纠纷的能力的同时，不断拓展法律服务范围，开展了接待群众来信来访、法律咨询，为群众代写民事诉状、房屋租赁买卖、经营承包合同等各种法律文书，接受当事人委托参与诉讼代理与非诉讼代理活动，受聘担任乡（街道）企业常年法律顾问，运用法律手段为企业挽回经济损失。

区法律服务中心于2001年4月24日成立，主要负责辖区内的公民、法人和其他组织提供有关法律服务，维护当事人的合法权益，编制数4人，实有2人。是年，建立嘉兴市天安法律服务所。全区13个基层法律服务所，共有持证法律工作者53人，2002年为372家企业和组织担任法律顾问，代理诉讼事务985件，代理非诉讼事务184件，调解纠纷183件，办理见证752件，解答法律咨询1732人次，办理法律援助事务23件，为企事业单位避免和挽回经济损失1658万元。

律师

1956年11月，设立市法律顾问处，承担刑事案件辩护、民事案件代理及法律咨询服务工作，隶属于法院管理。1958年9月，市法律顾问处撤销。1980年6月，恢复嘉兴县法律顾问处。

1984年1月，设立区法律顾问处。1985年，更名为律师事务所。至2010年，境内有律师事务所19家，律师196人，其中区属律师事务所7家，律师53人。律师机构在开展法律咨询服务，提供法律援助，当好政府制定改革决策、处理解决涉法问题的法律参谋等方面发挥了积极作用。

2006年，区政府聘请了24名律师为农民免费担任常年法律顾问，每个镇（街道）由4名律师挂点联系。2008年，为配合全区开展的“两分两换”和新农村建设等中心工作，组织律师对“两分两换”所涉及的法律法规问题进行调研，为推进“两分两换”依法顺利地实施提出相应的法律意见。2009年，以“法律专家”组团“巡诊上门”的方式，在全区企业中开展“法律体检”，组织律师参与行政规范性文件审查。9月，全区建立完善政府法律顾问体系的做法在全市大会上作了典型经验交流，省政府办公厅专门编发了专刊，葛慧君副省长专门作批示。2010年，聘请律师担任区政府法律顾问，在政府规范性文件的审查、重点项目合作的法律把关等方面发挥法律参谋作用。加强了对律师等法律服务工作者参与处理涉法涉诉信访案件、群体性事件、敏感案件的指导，组织律师参与因征地拆迁、环境污染、企业欠薪等引发的群体性事件的处理。

2010年南湖区属律师事务所情况表

表16-14

单位名称	建立时间	律师人数(人)	地　　址
浙江嘉诚中天律师事务所	2003.9.15	25	嘉兴市昌盛路252号正益大厦3—4楼
浙江南湖律师事务所	2005.11.24	20	嘉兴市禾兴北路1118号
浙江海魄律师事务所	2009.3.17	3	勤俭路159号综合楼(发展大厦)6层601、603室
浙江秀城律师事务所	2010.2.1	1	中山名都1幢801室
浙江嘉丽律师事务所	2010.2.1	2	嘉兴市南湖区建国路秀州商厦写字楼7—C间
浙江和光律师事务所	2010.2.1	1	嘉兴市南湖区中山东路1276号名典综合楼1008室
浙江竹里律师事务所	2010.9.2	1	中创电气商贸园14幢1004室

2010年驻区律师事务所情况表

表16-15

单位名称	建立时间	律师人数(人)	地 址
浙江力协律师事务所	2000.3.18	3	嘉兴市勤俭路568号
浙江开发律师事务所	1997.3.18	14	嘉兴市越秀南路2411号中环广场西区A—1302
浙江中禾律师事务所	1995.3.16	10	嘉兴市中山东路710号纺织大厦5楼
浙江秀州律师事务所	1995.12.22	10	嘉兴市越秀北路1098号金属大楼五楼
浙江国傲律师事务所	1996.12.28	18	嘉兴市中山东路1601号世纪广场五楼
浙江矛盾律师事务所	1994.4.1	4	嘉兴市勤俭路558号司法大楼3楼
浙江君胜律师事务所	1998.5.1	12	嘉兴市中山东路1375号华光大厦7楼
浙江金九鼎律师事务所	1998.12.17	5	嘉兴市中山东路1276号
浙江天程律师事务所	2000.7.3	18	嘉兴市中山东路763号汇金大厦7楼
浙江凯信律师事务所	2000.11.28	13	嘉兴市环城西路汇丰广场B803—804
浙江兴嘉律师事务所	2006.9.27	21	嘉兴市中山东路1375号华光大厦六楼
浙江群策律师事务所	2007.4.6	15	嘉兴市少年北路293号综合办公楼5楼

法律援助

2003年，区司法局制定实施《关于加强和规范全区法律援助工作若干规定的通知》，在各镇、街道司法所和妇联、信访、民政、劳动等部门设立法律援助工作联络站。在解放街道菜花泾等10个社区开展建立法律援助接待试点工作。

2007年，进一步健全援助网络，全区各村、社区全部建立法律援助接待点，并开辟维权绿色通道，让农民、外来务工人员能及时便捷地得到维权。同时，开展法律援助便民服务机制专题调研，制定了相应的法律援助工作制度。2009年后，对法律援助工作坚持零距离、零等待、零投诉目标，将关口进一步前移。全年共受理法律援助案件253件，比2008年上升21%，受援对象604人，其中办理群体性欠薪案件14起，涉及职工370人，挽回经济损失420余万元。

至2010年，已建成由7家律师事务所的53名律师和8家基层法律服务所的45名法律工作者和262名法律援助志愿者组成的法律援助服务队伍，成立了区司法行政法律服务中心。

公证

解放初，公证工作由法院兼管，1958年下半年起停止。1981年3月，建立嘉兴县公证处，主要业务是办理经济合同公证和公民权利义务公证。

1984年1月，设立区公证处。工作范围包括：农业生产承包、农副产品购销、联营集资、抵押贷款、企业承包经营、租赁、招标、兼并、股份制以及金融、技术、劳务、建筑等合同公证。之后，又拓展到承办计划生育协议、教师子女“农转非”、赡养老人协议等公证业务。

1995年，区公证处并入市公证处。2000年4月，嘉兴市公证处转为执行国家公证职能的公益性、非营利的事业法人。2006年8月，嘉兴市公证处更名为嘉兴市誉天公证处。

嘉兴市誉天公证处 1984年成立嘉兴市公证处，2006年更为现名。2010年有公证员7名，均为法律本科以上学历，其中5名高级公证员专业职务。办理的业务有杭州湾跨海大桥、沪杭高速公路等国家重大工程招投标及建设合同公证，有国内外投资、贸易等商务合同公证，有保障和促进民间融资健康发展的民间借贷合同公证，还有大量直接服务民生的涉及家庭财产处分等公证事项，业务项目有百余种。2004年，荣获全国公证行业文明公证处称号。

第五节 安置帮教与社区矫正

安置帮教

2001年底，全区各镇、街道帮教工作领导小组有成员80人，帮教小组198个。区司法局分别在3—6月和7—9月对落实刑释解教人员的帮教管理组织开展了2次集中排查工作。全区共有刑释解教人员807人，其中5年内刑释737人，3年内解教70人，有139人刑释解教回籍。807名刑释解教人员中有753人得到了就业安置或自谋职业，安置率为93%；落实帮教799人，脱管8人，帮教率为99%；5年内重新犯罪36人，其中当年重新犯罪率为1.36%，全区的刑释解教人员安置帮教工作基本达到了上级的要求。

2002年，全区共有安置帮教小组324个，帮教人员1554名，帮教组织达到全覆盖。建立了归正人员信息库，做到一人一表一档；采取"多条腿走路、几个轮子一起转"的办法，因地制宜，多形式、多渠道广开安置门路。

2007年4月中旬，结合中央政法委开展2004—2006年归正人员调查摸底专项活动，对全区归正人员进行彻底排摸。至2007年11月底，全区共有刑释解教人员636人，落实帮教612人，帮教率96.2%；落实安置578名，安置率90.8%。已经建成区、镇(街道)和村(社区)三级安置帮教工作网络，共有安置帮教小组408个，帮教人员1181名，实行定帮教人员，定帮教对象，定帮教目标的包管、包教、包转

2009年12月4日，全国法制宣传日咨询活动

化的"三定""三包"目标责任制。2009年，按照"帮教社会化、就业市场化、管理信息化、工作职责规范化"的要求，以"三无"归正人员为重点，多措并举，切实抓好安置帮教工作。全区共建立归正人员安置实体或基地3家，拓宽就业安置渠道。帮教率为98%，安置率为91%，重新犯罪率为1.38%。2010年，对刑释解教人员按照"帮教社会化、就业市场化、管理信息化、工作职责规范化"的要求，不断延伸帮教活动。

社区矫正

社区矫正的工作对象为被判处管制、缓刑、裁定假释，暂予监外执行、剥夺政治权利，在社会上服刑的5种罪犯。其中罪行较轻、主观恶性不大的未成年犯、老弱病残犯、女犯以及罪行较轻的初犯、过失犯等是重点对象。2008年之前，全区的社区矫正工作主要由公安机关承担。

2008年，制定《社区矫正工作实施方案》，明确开展社区矫正工作的指导思想、工作任务、组织机构以及工作要求，为社区矫正试点工作的顺利开展提供了政策依据。10月28日，在新嘉街道召开了社区矫正工作交接仪式现场会暨全区社区矫正工作动员大会，新嘉街道25名符合条件的社区服刑人员由公安部门移交给司法行政部门，全区社区矫正工作正式实施。会后，各镇、街道分别召开了交接会议，全区社区矫正工作全面启动。

截至2009年2月底，全区共接收矫正对象321人。其中，管制7名，缓刑236名，假释35名，暂予监外执行6名，剥夺政治权利37名，全区已有26名矫正对象期满解除矫正，现有在册矫正对象295人，无一人重新犯罪。开展集中教育917人次，个别谈话教育948人次，组织公益劳动730人次，落实低保1人，落实责任田1人，指导就业3人次，建立17个公益劳动基地。

2009年，在各村(社区)建立111个社区矫正工作站，形成了区、镇(街道)、村(社区)三级管理网络。并切实加强与社区矫正各相关职能部门之间的工作交流，认真做好"3+2"的衔接工作，即:落实三项制度(社区矫正定期例会制度、情况通报制度、核查核对制度)，严把2个关口(入矫关和解矫关)。按

照《浙江省社区矫正对象奖惩考核暂行办法》的规定，每月针对矫正对象认罪悔罪、遵纪守法、参加集中学习公益劳动的态度、表现等方面的情况进行考核评价，根据月度考核评价的结果，对矫正对象实行分类管理和分级处遇，及时将考核加扣分和升降级情况通知相应的矫正对象。至2009年11月底，在册社区矫正对象共193名，其中管制4名、缓刑122名、假释37名、暂予监外执行4名、剥夺政治权利26名。

2010年，把开展对刑事被告人庭前社会调查评估试点工作作为强化审判和矫正工作相衔接的重要举措来落实。开展庭前社会调查评估案件19件，其中14件作出可以适用缓刑的建议，3件作出有条件可以适用缓刑的建议，另有2件建议不适用缓刑，在已作出判决的11名被告人中，评估意见全部被采纳。完善矫正帮教排查平台，建立社区矫正管理信息平台，对重点对象实施GPS手机定位全程监控。是年3月紧紧围绕世博会安保工作，成立区、镇（街道）两级社区矫正"护城河"工程指挥部及办公室。扎实推进社区矫正"环护护城河"工程。

2007年11月2日，市、区两级法院开展送法进社区活动

2010年全区各社区矫正工作基本情况表

表16-16

镇(街道)	专职工作人员	社区矫正辅助工作人员	矫正工作对象(人)				
			缓刑	假释	暂予监外执行	剥夺政治权利	合计
新丰	1	2	10	5	—	1	16
余新	1	2	14	5	1	—	20
凤桥	1	2	15	7	1	1	24
大桥	1	1	13	4	—	2	19
七星	1	1	3	—	—	—	3
东栅	1	1	7	—	1	1	9
建设	1	1	4	3	1	1	9
新兴	1	2	13	9	1	4	27
新嘉	1	2	13	7	—	4	24
解放	1	1	5	1	—	3	9
南湖	1	2	9	7	—	4	20
合计	11	17	106	48	5	21	180

第六节 司法工作创新

东栅司法所

东栅司法所设立于1984年5月。在多年的人民调解工作实践中，东栅司法所坚持以化解矛盾为原则，打破两次调解不成就终结的常规做法，无论调解多少次，都耐心和细致地做好工作，直至矛盾化解、问题解决。这种"两次调解不终结，就地化解不上交"的人民调解新经验，被省司法厅、市司法局总结为新时期创新"枫桥经验"的东栅调解模式。该所建立调解主任例会制度和轮训制度，全街道形

成了上下联动、运作高效的基层调解工作格局，大量的矛盾纠纷被化解在基层，实现了“小事解决在村(社区)、大事控制在街道”的工作目标。

东栅司法所是首批命名的嘉兴市青少年法制教育示范基地之一。2007年，该所创新普法形式，在中小学开展以“模拟调解庭”“模拟法庭”为载体的“情景模拟”普法教育系列活动。是年8月，在区文化馆举办首期“情景模拟调解庭”。至2010年，先后开展8期“情景模拟刑事法庭”“情景模拟民事法庭”系列活动，由学生扮演相关角色进行法庭审理，并结合模拟案例邀请法律专业人员进行点评，剖析违法乱纪行为的思想根源、行为本质及其法律后果，吸引了众多家长的观摩，起到了良好的宣传效果。

吕萌国工作室

2008年1月，东栅司法所所长吕萌国荣获省司法厅个人一等功。是年3月，中共嘉兴市司法局委员会、中共南湖区委、南湖区人民政府分别作出向吕萌国同志学习的决定。吕萌国当选2008年度浙江省司法行政系统“十大最具影响力人物”，东栅街道党工委、办事处决定成立“吕萌国工作室”。工作室成立以来，充分发挥了吕萌国在基层司法调解工作中的示范、引领和辐射作用。

老娘舅工作室

2009年，在各镇、街道调委会建立“老娘舅”工作室，打造南湖区人民调解新品牌。当年全区共调处各类民间矛盾纠纷4056件，成功调处3911件，与上年同比分别增长22.4%和24%。

2010年，“老娘舅”这一创新模式全面延伸至城乡各社区、村，全区共配备122名“老娘舅”，率先在全省实现了村村社社“老娘舅”的全覆盖。全年全区“老娘舅”接受各类咨询3214人次，受理各类矛盾纠纷1908起(占全区矛盾纠纷总数的41.6%)，成功调处1676起，同时还参与其他联调或指导调处的有363起。这支队伍中有9人被《南湖晚报》聘请为“晚报老娘舅”，11人被嘉兴电视台聘为特约通讯员。区司法局还与嘉兴电视台合办推出《阿秀嫂的老娘舅》栏目。

2008年7月17日，吕萌国工作室揭牌仪式

建设街道建设司法所老娘舅调解家庭纠纷

第十七篇　军　事

目　录

区境地处江浙沪交界处，历来是军事要地。千百年来，从吴越槜李大战至嘉兴解放，大小战争数不胜数。宋、元、明、清以来，军事地位愈显重要。明代抗倭战争中，兵部尚书张经督师嘉兴。清代鸦片战争后期，钦差督师大臣奕经、耆英也曾驻节于此。太平天国时为太平军浙西指挥中心。抗日战争初期，张发奎驻嘉兴任前线指挥官。抗日战争期间，凤桥是抗日县政府所在地、抗日战争游击区。在历次战争中，区境涌现出无数彪炳史册的名人，特别是抗倭、抗日战争中，区境人民英勇抗战，留下无数可歌可泣的英雄事迹，在民间流传许许多多的抗日故事。

解放后，境内驻有中国人民解放军部队，组建人民武装部队和预备役部队。建区以来，区人武部加强自身建设，做好兵役征集预备役和国防动员工作。成立国防动员委员会，开展国防知识教育和战时兵役动员。抓好民兵、预备役部队的组织、政治、军事落实，在经济建设、抢险救灾、维护社会稳定和精神文明建设等方面作出了贡献。

第一章　军事组织

第一节　军事机构

境内古代地方军事均由县、州、府行政长官领管，设辅官专负军责。独立军事单位的设置则因时而异。

古代

东晋元帝建武中，高使君任嘉兴监屯校尉。唐乾元年间，张滂、王纬、张自修先后任嘉兴屯田校尉。宋初，境域为秀州军事（州之一种）。南宋庆元元年（1195），秀州升为嘉兴府。嘉定元年（1208）改为嘉兴军，地方长官知州、知府正式名称为知秀州军事、知嘉兴军府（意为暂行主持军府事务）。元至元十三年（1276），改嘉兴路城南、北、西3厢为兵马司，治城内兼巡徼事。至元十四年（1277），路城兵马司改录事司，设司侯、判官各一员。明初循元制，立管理民兵万户府。后革兵府，设嘉兴守御千户所，驻城内，先隶于苏州卫，后直属浙江都司。明宣德元年（1426），秀水县之杉青闸设巡检司，配有弓兵。嘉靖三十二年（1553），设杭嘉湖兵备副使一员驻府城。隆庆元年（1567），裁兵备副使，以分巡道兼理，仍驻府城。清承明制，设浙江按察司嘉湖兵备副使一员。

民国时期

清宣统三年（1911）11月，嘉兴军政分府成立，兼有监督府属各长和调度本府兵队之权。1912年春，成立嘉防司令部，有水、陆两防和嘉禾缉私营，各设统领。1913年7月，嘉禾为戒严区，叶颂清任嘉禾戒严司令官。9月，浙陆军第六师师长吕公望兼嘉禾戒严司令官。1914年4月，傅其永为嘉禾卫戍司令官。7月，成立嘉湖镇守使署，设湖州，一度也驻嘉兴。1917年5月，浙军第二十五师师长张载阳任嘉湖镇守使兼戒严司令。6月，第一师师长童保暄为嘉属警备司令官。1927年2月，国民革命军东路军前敌指挥部总指挥白崇禧驻嘉兴。1936年5月，嘉兴置浙江省第二行政督察专员公署兼保安区司令部。同月，嘉兴县成立社会军事训练总队，为县级政府兵役机构。冬，苏、浙边区主任张发奎设主任公署于嘉兴，负责构筑沿海国防工程。1939年12月，嘉兴县社会军事训练总队改组为国民兵团，受团管区管辖，县长兼任团长。1945年8月，县政府设军事科，接替国民兵团业务。1947年10月，嘉兴县建民众自卫总队。1948年9月，改称嘉兴县保卫总队部，为县最高军事机构。1949年4月，以嘉兴驻军交警第十一总队为骨干，组建嘉兴城防指挥部。

解放以后

1949年5月，嘉兴市军事管制委员会成立。10月，浙江军区第一军分区于湖州迁嘉兴。1951年8月，改称嘉兴军分区。1960年1月，军分区机关迁湖州。1983年10月，嘉兴军分区分设嘉兴、湖州两个军分区。

1950年，成立嘉兴专区公安处公安中队。1975年12月，改嘉兴地区公安处武装民警科。1980年2月，改武装警察大队。1982年2月，与消防大队合并为中国人民武装警察部队嘉兴地区支队。1983年11月，组建武警嘉兴市支队。1985年8月，从武警嘉兴市支队划出，成立武警嘉兴市消防大队，受市公安局和省消防总队双重领导。1990年8月，改消防大队为消防支队。

县级人民武装部

1949年6月，嘉兴市委建立武装科。1950年5月，市、县合并，市武装科并入县武装部。1952年9月，设嘉兴市人民武装部，列入中国人民解放军序列。1953年4月，撤销。1954年10月，设嘉兴市兵役局，同时建市人民武装部，实行两块牌子一个机关。1956年2月，市兵役局下设军事科、组动科、民兵科、征集科。1958年2月，嘉兴市并入嘉兴县。4月，县、市兵役局合并为嘉兴县兵役局。8月，嘉兴县兵役局改称中国人民解放军浙江省嘉兴县人民武装部，下设作训科、政工科、组动科。

1967年2月，驻嘉部队与县人武部“支左”联络站成立。受命参加“三支两军”（支左、支工、支农，军管、军训）。3月17日，县人武部生产办公室成立，临时负责领导和组织全县工农业生产及协调解决相关问题，至1968年7月30日，县革委会成立。1967年5月，各镇和公社的党组织和工作机构陷于瘫痪，由各人武部主持当地工作，至镇和公社革委会成立。

1981年4月，嘉兴县人武部更名嘉兴市人武部。1983年10月，嘉兴市城区人民武装部成立，归地方建制。（1996年4月，归部队建制，更名中国人民解放军嘉兴市秀城区人武部）。2005年5月，更名南湖区人武部，下设军事科、政工科、后勤科。

基层人民武装部

1959—2010年，境内基层人民武装部，市、县、区隶属更迭频繁，公社、乡、镇、街道冠名不断变换，区划时并、时分、时撤，情况比较复杂，现以“人民公社、乡、镇、街道人武部”和“企事业单位人武部”两大块列表于下：

人民公社、乡镇、街道人民武装部情况表

表17-1

单　位	成立日期	变更情况
塘汇公社人武部	1959.5	1959年5月，成立塘汇公社人武部。1961年分设塘汇、七星、栖真3公社人武部。1983年11月，称塘汇乡人武部。1984年7月，增设塘汇街道人武部。1988年9月，并入解放街道。2000年5月，嘉兴市本级行政区划调整，塘汇乡划归秀洲区，期间乡或街道人武部隶属关系同时划归
东栅公社人武部	1959.5	1959年5月，成立东栅公社人武部。1961年4月分设东栅、大桥2公社人武部，1984年1月，改为东栅乡人武部。1984年7月，增设东栅街道人武部。1988年9月，并入南湖街道，后称南湖街道人武部
南湖公社人武部	1959.5	1959年5月，成立南湖公社人武部。1961年4月，分设南湖、真如、蚂桥、洪合4公社人武部。1983年11月，改为南湖乡人武部。2001年10月，改为城南街道人武部
嘉北公社人武部	1959.5	1959年5月，成立嘉北公社人武部。1961年4月，从双桥公社析出建嘉北公社人武部，1983年11月，改称嘉北乡人武部。2000年5月，嘉兴市本级行政区划调整，嘉北乡划归秀洲区，乡人武部隶属关系同时划归
建设镇人武部	1963.1	1963年2月，嘉兴撤市建镇，建设镇人武部保留。1964年2月，建立嘉兴镇人武部。撤销建设镇人武部。1981年11月，撤销嘉兴镇建制，建立街道人武部，隶属嘉兴市人武部领导。1983年10月，成立城区人武部，隶属城区人武部领导

续表17-1

单　位	成立日期	变更情况
新嘉镇人武部	1963.1	1963年2月，嘉兴撤市建镇，新嘉镇人武部保留。1964年2月，建立嘉兴镇人武部，撤销新嘉镇人武部。1981年11月，撤销嘉兴镇建制，建立街道人武部，隶属嘉兴市人武部领导。1983年10月，成立城区人武部，隶属城区人武部领导
新兴镇人武部	1963.1	1963年2月，嘉兴撤市建镇，新兴镇人武部保留。1964年2月，建立嘉兴镇人武部。撤销新兴镇人武部。1981年11月，撤销嘉兴镇建制，建立街道人武部，隶属嘉兴市人武部领导。1983年10月，成立城区人武部，隶属城区人武部领导
解放镇人武部	1963.1	1963年2月，嘉兴撤市建镇，解放镇人武部保留。1964年2月，建立嘉兴镇人武部。撤销解放镇人武部。1981年11月，撤销嘉兴镇建制，建立街道人武部，隶属嘉兴市人武部领导。1983年10月，成立城区人武部，隶属城区人武部领导
南湖镇人武部	1963.1	1963年2月，嘉兴撤市建镇，南湖镇人武部保留。1964年2月，建立嘉兴镇人武部。撤销南湖镇人武部。1981年11月，撤销嘉兴镇建制，建立街道人武部，隶属嘉兴市人武部领导。1983年10月，成立城区人武部，隶属城区人武部领导
嘉兴镇人武部	1964.2	1966年5月，“文化大革命”开始，由各人武部主持当地工作，直至镇革命委员会成立，隶属嘉兴县人武部领导。1981年3月撤县建市后，隶属嘉兴市人武部领导
东门街道人武部	1981.11	1981年11月，撤销嘉兴镇建制，建立街道人武部，隶属嘉兴市人武部领导。1983年10月，成立城区人武部，隶属城区人武部领导。1999年10月，东门街道分别并入建设街道和解放街道，东门街道人武部撤销
秀水公社人武部	1981.11	1981年11月，秀水公社人武部建立，隶属嘉兴市人武部领导。1983年10月，成立城区人武部，隶属城区人武部领导。1984年1月，改称乡人武部。1995年12月，秀水乡人武部撤销
新城街道人武部	1999.10	1999年10月，建立新城街道，设新城街道人武部。2000年5月，嘉兴市本级行政区划调整，新城街道划归秀洲区，街道人武部隶属关系同时划归
凤桥镇人武部	1959.3	1959年3月，成立凤桥公社人武部。1961年4月，分设凤桥、新篁2公社人武部。1984年先后改为乡、镇人武部。2001年10月，新篁镇人武部并入，其隶属关系随市县、区变更而变更
新丰镇人武部	1959.3	1959年3月，成立新丰公社人武部。1961年7月，分社新丰、净相、竹林3公社人武部。1984年分别改称镇、乡人武部。1992年、1998年，净相乡和竹林乡人武部先后并入新丰镇人武部。其隶属关系随市、县、区变更而变更
新篁镇人武部	1961.4	1961年4月，成立新篁公社人武部，1984年先后改为乡、镇人武部，2001年10月，并入凤桥镇人武部
余新镇人武部	1960.3	1960年3月成立余新公社人武部。1961年4月，分设余新、曹庄公社人武部。1984年分别称镇、乡人武部。1998年5月，曹庄乡人武部并入余新镇人武部。其隶属关系随市、县、区变更而变更
步云乡人武部	1961.4	1961年4月成立步云乡公社人武部。1968年12月，更名为向阳公社人武部。1981年复名步云公社人武部。1984年改为步云乡人武部。2001年10月，并入大桥镇人武部
七星镇人武部	1961.4	1961年4月成立七星公社人武部。1984年改为七星乡人武部。2001年10月，改为七星镇人武部。其隶属关系随市、县、区变更而变更
大桥镇人武部	1961.4	1961年4月成立大桥公社人武部。1984年改为大桥乡人武部。2001年10月，步云乡人武部并入后称大桥镇人武部。其隶属关系随市、县、区变更而变更

企事业单位人民武装部情况表

表17-2

单　　位	成立年份	变更情况
民丰造纸厂人武部	1983	—
冶金机械厂人武部	1983	—
绢纺厂人武部	1983	2003年撤销
电控厂人武部	1983	—
化工厂人武部	1983	2009年撤销
化肥厂人武部	1983	1996年撤销
毛纺厂人武部	1983	2008年撤销
嘉丝联人武部	1983	2003年撤销
动力机厂人武部	1983	1994年撤销
航运公司人武部	1983	1992年撤销
市运公司人武部	1983	2003年撤销
第二毛纺人武部	1985	2003年撤销
第三毛纺厂人武部	1985	2003年撤销
冷冻厂人武部	1985	1992年撤销
南湖染织厂人武部	1985	1992年撤销
汽车钢圈厂人武部	1985	1992年撤销
棉纺织厂人武部	1985	1992年撤销
汽车运输分公司人武部	1985	现更名为国鸿汽运有限公司人武部
六〇二厂人武部	1991	2003年撤销
市卫生局人武部	2000	—
金三塔丝针织集团公司人武部	2000	2003年撤销
浙江中法投资股份有限公司人武部	2007	—

第二节　驻　军

古代

相传春秋时期胥山一带为吴国伍子胥屯兵防越、操练水军处。东晋高使君领兵三千，屯田嘉兴。五代后周显德五年(958)，秀州刺史路彦铢统率战舰百艘、水军万人驻秀州。宋开宝七年(974)十月，吴越王钱俶率师五万驻嘉兴，进攻南唐之常州。南宋(1127—1279)，嘉兴拱卫都城，驻有禁军、厢军，禁军隶中央，厢军为州兵。建炎三年(1129)，韩世忠舟师驻秀州。元代嘉兴驻军属镇戍军，配属路万户府，至正十六年(1356)，苗军杨完者以数万众屯嘉兴。明洪武年间，嘉兴所驻兵1120人。嘉靖三十六年(1557)，嘉兴府城驻民壮兵224名，叭喇唬船14艘。清咸丰十年(1860)五月，清军张玉良部攻嘉兴太平军时，12000余人驻三塔湾一带。

民国时期

1937年前　1912年10月，顾乃斌率82标第三营驻嘉兴。1913年7月，驻省第六师移司令部于嘉兴。1914年，第二十一团驻嘉兴。1916年，第二十二团驻嘉兴。1917年1月，暂编浙江陆军第一师第二团驻嘉兴。2月，第一旅司令部及附属机关枪连驻嘉。11月，陆军第四师第十四团驻嘉。12月，第十师第三十九团到嘉兴驻防。1918年3月，第四师第十五团调嘉兴。1923年8月，第十师第三十七团接防。1924年9月，卢永祥之卫队团、江苏第二师第五团、孙传芳部第三旅驻嘉。10月，第二师第七旅驻嘉。11月，第二师第八团调嘉驻防。1925年2月，第二团驻嘉。第六混成旅自乍浦东开驻嘉兴。陆军第二师第三旅第五团驻嘉兴。9月，陆军第二师炮兵第二团驻嘉兴。1926年11月，孙传芳部第八师第十五旅驻嘉兴。12月，第八师司令部移驻嘉兴。此后又有第四师第七旅第十三团驻嘉，第二师第三旅抵禾接十五旅防。1927年1月，第十三师步兵一团驻禾。2月，国民革命军第一军第一师薛岳部抵禾，又第二十一师驻嘉。3月，刘峙部第二师抵禾，第十九军第十五师工兵营、省防军炮兵团一营和警备师第三团驻嘉。1928年3月，笕桥调一师补充团来嘉兴驻防。9月，第一军第二十二师第六十四、六十六两团驻嘉。11月，淞沪卫戍司令部步兵第二团驻防嘉兴。1929年11月，第六师第三十一团驻嘉。1930年春，保安队第七团驻嘉。1931年3月，警卫师第二团、第五团部分驻嘉。1932年春，财政部税警团部分驻嘉兴。5月，第三十六旅两营驻于嘉兴新丰。1935年至抗日战争发生，第五十五、五十六、五十七师，独立第四十五旅和炮兵第二旅驻嘉兴等地。

抗日战争期间　1938年3月，六十二师主力北渡钱塘江进入嘉区。9月，省抗卫第五支队接防。1939年4月，新编第三十师开返嘉区。1940年11月，第三战区第一游击区江南挺进队第一纵队接防新编第三十师防务。1941年3月，新编第三十二师接替江南挺进队防务。1943年秋，江南挺进队第一纵队第一、三两支队再次进入嘉兴地区活动年余。

汪伪军主要有：1938年，江浙第一区绥靖部队2个支队共6个大队驻嘉兴，人枪千余，司令徐朴诚。1940年，汪伪政府编组苏浙皖三省绥靖军总司令部，下设3个地区司令，徐调为杭州地区司令，其子徐云舫任嘉兴地区司令，辖部为绥靖独立团，人枪700余驻嘉兴。1941年1月，汪伪政府改编绥靖军为第一方面军，下设7个师，徐朴诚为第一师师长，驻嘉兴精严寺、楞严寺等处。1943年4月，汪伪再次调整第一方面军，成立第二军，徐任军长转驻苏州，下编2个师驻嘉兴。

1941年4月，伪陆军暂编第三师曾调驻嘉南、平湖一线，师长丁锡山，师部设嘉兴，全师共2500余人。其中五十一、五十二团分驻新篁、凤桥。1943年10月伪浙江省保安司令部成立。其中伪第六保安队驻嘉兴，大队长何俊良，下辖7个中队，官兵共611人。1944年11月，伪第十二军三十七师从常州移居嘉兴，师长丁聚堂。

侵华日本侵略军主要有：1938—1941年第二十二师团四十四旅团（驻嘉兴）、1940年独立第十一混成旅团、1940年第十八师团、1941—1943年第五师团龙田旅团、1944—1945年第七十师团六十一旅团。除野战部队外，另有警备队、宪兵队和宣抚班等。1938年嘉兴城内有日土桥部队山本联队、山本小泉警备队、雷田铁路警备队以及宪兵队等11支部队，1200多名官兵。

抗日战争胜利后　1945年8月，第三战区苏浙皖先遣军第三纵队进驻嘉兴城内。9月，陆军第七十九师13000余人驻防嘉兴，师长文礼。11月后撤离。24日，军委会别动军第十一纵队指挥部驻嘉兴火车站，组建沪杭线护路司令部。驻防半年余。10月，忠义救国军淞沪区第三分区指挥部驻嘉兴福音医院。第三战区兵站总监部第二十七分站及第十四粮服仓库、后勤总司令部第一粮秣补给库，先后在城内狮子汇2号设兵站，在风箱汇51号设仓库。11月，陆军一二四师三七二团接替七十九师防务。后勤总司令部第三卫生大队进驻嘉兴，接管原日本侵略军兵站医院（今武警医院址）。1946年5月，联勤司令部第二后方医院进驻接管，原卫生大队调离。12月1日在城内高家洋房成立嘉兴第二俘管所，接着又在荐桥街成立第三俘管所，驻日俘约万人。1947年3月，最后一批日俘遣走，机构撤销。同年，第八十八军新编二十一师六十一团驻防嘉兴南门，次年1月底撤离。空军九十三地勤中队第一分队进驻嘉兴。城内莫家洋房设空军179电台。1946年1月，军委会别动军三支队三大队驻嘉兴秀州中学数月，负责监护日俘及仓库。2月，交警第九总队驻沪杭线各站，其中嘉区约2000余人。同时，交警第十总队3000余人亦来整训，6个月后撤出。3月，正式设立军政部嘉兴第一、第二仓库。7月，改编为联勤总部杭州混合总库嘉兴分库。10月，联勤总部又在嘉兴设立第五供应分站。11月，联勤总部军械第三储备总库奉命接管混合总库嘉兴分库，在杨柳湾5号设军械总库第二分库。此外，又在南门报忠埭38号设有五十一粮秣第二分库，在南门报忠祠设第八被服库嘉兴分库。

1946年4月，青年军二〇八师六三八团2800余人驻西大营，至8月撤离。9月，国民党政府国防部预备干部局在嘉兴设青年中学，主要招收青年军二〇八师复员士兵，其高中部、初中部分驻西大营和东大营。1949年1月青年中学解散，留者编入预干总队。1946年8月，空军军官学校在嘉兴机场组建嘉兴空军站。9月，编为空军军官学校教育处站务科管理第四班，以配合教练飞行员。1948年1月，空军总司令部撤销第四班；同时成立嘉兴飞机场空军军官学校勤务处基地勤务组工程股。后在嘉兴设的空军单位有第四十九无线电台，第四三二气象台，均驻曹王庙。1948年底，在城内开设空军三四七供应分站。1947年3月，交警第十一总队到嘉兴接替第九总队防务。7月，国民党国防部在嘉兴建晨光夏令营，营员为南方各大学和嘉兴青中毕业班原青年军成员。1948年1月，联勤总部在嘉兴成立第一肺病疗养院，院长高桂才。原第二后方医院于3月奉调绍兴。12月，陆军第七十五军驻嘉兴城内及新塍等地，其中驻防新塍的第十六师四十二团有官兵2950人，团长蔡元贞，但不久即调往他处。同月，青年军第八十七军驻嘉兴城郊，又有联勤总部第十兵站总监部驻嘉兴。1949年1月，国民党国防部预干局预备干部训练团第一总队3000余人由总队长贾亦斌率领迁驻嘉兴，同时，步兵第十六团驻双桥、王江泾。2月，一九五师司令部驻嘉兴。3月20日，第十三医院驻嘉兴(4月25日撤离)。4月，辎汽十八团、江宁要塞司令部、联总十四分监部驻嘉兴。4月下旬，暂编第八师开入嘉兴，驻双桥、王江泾一线。4月26日，第一二三军后方司令部、直属部队及九二二团驻嘉兴城内。

解放后驻军

嘉兴军分区机关 1949年5月，嘉兴市军事管制委员会成立。10月，浙江军区第一军分区于湖州迁嘉兴。1951年8月，改称嘉兴军分区。1960年1月，军分区机关迁湖州。1983年10月，嘉兴军分区分设嘉兴、湖州两个军分区。

预备役团 1988年，嘉兴市组建浙江省陆军预备役步兵团。1998年，原嘉兴陆军预备役步兵团改建为嘉兴陆军预备役防化团。2004年11月，根据军委全军预备役部队体制调整意见，团机关设置也作适当调整。

嘉兴武警支队 前身是1950年上半年成立的专区公安处公安中队，属公安机关建制。以后隶属关系几经变更。1975年12月，地区公安处成立武装民警科。1980年2月，嘉兴地区公安处民警科改为地区公安处武装警察大队。1982年2月，武装警察大队与消防大队合并，成立中国人民武装警察部队嘉兴地区支队。

1983年11月，浙江省武警总队组建中国人民武装警察部队嘉兴市支队。1985年，成立武装警察嘉兴市消防大队。1992年6月，嘉兴市武警支队组建直属大队。1998年3月，嘉兴武警支队组建2个直属中队。

嘉兴武警消防支队 1984年1月，嘉兴武警消防支队建立。前身是嘉兴内卫、消防部队。支队设立消防科，对外称嘉兴市公安局消防大队。1984年6月，区公安局成立消防科。1985年8月，成立武警嘉兴市消防大队，受市公安局和消防总队双重领导。1987年底，成立嘉兴市消防大队直属二中队。1990年8月，嘉兴市消防大队改为消防支队。1994年1月，区成立消防中队。2004年10月，原支队直属一中队隶属消防大队。

嘉兴边防检查站 1997年7月，嘉兴边防检查站成立。隶属于武警浙江省公安边防总队。

空军干休所 1984年，南京空军干休所驻境内。

武警医院 前身为1950年7月创建的中国人民解放军华东军区嘉兴第一肺病疗养院。1952年，更名为华东军区第七陆军医院。1954年11月，改名为中国人民解放军第四〇疗养院。1956年5月，改名为中国人民解放军一一一医院。1983年1月，改编为中国人民武装警察部队浙江省总队嘉兴医院(详见第三十三篇"医疗卫生"第二章第五节)。

境内还驻有陆军、海军、空军部队。

第三节　地方武装

地方政权武装

明正德六年(1511),江西生事,诏佥练民壮守御,嘉兴316名,随正军操练,保障城邑。崇祯九年(1636),诏天下州县佥练乡民,嘉兴募381名。清末,嘉兴光复后接受改编为水警。1929年,嘉兴建保安。1931年,成立常备队基干队。1940年、1942年,嘉兴分别成立1个自卫大队。直到1945年嘉兴成立2个自卫大队、1个特务大队、4个自卫中队。1946年5月,嘉兴县属武装几经整编后,保留保安独立第十大队,分驻城内和新丰镇。10月,将两个自卫中队改编为2个保安警察中队。12月,由县商会主持建立嘉兴城区国民兵警备队。后被纳入县民众自卫总队系统,改名县民众自卫总队商民独立中队,受县总队部节制,供给来源仍由城区商民自筹。该队共有5个分队、1个直辖班,官佐、队员近300人。1947年初,嘉兴县奉命再组地方武装,按规定凡年满18岁至45岁的男性均须参加各级民众自卫队,并随时应召训练与服役,每保编成一分队,每乡、镇成立一中队。1948年初,城区商民武装纳入民众自卫队,新丰镇常备自卫中队。11月,专署、保安司令部派直属保安独立营第一连驻嘉兴。

地方民间武装

北宋时,嘉兴已有团练使官职,其下当有团练。清雍正二年(1724)改民壮为团练。咸丰三年(1853),嘉兴知县引用孙七为团练头,招聚各赌局枪船为团练勇。光绪三十年(1904)十月,由平湖人敖嘉熊创建温台处会馆,光复会领袖魏兰为该馆总理。三十三年(1907)三月,嘉兴成立士商体育会。七月,嘉兴县办理团防。

1912年,嘉兴城中区建民团,民团以商团为核心。1913年,嘉兴士商体育会改作商团,嘉兴县城办守望团。1923年,嘉兴新丰设新北团防局,嘉兴城区恢复守望团制。1924年,成立嘉兴城区临时游击队,定额100名。9月,改名嘉兴城区临时游巡队。10月,嘉兴商联会筹组商团,设3个支部,置支部长、指挥官和教练官等。1929年5月,因中国银行被劫,嘉兴恢复义务商团,8月,改称嘉兴县商办义务保卫团。1937年8月,嘉兴县成立义务警察队,县保卫团副总队长陆初觉任队长。11月,嘉兴先后成立由顾烈之、范春生、王玉麟领导下的抗日游击武装。1938年1月,姜维贤在家乡凤桥兴善寺组织嘉属抗日义勇军。

地方人民武装

1948年,原嘉兴独立大队改为浙江军区第一军分区嘉兴独立营。1950年上半年,成立嘉兴专区公安大队。1952年6月,增设嘉兴市人民武装部。1954年11月,增设嘉兴市兵役局。1955年7月,嘉兴专区公安大队改为中国人民武装警察部队嘉兴专区大队。1958年12月,改称嘉兴人民武装部。1962年1月,嘉兴专区大队改称为中国人民公安部队嘉兴专区公安大队。1983年11月,组建中国人民武装警察部队嘉兴市支队,随之成立城区中队。1984年3月,嘉兴市人民武装部撤销,分编为嘉兴城区人民武装部、郊区人民武装部。1985年,成立城区消防中队。1986年5月,区人民武装部改归地方建制,性质任务和双重领导不变。1988年1月,嘉兴市组建预备役步兵团。2004年10月,秀城区消防中队改为消防大队。2008—2010年,全区共有企业745家,在民丰集团、国鸿汽车运输有限公司和中法集团3家企业组建了企业武装部。在同济大学浙江分院、嘉兴学院、嘉兴职业技术学院3所高校组建了高校武装部。

第二章　兵役　预备役

第一节　旧时兵役

古代兵役

据史料记载,古代兵役制度主要有民军制、征兵制、府兵制、募兵制和世袭兵役制等形式。早在夏、商、周时期，规定部落成员均有从军的义务，是实行“民军制”；秦汉时期采用征兵制；隋唐时期采用府兵制（由当地军府管理）；宋代采用募兵制；元明清时期则采用世袭兵役制。

民国兵役

民国时期，招兵主要采用募兵制和征兵制两种。民国建立以后20余年间，兵员的增补，由军队派出招募人员，在各地公开招兵。1926年9月，某缉私营设招兵处于嘉兴闹市，悬挂“招募”两字的三角旗，进行招兵。1928年以后，军队招兵渐受国民党中央政府节制，须事先向国民政府陆海空军总司令部呈准。对新兵的要求仅有年龄、身长、臂力及品行端正等几项条件。1933年6月，国民政府公布中国历史上第一部《兵役法》。

1937年7月，抗日战争全面爆发，全国首次发布征兵令，因嘉兴各地很快沦陷，未及实行。抗日战争时期，嘉区虽设有兵役机构，但仍未实施。1946年10月，南京政府再颁《兵役法》，役种规定为常备兵役、补充兵役、国民兵役3种。

抗日战争胜利后，国民政府宣布停止征兵一年。1946年，由于全面内战，该年10月，进行临时征兵，是为嘉兴有史以来第一次的依法征兵。

第二节　中华人民共和国兵役

志愿兵役制

中华人民共和国成立后，中国人民解放军继续实行志愿兵役制。1949年9月29日，中国人民政治协商会议第一次全体会议通过的《共同纲领》中规定：准备在适当的时机实行义务兵役制。1955年7月，开始实行义务兵役制，曾一度废除志愿兵役制。1978年3月，实行义务兵与志愿兵相结合的兵役制度。规定可以根据部队需要，本人自愿将一部分义务兵改为志愿兵，以保留技术骨干。

1984年5月，《中华人民共和国兵役法》第二条规定：中华人民共和国实行义务兵役制为主体的义务兵与志愿兵相结合、民兵与预备役相结合的兵役制度。每位公民，都有依照法律服兵役的义务，超期服现役满5年的义务兵，根据军队需要和本人自愿可改为志愿兵，继续服现役。从此，“志愿兵”这一士官雏形被以法律的形式确立下来。

义务兵役制

1954年9月，中央人民政府政务院发布征集补充兵员的命令。命令决定：为了补充人民解放军退伍兵员的缺额及逐步推行义务兵役制，规定在兵役法未公布前，从1954年11月1日到1955年2月28日，在年满18周岁到22周岁的男性公民中，征集补充兵员45万人，服现役的期限从1955年3月1日算起。应征公民入伍前需由国家卫生机关进行体格检查，凡适合规定应征年龄的公民，如果是家庭中唯一劳动力或独子，经地方人民政府审查批准，可予缓征，不得征集依照法律被剥夺政治权力的人入伍。

1955年7月，第一部《中华人民共和国兵役法》颁布后，中国人民解放军的兵员补充实行依法征集的义务兵制度。实行兵役制后，1955—1984年属于市统一管辖。1985年起，区人武部开始兵役登记工作。1988年，城区进行法制化征兵试点。至2010年，区人武部根据应征对象的年龄条件、政治条件、身体条件、文化程度，层层把关，党团员比例和文化程度逐年提高。

第三节　中华人民共和国预备役

1955年7月，颁布《兵役法》规定，义务兵役制度、预备役制度同时施行。预备役分士兵预备役和军官预备役。

预备役登记

依照国家法律规定对应服预备役公民进行注册管理。通常分为军官预备役登记和士兵预备役登记。1955年颁布《兵役法》后建立预备役登记制度。1956年7月至1957年9月，第一次对退伍军人进行预备役登记。1958年，将预备役军人编入到基干民兵队伍中。1962年后，士兵和军官预备役登记工作中断。1981年，国务院、中央军委决定恢复士兵预备役登记。

建区后对区范围符合服预备役条件的退伍军人的登记卡片、档案进行整理。1984年6月，对已登记服预备役退伍军人卡片进行核对。按照《兵役法》规定，士兵预备役的服役为18~35岁。区人武部又进行全面核对，对变动后的卡片作了清理、调整和建卡归档，对退伍军人的档案进行全面清理登记和造册。对重登、错登、漏登的都作了补登和改办手续。

1988年3月，中央军委决定浙江省组建预备役步兵第一师，省军区确定嘉兴组建。

1998年6—7月，在全区范围开展地方与军事专业对口专业人员预备役登记工作。对符合条件的人进行登记，以后每年进行一次服预备役退伍军人和服预备役地方与军事专业对口技术人员登记统计工作。

预备役部队

1988年，承担市预备役团直工股和团直分队的组建任务。2月，成立由区长任组长、常务副区长、组织部长和人武部部长、政委为副组长的组建领导小组。组建团直分队通信连（先行试点）、特务连、担架连、卫生队、汽车排、勤务排、修理所、军马所等。干部、士兵五项指标分别超或基本达到上级要求。1990年，调整充实预备役干部队伍，18名专武干部兼预任干部。1992年、1993年，结合“三落实”达标，对团直工股和团直分队的干部、战士逐个进行政治审查，确保政治上纯洁可靠。1996年，全区完成多名符合评授军衔条件的转业干部的调查摸底和评审授衔工作。1999年4月，嘉兴市预备役步兵第2团改建为预备役防化团。同年6月，区预备役2团直属分队改建为预备役防化团警卫通信连、卫生队和教导队。其中警卫通信连由嘉北乡、南湖乡、东栅乡和嘉兴市电信局负责组建，卫生队由嘉兴市卫生局及所属医院和防疫站组建。

第三章　民　兵

第一节　民兵组织

实行普通民兵制

新中国成立起，全国实行普通民兵制，逐步建立和健全民兵组织的领导体制，即实行中共中央、中央军委统一领导下的地方党委和军事系统双重领导制度。1949年6月至年底，乡、村两级政权中普遍建立民兵或自卫队。1953年2月后，发展民兵组织以乡、行政村为单位建立民兵队部，设中队、分队、小队。以县为单位建立民兵基干团。1957年下半年，将民兵、预备役工作合二为一，进行预备役登记。1958年8月，中共中央作出全民皆兵的决定，9月29日，毛泽东发出大办民兵师的号召，开展全民皆兵运动，掀起大办民兵师高潮。县编独立团，公社编民兵团，生产大队编民兵营（连），生产队编民兵排，厂矿企业、机关、学校也建立了民兵组织，以至于民兵人数突飞猛进。县、公社党委均成立民兵工作组，配备专职人武干部。1962年起，执行毛泽东关于民兵工作要做到“三落实”（组织落实、政治落实、军事落实）的要求，对所有的民兵连进行整顿，重新编排。

“文化大革命”中民兵组织

“文化大革命”初期，县人武部受到冲击，民兵组织陷于瘫痪、民兵活动一度停止。1969年，地区革委会、军分区贯彻中央加强战备的指示，对民兵组织进行整顿，加强组训。1974年，嘉兴成立民兵指挥部、工人纠察队等武装，分裂民兵队伍，篡夺民兵领导权。嘉兴县人武部和广大民兵进行抵制。1975年，撤销民兵指挥部、工人纠察队等组织。同年5月，在整顿民兵组织的基础上，嘉兴组建民兵独立团，在民兵中建立防空专业分队。1976年10月，民兵工作重新走上正轨。

民兵整组

建区后，完成民兵整组，为加强城市防卫建设，继续保留原有救护、邮电通信、管道抢修、电力线路抢修、桥梁抢修等专业分队。当年，批准37个单位为民兵工作“三落实”先进单位，通报表彰50名好民兵先进个人。1984年，区有民兵工作单位116个，其中工厂、公司103个，乡5个，街道人武部8个；有基干民兵工作单位42个，其中工厂、公司人武部9个，乡人武部5个，街道人武部6个。经调整，在456个城镇企业中建立民兵组织的有41个；5个乡的68个行政村建立民兵组织；在57个乡办企事业单位中有15个建立民兵组织。1985年，以“减少数量，提高质量，合理布局，搞好编组”为基本原则，进行城市民兵改革。新组建抢险抢修、医疗救护、防化、通信、车船运输等6个专业分队，全区基干民兵中的专业技术兵占城市基干民兵总数54.15%。根据以块为主、条块结合的民兵领导体制特点，以单个企业为单位组建营、连、排，不搞跨企业建立连或排。

1986年，开展民兵组织与训练、装备调整改革工作。通过调整，全区民兵总数占总人口的14.07%。基干民兵营由7个减少到4个，连由19个增加到21个，排由134个减少到87个。1987年，完善民兵与预备役相结合制度，将28岁以上符合服预备役的退伍军人全部编入基干民兵组织。1989年6月，组建城区民兵快速小分队。连建制，辖2个排、1个通信班，由嘉兴冶金机械厂、绢纺厂和动力机厂基干民兵编成。主要任务是应付各种突发性事件，维护社会治安，保卫重要目标，完成急难险重任务和其他战备执勤任务。

2007年8月，区民兵连参加市民兵点验

1990年，进行民兵组织整顿、预编兵员调整和落实预征对象试点。全区24个基层人武部均建立武装工作示意图、民兵组织统计表、退伍军人统计表、预备役人员统计表和应急、联防方案。各民兵连普遍建立基干民兵、普通民兵、现役军人、退伍军人、兵役登记花名册和民兵连活动登记簿、民兵连长工作日记簿。组建区民兵应急营，辖4个连、14个排、43个班，以专武干部为骨干，配备机动车辆。1991年，全区70个行政村和42个市属500人以上大中型企业均建立民兵组织；134个500人以下小型企业中，建立民兵组织90个，占总数的67.2%，达到应建数要求。1993年，全区29个基层人武部普遍进行集中点验，到点率平均达97.5%以上，有6个单位到点率达100%。1994年，在嘉兴冶金机械厂开展大中型企业人武部建设试点，该厂经验得到军分区肯定。

1995年，针对在编基干民兵离厂辞职逐年增多的实际，制订在街道待业青年中建立基干民兵组织的《暂行规定》，并着手在新嘉街道开展试点。1996年，把应急分队建设作为民兵预备役建设重点来抓，组建市和区民兵应急连各1个。1997年，实行集结点验规模化，近1700名城市民兵在绢纺体育馆集结点验。为适应高技术条件下局部战争需要，在三十六研究所和八三〇〇厂组建全市首批高技术民兵专业分队。1999年，对市、区民兵应急机动连进行集中点验。

21世纪民兵组织

2000年上半年，对民兵应急分队和专业分队进行进一步调整，普通兵减少，增加专业技术兵，8月通过省军区验收。2002年上半年，区被列入军分区城市民兵工作调整改革试点单位。2003年起，继续扩大民兵编组范围，增加基干民兵专业种类，建立外来民兵联络站点，2006年4月，根据民兵组织整顿计划，落实应急作战综合保障队伍。2007年，开展民兵组织整顿。2010年5月，人武部通过与群众交流、问卷调查、听取汇报等办法，掌握了解民兵组织建设状况，形成调研报告。8月，筹建社区民兵组织，探索新社区民兵组织建设新路子。

第二节　军政训练

政治教育

1983年，开展群众性创办“民兵青年之家”活动。至1985年，全区共办73家。1986年，先后与区委宣传部、团委、工会、妇联等联合举办演讲会、文艺晚会；派民兵参加文明单位查验；与司法局抓普法教育；与民政局抓退伍军人两用人才开发使用等。1987年，举办城区首届民兵摄影展览。进行《中国民兵》刊授教育试点，参加的基干民兵有270名。1988年，全区共举办国防知识竞赛21次。办好《民兵工作情况》简报。指导和推广嘉兴汽车运输公司在开展国防教育中，抓好辅导、考勤、汇报、补课、考评5项制度的经验。1990年，举办“劳武杯”国防知识竞赛。1991年，进行防止和平演变教育，深入开展学雷锋、学好八连活动。1992年，与军分区一起进行城市民兵工作和民兵政治工作调查，总结推广大中型企业民兵政治教育经验。1995年，开展爱国奉献、人生观、尊干爱兵、艰苦奋斗“四课教育”。结合纪念抗日战争胜利50周年，在民兵预备役中进行以爱国奉献、坚定正确人生观为主要内容的政治教育。1996—1998年，对广大民兵干部和民兵进行爱国主义教育、忧患意识教育和国际国内形势教育。1999年，开展以弘扬伟大抗洪精神为主线的艰苦奋斗教育。开展中华人民共和国成立50周年，迎接澳门回归为主题的爱国主义教育。

2001年，结合纪念建党80周年，开展“南湖民兵颂党、爱武、建新功”系列教育活动。2002年，对参训民兵，重点抓好战斗精神教育，开展心理战研究演练。对其他民兵的政治教育，由区人武部印发教育提纲和学习宣传资料，通过刊授测验等形式，检验民兵政治教育效果。2003年，突出“三个代表”重要思想和中共十六大精神宣传教育，区人武部定期编印政治教育提纲并组织刊授测验。2006年5月，区人武部为进一步加强民兵基层建设，提高民兵连连长组织训练、动员征集能力，在嘉善县民兵训练基地组织各镇、街道民兵连连长集训。

军事训练

1982年12月至1986年，先后组织集训基干民兵和专业技术民兵，训练民兵干部和教员。1986年，对民兵干部和基干民兵进行集训。1987年，走基地化训练道路，将步兵和专业技术。1988—1991年，以干部、专业技术兵训练为重点，按照基地化、专业化、规范化要求进行训练。1996年，重点组织应急分队人员，进行艰苦军事训练，获市民兵应急分队军事比武团体总分第二。先后5次组织应急分队快速集结，到位率在95%以上。1999年下半年，抓紧民兵高科技分队建设。2001年，完成民兵专业分队年度训练任务和相关成建制训练任务。

2002—2010年，采取上训、自训与分训相结合的办法，按纲施训、科学组训，组织人武专武干部训练，先后集中训练53期。集中组织集训，提高了专武干部和民兵的专业技能水平和组织指挥能力。

第三节　活动　实绩

民兵代表大会

1992年，民丰造纸厂徐大年出席浙江省第三次民兵代表大会。

1993年6月，召开区首届民兵代表大会。参加会议人数100多人。同年10月，全区60名民兵代表参加了市首届民兵代表大会。

阅兵训练

1992年5月27日，区民兵800多人，参加嘉兴市为纪念毛泽东民兵工作“三落实”指示发表30周年城市民兵阅兵，展示了良好的精神风貌和军政素质。该次阅兵动用车辆110多辆次，武器装备1590多件次，为建区以来最大的一次民兵军事行动。

主要业绩

1986年，嘉兴绢纺厂新工人进厂先军训的教育训练改革，被省军区和南京军区总结推广。7月，区人武部从绢纺、冶金和民丰厂抽调男女基干民兵各15名，为南京军区在嘉兴召开的民兵组训改革试点经验交流会汇报表演，得到市委、市政府和军分区的通报表彰。1988年，在军分区训练抽查验收中，嘉兴绢纺厂、嘉丝联分获全市第一、二名。区人武部被评为市民兵军事训练先进单位。1989年9月，城区民兵应急小分队在军分区组织的军事技能竞赛中，各项成绩名列前茅。区人武部被军分区评为年度训练先进单位。1994年，区人武部组织各基层单位进行军事比武，新嘉街道、民丰造纸厂和六〇二厂分获团体总分一、二、三名。1996年，在嘉兴市民兵应急分队军事比武中，秀城区获团体总分第二。1997年，在军分区组织对各县（市、区）民兵应急连盾牌、警棍动作、轻武器射击等课目竞赛性考核中，秀城区获总分第一。区应急步兵机动连获省民兵应急分队训练考评第一。2003年9月，大桥镇八里村民兵连长陶国军被评为市“十佳优秀民兵”。

第四章　国防教育和动员

第一节　国防教育

领导机构

1988年3月，成立区国防教育领导小组，由区委书记张汉臣任组长。1991年，成立区国防教育委员会，副区长怀一尘任主任。国防教育委员会下设办公室，负责区国教委的日常工作。

国防教育以国家机关干部、社会团体工作人员和企事业单位职工、初级中学以上学生、现役军人、民兵预备役人员作为重点教育对象，其他公民实施普及教育。

干部国防教育

对人武、专武干部进行热爱武装、忠于职守、潜心钻研国防业务知识的教育；对国家机关干部，特别是各级领导干部进行新时期人民武装工作和国防建设地位作用、党管武装、现代国防高科技知识、国防形势等教育。

1992—1998年，全区各单位把“军事日”活动作为各级干部国防教育的一项有效措施，参加各项军事学习活动的各级领导1900多人次。

2000年后，区四套班子领导、机关各部门负责人、各镇街道书记、镇长（主任）以及市各大中型企业领导开展组织代号为“嘉秀动1号”，带有实战背景的战时行动综合演练，区委书记、区长亲自挂帅，各部、委、局、办“一把手”全程参与。参加市组织的国防法规和国防知识考核，观摩军事表演，学习军事知识和技能，体验军营生活。2005—2007年，全区有近千名各级领导干部参加城市防空袭演习“军事日”活动。组织镇、街道、区级机关有关部门及市属企业的各级干部共9批170余人，开展以军事射击比赛等形式多样的国防教育活动。区人武部组织专武干部分两期参加嘉兴军分区组织的“专武干部集训”。

2006年5月，开展国防训练

学生国防教育

对广大青少年学生，特别在校大中专学生，主要进行人生观、理想、纪律、爱国主义、革命英雄主义、人民军队光荣传统以及国防基本知识教育。

1990年1月14日，嘉兴市青少年国防学校校区新丰分校、平湖解放路分校在新丰镇举行开学典礼，市、区团委、区人武部、嘉兴机场、新丰镇、党委、政府领导到会祝贺。1989—1995年，全区国防教育纳入学校计划。区少年军校成立，后名校普遍建立少年军校分校。19所小学参加少年军校会操比赛和黑板报展评，12个单位获奖。全区22所小学对五年级学生进行国防教育、光荣传统教育和军事训练，共学习训练学生3040人。新丰镇中心小学在1991年4月评为嘉兴市军民共建先进集体，1993年2月评为嘉兴市警民共建先进集体，1994年3月评为嘉兴市国防教育先进集体。

1996—2010年，全区22所小学的少年军校将防核武器、防生物武器、防化学武器教育与国防教育有机结合起来，组织中小学生参加全国“迎国庆万校国防教育”活动，组织国防征文、演讲比赛、国防知识答题竞赛等。各中小学征订《国防教育》近万册。有25所中小学国防教育纳入教学计划，学校国防教育普及率达100%。嘉兴四中、市建筑工业学校、市工业职工中学被命名为嘉兴市国防(三防)教育示范学校。清河中学被评为省级中小学校国防教育先进单位。吉水中学、三水湾中学、清河中学、洪波中学和余新镇中学为人防试点学校。南湖中心小学为国防教育试点学校。

1992年，全区19所少年军校代表队参加少年军校会操比赛

社会国防教育

对群众主要进行热爱祖国、热爱军队、拥军优属、当兵尽义务等教育。1993年5月，在市国教委组织的国防教育经验交流会上，冶金厂、新嘉街道、文昌路小学新丰镇中心小学等单位和绢纺厂党委书记朱荣辉、新兴街道人武部部长高志兴等个人受到表彰。

2001—2005年，区国教委开展《国防教育法》宣传周活动，列入党委、政府的重要议事日程，纳入“四五”普法和各级干部培训、学校教学、企业职工教育活动之中。区人武部组织开展全民国防教育读书活动，新嘉街道电子社区成为区国防教育社区试点单位。在区政府网站开设国防教育网页。开展以“国防连着你我他，安宁维系千万家”为主题的宣传周活动。

2006年以后，每年进行一次全民国防教育日。在机关、社区、学校和企业进行展览，分发国防法规、知识等宣传资料。开展推荐评选“全民国防教育先进单位和个人”“情系国防”好家庭等活动。

第二节 国防动员

领导机构

1995年12月，区成立国防动员委员会(简称国动委)，与区委人民武装委员会实行一个机构两块牌子。区委书记任区国动委第一主任，区委副书记、区长任主任，区人武部部长、政委和一名副区长任副主任。

1995—2010年区历任区国防动员委员会领导名录表

表17-3

时间	第一主任	主任	副主任
1995.5	杨有金(区委书记)	沈本恭(区委副书记、区长)	傅光良(区人武部部长) 唐根富(区人武部政委) 杨祖云(副区长)
2001.9	朱春林(区委书记)	怀一尘(区委副书记、区长)	葛民江(区人武部部长) 张培新(区人武部政委) 柴伟龙(副区长)

续表17-3

时间	第一主任	主任	副主任
2003.4	赵树梅(区委书记)	魏建明(区委副书记、区长)	高兴龙(区人武部部长) 张培新(区人武部政委) 沈晓红(副区长)
2005.4	赵树梅(区委书记)	魏建明(区委副书记、区长)	邓　辉(区人武部部长) 赵建华(区人武部政委) 蔡　杰(副区长)
2006.4	赵树梅(区委书记)	魏建明(区委副书记、区长)	黄炳金(区人武部部长) 赵建华(区人武部政委) (副区长)
2010.4	魏建明(区委书记)	董苗虎(区委副书记、区长)	肖传金(区人武部部长) 黄炳金(区人武部政委) (副区长)

人民武装动员

1984年1月,区成立人民武装委员会,领导全区人民武装动员工作。1985年,区人武部对区基干民兵进行改革调整,减少基干民兵的数量,提高专家专业技术兵的比重,新组建抢险抢修、医疗救护、防化、通信、车船运输6个专业分队,以适应战时兵员动员的要求。1987年,为适应国防建设指导思想的战略性转变,在和平时期掌握战争动员潜力,为战时快速动员做好准备,对全区战争动员潜力进行详细的调查,基本摸清兵员数量、质量和各类物质储备量等数据,并在该基础上进行整理,建立资料卡片。

1995年12月,区国动委成立,同时设立人民武装动员办公室。1996年后,区结合民兵整组,建立和完善民兵管理制度,做到“表、册、簿”齐全。区组建全市首批高技术民兵专业分队。1999年,区人武部坚持把民兵应急分队和民兵技术分队建设作为城市民兵工作的重点来抓,进行军事训练和业务知识培训。

2001年后,区国动委组织“嘉秀动1号”演练,初步形成本级国防动员委员会战时行动方案。2002年,运用计算机管理系统,将服预备役退伍人员信息全部输入电脑,实行微机化管理。2003年,对城市民兵调改工作的内容和数量进行适时调整,把人防专业队伍和交通战备保障队伍纳入基干民兵序列。2006年,区人武部组织首长机关军事训练,共落实52天364小时。同年7月,区人武部参加分区组织的战术演练。2007年,嘉兴军分区组织联合演习。

政治动员

2002年,区国动委成立政治动员办公室,由区人武部政工科、区委组织部、宣传部、统战部等12个单位组成。2003年,进一步明确各办公室的工作职责。2004年,结合区的社情、民情以及民兵预备役部队所担负的任务,开展政治动员调查研究工作,对战时可用于政治动员的人力、物力等情况进行调查摸底,准确掌握地方支前潜力的数质量分布情况,并在此基础上进一步修订、完善民兵城市防空、民兵参战支前、战时政治动员等工作预案。

2006—2010年,每年开展“军事日”活动,区四套班子党政领导,国动委、国教会全体成员,各镇、街道书记、镇长(主任)等参加。不断改进国防教育的方法和手段,充分利用现代媒体等平台,多渠道宣传国防知识,把国防教育进一步引向深入,推动国防教育进机关、社区、学校、民企、家庭、网络,营造全社会关心支持国防后备力量建设,做好应急作战准备的良好氛围。

2006年8月，区领导干部军事日活动

经济动员

1987年，区人武部对全区战争动员潜力进行调查，掌握军地通用的装备器材、粮、油、盐、食品等物资的数量、质量和分布情况等资料，建立资料卡片，为战时快速动员打下基础。1995年12月，区国动委成立，同时设立经济动员办公室，明确主要工作职责。

2000年起，区人武部组织开展国防潜力调查，完成对全区物资油料资源及保障力量动员调整，特别是对油库、加油站、副食品和服装加工的知名企业、集贸市场的情况作了详细的调查，掌握了可动员军需物资、油料等保障力量。2002—2004年，经济动员办公室对各类军需物资的储备情况进行认真调查核对统计，及时更新完善国防动员潜力数据库，拟制了后勤战备的计划和方案。

2005年，区结合"十一五"经济建设和社会发展总体目标，研究编制经济动员"十一五"建设规划，确保全区国防建设与经济建设协调发展。2007年，按照上下衔接、相互配套、具体准备的原则，拟制和完善了各类方案、计划。建立应急物资储备制，采取实物、资金、技术、生产能力、市场储备等多种形式，做好对各类军民通用物资的动员储备准备。

交通战备动员

1984年10月区成立交通战备领导小组，以全面加强对交通战备工作的领导。开展国防交通动员潜力调查工作，先后对铁路、公路、水利的运力，车站、码头的装卸以及交通系统车辆的数质量、驾驶人员、修理队伍等情况进行调查，建立较完整的交通战备动员资料，每年进行一次核对补充。1995年12月，区成立交通战备办公室，明确办公室的工作职责。1998年，积极动员相关企业踊跃参加全省《国防交通条例》知识竞赛，依法加强交通战备的意识。

2001年，进行兵要地志的调查修订工作。2003—2009年，重点抓好区交通战备动员办公室规范化建设，把人防专业队伍和交通战备保障队伍纳入基干民兵序列，组建交通运输保障分队、装卸载和铁路抢修分队、车辆坦克修理分队等专业分队。为民兵武器仓库安装闭路电视红外监控系统，配备电警棍等冷兵器。充实防区兵要地志，配备战备包。

2009年1月，区人武部组织驾驶员赴杭州萧山区民兵训练基地参加2期"省军区驾驶员队伍集中教育整训"。

信息科技动员

2002年，开展信息科技动员试点。2003年，设立科技动员办公室和信息动员办公室，明确各自的工作职责。组织实施三级国动委信息平台联网建设，完成国动委光缆通信网建设，实现与省、市、县区联网。2004年，区科技信息动员办公室组织进行专项动员潜力调查统计和跟踪了解，掌握科技和信息动员潜力的数质量和分布情况，建立健全科技信息动员潜力信息数据库。围绕战时可能承担的科技信息支前保障任务，拟订动员方案。2005年，搞好科技信息资源潜力调查统计工作，切实掌握全区科技信息动员潜力和科技信息资源详细情况和确切数据，开展应用性训练。2007年，积极开展科技拥军，为驻军建立信息化管理系统。

第三节　学生军训

少年军校

1989年10月，成立区少年军校。聘任驻嘉部队干部、战士担任教员。通过军训，有578名学生领到少年军校结业证书。1990年,少年军校分校发展到16所,市区普及率100%。全年办军校15期,受训1503人。10月,少年军校实验小学分校学生邵滕,代表省少年军校学员出席全国少先队辅导员代表大会,受到总书记江泽民接见。

1991—1994年,少年军校办班55期,培训学员9709名。实验小学被省委、省政府、省军区评为国防教育先进单位。区人武部政委(兼区少年军校校长)唐根富被授予"全国优秀少年军校工作者"荣誉称号。

大学生训练

1993—1996年,对浙江经济专科学校学生进行军训,选拔受训大学生参加省文教系统军训表演,该校军训坚持10年,累计军训学生近万名。1995年,在市中等专业学校职高班毕业生中开展民兵军事训练试点,课目以防化兵训练为主,穿插队列和射击课目。1997年,组织对区各乡农村中学的初中毕业生军训。2005年,对嘉兴学院3800名学生进行为期半个月的强化军事训练,参训学生编成3个团78个排,训练情况存入档案。

第五章 拥政爱民

第一节 军警民联防

1984年11月,区政府成立军警民联防指挥部,负责周边的安全保卫工作,维护社会治安。1987年4月,区警民联防指挥部讨论修订了《嘉兴市城区军警民联防方案》,嘉兴机场划入了城区联防区。每年组织集训和演练,坚持开展军警民联防活动,积极组织民兵维护社会治安。1994年,全区民兵6000多人参加军警民联防活动。

2003年后,区人武部武器库报警系统与公安110实现联网,开展民兵应急分队方案性训练、对口专业分队接口训练和保畅通、保装载、保重要目标安全为主要内容的应用训练,随时准备应付各种突发事件。2008年,集结民兵应急分队,确保了奥运火炬在南湖区的顺利传递。上海世博会期间,发动3000多人次民兵参加村(社区)世博安保志愿巡逻活动。

第二节 参与经济社会建设

支援地方建设

1984年和1985年,驻区部队组织人员支援嘉桐公路、中山路拓宽工程建设,运输物资数万吨。1986年,组织发动民兵开展技术革新活动,全区共建立民兵技术革新小组12个,有578名民兵参加国家重点工程建设。1987年,组织发动民兵开展技术革新,为企业增产献计献策,开展劳动竞赛、降耗节能、应急排难和以劳养武活动。在1984—1990年期间,嘉兴武警支队支援地方重点工程建设投入兵力,累计2.6万个劳动日;参加植树造林,植树2.4万棵,绿化6.1亩;疏通河道、开挖灌渠投入兵力651人次,运土方512立方米;完成土方2428立方米。1992年,全区民兵技术革新小组发展到50多个,获技术革新成果200多项。民丰造纸厂徐大年刻苦钻研技术,一年内为企业节约成本80多万元,出席省第三次民兵代表大会。同年,组织发动区所属各民兵连参加长盐塘工程建设,完成总土方5万余立方米。

1993—1994年,驻区部队、军分区、区人武部开展在经济建设主战场建功立业竞赛活动。全区330

1996年,区人武部组织民兵预备役学雷锋小组人员帮助南湖乡农户收油菜籽

多个学雷锋小组活跃在生产第一线，广大民兵积极投入劳动竞赛、岗位练兵、技术比武、提出合理化建议等活动。1995年，在省政府、省军区号召开展的“民兵、预备役部队在经济建设主战场建功立业”竞赛活动中，冶金机械厂人武部被评为先进单位。驻区部队在乍王公路拓宽工程建设中，组织官兵帮助挖土方3200多立方米，清理路基800多米。1998年，驻区部队为市争创全国卫生城市主动承担突击任务，清理卫生死角、清除垃圾、参加地方植树绿化和卫生清理。

2000年，军分区和民兵预备役人员参加地方兴修水利、重点工程建设以及岗位竞赛、扶贫帮困活动。2001年，组织官兵和预备役人员参加嘉兴市纪念建党80周年系列活动和中央电视台“心连心”艺术团的演出活动。2005年，组织官兵参加地方经济建设和各类公益活动。军分区、武警支队主动配合公安部门做好“江南文化节”的安全保卫工作。消防支队对6000余家公共场所进行消防安全检查，发现隐患千余处，出警900余起，出动官兵7000余人次，抢救财产价值8000多万元。2008年，完善硬件设施，投入20万元安装营院、民兵武器装备仓库监控系统，对民兵武器装备仓库消防设施进行增压改造。

参与社会文明建设

1984—1993年，嘉兴武警支队先后与企事业单位、学校结成共建点29个，与共建单位举办形势报告会、专题演讲、文艺晚会等240多场次，派出校外辅导员190多人次，为近百所学校进行军事训练、国防教育，为38个企事业单位培训经济民警、保卫干部390人次。驻区部队自1984年以后，与周边21家企业和学校共建。1998年，赴江西九江执行抗洪抢险任务，驻守九江40多个日日夜夜，帮助驻地，清理环境卫生，运晒受潮粮食，组成医疗组免费为灾民治病等。部队返回后，组织抗洪报告会，到机关企事业单位巡回报告38场。驻区部队为创建文明城市，集中时间，组织官兵参加植树活动和城区卫生清理。2000年，以南湖街道桂苑社区为重点，开展军民共建文明社区活动。

市科协和驻区部队联合开办科技和国防教育板报、科普画廊、讲座、影视展映等，向居民普及科学知识。2002年，驻区部队和民兵预备役人员组织开展“为民服务一条街，绿化植树一条路”活动，参加人数2600余人次。2003年，在抗击非典中，区人武部组织干部和民兵预备役紧急投入“非典”防治工作。新嘉街道20名民兵持续45天值班，24小时观察从疫区过来的人员。大桥、东栅、城南街道人武部抽调预备役战士到嘉兴火车站执勤。2004—2005年，民兵预备役人员约1780人次参加学雷锋树新风活动。驻区部队官兵先后到26所学校，5个街道、18家企事业单位开展义务宣讲、军训、国防教育和义诊活动，并修理各类电器、车辆5000余件，参加抗洪、义务劳动9万余人次。

2010年，在上海世博会期间，发动3000多人次民兵参加村（社区）世博安保志愿巡逻活动。调整维权领导小组成员，协助北京武警总队下属有关支队妥善处理南湖区服役士兵病亡的善后事宜，协调处理部队战士家庭与企业的经济纠纷，维护军队和军人军属权益。

第三节　抢险救灾和扶贫帮困

抢险救灾

1986—1990年，组织民兵参加抢险救灾，有835人次参加防洪排涝。

1991年夏和1993年，人武部机关和民兵预备役人员全力以赴投入抢险救灾。出动民兵6457名，抢堵堤缺口10多处，排除险情20多起，抢运救灾物资共115吨。1994年4月，满载液氯钢瓶的运输船在大运河龙凤桥附近沉没，化工厂民兵应急分队紧急出动，协助有关部门打捞救援，圆满完成了任务。

1995年6—7月间，连降大到暴雨，水位猛涨至4.4米，市区11平方千米受淹，3700多户居民家中进水，70家企业处于停产半停产状态，晚稻受灾面积达5.4万亩。区人武部科室以上领导昼夜值班。全区专武干部和民兵预备役人员开展抗洪救灾、生产自救活动，参加人数1.5万余人。成立各种应急分队和抗洪突击队30个，医疗救护组1个，排除险情27起，抢运物资600多吨，转移危房居民50多户。

1996年3月，民丰造纸厂西塘草料场发生火灾，20多堆原料先后起火，民丰人武部立即组织民兵预备役人员奔赴火场，配合消防队和驻嘉部队，投入扑火抢险，使2000多吨造纸原料免遭损失。1999年6月23日至7月4日，嘉兴遭受百年罕见的特大洪灾，降雨量达到614毫米，河网水位从3.3米猛涨到4.67米，洪水量级达到700年一遇程度。在这次抗洪救灾中，共出动应急分队700多人次，抢堵决口20余处，抢运物资750吨，加高加固堤坝6000米。

2002—2005年，在抗击台风与强热带风暴中，区人武部积极组织民兵参加抗洪抢险。2008年2月初，区出动民兵275人次参加抗雪救灾，其中集中民兵清理07省道跨沪杭高速大桥等桥梁8座、汽车北站站内道路3800余米，受到上级表彰。

民兵应急分队参与2008年抗雪救灾

扶贫帮困

1984年3月，共建民兵帮户小组193个，与210户困难户、烈军属、五保户挂钩。1986年，组织民兵成立为民服务队63个，民兵助耕帮户小组103个。

2005年，驻区部队官兵捐款捐物价值18万余元，无偿献血23.24万毫升，照顾孤寡老人53人，资助300名儿童完成义务教育。2006年，区人武部与塘汇街道茶香坊社区进行结对共建。对2户困难家庭进行走访慰问。同年，开展与省军区基层连队挂钩帮扶工作，提供帮扶资金。

2007—2010年，开展“献爱心、送温暖”“扶贫帮困献爱心”活动，为贫困地区捐献爱心款5300元。开展与省军区基层连队挂钩帮扶工作，再次提供1万元资金用于连队建设。结对帮扶东栅街道4贫困户，并积极提供就业、创业等方面的信息。2008年年初，南方雪灾和汶川特大地震，组织干部、职工捐款2万多元，捐特殊党费10710元，以及捐献衣被等物资。

第六章　人民防空

第一节　机构和队伍

机构

防空始于抗日战争全面爆发之前。1935年，嘉兴建立防空协会支会。1937年设防护团，下设消防、救护、警报、防毒、警备等机构。

解放后，人民防空成为国防建设的重要组成部分。任务是进行国防教育和防空知识教育，兴建防空工程，进行警报、战时通讯训练和建设，以备战时进行反空袭斗争，配合进行城市防卫作战。1954年，根据华东军政委员会指示，成立嘉兴市人民防空委员会，成立市人民防空指挥所。

1962年6月，成立嘉兴地区人民防空委员会。1969年10月，成立嘉兴地区人民防空领导小组，并建立地区人民防空办公室。1971年，中央确定嘉兴为全国人防重点城市，嘉兴成立人民防空办公室，工作重点是组织人防工程施工。1984年4月，成立嘉兴市人民防空委员会，由市长任主任。1989年，成立市化学事故应急救援试点领导小组。1995年11月，成立嘉兴市国动委，同时撤销人民防空委员会。1998年9月，市人防办公室对外改称嘉兴市民防局。2001年11月，市人民防空办公室为市国防动员委员会的办事机构，是市人民防空工作的政府主管部门。

2008年12月，区成立人防（民防）工作领导小组，由一名副区长担任组长，领导小组下设办公室，办公室设在区规划建设局，由局长担任办公室主任。各镇街道成立镇（街道）、人防（民防）工作领导小组，组长由镇长（主任）担任，下设镇（街道）人民防空办公室，办公室主任由人武部长兼任。

专业队伍

1935年2月，省保安司令部在嘉兴设第二防空监视队，后改为嘉兴防空监视哨。

解放后，大力加强防空专业队伍建设。1954年，在市人民防空委员会下设秘书、警报、治安、消防、救护五个专业股。

2010年，成立区人民防空指挥部。按现行嘉兴市人民防空领导体制，各专业队伍由市人防办统一指挥调度，区暂不单独成立专业队伍。

第二节 人防工事

解放后，嘉兴县遗存的防空壕、防空洞、掩蔽部多数已堵塞和坍塌。

1969年起，全党动员，全民动手，从农村到城镇，大搞建设人防工程的群众运动。开始只挖浅层的防空洞、壕，同时修复旧防空洞。1971年，集中力量挖地下疏散通道，工程结构为钢筋混凝土预制块墙，后因渗漏严重批准报废，计划扩大在城区构筑地下疏散主要通道。

1975—1980年，人防建设以深挖地道工程为重点，先挖垂直深井，再沿井底在深层挖地道，相继建成深挖地道公共工程、单位地道工程、单位工事、单位地下室、单位公共工程。工程之间以及沉井与沉井之间全部沟通，连片成网，还修建了一些浅挖工程和防空地下室等。市人防重点城镇也相继构筑了一些防空工事，发挥了平战结合作用。1990年后新建的地下防空工程都是与经济建设结合，发挥平战多用的现代化人防工程。

第三节 组织指挥和宣传教育

组织指挥

1954年5月，嘉兴市人民防空委员会制定城市防空计划，组成防空指挥部。1969年，制定、修改嘉兴县人民防空计划，拟制防空袭、防空降的行动方案，并组建对空射击，对空瞭望，通信联络，人口疏散，警卫巡逻，维护治安，医疗救护等专业队伍。1970年，修改完善防空计划，调整充实专业队伍。1984年11月，建立市“制定防空预案”办公室，于1985年5月，编制完成市防空袭预案和十三项保障计划，并组建市抢险抢修、医疗救护、防化、通信等防空专业队伍。完善市人防组织指挥、行动方案，形成领导部门和专业队伍相配套的指挥系统。

1954年，嘉兴人民防空通信指挥部确立邮电局保障。1969年，嘉兴人民防空办公室设无线收信二级信号台。1979年，建立通信总机，加入国家人民防空指挥网络。1984年11月，建立嘉兴市人民防空通信站，编制专业人员，配备一定数量的通信及传真器材。1990年，新增数控通信及移动通信新设备。随后又开通与全省各重点城市传真通信网，从而建立了及时迅速可靠的通信指挥保障。

1970年前，装备有线自动遥控警报器。1987年，新建微机控制系统。市人防办对警报系统经常进行维修管理，季检查、年维修，全市警报系统保持良好状态。

2009年起，区负责辖区内警报日常管理工作，同时进一步调整警报布局，提高警报鸣响覆盖范围。

宣传教育

20世纪70年代以来，人防领导机构利用各种机会和多种形式对广大干部和职工、学生、居民普及防空知识教育。1978—1981年，通过报刊、广播、电视宣传人民防空知识，举办防空宣传展览，组织干部、群众6万多人次参观人防工事。1982—1984年，组织放映防空知识影片，仅《众志成城》《燕赵洞天行》两部影片，观众达4万多人，市人防办把人民防空宣传工作列为主要工作，文字宣传、画廊陈列、图像展览、录像放映更为经常多样。全市有70所中小学，全面开展防核武器、化学武器、生物武器的袭击的知识教育，受教育者6万余人，普及率100%。1989年，全区中小学把“三防”教育正式纳入国防教育轨道。

区人防办成立后，开展“五进”工作，即进机关、进社区、进企业、进学校、进网络，提高全社会对人防的认识，使民众学习和掌握人防知识的救援技能。通过社区人防规范化建设，在每个社区配置人防救援器械、图书、宣传长廊、疏散示意图，人防知识通过小区不断向居民普及。南湖区人防办坚持每年开展国际民防日宣传月、防灾减灾日宣传月、人防创立日文艺演出等活动，提高群众对人防知识的知晓率。电影下乡、人防微博、社区教育、学校人防专题课等宣教形式也吸引了广大群众的热情参与，使人防民防影响力有效提升。考虑到学生时期人防教育的重要性，南湖区将“进校园”作为重中之重。除了每年给学生订购人防教材，还多次举办以学校人防授课老师为参赛主体的人防课件评比，不定期举办人防知识竞赛，加强学生对于人防知识的掌握。

第四节　防空演习和救援

防空演习

1954年11月，嘉兴城举行第一次防空演习。1970年，嘉兴城举行第二次防空演习。1973年，嘉兴城镇举行第三次防空演习。

2008年2月22日至3月16日，区人武部组织嘉兴民兵防空现役军官、预备役军官和民兵参加嘉兴军分区统一组织的防空群训练演练活动。2010年2月22日至3月16日，区人武部再次组织嘉兴民兵防空现役军官、预备役军官和民兵参加嘉兴军分区统一组织的防空群训练演练活动。

应急救援

1989年5月，根据上级有关文件精神，嘉兴市的化学事故应急救援工作开始试点。

1990年，市人防办新增全时数字式综合通信程控交换机，建立无线通信网。11月，有关部门制定12个部门的保障计划和27个重点危险源单位的救援方案，编印化学事故应急救援专业队训练教材，建立化学救援各种制度。

至2010年，区人防办开展“两防一体化”建设，累计投入500余万元建设民防应急救援队伍、民防志愿者队伍共200余人，涵盖防化、防汛、通信、道路抢险等专业救援领域以及宣传教育、志愿服务等日常工作，紧急突发事件的处置能力和应急救援水平日益提高。

第七章　重要兵事

第一节　清代以前兵事

吴越槜李之战

春秋末，吴越两国争雄称霸，从公元前5世纪初起，多次在嘉兴市境内作战。其中，周敬王二十四年（公元前496）的槜李之战，载入同时代的孔子所作的《春秋》中，成为历史上有名的战役。相传此战发生在区境西南南、北草荡一带。《左传》有较具体的战斗记载，当时吴强越弱，勾践在槜李战场上，派出三列敢死的勇士先趋，与吴军对阵后，高呼而自刎，吴军争相观看，越军大队突击进攻，吴军大败，越大夫灵姑浮以戈击伤阖闾的一个脚趾，在溃退中阖闾因伤重死于距槜李七里的叫陉的地方，越军追击到姑苏。越以弱胜强，击败吴军。

方腊起义军进攻秀州

宋宣和三年（1121）12月，方腊攻陷杭州，越年遣将方七佛率起义军6万人，进攻秀州。前秀州统军王子武率军出城会合宋军童贯部前锋王禀，与义军激战于城南外。知州率百姓登城擂鼓助威，起义军大败溃逃，撤往临安。据传方七佛部损兵5000人，义军遗骨堆埋于今城南，成塔形，后世称为六万军塔。

金兵攻占嘉兴城

宋建炎四年（1130），金兵攻秀州，由金宗弼（兀术）亲率。权州事邓根留、兵马都监赵士医登城御敌，城被攻破，赵士医为流矢所中而死。

元末嘉兴杉青之战

元至正十六年(1356)二月,起义军张士诚占领平江(苏州),嘉兴告急。元江浙丞相达识帖睦迩(一译达实特穆尔)招湖南苗帅杨鄂勒哲(即杨完者)来守嘉兴。杨以数万众屯嘉兴,先锋吕才以七千众屯王江泾。

至正十七年(1357),张士诚部将史文炳以水师数万攻嘉兴,杨完者以大军在杉青闸伏击,命嘉兴府同知缪恩恭采用火攻,张部水师船被焚,绵延至四十里不止,死者甚众。张士诚军舍舟登陆,与元军再战于冬瓜堰,又惨遭失败。是役,张士诚部战死者万千人,被俘数千,统军张士信伏水遁还。

嘉兴杉青一战,嘉兴仅保孤城,城外之地尽遭兵火所毁,尽目力所至一片废墟。

明代抗击倭寇侵犯

明嘉靖三十二年至三十五年(1553—1556),倭寇侵犯嘉兴境约百余次,三陷嘉善,两占崇德,一占乍浦,七进硖石,久围桐乡,两掠嘉兴,数扰平湖、海盐。崇祯《嘉兴县志》载:嘉兴"城外数万家仅存余烬"。嘉靖三十三年(1554)倭寇强攻嘉兴时,因城防坚固,预有准备,城内精华得保,城外民居先迁进城内,获得安全。

第二节　清代兵事

清初嘉兴起义

清顺治二年(1645)五月十五日,清军渡长江入南京,南明弘光王朝覆灭。六月初,清兵至嘉兴,知府总兵降清。闰六月初五,清发布剃发令到嘉兴,以"留发不留头,留头不留发"相威胁,激起江南人民强烈反抗。闰六月六日,嘉兴民众千余人揭竿起义,推在乡的明翰林学士屠象美、明兵科给事中李毓新主事,降清的明嘉兴总兵陈梧反正任大将军指挥义师,前吏部郎中钱棅助饷,举起反清复明的旗号。主事者称明潞王有血诏,聚众在天宁寺开读,2日内义军增至万余人。杀清朝委派的秀水知县胡之臣,又疾驰攻破嘉善县,擒清委知县斩于嘉兴三塔,附近各县也于闰六月初十后纷纷举事响应。

清军十五日回军攻嘉兴。陈梧率起义军与清军战于三塔湾,出击不利,败而退城。二十五日清军韩岱部自城西攻城,炮击自午至夜,城墙被击毁一部。生员郑宗彝在市中袒背呼号,召集上千民众守城。二十六日陈梧自东城门出走,百姓相随。屠象美、李毓新死于混战中。当日,城陷,清兵屠城。明前吏部尚书徐石麒时在城外募兵,住在小船上。城破前,徐石麒在城下大呼:"吾大臣不可野死,当与城俱",缒城而入,在城破时穿上朝服自缢而死,仆4人随之自尽。其他官员、居民自杀者也不少,留下的居民除年轻妇女被清军大批掳掠和一些僧人幸免外,几乎全遭屠杀。屠城后,城外数里无人迹。

太平天国嘉兴城攻守战

清咸丰十年(1860)6月15日,太平军将领李世贤再败清提督江长贵于王江泾,攻进嘉兴府城,清嘉兴知府张玉藻弃城出走,李世贤命求天义陈坤书、朗天安陈炳文守嘉兴。六月下旬,清提督张玉良在杭州集残部12000人,重整装备,步步为营,反扑嘉兴。七月中旬前锋进至三塔白衣庵,至二十八日积兵数万,扎大营于三塔对面之砻糠浜,陈兵北至栅堰、南至五龙桥南。当日张玉良督兵攻城,被太平军击退。八月十二日轰破城垣五丈,陈坤书、陈炳文率部力战,又将清军击退。八月二十四日,李秀成自松江地区撤兵援嘉兴,二十八日所部占嘉善,三十一日主力攻入平湖。九月三日,李秀成率主力抵嘉兴与张玉良部激战5昼夜,八日,李世贤奉李秀成命进攻石门,断清军后路,大破张军,张玉良溃逃杭州,所部多降太平军,嘉兴解围。

咸丰十四年(1864)三月十五日,嘉兴城东西北三门外的太平军营垒全被淮军占领焚毁,清军加紧攻城。二十五日清军炮兵团长、洋枪队的英国人贝莱上校用洋炮轰城,毁炮台20余座,城墙炸开百余丈,太平军迅速修复缺口,击退敌人。清军指挥官程学启,攻城时被太平军击成重伤,随后死于苏州。当日城中火药库被击中爆炸,挺王刘得功阵亡,城墙又被洋炮轰陷,清兵分路登城,经激烈巷战后嘉兴城失陷,荣王廖发寿战死,城中官兵部分突围去湖州,其余5000余名均被杀害。清军和洋枪队占领嘉兴后,滥杀无辜。

第三节 民国兵事

嘉兴建立共和政权

1911年10月10日武昌起义,11月5日杭州新军起义,建立军政府,11月3日上海光复,11月4日嘉兴知府杨兆麟弃职出走,嘉兴革命党人掌握城区自治公所,在精严寺办公维持秩序,城中安定如常。11月5日嘉防水师统领沈棋山,不肯反正。6日夜,城中有谣说清军进攻,有骚动,嘉兴革命党人连发七电至杭州,请派兵增援。7日午,由顾万斌任支队长率新军步队八十二标的营携炮队约500人,自杭乘火车来嘉。清政府驻嘉军政要员闻讯而逃,统领沈棋山及嘉兴知县,由赵廷至派船护送到嘉善坐火车逃上海。所部10个营反正,由统领董道胜、陈家玉统率,满城挂白旗,市况热烈。嘉兴宣告光复,随后建立嘉兴军政分府。方于简任分府长,后称军政分府支部长兼民事长。嘉兴与秀水两县并为嘉兴县,政事由分府管理。12月20日在嘉兴府学明伦堂召开光复庆祝会(详见第七篇“嘉兴古城”第八章第三节)。

北伐军攻占嘉兴

1926年7月,国民革命军自广州出师北伐,浙江省长夏超接受国民革命军委任,就任十八军军长,10月16日宣布浙江独立。嘉兴各界支持浙江独立行动,中共嘉兴独立支部还组织民众向夏军慰问。22日,夏军同孙军刘梅村部在嘉兴城东激战,夏超前来嘉兴督战,夏军战败,刘部攻入杭州,夏超被俘,次日被杀,独立失败。

1926冬,北伐的国民革命军迫近杭州。12月,遭受孙传芳通缉的顾作之在嘉兴油车港杨溪村家中召开中共支部大会,部署迎接革命军工作,并拟定《嘉兴县政大纲》作为建立新政权机构的施政纲要。同月底,以国民党县党部名义,联络可靠武装筹建嘉兴别动总队,准备策应北伐军,维持地方治安。1927年1月初,中共嘉兴独立支部起草《国民党嘉兴县党部公开宣言》,同月中,组织运输队支援北伐军。2月18日,国民党嘉兴县党部及各区、分部公开活动。中共嘉兴独立支部在县城召开支部扩大会议,布置北伐军到达后的主要任务是充分发动群众,打倒土豪劣绅。1927年2月17日,北伐军占领杭州。18日,北伐军进占硖石。20日前后,孙传芳统辖的山东军阀张宗昌所部铁甲列车在嘉兴附近进行阻击,杭州闸口铁路工人奋战3昼夜改装成六辆装甲车,投入嘉兴前线,给张宗昌铁甲车队以重创。败兵在嘉兴城内大肆抢掠,秀州中学以外国人为保障设妇孺避难所。嘉兴独立支部以国民党县党部名义组织3000人的民众队伍为北伐军运送子弹、辎重。2月23日,国民革命军第一军第一师薛岳率部进入嘉兴城。3月2日,北伐东路军前敌总指挥白崇禧偕苏联顾问乘车至嘉善。10日,东路总指挥何应钦驻嘉兴。北伐军进入嘉兴时,各界人民夹道欢迎,热烈慰问,嘉兴在中山厅广场召开庆祝北伐胜利军民联欢大会,白天军民上街宣传,晚上提灯游行。

组织革命武装 迎接解放

1948年1月,中共杭嘉湖工委方休、罗希明等与嘉兴特派员沈如淙等研究组织革命武装,制定方案,积极准备。2—3月,沈如淙等筹集一些武器,又两次去上海,在党的地下联络点获取一批枪支。7月,吴嘉工委组织成立游击小组,秘密活动于农村。9月,根据上海局指示,吴嘉工委争取地方人士刘先正,建立了联系。1949年1月,吴嘉工委认为组织地方武装起义的时机已经成熟,沈如淙会同钱品康、刘先正等分头工作,争取到嘉兴新北乡、新塍镇等10个乡镇自卫队、国民兵队约400人携枪起义。4月19日,在新塍新桥庙成立中国人民解放军江南军区直属吴嘉独立团,以刘先正为团长,沈如淙为政委,受吴嘉工委领导。当日,在新农乡歼灭江苏溃逃的保安队一个连,缴获一批枪弹,下旬又缴获江苏保安队船只两艘。4月22日,袭击嘉兴城内杨柳湾弹药库,获枪21支,子弹两箱。解放前夕派兵保护双桥乡粮库。5月6日,在吴江盛泽迎接解放大军。5月9日，沈如淙、刘先正等随二十九军政委张藩进城，6月1日独立团改编为浙江军区第一军分区独立营。

国民党预干总队起义

1949年4月7日，驻扎在嘉兴东大营、西大营的蒋经国嫡系部队国民党预干总队，在原预干局代局长、预干团团长、第一总队总队长贾亦斌，以军事演习的名义，举行起义。

1948年秋，贾亦斌通过中共地下党员段伯宇，与中共上海局接上关系，中共上海局策反委员会书记张执一派委员李正文领导段、贾等人的工作。

国防部预备干部局陆军预备干部训练第一总队（简称预干总队）。于1949年初成立，初创时千余人，后扩充到4000余人，贾亦斌任预备干部局代局长兼第一总队总队长。1949年1月，预干总队奉调到嘉兴。因多次被密报"情形异常"，贾亦斌预干第一总队总队长之职改由副总队长黎天铎接任。4月2日，李正文向贾亦斌传达了中共上海地下党要他4月15日发动预干总队起义的指示。4月3日凌晨，贾亦斌秘密潜回嘉兴，紧张部署起义。4月4日午夜12时许，贾亦斌察觉起义消息可能泄漏，随即向李正文通报，力主提前起义，得到批准，但告知，由于起义时间改变，预干总队只能在没有策应的情况下孤军奋战。

6日晚，黎天铎被迫签署演习命令。7日凌晨部队集结时，西大营的3000余名学员大部分都到，但住东大营的中队长林荫拒绝起义，占据东大营营门。阻止2个中队学员外出。眼看天色渐明，贾亦斌依计划发出向天目山开拔的命令。下午，到乌镇，在镇西贾亦斌宣布起义。

由于接连发生意外，起义部队没能迅速跨越京杭国道，陷入国民党军的包围。贾亦斌组织起义部队分成三路突围。一路遭国民党赵荡辉部突袭后被缴械。9日晨，贾亦斌、李恺寅率领的两路在冲出重围汇合时，只剩下300多人通过京杭国道封锁线。4月12日，贾亦斌率部在妙西山良村又遭遇袭击，战后只有80余人突围后，部队在安吉境内被打散，贾亦斌只身辗转，找到中共游击队，护送到宁国中共苏浙皖边区工作委员会所在地安徽宁国。部分预干总队流散在苏浙进行战斗至解放。

嘉兴解放

1949年5月初，中国人民解放军第九兵团第二十七军从湖州出发，进军嘉兴；第十兵团第二十九军从苏州向嘉兴推进。5月3日，国民党驻军炸毁苏嘉公路上沙河塘桥和王江泾地段一石桥。次日上午，又在城南炸断二号桥，阻止解放军攻入城区。6日中午，解放军第二十七军七十九师二三六团二营在真如塔附近，遭塔内敌人阻击，在争夺塔下石桥时，一营副营长许凤楼牺牲，多人负伤。团长李启明为保存古塔，命二营由南门侧翼攻击前进。敌残部下午2时许，炸五龙桥、西丽桥和83号铁路桥。因炸药引火失灵，83号桥未炸成，入夜，敌退缩城内。解放军令先前部队涉水或沿残存桥石，跟踪追击，大部队从南门五龙桥残桥、西丽桥架浮桥快速进城。三营攻占东大营断敌退路。国民党一、二、三军军部仓皇撤离嘉兴，乘车向上海逃窜。

5月7日晨2时左右，国民党嘉兴县长陈鸿陆等，在民丰纸厂随三三四师师长徐继泰逃离嘉兴去上海。解放军三营一部乘压道机车追击，直至铁路桥被破坏受阻为止。拂晓，二十七军从南门、西门进入嘉兴。中午，二十九军教导营进入嘉兴城内，嘉兴城解放。傍晚，二十九军政委张藩与中共吴嘉工委书记金佩杨以及吴嘉湖独立团团长刘先正、政委沈如淙同乘吉普车入城。嘉兴城解放。

剿匪战斗

嘉兴解放后，人民政府重要任务之一是剿匪。1949年6月，嘉兴县、市成立剿匪指挥部，配合部队清剿股匪。6月，在嘉兴寄园擒获青年救国军匪首马国良。同月底，在凤桥捕获中统特务张开远和匪首何兰舟，击毙匪特张立平、钟士运。9月，在曹庄乡捕获匪首顾克家及全歼匪特组织东南人民反共救国军。6—12月，嘉兴全县共剿灭股匪24股，消灭土匪1117人，缴获各种枪支308支，弹药13659发。到1950年4月，嘉兴境内大小股匪基本歼灭。

第八章　抗日战争

第一节　抗日救亡活动

反日爱国运动

1928年5月3日，日本侵略军出兵山东，造成“济南惨案”。7日，嘉兴各界民众集会声讨日本帝国主义，下半旗3天，哀悼死难同胞。秀州中学成立反日会，发起建立对日经济绝交大同盟，向各年级同学讲授日本侵略中国的历史。嘉兴县各小学增设专门课程，讲解日本侵华史实。8月，嘉兴县举行反对日本帝国主义宣传周。

1931年爆发“九一八”事变。9月30日，嘉兴各界民众举行抗日救国大会，要求政府对日宣战，当夜派学生代表赴南京请愿。嘉兴县商会向南京国民政府发出代电，要求立即发布全国总动员，对日宣战。10月12日，嘉兴秀州中学学生举行宣誓救国仪式，宣布筹备成立抗日义勇军，进行军事训练。学生上街宣传和演出，动员民众抗日并义演募捐，征集寒衣、慰问品，支援东北抗日斗争。1932年“一·二八”淞沪战争爆发，嘉兴连续掀起抗日怒潮，成立抗日救国会，秀州中学举办抗日展览，嘉兴商报开辟《抗日展览宣传专刊》。1935年，国难日益严重，爆发“一二·九”爱国学生运动。秀州中学学生自治会联合其他学校举行各种声援活动，1936年11月7日，国民党政府逮捕全国各界救国会领袖沈钧儒等7人，震动国内外，嘉兴人士纷纷表示支援，并到苏州狱中慰问。

提倡国货　禁用日货

“九一八”前后数年，嘉兴各界提倡国货，禁止日货。1932年2月，嘉兴县成立国货提倡会，举办国货展览会。嘉兴县商会用“拥护国际联盟盟约嘉兴县分会”名义发表宣言：呼吁对“侵略我国之野心国家，施行经济封锁，不畏强暴，不受胁迫，一息尚存，死生以之”。各校学生连续出动宣传抵制日货，城内出现署名“血魂锄奸团”的宣言，警告奸商停止运销日货。嘉兴县商会通令所属会员禁运禁售日货。1934年5月，嘉兴筹组上海中国国货产销合作公司嘉兴分公司，租用四层大厦，专销上海出品的国货。1935年3月7日，嘉兴国货陈列馆开幕。5—6月，连续举办国货展览。

交通和国防工事建设

“九一八”事变后，国民党当局加紧境内交通建设。1935年6月，建立苏、浙边区绥靖公署，以张发奎为主任，驻嘉兴，专门负责赶修沿海国防工事和其他国防设施。苏嘉公路为国民政府全国经济委员会所定的6条公路之一，1934年7月全线通车。1935年11月，建成杭善公路（杭申公路浙江段）。1936年4月，苏嘉、苏湖、嘉湖三线通车。同年10月，建成嘉兴至新塍等军用公路。1936年7月，苏嘉铁路竣工通车。

1935年5月起，开始修筑大型国防工程锡澄线与乍嘉线，乍嘉线全长80余千米，先筑成乍浦环山公路与乍浦一线的碉堡掩体，逐渐向平湖、嘉善、嘉兴进展，与苏境衔接，次年完成全线工程。1936年，在嘉兴城西南郊修成飞机场。

第二节　抗击日本侵略军

抗日战争准备

1936年起，嘉兴县逐渐投入战时动员，成立县社会训练大队，举行防空和水陆运输演习。分批训练保长，组建完成长途和乡村电话网等。1937年4月23日，嘉兴成立城防司令部，驻嘉五十六师师长刘尚志为司令，二区专员兼保安司令王先强为副司令，统筹防御。卢沟桥事变后，张发奎任第八集团军总司令，所部防守嘉兴、平湖、奉贤、南汇一线。6月7日，国民政府军事委员会副委员长、第三战区司令长官冯玉祥抵嘉兴视察抗日准备。8月14日，国民政府命令沪杭甬沿线各县市戒严，张发奎任松（江）、嘉（兴）戒严司令。8月17日，冯玉祥到嘉兴视察。8月23日，淞沪战事扩大，张发奎指挥部移驻奉贤南桥，五十七师、五十六师、炮二旅等部队开赴前线，第十集团军第六十二师、六十三师进驻嘉兴、平湖、海盐，军民士气激昂，嘉兴县城乡民众冒暑应征，分批分段到平湖修筑防御工事，自备伙食、工具，筑成六道战壕连接上海境内阵地。7月14日，嘉区《民国日报》发表读者倡议，开展“一元钱献金运动”，慰劳前线官兵，掀起献金热潮。8月，嘉兴县征募田亩救国特捐25万元，又向工厂、商店、银行和富裕人家劝募救国公债10万元。《大公报》当年10月间报道，嘉兴开征粮赋2个月，实收数比往年增加6倍。8月初，嘉兴组成抗敌后援会，组织各团体慰问前线将士，城内设收容所6处，收容上海运来的难民累计10万人，后援会建立救护队，负责医疗救护，特约福音、德心、三一等医院治疗重伤员。又建义勇警察队，全城巡查，指导防空，警戒敌情。抗日救亡宣传活动如火如荼。组织有线电台转播上海的《今日爱国歌唱》，推广抗日歌曲。国难宣传队每晚在中山公园演出抗日节目，并在中山厅举办国防展览。中共上海党组织发动进步文化人成立战地服务队，中共党员钱亦石任队长到第八集团军工作，9月25日到嘉兴海关旧址，深入广泛地开展救亡宣传。10月间在县民教馆演出《八·一三之夜》，一致高呼“打倒日本帝国主义！”“打倒汉奸！”

防空战斗

“八一三”沪战发生后，敌机频繁轰炸嘉兴地区。据不完全统计，8月16日至11月19日，有敌机250余架次前来轰炸。16日凌晨，日机9架袭击嘉兴飞机场，国军飞机迎战。17日8时，敌机6架轰炸嘉兴火车站，在附近投下4颗炸弹、2颗烧夷弹，被炸死2人、炸伤3人。19日晨，敌机20余架对嘉兴城滥炸，驻瓶山高射连开炮反击，击落1架敌机。9月3日，上海开来的运难民火车在近嘉兴时被炸，难民死300余人、伤500余人。9月17日上午，大批敌机再炸嘉兴火车站及角里街等处。9月28日，敌机6架袭击嘉兴，1架被瓶山的高射炮击中，坠于屠甸附近。10月间，敌机轰炸加紧，嘉兴城内一天发出警报20次。10月3日，敌机8架炸毁嘉兴火车站房屋建筑及货车，死伤19人。12日晨，敌机炸第三难民收容所，死伤24人。投重磅炸弹11枚，炸毁火车站月台、天桥和路轨。14日，嘉兴发空袭警报19次，第三次警报时，敌机3架沿运河扫射船只。16日晨，敌机轰炸火车站的伤兵难民列车，死伤40余人。23日，敌机4次轰炸嘉兴。26日嘉兴邮局被炸毁，民丰纸厂被炸。专员公署、县政府、县党部、法院、火车站、邮电局、府学和许多故家大宅、名胜古迹以及商店民居都成废墟。11月5日，日本侵略军在杭州湾登陆后，日机自黎明至天黑，每隔10分钟来一小队，弹如雨下。6日，40余架敌机狂炸，嘉兴全城一片火海。8日，日机炸毁仁爱堂钢筋水泥楼房的育婴所，百余婴儿压于其下，入夜，断墙残壁中尚传来未死婴儿的啼哭。

其间，全城各工厂停工，商家关门，4000工人失业；政府先后执法枪毙5名为敌机发射信号弹和搜集情报的汉奸。

嘉兴阻击战

1937年11月5日凌晨，日本侵略军在金山咀至白沙湾一线沿岸分头登陆。六十三师、六十二师部分连队战士，顽强阻击，阵亡殆尽。

1937年11月8日，国军第一二八师顾家齐部（2个旅4个团）、第一〇九师赵毅部（3个团），会同预备十一师的胡达部1个团，奉命据守嘉善，阻击来敌，15500余人同仇敌忾，顽强拼杀，苦战七昼夜，牵制并重创了日本侵略军，滞阻了日本侵略军推进的时间，集团军司令部命令撤离战斗，11月15日下午5时至7时各部撤至嘉兴七星桥。

15日，日本侵略军进至王江泾、新塍，嘉兴城已处于被半包围情势。嘉兴二区以及嘉兴县政府当天撤往濮院，随后撤后方。十集团军总部驻国界桥草荡，派一七〇师李本一团防守嘉兴城，联合其他境内部队，在于七星桥至南官荡一线与敌交战。17日日本侵略军到七星桥、塘汇一线。国军在七星桥、东栅口、凌塘桥、秋泾桥等处，与敌激战，至今秋泾桥上留有弹洞。同日日本侵略军侵占火车站，下午3时攻入城内，一七〇师李团撤出阵地，向濮院退却。19日，日本侵略军分别由沪杭路、苏嘉路、平嘉路进入嘉兴，嘉兴沦陷。

日本侵略军入城暴行

日本侵略军攻入城后到处放火，用硫黄枪弹射击房屋，全城大火蔓延，数日不熄。数十里外南汇镇的人，晚上在桥上南望，只见城中火光满天，三夜不弱。繁荣的北门大街成一片焦土，许多名店付之一炬。塘湾街、东门大街、丝行街也被焚毁大部，全城房屋毁去十分之三四。南门杨柳湾、报忠寺一带，是太平天国后仅存的世宅居住区，数百家住户焚毁，仅余两户。南湖烟雨楼内建筑被重炮摧毁，孔庙被轰炸，人民财产和民族文物损失难以估计。城中居民大部逃至外地和四乡。日本侵略军入城逢人便杀。据当时被迫负责掩埋死尸的项某说，在不到一个月中，埋掉无主尸体就有3500余具，已被亲人掩埋和葬身于废墟之下的不知多少。

1937年11月19日，日本侵略军自平湖侵犯嘉兴，途经新丰镇，焚掠全镇，逢人便杀，事后平湖木商徐姓施放150余棺木埋葬。日本侵略军在镇上大肆强奸妇女，有的少女拒辱投平湖塘自尽。少女三宝奋力反抗被刺死。有的妇女被日本侵略军强奸杀死，浇上汽油，焚烧。

日本侵略军在嘉兴建立殖民地式的统治，由军部、宪兵队、宣抚班主宰，居民被奴役，被宰割。日本侵略军进攻南京，在嘉兴大量拉夫随军役使，生还者少。据逃回嘉兴住中和街的王某说，沿运河塘布满国军伤兵、民夫和百姓的尸体。敌宪兵队实施残暴统治，全城经常戒严，追捕爱国志士和无辜民众，施以酷刑，还用狼狗咬，进行残害。居民离县外出需经宪兵队、宣抚班开具通行许可证，之后，凭良民证外出。日本侵略军到处设岗哨，盘问搜身，百姓行至岗哨处必须鞠躬，稍有不合，轻则挨打、罚跪，重则关押，甚至丧命。嘉兴知名画家郁文哉因不服从检查，被杀死。入城日本侵略军经常三五成群闯入人家，抢掠财物，强暴妇女。张家弄等街巷公井被霸占，不准百姓汲用。

日本侵略军搜罗民族败类组织县、镇维持会，组织伪军警特务组织，进行残暴统治。嘉兴汉奸有郭剑石、徐朴诚、张熙民、沈翰卿等，他们认贼作父，残害民众，搜粮派夫，设岗放哨，诱惑逃难居民回城，帮日本侵略军做尽坏事。郭剑石在日本侵略军进犯时，到苏嘉公路上迎接，自称“大日本帝国苏嘉湖沿线维持总会会长兼嘉兴维持会长”，后因不合日本侵略军的心意，1939年4月间，被捕后在上海被杀死。徐朴诚原是太湖水警区区长，经郭向日本侵略军推荐，组织伪军任师长、第一绥靖区司令。1939年3月，日本侵略军取消县维持会，组织县自治委员会。

第三节　敌后游击战

嘉属抗日义勇军

1937年8月8日，“七七”卢沟桥事变后，县抗敌后援会成立。9月12日，嘉兴区十县（第二行政区）召开抗敌后援会首次会议。同年底起，嘉兴城乡都有爱国人士挺身而出，组织抗日队伍，抗击敌寇，保境安民。

1938年1月，由嘉兴律师、《民报》负责人姜维贤发起组织的嘉属抗日义勇军第一总队，在兴善寺成立，总队部设于李大康桥茧厂内。1月29日（农历小除夕）突击凤桥伪维持分会，击毙会长吴老三，公开号召民众抗日。3月，嘉属义勇军第一总队先后成立5个大队，第1大队长姜维贤兼，活动区为凤桥；第2大队长王志元，活动区为汉塘；第3大队长彭辅邹，活动区为新篁；第4大队长陈宝善，活动区为新丰；第5大队长周问寰，活动区为王店。3月间，义勇军活动区域遍布全县，配合正规军作战和单独作战，颇著战绩，成为县内民众主要抗日力量。3月31日，二十八军六十二师三六八团和嘉属抗日义勇军一起，在凤桥、石佛寺与日本侵略军激战3昼夜。4月16日，嘉属抗日义勇军二、三大队在新篁附近阻击来犯日本侵略军1天。新篁镇伪维持会长邹振雄被嘉属义勇军逮捕处决。5月20日，义勇军四大队攻击新丰青龙港日本侵略军，敌泅水而逃。7月30日，敌大规模进犯游击区，先占余贤埭、曹庄、十八里桥、焦山门、竹林庙，向凤桥作扇形推进，义勇军和国军阻击后退出凤桥。10月20日，省抗日自卫总团第五支队会同嘉属抗日义勇军围歼驻新丰的日本侵略军。

1939年2月23日起，日伪侵犯新篁、余贤埭、凤桥、石佛寺，抗日义勇军多次组织抗击。28日日伪退回原据区。4月，嘉属抗日义勇军改编为抗敌自卫总部第七支队，渡江整训，其驻地在上虞五车堰一带。

重建政权　坚持抗日战争

1938年2月间，嘉兴县抗敌行动委员会行使县政权权力。4月24日，嘉属和嘉兴县行动委员会主任陆初觉经余姚渡江到达嘉兴沦陷区，慰问嘉属抗日义勇军，筹备推进嘉兴南部。嘉兴县长赵炽率工作人员于6月5日到达嘉兴凤桥，建立县政府，成立县抗日自卫委员会，县府在窑湾茧厂，恢复嘉兴的政权，推行政令，领导抗日。

1939年12月建立十区专员公署，专员王力航，驻洲泉，后至凤桥。1940年11月，赵炽任第十区行政督察专员，王梓良任嘉兴县长。经过3年多的努力，专区及嘉兴县建立区乡政权及专区保安大队、县抗日自卫大队、区中队等武装，依托和配合正规军扩展局面，行使权力，先后形成以凤桥、新篁、袁花、洲泉、西塘、武原、新塍、钟埭、新仓等镇为中心的抗日游击区域。1939—1940年间，十区专署和嘉兴县府历经艰苦，与敌游击，一直在凤桥坚持。嘉兴日伪除窃据县城和铁路点线外，全县三分之二的行政区域仍在中国政府控制之下。

1940年1月5日凌晨，敌伪400多人潜入凤桥，突袭嘉兴县政府驻地窑湾茧厂、政工队所在地徐八房，自卫队驻地油车港，地方政府和组织损失严重，徐八房等大宅院500多间房屋被烧毁，15名省、县政工队员和5名政府、自卫队员英勇牺牲，时称“徐八房惨案”。1941年初，在三十二师守卫下，抗击敌伪，积极行政，士气旺盛。5月，成立县动员委员会，政权得到扩展。当年下半年，日本侵略军猛烈进攻三十二师，专署、县政府不断在嘉南转移。

1939年，省当局建立各级战时政治工作队，政工队成员绝大多数是爱国抗日的热血青年，其中一些骨干是中共党员和进步青年。7月间，桐乡、嘉兴两县政工队相继成立；县政工队员深入敌后，积极活动，不但担负着宣传抗日、动员组训民众的任务，而且还负责行政和文化教育工作，既工作，又战斗。政工队所到之处，开展青运工作，实施战时教育，积极宣传抗日，创办《嘉兴人报》，唤起民众觉悟，抢送青年至后方学习，得到民众拥护。与此同时，共产党地下组织在嘉南积极开展抗日救亡活动，宣传教育，建立群众组织，培养积极分子。1940年2月，浙西特委决定在原嘉属县建立嘉崇桐工委和海北工委开展活动。

正规军返境　抗击日本侵略军

1938年初开始，国军各部队奉命挺进海盐、海宁、嘉兴，在境内开展游击战，打击日本侵略军和伪军，主要战况有：

六十二师首战嘉南　1938年2月起，二十八军六十二师陶柳率袁西初旅等部，自余姚、萧山间渡江，辖三六八谢明强团、三七一瞿彪团、三七二汤家楫团，共8000余人。民众因政权撤退四五个月来，敌人残暴，汉奸为虎作伥、盗贼蜂起，民众见国军重来，自动为部队带路、通信。国军首次进攻敌据点时，正值清明节，农民纷纷将粽子挂在桑树上，备官兵取食。以后该部几次往返钱江两岸，在嘉兴境内坚持抗日战争3年多，战绩颇著。该部多是湖南健儿，头戴竹笠，民间习称为“箬帽兵”，敌人闻“箬帽兵”而惊惶。1938年3月26日，谢团进入嘉兴后，31日配合嘉属抗日义勇军进击凤桥、石佛寺之敌，激战3昼夜。还在平嘉公路十八里桥争夺战，给敌以重创，占据平嘉公路十八里桥地段。

1938年4月27日，六十二师谢团偕嘉属义勇军围攻海盐城，先在海盐嘉兴交界处阻击敌人。5月1日开始攻城，15日收复海盐城，打开浙东与海北的交通门户。

挫败日本侵略军海北大扫荡　1938年7月31日起，敌伪调集兵力14000余人，飞机30余架，汽艇百余艘，分12路向嘉兴、海宁、海盐、平湖等地扫荡。这是日本侵略军首次向游击区的大扫荡，人称海北大扫荡。敌伪实行“三光”政策，企图消灭游击主力与地方政府，割断钱塘江南北联系。嘉兴凤桥、余贤埭以及海宁袁花、海盐沈荡等处均有激烈战斗，历时月余，地方武装和国军虽受严重损失，但日伪终未能建立稳定统治，钱江两岸交通未被切断。六十二师主力和地方武装向澉浦、黄湾等地撤退。

省抗卫五支队抗日游击　1938年9月，六十二师渡江整训时，省抗日自卫总团第五支队（以下简称“抗卫五支队”）于9月5日自浙东北到嘉南地区接防，开展整训工作，协助县政建设为主。同来的有十区专署青年营、妇女营。10月20日，抗卫五支队会同嘉属义勇军攻歼驻新丰的日本侵略军。11月23日，妇女营配合青年营夜袭王店日本侵略军据点，得胜而归。1939年4月9日，五支队会同海宁、海盐、平湖三县自卫大队在新篁、通元等地攻击敌人，周旋4昼夜，迫使敌退出海盐县城。5月，五支队离境渡江南返。

暂编第三十二师打击日本侵略军　1940年12月，江南抗日自卫挺进纵队第五支队长谢一忠率一个营进驻新篁、凤桥等地，历时3月离境，后派暂编第三十二师黄权渡海北来，加强敌后作战力量。黄权部原系省主席黄绍竑卫队，抗日战争初期为省抗卫总团第四支队，后编为正规军。1941年2月，黄权率该师一、三两个团，乘帆船30多艘，自庵东渡海北来。船行海中与敌巡逻舰艇遭遇，黄权沉着指挥，集中炮火与敌开战，毙敌10余名，敌舰中弹逃走，黄师在白沙湾、乍浦山湾一带登陆。该师主力进驻新篁、凤桥一带，第一团挺进至新篁的栖柽。当时新篁、凤桥为十区专署、嘉兴县政府游击政权的活动中心，周边新丰、海盐、沈荡、西塘桥等地被日伪占据。黄权命令一团10天内拔除敌人据点。敌军侦知重兵入境，抽调一个师团的兵力，加强防务。4月2日晚，黄权亲率4个连进逼乍浦，集中攻击海滨俱乐部和日本侵略军驻地，毙敌多人。清明节，日本侵略军百余名自焦山门桥乘船至罗汉塘桥登岸，突然包围栖柽，直取一团团部。团长率警卫连突围至蒋浜，迅即调集外围各部，中午，一团3个连反包围攻入栖柽的敌军，用轻重武器猛烈攻击，敌伤亡30余人，从罗汉塘逃窜。

同月，嘉兴、海盐两路敌军集结兵力下乡扫荡，黄权布置在海盐塘半路伏击，并在河中敷设水雷，敌汽艇2艘、拖船10艘进入埋伏圈触雷，毁汽艇2艘，伤拖船7艘，国军在岸上用机枪扫射，敌军溃逃。是役，来犯之敌黑泽部死伤三四十人，毙敌尉级军官数名，并俘敌14名解送后方。

5月28日，三十二师派一团两个营配合工兵进攻沈荡，先由工兵猛炸大桥桥头堡，拔除铁丝网，扫除路障，步兵迅速冲向街中心。敌军见攻势猛烈，逃入总地堡死守，国军派勇士携炸药20包投掷堡内，总地堡被炸毁，堡内60余名敌人全被炸死，战斗历时2小时，据点终被拔除。

1941年6月2日至11日，嘉兴、嘉善、平湖等地日本侵略军纠集数千人，又调伪军十三师，共万余人，船数十只，配合飞机2架，发动大规模的嘉南大扫荡，向凤桥、石佛寺、新篁进攻，2—4日进攻外围，6日主力进攻，7日海盐敌军2000余参加进攻，8日，嘉善、平湖敌经焦山门向南合围，敌搜索数日，杀人如麻，古老建筑如嘉兴县府驻地秦宅、冯家浜大屋、竹林庙祝氏知非楼均被焚，伪军搜寻藏金，墙壁、地板被掘毁。9月3日，日本侵略军再次纠集千余兵力进犯石佛寺、凤桥、新篁等地。10日敌占凤桥、新篁等地，至11日始撤退。此时，十区专署和县府已转移，三十二师与敌激战数昼夜后撤出战斗向外围游动。师长黄权杂于敌军队伍中观察多时，始退入桑林，渡河脱出重围。

1941年秋，日伪由嘉兴、平湖、海盐、硖石、王店五路出发，向新篁扫荡，三十二师分别布防阻击，主要是扼守桥梁，阻击敌人，其中骡马塘桥战斗最为激烈，双方伤亡严重，敌屡有增援，均未得逞，战至傍晚，敌人溃退。黄师以少数兵力击溃数倍于之敌，是役名传远近。黄权率领三十二师在嘉南积极抗日半年余，歼敌近千，黄权部在历次战斗中牺牲也大，伤亡约占全员三分之一，1941年10月黄权部调回后方整训。

一九二师抗日活动　1941年10月，三十二师南返后，二十八军一九二师刘田团调嘉南凤桥接防。1942年初，日伪开始清乡，该团奉令调防，不等接防部队到达，即行开拔，无法穿过铁路，困于嘉南、海盐旬余，与日伪交战后退回后方。

地方武装和民众抗日活动

武装抗击敌人和民众自发杀敌　1938年4月7日，嘉属义勇军打死2名从铁路17号道房到余贤埭骚扰的敌军。4月11日，嘉兴县抗卫第二中队会同六十二师士兵，夜潜入塘湾街新亚剧场，打死伪警数人夺得步枪5支。4月12日，周问寰部游击队袭击国界桥飞机场，敢死队员数十人负伤。17日，嘉属义勇军

二、三大队所部在新篁附近阻击来犯日本侵略军。

6月23日，嘉兴县暂编自卫第四中队会同曹庄乡八里村民间抗日武装，河南籍董再公、董国英、董雪青组织的大刀队，在平嘉公路阻击日本侵略军，与敌拼大刀，毁敌汽车两辆，毙伤敌40余人，董国英、董雪青母女等10名队员和士兵壮烈牺牲。

1939年1月中旬，嘉兴游击队何兰舟部攻凤桥。3月11日，嘉兴自卫大队二中队一部冲入北门大街，包围县警察局，缴轻机枪1挺，步枪24支，俘伪警8名。7月10日，伪嘉兴县知事沈瀚卿被嘉兴特工人员击毙于西县桥旁。

破坏日伪交通通信设施　在游击区，地方抗日武装和民众频繁破坏敌伪的铁路，公路，阻塞河道和通讯线路。建立敌后通信联系，县政府设总哨站，逐步建立递步哨、分哨站，组织人员日夜值班，负责联络和传递情报、公文等。1940年上半年，嘉兴县在平嘉公路、平湖塘、海盐塘沿线均建有“农民哨”，日夜监视敌情。同时，以凤桥为中心，至曹庄、新篁等嘉南地方建立通信联系；虽遭敌人不断破坏，都能随时修复。

第四节　日伪残暴统治劫掠财富物资

烧掠村镇　屠杀平民

1938年3月16日，日本侵略军到徐步桥杀人放火、奸淫妇女，枪杀村民8人。4月3日，在东栅搜检“支那兵”，将鱼行老板俞阿泉和茶馆沈阿四押至白莲寺前，投入烈火，活活烧死。6日，因电话线被剪断，日本侵略军扑新丰，烧毁全镇3000间房屋，仅剩6间孤房，三里长街化为灰烬，数千人无家可归。8日，余贤埭镇被日本侵略军报复焚毁。25日，日本侵略军进犯嘉属义勇军驻地，义勇军撤退，敌烧毁兴善寺镇。

26日，嘉属义勇军第三大队一部在新篁阻击日本侵略军，次日，日本侵略军入镇烧毁全镇房屋，仅余消防龙房，清代考古学家张廷济的清仪阁所存文物，悉数被焚。同日，日本侵略军火焚烧十八里桥集市。

1939年7月1日，日伪再次侵入余贤埭镇，烧毁刚建成的草棚百余间，惨杀平民30余人，烧毁开往新篁的航船，4名船员被杀。8月29日，日本侵略军在海盐齐家乡与国军交战后，经过新篁，见原被烧房屋已部分重建，再将房屋烧光，杀害居民8人。11月7日，日本侵略军在嘉兴近郊南湖村烧房屋108间，农民孙阿男的妻子被烧死。

建立伪军政　特务组织

1938年4月29日，嘉兴县维持会改为伪县公署，1940年，改称县政府，伪国民党县党部随后建立，嘉兴县伪政府下辖第一区公所及新丰、东栅、南堰5个镇公所，主要是征粮收税、征丁拉夫、办理良民证、编组保甲、搜刮军需物资，全面为日敌效劳。伪省府同时任命徐朴诚为第一绥靖区司令，驻嘉兴城，兵力700名，有迫击炮、重机枪，附设水上警备队，有汽艇3艘等。1941年后，汪伪扩建和平军，嘉兴伪军增多。1942年5月后，伪十三师部移驻嘉兴。1940年4月，汪伪特工总部嘉兴站，在嘉兴塔弄36号设立，拘捕残杀爱国志士和爱国平民。据嘉兴县政府1940年调查：城内日伪中国籍特务有50多人，连同爪牙500人；塘湾街90余家商店，80余家受过特务密探敲诈。

统制经济　掠夺财富

据1940年嘉兴县政府调查，嘉兴城内除日本官员外，日本居民884人，大部分是经商，设有帝国领事馆和日本居留民会，主要从事经济侵略。铁路、公路和航运都由日本侵略军统制，连短程运输搬运也被日本人独占。

攫夺工厂和农桑　纬成丝厂、福兴丝厂等几家大工厂为日华中公司蚕丝会社所有，民丰纸厂被日本三岛和王子制纸会社侵占。嘉禾布厂归镜纺会社占有，电灯公司也属于华中公司。蚕丝会社夺取嘉兴蚕种场，在城郊侵占大批土地，扩种桑树，扩大蚕种制造，垄断蚕种发放。汪伪储备银行成立前，日本侵略军在嘉兴设立台湾银行分行，日伪强制民众使用伪钞储备券，禁止法币流通，压低兑换比例，规定用2元法币兑换1元储备券，使人民遭受沉重损失。12月，伪中央储备银行嘉兴分行成立，日本侵略军控制的华兴银行也随后成立，连同伪台湾银行一起，控制境内的金融。

控制劫掠物资　日本侵略军通过伪政府获取军粮。每年的蚕茧收购均由日蚕丝会社垄断，为解决兵工原料，日本侵略军到处搜罗铜铁，强迫民众献铁。为取得物资，日本侵略军还公开抢劫，居民的土丝大量被抢，粮米、豆类也一并掠去。二期清乡时，日伪加紧管制物资，推行伪币，榨取财富，几乎对所有物资掠取占有。对棉花、蚕茧、生丝、麻类、油料、油脂、羊毛、皮革、食盐、烟叶、薪柴、稻草等，凡与军需或工业有关的农副产品，日本侵略军全部实行统制，大量掠取。对民众需用的工业品和生活用品，严格控制，实行配给。1940年秋，日伪劫盗寄藏于濮院镇的嘉兴县图书馆善本图书6大箱计280部3517册，内有元刻本一部29册，明刻本177部2759册，稿本22种377册，精钞本38种122册。

把持商业市场　嘉兴除日华中公司经济垄断组织所属的机构和台湾银行外，还有太平洋公司、太湖洋行（收购丝茧）、大司洋行、井冈洋行、德盛洋行（统制卷烟）、林大洋行（专事建筑）、华兴洋行、大丸洋行、大土桥物资交换所等日本商业机构。嘉兴城内日商开有货物批发公司5所、贸易店1所、食品公司3所、杂货店4所、建筑公司1所、钟表店1所、古物商店2所、新闻杂志商3家、旅馆2所、饮食店4所、冰饮店2所、照相馆1所、剧院（东和剧院）1所等，霸占嘉兴市场。

奴化教育　毒害民众

日本侵略军为政治统治物色爪牙、找寻帮凶，建立防共青年团、妇女防共会、大民会、新国民运动促进会、安清同盟会嘉兴分会等政治组织和团体，宣传和推行日本侵略军的欺骗政策，进行侵略宣传和奴化教育，反复宣传“和平、反共、建国”“击灭英美，建设大东亚共荣圈”等。日本侵略军特别注重在学校中进行奴化教育，禁止使用原有教科书，修改中国历史地理，削弱青少年的民族自尊心。实行鸦片、赌场、妓院公开营业，毒害我同胞，塘湾街、张家弄、北门外都有赌场、烟馆，登记的私娼230余人，妓院有5所。

1941年9—10月，伪国民党省党部派出宣传队，到嘉兴各县巡回宣传，召开民众大会，张贴标语，散发传单，放映电影等，并发表告民众书，欺骗民众拥护清乡、参加清乡。还利用文艺演出强迫说书艺人在乡镇茶馆演出时宣传清乡。

1941年11月汪伪政府发动“新国民运动”，在思想上灌输奴化，毒害人民和青少年。建立“中国青年团”，诱惑16岁至35岁的青年参加，“以新国民运动纲要为准绳”，进行训练，协助清乡。1944年，清乡区中国青年团变为中国青少年团，在校中小学生均被编入。嘉兴县有青少年团部18个，少年团部62个，分初、中、高三级进行军事训练。

分期清乡　毒辣残忍

日伪第二期清乡划分两个清乡区，第一清乡区以嘉兴为中心，从1941年秋冬间起，日伪对嘉区加紧军事行动，通过几次大扫荡，迫使三十二师退回浙东。1942年初，又派大批伪军把游击力量逼出境外，十区专署及嘉兴县政府撤至天目山。是时，1月16日，伪军十三师部队占据凤桥、新丰、钟埭、新篁等地的大小集镇，师部移驻嘉兴城。

1942年9月，日伪二期清乡开始阶段，来势汹汹，调集日本侵略军3个师团4000余人、伪军警4500人，及伪省、区、县级保安队、自卫队、警察队万余人，辅以各种特务组织、参谋工作团、政治工作团、宣传团队等，蜂拥嘉兴，手段毒辣残忍。以小林师团菊池联队为主，向海北各县举行大规模扫荡，水陆巡行，昼夜巡查潜伏，捕捉抗日人员。数日控制嘉兴县东南两方大小市镇，每天至庄史、栖凰埭、幽港大桥、徐步桥等会哨。

全面封锁交通线，清查户口编保甲　清乡开始，沿沪杭铁路、苏嘉铁路和重要公路、河流，筑竹篱笆、铁丝网，有些地段还设电网，河边路旁树木桑园砍光，建筑拆除，强迫民众在铁路沿线巡逻。封锁清乡区与非清乡区之间的交通来往，江浙边界，设竹篱笆，遮断河流，交通要道处设出入口，建立两级检问所，嘉兴县所用毛竹数10万支以上，境内竹园砍伐殆尽。

据敌伪1944年6月统计，嘉兴县编8个区、71个乡镇、888保、8499个甲，“联保各户实行连坐”。同时编造壮丁清册，编入壮丁队，进行训练后编成自卫团。

日伪将整顿田赋、加强税收作为清乡的重要任务。设立赋税管理处，下设各区、镇稽所及乡镇保甲赋税会，加强搜刮。日伪征税机构林立，苛捐杂税不胜枚举，税种除田赋、营业税、所得税外，还有屠宰牙行税、消费税、竹木捐、烟酒税、粮食统制费、住屋捐、酒席捐、财产捐、垃圾捐、粪捐等29种税捐。

敌在清乡期间大量搜刮钢铁和铜元以及其他金属，充作军工原料。1944年5月，苏嘉铁路被敌人拆除，铁轨北运。

日伪全面残暴清乡，给民众带来深重的苦难，物资财富被掠夺，生命被杀害，家园被焚毁，清乡区成了一座大牢笼，数万人失去人身自由，生产和社会活动被停止，造成社会混乱。

日伪清乡失败　抗日政府回归

1943年10月8日，县长王梓良等政府人员，夜间在抗日民众的帮助下，挖掉电网和铁丝网，穿过铁路，挺进嘉南。当夜攻击余贤埭敌据点，11月打下新篁警察所，扩大了影响。抗日武装的返回受到民众欢迎，在嘉兴、新丰敌寇追击下，政府文职人员分散安置，王梓良率领武装人员打游击。嘉兴县政府武装经过2个多月战斗，以余西乡为依托，活动于新篁、沈荡、新丰、凤桥之间。1944年3月，专区保安副司令冯薰率保安十大队进入海北，建立十专署海北办事处，指挥地方武装协助保十大队进攻敌伪据点，先克新篁，继克西塘桥，三克凤桥。5月以后，海北局面好转稳定，敌伪清乡、封锁已被打破。专、县已有专区保安大队1个、突击大队3个以及自卫总队和特务大队等，逐渐恢复清乡前状态。敌伪驱逐游击队和政府于境外的妄想，成为泡影。第十区专员公署1944年报告，嘉兴县与敌伪作战14次。5月23日，嘉兴县自卫大队和专区突击三大队，以两个大队的兵力，在净相卢家埭截击包围窜扰新篁的伪军约50人，敌军溃退，俘17名，俘获伪新丰区长、镇长和伪中队长等。6月14日，嘉兴县城东区警察队员13人袭击东栅镇敌碉堡，敌23人中伤7死5人，警察队破坏碉堡，缴获轻机枪1挺后撤退。6月间，嘉兴余贤埭伪军60余名下乡抢米，在董安桥被凤桥区武装截击，击毙16名、俘获13名，获步枪11支。8月29日，嘉兴县自卫总队第一大队克复九里汇，缴获步枪15支，打死日本侵略军4人（内少尉军医1名）、伪军10人，日本侵略军及伪军撤回嘉兴。9月16日，嘉兴城东区警察队18人攻入七星桥车站据点，打死山口队日本侵略军5人、伪军2人，缴步枪11支，摧毁炮台、碉堡、电网后返防。

第五节　抗日战争胜利

县区乡政权恢复职能

1944年年下半年后，战斗局势渐趋稳定。十区专署驻新篁清池，嘉兴县政府驻石佛寺，嘉兴县政府控制约60%村镇。1945年上半年敌伪士气低落，伪军逐渐瓦解，战况渐稀。

嘉兴县政府先后恢复县机构和游击区的基层政权，在敌占区设置秘密行政机构，县乡工作人员已有71名。嘉兴县设6个区署，56个乡镇，963个保，9518个甲。嘉兴县在城区、东栅、塘汇、新丰、新塍、王江泾敌占城镇设有6个办事处。

抗日县政府主要任务征收田赋、工商业税，筹募公债，开展抗日战争"捐献飞机"献金活动，解决县乡政府经费问题。在控制区内开展反奴化教育，积极办学，并向后方输送失学青年。1944年，争取帮助失学青年约150名，多数送往天目山嘉属联中等校求学。

抗日县政府大规模开展抗日战争全民宣传，恢复和创办《嘉兴人报》《禾报》等报纸刊物。打击鸦片贩卖，抵制敌伪毒化阴谋。

日本侵略军准备"大陆决战"发动大扫荡

盟军在太平洋发动反攻后，日本侵略军垂死挣扎，深惧盟军在杭州湾登陆，日本侵略军在嘉兴的活动中心由清乡转向增强海防。1945年上半年，日本侵略军一意防备盟军登陆，无心顾及地方游击队活动，除小股下乡抢劫外，境内战斗沉寂。5月间，日本侵略军放弃凤桥。8月初，日本侵略军从福州等地撤退的部队，连同伪军共3万余人到达嘉兴，企图防守沿海，迎拒盟军。8月7日凌晨起向嘉兴、海宁、海盐、平湖大规模搜索扫荡，杀人放火，奸淫掳掠。嘉兴专县保警队殉难5人，县府职员10余人被俘。8月11日后，日本无条件投降消息传遍城乡，大扫荡还在继续。8月13日，盘踞乡镇之敌，撤回城中，被俘人员全部释放。但城中的日本侵略军仍凶横残暴。13日，爱国青年陈光旭在城内张贴抗日战争胜利的标语，被敌宪兵队捕去毒打，日本侵略军投降被放后，因呕血身亡。

抗日战争胜利入城主政

1945年8月12日，蒋介石任命伪浙江省长丁默村为军事委员会浙江区军事专员，伪军第一军长徐朴诚为苏浙先遣军第二路司令，驻嘉兴的伪军三十七师丁聚堂部，摇身一变，成为先遣军第二路第三纵队。8月14日，十区专员朱希、嘉兴县长王梓良，赴南湖烟雨楼与先遣军丁聚堂商谈有关联系问题。15日，日本居留民齐集今少年路辅成小学操场，跪听日皇裕仁广播投降诏书，日本投降正式向嘉兴社会公布，抗日战争取得全面胜利，全城欢腾。17日，嘉兴县长派警察局长入城筹组警察队并张贴布告，后又派员入城内组织办事处，准备接收政权和公共事务。8月21日晚，伪保安队收编为特务团，收缴伪警察局全部枪械。8月22日，十区专署和县级机构进驻南堰。8月24日，二十五集团军调查室主任蒋剑民点验收编伪军。9月9日，十区专署和嘉兴县各机关入城还治。上午9时，由南堰经盐仓桥、平嘉路、西河街入城，在塘湾街、北大街和集街游行，至体育场召开大会，完成入城仪式。十区专署驻中和街红卍字会，县政府驻道前街图书馆。伪军改编的苏浙先遣军第二路第三纵队，在日本侵略军退居的营房等候遣返。专署县级机关组织人员接收伪政府和各种机构。

附：

嘉兴抗日战争大事记

文　王梓良[①]

民国26年(1937年)

8月8日　自“七七”卢沟桥事变起，地方各界莫不悲愤填膺。惟吁衡大局，知以生命捍卫国族之时机已经迫近，故浙江省抗敌后援会于8月5日成立后，本县各界即于8日组织县抗敌后援会。时驻县最高军事机关为苏浙边区主任公署(主任张发奎)，行政机关为第二区行政督察专员公署(专员王先强)，县长为翁柽，县党部常务委员为朱振凡。

8月16日　敌机于上午8时40分来炸城南之国界桥飞机场，为敌机炸县境之始。

时配属第八集团军之高射炮连刘连长钟权，已于7月下旬连炮抵县，安置炮位于瓶山及铁路桥，当即发炮射击，一时闪光点点，奔向敌机。亦为县民见向空攻击之新武器之始。

8月17日　上午8时迄11时，敌机先后来6架，在车站附近投4弹，二烧夷弹，毁救护车一辆。环城马路迎紫里亦中弹，死伤各一。

8月18日　敌机3架在王店投3弹，一落草白场，一落朱乾泰布庄前市河中，一落外扬旗。战事爆发，嘉兴为接近战区地带。专员王先强系属文人，过去与驻军机关为职权争执，不无隔阂，故省府改调任一区专员(吴兴)，遗缺由保定前辈青田人杜伟接充。

9月12日　嘉兴区十县(第二行政区)抗敌后援会，于下午2时开首次会。

9月17日　(阴历中秋节)上午10时30分敌机四架来袭，至11时逸去，投弹3枚于车站甪里街口(昇平楼茶店轮船埠头附近)，铁路桥洞死妇女1人，伤3人。

9月28日　敌机6架于11时30分飞嘉兴、硖石窥伺，经我高射炮击伤一架，落于屠甸寺北喜宁桥。敌机为图搭救航空员，下午屡飞嘉、宁、崇、桐一带，警报迄夜始解除。

10月3日　下午2时30分敌机八架来炸，投弹20余枚，毁货车4辆，车站货房、月台、站长室均受损，死难民7人，伤12人。

10月11日　松、嘉戒严司令部枪决律师周泱(住大年堂后)，及江北人徐英(住南门河东街)，罪名为通敌。周为新丰高家埭人，留学日本，曾娶日妇为室。平日生活不甚检点，道德观念亦较薄弱，

①作者在抗日战争时期曾任国民党嘉兴县党部书记长、民国政府嘉兴县县长。

难为高等知识分子，地方人士对之不予重视。致招恶果。

10月12日　晨9时敌机3架来投弹，炸毁第三难民收容所，死3人，伤21人。在民丰纸厂上空以机枪扫射，并投一弹。又在塘汇轰炸省电信局材料船，死3人，伤7人。以后又来4次，并在双桥镇投弹4枚。

10月12日　上午10时，敌机5架由东来袭，在车站投磅弹11枚，毁两旁月台，北面天桥，路轨及电报线亦受损。苏嘉路亦落一弹。

10月14日　晨8时至15日晨零时20分，共发警报19次。第3次警报时，有敌机3架沿运河以机枪扫射。

10月16日　晨8时30分，敌机炸我伤兵及难民车，投7弹未中。伤兵、难民奔出车外时，敌机用机枪追逐扫射，死伤40多人。

10月18日　枪决男女汉奸高子松、刘正、刘周氏、陈杏生等4人，其罪状为施放毒药，破坏交通，侦查军情等。

敌机1架，在王店投弹3枚。

10月23日　敌机先后4次来袭，第4次3架，于下午1时在车站投6弹，毁民船1艘，路警宿舍全毁。

10月26日　上午10时敌机将东门邮局炸成平地，并波及苗圃及路轨，下午2时55分，又向民丰纸厂投4弹，毁屋20余间。

11月5日　敌人由全公亭偷渡登陆，海面敌舰掩护敌军，“隆隆”炮声中，城内亦时感震动。

11月8日　敌开始用不需俯冲之双引擎轰炸机，于8时30分即分批来炸，县党部、县政府、法院全部炸成瓦砾堆（唯在县政府后院之防空室仍无恙，故专员、县长始终在室内与外界联系指挥）。其最惨者，为天主教仁爱堂办之育婴所被炸，因该堂用水泥钢骨建筑，是以压在底室之婴孩，无法掘出，而因轰炸终日，人员又多疏散，故施救乏人，婴孩啼声时由钢架隙中传出，惨不忍闻。

日中已无市，晚间塘湾街一带有2小时许之夜市。时电厂已不再发电，故夜市中只见摇曳之煤油灯光。

11月14日　敌机先后6架，分4次来袭，北大街中8弹，毁民房20余间，烧夷弹一，毁民房45间。

11月15日　专员杜伟与县长翁柽，离县城由杭善路向濮院撤退。

11月19日　敌人由苏嘉路、杭善路、平嘉路等3路窜犯，我军政完全撤退。

县军连代办所长柏拔山（37岁），县政府科员陈毅生（27岁，江苏睢宁），事物员范觉生（28岁，安徽潜山）、翁希文（23岁，泰顺）、王维亮（23岁，泰顺）、董仲儒（22岁，泰顺）、书记陈民敦（21岁，青田），奉命驻守新塍，为吴江来敌所袭，惨遭杀害于西栅财神庙。

新塍流氓郭剑石在苏嘉路迎接敌车，自称苏、嘉、湖维持总会会长，并自兼嘉兴维持会长。会址设于新塍镇观音桥东屠荣襄宅。各乡镇委派分会长，其分子以吃鸦片烟之堕落者及田赋征收人员为主。

12月　郭剑石向日人引见徐朴诚。

各地盗贼蜂起，每至黄昏，犬吠声及哭喊声，此起彼落。

民国27年（1938年）

1月　律师姜维贤，于政府撤退前，受第二区行政督察专员兼保安司令部之委，番号为嘉属义勇军。时敌军仅占据铁路线，故姜得逐渐部署，旋在兴善寺成立嘉属义勇军第一总队，并将总队部设于李大康桥茧厂内，乘农历小除夕（1月29日）突击凤桥伪维持分会，将会长吴老三击毙，公开号召游击。

3月　国军第六十二师渡江至海宁、海盐境游击（师长陶柳、旅长袁西初、政治部主任侯畅），风声所播，民心大振。

嘉属义勇军先后成立五大队，第一大队长姜维贤兼，活动区为凤桥；第二大队长王志元，活动区为汉塘；第三大队长彭辅邹，活动区为新篁；第四大队长陈宝善，活动区为新丰；第五大队长周问寰，活动区为王店。

汉奸郭剑石失踪，传为徐朴诚所杀。因彼此期在敌人前争宠而发生矛盾之结果。

4月　汉奸高鹏志受杭敌唆使，潜至沈荡，企图笼络义勇军总队长姜维贤。姜将高扣住，解送国军。

4月7日　驻铁路十七号道房敌兵4名，至余贤埭侦察，为驻茧厂中之义勇军勇士柏德福用木壳枪袭击，当场击毙2名，2名被逃脱。晚间敌兵分从海盐塘东西来攻。翌晨并焚烧全镇。

4月17日　勇士袁雅君率伴在新篁镇市梢，击毙由新丰来之敌兵3名，敌调查多时，探悉失踪地点在新篁，(农历三月二十七日)遂来焚烧全镇。

4月29日　伪县署成立，地址在集街民报社隔壁，伪知事张熙民。伪财政科长伍炽民，伪建设科长沈翰卿。日人美龙岛为参议。

5月3日　省政府举行九九九次会议，派赵炽代理嘉兴县长(赵为湖南邵阳人，原任二十八军副官长)。

省党部派陆志棠为特派员。

5月8日　国军由民众导引协助，破坏沪杭铁路九八号铁桥(在嘉兴、王店间)并拆除铁轨12根。王店至沈荡、嘉兴至凤桥、平湖至新丰等处之水陆交通，亦在国军及义勇军与民众之合作下，破坏阻塞。

5月11日　我游击队克复新塍镇。敌人在北门栅堰桥一带，加强工事，防我袭击。

5月26日　敌图打通平嘉公路，25日、26日连续向我十八里桥攻击。

6月　沪杭线敌军每晚受我攻击，军心恐慌，故晨晚必放炮数十发以壮胆。

县长赵炽偕同秘书王子通等文武工作人员，于十二埭渡江至海宁黄湾，来县视事。县政府设于凤桥窑湾茧厂。时凤桥区公所(区长邓永年)，镇公所(镇长吴运乾副樊关德)及凤桥小学校(校长俞笙和)均已执行工作及开学。

敌军于5月19日攻陷徐州后，逐渐将军力抽回江南，冀图向游击区进攻。唯以霉雨连绵，近港汊处汪洋一片，故无法活动。

7月7日　敌军会犯海北各县游击地区，六十二师吴营驻于凤桥，由曹庄开始迎战，旋退守河南桥，激战至9日午，始于石佛寺北将来犯敌人击溃。

7月30日　敌大规模进犯游击区行动开始，以图消灭我野战军。犯本县之敌，先占我外围之余贤埭、曹庄、十八里桥、焦山门、竹林庙，向凤桥作扇形推进，我军予以阻击后，于此日退出凤桥(在此役中凤桥东市被焚)。

8月20日　敌人第一次出动强大兵力之所谓“扫荡战”，于上月下旬开始，至8月20日，21日，敌又连续放弃海盐、乍浦。本县社会秩序，又见安定。

9月　驻军六十二师南渡整理，由省抗卫军第五支队(支队长郑器光)接防。

11月　党务特派员陆志棠请辞，省党部派许敏中继。

义勇军需王燮熙，东栅镇人，在山浜为敌所俘，惨遭挖心殉难。

11月23日　我武装妇女营，今晚初次出征，会同青年营一部，袭击沪杭路之王店站，枪声彻夜不停。

民国28年(1939年)

1月23日　新塍区长许仲安，率自卫队出发，为游杂部队范春生袭杀于妙智桥。

2月23日　起敌人攻击驻军第五支队，同时并分犯我新篁、余贤埭、凤桥、石佛寺。至28日始退回原据区。

3月　县城沦陷后，乡镇小学毕业生无法升学，县政府筹设临时中学于胡庵，由王承弼担任校长(王毕业复旦大学商科，在敌人侵入前任商职校长)。

4月　嘉属义勇军改编为抗敌自卫总部第七支队，渡江整训，其驻地在上虞五车堰一带。

县党部组织改书记长制。原负责人许敏中出任平湖县长，遗职省党部派王梓良继任(王于县政府未重建前，任行动委员兼宣传组长，县政府成立后，任政治科长，政工队成立，复兼队长)。

5月　国军六十二师进驻吴(兴)崇(德)桐(乡)区，为扩大该地区活动范围，派队与我王店区长周问寰，将横跨运河塘之徒门桥破坏，桥下筑坝阻塞。

国军与我王店区长周问寰，连续破坏莲花桥之铁路交通及杭善公路。以便利我军之围攻桐乡。

抗卫第五支队调江南整训，由第六支队(支队长徐志余)接防。

8月　县党部与政工队送第一批青少年赴后方求学，由曹宪章、计宗均率领照料，青少年有袁梁、袁栋、屠士华、姜寿柏、许大纲、计士勇、张文华、冯师通、冯师修、张景芳、张景平、吴汉卿、徐元和、徐洪兴、武树锦、唐建篁、曹雪珍、吴国瑞、吴继忠、周扬誉、吴育才、叶文雄、张德芳、徐善堃、吴善良、王驾、阮意青、吴文秀、高永祥、计秀璋、邱静英、陆家驹等。由海盐渡江至雀嘴，再转绍兴，借寓绍兴中学。商由校长沈金相氏(邑人)设法安置，继续学业。

伪知事沈翰卿(于二十七年9月,由伪建设科长继张熙民出任斯职)为我勇士刺杀于西埏桥堍。其子同车,亦同弹毙命。勇士当时即潜出城区封锁线,安返新塍。

省政府为与敌展开经济斗争,派员来县收购存茧。

8月13日　县政府秘书王子通(53岁,绍兴)因被敌俘,脱险后刺激过度,心脏病发,亡故于凤桥区章家埭。

民国29年(1940年)

1月5日　敌伪400余人,拂晓潜入凤桥,分股包围窑湾茧厂(县政府所在地),徐八房宗祠(政工队所在地)及油车巷(自卫队所在地),焚杀扫射四小时余,我殉难者有县警察队江锦荣,战时政工队钱学能(20岁)、姚奇伟(22岁,海盐)、钱益强(22岁)、彭汉玉(21岁)、陈云华(24岁,平湖,女)、戴蕴芬(26岁,女)、唐棣(22岁,女)、张文华(女)、任渔乐(海盐,女)、省党部战地工作团毛履性、吕福谦、庐士坤、程效鹏、潘仁爱、翟辉、县党部郑品铣(27岁)、县自卫队高德富、六三军邮局张天海及徐八房屋主徐君等,至午时,始运载被我击毙之敌伪军尸体窜归。

5月　王店敌西向窜扰,区长周问寰不幸在斜港桥附近遭遇,在射击中殉难。周氏忠诚勇敢,机智壮健。北伐前,太湖土匪向南抢劫,为周率领地方壮丁在泰石乡击沉一船,余匪即行窜归。十六年孙传芳败军入该乡图掠者,均为其缴械。故泰石桥之保卫团远近闻名。二十年丝绸衰落时又改良机织,以利生产。敌寇侵入,初参加义勇军。政府推进,即受委为区长,并遵制成立自卫大队兼大队长。该区与县政府有铁路之隔,赖其忠诚智勇,沿运河以南得安定推行政令。自周殉难,该地区即有失去重心之现象。

嘉兴敌至曹庄窜扰,遇嘉兴人报送报僮胡关荣,逼其引路,胡坚予拒绝,为敌用刀刺入腹部殉难。

6月15日　平湖敌捉船40余艘,窜据我栖凰埭3日,抢去汪姓丝厂丝3担,干茧400担,及附近居民之土丝、豆、米等。居民被杀2人。

6月19日　嘉善敌于拂晓时窜扰我悠广大桥及神农浜、桃花浜,四处洗劫,以黄延瑞家损失最重。

6月22日　嘉善敌窜至徐步桥劫香烟钱钞。

8月　教育厅为便利浙西青少年脱出游击区,继续升学,于余姚马渚成立第四临时中学。县党部与政工队送青少年俞斯信、俞坤华、周扬廉、来锡年、翁季贤等十余人前往升学。由顾毅夫照料,取道乍浦,渡江经历海所前往。

9月　党政继续抢送青年至后方升学,插班生陆逸华等一批,于8日渡江护送至天目山外,初中生沈奎麟、钱载镐、吴瑞仙、沈治中、于桂芬、于祖荣、徐国梁(后病故绍兴)等20余人,由县党部干事姚宝琮护送至余姚第四临时中学入学。

11月　县长赵炽奉任第十区行政督察专员,所遗县长职务,由王梓良接充。(王时任县党部书记长,兼十区政工室主任)。县府由余十眉任主任秘书,府址初在凤桥东市袁宅,后迁南市秦宅。

12月　浙西行署颁奖嘉兴人报(在县南凤桥区)工作人员王文深、陆浩然、金信正及浙西日报嘉崇桐版(在县北新塍区塘北乡)杨祥麟、屠中强、张志良、杨薏荇等。以两报人员,2年余来,在敌后艰苦奋斗,打击敌伪,深为嘉许,特各颁奖状,并各赠奖金20元。

12月27日　敌再占县北重镇新塍。

中央发行甲种建国储蓄券,首批由军邮运到凤桥,敌据点之城中民众,亦密请我工作人员代购,故不数日,即全部销空。

民国30年(1941年)

2月6日　江南挺进队调回后方整训,暂编三十二师由庵东渡江至平湖,来区接防。

3月4日　十区专员公署突击组长邓鹏,组长周文杰,4日上午赴余贤镇敌据点工作时,为敌所害。

4月　国军暂编三十二师推进后,师部(师长黄权)驻新篁区之冯家浜,团部(团长关震东)驻栖柽李宅。该师战斗力强,士气旺盛,曾驱走余贤驻敌,并由陈营江连在普光寺附近雷家兜击溃由城来犯敌,溃敌匆忙将敌尸多具抬返城中。

5月　九里湾铁路守备敌5名,至悠广大桥劫掠,为我自卫队刘元基、蒋文雄所悉,率队往击。敌不敢夺路,落河而遁。唯仍为我击毙1人,当将尸体运至凤桥,向县政府报告。

6月2日　敌在沪杭线受我军威胁,屡次进犯,又屡次挫败。2日晚起,至11日止,由嘉兴、平湖、嘉善各地集中敌数千,配合伪军丁锡山部,分别向新篁、凤桥、石佛寺之我军政中心地区围攻。其经过:2日晚,占领各据点之外围。3日进占栖凰埭、余贤埭、吕家埭。四日在新篁、庄史等地试攻。6日起主力攻击。7日在新篁东南搜索,晚间敌由海盐增加二千兵力至新篁、庄史一带。8日晨,嘉善平湖之敌又经焦山门向南合围,激战至夜晚。9日夜在冯家浜之黄师师部,分别撤出,师长黄权杂于敌伪队伍中观察多时,始退入桑园,由河中(黄虽系桂人,身体魁梧如北人,善游泳)脱出重围。10日敌又在凤桥、石佛寺搜索。11日退去。此一役,敌伪死400余人,我军损失亦大。并因阵前处决江连长(湖南人,即在普光寺大败来犯敌者),故炮兵连彭连长(与江同乡)战后遂不归队。而胡庵头、竹林庙、庄史民众,亦甚多被杀。冯家浜大屋(师部所在地)凤喈桥俞家汇头秦宅(县政府所在地),竹林庙祝家花园,均被焚去一部分房屋。

8月1日　省第三政工队员陆银生(30岁,江苏吴县),钱鑫森(25岁,上海),赴王店进行工作,为敌所俘,即遭枪杀。

伪政治保卫局嘉兴站(设于城内塔弄三十六号,故简称"三六"号)为伪军徐朴诚部缴械,并架去伪员10余人。该伪机构完全陷于瘫痪。

新塍为敌占8月,我军于18日将其收复。行署派参议张木舟莅镇慰问。

11月16日　新米登场,专员公署部队常于港口扣留食米,指为资敌而予以没收。县长王梓良以保卫民众,为政府职责,自敌人侵入,人民生命财产失其保障,政府人员,应感不安,乃今地方在四面皆敌中,而政府武装部队动輒用资敌等名词,扣夺民众血汗所得、生活所赖之物资,实有未合。遂向省辞职。

省派保定前辈郑器光接任县长。旅外同乡陆志棠等电王,盼仍留故乡,故王调武康亦辞不赴任。

25日　本县原由嘉兴、秀水两县合并,秀水地在北部。自敌伪盘踞公铁路交通线严行封锁后,县境分隔多区,指挥颇不灵活。尤以油车港、南汇一带,港汊分歧,市镇分散,初由吴兴游击队王佑人所控制,王旋被苏境游击队击溃,乃由吴江游击部队所支配。本年忠义救国军推进吴江后,游击部队,纷纷改编,情形稍复正常。6月由县委派高永年为区长(称王江泾区)。王书记长兼县长,为便利联系,前往视察该区,慰勉该区教育人员褚惠子、徐世良等,并至吴江莘塔,访晤忠救军指挥阮清源,商谈有关问题。

12月　新任县长郑器光莅任,县府设石佛寺当浜益昌茧厂。

民国31年(1942年)

1月8日　十区政工室接运上海青年护送后方,在凤桥举行欢迎欢送会,由主任谈益民主持。

1月15日　省党部浙西办事处主任金越光莅临敌后视察,于15日下午二时,在曹庄北徐王村举行嘉区党务检讨会(时敌伪将有行动,故选在其据点附近举行)。

1月16日　敌人向余贤、石佛寺、凤桥三地窜扰。至27日午后,载所劫物资后退走,唯余贤埭仍继续盘踞。

19日　上午9时,敌由嘉兴至余贤,会同余贤敌向石佛寺、凤桥窜扰。并图盘踞。

3月23日　伪"清乡会"成立,伪委员十五人,附逆分子金寄寰任"委员"兼"秘书",凌创鸣及张孔昭等均为"委员"。

4月　自卫队包中队长率部入城附逆。包原任抗卫第五支队中队长,去冬随郑县长来县者。

5月　国民兵团副团长黎瀛洲在保大乡姚浜与该乡事务员同被敌俘去城中。黎不久脱出,许不知所终,谅遭杀害。

9月4日　敌伪实施"清乡"行动开始,不断于水陆巡行,以搜索我部队,威胁我民众。

县长郑器光于石佛寺北被俘。

9月18日　盘踞钟埭附近之伪军孔庆士部被敌缴械。

盘踞悠广大桥、徐步桥等地之伪自卫团,由敌小林师团派队包围缴械,伪团长朱英被扣,副团长王泗立逃沪。

9月20日　十区专署在凤桥邀驻军及党政有关人士,举行座谈会,决定成立反清乡督导室,推王梓良为主任。

9月23日 敌伪企图“清乡”,实行占据新丰、凤桥、余贤、新篁、钟埭、大云寺,并每日于庄史、栖凰、徐步桥、悠广大桥等处举行会哨。

十区专署部队,拟移师过海盐塘时,遭遇敌伪军,大队长何兰丹被俘。

10月 一九二师刘团奉命调防,以区内情形紧张,未候接防部队到达,即行开拔。本拟于本县保大乡渡越铁路封锁线,后因行动迟缓,在海盐塘为敌发觉,遂另行改道。为刘团布置路线之保大乡农民二人,遭敌俘杀——被缚于电杆木,生割殉难。保长邹文彬亦被俘殉职。

11月 敌人在铁路线严密封锁,赖爱国同胞冒生命危险以维持交通。住长水塘西岸(属王店塘桥乡)新塘桥堍之姚二婶妈,业渔,自27年与东岸保大乡保长邹文彬联系,将抗日战争人员载运来往。31年10月,引我军过电网时,不慎触电受伤,遂瘫痪不起。(保长邹文彬为引一九二师过路被敌发觉,惨遭杀害,该交通线遂一时中断。)以后来往,多经王店车站后,由保长沈天生负责;及官滩漾西由保长杜兴官负责(杜后为不肖份子张昭等所害)。

十区专员公署,经由桐乡撤向崇德,海北政务,由反清乡督导室处理。

时督导室办公在王八公桥及普光寺一带流动,以该两地容易获得凤桥及嘉兴之敌伪动态。负责交通者为韩邦新、郑松龄、康强。海盐交通站由袁雅君负责,平湖由邱明山负责。而城东办事处主任王志元,指导员王铁城,在嘉善附近活动,凤桥区长戴文浩在汉塘活动,并各乘机打击敌伪。

11月7日 县党部为破坏敌伪清乡,下午由工作同志化妆入敌据点王店,(铁路西)击杀伪警所长潘老虎。

12月 浙西行署参议邑人张木舟,协同国军杀敌有功,省府转下军委会指令,以张氏矢忠国族,核与战地守土奖励条例相符,特颁给光华奖章一座,及照相一轴,以资激励。

省令专员赵炽兼嘉兴县长。

县战地青年反敌行动工作队长郑松龄,为执行反清乡工作,不幸于普光寺被便衣敌伪所俘。胁迫工作不遂,旋转解至安徽裕溪口煤矿迫服劳役。直至胜利始获自由。

民国32年(1943年)

1月 省府参议前嘉属义勇军总队长姜维贤,去年11月,十区赵专员曾希其于王江泾区成立十区路北办公处,以加强政治效率。姜于1月间前往该区观察情形,不幸在油车港市郊为敌所袭,被俘成仁,区长高永年当场殉难。

3月 城东办事处主任王志元在汉塘区北被嘉善敌围俘。

省府准赵炽辞十区专员及嘉兴县长职。专员派朱希接任,县长派王梓良接任。

4月 中央派王梓良为嘉属党务督导。

5月 县党部书记长兼十区反清乡督导室主任王梓良护送敌后求学青年傅岐钟、韩明珠等一批10余人至西天目山。省党部浙西办事处,于举行总理纪念周时,转颁中央奖字第一五一号奖状,其文曰:“浙江省嘉兴县党部书记长王梓良同志,于民国31年10月间,敌伪扰境,临危不苟,义勇忠贞,殊堪嘉许,合行发给奖状,以昭激励。”

7月 县政府在西天目山一都组设,由严一萍任秘书,并招租武装部队,由何兰舟任自卫大队长,郑建华任特务大队长。

9月 县政府离西天目山进入敌后,并派王德基为城东区长,郑建华为凤桥区长,先于“清乡”区内秘密建立组织,暨布置推进路线。

10月9日 晚间9时,县政府文武人员于保大乡穿越铁路电网,进入“清乡区”,12时即攻击敌伪据点余贤埭,俘杀密探等多人。

10月13日 嘉兴、王店、蚂蝗塘桥、新丰等处敌伪不断追击我部队。

11月 我毁灭新篁伪警所。

派方正之为新篁区长。

我在青池附近遭敌人四面围攻,当竹林庙方向来之一股敌突破桥头防线,我向西突围时,颇受损失(招训来之燕赵籍武装人员,因不谙水性,甚多淹毙河中)。

委蒋文雄为特务大队长,驻城东协同王德基区长打击敌伪,巩固政权。

我党政工作人员非武装者,半至曹庄北汉塘一带活动,武装人员南移,与海盐县政府取得联系,在本县与海盐、平湖交界地新篁附近联合行动。

凤桥区自卫中队长赵秋涛在曹庄北击毙伪嘉兴保安大队情报员杨建华。

伪清乡主任张鹍声率同敌伪军2000余人，由水陆路至凤桥镇作示威性巡视，越日仍由水陆两路分四股退走。

12月　嘉善县政府由县长王定中率领，经保大乡来县。平湖县自卫队亦因孤军不利作战，由谢友胜、黄百器率领海盐，乃与本县及海盐部队联合扎营于嘉、平、盐三县交界地之淡莳庙附近草荡中。19日经受平湖、海盐、嘉兴、嘉善敌伪千余围攻竟日，我阵线屹然未动。越日再受围攻，虽被突破，而由于数日之激烈枪砲声，使民众振奋，故在“清乡”期间敌伪所指派之地方人员，更纷纷唾弃伪组织而为我工作。各县旋即分散至各本县境内，推行政令，展开工作。

本县政府先后驻于净相寺、清池、凤桥、石佛寺等地。

保大乡长郑建瑞为政府在铁路线布置交通，破坏敌伪之“清乡”，敌伪不断搜捕，不幸被俘（于次年3月殉难。）反清乡部队推进后，各乡镇长冒生命危险，努力不懈者，如保大乡郑乡长被俘后继任者之陈桂元，余西副乡长徐声谷，新社镇长谢梓元，曹普镇顾静轩，新篁徐馥清，汉中乡蒋达兴，大桥镇居守华、钟埭冯煦儒、彭欣等。

民国33年（1944年）

1月5日　汉南乡乡长梅意萱遇敌殉难。梅为汉塘富室子弟，勇敢有毅力，任乡长时，敌伪密探等不敢来乡活动。政府撤退后，初与汉塘北王志元互为呼应，继为敌伪搜索之紧，遂密藏邻村柴屋中，半年不出。而将该乡各种情形一一密为纪录，及政府重行推进，渠又率同勇士，数日间将敌伪所布置者尽行清除。使政府推进后，文职人员有一较安定之驻足地。于协助重建政权之功绩至大。

2月23日　十区专员公署于德清境召开第一次行政会议。王县长奉电于本日穿过铁路西往出席。英人康德，去年于上海敌集中营中逃出后，10月上旬转辗逃至本县，由城东区长王德基等予以掩护。本日亦随王县长西行，归返本国。

3月　区长兼特务大队长郑建华，在余西乡贞姑庙访问农家归途，遇驻余贤敌小队长近藤，亦于该处化妆侦察，见郑不似普通农民，突在掩藏处抽出军刀猛砍，郑即闪避，刀砍断数枝及于郑之头部，犹深入半寸许。郑旋出手枪还击，近藤身中5弹，抬归余贤后，即行毙命。

王店区长王文深转任文教工作，区长由何养斋继任。

4月　十区专员公署经由王店区穿越铁路线东来，其驻地在平湖青莲寺一带。

5月　1月间凤桥区特务队长赵秋涛在城中制裁一无恶不作之敌宪兵队小队长后，并将其罪行及制裁经过向敌警告，敌宪兵队即处心积虑设法报复。本月某晚突被包围，赵闻讯出门向大队长郑建华报告时，即遭遇敌人，经密探指认后拟行活捉，故向赵抱住，唯赵探枪射击，敌当倒地，余敌即以步枪射击，赵被杀后尸体抬返城中示众。大队长郑建华在此役中亦被机枪射断腿骨。

5月15日　党政当局为牵制敌伪再“清乡”，派由俞、汪、邵三勇士前往据点中伺机突击，夜11时在环城马路曹顺昌石作前狙杀敌宪一名。

5月18日　突击队曹队员在城南击毙敌1名，符号为“广户勘藏”。

7月　县府为再行建立王江泾区组织，派刘先正为区长，由王县长偕同刘经双桥前往，驻棲真寺。王数晤教育界前辈吴晋僧，并向耆老吴棣香传述省府聘请担任县参议会议员，希对地方多提供意见。又邀复旦毕业之知识青年沈宗堙至县府所在地出任县训练所教育长。

8月　特务大队长蒋文雄攻击七星桥敌伪守备队道房，获长短枪七枝。

12月　平湖县长张木舟赴省述职，经本县五儿子桥附近农家留宿，准备于次日布置穿铁路线时，夜间为十区自卫总队江总队长（军校八期生，与朱专员同期同学，因驻防平湖时，派队收取货物税，为张县长所阻）率队包围，拟绑张献于敌人。幸张氏机警，闻人声犬吠声后，即潜出贴草堆站立，故搜索未得。次晨江率队至硖石敌据点投降时，所率官兵闻系降敌，均纷纷落伍潜归，随江到达硖石者仅十分之三。唯因此故，恐敌伪据江线索来袭，专员公署即夜撤出青池。我各事业组织亦变换办公地点。

民国34年(1945年)

5月　邑人陆志棠(初觉)病故分水。陆氏早岁服膺国父思想学说,矢志革命,曾留学日本法政大学,疏财重义,轻视荣利。国父莅临本县,曾陪侍游览。二次革命,以祖遗典当1所,供吴江独立之需。抗日战争军兴,任抗敌后援会常务委员。县城沦陷,率城区商民武装退至后方。初于余姚周行,设通讯处以联络钱江南北,又于永康大司巷赁屋供退至后方同乡之联络借宿。浙西行署成立,设嘉属同乡联谊会于西天目山一都鲍嘉。膺聘省临时参议员,常徒步至浙东开会。全力筹设嘉属联中于昌化颊口,学生视之如慈父。抗日战争末期,民生凋敝,而供应浩繁。自天目山撤至分水途中,忧国成疾,终至不起。

7月　县训练所于胡庵训练教育人员,由沈宗堙任教育长,张印通、杨雍和等任讲师。要求听讲者,有来自敌据点之青年,圣约翰大学高材生陈光旭即为其中之一。盖当时在敌据点之青年,以深受乌烟瘴气窒息之苦,而对游击地区,怀清新超俗之想也。

忠义救国军张葆琛部由浙东挺进苏南,途径本县,纪律严明,张并于县训所学员早操时在操场讲话,倍加赞誉。

8月8日　敌伪为防美军登陆,大批出动,扫荡杭州湾我军政控制区域。八日晨,新篁、凤桥、石佛寺等市镇,居民开门时,均已满布穿制服之敌伪,而其所进扰经过之桥梁隐蔽处,均埋伏便衣队,以图捕捉我疏散之工作人员。

县府工作人员袁雅君等五人殉难青池(袁自二十七年4月,即在新篁率队击毙敌军。以后任县侦缉队长。敌伪"清乡"事起,专署、县府撤离本地区后,受反清乡督导室之指挥,于嘉平盐交界地任联系工作打击敌伪,颇著绩效。至三十二年3月后,始行隐藏。迨我政府10月推进,渠又重行出而与高家埭之邱明山领导基层份子,策反锄奸,于安定地方,重建政权之协助极大)。被俘者有韩邦强、卢敏安等十余人。

8月12日　敌伪军盘踞市镇,不断至乡间搜索。唯上午军统局工作站负责人张开运突接后方来电,告知敌人投降。

8月13日　窜扰市镇之敌伪军纷纷回城,所俘人员亦全部释放。

县训所受训完毕返城之青年陈光旭,在城张贴标语,被敌宪兵捕去毒打。(后陈在圣约翰大学自修时,伤发喷血,不治身死)。

8月14日　夏历为七夕。奉命新编为苏浙先遣军(原伪政权之"绥靖军")师长丁聚堂,邀约朱专员、王县长至烟雨楼,商共同联系问题。

8月15日　十区专员公署及县党政机构进驻南堰。日本居留民齐集在北门口中学操场(即民初之启秀女校),跪听该国天皇诏书,出外时多泣不成声。

8月24日　邑人蒋剑民,奉命来县点验新编先遣军。

9月1日　县党部秘书沈宗堙,县政府社会科长袁耀祥入驻城中,联系各方。

9月9日　县党政议会等机构於上午九时,由南堰还城,途径平嘉路入西河街、柴场湾、端平桥、塘湾街、北大街、集街,在体育场由地方团体举行欢迎大会后,完成入城仪式。当时因敌军未曾遣返,而公共房屋又多于战时被毁,故机关办公,十区专员公署在红卍字会,县政府在道前街图书馆,县党部在鸣阳门文庙,县参议会在精严寺藏经阁(议长张印通。省政府聘定后以议员散处前后方,故在游击区未曾召开会议。)

时县政府主任秘书为徐文浩,民政科长沈炳元,财政时茂佶,建设沈性,教育杨雍和,社会袁耀祥,田赋粮食管理处副处长兼税捐处长方玉瑚,主计主任孙经祺,自卫大队长何兰舟,军民合作站朱宝经。进行接收各单位者,有图书馆余十眉,民教馆王文深,国民学校陆廷贤、汪淑光、朱洁,警察沈士模、蒋文雄等。

清康熙《嘉兴县志》胥山试剑石图

清康熙《嘉兴县志》镇楼并批验所图

第十八篇　农　业

目 录

区境是中国最早种植水稻地区之一。春秋时农业门类已较齐全，掌握了农作规律。西汉，农业逐步开发。东汉后数百年，鼓励农耕，农业发展显著。西晋时，推动农业进一步发展。隋唐时期，农业得到全面开发，唐朝在境内进行大规模屯田军垦，农业生产在江淮乃至全国已居于举足轻重地位。唐末五代及两宋，随着耕作技术和工具的革新，农业趋向精耕细作、集约经营，逐步建立起农桑渔牧综合发展的生产方式，农业发展达到鼎盛，同时促进了蚕桑丝织业发展。南宋至明清时，区境社会稳定，经济繁荣。鸦片战争后，区境农业趋于衰落。受世界资本主义经济危机以及战乱的冲击，农业生产受到严重打击。后开始回升时，又受日本侵略军侵略破坏。

新中国成立后，农业发展进入一个新的历史时期。20世纪50年代，推广农业技术，在粮食生产上改变耕作制度，发展以养猪为重点的畜牧业和经济作物，农业生产得到恢复和发展。但受"左"倾思想及自然灾害影响，导致农业生产失误，而发展迟缓。

20世纪80年代后，实行农村经济体制改革，调整种植结构，发展高产优质高效农业，推进农业生产社会化服务，境内农林牧副渔得到全面发展。90年代中期起，提高农业技术，实行以工补农促农、工业反哺农业政策，发展养殖、果蔬种植等特色产业。2000年后，农业从粗放的传统结构向现代生态高效都市农业转变。创新科技转化和推广机制，促进产学研、科工贸、农科教的有机结合，增强特色农产品附加值和竞争力。大力推行"万元千斤"种植模式，在单位土地上，以发展设施农业为基础，按照种植大棚瓜果蔬菜与高产晚稻的不同时令要求，优化农作制度，实现全年亩收入超万元、亩产粮超千斤的新型组合种植模式，建成国家农业科技园，与浙江大学、市农科院等合作，发展无公害、绿色农产品和有机食品生产，鼓励专业大户、龙头企业、农技推广组织等兴办专业合作社，区境农业得到飞速发展。

第一章　农业生产关系变革

第一节　土地制度变革

在长期的封建社会里，大量土地被封建地主阶级占有，广大贫雇农少地或无地。据调查，区境土地制度改革前，占农村总户数2.45%的地主，占有土地总面积的36.0%，而占农村总户数46.4%的农民，仅占有土地总面积的19.9%。封建土地制度是造成农民日益贫困的症结所在。

嘉兴土地所有制的历史演变，又有自身特点。明以前，境内封建国家土地所有制占有很大的比重。明代，封建国家所有制基本消失，封建地主所有制占优势，土地关系中出现资本主义的萌芽。太平天国后，土地关系上出现新的特点：劳动农民获得了部分土地所有权，自耕农增加，佃农也有部分得到田面权；农村两极分化加剧，有些地主商人大肆兼并土地，少数富裕农民也以余资购买田产。在商品经济较发达的地区，地权更为分散，在种植单一的粮产区土地仍很集中。

封建国家土地所有制

境内土地，多系东汉后依靠军垦开发，由国家主持经营。唐中期至五代吴越时，朝廷在境内采用军事建制，大规模开发的土地和生产的粮食归国家所有。南宋绍兴元年(1131)朝廷诏令出卖全部国有土地，只留下几处卫军的屯田。南宋末，决定对地主官僚按身份规定土地限额，限额以上的田地，抽三分之一由朝廷回买，直接归国家出佃收租，恢复部分封建国家土地所有制，嘉兴约有七八十万亩私有田地被强买为国有。朝廷在嘉兴设立直属的"公田所分司"，各乡设立公田庄，置庄官。元代继承和扩大了南宋的官田，将一些土地收归官田直接收租。明初又继承了宋、元的官田，并没收豪强罪臣的田地入官，嘉兴府官田129万亩，占总土地面积的28.7%。

官田归地主或农民承种，统一缴纳田赋，允许产权转移，但田赋仍保持官田和民田的区别，对民田实行轻赋,对官田则以原缴的地租额作为田赋额,以租作税,官田赋重,民田赋轻,每亩“民田赋额止于一斗,而官田有米七斗者”,嘉靖年间,嘉兴知府赵瀛首行“扒平”田则,实行田不分官民,一律以每亩三斗起征赋的办法,平衡负担。从此,无法区分官田、民田,封建国家土地所有制渐趋消失。清康熙时实行“更名田”办法,不问田地来源,一律承认所有者产权。至民国年间,嘉兴公有土地仅余2000余亩。

封建地主土地所有制

封建领主 战国时,楚国贵族春申君领有全吴,嘉兴土地归其所有。西汉时,嘉兴历属楚、荆、吴等封国,在此地食邑。

豪强世族地主 东汉三国时,由拳、海盐有顾、陆、张、朱诸豪门大族,势倾吴中,成为孙权建立吴国的社会基础。至东晋初,北方士族南渡避乱来嘉兴定居。南朝时期,外来士族与本地士族结合,支配社会经济,拥有大量土地,成为豪强世族地主。三国至唐,嘉兴豪势地主占统治地位。

官僚贵族地主 唐以后,官僚贵族地主兴起。北宋时,许多官僚地主建立庄园。南宋时功臣贵族围湖造田,兼并田产,土地高度集中。佛道寺观亦占有不少土地。境内曹庄等地都是宋代地主庄园。元代,皇帝将大批田地赐给贵族、宠臣、僧侣和佛寺,官员肆意掠夺民田为田庄。嘉兴百花庄村曾是元代丞相不花的庄园,有良田四五千亩,庄园外有护庄河、有庄桥。百花村也是不花家族庄产。

缙绅官僚地主 明朝建立前后,朱元璋对各地强宗豪族采取严厉打击政策,洪武十三年(1380)又将占田在700亩以上的富民1.4万多户迁往京师,后又逮捕抄没江南一些大族,连同家族分散迁移外地。明中叶以后,缙绅官僚地主阶级兴起,大量兼并土地。许多地方缙绅地主,身任显宦,家属把持乡里,享受免役免粮的特权。嘉兴项氏世为官宦,是全国有名的巨富。明崇祯时,大学士嘉善钱士升向皇帝奏疏说:“江南(包括其故乡)地主”,以“百(亩)计者,十(分之)六七;千(亩)计者,十(分之)三四;万(亩)计者,百(分之)一二。”清代,豪绅官僚地主依然是土地的主要占有者。

庶民地主 明中叶以后,靠经营起家购置土地从事剥削的庶民地主兴起,渐与大地主分庭抗礼。这种土地占有情况延续至太平天国前。太平军占领嘉兴时期,地主阶级政治、经济上遭到沉重打击。太平天国后商品经济较发达的地区地权进一步分散。由于战乱,地价锐减,有些官僚和商人乘机购进大量土地,成为地主。外地到嘉兴垦荒的客民中也有少数上升为地主。20世纪30年代,嘉兴县渠东乡占有土地50亩以上的地主有38户,占全乡户数的5%,却占有全乡69%的土地,其中1000亩以上者3户,500~1000亩以上者5户,300~500亩者13户,100~300亩者10户,50~100亩7户。抗日战争前,汉南乡9户地主,占有全乡53%的土地,多者有田近万亩。嘉兴县曹庄乡梅氏至解放时仍有田5000余亩。30年代以后,一些官吏和地方恶势力,倚仗政治势力,大量兼并土地,暴发成为地主。凤桥镇恶霸地主金宝华,日伪时任伪镇长,抗日战争胜利后变为国民党突击行动大队副,仅沈顺观一家即被他霸占50余亩田地。

工商地主和经营地主 自明代中叶起,封建地主阶级中出现了新的趋势,一是城居经商,成为商人地主,近代成为工商地主;一是雇工经营农桑,成为经营地主。明代起,一些地主以经商为得计。1935年,嘉兴县对4个乡镇调查,不在乡的(地)主土地占租入土地的50%以上,多为城镇兼营工商业地主的田产。1950年嘉兴县高照乡调查,全乡租入地主的土地有94.3%为外乡地主所有。至土地改革前,塘汇乡南阳、鸣羊、徐王3个村使用土地共12041亩,租入土地6525亩,其中属于城居地主的3081亩,占租入土地的47%。这些村的城居地主55户中,以收租为主要收入来源兼营商业的18户,每户平均出租土地91亩,以商业收入为主兼收地租的28户(占城居地主的一半),平均出租土地41.5亩。后者原始拥有土地平均在百亩以上。至解放时,除少数败落破产外,半数以上土地已转化为资本,投资转化为工商业资本。

明中叶以后出现了雇工经营的经营地主。雇工经营一部分土地,比全部出租收益好。有的大地主也从出租田地转向自己经营。1936年,嘉兴县农村5113户调查,地主27户,占有土地8295亩,地主兼自耕农166户，占有土地10189亩，合计153户，占有土地18484亩。经营地主雇工耕种的土地4328亩，占地主所占土地总数的23.4%。解放初，嘉兴县地主占有49.7%的土地。塘汇乡南阳等4村的调查，地主27户，占有土地2441.8亩，其中经营地主12户，经营土地957.4亩，占4村地主占有总田亩的39.2%，占全部乡居地主占有土地总数的28.5%。

地主占有的土地，嘉兴县城居地主中以商人居多，解放前夕，约有半数户已将大部分田产转为商业资本。据调查，乡居地主中有四分之一的户已从出佃土地收租，转向雇工经营土地，成为经营地主。

农民土地所有制

宋、元以前，农民很少有土地或完全没有土地。明朝建立后，鼓励扶植自耕农的发展。明中叶以后，缙绅官僚地主兼并土地，地权重又集中，小农在重赋和苛役下，有些沦为雇工、游民，大部成为佃农，小农经济萎缩。明末杰出思想家顾炎武曾说：太湖地区“有田者什一，为人佃作者什九”。这种土地占有情况，在嘉兴一直延续到太平天国前。太平天国后，地主和富户逃亡，大批土地成为无主之田，太平军在征粮时“着佃交租”，随后又颁发田凭，佃户通过交赋领凭，租田产权遂即转移为佃农产业，每户田亩最多为20.2亩，一般是4~5亩。当时人口锐减，嘉兴府耕地约荒芜三分之一，百余万亩。嘉兴官府采取募民垦荒政策，左宗棠在浙江任巡抚时决定，招集荒民开垦，成熟后，许其有佃种权，固有之主，只能收取租息完粮为业，佃户可以永佃。浙南以及苏北、河南等地的人陆续前来垦荒立业，取得部分土地所有权，自耕农增加，佃农也取得永佃权，稳定经营。秀水县客民垦熟土地有5.4万亩，内有主之田1.6万亩，无主绝户产3.8万亩，占70%。垦复田地中有相当部分转移为农民所有，农民土地所有制的扩大，引起社会经济结构变化。随着商品经济发展，地主转向投资更有利的工商业，农民因蚕桑兴旺也有余资购置土地，民国时期嘉兴县农民所有田地占55%~60%。至解放时，全国一般地区农民占有土地在20%~30%，嘉兴农民占有土地42%。嘉兴县佃农占有85%左右的田面权。

租佃关系和地租形态

古代佃农和僮仆　六朝时，嘉兴豪族世家拥有大量佃客和奴婢。唐五代屯田主要劳动者是军士和屯田客。宋代，嘉兴佃户特多，庄园耕作的大多是佃户，称客户，与田主是主仆关系。宋、元时，佃户生活和劳动异常艰辛，没有迁徙易主的自由。佃户与田主虽有契约关系，但全无解除契约的自由，富户之间甚至互相抢夺佃户，富豪户主可以役使佃户及其家属，典卖田地时，佃户随同典卖，地位等同家奴。明代，僮仆劳动虽较前代减少，但仍存在，延续至清朝。太平天国后，奴仆制瓦解。

租佃制度　佃耕与租佃　明初开始，佃户对地主封建依附关系松弛，在法权关系上主佃地位不平等的情况有所改变。嘉兴从明代到清初实行佃耕制，办法是“业主出资，佃户出力，佃业分成”。实行佃耕制度，产量的高低直接关系到业主的收入，业主除在收获时“临田监收”“临田分成”外，平时也常常干涉佃户的农事活动。清雍正时，全国实行“摊丁入亩”的赋税政策，无田农民免去“人头税”，迁居自由。乾隆后，租佃制遂普遍实行，租佃关系由佃业双方采用书面或口头的约定，佃户租入业主田地，自己出资出力，自由经营，除按约向地主交租外，生产和分配全归自己支配。清末以后有书面契约，开始仅由佃户出租契，20世纪30年代才由双方订立。1936年，嘉兴县实行书面和口头租佃契约的各占一半；至解放前夕，佃耕制残余仍有存在。收获后，业主得7成，佃户所得仅3成。

永佃制　在租佃制下，地主常夺佃转租以提高租额，佃农向地主夺佃转租作斗争，清初形成永佃制，其内容：一是田地由佃户佃用后，只要不欠租，地主不得解约撤佃；二是地主出卖、转让土地，不得任意更换佃户。太平天国后，农民大量取得永佃权。也有农户出售田地于地主，低于常价，而获得永佃权的；还有的地主因田粮沉重，给予佃户永佃，由佃户纳粮，地主只收较少地租。据嘉兴县5个乡调查，1936年，永佃田平均占38%。

田底权和田面权　太平天国后，永佃制发展为田面权与田底权普遍分离。地权分为田底与田面，前者属于业主，为所有权；后者属于佃农，拥有土地使用权和佃权转让权。佃户拥有田面权，业主不能逐佃另租，20世纪20—30年代，退佃常须涉讼官府解决。田面权实际上也是对地主土地所有权的分割，拥有田面权不仅可以永佃经营，而且可以买卖、转租和典押。

田面转租 新佃户除须向业主交租外，还须向原占有田面权的佃户交小租。

田面出典 田面权亦可出典，到期可赎回，不赎佃权即转移。

田面买卖 旧时农民田面权单独买卖，十分频繁，完全不需通过业主。

定期租佃和不定期租佃 在永佃制基础不牢固的地方，20世纪30年代起，都实行定期租佃和不定期租佃制。

地租剥削

地租水平 明末清初时，嘉兴府属租米重，每亩收租米1石以上。清咸丰年间，农民觉悟提高，加上大量田地荒芜，每亩租米佃农实交三四斗至六七斗。1927年，“二五减租”在嘉兴部分地区实行，每亩收租5.2斗，直到抗日战争开始时，亩收不过7斗。抗日战争胜利后，嘉兴县政府规定全县租额，1946年亩为3斗5升6合；1947年按正产量37.5%计算，1948年按32%计算。90%左右的租田，每亩租米在5斗到7.8斗。

正租外还有押租、预租和空头租等。

地租形态 主要有实物地租、货币地租等多种。明清前，嘉兴农民除向地主缴纳实物地租外，还有劳役地租。明清时，所缴地租主要是实物地租。实物地租有定额租、不定额租等类。

定额租 亦称定租、实租，嘉兴称板租。租额固定，在租佃时言明或订入契约。一种是受灾不能减免，另一种是受灾后协商减额，定额租每年数量基本不变，佃农耕作增产可以归己。

不定额租 亦称时租、虚租，又称花租。每年租额不固定，视当年收获情况于每年秋后确定，清末民初颇为流行。

活租 地主招标出租田地，交出价最高者租种，租期1年，明年再调换。

货币地租 明末清初时，桑地已实行货币地租。抗日战争前，每亩地租按米折算，田亩少者3元、多者5~6元，一般交租4~5元。解放前，物价飞涨，货币贬值，地租都以米交纳。

押租、预租、现租 佃农新租地主田地，需先交押金，称为押租，预租和现租则是在租田收获前即交部分或全部租金。押租一般均交货币。每亩须交押金5~7元，按当时价折米1.25~1.35石。抗日战争胜利后，以米交纳，1947年每亩交0.3~0.7石。

空头租 地主常乘佃户转换之机，加大亩数，每转移一次加大一次，虚额越来越大。

催租逼租 历代封建统治者均袒护地主压迫佃农。民国时期，官府代地主追租情况仍未收敛。抗日战争胜利后，嘉兴县佃业仲裁委员会裁决的追租案件，由县政府下令，警察局强制执行，派警察下乡代地主追逼。

农民抗租斗争及“二五”减租 境内佃农久有抗租抗粮传统，组织起来要求减租。太平天国后农民抗租更趋激烈。

抗日战争胜利后，农村元气大伤，虽减少租额，佃户也无力承担，当时欠租面甚大，抗租不交者也增多。

土地制度改革

解放前，嘉兴农村大量土地被地主阶级所占有，广大贫雇农少地或无地。嘉兴县调查，土地制度改革前，占农村总户数2.45%的地主，占有土地总面积的36.0%，户均155.85亩；而占农村总户数的46.4%的贫农，仅占土地总面积19.9%，户均为4.56亩。

土地改革准备 从1950年春到9月，为土地改革的准备阶段。主要是调查研究，建立组织，典型试验。6月，《中华人民共和国土地改革法》（简称“土改法”）公布后。6—8月，地委和各县分别成立土改委员会。抽调干部，进行培训，随后组成土改工作队。

土地改革的实施步骤 1950年10月，地委召开土改试点会议。12月，华东局召开的第二次土改典型乡会议提出“要有领导地放手发动群众，全面大胆展开运动”，土改运动全面开展。农民直接与反动地主展开面对面的斗争，对有破坏活动的地主、反革命分子给予打击和镇压。1951年2月，土改基本结束。3—9月转入复查土改，颁发土地房产所有证。

一个乡的土地改革大体经历宣传教育，发动群众；划阶级、定成分；没收、征收和分配土地几个步骤。没收地主的土地、耕畜、农具和多余的粮食及在农村多余的房屋；征收富农带有封建剥削的出租土地，保护其自耕和雇工耕种的土地及其他一切财产；征收祠堂、庙宇、学校、社会团体等在农村的土地及其他土地。没收或征收的土地及其他生产资料，由农民协会接收，公平合理地分配给无地、少地及缺少生产资料的贫苦农民。土地分配，以乡为单位，根据全乡土地情况，估算每人平均分配数，以村为单位，在原耕地基础上，按土地数量、质量和远近，用抽补调整方法按人分配到户。对单身雇工，分地时适当照顾。对地主同样分配一份土地，使其依靠劳动维持生活。对地主被没收的其他生产资料，一般以村为单位根据农民缺乏程度，自报公议，民主评定，合理分配。在土地改革中，各县共没收征收土地176.10万亩，其中属没收地主的土地163.76万亩，占其原有土地的93%。四是总结复查土改，发放土地房产所有证，由县人民政府向农民发放土地、房产所有证，引导农民开展爱国增产竞赛运动。

经过土地改革，彻底废除封建地主土地所有制，实现耕者有其田。1952年与1949年比，境内各县耕地面积增加2.6%，农业总产值增长45.06%，粮食总产增长40.87%，蚕茧总产增长1.17倍，生猪存栏数增长35.6%。

嘉兴县土改前后各阶层占有土地比较表

表18-1　　　　　　　　　　　　　　　　　　　　　　　　单位：亩

阶　层	总户数（户）	土改前			土改后		
		占有土地	占总土地%	户均	占有土地	占总土地%	户均
合计	156524	1836941	100.00	—	1842531	100.00	—
地主	5099	913316	49.71	179.10	65972	3.60	12.90
富农	2922	85021	4.62	29.10	72899	3.80	24.90
中农	41863	473049	25.75	11.30	728541	39.50	17.40
贫农	68535	287849	15.60	4.20	735096	39.90	10.70
雇农	17042	9373	0.51	0.55	135046	7.40	7.90
大佃农	1700	10182	0.55	5.99	36018	1.90	21.10
小土地出租	1304	22692	1.23	17.40	13829	0.70	10.60
工商业资本家	739	14848	0.80	20.10	2226	0.10	3.00
其他劳动人民	17320	20611	1.23	1.19	52904	2.90	4.80

第二节　农业互助合作

农村经过土地改革后，调动了广大农民的生产积极性。但是，也暴露出新的矛盾：个体、分散的农民经济底子薄，生产资金短缺，无力进行较大规模的农田水利建设，无力购买先进农机具，使农业生产发展受到很大限制；个体农民经济地位不稳定，一遇到天灾人祸等突然变故，就要出卖土地，出卖劳动力，重新陷入受剥削的困境，广大农民迫切要求组织起来发展生产。为此，政府因势利导，引导农民走互助合作的道路。农业合作化经历了农业生产互助组、初级农业生产合作社和高级农业生产合作社3个阶段。

农业互助组

1951年春，嘉兴县分别在试点乡试办1~2个互助组，树立典型。试办的互助组土地和生产资料归社员私有，由各户自行经营，自负盈亏，主要在组内实行劳力、耕牛、农具等伴工互助。互助组分为临时和常年两种。临时互助组，属临时的季节性的简单劳动互助形式。常年互助组的组员比较固定，有简单的生产计划和评工记分制度。有的常年互助组还统一组织组内劳力，开辟生产门路，增加集体收入，购置公用生产资料。其间，办起数10个互助组。

初级农业合作社

1953年12月，省委农工部、嘉兴地委在嘉兴县逐步展开创造成片办社的经验。

1954年秋至1955年春耕前，全县初级社已发展到1685个，入社农户占总农户的45.67%。境内曹庄乡1954年春首先试办了百花村、吴家木桥、日晖桥、福聚、青莲庵5个初级农业生产合作社，入社69户农民以贫雇农为主，社长鲁小六出席省爱国增产劳动模范表彰大会，合作社获爱国增产模范合作社称号。余新乡在1955年初级农业生产合作社发展到69个，参加户数达到2905户，占总户数的75.2%。但在这段时间内，不少地方发生利用“土改扫尾”压力，强制农民入社；有的违反自愿互利原则，侵犯中农利益；有的地方一度出现杀猪、砍树、损坏农具、生产窝工等现象。

1955年5月，对不能办好的合作社一部分转为互助组，一部分解散。经收缩后，初级社降为1163个，入社农户降为28328户，占总农户的28.4%。经收缩后继续坚持下来的初级社，较好地执行自愿互利政策，改善了贫农与中农的关系，促进了农业生产的发展。

嘉兴县贯彻“全力巩固，坚决收缩”方针1954—1955年初级社变化表

表18-2

总农户（个）	贯彻前			贯彻后		
	社数（个）	入社农户（个）	占总农户（%）	社数（个）	入社农户（个）	占总农户（%）
99494	1685	45425	45.67	1163	28328	28.4

1955年7月，嘉兴县学习毛泽东的《关于农业合作化问题的报告》，层层批判“坚决收缩”方针等右倾保守思想，加快农业合作化步伐。1956年春，基本实现农业合作化，入社农户占总农户的95%。

初级社实行土地入股，由社统一经营，耕牛和大中型农具归社员所有，由社租用，入社土地和向社员租用的大中型农具，由合作社付给报酬，土地报酬采取固定数量的土劳比例分成办法。社员所有的大中型农具，也逐步实行折价入社公有，折价款按社员入股土地摊交股分基金，季节性用的蚕室、蚕具仍采取私有租用，由社付给一定报酬。

高级农业合作社

1954年，地委在嘉兴县余新乡长乐村试办全地区第一个高级社（也称集体农庄）。1955年冬，对高级社采取“普遍试办，重点发展”的方针。1956年春，高级社发展到占总农户41%；同年秋开始，在整顿巩固现有合作社的同时，自上而下层层制订秋后实现高级合作化的规划，秋后，全面开展高级合作化运动，将初级社并升为高级社。至1956年底，农村实现高级合作化。各地共办高级社1458个，入社农户占总农户97.4%，每社平均为253户。

高级社取消土地报酬，社员的土地转为高级社所有，实行统一经营，统一分配。社员的耕牛、大中型农具作价归社所有，高级社向社员征集公有化股份基金，用以支付社员入社的生产资料折价款。对交纳入社股份基金有困难的农民，国家通过银行发放贫农合作基金贷款帮助解决。有四分之一的贫农借到贷款，平均每户28元。1973年，政府宣布此项贷款一律免还。

1957年春开始，集中力量整顿高级合作社。在高级社内部的生产队与生产队之间，普遍推行“三包一奖”（包工、包产、包成本，超产奖励）为主要内容的生产责任制，生产队与社员实行“定额计酬”或小段包工责任制。这些责任制的建立，对搞好集体生产，缓解社与社、队与队、队与社员之间的利益矛盾起到一定作用。当年5月，嘉兴一部分乡发生社员闹退社单干。闹退社的主要原因是，高级社取消土地报酬后，原来耕地较多、收入较高的农户，入社后收入减少。再加上有些社财务混乱，帐目不清，干部强迫命令等。当年秋，总结已经达到或接近富裕中农收入水平的59个社经验，有针对性提出赶超的具体措施。在农村开展社会主义教育运动，改善生产管理和财务管理，改进干部作风，高级社分配上平均主义的矛盾表面上有所缓和。

第三节　人民公社

1958年春，随着农业大跃进运动的兴起，开始出现打破社界、队界搞大协作。9月下旬，全县各乡普遍搭起公社架子，选举产生公社管理委员会。10月1日，农村实现人民公社化。嘉兴县由28个乡合并为12个人民公社。人民公社建立后，经历发展公社所有制、生产大队所有制、生产队所有制3个阶段。

公社所有制

人民公社实行“政社合一”体制，撤销乡（镇）人民政府。公社既是农民集体经济组织，又是政权组织的基层单位，还是农、工、商、学、兵五位一体的社会结构的基层单位。国家在农村的商业、粮食、财政、金融等机构和人员下放归公社领导和管理。同时，组成全民所有制性质的供销合作社。县以下的商业实行国（营）、合（合作社）、集（集体）“三线合一”。原属高级社集体所有的财产（包括土地、大中型农具、公共积累、牲畜、粮食、社队办企业），全部转为公社所有，由公社统一经营，统一核算，统一分配。

社员的自留地、竹园地，全部归公社所有，给当地食堂使用。社员饲养的猪羊、家禽多数也折价归公。同时，在生产上推行“三化”（即组织军事化、行动战斗化、生活集体化），在公社范围内统一调配劳动力、耕牛，打破队界，实行无偿协作，“大兵团作战”，普遍举办大食堂、托儿所。

在分配上，公社范围内实行按月发基本工资加奖励，粮食供给制，吃饭不要钱，劳动不评分，提倡所谓“放开肚皮吃饭，鼓足干劲生产”。人民公社“政社合一”的管理体制，以及依靠“一平二调”建立起来的单一公社所有制，违背了客观的经济规律。剥夺了农民的权益，导致生产力严重破坏。

生产大队所有制

1959年2月，根据中共中央规定的整顿和建设人民公社的方针，公社实行统一领导，队为其础，分级管理，权力下放，由单一的公社所有制改为以生产大队为基本核算单位的公社三级所有制。生产队（相当于原来初级社）作为承包单位，实行“四固定”（土地、劳动、耕牛、农具），大队与生产队建立“三包（包产、包工、包成本）一奖（超产奖励）”责任制。“三包”内大队统一分配，超“三包”部分归生产队所有。同时，开展清理账目，算账退赔，纠正“一平二调三收款”。对无偿调拨生产队的粮食、现金、牲畜、劳力和其他物资，以及各种强行扣款进行认真清理和退赔，恢复社员自留地和饲料地，鼓励社员种好“四旁”（屋旁、村旁、水旁、路旁）零星闲散土地，谁种谁收。在分配上改工资制为工分制与供给制相结合。当年夏，地委在调查研究的基础上，规定生产队在完成上交粮食任务后余缺自负，较好克服了队与队之间在粮食分配上的平均主义倾向。在此期间，各地又有4%的生产队实行包产到户，有17.7%的生产队实行包工到户，后在“反右倾”运动中被作为“走资本主义道路”批判而被迫纠正。

1960年2月，省委召开全省生产队以上干部会议，讨论发展社有经济，创造条件向基本社有制过渡问题。省委提出积极创造条件，在3~5年内向基本社有制过渡，要求各地大办公社工业。地委要求在1960年内，公社一级经济达到占公社三级经济的30%~40%。由此，重新刮起“一平二调”共产风。1961年，贯彻落实农村人民公社工作条例（修正草案）简称“六十条”，一面纠正“一平二调”共产风，一面调整公社、生产大队规模。嘉兴县的公社由12个划为30个（平均每社3316.46户）；生产大队划为465个（平均每队213.96户）；生产队调整为5078个（平均每队19.59户）。

生产队所有制

1962年2月，中共中央确定实行以生产队为基本核算单位的人民公社三级所有制，规定至少30年不变。生产队成为独立核算，自负盈亏，直接组织生产和分配的单位。在生产队内部全部实行按劳分配。当年夏，又对生产队的规模作再一次调整。是年冬季，各地又有21%的生产队实行包产包工到户。在贯彻中共八届十中全会精神时，再次被作为刮“单干风”批判纠正。“文化大革命”期间，在农村一度推行“三献一并一升”（即动员社员献出自留地、宅边地、零星树，合并生产队，把核算单位由生产队升为生产大队）。1969年，嘉兴县实行生产大队为核算单位有105个队。1972年批林整风时，调减为60个队。1976年在普及“大寨县”运动中，大队核算单位又上升为71个。1979年至农村经济体制改革前，以生产队为核算单位和生产队的规模，一直保持稳定。

嘉兴县部分年份人民公社各级组织规模情况表

表18-3　　单位：个

年份	公社	生产大队	生产队	年份	公社	生产大队	生产队
1958	12	—	—	1968	30	—	2805
1961	30	465	5078	1970	30	348	2583
1962	30	498	5605	1975	30	393	3654
1963	30	507	5804	1980	30	398	4494
1965	30	488	5157	1982	31	400	4905
1966	30	446	4307	—	—	—	—

1983年建区后，全区有5个人民公社、70个生产大队、848个生产队。

第四节　联产承包责任制

中共十一届三中全会后，中央作出在农村实行以家庭联产承包为主要形式的责任制。即逐步改革人民公社“队为基础，三级所有”的农村经济模式，实行以家庭联产承包为基础的双层经营为特征的经济体制。在坚持土地公有制的前提下，实行包产到户，分户经营，自负盈亏。

联产承包责任制

1978—1980年秋，恢复“文化大革命”前“小段包干，定额计酬”的生产责任制。部分农民首先冲破“队为基础，三级所有”，实行分组作业、联产计酬责任制。但是，不少干部怕包工包产到组，动摇队为基础，造成所有制“倒退”，强调“稳定所有制，加强责任制”，不提倡联产计酬的形式。

1980年秋至1981年冬，逐步推行联产到组责任制。不少干部强调本地集体经济比较巩固，只宜实行联产到组，不宜推广包产到户。至1981年冬，仅少数队实行水田包产到户或联产到组，有33.4%的生产队实行联产到组，多数队继续实行“小段包工，定额计酬”形式的责任制。

1982年春至秋，全面推行联产到组责任制。当年春，建立联产到组责任制的生产队上升到占70.1%。

1982年8月，肯定家庭联产承包责任制，同样适用于经济发达地区。各级领导也认识到联产比不联产好，联产到户比到组好，鼓励大力推行家庭联产承包责任制。1983年3月，嘉兴县实行家庭联产承包责任制的生产队占92.95%。1.79%的队继续实行联产到组，5.26%的队继续定额计酬。至夏季，农村全部实行家庭联产承包责任制。

土地承包

1983年秋,家庭联产承包制工作进入稳定完善阶段。按户承包的土地,一般采取2种形式,即按人口划分口粮田,按劳动力划分责任田。每户承包的水田面积中,责任田占60%左右,口粮田占40%左右。为解决承包户人口、劳动力的变化,以及其他公用土地需要,生产队留下10%左右的机动田,由集体指定专人包种。对从事社队企业的劳动力,长期从事手工业、个体经商的农户,只包口粮田;对享受固定补贴的大队干部和电力、拖拉机手,适当少包承包田。旱地也同样承包到户。桑地承包,凡蚕桑集中地区按务农劳动力承包,蚕桑零星地区,承包给专业养蚕户。

土地联产承包初期,"统"与"分"的关系,主要涉及固定资产和资金管理、机耕、排灌以及用电等。

集体固定资产和积累管理　凡原属集体所有的水利、电力设施和大型农机具,继续由大队(村)和生产队(组)集体统一管理。原属集体所有的仓库、蚕室、水泥场实行队有户用,收取费用。多数地方陆续折价到户。中小型农具全部折价到户。生产队集体积累的余额,每亩按10~15元提取供给承包户,作添置固定资产使用,今后分年归还。生产队的生产基金,按每亩田提取30~40元供给承包户,作为铺底生产费用,今后随田转移。

机耕　对原属集体所有的拖拉机采取折价归户、包机到人、建立大队机耕队3种形式,其中包机到人占多数。

排灌　有以灌区为单位统一管理,统一放水;以生产队为单位设专职放水员统一放水;以生产队为单位由农民自行放水3种形式。以村统一管理,确定专职放水员统一放水,按受益田亩负担水费占多数。

用电　生产用电和照明用电通过社员自筹资金增设电网设施,分户装设电表,用电各自负担。

工副业承包　社队办企业普遍推行经营承包责任制。公社(乡)、大队(村)对企业实行"四定一奖"(即定人员、定资产、定产值、定利润和超产奖励、减产赔偿);也有的采取净收入分成或利润包干形式。集体副业,包括畜牧场、禽场、果园、蔬菜基地、劳务运输和手工业等专业队(组),实行专业承包或兼业承包到组、到户。水产大队建立家庭(渔船)联产承包责任制。

延长土地承包期　1984年1月,开始因队制宜做好土地调整和延长承包期工作。大体分4种情况处理:一是部分土地划得过散,经适当调整后延长承包期;二是大部分承包土地划得不合理或过散的,经过大调整后再延长承包期限;三是土地划得比较合理,群众要求承包期直接延长到15年以上;四是土地承包合同签订不久,群众要求现订承包合同期满后再延长。至1984年11月,人民政府向承包土地的农户发放土地使用证,在15年内,农户之间发生人口、劳动力变化的,采取动粮不动田或互相转包的办法解决。

第二轮土地承包

1997年8月,陆续开展第二轮土地承包。2轮土地承包的原则是稳定和完善农村土地承包关系30年不变,不允许对首次土地承包推倒重来;村里有少量机动田,严格控制在5%;"稳制活田,三权分离",土地所有权归集体经济组织,土地承包权归农户,土地使用权按照自愿、依法、有偿的原则可流转或转让。1998年4月,省政府在新丰镇进行2轮土地承包试点工作,试点的内容为:延长土地承包期,落实土地承包权;规范土地承包合同,健全和完善积累机制;核发土地承包权证,建立和完善土地经营权流转机制,稳定种粮大户;妥善解决历史遗留问题;健全乡(镇)一级农村经营管理机构,加强土地承包合同管理。5月,在全区全面推开二轮土地承包工作。

土地使用及流转

1994年11月,区政府区划调整前,在塘汇乡古窦村开展以"两田制"为主要形式的土地使用权流转机制试点,在稳定家庭联产承包责任制的基础上,把农户的承包田,在实际地域划分为口粮田和责任田,口粮田按人口承包,责任田相对集中连片,由种田能手承包,实行规模经营。由于"两田制"涉及到农户的切身利益,没有全面推广和实行,推动了土地经营权流转和适度规模经营。由于当时农用土地产出率低,农民承担农田税费较高,一些农民把土地无偿转包了,由承包者承担所规定的农田税费;随着政府城乡统筹力度和农业规模经营加快,农田税费的逐步取消,农补政策的推行,土地流转速度加快。至2000年,土地流转面积达8114亩。

2008年5月,全区农村推行"两分两换"(宅基地与承包地分开、搬迁与土地流转分开,以农村住宅置换城镇房产、以土地承包经营权置换社会保障)政策,加快了土地流转步伐。农户将承包土地流转给村集体经济组织,后通过对外招商,流转给农业经营主体。至2010年,全区流转土地共有68591亩,占总耕地面积的25%左右。

2000—2010年区土地流转统计表

表18-4

年份	流转		其中				
	面积(亩)	占总耕地(%)	转包(亩)	转让(亩)	互换(亩)	出租(亩)	其他(亩)
2000	8114	2.33	7343	—	—	—	771
2001	13345	3.96	12311	—	—	—	1034
2002	14354	4.83	12496	191	493	1156	18
2003	14971	5.18	9269	1361	1650	2616	75
2004	14656	4.92	10721	239	765	2316	615
2005	15416	3.75	11175	365	749	2568	559
2006	16779	1.03	14626	302	42	1665	144
2007	22279	7.78	15577	249	85	4786	1582
2008	34238	12.08	15738	86	61	16737	1616
2009	51868	18.34	18864	285	476	22643	9600
2010	68591	24.65	35136	40	476	32151	788

第二章　农业发展综述

第一节　发展历程

古代农业发展轨迹

境内适宜多种作物生长,以粮桑为主、农牧结合、多种经营的综合性农区。春秋时农业门类已较为齐全。粮食作物有稻、粟、黍、稷、麦;经济作物有桑、麻、蔬、果等;家畜家禽有猪、牛、马、羊、鸡、鸭、狗,并且掌握了"春种八谷,夏长而养,秋收而聚,冬蓄而藏"的农作规律。当时,区境以产渔著称,整个农业还处在开发的最初阶段。

东汉至六朝数百年间,区境农业发展显著。东汉末孙吴在江东立国,当政后大力发展农垦,发展农桑,令诸将增广农田。吴大帝孙权亲自垂范,鼓励农耕,将由拳县更名禾兴,反映了对农业的重视。西晋时继续得到开发,朝廷曾派高使君率军士3000在今市区北部屯垦,开垦的围田分布广泛。西晋末,大批人口南迁避难,许多人定居境内,增加了劳动力,带来了先进的农业技术和工具,推动农业进一步发展。经过南朝一二百年,成为百姓乐业,谷帛殷阜的富庶地区。

隋唐时期,区境农业得到全面开发。唐王朝进行大规模屯田军垦,在境域开汉塘等河道,在屯区内劈荆斩棘,开渠排水,筑堤造田,精耕细作,连年获得丰收,大批粮食漕运至京都供给国需军用。当时,嘉禾屯区的年粮食收入相当于浙西六州的总和。唐李翰的《嘉兴屯田纪绩颂》序中称“嘉禾一穰，江淮为之康，嘉禾一歉，江淮为之俭”，农业在江淮乃至全国已居于举足轻重地位。唐末五代吴越国立国浙江，在境内进一步治水营田，建成旱则能灌、涝则能排的圩田体系，奠定了后世农业发展基础。

宋时，农业生产持续向前发展。随着耕作工具的革新，稻田形成耕、耙、耖结合的整地技术，在培育壮秧、合理施肥、耘耥烤田等栽培技术上都有改进和创新，宋室南迁后，促进区境蚕桑丝织业的发展，“围田”“坝田”大量增加，扩大了耕地面积。南宋时，区境经济繁荣。

明代至清，农业趋向精耕细作、集约经营，蚕桑生产发展迅速，并由此创造一套农作物的水旱轮作、粮肥（绿肥）轮作、农牧结合、渔桑结合、以田（绿肥）养田、以粮养畜、以畜养田等促使农业生态良性循环的方法，建立起农桑渔牧发展生产方式。据陈恒力《补农书研究》一书称，明亩产米一石，合今市制亩产谷214斤，明亩产麦一石，合今市制149.8斤。

鸦片战争后，区境农业趋于衰落，经过太平天国战争，农村人口大量减少，耕地荒芜占30%~40%，粮食总产和单产都大幅度下降，虽经召募外地农民定居垦荒，数十年中未恢复到历史最高水平，粮食需靠外省供应。辛亥革命前，有些人士力图改良农业，推行先进农业技术。20世纪30年代初，受世界资本主义经济危机的冲击，境内农业生产受到严重打击。1936年后，农业正当开始回升时，抗日战争全面爆发，日本侵略军侵略破坏。抗日战争胜利后，又因战争，农业生产一蹶不振。

解放后农业发展水平

解放初，推广以水稻小株密植为中心的增产技术，促进了粮食生产恢复和发展。1953年，发展以养猪为重点的畜牧业，发展经济作物，开展劳动竞赛，农业得到较快发展。1956年春，在粮食生产上把改变耕作制度，提高粮食复种指数作为主攻方向，大力发展连作稻、多熟制和高产作物。

1958年下半年至1960年，受“大跃进”、“军事化”、浮夸风及自然灾害等影响，农业生产发生许多失误，导致粮食减产。1961年开始，贯彻国民经济调整方针，落实人民公社“六十条”，制定稳定经济政策，改善农业经营管理，尊重生产队自主权，鼓励社员发展家庭副业，经营自留地，扩种套种粮食和经济作物，把发展粮食生产重点转向提高单位面积产量，组织各行各业支援农业，促进农业恢复和林牧副渔全面发展。

1966年后的10年“文化大革命”期间，社会动乱，支农物资紧缺，尤其化肥奇缺，阻滞农业生产发展速度。一切以粮食生产为重心，毁经济作物种粮，推广种植“三熟制”。10年间，区境粮食播种面积年递增0.73%，粮食面积单产年递增0.47%，总产量年递增1.23%。其间，轰轰烈烈开展“农业学大寨”运动，自力更生，艰苦奋斗，兴修水利，改建渠道，推土改田，广积土肥，为“文化大革命”后农业生产发展奠定良好基础。

1974年春，七星公社东进大队农民罱河泥

1981—1983年，在集中抓好农村经济体制改革，逐步推行家庭联产承包责任制的同时，按照中央提出的“决不放松粮食生产，积极发展多种经营”的方针，全面发展农林牧副渔生产。1984年，农业获得高速增长。农业总产值、粮食和棉花、麻、蚕茧、淡水产品的总产量均创历史最高记录。1985年，农村进入第二步改革，调整农业产业结构。在确保粮食生产稳定的前提下，大力推进开发农业。发展水产养殖业和特种水产品；开发农产品加工业，利用粮、畜、禽、蛋、瓜果等原料，实行深度加工，促进产品转化增值；开发庭院经济，鼓励农民开办家庭畜禽场、养殖场、果园等，发展庭院立

体农业。

1986—1990年，区委、区政府从多方面采取措施，稳定家庭联产承包责任制，推进农业社会化服务。在农业科技上，先后作出“科技兴农”“科教兴农”的决策，在培养科技人才、开展科技协作攻关、建立农业科技服务网络等方面，制定一系列政策，促进科技尽快转化为现实生产力。在农业投入上，不断完善集体提留、农业发展基金、农村合作基金和劳动积累4项积累制度，建立起以依靠集体和农民投入为主体的新的农业投入机制。1999年，全区粮经比例从1998年的65∶35调整至60∶40。

2000年后，从粗放的传统结构逐步向现代生态高效都市型转变。创新农业科技转化和推广机制，促进产学研、科工贸、农科教有机结合，建设粮食高产示范田，推广“万元千斤”新型种植模式。建成国家农业科技园，与浙江大学、市农科院等合作，发展无公害、绿色农产品和有机食品生产，提升特色农产品产业化经营水平，增强附加值和竞争力。鼓励专业大户、龙头企业、农技推广组织等联合兴办专业合作社。

2010年，粮食种植面积33.09万亩，生产粮食14.1639万吨，主要经济作物有油菜、蔬菜、甘蔗、果用瓜等。油菜种植面积3.07万亩，产量4647吨；蔬菜种植面积16.67万亩，产量278849吨；甘蔗种植面积0.28万亩，产量8441吨；果用瓜种植面积3.80万亩，产量77153吨。桑园种植面积1.23万亩，饲养数11720张，茧产量502.6吨。生猪存栏数71.05万头，水产品总产量3.2404万吨。全区累计有55个农产品获农业部无公害农产品认证，9个农产品获国家绿色食品认证，17个农产品获得有机食品认证，3个农产品通过国家地理标志认定。有中国驰名商标1个，省著名商标9个，省名牌产品5个，省名牌农产品3个，农业龙头企业、农民专业合作社分别达到73个和94个。

农业适度规模经营

1993年开始，国家粮食征购任务逐步减少直至废除，大批农民进厂务工或进城经商，相继出现“有田无人种”的抛荒田现象，粮食复种下降。区政府开始探索“三权分离、稳制活田”的做法，引导鼓励农户适度规模经营。即明确农用土地的集体所有权，稳定农民土地承包权，搞活土地经营权。当年2月，新丰镇荣耀村姚金华与镇政府签订了承包61.74亩种粮协议，期限6年，成为市本级首个最大的种粮大户受到表彰。同时承包农田的还有七星乡农机厂职工王正祥，在东进村承包100多亩抛荒田，成为种粮专业户。此后，绍兴及安徽的农民来境内承包大量农田，一般每户承包在80亩上下，最多250亩，成为粮食规模经营户。

1994年，辖区被省政府列入粮田适度规模经营重点区之一，大批种粮大户应运而生。11月，区政府在塘汇乡古窦村，开展以“两田制”为主要形式的土地使用权流转机制试点，推动土地经营权流转和适度规模经营。既解决了农户外出打工经商无劳力种田的后顾之忧，又满足了要扩大种植面积农户的需求，也为工商业投资农业腾出了空间。当时，凤桥镇流转出2814亩土地，由种植大户承包，基本解决“有田无人种”和“有人无田种”的矛盾。至1995年，全区承包10亩以上粮田面积的达11500多亩，其中30亩以上面积的达7400多亩。1997年，区政府表彰南湖、东栅、塘汇、嘉北乡的郁金才等20名粮田适度规模经营者，被评为优秀种田规模经营户。

粮食亩产吨粮田工程建设

1990年4月，根据省、市要求，在全区开展粮食亩产吨粮田工程建设，成立以区长为组长的吨粮工程建设领导小组。吨粮田工程建设要求田块成方，防护林成行，机耕路沙石化或硬化，灌排渠道分系硬化，改善机耕与排灌条件，使农田田园化，促进“一优两高农业”发展。1992年，建成2个吨粮乡（南湖乡巩固提高，东栅乡实现吨粮乡），41个吨粮村，总面积81442亩，占全区的73.68%。1993年至“八五”计划期末，全区的乡、村都先后达到吨粮标准，实现吨粮区。吨粮乡镇粮食复种指数平均为253.8%，其中新丰最高为264.8%。1992年，新丰镇在郊区率先实现吨粮田，粮食亩产为1068公斤。新丰、凤桥、余新、七星及南湖、东栅等乡均被秀城区及郊区政府评为“吨粮工程建设达标镇”，新丰镇粮食亩产连续4年超吨粮。

全面实施惠农政策

1986年，全区农民主要有村提留（公积金、公益金和管理费）、乡（镇）统筹费、农业税及农业特产税等4大项费税，人均负担占上年农民人均收入的2.42%左右。1986—1990年，全区农民人均负担基本稳定在16~29元之间，1991年起逐渐增加。1994年，清理农村宅基地超占费、土地开垦保证金、农民建房管理费等30多项不合理收费项目。1996—2001年，对涉农负担进行专项治理，实行村提留、乡统筹预决农民负担监督、统一收据、专项审计制度。1998年起，农民承担的村提留、乡（镇）统筹费实行“双控”，即控制在人均负担占上年农民人均收入的5%以内，并不得超过1997年预算额。同时，取消违法和不合理收费10多项，降低20多项收费标准。

2000年，由于农业税上升，农民人均负担174.05元，人均负担数额为1986年以来最高，占1999年农民人均收入的3.81%。2002年，按照国家“减调致稳，合理负担，转移支付，配套进行”的原则进行税费改革，从根本上治理各种乱收费，切实减轻农民负担。下半年，取消乡（镇）统筹费、农业特产税和集资摊派等税费项目。2004年，农民免缴农业税，农业税实现零负担，农民负担的只有村公益事业资金，部分村由村办企业在上缴的利润中支付，73.1%的村农民税费零负担。2005年停征农业税，2006年全面取消农业税、农业特产税，次年全区100%农民税费为零负担。

2004—2010年，贯彻中央“多予、少取、放活”的一系列强农惠农政策，对种粮农民进行“四补贴”（直接补贴、良种补贴、农机具购置补贴和农业生产资料综合补贴），对主要粮食品种实行保护价收购政策，在稳定基础上推动土地流转，统筹城乡发展，全面推进新农村建设。下面附有七星镇农民1991—2005年税费负担，从侧面反映出全区农民税费负担情况。

2000—2005年全区农民税费负担情况表

表18-5

年份	农业总人口（人）	农民负担合计（万元）	其中				人均负担（元）	占农民上年人均纯收入（%）
			村提留（村公益事业资金）（万元）	乡（镇）统筹费（万元）	农业税及农业特产税（万元）	社会负担（万元）		
2000	213950	3862	1509	1042	1158	153	180	4.3
2001	209075	3682	1473	1034	1003	172	176	3.8
2002	186345	3354	1418	865	906	165	180	3.5
2003	183745	2383	1355	—	836	192	129	2.4
2004	183625	1698	1351	—	—	347	92	1.5
2005	184729	1022	1022	—	—	—	55	0.8
2006	183102	—	—	—	—	—	—	—
2007	181291	—	—	—	—	—	—	—
2008	181337	—	—	—	—	—	—	—
2009	175842	—	—	—	—	—	—	—
2010	174118	—	—	—	—	—	—	—

1991—2005年七星镇农民税费负担情况表

表18-6

年份	农业总人口（人）	农民负担合计（万元）	其中				人均负担（元）	占农民上年人均纯收入（%）
			村提留（村公益事业资金）（万元）	乡（镇）统筹费（万元）	农业税及农业特产税（万元）	社会负担（万元）		
1991	17096	178.45	134.92	7	31.05	5.48	104.38	7.73
1992	17120	178.33	122.32	7.06	34.55	14.4	104.16	6.96
1993	17217	140.93	93.88	8.33	33.28	5.44	81.86	5.18
1994	17294	135.98	62.01	17.35	56.62	—	78.63	4.68
1995	16841	218.6	66.65	38.53	79.71	33.71	129.80	4.82
1996	17061	227.4	95.58	36.57	90.68	4.57	133.29	4.60
1997	17088	317.23	137.96	47.48	90.27	41.52	185.64	5.31
1998	17056	332.98	136.12	63.46	90.93	42.47	195.23	5.08
1999	16945	300.6	125.9	63.98	74.44	36.28	177.40	4.38
2000	18219	289.97	126.6	70.72	72.89	19.76	159.16	3.90
2001	18156	264.5	124.07	77.05	63.38	—	145.68	3.35
2002	18046	264.85	120.04	81.52	63.29	—	146.76	3.00
2003	18019	200.8	111.94	—	59.69	29.17	111.44	1.98
2004	18034	139.12	103.64	—	—	35.48	77.14	1.33
2005	18099	28.86	28.86	—	—	—	15.95	0.23

第二节　基本生产要素

境内地势平坦，土壤肥沃，土地垦殖系数较高，粮食耕地占有量高于全市平均水平。气候宜人，适宜于农作物生长。农村劳动力资源丰富，农业生产条件优越，集约化程度较高。

气候

（见第二篇“自然环境”第二章第一节）。

耕地

境内古代地广人稀。从汉末到南宋，随着北方人口的3次大南迁，人口逐渐增多，耕地面积不断扩大。南宋时采取围湖造田等办法，以扩大耕地。至明代耕地被充分开发。被称为“尺寸之土必耕”。清乾隆年间，嘉兴府人均占有耕地3.05亩。清咸丰、同治时，由于战争频繁，人口锐减，土地荒芜，经客民数十年垦复，耕地仍比前减少。以后七八十年中，由于城镇发展、城乡建房增加、兴修铁路公路等原因，耕地继续减少。

解放后，党和政府鼓励农民开垦荒地，平整土地，耕地面积逐年增加。至1954年，全市耕地面积达398.81万亩，比1949年增10.77万亩。至1957年面积总数基本稳定。1957年以后，由于兴修水利，开挖河渠和基本建设占用土地，耕地逐年减少。至1970年，全市耕地为371.55万亩，比1957年减少25.51万亩。

建区后，随着国家建设征用土地、高速公路、高速铁路建设、乡镇企业建房、农民建房用地及城镇建成区的扩大，全区耕地面积逐年减少。2010年底，耕地面积为32.03万亩，与1999年耕地面积35.51万亩相比，减少9.8%。

1999—2010年区耕地面积变化表

表18-7　　　　　　　　　　　　　　　　　　　　　　　　单位:万亩

年份	耕地面积	其　中		与上年±%
		水田面积	旱田面积	
1999	35.51	—	—	—
2000	35.24	30.60	4.64	-0.76
2001	35.16	30.50	4.66	-0.23
2002	34.88	30.13	4.75	-0.80
2003	34.41	29.58	4.83	-1.35
2004	34.39	29.59	4.80	-0.06
2005	34.16	29.49	4.67	-0.67
2006	33.99	29.41	4.58	-0.50
2007	33.82	29.55	4.28	-0.50
2008	33.83	29.11	4.72	+0.03
2009	33.43	28.75	4.68	-1.18
2010	32.03	29.40	2.63	-4.19

农村劳动力

新中国成立以来较长时期内,农村90%以上劳力都以务农为主,劳力宽松有余。1956年开始大面积改变耕作制度,一年两熟改为一年三熟,每亩用工量增加10~14个工作日,劳力出现"双抢"大忙不足、农闲有余的季差矛盾。20世纪70年代后期,由于耕作、灌溉、脱粒、加工等逐步实现机械化,品种更新和育秧技术创新,使大忙时劳力紧张矛盾始得缓解。

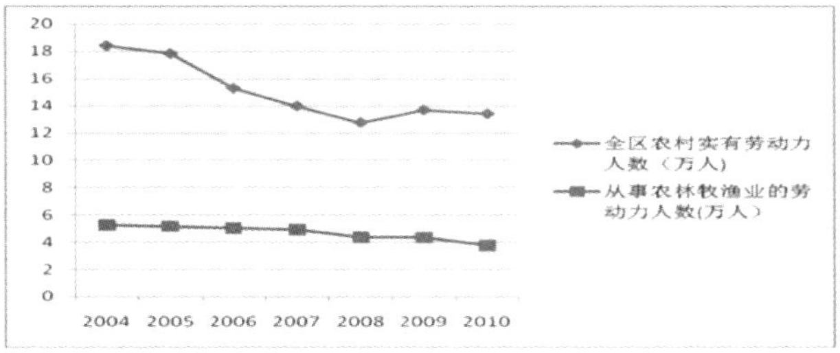

2004—2010年,全区农村实有劳动力与从事农林牧渔业劳动力人数比较图

1978年以后,乡镇企业异军突起,农业产业结构调整,城市化建设步伐加快,为农业劳动力转移提供了广阔空间。大量农村劳动力进城务工、经商、办厂,促进第二、三产业迅速发展。1978—1990年,从事第一产业劳动力从88.49%下降为61.6%,第二产业劳动力从占7.8%上升为25.0%,第三产业劳动力从3.71%上升为13.4%。

农机具

(见本篇第七章第二节)。

肥料

境内农民历来重视"粪多力勤"培肥地力,增加产量。肥料的种类,可分为农家肥、绿肥、化肥3大类。

农家肥　主要是河塘泥。20世纪50—70年代,每年冬春,农户结合兴修水利和渔池清塘,干浜挑泥。在积肥高潮时日,投入挖泥的劳力达数10万人。罱取的河泥可作基肥,也可作追肥。多以猪羊灰、水草等相拌和、沤制"草塘泥",次年施于稻、麦、油菜或棉麻等作物;用于桑地的边积边挑。每亩泥肥用量百担以上。70年代后期,由于化肥增加,罱泥积肥基本消失。猪羊灰也是农家肥的主要肥源。明清以来,农家都有积猪羊灰肥的习惯。解放后,党和政府提出"猪多、肥多、粮多"的口号,大力扶持和鼓励农户增养猪羊，提高积肥量20%以上。大量使用由稻草、青草和畜禽粪便形成的稻田主要有机肥源猪羊灰。后因农户猪舍建成水泥硬棚，弃用稻草等，已不利用猪羊灰，大量猪粪随意排放。2005年开始，重视畜禽排泄物的循环利用，猪粪、沼液按照规定归田还林利用。全区陆续建起3个有机肥加工企业，重点村建猪粪处理中心，通过收集加工成高效生物有机肥归田还林，区内年使用有机肥达7吨。2010年下半年，大都秸秆经机械切碎后成为有机肥，秸秆肥料还田率11.77%。

人粪尿是最古老的肥源，明清以来，境内农民常到城镇包粪坑，到附近城市购粪肥。解放初期，本地人粪尿不足，到上海采运。60—70年代，由生资公司向上海组织粪源，每年分配有23~27.8万吨。据农资部门资料，1969—1979年间，年均调入30万吨，以后逐年减少。1985年后，不再向上海运入人粪尿，人粪尿也不作肥料。

还有杂肥，主要有垃圾、骨粉、草木灰、毛灰、毛发等。解放后，经常组织城镇垃圾下乡，送肥到田，开展“丘丘有氾肥潭，户户有千斤坑”的积肥运动。50—60年代使用含磷较多的骨粉作有机肥，用于薯类、棉、麻和瓜果，1970年后已被化肥等所取代。1980—1986年，由市农资系统从上海调入垃圾年均有14万吨，1987年停止。

90年代末，境内以三熟制为主，每季每亩作物有机肥的投入量在750公斤左右，全年每亩有机肥投入总量2000公斤左右。2005年，区农经局从3个村20户典型农户调查，全年每亩有机肥投入量为708.18公斤。有机肥的投入越来越不足，冬季白田现象也相当普遍，结果造成用地与养地严重失调，使土地有机质含量逐年下降。

绿肥　主要是紫云英，俗称红花草或草子。花草供肥与改土作用巨大，一般一亩花草可壅2~3亩，故有“猪灰、红花草，农家两个宝”的说法。绿肥除红花草外，解放后还在桑地种植过苜蓿，俗称黄花草。20世纪60—70年代，利用水面种植田菁、紫穗槐等绿肥作物以及养水浮莲、水花生、细绿萍和水葫芦等水生绿肥。80年代中期以后，由于化肥充足，绿肥基本不采用，造成水葫芦疯长堵塞河道等现象。

化肥　1915年，首次在嘉兴推销化肥。农民不知为何物，害怕“拔地力、坏田脚”，不敢问津。1947年，省合作联社分配市境各县硫酸铵369吨，应用面积极小。解放后，化肥使用量有较快增长。嘉兴市本级化肥施用量(标准肥)1950年0.02万吨，1956年增加到0.46万吨，1966年3.79万吨，1983年12.89万吨。国家计划供应的化肥数量也日渐增多，1966年化肥供应量已增加到9.69万吨。进入80年代，随着农业生产的发展，增势更猛。1990年增加到64.18万吨。不仅化肥供应量大幅度增加，化肥品种也从单一的氮素化肥，发展成氮、磷、钾齐备，有20多种之多。

2000年后，全区化肥施用基本以氮肥(以尿素为主，配以一部分碳铵)，磷肥以过磷酸钙为主，部分为钙镁磷肥；钾肥以进口氯化钾为主，部分为硫酸钾。2005年后复合肥用量有所提高，主要为国产的氮、磷、钾三元复合肥，部分为进口的氮、磷、钾三元复合肥，也有磷酸铵二元复合肥。还有一部分高浓度、中浓度、低浓度的国产复混肥。2010年，全区化肥使用量69655吨，每亩耕地化肥平均施用量120公斤。

农药

解放前仅有滴滴涕、鱼藤粉、疏黄、漂白粉等，农民很少应用。解放后，化学农药产品以有机氯、有机磷为主。1956年起，生产敌百虫等有机磷杀虫剂，代森锌、福美双等二疏代氨基甲酸酯类杀菌剂，氯化苦、磷化锌等熏蒸杀虫剂和胶体硫、多硫化钡等品种。农药供应量与年俱增，化学农药品种不断更新。1973年，开发稻瘟净、多菌灵等杀菌剂以替代汞制剂。同年，有机汞杀菌剂“西力生”“赛力散”开始大吨位生产应用。敌稗、除草醚、草甘膦、绿麦隆、西玛津等除草剂相继投产，农药剂型发展成乳剂、颗粒剂、胶悬剂、可溶性粉剂、胶囊剂、超低容量喷雾剂等多种剂型。20世纪80年代，开发高效、低残留的农药品种，主要有丙溴磷、丙疏磷等20多个有机磷杀虫剂；除草剂、杀鼠剂农药丁草胺、禾草丹和一些磺酰尿类等一批高活性、低用量、杀草谱广的除草剂品种等一批替代品种。2000年起，禁用高毒农药甲胺磷等，采用复配剂，低毒高效的杀虫剂、除草剂、杀菌剂农药。如氟虫晴、草甘膦、除草醚、井冈霉素等。

2009年，农民田间喷洒农药

第三节　设施农业

农用薄膜

农用薄膜始于20世纪60年代。由于成本较高，推广进度缓慢，70年代基本普及，以后大量使用薄膜，用于早稻育秧、蔬菜和瓜果育苗以及蚕室保温，功效显著，是科技兴农的重大成果。农用薄膜用量在70—80年代达到高峰，1980—1989年平均用量为2090吨。农户改进薄膜保管技术，提高复用率和使用范围，从使用期1~2年延长到5~6年。使用形式多样，有地膜、遮阳网、竹子大棚、钢管大棚，有简易单栋也有连栋，有小拱棚也有大拱棚，高低大小长度根据作物特性和农田位置也不同。1986年地膜种菜面积有953亩，3年后达到2223亩，基本覆盖瓜类、甜椒、茄子、马铃薯等作物。2008年农用薄膜大棚种植面积达58763亩，比2007年增加137亩，其它钢管农用薄膜大棚数量也从2007年的21940只至2008年增加到21950只，折合用膜量4500多吨，呈不断增长趋势。

遮阳网

1988年，采用网状覆盖材料的遮阳网取代芦帘，用于早秋菜、大白菜、葱等作物的育苗栽培和番茄、茄子的延迟栽培，现仍广泛应用。20世纪90年代，葡萄及蔬菜产业竹子大棚、钢管大棚、温室水产工厂化养殖迅速发展。1993年，大桥江南村农户朱屹峰曾首创“简易连栋式大棚”和“小拱棚避雨栽培技术”，提升了葡萄栽培的设施水平。

大棚和温室

用于生产设施起步于20世纪50—60年代，蔬菜基地的设施栽培，建立20间温室，铺设1800米地下管道，配备两台高压喷灌机。一度曾试用于蔬菜、果树及水稻苗期喷灌作业，农民戏称为“高射机枪”。同时，建立塑料大棚81.6亩、中小棚1028.5亩，先后在东栅的许安、塘汇的徐王村、嘉北的和殷村建立种子场、隔离网室、喷灌、催芽室等现代设施，使当时的蔬菜栽培初步实现了电热快速育苗和工厂化育苗栽培。

2000年后，国务院发出加大投入力度加强农业设施建设加大财政补贴力度。塑料大棚也逐渐趋于标准化，一般设计顶高2.5~2.8米，宽6~8米，长40米左右，也有根据农田位置不同确定不同的设计标准。根据农作物生长需要，有的大棚实现智能化，安装有恒温、滴灌等设备，俗称温室大棚、智能大棚。在东进农业示范园，有高档育苗温室10334平方米，中档温室16079.84平方米，普通大棚130亩，蔬菜保鲜库540平方米，仓库容量1500平方米。安装以色列进口喷灌系统，购置英国进口播种流水线，推广喷灌、微灌、滴灌等节水技术。

2003年，全区设施农业占地面积19714亩，其中大棚蔬菜复种12839亩、大棚西甜瓜复种8111亩、设施葡萄3500亩，以后不断增加设施农业面积。2009年，全区建成智能型大棚3只，面积35亩；连栋大棚10只，面积15080亩；钢管大棚数量30000只，面积26462亩；普通大棚12000只，面积20020亩；花卉玻璃温室大棚2亩，设施栽培面积73119亩，比上一年增加14356亩，喷滴灌面积500亩。设施栽培的作物，主要是各类蔬菜、花卉、瓜果、水生蔬菜、食用菌等，主要类型是中小塑料拱棚、塑料大棚、日光温室和现代大型温室。2010年，设施大棚有3万余亩，仅西甜瓜、番茄、茄子、黄瓜、地蒲等蔬菜大棚2.9万亩。其中，中小棚面积13265亩，喷滴灌面积1205亩，连栋大棚面积320亩，遮阳网面积8420亩，避雨栽培面积8470亩。通过财政补助,全区还完成建设GP825标准钢架大棚118000平方米,采用PVC低压管道输水,配套建成分级控制配水阀门及田间水栓,大力推广喷灌、微灌、滴灌等节水技术,节水灌溉面积达25万亩以上。

养殖业设施

从1988年起,大桥中华化工厂利用余热首次人工温室养殖2000只甲鱼获得成功。1995年,新丰、大桥温室甲鱼养殖已有600多平方米。2003年,全区温室甲鱼养殖23.86万平方米,温室蜗牛养殖2.39万平方米。2006年,新丰富兴牧场安装先进的环境控制系统,自动控猪舍内的温度、湿度、空气新鲜度。2010年,全区水产养殖中温室面积2494亩,其中甲鱼2243亩(采光钢管大棚90亩、温室2153亩),蜗牛温室面积194亩,南湖菱钢管大棚7亩,虾蟹设施大棚40亩(钢管大棚30亩、简易大棚10亩),鲶鱼钢管大棚8亩。

第四节　农业耕作制度

区境农民在长期的农业生产中摸索出一套耕作制度,经过不断演变,至2010年,水田耕作制度主要有6种,旱地耕作制度有3种。广大农户根据土地肥力等情况,对土地进行间作和轮作,增加土地产出率和提高土地利用率。

水田耕作制度

境内水田耕作制度,春秋吴越时起,已渐从"刀耕水耨",发展为数年一熟、轮流耕作的休闲制,再到一年一熟、年年耕种的连作制。唐宋时,开始了稻麦二熟的耕作制。明时,应用小麦移栽技术,促进了稻麦二熟制发展。清代,二熟制冬种作物,除麦类外,还有油菜、蚕豆、紫云英等。

1949—1955年,境内农田耕作制度主要是传统的"单季中稻—春花",一年只种一熟半。1949年,市本级共种植水稻87.49万亩,其中,绿肥—水稻二熟制占31.1%;麦(豆)—水稻2熟制占42%;油菜—水稻二熟制占4.5%;冬闲田—水稻一熟制约占22.4 %。粮油复种指数为147%。

1956—1992年,农作制度主要是"双季连作稻—春粮+绿肥",一年种三熟,即春花—早稻—晚稻。从1956年开始,省农业厅提出对水田农作制度的改革,提出因地制宜改间作为连作,改单季为双季,改二熟为三熟的"三改"技术措施。此后,连作早稻和连作晚稻种植面积不断扩大,至1970年为最大。单季晚稻逐步压缩,消失于20世纪60年代中期,到80年代中期又有所恢复种植。绿肥面积先增后减,到1990年后仅剩近万亩。油菜面积在波动中稳步上升,到80年代中期年达到面积最大。

这期间,境内水田面积逐年减少,由1956年的81.2万亩减至1992年的72.2万亩。早稻面积改制当年猛增到43.17万亩,比1955年增加了33.26万亩,之后连年扩大,至1970年为最大67.3万亩。那时,早稻年均51.62万亩,占水田面积的66%;晚稻面积年均达77.71万亩,占水田面积的99.4%;春粮面积在7.8万~15万亩间波动,年均在10.25万亩,占水田面积的13.1%;油菜面积年均10.45万亩,占水田面积13.36%;绿肥年均面积36.1万亩,占水田面积达46.1%。平均粮油复种指数达到188.52%。产量水平也逐年提高,早稻平均亩产由1956年的162公斤,提高到1992年的422公斤,年递增率2.7%;晚稻亩产由173公斤提高到414公斤,年递增率2.45%;春粮亩产由62.3公斤提高到167.3公斤,年递增率2.78%。粮油总产由1956年的24.417万吨提高至1992年的59.8万吨,年递增率达2.52%。

1993—2007年,境内的农作制度主要是"单季稻+双季连作稻—春粮",一年二熟与三熟混种制,即单季晚稻—春粮,连作双季稻—春花。期间,连作早稻和连作晚稻种植面积开始不断压缩减少直至2007年后消失;单季晚稻恢复种植并取代连作晚稻而面积比例迅速扩大;春花作物以大麦、油菜为主,小麦、蚕豌豆为次,其中大麦面积缓慢下降,小麦稳定,蚕豌豆逐步扩大,油菜面积呈抛物形增长态势。其间,境内水田面积由1993年的71.4万亩减至2007年的65.8万亩,相应的早稻面积由35.19万亩,减至0.62万亩,占水田比例由49.3%减少至0.93%,平均为21.43%;晚稻面积由66.12万亩下降至46.25万亩,占水田比例由92.64%下降至64.8%,

平均为79.56%；大麦面积由23.2万亩减少至9.6万亩，占水田比例由32.5%减至13.4%，平均为21.81%；油菜面积在27.2万~12万亩间波动，占田比例平均为27.2%；蚕豌豆面积由2.2万亩增加到9万亩，平均占田比例为7.2%。绿肥面积在1.5万亩间波动，占田比例仅为2.23%；粮油复种面积由143.7万亩下降至87.2万亩，减了56.5万亩，平均粮油复种指数下降为148.94%。早稻平均亩产稳定在400.5公斤，略低于此前5年的平均水平；晚稻平均亩产509.1公斤，比前5年平均增产26.93%，年递增率1.47%；春粮平均亩产180.75公斤，比前5年平均增产11.9%，年递增率1.18%；油菜平均亩产132.8公斤，比前5年平均增产8.1%，年递增率1.58%；粮油总产平均42.83万吨，因种植面积的减少而下降，年递减率为3.25%。此阶段，随着农作制度的调整，表现为粮油作物种植面积减少，复种指数下降，平均单产提高，总产量降低。

2008—2010年，区的农作制度主要是“单季稻—经作+春粮”，一年二熟制。经济作物已进入熟制重要地位，稳粮增效、粮经双收，亩田“万元千斤模式”应运而生，其种植形式也有多种：即单季晚稻—大棚瓜菜（西甜瓜、南瓜、地蒲，茄子、蕃茄、生姜等）+春粮；大棚瓜菜、春玉米、春大豆—晚稻等。期间种植有50余年历史的连作稻彻底消失，同时进入了新的农作制从探索创新到发展阶段。水稻仅为一季稻，且面积逐年下降；春花作物以大麦、小麦为主，油菜、蚕豌豆为次，春大豆、春玉米，蔬菜瓜类面积逐步扩大。

该阶段，全区水田面积保持在65.87万亩左右，晚稻面积由46.4万亩下调至37.0万亩，占水田比例由70.46%下降至54.2%，平均为62.79%；春花作物中，大麦面积呈中间高两头低，平均在10.5万亩，占水田比例为15.27%；小麦面积由4.6万亩提高到15.1万亩，平均占水田面积14.22%；油菜面积由12.0万降至4.5万亩，占田比例平均为11.45%；蚕豌豆面积由9.92万亩下调到0.38万亩，平均占田比例为11.42%；绿肥面积在0.62万亩间波动，占田比例仅为0.9%；蔬菜、瓜类面积逐步提高到27万亩，占田比例为39.38%，春大豆6万亩，春玉米1.5万亩，二春作物占田比例为11.23%。平均粮油复种指数进一步下降为107.81%。晚稻平均亩产567.8公斤，比前5年平均增产6.17%，年递增率0.64%；大小麦平均亩产在300公斤左右波动，比前5年平均增产8.8%；油菜平均亩产155.0公斤，比前5年平均增产5.44%，年递增率0.55%；粮油总产平均33.23万吨，因种植面积的调减而下降，年递减率为1.33%。随着农作制度的进一步调优，表现为粮油种植面积进一步减少，复种指数下降，平均单产提高，总产量降低；经济作物如蔬菜、瓜类及春玉米、春大豆、莲藕等种植面积扩大，水田经济效益提高。

旱地耕作制度

从春秋至唐宋元旱地就主要种植黍、赤豆、麦、大豆等作物。明代中叶商业性农业的兴起和甘薯、玉米的传入，逐步形成麦—甘薯、麦—玉米或黄豆两熟制，以及麦和蚕（豌）豆的混作间作，至民国时期，旱地种植制度基本上是一年二熟制。

解放后很长一段时间，旱地种植蚕桑、油菜、雪菜、白菜、青菜、棉花、草籽及大小麦、蚕（豌）豆、马铃薯、玉米、甘薯、大豆等旱杂粮。土地复种指数不到180%，旱杂粮亩产250~300公斤。1983年后，随着城市建设加快和乡镇工业经济发展，农业产业结构的调整，旱地面积逐渐减少。1994年后，蔬菜、瓜类、水果种植面积逐年增多。2010年，蔬菜种植面积16.67万亩。

第五节　浙江嘉兴国家农业科技园

园区设立

位于七星镇东进村，1997年为区级农业园区，1998年被列为市级农业园区。当年10月6日，时任中共中央总书记江泽民视察七星镇，发出“沿海发达地区要率先基本实现农业现代化”号召。根据国家计委部署，省计委具体指导，1999年底被列入国家计委现代农业示范项目。2000年7月，省农业厅、财政厅将东进农业示范园区列为浙江省农业高新科技示范园区。2001年4月，科技部组织中国农科院等单位专家对申报园区进行实地评估考察，确认园区有条件申报国家农业科技园区。8月初，省科技厅主持召开“浙江秀城农业科技园区”省级论证会，园区建设方案顺利通过省级评审。8月6日，向国家有关部门汇报并答辩专家提问，经专家综合评审顺利通过，成为全国首批21个国家级农业科技园区(试点)之一。9月3日，科技部等6部委联合发文公布批准建立。2010年1月，通过国家科技部综合评议验收。

园区建设

园区建设总体规划面积35万亩，其中核心区1.5万亩，包括农业高科技示范园、农业高新科技孵化园、农业对外招商园、绿色农产品产业园4大功能区块。中心示范区9个，面积6.2万亩，包括精品蔬菜、名特瓜果、优质畜禽、特种水产、名特水果花卉、渔菜共生、优质粮油、高产桑茧、休闲农业等中心示范区；辐射区27.3万亩，覆盖全区农村。

园区创建以来，突出农业高新技术和先进适用技术的引进、研发、集成创新，构建“一园九区百方千户”(一个国家农业科技园、九个中心示范区、一百个科技示范方、一千户科技示范户)农技推广网络，加快推进“六型”(精品型、设施型、加工型、生态型、观光型、服务型)都市农业建设，促进传统农业向现代农业转变，全面完成规划确定的主要建设任务。2010年与2000年相比，园区生产总值309.8亿元，增长3.63倍；农村经济总收入471.3亿元，增长5.75倍；农业总产值32.18亿元，增长1.65倍；农民人均纯收入14605元，增长2.19倍；农业劳动生产率72099元/人·年，增长2.87倍，土地产出率10047元/亩·年，增长2.41倍。2004年、2008年，分别被省政府授于粮食生产先进区。2007年被评为省农业特色优势产业综合强县，畜牧业强县。

2010年全区农业园区创建情况表

表18-8

园区名称	园区地点	园区面积(亩)	园区主要内容	投资估算(万元)	实施主体
嘉兴市湘家荡现代农业综合区	七星镇	20236	科技孵化区、水果产业区、设施园艺产业区、粮经轮作区、水产产业区，花卉苗木精品园、中华鳖精品园等	18600	湘家荡管委会
南湖区凤桥现代农业综合区	凤桥镇	23400	蔬菜、特种水产、花卉苗木、食用菌精品、水果精品；粮经轮作；配套畜牧养农业休闲观光	23600	绿桥农业投资开发有限公司等
南湖世合省级现代农业综合区	凤桥、余新、大桥	23250	蔬菜，水果；设施园艺，花卉精品，畜牧精品；粮经轮作区；休闲观光	19100	嘉兴世合新农村开发有限公司等
新丰镇生猪主导产业示范区	新丰镇	400	年存栏生猪达到2.2万头以上	1880	新丰镇农业服务中心
凤桥水蜜桃主导产业示范区	凤桥镇三星村	3007	优质新品种水蜜桃基地300亩，建设高标准设施大棚100亩，新铺设微滴灌设施1000亩等	680	凤桥镇农业服务中心
铁甲鳖业主导产业示范区	大桥、七星、东栅街道	1645	优良鳖种育苗中心、生态鳖精品园	525	铁甲鳖业专业合作社
嘉兴市绿农蔬菜瓜果精品园	净相村毛家头、竹林村冼帚浜组	1056	建造标准大棚750亩，渠道改造建排水渠道约7000米；建造滴灌面积360亩等	1300	绿农农产品有限公司
嘉兴明星牧业精品园	余新镇明星村	300	包括猪舍面积10720平方米，引进良种母猪500头、公猪20头	1060.47	明星牧业有限公司

续表18-8

园区名称	园区地点	园区面积（亩）	园区主要内容	投资估算（万元）	实施主体
嘉兴市天香花卉产业精品园	凤桥镇永红村	1050	新建智能连栋大2万平方米、标准钢管大棚300亩、简易棚膜设施200亩；建设微滴管系统600亩	2270.7	凤桥天香园艺场
嘉兴市南湖区舜荣设施渔业精品园	余新镇	265	高产保温大棚设施建设、标准养殖池池底增氧设施建设和水质监控设施建设	260	舜荣农产品开发有限公司

第六节　南湖区良种场

位于余新镇，是国家农业部备案、省定点的农场。初建于1952年3月，由凤桥区农场和新篁区农场合并而成，命名嘉兴县凤桥农场。1963年更名嘉兴县农场，1981年更名嘉兴市良种场，1983年划归郊区管理，2000年划归南湖区。2008年，调整为余新镇政府管理。当年8月31日，区良种场办理资产移交手续，共有总资产510.93万元，存款189.39万元，实现国有资产保值增值。2010年，良种场总面积19.94公顷，其中渔业占地面积12.34公顷、工业占地面积2.67公顷、农林业占地面积3.47公顷、生活区占地面积1.47公顷，农业生产设施配套齐全。耕作、排灌和收割基本实现机电化。有职工84人，其中在职25人、离退休和其他人员59人。

良种场建立以来，以稻麦良种繁殖和畜、禽、鱼饲养为主。20世纪80年代，开挖鱼塘，发展畜禽业，办起一个电镀加工厂。1985年初，推行良种场机制粗放型改革，耕地、鱼塘、果园、畜牧场、电镀厂责任承包到组或人，职工超额有奖，提高职工积极性，当年经营利润14.3万元。1990年生产粮食84430公斤，提供稻麦良种8.15万公斤，出售供港大猪548头，生产种蛋13.26万只，销售苗禽20万羽，生产鲜鱼56.58吨。全场农工牧副渔总收入268.3万元，比1989年增长25.59%。90年代中期，良种场少数年份有经营利润之外，多数年份出现经营亏损，至1995年底负债291万元。1996年，进行内部经营管理机制改革，对内实行盘活资产存量，产品拍卖，财产出租，自主经营，自负盈亏；对外积极招商引资，发展工业，建有银光电镀厂、威腾染化有限公司和五星静电喷塑厂，经济效益明显提升，扭转长期亏损局面。2007年，良种场为社会提供商品鱼53620公斤、青虾3800公斤、螃蟹2900公斤、鱼种3000公斤，获得2007年度省农业厅先进单位。

第三章　种植业

第一节　粮食作物

区境粮食生产历史久远，唐、宋时，开始出现稻麦两熟制，粮食产量大幅增加，成为富饶的江南粮仓；明、清时，随着品种改良和耕作技术的改进，粮食生产达到新的水平；民国时期，粮食虽仍有缓慢发展，但因连年战乱，陷于停滞不前。

解放后，大力推广先进技术，积极改变耕作制度，粮食总产量和亩产都有大幅增长。1990年，平均亩产达380公斤，比1950年面积减104.1351万亩，下降81.18%，总产减94908吨，下降50.87%，单产增235公斤，增1.62倍。20世纪90年代后期，随着农业结构调整和粮食购销市场化，区境粮经种植面积比例调整，粮食种植面积逐年减少。

水稻

境内是中国最早种植水稻的地区之一，古时曾数次出现野稻自生，适宜种植水稻，且种植面积大、产量高，稻米质量上乘，素有“粳稻之乡”之称。新中国成立后，1950—1955年经过土地改革和农业互助合作，处于恢复发展时期。1955年早、晚稻亩产比1949年分别增长22%和56%。从1956年起，大面积改变耕作制度，水稻复种面积逐年增加。

1999年9月，凤桥镇农村稻田

20世纪60年代起，境内合理调整水稻复种面积，推广“四良”（良田、良制、良种、良法）配套措施，走出一条多熟高产的途径。1984年，境内早稻亩产426公斤，晚稻亩产420公斤，实现水稻亩产双超农业纲要的目标。1990年，境内水稻种植面积扩大，早、晚稻面积为58万亩和72万亩，亩产分别为438公斤和420公斤。

2000年以来，区政府创新农作制度改革，推广“万元千斤”模式，发展高产、优质、高效设施农业，水稻种植面积减少，尤其是早稻面积迅速减少，由2001年的4.16万亩，占水稻面积的15.27%逐渐减少至2010年的300亩左右。2004年水稻面积215094亩，总产量108448吨，早、晚稻亩产421公斤和516公斤，以后几年面积产量基本保持平衡，略有下降。2010年水稻面积17.42万亩，总产量95236吨，早稻亩产300公斤，晚稻亩产547公斤。

水稻品种　20世纪50年代境内种植有六十日、八十日、嘉兴白皮、红壳洋尖等早籼高秆品种。其时从外地先后引进莲塘早、南团号、陆财号等早熟品种；60年代引进矮秆、耐肥、多穗的早籼矮脚南特、矮南早1号、二九青等，作为连作早稻栽培，亩产一般比高秆品种增产50公斤左右。早稻开始由矮秆品种替代高秆品种，矮脚南特成为早稻当家品种，还先后引进和搭配种植不同成熟期的早籼品种，早熟型有矮南早1号、二九陆1号，中熟型有广陆早、圭陆矮3号、先锋1号等，迟熟型有矮南早39号、团粒矮、珍珠矮等，实现了早稻品种的熟期配套。70年代起，早稻品种选用向抗病、高产方向发展，先后引进种植二九青、广陆矮4号、中杆早、原丰早、青秆黄等。80—90年代，种植品种均由嘉兴市郊区、市农科所选育，主要品种为二九丰、嘉籼758、嘉籼222、嘉籼7号、嘉早05、嘉育948等，均为中熟早籼品种。2000年后，仍以中熟早籼品种为主，有嘉育948、嘉育143、嘉兴8号、嘉育253、嘉育21等，亩产一般在450公斤左右。

晚稻品种　20世纪50年代，沿用原有的落霜青、老来青、荔枝红、矮红稻、金谷黄、老虎稻、10509和晚籼9号等品种。晚籼9号不久就被淘汰。这些品种成熟期偏迟，茎秆偏高，易倒伏及易感白叶枯病，产量不稳。60—70年代，普遍种植矮秆、抗倒、抗病、丰产性较好的农垦58号。连续种植多年，种植面积占晚稻总面积70%以上，成为晚稻当家品种。成熟期较早的矮杆品种逐渐替代高杆单季晚稻品种。60年代后期至70年代初，抗病丰产的农虎6号、嘉湖4号、农红73号、矮粳23和金垦18等良种取代了种性退化的农垦58；其中晚糯品种先是引进京引15、京引88，以后，丰产抗病的双糯4号，逐步取代京引，成为主要当家品种。

80年代初，从嘉兴农科所引进丰产抗病新良种秀水48、秀水21、嘉湖4号，以后又引进秀水04、秀水37、丙620、丙664等高产、稳产的早中熟晚粳新品种。1985年开始，推广种植熟期早、抗病抗虫（抗稻飞虱）、秧期短、迟至7月上旬落谷、也可稳产高产、适应多熟制栽培的秀水37、丙664等优良品种；其中晚糯品种，1982年起，种植祥湖47、祥湖25、祥湖84等中熟晚糯品种。80年代后期，开始探索优质米的选育和开发，如血糯、香粳、黑米等。育成紫香7号高级营养米。90年代起，随着单季晚稻种植面积的扩大，高产抗病中熟晚粳秀水814、秀水1067、秀水17、秀水63、丙97—59等品种先后主导域区内晚稻生产。2000年后，先后大面积推广的晚粳中熟品种主要有秀水110、秀水994、嘉花1号、秀水09、秀水128、秀水33、秀水114、秀水134等。

其次还有特早熟晚粳品种秀水03、晚粳糯稻品种祥湖914、祥湖13等。这些品种均属密穗型晚粳，作单季晚稻种植，亩产在500~550公斤左右。

杂交水稻品种（晚稻） 1975年起，境内小面积示范种植籼型杂交水稻。1976年，由市农科所组织农技员到海南制繁种籼杂交汕优63种子。通过恢复系和不育系进行花粉杂交开展自繁、自制，统一供种。1981年后，有市种子公司从上海、本市平湖等地引进杂交粳稻常优1号、寒优湘晴、8优161等优良杂交粳稻种子，在南湖区内种植。2004年，引进秀优5号、嘉乐优2号杂交粳稻良种，因其产量高、米质好、抗性强而推广以来，经历了为期6年的试种、推广、自繁自制、大面积种植的过程。2007年推广面积达5080亩。后因生育期较常规稻迟一周左右、易感条纹叶枯病等原因，2010年种植面积仅50亩。

水稻栽培技术 水稻栽培技术历史久远，秦汉时，形成以“深耕易耨”“粪多力勤”为核心的农耕技术；唐时水稻移栽也已普遍实行；宋代水稻栽培形成耕、耙、耖结合的深耕细作，以及培育壮秧，合理施肥，耘耥烤田等配套技术。新中国建立后，水稻栽培技术在继承发扬传统技术基础上，又有许多新的创造和发明。二熟制早稻培育“嫩壮秧”，三熟制早稻培育“粗壮秧”。提倡晒种、风选、筛选、泥（盐）水选种浸种，采用小草囤打堆催芽，播于水耕水作的水秧田；晚稻采用水育大苗，并以控水、控肥的方法培育“老健秧”。

1953年开始，全面推行以适当密植为中心的水稻技术。20世纪60年代全面推广小株密植为中心的水稻生产技术。1964年，早稻开始采用尼龙薄膜棚架育秧，70年代中期基本普及。60年代中期以后，晚稻转向培育“适龄壮秧”，重点调整播种期和播种量，播期推迟，播量放稀。在土劳负担较重、季节紧张的地方，还辅之以“两段育秧”“抽条留苗”“秧套稻”等多种育秧方法，以求争季节、保高产。70年代起，在水、肥、土、种、密、保、工、管等方面，形成一整套适应一年二熟和一年三熟的栽培管理技术，逐步推广良种良法为中心的各项增产措施。80年代至20世纪末，推行以高产模式栽培为重点的配套技术，水稻栽培以育秧人工移栽为主。2004年起以直播栽培为主，2008年开始推广机械化插秧技术。

直播栽培有免耕人工撒直播栽培和翻耕人工撒直播栽培两种。2006年以前直播生产以免耕直播为主，2004年免耕直播面积7.78万亩，占直播面积98%，占水稻种植面积的36.17%。2005年6.28万亩，占直播面积72.35%，占水稻种植面积的30.01%；2006年5.34万亩，占49.26%，占水稻种植面积的25.84%。至2010年免耕直播面积4.4万亩，占直播面积的34.65%，占水稻种植面积的25.26%。

2005年翻耕直播面积2.4万亩，2010年增加到8.3万亩。2007年，引进和示范水稻机械化插秧技术开始，机插面积由2008年的3020亩（占水稻种植面积的1.61%）、2009年的9305亩（占水稻种植面积的5.09%），增加到2010年1.5万亩（占水稻种植面积的8.61%）。机插秧技术最大的优势是稻田杂交发生少、水稻扎根深不易倒伏，方便大户规模化管理。

大小麦

西晋以后，随北方士民南迁，嘉兴开始种植麦类植物。南宋建都临安，大量官兵和民众南渡至浙江，多食麦面，嘉兴小麦种植扩大。大麦种植甚寥。民国时期小麦栽培面积也远多于大麦。1936年全县小麦面积8.44万亩，大麦406亩。

解放前，大小麦耕作粗放，产量低下。1949年大麦亩产36.32公斤、小麦亩产51.72公斤，有“种种一摊，收收一担”之说。经过不断改善生产条件，更新品种，改进耕作技术，产量逐年上升。1969年小麦亩产上升到79.2公斤，1979年190.06公斤，1999年上升到295公斤，2010年为302公斤。2002年以前春粮主要以大麦为主，主要用作啤酒工业的原料和畜牧业的精饲料。1950年嘉兴县大麦播种面积1.97万亩，1960年播种面积为5.33万亩，1970年增加到10.99万亩，1980年为20.19万亩，1983年为26.57万亩。嘉兴县大麦亩产1950年45公斤，1960年59.5公斤，1970年111公斤，1980年195公斤，1983年205.5公斤。同时，小麦面积逐年减少。1950年嘉兴县小麦面积10.12万亩，1960年14.33万亩，1970年10.18万亩，1980年6.42万亩，1983年5.33万亩。市本级小麦亩产1950年49公斤，1960年58.5公斤，1970年77.5公斤，1980年197公斤，1983年180.5公斤。

建区后，江苏、安徽新迁入农户大面积承包种粮，小麦种植面积逐年上升。2003年全区小麦面积3330亩，至2010年全区扩大到3.02万亩，增加了9倍之多。大麦面积一直稳定在6万~7万亩间，大小麦单产稳定在300~320公斤/亩。

大小麦品种 解放初期，小麦品种主要有矮粒多、浙农9号等改良麦以及和尚麦、三月黄等土种。20世纪70年代相继引进六五白壳、扬麦1号、浙麦1号等品种。80年代上述品种逐步为扬麦3号、扬麦4号、浙麦2号、浙麦3号、宁麦3号、7539等丰产抗病的品种所取代。90年代开始先后以扬麦5号、扬麦158为主。21世纪后推广的小麦品种主要以扬麦158、扬麦10和扬麦12号为主。小麦"扬麦"品种均为江苏里下河地区农科所选育。品种属春性，矮秆大穗，耐湿性强、抗病抗倒，丰产性好。

大麦品种在50年代主要有立夏黄、二棱大麦和六棱大麦等，60年代逐步更新为萧山立夏黄、矮白洋、无芒六棱等。这些品种生育期较长，不能适应一年三熟的季节茬口。70—80年代为早熟丰产的早熟3号、早熟7号、沪麦4号等更替。特别是早熟3号适应性强、熟期早、稳产高产，优于其他品种。1975—1984年，这些品种一直是大麦种植的当家品种。90年代前期栽培面积较大的品种为浙农大3号、秀80—7、沪麦10号、秀87—8(秀麦2号)，90年代中期始先后以秀麦2号、秀麦3号、秀94—30(花30)等品种为主，2000年后以花30为主，2008年后增加"浙啤33"品种。秀字号大麦品种均为嘉兴市农科院选育，为弱春性，矮秆、多穗大穗、抗病高产品种。

大小麦栽培 解放前，大小麦栽培多为浅沟狭畦，排水不畅，渍害严重。20世纪50年代，重点推广增施肥料、深耕细作和适期早播3大增产措施。60年代，改老品种为新品种，改浅沟狭畦为深沟宽畦，改点播为条播。70年代，随着农田排灌条件的改善，在普及和提高已有技术的基础上，突出推广"沟、渠、河"三配套和"燥耕燥作、薄片深翻"的增产措施。1977年10月初，嘉兴地委书记张敬堂在七星公社大树大队召开现场会，会后又层层带头种植试验田，为推动三沟配套和促进大小麦高产奠定了基础。1985年开始学习苏南经验，大力推广稻板麦(免耕麦)，并逐步实行高产模式技术配套。稻板麦可比翻耕麦早播5天，增产5%~12%，亩产300公斤以上。2000年前，稻板麦技术取代了传统的耕作方法，覆盖全境冬种麦田。2000年后，为有效利用茬口季节，大户多采取套播的方式，在晚稻成熟待收期先大田直播，晚稻机收割时留10~15厘米高茬或部分稻草还田，再开沟通渠。播种期在11月上旬至中下旬，亩播种量在8~12公斤。

大小麦病害防治 麦类病虫害主要有麦类赤霉病、麦类黑穗病、大麦黄花叶病、锈病、粘虫等。麦类赤霉病，俗称红头麦，为大小麦常发病害。大流行年份发病面积约占大小麦总面积的50%左右，穗发病率均在40%以上。20世纪70年代，通过农业综合防治措施和应用多菌灵、托布津农药喷施，对减轻大小麦赤霉病病害起到一定作用。麦类黑穗病在民国时期每年常有发生，以小麦散黑穗病为盛。50年代后期，开始推广冷浸日晒种子处理，病情显著减轻。70—80年代全面推广石灰水浸种处理，还选用福美霜、多菌灵浸种，有效控制麦类黑穗病发生。大麦黄花叶病发病初见于70年代中期，此后发病面积渐有扩大。选用耐病品种和采用作物轮作办法，减少发病面积。

20世纪50年代开始流行锈病，70年代开始使用敌锈钠防治，并选用抗病品种，小麦锈病的发生得到控制。60年代中期境内发现粘虫，显其危害。其时发动群众开展糖醋诱杀和草把诱卵。大发年份，亩均有虫2.5万条左右，80年代起每年采取敌百虫等防治，效果显著。

杂粮

区境杂粮主要有蚕豆、大豆(俗称毛豆、黄豆)、番薯、马铃薯、玉米、高粱；此外还有绿豆、豌豆、赤豆、芝麻、葵花籽、花生等，历来种植面积较少，除蚕豆、大豆、玉米、番薯外，大多以田边、地角零星旱地种植，产量低，基本以自食。

马铃薯 又名土豆、洋山芋，一年生或一年二季栽培，其地下块茎呈圆、卵、椭圆等形，有芽眼，皮红、黄、白或紫色。块茎可供食用，是重要的粮食、蔬菜兼用作物，食品营养价值高。

马铃薯栽培时间为2月上旬前后，收获时间为4月中旬至5月中旬，生育期100天左右。也可秋季栽培。播种时间为8月上旬，收获时间为10月下旬。由于生长期短，收获后很多地方都要赶种水稻和玉米，因此，要选择早熟品种。目前种植面积在3000亩左右，种植品种以东农303、克星4号为主，1月下旬播种，5月份收获，亩产1600公斤左右。

蚕豆　本地又名大豆。因豆荚成熟时正当春蚕上蔟之时，故名蚕豆。蚕豆是粮食蔬菜和饲料绿肥兼用作物。民国期间普遍栽种，新中国成立初仍大面积种植。水田改制后逐年减少，20世纪60年代初重又回升，随着三熟制的稳定发展，蚕豆种植面积直线下降。至1990年，蚕豆产量占春粮的比重，已从新中国成立初的66.55%下降到3.1%。

多年来，蚕豆的单产有很大的提高。1990年亩产168公斤，比1949年的39公斤增长4倍多，2005年以前播种面积4000亩左右，2006年后增加到6000亩左右。鲜蚕豆荚亩产1200公斤左右，总产为1200吨左右。蚕豆品种有慈溪大白豆、本地青皮蚕豆、日本寸蚕等，蚕豆主要以采摘青豆荚当蔬菜食用，一般10月下旬播种，来年5月初上市。

豌豆　又名寒豆。明代已有栽培的记述。豌豆多利用零星杂地，屋前屋后种植，采摘嫩荚作蔬菜佐餐，量极少。豌豆品种主要有中豌4号、中豌6号等，亩产在650公斤左右。

黄豆　本地称新鲜的为毛豆、老熟的为黄豆。明清时期种植较广，一半以上间作于桑园。黄豆属于低产作物，1949年亩产35.5公斤，解放后改进耕作技术，单位产量逐年提高，20世纪70年代开始跃过100公斤，1978年161公斤，1990年为126公斤，2000年后引进新品种，亩产在250—300公斤，折合鲜毛豆1000公斤左右。七星、大桥、新丰镇成为优质鲜毛豆主要生产基地，销往苏、锡、沪等地（见第二十三篇“名优特产”第二章第一节）。

2005—2010年区大豆面积产量情况表

表18-9

年份	面积（亩）	亩产（公斤）	总产（吨）	年份	亩产（公斤）	总产（吨）	亩产（公斤）
2005	27540	225	6202	2008	28996	277	8018
2006	26233	207	5441	2009	30911	241	7476
2007	25266	269	6785	2010	27386	254	6943

玉米　又名玉蜀黍，当地俗名黍黍米、龙须豆。明代就有种植。民国时期，种者多采摘嫩玉米蒸煮作为零食。解放后一直未有发展，20世纪80年代中期，才从开发优质饲料的角度发展玉米。

主要品种：在60年代前都是杂乱的农家土种。70年代末开始引进杂交春玉米丹玉6号，80年代中期引进苏玉1号、苏玉4号、丹玉13号、掖单4号等杂交良种。现在主要品种以鲜食糯玉米为主，品种有美玉7号、浙凤糯二号和其他一些超甜玉米。玉米主要以自供自食为主，有春玉米和秋玉米两季，2010年鲜食玉米种植面积6000多亩；春玉米在3月下旬播种，地膜覆盖保温育秧，4月底移栽，7月下旬收获，面积3000~4000亩；秋玉米7月下旬播种，10月中下旬收获，亩单产低于春玉米，一般亩产鲜玉米在700公斤左右，面积2000亩。

番薯　又名番芋、山薯。史载，明万历三十六年（1608）由徐光启从福建引入上海，传入江浙，明末开始在境内种植。民国期间，以温州籍移民种植为主，解放后当地农民也有种植。20世纪60年代初因稻麦荒灾频繁，大量种植番薯，聊以充饥，70年代后主要作为饲料和淀粉原料使用。

解放前，境内番薯单位产量低下。1949年番薯亩产208.5公斤，50年代多数年份在200公斤左右，经过品种更新，改进栽培技术，产量逐年提高，1973年亩产274公斤，1978年亩产269公斤，1983年市区番薯亩产225.5公斤，1990年亩产为311公斤。2000年后，品种更新，栽培创新，产量倍增，亩产鲜薯在2500公斤左右。

番薯品种，50年代有白皮白心、红皮白心、黄皮白心等，其中红皮白心肉质甜嫩，生食可口，但产量较低。1956年开始引进胜利百号，薯形较大，淀粉含量多，产量亦高，但其风味不如原先地方品种。

目前以徐薯18、浙薯13为主。一般在6月种植，10月收获。

高粱 境内始种于20世纪60年代，3月底播种，7月下旬成熟。一般种在自留地上，亩产50~75公斤。高粱磨成粉，食性粘而糯，3年困难时期作食用，后大多作饲料，曾可抵交国家粮食征购任务。境内延续种植20多年，90年代基本绝迹。

2000—2010年区粮食作物生产面积、产量情况表

表18-10

年份	春粮(大、小麦，蚕豌豆)			早稻		晚稻			粮食		
	面积(万亩)	产量		产量		面积(万亩)	产量		面积(万亩)	总产(吨)	亩产(公斤)
		总产(吨)	亩产(公斤)	总产(吨)	亩产(公斤)		总产(吨)	亩产(公斤)			
2000	10.28	28593.3	278	29093	430	23.98	118584.7	494	42.31	179217.4	424
2001	5.81	15619.6	269	17098	411	23.06	119021.1	516	34.38	155291.4	452
2002	7.71	17792.4	231	12140	383	22.15	116590.9	526	35.50	157997	445
2003	5.92	14511	245	7990.6	394	18.31	92744.9	507	29.48	122368.5	415
2004	5.53	15923	288	11403	421	18.80	97045	516	30.66	136544	445
2005	6.19	18754	303	8628	417	18.86	95623	507	31.43	138075	439
2006	7.53	22565	300	4051	418	19.70	104383	530	32.53	147195	452
2007	8.47	26741	316	2581	419	18.57	96416	519	32.06	142552	445
2008	8.76	27382	313	14	452	18.72	101712	543	32.50	145137	447
2009	9.88	30443	308	—	—	18.29	98429	538	33.61	147226	438
2010	10.57	30388	287	—	—	17.40	95175.7	547	33.09	141640	428

第二节 经济作物

历史上，农民利用自然优势和传统技术，实行粮食与经济作物轮作、套种，逐步形成比较合理的种植结构。在20世纪60—70年代，曾几度片面强调“以粮为纲”，经济作物种植面积起伏较大。80年代起，在稳定粮食生产前提下，重点发展市场需要和效益高的经济作物，使粮食和经济作物的布局逐步趋于合理。境内经济作物主要有棉花、油菜、麻、及蚕桑、蔬菜、瓜果类等。

油菜籽

古称芸苔，宋代始称油菜。农民利用稻田冬种油菜，“冬种而春生，摘苔蕊食之，老熟收籽为油”。到了明代栽种油菜已经较多，清康熙年间油菜生产迅速发展。抗日战争期间油菜生产大幅度下降。到解放时油菜种植面积一直徘徊。20世纪60年代困难时期，粮食紧缺，油菜面积一度下降。70年代粮油并举，油菜种植扩大，改革开放后，国家逐步调整油菜籽的收购奖励政策，从收购加价50%，改为取消统购，按“四六”比例收购，油菜生产的经济效益相对提高，调动了农民种植油菜的积极性。1980年始，种植面积迅速扩大。90年代，市本级油菜种植面积一直保持在17.5万亩左右，亩产在130公斤左右。2000年后由于油菜的经济效益相对较低，2001年起种植面积逐年下降。辖区由2001年的10.6万亩，减少到2010年的2.3万亩。

品种 油菜有白菜型、甘蓝型和芥菜型3大类，20世纪60年代，以白菜型为主，有长梗白、三月黄、灯笼种、姜黄种等，统称土油菜。其特点是生育期短、成熟早、耐湿性好，可作蔬菜和榨油兼用，但抗逆性差，尤其易感病毒病，籽粒千粒重较低，产量低而不稳，常年亩产不过40公斤，丰产年亩收50公斤已属稀罕。单产一直徘徊不前。1964年开始引进胜利油菜及东胜1号、14号，军油1号、宁油7号等甘蓝型油菜新品种，这些品种具有耐肥、抗病、千粒重和含油量高以及适应性广等特点，亩产比土油菜增产一倍以上，因而很快取代白菜型品种。80年代中后期，又引进丰产早熟的九二13系、九二58系、7755—2等新品种，经过栽培筛选，九二13系和九二58系成当家品种。90年代后期还引进汇油50。2000年后，品种有浙双72、沪油15、浙油758、浙双6号和浙油18等。除沪油15外，品种均为省农科院选育，为常规“双低”高产油菜品种。属半冬性甘蓝型，耐湿耐寒、抗菌核病强，生育期适中，丰产性好，亩产保持在150公斤左右。

栽培技术　区境油菜生产在明清以来传统的栽培农艺基本上是狭畦宽沟、木棒打洞移栽的传统方法，亩栽8000株左右。20世纪50年代中期逐步推行技术改革，主要是消灭直播油菜，推广育苗移栽；改狭畦浅沟为宽畦深沟；增施肥料，合理密植等。60年代重点推行深耕细作、培育稀播壮秧、适时移栽、冬壮春发。70年代起，改密播为稀，亩播籽0.5公斤左右，培育“矮脚壮秧”，改稀植为密植，亩栽约10000株。90年代后逐渐推广和应用油菜直播栽培技术。油菜直播深沟窄畦，畦宽1.5~1.6米，沟深18~20厘米，最迟不超过11月10日，用种量0.2~0.3公斤，4~5叶期间苗定苗，每亩留苗2.5万~4万株。80年代，随着商品经济的发展，农村劳力不断向非农业转移，由此又出现了省工、省力，有利于争取季节的免耕栽培法，这种方法在晚稻收割后不经翻耕整地便栽种油菜，故又称稻板油菜。稻板油菜从1986年试点开始，面积迅速扩大。至2010年，形成了一套比较完整的稻板油菜高产栽培技术。

移栽油菜一般在11月中下旬，早栽和秧苗大的，每亩移栽密度可降至6000~7000株，迟栽和秧苗小的可提高到8000~9000株。肥水管理施足基肥，适当控制苗期氮肥用量，增施磷肥，配施钾肥和硼肥，做好田间“三沟配套”，减低湿度防渍害等措施，可获得稳产高产。

病虫害防治　油菜的病虫害主要有病毒病、菌核病和蚜虫等。20世纪50年代种植白菜型土油菜，病毒病危害较重。60年代开始推广甘蓝型油菜后，病毒病发生率显著下降，但菌核病仍是油菜的主要病害。一般株发病率20%上下，病情指数10%左右。部分群众采用“打老叶”（摘除下部黄叶）与喷药相结合的防治方法，效果甚佳。蚜虫苗期危害较广，60年代开始使用乐果杀灭，80年代后用氧化乐果防治，2000年后用蚍虫啉、艾美乐，防病采用多菌灵。

2000—2010年区油菜作物生产面积、产量情况表

表18-11

年份	播种面积（亩）	亩产（公斤）	总产（吨）	年份	播种面积（亩）	亩产（公斤）	总产（吨）
2000	100938	161	16202.9	2006	63819	145	9279
2001	106165	149	15808.3	2007	43012	167	7200
2002	100833	119	11968.9	2008	46296	160	7426
2003	82955	132	10953.6	2009	40713	154	6276
2004	76187	162	12327	2010	30954	151	4683
2005	74775	161	12037	—	—	—	—

生姜

（见第二十三篇“名优特产”第二章第二节）。

棉花

区境植棉元代已有记载，元至元《嘉禾志》记载，嘉兴一带由黄道婆去海南学成归来传授纺织技术，带动植棉产业。区境新丰镇紧邻平湖，也普遍种植。明代实行奖励植棉政策，农民春有余力，开地植棉者，免其税。当时农家妇女都以纺纱织布为业，形成颇具地方特色的副业。

民国期间，农民除自纺自织土布外，大部销往上海、无锡等地。新丰镇所产棉花纤维长、衣分高，色泽洁白，受客商欢迎。抗日战争期间，销路不畅，农民改棉种粮。新中国成立后，党和政府采取了一系列扶持棉花生产的方针政策和措施，使棉花生产较快得到恢复和发展。20世纪60年代中期以后，连续6年亩产超过50公斤，1965年达到63公斤。“文化大革命”期间，推行“棉农不吃商品粮”，棉田间套粮食增加，棉花亩产徘徊不前。80年代实行家庭联产承包制后，亩产又跳上60公斤的新台阶，1984年达到97.5公斤，创造了历史最高记录。此后几年，在产业结构调整过程中，棉田逐年缩减，亩产则持续稳定提高。1990年全市棉花种植面积为8.67万亩，区内种植在500~600亩左右，2000年后区内面积有所扩大，稳定在4500亩左右，亩产皮棉在90公斤左右。近年种植的品种以杂交棉品种为主，品种有慈抗杂3号、湘杂棉3号等。

黄麻

黄麻俗称络麻，1950年种植面积0.33万亩，亩产75公斤；面积最大的年份为1956年，为0.92万亩，亩产最高年份是1952年，为150公斤。1959年后面积一直在0.1万亩以下，平均产量在75~100公斤／亩。20世纪80年代南湖乡曾大量种植，面积1410亩，全区达2700亩，全年收购3066担，也成为省内重要产区之一，90年代后已停种。

花草籽

花草籽学名为紫云英。主要用于肥沃农田和花卉观赏，为是我国主要蜜源植物之一。

冬季绿肥主要品种。1949—1983年间，嘉兴县春粮占水田面积在40%左右，紫云英等绿肥面积占50%左右，1966—1970年面积占比达60%~65%。1991年境内绿肥面积2156亩，1993年1517亩，2000年全区绿肥面积5228亩，2005年5981亩，2010年279亩。

第三节　蔬　菜

蔬菜栽培概述

区境蔬菜栽培已有3000多年历史，早期栽培的蔬菜种类较少，南宋时只有22种。明万历年间《秀水县志》中汇集的主要蔬菜有34种。清代蔬菜种类增加到53种。民国时期，蔬菜生产较多进入商品领域。据《中国实业志》1933年境内主要蔬菜有萝卜、大白菜、菱白、大头菜、芥菜、芋艿、竹笋、慈姑、韭菜、生姜、湖葱、大蒜、茄子、南瓜、冬瓜、苋菜、芹菜、毛豆、豇豆及水生蔬菜茭白、藕、荸荠、菱等。当年嘉兴县外销生姜、茄子、地蒲、蒜头、叶菜、竹笋和菱等达6450吨。

解放后，继续保持传统蔬菜生产模式，1955年，境内组建3个蔬菜合作社，1956年合并成立嘉兴镇蔬菜合作社，在城内有专业菜地456亩。随着建设事业的发展和人口增长，蔬菜种植面积日益扩大，蔬菜大队，蔬菜基地1569亩。还成立镇蔬菜办公室，统购包销专业队生产的蔬菜。20世纪60年代初粮食紧张，提出“低标准，瓜菜代”的办法，蔬菜种植面积大幅度上升。1962年，蔬菜基地扩大到2978亩。1966—1974年，嘉兴镇蔬菜大队面积在1326—1510亩，嘉兴城郊蔬菜基地根据人均0.02~0.03亩的标准回升到2245亩。不久，因市政建设需要，原有部分蔬菜基地被国家征用，经过调整，1981年2月成立秀水公社，许安、徐王两村由粮食自给转为国家供给（定销粮）为市区11万人的“菜篮子”服务，固定蔬菜面积3256亩。随着城建需要，嘉北乡和殷村及南湖乡天带桥先后新建蔬菜基地。到1989年止，新建基地1941亩，共有蔬菜基地4309亩。

农村普遍实行家庭联产承包责任制以来，市场开放，商品蔬菜猛增，蔬菜产销形式不断发生变化，1983年实行主要品种计划种植，计划收购；细小品种，按指导计划种植，自由交售，随行就市。1986年后，蔬菜产销体制改革，基地菜实行与粮、煤、肥、膜挂钩，按合同收购，合同以外的自产自销；非基地的商品菜则产销直接见面，多渠道经营，蔬菜公司进行余缺调剂。蔬菜生产不仅播种面积、产量大幅度上升，保证了周年均衡上市，并且花色品种增多，到1990年止，蔬菜已有92个种类，共299个品种，粗细品种齐全。除供应本地外，还销往上海、杭州等地，其中每年外调的大白菜达20余万吨。1986年以来还开发一批创汇蔬菜，主要有乳黄瓜、咸菜心、盐水蘑菇、雪菜、咸汁姜、大蒜头、小茄子、菜花、速冻菜等。2000年后，大力发展高效大棚返季特色蔬菜，小黄瓜、小西红柿以及芦笋、黄秋葵等奥运蔬菜新品种。

蔬菜基地建设

为保证居民蔬菜供应，20世纪60年代开始，政府大力支持蔬菜基地建设。对蔬菜大队拨调竹材、水泥、玻璃等物资，建立20间温室和一些生产设施，还配有17辆胶轮车及13条农船。70—80年代末期，重点加强新蔬菜基地的建设，改造输电设施，增添变压器31台，建立机埠91座，实行排灌分系和沟、渠、路3配套，保证蔬菜的稳定高产。

建区后，区政府将保障城市蔬菜供应，实施市区“菜篮子”工程作为重要工作，每年安排专项资金开展蔬菜基地建设。建立蔬菜保护地1190.56亩，建起81.06亩塑料大棚，先后在许安、徐王村和天带桥及和殷村建立种子场、隔离网室、喷灌、催芽室、仓库等现代设施。推广遮阳网，覆盖黑白栽培等管理技术，到1995年底，全区蔬菜栽培地面积3356亩，钢管大棚3781只，常年蔬菜基地覆盖率76%，使蔬菜供应实现均衡上市。

2000年后，老蔬菜基地基本消失，蔬菜自给率逐年下降。为确保市民吃上安全“放心菜”，政府加快建设标准化蔬菜基地建设，2002年在南湖街道许安村、新嘉街道西马桥村、东栅街道腾字圩村、大桥镇十八里村、城南街道马家浜村新建蔬菜基地2318.81亩。2009年，区蔬菜基地总数为7个，总面积为2454亩。2010年，新建新丰净相绿农市级蔬菜基地面积212亩，大棚166亩，投资264.39万元；凤桥联丰市级蔬菜基地面积125亩，大棚102亩，投资239.318万元；新丰杨庄绿环市级蔬菜基地面积347亩，大棚227亩，投资480.1405万元。2008年底部分建成的蔬菜基地相继被征用，至2009年市区蔬菜基地仅存5682亩，具有产出功能的为4800多亩，全年总产量2.4万吨，基地规模小而散。市场蔬菜自给率从20世纪90年代初80%以上逐步下降至2008年的25%，市区蔬菜基地的保障功能减弱，本地蔬菜供给缺口加大。

为保障市区蔬菜的供给需求，减少对外来蔬菜的过度依赖，2009年市和区制订《2009年至2013年蔬菜基地建设规划》。在原有基地的基础上，新建1.2万亩蔬菜基地，其中标准化常年菜地10000亩，特色蔬菜示范基地2000亩。标准化常年菜地中设施菜地5000亩，露地菜地5000亩；保留原有老蔬菜基地4000亩，其中改造提升老菜地1000亩。

2000—2010年区蔬菜种植情况表

表18-12

年份	蔬菜			其中：设施蔬菜		
	面积（亩）	单产量（公斤）	总产量（吨）	面积（亩）	单产量（公斤）	总产量（吨）
2000	169688	1512	256616	—	—	—
2001	195565	1556	304353.5	—	—	—
2002	217706	1502	326991	—	—	—
2003	205702	1344	276498.9	—	—	—
2004	174006	1484	258212	—	—	—
2005	172367	1586	273414	55200	1764	97352
2006	167584	1546	259060	44500	1779	79165
2007	167895	1724.1	289466	45000	1779	80075
2008	169402	1528	258803	46000	1699	78175

续表18-12

年份	蔬菜			其中:设施蔬菜		
	面积(亩)	单产量(公斤)	总产量(吨)	面积(亩)	单产量(公斤)	总产量(吨)
2009	172433	1614	278237	47422	1708	81007
2010	182957	1680	307367	50625	1723	87227

主要蔬菜品种

境内蔬菜品种主要有:青菜、小白菜、大白菜、包心菜、芹菜、菠菜、苋菜、雪菜、大头菜、西红柿、南瓜、冬瓜、黄瓜、丝瓜、地蒲、毛豆、萝卜、青椒、芋艿、茄子、苔心菜、长豆、芦笋、茞笋、马兰头、荠菜、蒜、姜、葱以及食用菌、黄秋葵、菱等。

青菜 是城乡居民主食蔬菜之一,种植历史久,房前屋后、地头路边都可种植,且能在桑园、果园间作套种,20世纪80年代青菜有矮脚青菜、长脚青菜等8个品种。2000年后品种有更新,主要有“金华2号”“苏州青”“上海青”等品种,这些品种具有叶色深绿,抗病力强,分枝较多,产量高等优点。全区常年种植3万亩左右。青菜可常年种植,一般秋季种植,20多天后可食用。青菜到第二年年初抽薹为薹心菜,可鲜食、腌制或晒成干菜。2000年后,苔心菜已发展成为特色蔬菜产业,常年保持3万亩左右,分布于新丰、凤桥、余新镇,亩产4000公斤。每年2—4月,全区多家蔬菜合作社收购菜苔,加工腌制脱水,销往宁波、上海、江苏等地蔬菜加工企业。

大白菜 根据品种不同全年可种,但一般秋季播种,多用于腌制咸菜,2010年种植面积3944亩,产量7865吨。以露地种植为主。

芹菜 一般7—12月播种,2010年种植面积2034亩,产量4066吨。以露地种植为主。

菠菜 一般秋播为主,8—12月均可播,2010年种植面积3447亩,产量2757吨。以露地种植为主。

西红柿 传统栽培只种一季春番茄,20世纪80年代引种秋番茄,现以秋栽番茄为主。2010年种植面积2327亩,其中设施栽培956亩,产量4977吨。

南瓜 一年四季均可,但最适合春季,当年1月直播,2月定植。2010年种植面积3305亩,其中设施栽培1040亩,产量7138吨。

冬瓜 2月底或3月露地直播;秋冬瓜在小暑前播种。2010年种植面积739亩,产量1446吨。以露地种植为主。

黄瓜 一年四季均可,但最适合春季,当年1月直播,2月定植,2010年种植面积3839亩,其中设施栽培1256亩,产量11422吨。

地蒲 一般以越冬设施栽培为主,10月播种,翌年早春上市,可爬地栽培或立体栽培。2010年种植面积5868,其中设施栽培面积4828亩,产量14152吨。

萝卜 全年均可种,但以秋冬为主,2010年种植面积3203亩,产量5984吨。以露地种植为主。

青椒(辣椒) 青椒一年四季都可种植,但最适生长时期是春植和秋植。辣椒在1月种植。2010年种植面积2506亩,其中设施栽培面积1071亩,产量5212吨。

芋艿 一般在3月种植。2010年种植面积1081亩,产量3243吨。以露地种植为主。

茄子 由于产量高,采摘时间长,城乡居民素有食用习惯。近年以设施栽培为主,上市时间从5月提前至4月中下旬。2010年种植面积6111亩,其中设施栽培面积2649亩,产量13444吨。

长豆 又名豇豆,建国初期种秋婆豆,20世纪60年代初改种杭州一点红,80年代引进省农科院的之豇28—2,春秋可种,2010年种植面积3506亩,产量4207吨。以露地种植为主。

马兰头 本是田间地头野生,20世纪开始少量设施种植,初春开始上市。

食用菌 为大型真菌,具有肉质和胶质的子实体,常称蘑菇或蕈,原为野外采摘蘑菇食用较多。20世纪80年代,净相陆海华在4亩自留地上用棉籽壳为底料培植地苹菇、香菇、金针菇等,年产30000多斤,在农贸市场出售。之后,各地农户开始培植,蔬菜基地开始种植，品种增加。2000年后，已成主要蔬菜品种。2007年开始，全区推广"猪棚改菇棚"计划，率先在新丰镇11个行政村实施，落实58户农户"猪棚转菇棚"，种植12万包蘑菇菌。2008年，由省农技推广基金会嘉兴市执行部和浙江中法生物工程有限公司联合开发，开辟105亩土地为食用菌循环产业示范园，在黑木耳、白灵菇、秀珍菇、杏鲍菇、猴头菇、鸡腿菇、香菇、蘑菇等多个菇种的育种和栽培中获得成功。至2010年，年产杏鲍菇、白灵菇、香菇、黑木耳、秀珍菇、蘑菇等鲜菇2400吨，年产值2500万元。

芦笋　19世纪末，芦笋从欧洲传到中国。20世纪80年代开始，区境芦笋种植多为暖棚。1977年，凤桥镇陈良村农户从杭州农科院引进芦笋，8亩地上进行露地种植，2006年又从平湖引进"格兰特"F1代芦笋种植80多亩。2008年，芦笋种植200多亩，并带动邻村种植芦笋。2009年5月，因遭水淹，损失惨重，产量逐渐减少。2010年，余新镇明星村建123个大棚种植芦笋，面积100多亩，第一年收成达8000公斤。大棚种植的芦笋鲜嫩，产量比露地高，可提前上市，每年销售量150吨以上。芦笋除5月和9月处于生长睡眠期外，每天都可采收，每亩年量800~1000公斤，盛产期间高产田1500公斤。

黄秋葵　又名秋葵、羊角豆，喜温性蔬菜，生长温度为20℃~30℃，在高温下生长速度快。以肉质柔嫩、润滑的嫩荚（嫩叶、芽和花）供食，既可炒食、凉拌、作汤，又可作泡菜、制罐头。2009年，在新丰镇杨庄村少量大棚种植，面积38亩，品种从台湾引进。每年3月开始育苗，7月中旬采摘，直到10月，亩产在1000公斤左右。

南湖菱　（见第二十三篇"名优特产"第二章第五节）。

20世纪90年代初，南湖的菱塘

2009—2010年全区南湖菱产销情况表

表18-13

乡镇	2009年			2010年		
	种植面积（亩）	总产量（吨）	总产值（万元）	种植面积（亩）	总产量（吨）	总产值（万元）
新丰镇	99	50	15	212.5	212.5	56
余新镇	801	540.68	145.98	852.73	575.59	149.65
大桥镇	754.03	414.72	128.56	1673.58	2180	566.8
凤桥镇	86.1	34.44	12.4	150	37.85	6.2
东栅街道	146.3	146	120	—	—	—
七星镇	1592.21	529.7	166.07	1316.51	368.6	110.58
南湖街道、新兴街道	356	174.94	172	—	—	—
合计	3834.64	1890.48	760.01	4205.32	3374.54	889.23

荸荠、生姜、雪菜、茭白、竹笋 （见第三十七篇“名优特产”第二章第五节）。

第四节　果　品

境内果品主要有西瓜、甜瓜、甘蔗、草莓、李子、槜李、桃子、葡萄、柿子、梨、柑桔、石榴等。其中西瓜、桃子、槜李、葡萄等栽培历史悠久，许多果品在区域内已形成名优特产。有些是新开发引进，如猕猴桃，有些已很少种植，如柑桔、石榴等。

除上述主要水果外，尚有枇杷、枣、柿、银杏、杨梅、梅子等水果。

瓜果

西瓜　境内西瓜栽培至少有400余年历史。集中在新丰镇周边一带。清代和民国时期，品种以三白瓜和马铃瓜为主。20世纪30年代至50年代，主要品种有小种橄榄马铃、麦柴黄马铃、中马铃和大种马铃4种。抗日战争后，种植面积锐减。解放后，有所恢复和发展。60年代初，西瓜生产回落，中期重又稳定回升，并引进“台黑瓜”（蜜宝）、“解放瓜”（华东24号），逐渐成为当家品种。80年代，先后引进新澄、浙蜜1号、金龙、新红宝、中育1号、花玖、新克、圳宝等。90年代，引进巨龙、平优5号、卫星2号等优质高产中型西瓜品种，中后期又引进拿比特、早春红玉、小兰等优质小型西瓜推广种植，并引进西瓜嫁接技术。2000年后，西瓜生产发展呈现出规模化、精品化、品牌化的特点，产品质量稳步提高，品牌优势日益显现。品种时有更新，推广小型西瓜，品种有特小红、拿比特等；同时推广大棚西瓜—晚稻轮作模式，采用大棚种植。

2001年全区西瓜种植进入鼎盛期，面积7万多亩。2002年后种植面积逐年下降。2004年，西瓜种植面积为4.45万亩，总产量94346吨。至2009年，全区维持在3.5万亩左右。新丰是西瓜的重要产区，面积及产量占全区的一半以上。2009年，新丰镇西瓜仍达到0.73万多亩。2010年，亩产2030公斤。

2000—2010年区西瓜种植情况表

表18-14

年份	面积（亩）	单产量（公斤）	总产量（吨）	年份	面积（亩）	单产量（公斤）	总产量（吨）
2000	58257	1942	113146	2006	44490	2012	89506
2001	78390	1997	156567	2007	43513	2074	90263
2002	63020	1550	97661.6	2008	39892	1977	78877
2003	50335	2016	101496	2009	34003	1963	66738
2004	44537	2118	94346	2010	25433	2030	51629
2005	41458	1976	81914	—	—	—	—

甜瓜　甜瓜为总称，20世纪60—70年代有白雪团、青皮绿肉、老来红、黄金瓜、地蒲生瓜、田鸡青瓜、菜瓜、白梨瓜。2001年后，引进日本、台湾厚皮甜瓜优良品种，培育了伊丽沙白瓜、三雄5号、萃绿、玉姑、西薄洛托、王子金玉、蜜天下等新品种。除露地种植外，又发展大棚种植。至2010年，大棚甜瓜种植发展到6328亩，其中大桥镇、新丰镇分别为3500、2280亩。

2000—2010年区甜瓜生产情况表

表18-15

年份	面积（亩）	单产量（公斤）	总产量（吨）	年份	面积（亩）	单产量（公斤）	总产量（吨）
2000	1875	1227.2	2301	2002	3221	1317.1	4242.4
2001	3934	942.81	3709	2003	4863	1350.5	6567.6

续表18-15

年份	面积(亩)	单产量(公斤)	总产量(吨)	年份	面积(亩)	单产量(公斤)	总产量(吨)
2004	5157	1390.5	7172	2008	6773	1478.6	10015
2005	5597	1556.1	8710	2009	7137	1562.4	11151
2006	4115	1538.5	6331	2010	8643	1608	13899
2007	5219	1735	9055	—	—	—	—

甘蔗　当地栽培均为果蔗。民国期间，当地农民就有少量种植。20世纪50至60年代，有成片种植青皮蔗。也有从广东引进紫皮蔗、皮紫黑甘蔗品种，新品种肉质松脆，味甜多汁，产量高，亩产在4000~5000公斤，比青皮种高50%左右，逐步取代传统的青皮种。此后多年，蔗田面积减少。80年代后期，为历史上最盛年。90年代起，蔗田面积逐年缩减。2005年全区种植0.45万亩，到2008年为0.36万亩，主要在凤桥、余新、新丰等乡镇。甘蔗一般冬季翻耕晒田(也有秋冬种植叶菜类)，3月下旬整地施基肥，基肥以土杂肥、磷钾肥为主，排种蔗后地膜覆盖，4月中下旬出苗后及早施肥，每亩留苗4500株左右。拔节起苗肥要适当偏重，长秆期要清理枯黄老叶，注意开沟降水位，11月上旬收获。

2000—2010年区甘蔗种植情况表

表18-16

年份	产值(万元)	面积(亩)	亩产量(公斤)	总产量(吨)	年份	产值(万元)	面积(亩)	亩产量(公斤)	总产量(吨)
2000	2192	6396	3426	21912	2006	1882	4476	3628	16240
2001	2117	6486	3264	21173.8	2007	1901	3790	3284	12447
2002	2493	7597	3282	24933	2008	1407	3617	3084	11156
2003	2266	6659	3403	22664.2	2009	1230	3339	2920	9751
2004	1845	4889	3774	18453	2010	1065	2834	2978	8441
2005	1669	4585	3640	16689	—	—	—	—	—

草莓　草莓为多年生草本水果，原产于美洲，1915年从俄罗斯传入中国。境内20世纪80年代中期开始引种草莓，南湖、嘉北、塘汇、凤桥、新丰等乡从杭州大观山果园引入草莓苗试种。1987—1990年栽培约20亩，总产量8吨左右，亩产约400公斤。90年代初，新丰镇北汤村汤留根，从杭州市长安草莓种植场引进4万株保加利亚"索非亚"草莓幼苗良种种植，种植1.2亩，亩产约1200公斤。经30年发展，全区栽培草莓品种先后有50多个，其母种主要是从日本、美国引入。绿舟公司种植的草莓基地，于2002年始建，品种主要有"日本丰香"。2010年种植约220亩，采用大棚栽培，亩产约1080公斤，总产量23.9万多公斤，亩均收入在万元左右。

草莓果实芳香鲜艳，酸甜适口，营养丰富，在9—10月栽培，次年4—5月果实成熟。以大棚栽培为主，上市期可提前到12月。

2000—2010年区草莓种植情况表

表18-17

年份	面积(亩)	单产量(公斤)	总产量(吨)	年份	面积(亩)	单产量(公斤)	总产量(吨)
2000	—	—	—	2002	607	772	468.7
2001	—	—	—	2003	524	1036	542.9

续表18-17

年份	面积(亩)	单产量(公斤)	总产量(吨)	年份	面积(亩)	单产量(公斤)	总产量(吨)
2004	—	—	—	2008	310	1021	316
2005	—	—	—	2009	350	987	345
2006	190	832	158	2010	220	1087	239
2007	105	952.4	100	—	—	—	—

水果

桃 嘉兴传统水果,宋代已有栽培。明朝王象晋于天启元年(1621)写的《群芳谱》中称:"嘉湖一带所产碧绛桃、千叶桃、人面桃、少年桃、雪桃等均属珍品"。清代桃树栽培日益扩大,品种也不断变异,凤桥、余新、新篁、曹庄等一带种植,形成嘉兴水蜜桃品系。

解放前,嘉兴桃的品种以五月桃、小暑桃、大红桃、六月刺毛红、七月小白桃等硬肉桃为主,凤桥等地所产水蜜桃,负有盛名。20世纪60年代中期,推广以玉露、黄露为主的水蜜桃型品种。"文化大革命"期间,大砍果树,面积锐减。70年代末引入早熟的砂子早生、岗山早生;中熟的白凤、塔桥;以及晚熟的迟玉露和秋玉露。1983—1987年,又相继引进早熟扬州3号、早香露、脆红、脆白、春蕾、朝霞、朝晖、迎庆和锦绣黄桃等;后2年还引进雨花露、雪雨露、"845""9113"等一批早熟、特早熟水蜜桃品种。2000年后,又开发油桃新品种。凤桥、余新、曹庄等乡有新的发展,最著名的是凤桥三星村水蜜桃(见第二十三篇"名优特产"第二章第五节)。

梨 民国时期,境内各地都有种植,解放后,梨园有新的发展。20世纪70年代后,凤桥、余新乡村开始发展梨园。梨的品种主要有菊水、今村秋、铁梨、黄蜜、世纪黄花等,多数属日本的砂梨系统,近几年推广翠冠蜜梨新品种,品质香甜可口。2000年后,种植面积逐步扩大,以余新、凤桥、新丰占多数。2005—2007年,全区梨面积为2696亩、3044亩、3702亩,总产为5214吨、4420吨、4377吨,以后逐步减少,到2010年为1753亩、3821吨。

李子 李为古老的果品。品种有槜李、潘园李、黄果李、蜜李、美人李、夫人李、胭脂李、红心李、桃形李等,其中最名贵的为槜李(见第二十三篇"名优特产"第二章第五节)。

葡萄 葡萄栽培历史在四五百年以上,已从庭院露天栽培发展到大棚设施栽培,品种、面积由少到多,发展十分迅速。2010年面积25468亩,总产40266吨(见第二十三篇"名优特产"第二章第五节)。

柑桔 是热带、亚热带果树,喜温怕寒,不耐霜冻,区内有少量种植,主要分布在余新、大桥、新丰等地,据区农经局2005—2006年年报统计,平均面积为150亩、总产为193吨左右,以后,面积与数量锐减,未作统计。

猕猴桃 属于猕猴桃科,又称奇异果。因其维生素C含量在水果中名列前茅,被誉为"维C之王"。2007年区凤桥、大桥镇开始种植,总面积150多亩,平均亩产为800公斤以上。

2000—2010年区主要特色水果种植情况表

表18-18

年份	水蜜桃					葡萄				
	面积(亩)	产量		产值		面积(亩)	产量		产值	
		总产(吨)	亩产(公斤)	总产(万元)	亩产(元)		总产(吨)	亩产(公斤)	总产(万元)	亩产(元)
2000	4500	5018.4	1115.2	2430	5400	350	515.305	1472.3	310.835	8881
2001	5800	7107.32	1225.4	3653.42	6299	1100	2238.5	2035	1043.35	9485
2002	7000	8927.1	1275.3	4434.5	6335	2900	3648.2	1258	1775.38	6122
2003	9000	12376.8	1375.2	5866.2	6518	3500	6104	1744.9	3217.55	9193

续表 18-18

年份	水蜜桃					葡萄				
	面积（亩）	产量		产值		面积（亩）	产量		产值	
		总产（吨）	亩产（公斤）	总产（万元）	亩产（元）		总产（吨）	亩产（公斤）	总产（万元）	亩产（元）
2004	11000	15568.3	1415.3	6173.75	5612.5	6050	9828.83	1624.6	5152.36	8516.3
2005	9633.5	14078.55	1461.42	4416.92	4585	9737.3	15997.51	1642.9	6642.27	6821.5
2006	11365.3	18270.31	1608	4883.13	4297	10398.4	17689.7	1701	7375.36	7093
2007	10895.9	17045.7	1564.4	5855.5	5374.04	14121	19707.6	1395.67	11750.3	8321.45
2008	9413.6	12773.6	1356.9	6264.4	6654.6	17809.5	25338.6	1482.7	13787.9	8068.1
2009	9601.6	10858.5	1130.9	6511.1	6196.8	25236	35745.8	1416.5	26350.6	10441.7
2010	9680.5	13157.3	1359.2	7737.5	7992.9	25399.5	40173.6	1581.7	28615.7	11266.2

第四章　养殖业

第一节　蚕　桑

发展概述

春秋战国时，嘉兴一带先民就已栽桑养蚕，从事丝织生产。唐、五代时期，嘉兴蚕桑生产进一步发展，已有丝葛、丝绵、八蚕丝、绯绫等蚕丝产品上贡。宋时，嘉兴所产的绫紬和嘉锦，名重一时。元初，嘉兴农桑曾一度遭到破坏。明代，境内蚕桑业日盛一日。明中期以后至清前期，嘉兴和湖州蚕桑业已居全国之冠。

清光绪二十七年（1901）嘉兴设立蚕学分馆。不久，又建立蚕务改良速成传业所，培养人才，推广品种改良和新法养蚕。1925—1929年，为近代蚕桑的鼎盛期。后因战争，蚕桑遭受破坏，铁路、公路沿线和沿江一带桑树，横遭砍伐，嘉兴桑园面积从1933年的350450亩，至1949年为18000亩。

解放后，对蚕茧收购制订合理的价格，保持蚕农生产积极性。1952年扶持蚕农补植新桑，改造衰老桑园。1953年，蚕茧产量比1949年增长近一倍。之后蚕桑一直保持稳定增长。

中共十一届三中全会以后，在蚕桑生产上采取一系列鼓励和支持的政策措施：1979年调高茧价25.5%。1980年，实行超定购基数加价15%的政策。1983年，农村普遍实行家庭联产承包为主的双层经营体制，激发了农民培桑育蚕的热情。蚕桑产业在南湖、东栅、嘉北3乡得到恢复和发展，全区桑园面积和蚕种饲养逐年增加。1994年，全区桑园面积达到12960亩，饲养种28660张，蚕茧产量1014吨，蚕桑产业达到顶峰。在蚕桑主产区，蚕农达到80%以上，蚕桑产业成为农民重要经济收入之一。20世纪90年代中后期，随着城市基础设施建设发展，占用了部分桑园。2000年起，全区蚕桑产业得到稳定发展。2001—2002年，将先进适用技术组装配套，通过各镇技术培训、典型示范等手段进行推广普及，获得当年度市农业丰收三等奖。2004年起，实施省特色优势农产品秀城区优质高效蚕桑生产基地建设，引进饲养新蚕品种，推广塑料折蔟和支助养蚕大户建造小蚕共育室等工作。

蚕品种

由民间选繁育的蚕种一般称为土种，嘉兴最早的外来商品蚕种在乾隆末年、嘉庆初年。以后出现了改良种，1925年开始出现杂交种。据《浙江蚕品种》记载“自1949—1989年，全省在生产上共使用原蚕品种54种，其中中系品种31种，日系23种，杂交组合33对，其中春用种16对，夏秋用种17对”。

1934年春，浙江省蚕丝统制委员会议决，蚕品种及其杂交，指定春用种为：诸桂×新桂及其反交，诸桂（或新桂）×华五；秋用种为：华五×诸桂（或新桂）。1935年夏季，又改为化桂二号×华七（或华六）、洽桂×华七（或华六），并奖励推广西皓×洽桂、东庚×洽桂、瀛真×华七。日伪时期，主要品种为华蚕1号、华蚕101、华蚕102、华五、华七、诸桂、洽桂、华八。抗日战争胜利后，饲养的原蚕品种以洽桂、诸桂、华五、华六、华七为主，推广的品种有沄文、沄汗、华八、华十。20世纪50年代以沄汗、华八、华十，沄文为主，试养镇5、镇8以及苏12、苏16、苏17等；60年代以镇5、镇8、镇11、镇12、苏16、苏17、306为主，鼓励推广东肥、华合、苏12；70年代前期以东肥×华合为当家品种，后期试养杭七×杭八，产质量均优于东肥×华合，始得大面积推广；80年代前期，杭七×杭八为饲养面最广的品种。以后，菁松×皓月、浙蕾春晓崭露头角，成为80年代末的当家品种。

夏秋蚕长期来使用34×603、东34×苏12等，但经济性状均不够理想。70年代中后期推广浙农1号×苏12，该品种高产易养，自1976—1987年，一直为秋用当家品种，到1988年后又逐渐为薪杭×科明、兰天×白云、芳山×星明等夏秋新品种所取代。2000年起，辖区饲养的主要品种为春用种菁松×皓月、秋用种丰1×54A，2006年起推广秋丰×白玉。同时少量饲养的蚕品种有春华×秋实、钱江×新潮、明丰×春玉等。

桑园建设

区境气候湿润，田水相间，宜于栽桑。从桑树散栽到成片园栽，已有数千年历史。古代桑树分散种植以株计量，宋、元后向成片栽植发展，渐渐形成相对集中的专业桑园。1937年日本侵略军入侵后，过半桑园遭到砍伐，且大多衰颓稀疏不堪。

1949年解放时，桑园零星分散、稀疏花白、蟥害严重，有害间作普遍，桑树长势衰微，产叶量甚低。为改变桑园面貌，加强桑园建设，20世纪50年代时，首先从缺株补植，淘汰草桑和防治蟥害着手，改造低产桑园。接着采取“巩固提高成片桑园、调整零星花白桑园”的方针，使桑园逐步趋向相对集中。同时，广泛采用“抱娘接”“等娘死”以及横伏增拳增条等方法，提高桑叶产量。1953年，桑叶产量比1950年提高近1倍，1956年又比1953年提高3成左右。1952年实行“大力发展蚕桑生产”的方针，在提高茧价的基础上，发放大量蚕桑贷款，扶持蚕农补植新桑，改造衰老桑园，嘉兴县在1950—1953年就补种新桑三四百万株，蚕桑生产迅速恢复。

20世纪60年代，重点改进桑园群体结构，推广海宁钱塘江公社云龙大队桑园“三增、四改”的经验增株、增拳、增条；改零星桑园为成片成带桑园，改稀植桑园为合理密植桑园，改靠天桑园为旱涝保收桑园，改劣种低产桑园为高产良种桑园）。掀起改造和建设丰产桑园的高潮。以自培自栽和建立商品苗基地相结合的方式，加速良种桑苗的繁育，在退出桑园有害间作物的同时，亩桑栽植密度从150—300株，增加到500株。桑园的“三增、四改”为增产桑叶争得了空间，使秋蚕“一秋变三秋”。70年代，对桑树养成方式进行了改革。由一般中干养成改为低干养成，亩栽密度提高到800—1200株，多半都是速生高产的低干密植桑，使树龄更加青壮化。

农村实行家庭联产承包责任制以后，在运用综合技术配套的基础上，1987年以“优质高产，亩产茧150公斤”为目标，开展培桑、育蚕一条龙的蚕桑丰收活动。南湖乡与邻近的郊区4个乡30125亩桑园，亩产茧由1986年的108公斤上升到129公斤。1990年全区有桑园11157亩，2000年有39548亩。2010年，全区125个行政村中有96个村有蚕桑生产，养蚕农户为26385户。

桑树品种

嘉兴早在秦汉之际，已有从野生桑驯化而成的家桑栽培。东晋南朝时，桑树品种资源已较多。南宋初，培育出以荆桑为砧木、鲁桑条为接穗的“湖桑”类型新品种。宋元时，桑品种已有青桑、白皮桑、拳桑、大小梅、红鸡爪、睦州青等。据《嘉兴府志》记载，明、清两代有桑22种，常见的有19种，其中家桑15种，野桑4种，上等桑5种，其中以富阳桑为最上品。

新中国成立后，浙江省数度组织普查征集地方桑品种。20世纪70年代前后，嘉兴种植的桑树品种共有30个，分为早生、中生、晚生3大类型。1986年，《嘉兴市蚕桑生产专题调查报告》称：“本市现有种植桑树品种，早生桑品种主要有火桑、白皮火桑、早青桑、乌皮桑等；中生桑品种主要有桐乡青、白条桑、睦州青、密眼青、海盐面青、黑叶墨斗、红皮大种、育2号、富阳桑、真杜子桑、荷叶桑树等；晚生桑品种主要有荷叶白、团头荷叶白、湖桑197、大种桑、湖桑199、新一之濑、白色青、尖头荷叶白、麻皮桑、荷叶大种、紫皮湖桑、白皮湖桑、青皮湖桑等”。其中桐乡青、荷叶白、湖桑197、团头荷叶白4大良种在辖区的覆盖率为66.67%。此后，在新种和改造桑园中陆续引进种植了海宁桑、农桑8号、农桑12、农桑14、丰田2号等品种。同时陆续淘汰一些产量低、叶质差的老品种。现主要有农桑14、农桑12、桐乡青、团头荷叶白、湖桑197、荷叶白等桑树品种。

桑树培育

桑树种植一般在冬季落叶后到清明前，传统方法盛行稀植。民国时一般株行距5~6尺，采对角线栽法；20世纪60年代初桑园渐向密植方向发展，亩栽桑提高到400~450株；70年代起推广低干密植，树干高度70~80厘米，行株距135×50厘米，亩栽800~1000株，收到速生丰产的效果。

在剪伐形式上，明清时期拳桑已很普遍，即所谓“三腰六拳法”，一般种桑5年才能养成拳式。从60年代起推广速生丰产技术，在增加桑园栽植密度的同时，改中干桑为低干桑后变”三腰六拳”为“二腰四拳”养成。养成时间较前缩短一两年，并使桑园单位面积内株密、拳多、条长，靠桑树群体优势，获得桑叶大幅度增产。

养蚕布局

境内农民世代载桑养蚕，积累了丰富的养蚕经验，培育优良的蚕种。宋代蚕品种有一化性、二化性和三化性之别，明代有多化性种叫三蚕，已有秋蚕饲养。但历史上一般只养一次春蚕，农家认为：夏蚕既损桑树，又误插种忙工，丝质亦不坚韧。解放初，养蚕仍以春蚕为主，但养蚕布局逐步革新，形成春、夏、早秋、中秋、晚秋一年5期养蚕的布局。1958年起个别地方一年养蚕达10次。至1961年，夏秋蚕饲养量占全年饲养量的36%~42%，1965年起，逐步由“二秋”改为“三秋”，即养早秋蚕、中秋蚕和晚秋蚕。

2000年，全区秋蚕饲养量为41793张，占全年饲养量的54.9%，秋蚕产茧量1417吨，占全年产茧量的49.92%。随着气候变化和秋季农药污染的增加，早秋蚕产量和质量下降。至2002年，全区秋蚕改为二秋布局。

科学养蚕

由蚕种场生产的蚕种到农户养蚕前的蚕种处理叫催青。催青过去俗称“护种”“暖种”，解放前蚕农采用人体体温孵种等土法催青。解放初，部分蚕业指导区域进行共同催青，到蚕卵转青后，或略见几条苗蚁时发给蚕农。该方法一直延续至今。

在长期自然经济状态中，农户就是养蚕单位，后建立起村级养蚕小组，开展小蚕共育事业，后组织小蚕育种。农村合作化后，全部蚕种集体饲养，公社化养蚕共育等由集体经营。1982年起又到以农户为基本养蚕单位，重新组织小蚕共育。

解放后，推广“良桑饱食，空气新鲜，燥爽温和”的防僵养蚕法。加强换气，多回薄饲。20世纪50年代后期开始试用小蚕防干纸覆盖育。80年代起推广塑料薄膜覆盖育。1985年起，在南湖乡探索和推广省力化养蚕技术，至1992年晚秋止，小蚕薄膜覆盖二回育已占全区饲养量的35.78%。

20世纪60年代中期开始，小蚕逐步采用坑房育，即在专用小蚕室内下设地火龙，地上铺黄沙，洒水补湿，较好地解决保温保湿保桑叶新鲜的问题；到70年代及80年代初被普遍应用。

60年代部分乡村实行室外蚕育，70年代开始应用蚕室内搭多层活动蚕台，80年代中期以来，辖区大蚕饲养主要形式有多层简易蚕台、三脚蚕台、蚕匾、地蚕等。目前春蚕有片叶育、条桑育等，但都实行每天给桑2~3回的省力化形式。

上蔟用具在明代有伞形蔟，上高山等。到民国时增加了蜈蚣蔟、折蔟等。70年代开始推广方格蔟。1987年，全区推广方格蔟29150片。2004起，在余新镇余西等村推广塑料折蔟。现仍以蜈蚣蔟为主。

1986年，辖区氟污染春蚕种2303张，占饲养量的42.43%，其中颗粒无收的105.75张，共计损失春茧39吨。2006年中秋，余新的联星、金星，明星、余西及城南街道的八字桥等村，农药中毒蚕种在4000张左右，损失蚕种在2500多张。

在蚕病防治上，50年代开始推广西力生、赛力散、石灰水消毒，养蚕期间应用青霉素添食防病，从收蚁开始用小苏打、甘草、青霉素等添食；秋蚕应用灭蚕蝇防治蝇蛆病，均收到控制病害的效果。70年代，推广抗菌剂402和异稻净石灰浆、1%有效氯漂白粉液以及新洁尔灭石灰浆进行蚕室蚕具消毒，同时还应用防病一号、敌蚕病以及防僵粉、漂白粉进行蚕体蚕座消毒防病。80年代后，推广了蚕季安石灰浆、蚕病净、防病二号、敌蚕病、消特灵等新型消毒防病药剂，并采取蚕室蚕具严格认真消毒，蚕期进行蚕体蚕座消毒，养蚕后立即进行回山消毒等。

2000—2010年全区蚕桑生产情况表

表18-19

年份	全区			新丰			余新			凤桥			新篁		
	桑园面积（亩）	饲养蚕种（张）	蚕茧产量（吨）	桑园面积（亩）	饲养蚕种（张）	蚕茧产量（吨）	桑园面积（亩）	饲养蚕种（张）	蚕茧产量（吨）	桑园面积（亩）	饲养蚕种（张）	蚕茧产量（吨）	桑园面积（亩）	饲养蚕种（张）	蚕茧产量（吨）
2000	39548	76112	2837.5	2412	1191	47	14616	38382	1414.8	5444	9457	344	4104	4745	166
2001	39099	81276	3306.5	1955	1106	45.3	12706	35634	1459.5	9626	15908	599.5	—	—	—
2002	39798	89452	3270.9	1778	1031	36.4	12928	40428	1403.1	9338	17679	584.6	—	—	—
2003	32426	51784	1978	846	711	26	11868	26742	1011	7604	12485	449	—	—	—
2004	28986	45671	1895	723	440	17	10197	24002	985	7622	11317	455	—	—	—
2005	29938	51063	2077	660	457	20	11557	29231	1186	8103	12450	442	—	—	—
2006	29220	54868	2217	544	486	20	11497	31809	1273	7876	12543	503	—	—	—
2007	27989	54332	2175	600	511	21	11666	32061	1307	7229	12413	454	—	—	—
2008	23976	37199	1444.5	300	91	3.4	9895	21611	831.1	6806	8712	332.6	—	—	—
2009	19931	16546	719.6	300	41	2	8969	10167	442	4916	3565	153	—	—	—
2010	12385	11720	503	300	33	2	5945	6126	270	4164	3115	126	—	—	—

年份	大桥			步云			城南			东栅		
	桑园面积（亩）	饲养蚕种（张）	蚕茧产量（吨）	桑园面积（亩）	饲养蚕种（张）	蚕茧产量（吨）	桑园面积（亩）	饲养蚕种（张）	蚕茧产量（吨）	桑园面积（亩）	饲养蚕种（张）	蚕茧产量（吨）
2000	2096	965	40.4	525	530	22.6	7832	18768	721	2519	2074	81.7
2001	4518	6234	256.9	—	—	—	7863	20280	857.6	2431	2114	87.7
2002	4086	6639	311.9	—	—	—	9234	21455	854.6	2434	2220	80.3
2003	3484	3726	139	—	—	—	6444	6640	293	2180	1480	59
2004	2507	3827	162	—	—	—	7051	5469	251	886	317	25
2005	2563	3354	187	—	—	—	6328	4940	219	727	631	23
2006	2479	3342	137	—	—	—	6125	5980	255	699	708	29
2007	1929	2955	115	—	—	—	6125	5703	251	440	689	28
2008	1662	3176	117.7	—	—	—	5308	3606	159.6	5	3	0.1
2009	789	979	40	—	—	—	4957	1794	82	—	—	—
2010	479	882	31	—	—	—	1497	1564	74	—	—	—

蚕种场

历史上，境内蚕种自制自用蚕户自己选留种茧。清代，始有蚕种，作为商品引入，光绪《嘉兴府志》就有“蚕有家种、有客种、向只有家种”的记载。1918年，嘉兴设立蚕种场。1926年，在王店镇首创大有第三蚕种制造场，生产改良种。1931年，嘉兴南门合资创办嘉兴蚕种场。1933年，嘉兴城内合资举办顺兴场（宝马牌），一年后停办，合资者各自办起志农、宙丰等蚕种场。1935年，东栅开办明明蚕种场。之后，嘉兴城开办南湖蚕种场（福寿牌），凤桥兴善寺开办新发蚕种场（发字牌）等。1940年，创建嘉兴蚕种场。1932年，因“一·二八”事变影响和世界性经济危机的发生，蚕业萧条，蚕种场停业过半，抗日战争胜利后，陆续有所恢复。

1952年嘉兴蚕种场改为国营，其他场在1956年都改为公私合营。1959年，新兴、宙华、南湖、志农、大有八场并入王店蚕种场。建区后，全区蚕种都由嘉兴蚕种场和王店蚕种场生产。

茧行　茧站

历史上蚕茧由蚕户或手工业者自缫土丝，自行织绸出售。晚清时期，清代蚕茧始与缫丝相分离作为商品。鸦片战争后，外国商人在沪开设缫丝厂，茧行应时而生。清同治五年（1866），英商怡和洋行擅自在嘉兴县余贤埭开设茧行。光绪十五年（1889），在城内始设茧行，收购鲜茧，烘成干茧售上海各丝厂。光绪二十一年（1895），境内开办5家机器缫丝厂，置缫丝车500台。1917年，嘉兴县设有茧行16家。

20世纪20年代后期，国内外生丝畅销，丝厂、茧行抬价竞购，嘉兴县茧行1927年为53家。1929年105家，不久，蚕丝外销呆滞，内销不振，茧价暴跌。1932年，嘉兴县开秤茧行仅有15家，收烘茧2400担，仅为1930年收烘2.4万担的10%。1933年秋，划定统一收茧区，厂商在统制管理下进行收烘。当年，开业茧行30家。1935年，嘉兴县设收茧管理处。

抗日战争期间，对蚕种生产、蚕茧产销、生丝经营全面实行统制。抗日战争胜利后，中国蚕丝公司成立，进行蚕茧的经营、收购、销售。1947春，嘉兴县开秤茧行29家，收烘春茧22264担，秋茧1202担。

1951年，蚕茧由浙江蚕丝分公司经营，委托供销社代购包烘。各乡镇都设立茧站，有的设茧站2~3个。

1970年后，国家对茧农曾有过奖售布票、化肥等政策，20世纪90年代后逐步取消。1996年，嘉兴市丝绸公司对城郊两区茧站作价收购。1997年起，蚕茧由丝绸公司收烘并经营。

20世纪70年代，南湖公社社员喜摘春茧

20世纪80年代中期，蚕区缫丝工业发展迅猛，国际丝稠行情看好，蚕茧供求矛盾突出，蚕茧又实行统购统销，一些乡镇缫丝企业高于国家数倍的价格收购，与国家争夺原料，1987—1988年爆发持续两年多“蚕茧大战”。对此，国务院连续发文整治蚕茧购销流通体制，1988年中秋茧上市前，才基本制止“蚕茧大战”，恢复正常收茧。2000年蚕茧收购量667.3吨，2004年蚕茧收购量1523.8吨，达到峰值，此后逐年下降，至2010年蚕茧收购量为574吨。

第二节　家畜禽

家畜饲养

猪　唐代前，本地养猪主要为食用，以后养猪发展，既供食用，又用猪粪肥田。宋代，家庭养猪已具规模。明中期正德皇帝朱厚照忌猪音与其姓同，下旨禁养。至清代农家养猪已十分普遍，有“农民不养猪，如同秀才不读书”之说。民国时期，猪饲养量较少。解放后，政府积极鼓励养猪，农业合作化时，对生猪实行“私养公助”的方针，并采取分配饲料粮、预付收购定金、提高收购价格等措施加以扶持，生产发展很快。公社化时大办集体畜牧场。1961年后，私养为主，公私并重，并划给农户饲料地，投售集体的猪肥按质评分计酬，生猪收购部门实行奖励，农户每出售一头猪，奖励饲料票50斤，布票5尺，有“猪多、肥多；肥多、粮多”之说，生猪养殖量又上升。“文化大革命”初期，农户养猪又下降。1970年，养猪量继续上升，余新良种场在20世纪60—70年代，曾培育大批长白猪、约克、杜洛克等瘦肉型三元猪销往香港，称为供港猪。

1983年，农村实行联产承包责任制，集体畜牧场多数解散，猪肥不再实行评分计酬，农户养猪主要靠国家收购政策导向和市场调节。1985年生猪放开经营，饲料成本增加，大批劳力转向从事乡镇企业，生猪饲养量有所下降。2000年后，各级政府继续鼓励家庭户养殖，并大力扶植养猪重点户、专业户，在重点产区逐步建立起一批商品猪基地，新丰镇全年饲养量达到97万头，有“华东养猪第一镇”之称，尤其竹林三元猪成为重要品牌。2010年，全区存栏生猪73.93万头，出栏生猪达139.97万头，占全省供沪生猪总数的三分之一。

区境自40年代开始引进国外良种猪，陆续对地方品种进行改良，有嘉兴黑猪、新嘉兴黑猪、长大、大长、长白、大约克、长嘉等多个品种。2000年以来，加快推进品种优良化建设，全区推广生猪人工授精技术。有17个生猪人工授精点，2009年增加到31个，形成以杜洛克、大约克和长白等为主要品种的良种公猪群，新增自繁自育养殖户1380户，生猪自繁自育养殖比例明显提高，三元肉猪比例达到95%以上。2000年以来，全区生猪养殖业进入转型升级重要阶段，构建农牧结合、资源循环、健康养殖、高效节约的现代生态畜牧业生产体系。2010年3月，申报2010年生猪标准化规模养殖场（小区）改扩建项目，其中嘉兴市世忠牧业有限公司、嘉兴金鸿牧业有限公司、嘉兴市科皇牧业有限公司通过了立项审批，共获得中央补助投资210万元。

牛　境内有水牛、黄牛2种。三国东吴时，军队已有官牛屯田。唐、宋时，养牛除耕作外，广泛用于车水、打油、磨面、运输等。日本侵略军入侵时，耕牛被掠夺滥杀。解放后耕牛成为集体生产必备工具。每个生产队都饲养2~4头，用其耕作、车水。政府颁布保护耕牛的法令和文告，使牛饲养量迅速增长。

本地耕牛自繁自育不多，多到萧山、绍兴、诸暨等地购买小牛饲养。解放前，余新、东栅等集镇有牛场，与萧山、绍兴等地牛贩联手贩运，以供农家挑选。解放后，供销社一度经营牛市。公社化后，境内有东栅耕牛市场，也有生产队单独到外地买牛。

20世纪60年代境内饲养量1.2万多头，后发展机电耕作和排灌，饲产量逐年下降。70年代中期，实行农田园田化，电耕犁和手扶拖拉机代替了耕牛。80年代后手扶拖拉机广泛使用，结束牛耕和耕牛饲养历史。境内奶牛饲养始于清末，文生修道院养有奶牛，后仁爱堂、福利院均饲养。1958年建嘉兴乳品厂和奶牛牧场。1964年存栏207头，1988年933头。建区后，东栅腾字圩村有奶牛养殖户，年存栏在15头以内。

羊　区境养羊品种有湖羊、绵羊、山羊之分，以湖羊为主，少量绵羊和山羊。养羊可上溯到春秋战国。东晋时，北方世族南迁，有绵羊带入。南宋后，羊肉为肉类中上品，市场羊肉消费猛增，养羊有很大发展。明清时，“以桑养羊，以羊粪壅桑”形成良性循环，农户剪羊毛作毡，取羔皮作裘，养羊用途拓宽，饲养量增加，品种质量提高。1932年，嘉兴县饲养量名列全省各县之首。抗日战争时期养羊大幅度下降。1949年底，嘉兴县存栏9.89万头，其中湖羊8.79万头。50年代，养羊持续稳步上升，1957年存栏12.23万头。1965年存栏13.20万头。1978年，提高以肥换粮报酬和小湖羊皮收购价格，1979年存栏14.30万头。1983年后，养羊主要取决于小湖羊皮的收购价格，饲养量时上时下，1990年存栏7.39万头。90年代年后，因养猪业发展，羊饲养量出现下降。2000—2003年，羊存栏基本稳定在4万头以上，2004年羊存栏为3.47万头，此后逐年下降，至2010年全区存栏2.06万头。

湖羊为羔皮羊，其祖先为北方的蒙古羊，东晋时带入南方，经历自然环境、饲养方式的变化，逐步成为适应本地生长的羔皮良种。初生宰剥的小湖羊皮，质地柔软，毛色光泽如丝，花纹美观。1922年开始，一直是传统出口产品销往国际市场。1974年省、市召开湖羊会议，专门制定恢复湖羊生产扶持政策，建立湖羊人工受精站。1983年，在嘉兴等地建立湖羊良种场，使湖羊品种得以恢复发展。

山羊属于肉用羊类型，体型较小，体质结实，性温顺，外形娇美可爱，毛色粗而尖亮。成羊后头上生角，眼大有神，被毛白色，也有黑色或灰褐色的，其肉精细优于湖羊及绵羊。因其适应放养，繁殖力强。

绵羊长相和习性与湖羊相似，所区分的是头上长弯曲的角。全身长密密厚厚的毛，产毛率高于湖羊，全年剪2次，成羊每次产毛2.5公斤左右，毛质细长、柔软是上等纺织原料。

家兔　民国时期区境农村极少养兔，农户养的只是数量有限的小白兔（即短毛白兔），群众称为“食鼠”，仅供观赏之用。20世纪50年代，鼓励发展养兔业，逐步形成一项新兴副业。1957年，嘉兴县存栏9.19万只。1958年，嘉兴县畜产部门从国外引进一批力克斯、青紫兰、安哥拉等良种兔2万头，鼓励发展养兔业。三年困难时期，菜兔大量增加，用以补充肉食品之不足。1962年存栏24.87万头。60年代后期，先后引进国外长毛兔良种，德国长毛兔优于本地长毛兔，创办良种兔场达20多个，长毛兔发展迅速。80年代初，兔毛成为出口紧俏产品，供销社系统从资金、物资、技术等方面扶持长毛兔生产，发展集体养兔和养兔专业户，1981年存栏38.71万只。1982—1983年，兔毛出口一度不景气，存栏减少。1984年9月，兔毛市场开放，外销复苏，价格上扬，发生抬价争购的“兔毛大战”。“若要富、先养兔”，农村掀起养兔热潮，涌现不少养兔专业大户，最多饲养350多只，年产兔毛100公斤以上，1985年存栏猛增到45.33万只。1986年，兔毛国际市场形势逆转，价格惨落，国内兔毛过剩，饲养量大减。90年代初，引进一批德系长毛兔，有重点进行纯繁和用来杂交改良本地长毛兔。所产杂种兔产毛量比本种兔高60%。此后几年，兔毛出口依然不畅，价格偏低，生产继续滑坡。2000年兔存栏11.55万只，2000—2006年，兔存栏稳定在10万只左右，2007年末存栏7.48万只，此后逐年下降。至2010年，全区兔存栏只有4.46万只，以饲养西德长毛兔为主，少量肉用兔。

狗　养狗主要在农村，防盗为主，城乡有作宠物消遣。品种以狼犬和普通犬为主。1984年，城乡出现“养狗热”，屡有狂犬病发生。1985年，政府加强养犬管理，注射预防针。2000年后，城镇居民养宠物狗成风，新篁一带有养肉狗的专业户。

猫　养猫为捕鼠，“蚕时畏鼠盗食，家必畜猫”城镇居民也养宠物猫。

其他　除上述种类外，还有饲养马以及水貂、狐狸等一些宠物。马在春秋战国时已养，当时嘉兴为吴越主战场，曾畜养战马。南湖明代前称马场湖，相传因湖周围有马场得名，今已无饲养。

家禽饲养

家禽饲养历来为农村的副业。民国时期境内养禽业较为兴旺，1949年存栏30.33万羽。农业合作化以后，由于集体种粮与私人养禽的管理矛盾未妥善解决，时禁时放，饲养量波动比较大。20世纪70年代引进电孵技术和良种，养禽业有些发展，农村实行了联产承包责任制后，鼓励规模养禽，相继出现一批饲养上千羽、上万羽的专业户，养禽业发展很快。2010年，全区养禽专业户有158家，存栏170.19万羽。

鸡　家禽饲养以鸡为主，有肉用、蛋用、蛋肉兼用3类，平均饲养量一般占家禽总数的70%左右。农户在长期的生产实践中，采取择优而养，因而品种变化大，发展速度快，技术也不断进步。

辖区鸡品种繁多，有萧山鸡、本地黄鸡、浦东黄鸡、杭州黄鸡、新浦东、乌骨黄鸡、乌骨白鸡、海星鸡、红育鸡、海佩科、新波罗、百洛克、来克航鸡、新国罗斯鸡、AA鸡、芦花鸡、澳洲黑、九斤黄、浙农黄鸡、浦红鸡、仙居鸡、红宝鸡、依莎鸡、火鸡等等。

萧山鸡又称沙地鸡、越鸡，是中国优良的肉、蛋兼用鸡种之一，素以体型大，肉质好而著称；仙居鸡，蛋用型地方品种，具有体形小，产蛋多，饲料省，觅食力强，比较早熟，就巢性弱等优点。历史上仙居鸡饲养粗放，主要靠放养，自行寻找野草杂物充饥。群众为了多养鸡，多产鸡蛋，降低成本，节省用粮，历来习惯选择体型小、吃料省、产蛋多的鸡作种。在这种生态条件下，经过长期的挑选和培育，终于形成和固定仙居鸡小型高产的品种特性。

20世纪80年代后，逐年引进父母代、商品代白羽乌骨鸡，并在鼓励户养的同时，发展养鸡专业户，建立商品鸡基地。1988年，南湖乡集体养鸡场年提供商品禽87351羽，蛋208601公斤。90年代初期，凤桥镇石佛寺农户从浙江玉环引进乌骨鸡良种，逐步发展规模，并形成养殖基地（见第三十六篇“名优特产”第二章第五节）。

鸭 境内水网地带，久有养鸭传统。”清朱彝尊诗云：“村边处处围桑叶，水上家家养鸭儿。”饲养方式有农户散养，也有专业养鸭户，在河边搭棚圈养。饲养数量极多的养鸭人家，春耕秋收时，摇船四出，赶着鸭儿四处放牧，群鸭争蚯蚓和散落稻谷，人称放鸭船。鸭有绍兴麻鸭、杜塘麻鸭、北京白鸭、番鸭、樱桃谷鸭、狄高鸭等。绍鸭以体型小、产蛋多、耗料少、成熟早之优势，20世纪50年代成为本地蛋鸭当家品种。北京鸭、番鸭等肉用鸭也饲养不少。80年代，引进一批肉用“狄高鸭”“樱桃谷”在种禽场饲养，这一时期，养鸭户增多，养鸭兴旺。2000年后，有46户江山人落户七星镇办养鸭场，七星镇鸭饲养量达55万羽。

鹅 历史上农村久有养鹅习俗，品种有浙东白鹅、太湖白鹅、永康灰鹅、狮头鹅等。境内饲养的品种以“太湖白鹅”为主，具有耐寒、抗病力强、生长快的优点，上春头饲养，插秧时即可食用，唯体型较小。由于鹅食谷量大，发展受到限制。

蜂 区境花木茂盛，蜜源丰富。明末以前，嘉兴就有人养蜂取蜜。清康熙《嘉兴府志》载：“蜜蜂，民间以木筒养之，采花成蜜，小满后割取，煎其查（渣），成黄蜡。”解放后，养蜂业发展较快，“文化大革命”期间养蜂业一度衰落。20世纪80年代起，蜂业又有较大发展。其方式有家庭养蜂和创办蜂场。区境养蜂主要分布于大桥镇、凤桥镇，有养蜂专业户21家，规模比较小，起步晚，其中凤桥大星的张金明养蜂专业合作社2009年1月建立，有8名会员。全区2010年饲养蜜蜂1830箱，蜂蜜产量达49吨，蜂皇浆6057公斤。

鹌鹑 营养丰富，肉味鲜美，产蛋多，1979年，嘉兴县东栅良种场开始孵化自繁，供应鹌鹑、蛋与苗禽，后专业户逐步增加。现辖区有部分专业养殖户。鹌鹑和鹌鹑蛋投入农贸市场出售，也销往上海、杭州，嘉兴等大中城市。

鸽 可分肉鸽、信鸽2种，区境有少量饲养。

除上述种类外，还有饲养一些宠物鸟等。

2000—2010年全区主要畜禽生产情况表

表18-20

年份	生猪（头）				羊（头）		家禽（羽）		兔（头）	
	饲养量	年末存栏	其中：母猪	全年出栏	年末存栏	全年出栏	年末存栏	全年出栏	年末存栏	全年出栏
2000	1421710	536330	67611	885380	42656	39849	2064591	5199332	115460	40927
2001	1579801	481527	67380	1098274	39766	42532	2238035	5539679	97191	44115
2002	1860610	606811	68651	1253799	43510	50523	2718358	6522549	113993	78854
2003	2072688	690296	68693	1382392	42425	47753	2660719	7012070	111123	87716
2004	2123450	716122	72558	1407328	34747	40842	2449994	5969479	98106	71262
2005	2086631	666278	74272	1420353	30360	40746	2299167	5797499	100608	60089
2006	2006785	654122	66030	1352663	29485	37123	2536179	5679978	96649	61757
2007	1976212	598702	69662	1377510	25646	34241	2383902	6430167	74847	57921
2008	1895960	559706	75419	1336254	20712	27294	2162166	5365226	52179	56249
2009	1980721	635727	85822	1344994	19290	23330	1953581	5281816	48092	43375
2010	2139000	739300	90400	1399700	20600	22900	1701900	5192400	44600	44900

畜禽基地

辖区畜禽基地建设较早，20世纪50年代的凤桥农场就有1个畜牧场，发展畜禽业，60—70年代曾大批培育良种猪，销往香港，亦称供港猪，年出售供港大猪500多头。公社化初期各生产大队办起“百头畜牧场”，场内以饲养肉猪居多，母猪5~6头。1961年，贯彻“农业六十条”，调整以生产队为基本核算单位，大队集体畜牧场随之解体，60年代后期每个生产队办起集体畜牧场，以饲养母猪为主，畜牧场自繁仔猪供应农户饲养，带动整个生猪饲养业。还有建于60年代的东栅种畜场，竹林畜禽良种场、市食品公司的胥山养殖场都是有一定饲养规模的牧场，这些牧场有的已撤并，有的已改名。

2000年后，随着生猪养殖业的发展和根据生态化、规范化、标准化、专业化的养殖要求，区政府逐步推出新时期牧场建设要求，制定畜牧生态小区标准，建造大型畜牧示范小区，实行统一防疫和污染治理，统一规划、统一品牌、统一管理、统一服务。2006年以来，区政府先后投入促进畜牧产业健康有序、可持续发展奖励补助资金，积极扶植牧业小区建设。2006—2008年，省级以上补助资金280万元，地方资金达216万元，有8个牧业小区不同程度的受益。2008年新丰镇投资200多万元，率先在富兴畜禽有限公司建起占地面积60亩的牧业小区，牧区内实行繁殖区、崽猪区、肉猪生产区3分离，猪舍采用机械通风、换气排湿；屋顶洒水、湿帘降温、自由采食等现代化科学养猪模式以及雨污分离、人畜分离、净污分离、全封闭、自繁自养的管理模式。2010年底，全区建成标准化牧业小区14个，占地面积1500多亩，年出栏生猪20多万头。省农科院办的浙江绿嘉园牧业小区，占地面积148亩，年出栏生猪1.2万多头。

禽蛋基地主要由集体养禽场和专业大户组成。70年代初，发展白洛克肉鸡出口，最多时嘉兴县就有40个。几年后，出口发生变化，先后停办。1984年，竹林乡率先建立畜禽场，饲养肉用和蛋用鸡之后，发展彩蛋加工，开设孵坊，自办饲料加工厂，实现生产、加工、供销一条龙，成为郊区最大的商品禽场。1985年，城区南湖乡六号桥村，有1.44万个笼位的蛋鸡场投产，当年提供鲜蛋95吨。1988年，城区石油溶剂厂扶持六号桥村扩大蛋鸡场，后分设独立，成为全市第一家工厂办蛋鸡场，年产鲜蛋200吨，肉鸡1万多羽。

第三节　水　产

建区后，各公社都有水产大队从事淡水捕捞和养殖。2000年以来，辖区渔业养殖面积在2万亩左右。2010年，全区有淡水水面44383亩，水产养殖面积24136亩，其中池塘和稻田养殖面积12549亩，工厂化养殖面积162.6万平方米，外荡8853亩；2010年水产品总产量为32404吨，总产值达到75792万元，占全区农业总产值的20.26%。全区9个渔业村发放专业捕捞证282本，兼业1本，直接从事渔业生产400多人，机动船总数150只，非机动船290只。水产品总产量逐年提升，从2004年的17659吨增加到2009年的30971吨；水产品总产值从2006年的43528万元增加到2010年的69620万元，增长59.9%。

淡水水产资源

境内水域与农田交错，水质肥沃，天然饵料资源丰富，生物资源也较丰富，水域中浮游植物以硅藻、绿藻为主，其次是蓝藻或隐藻。浮游动物的种类组成以原生动物为主，占总数的90%以上。底栖动物以腹足类田螺科的湖螺、辧鳃类的黄蚬为主，还有三角帆蚌、褶纹冠蚌、背角无齿蚌、杜氏蚌等，加上环节动物水生昆虫共有30多种。

区境鱼类中有50余种是经济鱼类，改革开放后，中华鳖、白玉蜗牛、河蟹、青虾、南美白对虾、罗氏沼虾、克氏螯虾、太湖白鱼等水生养殖品种明显增加。

养殖鱼类

有鲫鱼、青鱼、草鱼、鲢鱼、鲤鱼、鳙鱼、鲂鱼（团头鲂、武昌鱼）、非洲鲫鱼、白鲫、革胡子鲶（埃及塘虱）、鳊鱼等等。其中青、草、鲢、鳙被称为“四大家鱼”。

青鱼　地方名螺蛳青，古代亦作鲭，是长江流域的特有鱼类。青鱼生活在水体的底下层，以螺蛳、蚬子、河蚌为主食，也常摄食虾及其他水生昆虫，肉质细嫩鲜美，是鱼类中的上品。与草鱼、鲢鱼、鳙鱼混养，可获较高产量。

草鱼　古名鲩，又称池鱼，是长江、珠江流域的特有鱼类之一，具有河湖回游习性，常成群追逐觅食，以草食为主，食量大、粪便多，在池塘内可利用草鱼粪便繁殖浮游生物，作为鲢、鳙鱼的食料。

鲢鱼　俗称白鲢，常生活于水体上中层，主要食料是浮游植物，也食浮游动物，食物链短，生长快，成本低，经济价值高，是优良的养殖品神。

鳙鱼　又称花鲢、胖头鱼或包头鱼，与鲢鱼同属，头形较大，鱼脊有黑色花斑。常生活在水体上中层，喜成群浮游，行动较迟缓，食料以轮虫类、枝角类、桡足类等浮游动物为主，易于管理和捕捞，是外荡、水库等大水体的主要养殖品种。

鲫鱼　俗名鲫瓜子、土鲫，为常见淡水鱼，喜群居而行，择食而居。鲫鱼肉质细嫩，营养价值很高，其性平味甘，入脾、胃、大肠经；具有健脾、开胃、益气、利水、通乳、除湿之功效。属杂食性鱼，成鱼主要以植物性食料为主。鲫鱼经过人工养殖和选育，可以产生许多新品种，例如金鱼就是由此产生的一种观赏鱼类 。

鳊鱼　又名鳊，也为三角鲂、团头鲂（武昌鱼）的统称。主要分布于长江中、下游附属中型湖泊，是中国主要淡水养殖鱼类之一，平时栖息于底质为淤泥、并长有沉水植物的敞水区的中、下层中，冬季喜在深水处越冬，比较适于静水性生活。鳊鱼为草食性鱼类，鱼种及成鱼以苦草、轮叶黑藻、眼子菜等水生维管束植物为主要食料，也喜欢吃陆生禾本科植物和菜叶，还能摄食部分湖底植物碎屑和少量浮游动物，因此食性范围较广，且生长迅速、适应能力强性。

野生鱼类

有四鳃鲈、鳑鲏、鳜鱼、鲌鱼（白鲦鱼）、鳡鱼（黄鲇）、鳗鱼、黄鳝、黑鱼、鲶鱼、泥鳅、鲈鱼、银鱼、擦条鱼、土布鱼、黄颡鱼、斑鱼、河豚等。21世纪后野生逐渐稀少。

观赏鱼类

金鱼，古称锦鱼或金鲫，系由金色鲫鱼变异而来。嘉兴是最早养殖金鱼的地方，宋朝嘉兴一带普遍饲养观赏金鱼。金鱼品种众多，有十二红、朱眼、朱唇、鹤顶红、天地红等。清和民国时，城内有金鱼买卖集市。解放后，在南门、东门有买卖，“文化大革命”后在天宁寺街有集市，后在育子弄花鸟市场。2006年后，在月河街区有金鱼市场。

另外还有贝、蚬子、螺蛳等，历史上范蠡湖产的五色螺颇负盛名，现已罕见。

淡水捕捞

渔民组织　唐宋时境内淡水捕捞已较发达。解放前淡水渔民大多以船为家，长年在水上漂流，渔具简单，作业分散，生活艰辛。解放后渔民，开展反霸斗争和水上民主改革，成立渔民协会，参加协会的有许家村、西南湖、五龙桥等丝网、鸬鹚、耙螺蛳和张簖等各种作业的渔民400多户、1000余人。1954年4月建立合作社，有以丝网作业的许家村渔业合作社，以放鸬鹚作业的第一生产合作社，以撑索作业的劳动生产合作社，以牵大网作业和以捻网作业的生产合作社等。

1968年3月，嘉兴县开展连家渔船社会主义改造工作，实行以县为单位定港捕捞生产，以公社为单位建立渔业（水产）大队。并建立稳定的生产、生活基地，巩固集体经济，发展集体生产，逐步实现陆上定居。将全县的水面均划分给各水产大队，实行建箔养鱼，分批定点捕捞，实施捕养结合。并从农村划出648亩土地给渔民建立生活基地。连家渔船社会主义改造以来，贯彻“以渔为主，捕养结合，多种经营”的方针，以船为家的渔民，定居陆上，实行捕养结合，鱼粮兼营，结束捕捞渔民常年水上漂流的历史，渔业得到较快发展。西南湖村、许家村、长新村曾是区内渔民主要居住地，随着社会经济发展，工业污水和生活废水大量流入外荡水域，使外荡水域遭严重污染，死鱼事件常有发生，水产资源严重破坏。捕捞量下降，造成部分渔民生活十分困难。2009年，市政府实施“渔民上岸”政策，在对渔业水域使用权进行补偿后，一次性收回并注销外荡水面使用权证，拆除市区水域的渔业生产设施，清退渔业生产，拆解所涉渔村的各类渔船和市区水域的住家船、水上搭建物等。辖区涉及东栅街道、新兴街道和南湖街道3个村150多户、400多渔民上岸。至2010年，全区还有964户籍渔民没有上岸，仍以捕渔为业。

渔具　渔民捕捞积千百年来的经验和技术，主要采取流动作业，即驾舟以手操作，凭技术利用渔具捕捞，定置作业即设置渔具如张簖设罾等捕捞两大类。捕捞渔具有钓具类：挂钓、划钓、小钓、绷钓、麦弓钓等多种；网类：牵大网、抄网、丝网、撒网、夹网、蟹网等多种；罾类：板罾、江罾、蟹罾及笑袋等多种；笼篮类：蟹笼、虾笼、鳝笼、鳜鱼笼、鳗笼等；棚箔类有簖，规格不一；其他传统渔具有撑索、鱼叉、耥螺蚬、鱼窠等。20世纪50年代嘉兴养鱼场改进大拉网的装置，把棉纱网改为尼龙网，带型袋底改为车厢式一节节的袋网，并且在网的上下分别装上盖网和底网，显著提高了捕获率。1969年，又发展机电捕鱼，电捕作业是在鱼草混养、下网捕捞困难的情况下应运而生的捕鱼技术，是一种解决外荡底层鱼、敌野鱼捕捞的有效方法。但是捕大留小，近似“竭泽而渔”，使渔业资源遭到不应有的破坏，自1984年起基本停止电捕。

渔船多种多样，耥螺蛳船、照夜火摸鱼蟹引鱼自跃的跳白船，驯养水鸟鸬鹚捕鱼的墨鸭船。1986年时，从事内河捕捞船只多为非机动船，少量机动船。西南湖一带渔民用鸬鹚鸟捕鱼，对渔业资源损害严重，现墨鸭船基本淘汰。

淡水养殖

淡水鱼经历了只捕不养到捕养结合以及以养为主的发展过程。养殖水域也由小型池塘发展到湖泊外荡，随着渔业资源的开发，养殖面积日益扩大，产量也迅速增加。

鱼苗、鱼种　境内淡水养鱼有2000余年历史，鱼苗鱼种仰求于外地。1956年，嘉兴县率先出江采购鱼苗，探索培育鱼种的新路。1958年，贯彻鱼苗种“就地繁殖，就地培育，就地放养”的方针，在水产科研部门的支持下，开始用绒毛膜促性腺激素、合成激素以及鲤鱼脑下垂体，进行家鱼人工繁殖的试验。1963年，下塘鱼苗60万尾。家鱼人工繁殖技术很快应用于大面积生产实践，鱼苗的品种和数量也随之增加，结束了长江采苗历史。

池塘养殖　池塘养鱼始期虽然较早，但规模不大，直到明、清时期，才在低洼湖区水乡逐渐发展。民国时期虽有所发展，但受天灾人祸影响，起伏很大。区境的池塘养鱼，集中南湖乡等地，密集于此处之鱼池共约百余口，均以养大鱼为业。改革开放后，使鱼塘面积猛增，并且品种、产量和效益也大为改观。淡水鱼养殖结构由过去以花鲢、白鲢为主逐渐调整到以品质较优的草鱼、青鱼、鲫鱼、鲤鱼、鳊鱼为主，并引进团头鲂、非洲鲫鱼、白鲫、异育银鲫等成长快、价值高的新品种。同时还发展稻田养鱼，开发河鳗、河蟹、对虾、甲鱼等特种水产品养殖。

20世纪80年代中期，七星乡曾开挖良田近500亩成鱼塘养鱼。2005年仅七星乡内，就有60多户承包鱼塘面积675亩。其中，博山村金天成承包面积50亩，七星村集体养殖20亩，各村农户另散养殖90亩，天龙生物内塘温室养殖96亩。

外荡养殖　外荡养殖始于明嘉靖年间，随绍籍人移居嘉兴，才引入境内。20世纪60年代，出现许家村、湘家荡养鱼场等一批集体联营的水产养殖单位。湘家荡水域面积为1934亩，荡周围有7个村，有250多户人家经营水域，公社化时转为集体经营。1966年建立湘家荡养鱼场后，渔场均以实现利润按股分红。1968年，许家村渔菱大队迁入20户到七星乡组成水产大队，放养各类鱼种，采取适时捕捞。70年代，各类鱼虾等水产品年产均在50吨左右。1999年2月8日，由七星、塘汇乡及湘家荡养鱼场与市湘家荡开发建设有限公司及市旅游局对湘家荡现有水域利用、开发达成租赁协议，租赁时间为20年，由市湘家荡开发建设有限公司负责对水域的开发、使用和管理。2000年后，原有的渔民村由5个变为7个，原来由集体经营的水域也逐渐承包给渔民个人经营。区渔政管理站实行统一放养鱼种，统一发放捕捞许可证。

增氧机　20世纪80年代后期，养鱼单位和水产大户广泛采用。1990年，有增氧机200多台，后逐年增加，至2010年有1739台。

名特优水产养殖

牛蛙　因叫声似牛而得名，主食昆虫。20世纪80年代从美国、古巴引进食用牛蛙，90年代形成高潮，大桥、新丰、新篁等地农户大面积养殖，大户养殖达50多亩，全区1000多亩，持续七八年之久，后来经济效益下降逐步衰退。

鳖 俗称甲鱼，深水水域分布较广。《中国经济志》载，1935年，嘉兴县产鳖千担。20世纪80年代新丰、余新、大桥等地开始人工饲养鳖。2010年，发展到3000多亩，产值3000多万元（见第二十三篇“名优特产”第二章第四节）。

2000—2010年区鳖养殖情况表

表18-21

年份	养殖面积			放养鳖种（万只）	产量（吨）	产值（万元）	占渔业总产值比例（%）
	合计（亩）	大田（亩）	温室（万/平方米）				
2000	812	698	7.59	144.37	848	5939	73.47
2001	1809	1628	12.04	291.29	1349.5	6390	52.63
2002	2152	1942	14.00	450	2236	10134	65.29
2003	3175	2817	23.86	729.8	4296	17903	80.24
2004	4844	3939	60.39	2199	9733	24620	81.06
2005	4893	3985	60.60	2038	9736	27302	73.16
2006	5066	4009	70.50	2910.56	11252	36572	84.02
2007	4884	3528	90.45	3572.2	14093	38393	68.50
2008	5334	3743	106.10	4103.17	19074	51177	85.64
2009	5666	3444	148.22	4211.85	21220	58027	85.02
2010	5700	3457	149.61	4944.85	21851	64952	85.70

虾 有罗氏沼虾、青虾、南美白对虾等。1990年区养殖有6亩罗氏沼虾，博山村沈黎祥引进南美白对虾，在改变白对虾的生活习性上下功夫，变咸水养殖为淡水养殖取得成功。20世纪90年代后期，大力发展南美白对虾、罗氏沼虾、克氏螯虾等新品种的养殖，新丰、凤桥、余新等均有养殖。2010年，罗氏沼虾15亩、34吨；青虾65亩、32吨；南美白对虾78亩、248吨；克氏螯虾35亩、105吨。

蟹 历史上蟹的资源较丰。嘉兴南湖蟹，以体大肉肥而著称，产地除南湖外，尚有凤桥、新丰等地。都以其味鲜美，颇负盛名。1946年的调查报告，南湖年产蟹80担（合4吨）。2000年后蟹主要为养殖，年产蟹100吨左右，不包括在稻田养的蟹。

白玉蜗牛 1987年，曹庄、余新等地引进蜗牛进行人工饲养，最为有名的是白玉蜗牛（见第二十三篇“名优特产”第二章第四节）。

2000—2010年区白玉蜗牛养殖情况表

表18-22

年份	养殖面积			放养量（万只）	总产量（吨）	总产值（万元）
	合计（亩）	大田（亩）	温室（万/平方米）			
2000	1280	1256	1.58	4550	1250	1170
2001	1464	1446	1.2	5536	1994	1994
2002	1774	1756	1.19	7995	2264	2173
2003	2662	2626	2.39	6580	2849	2560
2004	3780	3737	2.85	5844	3353	2012

续表18-22

年份	养殖面积			放养量（万只）	总产量（吨）	总产值（万元）
	合计（亩）	大田（亩）	温室（万/平方米）			
2005	4023	3990	2.2	5402	3415	2732
2006	3046	2996	3.32	5960	4013	3612
2007	3100	3035	4.35	6065	4184	3765
2008	3400	3279	8.06	5438	3641	4781
2009	3907	3703	13.62	7274	3116	3387
2010	3114	2920	12.97	11084	3538	3869

2000—2010年区渔业生产情况表

表18-23

年份	水产品总产量（吨）				养殖总面积（亩）			稻田养殖面积（亩）	工厂化养殖面积（万平方米）	渔业总产值（万元）			
	合计	养殖产量		捕捞产量	合计	外荡	内塘			合计	内陆捕捞	内陆养殖	水产苗种
		小计	其中：外荡										
2000	6542	4767	435	1775	15975	10061	4694	4351	9.2	8085	887	6560	637
2001	7935	6076	473	1860	15390	10707	4012	8447	13.24	12142	929	10530	683
2002	9390	7608	432	1782	15729	11717	4012	9177	15.2	15521	891	13738	892
2003	11724	10105	439	1619	18886	12120	6766	9736	26.2	22311	798	21505	8
2004	17659	16475	620	1185	22695	11418	6581	9600	63.2	30373	1648	27617	1108
2005	18340	16708	529	1632	13180	7149	6031	11835	62.8	37318	2086	33508	1724
2006	20614	18924	485	1690	12237	6303	5934	12214	73.8	43528	1437	39160	2931
2007	24541	22622	2451	1919	14529	8595	5934	12351	96.8	56051	1609	54373	68
2008	28961	27019	2673	1943	14127	8682	5445	8514	145.4	59761	1622	58044	95
2009	30971	29017	2162	1954	15015	8853	6162	7550	187.8	68255	1605	66254	396
2010	32404	30564	2053	1840	19110	9150	9960	2589	162.5	75792	1399	72669	1724

渔政管理

1929年11月12日国民政府公布《渔业法》。解放后，渔政由县人民政府统一领导，农业或水产部门具体管理。各有关乡村在外荡养殖区域相继建立护荡委员会，并制定乡规民约，保护水产资源和渔业设施。1981年11月1日，省政府颁发《浙江省海洋水产资源保护试行规定》。1984年11月11日，经省第六届人民代表大会常务委员会第十次会议通过，又颁布《浙江省淡水渔业生产和资源保护暂行规定》，对渔业资源、渔业水域环境、渔业生产权益、渔政管理等都作出明确规定。

1985年10月29日，区建立渔政管理处。2000年成立区农业综合执法大队渔政中队，后为渔政管理站。现有渔政执法摩托艇一艘，其他调查取证设施若干。渔政管理机构成立后，积极查处各类违法案件，处罚水产品质量安全事故责任人、违法排放化工废水造成渔业水域污染事故企业，不间断地打击电捕鱼等破坏渔业资源的违法现象。为解决三环以内渔民转产转业，综合开发城区水域旅游资源，自2004年起做大量调查研究、统计工作，为政府出台相关政策提供详实基础资料，以保护渔民的合法权益。2009年,区以及各镇在全区水域依法开展渔政执法。

第五章　林　业

第一节　林业资源

概况

境内为水网平原,受自然地形和农耕历史影响,多田少林。2007年二类资源普查结果,全区有林地面积9.12万亩(包括四旁林木折合面积),林木立木蓄积量14.45万立方米,林业资源大大低于全省水平。

1989年起,全面开展以农田防护林和沿海防护林为重点,大力开展四旁植树和多种经营。从1994年开始,四旁植树和农田林网引来高速发展,到2004年全区森林覆盖率12.6%,成功创建平原绿化先进县。2001年,嘉兴老环城河和南湖周边拆旧建绿,建成绿地2400亩,建成了城市东、南、西3片楔型绿地,总面积10590亩。

2005年,全市开展"万顷绿化造林"工程和创建省、市"绿化示范村"、市"绿色小城镇"活动。

2007年,全区有林地面积9.12万亩。其中,乔木林2.23万亩,灌木林1.9万亩,乔木型经济林1.13万亩,四旁林木折合面积3.85万亩,其他0.01万亩。平原立木总蓄积量为14.45万立方米,林木覆盖率为16.5%,到2010年末为止,林木覆盖率提升到17.8%。至2010年末,全区累计建成"省森林城镇"1个、"省绿化示范村"22个、"市绿化示范村"32个、"市级绿色小城镇"3个。平原绿化由以绿化、美化为主向注重森林化、生态化方向发展。

树种

据明万历《秀水县志》记载,当时有:"椿树、梧桐、杨、柳、冬青、皂荚、石楠、白杨、黄杨、松柏、榆、檀、槐、楝、桧、枫、楮、桑、樗(臭椿)、柏、梓、槿、朴、柘、棕榈、王莽竹、淡竹、紫竹、黄金间碧玉竹、黄枯竹、石竹、木竹、斑竹、桃子竹"等树、竹品种。另据明崇祯《嘉兴县志》记载,还有银杏、女贞、柞、榖等树以及燕竹、慈竹、苦竹、篾竹、竹筱、水竹、凤尾竹等竹种。清代地方志又记有白皂、香樟、栗、杉和毛竹、方竹、篁竹等品种。

解放前,常见的乡土树种有:银杏、马尾松、桧柏、大叶榉、榔榆、臭椿、香椿、苦楝、香樟、枫杨、无患子、女贞、棕榈、麻栎、乌桕、构树、朴树、丝棉木、早竹、淡竹、杞柳等等。悬铃木成为城市多见的行道树。

解放后,被列入《浙江省优良速生乡土树种名录》的有:香樟、沙朴、大叶榉、粗叶树、枫香、枳椇、黄连木7种。

20世纪60年代后,陆续引入喜树、南酸枣、水杉、池杉、泡桐、川楝、杜仲、白榆、滇楸、欧美杨、桤木、鹅掌楸、雪松、刺槐、南洋杉及杂交柳等新树种。2007年,全区有树种300余种(包括亚种、变种)。

常绿树种　华南苏铁、黄山松、火炬松、长叶松、海岸松、偃松、台湾五针松、华南五针松、白皮松、云杉、黄杉、红杉、南洋杉、孔雀杉、墨西哥落羽杉、蜀柏、花柏、洒金柏、凤尾柏、绒柏、翠柏、千头柏、云片柏、露丝柏、伽罗木、深山含笑、印度橡胶树、红花油茶、云南山茶花、日本茶梅、柠檬、四季桔、法国冬青、金银花、山栀子、方竹、斑竹、紫竹、短穗竹、青皮竹等。

落叶树种　凸头木兰、黑荆、中国槐、黄檀、锦鸡儿、银荆、蟠桃、日本樱花、寿星桃、贴梗海棠、西府海棠、绣线菊、北京杨、意大利杨、钻天杨、杞柳、光皮桦、白榆、珊瑚朴、大叶桉、细叶桉等。

20世纪50年代推广种植泡桐,60年代推广刺槐,到70年代引进水杉,后又引进落羽杉和池杉,俗称"三杉",因树型美观,材质优良,成为70—80年代的当家品种,现在新丰、大桥、凤桥保留下来的80年代种植的水杉林带成为南湖区最有代表性的农田林网。90年代至今,香樟、银杏和垂柳成为道路和河道主要绿化树种。2010年全区完成平原绿化面积2900亩,共植各类树种23万余株,其中香樟、桂花、榉树、无患子、广玉兰、黄山栾树等乔木(亚乔木)树种占70%以上。

第二节　植树造林

农村、城镇很早就有利用屋前宅后、河浜岸滩、坟茔荒地植树栽竹的习惯，多属个人自发。1915年，规定每年清明为植物节。1928年，国民政府定每年3月12日孙中山逝世纪念日为植树节。以后，每年都举行植树仪式，组织群众性的植树造林活动。嘉兴县在公共运动场、御花园、南堰等处造林24亩。1948年、1949年，组织机关团体、工厂、学校在端平桥至丝厂运河两岸，以及东栅、南堰塘和三塔塘西义冢等处，种植苗木近万株。同时发动运河两岸乡民种植乌桕、白杨等1.5万余株。

解放后，大力鼓励植树造林，采取国营、集体、个体并举，专业队伍与全民义务植树相结合的方法，依靠科技兴林。改革开放后，绿化造林列为基本国策之一，每年的3月12日定为全民义务植树日。以农田林网为中心的植树造林发展迅速。2000—2010年，全区有130余万人次参加义务植树，共植树39.6万余株。至2010年，全区人工林5.3万亩、四旁林木385万株。

农田林网

20世纪60年代中期至70年代初，开展河、渠、路旁植树试点。1974年开始，由点到面，分期分批地开展了农田林网建设。

从1982年以来，国家在农田林网建设上开始投放大量资金用于造林。2000—2010年，全区农田林网植树60余万株，绿化机耕路、河道林带总长度770余千米。在农田林网建设过程中，根据适地适树和本地历史文化，形成余新的湿地松、凤桥的无患子、大桥的雪松、新丰的榉树等特色林带。

绿化

解放前四旁绿化多以种植乌桕、麻栎、苦楝、小竹为主，其他有香樟、银杏、刺槐、榉树、香椿、柳、朴、榔榆等，仅在墓地栽种松、柏之类的树种。解放后，四旁绿化发展较快，树种也不断更新。20世纪50至70年代初，主要为苦楝、柳树、枫树、泡桐等。70年代中期以后，则大量种植“三杉”等速生树种和芦竹、杞柳等灌木。

境内历来在房舍前后植有竹园，是一大特色，竹园中栽种以早竹、哺鸡竹分布最广，嘉兴雷竹、花哺鸡竹、红竹亦有栽种，近年又新引进角竹、高节竹等散生竹。小竹园多以利用小竹为建材和器具用材为主，竹笋用以作菜或出售。改革开放以来，小竹园主要用途已向笋用竹过渡。

2000年以后，农民对房前屋后栽种树种要求提高，以桃、梨、枇杷、桂花等经济树种为主。2009年止，全区四旁林木共有385万余株，拥有立木蓄积量12.08万立方米，占平原总蓄积量的83.6%。2003—2010年，一共创建了22个省级绿化示范村、32个市级绿化示范村。

道路绿化　历史上除了国家铁路、公路外，农村的机耕路及干渠两旁的绿化，改革开放后还包括高速、国道、省道、县道两旁的绿化，基本形成制度化和规范化。

1973年起，铁路绿化由地方改为铁道部门专业管护，沿线乡村协助。树种已几经更新，20世纪70、80年代多半栽种水杉、落羽杉和池杉，套种紫穗槐、木芙蓉、珊瑚树等灌木。2000年以后，基本以阔叶树种为主，针叶树种为辅，乔灌结合。

至2009年，全区防护林带绿化累计植树94.33万株，形成绿化林带872.5千米，干线宜林地段绿化率达到95%以上。从2010年开始，大力提升新07、老07、嘉盐公路等主干线两侧各20米宽的绿化改造提升工程，至年底新07省道区段已完成45%的绿化改造提升工程，老07省道西起焦山门大桥东至新丰镇路段已完成85%的绿化改造提升工程，嘉盐公路已完成35%左右的绿化改造提升工程。

河道绿化　区内河道纵横交叉，管理水域面积32.2平方千米，河道2125条，1384.7千米。在20世纪50年代末以前，多以零星植树为主。60年代中期开始有计划、有组织地向营造河岸林带方向发展，当时大多插杨柳为主。进入21世纪后，制订区生态河道建设示范村考核办法，提出了按照生态河道建设的目标，按照河道的实际情况和功能需要，做好沿河绿化的配套，沿线绿化配套达80%以上。至2010年，区范围内的平湖塘沿线长14.7千米，宜林长度10.5千米，已绿化长度10.2千米，绿化比例达到97.1%；海盐塘长15.6千米，宜林长度10.1千米，已绿化长度9.8千米，绿化比例达到97%；嘉善塘总长17.1千米，宜林长度16千米，已绿化长度16千米，绿化比例达到100%。

城镇绿化 解放前，城镇街道狭窄，除少数公园、医院、学校和名胜景点外，缺少绿化。解放后，城镇绿化由低标准逐步向较高标准发展。从20世纪70—80年代中期，城市和较大集镇的所有马路和大道两侧都栽上行道树，公园及公共场所基本绿化成荫。2001年后，许多机关企事业在绿化中还做到多层次绿化，从盆栽、缸栽、地面绿化发展到屋顶绿化和建筑立面垂直绿化。乔木、灌木和花、草相结合，培植天鹅绒草皮等地被植物。民丰造纸厂栽植各类花木7.36万株，被誉为“花园医院”。区内的中小学十分重视校园绿化创建工作，绿化覆盖率都达35%以上。大桥镇中心小学被国家环保总局、教育部授予国家级绿色学校称号，成为全区首所国家级绿色学校。至2008年，全区有国家级绿色学校1所、省级绿色学校5所、市级绿色学校7所、区级绿色学校17所。进入21世纪，市区先后建设城南公园、洪波公园、三塔公园、明月公园、植物园、体育公园、凌公塘公园等公园，在南湖北岸建设了春、夏、秋、冬4园。在南湖南岸建设了大片片林。2010年，注重新社区绿化工程建设，为城乡居民营造环境优美的生活空间。新丰镇北社区，余新新贤园社区，凤桥庄史社区、吴家浜社区，大桥镇实验示范区、云东社区，七星三家浜社区、江南新家园等城乡一体化绿色新社区都列入建设和完善绿化配套工程之内。2010年，投资1500万元用于公益性绿化，筹建环城绿化带等。各镇相继建设了各具特色的休闲公园，凤桥梅花洲公园、新篁莲花广场、余新新贤公园等。自“十一五”规划以来，全区绿化面积从8.49万亩增加到9.89万亩，新增绿化面积1.5万亩，森林覆盖率从15%提高到17.7%。创建1个浙江省森林城镇、19个省级绿化示范村、3个省级兴林富民示范镇、8个省级兴林富民示范村、3个市级绿色小城镇、32个市级绿化示范村。2008年度，市级绿化考核一等奖。

绿化认建认养

各乡镇、街道不断推进农村绿化，引导社会公众树立“绿色价值观”，开展种植纪念林、纪念树和绿地（树木）认建认养等活动。2010年，区政府举行以奉献一份真情，种下一片绿，拥有一份未来为主题的南湖区绿地（树木）认建认养捐款仪式。区、镇、街道、区级机关部门主要领导、分管领导以及市民代表参加了捐款仪式，现场捐款70万元。

区关注森林组委会、区绿委会还共同发起认建认养绿地（树木）活动。区关注森林执行委员会和绿化委员会办公室将向捐款500元以上的个人、捐款5000元以上的单位统一树立认建认养标志并颁发荣誉证书。全区捐款500元以上的个人有197人；捐款5000元以上的单位有16家。

采种育苗

采种 农民种树历来多采挖野生幼苗，或剪枝扦插，用种子播种的则就地采集，自繁自育。

解放初期，主要是麻栎、乌桕、枫杨、苦楝、大叶榉等乡土树种。20世纪60年代中期从天台引进棕榈种子；70年代从兰考调入苗用泡桐种根，从江苏淮阴引进白榆种子；80年代又从湖北等地陆续调入水杉、池杉等种子。

育苗 1928年嘉兴已设立苗圃，主要繁育麻栎、白杨、梧桐、乌桕、柏树、悬铃木等苗木。上海铁路局在东门外设置铁路苗圃，抗日战争爆发后，县苗圃基本解体。

20世纪50年代，主要采取“自采种，自育苗，自造林”的三自方针。60年代，育苗工作实行国营和集体相结合。1978年，嘉兴县也重新建立苗圃。集体育苗始于1964年。实行公社、大队、生产队三级育苗，培育的树种有林木、果树、桑苗。

据嘉兴市统计，1983—1987年集体育苗累计4027亩，平均每年育苗805.4亩，占同期育苗总面积的17.13%。农村实行家庭联产承包制以来，个体育苗迅速居育苗的优势，全区个体育苗面积1.2万亩，成为苗木市场的主要经营力量。

2004年开始，因为全社会大量种植苗木，市场迅速饱和，到2008年苗木价格降到最低点，特别是香樟、杨树等苗木，同规格的苗木价格跌了好几成，甚至苗木的价格抵不上挖苗的人工工资。

育苗技术　早期以散播为主，条播为辅，大粒种子采用点播，柳树、白杨告示采用扦插，泡桐采用埋根育苗。20世纪60年代后期，大面积推广“三杉”树种，水杉最初采用硬枝春插，繁育系数不高，亩产2万株左右。1973年改为嫩枝夏秋扦插，成活率大幅度提高，亩产10万株左右；池杉（落羽杉）从硬枝春插发展到夏季遮荫嫩枝扦插。1977年，学习余杭星火林场经验，采用全光照嫩枝夏秋扦插。

1982年扦插育苗又为播种育苗所取代，不同于传统的播种方式，其操作程序是：温水淋种催芽—地膜覆盖育苗—苗高6厘米时选阴雨天移栽，俗称二段育苗。到90年代，香樟采用籽拨，一亩地可繁育大量香樟幼苗，香樟也是后来苗木价格跌的最厉害的树种之一。

第三节　古树名木

境内古树名木100年以上古树名木约有10来个树种，都已列入国家《古树名木录》，受到重点保护。2006年，区绿委会发文，各镇、街道加强辖区内的古树名木保护，明确了责任单位和责任人，落实了保护措施，全区现有的古树名木生长良好。2008年，全区重新普查100年龄以上的古树名木，共普查出黄榉、朴、槐、柘、榔榆、糙叶树等树种的古树名木210株，其中600年以上树龄的有7株。

市区古树花木

嘉兴百姓自古就有栽树种花传统，历经战乱，保存下来的古树名木为数不多。解放初，古树名木的保护意识不强，现存古树名木屈指可数。

1985年11月，建立档案，设立保护标志，由所在单位负责养护管理。1986年，嘉兴市区建立古树名木保护档案，对古树名木逐株登记，每株树身均悬挂搪瓷保护标牌。统计古树名木226株。树龄在400年以上的有3株；200年以上的4株；150年以上的5株；100年以上的121株；50年以上的93株。市区古树名木比较集中的地方是文生修道院，内有树龄在百余年的香樟、黄榉、朴树、紫薇等100余株；烟雨楼有树龄400余年的古银杏，百余年的黄榉、朴树、槐树等共20余株；人民公园内有古树名木24株。1993年，嘉兴对分散在城市道路旁的古树名木修建保护围栏，如禾兴路银杏树、大新路银杏树、光明街香樟树等。1997年，对古树名木生长状况进行调查登记，定期养护管理。

2009年确定，树龄在300年以上的古树为一级保护；树龄在100年以上300年以下的古树为二级保护；古树后备资源为三级保护。2010年12月，完成对市区古树名木第4次普查。市区有古树名木231株，其中区境内有191株，包括银杏、香樟、榉树、朴树、桂花、广玉兰等。

2010年秋，少年路天宁寺街口120年树龄的古银杏树

各镇古树

各镇古树名木有19株，其中古银杏有12株。凤桥石佛寺古银杏的树龄、新丰镇净湘寺古银杏的冠幅和普光寺的树高的排名都进入了全省前十名。各镇古树名木具体分布情况是：

新丰镇　有古银杏树3株，树龄都在530年左右，分别在丰北社区原三官殿处、净相村净相寺。

金章村金章庙处有棵朴树紫藤紧紧缠绕，枝展超20米，树龄超200年，当地人称夫妻树。

大桥镇 有古树名木6株。其中步云花园村石龙桥边，原有古银杏2株，现存1株，已有400多年历史；由桥村村委会南20米，有1株，490年的古银杏树；中华村夏义浜，有杜松3株，约100年；1株龙柏，110年。

七星镇 在镇政府西边，泗花泾河北岸。有1棵495年树龄的古银杏。

凤桥镇 梅花洲景区内，有2株千年古银杏，一雌一雄，树龄1250多年。新民村柏家老宅内，有株树龄136年的山茶花树。

余新镇 普光寺内有树龄约610年的3株古银杏；余新小学大门口东侧有株树龄约270年的古银杏树。

其他 东栅街道电厂有2株金桂，树龄分别为125年和165年，树高分别为6米和7米，平均冠幅分别为7米和8米；礼品厂2株金桂，树龄分别为135年和140年，树高分别为4米和6米，平均冠幅分别为4米和2米。

2009年秋，位于梅花洲景区的古银杏树

第四节 林政管理

解放后，中央和省市采取一系列措施护林保林，因所有制和政策变动，林业权属模糊，公德教育不够，存在“年年造林、年年不见林”的现象，改革开放后，建立护林员制度，实行定人员，定岗位，定管护指标，定报酬和奖赔，强化依法治林，查处破坏和违法违章砍伐者。2000—2009年，区共查处盗伐、毁林等大小案件18起。2005年区成立了由绿委会各成员单位、公安局、消防大队等单位组成的森林防火指挥部。至2010年，实现连续5年无森林火灾。

第六章 农业产业化

第一节 主导产业及布局

主导产业沿革

解放初至改革开放前，区境一直以粮油蚕桑为主导产业，禽畜养殖和蔬菜种植作为副业，以家庭为主。20世纪90年代始，禽畜养殖、蔬菜种植始成规模。1997年开始创导农业产业化和农业产业结构调整。经过7~8年发展，逐步调整为粮油、畜禽、特种水产、瓜果、蔬菜五大主导产业的新型农业产业化格局，并向优势产区集中，形成一批具有区域特色的优势产业。2008年起，农业从数量扩张转向品质提升，从生产功能为主向生态、文化等多方面发展，形成食用菌、花卉苗木、休闲农业3大新兴产业，成为农业经济新增长点。建有花卉苗木产业园，有天香花苑、石根农林等龙头组织，种植花卉870亩。建成百里休闲观光农业长廊，有凤桥梅花洲、清园生态农庄、江南葡萄园、余新渔里农庄、七星周家庄园等14个休闲观光农业景点。2010年共接待游客76万人次，农业休闲旅游收入2063万元。以浙江中法生物工程有限公司为龙头、浙江大学食用菌研究所为技术支撑，建立区食用菌循环产业示范园，年产菌袋500万袋，能转化1万亩的桑、果枝及其他农业废弃物，年产杏鲍菇、白灵菇、香菇、黑木耳、秀珍菇、蘑菇等鲜菇1200吨，年产值2500万元。

农产品基地建设

围绕主导产业，实施基地建设、龙头企业建设以及市场和中介服务组织建设。有凤桥、新丰为主的啤酒大麦、优质米基地；凤桥、新丰、新篁等油料生产基地；竹林的生猪生产基地；凤桥石佛村为主的家禽生产基地；大桥、新丰、曹庄为主的养鳖基地；大桥、步云、曹庄、余新、凤桥、新篁的大棚蔬菜瓜类（菜心、茭白、荸荠、西瓜）基地；大桥的水果生产基地；凤桥的蚕桑基地；新丰的肉兔生产基地等十大基地。同时，抓好畜禽食品加工、蔬菜加工、饲料加工为首的龙头企业建设，抓好大桥、新篁两个蔬菜批发市场建设和专业技术部门、各级供销社中介服务组织发展，鼓励乡、村个人组建各类农产品营销队伍，积极参与农产品流通，鼓励建立多渠道、多层次的农业产业化投资体系，吸引大企业、大公司和境外企业投入农业资金。至2010年，形成优质粮油、绿色畜禽、特种水产、名优瓜果、高效蔬菜5大特色产业。

优质粮油　2010年，全区种粮面积33万亩，产量14.2万吨，其中春粮面积10.6万亩、晚稻面积17.4万亩，晚稻亩产量547公斤；建立高产示范方14个、总面积5840亩，分布于余新、新丰、大桥、凤桥镇区域。粮食产量稳定、品质优良，通过示范方建设和高产示范户技术指导，扩大了主导品种和主推技术辐射带动作用。目前，拥有"禾欣"大米等嘉兴市著名商标、嘉兴市名牌产品。

绿色畜禽　2010年，全区生猪出栏数140万头，存栏数74万头，其中存栏母猪9万余头；家禽存栏量170.2万羽，出栏数519.2万羽，畜禽养殖主要集中在新丰、余新、凤桥等镇。区内有中法科技、兄弟食品、笨天篷等多家农业龙头企业、合作社专业从事畜禽养殖、加工、销售，拥有"文虎"酱鸭等著名品牌，绿色畜禽已成南湖区农业经济的支柱产业。

特种水产　2010年，全区水产养殖总面积2.41万亩，以鱼类、鳖类、甲壳类、贝类为主，年产量3万余吨，主要集中在大桥、新丰、余新等镇。甲鱼养殖面积5699亩，其中温室养殖面积149.6万平方米，生态鳖养殖面积1114亩，产量达256.3吨；白玉蜗牛养殖面积3113亩，其中温室养殖面积13万平方米。区内拥有著名品牌余新白玉蜗牛。

名优瓜果　2010年，全区各类果用瓜、水果种植面积近8万亩。林果种植面积4.1万亩，主要为水蜜桃、葡萄、西瓜、甜瓜，集中在大桥、凤桥等地，其中葡萄2.55万亩，亩均产量1581公斤，亩均产值11200元；水蜜桃面积1.22万亩，亩均产量1356公斤，品牌销售亩均产值10053元；全区果用瓜种植面积3.8万亩，其中大棚西甜瓜9376亩，设施大棚瓜菜种植面积达2.9万亩次。拥有"江南"葡萄、"嘉欣"葡萄和"凤桥"水蜜桃等著名品牌。"江南"葡萄进入上海家乐福等大型超市，"凤桥"水蜜桃进入上海华联超市。

高效蔬菜　2010年，全区蔬菜种植面积16.7万亩，年产量30万吨左右，均衡分布于各镇。其中，茭白种植面积1.3万亩，双季茭种植面积5776亩，大棚双季茭面积330亩；生姜种植面积8686亩，大棚生姜面积1080亩，生姜总产值达1.2亿元，亩均产值1.3万元，经济效益十分显著。区内有多家农业龙头企业从事蔬菜生产加工，拥有"栖柽""陈良""新坊"等蔬菜品牌。

第二节　产业化扶持政策

20世纪60年代，国家农业一直处于传统经营方式，产业化程度低，对主导产业实行积极扶持政策。1961年省定标准为：出售50公斤鲜茧，奖励化肥票50公斤，粮票10公斤，布票3.34米，煤油票2公斤；1962年，改奖化肥票100公斤，布票3.34米，煤油票2公斤，后不断调整，持续至1987年。生猪产业、粮食产业在70年代也有数额不等的奖励政策，如农户出售生猪、稻谷奖励化肥、布票、粮票等。

20世纪90年代中末期，中央接连出台一系列强农惠农政策，坚持"多予少取放活"政策，大幅增加农业投入，健全农业补贴制度和农产品价格保护制度。1997年后，市区政府相继出台市本级农业龙头企业专项贴息和扶持农业产业化经营发展的优惠政策。2003年，区政府出台农业提升战略的实施意见和政策优惠。

2008年，编制区农业产业化财政政策补助目录，有7大类63个小项目。第1大类粮食生产能力建设重点扶持有粮食生产、粮田适度规模经营、农业综合开发；第2大类都市型高效生态农业培育扶持项目有特色农产品基地、休闲观光农业、鱼塘标准化改造、绿化造林、养殖业污染治理；第3大类鼓励发展农业产业化扶持项目有农业龙头企业、农村专业合作社、鼓励农民自主创业。第4大类农产品质量安全体系建设扶持项目有农产品安全工程、农产品品牌建设；第5大类加快农业科技推广扶持项目有农业机械化服务、推广使用大中型农机具、农业科技标准化建设；第6大类农村公益设施和农村公共服务建设扶持项目有小型农田水利建设、千万农民饮用水工程、河道长效保洁工程、农村新社区建设、农村劳动力培训、农村社区综合服务体系建设。其他大类有发展壮大村级集体经济的经济薄弱村运转补助、经济薄弱村项目补助、创收项目贷款贴息、“一事一议”筹资筹劳激励补助及增强农村金融扶持、农业担保风险补偿补助和新市镇建设担保风险补偿、农业灾害保险、农业灾害保险费补助等。在实施过程中，根据实际情况，补助项目和数额每年都有微调。2009年，为鼓励种植南湖菱特色农产品，新增加了补助项目，对新增连片种植3亩以上，实行标准化生产的，区、镇将分别给予每亩200元的补助。

第三节　产业化组织及企业选介

产业化组织

20世纪80年代中期起，区内陆续成立一些自愿联合、民主管理的农业合作社、农业龙头企业互助性经济组织。随着农业产业结构不断调整和农业规模型经济持续发展，至2010年，不少种养专业大户或营销大户建立起专业合作社、农业龙头企业或其它一些经济组织。有龙头企业带动型，通过企业+农户或企业+基地+农户；有合作经济组织带动型，企业+基地+合作社或合作社+基地农户等多种产业化经营模式。在粮油、畜牧、水产、瓜果、蔬菜等五大产业主导下，以茭白、雪菜、大棚蔬菜、水蜜桃、葡萄等12个特色农产品为重点，以“龙头”企业为依托，把小规模分散经营的农户与国内外大市场衔接起来，形成小规模大群体式的农产品商品基地，实行种植区域化、生产专业化、产品商品化、经营集约化，根据市场需求，组织生产、加工和销售。

区政府引导和鼓励多种形式创办农业龙头企业、农村专业合作经济组织、农副产品批发市场，并作出相应规定。

区级农业龙头企业　总资产规模200万元以上，固定资产规模100万元以上，年销售额在500万元以上(特种种养业或其它因素的企业除外)，带动农户100户以上或联结基地500亩以上，从事农产品加工、流通过程中，通过订立合同、利润返还、入股分红等方式采购的原料或购进的货物占所需原料或所销售货物量的50%以上，在同行业中产品质量、科技含量和新产品开发能力居全区领先水平，有较强的市场竞争能力和发展潜力。农业龙头企业资格不搞终身制，认定后实行动态管理，每年监测一次。监测合格的，保留资格，继续享受有关扶持政策；对出现违规行为监测不合格的，取消资格，收回证书，不再享受有关扶持政策，在3年内不得再申报。

农村专业合作经济组织　由从事同专业生产、营销的农民自愿联合组建而成，入社社员在50人以上，有完善的组织机构和工作班子、固定活动场所及规范的章程和内部管理制度；带动农户100户以上，帮助解决生产技术和产品销售问题；培训、宣传等活动有记录，销售产品有凭证；提取风险金不少于年收益的20%；每年召开社员大会或代表大会；由行政主管部门批准并进行工商注册登记。

农副产品批发市场　总资产规模100万元以上，固定资产规模50万元以上，专业批发市场年交易额一般在500万元以上，综合型批发市场年交易额2000万元以上，带动农户1000户以上，或联结基地在3000亩以上。

2010年底，全区农业产业化组织达142家，带动农户10多万户。有省级龙头企业3家，市级龙头企业24家，区级龙头企业37家，涉及的产业有生产型25家(种植业11家、养殖业14家)，加工型21家、流通型8家、饲料加工及肥料生产10家。其中64家农业龙头企业实现年销售24.12亿元，比2008年增长10.35亿元。78家农民专业合作社，注册社员3273人，占全区农户总数的6.2%，注册资金2322万元，注册商标34个。其中,水产合作社9家,瓜果合作社27家,畜禽养殖合作社17家,粮食合作社7家,农机合作社2家,有机肥合作社1家,蔬菜合作社14家,植保合作社1家。其中全区获省级示范性合作社8家,市级示范性合作社3家,区级规范化合作社35家。区农民专业合作社总收入2.48亿元,盈余1292万元,组织销售农产品总额1.94亿元。种植业专业大户有4991家,其中种粮大户547户,种粮面积41306亩;养殖业专业大户6535户,其中养猪大户6153户;农产品购销大户196户。工商业投资效益农业达11个,投资额64355万元。

农业龙头企业选介

浙江欣欣饲料股份有限公司　创建于1985年1月,1996年12月由原嘉兴市新丰饲料厂整体改组为股份有限公司,是一家专业从事各种饲料的研发、生产、销售和服务的股份制企业。公司拥有9条饲料专业生产线,生产各种猪、鸡、鸭、淡水鱼、虾、蟹、甲鱼等配合饲料及各种预混料、浓缩料。其"欣欣"牌饲料获得浙江省名牌产品、中国驰名商标、浙江省知名商号,全国饲料行业百强企业、浙江省农业龙头企业、浙江省农业科技型企业、浙江省"五个一批"重点骨干企业、浙江省农产品加工示范企业称号。2010年,完成饲料产销19.57万吨,实现销售收入6.7亿元,完成利税2417万元。

嘉兴市绿农农产品有限公司　成立于2006年5月,总投资1200万元,是一家集生产、销售嘉兴市无公害"名、特、优"绿色有机农产品为主的生产流通型的农业龙头企业。公司建有新丰镇栖王埭村70亩大棚瓜蔬生产基地、净湘村省蔬菜产业提升建设项目212亩蔬菜基地、杨庄村公司加农户模式的500亩优质晚稻种植基地。从事大棚瓜蔬设施生产和富硒营养大米生产,实施无公害标准化大棚栽培技术和粮经结合、水旱轮作的农作制度新模式。2008年,"绿农牌"甜瓜、富硒营养大米通过省无公害农产品的产地认定和产品认证,同年在市农产品展销会上被评为"嘉兴市农产品展销会优质产品奖"。2009年,"绿农"农产品商标通过国家工商总局的核准。2010年,实现销售收入1100万元,带动农户560户。

浙江中法农业科技发展有限公司　成立于2002年,为浙江中法投资股份有限公司下属控股公司。以生猪、肉牛屠宰加工,水果、蔬菜、花卉种植,家禽、家畜饲养,畜禽肉蛋及农副产品加工,农业技术推广服务等为经营范围于一体的综合性农业企业。700余亩的科技示范园内有年屠宰加工生猪120万头机械化生产线的中法肉联厂、年宰杀肉牛1.5万头的肉牛定点屠宰厂、与浙江大学食用菌研究所建设的"中法珍稀特食用菌栽培技术创新服务中心"。同时,还有500亩翠冠蜜梨水果种植基地,2080亩茭白示范基地。生产茭白、水果、花卉、肉食品、食用菌、光转农膜等产品,年销茭白购销合同数量3000吨,生猪9300多头。2007年12月,获浙江农业博览会优质奖。2008年1月,"中法"牌猪肉、"中法"牌翠冠蜜梨、"栖柽"牌茭白获浙江省名品正牌农产品。2008年1月,获嘉兴市农产品展销会优质产品金奖,并连续多年获得浙江省供沪动物及其产品生产基地名单。茭白生产基地2002年12月获浙江绿色农产品证书,2005年通过浙江省农业厅无公害农产品产地认证。2004年以来,先后获嘉兴市十佳农业龙头企业、嘉兴市级农业龙头企业、浙江省农业科技企业称号。2010年底,资产总额7865.82万元,实现销售收入48765.77万元。

专业合作社选介

嘉兴市绿江葡萄专业合作社　2005年9月成立,注册资金160万元,社员155名,专门从事葡萄生产、技科推广、技术培训等,合作社实施"江南"品牌销售。2006年,认定为省级示范性合作社,法人代表朱屹峰获全国"五一"劳动奖章。"江南"牌葡萄荣获浙江省著名商标、浙江省名牌产品、无公害农产品,产地和产品双认证、国家级绿色食品A级产品认证。2010年,总资产750万元,年销售收入2235.63万元,辐射带动全镇果农1600多户。

嘉兴市"褚大姐"甜瓜专业合作社　2006年3月成立注册资金20.08万元,社员150户,主要从事甜瓜的种植及销售,创新"瓜稻轮作"新模式,实现"万元千斤"目标,并在全省推广。2007年获浙江省绿色无公害农产品产地和产品双认证和中国绿色食品。2008年,认定为"省级示范性农民专业合作社”，法人代表褚富宝获全国劳动模范称号。

嘉兴市关祥蔬菜专业合作社 2006年成立，是一家从事菜芯、鲜大豆、西兰花等蔬菜的种植、收购和速冻加工业务的农民专业合作社。注册资金23.06万元，注册社员263人，注册商标“萬金”。合作社先后投资1200余万元建造速冻流水线、收购场地、加工车间、冷藏库等。“萬金”牌蔬菜被评为嘉兴市“农产品优质产品奖”。2006年，认定为省级示范性农业专业合作社。2010年，销售收入1500万元。

嘉兴市凤桥水蜜桃合作社 2006年成立，注册资金12.7万元，注册社员123名，拥有基地面积1107亩，注册“凤桥”商标，获国家级绿色食品证书和产品证明商标。“凤桥”牌水蜜桃多次获省、市农博会金奖，具有较高的知名度。合作社积极开展各类营销活动，推出礼品盒精包装，在嘉兴水果市场、高速公路服务区、农贸市场等多处设点销售，并在上海设立代销点。2010年，认定为省级示范性合作社，法人代表应华伦被评为浙江省劳模。

2010年区市级以上专业合作社情况表

表18-24

合作社名称与级别	成立年份	法人代表	经营地点	拥有基地（亩）	经营内容	拥有人数（人）
嘉兴市褚大姐甜瓜专业合作社（省）	2006	褚富宝	余新镇余西村	300	水果	150
嘉兴市关祥蔬菜专业合作社（省）	2006	周关祥	余新镇黎明村	530	蔬菜	263
嘉兴市福良蜗牛专业合作社（省）	2006	沈福良	余新镇黎明村	380	水产	112
嘉兴市笨天篷畜禽养殖专业合作社（省）	2005	石小林	新丰镇金章村	52	畜禽	105
嘉兴市凤桥水蜜桃专业合作社（省）	2006	应华伦	凤桥镇农业中心	500	水果	123
嘉兴市南湖区绿叶蔬菜专业合作社（省）	2007	虞凤珍	凤桥镇大星村	800	蔬菜	183
嘉兴市绿江葡萄专业合作社（省）	2005	朱屹峰	大桥镇江南村	680	水果	155
嘉兴市南湖区绿农植保专业合作社（省）	2007	王高锋	大桥镇	300	植保	128
嘉兴市新竹生物有机肥产销合作社（市）	2005	胡文庆	新丰镇竹林村	—	有机肥	17
南湖区卫祥水产养殖专业合作社（市）	2008	张卫祥	凤桥镇庄史村	75	水产	102
嘉兴市十八里葡萄专业合作社（市）	2006	张全英	大桥镇江南村	500	水果	150

第七章 农业生产工具

第一节 传统农具

境内在石器时代，已用原始骨耜、石斧等农具从事农业。至宋元时，铁制的犁、耙、锄、镰等农具日益繁多，造型工艺日趋改进。传统农具使用久长。用途有耕整、排灌、种植、植保、收获、加工、运输等。

耕作工具

解放前，长期使用牛耕和人力垦田，牛耕使用犁、耙、耖，人力用的是铁锴、锄头等农具。解放后，推广使用双轮双铧犁、旋耕机、暗洞犁、鼠道犁、开沟机等新式耕作工具。

犁 可翻垡，斩草根。由古代耒耜、石犁逐步演变为“曲辕犁”、木犁，多数部件木制，系坚硬韧木制成，故称“木犁”，犁头用铁。解放后，犁托、犁辕等部件改为铁制件，称铁犁。1954年，全国推广双轮双铧犁，嘉兴县搞试点。犁为铁制，2个犁头，两只轮子，深浅可调，2牛牵引，比起单铧木犁耕地，工效可提高一倍。因犁体笨重，在水田耕作时又有一定难度，到20世纪70年代大多淘汰，水田仍用单铧犁，到70年代后，使用电犁，拖拉机后，牛耕犁消失。

耙、耖　可散土填草，起浆平土。耙：有平耙、滚耙两种。平耙上宽下尖形如月（亦称刀耙），后倾与地面呈20°左右。一般人站在耙上，驱牛前进。滚耙，在可旋转滚筒上，装有若干排耙齿（一般木齿）。水田平耙作业后，滚耙可进一步平土。耖：形“而”字状，亦称“而字耙”。有木耖、铁耖2种。木耖梁长2米以上，等距安装菱形铁齿或木齿，锋口向下，是水稻栽插前水田平整、除草常用农具。

铁辖　又称铁耙，可耕垦、疏理。耙身铁制，4齿，铁铺捶打而成，一半圆孔装入竹柄，用途随齿形而别，有尖齿，窄齿、宽齿、鸭脚齿数种。还有双齿铁搭，齿形似尖齿，用于挖厩肥等，是江南人垦的主要工具。

排灌工具

戽斗　古代人力提水或排水工具。用柳条制成巴斗，或用木料制成木桶，相对系以麻绳。使用时，两人挈之。水旱灾年，用于排灌。

水车　又称“翻车”“龙骨水车”，由车槽、链头、槽板、斗板、轮轴等制成。使用时，沿河岸设立车架，装有主轴。用人力、畜力、风力带动轮轴，将水刮入车槽，进行排灌。田高水远，常需用两车连接翻水。效率甚低，一般每日灌水3~5亩。这是境内长期使用的戽水工具，水车沿用历史已久。风力水车明清时已使用。解放初，灌溉仍以水车为主。20世纪50年代后期大力推广应用机电排灌，“三车”被机电排灌代替。

种植工具

种刀、豆杵　点播大粒种籽用。铁制，具有木柄。

耘耥器　水稻行间中耕除草，松土、增氧，也叫中耕器。呈鞋底状，装有铁齿，形似耙。耘耥者来回拉动，松土除草。一度推广滚动式中耕器，虽操作省力，但除草不净。后随着连作、间作（密植）双季稻的推广，终因手插秧行株距规格不一，加上机耕，田糊、草少，工效不高，稻田中耕器不再使用。

锄　旱地松土除草器。有板锄和扇形锄等。

植保工具

解放前缺少农药和植保工具，虫害靠人工捕杀或点灯诱蛾治虫。至解放初还是靠掘毁稻根防治螟虫。1952年，用三面快及竹筒掘根器挖掘稻根。作业时，竹筒对准稻根，盘旋，泥中拔起，将推根杆下推，稻根顶出。1954年，改用狭板锄，替代三面快。推广喷雾、喷粉器后，传统治虫逐渐减少。

运输工具

扁担　传统挑抬工具。常用于农村田间短途运输，沿用至今。20世纪70年代，曾推行竹片胶合扁担，增加韧性、弹性。

农船　农村主要水上交通运输工具。木质，配有橹、竹篙、跳板等。1962年开始推广钢丝网水泥农船，水泥农船适应性广，修理费低，逐步替代木船。20世纪80年代开始，境内公路、机耕路发展迅速，四通八达，车行替代农船成为农村交通运输工具。

手推车　手工装载工具。运泥土、畜粪，装货量大，用途广，常1~2人推拉。20世纪70年代起，农村道路日趋完善，胶轮手推车大量增加。

收获工具

镰刀　俗称“横刀”。铁制，经人工锻打、淬火、回火等操作制成。有平口镰、月牙镰等种。刃口锋利，使用时须经常磨刃，沿用至今。

连枷　较原始脱粒工具。人挥动竹柄，转动竹排，拍打干作物，达到脱粒目的。随稻麦脱粒机普及，几乎绝迹。

20世纪70年代，生产队社员打稻场劳动

碌碡　碾压畜力工具。碾压滚子呈腰鼓状，便于场上转弯。20世纪50年代末，脱粒机普及，碌碡不再用于脱粒，仅作压场之用。用于筑渠、路，农田基本建设。

稻床、稻桶　在脱粒机普及后使用较少。

扇车　俗称风车，通过手摇转动风扇，利用风力清洗谷物。20世纪60年代农村建设电网后，大都由排风扇代替。

其他农具

有罱河泥用的罱网（俗称罱夹、泥夹），罱泥时，人在船上操作，罱网下水张开网口，夹泥后闭合，提起放入船中；有盛放、运送人粪尿及浇水专用粪桶、勺；有运畜粪、塘泥、秧苗等工具的竹制土埭；有存粮使用的由竹篾编成的圈条俗称廪条；有用于养蚕的蚕架、蚕匾、桑剪等。

第二节　现代农业机械

20世纪40年代，开始试用拖拉机。解放后，加大对农业机械化的投入，重点推广改良农具，有打稻机、喷雾器、水风车、双轮双铧犁等。50年代末，境内大搞农具改革和推广新式农具，向机械化和半机械化迈进。脱粒机、电灌、电犁等机械农具开始推广使用。60年代，在实现机电排灌的同时推广电耕犁，发展粮食饲料机械加工，并扩大机电设备在各方面的应用，开始探索种植、收获机械的研制。70年代，大力发展以手扶拖拉机为主的耕作和其它配套机械的应用，着重推广使用小型农机具。1990年后，境内基本上实现排灌机电化，耕作机械化，作物脱粒、运输、加工机械化和半机械化，拥有一定规模的农业机械，粮食烘干机、大功率拖拉机、喷滴灌设施、保鲜冷库、钢架大棚等新型适用农机逐步发展，至2010年，农业机械化水平达到63.5%。

内燃机

20世纪20年代，内燃机已用在碾米作业和农田灌溉。1950年，国营嘉兴抽水机站示范站配备8~28马力14台煤气机、柴油机抽水灌溉。由于煤气机故障频繁，渐改为柴油机。70年代后，内燃机已配套用于各种机动作业机组，有拖拉机、挂桨机、喷雾机、插秧机等，推动农业机械化发展。

拖拉机

依靠柴油内燃发动的拖拉机最早始于抗日战争时，主要用于耕作。1956年，建国营拖拉机站。1958年7月，驻浙部队复员官兵赠款支援农业机械化，购买一批拖拉机捐赠嘉兴，嘉兴县拖拉机站更名为嘉兴八一拖拉机站，拥有一批中型拖拉机。1965年起，上海产丰收35、丰收27、无架轮式中型拖拉机，自动调节耕深，适应性强，开始推广使用。

20世纪70年代起，水田耕种已有手扶拖拉机，80年代起，农村实行联产承包，手扶拖拉机更受农民欢迎，适于田间耕作，中型拖拉机保有量逐渐减少，除一些农场外，较少用于田间作业。在手扶拖拉机推广应用的同时，有些田块田脚深，容易陷车，船型拖拉机出现并得应用，不久被淘汰。

拖拉机以中小功率为主；轮式拖拉机占绝对优势；目前广泛应用的有方向盘轮式拖拉机、手扶拖拉机、履带式拖拉机3类。截至2010年年底，全区有农田拖拉机2711台，其中小型拖拉机2625台、大中型拖拉机86台。主要以上海纽荷兰、马恒达悦达和福田雷沃等厂家生产的拖拉机为主。

电动机

电动机使用始于1922年，配套于碾米机。解放后，电动机最初配套于抽水机，随后逐步配套于其他农业机器。1959年冬，嘉兴县建立农业机电化试点，电动机始用于电犁作业。20世纪60年代起，电动机逐步用于打稻机、大炮筒脱粒机。

农业机械按照用途分有耕整地机械、种植施肥机械、田间管理机械、收获机械、收获后处理机械、农产品初加工机械和其他农业机械。

耕整地机械

耕整地机械配合拖拉机，进行翻耕、碎土、平整、灭茬、秸秆粉碎还田、开挖沟渠等作业。主要包含开沟机、耖田机、电耕犁、圆盘犁、旋耕机、驱动耙等。南湖区主要以电耕犁、旋耕机和驱动耙为主。

电耕犁　利用电动机为动力，通过绳索牵引，带犁耕作，称之为电耕犁。1961年，始用省农机研究所设计试制的浙农6145型双动力绳索牵引机。1965年，浙农6340型绳索牵引机和浙农八号犁、浙农65型双向耙正式投入生产使用。1977年，嘉兴县推广电犁1772台套，耕作面积约占全县总水田面积一半左右。至1979年，电犁打暗洞配套机具2500余套，当年打暗洞面积50余万亩，占总水田面积的70%左右，占冬种面积的80%。1983年12月28日，农牧渔业部农机管理总局在嘉兴县召开全国机械打洞排水技术推广经验交流会。嘉兴县电耕犁的推广与电犁配套打暗洞技术的普及，都在全省、全国领先地位。

旋耕机　工作部件旋耕刀滚是在一根水平横轴上按多头螺纹均匀配置的一组切土刀片，由拖拉机动力输出轴通过传动装置驱动，旋转切土和碎土，一次作业即可达到种床准备要求。它主要用于水田、蔬菜地和果园的耕作。

驱动耙　工作部件由齿板式耙滚和耥板组成。耙滚由拖拉机动力输出轴驱动旋转，有良好的碎土、平地、起浆和覆盖绿肥的作用。耙深10~12厘米，作业性能好。

种植机械

水稻种植施肥机械主要包括育苗机械设备和栽植机械，主要用于水稻育秧和插秧机械化作业。为减轻水稻插秧的劳动强度，公社化先后研制试用拔秧机、插秧机。

拔秧机　1970年，嘉兴地区农机研究所设计、海盐农机厂试制的“南湖120—1A、2A、3A、4A”型水稻机动拔秧机。1975年12月，因技术不过关和实际需求变化停止研制使用。

插秧机　20世纪50年代末试制木制手动式，当时嘉兴县就盲目推广了万余台，但都不能使用。1965年，又试验推广东风二型机动插秧机。1970年，推广高照公社革命大队机手袁水根改制的“南湖七〇型小苗带土插秧机”，将梳插式改为打击式，工效高而插秧质量好，试用获得成功，一时成了新闻，《浙江日报》《人民画报》报道后，在嘉兴掀起了试制推广袁水根小苗带土插秧机的热潮。2年后，因技术不成熟等多种因素，悄悄退出历史舞台。1973年，又推广浙江3型机动插秧机，因未获得成功或不能全面推广。1986年，从吉林引进735型机动插秧机，多点试插带土小苗，单季稻可使用，连作稻不能适用。1987年，由区农林水利局参与研发并推广水稻工厂化育秧流水线技术，用机具和温室培育带土秧苗获得成功，该技术获省级科技进步奖，并在各地陆续推广。1988年起，稻麦两用直播播种机在个别点试用。

2009年4月，四轮乘坐式高速插秧机在田间插秧

新型适用插秧机　2007年，响应国家政策试点推广新型先进适用插秧机，引进日本技术的久保田插秧机，由联众农机专业合作社在大桥镇八里村200亩试验田里，进行机械化插秧作业获得显著效果，主要以秧盘和水稻乘坐式插秧机为主，机具数量增长显著，水稻机插率不断提高。秧盘有硬盘和软盘两种。秧盘主要是水稻机插秧盘，配合水稻乘坐式高速插秧机使用。至2009年底，实际保有秧盘23.02万只。插秧机又分手扶式和乘坐式2种类型，广泛使用的是四轮乘坐式高速插秧机。插秧机的工作过程，因结构不同而各有差异，但基本流程大致相同。2010年底，实际保有水稻乘坐式高速插秧机达57台。

秧盘播种成套设备　使用机器筛土碎土，催芽筒催芽、流水线播种覆土，成批生产出适于机插使用的水稻秧苗。

田间管理工具

明清以来，重视田间精细管理，中耕工具有耘耥、耘爪、锄等。耘耥、耘爪为明代杭嘉湖所创制，用以田间除草。锄有板锄、扇形锄等，沿用至今。解放后曾推广双行耘耥器，因不适用而淘汰。

旧时，植保除虫用灯诱蛾，用竹筒掘根器掘稻根等。解放初期至20世纪60年代，推广使用人力喷粉器、单管人力喷雾器。此后，各地不断引进各种型号的机动喷雾机、弥雾机。70年代起大力推广背负式喷雾器，延用至今。80年代后，嘉兴制造的3—26型弥雾喷粉机，性能好，获广泛应用。辖区实际使用的田间管理机械主要以植保机械为主，背负式喷雾机大量存在，新型机动喷雾喷粉机和动力喷雾机数量增长迅速。至2010年底，植保机动喷雾机共有589台。

收获机械

打稻机　由装有铁齿木制滚筒组成。利用人力、畜力、机电动力，旋转滚筒手持稻束完成脱粒。推广打稻机是在1953年开始，由嘉兴铁工厂生产的油令式脚踏打稻机。1956年，全县推广双人脚踏打稻机3377台，机型分滚珠轴承和油令式双人脚踏打稻机2种，后来发展为人工和机动打稻机，并以机动为主，至20世纪90年代逐步淘汰。

脱粒机　把谷物从秆上脱下，并将谷壳、短秆、杂质和谷粒加以分离，这是以机电作动力的谷物脱粒机具。20世纪50年代为人推、牛拉长滚筒脱粒机，即用灌水牛车盘和水轴拖带脱粒机滚筒，有用牛拉，亦有用数人推拉2~3台脱粒机滚筒，几十人上场一起作业，阵营庞大，工效亦高，一次完成脱粒、稻草叠堆、清场等全部谷物清脱任务。60年代起，推广半喂入式或全喂入式的“炮筒”脱粒机、捡拾脱粒机。后来发展为以机电作动力的脱粒机具，有单滚筒和双滚筒，有双人和多人。1975年11月25日，省农业厅在嘉兴举行“浙75型稻麦两用双滚筒脱粒机鉴定会”，该机一小时脱粒工效约八分田，比人力打稻机工效提高1.23倍，比电动打稻机提高28%。80年代末农村仍在广泛使用，90年代才逐步淘汰。

收割机（含联合收割机）　1955年，区境农村始有收割机。起始为畜力收割机，即摇臂收割机。1963—1969年，仿造日本，配套于手扶拖拉机，重点推广嘉兴丰收农机厂生产的浙江110型圆盘收割机，配挂于浙江五型手扶拖拉机。1971年，浙江三型收割机开始投入使用。联合收割机能够一次完成谷类作物的收割、脱粒、分离茎秆、清除杂余物等工序，是从田间直接获取谷粒的收获机械。联合收割机可分为全喂入和半喂入联合收割机。全喂入联合收割机可加装切碎装置，便于秸秆还田。能以单一的操作去完成收割和脱粒，大大提高了农业生产率。2010年，全区拥有联合收割机209台。

加工机具

烘谷（干）机　20世纪70年代开始推广，后因水泥晒场增多，耗煤大而淘汰。80年代，市农机局与粮食局共同研制堆放式谷物烘干机，后陆续应用于饲料、谷物烘干。2002年，在七星乡建立浙北地区最具规模的运用远红外先进设备的种子烘干中心。2010年，辖区实际拥有10吨以上粮食烘干机29台，分布在大桥、余新和新丰等镇，已形成4个烘干中心，每天烘干能力在400吨以上，可以减少近150亩的晒场面积。

粮食加工工具　旧时，粮食加工工具有石臼、窑臼（由臼杵、臼组成）、碾、磨、砻等。本地以砻为主要，碾米称牵砻。砻似磨上下二扇，下扇固定，上扇装丁字形推拉杆，拉动杆使上扇转动，注入稻谷搓碾，即可去壳成米。自现代推行机动加工机械后，除磨尚使用，其余淘汰。现用粮饲加工机具，主要有碾米机、砻谷机、磨粉机、打浆机和饲料粉碎机等。

其他加工工具　油料、棉花加工分别使用经过改进的榨油机、轧花机。榨菜、大头菜等加工。80年代后推广使用切片机、切丝机。

运输工具

以农船为大宗，历史悠久，不仅用以运输，而且用以罱运河泥，多为木船。1958年，本地始用抽水机推动农船行驶，未获推广。20世纪60年代，出现钢板农船、钢丝网水泥农船，普遍采用，逐步代替木船。1972年，嘉善县西塘农机厂试制成功挂桨机。2002年，辖区河道禁止行驶挂浆机船。

机动车辆中，60年代末开始使用手扶拖拉机，80年代开始，国家允许农民购车搞运输，手扶拖车大幅增加。随着汽车工业发展，2000年以后拖拉机淘汰，由牵引挂车的轮式拖拉机取代。2010年，全区有运输拖拉机600台。

第三节　农机管理

解放后至1960年，农机工作均由农业部门的农场农具股（室）或农技推广站承担。1960年，嘉兴县设立农机局，1978年设农业机械管理站。1979年2月，改为嘉兴县农业机械局。建区后成立区农林水利局，内设水利农机股。1993年，成立区水利农机管理站，撤销农机监理的机构牌子，其安全生产监督管理责能由农机管理站承担。2002年，区农业经济局下设区农机管理站。

农机管理服务

乡镇服务体系　公社化后，各公社建立公社机电排灌站，简称机管站，开展灌溉、农机维修业务等管理。1975年改为公社农机水电管理站。1978年独立建站，改为公社农业机械管理站。1984年改为乡镇水利农机管理服务站，由单纯的管理型转变为管理服务型。

专业农机服务队　1961年开始。各公社生产大队都建立农机队，有保管员、修理工、机手等。农机服务队依托社办企业，实行大队所有，统一使用，建立定、保、奖生产责任制。农村实行家庭联产承包责任制后，村级农机服务不断发展，村农机服务队、村机耕服务队，联营机耕队迅速发展，从业人数也不断增长，规模不断发展。2006年3月，区联众农机专业合作社的农机服务队成立，成为全区首家农机专业合作社。拥有社员108人，机具76台，其中全喂入收割机29台，大中型拖拉机7台，固定资产净值2000万元，社长李明忠获得“2005—2006年度全国农机跨区作业能手”称号。

2010年底，全区已成立农机专业合作社5家，拥有大中型新型先进适用农机282台（套），合作社社员近250人，从业人员超400人。

农机推广

1972年，嘉善农机厂试制成农用机船挂浆机，曾大力推广。1980年，成立嘉兴县挂浆机船管理办公室，承担挂浆机手水上交通知识和船泊机械知识培训，考试考核发证工作。1992年5月至1993年5月，针对小型农田拖拉机因长期使用，油耗上升，实际输出功率不断下降，全区开展12马力小型农田拖拉机测功调整工作，对220台拖拉机使用仪器进行优化调整，更新50台拖拉机。1993年5—11月，开展开沟机推广专项活动，共推广开沟机1000余台。1995年，参与实施化肥机械深施技术项目，在各乡镇实现初步推广。1996年，全省对农机监理档案进行计算机管理，辖区开展配套工作，车辆和驾驶员档案数据实现计算机数据库管理。1999年5—12月，开展水稻机直播推广工作，参与制定水稻机直播推广指导性意见。2001年，开展果蔬冷藏保鲜库示范建设和嘉兴市粮食产地烘干示范基地建设，建成多个保鲜冷库和种子烘干中心。2002年11月，开展粮食种子加工处理机械化应用研究。2007年，开始机械化插秧试点工作，实施200亩水稻机插。2009年，实施省农机化促进项目工程，进一步推广水稻机械化插秧，实现机插作业面积9300亩，获得市农业丰收奖一等奖。2010年，共实现水稻机插面积12223亩。

农机购置补贴

20世纪60年代，国家对农机购置开始实施财政补助。1963年秋，省农业厅分配嘉兴县4台日本脱粒机，嘉兴丰收农机厂仿制为TP400型自动脱粒机，先后在境内投放数百台，国家在每台脱粒机的售价上给予30%补贴。

1971年，国家为发展收割机实施财政专项补贴，每台收割机成本价1800元，省补助600元，县补助600元，有的公社也进行补贴。1993年，部分乡对种粮大户购置农机具进行补贴。1995年，区依照省补助10万元，区、乡配套补助30万元的原则，购入4台韩国产联合收割机，1996年，区、乡配套补助70万元，省补35万元，购置15台“桂林三号”联合收割机用于大面积收割。

2000年后，国家对农机购置补贴力度加大并纳入法制化、规范化。2004年,农机购置补贴新政出台,全区推广使用新型适用农机,引导农户购置补贴机具20台,其中新型联合收割机18台、中拖2台。购机总额共309.93万元,补贴总额102.96万元,其中区配套资金25.74万元。2010年,购置各类农机具(除秧盘、钢架大棚外)382台(套),补贴总额990.71万元,购机总额593.883万元,其中区配套资金138.589万元,购机总额、补贴总额、区配套资金较2004年分别增长219.66%、476.81%和438.42%。

2009年,新型农机应用领域进一步扩展,标准钢架大棚、喷滴灌设施、粮食烘干中心等迅速试点推广,在新丰镇毛家兜试点建设蔬菜大棚喷滴灌设施200亩。2010年,共新组建粮食烘干中心4个,分布在新丰、余新和大桥等镇。同时,在省补贴政策的引导下,积极加快标准钢架大棚建设。2010年,共完成建设GP825标准钢架大棚118000平方米。

2004—2010年区农机购置补贴情况表

表18-25

年份	购置台数	购机金额（万元）	补贴总额（万元）	年份	购置台数	购机金额（万元）	补贴总额（万元）
2004	20	309.93	102.96	2008	162	457.3725	166.458
2005	21	356.373	118.75	2009	207	738.875	411.667
2006	32	381.93	92.99	2010	382	1303.41	641.083
2007	90	232	62.45	—	—	—	—

2004—2010年全区主要农机具情况表

表18-26

年度	农田拖拉机						高速插秧机	联合收割机			植保机动喷雾机			运输型拖拉机
	合计		小型		大中型			合计	半喂入型	全喂入型	合计	担架式	背负式	
	台数	千瓦	台数	千瓦	台数	千瓦	台数		台数	台数		台数	台数	台数
2004	3280	28853	3278	28775	2	78	—	125	47	78	32	—	32	906
2005	3135	27756	3131	27608	4	148	—	168	56	112	89	12	77	892
2006	3115	28060	3099	27468	16	592	—	181	68	113	175	38	137	860
2007	3197	29271	3166	28156	31	1115	—	186	73	113	222	83	139	868
2008	3204	29417	3170	28192	34	1225	7	186	73	113	306	106	200	816
2009	2686	25890	2624	23152	62	2738	24	206	94	112	402	199	203	643
2010	2538	25482	2452	21766	86	3716	57	205	104	69	589	304	285	600

农机安全管理

区农机监管站负责对上道路的拖拉机安全技术检验,驾驶操作人员核发牌证,对农业机械及驾驶、操作人员进行年检、年审,季节性检验和其他安全生产检查,纠正违章,协助公安交警部门进行上道路农用车辆事故鉴定,并提出防范措施。与各镇农业技术服务中心签订农机生产安全责任书,制订农机安全生产工作方案,确保全年无重、特大道路交通农机事故发生。运输型拖拉机年检工作是农机安全管理关键环节,年检工作采取定时、定点、定量方式,按拖拉机技术检验标准进行年检,合格率保持在90%以上。每年开展农机"安全生产月"活动,创建平安农机示范镇、村,先后多次荣获省级、市级、区级平安农机示范村光荣称号。其中,余新镇于2008年12月获得省级平安农机示范镇称号。余新镇长秦村、普光村、余西村、永利村和曹王村分别获得平安农机示范村称号。

2009年6月24日,按照省公安厅、农业厅文件要求,成立区公安分局驻农机警务联络室,由公安、农机六名成员组成,设于大桥镇十八里村农机检测中心。主要工作有拖拉机车辆、驾驶人信息查询和事故车鉴定等。

第八章　农业管理服务

第一节　机　构

行政管理机构

明清时期,政府无管理农业的机构。民国初年由县实业科管理。1928年,县政府成立建设科,负责管理农业、林业、水利、交通等行政技术业务。

解放后,仍由县人民政府实业科管理农业、林业、水利等。1954年,设农林科,翌年改为农业水利局。1959年,分设农机局、畜牧局、特产局。1962年,农口各科局撤销,建立农林办公室,下设农业、水利、农机等组。"文化大革命"初期,机构瘫痪,后建立生产指挥组农业组,负责农村工作和农业生产。1973年,分设农业局、水利局、农机局和农业办公室。

建区后,成立区农林水利局,设办公室、水利农机股等各个专业的股站。2000年6月,新组建区农林水利局,设办公室、农村工作科、农业管理科、水利农机科。2002年,分设区农业经济局和水利局,农业经济局增加产业科、法制科、执法大队,后又增加人事财务科、科教科、农产品质量安全科、治污办。镇(街道)设有农业服务中心、动物卫生监督站。

农业行政执法

区农业综合执法大队成立于2002年,承担全区农业行政执法工作。对全区农牧业产品质量安全进行监管,检测发现不合格产品进行调查,对在种殖和养殖过程中使用违禁品行为进行处罚,严把农资市场准入关。辖区是供沪生猪屠宰基地,每天屠宰供沪白胴4000~5000头左右。2000年,生猪养殖户使用"瘦肉精"饲喂猪的现象比较普遍。2002年后,随着国家有关法律出台和处罚力度加大,这一现象基本得到遏止。区管理部门与供沪屠宰企业、各镇政府和东栅街道及动物卫生监督站签订畜产品安全责任状,要求生猪出栏前村级协管员把好尿检关,动物卫生监督站把好自查互查关,区畜牧兽医局、区执法大队把好执法抽检关,并针对不同时期开展集中整治。2002—2010年,组织开展"绿剑"系列执法行动,共出动农林执法人员15913人次,检查各类网点3967个,宣传、通告等,检查养殖场(户)23654个次,抽检生猪尿样27.88万份,立案查处474起,移送司法机关立案查处14起,罚没款215万元。

第二节　农业生产标准化

农业生产标准

20世纪90年代末,农业标准化开始提到议事日程。1999年8月,市农业经济局、市质量技术监督局正式制定并发布市级地方农业标准《桑蚕少回育饲养技术规程》,辖区依照执行。2000—2010年,全区共制定并实施地方标准9个,包括茭白生产技术、无核白鸡心葡萄、南湖铁甲中华鳖、水蜜桃、渔里白玉蜗牛、雪菜、小西瓜、三塔草鸡、烟雨楼大豆。无公害技术规程7个,无公害农产品操作规程5个,绿色食品技术操作规程4个,"三品"(无公害农产品、绿色食品、有机食品)技术操作规程22个。

1999—2010年全区农业标准或规程制订情况表

表18-27

序号	标准名称	标准或规程制定单位	执行标准代号	修订或发布时间
1	《桑蚕少回育饲养技术规程》	市农业经济局、市质量技术监督局	DB3304/T006-1999	1999年8月
2	无公害茭白生产技术标准	区农作物管理站	DB33/T346.1.2-2002	2002年12月
3	无核白鸡心葡萄系列标准	区林业与蚕桑站	DB3304/T10.1.2.3.4-2001	2001年
4	南湖铁甲中华鳖系列标准	区养鳖协会	DB3304/T009.1.2.3-2002	2003年12月
5	水蜜桃系列标准	区林业与蚕桑站	DB3304/T11.1.2.3.4-2002	2002年12月
6	渔里白玉蜗牛系列标准	区水产站	DB3304/T12.1.2.3-2002	2003年12月
7	无公害小西瓜系列标准	区农作物管理站	DB3304/T 13.1.2-2002	2002年11月
8	三塔草鸡系列标准	区家禽业协会	DB3304/T16.1.2.3-2003	2003年12月
9	烟雨楼大豆系列标准	区富农经营部	DB3304/T17.1.2.3-2003	2003年12月
10	无公害雪菜系列标准	区农作站	DB3304/T18.1.2.3-2003	2003年
11	水蜜桃安全生产技术规程	嘉兴市技术监督服务所、风桥镇农业技术服务中心等5家单位	DB33/T793—2010	2010年7月

无公害农产品

2002年，辖区开始省级无公害农产品生产基地建设和全国无公害农产品申报工作。无公害农产品以农业部无公害食品类标准作为执行标准，操作规程落实到农户。同时，加强农药等投入品的控制管理，开展农产品的质量检测，完善档案记录，培训无公害农产品内检员60多人。2005年，生姜通过农业部无公害农产品产地认定证书。至2010年底，“三品一标”（产地认定标志）认证数大幅增加，绿色农产品覆盖面不断扩大。全区累计有45个无公害农产品，9个绿色食品，3个有机食品，3个地理标志农产品通过省农业厅、农业部和国家有关部门认证；农产品注册商标65件，其中嘉兴市著名商标18件，浙江省著名商标5件；嘉兴市名牌农产品8个，浙江省名牌农产品2个。无公害农产品认定实行动态管理，3年评定1次，每年进行验证并在网上向社会公示，不合格随时撤销。

2010年全区无公害产品产地情况表

表18-28

获准单位	产品名称	规 模	商标名称	产地地址	基地名称	认定时间
绿嘉园牧业有限公司	生猪	年2.5万头	绿嘉园	七星镇	无公害畜牧业产地	2005年5月
嘉兴食品肉类有限公司		年1.5万头	大不同	大桥镇胥山村	无公害畜牧业产地	2008年2月
嘉兴市敦企牧业有限责任公司		年1.2万头	渔欣	余新镇余西村	无公害畜牧业产地	2010年3月
嘉兴市明星牧业有限公司	生猪	年1万头	嘉牧	余新镇明星村	无公害畜牧业产地	2009年7月
嘉兴金鸿物业有限公司		年0.8万头	—	新丰镇金章村	无公害畜牧业产地	—
嘉兴欣欣养殖有限公司		年0.4万头	—	新丰镇净相村	无公害畜牧业产地	—
嘉兴市士法禽业有限公司	肉鸡	年5万羽	士法	风桥镇	无公害畜禽业产地	2006年11月
嘉兴市天篷养殖专业合作社	鸡	年15万羽	笨天篷	新丰镇金章村	无公害畜牧业产地	2008年11月

续表18-28

获准单位	产品名称	规 模	商标名称	产地地址	基地名称	认定时间
嘉兴市康源养鸡合作社	活鸡	年35万羽	康源	余新镇明星鲍家浜	无公害畜牧业产地	2009年6月
嘉兴市绿健蔬菜专业合作社	肉鸡	年35万羽	余风	余新镇余西村	无公害畜牧业产地	2009年6月
嘉兴市士法禽业有限公司	鸡蛋	年2万羽	士法	凤桥镇三星村	无公害畜禽业产地	2010年1月
嘉兴市富农农业经营部	大豆	520	烟雨楼	七星镇高桥村	无公害蔬菜产地	2008年2月
浙江中法农业科技发展有限公司	茭白	138.67	栖桎	凤桥镇庄史村	无公害蔬菜产地	2008年2月
嘉兴市余新农副业贸易部	青菜苔	850	渔里	余新永利、明星余西8个村	无公害蔬菜产地	2008年2月
嘉兴市关祥蔬菜合作社	菜苔	80	万金	南湖区余新镇	无公害蔬菜产地	2009年11月
嘉兴市绿叶蔬菜专业合作社	莴苣	60	凤喈桥	南湖区凤桥镇	无公害蔬菜产地	2009年6月
大桥农业技术综合服务部	茄子、瓠瓜	133.34	江南	大桥镇	无公害蔬菜产地	2009年2月
新丰镇农业开发公司	生姜	200	新坊	新丰镇	无公害蔬菜产地	2005年9月9日
嘉兴市绿晨蔬菜食品有限公司	菜心	850	绿晨	凤桥新民庄史、双石桥等	无公害蔬菜产地	2008年11月
凤桥镇农业综合经营部	水蜜桃	100	凤桥	凤桥三星水果园区	无公害水果产地	2008年2月
大桥农业技术综合服务部	小西瓜	266.7	江南	嘉兴大桥镇	无公害水果产地	2008年10月
大桥农业技术综合服务部	葡萄	187	江南	嘉兴大桥镇	无公害水果产地	2008年8月
嘉兴十八里葡萄研究所		33	嘉欣	嘉兴大桥镇	无公害水果产地	2007年12月
嘉兴市南洋浜葡萄生产专业合作社		36.7	禾珍园	余新镇黎明村	无公害水果产地	2009年9月
嘉兴市农博园葡萄专业合作社		23.3	清水湾	余新镇黎明村	无公害水果产地	2010年1月
南湖区养鳖行业协会	鳖	68.5	瓶山	东栅、大桥等	无公害水产养殖基地	2007年1月
余新镇农副业贸易部	蜗牛	100	渔里	余新镇	无公害水产养殖基地	2007年11月
潜福食品有限公司		46	潜福	南湖区余新镇	无公害水产养殖基地	2007年12月
吴根林养殖户	中华鳖	9.17	—	余新镇明星村	无公害水产养殖基地	2010年12月
天龙生物公司	鳖	20	星天龙	七星镇	无公害水产养殖基地	2004年11月
嘉兴市卫祥水产养殖专业合作社	南美白对虾	25.1	凤优	南湖区凤桥镇庄史村	无公害水产养殖产地	2010年3月
嘉兴市舜荣农产品开发有限公司		17.7	舜荣	余新镇明星村	无公害水产养殖产地	2010年12月
南湖区余沈水产合作社	克氏鳌虾	27.15	余沈	余新镇明星村	无公害水产养殖产地	2010年12月
嘉兴市禾欣米业有限公司	大米	912	禾欣	余新镇	无公害粮油产地	2006年10月

续表 18-28

获准单位	产品名称	规 模	商标名称	产地地址	基地名称	认定时间
嘉兴市绿农农产品有限公司	大米	333.3	绿农	新丰镇镇北村、杨庄村	无公害稻米地	2009年1月20日
	甜瓜	57.3	绿农	新丰镇民丰村、栖凰埭村	无公害瓜菜产地	2009年1月20日
嘉兴市祥祥果蔬专业合作社	甜瓜	13.3	祥祥	余新农庄村	无公害瓜菜产地	2010年1月
嘉兴市褚大姐甜瓜专业合作社		7	褚大姐	余新余西村	无公害瓜菜产地	2008年2月
大桥农副业技术服务站		1666.66	江南	大桥云东村、花园村	无公害瓜菜产地	2008年2月

全区绿色产品产地情况表

表 18-29

获准单位	产品名称	规模（公顷）	商标名称	产地地址	基地名称	认定时间
嘉兴绿舟农业科技发展有限责任公司	草莓	33.33	秀水	七星镇	绿色食品	2006年3月
凤桥水蜜桃合作社	水蜜桃	26.66	凤桥	南湖凤桥镇	绿色食品	2007年11月
嘉兴市绿江葡萄专业合作社	葡萄	67.86	江南	大桥江南村	绿色食品	2007年12月
嘉兴市褚大姐甜瓜专业合作社	甜瓜	7	褚大姐	余新余西村	绿色食品	2009年2月

第三节　农业科技服务

农技队伍

2010年，区级有各类农技人员34人，高级职称农技人员11人，中级职称农技人员16人。其中畜牧兽医专业8人，农作物专业8人，蚕桑林业专业5人，水产专业4人，农机专业3人，农经管理专业等6人。镇（街道）有各类农技人员88人，其中农业服务中心51人，动物卫生监督站37人。嘉兴市专业技术带头人2人，享受政府特殊津贴2人。聘任首席专家岗位10人，农技指导员岗位39人。

农艺专家技术服务

以优质粮油、名优水果、绿色畜禽、特种水产、高效蔬菜等五大产业为技术培训重点，区农经局每年不定期聘请大学知名教授专家、具有实践经验的农业专业技术人员，开办无公害茭白、无公害葡萄、无公害水蜜桃、精品西甜瓜等专业培训与研讨。2002—2007年，共举办各种类型的高级研讨班10余期。每年免费开展技术培训5000人次，发放实用技术资料5000份，推广新型技术、新品种（种苗）、新农机具60多个。

20世纪80年代以来，辖区农艺专家以科技兴农为指导，研发的科技成果大力推广。在名优林果设施栽培技术、养蚕技术、桑树病虫害防治技术、农田保护性耕作技术、水稻抛秧技术、无公害茭白标准质量控制技术、促进大麦稳产高产技术、稻区条纹叶枯病防控技术、农业高科技园区信息管理系统及应用研究等20多个研究项目上获得成果。1991—2010年，有15名农技专家先后获得省部级以上个人与集体科技进步奖、科技成果推广奖共35项。

农业信息技术平台

浙江省农业技术推广基金会南湖区执行部2005年12月16日成立，为民间非盈利性公募基金会，主要职责是资助基层农技推广单位进行农业技术、新成果项目的试验示范、推广工作，组织开展技术培训、现场考察、经验交流活动；指导基层农技单位的农技推广工作，促进全社会关心和支持农技推广事业，开展符合农技推广基金会章程宗旨规定和业务范围的其他公益活动。至2010年，已推广新品种新技术共16项，投入资金235.00万元，基金规模由成立初的30万元增加到200万元。

农民信箱　2005年农民信箱工程被列入政府实事项目开始启动，2006年全面实施。按照有固定场所，宽带上网电脑，固定电话，专职或兼职联络员和兼职信息员，以及牌子，注册用户，服务制度，信息发布栏等要求完成镇、村信息点建设。2007年，全区72个行政村全部开通农民信箱。农业技术人员、种养大户、营销户、农民专业合作社社员、农业龙头企业等各类注册用户达6469户。区、镇、村不定期发布信息，内容涉及桑蚕生产、水稻生产、农产品购销、绿化工程招标、天气预报、政策信息、村务公开等，数量达10多万条。2008年，开展百万农民信箱工程和万村联网工程，以培育农村生产经营主体成为农民信箱应用的示范户为重点，注重应用实践和成效，以点带面，积极带动周边农户，扩大信息的应用和服务面。至2010年，农民信箱注册用户12040人，其中涉农企业59家，农民专业合作社54家，集团采购单位11家，农业专业大户808个，农机作业大户495个，农家乐25家。

农业信息网　区农业信息网于2008年11月24日上线。当日，在市区文华园宾馆举行上线仪式暨农村信息化培训班。由省农业厅信息产业处专家开展农民信箱万村联网专题培训，区有关部门、各镇（街道）分管领导、农业服务中心主任、农民信箱联络员，各村负责人、信息员，以及农技首席推广专家、区农经局、水利局有关科室站负责人和辖区内农业企业、农民专业合作社负责人共计200余人参加培训。

农业现代远程教育及农广校培训

2005年，区建立起农业现代远程教育培训及农广校培训平台，进行农村党员干部现代远程教育、农民信箱站点管理员、农业技术应用等培训工作，培养造就有文化、懂技术、会经营、善管理的新型职业农民和留得住、用得上的农村实用人才。区财政每年安排不少于10万元的专项培训经费用于农业技术培训。对取得中专以上学历并顺利毕业的学员，区农村劳动力培训与转移办公室每人补助400元；对参加绿色证书培训的学员，每人按标准补助400元，3年补助1次；对农业专业技能短期培训，区农村劳动力培训与转移办公室也每年按照一定的标准给予补助。2005—2010年，实现各层次招生185人，培训农民2.5万人次以上，培训农村致富能手和带头人5000人次，每年评选农村科技示范户10多人。2010年，投入33.5217万元向中央农业广播电视学校采购卫星开线等接收设备共5台（套），在余新镇成校建设卫星接收平台，拓展培训平台。当年，全区拥有农民技术员108人，聘任首席专家岗位11人，农技指导员39人。有36家农业企业获得绿色证书，其中绿色食品4家，种植业和畜牧业32家。

2009年全区农民技术人员情况表

表18-30

单位	人数		高级技师	技师	助理技师	技术员	合计
	男	女					
凤桥镇	5	1	—	1	—	5	6
余新镇	1	1	1	—	—	1	2
新丰镇	21	2	—	—	9	14	23
大桥镇	28	11	—	5	7	27	39

续表18-30

单位	人数		高级技师	技师	助理技师	技术员	合计
	男	女					
七星镇	24	14	—	1	13	24	38
合计	79	29	1	7	29	71	108

第四节　农作物病虫害防治

病虫害

农作物病虫害的种类很多，主要有螟虫、稻飞虱、纵卷叶螟、蚜虫，白叶枯病、稻瘟病、恶苗病、纹枯病、稻曲病，还有千金子、稗草、菌草等恶性杂草。

区境历史上以螟害为最。宋代已有螟害的记载，之后平均约24年大发生1次。19世纪60年代后期起，客籍农民携带原籍早、中稻种子入境播种，螟害更为猖獗。民国以后，早、中、晚稻混栽程度日益扩大，螟害几乎年年成灾。1918年，嘉兴县东栅、余新、凤桥、塘汇、王店一般损失50%以上。解放初期，螟虫仍然严重危害着水稻生产，1951年螟害率高达16.07%，1952年10%左右。当年，采取点灯诱蛾、挖稻根、插烟茎、拔白穗、采卵块等办法，开展群众性人工防治螟害运动，经过3年努力，基本遏制住螟害。1956—1965年，扩大双季稻，形成单、双混栽区，螟虫及多种病虫害上升，化学防治逐渐成为病虫防治的主要手段。2000年后，由于耕作制度变化，境内大部分地区螟害发生呈下降趋势，螟害率由2000年的11.3%减少到2006年的0.14%，但单、双混栽及茭白种植区乡镇螟害率仍较高。

1956年起，防治的重点主要是“三病三虫”，即纹枯病、稻瘟病、白叶枯病和稻飞虱、螟虫、纵卷叶螟，其次是菌核病、稻蓟马、稻苞虫、稻螟蛉等。60—70年代，由于长期大量使用单一农药，导致害虫产生抗药性。1968年，晚稻褐飞虱大爆发。1971年，水稻矮缩病大流行。1973年，麦类赤霉病大流行。1980年晚稻稻瘟病大流行，平均单产减产125公斤/亩。随着直播稻面积不断扩大和免耕技术推广，田间杂草发生日趋严重，千金子、稗草、菌草等恶性杂草生长旺盛，与作物争肥争光，严重影响作物产量。2005年，水稻直播田千金子等杂草盛发，造成农药供应短缺，部分田块不得不翻耕。同年，褐飞虱再次爆发，虽全力防治，全区仍有3万亩晚稻出现“冒穿”现象，倒伏净面积0.2万亩，产量损失达5%。2006年，受灰飞虱虫害，水稻、麦类等禾本科作物条纹叶枯病持续上升，发病面积达0.5万亩，涉及全区所有乡镇，影响水稻产量与品质。

病虫害技术防控

农作物病虫害防治的手段，从人工防治为主，发展为药物防治。20世纪70年代后期，采取农业、生物和合理使用农药相结合的综合防治技术。选用抗病（虫）品种，种子消毒处理，科学运筹水肥，提高水稻自身的抗性；保护自然天敌，利用生物防治，提高自然控害作用；科学合理地使用农药，根据不同病虫害，实行“两查两定”（一查病虫发生期，按最佳控害效果，定防治适期；二查病虫害发生量，控防治指标，定防治对象田），选择对口农药适时喷药防治。同时，建立病虫草害调查预测、防治技术指导和推广体系，对各类主要病虫草害的短期预报准确率达90%以上，中期预报准确率在75%以上，有效地减少病虫草对农业生产的危害。2005年，由于对褐飞虱大发生预报早而准，各项防控措施切实有效，全区挽回粮食损失0.2亿公斤。

2007年，辖区植保工作实行“统防统治”（统一人员、统一配方、统一技术、统一药械、统一时间）社会化服务模式。成立绿农植保专业合作社，购置机动喷雾机355台，组建50个专业防治队和626名操作服务人员。作业人员经过培训，严格按照操作规程用药，降低农药残留量和对环境的污染，保障农产品质量安全。参加统防统治农户，每亩支付服务费130元，比自己防治节省开支72.5元。当年，统防统治面积6480亩。2008年，面积扩大至30186亩。

2009年，有3759户农户购买服务，面积45103亩，比2008年递增50%。2010年为60496亩，比2009年递增34%，占水稻面积的37.8%。植保专业化服务面积居全省前列，列全市首位。

区政府建立统防统治专项财政，对购置新型植保机械给予补贴。2008年，统防统治省、区专项财政补贴120.75万元，2009年补贴160.62万元，2010年补贴241.984万元。

第五节　畜牧疫病防治

畜禽疫病

牛病　从民国以来，常见的耕牛疫病有炭疽病、血吸虫病、黑疫病。尤以牛炭疽病发生最为频繁，且能对人体造成感染，1979—1981年嘉兴全市曾发生牛口蹄疫病33头。

猪病　猪瘟、猪丹毒、猪肺疫为本地3大疫病，在民国时就有发病记载。1957年春，嘉兴县发生过猪瘟，全县8个乡农村养殖户中曾有流行，死猪达数千头。猪口蹄疫，20世纪60年代由外地传入，经大力防治，后基本扑灭。

羊病　主要为羊黑疫快疫病、炭疽病、肝片血吸虫病，历史上为境内主要疫病。20世纪50年代，嘉兴羊炭疽病传染比较多，境内农村养殖户也有发生。

禽病　鸡新城疫（俗称鸡瘟），是鸡的主要传染病，发病快、死亡率高。民国期间及解放后时有发生。20世纪70—80年代，曾发生鸡马立克氏病（俗称“白眼病”）、鸡传染性法氏囊病、鸭病毒性肝炎等疫病。

兔病　主要有兔瘟、兔魏氏梭菌病（又称腹泻病）、兔球虫病等。兔球虫病一般发生在每年的5—7月，发病主要在集体兔场和养兔专业户，死亡率在30%左右。

蜂病　历史上曾发生过囊状幼虫病、美洲幼虫腐臭病、欧洲幼虫腐臭病（烂子病）、蜜蜂爬蜂病、孢子虫病等。1988年发生蜜蜂爬蜂病，平均发病率在30%~50%。

防疫队伍

历史上，农村基本上无畜禽疫病防治力量，仅靠少数以阉割为主的民间兽医，兼行疫病治疗。20世纪50年代初，各级政府重视发挥民间兽医的作用。1956年前后，嘉兴县建立畜牧兽医工作协会和兽医诊所。1957年，嘉兴县7个区建起7个兽医诊所，这些诊所后来成为公社畜牧兽医站的基本力量。农业合作化时，各地重视对合作社畜牧兽医员的技术培训，通过多种方式和途径组织农村饲养员、防疫员的疫病培训，使防疫员的素质不断提高，成为新一代的防疫力量，对防治猪瘟、猪丹毒、鸡新城疫等疫病起了重要作用。70年代，建起一支“赤脚兽医”队伍，各个行政村几乎都有“赤脚兽医”，劳动报酬略高于普通农户。农村经济体制改革后，兽医劳动工分得不到解决，村级兽医逐渐减少，畜禽疫病预防由镇级畜牧兽医站承担。建区后，畜牧兽医站经营项目逐步增多，服务领域不断扩大，其后又建立畜牧兽医联站，负责各乡镇兽药采购供应。1987年，区组织对畜牧兽医站工作人员业务考试，合格者发放检疫资格证，并于1989年开展职称评定。2010年，全区有畜牧兽医防疫人员37人，其中兽医师职称30人、助理兽医师职称7人。

畜牧服务机构

民国时期，畜牧兽医业务由农林部门兼管。1950年，嘉兴专署成立畜牧兽医站。1953年建立县级畜牧兽医站，其中家畜家禽也纳入畜牧兽医站管理。公社化初期，充实防疫人员，以公社为单位建起畜牧兽医站，由县农牧部门和公社双重管理，畜牧兽医站负责当地畜牧兽医防治工作和重大疫情报告制度。1981年，农业部向全国推广嘉兴畜牧兽医工作经验。翌年，颁发《公社畜牧兽医工作站管理试行条例》。

2006年4月，区政府出台文件，推进南湖区畜牧兽医体系改革。2008年12月，设立区畜牧兽医局，挂区动物卫生监督所牌子，各镇和东栅、城南街道设卫生监督站，由区畜牧兽医局管理。同时，成立区动物疾病诊疗服务中心和各镇、街道动物疾病诊疗服务中心，人、财、物统一由区动物疾病诊疗服务中心负责，日常管理由动物卫生监督站负责。

防疫检疫服务

民国初年已有畜禽检疫记载。1930年，嘉兴县政府发文规定死亡畜牲的处理和管理办法。解放后，根据“预防为主”的方针，每年春秋两季开展群众性的防疫工作。1951年开始，先后实行牲畜保险、生猪保健、牲畜合作防治、防疫承包、疫病报告、兽医区域联防等防疫制度。1953年7月，省家畜检疫站在嘉兴设立检疫组，对屠宰场牲畜实行宰前检疫。1954年起，有关部门就先后对苗猪市场、毛猪收购、白肉出售、供港肉猪实施检疫。1955年，市区屠宰场先后实施肉品检验。改革开放以来，个体肉品经营发展迅速，辖区乡镇所设的肉品经营都纳入肉品检验。

1983年，推行猪瘟防疫为中心的承包制，全面实行“三改二凭”（“三改”是改按季突击防疫为常年防疫；改存栏猪全面防疫为窝内仔猪防疫为主，改农村防疫队伍防疫为基层站专业防疫。“二凭”是仔猪上市凭基层站出具的产地检疫证；肉猪投售和小猪上市凭防疫耳标）的防疫制度，从而推动防疫工作向制度化、规范化发展。1985年，区获得“消灭牲畜口蹄疫”和“控制猪瘟县”的合格证书。

1985年，进一步加强防疫队伍建设，由各级农牧部门审核，省农业厅发证，选聘兽医检疫员，对苗猪产地、肉猪收购、畜禽交易市场、产品和活禽运输全面实行检疫制度，并对运输畜禽车船实行消毒制度。凡辖区的乡镇及与外省接壤的公路、水路交界处设置畜禽检疫点，常年检疫，控制畜禽疾病的流传环节。在上海世博会举办期间，严格执行动物及其产品调入前备案、调入后报验制度，确保将暂禁奶牛、种牛的省际、省内县际间调运和市场交易等措施落实到位；严把畜禽产地检疫和屠宰检疫关，养殖户在出售动物时，必须报当地动物检疫机构检疫，动物检疫员凭防疫协管员尿检合格后开具的检疫申报单和养殖户签名的质量保证书进行检疫，严禁无免疫标识及规定检疫证明的畜禽进入流通领域和屠宰环节。2000年以来，全区建立规模畜禽养殖档案2000多册，登记免疫情况2万多户，建立完整的免疫台账。同时，要求生猪补栏报验、出栏报检责任及饲养规范，畜牧兽医技术部门登记动物防疫表4000多份、动物检疫登记表5000多份。

2008年，镇（街道）动物疾病诊疗服务所承担的公益性服务，由政府采取“购买服务”的方式给予合理报酬，同时实施重大动物疫病集中突击免疫和长期免疫相结合，狠抓免疫密度。2010年，使用高致病性禽流感疫苗296.4万毫升，免疫家禽459.44万羽；使用猪口蹄疫疫苗607.5万毫升，免疫生猪300.68万头；使用猪瘟疫苗738.6万头份，免疫生猪275.13万头次；使用高致病性猪蓝耳病疫苗146.88万毫升，免疫生猪74.2万头，重大动物疫病的免疫密度基本达到100%。

2010年底，全区建成病死畜禽无害化处理池容积6125立方米。对全区17家饲料生产企业进行年检，出动督查人员682人次，检验饲料企业41家次，兽药经营店238个次。产地检疫开展面达100%，规模化饲养场产地检疫率达100%。产地检疫生猪76.5万头，检疫家禽90.4万羽，屠宰检疫生猪101.7万头，检疫剔除生猪808头、白肉231头、内脏402吨，确保上市畜禽及其产品安全。

第十九篇　工　业

目 录

境内工业发展源远流长，历史上缫丝、织布、酿造、榨油等传统手工业都较发达；民间的木工、窑业、铜作、铁作、漆作等手工业亦因技艺精湛而著名于世。近代工业开创于20世纪初。宣统元年(1909)沪杭铁路通车，当地绅商利用本地丰富资源和便捷的交通，先后办起缫丝、纺织、针织、造纸、制革、食品等一批民族资本近代工业。民国时期，民族工业有一定程度的发展。解放后，经过60余年的发展，特别是建区后，工业企业从小而散向集约化发展，逐步淘汰落后企业；手工业作坊式的生产被机械化、自动化所替代；大中型企业先进的生产设备和科学技术提高了劳动生产率；企业改制后经营活力增强，经济效益稳定增长；工业园区的建立以及通信电子、汽配机电、香精香料、特种钢铁四大集群产业形成。到20世纪末，已形成较为完整的工业经济体系，为工业经济稳步发展拓展了空间。

2000年5月，区政府抓住行政区划调整有利时机，加快区域经济发展，工业经济快速增长。至2010年，年销售收入500万元及以上规模企业575家，比2000年增加489家；规模以上工业总产值609.7亿元，工业出口交货值86.4亿元，实现利税43.44亿元，分别比2000年增长17.3倍、6.2倍和35.5倍。其中，规模企业工业总产值、工业出口交货值和利税总额，分别占全市规模工业的12.0%、10.8%和9.0%。

第一章　工业经济综述

第一节　工业发展历程

传统手工业

境内工业源于民间铁、木、竹等手工业。唐代生产的语儿巾已远销广州。宋元时，传统手工业进入鼎盛时期，境内所产的绫绢、金粟纸、墨、月波酒曾名噪一时；铜器、银器和雕漆等手工业巧匠辈出，产品远销海外，有“百工技艺与苏杭等”之称。

明代，境内蚕桑大量发展，棉花种植不断扩大，缫丝、织绸和棉织业日益兴旺，成为中国棉、丝绸制品的重要基地，被称为“丝绸之府”。酿造、榨油、制革、竹木、冶铁、铸锅、窑业等手工业迅速发展，商品化程度加深，一部分农户脱离农业，转向手工业和商业，一批城内商业街区和手工业、商业集镇应运而生。手工业的兴盛，促进商业的繁荣。明代，嘉兴城内多富商大贾，鱼盐米布繁盛，居民富饶。清乾隆时，嘉兴丝绸生产达到高峰。清代后期，虽经战乱破坏，嘉兴手工业仍有发展。

传统手工业的发展，以农产品为资源，以纺织业为主体，集农工商于一体，不断改进技艺，为近代工业发展奠定了基础。

近代工业

近代工业开创于20世纪初。清宣统二年(1910)，在西河街创建永明电灯公司，首次使用电力。1909年沪杭铁路通车后，民族资本凭藉交通便利在嘉兴陆续兴建一批碾米、食品、纺织、缫丝、制革及绢纺、造纸等工业企业。1912年，创建嘉禾布厂。20年代初，创建杭州纬成公司嘉兴裕嘉分厂、嘉兴禾丰造纸厂、嘉兴福兴丝厂等企业，近代工业渐具雏形。《中国经济志》记载：1935年，嘉兴县有工业企业105家，其中丝厂4家，布厂9家，造纸厂1家，碾米厂36家，小铁工厂7家及一批作坊式的加工企业。抗日战争期间，布厂、袜厂等大部分因日日本侵略军侵略及“洋货”冲击，企业纷纷倒闭，民族工业受到严重影响。抗日战争胜利后，民族工业有所恢复，但发展步履艰难。1949年，除食品、纺织、造纸3个行业的工业总产值在千万元以上外，其余几个行业均未形成规模。是年末，嘉兴县(市)全部工业总产值(1980年不变价，下同)2988万元，市区仅1914万元。

解放后工业生产

嘉兴解放后，在恢复和改造原有工业企业基础上，陆续创建一大批新的工业企业，拓展新的工业门类。改革开放促进了生产力的解放，建区后，区政府大力扶持乡镇街道企业发展，推动全区工业化建设进程。2000年行政区域调整后，产业结构实施调整，大量引进外资和高科技企业，工业企业和工业产品科技含量得到提升，工业门类向新的领域拓展，工业经济总量迈上新的台阶。

工业生产的恢复 1949年6月16日，华东贸易部派军代表接管嘉兴第一实验绢纺厂，成为嘉兴第一家国营企业。之后，军管会先后接管杜锦记铁工厂和几家报社印刷工场，分别建立嘉兴铁工厂、新华印刷厂，成为嘉兴首批国营工业企业。对私营工业企业，按照“发展生产，繁荣经济，公私兼顾，劳资两利”的方针，通过提供原料、加工订货、收购产品、银行贷款、调低税率等措施，支持其恢复和发展生产。1951年2月，嘉禾染织厂首家实行公私合营，定名为南湖染织厂。12月，嘉兴中丝一厂随中国丝业公司实行公私合营。1952年年初，在工厂企业分期分批开展民主改革，引导私营企业妥善处理公私关系、劳资关系、产销关系，鼓励其发挥有利国计民生的积极性。对大量个体手工业，组织其与国营商业、供销合作商业建立加工、订货、包销关系，扩大生产业务。1952年年末，嘉兴县工业总产值6092万元，比1949年增长103.9%。主要产品，如白厂丝、棉布、绢丝、机制纸、皮鞋、发电量等均有大幅度增长。

公有制经济的建立 1953—1956年，贯彻中共中央过渡时期总路线方针，逐步对手工业和资本主义工商业进行社会主义改造，小型私营企业分批实行公私合营。1956年，市区63个行业、820户私营工商业全部实行公私合营，工商业改造基本完成，社会主义公有制经济已成为工业经济的主体。同时，一批新的产业如化工、塑料、针织、自来水等工业企业陆续创办，国有(集体)企业发展比较快。根据国家“一五”规划要求，对原来的工业企业进行技术改造，调整产品结构，大力发展白厂丝、棉布、干电池、农用水泵、柴油机等轻纺和支农产品。到“一五”计划末，嘉兴工业门类和工业产品品种增加比较快。实行公有制经济，职工的劳动保护、养老保险、医疗卫生和生活福利等各个方面，都在制度上得到保证。

1949年、1952年、1956年嘉兴县(市)工业手工业经济成份变化情况表

表19-1

年份	工业企业数(个)				手工业人数(个)				工业产值(万元)	
	合计	其中			合计	其中			合计	其中私营
		全民	集体	私营		合作社	合作小组	个体		
1949	216	1	12	14	6646	—	—	6646	2800.61	2404.85
1952	242	25	12	205	7437	25	88	7324	5756.16	3636.17
1956	223	101	122	—	8143	5084	208	2851	10958.11	24.20

注：1. 工业企业中的全民包括公私合营，集体包括合作联营。
2. 工业产值按1970年不变价算

1990年嘉兴市区各种经济成份工业总产值比重表

(1990年不变价)

表19-2

单位：万元

所有制	工业总产值	占比%
合计	442367	100
(1)全民所有制	193800	43.81
(2)集体所有制	164376	37.16
其中：乡办企业	65817	14.88
(3)全民与集体联营	6162	1.39

续表19-2

所有制	工业总产值	占比%
(4)中外合资工业	521	0.12
(5)其他工业	1211	0.27
(6)城镇个体工业	2400	0.54
(7)城镇合作经营工业	78	0.02
(8)农村合作经营工业	5037	1.14
(9)农村村办工业	47219	10.68
(10)农村个体工业	21563	4.87

工业门类的拓展 在“二五”(1958—1962)计划期间,嘉兴加快大办工业和拓展工业门类步伐。一是新建嘉兴毛纺织厂、农药厂、橡胶厂、化肥厂、电控厂和冷冻厂等一批骨干企业。二是在老厂的基础上繁衍一批新企业,如嘉兴棉纺织厂、嘉兴标牌厂、嘉兴砖瓦二厂等。三是手工业合作社联合发展为合作工厂,如嘉兴制革厂、嘉兴五金机械厂等。四是嘉兴镇办、民政办以及乡镇和街道工业企业的创办,如烈军属制本厂、轴承厂、解放制品厂、建设水泥厂等成为主体工业的补充。嘉兴民丰造纸厂20世纪50年代研制成功的电容器纸,是中国造纸工业的重要突破。至70年代,境内工业门类拓展比较齐全,增加了毛线、呢绒、棉毯、化肥、农药、水泥、矿山设备、电机、低压电器、汽车钢圈、奶粉等20余个新产品,涉及轻工、纺织、丝绸、化工、机械、建材、食品等近10个工业门类。1980—1990年是境内工业门类拓展的全盛时期,一大批名牌产品蜚声国际、国内市场,如红梅牌绢丝、梅花牌白厂丝、船牌书写纸、嘉兴呢绒和毛线、王冠牌灯具等。20世纪末,形成较为完整的工业经济体系。

1949—1983年嘉兴县(市)工业产值情况表

(1980年不变价)

表19-3

年份	产值(万元)	年份	产值(万元)	年份	产值(万元)	年份	产值(万元)
1949	2988	1960	30206	1967	20532	1975	22412
1950	3778	1962	16130	1970	26200	1978	47046
1952	6092	1965	20102	1973	32420	1980	71806
1957	13258	1966	22886	1974	20496	1983	98825

工业管理体制演变

区工业经济独立划分始于1983年撤地建市。建区前,工业经济由嘉兴县(市)经济委员会管理。本级工业经济分市属和区属两大部分。市属工业以民丰造纸厂、嘉兴绢纺厂、嘉兴制丝针织联合厂、嘉兴丝绸印染厂、嘉兴毛纺织总厂、嘉兴化工总厂和嘉兴冶金机械厂等26家大中型骨干企业为基础,区属工业以乡(街道)企业为主。2000年市、区行政区划调整后,市属部分企业在2001年划归区管理,区属工业规模扩大。

建区后工业经济管理部门为乡镇企业局(社队企业局)、计划经济委员会(工业局)。1994年11月至2000年5月,区属工业归口管理。其中各街道工业归口城镇经济发展局,4个乡分别委托经济开发区和南湖名胜开发区管理。2000年5月行政区划调整后建立区经济贸易局,主管工业经济和外经贸。2007年9月,原经贸局招商服务职能划出,成立区投资促进局,由区政府直属管理。区经贸局其他管理职能沿革至今。

建区后工业经济

建区之初，区工业以手工业、农副加工业、农机具修配的社队和街道办企业为主。全区5个公社、8个街道，工业企业254家，员工9638人。全部工业总产值(企业总收入)3179万元，其中乡办工业总产值655万元；利税575万元，利润383万元。

1984年6月13日，区政府发文，制订政策，把乡村工业作为一项重要的长期任务来抓。1987年3月14日，制订发展乡镇(街道)企业12条优惠政策，工业企业进入快速发展时期。1990年，区工业基本形成了以纺织、轻工、机械、电子化工、食品、建材、缝纫等多门类综合发展的格局，有工业企业347家，其中乡及乡以上118家，员工17135人。年总产值在千万元以上至3千万元的厂有第六毛纺织厂、电子器材厂等企业；500万元至1000万元产值的有文虎酱鸭厂、嘉禾毛纺织厂、水处理设备厂、南湖毛针织厂、南湖袜厂、人民羊毛衫厂、造漆联营厂、南湖纸品厂等9家；百万元产值以上的有55家。乡镇工业固定资产原值1.01亿元；工业总产值3.02亿元(1990年不变价)，利税2762万元，其中利润789万元。出口企业13家，出口收购总值3070万元，出口主要产品有：腈纶绣花童套装、磁钢、丝绸服装、簿本、皮衣、皮件、毛笔、箱包、肠衣、工艺船和樟脑粉(油)、桉叶油等。另有个体(私营)企业632家，员工1707人。

1992年，区把发展外向型经济作为全区经济的新的增长点，制订加快改革开放的政策措施。新办“三资”企业20家，协议利用外资316万美元。企业规模有所扩大，年产值200万元以上的企业达88家，其中1000万元以上的有14家。出口收购总值8134万元。1993年全区工业总产值10.72亿元，利税0.85亿元。当年，区政府公布区级重点骨干企业57家。其中，乡(镇)、村办企业35家，占区重点骨干企业61.4%；工业总产值5.26亿元(1990年不变价)，利税4262万元，分别占区工业经济总量的49.1%和50.1%。

1995年，区内乡及乡以上企业221家。按经济类型分，集体经济175家，联营经济3家，股份制经济18家，三资企业25家。轻、重工业比例为73.3%:26.7%；中型企业1家，小型企业220家。221家企业完成产值10.7亿元(1990年不变价，下同)。其中，集体企业8.1亿元，联营企业0.11亿元，股份制企业0.26亿元，三资企业2.3亿元。村及村以下工业总产值10.2亿元，其中：村办工业7.2亿元，城镇合作工业0.08亿元，私营工业1.1亿元，城镇个体工业0.05亿元，农村个体工业1.7亿元。

2000年，全区规模以上企业86家，从业人员18847人；工业总产值33.3亿元，工业增加值5.0亿元，出口交货值12.3亿元；利税1.2亿元，其中利润0.4亿元。企业资产总额15.9亿元，其中固定资产原值5.2亿元，所有者权益4.6亿元。全区乡镇工业园区10个，规划建设面积8104亩。

从1987—2000年，全区新批外资企业26家，累计协议利用外资项目17个，协议利用外资总额3353万美元，实际利用外资472万美元，地方出口总值3405万美元。

1983—1998年区乡镇(村)办集体企业发展情况表

表19-4　　单位:万元

年份	企业个数(个)	从业人数(人)	乡镇企业总收入	上交税金	利润总额	全部工业总产值
1983	254	9638	3179	75	383	2236
1984	475	12983	4707	160	467	3118
1985	519	16066	8929	285	1025	8911
1986	635	19285	12352	494	1060	11519
1987	1003	22732	19584	719	1634	16780
1988	2418	23853	29008	1696	1594	19605
1989	4381	28496	36537	1923	814	28114

续表19-4

年份	企业个数（个）	从业人数（人）	乡镇企业总收入	上交税金	利润总额	全部工业总产值
1990	1525	24267	33403	2013	789	29172
1991	1994	26146	41545	2459	747	38910
1992	1471	30064	57642	3018	1472	58008
1993	4183	32795	113170	5469	2697	100969
1994	1777	31521	133718	5420	2368	158278
1995	2425	33367	180554	5130	1941	231972
1996	2814	31792	173638	6345	1260	225361
1997	2428	30998	209268	6157	1427	241643
1998	3598	32889	252933	6864	1322	273263

注：以上数据采用嘉兴市统计局《嘉兴五十年》有关资料

1990—2000年区乡及乡以上工业企业发展情况表

表19-5　　单位：亿元

年份	企业数量（个）	全部职工人数（人）	全部工业产值	规模企业产值	工业增加值	协议利用外资（万美元）	出口交货总值	实现利税	其中利润
1990	119	17135	3.02	1.92	0.54	—	0.31	0.27	0.08
1991	127	—	4.16	2.83	—	—	—	0.22	0.08
1992	136	11095	6.17	3.97	—	554	—	0.28	0.09
1993	166	12264	10.5	6.55	2.23	717	1.89	0.50	0.15
1994	236	14130	16.2	9.68	2.18	979	1.41	0.43	0.11
1995	221	13672	20.9	10.7	2.46	884	1.48	0.48	0.12
1996	273	11733	22.5	11.2	2.46	2385	1.85	0.45	0.07
1997	131	12212	24.2	10.1	2.36	58	4.68	0.46	0.08
1998	43	11238	35.5	10.5	2.44	26	5.61	0.56	0.17
1999	47	10875	38.1	17.3	2.80	—	5.79	0.64	0.25
2000	86	18847	74.9	33.3	5.04	—	12.3	1.23	0.48
合计	—	—	—	—	22.5	5603	35.01	5.44	1.65

注：1.1990—1995年工业总产值数字为1990不变价，1996年起为当年价。
2.1998年起，“乡及乡以上工业企业”等概念，改为“500万以上工业企业”

第二节　区划调整后工业

2000年5月区划调整后，加速优势产业集聚，努力扩张经济总量，加快培育规模经济，加大招商引资力度，积极营造发展环境，促进全区工业经济快速健康发展。至2010年，全区规模以上企业完成工业总产值400.1亿元（财政口径，下同），销售产值385.5亿元；出口交货值74.8亿元；合同利用外资3.09亿美元，实际到位外资1.37亿美元；实际到位区（市）外内资72.1亿元；利税总额30.25亿元，其中利润28.2亿元。经济效益考核得分279.10分。其中，总资产贡献率(%)10.67;资产保值增值率(%)103.06;资产负债率(%)66.11;流动资产周转率(次)2.23;成本费用利润率(%)5.05;全员劳动生产率(元/人)108722;产品销售率(%)96.31;工业产品质量指数(%)99.97%;万元产值综合能耗降低率(%)25.99;亏损率(%)6.45;新产品产值率(%)37.45%。

工业经济运行状况

2001—2010年，全区工业经济有关指标完成(增长)情况：

规模企业 年销售收入500万元及以上规模企业增加407家;从业人员增加7081人。

经济总量 规模以上企业完成工业总产值3012亿元;完成工业增加值677亿元;完成出口交货值592亿元。

建设项目 完成生产性投入455亿元。

外资企业 新增外资企业240家，新批外资项目396个，其中投资额1000万元以上大项目80个;合同利用外资22.3亿美元，实际到位外资8.3亿美元。

引进内资 引进区(市)外内资项目2367个，实际引进区(市)外内资490.7亿元人民币。

实现利税 实现利税195亿元，其中利润105亿元。

2001—2010年区工业经济主要指标(属地)完成情况表

表19-6　　单位:亿元

年份	规模企业数(个)	规模企业工业总产值(亿元)	工业出口交货值(亿元)	工业增加值(亿元)	利税总额	工业生产性投入	合同利用外资(亿美元)	实际利用外资(亿美元)	到位区外、市外内资(亿元)	从业员工年平均人数(人)
2001	168	99.2	33.1	27.7	6.78	16.5	0.07	0.15	3.87	76393
2002	202	106.5	36.5	28.6	11.1	20.5	0.73	0.21	8.92	32296
2003	248	133.8	42.3	34.5	12.5	30.5	1.57	0.41	11.3	57830
2004	256	175.9	48.0	53.1	14.7	34.0	2.12	0.52	30.5	68945
2005	454	278.7	59.5	62.3	16.9	41.1	2.26	0.72	55.8	79393
2006	507	316.0	59.9	69.7	17.8	51.3	3.03	0.81	60.9	77235
2007	553	395.3	77.3	86.0	23.5	55.1	5.15	1.41	90.3	79365
2008	603	339.3	84.2	98.3	20.3	66.0	2.51	1.41	94.1	79580
2009	585	451.5	64.5	97.3	27.1	71.0	1.78	1.27	62.9	78325
2010	575	609.7	86.4	119.4	43.4	65.2	3.10	1.37	72.08	83474
合计	575	3012	592	677	195	455	22.3	8.3	490.7	—

“十五”计划时期工业经济 2001年，开展“工业园区建设年”活动，突出招商引资重点，促进工业集聚。工业生产性投入10.87亿元，其中投资额在1000万元以上的项目40个。10个工业园区基础设施投入1.01亿元，进区企业125个，总投资6.58亿元。引进区外资金3.91亿元。大桥镇的精细化工、余新镇的五金塑料、城南街道的电子材料和新丰镇的合成纤维等特色工业产业园形成。梦迪集团、华严花边、凯林瑞、嘉康电子、中法外贸5个企业园列为市级企业工业园。新批“三资”企业28个，合同利用外资809万美元，实际利用外资1303万美元。

2002年，发展外向型经济作为“一号工程”，全年组织10多次较大规模的企业投资洽谈活动。当年，全区新批外商投资企业49家，合同利用外资7230万美元，实际利用外资2077万美元，分别比2001年增长893%和159%。外资到位率居全市第一，外经合作实现零的突破。引进区外资金8.9亿元，园区基础设施投入1.6亿元，工业生产性投入18亿元。其中，投资1000万元以上开工项目79个，超5000万元开工项目9个。全区完成全部工业总产值

127.2亿元。其中，202家规模以上企业产值106.5亿元，工业增加值27.7亿元，出口交货值25.9亿元，利税6.8亿元，工业经济实现突破性发展。

2003年，把“工业立区”作为强区之策，出台6个配套性优惠政策，加快工业经济扩容和优势产业升级。当年，全区合同利用外资15522万美元，实际利用外资4137万美元，比2002年分别增长183%和142%。

2004—2005年，全区确定400多个“百亿强区”发展项目，重点抓工业生产性投入和工业功能区块基础设施投入，努力缓解用地指标、电力紧缺、资金紧张等“三类要素”制约问题，全面实施工业投入“123”工程。即抓好1亿元以上项目10项、5000万元以上项目20项、2000万元以上项目30项，加快培育特色产业和规模企业。招商引资更注重质量，从改进工作方法入手，扩大招商引资规模和大项目引进力度。完善招商引资工作体系，建立重大项目领导联系制度，全区33名区级领导和118名副科以上部门领导，落实联系项目178个。至2005年年末，178个联系项目中有90余个项目开工建设，其中16个重点项目投产。

2005年，全区规模以上企业454家，从业人员79393人；企业资产总额271.7亿元，其中固定资产原值173.4亿元，所有者权益83.6亿元。规模以上企业产值278.7亿元，工业增加值62.7亿元，出口交货值59.9亿元。工业生产性投入41.1亿元；合同利用外资2.26亿美元，实际到位外资0.73亿美元；实际利用区（市）外内资55.8亿元；实现利税16.9亿元，其中利润8.8亿元。

“十五”计划时期的5年内，新增规模以上企业368家，累计完成工业生产性投入147亿元。批准立项的工业生产性建设项目1530个，其中投资额1000万元以上391个，批准投资总额74亿元。工业生产性项目投资中59%的资金来自引进的区外资金或外资。全区审批设立外资企业190家，外资项目228个，累计引进合同外资6.7亿美元，实际到位2亿美元；累计引进区外内资项目541个，实际引进区外内资108亿元。5年内规模以上企业产值总量794亿元，工业增加值206亿元，出口交货值219亿元，利税50亿元，其中利润30亿元。

“十一五”规划时期工业经济　2003年开始举办的“南湖之春”文化经贸活动，突出“招商引资”和“招商选资”重点，至2010年连续举办8年。弘扬“三创”精神：全民创业、全面创新、全区创优。突出“三年”活动：选商聚智攻坚年、转型升级深化年、统筹城乡拓展年。推进通信电子、汽配机电、特钢新城等“三大”百亿工程，坚持走新型工业化道路，加快先进制造业基地建设，使全区工业经济保持良好的发展势头。

2010年，全区500万元以上规模企业达到575家（属地，下同），从业人员83474人，其中女性38240余人，占45%左右。工业企业资产总额498.35亿元，其中固定资产原值297.5亿元，所有者权益170.3亿元，比2005年分别增长83.4%、71.6%和103.7%。规模以上企业总产值609.7亿元，工业增加值119.4亿元，出口交货值86.4亿元；工业产品产销率97%；实现利税43.4亿元，其中利润28.6亿元。产业结构调整趋于合理，其中，以中华集团为龙头的香精香料、以闻泰通讯为龙头的通讯电子、以敏惠汽配为龙头的汽配机电、以东方特钢为龙头的特钢新城等四大百亿产业集群，完成工业总产值172.9亿元，拉动区产值增长20.7个百分点。

“十一五”规划与“十五”计划期间相比，工业经济各项指标都有新突破。工业生产性累计投入307亿元，比“十五”计划期间（下同）增长109%；共完成工业总产值2108亿元、工业增加值471亿元、工业出口交货值374亿元，分别增长165%、128%和115%；实现利税124亿元，其中利润69亿元，分别增长149%和131%；协议利用外资累计15.6亿美元，实际到位外资累计6.3亿美元，分别增长132%和215%；实际利用区外内资累计321.5亿元，年均增长42.8%，引进内资数量连续5年名列全市首位。

街道　乡镇工业经济

2010年，全区7个街道、5个镇和嘉兴科技城等13个单位。按区财政统计口径，工业规模以上企业547家，从业人员70796人；销售产值385.5亿元；工业出口交货值74.8亿元；生产性投资68.6亿元；利税总额30.2亿元，其中利润28.2亿元。亏损企业53家，亏损总额0.61亿元。规模以上企业资产总额352.6亿元，其中，固定资产原值140.8亿元，所有者权益129.9亿元；企业资产负债率63.1%。

2010年街道、镇工业经济有关指标(财政)完成实绩情况表

表19-7 单位:亿元

单位	规模企业数(家)	规模企业销售产值	工业出口交货值	工业生产性投入	利税总额	经济效益考核得分	全员劳动生产率(万元—人)	全部职工年平均人数(人)
建设街道	—	—	—	0.41	—	—	—	—
解放街道	4	3.2	0.55	0.11	0.17	187.5	4.36	1456
新嘉街道	4	1.8	0.15	0.43	0.13	210.7	7.00	431
南湖街道	11	4.8	0.48	2.42	0.83	245.8	6.02	1465
新兴街道	—	—	—	0.31	—	—	—	—
城南街道	57	29.1	7.16	4.90	1.55	186.1	6.87	8513
东栅街道	54	16.5	5.28	1.02	1.33	193.7	6.66	4655
凤桥镇	68	34.2	5.55	6.10	2.25	247.6	8.09	8256
余新镇	127	60.8	14.8	11.66	3.06	244.6	9.43	12461
新丰镇	94	72.1	8.91	10.1	2.40	313.8	16.97	9002
七星镇	42	23.6	5.74	3.96	1.84	293.6	8.55	5384
大桥镇	82	119.8	19.0	20.10	14.6	327.3	14.16	17192
科技城	4	19.7	7.13	3.14	2.13	400.8	19.88	1981
合 计	547	385.5	74.77	64.66	30.25	279.1	—	70796

注:该表系财政统计口径,建设街道、新兴街道没有相关数据

2010年,各镇、街道综合经济实力排名分别如下:

按规模企业数量 依次是:余新镇、新丰镇、大桥镇、凤桥镇、城南街道、东栅街道、七星镇、南湖街道、新嘉街道、解放街道。

按工业经济总量 依次是:大桥镇、新丰镇、余新镇、凤桥镇、城南街道、七星镇、东栅街道、南湖街道、解放街道、新嘉街道。

按实现利税总额 依次是:大桥镇、余新镇、凤桥镇、新丰镇、七星镇、城南街道、东栅街道、南湖街道、解放街道、新嘉街道。

按工业生产性投资 依次是:大桥镇、余新镇、新丰镇、凤桥镇、城南街道、七星镇、南湖街道、东栅街道、新嘉街道、建设街道、新兴街道、解放街道。

按经济效益考核得分 依次是:大桥镇、新丰镇、七星镇、凤桥镇、南湖街道、余新镇、新嘉街道、东栅街道、解放街道、城南街道。

第三节 乡镇企业所有制变革

区工业经济分为街道工业和乡镇工业2大部分,乡镇工业占主导地位。1990年,全区有乡镇工业企业1525家;其中乡及乡以上企业119家,属于大集体所有制57家,乡办集体所有制56家。1993年起,区企业所有制改革重点主要在乡镇(村)办集体性质的工业企业。集体企业改制的重点是股份合作制和企业租赁。

乡镇 街道工业发展背景

乡镇工业起步于1956年农业合作化高潮时,为适应农村实现农机化、水利化的要求,部分乡办起农机修理厂、粮食饲料加工厂、竹木器具厂等社办小厂。公社化时,中央发出人民公社大办工业的号召,社办工业几乎遍地开花。1958年年末,嘉兴县

社办工业有98家，工业产值1537万元。1962年，中央提出国民经济调整方针，大批社办企业下马。1965年，嘉兴县社办企业仅存18家，产值48.32万元。“文化大革命”期间，部分城市工业企业陷于停产、半停产，市场工业品、小商品极度匮乏。知识青年下乡，工厂部分干部和技术人员下放，给农村输送了一批技术力量，社队企业再次崛起。至1978年，嘉兴县社队工业企业185家，从业人员3546人，工业总产值492万元，企业固定资产原值320万元，实现利税153万元，其中利润134万元；乡镇（村）工业经济总量约占全县三级经济总量的13%左右。

1977年，嘉兴县成立社队企业发展局，各公社成立社队企业办公室。建区后，将社队企业发展作为区工业发展重点，各公社成立社队企业办公室。党的十一届三中全会后，各级政府把发展乡镇企业列入议事日程，区境各乡镇（村），利用原用于农业生产的工业基础，大力发展乡办（村办）集体工业企业，或者个体挂靠集体办企业。20世纪90年代，乡镇工业快速发展，乡办企业、村办企业、联户办企业、个体办企业，被称为“四个轮子”一起转，乡镇工业成为区工业经济主力军。

1983年，全区社队工业企业254个，从业员工9439人。全区工业总产值3179万元。其中社队总产值2405万元；固定资产原值1393万元；实现利税644万元，其中利润383万元。1985年，全区乡镇（村）工业企业363个，从业人员14810人，总产值6702万元，固定资产原值2424万元，实现利税1461万元。1978—1995年，城区乡镇（村）工业企业数量增加96%，从业人员增长3.2倍（增加11300余人），总产值增长12.6倍，固定资产原值增长6.6倍，实现利税增长8.6倍。乡镇（村）工业在全区经济总量中占比达40%以上。

街道工业始于20世纪50年代。1958年大办工业时又办了一批工厂。60年代贯彻调整方针，只存少数企业。1962年有53家，后小厂并大厂，1970年有17家。70年代街道工业有所发展，至1978年有51家，工业总产值（1970年不变价）1010.73万元。1981年，各街道有一批主要骨干工业企业，如嘉兴轴承厂、南湖羊毛衫厂、建设化工厂等多家，先后归口划入市（县）各专业工业系统管理，由建设街道办的建设水泥厂于1982年撤并给嘉兴电控厂。建区后，又发展了一批集体工业。至1990年，城区6个街道共有62家工业企业（其中3家是区直属企业），有职工2155人，固定资产原值1172万元，工业总产值4121.1万元，利税542.1万元。

1978—1985年区乡镇企业发展情况表

表19-8　　单位：万元

年份	企业数（家）	年末人数（人）	工业总产值	企业总收入	占三级经济（%）	上缴税金	利润	固定资产		劳动工资总额
								原值	净值	
1978	185	3546	492	519	12.4	19	134	320	—	198
1979	217	4806	652	819	15.5	25	185	500	—	227
1980	240	6854	1178	1468	27.0	34	293	795	—	342
1981	232	8673	1980	2343	34.7	69	340	1107	931	597
1982	239	8621	2058	2728	34.3	131	335	1322	1092	566
1983	254	9439	2405	3179	38.1	261	383	1393	1119	617
1984	325	12250	3654	4623	42.5	385	349	1732	1324	908
1985	363	14810	6702	8623	55.7	578	883	2424	1783	1045

乡镇(街道)企业改革改制

1993年,按照《嘉兴市城镇企业股份合作制试行办法》等有关文件精神,成立乡村企业产权制度改革领导小组,下设办公室,具体负责乡镇企业改革改制工作。区政府制定《关于进一步推进秀城区乡村企业产权制度改革的若干意见》等政策性文件,根据"自主经营、自负盈亏、自担风险、自我发展"的要求,全区乡镇(街道)工业企业进行产权制度改革。各乡镇、街道成立改革改制领导小组,采取"实事求是、分类指导、规范操作、逐步完善"的方针,坚持一厂一策,进行股份合作制、有限责任公司、租赁、兼并、拍卖等多种形式的改制。把好企业资产清查、资产评估、产权界定关,妥善处理企业的债权、债务和下岗职工基本生活保障、再就业4个关键问题,加快办理企业"两证"(房产证、土地证),推动全区乡镇企业改革改制进程。

到1998年年底,全区历时5年的以股份制改造为重点的乡镇企业产权制度改革基本结束。在区属1116家工商企业中,转制企业1066家,转制面95.5%。其中股份合作制企业666家,租赁企业324家,中外合资企业45家,有限责任公司25家,联营企业6家。南湖名胜开发区所属174家企业转制139家,转制面96.8%;城镇经济发展局所属778家企业转制775家,转制面98.7%。

2000年,全区乡镇(街道)工业企业改制全部完成。全区企业7008家,从业员工59213人。其中混合型所有制企业418家(含三资企业49家),个私企业6590家。500万元以上重点企业86家,员工18847人。乡镇工业园区10个,规划面积540.3公顷。企业资产总额40.2亿元,其中混合型所有制企业资产总额31.4亿元,占全部企业资产的78%。

乡镇 街道企业权属登记

为界定乡镇企业改制后资产权属问题,2002年开展企业财产权属登记工作。共发放企业权属登记证212份,累计登记企业资产总额16.23亿元;其中可抵押资产8.08亿元,累计贷款7.9亿元。乡镇、街道企业权属登记的完成,基本摸清了各企业的"家底",进一步理顺改制后企业资产的权属关系,为企业资产的变更打下基础,也为企业融资进行资产抵押拓宽了渠道,利于企业发展。

第二章 工业经济结构

第一节 行业和产品结构

行业结构

主要行业门类 2010年,500万元以上规模企业575个(属地口径),按国家统计局行业门类划分有关规定,全区涉及行业门类31个。其中,C类制造业28个;D类制造业3个。

C类:农副食品加工业,食品制造业,饮料制造业,纺织业,纺织服装、鞋、帽制造业,皮革、毛皮、羽毛(绒)及其制品业,木材加工及木、竹、藤、棕、草制品业,家俱制造业,造纸及纸制品业,印刷业和记录媒介的复制,文教体育用品制造业,石油加工、炼焦及核燃料加工业,化学原料及化学制品制造业,医药制造业,化学纤维制造业,塑料制品业,非金属矿物制品业,黑色金属冶炼及压延加工业,有色金属冶炼及压延加工业,金属制品业,通用设备制造业,专用设备制造业,交通运输设备制造业,电气机械及器材制造业,通信设备、计算机及其他电子设备制造业,仪器仪表及文化、办公用机械制造业,工艺品及其他制造业,废弃资源和废旧材料回收加工业。

D类:电力、热力的生产和供应,燃气生产和供应,水的生产和供应。

主要行业产值比重 全区31个行业规模以上工业企业,2010年完成总产值(属地,下同)609.7亿元。其中年产值10亿元(含)以上的行业17个,产值578.7亿元,占规模以上企业产值总量的94.94%。

2010年全区主要行业规模以上工业总产值(属地)占比情况表

表19-9

序号	行业名称	规模企业数(个)	产值(亿元)	占比(%)
1	农副食品加工业	17	19.1	3.13
2	纺织业	72	23.0	3.78
3	纺织服装、鞋、帽制造业	58	30.1	4.94
4	食品制造业	5	12.6	2.07
5	造纸及纸制品业	11	31.0	5.08
6	化学原料及化学制品制造业	35	59.5	9.76
7	化学纤维制造业	9	17.9	2.94
8	塑料制品业	65	18.9	3.10
9	非金属矿物制品业	21	20.3	3.33
10	金属制品业	47	21.3	3.50
11	黑色金属冶炼及压延加工业	5	41.9	6.87
12	通用设备制造业	56	27.3	4.48
13	交通运输设备制造业	20	21.5	3.53
14	电气机械及器材制造业	40	26.8	4.40
15	皮革、毛皮、羽毛(绒)及其制品业	19	16.3	2.67
16	通信设备、计算机及其他电子设备制造	20	41.6	6.82
17	电力、热力的生产和供应业	3	149.6	24.54

行业区域分布　全区超过100家企业的行业有8个,依次为农副食品加工业、纺织业、造纸及纸制品业、化学原料及化学制品制造业、化学纤维制造业、非金属矿物制品业、金属制品业和通用设备制造业。

农副食品加工业共180家,其中规模企业17家,主要集中在新丰、凤桥、塘汇等地;纺织业共170家,其中规模企业72家,主要集中在新丰、余新、嘉兴工业园区等地;造纸及纸制品业共160家,其中规模企业11家,主要集中在凤桥、余新、东栅等地;化学原料及化学制品制造业共150家,其中规模企业35家,主要集中在新丰、大桥步云区域、沪杭高速出口处及原07省道边;化学纤维制造业共140家,其中规模企业9家,主要集中在七星、新丰等地。非金属矿物制品业共120家,其中规模企业21家,主要集中在新丰、东栅、七星等地;金属制品业共110家企业,其中规模企业47家,主要集中在东栅、新丰、余新等地;通用设备制造业共100家,其中规模企业56家,主要集中在东栅、新丰、余新、七星、凤桥等地。

产品结构

主要产品产量　2010年,列入嘉兴市500万元以上规模工业企业主要产品产量统计口径的共27个品种,其中区涉及产品13种。主要产品产量:发电量52205万千瓦时,配混合饲料15.0万吨,纱0.19万吨,布5247万米,呢绒344万米,丝412吨,服装4966万件,机制纸及纸板18.1万吨,塑料制品3.5万吨,水泥316万吨,砖(折标准砖)16422万块,钢材25.1万吨,金属紧固件0.37万吨。其中,水泥和呢绒产品的产量较大,分别占全市总产量18.8%和22.5%。其他产品占比情况:配混合饲料占15.6% %,钢材占11.3%;砖(折标准砖)占9.3%;服装占7.5%;机制纸及纸板占7.1%。

2010年区主要工业产品产量情况表

表19-10

序号	名　　称	单位	产量
1	饲料	吨	493098
2	鲜、冷藏肉	吨	51927
3	布	万米	5247
4	印染布	万米	15487
5	服装	万件	4966
6	人造板	立方米	23016
7	家具	件	202888
8	机制纸及纸板	吨	180773
9	纸制品	吨	536866
10	多色印刷品	对开色令	1717620
11	合成纤维聚合物	吨	55622
12	香精	吨	18145
13	化学纤维	吨	149336
14	塑料制品	吨	35289
15	水泥	吨	3161789
16	商品混凝土	立方米	756557
17	预应力混凝土桩	米	2605141
18	砖	万块	16422
19	电动手提式工具	台	2152842
20	电力电缆	千米	5295
21	原电池及原电池组(折R20标准只)	万只	92788
22	家用电冰箱	台	419012
23	移动通信手持机(手机)	台	8821819
24	电子元件	万只	165317

注:区统计口径

第二节　工业经济规模

企业规模及资产

全区575个规模以上企业(属地),2010年资产总额498.3亿元;其中,固定资产原价297.52亿元,所有者权益170.3亿元。按登记注册类型、轻重工业类型、企业规模类型划分,分别如下:

2010年区企业登记注册分类情况表

表19-11　　单位:亿元

类别	资产总额	占比(%)	固定资产原价	所有者权益
国有企业	58.37	11.71	91.57	0.65
集体企业	0.19	0.04	0.04	0.07
股份合作企业	11.30	2.27	4.83	5.33
有限责任公司	120.69	24.22	60.10	36.32
股份有限公司	102.35	20.54	56.87	45.70
私营企业	110.57	22.19	47.88	34.66
港澳台商企业	50.71	10.18	18.33	27.55
外商投资企业	43.28	8.69	17.41	19.74

2010年区企业轻重工业分类情况表

表19-12　　单位:亿元

类别	资产总额	占比(%)	固定资产原价	所有者权益
轻工业	190.94	38.32	105.55	80.22
重工业	307.41	61.69	191.97	90.11

2010年区企业规模分类情况表

表19-13　　单位:亿元

类别	资产总额	占比(%)	固定资产原价	所有者权益
大型企业	26.62	5.34	24.21	12.57
中型企业	252.26	50.62	173.56	88.46
小型企业	219.46	44.04	99.75	69.31

企业数量及人员

全区共有575个规模以上企业,2010年从业人员83474人。按登记注册类型、轻重工业类型、企业规模类型划分,分别如下:

2010年区企业登记注册分类情况表

表19-14

类　别	数量(个)	占全部企业(%)	员工人数(人)	占比(%)
国有企业	3	0.52	1647	1.97
集体企业	2	0.35	874	1.05
股份合作企业	48	8.35	4350	5.21

续表19-14

类 别	数量（个）	占全部企业（%）	员工人数（人）	占比（%）
有限责任公司	52	9.04	11914	14.27
股份有限公司	12	2.09	10414	12.48
私营企业	352	61.22	32838	39.34
港澳台商企业	48	8.35	10910	13.07
外商投资企业	55	9.57	10313	12.35

2010年区企业轻重工业分类情况表

表19-15

类 别	数量（个）	占全部企业（%）	员工人数（人）	占比（%）
轻工业	297	51.65	44875	53.76
重工业	278	48.35	38599	46.24

2010年区企业规模分类情况表

表19-16

类 别	数量（个）	占全部企业（%）	员工人数（人）	占比（%）
大型企业	2	0.35	5155	6.18
中型企业	47	8.17	32360	38.77
小型企业	526	91.48	45959	55.06

企业素质及装备

2010年，区规模以上企业拥有各类专业技术人才34400人；其中，高级专业技术人员3500人、中级10400人、初级12600人，在专业技术岗位工作7900人，专业技术工人30000人。高级技师270人，技师1170人，高级工2780人。

全区有科技型企业65家：包括高新技术企业28家，其中国家级16家，市级12家；民营科技企业32家（省级）；专利示范企业5家，其中省级2家，市级3家。建立高新技术研发中心9家，其中省级3家，市级6家。获科技进步奖48项，其中：省级科技进步奖5项，市级科技进步奖43项。安排科技计划项目178项，其中：国家级14项，省级72项，市级45项，区级47项。

企业利税及亏损

2010年，575个规上企业实现利税43.44亿元，其中利润28.63亿元；亏损企业61个，亏损总额1.06亿元。按登记注册类型、轻重工业类型、企业规模类型划分，分别如下：

2010年区企业登记注册分类情况表

表19-17　　单位：亿元

类 别	利税	其中利润	亏损企业数	亏损额
国有企业	5.90	3.79	—	—
集体企业	0.07	0.02	—	—
股份合作企业	0.81	0.38	3	0.004
有限责任公司	8.37	5.48	10	0.58
股份有限公司	8.08	6.34	3	0.01
私营企业	7.77	3.39	25	0.24
港澳台商企业	6.80	4.61	7	0.13
外商投资企业	5.64	4.64	12	0.07

2010年区企业轻重工业分类情况表

表19-18　　单位：亿元

类 别	利税	其中利润	亏损企业数	亏损额
轻工业	17.97	10.51	41	0.42
重工业	25.46	18.11	20	0.64

2010年区企业规模分类情况表

表19-19　　单位：亿元

类 别	利税	其中利润	亏损企业数	亏损额
大型企业	2.08	1.11	—	—
中型企业	28.22	20.62	4	0.05
小型企业	13.13	6.89	57	1.01

第三节　工业功能区

工业功能区建设始于2003年，区委、区政府出台《关于秀城区工业立区战略的实施意见》和《关于大力实施工业立区战略的若干政策意见（试行）》，把“工业立区”作为强区之策，确立“大投入、大建设、大发展”主题，狠抓工业投入，狠抓基础设施建设，加快工业经济发展，加速工业制造业基地建设。实施三大工程，即招商引资、园区建设和投入创新工程。

在园区建设方面，主要措施：加大基础设施建设力度，提升招商引资载体形象，构筑好产业集聚和招商引资的大平台。加快园区道路框架建设，嘉兴工业区及秀城工业区基础设施建设全面展开，基本形成总体路网框架。在镇（街道）工业园区的主干道路形成框架的同时，完善公、辅配套建设，每年基础设施投资2亿元以上，全面推开土地预征工作。注重项目的落实、跟踪到位、开工和投产，狠抓资金到位率、项目开工率和项目投产率，力争每年的实际开发面积、进区企业和完成项目实际投资的增幅达到80%以上。鼓励和加快企业园建设，重点抓好在建企业园外，努力培养一批新的企业园，引导企业自主开发，借企建园，借企兴园。

至2010年，拥有1个省级经济开发区：嘉兴工业园区；5个工业功能区：新丰镇、余新镇、凤桥镇、大桥镇和七星镇工业功能区；5个创业中心：南湖创业中心、余新五金机械创业中心、嘉兴嘉冶机械创业中心、南湖科技创业服务中心和嘉兴软件园；1城：嘉兴科技城。

工业功能区规划建设面积89384亩，累计开发面积48000余亩，基础设施投入约25亿元，新建厂房94万平方米。5个工业功能区入驻企业1300家，5个创业中心入驻企业640家。入驻企业中，规模企业453家。其中，亿元以上企业52家；高新技术企业37家（省市级20家、国家级17家）；建立省市级企业技术中心43家（国家级8家）。2010年，完成工业总产值262亿元，实现利税17亿元，出口创汇47亿美元。

嘉兴工业园区

（见第九篇“开放开发”第一章）。

新丰镇工业功能区

位于区行政中心以东18千米处。1996年创建，规划建设面积10.5平方千米，由嘉兴特钢新城开发有限公司实施开发。至2010年，累计开发面积7899亩，基础设施累计投入4.1亿元。2008年，经考核评定为嘉兴市乙级乡镇工业功能区。

经过10余年开发建设，完成标准厂房建筑面积10000平方米，工业生产性投入16.5亿元；拥有省、市级企业技术中心、研发中心各7家。入驻企业125家。其中中外合资企业12家，规模以上企业57家。亿元以上企业有振石集团东方特钢股份有限公司、浙江欣欣饲料股份有限公司、嘉兴新丰特种纤维厂、嘉兴亚达不锈钢制造有限公司，其中亚达公司年产值在2亿元以上。2010年，园区企业完成工业总产值23.5亿元，出口交货值3.5亿元，实现利税7222万元。形成特钢、化纤、服装、机械、化工5大支柱产业，主导产业为化纤和机械。化纤和机械2大产业产值12.2亿元，占园区经济总量的51.9%。

余新镇工业功能区

位于南湖区南部，距嘉兴市区7千米。1996年，余新镇成立园区管委会，规划工业园区发展，出台扶持园区建设的优惠政策，区内形成五金塑料、机电机械、针织服装、造纸包装等主导产业。2002年2月，被省命名为“秀城余新五金配件工业专业区”。2003年和2004年，被评为嘉兴市十强工业（功能）区；2006年，被列入第三批省级小企业创业基地、嘉兴市甲级工业功能区。

功能区规划面积2.5平方千米（3750亩），累计开发7580亩。其中，基础设施1271亩，企业建设用地6309亩。基础设施累计投入4.3亿元，固定资产投入42.4亿元。进区企业746家，其中规模以上企业124家（产值超亿元企业7家）；企业总资产40.3亿元。省、市级以上高新技术企业8家，其中国家级5家：浙江亚特电器有限公司、浙江峰恒电器有限公司、浙江斯帝特新能源有限公司、嘉兴市恒峰工具有限公司和嘉兴市梦迪织造有限公司。企业技术研发中心6家，其中市级3家、省级2家、国家级1家。浙江亚特电器有限公司获省专利示范企业称号。梦迪集团的“超细超薄派拉摩丝弹力面料开发”和浙江亚特电器公司的“DC四轮手推式草坪割草机的研发及产业化”等项目，列入省、市技术创新重点项目。浙江亚特电器公司的树枝粉碎机等8个产品，列入省工业新产品试制试产计划项目。2010年，功能区内企业完成总产值61.2亿元，工业交货值1.8亿元，实现利税2.3亿元，其中利润1.1亿元。

其中，规模企业产值48亿元，占功能区全部产值的78%；五金塑料业、造纸及纸制品业、纺织服装业3大主导产业产值47亿元，占76%。

余新镇特色产业园又称余新电动工具产业园，位于余沈公路东侧。产业园规划面积6000亩，主导产业是各类园艺工具、园林机械，同时发展电子、电机、轴承等，规划在5年内实施完成。特色产业园分为生产配套区、行政科技区、生活服务区、物流仓储区等4个区块，对电力、道路、绿化、给水、通信、燃气工程都进行高起点规划。其中道路10条，绿化形成"一核两带"，即1个6公顷的景观核心区和乍嘉苏、海盐塘2个生态绿化带。2008年，镇制订电动工具产业园扶持政策后，已有10余家企业与产业园签订落户协议。

凤桥镇工业功能区

位于区行政中心东南16千米。成立于2002年4月。2007年凤桥工业区达标升级，评定为嘉兴市乙级工业园区。2010年划入嘉兴工业园区，又名嘉兴工业园区凤桥分区。规划建设总面积15平方千米，分3期开发，其中石佛工业园区2300亩、新篁工业园区2800亩、中法外贸园700亩、秀舟纸业园300亩。2010年，实际开发面积3788亩，区内10平方千米"三横二纵"道路框架以及相关配套设施基本形成。2010年入驻企业284家，其中规模以上企业72家（亿元以上企业6家）、外资企业17家；员工1.4万人。主要产业有消防器材、汽车配件、机械制造、纺织服装、箱包、造纸等，其中机械设备、消防器材、汽配机电为优势产业。年产值亿元以上龙头企业6家：中法投资股份有限公司、秀舟纸业有限公司、荣泰科技有限公司、威能消防器材股份有限公司、高翔纸业有限公司和超越饲料有限公司。

工业功能区已建设标准厂房24800平方米。现有13家企业设立技术研发中心；新产品产值率达44.3%。园区获得市级以上名牌产品称号5个，其中荣泰绝缘漆、Co_2灭火器及钢瓶等产品，获得中国驰名商标和省著名商标浙江名牌等称号。2009年，凤桥镇组建镇五金机电行业创新服务中心，为企业引进各类人才，大力支持企业发展。2010年，进区企业完成总产值30亿元，出口交货值5.9亿元；实现利税1.4亿元，利润6782万元。

大桥镇工业功能区

位于区行政中心以东10千米处。创建于2006年4月，其载体是嘉兴工业园，是区唯一的省级经济开发区。总规划面积35平方千米，以沪杭高速公路嘉兴东出口处为中心，分东、西、南三区并行发展，至2010年，实际开发面积15平方千米。累计合同利用外资7378万美元，实际利用外资6001万美元；累计引进区外内资9.6亿元，其中市外内资4.6亿元；累计引进外资企业93家。主要产业有汽摩配件、通信电子、香精香料、纺织化纤、化工、机械电子5大类。2010年，园区企业工业总产值98.2亿元，其中规模以上企业产值91.4亿元；实现利税8.5亿元，利润5.8亿元。

嘉兴工业园区基础设施累计投入4.1亿元，全社会固定资产投资26.9亿元，其中工业生产性投入21亿元。分通信电子产业区、汽车配件产业区、机械电气（航空电子）产业区、现代生活物流区、综合配套服务区、香精香料产业区和高效农业发展区等8个功能区。2010年，入驻企业350余家（工业企业154家、科研机构23家）；规模以上企业88家（年产值超亿元19家）；年纳税超百万元企业61家（超千万元6家、超亿元1家）。第三产业投入累计3.6亿元。总部建有商务花园，引进各类企业43家，注册资本累计6.3亿元，入驻企业总投资超13亿元。30多家企业与大专院校、科研院所建立合作关系。有高新技术企业22家，其中国家级12家；市级以上企业研发（技术）中心8家。累计申报国家创新基金1项、国家火炬计划1项；获区级以上科技进步奖6项，申报省级以上新产品20个、专利55项。

七星镇工业功能区

位于区行政中心东北12千米处。规划建设面积3.8平方千米，基础设施累计投入2.1亿元。累计生产性投入2.53亿元，建成标准厂房面积54020平方米；新产品开发累计投入7.42亿元。产业园入驻企业80余家，其中规模企业48家，外资企业18家；超亿元企业5家。主要行业有针织服装、电声器材，风机制造、汽车配件、防爆电器、服装箱包、电线电缆等。2010年，功能区工业总产值20.4亿元，出口交货值

6.16亿元;实现利税2.01亿元,其中利润1.22亿元。

功能区分为都市经济产业园一期和都市经济产业园二期。一期位于镇区东侧、320国道南侧。进驻园区企业主要以针织服装、电声器材、风机制造、汽车配件、电线电缆等产业为主。二期产业园位于杨庙公路以东,三店塘以南,七星与嘉善交界线以西,320国道以北,规划建设面积3.47平方千米。产业导向:依托三店塘重点培育物流和仓储类企业发展;集聚高技术含量的防爆电器产业和环保建材、木制品加工等传统优势产业发展;扶持农产品加工、旅游工艺品等区域特色产业发展。至2010年,引进防爆电器企业7家、物流企业4家和一批环保建材、木制品加工企业。拥有市级企业技术中心2家,分别为嘉兴芽芽水泥有限公司技术中心和创正防爆电器有限公司技术中心。2008年5月,七星镇被中国电器工业协会授予中国防爆电器研发制造基地。

2010年五大工业功能区内主要行业分布情况表

表19-20

名称	主要行业	企业数(个)	产值(亿元)
新丰镇	特钢、化纤、针织服装、机械、化工等	180	23.5
余新镇	纺织、五金塑料,机电机械、针织服装、造纸、包装等	170	61.2
凤桥镇	造纸及纸制品、消防器材、汽车配件、机械制造、纺织服装、箱包、造纸等	160	30.0
大桥镇	化学原料及化学制品、汽摩配件、通信电子、香精香料、纺织化纤、化工、机电等	150	98.2
七星镇	化纤、针织服装、电声器材,风机制造、汽配、防爆电器、服装箱包、电线电缆等	140	20.4

第四节　工业创业中心

南湖创业中心

位于中环东路、创业路交界处。2000年创建,是市、区两级政府为解决下岗失业人员就业、孵化初创型中小企业而设立的创业基地,由嘉兴市南湖创业投资开发有限公司建设管理。功能区分标准厂房区、民工公寓、民工子弟学校、公共食堂等配套生活区和办公室等场所,总规划建设面积445亩,规划建造20万平方米的标准厂房及2万平方米民工公寓;建成后可入驻近200家中小型工业企业及70家三产服务企业,可提供就业岗位近8000个。首期工程总占地面积218亩,2001年9月开工建设,到2010年年底,建成标准厂房13万平方米和2万平方米民工公寓,总投资超2亿元。13万平方米的标准厂房70%由企业投资,园区统一招租、管理。入园企业从项目申报、规划布局、税务登记、银行开户及招商、办证和日常管理等各个环节,都由创业中心全程免费代理。园区初步形成纺织服装、电子通信、五金机械为主的产业。是年末,园区入驻企业(含个体)190余家,就业人员4000余人,其中,规模企业30余家,孵化成功后搬迁发展的企业累计20余家。创工业总产值2.65亿元,利税5100余万元。

余新五金机械创业中心

位于余新镇金新村。创建于2001年,实际占地面积867亩,基础设施累计投入1.4亿元,厂房建筑面积340257.2平方米,实际总投资2.21亿元。主要目的是解决小企业在资金、场地、技术等方面的困难。至2010年,有212家企业入驻,其中规模企业28家,就业人员3600余人。主要企业有嘉兴市久盛旅游用品有限公司、嘉兴市舜天机械有限公司、嘉兴市熠庭旅游用品有限公司等。主要产品涉及行李车、箱包等领域。至年末,完成工业总产值11.8亿元,出口创汇1500万美元,实现利税6326万元。

嘉兴嘉冶机械创业中心

位于角里街嘉兴冶金机械厂旧址。2006年1月,嘉冶破产后由浙江嘉冶投资集团有限公司经拍卖收购重组,整合利用原冶金厂的土地、厂房、供电和机械制造设备等资源,创办嘉兴嘉冶机械创业中心，为小企业提供创业平台，解决部分破产下岗人员再就业问题。创业中心占地面积312亩，建筑面积12.6万平方米，其中的重型机械装备制造业砖砼结构厂房层高在10米以上。创业中心以机电制造业为产业导向，入驻企业以机械、电子、五金制造为主，主要产品有矿山钻机、减速机和风力发电机座等。至2010年，入驻中小企业120多家，其中规模企业7家，从业人员2600人左右。2010年，完成工业总产值4.7亿元，实现利税2670万元，其中利润970万元。2008年5月，被授予省级小企业创业基地和市乙级创业中心。

南湖科技创业服务中心

2004年成立，是嘉兴科技城的小企业创业基地，由浙江兴科科技发展投资有限公司投资建设和管理。科创中心占地面积48.5亩，总建筑面积约52518平方米，其中试验、中试厂房约30000平方米，研发和办公配套用房约9000平方米，专家公寓约8000平方米，商场、食堂等其他配套约5518平方米，是长三角地区规模较大、功能齐全的专业性孵化园。先后被认定为省级科技企业孵化器、省级博士后科研工作站、省级小企业创业基地、浙江青年创业创新示范基地。2009年，被认定为国家级科技企业孵化器。至2010年，科创中心一期累计入驻小企业86家，其中规模企业4家，提供就业岗位3400余个；年销售产值6.7亿元。入驻小企业创业成功率达到94.2%。其中，嘉兴斯达半导体有限公司、闻泰集团有限公司、嘉兴中科亚美合金技术有限公司和浙江德景电子科技有限公司等4家企业，已发展成为规模以上企业；闻泰集团和中科亚美合金技术有限公司，分别是国家和省级高新技术企业。

嘉兴软件园

2006年8月创建，由上海晟夏软件有限公司、浙江兴科科技发展投资有限公司及浙江清华长三角研究院共同发起成立的专业园区，致力于软件外包和集成电路产业的引进、孵化和服务。规划建设面积233亩，一期项目占地面积40亩，建筑面积40000平方米，2010年6月竣工，成功引进印度软件巨头INFOSYS在嘉兴科技城内设立中国教育中心。至2010年年底，园内入驻软件培训企业30多家。先后被认定为浙江软件产业基地长三角紧缺人才培训基地。

2010年五大创业园区内主要行业分布情况表

表19-21

名 称	主要行业	企业数(个)	产值(亿元)
南湖创业中心	纺织服装、电子通信、五金机械等	190	2.65
余新五金机械创业中心	五金机械、旅游用品等	212	11.8
嘉兴嘉冶机械创业中心	机械、电子、五金制造等	120	4.7
南湖科技创业服务中心	科技企业孵化器、博士后科研工作站、电子科技等	86	6.7
嘉兴软件园	软件外包、集成电路产业、技术咨询及中介、IT人才培训等	30	1.26

嘉兴科技城

（见第九篇“开放开发”第三章）。

第三章 工业行业门类

区涉及行业门类有31个，最大行业门类是化学原料及化学制品制造业，2010年总产值59.5亿元（属地）；最小行业门类是饮料制造业，总产值607万元。本章根据区工业产业实际，将相近的一些行业门类进行合并，介绍发展总量较大的10大行（产）业，其余行（产）业在第十一节简要概述。由于区境范围划定前后变化较大等因素，在记述中涉及到一些行业（企业）发展渊源时，以原来市区范围为要；同时，不以企业税收是否“属地”为标准。但是，在记述2000年以后的行业（企业）发展时，其采用的数据和内容，以现区境范围和“属地”的概念。

从2000—2010年，区属新兴产业在31个工业门类中，2000年只有16个，其他门类是原来没有的。如：黑色金属冶炼及压延加工业，交通运输设备制造业，仪器仪表电力、热力的生产和供应业，燃气生产和供应业，水的生产和供应业等。即使原有的行业，与现在同类行业质和量上都不可同比。如化学原料及化学制品制造业，2000年产值为0.43亿元（当年价），2010年比2000年增长130余倍。通信设备、计算机及其他电子设备制造业增长17倍，纺织业增长30倍，造纸及纸制品业增长42倍。有的产业当时虽然有但量很小，如塑料制品业和化学纤维制造业，2000年产值只有1055万元和499万元，2010年，分别增长177.8倍和356.8倍。

第一节 精细化工

清末民初，全市仅有几家小型的皂烛制造作坊，是嘉兴市近代化工业的雏形。1949年后，市区一批“小化工”企业陆续兴建，为嘉兴化工工业发展奠定了基础。区境是嘉兴化工企业比较集中的地方，东栅街道有嘉兴化工厂、嘉兴化肥厂、嘉兴农药厂、嘉兴轻纺助剂厂和嘉兴塑料橡胶总厂等；周边地区还有南湖化工二厂和七星化工厂；新丰镇的嘉兴市植物香料厂、嘉兴市塑料二厂；大桥乡的嘉兴中华化工总厂等。

1998年，大桥乡新建十八里桥化工小区，陆续引进山特莱德化工公司、嘉兴友联化工公司等8家化工企业。2000年，区政府建立秀城工业区，把化工工业纳入扶持发展规划，步云至焦山门公路两侧逐渐成为化工企业的集聚区。经过10多年发展，已有化工企业48家，从业人员4600余人；其中规模以上化工及化工制品企业41家（生产性化工企业36家，化工仓储企业5家）。企业资产总额35.9亿元，其中，固定资产原值16.3亿元，所有者权益16.1亿元。年产值亿元以上企业6家：山特莱德化工公司、嘉兴友联化工公司、嘉兴东方化工公司、嘉兴嘉联氯碱公司（化工销售企业）、浙江卫星丙烯酸有限公司和嘉兴市中华化工有限责任公司。2010年，完成工业总产值47.1亿元，占规模企业总量10.4%，排行第二；出口交货值8.8亿元，占13.6%；利税5.96亿元，占22.0%，其中利润4.41亿元，占22.8%。

精细化工起步于1976年。由大桥乡中华村投资兴建的嘉兴中华化工总厂，开发精制天然樟脑粉、麝香F、香兰素等一批高科技精细化工产品，奠定了精细化工行业发展的基础。经过30多年的发展，已成为占地面积800多亩，全球香兰素行业的领军企业。精细化工产业是大桥镇和嘉兴工业园区的支柱产业之一（详见本篇第四章第一节）。2009年，开展化工行业专项整治行动，逐步完成对11家企业的“关停并转”和部分化工企业的工艺整改，提高化工企业“三废”处理率，通过了全市化工行业的整治验收。2010年，产值36.22亿元，占化工工业总产值的71.9%；工业出口交货值7.8亿元，利税5.06亿元。

第二节 通信电子

解放前后，嘉兴县城只有2~3家私营无线电行，经营电子管收音机和修理业务。1958年，嘉兴交电商店曾由维修技术人员为骨干，创办一家不足10人的小厂，生产电话增音机、电流互感器、电压扬声器及组装电子管收音机。1962年与商业五金厂合并，后又转产。

1967年7月，嘉兴丽华服装厂改为嘉兴广播器材厂，生产压电陶瓷膜片、压电扬声器、有线广播机和扩音机，厂址设在勤俭路玄妙观旧址。1971年始，先后研制粮食水分测定仪、地埋线故障探测仪和电子医疗器等成功投产。1975年生产医疗仪器，1978年更名为嘉兴电子仪器厂。1979年起批量生产“宫灯”晶体管，最高年产达20余万台。1981年起生产“宫灯牌”收录机，为浙江省首批生产定点厂之一。“七五”计划期间形成系列产品，生产能力达6万多台。

1984年在城西北片设电子工业开发区，在该区域设厂、所的，有从内地迁来的机械电子工业部第36研究所、浙江省国防工办8300厂（浙江电子通讯设备厂）和电子工业部860厂（庆华仪器厂嘉兴分厂)、834厂(嘉兴有线电厂)、4380厂(嘉兴红星器材厂)、602厂(嘉兴建新计算机公司)等单位,随厂来禾的工程技术人员有800余人,投资数千万元建厂房10余万平方米。主要生产电子计算器、电脑电话、音响元件、收录机、声测试仪器、微波测量仪和电台等。

2001年起,在招商引资中把通信电子企业作为优势产业大力引进,出台各种优惠政策,使通信电子制造产业得以快速发展。闻泰集团2007年开始在嘉兴设立生产基地,当年实现产值4.2亿元。斯达半导体公司专注于半导体功能芯片的研发和生产,IGBT模块和MOSFET模块填补了国内空白,市场潜力巨大。2010年,全区共有规模以上通讯电子企业20家,资产总额28.4亿元;从业人员7700余人。工业总产值41.6亿元;占规模企业总量6.8%;出口交货值10.8亿元,占13%;利税3.71亿元,其中利润2.96亿元。10年内增长26倍,成为具有发展前景的优势产业。

规模企业有闻泰集团有限公司、嘉兴市天信电子有限公司、博创科技股份有限公司、敏实集团、天通浙江精电科技有限公司等。

2009年4月,闻泰集团有限公司

第三节　特种钢铁

解放时,在嘉兴县境内,尚无现代金属冶炼工业。1958年"大办钢铁"时,形成大办钢铁厂、建小高炉的局面。主要有嘉兴钢铁二厂、嘉兴冶金厂的电弧炼钢炉、嘉兴轴承厂的小型轧钢机等。20世纪60年代末,在小规模炼钢和轧钢及有色金属压延轧制方面有所发展。70年代,先后建立嘉兴钢铁厂、嘉兴第二冶金机械厂和嘉兴大桥乡镇办的几家轧钢厂。

1971年在城北路创办嘉兴钢铁厂,市属中型企业。初期除1套旧240毫米闭口轧钢机外,仅有自砌灶式炉和2台车床1台刨床,职工数10人,经艰苦创业,至1981年已生产直径10~12毫米圆钢、6.5毫米线材及3201/3202型窗钢。1982年轧钢车间改造成生产带钢的生产线,又改造400毫米轧机,使直径60~100毫米方坯能一次成材。1984年再改造带钢车间为线材车间,批量生产直径6.5毫米线材。同年筹建5吨电弧炉车间,1987年正式投产,达到年产钢2.5万吨的规模。1988年7月,该厂与浙江省能源原材料开发总公司联营,成立嘉兴钢铁股份有限公司,为全民所有制合资联营企业。1989年,筹建直径650毫米开坯机车间。2003年,更名东方钢铁有限公司。2004年入户新丰镇。

中国长三角·嘉兴特钢产业基地,又称嘉兴特钢新城,位于新丰镇工业功能区北区、南区及新丰镇规划建成区。规划面积15平方千米。2006年,新丰镇招商引资加快特钢制造产业集群发展。振石集团东方特钢股份有限公司是由振石控股集团股份有限公司出资,于2007年7月购买原嘉兴东方特钢有限公司100%的股权,将原嘉兴东方特钢有限公司50万吨的碳钢棒材生产线改建为年产50万吨不锈钢宽板短流程生产线项目,占地面积1000余亩,是一家集不锈钢、铁合金及其他黑色金属冶炼及其压延加工的企业。2010年,实际开发面积5平方千米,特钢及相关项目实际投资15亿元。钢铁及相关企业达240余家,从业人员1500余人,实现工业总产值7.87亿元,实现利税3224万元。

功能区已有东方特钢公司、亚达不锈钢公司等大型企业入驻,主要生产不锈钢中宽板及特钢制品。初步形成集冷轧钢板、不锈钢板、特钢深加工制品及配送、特钢尾渣回收及处理、大型物流中心和特钢研发于一体的特钢产业链。2008年5月,被授予"中国不锈钢产业发展基地"称号。2009年12月,一期投资23亿元、年产50万吨不锈钢中宽板带项目投产;总投资1.9亿元的亚达不锈钢管件项目投产;东方特钢中宽板、亚达不锈钢管件、美国500

强普莱克斯空分、天诚物流等龙头项目相继投产。2010年5月,新丰镇集中签约美国智能玩具、新晶电子等6个项目,计划总投资11.27亿元,集中开工特钢、特纤及产业配套项目8个。

2009年8月8日,东方特钢第一炉

第四节　汽配机电

嘉兴的汽车配件生产行业,由20世纪50年代末嘉兴五金机械厂(今嘉兴汽车钢圈厂)试制汽车钢圈为开端。60年代有嘉兴五金拉链厂(今汽车配件厂),戏衣、戏具厂(今嘉兴汽车标准件总厂)、嘉兴余新农机厂、凤桥农具厂等转产汽车配件及汽车螺栓生产。70年代,又有嘉兴交通机械厂等厂生产汽车配件。该业各厂大多从二轻、城镇集体企业转产而成,80年代建的大多是城乡集体企业。主要产品有汽车车轮、制动器、标准件、空压机减震器、车门、连接传动轴、小客车等100多种规格型号的产品。适用于BJ212、SH130、NJ130、CA—10、EQ140、JN150等主要车型以及进口汽车、工程车辆、特种车辆的配套。

区汽配行业企业主要集中在省级开发区——嘉兴工业园区。自2008年开始引进汽配行业以来,汽配企业由当初4个增长到目前的7个。占地面积由当初规划的北区0.8平方千米,扩展到南区2平方千米。嘉兴工业园区主要分为西区、东区、南区三大产业集聚区,汽配行业主要集中在西区和东区,西区以敏惠汽车零部件、兴禾汽车零部件、恒冠汽车、禾众汽车、金奥兰等生产销售企业,主要生产汽车内饰零配件和从事上海大众、奥迪汽车销售。东区以四通车轮股份有限公司为主导,产品定位为中高端国际车轮市场和双金属制动鼓,产品科技含量高、安全性能好,拥有美国发明专利,是园区汽配行业新兴领军企业。

汽配机电产业是区新兴产业。共有规模以上企业15个,龙头企业有敏实集团(嘉兴)公司、加西贝拉压缩机有限公司、嘉兴敏惠汽车零部件有限公司、嘉兴恒冠汽车公司等。主要产品有汽车车身结构件、汽车钢圈、汽车装饰条和汽车装饰件,汽车电线、过滤器、汽车座椅皮革、冰箱压缩机及其配件等。2010年,完成工业总产值23.1亿元,出口交货值1.8亿元;实现利税2.3亿元。

嘉兴工业园区是汽配机电产业的集群发展地。2003年,园区先后引进敏实集团(嘉兴)公司、明新皮业公司、峰牌汽车钢圈厂、格兰德机械公司、欧仕特办公用品公司等。2005年起,加西贝拉公司、冠川金属公司、天信电子公司、海德曼过滤技术公司、德威高机械公司、恒冠汽车等一批企业逐步入驻。通过8年建设,逐渐形成以敏实集团公司、加西贝拉压缩机有限公司为龙头的汽配机电产业,拥有加西贝拉等著名品牌。敏实集团(嘉兴)公司在嘉兴投资兴建南湖区和秀洲区2大生产基地。主要进行注塑与表面处理类汽车零部件的生产,产品为上海通用、东风日产、南京福特等一级配套供应。加西贝拉压缩机有限公司主要产品为冰箱压缩机,是亚洲最大压缩机研发和制造基地。2010年,冰箱压缩机产量突破1000万台,产值30亿元,利税2.5亿元。

2010年3月,加西贝拉压缩机有限公司

第五节　园林机械

园林机械的兴起源于亚特电器的引进。2001年12月，亚特电器的前身——宁波亚特电动工具有限公司在余姚远东工业城成立。2003年，亚特开始生产电链锯并获得国内第1张TUV莱茵GS/EMC证书。2004年10月，宁波亚特电器有限公司成立，成为国内较早进入园林工具行业企业之一。同年，亚特研发中心及测试中心成立。2005年12月，浙江亚特电器有限公司注册成立。2007年6月，投资近12000万元的嘉兴总部及生产基地破土动工，总占地120亩，建筑面积超过65000平方米。企业员工增长到近1000人。2009年6月，亚特总部搬迁至嘉兴。同年，亚特成为全球最大的电锯生产企业，全年销量超过100万台。企业员工增加到近1200人。

园林机械制造是区新兴产业。2006年，余新镇规划建设特色产业园，主要生产园林机械工具。园区规划面积2.5平方千米，实际开发1500亩，基础设施投入20亿元，厂房建设面积5000余平方米。2010年，共有园林机械制造企业36家，企业资产总额25亿元，其中，固定资产原值14亿元，所有者权益15亿元；从业人员1800余人，其中工程技术人员200余人。是年，园林机械制造产业工业总产值8亿元，占区规模以上企业总产值3.2%；工业出口交货值56万元，实现利税850万元。

第六节　消防安保

消防安保产业是区新兴产业，集中在风桥镇工业功能区。消防安保产业以威能消防器材为龙头，永大消防配件、华荣车业、正大万向轮、五金工具等4家企业配套，2009年从业人数650多人。

2006年，引进一批国内知名的消防、安保骨干企业和消防研发机构入驻，逐渐形成技术含量高、综合能耗低的消防安保产业。2010年，入驻企业5家，资产总额3.1亿元，其中，固定资产原值1.87亿元，所有者权益1.53亿元；从业人员500余人。主要产品：二氧化碳灭火器、干粉及水基灭火器、各类气瓶及灭火器具配件等，有4大类近百种规格。2010年，消防安保产业总产值1.42亿元，利税902万元，出口1.19亿元。

浙江威能消防器材股份有限公司前身为嘉兴市消防器材厂，创立于1994年，2008年改为股份有限公司。公司注册资金4000万元，总资产超亿元。从业员工450人，其中工程技术人员70余人。建有省级技术中心和功能先进的产品测试实验室，与浙江工业大学、嘉兴学院等大专院校建立科研、教学等校企合作关系。威能公司是国内消防灭火器行业规模最大的制造企业之一，专门从事消防器材与安防设备的研究、开发、制造和销售。灭火器品种繁多，年产能力超过350万具，其中轻质二氧化碳灭火器产量居全国第一，产品销往欧洲、中东、东南亚、非洲、南美洲等20多个国家和地区。其中，浙江威能消防器材股份有限公司的灭火器，获浙江省和嘉兴市“名牌产品”。

2010年11月，位于七星镇的国家消防装备质量监督检验中心嘉兴灭火实验室

第七节　防爆　电气

电气机械

嘉兴的电气机械及器材制造业，始于20世纪30年代。1932年嘉兴志成电池厂建于县城望吴桥，生产“三光牌”电池。1949年，嘉兴有华昌电焊工场等企业。

在电工器材、电机、输配电及控制设备制造业领域，解放时，只有小型的电器修理工场。1952年10月，嘉兴同源福卷烟煤油号转业制造电池，1956年公私合营，更名为嘉兴电池厂，是建国后嘉兴电工器材制造业的开端。1957年，筹建生产绝缘制品的嘉兴绝缘材料厂。1958年11月，华昌机器修理厂更名为嘉兴电气控制设备厂，从事低压电器元件制造；同年又建立地方国营嘉兴电机厂和嘉兴电线厂（均于1962年调整中撤销）。1964年，又建嘉兴电机厂。1977年，由嘉兴雨具生产合作社改为生产电磁线的嘉兴电工厂。以上各厂后均成为所属行业的骨干企业。

在家用电器行业领域，60年代，只有制造电灯泡和一些生产日用电器零件的工厂。70年代，家用电器产品日增。1971年"海鸥牌"电风扇在嘉兴海鸥电扇总厂首次投产。1974年，第一台50立升吸收式电冰箱在嘉兴冰箱厂试制成功。80年代，家电产品应用更为普及，促进了该行业的迅速发展。全行业以嘉兴二轻工业公司所属的家用电器生产企业为主体，此外尚有少数全民企业及众多的乡镇集体小型企业。

2010年，全区"电气机械及器材制造业"规模以上企业40家，资产总额22.3亿元，其中，固定资产原值6.18亿元，所有者权益8.39亿元；从业人员4740余人。工业总产值26.8亿元，占规模企业总量的4.4%，排行第八；工业出口交货值6.50亿元；实现利税1.59亿元，其中利润1.10亿元。

防爆电器

防爆电器产业是区新兴产业，集聚在七星镇都市经济产业园。规划面积3.55平方千米。其中，二期园区主要引进防爆电器及其关联产业。入驻企业7家：华夏防爆、创正防爆、飞策防爆、祥华防爆、中气电气、新缆电缆、华夏特种电缆。主要产品：手持式电钻机、锂电池矿用安全帽灯。2008年5月，七星镇防爆电器产业园，被中国电器工业协会授予"中国防爆电器研发制造基地"称号。2010年，工业总产值1.1亿元，出口交货值505万元，实现利税260万元。

华夏防爆电器有限公司是防爆电器产业的龙头企业。以生产矿用防爆电器为主，有手持式电钻机、锂电池矿用安全帽灯、自动闭锁式防爆灯等系列产品，所有产品均获国家防爆合格证，先后被中国电器工业协会评为质量可信产品、名牌产品、中国防爆电气行业十大影响力品牌。其中矿用隔爆兼本质安全型真空馈电开关，被列入市和省重点技术创新项目；自动闭锁式防爆灯具获3项国家专利；手持式电钻机、锂电池矿用安全帽灯各获国家专利。

2009年10月，华夏防爆有限公司

创正防爆电器有限公司系国家高新技术企业，是塑料防爆电器产销研企业，拥有自营出口权，是中国石油天然气集团公司一级供应网络成员。产品涵盖防爆电器元件到防爆电控系统集成系列，防爆产品系依据IEC国际标准设计、制造，并在国内同行中率先通过ATEX、IECEx、TUV国际防爆认证及ISO9001质量体系认证。

第八节　造纸及纸制品

1923年，褚辅成等集资36万元在角里街购地26亩，筹建禾丰造纸厂。翌年向美商上海茂生洋行订购得1台美制多圆网多烘缸造纸及其附属设备，于1925年7月建成投产。产品以黄纸板为主，最高日产12吨，为嘉兴机制纸的开端。时有职工178人，厂占地面积10万平方米。1929年春，上海商界人士竺梅先、金润庠等集资50万元筹组民丰造纸公司，以28万元购得禾丰造纸厂。翌年3月，民丰造纸股份有限公司在上海正式成立，嘉兴厂名遂改为民丰造纸厂。解放后，人民政府多方扶持民丰厂。1950年4月，该厂将纸板机由原多圆网多烘缸型式改为长圆网混合式，部分产品改为文化用纸，并继续发展卷烟纸生产。1953年纸及纸板产量6533吨，工业总产值达2461万元，比1949年增长1.8倍。同年又将纸机改为长网多烘缸型式，创制半透明玻璃纸等较高级的纸张。“文化大革命”时期，嘉兴造纸生产起伏较大，民丰厂改名“东风造纸厂”。1974—1976年生产大幅度下降。3年纸及纸板产量总和仅52677吨，比“文化大革命”前正常水平年均下降30%以上。20世纪80年代，嘉兴造纸工业进入新的发展时期。民丰厂自1980年起10年间，改造和增建8台长网多烘缸型造纸机，投产的纸机共15台，年生产能力增至47600余吨。并建立制浆车间和治理污染的碱回收与污水及白泥处理车间，扩建配套的动力热电站。

造纸及纸制品业是区第5大产业。共有规模企业11家，企业资产总额36.2亿元，其中，固定资产原值30亿元，所有者权益17.9亿元；从业人员4500余人。2010年，机制纸及纸板产量18万吨，总产值30亿元，占全区规模企业总量4.9%；出口交货值0.79亿元；实现利税3.1亿元，其中利润1.5亿元。

规模以上企业主要有浙江大华包装集团有限公司、浙江秀舟纸业有限公司。主要产品有：瓦楞纸、箱板纸、瓦楞纸纸箱、牛皮纸、描图纸、出口胶带原纸等。主要品牌有“大华牌”瓦楞纸箱、“华叶牌”瓦楞纸等。其中，浙江大华包装集团有限公司是中国包装行业龙头企业，公司总资产超过10亿元，拥有4条瓦楞纸生产线，年造纸能力达到22万吨；年纸箱生产能力达2亿平方米。浙江秀舟纸业有限公司是一家集造纸、纸加工、热电、机械加工、运输、贸易为一体的综合性企业，公司资产总额1.5亿元，拥有造纸和纸板生产线6条，1.2万千瓦时发电站一座，获区新型工业化十强企业、节能减排先进单位、十大突出贡献企业等称号。

第九节　纺织　服装

区纺织服装产业主要由纺织业、纺织服装业和化学纤维制造业3大块组成，包括纺织、染整、呢绒，服装加工和无纺布、化学纤维制造等。其中，纺织业是区第9大产业，纺织服装产业总量位列第6，化学纤维制造业总量位列第15。2010年，纺织业、纺织服装业和化学纤维制造业3大产业规模企业139家，占区规模企业的24.2%，产值总量72亿元，占11.8%，位列全区第一。

纺织业

嘉兴的纺织业始于民间手工纺织。棉纺织宋元已兴，明清更盛。明代中叶，嘉兴南门外壕股塔一带，形成纺织品市场，江淮巨贾云集，通过运河水路贩运到各省。至清代，棉纱布匹不但行销苏、浙、衢、婺诸郡，且远及关东，外销南洋群岛。民国初年嘉兴县新丰镇袜业兴盛，妇女多以织袜为业。解放前夕，嘉兴城内有“春和”“华丰”“梁记”等20余家小袜厂。嘉兴最早的针织毛衫生产始于1958年建立的嘉兴毛纺织厂。1976年嘉兴县洪合乡建立泰石羊毛衫厂，为乡镇企业生产羊毛衫之先河。城区南湖乡于1985年创办南湖毛纺织厂，主产羊毛衫，1990年工业总产值达672.43万元。该乡1988年投产的乡办城南袜厂，1990年工业总产值789.83万元。

嘉兴棉纺织业的主要门类有棉织业、棉纺织业和棉印染业。棉织业方面，1912年4月、5月间，由嘉兴军政分府与商人合股创建“培利布厂”于西河街，职工50人，置有手拉布机50台，年产平条布等14万米。1915年，嘉兴高、蒋2家集资改建培利布厂，更名“嘉禾布厂”，年产棉布30多万米。1922年，嘉禾布厂新址落成投产，增加电力机100台，有职工400余人，年产量110万米，产品行销数省。其时嘉

1980年12月，嘉兴五毛纺织车间

兴新篁镇有周大昌等3家布庄和农户织机5000户，王店和新篁2镇年产棉布55万匹以上。1926年嘉兴城内芝桥堍建立“辛康染织厂”。1928年，嘉兴鲍、褚2家增资10万元改组嘉禾布厂，更名嘉禾染织厂，有电动织机240台，手织机200台，脚踏织机140台及配套辅机，生产“双兔牌”维也纳呢、各式花呢、哔叽、条格绒布、漂布、色丁、府绸及法兰绒等，年产240万米，并在沪设发行所。日军侵华时，嘉禾染织厂部分厂房与织机被炸毁。沦陷后，汪伪嘉兴合作社利用嘉禾染织厂开设利济布厂，抗日战争胜利后停产。解放后，嘉兴市支持该厂恢复生产，市长张澄秋到厂主持复产，1951年2月正式开工。为纪念中共一大，定名为嘉兴南湖染织厂，为公私合营企业。1952年嘉兴荷花堤开办嘉兴兴盛毛巾厂，有8台手拉脚踏毛巾织机。20世纪50年代中期，又建立嘉兴棉织厂、嘉兴染织厂、线织厂等。1958年，嘉兴塘汇染织社改建为厂。1962年，撤销嘉兴棉织、染织、线织厂和嘉兴毛巾厂，部分职工组成嘉兴棉织合作社，1967年改为嘉兴工农棉毯厂，1978年又改为嘉兴针棉织厂（今嘉兴第五毛纺厂前身）。

棉纺织业方面。1960年10月，由4家民政工厂并建而成的嘉兴棉纺厂是建国后嘉兴建厂较早的棉纺企业，1969年试纺氯纶纱，后再纺纯棉纱，并经扩建迁厂，1990年已有2万多纱锭及织机等。

棉印染业方面。嘉兴市区的印染业，建国初有11家，有9家主要是洗染烫补的个体户。1954年组成生产合作社，1956年有“八新”“洪昌”“永兴”“义和”4家染坊公私合营，1958年，改为嘉兴洗染商店，设1个工场。1963年，嘉兴南湖染织厂的1个工场并入后，增加坯布、绸、纱、毛线等染色业务，“文化大革命”期间改为嘉兴工农染厂，1985年更名为嘉兴市印染厂。

嘉兴的毛纺织业起步于1958年创办的嘉兴毛纺织厂，是浙江省首家毛纺织工业企业。1978年10月，在嘉兴毛纺织厂的原毛和毛条车间基础上，创办嘉兴毛条厂。1979年5月，嘉兴毛纺织厂更名为嘉兴毛纺织总厂，并于1980年创办嘉兴服装公司，主产呢绒服装。1984年10月，改建嘉兴针棉织厂为第五毛纺织厂。

1985年7月，嘉兴毛纺织总厂生产的呢绒产品

城区南湖乡1984年建嘉兴市第六毛纺织厂，产粗纺呢绒。其时郊区七星乡兴办的嘉兴市第八毛纺织厂和栖真乡办的栖真乡毛纺织厂，均于1985年投产。

2010年全区纺织业共有规模企业72家，资产总额22.9亿元，其中，固定资产原值12.3亿元，所有者权益6.8亿元；从业人员7900余人。当年，工业总产值23.0亿元，出口交货值7.09亿元；实现利税0.85亿元，其中利润0.15亿元。是年，生产各类布料5200余万米、纱1800余吨、呢绒344万米，其中呢绒占全区产量的22.5%。

服装业

民国时期，嘉兴开始引进脚踏缝纫机，服装式样多，变化周期短。现代服装和西式服装开始时兴。1912年，嘉兴南大街有钱云仙成衣店。1928年，嘉兴县有缝纫业7户。1932年1月，在北大街开设新亚西服店。

20世纪70年代起，该业先后进行技术改造。重点骨干企业引进国外高速平缝机及整烫设备，以经销生产代替来料加工。产品从内销转为成衣出口，1972年嘉兴被服厂产品首次出口加拿大。1975年嘉兴南湖服装厂服装销往香港，成为省进出口公司出口服装定点企业。1980年，嘉兴毛纺总厂创办全民办集体企业嘉兴市服装公司，主产呢绒服装。1985年10月，市服装公司大楼落成。

80年代，城乡群众穿着服式走出单纯的色彩和款式，面料更加多样化，丝绸、皮革、羽绒服装时兴。

生产羽绒服装的有城区的嘉兴市羽绒厂。丝绸服装业有：嘉兴丝绸服装总厂、富兴丝针织服装有限公司、嘉兴丝绸衬衫厂、嘉兴丝绸时装厂等。1988年1月1日，嘉兴服装总厂、南湖服装厂、在新丰的服装六厂、步云的服装七厂5家企业，从市二轻划入市纺织系统归口。东栅乡创办的悦泰制衣有限公司和凯林瑞衬衫总厂生产的西装和衬衫闻名全市。

2010年，全区服装业共有规模企业58家，资产总额21.1亿元，其中，固定资产原值9.95亿元，所有者权益9.43亿元，从业人员9900余人。工业总产值30.1亿元，出口交货值7.58亿元；实现利税1.99亿元，其中利润1.01亿元。生产各类服装4970余万件，占全市产量的7.5%。

化纤业

化纤业在区内起步较早。1980年，新丰镇乌桥村集资22.5万元创建乌桥加弹厂为嘉兴县首家化纤企业。2010年，全区化纤规模企业9家，资产总额12.4亿元，其中，固定资产原值6.61亿元，所有者权益3.81亿元，从业人员1900余人；工业总产值18.9亿元，出口交货值0.4亿元；实现利税1.67亿元，其中利润0.85亿元。生产各类化纤丝489吨，占全市产量的4%左右。年产值亿元以上企业有嘉兴市龙腾差别化纤有限公司、嘉兴市富林化学纤维厂等。化纤产业以无纺布为特色。以龙腾差别化纤公司、高科新纤维厂、富林化纤厂和新丰特种纤维厂等企业为龙头，主要生产化纤纺织面料和无纺布等。

第十节　农副食品和饲料加工

农副食品加工业是区传统产业，经济总量位列第十三。规模企业17家，资产总额8.26亿元，其中，固定资产原值6.82亿元，所有者权益2.31亿元，从业人员1400余人。2010年，工业总产值19.1亿元，占规模企业总量3.2%；实现利税6282万元，其中利润5347万元。

食品加工业

农副食品加工业可分为食品加工业和饲料加工业。传统的食品加工业以粮食、食油、豆制品、酿造、糖果、糕点等为主，改革开放以后逐步增加了鸡鸭鱼肉等熟食制品。主要企业有嘉兴市文虎酱鸭总厂、浙江五芳斋实业股份有限公司、嘉兴市食品肉类有限公司等。主要品牌产品有“文虎”酱鸭、“五芳斋”粽子、“大不同”牛肉等产品。其中嘉兴粽子已形成生产规模，是嘉兴的特色产品，销往全国各地和海外市场。嘉兴市本级有粽子生产企业20余家，其中规模企业占一半以上。主要品牌有五芳斋、真真老老、昌记、粮午斋、南湖斋等，其中“五芳斋”品牌是浙江省名牌、“中华老字号”和“中国驰名商标”。2010年，嘉兴粽子产量在4.6亿只以上，销售总额16亿元以上，其中“五芳斋”粽子占85%左右。

另一个特色产品是腌制雪菜。雪菜不同于粽子的规模生产，它除了少量的加工企业外，大部分是农户自己生产加工和销售，是区具有传统特色的农产品。雪菜，又名雪里蕻菜，七星、东栅、塘汇等部分乡镇是区传统雪菜的加工基地，据史料记载已有300多年的历史。用传统手艺加工的雪菜，色、香、味俱全，农户加工生产以甏装为主，每年产量在2.8万吨左右，产品以自产自销为主，同时又有中间商运销江浙两省和上海市等周边地区。

饲料加工业

1953年，各地碾米厂生产机制统糠，并利用秸秆加工成饲料出售。1960年前后，嘉兴县陆续推广大型饲料粉碎机，1964年8月，各地建起一批社办及大队办的饲料加工厂，嘉兴县有28处。1965年，嘉兴县农村实产饲料4万余吨。各地碾米厂也在60年代继续兴办饲料车间。1970年，嘉兴县农村饲料粉碎机365台。1981年4月，嘉兴县拨款5万元在南湖粮管所筹建首家配合饲料厂，翌年产饲料900吨。1985年5月，嘉兴市南湖饲料厂建成(后改为嘉兴饲料厂)。1988年，嘉兴粮食制品厂划给嘉兴市饲料公司管理，该厂除有麦芽葡萄糖植酸钙等产品外，于1989年建成混合饲料车间投产。嘉兴饲料厂1988年度被商业部评为设备管理优秀单位，新丰饲料厂于1989年被命名为省级先进企业。

饲料加工业主要产品是各种配混合饲料，共有规模以上企业13家，主要有浙江欣欣饲料股份有限公司、嘉兴市顺风农牧业有限公司、嘉兴市超越饲料有限责任公司、农标普瑞纳（嘉兴）饲料有限公司等。企业资产总额5.2亿元，从业人员800余人；产品涵盖猪、鸡、鸭、淡水鱼、虾、蟹、甲鱼等几十个养殖品种。主要品牌有"欣欣牌"配混合饲料，"顺风牌"畜禽、水产配合饲料等；其中"欣欣"牌是中国名牌产品。2010年，生产各类配混合饲料42.3万吨，占全市总量的35.6%。

第十一节　其他产业

除上述10大产业外，2010年产值超15亿元的产业还有8个：电力、热力的生产和供应业149.6亿元、通用设备制造业27.3亿元、电气机械及器材制造业26.8亿元、交通运输设备制造业21.5亿元、金属制品业21.3亿元、非金属矿物制造业20.3亿元、塑料制品业18.9亿元、皮革、毛皮、羽毛（绒）及其制品业16.3亿元。

塑料制品业

是区传统产业。该业始于20世纪60年代。1964年10月，嘉兴手工业联社筹建第一家塑料厂。1965年4月定名嘉兴手工业联社塑料厂（今嘉兴塑料橡胶总厂）。1966年8月，聚氯乙烯硬板试产成功。1968年10月建嘉兴塑料一厂。1972年，嘉兴长征服装厂转为嘉兴塑料三厂。1979年，栖真竹器厂转为嘉兴塑料四厂。1985年，嘉兴市民政塑料薄膜厂建立。1986年，嘉兴塑料橡胶总厂引进联邦德国莱芬豪塞公司年产2000吨ABS及其他塑料制品生产线，又开发ABS挤出板生产线，增加了ABS塑料板材生产能力。

2000年，全区塑料制品产量798吨，占全市总量的1.6%。2010年生产各类塑料制品3.53万吨，占全市总量的4.2%。产品产量增长43倍，占比提高2.6个百分点。全区规模企业65家，资产总额15.4亿元，其中，固定资产原值6.99亿元，所有者权益5.82亿元；从业人员4400余人。2010年，工业总产值18.9亿元，占全区规模企业产值的3.1%，排行第六；工业出口交货值2.02亿元；实现利税0.69亿元，其中利润0.34亿元。

通用设备制造业

是区新兴产业，经济总量位列第七。2000年起陆续引进科技含量较高的企业，逐渐形成一定的生产规模。至2010年，全区共有规模企业56家，资产总额21.5亿元，其中，固定资产原值7.77亿元，所有者权益8.81亿元；从业人员5500余人。是年，工业总产值27.3亿元，占规模企业总量的4.5%；出口交货值8.85亿元；实现利税2.70亿元，其中利润1.50亿元。

非金属矿物制造业

是区传统产业，经济总量位列第十二。规模企业21家，资产总额45.4亿元，其中，固定资产原值9.32亿元，所有者权益7.90亿元；从业人员3450余人。2010年，工业总产值20.3亿元，占规模企业总量的3.4%；出口交货值0.62亿元；利税1.89亿元，其中利润1.08亿元。建筑材料业分为2个大类：水泥及制品和砖块。是年，全区砖产量16422万块；水泥年产316.2万吨，占全市总量的18.8%；商品混凝土75.7万立方米。

第四章　主要企业

第一节　主要企业选介

振石集团东方特钢股份有限公司

位于新丰镇工业功能区。1971年在嘉兴市区城北路创办嘉兴钢铁厂，生产10~12毫米圆钢、6.5毫米线材和窗钢。1988年，成立嘉兴钢铁股份有限公司，形成炼钢开坯轧钢一条龙生产线。2003年，更名东方钢铁有限公司。2004年，入户新丰镇。2007年7月，东方钢铁公司实施股权转让，由振石控股集团股份有限公司、江苏三房巷实业股份有限公司共同出资购买，更名振石集团东方特钢股份有限公司。将项目改建为50万吨不锈钢宽板生产线，主要生产300、400系列高端不锈钢中宽板带和不锈钢中厚板。公司注册资本13亿元，实际投资总额23亿元；占地面积1000亩，员工1300余人。

公司从意大利引进80吨节能环保型CON-STEEL电炉，拥有90吨AOD炉、90吨精炼炉、220×1600板坯连铸机、1800炉卷轧机及中板精整设备，电控系统全线采用SIEMENS先进的TDC控制系统。一期工程50万吨中宽板不锈钢项目和配套工程年产60万吨不锈钢退火洗板项目，于2009年投产。公司内排水采用分流制，生产废水经处理后循环使用；对电炉、AOD炉、LF炉炼钢过程、加热炉轧钢过程及煤气发生过程中产生的废气，通过捕捉收集、脉冲布袋除尘净化、湿法脱疏等处理，确保达标排放。对生产过程中产生的钢渣、废料进行处理并回收利用。

嘉兴市中华化工有限责任公司

位于大桥镇中华村。1976年，由朱贵法联合14位村民集资6000元，征地200平方米建造3间简易平房，利用10几只旧油桶建立中华化工厂，为村办企业。建厂后，从上海陆续引进科技人才，研发精制天然樟脑粉、麝香F、香兰素等一批高科技精细化工产品，分别出口欧美与东南亚等国家和地区。80年代中期企业聘请精化行业专家，在1987—1990年间先后完成2个市级科技创新项目、3个省级科技创新项目、1个国家级“星火”计划的创造发明。20世纪末期，多次获得省明星企业、省星火技术先进单位、省科技进步先进企业等省、市级荣誉。

2007年9月，中华化工集团

2000年后，中华化工发展很快，占地面积800余亩，资产总额18亿元，是拥有6个分公司、1540名员工的大型精细化工企业。“久珠”牌香兰素和乙基香兰素，产品纯度达到99.9%以上，各项指标达到国际先进水平。年产销总量在国内香料香精行业中排名第一、世界第二，其中香兰素年产量占全球市场份额50%以上，产销量居世界第一。产品90%出口，销往美国、英国、法国、意大利等20多个国家和地区。企业进入中国化工企业500强。2008年，被认定为国家级高新技术企业。“久珠”牌商标获省著名商标、中国驰名商标，在12个国家和地区注册。2010年，生产香兰素等香精1.82万吨，销售产值19亿元，利税3亿元。

闻泰集团有限公司

位于中环南路亚中路777号。2006年创建，注册资本2800万美元，由闻泰上海研发中心、闻泰西安研发中心、闻泰深圳运行中心和闻泰嘉兴生产中心组成，企业员工3500余人，其中研发人员1000人左右。主要从事无线终端研发、生产、销售、售后等综合业务，是一家为客户提供手机整机方案设计服务、制造服务的高新技术企业，产品涵盖从2G到3G的 GSM、CDMA、EDGE、TD—SCDMA、EVDO 和WCDMA等全系列手持设备，产品远销30多个国家和地区。2010年，生产GSM、超薄彩屏低端CDMA等手机3000万台，工业总产值13亿元，利税5756万元。

闻泰集团是区通信电子产业龙头企业之一。占地面积超过200亩，具备年产1.2亿只手机的生产能力。2010年动工建设二期工程，总投资约3.5亿元，建成后整机年产能力超过3000万台。该产业基地已建成闻讯、闻迪、闻力等多家子公司，为客户提供各种手机配件生产、贴片、整机组装等服务。2008年，闻泰集团发起成立嘉兴通讯产业协会，并与中科院声学所共同组建“手机声学联合实验室”，与国际知名手机芯片制造商展讯通信联手建立“3G产业化联合实验室”。闻泰集团先后获得ICC2008—国际移动通信终端卓越贡献奖，2008中国手机方案设计企业十佳奖，2008年度和2009年度中国手机产业十大最具影响力企业，2009中国手机方案企业金品奖等数十项荣誉称号。

浙江卫星石化股份有限公司

1992年10月在嘉北乡殷秀村创办，名嘉兴卫星纺织助剂厂，生产高分子乳液产品。2002年成立友好化学厂，位于嘉兴工业园区。2005年迁址大桥镇，转产丙烯酸产品，注册成立浙江卫星丙烯酸有限公司。2006年扩建新厂房，建造国内最大的单反应釜。现拥有浙江卫星控股集团、浙江友联化学工业有限公司、浙江卫星化工有限公司、浙江卫星化学品运输有限公司等4家子公司，是国内最大的具备全产业链的丙烯酸及酯和功能性高分子材料生产商，产品被广泛应用于航空航天、汽车制造、电子工业、医疗等众多行业，是浙江省高新技术企业。公司的主要业务为丙烯酸及酯单体、高分子乳液、高吸水性树脂、有机颜料中间体等的研发、生产和销售，同时开展包含物业租赁、化学品运输、化学品仓储、化学品贸易等业务。截至2010年，公司丙烯酸单体产能10万吨，位居国内第三，全球前十，高分子乳液与有机颜料中间体市场占有率均居国内首位。2010年9月，更名为浙江卫星石化股份有限公司，公司被评为中国化工行业最具竞争力500强企业、中国专用化学品制造业最具竞争力50强企业。截至2010年年底，公司总资产达118856万元。2010年，实现营业收入163307万元，利润33286万元，上缴税金4987万元，是为数不多的年利润超亿元的企业。

2006年6月，浙江卫星丙烯酸有限公司

浙江大华包装集团有限公司

位于余新镇。前身是嘉兴大华彩印厂，1992年，与台商合资成立嘉兴大华包装有限公司。2003年，更名浙江大华包装集团有限公司，注册资本6000万元。现有4条瓦楞纸生产线，年造纸能力达到22万吨；门幅分别为1.8米、2.2米、2.5米的箱纸板生产线4条，年瓦楞纸箱生产能力达到2亿平方米。主要产品有表面试胶AA级瓦楞纸、C级箱板纸和瓦楞纸纸箱。其中“华叶牌”瓦楞纸和“大华牌”瓦楞纸箱，分别被认定为嘉兴市著名商标和嘉兴市名牌产品。

大华集团是区民营龙头企业、省首批循环经济试点企业、省级节能先进单位，2005年通过省级清洁生产验收和ISO 9001、ISO 14000认证；被评定为中国包装行业龙头企业，获浙江省知名商号、省包装行业楷模企业和纸包装制造基地等称号。集团总资产9.5亿元，其中固定资产原值5.3亿元，所有者权益4.6亿元；企业员工1300余人。其投资控股具有法人资格的子公司有大华集团嘉兴包装有限公司、嘉兴大华纸业有限公司、嘉兴大华废纸经营有限公司等。集团参股30%与浙江省火电公司、嘉兴市电力局共同投资3.6亿元，注册资本1.2亿元，创建嘉兴恒华热电有限公司，是一家发电并网、区域集中供热的定点热电企业。

敏实集团(嘉兴)公司

位于亚中路786号。敏实集团是2005年在香港上市的外商独资企业，自1992年起相继在宁波、嘉兴、广州、重庆、武汉、长春等地设立20多家生产工厂，拥有2家企业技术研发中心和1家专业设计公司。2003年7月，敏实集团在嘉兴注册投资2900万美元，成立敏实集团(嘉兴)公司。在南湖区和秀洲区建成2大生产基地，旗下拥有嘉兴敏惠汽车零部件有限公司、嘉兴兴禾汽车零部件有限公司、嘉兴敏实机械有限公司、嘉兴敏胜汽车零部件有限公司等10余家全资和合资公司。专长于注塑与表面处理类汽车零部件的生产，现有注塑、塑料涂装、塑料电镀、金属涂装、阳极氧化、纯押、复押、滚压、弯曲等生产线，产品为上海通用、上海大众、东风日产、南京福特等汽车生产厂家一级配套供应。2005年，通过TS16949质量体系认证和ISO 14001环境体系认证，2006年建立嘉兴敏惠技术中心，2007年认定为嘉兴市企业技术中心、浙江省高新技术企业研究开发中心、浙江省高新技术企业。2008年，认定为国家重点支持高新技术企业。分体式可回收汽车车门玻璃密封条等2个高新技术产品项目，被国家科技部立为“国家火炬计划”项目，另有30余项科技创新项目立为国家、省、市科技创新项目。多次评为区“十强工业龙头企业”。

中法控股集团有限公司

位于凤桥镇庄史村，前身是中法天线实业有限公司，创建于1993年。2003年12月，组建浙江中法投资股份有限公司。2010年10月变更为中法控股集团有限公司。

公司拥有天线、箱包、制药、金属表面处理、进出口、农业科技、生物工程、节能环保、文化传媒等16个经济实体，是一家集科、工、贸、农、医药于一体的多元化经营的综合性投资企业。2010年，中法集团拥有员工近4000人，旗下拥有自主创立的中法、诚牌、草鲜、康正源等多个品牌。先后获省文明单位、农业龙头企业、农业科技企业、出口创汇百强企业和市十佳民营科技企业、十大突出贡献企业、高新技术企业等称号。

2010年10月，中法控股集团有限公司内街

浙江正泰电缆有限公司

位于嘉兴工业园区。2001年，成立南湖电缆有限公司。2005年12月，被正泰集团兼并，成立浙江正泰电缆有限公司。企业注册资本1亿元，占地面积200余亩，厂房等建筑面积3万多平方米；总资产2.5亿元，员工300余人，其中工程技术人员占15%左右。经营范围从原来单一生产民用电线，扩展为专业制造35千伏及以下电力电缆、控制电缆、橡套电缆、计算机电缆、特种电缆等产品，有20多个系列、26000多种规格。

公司斥巨资引进3层共挤高压交联线、德国西科拉公司在线测偏仪等先进生产设备及检测设备。建成具有国内先进水平的试验室，装备了美国西波公司局部放电检测系统，严格按照GB和IEC标准的试验要求和方法进行测试，满足从原材料进厂到产品出厂各个环节的质量监控。2009年，先后开发9种特种电缆新产品，有22个产品先后通过国家认证，其中煤矿用移动屏蔽橡套电缆等产品被评为省工业新产品。2010年公司销售额扩大8倍，产品出口意大利、俄罗斯、德国、蒙古等国家和地区。先后被评为嘉兴市民营科技企业、区十大科技进步企业。

梦迪集团有限公司

位于余新镇工业区。创建于1982年，原名嘉兴市梦迪集团有限责任公司，2006年8月更名梦迪集团有限公司。注册资本5000万元，占地面积300多亩，建筑面积12万平方米；企业资产总额2.8亿元，其中固定资产原值2.4亿元，所有者权益2.2亿元；员工1500余人，其中工程技术人员180人。集团下辖梦迪织造、梦迪染整、梦迪毛衫、梦迪服装、梦迪服饰、梦迪进出口、梦迪恒泰置业7个子公司。从针织坯布的织造、染整到服装形成一条龙生产，有服装产业、面料产业、国际贸易、房地产业等4大产业板块。拥有先进的进口大圆机125台(套)，先进的进口染整设备78台(套)，进口缝纫设备716台(套)。服装年生产能力达680多万件(条)，面料生产能力28000余吨。以圆机针织系列服装和横机系列服装为主要产品，包括纯棉系列、丝针织系列、麻毛系列和交织混纺系列，主要品种有真丝(绢丝)、纯棉、羊绒、化纤及混纺等200多个品种。产品国外市场集中在欧洲和美国、日本等国家及中国香港地区，国内市场集中在上海、杭州、苏州、南京、天津、大连等城市。2010年，工业产值5亿元，出口交货值5000万美元，实现利税3600万元，其中利润2100万元。

梦迪集团是区纺织行业的龙头企业。先后获得省诚信示范企业、工商企业信用AAA级重合同守信用企业、科技型企业、清洁生产阶段性成果企业、知名商号和出口名牌等称号；获区十大突出贡献工业企业称号。梦迪织造有限公司被认定为国家级高新技术企业，2008年以来开发新产品173项，有20多个新产品被评为省、市、区级新产品。其中：超细涤纶双面布、AMICOR抗菌纤维面料、珍珠纤维功能性针织面料、玉米纤维双层网眼针织面料等4项新产品，被评为省级新产品。2007年，“梦迪”商标获中国驰名商标。2008年，“梦迪”牌被认定为浙江省名牌。

浙江欣欣饲料股份有限公司

位于新丰镇富林大道110号。创建于1984年，原名新丰饲料厂，是年产3000吨的小型饲料厂。1996年11月，整体改组为股份有限公司，是省粮食系统首家实行股份制的企业。经过20多年发展，现拥有浙江欣欣生化科技有限公司、嘉兴欣欣油脂有限公司、嘉兴欣欣养殖有限公司和嘉兴欣欣化纤有限公司下属4家子公司。专业生产各种猪、鸡、鸭、淡水鱼、虾、蟹、鳖配合饲料及各种预混料、浓缩料，大豆菜籽精制油、预糊化淀粉及大豆异黄酮产品等。企业占地面积69.2亩，建筑面积2.2万平方米；建成各类饲料生产线7条，年生产能力36万吨。2010年，生产销售各类饲料17.8万吨，销售收入5.45亿元，实现利税1995万元。

1993年起，该公司跨入全国饲料行业百强企业，是省“五个一批”重点骨干企业、省农业龙头企业和农业科技型企业、省首批诚信示范企业、省农产品加工示范企业和市民营50强企业。“欣欣牌”商标1995年获市首届著名商标，1998年获省著名商标。1997年，“欣欣”牌饲料被评为省名牌产品。2001年，获国家科学技术进步二等奖及“全国五一劳动奖状”。2005年，被评为中国饲料行业信得过产品、浙江省知名商号、国家免检产品。2007年，“欣欣牌”商标被认定为中国驰名商标。

浙江亚特电器有限公司

位于余新镇工业功能区北区。2006年，亚特集团投资1亿多元，在余新镇兴建浙江亚特电器有限公司，2007年5月投产，是一家出口创汇型外商独资企业。公司资产总额1亿元；从业员工1600余人。主要从事角磨、电刨、冲击钻、电扳手、电木铣等手持式电动工具和电链锯、树枝粉碎机、打草机、割草机等园林工具修枝机的研发、生产和销售。产品主要市场为欧洲，销售量占公司总出口的50%，其次是澳洲和北美，其他则为南非和东南亚地区。加拿大的CTC、法国的ELEM FARTOOL、意大利的Walker、美国的MCC ULLOCR、英国的百安居B&Q、澳大利亚的澳尔玛、日本的SHINKO等，均有亚特产品专售柜台。2010年，共销售各类电动、园林工具200余万台，产值4.2亿元，出口交货值8800万美元，利税6000多万元。

公司生产的电链锯产品获得德国莱茵公司在中国颁发的第一张认证书。2007年，被认定为嘉兴市民营科技企业，先后通过ISO 9001质量管理体系和ISO 14001环境管理体系认证。2008年，被评为省市专利示范企业、高新技术企业、科技型企业。2009年10月，被认定为国家级高新技术企业；共申请专利143项（其中国外发明专利12项、国内发明专利14项），授权92项。2010年7月23日，浙江亚特电器有限公司在韩国KOSDAQ市场挂牌上市，成为浙江省第一家在韩国上市的企业。

2010年5月，浙江亚特电气有限公司

嘉兴森创时装有限公司

1992年3月成立，专业生产中、高档女式时装。企业注册资金1.8亿元，占地面积60多亩，厂房等建筑面积6万余平方米。员工1300余人，其中管理和技术人员200余人。拥有先进的服装专用设备生产线，具有自行品牌研发和产品设计能力、年产服装1000万件（套）能力。通过ISO 9000、ISO 9001质量管理体系、ISO 14000环境管理体系、BSCI、WRAP企业社会责任认证。注册以“SEC”为主打品牌的16个系列商标。2006年起，被评为区新型工业化十强企业，省信息化管理企业、省治安安全示范企业和嘉兴市劳动关系和谐先进企业等称号。连续13年被评定为AAA级信用企业。2010年生产中、高档针织，梭织女式服装800万件（套），在上海、深圳、沈阳等城市设有“SEC”品牌时装专卖店，产品出口美国、日、韩、澳大利亚等10多个国家和中国香港地区，销售收入超4亿元。

2008年10月，嘉兴森创时装有限公司

嘉兴市芽芽水泥有限公司

位于七星镇博山村。2000年8月，创建嘉兴市第二水泥厂。2008年由中国建材南方水泥有限公司收购，更名为嘉兴市芽芽水泥有限公司，专业生产高标号水泥。企业资产总额4.65亿元。拥有年产50万吨水泥粉磨线，主要产品有普通硅酸盐水泥、425复合硅酸盐水泥、混凝土制品等，其中水泥年生产能力300万吨。

2001年9月，通过ISO 9001:2000质量管理体系认证和产品质量认证。2003年以来，水泥产量一直名列全市第一，位居省前13名。“芽芽牌”水泥为名牌产品、著名商标，被国家质监总局评为免检产品。公司先后获省文明单位绿色企业清洁生产试点单位和循环经济试点单位荣誉。2008年，通过质量、环境、职业健康三合一管理体系认证。

浙江秀舟纸业有限公司

位于凤桥镇工业园区，成立于1999年12月，注册资金1000万元，占地面积13万平方米，建筑面积4万多平方米，是一家集造纸、纸加工、热电、机械加工、运输、贸易为一体的综合性有限责任公司。有1880毫米多缸多网纸机、2600毫米高强度瓦楞纸机等6条造纸生产线，纸制品加工以及1座1.2万千瓦/时配套循环流化床锅炉的自备电厂。现有员工581人，其中各类专业技术人员40余人。公司主要生产牛皮纸、描图纸、出口胶带原纸、工业配套薄页纸、纱管纸、高强度瓦楞纸，年产各类纸8万吨。

2007年，公司总投资2995万元采用循环流化床锅炉、背压式汽轮机替代链条锅炉、抽凝式汽轮机的节能技术改造，取得年节约标煤10609吨的节能效益。2009年，又投资2200万元新增一条工业高档薄页纸生产线。2009年8月，控股成立浙江云舟能源有限公司。

公司近年来被评为区新型工业化十强企业、节能减排先进单位和区十大突出贡献企业，被评为省AAA级纳税信用等级，评为市劳动关系和谐企业。

浙江荣泰科技企业有限公司

1994年创办于凤桥镇凤飞路，名嘉兴市荣泰绝缘材料有限公司。1999年，更名浙江荣泰科技企业有限公司，是一家在绝缘行业有着20年历史的老牌龙头企业。公司下属嘉兴荣泰雷帕司绝缘材料有限公司、浙江荣泰电工器材有限公司和浙江荣泰塑胶有限公司等子公司。

该公司主导产品为“荣泰”牌绝缘漆、云母复合材料和工程塑料等绝缘材料，是国内最大规模的浸渍绝缘漆制造企业。至2010年，公司拥有员工260余名，绝缘漆年产量10000吨以上，年销售额29031万元，利润总额1549万元，税收1108万元，当年研发投入918万元。根据机械工业统计学会绝缘材料行业统计支会的统计数据显示，是年，公司绝缘材料销售量和销售收入在全国的排名分别为第8和第7。是专业生产高性能绝缘材料等新材料的国家高新技术企业，国内绝缘行业的著名企业之一，全国绝缘材料行业协会的副会长单位。

公司通过ISO 9001质量管理体系认证、ISO 14001环境管理体系认证、清洁生产体系认证，主导产品均已通过UL认证。荣泰绝缘漆产品覆盖浸渍绝缘漆（树脂）的所有应用领域，在高压VPI、中小型电机、制冷电机、汽车电机、空调电机、电器等多数领域保持产品技术和品质的国内先进水平。公司先后荣获省知名商号浙江绿色企业省著名商标、浙江名牌产品、行业名优产品和省信用管理示范企业和市企业管理先进企业等称号。

嘉兴市良友木业有限公司

2003年5月创办于余新镇海盐塘西侧，厂区占地10.32万平方米，拥有现代化厂房7万平方米，是生产实木复合地板、实木地板、胶合板及地板面料的专业企业。年生产能力实木复合地板450万平方米，地板面料250万平方米，公司总投入3.8亿元，其中固定资产6824万元。员工700多名，其中专业技术人员127名。2010年，实现产值2.7亿元，利税总额1779万元，其中利润1025万元。产品主要销往美国、加拿大、欧洲和东南亚等14个国家和国内各地。2010年度出口值2657.2万美元。公司是美国HOME DEPOT建材超市实木复合地板的最大供应商，是国内销往美国实木复合地板产量排名第一的生产厂家。

公司与美国利民地板责任有限公司(Leadman Flooring LLC)共同合资经营，占有利民公司三分之一的股份，在美国注册“大艺树地板”(ARTREE FLOOR)商标，呈现产、销、利同步增长的发展势头。公司于2005年先后通过ISO 9001、2000国际质量管理体系认证、中国环境标志产品保障体系(“十环”认证)，系列产品均获得美国CARB环保认证、世界地板协会WFCA认证、欧洲CE认证、美国地板协会NWFA认证。

公司先后获得嘉兴市著名商标、嘉兴市出口名牌、嘉兴市农业龙头企业、浙江省名牌产品、浙江省科技中小企业、浙江省工商企业信用(AA级)重合同守信用单位、国家高新技术企业、中国质量诚信企业、全国双“30家”热心公益植树活动地板企业、中国30家复合木地板诚信企业等荣誉。2010年10月21日，美国木地板企业联合提出对中国的反倾销和反补贴调查，涉及中国出口1亿多美元，美国商务部选取浙江良友木业有限公司等3家企业作为强制应诉方，参与全程应诉，良友木业积极应对。

天通浙江精电科技有限公司

位于大桥镇。2004年12月，由天通控股集团投资成立的以电子制造服务(EMS)为主营业务的全资子公司。企业注册资本2亿元，员工1000多人，生产车间面积超过8.8万平方米，园区面积超过31万平方米。设计、制造和销售各类电子产品、电子模块、电子元器件和钣金结构件、光通信器件、太阳能逆变器及配件、通信设备及配件。2010年实现销售收入27080万元，净利润1375万元，税收180万元，进出创汇12142万元。

2008年8月，公司与德国西门子公司合作，着手实施eHR项目，引入全套西门子SIPLACE系统，加大企业信息化建设，提升材料物流管制和生产监控能力。导入SAP ERP系统，通过实施该系统对公司的管控流程进行优化和梳理。

天通精电先后通过ISO 9001:2008国际质量标准体系认证、ISO 14001:2004国际环境管理标准体系认证和ISO/TS16949质量管理体系——汽车行业生产件与相关服务件的组织实施特殊要求的体系认证；公司先后投资并实施ERP系统SAP和制造执行系统(MES)，得到国内外客户的一致好评。

嘉兴市天信电子有限公司

位于大桥镇北环一路。创建于2007年10月，是一家专业生产各种高低压汽车电线、电子线缆的股份制企业。注册资本2000万元，占地面积60多亩，厂房建筑面积50000平方米，员工360余人。2010年公司实现产值2.47亿元，利税总额1120万元，其中利润573万元。

公司主导产品有PVC电子线、XLPE高温线、硅胶线、铁氟龙线、汽车线等，广泛应用于电子电器、电子元器件、机车领域、航空航天、通讯、楼宇建筑等领域，产品先后取得CCC、UL、RoHS、REACH、VDE等认证，多个产品被列入省新产品试制计划，环保实用电线印字机等多个项目荣获国家专利。企业通过ISO 9001(ISO/TS 16949)、IECQ/QC080000质量体系认证和ISO 14001环境管理体系认证。荣获嘉兴市科技进步企业等荣誉。

公司与国内外各主要汽摩配厂商、电子电器厂商等建立良好的长期合作关系，已配套的品牌有德国莱尼、美国李尔、韩国现代、德国大众、北美Delphi、美国通用、宇通客车、一汽汽车、徐工集团、三一重工、比亚迪汽车、ABB电气、日本三希、威灵电机、三菱电机、厦门中端等，并远销至中东、东南亚、欧美等国。

公司拥有发明专利2项，实用新型专利5项，获省科技型中小企业、省千家成长型中小企业、省信用AAA级企业等荣誉。

浙江格兰德机械有限公司

是专业制冷压缩机零部件企业，是压缩机行业的知名综合零部件供应商。2003年3月成立，注册资金18658万元，占地面积119616平方米，员工600余人，技术人员60余人，年产值超3.1亿元，公司拥有2个生产基地，北京一个全资子公司。产品覆盖电机、冷冲压件、铝压铸件等多种压缩机主要零部件。2010年，公司实现产值2.41亿元，利税总额3152万元，其中利润2312万元。

公司生产的产品为加西贝拉压缩机有限公司、北京恩布拉科雪花压缩机有限公司、上海日立集团、美的集团等国内知名大型制冷压缩机企业配套，为国内制冷压缩机行业专业的多品种零部件供应商之一。

公司前身是温州瑞安中意冲压件厂，企业仅20多名员工。1995年，中意冲压件厂进入压缩机行业。2001年，从温州搬迁至嘉兴工业园区，投资兴建浙江格兰德机械有限公司，做压缩机行业零部件的专业供应商。产品从原来的单一零件配套扩大到铝汽缸盖、压缩机外壳、排气限位器、盖板等10多种零件。

2006年，公司投资高端压缩机用节能环保高效电机的业务。引进3条德国STATOMAT电机定子生产线、2条韩国自动化电机定子生产线，配套引进日本的高速冲床及磨具、关键热处理设备等，组建压缩机电机专业生产线。拥有年产1000万台节能环保高效压缩机电机的能力，成为国内最早的节能环保高效压缩机电机供应商。公司获得ISO 9000质量体系认证，2010年获省高新技术企业认定。

金石包装(嘉兴)有限公司

成立于2004年，公司位于亚美路1062号，占地面积66600平方米，厂房建筑面积18961平方米，生活区建筑面积7764平方米，员工300人，系新西兰外资独资企业。专业生产PET、铝箔、PE、镀铝PET、EVA、BOPP、纸等各种不同材质单一或复合而成的盖膜、环标、卷材、封袋与压花片等外包装，产品涵盖食品、乳品、药品与日化品四大领域，主要有伊利、蒙牛、光明、北京同仁堂、云南白药、联邦制药、上海家化、丁家宜、联合利华、欧莱雅、汉高、达能、养乐多、新西兰乳业、雀巢等。客户遍布国内及亚洲、澳洲、欧洲、非洲等地区。

2010年，公司实现产值2.36亿元，利税总额984万元，其中利润724万元。企业综合实力居全省同行业前10位、全国同行业前30位，乳品酸奶外包装产品居全省与全国首位。

浙江明新皮业有限公司

位于大桥镇明新路。2003年10月创建，注册资金4500万元，公司占地面积17万平方米，专业生产高档牛皮汽车座垫套、方向盘革及其相关产品。集设计、研发、生产和销售于一体，年可生产牛皮汽车革278.71万平方米，具有规模生产优势和比较成本优势。2010年，公司有职工583人，拥有专业技术人员53人，其中从事研究开发人员28人，具有中高级职称人员17人。全年实现产值1.88亿元，实现利税765万元，其中利润581万元。

公司拥有多项具有自主知识产权的技术和主导产品，其中多项国家863计划、火炬产业化项目，多个国家、省级新产品和专利技术。独立承担和合作研发酶法脱毛、无盐不浸酸无铬鞣制等国内领先制革技术。公司生产装备在国内制革企业中保持领先。从意大利、法国等国引进湿伸展机、涡轮增压真空干燥机、经处理空气喷气式调湿机、液压通过式挤水伸展机、顶涂机、削匀机、分光测色仪、喷浆机电脑控制系统、耐磨耗耐湿测试仪等，提高皮革后装饰技术水平。鞣制工序采用国内最先进的超载转鼓、Y型不锈钢转鼓，提高产能，节水节能。配备先进的软件系统和中试装置，实验控制手段和检测设备达到皮革行业先进水平。公司的产品国内配套有奥迪、克莱斯勒、通用、大众等，国外有东南亚和美国等汽车公司。

公司贯彻ISO 9001:2008国际标准化质量管理

体系、ISO 14001:2004环境管理体系和ISO/TS16949汽车行业质量管理体系。拥有市级技术中心、明新——川大制革中心各1个。

博创科技股份有限公司

位于凌公塘路1号。2003年7月,由浙江天通控股股份有限公司和东方通信公司为中国投资方和一批美国通信行业专业人员共同创办,员工400余人,其中光电子、材料、化学等方面的博士、硕士和工程技术人员占15%以上。2003年以来,承担国家级研发项目2项、省重点创新项目1项、省创新基金项目1项,鉴定省级新产品6项,申请发明专利5项。2007年获省高新技术企业认定,2008年获国家高新技术企业认定。公司致力于平面波导集成光学器件(PLC)技术的规模化应用,是国内最大的平面波导集成光学器件制造商,其中光分路器全球市场占有率达11%。在光波导器件的光学设计、测试和器件封装领域拥有世界领先的生产工艺,先后研制出第一套具有自主知识产权的1×N、2×N平面光波导分路器,成为世界上少数几个采用平面光波导技术研制生产光分路器的国家之一。其中平面波导分路器(Splitter)、波长不敏感耦合器(WINC)、光网络单元(ONU)以及封装材料光纤阵列(Fiber Array)产品,90%出口欧、美、日、韩等市场。

浙江德景电子科技有限公司

成立于2009年6月,注册资本金为7000万元,公司主要从事以手机为主的移动通信终端的设计、研发、总装、贴片、品牌运营,生产双模、多模、3G等各种制式的手机,并为手机终端开发提供PCBA及全套解决方案,同时开展无线增值业务。公司为国内手机品牌厂商提供从研发到生产及售后的全产业链、一站式服务。其客户包括但不限于联想、中兴、TC、阿尔卡特、兴飞、海信、天语、海尔、康佳等众多国内知名手机品牌厂商。作为高新技术企业,德景电子是移动通信终端行业内领先的一站式解决方案提供商,具备行业领先的产品定义和产品实现能力。

第二节　优秀企业

1988—2000年区骨干企业

1988年1月,区委、区政府表彰全区企业家、优秀厂长和优秀供销员。受表彰的企业家是嘉兴市石油溶剂厂顾伟、南湖磁性材料厂姚荣奎;受表彰的优秀厂长是南湖弹力絮片厂俞永庆、东栅人民羊毛衫厂倪金荣、秀水自行车零件厂许小毛、嘉北民政油脂厂张福林、东门屏山针织厂金长荣、新嘉印刷厂龚正器。

1993年全区工业企业业绩情况:

1993年工业企业总产值排名表

表19-22

名次	企　业	总产值(万元)
1	嘉兴文虎酱鸭厂	5044.99
2	嘉兴市南湖电子器材厂	5002.78
3	嘉兴第六毛纺织厂	4157.24
4	嘉兴市南湖染整厂	4152.99
5	嘉兴市石油溶剂厂	3094.44
6	嘉兴市南湖毛纺织厂	3006.35
7	嘉兴中联旅游用品厂	2900.00
8	嘉兴市红旗电声电器总厂	2721.19
9	嘉兴市南湖袜厂	2631.42
10	嘉兴市三特衬衫总厂	2614.38

1993年工业企业利润总额排名表

表19-23

名次	企　业	利润总额(万元)
1	嘉兴文虎酱鸭厂	204.21
2	嘉兴市塘汇水泥厂	131.43
3	嘉兴市城区工艺织造厂	128.15
4	嘉兴市三特衬衫总厂	121.34
5	浙江悦泰制衣有限公司	116.64

续表19-23

名次	企　　业	利润总额(万元)
6	嘉兴链罩厂	114.39
7	嘉兴嘉益织袜公司	108.22
8	嘉兴中联旅游用品厂	106.13
9	嘉兴市红旗电声电器总厂	103.54
10	嘉兴人民羊毛衫厂	100.68

1993年工业企业销售税金排名表

表19-24

名次	企　　业	销售税金(万元)
1	嘉兴第六毛纺织厂	426.26
2	嘉兴市石油溶剂厂	311.83
3	嘉兴市塘汇水泥厂	193.30
4	嘉兴市三特衬衫总厂	184.27
5	嘉兴市南湖毛纺织厂	168.14
6	嘉兴市南湖电子器材厂	135.62
7	嘉兴日用化学厂	127.02
8	嘉兴文虎酱鸭厂	125.83
9	嘉兴市南湖砖瓦二厂	92.82
10	嘉兴水处理设备厂	88.20

1993年工业企业外贸出口额排名表

表19-25

名次	企　　业	实际外贸出口额(万元)
1	* 嘉兴市城区工艺织造厂	3522.38
2	* 嘉兴市百花肠衣厂	3027.60
3	* 嘉兴市三特衬衫总厂	2933.37
4	* 嘉兴中联旅游用品厂	2269.49
5	嘉兴市友谊皮件厂	1715.76
6	* 嘉兴市红旗电声器材厂	1368.58
7	嘉兴丝绸服装三厂	1117.50
8	嘉兴市南湖电子器材厂	881.05
9	嘉兴市南湖工艺厂	738.52
10	嘉兴市威士实业有限公司	526.63

注:1.外贸出口额万元指人民币;
　2.有“*”的包括公司

1995年荣获“十强”企业名单:

嘉兴南湖电子器材厂
嘉兴红旗电声器材总厂
嘉兴福炬金属制品有限公司
嘉兴中联旅游用品厂
嘉兴百花肠衣总厂
嘉兴荣丰纺织实业总公司
嘉兴秀城区文虎酱鸭总厂
嘉兴石油溶剂厂
嘉兴第六毛纺织厂
浙江凯林瑞制衣有限公司

2001年后“十强”企业

2001—2010年,区委、区政府每年对有突出贡献的企业进行表彰,进入前10名的予以发文公布。2001—2004年,表彰名称为区“十大工业龙头企业”。2005—2006年,表彰名称为区“十大突出贡献工业企业”。2007—2010年,表彰名称为区“新型工业化十强企业”。虽表彰名称不同,但都按照企业规模、经济效益和发展前景等综合性要素进行评选表彰。表彰年份和表彰企业名单如下:

2001年十大工业龙头企业　嘉兴市中华化工有限责任公司、嘉兴市富林化学纤维厂、嘉兴欣欣油脂化工有限公司、浙江伟创时装有限公司、嘉兴梦迪集团有限公司、嘉兴大华包装有限公司、嘉兴市新丰特种纤维厂、福茂塑料金属制品(嘉兴)有限公司、嘉兴南湖电子集团器材集团有限公司、浙江凯林瑞制衣有限公司。

2002年十大工业龙头企业　嘉兴市中华化工有限责任公司、嘉兴市富林化学纤维厂、嘉兴欣欣油脂化工有限公司、浙江伟创时装有限公司、嘉兴梦迪集团有限公司、嘉兴大华包装有限公司、嘉兴市新丰特种纤维厂、福茂塑料金属制品(嘉兴)有限公司、嘉兴南湖电子器材集团有限公司、浙江凯林瑞制衣有限公司。

2003年十大工业龙头企业　嘉兴市中华化工有限责任公司、嘉兴市富林化学纤维厂、嘉兴欣欣油脂化工有限公司、浙江伟创时装有限公司、嘉兴梦迪集团有限公司、嘉兴大华包装有限公司、嘉兴市新丰特种纤维厂、嘉兴市芽芽水泥有限公司、嘉兴中法天线实业有限公司、浙江凯林瑞制衣有限公司。

2004年十大工业龙头企业 嘉兴市中华化工有限责任公司、嘉兴市富林化学纤维厂、嘉兴市龙腾差别化纤维有限公司、浙江南湖电缆有限公司、嘉兴梦迪集团有限公司、嘉兴大华包装有限公司、民丰集团秀洲纸业有限公司、嘉兴市芽芽水泥有限公司、嘉兴中法投资股份有限公司、浙江欣欣饲料股份有限公司。

2005年十大突出贡献工业企业 嘉兴市中华化工有限责任公司、浙江大华包装集团有限公司、嘉兴市芽芽水泥有限公司、嘉兴敏惠汽车零部件有限公司、嘉兴市梦迪集团有限公司、嘉兴市富林化学纤维厂、浙江欣欣饲料股份有限公司、浙江秀舟纸业有限公司、嘉兴市龙腾差别化纤维有限公司、浙江中法投资股份有限公司。

2006年十大突出贡献工业企业 嘉兴市中华化工有限责任公司、嘉兴敏惠汽车零部件有限公司、浙江大华包装集团有限公司、嘉兴森创时装有限公司、嘉兴市芽芽水泥有限公司、嘉兴市富林化学纤维厂、浙江中法投资股份有限公司、浙江秀舟纸业有限公司、梦迪集团有限公司、浙江欣欣饲料股份有限公司。

2007年新型工业化十强企业 嘉兴市中华化工有限责任公司、嘉兴敏惠汽车零部件有限公司、嘉兴森创时装有限公司、嘉兴市富林化学纤维厂、浙江大华包装集团有限公司、浙江卫星控股股份有限公司、嘉兴梦迪集团有限公司、浙江中法投资股份有限公司、嘉兴市芽芽水泥有限公司、浙江秀舟纸业有限公司。

2008年新型工业化十强企业 嘉兴市中华化工有限责任公司、天通浙江精电科技有限公司、浙江大华包装集团有限公司、浙江卫星控股集团、闻泰集团有限公司、嘉兴敏惠汽车零部件有限公司、嘉兴梦迪集团有限公司、浙江中法投资股份有限公司、嘉兴森创时装有限公司、浙江欣欣饲料股份有限公司。

2009年新型工业化十强企业 嘉兴市中华化工有限责任公司、嘉兴敏惠汽车零部件有限公司、浙江卫星控股股份有限公司、浙江大华包装集团有限公司、嘉兴森创时装有限公司、闻泰集团有限公司、嘉兴梦迪集团有限公司、浙江亚特电器有限公司、浙江秀舟纸业有限公司、嘉兴市富林化学纤维厂。

2010年新型工业化十强企业 嘉兴市中华化工有限责任公司、浙江卫星控股股份有限公司、嘉兴敏惠汽车零部件有限公司、浙江大华包装集团有限公司、闻泰集团有限公司、嘉兴市富林化纤有限公司、中法控股集团有限公司、浙江亚特电器有限公司、嘉兴森创时装有限公司、浙江秀舟纸业有限公司。

1990年驻地企业中，累计获得批准国家一级企业1家、国家二级企业5家、省级先进企业28家。

附：1990年驻地国家级企业

1988年	国家一级	民丰造纸厂
1987年	国家二级	嘉兴绢纺厂
1987年	国家二级	嘉兴冶金机械厂
1988年	国家二级	嘉兴制丝针织联合厂
1988年	国家二级	嘉兴工具量具厂
1989年	国家二级	嘉兴汽车标准件总厂

第三节　区规模以上企业

2010年，全区属地口径统计的年销售收入500万元以上的规模企业575家，从业人员83474人，产品涉及17个主要行业。

2010年全区规模企业名录

表19-26

企业名称	地　址	行业、产品、兼营
嘉兴电力局	城北路99号	电力供应
振石集团东方特钢股份有限公司	新丰镇工业功能区北区	金属制造、钢材重复改造及批发、金属加工机械

续表19-26

企业名称	地　址	行业、产品、兼营
嘉兴市中华化工有限责任公司	大桥镇中华村	生产香兰素、乙基香兰素
闻泰集团有限公司	凌公塘路3341号	生产销售移动电话及配件、电子元器件及其材料，电子软件产品的开发
嘉兴敏惠汽车零部件有限公司	广益路亚澳路南	汽车零部件制造
浙江大华包装集团有限公司	余新镇海盐塘西侧、规划道路南侧	纸和纸板容器的制造
浙江正泰电缆有限公司	大桥镇为民村15号	电缆制造
中法控股集团有限公司	凤桥镇三星村三星路57号	实业投资、资产管理
浙江欣欣饲料股份有限公司	新丰镇双龙路	配合饲料生产
浙江五芳斋实业股份有限公司	中山东路2号	粽子生产
浙江禾欣实业集团股份有限公司	城东路435号	生产PU人造革
玛氏食品(嘉兴)有限公司	圣堂路505号	巧克力生产
嘉兴市龙腾差别化纤有限公司	大桥镇化工园区	涤纶长丝生产
嘉兴兴禾汽车零部件有限公司	嘉兴亚太科技工业园区	汽车关键零部件生产
嘉兴正楷工艺品有限公司	朝晖路215号2幢	木制工艺品生产
嘉兴市南凯服饰有限公司	城南路四号桥	棉梭织服装生产
嘉兴市南湖树脂厂	城南路1338号	210#溶剂油生产、松香水加工
嘉兴禾欣化学工业有限公司	东方路禾欣工业园区区	聚氨酯生产
浙江亚特电器有限公司	余新镇工业北区水达路1号	园林专用工具、电动工具、家用电器零配件生产
嘉兴南湖南方水泥有限公司	七星镇博山村	水泥生产
农标普瑞纳(嘉兴)饲料有限公司	七星镇新荡村11组	2000B超级乳猪配合饲、2020特别乳猪饲料、成蟹配合饲料
嘉兴森创时装有限公司	七星镇伟创路18号	生产梭织服装、针织服装
嘉兴南方水泥有限公司	大桥镇江南路	水泥生产
嘉兴市振欣橡塑电器有限公司	凤桥镇西街	压缩机弹簧塑料套生产、塑料配件制造
嘉兴市富林化纤有限公司	新丰镇竹林集镇	涤纶短纤维制造加工
嘉兴市中环电气照明有限公司	东栅街道七里店村6组	道路灯具制造
嘉兴高科新纤维有限公司	大桥镇步焦公路东侧	涤纶纤维、锦纶纤维生产
嘉兴市正大万向轮有限公司	凤桥镇新篁工业园区	万向轮生产
浙江良友木业有限公司	余新镇翻田新村工业区	胶合板、复合地板制造
嘉兴市食品肉类有限公司	城东路505号	禽畜屠宰、鲜猪肉生产
天通浙江精电科技有限公司	大桥镇亚太路1号	手持通讯制造
嘉兴市新丰特种纤维厂	新丰镇丰南社区毛桥组	复合短纤维、超短纤维、抗菌纤维制造
嘉兴博士纸品厂	凤桥镇凤飞北路	纸本册制造
嘉兴市众兴塑业有限公司	余新镇渔谣路	其他塑料制品制造、五金电器配件生产、箱包配件加工
嘉兴香料厂	新丰镇新阳路	香料生产

续表19-26

企业名称	地　址	行业、产品、兼营
嘉兴南方混凝土制品有限公司	七星镇北丁浜	混凝土预应力管桩、商品混凝土生产
嘉兴丰川集团有限公司	新丰镇永丰村	服装、塑料制品的制造和加工
嘉兴市天信电子有限公司	大桥镇广益路2833号	电子元器件制造、加工，电线电缆制造
浙江格兰德机械有限公司	大桥镇工业区明新路	齿轮制造、传动机械制造、冲压件制造
嘉兴市衣林毛衫有限责任公司	创业路南2幢301室	棉、化纤针织品及编织
嘉兴市龙业建材有限公司	大桥镇夏云路1—3号	商品混凝土生产
嘉兴市中意电器有限公司	东栅街道魏塘桥	生产冰柜、冰箱
博创科技股份有限公司	大桥镇亚太科技工业园区	电子器件制造、光电通讯制造
金石包装(嘉兴)有限公司	大桥镇花园路11号	纸、铝塑复合包装，包装装潢印刷品印刷
嘉兴市顺风牧业有限公司	大桥镇十八里桥顺风路	饲料生产
浙江瑞华皮业有限公司	大桥镇步焦公路西侧	牛皮革生产、加工
嘉兴梦迪集团有限公司	余新镇余贤埭大街8号	丝针织品、棉针织品、混纺针织品、服装、鞋帽、纺织机械、竹、木工艺的制造和加工
嘉兴市蠡娃建材有限公司	大桥镇亚太路南湖科创中心5号楼	生产混凝土
浙江贵枫机械制造有限公司	凤桥镇凤篁公路西侧	铁合金电炉制造
嘉兴市东方化工厂	大桥镇东塘支路北侧	树脂固化剂生产
嘉兴市嘉源给排水有限公司	环城南路396号	自来水生产与供应
浙江嘉康电子股份有限公司	城南路1038号	频率控制元器件制造
浙江嘉科电子有限公司	城南街道科创中心二期厂房5号楼	通信设备(含无线)制造、系统集成、人员定位系统
嘉兴华珅电子科技有限公司	南溪东路北	通信电子产品、软件的研发，移动电话及其配件、移动通信交换设备、数字集群设备、半导体、电子元器件的生产
嘉兴市恒华热电有限公司	余新镇长秦村丰声港93号	热电生产
浙江飞狮电器工业有限公司	成吉路261号	原电池生产
杭州五丰嘉兴冷食有限公司	城东路外贸弄1号	食品制造
嘉兴三塔建材股份有限公司	禾兴南路1136号	水泥制造、砼制品制造
嘉兴市舜天机械有限公司	余新镇黎明路	液压千斤顶制造
嘉兴市通泰科技有限责任公司	角里街112号SF86—89幢	电动执行器制造加工
嘉兴华基电池有限公司	纺工路1948号内4幢5楼	无汞碱锰电池制造、铜针、钢壳
嘉兴市恒创电力设备有限公司	城北路205号	输配电及控制设备安装、电力线路及电器设备安装
嘉兴新星嘉纳安实业有限公司	七星镇工业园区星桥路	箱包、箱包配件、服装生产
嘉兴车轮厂	凤桥镇王道宅	汽车钢圈制造
嘉兴市嘉峰化纤有限公司	七星镇工业园区新桥路	化纤丝制造加工
嘉兴市博尔塑胶有限公司	大桥镇亚中路1号	牛津布生产、人造革生产
浙江玖久特钢有限公司	凤桥镇新康西路	预应力钢材制造

续表19-26

企业名称	地　址	行业、产品、兼营
嘉兴市大通机械有限公司	余新镇永利村	千斤顶制造
嘉兴亚达不锈钢制造有限公司	新丰镇永丰村	压力容器、液化天然气供气系统装置、管材、管件、法兰、阀门、承插件、预制管的研发、设计、制造、加工、销售、安装与维护服务
嘉兴市宏丰机械有限公司	凤桥镇镇南	通用零部件制造、加工
嘉兴钢丝厂	三元路3号	金属制品加工、有色金属压延加工、进出口业务
嘉兴市久盛旅游用品有限公司	余新镇东工业区8号	旅行箱、手推行李车、五金零配件生产
翔茆精密钣金(嘉兴)有限公司	二环西路2525号中国茧丝绸市场大楼2219号	安全防护罩生产、铁屑输送机生产
嘉兴市中联混凝土有限公司	凤桥镇三星村三星路6号	商品混凝土制造
嘉兴嘉顺电声音响有限公司	城南街道马家浜八号桥	电动或扬声器加工
嘉兴科隆化工有限公司	大桥镇亚太工业园区	化工产品及原料(不含危险化学品及易制毒化学品)、机械设备的批发
创正防爆电器有限公司	七星镇博山村村委会	防爆电器生产
嘉兴市新维化纤有限公司	新丰镇丰南社区毛桥组	ES复合短纤维、超短纤维、ES长丝
嘉兴市海涛电子电器有限公司	新丰镇新荷路	电池配件生产
嘉兴市欧仕特办公用品有限公司	嘉兴加西贝拉科技工业园经四路东侧	办公用品、压缩机配件、环卫设备、汽车配件、钢铁制品、不锈钢制品、橡塑制品、锻铸件、冲压件的生产、销售等
嘉兴市罗星化工有限公司	大桥镇江南路东侧	pu革树脂、表面处理剂、色浆等制造
嘉兴宇华服饰有限公司	城南街道天带桥路125号	纺织服装加工
嘉兴市全友标准件有限公司	新丰镇工业园区同义路	其他通用零部件制造、标准件制造
浙江永高电池股份有限公司	嘉杭路1188号	磁性干电池生产
嘉兴上维服饰有限公司	余新镇新宏路	梭织服装加工生产
嘉兴市德顺塑料服饰有限公司	东栅街道郭家桥村	塑料衣架生产
嘉兴市金禾化工有限公司	大桥镇步云集镇人民路2号	对甲苯磺酰氯制造、邻/对甲苯磺酰胺制造、对羟基苯甲醛制造
嘉兴市小月亮电池有限公司	骏力路617号	电池生产
嘉兴亿诺电子科技有限公司	富润路120号	电子元器件、驱动控制器、电动驱动器生产
嘉兴市永泰五金塑料有限责任公司	凤桥镇新篁社区菊花路6号	塑料配件制造
浙江维格服饰股份有限公司	城南路1369号科创中心11号楼405室	服装生产
嘉兴佳实纺织有限公司	大桥镇广益路3060号	涤纶丝纺织制造
嘉兴运通印染有限公司	大桥镇亚澳路	生产织物面料
浙江峰恒电器有限公司	余新镇余北大街6号	电烤盘制造、比萨锅制造
嘉兴市清洋化学有限公司	大桥镇江南路延伸段	甲基四氢苯酐、甲基六氢苯酐制造
嘉兴市南开水泥管道有限责任公司	华严路139号	预应力管桩制造

续表19-26

企业名称	地　址	行业、产品、兼营
嘉兴市新丰民丰螺丝厂	新丰镇新荷路	紧固件、弹簧制造，标准件生产
浙江海晨化工有限公司	大桥镇亚太科技工业园B—36号	K酸制造、H酸制造
嘉兴峰牌汽车钢圈厂	大桥镇江南村顺风路1号	钢圈加工制造
福茂塑料金属制品(嘉兴)有限公司	余新镇新达路	行李车、展示架制造
嘉兴市金鹰电镀有限公司	大桥镇步焦路	铁件镀锌、铁件镀铬、铝氧化抛光
嘉兴市立诚精毛纺织有限责任公司	大桥镇顺风路西	毛纺面料、羊毛制品、化纤面料制造
嘉兴市正麒高新面料复合有限公司	广益路3000号	复合布生产、服装生产
嘉兴市华炬纺织有限公司	余新镇工业北区水达路	化纤布生产
浙江东腾蜡业有限公司	余新镇余新支路一南	蜡制品制造
嘉兴市万事杰新纤维制造有限公司	大桥镇胥山村山前组2号	棉纺织品、化纤织物、混纺织品、纤维制品的制造、加工、销售
嘉兴市南湖商品混凝土有限公司	大桥镇亚太路159号	混凝土生产
嘉兴市德伊印刷厂	永高路	多色印刷
嘉兴市华梦毛纺织有限责任公司	城东路469号	粗纺呢绒、精纺呢绒、针织绒生产
嘉兴市力讯汽车电子有限公司	同乐路7号	燃气汽车开关制造
浙江英弘金属制品有限公司	风桥镇三星村三星路58号	储物框、铝凳子、铝门板制造
嘉兴金信铝容器有限公司	大桥镇花园村	航空铝箔餐盒、涂层铝箔
嘉兴市丽微针织有限公司	丰源路	棉、化纤针织品及编织品、毛针织品及编织品、丝针织品及编织品、纺织服装的制造、加工、销售及进出口业务
浙江罗卡芙家纺有限公司	大桥镇工业园区明新路78号	家纺制造
嘉兴市华盛塑料有限公司	余新镇余北大街西首	化学原料制造、再生塑料粒子生产
嘉兴市骏马旅游用品有限公司	风桥镇三星路20号	箱包、箱包配件制造
嘉兴市永事达五金有限公司	余新镇新盛路	拉杆、行李车、五金配件制造
嘉兴市秀城区振兴塑料厂	风桥镇三星村三星路13号	塑料零件制造、橡胶胶木制品加工
嘉兴市新光照明电器有限公司	东栅街道魏塘桥东侧	制作道路照明灯具、路灯，安装路杆
嘉兴市恒昌旅游用品厂	余新镇余北大街	箱包配件制造
嘉兴富利嘉纺织有限公司	新丰镇民丰村	纺织及印染
嘉兴市熠庭旅游用品有限公司	余新镇永利村	其他日用金属制品、旅游用品、塑料制品制造
浙江中包景兴塑料包装有限公司	银河路	塑料薄膜制品生产
嘉兴市福生毛衫有限责任公司	中环南路东栅经济园区内104号	毛衫制品制造、加工
嘉兴市佳佳铜业有限公司	风桥镇三星村三星路53号	废铜冶炼
大禾产机(嘉兴)有限公司	天带桥路125号	生产汽车用车钥台测量
嘉兴一新服饰有限公司	城南路1038号原幼儿园内	纺织服装加工
嘉兴市江顺包袋配件有限公司	风桥镇风南开发区	箱包配件(拉杆)制造

续表19-26

企业名称	地　　址	行业、产品、兼营
嘉兴市兴仁针织有限公司	余新镇大通路南	棉、化纤针织品及编织
嘉兴市申新无纺布厂	新丰镇万丰路1号	无纺布生产
浙江龙达实业股份有限公司	新丰镇横港村渡船桥组	生产木质家具
嘉兴中宝碳纤维有限责任公司	城南路1678号	碳纤维及其制品生产、碳纤维技术咨询服务
嘉兴南雄高分子有限公司	大桥镇亚澳路216号	TPU薄膜制造、加工销售
嘉兴良育特种纺织品有限公司	七星镇兴星路186号	纺织品(毛纱)制造
嘉兴冶金设备厂	东栅街道下塘西路22号	其他通用设备制造、冶金设备配件、金加工
浙江骏逸服饰有限公司	大桥镇工业园区永叙路	生产销售服装、服装整理加工
嘉兴钰翔木业有限公司	富润南路118号	木门附件生产、实木制门生产
嘉兴市大桥印染有限公司	大桥镇亚太开发区	化纤织品、丝织品印染
嘉兴威诺五金制造有限公司	凤桥镇凤余公路南侧	割草机刀片制造
嘉兴市向阳化工厂	大桥镇工业园区步焦公路	二乙基羟胺制造、对甲苯磺酰氯制造
浙江森创有限公司	七星镇东进村320国道东侧	纺织、服装设备制造
嘉兴市南湖区饲料有限公司	余新镇幸福大街1号	饲料加工,猪、鸡、鸭配合饲料,甲鱼配合饲料
嘉兴云翔针织有限公司	凤桥镇三星路36号	棉、化纤针织品及编织
嘉兴市雄达染织有限公司	凤桥镇三星路2号	棉、化纤纺织加工,纺织品织造
嘉兴市英恒机械设备有限公司	余新镇余凤公路西侧	金属货架、手推购物车、液压机械制造
嘉兴市徐氏针织有限公司	余新镇乍嘉苏余新段路边	针织袜子制造
嘉兴建虹外加剂有限责任公司	大桥镇亚太科技工业园区亚澳路	生产销售混凝土外加剂
嘉兴市亿亨机械设备有限公司	余新镇长秦路8号	机械零部件制造
嘉兴众恒塑业有限公司	大桥镇南湖(亚太)工业区(嘉兴敏惠汽车零部件公司)	塑料餐具、塑料制品生产
浙江欣欣生化科技有限公司	大桥镇顺风路东侧	大豆异黄酮、预糊化淀粉生产
嘉兴红太阳饲料有限公司	余新镇新达路	饲料生产
嘉兴圣历毛纺有限责任公司	城南街道月河桥村陈家浜	高档毛纺面料及服装的生产,针纺织品、纺织原料(不含茧、丝、皮棉)、纺织机械的销售
浙江卓骏商贸有限公司	凌塘路261号	服饰、服装、抽纱刺绣工艺品、织制毛毯工艺品、床上用品的生产
嘉兴汽车标准件总厂	长坂路58号	汽车强力螺栓制造、普通螺栓制造
浙江本科特水松纸有限公司	大桥镇工业区07省道以南	印刷水松纸
嘉兴市嘉利电脑用纸有限公司	富兴西路106号	电脑纸、复印纸加工
嘉兴市鑫桥混凝土有限公司	大桥镇工业区江南路延伸段	水泥、商品混凝土制造
嘉兴市联合污水处理有限责任公司	南湖路200号	污水处理工程建设、污水处理的运行管理
嘉兴市洪波塑胶有限公司	余新镇余北大街东侧	金属家具、塑料制品、旅游用品制造
浙江奥冠薄钢有限公司	城南街道南湖经济园区内	彩钢板、卷板、镀锌板生产
嘉兴市一丰机械制造有限公司	探花路88号	气体压缩机械制造

续表19-26

企业名称	地　　址	行业、产品、兼营
嘉兴市华阳纺织染整有限公司	新丰镇横港村田坂组	纺织材料服装染整加工、纺织原料销售、纺织面料服装制造加工
嘉兴市新嘉氟制品有限公司	东风弄9号	生料带制造加工
嘉兴市骏驰电镀有限公司	余新镇曹庄集镇黎明路76号	金属表面处理
嘉兴市南湖区平凡电器厂	余新镇民丰路南侧	塑料电器开关制造
嘉兴仲文箱包有限公司	余新镇(嘉宇建筑公司内)	家具用金属配件制造
嘉兴市富瑞森水刺无纺布有限公司	新丰镇工业园区	无纺布制造
嘉兴华丽士针织有限公司	新丰镇双龙路	棉、化纤针织品及毛裤编织
嘉兴市丰成塑料电子有限公司	新丰镇工业园区	紧固件五金制品
华夏防爆电气有限公司	七星镇兴星路136号(资产中心内)	输配电气成套设备制造
嘉兴市中建混凝土有限公司	七星镇	混凝土生产
嘉兴市南湖纸品纸箱厂	振兴路97号	纸箱生产
嘉兴市华宇制衣有限公司	新丰镇横港村横泾组	纺织服装制造
嘉兴市星诺管桩构件有限公司	七星镇320国道北侧	管桩制造
嘉兴市余新罗中五金厂	余新镇幸福路南侧	行李车制造、箱包配件制造
嘉兴市锦阳化工有限公司	东栅街道魏塘桥桥堍	纺织乳液制造
嘉兴市福地制衣有限公司	余新镇镇北路17号	服装制造、销售,服饰、鞋帽、袜子制造,服装面料、辅料销售
嘉兴市余新正大金属制品厂	余新镇工业园区	焊接钢管加工
嘉兴三宝化学有限公司	新丰镇工业园区	生产销售pu色浆
嘉兴市太阳纸业有限公司	城南路四号桥南侧	热敏纸、电脑打印纸加工
嘉兴市建城商贸有限责任公司	余新镇金星村坟龙桥57号	砖头、再生纤维素制造销售
嘉兴市越新服装有限公司	杉青闸丝厂弄1号	梭织服装生产
嘉兴市嘉明饲料有限公司	大桥镇糟坊1号	饲料加工生产
嘉兴市万事通电池有限公司	凤桥镇栖圣村	干电池制造
嘉兴市德瑞容器有限公司	角里街70号	钢制容器制造
嘉兴市南菲时装有限公司	环城西路375号汇丰广场B－1006室	纺织服装制造
嘉兴市阳光制衣有限公司	新丰镇新荷路	纺织服装制造
嘉兴市新华丽旅游用品有限公司	余新镇曹庄集镇黎明路38号	箱包、旅游用品、服装、五金制品、塑料制品的制造、加工
浙江卓盈丰制衣有限公司	凤桥镇庄史村珠泾港6号	纺织服装制造
嘉兴市金阳塑胶管业有限公司	七星镇杨庙路与320国道交叉口	UPVC加筋管生产
嘉兴市瑞森户外家具有限公司	余新镇镇北大街3号	金属家具制造,帐篷、伞制造,工艺品制造
浙江德景电子科技有限公司	大桥镇乍王公路北侧	移动通信及终端设备制造、计算机软件的技术咨询、贸易经纪与代理服务

续表19-26

企业名称	地　址	行业、产品、兼营
嘉兴市绿色能源有限公司	大桥镇中华村	电生产供应、蒸汽生产供应
嘉兴宝利来树脂化工有限公司	大桥镇步焦公路	绝缘漆制造、二乙基羟胺制造
嘉兴丰诚美龄皮件有限公司	新丰镇新荷路	皮革箱包制造
嘉兴明娇针织有限公司	朝晖路	丝袜生产
嘉兴德威高传动系统有限公司	凌公塘路	风力发电机的传动机构、电气控制系统的研发
嘉兴市竹林塑料泡沫有限公司	新丰镇竹林集镇竹溪路	泡沫包装材料制造加工
嘉兴市明恒工具有限公司	余新镇幸福大街	其他通用设备制造、气功工具制造、千斤顶制造
嘉兴市永康五金机械有限公司	余新镇嘉凤公路西侧	普通机械、金属拉丝、通用零部件、建筑用五金、家具用金属配件、其它日用金属制品的制造和加工
嘉兴市东方电工材料厂	富润路552号	铜杆拉丝铜材轧制生产、纸制品生产
嘉兴斯达半导体有限公司	大桥镇夏云路1—3号	半导体芯片、模块制造和设计
嘉兴市天语箱包有限公司	余新镇镇北路	拉杆等箱包配件制造
嘉兴爱克斯机械技术有限公司	城南街道科创中心408室	液压系统装置生产
浙江维奥拉塑料有限公司	余新镇余北大街	生产销售塑料制品
嘉兴高山电气设备有限公司	丰源路	电气控制柜、配电器制造
嘉兴恒通木业有限公司	大桥镇倪家浜村小圩里29号	胶合板生产
嘉兴金凤凰塑料有限公司	凤桥镇星火村对牛浜17号	塑料制品及配件生产
嘉兴市群创机械有限公司	凤桥镇新篁工业园区	金属制品、铆钉制造
嘉兴市博盛五金塑料有限公司	凤桥镇凤篁公路东侧	五金制品、塑料制品制造
嘉兴市高宝印刷有限公司	新丰镇新荷路东	纸盒纸箱制造加工、彩色印刷
嘉兴市南化化工有限公司	大桥镇明新路	邻氯苯甲酸、2B油、邻氯苯甲醛生产
嘉兴市辰龙化工有限责任公司	大桥镇工业园区亚太路1号	化工产品制造、精制对甲苯磺酰胺制造、对甲苯磺酰肼制造
嘉兴市金麒麟羊绒制品有限公司	成吉路荣红建材公司厂房3#楼底层及二屋	混纺纱生产
嘉兴市百华特种纸业有限公司	余新镇余北大街西首（大华集团内）	本色牛皮纸、医药用纸、食品纸生产
嘉兴南开杭嘉气体制造有限公司	富兴西路103号	氩气、氮气制造及其他日用化学产品制造
嘉兴市新丰化纤材料厂	新丰镇杨庄村屠家浜	无纺布制造
浙江海德曼过滤技术有限公司	大桥镇工业园步焦公路	建筑工程用机械配件制造
嘉兴市琪乐箱包厂	凤桥镇工业园区三星路32号	箱包制造
嘉兴纽迪康生物科技有限公司	新丰镇工业园区	疏酸软骨系制造
浙江星润家居用品有限公司	七星镇工业园区（市嘉峰化纤有限公司内厂房）	金属家具、木质家具制造
正大精密模具（嘉兴）有限公司	城南路1369号科创中心2号楼	模具制造
哈蒙热工环境设备（嘉兴）有限公司	城南路1369号7幢1楼	冷却塔生产

续表19-26

企业名称	地　址	行业、产品、兼营
嘉兴市新丰镇五星加弹厂	新丰镇乌桥村沈介汇组	锦纶化纤、涤纶化纤
嘉兴市华汇电声器材有限公司	七星镇兴星路	电声受活器制造、发音器制造、电声配件制造加工
嘉兴市泰新金属制品有限公司	大桥镇振新路1号	铝合金型材
嘉兴市雪中无纺制品厂	新丰镇工业园区	无纺布制造
浙江斯帝特新能源有限公司	余新镇联星村一组秀龙桥南	太阳能热水器生产
嘉兴华昱家纺有限公司	经济开发区西南工业园区毛堂路510号	床上用品被套生产
嘉兴市瑞邦机械工程有限公司	大桥镇江南路新嘉工业园	烟熏炉制造、滚揉机制造、不锈钢加工
嘉兴恒杰生物工程有限公司	嘉北工业园区华云路8号	疏酸软骨素制造
嘉兴市兴达铸件有限公司	凤桥镇新篁工业园区	钢铁铸造
嘉兴市精诚金属材料有限公司	凤桥镇新康路59号	金属拉丝;金属配件、金属模具、钢丝绳、不锈钢制品的制造、加工
嘉兴市金龙制伞有限公司	新丰镇栖凰埭村	晴雨伞、塑料制品、紧固件制造
嘉兴市明峰凯迪纺织有限公司	凤桥镇三星村三星路39号	纺织品制造加工、化纤及纺织品原料销售
嘉兴市宇华纺织染整有限公司	凤桥镇三星村三星路3号	棉化纤纺织印染精加工
嘉兴德立金属制品有限公司	新丰镇工业园区	生产金属开关制品、金属模具制造、塑料电器
嘉兴市彩之源印染有限公司	大桥镇亚太路1号	麻棉布印染
嘉兴市南方炉料厂	大桥镇07省道北侧	硅铁生产、冶炼炉料、工业气体
嘉兴市新丰包装装潢厂	新丰镇嘉标街210号	木托盘、螺丝
嘉兴市余新昊天箱包配件厂	余新镇曹庄集镇黎明路5号	栏杆配件生产
嘉兴市锐欣皮具有限公司	南溪东路亚太路口	牛皮加工、皮具生产
浙江晓柏人造板有限公司	余新镇新和路东侧	中密度纤维板制造
嘉兴市大唐制衣有限公司	余新镇余新大桥西侧	棉针织服装制造
三阳精工(嘉兴)有限公司	西南工业园区万国路245号	汽车配件制造
嘉兴米兰娜服饰股份有限公司	永高路29号	梭织服装生产
嘉兴永恒金属构件有限公司	新丰镇金丰村	金属构件的制造、加工、销售
嘉兴市南湖工艺品有限公司	成吉路	木制饰品制造
东方日立锅炉有限公司	银河路德伊印刷厂内	电站锅炉生产
嘉兴市龙诚威玛制衣有限公司	凤桥镇新康西路	毛针织品及编织品制造
嘉兴市新丰五金冲压件厂	新丰镇新阳路26号	五金冲压件制造
浙江新阳服饰股份有限公司	新丰镇新阳路1号	纺织服装、丝针织品及编织品生产
嘉兴市新丰永丰饲料厂	新丰镇净湘村寿山桥	饲料加工、豆粕、矿物质
嘉兴奥斯卡染整有限公司	大桥镇步焦路9号	织物面料染整、纱线印染销售
嘉兴龙麒塑胶制品有限公司	余新镇镇北路22号	家用系列防尘套制造
嘉兴凯瑞制衣有限公司	富润路111号	服装制造业
嘉兴市恒隆袜业有限公司	凤桥镇新篁工业园区	棉、化纤针织品及编织
嘉兴市高翔纸业有限公司	凤桥镇凤南工业园区	瓦楞纸制造

续表19-26

企业名称	地　　址	行业、产品、兼营
浙江辰道新材料股份有限公司	大桥镇花园村	氮肥制造
嘉兴市华通高压开关厂	新丰镇盐丰公路东	高低压配电屏、负荷开关、母线槽
嘉兴市新缆电缆有限公司	七星镇星桥路606号	电线电缆、电力电子元器件、电工仪表
嘉兴市中超无纺有限公司	新丰镇工业园区	无纺布化纤制品制造
嘉兴市友邦精细化工制造有限公司	广益路亚澳路口	炉用低疏燃料油、重油、粗苯生产
嘉兴市绿环生物有限公司	新丰镇竹林盐丰公路段	有机肥及微生物制造、肥料及原料生产
嘉兴市沈氏电器材料有限公司	城南路1678号	覆铜板、绝缘板生产
浙江弗莱德环境科技有限公司	新丰镇竹林集镇	水处理设备制造
嘉兴市长三角染整有限公司	大桥镇经四路东	各色毛纱、棉纱、化纤的染整
嘉兴市博瑞五金制品有限公司	东栅街道九曲村	金属紧固件
嘉兴市长申针织有限公司	新丰镇栖凰埭村	棉、化纤针织品及编织
嘉兴市步云荣达塑料五金制品厂	大桥镇永叙路东侧	塑料五金制造
浙江纳斯特日用品有限公司	七星镇七星路8号	家用置物架、购物车、行李车制造及加工
嘉兴莱克针织服饰有限公司	富民西路112号	针纺织品制造、纺织原料制造、羊毛纺织品制造
嘉兴市文桑针织制衣厂	富润路552号	羊毛内衣制造加工
嘉兴市兴腾脚轮有限公司	七星镇星桥路657号	塑料零件、五金制品、五金电器配件制造
嘉兴市新康拖拉机钢圈厂	凤桥镇联丰村	拖拉机钢圈制造
嘉兴市绿晨蔬菜食品有限公司	凤桥镇新篁园区	生产加工脱水蔬菜
嘉兴香奈儿针织时装有限公司	永高路199号	棉针织衫生产
嘉兴四通车轮股份有限公司	富民路106号	加工、生产销售汽车车轮、制动鼓、车轮专用设备
嘉兴市和臣针织制衣有限公司	朝晖路257号	毛针织服装生产
浙江豪邦涂料有限公司	七星镇工业园区	内外墙涂料、水性炳烯酸乳液生产
嘉兴市景都包装厂	余新镇曹庄集镇人民南路	纸箱、纸盒生产
嘉兴市雅士丽工贸有限公司	新丰镇富林大道52号	针织品及编织品制造
嘉兴市竹林五金冲件厂	新丰镇竹林集镇新竹北路	万向轮制造
浙江星诺机械有限公司	七星镇320国道北侧	管桩离心机、管桩钢模制造
圣格兰(嘉兴)光机电技术有限公司	大桥镇江南路延伸段	成套冷轧机连铸机零件制造
嘉兴海盛电子有限公司	余新镇新盛路262号	压电石英晶片制造、石英晶棒、频率片
嘉兴市申菱针织服饰有限责任公司	富润路300号	针织毛衫制造
浙江阿林普斯能源科技有限公司	凤桥镇三星村	健康集成灶、集成吊顶、取暖器制造
嘉兴市强强泡塑制造有限公司	凤桥镇新篁集镇青龙路	泡沫塑料制造、泡沫制品制造
嘉兴市步云镇东胶合板厂	大桥镇花园村	纤维板、三夹板制造
嘉兴市亚杰金塑制品有限公司	凤桥镇三星路7号	橡塑制品制造
嘉兴市海洲工贸有限公司	凤桥镇新篁工业园区	电表端钮盒制造、电动自行车制造
浙江博宇机电有限公司	新丰镇新荷路	普通机械制造、金属加工制造
嘉兴市南湖区帝瑞五金制品厂	大桥镇步焦公路边	托架制造、机器配件制造、支架配件制造
嘉兴市浩篁纺织厂	凤桥镇新篁工业园区	羊绒围巾制造

续表19-26

企业名称	地　　址	行业、产品、兼营
浙江正方设计印刷有限公司	南溪东路1466号	平面设计、形象策划,出版物、包装装潢印刷
嘉兴成套电器厂	余新镇长秦村王家兜1号	高压开关板制造、低压开关板制造
嘉兴市思尔德薄膜开关有限公司	余新镇石堰	薄膜开关、机械电器机箱、五金冲件制造
嘉兴嘉宝座椅有限公司	纺工路1948号内4幢5楼	座椅、座套生产
嘉兴市秀城区电器陶瓷厂	城东路徐王村办公楼北侧	电子元件制造、加工
嘉兴市金竹制衣有限公司	新丰镇新荷路	纺织服装制造
嘉兴飞狮电池有限公司	永高路	生产干电池
嘉兴市余新光明工艺制品厂	余新镇经济开发区	箱包配件(拉杆)制造
嘉兴市恩乐日用品有限公司	余新镇余北大街	塑料箱包制造
嘉兴雅马哈车业有限公司	大桥镇工业园区十八里东街278号	电动自行车、电动三轮车装配
倍威箱包(嘉兴)有限公司	银河路中汇公司厂房	塑料包装及容器、箱包配件生产
嘉兴市华严花边织造有限公司	南湖经济开发区内	花边织带制造
嘉兴市星泖针织有限公司	七星镇星桥路718号	针织品、服装制造加工
嘉兴高联丝绸印染有限公司	大桥镇花园村花园路40号	针织品印染
嘉兴爱可思箱包有限公司	余新镇曹庄集镇春风路北侧	箱包及配件制造
浙江威能消防器材股份有限公司	凤桥镇工业功能区莲花路	二氧化碳灭火器制造
嘉兴上品金属制品有限公司	余新镇嘉凤公路西侧	通用零部件、塑料零部件、箱包及配件、健身器材的制造和加工
浙江雅迪世纪汽车内饰件有限公司	东栅街道建新村八组	生产汽车座套
嘉兴市南湖斋食品有限公司	七星镇穆家浜16号	粽子、年糕、月饼生产
劲狮王电池工业(嘉兴)有限公司	余新镇镇北大街50—7号	干电池生产
嘉兴亚洁日用品有限公司	余新镇联星村一组秀龙桥北	清洁用品、晾衣器、拖把制造
嘉兴市华云金属构件厂	新丰镇新荷路	金属制品生产
嘉兴市伊思特鞋业有限公司	新丰镇新荷路	工艺鞋、服装制造
嘉兴市康立德构件有限公司	七星镇内港路85号	预应力管桩制造
嘉兴市良骏服饰有限公司	七星镇杨树公路边	纺织服装制造、服装加工
嘉兴市南湖区余新振涛五金喷涂厂	余新镇新昌路	喷塑、电泳、喷漆制造加工
嘉兴市博龙电声器材有限公司	七星镇兴星路	电子设备、喇叭制造
嘉兴市新丰群英五金塑料厂	新丰镇横港村许家泾组	塑料箱包零件制造、塑料加工、箱包配件制造加工
嘉兴市步云铝制品厂	大桥镇农建村墙头村1组	铝瓶、储液器铝、铁罐制造
嘉兴中汇旅游用品有限公司	朝晖路161号	塑料板制品、五金配件生产
嘉兴藤王绅士服有限公司	大桥镇工业区江南路1号	西服加工
嘉兴嘉冶矿山钻具制造有限公司	创业路北6幢第二层	潜孔钻头
嘉兴市名泰制衣有限公司	余新镇工业区	纺织服装制造
嘉兴市华科电子有限公司	南湖创业园创业路	电子电器元件、五金配件制造加工
嘉兴市新华绢纺厂	凤桥镇三星村三星路1号	绢丝加工

续表19-26

企业名称	地　　址	行业、产品、兼营
嘉兴市超越饲料有限责任公司	凤桥镇新康路385号	配合饲料生产
嘉兴市凯丰轴承机械制造有限公司	凤桥镇凤飞路西侧	轴承套圈、摩托车配件制造
嘉兴市中仁金属制品有限公司	凤桥镇晨阳新村260号	弹簧螺母制造、铁丝制造
嘉兴市大通铸造有限公司	余新镇余北大街东首	铁铸件制造
嘉兴市兄弟五金塑料有限公司	余新镇金星村横泾桥16号	金属结构制造
嘉兴市凯力塑业有限公司	余新镇渔谣路	塑料零配件加工、吸尘器制造
嘉兴市春寒纺织有限公司	新丰镇净湘村	绢丝制造
嘉兴市万事达电子有限公司	新丰镇工业园区	电线电缆接插件制造
嘉兴爱格制衣有限公司	七星镇工业园内	纺织服装生产，无纺布袋、套生产
嘉兴市七星电声器材厂	七星镇兴星路	发音器、扬声器制造
浙江朗德实业有限公司	大桥镇工业园区步焦公路南侧	朗丝帘制造
嘉兴市余新金星塑料五金配件厂	余新镇余龙路	塑料零件制造
嘉兴市福尔克工艺礼品有限公司	富润路773号	木制工艺品生产
嘉兴市天龙机械设备有限公司	下塘西路22号	散装水泥装用设备制造
嘉兴加能电子有限公司	七星镇潭星路32号	扬声器、音箱生产
嘉兴成衣坊制衣有限公司	大桥镇工业园区步焦公路边	纺织服装、梭织服装制造
嘉兴市南湖助剂厂	骏力路	橡胶溶剂油制造、稀释剂生产、胶粘剂生产
嘉兴市永志五金工艺厂	余新镇嘉凤公路西侧	五金工艺品、塑料制品制造和加工
嘉兴钢球厂	七星镇兴星路658号	炼油、化工生产专用设备，阀座制造
嘉兴海力克服饰有限公司	余新镇镇北路	纺织服装制造
嘉兴市凯越饲料有限公司	广益路	生产甲鱼饲料
嘉兴市新丰镇喷胶棉厂	新丰镇西乍王公路北侧	喷胶棉、PP棉、珍珠棉制造
嘉兴市正亮纺织有限公司	七星镇工业园区	无纺布袋、套制造，织布生产
嘉兴市山叶塑钢有限公司	余新镇大通路	塑钢门窗、铝合金门窗、无框玻璃阳台制造
浙江恒胜科技有限公司	大桥镇建国村建国路28号	塑料薄膜包装材料生产、聚丙烯复合母粒制造
鑫金龙服装(嘉兴)有限公司	大桥镇江南路延伸段	家用纺织制品服装及辅料生产销售
嘉兴市南方包装制品厂	东栅街道建新村	生产纸箱
嘉兴市禾美五金有限公司	新丰镇新荷路东	五金制品、塑料制品生产
嘉兴市双跃钢圈制造有限公司	凤桥镇凤飞中路	拖拉机钢圈制造
嘉兴市小草制衣有限公司	余新镇黎明村23组	棉、化纤针织品及编织生产
嘉兴市时代门窗有限公司	新丰镇东首	金属门窗、塑料门窗、铝合金门窗制造
嘉兴市大宇机电有限公司	南湖创业园创业路北侧(综合楼五层西)	电磁阀、轴承、温控器生产
嘉兴市凤桥五金电器冲压件厂	凤桥镇大星村	休闲椅、蓬的制造，旅游用品制造，五金冲件制造
浙江国光生物制药有限公司	大桥镇亚太工业园区兴业路5号	药品制造
嘉兴市大鸣金属制品有限公司	城北路592号永发路口	汽车配件制造

续表19-26

企业名称	地　　址	行业、产品、兼营
嘉兴市迈进时装有限公司	余新镇余北大街西首	纺织服装制造
嘉兴市鑫达电池配件有限公司	永高路168号方正公司内	电池配件制造
嘉兴市余新荣青塑料五金厂	余新镇石堰小区栖溪路东侧	塑料零件、五金配件、箱包配件制造
嘉兴市开元服饰有限公司	洪兴路198号	针织真丝服装生产、纺织原料销售
嘉兴市竹林福良涂料厂	新丰镇竹林集镇西	松香水、工业酒精、甲苯制造加工
嘉兴市顺丰紧固件有限公司	新丰镇万丰路西口	紧固件生产
嘉兴市升腾航空模具有限公司	富兴西路103号	生产飞机模型
嘉兴市嘉田特种纺织有限公司	余新镇嘉凤公路西侧	绒毛制造
嘉兴市华欣电子车业有限公司	余新镇为民路	自行车配件、辅助轮、水壶制造
嘉兴良友装饰材料有限公司	余新镇石堰社区支路一南	胶合板、地板、其他木制品的制造
嘉兴华人液压科技有限公司	大桥镇永叙路	液压管件生产
嘉兴市金旺塑料制品有限公司	余新镇新达路8号	塑料零件制造
嘉兴市富星无纺布厂	新丰镇工业园区	无纺布、喷胶棉制造
嘉兴市五龙制衣有限公司	余新镇曹庄集镇庆丰路1号	纺织服装制造
嘉兴市通用标准件有限公司	新丰镇工业园区同义路东段	标准通用零部件制造
嘉兴市全成无纺布制品有限公司	富润路552号9号厂房	无纺布制造
嘉兴市新望机械制造有限公司	凤桥镇凤余公路南侧嘉兴市超越饲料有限公司内	冰箱压缩机零件加工
嘉兴市青龙绝缘胶带有限公司	余新镇镇北路南新宏路西1号	绝缘胶带制造
嘉兴市骏腾休闲用品有限公司	余新镇余北大街西首	拉杆制造
嘉兴华康服饰有限公司	七星镇史家兜	梭织服装制造
嘉兴伟琳时装有限公司	七星镇320国道南侧兴星路口	纺织服装、面料生产
嘉兴美特服装有限公司	创业路3号	纺织服装制造
嘉兴市海兴胶木电器有限公司	新丰镇竹林村2组千步泾港33号	胶木制品加工
嘉兴市新丰镇昌盛金属制品厂	新丰镇禾丰西街193号	紧固件、弹簧制造，标准件生产
嘉兴布衣坊时装有限公司	新丰镇盐丰北路	服装生产销售
浙江西谷数字技术有限公司	城南路1369号科创中心11号楼	通信交换设备生产
威蒂威建筑五金(嘉兴)有限公司	余新镇工业北区	门拉手、门锁链、门锁生产
嘉兴市丰源针织有限公司	永高路	毛针织服装生产
嘉兴市南湖区南翔箱包厂	新丰镇教堂弄4号	箱包制造
嘉兴市宏晖五金制品有限公司	余新镇新宏路	塑料零件制造
嘉兴市南湖区文虎酱鸭总厂	下塘西路25号	酱鸭食品生产
民丰特种纸股份有限公司	拥军路680号	机制纸、加工纸、纸制品制造
嘉兴市东湖塑料厂	富润路106号	生产电池配件
嘉兴市腾枫塑业有限公司	光明街明泾路8号	塑壳生产

续表19-26

企业名称	地　　址	行业、产品、兼营
嘉兴市晶森纺织有限公司	新丰镇杨庄村大杨浜	仿丝棉制造
嘉兴染料厂	新丰镇乌桥村乌金浜23号	三聚氰胺树脂制造加工
嘉兴市昌龙机械设备有限公司	凤桥镇	管卡制造
嘉兴市生源针织有限公司	春园路西	丝袜生产
嘉兴市维祥塑料包装有限公司	余新镇余北大街西首	塑料胶袋、纸箱、塑料中空板制造
嘉兴市弘川服饰有限公司	凤桥镇凤飞路中	羽毛(绒)制品加工、纺织原料服装辅料销售
嘉兴市禾兴自润轴承开发有限公司	富民路107号	轴承制造
嘉兴市峰华机械有限公司	余新镇镇北路	五金配件、塑料制品、机械零部件制造
嘉兴市七星民政塑料五金厂	七星镇潭星路32号	塑料编织袋生产
龙庆机电塑料(嘉兴)有限公司	余新镇余北大街	塑料零配件、精密模具制造
嘉兴市华元电器有限公司	下塘西路11号	五金配件、塑料电器配件制造
嘉兴市美尚旅游用品有限公司	城南街道经济开发区朝晖路122号	箱包生产
嘉兴市宏浩制衣有限公司	新丰镇乌桥村南浜组	纺织服装制造
嘉兴市顺达织造厂	余新镇兴达路南侧	纺织品坯布织造、服装加工
嘉兴市宏鑫仿丝棉厂	新丰镇杨庄村桂花浜	喷胶棉制造、纺丝棉制造、棉制造
嘉兴市金达门窗有限公司	新丰镇横港村田坂组	铝合金门窗、塑钢门窗、不锈钢制品制造加工
嘉兴市誉高涂料有限公司	大桥镇步焦路西侧	硝基玩具漆类、氨基漆类、丙烯酸漆类生产
嘉兴市南湖砖瓦一厂	振业路38号	粘土砖瓦制造
嘉兴市秀城特种变压器厂	七星镇永实路	变压器、电抗器制造
嘉兴星桦针织制衣有限公司	七星镇工业园区	绢丝衫、绢面衫生产
嘉兴市溶润助剂有限公司	余新镇曹王村茜径桥东侧	合成橡胶制造,包头水、胶水生产
嘉兴市余新力丰机械厂	余新镇曹庄集镇人民路	铆钉、销轴、锌合金制造
嘉兴市红民机械厂	余新镇曹庄集镇黎明路30号	液压和气压动力机械及汽配件制造
嘉兴市明丰饲料厂	新丰镇净湘村	饲料加工
嘉兴美紫糯时装有限公司	新丰镇花园弄20号	纺织服装制造
嘉兴市晟宇服饰有限公司	富润路102号	服装加工
嘉兴市宋氏塑业有限公司	七星镇前中港59号	注塑模具制造、塑料制品加工
嘉兴中科亚美合金技术有限责任公司	北环三路诚信路交叉口	有色金属合金制造、锻件及粉末冶金制品的有色金色表面处理
嘉兴市展翔金属制品有限公司	余新镇茜泾桥西侧福茂公司内2号车间	金属结构制造
嘉兴市名士傢俬制造有限公司	吴泾路56号	木质家具制造
嘉兴市凯隆塑胶制造有限公司	富民路105号	拉杆、轴子制造
浙江嘉禾(嘉兴)毛纺织厂	凤桥镇凤篁公路西侧	呢绒、毛纱制造
浙江秀舟纸业有限公司	凤桥镇新篁集镇青龙路1号	纱管纸、离型纸制造
嘉兴市兴达包装公司	余新镇大通路8号	水泥包装袋制造

续表 19-26

企业名称	地　址	行业、产品、兼营
嘉兴市加南机械有限公司	余新镇大通路东侧	五金紧固件制造、喷塑加工
爱科昇振动机械(嘉兴)有限公司	余新镇镇北路	振动机械制造加工、清扫车制造
嘉兴市全顺旅游用品有限公司	余新镇工业园区内	塑料零件制造
嘉兴市新丰塑料电器厂	新丰镇嘉标街208号	塑料电器生产
嘉兴市新晟电焊条有限公司	新丰镇金丰村许家泾42号	电焊条制造
嘉兴市三得利饲料有限公司	新丰镇07省道北侧	配合饲料生产
浙江嘉报设计印刷有限公司	博海路88号	出版物印刷、平面设计
嘉兴市潜鑫食品有限公司	余新镇黎明村23组	生产加工、西式菜肴、含调味品蜗牛肉
嘉兴市良友休闲制品有限公司	凤桥镇三星村三星路经二路	马赛克桌椅、烧烤炉大盆、公园沙滩上的户外家具制造
嘉兴市恒星仪表有限公司	凤桥镇栖柽村12组	电表端钮盒生产
嘉兴市金叶包装容器有限公司	大桥镇工业园区步焦公路边	金属铝瓶制造
嘉兴市华商服饰有限公司	凤桥镇三星村三星路12号	棉、化纤针织品，针织品，化纤织品生产
嘉兴市利丰针织服装有限公司	余新镇镇北路工业园区39号	梭织服装制造、服装面料的销售
嘉兴市月明皮件箱包厂	新丰镇竹林集镇竹溪路	箱包制造
嘉兴市宜德制衣有限公司	余新镇石堰小区综合楼16号	纺织服装制造
嘉兴市华坤制衣有限公司	余新镇镇北路	纺织服装制造
浙江艾使机床有限公司	凤桥镇陆塘并桥25号	电表端钮盒制造、机床制造
嘉兴市造船二厂	余新镇黎明村4组	金属船舶制造、船舶维修
嘉兴拓可达汽车部件有限公司	七星镇泗花泾路211号	小轴、保险杠制造
嘉兴松辉国际工艺品有限公司	骏力路650号(嘉兴市华虹服装有限公司2幢)	软体玩具生产
嘉兴市圣华机械设备厂	余新镇工业北区支路一南	铸铁生铁制造
嘉兴市新丰镇王氏塑料厂	新丰镇西市街117号	塑料制品制造
嘉兴市佳鸿针织制衣服装厂	余新镇普光村	纺织服装制造
嘉兴市精化化工有限公司	大桥镇工业园区明新路	2B酸、4B酸、甲基四氢苯酐制造
浙江荣泰科技企业有限公司	凤桥镇哺育路3号	绝缘漆制造
嘉兴市昂达服饰有限公司	余新镇工业北区栖溪路东侧	纺织服装制造、箱包加工、针织品加工
嘉兴市云达电池配件有限公司	富润路118号	塑料板、管、型材的制造，电池配件生产
嘉兴市凤桥砖瓦厂	凤桥镇栖柽村曹家头20号	多孔砖生产
嘉兴市华思特包装有限公司	新丰镇大石港泾桥堍	直板、纸箱制造
嘉兴市欣晟电机有限公司	余新镇为民路	电动机生产、电动工具加工
嘉兴市超越标准件有限公司	新丰镇新阳路7号	紧固件生产
嘉兴万里机电控制设备有限公司	余新镇石堰社区栖溪路南西侧	汽车配件、家俱配件制造
嘉兴市余新塑料厂	余新镇曹庄路北侧	塑料制品制造
嘉兴阿耐思特岩田产业机械有限公司	凤桥镇西街	空压机、喷房、风机制造
嘉兴市三兄弟手袋厂	富民路102号	生产皮包、皮革制品
嘉兴振业针织有限公司	城南街道南湖经济园区	棉袜生产
嘉兴华丽服装有限公司	城南路四号桥万历路东	丝针织服装生产

续表19-26

企业名称	地 址	行业、产品、兼营
嘉兴市和意自动化控制有限公司	城南路1369号科创中心2号楼	自动化成套控制装置系统生产
嘉兴市凤桥镇吕成五金厂	凤桥镇凤飞路南	金属制品、橡塑制品制造
嘉兴市华虹服装有限公司	城南路1369号综合楼403(7幢1楼)	丝针织服装生产
嘉兴市环宇塑料有限公司	余新镇为民路	塑料制品制造
嘉兴市吉佳金属制品有限公司	凤桥镇新篁社区太平路155号	螺丝弹簧制造、五金配件制造
嘉兴市金龙汽车服务中心	余新镇金星村坟龙桥5号	汽车大修理、车辆施救服务
嘉兴市长扩门窗有限公司	余新镇余龙大街	铝合金门窗、塑料零件制造
嘉兴市新丰印染厂	新丰镇新阳路	毛纱染色
嘉兴市新丰南北加弹厂	新丰镇乌桥村沈家汇组	合成纤维制造、绢纺和丝织加工
嘉兴市潜福食品有限公司	余新镇海盐塘西侧	冷冻蜗牛加工、调制蜗牛肉
嘉兴市鸿锦泰服饰有限公司	迎宾大道99号嘉兴日报社内	纺织服装制造,服装配料、辅料加工
嘉兴市新丰镇林金加弹厂	新丰镇乌桥村马家	锦纶弹力丝加工
嘉兴市泰丰电池有限公司	下塘东路16号	生产干电池、电池配件、充电器
嘉兴市亚泰数控机械制造有限公司	东栅经济园内	三轴以上联动数控机床
嘉兴市金才源机械制造有限公司	新丰镇横港村横泾组	五金冲压件制造、模具注塑件制造、钣金加工
嘉兴市余新仪表配件厂	余新镇曹庄集镇人民南路57号	仪表配件、五金配件加工,塑料制品制造
浙江宝润毛纺有限公司	南湖路200号	毛纱加工、呢绒加工
嘉兴市尤纳特电子科技有限公司	凤桥镇新篁工业园区	天线、电子元件、通用零部件、塑料零件制造
嘉兴市吉元机械制造有限公司	东栅工业园区纺工路东1948内1—3楼	金属结构加工
嘉兴市余新砖瓦三厂	余新镇新宏路	烧结普通多孔砖生产
嘉兴市余新千金桥五金塑料厂	余新镇余新大桥西南侧	塑料零件制造
嘉兴市南湖区余新旭马喷涂厂	余新镇余北大街7号	喷塑制造、喷塑加工
嘉兴市禾丰印刷包装有限公司	新丰镇竹林路口	印刷包装制品
嘉兴市永祥纺织漂染有限公司	大桥镇南湖工业区富源路西侧	花式纱、羊毛衫加工制造,毛纱、羊毛衫漂染加工
嘉兴市山峰仿丝棉厂	新丰镇工业园区	纺织制成品、喷胶棉、仿丝棉制造
浙江诺而圣羊绒服饰有限公司	东栅街道七里店村	纺织服装制造、羊绒衫生产
嘉兴市标速汽车零部件有限公司	凤桥镇新篁社区11组	汽车零配件五金冲件制造、橡塑制品制造
嘉兴市新篁砖瓦二厂	凤桥镇新篁集镇太平北路	20孔砖的制造
嘉兴市余新镇东五金厂	余新镇金星村	金属结构制造
嘉兴市东龙五金有限公司	余新镇余贤埭街东	塑料零件制造
嘉兴市金佳天线有限公司	凤桥镇栖柽村金家头6号	天线加工
嘉兴骏力服装有限公司	城南街道南湖园区春园路西	梭织服装生产
嘉兴思凯服饰有限公司	角里街吴泾桥边	纺织服装制造、辅料加工
嘉兴市东灵电池有限责任公司	富润路102号	电池及电池塑料配件制造
嘉兴市竹林化学涂料厂	新丰镇竹林村章家桥	硝基漆稀释剂、松香水、工业酒精生产
嘉兴市菲尔特过滤器材有限公司	城南马家浜八号桥	过滤器生产

续表19-26

企业名称	地　址	行业、产品、兼营
嘉兴市嘉力达汽车部件有限公司	凤桥镇新康路	汽车部件制造
嘉兴市新丰良友化工厂	新丰镇民丰村西石基组	喷胶棉粘合剂制造
嘉兴市晟龙无纺布有限公司	新丰镇工业园区	无纺布制造
嘉兴市力源蓄电池有限公司	七星镇工业园泗花泾路151号	蓄电池制造
嘉兴优骏时装有限公司	永高路底	毛针织服装、梭织服装生产
嘉兴市曹庄永丰塑料制品厂	余新镇嘉凤公路西侧	塑料制品制造、印刷品、镀膜加工
嘉兴市鹏搏工贸有限公司	七星镇潭星路33号	塑料零件、金属材料(不含贵金属包装材料)制造
嘉兴市威腾染化有限公司	余新镇余龙路	净化剂制造、柔软剂制造、匀染剂制造
嘉兴市圣绿意金属制品有限公司	下塘东路14号	割草盘、底盘制造
嘉兴市净湘电线厂	新丰镇双龙路	电线、电缆制造
嘉兴市南湖区永利金属家具厂	余新镇镇北路	户外家具、铁制品、伞座制造
嘉兴市高能电池厂	富润南路106号内	生产电池、电池配件、电筒充电器等
嘉兴市南湖区余新富华塑料五金厂	余新镇曹庄集镇人民南路1号	箱包配件加工、五金配件制造、橡胶制品制造
嘉兴市余一塑料有限公司	余新镇曹王村	塑料制品生产
嘉兴市飞亚工艺有限公司	纺工路2176号	蜡制品、铁制品制造
浙江悦泰制衣有限公司	东栅经济园区2幢综合楼	西服、衬衫、休闲衫生产
嘉兴市维尔塑业有限公司	凤桥镇新篁工业园区	塑料轮子生产
嘉兴市东栅针织厂	下塘东路22号	兔羊毛衫、晴纶衫、针织品生产
嘉兴市华亮建筑材料工程有限公司	余新镇石堰社区支一路	建筑材料制造
嘉兴市艺特佳塑业有限公司	余新镇镇北路北侧2幢、3幢	塑料制品制造
嘉兴酒厂	余新镇余北大街	黄酒、白酒、料酒制造
嘉兴市新丰海天机械厂	新丰镇栖凰埭集镇	千斤顶配件、组合件、铜包铅丝制造
嘉兴市林峰五金电器有限公司	新丰镇净湘村	椅子冲件、喇叭配件、浴霸配件制造
嘉兴市康迪旅游用品有限公司	余新镇长秦村	行李车制造
嘉兴市华丰针织厂	新丰镇汽车站东首	袜子及针织服装生产
嘉兴市图钉厂	新丰镇竹林集镇	图钉、回形针、打孔钳生产
嘉兴思博玩具有限公司	骏力路741号荣佳公司内	木制玩具生产
嘉兴市新时代针织有限公司	骏力路617号	丝袜生产
浙江永力电池有限公司	城南路1369号科创中心408室	碱性电池生产
嘉兴市正发机械厂	凤桥镇陈良村2组	泵芯、放油阀、销轴制造
嘉兴市南湖区凤桥中浩五金塑料厂	凤桥镇晨阳新村中法厂	金属密封件制造
嘉兴市格瑞特服饰有限公司	余新镇镇北路	纺织服装制造
嘉兴市余新通达橡塑机械厂(普通合伙)	余新镇为民路	通用机械零部件、塑料零部件、钢材拉丝、拉管、电子产品的制造和加工
嘉兴市嘉佳实业有限公司	余新镇余北村2组	通用零部件制造
嘉兴市智健彩印有限公司	下塘东路16号	印刷品印刷
嘉兴市穿云电子科技有限公司	富润路773号	电子产品、通讯器材

续表19-26

企业名称	地　　址	行业、产品、兼营
浙江嘉兴南湖电子器材集团有限公司	城南街道红旗村	生产缺氧体永磁材料
嘉兴市余新宗发塑料五金厂	余新镇曹庄集镇黎明路66号	塑料零件制造
嘉兴丰莱针织服装有限公司	新丰镇双龙路1501号	纺织服装制造
嘉兴市东泰铝制品厂	富民路107号	铝瓶生产
嘉兴市星星衣架厂	七星镇工业园区内星桥路687号	塑料制品制造
嘉兴市斯英奇皮草有限公司	新丰镇工业园区	皮革制品制造、服装制造
嘉兴水处理设备厂	东栅街道镇大街164号	冷却塔制造
嘉兴市盛丰钢管有限公司	角里街112号嘉冶三路28号	钢管生产
嘉兴市凤祥家私实业有限公司	凤桥镇哺育路	橱柜、床板、椅子制造
嘉兴市新丰忠发工艺品厂	新丰镇净湘村	洋娃娃制造
嘉兴市海鸥纸品有限公司	永高路199号	本册生产
嘉兴市新丰华鑫饲料有限公司	新丰镇双龙路	配合饲料生产
嘉兴市泽森化工有限公司	东栅街道建新钣焊厂内	农用疏酸镁肥生产
嘉兴市国欣机械制造有限公司	东栅街道七里店村角里街北侧07省道口	生产端板、生产藤
嘉兴市华诚无纺有限公司	新丰镇工业园区同义路	棉、化纤纺织加工,无纺布制造
嘉兴市嘉灵铸件不锈钢有限公司	凤桥镇陈良村2组	铸件加工
常青藤光电技术(嘉兴)有限公司	余新镇镇北路	压电石英晶片、光学用石英晶片制造
嘉兴市嘉得力箱包附件有限公司	富民西路107号	箱包标牌、汽车车框制造
嘉兴市余新国建塑料厂	余新镇镇北路	塑料零件制造
嘉兴市恒诺金属制品有限公司	余新镇余南村	金属模具、五金制品加工
嘉兴市雪荣塑料五金制造有限公司	余新镇余北大街(自来水厂内)	塑料制品生产、五金配件制造
浙江明新皮业有限公司	大桥镇工业区	皮革、汽车内饰件的制造
嘉兴市豪利服饰有限公司	余新镇幸福路	服装加工
浙江震寰汽保设备有限公司	七星镇泗花泾路238号	汽车保养设备、汽车维修设备、箱包及其配件制造
浙江文娜针织有限公司	神龙路	棉针织内衣生产
嘉兴市旗峰五金有限公司	七星镇工业园区星桥路688号	汽车修理用起重机械、汽车保修工具、五金制品制造
浙江卫星控股股份有限公司	大桥镇十八里桥西侧	丙烯酸酯、纺织助剂、颜料中间体制造
嘉兴日盛纺织品有限公司	富润路108号	生产销售服装、围巾、台布、服饰制品、服饰辅料及纺织品
嘉兴华荣电池有限公司	富润路110号	电池几电池配件制造
嘉兴市健健家居电子有限公司	城南路1369号科创中心5号楼	金属框架、沙发制造
嘉兴普莱斯克塑业有限公司	余新镇长秦路6号	塑料片材制造
浙江吉仕箱包有限公司	新丰镇新荷路南	箱包、板材、覆膜生产
嘉兴万瑞达旅游用品有限公司	七星镇国道路528号1幢底楼	帐篷箱包及其配件、室外休闲家具制造

第五章　驻区主要企业

第一节　主要企业选介

加西贝拉压缩机有限公司

位于大桥镇嘉兴工业园区。1988年，原创建在王店镇冰箱压缩机的专业制造商，国家高新技术企业，冰箱压缩机国家标准修订组长单位，中国家电标委会冰箱压缩机标准化工作组组长单位。公司总资产25亿元，员工2800余人，其中各类专业技术人员396人，中、高级职称209人，博士3人、硕士13人，拥有1个国家级技术中心，1个压缩机技术研究所，2个生产制造基地。公司主要生产适用于R600a环保制冷工质的高效、超高效冰箱压缩机，产品有ZB、N、J、T、变频等5大系列120多个品种，压缩机年产能力1500万台以上，企业综合竞争力位居国内冰箱压缩机行业首位。

公司先后与海尔、海信、美的、美菱、新飞以及博世—西门子、伊莱克斯、尹黛喜、利勃海尔、三星、东芝、法格等国内外著名冰箱公司建立的合作关系，先后荣获联合国环境署示范项目贡献奖，全国五一劳动奖状、全国模范劳动关系和谐企业、全国安全文化示范企业、全国安康杯”竞赛优胜企业、中国质量诚信企业、中国驰名商标中国名牌，浙江省工业行业龙头骨干企业、省精细化管理示范企业、省质量管理体系认证示范企业、省技术创新示范企业、省重点企业创新团队、浙江省政府质量奖、首届嘉兴市市长质量奖等。

浙江嘉欣丝绸股份有限公司

位于嘉兴市中环西路588号。公司主营高档丝、绸、服装等产品制造，总部及属下企业从事蚕茧收烘、制丝、织造、印染、针织、服装的生产和销售。公司是全国丝绸行业重点骨干企业，连续多年被评为中国纺织服装行业主营业务收入、出口百强企业，中国丝绸行业竞争力前十强企业；先后成为中纺企业文化建设知名企业，浙江省百强民营企业，浙江省首批诚信示范企业，浙江省最具成长力企业，浙江省绿色企业（清洁生产先进），浙江省知名商号，嘉兴市文明单位。

公司以真丝为主的自主品牌“金三塔”作为“高档丝绸”“浙江老字号”品牌，浙江省名牌产品和重点发展出口产品，中国驰名商标，浙江省首届十大蚕丝被品牌，开创时尚真丝家居服新品类，成功开发出真丝家居系列、礼品系列等产品，启动时装品牌战略—DISETA，聘请意大利知名设计师，为都市新女性打造丝绸特色的高级成熟女装。

公司占地面积30万平方米的嘉欣丝绸工业园，是先进的丝绸制造聚集地，同时也是国家级工业旅游示范点和AAA级旅游景区。整个工业园集栽桑、养蚕、缫丝、织绸、印染、成衣、辅料、仓储、后勤保障、产品销售于一体。嘉兴丝绸博物馆坐落在园区中央。先进的丝绸制造工业和浓郁的古丝绸文化的有机结合，以及优质的丝、绸、服装产品展示，让来访的中外来宾流连忘返。

民丰特种纸股份有限公司

位于角里街70号，创始于1923年。在近一个世纪的发展历程中，民丰人为中国造纸工业的发展作出了贡献。

1998年11月，公司进行重组改制，成立民丰特种纸股份有限公司。控股股东为民丰集团公司。2000年6月，“民丰特纸”股票作为中国特纸第一股在上海证券交易所上市，股票代码：600235。2006

20世纪40年代，民丰造纸厂大门

年3月，民丰集团公司引进战略投资者对民丰实施资产注入，完成公司整体改制，成为一家投资主体多元化的经济实体。由此，民丰集团公司更名为嘉兴民丰集团有限公司。

公司总股本35130万元，在职员工约1600人。拥有世界先进水平的造纸装备，年产特种纸能力达15万吨。公司主导产品有卷烟纸及与卷烟配套用纸、描图纸、电容器纸、格拉辛纸、涂布纸等。公司在继续保持产品质量、销量、技术领先地位的同时，致力于技术含量高的特种纸研发。

公司系中国造纸协会副理事长、卷烟纸分会理事长单位，全国特种纸分标准化技术委员会秘书处单位，浙江省工业行业龙头骨干企业，浙江省首批技术创新企业，国家产品质量金质奖单位。

2010年10月，民丰特种纸股份有限公司大门

嘉兴市华梦毛纺织有限责任公司

由1952年建立的国有企业——嘉兴第五毛纺织厂按现代企业制度改制设立的股份制公司，公司位于城东路，占地面积5.6万平方米，建筑面积3万平方米，总资产5000万元，年销售额8000万元，有员工500人，专业技术人员80人，是集纺、织、染一体化的粗纺呢绒专业生产企业。

公司拥有年产粗纺呢绒100万米的生产能力，主要产品有大衣呢、麦尔登、维罗呢、双面呢、花呢、法兰绒等中低档系列和阿尔巴卡大衣呢、兔毛呢、羊绒等高档系列2大类呢绒。

公司执行FE/T24003－93标准，建有以质量为中心的生产、营销、售后服务一整套完整的质量保证体系。在澳大利亚建立原料供应基地，并引进国外先进的生产设备和通过中日合资消化吸收日本纺织业的工艺和管理技术，组建中日合资爱美南染整有限公司。公司拥有国家认可的贸易进出口权和纺织品配额，产品为国外公司和国内知名服装企业选用，其中50%产品销往日本、欧美及港澳地区。

浙江禾欣实业集团股份有限公司

1984年，成立嘉兴麂皮厂。1998年，改制成为浙江禾欣实业股份有限公司。2004年，成立浙江禾欣实业集团股份有限公司，并于2010年在深圳证交所上市，是一家集生产经营PU合成革、超细纤维合成革、合成革基布、PU树脂、色料、表处剂、助剂、化工机械、环保水处理等为一体的产业链配套最完整的企业。现公司坐落于城东路。

公司拥有行业首家国家认定企业技术中心、省级研究院博士后工作站、国家高新技术企业，通过ISO 9001、ISO 14001、TS 16949(汽车技术体系)的多年运行，确保了产品的质量稳定。公司拥有国内第一套具有自主知识产权的干法废气回收系统和行业领先的清洁生产技术，核心专利技术达50多项，参与及主持制定国家、行业标准达16项。公司与可乐丽株式会社、BAYER、BASF、STAL等全球知名企业建立长期稳定的合作关系，致力于高端产品的研发与生产。

浙江五芳斋实业股份有限公司

位于嘉兴市中山东路2号。成立于1998年，注册资本5037万元，厂房建筑面积126560平方米，职工1000人，其中研发部门人数30人，是五芳斋集团的核心子公司，是具有近百年历史的“中华老字号”，是中国食品工业协会粽子行业委员会会长单位，粽子国家标准的领衔起草单位，全国最大的粽子产销商，主要从事食品生产、加工和销售。

五芳斋在传承民族饮食文化的基础上不断创新，对明清两代极具盛名的“嘉湖细点”的制作工艺进行现代化改造，形成以粽子为主导，集中式点心、卤味制品、蛋制品等为一体的系列产品群。“五芳斋”粽子以深厚的文化底蕴和别具一格的传统风味闻名中外，被誉为“粽子大王”。五芳斋粽子品种多达百余种，另有八宝饭、月饼、汤圆以及蛋制品、卤制品等50多种系列食品深受市场欢迎。

位于嘉兴秀洲区的五芳斋产业园是全国工业旅游示范点，与成都五芳斋产业园、广东五芳斋产业园一起构成五芳斋食品制造和物流配送的3大中心。五芳斋已建立起全国性的营销网络和市场管理体系，还积极探索电子商务等新兴营销模式，并大力拓展国际市场，五芳斋产品已出口美国、加拿大、澳大利亚、日本、南非等国家和稍往香港地区。

近年来，五芳斋拓展大米产业，组建了米业事业部，建立起从种植、收储、加工到销售的大米全产业链经营模式，成为全省最大的大米供应商。

公司荣获农业产业化国家级重点龙头企、中华老字号、国家地理标志(原产地)、全国食品安全示范企业、全国食品制造业纳税百强、中国餐饮百强、中国特许经营连锁百强、浙江省诚信示范企业、浙江省文明单位等国家级、省级荣誉百余项。五芳斋粽子制作技艺获批进入第三批国家级非物质文化遗产名录。

第二节　驻区规模企业

截至2010年，驻区规模企业共有30家。

2010年驻区规模企业名录

表19-27

序号	企业名称	序号	企业名称
1	浙江嘉科电子有限公司	16	民丰特种纸股份有限公司
2	爱芬食品(嘉兴)有限公司	17	嘉兴市联合污水处理有限责任公司
3	浙江托里奥制衣有限公司	18	嘉兴市海鸥纸品有限公司
4	浙江五芳斋实业股份有限公司	19	浙江永高电池股份有限公司
5	嘉兴市嘉源给排水有限公司	20	浙江嘉康电子股份有限公司
6	浙江禾欣实业集团股份有限公司	21	东方日立锅炉有限公司
7	嘉兴市汽车标准件总厂	22	嘉兴中宝碳纤维有限责任公司
8	嘉兴市华梦毛纺织有限责任公司	23	浙江中包景兴包装有限公司
9	杭州五丰嘉兴冷食有限公司	24	嘉兴高山电气设备有限公司
10	嘉兴禾欣化学工业有限公司	25	嘉兴爱克斯机械技术有限公司
11	浙江嘉兴三塔建材股份有限公司	26	浙江嘉化实业股份有限公司
12	嘉兴市恒创电力设备有限公司	27	嘉兴市兰宝金太阳毛衫有限公司
13	嘉兴市越新服装有限公司	28	嘉兴市中建混凝土有限公司
14	嘉兴美特服装有限公司	29	浙江国光生物制药有限公司
15	嘉兴市燃气有限公司	30	嘉兴电力局

嘉興市南湖區志

JIA XING SHI NAN HU QU ZHI

第二十篇

建筑业　房地产业

目 录

在马家浜文化遗址，曾发掘出原始建筑工具和房屋灰坑遗址，经考证当时已有杆栏式房屋，证明嘉兴为较早开始土木建筑的地域。嘉兴辉煌的塔寺、巍峨的官署、精美的园林等著名的建筑物，史不绝书。明代嘉兴府有木、竹、锯匠等72类。清后期，嘉兴房屋建筑由传统木架结构向砖木、砖混结构过渡。民国初，嘉兴县有萧顺记、刘永兴等营造商户。1946年，嘉兴泥木工会和同业公会成立，初步形成建筑市场。

1953年，国营嘉兴建筑公司成立。1956年，嘉兴市修建处和嘉兴县建筑工程生产合作社成立。1978年，又分为全民、县以上集体、城镇集体、县社队联合施工企业和农村建筑队等。1984年，建筑业分为五级；勘察设计、安装各分4个等级。20世纪90年代初，嘉兴建筑业市场竞争环境逐步形成，工程质量和安全生产管理体系开始建立。进入21世纪后，境内涵盖房屋建筑、设备安装、装修装潢、钢构网架、市政交通、勘察设计、监理咨询等专业配套的产业体系基本形成。2010年，境内有资质等级的国有建筑企业产值达76862万元，占市区建筑业总产值的75.7%。1998—2010年，境内建筑企业在发展壮大的同时，勘察、设计、施工技术不断提升，新工艺、新材料不断创新和运用。

解放前夕，嘉兴老城区百姓住房条件较差，城内房屋多数为中式砖木结构2层楼房和平房。旧时地产属私人所有。解放初，设置房地产管理机构。1951年，首次在市区实施房地产所有权总登记。1956年，建立嘉兴市房管处，对市区房地产实行统一管理。20世纪50年代末，对市区私房进行社会主义改造。1981年，落实私房政策，处理"文化大革命"期间造成的住房遗留问题。1988年，市区开展房屋所有权总登记，房屋所有权的初始、转移、变更、抵押和注销登记均纳入房管部门管理范围。20世纪50年代，市区房产总面积为94.66万平方米，至1990年达到630万平方米。产权结构也发生较大变化。20世纪90年代起，全区房地产开发建设逐渐驶入快车道，房地产业由一个从属产业成长为支柱产业。

境内住房消费从单纯福利分房，演变为以购买商品房为主，配售经济适用房、拆迁安置房、配租廉租房为辅。商品房销售持续升温，个人住房消费成为房地产交易市场主体。房地产开发管理不断创新。1991—2010年，市区房地产开发投资从0.53亿元增至110.46亿元，年竣工商品房面积从11.78万平方米增至226.44万平方米。居民住房条件和居住环境不断改善，2010年市区城镇居民人均居住面积31.48平方米，比1991年增加22.78平方米。住房户型从小到大，结构从简单到复杂，功能从单一到复合，建设单体从多层到小高层、高层、别墅，小区配套从没有到如今活动室、文体设施一应俱全。物业管理从无到有，和房地产业一起快速发展壮大。

第一章　建筑企业与管理

第一节　建筑企业

泥木作

清末与民国时期，嘉兴的建筑工人受雇于包工头名下，有工则聚，无工则散。大小包工头按"帮"常在茶馆等地招雇工人。嘉兴县城"本帮"木工聚于瓶山阁、泥工在长春园，"上海帮"在近水台、同裕春；近郊进城的泥木工人在北丽桥的望吴园楼茶馆待雇。

民间的建筑工匠父子相传，师徒相授，以个体、师徒帮为主，一般只能承建一些传统木架结构的二层房屋。泥木作是分散独立经营的手工业户，早期传统建筑只需泥、木工匠即可完成，故名。大多传统木构架建筑和小型建筑工程和修缮都是泥木作。1936年，县城内有泥木作8户、泥作12户、木作16户。抗日战争胜利后，县政府注册登记96户，其中丙等83户、乙等13户。

嘉兴解放后，1949年12月5日对泥木作进行登记，有泥木作16户、泥作22户、木作21户。1953年以后，泥木作业进行经济改组，一部分被国营建筑企业吸收，一部分组织生产自救。1956年11月，组成市修建处和县建筑工程生产社。1957年2月，组建嘉兴市修建组。在城区组建南湖、新兴、建设、新嘉、解放5个街道修建组，承担部分公私房屋的维修业务。

营造厂

民国初期以后，随着嘉兴近代工业的发展，带有资本经营方式的营造业应运而生，一些实力较强的泥木作，开始申请转为营造厂。县城内有9家营造商户，建于1912年的萧顺记最为著名，到解放时，城区有营造厂7户，1950年有13户。1951年葛金记等3户营造厂转为泥木作，营造厂10户中甲等2户、乙等4户、丙等1户、丁等3户。登记资金总额3万元。

解放初，嘉兴市区建筑工人约700人。1950年10月，嘉兴市（城内）建筑工会成立，有会员200人。

1952年上半年，“三反”“五反”运动后，新义记、洽记2户歇业，吴顺记被吊销执照。年末有营造厂6户，其中甲等、乙等各2户；丙等、丁等各1户。到1955年年底，城区仅有甲等营造厂刘永兴1户，乙等倪桂记、王茂记2户，丁等、丙等各1户。全年营业总额6.2万元。1956年，在私营建筑业社会主义改造中，2户歇业，3户参加市修建处，至此，私营营造厂解体。

现代施工企业

1953年，嘉兴先后组建国营、集体2种所有制建筑企业，有了基本建设施工队伍。1978年后除乡镇建筑企业外，实行以固定工为主、临时合同工为辅的用工制度。1983年5月，地和市、县直属建筑企业与农村集体施工企业，实行百元产值工资含量包干和住宅平方米包干的奖励政策。1986年9月，开始全面实行劳动合同制。1985—1994年的10年间，境内建筑施工队伍增长约1倍，之后，建筑施工企业得到快速发展。到2010年年底，全市具有资质等级建筑业企业430家，其中总承包企业163家，专业承包企业208家，劳务分包企业59家，其中一级资质企业53家。区管有资质等级建筑业企业95家，其中一级资质12家、二级资质21家。

2010年区建筑业龙头企业情况表

表20-1

企业名称	成立日期	企业资质	获南湖杯以上荣誉的项目	2010年施工产值（万元）
浙江嘉禾建设有限公司	1998.2.16	房屋建筑施工总承包一级企业。市政公用工程施工总承包二级；建筑装修装饰工程专业承包二级；土石方工程专业承包二级；地基与基础工程专业承包三级；消防设施工程专业承包三级；机电设备安装工程专业承包三级资质	—	45098 其中省外5000
浙江镇宇工程技术有限公司	2008.12.2	2009.5.12 消防设施工程专业承包三级资质； 2010.12.16 建筑智能化工程专业承包三级资质	—	550
浙江年代建设工程有限公司	2003.9.9	建筑装修装饰工程专业承包/二级；建筑幕墙工程专业承包/二级；建筑智能化工程专业承包/三级；消防设施工程专业承包/三级	幕墙类： 嘉兴市七一广场3#4#,7784平方米；深圳发展银行嘉兴市支行,6127平方米；中国银行嘉善支行6325平方米；信达东郡6656平方米；嘉兴银行大楼11310平方米、嘉兴戴梦得大厦整合改造项目外立面12330平方米、良友商务大楼21310平方米、云东公寓幕墙21600平方米、东方大厦13540平方米、晶晖广场24860平方米、浙江省荣军医院迁建项目20870平方米、南湖资产经营中心商务综合楼40000平方米	9962

续表20-1

企业名称	成立日期	企业资质	获南湖杯以上荣誉的项目	2010年施工产值（万元）
浙江大都市装饰有限公司	1994.11.25	建筑装修装饰工程专业承包一级、建筑幕墙工程专业承包三级	乍嘉苏高速公路嘉兴管理服务中心工程获2004年全国建筑工程装饰奖	4128 其中省外293
嘉兴市新亚装饰有限责公司	2001.8.9	建筑装修装饰工程专业承包三级	—	1253 其中省外592
恒祥市政园林有限公司	2004.6.2	市政公用工程施工总承包一级；城市及道路照明工程专业承包二级；房屋建筑工程施工总承包二级；机电设备安装工程专业承包二级；土石方工程专业承包三级；拆除工程专业承包三级；体育场地设施工程专业承包三级；公路工程施工总承包三级	—	36414 其中省外23806
中元建设集团股份有限公司	1998.1	建筑工程施工总承包一级；市政公用工程施工总承包一级；机电安装工程施工总承包一级；地基与基础工程专业承包一级；建筑装饰装修工程专业承包一级	2000年：同创2#楼（省钱江杯优质工程）；2002年：嘉兴市第一医院综合楼（省钱江杯优质工程）、嘉兴一中行政、科技楼（省钱江杯优质工程）；2003年：秀洲区法院审判业务用房（省钱江杯优质工程）、三十六所综试楼（省钱江杯优质工程）；2004年：国税局业务大楼（省钱江杯优质工程）；2005年：彩色打印纸技改项目造纸车间（省钱江杯优质工程）；2006年：远洋广场（省钱江杯优质工程）；2008年：嘉兴市F0201工程(民防中心)（省钱江杯优质工程）；2009年嘉兴市科创中心创业大厦（省钱江杯优质工程）、中环广场（东区）（省钱江杯优质工程）；2010年：中国人民银行嘉兴市支行营业办公用房（省钱江杯优质工程）、嘉兴市国际网球中心（省钱江杯优质工程）、青川房石镇九年制学校（省钱江杯优质工程）	303456 其中省外147115
浙江诚宏建设有限公司	2010.3.9	市政公用工程施工总承包三级	—	—
嘉兴市天顺建设有限公司	1997.5.5	建筑工程施工总承包三级	—	4646

续表20-1

企业名称	成立日期	企业资质	获南湖杯以上荣誉的项目	2010年施工产值（万元）
浙江协和建设有限公司	2000.1.28	城市及道路照明工程专业三级资质、房屋建筑工程施工总承包三级资质、市政公用工程施工总承包一级资质	横一路“南湖杯”；南湖革命纪念馆周边配套工程获2009年度嘉兴市南湖杯优质市政工程奖	54450 其中省外21790
嘉兴市开元建筑工程有限公司	2000.7.14	房屋建筑工程施工总承包一级，建筑智能化工程专业承包二级，地基与基础工程专业承包、消防设施工程专业承包、建筑装修装饰工程专业承包、建筑装修装饰工程专业承包三级	—	51718
嘉兴市园林绿化工程公司	1994.3.31	城市园林绿化企业资质标准一级 市政公用施工总承包三级	—	8811
嘉兴市广天装饰工程有限公司	2002.9.12	建筑装修装饰工程专业承包三级	—	106
浙江航洋建设有限公司	2002.4.22	2010.09.16/建筑装饰装修工程设计与施工二级；建筑幕墙工程设计与施工二级 2010.12.16/消防设施工程专业承包三级	—	3156.
浙江光通通信工程有限公司	2000.11.20	电信专业承包三级 市政总承包三级	—	5472
嘉兴市众鑫建设有限公司	2009.11.24	市政公用工程施工总承包三级	—	无
浙江华耀装饰工程有限公司	2001.12.5	建筑装修装饰工程一级资质	—	6648 其中省外1016
嘉兴市成安消防工程有限公司	2008.6.17	消防设施专业承包三级、建筑智能化专业承包三级、机电设备安装工程专业承包三级	—	1580
浙江汉水环保科技有限公司	2004.2.12	体育场地设施工程专业承包贰级；建筑装修装饰专业承包三级	—	2246.65

续表20-1

企业名称	成立日期	企业资质	获南湖杯以上荣誉的项目	2010年施工产值（万元）
大陆交通建设集团有限公司	2004.3.4	市政公用工程施工总承包二级、建筑工程施工总承包二级、机电工程施工总承包二级、建筑装修装饰工程专业承包 二级、电子与智能化工程专业承包二级、消防设施工程专业承包二级、城市及道路照明工程专业承包 三级、古建筑工程专业承包 三级、水利水电工程施工总承包三级	—	46202
嘉兴市远洋广告装饰工程有限责任公司	1997.9.23	建筑装修装饰工程专业承包一级资质	参建的远洋广场项目，获2006年度浙江省建设工程钱江杯奖。 参建的远洋广场项目，获2007年度浙江省建设工程钱江杯奖。 参建的中国人民银行嘉兴市中心支行营业办公用房工程，获2010年度浙江省建设工程钱江杯奖。 参建的电力建设科研楼工程，获2010年度浙江省建设工程钱江杯奖	4172
嘉兴市天秀建设工程有限公司	2005.8.4	地基与基础工程专业承包二级	—	5430
浙江吉天建设有限公司	2004.2	房屋建筑工程施工总承包二级；市政公用工程施工总承包二级；电力工程施工总承包三级；地基与基础工程专业承包三级；建筑装饰装修工程专业承包三级；城市道路及照明工程专业承包三级；土石方工程专业承包三级；拆除工程专业承包三级	—	—
嘉兴市中路建设工程有限公司	2009.8.27	公路施工总承包三级	—	84
浙江嘉宇建设有限公司	1993.4.26	房屋建筑工程施工总承包一级；市政公用工程施工总承包二级；拆除工程专业承包三级；建筑装饰装修工程专业承包三级；土石方工程专业承包三级；地基与基础工程专业承包三级	嘉兴市秀洲区余新镇中心医院医疗综合楼为二至五层结构（嘉兴市“南湖杯”优质工程）	32766.5 其中省外1245

续表20-1

企业名称	成立日期	企业资质	获南湖杯以上荣誉的项目	2010年施工产值（万元）
嘉兴市恒欣电力建设有限公司	2001.11.19	电力工程施工总承包三级，建筑工程施工总承包三级、建筑机电安装工程专业承包三级，城市及道路照明工程专业承包三级，输变电工程专业承包三级	—	64065
嘉兴市宏大建筑有限公司	1997.1.14	房屋建筑工程施工总承包二级，市政公用工程施工总承包二级，建筑装修装饰工程专业包二级，地基与基础工程专业承包三级，城市园林绿化三级	2006年嘉兴市人才公寓4期1号、2号楼获得优质工程奖	29350 其中省外3550
浙江亿达建设有限公司	2003.6.11	房屋建筑工程施工总承包一级；地基与基础工程专业承包二级；市政公用工程施工总承包三级；建筑装修装饰工程专业承包三级；土石方工程专业承包三级	—	51816
浙江嘉越建设有限公司	2009.7.6	公路工程施工总承包三级；房屋建筑工程施工总承包三级；地基基础工程专业承包三级	—	51816
嘉兴市集典装饰有限公司	2006.8.6	建筑装饰工程设计专项丙级	—	132
嘉兴大源建筑工程有限公司	2008.12.30	房建施工总承包三级	—	27946
嘉兴市亿路峰装饰有限公司	2004.6.1	建筑装修装饰工程专业承包三级	—	801
嘉兴市方舟装饰工程有限公司	2000.11.1	建筑装修装饰工程专业承包一级	嘉兴港乍浦港区三期综合办公楼获得2009年浙江省优秀建筑装饰工程奖	4988
嘉兴东恒建设有限公司	2005.12.23	市政公用工程总承包三级	—	省内1620

续表20-1

企业名称	成立日期	企业资质	获南湖杯以上荣誉的项目	2010年施工产值（万元）
浙江祥达建设有限公司	2007.8.3	市政公用工程施工总承包二级；房屋建筑工程总承包三级；城市及道路照明工程专业承包二级；公路工程施工总承包三级；土石方工程专业承包三级；拆除工程专业承包三级	1.南湖区建设系统2009年度安全生产工作先进单位（2010.1/嘉兴市南湖区规划与建设局） 2.嘉兴市汽车商贸园二期道路工程荣获2009年度嘉兴市南湖杯优质市政工程奖（2010.5/嘉兴市园林市政局、嘉兴市市政工程协会） 3.07省道整治完善工程第五合同段荣获2009年度嘉兴市南湖杯优质市政工程奖（2010.5/嘉兴市园林市政局、嘉兴市市政工程协会） 4.平湖市三港新城稼书路I标段工程荣获2015年度嘉兴市市政工程南湖杯奖（2015.3/嘉兴市市政工程协会） 5.2010年度嘉兴市建设行业先进市政企业（2011.2/嘉兴市人民政府） 6.荣获2012年嘉兴市建筑业重点企业（2013.1.9/嘉兴市城乡规划建设管理委员会） 7.浙江省AAA级“守合同重信用”企业（2016.9.9/浙江省工商行政管理局） 8.南湖区建设系统2012年度安全生产工作先进单位（2013.1.18/嘉兴市南湖区住房和城乡规划建设局） 9.2014、2015年度优秀企业/2015.2、2016.2/南湖区人民政府新嘉街道办事处） 10.2014年度嘉兴市市政行业先进单位（2015.3.26/嘉兴市市政工程协会） 11.浙江省“信用浙江”AA级（2016.1.6/浙江省“信用浙江”建设领导小组办公室）	5880 其中省外2300
天宏建设有限公司	2007.1.27	市政公用工程施工总承包二级（发证日期2009.8.27）水利水电施工总承包二级（发证日期2010.12.22）房屋建筑工程施工总承包三级（发证日期2009.8.11）河湖整治工程专业承包三级（发证日期2007.7.11）提防工程专业承包三级（发证日期2007.7.11）土石方工程专业承包三级（发证日期2009.5.12）拆除工程专业承包三级（发证日期2010.2.2）航道工程专业承包三级（发证日期2010.8.18）	—	18051
嘉兴市阳光广告装潢有限公司	2001.1.21	装修装饰三级	—	593

续表20-1

企业名称	成立日期	企业资质	获南湖杯以上荣誉的项目	2010年施工产值（万元）
嘉兴市汇丰园林绿化工程有限公司	2004.4.23	城市园林绿化企业三级	—	3202
浙江天律工程管理有限公司（嘉兴市天立工程监理咨询有限公司）	2005.1	房屋建筑乙级 市政公用丙级	—	1419
嘉兴市中联混凝土有限公司	2003.9.8	预拌商品混凝土专业二级	—	7350
嘉兴市中建混凝土有限公司	2000.8.3	预拌商品混凝土专业承包三级	—	45579
浙江龙业建材有限公司	2005.7.18	预拌商品混凝土专业承包二级	—	35000
嘉兴市南湖商品混凝土有限公司	2004.10.26	预拌商品混凝土专业承包三级	—	9800
浙江强奕建设有限公司	2010.4.26	—	—	—
嘉兴大桥南方混凝土有限公司	2007.2.28	预拌商品混凝土专业承包三级	—	16449
嘉兴南方混凝土制品有限公司	2003.12.3	预拌商品混凝土专业二级	—	18948

2000—2010年全区建筑企业情况表

表20-2　　单位：万元

年份	企业个数（个）	建筑业产值	上缴税金	区财政收入	上缴税金/区财政收入	从业人数（人）
2000	—	1.88	0.065	—	—	—
2001	15	4.08	0.071	3.20	4.98%	6248
2002	16	4.65	0.16	5.15	3.07%	6355
2003	16	6.85	0.325	6.33	3.72%	6485
2004	22	6.32	0.293	8.57	2.92%	6580
2005	24	8.26	0.286	11.28	2.35%	9233
2006	41	10.1	0.38	14.22	2.67%	9302
2007	42	15.39	0.49	18.97	2.58%	12311
2008	50	28.08	1.05	22.17	4.74%	15856
2009	62	33	1.06	25.6	4.14%	19654
2010	88	66.58	2.05	34.29	5.98%	25879

区建筑业龙头企业

浙江大都市装饰有限公司　原为嘉兴市大都市装饰有限责任公司，1994年11月成立。2010年注册资金1200万元，总资产7974万元，施工总产值4128万元。拥有一级建造师、二级建筑师各8名，1995年12月，由省建设厅暂定建筑装饰设计丙级企业。1996年2月，由市建委核定建筑装饰工程施工三级企业。2002年6月，取得建筑装饰装修装饰工程专业承包一级资质，同年12月增项建筑幕墙工程专业承包三级资质。2004年4月，专项工程设计资质升级为建筑装饰专项工程设计乙级资质。公司先后获评省建筑装饰行业百强企业、中国建筑装饰协会"质量服务双优单位"、省建筑业诚信企业。2008—2010年，连续3年获省工商企业信用AAA级"守合同重信用"单位。

浙江航洋建设有限公司　成立于2002年年初。2010年注册资金600万元，施工总产值2633万元，拥有各类工程机械设备30余台（套）；员工180余人，其中二级以上注册建筑师45人。拥有资质为建筑装饰装修工程专业承包一级、建筑幕墙工程专业承包一级、电子与智能工程专业承包二级、消防设施工程专业承包二级、建筑工程施工总承包三级、市政公用工程施工总承包三级、钢结构工程专业承包三级。公司拥有较强的设计和施工实力及与之相配套的木制、油漆、石材工艺加工能力，是集装饰设计、施工、制作、维修一系列服务为一体的企业。

浙江亿达建设有限公司　原为嘉兴市华泰工程建设有限公司，2003年6月成立。2010年注册资金5136万元，总资产1.58亿元，施工总产值5.18亿元。是国家工业与民用建筑三级施工企业，为房屋建筑工程施工总承包一级、市政公用工程施工承包三级、地基与基础工程专业承包二级、装饰装修专业承包二级，并获得ISO 9001：2000质量管理体系认证。2010年，公司职工1000余人，其中各类工程技术管理人员300余人，有高、中、初级职称人员170余人，一级建造师13人，二级建筑师17人。公司成立以来先后承建了多个大中型工程建设项目，竣工验收合格率均为100%。多年获评区诚信企业、嘉兴市建筑业重点企业等荣誉。

浙江协和建设有限公司　2000年1月成立。2010年注册资金5206万元，总资产1.20亿元，施工总产值5.45亿元，是区第一家取得市政公用施工总承包一级资质的企业，还取得房屋建筑工程总承包三级、城市道路照明工程专业承包三级资质。公司拥有各类工程技术和经济管理人员242人，其中高、中级职称92人，一级建造师12人，二级建筑师25人，注册安全工程师2人。拥有各类大中型机械设备100余台(套)。公司成立以来，先后承建了本市以及上海、四川等地市政、房建项目200余项。2009年6月，参与四川青川地震灾区的灾后重建工程建设。至2010年，公司先后获评市建筑业龙头企业、省市政行业先进单位、市建设行业先进标兵单位、省工商企业信用AAA级守合同重信用单位、市建设工程质量管理优秀企业等。公司承建的南湖革命纪念馆周边配套工程获市南湖杯等奖项；嘉兴市新港建材有限公司研发中心工程获2010年度第一批嘉兴市建筑安全文明施工标化工地；新丰特种纤维厂办公楼工程获2010年度南湖区安全文明施工标化工地。

浙江恒祥建设有限公司 原为嘉兴市广嘉市政有限公司，2004年6月成立。2010年注册资金7018万元，净资产7340万元，资产总额12996万元，施工总产值3.64亿元。拥有一级建造师39人、二级建筑师103人以及其他各类技术人员上百人。至2010年，先后取得市政公用工程施工总承包一级、房屋建筑工程施工总承包二级、机电安装工程施工总承包二级、城市及道路照明工程专业承包二级。还取得拆除工程专业承包、机电设备安装工程专业承包、园林绿化工程等三级资质。公司承建的“嘉兴市科技城二号路”工程获评浙江省建设工程钱江杯奖、市政金奖示范工程、省级标化工地、南湖杯等；先后获评浙江省工商企业信用AA级“守合同重信用”单位、省市政行业先进单位、省市政行业诚信单位、嘉兴市建筑业重点企业、嘉兴市小企业信用等级AAA级等。公司先后在江西、广东、四川、云南和重庆等地创办分公司(办事处)。

浙江嘉禾建设有限公司 原为嘉兴市建筑工程有限公司，1998年1月成立。2010年注册资金6068万元，总资产1.69亿元，施工总产值4.51亿元.拥有职工1800余人，其中各类专业技术和经济管理人员198人、一级建造师13人、二级建筑师38人。至2010年，先后取得房屋建筑施工总承包一级、建筑装修装饰专业承包二级、土石工程专业承包二级、地基与基础工程专业承包三级、消防设施工程专业承包三级、机电设备安装工程专业承包三级等。公司连续通过ISO 9001:2000质量管理体系认证。2009年承建的龙禹大厦工程，首次成功采用新型型钢水泥土墙加钢筋混凝土内支撑支护体系。多年来承建的数十项工程,质量验收合格率100%。公司先后获评省建筑业诚信企业、市建筑业诚信企业、嘉兴市小企业信用等级AAA级等。

浙江嘉宇建设有限公司 原为余新建筑工程公司，1992年12月成立。2010年注册资金5218万元，总资产2.01亿元，施工总产值3.28亿元。公司拥有各类专业技术人员375人，其中一级建造师12人、二级建筑师48人。拥有各类大型机械设备1000余台(套)。至2010年，公司取得资质为房屋建筑工程总承包一级，市政园林工程总承包和装修装饰工程专业承包二级，水利水电工程总承包和机电工程施工总承包三级，地基基础工程专业承包、起重设备安装工程专业承包、钢结构工程专业承包、环保工程专业承包三级。公司具有较强的综合施工能力，历年来在嘉兴市区创造出近百项优质工程。公司连续获评省级诚信企业、纳税信用等级AAA、守合同重信用AA级单位、市级文明单位。

驻区建筑业龙头企业

2006年，有浙江鸿翔建设集团有限公司、浙江中元建设股份有限公司、浙江巨匠建设有限公司3家；2010年，有浙江鸿翔建设集团有限公司、巨匠建设集团有限公司、浙江博元建设股份有限公司、中元建设集团股份有限公司、浙江嘉兴福达建设股份有限公司5家。

中元建设集团股份有限公司 原为国营嘉兴地区建筑工程公司，1958年成立。1998年改制为股份制企业，2010年注册资金1.18亿元，总资产30.34亿元，年施工能力80亿元。从业人员13000人，其中专业技术人员323人，包括中高级职称237人，拥有一、二级建造师130人。公司具有房屋建筑工程施工总承包、市政公用工程施工总承包、机电设备安装工程施工总承包以及装饰装修工程、地基与基础工程专业施工一级资质。1999年，在全市建筑行业中率先通过ISO 9002国际质量管理体系认证，2007年，又通过“质量、环境、职业健康安全管理体系”认证。至2010年，先后获得省级工法和省级科技成果奖10项，申报国家专利9项，主编国家行业标准1项，参编国家行业标准3项。公司先后建成嘉兴戴梦得大厦、民丰造纸厂厂房、嘉兴体育馆、嘉兴市第一医院迁建工程、嘉兴汽车客运中心、嘉兴勤俭大桥、上海银晨数码大厦、上海东海大道、湖北宜昌市中心人民医院等一批地方标志性建筑和知名工业建筑，共创省优质工程“钱江杯”、上海市优质工程“白玉兰奖”、湖北省优质工程“楚天杯”、四川省优质工程“天府杯”以及嘉兴市“南湖杯”奖项90多项，获得全国建设工程质量管理优秀企业、全国工程建设企业社会信用评价AAA级、省先进企业、省信用管理示范企业、省建筑业诚信企业、市建筑业龙头企业等多项荣誉。

浙江博元建设股份有限公司　成立于2000年。2010年，注册资金8180万元，总资产6.17亿元，施工产值28.59亿元，年施工能力60亿元。共有从业人员11520人，其中专业技术人员421人，包括高级职称31人，中级职称132人，一级、二级建造师41人。公司先后取得房屋建筑施工总承包、市政公用工程施工总承包、建筑装修装饰工程专业承包一级资质，地基与基础工程专业施工二级资质，机电设备安装工程施工专业承包、防腐保温工程专业承包三级资质。施工区域辐射江、沪、鲁、湘、津、琼等省（市），形成以海南为核心的外埠市场经营格局，2010年，省外产值达到22.22亿元，企业的外向度为77.7%，列全市建筑行业首位。公司承建的海南三亚凤凰水城A区、B区、C区获得海南省“绿岛杯”优质工程和建筑工程优质结构工程奖；杭州市委党校迁建项目二标段获得省“钱江杯”优质工程奖。承建的山东潍坊金天地大厦总高度达168米、建筑面积11.8万平方米，成为该地标志性建筑。公司还获得创新杯·中国建筑业综合实力百强企业、省先进建筑业企业、省工商信用企业AAA级“守合同、重信用”单位、浙江知名商号、省建筑业诚信企业、省公众满意质量诚信双优单位、海南省企业信用等级AAA级、嘉兴市建筑业龙头企业等。

浙江嘉兴福达建设股份有限公司　创办于1970年，2001年改制为股份制企业。2010年注册资金1.23亿元，总资产3.98亿元，施工产值12.9亿元，年施工能力40亿元。共有从业人员5000人，其中专业技术人员380人，包括高级职称23人、中级职称120人，拥有各类建造师226人。公司具有房屋建筑施工总承包、市政公用工程施工总承包一级资质，建筑装修装饰、地基与基础专业承包二级资质，体育设施场地、土石方工程、城市园林绿化三级资质。下设湖州银河房地产发展有限公司、滨海福达置业有限公司等4家子公司，施工范围辐射江浙鲁皖等省。公司全面实施ISO 9001质量、ISO 14001环境、GB/TB28001安全管理“三合一”体系，对工程质量精益求精。公司承建的福地广场工程、嘉兴教育学院迁建工程、四川青川县房石学校工程获得省“钱江杯”优质工程奖。公司先后获得省建筑业诚信企业、省信用AAA级“守合同、重信用”单位、市建筑业龙头企业等。

装修装饰企业

20世纪80年代以前，嘉兴无专业的建筑装修装饰施工企业。90年代初，建筑室内外装修材料、标准和施工工艺发生显著变化，尤其是一些公共建筑装修装饰的需求已成为时尚，带动了装修装饰材料工业的发展，促进了装修装饰施工队伍的成长，1992年8月，境内首家股份制建筑装修企业嘉兴嘉美广告装璜联合公司，首家中外合资装修装饰企业嘉兴克林斯普装饰有限公司同时创建。2010年年底，全市共有专业建筑装修装饰企业76家，其中区属27家。

2010年区具有资质等级装饰企业情况表

表20-3

企业名称	所在地	企业等级	资质类别	增项
浙江雅迪装饰工程有限公司	南湖区	一级	建筑装修装饰工程专业承包	建筑幕墙工程设计与施工一体化二级
嘉兴市远洋广告装饰工程有限责任公司	南湖区	一级	建筑装修装饰工程专业承包	—
嘉兴市方舟装饰工程有限公司	南湖区	一级	建筑装修装饰工程专业承包	建筑幕墙工程专业承包三级
浙江大都市装饰有限公司	南湖区	一级	建筑装修装饰工程专业承包	—
浙江华耀装饰工程有限公司	南湖区	一级	建筑装修装饰工程专业承包	—
浙江年代装饰工程有限公司	南湖区	一级	建筑装饰装修工程设计与施工一体化	建筑幕墙工程设计与施工一体化一级、消防设施工程专业承包三级、建筑智能化工程专业承包三级
嘉兴市恒诚装饰工程有限公司	南湖区	一级	建筑装饰装修工程设计与施工一体化	建筑幕墙工程设计与施工一体化一级
嘉兴市互动传媒策划代理有限公司	市区	三级	建筑装修装饰工程专业承包	—
嘉兴市华立装饰广告有限责任公司	市区	三级	建筑装修装饰工程专业承包	—
嘉兴嘉安装饰有限公司	南湖区	三级	建筑装修装饰工程专业承包	—
嘉兴市阳光广告装潢有限公司	南湖区	三级	建筑装修装饰工程专业承包	—
嘉兴市地盛装饰工程有限公司	南湖区	三级	建筑装修装饰工程专业承包	—
嘉兴市新都装饰有限公司	南湖区	三级	建筑装修装饰工程专业承包	—
嘉兴市金桥装饰有限公司	南湖区	三级	建筑装修装饰工程专业承包	—
嘉兴市思维装饰广告有限公司	南湖区	三级	建筑装修装饰工程专业承包	—
嘉兴市集典装饰有限公司	南湖区	三级	建筑装修装饰工程专业承包	—
嘉兴市花旗装饰工程公司	南湖区	三级	建筑装修装饰工程专业承包	—
	南湖区	三级	建筑装修装饰工程专业承包	—
嘉兴市远锦装饰工程有限责任公司	南湖区	三级	建筑装修装饰工程专业承包	—
嘉兴市新亚装饰有限责任公司	南湖区	三级	建筑装修装饰工程专业承包	—
嘉兴市亿路峰装饰有限公司(原:嘉兴市赛路峰装饰有限公司)	南湖区	三级	建筑装修装饰工程专业承包	—
嘉兴市鸿泰装饰有限公司	南湖区	三级	建筑装修装饰工程专业承包	—
嘉兴市伟唐装饰有限公司	南湖区	三级	建筑装修装饰工程专业承包	—
嘉兴市嘉科后勤有限责任公司	南湖区	三级	建筑装修装饰工程专业承包	—
嘉兴华豪装饰工程有限公司	南湖区	三级	建筑装修装饰工程专业承包	—
嘉兴市津绘装饰工程有限公司	南湖区	三级	建筑装修装饰工程专业承包	—
嘉兴市金龙门装潢工程有限责任公司	嘉兴经济技术开发区	三级	建筑装修装饰工程专业承包	—

第二节　建筑管理

历代的建筑管理，除官府主持的工程由官府监管外，民间自建者无人管理。历朝官府都把世代相传、技艺精湛的建筑工匠列入特种户籍——“匠户”。清代中后期，由于“匠籍”身份的取消和鲁班殿、张班庙的建立，始有泥木作作为建筑专门行业出现。

清光绪二十一年（1895）后，随着钢材、水泥等新型建材的应用、西洋教会建筑的出现和工业建筑的兴起，带有资本经营方式的营造业应运而生，一些实力较强的泥木作转为营造厂。泥木作承包有点工、包工、包工包料等形式。民国初期，县设实业科、工务所等机构，对营造商用工程投标招标方式管理。1946年，嘉兴县泥木工会和同业公会成立，初步形成建筑市场。解放前夕，县城有营造厂、泥木作坊等建筑经营商96家，泥木工人700人。

解放后，组织建筑工人进行生产自救，整顿营造业。1953年4月，国营嘉兴建筑工程公司成立，泥木作进行经济改组。20世纪60年代，农村建筑队伍迅速发展，公社手工业服务社开始管理农村泥木工匠。进入70年代，公社建筑队纷纷成立，成为嘉兴建筑业的生力军。改革开放后，嘉兴建筑业进行一系列改革实践，经历了从小到大、从弱到强、从单一到综合的发展过程，逐步建立起勘察、设计、施工、咨询服务、建筑构配件、商品混凝土等门类比较齐全的行业体系，竞争、开放、统一、有序的建筑市场逐步形成，规范、高效、服务的建筑管理体系初步建立，适应社会主义市场经济的产业队伍逐渐壮大。

管理机构

2000年6月设立区建筑业管理处，同年10月12日区工程质量监督站成立，2003年建立由各施工单位参加的安全生产协管员队伍。2006年，设立区工程安全监督管理站，挂牌于工程质量监督站。

2006年，区建筑业管理处重点抓“一制二牌”，即“建设工程安全生产风险抵押金制度”“建筑民工维权告知牌”和“建筑业民工工资公示牌”的建立和全面实施。

招投标管理

1923年，嘉兴县公署建立辟城工程事务所，在玄妙观东增辟城门，于1月登报招标，为嘉兴有文字记载之首例招标工程。1927年嘉兴县拆城筑路委员会于8月11日招标拆除城墙，年底有石永顺、苏州常厚记营造厂，以标价银洋10111元中标。1948年12月，省卫生处在嘉兴招标建地方病防治医院。

解放后，建设任务实行计划管理。1989年1月1日起，嘉兴列入国家、省、市计划批准新建、扩建总建筑面积在2000平方米以上或总造价在40万元以上的建设项目实行招标。区建设项目由市进行招标。经审查具备承担相应技术资质等级和能力的，不受所有制、隶属关系和地域限制，均可参加本市招标。

1991年，全市共办理各种招投标工程项目145个，建筑面积27.3万平方米，造价8487.7万元。此后对招标投标的范围和监督机关和办法作了多次调整。1998年，市制定《嘉兴市建设工程招标文件》，当年9月开始执行。2000年，市建委举办7期由施工企业、建设单位、监理企业和咨询单位700余人参加的培训班，制订嘉兴市区建设工程项目施工招标投标的规范性文件，完善招投标制度；同年10月1日开始，市区水利、电力、交通、电信等专业工程全部进入市建设工程交易中心进行交易，实现应该进场交易的工程100%进场交易的目标；应招标工程招标率为100%；应公开招标工程公开招标率达99%以上。

2003年后，市本级的建设工程招投标工作统一进入嘉兴市审批办证服务中心招投标中心运作。

2004年，区设立工程招投标管理处，全面推行招投标代理制度，并在实施过程中与纪检监察部门一起把关，依法查处各种违规行为。当年，区工程项目应招标率和公开招标率实现了2个100%。

2005年5月1日起，凡关系社会公共利益、公众安全的基础设施的项目；关系社会公共利益、公众安全的公用事业的项目；使用国有资金投资的项目；国家融资的项目和使用国际组织或者外国政府资金的项目，必须统一进入市招标投标中心进行公开交易。当年，全区55个项目通过招投标代理机构办理，项目面积83.26万平方米，造价7.25亿元。

2008年，全面推行建设工程合同网上备案制度，完善推广建筑企业IC卡身份认证管理系统，推出IC卡自助报名系统，建设建筑业信息化统一信用平台。2010年，市加强建设工程招投标工作的动态管理，全市连续多年实现应招标工程招标率和应公开招标工程公开招标率2个100%。同时，扩容升级建筑企业IC卡身份认证管理和IC卡自助报名系统。

资质管理

1946年11月，国民政府对泥木作进行注册登记，对原有的营造厂重新进行资历审查，分4等，规定各等营造厂承包工程范围。1949年12月5日，市政府对私营营造厂首次登记。1950年11月，整顿泥木作，办理验资换发新证，按资质一、二、三等进行逐户登记。

1956年年底，随着私营营造业的退出，开始划分县国营、集体建筑企业。1978年，又分为全民、县以上集体、城镇集体、县社队联合施工企业和农村建筑队等。1984年3月，对建筑企业实行资质动态管理和年检制度。建筑企业技术资质等级分为一、二、三、四级和四级以下。一级企业由建设部审批；二、三级企业由省建设厅审批；四级企业由市建设局审批；四级以下企业由县（市、区）建设局审批。1986年起，对混凝土建筑构件生产企业进行技术资质审查，核发资质证书。

1989年10月起，嘉兴市依据国家、省规定和标准，结合企业规模、技术和施工业绩、信誉等情况进行资质复查，理顺勘察设计单位资质审查关系和行业归口管理。

1991年，市建委对全市具有四级以上资质等级的企业进行资质年检，此后每年年检，实施资质动态管理。1997年，开展对农村建筑工匠培训和承包资质考核发证工作，实行持证承包，并进行年检年审。1999年，试行注册建筑师、结构师执业制度。2001年，开始混凝土建筑构件企业与建筑施工企业一起进行资质就位审查。

2002年，市建设局对全市238家建筑施工企业按新的资质标准重新就位，达标企业202家。同年，对全市45家勘察设计单位按专业分类进行资质年检。2005年，市实行资质审查过程公开管理权限、公开审批条件、公开审批程序、公开审批标准，建立企业资质管理系统。

2007年区有建筑施工企业40家，其中一级专业承包资质1家、二级总承包资质4家、二级专业承包资质4家。2008年，区域内协和建设有限公司首次成功晋升建筑施工总承包一级资质。随后，每年有2家企业成功晋升。2010年，境内建筑施工企业发展到95家，其中一级总承包资质5家、一级专业承包资质5家、设计施工一体一级资质2家；二级总承包资质6家、二级专业承包15家，一、二级资质企业占比上升到35%。在2010年评选出的嘉兴市建筑业重点企业中，南湖区占有8席。

项目经理资质管理

1992年7月，市建立施工企业项目经理资质管理制度。1998年10月，市成立建筑施工企业项目经理资质考核委员会，年底，全市有资质项目经理943名。2007年，有资质项目经理4889名。2010年有注册类人员5185名，其中一级注册建造师1042名、二级注册建造师2570名、其他注册类人员1573名。

质量监督管理

解放前，嘉兴城内没有工程质量监督机构，但古代建筑匠师对建筑材料和建筑施工，分别自有一套相应的质量衡量标准和做法。

1963年，在嘉兴的浙江省第五建筑工程公司全面实施部颁工程质量标准，工程质量优良率分别为86%和84%。1984年10月，市建筑工程质量监督站成立，监督工程竣工验收，对预制建筑构件和商品混凝土质量进行监督。1986年9月，嘉兴市建筑工程质量检测中心成立。1991年对68个建设项目进行质量监督。2000年，市质量监督部门在市区监督182个建筑工程，建筑面积99.3万平方米。同年10月，区工程质量监督站成立，负责区域内的工程质量监督工作。

2000年以来，全区建筑工程质量整体水平不断提高，年交付使用的工程合格率100%，2001—2009

年，共创“钱江杯”优质工程奖11项、“南湖杯”优质工程奖16项。2010年，又有7个土建(市政)工程被推荐参加市级的优质工程评选，4个工程申报省建筑节能示范项目。

区建设行政主管部门协助企业研究制定区域建筑业外拓发展等工作方案和措施。2006年，南湖区签下省外施工第一单7000万元；2007年实现省外产值5818万元；2008年省外产值1.2亿元；2009年省外产值3.36亿元；2010年实现省外产值8亿元。

2010年7月，市建筑管理部门制定嘉兴市区建设工程结构实体质量抽样检测规定，全区实行新标准对建筑工程中的混凝土强度、现浇板厚度、钢筋保护层厚度、建(构)筑物沉降观测、建筑物垂直度和市政工程中的道路路基强度、面层强度及厚度、桥梁混凝土强度等进行抽样检测。

安全生产管理

解放前，营造厂无任何劳动保护措施，建筑工人作业条件非常恶劣。解放后，政府颁布法令、法规实行劳动保护，改善劳动条件。

1977年，国家建委发文规定必须严格执行安全生产责任制，安全生产技术措施，安全生产季、月度检查，调查处理伤亡事故等5项制度。1979年建筑施工企业按职工总数2%~3%配备专职安全员。1989年7月、8月，全市开展建筑施工企业安全大检查，召开建筑企业安全生产会议，当年全市伤亡事故率同比下降37.5%。

1993年前，建筑业安全生产由市城建局成立的安全生产管理办公室管理。3月，市建筑安全监察站成立，主要负责对建筑、安装、装饰施工企业执行劳动保护法规、规定情况进行监督和检查。1996年年底，全市基本形成两级监察、双层控制的行业安全管理局面。全市建筑行业形成一个市抓县、抓片，片抓企业，企业抓科室，纵向到底，横向到边较为完善的安全管理体系。

2000年，全市城建部门执行建设部《建筑施工安全检查标准》，组织16期贯彻学习班。2004年，市加强建设工程日常巡查和各项专项检查工作，特别是对高空坠落、施工触电等多发性事故进行专项整治。2005年，实施建筑施工企业安全生产许可证管理。2006年后，市建筑业管理部门颁发一系列安全生产管理法规，在全市范围内推行建筑工程数字化管理系统。2009年下半年，市建筑业管理局建立市区建设工程安全生产巡查制度，开展安全生产巡查，对市区在建的房屋、市政和装饰等工程进行不定期或定期随机检查，原则上每周1~2次，每季度通报巡查情况，并将巡查结果作为考核各方责任主体建筑施工安全管理工作成效的重要依据。

2004年至2010年8月期间，全市共发生建筑安全生产事故37起，死亡38人。其中2010年全市发生建筑安全生产事故2起，死亡2人。

2000年开始区根据中央、省、市安全生产法律法规，推进企业安全文化建设，推进重大危险源备案制度，推广远程电子眼监控手段，建立安全执法联动系统，增强责任意识，严格审核程序和标准，推进平安工地建设和文明施工管理，推进标化工地建设。通过安全知识竞赛、现场安全事故演练等形式，营造施工企业“关爱生命、关注安全”的舆论氛围。出台南湖区建设工程领域数字化工地管理实施办法，对施工安全状况做到动态监管、随时监控。至2010年年底，市区150多个重点建筑工地全部安装电子眼进行监控，实现各级监控网络的联网。2000—2010年全区没有发生重大安全生产事故。

造价管理

民国时期，嘉兴建筑业无预算定额，沿袭传统估算报价方式，以“工三料七”再加上营造厂(泥木作)的利润，构成“合同包价”。

1953年，嘉兴建筑工程以《华东区建筑工程概算定额》和《华东区工程费用临时取费标准》定额、标准为依据。1954年8月，国家计委颁发《工业与民用建筑设计及预算编制条例》和《建筑工程预算定额及取费标准》明确规定，施工企业承建工程时，必须先按施工图编制工程预算，经审定后作为签订承包合同之依据。此后，嘉兴建筑业造价纳入法定标准轨道。1984年12月，成立市建筑定额站，行使政府对全市勘察设计、建筑安装、市政园林等方面的概预算定额和建筑安装工程材料预算价格监督管理。

1989年，建材价格浮动频繁，测算调整万元定额价格指数，以后几年，均适时编制材料预算价格，修编万元定额，调整万元定额价格指数。1995年，市建筑定额站制定《嘉兴市建设工程新老计价依据实施过渡办法》。同年实行建设工程类别审查制度，执行属地与分类管理相结合的规定。2000年1月1日起，开始施行《嘉兴市建设工程竣工结算管理暂行规定》，标志全市工程造价管理工作进入新阶段，工作职能也从工程预算管理扩展到工程结算审定。同年，市造价管理部门开通嘉兴造价管理网络。

2008年第2季度开始执行嘉兴市人工市场信息价和建筑工种人工成本信息价。同年，嘉兴市部分建筑材料、人工价格出现持续异常波动，超出项目业主单位及施工单位能正常预见的承担风险范围，并影响到政府投资项目的正常建设。8月15日，市建设工程造价管理站发文以确保政府投资项目工程质量和进度，合理分担各方风险和确定工程造价。

2010年，市建委与市工商行政管理局联合召开建设工程合同网上备案现场交流会，推行建设工程合同网上备案制度，以此加强建设工程造价管理。当年南湖、秀洲两区网上备案施工合同99个，监理合同49个。

第二章　建筑设计和施工

第一节　建筑勘察设计

进入20世纪70年代，县成立专业的勘察设计机构。1996年2月，市建筑设计院晋升为建筑工程设计甲级资质，成为全市首家具有建筑工程设计甲级资质的企业。2010年，全市有勘察设计单位44家，其中南湖区8家。

勘察

解放前，嘉兴无勘察专业机构。20世纪70年代，市成立专业的勘察机构。90年代以前，嘉兴市本地注册的工程勘察单位无甲、乙级资质，一些高层建筑地基勘察由市外勘察单位承担。2008年，浙江省海北勘察股份有限公司成为嘉兴市首个工程勘察专业甲级资质单位。至2010年，在市区注册的8个勘察企业有工程技术人员219人，其中高级职称60人。

设计

民国时期，县政府设建设科，从事简单的道路、桥梁等市政工程设计，无设计专业机构。嘉兴的公共建筑和工业厂房由上海等大城市的建筑事务所设计。解放初期，嘉兴没有设计机构，嘉兴建筑工程公司内设的设计室，成为嘉兴最早出现的设计机构。

20世纪50年代至60年代末，嘉兴的建筑设计人员在设计制图时，使用的工具是三角板、丁字尺、计算尺和算盘等。70年代以后，一些设计单位开始使用电子计算机。1978年11月，嘉兴县建筑规划设计室挂牌成立。1984年12月，嘉兴市建设设计院建立。1991年，全市建设设计单位推广运用计算机辅助设计（CAG）。1996年2月，嘉兴市建筑设计院成为嘉兴市首家具有建筑工程设计甲级资质的企业。1991—2010年，全市建筑设计有49个工程项目获得省（部）级优秀建筑设计奖。由浙江宏正建筑设计有限公司设计的嘉兴市广播电视中心、华庭街综合楼等4个项目先后获得省“钱江杯”优秀设计二等奖。

工程监理

1996年9月，全市首家监理单位——嘉兴市工程建设监理事务所成立，1997年监理工程建筑面积20.9万平方米，市政道路10.58千米，桥梁6座，监理总造价3.97亿元。2010年年底，全市有监理单位22家，其中南湖区3家。

区工程监理单位介绍

浙江天律工程管理有限公司　原为嘉兴市天立工程监理咨询有限公司，2004年成立，主要从事以控制工程建设的质量、安全、进度投资为目标的工程监理以及工程技术咨询服务。公司组成主要由各专业施工管理经验丰富的高、中、初三级专业技术人员。2008年11月，公司通过ISO 9001质量管理体系认证，系省监理行业协会团体会员。至2010年已取得房屋建筑工程监理乙级、市政公用工程监理乙级、人防工程监理丙级等资质。2008年5月监理的大桥镇卫生院综合楼工程获2007年度市南湖杯。翡翠花园3号楼工程、南湖投资大厦工程、浙江新正方实业股份有限公司大楼工程等均获2010年度优质结构工程奖。

浙江利恩工程设计咨询有限公司　原嘉兴市利恩工程设计咨询有限公司，2010年1月成立，取得房屋建筑工程监理乙级资质，主要从事相应类别建设工程的项目管理、技术咨询等业务。公司成立当年监理的项目有嘉兴正楷工艺品有限公司厂房工程、嘉兴佑威复合材料有限公司厂房及办公楼工程、西部圣堡园二期工程及配套附属工程，东海橡塑工业附属用房工程等。

驻区甲级监理企业选介

浙江嘉宇工程管理有限公司　前身为嘉兴市工程建设监理事务所，1996年9月成立，先后更名嘉兴市建工监理有限公司、浙江嘉宇工程管理有限公司，是浙北地区首家获得建设部甲级监理资质单位。年均承接业务能力30亿元以上。为中国民族建筑研究会常务理事单位、省建筑业协会和省建设监理协会的理事单位。下设11个分公司和3个代建部。从业人员383人，其中获部、省级监理工程上岗证书的105人，高级工程师23人、工程师125人、经济师5人。10多年来，经公司监理的工程项目合格率为100%，其中获国家优质工程1项，获浙江省“钱江杯”优质工程奖30余项，获嘉兴“南湖杯”优质工程奖60余项。

浙江经建工程管理有限公司　成立于1998年5月，下设房建第一至第四、市政、安装项目管理部，工程代建部以及9个分公司，从业人员250余人，专业技术人员占公司总人数的95%以上，其中高级职称18人、中级职称62人。在已竣工和监理项目中，工程质量合格率达到100%，其中获国家“鲁班奖”项目1个、国家优质奖项目2个、省“钱江杯”奖项目22个、四川省“天府杯”奖项目2个、嘉兴市“南湖杯”奖项目65个、浙江省“优秀安装质量”奖项目1个、省“装饰工程金奖”项目3个。

嘉兴市禾城工程监理咨询有限公司　成立于1998年3月，是省高级人民法院核准的进入市各级人民法院司法鉴定人（建筑工程造价）名册的综合性企业。有从业人员260人，其中专业技术人员242人，有高级职称24名、中级职称54名。10多年来，公司先后获得市政道路国家金奖1个、省“钱江杯”优质工程奖4个、嘉兴“南湖杯”优质工程奖34个。

浙江建业监理有限公司　成立于2000年11月，是由嘉兴市土木建筑学会创办的经济实体，2003年改制为具有独立法人资格的股份制企业，是浙江省监理协会理事单位。有从业人员150人，其中高级职称36人、中级职称82人。在监理项目中，有2项工程获得省“钱江杯”优质工程奖，1项市政工程获得浙江省市政金奖，18项房建、市政和园林绿化工程获得嘉兴市“南湖杯”优质工程奖。

浙江嘉元工程监理有限公司　成立于1998年5月，公司设有直属监理项目部，并在桐乡等7个地方设监理项目部。有从业人员116人，其中专业技经人员77人，包括高级职称13名，中级职称42名。至2010年已累计完成各类监理项目300余项。监理项目先后获得13项嘉兴市“南湖杯”优质工程奖，4项省“钱江杯”优质工程奖、1个詹天佑优秀住宅小区奖。

第二节　建筑施工

概况

古代建筑施工，能工巧匠技术多不外传。多数是以木构架结构为主的传统建筑施工，清末民初始有钢筋混凝土结构施工。木工分大木构架和小木装修，工具为斧、刨、锯、凿等。泥工工具为泥刀、铁板、木蟹等，沿用至今。施工时，由工师画出十分之一梁柱尺寸图，然后将一丈长的竹子劈为二，泥、木工各执一爿，以尺准丈，不逾分许，据此施工。

解放后，建筑经历了传统木架结构、砖木结构、混合结构、混凝土框架结构、预应力混凝土及高层、大跨度结构5个演变过程。其施工技术和施工方法也由手工操作逐步向半机械化、机械化发展，日趋现代化。工业设备、电气、锅炉、管道安装等从无到有，建筑构配件生产实现工厂化。

20世纪90年代以后，房屋建筑结构由简单向复杂、低层向多层和高层、小跨度向大跨度、小空间向大空间、地上向地下发展，建筑施工也由传统向现代、单一向多样、粗放向集约演变，大量新工艺、新技术、新设备、新材料的推广应用，推动建筑施工技术进入一个全新的发展阶段。

基础施工

解放初期，基础施工靠传统人工挖土、打木夯的办法。1958年前后建的厂房，采用独立柱基与条型基础，利用天然地基，之后基础处理逐步由混凝土所代替。一些能适应不同地质的新型基础施工技术随之产生。

砂垫层基础　1964年嘉兴毛纺厂扩建染整车间，采取换土填砂的施工技术，砂垫层基础虽有防震和传至粘土下卧层之荷载较小、以及取材方便的优点，但费时费工，质量较难控制，对软土层较厚的工程难以施工。

重锤夯实地基基础　用铸铁做成重1吨的圆形铁饼，用设备吊高4米左右，自由落下，夯实地基。不挖土，就能达到提高土壤承载力的作用。

配筋砖薄壳基础及无基础砖墙　1971年，在承建嘉兴冶金机械厂18米跨金属零件仓库工程中，推广配筋砖薄壳基础及无基础砖墙基础施工新工艺。

桩基础　传统桩基础有两种，一种是木桩基础，用于部分沿河建筑等。另一种如宋代建真如塔时，采用直径12米的砖砌梅花桩基础。20世纪50年代以前，嘉兴的桩基础施工均由人工操作。1961年，用10米的整体式木桩架，配1吨快速卷扬机，采用落锤式打桩。进入70年代后，逐步推广应用钢筋混凝土预制桩、复打套管混凝土灌注桩新技术。随着高层建筑增多，一些能适应不同地质条件的新型基础施工技术随之产生。钢筋混凝土预制方桩、预制空心方桩、较大直径的钢筋混凝土钻孔灌注桩等在建筑基础工程中使用。市区惠肯大厦主楼采用的是24.5米长，共300多根钢筋混凝土预制方桩。2000年以后，预应力管桩在嘉兴得到普遍使用。2009年后，插筋长螺杆钻孔施工工艺在嘉兴出现，被评为2010年省级工法。

深基坑支护　20世纪90年代，深基坑开挖与支护技术得到前所未有的发展和应用。市区惠肯大厦地下一层，基坑深6.5米，采用混凝土预制方桩局部带拉锚作为支护结构，这是嘉兴最早应用深基坑支护技术的工程之一。嘉兴国际中港城工程，地下2层深9米，采用水泥搅拌桩十钻孔灌注桩十环形混凝土内支撑支护结构。旋喷锚桩是近年来新兴的一种基坑支护技术，该技术创造性地与高压旋喷技术结合起来，使水泥与土的拌合更均匀，水泥土桩直径加大，桩身强度大幅度提高，具有良好的变形控制能力和较高的稳定性。

主体结构施工

20世纪50年代前为砖木结构，后期逐步有砖混结构出现，并向3层发展。到70年代后期，部份采用框架结构，90年代后房屋建筑向砖混结构、排架结构、钢筋混凝土结构发展。

在传统木构架结构为主的年代，除木板墙、竹编墙、板条抹灰墙墙体仅起围护作用外，其余均作承重墙。砖混结构时期，墙体砌筑为各类房屋建筑中的主导，传统的砌砖方法有“坐浆砌”和“刮灰砌”二种，1970年推行“单面蜕尺砌砖法”。80年代后的近10年，在结构上广泛采用内框架砖墙承重，在90年代后，房屋建筑的墙体已有单一的实心粘土砖向多种形式的墙体材料发展。最早出现的是混凝土小型砌块和蒸压加气混凝土砌块，在三水湾小区、西马桥小区等住宅工程和一些公共建筑与厂房工程中得到推广应用。90年代中期，多孔粘土砖、大孔粘土砖大量应用，2009年起开始推行商品砂浆用于墙体砌筑，现场拌制砂浆的历史逐渐终止。

混凝土与钢筋混凝土施工

混凝土应用于工程，始于清光绪二十八年(1902)的教会建筑和光绪三十三年(1907)的火车站建造，1932年才有现浇钢筋混凝土四层框架结构的国货公司。解放初期混凝土与钢筋混凝土施工仅用于少数工业和公共建筑。1958年建造冶金机械厂金工车间时，开始采用现浇混凝土基础，现场预制钢筋混凝土屋架方法。由市第一建筑工程公司1959年11月完工的嘉兴秋泾桥立式圆筒粮仓，由40个联体仓群组成，采用钢筋混凝土筒壁施工，筒顶铺瓦（圆攒尖式），高32米，可容纳稻谷9500吨。20世纪80年代，地区建筑工程总公司的预制厂建造自控混凝土搅拌楼，90年代起预应力混凝土已得到广泛应用。1996年，毛纺集团公司精纺二层楼工程，建筑面积1万平方米，其楼、屋面采用连续5跨、每跨17.1米的有粘结部分预应力混凝土结构，采用钢绞线束后张法施工，是当时国内连续5跨跨度最大的厂房工程之一。1998年，市农产品市场交易楼工程，建筑面积6100平方米，柱网9.9米×11.1米，楼屋面均采用大柱网双向无粘结预应力塑料膜壳密肋楼盖。90年代后期，全市第一座年产能力40万立方米的商品混凝土搅拌楼在市建筑安装工程公司混凝土构件厂内建成。

钢筋加工　1962年以前，其工艺均采用传统手工操作成型。1963年，省第五建筑工程公司始有钢筋加工专用设备。20世纪70年代初，市区各主要施工企业相应添置钢筋加工设备，焊接钢筋骨架也普遍应用。随着钢筋冷轧扭机的研发成功，出现了冷轧扭钢筋加工企业。至2010年，在工程中钢筋机械连接技术已广泛使用。

脚手架　解放前的脚手架，竹木混用。解放后以毛竹为主。1959—1960年，推行外挂式金属桁架脚手架和里脚手。进入20世纪70年代以后，出现少量钢竹混合脚手架。1978年以后，全面推广扣件钢管外脚手架。90年代末，毛竹外脚手架退出建筑领域。惠肯大厦主楼施工中采用附着式升降脚手架，又称整体提升式爬架。2000年以后，一般都采用落地式扣件钢管外脚手架。随着高层建筑工程的增多，相继出现悬挑式钢管外脚手架。至2010年，落地式扣件钢管外脚手架和悬臂式钢管外脚手架及其两者的组合，是脚手架工程的基本形式。

运输起重　20世纪50年代的垂直运输 采用工人在脚手架上排成长龙，5块砖一挺，接力传递，谓“传砖”；在脚手架一侧搭设斜道，供工人挑抬行走。1961年，嘉兴冶金机械厂施工中第一次使用金属井字架。由卷扬机传动吊盘沿导轨上下升降，运砖、灰砂等建筑材料。80年代，采用井字架外摇臂与内吊篮并用，后使用国产塔式起重机、附着式外用施工电梯及轮胎吊、汽车吊等。水平运输也从60年代的机动翻斗车改为载重汽车和自卸汽车。90年代初期，建筑工程施工所使用的垂直运输起重设备绝大多数采用井架式卷扬机或称“吊篮”的物料提升机。到90年代中期，动臂式塔机无法满足建筑使用功能，在建造惠肯大厦首次使用80吨米级上回转自升式塔机，塔式起重机已是建筑主体结构施工中的主要起重机械。在高层建筑施工中普遍使用施工电梯，在小高层和多层建筑施工中普遍使用新型物料提升机。

设备安装

设备安装技术　1958年，要求房屋建筑和设备安装齐头并进，安装工艺开始改革，安装内容逐步扩大，除完成工业设备安装任务，还承担民用水电安装任务。进入20世纪70年代，嘉兴建筑业的设备安装技术已基本适应市内建筑安装工程需要。1972年，为民丰造纸厂安装高18米、重20吨的喷放锅1台，创当时单件设备安装之最。1988年，市区专业安装企业开始承包大中型工业与民用建筑设备安装任务。1990年以后，已能承担纺织、造纸、冶金、化工、食品、机械等工业设备安装，具备通风、电气仪表、非标准制作、锅炉、管道等多专业的施工安装能力。90年代中期，已出现建筑智能化控制系统设备安装，90年代后期，消防报警、治安监控、综合布线技术等设备安装已在房屋建筑工程中广泛应用。2000年后，采暖制冷设备安装应用于公用、民用建筑。

管道安装和焊接　管道安装一般采用纯水泥或石棉水泥接口。20世纪60年代后，膨胀水泥、橡皮圈相继问世。在施工方法上，1968年以前，对小口径钢管采用手工冷弯方法，1969年以后，开始采用顶压弯头和火焰加热煨弯新技术；80年代后，嘉兴安装企业对焊接母材和焊条实行质量监督，对焊接成品进行“X”射线无损伤检验。1985年，在嘉兴化工厂电解车间焊接200×20毫米铜牌时，首次应用氩气保护焊接新技术，为嘉兴市铜及铜合金、铝及铝合金的焊接切割解决了技术难题。

第三节　房屋结构和施工

房屋结构

基础　传统的砖基础在1970—1980年代向钢筋混凝土条形基础过渡，还出现了钢筋混凝土独立基础加连系梁结构、钢筋混凝土折板基础。1985—1995年，5~7层的民用建筑采用钢筋混凝土筏板基础。嘉兴地下土层为软土地基，容易造成房屋整体下沉，使砖墙裂缝、屋面漏水，甚至倾斜，1995年后，有部分房屋基础采用水泥搅拌桩。1999年后，4层以上的建筑基础都采用了桩基础，基本上杜绝了房屋的整体沉降。桩体形式也由刚开始的沉管灌注桩、平底大头桩和夯扩桩，改为预应力混凝土管桩，2005年起，开始用预应力管桩静压桩。

抗震设防　1989年前，嘉兴市为不设防区域。是年，嘉兴列入6度抗震区，在这区域内建造的工业与民用建筑都必须按规范设防。1999年10月1日起，规定在建筑结构设计中按规范增加混凝土构造柱及其他抗震措施。房屋建筑取消了空斗墙，规定梯板与阳台板不能用悬挑板。2001年10月1日起，规定在全市所有建筑等楼面、屋面禁止使用预应力圆孔板，全部采用现浇混凝土。2004年，为加强住宅建筑质量，增加了现浇钢筋混凝土板的厚度和钢筋配置。

钢结构　钢结构房屋是一种新型的房屋结构形式，具有建房速度快的特点，在南湖区厂房建筑中有较大市场。半钢结构的房屋由钢屋架、钢桁条、钢大梁、彩钢板屋面、砖墙、混凝土柱组成；全钢结构房屋由钢柱、钢梁、钢屋面、钢沿沟、钢雨蓬组成。

屋面施工

坡屋面为嘉兴地区房屋的传统做法。使用人字木屋架、钢木屋架及钢混屋架。20世纪70年代，预应力钢筋混凝土预制构件广泛运用，平屋面逐渐增多，较多采用刚性防水屋面，由结构层、防水层组成。80年代开始使用新型的屋面防水材料，住宅建筑以遮阳板为主。90年代，屋面工程3种形式：一是在砖混结构的住宅工程中流行钢筋混凝土平屋面，屋面铺设预应力多孔板并浇筑混凝土刚性防水层，上部采用预制混凝土薄板架空层；二是在公共建筑中采用现浇混凝土屋面或跨度较大预应力三孔板，上部采用卷材柔性防水或混凝土刚性防水屋面；三是在工业厂房、仓储建筑中，采用在折线型屋架上铺设预应力大型面板并用卷材进行防水，或采用现浇混凝土屋面进行刚性或柔性防水。柔性防水材料以沥青油毡、SBS改性沥青防水卷材及氯丁橡胶为主。

1999年在建造嘉兴市中央直属粮库时，屋盖采用梁板合一的大跨度拱板新型工艺，每块板长21米、宽1.2米，重7.5吨。90年代后期，随着建筑标准的提高和抗震设防的要求，预应力多孔板屋面被钢筋混凝现浇屋面取代。进入21世纪后，住宅工程钢筋混凝土坡屋面渐成主流，以后轻钢结构突起，在工业厂房中流行彩钢板屋面。在部分大跨度厂房中，预应力混凝土双T板屋面也得到应用，最大跨度可至30米。2005年建成的嘉兴国际会展中心独特的膜结构屋顶，采用高强度柔性薄膜材料与钢结构支撑体系结合，制造出传统建筑难以实现的曲线，造型轻盈活泼，空间通畅明亮。在嘉兴体育馆等大空间公共建筑中，钢网架、钢桁架仍是主要形式。

第四节　装修装饰

外装饰

传统建筑装饰主要是通过屋脊装饰、斗拱结构、石雕、砖雕、木雕、灰塑和彩绘的垂花门、房檐、门楼、大门、花窗、山墙、藻井、影壁、门墩石、门墩狮、门鼓、神龛等来表现的。建筑装饰的主要题材是具有镇宅、辟邪和迎吉纳祥功能的吉祥动物、花卉，或是流行的传统戏曲画、历史故事、吉祥画等。建筑装饰的手法多种多样，有的采取以结构营造美的空间的做法，如错落的山墙和屋脊兽排列装饰，院落的分割和房屋的分布等；有的采取有雕刻、绘画来装饰门窗、房檐、影壁等方式，形成融结构和排列方式于一体、融雕刻和绘画等多种艺术形式于一体的传统建筑装饰之美。

木雕装饰　嘉兴古代建筑以木架结构为主，装饰主要在梁柱头、楣罩、门窗格扇、顶棚、栏杆处进行木雕刻、漆饰等，有的金碧辉煌，富丽堂皇；有的细致考究，精巧玲珑。

砖雕装饰　在青砖上雕刻人物、山水、花卉等图案，谓之砖雕。这是古建筑很重要的一种艺术形式，主要应用于装饰寺塔、陵墓、屋宇等建筑物的构件和墙面。

石雕装饰　石雕，亦称石刻。绝大多数用于陵墓雕刻与建筑雕刻。古代桥梁上也不乏精美的石雕之作。石牌坊是石雕的综合艺术。

门窗装饰　清朝前期门窗装饰也有一些大户有钱人家安装蠡壳窗，民国时期逐步被玻璃窗所取代。

西洋装饰　20世纪20年代初，嘉兴建筑装饰技艺仿效西方，向泥木作装饰转变。如外墙用花色砌砖，内粉刷以线脚等，天主教堂和文生修道院是典型的西方建筑和室内外装饰。

外墙装饰　解放初期，外墙一般为清水墙勾缝，也用草灰泥或纸筋石灰粉刷，少数用粗灰砂粉刷。20世纪70年代始，用水泥砂浆或水泥混合砂浆粉刷。80年代始，除外墙普遍采用石渣类饰面外，以化建材料为主的建筑涂料广泛应用，整座房屋外墙采用喷砂、弹涂或喷涂。80年代中期，出现了拉条抹灰、改革型水刷石、仿泰山石砖等多种装饰形式。80年代后期，一些公共建筑外墙面大量采用马赛克或外墙面砖。90年代中期，在一些高标准的宾馆和金融建筑中，采用玻璃幕墙或铝合金幕墙，底层局部墙面采用干挂花岗岩石板装饰。1993年，开始在部分高层建筑中采用全隐框式玻璃幕墙，曾流行外墙粘贴花岗岩的做法。2008年后，出现以人造仿石材料做饰面的幕墙工程，此前出现铝塑板幕墙，由纯铝板幕墙取代。2009年，部分高层建筑采用镀氟钛的全铝板幕墙，出现了名为“真石漆”的外墙喷涂饰面做法。其他以霹雳砖、土青砖为主的仿古面砖作外墙装饰的做法在公共建筑以及仿古建筑中得到应用。

内装饰

内墙装饰　过去以石灰和水泥为主要原料，施工以湿作业为主。从20世纪70年代中期开始，逐渐从石灰砂浆打底、纸筋灰粉面改为水泥混合砂浆打底，裱糊墙纸，同时应用有机、无机内墙多彩涂料。内墙涂料主要是乳胶漆和106涂料。墙纸有塑料、化纤、棉质等；薄型、厚型，平面和凹凸面等，在80年代已广泛应用公共建筑和家庭的装璜。以后，在一些公共建筑和高标准住宅中镶贴大理石、花岗岩、陶瓷釉面砖及木质胶合板。门窗周边加做细木门窗套，墙面选项用各种木制或石膏制线条和花饰。现代装饰在内墙装饰施工中，轻钢纸面石膏板隔断，釉面砖、花岗石以及装饰型材、线条、玻化砖、壁纸、软包等得到广泛应用。

楼地面装饰　楼地面装饰采用2次水泥砂浆抹面，后来改为细石混凝土一次抹面，高档建筑广泛使用水磨石地面，具有平整、光滑、美观及耐磨性好等优点。塑料地板从20世纪60年代后开始使用。薄型硬木地板有直条、芦席纹、人字型等拼接形式，另有复合材料地板和实木地板，在80年代开始深受办公室和家庭用户的欢迎。80年代后流行涂料地面、彩色水磨石以及块材地面，块材主要有陶瓷大理石和花岗石等。

顶棚装饰

20世纪80年代前，顶棚装饰传统做法是木龙骨钉板条，湿作抹灰。之后发展为轻钢龙骨吊平顶。轻钢龙骨呈倒“T”形，有用薄壁型钢镀锌而成，也有用铝合金压制。在饰面上有加铺钙塑板、纸面石膏板、木质胶合板、矿棉吸音板、金属装饰板等。随着装饰技能的发展，顶棚装饰开始出现不同的表现形式和制作方法，主要有：凹凸式吊顶：是指表面具有凹入或凸出构造处理的一种吊顶形式，它常常与灯具搭接使用。悬吊式：是将各种板材、金属、玻璃等悬挂在结构层上的吊顶形式，常用于宾馆、音乐厅、展馆、影视厅等吊顶装饰。井格式吊顶：是利用井字梁为顶面造型所制作的假格梁的一种吊顶形式。玻璃式顶面：是利用透明、半透明或彩绘玻璃作为室内顶面的一种形式。可以作成圆顶、平顶、侧面顶等形式，从材料上分，有塑钢吊顶、铝扣板吊顶、夹板吊顶、烤漆铝扣板吊顶、软膜吊顶等。进入21世纪以后，开始出现集成吊顶，就是将吊顶与电器制作成标准规格的可组合式模块，安装时集成在一起。

第五节　建筑材料

石料砖瓦

嘉兴的建筑材料生产主要集中在石料、砖瓦、水泥、胶合板等。境内主要是砖瓦、水泥、水泥制品及门窗的制作影响较大。

石料　境内的石料生产主要由海盐等地采石场供石料。1969年11月，境内唯一一座石头小山，千年名胜胥山被开山取石，历经开采10年左右时间，胥山变成深达10多米水潭。

砖瓦　明嘉靖年间，嘉善窑业兴旺。明万历年间，干窑等地有窑墩1300余座。1930年为最兴盛时期。1952年3月，嘉善组建浙江砖瓦一厂和嘉兴县有私营砖瓦厂合并为嘉兴砖瓦厂。1959年2月，嘉善制砖二厂并入嘉兴砖瓦厂。1969年4月，嘉兴砖瓦厂创建的第一座24门轮窑投产，1974年土窑全部停烧，1976年9月增建87米双孔隧道窑，5000型制砖机及60米人工干燥室等设施。

20世纪70年代，乡办砖瓦企业兴起，南湖砖瓦厂、余新砖瓦厂是境内较早建厂的企业，境内各乡大多办有砖瓦厂，其中规模较大有南湖砖瓦一厂、二厂，凤桥、新篁、曹庄、七星、净相、新丰砖瓦厂。

2004年11月，对全市粘土砖瓦企业按照总量控制、限期转产和淘汰的原则进行专项整治。2006年底，每个建制镇只保留1个(座)粘土砖瓦企业(窑)，严格控制粘土砖瓦产量；到2007年年底，所有粘土砖瓦企业停止生产砖瓦。

水泥　1958年大办工业时，嘉兴首创土法生产水泥的小厂，后因质量低劣先后停办。1971年，嘉兴水泥厂、建设水泥厂等水泥厂建成。1975年乡镇办水泥厂崛起，嘉兴新丰水泥厂、嘉兴芽芽水泥厂规模较大。2010年，全市累计完成水泥产量1683.88万吨，其中散装供应1395.31万吨，全区水泥产量286.23万吨，其中散装供应255.27万吨。

支撑围护体系与模板

始于20世纪50年代的杉木脚手架、木模板，沿用到70年代中期。90年代初期，从日本引进的组合定型小钢模体系，使用方便、周转次数多、耐久性好、易于拼装，可用于楼板、梁、柱等RC构件。同时采用低价木制多层板及木方子来制作模板。毛竹是传统建房脚手架材料，随着房屋建造层次的增高，钢管逐步取代了毛竹。RC现浇楼板的立柱从90年代中期开始普遍采用钢管，有专用模板立柱或利用碗扣脚手架、扣件钢管架作支撑杆件，端头设有可调节的丝口调节器。2003年1月1日起，全市所有建筑工地禁止使用毛竹脚手架，全部采用钢管脚手架；同年为防止建筑施工人员高空坠落，绿色环保安全网进入建筑工地。

墙体材料

传统墙体材料　古代墙体为青砖、泥坯墙、木板墙等，城内楼房墙体主要是青砖，20世纪60年代后期开始使用八五红砖，80年代改为符合国家标准的九五红砖。1988年后，开始限制使用粘土实心砖，由粘土多孔砖替代。2004年起，境内所有建筑工程禁止使用实心粘土砖，推广使用混凝土实心砖、蒸压灰砂砖等非粘土类新型墙体材料。隔墙材料原先都使用板条墙和泰柏板墙，2000年后，改用加气混凝土砌块和石膏板墙。

新型墙体砖类　“十一五”规划期间支持和鼓励发展的产品砖类有混凝土砖、蒸压灰砂砖、粉煤灰砖等，块类和板类有混凝土小型空心砌块、轻集料混凝土小型空心砌块、石膏砌块以及蒸压加气混凝土板、GRC板、纤维增强低碱度水泥建筑平板、金属面夹芯板、纤维增强硅酸钙板等非承重产品。

2010年，嘉兴市新型墙体材料企业已有91家，其中境内有29家。

屋面材料

斜屋面　砖木结构房屋多为斜屋面，所用屋架最早为全木屋架，20世纪60年代后期改为木屋架钢筋拉杆和混凝土拉杆加型钢拉杆。80年代后流行混凝土折线型屋架，后期又采用钢屋架。2000年后一般采用型钢大梁。斜屋面所使用材料为木檩条上钉木椽子，瓦板上铺小青瓦；也有椽子上挂瓦条固定，铺平瓦。21世纪始斜屋面采用现浇钢筋混凝土上挂瓦。

平屋面　房屋多为砖混结构和框架结构，分刚性屋面和柔性屋面。20世纪80年代前多为刚性屋面，为预制圆孔板，铺钢丝网片加细石混凝土，上面砌砖墩，铺水泥隔热板；90年代后均采用柔性屋面，现浇钢筋混凝土，隔热板也被新型保温材料所替代。

混凝土材料

散装水泥　1990年以前，大部分工程使用袋装水泥。之后，所有建筑工地均设有散装水泥桶，由各检测中心提供混凝土级配比例，现场用搅拌机进行拌制。

商品混凝土和砂浆　2003年开始，境内先后成立芽芽、南湖、中联、鑫桥、龙业、矗娃6家商品混凝土生产企业，年产量超300万立方米。2009年7月1日起，凡城市规划区和中心镇以上规划区域范围内施工现场，禁止现场搅拌混凝土。

第六节　建筑材料制品

水泥制品

1953年，嘉兴地区建筑公司首次生产水泥制品。1969年，市第一建筑工程公司创办水泥石棉瓦生产车间，几年后成为当时浙北地区最大的石棉水泥制品厂。20世纪70年代后期，乡办水泥制品厂开始发展。90年代，大批水泥制品厂、场、点兴起。1993年，嘉兴市各种规模的水泥预制构件厂（场）1807家，境内各建筑公司、各乡都有水泥预制构件厂。1993年起，对该行业企业采取总量控制、合理布局、扩大规模、整顿提高，制止盲目发展，使水泥制品生产行业步入有序发展的轨道。2010年，境内有市东进预制构件有限公司、市月明桥梁维修咨询有限公司、嘉兴星诺管桩构件有限公司、嘉兴南方混凝土制品有限公司4家混凝土预制构件企业。其中东进公司生产的预制钢筋混凝土方桩销往上海，月明公司主要生产桥梁预制构件，星诺公司主要生产预应力混凝土管桩，南方公司拥有年产100万米预应力混凝土管桩生产线。

门窗制品

20世纪60年代以前，嘉兴的民居均以木制门窗为主，50年代末至60年代初短期使用菱苦土门窗框。1972年，嘉兴地区建筑工程公司预制厂开始生产预应力水泥门窗。进入80年代，除木门窗和预应力水泥门窗外，市本级最大的钢门窗生产企业净相钢窗厂，生产实腹钢门窗。90年代后期，新型塑料异型材的问世，传统的木门窗和实腹钢门窗逐渐被铝合金门窗、塑料门窗代替，建筑用门窗加工企业也应运而生。

集成吊顶

集成吊顶诞生于2005年，是市友邦电器有限公司在全国首家创新发明的产品。集成吊顶又称整体吊顶、组合吊顶、智能吊顶，核心理念即“模块化，自组式”，就是将一个产品拆分为若干个模块，然后对各个模块进行单独开发，最大限度优化其功能，再组合集成为一个新的体系。

泡沫玻璃

泡沫玻璃发端于秀洲区王店，并逐渐向全国辐射，市德和绝热材料有限公司是国内第一家生产泡沫玻璃的企业。泡沫玻璃是一种保温、防水火、防潮、隔热、防蛀的新型材料，保温节能效果大大超过国家要求。至2010年，国内能够生产这种产品的企业只有10多家，王店占了4家。

第七节　建筑材料应用

解放前，建房用的建筑材料以土、木、砖、瓦、石灰为主，房基用条石或乱石铺垫。民间建房最简单的是用泥壁代墙，也有以芦苇、竹片、木板或土坯等作隔断墙，墙面粉刷为传统的纸筋石灰。木材不涂色。草房均为泥墙、竹柱、竹梁、竹椽，上盖稻草。木结构房屋多见木梁、木柱、板门、板窗，也有格子窗，粘贴棉纸或镶嵌蛤蜊壳。

20世纪60年代起，房屋由木结构、砖木结构向砖混结构发展，建筑层次增高。农村始建二层楼房，城镇向多层发展，建筑材料起了很大变化。砂石、水泥、钢材、玻璃、塑料制品等材料大量采用，水泥、钢材的用量日益广泛。砌筑材料由过去的浆泥改为灰浆。部分建筑的门框、窗框、挑梁、楼梯踏步等均以钢筋混凝土预制件取代木材。

70年代起，屋面构造由斜面向平顶发展。中小型预应力多孔板、屋面板、天沟板等材料广泛用于建筑，现浇混凝土大量应用。墙体普遍用“九五”红砖代替“八五”红砖。坡屋面用平瓦代替小青瓦。砌筑砂浆由砂灰浆改为水泥混合砂浆。木窗逐渐被钢窗代替，后又被铝合金代替。

80年代以后，粘土空心砖、多孔砖、加气混凝土块、混凝土小型砌块等新型墙体材料已在工程中应用。各种新型装饰材料广泛应用于室内外装修；楼地面盛行水磨石、马赛克、地砖等材料。有些高级装饰还使用各种硬木地板和花岗岩地面。室内墙面采用普通墙纸、塑料墙纸和玻纤墙布或采用各种色彩中高档涂料，有的底层大厅采用天然大理石贴面。外墙面采用玻璃马赛克、陶瓷面砖、防水涂料，有的底层墙面采用花岗石贴面。常用的油漆材料有清油、原漆、调合漆、清漆和乳胶漆等。PVC塑料管广泛用于建筑物落水管、落水斗和排污管，取代了传统的白铁管、白铁斗、铸铁管和陶瓷管，进而发展为铝塑管材用于给水工程，代替镀锌钢管。进入21世纪后，国家提出节能建筑的建造要求后，建筑围护结构中的保温技术及聚苯板、聚苯颗粒砂浆、中空玻璃等新型建筑材料广泛应用。

建筑节能材料

2006年2月起，全面推进建筑节能。之后使用的建筑保温材料（系统）主要有HL胶粉聚苯颗粒外墙外保温系统、HL玻化微珠保温砂浆建筑保温系统、膨胀聚苯板薄抹灰外墙外保温系统、固盾（GD）聚合物无机（玻化微珠）保温砂浆及系统、聚合物水泥玻化微珠保温砂浆建筑保温系统、LJ微晶无机保温系统、LF胶粉聚苯颗粒外墙外保温系统、TKS聚合物水泥无机保温砂浆墙体保温系统、NPL无机不燃复合保温系统、YT无机活性墙体保温隔热系统、页岩烧结多孔砖（空心砖）、煤矸石烧结多孔砖等。

第三章　建筑物

第一节　历史建筑

嘉兴市城早在公元前即有市井建设。南宋时，府城内有“三十五坊、七十一桥”，园林景区尤为盛名。建筑结构，古今演变很大，历史建筑有传统、近代建筑。

古代建筑

古代建筑有叠梁式、穿斗式等，均属纯木结构。嘉兴历史悠久，历代留存下来的古建筑和历史建筑甚多，有相传三国吴黄龙年间建造的子城，始建于五代后晋的烟雨楼。清末嘉兴城尚有府、县衙署和学宫等7处，寺庙庵观、亭台楼阁50余处，塔幢牌坊遍城厢，为历代建筑之技艺精华。由于历经战乱和各种灾害，不少废弃淹没。解放后古建筑和历史建筑得到人民政府的保护和管理。至2010年，城区还存古建筑10余处，其中包括佛教、伊斯兰教建筑等，基本上都是清同治、光绪年间所建或重建，建国后又经重修，大多数是文物保护单位。

近代建筑

清光绪二十年（1894）前嘉兴尚无近代建筑，其后始有“西式屋顶、中式墙身”中西合璧的过渡式建筑，如光绪二十三年（1897）建的福音医院门诊部、秀州书院及基督教堂等。20世纪初，西式建筑正式出现，光绪二十八年（1902）在光明街建文生修道院；翌年在紫阳街、姚家埭一带先后建西式住宅及天主教圣母显灵堂，扩建仁爱堂等，改变了传统建筑工艺，装饰逐步运用腰线、门窗沿口采用水泥粉刷、拉毛并采用花纹图案雕镂，门窗为券拱式，柱、廊及墙面粉刷用线脚和阴阳角处理，表面压光等。

清末与民国时期，境内近代建筑有所发展。光绪三十三年（1907）建嘉兴、七星火车站。1912年，建嘉兴培利布厂、永明电灯厂，后有纬成公司裕嘉分厂、禾丰造纸厂、福兴丝厂等，采用人字屋架，砖墙承重的厂房。1929年，将嘉兴的宏文馆改建成嘉兴图书馆，是嘉兴近代首座公共建筑。1931年，银星电影院、寄园剧场相继建成。自此建筑结构、装饰套用西式，步尘沪杭。1932年，建新兴国货公司为4层钢筋砼框架结构，面积1393.6平方米的商业楼，由刘永兴、金永昌、萧顺记、丁泉记4户泥木作合伙承包，为解放前嘉兴近代商业建筑面积、层数之最。住宅建筑有密集化里弄住宅，如双魁巷、望云里等多幢联列式门户的里弄住宅。尤以双魁巷为最，内分南北两排楼房各13间、1298.8平方米，门户对开、格局一致、砖木结构，门楣有浮雕，窗棂为花格，巷两端有过街楼，下为砖砌券拱门，北房采用方木梁，南房用圆木梁，是保持最完整的一组传统与近代合璧的住宅建筑群。此后有欧式别墅和楼房，如高家、莫家、徐家洋房等，到解放后还有12处。一般市民多居住"一门三吊闼"的木结构楼房，通风采光保暖性能很差；抗日战争时期城内居民房被日军焚炸毁坏大半。直至解放，沿环城路河滩、香橼浜、光明街等一带多为棚户建筑，门高不及肩，断砖乱石垒墙，席草、油纸盖顶，据解放初统计有2000余户，4.32万平方米，居住人口占当时市城人口的19.5%。

解放时，嘉兴市城90.2万平方米（含住宅54.1万平方米）。建筑以砖木结构为主，砖混结构为次，住宅、商业房1~2层立柱木架结构居多。

境内第一批嘉兴历史建筑

2010年8月，嘉兴市政府发文公布嘉兴市区第一批历史建筑共69处，其中区境内有55处。

2010年区境内第一批嘉兴历史建筑名录

表20-4

名　　称	地　　址	备　注
中和街47号民宅	建设街道瓶山社区中和街47号	—
南杨新村33号民宅	建设街道南杨社区南杨新村33号	—
嘉兴军分区干休所别墅楼	建设街道紫阳社区紫阳街173号	6幢
嘉兴老邮电大楼	建设街道勤俭路721号	—
干戈弄7号邮电局宿舍	建设街道干戈弄7号	—
梅湾街徐诒谷堂	建设街道梅湾街	—
嘉兴旅馆	建设街道勤俭路309号	—
武警医院住院三部职工宿舍楼	南湖街道南湖路武警医院内	3幢
嘉兴南湖高级中学校舍	南湖街道南湖社区	—
南湖路小洋楼	南湖街道南湖路	—
南湖革命纪念馆（老馆）	南湖街道南湖路	—
落帆亭北侧民宅	新嘉街道北京路社区	—
落帆亭西北侧民宅	新嘉街道北京路社区	—
月河大昌当铺	新嘉街道月河中基路101号	—
月河中基路77号民宅	新嘉街道月河中基路77号	—
月河中基路110号民宅	新嘉街道月河中基路110号	—
月河中基路163—197号民宅	新嘉街道月河中基路163—197号	7幢
月河南廊下43号民宅	新嘉街道月河南廊下43号	—
月河杜鹃弄23号民宅	新嘉街道月河杜鹃弄23号	—
月河杜鹃弄45号民宅	新嘉街道月河杜鹃弄45号	—
月河蒲鞋弄11—35号民宅	新嘉街道月河蒲鞋弄11—35号	5幢

续表20-4

名　　称	地　　址	备　注
月河蒲鞋弄26—32号民宅	新嘉街道月河蒲鞋弄26—32号	3幢
月河蒲鞋弄38号民宅	新嘉街道月河蒲鞋弄38号	—
月河蒲鞋弄39—41号民宅	新嘉街道月河蒲鞋弄39—41号	2幢
月河蒲鞋弄44号民宅	新嘉街道月河蒲鞋弄44号	—
月河端午民俗体验馆	新嘉街道月河端午民俗体验馆	—
月河坛弄57号民宅	新嘉街道月河坛弄57号	—
月河坛弄78—80号民宅	新嘉街道月河坛弄78—80号	—
月河坛弄99号民宅	新嘉街道月河坛弄99号	—
月河抱月埭2号民宅	新嘉街道月河抱月埭2号	—
月河抱月埭8号民宅	新嘉街道月河抱月埭8号	—
月河便民桥	新嘉街道月河社区	—
东栅卢氏民宅	东栅街道化东社区东栅大街184号	—
东栅石氏民宅	东栅街道化东社区东栅针织厂内	—
流长弄许氏民宅	东栅街道东栅大街流长弄64号	—
汉塘弄张氏民宅	东栅街道化东社区汉塘弄8—9号	—
建工招待所	解放街道嘉禾路139号	—
闸前街128—136号民宅	解放街道闸前街128—136号	—
闸前街129号民宅	解放街道航明社区闸前街129号	—
闸前街146号民宅	解放街道闸前街146号	—
闸前街149—159号民宅	解放街道闸前街149—159	—
闸前街154号民宅	解放街道闸前街154号	—
闸前街161号民宅	解放街道161号	—
闸前街193—202号民宅	解放街道闸前街193—202号	—
桥东街李氏民宅	解放街道秋泾桥社区桥东街6号	—
桥东街马氏民宅	解放街道秋泾桥社区桥东街8—10号	—
桥东街乌桥	解放街道秋泾桥社区	—
宣公路8—11号民宅	解放街道虹桥社区宣公路8—11号	—
宣公路12—13号民宅	解放街道虹桥社区宣公路12—13号	—
宣公路二弄4—8号民宅	解放街道虹桥社区宣公路二弄4—8号	—
芦席汇解放路208—210号民宅	解放街道芦席汇解放路208—210号	—
芦席汇解放路224号民宅	解放街道芦席汇解放路224号	—
芦席汇解放路226—228号民宅	解放街道芦席汇解放路226—228号	—
芦席汇解放路238号民宅	解放街道芦席汇解放路238号	—
民国辛亥革命烈士纪念塔	解放街道城东路人民公园内	—

消失的近代历史建筑选介

第一百货公司大楼　建于1931年前后，位于北丽桥堍，名永瑞兴大厦。1934年，在该处创办国货公司。抗日战争时期被日本侵略军宪兵队占据。1949年解放前夕，被国民党城防司令部所占。解放后经过翻修，先后为第一百货公司、百货中心商店和嘉兴商业大厦批发站。这4层高的第一百货大楼自建成起至20世纪80年代初，一直是嘉兴最高楼。1999年夏拆除。

1997年，嘉兴第一百货公司大楼

嘉兴老火车站　清宣统元年(1909)9月12日，沪杭全线通车。1914年，新建嘉兴火车站。1937年，被日本侵略军炸毁，后重建。(照片见彩照“火车站变迁”。)

1937年，嘉兴火车站

旧海关　清光绪二十二年(1896)杭州海关在城北运河边设分关，新建办公楼、货站等。1933年

1912年，大运河边的杭州海关嘉兴分关

海关撤消后，海关建筑几经变迁，解放后仅存二层住宅楼一幢。后在光明街小学内，20世纪末拆除。

中山厅　1917年，在原清兵内校场练武厅旧址新建，以纪念孙中山命名。解放后，先后为演讲会堂、少体校等。“文化大革命”期间拆除。

民国《嘉兴新志》载中山厅照片

嘉禾第一桥　嘉兴最早的钢筋混凝土桥，建于1926年，位于新马路东，跨环城河。1978年桥墩被撞坏后，桥封闭，1991年拆除。

1972年，嘉兴第一桥

东园　位于宣公桥东堍，建于20世纪20年代末，居东门闹市中心，为当时嘉兴最大的三层茶肆

20世纪60年代，东园茶楼

酒楼，楼东朝铁路、南湖；南望狮子汇、放生桥；北临东大街、嘉禾路；西下是环城河。解放后曾作百货公司及茶馆旅社等，拓宽长水塘时拆除。

姚庄 姚庄本名乐净山庄，为清末嘉兴富商姚放梅之妾倾私蓄所营庄园，庄园东西两侧，楼房有数百间，园子花木繁盛，有巷门可关闭。庄园内还有寺庙龙树庵。解放后尚存北望云里两侧楼房。2000年后开始陆续拆除，现尚存北望云里弄东侧七八间房屋。

1985年，姚庄路北望云里

吴云彬楼房 20世纪30年代初建造，高墙内有庭院、大厅和楼房。抗日战争时期被日本侵略军宪兵队占据，解放后先后作银行等办公楼，后为地建公司职工居住，2002年在旧城改造中拆除，拆下的砖、木等材料被南浔买去。

1999年，吴云彬楼房旧址前门

新丰西碑牌楼 在新丰镇西市，旧西施王庙前。清嘉庆十九年(1814)为嘉兴县职员例授承德郎袁崑壁建。1937年11月18日，日本侵略军从平湖进犯嘉兴，兵过新丰，大肆烧杀。在1939年4月又2次烧镇。大火过后，整个小镇成了断壁残垣、碎砖瓦砾，惟有西施王庙前的西碑牌楼仍巍然屹立，成为历史的见证。新丰西碑牌楼在"文化大革命"初期被拆掉。

1946年，西碑牌楼

市河边民居 嘉兴是江南水城，解放后城内还保留一街一河或两街夹一河，居民枕水而居，前靠街后临河，多为江南民居式。城内河道在20世纪70年代以及旧城改造时填平拆除。南门市河及沿河民居在1995年新建禾兴南路时填平拆除。

1970年，南门市河畔民居

苏北民居 19世纪中叶，苏北屡遭水害，灾民流徙江南，来嘉兴多为盐城、兴化等地。苏北客民来嘉兴后，从事搬运、碾米、撑船等工，在城内外沿

1993年，环城东路沿河苏北民居

河滩，择空地搭棚建屋，一般为清水搭彻的平房，在环城河两岸、天星河、平桥湾和铁路边，屋连屋，成片成村，称为苏北民居，颇有特色，20世纪在旧城改造和环城河、环城路拓建时，陆续拆除。

第二节　当代建筑

1950—1990年建筑

1950—1990年，市城内竣工527.3万平方米，为解放前的5.85倍。1990年，市区有各类房屋722万平方米，含住宅326万平方米。

商业、金融、服务业建筑　在1978年前发展缓慢，形式单一，装饰简朴。随着改革开放，搞活流通，兴建商场、饭店、宾馆渐多。1981年，建成南湖饭店，6层混合结构1.06万平方米。1984年，建成市物资交易中心，主楼7层，共6300平方米，部分框架结构，为当时市区商业建筑层数、面积之最。后商业、服务业建筑出现高峰，中山路两侧，有27座多层建筑大楼于1988年竣工，总面积10.58万平方米。有商业大厦，主楼14层，1.35万平方米；江南大厦，主楼14层，1.1万平方米，其次为建于1989年的中山饭店，面积1万平方米，主楼17层，是国家劳动部系统13家大饭店之一，为当时区属最大饭店。中山粮油商场、食品商场、瓶山商场（采用仿古建筑）、丝绸大楼、服装公司大楼及中山路25号综合楼等商业服务业楼群；市劳动培训中心、人民银行、中国银行、建设银行、新华书店、中房嘉兴公司、嘉兴宾馆、自行车厂门市部、机电设备公司、轮船码头等企事业楼宇错列其间，尤以电力调度大楼、万门程控电话的电讯综合楼在中山与禾兴两路交叉口与江南大厦三角鼎立，甚为壮观。上述建筑结构新颖、形式多样，外墙部分用大理石作重点装饰，大多用马赛克饰面砖贴面，室内有电梯、空调、闭路电视等现代设施，3层以上一般作办公、旅馆，有的作职工住房等，具有综合性建筑功能。

1990年，江南大厦

1989年，商业大厦

2000年，嘉兴宾馆主楼

1990年，中山饭店

2009年，姚氏广场

学校和医院建筑 解放后学校建设发展较快，1978年后，学校建设更有突破性进展。1984年后，又开辟了文教小区。1990年止，市区完成学校建筑22.2万平方米，在结构造型、装饰和使用功能，均有新的突破。新建的嘉兴教育学院、高等专科学校、冶金经济专科学校、市委党校、会计学校、供销干校等校舍设计新颖，风格别致。

市区全民所有制医院1978年前仅兴建医疗用房500平方米。1980年，扩建市第二医院门诊楼3800平方米，有地下急救站。1982年，扩建妇女保健院6层门诊部、病房4300平方米。1984年后，建第一医院7层病房楼。1987年，市第二医院又扩建9层病房楼7800平方米，1989年3月竣工。

办公楼建筑 解放时，嘉兴县城接管旧政府机关用房甚少。解放后使用接管房舍和庙宇公房办公，多年来厉行节约严格控制建房，20世纪50年代地专机关在嘉兴仅建过2层低标准砖木结构的办公楼4幢，面积近千平方米；60年代县机关几乎没建过新办公室，到1979年后有少量新建。1984年后因机关扩大，兴建多幢办公楼，多为5~6层建筑，标准有所提高。多数是混合结构，部分钢混框架结构，有些使用内墙涂料、水磨地坪、地砖；外墙使用马赛克等。集中建于中山西路共17幢，计5.94万平方米，占市城办公用房总面积的28.27%。

厂房建筑 1958年城内厂房建设开始出现高峰，先后有嘉兴毛纺织、化工、冶金、电控、机械、绝缘、化肥等工业厂房拔地而起。1978年后工厂建设加快，至1990年在竣工面积、规模、技术要求及使用功能方面都趋现代化。有多幢超万平方米的大型车间，如嘉兴第二毛纺织厂的精纺主车间(1.3万平方米)、毛纺总厂的纺织车间、民丰造纸厂的四车间、丝绸印染厂的炼染车间、冰箱厂生产车间、冶金厂铸钢车间及鹿皮厂生产车间等，且均被评为全优、优良工程。电子工业区有4层以上多层厂房建筑。市城先后改、扩、新建了甪里街、南湖路、东栅、城南路、城东路、杉青闸、城北路、洪兴路等8个工业区，初具一个中等工业城市的规模。

住宅建设 1950—1990年，市区全民企业住宅完成115.37万平方米。1985年起，市房屋普查，1988年市区有住宅建筑面积312.32万平方米(含集体宿舍)，1990年达326万平方米(其中市城276万平方米)。1978年前建的1~3层“通廊式”“直进式”的砖木结构为多。后住房建设实行“六统”(即统一规划、设计、投资、施工、分配、管理)，全民企业非生产性建设投资由“四五”计划时期的9.52%，提高到20.02%，并又成立了中国房屋开发公司嘉兴公司、嘉兴市建设房地产开发公司、嘉兴房产公司、城区

1982年，四季香住宅区

1982年，南杨新村

房屋开发公司等，规划和施工建筑物由过去零星、分散的单幢建筑，发展为成片、成小区的5~6层单元式建筑，布局以行列式为主采用多种形式，多数一梯二户，独户、独厨、独厕，功能配套向小卧室大起居转变。先后建成禾兴路、百花、南杨、虹桥、菜花泾、纺工、真如、徐家埭、栅堰、吉水、电子、文教等居住小区，建筑面积达161.1万平方米。

仓库建筑　随着生产发展和商品流通量增长而发展。20世纪50年代主要兴建以粮、茧仓为主的各类仓库工程。除房式仓外，有500吨级低温冷库和立式圆筒粮仓。秋泾桥的立式圆筒粮仓有40个联体筒仓群组成，钢筋砼筒壁、高32米，可容稻谷9500吨，1959年11月建成，当时有13个省（市）及苏联、德国、法国等国的人士参观和摄制电影。施工单位为嘉兴县建筑公司。

20世纪60年代仓库趋向专用。有纺织、食品、五金、化学品、危险品等仓库，施工有特殊要求。但建设处于低潮，建成面积仅为50年代的四分之一。1973年，外贸部投资600万元在城东路东侧兴建外贸中转5000吨级低温冷库，主库为5层现浇框架无梁楼盖结构，还有火车站月台、汽车站台及生活附属设施等，总计2万平方米，由嘉兴地区建筑二公司施工，1975年竣工。1980年5月，外贸冷库又扩建普通仓库，呈“L”形，共3层，实建1.74万平方米，1981年12月竣工。1980年12月，嘉兴冷冻厂扩建5000吨级低温冷库1.06万平方米，6层现浇框架无梁楼盖结构，库顶高31.5米，库内有隔气层、保温层、防潮层、低温冷藏系统等。

此后又有新、扩建毛纺总厂毛球仓、第二毛纺厂综合仓、商业建水产冷库及油、粮库等，其中较大的有市直属粮库3万吨房式仓库。

1991—2010年主要公共建筑

1991后，为了适应经济社会发展和人民物质文化生活的需要，兴建大型商场、大型专业市场、饭店宾馆，新建改建大中小学校、体育场馆、影剧院、纪念馆、图书馆、博物馆、电视台、医院以及火车站、汽车站等大批现代公共建筑。1991—2010年，对市区建筑面积1万平方米以上或投资1千万元以上的227项公共建筑统计，总建筑面积922万平方米，其中商贸建筑最多，有101项，建筑面积499万平方米。

商业、金融、服务业建筑

戴梦得大酒店　原名惠肯大厦，位于禾兴南路366号，占地面积0.63公顷，总建筑面积56000平方米（包括购物中心），总投资3.55亿元。整个建筑由地上27层、地下1层、总高度107.2米、框架剪力墙结构的主楼和3万平方米的裙楼及辅助用房组成。主楼顶层装有旋转设备，可整层旋转。浙江大学建筑设计研究院设计，嘉兴市建筑安装工程公司总承包，1993年3月开工，1997年9月竣工，是当时市区最高建筑。

1999年，戴梦得购物中心和戴梦得大酒店

阳光大酒店　原名东菱大厦，位于中山东路1628号，占地面积0.75公顷，总建筑面积26600平方米，总投资1.4亿元。整个建筑由22层主楼和5层裙房组成，主楼高80.8米，框架剪力墙结构。全玻璃幕墙。机械工业部第二设计研究院嘉兴分院设

2010年，阳光大酒店

计，浙江建筑公司第三分公司承建，同济宏扬监理联合体监理，1993年9月开工，1997年10月竣工。建成后被誉为河西标志性建筑。

嘉兴国际中港城　位于广益路与双溪路交叉口东北侧，占地面积35.19公顷，总建筑面积115万平方米，总投资40亿元。由建筑面积9.5万平方米、201.5米超高层中成大厦·中港名都大酒店、25万平方米国际商贸城、5.6万平方米俪都·中港城和66万平方米中成新世纪公寓、紫澜别墅、紫轩公寓等高档住宅及配套物业组成。其中国际商贸城重点打造首个旅游综合体，设置浙江东方地质博物馆、中港国际会展中心、沃尔玛大型超市及各式餐饮、数码院线等业态。整个建筑呈"人"字造型，地下1层、地上6层，总高度40米，框架剪力墙结构，并按照二星级绿色建筑标准设计施工。南向主入口，东西两翼流线型展开，舒展大方，恢弘大气。项目由国家电力公司华东勘察设计院设计，浙江中成建工集团有限公司承建，浙江嘉宇工程管理有限公司监理，2004年6月开工，2010年1月全面竣工。俪都·中港城2010年3月竣工。其他建筑尚在建设中。

富悦大酒店　位于中环西路28号，占地面积2.29公顷，总建筑面积97700平方米，总投资2.02亿元。浙江宏正建筑设计有限公司设计，浙江博元建设股份有限公司承建，浙江工程监理有限公司监理，2009年3月开工，2010年12月竣工。整个建筑呈圆润的环弧构造，主楼高22层，框架剪力墙结构，内设置面积1500平方米的圆柱多功能厅、大小会议室15个、各种类型客房432间；拥有大型豪华宴会厅、中餐厅、西餐厅、自助餐厅、咖啡厅及50多个包厢；还配有大型KTV、浴场、室内游泳池、棋牌室、健身房、足浴、台球、乒乓球等康乐设施，是按五星级标准建造的大型酒店。

中国工商银行嘉兴分行综合楼　位于禾兴南路399号，总建筑面积8900平方米，框架结构，共16层。工程于1992年6月10开工，1994年8月30日竣工，施工单位为嘉兴市建筑安装工程公司。

交通银行嘉兴分行大楼　位于中山东路1086号，占地面积0.3公顷，总建筑面积13000平方米，总投资8000万元。整个建筑地上13层、地下1层，总高度54.4米，框架剪力墙结构。工程由嘉兴市建筑设计研究院有限公司设计，浙江嘉建建筑安装股份有限公司承建，嘉兴市建工建设监理有限公司监理，1997年4月开工，1998年8月竣工。2000年获浙江省钱江杯优质工程奖。

中国农业银行嘉兴市分行办公楼　位于斜西街461号，占地面积0.4公顷，总建筑面积18966.3平方米，总投资9118.2万元。整个建筑由地上19层、地下2层，高82米的营业大楼、框架剪力墙结构；4层附属楼、框架结构和3层设备楼、框架结构组成。工程由嘉兴市建筑设计研究院等2个设计单位设计，嘉兴市建筑安装总公司承建，1994年9月开工，1998年11月投入使用。

中国建设银行嘉兴分行营业大楼　位于斜西街105号，占地面积0.58公顷，总建筑面积21350平方米，总投资6702万元。整个建筑地上21层、地下2层，总高度98.85米，框架剪力墙结构。由浙江大学建筑设计院设计，浙江中成建工集团有限公司承建，浙江天立监理有限责任公司监理，1999年5月开工，2000年12月竣工。2001年获浙江省钱江杯优质工程奖。

中国银行嘉兴分行大厦　位于中山东路218号，占地面积0.24公顷，总建筑面积9790平方米，总投资4685万元，整个建筑地上14层、地下1层，总高度58.6米，框架剪力墙结构。工程由安徽省建筑设计研究院设计，浙江中成建工集团有限公司总承包，浙江亚厦装饰集团有限公司承担内外装饰工程，浙江天立建设监理公司监理，1999年11月开工，2000年12月竣工。2001年获全国建设工程装饰奖。

中国人民银行嘉兴市中心支行　营业办公用房位于中环南路1358号，占地面积2.05公顷，总建筑面积21017平方米，总投资7615万元。由杭州美苑都林建筑设计事务所设计，浙江中元建设股份有限公司承建，浙江经建工程管理有限公司监理，2007年11月开工，2009年9月竣工，整个建筑地下1层、地上5层、局部3层，框架结构，墙体采用蒸压砂加气混凝土轻质砌块砌筑，屋面采用刚性与柔性结合防水层，建筑外墙以干挂石材幕墙为主。2010年获浙江省钱江杯优质工程奖。

交通　学校　医院建筑

铁路嘉兴客运站　位于城东路123号，总建筑面积5045平方米，总投资1158万元，其中主站屋3861平方米，二层排框架结构。中间为中央大厅和软席候车室，两侧为东、西候车厅，候车室设有1000只座椅，可容纳1500人候车。该项目于1996年2月12日动工，1997年1月16日建成并投入使用。

嘉兴汽车客运西站　位于中山东路1362号，占地面积3.1公顷，总建筑面积4760平方米，其中候车大厅高8.9米，宽21米，建筑面积1192平方米，可容纳1500名旅客。有13个检票口、8个售票窗口。停车雨棚665.6平方米，停车场和回车道10000平方米。行李房、问讯服务、小件行李寄存、商店、餐厅、招待所等配套设施齐全。工程由浙江省建筑设计院设计，浙江省第三建筑公司施工，1988年8月动工兴建，1990年8月投入使用。

嘉兴汽车客运北站　位于中环北路688号，占地面积5.09公顷，总建筑面积3.5万平方米。工程一次规划，分3期实施。一期工程投资4560万，总建筑面积1.4万平方米，其中车站建设面积5651平方米，站内停车场地面积1.3万平方米。嘉兴汽车客运北站是嘉兴市重点建设工程项目，也是市政府2000年为民办10件实事之一。2001年7月15日投入运行。

铁路嘉兴客运南站　位于余新镇黎明村与余北村交叉口，占地面积7.73公顷，总建筑面积55191平方米，总投资5.14亿元。工程由沪杭铁路客运专线股份有限公司建设，中南建筑设计院股份有限公司设计、浙江省一建建设集团有限公司承建，北京铁城建设监理有限责任公司监理，2010年2月开工，同年10月26日投入使用。客运南站坐南朝北，主要分为车站建筑和停车场2部分。车站站房共有地下1层、地上2层，候车大厅可容纳2300人同时候车。车站站房北侧为站前广场，南侧为候车站台及铁路轨道。整个建筑白墙黛瓦，现代与古朴精美结合，充满浓郁的江南水乡韵味。

嘉兴市汽车客运中心　位于万国路，占地面积8.3公顷，总建筑面积36882平方米，总投资2.7亿元，工程由浙江省建工建筑设计有限公司设计，浙江中元建设股份有限公司承建，浙江经建工程管理有限公司监理，2009年6月开工，计划工期548天。整个建筑包括综合楼、站房、机修车间等10个单体，最高12层，框架、框架剪力墙结构，设计年度平均日旅客发送量2.2万人次，为嘉兴市最大的现代化汽车客运中心。

嘉兴职业技术学院　位于桐乡大道547号，占地面积53.9公顷，总建筑面积234377平方米，总投资5.05亿元。工程分2期实施，分别由嘉兴市建筑设计研究院有限公司等3家设计单位设计，中天建设集团有限公司等7家施工企业承建，浙江嘉宇工程管理有限公司等2家企业监理。第一期迁接工程2003年11月开工，2005年4月竣工；第二期工程2005年9月后陆续开工，至2010年底基本竣工。整个校区设有教育楼、行政楼、图文信息中心、实训楼、训练馆、食堂、学生宿舍等20个单体，其中图文信息中心为5层，高23.8米；学生宿舍H楼为6层，高21.6米，均为框架结构。

嘉兴高中园区学校　位于双溪路1922号，占地面积43.3公顷，建筑面积19.3万平方米，总投资3.5亿元，共有教育楼、图书馆、学生宿舍等45个单体，最高6层，框架和砖混结构。由龙元建设集团有限公司等单位施工，浙江嘉宇工程管理有限公司等单位监理。2005年6月竣工。建设规模168个班，分普高、职教2大教育平台，其中普通高中2所、职业教育学校2所，划分4个管理校区。学生及教职员工共有1万多人。

嘉兴市第一中学　位于纺工路1860号，占地面积10.59公顷，建筑面积5.3万平方米，总投资0.9亿元。工程由南京市建筑设计研究院设计，江苏省南通市第四建安工程有限公司、浙江中元建设股份有限公司等单位承建，嘉兴市经建工程建设监理有限公司监理，2000年12月开工，2001年12月竣工，2002年8月嘉兴市第一中学百年校庆之际从市区环城南路迁入易地重建后的新校园。整个建筑共有14个单体，框架、砖混结构，最高4幢学生宿舍楼高6层、23.5米。整个平面布局以景观绿化区为中心，西部为校前广场，西北部设行政楼、图书馆、科技楼、报告厅；西南部设教育楼、体育馆和训练馆；南部设艺术楼；东南及东部设室外运动设施；东北部设综合服务楼、学生宿舍、教师宿舍及设备用房，使各功能建筑和功能设施围绕中心形成校园群体。其中行政科技楼2002年获浙江省钱江杯优质工程奖。

北京师范大学南湖附属学校　位于凌公塘路2176号，是北京师范大学与南湖区政府合作兴办的一所公办学校。学校设计规模90个班，其中小学36个班、初中36个班、高中18个班，按照浙江省标准化学校Ⅰ类标准进行建设。学校占地面积11.3公顷，总建筑面积70918平方米，总投资2亿元，由南湖区人民政府全额投资。整个工程分2期建造。一期总建筑面积54622.5平方米，2008年9月1日正式开学。二期工程于2009年4月中旬竣工。

同济大学浙江学院　位于泰宁路168号，占地面积55.33公顷，总投资9.23亿元。2008年5月经国家教育部批准成立，由同济大学、嘉兴市教育发展投资有限责任公司和宏达控股集团有限公司合作兴办，是一所按新机制和新模式运作的全日制本科学历教育的学院。至2010年年底，已建成校舍建筑面积15万平方米，包括教育楼群、实验楼、体育运动场、学生教师公寓、食堂等，最高6层，框架结构，由同济大学建筑设计研究院（集团）有限公司等多家单位设计，杭州兴耀建设集团有限公司等多家单位施工，浙江经建工程管理有限公司等多家单位监理。2007年3月后陆续开工，2008年后陆续竣工，2010年3万平方米图书馆，尚在施工之中，校园建设全部结束时，建筑面积达38万平方米。

嘉兴市第一医院　位于中环南路1882号，占地面积13.86公顷，总建筑面积185375平方米，总投资4.97亿元。该项目为嘉兴市第一医院的迁建工程，设计医疗床位1500张。工程由浙江省现代建筑设计研究院有限公司设计，中元建设集团股份有限公司承建，浙江经建工程管理有限公司监理。整个建筑由综合医疗大楼（包括门诊、急诊和住院部）、普通传染病综合用房、烈性传染病综合用房和科研后勤楼组成。综合医疗大楼由主楼、裙房、行政楼及行政楼与综合医疗大楼连廊组成。综合医疗大楼为地下1层，主楼地上19层，框架剪力墙结构；裙房为地上4至6层，行政楼地上5层、行政楼与综合医疗大楼连廊地上3层以及普通传染综合用房5层、烈性传染病综合用房局部地下1层、地上3层，科研后勤楼地上5层、局部2层，均为框架结构。2006年5月开工，主体结构2008年9月结顶，其中普通传染病及烈性传染病综合用房2010年9月竣工。（2011年10月，该院从禾兴南路整体搬迁至新院区。）

2009年，位于禾兴南路的第一医院住院大楼

嘉兴市第二医院　位于环城北路1518号，占地面积3.72公顷，总建筑面积114567平方米。共有门诊楼、急诊楼、住院楼、综合楼、放射楼、行政楼、康复楼、医技楼等建筑单体9个，框架和框架剪力墙结构。其中住院大楼，建筑面积32819平方米，层高21层，高度80.08米，框架剪力墙结构，总投资3718万元；由嘉兴市建筑设计研究院设计，浙江省第一建筑工程公司施工，上海福达工程建设监理有限公司监理；2000年11月开工，2003年7月竣工。

嘉兴市中医院　位于中山东路1501号，占地面积3.84公顷，总建筑面积46668平方米。共有急诊楼、门诊楼、药房楼、医技楼、住院楼11个建筑单体，砖混、框架剪力墙结构。其中8号住院楼建筑面积15076平方米，地上10层，投资总额3845万元，由嘉兴市建筑设计研究院有限公司设计，广厦建设集团有限公司施工，嘉兴市建业监理有限公司监理，2005年12月开工，2007年8月竣工。

嘉兴市妇幼保健院　又名嘉兴市三一医院，位于中环东路2468号，占地面积6.7公顷，总建筑面积84000平方米，总投资2.17亿元，设计医疗床位500张。工程由嘉兴市中房建筑设计研究院设计，上海城市建设实业（集团）有限公司承建，浙江嘉宇工程管理有限公司监理，2003年10月开工，2006年5月竣工。整个建筑3~12层，其中地下1层，框架剪力墙结构。后又扩建后勤综合服务楼和门诊综合楼。2006年5月，该院从嘉兴市区勤俭路整体搬迁至新院区，为一所集医疗、保健科研、教学为一体的三级乙等妇幼保健院，2007年该院工程获浙江省钱江杯优质工程奖。

浙江省荣军医院　位于中环西路龙凤桥南堍东侧，又名嘉兴市第三医院，为嘉兴市重点建设工程，建设规划建筑面积约50000平方米。一标段工程建筑面积约42000平方米；二标段建筑面积约8000平方米。由嘉兴城市建设投资有限公司代建，中国美术学院风景建筑设计研究院设计，中元建设集团股份有限公司施工，浙江嘉宇工程管理有限公司监理。2009年8月10日正式开工。

2010年10月，荣军医院

逸和源·嘉兴市南湖区湘家荡颐养中心　位于七星镇大树村320国道南侧，规划用地面积25.3公顷，总投资3.6亿元，床位3600张。由浙江天声企业投资管理有限公司投资，分三期建设。第一期工程占地面积4.5公顷，建筑面积3.3万平方米，床位1035张，在原天声产业园框架房产基础上进行改造，由浙江宏正建筑设计有限公司设计，嘉兴市开元建筑工程有限公司施工，杭州中庆工程建设监理有限公司监理，2010年3月开工，同年11月竣工。颐养中心分设康乐楼，为自理老人生活区，内有中套、小套、单人房、双人房等户型；颐乐楼为特护老人生活区，内有套房、4人间；综合楼为老人配套服务；老年主题公园设有健身中心、图书馆、歌舞厅、多媒体报告厅等。整个建筑最高7层，框架结构，是浙江省功能齐全的中高档养老中心。

2010年11月，逸和源·湘家荡颐养中心

行政办公、文化、体育建筑

嘉兴市行政中心　位于广场路1号，占地面积11.9公顷，总建筑面积71445平方米，总投资2.6亿元。共有6个区(号)楼组成。5区(号)楼为主楼，地下1层，地上12层，框架剪力墙结构，高为49.75米，平面呈“工”字形；1~4区(号)楼均为5层，框架结构，位于主楼东西两侧；6区(号)楼为3层，框架结构，位于主楼北侧。工程由嘉兴市建筑设计研究院有限公司设计，浙江第一建筑工程公司总承包，浙江工程建设监理有限公司监理，2000年2月开工，2001年9月竣工。2002年，获国家优质工程鲁班奖。

2010年7月，嘉兴市行政中心

嘉兴市南湖区行政中心　位于凌公塘路1260号，占地面积7.8公顷，总建筑面积36795平方米，总投资1.2亿元。由1个地上6层、地下1层主楼和2个各3层附属楼组成，框架结构。工程由嘉兴中房建筑设计院设计，中天建设集团有限公司总承包，浙江经建工程监理有限公司监理，2002年11月开工，2004年4月竣工。2005年获浙江省钱江杯优质工程奖，2006年获国家优质工程银质奖。

南湖革命纪念馆　位于南湖东侧、南湖渡口。是为纪念中国共产党成立70周年而建造的一座革命纪念馆。整座馆舍由镰刀、锤头形建筑构成，巧妙地构成一幅中国共产党党徽图案。纪念馆坐北朝南，采用高台阶入口，42级台阶寓意新中国度过42个春秋。纪念馆的顶部矗立着高19米、外方内圆的标志，被称作丰功牌楼，象征天圆地方的宏观世界，隐喻中国共产党的业绩如天地日月永垂于世。广场上有高大威严的宣誓台和大型石雕照壁及4座火炬花坛。纪念馆占地面积0.38公顷，建筑面积1980平方米，其中纪念馆主馆1820平方米，2层框架结构。工程由浙江大学建筑设计研究院设计，嘉兴市建筑安装工程公司承建。1990年6月，中共嘉兴市委、市政府在全市范围内开展“我为南湖增光辉”活动，300多万南湖儿女涌跃捐资320多万元。同年10月1日举行了纪念馆奠基典礼，1991年5月20日完成主楼竣工验收，6月25日开馆。

南湖革命纪念馆(新馆)　位于南溪路南侧，海盐塘路西侧，占地面积2.73公顷，总建筑面积19633平方米，总投资2.43亿元。七一广场为配套建设。2005年10月，南湖革命纪念馆新馆工程经中共中央办公厅和中共中央宣传部同意，国家发改委批准立项，列入2005年红色旅游景区基础设施项目国家预算内资金(国债)投资计划建设项目，同时被列为省级重点工程。工程由海南雅光设计有限公司设计，浙江长城建设集团股份有限公司施工，浙江江南工程管理股份有限公司监理。6月28日，嘉兴市举行南湖革命纪念馆新馆奠基仪式。2007年3月5日工程开工建设。新馆坐北朝南，由“一主两副”3幢建筑组成。主楼地下1层，地上3层，建筑高度25米；东西副楼均为2层，建筑高度11米，框架结构。主副楼呈“工”字形平面造型，代表中国共产党是工人阶级的先锋队。建筑四周有56根檐柱，寓意56个民族紧密团结在中共中央周围。整个建筑既体现庄重大气的风格，又透着浓浓的江南水乡韵味。至2010年年底，新馆建设和陈列布展基本完成，对内试展。

嘉兴博物馆　位于海盐塘路485号，占地面积2.67公顷，总建筑面积12480平方米，总投资4650万元。工程由中国美院建筑设计研究院设计，中建四局六公司施工，嘉兴市经建工程建设监理有限公司监理，2001年12月开工，2003年10月建成开放。整个建筑为地上3层，逐步4层，框架结构。分6个功能区，包括常设展览区、临时展览区、文物保护区、文博服务区、多功能展教区、办公区，是一座功能较为齐全的新型博物馆。博物馆2层入口前厅利用巧妙的平面布置，将左右侧墙改变为层层叠进形式，内置光源和工艺陈设，丰富空间，增强艺术品位。2层门厅及中庭通过对上方采光天棚的细致刻画，将室外光线聚集在大厅之中。天棚采光顶三角形造型，富有中式情趣，下挂3只园开技制灯与天棚造型形成对比，并与良渚古玉背景相互辉映。地面、墙面采用国产木纹石，错缝铺贴，古朴美观。

嘉兴图书馆　位于海盐塘路339号，占地面积2.67公顷，总建筑面积15000平方米，总投资4500万元。整个建筑3层，局部4层，框架结构。工程由浙江建筑设计研究院设计，浙江通力建设集团有限公司施工，浙江经建工程监理有限公司监理，2001年6月开工，2003年9月建成开放。馆内设有文献借阅部、参考图书阅览部、少儿阅览室、古籍地方文献部、网上阅览室、多媒体阅览室、采编部、网络中心、自修室和300座报告厅、600平方米展厅以及教室、会议室、接待室、餐厅等，是一座功能较为齐全、设施较为完善的现代化图书馆。

2010年11月，嘉兴图书馆

嘉兴大剧院　位于南湖大道、中环南路交叉口西南侧，大剧院与群艺馆为一个建筑单体，占地面积4.87公顷，总建筑面积28000平方米，总投资1.55亿元。工程由浙江建筑设计研究院设计，浙江长城建设集团股份有限公司承建，杭州市建筑工程监理有限公司监理，2001年6月开工，2003年10月建成并投入使用。主要设施有大剧场、多功能小剧场、电影厅、排练厅和其他配套服务用房。大剧院观众厅有1406个座位，舞台设施具有平移、升降、旋转功能，并配置先进的灯光、音响设备，是国内外大型文艺团体演出的理想场所，并兼有大会堂功能，装有表决、签到系统。多功能小剧场有座位669个，风格各异的4个电影放映厅共有座位400个，还有1个

2000平方米展厅。群艺馆建筑面积8000平方米,有8个培训教室、2个排练厅、17个琴房、3个书法美术摄影创作室以及1个1000平方米展厅。大剧院是嘉兴市现代化、多功能、综合性的大型文化娱乐场所,第七届中国艺术节的主要演出和第二十三届中国电影金鸡奖颁奖典礼都在此举行。

2008年10月,嘉兴大剧院

嘉兴体育中心　位于中环南路与南湖大道会合处北侧,占地面积20公顷,主体育场建筑面积55115平方米,总投资3.5亿元。工程由嘉兴市建筑设计研究院有限公司设计,中国建筑第八工程局承建,杭州信安建设监理有限公司监理,2004年11月开工,2009年1月竣工。建筑主体育场采用钢结构屋盖模屋面,由独立且对称的东、西两侧屋盖组成,呈贝壳状,拱顶最高点54.6米;单侧屋盖主要承重构件拱形主拱桁架跨度270米、弧长300米,创下嘉兴市已建项目中钢结构桁架跨度最长的记录。整个建筑可容纳35000坐席的标准体育场及68个看台包厢,内设8×100米标准跑道和1个标准足球场,是一个集体育比赛、文艺表演、健身娱乐、餐饮住宿、商务办公和购物展销于一体的多功能综合性场馆。

2010年,嘉兴体育中心远眺

嘉兴体育馆　位于中环南路南侧、昌盛路西侧的嘉兴学院梁林校区内,占地面积6.21公顷,总建筑面积18575平方米,总投资9166万元。工程由同济大学建筑设计研究院(集团)有限公司设计,浙江中元建设股份有限公司总承包,浙江建业监理有限公司监理,2009年3月开工,2010年5月竣工。整个建筑由比赛馆、训练馆、游泳馆3个部分组成,地下1层、地上4层,最高高度为24.95米,钢架结构,是一座可容纳6千人的大型体育设施。

嘉兴网球馆　位于凌公塘路和景宜路交叉口东北侧,占地面积7公顷,总建筑面积10076平方米,总投资4500万元。工程由浙江中房建筑设计院有限公司设计,浙江中元建设股份有限公司承建,浙江建业监理有限公司监理,2007年5月开工,2008年底竣工。整个建筑由2800多个座位的比赛馆、4片室内训练场地、辅助用房和室外10片场地4部分组成,钢架结构,其钢网架屋面是全市唯一可移动屋面。该工程2010年获浙江省钱江杯优质工程奖。

嘉兴革命烈士陵园　又名英雄园,是市重要的国防教育基地,始建于1969年,原址在三塔路,是纪念为嘉兴解放而英勇献身的革命先烈而建。1996年5月搬迁至南湖风景名胜区南溪园中,占地面积2公顷,投资600多万元。2005年12月对烈士陵园进行整体改造,2006年3月正式竣工对外开放。嘉兴革命烈士陵园分英雄纪念碑、英雄广场英烈园、嘉兴革命历史史料陈列馆等区域。英雄纪念碑位于英雄广场的北侧。该碑体重400吨,由66块花岗岩拼装而成,高7米,宽12.5米,底座两侧宽3.5米。碑体由人物群雕组成,分别代表不同历史时期人物的代表形象,突出主体雕塑的纪念性和崇高性。底座四面的浮雕以嘉兴革命和建设时期的重大事件为背景,表现各个时期英雄人物为嘉兴的解放和发展而英勇献身的精神。

嘉兴气象局雷达站　位于中环南路南侧、海盐塘与青龙港交汇处,建筑面积1942平方米,总投资1610.9万元。工程由浙江宏正建筑设计有限公司设计,华丰建设股份有限公司承建,嘉兴嘉元建设监理有限公司监理,2006年11月开工,2007年7月竣工。该建筑采用塔型奇特造型,总高度为99.8米,采用框架+核心筒结构,塔顶设置为绽放的"莲花",

成为禾城又一景观。

2008年8月，气象局雷达站远眺

嘉兴国际会展中心　位于新气象路618号，占地面积4.72公顷，总建筑面积40917平方米，总投资1.1亿元。工程由嘉兴市建筑设计研究院设计，浙江省一建建设集团有限公司承建，嘉兴经建工程监理有限公司监理，2003年3月开工，2005年9月竣工。其中展馆面积20856平方米，其他为会议和商务配套设施。展馆立面呈规则长方形，分地上2层，地下1层。展馆第1层面积11000平方米，层高9米，可设置国际标准展位550个；第2层面积9800平方米，可设置展位500个。西厅展馆2270平方米，可设置展位100个。特别是展馆屋顶采用独特的膜结构，造型轻盈活泼，墙体为全玻璃幕墙，明亮通透，气势恢宏。

浙江清华长三角研究院创业大厦　位于北至广益路，南依由拳路，西接曹家桥港，东临亚太路。规划总建筑面积36.3万平方米，总投资5.45亿元。

2009年，清华长三角研究院创业大厦

先期建设的研究院创业大厦A段，建筑面积5.5万平方米，投资1.9亿元，由清华大学建筑设计院有限公司设计，浙江龙元建设集团有限公司承建，浙江嘉宇工程管理有限公司监理，2005年7月开工，2008年6月竣工。建筑由地上21层主楼和其他多层建筑组成，框架剪力墙结构，风格典雅大气。

企业建筑

加西贝拉压缩机有限公司　位于亚中路588号（部份建筑位于洪兴西路1167号），总占地面积14.8公顷，总建筑面积74689平方米，总投资1.37亿元。建有工业用房10幢47725平方米，科研、办公用房2幢16313平方米，辅助生活用房2幢10660平方米。分多次建成，1998年开工，2010年全部竣工，最高6层，砖混、钢结构和框架结构。

浙江龙腾科技发展有限公司　东到西港，南邻杭州塘，西至新塍大道，北到洪业路，占地面积35.8公顷，总建筑面积128143平方米，总投资6884万元。分多次建成，2004年6月开工，至2010年年底大部分建筑竣工。有厂房6幢114167平方米，辅助用房6幢8038平方米，办公楼1幢5938平方米，大部分为框架结构。

闻泰通讯股份有限公司　东至亚中路，南至戴公桥港，西至王庙塘，北至由拳路，占地面积12.8公顷，总建筑面积153208平方米，最高6层，框架结构，总投资2.4亿元。分两期建成，一期6幢厂房、1个研发中心、1个检测楼、3幢员工宿舍，建筑面积71250平方米，2007年9月开工，2008年11月竣工；二期7幢厂房、2幢检测楼、3幢员工宿舍，建筑面积81958平方米，2010年11月开工，2012年9月竣工。

贯泾港水厂　位于南湖大道西侧，南郊河南侧，设计总供水能力45万立方米／日，嘉兴市嘉源给排水有限公司投资，分三期建设。一期工程，日供水能力15万立方米，总投资1.99亿元。建框架结构厂房7840平方米，其中污泥回流泵房2层、活性炭／砂滤池房3层外，其余为1层。此外，有取水泵房、沉淀池、滤池、提升泵房等设施。2006年2月开工，2007年6月建成并网供水。二期工程（在建），日供水能力15万立方米，2010年10月开工，投资概算1.89亿元，列入国家“十二五”规划（2011—2015年）水专项示范工程。

振石集团东方特钢股份有限公司　位于南湖区新丰镇，占地面积53.93公顷，总建筑面积264267平方米，总投资23亿元，2003年3月开工，2009年3月竣工。有厂房49幢232680平方米，辅助用房4幢19528平方米、办公用房2幢12059平方米，最高16层为框架结构，其余砖混和钢结构。

浙江正泰电缆有限公司　位于南湖区大桥镇，占地面积2.54公顷，总建筑面积29239平方米，总投资3000万元，2005年7月开工，2006年1月竣工。有厂房5幢20772平方米、辅助用房1幢1544平方米、办公用房1幢6923平方米，钢结构和框架结构。

浙江亚特电器有限公司　位于南湖区余新镇，占地面积8公顷，总建筑面积85400平方米，总投资9000万元，2006年9月开工，2007年5月竣工。有厂房5幢67000平方米、辅助用房12 000平方米、办公用房1幢6400平方米，最高5层，框架结构。

浙江大华包装集团有限公司　位于南湖区余新镇，占地面积17.42公顷，总建筑面积88650平方米，总投资2.4亿元，1992年开工，2002年5月竣工。有厂房26幢79135平方米、辅助用房9幢8025平方米、办公用房1幢1490平方米，分别为砖混结构、框架结构和钢结构。

消失的当代历史建筑选介

老市政府行政中心　位于中山路，原是嘉兴府学堂，民国时省立嘉兴第二中学，解放后成为市、县政府驻地，大门朝东，开在县前街和小西门横街交叉口。1987年，市政府大门迁至中山路。进入新世纪，市政府搬迁到南湖边后，市政府地块拍卖，开发成中山名都高档商贸住宅区。

秋泾桥粮食立筒仓库　位于秋泾桥东堍。

1979年11月，秋泾桥粮食立筒仓库

1959年开工新建，1960年5月建成，并收贮稻谷，为中国首座砖砌立筒粮仓。立筒粮仓为东西二座，各为10立筒，最高处有过道相连。南立面为机房及辅助楼。高13层，为当时嘉兴最高建筑。2005年拆除，旧址新建住宅区。

第二毛纺织厂　位于纺工路，始建于1978年，为全国同规模厂中进度最快、投资最省、质量最好的企业。二期工程竣工后，全厂占地面积12.36万平方米，建筑面积8.29万平方米。2003年拆除后建造新湖绿都住宅区（见第十篇“镇、街道”第十章第八节）。

人民广场司令台　人民广场是清末内校场，民国时改为公共体育场，南侧建有中山厅。解放后改人民体育场，人民广场。1965年建人民广场司令台，1983年拓宽中山路时拆除。

20世纪70年代，人民广场

五金公司大楼　位于建国路与天宁寺街交叉口。建于1968年年底，是“文化大革命”期间市区新建的唯一一幢三层楼商业大楼，由东阳建筑队采用反手外砌技术，建造外墙不用脚手架。1999年，建国路拓宽拆除。

1990年，五金公司大楼

副食品大楼　位于建国路与环城北路交界处，建于20世纪60年代初，楼跨北门市河，楼下可通船，为解放后建国路最早新建的商业楼。先后为烟糖公司营业部和第一副食品商店，1994年填平北门市河，拓宽建国路时拆除。

1987年，第一副食品公司大楼

双塔　位于长盐塘南岸，正对嘉兴城市中轴线。20世纪90年代招商引资中，由台商建造，原作为灵塔，南湖风景名胜开发区成立后，改建为双塔游乐区的景观塔。1998年10月拆除。

1998年1月，双塔游乐区

郊区政府行政中心　1983年10月，嘉兴市郊区政府成立后，驻市第二招待所，次年在中山路建设行政中心，有办公楼以及辅助用房，1985年搬入。2001年郊区人民政府搬迁，2年后，中山路郊区政府大楼及辅助用，拆除，所在地新建城市花园住宅区。

2000年，位于中山路的郊区政府行政中心

第三节　获奖建筑工程

优质工程获奖项目

鲁班奖　鲁班奖为中国建筑业工程质量的最高荣誉，市行政中心建筑工程于2002年12月获奖，为嘉兴市首个获该奖项目。工程项目东西长203米，南北宽184米，建筑面积71449平方米，由6个单体组成，各单体间连廊相接，设计先进，理念超前，质量优良，采用大量新材料、新技术和新工艺。

钱江杯优质工程项目

至2010年境内获钱江杯优质工程奖项目

表20-5

项目名称	获奖年份	备　注
市教委洪波路2号住宅楼	1998	—
市职业技术教育中心实验楼	1999	—
交通银行嘉兴分行大楼(同创广场2号楼)	2000	—
嘉兴学院南湖学院实验楼	2000	—
香溢大酒店(同创广场1号楼)	2001	—
中国建设银行嘉兴分行营业大楼	2001	—
市第一医院综合楼	2002	—

续表20-5

项目名称	获奖年份	备　注
嘉兴一中行政科技楼	2002	—
民丰特种纸9918办公楼	2003	—
中国电子第三十六所综合实验楼	2003	—
市国家税务局业务大楼	2004	—
市建设局二馆一中心(综合楼)	2004	—
秀城区行政中心	2005	另获2006年度国家优质工程银质奖
民丰彩色打印纸技改项目造纸车间12个工程项目	2005	—
市妇幼保健院迁建工程	2007	—
铁路广场商办综合楼	2008	—
加西贝拉研发中心工程	2009	—
市科创中心创业创业大厦	2009	—
中环广场(东区)	2009	—
市烟草物流中心工程	2009	—
市教育学院迁建项目一期建安工程	2010	—
振石集团东方特钢综合楼附房工程	2010	—
中国人民银行市中心支行营业办公用房	2010	—
市国际网球中心工程	2010	—

第四章　房地产管理

第一节　县(市)房地产管理

管理机构

嘉兴解放后,市政府开始设置房地产管理机构,房产由财政科管理,科内附设房屋整理会。1956年7月,单独设置嘉兴市房管处,属市政府财粮科。1960年,市房管处由市财粮科移交嘉兴县商业局领导,设置嘉兴县房地产管理所,管辖范围为嘉兴镇、新塍镇、王店镇和塘汇等集镇。1962年2月21日,县房地产管理所重新移交给县财政局领导。城区设置嘉兴市房地产管理所,下设建设、南湖(东门、新兴)、新嘉(解放)3个片。隶属市交建科。1963年1月,嘉兴撤市建镇,市房管所改称嘉兴镇房地产管理所。1978年10月,县财税局所属的全县房地产管理机构移交县基本建设局领导。同年11月,成立嘉兴房地产管理处、嘉兴房地产公司,两块牌子、一套班子。嘉兴房地产管理处管辖全县房地产业务,城区设解放、新嘉、建设、东门(南湖)、新兴5个房地产管理站;集镇设6个房地产管理办事处。1984年6月,市房管处机构设置重建,城区改建城北、南湖、建设3个房地产管理站。1988年11月28日,市房地产管理处隶属市城乡建设委员会领导。1999年5月24日,市房地产管理处与市拆迁办、市房改办、市住房资金管理中心实行合署办公。

私房社会主义改造

解放前,城内的私有房产有60.6万平方米,占全部房产的85%,房地产业的代表人物有姚氏、胡氏、梅氏等。姚氏建有东、西、北望云里及不少店屋；胡氏建的双魁巷，类似上海里弄的住宅群；梅氏在东、南、北门一带的楼房共46栋，连平房共3778.6平方米。大部分专门出租，收取租金。

解放初期，市城公有房产约10.99万平方米，来源分别为接管的国民政府机构房产、依法没收的官僚资本等房产、历史上的庙宇和会馆等社会公产。这些公产当时主要由部队、机关、学校和企事业单位使用，作为办公用房和宿舍，一部分公产由政府出租。

解放后，房产管理分私有房产自管和国家房产部门管理及单位自管公房3大类。

20世纪50年代以前，一般私房房主作住宅使用，也有一些房屋富裕户出租住房和商业用房。1958年8月起，根据上级指示进行私房社会主义改造，按政策规定，对限额以上房产实行赎买办法，逐步归为公有。县城以私房出租面积超过100平方米为改造起点（出租非住宅用房除外），由国家经租，依评估的房产值付给房主年息。当时私房出租共1414户，出租面积23.5万平方米，纳入改造的房主有862户，建筑面积19.5万平方米，占出租房总面积的82.7%。1966年9月开始，对原由“国家经租”的所有房屋转为全民所有。1984年10月落实城镇私房政策，解决改造遗留问题，对改造时家、店合一的69户（共有房屋4096.83平方米）和小面积非住宅用房30户（有房屋445平方米）均撤销改造，发还产权。对未经立案办理改造手续而归公的187户，计房屋面积5480平方米，腾退给房主。对其他必须腾退给原主的房舍，由住用者负责腾退。1989年市城腾退42户，1990年腾退68房，累计腾退227户，占应退338户的67%。

公房管理

直管公房　20世纪50年代后期房管部门直接管理的公房为11.41万平方米，经过1958年城市房产社会主义改造，房管部门掌握的房产增加，1978年前又陆续建房28.54万平方米，1990年直管公房56万平方米。

直管公房有经租、公产、代管3大类。采取“分段负责，管修结合”管理方法。1959—1963年县房管部门共安排住户1105户；1979—1988年安置住户10748户，使用面积31.68万平方米，其中标准住宅1898套、8.94万平方米。1990年年末，市房产部门的直管公房承租户1.4万户，为1952年的17倍。

单位自管公房　机关、团体、部队、学校及各企事业单位使用的房产。这部分房产随着公有制的扩大和机关企事业单位扩建新建，不断扩大。20世纪50年代后期为12万平方米，1962年为45.62万平方米，1985年为358.24万平方米（其中集体单位62.7万平方米），1990年为532万平方米。

租金管理

房改前的租金管理　房管部门执行“以租养房”的方针，即指“租金收入除去其他必要的开支外，不仅能够保证房屋的正常维修，而且在房屋使用年限终了时，能够收回投资，重建房屋。”

1959年始订民用住宅租金标准，按房屋结构、设施、层次等分5大类、16个等级，每平方米最高0.16元，最低0.06元。1970年重订标准，采用“积点积分法”，按房屋结构的楼层、墙面、地面、内墙、内顶、设施等，分6项16级定分计算，每平方米最高0.17元，最低0.08元，平均0.12元，该标准一直沿用至1988年，各单位自管房屋租金普遍低于该标准。

房改后的租金变化　1992年，城区6个街道范围内的国家直管公房和单位自管公房租金进行调整，标准为：钢、砖混、砖木结构，设施有水、电、卫生，每平方米计租面积的月标准租金为0.40元；砖混结构，无独用卫生设施，每平方米计租面积的月标准租金为0.30元；砖木结构，无卫生设施，每平方米计租面积的月标准租金为0.25元；简易结构，每平方米计租面积的月标准租金为0.20元。在住房地段的租金增减上，甲类地段+0.02元/月/平方米；乙类地段+0元/月/平方米；丙类地段－0.02元/月/平方米。同时，该细则对符合租金减免政策的6种类型进行了明确。

1997年12月1日起，市区6个街道、4个乡范围内的直管公房与单位公房统一调整租金，增幅为原租金的1/3，砖混成套住房使用面积每平方米月租金由原来的1.20元调整为1.60元。

1999年6月和2001年1月及2003年9月，为进一步深化城镇住房制度改革，稳步推进住房商品化、社会化，对公房租金进行了3次调整。1999年6月租金调整范围为：秀城区6个街道、4个乡范围内的国家直管公有住房和单位自管公有住房。调整标准为：钢、砖混结构成套住宅，每平方米计租面积的月标准租金为2.00元；砖混结构，无独用卫生设施，每平方米计租面积的月标准租金为1.40元；砖木结构，无卫生设施，每平方米计租面积的月标准租金为1.20元；简易结构，每平方米计租面积的月标准租金为0.90元。2001年1月，租金调整范围为：市区6个街道及秀城区的东栅、南湖乡，秀洲区的嘉北、塘汇乡范围内的国有直管公房和单位自管公房。调整标准为：钢、砖混、砖木结构，有水、电、卫生设施，每平方米计租面积的月标准租金为2.40元；砖混结构，无独用卫生设施，每平方米计租面积的月标准租金为1.55元；砖木结构，无卫生设施，每平方米计租面积的月标准租金为1.30元；简易结构，每平方米计租面积的月标准租金为1.00元。2003年9月，租金调整范围为市区公有住房（不包括秀城、秀洲区建制镇属地公房）。调整标准为：钢、砖混、砖木结构，有水、电、卫生设施，每平方米计租面积的月标准租金为2.80元；砖混结构和砖木结构、简易结构，无独用卫生设施，每平方米计租面积的月标准租金不调整。此租金标准一直沿用至今。

非住宅租金以幢的建筑面积计租，设4大类9个等级，按房屋结构、使用性质、损耗程度而定。1953年前以大米计租。1959年后以幢为单位，每平方米最高2元，最低0.356元，平均每平方米0.375元。

第二节　区属房地产管理

管理机构

1983年城区建立时，区属无房地产管理机构，各街道、乡镇的房地产事宜均由市直接管理。2000年市本级行政区划调整后，设立秀城区房地产管理处，隶属区城乡环境卫生保护局，人员编制8人，负责除中心城区外的镇（乡）房地产管理。区建设行政主管部门下属房地产管理处下辖新丰、凤桥2个房管所。秀城区于2000年10按实运作后，在秀城区建设与交通局设下属监督管理类事业单位秀城区房地产管理处，核定编制4人，负责秀城区事权范围内的直管公房管理、房地产开发管理。新丰房地产管理所成立于1978年，管理新丰镇政府所在地及净湘集镇的直管公房；凤桥房管所成立于1979年，管理凤桥镇政府所在地及曹庄、余新、新篁集镇的直管公房。2010年管理体制改革，房管所由新丰、凤桥镇接受人员和财产，并继续承接白蚁防治任务。

区直管公房

区房管部门负责管理各镇的直管公房包括房产来源和面积、大修中修小修计划及落实，直管公房处置。解放前新丰镇除部分公益场所，如国民小学和一些寺庙外，别无公有房产。1992年起，开始成规模地进行危旧房改造，至2009年年底，直管公房建筑面积14887.31平方米，其中住宅10317.51平方米，非住宅2258.61平方米，仓库及自用房屋1300平方米，空关房屋1011.19平方米。

凤桥镇经1984年全国房屋普查，直管公房面积为12.88万平方米。1988年底开始进行旧房翻建改造，同时对闲置的一些公房仓库进行开发，使国有资产保值增值。至2009年年底，直管公房建筑面积31238.55平方米，其中住宅24855.92平方米，非住宅5122.38平方米，仓库及自用房屋1260.25平方米。

2010年1月，为有效盘活国有资产，促进新市镇和农村新社区建设，按照属地管理原则，区规划与建设局和各镇签订转移协议，正式将直管公房的日常维护及处置权等权利义务一并移交给新丰、余新、凤桥和大桥镇管理。其中新丰镇接受房屋（含净湘）10192.21平方米，余新镇接受房屋（含曹庄）6107.77平方米，凤桥镇接受房屋（含新篁）23825.77平方米，大桥镇接受房屋（含步云）3707.79平方米。新丰镇和凤桥镇分别承接新丰、凤桥2个房管所的机构和人员。

第三节　住房制度改革

1988年，嘉兴市住房制度改革领导小组建立，随即开展职工住房调研和房改试点工作。1992年，

《嘉兴市市区住房制度改革实施方案》出台(适用于城区6个街道范围内所有机关、企事业单位,含中央、省、郊区在城区的单位和外地在嘉兴的单位。驻嘉部队干部、职工租用地方公房的均按本方案执行。),全市城镇住房制度改革全面启动,城镇居民的住房逐步纳入市场经济轨道,各种中介机构迅速发展,居民住房条件有了极大改善。至2010年,全市有房产中介机构594家,其中房地产评估机构20家;90%以上的城镇居民有了自己的房产,四分之一左右的家庭拥有2套以上住房,人均建筑面积35.24平方米(市区31.48平方米)。2010年年末,市区房地产中介机构245家,其中经建设行政主管部门核准登记备案的15家。市区房地产中介机构中含价格评估机构9家。

1991年年底,区6个街道范围内房地产所有权登记工作基本结束,登记发证6334户(处),其中公房4878处、私房1456户。1992年市区住房所有权登记纳入房管部门日常工作,核发产权证。1992年,市房地产管理处设立产权产籍管理机构。1998年,启用设有防伪标志的全国统一房屋权属证书,市区实行产权交易、发证一条龙服务。2010年,全区受理初始登记、转移登记、变更登记、注销登记等各类房屋权属登记482646件,发证总面积9037.84万平方米。

提租和补贴

1992年实施提租补贴制度,市区(城区6个街道)对公有住房租金实行租金标准、计租面积标准和调整租金时间“三统一”,提高公房租金并实行补贴,制定住房地段、层次租金增减办法,月租金从原来平均0.105元/平方米调整到0.376元/平方米。提高租金后,由所在单位发给租住公房的职工以标准工资3%的住房补贴;对离休干部、社会救济户、烈属、一等以上残废军人及困难职工因提租增加的租金,给予全免或一定比例的减免。1996年对超过住房标准的面积,在调整后的租金标准上按档超标加租。1999年,调整(提高)租金时廉租房租金不调整。2000年,规定廉租房按住房标准租金的60%收取。经多次调整,至2010年,各地公有住房月租金标准大幅度提高。

嘉兴市关于干部、职工租住公房可享受的使用面积标准,市区(秀城区6个街道、5个乡)1996年规定,一般干部、职工户使用面积不超过45平方米,科级干部50平方米,县处级干部60平方米。1999年,干部、职工租住公房可享受的使用面积标准,按省委办《关于党政干部违反住房规定有关问题的处理意见》中规定的检查标准上限控制,即一般干部、职工户使用面积不超过55平方米,科级干部和中级职称知识分子家庭65平方米,县处级干部和副高级职称知识分子家庭75平方米,地市级及相当这一级干部和正高级知识分子家庭90平方米。

住房有偿分配和集资建房

1990年年初,浙江钟厂共有住房406套,通过房改,职工购买386套,2户困难职工实行廉租房过渡,18户交纳租赁保证金有偿分配。1992年成立嘉兴城市住房合作社,建起第一个解困房小区一真合里小区,12幢365套住房,以每平方米725~800元的低价出售给小、穷、亏企业和住房困难户。房改初期全市有12个系统和企业成立住房合作社,集资建房2063套,面积12.38万平方米。列入市区解困档案的住房困难户先后脱困,住房面积从解困前人均4.38平方米提高到10.63平方米。

公房出售

1992年,城区6个街道范围内以标准价①向个人出售水、电、卫设施齐全的成套公有住房,新房每平方米建筑面积(以下简称面积)220~250元;旧房子按上一年新住房标准价为重置价,再按每年2%的成新率折扣后计价。一次性付款的给予20%的优惠;1985年12月31日前竣工的旧房最低售价不得低于120元,1986年1月1日后竣工的旧房最低售价不得低于150元。每户限购1套,拥有部分产权。当年,出售旧公房16809套,总计99.64万平方米。1995年起以成本价出售公房,职工购房可在成本价基础上享受工龄折扣、现住房折扣和一次性付款折扣、地段层次增减等房改政策,产权归个人所有,一

①标准价(由建筑工程安装费含室内外水、电安装费、附属工程费、征地、拆迁补偿费等组成)。房改起步时,征地、拆迁补偿费可暂由单位负担,或适当减收一部分

般住满5年后可进入市场，当年成本价每平方米160元。超过购房面积控制标准[①]的面积实行市场价。1999年开放单位自管房砖混非成套住房出售，成本价格每平方米600元，享受房改政策后最低限价为每平方米180元，当年一次性付款折扣优惠总房价的15%。2000年起直管公房改按经济适用房评估价格出售，单位公房的出售，除取消一次性付款折扣优惠外，其他房改政策不变。2001年起，市区直管公房只向本地中低收入家庭出售，一次性付清房款的给予10%的优惠。1991—2010年，市区出售房改房56485套，总面积355.66万平方米。

住房分配货币化

1998年底停止住房实物分配，1999年年初市县（市）相继实行住房分配货币化，由实施单位对无房和住房面积未达标的职工发放住房补贴。对1999年1月1日以后首次参加工作的新职工，除为其缴存住房公积金外，按月给予本人工资12%住房公积金补贴；对1998年年底以前参加工作的无房和住房面积未达到规定标准的老职工（包括离退休职工），由单位按规定发给一次性住房补贴和工龄住房补贴。一次性住房补贴每平方米标准按市区上一年经济适用房平均价的50%乘以届时一次性住房补贴比例确定（1999年市区经济适用房平均价核定为1400元/平方米，一次性住房补贴比例为53%）；年工龄住房补贴每平方米标准按售时成本价的0.6%计算。

至2010年，市区有31443名老职工享受一次性住房补贴，补贴金额37977.9万元；有1443名新职工享受住房公积金补贴，补贴金额770万元。

房改房上市

1998年7月，房改房进入市场流通（包括出售、出租、交换和抵押），至2010年全区出售房改房[②]18056套，建筑面积108.34万平方米。嘉兴市区有近30%的家庭以出售房改房为本钱，或以房改房作抵押贷款，改善住房条件。

第四节　住房保障

安居工程

1996年，市本级首个国家安居工程[③]建筑面积18.15万平方米的西马桥小区开工建设，1998年住房制度全面改革后，这一政策被经济适用住房政策取代。市区国家安居房每平方米建筑面积中心价880元，销售对象为具有市区城镇户口，且已实行住房公积金制度的单位及职工，夫妻双方均未享受集资房、解困房、房改房，中低收入家庭的无房户、拥挤户、不方便户及危房户，同等条件下离退休职工和教师优先。

经济适用住房

为解决中低收入家庭住房困难而实施的民心工程，主要承担房改过渡房、中低价位房、社会保障房等角色。

1999年8月，嘉兴市第一个总建筑面积18.15万平方米的国家安居工程西马桥小区（在新嘉街道）全面建成。当年，市房改部门向符合购买经济适用住房条件的市区501户职工居民家庭核发准购证。12月，被列入国家级经济适用住房（安居工程）的嘉兴市第一个城市住宅试点小区三水湾桂苑小区全面竣工，小区占地面积16.75公顷，总建筑面积15.36万平方米、1531套，总投资1.4亿元。2000年，市区开工建设经济适用住房70万平方米，总投资3970万元。

2003年，市政府决定分4年实施市区经济适用住房建设，每年8万平方米。按计划，先后建成久久小区、庆丰苑、昌盛花园3个经济适用住房小区。其中久久小区、庆丰苑位于南湖区境，久久小区建筑面积9.07万平方米、1063套；庆丰苑建筑面积3.2万平方米、388套。

2004年6月10日，开工建设位于双溪路由拳路

①购房面积控制标准：即住房标准，按《国务院关于严格控制城镇住宅标准的规定》，一般干部、职工70平方米；科级（含中级职称）80平方米；县处级（含副高职称）90平方米；地厅级（含正高职称）120平方米的规定执行，或按人均建筑面积12平方米控制。

②凡职工、居民通过城镇住房制度改革，享受优惠价政策购得，拥有全部或部分产权的各类住房统称为“房改房”。

③国务院住房制度改革领导小组决定从1995年开始，用5年左右时间新增建筑面积1.5亿平方米的保障性住房，称为国家安居工程

的经济适用住房项目久久小区。当年，经济适用房每平方米中心价格1850元，经初审符合条件的714户，经15天的公示，认定703户符合购房条件，首次采用电脑选号确定购房户挑选房源的先后顺序并引入公证机制。2006年市区在经济适用住房分配中首次采用实物购房和货币补贴相结合办法。2004—2007年市区申请经济适用房3413户，经审核公示符合购房条件的2948户。

至2010年年末，市区竣工经济适用房10687套，建筑面积103.49万平方米，累计受理申请7093户，销售住房5224套，建筑面积36.57万平方米；累计发放货币补贴373.89万元。

廉租房及租房补贴

1999年，嘉兴市在全省率先出台并实施廉租住房保障制度，以解决市区最低收入住房困难家庭的住房问题。当年8月，首次向最低收入群体提供廉租住房，需要符合3个条件：具有市区常住居民户口；年收入低于6000元的家庭，一人独户的年收入低于3000元；属于无房户、拥挤户或不便户的家庭。当年申请承租300多户，85户率先获得承租资格，其中50户国庆节前拿到住房钥匙。2001年，通过拆迁解困、直管公房房源解困和经济适用房解困，共解决住房困难户376户。

2003年，廉租住房实施由原来实物配租方式，转入以租金补贴为主、实物配租为辅的新阶段。2007年，对市区低保标准1.3倍以内的家庭实现廉租房的“应保尽保”。2008年，保障范围扩大至低于上年度市区最低生活保障标准上浮50%以内。2009年，申请门槛继续降低，低保标准2倍即最低生活保障标准上浮100%以内的低收入家庭也可以享受廉租房。

2010年，覆盖人均收入在城镇低保收入2.5倍以下的家庭。同年，对市区廉租房实行发放住房租赁补贴、实物配租和租金减免等3种保障方式。对那些既不符合廉租房保障条件又无力购买经济适用房的住房困难家庭，推出公共租赁住房保障模式。在凌塘小区凌波苑配建的60套廉租房完成主体工程；府南小区四期（后改隆兴公寓）配建的60套廉租房开工建设。廉租房每套建筑面积最小40平方米，最大50多平方米。市区累计有509户低收入家庭享受廉租房保障，其中实物配租189户、租赁补贴320户。

第五节　住房公积金

机构

1992年10月，设立市住房基金管理中心，承担住房公积金、出售公房的资金和住房维修基金管理。2003年7月撤销市住房基金管理中心，设立嘉兴市住房公积金管理中心。同时设立嘉兴市住房公积金管理委员会，作为全市住房公积金管理的决策机构，组建嘉兴市住房公积金管理中心各县（市）分中心。市住房公积金管理中心负责全市住房公积金的管理运作。各县（市）分中心按属地和业务需要原则，经市中心授权负责原有业务范围内的住房公积金归集、支付、使用等具体管理工作。南湖和秀洲2区由市住房公积金管理中心直管。

归集

1992年，全市建立住房公积金制度，由职工和单位按职工本人月工资一定比例缴长期住房储金，个人和单位缴费比例为1∶1，并设立个人账户，当年市本级职工公积金个人缴费基数为本人月工资的3%~5%。10月开始，该制度在市区的党政机关、群众团体、事业单位、全民和集体所有制企业的固定职工、合同制职工、计划内临时工中实施。1995年10月，市本级实施单位688个、职工7.46万人，月归集额首次突破300万元。后多次调整缴存基数和缴存比例，但缴存基数按职工本人工资比例未变。2006年后，行政事业单位和外商企业的缴存比例为12%，其他企业9%~12%。2010年年末，市本级实缴职工人数113089人，累计归集住房公积金61.05亿元。

提取和使用

1998年，《嘉兴市市区住房公积金提取管理暂行办法》规定，符合一定条件的职工可以提取本人的住房公积金。当年，市本级1.32万人次提取

2199.6万元用于购房建房。2000年，市本级发放公积金贷款1.38亿元。2006年，对购房户公积金贷款限额作了调整，双职工家庭的贷款限额提高到35万元，单职工家庭25万元。2008年规定，职工购房、建造、翻修和大修自住住房时，不申请公积金贷款的，可提取本人、配偶及未婚子女和父母上一个月的存储余额。2010年，规定购买自住房首次申请住房公积金的购房首付比例不得低于30%；面积在90平方米及以下的，首付款比例为20%，但房龄在10年以上的二手房，首付比例不低于40%。职工为改善居住条件购买自住住房，第2次申请住房公积金贷款的，首付款比例不得低于50%，利率为同期首次贷款利率的1.1倍。停止发放第3次住房公积金贷款。至2010年，嘉兴市发放住房公积金贷款108.35亿元，占归集总额的67.19%。其中市本级发放住房公积金贷款47.13亿元，占归集总额的77.19%。

第五章　房地产开发

第一节　综合开发

解放前，嘉兴城区房屋建筑大部分是老式住宅，多数为中式砖木结构2层楼房或平房，大多为私人自居使用而建造，设施简陋破旧。在环城路边，运河河滩，以及平桥湾、春波桥、螺蛳浜等地大多是棚户区，每逢梅雨季节，这些低矮的棚户多数进水受淹。1949年，嘉兴城区人均居住面积仅为8.4平方米，破旧民房为多。

解放后，人民政府设置房地产管理机构，加强对城市房地产管理，逐渐使市民居住困难问题得以缓和。但在长期计划经济体制和福利型住房制度下，城市的住房开发建设步伐十分缓慢。改革开放以后，特别是1983年嘉兴撤地建市以后，历届市委、市政府高度重视居民住房这一重要民生问题，把房地产综合开发摆放到重要议事日程上。随着国家对土地、房地产开发建设等相关政策的出台，以20世纪80年代中期市区中山路拓宽改造为标志，嘉兴城市发展规模跳出老城区束缚，向西、向南越过大运河；向东、向南跨过沪杭铁路；向北穿越建银大桥。继后，随着嘉兴经济开发区、秀洲新区和南湖新区的开发，嘉兴市区建设格局打破2000多年来框架和环境的限制，呈开放式放射性发展，走上城市建设的新阶段。市区建城区面积从1991年的20.80平方千米扩大至2010年的85.11平方千米。旧城改造、商品房开发、居民小区建设和保障房建设一并成为城市房地产综合开发的重要内容。

住宅统建

建国以后，城区私人建房极少，除原有的私人房产外，居民、职工住房基本上由国家或企事业单位解决。房地产管理部门1960年以前建造平房100间（套），面积7000平方米；1963—1965年建造住宅4400平方米；1966—1975年建造住宅3.88万平方米；1976—1978年新建职工住宅4.60万平方米。“文化大革命”期间，住宅建设与人口增长比例严重失调，致使住房已成为严重的社会问题。

1977年，房屋建设始显生机。市区登记申请征用土地，办理好建筑许可证手续和房屋设计的单位有100多个，建筑项目共98个，总建筑面积143.57万平方米，其中宿舍6.77万平方米。1978年4月，成立嘉兴县民房统建领导小组，下设办公室，城乡建设实行统一规划、统一投资、统一设计、统一施工、统一分配、统一管理方针。把国家、地方、企业投资均交给房管部门，实行统一建设；把国家、地方投资捆在一起实行逐步统建和组织企业集资统建。在立新路（今禾兴南路）、勤俭路西段南侧，进行“统建”试点。第一期工程拆除旧房28户，计1166.5平方米，新建住房2200平方米。同年由县基建局组建6000平方米职工住宅。

1980年4月，成立嘉兴住宅建设公司，1981年，市区成立拆迁办公室。1979—1988年，市区共新建住宅用房147.42万平方米，其中机关、企事业单位新建126.85万平方米，占86.05%；房管部房新建7.36万平方米，占4.99%；私人新建5.13万平方米，占3.48%；统建新建8.08万平方米，占5.48%。

1979—1988年嘉兴市区新建房屋情况表

表20-6　　单位:万平方米

年份	新建房屋竣工面积分类									
	总计	其中:住宅	房管部门直管房		单位自管房		私房		统建房	
			合计	其中:住宅	合计	其中:住宅	合计	其中:住宅	合计	其中:住宅
1979—1980	22.42	10.16	1.63	0.96	20.79	9.20	—	—	—	—
1981	33.41	15.81	0.95	0.93	30.70	13.12	1.25	1.25	0.51	0.51
1982	35.05	17.10	0.72	0.70	32.04	14.11	1.19	1.19	1.10	1.10
1983	28.97	16.91	1.11	1.11	26.05	14.13	0.31	0.31	1.50	1.36
1984	33.22	21.55	0.59	0.59	29.70	18.03	0.32	0.32	2.61	2.61
1985	32.40	13.80	0.80	0.80	28.50	10.10	0.40	0.40	2.70	2.50
1986	41.59	18.79	0.20	0.20	41.07	18.27	0.32	0.32	—	—
1987	44.30	17.67	0.97	0.97	41.93	16.36	0.40	0.34	—	—
1988	36.50	15.63	1.10	1.10	35.50	13.53	1.00	1.00	—	—
总计	307.86	147.42	8.07	7.36	286.28	126.85	5.19	5.13	8.42	8.08

房地产开发建设

1981年8月,嘉兴住宅建设公司在禾兴路首建商业房和住宅房。首次出售住宅3套计192.07平方米;商业房84.75平方米,标志着市区商品房开发建设和销售的开始。1982年,开发建设勤俭路的四季香公寓和斜西街的南杨新村,首开市区“成套成片”住宅小区建设先河。1983年,嘉兴市成为小城市解决住房困难的试点,嘉兴住宅建设公司建造商品房3000平方米,自筹投资额33万元。1984年1月,嘉兴市房地产公司成立,专业从事房地产开发经营。是年,对三水湾区域做详细规划,为以后开发建设三水湾居住区打好基础。10月,嘉兴住宅建设公司改组为中国房屋建设开发公司嘉兴公司。

1985年1月,嘉兴建设银行下属的嘉兴建设工程投资咨询公司成立,后更名为嘉兴市建设房地产开发公司。是年起,嘉兴民丰造纸厂、嘉兴冶金机械厂、嘉兴毛纺织总厂、嘉兴绢纺厂等大厂分别投资建设民丰一村、民丰二村、民丰三村、毛纺新村、绢纺新村等职工住宅小区,开发了整个三水湾及南湖周边区域大半面积的住宅用房。同年,中房嘉兴公司集中统一征用秀水乡红星村、嘉北乡三塔村、南湖乡真如村130多公顷土地,作为中山西路开发建设的前期准备。

1986年7月,由市建房公司开发建设的市区西区文教生活住宅区首期13幢商品房落成,面积为3.13万平方米。至1987年年底,市区吉水小区、文昌小区、栅堰小区等已初具规模。1988年,开发三水湾住宅区,这是市区当时规模最大、功能较完善的一个示范小区。进入20世纪90年代,嘉兴进入大规模商品房开发新时期。

国有土地使用制度改革

1990年5月,国务院颁布《中华人民共和国城镇国有土地使用权出让和转让暂行条例》,确定国有土地使用权出让的3种方式为协议、招标和拍卖,同时建立城市土地市场。1992年6月,嘉兴市区首次出让国有土地使用权,协议出让吉水路与吉杨路交叉的西北侧地块,面积4090.91平方米,总地价款450万元,平均每平方米1100元;协议出让天星河弄地块,面积2200平方米,总地价款221.54万元,每平方米1007元。这2地块的规划用途为建造商品住房为主的综合用地,出让年限均为50年。

1999年9月28日,市土地储备中心首次举行储备土地拍卖会。首次拍卖的〔1999〕储01、02号地块位于城南路，原嘉兴菲利普集团公司的辅助房用地，在企业转制中成为闲置资产，面积分别为1659.8平方米和2402.1平方米，起拍价分别为120万元和170万元。15家本地房地产开发企业参加竞拍，最终由嘉兴市福达房地产开发有限公司和嘉兴市大树房地产开发有限公司分别以232万元和350万元的价格获该土地使用权，拍卖地价创市区二级地段中等类型最高价。此举使嘉兴国有土地拍卖走在全国前列。同年，市区61宗，面积40.93公顷，合同出让金1.99亿元。2000年7月，北京路地块拍出了1.6亿元的高价，建造嘉禾北京城，同年12月，市区建国中路西侧3.73万平方米土地公开招标出让，嘉兴市港澳房地产开发有限责任公司最终以1.93亿元的价格中标，建造港澳大厦，创下市区旧城改造土地出让金的最高价。

1991—2010年，市区累计完成房地产投资645.40亿元。

第二节 商品房建设

商品住宅建设

开发与销售 1981年8月，嘉兴住宅建设公司在立新路（今禾兴南路）首次建造商品住宅3套，192.07平方米，作为商品住宅试点出售。1983年又建商品房3000平方米。1985年初，嘉兴市人民政府批准商品房组价基数。1989年前，市区商品房由中房嘉兴公司、市建设房地产开发公司和市房地产公司共同开发出售。中房嘉兴公司从1981—1987年共建商品住宅3000套，面积17.57万平方米，销售2788套；市建设房地产开发公司至1988年底共建商品住宅24幢832套，面积4.91万平方米，销售832套；市房地产公司1978—1988年共建商品住宅508套，面积3.82万平方米，销售260套。

20世纪90年代初，嘉兴开始进入大规模商品房开发阶段。1995年市区完成商品住宅投资32631万元。1997年市区每平方米销售均价724元。1998年前商品住宅主要由单位购买。1998年后市区取消福利分房，个人购房比例逐年上升。是年起，房地产业作为新经济增长点，在规划、用地、金融、税收等方面享受一系列优惠政策，加上各地开展新一轮旧城改造，市区房地产市场进入快速发展时期。

2010年6月，尚景蓝湾住宅区

户型与结构 20世纪80年代末期，商品住宅一般为三至六层，一梯二户或三户，套户建筑面积一般在40~50平方米。90年代起，套户面积渐趋扩大，一般建筑面积50~60平方米。1996年，市区建成首个商住小区月河公寓。1998年后，跃层、错层楼盘风靡市场。2002年，市区出现首个纯高层住宅小区名人国际花园。2003年，建成首个纯别墅住宅小区丁香花园以及首个精装修单身公寓名典公寓。2005年，首个具有欧陆风情的商业住宅楼盘巴黎都

2010年10月，凌公塘两岸商品房住宅区

2010年11月,统筹城乡安置小区——江南新家园

市诞生。21世纪前后,框架结构的小高层、高层住宅逐渐增多,楼盘规模逐渐大型化,套户建筑面积大多超过90平方米。结构上从大房间小客厅转向小房间大客厅,从一卧、二卧(卧室)、一厅(客厅)、一卫(卫生间)、一厨(厨房)格局,向多室、多厅、多卫格局发展。2001年后,别墅、联排、复式结构等高档住宅不断涌现。同时,住宅小区绿化、文化、体育、教育、商业等配套设施日趋完善。2010年,市区竣工独立别墅、叠加、联体排屋等高档住宅1471套以上。环境优美、结构舒适、设施配套成为住宅小区的必备条件。

1991—2010年嘉兴市区房地产开发投资建设情况表

表20-7　　单位:平方米

年份	完成投资		新开工商品房		竣工商品房			销售商品房			
	金额(万元)	其中住宅(万元)	建筑面积	其中住宅	建筑面积	其中住宅	住宅中别墅、高档公寓(套)	建筑面积	金额(万元)	其中住宅	金额(万元)
1991	5275	4106	133800	—	117800	89500	—	111400	4716	—	4060
1992	8405	5536	182600	—	130800	121900	—	171600	9288	—	8427
1993	22333	—	—	—	—	—	—	—	—	—	—
1994	27067	—	—	—	—	—	—	—	—	—	—
1995	45786	32631	—	—	—	—	78	—	—	—	19223
1996	58614	39761	—	—	446567	—	15	—	23954	—	—
1997	70467	40576	479447	312909	416517	337565	56	217415	28847	188807	13675
1998	75265	48938	584058	502389	514321	411586	—	365688	52451	213125	29627
1999	84620	58521	646408	572132	628274	504836	—	347218	54850	205042	39865
2000	115675	69949	720882	622691	560525	490866	71	438811	67936	382210	51152
2001	220238	150260	1340146	1082276	996754	763341	573	521334	96761	446631	72818
2002	247877	184695	1362991	1103077	1127646	873240	943	695857	153318	570679	106050
2003	345327	262700	2267804	2006550	858106	747298	776	1031686	230124	940316	205565
2004	534353	393617	3070906	2261121	1371919	1138092	639	1081012	272223	947210	222578
2005	548991	388134	1259329	986312	1847112	1520177	—	1826115	649760	1388583	458898
2006	533914	391969	1189917	800274	1509120	1190559	—	1602472	579947	1387908	476184
2007	695667	475728	2104150	1401979	1300867	961117	—	1714475	739349	1438829	603375
2008	830275	579468	3137898	2181538	1647460	946595	57	1346557	614837	1050936	485828
2009	879293	629629	2754766	1917318	1555500	1103851	237	3290173	1650895	2655611	1348342
2010	1104555	667299	4164971	2697493	2264430	1319640	870	2418996	1669856	1724154	1148865
合计	6453997	4413875	25083673	18448059	17045118	12308763	4315	16897809	6861154	13540041	5262822

注:1996年有部分数据,别墅高档公寓套数中也有部分数据缺失

1997—2010年全市及市区商品住宅销售年平均价格表

表20-8

年份	价格(元/平方米)		年份	价格(元/平方米)	
	全市	市区		全市	市区
1997	1065	724	2004	2174	2350
1998	1101	1390	2005	3193	3305
1999	1073	1944	2006	3291	3431
2000	1232	1338	2007	3933	4194
2001	1381	1630	2008	4312	4623
2002	1597	1858	2009	4918	5077
2003	1845	2186	2010	6075	6663

非住宅商品房建设

1981年3月,嘉兴住宅建设公司首次在立新路(今禾兴南路)建造商业用房84.75平方米,作为商业用房试点出售,标志着嘉兴市区非住宅商品房开发起步。1991年,中房嘉兴公司首次交付非住宅商品房3.66万平方米。1992年,大规模旧城改造开始,非住宅商品房建设加快。是年,嘉兴首次与外商香港福而伟金丰房地产有限公司签订协议,出让建国路土地7万平方米合资组建嘉兴建国房地产开发有限公司,开发福而伟商业中心,该项目经2次易名,2005年9月由嘉华置业有限公司建成建筑面积4.2万平方米的嘉华广场商住办综合楼。

2001年12月,位于建国中路的商业步行街"华庭街"开工建设,2004年7月竣工。占地面积3.73公顷,总建筑面积9.38万平方米,其中地下2.95万平方米,地上6.43万平方米(商业用房5.22万平方米、办公楼1.2万平方米),是集零售、娱乐、餐饮为一体的综合性商业步行街。2004年市区完成非住宅商品房投资14.07亿元,竣工23.38万平方米。是年,广益路的国际中港城大型商业综合体开工。

2005年,市区非住宅商品房完成投资16.09亿元,竣工32.69万平方米,销售43.75万平方米,分别比上年增长14.30%、39.82%和226.98%。当年全市和市区非住宅商品房完成投资额、竣工面积、销售面积均创历史新高。

2010年,市区非住宅商品房完成投资43.73亿元,竣工94.48万平方米。1997—2010年,市区非商品住宅完成投资195.48亿元,竣工428.98万平方米(办公楼92.68万平方米,商业营业用房208.73万平方米,其他用房127.57万平方米)。

第三节　房地产开发企业

1980年4月,成立嘉兴住宅建设公司,为市区首家房地产开发企业。1984年10月,成立中国房屋建设开发公司嘉兴公司,时为全市规模最大的房地产开发企业。

20世纪90年代初,民间资本投入房地产业,嘉兴本地房地产企业迅速扩张,外地、外资企业纷纷入驻。1991年年初,市区有中房嘉兴公司、嘉兴市建设房地产开发公司、嘉兴市房地产公司和嘉兴市城区房地产开发公司4家。1993年4月,嘉兴建国房地产开发有限公司成立为全市最早的中外合资房地产开发企业。1996年7月,中房集团嘉兴总公司取得全市首个国家房地产开发一级企业资质。是年末,市区房地产开发企业为51家。

1999年12月28日,中房集团嘉兴总公司改制为浙江中房置业股份有限公司。是年,新批房地产开发企业资质20个;嘉兴龙泉房地产开发有限公司、嘉兴兴业房地产开发项目有限公司等18家房地产开发企业被注销资质;嘉兴市房地产物业总公司、嘉兴市经协房地产开发有限公司等14家房地产开发企业被责令限期整改。1999年，市区房地产开发企业52家。

2000年开始，外地房地产开发企业先后入驻嘉兴，带来房地产开发新理念，房地产开发开始注重科技投入和楼盘环境建设，房产档次和品位有较大提升。2003年开始，房地产开发企业着手建立企业信用档案，评选消费者可信赖的房地产开发企业。2004年年底，市区房地产开发企业116家，其中新设立35家，2005年118家。

2007年4月，专项整治房地产市场秩序，各房地产开发企业在销售中严格使用商品房买卖示范合同文本，商品住宅质量保证书和住宅使用说明书，使用率达100%，是年，浙江佳源房地产集团有限公司获得中国房地产百强企业，浙江大树置业股份有限公司获得国家房地产开发一级资质；2009年3月，浙江中房置业股份有限公司获中国房地产协会“2007—2008年度中国房地产诚信企业”称号。

2010年，浙江中房置业股份有限公司被评为“浙江经济2009年十佳诚信房地产企业”；浙江佳源房地产集团有限公司取得国家房地产开发一级资质。年末，市区房地产开发企业200家，其中一级资质3家、二级资质4家。市区房地产开发企业年平均从业人数3565人。

2010年嘉兴市区二级以上资质房地产开发企业表

表20-9

企业名称	所在地	资质等级	成立年份	注册资本（万元）	主要开发项目	获得荣誉
浙江中房置业股份有限公司	嘉兴市城东路83号	一级	2000	5000	城南花园、放鹤洲花园、南溪花园、文星花园等	2007—2008年度“中国房地产诚信企业”；“浙江经济2009年度十佳诚信房地产企业”；2010年度“嘉兴市优秀房地产企业”
浙江佳源房地产集团有限公司	嘉兴市中环东路2297号	一级	2004	59000	英伦都市、罗马都市等	2007、2008、2010年获“中国房地产百强企业——百强之星”称号
浙江大树置业股份有限公司	嘉兴市华严路8号	一级	2001	5000	大华城市花园、大树·银河湾等	“2005年浙江省房地产企业50强”；2007年嘉兴市政府“嘉兴慈善奖”等
嘉兴市信达建设房地产开发有限公司	嘉兴市中山东路67号	二级	2004	6020	文教小区、吉水小区、三水湾小区、翰林府第等	荣获部、省、市级政府等单位授予的荣誉30多项
嘉兴足佳房地产开发有限公司	嘉兴市中环东路2297号	二级	1995	5800	丁香花园、洪兴花园、阳光北区等	“1999年度嘉兴市房地产企业信用等级AA级”、“重合同守信用单位”称号等
浙江龙盛置业有限公司	秀清路87号	二级	2003	15000	龙盛·华城右岸等	2008年嘉兴市诚信房地产企业
浙江苏嘉房地产实业股份有限公司	嘉兴市中环西路洪兴西路口苏银大厦13—15楼	二级	1998	5000	禾城世纪花园、置地广场等	浙江省首批公众满意诚信单位”“全国优秀房地产企业”“房地产行业服务满意十佳诚信企业”等

2010年区房地产开发企业表

表20-10

企业名称	成立日期	企业资质（2010年12月底）	主要开发楼盘	楼盘荣誉	企业荣誉
嘉兴市信达建设房地产开发有限公司	1985.1.5	二级	信达东郡	—	—
嘉兴市信达南郡置业有限公司	2009.5.7	暂定	信达南郡	—	—
嘉兴市嘉富置业有限公司	2005.4.29	三级（2017.7.28）	好第坊	—	—
嘉兴市恒泰置业有限公司	—	四级资质	三泰家园 秀景苑 秀沁苑	—	2013年度、2014年度南湖区余新镇十佳纳税企业
嘉兴市联城建设置业有限公司	2005.12.12	二级	康桥花园	2007年3月被评为“2006年度嘉兴市诚信房地产企业”、2008年1月被评为“2007年度嘉兴十大人居经典楼盘”、2007年11月被评为“2007年度十大热点楼盘”、2008年11月被评为“节能地产”、2010年1月被评为“2009年度明星企业”、2008年3月被评为“2007年度嘉兴市诚信房地产企业”、2008年3月被评为“2007年度最具社会责任感房地产企业”、2009年4月评为“嘉兴市园林式居住区”、2010年2月被评为“2009年度先进房地产企业”、2010年评为“嘉兴市诚信房地产企业”	2007年3月被评为“2006年度嘉兴市诚信房地产企业”、2008年1月被评为“2007年度嘉兴十大人居经典楼盘”、2007年11月被评为“2007年度十大热点楼盘”、2008年11月被评为“节能地产”、2010年1月被评为“2009年度明星企业”、2008年3月被评为“2007年度嘉兴市诚信房地产企业”、2008年3月被评为“2007年度最具社会责任感房地产企业”、2009年四月评为“嘉兴市园林式居住区”、2010年2月被评为“2009年度先进房地产企业”、2010年评为“嘉兴市诚信房地产企业”
金都房产集团嘉兴置业有限公司	2009.12.25	暂定资质	金都夏宫	2010年荣登品牌力量榜 2010年最具人气口碑奖	2010年度嘉兴市诚信纳税房地产企业 2010年度嘉兴市最具社会责任感房地产企业
嘉兴力宝房地产有限公司	2007.8.9	三级	翡翠花园 铂金府邸	—	—
嘉兴华章置业有限公司	2007.2.6	暂定	御上江南	—	—
嘉兴浙清晟峰软件园投资发展有限公司	2006.8	暂定资质	郁金香花园	“2009年中国人居环境经典住宅” 2010年诚信房地产企业	—

续表20-10

企业名称	成立日期	企业资质（2010年12月底）	主要开发楼盘	楼盘荣誉	企业荣誉
浙江佳源房地产集团有限公司	2004.3.29	一级资质	巴黎都市、英伦都市	—	2009年评为“2009中国房地产百强企业——百强之星” 2010年抗震救灾特别奉献奖 2010年评为“2010中国房地产百强企业——百强之星” 2010年评为中国华东房地产公司品牌价值TOP10 2010年度APEC未来之声支持单位 2010年评为支持体育事业突出贡献单位 2010年评为诚信中国.诚信示范单位 2010年评为浙江省企业发展研究会会长单位 2010年度嘉兴市房地产龙头企业
嘉兴市中正置业有限公司	2006	暂定	桃源小洲	—	—
嘉兴香溢房地产有限公司	2006.3	三级资质	当代华府	最具社会责任感房地产企业、先进集体、嘉兴市诚信房地产企业	—
嘉兴市金地房地产置业有限公司	2001.8	三级	罗马都市	罗马都市“前有公园，后有花园”，位于小区南端的是占地面积200亩的文化主题公园，位于小区北侧的是由人工堆土建成的罗马皇家花园，使整个小区形成南低北高的格局。整个小区在设计中充分考虑对称元素，规划了“一轴线，两广场，八组团”。一轴线是横贯小区南北，长约800米的罗马大道，两广场位于小区中央，望湖路以南的，占地面积10亩的圣彼得园广场以及望湖路北侧的方形凯撒广场，自然形成了天圆地方的格局（亮点）。整个小区是开放的社区，围合的组团（亮点），共有8个组团组成，小区内分布了众多的大型欧式景观群，在每个景观节点，采用具有代表性的雕塑，配合欧式宫廷绿篱，营造出具有罗马韵味的文化居住氛围	—

续表20-10

企业名称	成立日期	企业资质（2010年12月底）	主要开发楼盘	楼盘荣誉	企业荣誉
嘉兴市明源房地产开发有限公司	2007.10	三级	罗马都市	罗马都市2008年6月12日获得08—09中国地产财务100最佳人居环境典范楼盘。2009年12月获得2009中国康居品质典范 最佳绿色生态社区	—
嘉兴市格林置业有限公司	2003.9.18	三级房地产开发企业	格林小镇 格兰英郡	格林小镇2007年荣获中国房地产业最高奖项——“广厦奖”，还荣获“2008年度全国物业管理示范住宅小区”的荣誉称号	曾获2005年度服务业明星企业，2006年度嘉兴市诚信房地产企业，2007年度最具社会责任感房地产企业，2008年度嘉兴市诚信房地产企业，2009年度明星企业，2009年度嘉兴市建设行业先进房地产企业，2010年度发展贡献奖等

第四节　住宅小区

住宅小区建设

1982年，开发建设勤俭路四季香公寓和斜西街南杨新村，首开嘉兴城区成套成片住宅小区建设先河。南杨新村占地面积1.5万余平方米，有水电设备齐全的5层楼房12幢，居民2000余人。

1984年，陆续开发建设百花新村、虹桥新村、菜花泾小区、栅堰小区等住宅小区。1988年规划三水湾住宅小区，是市区当时规模最大示范小区。

1989年年底，市区开发建设南杨新村、百花新村、真如新村、虹桥新村、菜花泾小区、吉水小区、文教小区、栅堰小区。到1991年，市区已建成四季香公寓、南杨新村、百花新村、虹桥新村、菜花泾小区、栅堰小区、文教小区、吉水小区、真如新村等住宅小区。三水湾小区、清河小区等正在兴建之中。

1998年4月5日，嘉兴第一个小康工程——穆湖花园通过国家小康办专家组工程质量验收。小区采用披屋面跃层，大间距，绿地率36%，配套设施齐全。

1999年9月起，市区新建住宅小区按总建筑面积7‰比例配置物业管理用房，其中3‰作物业管理办公用房，4‰作物业管理营业用房。同年12月30日，城南花园全面竣工。小区首家取消传统多孔板、屋顶水箱，采用现浇楼面、屋面和高压泵直接供水、下沉式卫生间等新工艺。

2000年，首家外地房地产开发企业杭州金都房地产开发有限公司入驻市区。9月，由该公司开发建设的金都景苑小区被建设部列为“国家康居示范工程”，时为全省首个国家A级和智能化星级住宅小区。

2001年3月起，市区新建住宅小区按每百户30平方米配备居委会办公、活动和社区服务用房。

2002年4月，境内穆湖花园小区荣获国家小康住宅示范工程称号。8月，中房·万家花园荣获综合验收优良小区。

2004年11月11日，市政府发文，将嘉兴市城市规划区划分为旧城区和新区2类建设区，其中旧城区又划分为旧城中心区和旧城一般区，同时明确各建设区居住建筑的容积率、建筑密度和绿地率控制指标。是年，“江南·太阳城”等小区被列为中国人居环境金牌建设试点项目和国家级“健康住宅试点工程”。

9月9日,市政府出台《嘉兴市房地产业发展规划》,要求积极推进住宅产业现代化,加快国家康居示范小区建设,提高住宅质量和科技含量,提升居民的居住质量和环境。2008年1月28日,由浙江中房置业有限公司建造的“中房·探花苑”住宅小区被国家建设部授予2008詹天佑大奖优秀住宅小区金奖。该小区在规划、建筑、环境、科技应用、质量等方面均有突出表现。

2009年,市区12个安置小区动工兴建,禾东公寓二期、饮马公寓、百绿公寓等6个安置小区及农翔苑多层部分交付使用。景帆苑、文贤小区、举秀苑主体工程完工。2010年年末,嘉兴城市区建成区由市地名委员会办公室命名的住宅小区达325个。

2010年旧城中心区居住建筑容积率、建筑密度、绿地率控制指标表

表20-11

用地面积	S＜10000(平方米)			10000≦S＜20000(平方米)			20000≦S＜30000(平方米)		
控制指标	容积率	建筑密度(%)	绿地率(%)	容积率	建筑密度(%)	绿地率(%)	容积率	建筑密度(%)	绿地率(%)
低层	0.8~1.0	35	25	0.7~0.9	35	25	0.7~0.9	30	25
多层	1.2~1.8	30	25	1.2~1.5	30	25	1.2~1.4	30	25
12层以下高层	1.8~3.0	30	25	1.8~3.0	30	25	1.8~2.8	30	25
12层以上高层	2.0~5.0	30	25	2.0~4.0	30	25	2.0~3.5	30	25

市区住宅区选介

南杨新村 位于斜西街和南杨路之间,占地1.5万余平方米。20世纪70年代末起兴建,1980年竣工。初名状元新村,一说该地历史上曾经出过状元故名,后更现名,以南阳路和杨柳湾各取一字得名。建有12幢水电设备齐全的5层楼房,居民约2000余人,是市区首先兴建的居民小区。

真如新村 位于城南路西,文昌路以南,地处原真如塔附近。兴建于1982年,有7幢五六层住宅楼,居民五六百人。

百花新村 在城北路西侧,因地处原嘉北乡百花大队,故名。1981年开工建设,1986年全部竣工。占地面积11.84万平方米,建筑面积10.84万平方米,建有80幢多层住宅楼,居住1885户,约5000人。绿化面积1.6万平方米。附近建立供水、供电、商业服务、学校、金融、邮电、交通等配套设施,形成功能齐全的新居民区。小区还建有农贸市场,占地面积13亩、菜场面积1224平方米,368个摊位。

月河新村 位于外月河北部,东升路以南,20世纪80年代初陆续兴建,1983年后形成小区,占地面积5.8万平方米,除南部划给电子工业部华东勘察设计分院外,建住宅楼11幢,建筑面积3.2万平方米,居住605户。

虹桥新村 在大新路南,春波坊东,以原住宅区西河流虹桥港得名。原为嘉兴蚕种场桑地。20世纪70年代后期开辟为住宅小区,先后建住宅楼28幢,有730户,现居住2260人。

菜花泾新村 在长水新河东岸,解放路东北方向。1983年后兴建成片住宅区,以原河流菜花泾得名。有楼房36幢,现居住2570人。

栅堰新村 位于洪波路东侧,栅堰路以北。原为农田,1985年兴建居住新区,占地面积18.18公顷,至1990年建成商品住宅58幢,共1692套,总建筑面积13.72万平方米,有居民3268户。新村内水电、商业服务、教育、金融配套设施齐备,并设有儿童乐园,绿化面积1.45万平方米。

电子工业住宅小区 位于洪波路两边,新塍塘以南,电子工业区以北。1989年开始兴建,1993年基本竣工。占地面积45万平方米,建筑面积36万平方米。由中意苑、中兴苑、中秀苑、银秀苑、锦绣苑、春晖苑、洪三苑、福达苑、银河苑和834厂宿舍等13个苑区组成。

吉水住宅小区 在吉杨路、吉水路之间。1988

年基本建成，有多层住宅楼147幢，建筑面积约30万平方米。有居民4098户、12623人。因地处中山路西段及吉水路、吉杨路闹市区，各项基础设施齐备，居民生活便利。公园绿地在小区穿插分布，绿地面积有25400平方米之多，居住环境优越。

文教住宅小区　在文昌路、吉水路之间。1989年建成，总建筑面积约20万平方米，五六层住宅罗列分布，建有住宅15.06万平方米。有居民3582户，10199人，区内公共绿化面积1.47万平方米。环境幽静，生活服务设施齐全。

桂苑小区　位于南溪路1412号，全市第1个城市住宅试点小区，国家级安居工程，占地面积16.75公顷，建筑面积15.36万平方米，投资1.4亿元。有春萦坊、夏荫坊、秋韵坊、冬宁坊4个组团，有45幢住宅楼，1535套，最高6层，砖混结构。物业用房1000平方米，幼儿园1所300平方米，绿化率40%。市房地开发公司开发建设，1998年4月开工，1999年12月竣工。

三水湾小区　位于市区东南部，北以平湖塘为界，东临周水泾港，南以南溪路为界，西至纺工路。总面积约1平方千米，以地处三水湾而得名。总建筑面积78万平方米，其中住宅面积65万平方米，以石榴坊、牡丹坊、杜鹃坊、枫杨坊、天竹坊命名，居住人口5万余人，是市区规模最大、功能较完善的示范小区之一。区域内有中小学、幼托、公园、商店、医院、新村委员会、居委会和邮政通信用房等配套设施。项目由嘉兴市建设房地产开发公司和中房嘉兴公司1988年共同承担分期实施开发，1990年竣工。该居住小区是国家科委混凝土砖块墙体建筑材料推广应用南方示范小区，各种建筑的墙体材料均采用“小型混凝土空心砖块”，空心率为50%左右。

清河小区　位于禾兴北路，南临东升东路，北靠三元路，东临建国北路，占地面积32.81公顷，以禾兴北路为分隔，分东、西2个住宅组团，建成住宅3700余套，居住人口1.3万余人。小区配套建有中小学、医院、商业网点等公用设施。并建成道路、排水、排污管道和200吨高压水泵站1座。嘉兴市房产公司1990年开发，1997年10月全面竣工。

西马桥小区　位于禾兴北路西侧，北靠渡船桥港，南临穆湖街，西至三官塘，属嘉兴首个国家安居工程项目，占地面积12.05公顷，总建筑面积18.15万平方米，总投资1.8亿元。小区分红枫苑、翠竹苑、绿杨苑、紫藤苑4个组团共55幢2426套多层住宅，最高6层，砖混结构，物业用房120平方米，幼儿园1所，绿地率40.5%，其中占总建筑面积46%的1050套住房为国家安居工程。首期一组团3.50万平方米获“1997年度嘉兴市优质群体工程”称号。中房集团嘉兴总公司开发，1996年3月开工，1999年8月竣工。

穆湖花园　位于中环北路南侧，禾兴北路东侧，南北长380米，东西宽475米，占地面积12.69公顷，总建筑面积14万平方米，可入住5000余人。项目属小康型示范小区，列入2000年小康型城乡住宅示范小区项目计划。1998年4月，首期工程通过国家小康办专家组工程质量验收，获主体质量第1名，竣工的8幢住宅楼全部被评为优良工程。小区的特色为采用坡屋面跃层，间距大，绿地率高达36%，配套设施齐全。嘉兴市建设房地产开发公司开发，1997年开工，1999年全面竣工。

城南花园　位于市区南环城河南侧，城南路西侧，占地面积8.3公顷，总建筑面积11.11万平方米，拥有多层住宅45幢、930套。小区设计在市区首次取消传统的多孔板、屋顶水箱，采用现浇楼面、屋面、高压泵直接供水和下沉式卫生间等新工艺。工程优良率达74.8%。小区配套设施齐全，并实行专业化封闭式物业管理。浙江中房置业股份有限公司开发，1998年12月开工，1999年12月竣工。

禾城·世纪花园　位于市区，东至穆湖溪，南至张港，西至禾兴北路，北至昌盛北路。占地面积13.33公顷，总建筑面积14万平方米，由5幢叠加，17幢多层，8幢高层等组成。2001年11月通过建设部住宅产业促进中心综合评审和小区性能认定预审，它标志着嘉兴市住宅建设整体水平上新台阶。嘉兴市苏嘉房地产开发有限公司开发，2003年6月开工，2006年12月竣工。

翰林府第　位于市区中环南路与纺工路交汇处，西临海盐塘，北至凌公塘路，占地面积16.67公顷，总建筑面积25.28万平方米，由联排别墅、高层、多层组成，配有会所、幼儿园、游泳池、背景音乐、水系等，绿地率35%。2007年起，先后获得“嘉兴市物业管理示范住宅小区”“浙江省物业管理示范住宅小区”“嘉兴市园林式住宅小区”等奖项。嘉兴市信达建设房地产开发有限公司开发，2009年11月建成。

久久小区 位于双溪路与由拳路交叉口，占地面积5.72公顷，建筑面积9.07万平方米，投资1.35亿元。有住宅楼31幢，其中多层30幢1036套，砖混结构；小高层1幢27套，框架结构；物业用房637平方米。市经济适用房发展中心开发建设，2004年6月开工，2007年6月竣工。

府南花园 位于文桥路南、庄乾路北、新气象路两侧，占地面积30.84公顷，建筑面积44万平方米，投资5.63亿元，分3期建成。有高层住宅楼3幢66套，1.35万平方米；小高层住宅楼3幢110套，1.25万平方米；多层住宅楼108幢3815套，36.5万平方米，框架、砖混结构；地下车库3个1.29万平方米、物业和其他公共建筑3.6万平方米，绿地率30%。市建设开发有限公司开发，2002年7月开工，2005年11月全面竣工。

嘉城绿都 嘉兴市最大拆迁安置小区，全国示范安置小区，位于中环东路与锦带河路交叉口，占地面积54.4公顷，建筑面积91万平方米，投资18.86亿元，湘家荡投资有限公司开发。规划建设小高层住宅22幢，多层住宅171幢7160套，春兰苑、秋菊苑、芙蓉苑、茉莉苑、合欢苑、凌霄苑、紫薇苑7个组团组成。配套设施有幼儿园2所，公园1个（占地14万平方米）以及商业街、农贸市场、物业用房、公交候车站等。2008年开工，2010年年底第一批93幢3334套住宅交付使用。

石堰小区 东至双溪路、南到杨树湾港、西邻海盐塘、北靠长水路，占地面积29.1公顷，建筑面积45.7624米，投资6.8亿元。建多层住宅楼148幢，3434套；别墅131幢。分石堰南苑、石堰北苑、石堰新村3组团。配套小学、幼儿园各1所，绿化面积9.8万平方米。余新镇政府开发，2002年5月开工，2010年5月全面竣工。

江南·太阳城 位于东方路西侧、三元路北侧，占地面积48.3公顷，建筑面积20.89万平方米，投资2.51亿元。建住宅楼36幢，其中高层5幢、690套，小高层5幢、230套，多层住宅楼26幢、834套，框架结构；地下车库22676平方米，物业和其他公共建筑8425平方米。嘉兴市首个接轨上海、服务上海的房地产项目，70%房屋销给上海市居民。太阳城房地产开发有限公司开发，分3期建成，2004年10月开工，2008年7月竣工。

格林小镇 位于景宜路与格林路交汇处东北侧，占地面积13.27公顷，建筑面积21.85万平方米，投资4.5亿元。有住宅楼172幢，其中小高层住宅楼11幢、498套，多层住宅楼31幢、735套，别墅130套；地下车库14611平方米，公共建筑2532平方米，绿地率40%。由格林置业有限公司开发，2003年11月开工，2008年10月全面竣工。获建设部住宅产业化促进中心“中国21世纪绿色生态健康住宅创新示范小区金奖”。

放鹤洲花园 位于城南路东侧，占地面积21.09公顷，建筑面积27.18万平方米，投资6.69亿元，建住宅楼76幢，其中高层住宅楼（最高19层，高度63.6米）3幢、162套，小高层住宅楼3幢、110套，多层住宅楼70幢、1114套。框架剪刀墙和框架结构；地下车库14个2.68万平方米，公共建筑1.17万平方米，绿地率30%。中房置业股份有限公司开发，分3期建成，2002年12月开工，2009年3月竣工。

中房·文星花园 位于纺工路和凌公塘路两侧，占地面积23.88公顷，建筑面积51.66万平方米，投资13.1亿元。由探花苑、汇龙苑、长中苑、海棠苑4个组团组成，建住宅楼72幢，2844套，其中高层住宅楼19幢、1607套（最高25层、高度83.3米）；小高层住宅楼5幢、278套；多层住宅楼36幢、933套；连排别墅10幢、24套；别墅2幢、2套，框架剪刀墙和框架结构。地下车库906间、车位501个；物业管理用房3264平方米，社会服务用房927平方米、文体设施建筑1458平方米；绿地率30%~35%。中房置业股份有限公司开发，2005年3月开工，2010年12月竣工。

探花苑 东至农翔路，西至长中港，南至凌公塘路，北至烟雨路。占地面积8.54公顷，总建筑面积16.5万平方米。2007年12月竣工。2008年1月，被授予“2008年詹天佑大奖优秀住宅小区金奖”。该奖项由中国土木工程学会住宅工程指导工作委员会组织举办，属政府指导评选的住宅综合奖项，旨在展示中国住宅建筑的最高水平，鼓励科技创新与应用。

2010年12月，探花苑

香橼别墅 位于秀州路与解放路交叉口，占地面积6.61公顷，建筑面积6.2万平方米，投资4.5亿元，建别墅92幢，5.95万平方米，地下车库1个1568平方米，物业用房522平方米，绿地率30%。由汇嘉置业有限公司开发，2009年8月开工，2010年12月基本竣工。

巴黎都市 位于中环东路西侧，长中港东侧，凌公塘路两侧，占地面积21.3公顷，建筑面积45.53万平方米，投资14.31亿元。分凯旋宫、奥塞宫、美泉宫、西岱宫、路易宫等14个组团，建高层住宅楼9幢、890套，小高层住宅楼11幢、626套，多层住宅楼34幢，1430套，别墅152套，地下车库2个46990平方米，公共建筑43000平方米，绿地率40%。佳源房地产集团有限公司开发，分2期建成，2005年7月开工，2010年8月竣工。

罗马都市 东临云东路，西临双溪路，北靠南溪路，南接凌公塘文化主题公园，占地面积30公顷，建筑面积70万平方米，容积率1.5，绿地率33%。以圣彼得广场为中心，东西两侧分为2期建设，由叠排、联排、多层、小高层、高层等多种建筑形态组成，户型以建筑面积75~200平方米的多层为主，另有300平方米的全家福小高层及280平方米的空中别墅。佳源房地产集团公司开发，2008年1月西侧1期开工，6月东侧2期全面开工。

各镇住宅区选介

天香花苑 拆迁安置小区，位于大桥镇天明路316号，占地面积18.37万平方米，总建筑面积18.35万平米，由48幢多层、1488套住房组成。小区绿地面积5.51万平方米。大桥镇人民政府开发建设，2008年5月开工，2010年10月竣工。

平湖塘花苑 位于大桥镇十八里桥开发区，总建筑面积11.5万平方米，由26幢多层、936套住房组成。大桥镇人民政府开发建设，2008年9月开工，2010年5月竣工。

湖滨花苑 位于大桥镇，总建筑面积10.19万平方米，由26幢多层、756套住房组成。大桥镇人民政府开发建设，2006年9月开工，2007年9月竣工。

紫金豪庄 位于大桥镇，占地面积2.41万平方米，总建筑面积1.66万平方米，由29幢多层、78套住房组成。小区容积率0.7，绿地率30%以上，小区特色为低密度。2005年11月开工，2007年12月竣工。

同创颐园 纯别墅小区，位于余新镇五星路1153号，占地面积20万平方米，总建筑面积5.77万平方米，由216套栋别墅组成。嘉兴市余新同创房地产开发有限公司开发建设，2000年10月开工，2006年12月竣工。

茗品别墅 位于余新镇五星路1250号，占地面积1.08万平方米，总建筑面积3.46万平方米，由32套别墅，28幢多层和1幢小高层幢组成。小区容积率1.0，绿地率35%。嘉兴市禾城福达置业有限公司开发建设，2008年开工，2010年一期竣工。

幸福家园 位于余新镇幸福路，占地面积3.23公顷，总建筑面积5.63万平方米，住房452套，其中23幢多层住宅楼，小区容积率1.4，绿地率36.9%。余新镇村镇开发有限公司开发建设，2004年7月开工，2006年1月竣工。

桃源小洲 位于凤桥镇，占地面积11.23万平方米，总建筑面积14万平方米，由28幢多层、20套别墅共1204套住房组成。小区容积率1.01，绿地率35%，以新中式风格为主题，配以各式园林小品、活水、亭廊、异桥、木平台等，并辅以层次丰富的花卉树木，营造出素雅、宁静、精致、意蕴的新中式园林，并与4A级景区梅花洲相邻。曾荣获“嘉兴最具人居价值经典楼盘奖”和“2009—2010年最具价值楼盘奖”。嘉兴市中正置业有限公司开发建设，2007年8月开工，2009年10月竣工。

凤栖桃苑 位于凤桥镇凤南路与大桥路交叉口东南侧，占地面积3.5公顷，总建筑面积72040平方米,7幢12层小高层建筑单体组成。由嘉兴市中欣置业有限公司开发建设,2010年9月开工。

七星花园 位于兴星路东侧,为花园式高档住宅小区。总投资2000万元,占地面积12.46公顷,总建筑面积11.83万平方米,13幢连体别墅住宅楼,328套,小区容积率0.94,绿地率45%。中国人民银行嘉兴分行开发,2006年开工,2008年竣工。

江南新家园公寓 位于七星320国道兴星路口北侧,南靠湘家荡大道,北至三店塘,小区占地面积57公顷,总建筑面积67.8万平方米,绿化面积16.2万平方米,占总占地面积的28.3%。有住宅楼191幢、5694套。2004年湘家荡投资有限公司投资建设,2007年一期和二期竣工,2010年10月三期交付使用。小区建筑设计风格以当地传统江南水乡民居为特色。

湘景苑小区 位于七星镇七星路南侧,总投资3400万元,占地面积2.65万平方米,总建筑面积4.99万平方米,17幢多层住宅楼328套,小区容积率1.88,绿地率32%。由七星村镇建设开发有限公司,2003年开工,2005年竣工。

三家浜公寓 位于沪杭铁路以北。2009年开工建设,分3期建造,计划2012年全部竣工,建成后小区占地面积31.5万平方米,总建筑面积45.9万平方米,有住宅楼147幢、3869套。七星投资发展有限公司投资建设,整个工程计划投资8.5亿元。

双龙景苑 新丰镇南有东、西青龙港,小区枕西青龙港,故名。位于平林路北侧,人民路以西,2003年5月开工,2005年1月竣工,总投资5000万元。占地面积4.39万平方米,总建筑面积5.88万平方米。有17幢商住楼组成,住房440套。小区容积率1.3,绿地率36.28%。新丰镇政府开发建设,为新丰镇拆迁安置房。

黄鹤花园 小区西南隅有著名石桥黄鹤桥,故名。位于平林路南侧,嘉盐公路以东,东濒西青龙港,2003年10月开工,2009年5月竣工,总投资约1亿元。占地面积12.47万平方米,总建筑面积17.12万平方米。有47幢住宅楼,住房1486套。小区容积率1.3,绿地率36.2%,汽车泊位300个。新丰镇政府开发建设,为新丰镇拆迁安置房。

隆兴别墅 小区由别墅群组成。位于新丰镇广场路中段南侧,南临北庄桥港,2002年1月开工,2006年12月最后1幢竣工,总投资1040万元。占地面积1.33万平方米,总建筑面积1.2万平方米。有40幢别墅组成,临街为商住楼。小区容积率0.9,绿地率36.8%。镇政府安排各住户进城购地自建。

尊贵·丽景家园 位于新丰镇平林路北侧,东起盐丰公路,西、北濒北庄桥港,2003年11月开工,2009年12月竣工,总投资约1.8亿元。占地面积3.72万平方米,总建筑面积5.72万平方米。有10幢商住楼、9幢别墅组成。小区容积率1.6,绿地率33.7%。豪杰房产有限公司开发建设。

第六章 房地产市场

第一节 房地产交易

房地产交易管理

解放前,私人房产可以自由转让买卖。解放初,对私有房地产采取保护合法权益的政策,私有房产仍允许业主和用户之间依法买卖。

1951年,市区房地产总登记后,个人可凭房地产所有权证办理房地产转让、过户审批手续。1956年停止办理公购私房业务,私人之间的买卖仍可办理,至1966年嘉兴县共办理房屋买卖130余件。“文化大革命”期间,私有房屋买卖停止。

1982年后,私有房屋买卖恢复。1989年9月21日,成立嘉兴市房屋交易所,主要负责市区有关房屋买卖、租赁、房地产转让等交易活动的组织、管理和监督。至1990年年底,市区私有房屋成交共656件。1992年,嘉兴市房产交易市场管理委员会成立,建立房地产交易市场。

1995年10月25日,嘉兴市首家房地产交易中心开始运作。该中心属集房产、地产、金融服务于一体的专业化、现代化房地产交易场所。当年,市区35家房地产公司有21家加盟参与交易。1998年初,市房管处在全省率先建立房地产产权交易服务大厅，实行房地产交易与房屋权属登记“一门式办理、一条龙服务”的管理服务机制。8月，嘉兴“一门式办理，一条龙服务”的基本做法在全省推广。

2010年，市区受理各类房屋权属登记48697件，总面积1377.79万平方米；受理抵押登记22123件，总面积781万平方米；受理预告登记396件，总面积6.5万平方米。1991—2010年，市区累计颁发房屋产权证482646件，发证总面积9037.84万平方米。

房地产展示交易会

1991年6月18—24日，举办全市首届房屋交换交易大会。服务范围包括国家直管房、单位自管房使用权的交换；受理跨省、市直管公房调换申请登记；办理单位自管房、新建商品房、私房交易，以及有关房地产管理、落实房产政策、房改政策等咨询，还提供资料查询；签发试看单、办理成交手续、发放房产证等一条龙服务。分为商品房销售、政策咨询、房屋调换交易3个服务区。中房嘉兴公司、市建设房地产开发公司、市房产公司、城区房地产开发公司等房地产开发企业提供现货、期货5.5万平方米商品房投入交易；市房产交易所提供选择的调房资料100多户，现场接待登记调房24户，互换成功6户，预售成交商品房38套。

2000年，嘉兴选送6家房地产开发企业赴金华参加浙江省房地产展示会。2002年，嘉兴在市区、上海、杭州成功举办3届大型房地产展示展销会。2003年，嘉兴成功举办4届大型房地产展示展销会，并组织市区13个房地产开发企业分赴上海、杭州参加展示展销。2004年12月30日，市政府发文，明确市区房地产展示和交易活动由市房地产业协会牵头举办，一般1年举办2届，其他单位和个人不得以各种名义举办房地产展示和交易活动。

2005年4月24日，人居嘉兴春季房地产展示交易会。吸引了68家房地产开发企业和家居装修企业参展，3万余人次参观，提供可销售楼盘46个，其中住宅160余万平方米。房展会期间达成购房意向3446套，成交291套2.90万平方米，成交金额1.23亿元；达成家居装修意向373套，签约成交42套。2006年，组织“嘉兴市宜居城市”项目招商推介展示会和嘉兴精品房地产项目上海展示会，推介展示会签协5个项目，其中3个房地产项目，总投资达21.4亿元。同年，市区举办“宜居城市·嘉兴”春季和冬季2届房地产展示会，成交779套9.4万平方米，成交金额4.81亿元。

2008年4月28日，位于花园路的嘉兴市房地产展示交易中心启用，拥有2层展示交易大厅，面积4500平方米。是年，市区举办“宜居城市·嘉兴”春季和秋季2届房地产博览会，成交329套3.8万平方米，成交金额1.77亿元。

2009年，成功举办春、秋2届房博会和端午假日房展会。3月，市区6家房地产开发企业参加第十一届“上海之春”房产展示交易会。10月，市区17家知名房地产开发企业的21个精品楼盘参加第十四届中国宁波国际住宅博览会。

2010年，嘉兴以房地产展示交易中心为平台，组织举办春、秋2届房地产博览会，举办“月月淘房”活动，组织10个房地产开发企业参加上海、宁波两地房地产展示会。1991—2010年，市区共举办各类房展会50余届。

第二节　房地产中介服务

房地产中介市场

1998年4月1日，嘉兴市房地产中介服务中心营业，实行包括房地产买卖、租赁、抵押、评估、产权登记、发证等内容的窗口式一条龙服务。随着房地产业市场需要，房地产中介市场不断扩大。2001年，市房管部门对市区70家房产信息服务机构及从业人员进行清查、整顿；对市区40余家房地产中介服务机构进行资质审核登记；组织中介从业人员集中上岗培训。2002年，组织全市124名房地产评估从业人员业务培训，建立行业规范、行业自律与创造诚信服务相结合的市场管理机制。2003年，对市区具备中介经营资格的54个企业建立管理台账制度、经营业务备案制度和责任追究制度；对126名经纪人核发上岗证。2004年，市区逐步建立执业经纪人和经纪机构动态信息数据库，建立并逐步实行从业人员持证上岗、亮证服务制度。2007年4月，市规划与建设局会同市国土资源局、市财政局等部门联合开展房地产市场秩序专项整治。2008年10月，对市区存在严重问题、群众投诉较多的房地产中介企业进行整治，加强对房地产中介行业监管，促使房地产中介市场秩序进一步规范。2009年5月，对个别房地产经纪公司违规发布经济适用住房、人才公寓等具有保障性质的政策性住房信息的现象作出相关规定，要求各房地产经纪机构立即停止发布经济适用住房、人才公寓租赁信息。对各房地产经纪机构拒不执行的，一经发现，将根据《浙江省经纪人管理条例》等相关法律、法规严肃查处。

房地产中介机构

嘉兴的房地产中介机构出现始于20世纪90年代初期。1994年12月成立嘉兴市房地产价格评估所，属嘉兴历史上首家房地产评估中介机构。1995年8月评估资质暂定A级，1998年2月评定为二级资质。1998年4月1日，成立嘉兴市房地产中介服务中心。进入21世纪，房地产中介机构在全市各地迅速发展，大街小巷随处可见。最初的房地产中介机构规模较小，后来发展到个人合伙制、集体所有制、有限责任公司、连锁店等多种形式；经营范围也从初始单纯的房屋买卖、租赁中介扩展到楼盘代理、代办权证、贷款担保等业务。各房地产中介机构之间实行全市联网、信息共享，有的还在互联网建立网络网页，构建电子商务平台。2006年，嘉兴市和诚房地产评估有限公司、嘉兴市新天地房地产经纪有限公司、嘉兴市房地产中介服务有限公司等荣获2005年度浙江省房地产中介先进企业。

2010年年末，市区房地产中介机构245家，其中经建设行政主管部门核准登记备案的15家。市区房地产中介机构中含价格评估机构9家。

2010年嘉兴市区核准备案房地产中介企业名录表

表20-12

机构名称	地　　址	注册资金（万元）
嘉兴市新天地房地产经纪有限公司	府前街142号	50
嘉兴房产超市经纪有限公司	汇丰商务写字楼A座15楼	100
嘉兴市大家房屋置换有限公司	文昌路73—85号第3间	50
嘉兴市智岛九安策划代理有限公司	吉安路253号五楼	50
嘉兴大树营销经纪有限公司	华严路北侧	230
嘉兴市天天房产经纪有限公司	清河小区禾兴北路街面营业用房11—12号	50
嘉兴市鼎好房地产经纪有限公司	月河公寓商办2号楼禾兴北路696号	50
嘉兴市住房置业担保有限公司	少年北路203号	1409
嘉兴市超越房地产经纪有限公司	洪波路158号第一层第一、二间	50
浙江和诚房地产估价有限公司	中环南路富润路东三至六层507室	200
嘉兴市房地产物业有限公司	道前街14号5楼	1260
嘉兴水长流创意咨询有限公司	吉杨路126号1楼108室	20
嘉兴伟爱房地产营销策划有限公司	中山西路2017号京润大厦1302室	200
嘉兴市恒越房地产营销策划有限公司	纺工路950号	200
嘉兴市万丰房产置换有限公司	越秀北路1114—1116号	50

第七章 物业管理

第一节 物业管理项目

1992年以前,国家直管公房和单位自管公房的维修管理分别属房管部门和所属单位。20世纪90年代,城镇房产物业所有权从公有为主转变为私有为主,住房所有权呈现多元化。所有权的变化,导致管理方式的改变,物业管理应时而生。1996年4月,市政府确定电子小区、清河小区为市区物业管理试点小区。10月,市区首个安居工程西马桥小区实行前期物业管理。2000年以后,住宅小区物业管理覆盖面扩大,物业管理逐步走向市场化、专业化和产业化。2002年,市区住宅区物业管理覆盖率达到72%。2007年7月后,城镇新建住宅区除少数实施业主自管理外,基本实现物业管理全覆盖。物业管理也从住宅管理向办公楼、企事业单位、公共设施等多种领域延伸拓展。2010年6月,市房地产管理部门针对老住宅区物业管理薄弱的现状,提出老住宅区实行物业专业服务街道社区服务和业主自治"三位一体"的"准物业管理"模式。至2010年年底,全市有物业管理项目1042个,其中住宅小区物业项目666个,面积4643.71万平方米。其中南湖区有物业管理项目111个、总面积992万平方米。区属46个老住宅小区实行"准物业管理"模式。

第二节 物业管理资金

物业管理收费

物业管理收费项目包括物业服务费、住宅装修垃圾清运费、住宅小区汽车停泊服务费、代办服务费和特约服务费等。1996年,物业管理试点住宅小区按每户每月6元收取。2000年8月,对住宅小区物业管理收费实行政府定价、政府指导价、市场调节价3种价格管理形式。物业管理综合服务费、房屋装修垃圾清运费、停车管理费试行政府定价;代办服务费实行政府指导价;特约服务费除物价部门有统一规定收费标准外,实行市场调节价。2006年2月,对普通住宅小区的物业服务收费实行分等级定价。其中物业服务费每月每平方米的中准价格,多层住宅:一级0.65元、二级0.45元、三级0.3元、四级0.2元;小高层和高层一级1.25元、二级1.05元、三级0.9元、四级0.8元;住宅装修垃圾清运费:每户每次建筑面积80平方米以下150元、80~130平方米200元、130平方米以上300元;住宅小区汽车停车费:对业主7座以下小型客车和2.5吨以下货车地面停泊每车位每月45元、7座以上客车和2.5吨以上货车地面每车位 每月60元。此后,物业管理成本上升,物业管理收费按照政府的指导价,在物业服务企业与住宅小区业主委员会签订合同时协商确定。由于多种原因,业主欠缴和拒缴物业服务费的情况较为普遍,2009年对嘉兴市对212家物业服务企业调查,住宅小区的物业服务费平均收缴率为82.7%,办公楼项目收缴率为88.7%。2010年,全区住宅小区的物业服务费平均收缴率为83.8%,办公楼项目收缴率为88.1%。

物业专项维修资金

2001年1月,嘉兴市住宅区物业维修专项资金遵循"全额储存,业主共同所有,合理使用"的原则,由住宅开发单位向购房者代为收取,用于房屋的共用部位和共用设施设备保修期满后的维修养护和更新。交存标准:多层住宅(含经济适用房)及汽车库每平方米30元,跃层及自行车库每平方米15元,高层、别墅、商品住房楼中的商业办公用房每平方米40元。2010年6月,对物业专项维修资金交存标准作调整,有电梯的住宅每平方米80元,无电梯的住宅每平方米50元,汽车车库及自行车库每平方米50元。至2010年年底,嘉兴全市物业专项维修资金累计归集13.62亿元。其中由嘉兴市住房保障局管理的市区建成区范围内累计归集5.92亿元,累计使用1197.01万元。

住宅物业保修金

1996年4月,市政府规定住宅小区物业管理公司向开发建设单位按住宅总造价的5‰收取建筑工程保修押金。保修期内,凡属保修范围内的住宅质量问题,物业管理公司督促开发建设单位通知承接该工程的施工企业进行修理。如超过法定时间,由物业管理公司负责维修,其费用在保修押金中抵扣,保修期满后一次结清。2006年10月1日后实行物业保修金制度,对新建竣工交付的用于销售的住宅物业、住宅小区内的非住宅物业或者与住宅物业结构相连的非住宅物业,由开发建设单位按建筑安装总造价的2%的比例缴纳保修金。物业保修金用于在物业保修期内发现房屋建筑工程存在质量问题或有关设施不配套的,建设单位又不履行保修责任或因歇业、破产等原因无法履行保修责任的,由相关业主或者业主委员会提出申请,经所在地建设主管部门核实后,由业主委员会组织维修,其费用在保修金中列支。保修金存储期限为8年,期满后将保修金本金及利息余额退还给建设单位。至2010年年底,嘉兴市住房保障局管理的市区建成区范围内累计交存0.89亿元,无使用或退还。

"房改房"住房维修资金

1995年6月,建立"房改房"住房维修基金。维修基金由公有住房售房单位从售房款中提取10%,购房人按成本价缴付1%,共同建立公有住房售后共用部位共有设施设备维修基金。由原公房产权单位或受其委托的维修服务单位负责维修养护。1997年11月后,"房改房"维修基金改为"房改房"维修资金。截至2010年年底,全市累计归集"房改房"住房维修资金4.51亿元。其中由嘉兴市住房保障局累计归集1.38亿元,累计使用资金增值部分1175.64万元。南湖区归集由市统一。

物业管理用房

1999年9月规定,物业管理用房由开发建设单位无偿提供住宅区总建筑面积的7‰,住宅区总建筑面积的3‰作为物业管理办公用房,4‰作为物业管理经营用房,产权属国家所有,交由业主委员会代管,由物业管理企业使用。2007年7月,嘉兴市政府发文明确建设单位应当按照物业建设工程规划许可证载明的地上总建筑面积7‰比例配置物业管理用房。物业管理用房依法属于全体业主共同所有。

第三节　物业管理企业

物业管理发展

1993年8月,嘉兴市房地产物业管理总公司成立,这是嘉兴市首家物业管理企业,下设建设、城北、南湖3个分公司。1996年,市区物业管理的清河和电子2个试点小区,分别由市物业管理总公司等3家物业管理企业管理。2007年10月后,物业管理企业改称为物业服务企业。区域主体多元化。1996年以后,物业管理企业的经营内容从最初的清扫保洁、门卫值岗、绿化养护延伸到房屋和配套设施设备的维修管理、车辆停放、园艺绿化、家政服务、环境秩序、文化活动、代理服务等;经营领域从单一的住宅物业管理拓宽到办公楼、工厂企业、公共设施、公共场所管理等;经营范围从市区域逐步面向全国,有8家物业管理企业承接市外城市的物业服务。据嘉兴市2010年全市物业服务企业经营收入77682万元,经营成本71790万元,营业税及附加4784万元,经营利润1108万元,成本利润率为1.54%。

20世纪90年代,设立物业管理公司要求注册资本20万元以上,管理人员不少于5人,其中有中级以上专业技术职称人员不少于3人。2009年,调查200家物业服务企业注册资金50万元至100万元以下的148家,占74%;100万元至300万元以下的36家,占18%;300万元至500万元以下10家,占5%;500万元以上6家,占3%。202家物业服务企业的从业人员情况是:20人以下有51家,占25.2%;20人至50人以下的有69家,占34.2%;50人至100人以下的有40家,占19.8%;100人至300人以下的有32家,占15.8%;300人至532人的有10家,占5%。到2010年末,全市物业服务企业246家,

1998年,市房地产管理部门开始对物业管理企业实行资质等级管理,当年批准市区3家物业管理企业为三级资质。2000年以后,每年对物业管理企业进行资质审批、资质年检以及从业人员上岗培

训、继续教育等工作。2008年，浙江嘉杭物业管理有限公司获建设部批准为一级资质企业。2010年年末，全市有一级资质企业2家、二级资质企业8家、三级资质企业200家、暂定三级资质企业36家，三级和暂定三级资质企业占企业总数的95.9%。

区的物业管理起步20世纪90年代中期。2005年，南湖区组建了区物业管理协会，同年6月，区物业管理企业有51家、从业人员1000多人。2010年年底，区有物业管理企业108家，其中登记注册在南湖区的物业管理企业74家，其中一级资质1家、二级资质3家、三级资质59家、暂定三级11家。未注册在区但有管理项目的物业企业34家、从业人员约10000人。区有居住性物业管理面积约1500万平方米，374个住宅小区，其中有物业服务117个，占31.28%；准物业服务100个，占26.74%；社区管理157个，占41.98%。其中成立业主委员会有216个，占57.75%。

区物业服务企业选介

怡城（浙江）物业管理有限公司　位于中环东路2297号，成立于2000年12月，注册资本500万元，2006年取得国家一级物业服务资质。公司通过ISO 9001质量管理体系、GB／T28001职业健康安全管理体系及ISO 14001环境管理体系认证，依托高效精干的员工团队快速拓展业务，所管理的物业从嘉兴、杭州延伸到江苏、广西、湖南等省，管理面积近700万平方米，其中多个项目被评为省级物业管理优秀住宅小区，公司连续多年被评为市品牌物业服务企业。

嘉兴市建银物业管理有限责任公司　位于中山东路67号，成立于1996年4月，注册资本300万元，2009年2月取得国家二级物业服务资质。公司通过ISO 9001质量管理体系认证，先后接收穆河花园、翰林府第、百盛花园等10多个住宅小区和建设银行大楼、市国税局大楼等办公大楼项目，公司管理面积约95万平方米，其中多个项目获得省级优秀物业管理住宅小区称号。2006年，被评为市首届十大品牌物业。2008年和2009年，被评为市建设行业先进物业服务企业”。

嘉兴市恒达物业管理有限公司　位于秀州路156号，成立于1996年，注册资本300万元，为国家二级物业服务资质企业。承接多层公寓、高层公寓、别墅等物业，总建筑面积逾100万平方米，业主近万户。多次被评为市建设行业先进物业服务企业。

浙江嘉杭物业管理有限公司　位于嘉杭路，成立于2003年，注册资本500万元，为国家一级物业资质企业，是一家专业从事物业管理及物业咨询顾问的物业管理服务企业。现有员工近千人，管理服务项目遍及嘉兴、苏州、昆山、桐乡、嘉善、海宁等近10个城市。物业管理类型涉及多层、高层公寓、别墅、办公楼、商业中心、工业园区等多种业态，介入咨询和接管面积600多万平方米。

嘉兴大树物业管理有限公司　成立于1997年初，为国家二级资质的专业物业管理企业。物业管理类型涉及商场、高端写字楼、金融机构、别墅、小高层和一般住宅小区，已通过ISO 9001：2000质量管理体系，为标准控制日常工作各环节，逐步形成了一整套系统的管理制度。

嘉兴市嘉城环艺物业经营管理有限公司　1998年11月正式开始从事物业管理，是嘉城集团下属的全资公司，注册资金300万元。2010年，申报国家物业服务二级资质（次年7月核准）。主要从事商、住、广场等物业服务业务，2010年末公司管辖的项目及范围有农翔苑、嘉城景帆苑、泾水公寓、秋泾公寓、百家公寓、百绿公寓、府林绿都等20个，建筑面积约163万平方米，种类涉及多层小高层住宅、商铺、别墅等。2010年度被评为市先进物业服务企业。

第四节　白蚁防治

防治机构

1971年3月成立县白蚁防治小组，负责全县白蚁防治工作。1975年，更名为县白蚁防治组。1980年，更名为县白蚁防治站。1984年，更名为市白蚁防治站。1989年，更名为市白蚁防治所。2001年成立区防治白蚁小组，负责区各镇住宅区白蚁防治工作。2006年，市白蚁防治下设家康白蚁防治技术服务中心，有白蚁防治技术人员6名。2010年年末，境内有白蚁防治所技师4名、高级工20名、中级工7名。

白蚁危害

区境内白蚁有2科3属3种，即鼻白蚁科的家白蚁属、家白蚁种，散白蚁属、黄胸散白蚁种；白蚁科的土栖白蚁属、黑翅土白蚁种。20世纪80年代初统计，市区房屋建筑（包括古建筑和寺庙）白蚁危害率达50%，严重区域高达75%以上。白蚁危害比较严重的区域和集镇有：中山路两侧、中基路、饮马河、坛弄、北京路、解放路、闸前街及光明街一带；人民路、干河滩一带；南门梅湾街、槐树头、南大街、河东街及南堰一带；塘汇镇、东栅镇；新丰、凤桥等镇。1990年，在嘉兴毛纺总厂、民丰造纸厂、绢纺厂等单位的新建房和嘉兴图书馆藏书楼中，都发现白蚁侵蚀。区境内种植桑树历史悠久，调查发现，一些桑树都不同程度遭受白蚁危害，轻则桑叶萎黄，影响桑树生长和叶质，重则树干枯萎甚至成片死亡。

预防与灭治

新建房屋白蚁预防 1980年起，逐步开展新建房屋地基白蚁预防工作。1985年，市政府要求全市逐步开展基建项目地基白蚁危害预防工作。当年，市白蚁防治站对市区中山路两侧的新建房屋进行白蚁预防处理，继后，全面开展新建房屋白蚁预防工作。在新建房屋白蚁预防施工中，实行“一工程，一方案”，落实双方验收制度，确保房屋建筑15年有效期内不受白蚁危害。

旧房白蚁灭治 20世纪70年代初，对市区的旧房开展白蚁灭治。当时，每年3—5月白蚁纷飞期间，市区各企事业单位、居民的蚁害申报达3000多户，平均每年灭治建筑面积约12万平方米。此后，市区根据蚁害情况，采取对白蚁危害区域分段、分批成片灭治的办法，取得了显著的效果。每年的蚁害申报从1971年的3000多户下降到2010年的300户左右。嘉兴的防治经验得到省白蚁防治所肯定，并逐渐在全省乃至全国范围内推广。在抓好城镇白蚁灭治工作的同时，在广大农村组建一支“赤脚灭蚁员”队伍，通过白蚁防治机构与“赤脚灭蚁员”共同推动的白蚁群防群治工作，农村蚁害得到了很好的控制。1985年，嘉兴农村灭治白蚁工作完成。2000年开始，每年白蚁灭治完成率在98%以上。1991—2010年，全市白蚁防治机构共受理企事业单位、居民住宅旧房蚁害申报34529户，完成旧房蚁害灭治建筑面积282.63万平方米。2000—2010年，白蚁防治药物有氯菊酯、氯氰菊酯、氰戊菊酯、联苯菊酯等。其中新建房屋白蚁防治药物，主要是20%的天鹰杀白蚁乳油。2005—2010年，境内实施白蚁防治施药项目203个，施药总面积约152万平方米，施药回访率和满意率均达100%。

区镇白蚁防治

2000年以前，区镇的白蚁防治工作由市白蚁站、秀洲区白蚁站负责。2001年，成立区防治白蚁小组，由区建设交通局负责管理。2002年和2005年，委托给凤桥房管所、新丰房管所进行预防和灭杀。至2004年底，全区城镇共有500多个新建房屋工程的建设业主委托蚁防机构实施防蚁施工，防治面积232.68万平方米，新建房屋白蚁预防率100%。施药回访率和满意率100%。

2005—2010年区白蚁预防汇总表

表20-13　　　　单位：元、平方米

年份	金　额	预防面积
2005	2645978	1763985
2006	2444958	1629972
2007	4033648	2689098
2008	4277888	2851925
2009	3435444	2290296
2010	4211999	2807999

第二十一篇

商贸　服务业

目 录

嘉兴城历来为浙北商业中心，太湖东南部商品交流枢纽。三国吴时商业始兴，隋代开通大运河后，以水路漕运的区域优势，逐渐发展成为连接南北的重要商埠。南宋时，商市兴盛，已有不同的专业街市。明代蚕丝、纱布、米粮贸易兴隆，漕运辏集，商肆栉比，商贾舟航易通各省，有“江东一大都会”之称。清康熙乾隆年间，城内商业繁荣达到高峰。太平天国时，境内屡遭战火重创，商业损失惨重。上海崛起后，沪杭铁路通车，英美等西方烟草、煤油、百货以及日用品入市，助推境内商贸业的发展。抗日战争期间，百业凋敝，民族商业又遭摧残。

解放后，党和政府着手恢复国民经济，对私营工商业进行社会主义改造，组建国营商业、供销社，确立国有、集体商业的主导地位，实行粮油、棉花、纱、布、茧丝等重要商品的统购统销，物资供应实行计划供应，物价稳定。“文化大革命”期间，商贸市场建设处于停滞状态，商业网点减少，凭票限量供应商品增加。

改革开放后，推行商业体制改革，逐步完成由计划经济体制向社会主义市场经济体制的转轨。放宽商贸市场管理政策，全面放开商品购销市场，鼓励发展民营商业，个私商业的市场占有率迅速上升；大力拓展商品流通渠道，加强农贸市场和汽车、家具、电子、小商品、副食品等各类专业市场建设。21世纪后，区大力推进城乡商业网点建设，开发楼宇经济、新兴商圈和特色街区，境内商品市场持续发展，全区商贸欣欣向荣。

第一章　商贸服务业综述

第一节　古代商埠

区境地处古代吴越之交，汉代以来就有商贸往来，晋时商业发达。隋代开通大运河后至唐代，嘉兴地区农业大规模开发，民间农副产品交易日盛，贸易沟通海外。北宋时，城中市肆荟萃。南宋时，嘉兴已是“舟车财货丰阜”的商业都会。元明两代，市场扩大，境内外商品交换频繁。明代中期，蚕丝发展，促进商品经济的发展，特别是丝绸贸易的兴盛，城市又趋繁华，南湖烟雨楼前画舫歌妓昼夜不绝。商业区不断向城外拓展，南门城外至东门的街道上百业杂陈，市肆繁盛。嘉兴出现拥资巨万的本帮和徽帮大贾。嘉兴的商品走向全国和国外市场。一年一度运输数千万斤漕粮的船队，大批由嘉兴起程直航京都。当时的政令允许携带土产交易，船队途经苏州、扬州、淮安、徐州、天津等运河沿埠购销货物，数百年相袭，发展成为一条运河商路。境内市镇大批兴起，商品交换频繁，集市网络基本形成。清康熙乾隆年间，境内“百物辐辏”，商业繁荣达到封建时代的高峰。城内街市热闹，趁集者列肆市中，昼夜不已。嘉兴成为区域性商业中心城市和浙北商品集散中心。清咸丰年间后，迭遭战火，百业凋敝，商业亦受重创，至清末和民国初期逐渐恢复。

第二节　民国商市

民国初期，随着上海城市的开拓，沪杭铁路货运和内河轮运发展的影响，嘉兴也逐渐出现资本主义商业。英美烟草公司、美孚石油、亚细亚等国外公司来禾设经销商行，建造商品仓库，经营批发和中转业务。银行、钱庄和百货饮服行业纷纷兴起。1925—1929年，国际丝绸贸易兴旺，嘉兴商业颇为繁荣。1929—1933年，资本主义世界发生一场波及全球的经济危机，境内的商贸业特别是茧丝销售趋于凋敝萧条，但仍有一定规模。1935年，嘉兴城内有自然行业60余个（含手工业前店后坊和航运业），商号1472家，从业人员6900余人，资本原额192余万元，实现商业销售1031万元。购进商品以南货、腌腊、鱼鲞、卷烟、木材为大宗，次如棉纱、煤油灯亦颇可观，计值1290余万元。外运以米、茧、丝、豆、菜籽、生姜及绸布、工艺品为多，计值1100余万元。抗日战争时期，日本侵略军烧杀抢掠，统制贸易，民族商业惨遭摧残。抗日战争胜利后至解放前夕，通货恶性膨胀，市场极度混乱，作为浙北贸易中心、货物集散地和商品转口枢纽的嘉兴，市况日趋萎缩，民族商业处于破产或半破产的窘境。1949年，城内商户1970家，从业人员5216人，资本额239万元，摊贩约1500户。商品零售额1452.20万元，批发额736.7万元。

民国时期境内商贸行业比较齐全。抗日战争前，嘉兴城内有自然行业60余个。1945—1948年间有96个，行业名称为：绸布、百货、卷烟、石油皂烛、图书、服装、五金电料、丝线、鞋箱、纸、茶食糖果、盐、炒货、腌腊、鲜肉、茶漆、酱酒、南北货、豆腐、颜料、牲畜、油料、粮食、鲜鱼、地货水果、国药、西药、柴、煤炭、砂石砖灰、磁麻席、竹、木、杂货、饮食、茶店、旅店、理发、小饭店、染洗、照相、旧货、浴室、点心、制面、酱鸭、银钱、银楼、运输、轮船、嫁妆、弹絮、碾米、铜锡、成衣、建筑、民船、西服、钟表、白铁、印刷、方作、漆作、纸箔、制香、肥壅、烟爆、蚕种、茧、皮毛、笺对、牛羊肉、牛奶、派报、芦菲、车行、刻字、藤、糖坊、砻糠、浆糊、铁店、圆作、小方作、藤竹器、秤斗、纸浆、肠衣、制烛、针织、制帽、棕作、娱乐、翻砂、船厂船行、航船等。

第三节　解放后商业

改革开放前商情

解放后，按照“公私兼顾，劳资两利，城乡互助，内外交流”的方针，组建国营商业和供销社，通过扩大加工订货，组织物资交流，加强工农业产品收购等方法，使大宗产品为国营集体商业所掌握，市场供求渐趋正常。1949年，嘉兴城内私营商业批发额占社会批发额的90.36%，商品零售额占83.2%。1952年，嘉兴县社会商品零售总额为4418万元，比1949年上升95.14%。同年7月，嘉兴市、县联合举办首届物资交流大会，有省内外738名代表参加，进场交易12万人次，成交额153万元。1953年后，对粮食、油脂实行计划收购和计划供应。翌年，又对棉花、棉纱、棉布实行统购统销。1956年，完成对私营工商业的社会主义改造，建立起以国营商业为主导，供销合作社为助手，由国家领导的自由市场为补充的流通体制。1957年，嘉兴县社会商品零售总额5188万元，比1952年上升35.17%。市区国营合作商业占社会商品批发额的98.7%；社会商品零售额中，国营占32.07%、供销社占19.11%、公私合营占25.49%、合作商店占22%、独立经营户占1.33%。1958年，实行“政企合一”“国合合并”，集体、个体商业全部过渡为全民商业，自由市场关闭，小商小贩取消，网点收缩，流通渠道单一。1960年，嘉兴县城凭票凭证限量供应的商品多达104种。1961年起，贯彻落实中央调整方针，先后恢复供销社、集体商业及集市贸易，保留一些独立经营户，调整农副产品购销政策，实行奖售或议购，稳定18种主要商品价格和服务费用，优先供应农村等，还对部分商品开展高价供应。经过几年努力，商品供应状况明显好转。1966年，嘉兴县社会商品零售总额11114万元，比1957年上升83.1%。“文化大革命”期间，物价较为稳定，但商品匮乏，凭票供应品种增加，网点减少。1976年，嘉兴县社会商品零售总额12397万余元，比1966年仅增长11.55%。

改革开放后商贸市场建设

1978年后，改革商业体制，放宽商贸市场管理政策和价格管理权限，实行以国营、供销合作社商业为主体，多种经济成分并存，多渠道、多形式、少环节的商品流通体制，并加强商业网店建设，开发新商业区，购物中心、集贸市场。各种形式的商品交流活动趋于活跃。1979年，嘉兴县先后在城内建7个菜场，在乡镇建立43个初级农贸市场。1980年，嘉兴县集市贸易成交额1329万元，比1979年增长35.1%。1982年冬，嘉兴地区国合商业联合在市区举办大型商品交易会，设样品陈列馆10个，样品35193种，参加交易的全国各地商家4529位，成交额8000余万元。1983年，市区有商业机构1952个，从业人员12772人。

1984年后，商贸市场建设提速。商品营销渠道和形式进一步拓展，当年，市商业局在上海城隍庙开设以嘉兴地方工业产品为主的展销窗口，接待27个省市代表700余人，展出的海鸥电风扇、皇冠灯具、呢绒、毛线等产品广受客户青睐。1986年9月，市工商部门为发展境内外商家的横向经济联系，拓展商品流通渠道，组织举办秋季商品交易会，设本地产品展销馆6个，外地产品展销馆1个，进场交易商品有15个门类3000余个品种。邀请21个省市代表3000余人参加。成交额4.1亿元,创境内历次商品交易会成交额之最。1988年,全市范围内规模最大的综合性商场商业大厦和江南大厦相继在中山路开业。1990年,市区集贸市场达70个,比1979年增加20个。

1991年后,在市区改造和新建鸳鸯酒楼、绿岛浴室、新涌洲美发厅、西点社、惠肯大楼、蔬菜批发交易市场、国贸大楼、碧海池浴室、嘉兴大酒店等一大批商业服务网点,并在商业领域开始应用电子收银机、电子广告、安全监控等设施。1997年,市本级营业网点1.6万个,从业人员3.8万名,每百人居民拥有网点2个。

1998年,境内超市、专卖店、便利店、仓储式商场等相继出现,9月18日,全市首家仓储式超市阳光购物中心开业,至年底营业额1338万元,日均营业额10.8万元。1999年,嘉兴百惠超市公司连锁门店15个,全年实现销售9500万元。阳光购物中心超市门店3个,销售额6100万元。新型业态发展,方便城乡居民购物,活跃了市场。2001年,连锁业、专卖店、大卖场、百货综合商厦等各类业态并存,其中江南大厦、戴梦得购物中心的零售额分别达2.6亿元和2.05亿元。同年,嘉禾·北京城商业街和华庭步行商业街先后动工。2003年,全市商贸流通企业加快传统商业升级和结构调整,营销方式出现新变化,大卖场、超市连锁经营、品牌店、组团式购物中心、商业街、便利店、旅游商品专业店等新型业态发展迅速。市区营业面积在5000平方米以上商业网点有15个。

1983年建区时,第三产业基础相当薄弱,只有31家小商业企业。区坚持依托区域优势,在"工贸并举"的经济工作方针指导下,多轮驱动,全面开花,1988年区组建商业局后,发动各部门、各街道、居委会兴办三产,创办小商品、工业品市场及饭店。仅商业局系统一年内新办企业49家,年销售额增加2.3倍,实现区的第三产业的第一次飞跃。1991年,社会商品零售总额14773万元。

2000年区域调整后,加大三产推进力度,出台三产发展纲要,提出商贸活区战略,促进第三产业蓬勃发展。商贸业态向旅游、房地产、信息、社区等新兴服务产业拓展,连锁店、超市等新型商贸企业开始入驻。市区形成以中山路为轴线的商业区,沿线有惠肯酒店、江南大厦、华联商厦、国贸大厦、杭百大购物中心等。境内春波坊仿古商业街建成营业,嘉禾北京城、苏宁电器、永乐家电、国美电器等大型商贸企业相继开业,还有建国路服装街、斜西街金融街、紫阳街小吃街、勤俭路夜市、秀州路小商品街、北京路副食品街等商业街区,建有生产资料、农副产品、蔬菜等专业市场。家乐福、欧尚超市、红星美凯龙等一批知名企业入驻,万好家居、嘉兴国际电气城、中国节能环保商贸城、天德·嘉兴汽配城等专业市场先后建成开业。

到2010年,中心城区形成以江南大厦、戴梦得购物中心为核心的商业区,在中山路、勤俭路、禾兴路、建国路组成的"井"字形中心商贸区进行扩容。年内,旭辉广场开工,总建筑面积20万平方米,其中商业面积8万平方米。12月底,外商家乐福嘉兴店开业,营业面积1.5万平方米,主要零售经营食品、农副产品、百货、家用电器等。建成月河街、梅湾街、建国路步行街、少年路服饰街、春波坊等特色商业街区;市城副中心国际中港城购物广场、红星美凯龙开张营业,初步形成以国际中港城购物广场、各专业市场为龙头的新兴商业区。嘉兴总部商务花园23幢楼宇建成、78家企业入驻,全区新增利用楼宇面积45万平方米,培育税收超千万元楼宇8幢。湘家荡旅游度假区、梅花洲景区等重点项目建设顺利推进。境内农村集镇、社区网点,实现了全覆盖。全区全社会消费品零售总额由2005年的74.17亿元增加到2010年的159.21亿元。

居民消费结构变化

20世纪90年代,消费品市场运行呈弱势格局,商品销售稳中偏淡。1997年,城乡居民货币支出除投资股票、债券、邮币卡市场外,企业改制职工入股及住房制度改革等分流居民购买力,居民支出结构中购买消费品比重逐年下降。1999年,商品市场总体上稳中有升、稳中有变。拉动消费品零售额上升,主要商品大类有食品、饮料、烟酒类,上升幅度28%;生活电器类和音像器材类分别增长36.11%和4%;金银珠宝类增长30.21%,;保健品类增长

42.1%。与1998年比,比较明显的是黄金饰品增长幅度加快,化妆品商品销售趋缓。

2000年,通信、信息类商品需求猛增,全年营业额比1999年成倍上升;旅游市场热潮掀起,全市旅游收入比上年增长4成;住宅消费升温,旧城改造步伐加快,住宅需求旺盛。2003年,区域经济的发展带动消费增长,全区消费增长13%以上,高于全市的平均增长水平。居民消费升级明显、需求上升,享受型消费全面趋热,商品住宅销售猛增,金银饰品、工艺礼品、化妆品、数码相机、摄像机等需求旺盛,通讯器材类销售增长30%以上,限额以上企业汽车销售增长近五成;居民消费价格稳中有升。食品、烟酒及用品、医疗保健和个人用品、娱乐教育文化用品及服务、居住等5个大类商品和服务价格水平比上年有不同程度上涨,衣着、家庭设备用品及维修服务、交通和通信类三大类商品和服务价格下降。2007年,在衣、食、住、行等商品全面增长同时,消费需求热点变化明显,消费能不断提升,住房、汽车、家用电器、金银珠宝、通讯器材、旅游等消费能级较高的商品门类保持较高增速,呈现小康阶段特征。嘉兴汽车商贸园各类汽车成交额24.26亿元,增长25.76%。国内旅游增长21.2%,国际旅游增长16.2%。

2010年,耐用品商品旺销。金银珠宝类、体育娱乐用品类、家用电器类、家具类、通讯器材类、建筑及装潢材料类、汽车类等耐用品销售额大幅度增长。汽车、摩托车等大宗商品下乡、以旧换新以及家电下乡家电以旧换新等政策,激发城乡居民消费升级换代热情,汽车和家电销售快速增长。随着境内月河街区、湘家荡旅游度假区、梅花洲景区的开发开放,商旅文结合效应明显,旅游和商务客人增加,住宿餐饮业营业额快速增长。

第二章　商业体制

解放初期,境内商业以私营为主体,私营商业在整个商品市场中的占有率达85%以上。1953年起,国家对重要大宗工农业产品统购统销和计划调拨,国营商业的市场占有比重大幅提升。1956年,基本完成社会主义改造后,公、私营商业市场占有率发生根本变化,进入了高度集中的计划经济时期。1957年,市区国营集体商业占社会商品批发额的98.7%;社会商品零售额中,国营占32.07%、供销合作社占19.11%、公私合营占25.49%、合作商店占22%、个体经营户占1.3%。形成以国营商业为主,供销社为辅,多种经济成分并存的商业体制。

1984年后,商业体制逐步向有计划的商品经济转轨,简政放权,提高国合商业活力,发展个私经济。1990年,在市区社会商品零售额中,国合商业占79.7%,私营商业占20.3%。

1990年后,进一步深化商业体制和商业产权制度改革,全面推行股份合作制。境内商贸流通领域完成了从计划经济体制到市场经济体制的转轨,从政府主管流通到政府调控市场主导流通的转变,私营商业的市场占有率迅速上升。至2000年前后,多数国营、集体商贸企业完成改制。多种经济形式、经营方式和少环节的商贸流通格局基本形成,商品流通业态发生明显变化,各类消费品市场和餐饮、旅游、中介等服务业发展迅速,多家外资知名商贸企业相继入驻,电子商务崭露头角,大卖场、大型商业综合体、连锁超市成为城乡居民消费的主要场所。商品市场物品丰富,交易活跃,满足人民群众日益丰富的物质需求。

第一节　国营商业

1949年7月,嘉兴贸易总公司开业,为境内第一家国营商贸企业。翌年3月,撤销贸易总公司,组成百货、土产、粮食3个分公司,同时新设煤建、油脂、盐业等公司。1951年,成立医药、石油公司,花纱布办事处和酒类专卖事业处,国营商业初具规模。1952年后,实施分行业归口管理的办法,各国营公司以条线垂直领导为主、块片领导为辅。1955年起,国营商业内部商品经营分工分细,相继设立业务对口的县(市)公司。设在境内的地区级公司9个,县(市)公司11个。各公司之间的经营范围分工明晰,基本上不存在同行竞争。同时,国营商业与供销社进行城乡分工和商品分工，国营商业公司以负责市区和县直属镇的市场安排，服务城镇居民为主，供销社以负责农村生活、生产物资供应，服务农民、农业为主。1955年，市区国营商业批发额已达社会批发总额的94.77%。1958年，商业所有制加快向国有化过渡，接连实行“政企合一”“国合合并”、全民、集体、个体合而为一，将多种经济成分组成的多渠道流通，变成为国营商业单一流通渠道。1961年国合分开，重建各国营商业专业公司。“文化大革命”初期，商业局、供销合作社再次合并，行政和企业管理机构一度处于瘫痪。

1978年后，国营商业在调整、改革中，扩大企业经营自主权、劳动人事权和财务权，改革批发体制，发展横向经济联合，疏通、拓展流通渠道，提高企业活力，充分发挥了国营商业在商品流通中的主导作用。1990年，市区全民所有制商业国内纯购进总额为121766万元，占全社会的71.32%；国内纯销售额为74149万元，占全社会的52.42%。

1990年，境内国营商业按系统划分有商业、物资、粮食、医药管理、烟草专卖、水产等系统。

20世纪90年代中后期，随着改革开放进一步深入，民营经济商业在推进社会主义市场经济的一系列政策支持、激励下快速发展，国营商贸企业的主体地位逐渐被民营企业所取代。1997年后，国营商业进行产权制度改革。至2010年，除石油、烟草、食盐等行业及粮食储备外，其他国有商业国有资本全部退出。

商业局系统

市机构　1997年前，市商业局是嘉兴国有商业主管部门，负责领导和管理市区国有商业和商办工业，对区商业局及各县（市）商业局承担业务指导职能。1990年，嘉兴市商业局系统有国营专业公司7个以及贸易中心和商业大厦，人员3607人。另有归口集体商业联营公司4个、1913人。各专业市公司下设采购批发商店（站）60个，零售商店（门市部、商场）134个，批零兼营商店2个。全部营业用房面积约5.2万平方米，自有仓库面积约10万平方米、油库容量1.14万立方米，自备大小机动车100余辆，货运船20艘84吨。1990年，全局国内纯购进36728万元，比1978年上升195.48%；国内纯销售34782万元，比1978年上升3倍，商业企业利润1443万元，比1978年上升219.25%。

区商业局　1988年9月成立区商业局，当年，抓住市区调整商贸布局，大力发展第三产业的契机，发动各街道、居委会兴办第三产业，创办小商品、工业品市场及餐饮业，至1989年年末，全区新办商贸企业49家，商贸服务业年销售额比1988年增加2.3倍。1990年后，区商业局系统在激烈的市场竞争中拓展新路，先后形成以销售佳丽彩电视机为主的嘉深公司、以销售名牌音响为特色的天声公司、以供应管道品种齐全闻名的管道供应公司。1993年年末，全系统有564家企业，全年营销额3.1亿元。1994年11月市区合署办公，区商业局合署到市商业局办公。

1990年境内市商业局直辖公司基本情况表

表21-1

企业名称	成立时间	主营业务	职工人数(人)	年销售额	实现税利
嘉兴市百货纺织品批发公司	1950年4月	百货、纺织品、针织品、文化用品	879	1.4亿元	超千万元
嘉兴市五金交电化工公司	1954年1月	五金、电器、家电、化工原料、交通器材	509	1988—1990年超5亿元	2000余万元（3年）
嘉兴市糖业烟酒公司	50年代	糖类、酒类、南北货、饮料，烟类	425	12353.51万元	220.07万元
嘉兴市食品公司	1950年4月	肉食禽蛋等	1021	13752.26万元	513.97万元
嘉兴市蔬菜公司	1956年2月	蔬菜、	97	851.76万元	14.88万元
嘉兴石油分公司	1952年10月	汽油、柴油	159	8500余万元	894万元
嘉兴市饮食服务公司	1956年6月	餐饮、旅馆、理发、照相等	468	1062万元	41.95万元

体制改革 1995年,市食品公司与嘉兴肉类联合加工厂合并组建嘉兴食品肉类中心。1997年,市商业局实行整体转制退出政府系列,组建嘉兴市商业控股(集团)有限公司和嘉兴市商业管理办公室,分别由市国资委授权管理经营商业系统国有资产,由市政府授权行使部分行业管理职能,实行两块牌子、一套班子。1998年6月,石油分公司划归中石化公司管理,与地方脱钩。2002年8月,市政府不再授权商业控股有限公司承担的部分行政和行业管理职能,实行政企分开,其职能统一移交给经济贸易委员会,市商业行业管理办公室撤销。

物资局系统

市机构 1962年,成立嘉兴县物资局。1983年年底,原嘉兴市(县级)物资局并入新建的市物资局。在计划经济时期,物资机构主要承担对工业生产、农业生产、城市建设中的钢材、建材、煤炭、农机等重要物资(生产资料)的计划分配和供应。1963年7月至1970年,物资机构从中央到省、市、县实行垂直管理,执行"以收抵支、收支平衡"的原则,资金由财政无息拨款银行贷款统一拨补,亏损国家补偿。1985年后,物资市场逐步放开,计划分配物资大幅减少,取消财政补贴,物资价格从原来单一的计划价调整为计划价与浮动价、保本价、协作价等并存。财务管理从原来的统一归口到局改变为实行局、公司两级管理。

1990年年底,市物资局下设嘉兴市金属材料公司、嘉兴市机电设备公司、嘉兴市建筑材料公司、嘉兴市化工轻工材料公司、嘉兴市农业机械公司、嘉兴市燃料公司、嘉兴市木材公司、嘉兴市物资再生利用公司、嘉兴市外商投资企业物资公司、嘉兴市物资市场等19个物资企业。销售网点56个,职工1285人,固定资产净值2000万元,定额流动资金3797万元,年购进额6.21亿元,销售额6.5亿元,利润1149万元。

区物资总公司 1992年10月区物资总公司成立后,推行股份合作制,公司经营规模快速发展,不到一年,所属企业从3家发展到12家,在上海、杭州等地设立2个经营部、9家办事处,拥有3000平方米办公楼和9000平方米仓库。1993年上半年销售额5.86亿元,综合效益635万元,名列全市各县(市、区)物资系统前茅。1993年,区物资总公司在销售额、所有资产和经济效益等综合考核中名列全国物资系统第44位,居全国县级区首位。1994年11月,区物资总公司合署到市物资局办公。

体制改革 1994年,市物资系统首次出现全行业亏损。此后几年,物资系统的市场占有率持续下降,1997年与1993年比,市本级物资销售额下降33%。经济效益持续下滑,全系统经营萎缩,亏损面不断扩大。2002年8月,市物资局完成"转体"改革,其行政和行业管理职能移交市经贸委,实行政企分开。

粮食局系统

机构 1949年8月,嘉兴专署设粮食局。1950年,中国粮食公司嘉兴分公司成立,并在各县设立办事处。1952年10月,中粮嘉兴分公司并入嘉兴专员公署粮食局,实行政企合一体制。1983年8月,撤地建市,成立嘉兴市粮食局。1984年1月,成立下属4家公司:市饲料公司、市粮油议购议销公司、市粮油食品工业公司、市粮食储运公司。其中粮油食品工业公司和粮食储运公司为管理性企业。1991年12月,在西门粮库建嘉兴市粮油批发市场,1993年5月开业。交易场地1000平方米,交易大楼2500平方米。为独立核算、自负盈亏全民所有制企业,后转为自收自支全民事业单位,1993年成立嘉兴市粮食总公司,与市粮食局为两块牌子、一套班子,是集仓储、生产、经营信息、服务于一体全民所有制单位。经营模式以市粮食总公司为龙头,市直属公司为骨干,28个法人企业为基础,112家经营单位为触角的经营体系。粮油购销网点50个,仓容量38万吨,全年粮油经营量160万吨。境内的市直属公司有:市粮油贸易公司、市粮油食品供销公司、市饲料公司、市粮油食品工业公司、市粮油储运公司、市直属分公司(市直属粮库)、市丰粮工贸公司、金都贸易有限公司等。1998年8月成立嘉兴市粮油收储公司,以国有粮食企业收储业务部门和骨干粮库组建而成,主要承担储备粮管理和实施政府调控粮食市场责任以及管理军粮供应站,负责落实军供粮源。

体制改革 1999年,组建嘉兴市秀城粮食购销有限公司，承担区的粮食政策性业务；同年12月，市粮油贸易公司成为全市粮食系统第一家破产企业。2000年后，粮食市场逐步放开，县以上工商注册登记的各类所有制企业均可从事粮食批发、零售、代储、代销等业务，国营粮贸企业的市场主导地位逐渐被民营私企所取代。2001年，市粮油储运贸易公司、金都贸易有限公司相继解体和破产，市丰粮工贸公司改制。2002年，市粮油饲料工业公司、市粮油食品供销公司破产，市丰粮工贸公司解体。至2002年年末，市区国有粮食企业改制工作基本完成。除原市直属粮库解体后剩余资产划入国有独资公司市粮食收储有限公司外，其余企业均通过破产解体清算或转制完成国有资产的退出。

水产局系统

1952年，国营浙江省水产运销公司嘉兴办事处成立。1954年归属嘉兴供销社，设水产部，次年改称浙江省供销社嘉兴水产采购批发站。1956年，成立中国水产公司浙江省嘉兴分公司。1958年，撤并公司，并入嘉兴地区综合采购供应站。嘉兴县水产供销业务由县畜禽蛋品批发站主营。1960年，改组批发站为公司，水产品划归国营食品公司经营。

1979年，嘉兴地区和各县相继重建水产供销公司，与食品公司分开，业务上接受省水产供销公司指导。1984年，组建成嘉兴市水产供销公司，由市水产局归口领导。1990年年末，下设水产批发经营部4个，零售总店1个、门店5个，小型冷库1座，在职人员156名，固定资产原值293万元，自有流动资金22.1万元，是年批发额973万元，零售额276.3万元，利税34.19万元。

医药管理局系统

1951年3月，省人民医药公司接管嘉兴人和药房，次月改组为省医药公司嘉兴经销处，年底改称中国医药公司嘉兴支公司。1955年10月按照国合经营分工，成立嘉兴供销社中药材采购批发站。1958年撤销医药公司及药材采购站，合建嘉兴中新药采购批发站。1960年建嘉兴地区中西药公司，划归卫生部门管理。1963年7月，改称医药采购供应站。建立嘉兴市医药贸易货栈。1984年，建立嘉兴市医药公司，同时挂嘉兴市医药管理局牌子，授予医药行业管理职能。1990年，市医药公司有中药、西药、器材化剂3个经营部和中药饮片厂，城区医药总店10个门市部。1996年，嘉兴市医药集团公司成立并行使市政府授权行业管理和部分行政职能。2001年后，市医药集团公司的行业管理职能划归新成立的市药品监督管理局。

2003年1月，嘉兴市医药集团公司整体改制为浙江嘉信医药股份有限公司。2009年9月，北大未名集团收购嘉信医药64.9%股份，改名为北大未名集团·浙江嘉信医药股份有限公司。

第二节　供销合作社商业

市供销合作社

1950年3月，成立嘉兴专区供销合作总社，兼嘉兴县社，统一领导供销、消费、手工业等合作事业。国家在税收、贷款、价格等方面给予优惠。供销社积极组织农民生产自救，帮助推销农副产品，供应生产、生活资料，深得农民信赖，纷纷要求入社。1953年始，国营和供销社商业先后进行了3次分工，1953年底按经营对象分工，1954年秋按城乡分工，1956年底按商品分工和城乡分工相结合的原则进行调整，至此，明确规定供销社主营农副产品和农业生产资料的采购、供应以及废品收购，统一经营农村批发业务。基层供销社还担负农村日用工业品和副食品的供应。1955年，手工业合作社划出。

1958年春，县级以上供销社与商业局合并。农村基层社成为人民公社的供销部，不久改为国营商业在农村的供销部。1961年县供销社恢复，同国营商业划分经营范围。“文化大革命”期间，供销社又和商业局合并，供销社的集体所有制性质被否定，供销社视同政府职能部门，经营管理方法与国营商业基本相同。农村还一度实行贫下中农管理商业。1977年9月，恢复嘉兴县供销合作社。

改革开放后，供销合作社进入新的发展阶段。1983年初，围绕恢复集体所有制合作商业的要求，在组织、管理制度、业务经营方面进行改革，恢复组织上的群众性，管理上的民主性，经营上的灵活性，改官办为民办。开辟供销合作商贸渠道，扩展经营领域。1984—1990年，新建市贸易公司、农副产品批发市场、集镇综合商场等。在中山路建立江南大厦。1987年，市供销社系统国内纯购进77688万元、销售115218万元，利润总额4573万元，分别比1978年上升2.66倍、2.57倍、1.49倍。

至1990年底，全市供销社拥有社员近60万户，占总农户的86.8%。下辖6个县级供销社及郊区办事处，直辖公司8个，市区基层社17个，网点606个，职工4982人。市区固定资产5172万元，自有流2190万元，社员股金195万元。

1990年境内市供销社直辖公司基本情况表

表21-2

企业名称	成立时间（年）	主营业务	职工人数（人）	年销售额（万元）	实现税利（万元）
嘉兴市土特产公司	1983	蚕茧、棉、麻等土特产品	130	7313	65
嘉兴市畜产品公司	1984	等畜产品收购、销售	270	2936	79
嘉兴市物资回收公司	1983	废旧物资回收	156	2424	21
嘉兴市农业生产资料公司	1983	化肥、农药、农具等农业生产资料	102	11279	192
嘉兴市日用工业品公司	1983	日用百货杂品	152	2357	68
嘉兴市副食品公司	1983	副食品购销	90	7419	150
嘉兴市果品公司	1990	各类瓜果品购销	45	1095	21
综合贸易中心	1990	综合商贸	15	614	15

1990年后，供销系统根据经济形势的发展变化，加大供销企业改制转型力度。至2010年年末，市供销社直属企业10家：市供销资产经营有限公司、市家乐烟花爆竹有限公司、市兴农担保有限责任公司、市农产品展销配送有限公司、浙江江南大厦股份有限公司、市鑫茂物资调剂市场有限责任公司、嘉兴金禾农资有限责任公司、市银禾农资有限公司、浙江金丰果品有限公司、市鑫茂物资回收有限责任公司。

区供销合作社

建区初，设立市供销社城区办事处，1985年7月成立区供销合作社，下辖5个乡供销社。全区基层供销商店按“核定指标、投标承包、人员组合、工资浮动、奖赔结合、超利分成”的办法，实行指标承包。1994年11月市区合署办公，区供销社合署到市供销社办公。2004年开始，区供销社加大改革力度，对管辖的东栅、塘汇、南湖、嘉北4个基层供销社进行以产权制度和劳动用工制度为核心的体制改革。对原4个基层社的资产由区供销社托管，基层供销社进行重组，由原来集体所有制性质改革成为以区供销社控股、经营者持大股、吸收农民代表和部分街道农业服务中心参股多元化投入的有限责任公司，明晰产权关系，企业用工全部实行全员劳动合同。2010年，全区供销社有社员股金396万元，员工20人，经营服务网点4个。

第三节　集体商业

市集体商业

境内集体商业的兴起始于20世纪50年代初，在当时的社会主义改造中，由小商小贩组织起来而形成的商业群体。主要形式有合作商店、合作小组等。

1958年10月，国营合作商业首次合并。城市集体合作商业变为国营网点，集镇及农村集体合作商业随同基层供销社，改组成人民公社供销部。1959年取消人民公社供销部，实行“三线合一”（国营、集体、个体合一），变为商业局下属的国营商业基层供销部，小商贩过渡为全民所有制企业职工，商业网点大量减少。

1961年4月，直接过渡的小商贩恢复成合作商店和合作小组。“文化大革命”时，部分集镇集体商业人员下放农村设点和参加劳动。1969年，推行贫下中农管理农村商业，把设在生产大队的下伸点，大部分改组成为供销社代购、代销店的二代店，由供销社和生产大队双重领导。1970年后，对集镇上的合作商店（小组）改组成统一使用人员、统一调配经营、统一核算和人员性质不变、工资福利待遇不变的“三代店”，即代购、代销、代管的“企业过渡、人员不过渡”商店。把一部分条件较好、规模较大的旅馆、照相、中西药、面饭、点心、菜场等行业的合作商店，上升为国合商业的门市部或代营部。集体商业的数量、规模大幅度缩减。1973—1976年，盈余户逐年减少，亏损户逐年增加趋势。

1979年后，随着对集体商业政策放宽，允许集体商业单位依法自主开展经营活动，帮助新辟网点，集体商业得到逐步恢复和发展，经营状况明显好转。至1983年年底起，进行体制改革，改变集体商业长期以来由国合归口管理的依附关系，集体商业真正实行自主经营，依照“自愿组合，自负盈亏，民主管理，按劳分配，职工集资，适当分红，集体积累，自主支配”的方针，步入良性发展轨道。

1985年，市区国营公司归口的百货、烟糖、食品、饮服集体合作商店建立4家联营公司，以自然门店划细核算单位，实行门店经营责任制，落实减税、减低房租、免交地方集资、允许合理调整商品价格、退休劳保统筹等扶持优惠措施。1986年，4家联营公司实现利润123.64万元，税金195.03万元，分别比上年增长52.72%和11.98%。1987年，市供销合作社系统归口的集体合作商业独立核算单位770个、网点2793个、7955人，实现利润559.6万元，税金538万元，比1984年上升62.81%和54%。

20世纪90年代后，随着经济体制改革的深化，商贸流通市场全面开放，私营商贸、股份制商贸迅速发展，集体商业在市场竞争中的占有率逐渐趋萎缩，集体商贸企业的亏面不断扩大。2010年，境内已无限额以上集体所有制商贸服务企业。

区集体商业

建区时，全区所辖31家商业企业都是乡镇街道集体企业，固定资产16.82万元。之后，全面发动区、乡街道、居委会村三级和各部门、各系统全面发动，制订切实可行的政策措施，新办集体商贸企业，逐步发展到创建一批有特色、上规模、上水平的集体所有制的商业企业公司、大型商场、饭店。

1988年9月区组建区商业局后，仅商业局系统一年内新办集体企业49家，先后办起嘉深公司、天声公司、天辰食品公司和管道供应公司等一批电脑、食品、装饰材料、家俬等集体企业。全区104个居委会都创办集体所有制的第三产业。居委会办的浴室、茶店、烟酒店、保姆介绍所都以方便群众生活深受群众欢迎。

1992年开始，区在集体商贸企业中大力推行股份合作制，关、停、并、转小微亏集体企业，到1993年10月已合并、拍卖、歇业48家，兴办股份合作制50家。完成老商业企业转制77家，转制面达到93%。同时，区鼓励大力新办商业企业，到年底共新办企业200家，拥有564家企业。1994年11月市区合署办公后，区集体商业企业先后合并、改制为股份合作制和个体私营企业。

第四节　个体私营商业

建区前个私商业

明清以来，嘉兴私营商业渐成体系。清乾隆年间，嘉兴县城有10个客帮商人组成的会馆。光绪十三年（1887）开始，陆续成立同业公所11个。1928年，全县有个体小商贩1809户，占商业户2833户的63.85%。1935年，嘉兴县城乡私营商业4639户，资本额353万元。1952年经登记，嘉兴县私营商业6181户、13648人，资本额386万元。县城有商贩1219户。

解放后，人民政府保护私营商业，国民经济恢复时期，对私营商业主要是稳定、调整，发挥其有利于国计民生的积极作用，限制其消极的一面。1950年6月起，工商行政部门贯彻中央调整商业的决策，采取调整商品批零差价、合理安排地区差价，收缩国营、供销社商业经营品种和经营范围，鼓励私商收购国合商企不收购的农副产品，对税收、运输给予优惠的一系列措施，使其稳定发展。

1952年年底，全县登记的个体商贩1495户，1594人，1953年有个体商贩2169户、2189人。当年起引导个体工商户走合作化道路，对私营商业实行“利用、限制、改造”的方针。1955年秋，供销社系统对农村百货、卷烟、食盐、酒类、茶叶、新药、文具纸张、图书、煤炭、木材10个行业的绝大多数私营商家，按照各行业经营状况，采取私私联营、经销、代销、凭证批购等形式，纳入计划经济轨道。1956年，对私营商业的社会主义改造进入高潮，各行各业私商自动申请，敲锣打鼓，要求实行公私合营，小商贩实行合作化。当年底，嘉兴县（市）有87.66%的私营商户分别改造为公私合营、合作商店、合作小组、经代销户等形式。对改造的店户进行了清产核资，属于公私合营的，确定对资本家定息年息五厘。“大跃进”时期个体商贩大部并入国誉、合作商店。“文化大革命”中，公私合营全部变为国合商业。

1961年调整商业体制，部分个体自营户从全民商业中划出。适当开放自由市场，出现自发的个体商贩。1963年全面审查登记发证，1964年年底止，批准登记的个体商业饮服业3197户，3661人。1970年，嘉兴县规定个体商贩家庭月人均生活水平超出8元的不准继续营业，低于8元的安排季节性营业，城内个体商贩60余人。到1979年年底嘉兴全县仅有个体工商户27人。

1980年后，相继出台一系列的扶持鼓励政策，使私营（个体）商业逐步恢复发展。境内私营（个体）商户逐年增多。1982年，市区有个体商业955户，986人，比1980年增加75.6%和81.2%。1988年，对商业、饮食、服务、修理业雇工超8人的经营户列为私营商业。20世纪90年代后期，在完成国营、集体商贸产权制度改革的同时，私营商贸流通业发展速度加快。1999年，市本级私营商贸业零售额的增长率居全市首位，同比增幅达60.3%。新世纪后，各种所有制经济在商贸领域都等到较好发展，其中私营企业和港、澳、台商投资企业、外商投资企业销售额增长较快。

建区后个私商业

建区后，城乡个体工商业迅速发展，在册个体工商户从1983年底的758户发展到1984年的1443户，增长率达到90.36%，行业分布主要集中在手工业、饮食业和修理业。至1985年底，全区在册个体工商户1858户，增长22.3%，资金数额144.9万，增长116.2%，从业人员2432人，增长42.7%，主要行业仍集中在手工业和服务业。

1988年全区私营企业开始起步，创办私营企业3家，资金5.4万元，从业人员37名。1990年，新办私营企业34家。

1992年，新设个体工商户达到1507家，比1991年增长40.97%，新办私营企业9家。新设个私经济主要集中于服务行业，新兴行业开始出现。在办理的个体工商户中，科技信息咨询业2家，广告设计制作3家，从事批发69家，首次出现私营有限责任公司1家。

1993年8月19日，区委、区政府召开建区以来第一次发展个体私营经济工作会议，专门颁发文件，制定优惠政策，大力发展个体私营经济。建区以来，区从实际出发，在发展集体经济的同时，采取扶持鼓励政策，放开发展个体私营工商经济。到1993年上半年止有个体工商户5012个，私营企业51户，比建区时增长6.8倍；发展速度高于本市各县（区）。

区个体私营经济的迅猛发展，促进个体私营队伍发生了质的变化。在企业转换经营机制和政策进一步放宽的情况下，一些企事业单位富裕人员、离退休人员、科技人员和待业青年等利用一技之长，加入个体、私营队伍，促使个体私营企业从业人员年龄趋向年轻化，整体文化水平显著提高。一些工程师、会计师、技术员等有文化、懂技术、会经营的人陆续加入个体队伍，使个体私营从业人员队伍素质普遍提高。个体私营商业也由零售转变为批零结合，从小商店向商场、公司发展。1993年，区个体劳动者协会被评为全国个体劳动者先进单位。1994年上半年全区新增加个体工商企业267家，累计5844家。同年11月市区合署办公后，区经济统一由市管理。至1999年，新增个体工商户2144家，92%是商贸业。私营企业354家，商贸企业占81.5%。

2000年按实运作后，区内商贸企业基本上是个体私营企业。2010年年末，全区有限额以上私营批发零售商贸企业105家，从业人数4031人，年销售总额105亿元。限额以上私营餐饮企业14家，从业人数850人，年营业总收入1.78亿元。

第三章　粮油贸易

明永乐元年（1403），嘉兴米市已呈“越贾吴商，樯船云集”之盛况。清末至民国前期，嘉兴城内米业兴隆，抗日战争前，嘉兴县私营米粮买卖商家资本额达202万元，占全县各种商行资本总额的近六成。

解放初期，境内粮食市场由私商操控，粮价涨跌波动频繁。1953年12月起，实行粮食计划收购和计划供应，由国营粮食部门统购统销。1954年，实行计划收购油菜籽和计划供应食油。1955年8月，市区实行粮食以人定量，凭粮票供应。粮油购销渠道由国家严格控制，粮油价格保持长期稳定。

1978年底，国家放开粮油议价经营，粮油贸易市场逐步扩大。1983年开始，农村粮食在保证完成定购任务的前提下，多余粮食允许以粮油贸易公司为主渠道，在集市上进行自主交易。1993年1月，取消市区居民粮食凭票供应。1991—2010年，继续发挥国有粮食购销企业主渠道作用，探索粮食购销市场化体制下通过“订单”形式向农户和专业合作社收购粮食，确保夏秋两季粮油收购质保量足。认真做好储备粮安全管理和轮换工作，做到数量真实，质量良好，管理规范，储存安全。创新粮贸管理，适应粮贸市场主体多元化的新格局，完善供求、安全、市场3个方面管理，保障粮食供需平稳有序。

第一节　解放前粮油市场贸易

米业

清晚期，嘉兴县米业鼎盛，米行星罗棋布，有粮商400余家，粮商多为私营，其类型有米栈、米行、稑陈行、斗庄、米店、堆栈、经纪人7种。清光绪年间，嘉兴粮商以米栈为中心。米栈中著名的有南门的同亨，殿基湾的徐元泰，秀城桥的敦余，西河街的源远、生裕、乾泰、聚茂，柴场湾的恒丰、忆茂等。著名米行有东栅口的石鸿盛、北门的森泰、南门的吴大昌。稑陈行除经营大米外，还经营豆类、杂粮、棉花等。斗庄经营量小，量具不用斛子，只用升。米店则小本经营，向米行批进后，零售供应市民。堆栈为粮食作抵押。经纪人又叫掮客，多数为米业失业职工，业务精通，人头熟悉，为买卖双方搭桥，从中收取佣金。

1935年，嘉兴城内有米行、米栈17家，多分布在城周河岸。米行以收购大米为主，加佣金后转售给本地米栈及上海、杭州、绍兴、湖州、硖石等地米商。米栈则以囤积为主，于次年青黄不接之期待价而沽。后米行与米栈逐渐合一，既收购乡米，也运销“外江米”“洋米”，又兼加工囤积。自营的米行（栈）经济实力甚殷，有的拥有经营资本3~4万银圆，有的大户储囤粮米上万石。1934年出版的《中国实业志》记载，1933年嘉兴县有自营米粮买卖行家107户，资本额达202万元，占全县406家各种商行资本额353万元的57.22%。代客买卖行27家，年佣金收入2.42万元。抗日战争初期，米商纷纷抽资逃避，一度为日伪军米商取代，米市萧条。抗日战争胜利后，米业逐渐复苏，但已大不如战前，1948年初，米行米店240家，均为小型的，最大米行存货不过三四千担。

油业

民国时期，境内植物油（脂、料）私营商业，主要有两种经营形式，粮商兼营，有些米行在油料收获季节，受油厂（坊）的委托代为收购，或自己出资收购后转售给油厂（坊），或运出境外销售。另外是油厂（坊）自行收购，加工为成品油后销售。成品油销售，除油厂自销外，还有专业油行，从事批发业务。食用油的零售，多数为酱酒店。1921年，市区有振昶隆、增大升、许泰隆、大顺昌等四大油行，专营成品油脂批发。1936年，振昶隆、增大升两家停业，许泰隆资金达5万银圆。专营植物油批发，以菜油为主，桐、梓油次之。菜油货源多数直接向平湖、青浦主产地购进。批发对象是四邻各县市镇的酱酒店和桐油麻皮商店。抗日战争胜利后，油业增至11

家。其时,中国植物油料公司在嘉兴设办事处,垄断加工和外销,私营油行无力与之竞争,业务衰减。1946年,嘉兴县成立油业商业同业公会,有会员13家。上海的中国植物油料厂是半官方企业,在建国路设办事处,实力雄厚,嘉兴的油业界无法与之竞争。解放后,中国植物油料厂作为官僚资本,被人民政府接收。

第二节　解放后粮油计划购销

解放初期市场过渡

解放初,嘉兴粮食市场由私商操控。1949年,在嘉兴县粮食收购总量中,私商收购占97.34%。1950年,中国粮食公司嘉兴分公司成立。开始形成国营粮食公司、供销社、私商业各自经营的市场格局。是年春夏发生粮荒,粮价飞涨,中粮公司立即加工库存稻谷300万公斤,向市场抛售,缓解了粮荒,稳定了粮价。同年,供销社和国营油脂公司开始经营油料油脂,并逐步占领市场。

1952年,中粮嘉兴分公司在主要集镇设经营组和流动收购站,发展农村基层供销社的粮食代购代销业务。政府加强了对农业税现粮的征收和对私商的教育改造,粮食市场逐步由国营粮食公司和供销社占领。1953年,国营粮食公司和供销社分别占收购总量的62.68%、34.06%,私商仅占3.26%。

粮食统购　定购

计划统购　1953年12月起,国家实行粮食统购统销政策。公粮征收和粮食统购结合进行,先征后购,根据农民的实际粮食产量,扣除口粮、种粮、饲料粮及征收的公粮后,对余粮进行计划收购。1955—1957年,实行粮食三定(定产、定购、定销)制度,重点是定购粮指标,完善购销政策。1958年实行粮食大包干政策,即分级包干,差额调拨。嘉兴县征购指标15822.50万公斤,规定5年不变。当年大跃进,由于浮夸风造成高估产、高征购,嘉兴县(含嘉善)由丰收的1956年入库数2.10亿公斤,调高至2.57亿公斤,由于统购任务重,到年后青黄不接时不得不退库返销,造成粮食大购大销,打乱了粮食计划。又因为共产风,大办食堂,“吃饭不要钱”,平调粮食等,挖空了存粮底子,1960年开始城乡严重缺粮。

1961年起大幅度调减粮食征购任务,先后3次提高统购粮价格,配合全面落实农村一系列政策,给农民休养生息,恢复生产。1962年恢复“四统一”(征购、销售、储备、库存)的管理制度,这一年,粮食情况全面好转。1963年,开始建立藏粮于民制度。1966—1978年实行粮食基数“一定三年”“一定五年”政策,超基数的加价收购,加价任务一年一定。1983年,农村普遍实施家庭联产承包责任制,粮食征购包干任务分解到户。

合同定购　1985年取消粮食统购,改为合同定购,结束了自1953年起长达33年的粮食统购制度。粮食定购既是经济合同,又是国家任务和农民义务,定购以外的粮食,由农民自行处理。定购采取自上而下布置,自下而上协商确定的做法,由粮食部门与农户签订定购合同。省每年下达粮食合同定购任务作为省与各县的结算基数,1987年,对各县(市)按结算基数考核,当年不完成省结算基数部分由县财政出钱购议价粮补足。同时实行合同定购奖售化肥、柴油,预付定金,优惠农民的“三挂钩”等办法,鼓励农民种粮售粮。1988—1992年,市本级均超额完成定购粮收购任务。1993年,深化粮食流通体制改革,定购粮外议价粮随行就市,多渠道经营,国有粮油企业收购量锐减,但仍保持粮油收购主渠道地位。

2001年,浙江省在全国率先实施粮食购销市场化改革,取消粮食定购,通过政府下“订单”形式向农民收购粮食。

1949—1990年嘉兴市本级粮食产量、征购入库情况表

表21-3　　单位:万公斤

年份	粮食产量	征购入库数	占产量%	年份	粮食产量	征购入库数	占产量%
1949	17061.5	4512	26.44	1970	41978	18467.5	43.99
1950	19463.5	6917	35.34	1971	39360	18353.5	46.63
1951	20229	9769	48.29	1972	46403.5	20334.5	43.82
1952	22446	10026.5	44.67	1973	43557.5	19523.5	44.82
1953	23685.5	13216.5	55.80	1974	42429.5	18782.5	44.27
1954	23209.5	12622.5	54.38	1975	38697.5	17582	45.43
1955	24964	13368.5	53.55	1976	42704	18648.5	43.67
1956	24454.5	15371.5	62.86	1977	39182.5	16838.5	42.97
1957	20418.5	12839	62.88	1978	52702.5	22190	42.10
1958	24766	15407.5	62.21	1979	57513	22928.5	39.87
1959	25398	17075	67.23	1980	43402	16354	37.69
1960	19458	11818.5	60.74	1981	47738.5	18430	38.20
1961	19416.5	13007.5	66.99	1982	59205	24245	40.92
1962	24533	12953	52.80	1983	54785.5	24739	45.15
1963	24520.5	14674	49.70	1984	68870.5	33736	48.98
1964	34501.5	15142	43.89	1985	56666	23433	41.35
1965	36255.5	18889.5	52.10	1986	59833	27357	45.72
1966	37797.5	18892	50.00	1987	58509	27111	46.33
1967	40459.5	20771.5	51.34	1988	60004	23642	39.40
1968	35014.5	17452	49.84	1989	61805	29891	48.36
1969	40899	19372.5	47.37	1990	64767	32117	49.59

粮食计划供应

1953年12月12日起,嘉兴县对城镇居民口粮、工商行业用粮、部队用粮等,先后实行计划供应。计划供应初期,居民口粮采用登记人口,按户计算,以每人每天成品粮1市斤为标准,按月供应。1955年8月,市区全面开展"以人定量"工作,粮食供应数核算到户,并发放购粮证和购粮票,凭票供应。市区核定人口为70163人,人均月定量为12.23公斤。"大跃进"时,城镇人口增加,粮食购销量上升,嘉兴县人均每月口粮增加到27.37斤,此后的30多年中,居民粮食供应标准基本保持不变。计划供应粮价格由政府粮食部门严格控制,统一定价,长期不变。1991年,国务院决定从5月1日起提高粮油统销价格,嘉兴每50公斤标二早籼米从13.72元提高到25元,标二粳米从15.8元提高到29元,二级菜籽油从76.11元提高到208元。由于粮价长期不动,居民享受国家粮食差价暗补,所以这次提价对城镇居民心理冲击很大。从4月22日下午到30日这8天时间里,居民排长队购粮。1993年1月,全市粮票使用截止。粮食购销市场及价格全面放开。

军粮的供应按有关规定,由当地粮食部门凭票供应。20世纪60年代起,实行凭"军用粮定额支票"和"军用价购粮票"购粮办法。工商行业用粮主要为食品工业、酿造业、副食品业、饮食业的原料粮。实行粮食统购后,按计划供应。1985年后,由各生产、加工单位自行向市场采购,粮食部门不再列入计划供应。

食用油(料)计划购销

油菜籽计划收购　1955年,嘉兴县实行油料统购。实行之初根据“多产多得、多产多留”的原则,确定购留比例收购。1957—1961年,为制止农村油坊私自加工,实行“全购全销”。对农民生产的油菜籽,除留种籽外,全部由国家统购,然后根据入库数按一定比例返销给农民食油和菜饼,发给油、饼票,凭票供应。1968年,实行统购统销大包干。以生产队为单位,评定油菜籽常年产量,划分余油、自给和缺油队。对余油队,核定统购包干任务;对自给队和缺油队,不购不销。1983年,实行农户联产承包责任制后,油菜籽统购任务分解到由农户交售。凡计划内收购的油菜籽,40%按统购价、60%按加价收购。完成计划收购任务后多余的油菜籽。可以自行处理。1984年,不再下达收购指标,实行收购一道价。

1955—1990年嘉兴市本级油菜籽、棉籽统购情况表

表21-4　　单位:万市斤

年份	菜籽	棉籽	年份	菜籽	棉籽	年份	菜籽	棉籽
1955	439	1	1967	152	19	1979	1519	1
1956	511	3	1968	335	47	1980	1298	1
1957	810	2	1969	278	33	1981	3259	—
1958	572	2	1970	473	27	1982	2123	—
1959	537	—	1971	576	6	1983	1905	—
1960	408	—	1972	519	4	1984	3022	—
1961	83	—	1973	228	3	1985	3642	—
1962	164	—	1974	499	8	1986	1664	—
1963	102	—	1975	210	9	1987	1887	—
1964	211	38	1976	372	6	1988	1838	—
1965	217	96	1977	278	1	1989	2010	—
1966	304	128	1978	849	1	1990	1952	—

食油计划供应　在统购统销前,食油批发业务由私营油商、供销社、国营油脂公司经营。1954年实行统购统销后,食油批发由国营粮食部门独家经营。零售由酱油店和基层供销社经销或代销。1980年后,逐步形成由粮食、商业、供销系统多头零售食油的格局。

食油计划供应初期,销售控制不严,城镇凭购粮证、农村凭初级农业社社员证等证件购油,数量不限,因销售难以控制,不久改为发给食油供应证,凭证限量供应。1956年油菜籽减产,油源紧张,普遍调低供应标准。城镇居民每人每月由0.25公斤减为0.188公斤,乡镇居民改为0.125公斤。1958年5月,农村凭证供应食油地区,取消限量。城镇发油票定量供应,如不够食用,可凭购粮证超定量购买。1961年油菜籽因灾减产,重又调低供应标准。城镇每人每月调低为0.15公斤,农业人口每人每季0.1公斤。1962年实行油菜籽统购大包干后,农村的余油队口油自留,国家不再供应。自给队、缺油队不购不销。1965年,城镇居民食油定量标准调整到每人每月0.4斤,相沿至20世纪90年代初。

第三节　粮油贸易市场

统购统销时期粮贸市场

在实行粮食计划收购、供应期间,粮食市场由国家统一管理。1956年,各集镇粮食市场由国营粮食主管部门下达粮食交易指标，一部分为国家代购。1957—1961年，集市粮食交易被视为黑市而禁止。1963年，粮食上市增多，集市贸易市场陆续恢复，分别由国营粮食部门和供销社经营管理，产销见面，自由议价。是年秋，供销社经营部分又统一划归粮食部门。1964年12月，取消粮食集市贸易，在各集镇设国营粮食交易所，生产队和社员的余粮，按规定以议购价格卖给交易所，不能直接与消费者交易。“文化大革命”期间，粮食集市贸易被作为资本主义尾巴而取缔，仍有暗中交易。1978年底，国家放开议价经营，自发粮食市场交易扩大。1981年嘉兴市（县）成立粮油贸易公司，独立核算，自负盈亏，取代粮管所的议购业务，粮管所为粮贸公司代购、代销、代储存，收取“三代”手续费。1983年后，议价由国家、集体、个人多渠道经营，但粮贸公司仍是粮油议价经营的主渠道。

改革开放后粮贸市场监管

20世纪90年代，境内粮食市场逐步放开，国营粮食部门的职能从原来的经营兼管理，逐步转向以市场监管为主，管理模式以限、禁手段为主。1993年，粮食贸易产销见面，签订供销合同，通过批发市场交易进行。1994年6月，供销区批发企业和用粮单位到产区县以上粮食批发市场购买，严禁场外交易。除承担国家定购任务的单位外，其他部门和单位都不得到农村直接采购粮食。1994年7月，非国有粮食部门申请粮食批发业务必须有固定经营场所、有储存100万公斤以上仓库和有100万元以上注册资本。市外粮食批发企业和用粮单位到嘉兴采购粮食必须到县以上粮食批发市场购买，严禁场外交易。1995年，建立市、县、乡三级粮食市场管理小组，管渠道、管价格、管资金和粮贩。1997年，重点是严肃查处外地低价粮流入，套取地方保护价差价款。1998年7月，全市实行粮油收购准入和粮油批发准入制度。除国有粮食收储公司和受其委托的国有粮食企业外，严禁其他企业和经营者到农村收粮。1999年第三季度，查处违法收购粮食案件62件，检查粮食经营、加工和用粮企业2600户，取缔非法加工24户。1999年11月，规定对小麦、玉米、稻谷及其成品粮必须出具国有粮食收储企业或县以上粮食市场销货发票方可跨县运销。

2000年后，粮油市场全面放开，国营粮贸企业的市场主导地位逐渐被民营企业所取代，市场格局发生明显变化，呈现主体多元化，经营多渠道的粮油贸易格局。粮食行政管理部门的工作重心转向对粮油市场的依法监管。允许粮食加工、饲料、酿造、医药等用粮企业和农业龙头企业到农村直接收购经营粮食，允许经营企业到农村收粮。2001年5月，明确粮食购销市场放开，各类所有制企业都可从事粮食批发、零售、代储、代销等多种业务，全面开放粮食市场。市场监管重点为打击无证收购，加强粮油商品供应质量监测，打击囤积居奇，哄抬物价，掺杂使假。2004年9月，市本级首批发放《粮食收购许可证》16家。2004年11月，规定经县以上粮食行政管理部门审核取得经营资格、工商注册登记后方可从事粮食收购。2005年11—12月，粮食、工商、物价部门对晚稻收购市场联合执法检查，规范市场，打击无证、无照收购。2010年，长三角粮网实现16城市粮食信息实时共享，粮食市场管理进入网络化时代。

第四章　农副产品收购

解放后，对农副产品的生产实行积极扶持政策。1957年国家统一收购的品种为61种，执行以粮价为中心的合理比价政策。20世纪50年代到60年代，对一些重要产品发放预购定金、无息贷款，实行换购、价外补贴、奖售、购留比例等一系列扶持优惠措施。有些年度，在特定的环境下，对二类产品限定地区进行派购或改为合同收购，对一些农副产品开展议购。

1978年第四季度，大幅度提高农副产品收购价格。1979年，农副产品收购价格比1978年上升20.58%，是解放以来提价较高的一年。同时实行计划指导与市场调节相结合的政策，有步骤地分批放开二、三类农副产品，开展议购议销，允许多渠道流通，自产自销。1983—1984年，实行市场管理的一类农副产品由11种改为4种、二类由59种改为46

种，取消三类中的17种点名商品。1985年，改革统(派)购制度，价格管理进一步放宽，农副产品市场更趋活跃。

20世纪50—90年代初，除粮油由粮食部门收购经营外，其余大多数农副产品由供销社系统收购经营。在城市，经营机构主要有供销社所属土特产、畜产品等专业公司，在乡镇，主要有各基层供销社采购商店及延伸到村的商店，基层社还不定期下乡流动收购，方便农民投售。农产品收购以蚕茧、棉花和麻类为主。1997年蚕茧流通体制变化，供销社退出，由市丝绸公司统一蚕茧收购经营。随着供销社所属专业公司改制转制，减少和停止一些农产品的收购，农副产品收购全部市场化。

第一节　生产资料收购

蚕茧

嘉兴蚕茧收购行业始于晚清。民国时期，收茧行增多。1917年嘉兴县有16家，1929年增至105家。抗日战争时期，蚕茧收购被日伪掠夺和垄断。抗日战争胜利后，国民政府蚕丝产销协调委员会浙江办事处在嘉兴设分处，从事蚕茧收购。

解放后，始由省军管会在嘉兴设收购办事处，委托私营茧行收购包烘。1951年，由中蚕公司浙江丝绸分公司委托供销社办理代购代烘业务。1952年私营茧行禁止收购，由供销社统一包收包烘。在各季鲜茧上市时，各基层供销社茧站都开秤进行季节性收购。

1985年，省政府对蚕茧取消派购，实行合同收购。次年又改为定基数的办法，基数外的蚕茧，放开搞活，价格浮动。于是，出现多头收购，抬价争购的县区间的"蚕茧大战"，严重冲击收茧秩序，影响了丝绸生产和市场稳定。1988年秋茧上市前，基本制止"蚕茧大战"，恢复了正常的收茧秩序。1950—1990年，嘉兴市本级累计收购蚕茧110964吨。

1997年供销社退出蚕茧收购，改由丝绸公司统一收购经营，各基层茧站由丝绸公司买断。导致供销社农产品收购总额骤降。2007年后，随着城市化步伐加快，田园建设、土地流转、种植养殖业扩大及养蚕成本增加、收益不稳甚至亏损等多重因素，境内蚕桑生产逐年萎缩，蚕茧收购量明显下降。

棉花

历史上境内农民自纺自织土布，使用棉花较多。1950年县供销社设置收棉站，收购棉花。1954年9月，国家实行棉花统购。由供销社统一收购。1961年，执行奖售政策，每百公斤皮棉奖售粮食35公斤、化肥30公斤、布票3.33米。后奖售品种和标准有些调整。1981—1983年，实行超基数奖粮。1985年取消棉花统购，实行合同订购。1996年，对棉花继续实行统一经营和定价，不放开市场、经营和价格。1998年，棉花收购价格由政府定价改为指导价，放开棉花销售价格。1999年，棉花收购、销售价格由市场调节。2001年国家放开棉花收购，供销社不再是唯一棉花收购经营部门，实现棉花多渠道经营和有序竞争。

第二节　食品收购

生猪

1953年前，生猪经营以私商为主，之后嘉兴县组织生猪联购委员会，委托私营猪行收购，后改为代购，由国营公司统一安排猪源。农村肉商自购自销。1956年，生猪贯彻派养、派购，生猪由国营食品公司"一条鞭"经营，私营猪行和肉商全行业过渡。农民完成派购任务后，允许自宰、自食、自销。为鼓励社员多卖猪，又使养猪户有肉吃，实行卖猪留肉。凡农户向国家投售肉猪一头，返回免税肉票2.5~5公斤，1960年4月起，改为优待肉票10~15公斤。规定农民自宰自食有余的猪，须售给国营公司，不准到市场自销。1963年开放农贸市场后，农民在完成派购任务时，多余的生猪允许议价销售。1964年牌价猪肉供应已能满足，优待肉票终止。1965年起，食品公司生猪购销点逐步下伸到生产大队，委托大队代营，就地收购、就地宰杀、就地供应，方便农民，利于食品公司统一经营，实现生猪全购全销。1976

年，生猪实行由国营食品公司统一收购，统一调拨，统一核算。1985年取消生猪派购，允许多渠道购销。

生猪收购曾几次大起大落。1961年，县收购5006头，降到最低点。1979年大幅度提价。次年，县收购53.13万头，达到最高峰，年人均提供商品猪超过1头。1954—1984年，市本级累计收购716.31万头。

嘉兴是全省生猪生产、供应的主要地区，内销生猪历来按省定计划调往沪、杭及嘉兴肉联厂，调出数60年代占全省的30.82%，20世纪70年代占36.67%，1980—1985年比70年代又有提高，1985年改计划调拨为合同调拨，执行合同有多余，产地自找出路。1962年开始，为上海口岸提供供港活猪。1966年，供港猪改为由基地县食品公司直接发运深圳。1985年外贸部门接手经营供港猪。1966—1990年市本级供港活猪33.46万头。

淡水鱼

嘉兴县是浙江淡水产品重点产地之一，历来鱼市交易活跃。解放前，渔民的鲜货大都通过鱼行销售，鱼行有自营和代营，鱼行向渔民放款放米，渔民捕得的鲜货必须向放贷的鱼行交售。1947年，嘉兴城内有鱼行（店）32家，主要集中在塘湾街和丝行街。解放时，有鱼行28户，其中小商贩约20户。

1955年前，淡水产品保持多渠道经营，自由流通。1956年，国营水产供销公司成立，国营渔场和水产专业队的鱼统一由水产公司收购。1957年起实行计划收购，计划外鱼货可以自产自销。1966年起除准许渔民酌留自食外，全部交售给国营集体商业，不准进入集市贸易。1978—1981年，国家对集体渔业的水产品试行派购和议购相结合的政策，派购占产量的56.4%，完成派购后允许自行处理。1982年，派购比例降低为49.3%，农业队自给性养鱼不列入派购，余外随行就市。1985年取消派购，实行市场调节，议价经营，市场开放后，国家收购下降。

特产食品

新丰生姜　始种于明代，清代新丰生姜名闻遐尔，近销以江苏等地，远销大连、牛庄、天津及东北各省为最多，曾远销日本、俄罗斯。20世纪30年代新丰生姜达到外销鼎盛期。解放后，生姜由供销合作社统一收购。1951—1980年，县供销社累计收购鲜姜31451吨，占全市收购总量的50.3%。60年代缩减了生姜种植面积，收购8487吨。1978年后，列为三类产品，供销社实行议价经营。1983年后，放开生姜购销市场。新丰生姜种植面积、产量及销售金额逐年增加。2010年，种植面积8686亩，9056吨，比1985年的958亩，1130吨分别增加8倍和7倍。年销售金额达11786.1万元。

南湖菱　1932年，南湖菱种植约4000亩，年产3000多吨，是解放前产量较高年份。1964年种植面积9082亩，产量6810吨，创历史最高记录。此后，受水质和生态环境影响，产量下降。1980—1982年间种植面积减至450亩，年产337.5吨。市场放开后，生产逐渐恢复。1949—1958年收购15540吨，1964—1982年收购9564吨。南湖菱以地销为主，少量运销沪、杭等地。1983年后，全部由农民自产自销。

第三节　药材收购

种植品种

宋代以来，境内已栽培甘菊、玄参、大力子、瓜蒌、丝瓜络等，清光绪十二年（1886）统计，嘉兴县药材有246个品种。解放后，组织2次药材资源普查，1986—1987年普查，全市有中药材品种548种。1959年，嘉兴县引试种植泽泻、米仁、红花等31个品种，至1984年先后引试种植药材68种。至1990年，家庭种养的主要品种有菊花、大力子、瓜蒌、米仁、丝瓜络、泽泻、红花、穿心莲、地鳖虫、珍珠母等10余种。

经营销售

1956年起，大宗药材收购纳入国家计划，统一经营。1963年省规定：二类药材由省统一计划，安排购、调；三类点名品种由省药材公司确定计划，以销定购，统筹调拨；一般三类品种由二级站自主收购、调拨。1985年后，除甘草、杜仲、川朴、麝香外，其余中药材市场放开，多渠道流通。1990年，市医药公司购进药材1066.6万元，收购地产药材品种114种。

第五章　消费品综合销售

解放时，嘉兴县居民年人均消费65元。随着人民生活不断改善，购买力逐步提高。1957年嘉兴市、县消费品零售额为5188万元，比1949年的2636万元增加96.81%。1961年，全社会消费品零售额为25950万元，比1958年减少4.56%。"文化大革命"时期，有些年份消费品零售额出现负增长。20世纪80年代后，人民消费水平持续提高，彩电、电冰箱、电话等家用电器及其他新颖耐用消费品纷纷进入寻常百姓家。1990年，市区生活消费品零售商业机构网点6511个；市本级消费品零售额89938万元，比1978年的11855万元增长了7.59倍。

21世纪，城乡居民消费结构发生重大变化，购房、购车、旅游等方面的消费比重持续大增，社会发展已从温饱型进入小康社会。

第一节　食品　副食品销售

20世纪50—70年代，城乡居民收入仍处于较低水平，米袋子、菜篮子等食品类消费支出，占了居民收入的大部分。80年代后，城乡人民的饮食向多样化、营养化转变，主食品消费呈降，副食品趋升。1990年，市区食品类零售额为45900万元，占消费品零售额的51.03%；市区人均购买食品类623.3元，为1983年人均220.3元的2.83倍。2000年后，市区农贸市场加速发展，蔬菜、水产、肉类、副食品等"菜篮子"系列批发交易市场进一步拓展，交易额持续增长。面向全国，调运、调剂各类蔬菜、水产、肉类及副食品，保证市场供应。

肉类食品

猪肉　1947年前后，县年均供应鲜猪肉50万公斤左右。1949年销售10713头、42万公斤，农民自宰自食7000头，城乡人民年均吃肉1.765公斤。

1954年，食品公司贯彻国内猪肉消费服从出口需要，优先供应大城市、工矿区的原则，采取内部控制宰杀量，对外维持敞开供应。1956年元旦起，市区凭证定量供应。1957年，实行凭票定量供应。20世纪60年代初，猪肉供应紧缺，除几大节日凭票供应外，平时无肉应市。1964年，农村养猪大增，城乡敞开供应。1970年，采取凭证不记数不定量供应办法。1975年凭票定量，1979年大幅度提高收购价，销售暂不提价，敞开供应。1980年初夏，生猪收购激增，外调阻塞，先后8次降价扩销，全年县供应34.78万头，年人均吃肉21.8公斤，销量创历史最高水平。1985年4月，放开猪价，实行有指导的议购议销，多渠道经营。市区议销价每公斤2.63元，比1984年1.94元提高35.67%。1987年调整为3.21元，公职人员每人每月发放肉贴4元。1990年，市区猪肉零售25.63万头，1.15万吨，人均吃肉20公斤。90年代后市场逐步放开，肉类食品公司独家经营被打破，个体、私营商贩纷纷进入农贸市场设摊(店)售肉。1990—2010年猪肉销售价格按市场供需关系变化而波动，但总体呈上升趋势。

牛、羊肉　宋、元时，嘉兴城内已是浙江回民主要聚居地之一。回民经营牛羊肉者较多，其自行消费的牛羊肉常自购、自宰。解放初，牛羊经营以私商为主。1954年食品公司成立，牛羊肉供应开始以国营集体商店为主，当年市城销售菜羊1.45万头。1955年，牛羊肉供应，首先安排回民需要，专设清真牛羊宰场和门市部。1960年，对回民供应实行凭卡定量，其他不作安排。当年，嘉兴县菜羊供应0.99万头。1964年10月菜羊出现供过于求，临时性降价供应。1974年，牛羊肉货源紧缺，对回民牛羊肉凭票定量供应。1979年牛羊收购价大幅度提高，对回民供应保持原价，由财政补亏。1983年后，牛羊肉先后放开，多渠道议价经营。食品公司向安徽、河南等省组织货源，充实当地供应。1990年，市区零售牛肉4200头、羊肉0.67万头。汉族居民的需求也基本满足。牛羊肉价格放开后，对回民定量供应部分执行原牌价不变。1987年起，市财政对回民牛羊肉定量供应部分，凭票定量供应价低于议价每公斤0.4元，实际执行中每公斤低0.8元。20世纪90年代市场放开逐步，由市场调节，供应充沛。

生猪(牛)定点屠宰　1996年4月开始，市本级实行生猪定点屠宰管理，定点屠宰、集中检疫、统一纳税、分散经营。1999年关闭7个屠宰场，保留3个。2000年，实施“放心肉”工程建设，境内乡镇全面推行定点屠宰。2001年7月启动市肉品检测中心，放心肉销售示范点上市生猪实行屠宰前尿样检测。2002年，对进入“三放心”市场销售肉品实行准入管理制度。市区先后推出“大不同”“膳博士”等近20个品牌供应商。同年制订牛定点屠宰管理方案，筹建区属中法投资股份有限公司牛屠宰点，至年底实施牛定点集中屠宰。2006年，市本级生猪定点屠宰率99%，超过省、市确定目标。2006年，全市开展“瘦肉精”专项整治。对市本级屠宰场宰前检测呈阳性的12头“瘦肉精”含量超标的生猪公开销毁。2010年，境内生猪（牛）定点屠宰企业有市食品肉类有限公司新丰屠宰场、凤桥分公司。

家禽　鸡、鸭、鹅等家禽买卖历来是集市交易，产销直接见面。1954年食品公司开始供应家禽，全年销售9.26万羽。1955年全年供应6.59万羽。1956年，食品公司负责市区的供应，乡镇由供销社供应。20世纪50年代末，城市供应除特需外，主要是几大节日适量安排一部分，平时一般不供应。1961年食品公司的家禽主要是保证军特需，安排城市节日供应。1963年，家禽货源略宽，敞开供应，市本级销售12.53万羽。70年代是“吃鸡难”时期，1975年供应7.06万羽。1978年后，供应情况开始好转。

1980年后，“菜篮子”工程日渐见效，家禽供应状况大大改观。1984年，食品公司销售22.71万羽，比1978年销售7.1万羽，上升3倍余。1990年销售达59.73万羽，比1984年上升163%。之后规模养禽发展，供应充沛，由市场调节供需。

鲜蛋　鲜蛋供应的主要渠道是集市贸易。1954年，市区由食品公司负责安排供应，乡镇以供销社安排和集市贸易为主。1959年鲜蛋货源不足，要求孵坊的“退白蛋”必须上调90%，支援大中城市和工矿区，当地供应只安排军需特需。1963—1966年蛋源供应宽裕，1965年全省出现供大于求，嘉兴县临时降价推销。“文化大革命”期间，大多年份城镇居民蛋品供应不足。1979年，鲜蛋收购价提高，销售暂时保持原价，每吨由财政补亏388.8元。是年全省蛋源有余，鼓励多销，对食品加工业执行九五折优待价。1983年2月试行放开，多渠道经营，同时取消对加工业的优待价。此后供应状况日益改善。1990年，市本级零售鲜蛋1450吨，按非农业人口计算，年人均消费鲜蛋7公斤余。2000年后，市场供应充足，价格随行就市，其中土鸡蛋因相对产量少，品质好，价格高于一般鲜蛋数倍。

水产品

旧时，嘉兴市场淡水鱼供应四季不断，春节供应最集中。清明后，黄鳝、泥鳅应市。立夏，鲫鱼等各种捕捞鱼盈市。中秋之后，当地青鱼、草鱼、鲤鱼、花鲢、白鲢大量上市。蟹汛期间，河蟹供应充裕，品种有本地蟹及江苏吴江、昆山等地的河蟹。

海水产品供应，春汛以黄鱼为主，其次乌贼鱼等。端午后，供应咸鳓鱼、马鲛鱼、大瓜、醉瓜（以黄鱼腌制）、咸带鱼等为大宗。秋末冬初以带鱼为主，梭子蟹、海蜇相继来货。海鲜主要来自舟山、宁波，由乍浦过塘行转运各地。小黄鱼、鳓鱼来自江苏海门等地。

1956年起，重点产地水产品纳入计划管理，统一经营。水产供销部门首先要完成上调、出口任务，其次供应当地市场。1959年，海水产品改向上海港接货。20世纪60年代起，为保证城镇居民春节吃到活鱼，水产供销部门适量养殖花白鲢，全县每年在220~450吨，在春节对居民实行凭票供应。海水产品60—70年代中期，大多年份到货多，供应足，还可大量加工腌制为淡季作储备。每年还储备各种咸鱼100~150吨支援“双抢”。1957—1959年全县水产部门海水产品销售占水产品总量的71%，70年代占67.34%。1983年，海水产品取消计划调拨，实行销地和产地公司，建立合同关系。1985年彻底放开，海水产品价格大幅上涨，大黄鱼已成为稀有的高价商品。1985年，淡水鱼放开，以集贸市场供应为主。

蔬菜　豆制品

境内城镇蔬菜供应以就地上市为主，外地到货作季节、品种调剂为辅。一年四季轮番上市的品种有近百种。20世纪50年代，蔬菜零售集市为主渠道，国合商业着重于淡旺、余缺调剂业务。1958年前，市区国营经营部门提供的蔬菜，日人均约100克。此后嘉兴镇成立蔬菜大队，近郊农村扩大蔬菜种植面积。1961—1962年困难时期，政府号召大种蔬菜，提倡“瓜菜代”，节约粮食，市区日人均供应蔬菜385克和540克。70年代，国营经营部门日人均提供219克。为安排好居民吃菜，稳定市价，政府每年给予国合蔬菜经营部门补亏，有的年份达20~30万元。80年代蔬菜集贸市场逐步放开。

菜篮子工程建设 建区后，蔬菜基地建设和菜篮子工程一直是区政府的实事工程之一。1985年后，市、区政府建立蔬菜基地，供应市区居民。农贸蔬菜市场日益兴旺。1990年，市区干鲜菜集贸交易额达5511万元，10年间上升30余倍。20世纪90年代初期，市、区每年投入资金，推进“菜篮子”工程建设。1997年市投入资金5750万元，为历年之最。其中200万元用于开发蔬菜新基地，250万元通过合同定购和价外补贴形式，将市级商品基地猪规模从原来6万头扩大到8万头。新建西区蔬菜批发交易市场、水产肉食品批发交易市场和嘉兴肉类批发交易中心以及三水湾等9个室内农贸市场。进入21世纪后，市区蔬菜、水产、肉类、副食品等“菜篮子”系列批发交易市场进一步拓展，交易额持续增长。

豆制品 1949年，市区有豆腐店（担）54家，其中32家前店后坊，豆制品加工全部手工操作，另外22家出担串街走巷叫卖。1956年，35家水作坊组成嘉兴第一水作社；19家实行公私合营，称第二水作社，两社共设工场12个，豆腐店32个。1970年3月组成嘉兴豆制品厂。

1960年始，对城镇居民实行凭票定量低价供应豆制品，供应的品种为豆腐、豆腐干、油豆腐、千张、素鸡等。由于供应量少，居民往往凌晨起早到豆腐店排队购买。20世纪80年代中后期，有了豆制品个体户，多来自浙南等地，议价供应，供应量充足。但由于豆制品生产企业呈小、低、散状况，产品质量得不到保证。2000年开始，加强对豆制品市场及生产企业的监管和集中整治，关停一批不合格企业。审查批准外地品牌豆制品进入市区农贸市场。

豆制品行业整治 2000年2月，投资417万元的家家乐食品有限公司投产，总投资417万元，全部采用不锈钢生产设备，生产7大系列豆制品，使市民吃上放心豆制品。市政府设立豆制品整治办公室，对市区范围豆制品市场及61家豆制品生产企业开展集中整治。33家不符合豆制品生产标准企业停业，12月20日实行豆制品销售市场准入证制度。2001年，进一步抓好豆制品行业产销秩序整治工作，抓好“放心豆制品示范点”建设，巩固豆制品市场整顿成果，授予市区1家为豆制品生产示范企业，授牌销售示范点30家，取缔无证照豆制品加工场。2004年制定“放心豆制品”行业准入条件，细化豆制品环保、卫生、产品质量等指标及要求。每季度对供应商总体考评。2005年巩固整治成果，保留家家乐等9家豆制品加工企业。

副食品

食糖 20世纪50—80年代，境内食糖供应大多年份偏紧。自1957年6月实行凭票定量供应起，至1988年的32年中，除1966—1969年、1983—1986年敞开供应外，其余年度均凭票定量。1952—1959年，食糖零售年人均1.48公斤。60年代零售年人均2.2公斤。70年代年人均零售2.75公斤。1980—1990年，年人均6.1公斤。

在食糖销售品种结构上，50年代以国产红白糖为主，赤砂糖、土红糖辅之。60—70年代中期以进口黄砂糖居多，1969年嘉兴县进口黄砂糖占供应量的65.15%，国产白砂糖占27.06%。80年代后，食糖销售逐渐转换为白砂糖市场。1989年起敞开供应，市场调节。

酒类 20世纪50年代酒类敞开供应。1956年要求做到“村村有酒卖”，60—80年代初，酒类供应时紧时松。1961年嘉兴县黄、白酒实行凭证供应，1964年9月敞开。1969年恢复凭票定量，1971年1月敞开。1973年又实行凭票，1982年外地酒类进入境内市场，供大于求。在酒的消费种类上，50—70年代，市区黄酒供应占70%以上，白酒和花色酒各占10%左右，啤酒不到8%。80年代啤酒成为当家品种，葡萄酒销量逐渐上升。1986年，啤酒销量占50%以上，地产黄酒低于15%，花色酒占32%，白酒约占4.5%。在酒类消费数量上，50—90年代呈持续增长态势。境内1952—1959年，年人均零售2.47公斤；60年代，年人均3.2公斤；70年代，年人均4公斤；1980—1990年，年人均13.7公斤。90年代后，各类品种的酒充溢市场。

干鲜果菜　旧时，市区经营干鲜果菜的行业和网点较多，有南北货业、地货水果业、炒货业，部分糖果茶食店也兼营。干果主要有桂圆干，荔枝干，红、黑枣，核桃，柿饼等，鲜果主要有苹果、柑橘、梨等，干菜主要有黄花菜、黑木耳、笋干等。1951年登记的私营批零商119户、518人，资金24.44万元。社会主义改造后，组成公私合营36户，合作组织54户。干鲜果菜商品以供销社系统经营为主，成立果品公司，主要商品纳入计划经营。1978年后逐步放开，实行多渠道经营。1990年，市供销社直属的市副食品公司、果品公司全年国内销售2881万元，为1984年的610万元的4.72倍。市区商业局系统干菜调味品国内销售291万元，比1985年218万元上升33.5%。

第二节　烟草　食盐销售

烟草

烟草专卖　1985年，市烟草专卖局、浙江省烟草公司嘉兴市公司设立，行使烟草专卖许可证审批发放管理，烟草统一配送、批发和市场监管职能。1992年1月1日起，由国家烟草专卖机构对烟草专卖品的生产、销售和进出口业务实行垄断经营、统一管理。1999年年底，设立新丰和凤桥烟草专卖管理所。2002年9月，实施专卖管理所与稽查大队分离。2005—2006年机构改革，设市区和余新烟草专卖管理所。2009年进一步调整撤并，市本级设市区、南湖、秀洲3个烟草专卖管理所。

卷烟销售　清光绪三十年（1904），嘉兴市场始有卷烟。宣统二年（1910），经营土烟的源茂昌烟号改营卷烟批发为主。1912年，接受英美烟草公司委托，独家经销大英牌卷烟，后又经销上海产国货卷烟，国货批发销量上升到总销量的40%。1918年，嘉兴同源福“五洋”杂货批发号代理英美烟草公司除大英牌外的卷烟，享有专营权。1921年，在嘉兴设立上海永泰和烟草公司嘉兴办事处。1925年，源茂昌接受华成烟草公司委托，代营金鼠、美丽等牌号卷烟，英美烟销量占全社会总销量的50%以上。此后，大东南烟草公司等民族资本烟厂的产品也先后进入嘉兴市场。

抗日战争期间，卷烟由日华中烟草公司出张所控制。1942年，对卷烟实行派货配售办法，指定嘉兴等8家卷烟批发商为“卸卖商”。零售商摊，按评定等级，分期配售。此外，还有“跑单帮”贩运卷烟。抗日战争胜利后，源茂昌、同源福等批发商恢复战前的经销关系。

1950年，嘉兴百货支公司经营香烟批发。1953年国家对卷烟实行包销，批发业务划归嘉兴专卖事业处。20世纪50年代卷烟敞开供应，县专卖事业处设有批发部，城乡批发业务全部由国合商业经营。60年代初，卷烟紧销，凭票限量供应。市烟草分公司成立后，对农村基层社实行委托批发。90年代初期，走私烟，假冒伪劣烟大量涌入市场，非法批发市场屡禁不止，无证零售户也很多，卷烟专卖制度受到干扰。烟草会同工商、公安等部门加大对走私、假冒烟贩的打击力度，取缔无证经营，整顿卷烟市场，同时，市烟草公司多方组织卷烟货源，满足市场供应，并发挥基层供销社农村卷烟销售主渠道作用。1993年后，烟草行业逐步从计划经济走向市场经济，卷烟价格放开，卷烟市场货源充裕，烟草专卖工作步入规范有序的法制化发展的轨道。

盐

盐业专营　在盐业公司设立之前，市本级的盐产品由市糖业烟酒公司供应。1991年，成立市盐业公司，境内盐产品由市盐业公司供应。1994年，市商业局计划业务科增挂盐政管理科牌子，将盐政管理职能委托市盐业公司承担。1997年10月，市盐务管理局成立，与市盐业公司合署办公，市盐务管理局配备盐政执法人员，对外地冲销、走私盐、制造和贩卖假冒小包装碘盐等行为进行监管。市盐业公司下设盐业批发部、乍浦盐业站和5家酱酒商店。盐业批发部负责市本级盐的购销管理，多品种盐的开发和市外调入盐的统一经营。2005年，市盐务管理局行使本地盐业行政管理职能，设立独立核算盐业专营公司，人员、资产由省盐业集团垂直管理。2010年，市盐业公司直属省盐业集团公司管辖。

食盐销售 解放后境内盐产品销售主要为食盐和工业用盐。食盐以浙盐为主，产销机构按国家下达的分配、调拨计划进行购销，不准自由选择。1961—1963年4月实行凭票定量供应，城乡居民月人均定量0.625公斤。1988年9月起，市区临时实行凭票供应，月人均定量0.5公斤，不久敞开。民用食盐零售长期保持低价政策。1953年每公斤零售价0.24元。1957年为0.28元。1985年4月市区调整为0.32元。此后，随着物价的上涨，国家适时统一调整、提高食盐价格。经销商不准擅自提价销售。1995年9月15日，供应全省统一的小包装加碘盐，零售价每500克为0.55元。2005年6月起，纸塑包装加碘食盐每400克零售价1.00元。之后，市场供应食盐品种逐渐增多，有普通盐、营养盐、竹盐等，供应品种最多时近20种，价格从每500克1.50元到10元以上不等。

第三节　药品　医械销售

药品

南宋绍兴二十一年(1151)，秀州设惠民药局，配制熟药，面市发售。咸淳年间(1265—1274)，严秋蟾卖药于秀州城竹林巷，分别是境内较早的官办和私办的医药商业。解放前夕，市区有药店17家，其中百年老店有兰台药局、童天成药店、同善堂、杨九牧药酒店等。

解放后，国家对药品经营贯彻“从低、保本、微利”的原则，并实行公费或合作医疗制度，药品消费增长较快。1958年，嘉兴县药品零售额228.57万元，占生活消费品零售额的3.87%，人均4.68元，比1952年人均2.64元增长77.3%。进入20世纪80年代，药品、药械商品社会零售额上升更快。1991年，市区有兰台、童天成、杨九牧、建华、万康、南堰、南门、禾城、参药店9家药店。大多数为中新药兼营。

2000年后，药品零售市场放开。2001年12月，嘉兴市首家民营药店容大大药房在文昌路天城园林居开张，随后民营药店纷纷在城镇乡间开办。2002年12月，新开张的嘉兴老百姓大药房以平价、开架式经营模式亮相。药店一多，竞争纷起，众多药店纷纷以降价让利方式来应对市场竞争。2003年7月，浙江嘉信医药股份有限公司和上海市医药股份有限公司合资组建嘉兴华氏大药房兰台零售连锁有限公司，为嘉兴市首家与异地医药企业合资组建医药连锁企业。之后，嘉兴万寿堂等多家连锁公司相继开业。2010年末，市区有医保定点药店37家。

医疗器械

20世纪90年代，境内医疗器械经营集中在嘉兴医药公司下属器械化试批发部。除经营医疗器械外还涵盖化学试剂、玻璃仪器、实验设备、环保设备等，药店只经营少数品种。2000年4月起执行《医疗器械监督管理条例》等法规，医疗器械经营纳入法规监管。2010年末，全区有限额以上医药及医疗器材批发企业3家，从业人员479人，销售总额173700万元，专门零售企业4家，从业人员310人，销售总额12340万元。

第四节　日用百货销售

衣着类

服饰 解放前，城乡居民习惯于买料加工成衣，服装的社会购买力微弱。解放后，消费者沿袭老传统，购买成衣的不多，个体裁缝多而成衣服装店很少，经营品种单调，以“老三色”(蓝、灰、黑)、“老三装”(中山装、青年装、军便装)及衬衫为主，供求平淡。20世纪80年代中期开始，服装业兴起，新品种、新款式不断涌现。服装店一般采用小批量、多品种、少环节、常变常新、勤进快销的经营方式。1984年，市区服装社会零售63万件。随后的职业性和福利性的服装及校服的发放也促进了服装销售，1990年，服装社会零售88万件。

1984—1990年嘉兴市区服装社会零售量表

表21-5　　　　　　　　　　单位:万件

年份	数量	年份	数量
1984	63	1988	86
1985	116	1989	93
1986	82	1990	88
1987	77	—	—

1990年后,建国南路嘉兴商城服饰市场、少年路服饰街、华庭街商业区江南大厦、戴梦得商厦以及众多品牌服饰专营店相继开业,形成品牌繁多,款式翻新快,业内竞争激烈的态势。

布料　1935年,市区有布店8家,以零售为主,正春和绸布店等资金实力强的兼营批发。绸布店有城庄店、乡庄店之分。城庄店门店堂宽敞,时新货多,与上海同业关系密切。解放后,市区有布店9家,从业人员147人,资金20.44万元。

1954—1983年,棉布年实行计划供应,以人定量供应,人均8米,比较宽裕。1961—1962年,居民定量每人2.07米,农民减半。1964—1983年,人均定量在3.3~5.4米之间。1965年前,嘉兴县纯棉布销售占布匹销售的99.31%。1972年后,混纺布货源日增,供需逐步缓和。1980年全县化纤布销售444万米,占55.02%,超过纯棉布。绸、呢布料开始走俏。1984年布匹敞开供应,成品服装畅销,布料零售销售量持续下降,1990年社会布匹零售1728万米,人均5.46米,棉布零售业出现萎缩。20世纪90年代后期,正春和等布店相继停业或转行销售服装等。

鞋类　20世纪80年代前,境内鞋类销售以胶鞋居多,皮鞋销售不多。1958年下半年起,胶鞋货源趋紧,供不应求。1961年采取分对象,保证重点供应,压缩市场零售。四季度列作收购农副产品的奖售商品,市场凭票零销。1963年货源好转,嘉兴县社会零售23.6万双,人均0.45双。此后消费量日增,市场供应量充裕。胶鞋的品种50年代以圆口雨鞋、力士鞋为主。60年代,元宝雨鞋、解放鞋、长球鞋走俏。70年代,轻便靴、防滑靴、松紧鞋、田径鞋畅销,解放鞋一直为体力劳动者喜爱,盛销不衰,销量占布胶鞋之冠。80年代后,运动鞋、旅游鞋流行,皮鞋销量陡增。1983年,市区社会零售13万双,1985年增至18万双。1990年后,私营鞋业商家猛增,逐渐占领了鞋业市场,鞋类品种、款式日趋丰富多样,能满足各个消费群体的不同需求。

日用品

20世纪80年代前,境内日用商品经营以百货公司和供销社日杂公司及基层门店为主。进货渠道基本执行"自上而下分配和自下而上要货相结合"的办法。省确定嘉兴的进货方向是,北路货向浙江商业厅驻沪办事处挂钩调入,南路货向杭州二级站调入。1983年5月起,除少数几种商品仍计划分配外,其余逐步放开,自主进货。1983年,市区日用品类社会零售额2828万元。随着人民生活的改善,日用品加速升级换代,向高中档、新潮流方向发展。1990年,市区日用品类社会零售额12750万元,为1983年的4.4倍,人均购买173.2元。90年代后,境内小商品专业市场和大型超市连锁网点兴起,纺织、服装及日用品销售额逐年攀升。2010年末,全区有限额以上纺织、服装及日用品批发、零售企业19家,从业人员1626人,销售总额413736万元。

1983—1990年市区日用品类社会零售额表

表21-6　　　　　　　　　　单位:万元

年份	社会零售额	年份	社会零售额
1983	2828	1987	12247
1984	3495	1988	14405
1985	6120	1989	15736
1986	9928	1990	12750

文化体育用品

1951年,嘉兴县文化用品社会零售额82.3万元,占社会消费品零售额的2.44%。1958年为178.53万元,占3.03%。据嘉兴县百货公司统计,20世纪70年代市区文化用品销售年均303.91万元,比60年代年均191.68万元上升58.55%。80年代,文化用品加速升级换代,销售额激增,市区年均620.91万元,比70年代上升104.31%。1983年,市区文教体育用品社会零售额839万元。1990年为4962万元,人均购买173.2元。此后20年间,随着城乡居民文化生活的日益丰富和全民健身活动的兴起，文体用品的消费需求持续增长。2010年末，全区有限额以上文化体育用品批发及专门零售企业7家，从业人员419人，年销售总额59035万元。

旧货业

解放前市区有几十家当铺和旧货店，解放初，取缔当铺及典当行，市区有旧货同业公会会员35户。1951年工商登记64户。营业内容包括寄售、估衣、废品回收等。风箱汇市场是旧货交易集中地。经营门类有旧家具、旧衣服、旧手表、旧五金电器、旧建筑材料以及珠翠、玉器等。经营方式有自营、寄售两种。对笨重旧家具或建筑材料，实现上门看货，面议价格，成交后由旧货店派员提货或拆卸装运。1956年，组成旧货业公私合营店和3户合作商店，1958年合并为旧货合作商店，下设3个门市部以及加工场。工场主要是收购旧木器，整理修补油漆变旧为新。同年，成立国营调剂商店。此后，旧货调剂市场日渐萎缩，生意清淡。"文化大革命"后期，3个旧货门市部全部撤销，店面划归国营调剂商店，国营调剂商店转为经营日用工业品为主，调剂为辅。

2002年在三元路创办聚力源典当行，经营动产质典当业务，为境内首家旧货典当企业。2005年，在嘉兴综合物流园内新建嘉兴物资调剂（旧货）市场，经营各类新旧机械设备、五金配件和新旧家俱、家用电器、日用杂品等积压闲置物品。

第五节　大宗家用商品销售

家电

电视机　1972年，国营嘉兴五交化公司开始经营黑白电视机，20世纪70年代后期彩色电视机始有供应。1972—1974年，嘉兴县黑白电视机销售100台，1975—1979年销售2962台，多为12英寸以下小屏幕，供不应求。开始规定没有维修技术力量的单位暂不经营。1980年，名牌黑白电视机改为凭票组织供应，杂牌敞开。1979年嘉兴城内彩电销售79台，凭票组织供应或凭侨汇票供应。80年代前期的货源主要是进口原装彩电。此后，国产彩电发展，货源渐增，多渠道敞开供应。1988年，南湖街道工业公司供销部代销深圳"佳丽彩"彩电500多台，引起哄动。1990年，市区彩色电视机零售超过黑白电视机。是年，百户城镇居民家庭拥有电视机126台。其中"彩电"数量已超过"黑白"。区首家国营企业嘉深电子销售公司以销售佳丽彩电声名鹊起。此后几年，黑白电视机逐渐退出市场，"彩电"货源充裕，市场竞争趋于激烈。2000年后，液晶屏"彩电"逐渐占领市场，国产、进口品牌众多，并向多功能、大屏幕发展，销售价格随着生产技术发展、成本降低而大幅降低。2008年，市区平均每百户城镇、农村居民拥有彩色电视机分别为176台和161台。

电冰箱　20世纪70年代前，电冰箱主要用于医院、科研等单位，销量较少。80年代逐步进入家庭。1983年，市区社会零售12台。嘉兴益友电冰箱厂投产后，组成自销渠道。1984—1989年本地国营商业部门收购益友冰箱44607台，占同期生产量的7.5%。1985年市场需求增加，社会零售14515台，1986年起出现销售热潮。1988年社会零售38297台，超过1985年销量的1.6倍。2010年末，市区平均每百户城镇居民拥有电冰箱95台。百户农村居民拥有77台。

洗衣机　20世纪80年代初，洗衣机进入嘉兴市场，销量甚少。1983年市区社会零售52台。1989年社会零售6166台，创最高销售记录。由于农村自来水尚不普及，洗衣机消费受到制约。1989年末，百户农村居民家庭仅拥有8.3台。2008年百户城镇居民拥有93台，百户农村居民拥有55台。

电风扇　20世纪70年代前，电风扇在市场上销路不广，使用电风扇的家庭很少，主要是社会集团消费。80年代逐渐成为热门商品。1983年，市区商业部门开始供应地方产的电风扇4万台，占产量的27%。当年，市区社会零售8957台。1989年社会零售81627万台，为历史最高水平。1988年底每百户农村居民家庭拥有电风扇142台。1990年末，市区每百户城镇居民家庭拥有261台，基本达到一室一扇的程度。此后，空调开始进入百姓家庭，电风扇销售趋于平稳。

空调 20世纪80年代末，境内始有空调供应于市，最初在市场上销售的空调以噪音较大的单冷窗机居多，安装空调的家庭很少。90年代中期，随着居民生活水平的提高，空调销售量大幅攀升，且更新为静音的冷热分体式空调，单冷窗机逐渐被淘汰。2001年，市区每百户城镇居民空调拥有量为91台，2008年达到180台。每百户农村居民空调拥有量为103台，也达到了户均超一台。

交通 通信商品

自行车 1952年，嘉兴百货公司首次经营进口自行车，实行赊销，分期付款，当年零销87辆。至1958年，市区社会零售975辆，年均139辆，主要是社会集团购买。20世纪60年代起，以供应国产“永久”“凤凰”“飞鸽”自行车为主，实行凭票购买。1959—1970年，嘉兴县销售8800辆，年均733辆，首先安排城市供应。1971—1981年销售45300辆，年均4118辆。1981年嘉兴自行车厂投产，同时省内外调入自行车，敞开供应，名牌自行车仍紧俏。1982年，市本级社会零售29174辆。1985年，上升为56613辆。1988年，社会零售68119辆，达历史峰值。以后销售转疲。1990年末，市区每百户居民家庭拥有234辆。

2000年后，电瓶车、摩托车和汽车的销售量持续大幅增长，曾作为城乡居民最主要的代步工具的自行车销量锐减，多数自行车经营商改销电瓶车或其他商品。

汽车 20世纪90年代初，汽车销售业尚未形成规模，且绝大多数为单位公车和运输业的营运车，拥有私家车的居民家庭很少，1991年全嘉兴市私家车不足千辆。90年代中后期，汽车销售行业渐趋兴盛，1999年，新建嘉兴车城，开业后汽销量逐年大幅攀升，短短几年，车城经营场地、规模已趋于饱和。2004年3月，移址新建占地面积1380亩的嘉兴汽车商贸园，居民私家车销售持续升温。2008年，市本级城镇居民每百户拥有家用汽车14.5辆，比2003年每百户拥有3辆增加了近4倍。

手机 1993年，境内始有手机供应，由市邮电局经营，第一代手机以摩托罗拉模拟机为主打产品，体型笨重，价格昂贵，俗称“大哥大”，使用者较少。年后，成立移动公司、联通公司，形成手机销售、服务产业链。2000年，每百户城、乡居民手机拥有量分别达到28部和18部。此后，手机销售数量快速增加。2010年，市区城、乡居民每百户拥有手机分别为204部和213部，已成为百姓生活中必不可少的随身用品。

第六章 生产资料供销

第一节 工业 基建物资

解放初期，实行重要物资(生产资料)各大区统一平衡，差额中央调拨的分配制度。1950年始，对钢材、杂铜、机床、纯碱、麻袋、煤炭、木材、水泥8种主要物资实行计划管理。1952年增至55种。1953年，实行“对重要生产资料在全国统一平衡分配”，按各种物资在国民经济中所占的地位、作用及产需情况，划分为“统配”“部管”“地管”三类(简称一、二、三类物资)。一、二类物资实行“统筹统支”办法，当地所需物资由专署财经委及工业主管部门编制申请计划和负责分配调拨。1959年，实行全省统一计划下的以地区管理和地区平衡为主的物资调配制度。

1978年后，物资分配工作指令性工作计划部分逐渐缩小，市场调节部分增大。1979年，嘉兴地区计划分配物资有59种(不含建材)。1985年，嘉兴市计划分配物资18种。1987年，又缩减为13种(钢材、生铁、铜、铝、铅、锌、铜材、铝材、硫酸、烧碱、纯碱、橡胶及载重汽车)。木材、水泥、煤炭由市、县包干，自行组织。1991—1996年，市物资局按照“统一计划、分级管理”“保证重点、兼顾一般”的物资供应政策开展物资购销供应工作。主要经营范围为金属材料、机电产品、轻化建材等，包括钢材、生铁、汽车、汽车配件、电机、水泵、轴承、变压器、轮胎、水泥、玻璃等几十种商品，解决全市工农业生产、交通水利设施所需要的各种物资。1994年，物资系统首次出现全行业亏损。1996年，经济效益继续下滑，亏损面不断扩大，但坚持在困境中前行。1997年，市本级物资总销售14.6亿元,毛利率2.93%。市本级全年主要物资销售量:煤炭93万吨,钢材8万吨,木材2万立方米,橡胶5647吨,水泥0.5万吨,汽车1926辆,摩托车2500辆。物资销售额与1993年相比,下降33%。主要物资实物销售量均有较大幅度下降。整个物资系统经营持续萎缩,企业亏损。

2002年8月,市政府不再授权市物资有限公司承担部分行政和行业管理职能,其职能统一移交给市经贸委,实行政企分开。至此,境内有计划物资供应基本结束,商品经济条件下物资基本处于自由流通状态。

第二节　农业生产资料

化肥

20世纪50年代初,化肥由供销社代营。1952年后,一直是供销社主营。化肥属计划商品,各个不同时期的供应办法不同。1953年以前,是推广供应,采取肥贷、赊销,逐步推开。1954—1960年,化肥供不应求,采取重点安排,分配供应办法。1961—1982年,大量通过奖售和换购的渠道供应。此后,以"挂钩供应"为主。1982年后,为解决承包农户买肥难,供销社帮助开办村级农资服务站,开辟农村社会化服务销售渠道。有的乡镇企业自找化肥货源,供应当地农户。1991年,化肥由供销社专营。计划内供应以兑现粮食"三挂钩"为主,每百公斤定购粮优惠供应尿素16公斤,由省农资公司调拨。市本级地产碳铵主要依据各乡水田面积分配,计划下达到乡,由各基层供销社负责供应。由于货源紧缺,还通过集资外汇进口和物资串换等办法,增加化肥供应。化肥缺口部分由农资公司外出组织采购,以计划外商品供应农民。对计划内化肥全部执行省定统一零售价供应。计划外化肥实行综合销售价,价格按物价管理部门规定的综合差价率制定。当年,市本级化肥年供应量为14.7万吨,达到历史最高水平。1992年起,为鼓励农民种足种好早稻,每年春季按省定标准奖售"田挂化肥",优惠供应农民。"粮挂""田挂"等计划分配化肥执行到1998年底。1994年5月起,国家不再供应平价化肥,化肥调拨价和零售价均实行经营差率管理。1999年化肥经营放开后,化肥货源由农资公司自主向外采购。化肥销售价格实行市场调节,经营企业自主制定零售价格,物价管理部门只在必要时进行价格干预。为保证商品质量,农资公司择优选择进货渠道,主动与大中型化肥厂签订供货合同,并为名、优商品实行代理和经销。1999年,市本级供销系统供应化肥11.44万吨。

2000年后,随着农村产业结构调整,供销社部份农资商店转为个私经营,供销社化肥供应量明显减少。2004年市本级供应量下降到2.29万吨以下。2005年后有所回升,2009年和2010年均在5万吨左右。

农药

1950年,供销社开始经营化学农药。1958年起,农药由供销社统一经营。1983年农业植保部门参加供应农药,1985年又恢复,至1992年一直由供销社专营。20世纪50年代初期,化学农药的供应主要是搞好试验示范。1956年后,对主要品种采取逐级分配,集体购用。1982年起,按农技部门的农药分配方案,由农资经营部门或村配药站供应。1954—1990年,市本级供销社累计供应化学农药约5.82万吨,先后曾经营7类149个品种,其中常用农药79种。

1993年,农资专营放开,农药经营实行严格市场准入制度。1997年,开始全市执行国务院《农药管理条例》。2001年11月起,供销合作社的农业生产资料经营单位、植物保护站等7个类型单位可以经营农药。同年,执行省关于禁止销售和使用部分高残留农药的通知,在水稻等作物上禁止使用所有拟除虫菊脂类杀虫剂及复配产品。2002年7月起,禁止销售并在各类作物上禁止使用甲胺磷农药。各级政府加强农药管理工作,要求经营农药单位必须符合国家规定,严禁销售甲铵磷、呋南丹、氧化乐果等高毒高残留农药,提倡农业防治、生物防治,合理使用高效低毒低残留农药,确保农产品安全。

20世纪90年代初,境内农药销售均执行政府定价。1993年,对甲铵磷、甲基1605继续执行省定价,对乐果、敌敌畏、敌百虫销售价实行差率管理,其余品种由企业定价。1995年6月起，除对上述5个品种农药仍实行差率管理外，其余品种销售价格由企业自定。1996年后，农药销售价格基本放开。

2000年起农药销售趋于下降，主要原因是水稻种植逐年减少。2004年农药销售跌入谷底。2005年起，随着全市果蔬生产发展和农业园区建设加快，农药销售逐年增多，2008年市本级农药销售量达到历史最高值。

在杀虫剂、杀菌剂、除草剂三大类化学农药供应比重上，1970年初，杀虫剂占了绝大部分。1971年杀虫剂供应占94.55%，杀菌剂占5.45%，除草剂还是空白。1987年杀虫剂占63.02%，杀菌剂占32.04%，除草剂占4.94%。2000年后，由于果蔬种植成培增加，加上水稻直播种植法的推广和农户对越冬作物低温除草的重视，除草剂销量大幅增加，杀虫剂销量则明显减少。2010年，市本级供销系统销售除草剂在农药销售总量中所占比重从1991年22.9%增加到35.1%。销售杀虫剂所占比重从1991年的49.02%下降到32.8%。

农用薄膜

1964年春，试用薄膜育秧。政府实行政策性补贴，在境内顺利推广。20世纪60年代至90年代初，农用薄膜为省计划管理商品，由供销社专营。1979年后，大力推广薄膜土埋保管方法，提高了薄膜的复用率，使用期从1~2年延长到5~6年，降低了成本。1983年实行价格“双轨制”，牌价薄膜优先供应种粮大户、早稻模式栽培等方面。1967—1990年供销社供应市本级6278.8吨，其中70年代供应1262.9吨，1980—1990年共供应4884吨，比70年代增加2.8倍。

1994—1995年，省供销社下达给市本级供销社计划内农用薄膜每年170吨，其中城区20吨，总体呈下降趋势。

第三节　废旧物资回收

废旧物资回收管理

1952年9月起，废旧物资回收业务由供销社独家经营。随着回收品种增多和规模扩大，废旧物资回收方式分为敞开收购、计划收购和以销定购3种类别。供销社县以上废旧物资专业公司担负指令性回收业务，各基层网点负责收购，并统一上调缴售。1987年，废钢铁指令性计划取消，境内对废旧物资经营实施特种行业许可证制度。2001年起，对收废企业进行资源综合利用资格认定。2007年，改为收废经营者需要办理再生资源回收备案登记，回收废金属者同时向公安部门备案登记。在税收管理上，按再生资源事业相关优惠政策，境内对废旧物资回收企业实行增值税先征后返70%优惠。2010年，调整为先征后返50%。

废旧物资回收经营

20世纪90年代初，供销社系统是废旧物资回收的主渠道，当时回收品种多达百种，主要类别有废金属、废纸、废橡胶、废塑料、废棉、废麻、破布、杂骨等，其中以废钢铁和废纸收购量最多。1991年，市本级收购废钢铁40835吨，占全市供销社收购总量的三成多。1992年，市本级有经营网点22个。1995—1997年，全系统废旧物资收购形成高峰。1998年，供销社改制，基层社多数收购网点转为私营，市本级市物资回收公司和县级多数专业公司逐渐从物资回收业务领域退出，全系统废旧物资收购额持续回落。

第七章　餐饮　服务业

第一节　餐饮业

解放初期，境内餐饮业主要由菜馆、面饭店、茶馆、点心店、小吃摊(担)等构成。经营分工明显，各具特点。饮食网点，绝大多数规模小、设施简，经营便菜便饭、点心，面向大众。只有少数菜馆，堂口宽敞，内设雅座，能摆席宴客。

20世纪50年代前期，饮食行业呈发展趋势。1955年，嘉兴县饮食业1448户，比1952年的787户增加84%。网点人员也相应增加。1958年后，饮食业趋向公共食堂化。60年代初，副食品紧缺，饮食业贯彻“有什么卖什么”，素菜荤烧；开展来料加工，以米换饭或点心；推出高价菜点供应。1960年开始供应高价菜点，饮食业营业额上升。1963年停止高价菜点供应，营业额下降16.15%。“文化大革命”期间，市区被勒令更改老字号店名19户。停止传统经营特色和服务方式，只供应大锅菜，革除服务到桌，送饭菜到位的做法。1966年，嘉兴县饮食业营业额557万元，1971年仅为506万元。

1978年后，餐饮业发展较快。1984年，市本级饮食业社会零售1402万元，比1978年的811万元上升42.15%。年末社会餐饮经营户1180个，比1978年的294个增加4倍。1990年，市本级社会饮食业零售额5104万元。年末饮食业经营机构1943户、4891人。

20世纪90年代后，随着城市建设提速，城乡居民消费水平提高和旅游业的兴起，境内餐饮业发展迅猛，世纪贵族大酒店、金悦大酒楼、名门酒店、大富豪酒店、太阳城大酒店等众多高档次餐饮企业相继开张。肯德基、麦当劳等外来品牌及本地一大批快餐连锁店纷起抢占市场，各类中小私营饭店、菜馆、面食店、蛋糕店、茶馆、咖啡店等遍布城乡各处，其中还有外地商业家来境内开设兰州拉面、重庆酸菜鱼、沙县小吃和“湘菜”“川菜”“徽菜”等具有地方特色餐饮店，能够满足不同饮食习惯、不同消费群体的饮食需求，社会餐饮业营业额持续提高。2010年，“世博效应”助推嘉兴餐饮业增长，年末全区有限额以上餐饮企业18家，从业人员1854人，实现营业总收入44141万元。

餐饮名店选介

五芳斋 1921年张锦泉在张家弄口摆出粽子摊。之后创办五芳斋粽子店。1940年老店中先后分出“庆记”“合记”两家五芳斋，3家五芳斋成品字型鼎立张家弄，成为嘉兴古城独特的风景。五芳斋声名鹊起，传遍江南，被誉为“粽子大王”。以糯而不烂、肥而不腻、柔嫩味美、咸甜适中而著名。

1956年公私合营时，3家五芳斋和东门香味斋粽子店合并为五芳斋粽子店，隶属县饮服公司，后为综合性饮食店。1981年3月迁至建国路，恢复老字号。产销量越来越大，品种越来越丰富。之后五芳斋独创新路，改进粽子烧煮工艺，将作坊式改为前店后坊产销方式。1985年，五芳斋建国路老店翻建成明清建筑风格的新店，使用全套不锈钢烧煮粽子的设备。第二年粽子产量已达310万只。1988年，“五芳斋”商标注册成功。在首届中国食品博览会上，五芳斋粽子荣获博览会金奖。1992年嘉兴五芳斋粽子公司成立后，易地新建全国首家粽子专业生产厂。1995年五芳斋粽子产量达到1500万只，先后在沪宁杭甬苏等大城市成立五芳斋销售分公司。21世纪到来前夕，浙江五芳斋实业股份有限公司成立。建国路改造时，五芳斋老店被拆，2001年在建国路依瓶山新建仿明清四楼建筑的五芳斋新门店，供应品牌粽子外，还有馄饨、汤圆、烧麦、各式面条、饭及粉丝煲等中式快餐，品种丰富，质优味美。2004年成立五芳斋集团公司，同年6月，“五芳斋”商标被认定为中国驰名商标，成为全市首个全国知名品牌。嘉兴粽子“五芳斋”国家原产地标记通过注册认证。

2010年5月，五芳斋代表浙江名点入驻上海世博会中华美食街。到年底，五芳斋已在全国设立5个大区域营销市场、200家连锁专卖店和500多个早餐网点。五芳斋粽子走进全国各大高速公路服务区。

2008年4月，五芳斋建国路门店

陆稿荐酒店 位于月河街区荷月桥北堍的禾城陆稿荐酒店，在2009年国庆节月河街区开街时同时开业。

陆稿荐酱鸭是嘉兴著名特产。民国初期，黄富生从江苏无锡来嘉兴，先在坛弄口摆熟食摊。1935年在北丽桥北堍东侧创办嘉兴陆稿荐酱鸭，店名源

2010年10月，环城河畔禾城陆稿荐酒店和游船

自苏州“陆稿荐”。专营酱鸡、酱鸭、酱麻雀、卤制豆制品等苏式风味的熟食。酱鸭是拳头产品。1956年公私合营后，陆稿荐酱鸭店成为市饮食服务公司的所属。20世纪80年代起，“陆稿荐”酱鸭店先后获得浙江省名优产品“玉兔奖”，商业部优质产品“金鼎奖”，浙江省新优产品“骏马奖”等。1997年北丽桥重建时，陆稿荐酱鸭店被拆。进入21世纪，嘉兴启动振兴老字号工程，城南街道月河桥食品厂成明荣和原陆稿荐大厨林关涛共同重振陆稿荐老字号。2006年开始制作销售陆稿荐酱鸭，2009年开设陆稿荐酒楼，2010年注册禾城陆稿荐酒店。这座古运河边的两层楼酒店，临街供应陆稿荐酱鸭，朝南落地长门的大堂和花格窗二层楼的酒楼里，摆放的八仙桌、长凳；菜肴以蒸桂鱼、爆鱼虾、汤鸡老鸭、红烧肉和葱油南湖菱等禾帮菜为特色。2010年，陆稿荐恢复南湖船菜，在嘉兴首开游南湖环城河的船宴，禾帮私房菜搬进船舱，恢复南湖船宴的优雅享受。

金悦大酒楼　位于中山路中山桥堍。2002年8月开业，是嘉兴市区第一家专营中高档餐饮、宴席的民营食府，是嘉兴酒店业的龙头企业之一。酒楼面积4800平方米，可同时容纳1200余人用餐。2005年12月获国家特级酒家称号。酒楼以中高档餐饮为基调，环境高雅，服务优良；清蒸米鱼、萝卜筒骨煲、千岛湖大鱼头等数十道大众型菜肴深受顾客赞誉。

2009年10月，金悦大酒店晚景

太阳城大酒店　位于中环西路869号，2003年开业，是嘉兴知名的餐饮品牌，也是嘉兴酒店业的龙头企业之一。酒店建筑面积10000余平方米，餐位1500余个。单店销售额连续6年排在全市餐饮界第一位。2005年12月获国家特级酒家称号。酒店装饰为欧式和现代时尚元素相结合，包厢豪华，服务精良。酒店菜式品种以粤菜、杭菜、本帮菜为主导，特色菜肴有鲍汁大网鲍、白干筒骨煲、泰椒蒜子浸香螺等。

2010年春节，太阳城大酒店夜景

江南名庄酒店　位于芦席汇历史街区秀城桥堍，1999年创办于禾兴路，初名半岛酒店，1996年搬迁建国路，更名江南开元酒店，是嘉兴知名的餐饮品牌。2006年2月，作为芦席汇历史街区引进的著名餐饮企业，总部搬迁至秀水畔，古桥边优越位置，更现名。酒店设大小包厢24个，大餐厅2个，可同时容纳400多人用餐，并设分店3家。餐饮特色以禾帮菜、农家土菜为特色，独创金丝御鸭、江南鱼头王、鸭血鸡煲、萝卜筒骨煲等10几只主打菜肴品牌。酒店开业以来，不断进行产品创新和服务改进，先后获得省餐饮行业“餐饮名店主题宴庆展示金奖”；国家特级酒家称号，市特色餐饮明星企业。

2010年11月，秀水畔的江南名庄酒店

江南印象中国餐厅 位于禾兴南路梅湾古街2号，营业面积1430平方米，拥有250个客席。餐厅环境融合了江南风情与现代时尚元素，以经营港式燕鲍翅、粤式菜点为主，江南私房菜、南湖船菜为辅，其中梅湾私房煲仔翅、香煎雪鱼扒、火踵炖雷笋等特色菜肴受到顾客常年喜好。江南印象中国餐厅制作的“滋补鲍鱼”和“君子鱼翅”被中国饭店协会评为“2006中国金牌粤菜”。2008年11月，被评为国家特级酒家。

世纪贵族大酒店 位于海盐塘路133号，1991年创办于紫阳街，2000年搬迁到建国路中山路交叉口，是嘉兴知名的餐饮品牌，10年后搬迁现址。营业面积2000平方米，能同时接待380多人就餐。设施完备，环境高雅，主营杭、川、粤等各种特色菜，其中田园虾饼、菱角鸭、一品蛋酥、御品豆腐等深受顾客青睐。2008年11月，被评为国家特级酒家。

2005年10月，世纪贵族大酒店

南湖船菜大酒店 位于南湖区南湖路新渡口南，毗邻南湖，2004年开业，分店1家，其以“宾客至上，服务第一”为经营宗旨，顾客不用上船就能品尝正宗江南水乡温柔诱人的船家菜品，格局分包厢与中式宴会大厅，环境舒适，价格亲民，深受各阶层消费者喜爱。被浙江省餐饮行业协会授于浙江餐饮名店等荣誉。

邹大鲜酒店 位于月河街区中基路上，后门紧傍月河。酒店内部呈三进房格局，有天井、长廊、鱼池、亲水平台等天然景观，酒店拥有大小包间25个，餐位500个，各式包间装修古朴典雅，设备齐全。邹大鲜菜肴以江南传统家常菜为主，注重原材料的选购，菜肴烹饪采用传统手法，讲究原汁原味，强调菜肴口味和绿色环保，得到了社会各界的认可。2010年6月，被浙江省餐饮行业协会授于浙江餐饮名店称号。

吴越人家酒店 位于解放路206号，解放桥堍。2003年8月创办于秀州路，初名新阳光酒店，是市区专营嘉兴家常菜的特色酒店。2006年3月作为芦席汇历史街区引进的特色餐饮企业，搬迁现址，酒楼面临环城河长水新河交汇处，风光秀丽。酒楼以中高档餐饮为基调，以家常菜为特色，环境优雅，汽锅鸡、清蒸白水鱼、牛气冲天以及响油生瓜等10几道家常菜深受顾客喜爱。

茶馆

自古以来，嘉兴县茶水店遍布城乡。抗日战争胜利后，嘉兴县城乡有茶馆、茶水店704家，其中城内80余家，有的专供开水，俗称“老虎灶”。那时茶馆服务员讲究技艺，提着紫铜水壶给顾客泡茶或续水，右手提水壶向茶壶加水，先近后远，再由远而近，动作优雅，俗称“凤凰三点头”。

民国时有些茶馆根据自身条件和市场需求，开设店中之店，或兼演评弹、评话，或附设理发、点心、修补摊，也兼营盆汤洗浴，还为去苏杭拜佛、烧香的顾客代办车船住宿事宜。茶馆茶客以行业、以群类分，各有处所，基本稳定。沿河埠和邻近菜市场的茶店，以清晨进城农民和捕鱼归来的渔民为多。

城内中基路怡园是米行老板或跑街喝茶、探行情、谈交易的场所，人称米业茶馆。北京路聚宾楼楼上堂口，以腌腊火腿行商人为主，经理每天必临。

丽桥华园三楼的内堂、外堂则为茶漆业、鱼行肉店茶会处。建国路瓶山茶室的内堂，以报馆人员吃早茶为主，有报界茶室之称。张家弄寄园是上层人士、文人、律师等联谊之处。有的茶店成为介绍、雇佣工匠、劳动力的劳务市场。近郊的村民，早起到茶馆喝早茶，顺便都带一些自产的农副产品放在茶馆门口出售。城中一般从清晨三四点钟起到下午两三点钟止，乡镇茶馆市面主要在早晨。

20世纪80年代，东栅乡茶馆

望吴楼茶馆位于嘉兴北门商贸聚集区，店门前为环城北路，北靠水关桥风箱汇，西临市河，河岸筑有石帮岸。整幢建筑为传统四间五檐头木结构框架楼，楼下东侧砌有老虎灶。

解放后，市区经工商登记的茶水店75家。全行业社会主义改造时，组成公私合营76户，合作茶店50户。1958年后，大部分关闭，调整为10户。1962年恢复到24户。"文化大革命"期间，茶馆大多关闭转业。1978年市区只有4户，另有街道办的五六家专供开水"老虎灶"。

改革开放后，茶水业又逐渐发展。1985年统计，市区各式茶馆181户，每天接待茶客数万多人次。20世纪90年代，音乐娱乐等特色茶室兴起，一些饭店、宾馆也开始供应广式早茶。进入21世纪，心源茶楼、钱塘茶人等一些大型传统茶楼陆续兴办，月河街区、梅湾街区和芦席汇，一些文化、音乐收藏等各类特色茶馆和棋牌等茶室陆续兴办，各社区和乡镇以娱乐茶室为多。

2010年市区特色茶楼名录表

表21-7

店　　名	地　　址
上海清风人家茶楼嘉兴店	梅湾街11号楼
哈林情调咖啡茶语	南溪花园二期店面18—23
钱塘茶人餐饮有限公司	中山路153号正兴大厦
心源茶饮有限公司	华庭街E座3楼新源茶庄
百事吉音乐茶吧	洪兴路588号
城东青龙茶庄	中山东路38号
南方嘉木茶艺馆	永泰广场商铺3楼
思得客茶餐厅	梅湾街5号楼B区
太极茶道苑	建国北路
秋水伊人娱乐茶座	姚家埭3—9号
嘉兴故事休闲茶馆	府南街153号
一一茶座	少年南路道前街口
名将茶楼	越秀北路1115号
红江南音乐茶楼	十八里桥南区天安路46—56号
梅湾茶楼	汇宣街66号
嘉华茶楼	嘉华广场4楼22号
龙泉茶楼	禾兴南路兴业综合楼15号

续表21-7

店　　名	地　　址
天心阁茶楼	东升东路1377号
天来阁茶楼	城南路245号
喜相逢茶楼	大新路春波坊二期5号楼222—224号
永和茶馆	建国中路港澳商城3楼
江南咏荷茶馆	禾兴南路148号

酒吧

改革开放后境内始有酒吧，20世纪90年代初发展较快，酒吧主要分布在梅湾街区、月河街区以及中山路、建国路、秀州路等热闹街区。根据经营特色以及主要服务内容，大致可分为餐厅酒吧、娱乐型酒吧、主题休闲酒吧、沙龙型酒吧、俱乐部及宾馆附属酒吧等。2010年开始，月河街区的坛弄陆续开设各类酒吧，以歌厅音乐酒吧为多，开始形成酒吧特色街，成为境内夜间生活的时尚特色。

2010年市区特色酒吧名录表

表21-8

店　　名	地　　址
巴迪亚酒吧	中山东路
风琴酒吧	禾兴南路451号
千禧酒吧	安乐路8号
闪亮酒吧	杨柳湾路83号
同心酒吧	文昌路75号
心心酒吧	杨柳湾路67号
贝贝菲斯酒吧	姚氏广场3区2层
金江南演艺酒吧	禾兴南路江南大厦5楼
JJS动感酒吧	城南路口中环南路龙威大厦
太阳迪斯高酒吧	禾兴南路388号戴梦得酒店底楼

咖啡厅

20世纪80年代境内开始兴起，90年代咖啡室还很少。2000年后逐渐增多，形式不一，渐趋高档。开设烟雨路的名门浮水印、梅湾街蓝山咖啡馆嘉兴店，以西欧装饰风格，高档现制咖啡，配以西餐为特色；上岛咖啡厅、星巴克、乐享、鬬茶、欧索米萝等咖啡厅供应咖啡外，还供应西式餐点。咖啡厅消费价格明显高于茶室，每杯咖啡在30~80元之间，点心另加，但环境幽静舒适，是年轻朋友聚会、洽谈生意及相亲见面、情侣约会的时尚场所，随着人们生活水平的不断提高，消费对象渐趋平民化，喜欢去咖啡厅会客、商谈业务的消费者越来越多。

第二节　传统服务业

宾馆　旅社

抗日战争前，市区有大小旅店30家，1945年有38家，主要分布在东门、下塘街、北大街和中街一带。1951年有旅馆业28家，大多数是小旅店，设施较简单。1956年实有23户，其中实行公私合营的7户；合作性质的16户。20世纪50年代，旅馆业设施基本保持旧貌，客源稀少，生意清淡，床位有些减少。1958年又撤并了部分旅馆。60年代后，逐渐呈现“住宿难”趋势，“文化大革命”期间旅客常满，采取加铺，利用浴室、茶馆，供旅客住宿。1964—1970年，筹资新建嘉兴、东风两个旅馆，有固定床位443张。机关、街道招待所对外开放作补充，仍不能满足外来公出人员住宿之需。1981年，南湖饭店开业，床位超500张，为80年代规模最大、功能齐全的宾馆。同时，各镇新建的饭店、宾馆陆续竣工开业，一些大中型企业和街道、居委会创办招待所，私营小旅店也纷纷开张，高、中、低各档次旅馆齐备，“住宿难”基本解决。1990年末统计，市区有旅馆127家。

建区时，没有区所属的旅馆，区发动街道居委会创办招待所。1989年，区在中山路建造17层的中山饭店，设施齐备，有中高档客房间114间、5个餐厅。1994年市、区合署办公时，中山饭店改建为市第二行政中心。1995年12月，嘉兴宾馆通过省旅游局三星级评定。1997年起，市旅游管理部门全面推广饭店（宾馆）行业标准化、规范化管理工作。

2000年按实运作后，旅馆服务业属地管理，随着经济发展和旅游需求，经济型酒店蓬勃发展。2006年开业的莫泰168嘉兴城东路店，是区内首家全国性经济型连锁酒店。全国经济型连锁饭店入住的有莫泰168、百度、如家、锦江之星、万好万家等。到2010年末，全区共有星级饭店6家，其中四星级2家、三星级4家。旅游星级饭店客房总数939间，床位数1633个，营业总收入15754.30万元，平均客房入住率64.01%，平均房价268.79元，从业人员1173人。各镇街道未评星级、客房在40间以上的规模酒店有32家，客房总数3271间，总床位数5215个。

2000—2010年全区旅游星级饭店情况表

表21-9

年份	饭店个数（个）	房间数（间）	床位数（张）	营业收入（万元）	客房出租率（%）	平均房价（元）	从业人数（人）
2000	5	548	1038	5828.3	58.83	190.04	950
2001	6	767	1440	9328.6	70.98	228.87	1215
2002	5	716	1316	10101.75	75.08	263.75	1145
2003	5	737	1335	11205.2	73.78	296.84	1145
2004	6	1011	1790	14539.34	72.8	264.91	1467
2005	6	944	1654	15337.38	13.65	263.92	1398
2006	6	939	1654	14466.38	63.08	261.57	1355
2007	6	951	1665	15391.74	69.02	256.34	1414
2008	6	939	1633	15915.24	63.14	264.17	1210
2009	6	939	1633	15764.62	63.18	265.86	1167
2010	6	939	1633	15754.38	64.01	268.79	1173

2010年全区客房数40间以上宾馆情况表

表21-10

宾馆名称	地　　址	客房数（间）	床位数（张）	餐位数（人）	从业人数（人）	平均房价（元）
亿代商务酒店	禾兴路428号	246	460	100	65	180
奥德丽酒店	建国路金鼎广场	302	438	50	70	216

续表21-10

宾馆名称	地址	客房数（间）	床位数（张）	餐位数（人）	从业人数（人）	平均房价（元）
南湖大饭店	环城东路81号	198	353	800	125	180
紫阳之旅商务酒店	紫阳街269号2—9楼	168	280	360	37	180
博雅酒店	迎宾大道88号	168	260	800	300	380
忆江南假日酒店	海盐塘路139号	110	250	—	30	120
俪都中港城	中环南路与双溪路口（国际中港城）	172	250	800	300	300
锦江之星嘉兴火车站店	城东路83号	146	245	55	39	169
博客假日酒店	南湖路200号	111	176	—	25	160
白云假日酒店	吉杨路288号	90	170	400	76	148
如家快捷商务酒店	中山路536号	117	167	200	28	189
莫泰168	城东路368号	121	164	150	28	158
香溢大酒店	吉水路1号	98	156	400	159	300
东湖锐思特酒店	少年路8号	101	153	—	22	120
万好万家快捷酒店	中山路97号主楼	97	150	—	21	130
嘉兴学院后勤服务有限公司	越秀南路56号	78	140	240	60	160
华光宾馆	中山东路1413号	71	128	—	11	130
梅花洲假日酒店	凤桥镇余云公路梅花洲景区内	60	120	300	36	160
奥兰多大酒店	精严寺街88号（35—49）	60	108	250	10	110
南湖国际俱乐部	鸳湖路	83	107	200	203	508
百度商务酒店	中山东路1247号	75	98	—	12	150
秀洲宾馆	道前街14号	60	90	—	9	70
金城望湖宾馆	中山路58号8—11楼	58	88	—	10	160
德享酒店	洪波路58号	80	80	300	50	198
花中城大酒店	吉安路148号	55	80	120	15	120
光明大酒店	勤俭路1032号	65	80	500	105	206
浙江五芳斋控股集团股份有限公司	中山路2号	40	80	100	60	180
南湖区保险培训中心	斜西街保险大楼后面	50	80	150	40	150
君临梅湾商务酒店	梅湾街东区梅湾商务中心	57	71	32	24	160
百度商务酒店（火车站店）	城东路32号	48	61	—	6	120
新龙森宾馆	城北路456号	42	58	200	52	130

星级宾馆选介

阳光大酒店　位于中山东路1628号。1997年建成开业，杭钢旅业集团成员之一。酒店设计美观，绿色幕墙玻璃，一度成为市区西部标志性建筑。酒店有195套客房，设有3个特色餐厅，可同时容纳900多人就餐。还拥有7个能容纳20~200人的大小会议室以及大型购物超市、夜总会、美容中心、桑拿、健身房、室内游泳池、棋牌室和网球场等。2000年评定为四星级饭店，是境内首家四星级饭店，同年获浙江省首批“绿色饭店”称号。2002年12月，通过ISO 9001质量管理体系认证。

戴梦得大酒店　地处禾兴南路520号，总建筑面积5.6万平方米。1997年建成开业。戴梦得酒店具有现代中式风格的精品商务酒店。酒店有客房288间，餐厅可同时容纳700多人就餐，28层酒店是市区最高的商务酒店，顶楼是省内最大的旋转餐厅之一。保龄球、咖啡苑、KTV、演艺厅、棋牌城等娱乐设施一应俱全。宾馆商务中心的设备先进完善，功能齐全。2001年，评定为四星级饭店。

嘉兴宾馆　地处中山路123号，前身是市政府内部招待所，1985年扩建，占地面积39亩。1986年命名嘉兴宾馆，为嘉兴首家涉外宾馆，1995年成为嘉兴首家星级宾馆。同年8月起，开始接待党和国家领导人，到2003年，先后接待江泽民、杨尚昆、朱镕基、温家宝等中央领导37人（次），接待省部级领导95人（次）。

嘉兴宾馆拥有标准客房114间。中西风格的餐厅、宴会厅13处，同时容纳500多人就餐。有大、小会议室8处，还设有旅行社、商务中心、商场、桑拿中心、保龄球馆、舞厅、棋牌室、咖啡园等，是融住宿、餐饮、娱乐、购物、会务、商务为一体的全功能综合性宾馆。1995年，评定为三星级饭店。2005年年底，改制为民营企业。

2000年，位于中山路的嘉兴宾馆门口

沙龙国际宾馆　地处环城南路393号，1991建成营业，2010年宾馆二期扩建工程建成，占地面积37.28亩，二号楼按五星标准改建，是按照五星级标准改建的集住宿餐饮、商务会议、休闲康体于一体的酒店。隶属市城市投资发展集团有限公司，国有独资企业，省绿色饭店。宾馆拥有豪华套间、商务套房、标准房等共267间，客房宽敞舒适且设备齐全。有可容纳400人的宴会厅和会议中心，不同规格和功能的会议室，餐饮贵宾和包厢，其中特色餐饮是日本风味的料理。宾馆内会议室、商务中心、商场、美容厅、酒吧、棋牌等服务设施齐全。2001年，被评为园林式绿化单位。2002年，评定为三星级饭店。

文华园宾馆　地处环城东路415号，1997年建成开业，2007年重新装修。毗邻南湖，有客房总数211间（套）。顶楼旋转餐厅，朝东南望南湖，一览无余。拥有800人可同时用餐的大厅和风格各异的包厢20间。会议中心拥有大小会议室（厅）13个，可接待10几人到400多人。宾馆服务设施完善，价格实惠，2004年评定为三星级饭店。

2007年，文华园宾馆远眺

东升宾馆　于1998年10月开业，位于东升东路1184号，与繁华的商业中心北京城、月河街区相毗邻，宾馆拥有各类客房，房内设施完善，配有大、小会议室和风格各异的KTV包厢。宾馆餐肴以江南特色的美食和休闲时尚的中餐为主，拥有包厢16间，大餐厅同时容纳150人就餐，客房总数44间（套），是集餐饮、住宿、娱乐为一体的涉外旅游宾馆。2008年，评定为三星级饭店。

理发

清末民国初，嘉兴开设剃头店逐年增多。20世纪30年代理发行业初具规模，抗日战争前后，北大街的亚洲、涌洲和九洲3家理发店，店堂装潢考究，白瓷砖铺墙，浅绿或浅黄色台板与镜框，冷热水龙头分设。理发师傅以镇江人居多。理发时尚又新潮，女子发式流行“苏杭卷发”，有长波浪、短波浪之分。男子全套理发，附带挖耳、绞面、敲背、推拿等义务项目。

解放初，市区登记的理发店、摊104户、210余人，其中座商72户，大多是师徒店。1956年14户实行公私合营，其余维持独立经营。1958年，公私合营合并为7户，其余改组为18个合作商店25个营业网点，从业人员实行固定工资。涌洲理发店公私合营后迁五芳斋对面四开间门面，分设二楼女子部、街面男子部、美容化妆部与化妆品零售门市部等，更名新涌洲美发厅，店堂宽敞整洁，内设新式转椅，门外珠簾转灯日夜走马放光。首次用电吹风，电烫、染发；推出波浪烫发、飞机头等新款发型，恢复传统的服务项目。当年新涌洲排队理发，成为街头一景。坊间有“剃头要剃新涌洲”。“文化大革命”时期，烫发被认为是资产阶级的生活方法而禁止，新涌洲受到冲击，店名改为工农兵理发店。1979年，恢复店名以及烫发、美发服务项目。

在计划经济年代，理发店分甲级、乙级、丙级，新涌洲是甲级店，在“文化大革命”前，男子理发1角5分，吹风加5分，“文化大革命”后2角7分，女子烫发1元。建国路拆迁时，新涌洲搬到勤俭路，1998年国营新涌洲理发店改制为民营，后搬迁至椿树弄。

随着改革开放的深入，理发业不断提高服务档次，美发、美容、整容服务也应运而起。1990年末，市区理发业707户、916人，比1985年的202户、412人分别上升2.5倍和1.22倍。2008年5月16日成立区美容美发行业协会，成立时会员32家，2010年发展为40多家。

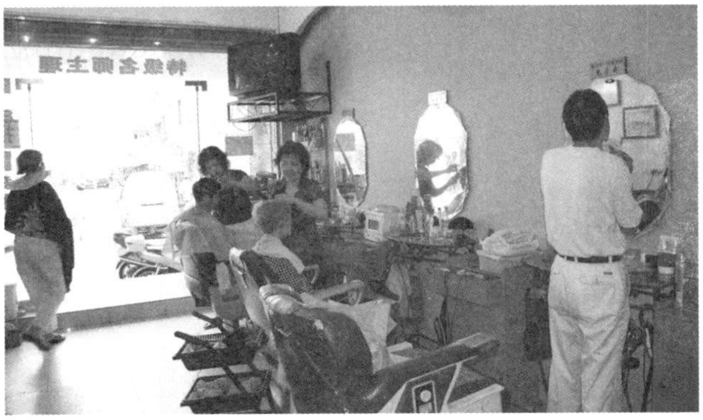

2009年，椿树弄内的新涌洲理发店

摄影

清光绪十年(1884)，在张家弄开出嘉兴第一家震昌照相馆。1939年市区发展到12家。仅北大街、大落北就开设天一、天真、华达利、中央、震昌、生生和同益7家照相馆。生生照相馆创办于1930年，现保存的生生照相馆20世纪30年代拍摄的三塔老照片，长117厘米，宽23厘米，将大运河，三塔、茶禅寺、岳王祠、血印寺以及河边牌坊，田野景观摄入镜内，彰现当年运河三塔全景风光，抗日战争胜利后，市区有6家照相馆。天真照相馆1939年创办，后停办，1946年11月重开，1951年工商登记照相馆市区有6家，1956年公私合营后合并成4家。

民国《嘉禾一揽》刊登生生照相馆广告

1964年夏，天真照相馆拍摄一张穿着婚礼服的结婚照，《浙江日报》发表文章，提出“宣扬什么，为谁服务”的问题，组织讨论。从此拍摄结婚照、化妆照被划为“禁区”。1966年初，生生和天真照相馆的大橱窗，陈列10余幅人工上色头像，大都是本埠知名的星火越剧团头牌花旦、小生以及工农群众、下乡知青等照片。“文化大革命”期间，照相行业提出“狠抓镜头下的阶级斗争”，生生、天真照相馆首当其冲，先后更名为红卫、红艺照相馆。1979年后，恢复化妆结婚照、艺术照。1980年新办国营春江照相馆和嘉兴彩照中心，引进日本彩照扩印机，拓展彩色摄影系列服务项目。1990年统计，市区有摄影企业45家，开始出现专业婚纱摄影企业。1998年，生生、天真照相馆在拓宽建国路时拆除。

21世纪后，数码相机、电脑和手机的流行，胶片照片逐渐淘汰，照相馆渐渐冷落。取而代之的是各类彩照扩印中心、时尚摄影、儿童艺术摄影中心。2003年，在椿树弄重开生生照相馆，天真照相馆也在东升中路挂牌新开。

沐浴

1945年，嘉兴城内营业性浴室有泗湘池、海天池、碧海池和日升池，还有几家茶店附设简易的洗澡间。解放初期，仍旧4家，从业人员77人，有的兼营茶水。泗湘池位于建国路瓶山东侧条石铺就的小弄内，泗湘池浴票分甲、乙两种，甲票2角、乙票1角2分，泡茶、擦背、扦脚另加费用，全套消费不超过1元。1985年，因屋顶坍塌后停业。日升池位于中山东路，1984年中山路拓宽时拆除。海天池位于北京路祥润弄内，20世纪90年代末关停。碧海池在张家弄，原名浴德池，1956年由机关消费社改建在少年路竹篱弄口，改名三八女子浴室，市区始有女子浴室。后更名秀水男女浴室，1994年11月复名碧海池。

"文化大革命"期间，取消擦背、修脚等传统服务项目。1981年，南湖饭店附设的男女浴室对外营业，秀水浴室扩建并恢复擦背、修脚等服务项目，有的招待所和单位浴室对外开放。1990年，市区有浴室3家，从业人员40人。后个体和私营纷纷开办浴室，规模较大的浴室都兼设包厢和大厅，经营业态从单一的洗浴发展到融洗浴、休闲、健身、娱乐为一体。

2000年后，境内洗浴业迅猛发展。至2010年，有洗浴业网点450个，年营业收入2亿多元。其中大众浴池350余户，拥有足疗、按摩等服务项目的高中档洗浴场所近百户。从经营面积上看，拥有1000平方米以上的大型高档洗浴场所20家，600~1000平方米中档洗浴场所近50家，基本形成高、中、低3个档次的经营格局。

洗衣

2000年前，除了当时的东方宾馆和阳光大酒店有洗衣房外,其余都是个体店。有仙居人开在城北路和吉水路的大众洗衣店、大新路的挺美洗衣店等；有本地人开的洪波路的三大、宝丽洁、子城的依洁洗衣等。这些个体店铺狭小，设备简陋，基本没有干洗设备，也无烘干机，靠太阳晒或者生煤炉烘干。

2002年后出现了加盟连锁的洗衣店，有法国福奈特、法国白雪公主、德国卡柏、台湾象王、凯伦萨等几大品牌的洗衣连锁店主导了嘉兴洗衣市场。2010年后，陆续出现了小品牌的连锁洗衣店。品牌的连锁店基本配备了干洗机、水洗机、烘干机，并有统一的LOGO着装和统一的洗涤流程，改变了个体店脏、乱、差的状态。2010年12月19日，成立区洗染行业协会，会员23家。

第三节　新兴服务业

概况

21世纪初以来，区新兴服务业发展迅速，涉及金融、房地产、文化、旅游、物流、信息、中介、家政、会展等服务领域。全区381家服务业企业中，交通运输、仓储和快递业88家，占比23.1%；信息传输、计算机服务和软件业25家，占比6.6%；金融业58家，占比15.2%；房地产业7家，占比1.8%；租赁和商务服务业82家，占比21.5%；科学研究、技术服务和地质勘查业28家，占比7.3%；水利、环境资源与公共设施管理业8家，占比2.1%；居民服务和其它服务业42家，占比11%；，教育7家，占比1.8%；卫生、社会保障和社会福利业10家，占比2.6%；社会福利业，文化、体育和娱乐业18家，占比4.7%；农林牧渔服务业8个，占2.1%。新兴的信息传输、计算机服务和软件业、金融业、房地产业、租赁和商务服务业、科学研究、技术服务和地质勘查业、文化、体育和娱乐业单位共218家，占比57.2%。2009年，全区381家限上服务业企业共完成营业收入146.2亿元，其中信息传输、计算机服务和软件业完成营业收入27.8亿元、金融业完成营业收入64.4亿元、租赁和商务服务业完成营业收入10.7亿元，三大行业完成的营业收入占全区限上服务业企业所完成的营业收入的53.3%。2009年，限额以上服务业企业从业人员达52426万人。从分行业看，交通运输、仓储和邮政业16043人，占比30.6%；信息传输、计算机服务和软件业4118人，占比7.9%；金融业16458人，占比31.4%；租赁和商务服务业5533人，占比10.6%；科学研究、技术服务和地质勘查业1902人，占比3.6%。

娱乐

20世纪80年代中期，境内娱乐业随着改革开放的推进开始兴起，其形式有卡拉OK厅歌厅、舞厅、歌舞娱乐厅等，但规模不大，数量较少。80年代后期至90年代中期，是娱乐业迅猛发展的阶段，南湖饭店夜总会等中高档歌舞厅大量涌现，娱乐场所数量急剧增长，经营利润丰厚，规模、档次较高的有位于市中心的国会、凯旋门、钻石王朝等。90年代后期，由于娱乐场所的发展速度过快，一些新兴娱乐项目的出现，以及部分消费者兴趣转移等诸多因素，造成娱乐业整体利润下降，一批竞争力差的歌舞厅关闭。90年代末，随着电子信息技术和互联网技术的普及应用，网吧作为一种网络文化业和文化娱乐形式随之出现。

1999年国务院出台《娱乐场所管理条例》，对娱乐场所的管理职责进行重新划分。2000年6月，大力整顿歌舞娱乐场所，停止审批新的场所。2003年，文化部提出了优化结构，解决娱乐业整体层次低的问题，推广自助消费的量贩式歌舞娱乐场所，鼓励娱乐企业走超市化、规模化、品牌化、连锁经营之路。2006年1月施行的国务院新修订的《娱乐场所管理条例》，鼓励社会资本进入文化产业，娱乐业进入一个新的发展阶段。

足浴

境内足浴业发展始于20世纪90年代后期，在起步阶段，行业普遍存在“低、小、散、弱”现象。2000年后，重庆富桥等外来连锁品牌入驻市区设店开业，龙足养生会馆等一批本地品牌亦相继创设，足浴保健业迅速发展。2009年5月，由龙足养生会所、足生堂、富桥等5家企业作为发起单位筹建区足疗保健协会，有会员单位11家。至2010年末，全区有足浴保健业经营商32户。业内知名品牌企业有黄龙太极足道健康会所，足生堂足浴保健会所、龙足养生会馆、21世纪古方足道、重庆富桥足浴连锁店等。

龙足养生会馆　创办于2006年9月，开发和提供绿色的保健养生自然疗法，为顾客提供专业的足疗养生服务。致力于足疗企业的文化建设。2008年，被评为南湖区服务名店。

黄龙太极足道会所　2003年创办，位于梅湾街区，是一家继承传统中医文化，结合现代反射疗法，为消费者提供足浴养生、保健休闲的服务型企业。有嘉兴中山店、梅湾店；以及杭州古翠店、凯旋店；上海逸仙店等直营店。

足生堂足浴保健会所　创办于2006年9月，一家专业从事足浴保健的科技型公司，致力于反射保健疗法的挖掘、研究和推广工作，开发一套方法独到、实用有效的足疗保健技法。2010年在全行业中率先通过ISO 9001:2000管理质量体系认证。

美容美发

20世纪90年代后，全区美容美发业迅速发展，网点遍布乡镇社区。美容美发的形式已由单一形式向美容、彩妆、美发、美体瘦身、健身等综合形式发展，国际、国内知名美容机构的连锁经营、加盟经营占整个行业的10%左右，形成一批规模较大、档次较高、服务项目较全的专业美容美发企业。2010年，全区美容美发企业和商店3300余家，从业人员过万人，实现营业收入1.8亿元。业内较高知名度的商家有：阿龙美容美发城、纤手时尚美容会所、雪肤SPA美容会所、时尚白玉兰美容馆等。

阿龙美容美发城　创办于1999年，集美发、美容于一体的大型连锁机构，从2010年的营业面积1300平方米。服务项目包括专业美发形象设计、健发养发生发、白转黑、头皮护理、SPA美容及保健等。2008年，被评为区服务名店。2009年，获市十大休闲娱乐行业称号。

纤手时尚美容会所　创办于1992年，集美发、美容、养生于一体的大型会所，从2010年营业面积1000多平方米。拥有最先进的美容美发仪器、优雅时尚的环境和一支优秀团队。服务内容包括专业发型设计、美容、皮肤与身体保养SPA等。

雪肤SPA美容会所　1998年创立，创办于1992年，是一家专业美容会所，旗下有2家，即中山名都和金都景苑连锁店，经营面积共1500余平方米，是以美容、水疗、香熏、养生、瑜伽为主题的大型女性会所。

时尚白玉兰美容馆　成立于2000年，以经络气血养生的理念开展美容服务，有专业团队进行食品、化妆品零售及健康咨询服务。在调理亚健康症状方面具有良好口碑。2008年，被评为区服务明星企业。

爱琴海美容养生会所　创立于1997年，旗下拥有中山名都会所以及桐乡2家直营店。主要有美容护肤、抗衰老美容、中藏医养生、美胸、纤体、水疗等服务项目。2008年，被评为区服务名店。

旅游

旅游及企业选介　（见第二十二篇“名胜与旅游”第三章）。

中介服务

改革开放以来，区中介服务业快速发展，到2008年底，全区共有各类中介服务业法人单位1192家，占全区法人单位总数的7.19%，占全区第三产业法人单位总数的10.31%；年末从业人员10936人，占全区年末从业总人数的2.40%，占年末第三产业从业总人数的5.86%。从企业性质看，私营性质中介组织发展最快，达690家，占总数的57.89%。2010年，有各类中介服务业法人单位1192家。

全区中介服务业法人单位包括23个行业小类，基本涵盖了主要传统行业门类，同时向新兴行业拓展。非营利性的自律性行业组织适应南湖区经济多元化和民营经济发达的特点，打破部门、系统的框框和所有制的局限，广泛吸收国有、民营、私营等各类所有制企业，朝跨部门、跨系统、跨所有制的方向发展，逐步实现全行业企业的联合。营利性的中介机构从无到有，从有到多，从多到全，已经覆盖到会计、法律、统计、土地、房产、科技、人才、教育、文化、体育等经济社会的各个领域，基本形成了门类比较齐全、具有一定规模的中介服务体系。

家政服务

1986年，东门街道创办全市首家家务劳动服务社。2000年后，随着经济社会的快速发展和人民生活水平的不断提高，家政行业不断拓展新的服务内容和领域，市场的细分延伸出多样化和专业化的发展态势。如月嫂、陪护、钟点服务、幼儿和学生接送服务、家庭教师、家庭保健等方便居民生活各类服务应运而生。2009年，区在工商部门登记的居民和其它服务的内资企业730个，外资企业37个，私营企业3346个，个体工商户38385个。服务涉及20多个门类，200多个项目，主要集中在传统家政服务上，如保洁、保姆、水电维修、搬家等。

96345社区服务求助中心　2003年9月，区成立嘉兴市96345社区服务求助中心，以求助电话96345、专题网站和短信为载体，依托家庭服务加盟者和志愿者队伍提供上门家政服务（见第三十五篇“民政”专志）。

管佳服务有限公司　2007年成立，是一家集招聘、培训、择业、管理为一体的员工制服务型企业，专业为企事业提供劳务外包等服务，以“和谐、健康、公益、微利”的理念开展养老服务业务，并进行社会工作督导、社工人才培养、专业化社工机构评估及养老需求评估等服务。

巾帼社区家政服务中心　市妇联于2000年6月创办的国有服务企业，是全市集家政服务、清洗保洁、职业介绍与培训于一体的最大的家政服务中心。2010年，被授于区诚信企业称号，被人力资源和社会保障部授予“全国百强家庭服务企业”。

婚庆服务

21世纪以来，区婚庆产业逐渐形成并与照相业紧密联姻发展。婚纱影楼、儿童摄影、彩印冲扩相继出现，庆典服务、鲜花礼品、婚车摄像方兴未艾，并逐步形成了婚前准备、婚庆典礼和婚后蜜月的产业链。

2006年10月成立市照相婚庆行业商会，成立时南湖区片区会员42家，2010年发展到50多家。

创意设计

21世纪以来，2009年6月，在南湖新区成立嘉兴国际创意文化产业园管委会，加速推进全区创意文化产业发展。园区定位为浙东北文化创意产业发展示范区，打造成为长三角地区乃至全国的文化创意产业聚集中心、辐射中心、人才培训中心和成果展示交易中心，被列为浙江省集聚发展的31个文化创意园区之一，以嘉兴国际创意文化产业园为核心的嘉兴环南湖文化创意产业带也被列为浙江省重点扶持的十大省级文化创意产业集聚区之一。

服务外包

2006年以来，在嘉兴科技城成立以软件园为核心的公共服务平台、人才培训平台、国际交流平台和集成电路产业支撑平台。至2010年2月，嘉兴软件园已先后引进企业50家，设立了服务外包人才培训基地。引进的企业主要从事信息服务业、欧美、日本以及国内的相关软件开发、运营服务外包业务以及相关解决方案的外包设计。

现代物流

境内现代物流始于20世纪90年代。2000年以来，市区全力打造嘉兴现代物流基地。2003年嘉兴综合物流园区破土动工，2006年竣工投入使用。2008年，区规划在嘉兴工业园区、杭州湾跨海大桥北岸连接线服务区、汽车商贸园、总部商务花园等现代物流业集聚区建造现代物流基地。至2010年底，被列入全省12个重点扶持物流园的南湖区现代综合物流园，先后引进普洛斯物流地产、AMB物流地产、沃尔玛华东配送中心、特易购华东物流中心、宝银重钢物流基地等一批国际级的物流项目，物流基础设施水平和物流量均显著提高。

嘉兴综合物流园 嘉兴综合物流园地处中心城区西南，范围为320国道以西、乍嘉苏高速公路以东和京杭大运河以南的三角地块，占地面积约为3980亩，总投资近7.5亿元。2003年园区破土动工，2006年竣工投入使用。园区内嘉兴水果批发市场、蔬菜批发交易市场、建材陶瓷市场、粮油土特产批发市场、水产肉食品批发市场、物资调剂市场六大专业市场有序运行，园区内果品交易量位居全国果品市场前三甲，成为长三角地区果品集散中心、展示中心、定价中心和信息中心。园区二期在建项目专用码头、农产品生产与流通数字平台及冷链物流工程等。2010年，综合物流园营业收入109.45亿元，税收5500万元，就业人员8500人，货物吞吐量240万吨。

第八章 商品市场

第一节 农贸市场

集市贸易

境内的集市贸易历史悠久。唐、宋年间，城中集街坐落在府衙后面，从韭溪桥至西埏桥，是嘉兴城内最热闹的市街。北宋时为城内主要的商业街。在宋代角里街也是集市所在。西河街、鱼行街，塘湾街和中街一带多为南北货和米市，逐步增加衣庄、鱼行、苗猪、蔬菜等行业。太平天国时，城内外集市遭受战火重创。民国初期，城内及东门，南门及北门周边都有产销直接见面为主体的农产品买卖市场，以肉禽蛋、鲜鱼、蔬菜、农副土特产品为主，也有手工业品。集贸市场无专设场地，多聚于路口、街沿，一般为早市，少数过午落市。抗日战争时期，集市凋敝。抗日战争胜利后，集市贸易逐渐恢复。1948年，嘉兴县城有米业交易市场4个。另外，还有鱼、苗猪、耕牛、树柴等市场。

1949年9月，嘉兴市率先成立粮食市场。1950年9月，市区有东门、北门和少年路3个菜市场。1951—1953年，多次举办各类物资交流会。1954年，嘉兴县在农村主要集镇建立5个耕牛市场。1956年，集市贸易趋向活跃。1958年后，自由市场有的被取缔，有的自行关闭。1959年下半年，开放集市贸易。至1962年市区有集贸市场17个，上市的农副产品由20多种增加到百余种，成交额1366万元，交易额占社会商品零售总额的26.88%。1963年2月10日起，不允许私营商业插手经营，不许远途运销农副产品。1964年12月15日，关闭所有粮食市场，集市贸易开始受到限制。“文化大革命”期间，严加限制，对集市贸易的管理提出“适当利用，加强限制，严格管理，逐步代替，最后消亡”20字方针，集市趋于衰落，暗地分散交易增加。

1978年后，集市贸易迅速恢复发展。1979年底，嘉兴县城乡集贸市场43个，市区有集体菜场7个。集市贸易范围逐步扩大，不仅农副产品允许上市，部分工业品、手工业品、建筑材料也进场交易。1980年全县集市贸易成交额1329万元，比1979年增长35.1%。1983年后，放宽集市贸易和贩运货物等政策，实行多渠道经营，集市贸易进一步活跃发展。1984年市区集市贸易成交额5181万元，投放集市金额人均76元，高于全省人均55元水平。此后几年集市交易进一步兴旺发达。1990年市区集市贸易成交额38766万元，为1984年的7.48倍。1991年，对现有的市场进行改建、扩建，同时培育发展市场。1994年起，开展创建文明市场及规范化达标活动。1995年4月起，在东门农贸市场开辟“蔬菜直销区”，鼓励引导农民进场“直供直销”，有效抑制蔬菜价格上升势头。1999年，农贸市场实施放心菜、放心肉、放心豆制品的三放心工程。2006年，百花综合市场、七星镇中心市场开辟果农直销区，专门引进果农进场直销当地水果。同时，通过持续推进农贸市场星级文明创建，强化市场规范化管理，全区农贸市场呈现商品充裕，贸易兴旺，环境整洁，管理规范的良好发展态势。

1980—1995年嘉兴市本级集市成交额及占社会商品零售总额情况表

表21-11

年 份	成交额（万元）	占社会商品零售总额比例（%）	其中：城区成交额（万元）	年 份	成交额（万元）	占社会商品零售总额比例（%）	其中：城区成交额（万元）
1980	1347	5.04	802	1988	21382	19.93	5718
1981	1841	6.69	1113	1989	28051	24.4	8643
1982	3203	11.04	2010	1990	38767	33.44	9165
1983	4447	12.9	2934	1991	42063	—	10404
1984	5181	12.7	2039	1992	89446	—	18779
1985	9353	14.86	2894	1993	226563	—	72710
1986	14767	21.28	4109	1994	632818	—	246165
1987	15287	19.89	3944	1995	791309	—	257759

集贸市场建设

1950年市区建3个菜市场，到1979年集体菜场7个，基本是露天菜场。1981年10月，在望吴桥集贸点搭建第一个钢筋玻璃钢顶、水泥预制板为货架的菜市场，占地面积1412平方米，950个摊位。1985年底，在育子弄新建钢筋玻璃钢棚顶菜市场，占地面积1030平方米，其中棚顶面积900平方米，380个摊位；在填平了丁家桥河上新建玻璃钢小棚屋165平方米，120个摊位的综合市场。1986年11月，建成角里街菜市场，占地面积680平方米，其中棚顶面积680平方米，250个摊位。

1986年10月25日，市区第一个不占道路、封闭式、有棚顶、设施齐全的东门农贸市场开业，投资25.35万元，占地面积2784平方米。1993年，投资1000余万元将原棚顶改扩建为室内市场，于12月投入使用。1987年，在塘汇、东栅、斜西街建设了3个集贸市场，占地面积分别为1290平方米、1123平方米、1152平方米。1988年6月26日，百花综合市场投入使用，占地面积7380平方米。至1990年底，市区集贸市场70个。

1995年，市场建设主要抓改造撤除马路市场，完善市场设施，调整经营结构。市本级抓紧抓好荷花堤和越秀北路、栅堰等一批农贸市场的建设。1997年、1998年，三水湾、凌塘路、洪波、友谊、文昌路、斜西街、秀州北路、清河、秀州商城9个农贸市场全部建成并迁入室内。实际占地面积3.27万平方米，建筑面积2.92万平方米，新增摊位3475个，总投资2865万元。1999年西马桥农贸市场开业，秀北农贸市场二期扩容。2000年，南门农贸市场整体搬迁到沙龙宾馆旁简易菜场。2005年，新增6个农村小市场。2007年，对镇级农贸市场进行改造，余新镇农贸市场为全区首家改造提升的农贸市场。2008年凤桥镇农贸市场移址新建。2009年，辖区农贸市场新一轮提升改造全面启动，首批60家市场经营户完成网站商户注册，实现网上开店。

2010年全区农贸市场基本情况表

表21-12

市场名称	核准时间	市场商位总数（个）	营业面积（平方米）	总投资（万元）	占地面积（平方米）
嘉兴市南湖农贸市场	2005.7.4	79	1800	25	1440
嘉兴市秀城区七星天声农贸市场	2004.12.23	188	3000	50	3500
嘉兴市新东门农贸市场	2007.11.16	784	4333	250	7773
嘉兴市百花综合市场	2007.6.18	435	3653	138	4171
嘉兴市东栅农贸市场	2007.6.18	263	740	2.18	1106
嘉兴市清河农贸市场	2005.12.27	368	2050	130	2314.6
嘉兴市三水湾菜场	2007.6.18	806	3550	260	6388
嘉兴市秀州北路农贸市场	2007.3.13	349	2800	700	2808.7
嘉兴市西马桥农贸市场	2005.7.18	551	5950	320	6327
嘉兴市农翔路农贸市场	2006.8.15	52	3559	600	9600
嘉兴市七星农副产品交易市场	2006.6.26	316	3028	93	2500
嘉兴市锦绣农贸市场	2008.6.30	150	3675	2000	10869.1
嘉兴市南溪综合农贸市场	2009.4.8	172	2520	350	2520
嘉兴市新兴农贸市场	2005.8.18	150	1800	800	1500
嘉兴市南门农贸市场	2004.11.29	278	2100	1800	7056
嘉兴市吉水综合市场	2007.3.13	497	2988	99.59	2988
嘉兴市荷花堤农贸市场	2007.3.13	971	7551	558.22	7551
嘉兴市文昌路农贸市场	2006.8.15	548	1565	350	3500
嘉兴市洪波农贸市场	2007.1.5	590	3000	500	2280.6
嘉兴市杨柳湾农贸市场	2005.6.30	363	1455	450	4087.1
嘉兴市秀城区十八里农贸市场	2005.7.19	408	900	100	1000
嘉兴市步云农贸市场	2007.6.18	340	500	37	900
嘉兴市新丰镇竹林农贸市场	2005.7.1	77	592	55	1322
嘉兴市新丰镇农贸市场	2008.8.22	972	5728	500	6783
嘉兴市南湖区新丰镇丰南农贸市场	2008.10.18	239	3500	9350	3500
嘉兴市余新镇南江苑农贸市场	2005.12.5	250	3745.42	220	4060.25
嘉兴市南湖区余新镇明星村农贸市场	2005.8.30	89	840	15	840
嘉兴市南湖区余新镇余西村农贸市场	2005.8.30	24	466	20	570.96
嘉兴市南湖区余新镇金星村农贸市场	2005.8.30	78	195	15	428
嘉兴市南湖区余新镇长秦村农贸市场	2005.8.30	58	896	15	1156
嘉兴市南湖区余新镇石堰村农贸市场	2005.8.30	120	1160	30	1300

续表21-12

市场名称	核准时间	市场商位总数（个）	营业面积（平方米）	总投资（万元）	占地面积（平方米）
嘉兴市余新农贸市场	2006.8.17	702	2681	60.8	2980
嘉兴市凤桥镇农副产品交易市场	2005.7.1	752	5012	160	4423
嘉兴市余新镇曹庄农贸市场	2006.8.17	624	2500	150	2500
嘉兴市新篁农贸市场	2007.5.24	814	3580	150	—

星级文明市场创建

星级文明创建始于1997年。至2005年，全区已有杨柳湾、新丰、农翔路等13个星级文明规范市场。

2006年，全区11个农贸市场全部通过二星级验收。2007年，开展“红盾作风建设年”活动，以市场创卫、创星为契机，促进农贸市场档次和管理水平的整体提高。2008年，结合全国卫生城市、文明城市创建活动，督促农贸市场落实开展夏季爱国卫生运动。辖区拥有星级市场：一星5家、二星10家、三星5家、四星4家。2009年3月下旬，部署推进小菜场整治与规范工作；10月中旬达到《国家卫生城市标准》，新认定星级文明规范市场6家，其中被认定为四星级农贸市场1家、三星级农贸市场5家。至2010年末，全区共有星级文明市场15家。

2010年南湖区星级文明规范农贸市场认定情况表

表21-13

市场名称	星级	区域	认定时间	延续确认时间
秀州北路农贸市场	二	城东	2009年10月认定二星	—
新丰农贸市场	一	新丰	2004年12月认定一星	2007年延续确认一星
农翔路农贸市场	二	城东	2005年12月认定二星	2008年延续确认二星
三水湾菜场	三	城东	2009年10月认定三星	—
杨柳湾农贸市场	二	城西	2001年12月认定二星	2005年延续确认二星
南门农贸市场	二	城西	2004年12月认定二星	2007年延续确认二星
百花综合市场	三	城东	2008年1月认定三星	—
文昌路农贸市场	三	城西	2008年1月认定三星	—
吉水综合市场	三	城西	2008年1月认定三星	—
洪波农贸市场	三	城西	2008年1月认定三星	—
余新农贸市场	三	凤桥	2008年1月认定三星	—
荷花堤综合市场	四	城西	2008年1月认定四星	—
新丰镇丰南农贸市场	二	新丰	2008年10月申报认定二星	—
锦绣农贸市场	二	城东	2009年10月申报认定二星	—
七星天声农贸市场	一	城东	2009年10月申报认定一星	—

第二节　超　市

概况

20世纪90年代初，商业以国营商业为主。主要有百货纺织品批发公司、五金交电化工公司、糖业烟酒公司、食品公司、蔬菜公司、饮服公司等经营主体，以单一商场、门店从事经营服务。1998年9月18日，嘉兴首家仓储式超市阳光购物中心开业，至年底营业额1338万元，日均营业额10.8万元。超市、专卖店、便利店、仓储式商场等在市区先后创办。超市形式主要有自营连锁超市和大型零售商厦设立店中超市2种。1999年，嘉兴百惠超市公司发展连锁门店达15个，全年实现销售9500万元。以食品、百货为主线的阳光购物中心超市门店3个，销售额6100万元。"五芳斋"以品牌为纽带，主营粽子的连锁网点300个，全年销售1亿元。新型业态发展，不仅方便城乡居民购物，也活跃了市场。

2001年，连锁业、专卖店、大卖场、百货综合商厦等各类业态并存，其中零售额超亿元2家，分别为江南大厦2.6亿元、戴梦得购物中心2.05亿元。同年，嘉禾·北京城商业街和华庭步行商业街2个超亿元大型超市式商业街先后动工。2003年，大卖场、超市连锁经营、品牌店、组团式购物中心、商业街、便利店、旅游商品专业店等新型业态发展迅速。市区营业面积在5000平方米以上商业超市有15个。

2010年，市区在中山路、勤俭路、禾兴路、建国路组成的"井字形"中心商贸区的基础上进行扩容。年内，中山路旭辉广场开工，总建筑面积20万平方米，其中商业面积8万平方米。12月底，家乐福嘉兴店开业，营业面积1.5万平方米，主要零售经营食品、农副产品、日用百货、针纺织品、家用电器等商品。

大型超市选介

江南超市　位于中山路江南大厦内。2000年起，江南大厦开始拓展连锁超市网，2006年收购阳光购物中心及所属连锁店。2007年，建成近5000平方米的物流配送中心，直接对自营和加盟店进行消费品配送，推动乡镇连锁超市快速拓展。至2010年底，江南超市已吸纳乡镇、农村加盟店126家，直营连锁网点43家，员工420人，营业面积15025平方米，实现商品年销售额6.4亿元。

戴梦得超市　位于中山路禾兴路交叉口，1999年12月开张营业，旗下连锁超市的销售网点遍布市区多个生活社区、高校、医院、旅游景点及周边乡镇。凭着规范化的经营、人性化的管理及丰富充裕的商品供给，在消费者中形成良好口碑。2005年，被省经贸委评为"浙江省千镇连锁超市龙头企业"。2010年底，购物中心有连锁超市网店29家，营业面积17500平方米，员工480人，实现商品年销售额2.16亿元。

欧尚超市　嘉兴欧尚超市有限公司南湖店位于嘉兴市中环东路1468号，成立于2007年12月。是市区东南区域第一家大型综合性超市，经营销售食品、日用百货、服装、针纺织品、家用电器、通讯器材、工艺饰品、金银制品、珠宝玉器等各类商品，品种齐全。2010年营业额2.3亿，员工642人。

好又多超市　嘉兴市好又多百货有限公司位于嘉兴市建国中路华庭街地下一层，成立于2003年10月。是市区综合性超市，经营销售食品、农副产品、日用百货、服装、针纺织品、家用电器、通讯器材、工艺饰品、金银制品、珠宝玉器等各类商品，品种齐全。2010年营业额1.22亿，营业面积6000平方米，员工189人。

第三节　专业市场

概况

20世纪80年代初，在新马路和秀州路的丁字路口自发形成新马路地摊市场，从销售广州、深圳以及香港等地批发来的服装、领带、包头巾和头饰，慢慢发展到收音机、录音机和手表等。1983年，市政府投资15500元在秀州路中山路和勤俭路一段，开辟为嘉兴第一个小商品市场，统一制作300多个铁架小棚屋商铺，占地面积4000平方米，棚屋面积439

平方米。命名秀州路小商品市场。由于经营的商品多，款样新，价格便宜，市场知名度越来越高，人称"香港街"。1992年底，新建的越秀路秀州商城开张后，撤销秀州路小商品市场，所有个体工商户迁址到秀州商城经营。90年代初，随着建筑行业进入新一轮快速发展期，多数专业市场都经历了从路边摊到大棚、从大棚到现代商业建筑的过程，专业市场的环境、设施得以大幅度改善。南湖区专业市场建造最早的是1993年建造的嘉兴市天声家私市场，到1997年有4个，到2010年12月底区建有专业市场共有17个。

进入21世纪，开盛房地产公司在原秀州路小商品市场的地段开发新建了开盛小商品市场。2009年在开盛市场南边，又成功新建好得利小商品市场。2010年，开始规划开发第二期开盛小商品市场。经过几年培育，秀州路市场重又兴旺，在浙北地区负有盛名。其余市场建造于2003—2010年。

按市场类型大类来分：生产资料市场4家：二手车交易市场、汽车商贸园、国际电气城、天德汽配城；消费品市场13家：嘉禾北京城购物广场、茶叶批发市场、嘉兴商城、天声国际家居广场、天声家私市场、电子市场、开盛小商品批发市场、嘉兴综合物流园内的水果批发、蔬菜批发、建材陶瓷、粮油土特产批发、水产肉食品批发、物资调剂六大专业市场。

按市场分布区域来分：市区6家：嘉禾北京城购物广场、茶叶批发市场、嘉兴商城、天声家私市场、电子市场、开盛小商品批发市场；南湖新区4家：二手车交易市场、汽车商贸园、嘉兴国际电气城、天德汽配城；七星街道1家，天声国际家居广场及城南街道在嘉兴综合物流园内6家。

2010年年末境内专业商贸市场情况表

表21-14

序号	市场名称	市场举办单位	市场性质	建造时间	建筑面积（平方米）	土地性质	实际商位总数（个）	经营者户数（人）
1	嘉兴市二手车交易市场	嘉兴市汽车商贸园投资有限公司	国有	2010年12月	14427	商业	115	115
2	嘉兴市嘉禾北京城购物广场	嘉兴市嘉禾北京城购物广场有限公司	民营	2001年7月	12000	商业用地	147	28
3	嘉兴市茶叶批发市场	嘉兴市嘉禾北京城购物广场有限公司	民营	2003年5月	3000	商业用地	41	41
4	嘉兴市天声国际家居广场	浙江天声企业投资管理有限公司	民营	2004年3月	39000	商业	151	48
5	嘉兴市汽车商贸园	嘉兴市汽车商贸园投资有限公司	国有	2004年3月	26280	仓储、商业	250	250
6	嘉兴国际电气城	嘉兴中创置业有限公司	民营	2006年1月	130000	商业	898	282
7	嘉兴天德汽配城	嘉兴市天德商业投资有限公司	民营	2009年12月	43476	商贸	408	157
8	嘉兴商城（嘉兴市小商品市场）	浙江中房置业股份有限公司	民营	1995年1月	25000	商业服务业用地	471	443
9	嘉兴市天声家私市场	嘉兴市天声市场开发管理有限公司	民营	1993年2月	4721	商业	57	26
10	嘉兴电子市场	嘉兴市电子市场经营管理公司	国有	1993年6月	6000	行政划拨	131	109

续表21-14

序号	市场名称	市场举办单位	市场性质	建造时间	建筑面积（平方米）	土地性质	实际商位总数（个）	经营者户数（人）
11	嘉兴开盛小商品批发市场	嘉兴市开盛小商品批发市场有限公司	民营	1997年	7500	商业	300	180
12	嘉兴水果市场	浙江金丰果品有限公司 嘉兴市水果市场有限公司	混合	2005	146553	商业	862	285
13	嘉兴粮油副食品市场	嘉兴农产品交易中心开发建设有限公司	国有	2004年	45000	商业	399	182
14	嘉兴蔬菜批发交易市场	浙江嘉昕农产品股份有限公司	民营	1995	100000	商业	415	274
15	嘉兴市水产肉食品批发市场	嘉兴现代农业发展有限责任公司	民营	2005年	20800	商业	180	140
16	嘉兴建材陶瓷市场	嘉兴市建材陶瓷市场有限公司 嘉兴市建陶市场管理有限公司 嘉兴市家居建材有限公司	混合	2005	230000	商业	3000	1069
17	嘉兴物资调剂市场	嘉兴市鑫茂物资调剂市场有限责任公司	混合	2006.7	32601	商业	220	180

专业市场选介

秀州商城　位于越秀路，南临大运河，西通320国道。紧邻汽车站，是由区政府创办，1992年10月建成开业，为市本级最早的规模最大的小商品市场，初名嘉兴工业品市场，占地面积2.4万平方米，营业用房200余间，摊位1000多只。同年底秀州路小商品市场撤销，所有个体工商户迁址到嘉兴工业品市场经营，后更名为秀州商城。市场主要经营工业品、小商品，面向全国，批发为主，批零兼营。1994年市区合署办公，由市工商局管理后，在内建造一幢商住高楼，楼上为职工住宅。1998年开始引进副食品经营户，市场开辟专门区域，又名副食品批发市场。

1993年10月，嘉兴工业品市场

嘉兴市汽车商贸园　嘉兴汽车商贸园是全市三产发展的重点工程项目，2003年3月批准立项，2004年3月28日开业。总占地面积92公顷，分为一期、二期、南区3个区块分步建设，规划总投资9.5亿元建成集现代商流、物流、资金流、信息流于一体的综合性汽车交易平台。园区一期工程占地面积为202亩，总投资约2亿元，为品牌店集中区及车辆交易中心区，包括品牌专营店、汽车展示厅、摩托车展示厅、二手车过渡交易市场等，2004年3月28日建成投入使用。其中1.6万平方米的汽车展示大厅聚集了众多的国内外知名品牌，成为当时浙北地区最大的单体汽车展销厅。园区二期工程占地面积约

27.27公顷，总投资约6.1亿元，包括汽配市场一期和汽车品牌店。其中汽配市场一期于2009年12月开业。园区先后被认定为“浙江省四星级文明规范市场”“浙江省区域性重点市场”等称号。2010年，园区成交额为689863万元

嘉兴商城　1996年开张，是浙江中房置业股份有限公司投资新建，为市区首家大型室内小商品市场，以服装为主导商品，以零售为基本经营方式，设有女装（内衣）、牛仔系列、男装、童装、饰品（化妆品）、鞋类（箱包）、床上用品、居家饰品、窗帘等经营区。先后被评为省四星级文明规范市场、区第二批服务名店。2010年商城有商家443户，销售额23800万元。

嘉禾北京城购物中心　2001年开业，市场规模3万平方米，主要经营日用百货、服装、鞋帽、文化用品、钟表、家用电器、灯具、家具、五金、机械设备、自行车、摩托车、针纺织品、丝绸制品、计算机等，开展仓储服务和一般商品中介服务，是嘉兴市中心交通便捷、品类齐全的大卖场。2010年，嘉禾北京城购物中心有经营商家117户，销售额10010万元。

开盛商城（小商品市场）　1998年7月在秀州路新马路交叉处，原秀州路小商品市场的地段开发新建了开盛小商品市场，新建嘉兴开盛小商品批发市场开业，占地面积284372平方米。主要经营日用小百货、小五金、服装鞋帽、床上用品、文化体育用品、美术工艺品、儿童玩具、音像制品、纺织品。2009年在开盛市场南边，建得利小商品市场。2010年，开始规划开发第二期开盛小商品市场。经过几年培育，秀州路小商品市场重又兴旺，在浙北地区负有盛名。

嘉兴市电子市场　1993年9月，由市政府国有资产投资举办创建嘉兴电子市场，地处洪兴路238号，市场商位招租率历年来一直保持100%，入驻经营单位近110家，年交易额近1亿人民币，可提供10000多种商品，覆盖品牌机、兼容机、网络、耗材、软件（及开发）及相关配件，市场主要划分品牌机、装机及配件、软件耗材与软件开发3个交易区，在本市IT业具有一定的知名度和影响力，是创建“洪兴路电子一条街”的龙头企业。2003年，被评为省二星级文明规范市场。

嘉兴市天声国际家居广场　位于七星镇320国道星桥路口，由浙江天声投资管理有限公司投资建造市内最大的家俱专业市场。一期于2005年11月12日正式营业，二期于2006年12月23日正式营业，总建筑规模120000平方米，其中家俱区分东西两区，共90000平方米，是全省最大的单一家俱专业市场，年成交额1亿人民币。

嘉兴国际电气城　2008年5月开业，位于广益路，是由嘉兴中创置业有限公司投资举办的大型五金机电市场，是市“十一五”规划重点商业项目，总投资12亿元人民币，主要商品种类为电气、机电、电子、五金、机械、消防器材等，成为全市首位大型机电市场。2010年市场经营户282户，成交额38000万元。

嘉兴水果批发市场　创办于1992年，原址在中环西路与文昌路交汇处，是一家起步较早、专业性较强，集果品批发、包装、加工、运输、配送为一体的大型水果批发市场。经过10多年的精心培育，市场得到迅猛发展，全国南北水果云集市场，吸引了全国20多个省市的鲜果货源，辐射覆盖浙江全省及江苏、安徽、江西、福建、上海等省市，年交易额20亿元以上，交易量60多万吨，是华东地区水果集散中心市场之一。2005年4月，市场易地迁建至嘉兴综合物流园内，新市场总投资1.5亿元，占地面积11.52公顷，总建筑面积80752.61平方米，市场内分设4个交易区，营业用房709间。配套功能齐全，集果品展示、农残检测、信息发布、加工包装、物流配送、餐饮住宿、医疗卫生、安全保卫等多功能于一体，拥有来自全国各地的经营户280多户。曾先后荣获农业部“菜篮子工程”定点鲜活农产品中心批发市场、全国十大果品批发市场、全国果业龙头企业、全国优秀果品批发市场、浙江省重点农副产品批发市场、浙江省三星级文明规范市场等荣誉。

嘉兴蔬菜批发交易市场　创建于1995年1月，原址在中环西路，2005年搬迁新建至嘉兴综合物流园，占地面积10余公顷。主设本地菜、外地菜、精细菜和干菜等4大经营区，辅设检测中心、信息中心、结算中心、溯源中心、监控中心、加工配送、仓储仓库等7大功能板块。其中，市场信息化建设“电子结算与溯源”项目首开了省农产品批发市场使用IC卡

结算交易和食品安全溯源的先河，成为省、市乃至全国农批市场的一个创新典范。积极参与全国大市场、大流通，内抓管理外拓渠道，创新服务树立品牌，形成了菜源足、品种全、质量好、销量大、价格稳、计量准、治安强、服务优的良好口碑，吸引了全国各地的客商入场经营发展，每天的客商流量达1万多人次，市场交易业绩连年创历史新高，成为长三角农产品流通产业中举足轻重的重要一员。市场先后被授予农业部定点市场、商务部双百工程市场、商务部重点联系批发市场、中国蔬菜流通协会定点市场、全国蔬菜类批发十强市场、全国农产品供应链优秀市场、省四星级文明规范市场等众多荣誉。

嘉兴建材陶瓷市场　创建于1993年，原址在中环西路，2005年迁建至嘉兴综合物流园内，东临三环西路，北依桐乡大道，占地面积约26.67公顷，建筑面积23万平方米。市场汇聚了国内外近千个知名厂商，经营种类几十种，涉及了陶瓷、卫浴、板材、地板、橱柜、五金、管道、灯饰、家电、布艺、石材、门窗、楼梯、铁艺、饰品等万余种名优建材家居产品，是全市规模最大、品牌最全的建材家居市场，在浙北苏南的家居建材行业中具有较高的影响力。曾先后获得浙江省首家建材陶瓷行业四星级文明规范市场、浙江省区域性重点市场、浙江省百强市场等诸多荣誉。

嘉兴粮油副食品批发市场　位于嘉兴综合物流园内，2004年由市政府投资创办，总占地面积5.8公顷，建筑总面积45000平方米。市场设粮油、杂粮、土特产(副食品)和商业服务4大经营区域，有经营及商业用房399间交易大棚8600平方米、附属用房600平方米，停车场7000平方米。市场主要经营大米、面粉、食用油、花生、葵花子、大豆等杂粮以及南北土特产品、副食品。是一个集粮油、杂粮、土特产、副食品为一体的大型批发市场。

嘉兴市水产肉食品批发市场　由市现代农业发展有限责任公司在1997年投资创办，原址在中环西路，是集海水产品、淡水产品、鲜肉、禽蛋于一体的专业市场。2005年市场搬迁到综合物流园内，位于文昌西路2038号，完成了新一轮的提档升级。市场总占地面积36亩，配有2000吨低温冷库和一座30吨级的制冷设备一套，市场年交易额逾5亿元。被评为嘉兴市农业龙头企业，二星级文明规范市场。

嘉兴物资调剂(旧货)市场　位于嘉兴综合物流园内，由嘉兴市供销社所属的嘉兴市鑫茂物资调剂市场有限责任公司在2006年创办。占地面积近4公顷，首期建筑面积3.2万余平方米。经营各类新旧机械设备、五金配件、家俱用具、家用电器、通讯设备、办公用品、厨房炊具、塑料制品、日用杂品等社会各经济成分的积压闲置物品，是浙北地区规模大、辐射面广的综合性物资交易市场。荣获“中国旧货行业先进单位”、浙江省三星级文明规范市场等荣誉。

第九章　新兴商圈

第一节　中心商贸区

2000年后，区政府实施以商贸活区、产业互动、产业集群为中心的发展战略，在老城区实施围绕“一核心、两商圈、三商业体”的现代商贸服务业发展规划。以江南大厦、戴梦得购物中心为基础，辐射至旭辉广场、子城广场、嘉兴宾馆、秀城饭店的区域是嘉兴中心商贸区的现代核心区，突出商业、办公功能定位，集大型百货(超市)、五星级酒店、精品商务楼宇、文化休闲广场于一体。同时，拓展中心商贸区南北两大商圈。南商圈以历史文化休闲街区—梅湾街为核心，依托银泰商业的运营优势，延伸至府南街广场和少体校地块，打造金融、休闲娱乐、时尚购物、高档餐饮集聚区。北商圈则是依托建国路、勤俭路的历史文化积淀和传统商业地位，延伸至少年北路原职校地块，打造时尚购物、特色餐饮集聚区。经过多年的商业发展和优化布局，至2010年，由建国中路、中山东路、禾兴中路和勤俭路组成的“口”字形核心区块和4条干道向外延伸所形成的近80公顷“井”字型商业聚集区日趋完善，中心商贸区的商贸服务业经济总量和规模效益持续提升，江南大厦、戴梦得购物中心的龙头地位，日渐巩固;旭辉广场的建成,给全区商贸业的发展注入了活力。已成为辐射整个嘉兴市域乃至周边地区的商贸服务集聚区。

第二节　东南新城

作为南湖区的行政、文化中心和嘉兴城市东南的新型商贸中心,东南新城与老城区紧密相连,逐渐具备科教、商业、住宅、旅游、休闲等多种功能。

2004年汽车商贸园建成开业后,带动东南片商贸企业的新建,万好家居、国际电气城等商贸项目先后建成并开业,中港商贸城、中港娱乐城、格林小镇商贸街、红星美凯龙、汇金商业广场、泰富商业广场、老佛爷购物中心、中港名都大酒店等项目初具规模,正在进一步完善各项功能。与此同时,东南新城先后建造格林小镇、澳洲花园、康桥花园、罗马都市、新世纪公寓等精品小区,周围逐步形成有妇幼保健院、社区服务中心,高中园区、同济大学浙江学院、北师大南湖附属学校、维也纳幼儿园、网球中心、文化馆以及农贸市场和凌公塘公园等日益完善功能配套,已经成为嘉兴市民生活居住的首选之地。

嘉兴总部商务花园　是东南新城商贸中心开发建设的重点,以富士电梯、光明设计、金泽通讯等为代表的40多家总部企业已经入驻园区,中心商务区开工建设。嘉兴科技城内嘉兴软件园等6个园区的开发建设,使服务外包产业成为东南新城服务业又一新兴产业,自2006年8月筹建以来,先后引进了柯莱特软件、晟峰软件、宽文软件、合晟软件、CIJ嘉兴开发中心等一批软件企业。2008年,园区累计外包服务产值已超过1亿元。浙江清华长三角教育培训中心、长三角教育产业园、华点软件学院等一批教育培训产业项目的建设也为生产性服务业的快速发展提供了人才保障。

都市经济园区　积极把握市区工业企业纷纷向城市外部迁移的良好机遇,区委、区政府加强政策引导,积极实施“退二进三”,以都市独特的信息流、人才流、现代物流、资金流等社会资源为依托,大力发展能够在市中心区域内生存和发展的并与城市功能和生态环境相协调的都市经济园。

2010年,全区共有都市经济园区10个,总建筑面积93.87万平方米,入驻企业412家,其中第三产业企业171家,就业人数11336个。各园区基本形成了规范的管理和有序的服务,发展势头良好,呈现出政府增加税收收入、企业盘活资产盈利、城市环境得到改善、地方新增就业岗位的多赢局面。

第三节　特色街市

概况

境内商业特色街市的雏形,形成于20世纪80年代初新马路小商品市场。一批个体商贩从沿路摆地摊买卖日用小商品开始创业,逐步形成小商品特色街市的规模,在社会上产生一定的影响。从那时开始,先由同行业个私商户自发聚集,后经政府或街道的引导、管理,在市区先后形成经营同类商品的商业街,规模较大的有勤俭路小商品夜市,育子弄花鸟市场、北京路副食品街,紫阳街餐饮一条街等。勤俭路小商品夜市在90年代末因影响道路交通,搬迁至建国南路;育子弄花鸟市场先搬迁到梅湾街区,后搬迁至月河街区;北京路副食品街因北京路拆迁搬迁到春波坊仿古商贸街;紫阳街餐饮一条街在2001年春因重修子城、拆除违章建筑等因素停办。

2000年后,随着“商贸活区”“产业互动”战略的实施和市区旧城改造的加速推进,各街道在原有的基础上,有计划地培育一批商业特色街市,取得较大进展,逐步显示了购物、旅游、休闲、娱乐、观光为一体的城市商贸品牌效应。

2010年8月5日,嘉兴市公布首批嘉兴商业特色街区名单,其中南湖区占据了全市15条特色街中的7个商贸街区,分别位于建国路、梅湾街区、少年路、月河街区、中环东路和春波坊。

2009年南湖区主要特色街区基本情况表

表21-15

街区名称	门店数（个）	营业收入（万元）	年末从业人员（人）	营业面积（平方米）
华庭街	208	22072	1710	65238
建国路步行街	118	10206	816	23983
梅湾街	78	7652	1212	52331
少年路女人街	133	10108	1102	14368
月河古街	214	12000	870	52000
巴黎艺术风情街	100	3348	418	80000
春波坊商贸街	88	1826	306	4976

特色街市简介

月河古街　位于市中心区域，东临建国北路，西依禾兴中路，南濒京杭大运河，北接东升东路。街区建筑仿清末民初样式，典雅古朴，街区东西最长391米，南北最宽318米，总面积约8万平方米。2008年9月开街，街区内有大型花鸟市场，古玩藏品市场，陆稿荐、邹大鲜等特色餐饮，酒吧、茶室、会馆等休闲娱乐场所，传统名点小吃等，各功能区块设置一应俱全。是市区3大历史街区中规模最大、景观最多、人气最旺、商业业态最全的特色街市。2010年8月，被评为浙江省特色商业示范街。

华庭步行街　位于市区商贸中心区域，东靠建国中路、南依勤俭路、北濒环城北路、西临少年路，南北长约500米，占地总面积5万平方米，商业经营面积6.5万平方米，于2003年12月31日开街。街区有购物广场、华庭国际影城、超市、新喜洋大酒店、肯德基等400多家商贸企业、其中面向建国路有40多家，囊括了吃、喝、玩、乐、行、购、休闲、观光、娱乐、办公等多种功能。步行街下有地下室，面积近3万平方米，长度和面积为当时省内第一，是嘉兴市规模最大的商业步行街。

少年路女人街　2000年后，经过多年开发而形成的以营销各款式女性时尚服装为特色的商业街，因购买服装的顾客以年轻女性为多。2008年命名为少年路女人街，到2010年底已初具规模，尤其是中山路到勤俭路段，已经成为比较集中的服饰街区。在这段300多米长街道两旁，共有130家商铺，其中以主营女性服饰、鞋子、皮具、化妆品商店居多。

巴黎艺术风情街　位于中环东路和凌公塘路以及巴黎都市内街组成。街区长度1500米，宽度40米，总建筑面积10万平方米，其中商业建筑面积近8万平方米，由巴黎生活街、巴黎风情街、巴黎亲子街及老佛爷购物中心，即“三街一中心”组成。新世纪后，随着巴黎都市住宅区渐渐热闹，巴黎都市生活街、商住楼老佛爷购物中心等商贸企业的开业，自然形成后，以巴黎都市生活街的特色命名。

梅湾休闲街　梅湾街北靠环城南路，南依京杭大运河。是嘉兴市现存地方传统民居较为集中的区域，2007年10月开街，占地面积10万平方米。整个梅湾街的设计风格是以清末民初江南水乡民居建筑形态为基础，建成后的梅湾街历史文化休闲街区，由梅湾美食城、梅湾新天地、梅湾商街、梅湾老街和商务区所组成。已集聚了78户商家，汇集了百年老字号的土特产馆、古玩店、手工艺品等商铺。每周日上午为古玩交易集市，月河古街开街后，古玩交易逐步移至月河街。

第四节　电子商务

2000年以来，顺应数字化的趋势，按产业集群推进发展电子商务。2007年,区建立嘉兴国际创意文化产业园,出台一系列文件,制定一系列优惠政策,并通过建立专业的电子商务楼、举办电子商务论坛、推荐会等多种形式,构筑电子商务发展的大平台。截至2010年,嘉兴国际创意文化产业园集聚了享有"全球十大网商"称号的麦包包,还有正尚、嘉兴唯伊网络科技有限公司、五芳斋、嘉欣丝绸、衣派服饰、洁阳家居等知名企业。全区从事电子商务的企业和个人淘宝店2万家以上。

耀成广场网店街 2010年5月28日,位于吉杨路耀城广场裙楼的网店街开街,由新兴街道办事处和区服务业发展局共同筹办。网店街总面积近2500平方米,嘉兴具有较高知名度的美丽家、三珍斋、麦包包、恒泽堂等23家网购实体店签约入驻,经营食品服装、包具、钻石、土特产等。

第五节 楼宇经济

2003年5月,总投资1.2亿元、建设规模3.5万平方米的中环广场一期开工建设,是境内较早推出的专业商务楼宇之一,投入使用后,安利(中国)日用品有限公司嘉兴分公司、嘉里大通物流有限公司嘉兴分公司、上海新思维有限公司、融信科技等众多知名企业先后进驻办公,楼宇入驻率接近100%。2007年,楼宇税收首次达到2000万元。2008年,世纪广场、中环广场(西区)、名典公寓、中山名都、汇丰广场、同乐商务楼、阳光广场7幢楼宇税收都突破1000万元。其中,中环广场(西区)、中山名都超过2000万元。2009年5月,公布对4家信用等级为AAA级、AA级、A级的精品商务楼进行授牌。2010年,区拥有商务楼32幢,建筑面积53.06万平方米,引进服务业企业1559家。

2005—2010年南湖区楼宇经济情况表

表21-16

年份	三产利用楼宇面积(平方米)	三产企业进驻楼宇数量(家)	三产进驻企业注册资本(万元)
2005	231376	611	57991
2006	313065	862	107328
2007	530572	1559	186820
2008	454413	1270	238487
2009	497852	1178	386129
2010	530613	1559	519621

附:老行当

手工业

铁匠 小的打铁铺基本是师徒二人,打铁匠都有自备的大火炉、铁墩子、大铁锤、钳子等。根据客户的要求打制铁具,尺寸基本靠手量。打铁开始时,往往是徒弟烧火,师傅把铁块放入火炉中烧至通红后,用铁钳子夹出,置于铁墩子上,师徒二人抡起大小铁锤"叮叮当当"轮番敲打,基本成形后再放入火中烧至通红,敲打至定形之后,迅速放入冷水里淬火,以增强铁具的强度和硬度。如今,这一历史悠久的职业已难觅踪迹。

木匠 木匠亦称木工、匠艺师傅,是一种古老的行业,是以木头为材料,建房、制作各种生活用具、生产工具的工匠。木匠做家具时,先配料,用锯断木料,用斧辟好木料平面,后锯出木料的大小尺寸,然后把木料固定在作凳上,拿刨子把木料刨平,划线,开好榫眼、锯出榫头,最后装配、制作成各种木制品。而现在的木匠所有工序都有专门机器和机械工具,已习惯于用钉枪和木胶连接。

木匠从事的行业是很广泛的,不仅制作各种家具，在建筑行业、装饰行业、广告行业等都离不开木匠。建造房屋的称“大木”，制作家具的称“小木”，箍桶的称“圆木”，做棺木寿材的称“方作”，做农具的称“椿作”等。

箍桶　箍桶匠肩挑工具，吆喝在城乡街巷：“箍桶嘞！”市民需箍桶则招其进屋内，把散了架的木桶拿出来修理，或新制木桶，主人会拿出木料，箍桶匠按主人要求箍桶，按照桶的大小形状取料，用一种弯形刀具把木料劈成弧形粗坯，经刨光后拼合起来，再加箍圈，就成为各种生产、生活用具，制作这些木制品都是箍桶匠的行当，因制作出的器具大多是圆形的，因此箍桶匠也称“圆木”。现在，随着塑料制品普遍使用，这一行当已不多见了。

篾匠　旧时，篾匠走街串巷吆喝，身带篾刀简单工具和篾竹材料，先用篾刀把一根完整的竹子劈成粗细均匀，青白分明的篾丝，再用篾丝做成篮子、箩筐、匾箕、淘米箩、饭篮、凉席、筛子等各种竹篾制品。过去家家户户都在使用竹篾制成的生活用品。损坏的竹篾制品也由篾匠来修理。虽然篾匠这一行当已日渐没落，但是篾席、竹匾等竹篾制品及篾制工艺品还具有一定的市场。

裁缝　以前嫁女娶亲过新年需做新衣裳，老年人做寿衣，孕妇做小孩衣被，通常是买来布料自制或请人缝制。原先没有缝纫机，完全靠的是手工针线活。一张桌子，还有做衣服用的皮尺、剪刀、尺竿、划粉等。要做好一件衣服，程序复杂，从划线、裁剪，有些特殊规格的衣服还要先制版，然后再缝纫。如请裁缝师傅做，工钱支付大多论天计算，也有论件(套)计价。现今，各类品牌、各种款式的服装琳琅满目，人们通常直接购买成衣，请裁缝师傅做衣服的人已不多见。

弹棉花　弹棉花，又称“弹棉絮”。弹棉的工具有大木弓、木棰、铲头、木磨盘等。弹花师傅用木棰频频击打木弓上的弦，一颠一颤，发出“彭…彭…”的声音，待棉花弹至松软后由两人将棉絮的两面用纱线纵横布成网状，以固定棉絮，再用木制圆盘使劲压磨，使之平贴，坚实、牢固。也有用旧棉胎重弹，必须先清理掉棉胎表面的旧纱再用弓弹。现今手工弹棉花已逐渐为机械替代，取而代之的是品种繁多、色彩斑斓的各种腈纶被、太空被等，用手工弹棉花的老行当已越来越少。

钉秤　制作杆秤是一门极其讲究的手艺，旧时使用的木杆秤要经历30多道工序，每道工序精工细作，小小的失误便会影响到杆秤的准确性。钉秤的核心工序是制作秤杆，先把柞栎木或红木秤杆用细砂布沾水反复打磨得光滑后，用钻头从头至尾钻出一排间距均匀、排列整齐的小孔，然后将一截细铝丝插入孔中，折断、锉平，便留下一个个星点，秤杆大抵就做成了。秤的准确度是制秤最基本的要求。如今使用木杆秤的人越来越少，会这门手艺的人也不多了。

补缸　缸遇上冰冻或被硬物碰撞会产生裂缝而渗水，补缸师傅补缸时，先用凿子轻轻地在裂缝中凿一条槽，再在槽的两边每隔3厘米左右，对称地凿一排宽在5厘米左右的浅孔，然后在槽缝中填上盐生，盐生，其主要成分是“生”，即用生铁打磨成的极细的粉末，使用时用盐水拌和，故称“盐生”。盐生要随调随用，不用就会凝固。然后用“蚂蟥钉”按在两边的浅孔中，再用小榔子轻轻敲几下，将缝的两边连接起来，这样缸就补好了。用同样的方法，也可以补坛和酒埕。该行当现已难见到。

补碗　碗盏乃居家必备之物，因为是瓷器，就难免破损。补碗师傅肩挑担子，手拿一串铜片，不断敲打，发出“嚓嚓嚓”的声音。揽到生意，便坐在帆布小凳子上，膝盖上铺一块布，先将破碗拼合成原状，用细绳和竹片把破碗捆夹住，在裂缝两边，每隔0.5厘米左右，用精巧的手拉小金刚钻各钻一个针尖大的孔，然后用菱形的小铜钉钉在小孔上，用木榔头轻轻敲几下，破碗就重圆了。补碗最重要的工具是金刚钻，俗话说“没有金刚钻，莫揽瓷器活”。该行当现已绝迹。

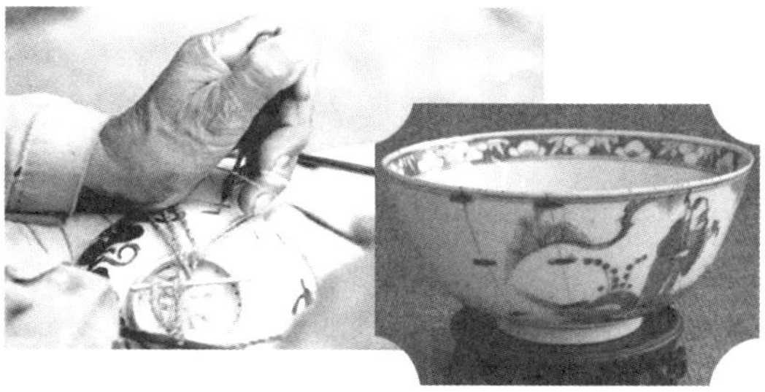

补铁锅　旧时使用铁锅通常是用生铁铸成的，烧久了锅底会逐渐氧化而穿孔漏水，补锅师傅挑着担子，一头是风箱，一头是炉子，一边走，一边吆喝：“生铁补铁锅嘞……”补铁锅时先用刮刀将破损处锈迹烂斑擦刮干净。接着把碎铁片放人小坩埚，拉风箱加热。待铁片融成铁水时，师傅用一只小勺将铁水舀出来，倒在厚布团的砻糠灰上，待铁水变成一粒火球，在锅外摁住破洞口往上顶，锅内则用厚布按住快要凝固的铁火球，上下轻轻一按一顶，待冷却后，用砂纸轻擦几下就完工了。这一行当消失已久。

修棕绷　修棕绷，也称绷棕绷、穿棕绷。棕绷久用后易损坏或棕绳松弛，需找棕绷师傅修理或重新穿棕绳。穿棕绷师傅身背袋子，袋内装有棕绳，在街坊或集市吆喝：“阿有坏格棕绷、藤绷修伐……”修棕绷也是要有手艺技巧的，棕绳来回穿、拉、松、紧根根要均匀，而且要勾出如双喜、福寿字样的花纹。穿好的棕绷，用手拍两下有“嘣嘣”的声音。棕绷床具有韧性，软硬适度，透气性好，睡卧舒服。20世纪90年代中后期，棕绷逐渐淡出人们的视野，取而代之的是各式席梦思。修棕绷的行当现已不多见了。

传统工艺

银匠　银匠，亦称金匠。由于金银器材贵重，一般没有挑着担子走街穿巷的，都是沿街设个银匠摊摆个玻璃柜，柜中挂几根银项链、包金锁片等物件。银匠既代人加工器物，也兼做买卖。金银器制作精细，艺术性强。一般先把银加热熔化成银液，浇入模子，待冷却后置于特殊工具上挤压锤打成各种器形。再由工匠描绘图案用錾刀进行錾刻。最后在接触点上铺上焊药焊接。近年来，由于机械化生产取代了手工制作，所以，从事这一行的人已稀少。

铜匠　旧时的铜匠，以替人打制铜器具为生。有店铺的铜匠，经营比较有规模，一般都有较为固定的客户。走街串村挑着一副担子的游方铜匠，打制的多是一些小铜器具，基本以修修补补为主。铜匠工作时一般坐在小矮凳上，一手拉风箱，一手用钳子夹住铜件在炉中加热，待铜件烧红后，抡起小铁锤将坯料锻打成半成品，再经过焊、锉、削等制造或修复各种器件。现在随着铝、不锈钢、塑料等制品的替代，传统手艺也逐渐被机械化所代替。所以，目前的铜匠行业已不多见。

镴匠　称锡和铅的合金为“镴”，打镴也称锡艺。镴器是民间的普通生活器皿，一般家庭都有镴打制的酒壶、镴瓶、镴罐等器物。用来盛物品具有保鲜、保持干燥功能。镴匠除了小修小补点焊之外，一般都是将旧锡器化开重新制作。所以，镴匠的手艺主要是看浇铸本领，从镴块熔化、浇铸、剪裁、打磨、焊接成型到抛光、雕花等后期加工，有10多道工序，其中以剪裁和打磨最能看出打镴匠的手艺功底了。如今，这一传统工艺已经失传。

捏面人　捏面人也称面塑，是一种制作简单但艺术性很高的民间工艺品。捏面艺人以糯米面加适量蜂蜜、甘油等，调成不同色彩的各色面团，几经捏、搓、揉、掀，并用小竹刀灵巧地点、切、刻、划、塑成身、手、头面，披上发饰和衣裳，捏成了一件艺术作品。经过长期的摸索，现在制作的面人作品已不霉、不裂、不变形、不褪色。因此为旅游者尤其是孩子们所喜爱。旧社会的面塑艺人只为谋生走乡串镇，如今，面塑艺术已作为非物质文化遗产受到重视、传承。

吹糖人 旧时的吹糖人肩挑担子走街串巷，担子一头是加热用的小炭炉，另一头是糖料和工具。炭炉上方是一个带架的长方柜，里面放满了由蔗糖和麦芽糖加热调制而成的糖稀，本色为棕黄色，也有的加入颜料或色素使之呈红色或绿色。使用时火候的控制是关键，过热则太稀易变形，冷了又会太硬无法塑形。使用的工具很简单，多是勺形和铲形的。按照其制作工艺的不同，可分为三种：吹糖人、画糖人和塑糖人。都可分别现做出各种形状。现在沿街的艺人少了，该行当已被作为一项民间艺术受到重视。

裱褙书画 书画为中国独特的艺术，凡裱褙书画正面向外者，谓之裱；以无染素纸衬托其背者，称为褙。裱画师傅根据客户提供的书画纸张尺寸大小，按照一定格式和工序，以黄边纸或宣纸为底托，以丝织品（绢或绫）为表层，用特定工艺制成的浆糊将它们层层叠粘，最后与书画粘贴一起加工装潢，使书画更具美感，易于保存收藏。技艺高超的裱画师还能对受到严重破损的书画，进行修补，所以装裱工人兼有“画郎中”的美称。书画裱褙伴随书法、国画艺术的发展延绵至今，历久不衰。

刻图章 旧时，刻章师傅随身携带刻字工具，辗转在大街小巷。如需刻图章，即可叫进屋内雕刻。师傅根据主人需要，取出各种材料任主人选择，以石质章居多，不同材料价格各异。至于刻阴字、阳字或隶书、行书及印章内容等，全都按客户要求。刻章时，将章胚打平后写上反字，固定在印床上，用专用刻刀雕刻而成。印章质量的优劣，全靠师傅的艺术造诣和手指功夫。现在刻制单位公章，业务章，财务章、合同章等都由公安机关批准的专业刻章店经营，由电脑刻字机刻制。而书画所用的印章则有机刻和手工刻制两种，价格、质量差异很大。篆刻已作为一项传统的国学艺术被传承发展。

日常生活

磨剪子、铲菜刀 磨刀师傅肩背一条长凳，凳的一头固定两块磨刀石，用于粗磨和细磨，另一头绑着坐垫，还挂了一个篮子或一只箱子，里面装一些简单的工具，走街串巷吆喝“磨剪子罗……铲菜刀……”如刀剪不是很钝，就只磨而不用铲。如果刀剪钝到锋刃全无，那就要先铲而后磨。“铲”是在锋刃处削去一层，使之变薄，再磨而使之锋利。“磨”是个细活，边磨边蘸水，费时费力，但不伤锋刃。经过“一削薄二粗磨三细磨”三道工序后，刀、剪又能锋利如初。现在仍有少数人从业，但已很少听到穿街走巷的吆喝声了。

剃头挑子 旧时，剃头师傅挑着担子走街串巷，担子一头是烧热水的炉子、铜盆和小锅，另一头是红漆长方凳，凳腿间夹置三个抽屉：最上一个是放钱的，钱是从凳面上开的小长方孔里塞进去的，第二、三个抽屉分别放置围布、刀、剪、理发推子、梳子、肥皂等工具，所以有句俗语叫“剃头挑子一头热”。

20世纪60年代后，剃头挑子已很少见，剃头师傅把剃头工具包往腋下一夹，就可走乡串村为人剃头，往往定好一户人家提供洗头用的热水以及盆子，这户人家的剃头费用就可以减免。如今，这种以走街串巷上门服务为谋生之业的剃头师傅已极少见到。

修钟表 钟表用的时间长了，难免出故障，因而就出现了修钟表行业。传统的钟表修理技术主要包括“粘、补、焊、驳、种”五法。修钟表人手提工具袋，常年穿梭在城乡间，遇到需修理钟表者，则进屋维修。修表人使用放大镜、酒精灯、镊子钳等工具，将坏钟表精心修复。

该行当至今尚存，但已设铺经营，修理钟表的店面很简单，一般都是一个套着玻璃框的桌子，摆放或挂置一些旧钟表和配件用来招揽顾客。

修伞 在儿时的记忆中，大街小巷时常会响起修伞匠“修洋伞了！”的吆喝声。修伞人肩挑修伞工具和材料，穿梭在街巷、乡村。修纸伞较简单，只要在破洞处贴一块棉纸，涂上一遍桐油即可。修油布伞要换一块布或伞顶全换。修伞骨架须用现成的竹篾替换。伞经修理后就可继续使用了。

20世纪70年代，油纸伞和油布伞逐渐被便携的折叠式尼龙伞所替代，修伞行当已很少见。

修鞋 旧时，因物质条件较差，人们穿的鞋都是自家做的布鞋。这种鞋以布为原料，鞋底很厚，很耐穿，鞋帮容易破损，特别是鞋头最先容易穿破，常见有脚指头露出，只得找补鞋匠补上一块布后好继续穿。鞋底容易磨损，就剪一块旧车胎钉在鞋底前后，可使鞋子穿的更久一些。在20世纪60—70年代流行的球鞋，如果穿破了一般都使用胶水粘合。后来流行的皮鞋后跟底是最容易磨损的地方，当有磨损后，修鞋匠会在后跟鞋底上先衬上一块皮，然后再钉上一块马蹄形的铁块，牢固耐磨损。现在，极少有人对破损的鞋子再去修补了，该老行当虽还存在，但也越来越少见了。

老虎灶　旧时，去老虎灶买热水称之为"泡开水"。20世纪50年代老虎灶遍布城镇的街头巷尾，建国路从南到北就有老虎灶的茶馆4间。因老虎灶一日开到夜，随到随泡，价格亲民，深受市民欢迎。因烧水炉灶的炉膛口开在正前方，如一只张开大嘴的老虎，灶尾有一根高高竖起的烟囱管，就像老虎翘起尾巴，被形象地称为"老虎灶"。老虎灶是旧时的"便民设施"，给千家万户带去了方便与实惠。现已消失在大众的视野中。

代笔书信　在20世纪50、60年代，常见邮局门前或街边巷口摆着代笔书信的小摊，撑个小桌，摆把板凳，桌上摆有信纸，笔墨，顺着桌沿压一条白布，上写着"代笔家信，婚姻诉状，合同契约"等。摊主多是些看上去有些文化的成年人或老年人，代笔者按照顾客的讲述意思用毛笔或钢笔书写书信或其他文书，书毕，当面向顾客复诵，满意为止。代笔报酬视书信长短相应收取。随着教育的普及，该行当早已消失。

食俗

挑食担　旧时，走街串巷用于经营点心、小吃的担子被称为"食挑"。嘉兴一带有儿歌："笃笃笃，卖糖粥，三个铜板一碗粥，三斤胡桃四斤壳，吃你肉，还你壳。"那时的糖粥担都挂有一段毛竹筒，卖粥人就是以敲击毛竹筒的"笃笃笃"声来招揽客人的。挑食担除了卖糖粥担外，还有馄饨担、粉丝担、豆腐花担等。20世纪50年代后期，这种一家一户的个体经营方式逐渐转变为集体合作经营，沿街叫卖的挑食担越来越少，渐至消失。

换糖担　在旧时，换糖担是最受孩童们所喜欢的行当。换糖佬肩挑两只竹筐走街串巷，吹起小笛子"哆来咪—来咪咪哆—"以招揽生意。筐上放着用麦芽做成的自熬糖饼，筐下面盛放着换糖收下来的破布头烂棉絮及其废铜烂铁。孩子们看到后便奔回家中，翻筐倒篓找出平时收集废铜烂铁和瓶子、破布、牙膏壳、鸡鸭毛等，簇拥在换糖担前，换糖佬视其质与量，左手拿起敲糖板放在糖饼上、右手挥起一个小铁锤，在糖板上轻轻地"当"地一击，一小块饴糖在糖饼上脱落，小孩往往嚷嚷着要再加一点，换糖佬又敲了薄薄一小片应付着，孩子们品尝着糖块，小脸上露出美滋滋的神色。换糖担虽早已不见踪迹，但在上点年岁的人们中却留下了久远的记忆。

乳腐担　腐乳，又称豆腐乳，霉豆腐，嘉兴人叫乳腐，因其口感好、营养高，是中国流传数千年的汉族传统民间美食，挑着担串街走巷叫卖，故称乳腐担。腐乳的独特风味就是在发酵贮藏过程中所形成。经过3个月至半年的时间，松酥细腻、鲜美适口的乳腐就做好了。串街走巷挑担卖腐乳的担子已消失多年，取而代之瓶装的各类乳腐制品，在超市都可买到。

贴烧饼　烧饼，又叫大饼，是老百姓十分喜欢的早点。品种有椒盐、葱油、白糖等，形状有圆形、椭圆形。烧饼炉一般由大的汽油桶改造而成，其上留一孔，方便取放烧饼及燃料，桶内用泥巴、砖头砌成圆形炉壁。

做大饼时，先用面粉揉成面团发酵后分成拳头大小的一个个面团，再用小圆棍擀成面饼，将面饼的一面抹水蘸上些芝麻，随后一手蘸点清水提起面饼，迅速伸进炉膛，将面饼牢牢地贴在炉膛壁上，拷熟后，用长铁夹伸入炉内将烧饼揭下取出就可吃了。把烧饼从中间掰开，塞入油条等，吃起来更是香脆可口。该行当至今仍受到市民的喜爱。

爆炒米　每当逢年过节，爆炒米的师傅挑着担子或推着车，一个连接在小炭炉上的爆米机，一只风箱，走街串巷边吆喝"爆炒米嘞……"人们将大米或玉米、年糕干等交给爆米师傅。大米等经爆米机加热到一定程度，师傅即停止爆米机转动，站起身来将爆米机一头提离炉子，用麻袋紧紧套住开口处，大喊一声"响嘞"，同时迅速打开密闭的盖子，听到"蓬"的一声，爆米机中的大米等食物在瞬间膨化，即变成了爆米花。旧时，春节期间，几乎每家每户都会爆米花，用来招待客人和自食。现此老行当很少看到，临近春节时偶尔在街头巷尾听到几声“蓬—蓬—”爆炒米声了。

氽臭豆腐干　以前氽臭豆腐干，用的是柴火灶、油锅。先将豆腐干放人臭卤浸泡1~2天后取出，用水冲洗干净再沥干，然后将一块块臭豆腐干放人沸油锅中炸，待臭豆腐干上浮炸成金黄色、外壳硬鼓时即可捞起。油炸臭豆腐干，臭中有清香，涂上辣酱或甜酱，是人们所喜爱的休闲食品。该行当现在尚存，但有的已改用电炉来氽臭豆腐干，没有氽臭豆腐干时受到烟气的污染了。

糖炒栗子　旧时秋冬季，一声声“卖糖炒栗子喽”的叫卖声从街头的小车上传来，一口炉，一只大铁锅，一把铲，铁锅里放一些小石砂、生栗子，再加一点糖，一把铲不停的翻转，炒出的栗子冒着热气，透着油光，颜色棕黄诱人，爆开了黄灿灿的果肉，香气扑鼻，剥开栗子，吃到嘴里香甜可口。炒栗子是个力气活和技术活，从业者基本上都是现炒现卖。至今，糖炒栗子仍深受人们喜爱，

烤番薯　烤番薯，由来已久是嘉兴街头市民喜欢的小吃之一，常见于冬天。烤番薯的用具很简单，用一只柴油筒，上面开一大圆口，筒内按一炉心，在炉子中以木炭作燃料，将番薯放在木炭旁边烤，烤至番薯皮黄、内熟，发出诱人的香味即成。烤熟的番薯要趁热吃，否则凉了以后都多会变硬。烤番薯价廉味美，深受人们喜爱，现在仍较为常见。

馄饨担　旧时城乡有以挑担卖馄饨为生的商贩，手拿竹梆，“笃，笃笃笃，笃，笃笃……”肩挑馄饨担，一头是炉灶、锅子，一头是放馄饨的橱柜，挑着担子走街串巷叫卖馄饨。遇顾客需要可随时将馄饨下锅，随即捞起，热气腾腾的馄饨，上面漂着葱花，美味可口。有时深更半夜还能听到梆子声。20世纪90年代初，在外月河一带仍经常看到一位挑担卖小馄饨的老人，其馄饨价廉味美，颇受众人欢迎。外月河拆迁后，嘉兴最后的这副馄饨担也不见了踪迹。

娱乐

打拳头卖膏药　打拳杂耍舞大刀，称卖狗皮膏药。在开场前先用白粉笔在街头空地上划白线作为场子。场子中间，放置一只木架，架子上插着大刀、长矛枪、剑、棍、斧、钩、叉等兵器。先由武功师表演打拳头、舞大刀，接着表演硬气功，引得场子外看客高声叫好。此时，气功师会环顾一周，发现观看者中有一人脸上气色不太好，说他身上有陈伤（旧伤），叫他卧在长条凳上给他治伤。表演结束，开始从箱子里拿出治伤的膏药来卖，场外看客也纷纷掏钱购买，以备后用。所以称“打拳头卖膏药”。该行当现已消失。

街头杂耍　在嘉兴表演街头杂耍的民间艺人，主要来自安徽北部、河南、河北、山东等地的民间艺人，有父母、兄弟、姐妹或招收学艺之人（小孩）等组成，自搭草台班子，以卖艺为生。“哐、哐、哐”三声铜锣一敲，人们就知道街头杂耍的来了，站在已划好的场子外观看表演。街头杂耍主要表演有如现今的杂技团。在杂耍表演中，有一杂耍者会手拿铜锣向观看者讨要赏钱，以此谋生。该行当现已消失。

活猢变把戏　在20世纪60年代前嘉兴街头经常能见到耍猴卖艺人，大多来自湖南、河南和山东等地的民间艺人，常年带着猴子，肩扛鼓鼓囊囊的包裹闯荡江湖，在市镇乡村进行耍猴表演，猴子被耍猴艺人用小铁链拴住，长短可收可放。表演一般选在街边较宽敞的地方，“嘘、嘘、嘘”的哨子声响，再加耍猴人挥动的鞭子声和高声吆喝声将人们吸引过来，围成一圈。猴子在耍猴人手持鞭子的指挥下进行各种表演。另一耍猴人会手拿铜锣向观看者讨要赏钱，而这些赏钱也是他们的辛苦钱，勉强维持温饱。该行当在境内已很少见到。

小热昏卖梨膏糖　梨膏糖，主治咳嗽多痰和气管炎、哮喘等症，味甘易服，疗效显著。以前在民间主要是靠卖糖人以“三分卖糖，七分卖唱”的方式销售梨膏糖。为了推销，卖糖人常常凭三寸不烂之舌，吹得昏天黑地。群众将卖糖人称做“小热昏”。在空白场上，搭起了折叠的木三脚架，上放木箱，箱内放有自制的梨膏糖和一面小铜锣，三块毛竹板，箱子盖上放一盏已点亮的汽油灯。小铜锣被敲得当当响，引得附近男女老少赶来听“小热昏”连说带唱加表演，说到关键时刻即停止说唱，开始兑卖梨膏糖，经反复多次，梨膏糖所存无几，才停止说唱收摊，待下一天同一时间再来。经5~10天才另换地方卖梨膏糖。

嘉興市南湖區志

JIA XING SHI NAN HU QU ZHI

第二十二篇　名胜与旅游

目　录

悠悠千年，南湖区名胜古迹众多。南湖和西南湖素为园林荟萃之所；京杭大运河穿城而过；嘉兴城八水通汇，典型的小桥流水江南水乡风貌；“月河、梅湾街、芦席汇”三大历史街区为古城缩影。嘉兴又一向被誉为文物之邦，历史和人文景观交相辉映。马家浜文化为长江中下游地区新石器时代文化，被誉为“江南文化之源”。文化、教育、历史、科技等杰出人物熠熠生辉，沈钧儒、褚辅成、沈曾植、汪胡桢和朱生豪等名人故居为南湖区增光添彩。1921年，中共一大会议在南湖的一条游船上闭幕，嘉兴成为中国共产党诞生地。1997年开始，开发建设湘家荡省级风景旅游区，梅花洲景区从无到有，经过五、六年的努力，依托古寺遗址创建成为国家级AAAA级景区。还有乡村农家乐等新景观。2010年，南湖区评定“南湖新十二景”。随着经济社会的快速发展，名胜古迹的保护和建设不断加强，旅游行业健康发展，南湖区正快步向旅游强区迈进。

第一章　南湖新十二景

嘉兴风光秀丽，名胜荟萃。文人雅士历来吟诵家乡自然风光和名胜古迹的诗句极多，有的还专为名胜景观歌咏，作画题诗。元至元《嘉禾志》载有张尧同的《嘉禾百咏》和陆蒙老、周郊的《嘉禾八咏》。元代有吴镇的《嘉禾八景图》，辛敬的《嘉禾八景诗》；明代有金景西的《嘉禾八景》和沈尧中的《嘉禾十咏》。清同治太平天国后，知府许瑶光励精图治，陆续修复和重建地方名胜，评定郡城八景，留有诗画并存的《嘉禾八景碑》。分别为南湖烟雨、韭溪明月、瓶山积雪、东塔朝暾、禾墩秋稼、汉塘春桑、茶禅夕照、杉闸风帆。这些景观随着历史变迁，有的消失，有的重建。建区后，在经济社会健康发展的同时，重修和新建许多名胜古迹和旅游景点。2009年11月，根据景点风貌变化的现状，区政府协同市有关部门组织开展“南湖新景”评选活动。通过媒体宣传，百姓踊跃参与，经各种方式投票，先期入围20个景观。2010年1月5日，在广泛征求意见基础上，聘请地方文史专家、学者和名人进行复评，评定出南湖烟雨、七一朝晖、月河寻踪、马家浜源、子城钟声、放鹤渔歌、运河三塔、落帆夕照、范蠡泛舟、凌塘雅韵、湘湖寺影和梅洲石佛12个景观，为了和历史上产生的各景观有所区别，同时考虑到区域的特殊性，评定的景观定名为《南湖新十二景》。2010年5月26日，发行一套《南湖新十二景》邮政明信片。

第一节　南湖烟雨

南湖为浙江3大名湖之一，明清以来，以湖中烟雨楼和烟雨风光著称于世，为历代文人墨客所称颂，留下无数诗画。1921年，中国共产党在南湖的一条游船上宣告成立，南湖便成为中国革命圣地，成为嘉兴的骄傲。南湖烟雨包括南湖、揽秀园、壕股塔3个景点（详见第六篇“南湖”第一章、第三章、第四章）。

第二节　七一朝晖

进入2000年后，南湖革命纪念馆易地新建，新馆和广场用地面积18万平方米，展馆展示中国共产党光辉历程，七一广场上大型音乐喷泉、草坪、雕塑以及临河景观，成为红色旅游新景点和生态休闲场所。七一朝晖包括七一广场、南湖革命纪念馆2个景点（详见第六篇“南湖”第二章）。

第三节　月河寻踪

数百年小桥流水、粉墙黛瓦，述说着风雨飘摇的春秋史话。夜色降临，流水倒映月亮、星光，红红的灯笼，圆圆的拱桥，徘徊在美不胜收的月河历史街区，让人倒回时光，寻回古城历史的印迹。月河寻踪包括月河、芦席汇2个景点。

月河历史街区

月河，又名月湄、月濠。据清光绪《嘉兴府志》载：其河抱城，弯曲如月，故名。月河埭，东起朝东埭，西至最乐亭，长100米，埭以月河得名。

明清以来，月河一带已形成繁华街市。街区内，传统的民居依水造势，古街深巷迂回曲折，小河、古桥、狭弄纵横交错。京杭大运河沿街区南侧穿越而过，运河两岸灯火万家，官舫贾船穿梭不绝，一片繁华商业景象。

2003年，嘉城集团投资近6亿元对月河历史街区进行保护和开发。于2008年国庆开街。整个街区，占地面积9万平方米，建筑面积8.8万平方米。以清末民初的江南水乡建筑风貌为主，格局分为平行的三河（大运河、外月河、里月河）三街（中基路、坛弄、民居客栈）。为市区规模最大、布局完整、体现江南水乡城市特色的历史街区，周日的古玩集市闻名江浙沪，除平日外，每个周日上午，来自苏州、上海、湖州等古玩爱好者在街区内择地设摊，到该地交易多达万余人。

月河历史街区开发建设后，主要商肆大多集聚于中基路。共有商家170余家，包含老字号店铺、地方特色餐饮、手工艺品、体验风情、专业市场、其他大型场馆等众多业态。其中老字号店铺有高公升酱园、陆稿荐、一乐园；特色餐饮有月庭轩、邹大鲜等；花鸟市场有商家50余户，大型场馆有嘉禾端午民俗体验馆、粽子文化博物馆和德勤文化园等。

街区内坛弄因明代曾设厉坛得名。长180米，宽4米石板路。坛弄中段北接小坛弄，原弄内有清凉禅院，2003年重建坛弄，恢复里月河，现坛弄已成为时尚酒吧条街。

月河历史街区开发建设后，特在街区辟金鱼池，纪念嘉兴最早发现和饲养金鱼的这段历史，并在池畔立碑纪念。

芦席汇

位于秀城桥堍西侧，处京杭大运河与秀水会合处，北隔分水墩与北京路相望，西南隔秀水与缸甏汇、风箱汇相对，旧时系水路要道，建筑成片。为集市贸易之地。

2004年，扩建芦席汇历史街区。街区以芦席汇、秀弄、香橼浜等临水传统民居构成鱼骨状街巷肌理（详见第八篇“城乡建设”第二章第一节）。

分水墩传说在开凿大运河时，将疏浚城河时遗留的河泥堆土而成。分水墩汇聚大运河和秀水两条河流，原为离岸小岛，面积2850平方米。昔碧水环抱，林木葱茏，景色宜人。明清时，曾为热闹的蔬菜集散地。唐神龙二年（706），墩上建水天庵，成为一方名胜，后迭经毁废，清同治年间重建。2009年分水墩东边建上墩桥，与芦席汇相通。水天庵经整修后，为两进，中有庭院。

第四节　马家浜源

马家浜文化是长江中下游地区的新石器时代文化，以1959年发现的嘉兴马家浜遗址命名。马家浜文化被誉为“江南文化之源”，反映了太湖地区文化源远流长，自成体系，具有鲜明的地域特色，马家浜源包括马家浜文化公园景点。

马家浜文化

1959年初春，嘉兴县南湖公社天带桥大队马家浜自然村农民在田间沤肥挖坑中，发现大量兽骨和古代遗物。3月间，省文物管理委员会组织包括省博物馆、杭州大学历史系、杭州师范学院历史系等6个单位参加的考古队进行发掘。

挖掘布探方5个，计213平方米。表土层下文化层分上下2层：上文化层以灰黑色粘土为主，有红烧土层和淤泥层，厚12~80厘米，发掘出兽骨、石锛、砺石、骨镞和各种陶片等；下文化层15~75厘米，为黑色粘土，兽骨比上文化层更多，有骨镞、骨锥、骨针、骨凿以及石斧、砺石等。在2层之间淤泥中还出土了30具人骨架，还有部分随葬品，包括生产工具、饰品等。在发掘中还发现房屋遗址，南北7米，东西3米，残存木柱等。下文化层中还发现了碳化无角菱，与现在的南湖菱相仿。此后，在现嘉兴市境及同属太湖流域的苏、锡、常、沪、杭、湖地区中，多次发现同类型文化遗存。1977年11月，在南京召开的长江下游新石器时代学术讨论会确认以马家浜遗址为代表的马家浜文化为长江下游、太湖流域新石器时代早期文化代表。年代为公元前4000—5000年。

马家浜文化遗址公园

2006年7月，市政府常务会议通过马家浜文化遗址公园设计规划第一稿，以后数易其稿。2009年4月9日，邀请马家浜文化分布地区的江、浙、沪文物专家对马家浜遗址公园方案进行论证。

马家浜文化遗址公园以原马家浜自然村为中心，规划面积22.72公顷，分遗址保护展示区、博物馆文化展示区和休闲互动区3大功能区。遗址保护展示区将再现骨器、陶器以及玉器、石器等的出土情景；马家浜文化博物馆位于遗址公园东部，占地面积近8000平方米，全面反映江苏、上海等周边地区已发掘的马家浜文化成果，同时，为展示、收藏、研究马家浜文化的重要载体；休闲互动区将成为与马家浜文化相关的信息沟通、交流中心和青少年教育基地。

马家浜农业休闲园　位于马家浜文化遗址公园东侧。设稻文化展示区、无公害水稻种植区、优质水果蔬菜示范区、水产养殖及垂钓区、农家生活体验区、农家乐休闲餐饮区等。总建筑面积4000余平方米。包含生态村落、密林景观、稻田景观、畜牧园、牧渔园、稻香居等。其中，有鱼塘水面2.67公顷龙虾塘1.33公顷，生态湿地2公顷，农家生活体验区0.67公顷，其他果林及树林9.33公顷等。

第五节　子城钟声

子城是嘉兴建城的标志，遗存的城墙及谯楼于1990年重修，长约百米，城下置城门，上有垛口。子城西有1903年开始建造的天主堂，号称中国第一天主大教堂，57米高的钟楼曾是嘉兴标志性建筑，钟声回荡子城上空，中西合璧成为城中一景。子城钟声包括子城、天主堂2个景点。

子城

建于三国吴黄龙三年(231)的子城，已有1700多年历史，周长二里十步，高、厚为一丈二尺，占地面积7.5万平方米。唐末，子城外兴建罗城，故原城改称子城。从三国至清代，子城均为嘉兴县、秀州以及府衙或军治所在地(详见第七篇“嘉兴古城”第一章第二节)。

国民党预干总队起义地　1938年，汪伪国民政府在此建绥靖司令部。1949年初，国民党国防部陆军预备干部训练第一总队分驻嘉兴西大营和东大营。4月7日凌晨举行起义。这次起义震惊了国民党朝野(详见第十七篇“军事”第七章第三节)。

嘉兴天主堂

位于紫阳街，亦称圣母堂、天主大教堂。1930年12月建成时，号称为中国第一、远东第三大教堂。

1904年，意大利神父韩日禄将加尔默洛会(圣衣会)从海盐车辐浜迁至嘉兴子城脚下。1917年，发起在沈家弄修建嘉兴天主大教堂，1930年竣工后，定名圣母显灵堂。教堂占地面积3.4万平方米，主体建筑由大堂、钟楼组成，周围有神父座堂、神职人员住房等，庭院宽敞。大堂为钢混结构法式拱形建筑，堂内装饰考究，极具西洋韵味。穹顶高耸，合抱的厅柱顶部镂刻花纹，每一厅柱上都雕塑天使，中央祭台上供圣像和圣母显灵圣牌。天主教法国巴黎遣使会专程运来的合金铸铁钟，重657公斤，悬于钟楼之上。两座钟楼原记录高度为57米(2003年实测45米)，曾长期为嘉兴最高建筑。韩日禄从选材购置到工程施工都亲事其役。还专从法国进口水泥、钢材、松木、彩色玻璃、彩色地砖等先进建筑材料。墙体用砖专由嘉善干窑镇烧制。圣母显灵大教堂在“文化大革命”中遭部分毁坏，现存建筑面积1590平方米。

第六节　放鹤渔歌

唐德宗时鸳鸯湖中始建放鹤洲园林，明末重建。鸳鸯湖和放鹤洲及湖边真如寺、真如塔，是嘉兴著名风景区，清代渐渐衰落为村居和农田。21世纪在无名圩重建放鹤洲，有荷池、菱塘、果园，亭榭楼阁点缀其中，以静憩赏景为主体功能。放鹤渔歌包括放鹤洲、西南湖2个景点。

放鹤洲

位于市城南西南湖中。唐德宗时(780—804),陆贽建宅园于此,有放鹤亭,称鹤渚。唐文宗时(827—840),宰相裴休在此建别墅,名裴岛。南宋初,著名词人朱敦儒流寓嘉兴,辟裴岛为放鹤洲。南宋诗人陆游在《老学庵笔记》中有文字描述放鹤洲,称其烟波浩渺,有一舟楫引渡,洲上屋舍精雅,置有琴棋书画,使人留连忘返。明末,贵阳太守朱茂时重建放鹤洲。当时名流如著名书画家董其昌、项圣谟,文学家李日华等为放鹤洲题匾、作画。项圣谟所作《放鹤洲图》现收藏于故宫博物院。清初开始,放鹤洲开始衰落,渐次变为湖中荒岛,称无名圩,近代有农田、水塘。

清光绪三十一年(1905)七月,秋瑾来嘉兴,在放鹤洲会晤褚辅成等,共商推翻清政府革命大计。2004年,在无名圩上重建放鹤洲,取名放鹤洲公园。总投资2000多万元。占地面积约78亩。景点保持四面环湖、中多曲水、平岸杂树的自然地形地貌,以静憩赏景为主体功能,辅以荷池、菱塘、鱼池、果园等,沿湖门坊、亭榭、楼阁点缀其中,布局随势而建,自然生态。建有淡然居、桂离馆、嘉福堂等为体现唐宋风格的仿古园林建筑。

西南湖

位于梅湾街南,南湖大桥横跨湖北侧。西南湖古称鸳鸯湖、南湖,唐宋时水域面积120顷(古时1顷合现100亩)。湖面开阔,烟波浩渺,湖中有长堤,湖分东西两湖,称双湖,又因湖状似交颈鸳鸯,一说湖中产鸳鸯,得名鸳鸯湖。唐、宋及明朝时,湖周围园林棋布,洲湾幽深,蟹舍渔村,为名闻一时的风景胜地。宋苏东坡有“鸳鸯湖边月如水,孤舟夜傍鸳鸯起”的诗句。清朱彝尊将怀念家乡的诗集取名《鸳鸯湖棹歌》。明清代因滮湖风景区兴起,鸳鸯湖渐渐衰落。最后称鸳鸯湖为西南湖。

清宣统元年(1909),沪杭铁路穿越城南,改变了西南湖地貌。1935年嘉桐公路开筑,西南湖地貌再次改变。西南湖现湖面已不足20公顷。

长水 是嘉兴古老的河流,春秋时,有其名。相传秦初在长水旁设长水县,长水因此也为嘉兴的别名。旧志载,秦始皇在由拳乘舟过长水时,斩马祭河神,其地后代名马塘堰,属现长水街道四联村。长水塘水源来自天目山和东苕溪,经现桐乡市、海宁市、秀洲区和南湖区,往东北流入西南湖。

长水两岸风光秀丽,历代有不少吟咏赞美的诗篇。如清查慎行诗云:“两岸朦胧桃李花,一天风露属渔家。小船卧听棹歌去,行到鸳湖月未斜”。1928年《嘉兴新志》载:“长水,在鸳鸯湖上游,两岸鸡犬相闻,舟行其中,如入桃花源也。宜晓行或月夜荡舟”。

西南湖生态公园 原为紧贴沪杭铁路的一狭长地带,曾设铁路南湖站,湖岸边为木材公司堆放木排处,总面积约33公顷。2002年4月,分标段建设西南湖生态绿洲,年底基本建成。建有柳暗花明、玉荷闻笛等展现芦、桑、竹林自然风貌的若干景点。2010年,西南湖生态公园提升改造一期工程基本完成。工程绿化总投资270万元,主要完成7.5公顷密植林地的苗木疏间、生态驳岸修复、内部水系沟通调整、新开挖水系面积0.68公顷等。西南湖生态公园现植有高大乔木、各色花、灌木等190多个树种,园内树荫浓密,小道蜿蜒曲折,中间夹杂若干空隙草地,流水潺潺,自然野趣。

第七节　运河三塔

西门外大运河边原有白龙潭,唐代有高僧运土填潭,建塔3座,后建寺。三塔和寺院独立运河拐弯处,与古运河相依相存,景色秀美,曾为嘉兴城标志建筑。运河三塔包括三塔、血印禅寺2个景点。

三塔

位于三塔路,始建于唐代,清光绪二年(1876)重建。20世纪70年代被拆,1999年依原样重建。为7层砖塔,实心,不可攀,中间最高,为18.3米。每层壁龛嵌铁制浮雕佛像,饰白黑红3色。元至元《嘉禾志》载:此处有白龙潭,水深流急,行舟过此多沉溺,唐僧人行云过此地,运土填潭,建塔3座镇潭中白龙。古时船至嘉兴,见三塔遂小心谨慎行驶,实起航标作用。

三塔边原有茶禅寺，俗称三塔寺，始建年代略晚于三塔。初名龙渊寺，宋代改名景德寺，传苏东坡曾到此汲水煮茶，后寺中建有煮茶亭，清乾隆帝南巡时赐名“茶禅寺”。

1999年重建三塔时建三塔公园，占地面积1.7公顷，投资340多万元，2000年3月竣工。竖茶禅夕照石牌坊，匾额为清同治年间嘉兴知府许瑶光手迹。塔旁亭中立重建三塔碑记。重建时将尚存的2块旧纤石立于原址。

三塔塘　京杭大运河西丽桥到三塔湾一段，习称三塔塘，长1500多米。

三塔边即为三塔湾。过去每逢农历三月十六，当地人称为蚕花娘娘生日，在三塔湾至血印禅寺一带水域，农民纷纷摇船祭神，并赛舟，名踏白船，两岸观者如云。三塔塘边历为大运河纤道，平时过往船只川流不息，逆水而行的必须背纤而过。三塔塘因地近城郊，风光秀丽，众多名胜古迹云集于此。沿河分别有三塔、茶禅寺、血印禅寺、岳王祠、西丽桥等著名景点。茶禅寺后原有园圃，植有茶树、竹子、碧桃树等，农历三月间有“茶禅寺看碧桃”之盛事，以至三塔运河上画舫首尾相接，塘路上游人不断。明代，沿三塔塘路建起有珍贵史料价值的石牌坊。紧贴塘路背后，曾先后建有第一至第四公墓，最早的墓葬于明代，“文化大革命”期间悉数迁走。1969年，嘉兴革命烈士陵园建于原岳王祠边。1996年5月，迁于南湖畔后，原址作三塔苗圃。1973年，三塔塘路建成可通汽车的三塔路。后三塔路边陆续重建或修复三塔、岳王祠、西丽桥等名胜古迹。

状元及第牌坊　位于西丽桥西堍不远处三塔路边，2007年2月重建。西丽桥至三塔间，原有明代石牌坊群：如壬戌进士坊、科甲绳芳坊、状元及第坊、万古精忠坊（为纪念岳飞所立，原建在岳王祠边）、两朝元辅坊、青宫硕辅坊、兄弟名臣坊、司宪坊（现仍存，在血印禅寺旁）、宠赉三世坊、孝义坊等。其中，状元及第坊由嘉兴知府曹代萧所建。

明万历十一年（1583），朱彝尊的曾祖父朱国祚高中状元。嘉兴知府龚勉在修葺烟雨楼时，将1座石台增高，亲笔题写“钓鳌矶”3个大字，期望嘉兴学子在春闱中再独占鳌头。多年后，秀水县凤池坊建起了朱国祚和岳元声、黄承玄等人的牌坊，题额为“魁元独盛”。状元及第坊也在同时期建。

血印禅寺

位于三塔路，因寺前有著名古迹血印柱而闻名，俗称血印和尚庙。1926年创建血印禅院，后荒废。1991年修复，名血印禅寺。寺门前存明正德年间（1506—1521）立的司宪牌坊。牌坊西柱上有一红褐色图形，称僧血痕。世称“血印柱”，经世不退。据清康熙《嘉兴府志血印禅僧传》记：清顺治二年（1645）清兵占领嘉兴时，抢掠妇女数十人囚于岳王祠中，祠中和尚仗义营救，被清兵乱箭射死，血沁入石，留下痕迹。这一传奇故事清代中期以来，将故事背景衍变为明嘉靖年间倭寇扰犯时。本世纪初，有人在血印柱旁搭草棚，置塑像，奉祀血印僧。1925年嘉兴县知事创建血印禅院，并勒碑赞颂血印僧舍身救人的不屈精神。1981年血印柱列为市文保单位，1983年修复血印禅院对外开放，2001年更名血印禅寺，先后进行4次修缮扩建。2009年重建大雄宝殿，香火兴旺，已成为运河沿岸著名寺院。

第八节　落帆夕照

宋代以前，城北运河中就有杉青闸，河边建落帆亭，因帆船进城落帆实景得名。宋神宗熙宁初重建，历经扩建，成为著名园林落帆亭。2010年，亭园重建，重现当年落帆夕照风光。落帆夕照包括落帆亭、杉青闸2个景点。

落帆亭

位于杉青闸路，是古代杉青闸旁的一处园林。杉青闸为古运河畔的水上要冲，南来北往的船只都要由此过闸，园林取过闸落帆实景得名。

落帆亭始建年代无考。宋神宗熙宁初重建，为当时官吏和客商游憩之所，历经几百年扩建，形成园林，时有园林建筑2500平方米，玲珑的假山，幽雅的亭轩，苍翠的树木，池中遍植荷花，清香四溢，是人们纳凉消夏的胜处。1963年版《江南园林志》将落帆亭列为名园。"文化大革命"期间遭严重破坏。1988年重修。落帆亭对面原有羞墓,相传为汉朱买臣妻崔氏葬所。

2010年7月,落帆亭公园经重新规划后开始重建。公园占地面积1公顷,总建筑面积1292.8平方米,分文物古迹区和游赏休闲区两部分。文物古迹区主要由落帆亭园林及杉青闸官署两部分组成,是景区内精华所在;游赏休闲区主要由土墩、水池、林木及廊、亭、桥组成,水乡特色浓郁,富于野趣,环境古朴幽静。

杉青闸遗址

位于杉青闸路。杉青闸是古代运河中控制水流的重要设施,宋以前已设,在杉青闸还设官署。据《宋史·河渠志》载,宋熙宁元年(1068)七月,杭州长安闸、秀州杉青闸、常州望亭堰同为加强管理的闸堰。这里是大运河苏嘉杭间交通要道。元末张士诚部与元军杨完者曾在该处大战,闸旁死伤万余人。宋、元后因水流变化,闸废,仅存地名。据考证,杉青堰闸原址在落帆亭。

有百步桥,古杉青闸北侧苏嘉运河纤塘上,原桥古朴。清道光十六年(1836)重建。穆河溪经此与京杭大运河相通。

清代以前,百步桥边建北教场。清代后期,北教场附近驻水军,穆河溪水面宽阔。水军训练指挥台设附近来字圩。来字圩位于百步桥北堍,为一狭长小岛,全长约2100米,最宽处近300米,四面临水,传古时曾作牧马场。

第九节　范蠡泛舟

相传越灭吴后,范蠡和西施隐居湖畔,故得名范蠡湖。在唐代建城墙时,范蠡湖围在城中。湖边建西施妆台、范蠡祠,还有檇李园和金明寺,是一方幽静的园林。范蠡泛舟包括范蠡湖公园景点。

范蠡湖

范蠡湖位于环城南路北侧,与嘉兴三中毗邻。传为越国大夫范蠡助勾践雪洗会稽之耻后,偕西施泛舟五湖时隐居地,湖因此而得名。该湖亦有西施冢之说,传西施死于此地,葬于湖中。古人记载范蠡湖水域广阔,后因唐末建城,将湖一角围入城中,湖面缩小,清末,湖面周约1.33公顷。现仅长100多米,宽15米,整座园林占地面积5351平方米,景点环湖而筑。解放后,范蠡湖曾一度围入嘉兴一中校园。

西施妆台　位于范蠡湖。相传西施居于此,每日倾脂粉于湖,湖中遂产五色螺。清光绪年间,重建范蠡祠时,建为歇山顶抬梁式水阁,南向临湖,名为西施妆台。

内有范蠡和西施塑像。北面墙中嵌有"范少伯祠""浮碧"石匾2块;妆台东有九曲小桥,桥上有亭,可坐憩;桥东北土阜上新筑檇李亭,亭旁植嘉兴名果檇李10株。湖东畔有仿古建筑吴越轩。

金明寺　位于西施妆台北。南宋开禧元年(1205),移海盐废金明寺额于此,遂称金明寺。明正统元年(1436)重建。当时有大殿3进,步廊10余间,现遗存前殿。殿中立西施梳妆、品尝檇李、精心学绣3组塑像。金明寺内原有湖天海月阁,明成化五年(1469)至嘉靖七年(1528)重修后冠"湖天海月"之名,游人得以凭栏望湖,成为观览胜地。明万历滇南池郭所书"陶朱公里"碑和明万历嘉兴知府车大任所书"放生池",嵌在围墙中。清乾隆时钱陈群所作《重建金明寺碑记》保存完好。

范蠡湖公园

西南临京杭大运河,东北倚环城西路,面积9.8公顷。2006年12月15日,由原城南公园和范蠡湖两处合并更现名。

城南公园于1999年建成,占地面积13.53公顷,旧址为南湖水产大队的部分鱼池及嘉兴建筑安装公司的预制品厂,分3期开发而成。城南公园与范蠡湖合并时,改造环城西路时预留下的涵洞,通道高2米多、长40米、宽6米,一侧墙壁雕刻了范蠡献计、西施学绣、越人望吴、功成隐退、发棹五湖等10则取自范蠡、西施在嘉兴的传说故事画面。沟通范蠡湖和城南公园间的交通。同时,范蠡湖公园改建,修建了通越阁、名媛馆、沉鱼轩、望月楼、商圣祠、陶朱公亭等具有吴越文化风格的仿古景点。公园分广场入口区、生态游憩区、水上活动区、儿童活动区、休闲娱乐区。全园有各种苗木10万多株，草坪近5万平方米。

通越阁　范蠡湖公园改建时新建的仿古建筑，以旧时嘉兴古城西门通越门命名，新建的通越阁为3层仿明清楼阁，是园中最高建筑。楼阁东面群植香樟、紫叶李，北面山坡种植银杏、枫香、柿树等大量的秋色叶树种，楼阁下为大运河和环城河水流交汇处，从三塔路远眺通越阁，满目绿树，两水环绕，高阁耸立，为一方胜景。

第十节　凌塘雅韵

21世纪新建的文化主题公园。拥有河滨绿地和历史人文景观，突出音乐主题特色，发挥水的生态特质，融入自然、主题、人文3大景观。是集市民健身休闲、度假旅游、文化娱乐等于一体的综合性公园。凌塘雅韵包括凌公塘文化主题公园和绿道景点。

凌公塘文化主题公园

位于凌公塘路，占地面积11.6公顷，建筑面积1.7万平方米，投资8000万元。2007年10月18日开工建设，2009年1月19日竣工开放。以河得名，定名为凌公塘文化主题公园。

公园呈带状分布，包括凌公塘水域及周边地块。突出"音乐"主题特色，分爱乐基地、五线谱景观带、文化馆及艺术家工作室、千年运寿桥、合唱广场、欢歌草坪、风情岛屿、艺术广场八大景点。按类型分自然、主题和人文3方面的景观。以旋律广场、五线谱景观带、欢乐草坪、琴键亲水平台、荷塘月色等景点烘托自然景观。主题景观由歌塔、风情岛屿组成。26米高的歌塔为园里最突出的景点，造型为丰润的歌喉在放声歌唱。5个岛屿分别为富有南亚宗教园林特色和印度风情的印巴岛；具有南美亚马逊热带雨林意境的桑巴岛；充满意大利南部海岛情调的威尼斯岛；弥漫奥地利欧式建筑风格和浓郁异国情调的维也纳岛；体现本国本乡特点和江南韵味的江南岛。人文景观包括了艺术家工作室、合唱广场、爱乐基地等景点。

凌公塘绿道

2010年4月开始建设。为市区绿道网中的一条连线，全长约6千米。为市区先期建设的示范绿道之一。凌公塘绿道沿河两侧建造，有造型各异的9座桥梁连接。北侧自区行政中心正面进入拐向左，至南江路桥下右拐到对面折还。利用园林景观与植被绿地，将沿途凌公塘文化主题公园、翡翠花园、罗马都市、郁金香花园、嘉兴国际网球中心、南湖广场等12处建筑群体连接，处处皆景。绿道设置服务接待中心。交通指示牌、自行车租赁点等，有公厕、休息椅、健身器材等。绿道在施工过程中融入了LID（用生物工程护岸材料来恢复天然河道）理念，通过自然排水系统、雨后花园、生态滞留草沟、可渗透路面等，降低暴雨时的地表流量。规划中，凌公塘绿道将延伸至凤桥镇梅花洲，全长20千米。

嘉兴可持续发展公园　位于凌公塘文化主题公园东侧，2010年10月开工建设。9月，同济大学与瑞典斯德哥尔摩大学签订合作协议，建立中瑞环境健康研究中心（后更名嘉兴同济环境研究院），基地设于该处，并定名嘉兴可持续发展公园。占地面积9.82万平方米，总投资1亿元。分出入口服务、科普教育、科研试验、滨水休闲、生态绿林和生态保育6个功能区，由同济大学规划设计。

南湖广场　位于南湖区行政中心正南面，占地面积约8.8万平方米。2004年4月建成绿地。2010年4月，进行公园化改造。2010年4月12日，通过《南湖晚报》向社会征集园名，最后确定现名。

南湖广场由迎宾大道广场、大型草坪活动区、森林氧吧区、密林防护区4大区块组成。迎宾大道分左右两边通区行政中心大门，隔道有对峙的8根乳白色立柱，栽植高大乔木的花坛沿道延伸，大道中心依次铺设沃土嘉禾、运河名城、多彩南湖与和谐嘉兴4块地雕，每块地雕面积有300多平方米，其中"和谐嘉兴"地雕中的一百个"和"字，是从应征市民的作品中精心选取。大型草坪活动区为公园中最大的景观和休憩空间，森林氧吧区为丘陵绿地，树阴茂密，园路蜿蜒。防护密林区卫护在大草坪外围。公园绿化面积5.09万平方米，遍植香樟、杜云、桂花、银杏等数十种树木。

第十一节　湘湖寺影

湘家荡位于南湖区东北部，是明代一方名胜。新世纪开始新建各项文化休闲旅游工程，打造成为统筹城乡综合配套改革的示范区、长三角现代服务业集聚区和江南水乡旅游休闲度假区。2002年，千年古刹精严寺搬迁湖畔，古寺名湖相映成景。湘湖寺影包括湘家荡、精严讲寺2个景点。

湘家荡

原名相湖，又名相家荡、相家湖，近年称湘家荡，面积130公顷。风景优美，物产丰饶，盛产银鱼、黄蚬、南湖菱等。明代正统至天顺年间，嘉兴文人怀悦在相湖畔建柳庄，亦称怀家亭馆，内有钓鱼所、观莲亭、清风榻、白云窝、载春舫、耕云堂、载桑园、采菱滩等相湖八景。成为文人聚集的雅地，园亭诗酒盛极一时。后明都御史沈思孝在相湖畔建“绿萝庄”等园林建筑。

1997年12月26日，省政府批准建嘉兴湘家荡旅游度假区。规划面积7.15平方千米，融江南水乡风光、田园浪漫景色为一体，兼具现代水上游乐、农业观光、休闲度假等功能。2004年，投资3亿元完成1000多户农民和30余万平方米农居的拆迁安置和环湖岸的修筑。2008年，市城市投资发展集团有限公司、南湖区和七星镇成立湘家荡区域联合开发建设管理委员会，并与原湘家荡旅游度假区管理委员会合署，将区域面积扩大到43平方千米。由城投公司全额出资组建的湘家荡投资有限公司负责湘家荡度假区、城市东片楔形绿地区域范围内的项目融资、投资；由湘家荡投资有限公司与南湖区政府共同出资组建的嘉兴七星投资发展有限公司负责原七星镇区域范围内除湘家荡旅游度假区以外区域的开发建设。

2010年，湘家荡管理委员会完成《湘家荡周边地区城市设计》。届时，湘家荡水域及周边地区将形成十大景观区。其中，环湖路以内的滨水一带，重点建设生态湿地区、湖面核心景观区以及少量的休闲商业服务区；环湖路以东、以西区域，建居民小区和风情水街、宗教人文景观等特色区域。

月亮湾沙滩　位于湘家荡北岸320国道边。2010年建成一座人工沙滩，总面积43966平方米，其中，沙滩面积11267平方米，内部水域面积8144平方米，分体育休闲区、儿童玩沙区、水上游乐区和配套服务区。西南侧设沙滩浮动码头，游客可以在这里乘游船观赏相湖美景；西侧可享受沙滩排球和欢乐足球的乐趣；沙滩内8000平方米的戏水池成了消暑纳凉的好去处。配套设施有更衣室、淋浴区以及浪漫温馨的休闲观光餐厅等，将在2011年夏试营业。

精严讲寺

原址在精严寺街。1994年，在南湖乡花园桥附近重建精严讲寺，费时5年，已建成山门、金刚殿、三圣殿、放生池及东西寮房等。2002年，精严讲寺新址在湘家荡东侧奠基，占地面积88亩，总投资约6000万元，为解放以来嘉兴寺院建设规模之最。2005年1月17日农历十二月初八，天王殿、大雄宝殿建成，精严讲寺举行三世如来开光法会仪式，对外开放。2007年，举行《嘉兴藏》300年回归故里法会。2009年新建木纹观音殿，2010年举行大雄宝殿佛像开光，举办比丘三坛大戒法会。

精严讲寺始建于东晋成帝咸康六年(340)，尚书徐熙舍宅为寺，寺中有井发光，故称为“灵光寺”。吴越文穆王时，更名为“灵龟寺”。宋真宗大中祥符年间，御赐“精严”匾额而易名精严讲寺。曾与杭州灵隐寺、宁波天童寺并称为浙江3大丛林，为嘉兴七塔八寺之首。与杭州昭庆寺、苏州开元寺并称为江南3大戒坛。现收藏有宋代御赐精严讲寺的“戒碟石印”。清同治、光绪年间户部尚书翁同龢亲书的御赐“龙藏”匾额。宣统三年(1911)，辛亥革命光复嘉兴后，精严讲寺藏经阁为军政分府和光复会嘉兴机关所在地。1918年秋，弘一大师应范古农之请到精严讲寺藏经阁点校大藏经。

第十二节　梅洲石佛

石佛寺建于唐肃宗年间，寺院被小河环绕，地形宛如梅花，又名梅花洲，近年开发成旅游度假区。

千年古银杏、三步二爿桥、冯氏古宅和新建亭阁园林、拱桥民宅，成为南湖区AAAA级景区。梅洲石佛包括石佛寺、梅花洲2个景点。

石佛寺

位于嘉兴市中心东14千米处。唐肃宗至德二年(757)，乡人在该地掘得石佛4尊，遂建寺供奉，取名为石佛院。宋代赐名保圣院。明洪武时定名石佛教寺。地以寺名。经历代修建，石佛寺规模宏大。明代尚书孙简植、御史金灿等曾读书于此，建有书院。明、清时寺中多奇石，另有金刚桧32株，蟠槐2株，游者众多，为一著名游览地。明末，号称“海内三遗民”之一的隐士巢鸣盛就读于石佛寺，他手创的槜李匏尊(葫芦器)故宫博物院有藏。晚清，原江西德兴县知县张鸣珂侨寓嘉兴石佛寺，著有《寒松阁谈艺琐录》等。2007年11月28日，“古寺重光”奠基仪式在石佛寺遗址隆重举行。2010年4月18日，重修的石佛寺大雄宝殿举行隆重的落成典礼和佛像开光法会。

梅花洲

2008年，嘉兴市联众新农村建设有限公司启动梅花洲景区的开发建设与经营，注册资金2.23亿元。一期规划占地440公顷，目标为AAAAA级景区。景区被列入2009—2012年嘉兴市服务业投资“百项百亿”工程，2010—2011年浙江省服务业重大项目。

景区以石佛寺为中心，因地形“五方错峙，川流幽抱，状若梅萼”，故称之梅花洲。金刚桧、菩提树、一鉴泉、四佛石、梅花洲、青莲池、香花桥、白云丘等景点被称之“梅花洲八景”。其中石佛寺、古银杏树、三步二爿桥、香花桥、翰林府第等为著名古迹。翰林府第所处地方，历为文人学士攻读和避暑的地方，以“镜因幽胜，名以美传”盛名。明末以来，在此或近旁隐居的名士文人有岳飞后代嘉兴知府岳元声、大收藏家项元汴、著名画家李日华以及清代大文豪朱彝尊及其曾祖父朱国祚、知名文人彭孙贻等。于2008年5月20日动工建设的禅修堂，可同时容纳400人进行禅修活动。野营基地设木屋区、房车区、帐篷区、休闲区、垂钓区等，主要为自驾游和露营爱好者提供高质量服务。

古银杏树　位于石佛寺边，一树在河东，一树在河西，雌雄相对。经2002年鉴定，2株银杏树树龄均已有1240多年，为嘉兴最古老的树木之一，被誉为“平原树之王”。

三步两爿桥　始建于唐代，至今已有1250多年历史。传为方便香客和僧人化缘，在寺前两河交叉处建造了两爿桥，因从第一桥下来只走3步就上第二座桥，故称之为“三步两爿桥”。两桥以直角相连，似一把双连圆形锁，建在三水汇合之处的梅花洲花蕊上，造型独特雅致。

冯家大院　建于清同治前，由里人名士冯仲卿建造。占地面积2000余平方米，自西向东并排3栋房屋组成。西侧两宅为江南风格，最东侧临河的三进宅院具徽派特色。冯家大院现开辟为展示马家浜文化的民间收藏馆。

附：历代嘉兴景观诗咏

嘉禾百咏

宋 张尧同，诗咏嘉禾境内100景观，其中南湖区境有一半之多。

嘉禾八咏

宋 陆蒙老，字元光，归安人，宣和初为嘉兴令，作《嘉禾八咏》，后人因建八咏楼。

和嘉禾八咏

宋 周 邠，字开祖，钱塘(今杭州)人，嘉佑癸卯进士，神宗熙宁初为嘉兴守。

八景：

宣公桥　金鱼池　会景亭　五柳桥　披云阁
月波楼　苏小小墓　羞墓

嘉禾八景图题词

元 吴镇(1280—1354)，字仲圭，号梅花道人，为元代四大画家之一。元至正四年(1344)作该画。

嘉禾八景诗

元 辛 敬，字好礼，河南开封人，擅长行书、草体。

题咏的八景相同：

空翠风烟　龙潭暮云　鸳湖春晓　春波烟雨

月波秋霁　杉闸奔湍　胥山松涛　武水幽澜

嘉禾八景

明 金景西，永乐元年(1403)任东宫侍读，忆故乡风景，为赋八首。

八景：

鸳湖夜月　天星湛碧　幽港秋波　胥峰暮云

唐庄春树　武塘晴塔　风泾卧虹　钟带山茶

嘉禾十咏

明 沈尧中，字执甫，号瀛台，嘉兴人，进士出身，万历八年(1580)任南陵知府。

十景：

嘉禾献瑞　秀水扬辉　滮湖春日　鸳湖秋月　竺村烟雨

真如雪霁　景德晨钟　华严夜灯　长水飞帆　双溪夕照

南湖八景

亦称《嘉禾八景》：清许瑶光(1817—1882)，字雪门，号复斋，晚号复叟，湖南善化人，任嘉兴知府前后17年。

八景：

南湖烟雨　东塔朝暾　茶禅夕照　杉闸风帆

禾墩秋稼　汉塘春桑　韭溪明月　瓶山积雪

(各首诗咏内容详见第三十九篇“文献史料”第三章第二节)。

第二章　其他名胜景观

境内名胜古迹，自然风光除“南湖新十二景”外，还有许多景观如星星散布在南湖区大地上。大致可以归为自然、古迹、名人、宗教、城雕等方面，为与十二景相应，归为运河揽胜、园林风光、古迹尘封、名人踪迹、宗教遗韵、城雕印象6个方面。

第一节　运河揽胜

京杭大运河是中国也是世界上最长的古老运河，全长1794千米。京杭大运河嘉兴段从秀洲区王江泾入境，桐乡市大麻出境，全长81.22千米。南湖区段从穆河溪到南郊河，长约9.5千米，其中三塔湾到南郊河北岸属秀洲区，是大运河嘉兴段的精华区域，犹如一条彩带，串起两岸穆河溪、落帆亭；文生修道院、双魁巷；月河历史街区、范蠡湖公园；岳王祠、血印寺和三塔，以及环城河两岸的一颗颗人文名胜遗存的珍珠，闪烁着嘉兴城市文明和发展的灿烂与悲壮。是嘉兴古城文化和江南水乡文化最集中、最重要的展示地。

大运河南湖区段

按照大运河河流和两岸文化遗存，大致可以分为穆河溪到端平桥、端平桥到西丽桥以及西丽桥到三塔湾三大景观带。

2010年，大运河秋泾交汇处

穆河溪到端平桥景观带　从穆河溪到端平桥，历来是嘉兴城对外交通的北大门，为兵家必争之地和商品集散地。相传春秋时吴国在古长水和陵水道交汇处建有军事设施，称辟塞，也称由拳塞，是子城建造前嘉兴的古老城堡或集市，位置当在现百步桥至落帆亭之间。吴黄龙三年(231)，“由拳生嘉禾”的嘉禾墩就在辟塞附近，由拳由此更名禾兴。隋代开拓运河时，建有控制水位的上、中、下3层水闸的杉青闸。

唐筑嘉兴城后，这里是城外要塞，杉青闸设有官署。宋建炎元年(1127)，宋孝宗生于秀州杉青闸馆舍。明清时，杉青闸一带建有大营和校场，清康熙、乾隆南巡时，设行宫在现嘉洲长岛，俗称御花园。清初，浙江运往京城的漕粮都经过这里。清末，西方经济、文化沿运河渗入嘉兴。清光绪二十八年(1902)在大运河东岸新建英人所管的海关，街因名洋关街，直至1932年撤销，在设海关同时，法国天主教在海关北买地5.33公顷，建文生修道院和附属设施。

文生修道院、海关隔河相望的是江南名园落帆亭，取过杉青闸落帆得名。宋神宗熙宁初重建，经过几百年重修扩建，成为江南著名园林。1967年遭损坏，2012年重建。相传落帆亭后有汉代朱买臣妻的"羞墓"，流传着"马前泼水"的民间故事。运河从落帆亭到古城北门，河中有分水墩，将运河水分流到秀水，长纤塘。两岸是城外繁华之地，端平桥连接洋关街、鱼行街和塘湾街；秀城桥牵手芦席汇、缸甏汇，河中船旁船，街上店连店，米行、商行、油坊、酒家、药房延续几百年。

环城河景观带　大运河出端平桥后，过分水墩、北丽桥，依城墙过西丽桥到三塔塘，也可经秀水环城到鸳鸯湖，过五龙桥到三塔塘，是大运河穿过古城的一段。嘉兴古城建于唐文德元年(888)，历代有毁建，到1932年城墙全部拆除，建环城路、留环城河，如今环城河和环河绿化带一起，成为嘉兴古城的项链。当年环城河只有5座桥梁沟通城内外，到解放时有8座桥，到2010年有18座风格各异的桥梁跨环城河。昔日嘉兴古城内纵横遍布的市河，渐渐被填筑路，留下环城河、运河承载着历史，成为嘉兴水城的标志景观。

环城河上最年长的桥是明代石拱桥秀城桥，往北环一圈分别是北丽桥、荷月桥、建银大桥、城北桥、勤俭大桥、中山桥、吉杨桥、西丽桥、神龙桥、南湖大桥、杨家桥、紫阳桥、壕股桥、东门桥、嘉禾桥、秀水桥、秀州桥，这些古今桥梁见证嘉兴城从封闭走向开放，走向文明。

环城河两岸月河历史街区，船文化博物馆，范蠡湖公园，梅湾街历史街区，西南湖，放鹤洲，穆家洋房，清真寺，狮子汇渡口雕塑等景观，和环城河绿化带、座座桥梁一起，组成独特的风景，流淌着嘉兴的如歌岁月。

西丽桥到三塔湾景观带　是大运河南湖区段第3处景观带。3座7层宝塔位于大运河拐弯处，历来是大运河以及嘉兴的标志性建筑之一。该处原有白龙潭，水深湍急，行舟艰险，唐朝僧人行游过此，逐愿运土填谭，建塔3座镇潭中白龙，后建龙渊寺，宋为景德寺。相传苏东坡在此汲水煮茶，建有煮茶亭，乾隆南巡，赐名茶禅寺。旧时，三塔塘有踏白船等风俗。"文化大革命"期间塔寺全毁。1999年，在原址重建三塔和"茶禅夕照"牌坊等。唐宋以来，三塔塘上排满各个朝代的牌坊、石碑，茶禅寺、血印寺和岳王祠等寺庙。如今，血印寺、岳王祠已修复和重建，还新建状元及弟牌坊、通越阁等景观。过三塔湾，是新建的运河新城。

环城河绿化带

为嘉兴古城原外城边界，绕古城一圈，全长5.09千米。绿化总面积13万平方米，投入资金1926.6万元，为嘉兴旧城改造重点工程。沿河绿化带以疏林草地为骨架，融休闲、游览于一体，1999年夏季开工，当年完成城北桥至西丽桥一期工程。2000年建设荷花堤至南门水厂二期工程。至2003年3月全部建成。分别由嘉兴市园林绿化工程公司、杭州市园林绿化工程公司和温州红欣园林艺术有限公司中标承建。

共铺装绿带道路和地坪1.26万平方米。设置大、小型广场各1座。对历史古迹予以原地重建。砌筑3.3千米的外侧护岸。对沿河两侧及环城河上的桥梁进行景观改造和亮化。对沿河9幢住宅楼实施"屋顶平改坡、立面旧包新"。环城河东和环城河西北的解放路、栅堰路，原路幅宽不足6米，改建成路幅宽18米的城市通道。2001年，环城河外侧7.5万平方米的绿化带全部建成。绿化带内种植乔木、灌木和花草，配置花坛、假山等园林小品。沿绿带一周，散布众多具有历史纪念意义的小品建筑，如东门的春波门碑、宣公桥，北门的望吴门碑，西门的驿碑亭等。

古运河风情游

2004年，由嘉兴市旅游局开发，邀请上海、杭州等地专家进行实地考察，制定开发方案。线路为：从南湖会景园渡口码头出发，经南湖革命纪念馆、小瀛洲、狮子汇渡口、望吴门广场、中基路街区、船文化博物馆、城南公园、梅湾街区、揽秀园、壕股塔院等景点，最后回到会景园码头。

2009年9月，古运河风情游游船经过月河街区

环城河夜游

2007年，由嘉城集团旅游公司，启动沿河景观整治工程，2008年3月，又启动全长6.7千米（总投资1500多万元）的环城河亮化工程。2008年9月28日晚间正式开行环城河夜游。环城河夜游“水上巴士”采用古色古香的丝网船，每晚5点正起，每隔25分钟至30分钟发船一趟。售票时间至晚上9点。夜游一圈的时间大约为两小时。分别在南湖会景园、梅湾街和月河历史街区游船码头设售票点和停靠点。其中从南湖会景园出发的游客，依次经过铁路涵洞、梅湾街、范蠡湖、船文化博物馆、月河历史街区等众多景点，最后经芦席汇、狮子汇回到南湖。“夜游环城河”成了嘉兴旅游的新亮点。

第二节　园林风光

境内无山，自然风光秀丽，尤以河湖秀水为美。近年来，城市建设迅速发展。新建道路高楼的同时建设一批园林景观，绿化美化沿河湖风景。穆河溪绿地为古穆湖一部分，现还留下遗迹。人民公园是新中国成立后嘉兴城第一个城市公园。中央公园、嘉兴植物园是新世纪新建的大型城市主题公园，至2010年全区城乡有公园29个，绿地19处，还有环城河绿化带以及新建绿道，这些城市乡村的绿地和公园如绿色屏障，点缀着境内大地。

瓶山公园

瓶山高15.8米，总面积6600平方米，为市区唯一的土山。地处中山路与建国路交叉口。瓶山公园建于1987年，由瓶山阁、瓶山牌坊、灵光井、月波楼、八咏亭、枕峦亭等组成，公园石坊门上刻有中国著名园林建筑专家陈从周手书“瓶山”2字。

关于瓶山的由来，一说宋时置酒务于此，废弃酒瓶积之而成山岗；二说南宋宋高宗用御酒10万瓶犒劳抗金名将韩世忠及众军士于此，酒后积瓶成山；三说春秋时期越王献美女西施到吴国，途经嘉兴时，曾遣侍女月波送酒3000瓶，至此饮宴，积瓶如山。旧时该处曾多次出土陶制酒瓶，高近20厘米，口径约9厘米，旁有双耳或无耳，人称“韩瓶”。近代有学者考证，瓶山的形成是宋代城中疏浚河道时，挖出的河泥堆积而成。

瓶山脚下旧有项襄毅公祠，为明兵部尚书项忠而建。祠前有石坊，有古井一口。1918年，嘉兴县知事张昌庆重建南湖烟雨楼时，将八咏亭移置于瓶山上。1988年，嘉兴市人民政府在中山路改造时立碑建井亭。

八咏亭在瓶山中部，亭内挂有板刻《嘉禾八景诗》。枕峦亭在亭中可俯瞰中山路街景。枕峦亭北为新建的月波楼。山上新植松、樟、枫、杨等树及各种花卉，郁郁葱葱。2010年，瓶山公园开始重新设计改造，预计3年完成。

2008年1月，瓶山建国路入口处

人民公园

位于城东路，嘉兴火车站对面。原为铁路苗圃，1954年经铁道部批准移交地方管理，后建成休闲性开放性公园，占地百亩。曾是嘉兴最大的公园，年游客量在50万人次以上。

公园内有大草坪、荷花池、土山、假山、桂花林、盆景园、儿童乐园等，亭、阁点缀期间，曲径通幽。全园遍植百余种花木，数千枝乔灌木，树木参天。春夏花木茂盛，绿荫覆地；秋冬桂花飘香，梅林萧疏，四季环境优美，现为嘉兴市区植被覆盖率最高的市民公园。

1986年，在人民公园后门边重建辛亥革命烈士纪念塔。

1990年5月13日，为纪念嘉兴市与日本富士市缔结友好城市一周年，双方在公园内共同种植1株表示世代友好的香樟连理树。

2005年3月15日，开工改造人民公园，投资419.9万元。新建东园茶楼、回廊、水循环系统和管理用房，改造道路、铺装面积5350平方米，新建仿古建筑面积300平方米，种植各类地被植物50万株、面积2.7万平方米，种植草坪6800平方米。

穆河溪绿地

穆河溪亦名马河溪，为古代通太湖河流遗留的一段，形成一长形湖泊，通运河、清河等。20世纪80年代初，尚有面积53.33公顷，阔处达二三百米。湖中水深波澄，盛产鱼菱，所产菱质佳，称北荡菱。水乡风光秀美，历代有诗咏。现穆河溪北部属秀洲区嘉北街道。自中环北路南起至饮马河闸站止，长1240米，宽约30~40米，在区境内。2000年起，新建28米宽的建国北路时，于穆河溪西侧建穆河溪绿地。绿地平均宽约60~70米，遍植樟树、柳树、雪松和绿篱等植物，沿路多处设靠椅、石凳和健身器具。绿道中间有一向西小水湾，水湾边建凉亭，跨水湾建有小石桥，桥两边各有水面曲廊。近中环北路时，河道分叉，主流直达穆河溪宽阔处，往右有河流过百步桥沟通运河。饮马河闸站附近，另有清河、饮马河、秀水兜等支流通月河。这些支流流经的区域蕴含众多老地名和丰富的人文典故。中环北路北侧已新建穆河溪森林公园，市民习称穆河该段绿地为穆河公园。

中央公园

位于市区南片楔形绿地，含体育、少儿2公园。向南毗邻嘉兴植物园，北临中环南路，西至海盐塘路，东到纺工路，南达长水路，由拳路自东往西穿越园中，路北侧为体育公园，路南侧为少儿公园。占地面积101.93公顷，总投资8857.9万元。

2008年初一期工程开工建设的体育公园，总占地面积约45.33公顷，有球类运动区、沙滩活动区、亲子园区、拓展及极限运动区、划艇区、卡丁车区、真人CS射击射箭区等。其中，球类运动区占地面积约5.67公顷，主要项目有篮球场3个、网球场4个、门球场3个及标准足球场1个。2010年10月，体育公园正式开放。

少儿公园主要设青少年活动、水上活动、滨湖景观、岛屿景观区等。青少年活动区建儿童乐园和青少年活动中心。儿童乐园内有天文台、儿童迷宫、碰碰车、露天表演台、野营烧烤区等；青少年活动中心有动感影院、儿童科教馆、气象科普馆等，设英语园地、过山车、白沙滩、生态小木屋、大草坪及风筝区等。水上活动计划在宽阔超6.67公顷的湖面，开设水上摩天轮、划船等运动项目。滨湖景观用自然布局的手法，营造一个适宜散步、休憩、观赏的场所。岛屿景观区将以栈桥与岛相连，岛中央以观光塔为制高点，可登高俯视全园美景。2006年6月，在少儿公园内建造气象观测站及雷达站，投资2956万元。其中雷达站位于海盐塘靠中环南路边，投资800万元，22层，高99.8米，塔顶呈蓝色莲花瓣，白色球体，2008年7月建成。

嘉兴植物园

2005年7月，编制完成《嘉兴市植物园概念规划》。嘉兴市植物园东至纺工路，西至南湖大道，北至由拳路，南至规划曹庄路，总面积120公顷，总投资概算2.12亿元。布局分科研及管理、植物科普、中央景观、特色植物专类、田园景观5大区块。2007年6月，嘉兴植物园一期工程开工建设。至2010年底，已种植各类树木5万多株，植物种类200余种，开挖土方及水体20余万立方米，架设车行桥4座，铺设园路1.8万平方米，主入口广场及景观大道的铺装建设基本完成。

2009年，国际友好园建成开园，为嘉兴植物园组成部分。项目用地面积9.2公顷，总投资1880万元，由友好城市园区、国际名人园区2大部分组成。国际友好园集中展示嘉兴市与各个友好城市的市

2010年10月，植物园

树、市花、城市标志和当地城市的特色建筑小品和独特植物种类，体现嘉兴市与各个友好城市的民俗、文化。同年，10月22日，成功举办嘉兴市与日本富士市友好城市20周年庆典活动暨日本园开园仪式。

第三节　古迹尘封

历经历史变迁，遗留下的古迹尤为珍贵。严助墓，从西汉留传至今；沈钧儒家族墓，体现了沈家与嘉兴故土的渊源；梅湾老街彰现明清江南水乡民居和20世纪30年代海派建筑的融合；秀州中学，钟声已响百余年。明伦堂、宏文馆、高家洋房、穆家洋房，都有一段不同寻常的故事。双魁巷是难得一见的清末民初街巷。

梅湾街历史街区

梅湾街原是南门外弯曲古街，南门片区旧城改造后，留下古街梅湾街历史街区。2002年开始，嘉兴城投公司先后投资约4.8亿元在南门江南民居保护区内开发建设全市首家把历史文化和现代风貌相结合，融休闲、文化、娱乐、商业为一体的综合性街区。总面积10.5万平方米，共新建、修缮房屋总面积约11.4万平方米，其中整治修缮传统民居面积约2.5万平方米。以禾兴南路为界，整个街区分东西2个片区，由梅湾美食城、梅湾新天地、梅湾商街、梅湾老街和梅湾商务区所组成。改造后的梅湾历史街区，以“一湾一街两岛”（梅湾、梅湾街和梅湾岛、小放鹤洲）为主要特色。所形成的两小岛原为西南湖边的分水墩和梅湾洲，开发后建设成为风格别致的江南庭院式小岛，古树奇石，亭阁曲廊，小桥幽径。梅湾古街头枕一湾碧水，联接梅湾美食街、梅湾新天地等商街和商务馆的建筑，都仿造20世纪20—30年代嘉兴或上海商厦的建筑风格。三四层的大楼为清砌砖块，方框玻璃窗，洋瓦斜顶上镶嵌着老虎窗，整个古街既古朴又雅致，亦不失雍容华贵。

2009年11月，梅湾街牌坊

梅湾古街　2005年梅湾古街改建完成，2007年东块区完成。改造前的梅湾街，东起南当弄，西止二号桥，呈曲柄形，长300米，宽4.5米左右。传明万历年间有人在该处植梅，故而得名，后人亦称该地为梅墟。另有一说，街因曲折状呈梅枝形而得名。分外梅湾和里梅湾。梅湾街街口东起南当弄，从街口到中段弯曲处称外梅湾，西至街底五龙桥称里梅湾。清末民初又有陆氏在该处建园，植超山梅百株。近街底南侧西南湖水域是个湖弯，由于湖状弯曲，宜于泊船故称梅湾。梅湾古街改造后青石条铺地，东起禾兴南路，树有牌坊，西至城南路。两旁是2层楼江南民居，飞檐翘角，粉墙黛瓦。古街上汇集着古玩、书刊字画、珠宝等店铺，古宅大宅院内新开着老字号饭店、茶馆以及咖啡店。梅湾街76号为金九避难处和褚辅成史料陈列室。

双魁巷

北起光明街，东南至鉏家滩。1917年，绍兴宋传耳在洋关街购地666.67平方米，兴建双魁巷。双魁隐含“鸳鸯”和“一花双魁”之意。据传原计划开设青楼，因故未成，遂作民居。街面青石板小路长54米，宽2.5米。两旁共有26间相对排开的木雕二层砖木楼房，门户相对，格局一致，街巷房屋原先间间相通，可从头一间走到最后一间。巷两端均有过街楼。每间门面均为一门二吊窗，门楣上饰以精美浮雕，窗棂以镂空花格装饰。东侧房屋门梁为方木，西侧房屋门梁为圆木，寓意阴阳合对。整个建筑粗中藏细，紧凑整齐，为市区保存最完整的清末民初典型的江南水乡民用建筑群。

2006年4月，双魁巷内景

明伦堂

位于少年路中段，为境内稀有的古代规制殿堂。明宣德五年(1430)置秀水县，于现址建县学，亦称文庙。秀水县学原址甚广，南起与精严寺隔河相对，北至干戈弄。宣德七年(1432)冬，建明伦堂及斋庑，次年建大成殿、棂星戟门。正统九年(1444)塑孔子像，配以十哲。次年修建戟门两庑，置文昌阁、号房等。万历二十四年(1596)建尊经阁等。清太平天国战争时毁，同治七年(1868)重建。现仅存明伦堂。20世纪20年代后，曾作国货陈列馆。1928年辟为电影院。抗日战争时，明伦堂关闭。之后曾为国民党县党部所在地。解放后先后为文化馆、小学和嘉兴图书馆阅览大厅等。1999年7月10日动工修缮，次年1月11日竣工。重修的明伦堂为一座五楹大开间的厅堂。现额"明伦堂"系从董其昌"重修嘉兴府明伦堂序碑"中临摹，董其昌落款和朱文"董玄宰印"由南湖"鱼乐国"碑中所拓。堂中原有的6块碑刻仍保留在墙上。

严助墓

位于少年路辅成小学校园内。严助(？—前122)，由拳人，西汉赋家，富文采、善辞赋，为汉武帝时名臣。曾两度带兵平闽越，出使南越，任会稽太守，入朝后因案牵连遭杀。

严助墓占地面积2000平方米，为一高约5米的土墩，俗称严将军墓。清光绪《嘉兴县志》载："严将军墓有古树大数寻，枝叶皆西北向，天将雨，辄作剑佩鸣"。"文化大革命"时墓曾遭挖掘，据说一无所获，仍覆以土墩。现绿树满岗，爬坡有32台阶。

沈钧儒家族墓

位于余新镇长秦村8组。为沈钧儒夫妇、沈钧儒父沈澡卿和其他家族人员的坟茔。东临陆泾港，南200米处为沪杭高铁，坐西朝东，总占地面积2500平方米。

1934年3月22日，沈钧儒夫人张象徵(字孟婵)在上海病逝，1936年1月3日沈钧儒率子女送夫人灵柩至该处安葬，并筑一生圹，以备百年后与夫人合葬。同年3月1日，夫人逝世2周年时，沈钧儒到嘉兴视察建墓工程，并立墓碑。墓碑高约1.6米左右，宽约0.45米，正面书"沈衡山先生／张孟婵夫人之墓"，左侧刻有"民国丙子二月立"，右侧刻有"庚山甲向兼酉卯三分"，碑文系沈钧儒手书。该碑于1998年6月移置于沈钧儒纪念馆，仿制新碑重置墓前。

宏文馆

位于道前街13号，清代为嘉兴府考试秀才之处，旧有老柏、高槐、屠桂，古木葱郁。1929年建嘉兴图书馆，为3开间2层西式楼房。1936年9月，曾在该处举办嘉兴县文献展览会，展出馆藏及向社会征集的地方著述、金石书画等四五百件，影响甚大。1937年，馆舍为日本侵略军宣抚班占据。抗日战争胜利后，为民国嘉兴县政府办公楼。1949年10月至1952年，嘉兴专员公署驻该处。1953年，为机关幼儿园至今。园门西侧墙垣曾镌"重建试院文场碑记"等9块，现移置揽秀园。

高家洋房

位于紫阳街159号。占地面积1500平方米，院落660多平方米。由南北2座歇山顶楼房与东西厢房组成，均为2层。其中东西厢房均采用西式拱券外廊。为近代中西结合式私家宅院，是民国时期嘉兴最宏丽的住宅，至今保存完好。房主高如澧以田产起家，创办嘉禾布厂，曾为嘉兴县商会会长。抗日战争前夕，国民党军事委员会在嘉兴设置苏浙边区绥靖公署，以张发奎为主任，总部驻高家洋房，负责修筑自江苏常熟福山至平湖乍浦的防御工事(当时号称中国的马奇诺防线)。解放后曾为嘉兴新老兵中转站、嘉兴报社等。

穆家洋房

位于环城东路230号。由上海官绅穆湘耀于1929年建造的私家豪宅。居濠水北岸，西邻壕股桥，为3层“人”字形屋顶的红色砖瓦洋房，设计精巧。南面大门口有方形通风阳台，有楼梯直上3楼房门口，既可遮阳挡雨，又可观景乘凉。楼顶可南眺鸳鸯湖风光。1947年，该地为嘉兴县邮电局，1964年2月后，为职工居住。2001年5月，辟为嘉兴邮电博物馆，展出有600余件实物、500多幅图片。

2010年5月，穆家洋房

秀州中学

位于环城东路，原大门在秀州路。由美国基督教南长老会于清光绪二十四年(1898)创办该校，光绪二十六年(1900)定名秀州书院，于1910年迁至现址。1918年改名秀州中学。1951年更名嘉兴二中。后先后为嘉兴工业专科学校、嘉兴工学院、嘉兴二中。1981年，恢复秀州中学。2002年9月，学校迁入嘉兴穆湖新址，为完全高级中学。原址设秀州中学分部，招收初中阶段学生。秀州中学原有钟楼、校舍、科学馆和思金堂等建筑均为欧美风格，其中行政楼等校舍完整保存至今。

秀城桥

位于芦席汇跨环城河，始建于明景泰元年(1450)，横跨秀水，以秀州城得名。原是城外芦席汇、鱼行街通往城内的主要行人桥。桥身楹联西侧上联为：“帝道遐昌，兴水利而济涉”，下联为：“皇口巩固，乐民便以成梁。”东侧上联字迹已不可辨，下联为：“凭眺一濠，是号秀城之胜概。”桥身长35米，桥面宽3.8米，拱矢高约9.5米；桥南北各有台阶36步级；桥南踏跺因河岸狭窄不能伸展，故在桥堍石阶起步处筑有小平台，平台台级石沿街平行铺伸相连，构造巧妙。

秋泾桥

秋泾桥在闸前街，横跨秋泾河，原是通向市郊塘汇的要道，也是市区现存最高的一座单孔石拱桥。桥全长60.2米，桥面宽4.3米，桥孔拱矢高约11米。拱孔圈石分节砌置，金刚墙错缝顺砌。在桥顶西侧有狮子望柱2根，栏板、砷石均素面无雕饰。秋泾桥历史悠久，明万历《秀水县志》就有记载。秋泾桥于明崇祯十四年(1641)重建，清嘉庆十一年(1807)重修。桥整体造型舒展美观，气势壮观。清代著名文学家朱彝尊有诗云：“秋泾极望水平堤，历历杉青古闸西。夜半呕哑柔橹拨，亭前灯火落帆

2006年8月，秋泾桥

齐。”抗日战争初期，国民革命军曾据该桥与日本侵略军激战，桥上至今仍见战时遗痕。

文星桥

位于揽秀园明清古街东（详见第六篇“南湖”第四章第七节）。

端平桥

端平桥桥宽4.5米，原为单孔石拱桥，后经过多次整修，成为现在的方孔平桥，横跨古运河，连接嘉禾北京城和光明街、芦席汇。端平桥的桥名与乾隆皇帝有关，据传，此桥原名瑞平桥，乾隆皇帝下江南时，从船上看到的桥名被船帆遮去了一个“王”字偏旁，随口念出“端平桥”3字。从此，瑞平桥更名为端平桥。

1990年10月，端平桥

南河浜遗址

位于大桥镇焦山门村，西距沪杭高速公路100米。遗址呈东西走向，由几块高地组成。1996年4月至11月，为配合沪杭高速公路建设，省文物考古研究所组成考古队对南河浜遗址进行抢救性发掘，实际发掘面积约1000平方米。发现崧泽文化时期人工堆筑的土台1处，墓葬96座，房屋7座和灰坑26个，出土陶器、石器、骨器、玉器等文物700余件，被评为1996年全国十大考古新发现提名奖。

白坟墩遗址

位于凤桥镇永红村11组。北临万仁浜，东、西、南临万南港。东西长约300米，南北宽约200米，面积约20000多平方米。核心区域土墩高约10米，分上下两大文化层，为新石器时代崧泽文化至春秋战国时期的遗址。分布范围广，延续时间长，主墩部分保存完好，具有很高的历史和科学价值。

雀墓桥遗址

位于东栅街道雀墓桥村赵浜自然村。南北长300米，东西宽150米，共占地面积约45000平方米。1972年造桥时，曾发现一组良渚文化陶器。1983年初，发现墓葬2座，文化层为3层，出土鼎、深腹钵、罐形器、盛滤器等崧泽文化器物。当年经2次抢救性发掘，发现崧泽、良渚、古吴越3个不同时期的文化堆积，其中有古井14眼，新石器时代墓葬8座，灰坑2个，灰沟1条，编号小件400多件。出土器物数量较多，类型丰富，时间跨度大，具有很高的历史和科学价值。

第四节　名人踪迹

境内名人辈出，留下许多名人遗址遗迹。建区后，先后整理和重修名人祠堂、故居、纪念馆等。沈曾植故居、朱生豪故居和唐兰故居先后开放。褚辅成、蒲华纪念馆以及钱氏清芬堂、金九避难处、韩国临时政府要员住址，都成为地方著名人文景观。船文化博物馆，东方地质博物馆，容纳千百年时光流年，也留下一些历史文化踪迹。

岳王祠

民族英雄岳飞孙岳珂于南宋宝庆年间在金坨坊宅内始建家祠。明万历年间，岳元声兄弟在茶禅寺东新建岳氏家祠。清乾隆年间，岳飞二十三世孙岳鑑在原岳王祠右侧重建岳王祠。重建的岳王祠规模宏大。有正殿，寝殿和偏殿，供奉岳飞先祖，岳飞夫妇及子女，部将等，清咸丰年间战乱被毁。同治九年（1870），岳鸿翔等人重修，但规模已不及从前。到解放初期，岳王祠已残破不堪，祠内依然翠柏耸立，古树遮天。祠中有石牌坊，额书“万古精忠”，内供岳飞神位，已无神像。祠门外的两厢墙上书“精忠”“报国”。20世纪70年代，岳王祠大殿被拆，祠基为瓦筒厂。

2009年9月6日，岳王祠易地重建。新址位于三塔苗圃地块，北至明月路，南至三塔路，东至吉水花园小区，西至三塔里小区。规划用地面积17500平方米，建筑面积2549.7平方米。将新建牌坊岳王祠堂以及碑廊等。岳王祠堂西面是小公园绿地，有桥、水池等为传统园林建筑风格，至2010年底，已建大殿等。

20世纪30年代，岳王祠

辛亥革命烈士纪念塔

位于人民公园内。塔高14.5米，为三级式八角形水泥实心塔，最大直径70厘米，外形似灯塔。中国国民党革命委员会中央委员会主席屈武题写塔名。

辛亥革命时期，嘉兴是革命势力较强的地区，光复会发起人之一龚宝铨、同盟会浙江支部长褚辅成等都是嘉兴人。嘉兴一度是联络浙江革命力量的中心。在反清活动中，革命志士有的被清政权杀害，有的积劳成疾病故。其中著名的有唐纪勋、陈仲权、龚宝铨、敖嘉熊、徐小波、王维忱、姚麟7人。

2008年3月，辛亥革命烈士纪念塔

1925年5月12日，嘉兴各界人士为辛亥革命七烈士举行公祭。1931年，在中山公园内修建辛亥革命七烈士纪念塔。1979年公园改建为南湖饭店，塔被拆。1987年4月3日，在人民公园内按原样重建，更名辛亥革命烈士纪念塔。2009年10月，为纪念辛亥革命100周年，在纪念塔边新建辛亥革命纪念浮雕墙。正面为七烈士人像浮雕，背后为生平。旁边有纪念墙题记。

沈钧儒纪念馆

位于环城南路，由沈钧儒故居改建。沈钧儒（1875—1963），字秉甫，号衡山，原籍嘉兴，我国著名爱国民主人士和党和国家领导人。

沈钧儒故居为清代建筑，占地面积2100平方米，建筑面积740平方米。中轴线上有头门、仪门、大厅、塞门、堂楼，两侧有厢房。1997年2月，中共中央办公厅批准在嘉兴建立沈钧儒故居，8月动工维修，次年3月完工。1998年6月，沈钧儒纪念馆对外开放。时任中共中央总书记、国家主席江泽民题写馆名。纪念馆堂楼布置了沈钧儒生平事迹展，共分8个部分，展出400多幅照片和100多件实物（沈钧儒生平见第三十八篇“人物”第一章）。

2003年8月，沈钧儒纪念馆

褚辅成史料陈列室

位于现梅湾街西区。褚辅成（1873—1948），字慧僧，著名的社会活动家、爱国民主人士。早年留学日本并加入同盟会。辛亥革命时期，曾任浙江军政府政事部长。北伐战争时，任浙江省政务委员会代主席。1946年5月，任九三学社中央理事。陈列室为褚辅成原南门西米棚下故居。于2006年5

月开放。室内安放着褚辅成先生的铜像，展陈面积240平方米(褚辅成生平见第三十八篇“人物”第一章)。

金九避难处

位于梅湾街76号，现设“金九在嘉兴”专题陈列室。1932年4月29日，韩国临时政府金九等人在上海虹口公园制造了震惊中外的“虹口爆炸案”。为躲避日军搜捕，在褚辅成帮助下到嘉兴避难。金九避难处为褚辅成继子陈桐生的住宅。南濒西南湖，北靠梅湾街，风景秀丽。为仅有东西两居室小楼。西侧有陪弄，南北两端各有小门，如有意外，可迅速跳上停泊的小船，从水路转移。东侧为客厅，在西南角有扇较为隐蔽的门，为上楼的暗道直通金九卧室。卧室西北角有活动地板，一旦发生意外，可以从楼上搭梯直接通室内河埠上船。

2009年11月，金九避难处楼房后门及河埠

韩国临时政府要员住址

位于梅湾街日晖桥17号。为建于清代的4开间两层楼宅院，坐北朝南，背枕城廓。1932年5月，韩国临时政府要员李东宁、金毅汉、朴赞翊等及家属，在褚辅成安排下，从上海转移到这里。此后，严恒燮护送金九、安恭根等及家属从上海抵达嘉兴。金九的母亲与儿子金仁、金信也居住于此。1935年10月下旬，由金九筹划，韩国临时议政院16名议员会集南湖，在一艘游船上举行非常会议。金九、李东宁和赵琬九3人被补选为国务委员，组成韩国临时政府第十三届政府。

沈曾植故居

位于姚家埭1号。沈曾植(1850—1922)，清光绪六年(1880)进士。曾在京城为官，后调任江西广信、南昌知府、安徽提学使、安徽布政使等。精于史学、文学、地理，擅长书法，被誉为“三百年来第一人”。

沈曾植故居为坐北朝南的砖木结构清末四合院住宅建筑，2001年12月30日修复后对外开放。面积995平方米。内有走马堂楼及厅堂、花园等。大厅悬“驾浮阁”额，正中为先生留辫蓄须戴镜的半身铜像，铜像后是他手书的《文心雕龙·原道篇》。第二进为晁采楼，陈列了沈曾植的文稿、书信和他使用过的文房四宝等(沈曾植生平见第三十八篇“人物”第一章)。

汪胡桢故居

位于梅湾街历史街区39号，在长水塘西南湖交汇处。汪胡桢(1897—1989)，我国著名水利工程学家，曾任中国科学院学部委员，主持设计建造中国第一座大型连拱坝——佛子岭水库及黄河三门峡水库等，被誉为“连拱坝之父”。

汪胡桢故居经1928年、1935年两次扩建。汪母在园内外遍植香樟、松柏、桂花、棕榈、桃树、腊梅、枇杷等，四季花木扶疏，所以宅第有“汪家花园”之称。抗日战争时，故居损坏严重。1948年，汪胡桢对故居进行重修，勒石取名“湖滨小筑”。现故居前后两排中式平房，中由房廊贯通，鸟瞰呈“工”字形。前面4间作卧室、卫生间，中间楼梯通向上面储藏室；后面3间为书房和大小客厅；东是阳台。外观清水砖墙、朴素典雅，园内一片葱茏(汪胡桢生平见第三十八篇“人物”第一章)。

朱生豪故居

位于禾兴南路，梅湾街历史街区东区。朱生豪(1912—1944)，著名莎士比亚翻译家。

朱生豪故居原为东米棚下14号的砖木结构2层楼屋。2005年6月，移地重建。现占地面积约430平方米。底楼中间3间为朱生豪生平资料陈列厅，旁边2间分别为朱生豪专题陈列和朱生豪与宋清如生活居室陈列。楼上复原朱生豪工作、居住的房间以及宋清如后来居住的房间(朱生豪生平见本志第三十五篇“人物”第一章)。

2010年5月,朱生豪故居

唐兰故居

位于月河历史街区秀水兜67号。唐兰(1900—1979),是我国现代著名学者、文字学家、金石学家、历史学家。

唐兰故居为1幢砖木结构的两层楼房,占地180平方米,由大门、小天井、楼屋、厢房、小平房及小院子等组成,目前基本保存完好(唐兰生平见第三十八篇“人物”第一章)。

2008年12月,唐兰故居

钱氏清芬堂纪念馆

位于梅湾街历史街区西区。原宅在南大街莲花桥,为4进10开间,于1765年所建,1998年拓宽中山路时被拆除。2005年,易地在此建馆。

据地方史料记载,清刑部尚书钱陈群,幼时因家贫请不起名师,他母亲陈书每天夜纺不辍,用以维持生计,并为子篝灯课读。钱陈群考中进士在京作官后,为报母恩,特请画师作了《夜纺授经图》,并写下《敬题家慈夜纺授经图》诗5首。乾隆十六年(1751),乾隆被母慈子爱场景所感动,题绝句两首赐钱陈群,在《夜纺授经图》上御书“清芬世守”4字。钱陈群感恩戴德,将宅名题为“清芬堂”,制成木匾,悬挂于故居中厅(钱陈群、陈书生平见第三十八篇“人物”第一章)。

蒲华美术馆·嘉兴画院

位于中和街25号,与瓶山公园相连。占地面积3.72亩,建筑面积1956平方米。蒲华(1832—1911),原名成,字作英,号青山野史,嘉兴人,近代著名书画家。

20世纪30年代初,红卍字会嘉兴分会在此建会馆,整座建筑由两幢西式2层楼房和附属用房组成。西边主楼前有依瓶山的庭院,进门有天井和左右厢房。抗日战争时,红卍字会馆成了敌寇驻嘉兴的最高司令部。1942年,汪伪政府的清乡委员会浙江办事处设该处。

2000年,会馆辟作蒲华美术馆·嘉兴画院。3月开工维修,12月竣工开放。设蒲华纪念室,另设大小展厅3个,多功能大厅1个。

船文化博物馆

位于栅堰路。旧址是嘉兴造船厂厂房,2003年10月改建成船文化博物馆,建筑面积1800余平方米,为国内唯一以船文化为主题的博物馆。

博物馆为3层建筑。一楼主题为“舟船史话”,介绍原始人造舟制桨、大运河开凿、漕船漕运与郑和下西洋的故事;二楼主题为“水乡船运”,展示形态功能各异的“船”,介绍古时嘉兴一带具有水乡民俗风情的船文化;三楼主题为“船舶科技”和“世界名船”,以多媒体展示中外各种名船名舰,模拟大型船舶驾驶。室外沿古运河停泊4艘画舫、帆船等船,以营造港湾氛围。馆内开辟航模活动中心,为青少年参与航模训练、比赛提供活动场所。

浙江东方地质博物馆

位于广益路国际中港城内。2007年6月开始筹建,2008年4月22日开馆。面积1.2万平方米,设恐龙、地球、夜明珠、岩石、矿物、化石、宝石、火山、浙江山水放映、石油勘察、全省地质地貌沉降、地震逃生演示12个展厅。馆藏1.2万余件(套)标本,总投资2.5亿元。其中1件获世界吉尼斯纪录,2件居全国之冠。新疆奇台县运来的松柏硅化木和银杏类硅化木,分别长48米和37米,生长于距今2.03亿年到1.35亿年间的侏罗纪时代,经历数千万年石化过程,为自然界罕见标本。展馆目前为长三角地区面积最大、品种俱全、藏品精美的地质博物馆。先后被授予中国科普教育基地、国家防震减灾科普教育基地、国家国土资源科普教育基地、省科普教育基地、国家AAA级旅游景点等。

第五节　宗教遗韵

宗教文化是中华历史文化组成部分。境内宗教文化名胜古迹众多。嘉兴是江南佛教最早传入地区之一,从东晋开始,历代建造无数寺院和浮屠,虽遭毁损,现已经重建重修大部分古刹。15世纪时期,伊斯兰教传入,18世纪天主教、基督教先后传入,境内成为中西各教融汇之地,留下星罗棋布的宗教文化胜迹。

觉海寺

位于斜西街西首。前后3进,依次是天王殿、大雄宝殿、三圣殿,两旁有钟楼等楼阁。其中三圣殿保持明末建筑风格。寺额由原中国佛教协会会长赵朴初所题。嘉兴市佛教协会设于该寺。目前为嘉兴市区香火最盛的寺院之一。

原名报忠寺,宋淳祐九年(1249)朝散大夫赵汝俳舍宅为观,十一年(1251),朝廷赐名报忠观。元至正二十五年(1365),改观为寺。清初报忠寺供朱天君神像,传说是太阳神,称“太阳明明朱光佛”,实为明崇祯塑像。清雍正十一年(1733),朝廷拨款重建报忠寺,更名为觉海寺。次年,雍正亲书“觉海寺”匾额,赐檀香观音雕像一尊,一说是白玉观音,朱天君像移供于偏殿,限定每年三月十九开放。咸丰十年(1860),觉海寺毁于战乱。同治年间,重建观音殿。自雍正敕建该庙后,清嘉兴府、县官方典礼都在该寺举行。1983年,觉海寺重修,恢复佛事活动。1990年,重建山门,塑四大金刚像。

2010年10月,觉海寺山门

文生修道院

位于光明街大运河边,与落帆亭隔河相望。占地面积3.17公顷,建筑面积5677平方米。为一组轴线对称的西式建筑群。

1902年,法国神父步师加,时任中国遣使会会长,提议在中国建会院和神哲院。于上海觅址未得后,在嘉兴北门外购得土地百亩兴建文生修道院。1903年底竣工,为当时中国遣使会的唯一总修院,又称总会院。中外修士,研习教义,考试合格后晋为神父,派往各地。

整座修道院为中西合璧的大型院落,由两排楼房组成。南面一排为2层,北面为3层,各为12开间。两排楼房之间由南北向楼房相连接,平面为凹字形。整幢楼红砖平砌,水泥嵌缝,门窗采用券拱式,楼内有走廊相连通,整体保存尚好。全院有百年以上古树98棵,其中古香樟树86棵,为嘉兴市古樟树保留最集中的地方。

清真寺

位于环城东路。始建于明万历三十年(1602),占地面积3000平方米。建筑风格具伊斯兰“五门一照”特色。寺院坐西朝东,门前照墙上有“天方咫尺”4字,“天方”即指西方伊斯兰教圣地麦加。寺门门楼内有券门,上书“真哉唯清”,背面为明代教人所书阿拉伯文。进门为三开间平屋讲堂,堂角为礼拜堂,堂内设明拜楼等。主楼重檐翘角,古朴崇丽,内颇宏敞。寺门左侧为水房,是教徒礼拜前“大净”“小净”之处。

寺南首为清真女学。天井西侧有一亭阁，内有水井一口。寺中保留明万历三十年(1602)《嘉兴府建清真教寺碑记》和清乾隆四十年(1775)《重建嘉兴府礼拜寺碑记》等碑刻。1981年，清真寺再次大修。

2010年9月，清真寺

太平寺

位于新篁集镇南街。始建于南宋绍兴三年(1133)。传宋高宗赵构南渡时曾避难于该地，故名报恩寺。元时寺毁。明弘治七年(1494)重建。传其时瘟疫流行，凡饮寺中古井之水皆无恙，更名太平寺，又名太平禅院。太平寺效仿杭州灵隐寺，曾有天王殿、大雄宝殿、方丈殿等殿堂，寺周遍植名果槜李，成为一方名寺。

清康熙年间，太平古井、独门伞拳、楠木大殿、无字碑石被誉为"太平寺四绝"。乾隆年间，太平寺5次开堂传戒，解元张庭济3次撰《同戒录序》，名闻浙北。清嘉庆二十五年(1820)，重建或新建沸雪轩、文星阁、香积厨、茶寮和惜字亭。时有僧人100多人。清咸丰战乱，太平寺殿堂损毁严重，寺内花木凋零。解放后，残存大殿改作粮仓。1993年春，太平寺为嘉兴市郊区(现秀洲区)首家开放的寺院。1998年1月3日，主持宏正圆寂，火化得彩色舍利子，太平寺建宏正上人舍利塔供奉。2000年后，区佛教协会设在太平寺。2006年，将楠木大殿翻建为圆通宝殿，2008年造山门、钟鼓楼。2010年，新建大雄宝殿寺址扩建至20多亩。

2008年10月，太平寺大门处景观

冷仙亭

位于秀州路冷仙弄内。原系坐落在玄妙观西北隅的道纪司。明崇祯九年(1636)始建冷仙亭，设祠供奉冷仙神像。冷谦为元末明初的传奇人物，字启敬，武林人，道号龙阳子，自称黄冠道人，明洪武元年(1368)任太常协律郎，博学多才，精音乐，善书画，声闻天下。据说元末已百岁，被人神化，自以为神，故称冷仙。其故事在民间广为流传。相传冷谦曾于嘉兴玄妙馆生活修炼。故建亭纪念。

古时冷仙亭上为楼，下为轩，碧水萦流，景色清幽。几经兴废，清道光二十八年(1848)重建，土木结构，有仙家殿、玉皇殿、斗母殿等。仙家殿内供冷仙神像，殿前有剑池，古井，黄杨树。民国时期，冷仙亭还是一处清静的道观和纪念冷仙的胜地。解放初期，冷仙亭占地面积690平方米，有殿阁，剑池竹园、古树等。"大跃进"年代，古树被伐。"文化大革命"中，冷仙亭被毁，剑池被填，部分殿堂作民居。仅存古井和仙家殿等，住有信佛的比丘尼。1981

2010年，冷仙亭

年，冷仙亭被列为市文保单位，恢复宗教活动。1991年重修仙家殿，易名极乐精舍。1993年恢复冷仙亭名，对外开放，2004年改建大殿和门庭，新建厢房。寺庙虽小但精致整洁，香火兴旺，每逢初一、十五、菩萨圣诞日，香客拥挤，热闹异常。

大曹王寺

位于余新镇曹王村。原名曹王庙。2000年，改名曹王寺。传北宋初年，大将曹彬在平定江南时，奉旨屠城，不愿妄杀百姓，拔剑自刎。百姓感其恩德，筑庙祭祀。

2010年10月，大曹王寺内景

曹王庙历代重修，规模宏大，早在宋、元时为嘉兴著名游览地，明《嘉兴府志》载："每岁三月，乡人市女烧香者万计"。明清时盛行曹王庙会，每年的春节、清明和农历八月初二，数万人涌往赴会，还有戏班助兴。庙会上形态各异、色彩绚丽泥猫等泥塑远近闻名。清嘉兴籍在陕西为官的谭吉璁在《鸳鸯湖棹歌》中写道："泥孩纵说鄜延好，不及曹王庙上看"。其中，泥猫又称为蚕猫，用于养蚕时驱鼠辟邪，已成风俗，曹王庙蚕猫远近闻名。解放初期，大曹王庙尚有行宫、山门等建筑以及古石棺等古迹，有菩萨100多尊，1.5米直径左右的黄柏树10株，均毁于"文化大革命"。2000年，当地重建大曹王庙，更名大曹王寺。恢复每年的曹王庙会，并与当地文化节庆相融合，热闹依旧，泥制工艺品已少见。

小曹王庙

位于南湖大桥东堍，西南湖畔。正名为曹武惠王庙，又称小曹王庙奉祀北宋名将曹彬，建于宋，民间俗称小城隍庙，说曹王生前封王，死后为官城外

2002年9月，小曹王庙

阴司事。

清光绪《秀水县志》记："清雍正间，里人沈见龙重建，乾隆间复修，咸丰年末毁，同治中里人重建。"小曹王庙原有4殿，其中2殿毁于1958年。小曹王庙历来香火很盛，初一和曹王生日人们竞相涌来，尤以嘉兴城南乡民为多，邻县也都坐船赶来。1955年，庙舍改作真如小学。1958年拆了山门，毁了曹王塑像。"文化大革命"期间学校搬迁，庙址创办社队企业。1989年开始，周边村民每逢初一、十五和曹王生日自发在小曹王庙殿前烧香祈祷，新塑曹王像。1993年，小曹王庙经批准恢复，定名曹皇庙，但老百姓仍习称小曹王庙。2002年修复山门，大殿塑曹彬像。2006年恢复星宿殿，钟鼓楼等，农历每月初一和十五，香火较旺。南湖大桥下，庙前空地，摆满各式小摊。

小普陀寺

位于徐王路，长纤塘东岸、三面环水，原为长纤塘一小岛中寺庙，相传始建于唐元和年间（806—820），原名灵山寺，俗称小普陀，属舟山普陀山佛

2010年11月，小普陀寺远眺

系。1967年4月毁，2006年3月恢复重建，名小普陀禅寺。由安徽九华山旃坛林监院释果禅法师主持道场。现禅寺内已初成规模。山门迎面为天王殿；第二进为观音宝刹，门前楹联为“千变万化菩萨身，三十二应众生相”。最后一进为3层大雄宝殿，南临河，台阶有27级，巍峨壮观。寺南侧张家桥，原为小普陀旧山门，为市历史建筑保护点。

城隍庙遗迹

位于勤俭路611号，为明清时期府、县合一的城隍庙。始建于五代后晋天福四年(939)。宋端平年间(1234—1236)知县李时习重修。明嘉靖二十年(1541)大修。建成的嘉兴府城隍庙内，左右建祠各3间以祀嘉兴县、秀水县城隍。城隍庙内原殿宇森严、门庭高敬，内有珍贵文物梁朝桧和放生池、亭等。清同治重修。清代每逢春节、元宵节和庙会时间，热闹非凡，此俗至解放后渐消。城隍庙在解放后为嘉兴市、镇和秀城区机关驻地。20世纪50年代城隍庙大殿改建为政府礼堂，1983年拆除前殿及左右厢房，新建办公楼，1993年后殿拆除，新建五层办公楼。整个大院基本保留原结构风貌。殿前青石通道尚存。

2003年8月，城隍庙大殿旧址

第六节　城雕印象

综述

改革开放前，嘉兴市区城市雕塑基本为空白。随着城市的快速发展，城市建设品位的提高，以及满足人们日益增长的审美需要，区域内城市雕塑从无到有，逐渐遍布城市街道公园和景区。

20世纪80年代初，在中山电影院前广场建成第一座城雕“明珠”，喻意文化事业蓓蕾绽放。1985年铁路立交通车时，置于立交桥排水泵房屋顶的“民以食为天”大型城雕同时落成。雕塑为古代装束的男女站立着，双手平伸托着一捧水稻，命名为“嘉禾之光”。之后建成的城雕有“嘉禾之源”“马踏飞燕”等。一些主题性雕塑主要有市民广场上的“红色扬帆”，东门环城河边上的“中共一大代表雕塑群”，烈士陵园内的“英雄碑”等；装饰性城雕有第一幼儿园的“育苗”、范蠡湖公园的春秋历史大型浮雕、嘉兴博物馆的仿文物造型雕塑等；陈列性城雕集中在沈钧儒纪念馆、金九避难处、沈曾植故居等处。

2001年和2002年，先后在环城东路狮子汇、城南路与嘉杭路交叉口及南湖市民休闲广场，建起3座(组)城市雕塑(雕塑小品)。2006年上半年，开展一次城市雕塑小品设计方案公开征集活动，最终选定一批设计方案。确定在市中心8个城市绿地、重要道路交叉口建设新的城市雕塑。2007年12月23日，“五芳斋粽子”“嘉兴书场”“正春和绸布”“市井生活”和标致性雕塑“江南印象”分别设置在建国路步行街、建国路街心绿地和望吴门广场。2008年8月，确定巴金、刘禹锡、陆贽、吴镇、褚辅成和陈省身作为市区首批历史名人雕塑进行建设。2009年10月，又确定赵昚、黄昆、汪胡桢、蒲华、谭其骧5位历史名人雕塑方案。至2010年，嘉兴中心城区各类雕塑50多座，其中3米以上的大中型雕塑18座，约占总数的36%。

大型城雕

“1921·狮子汇”中共一大代表群雕　坐落于环城东路绿化带内。为一组有12尊人物铜像组成的群雕，平均高度1.8米左右，或站，或坐，三三两两呈正交谈状，再现1921年8月3日上午中共一大代表毛泽东、董必武、陈潭秋、王尽美、邓恩铭、、何叔衡、李达、刘仁静、包惠僧、张国焘、周佛海以及工作人员王会悟在狮子汇渡口焦急等待南湖游船的历史情景。群雕于2001年6月中国共产党诞生80周年纪念日前夕落成。

2009年10月，中共一大代表群雕

嘉禾之光　位于角里街铁路立交桥出口处，1985年12月29日建成，是嘉兴市第一座城雕，高约10米，用花岗岩巨石雕刻而成。有一对朝气蓬勃的青年男女展开手臂，手托两捆稻穗，寓意嘉兴是“鱼米之乡、丝绸之府”。1983年，嘉兴撤地建市，经济出现了新的腾飞。南湖是党的一大诞生地。城雕寓意嘉兴市330万人民在中共中央领导下，在建设有中国特色的社会主义道路上，昂首阔步向前进。

嘉禾之源　位于城南路与嘉杭路交叉口东北角，2001年6月落成。雕塑整体为三角形，内为钢筋混凝土浇筑，外为干挂花岗石。基座3个立面为浅浮雕，内容是马家浜遗址出土的器物，包括各类器具及稻谷等，基座顶面3个角上置3个立体石雕的出土器具，中间的主体雕塑是3束高耸的稻穗，通高22.8米。整座雕塑集中展示马家浜遗址的文化内涵，寓意嘉兴起源于7000年前的马家浜文化，故名嘉禾之源。

红色扬帆　位于市行政中心南，市民休闲广场上的大型音乐喷泉中间，2002年6月落成。雕塑主体采用抽象的表现手法，用几何图形巧妙地组成一船帆状，主体底部则用管材制作成一圈水波状。整座雕塑通体红色，隐喻中国共产党在嘉兴诞生，革命的红船扬帆前进，意喻嘉兴的经济社会发展犹如一艘鼓满风帆的船，势不可挡。

江南印象　位于北丽桥南堍东侧的望吴门绿地广场内，由4组设计独特的门窗组成。表现江南建筑中马头墙、木格窗的民居元素，展示江南水乡历史文化名城的个性特色。雕塑采用型钢制作，高16.8米，长18米，宽10米，2007年12月落成。

马踏飞燕　位于沪昆高速公路嘉兴东出入口东北侧绿地内，系中国优秀旅游城市标志，2008年6月落成。基座为正方型，花岗岩贴面，东、北、西3个立面均有壁画，内容分别是子城、茶禅夕照（三塔）和烟雨南湖，展示嘉兴悠久的历史和丰富的旅游资源。南立面则用中、英文书“中国优秀旅游城市·嘉兴”。基座之上是花岗岩贴面的长城烽火台造型。烽火台顶端是一地球，地球上面即是复制的出土文物东汉铜奔马“马踏飞燕”，整座雕塑总高为20.03米，意指嘉兴于2003年获评中国优秀旅游城市。

小型雕塑

鹰　位于中环南路与越秀南路交叉口东北角之街头花园中。花园中间设下沉式喷泉广场，雕塑立于喷泉正中。基座为花岗石贴面立柱，高6米，顶端为一圆球，立雄鹰，翼展5尺，全铜精铸，外贴24K金箔。鹰呈展翅欲飞状，鹰头略偏，傲视西南，意喻中环广场永无止境之追求。

鱼米之乡—五芳斋粽子　位于建国路与中山路交叉口西北角的街心绿地内，2007年12月落成。由一组街头叫卖的粽子担、桌子及长橙、食客组成，再现嘉兴叫卖粽子的日常生活情景。高2米，长5米，宽2米，黄铜铸造。

水乡余音—嘉兴书场　位于建国路中段西侧人行道。为男女艺人演评弹，再现老嘉兴评弹说书艺术场景。黄铜铸造，高2米，长2米，宽1米，2007年12月落成。

吴风越韵—市井生活　位于建国路中段东侧人行道。为老妪和两孩童在水井边洗衣服场景，再现老嘉兴人的生活景象。为黄铜铸造，高1.5米，长3米，宽2米，2007年12月落成。

丝绸之府—正春和绸布　位于建国路北段西侧人行道。为著名商号正春和绸布庄的经营场景，再现建国路商业繁华的情景。黄铜铸造，高2米，长4米，宽3米，2007年12月落成。

陆贽纪念雕塑　位于东门桥东堍南侧沿环城河绿化带内，由陆贽立体坐雕像和两块仙鹤浮雕、小石凳组成。陆贽为历史名人、唐代名相，左手握卷，右手捋须，头微仰，坐石正面刻仙鹤，背面刻陆贽简介。雕像左右两侧各置石，浮雕仙鹤，意喻陆贽曾建宅园于放鹤洲。雕像高1.8米，花岗岩制作，2009年2月落成。

刘禹锡纪念雕塑 位于环城北路望吴门绿地内，由刘禹锡的立体雕像和景墙组成。高2.2米，景墙正面刻刘禹锡名作《陋室铭》，背面刻刘禹锡的简介。用雪花白大理石制作，2009年2月落成。

巴金纪念雕塑 位于环城东路至环城北路转弯处的绿化带内，由巴金坐像和石凳、书籍等组成。晚年巴金雕像坐于圈椅上，手捧茶杯，翻开的书置于膝上，头微仰，神态和蔼可亲，身旁有书籍数册、眼镜盒等，意喻巴金一生学而不止、笔耕不辍。基座背面刻巴金的简介。用花岗岩制作，通高1.8米，2009年2月落成。

褚辅成纪念雕塑 位于梅湾街西区中南部、娱姥桥西慧园内，由褚辅成雕像和碑亭组成。雕塑用整块花岗岩凿成，下半部分为基座，上半部分为褚辅成立体半身雕像，头微侧，远望，呈凝思状。雕像北侧为一廊亭，亭内壁嵌一石碑，褚辅成的简介，亭柱上有楹联：报国自始终每饭不忘真民主；立身重名节盖棺还是老书生。高1.8米，2009年4月落成。

汪胡桢纪念雕塑 位于梅湾街区汪胡桢故居门口，系汪胡桢浮雕景墙，用花岗岩制作，高2.4米，长3.8米，宽0.4米。景墙中间部分刻汪胡桢简介，左侧为汪胡桢全身浮雕像，雕像双手捧一半展开的工程图纸，象征其一生从事水利工程事业。右侧刻汪胡桢部分学术论著名录，2010年2月落成。

陈省身纪念雕塑 位于环城东路秀州中学分部大门对面环城河绿化带内。由纪念亭和"数学之美"景墙组成。亭名"省身亭"，基础为混凝土结构，顶部为木结构。亭柱上有楹联2对，其中1对为："灿烂星辰，精深卌载见微知卓；温柔秀水，皎澈一湖追远怀贤。"表达出家乡人民对陈省身的怀念之情。"数学之美"景墙高2.5米，长4米，大理石制作，正面刻陈省身简介，背面刻若干几何图形等。2010年6月落成。

黄昆纪念雕塑 位于环城南路与府南街交叉口东北角街心绿地内，2010年6月落成，为黄昆浮雕景石。下部为基座，正面刻黄昆的简介。基座上是用花岗岩，黄昆浮雕半身像。高2.4米，长3.5米，宽0.7米。

谭其骧纪念雕塑 位于勤俭路与彩虹街交叉口西南侧人行道上，为谭其骧带基座的胸像。基座四方形，正面刻"1911—1992"两行文字，下面刻中国地图形状，意为谭其骧是著名历史地理学家；背面刻谭其骧简介。基座之谭其骧雕像，形态为手指托腮作深思状。高2.5米，大理石制作，2010年6月落成。

吴镇纪念雕塑 位于嘉禾桥与秀水桥之间的解放路西侧环城河绿化带内，落成于2010年7月。雕塑为一座人物雕像，基座之上，是历史名人、著名书画家、与黄公望等合称元代4大家的吴镇立体坐像，手捧一半展开的卷轴，头微仰，凝思远望，基座背面刻有吴镇生平简介。雕塑用整块花岗岩雕琢而成，通高2.2米。

第七节　消失的名胜古迹

嘉禾墩

原位于杉青闸古运河畔。吴黄龙三年(231)，"由拳野稻自生"，吴大帝孙权认为是祥瑞之兆，乃改由拳县为禾兴县，并于次年改年号为嘉禾。据《太平寰宇记》载：杉青闸后有嘉禾墩，相传即孙吴时产嘉禾处。"禾墩秋稼"为清《嘉禾八景》之一。1928年编的《嘉兴新志》载："(嘉禾墩)在杉青闸后，相传即吴时生嘉禾之地。

胥山

2010年10月，胥山遗址

原位于大桥镇胥山村。传战国时期吴国伍子胥在该处屯兵扎营得名（详见第十篇“镇街道”第三章第七节）。

楞严寺

原位于禾兴路区公安分局大院内。楞严寺始建于宋嘉祐八年（1063），为天台宗著名讲寺。传信徒种地掘出一尊佛，以其地造伽蓝殿供养。据1931年统计，楞严寺有僧人76人，为嘉兴各寺庙之最。明万历十三年（1585），僧真可（紫柏大师）来寺主持刻印的《嘉兴藏》，为我国规模最大最著名的一部佛教正宗典籍。20世纪70年代开始，楞严寺所有房屋先后被拆。现存5棵古银杏和1棵近千年的椭树。

1928年，楞严寺大殿

东塔　东塔寺

20世纪30年代，东塔

原位于甪里街东塔弄内。建于梁天监二年（503）。梁天监年间（502—519）建寺，因塔得寺名。

东塔讲寺原系汉朱买臣故宅。寺中有钟楼，南宋孝宗到此登楼，失足坠地，故改名“景龙楼”。东塔讲寺后原有朱买臣墓，墓碑为明嘉靖嘉兴知县手笔。现塔、寺、墓均已无存。

真如塔　真如寺

1959年，真如塔

原位于城南路绝缘厂宿舍边。真如教寺创立于唐至德二年（757）。唐大中十年（856）丞相裴休舍宅扩寺。真如塔建于宋嘉祐七年（1062）。毁于宋宣和三年（1121）。宋庆元三年（1197）重建。清顺治二年（1645年）又兵毁。顺治十六年（1659）重建。光绪八年（1882），寺僧不慎失火再毁。清光绪二十五年（1899）再建。其形制基本保留宋代旧观，高53米，塔基直径12米，可登临远眺。1959年，塔顶拆除，塔刹重5吨左右。初立于人民公园土山上，现置于博物馆内。1970年8月，真如塔全部拆除。拆除中发现一批明末塔砖和明崇祯七年写的经卷。

玄妙观

原位于勤俭路、环城东路间。始建于宋代，属茅山派道观，奉祀老子。元皇庆二年（1313），从碧漪坊移建于此。明洪武元年（1368）建三清殿。洪武二十四年（1391）定为讲寺。清咸丰年间兵毁。

同治间重建。为嘉兴城内唯一的道观，规模宏大。从现新马路到秀州中学分校一带，都为玄妙观的地方。1949年后，尚存部分殿宇，后毁于火灾，所在地被改建为学校。1979年学校被撤并后，此地建6层办公大楼，大楼南院内还残存1株古银杏树。

苏小小墓

原墓位于自由弄。此弄旧名贤娼弄，因苏小小墓而得名，解放后更名自由弄。苏小小系南齐歌妓，才艺出众，遭遇凄惨。据唐初《吴地记》载：苏死后葬于嘉兴县前。唐中叶徐凝作《寒食诗》云："嘉兴郭里逢寒食，落日家家拜扫归。唯有县前苏小墓，无人送与纸钱灰。"元至元《嘉禾志》载：（苏小小）墓高三丈，上有桃树2株，墓侧有大井1口。墓前有碑，题苏小小墓，系嘉兴府一通判所书。民国初年，当地人陶元镛重为堆土勒碑。1970年，墓碑场毁。

铜棺塔

原位于华庭街购物中心塔弄内，又名同官塔，俗称孩儿塔。始建于宋代。清光绪二十九年（1903）重建。至解放时已残破，没有塔刹，1966年秋拆毁。塔名来历不甚详。塔弄有民间传说（详见第十篇"镇 街道"第六章第七节）。

20世纪30年代，孩儿塔

净相寺

位于现新丰镇净相村。为嘉兴市著名古刹，嘉兴特产槜李原产地。建于梁天监元年（502），经历代修葺、重建，有大殿、僧舍数10间，辖10房僧人。部分建筑毁于清咸丰年间战乱，大部分建筑毁于日本侵略军炮火。解放后净相古寺基本塌圮，尚存1株古银杏树。传净相寺槜李被视为禅林珍品，不轻易予人。清代僧人苦于朝廷勒索，几乎将果树砍伐殆尽，寺内西房僧人余泰曾留存1株，解放初尚存，1955年枯死。经市农经部门组织力量栽培，使槜李这一濒于绝种的名果得以新生。

2008年9月，净相寺遗址古树

天宁寺

原位于天宁寺街。为原严助故宅，唐时建寺院，宋时定名天宁寺。南宋时规模较大，有禅堂、大殿、钟楼以及毗卢等殿宇，另有寺田2000亩。元时，寺中有奇石"秀石峰"，号称"南湖第一山"。清代为嘉兴七塔八寺之一。清末始衰。民国时尚存大殿厢房古井等。解放后改为学校和居民住宅。

兴善寺

原位于凤桥镇新民村。建于南朝梁天监二年（503）。宋英宗时改称兴善院。明洪武二十四年（1391）定为兴善教寺。后寺周形成集镇，以寺得名。历经兴修，毁废于清中期，寺中的舍利双塔，系宋代遗物，双塔对峙，颇为别致。20世纪30年代仅存部分殿堂，解放后还存双塔及遗址。1968年拆毁。

珠庵台桂

位于现长水街道府南社区(原南湖乡珠庵村)。此地原有丛桂两株,为明永乐年间故物,树成台形,称为台桂。传珠庵台桂为明代一老尼手植,“枝柯四周缪结,累八九层,如浮屠状。”历代,秋天去赏花的人甚多。台桂于1959年枯死,庵亦于1972年拆除。

天带桥

位于现城南街道境,因原天带桥大队所辖马家浜自然村出土史前文化而闻名。传天带桥本名天打桥,有一孝妇梦天神告知,次日将遭雷击,她怕惊吓婆婆,在大雷雨中走到桥上去等候雷击,感动了老天爷,雷未击她,遂成地名。后叫作天带桥。天带桥初属蚂桥乡三村。合作化时为马桥乡六联高级社。公社化时为天带桥大队。1958年10月起属南湖公社。马家浜为天带桥大队15个自然村之一,1981年时人口104人。

天星湖

其中心区域位于现梧桐树街东。又称天心湖,为原古代湖泊,相传是秦始皇征发囚徒所挖掘。又有说是唐代嘉兴建城时,将湖围入城内而形成。据史书记载,宋代天星湖范围很大。明代,嘉兴曾设天星、马场、鸳鸯和相家四湖的河泊所,可见当时天星湖水面宽广,有渔业。因城内大户人家喜欢在湖滨建宅园,到清末,天星湖已和范蠡湖差不多大小。民国时,在湖之北面填了一部分建中山公园。其后,苏北盐城、兴化等地的客民纷纷在该地垦荒、搭棚盖屋。1958年后,天星湖基本被填平。

20世纪50年代,天星湖

徐王庙

位于原区秀水公社徐王大队。1982年时,原庙址即大队驻地,队以此得名。现属解放街道区域。据清《古禾杂识》载:“初八日烧八寺香,北郊外徐王庙最闹。市井人丛集,有换元宝还元宝等名”。另据《嘉兴府典故纂要》载:“徐偃王逃之会稽,其宗族有散在邑者,后世思王功德,立庙以祀焉”。清代朱彝尊《鸳鸯湖棹歌》中有“不待上元灯火夜,徐王庙下鼓冬冬”之句。据各类资料载:徐王又名徐偃王,春秋时为山东东夷族首领,战败逃至江南,后世各地建庙祭祀甚多。一些乡人视“徐王”为“谷神”,祭祀甚恭,该俗延续至20世纪50年代,后渐废。

青墩

位于新丰镇东北3里许,原登青村驻地。为胥山余脉,广寻数丈,四面环河,有小堤可通。明万历时建有青墩庙,庙基为伍子胥点将坛遗址。原墩上有银杏树合抱数周,后倒去。因旧时该处是文人雅士登高或踏青之处,清代更名登青庙。1939年起,是新丰镇公所驻地,解放后先后为初级社、大队、村驻地。20世纪60年代,庙被拆除。2000年后,原有土墩、河浜全部整平,风貌不再。

第三章　旅　游

第一节　管理机构

南湖区三产发展局

1985年,区商业局主管区旅游工作。2005年,设置区经济贸易局,区三产发展局与区经济贸易局合署办公。其中,区三产发展局承担原区经济贸易局承担的全区第三产业发展、管理职能。区三产发展局内设置旅游科。

区三产发展局编制和实施全区第三产业发展中长期规划和年度指导性计划，研究和提出全区第三产业发展的政策措施；负责对镇、街道三产发展的业务指导和考核，配合做好中心商贸区和秀城新区商贸业的建设。负责全区旅游观光业的行业管理，引导旅游业的社会投资和外资利用等工作。

局内设办公室（行业管理办公室）、市场科、旅游科等。旅游科负责全区旅游资源的调查、规划、开发、管理等工作；负责全区旅游统计，综合分析和预测工作；制定和完善特色旅游休闲区的管理办法和目标管理责任书；负责上级旅游发展政策的贯彻实施及对镇、街道旅游工作的指导、检查和考核。负责全区宾馆、饭店、旅行社等星级评定及复核、负责全区旅游企业、景区、特色街区整体形象的策划、宣传、促销、推广和招商等工作。

南湖区旅游协会

2008年3月26日成立，为嘉兴市首家县级旅游协会，成员为各旅行社、休闲农庄、宾馆、旅游客运公司、旅游购物中心等（见第十五篇“民主党派 工商联 社会团体”第一章第八节）。

第二节　规划开发

旅游发展规划

2007年8月27日，区政府下发《关于促进旅游业发展的若干意见（试行）》。加快南湖区休闲观光百里长廊建设，逐步改善旅游基础设施，提高全区旅游地的生态环境质量，新建和改建一批具有潜力的旅游项目，努力将凤桥梅花洲休闲旅游区打造成为国家AAAA级景区。充分发挥南湖区“烟雨南湖、运河古城”的品牌优势，整合市区3大历史街区及省、市文保点等景区景点的串线联动，进一步整合市区“吃、住、行、游、购、娱”六要素，提升旅游服务环境，打响“游在嘉兴，住在南湖”的口号，构建城乡旅游新格局。

旅游资源调查

2003年7—10月，按照省旅游资源普查规定和要求，制定区旅游资源普查实施方案，对区域内所有的旅游资源进行了调查。调查具体划分交通、城建、水利、农经、文教、统计、气象等几个课题进行。普查结果表明，全区拥有211个旅游资源单体，排列全市第一位，占该次普查出来的全市1156个旅游资源单体总数的18.25 %，单体密度为每平方千米0.50个。全区旅游资源主类拥有8类，分别占全国、全市主类数100%。旅游资源亚类22种，占全国31种亚类数的71%、占全市26种亚类数的84.62%。基本类型58种，占全国的37.42%，占全市的63.04%。旅游资源储量以建筑设施类为最高，储量总分达475分，天象与气候景观类最低，储量总分只有5分。区全部单体中，自然旅游资源单体数量为22个，人文旅游资源单体数量为189个。区的旅游资源的品质较高，三级以上优良级旅游资源单体74个，占全部单体的35.07%。其中五级（极品）2个，四级13个，三级59个，旅游资源平均品质分为3.59分。其中水域风光类和人文活动类分别达到了4.7分和4.29分。这两个分值充分显示了区水域风光和人文活动两个旅游资源占据了较大优势和主导地位，尤其是属自然资源的水域风光类占有绝对优势，为此，全区旅游资源是以人文旅游资源为主，自然旅游资源占有了相当重要的位置。

景区景点开发

南湖旅游区　位于市区（见第六篇“南湖”第四章、第五章）。

湘家荡旅游度假区　位于七星镇。列为全市重点建设的3大区域之一，打造成“宜游、宜居、宜业”的现代田园城市典范（见本篇第一章第十一节）。

凤桥梅花洲景区　位于凤桥镇。景区总规划面积为800公顷，一期规划占地440公顷，将建成宗教文化、禅修文化、历史遗址、生态景观等集于一体的景区（见本篇第一章第十二节）。

嘉兴周家庄园景区　位于七星镇（见本篇本章第四节）。

嘉兴市清园生态农庄　规划面积为23.33公

顷，以集高效农业生产、生态度假、餐饮娱乐、休闲观光等多种功能于一体的科技型、生态型、观赏型、娱乐型的农业园区。

第三节　红色旅游

2004年7月，国家旅游局确定在5年时间，全国重点建设以10大红色旅游基地、20个红色旅游名城、100个红色旅游经典景区为主体的红色旅游骨干体系。嘉兴南湖作为中国共产党的诞生地，具有得天独厚的红色旅游资源，当月，南湖革命纪念馆被授予全国爱国主义教育示范基地先进单位。

1959年10月1日南湖革命纪念馆建成开放至2010年，接待中外游客3000多万人次。2000年后，红色旅游在中国大地骤然升温，嘉兴与各地的来往与交流更加频繁。

2001年元旦，嘉兴市与上海市联合举行“沐浴党的阳光，迎接新世纪曙光—从上海‘一大’到嘉兴南湖”活动。开辟上海—嘉兴—乌镇“红色之旅”旅游线。5月2日，“党在我心中，南湖红船圣地行”——浙、黔、陕纪念建党80周年活动启动仪式在南湖举行。中共中央政治局常委、国家副主席胡锦涛参加活动。6月19日，中央电视台“心连心”艺术团在嘉兴举行“你是一面旗帜”大型慰问演出，隆重纪念中国共产党成立80周年。28—30日，嘉兴市在全国首创中国革命圣地旅游博览会，延安、遵义、西柏坡等全国30多个革命圣地和纪念地的代表到嘉兴参加博览会。11月6日，区旅游协会及企业参加在江西瑞金举行的革命圣地红色之旅推介会。2002年6月28—30日，嘉兴市策划承办第二届中国红色之旅交易会，举行中国红色之旅论坛，来自全国12个省35个革命圣地、纪念地的代表及上海、杭州、苏州、南京和本地150多家旅行社参加交易会。2004年10—11月，市政府与江西省旅游局共同发起“中国红色之旅万里行”活动。活动以瑞金为起点，历经10多个省、市，行程1万多千米，倡议发起《共同发展红色旅游井冈山行动纲领》。2005年2月，嘉兴南湖风景名胜区被列入中国百个红色旅游经典景区。“上海—嘉兴—平阳线”被列入全国30条红色旅游精品线路。同年4月9日，由浙江省与嘉兴市主办，江苏省、上海市有关部门参与的“浙江省红色之旅启动仪式暨江浙沪红色之旅首游式”在南湖举行。2006年6月28日，2006中国（浙江）红色旅游活动周中国红色旅游交易会暨红色旅游论坛在嘉兴举行，全国28个省市的红色景区代表、新闻媒体，以及苏浙沪400多家旅行社参加了交易会。同年，南湖革命纪念馆被评为“第四批全国青少年教育基地”“全国爱国主义教育示范基地先进单位”。2010年3月4日，韶山、延安、石家庄、遵义、广安、百色、临沂、瑞金、上海和嘉兴十大红色城市齐聚嘉兴，参加中国·嘉兴“红色之旅”合作与发展交流大会，出席“红色之旅”南湖起航揭牌仪式。

境内红色旅游资源有南湖革命纪念馆、南湖红船、南湖、狮子汇渡口雕塑、英雄园、辛亥革命纪念塔等。

第四节　农家休闲旅游

农家乐是改革开放后兴起的新兴休闲旅游形式，各具特色的农家乐景观和农家乐休闲旅游区分布全区。三星村桃花观赏、江南葡萄园区，为地区性农家乐休闲旅游景观。以周家庄园、渔里生态休闲农庄、清园生态农庄、神农百草园等为代表，是百姓体验农家生活、探幽自然乐趣的首选地方。

综述

2005年年底，农业休闲观光游，定为区乡村旅游发展方向，制定了一批重点规划项目，打造一条休闲观光百里长廊，涉及各镇及东栅街道10个农家乐点。2006年2月，周家庄园景区被评为国家AA级旅游景区，是区属第一个国家A级景区。凤桥三星村结合4月桃花节，确定24户农户为首批农家乐餐饮点，活动期间接待游客约18000人次。区编制了《南湖区休闲观光百里长廊规划》和《凤桥梅花洲生态休闲旅游景区规划》等地方性的旅游规划。2010年年底，全区16个纳入统计的农家乐点共接待旅游人数832.86万人，实现旅游收入2285.8万元。

三星村桃花观赏

位于凤桥镇三星村。民国初期,凤桥水蜜桃已闻名,其中以三星村区域为核心,分布联丰、永红等村。其中三星村1980年植桃10公顷左右,产桃13万余公斤。1992年起,凤桥镇大力扶持水蜜桃种植这一具有地方特色的农产品。到2000年,全镇水蜜桃种植面积已有800公顷,年产量15000吨。1998年起,以三星村为核心,每年3月举办凤桥桃花观赏活动,吸引各地百姓前来观赏桃花美景,成为嘉兴城乡一大盛事。2008年,凤桥桃花观赏活动提升为凤桥桃花节。2010年3月28日,由市旅游局、区政府主办的嘉兴市首届生态文化旅游节暨2010年南湖桃花节在凤桥镇隆重举行,观赏桃花的主要景点在三星村。

周家庄园

位于七星镇东进村,距320国道东进收费站东300米处,占地面积12公顷,以创办人姓氏得名。为一家集园林绿化、花卉租摆、休闲观光、旅游度假、特色餐饮为一体的综合型企业。总投资1880多万元。2002年始办周家庄饭店,继而引进以色列黄瓜、甜玉米、小番茄等农产品,花卉培植。2004年2月,庄园内建成钢丝拉索桥。为嘉兴市首座旅游拉索桥。2005年年底,通过国家AA级旅游景区评定。2006年,周家庄网站建立。2007年,《快乐赚钱的老顽童》在中央七套《致富经》播出。同时,与上海东方电视台“哈哈俱乐部”、上海教育电视台“聪明宝贝”栏目、上海优行社区旅行社等单位签订长期合作意向。获省农家乐特色点和市休闲观光农业基地等称号。

渔里生态休闲农庄

位于余新镇明星村。以余新古名渔闲里命名农庄。规划面积113.33公顷,其中一期占地面积23.53公顷。2008年9月20日,渔里生态休闲农庄开园,作为余新镇第十三届“渔里之谣”文化节系列活动之一。农庄分餐饮服务区、果蔬拓展区、垂钓茶馆区、商务洽谈区、野生动物园、苗木培育区6大区块。园内引种外地名贵古木,有香樟、香泡、胡柚树等,大多有几百年树龄,其中1株最长的树龄有1006年的古树,原生长于辽宁丹东。动物园里饲养着梅花鹿、马、驴等动物。农庄内有农家乐特色餐馆,以有机新鲜农家蔬菜和自养的家畜菜肴闻名。

清园生态农庄

位于新丰镇民丰村。于2008年7月21日筹建,2009年11月对外营业。规划面积23.33公顷,总投资1500多万元。

农庄内有连栋大棚和3.33公顷的单体大棚,专门用于特色蔬菜和瓜果的大面积种植。另有梨、桃、枇杷、柑桔等果树种植区域5公顷。建20亩的垂钓区,分2个垂钓鱼塘和养殖鱼塘。土家餐馆可同时容纳200多人就餐。并有多功能会议室、休闲会所、高尔夫练习球场等设施。环境清幽、绿水环绕、空气清新,主旨为游客打造“四季常绿,河水常清”的生态园。

神农百草园

位于大桥镇沪杭高速公路嘉兴东出口处,2006年下半年开张。园区覆盖面积35.33公顷,其中水域面积4公顷,包括百草园、百果园、百兽园和生态鱼塘,办有有机农家乐餐馆。嘉兴骑士马术俱乐部于2008年年初在园内筹建跑马场,占地面积3.33公顷,总投资120万元,翌年建成。

江南葡萄园区

建于1996年,全镇有7个村种植“江南”品牌葡萄,种植户1460多户,种植面积400公顷,总产量近9000吨,核心区位于大桥镇江南村。2000年,被列入浙江省林果特色基地。“江南”葡萄先后获浙江省精品水果展示会金奖、省农博会优质奖。大桥镇目前为浙北最大的葡萄产销基地。2007年,大桥镇在江南村投资建总面积768平方米、共4层的江南葡萄园观光大楼。其中1层为葡萄产品技术咨询服务部,2层为葡萄产品荣誉展示厅,3层为培训大楼,4层为敞开式葡萄观光大楼。2008年7月17日,大桥镇首届“江南葡萄”文化节举办。每届“江南葡萄”文化节将持续3个月左右。

第五节　旅游企业

综述

境内旅游企业始于20世纪80年代。1984年中国旅行社嘉兴支社成立，为境内第一家旅行社。1988年，以原外事办中旅嘉兴支社为基础，筹办嘉兴市旅游公司。1992年12月28日，嘉兴市城区旅行社成立，为区机关工会组建的全民所有制企业，为区属首家旅行社。1995年12月，嘉兴宾馆通过省旅游局三星级评定，成为区境首家星级宾馆。2003年6月南湖风景名胜区管委会成立，将南湖作为景区开发，建设范围为南湖环湖区域等。到2010年年底，境内有旅行社26家，A级景区3家，星级饭店5家。

旅行社选介

嘉兴市南方国际旅行社有限公司　1992年12月28日成立，原名城区旅行社，为城区机关工会组建的全民所有制企业。1994年改制为股份合作制企业，更名市南方旅行社。2003年转制为有限责任公司，更名为市南方国际旅行社有限公司。现位于勤俭路404号勤俭商务楼9楼，是市本级经济实力较强、规模较大的旅行社之一。1998年、1999年连续两年获全国百强旅行社、1998—2000年获省五十强旅行社、1999—2005年市十强旅行社等。2010年被评为嘉兴市著名商号。

南方国际旅行社大桥门市部

嘉兴国际旅行社有限公司　1997年11月成立，嘉兴市首家经国家旅游局批准设立的出入境国际旅行社，成立初期，公司隶属于嘉兴旅游局。2005年2月，转制为民营企业。公司总部位于嘉兴市环城西路375号汇丰商务楼B幢二楼，历年来荣获嘉兴市十强旅行社、嘉兴市十佳旅行社、四星级品质旅行社等

嘉兴市假日国际旅行社有限公司　1999年9月成立，位于建国路611号港澳商城三楼，具有一定规模、经营设施齐全、制度管理完善的中型旅行社，被评为省"五十强"旅行社、市"十强""十佳"旅行社，2008年获全国百强旅行社。

嘉兴市中青旅国际旅游有限公司　1996年成立，前身为嘉兴市新世纪教育旅行社有限责任公司，是全市首批四星级品质旅行社。荣获1998年度嘉兴市十佳旅行社、1999年度浙江省50强旅行社、1999年度嘉兴市十强旅行社、2010年嘉兴市十强旅行社。

嘉兴市加非国际旅行社有限公司　2004年6月1日成立。位于嘉兴中环南路华东石油大厦1楼，原为浙江康辉国际旅行社的控股公司，代理浙江康辉的出境游业务。2010年，更名为嘉兴市加非国际旅行社有限公司。

嘉兴市天天假期旅行社有限公司　2005年10月25日成立，是嘉兴首家由ISO 9001质量管理体系认证的旅行社，是浙江首批三星级旅行社，在2009年被评为嘉兴市旅游文明示范窗口，2010年成为区旅游推荐单位。

嘉兴市旅行社　1982年成立，为全市首家旅游社。专业从事观光旅游、会务旅游、中转旅游、票务及相关业务。先后被评为全国国内旅游百强企业、浙江省五十强、嘉兴市十强旅行社、嘉兴市优秀旅行社、嘉兴市南湖区文明单位。拥有斜西街营业部、瓶山营业部、南湖营业部3个经营网点。

新世纪教育旅行社有限责任公司　成立于1996年，是一家股份制有限责任公司。2009年通过

ISO 9001质量管理体系认证。被评为嘉兴市十佳旅行社、浙江省50强旅行社、南湖区服务名店等。2007年与嘉兴市阳光假期旅行社进行整合,实现强强联合。

广电旅行社有限责任公司 成立于2001年4月,注册资本40万元。先后被评为嘉兴市十强旅行社、南湖区优秀旅行社、南湖区首届服务名店单位。2008年初与嘉兴市慈善总会成立了嘉兴市首个"广电旅游慈善基金",承诺每接待一位游客捐款1元注入基金,用于资助失学儿童。

嘉兴市港澳联谊旅行社 成立于1992年,是嘉兴市国鸿汽车运输有限公司下属的国有独资企业(公司),是嘉兴市唯一一家自有航空机票出票平台的旅行社。

嘉兴市嘉工旅游有限公司 前身为嘉兴市职工疗休养旅游服务社,成立于1988年。公司隶属于浙江省总工会、嘉兴市总工会,是专门开展职工疗休养业务的旅行社。2006年,荣获市本级唯一一家"浙江省百佳诚信旅游企业"。

嘉兴市新世纪康辉旅行社 成立于2004年6月。2009年5月,由嘉兴市华东中油石油公司控股,注册资金150万元,质量保证金20万元。2010年有员工21名,其中导游11名,领队6名。所有员工均为大专以上学历,业务娴熟,素质优秀。

旅游商品生产企业选介

嘉兴市鸣华旅游用品厂 2010年成立,位于余新镇长秦村。为省旅游商品定点生产企业,生产销售各规格南湖红船模、江南游船、古代游船、战船、农船等系列船模。江南历史文化船模获国家外观设计专利。中央电视台"心连心"艺术团为建党80周年于嘉兴演出时,该企业为之精心制作的大型南湖红船船模深得社会各界好评。

嘉兴迈威尔工艺制品有限公司 2004年成立。位于凤桥镇三星村。专注于"风雅"品牌陶笛乐器的设计、研发与制造,已在国内设立了"风雅"陶笛品牌的专卖店100多家,经销店200多家。业务领域覆盖全国,同时外销。形成集市场培育、市场营销、市场开拓等业务于一体的综合性专业陶笛生产公司。

南湖区凤桥冯嘉生工作室 成立于2010年3月,位于凤桥镇新康 路29号。从事民间工艺品,竹刻,陶器的制作、销售及技艺传授。冯嘉生自幼爱好雕刻,篆刻。经历40多年的钻研,创作的黑陶和竹刻独具匠心,曾多次在全国、省、市级的有关展览中获奖。2006年被评为浙江省民间艺术家,也是嘉兴市非物质文化遗产凤桥竹刻传承人。

嘉兴市南湖斋食品有限公司 1997年9月成立。位于七星镇东进村,注册"红船"商标。主要产品有粽子、雪菜、月饼和年糕。产品主销江浙沪等地,先后在浙江农业博览会和浙江国际农业博览会上获奖。

嘉兴市潜福食品有限公司 2003年成立。位于余新镇黎明村。为全国大型的白玉蜗牛繁育、养殖和蜗牛食品加工基地。主要产品为"潜福"蜗牛系列产品,"潜福"商标被认定为市著名商标。"潜福"白玉蜗牛获浙江省农业博览会金奖。为浙江名牌产品。

嘉兴市文虎酱鸭总厂 1985年创办,位于东栅下塘街,是省民政骨干企业和农业龙头企业。是嘉兴特产文虎酱鸭的生产企业。

嘉兴市绿江葡萄专业合作社 2005年创办,位于大桥镇江南村。是嘉兴特产江南牌葡萄的生产、销售企业。合作社实施葡萄标准化生产,统一收购,统一江南品牌营销。

嘉兴市凤桥水蜜桃合作社 2006年创办,位于凤桥镇三星村。是嘉兴特产凤桥水蜜桃的生产销售企业。

嘉兴市味珍斋食品有限公司 2000年成立,位于新丰镇同义路,主要产品是粽子。通过建基地,带农户种植优质无公害糯米,主要销往北京、上海、广东、江浙等地。制作嘉兴特产粽子,创品牌"味珍斋"。

第二十三篇　名优特产

目 录

区境自然资源得天独厚，唐宋时所产之葛、丝、锦、帛已享誉各地，珍果槜李独一无二。历代劳动人民勤劳智慧，心灵手巧，盛产南湖鲜菱、新丰生姜、五芳斋粽子、张苹丰蜜饯等特产。

解放后社会经济迅速发展，改革开放以后，农业产业结构有了重大调整。工业、商贸业发展迅猛，产品、产量增加，品质提高。现代科学技术的运用，在传统特产、名牌继承和发展的同时，一批批新产品不断开发，获部优奖，获国家科技进步奖，成为著名品牌和新特产。五芳斋粽子、南湖菱、新丰生姜、竹林三元猪、文虎酱鸭、凤桥乌骨鸡、余新白玉蜗牛、大桥中华鳖、净相槜李、大桥江南葡萄、凤桥水蜜桃、大红袍荸荠等新老特产和著名品牌灿若星辰，盛名于世。

进入21世纪，区境内经常举办休闲嘉兴·时尚南湖文化节、餐饮文化节、美丽文化节、休闲购物节、旅游文化节、婚博会等活动。开展服务名店、服务明星、服务名牌企业活动，培育有南湖特色的名菜名点，以品牌建设推动第三产业的转型升级，促进经济健康发展和名优特产的创新。

第一章　著名品牌

第一节　品牌建设

1978年开始，境内工商企业争创名优产品，涌现一批国优、省优品牌。建区后，注重品牌战略争创名优产品和著名品牌。

从1999年开始履行区商标广告管理。2001年，在建国路创建“省、市著名商标一条街”。2002年年初，实施“名牌名品”战略。2003年，区制定助动企业品牌战略的十大举措，争创中国驰名商标、省市著名商标。2004年，对创建品牌先进单位实行奖励政策。

2005年，嘉兴市中华化工集团有限公司申报“久珠”商标全类注册，申请国际商标注册获成功。2007年2月，区已有中国驰名商标3件，省著名商标14件，市著名商标37件，市专业商标品牌基地1个。2008年开展区老品牌复兴课题研究，完成《重振嘉兴老品牌的报告》，出版《南湖品牌》《老嘉兴品牌故事》两书。策划开展老品牌复活活动和市、区著名品牌系列展示活动，放大商标和品牌的社会与经济价值，深化凤桥水蜜桃农产品品牌基地活动。至2010年，全区共获3件地理标志证明商标。

第二节　国家级商标

中国驰名商标

中国驰名商标是经国家工商行政管理总局商标评审委员会或人民法院依照法律程序认定为“驰名商标”的，在中国为相关公众广为知晓并享有较高声誉的商标。2004年6月19日，经报纸公布，“五芳斋”粽子商标被国家工商总局认定为中国驰名商标，这是全市首件中国驰名商标。

2006年8月，经江西省宜春市中级人民法院判决，认定嘉兴市中华化工集团有限公司的“久珠”商标为中国驰名商标。“久珠”系全市首件被司法认定为中国驰名商标的注册商标，也是区第2件中国驰名商标。12月31日，浙江禾欣实业集团股份有限公司的“禾欣”商标被江西省新余市中级人民法院司法认定为中国驰名商标。

2007年，新阳服饰、嘉欣丝绸、中意电器、欣欣饲料、荣泰科技、梦迪集团、斯帝特能源7家企业的注册商标，被不同地点的中级人民法院认定为中国驰名商标。区中国驰名商标总数10件，占全市中国驰名商标总数的三分之一，涉及农产品加工、服装、能源、电器、材料等多个行业。

至2010年全区中国驰名商标表

表23-1

序号	企业名称	商标	主要商品	认定日期	认定机关
1	浙江五芳斋实业股份有限公司		粽子	2004.6.19	国家工商行政管理总局商标局
2	浙江嘉兴中华化工集团有限责任公司		香兰素	2006.11.27	江西省宜春市中级人民法院
3	浙江禾欣实业集团股份有限公司		合成革	2006.12.31	江西省新余市中级人民法院
4	浙江新阳服饰股份有限公司		针织服装	2007.3.16	安徽省宿州市中级人民法院
5	浙江嘉欣丝绸股份有限公司		服装	2007.6.28	江西省上饶市中级人民法院
6	嘉兴市中意电器有限公司		冷柜	2007.9.4	陕西省榆林市中级人民法院
7	浙江欣欣饲料股份有限公司		饲料	2007.10.24	辽宁省朝阳市中级人民法院
8	浙江荣泰科技企业有限公司	荣泰	绝缘漆	2007.11.7	内蒙古呼伦贝尔市中级人民法院
9	梦迪集团有限公司		服装	2007.11.22	江西省上饶市中级人民法院
10	嘉兴市斯帝特新能源有限公司	斯帝特 SIDITE	太阳能热水器	2007.11.27	辽宁省朝阳市中级人民法院

地理标志证明商标

2003年6月1日起，我国实施对地理标志证明商标的注册和管理。2009年5月7日，南湖区“凤桥水蜜桃”地理标志证明商标获国家工商行政管理总局商标局核准注册，为区首件地理标志证明商标。2010年2月21日，“嘉兴南湖菱”获地理标志证明商标。2010年11月14日，“新丰生姜”（第31类）新鲜姜获地理标志证明商标。

1990年驻区国优产品

国务院从1978年9月开展第一个质量月活动起，确定每年评比一批国家级、部级和省级优质产品。至1990年，驻地企业产品获国优8只（3金、5银）、部优28只。民丰造纸厂生产的船牌A2电容器纸，嘉兴绢纺厂的红梅牌SPA特级210支绢丝、普级210支绢丝，获国家金质奖。

至2010年全区地理标志证明商标表

表23-2

序号	商标	企业名称	商品范围	专用权期限
1	凤桥水蜜桃	南湖区凤桥镇农业技术服务中心	桃（3105）	2009.5.7—2019.5.6
2	嘉兴南湖菱	南湖区水产站	水菱（3106）	2010.2.21—2020.2.20
3		嘉兴市南湖区新丰镇农业技术服务中心	新鲜姜（3106）	2010.11.14—2020.11.13

第三节　浙江省著名商标和知名商号

浙江省著名商标

1992年，首次组织开展浙江省著名商标评选活动，浙江五芳斋实业股份有限公司生产的粽子品牌“五芳斋”商标获省著名商标。1994年，嘉兴三塔建材公司“三塔”商标和境内“张萃丰”商标、“金三塔”商标、“天天”商标入选第二届省著名商标。

到2010年，南湖区共有浙江省著名商标19件。

至2010年全区浙江省著名商标表

表23-3

序号	商标	企业名称	商标所指商品或服务	最早认定年度
1		浙江五芳斋实业股份有限公司	粽子	1992年
2		嘉兴三塔建材股份有限公司	水泥	1994年
3		浙江欣欣饲料股份有限公司	饲料	1998年
4		嘉兴市秀城区文虎酱鸭厂	酱鸭	1999年
5		嘉兴市梦迪集团有限责任公司	针织服装	2000年
6		浙江新阳服饰股份有限公司	针织服装、真丝	2003年
7		嘉兴市芽芽水泥有限公司	水泥	2004年
8		浙江荣泰科技企业有限公司	绝缘材料	2005年
9		嘉兴市食品肉类有限公司	猪肉、熟牛肉、禽蛋制品	2005年
10		嘉兴市中华化工有限责任公司	香兰素	2005年
11		浙江禾欣实业集团股份有限公司	仿皮革	2006年
12		浙江嘉欣丝绸股份有限公司	丝绸面料、服装	2006年
13		民丰特种纸股份有限公司	卷烟纸	2006年
14		嘉兴市大桥农副业技术服务站	葡萄	2007年
15		嘉兴市绿环生物有限公司	肥料	2008年
16		嘉兴市潜福食品有限公司	蜗牛肉	2009年
17		嘉兴市十八里葡萄研究所	葡萄及其种苗	2009年
18		浙江中法农业科技发展有限公司	29类/鲜猪肉（证号3265077）	2011年1月13日省认定（2011年1月1日至2013年12月31日）
19		嘉兴市凯越饲料有限公司	31类/中华鳖（证号3391249）	2011年1月13日省认定（2011年1月1日至2013年12月31日）

浙江省知名商号

2010年，浙江江南大厦股份有限公司（商标：江南，属百货行业，地址：中山路）和浙江正益建设发展有限公司（商标：正益，属建筑行业，地址：昌盛中路252号）被批准为省知名商号。

第四节 市和区著名商标

嘉兴市著名商标

1995年4月，组织开展市首届著名商标评选活动。嘉兴电气控制设备厂使用于断路器的注册商标、浙江欣欣饲料股份有限公司使用于饲料的注册商标、嘉兴市秀城区文虎酱鸭总厂使用于酱鸭的注册商标被认定为嘉兴市首届著名商标。至2010年，南湖区共有嘉兴市著名商标71件。

十八里葡萄研究所工人培育生产的品牌葡萄

至2010年全区嘉兴市著名商标表

表23-4

序号	商标	企业名称	商品范围	认定或延续时间
1	嘉电牌	嘉兴市净湘电线厂	电线电缆	2002年11月市延续；2005年12月19日市延续；2008年11月12日市延续
2		嘉兴市顺风农牧业有限公司	饲料	2001年12月市认定、2004年12月市延续、2007年10月19日市延续、2010年12月2日市延续
3	松PINE树	嘉兴市巨成化工有限责任公司	白胶	2001年12月市认定、2004年12月市延续、2007年10月19日市延续、2010年12月2日市延续
4	凤 桥 FENG QIAO	嘉兴市秀洲区凤桥镇农业综合经营部	水蜜桃	2001年12月市认定、2004年12月市延续、2007年10月19日市延续
5	SHIGUIPAI	嘉兴酒厂	黄酒	2003年12月市认定、2006年8月2日市延续、2009年11月16日市延续
6		浙江东菱股份有限公司阳光大酒店	旅馆、餐馆、保健	2004年12月市认定、2007年10月19日市延续、2010年12月2日市延续
7		嘉兴市顺风农牧业有限公司	饲料	2004年12月市认定、2007年10月19日市延续、2010年12月2日市延续
8	RUI TONG	嘉兴市四通车轮制造有限公司	汽车钢圈	2004年12月市认定、2007年10月19日市延续、2010年12月2日市延续
9	莲珠	嘉兴市新篁米厂	大米	2004年12月市认定、2007年10月19日市延续
10	禾欣 HE XIN	嘉兴市禾欣米业有限公司	大米	2005年12月19日市认定；2008年11月12日市延续

续表 23-4

序号	商标	企业名称	商品范围	认定或延续时间
11	江南 JIANGNAN	嘉兴市大桥农副业技术服务站	葡萄、西瓜	2005年12月19日市认定、2008年11月12日市延续
12	越野	嘉兴市凯越饲料有限公司	中华鳖	2005年12月19日市认定、2008年11月12日市延续
13	红船	嘉兴市南湖斋食品有限公司	粽子	2005年12月19日市认定、2008年11月12日市延续
14	YUE TAI	浙江悦泰制衣有限公司	西服	2005年12月19日市认定、2008年11月12日市延续
15	船 BOAT	民丰特种纸股份有限公司	卷烟纸	2006年8月2日市认定、2009年11月16日市延续
16	禾欣	浙江禾欣实业集团股份有限公司	仿皮革	2006年8月2日市认定、2009年11月16日市延续
17	JinSanta	浙江嘉欣丝绸股份有限公司	丝绸服装、丝绸面料	2006年8月2日市认定、2009年11月16日市延续
18	博士 BOSHI	嘉兴市海鸥纸品有限公司	簿册	2006年8月2日市认定、2009年11月16日市延续
19	斯帝特 SIDITE	浙江斯帝特新能源有限公司	太阳能热水器	2006年8月2日市认定、2009年11月16日市延续
20	南湖 NANHU	嘉兴市南湖饲料有限公司	饲料	2006年8月2日市认定、2009年11月16日市延续
21		嘉兴市十八里葡萄研究所	葡萄	2006年8月2日市认定、2009年11月16日市延续
22		嘉兴市万事通电池有限公司	电池	2006年8月2日市认定、2009年11月16日市延续
23	典　维	嘉兴市浩篁纺织厂	围巾、披肩	2006年8月2日市认定、2009年11月16日市延续
24		嘉兴市超越饲料有限责任公司	饲料	2006年8月2日市认定、2009年11月16日市延续
25		嘉兴市顺风农牧业有限公司	饲料	2006年8月2日市认定、2009年11月16日市延续
26		嘉兴东方国药饮片有限公司	中药饮片	2006年8月2日市认定、2009年11月16日市延续
27	HAIQI 海奇	嘉兴市中意电器有限公司	冷柜	2006年8月2日市认定、2009年11月16日市延续
28	潜福	嘉兴市潜福食品有限公司	蜗牛肉	2006年12月29日市认定、2009年11月16日市延续

续表 23-4

序号	商标	企业名称	商品范围	认定或延续时间
29	太阳余新	嘉兴红太阳饲料有限公司	饲料	2006年12月29日市认定、2009年11月16日市延续
30	嘉香	嘉兴香料厂	香料、樟脑	2007年10月19日市认定、2010年12月2日市延续
31	缘园	嘉兴市绿环生物有限公司	肥料	2007年10月19日市认定、2010年12月2日市延续
32	嘉 通	嘉兴市大通机械厂	千斤顶	2007年10月19日市认定、2010年12月2日市延续
33	久珠	嘉兴中华化工集团有限责任公司	香兰素	2000年12月市认定、2003年12月市延续;2006年1月5日认定为浙江省著名商标(以下简称"省著")、2009年11月16日市延续
34	荣泰	浙江荣泰绝缘材料有限公司	绝缘材料	2000年12月市认定、2003年12月延续;2006年1月5日认定省著、2009年11月16日市延续
35	DBT	嘉兴市食品肉类有限公司	熟牛肉、鸡、鸭	2004年12月市认定;2006年1月5日认定省著、2007年10月19日市延续、2010年12月2日市延续
36	JK	浙江嘉控电气股份有限公司	断路器	2005年12月19日市延续;2003年12月31日认定省著;2008年11月12日市延续
37	DG 欣欣牌	浙江欣欣饲料股份有限公司	饲料	2007年10月19日市延续、2010年12月2日市延续
38	文虎	嘉兴市南湖区文虎酱鸭总厂	酱鸭	2007年10月19日市延续、2010年12月2日市延续
39	WENYUAN 经典文苑	嘉兴市经典文苑凯悦摄影有限公司	摄影	2008年11月12日市认定
40		嘉兴市天香花苑花卉有限公司	花卉	2008年11月12日市认定
41	艾使	浙江艾使机床有限公司	机床	2008年11月12日市认定
42		嘉兴市良友木业有限公司	地板、胶合板	2008年11月12日市认定
43		浙江秀舟纸业有限公司	纸、纸箱	2008年11月12日市认定
44	烟雨楼	嘉兴酒厂	黄酒、白酒	2008年11月12日市认定

续表23-4

序号	商标	企业名称	商品范围	认定或延续时间
45	DK 华叶	浙江大华包装集团有限公司	纸箱、纸板	2008年11月12日市认定
46	SEVEN	嘉兴布衣坊时装有限公司	服装	2008年11月12日市认定
47	羅卡芙	浙江罗卡芙家纺有限公司	床上用品	2008年11月12日市认定
48	龍捷	浙江龙达实业股份有限公司	办公家具	2008年11月12日市延续(平湖迁入)
49	五芳齋	浙江五芳斋实业股份有限公司	粽子	2001年1月、2003年12月省延续、2004年6月19日驰名商标、2006年8月2日市延续、2007年2月7日省延续(07年1月1日起)、2009年11月16日市延续
50	塔 SANTA	嘉兴三塔建材股份有限公司	水泥、水泥砼制品	2001年1月、2003年12月31日省延续、2006年8月2日市延续、2007年2月7日省延续(07年1月1日起)、2009年11月16日市延续
51	梦迪 MENGDI	嘉兴市梦迪集团有限责任公司	25/针织服装	2001年3月省认定、2003年12月31日省延续、2006年8月2日市延续、2007年2月7日省延续(07年1月1日起)、2009年11月16日市延续
52		嘉兴新阳真丝针织厂	针织服装	2003年12月31日省认定、2006年8月2日市延续、2007年2月7日省延续(07年1月1日起)、2009年11月16日市延续
53	芽芽	嘉兴市芽芽水泥有限公司	水泥	2004年12月24日省认定、2006年8月2日市延续、2008年1月17日省延续(08年1月1日起)、2009年11月16日市延续
54	南湖 SOUTH LAKE	浙江嘉兴南湖电子器材集团有限公司	磁体材料和器材	2006年8月2日市延续(迁入)、2009年11月16日市延续
55	偉事達	嘉兴市万事通电池有限公司	电池	2009年11月16日市认定
56	WANG LONG	浙江威能消防器材股份有限公司	二氧化碳灭火器	2009年11月16日市认定
57	嘉力达	嘉兴市嘉力达汽车部件有限公司	汽车制动室	2009年11月16日市认定
58	中法	浙江中法农业科技发展有限公司	鲜猪肉	2009年11月16日市认定
59	HX&EX 华爆	华夏防爆电气有限公司	防爆配电装置、防爆灯具、电开关	2009年11月16日市认定
60	禾城顺风	嘉兴市顺风农牧业有限公司	饲料	2009年11月16日市认定

续表23-4

序号	商标	企业名称	商品范围	认定或延续时间
61	禾城新光	嘉兴市新光照明电器有限公司	道路灯杆、灯具	2009年11月16日市认定
62	DMD	嘉兴市戴梦得购物中心有限公司	商业管理和推销	2010年12月2日市认定
63	钱塘人家	嘉兴市金禾糖酒有限公司	黄酒	2010年12月2日市认定
64	凤桥水蜜桃	嘉兴市南湖区凤桥镇农业技术服务中心	桃子	2010年12月2日市认定
65		浙江荣泰塑胶有限公司	塑料板	2010年12月2日市认定
66		嘉兴市褚大姐甜瓜专业合作社	甜瓜	2010年12月2日市认定
67	365	嘉兴市万事通电池有限公司	电池	2010年12月2日市认定
68	一村 YI CUN	浙江中法制药有限公司	洗剂	2010年12月2日市认定
69	凯越	嘉兴市凯越饲料有限公司	饲料	2010年12月2日市认定
70		嘉兴市南方旅行社有限责任公司	旅行社	2010年12月2日市认定
71	稼 jiaxing 兴	嘉兴市天地植保机械厂	喷雾机	2005年12月19日市认定、2008年11月12日市延续

南湖区知名商标

2005年10月，首次开展南湖区知名商标认定工作，当年认定区级知名商标12件。到2010年，全区共有南湖区知名商标33件。

至2010年全区知名商标表

表23-5

序号	商标名称	申报企业名称	商标所指商品或服务	认定时间	延续时间
1	真真老老	嘉兴合记食品有限公司	粽子	2005年12月31日认定	已经上升为嘉兴市著名商标（以下简称“市著”）
2	一村 YI CUN	嘉兴市陆润制药有限公司	妇洁净洗剂	2005年12月31日认定	2009年5月11日延续认定市著
3		嘉兴市万事通电池有限公司	电池等	2005年12月31日认定	已经上升为市著

续表23-5

序号	商标名称	申报企业名称	商标所指商品或服务	认定时间	延续时间
4	SI•ITE	嘉兴市斯帝特新能源有限公司	太阳能热水器	2005年12月31日认定	已经上升为市著
5		嘉兴市十八里葡萄研究所	鲜水果	2005年12月31日认定	已经上升为市著
6	典维	嘉兴市浩篁纺织厂	服装、围巾、披肩等	2005年12月31日认定	已经上升为市著
7		嘉兴市超越饲料有限公司	饲料	2005年12月31日认定	已经上升为市著
8	JIN LONG	嘉兴市金龙制伞有限公司	伞	2005年12月31日认定	2009年5月11日延续
9	南湖 NANHU	嘉兴市江南饲料有限公司	饲料	2005年12月31日认定	已经上升为市著
10	嘉鼓	嘉兴鼓风机厂	鼓风机等	2005年12月31日认定	已经上升为市著
11	古钟	嘉兴东方国药饮片有限公司	中药饮片	2005年12月31日认定	已经上升为市著
12		嘉兴市顺风农牧业有限公司	饲料	2005年12月31日认定	已经上升为市著
13	烟雨楼	嘉兴酒厂	酒	2007年5月10日认定	已经上升为市著(黄酒、白酒)
14		嘉兴市永利木业有限公司	地板	2007年5月10日认定	企业关闭
15	FENG YE	浙江大华包装集团有限公司	纸	2007年5月10日认定	商标停用
16	缘园	嘉兴市绿环生物有限公司	肥料	2007年5月10日认定	已经上升为省著
17	经典文苑 WENYUAN	嘉兴市经典文苑凯悦摄影有限公司	摄影等	2008年2月18日认定	已经上升为市著
18		嘉兴市天香花苑花卉有限公司	自然花、植物等	2008年2月18日认定	已经上升为市著
19	艾使	浙江艾使机床有限公司	机床	2008年2月18日认定	已经上升为市著
20		嘉兴市兄弟食品有限责任公司	肉、家禽、鱼制食品	2008年2月18日认定	—

续表23-5

序号	商标名称	申报企业名称	商标所指商品或服务	认定时间	延续时间
21		浙江秀舟纸业有限公司	纸箱、纸板等	2008年2月18日认定	已经上升为市著
22	森创	嘉兴森创时装有限公司	服装	2009年5月11日认定	—
23	WINNER	浙江威能消防器材股份有限公司	灭火器	2009年5月11日认定	现商标**WANG LONG**
24	伟事达	嘉兴市万事通电池有限公司	电池	2009年5月11日认定	已经上升为市著
25	南湖 NANHU	嘉兴市新世纪旅游食品有限公司	豆腐制品	2009年5月11日认定	—
26	嘉力达	嘉兴市嘉力达汽车部件有限公司	汽车附件、离合器、减震器	2009年5月11日认定	已经上升为市著（范围：汽车制动室）
27	ShenXin	嘉兴市申新无纺布厂	纺织织物	2009年5月11日认定	—
28	瑞邦	嘉兴市瑞邦机械工程有限公司	食品机械	2009年5月11日认定	—
29	瑞光交大	嘉兴市瑞光新能源有限公司	太阳能热水器	2009年5月11日认定	—
30		嘉兴荣泰塑胶有限公司	塑料板等	2010年4月21日认定	认定市著
31	褚大姐	嘉兴市褚大姐甜瓜专业合作社	鲜水果	2010年4月21日认定	认定市著
32	365	嘉兴市万事通电池有限公司	电池	2010年4月21日认定	认定市著
33	DMD	嘉兴市戴梦得购物中心有限公司	推销（替他人）	2010年4月21日认定	认定市著

第五节　工业名优产品

2000年后，区开始培育工业各类名优产品，各工业企业注重品牌建设。2006年开始陆续评选各层次工业名牌产品。至2010年，全区工业有各类名（优）牌产品75只。其中，中国名牌产品1只、国家免检产品10只；浙江名牌产品20只；嘉兴市品牌产品44只。（注：各种等级的名牌产品不重复计算）。

至2010年中国名牌产品表

表23-6

序号	企业名称	产品名称	备注
1	浙江禾欣实业集团股份有限公司	合成革	2005年新增

至2010年浙江名牌产品表

表23-7

序号	企业名称	产品名称	备注
1	浙江欣欣饲料股份有限公司	畜禽饲料	2010年复评
2	嘉兴市芽芽水泥有限公司	水泥	2009年复评
3	浙江嘉欣丝绸股份有限公司	丝绸服装	2010年复评
4	民丰特种纸股份有限公司	工业技术文化用纸	2010年复评
5	浙江荣泰科技企业有限公司	绝缘漆	2010年复评
6	浙江威能消防器材股份有限公司	灭火器	2010年复评
7	浙江五芳斋实业股份有限公司	五芳斋粽子	2008年复评
8	梦迪集团有限公司	针织服装	2008年复评
9	嘉兴禾欣化学工业有限公司	合成革聚氨酯树脂	2008年新增
10	嘉兴市良友木业有限公司	实木复合地板	2008年新增
11	嘉兴市中华化工有限责任公司	香兰素	2008年复评
12	嘉兴市大桥农副业技术服务站	葡萄	2010年复评
13	嘉兴市潜福食品有限公司	蜗牛	2010年复评
14	嘉兴市南湖区社区服务中心	96345求助服务	2009年新增
15	嘉兴市麦包包皮具有限公司	电子商务服务	2010年新增
16	五芳斋集团股份有限公司	中式快餐服务	2010年新增
17	嘉兴市绿农农资有限公司	现代农业服务	2010年新增
18	嘉兴四通车轮股份有限公司	汽车车轮	2010年新增
19	浙江正泰电缆有限公司	电力电缆	2010年新增
20	嘉兴南湖南方水泥有限公司	水泥	2010年复评

至2010年嘉兴市名牌产品表

表23-8

序号	企 业 名 称	产 品 名 称	备 注
1	嘉兴市禾欣米业有限公司	大米	2009年复评
2	浙江正泰电缆有限公司	电力电缆	2007年新增
3	嘉兴森创时装有限公司	服装	2007年新增
4	嘉兴市中意电器有限公司	冷柜	2007年新增
5	嘉兴市万事通电池有限公司	干电池	2007年新增
6	浙江诺而圣羊绒服饰有限公司	羊绒衫	2007年新增
7	浙江中法生物工程有限公司	食用菌	2007年新增

续表23-8

序号	企业名称	产品名称	备注
8	嘉兴市海鸥纸品有限公司	簿本	2010年复评
9	嘉兴市秀城区文虎酱鸭总厂	文虎酱鸭	2008年复评
10	嘉兴市食品肉类有限公司	鲜猪肉	2008年复评
11	嘉兴市食品肉类有限公司	大不同牛肉	2008年新增
12	嘉兴市四通车轮制造有限公司	汽车钢圈	2008年复评
13	浙江新阳服饰股份有限公司	针织服装	2008年复评
14	浙江斯帝特新能源有限公司	太阳能热水器	2008年新增
15	嘉兴市罗星化工有限公司	聚氨酯树脂	2009年新增
16	嘉兴市嘉力达汽车部件有限公司	汽车制动室	2009年新增
17	嘉兴市顺风农牧业有限公司	畜禽、水产配合饲料	2009年新增
18	浙江亚特电器有限公司	园林工具	2009年新增
19	浙江民丰罗伯特纸业有限公司	卷烟纸	2009年新增
20	嘉兴市瑞邦机械工程有限公司	烟熏炉	2009年新增
21	嘉兴森创时装有限公司	服装	2007年新增
22	嘉兴市中意电器有限公司	冷柜	2010年复评
23	嘉兴市万事通电池有限公司	干电池	2007年新增
24	浙江诺而圣羊绒服饰有限公司	羊绒衫	2007年新增
25	嘉兴市南湖区文虎酱鸭总厂	文虎酱鸭	2008年复评
26	嘉兴市南湖区凤桥镇农业综合经营部	农药	2008年复评
27	嘉兴市十八里葡萄研究所	鲜葡萄	2008年新增
28	浙江金悦王朝投资有限公司	餐饮服务	2009年新增
29	嘉兴市戴梦得购物中心有限公司	超市服务	2009年新增
30	嘉兴市南湖区城西龙足养生会馆	足疗保健服务	2009年新增
31	创正防爆电器有限公司	防爆电器	2010年新增
32	嘉兴森创时装有限公司	休闲服	2010年新增
33	嘉兴市南湖饲料有限公司	畜禽、水产配合饲料	2010年新增
34	浙江中法农业科技发展有限公司	鲜猪肉	2010年新增
35	浙江东菱股份有限公司阳光大酒店	酒店服务	2010年新增
36	嘉兴市江南开元餐饮有限公司	餐饮服务	2010年新增
37	嘉兴市世纪贵族餐饮有限公司	餐饮服务	2010年新增
38	嘉兴市亿代商务酒店有限公司	住宿服务	2010年新增
39	嘉兴市假日旅行社有限公司	旅游服务	2010年新增
40	嘉兴市南方旅行社有限责任公司	旅游服务	2010年新增
41	嘉兴市新世纪教育旅行社有限责任公司	旅游服务	2010年新增
42	嘉兴市南湖区城西雪肤美容会所	美容服务	2010年新增
43	嘉兴市南湖区纤手时尚美容会所	美容美发	2010年新增
44	嘉兴市加捷网络技术有限公司	IT外包服务	2010年新增

第六节　老字号

中华老字号

2006年10月，商务部重新认定第一批434家“中华老字号”。浙江五芳斋集团及其品牌以4.98亿元的品牌价值排名全国老字号第22位。

浙江老字号

2008年12月，省经济贸易委员会公布首批认定的169家“浙江老字号”企业。浙江五芳斋实业股份有限公司及其品牌名列其中。

2010年11月，第二批“浙江老字号”公布。嘉兴市华氏兰台大药房连锁有限公司、嘉兴酒厂及其品牌名列其中。

传统老字号

2010年调研统计，境内曾有48家传统老字号，以饮食服务业为主，现大多已消失。

2010年12月，月河街区中基路四如春菜馆

嘉兴市区传统老字号情况表

表23-9

名　称	创办时间	创办所在地址	经营商品服务项目	备　注
五芳斋	1939年	张家弄口	粽子店	1989年更名五芳斋集团公司
吴震懋	清光绪二十三年（1897）	北门大街香花桥边	饭店	“文化大革命”后因饮服公司建新楼而拆除
陆稿荐	1935年	北丽桥北堍东侧	酱鸭、酒店	1997年北丽桥重建时迁除。2006年恢复。2009年在月河街区开业，2000年注册禾城陆稿荐酒楼
禾兴馆	20世纪20年代初	北京路	江西帮菜馆	1958年因饮食业所有制升级而撤并
一乐园	1931年	北门大街	菜馆	1984年因拆迁停业。2009年在月河街区重开
大加利	1938年5月	建国路	饭店	1956年并入饮服公司
望吴楼	1928年	环城北路	茶馆、酒店	1970年北门市河填没时拆除，后在对面新开同名酒店，1996年被拆
东园	20世纪20年代	宣公桥东堍	茶馆 酒楼	1969年宣公桥拆除时被拆
春华园	20世纪20年代	张家弄	清真菜馆	20世纪90年代因建国路拆迁拆迁停业
四如春	1938年	东门大街	清真菜馆 包子店	2008年在月河街区新开
明园茶馆	20世纪40年代	中基路	茶馆	1956年公私合营成为市饮食服务公司的一部分
瓶山阁	20世纪初	建国路瓶山边	茶馆	“文化大革命”期间停业
杏花村	民国初年	北门大街菩萨桥附近	粉丝、酒酿店	20世纪90年代因建国路拆迁停业
复兴	20世纪30年代	北门大街	汤团店	20世纪90年代因建国路拆迁拆除
志来福	1935年	北门大街	糕团店	1996年7月建国路拓宽时拆
味香斋	1935年	北门大街	糖果店	20世纪90年代建国路拆迁拆除
野荸荠	1930年	北门大街	茶食店	解放后歇业

续表23-9

名　称	创办时间	创办所在地址	经营商品服务项目	备　注
稻香村	20世纪20年代	北门大街	糖果店	解放后停业
久香斋	1922年	北门大街	茶食糖果	20世纪50年代并入烟糖公司
震泰	清光绪年间	塘湾街	副食品	20世纪90年代新建嘉禾北京城时停业
高公升	清光绪二十七年（1901）	中基路	黄酒、白酒、酱菜	解放后并入新塍酿造厂
张萃丰	1914年	香橼浜84号	蜜饯庄	20世纪末企业破产改制。2010年月河街已有张萃丰店号，销售蜜饯
真真老老	1939年	张家弄	粽子店	1992年在东升东路创办真真老老粽子公司，2009年在月河街区兴建全国首家粽子博物馆
怀裕泰	清嘉庆九年（1804）	塘湾街	手工精制麻油、芝麻酱	1956年并入南湖大戏院，改为国有
永瑞兴	1931年	北丽桥南堍	绸布店	解放后为第一百货商店，建国路拓宽时被拆除
正春和	民国初年	北门大街	绸布店	20世纪90年代建国路拆迁时停业
义昌福	20世纪30年代	北门大街	绸缎店	解放后停业
兰台药局	清乾隆二十九年（1764）	东门大年堂	中药店	1958年迁址勤俭路
童天成	清光绪二十四年（1889）	北门大街	中药店	解放后并入医药公司
杨九牧	清乾隆二十八年（1763）	塘湾街	中药店	解放后并入医药公司
许义昌	1931年	北门大街	银楼	解放后停业
老凤祥	20世纪20年代	北门大街	银楼	解放后停业
兆民	20世纪30年代	北门大街	电料店	20世纪90年代建国路拆迁时拆除
春源	1915年	北门大街	磁器店	1956年合并入日用百货批发部
丽华	20世纪30年代	北门大街	西服店	1956年合并入百货公司
阿木林	1936年	北门大街	杂货店	1956年合并入百货公司
韩同德	抗日战争前	北门大街	鞋帽店	1956年合并入百货公司
公益	1923年	北门大街	书场	解放后更名嘉兴书场，20世纪90年代建国路拆迁时拆除
珊凤	20世纪20年代	坛弄	书场	20世纪70年代歇业，后在月河街区重开
昌明	20世纪20年代	北门大街	书局	解放后并入新华书店
生生	1930年	北门大街	照相店	20世纪90年代因建国路拆迁时停业
天真	1930年	北门大街	照相店	20世纪90年代因建国路拆迁时停业
湧洲	20世纪30年代	北门大街	理发	1956年更名新湧洲。2008年搬迁至椿树弄
九洲	20世纪30年代	北门大街	理发	1956年并名新湧洲
泗湘池	20世纪30年代	瓶山东侧	浴池	20世纪80年代停业
海天池	20世纪30年代	塘湾街中段	浴池	20世纪90年代末停业
日升池	20世纪30年代	集街	浴池	20世纪80年代后期停业
碧海池	20世纪30年代	竹篱弄口	浴池	20世纪70年代更名三八女子浴室

第二章　特　产

第一节　粮食作物类

“紫香七号”高级营养米

“紫香七号”高级营养米俗称紫血糯，具有色紫、香浓、米质糯、软而不粘口的特点，含15种氨基酸及锌、铁、磷、钙等多种微量元素，营养丰富，易消化吸收，有一定药用价值，是老弱病残、孕妇、婴幼儿的理想营养米食。1985年起，由区农业科技人员经6年南繁北育、辐射诱变、定向系统选育而成为适合杭嘉湖平原栽培的连作晚稻新品种。

1991年，区成立特质米开发基地，实行农工商一体开发，当年种植“紫香七号”44公顷，总产202吨，亩产306公斤。在北京展销期间，连获北京市“七五”星火博览会银质奖，北京市首届老年生活用品、食品博览会金质奖。

“紫香七号”除直接销售食用外，上海、杭州及本地企业还加工生产血糯羹、血糯啤酒、黄酒、紫米粽子、紫米蜜糖糕等系列食品。

1992年，种植1万亩“紫香七号”，并继续进行品种优化及提高单位产量的研究。21世纪后，余新镇明星农产品专业合作社进行“紫香七号”栽培研究和品种改进。

莲珠大米

为市莲珠米业有限公司加工生产的精制米。米质新鲜、口感好，在江、浙、沪一带具一定知名度和覆盖率。2002年，“莲珠”大米获浙江农业博览会金奖。被中国粮食行业协会授予“放心大米”称号。2004年，“莲珠”商标被认定为市著名商标。企业年产莲珠大米2万多吨。

禾欣大米

为市禾欣米业有限公司生产。外观晶莹剔透，米质新鲜，口感软糯，质量稳定，畅销于杭嘉湖、宁绍温等地区，出口国际市场。年产禾欣大米2万吨。2005年，“禾欣”注册商标被认定为市著名商标。

七星毛豆

21世纪初，七星镇开始种植毛豆，主要供应上海，2007年以来，七星镇种植毛豆常年保持在3000~5000亩之间。以壳薄、结荚饱满、出肉率高、味好而著称。每年6月鲜毛豆收获季节，苏、锡、沪等地客户到七星产地收购，每天毛豆销售量75吨左右。

第二节　经济作物类

新丰生姜

新丰生姜是以新丰镇一带为中心的传统特色农产品，种植历史悠久，品质优良，有“姜丝嵌牙缝，隔夜犹香”的特质。新姜质脆嫩、味鲜美；老姜质坚实、辣味足、香气浓。

新丰生姜在明弘治年间已大量种植，距今有600余年历史。鸦片战争后，生姜已上升为新丰第一大贸易。抗日战争前为生产鼎盛期，年种植3万余亩。生姜销上海、江苏为多，远销大连、天津及东北，外销日、俄等国。抗美援朝期间，加工姜片为军需品。1954年产量1.58万吨，为解放后最高水平。

1999年10月18日，新丰生姜注册“新坊”商标。2000年后，全镇在每个村规划生姜种植基地。新丰生姜先后获浙江省优质农产品、嘉兴市农业博览会名牌产品、浙江国际农业博览会银奖、浙江农业博览会优质奖等称号。2010年11月14日，其新鲜姜注册了国家地理标志证明商标。2010年，新丰生姜种植面积扩大到1.2万亩，其中大棚72公顷。全镇生姜常年产量约1.5万吨。

新丰杜瓜

杜瓜，俗称苦瓜，药名瓜蒌，为传统优质中药材。种植面以新丰为中心，延伸至周边20多个乡镇。有近百年栽种历史。以零星杂地、房前屋后套种为主,大田种植为辅。

新丰区域杜瓜以新丰宝、圆形台黑为主栽品种。具有耐热湿性好、果型大、皮色黄而光滑、易栽种、产量高等特点。近几年,除新丰外,大桥、余新、凤桥等镇也有种植。2010年,全区杜瓜种植面积约1800多亩,主要销往广东、福建等医药公司。

栖柽茭白

以凤桥镇栖柽村种植培育户所在村而得名。20世纪70年代初,一农户从河边野生的茭白中选取植株,将其移植到自留田中种植,经10多年选育,培育出品质优良的茭白品种。因栖柽村农户大量种植、销售,得名栖柽茭白。

栖柽茭白具外观美、口感柔软甜润、出肉率高、营养丰富等特点。原为单季产,常年8月中旬至9月下旬采收。2003年,从湖北武汉、上海青浦引进双季茭白品种。1999年,新篁镇被命名为“茭白之乡”。2002年,以新篁为中心,区域茭白种植面积达2.8万亩,成为华东地区最大的茭白生产基地之一。

七星雪菜

雪菜又名雪里蕻、雪里红。塘汇、七星一带农户腌制雪菜,已沿袭数百年。每年,农户收了雪菜,晾晒后,待鲜菜部分脱水后洗净,先加盐在大缸里踩实,后移到坛里,密封半个月左右即可食用。加工出来的雪菜色泽金黄,香味扑鼻。

20世纪80年代开始,七星雪菜产销量明显增加,还先后引进“上海菜”“黑雪菜”“鸡爪菜”和“鸡冠菜”等优良品种。1985年,乡镇企业七星蔬菜场开始生产“雪里蕻”真空小包装,年产量130万包。1996年,七星乡先后办起3家雪菜加工厂,营销大户300多家,形成年加工1000多吨精制雪菜的能力。真空小包装雪菜进上海联华、华联2大超市及各销售点。真空小包装雪菜系列产品先后获省首届食品博览会银奖、省农副产品新产品奖。1998年5月,七星乡被命名为“雪菜之乡”。

2010年,七星镇雪菜种植面积约1.3万亩,总产量约5850万公斤。

哺鸡竹笋

亦名白箬笋。20世纪80年代前,嘉兴农户屋后大多有竹园,种植竹笋。以新丰、竹林、凤桥、新篁一带农村尤盛。乡民因母鸡惯在竹园嬉戏,习称哺鸡竹园,笋亦称哺鸡竹笋。相传,经母鸡嬉弄,长出的竹笋味道特别鲜美。

哺鸡竹笋以笋的箨色分为乌壳哺鸡笋、白壳哺鸡笋和花壳哺鸡笋,其中数乌壳哺鸡笋质最优。竹林乡的哺鸡竹笋,亦称抱鸡笋、白箬笋,清咸丰间为文人所欣赏。“竹林庙东侧有竹园,产白箬笋,甜脆肥美,擅一方之冠”。民国后以乌壳竹笋为多,其笋个大、肉厚、味鲜、产量高,4月中旬至5月出笋上市,是省优良竹笋之一。乡民因其出笋慢,又称慢笋、晚笋,也因其个不及山区毛笋大,而称杜笋。哺鸡竹笋亩产1000多公斤。80年代前,哺鸡竹笋供应当地有余,运销上海等地。随着农村建设加快,竹园面积锐减,哺鸡竹笋渐成稀有。

第三节　畜禽类

竹林三元猪

原指竹林区域养殖的优质食用肉猪。1998年后,新丰镇所销往外地的肉猪,渐统称竹林三元猪。1985年,竹林乡在市农业局和外贸公司扶持下,建供港生猪基地。1986年,成立瘦肉型猪生产合作社。合作社改良品种,从二元猪中选育母猪,交配美系杜洛克公猪,产下三元猪。竹林三元猪具抗病力强、生长速度快(3~4个月可出售)、瘦肉率高(60%左右)、肉质鲜嫩等特点,1998年获省优质农产品称号。2001年,获中国浙江国际农博会金奖。2002年,新丰镇组建竹林三元生猪产业合作社,和经销合作社制订了仔猪繁殖、饲养技术、饲料生产等无公害养猪系列标准,从浙江大学定期邀请专家、教授进行技术指导;抓好持有营销证、检疫证、营运证的营销队伍,为农户架设通往上海、杭州、苏州等大中城市的“金桥”。2003年,以年产生猪92.5万头居华东乡镇之首。竹林村生猪饲养曾年超10

万头，为市生猪养殖最大村。2007年后，为保障生态环境，全镇生猪年产量控制在50万头左右。2010年，存栏数25万头。

凤桥乌骨鸡

是以凤桥镇石佛寺为中心养殖的乌骨鸡品种。20世纪90年代初，石佛村一些村民发现，乌骨鸡是我国一种珍贵的鸡种，具有很高的药用滋补价值和观赏价值，肉质嫩滑、味道鲜美、营养价值高，开发潜力大，就从浙江玉环引进乌骨苗鸡进行试探性养殖。经不懈努力，掌握了丝毛乌骨鸡的生活习性、饲养规律以及市场需求。1994年年底，饲养大户31户，存栏9.5万羽。随着饲养大户的增加，乌骨鸡出栏数逐年增加，1995年30.66万羽，1996年94.59万羽，1997年166.03万羽，1998年219.20万羽。2000年起，因品种单一，受江苏等周边一些地方市场竞争的影响，凤桥乌骨鸡价格急剧下降，养殖亏本，饲养规模日益缩小。

小湖羊皮

又名羔羊皮，有肚剥、出胎皮之分。母湖羊分娩前杀之取胎羊剥皮，称肚剥，后废之；出生羔羊不哺乳1~2天杀之剥皮，谓出胎皮，质量最佳，属境内有地方特色的出口产品。小湖羊皮以境内和秀洲区、桐乡、海宁、海盐等为主产地，尤以嘉兴铁路以东乡村所产羔皮为上乘，称“东路皮”。

境内所产的湖羊羔皮，又以加工工艺独特而著名，羔羊剥皮后，经过清水梳理，钉皮整形，通风晾晒和防腐处理制成的板皮，具有皮薄柔软，毛色纯白，色泽光洁，呈波浪形花纹，图案美观等特色。国外加工制成的翻皮女式大衣、春秋时装、童装大方美观，穿着轻盈舒适，携带方便。1922年开始打入国际市场。1934年，嘉兴地区经上海口岸出口50余万张，第二年出口增至130余万张，被誉为“东方软宝石”。

1964—1970年，嘉兴地区小湖羊皮收购量均在40万张以上。1980—1983年，年均收购70万张以上。1984年后，国际行情发生变化，加之小湖羊皮质量下降，1990年收购量逐年下降，21世纪后已很少收购出口。

第四节　水产类

南湖蟹

嘉兴为中华绒螯蟹产地，资源丰富，以南湖蟹最负盛名。晚清与民国时期与太湖蟹、阳澄湖蟹齐名。

南湖蟹以个体大、一只重5~7两，肉质肥、味鲜美而著称。实际南湖所产者并不多，过去境内以及嘉兴县境河湖产蟹甚多，均称南湖大蟹。据调查，1929年，南湖蟹年产五千余担。据《中国经济志·浙江省嘉兴县》记载，1935年全县产蟹10694担，为较多的一年。现南湖已不出产螃蟹。

河蟹是洄游性水产品，每年夏天，小蟹溯江而上，进入内河淡水区域生活成长，到了秋冬又沿河而下，到达咸淡水交界的河口浅海区交配繁殖。解放后，在大兴水利建设中，沿河沿海不断建闸，很多洄游路线被截断，造成内河蟹源枯竭，分布范围缩小。在20世纪70年代初期，国家投资，嘉兴县开始捕运蟹苗放养入河，不再依赖洄游的蟹源，后人工繁殖蟹苗取得成功，河蟹生产得到稳定。近年来，养蟹的专业户发展较快，河蟹产量高，全年供应，但质量不如野生。

河虾

又名青虾，俗称“弯转”，广泛分布于境内各地的河荡、湖塘、沟渠内。河虾经济价值较高，其肉质细嫩，滋味鲜美，营养丰富。嘉兴县所产的抱子虾和蚕出时的蚕白虾是河虾中的佳品。

野生河虾适应性强，生命力强，繁殖快，产量高。黄鱼汛期后不久是河虾捕捞旺季。据《中国经济志·浙江省嘉兴县》记载：1935年仅嘉兴新篁、王江泾等地就产虾9725担。1956年前，嘉兴等地将捕起的河虾置放于竹筐内系于船舷两侧水养，运销上海。也有上海客商到嘉坐庄收购。

近年来由于生态环境变化，野生河虾锐减，人工养殖逐渐发展，但市场供不应求，故价格甚高。

银鱼

据记载，境内相湖和秀洲狮吼(思古)桥、平湖四顾桥、嘉善北乡荡等地方都有出产，近年资源渐少。

银鱼是洄游性鱼类，平时生活在近海，每年3月下旬开始随水潮大批拥入河口进行交配产卵，清明至谷雨为银鱼繁殖旺季。产卵后的银鱼体质瘦弱，有的被其他鱼类吞食，有的自行死亡。捕捞期约2个月，一般至立夏结束，最旺汛期在清明前后。

银鱼体细长，银白色，微透明，肉嫩鲜美、营养丰富，含蛋白质、脂肪、碳水化合物以及铁、磷、钙等营养物质。鲜银鱼炒蛋、鲜银鱼烧豆腐羹和豆瓣汤等，为群众所喜爱的佐餐佳肴。近年来，随着相湖生态的好转，又有野生银鱼发现。

余新白玉蜗牛

白玉蜗牛有“软黄金”之称，高蛋白、低脂肪，含有20种氨基酸和人体有益酶的保健食品，具有极高经济价值。1987年，曹庄乡普光村村民高水珍等3农户开始引种试养蜗牛。1992年年初，吕塘村张贵明成功培育出白玉蜗牛，为省白玉蜗牛养殖的创始者。1994年，吕塘村在浙江师范大学生物系专家帮助下建立开发蜗牛养殖的示范基地。1997年，吕塘村一带养殖白玉蜗牛农户150多家，年产蜗牛300多吨。2001年，余新镇被命名为“蜗牛之乡”。2010年，余新镇蜗牛养殖户2000多户，养殖面积4000多亩，成为全省最大的白玉蜗牛养殖基地之一。

中华鳖

鳖又名甲鱼、团鱼，营养丰富，味道鲜美，是名贵珍肴和滋补保健佳品。1988年，嘉兴市水产局在原大桥乡中华化工厂利用余热进行人工养鳖试验，且将鳖命名为中华鳖。1990年，大桥乡农民罗天生夫妇在当地创建专业化甲鱼养殖厂。1995年，饲养甲鱼近20万只，产量50吨，为市最大的甲鱼养殖户。之后，甲鱼养殖以大桥乡为中心，向曹庄、余新、新丰等乡镇扩展。涌现了越野、南湖铁甲等知名品牌，皆以“中华鳖”冠名。其中，越野中华鳖年产量超200吨。2004年越野中华鳖被评为浙江农业博览会金奖，通过了国家无公害中华鳖产地认定。2005年起，产销量一直居全市同行第一。“越野”注册商标2005年12月被认定为市著名商标。

第五节　果品类

南湖菱

南湖菱主产于南湖，故名，又称馄饨菱、元宝菱、圆菱、团角菱、和尚菱等。特点为两端多呈圆角状、色绿皮薄、肉白质嫩、汁多甜脆、清香可口。

每年8月中旬至11月上旬是南湖菱上市季节，南湖边摆满菱摊，到南湖旅游的游客争相尝鲜，成为景区一大特色。1932年，南湖菱种植面积为4000亩，产量3000吨。1964年，南湖菱种植面积9082亩，产量6810吨，为解放后最高记录。后因水质和生态环境变化，种植面积逐年减少。1987年，种植面积2000亩左右，年产1240吨。后经政策鼓励，南湖菱种植面积重又扩大，区域不再局限于原南湖水域。2010年，南湖菱大棚早繁育苗研究获得初步成功，南湖菱比自然种植的早熟近30天。南湖菱种植面积已逾5000亩(详见第六篇“南湖”第七章第一节)。

槜李

亦名醉李，为古老的珍稀名果，独产于嘉兴境内。清代王逢辰《槜李谱》云：“嘉兴为古槜李地。”嘉兴种植槜李当始于春秋以前，至今已有2400余年历史。

古代槜李产地见于记载的有嘉兴梅里(王店)、竹里(新篁)及桐乡等处。宋至明清，嘉兴净相寺及附近盛产槜李。南宋张尧同《嘉禾百咏》有净相佳李诗：“地重因名果，如分沆瀣浆。伤心吴越战，未敢尽情尝”。后因官吏向寺僧恣意需索，僧不堪其扰，几乎伐尽果树。清代新篁栖桎村李泉石分植净相寺槜李于家园，号龙湖槜李，繁殖至数十株，历三世而名噪嘉禾。

民国时，嘉兴铁路苗圃曾栽培槜李，嘉兴果农场、县农技员以及新篁、竹林农户分别在东塔附近和凤桥、新篁等地种槜李。抗日战争爆发后，槜李大都毁于战火。1944年，嘉兴产槜李2500公斤左右。解放后，新篁、竹林和桐乡县都种有槜李。

1983年，有新篁、凤桥、净相等乡农户庭院栽培槜李2000余株，产量不甚高。2000年，净相槜李获浙江省槜李品种品质果形一等奖桂冠。2010年，区槜李种植面积约35亩，分布于新丰、凤桥两地，年产量40吨左右。

槜李有指甲刻状裂痕，人称西施指痕，相传西施当年由越入吴，途经嘉兴品尝槜李时留下。清代诗人朱彝尊《怀乡曲》《槜李诗》，把这一民间故事写入诗中。千百年来，美人名果传为佳话。清代每当龙湖槜李果熟时，新篁李氏邀集文人墨客，品果吟诗，绘图记事，以为赏心乐事。

槜李果形扁圆，底色黄绿，皮色殷红，果皮密缀黄褐色斑，常有裂痕，外披白色果粉，内色密黄透紫，熟即化浆，酒香甚烈。槜李吃法讲究，过熟甜浆必减，皮色红晕透彻，鲜润如琥珀，恰到好处。食时轻轻拭去果粉，以指破其皮，浆液一吸而尽，色、香、味比之甘露醴泉。

江南葡萄

1986年，大桥乡江南村朱屹峰种植3亩葡萄，取名江南葡萄，亩产1000多公斤，创下平均每亩收入超万元记录。1997年，朱屹峰试验以联体简易大棚栽培葡萄成功。大桥农副业技术服务站及时加以扶持和推广，通过引进新品种，江南葡萄品质不断优化，果穗硕大、颗粒饱满、色泽鲜艳、糖度高、味美可口。2005年12月，江南葡萄被认定为市著名商标。2007年被认定为省著名商标，获浙江名牌产品。大桥镇葡萄种植面积稳定在1.5万余亩，年产葡萄2万吨，为省葡萄栽培面积最大的区域之一。

凤桥水蜜桃

嘉兴引种水蜜桃有300余年历史，民国时期，凤桥产的水蜜桃已闻名于世。20世纪60年代初，水蜜桃成为凤桥农民庭园经济的主体。改革开放后，种植水蜜桃成为当地发展效益农业的一条重要途径，以三星村最负盛名。

“凤桥”水蜜桃有早、中、晚玉露系列30多个品种，其中以中熟湖景、蜜露为主栽品种。其特点为果大皮薄、色泽艳白、皮易剥离、肉质细软、纤维较少、汁液多、味甜香。2001年，凤桥水蜜桃被认定为市著名商标。2005年认定为嘉兴名牌产品，通过国家质量监督检验检疫局原产地保护标志注册。2010年，凤桥水蜜桃种植面积1万多亩，年产量13157吨。

大红袍荸荠

荸荠俗称马蹄，又称地栗。嘉兴种植荸荠已愈2000多年。嘉兴南部荸荠主要品种因外形呈红色名大红袍。主产地在凤桥、新篁、竹林、余新一带。

大红袍荸荠肉白味甜，每年5—6月育苗，6—7月移栽，11月霜降后收获。1985年种植14424亩，为历年栽种量最多的一年。其中凤桥镇年种植面积3000余亩，年产量逾6000吨。大红袍荸荠除本地销售外，收购量的30%销往山东、河北等地。20世纪70年代，开拓外贸市场，常年销售上海梅林、益民等食品厂。1980—1987年，上海收购削白荸荠3816吨，苏州罐头厂也来收购。后因荸荠收购要求提高，荸荠储存时间较短，加工困难，影响农户的种植积极性。2009年后，区种植面积已不足千亩。

第六节　工艺品类

皇冠灯具

1984年，嘉兴工艺美术厂生产的“珍珠皇冠台灯”在上海举行的浙江省旅游内销工艺品展销会上，被抢购一空，一炮打响。该厂是位于嘉兴南门的弄堂工厂。1983年，厂长严启民挑选了吴荣耿等有美术专长的10余人组成新产品开发小组，到上海、无锡、杭州考察，回厂后经过无数次构思、讨论、试制，终于设计生产出一整套“珍珠皇冠台灯”系列产品。这些产品外观珠光宝气、晶莹透亮、富丽堂皇，构思巧妙，精工细作，在日用品工艺化，工艺品日用化方面闯出一条新路。珍珠皇冠工艺台灯1985年夺得中国工艺美术百花奖创作设计一等奖，1986年夺得全国工艺台灯第一名，还在1986年第六届中国工艺美术品百花奖评选中，荣获银杯奖。1993年,嘉兴工艺美术厂破产,皇冠灯具也随之消失。

磨漆画

元末明初时,以雕漆名家杨茂、张成为代表的“嘉兴西塘剔红派”的髹漆工艺扬名于世。继承人杨明、张德刚使该工艺进一步发展,他们所制剔红漆器,现为故宫博物院收藏,成为国宝。

明清时期,漆器工艺除传统的雕漆、镶嵌漆、螺钿漆、脱胎漆等品种外,又出现了彩漆、洋漆、填漆、戗金漆、百宝漆、紫砂漆等新品种。嘉兴磨漆画属于彩漆和镶嵌漆相结合的一种工艺。在器件上用笔以彩漆绘画,或用蛋壳与贝壳之类镶嵌或粘贴,然后用木炭或水砂纸进行反复打磨。最后进行抛光,用抛光膏细磨画面,加强凹凸反差,增加光泽。通过绘画镶粘、打磨、抛光这3个主要程序,使整件作品具有古朴浑厚,深沉典雅,新颖美观,光彩别致的风格。

1972年,嘉兴南湖工艺美术厂开始试制磨漆画屏风,1973年首次参加全国工艺美术进出口交流大会,同年参加春季中国出口商品交易会,开拓出口贸易。南湖工艺美术厂生产的磨漆画屏风有台屏、挂屏、火炉屏、合折屏和落地统折屏,还有磨漆画套箱等,以传统工艺融合现代实用技艺,传统工艺的产品具有时尚新意。

1978年,生产磨漆画屏风203套、磨漆画套箱103套,全部出口。1979年,生产磨漆屏风510套、磨漆套箱1133套,销往美国、日本、加拿大、墨西哥、澳大利亚以及东南亚和中国港澳地区。产品还赴美国和喀麦隆展览。

凤桥竹刻

明末清初,以留青阳文刻法为特点的嘉兴派,是全国竹刻工艺三大流派之一。其中,以凤桥民间艺术竹刻最负盛名。凤桥竹刻表现形式多样,作品类型有臂搁、笔筒、竹根雕、屏风、挂屏、棋钵等。解放后,从事竹刻的民间艺人渐趋稀少。2005年起,通过民间竹刻艺人的潜心钻研和热情传授,竹刻技艺在凤桥镇得以传承发展。2005年7月,冯嘉生作品《清明上河图》获省首届工艺美术博览会天工奖。2006年12月,凤桥竹刻被列入第一批市非物质文化遗产名录。2008年6月12日,凤桥中心小学首届学生竹刻展在市图书馆开展,该校被列为“竹刻文化”特色教育学校。

大曹王庙泥塑

位于余新镇曹王村的大曹王庙,宋、元时期已为嘉兴著名旅游胜地。明代有清明“游曹王”之说。每年清明节和八月初二庙会期间,大曹王庙人潮涌动,热闹非凡。其中,当地村民手捏的泥娃、泥菩萨、泥猫(又称蚕猫)等泥塑制品深受游客喜爱。据称,泥猫放蚕室中,能驱鼠祛邪,保养蚕丰收,故大曹王庙泥猫成了远近不少养蚕人家的必置品。每年庙会,苏州到该地批货的“敲帮船”,自曹王庙到海盐塘连接一里多长,建国初,区境内在蚕讯至,常见“敲帮船”慢行于河荡,用泥猪换取白米或鸡蛋,庙会成为泥塑交易的市场。2008年6月4日,大曹王庙庙会和余新蚕猫被列入第二批市非物质文化遗产名录。

嘉兴黑陶

嘉兴是黑陶文化重要发源地之一,其黑陶造型优美、做工精细,源头可追溯至7000多年前的马家浜文化。1973年东栅乡雀墓桥村出土的尖脚三足黑陶,证明先民在4000年前就已经掌握了高超的黑陶制作工艺。

嘉兴黑陶需高温烧造、封窑处理,通过科学的渗碳原理,将弥漫在浓烟中的碳粒渗入坯体,这样烧制出来的陶器才黑里透亮,坚实凝重,叩之如磬。因烧制过程复杂,嘉兴黑陶一度失传。20世纪60年代,凤桥镇的冯国解和市区中山路的许明农对嘉兴黑陶重新研制。1987年起,时良俊继续改进,经几十次试验,逐渐掌握陶坯装窑、预热升温、降温和封窑渗碳等关键技术。2006年,嘉兴黑陶烧制技艺被列入市第一批非物质文化遗产名录。2008年5月,七星镇周家庄建立周家庄黑陶馆,制品成为特色旅游产品。

龙凤花烛

花烛主要用于新人婚庆。龙凤花烛,一支饰

龙，一支饰凤，象征龙凤呈祥、夫妻和谐。从清末到1949年，嘉兴龙凤花烛店仅程一家，在江、浙、沪一带有一定声誉。程家独创的花烛色彩鲜艳，别具一帜，涉及剪纸、上蜡、熔蜡、调色、浇铸、彩绘、开相等七道工序。其传人程国华于2004年迁居博海路，因年岁已高，偶尔应邀做几对龙凤花烛用于展出。2008年6月4日，嘉兴龙凤花烛制作工艺入选市第二批非物质文化遗产名录。

第三章　名菜名点

第一节　食品糕点

五芳斋粽子

五芳斋粽子是嘉兴著名点心，五芳斋取五谷芳馨之意，喻粽子芳香四溢。1921年，兰溪商人张锦泉在嘉兴张家弄开张五芳斋粽子店，主要经营火腿鸡肉粽、重油夹沙粽等，生意红火。后在弄堂内又陆续开出两家同名的粽子店，以庆记、昌记、荣记五芳斋区别。由于3家粽子店竞争激烈，都重视粽子口感，注重配方，讲究用料，不断完善操作工艺，使得嘉兴五芳斋粽子的名声越来越大。1956年2月公私合营，3家五芳斋合并为嘉兴五芳斋粽子店。1987年，荣获浙江省商办工业名优产品“玉兔奖”。1988年，获首届中国食品博览会“金奖”。1989年，获商业部优质点心“金鼎奖”。1994年，“五芳斋”投资数千万元易地新建粽子加工厂，结束了前店后厂的作坊式经营模式。1995年开始，先后在沪、宁、杭、甬和苏州等地成立销售分公司。1998年，浙江五芳斋实业股份有限公司成立。2004年，浙江五芳斋集团成立。2005年，占地面积160亩，投资1.38亿元的五芳斋产业园竣工投产。2007年端午节，创一天销售300万只粽子的记录。五芳斋集团先后开发红烧排骨粽、细沙枣泥粽、绿茶莲蓉粽等十多个新品种，推出“丰年五芳”“情系五芳”“品味五芳”“盛世五芳”“百年五芳”系列礼品粽。

陆稿荐酱鸭

为嘉兴老顾客喜爱的传统熟食制品。民国初期，创始人黄富生从江苏无锡到嘉兴谋生，先在坛弄口摆熟食摊，1935年在北丽桥北堍东侧创办陆稿荐酱鸭店，专营苏式酱鸭、酱鸡、酱麻雀、酱山鸡等，其中著名的为酱鸭，肉质厚实、色呈棕红色、油润光亮、咸甜适口、醇香扑鼻。酱鸭店开张后，顾客络绎不绝。1956年公私合营后，陆稿荐酱鸭店为饮食服务公司下属单位。1987年，陆稿荐酱鸭获省商办工业名优产品玉兔奖。1988年，获商业部优质产品金鼎奖。1990年，获省新优产品骏马奖。20世纪90年代中期，因嘉兴饮服公司改制和北丽桥重建等原因，陆稿荐酱鸭店淡出老嘉兴视野。21世纪后，南湖月河桥食品厂成明荣招聘陆稿荐厨师，传承陆稿荐烧煮技艺，改良配方，重新研制生产出更适合现代口味的陆稿荐酱鸭。2006年，开始在市区销售陆稿荐酱鸭。2009年，月河街区荷月桥堍新开陆稿荐店号，销售特产陆稿荐酱鸭，生意火爆。

张萃丰蜜饯

20年代末期，嘉兴张萃丰蜜饯庄出品的糖水青梅、白糖藕片、话李等“丰字牌”苏式风味蜜饯，在江、浙、沪负有盛誉，畅销不衰。1956年张萃丰蜜饯庄更名嘉兴蜜饯厂，生产商标为张萃丰的各类名优蜜饯。

糖水青梅选用长兴、余杭、上虞等地的“开罗底”品种的梅子，立夏后一周采摘。要求果形圆整，肉质厚实，大小均匀，每公斤56只左右。经过矾水腌制、刺眼、浸糖等工序始成，生产周期需2个月。成品色泽翠绿、明艳，果粒饱满无皱纹，入口脆嫩，甜酸适中，具有消食开胃，消暑止渴，消火祛痰之功，是蜜饯中的珍品。曾出口日本、新加坡等国家。

白糖藕片选用湖州双渎藕中壮部分为原料，配以白糖。经繁复工艺，多次烧煮、糖浆浸渍，生产周期须半月始成。白糖藕片上品厚薄均匀，糖液渗透饱和，糖霜外露，内质酥松，入口烊化。1972年，日本首相田中角荣访华时，张萃丰出品的白糖藕片曾供招待之用。

“丰字牌”话李选用浙江优质鲜李为主料，辅以精白糖、中药材、芳香型香料，经多道工艺，多次浸渍、烘焙或晒干而成。其制成品果皮起皱,果肉柔糯,融甘、甜、咸、酸、香五味,食后回味绵长,具有较好的营养价值和保健作用。1986年,获省优、部优产品称号。1988年,荣获全国首届食品博览会、消费品博览会银奖和大奖。1990年,在建国路新开张萃丰蜜饯庄。1992年,嘉兴蜜饯厂更名嘉兴张萃丰食品有限公司。20世纪末破产改制。2010年开始,月河街区已有张萃丰品牌蜜饯销售,新的张萃丰企业正在筹备。

文虎酱鸭

以创办人朱文虎名字而名,以色泽褐红、味道鲜美、油而不腻、酥而不烂的特色盛销不衰。1982年,东栅乡朱文虎在其母亲烧煮酱鸭、酱肉制品基础上,烧煮酱鸭在东栅会龙桥头销售,之后朱文虎精心钻研德州扒鸡、南京板鸭、北京烤鸭等特产烧制方法,结合沪杭一带顾客口味,反复琢磨,认真配料,精心烧制,终于形成集各家之优的酱鸭佐料配方和烹调工艺。1991年10月1日,民政部副部长阎明复为文虎酱鸭题词"浙江第一鸭"。1997年、1999年、2001年连续3届荣获中国国际农业博览会名牌产品。1999年,文虎酱鸭商标被认定为省著名商标,文虎酱鸭总厂成为省民政骨干企业和农业龙头企业。

红船食品

南湖斋食品有限公司生产的红船食品主要产品为粽子、月饼和年糕。注册"红船"商标,寓意"发扬南湖红船革命精神,继承先辈光荣传统,打响嘉兴食品工业品牌"。红船食品系列产品获得社会的认可和消费者的喜爱。2005年,"红船"商标被认定为市著名商标,产品进入沃尔玛、欧尚、麦德龙等大型超市,先后获市名特优农产品金奖、中国粽子文化节金奖、省优质农产品金奖、十大最受上海市民欢迎品牌农产品之一等荣誉。

第二节　传统名菜

全家福

该菜源于徽菜中的名菜"李鸿章杂烩"。据传,清光绪二十二年(1896),清政府派李鸿章出访美国。李鸿章在宴请美国宾客时,让随行厨师做了丰盛的中国名菜,外宾吃后胃口大开,但嫌菜量不足,李鸿章命厨师加菜。厨房准备的正菜原料已用完,厨师便将所剩食料进行细心搭配,下锅混烧成一道菜送上桌。外宾尝后觉得味道不错,赞不绝口,便向李鸿章询问菜名,李鸿章随口回答,被误译为"杂碎"。想不到该菜竟在美国传开,风靡一时。该菜由多种食材合配烧烩而成,具有多滋多味、咸鲜适口、醇香不腻、营养丰富等特点。20世纪20—30年代,徽帮厨师将该菜肴带入嘉兴,并在烹饪原料上作了改良,形成了具有嘉兴地方特色的传统佳肴全家福。

全家福一般要用20种以上的原料和辅料组成,有鱼肚、蟹黄、虾仁、虾丸、腰子、鸭胗、鸡丸、鱼丸、肉丸、肉皮、鸽蛋、白鸡、白肚、白肉、蛋皮肉卷、火腿、冬笋、鲜蘑菇、黑木耳等,考究的还需加入鱼翅、海参、鲍片、干贝等。全家福流传于民间,常常用于逢年过节家人聚餐时。20世纪60年代初,老五芳斋餐饮部将该菜做成一道招牌菜,成了筵席上的头道大菜。

南湖船菜

早先叫做船娘菜,明清时期盛行于嘉兴南湖。该菜源于江南水乡特有的筵席菜,在船上制作,又在船上享用,为苏式菜、锡式菜与本地家常菜相结合的系列菜肴。当时在南湖的游船叫丝网船,后舱设有厨房,备有各式食料,由船娘以爆、炒、煮、焖等厨艺烹制成菜来招待客人。菜品有五香乳鸽、翡翠蟹斗、蜜汁火方、和合二鲜、蟹黄鱼翅、八宝鸭、冷拌鳖裙、粉蒸肉等。分6大碗、6小碗或4大碗、4小碗等规格。夺人眼球的南湖船宴有"秀水人家宴、南湖百蟹宴、凤鸣朝阳宴、沙龙江南宴"等。船筵开桌,常邀民间戏班子献艺助兴。南湖船菜于抗日战争开始后销声匿迹。2003年,江南文化节期间举办南湖船菜大赛的各酒店在传统和创新的216道南湖菜肴中,命名认定南湖醉虾、鲜菱豆腐等传统名菜60道,蟹黄鱼丸、鸳鸯卤卷等创新名菜40道,共100道南湖船菜。2010年,陆稿荐酒店首先将南湖船菜搬进游船,开通大运河游船船宴,之后江南名庄、醉仙楼也新开船宴,均以南湖船菜为主打,有酒店烧煮好搬上船，也有在船上热炒。

乳腐肉

该菜用上好夹心猪肉为主料，以冰糖、红乳腐卤、黄酒等为辅料，先用大锅煮，再盛入碗中放在蒸笼中用文火续蒸，成品后肉质酥糯可口，香味浓郁，曾经是嘉兴吴震懋菜馆的当家菜。吴震懋菜馆为嘉兴著名老菜馆，光绪二十三年(1897)，创办于北门大街香花桥边。1958年公私合营时与庆丰楼合并，搬至勤俭路，成为“文化大革命”前嘉兴城规模最大的饭店。

二锦馅

二锦馅，亦作两锦馅，民国时期为嘉兴吴震懋菜馆的传统特色菜肴之一。用肉嵌油面筋一只，豆腐皮包肉5只，香菇一朵，置于陶罐，加鸡汤、火腿片、冬笋、糖、酒等佐料，用棉纸封罐，上蒸笼蒸煮而成。其菜可下酒，汤可下饭。据传，该菜曾流行于清末北京嘉兴籍京官中。20世纪70年代被收录进《中国菜谱》。

二锦馅

葱花南湖菱

南湖菱既是水果，又可当菜，其中的葱花南湖菱为嘉兴传统名菜。葱花南湖菱，又叫葱爆南湖菱、葱油南湖菱，烹制方法简明，将新鲜南湖菱剥壳炒煮，放细盐至咸淡适口，再撒上葱丝，装盘后即成一道青白分明、色味俱佳的佳肴。为嘉兴酒店必备应时菜肴。

冰糖河鳗

嘉兴产河鳗皮肥肉白，粉嫩细腻，应属鳗中珍品。冰糖河鳗的烹制，取本地500克以上河鳗，清洗后切成段，锅内食用油加冰糖炒出糖色，葱姜铺底，竖直放上鳗段，放入黄酒、生抽并加水，大火烧开后去沫，转小火闷烧半小时加冰糖转大火，收紧汁装盘，淋上汤汁，即成一道具有补虚羸、祛风湿功效的美味佳肴。当下的冰糖河鳗以嘉兴沙龙国际宾馆烹制的最为出色。

糖醋排骨

禾帮菜中具代表性的传统菜和其他菜系的糖醋排骨有所不同，主要选用新鲜猪仔排作料，经过挂糊，肉质更加鲜嫩，成菜色泽红亮油润、口味香脆酸甜，浓稠的汤汁和那酥酥的外皮，颇受嘉兴人欢迎。制作时先将猪排骨洗净切成两厘米的块，加入料酒、盐拌匀上劲后加入鸡蛋黄、面粉、生粉拌匀待用。起油锅时，须待油温升至五成时，放入排骨，炸熟后捞起。待油温升至六成时，放入排骨进行复炸，直至金黄色，外脆里嫩时方出锅。另起锅放入佐料、调味后，加入生粉勾芡，将炸好的仔排翻匀出锅。

禾城爆鱼

是嘉兴人喜爱的特色鱼菜肴。制作工艺和配料简便，将草鱼切块腌制，用油炸掌握火候，油温，炸酥后，加入调味料翻炒均匀。爆鱼佳品，色、香、味俱美，宴席上常作冷盘、拼盘，也可炒菜、烧菜或汤类的配料。爆鱼面是人人喜爱的面食。过年过节，家家户户准备 的熟菜中，少不了的总是这唇齿留香的爆鱼。

红烧蜗牛

余新镇形成了国内唯一的中华白玉蜗牛深加工产业链，蜗牛产品已占领全国85%以上的消费市场。享有：“蜗牛之乡”的美誉，蜗牛肉雪白如玉，挑选蜗牛肉，放入清水，加入适量佐料，大火煮沸后焯水，再入锅，加佐料调味闷烧而成。红烧蜗牛色泽深红，幽香淡雅，肉质细嫩，咸中带甜，唇齿留香，味美留恋。

秘制老鹅

鹅肉作为绿色食品在21世纪初被联合国粮农组织列为本世纪重点发展的绿色食品之一。鹅肉位居健康肉食排行榜前列。秘制老鹅传承百年古法制作工艺，取鹅腿鹅胸肉以及翅膀，切块，先用少许油热炒出锅，出水，烧煮，加佐料，收汤装盘。以肉质香烂、回味悠长而闻名于嘉兴。

蟹粉豆腐

蟹粉豆腐是江南地区名菜之一，由于蟹粉原料的独特，嘉兴的蟹粉豆腐成为民众乐意品尝传承的一道名菜。取南湖大闸蟹，蒸熟后剥出蟹黄、蟹肉制成蟹粉，锅内葱花姜末入油煸出香味，再放蟹粉煸去腥味，加黄酒、细盐等佐料烧沸，放入已经切块沥水的豆腐，再度烧沸后勾芡淋油，装盘即成黄白和醇、味鲜滑口的美肴。

虾子茭白

虾子茭白，又作虾籽茭白，为乡土传统名菜。菜肴原料需用本土河虾之籽和本地茭白。烹制过程简明，先将茭白过油，再加入黄酒浸软的虾籽，注入已有佐料的高汤焖煮，至汤汁浓稠后滴入明油装盘，一道鲜味独特、营养丰富的菜肴即成。

白斩鸡

糟麻油白鸡，本地俗称白斩鸡、白鸡，禾兴馆名菜。创制于20世纪20年代初，盛名于30年代至60年代。需用本地农家放养鸡，烹饪时讲究控制火候大小与时间长短；糟麻油为蘸料，由嘉兴特产的糟油调和麻油而成，咸中带甜，醇香可人。20世纪80年代开始，建国路香花桥桥头堡白鸡，东门小来宝白鸡都以鸡嫩，味鲜著名，以坐堂早酒白鸡和白鸡面闻名。90年代末，电控厂下岗职工在百花菜场供应的白斩鸡，后来居上。选用放养鸡，精烧慢焖。成品商品鸡以品型悦目，洁白滋润，肉嫩清纯味鲜，调味独特，深受欢迎，被称为百花老王白鸡。闻名嘉兴后又在栅堰、杨柳湾菜场等设分店。

阿六头八宝鸭

八宝鸭是嘉兴民间的除夕大菜，也是江南世家私房菜最具诱惑的名菜。明清时，嘉兴南湖船菜系列中，就有八宝麻鸭。民国时，吴震懋等菜馆的红烧八宝鸭为嘉兴名菜。八宝鸭因为鸭腔中有8种馅料得名，也为图吉利。八宝鸭中馅料主要糯米、肉丁、胡萝卜、红枣、赤豆、豌豆、虾仁、火腿肉、湘莲、银杏、冬笋等。20世纪90年代开始，阿六头菜馆传承吴震懋八宝鸭技艺，集20多年的经验，摸索出独特的八宝鸭烧煮技艺。用料考究，选用麟谷鸭活杀，盐擦鸭身，按季节和顾客要求，选用8种馅料填入鸭腔，缝好后用老汤，加些啤酒蒸煮闷烧而成。鸭品饱满，色泽红润，肉嫩味美，余香留齿，闻名嘉兴，成为特色名菜。

金丝御鸭

又名稻草鸭、红烧养生鸭。挑选麟谷老鸭，洗净后鸭翅膀下各配瓣猪手，用一圈圈稻草缚住在一起。鸭胸放党参、黄芪等13味中草药，长时间缓火慢烧、蒸煮，故名稻草鸭。传说清乾隆皇帝下江南，到嘉兴品尝造型优异、香浓鲜美的稻草鸭后，龙颜大悦，大开金口，改名稻草鸭为金丝鸭，后人雅化为金丝御鸭。20世纪90年代，半岛酒店根据嘉兴隐士提供秘方，传承稻草鸭制作技艺，研制推出传统菜红烧老鸭。21世纪初，半岛酒店在秀城桥堍新开江南名庄酒店，组织挖掘红烧老鸭菜名来历，恢复金丝御鸭菜名，成为江南名庄当家名菜，嘉兴特色菜。

第三节　新创名菜

改革开放以来，区饮食业发展迅速，名菜佳肴不断创新。2003—2008年，经中国饭店协会及省级餐饮协会批复、颁布，属区的名菜名点100多道。1998年，嘉兴餐饮行业征集并得到公认的创新名菜有3只：南湖金菱、南湖风情、鱼米之乡。2005年，经省商业总会、省餐饮行业协会发文认定白干筒骨煲、梅花牛鞭、南湖炖三宝、南湖蟹粉、三油鳝糊为浙江名菜。

南湖金菱

选用代表嘉兴菜中时尚禾肴南湖菱为主料，具有浓郁的地方特色。特点：菜名富贵，造型美观，色泽金黄，香鲜可口，催人食欲。由嘉兴南湖大饭店出品。

南湖风情

新世纪创新菜，采用嘉兴特产的粽子、南湖鲜菱，与水乡特色的河鲜搭配，辅之调排配色，开发出新的名菜——南湖风情。特点：做工精细，色调和谐，以嘉兴特产作点缀，有较强的地方特色。由嘉兴宾馆出品。

鱼米之乡

嘉兴是典型的江南鱼米之乡，禾厨利用家乡水产食材活鳜鱼，加干贝、香菇、青豆、火腿等，入汤煮沸，调味勾芡，创新烹制出反映家乡食尚的风味菜“鱼米之乡”。由嘉兴大酒家出品。特点：该菜汤肉嫩滑，色泽艳丽，具有明显的地方风味，宛若一幅鱼米之乡墨宝画。

白干筒骨煲

以精选猪筒骨和豆腐干为主料，配上薑片、葱段等调料，用砂锅烧制。特点：汤浓味醇，豆腐干滑嫩鲜美，为秋冬季节汤煲中的佳品。由嘉兴太阳城大酒店出品。

梅花牛鞭

以细加工成梅花状牛鞭为主料，辅以蒜头、鱼茸、小白菜等，经精心烹制而成。特点：碧绿鲜红，色彩诱人，口感细滑，具有滋阴养颜，益气补肾。由嘉兴新半岛酒店出品。

南湖蟹粉

蟹粉是指蟹黄与蟹肉的统称。该菜选金秋湖蟹，上蒸笼旺火蒸熟，剔取蟹黄与蟹肉。取炒锅置旺火，锅内用熟猪油将姜末略煸，再倒入蟹粉，随即倒进少许清汤，加入调料，湿淀粉勾芡，淋上熟猪油，起锅装盘，可用姜丝饰盘。上桌时带醋一碟，供蘸食。特点：成菜肉如雪，黄似橙，香扑鼻，味鲜美，食之令人口颊生香。该菜肴由多家餐馆传统菜创新。

南湖炖三宝

三宝指鲜虾仁、蟹粉、南湖菱肉。以猪夹心肉、蟹粉、鲜虾仁、南湖菱为主料，肉、虾仁切成颗粒状，菱肉拍碎成末，蟹粉拌鸡蛋清，加高汤小火慢煮而成。特点：肉清、汤鲜、营养丰富。由嘉兴便宜坊饭店出品。

南湖炖三宝

三油鳝糊

三油鳝糊，即烹饪工艺较为讲究的清炒鳝丝。选用上好的鳝丝切成寸许，热锅中倒入食用油（一油），油冒青烟，倒入鳝丝，煸炒至鳝丝变色时加佐料及水，汤水将收干时加鸡精，装盆。装了盘的鳝丝上放一定量的姜末、蒜末、香葱末，浇上油温至八、九成的猪板油（二油）。上桌时再淋上香油（三油），撒上胡椒。特点：菜色偏红，油而不腻，香味浓郁，新鲜可口。由华庭新喜洋大酒店出品。

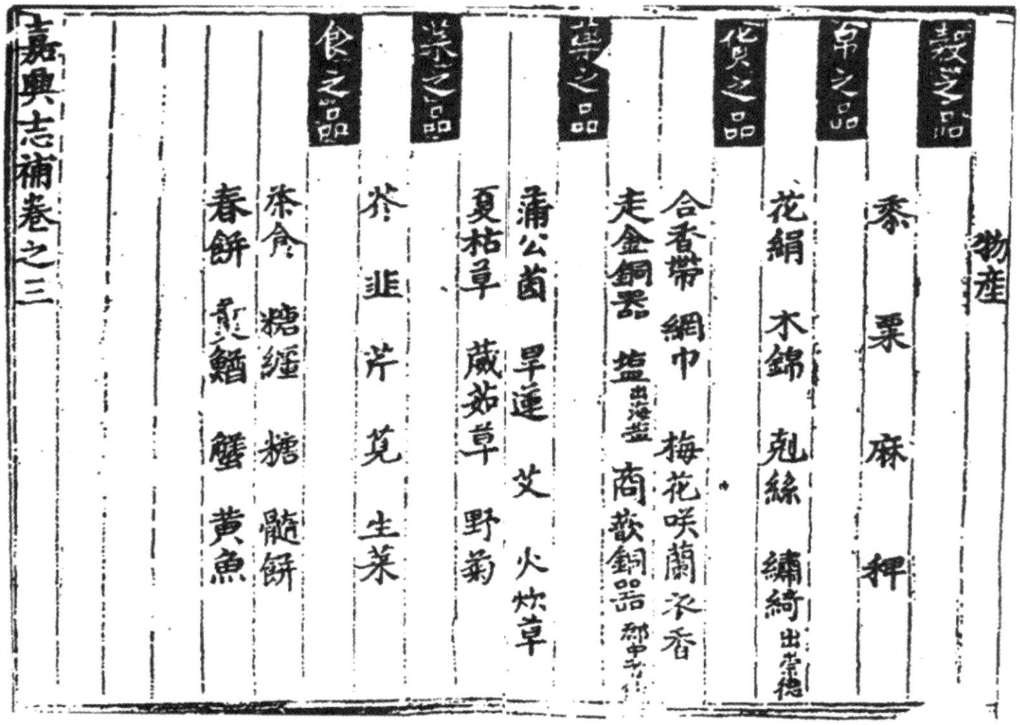

物產

穀之品 黍 粟 麻 稗

帛之品 花絹 木綿 兜絲 繡綺出崇德

貨之品 合香帶 網巾 梅花咲蘭衣香 走金銅器 塩出海塩 商嵌銅器郡中者佳

藥之品 蒲公英 旱蓮 艾 火炊草 夏枯草 蕨茹草 野菊

菜之品 芥 韭 芹 莧 生菜

食之品 茶食 糖纏 糖 髓餅 春餅 煎鰌 蟹 黃魚

嘉興志補卷之三

明正德《嘉兴志补》所载物产

民国画报所载南湖船菜插图

第二十四篇　交通　运输

目 录

境内道路古已有之。驿传兴于秦汉;隋朝因开运河而建运河塘路,明清期间,又修筑了许多县际古道与乡村道路。

境内现代陆上交通始于沪杭铁路筑通,后兴办公路交通,官商共同筑路。因战争频繁,财政艰窘,导致公路建设工程标准低,多为简易路面。1925—1935年,建成乍浦至省界王江泾段公路。嘉善至嘉兴、嘉兴至崇德的简易公路,后因抗日战争等原因,公路状况日益衰败。到解放时,只剩乍浦到王江泾公路,但不通车。解放后,多次修复改建,境内公路均修复改建通车,并陆续修筑新丰至新篁、十八里桥至步云、嘉兴至余新、嘉兴至凤桥等县级砂石公路,乡村手扶拖拉机出现后,筑起了可让拖拉机通行的泥路,称为机耕路。

建区后,大力发展交通事业,截至2004年底,区境内有各类公路里程1251.218千米,其中国道(含高速公路)34.576千米、省道(含高速公路)48.82千米、县道139.303千米、乡道178.554千米、村道259.123千米、到组道路585.49千米、另有专用公路5.352千米。公路通村率和公路通村硬化率均达到100%,公路密度293.713千米/百平方千米。全区形成以高速公路为主,干线公路为辅的公路交通网络。在全国率先实现了村村通公路、通公交的目标,在嘉兴市率先实现各镇10分钟内可到达高速公路,20分钟内可到达区域各镇,30分钟内可到达周边县市。

境内水路四通八达,河道纵横密布,通航水域呈"干支相连,互为贯通"之态,促进嘉兴经济社会迅速发展,水上运输达江浙沪各大中城市。解放后,经数次大规模整治,通行能力日益增强。至20世纪80年代末,嘉兴县共有30条等级航道,航道总里程为183.19千米。

境内的陆上交通运输,直到20世纪初还停留在徒步、肩挑、手拉、畜运。解放后,公路运输得到恢复与发展,80年代开始,公路成为境内主要货运和客运方式。建区后公路运输便捷,客运通达周边各市县。2003年起,南湖区率先提出城乡公交一体化发展思路。2010年底,境内市区公交有53条线路,长途汽车106条线路(含到各县市区的线路),城乡公交17条线路。

第一章　陆　路

第一节　古代官道

秦始皇造陵水道,境内已开辟有与水路并行的道路。隋开大运河,河堤建陆行官道。境内驿路始于秦汉,唐30里设驿。宋元建驿铺网络,明清10里设一铺。有驿道干路、支路。干路中运河及长水塘、魏塘、汉塘、海盐塘的塘路作用最大。在历代圩田建设中,修筑农村道路。逐渐形成以塘路为干线的陆路网。

驰道

秦始皇统一六国后,颁布"车同轨",陆路交通有了很大发展。秦始皇二十七年(前220)始筑驰道。东汉袁康、吴平所编《越绝书》载:"南可通陵道到由拳"。秦始皇三十七年(前210)秦始皇东巡,登秦山,观沧海。回去时过由拳,发夫十万,新建驰道。拓宽长水,沿长水、穆河建驰道。秦汉间的离乱,驰道没有完全破坏,在汉武帝时,古驰道仍为帝王御道,西汉中后期,逐步开放驰道禁令,驰道可看作是最早的古代道路记载。

驿道

古代,在交通要道上置驿以传命贡物,接待来往官吏,称为驿传或邮驿。驿传之意,"以车曰传,以马曰驿"。境内驿道是会稽郡治的吴县与南方县城的交通要道。

隋朝开通运河,在运河旁建有塘路,运河塘路对交通至关重要。唐宋时期,在各水陆要道广设馆驿,每30里一驿,构成驿路网。驿传旧有3等,曰步递、马递、急脚递。急脚递能日行400里。宋熙宁中,又有所谓金牌急脚递,日行500里。自宋建隆二年(961)始,驿夫由兵士充当。宋代在各驿之间增设驿铺,其设施也屡有变动,递铺凡10里一设。

元代的驿道称为大道,以马作为官用交通工具。明代,有嘉禾递运所。清代,废递运所。光绪三十二年(1906)废驿改邮,撤急递铺,建邮传部,但驿站继续存在,1914年驿站全部撤销。

塘路

境内驿道以塘路为主干线。

东路 前铺10里至南铺,18里至十八里铺,18里至新丰铺,20里至平湖铺。

南路 南铺南10里至落纤铺至海盐前铺。

西路 前铺西10里至三塔铺至桐乡前铺。

北路 前铺北至杉青铺至江苏吴江县界。

东北路 南铺北10里至常丰铺至江苏娄县界。

运河塘路 京杭大运河开凿完成,河旁建有塘路,两旁植树,称为官路。历代均重视维护修整。明弘治八年(1495)修嘉兴北塘,易土塘为石塘,长30余里。后南塘也加固为石塘。清初,清兵南下时即沿此塘路行军,五马并行。清康熙六十年(1721)春,北塘于旧塘外增筑石岸,土厚石坚,可骑马,可步行。到解放初,路尚在,1958年后渐废毁。

驿站与铺递

馆、驿、铺均为古代交通传邮机构和设施。早期称馆者较多。

西水驿 据明弘治《嘉兴府志》载:“在府治西三里,通越门外,元初置,船三十只,船户三百户,至正末毁于兵。明洪武元年重建,设站船十六座。明末毁坍无存。”清康熙十一年(1672)重建,咸丰十年(1860)毁,同治八年(1869)建驿房7间。

嘉禾递运所 在西丽桥百步许,西水驿西南,元嘉禾马驿址,马驿马90匹,马户830户,水驿船80只,船户760户。明宣德年间重修,万历七年(1579)裁并西水驿。

安元驿 明嘉靖《嘉兴府志》载:“在望湖门外,宋宣和年间创。”清光绪年间裁。

铺递 县前铺、府前铺、三塔铺、杉青铺、十八里铺、新丰铺等。

第二节 近代前民间道路

境内民间道路随人类活动逐渐形成,历经数代增筑。民国初期建公路前,与邻县及各乡镇村落之间仍以民间道路为主,大都为泥路,偶有石板路,县际间称为干路。各镇、村之间称为支路。

干路

境内主要干路有6条。

至平湖 出东门逾宣公桥向东穿铁路旱桥为角里街,经东塔南首,逾吴家桥至俞泾桥。自东门至此约4里半,又改筑碎石路及煤屑路,可行人力车。逾俞泾桥、双溪桥,即入东栅镇,2里至会龙桥,渡角河而南,沿平湖塘南岸东行十里,至十八里桥,有市集。6里至焦山门桥,逾桥至平湖塘之北岸,6里至新丰镇,东行15里至平湖县城。该路长43里。

至海盐 出东门逾宣公桥出铁路旱桥东南行,沿滮湖东岸至南堰镇约1里半。由此沿海盐塘东岸南行20里至余贤埭,19里至沈荡镇,10里至县城,15里至海盐西门(望吴门),全长65里1分。

至桐乡 西行3分强至西丽桥,西行2里3分至茶禅寺,西行4里8分至学绣塔,西南行2里9分至三观桥,西南行1里4分至新庙筧桥,西南行2里6分至何家筧桥,西南行2里4分至戴家筧桥,西南行1里3分至岳庙筧桥,西南行过万寿桥3里7分至陡门,西南行2里2分至南新河桥,西南行2里3分至三家筧桥,西南行过正家桥1里2分至正家桥西入桐乡县界,西南行5里6分至永桥桥,西南行4里8分至毛家渡桥,西南行2里9分至皂林桥,西南行过众建桥9分至登云桥,东南行6里2分至来远桥,南行5分入桐乡县北门(来远门)。全长47里8分。

至吴江 出北门外北行1里至端平桥,北行1里8分至百步桥,北行9里5分至金桥,北行3里2分至长虹桥,北行1里1分至王江泾镇北,接江苏省吴江县县界。路面为石块铺砌,县内长16里6分。

至嘉善 东门(春波门)外东行1里4分至东马桥,东行1里5分至大溪家桥,东行1里3分至俞泾桥,东行过东栅市又1里3分至会龙桥,东少南折而东少北4里6分至七里店桥，东北行1里3分至西白露泾桥，东少北行3里9分至高丰庙桥，东北行3里3分至夏汇桥，东北行1里7分至陈家垫桥，东北行1里6分至兴秀桥，东北行2里1分至九里湾，东北行3里至六里桥，东北行2里1分至三里桥，东北行2里3分至跨塘桥，东行1里入嘉善县西门（太平门）。全长32里4分。

至海宁 清时，海宁置州，属杭州府。有捍海塘路，横贯海宁，直通杭城。海宁至嘉兴，虽无直接干道相通，但间接干道有二途，其中一途，出盐官南门（镇海门），自海塘头堡东行历二堡、三堡、四堡、五堡、八堡、十一堡、十五堡、十八堡、海防公所、炮台山、螳螂山脚、谭仙岭、入海盐县界。或自硖石镇竦秀桥出海宁境入海盐县经丁公堰桥、大施带桥、山野桥、得胜桥、黄泥堰桥、欤城入海盐至嘉兴路。硖石至嘉兴计程约80里。另一途，自盐官北门（拱辰门）往西北，经义惠桥、圣帝殿、太平桥、青莲寺至长安镇，再往北行经庄婆堰、八里亭入桐乡县。自长安镇北行经三里铺至崇福，而入运河塘路。盐官至崇福，全程39里7分。

支路

境内主要支路有13条。

新丰至新篁路 自新丰镇南行15里至新篁镇，经北折桥、湖东浜、三娘子桥、朱家桥、或良浜、亭子桥、八角桥、菊花桥等地至新篁。

凤嗜桥至新篁路 自新篁西北行18里可至凤嗜桥，路经通镇桥、东马金桥、马金桥、西张桥、大梅花桥、马明桥等处。凤嗜桥西北行里半为石佛寺。由此沿王庙塘西岸北行12里至麒麟坝，与平湖路合，距东门有12里半。

曹庄至东栅镇路 自曹庄北行，过亭子桥、高桥与平湖塘相合，至东栅镇。路长11里半。

曹庄至南堰路 自曹庄西北行，过南张桥、义河桥、乌桥、三环洞桥，至南堰镇。路长13里。

新塍路 由嘉兴北门起，经栅堰桥西北行，过三官桥、扳桥、万福桥至周家坝、观音桥，直抵新塍镇，路长27里。另一路，由九里汇北行至周家坝，与新塍路合，较远有31里。

九里汇路 自嘉兴北门栅堰桥西行，经阴家桥、和睦桥、庙江村西北至里仁桥，即九里汇。路长25里。

杨庙路 由嘉兴北门东北行至太平桥，北行至塘汇，经鸣羊里、义和桥、鱼池汇桥、庙桥，再过里和桥、联珠桥，折东行，经普南房直抵杨庙。全路长23里。

凤嗜桥余贤埭路 自兴善寺东北行经花园村之张家桥、陈思桥，直抵凤嗜桥。其不逾陈思桥，北行王家埭、太平桥、新桥通凤嗜桥。路长13里。

庄史里凤嗜桥路 自庄史里北行，逾毛家桥、汤金桥、宗家石桥，折而东北抵凤嗜桥。路长11里。

新丰镇徐婆市路 自新丰镇北行，过大枝里、类浜，折西北过张上村，至徐婆市。路长9里半。

徐婆市嘉善路 自徐婆寺北行，经百家桥、里下桥、及伍子塘桥西堍至塘家桥，直抵嘉善县城西门。路长19里。

至王江泾路 自嘉兴北门，经栅榧桥、三官桥、板桥，北抵北圣桥，过沙河桥、陈家桥至双桥，路长14里5分。

至濮院路 自嘉兴南门起，经梅湾里，过五龙桥，沿河岸而西南至真如寺，北折而西北，向三塔而行，过厚兴桥，折西南过古高桥、长玉桥、俞家桥、张家桥，折西过黄金桥，入濮院镇。路长28里。

第三节 现代公路

公路建设

境内公路始建于1925年修建的乍浦至王江泾公路。还修建了嘉善至嘉兴抗日战备临时性公路：嘉兴区交通路43.12千米，嘉兴区纵队路118.27千米，杭善、焦善联络路2.13千米。抗日战争期间公路破损，抗日战争胜利后，抢修恢复，但因社会动荡，经济萧条，公路状况日益衰败。解放时，境内公路均不能通车。1949年6月嘉兴至王江泾公路恢复通车，9月乍浦至嘉兴公路恢复通车，次年5月至桐乡段公路通车。1952年，乍浦至嘉兴段按五级公路标准实施改建。1970年，修复嘉兴至枫泾、崇福至临平两段公路，杭枫公路全线恢复通车。

至2010年末，全区等级公路总里程为665.728千米，按行政等级分：国道（含高速公路）34.576千米、省道（含高速公路）48.82千米、县道139.303千米、乡道178.554千米、村道259.123千米。按技术标准分：高速公路48.109千米、一级公路36.623千米、二级公路93.439千米、三级公路60.607千米、四级公路351.918千米、等外公路75.032千米。

高等级公路

沪昆高速公路路线 编号G60，原初名沪杭高速公路，2009年底更名为G60沪昆高速，起点上海，终点昆明，区境段起点位于K79+832，终点位于K99+367，全长19.535千米。在十八里桥原设有两个进出口，2005年拓宽改造后，改为一个进出口。

沪昆高速浙江段全长103千米。宽26米，双向4车道。1994年1月15日开工，1998年12月29日，沪昆高速公路建成通车。2005年8月12日，沪杭高速公路杭州至上海方向四车道拓宽为八车道工程全线开通，路面宽37.5米，最高限速从110千米提高到120千米。是全省首条每小时行车最高限速为120千米的高速公路。

2010年3月，沪昆高速嘉兴段

杭州湾北岸连接线高速公路路线 编号S7，初名杭州湾跨海大桥北岸连接线，起点位于沪杭高速公路大云和十八里互通之间，向南经大桥、新丰两镇后，进入平湖市曹桥街道，与在建的杭州至浦东高速公路相交，再向南进入海盐县，与杭州湾跨海大桥相接。全线24.785千米。2004年10月开工，2008年1月建成通车。区境段起点位于K25+018，终点位于K34+935，全长9.917千米，在大桥倪家浜处建有南湖服务区。

乍嘉苏高速公路路线 编号S11，起自东西大道（新沪杭公路）杨树桥村西，路线自南向西北，跨盐平塘、海盐塘、沪昆高速公路、沪杭铁路、320国道等，于北城浜跨大溪河后进入江苏省境内。是以“四自”形式建设的省级A类重点工程。

公路全长53.832千米，双向四车道，宽21.5米，1999年6月1日开工，2020年10月建成通车，区境段起点位于K5+082，终点位于K23+739，长18.657千米，境内设南湖、余新和凤桥3个出口处。

2005年1月18日，乍嘉苏高速公路荣获建设部中国建筑工程鲁班奖。

国道

320国道沪瑞线 路线编号为G320，起点为上海，终点畹町，区境段范围为K101+535至K109+150、K122+193至K129+619，长15.041千米。

320国道原名杭枫公路。始建于1933年，宽9米，自临平经崇德、桐乡、濮院、嘉兴、嘉善至枫泾。抗日战争期间除嘉兴至濮院间勉强通车外，其余路段均遭日军破坏。1958年，修复濮院至崇福段。1970年，修建嘉兴至枫泾、临平至崇福两段。1981年，改建为宽7米沥青外治路面。1985年按平丘2级（加宽）进行全面改造，1989年12月竣工。全路路基宽15米，路面宽12米，全线浇筑厚22厘米水泥混凝土或浇筑厚10厘米沥青混凝土。1998年6月至2000年9月，320嘉兴过境段改建为路基宽度36.5米双向四车道的一级公路，行车速度90千米/小时，在七星镇设收费站。

2010年3月，320国道市区段夜景

省道

07省道(乍王公路)　07省道起自乍浦东方大道与东西大道相交处,经平湖市、南湖区、秀洲区,止于江浙交界的太平桥,全长45.6千米,贯通320国道、东西大道、杭浦高速公路、杭州湾跨海大桥北岸接线、申嘉湖高速公路,全线为一级公路标准。区境段从与平湖交界的渡船桥至秀洲区塘汇交界止(K21+532至K41+778),长20.246千米。

嘉兴至王江泾段始筑于1932年6月,长14.39千米,路基宽7.5米,路面宽3米,碎石路面,沿线涉及桥梁18座。1975—1979年,嘉兴至王江泾段改建成沥青路面,宽7.5米。1990年,该路定名为07省道。1993年12月29日,07省道嘉兴至王江泾段作为全市首条一级公路改建工程开工,为全省首批公路“四自工程”(自行贷款、自行建设、自行收费、自行还贷)项目。设计行车速度100千米/小时,路基宽25米,行车道宽4×3.75米,水泥混凝土路面,中央设1.5米宽的分隔带。非机动车道2×3米,沥青路面,路缘带长2×0.25米,机动车与非机动车道间设有防撞护栏。全线大中小桥梁13座,总长1000米,其中特大桥一座,长570.27米。1996年7月1日实现双幅路面通车。2005年5月,嘉兴至王江泾段再次进行改造,路幅宽度由原设计32米调整为45米,沥青路面。

2010年4月,07省道大桥段

县道

嘉盐线　二级公路,嘉兴至海盐公路,区境段起点位于新丰镇老07省道交汇处,起点桩号K16+361,终点位于凤桥镇新篁社区,终点桩号K28+060。长11.699千米。1999年6月开工建设,2000年11月建成通车,全线二车道,长11.699千米,路面宽12米。

嘉善至桐乡公路　一级公路,全长21.486千米,路面宽36.5米。区境段起点位于大桥镇中心河桥,起点桩号K5+998,终点位于国道320线,终点桩号K12+532,长6.534千米。2003年开工建设,2004年12月建成通车,全线双向六车道。

大天线　大树至天凝的三级公路,区境段起点位于七星镇大树村,终点位于杨庙南龙大桥。1990年6月建成通车,全线二车道,境内长0.96千米,路面宽7米。

新07线　嘉兴至乍浦的一级公路,区境段起点新丰镇,桩号K12+869,终点位于秀洲区塘汇镇,桩号K34+451。长21.582千米。2003年开工建设,2007年4月建成通车。全线双向六车道,路面宽36.5米。中间绿化带分隔带5.4米。

双云线　焦山门至大云的三级公路,区境段起点大桥镇老07省道交接处,桩号K0+000,终点位于大桥镇云东村嘉善交界处,桩号K10+799。长10.799千米。始建于1982年,后经逐步改建完成。K0+000至K4+069路段二车道,路面宽9米。K4+069到终点路面宽7米。

东余线　东栅至余新的三级公路,长8.923千米。起点东栅镇闻贤桥,终点与嘉余线相交,1986年12月建成通车,K0+000至K6+770路段二车道,路面宽7米。K6+770到终点,路面宽9米。

嘉余线　嘉兴至余新的二级公路,长5.57千米。起点东栅镇缪家圩村,终点余新镇,与东余线相交,2002年4月建成通车。全线二车道,路面宽12米。中间绿化隔离带3米。

余篁线　余新至新篁的三级公路,长16.567千米。起点余新镇普光村,终点凤桥镇新篁社区,与嘉盐线相交,1986年7月建成通车。全线为二车道,其中K0+000至K2+363路段,路面宽7米。K2+363至K7+484路段路面宽度12米。K2+363至K7+484路段路面宽7米。

余沈线　余新至沈荡的三级公路,区境段起点位于余新镇,与东余线相接,终点余新镇明星村。1986年7月建成通车(其中K0+000至K2+000路段2千米为穿镇路段),全线二车道,长5.886千米,路面宽7米。

余王线 余新至王店的三级公路,境内长5.294千米。起点余新镇曹王村,终点余新镇联星村,1995年7月建成通车,二车道,路面宽7米。

余云线 余新至新丰竹林村的三级公路,长8.008千米。起点余新镇工业区,与乍嘉苏高速公路连接线相接,终点新丰镇竹林村,与嘉盐线衔接,2005年1月建成通车。K0+000至K4+270路段(其中K1+832至K4+270与余篁线重复)为二车道,路面宽12米,K4+270至K10+446路段为四车道,路面宽16米。

余步线 余新至步云的一级公路,长6.961千米,起点余新镇工业区,终点大桥镇,2003年11月开工建设,2006年6月建成通车。全线为四车道,路基宽度31米,路面主车道宽16米,2条绿化隔离带各3米。

新大线 新丰至大桥的一级公路,长7.201千米。起点新丰镇,起点桩号K0+000,终点大桥镇,终点桩号K7+201。2003年11月开工建设,2008年8月建成通车。全线为四车道,路基宽31米,路面主车道宽16米,2条绿化隔离带宽各3米。

余新至乍嘉苏公路 二级公路,长4.668千米。起点余新镇,与嘉余线相接,终点余南村,与乍嘉苏高速公路出口相连接,2006年12月建成通车,全线为二车道,路面宽14米。

第四节　公路养护

养护组织

2005年开始,建立起符合区实际的养护体制和运行机制,依照公路养护分级管理的原则,明确管养主体,确定各级道路的养护管理责任:县道及以上的国道、省道公路由区公路管理段负责养护,各镇(街道)负责本行政区域内的乡、村道路。2008年1月,区各镇(街道)农村公路管理养护站相继成立,承担起各镇(街道)乡道、村道的养护管理及道路交通安全协管等工作。

2004年开始,农村公路日常养护和小修保养走上市场化运作的道路,区公路日常养护及小修保养通过市场招投标的方式承包给具有养护资质的养护公司进行管养,每年管养的里程和内容也根据不同的具体情况进行调整。

区内县乡公路养护一般由3个部分组成,重要县道及县道以上国、省公路的日常养护工作由区公路管理段的专业养护道班进行管理。普通县道的日常保养是通过公开招投标方式确定的养护公司负责日常保养工作,养护里程为60.468千米。重要县道和普通县道的小修由抽调公路段精干人员,配备齐全的施工车辆和便携式施工作业机械组成的专业维修组小修组负责。各镇(街道)农村公路养护管理站具体负责全区乡道178.554千米、村道260.048千米的管养工作。区公路管理段负责业务指导工作并在区交通局牵头组成检查考核组,每个季度对其养护工作进行考评,根据考核的成绩采取以奖代补的方式予以拨付管养资金。

路面养护

按照公路养护"畅、洁、绿、美、安、优"的总体要求,在日常养护中通过"突出重点,全面管养"的方针,其中国道、省道与重要县道即嘉盐线11.699和嘉善大道6.534和新07线21.582千米的日常养护工作由区公路管理段的专业养护道班进行管理;普通县道实行市场化运作,通过公开招投标由养护公司负责日常保养工作,主要是路肩和边坡的整理、杂草修剪、边沟的疏通、路面保洁等内容。全区的国、省、县道小修由区公路段抢修小修组负责。

镇村公路由农村公路管理养护站负责养护管理工作,根据各镇(街道)的实际情况采取市场招投标、委托、个人分段承包等多种形式的养护方式做好境内乡道、村道的日常保养工作以大中修工程。

公路绿化

2009年后,区内几条重要县道的绿化层次有较大提高,沿线绿化由两排行道树到现在由两侧林带、边坡绿化、路肩、中间隔离带多层次的立体景观绿化组成,在美化公路环境的同时,绿化养护的成本也在不断提高。

2010年,对新07线、嘉盐线、老07省道绿化进行提升。整个工程采用因地制宜的方针,充分利用公路用地范围内的上下边坡、公路沿线的荒地、低洼地、施工弃渣地进行绿化。造林树种选择香樟、大叶黄杨、黑杨、红叶李、湿地松等。植物配置以上部覆盖、下部不遮挡视线为度，中间绿化以乔、灌、花、草相结合，常绿树种为主体。

对绿化日常养护通过公开招标后由专业有资质的绿化公司进行绿化养护，以行道树为主绿化的道路养护，由县道日常养护单位进行绿化养护。到2010年末，全区公路可绿化里程449.392千米，已绿化里程428.282千米，占公路总里程的67.6%，其中国、省道72.956千米，绿化率100%。

第五节　交通工具

境内先民最早使用的交通工具，是称为“拖泥板”的状木器（似为水陆两用运输工具）。古代驿铺递运马匹为多。明清时以行船为主，未见有使用马驴的记载，多为人力工具，近代大量使用人力车、自行车、三轮车、汽车、火车和飞机等。

轿子

轿子有官轿、民轿两类。官轿装饰华美，轿身较大。按官位分八人轿、四人轿、二人轿，由轿夫抬行，辛亥革命后停止使用。民轿有暖轿、大轿、花轿、小轿、藤轿等。花轿专作婚嫁迎亲之用，也名彩轿、珠轿，轿围质料为彩缎，绣饰华美。小轿又名客轿、便轿，多作代步工具。藤轿又称凉轿，不加轿围。1930年，境内有轿行3家，解放初废弃。

人力车

黄包车　又称东洋车，民国初传入。据1921年申报载：“嘉兴有通益、双利、翼轮、同利等四家公司，每日行驶黄包车90辆”。至20世纪70年代，黄包车停止营运，遂绝迹。

人力货车　又称劳动车、手拉车、钢丝车、畚箕车。解放前夕全市有黄包车281辆，大板车12辆，人力车工人452名。解放后，对人力车实行了改造，1956年7月底至9月，对尚剩85辆人力车，改制其中39辆为三轮车。

自行车

1935年，境内有云飞等6家车行出租自行车，每租用1小时2角钱。解放后，自行车迅速增加。20世纪70年代开始，是市区主要代步工具，上下班时段，市区道路的自行车流成为主要景观。1995年，市区每百户居民家庭拥有273辆自行车（详见第三十六篇“居民生活”第三章第一节）。

三轮车

客运三轮车　始见于1947年，境内有三轮车20辆，次年发展为32辆。解放后是市区主要的公共客运交通工具，20世纪90年代，个体三轮车发展迅速。到2010年，市本级有8家经营单位，登记注册客运三轮车740辆。

货运三轮车　是货运主要工具。

摩托车

摩托车是用汽油驱动，靠手把操纵，前轮转向的两轮或三轮车，用于客货运输及交通出行，分轻骑、二轮、三轮三类。二轮摩托分越野型和公路型两种。三轮摩托有两种，一种是用功率较大的二轮摩托车加装一个有车轮的边斗而成的侧三轮摩托车；另一种是一轮在前居中，两轮在后，在车上装配相应的车厢，可用于旅客和货物运输。城市家庭摩托车，2009年平均每百户28辆。

助动车

又称机器脚踏车，具有脚踏和机器驱动两种功能的二轮车，有的专业制造汽油驱动，有的在自行车上装汽油机的传动装置而成。80年代中期在市区出现，后因传动装置故障频发，交通不安全、环保等因素而逐步淘汰。

电动车

是以电力驱动的机动车。电动车按类型分为：电动自行车，电动摩托车，电动三轮车。电动车最初，具有脚踏和电动两种功能。2000年后发展迅速。车型设计美观，外形极似二轮摩托，速度可达每小时三四十千米，逐渐取代自行车和摩托车。

2005年左右，有4轮电动客车、货车，用于景区及单位内部使用。三轮的外形类似三轮车，可用于装载小件货物。电动车还有各种型号的，还有残疾人专用的残疾车。2009年，城市居民电动车平均每百户91.13辆。

拖拉机

拖拉机 是农业机械，拖拉机分轮式和手扶两种，轮式拖拉机都是牵引车，装货需配置拖斗，均为四轮，其马力大小是拖力大小的根据。

手扶拖拉机 手扶拖拉机一般为12马力，手扶式改型方向盘式，安装四轮，称“小方拖”。70—80年代，大量从事道路运输，有的专门从事运输，有的既从事农田作业，又参与运输，21世纪后禁止上路。

汽车

汽车是现代重要的交通运输工具。汽车按用途分为载货汽车、自卸汽车、越野汽车、轿车、客车、牵引汽车及半挂牵引汽车、专用汽车等。民国时期嘉兴就有汽车行驶，进入21世纪后，各种汽车遍布城乡交通要道，常常堵车（上述摩托车、助动车、电动车、汽车详见第三十六篇“居民生活”第三章第一节）。

第二章　铁　路

第一节　线　路

沪杭线

沪杭铁路全线长200.3千米，嘉兴段东北自上海枫泾（70K + 452mm），西南由海宁许村（160K + 716.87mm）出境，境内正线为双线，长90.3千米。另有企业专用线0.69千米以及马王塘至机场专用线。

沪杭铁路初名苏杭甬铁路，预定由苏州经嘉兴、杭州到宁波，为清光绪二十四年七月二十一日（1898年9月6日）总理衙门准英商承办五路之一。光绪三十一年（1905）美商培次欲谋路权，浙江士绅发起筹办全省铁路，成立浙江全省铁路有限公司，力争承办。几经波折，终由苏浙两公司以商办名义借款筑路，同时将苏杭甬铁路起点改为上海，以同沪宁铁路相衔接，苏杭甬铁路遂改为沪杭甬铁路。

光绪三十二年（1906）四月，股款既集，江苏省铁路有限公司和浙江全省铁路有限公司立即邀请参加关内外、芦汉两路工程的中国工程师南来，负责勘测、设计和施工。苏、浙两路以枫泾为界，往北至上海站由江苏省公司承筑，往南至杭州闸口，由浙江省公司承筑。浙路于光绪三十二年九月（1906年10月）分段开工，宣统元年闰二月二十五日（1909年4月15日）长安至嘉兴段竣工，嘉兴举行通车典礼。六月，嘉兴至枫泾竣工。同年六月，杭嘉线通车。宣统元年六月二十八日（1909年8月13日）沪枫、杭枫段接轨，9月12日沪杭铁路正式通车。

1914年3月1日浙江铁路公司召开股东大会，议决浙路让归国有，6月2日，交通部派钟文耀兼甬嘉局长，接收浙路。1914年10月24日，交通部发令，改称交通部直隶沪杭甬铁路设管理局，总局设于上海。

沪杭铁路原自上海南站至杭州闸口，长186.17千米。该路线路所经为平原，极大部分为填土，全线采用汉阳钢铁厂制造的法国式钢轨，所垫枕木除嘉兴至枫泾段采用奉天白松外，其余均由日本引入橡木。杭枫段原有铁路桥梁125座，其中钢梁桥118座、石桥（包括混凝土拱桥）7座、木桥2座。涵洞106座。

1916年12月上海始发站由南站改为北站，经梵王渡、徐家汇、龙华、梅家弄、莘庄、新桥、贸星桥、樵江、石期蒲、枫泾、嘉善、嘉兴、王店、硖石、斜桥、周王庙、长安、许村、临平、笕桥、艮山门、杭州、南星桥，而到闸口，全线195.99千米。

1949年5月7日嘉兴解放第二天，华东军区军事管制委员会财经部铁道处接管沪杭甬铁路杭州至嘉兴段。12日杭州至硖石间开行客车，31日16时，杭州至嘉兴段客车恢复，6月12日沪杭全线恢复行车。沪杭铁路建成后多次整治改造，铁路设备逐步完善，先后2次全面更换旧轨，以钢筋混凝土轨枕替代全部枕木，列车运行速度曾一度达到120千米/小时。

“七五”计划期间，沪杭铁路实施全线复线工程，全长200.3千米，1978年开工建设，1990年完工。1991年12月27日沪杭复线举行开通典礼。2005年初开工建设复线电气化工程，2006年9月15日全线开通。沪杭线上海西至杭州站，全长202千米，全线架设电气化铁路链型悬挂接触网950千米，进行全线自动闭塞信号改造。行车信号由红、绿、黄三显示，改为红、绿、黄、绿黄四显示，拆除所有平交道路，至2005年底，市区拆除19处人行过道，新建立交12处，实现全封闭、全立交的要求。牵引列车由内燃机车改为电力机车，减少了火车对嘉兴城市的空气和噪声的污染，增加了牵引动力，提高了运行速度，沪杭线上的列车密度从原来的180对增加到240对，平均每6分钟就有一趟列车经过嘉兴。

沪杭高铁

沪杭客运高速铁路，长158.8千米，双线，全线设计最高时速350千米。2009年2月26日动工建设，2010年10月26日正式通车。总投资285亿元，嘉兴市境内有85千米。

全线采用Ⅰ型板无碴轨道，岔区采用轨枕埋入式无碴轨道，正线焊接用钢轨采用60KG/100米、100米定尺长、无螺栓孔U71MN(K)热轧钢轨。2009年4月12日境内实体工程施工正式开始，4月20日全线第一桩在五标步云特大桥开钻。7月12日，全线第一块无碴轨道板在嘉兴轨道板场浇筑成功；主体工程于2010年8月完成，创造了3个世界第一：高速铁路自锚上承式混凝土拱桥跨度160米、第一座在软土地基上建造160米自锚上承式混凝土拱桥、单边转体自重达16800吨为世界同类转体梁之最。

货运专用线

1990年，嘉兴站铁路货运专用线4条，分别是民丰造纸厂线、嘉兴外贸冷库线、嘉兴粮库线、嘉兴老货场危险品线。另有蚂王塘机场专用线。

苏嘉铁路

苏嘉铁路从京沪线苏州站，沿大运河西岸向南，经相门、吴江、八坼、平望、盛泽、王江泾等站到嘉兴，与沪杭铁路接轨，向南到沪杭线嘉兴站，为单线准轨铁路，桥梁、涵洞99座，长74.48千米。

清光绪二十一年(1895)时任两江总督张之洞首次提出兴建苏州经嘉兴至杭州铁路的设想。1932年“一·二八”淞沪抗战时，南京与杭州铁路交通中断，中国政府遂决定修筑苏州至嘉兴的铁路，为京沪、沪杭两铁路的联络线。1935年2月22日苏嘉铁路动工，全线从嘉兴起分三段施工。嘉兴至江苏省盛泽段，始于横跨京杭运河76号桥的中心线，向南经王江泾站后，沿运河东岸行至嘉兴站东北520米处，与沪杭甬铁路接轨，长15.6千米。苏嘉铁路由于地势低洼，路基全部填高至2到4.5米。1936年4月28日苏嘉铁路首次试车，7月15日正式通车，标志着嘉兴一跃成为当时浙江唯一的铁路交通枢纽，当天在嘉兴举行庆祝大会。苏嘉铁路通车后，苏州以西、嘉兴以南之间的客货及军事运输无须绕道上海，苏州、嘉兴间的铁路运输较经上海缩短了110千米。客车时速为35千米，货车时速为30千米，旅行时间为2小时55分，较之前节省3个小时。1937年“八一三”淞沪会战期间，淞沪前线铁路被切断，苏嘉铁路成为南京与浙江及上海南部外围联络的主要交通线，时遭敌机轰炸，随炸随修，始终维持通车。

1939年4月26日，苏嘉铁路全线修复，由日本华中铁道株式会社接管。1944年3月，由于日本国内用于制造武器的钢铁物资极度匮乏，日本侵略军开始将苏嘉铁路铁轨、钢梁、枕木全线拆除运走。1945年1月12日拆毕，全线除路基、道砟、桥墩、桥桩以及部分站房外，全部被摧毁。铁路被拆后的一段时间里，嘉兴段路基保存较好。

抗日战争胜利后，曾多次提出修复苏嘉铁路，都没有结果。现苏嘉铁路路基已基本消失。区境内东方路旧址为苏嘉铁路路基，东方路长纤塘桥堍路东，还留有太平桥上南街苏嘉铁路涵洞遗址。

第二节　火车站

沪杭铁路初建时，市境内有嘉善、嘉兴、王店、硖石、斜桥、周王庙、长安镇、许村8个火车站；区境内有嘉兴站。以后屡有修造，1990年市境有二等站2个、三等站2个、四等站6个、五等站3个、旅客乘降所、线路所各1个。境内有南湖站、嘉兴站和七星桥站。1992年12月铁路嘉兴东站建成启用，1997年12月南湖站、七星桥站停止使用。

至2010年，区境有火车站：嘉兴站、嘉兴东站、嘉兴南站。

嘉兴火车站

老客站 位于中山东路东端，铁路线北侧，中心线在沪杭线K97+995米，二等客货运站于1907年建站。初建时，站屋为二层楼，共房屋18间，上行月台长198.1米，宽9.1米，岛形月台长256米，宽8.2米。穿越路轨地道1座。抗日战争时被日本侵略军炸毁站台，后修复。

解放后，对嘉兴站多次进行扩建、改造。1969年，嘉兴道股有正线1股，到发线2股，货物线3股，货物仓库3个，站台长度888米，候车室使用面积202平方米。1990年底，站线正线1股，到发线3股，货物线7股，专用线3股，其它线2股。

20世纪70年代末，整个车站占地面积已有28378平方米，拥有新建售票厅、候车室、行包房等。1990年底，有旅客站台2座，各长500米，全年旅客发送量124.4万人次，货物发送量26.66万吨，其中零担9.1万吨。

新客站 1996年2月12日开工新建客站，1997年1月16日建成，位于老客站东侧，二等客货运站点。站房主轴线为铁路里程自上海站起K109+981，总建筑面积5045.14平方米；车站站线5股道(2正3到)，牵出线2股连接民丰纸厂专用线2股、冷库专用线2股和粮食专用线1股，建有旅客地下通道一道；站屋3861平方米、行包房、变电室及出站用房1125平方米；主站房为二层，中间为中央大厅和软席候车室，楼上为旅客休闲厅，楼下两侧为东、西候车厅，面积均为635平方米，各设500只彩色玻璃钢座椅软席候车室100平方米，2010年改造为180平方米，10个售票窗口；主要配套工程有站前广场8800平方米，地下盖河暗渠、地下人防工程等。2006年，增开嘉兴至上海南站始发旅客列车两对。2007年9月20日开工建设高站台以及改造项目，新建动车组专用候车室及扩建售票房，通信及信号、电力等营运设备等。2008年1月1日，3对动车组列车停靠嘉兴站。2010年初，嘉兴站日均列车每天有118趟停靠，至2010年10月26日嘉兴南站启用，动车高铁全部停靠嘉兴南站。班次减为88趟，其中直达旅客列车2列，特快旅客列车15列，快速旅客列车67列，普通旅客列车4列，日均发送旅客约7500人，实际上车人数约10500人/天，日均旅客流量约21500人/天。

嘉兴东站

位于城东路，中心里程位于上海站起K106千米958米处，为三等货运站。一期1992年12月建成；二期1996年8月建成。年货运吞吐量为109万吨，年到发量约150万吨，装卸车量约1.7万辆。车站建筑面积801平方米，占地面积3200平方米，货场总面积8183平方米。2007年4月9日铁路嘉兴站货场整体搬迁至嘉兴东站。货场由二股正线引进，一股牵出线，股道11股。接铁水转动港2股和粮油批发公司专用线1股，并连接中央储备粮嘉兴直属库专用线、嘉兴永安石化有限公司危险品装卸专用线。

高铁嘉兴南站

位于市区百川路，距上海虹桥站84千米，距杭州站85千米。2010年2月22日开工建设，2010年10月26日投入使用。车站规模为4站台8线，岛式站台2座，侧式中间站台1座。正线2条有效长各580.5米、到发线6条有效长610米，道岔26副，均为18#道岔。站房平面呈矩形，平面轴线面宽120米，进深36米，其中出站层面宽48米，进深36米，候车大厅柱网为12米×36米大跨度，售票大厅面积570平方米。候车大厅面积3295米，分上下两层。进站口设2台物品检查仪，共有21台自动检票机，车站最高聚集人数为2000人，站内共有自动扶梯13部，无障碍电梯4部。站前广场总用地16.21万平方米，左侧为市区公交，中部为城乡公交，右侧为出租车停车场，设有停车位500个。

第三节　运　输

客运

清宣统元年六月二十三日（1909年8月8日）杭嘉枫段开行2对旅客列车，同年七月二十八（9月12日）增开为3对直通旅客列车。

民国初年，铁路运输以旅客运输为营业大宗，约占总收入的80%以上。12月12日营业，除区间车仍由上海南站始发外，所有上海至杭州快慢车及特快车，其前段所从上海北站始发的与上海南站出发之后段的各客车相衔接。

1937年1月1日起，又调整列车行车时刻，始分头等、二等、三等、四等，票价各异。嘉兴站开有：嘉（兴）—闸（口）二、三等混合区间车7:25开、10:25到。嘉（兴）—上（海）二、三等混合区间车7:00开、10:00到。

抗日战争爆发时，沪杭铁路“运塘”号略低，其次是特快车，普通车最低。

客运运价　1923年沪杭线客运运价计算标准为：50千米以下头等每千米运价2.835分，二等1.890分，三等1.050分，四等0.683分；51~100千米递减率2.5%；101~150千米递减率5%；150~200千米递减率7.5%。其最小运费：头等0.15元，二等0.10元，三等0.05元。特别快车加价每100千米头等0.60元、二等0.30元、三等0.15元。上海到嘉兴和嘉兴到杭州票价相同，头等3.65元，二等2.45元，三等1.35元。

抗日战争胜利后，铁路客运价在货币贬值的情况下，调整频繁，京杭铁路局一年内调整次数10次以上，调整幅度在50%以上。1946年“西湖”号为2.5万元，“金陵”号、“钱塘”号头等为1.9万元，特别快车头等为1.8万元，普通头等为1.4万元；1948年4月5日，运价已是1946年的20~30倍以上。

解放后，沪杭铁路客运量逐年增加，旅客发送量以如下年份为例列举：1952年124万人，1957年169万人，1965年207万人，1975年244万人，1985年423万人，1988年432万人。

1978年，沪杭线杭（州）嘉（兴）段开行列车对数为旅客列车12对，1990年22对，上海到嘉兴。

客运运价全国统一铁路客运运价，1987年3月，第一次在全国范围内200千米以下，作了铁路客运价格的调整，其幅度在原基价上浮50%。

1989年9月5日票价调整：平均每人每千米由0.02元提高到0.04元多一点，平均提高112%，其中100千米以内提高60%，101千米以上提高120%。客票分为软席、硬席、市郊、棚车；附加票分加快票（特快、普快）、卧铺票（高级软卧、软卧、包房硬卧），空调票；另外还有小孩半价票；伤残军人半价票，学生减价票。棚车票按硬座客票半价计算。棚车小孩票，按硬座小孩票50%计算。包房式硬卧票价，分别按普通硬卧中、下铺票价另加30%计算。车票的起码票价里程：客票按20千米；加快票按100千米，卧铺票按400千米计算。

沪杭复线开通　1991年沪杭复线开通，铁路嘉兴站日通过客车由1990年的22对增加到42对。1997年铁路嘉兴新客站建成的第一年客运量145.35万人次；2004年4月18日，全国铁路第五次大提速，客运量251万人次；2007年第六次提速，时速达到200千米/小时及动车组的开行，客运量达311万人次；2009年客运量为383万人次。2009年7月增加城南路车票代售点，2010年5月开通了POS机购票业务，8月30日分别增加了中山路、禾兴北路代售点，并开通电话订票；是年日均列车每天118趟，同年10月嘉兴南站启用，铁路嘉兴站客运量为273.75万人次。

高铁客运

2010年8月，沪杭高铁客运专线开始联调联试。9月进入试运行，9月28日“和谐号”试运行，最高时速416.6千米。2010年10月26日正式运行，首发列车G7384次，10:09时从杭州城站出发，经桐乡到嘉兴南10:44时，于11:10时到上海虹桥站。杭州城站到嘉兴南站票价二等座41元，一等座66元。沪杭客运专线共有80对列车运行，高速列车50对，时速350千米，动车组列车30对，时速250千米，76趟列车停靠嘉兴南站。是年，嘉兴南站客发量24.32万人次，日均发送旅客3741人次。客流方面，嘉兴站每天客发量约7200人次，嘉兴南站每天客发量5400人次，两站合计每天客发量12600人次。

货运

1934年，嘉兴站每日上下行客货车约20余次，运货费收入24189元，进站货物26996吨，出站货物20871吨。

货物运价 铁路货物运价，因各个时期的货币、计量单位、货物等级分类以及运输距离的不同而发生差异。

沪杭铁路运价1923年6月1日起改订，凡在60公斤以内的标准价目(银圆)：一等级货二十分之十四分即五厘六毫，二等级货三十分之七分即二厘三毫三丝，三等货七分之一分即一厘四毫三丝，四等货二十一分之二分即九毫五丝，五等货十五之一分即六毫六丝，六等货一百二十五分之七即五毫六丝。自101千米至200千米递减百分之一。

公吨运价按照50公斤运价以各等货之递减率计算，其公吨价目：头等货十一又五分之一分，二等货四又三分之二分，三等货二又六分之七分，四等货一又二十一之十九分，五等货一又三分之一分，六等货一又二十五之二分。

25吨整车运价按照公吨运价，以各等货之递减率计算，其递减率：头等货65%，二等货40%，三等级货42%，四等级货48.33%，六等货48%。30吨整车递减率：头等货45%，二等货40%，三等货35%，四等货30%，五等货25%，六等货20%。

解放初期，建立统一的运输调度系统，组成全国统一的铁路运输网，制订统一的规章制度，统一客货运价。1951年7月1日起，铁路全面开办货物运输。1955年试办水陆联运，1956年扩大到铁、公、水联运。嘉兴站为杭州铁路分局所辖七个指定换装点之一，把地区范围内所要联运的货物紧密衔接。1978年10月，成立了嘉兴车务段，同时，成立了业务室，配备货运组织员，负责管区内各货运站编制年度计划和月度运输计划。

1990年沪杭线货物列车固定为27对，比1978年8月的26对增加2对，同期客车由1978年8月的12对增加到固定的22对。

20世纪90年代初，嘉兴东站是唯一仅办理货运的车站，主要办理建材、煤炭、粮食、化肥、纸张等货物的到发，由于嘉兴城市建设的加快，建材的货运量最大，煤炭在嘉兴化工厂停产后不再办理。

1996年撤销于1970年成立的嘉兴地、县统一运输指挥部，逐步取消1、5、6、10吨集装箱，到2000年全部改为20英尺集装箱。2003年，增加了40英尺集装箱，2004年货运量96万吨，达历年来最大货运量，主要以粮食中转为主。2007年4月15日，铁路嘉兴站停止办理货运。由于公路运输、水路运输的发展和嘉兴玉米中转量减少，铁路货运量逐年减少，2010年嘉兴市货运量为26万吨。

集装箱运输 1978年以后发展起来，主要对易碎、怕湿、贵重货物组织集装箱运输，对散、堆装货物组织集装运输。首先由嘉兴站开始，陆续由1吨、5吨集装箱到发。1981年，嘉兴站集装箱发送1782箱，共运货物5550吨，集装箱发送吨位重量占普通零星货物的25%，集装箱门到门的比重占集装箱总数的25.1%。至1990年，嘉兴站集装箱发量上升，集装箱发送吨重量占普通零星货物的比例上升到50%，门到门的比重占集装箱总数的95%。

货物运价 全国统一铁路运价，各铁路起运站可将货物发至全国各办理营业的任何站。1950年开始，曾降低过货运运价。1955年6月对运价进行改革，对主要货物煤、焦炭、铁矿石、木材、钢材等单独规定了运价，1961年3月1日起，实行了更为具体的整运价分为28个运价号、零担运价分为11个运价号。自1985年5月15日起实行铁路规途货物运输附加费：1990年3月15日为进一步协调各种运输方式，理顺运输价格和商品比价，实行货运新运价，平均每吨千米提高5厘，外加200千米以内短途与长途运价衔接“顺坡”，总提价为5.8厘。

(1)整车货物运价以整车运送货物所规定的运价。

(2)零担货物运价是以零担运送货物所规定的运价。零担货物的起码运每批0.60元。

(3)集装箱货物运价是以集装箱运送货物所规定的运价为1吨、5吨、6吨、10吨和20英尺、40英尺6种箱型，货物分书、其他货物两类，计费金额以元为单位，元以下保留一位小数。计算以箱为单位，按箱计费。

2004年货运量96万吨，达历年货运量最大，主要以粮食中转为主。2007年4月15日铁路嘉兴站停止办理货运，嘉兴东站是唯一办理货运的车站。铁路货运量逐年减少，2010年嘉兴铁路货运量为26万吨。

铁路装卸搬运

解放前的装卸搬运作业由包工头与车站签订合同，雇员承担铁路的装卸搬运。客运除装卸行李包裹外，还代旅客接送行李出站台，头上戴有识别鲜明的红色号帽及号牌，俗称“红帽子”；货运整车、零担装卸搬运的叫杠搬夫。收费由包工头按铁路规定费率与车站结算，从中提取管理等费用后，与工人拆帐分配。1947年6月1日成立装卸事务所，由车站站长兼任装卸管理员。解放后，成立装卸社，实行计件工资。1955年改为装卸作业所。1958年，实行“站装合一”，作业所为车站附属企业，“文化大革命”期间，撤销装卸作业所。1970年分局成立装卸科。1978年分局成立管理分所，受上海铁路局和分局双重领导，全面负责装卸作业、技术、设备、计划、财务、材料、人事、劳动以及委处作业人员的组织管理工作，并领导各站、段的装卸作业所。

铁路的装卸业务实行分工负责统一管理、统一派班、统一收费、统一核算、统一费率。以工班为作业单位，难以机械作业的，大多承包给农工，特殊货物，组织专门人员装卸。

铁　公　水联运

1933年7月1日起，浙赣路与京沪、沪杭甬铁路签订协议办理货物联运。1949年8月，上海铁路局组织杭州铁路分局所辖嘉兴、杭州等11个站与贵溪、鹰潭、南昌等相互办理整车直达业务。从此，全国所有铁路各营业站之间都可相互发送货物，铁路间运输就不称为联运。

解放后，铁、公、水联运事业得到振兴和发展。1950年5月，上海成立了国营新华联运公司，其分支机构遍布华东各省、市，开通18条联运线，形成联运服务网。华东联运公司浙江省公司嘉兴办事处于1950年10月1日成立，经营水陆联运兼办押汇保险业务。1952年统计资料表明，嘉兴办事处及所辖联运站有大小木帆船3451艘、55849吨，竹筏434只、619吨，汽车20辆、66吨，各种人力货车139辆、67吨，联运主要是铁、水中转联运，运输物资主要是粮食、砖瓦、络麻、蚕茧等。

1958年，成立运输指挥部，下设运输协作办公室，由铁、公、水等运输部门和主要物资部门负责人协同组成，联合办公，并运用行政管理手段，实行“扎口运输”，统一调度车船运力，统一送货到家，统一银行划拨结算，集中力量疏运港站、厂矿企业专用铁道上积压的货物。

1961年10月，各级联运部门统一安排铁、公、水联运，负责协调搬运、装卸，并对车、船、装卸实行统一计划、统一调度、统一运价、统一票证、统一结算的“五统”管理。1963年，成立嘉兴地、县统一运输指挥部。在当时，起到积极作用，但终因“外联内不联”，未能发挥长久作用，各联运指挥部先后自行消失。

第三章　水　路

境内水域处于长江三角洲太湖流域，境内河港纵横，水流平缓，水上交通极为便利。隋大业六年(610)开凿大运河，使嘉兴成为水运中心。唐太和七年(833)开挖汉塘，明代广建塘埭，清康熙与嘉庆年间较大范围疏河浚港，嘉兴成八水汇流之处。民国时已泾流河道数百，支流无数，干支相连，互为贯通。

解放后，境内经数次大规模整治，水上航道状况明显改善，航道等级逐年提高，船舶通行能力日益增强。2010年，境内航道总里程为183.19千米，其中干线航道41.47千米，支线航道141.72千米。

第一节　航　道

干线航道

乍嘉苏线　由乍浦塘、平湖塘(又名汉塘)和京杭运河嘉兴至苏州段组成。起自乍浦港内河码头至平湖，经九里亭、新丰、焦山门、十八里桥、东栅至嘉兴老客运码头长33.1千米，再经秋泾桥、王江泾至苏州人民路码头，长72.8千米，全长115.8千米，境内长16.93千米。苏州塘线，原由嘉兴城北北丽桥始，流经端平桥，过杉青闸向北，此段桥低、河弯水急、船多，时常阻航，改航秀水市河经嘉禾桥、秋泾桥过杉青闸入苏州塘。

乍嘉苏线航道在1996年4月按五级航道技术标准进行了改造，2000年5月完工。航道护岸完善一期工程自2003年9月开工，2005年11月完工。乍嘉苏航道"五改四"工程计划于2010—2012年实施。

杭申甲线 杭申甲线自杭州艮山港经武林头、塘栖、崇福、嘉兴、三店至清凉庵往上海市境，再经马力港、泖港口入黄浦江，经闵行至苏州河口，全长219.21千米。杭申甲线经嘉兴时有两线可走，主线从西丽桥港口经嘉禾桥至秋泾桥，航段长4.22千米；附线从西丽桥港口经北丽桥至秋泾桥，航段长4.32千米。境内塘汇桃花岛东侧界至杨庙，长8.80千米。

嘉于硖线 嘉于硖线航道起于嘉兴市西郊杭申线航道乍嘉苏高速公路桥东侧，沿乍嘉苏高速公路南下，穿320国道、沪杭铁路，在王店四联村进入海盐塘，在于城进入盐硖乙线，接长山河，止于硖石长水塘口，全长41.958千米。境内长15.74千米，该航道分为南郊河西段、嘉于段、于硖段。

嘉于硖线境内段，从西南湖——螺丝板桥，长15.74千米。2010年1月1日，进行四级标准航道改造，于2010年12月10日完工。

支线航道

境内共有支线航道23条，146.34千米。一般河宽8~20米，底宽3~10米，水深0.7~2.0米。可通航货运船舶与家船。较大者可通航40~60吨级，较小者可通航5~10吨。

2010年区境内航道一览表

表24-1　　单位：公里

	航道名称	等级	起　　讫	里程
干线航道	杭申线	规划3	杨庙大桥—塘汇桃花岛东侧界	8.80
	乍嘉苏线	规划4	九里亭—王店塘桥	16.93
	嘉于硖线	4	螺丝板桥—西南湖	15.74
小计	3条	—	—	41.47
支线航道	嘉篁乙线	7	日月桥口—乍嘉苏青龙港口	9.88
	嘉徐线	7	红庙—龙桥口	3.48
	嘉篁甲线	6	南星桥—麒麟坝	23.68
	嘉王线	7	湘家荡口—杭申线	2.39
	七三线	7	嘉善塘—三店塘	5.25
	新净线	7	曹桥—新丰	2.89
	嘉曹线	7	张家滨—嘉兴南堰	8.31
	嘉田线	8	斜路港口—大家甸	4.62
	嘉净线	7	汪子桥口—乍嘉苏线力安桥港	7.75
	徐新线	7	解放桥口—红庙	18.63
	凤余线	7	赵坟桥口—小塘桥	6.39
	凤万线	7	竹林桥口—怀家桥口	2.81
	新竹线	7	集加禾桥口—西青龙港口	4.89
	庄王线	8	庄史—海盐塘	6.10
	新曹线	8	沈章塘—东青龙港	4.89
	硖平线	8	甲娄桥—新篁镇	2.35

续表24-1

	航道名称	等级	起　　讫	里程
支线航道	徐平线	8	九里亭—新丰砖瓦厂	6.54
	徐云线	8	柏树桥头—徐步桥	3.20
	徐十线	8	徐步桥—十八里桥	5.05
	徐善线	8	胥山码头—南排漾	1.77
	步焦线	8	念梁桥口—德胜桥口	3.67
	王海线	7	王庙塘—海盐塘	6.09
	凤马线	7	施家桥口—海盐塘马泾桥	5.71
小计	23条	—	—	146.34
合计	26条	—	—	183.19

其他航道

平湖塘　作为乍嘉苏航道的组成，境内长22.65千米。

海盐塘　又名横塘、官塘。海盐塘自唐至清，为历代水驿、漕运通道。经圩城、沈荡，过余新流入嘉兴南湖，全长35.29千米，境内长14.954千米。

长水塘　西南起自硖石北流11.1千米，经王店、马王塘桥，北流入西南湖；旁支西出小马王塘桥，入姚家荡，全长23.25千米，境内长4.698千米。

嘉善塘　又名魏塘、武塘、上官塘河。相传宋时有大姓魏武，临河筑坊，聚商成市，因名魏塘。自六里街东行之水，至东栅会龙桥分为两支，一支往东南入平湖塘，又名汉塘；一支东北出过会龙桥，即魏塘，至六里桥，而入嘉善县境。全长18千米，境内长11.53千米。

第二节　航道养护

疏浚

运河在漕运上具有重要作用，较长历史时期河道的整修都放在相当重要的位置上。境内河道疏浚有史记载始于唐代。解放前，专业疏浚未见记载。20世纪50年代，对河道疏浚大多依靠农业兴修水利而结合整治航道。1960年3月嘉兴航运公司组建专业航道养护队，承担浙北航区的疏浚、打捞等整治任务。1984年6月市航管所航道疏浚队成立，担负嘉兴航区疏浚养护任务。

清康熙四十六年(1707)十一月，嘉兴知府“开浚淤泥，西丽桥八十五丈，北丽桥九十五丈，端平桥八十五丈，浚深俱五尺，广皆五丈，有奇双浚，各乡诸港于是蓄水溉舟楫往来家商皆庆。”

1930年9月，地方人士之发起疏浚河道，筹募款项，请准省款补助，由建设局委派工作人员监督指导，共需挖去土17720立方米，筑坝8处，工程费银6700余元，除省款3000元外，均地方负担。浚河工程于1932年1月全部完成。

解放后，1955—1956年重点疏浚了杭申甲线三塔塘至枫泾白庙湾多段航道，长9千米，挖土石7.0259万立方米，筑坝基10处，用工17969工，发动义务劳动39643.5工日。1969年疏拓长水塘至中山路桥航段，长1.757千米。同时对该航道宣公桥至中山路桥段进行改道，缩短航程125米，提高通航能力为100吨。同时，又疏浚整治杭申甲线南门东栅下至秋泾桥航段，以后又陆续疏浚南门三号桥至东门狮子汇等航段。

打捞

1960年3月，嘉兴航运公司成立航道养护队。1984年1月市航运管理处成立，同年5月成立打捞队。打捞工作分为水上漂泊物打捞和水下沉物打捞，一般采用人工和机械两种打捞方法。1955—1956年在疏浚杭申甲线三塔塘至枫泾白庙湾航段，打捞沉石770立方米，清除暗桩3314根。

航道整治

民国时期,对主要航道作过堪查及整治。解放后,在发展农业兴修水利时结合整治航道。至1988年新建和改建了数千桥梁,改善了水上运输的通航能力。1973年,在疏拓长水塘时拆除宣公桥,新建中山路桥、解放路桥,清除了运河市河段航障。1983年底,拆建阻航桥梁西丽桥,使境内航段畅通无阻。

护岸

境内干、支河流护岸历有传统,各代均列为地方要政。疏浚运河,加固堤岸,修筑塘路屡有记载。明永乐五年(1407)修嘉兴堤岸。九年(1411),修长洲至嘉兴石土塘桥路70余处,泄水洞31处。嘉靖二十六年(1547),嘉兴知府赵瀛筑语儿塘。万历四十年(1612),修缮杉青闸抵王江泾一带旧塘,土石各半。清康熙九年(1670),兴修运河塘路筑成石塘4382丈,桥632洞。20世纪60年代,兴修运河南塘,加石培土,又北塘自城河至王江泾30里,于旧塘河段间增筑石岸。

民国时期,对河道护岸实施甚少。至于石彻护岸,仅用于市镇河道。

解放后,用斜坡、直立两种形式的石彻护岸。1985—1988年,对平湖塘、新塍塘、海盐塘、长水塘、三店塘及苏嘉运河进行石彻护岸,新建10.12311千米,重建1.1614千米,维修8千米;投资145.0589万元,其中国家补助136.1052万元、群众自筹8.9526万元。

1989—1990年,再次在杭州塘、新塍塘、苏州塘的市区航道进行石彻护岸工程长5.8836千米,新建护岸4.69千米,重建护岸1.1936千米。国家投资140.7282万元、自筹8.1337万元。

第三节　航道设施

航标

航标为导航和辅助船舶航行而设置在岸上或水上的标志。境内航标是内河航标。1954年6月,嘉兴市航运管理处制作首批航标,其中第一只木质白色三角浮标设置在杉青闸河墩石基上,说明这段航道左岸有水下障碍。这是境内第一只航标。

码头

解放前,境内无固定码头停靠船舶。基本是依傍自然坡岸。偶有简陋码头,且客货互用。解放后,逐渐建起了码头,在航线上也逐年建立站点、埠头。到1990年,境内港区东起东栅、西至三塔、南起嘉桐公路三号桥、北至嘉北百步桥,分布东西长6千米,南北宽5千米的范围内。码头岸线长11.77千米,水域面积30.6万平方米,陆域面积26.86平方米。共有泊位235个,最大靠泊能力120吨。

客运码头　嘉兴客运码头建于1964年,位于勤俭路与环城东路交叉口,为浆砌块石岸壁式。岸线长100米,泊位9个;房屋建筑面积1304平方米,其中候船室476平方米,并安装吊机一台,起重能力为0.5吨。1985年,新客运码头于中山西路桥西堍建设,1988年12月10日投入使用。候船厅建筑面积1284平方米,可容旅客2574人。还建有综合设施大楼、售票房、问询处、行李寄存处、小卖部等。码头靠泊能力100吨级。前沿水深3.7米,横靠有8个泊位及零担泊位4个。规模为年发运旅客200万人次,为嘉兴航区最大的内河码头。20世纪90年代,内河轮船客运逐渐衰落。至1997年,航行于南汇至嘉兴的最后一条客运航线停运,水上内河客运宣告结束。

货运码头　解放前,货运船舶素无正规码头,停靠装卸,全靠人力。1949年后,港航部门开始重视港口码头建设。境内码头由小到大,设备不断更新完善。工矿企业由于生产需要也自行修建码头。到20世纪80年代,境内码头约有500多个,并大部分设有装卸机械。

1959年10月,嘉兴火车站杂货码头建成,是当时境内主要的货运码头。该码头位于火车站西侧,岸线长60米,码头上装置4台电动吊杆。1961年第2季度重建,置4台塔式转动吊杆;1965又扩建成钢筋混凝土高桩承台式码头,装置6台塔式起重机;1968年在火车站南侧平湖塘建码头,泊位8个,靠泊能力为60吨级；1973年为支援上海金山石化总厂建设又建黄砂码头，泊位4个，靠泊能力为120吨级。至1990年，共有码头8处，泊位32个。后城市建设发展需要，该码头移至郊外。

专用码头　物资部门专用码头共有79处，167个泊位。成品油码头两处，市航运总公司油库码头泊位1个，靠泊能力120吨级；嘉兴石油分公司油库码头，泊位3个，靠泊能力120吨级。

到2010年，境内有各类码头140个，泊位308个。

港口

嘉兴市铁水中转港　1994年3月动工建设，1999年6月通过验收。是市首家大型综合性内河港口。设计货物吞吐能力172万吨/年。1号作业区岸线长80米，有全天候仓库6400平方米，500吨级泊位2个，300吨级泊位3个。2号作业区岸线长160米，仓库2600平方米，设有300吨级泊位6个。

2001年12月7日，铁水中转港和中国远洋运输（集团）公司共同开通了嘉兴至上海国际集装箱内河支线。截至2004年6月，累计吞吐量近1万标准箱。

嘉兴内河港多用途港区　2008年下半年开工建设，2010年8月通过交工验收，11月投入试运营。

嘉兴内河港多用途港区位于七星镇杭申航线旁，紧邻320国道，是浙北地区最具规模的以集装箱业务为特色，具有口岸功能且集装卸、仓储、保税、加工、配送、仓单质押等功能于一身的大型综合性物流基地。占地面积32.6万平方米，泊位岸线总长570米，年吞吐能力250万吨，年集装箱实际作业能力为70万标准箱。港区新建1000吨级多用途泊位10个，有航道岸线长度约736米，港区陆域面积31.2万平方米，布置集装箱和件杂货前方装卸区，后方堆存区、生产及生活辅助区、办公区等。港区设计吞吐量250万吨/年，其中集装箱144万吨/年（18万标准箱/年）、件杂货（钢材为主）106万吨/年。

渡口

旧时，渡口按其性质可分为官渡和民渡两种。官渡由官府置舟并配船工，渡运过境官员和商旅。民渡由地方士绅联合所在乡村民众筹资设置，确定船工专管渡船和负责摆渡。有地方集资或置义田，以田养渡，过渡不取分文；也有两岸村民便于往来，自置船只，系以绳索自行拉绳过渡的，称拉拉渡船。在宋代以前，渡船曾是两岸交通的主要工具。因此，唐宋时设有很多官渡。明清后，桥梁增多，渡口减少。1990年前，境内有渡口7座，分别是南湖渡、十八里渡、钱家桥渡、蝴蝶港渡、南埝渡、莫家笕渡、九里亭渡。20世纪90年代后，开展“撤渡建桥”工作，境内渡口除南湖渡外，全部撤销。

南湖渡　位于南湖之滨。游览南湖，登湖心岛游览烟雨楼和参观党的一大会址，须在南湖渡口乘摆渡船。解放前，南湖渡口在湖滨大盐仓桥及狮子汇、荷花堤等处，由在南湖渡口乘船而至。

1956年初，政府对10余艘渡船进行检验，核准载客额并发证，撤销狮子汇渡口，在南湖畔设置渡口、渡船安全标志，制定渡口、渡船安全守则。

1986年1月，使用玻璃钢电动渡船。同年6月27日，新型玻璃钢电动船投入运行。半个多世纪以来，南湖渡口渡运游客成千上万，没有发生一起安全事故。

2004年12月22日，撤销南湖老渡口，原南湖渡船作为游船由嘉兴市南湖名胜发展有限公司负责管理。游船渡口设在会景园。

十八里桥渡口　位于大桥镇光辉村，渡距50米，年渡运量为2万人左右。1987年，省政府颁布了《浙江省渡口安全管理规定（试行）的通知》，积极推进撤渡建桥工作。2001年，渡口在南湖区“撤渡建桥”活动中被撤销。

新丰九里亭渡　位于新丰乌桥村的乍嘉苏线航道上。渡距50米，年渡运量为1.5万人左右。2004年7月1日撤销，是域区航道上最后撤销的渡口。

第四节　船　舶

古代，船舶作为境内主要运输工具，唐宋时期已有客货运船。19世纪末，境内开始有燃煤机轮船，20世纪初始有柴油内燃机轮船。1935年8月出版的《中国经济志·浙江省嘉兴县》记载:“嘉兴现有轮船公司八家,境内外行驶轮船二十五艘,可载重一百六十一吨,共计职工司机工人二百零六人”“水上交通有轮船二十五艘行驶各地外,尚有航船、民船、渔船、南湖船多种,且自轮船行驶以来,营业不及往昔之盛,然船舶经营者,仍赖此为生也。全县计有航船116只,民船约34只,渔船约百只,南湖船56只,总计船户约3300户、11000余人”。

人力船

划子船 又称小划船、划排船。木质结构,船型狭长约4米,宽约0.8米,无舵,首尾较小,底平舱浅,形如竹叶,载重0.2吨左右。渔民常用以兼作客运。船体用青桐油涂抹,拱形芦席作舱棚,中间舱内铺席,供乘客二三人坐卧。船家以单桨或双桨划行兼控制航向,时速约4千米。20世纪50年代自然淘汰。

木帆船 近代,境内木帆船有西漳船、码头船、航船、菱湖船、窑坯船、杭驳船、苏州船、包子船、芦墟船、香船、荡滩船、漕泥船、牛拖船等10余种。其中常见的有3种:西漳船,源于无锡西漳一带,是适航江南的一种优良船型,船长12~13米,宽3~3.5米,流线型船体,载重二三十吨。码头船,产于上海一带,船长13~16米,宽3~4米,载重十至三四十吨。首方船直,底平舱宽,板料厚实,结构坚固。吃水浅,航行稳,适宜装运大重物件。首尾设有锚桩,船头中设有绞盘;分三舱,后舱上设艄棚,下为船民住宿。设有桅杆,舷口铺有统舱甲板,供大件物资装载,取去甲板可落舱装运。杭驳船,源于杭州,因用于驳运,故名。船型平直,呈长方形,船首宽大;船底平,统舱宽;上有艄棚,下为船民居所。船膀低,稳性好,起舱落舱方便,堆庄点数明嘹,适应于驳运各类物资,装运粮食尤为妥善。短途驳运以摇橹撑篙行驶,中长途运输可借助风力扬帆、拉纤。在木帆船拖带化运输后,船型逐渐改造为铁驳所代替。

丝网船 又名南湖船,起源于江苏无锡,木质结构。长年用于兼作客运游船,布置整洁。上棚为木制拆卸式棚板,中间镶嵌玻璃推窗,上面覆盖筏篷,船体皆用青桐油和紫广漆。船分三舱,中间客舱,有低跟梁相隔。前半舱供旅客乘坐,后半舱铺有高舱板,上铺草席,设有凳、搁几、茶具等物。可乘坐七八人,大者可乘10多人。客舱与稍舱用推窗隔开,后舱为船家备炊住宿之处,上搭芦扉棚为摇船时挡风庶阳。丝网船平时为乘客雇用,春秋季节为烧香或旅游者所包,可承包膳食或夜宿,收费高于其它客船。

乌艄船 水线以上及箬篷全用墨灰拌桐油涂抹,故名乌艄船。船体瘦长,弧形底,可竖杆张帆,前、中舱为货舱,后舱住人。

抽水机船 为农用排灌船,木质或水泥质,长8~12米,宽1.5~2米,舱内装有水泵。有铁管伸向船尾,利用强力水流作用驱船前进。出现于20世纪60年代,除航行、抽水外,临时也用于少量物资短途运输。80年代基本淘汰。

农船

农船有荡滩船、漕泥船、水泥农船、挂桨机船、罱泥船、黄鸭船等。

荡滩船 为木质结构,源于硖石大荡,清朝中叶已有制造,为小型驳船。舱口宽敞,故名。因大多用于农业运输,又称“粪滩船”。船舱呈半月形,船尾有出艄,荡滩船小的载重1吨左右,为统舱,多数3~5吨,7~8吨较少,舱分为三。无舱棚设备,配有琵琶橹作动力。

漕泥船 木质结构。产于临平一带。是一种形似杭驳船的浅水驳船,底平舱浅,方头平艄。船头左右钉有似“象鼻”的弯木,后艄鹞鹰翼较短。小的约1吨,大都用于农业,大的约七八吨,为短途驳运之用。

水泥农船 1964年,平湖修建服务处试制3吨水泥农船,第二年平湖水泥船厂批量生产。由于水泥农船节约钢材、木材,造价低,稳性好,较耐腐蚀,迅速推广,一般规格为3吨、5吨、7吨,长44米,宽1.3~1.5米。头尾稍狭,呈方形,平底三舱,上无遮盖,后梢有橹,载运农物,生产队都购置此船。20世纪90年代起境内水泥船逐步拆解。

罱泥船 罱泥,就是把河底的淤泥打捞上来。罱泥船是用来罱泥的船只。农民摇船到河中,放下橹,拿起罱具罱泥。罱泥船平时作农用运输用。

机动船

客轮　清光绪八年(1882),为境内最早的客轮,由上海招商局经营,开辟上海经嘉兴至硖石的“翔凫”号轮船。

木质客轮　多为解放前使用的旧轮船。为尖头弧形尾,船体外部呈流线型。船身长9~19米,宽3~4米,深0.9~1.2米,时速10~15千米。客舱、机舱上装木板舱棚,铺油漆帆布,可坐客,天篷称百脚棚。客舱座位纵向排列。驾驶员在船头驾驶室操作。60年代起,船体逐步改造扩大,可载四五十人至百人左右。主机马力从20匹以下增大到达40匹、60匹、80匹,燃料为柴油。70年代实现机驾合一,驾驶员直接操纵快慢及倒顺车。

机器快班船　木质结构。始于1931年前后,船体由绍兴快班船改造而成,俗称汽轮船。半圆形船工尾,装汽油引擎,船员在船尾操舵,拉铃向机舱传递信号。客舱两侧设座板,可载客30~50人。后船体扩大,改为操舵为前驾驶。60年代初,改软篷为木质硬棚。

水泥质客轮　始于1966年前后。船体以三角钢为骨架,圆钢为经,上扎钢丝网数层,内外敷以水泥。船体为流线型,客舱设车厢式长木椅,客位75~100座,“二棚”为散席,可坐25人。上棚为帆布天篷。70年代中期逐渐淘汰。

钢质客轮　1964年钢质客轮逐渐投入营运。80年代取代木质、水泥质客轮。船体为流线型,以角钢为肋,用钢板焊接而成。长24~27米,宽4~米。60~150匹马力。时速12~15千米,有夜航设备。客舱设车厢式硬座软靠,配有小搁儿。定额80~100客位,大的100~170座,舱内设有卫生间。后舱挑出如鸟尾,设炉灶等设施。机舱稍高。加帆布“百脚棚”遮阳挡雨。

货拖轮　民国时期有木质货拖轮拖带货驳航行。70年代航运企业开始使用钢质拖轮,安装机驾合一装置,改用柴油内燃机。速度提高。80年代钢质拖轮取代木质、水泥质拖轮,性能明显改善。拖轮一般长17.5~19.9米,宽约4.6米。120~200马力,可拖带600~1200吨船队。

货轮　抗日战争胜利后,境内协记成等3家货运轮船公司用绍兴船改装机动船,自载30吨左右。80年代钢质取代木质。载重20~50吨,小的10吨,多数拖一二艘驳船。

油轮　运输散装燃油或食油钢结构专用船。多的拖有10几艘驳船。70年代始有。船头较尖,前为驾驶室,中部为油舱,机舱在后部。可盛油20~100吨左右。

挂浆机船　初为农用船,在农船上安装柴油机,后为水泥质结构。后艄装一台10~12匹马力单缸柴油机,带动螺旋桨推进,开动时接连发出砰砰响声,俗称“砰砰船”。有5吨、7吨、10吨、15吨等规格,时速约9千米,支流小港均可航行。船长超过15米,载重20吨以上的,安装两台挂浆机。船头、中舱无篷,后艄机手操作处有简易篷。个体、联户船舶绝大多数是挂浆机船,多用于运输沙、石、建材等。90年代后,挂浆机船逐渐淘汰。

机帆船　多为木质帆船,安装内燃机的货船和渔船,可借风扬帆,可驾机航行客货兼运,可装货10余吨。绍兴船经改型安装内燃机也曾称机帆船。80年代,农村个体、联户机动船有的也称机帆船。

自航驳　也名机动驳,在货驳内安装动力机,能自航,出现于80年代,船型现各等规格的货驳同。驾驶在前或在后。中间为货舱,后部下为机舱,装一二台小型柴油机多为几十吨位。90年代后,多为钢质自航船,随着航道改造,二三百大吨位的自航驳逐渐增多,为货物运输中主力。

汽艇　也称交通艇,为小型快速机动船。多为钢质,60匹马力,一般长10.5米,宽约2米,尖头方尾,内燃机及驾驶室均设在前部,设10个左右座位,最高时速可达22千米。多为航运、港监或单位自备船。

货驳船

杭驳船　源于杭州,木结构,船型平直,呈长方形,船底平,统舱宽,船膀低,货物起落舱方便,驳运粮食尤为适宜。中长途可扬帆、背纤。

驳船　船型丰满,可单只使用或编队由机动船拖行。80年代出现装有动力的“机动驳”。

客驳　拖带于客轮后面,主要有木质、钢质两种。木质客驳长20~27米,宽3.5~4.5米,可乘坐80~130人。头尾均呈方形。客舱分上下二层,上层较低,可坐,下舱内设木板座位,纵向排列。后艄船员握长柄舵。顶为硬棚,可放附货。钢质客驳长20余米,宽4~5米,头尾均呈方形。舱内横排车厢式座位,于70年代投入营运。80年代淘汰。

货驳 由拖轮拖带,常由10艘左右联成船队,70年代前为木质货驳,长10~22米,宽3~5米,载重10~60吨不等。头方舱深底平,头、中舱装货,中舱大,后舱甲板上船员操长柄舵。之后木质货驳逐渐为水泥船驳和钢质船驳取代。水泥驳主要规格为40吨、60吨、长20米左右,宽4~4.5米,深1.5米以上,以圆钢为骨架,铺钢丝网三四层,用水泥整体浇制而成。钢质货驳大量使用于80年代后,船体用角钢、钢板焊接而成,结构坚固。规格多为60~200吨间。

其他还有常熟包子船、芦墟船、里墅船、菱湖船、窑坯船、浪船(香船)、荡滩船、漕泥船、牛拖船等船舶运输工具。

渡船

旧时渡船多为小型木质船,用撸,也有两头平有,自行用绳拉渡。80年代有用玻璃钢制,随着渡口的撤销,渡船也淘汰。

南湖渡船 明清时,南湖渡船和游船合一,称精舫,载茶酒与客人游荡于南湖和城中河流。清乾隆年间,盛行一种装饰华丽的“唱曲船”,一些富家在节日,乘船载酒游南湖,吹弹歌唱,夜以继日。后无锡有丝网船到嘉兴营业,民国初年这类丝网船最多,抗日战争爆发后绝迹。南湖还有载客摆渡用的本地船和丝网船等。解放后,南湖渡船主要有手摇木船,来往于渡口和烟雨楼。

1986年1月,乘客20人的玻璃钢电动渡船“南湖1号”“南湖2号”投入行运,为南湖渡船电动船之始,与手摇渡船同时运行。1986年6月27日,新建的Z2—41型3KV玻璃钢电动船,乘客定额42人的“南湖3号”投入使用。至1990年底,南湖渡口有玻璃钢电动渡船3艘,乘客定员82人。南湖渡口是区内最大的渡口,安全渡运游客逾千万人次,无事故。

2004年12月22日,撤销南湖渡口,所有南湖渡船改造为游船,由嘉兴市南湖名胜发展有限公司负责管理。

第四章 桥 梁

古城水乡,沿路多跨河之桥。城外八水汇流,城内市河纵横,河上架桥,便于往来。便有“民居傍河,推窗见水,出门过桥”之说。境内古桥几经沧桑,唐代前所建的桥梁荡然无存。两宋古桥,数量、种类、技术和风格首屈一指,至今依稀可见。明清所建桥梁,以石拱桥、石板桥为主。史籍载,清末秀水县城内外96座。民国初期仍号称有七十二桥,伴有《七十二条半桥》的故事,实际超出百座。市区桥梁在第六篇古城和第七篇城乡建设中都有记载。

境内镇村桥梁不计其数,有的古桥名声遐迩。随着交通建设的飞速发展,城市现代化建设和旧城改造,新建许多道路和桥梁,有的古桥拆毁或废弃,有的古桥改建为新的大桥,新建风格各异的大小桥梁,以道路和公路桥梁为最多,同时新建立交桥等新型桥梁。

第一节 镇村古桥

方桥 位于新丰镇繁荣村。南北向,跨羊毛港,三孔无栏石板桥,长25.30米,宽2米,有桥联。东联“陆贽遗迹是冠还是履,昌黎佳句非阁复非船”,西联“曹塔射虹腰翠烟春锁 朱溇横巨翅玉露秋圆”。桥上加水泥桥面,增设铁护栏。该桥始建年代不详。重建于清嘉庆十六年(1811)。

兴隆桥 又名汤曹桥。位于新丰镇北牛桥,跨三官塘西支。是原新丰北牛桥村与步云南宗村的界桥,南北向,三孔无栏石板桥。两侧分别有石阶9级。桥长20.6米,宽1.05米。该桥始见于何年不详。重建于清光绪二十一年(1895)。

香花桥 位于新丰镇乌桥村。东西向,跨宗村港,单孔无栏石板桥。两端有石阶6级。桥长10米,宽1.05米,桥西石阶有石板断裂。少有行人。该桥始建年代不详。重建于清乾隆四十二年(1777)。

屠坟桥 俗称屠家坟桥。位于新丰镇项前村。

南北向，跨九曲港，三孔无栏石板桥。长23.40米，宽1.15米，两端石阶已用水泥板铺为坡面。该桥始建年代不详。重建于清光绪十五年(1889)。

庆善桥　位于新丰镇北汤浜村。东西向，跨妙桥港，单孔无栏石板桥。两端有石阶6级和8级，长14.30米，宽1.70米。该桥始建年代不详。明天启二年(1622)和1917年二度重建。

戴家小桥　位于新丰镇东洲村。南北向，跨常住港，三孔无栏石板桥，长17.40米，宽1.20米。建造年代不详。

亭子桥　位于新丰镇高家埭村。东西向，跨亭子桥浜，三孔无栏石板桥，长20.65米，宽1.30米，桥石阶用水泥铺斜坡，桥面用铁管加固护栏。该桥始建年代不详。桥重建于明崇祯十二年(1639)。

窑桥　原名卧龙桥，位于新丰镇高家埭村卧龙港自然村南部，跨卧龙港。清末民初里人杨思忠集资改建为石拱桥，长约20米，宽约1.5米，桥联云："鹤归闻玉笛，龙卧近茅庐。""竹林通曲径，柳堰渡前溪"。窑桥原是卧龙港上唯一的桥梁。1958年后，卧龙港上先后建造了3座桥梁，窑桥桥石在建设中曾被调用，后又修复。

窑桥

大悲桥　位于新丰镇赵家埭村与凤桥镇永红村之间。东西向，跨众欢塘，三孔无栏石板桥。因附近有大悲庵得名。长20.80米，宽1.30米，桥石阶已用水泥铺成坡面。该桥始建年代不详。重建于清康熙五十二年(1713)。

顺兴桥　又名顺兴庙桥，夏家桥，位于新丰镇槜李村长屋廊自然村内，跨顺兴庙港。明万历三十五年(1607)，由周文英重建时改用今名。后人秦文灿募捐重建，并撰写柱联："几折波光通亥市，一弯虹影接丁溪。""北去方之竹林镇，南来都到里仁乡。"现桥于1913年10月重建，宽1.4米，长12米，单孔石板桥。

马长桥　俗称南马长桥。位于新丰镇槜李村与凤桥镇清池村之间。东西向，跨马长泾，五孔无栏石板桥。长22.00米，宽1.25米，该桥始建年代不详。重建于清同治十一年(1872)。

杨花桥　位于新丰镇横江村。东西向，跨杨花桥港，单孔无栏石板桥。长8.70米，宽1.45米，现桥东西端石阶已没入路面，东桥台有些垮塌。该桥始建年代不详。重建于乾隆四年(1739)。

通界桥　俗称汤家桥。位于新丰镇金丰村。东西向，跨大石观泾，三孔无栏石板桥。长19.20米，宽1.70米，两端原有石阶8级和9级，现已水泥板铺盖，桥南2米处新建水泥桥。该桥始建年代不详。重建于清道光二十年(1840)。

广福桥　因桥在刘坟之南，俗称坟前桥。位于新丰镇金丰村。南北向，跨横港南汉，三孔无栏石板桥。长21.00米，宽1.65米，两端有坡面。此桥始建年代不详。重建于清光绪二十年(1894)。

万年众安桥　俗称董家木桥。位于新丰镇叶家桥村。南北向，跨赵家桥港，单孔无栏石板桥。长9.75米，宽1.15米，两端各有石阶5级，现用水泥板铺为坡面。始建年代不详。重建于清光绪二十四年(1894)。

南朱桥　俗称南珠桥。位于新丰镇上八村与金章村的交界处。南北向，跨南珠桥港，单孔无栏石板桥。长11.90米，顶宽1.40米，两端有石阶10级，东侧一桥面板已更换成水泥板，加筑铁护栏。桥始建年代不详。重建于1935年。

北庄桥　位于新丰镇横港村。南北向，跨北庄

北庄桥

桥港，三孔无栏石板桥。长17.70米，宽1.30米。该桥始建年代不详。重建于明崇祯年间，抗日战争时北跨被毁，后修复。

平油车桥 俗名油车桥，位于新丰镇净相村吴祥浜东首，跨油车桥港。建于光绪二十二年(1896)，宽1.6米，跨长14米，三孔石板桥。桥南侧楹联为："北接庄园，槜李成林曾纪胜，西连仁里，嘉禾合颖恍书祥"，北侧楹联为："石梁改记熙来攘往展安，金篋开输式倡百阻成和。"

福庄桥 俗称庄桥。位于新丰镇净湘村(原属净湘乡张家埭村)。南北向，跨金堂桥港，三孔梁式无栏石板桥。两端分别有石阶4级和3级，长13.65米，宽1.5米，该桥始建年代不详。重建于清乾隆十年(1745)。

龙兴桥 俗称西城桥。位于新丰镇净相村。东西向，跨西城桥港，三孔无栏石板桥。两端有石阶4级和3级，长13.75米，宽1.20米。该桥始建年代不详。重建于清宣统元年(1909)。

平家桥 位于新丰镇净湘村。东西向，跨叶家桥港，三孔无栏石板桥，长13.25米，桥面已用水泥板加宽，添置了铁护栏。

盛高桥 俗称大盛高桥。位于新丰镇净湘村与凤桥镇鲍桥村交界处。南北向，跨南城桥港，三孔无栏石板桥，两端有石阶6级和7级，长20.10米，宽1.25米，有桥东联"通江淮河泾之源 贯南北东西之路"；西联已用水泥板铺为坡面，桥面安装铁护栏。该桥始建年代不详。重建于清咸丰二年(1852)。

长春桥 位于新丰镇金章村。南北向，单孔无栏石板桥，南北端石阶已改为水泥坡面，增设铁护栏。

沈庄塘桥 位于新丰镇域东南隅，桥西是金章村，桥东是平湖市，跨沈庄塘为单孔石拱桥，桥长40米，宽3.5米，原为石板台阶，后铺浇水泥变为坡道，青藤布满桥身两侧。

相传该桥建于宋代，桥基坚固，采用圆拱设计，据说此桥石拱为正圆，桥下也有一座同样的桥拱。桥两堍原有2个凉亭，毁于民国时期，桥侧石栏及石狮子在"文化大革命"时被人推入河中。

仙居桥 位于新丰镇桂花村，是永丰村与桂花村的界桥。东西向，跨仙居桥港，三孔梁式无栏石板桥。因西侧原有仙居庵而得名。两端分别有石阶3级和4级。长13.00米，顶宽1.00米，此桥始建年代不详，重建于清康熙四十八年(1709)。

年安桥 位于新丰镇大周村。东西向，三孔梁式无栏石板桥。东桥墩南北两侧桥联"一湾虹影接当湖""二折波光通竹里"。中间桥面石和西端桥墩均已用水泥柱修复，两端石阶，已加盖水泥板，桥面添置铁护栏。此桥建造年代不详。

塔塘桥 位于余新镇，跨海盐塘，始建于清同治八年(1635)，重建于清光绪三十一年(1905)，桥顶拱矢高7.40米，桥面宽2.95米，桥身连桥堍长80米，东西石阶各43级，有望柱8根，桥顶面4根，雕刻4只石狮，桥墩4根为方形。桥门有对联"北接鸳湖水流太湖，南至秦山水入东海"。桥南侧有联两副。短联是"十景里中收，赏雪吟风资雅集；扁舟圯下泊，沽春唱晚任渔闲"。长联是"西迎练浦，东注风溪，佳日快登临，隐隐见双山古塔；南接盐官，北通鸳水，中流资砥柱，巍巍镇百里横塘"。桥北侧亦有两副。短联是"使寰海息其大波澜，水融南北；为亘古开一奇世界，道贯东西"。长联是"由郡治至此逾二十里，市集阛骈，远脉受横塘，实赖中流锁钥；溯明季迄今几三百年，舆梁朽蠹，近功侔永庆，更迟一纪经营"。

塔塘桥重建于清光绪三十一年(1905)。1992年10月，被公布为市级文物保护单位。

塔塘桥

马泾桥 位于余新镇马泾与凤桥镇曹九村的界河上，单孔石拱桥，无护栏。两端各有石阶20级。桥长21.70米，宽2.50米。拱跨7.80米，拱高4.00米。该桥始建于何年不详。崇祯《嘉兴县志》已有记载，重建于光绪六年(1880)。

马泾桥桥西为马泾漾，水面宽广，桥东又有一漾，漾深莫测。1934年大旱，海盐塘干涸无水，此漾却留清水一泓。马泾桥桥身美观，又兼双漾相夹，风光宜人，当地还流传马泾漾的民间故事。

顾婆桥　位于余新镇余西村胡家浜与秀洲区王店镇庄安村胡子浜的交界处，跨胡家浜，三孔石板桥。两端分别有石阶4级和3级。桥长15.60米，桥宽0.87米。桥孔跨10.60米，中孔高2.95米。该桥独面石桥，桥底平面，桥面圆弧形。始建年代不详。

五环洞桥　俗称小五环洞桥。位于余新镇石堰村。南北向，单孔石拱桥。有桥额，南北端分别有石阶20级。桥长26.35，宽2.5米，拱高3.45米，东西两侧有桥联。该桥始建年代不详，明代有记载，重建于清光绪年间。

五环洞桥

永兴桥　俗称不老太婆桥。位于余新镇余北村，东西向，跨篙子浜，三孔石板桥。桥长10米，宽0.95米，三跨总长9.2米，中跨净空2.15米。桥墩及石梁上刻有建造年份及捐助者姓名、银钱数量等。此桥始建年代不详。

水太木桥　桥又名大夫桥。位于余新镇黎明村，跨水太木桥港，东西向，五孔无栏石板桥。两侧石阶没入路面，长20.9米，宽1.3米。桥面原有3块石，现缺中间一块桥石。该桥始建年代不详。

徐旺桥　位于余新镇东洋浜村与河桥跨徐旺桥港，东西向，单孔无栏石板桥。两侧分别有石阶3级和6级，已用水泥铺平。桥长13.75米，宽1.35米。始建年代不详。

齐安桥　位于余新镇曹王村。东西向，跨齐安桥港，单孔石板桥。桥长13.75米，宽1.65米。始建年代不详。重建于清同治十三年(1874)。

张施桥　位于余新镇曹王村与凤桥镇新民村交界处。南北向，单孔石拱桥，有桥额，两端各有石阶13级，桥长16米，宽2.15米，桥孔跨径7.15米，拱高3.55米。

杨家桥　位于余新镇联新村与王店镇红联村的交界处，南北向，跨杨家桥港，三孔石板桥，该桥长18.5米，宽1.15米，重建于1915年。

盛高桥　位于余新镇农庄村跨水车浜。东西向，单孔无栏石板桥，两侧分别有石阶5级和1级。长9.5米，宽1.2米。始建年代不详，重建于民国年间。

兴大桥　俗称大桥。位于余新镇农庄村，东西向，跨三官浜南段，三孔石板桥。两端有石阶7级和4级，桥长20米，宽1.55米。始建年代不详，重建于1913年。

太平桥　俗称高家桥。位于余新镇农庄村。南北向，跨三官浜北段，三孔石板桥。桥长16.5米，宽1.45米。原有石阶，后铺水泥筑铁护栏。建造年代不详。

广开桥　位于余新镇农庄村。南北向，跨俞家浜，三孔石板桥。桥长17.25米，原宽1.2米，加宽至1.5米，两端石阶，用水泥铺成斜坡，加铁护栏。

永临桥　俗称油车桥，位于余新镇农庄村，靠近余新镇，东西向，跨油车桥港，三孔石板桥。桥长12.45米，宽1.65米。建造年代不详。

里长桥　俗称斜桥。位于余新镇普光村与余新镇农庄村的交界处。跨里长桥港，东西向，三孔无栏石板桥。两侧石阶现用水泥铺平。长14米，宽1.5米。始建年代不详。重建于清乾隆三十年(1765)。

六龙桥　位于余新镇普光村，南北向，跨普光寺港，三孔有栏石板桥。桥长15.35米，宽2.3米，东侧有石护栏，桥面横条形石铺设。建于明清时期。

仙正桥　位于余新镇普光村，跨普光寺港，东西向，三孔无栏石板桥。长14.75米，宽1.65米。始建年代不详。重建于清光绪十三年(1887)。

万安桥　俗称梅三娘桥。位于余新镇普光村跨普光寺港，南北向，三孔无栏石板桥。桥墩没入路面，不见石阶，上用水泥铺平。桥长14.3米，桥宽1.6米。该桥建于清代中期。

西桥 位于余新镇农庄村。南北向，跨普光寺港，三孔无栏石板桥。桥长19.10米，桥宽2米，现桥面、石阶均已改建成水泥面，桥东侧已建新水泥桥。

东兴福桥 俗称东桥。位于余新镇农庄村。南北向，跨普光寺港，三孔无栏石板桥，长19.20米，宽1.90米，现桥面、石阶已用水泥铺为斜坡，加筑铁护栏。该桥始建年代不详。重建于1918年。

东兴福桥

福星桥 俗称南石桥。位于余新镇普光村与凤桥镇三星村的交界处。南北向，跨南石桥港，三孔石板桥，桥长14.7米，宽1.1米，桥板已更换。始建年代不详，重建于清同治二年(1863)。

大成桥 位于余新镇普光村，东西向，跨第家埭港，三孔石板桥。桥长18.8米，宽1.7米。两端石阶已用水泥铺盖，加铁护栏，东桥墩用槽钢加固。桥重建于清同治十二年(1873)。

兴隆桥 俗称南小桥。位于余新镇普光村，北距大成桥50米左右。东西向，跨张家埭港，单孔石板桥。有桥额。桥长9.9米，宽1.2米，石阶已用水泥铺平，添置铁护栏。重建于同治十二年(1873)八月。

永兴桥 俗称曾家石桥。位于余新镇永利村与凤桥星火村的交界处。东西向，跨永兴桥港，三孔无栏石板桥。桥长17.85米，宽1.9米，现桥面、石阶均已用水泥铺盖，加筑水泥护栏。桥重建于清乾隆年间(1736—1795)。

寺前桥 位于余新村永利村，南北向，跨孔庙塘，三孔石板桥。桥长16.55米，宽1.4米，南北桥面石已更换成水泥板。

福聚泾桥 俗称濮斜泾桥，位于余新镇复兴村。南北向，跨濮斜泾，三孔石板桥。桥长16.45米，宽1.5米，石阶已用水泥板铺成坡面。

永丰桥 俗称曹孔洞桥、东桥。位于余新镇复兴村与东栅街道腾字圩村之间。东西向，跨曹孔洞桥港，三孔无栏石板桥。有桥额桥。长15.5米，宽1.7米，桥面和石阶已用水泥铺平，筑水泥护栏。

永丰桥

义河桥 俗称西义河桥。位于余新镇黎明村。南北向，跨义河桥港，三孔石板桥。桥长18.35米，宽1.7米，筑有水泥护栏。

三步二爿桥 位于石佛寺，是两座造型小巧精美的单孔石拱桥，形态相似，大小相当，相接形成“八”字，也称八字桥。东边桥名常丰桥，南北向，桥长13.55米，宽2.15米；西边桥名聚秀桥，东西向，桥长13.55米，宽2.7米。桥顶龙门石雕有圆形对称图案，桥身高耸，跨度都在6米左右，古朴宁静，在三水汇合之处建造的两座桥之间，只有三步的距离，俗称三步两爿桥。

民间传说明朝有位商人开了当铺，生意红火，出资建造了这两座石拱桥，以自己的一双儿女的名字常丰、聚秀命名。该桥始建年代无考，地方文献记载重建于明代。1992年，被公布为市级文物保护单位。

石佛寺香花桥 位于石佛寺长生河上，单孔石拱桥，北侧石阶五级，南侧石阶三级。桥东侧有柱

石佛寺香花桥

联："波涵汪泽贯千流，钵传石佛归宗风。"桥重建于清乾隆三十七年(1772)，至光绪二十年(1894)两次重建。20世纪70年代加铁栏杆，2009年石佛寺重建时，桥整修加固，拆铁栏杆建石护栏。

太平桥　位于新篁太平寺前，单孔石拱桥。始建于明代，为砖桥，清乾隆二十九年(1764)重建成石拱桥。桥长20米，宽2.6米，高7米，桥孔直径6米，南北各有桥阶12级，桥两侧有桥联，桥孔内有石刻和尚，高45厘米，是标注水平面变化的标志，呼应了太平寺和桥下放生河的佛教氛围。

太平桥

南星桥　位于新篁青龙港，七孔石板桥，有石护栏。桥长37.1米，桥宽2.7米，跨29.5米，高3.1米，又名新桥，清嘉庆五年(1800)南星桥重建时，张廷济书《南星桥募建碑》，砌于中孔东侧石柱，桥额及桥联也为张廷济所书。

南星桥

大中桥　位于新篁市中故名。桥东西向，五孔石板桥，有石护栏。桥长29米，宽2.2米，桥距水面高3.5米。桥额桥联为张廷济手书。桥楹联已风化难以辨认。大中桥与南星桥相距100米左右，当地也称"中桥"，现桥是道光八年(1828)重建。

大中桥

北郭桥　也名银龙桥、迎龙桥、八角桥，位于新篁市河的北端，建于嘉庆四年(1799)的石拱桥，东西各有石阶15级，全长26米，宽2.8米，跨8.00米，高4.2米。桥身正中栏板楷书阳刻"迎龙桥"。桥南北两侧有石刻楹联。桥西有20世纪80年代重修的6米长的水泥板平桥。

北郭桥

兴善寺香花桥　位于凤桥镇新民村兴善寺，跨市河，石拱桥。兴善寺东街原有关帝庙，石拱桥连接东街和关帝庙。两边原有石阶10级，现改为坡，利于车行，长13.70米，宽2.25米。有桥额和桥联，东联"东壁龙渊钟秀 西湖凤渚朝阳"；西联"九曲三

兴善寺香花桥

潭澄水秀 千门万户蒙天香”。始建于清朝道光年间，光绪年间（1875—1908）重建。

杜家桥 位于凤桥镇三星村。东西走向，无栏石拱桥，桥长10.9米，宽2.05米，桥孔跨径7.8米，拱高4米，有桥额。两端分别有石阶16级和13级，石阶下加铺水泥板。南北两侧无桥联。

杜家桥

庄桥 位于凤桥镇三星村，跨庄桥港，南北向，三孔石板桥，桥长20.7米，宽1.35米。有桥额，两端分别有石阶10级和11级。桥重建于清光绪五年（1879）。

西湖桥 位于凤桥镇三星村，南北向，跨西湖桥港，三孔石板桥。桥长18.15米，宽1.2米，部分桥面板更换为水泥板，石阶已用水泥板铺平。

秀才桥 位于凤桥镇三星村，东西向，跨秀才桥港，单孔石板桥，桥长9.9米，宽1.55米。有桥额，石阶改为水泥坡面，筑铁护栏。

北窑桥 位于凤桥镇三星村。东西向，单孔石板桥。现桥面已改为水泥板。

余万桥 俗称俞万桥，位于凤桥镇星火村。南北向，跨俞万桥港，三孔石板桥。桥长20.4米，宽1.9

余万桥

米，有桥额。桥面、石阶已用水泥铺平，筑水泥护栏。桥重建于清乾隆五年（1740）。

八塔泾桥 俗称河材桥，位于凤桥镇星火村，南北向，跨八塔泾，三孔石板桥。有桥额，桥侧分别镌有“五代荣万年青”和“福禄寿子孙昌”字样。

包兴桥 俗称义沙金桥。位于凤桥镇星火村，南北向，跨义沙金桥港，三孔石板桥。桥长15.5米，宽1.3米。有桥额。重建于光绪年间（1875—1908）。

张木桥 位于凤桥镇星火村，南北向，三孔石板桥。桥长18米，宽1.6米，东西两侧有桥额，桥面已改成水泥板，桥上增设铁护栏。

李大康桥 位于凤桥镇大星村与新民村交界处。南北向，跨李大康桥港，三孔石板桥。桥长23.45米，宽1.75米。有桥额，南桥墩三块条石上分别刻有长方框，框内字迹不清。两端分别有石阶4级和7级。桥面石下铺有圆木柱，被蔓枝缠绕。桥面加筑铁护栏。桥建于清道光年间（1821—1850）。

聚兴桥 俗称彭家木桥。位于凤桥镇大星村与联丰村之间。东西向，单孔无栏石板桥。桥面板长5.35米，宽1.63米。有桥额，两端各有石阶7级和小平台。南北两侧有桥联。

聚兴桥

钟家桥 俗称张家桥。位于凤桥镇大星村。南北向，跨钟家桥河，三孔石板桥。桥长14.75米，宽1.5米。有桥额，桥面、石阶已用水泥铺盖，筑铁护栏。

万寿桥 俗称吴庄桥。位于凤桥镇永红村。南北向，跨吴庄桥港，三孔石板桥。桥长17.55米，宽2.4米。有桥额。桥面石阶已用水泥铺平，筑铁护栏。桥重建于清咸丰年间（1851—1861）。

余粟桥 俗称油车桥。相传旧时桥畔有炼油作坊，故名。位于凤桥镇永红村与新丰镇竹林村交界处。东西向，跨众欢塘，三孔石板桥。桥长15.2米，宽1.1米。有桥额。东西端分别有石阶3级。南北两侧有桥联。2000年东桥墩被船撞落一根石柱，现用铁管支撑桥面石挑梁。重建于清光绪元年（1875）。

香花桥（永红）　俗称大寺桥。位于凤桥镇永红村。南北向，跨大寺浜，三孔石板桥。桥长16.95米，宽1.4米。有桥额，两端分别有石阶4级和3级。

梅育桥　位于凤桥镇永红村，跨梅育浜，南北向，三孔石板桥，桥长15.5米，宽1.1米，有桥额。东西两侧有桥联。桥面用水泥板加宽至1.55米，石阶已铺成坡面。

梅育桥

石王庙桥　位于凤桥镇联丰村。南北向，跨石王庙港，三孔石板桥。桥长16.2米，宽1.6米，有桥额，两边石阶已用水泥板铺成坡面。建于清光绪二十三年（1897）。

文星桥　俗称张家木桥。位于凤桥镇联丰村。南北向跨张家木桥港，三孔石板桥。桥长16.9米，宽1.05米，有桥额，石阶用水泥铺成斜坡。建于1913年。

永庆民新桥　俗称李家木桥，位于凤桥镇联丰村，东西向，跨李家木桥港，三孔石板桥。桥长11.25米，宽1.6米，三跨总长8.25米，中跨净空1.85米。东西两侧有桥联，桥额，石阶已没入路面，桥面筑铁护栏。建于1927年。

永庆大马鸣桥　位于凤桥镇联丰村。南北向，跨马鸣桥港，三孔石板桥。桥长14.55米，宽1.6米，有桥额，东西两侧有桥联，石阶已用水泥板铺成斜坡。始建年代不详。

燕桥　俗称西庄桥，位于凤桥镇庄史村。东西向，跨燕桥港，三孔石板桥。桥长17.1米，宽1.5米，三跨总长10.5米，中跨净空2.5米，南北两侧有桥联。桥面用水泥板增宽至2.2米，加筑水泥护栏，石阶用水泥板铺成坡面。

燕桥

马鸣桥　俗称小马鸣桥。位于凤桥镇联丰村，大马鸣桥西百米处。东西向跨马鸣桥港，单孔石板桥，桥长12.5米，宽1.65米，有桥额，石阶已用水泥板铺盖。

福星桥　位于凤桥镇联丰村与大星村交界处，东西向，跨星浜，三孔石板桥。桥长17.4米，宽1.6米，有桥额，两端分别有石阶5级和6级。

石皮桥　位于凤桥镇庄史村与茜柳村的交界处。东西向，跨栖泾港。三孔石板桥。桥长9.65米，宽1.05米，有桥额，重建于清咸丰年间（1851—1861）。

众安桥　位于凤桥镇庄史村，东西向，跨众安河，三孔石板桥。桥长14.6米，宽1.7米，有桥额，两端石阶已没入路面。建于1923年。

聚顺桥　俗称（西）钱家桥。位于凤桥镇栖柽村，南北向，跨钱家桥港，三孔石板桥，桥长17米，宽

聚顺桥

1.55米，有桥额，两边石阶，已用水泥铺平。

徐家桥　位于凤桥镇茜柳村，南北向，跨徐家桥河，三孔石板桥，桥长12.6米，原宽1.2米，现宽1.75米，有桥额。

支家桥　位于凤桥镇茜柳村。南北向，跨支家桥港，单孔石板桥。桥长18.55米，原宽1.7米，现宽2.2米；东西两侧原有桥联，已风化。

仁美桥　俗称朱家浜桥。位于凤桥镇茜柳村，南北向，跨朱家浜，单孔石板桥。两端各有石阶10级。桥长10.85米，宽1.2米，有桥额。

小周桥　位于凤桥镇茜柳村，南北向。跨陆家浜，三孔梁式砖木桥。两端分别有石阶各5级。桥长13.35米，底宽1.7米，顶宽1.5米，三跨总长13.35米，中跨净空2.4米。南北端桥墩分别由二块、三块石板组成，桥面因被茂盛的枝蔓遮仅剩半米宽的窄道。

救命桥　位于大桥镇卫星村。东西向，跨新开河，单孔无栏石板桥。桥长13.25米，顶宽1.55米，建于清乾隆四十三年(1778)。

夏泾桥　俗称夏家泾桥。位于大桥镇卫星村。东西向，跨夏家泾，三孔梁式无栏石板桥。桥长18.30米，宽1.65米，东西端石阶已用水泥铺盖。建造年代不详。

石龙桥　位于大桥镇花园村东北的兜里，横跨石龙桥港，单孔石拱桥，长16米，拱跨6.4米，宽2.6米，高6米，拱高3.45米。建于明代万历年间，两端有石阶42级，桥面两边有桥石护栏，桥顶有椅子状桥石栏一对，有桥额，有桥联。

石龙桥

聚龙桥　位于大桥镇卫星村，夏家泾桥旁，单孔无栏石板桥。长5.00米，宽1.70米。东西两侧无桥联。石阶被水泥板铺盖。

西山桥　位于大桥镇十八里村。东西向，跨陶家漾，三孔梁式无栏石板桥。长24.10米，顶宽1.40米。始建年代不详。重建于清光绪十三年(1887)。

西山桥

陆宣泾桥　位于大桥镇渡船浜村。东西向，跨油车港，三孔梁式有栏石板桥，望柱8根齐全，有石阶7级和10级，长21.05米，宽1.60米，该桥始建年代不详。重建于清光绪三十二年(1906)。

陆宣泾桥

中塘桥　位于大桥镇焦山门村。南北向，跨中塘桥港，三孔梁式无栏石板桥。两端有石阶3级，长19.10米，宽1.80米。始建年代不详，重建于清光绪年间。

里仁桥　位于大桥镇焦山门村。东西向，跨里仁桥港，单孔无栏石板桥。石阶4级和6级，长9.85米，顶宽1.45米。桥始建年代不详。重建于1917年。

东板桥　俗称亭子桥。位于大桥镇焦山门村与桥西村之间。东西向，跨亭子桥港，单孔无栏石板桥。长8.30米，宽1.50米，东西端已改建为水泥斜面。

慎思桥　位于大桥镇建国村与胥山村的交界

处。东西向，跨慎思桥港，三孔无栏石板桥，长15.30米，宽1.15米。建造年代不详。

曹家桥　位于大桥镇胥山村北姚浜，东西向，横跨曹家桥港。长20米，宽1.5米，有2个桥墩，各用3块巨石并列竖在中间，上面用1块横石梁套住，桥面用3块长4米的石板，单孔跨度5米，两端各有10级石阶，无桥栏。建于清代乾隆年间，

聚龙桥　俗称曹家桥。位于大桥镇胥山村。东西向，跨伍子塘，三孔无栏石板桥。长24.20米，宽1.80米。该桥始建年代不详，重建清光绪年间。

步云桥　位于大桥镇建国村与嘉善大云镇先锋村的交界处。南北向，跨香花桥港，单孔无栏石拱桥。南北端分别有石阶12级和11级。长17米，宽3.50米，顶宽2.80米，桥孔跨径7.10米，拱高3.05米。建造年代不详。

香花桥　位于大桥镇建国村与嘉善大云镇先锋村的交界处，南北向，跨香花桥港，单孔无栏石板桥。现桥面、石阶加盖水泥板，添置铁护栏。明崇祯《嘉兴县志》中有香花桥记载。

万年桥　俗称里洋桥。位于大桥镇西村。南北向，跨里洋港，单孔无栏石板桥。长12.85米，顶宽1.45米，桥石阶水泥板铺平。建造年代不详。

方桥　位于大桥镇云东村。东西向，跨倪家浜，三孔无栏石板桥。两端有石阶5级和3级。长21.35米，顶宽1.20米。桥建于清康熙五十四年(1715)。

三官塘桥　位于大桥镇云东村，南北向，跨方家浜，单孔无栏石板桥，长14.50米，宽1.55米；建于清光绪三年(1877)。

乌龙桥　俗称东乌桥。位于大桥镇联合村。南北向，跨王家浜，三孔无栏石板桥，长15.05米，宽1.15米。南段有石阶。此桥始建年代不详，重建于清雍正元年(1723)。

太平桥　俗称西太平桥。位于大桥镇农建村。东西向，跨塘河桥港，三孔无栏石板桥，长22.15米，宽1.50米，桥北侧桥面石更换为水泥板，桥石阶铺水泥板坡面。该桥始建年代不详。清乾隆三十四年(1769)重建。

孝悌忠信塘河桥　俗称塘河桥。位于大桥镇农建村与新丰镇胜利村的交界处。东西向，跨塘河桥港，五孔无栏石板桥。两端各有石阶5级，长23.20米，宽1.55米。桥建于清嘉庆年间(1796—1820)。

孝悌忠信塘河桥

东兴隆桥　俗称老娘桥。位于大桥镇丰南村。南北向，跨老娘桥港，三孔无栏石板桥。两端有石阶4级和3级，长15.00米，宽1.40米，桥面是东西两侧为长条石，中间由10块小条石横向铺设。该桥始建年代不详。重建于清道光二年(1822)。

杨家桥　位于大桥镇丰南村。南北向，跨杨家桥河，单孔无栏石板桥，长12.70米，宽1.90米。该桥始建年代不详，重建于1919年。

永兴桥　俗称北塘桥、北石桥。位于大桥镇倪家浜村，南北向，跨高家浜，单孔无栏石板桥。两端各有石阶3级。长9米，宽1.15米。建造年代不详。

通泾桥　亦名汤金桥，汤泾桥。位于大桥镇吕塘村与新丰镇钱家浜村的交界处。东西向，跨通泾桥港，三孔无栏石板桥，长16.55米，宽1.15米。该桥建造年代不详。清光绪十六年(1890)重建。

永兴桥　俗称唐家桥。位于大桥镇吕塘村。南北向，跨永兴桥河，三孔无栏石板桥，长19.00米，宽1.35米，两端石阶已用水泥板铺平。该桥始建年代不详，重建于清嘉庆十年(1805)。

凤凰桥　位于大桥镇由桥村。因桥东200米处新建水泥桥，名凤凰桥，该桥俗称老凤凰桥。南北向，跨染店港，三孔无栏石板桥。长17.80米，宽1.40米。该桥始建年代不详。重建于清光绪十九年(1893)。

长春桥　位于大桥镇由桥村。东西向，跨安浜，单孔无栏石板桥。长9.70米，顶宽1.45米，桥石阶已用水泥铺成坡面。中间桥面板已更换为水泥板。该桥始建年代不详。

万兴桥　俗称铁店桥，位于七星镇桥埭东路北侧，南北向，跨清水港，三孔石板桥。桥长20.6米，

宽1.65米，有桥额，南北各有石阶7级和6级，石阶下有小平台，用水泥加筑坡道，桥面加筑铁护栏。东西两侧有桥联。该地原称凉亭汇，有集市。1948年，由地方筹资200石米，重建该桥。

荷花桥 位于七星镇东进村，东西走向，跨石桥港，五孔石板桥。桥长28.9米，宽1.8米。有桥额，两端原分别有石阶4级，东起第一跨桥面石坍塌。

荷花桥

观音桥 俗称陆家桥。位于七星镇东进村，东西向，跨陆家桥港，单孔石板桥。东西两端分别石阶12级和10级。桥长12.55米，顶宽1.7米，底宽2.1米，桥孔跨度4.3米，净 空2.6米。有桥额。

观音桥

乌龙桥 位于七星镇博山村，东西向，跨洪家塘，三孔石板桥。桥长21.95米，三跨总长14.55米，中跨净空2.05米。

邱家桥 位于东栅街道邱家桥村的汪家头自然村，跨泥砖港，三孔石板桥，长22.9米，宽1.75米，南北侧分别有石阶4级和3级。

邱家桥原名舍兴桥，有桥额。相传清嘉庆前，有邱氏从上八府迁来，以种田为业，常年精耕细作，收成颇丰。邱氏注重结缘乡里，舍宅为庵，捐银建桥。故桥南原有邱庵，桥北有小亭，为乡野一景。1960年庵亭毁。邱家桥作为公益建筑，民间为颂邱氏造福乡里之恩德，遂称舍兴桥为邱家桥，邱家桥村因桥得名。

邱家桥

瑞芝桥 俗称陶家桥。位于城南街道月河桥村与八字桥村交界处。南北向，跨陶家桥港，三孔无栏石板桥。长15.00米，宽1.10米，两端分别有石阶2级。桥西百米处已新建水泥桥，现桥已少有行人。该桥建于清道光二十三年(1843)。

上宁桥 俗称花家木桥。位于城南街道八字桥村，南北向，跨路里泾港，三孔无栏石板桥，13.05米宽1.35米，北端有石阶2级，南端石阶没入路面。该桥建于清光绪年间(1875—1908)。

万兴桥 俗称崔家桥。位于城南街道长新村。南北向，跨崔家桥港，三孔无栏石板桥，长17.00米，宽1.55米，两端石阶已用水泥铺成水泥铺成斜坡，桥面筑铁护栏。该桥建于清嘉庆六年(1801)。

万兴桥

义圣王桥 位于城南街道真如村，南北向，跨义圣王桥港，三孔无栏石板桥。桥长12.70米，宽1.70米，有桥联，东联“茶禅夕照波心塔涌影长留 桃坞春深兴圆花寻津可问”；西联“桑影春浓新筑虹腰临野水 秧歌晚唱好骑牛背度斜阳”。桥西百米处已建水泥桥，名为义圣旺桥。现桥北端已封堵，不能通行。该桥始建年代不详，重建于清光绪十七年（1891）三月。

周庵桥　位于城南街道禾源社区西南。南北向，跨周庵桥港，三孔无栏石板桥。长12.70米，宽1.75米，有桥额，无桥联。北端有石阶2级，南端已不见石阶。桥东20米处已建公路桥，桥为废桥，已不通行人。该桥始建年代不详。重建于1930年。

周庵桥

禄衣桥　俗称板桥。位于城南街道月河桥村。南北向，桥长11.60米，宽1.15米，两端石阶已用水泥铺平。该桥建造年代不详。

第二节　改建和消失的古桥

改建的古桥

登云桥　称东塘桥，是新丰镇东环路跨塘大桥，取《易》“初登于天”为登云。元至正（1341—1368）年间建造，为三孔石拱桥，中洞宽四丈一，左右二洞各宽二丈，清咸丰十年（1860）毁于兵火，清康熙年间，光绪二十年（1894）两次重修，由里人计廷拔再次重建，改为单孔石拱桥。

1939年5月毁于日本侵略军。20世纪60年代，为疏通航道，将残墩清除。1972年，平湖塘新丰段拓宽疏浚时，西移至中兴南街端重建水泥桥，桥宽3米。跨长35米。更名为新丰桥。乍嘉苏航道改建时，东移150米重建。1999年5月竣工，桥宽1+7+1米，中间车道、左右人行道，跨长170米，伸臂梁结构水泥桥，是新丰镇最大的跨塘桥梁，2004年9月，复名登云桥。

丰乐桥　旧时俗呼中塘桥，是新丰镇中市的跨塘大桥，寓“五谷丰登，万民乐业”吉祥之意。元至正年间（1341—1368）建造为石拱桥。1939年5月4日毁于日本侵略军。1943年4月，在残桥上架上木梁修复，更名为复兴桥。1955年更换原有桥面，改名为中塘桥。1972年，在平湖塘新丰段拓宽疏浚时拆除原桥，西移200米重建成水泥拱桥，改名战备桥。桥宽5米，跨长35米，乍嘉苏航道改建时重建，1999年7月竣工。桥宽5米，跨长160米，钢筋混凝土桁架梁桥，2004年9月，复名丰乐桥。

妙峰桥　俗称西塘桥，是新丰镇西环路跨塘大桥，寓“闳大博远，堪为妙品”之意。元至正年间（1341—1368）建造，系石拱桥。明重建，清时损倾，多次倡议重建未成，1924年3月重建，1926年4月竣工。

1939年5月桥被日本侵略军炸毁。1942年12月8日，在残桥上架木梁，修复桥面更名为荒城桥。1955年更换全部木梁，改名为西塘桥。平湖塘疏浚时拆除。1981年建造跨塘水泥便桥，桥址东迁300米左右，长52米，桥宽3米，在桥面西侧安装了粮食输送带管道，成了粮管所专用桥梁，改称为新粮桥。乍嘉苏航道改建时，拆除管道桥，桥址西移350米左右，建造跨塘大桥新粮桥。桥宽1+7+1米，跨长170米，为钢筋混凝土悬臂梁桥，1998年12月竣工。2004年9月，复名为妙峰桥。

凤喈桥　位于凤桥镇中心，南北跨凤溪，是连接凤桥镇南北的主要通道。清初，当地有砖桥名庞家桥，清咸丰八年（1858）改建石桥时，更名为凤喈桥。相传有凤凰停留该石桥上鸣叫，桥因此改名，一说其名源于《诗经》，凤喈即鸾凤和鸣，为吉祥之兆。1979年重建水泥拱形桥，1999年12月重建，在桥上分设人行道，成为公路桥后加引桥，北侧的桥洞中嵌着有原石桥留下的刻有“凤喈桥”桥名的石块。

幽港大桥　又名利涉桥，俗称大桥头、幽港大桥，位于大桥集镇横塘漾北。清康熙五十五年（1716）建造，是跨越幽港的三孔石板大桥，长40米，宽2米。镇以桥得名。1972年，拆除重建成椭圆形的单孔钢筋混凝土拱桥。1999年，第二次重建。2004年，将原桥加高、加固。桥跨度16米，桥长60米，宽3米，高4米。

焦山门桥 俗称焦山门大桥。位于07省道跨平湖塘上，桥原为单孔石拱桥，晴天乘船自西向东，可从桥孔中望见乍浦焦山，桥洞如门，故有焦山门之称，桥因此得名。始建于明嘉靖十四年（1535），1929年桥毁。1933年修筑平嘉公路时重建。1937年日本侵略军入侵时被炸毁，后改建为铁桥。1953年在原桥东1千米处重建，为单孔水泥桥，1971年扩建为三孔水泥公路桥，1992年再次改建，桥长222.3米，宽15米，是07省道上最大的桥梁。

徐婆桥 位于大桥镇步云集镇，横跨于六里塘（伍子塘）、三里塘等4条河流的交汇处。宋时有徐婆行善，建德云寺及桥，后称徐婆寺、徐婆桥。因"婆""步"音近，遂称徐步桥。清乾隆四十九年（1784）重建。徐婆桥原为石拱桥，1954年改建为木桥，长26米，宽2米，1971年又重建为钢筋水泥双曲拱桥，跨度29米，宽4米。集镇以桥得名徐婆镇，1935年与大云寺合并，更名步云镇。

步云镇上徐婆桥

七星桥 位于七星集镇东端。桥原名青云桥，为七孔石板桥，俗称七星桥，集镇以桥得名。清道光十五年（1835）重建，1977年拆除青云桥，改建钢筋混凝土拱桥，更名为七星桥。原刻有青云桥的桥板石，被搬至三家浜作便桥。

高桥 位于翠湖花园南，原东栅高桥村，跨凌公塘，三孔石板桥，桥堍原有施王庙。20世纪70年代，高桥被拆除，改建为水泥平桥。

消失的古桥梁选介

会龙桥 位于老东栅东市，跨双溪，始建于明嘉靖二十三年（1544），与东栅南乡相连。民国时，双溪南岸已成街市，会龙桥上的行门却照样早启夜闭。该门应在明嘉靖三十四年（1555），为防倭寇，在东栅汉、魏两塘分流口所建的敌楼。会龙桥的行门毁于何时，无确切说法。20世纪50年代因桥上东侧三官庙被拆随之影迹全无。1972年11月，该明代古桥拆毁，东移约50米处新建双曲水泥拱桥，名东栅桥。会龙桥的大量遗石被用于新桥的引坡。

双溪桥 位于双溪路东端，横跨东栅市河，因东迎古称汉塘、魏塘而名双溪桥。始建于明弘治年间。为三孔石拱桥，桥堍各有25级石阶。明清时，双溪桥下河中设水栅，以卫护县城，故名东栅口，后逐成地名。1958年造嘉兴化肥厂，改建三孔水泥平桥。2007年，新建双溪路时，重建双溪桥。

常丰桥 位于东栅镇东端，单孔石拱桥，名常丰桥，跨东栅市河。明弘治三年（1490），从常丰桥到白莲寺前筑起长百余丈的石塘，名常丰塘；常丰桥是宋元时古邮驿途必经之路和明代的常丰铺和平湖塘、嘉善塘的分道口。1949年5月初，常丰桥遭炸毁。5月7日，嘉兴解放，解放军清除碎石，架起木梁，铺上木板成木桥。1967年，常丰桥改建成水泥板桥。

十八里桥 位于老十八里桥集镇，跨平湖塘，因距嘉兴城十八里而得名。为平湖塘上最大的三孔大石桥。始建年代无考，明代已有该桥。明高承埏有诗："野外官桥断，溪边绿柳层。人家多酒市，风俗但渔罾。问渡争编竹，听歌杂采菱。晚来飞雨过，半湿夜船灯。"清康熙十四年（1675）重建，后又圮。乾隆二十四年（1759）僧绝尘募银重建。1938年6月，毁于抗击日本侵略军的战斗中。1999年10月筑中环南路时在桥旧址处新建大桥，命名十八里桥。

高丰桥 高丰桥始建于唐或五代，重建于清咸丰七年（1857），在七星镇境内，属嘉善塘纤道桥，如今濒临倒塌，有桥额。大理院评事朱自勉为嘉兴屯田都知，大规模开展屯垦营田，现高丰村是当时嘉兴屯田中心，传说高丰屯粮大丰收，为纪念屯田功绩而命名高丰桥。2006年桥塌。

2005年3月，高丰桥

堆金桥　位于新丰镇东洲村跨堆金桥港，东西向，单孔无栏石板桥。两侧石阶现用水泥板铺平。桥长10.7米，宽1.5米。该桥始建年代不详，清光绪三年（1877）和1924年两次重建。该桥北百米处已建千米桥，亦名堆金桥。2006年12月该桥拆毁。

平安桥　俗称平家桥。位于新丰镇竹林村。东西向，跨千步泾港，单孔无栏石板桥。长9.95米，宽1.15米，桥石阶5级，已用水泥板铺平。桥北20米新建公路桥，千步泾港被切断，该桥已成旱桥。民国《竹林八圩志》记："平安桥，俗呼平家桥。"乾隆元年（1736）里人周文远、金天雨等募建。

马塔塘桥　俗称西塘桥。位于大桥镇焦山门村，南北向，跨马塔塘，五孔梁式无栏石板桥。桥两端有石阶4级和2级，长28.20米，宽1.90米，中间两个为石砌桥墩，两侧桥墩由条石组成。此桥始建年代不详。2009年1月倒塌，后拆迁。

2005年12月，马塔塘桥

中桥　又名中兴桥，位于余新镇朱家村，跨普光寺港，三孔无栏石板桥。

桥两侧原有石阶，后铺水泥，长19.3米，桥宽1.90米，重建于1918年。2005年桥拆除，桥旁建水泥桥。

怀昌桥　位于城南街道梁林桥村，东西向，跨怀昌桥港，单孔无栏石拱桥，有桥额，无桥联。桥形别致，结构巧妙，长15米，宽1.8米，两端各有18个台阶，桥面中央的锁桥石刻有罗盘水花图案，桥洞顶部雕刻牡丹花图案，桥身采用暗红色花岗岩条石，桥下石拱桥洞的青条石都雕刻吉祥图案及文字。桥堍两边用方块青石筑成，条石上刻着字，记载建造时捐款情况。始建年代不详，清光绪年间重建。桥堍两岸有肉店、茶馆、酒家等商铺。2008年村子动迁，2009年怀昌桥拆除。

2007年8月，怀昌桥

其他消失的古桥

吉祥桥、万福桥、马路桥、麦华桥、小石桥、陈家桥、唐家桥、长桥、牛桥、义圣王桥、宋家桥、梅家桥、王家桥、周庵桥、顾家桥、章桥、马塘泾桥、小桥、西浜桥、月河桥、五星桥、史家埭桥、西南浜桥、范家桥、划船浜桥、乘堂桥、挝水桥、魏塘桥、西木桥、雷兴桥、乌桥、泥砖港桥、大石桥、汇农桥、工农桥、水达桥、横泾桥、农药桥、管道桥、亭子桥、高白夫桥、种田桥、严家桥、通泾桥、南塘桥、合作桥、娘啊桥、樊兴桥、唐家桥、虞家桥、兴桥、大王庙桥、马家桥、红庙桥、常泾桥、里洋桥、新民桥、塘河桥、陈坟桥、长坟桥、屠家木桥、和金湾桥、东风桥、新农桥、塘耀桥、厉家桥、河泾桥、钗河桥、家家桥、秀龙桥、姚泗桥、张家桥、河才桥、殳家石桥、石皮桥、百家桥、富家木桥、大悲桥、仁庄桥、梅花桥、石瓦桥、青龙桥、张施桥、六行桥、徐家桥、平家桥、杨家木桥、彰嘉桥、孟张桥、万安桥、马长桥、毛桥、凤翔桥、渡船桥、王店桥、嘉平桥、南仁桥。

第三节　公路桥梁

民国时期，杭沪、杭枫、乍嘉王3条公路共有桥梁183座，其中临时性木面桥97座、半永久性45座，两者占77.60%。宽一般为4米，载重5吨。1936年为国防需要，对3条公路桥梁按载重8吨加固，当年12月动工，次年上半年完工。旧时桥梁缺乏维修、养护，桥梁状况不佳。解放后，对大量木桥维修加固，1953年改建乍平嘉公路时，修建石灰三合土木面桥33座。20世纪60—70年代，改建80座临时性和半永久性桥梁，宽达7米，载重达到汽—13。1964年后推广双曲拱桥，成为当时公路和机耕路上的主要桥型之一。同年，嘉兴县桥梁工程队建成斜杆桁架拱桥，1972年又进行多次改革，推出便于预制、运输、安装、施工的圆洞拱片，整体受力性能更好，减少了墩、台的变形。1958—1990年，嘉兴县桥梁工程队建造城乡各类桥梁2091座，其中八成以上是拱型桥。320国道杭枫段改建工程中，普遍采用装配式预应力钢筋混凝土梁和空心板。

大桥

2010年底，境内共有公路大桥38座。

平湖塘桥　位于沪昆高速公路，桥梁中心桩号K87+204。1994年开工，1998年建成通车。桥长716.3米，跨径20×14+51×1+20×19米，上部结构为T形钢构桥，下部为桩柱式墩台，钻孔灌注桩基础。桥面宽41.5米，净宽37.5米。两侧设钢筋砼护栏。

海盐塘桥　位于沪昆高速公路，桥梁中心桩号K97+184。1994年开工，1998年建成通车。桥长221.7米，跨径20×14+51×1+20×19米，上部结构为空心板梁，下部为桩柱式墩台，钻孔灌注桩基础。桥面全宽41.5米，净宽37.5米，两侧设钢筋砼护栏。

小圩分离桥　位于杭州湾北岸连接线高速公路，桥梁中心桩号K82+856。2003年开工，2007年建成通车。桥长457.39米，跨径25×18米，上部结构为空心板梁，下部为桩柱式墩台，钻孔灌注桩基础。桥面全宽34.5米，净宽30.5米，两侧设钢筋砼护栏。

徐新桥　位于杭州湾北岸连接线高速公路，桥梁中心桩号K84+896。2003年开工建设，2007年建成通车，桥梁全长157.4米，跨径30×5米，上部结构为空心板梁，下部为桩柱式墩台，钻孔灌注桩基础。桥面全宽34.5米，净宽30.5米，两侧设钢筋砼护栏。

东港分离桥　位于杭州湾北岸连接线高速公路，桥梁中心桩号K87+217。2003年开工，2007年建成通车。桥梁全长482.44米，跨径20×7+25×4+20×8米，上部结构为空心板梁，下部为桩柱式墩台，钻孔灌注桩基础。桥面全宽34.5米，净宽30.5米，两侧设钢筋砼护栏。

三桥港桥　位于沪瑞线，桥梁中心桩号K108+830，1989年建成通车。桥长335米，跨径20×7+51×1+20×7米，上部结构为空心板梁，下部为桩柱式墩台，钻孔灌注桩基础。桥面全宽15米，净宽14米，两侧设钢筋砼护栏。

三桥港桥左桥　位于320国道，桥梁中心桩号K108+970，2000年建成通车。桥长301.6米，跨径16×7+74×1+16×7米，上部结构为钢架拱，下部为桩柱式墩台，钻孔灌注桩基础。桥面全宽15米，净宽14米，两侧设钢筋砼护栏。

纵二路桥　位于320国道，桥梁中心桩号K126+010，2007年建成通车。桥长1050.6米，跨径35×16+55×1+35×7米，上部结构为空心板梁，下部为桩柱式墩台，钻孔灌注桩基础。桥面全宽16米，净宽15米，两侧设钢筋砼护栏。

海盐塘大桥　位于乍嘉苏高速公路，桥梁中心桩号K24+065。2002年开工，2005年建成通车。桥长253.7米，跨径15×4+30×1+16×10米，上部结构为空心板梁，下部为桩柱式墩台，钻孔灌注桩基础。桥面全宽9.5米，净宽8.5米，两侧设钢筋砼护栏。

焦山门大桥　位于07省道，桥梁中心桩号K29+248。新桥为拼宽桥梁，2005年开工建设，2005年建成通车。桥长222.3米，跨径20×3+23×1+54×1+23×1+20×3米，上部结构为空心板梁，下部为桩柱式墩台，钻孔灌注桩基础。桥面全宽15米，净宽14米，两侧设钢筋砼护栏。

雀墓桥　位于07省道，桥梁中心桩号K35+578。1994年开工，1998年建成通车。桥长189.8米，跨径20×2+23×1+43×1+23×1+20×3米，上部结构为空心板梁，下部为桩柱式墩台，钻孔灌注桩基础。桥面全宽15米，净宽14米，两侧设钢筋砼护栏。

嘉善塘桥　位于07省道，桥梁中心桩号K37+462。1994年开工建设，1998年建成通车。桥长100.7米，跨径20×5米，上部结构为空心板梁，下部为桩柱式墩台，钻孔灌注桩基础。桥面全宽15米，净宽14米，两侧设钢筋砼护栏。

新粮桥　位于新丰北庄至陈文桥，桥梁中心桩号K0+636，1998年建成通车。桥长167米，跨径20×5+40×1+13×2米，上部结构为空心板梁，下部为桩柱式墩台，钻孔灌注桩基础。桥面全宽8米，净宽7米，两侧设钢筋砼护栏。

七星大桥　位于七星镇至乌龙桥村道，桥梁中心桩号K0+544，于2005年建成通车，桥长72.6米，跨径40×1+16×2米，上部结构为空心板梁，下部为桩柱式墩台，钻孔灌注桩基础。桥面全宽8米，净宽7米，两侧设钢筋砼护栏。

中心河桥　位于嘉善至桐乡县道，桥梁中心桩号K6+081，于2004年建成通车，桥长152米，跨径20×16米，上部结构为空心板梁，下部为桩柱式墩台，钻孔灌注桩基础。桥面全宽37.5米，净宽36.5米，两侧设钢筋砼护栏。

山塘港桥　位于嘉善至桐乡县道，桥梁中心桩号K7+706，2004年建成通车。桥长290米，跨径20×6+25×1+20×7米，上部结构为空心板梁，下部为桩柱式墩台，钻孔灌注桩基础。桥面全宽37.5米，净宽36.5米，两侧设钢筋砼护栏。

十八里大桥　位于嘉善至桐乡县道，桥梁中心桩号K13+047，2002年建成通车。桥长412米，跨径30×6+50×1+30×6米，上部结构为空心板梁，下部为桩柱式墩台，钻孔灌注桩基础。桥面全宽37.5米，净宽36.5米，两侧设钢筋砼护栏。

王庙塘桥　位于嘉善至桐乡县道，桥梁中心桩号K15+139，2002年建成通车。桥长270.6米，跨径30×9米，上部结构为空心板梁，下部为桩柱式墩台，钻孔灌注桩基础。桥面全宽37.5米，净宽36.5米，两侧设钢筋砼护栏。

青龙大桥　位于嘉善至桐乡县道，桥梁中心桩号K21+730，2002年建成通车。桥长320.6米，跨径20×16米，上部结构为空心板梁，下部为桩柱式墩台，钻孔灌注桩基础。桥面全宽37.5米，净宽36.5米，两侧设钢筋砼护栏。

东青龙桥　位于乍浦至嘉兴县道，桥梁中心桩号K14+721，2007年建成通车。桥长185.6米，跨径20×4+25×1+20×4米，上部结构为空心板梁，下部为桩柱式墩台，钻孔灌注桩基础。桥面全宽37米，净宽36.5米，两侧设钢筋砼护栏。

仁康塘桥　位于乍浦至嘉兴县道，桥梁中心桩号K18+847，2007年建成通车。桥长147米，跨径20×3+25×1+20×3米，上部结构为空心板梁，下部为桩柱式墩台，钻孔灌注桩基础。桥面全宽37米，净宽36.5米，两侧设钢筋砼护栏。

空庙塘桥　位于乍浦至嘉兴县道，桥梁中心桩号K22+826，2007年建成通车。桥长142米，跨径20×7米，上部结构为空心板梁，下部为桩柱式墩台，钻孔灌注桩基础。桥面全宽37米，净宽36.5米，两侧设钢筋砼护栏。

王庙塘桥　位于乍浦至嘉兴县道，桥梁中心桩号K25+700，2007年建成通车。桥长107米，跨径20×2+25×1+20×2米，上部结构为空心板梁，下部为桩柱式墩台，钻孔灌注桩基础。桥面全宽37米，净宽36.5米，两侧设钢筋砼护栏。

顾泾港大桥　位于乍浦至嘉兴县道，桥梁中心桩号K30+918，2007年建成通车。全长590米，跨径20×23+25×2+16×3+13.86×1+14.41×1米，上部结构为空心板梁，下部为桩柱式墩台，钻孔灌注桩基础。桥面全宽37米，净宽36.5米，两侧设钢筋砼护栏。

余新大桥　位于余新至沈荡县道，桥梁中心桩号K1+200，1985年建成通车。桥长68米，跨径16×1米，上部结构为双曲拱，下部为重力式桥台。桥面全宽8米，净宽7米，两侧设有护栏。

王庙塘桥　位于县道余新至步云，桥梁中心桩号K3+321，2007年建成通车。桥长114米，跨径30×2+51×1米，上部结构为空心板梁，下部为桩柱式墩台，钻孔灌注桩基础。桥面全宽8米，净宽7米，两侧设钢筋砼护栏。

乍嘉苏余南大桥　位于曹王至余南乡道，桥梁中心桩号K3+321，2002年建成通车。桥长194米，跨径16×12米，上部结构为空心板梁，下部为桩柱式墩台，钻孔灌注桩基础。桥面全宽8米，净宽7米，两侧设钢筋砼护栏。

学官分离式立交桥 位于嘉兴至余新县道，桥梁中心桩号K4+715，2003年建成通车。桥长324米，跨径25×2+20×12+10×3米，上部结构为空心板梁，下部为桩柱式墩台。桥面全宽8米，净宽7米，两侧设钢筋砼护栏。设计荷载公路—Ⅰ级。

沪杭高速大桥 位于余新至长秦乡道，桥梁中心桩号K2+843，1998年建成通车。桥长287.5米，跨径16×10+48×1+38×2米，上部结构为空心板梁，下部为桩柱式墩台，钻孔灌注桩基础。桥面全宽7.5米，净宽7米，两侧设钢筋砼护栏。

二号桥 位于乍嘉苏高速公路，桥梁中心桩号K23+338，2002年开工，2005年建成通车。桥长886.74米，跨径1×20.6+8×21.2+3×19+5×21.2+2×47.7+4×25+1×16.65+6×21.2+8×21.2+1×20.6米，上部结构为空心板梁，下部为桩柱式墩台，钻孔灌注桩基础。桥面全宽9.5米，净宽8.5米，两侧设钢筋砼护栏。

十八里互通立交桥 位于07省道，桥梁中心桩号K31+148，1992年建成通车。桥长378.7米，跨径8×20+3×25+7×20米，上部结构为空心板梁，下部为桩柱式墩台，钻孔灌注桩基础。桥面全宽15米，净宽14米，两侧设钢筋砼护栏。

新篁互通式立交 位于嘉兴至海盐县道，桥梁中心桩号K24+479，1998年建成通车。桥长324米，跨径16×20米，上部结构为空心板梁，下部为桩柱式墩台，钻孔灌注桩基础。桥面全宽16米，净宽15.5米，两侧设钢筋砼护栏。

十八里桥跨线桥 位于嘉兴到桐乡县道，桥梁中心桩号K12+043，2004年建成通车。桥长435.5米，跨径9×20+2×25+10×20米，上部结构为空心板梁，下部为桩柱式墩台，钻孔灌注桩基础。桥面全宽37.5米，净宽36.5米，两侧设钢筋砼护栏。

沪杭高速跨线桥 位于乍浦至嘉兴县道，桥梁中心桩号K24+105，2007年建成通车。桥长756米，跨径25×30米，上部结构为空心板梁，下部为桩柱式墩台，钻孔灌注桩基础。桥面全宽37米，净宽36.5米，两侧设钢筋砼护栏。

永丰分离式立交桥 位于东栅至余新乡道，桥梁中心桩号K4×685，1998年建成通车。桥长316米，跨径2×25+12×20+2×11米。上部结构为空心板梁，下部为桩柱式墩台，钻孔灌注桩基础。桥面全宽7.5米，净宽6.5米，两侧设钢筋砼护栏。

余步大桥 位于余新至步云乡道，桥梁中心桩号K8×219，2010年建成通车。桥长150.6米，跨径5×30米。上部结构为空心板梁，下部为桩柱式墩台，钻孔灌注桩基础。桥面全宽31米，净宽30米，两侧设钢筋砼护栏。

福兴立交桥 位于余新至新篁乡道，桥梁中心桩号K7×268，2003年建成通车。桥长431.7米，跨径11×16+18+2×20+18+11×16米。上部结构为空心板梁，下部为桩柱式墩台，钻孔灌注桩基础。桥面全宽8米，净宽7.5米，两侧设钢筋砼护栏。

中小桥

区境内共有中小桥633座，其中中桥245座。

2010年全区国道、省道桥梁情况表

表24-2

序号	桥梁名称	路线名称	桩号（千米）	桥梁计量			
				全长（米）	宽度（米）	跨径（米）	跨径组合（米）
1	颜庄桥	沪瑞线	104.171	44.4	26	42	16×1+13×2
2	河曲港桥	沪瑞线	105.434	44.4	26	42	16×1+13×2
3	河车浜桥	沪瑞线	107.534	35.4	26	33	10×2+13×1
4	顾家浜桥	沪瑞线	124.208	42.7	21.5	39	13×3
5	汪家桥	沪瑞线	125.382	42.7	21.5	39	13×3
6	祥宁浜桥	沪昆高速	80.096	51.7	39.5	48	16×3

续表24-2

序号	桥梁名称	路线名称	桩号（千米）	桥梁计量			
				全长（米）	宽度（米）	跨径（米）	跨径组合（米）
7	小里港桥	沪昆高速	81.22	42.7	41.5	39	13×3
8	六里塘桥	沪昆高速	81.675	80.8	41.5	75	25×3
9	河泥浜桥	沪昆高速	82.517	42.7	41.5	39	13×3
10	立新桥	沪昆高速	83.797	51.7	41.5	48	16×3
11	新桥	沪昆高速	84.197	42.7	41.5	39	13×3
12	放生河桥	沪昆高速	85.166	68.7	41.5	65	13×5
13	嘉善塘桥	沪昆高速	86.593	42.7	41.5	39	13×3
14	陶家庄桥	沪昆高速	88.398	42.7	41.5	39	13×3
15	殳庄港桥	沪昆高速	90.174	94.7	41.5	91	13×7
16	张泾港桥	沪昆高速	90.68	42.7	41.5	39	13×3
17	王庙塘桥	沪昆高速	91.327	80.8	41.5	75	25×3
18	沙桥港桥	沪昆高速	92.161	94.7	41.5	91	13×7
19	九曲港桥	沪昆高速	92.964	42.7	41.5	39	13×3
20	文前桥	沪昆高速	93.295	42.7	41.5	39	13×3
21	杨板桥	沪昆高速	93.846	42.7	41.5	39	13×3
22	里长桥	沪昆高速	94.367	42.7	41.5	39	13×3
23	梅园桥	沪昆高速	96.078	42.7	41.5	39	13×3
24	莲埔桥	沪昆高速	99.325	42.7	41.5	39	13×3
25	桥湾里桥	乍嘉苏高速	6.012	42.7	30	39	3×13
26	主线桥	乍嘉苏高速	7.276	51.74	30	48	3×16
27	东塘桥	乍嘉苏高速	8.154	51.74	30	48	3×16
28	朱界浜桥	乍嘉苏高速	9.064	51.7	30	48	3×16
29	桃花村桥	乍嘉苏高速	9.734	33.04	30	33	1×13+2×10
30	南塘泾桥	乍嘉苏高速	9.901	24.04	30	20	1×20
31	南木桥	乍嘉苏高速	10.436	42.74	30	39	3×13
32	梅花塘桥	乍嘉苏高速	12.055	79.04	30	75	3×25
33	厚藤桥	乍嘉苏高速	12.86	51.74	30	48	3×16
34	梅花港桥	乍嘉苏高速	13.229	51.74	30	48	3×16
35	东新浜桥	乍嘉苏高速	13.911	42.74	30	39	3×13
36	德星桥	乍嘉苏高速	14.548	42.74	30	39	3×13
37	慎思中桥	乍嘉苏高速	15.159	51.74	30	48	3×16
38	曹王桥	乍嘉苏高速	16.127	42.74	30	39	3×13
39	新桥港桥	乍嘉苏高速	18.084	42.74	30	39	3×13
40	烧香港桥	乍嘉苏高速	19.239	42.74	30	39	3×13
41	东青龙桥	乍王线	23.405	46.8	15	46	20×1+13×2

续表24-2

序号	桥梁名称	路线名称	桩号（千米）	桥梁计量			
				全长（米）	宽度（米）	跨径（米）	跨径组合（米）
42	西青龙桥	乍王线	24.683	36.7	15	36	20×1+8×2
43	万安桥	乍王线	26.914	36.7	15	36	20×1+8×2
44	糠江洋桥	乍王线	37.956	39.6	15	39	13×3
45	十字洋桥	乍王线	40.052	65.6	15	65	13×5
46	许王村桥	乍王线	41.598	39.6	15	39	13×3
47	步云枢纽3号桥	杭州湾北岸连接线	26.214	42.74	34.5	39	3×13
48	步云枢纽16号桥	杭州湾北岸连接线	26.579	42.74	34.5	39	3×13
49	港南桥	杭州湾北岸连接线	27.199	68.04	34.5	65	5×13
50	联合村桥	杭州湾北岸连接线	27.998	42.04	34.5	39	3×13
51	赵文桥	杭州湾北岸连接线	29.241	51.74	34.5	48	3×16
52	西港河桥	杭州湾北岸连接线	31.068	81.64	34.5	75	3×25
53	东港河桥	杭州湾北岸连接线	31.626	51.74	34.5	48	3×16
54	肖家桥	杭州湾北岸连接线	32.295	51.74	34.5	48	3×16
55	乌桥村分离	杭州湾北岸连接线	33.353	42.04	34.5	39	3×13
56	马家头桥	杭州湾北岸连接线	33.819	68.04	34.5	65	5×13

2010年全区县道桥梁情况表

表24-3

序号	桥梁名称	路线名称	桩号（千米）	桥梁计量			
				全长（米）	宽度（米）	跨径（米）	跨径组合（米）
1	南汤浜桥	嘉兴—海盐	18.333	39.7	16	39	3×13
2	北朱南桥	嘉兴—海盐	19.044	40.7	16	40	4×10
3	胡家埭桥	嘉兴—海盐	20.488	48.7	16	48	3×16
4	南埭廊桥	嘉兴—海盐	21.743	60.7	16	60	3×20
5	泥桥	嘉兴—海盐	23.973	39.7	16	39	3×13
6	石蟹桥	嘉兴—海盐	24.809	42.8	16	39	3×13
7	增产桥	嘉兴—海盐	25.737	48.7	16	48	3×16
8	过水桥	嘉兴—海盐	27.142	48.7	16	48	3×16
9	北姚浜桥	嘉善—桐乡	6.802	43	37.5	39	3×13
10	曹家桥	嘉善—桐乡	6.945	43	37.5	39	3×13
11	卫国桥	嘉善—桐乡	9.637	50	37.5	48	3×16
12	南子村桥	嘉善—桐乡	10.958	65	37.5	60	3×20
13	江南桥	嘉善—桐乡	11.431	43	37.5	39	3×13

续表24-3

序号	桥梁名称	路线名称	桩号（千米）	桥梁计量			
				全长（米）	宽度（米）	跨径（米）	跨径组合（米）
14	大浜桥1	嘉善—桐乡	13.521	30.6	37.5	30	1×30
15	竹丝桥	嘉善—桐乡	13.873	30.6	37.5	30	1×30
16	横港桥	嘉善—桐乡	14.385	36.3	37.5	36	1×16+1×10
17	马家桥	嘉善—桐乡	16.112	48.6	37.5	48	3×16
18	亭子浜桥	嘉善—桐乡	16.849	36.5	37.5	36	1×16+1×10
19	长中港桥	嘉善—桐乡	20.339	48.6	37.5	48	3×16
20	真如桥	嘉善—桐乡	25.21	39.6	37.5	39	3×13
21	雪庵桥	嘉南线	0.315	60.6	34.5	60	3×20
22	仁和桥	嘉南线	2.897	39.6	34.5	39	3×13
23	黄金桥	嘉南线	4.126	39.6	34.5	39	3×13
24	张思桥	嘉南线	6.872	60.6	34.5	60	3×20
25	新民桥	嘉南线	8.106	60.6	34.5	60	3×20
26	沈章塘桥	乍浦—嘉兴	12.909	81.2	37	80	16×5
27	罗秋浜桥	乍浦—嘉兴	15.897	40.2	37	39	3×13
28	车夫浜桥	乍浦—嘉兴	16.838	40.2	37	39	3×13
29	油车浜桥	乍浦—嘉兴	17.03	40.2	37	39	3×13
30	亭子桥	乍浦—嘉兴	18.171	40.2	37	39	3×13
31	马家浜桥	乍浦—嘉兴	19.51	81.2	37	80	4×20
32	夏河桥	乍浦—嘉兴	22.309	40.2	37	39	3×13
33	严家桥	乍浦—嘉兴	23.413	40.2	37	39	3×13
34	圣塘头桥	乍浦—嘉兴	23.608	40.2	37	39	3×13
35	殳家埭桥	乍浦—嘉兴	25.427	49.2	37	48	3×16
36	王三庙桥	乍浦—嘉兴	28.622	49.2	37	48	3×16
37	白寺塘桥	乍浦—嘉兴	28.862	49.2	37	48	3×16
38	西车浜桥	乍浦—嘉兴	30.428	97.2	37	96	6×16
39	南埭桥	乍浦—嘉兴	31.862	40.2	37	39	3×13
40	陆家浜桥	乍浦—嘉兴	32.934	61.2	37	60	3×20
41	江南桥	焦山门—大云	0.62	20.6	8	20	1×20
42	倪家浜桥	焦山门—大云	2.216	20.6	8	20	1×20
43	人民桥	焦山门—大云	3.879	34.5	8	28	1×28
44	央林浜桥	焦山门—大云	8.461	20.7	8	20	1×20
45	斜家滩桥	焦山门—大云	9.019	20.7	8	20	1×20
46	双云桥	焦山门—大云	10.762	41	8	40	1×20+2×10
47	尹庄桥	东栅—余新	1.508	28.2	8	20	1×20
48	复兴桥	东栅—余新	2.274	34	7.5	24	1×24

续表24-3

序号	桥梁名称	路线名称	桩号（千米）	桥梁计量			
				全长（米）	宽度（米）	跨径（米）	跨径组合（米）
49	永丰分离式立交桥	东栅—余新	4.685	316	7.5	312	12×20+2×11
50	乔湾桥	东栅—余新	5.3	27.3	15	20	1×20
51	青龙桥1	余新—新篁	0.412	33.9	8	24	1×24
52	施家桥	余新—新篁	4.66	61.04	15	57	1×25+1×16
53	工农桥	余新—新篁	5.797	34.8	8	22	1×22
54	福兴立交桥	余新—新篁	7.268	431.7	8	428	18+11×16
55	兴隆桥	余新—新篁	9.224	20.4	8	20	1×20
56	新塘桥	余新—新篁	9.918	43.04	8	43	1×20+1×10
57	新篁大桥	余新—新篁	16.024	63.6	10	60	3×20
58	油车桥	余新—沈荡	0.243	23.3	8	20	1×20
59	横泾港桥	余新—沈荡	5.433	32.9	8	32	1×16+2×8
60	茜泾桥	余新—王店	0.421	98	8	80	4×20
61	何家桥	余新—王店	2.945	20.8	8	20	1×20
62	马长桥	余云线	8.296	43	13	40	1×20+2×10
63	二号桥	余云线	15.811	42.04	27.5	39	3×13
64	杨树里桥	余新—步云	1.217	33.04	31	30	1×30
65	浦家头桥	余新—步云	1.411	45.04	31	42	2×13+1×16
66	古牛桥	余新—步云	3.95	64.04	31	60	3×20
67	举叉浜桥	余新—步云	5.307	42.04	31	39	3×13
68	空庙塘桥	余新—步云	5.985	64.04	31	60	3×20
69	肖家木桥	余新—步云	6.758	25	31	20	1×20
70	吕塘桥	余新—步云	7.467	42.04	31	39	3×13
71	平林大桥	新丰—大桥	1.242	20.6	31	20	1×20
72	仁康塘桥	新丰—大桥	3.498	63.04	31	60	3×20
73	顾家埭桥	新丰—大桥	4.852	51.04	31	48	3×16
74	朱四浜桥	新丰—大桥	5.9	51.04	31	48	3×16
75	申板桥	新丰—大桥	6.419	42.04	31	39	3×13
76	镯头浜桥	七沈线	15.551	42.04	17	39	3×13
77	空庙塘桥	七沈线	15.874	51.74	17	48	3×16
78	杨板桥	七沈线	17.484	24.04	17	20	1×20
79	大树南桥	七大线	0.601	24.04	25.5	20	1×20
80	拥军桥	七大线	1.756	32.7	14	32	1×16+2×8
81	薛家港桥	七大线	6.482	51.74	25.5	48	3×16
82	日晖桥	风余支线	2.227	24.04	17	20	1×20
83	张家桥	风余支线	1.269	24.02	17	20	1×20

续表24-3

序号	桥梁名称	路线名称	桩号（千米）	桥梁计量			
				全长（米）	宽度（米）	跨径（米）	跨径组合（米）
84	前春江桥	凤余支线	0.301	24.04	17	20	1×20
85	乌桥	乌新线	0.849	20.6	7.5	20	1×20
86	屠家木桥	乌新线	3.294	26.6	7.5	26	1×10+2×8
87	东风桥	乌新线	3.737	26.6	7.5	26	1×26
88	北章桥	新净线	0.261	20.6	7.5	20	1×20
89	寿山桥	新净线	3.585	32.6	7.5	32	1×26+2×3
90	洋金桥	新净线	4.458	34	7.5	33	1×27+2×3
91	赵家桥	新净线	5.02	22	7.5	21.3	1×21.3
92	东汤桥	新竹线	2.002	36.7	7.5	36.1	1×29.3+2×3.4
93	周家木桥	新竹线	3.549	22.6	7.5	22	1×22
94	新桥	长明线	0.053	20.6	7.5	20	1×20
95	五儿子桥	长明线	7.62	20.6	7.5	20	1×20

2010年全区乡道桥梁情况表

表24-4

序号	桥梁名称	路线名称	桩号（千米）	桥梁计量			
				全长（米）	宽度（米）	跨径（米）	跨径组合（米）
1	横桥	曹王—余南	2.652	20.6	7.5	20	1×20
2	水泥桥	东栅—七星	4.669	36.6	5.5	36	1×16+2×10
3	新华桥	东栅—七星	6.15	33.7	5.5	33	1×13+2×10
4	三里港桥	东栅—七星	8.897	20.6	5.5	20	1×20
5	孔庙桥	凤桥—利民	0.933	33.8	7.5	33.2	1×26.4+2×3.4
6	人民桥	乌桥—胥山	5.267	32.24	8	30	3×10
7	陈文桥	乌桥—胥山	6.001	26.6	5.5	26	1×26
8	北牛桥	乌桥—胥山	7.102	20.6	5.5	20	1×20
9	戴家大桥	乌桥—胥山	8.147	39.2	3.4	38.6	1×33+2×2.8
10	中阳桥	乌桥—胥山	14.475	20.6	7.5	20	1×20
11	三子桥	乌桥—胥山	17.726	34.4	7.5	32	1×6+1×20+1×6
12	大桥桥	乌桥—胥山	18.768	32.6	7.5	32	1×6+1×20+1×6
13	胥山桥	乌桥—胥山	21.776	22.2	9.5	21.6	1×21.6
14	金丰桥	新丰东—金章	0.613	20.6	7.5	20	1×20
15	福家桥	新丰东—金章	1.362	20.6	7.5	20	1×20
16	东木桥	新丰东—金章	2.864	20.6	7.5	20	1×20
17	金章庙桥	新丰东—金章	6.142	22.6	3.4	22	1×22

续表24-4

序号	桥梁名称	路线名称	桩号（千米）	桥梁计量			
				全长（米）	宽度（米）	跨径（米）	跨径组合（米）
18	吴家庙桥	新丰西—罗家埭	7.578	46.6	7.5	40	1×20+2×10
19	新仁家桥	凤桥—新篁	0.15	48.5	5.5	36.5	1×29.5+2×3.5
20	梅花塘桥	凤桥—新篁	2.464	36.6	5.5	36	1×20+2×8
21	麻泾桥	凤桥—新篁	3.192	38	5.5	22	1×22
22	新桥	凤桥—新篁	6.537	34.5	5.5	33.5	1×27.5+2×3
23	鲍西桥	凤桥—新篁	7.647	32.9	5.5	32.3	1×25.5+2×3.4
24	鲍中桥	凤桥—新篁	9.392	32	5.5	24	1×24
25	汤江桥	凤桥—新篁	10.69	36.6	5.5	36	1×29.2+2×3.4
26	金塘桥	凤桥—新民	3.235	34	5.5	26	1×26
27	唐家桥	焦山门—石堰	0.575	20.6	7.5	20	1×20
28	严家桥	焦山门—石堰	2.894	36.8	7.5	36	1×16+2×10
29	王庙桥	焦山门—石堰	5.082	33.8	7.5	33	1×13+2×10
30	庆丰桥	焦山门—石堰	6.546	45.8	7.5	35	1×35
31	余双桥	余新—长秦	0.586	20.6	7.5	20	1×20
32	农贸市场桥	梁林桥—三乡桥	2.971	21.6	7.5	21	1×21
33	俞泾石桥	梁林桥—三乡桥	5.021	21.6	7.5	21	1×21
34	杨家桥	梁林桥—三乡桥	6.971	21.6	7.5	21	1×21
35	胡庵桥	翁家浜—栖圣	4.327	39.6	5.5	39	1×33+2×3
36	栖圣桥	翁家浜—栖圣	4.912	26	5.5	22	1×22
37	金坛桥	栖柳—余篁	0.665	35	5.5	23	1×23
38	朱家浜大桥	栖柳—余篁	1.532	45.6	5.5	45	1×10+1×25+1×10
39	通镇桥	栖柳—余篁	2.808	26	5.5	20	1×20
40	永久桥	清池—永红	1.212	36	5.5	22	1×22
41	吴椿桥	清池—永红	1.972	35	5.5	21	1×21
42	打铁桥	打铁桥—吕华仁桥	0.18	30	5.5	20	1×20
43	毛家木桥	余西—马桥	0.248	20.6	7.5	20	1×20
44	东桥	西湖墉桥—明星村	0.312	20.6	7.5	20	1×20
45	杨家木桥	东洲—焦山门	1.259	21	4	20.4	1×20.4
46	新桥3号	竹林—赵家埭	2.015	32.5	5.5	31.9	1×25.1+2×3.4
47	七星桥	七星—方家港	0.472	40.2	5.5	39	3×13
48	桐星桥	七星—方家港	1.163	32.6	5.5	32	1×16+2×8
49	三里港桥	七星—方家港	3.65	20.6	5.5	20	1×20
50	1号桥	高丰村—张宇圩	2.851	39.6	14	39	1×39
51	斜港桥	央林浜桥—朝阳桥	0.927	21.6	7.5	20	1×20
52	山子桥	大桥—嘉善	0.213	36.4	7.5	36	2×10+1×16

2010年全区村道桥梁情况表

表24-5

序号	桥梁名称	路线名称	桩号（千米）	桥梁计量			桥梁宽度（米）
				全长（米）	跨径（米）	跨径组合（米）	
1	东横泾桥	半墩—东横泾	0.678	22	20	1×20	3.5
2	西木桥	嘉盐公路—王家桥	0.31	31	21	1×21	5
3	王家桥	嘉盐公路—王家桥	0.879	21.1	20.5	1×20.5	5
4	慎思桥	余篁公路—大星村	0.65	29.5	23	1×23	3
5	云间桥	金塘桥—王道宅	1.456	32	20	1×20	5
6	万安桥	工农桥—曹王村	0.457	27	21	1×21	5
7	施家桥	北窑桥—工农桥	2.359	45.6	45	1×10+1×25+1×10	12.5
8	张家桥	新民村—金塘桥	0.646	26	20	1×20	3
9	盛家木桥	打铁桥—麻泾桥	0.548	20.6	20	1×20	3
10	毛家塘桥	打铁桥—麻泾桥	3.898	45.6	45	1×10+1×25+1×10	5
11	无名桥	联丰—东庄桥	2.55	25.6	25	1×25	3
12	杨家桥	窑弯—丁家村	0.364	28	25	1×25	3
13	群兴桥	增产桥—三角汇	0.418	28	26	1×26	5
14	景阳桥	庄史—东庄桥	0.33	24	22	1×22	5
15	圣塘桥	盛塘桥—谈公桥	0.058	22.6	22	1×22	5
16	石灰桥	曹庄—东洋浜	1.847	29.9	29.3	1×29	3
17	施家洋桥	明星—顾家庄	0.206	25.6	25	1×25	3
18	三官塘桥	镇北—农建	1.039	48.6	48	3×16	3
19	乌金桥	项前—陶金桥	0.737	26	25	1×25	3
20	陶金桥	项前—陶金桥	2.769	39	38.5	1×31.5+2×3.5	5
21	观丁桥	项前—观丁	0.796	25.6	25	1×25	3
22	万丰西桥	北庄—陈坟桥	0.176	22	20	1×20	7
23	富林桥	余云公路—赵家埭	0.553	24	23.3	1×23.3	5
24	徐祥木桥	嘉盐公路—陈庄桥	1.197	23.6	23	1×23	3
25	方升桥	肖家浜—雪家浜	0.345	26	25.4	1×25.4	5
26	上八桥	金章村—新开河	0.321	20.6	20	1×20	5
27	费家桥	汤家门—吴家浜	0.819	32.6	32	1×20+2×6	5
28	工农桥	和尚浜—谈西	0.579	22	20	1×20	5
29	文全桥	永康—吴家浜	0.05	23.6	23	1×23	3
30	七星大桥	七星镇—乌龙桥	0.544	72.6	72	1×40+2×16	7
31	无名桥	新开河—洪家村	0.789	26.6	26	1×26	3
32	陈家小桥	陈家桥—项家池	0.023	25.6	25	1×25	3
33	1号桥	东进—大树	0.492	20.6	20	1×20	7
34	2号桥	东进—大树	0.802	20.6	20	1×20	7

续表24-5

序号	桥梁名称	路线名称	桩号（千米）	桥梁计量			桥梁宽度（米）
				全长（米）	跨径（米）	跨径组合（米）	
35	万星桥	建国—渡船浜	2.375	36.6	36	1×16+2×10	5
36	新民桥	桥西村—石街	0.44	20.6	20	1×20	5
37	人民桥	云东村—大云	0.874	28.3	27.7	1×24.7+1×3	3
38	赵家桥	步云社区—章介桥	0.457	34.1	23.5	1×20+1×3.5	11
39	许文桥	十八里桥—渡船浜	0.767	33.6	33	1×13+2×10	7
40	七里塘桥	丰南—七星塘桥	1.081	39.6	39	3×13	7
41	蒋家桥	亭子桥—石街	1.006	25.6	25	1×25	3
42	观音桥	永丰桥—卫星	1.334	22.6	22	1×22	5
43	文星桥	神龙浜—朱家浜	0.451	40.6	40	1×10+1×20+1×10	5

第四节　立交桥

高速公路立交桥

嘉兴东立交桥　位于嘉兴市东郊，是乍浦至王江泾公路外环线下穿沪杭铁路复线的重要工程，穿越位置在铁路里程96K＋190处，由6＋9＋6三只箱涵组成的下跨式立交桥。中间为机动车道，宽9米，净高6米；两侧设分隔带各1.45米，净高3.5米；人行道各1米。机动车道最大坡度3.7%、非机动车道最大坡度2.4%。箱涵长21.8米，两端公路接线长470.9米。1992年10月完成。

枢纽互通四号桥　位于乍嘉苏高速公路，桥梁中心桩号K23+750。1999年开工，2005年建成通车。桥梁全长283.3米，跨径20×13米，上部结构为空心板梁，下部为桩柱式墩台。桥面全宽9.5米，净宽8.5米，两侧设钢筋砼护栏。

枢纽互通八号桥　位于乍嘉苏高速公路，桥梁中心桩号K23+830。1999年开工建设，2005年建成通车。桥梁全长428米，跨径20×21米，上部结构为空心板梁，下部为桩柱式墩台。桥面全宽9.5米，净宽8.5米，两侧设钢筋砼护栏。

枢纽互通二号桥　位于乍嘉苏高速公路，桥梁中心桩号K23+500。1999年开工，2005年建成通车。桥梁全长886.7米，跨径25×14+20×25+16×2米，上部结构为空心板梁，下部为桩柱式墩台。桥面全宽30米，净宽27米，两侧设钢筋砼护栏。

枢纽互通十二号桥　位于乍嘉苏高速公路，桥梁中心桩号K23+030。1999年开工，2005年建成通车。桥梁全长284米，跨径23.9×1+20×12+18×1米，上部结构为空心板梁，下部为桩柱式墩台。桥面全宽9.5米，净宽8.5米，两侧设钢筋砼护栏。

枢纽互通五号桥　位于乍嘉苏高速公路，桥梁中心桩号K127+070。1999年开工，2005年建成通车。桥梁全长428米，跨径19×8+30×4+19×8米，上部结构为空心板梁，下部为桩柱式墩台。桥面全宽9.5米，净宽8.5米，两侧设钢筋砼护栏。

公铁立交　位于乍嘉苏高速公路，中心桩号K30＋095，2002年开工，2005年建成通车。桥梁全长845米，跨径12×20+25＋2×30+12×20＋14米，上部结构为空心板梁，下部结构为桩柱式墩台。桥面全宽30米，净宽27米，两侧设钢筋砼防撞护栏。

嘉兴互通式立交2号　位于乍嘉苏高速公路，中心桩号K34＋628，2002年开工，2005年建成通车。桥梁全长665米，跨径16×20+30＋45＋30＋13×20米，上部结构为空心板梁，下部结构为桩柱式墩台。桥面全宽30米，净宽27米，两侧设钢筋砼防撞护栏。

嘉兴F匝道跨320桥　位于乍嘉苏高速公路，中心桩号K34 + 630，2002年开工，2005年建成通车。桥梁全长204.6米，跨径7×20+3×20米，上部结构为空心板梁，下部结构为桩柱式墩台。桥面全宽16.5米，两侧设钢筋砼防撞护栏。

嘉兴互通式匝道引桥　位于乍嘉苏高速公路，中心桩号K35 + 000，2002年开工，2005年建成通车。桥梁全长142米，跨径7×20米，上部结构为空心板梁，下部结构为桩柱式墩台。桥面全宽9.5米，两侧设钢筋砼防撞护栏。

嘉兴互通式A匝立交　位于乍嘉苏高速公路，中心桩号K35 + 180，2002年开工，2005年建成通车。桥梁全长284.6米，跨径8×20+3×20 + 3×20米，上部结构为空心板梁，下部结构为桩柱式墩台。桥面全宽16.5米，两侧设钢筋砼防撞护栏。

新篁互通A匝道桥　位于乍嘉苏高速公路，桥梁中心桩号K10+900。2002年开工，2005年建成通车。桥梁全长201米，跨径15×5+17×1+25×1+15×5米，上部结构为空心板梁，下部为桩柱式墩台。桥面全宽9.5米，净宽8.5米，两侧设钢筋砼护栏。

A匝道跨线桥　位于乍嘉苏高速公路，桥梁中心桩号K22+418。2002年开工，2005年建成通车。桥梁全长267米，跨径17×7++25×1+17×7米，上部结构为空心板梁，下部为桩柱式墩台。桥面全宽9.5米，净宽8.5米，两侧设钢筋砼护栏。

公铁立交桥

七星铁路立交桥　位于七星乡境内，单孔，宽4米，为全市最早的拖拉机立交桥。

紫阳桥铁路立交桥　原为少年南路立交桥，位于紫阳路南侧，1991年前建成，单孔宽8米，立交建成后未使用。2006年初，对立交两侧出入口实施改造，2006年10月1日，过铁道通道建成使用。

南湖铁路立交桥　位于沪杭铁路线100K+448M，为单孔拖拉机立交桥，中孔宽5米。

标牌路铁路立交桥　位于沪杭铁路线96K+965M，为单孔立交桥，宽5米。1991年7月10日动工，9月8日完工。

东环路铁路立交桥　位于沪杭铁路线9BK+190M，为三孔铁公立交桥，中孔宽9米，两侧边孔各宽6米，通车孔限高5.6米。1991年3月18日动工，11月2日完工。

公铁立交桥　位于乍浦至王江泾公路，中心桩号K35 + 537，2006年建成通车。桥梁全长852.8米，跨径8×13+40 + 15×20 + 7×16米，上部结构为T形梁，下部结构为桩柱式墩台。桥面全宽7.5米，净宽7.0米，两侧设钢筋砼防撞护栏。

匝道桥　位于乍浦至王江泾公路，中心桩号K37 + 082，2006年建成通车。桥梁全长858米，跨径20×20+40 + 15×20 + 7×16米，上部结构为箱梁，下部结构为桩柱式墩台。桥面全宽7.5米，净宽7.0米，两侧设钢筋砼防撞护栏。

十八里互通立交大桥　位于07省道，桥梁中心桩号K31+139。1994年开工，1998年建成通车。桥梁全长378.7米，跨径20×8+25×3+20×7米，上部结构为空心板梁，下部为桩柱式墩台。桥面全宽15米，净宽14米，两侧设钢筋砼护栏。

新篁互通立交桥　位于嘉兴至海盐县道，桥梁中心桩号K24+497，2000年建成通车，桥梁全长324米，跨径20×16米，上部结构为空心板梁，下部为桩柱式墩台。桥面全宽16米，净宽15米，两侧设钢筋砼护栏。

中环东路铁路立交桥　嘉兴大桥跨铁路立交　南湖大桥跨铁路立交（见第七篇“城乡建设”第二章第二节）。

公路跨线立交桥

沪杭高速公路跨线桥　位于乍浦至嘉兴县道，桥梁中心桩号K24+105，2007年建成通车。桥长756米，跨径30×25米，上部结构为空心板梁，下部为桩柱式墩台。桥面全宽37米，净宽36.5米，两侧设钢筋砼护栏。

十八里跨线桥　位于嘉善至桐乡县道，桥梁中心桩号K12+043，于2004年建成通车，桥梁全长435.5米，跨径20×9+25×2+20×10米，上部结构为空心板梁，下部为桩柱式墩台。桥面全宽37.5米，净宽36.5米，两侧设钢筋砼护栏。

永丰分离式立交桥　位于东栅至余新县道，桥梁中心桩号K4+685，1998年建成通车。桥长316米，跨径25×2+20×12+11×2米，上部结构为空心板梁,下部为桩柱式墩台。桥面全宽8米,净宽7米,两侧设钢筋砼护栏。

学官分离式立交桥 位于嘉兴至余新县道,桥梁中心桩号K4+715,2003年建成通车。桥长324米,跨径25×2+20×12+10×3米,上部结构为空心板梁,下部为桩柱式墩台。桥面全宽8米,净宽7米,两侧设钢筋砼护栏。设计荷载公路—Ⅰ级。

福兴立交桥 位于余新至新篁县道,桥梁中心桩号K7+268,2003年建成通车。桥长431.7米,跨径16×11+18×1+20×2+18×1+16×11米,上部结构为空心板梁,下部为桩柱式墩台。桥面全宽8米,净宽7米,两侧设钢筋砼护栏。

范罗浜分离式立交桥 位于余新至沈荡县道,桥梁中心桩号K2+245,2000年建成通车。桥长411米,跨径16×10+20×1+25×2+20×1+16×10米,上部结构为空心板梁,下部为桩柱式墩台,钻孔灌注桩基础。桥面全宽12米,净宽11米,两侧设钢筋砼护栏。

第五章 运 输

第一节 公路运输

客运

境内公路客运始于1934年1月,平湖至新丰通车,设平湖、西门、九里亭、新丰4个停车站,实行车上售票,全程票价1角8分。7月16日新丰延伸至嘉兴通车,设平湖、新丰、十八里桥、东栅、嘉兴5个车站。嘉兴站职工4人,客车2辆,每月营收1600元左右,嘉兴至平湖来往客车,每小时开1班。次年4月4日起增开乍浦至嘉兴直达车,票价8角7分。

1936年,浙江省湖嘉长途汽车公司承办苏嘉线运输业务,7月1日与苏嘉公司合并成立湖嘉、苏嘉两路长途汽车有限责任公司。1947年3月,公司拥有大小汽车41辆,解放后,境内设浙江省交通公司第三运输段,同年12月更名嘉兴中心站。1953年1月,划归省交通公司杭州分公司。1956年,嘉兴站客运量88809人次。1958年12月,成立嘉兴区公路运输公司,下设嘉兴、湖州、孝丰3个中心站。1960年4月嘉兴中心站改为直属站,1961年10月改称嘉兴运输段,1962年6月改称嘉兴站。1962年7月,撤销嘉兴区公路运输局,其经营业务划归杭州区局,改名为嘉兴地区汽车运输公司嘉兴中心站。1979年1月,为省汽车运输公司湖州分公司嘉兴中心站。1983年10月,成立浙江省汽车运输公司嘉兴分公司。1987年12月,体制下放为市属全民企业,更名为嘉兴市汽车运输公司。1988年10月,汽车客运下放到各县(市)。

嘉兴市汽车运输公司原驻环城东路,经营跨省客运线路13条,跨市(地)客运线路11条,跨县(市)16条。县(市)内16条,开行夜间便民班车7条。20世纪90年代,改制为嘉兴市国鸿集团有限责任公司,下属嘉兴国鸿汽车运输有限公司是嘉兴市道路客运的骨干企业。2002年,通过了交通部二级道路旅客运输企业资质评定,成为全市唯一具有二级企业资质的道路客运企业。公司下辖客运分公司、站务分公司、维修分公司、零担货运分公司、出租公司等单位。

嘉兴国鸿汽车运输有限公司拥有一级客运站、二级客运站和一级维修单位;拥有各类营运客车426辆,其中客运班车292辆,高等级客车84辆,集约经营车辆39辆;公司经营客运班线126条,其中省际班线56条,通达江、沪、鲁、豫、皖、鄂等省市;省内跨地区班线33条,通达全省各地市及重要县市;市内班线19条,通达全市各县市。其中开往苏、杭、

2004年8月11日,余新城乡公交站

甬、宁、锡、湖等方向的高速、快客班线由公司集约经营。公司下辖客运分公司、站务分公司、维修分公司、零担货运分公司、出租公司等单位，主要从事道路旅客运输、客运站服务、道路货运、汽车出租、旅游、车辆维修、商贸等服务项目。

2005年1月15日，区交通四大工程庆典仪式

客运站

境内汽车客运站有市区汽车站、新丰汽车站、余新汽车站。2010年，区境内客运站点共361个，其中一级站1个、二级站1个、四级站2个、五级站3个、港湾式停靠站354个，镇镇有等级站、村村有候车亭、沿途有停靠站。

嘉兴汽车客运站　建于1933年4月，站址在环城北路荷花堤。是苏州客运公司在嘉兴设的配客站，是平湖开往苏州、湖州方向，每天上下客10多人。20世纪50年代在环城东路轮船码头北边，60年代初，在环城东路天星湖建造汽车客运站，占地面积约0.47公顷，有候车室、修车间、宿舍、食堂等。1970年，在环城南路与府南街口，建造了汽车客运南站，新建站房734平方米。有4个检票口、5个售票窗口。线路主要是临平、苏州、乍浦及周边县城，28辆汽车，每天班次100多个，日客运量1500人次。

1990年迁址中山西路1362号，由嘉兴市汽车运输公司经营。当年8月1日投入使用，该站占地面积3.19公顷，建筑总面积为4760平方米。其中售票大厅、候车大厅等站屋面积3794平方米，候车大厅高8.9米、宽21米，建筑面积为1192平方米，设有单人座椅18排，可容纳1500旅客在大厅候车，有13个检票口；停车雨棚长52米，宽12.8米，建筑面积为665.6平方米；停车场和回车道达1万平方米，售票厅设8个售票窗口，配套设施齐全。2009年，日发班车1000多次，平均日送旅客8500人次，最高峰达202万人次。

随着城市不断向外围发展，车流量年年快速递增，西站已处于城市中心地段，客车进出站造成道路拥堵已显现。2009年5月，在嘉兴城南开工新建汽车客运中心，占地面积8.27公顷，约83000平方米，设计日平均旅客发送量2.2万人次，总建筑面积3.89平方米，其中地下车库7700平方米。业务楼、候车厅共两层，设计概算2.73亿元。

新丰汽车站　建于1934年，主要经营乍平嘉公路客运业务。解放初，其站还是大草房，1966年翻建成砖瓦房，1982年改建成楼房。1990年统计，平均日通过汽车3323辆，机动车3428辆，混合交通量3567辆。后短途客运被中巴车和公交车代替，长途路经新丰业务量不多，该站在1992年撤销。

余新汽车站　1996年投入使用，占地面积约13.1亩，建筑总面积980平方米，总投资357万元。该公交枢纽站按四级汽车站标准建造，设施配备齐全，有候车大厅、停车场、发车位、休息室和盥洗室等。城乡公交201路、203路、211路、221路和244路从该站始发或途经。

城乡公交

（见第八篇“城乡建设”第三章第六节）。

城乡公交一体化

（见第八篇“城乡建设”第三章第六节）。

1984年9月29日，举行公共交通公司通车典礼，10月1日起公共汽车正式运营

货运

区境早期货物运输多以水运为主，公路交通发展初期多为客运。1933年1月，浙江省公路管理局对沪杭公路进行车流量统计，往来营业客车315辆，而营业货车仅7辆。解放后，货物运输仍以水、铁为主。1956年，嘉兴县搬运公司购3吨货车一辆，经营短途运输。20世纪60年代后，成立红旗运输公司，汽车货运逐渐发展。改革开放后，运输市场逐步放开，社会企事业单位与个体（联户）的车辆开始参加汽车货运，形成多种经济成分、多层次、多渠道的汽车货运格局。至2010年底，境内公路货物运输企业4461家，有5辆以上的专业货运企业160家，营运货车7518辆，吨位29739吨；有挂车400辆9897.75吨；其中危险货物运输14家，大件运输2家，集装箱运输企业14家。

汽车零担货运　省汽车运输公司1979年12月15日与上海汽车公司签订省际汽车零担货物运输协议。境内规模汽车零担货运始于1980年7月16日，开行上海至嘉兴的零担货运班车。至1990年，由嘉兴市汽车运输公司经营的零担班线共7条、981千米。

嘉兴至杭州，班期逢双日，可经杭州中转浙南、浙西及广州、福建、湖南、湖北各县市。

嘉兴至上海，隔3天1班。

嘉兴至无锡，班期逢5日，可经无锡中转江苏、安徽、山东、天津、北京各县市。

嘉兴至苏州，隔3天1班，可经苏州中转昆山、常熟、太仓、沙洲、南通及南通以外县市。

嘉兴至绍兴，隔3天1班，可经绍兴中转新昌、嵊县、临海、诸暨、余姚、浒山、曹娥等地。

嘉兴至湖州，隔5天1班，可经湖州中转德清、长兴及安徽各县市。

嘉兴至宁波，隔5天1班，可经宁波中转奉化、象山、石浦、宁海。

以上零担货运均实行一次托运，全程负责。嘉兴国鸿集团成立后，开拓了快速货物运输，依托省内快速货运网络，携手杭州萧山机场，上海浦东机场的虹桥机场，开展了航空货物运输的专线、整车、零担和快件运输。

特种运输

境内危险品运输20世纪90年代以前主要为加油站、液化气提供服务，基本停留在自货自运状态。1999年底，唯一一家专业危险品运输公司（大安危险品运输公司）只承运嘉化公司的业务，很少对外营运。2009年，境内危险品运输企业发展到14家。

境内最早办理集装箱运输业务的是嘉兴市第三运输装卸公司。该公司前身是1968年8月成立的嘉兴镇东方红运输装卸站。1990年，该公司完成集装箱运输16491只、7.48万吨、100.58吨千米。1994年，与市运输装卸公司合并组建市交通运输集团有限责任公司。2010年，境内有嘉兴市交通运输集团有限责任公司、嘉兴国际集装箱中转站、中远嘉兴分公司3家企业经营集装箱业务。

嘉兴国际集装箱中转站位于七星镇三店塘边，总占地面积32.6万平方米，泊位长570米，建设1000吨级多用途泊位8个，是浙北地区最具规模的内河港口物流基地，是浙江省第一个建成并投入使用的内河多用途港区，又是交通运输部第一个列入全国内河水运工程建设项目管理绩效考核的项目。该港区具备口岸功能，本地区企业可在此实现就地通关、报检，实现了码头装卸、物流服务、一关三检和保税仓储“四合一”，形成一个完整的物流网络，极大降低了企业的物流成本。2008年下半年，嘉兴内河港多用途港区正式开工建设。2010年8月，通过交工验收，9月投入试运营。

第二节　水上运输

清末至民国前期，境内先后筑有铁路与公路，但客货运输依然多走水路。20世纪80年代开始，公路建设迅速发展，水上客运渐趋衰落，但水上货运仍逐年发展。进入21世纪后，水上客运开始向水上旅游方向发展。

客运

唐宋时，官塘都是驿运航线。民间以本乡小航船、绍兴快班船为固定不定期航船，贯通城乡之间。另有丝网船、脚划船等随雇随开，辅助固定航班。乡村航班在开航前，以吹海螺为信号，快班船则鸣小锣作区别。民间常有手摇船往来于县城和集镇之间。

清光绪八年(1882)，由上海招商局以“翔凫”号轮船开辟上海经嘉兴至硖石航线，为境内轮船客运之始。清末与民国时期地方交通唯以水运为主，县境及跨县的小客轮，是境内客运主要交通工具。1933年，境内有嘉兴至杭州、嘉兴至吴兴、嘉兴至平湖、嘉兴至硖石、嘉兴至上海、嘉兴至乍浦、嘉兴至苏州等7条航线。

1936—1937年，境内内河小客轮发展较快，先后开设戴生昌、老公茂、新兴、谊兴等多家轮船公司，水客轮最多时31~32艘。抗日战争时期，轮船运输业基本处于瘫痪状态，客轮大都停驶，旅客运输由航快船担当。

抗日战争胜利后，轮船业得到恢复，先后有利兴、新兴、振兴、振利、立基、梅利、长风、顺新、明达、万顺、光明、福昌、永和、新联、根利等轮船行(局)。由于当时竞争激烈，有停业散伙的、有新设开业的、有改组另换牌号的。最多时达18家轮船行。

1950年，境内有19艘轮船行驶于境内16条航线；此时还有约80艘航快班船在行驶。20世纪50年代中期，航快班船逐渐退出客运，专营货运。1952年，国营华东内河轮船公司嘉兴营业处有4艘小客轮，经营嘉兴至苏州、海盐，嘉善至芦墟、平湖至金丝娘桥等航线。1956年，国营、公私合营客轮增至25艘，客驳4艘。此后，公私合营轮船公司并入国营嘉兴航运公司。1985年，水上客运达到顶峰。此后，地方公路和汽车运输发展迅速，内河客运呈下降趋势，期间，曾开设至苏、杭、无锡、上海、淀山湖、海盐南北湖等地的旅游航线，为非经常性航线。

客运站

1955年6月，由嘉兴西部航线的振利、振兴、新腾、福昌、顺新、光明、新联和同鑫组成嘉兴合营轮船行，与顺新、永和、庆大、梅利、万顺、俭业七轮船实行联合管理。1955年5月1日，成立公私合营嘉兴轮船公司。1956年，又批准合星、永利客轮和三星、华屋客驳及“协记成”轮行加入。当时计有客轮25艘、货轮2艘、客驳4艘。客运航线有嘉兴至湖州、菱湖、海宁、桐乡、乌镇、新塍、濮院、平湖、海盐、芦墟、盛泽、新丰、凤桥、南汇、新市15条以上及上海零担货班2艘。1957年4月，公私合营嘉兴轮船公司宣布并入国营。

1958年1月，成立嘉兴航运局，下设嘉兴客运营业所。1962年8月1日，嘉兴航运分局在市区勤俭路55号成立。1963年嘉兴航运分局撤销，恢复嘉兴地区航运局。1965年1月，嘉兴地区航运局改名为浙江省轮船运输公司分公司，下设嘉兴客运站。

1972年，勤俭路轮船码头

1981年，浙航嘉兴分公司嘉兴客运站完成客运量2996131人次，41757200人千米。货运量16176吨，1806636吨千米。客运收入767660.34元，货运收入132019.89元，其他收入8879.94元，利润66634.60元。客运通航里程348.5千米，经营航线14条。有客轮24艘，2480客位，其中钢质9艘，木质15艘。客驳14艘，1472客位。货驳6艘，共162吨位。客运站共有职工327人，其中全民办集体25人。

1994年4月，市航运总公司所属的平湖、嘉善、

1991年，中山路轮船码头

海宁、海盐、桐乡分公司下放给所在县(市)管理,嘉兴分公司仍属嘉兴市航运总公司管理。

1991年以后,嘉兴乡乡通公路,水上客运进入衰退期,嘉兴客流锐减直接影响各路航线的正常营运。到1997年,南汇至嘉兴这条唯一航线停运撤航,水上客运宣告结束,客运码头被废弃。

2001年1月,嘉兴市航运总公司破产,南湖旅行社有限公司将其原有的部分客船和部分职工收购收编后,于当年5月31日正式成立嘉兴市南湖旅行社有限公司,省际水路客运是其经营的业务之一。2010年7月9日,因客运日趋减少,注销水路旅客运输业务。

航快船运输

航快船是航船和快班船的总称,民国时期北京设有航快船运输社码头。航船速度不如快班船,日间开行,远程航船也有夜间开行的。航船历史悠久,航行线路也远。近代公路、铁路未建时,航快船成为境内城乡客货运输的主要工具。旧时,看一个水乡城镇的"乡脚"长不长,主要看航班的多少和航线的长短。航快船清末为绍兴的乌篷船,取其航行快捷。

航快船一般都有固定航线,定期往返。约20千米内早出晚归,稍远的隔日往返,长航线则二、五、八或三、六、九开班,也有隔双日来回,故又称班头船。沪杭铁路建成后,苏南及嘉湖一带仍靠航快船承担客货运输。1931年,境内有航快船116艘左右。还有一种"野鸡班",不定航线和日期,有货即运,有的搞贩运买卖,以自营为主。

航快船除搭客以外,主要是代办、承运货物,是一种特殊的代理购销方式。在明代天启年间已通行。一头与中心城镇的批发商建立关系,由批发商给一折子,发货时可先不付款,在折子上记笔帐,待下一航次结清。另一头与农村中小集镇零售商建立关系,零售商店可不必进城采购,只要开一张"讨货单",写明需购的商品和数量,委托航快船代办,货物于下航次运到,再结算货款。

航快船的业务收入,是旅客的船钱与货物的运费。旅客船比较低廉,对有业务往来的店主、店员,以及经济困难的本乡人可免费乘船。货物运费称"回仓",大都由批发商号付给。个别批发利润很薄的商品,运费则由零售商店付给。船主对船员,除供给吃、住以外,每月工资约6斗米钱。运费收入外的"拆包"(送货上下力、小帐),由船员平分。"当首"除工资外,年终船主根据业务好坏,给一笔酬金。

旧社会开航船,船主先要托人走门路,拜"老头子",有靠山才能立足。对"老头子"每月要交"月规费",逢年过节及"老头子"家办喜庆事得送上厚礼,以求营业顺当,但航途中有时还是难免军警敲诈,土匪抢劫。抗日战争期间,有的航线要通过日伪军的岗哨,如闯"鬼门关"。船员从早辛苦到晚,遇狂风暴雨及冰冻天气,仍要顶风、敲冰开航,还要受日本侵略军和兵匪欺凌,还有生命危险。旧社会流传说:"天下三大苦,摇船、打铁、磨豆腐"。

航快船历时数百上千年,在沟通城乡经济、方便人民生活,在商品流通中起到了重要的历史作用。

货运

境内历史上货运发达,运量巨大,以粮、盐为大宗。自古至今,皆有大量船舶出运。粮食运输历代更倚为命脉。大运河开通后,官民漕运船舶常年保持数百艘至上千艘。明清商品经济发展,境内货运繁忙不衰。

民国时期,境内进出口大宗物资主要由木帆船承运,以手摇、拉纤、扬帆往来跨省、县际及境内各地。当时虽有轮船运输,但大多以客运为主兼附货,无专营货运船队组织。木帆船随物产盛衰和水道变迁而云集,星散无定。抗日战争胜利后,境内先后开业过3家货运轮船运输企业。协记成、和兴轮船行经营嘉兴至上海航线;捷达公司经营嘉兴至杭州航线。船舶均系30吨左右自载货轮。其时还有通利、宝兴轮船局,经营嘉兴至苏州航线,以货运为主兼附搭客。

20世纪50—60年代,境内货运仍以木帆船为主力。出口以农业物资为大宗,其中粮食仍推首位。60年代始,逐步扩大以粮食及农副产品、砖瓦、石料、水泥等为主。进口以煤炭、化肥、钢铁、石油、日用杂货为主。除常年营运外,尚有突击性和季节性货运。1956年至80年代初,社会运输基本上由国营和集体运输企业承担。60年代末，拖轮船队成为货运主力军。70年代初，乡镇运输站、队兴起。80年代后期，个体、联户航运迅猛发展。至90年代以后成为内河货运的主力。

第三节　码头装卸搬运

境内装卸搬运历史悠久，宋、元时期有漕粮和食盐运输后，便有搬运脚夫。明清时期，随着商品经济发展出现专事装卸搬运的行帮。“行”是商人办的，有的称“过塘行”，接受货主委托，办理转运业务，代为储存，代雇车船；“帮”一般为封建把头所把持，占据地盘，划界承揽业务，控制本帮地段的搬运业务并掌握业务分配和收入分配。旧时，搬运装卸工人被贬称脚班、苦力，使用杠棒、绳子、搭钩、扁担、箩筐等简单的搬运工具，进行肩扛背驮繁重的人力搬运，生活在社会最低层。

解放前，境内有铁路装卸搬运、码头搬运、人力车运输、建筑搬运、粮食搬运等几个行业。铁路装卸搬运相对稳定码头搬运沿袭依地段分派，各由把头把持，分中基路、端平桥、望吴门、东门、南门、南堰、绢纺厂、东栅口8派、131人。解放后，废除封建把头，先后成立码头搬运、人力车运输、建筑搬运、砻糠搬运等工会，1950年7月成立嘉兴县搬运工会(筹)，统一管理调配劳力，管理生产。1954年10月5日，成立嘉兴市搬运公司，有职工853人。1958年，嘉兴镇5个街道都成立搬运站。“文化大革命”期间合并，组成有机械设施的运输装卸企业。

1990年，境内专业搬运装卸企业有市运输装卸公司、市第二运输装卸公司、市第三运输装卸公司。

第四节　装卸搬运工具

长期以来，境内货物搬运采用肩挑、背驮、扛抬，使用扁担、绳索、杠棒、箩筐、跳板等简单工具，对重件货物的装卸搬运，使用绞车、滑车、钢管、钢丝绳、千斤顶、垫木托板等。1958年开展技术革新，实现搬运车子化，使用半机械化：榻车、平板车、钢丝车、畚半车、油桶车等人力货车，自制输送机、电动吊杆等。20世纪80年代后，装卸搬运大型机械不断发展，皮带输送机、大型吊机、铲车等，基本实现机械化和半机械化。

人力工具

人力工具包括扁担、绳索、杠棒、钩子、箩筐、跳板、淌梯、栲栳等手工工具和以人力推拉的货车，品类较多。

杠棒　扁担、竹制一般为竹制，少数木制。直径约2~10厘米，长约1.5~2米，常用于2人扛抬重物。

跳板　木制，宽25~40厘米，长3~6米，一端置于岸边，一端搭在船上，为上下船从事装卸必备工具。

淌梯　竹木结构，长数米，宽约0.7米，表面光滑，一端置于岸上，一端搁舱内，水泥等袋装货物可从梯面滑入船舱。

榻车　用两只汽车轮胎，装置轴承，在两轮之间架设长方形大木板，作为装货平台，车辆前装有2只铁制撑脚，形如卧榻，故名榻车。是一种大型人力货车，最大载重量2吨左右，多用于搬运笨重物件。

平板车　是一种载重量较大的手拉(推)货车，以长方形框架内铺设铁皮或木板为车架，下装2个钢丝胶胎车轮，车柄前亦装有撑脚，车身停放时形如平板，故名平板车，载重量在1吨左右。

畚斗车　又称翻斗车，是一种小型手拉(推)货车，车身形如翻斗，故名翻斗车，适用于黄沙、水泥、灰浆、石子等短距离运输，载重量在200~250公斤左右。

油桶车　专门用于油桶运输，车架用2根长约1.8米铁件，两端焊接半圆形铁管，车架前端装两只短齿，后端装一只可推动的槽形钢钳，装桶时用短齿，钢钳分别扣住油桶，可推运。

滑车　俗称“葫芦”，用绳索或链条依次绕过若干滑轮，所组成的简单起重牵引装置。用人力驱动的称手动葫芦，俗称神仙葫芦，可省力起重物件，葫芦规格一般0.5~20吨不等，提升高度在3米左右。

千斤顶 俗称“压勿刹”，是一种起重工具。起重量最大，常用5~50吨，而举升高度不大，一般不超过20厘米，有螺旋、齿条和液压等几种形式，为人力驱动。

动力机械

动力装卸机械一般由电力或内燃机驱动。主要有起重机、输送机、叉车、装载机。

起重机 俗称吊车，起升并搬移重物的机械设备，大都由电力或内燃机驱动。轻便的可用人力驱动。分固定吊和流动吊两类。

固定吊 多数设货运码头以电力驱动，有少先式、固定式和变幅式之分。少先式为简易吊机，升降靠电动，旋转靠人力推扳，起重能力0.25~0.5吨。变幅式可改变吊臂外伸距离。吊机可配上抓斗，装卸煤炭、砂石等物，抓斗分有功和无功抓斗两种，容积0.75~1立方米。

流动吊 可流动操作，以内燃机驱动，有履带式和轮胎式两种，起重能力最大可达50吨以上。

为装卸大件货物，铁路嘉兴站设20吨、30吨门吊各1台。嘉兴市运输装卸公司为配合国际集装箱运输，设置高9米、跨11米，起吊能力30.5吨的门座式起重机1台。

皮带输送机 又叫输送机。以电力为驱动，由皮带紧套在两个轮子上组成。两轮分别装在主动轴和从动轴上，利用皮带与两轮间摩擦，以传递运动和动力，将皮带上的货物送至卸落地点，适合于煤炭、砂石等大宗散装货物。输送机功率一般为5.5~7.5千瓦、长度为6~20米。

叉车 又称铲车。以内燃机或蓄电池为动力，由内外门架、货叉、货叉架、挡货架、升降油缸、起重链等组成。货叉间的距离可根据货物尺寸加以调整，前轮驱动，后轮转向，转向半径小，操作灵便，适用于笨重货物、大型捆件的起重与搬运、堆垛作业。起重能力一般为3~5吨。

装载机 又名叉斗车。以内燃机为动力利用铲斗装载物料的机械。铲斗装在机械前部，机械向前运行并铲装物料后，由汽缸或钢索将铲斗提起，驶向卸料地点进行卸料。适用于堆场上煤炭、砂石等物资铲装搬运。一般装载量为1~2.5吨。

第五节 交通运输企业

区属企业

南湖区交通建设投资有限责任公司 2001年6月21日成立区交通建设投资有限责任公司，公司性质为国有独资有限责任公司，经济独立核算，经营范围为交通基础设施及配套项目等。首期注册资金为人民币500万元。公司成立初期无工作人员，与区交通局混合办公，主要开展交通工程的融资工作。

2003年5月26日，由区国有资产管理委员会注资，变更注册资本为1500万元，经营范围增加房地产项目。

截至2010年年末，共完成对余云公路、余步公路、新大公路、七沈公路、七大公路、焦山门大桥拓宽、07省道整治完善等数十个项目建设，投资额14.97亿元。

嘉兴市第二运输装卸有限责任公司 成立于1958年11月，名嘉兴县三轮车、小货车服务站。系县属集体企业。1979年更名为嘉兴县客货车运输公司，同年12月开始汽车货运业务，年营收70万元左右。后增加货运汽车，以普通货物运输作为主营业务。1980年12月，更名为嘉兴县客货车运输公司，1981年，更名为嘉兴市第二运输装卸公司。

2001年，营业收入3099万元。其中货运营收为3094万元，2002年获得为“三级道路货运企业”经营资质。2003年，经省级交通运输管理部门批准，二运公司道路运输经营资质为三级。企业注册资本200万元。2004年12月底，企业总资产为2210.6万元。2005年，经嘉兴市人民政府批准，企业进行深化改革，更名为嘉兴市第二运输装卸有限责任公司。2006年3月31日，有货运汽车386辆，总吨位数3285吨。

2010年具有国家三级道路货运资质，有货运汽车221辆，总吨位3249吨。全年完成货运量79万吨，运输收入1.07亿元。至年底，公司有长期职工84人，退休职工119人。企业以紧密和松散相结合的方式,集聚了500余社会闲散人员参与了公司的运输营运工作。公司位于城东路56号,行政办公在城东路1677号。

驻区企业

嘉兴国鸿汽车运输有限公司　国鸿汽车运输有限公司成立于1998年,为国有资本。前身就是浙江省汽车运输总公司嘉兴分公司演变而来的嘉兴市汽车运输总公司。

嘉兴汽车运输总公司前身为民国时期的省汽车运输公司。1949年8月成立的省交通公司主管省营公路运输,在嘉兴设第3运输段,12月改称嘉兴中心站。1954年,嘉兴中心站划归杭州分公司领导。1958年12月,成立嘉兴区公路运输公司。1960年4月改为直属站。1961年6月改称嘉兴运输段。1962年6月更名嘉兴站。1971年4月,改名嘉兴地区汽车运输公司,嘉兴复称中心站。1979年1月,改称省汽车运输公司湖州分公司嘉兴中心站。1983年10月,成立浙江省汽车运输公司嘉兴分公司。1987年12月,更名为嘉兴市汽车运输公司。

国鸿公司是嘉兴市道路客运的主要骨干企业,2002年,通过了交通部二级道路旅客运输企业资质评定,成为全市唯一一家具有二级企业资质的道路客运企业,下辖客运分公司、站务分公司、维修分公司、零担货运分公司、出租公司等,主要从事道路旅客运输、客运站服务、道路货运、汽车出租、旅游、车辆维修、商贸等服务项目。

公司拥有一级客运站、二级客运站和一级维修单位;拥有各类营运客车426辆,其中客运班车292辆,高等级客车84辆,集约经营车辆39辆;公司经营客运班线126条,其中省际班线56条,省内跨地区班线33条,市内班线19条,通达市各县(市)。

2001年起,公司开始实施ISO 9001:2000版质量管理体系,2002年初通过认证机构的认证。每年定期开展"争先创优"、学雷锋等活动,涌现了一大批先进集体和先进个人。所属客运西站连续十多年被评为省、部级文明车站,保持了省文明单位荣誉称号;客运北站获得省三星级车站和文明单位称号,职工李柏华获得劳模和部级先进个人等荣誉称号。

2006年3月通过了ISO 9001—2000质量体系认证。2010年职员工126名,营运县级一级公交线路7条,车辆数40余辆。总公司在嘉兴市中山东路1037号。

嘉兴市交通投资集团有限责任公司　2003年4月成立。主要承担市委、市政府下达的交通基础设施的投资、建设与营运管理任务,并确保国有资产的安全运行、优化配置和保值增值。

集团公司下属11家子公司,分别为市高等级公路投资有限公司、浙江杭浦高速公路有限公司、杭州湾大桥投资开发有限责任公司、嘉绍高速公路投资开发责任公司、嘉萧高速公路投资开发有限公司、市嘉通高速公路管理有限公司、市国鸿汽车运输有限公司、市公共交通公司、嘉兴建设开发有限公司、市路源基础设施投资建设开发有限公司、市千亿投资有限公司。集团公司本部设办公室、党群工作部、人力资源部、合同内审部、财务审计部、工程管理部、技术质监部、企业管理部、投资经营部、征迁环保部、嘉绍项目部、海盐大道项目部、高速客运中心筹建办。

集团公司已建成的公路工程项目有乍嘉苏高速公路、南湖大道、嘉善大道、320国道嘉兴市区过境段与07省道互通式立交工程、嘉兴至湖州公路、沪杭高速公路王店连接线改建工程、杭州至浦东高速公路浙江段、杭州湾跨海大桥北岸接线、申嘉湖(杭)高速公路嘉兴段、07省道改(拓)建工程。其中,乍嘉苏高速公路被建设部、中国建筑业协会评会2004年度中国建筑工程鲁班奖。

嘉兴市公共交通公司　1984年9月成立,年10月1日南堰至原钢铁厂第1路公交车开通运行。

市公共交通公司属嘉兴市交通投资集团有限责任公司,承担城市公共交通客运业务。公司现有职工900余人;建有停车场5个,占地面积62000平方米,建有修理车间4个,加油站4座。

2009年6月4日,杭、嘉、湖、绍市长联络会议后正式实现城市公交IC卡互连互通功能,2010年底IC卡售卡量达301077张,充值资金2821余万元,IC卡刷卡量突破了2626.35万人次。

2010年,拥有营运公交客车709辆,其中大客车388辆,中巴321辆;开辟营运线路65条,其中夜间公交线11条，另有商业专线67条；营运线路总长737.1千米；年行驶里程3120.28万千米；年客运量6625.3万人次；年营运收入7790万元。

嘉兴市南湖名胜发展有限公司 是一家从事南湖景区及市区环城河水域水上旅游为主的水路客运企业。拥有旅游客运船舶35艘，1598客位，年接待游客35万人左右。“十一五”规划时期，增设了一些具有江南水乡特色的旅游景点。对环城市河进行了清淤整治，改造了环河绿化，增设了休闲绿地，市河沿岸敷设了霓虹灯光，沿河两岸修园建亭，已成为市民和外来游客休闲纳凉的好去处。随着南湖、七一广场红色旅游线路的开通，环城河两岸水乡特色、月河街区古城风貌等一条龙旅游观光路线日趋成熟，公司新建了16艘电力驱动仿古画舫游船，计656客位投入营运。2010年公司有游船45艘，其中手摇游船20艘，仿古画舫游船20艘，其中大型画舫4艘，开辟游船航线2艘。

嘉兴市联运公司 1988年9月1日成立，隶属于市交通局。主要是为两种以上运输工具或同一运输工具中转换装的水、陆到货物资，组织联合运输和为物资单位代办整车(批)、零担、集装箱联运货物的托运、中转换装、包装整理、仓储保管，以及公路运输货物配载、客票联售等。1992年5月19日，为独立经营的经济实体。1995年12月14日，与交通材料供应站合并成立嘉兴市联运有限责任公司，承担铁路、港口货物集疏运等。

2010年，公司发展为市属专业集装箱、货物运输企业。公司已具有四级公路货运企业与国内货物代理资质。主要经营国内、国际集装箱运输与普通货物运输、仓储、装卸、理货、包装整理、物流配送和铁、公、水联运服务，同时开办铁路整车到、发业务。当年公司年完成货物运输量1300万吨千米，国内集装箱运量15000标箱，国际集装箱运量5000标箱，仓储业务4万余吨。

改制或消失运输单位

嘉兴市航运总公司 1950年10月10日创办，是境内唯一全民所有制航运企业，下辖嘉兴、平湖、海盐、海宁、桐乡县(市)分公司、货运分公司、油运分公司、储运分公司、船舶修造厂、水泥厂、劳动服务公司等单位。

嘉兴市航运总公司几经易名。20世纪50年代初期为省航运公司嘉兴营业处，国营省轮船公司嘉兴营业处。体制曾实现政企合一，名称亦先后改为浙江省嘉兴区航运局、浙江省嘉兴专区航运公司、浙江省杭嘉湖航运局嘉兴分局。60年代中期，政企分开，更名为省轮船公司嘉兴分公司、省航运公司嘉兴分公司、省嘉兴地区嘉兴航运公司，后又改为省航运公司嘉兴分公司。

1952年初，没收“根利”“解放”“金平”“根发”4艘轮船；4月，又接收了嘉兴军分区“劳锐”等6艘，租用2艘和40艘自摇船，组成3个船队，开辟嘉申货运航线，成为嘉兴最大的轮运企业，辖湖州办事处，设海盐、桐乡工作组。1955年，嘉兴、嘉善、平湖等县30吨以上的木帆船164艘折价归嘉兴营业处。1956年，将包月租用233艘木帆船，连同员工及家属952人一起并入营业处。此后，营业处又几经变动，1979年1月，恢复为省航运公司嘉兴分公司。1990年1月，体制下放到嘉兴，改名为嘉兴市航运总公司，下属各县(市)为分公司。

1985—1990年，公路网覆盖全市乡镇，汽车站遍及乡村，实现乡乡通汽车，有些村还是水泥路面。公交汽车、自行车、摩托车等交通工具发展速度快，往来便利，城乡货运、客运量下降，连年亏损。2001年7月26日，市中级人民法院裁定宣告嘉兴市航运总公司破产，嘉兴市航运总公司嘉兴分公司同时宣告破产。

嘉兴市航运公司 是专营内河货运的集体企业。原名嘉兴县运输公司货运站。1963年1月1日，经营航运业务。当时仅有木质机帆船和拖轮9艘，木船103艘，在册职工386人。

1979年4月，成立嘉兴县航运公司。1981年改名为嘉兴市航运公司。1990年，拥有钢质拖轮12艘，挂浆机船4艘，40~80吨级钢质货驳97艘，职工464人。后与二航、三航合并成立嘉兴市内河航运公司。嘉兴市内河航运公司在90年代末改制。

嘉兴市第二航运公司 原名嘉兴县木帆船运输合作社(一社、二社)，是一家专营内河货运的集体企业。木帆船运输一社、二社成立于1956年2月，以单船运输合作而形成，船舶吨位小、全是木质，均靠撑篙、拉纤、风帆等人力作动力，主要是短途运输和市区驳运。1965年，二社合并为嘉兴县木帆船运输站。1979年，更名为嘉兴县第二航运公司，县改市后称为嘉兴市第二航运公司，后又并入嘉兴市内河航运公司。

嘉兴市第三航运公司　原名嘉兴县航快船运输合作社，是专营内河货运的集体企业。成立于1956年1月25日，有社员384人，航快船66艘，计吨位552.3吨，船只折价入股共22833.61元。社址嘉兴小西门，北京路设营业处。1978年，更名为嘉兴县第三航运公司，后为嘉兴市第三航运公司。后并入嘉兴市内河航运公司。

新丰运输站　新丰运输站位于新丰镇汉塘街丰乐桥北堍西侧。解放初期，新丰镇的装卸都是由当地群众临时组织搞的。1957年，设立新丰搬运公站，并成立木帆船运输社，1960年搬运分站被嘉兴交通局上收。新丰公社组织了搬运站。1961年4月，搬运分站下放，后统一合并为新丰搬运站。运输站规模最大、业务最红火是在1992—1993年，工人有100余名，主要为新丰粮油厂、新丰饲料厂搬运粮食、饲料。后因农村拖拉机、私人驳运装卸业大量发展，运输站业务迅速下降。1999年体制改革，运输社归新丰工业办公室管辖。原有工人均自谋职业。2002年开始，全年业务靠收取房屋出租费，维持50余名退休工人的大病统筹；工资由原主管部门劳保统筹。

嘉兴市造船二厂　原为余新水泥造船厂。1974年10月，浙航嘉兴分公司以“厂社挂钩”形式联办起来的企业。建厂初期职工166名，其中城镇下乡知识青年103名，专门为浙航嘉兴分公司制造60吨水泥驳、维修货运驳船。1981年，更名为余新造船厂，1984年3月8日，更名为嘉兴市造船二厂。

1975年，该厂年生产60吨水泥驳9艘、540吨位；修理货驳11艘、825吨位。1977年9月开始制造100吨和45吨钢质货驳，至1981年完全由各种型号、各种规格的钢质货驳替代各类水泥驳。不久，该厂又制造了120客座客轮和客驳，并自行设计20床位的电力工程宿舍船和8号钢质机动船。1984年，又开发了10米、12米内河快艇新品种，不仅为公安、消防、航政、港监、环保、旅游部门提供了较为先进的水上交通工具，而且使企业增强了活力。1985年获得省、市级企业整顿合格证书。

1986年初，与中国海洋设计研究院上海708研究所挂钩，联合研制11.5米钢质快艇。1988年8月，11.5米艉机型快艇被国家专利局批准为国家专利产品。该厂快艇产品在新优产品启动下，逐渐形成10~15米多规格快艇系列。后水运效益持续下降，造船生意清淡。该厂筹划组织一业为主、多种经营、互为依托的经济集团，办起为城乡建筑业服务的嘉兴市钢窗一厂，生产各类钢质门窗和防盗门，并在1988年取得全国工业生产许可证。创办嘉兴市电器材料厂，生产各类型号高强度聚醋漆包线。实现一套班子、三块牌子，各厂相互补充，共同发展。1990年末，全厂共有职工350名（其中造船车间106名），具有职称的技术人员64名。现已改制为私有股份制企业。

嘉兴市运输装卸公司　原为嘉兴市搬运公司，1954年成立。其后单位名称、隶属、体制经多次调整。1958年10月并入国营嘉兴交通运输公司，实行统一管理运输业务、统一调配劳力、统一运价。1959年后，按地区和工作性质设5个装卸作业区。1962年12月，为县搬运公司。1963年1月，与航运、造船合并为嘉兴县运输公司。1968年12月，更名嘉兴县红旗运输公司。1979年4月，撤销该公司，分别成立县搬运装卸公司、县航运公司、县造船厂和县汽修厂。1981年6月，更名为市运输装卸公司。1983年，为嘉兴市运输装卸公司。

1990年，该公司主要运输设备有大客车5辆246座位，小客车2辆10座位，大货车32辆337吨位，专用货车27辆164.5吨位，轮式拖拉机26辆（其中集装箱车2辆），装卸机械145台（其中港口吊机84台、输送机35台、铲车26台）人力货车368辆。年末总资产1635.78万元。

1994年12月，嘉兴市运输装卸公司和嘉兴市第三运输装卸公司撤销建制，合并组建为嘉兴市交通运输集团有限责任公司。2003年4月29日，由秀城区人民法院裁定：嘉兴市交通运输集团有限责任公司因企业机制难于适应市场经济的需要，严重亏损，资不抵债，无力偿还到期债务，宣告嘉兴市交通运输集团有限责任公司破产还债。

嘉兴市第三运输装卸公司 1958年,嘉兴镇为解决社会待业和闲散劳力的安置就业,各街道均成立搬运站,承担零星的搬运装卸和房屋的建造修缮工作。1968年8月,各街道搬运站合并成立嘉兴镇东方红运输装卸站。1981年10月,更名为嘉兴市第三运输装卸公司。公司主要经营搬运装卸和汽车货运,设有4个搬运装卸作业区。

1994年12月,与市运输装卸公司合并为嘉兴市交通运输集团有限责任公司。

第六章 交通管理

第一节 管理机构

建区前机构

境内自唐代始就产生馆驿这样交通行政管理机构的雏形。唐代设置驿馆。宋代,在市区置漕运司,后御千户所。明代东门外有河泊所。光绪三十二年(1906),厘定官制,始设邮传部,管理轮船、铁道、电邮4政,下设船政司,为专门管理水上交通的机关。民国初年,境内仍未设交通管理机构。1919年设实业所,1926年改为实业局,兼理交通。1935年,裁局改科,撤销实业局,设立建设科。抗日战争胜利后,民国政府设建设科,兼管交通建设。

1949年10月至1950年5月,境内交通行政管理归属嘉兴地区行署实业科。1951年,嘉兴县、市分设,析嘉兴城区为嘉兴市,交通由嘉兴市政府建设科兼管。1953年1月,成立县交通科。1983年,成立嘉兴市交通局。

区交通局

建区后设区工业交通局。1987年3月,成立区计经委,下设交通科。1989年8月,区交通局建立。1994年11月,区交通局与市交通局合署办公。2000年6月,区按实运作后,设立秀城区建设与交通局。2001年11月,分设成立区交通局办公地址吉杨路298号。2007年10月,区交通局办公地址搬至中环南路海逸大厦。2010年5月搬至双溪路1019号。

区交通局主管全区公路和水路交通行业,制定区内公路和水路交通行业发展规划,并组织实施;编制全区公路、水路交通建设的发展规划;负责全区交通基础设施及其配套项目的建设、养护、管理和路政管理;依照交通行政法律法规,行使交通行政执法等。

区交通局内设办公室(交通管理科)和交通工程科。2009年6月,办公室增挂行政许可科牌子。

嘉兴市城郊航运管理处

1985年6月29日,设立嘉兴市城郊航运管理所,负责嘉兴市城、郊两区水上安全监督、运输经济管理、船舶检验、航道工程养护和规划建设,以及航政规费稽征等职责。1994年3月25日,城郊航管所增挂嘉兴市城郊航道管理所、嘉兴市城郊港航监督所、嘉兴市城郊船舶检验所,实行4块牌子、一套工作班子。2002年8月30日,嘉兴市城郊航运管理所更名为嘉兴市城郊港航管理处;嘉兴市城郊港航监督所更名为嘉兴市城郊地方海事处;嘉兴市城郊航道管理所更名为嘉兴市航道管理处;嘉兴市船舶检验所更名为嘉兴市船舶检验处。机构更名后,仍实行一个机构、4块牌子、一套工作班子;机构规范、人员编制等均不变。

区公路管理段(区路政管理大队)

2001年6月,成立区公路管理段、区路政管理大队。区公路段主要职责:负责区、乡公路的养护管理工作。区路政管理大队主要职责:负责区、乡公路的路政执法工作。

2003年5月,市本级公路管理和路政管理体制进行调整,其原管养的公路里程39.55千米和原嘉兴公路段人员中的46人,同期划转至区公路管理段。

区公路段承担境内国、省、县、分道路的行业管理的路政管理职责,负责路面养护、桥梁维护、行道树及绿化管养等检查监督。同时,还担负着全区农村公路养护和路政管理的考核管理。

2003年5月,市本级公路管理和路政管理体制进行调整后,公路段设立办公室和养护股,另设有东栅和余新公路管理站、维修组。其中东栅公路管理站由原嘉兴公路管理段划并而来，承担着老07省道、嘉善大道的日常小修保养工作。余新公路管理站，承担新07省道、嘉盐公路的日常小修保养工作。维修组成立于2008年，主要承担辖区干线公路维护抢修工作，同时为农村公路维护提供指导和服务。

镇（乡）管理机构

新丰镇交通管理站　1984年10月，新丰镇成立运输管理服务站。1988年10月，建立新丰镇水上交通管理站，专门负责水上交通安全管理。1990年10月改称新丰镇交通管理站，负责公路与水路的安全管理，是境内最早的镇级交管站。2003年，新丰镇组建城管监察中队，城管队有6人，与交管站一起办公，归属交管站领导。2008年6月，成立新丰镇农村公路管理养护站。

新丰港航管理检查站（城郊地方海事处新丰海事所）　新丰曾设航运管理所，先后归城郊航运管理所、处领导。2000年，更名为新丰镇港航管理检查站。2002年，设立嘉兴市城郊地方海事处新丰海事所，实行两块牌子、一套班子。主要负责新丰、大桥、凤桥水路运输安全监督、船舶检验，以及航道、设施、港口、规费征收的管理与现场监督检查等。

余新镇交通管理站　余新镇交通管理站前身为余新镇水上交通管理站，成立于1988年10月，负责辖区内水上交通安全和维护水上交通秩序以及收取相关规费。1990年10月，更名为余新镇交通管理站。1998年，曹庄乡交管站并入余新镇交通管理站。2003年交管站、城管中队合并成立余新镇城镇管理监察中队。2007年3月，交通管理站被划入社会服务中心，负责管理辖区内农村公路建设、养护和交通的安全管理。2008年6月，成立余新镇农村公路管理养护站。

凤桥镇交通管理站　1988年10月，建立凤桥镇水上交通管理站。是负责辖区内水上交通安全和维护水上交通秩序。1990年10月，水上交通管理站更名为凤桥镇交通管理站。2001年11月，新篁镇交管站与凤桥镇合并为凤桥镇交管站。2002年11月，交管站、城管中队、环卫所合并改为凤桥镇城镇管理监察中队。2008年6月18日，凤桥镇农村公路管理养护站成立，取代了运行近20年的凤桥镇交管站。

大桥镇交通管理站　1988年10月，建立大桥镇水上交通管理站，负责辖区内水上交通安全和维护水上交通秩序。1990年10月，随着道路交通的发展，管理职能的增加，改水上交通管理站为大桥镇交通管理站。2001年10月，原步云交管站与大桥乡交管站合并为大桥镇交通管理站。

2003年8月，交管站与城管中队合并改为大桥镇城镇管理监察中队。2007年3月，交通管理机构被划入社会服务中心，负责辖区农村公路的建设管理和养护以及公路和水路交通的安全管理。2008年1月，大桥镇农村公路管理养护站正式挂牌成立，取代了运行近20年的大桥镇交管站。

七星镇交通管理站　1988年10月成立。负责辖区内水上交通安全和管理。1990年10月，水上交通管理站改为七星镇交通管理站。2002年11月，由交管站、城管合并为七星镇城镇管理监察中队。2008年6月，七星镇农村公路管理养护站成立，取代了交管站。

东栅街道交通管理站　1988年10月，东栅乡水上交通管理站成立。负责辖区内水上交通安全和维护水上交通秩序。1990年10月，改水上交通管理站为东栅乡交通管理站。2008年6月18日，东栅街道农村公路管理养护站成立。2009年与南湖新区合署办公后，东栅街道农村管理养护站与城管办也合署办公。

第二节　公路管理

路政管理

2001年6月26日区路政管理大队成立，与区公路管理段合署办公，负责区、乡公路的路政执法工作。2003年5月，区公路段接收原市公路段管理的区境内的国、省道公路的管养业务和撤分人员。2005年5月，更名为区公路路政管理大队。

区路政管理大队担负境内320国道、07省道（除审批权外)及县乡道路的路政管理,并协助做好村道的路政管理工作。至2007年,管养公路总里程为570.993千米,其中包括委托养护国道14.497千米、省道20.578千米。

法制宣传 通过印发宣传资料和开座谈会及设点宣传咨询等形式,以公路沿线为重点,开展广泛宣传,在公路巡查、处理、纠正违章中,进行针对性的宣传教育。

日常巡查 路政巡查实行"包片、包线"责任制,坚持每天上路巡查,双休日轮流值班,对巡查中发现损坏公路设施等违章行为及时进行调查处理。

专项整治 整治的重点是县乡道路及公路路口,重点内容是整治马路市场、非公路路标、违章建筑等。针对公路两侧及公路路口屡禁不止的马路摊位和违章堆积物等情况,在区政府和公安、工商、土管等部门大力支持配合下,全面开展了专项整治行动,道路通畅情况大为改善。

现场管理 为确保公路维修工程现场通行安全,路政管理人员认真监管施工队配置好施工标志,努力克服时间紧的压力,及时处理各种违章和治安纠纷,保障施工顺利进行和车辆的正常通行。

管理制度 2003年开始制订《路政岗位职责》《公路行政执法管理制度》等规章制度,设立公开办事栏,组织路政人员学习路政法规,增加执法透明度,注重组织路政队伍的路政管理培训,提高执法水平。

2003—2010年公路路政管理情况表

表24-6

年份	拆除违章建筑(平方米)	清除路障(立方米)	拆除非公路路标(块)	整治公路路口、危险路段(处)	整治路边设摊及市场(个)	处理损坏路产索赔案(起)	路政行政处罚案(起)	路政行政许可案(起)	增补交通标志、标牌、示警桩(块)
2003	130	1118	139	191	—	16	1	25	386
2004	1180	2540	40	—	—	56	5	33	—
2005	190	1869	140	—	10	31	125	6	7822
2006	232	840	28	—	13	13	475	17	—
2007	443	1233	130	—	4	21	13	21	—
2008	286	1008	145	—	14	25	142	14	—
2009	105	729	246	—	46	19	49	12	—
2010	15	77.5	193	—	25	18	44	9	—

规划管理

区公路、水路网是省、市交通网络中的组成部分之一,与省、市的交通发展战略配合,与区域港口、铁路配套,形成公路、铁路、水运相结合的综合交通运输体系。先后编制的《南湖区农村公路建设规划》《南湖区公路水路交通建设规划(修编)》《南湖区农村联网公路建设规划》《南湖区公路水路交通运输"十一五"发展规划》,以区域为重点,注重前瞻性、可操作性,突出与周边的衔接、沟通。"十一五"规划期内,南湖交通以统筹城乡发展为主题,强化"交通先行",立足更好地服务群众出行、更好地服务经济社会发展、更好地服务新农村建设,5年间共完成交通投资约58亿元,初步形成了"一横二纵"的高速公路,"三纵六横三射六连"的干线公路,"内联外畅""联网成片"的乡村公路现代交通网络框架,公路密度为293.713千米/百平方千米。

建设管理

区交通主管部门加强对道路建设的监督管理,做好技术指导。区各镇(街道)负责项目的设计,招投标监理、资金筹措等建设管理全过程,负责做好新建镇村道路的标志、标牌、标线、界桩(碑)及道路桥梁限载标志等设置工作,区交通路政、公路交警部门负责做好监督指导工作。工程建设严格执行“项目法人制,招标投标制,建设监管制”等工程建设基本程序。

超限运输车辆管理

2002年,省政府决定在全省21个重要省际进出口公路上设置超限运输检测站,区内未设固定超限运输检测站。2004年6月,区路政大队按照国家七部委关于在全国集中开展车辆超限超载治理工作的部署,在辖区范围实行流动检测超限车辆。取得了显著成果。

交通量调查

区内农村公路的交通量观测以间隙式观测为主,利用沿线租赁民房或新建立的独立观测楼实施每季度一次的观测,每次观测的时间为当日的6时至次日6时,采用“机械计数、人工手记”的人工方式或者全自动的电脑交调记录仪方式,在区内几条重要县道嘉兴—嘉善大道、嘉兴—余新、焦山门—大云设置间歇式交通观测点。嘉兴—海盐观测点从2008年海盐境内设置自动化观测站后已取消。

嘉兴—嘉善大道,2007年车流量每天从12000辆增加到2010年的每天13000辆。

嘉兴—余新,2004年从每天11000辆增加到2010年的每天11800辆。

焦山门—大云,2008年车流量每天从1350辆增加到2010年的每天1650辆。

公路养护资金管理

农村公路养护管理的资金列入区财政预算,区交通局拨入专项资金用于各镇(街道)农村公路管理养护站的行政管理巡查车辆、站房建设等开支,农村公路各乡镇乡村道路的养护资金的拨付视每季度的养护管理考核综合评定结果予以补助,采取以奖代补的方式拨付管养资金。

乡镇的乡村道路的大中修工程由区交通局统一安排,农村公路管理养护资金使用必须公开,由区交通、财政、审计部门负责监督和检查。

第三节　航运管理

航政管理

元明境内设河泊所。明洪武十四年(1381)建有廨厅,设使管理天星、马场、鸳鸯、相家四湖渔课。境内渔船、埠头船、营户船均由河泊所管理并征收船捐、货税。

1914—1927年,内河船舶管理由水警局兼理。1930年,省航政局二区第五分所设嘉兴。抗日战争胜利后,境内船舶事务由上海航政局宁波办事处兼管,具体工作由县建设科经管,机动船的注册、给照须上海航政局核办。

解放后,各地航政由当地政府管理。20世纪50年代至60年代中期,航政管理机构隶属几经变更。1950年7月,浙西管理所嘉兴分所成立,承办各县航政。1951年12月,改称省内河航运管理局浙西嘉兴分所。1953年7月,改建为省航运管理局嘉兴航运管理处。1958年1月,撤销航管处,分设嘉兴、湖州两个航运局。1963年1月,改称专区航管处。1983年10月,建立嘉兴市航运管理处。1985年6月,建立嘉兴市城郊航运管理所。2002年8月,更名为浙江省嘉兴市港航管理局。城郊港航管理处。

港航管理分水路交通建设、养护、船舶检验、海事、航政、运政、港政、稽征等管理职能。

境内港航管理事宜由嘉兴市城郊航运管理处负责。

船舶管理

1950年9月,嘉兴航务分所进行船舶登记、丈量,实行船舶定港,负责调配船只等工作。1956年,嘉兴航管处设立港航监督机构,执行管理职权。1959年始,对农副业船、渡口船等实行检验、丈量、核定航行区域和装载定额,发给航行证。1957年11月,施行交通部船舶登记章程。1985年,境内40匹马力以上的机动船和40吨以上的驳船,由市航运管理处负责检验,该标准以下的由城郊航管所负责。

港监管理

1950年,境内船舶进出港均需办理签证。1958年签证制度取消,1961年恢复,1966年又取消。1969年12月起运行船舶每月签证一次,1979年起执行每航次签证制度至今。境内主要航道船舶密度与单船吨位加大,运输旺季或雾重时,时有阻航,严重时百余船队连同数千艘单船拥挤在数十千米航道上,断航数日甚至更长。1982年,进行航道船舶密度调查。1984年10月,进行大规模联合大检查。是年12月起严禁客(渡)船超载航行。1985年,开展大规模航道改造。1988年,严禁非客船违章搭客。1989年,市政府对水上交通秩序进行综合治理,增设管理机构,制订一系列规章制度,依法治航成效。

营运管理

1929年,省建设厅始有航运营业秩序、载重、责任等规定。解放后,加强营运管理,1955年起对经营客货运输船舶的设备和运行规程严格控制。60年代中期,对开辟定期定线机动船、航快船实行审批。1987年10月起,重新签发水路运输许可证、船舶营业运输证和水路运输服务许可证。2000年后,连续开展“水上运输管理年”“安全生产月”、反“三违”活动,有力地保障了水上运输秩序。

水上运输市场整治

1985年9月,杭州、嘉兴、湖州3市航管处联合规定:货物运输原则上免提运输计划,由承托双方直接办理;跨省、市一次托运100吨以下者免提运输计划,100吨以上者实行计划运输。1986—1987年,民间营运船舶一度失控,外省市船舶大量涌入,运力超过运量。一些船舶盲目进港、堵塞航道、抢占码头,致使水路运输市场混乱。1987年9月起,执行省交通厅规定,凡满30吨的整批货运及全月累计托运满100吨的零星货运,仍需提送托运计划。1989年、1990两年对水上运输市场全面治理整顿,各级交通航政部门配合有关方面,宣传国家水路运输管理条例和细则,依法治理,水运市场秩序好转。

20世纪70年代,大运河上运粮船队

2010年,平湖塘水运船队

第二十五篇　电力　水利

目 录

宣统二年(1910),嘉兴永明电灯公司成立,拉开了境内电力工业的帷幕。1921年,嘉禾染织布厂使用电力织布机,开创了嘉兴动力用电的历史。抗日战争时期,电力工业和水利设施遭受了重大损失。1949年5月,嘉兴解放,在中国共产党领导下,发扬自力更生、艰苦创业的精神,电力、水利进入发展时期,电力不仅在城镇普遍使用,且向农村扩展。改革开放后电力、水利进入新的发展时期,工农业生产突飞猛进。农村社队工业的崛起,加剧了电力供求的矛盾。1992年7月,热电厂投产发电,境内供电紧缺状况明显改善。

境内属太湖流域杭嘉湖平原。河道纵横交错,千百年来,百姓开发水土资源,兴办水利工程。"八五"计划时期完成杭嘉湖治理工程(城北圩区两期整治)、杭嘉湖南排工程(长盐塘城区段)、杉青闸工业片、百花片、凌塘片3个防洪工程。"九五""十五"计划和"十一五"规划时期,疏浚河道、建设护岸更多,工程投资更大。2007年6月,南湖供电分局成立。经过多年的发展,一个完整的电力、水利网络已经建成,为全区政治、经济发展和人民生活水平的提高,提供了有力的保障。

第一章 电 力

第一节 地方发电

电力建设

1912年7月,嘉兴永明电灯公司的1台装机容量为60千瓦的发电机组投产发电。1936年末,全市民营公用电厂和企业自备电站达35家,其中公用电厂31家、企业自备电站4家,发电装机总容量3564.5千瓦,全年发电量468.3万千瓦时。

1912年,建成于西河街94号的嘉兴永明电灯公司旧址

1937年11月18日,嘉兴沦陷,全市发供电设备遭受严重破坏,多数电厂被迫停业。抗日战争胜利以后,各电厂着手艰难的恢复和重建工作,以后,因政局动荡,生产萎缩,嘉兴电力工业发展缓慢。至1949年末,全市共有22家电厂,发电装机总容量4619千瓦,年发电量873.5万千瓦时。

解放后,全市电力职工在修复旧设备的同时,扩建原有电厂,创办新电厂。全市的电力工业有较快的发展,到1957年末,全市年发电量达2466万千瓦时,是1949年的2.82倍。

1958年,杭州电网通过35千伏杭(州)海(宁)线,又延伸至市区东马桥变电所。1961年,110千伏半(山)嘉(兴)线、嘉兴和石门2座变电所建成,全市开始由浙江电网供电,电网供电所到之处的各公用小电厂逐一关停,而企业自备电站却有一定程度的发展。至1965年末,全市发电装机总容量达6954千瓦,全年发电量2554万千瓦时。

20世纪70年代后期,电力供应紧张,嘉兴县贯彻"多层次,多渠道办电"的方针,部分企事业单位,纷纷自购发电设备,以备急用。民丰造纸厂、嘉兴绢纺厂等单位,采用余热发电等形式,以提高经济效益。1992年7月,热电厂投产发电,境内供电紧缺状况明显改善。

自备电站

1921年,嘉兴绢纺厂1台300马力煤气机带1台瑞士产258千瓦发电机发电,供厂内照明,开全市企业自备电站先河。随后,规模较大的厂相继建设自备电站，供本厂照明、生产用电。

1923年，民丰造纸厂以1台38千瓦蒸汽发电机起步。由于生产规模的扩大和产品、产量的增加，自备电站陆续增添设备，1930年增装186马力柴油机、150千瓦发电机1套，开始将电力用于造纸生产。1936年3月11日，该自备电站又有1500千瓦汽轮发电机建成发电，除供厂内照明和生产用电外，还与嘉兴永明电气股份有限公司的输电线连接，开始向社会供电。1952年7月1日，民丰造纸厂自备电站再增瑞士产3750千瓦汽轮发电机组。1959年，民丰造纸厂自备电站经35千伏东马桥变电所与电网并网。

20世纪50年代末，杭州电网开始向嘉兴供电，此后全市由大电网供电，企业自备电站在10余年内无大的发展。

20世纪70年代始，电力供需失衡严重，拉闸限电频繁，为弥补电力供应不足，维持企业的正常生产，全市企业纷纷增添自备发电设备。1979年5月，全市第一座余热发电站建成发电。随后，相继发展了一批企业余热发电站。一些农村乡镇企业、个体企业，自购柴油发电设备，以备不时之需。

1990年末，市区有500千瓦及以上企业自备电站5家，其中企业自备电装机容量在6000千瓦及以上的仅民丰造纸厂1家，装机容量12750千瓦。

1990年末区内500千瓦及以上企业自备电站装机容量及发电量情况表

表25-1

单　　位	建成年月	装机容量(千瓦)	发电量(万千瓦时)
嘉兴绢纺厂	1921年	750	436.52
民丰造纸厂	1923年	12750	5092.00
嘉兴制丝针织厂	1932年	600	77.73
嘉兴化肥厂	1980年6月	1500	107.47
嘉兴毛纺厂	1982年6月	1500	255.39

1996—2000年间，境内电源建设有新发展，新建多家发电企业，且装机容量规模趋大。新建的发电企业(含自备电厂)绝大多数本身就是2000千伏·安及以上用电大户，在此期间小火电(含6000千瓦以下)购电量在全区供电量组成中占了相当大的比重。

2000年末，全市6000千瓦及以上地方及自备电厂总数为4家。全年上网电量8679.72万千瓦时，其中地方电厂5467.56万千瓦时；自备电厂3212.16万千瓦时。

2001—2005年，地方公用电厂和企业自备电厂持续发展，2003年出现了嘉兴市首家垃圾热电厂。

2000年区内6000千瓦及以上地方及自备电厂综合情况表

表25-2

单　位	建成年月	装机容量(千瓦)	机组(台)	发电量(万千瓦时)	上网电量(万千瓦时)
步云热电厂	1997.2	12000	2	5802.25	5467.56
中华自备电厂	1997.1	12000	2	6186.07	3212.16
民丰自备电厂	1923	12000	2	6918.82	—
嘉化自备电厂	1980.6	12000	2	7670.80	—

2005年区内6000千瓦及以上发电厂综合情况表

表25-3

单　位	建成年月	装机容量(千瓦)	机组(台)	发电量(万千瓦时)	上网电量(万千瓦时)
步云热电厂	1997.2	12000	2	5890.61	5415.31
垃圾热电厂	2003.6	12000	2	9306.48	7841.06
恒华热电厂	2004.11	12000	1	16319.89	13282.58
民丰自备热电厂	1923	24000	3	16176.80	196.45
嘉化自备热电厂	1980.6	15000	3	11300.31	—
中华自备热电厂	1997.1	12000	2	8342.46	3332.69

2010年区内6000千瓦及以上发电厂综合情况表

表25-4

单　位	建成年月	装机容量(千瓦)	机组(台)	发电量(万千瓦时)	上网电量(万千瓦时)
步云热电厂	1997.2	12000	2	1030.08	—
垃圾热电厂	2003.6	12000	2	5032.45	4491.38
恒华热电厂	2004.11	12000	1	21908.70	18798.06
民丰自备热电厂	1923	24000	3	16475.64	—
嘉化自备热电厂	1980.6	15000	3	2777	—
中华自备热电厂	1997.1	12000	2	9517.18	624.23

电厂选介

嘉兴永明电气股份有限公司　清宣统二年(1910),地方绅士金沧伯等人投资5万银圆创办嘉兴永明电灯公司,在西河街94号,置地2500平方米建发电厂,安装英国制造的60千瓦柴油发电机组1台,于1912年7月1日发电,每日发电4~5小时。1919年,叶养吾发起向社会集资10万银圆改组嘉兴永明电灯公司,建立嘉兴永明电气股份有限公司,职工增加到30人,扩建厂房,安装德国西门子公司制造的200马力卧式蒸汽机、120千瓦发电机1套。1923年,永明公司共有3台发电机,全年发电量42万千瓦时。

1929年7月20日,召开全国民营电业联合会成立大会,永明公司为全省5座主要电厂之一,属全国重点民营电厂,当选为大会执行委员。1930年,永明公司又增添英国产120马力(90千瓦)蒸汽机、68千瓦发电机1套。永明公司有3台发电机同时运行,发电装机总容量308千瓦,日发电时间延长到8~9小时,全年发电量70.9万千瓦时。1937年11月,经营权被日商华中水电株式会社侵占,1940年,更名为嘉兴电厂。因战争使煤源供应不足,该厂只有2台发电机运行。1945年10月9日,经济部战时生产局苏浙皖区接收嘉兴电厂,恢复嘉兴永明电气股份有限公司名称。1946年,购买1台美国产600马力柴油机、1台406千瓦发电机,1948年4月27日公司有3台发电机组,总装机容量714千瓦,年发电量82.3万千瓦时。

解放后,永明公司年发电量90万千瓦时。1952年7月1日,永明公司开始实行全天24小时发电,并由民丰造纸厂自备电站转供电650千瓦。1953年7月1日,更名为公私合营嘉兴电厂。1957年,嘉兴电厂仅剩1台406千瓦柴油发电机在发电,年发电量50.38万千瓦时,市区主要依靠民丰造纸厂自备电站供电。杭州35、110千伏线路接入嘉兴以后,嘉兴电厂于1961年停止发电,改为供电企业。

嘉兴热电厂　位于二环北路3929号,大运河东岸,1989年12月动工兴建,占地面积9.33公顷,建筑面积3.25公顷，首期工程装机容量2.4万千瓦，于1992年7月25日投产发电，年发电量1.2亿千瓦时，供汽80吨/小时，供应嘉丝联、嘉兴丝绸印染厂、南湖染织厂等企业生产用汽。1996年春，装机容量1.2万千瓦的2期工程竣工投产。同年11月，更名注册为嘉爱斯热电有限公司。2007年迁址王江泾，成立嘉兴新嘉爱斯热电有限公司，由浙江物产中大集团通过购并方式实现控股经营。

民丰特种纸股份有限公司热电分厂 1983年7月民丰造纸厂在原有自备电站基础上筹建热电分厂，1期工程总投资1119万元，总建筑面积1.23公顷，采用杭州发电设备厂生产的抽气冷凝式汽轮发电机组1台，装机容量6000千瓦，1986年4月正式投运。1988年5月，筹建热电分厂2期工程。工程总投资1453万元，总建筑面积1公顷，采用杭州发电设备厂生产的背压式汽轮发电机组1台，装机容量6000千瓦，1991年10月投运。1991年年发电量为5318.6万千瓦时。

2000年筹建热电分厂3期工程2台机组，工程总投资6866.52万元，建筑面积0.55公顷。1台采用南京汽轮发电设备厂生产的汽轮发电机组，装机容量12000千瓦，2002年12月投运。当年发电量为7748.4万千瓦时。2004年3月15日始向网上供电，是年发电量为14832.4万千瓦时，上网电量264.796万千瓦时。另1台采用东风电机厂生产的发电机组，装机容量12000千瓦，2005年10月投运，总装机容量达24000千瓦，是年发电量16176.80万千瓦时，上网电量196.45万千瓦时。

嘉兴市绿色能源有限公司 位于大桥镇步云集镇，2003年5月创办，为资源化、无害化、减量化处理城市生活垃圾为主的资源综合利用项目。初期建设250吨/日循环流化床垃圾焚烧锅炉2台，12000千瓦发电机组1套。2004年增建200吨/日垃圾焚烧锅炉1台，具备日处理垃圾700吨的能力。该公司承担着嘉兴市、平湖市、海盐县和嘉兴港区范围的垃圾焚烧处理任务。同年8月，浙江省经济贸易委员会认定该公司为资源综合利用电厂。2005年，发电量9306.48万千瓦时，上网电量7481.06万千瓦时。

第二节 输电 变电

电网建设

35千伏电网 1957年7月，35千伏杭（州）海（宁）输变电工程投产。线路从杭州艮山门发电厂到海宁县长安镇，全长60.5千米，采用“II”型木质双杆，AC—70型导线，是浙江省第1条35千伏输电线路。1961年7月，110千伏嘉兴变电所建成投产，110千伏半（山）嘉（兴）输电线路电源从杭州半山发电厂引出，自此，嘉兴电网联入浙江电网。同年9月，半嘉线承担的支接桐乡县110千伏石门变电所竣工投运。在“两变一线”形成初期，嘉兴110千伏电网，变电总容量3万千伏·安，输电线路为81.96千米。

1978年，嘉兴电力局姚庄路旧址

10千伏及以下电网 1912年7月，嘉兴永明电灯公司在西河街架设直供的220/380伏低压直配线路。1919年，建成2.3千伏配电线路，从而构成2.3、0.22/0.38千伏两个电压等级的嘉兴市区配电网。配电线路自西河街至南大街，全长2.5千米，木杆53基，杆高4米余，导线采用5根16号铜线合成。

解放后，全市配电网逐步扩大和完善。市区形成220/380伏、2.3千伏、6.6千伏3个电压等级的配电网。

20世纪50年代末，全市开始农村电力排灌工程建设，各乡镇开始架设10千伏配电线路。1959年6月开始，首先在新丰农村试行10千伏线路三相三线制改为“两线一地”制，60年代在农村架设的10千伏配电线多为“两线一地”制。到1973年末，全市10千伏配电线路总长2865.86千米，配电变压器总容量为17.93万千伏安。

1978年开始，嘉兴电力局设专项资金，对“两线一地”制10千伏线路进行改造，恢复三相三线制运行。开始农村电气化建设和城市配电网改造，进行标准化用电合格村和变电所的建设，形成以35千伏变电所为电源点、双回路和环行供电、合理布局的10千伏配电网。公用配电网全部统一为10千伏、220/380伏两个标准电压等级，并按生产用电、生活用电划分专用线路，部分企业内部仍保留6.6千伏生产用配电线路。

1991年，配网建设重点放在城网“骨架”干线的新建与改造上，通过更换环网干线线路导线、处理老线路的交跨缺陷，提高供电可靠率。区电网自1996年，开始重点建设10千伏城市地下电缆网。建设初期，市中心在建、待建建筑增多，道路建设相对滞后，由于对重要道路地下管网铺设规划不够重视或档案资料欠缺等原因，给地下电缆管沟、10千伏线路通道及10千伏开关站选址的落实带来一定的困难。1996—1997年，投资2770万元主要用于市区电缆网及开关站建设。采用新技术、新设备，逐步达到线路电缆化(绝缘化)、开关无油化、设备小型化、控制自动化的目标。新增10千伏线路22条，总长88.2千米，其中电缆23.8千米。新增18座开关站、公用配电变压器37台，净增容量1.15万千伏安。市中心10千伏地下电缆网基本形成。

1998年，加快推进配电网绝缘化改造，在10千伏线路中采用绝缘线，主要用于市中心繁华路段及变电所出线处1000米处。1999年，城乡电网建设与改造被国家列为基础设施建设的重点项目。嘉兴电力部门根据负荷预测和市场调查，编制了《嘉兴城市电网规划》，投资1.18亿元，加快配电网的建设和改造。至年底，城网线路83条，总长302.23千米，配电变压器1155台，总容量3.57万千伏安。2000年，城网中87条10千伏公用线路已有79条形成手拉手环网，占总数的90.8%，绝缘线(包括电缆)234.974千米，绝缘化率66%(市中心区达到99.783%)。2001年，共用线路的手拉手环网建设全部完成。

2002年，嘉兴投资1.399亿元用于配网建设改造，市区中山中路架空线路电缆化改造工程在国庆节前竣工。2003年，新一期嘉兴城市电网建设开始实施。2004年，完成电网建设改造投资1.56亿元。

2002年，投运的秀水变电所，是嘉兴市第一座220千伏基建移交达标生产的综合自动化变电所

2005年末，嘉兴市区有10千伏线路316条，计2874.03千米，其中10千伏电缆线路113条(专线电缆11条)，计280.993千米；开关站192座、配变站161座，配电变压器7887台，总容量171.6万千伏安。

至2010年底，南湖供电分局10千伏配网10千伏线路260条，总长1933.58千米，其中电缆线路132条，总长793.4千米。10千伏开闭所227座，10千伏配变3286台，其中公用配电房99座，箱变1286台，容量总计100.2万千伏安。

变电所建设

1988年6月，中山西路35千伏西区变电所投运，为全市第1座户内式变电所，不仅提高了电气设备的安全可靠性，而且减少了占地面积。

1996年1月，投资3801万元建成的嘉兴电网首座全户内式110千伏综合自动化变电所——城中变电所投入运行。该变电所设2台4万千伏安主变压器，110千伏出线2回，10千伏出线共24回，10千伏全部采用电力电缆出线。它的投产标志着嘉兴电网加强城市中心区域的供电可靠性上了新台阶，也为城市调整电网结构，美化城市创造了良好条件。

1998年8月，嘉兴一期农网建设与改造工程拉开序幕。翌年4月正式进入实施阶段。市区逐步弱化35千伏电压网络，以发展110千伏电网辐射结构为主，加快110千伏变电所布点，控制35千伏变电所建设，对老变电所逐步进行改造，新建110千伏变电所均实现无人值班。

2002年5月，对全市第一座110千伏变电所嘉兴变电所进行原地建设改造。变电所采用无人值班综合自动化控制系统，首次采用由德国西门子开关厂生产的GIS开关，使该变电所成为全市设备和控制系统最先进的110千伏变电所，原110千伏嘉兴变电所在运行41年后宣告退役。

2004年，先后新建新丰、汇龙、象贤、余新4座110千伏变电所，新增变电容量17万千伏安。

至2010年底，区内拥有220千伏变电所2座，主变4台，容量共660000千伏安；有110千伏变电所11座，主变20台，容量共计863000千伏安；有35千伏变电所5座，主变11台，容量共198500千伏安。

南湖变电所

建于1977年，位于大桥镇顾家浜，是嘉兴市第1座220千伏变电所。1990年末，变电所有主变压器2台，变电容量24万千伏安，220千伏进出线4回，至上海石化、西郊、杭州双回，110千伏出线5回，35千伏出线4回。

1991年7月，220千伏瓦山变电所建成投入运行，新建220千伏南湖至瓦山出线1回。1993年4月，作为嘉兴电厂一期配套送电工程，增加220千伏南湖至瓦山出线1回(南湖到瓦山第2回线)。

南湖变电所1号主变为薄绝缘结构，长期处于运行过载状态，绝缘老化。2002年4月，对1号主变压器进行更换，更换1台容量为15万千伏安自耦变压器，当年9月运行。

2004年6月，南湖变电所综合自动化及设备改造工程竣工。变电所监控信息接入位于220千伏禾城变电所内的220千伏嘉兴集控站监控系统，220千伏主结线改造为双母线接线，出线由6回增扩为8回。更新9台220千伏断路器；正、副母线隔离开关更新20组；1号、2号主变压器间隔电流互感器更新2组，正、副母电压互感器更新2组。变电所监控系统及相应的保护、通信设施也进行了改造。改造后，南湖变电所并入200千伏嘉兴集控站运行。

2005年2月，对主变压器进行增容，拆除原2号主变压器，增加15万千伏·安自耦变压器1台；新增2号主变压器35千伏户外主变隔离开关，并对其2次回路进行改造。

南湖变电所是华东电网上海连接浙江的220千伏枢纽变电所，投运29年，经过多次改造，设备老化、设备技术落后等状况近年已得到解决。2005年末，变电所共有主变压器2台，变电容量为30万千伏安，220千伏出线8回，110千伏出线6回，35千伏出线6回。

第三节　供电　用电

供电

1912年，嘉兴永明电灯公司第1台60千瓦发电机组发电，开始向用户供电。年供电量为2.4万千瓦时。1936年，全市年供电量为400余万千瓦时。抗日战争期间，电厂和电网遭到破坏，全市年供电量下降2/3。抗日战争胜利后，供电能力逐渐提高，至1949年末，全市供电最高负荷为1500余千瓦，年供电量为822.9万千瓦时。

解放后，全市供电区域不断扩大，供电量不断增长。1961年，浙江电网开始向嘉兴供电，同时开始实现全市电力的联网，供电能力逐年提高，“文化大革命”期间，全市供电不正常，供电事故增加，供电量不断减少。

改革开放后，供电管理工作不断加强，电网建设规模扩大，供电设备改造、更新步子加快，供电生产呈高速发展态势。1984年全市供电最高负荷为21.20万千瓦，年供电量13.01亿千瓦时。随着电网的进一步扩大，供电管理更科学化，全市电能质量逐步提高，安全生产状况明显好转，线损逐年下降，供电负荷和供电量不断增长。至1990年，全市供电最高负荷36.96万千瓦，全年供电量21.51亿千瓦时，嘉兴电力系统综合电压合格率为97%，全市配电网供电可靠率已达99.63%，综合线损率为6.78%。

1990年，嘉兴地区电网最高负荷36.96万千瓦，年平均负荷率85.7%。翌年4季度起，电力供需矛盾突出，系统发电机运行不稳定造成频频拉限电。1992—1994年间电力供需基本平衡。1995年电力供应出现8月、9月、12月间断性用电紧张局面，全市总负荷和省网供负荷均开始突破50万千瓦的大关，进入快速上升阶段。

1996年起地方小电厂的不断并网发机，嘉兴市对地方电厂上网负荷进行有序调控，在调度管理上设兼职负荷预测管理员，1997年9月起改设专职电力负荷管理人员，是年开始出现电力富余。1999年电力供大于求，当年4月汛期，省电力工业局规定全省除以热定电的机组外，其余机组一律停机2个月，此后对地方电厂进一步加大调控力度，低谷时段规定小电厂上网负荷，以热定电逐步形成。

2003年开始，电力供需矛盾突出，电力再度成为全社会关注的焦点。是年7月1日起，嘉兴电网开始拉限电，除了10月1日至4日没有拉限电外，其余时间都执行有序用电方案。2004年进入全年持续性地拉限电，除了春节、五一、国庆节期间外，其余时间每天都有拉闸限电情况。

以后几年全区供售电量持续高位增长。线损率继续保持较低水平。2010年，全社会电量完成279551.69万千瓦时，同比上升20.37%，供电量完成230193.90万千瓦时，同比上升17.16%，售电量（含市局直供用户）完成225211.91万千瓦时，同比上升19.40%。线损电量4981.99万千瓦时，线损率2.16%，比上一年下降1.83个百分点。其中高压线损率0.81%，低压线损率4.97%。

用电

1912年，嘉兴市区使用电灯。1921年，工业用电率先在纺织等行业得到应用。1930年，推广使用电热用电，形成灯、力、热3大类的用电结构。

全市各电气公司为扩展用电业务，1931年，建立营业章程，逐步推广装表计量收费。1936年，全市年用电量318.6万千瓦时。抗日战争时期，嘉兴电力工业遭受破坏，用电量锐减。日军投降后，在发供电设备恢复阶段，供电负荷逐步回升。1949年，全市年用电量576.03万千瓦时。

解放后，用电量增长较快。1952年，嘉兴电网对部分工厂实行轮流供电。1956年，全市年用电量超过2000万千瓦时。1958年后，全市用电构成发生变化，冶金、煤炭及炼焦、化学工业等行业用电比重明显上升，农村用电逐渐发展。1961年，嘉兴电网并入浙江电网，嘉兴地区主要依靠大电网供电，用电范围不断扩大，用电量不断增加。翌年，嘉兴成立全地区统一的供电管理组织，统一电价、统一收费、统一用电政策，全市农村乡乡通电。至1964年，全市年用电量首次突破1亿千瓦时。

随着全市城乡生产生活用电的普及，出现季节性缺电的问题。1978年起，相继成立嘉兴地区和县二级计划用电办公室、城市供电线路管理委员会，落实供电负荷调整措施，推动节约用电工作，开展用户安全用电和社会电工培训，推广行之有效的节电技术措施，更新改造高能耗的电气设备和生产设施。20世纪80年代，有组织地实行用电量包干、电网联络点结算电量、超用电量加价收费等办法，通过自筹燃料，委托发电厂加工发电，地方企业、商业、农村自办发电站，改造企业自备发电设备，采用余热发电，参加省集资办电工作，购买电力建设债券和购买用电权等措施。1985年，浙江电网供电紧张，仅嘉兴市全年拉闸限电就达1758条次，影响到工农业生产的发展，采用严格执行调荷让峰、平衡电力电量等措施，确保主要用户、重点工程和城乡人民生活用电的需要。当年，全市年用电量131817.19万千瓦时。

1990年，城市居民用电普及率达100%。90年代初期，全市用电量增长较快，供需矛盾突出。电力供应出现紧缺现象，限电拉闸频繁。通过开源节流，保证用电水平稳步增长。90年代中后期，国家宏观调控和实施财政适度从紧政策，电力供需矛盾趋于缓和，连续4年发展平缓，年增长率均在10%以下。"九五"计划末期，全市城镇"一户一表"推行，电网建设和电网改造不断深入。

2003年，浙江省电网及华东电网全网性电源不足凸显，嘉兴电网限电范围和缺电严重程度前所未有。2004年，出现了较大范围的拉闸限电。嘉兴供电系统全力应对缺电局面，做好调荷避峰、有序用电、限电拉闸，增强电网的受电和供电能力。至2005年，电力供需矛盾缓解，缺电现象从全年性、经常性转变为季节性、时段性。

境内营业户数保持快速增势。至2010年底，南湖供电分局用电户数达253926户，新增用电户20312户，新增业扩容量36.9406万千伏安。

第四节　用电管理服务

行风建设

20世纪90年代初，嘉兴供电系统注重优质服务专项治理，初步形成行风建设与优质服务工作的营运机制。1992年，共受理用户信访30件，召开用户座谈会2次，走访用户41次，保证了省市重点工程和重大节庆等的保供电任务。1993年7月，嘉兴市利用气象局的无线气象警报系统开始播出停电预告。

1995年6月，嘉兴供电系统成立行业作风建设领导小组，并自下而上开展行风评议工作。加强对用电岗位职工、农电站电管员的职业道德教育，提倡优质服务，提高工作质量，多方面、多层次召开用户座谈会，广泛征求意见，改进作风。1998年，嘉兴供电系统制定接受社会民主评议行风和电力行风评议考核标准等制度。加强用电营业人员培训，组织学习有关法律、法规和礼仪知识，提高从业人员素质。针对晋亿公司和韩泰公司的两起事故，上门进行分析、讲课，宣传电力法和安全、调度有关规定。

实施"优质服务是国家电网生命线"的精神，全面启动"服务零距离"主题活动。2003年，与嘉兴6个街道的近60名社区干部座谈交流，介绍供电服务情况，广泛听取意见，并邀请他们参观95598客户服务中心，了解电力服务情况。组织6支小分队深入7个街道的51个社区设点服务，进行用电咨询便民服务。发放宣传资料2.36万份，收集客户意见73条，进户服务17家，现场办理峰谷表156户。对全市40多个窗口单位上门征询意见，加强用电宣传，介绍用电政策，增进单位、街道、社区对电力工作的了解。在嘉兴市开展的"万名市民评窗口"活动中，嘉兴供电系统名列第二，同时荣获"十佳优胜窗口"单位，在浙江省电力系统客户满意率测评中名列第一。

2004年贯彻"让电于民、有序用电"，持续深化"服务零距离"，深入社区、街道、用户听意见。全面开展"提倡科学用电，营造节能社会"为主题的电力服务系列活动，增进与用户的沟通理解，宣传用电形势、需求侧管理等知识。

2005年，贯彻国家电网公司的"三个十条"，不准违反规定停电、无故拖延送电；不准自立收费项目、擅自更改收费标准；不准为客户指定设计、施工、供货单位；不准对客户投诉、咨询推诿塞责；不准为亲友用电谋取私利；不准对外泄露客户的商业秘密；不准收受客户礼品、礼金、有价证券；不准接受客户组织的宴请、旅游和娱乐活动；不准工作时间饮酒；不准利用工作之便谋取其他不正当利益等内强素质、外塑形象，提升供电服务水平，抓好行风建设。嘉兴供电系统首次聘请社会行风监督员一起参加明查暗访活动，加大监督力度。

2006年，迎峰度夏抢建重点工程

2010年在红船品牌建设过程中，依托抢修分队、客户服务分队、志愿者分队3大服务体系，开展"树红船服务品牌，展供电企业风采"主题特色活动，结合地方实际，彰显电力特点，努力唱响红船服务，打造光明驿站，提升国家电网服务形象，实现了优质服务零投诉。走进企业，建立"园区驿站"，用心服务，为政府分忧，为企业解难。走进农村，建成"光明驿站"，倾心服务，深化新农村建设，夯实了农村电网网架，从根本上改善农村用电环境。走进社区，建成"社区驿站"，贴心服务，为社区居民提供有针对性地特色服务。走进孤寡，发放"红船爱心服务卡"、建立"爱心驿站"，真心服务，为社会弱势群体开启服务绿色直通车。

2010年，南湖供电分局新建"社区驿站"15个，"光明驿站"8个，"园区驿站"3个，"爱心驿站"1个。依托驿站处理好居民故障报修；受理用电业务申请；发放安全、节约用电宣传资料以及进行特殊服务；多次向嘉兴市社会奉献爱心，履行社会责任。改善工作作风，提升综合素质。当年度客户满意度调查、综合满意率96.1%。

服务承诺

1996年10月，在市区范围内实行供电服务承诺制。承诺内容：一、办理完用电申请手续的用户，低压供电方案在7个工作日内答复，有效期为3个月；高压供电方案在20个工作日内答复，有效期为1年。二、高、低压用户工程经验收合格，并履行相关手续后，10个工作日内答复。三、凡属管辖的电能计量装置运行中发生故障，接到用户报告后及时赶到现场检查，在用户办完有关手续后，及时更换电能计量装置。四、一户一表新装或改装，凡新住宅区或集体改装的住宅，按双方协商时间完成装表；规划改装区内的零星用户，受理缴费后1个月内装表。五、居民照明用电，每2个月抄1次电表，其他用户每1个月抄1次电表，新装用户第一次抄表时间不超过2个正常周期。六、实行24小时事故报修值班制度，凡电力部门管辖的电力设施或代维护运行的线路设备发生故障，接到报修的第1个电话后，抢修人员在1个小时内赶到现场组织抢修处理，除严重自然灾害外，凡21点前报修的一般性故障当天处理，21点后报修的或涉及主干线停电的故障，时间不超过24个小时。七、供电设施计划检修停电，每星期六预告下周停电消息，并提前1天通知电视台、电台，供电设施临修需停电时，对重要用户做到提前24小时通知。八、凡电力部门管理的路灯，属架空线路故障的，接到报告后24小时内处理完毕，零星路灯灯光不亮，接到报修后，3个工作日内处理完毕。同时，向社会公布服务承诺违诺处罚规定。

2002年，市区路灯检修

第二章　水　利

境内是典型的江南平原水乡地貌特征。整个地势由西南向东北略微倾斜，平均地面高程在2.04米左右。区域内河道纵横交错，先民在低洼平原开河道，修塘浦，兴筑圩田；在高亢地区修筑陂塘堰坝，蓄水防旱，兴办许多水利工程，逐步改造成为沟渠纵横，阡陌相连，田、地、水交错分布，形成"六田一水三分地"的"旱地栽桑、水田种粮、湖荡养鱼"的立体结构以及"河、塘、湖泥肥田、田泥护桑"的农田水土保护循环链。

从清道光年间到民国期间，境内水利发展缓慢，水利建设处于停滞状态，尤其是抗日战争期间，大部分工程失修，毁坏严重，河堤千疮百孔，河港越淤越浅，圩系失统，灾害连年。

解放后，在党和政府的领导下，针对平原河网特点，统筹规划，标本兼治，开展大规模的水利建设。改革开放后，水利建设围绕防灾减灾和改善水利环境两个重点，进入一个高速发展时期。"八五"计划时期，完成杭嘉湖治理工程城北圩区2期整治工程，总面积41.3平方千米，新开河道3条，投入资金712.3万元。完成杭嘉湖南排工程长盐塘城区段长1.5千米、面宽53.7米开挖任务。完成杉青闸工业片、百花片、凌塘片3个防洪工程。“九五”计划时期，完成水利建设资金总投入8030万元，其中2000年达2593万元，投工230万工日，完成土石方295万立方米。建成市区菜花泾、吉水2片防洪工程，修筑防洪堤2077米，清挖明月河淤泥8000立方米，铺设排水管道1887米。“十五”计划和“十一五”规划时期，疏浚河道2595条，疏浚长度1661.7千米，疏浚土方1100万立方米，建设护岸147.94千米，工程投资6111万元。建成圩区工程2个，整治面积3346.67公顷。

第一节　河道变迁

境内河道是太湖水系的组成部分，上游来水，古今无显著变化，主要有2路：一为东南部海盐、海宁诸山的集水；一为来自境外天目山和东苕溪的杭、湖地区的水流。汛期太湖水位高涨时，通江河港也有部分水流倒灌入境。下游去路，历史上变化很大，古今形势迥然不同。

先秦至西晋

公元前四五百年，太湖下游有自然形成的通向大海的3大河流，总称三江。《禹贡》有“三江既入，震泽（太湖）底定”的记载。据晋代庾仲初在《扬都赋》中所述，太湖东注为松江，东北入海为娄江，东南入海为东江。据后世众多史料记载以及明清一些地方志记载，秦汉时期的东江，位于由拳（嘉兴）、海盐的北境，由太湖经白蚬江、淀山湖、三泖一线折南出海，其出海地点摆动于澉浦、金山卫之间。其时，东江水系是嘉兴水流出海捷径。

见于史料记载的古河道有：

韭溪　秦时为海盐，由拳境内自南而北注入太湖的一条河流。故道早已湮失，明清地方志记载，韭溪在嘉兴县南。

秦塘　是古代江南河的一段。《越绝书》载，秦始皇“治陵水道”，水陆并行，“到由拳塞，同起马塘，湛以为陂。”

穆溪　该水为先秦时上通上谷湖（在海盐西部），下入太湖，是境内自南至北流入太湖的古河。历经沧桑，近代穆溪在嘉兴城东北郊仅余七八百亩河面，与苏嘉运河平行，今称穆河溪，又名穆湖。

长水　为先秦时的古河道，源远流长，曾为嘉兴古县名称。今长水犹存，起自硖石，入西南湖，远非古代原貌。

伍子塘　先秦吴越时期，伍子胥在太湖东南开凿胥浦，从长泖接界泾向东开河，西连太湖，东通大海。现伍子塘在区东南境至嘉善北境，30多千米长。

六朝至唐　五代

唐至五代，陆续开挖了新的河道，区境主要干河有3条：汉塘，自嘉兴城东通平湖的当湖，北流三泖入海；魏塘，自嘉兴城东经魏塘至枫泾，直达华亭入泖；东郭湖塘，原为嘉兴城东北郊东瓜湖，唐代开凿为干河，自城东流嘉善境内，再北经芦墟塘入淀山湖通江入海。

干河开通后，又引开众多支流河塘，依地势、水情设置堰坝、水闸等，调节水势、控制水流、蓄水灌溉。境内还留有杉青闸以及东瓜堰、南堰、栅堰等古代水利设施的遗迹和地名。

唐后期，嘉兴水路出现由东江较为集中排水，分化为诸港浦分流的变化，基本形成河、湖相连，沟、渠、田相承的体系。其时，北境太湖来水和嘉兴、嘉善北流之水，除经吴淞江入海外，多经淀山湖三泖至柘湖，在金山卫附近小官浦便捷入海，境内涝水宣泄通畅，极少洪涝祸患。

宋　元时期

公元11世纪，水情逐渐恶化，洪涝灾害日益严重。一是自然条件的变迁。太湖平原地面缓慢下沉，唐宋时尤为显著，邻近嘉兴的吴江、昆山一带，以淀山湖为中心，为下沉的锅底，以致积水难排。另外，由于长江泥沙增多，东部海岸线迅速向外伸展，从5~12世纪，大约伸涨60余里，从而使太湖地区排洪河线伸长，河床比降趋平，流速减缓，河道淤积，宣泄能力减弱。二是太湖古三江中的娄江、东江在宋初均已湮废，仅余松江、吴淞江为下游排涝的唯一通道，当时松江已缩窄很多，宋时又筑吴江长堤和长桥，松江进水口益加束狭，下泄水量减少，下游水流常积滞于淀山湖、三泖一带，嘉兴深受其害。三是塘浦圩田系统遭到破坏。随着围田垦殖的发展和经济活动的加强，水利与航运，围田与治水，挡潮与排涝等矛盾日益显著。北宋朝廷一反唐、五代以来的治水方针，实行水利以漕运为纲，“转运使”代替了“都水营田使”，治水治田分割，管理制度废弛，因而各种破坏活动相继而来。因贪图行船的便利，开凿圩岸；侵耕堤脚堤坡，造成堤身破坏；国家开浚河浦，标准不足，河身越开越小；地主只管收租，不修圩堤；开挖古堤，张捕鱼虾，损毁堤身等。使原有的塘浦系统遭到破坏，削弱了防御洪涝的能力，加重了洪涝灾害，苏、湖、常、秀诸州低地洪涝弥漫，达一个多世纪之久。

南宋，虽多次疏浚吴淞江和治理下淤河浦，暂时改善了苏、秀、常等州的农田水利，但因海塘不断重筑加固，通海港浦大部被堰坝捺断，排水入海能力减弱。一批豪强巨族大肆围湖垦殖，侵占水道水体，围湖造田。从借口屯围、侵夺濒湖浅滩、创置所谓“坝田”，发展到凭借权势，公然涸湖为田，从包占草滩水荡，发展到围垦江湖水道。江湖水面日益缩小，调蓄能力骤减，水域环境发生巨大变化。境内的鸳鸯湖，唐时800公顷，被围垦仅余33.33公顷左右；濮院至新塍的幽湖，11世纪时，范围尚很宽广，明代已不见此湖；甚至浙西最大的淀山湖，在淳熙年间也遭到盲目围垦。随着江湖水面的日益缩小，河网益发紊乱，嘉兴内水下泄受阻，以致造成“水不得停蓄，旱不得流注”的严重局面。

入元以后，吴淞江淤狭更甚，围垦继续蔓延，洪道受阻愈加严重，水患无已。至元十九年（1282）、二十三年（1286）、二十五年（1288）连年大水，苏松嘉湖各地百姓流离，至元末年田禾尽淹，灾情更重。自此才引起统治者的重视。大德二年（1298）重设浙西都水营田使司，二三十年间屡兴大役，动用数十万民工，着重浚治吴淞江和淀泖湖群及其通向吴淞江的诸大浦，以疏导苏州、松江和嘉兴地区积水。泰定二年（1325）一度撤销松江府建制，将华亭、上海两县归属嘉兴路管辖，统一治水领导。经过数度治理，水患虽暂有所缓和，但不久泄水通路又继续受阻。

明　清至民国时期

明初，吴淞江下游河段淤塞益形严重，自夏驾浦以下130余里潮沙淤塞，已成平陆，水情进一步恶化，洪涝灾害愈烈。洪武年间，曾组织包括嘉兴在内的民工15000余人进行疏浚，但旋浚旋淤。永乐年间朝廷派户部尚书夏元吉来苏松嘉治水，经实地考察后，认为吴淞江已无法救治，遂先后提出2条治理方案：一是拓浚刘家港，导吴淞江水经刘家港出海，即后人所称的“掣淞入浏”；二是浚范家浜引（黄）浦入海。在组织这项工程施工时，征集苏松嘉30万民工，夏元吉亲自深入第一线督导，一度坐镇嘉善西塘镇，在福源宫寺前，树石测水，审视涝情，后人称该石为“忧欢石”。

“掣淞入浏”和开凿范家浜，改善了太湖下游水系入海通道，特别是范家浜一开，下游通畅，黄浦总汇杭嘉、淀、泖诸水，成建瓴之势。从此黄浦得以自然扩大，经数十年冲刷，发展成为太湖下游的出海主干，而吴淞江下游反演变为它的一条支流。

随着吴淞江的淤狭和浏河的日渐萎缩，黄浦进水量不断增加，来水范围日益扩大。明代中后期，还只是东南自嘉、秀沿海而北的水循黄浦入海，到明末，已是“湖、泖、苕、鲛诸水，悉注申浦，以达于海。”发展至清代后期，不仅“淀泖即由此道归海……且赵屯、大盈之泻于吴淞者，亦反南流分达泖浦”，使嘉秀诸水难以畅泄。正如清人王凤生在《浙西水利备考》中所指出：嘉兴方向之水“于（嘉）善、平出泖，而苏松积潦并太湖洪流泛滥而横趋淀泖，唯黄浦是争，故浙西水口，先为江（苏）境所占，黄浦虽深通，岂胜两省下游同时并纳，彼此抵触，不克畅流，为害一耳。”

明清两代在太湖水系整治和圩区水利的治理上虽然兴建了不少工程，但泄水通路始终未能彻底解决，而终清一代又在治水方针上实行分区治水，治水与治田完全分离，上下左右互不相谋，民间各处自保修圩，圩头越分越小，河网越搞越乱，每遇洪涝，弥漫无边。清末至民国时期，水利更加处于自流状态，大部工程失修，河港越淤越浅，塘浦紊乱无纲，圩系零散、失统，灾害连年。

当代水情

嘉兴市区是主要河流的交汇区。杭州塘、长水塘、海盐塘和新塍塘自西南方向流该处汇集，而苏州塘、嘉善塘、三店塘、平湖塘则引来水向东北下泄，形成四进四出的汇泄系统。解放后，嘉兴大力开展水利建设，发动群众开浚河道，疏理水系，整治圩区，兴办机电排灌，水利面貌一改旧貌，国家和地方对于治理太湖水患进行一系列考察、规划并组织实施。但由于苏浙沪各方对治理方案的认识不尽一致，行动上协调同步不够，以致历史上的遗患未能解决，使嘉兴的水情水势趋于恶化。主要有北泄受阻、东排减弱、太湖水倒灌、北水南压等。

数百年来嘉兴水流以北泄为主，以苏嘉运河和两侧南北向河流为骨干河道，北流归浦，新建南排入海工程后，北流仍为主导。自20世纪50年代起，邻近的省、市、县在运河以西围垦、并圩、堵河，北排河道断面减少70%，嘉兴郊区传统的13条北排廊道阻断了12条，使湖州市郊区原来北排的涝水也向东压。在运河以东，自太浦闸至青浦钱盛荡正面原有北流河道96条，因邻省、市、县建闸、堵坝，再加90年代新修的青（浦）平（望）公路横拦，已阻塞79条，减少过水断面82.3%，其中境内在运河东的9条北泄河流全部被阻。由于涝水没有出路，迂回盘桓嘉北腹地。嘉北涝水原来除向北主泄外，还有一部分经嘉善东流直入黄浦。原有东泄河道19条，被堵塞12条，减少过水断面48%。致使境内高水位出现频率加快、涝灾次数增加，积涝面积增多、北水倒灌，旷日持久、城市洪涝为害加深。嘉兴主城区每逢雨涝，常有积水，大涝时积水占建成区的20%~50%，工厂企业进水达数百家，物资器材受损，还停工停产。居民住宅和街道有的积水数10厘米。

20世纪80年代中期后，市城建成区规模急剧扩大，人口不断增加，中心城市地位日益突出，洪涝灾害所造成直接经济损失越来越严重，因此市政府高度重视城市防洪，在80年代末和90年代先后建设了6期“小包围”防洪工程。1999年6—7月，嘉兴遭受特大洪涝灾害，市区受淹面积10.3平方千米，占当时建城区面积的41%，最深积水达1.3米，水位3.6米以上时间共有19天，经济损失达3.08亿元，特大洪涝灾害暴露了已建的6期防洪工程建设标准较低和城市防洪工程建设严重滞后的问题。当年，嘉兴市启动保护面积达100多平方千米的“大包围”防洪工程建设，至2003年建设完成，使嘉兴市区的防洪能力达到一百年一遇的防洪标准。

2008年，伍子塘护岸

根据历史资料：1924—1958年35年中，嘉兴水位超过4米（危急水位）共有3次，平均11.9年1次；1958—1990年33年中，嘉兴水位超过4米有7次，平均4.7年1次。这7次中有4次发生在1983—1990年8年中，平均2年1次。1985年、1987年、1989年，水位分别达到3.94米、3.98米、3.96米，已接近危急水位。据此，1990年以前8年中，高水位已接近于1年出现1次。1954—1982年29年中因涝成灾9次，受灾百万亩以上的有6次，累计受灾1230.2万亩。1983—1990年8年中，发生涝灾7次，累计受灾1053.4万亩，受灾面积百万亩以上的有5次。1991—2000年10年中，发生涝灾5次，受灾面积全部达百万亩以上，累计受灾1462.8万亩。

消失的河流

旧时，城内市河纵横，贯通城外8条河流，自南门和西门与小西门，引流入城，以州府衙署（子城）为中心，萦回缭绕，至北门和东门流出。大小河道有29条，城中河道不仅是市民饮用洗涤生活之必需，更是运输、蓄洪排涝之城市基础功能。街区多依河道构成矩形，有一街一河或二街一河之象，呈现“人家尽枕河”的状貌，水阁临河，埠头系舟，间以石桥跨渡，小桥流水，尽现水乡风情之美。至解放时，部分市河已经填塞。解放后，因城市建设发展，建造防空设施之需等，到20世纪末，绝大部分城市河道已被填平（见第七篇“嘉兴古城”第三章第一节、第二节）。

旧时，市河韭溪、倾脂河、范蠡湖等河流有不少传说和故事在民间流传，主要有：

倾脂河　又名胭脂河，大致为现禾兴路、勤俭路交叉口至平家弄段。倾脂河自城隍庙东侧，经楞严寺，沿平家弄、天宁寺街，穿过孩儿桥入北门市河。相传西施曾在此河畔居住，倾化妆脂水入河故名。解放初期，楞严寺东围墙上还嵌有“倾脂河”3字石额。20世纪60年代初，河被填筑路。

韭溪　是一条古老河流，传说在未筑大城前，运河从莫家湾、广平桥而东穿城而过，水流清而急。筑城后，运河沿城墙外而过，城内韭溪逐渐缩小改道。传凤凰河、烈女河、北门市河是韭溪故河。在今中山电影院前禾兴路、中山路交界处，旧有韭溪桥，原为石拱桥，建国初改为水泥平桥。“韭溪明月”为清代嘉禾八景之一，相传城中逢元宵、中秋，以在韭溪桥头赏月为时尚。据传韭溪水在城中诸水中最清澈，大旱不涸。1934年大旱，河床朝天，田地龟裂，唯韭溪桥下水依旧细流不止。20世纪60年代填河作人防工事时，筑坝抽水，韭溪桥头水久抽不干，潭水清净，为一奇观。后河被填。

宝带河　现址为禾兴南路处，是旧府街南的护城河，也称市心河，因居城中故名，又传因唐代宝带寺得名，寺至清初已废。1985年填没筑路。

锦带河　现址为紫阳街处。是旧嘉兴府衙西墙外护城河，河畔多梓树，故旧称梓墙脚下。民国初，河畔筑路，取其谐音为紫阳街。原河上有2座石桥通子城，一名锦带桥，一名蹲宾桥。解放初，河被填。

洲东湾　现址为建国南路，旧时是一条直接沟通南门、东门水流的小河，一汪碧水，环偎子城故名。地境清幽，元时湾东南皆桑麻地，河面甚宽，可扬帆。先后知名的有凤凰岗、清军馆、五柳庄等名胜与建筑。“五柳庄前载酒过，西来流水到门多”可为洲东湾旧时地貌的写照。解放前洲东湾已淤塞长草，20世纪90年代前后，先后填没河道筑路，建造二轻局、冶金厂宿舍等。2000年开始，该地修筑建国南路。

通济河　现址为禾兴南路。旧称南门水关至市心弄一段为通济河，又名市心河，该河直至20世纪末，拓建禾兴南路时才填没。1989年，新开挖的连接长水塘和丝行街河的东西向的小河也曾经称通济河，后又填没建菜场。

荐桥河　现址为秀州路中段。荐桥河，又名兴圣河，因河上有荐桥闻名，故河俗称荐桥河。荐桥元代就有记载。荐桥始建于宋景定年间，旁有鸡鸣台。传当时有陈姓妇人居该处，一次把祭祀用过的鸡肉给婆婆食用后暴亡。官府认为陈氏害婆，要法办。陈呼冤，情切，官员觉察有疑，命人再烧一鸡在石台上祭祀，忽有几十条蜈蚣麇集于鸡，鸡竟鸣。原来蜈蚣是害死陈氏婆婆的元凶。后遂称石台为鸡鸣台，台旁建桥后即名荐桥，河被俗称为荐桥河。明人徐元春写有《荐桥记》流传（据辞书载荐为奉献祭祀之意）。

天星湖　又名天心湖，现址大致为南湖饭店周围。天星湖历史悠久，唐《吴地记》称之天心池，秦始皇发囚所掘，和南湖相连。筑城后为城中大湖，风景优美，湖中不生水草、水极深、大旱不竭。明代湖畔建有园林，尚有古碑。明洪武年间嘉兴设天星、马场、鸳鸯、相家4湖的河泊所管船舶，收渔税。天星湖与鸳鸯等2湖并称，可见当时湖面积相当大。据清代记载推测，该湖大致范围北至勤俭路、南至中山路、东至环城东路，西到秀州路。近代天星湖变成一小水池，民国期间填部分水面建公园，解放后随着城市建设，逐渐填平建儿童公园，建饭店。

虹桥港　自秋泾桥西南流至人民公园后，通车站河，附近居民区名虹桥新村。1997年，填没建春波坊商贸街。

2005—2010年各镇及开发区消失的河流情况表

表25-5

镇、街道	河浜名称	填埋时间
余新镇	景家港南侧浜	2005.4
亚太科技城	卜安浜	2005.1
余新镇	丁家浜	2005.11
余新镇	龙庵浜	2006.4
余新镇	龙爪浜（周家浜）	2006.4
余新镇	倪家浜	2006.4

续表25-5

镇、街道	河浜名称	填埋时间
南湖新区	烧基浜	2006.4
南湖新区	石灰浜	2006.4
余新镇	濮家浜	2006.3
南湖新区	戚家浜	2006.4
大桥工业园区	新浜	2007.7
大桥工业园区	河桥浜	2007.7
南湖新区	姚家浜支浜	2007.11
嘉兴工业园区	西陆家浜	2008.1
嘉兴工业园区	阔家桥港南侧支浜	2008.1
嘉兴工业园区	夜字圩港支浜	2008.12
嘉兴工业园区	阔家桥港南岸支浜	2009.7
余新镇	望树浜	2009.11
余新镇	工字浜(三官浜)	2009.12

第二节 河道整治

历代王朝都重视江河治理。境内河道,历经各代的开拓,至宋代主要河道已基本形成网络。域内共有河道2385条,长1595.5千米。常水位下水面积36.77平方千米,蓄水量为6553.92万立方米,水面积率为8.63%;水域面积39.6平方千米,水域面积率为9.3%。湖荡有3处,为南湖、西南湖和湘家荡。元、明、清三代,多以疏浚为主。清末至解放前,社会动荡,水利兴废无常,河道塌损、阻塞,淤积严重。解放后,采取"以泄洪排涝为主,兼顾引水灌溉,结合改善航运"的方针,对河道进行大量整治,建立了排、灌、调、蓄、航相结合的多功能水网体系,使河道引、蓄、排功能不衰退,为大规模发展机电排灌,建设旱涝保收农田,创造有利条件。

河道拓浚

境内长江三角洲冲积平原,河道岸坡土质松软。遇水流和雨水冲击,土体往往坍塌入河。洪水期间,过境水流夹带的泥沙沉淀淤积、人为弃入河中的垃圾杂物等,使河道淤积更趋严重。元、明、清三代对主要干河进行疏浚,一般河道以农民捻河泥的方式进行清淤,使河道底面高程降低,水流保持通畅。解放后,河道疏浚由县(市、区)、乡镇统一组织实施,以"谁受益谁出资出力"的原则分摊土地、劳力和开挖或疏浚任务。资金主要由地方自筹或利用劳动积累工,集中力量拓浚主干河道,普遍疏浚和整治支流及小河浜溇等各级河道。1954年、1956年和1964年,嘉兴县3次疏浚嘉善塘。1958年,结合血吸虫病防治工作统一规划,共同实施,开展治水工作。1959年,疏浚嘉兴绢纺厂大盐仓桥处河段。1966年,禾联煤球厂厂前河道扩宽和疏浚。1972年,拓浚东栅市河段991米。2001年,对京杭大运河嘉兴市区段2.434千米实施疏浚。

建区后,1985年起,优先对淤积较深的河道进行分年疏浚,通过几年轮回对河道全面进行疏浚。其中1985—2002年由区政府投资进行疏浚,2003—2010年,河道清淤工程统合到省水利厅提出的建设"万里清水河道"工程建设中,区政府每年对河道清淤工作进行考核。2007年3月,区政府制定文件,明确河道疏浚工程的计划管理、建设管理、资金筹集与管理等办法。2001—2010年,全区累计疏浚河道2595条,疏浚长度1661.7千米,疏浚土方1100万立方米,总投资10573万元。

传统的河道疏浚采用人力,20世纪90年代初开始采用机械方式,根据陆上和水下土方的不同施工特点,采用不同施工方法,陆上土方以推土机、铲运机为主施工,配备挖掘机清障,水下土方主要由挖泥船开挖,或采用泥浆泵水力机械冲挖。主要利用抓斗式挖泥船抓取河底淤泥和垃圾堆放到两岸,或用运输船把淤泥和垃圾运至堆放区,2010年末开始利用绞吸式挖泥船进行清淤。

骨干老河疏浚

平湖塘 唐文宗大和七年(833)开,境内段全长38.7千米。明嘉靖四十二年(1563)修浚50余里。清乾隆十年(1745)开乾河,三十五年(1770)知县王士瀚又开嘉兴县东甪里河,自熙春桥至东津亭皆经深浚。1970年,拓浚新丰市河1.5千米,挖土20万立方米,底宽20米,底高-0.5米。1972年9月疏拓甪里河至南湖,长3.44千米,由30个公社的民工分段施工,最高出勤每天达1万人,次年10月完工。累计完成土方16.44万立方米，石方1.33万立方米，投工31.72万工日，拆迁房屋3300平方米，拆桥1座，建桥2座，投资45万元。拓浚后，底高程0米，底宽20米，河道过水断面从43.5平方米增大到131.25平方米。

长水塘 古名长水，全长23.25千米。从海宁硖石镇北流至嘉兴市区，注入西南湖。1967—1969年，嘉兴县开挖疏浚城中西南湖至长纤塘的水道，贯通长水塘，长5.67千米，共挖土85.5万立方米，河底高程-0.5米，底宽20米，边坡比1:1.5，国家补助67万元。

新开河道

长水新河 位于解放街道内，南起环城河古秀水柴场湾，东北与钼家和河汇合注入三店塘。1968年动工，1969年竣工，全长600米，宽32米。该河南接环城河，长水塘北连长纤塘，为长水塘治水工程的一部分，贯通主城区南北航道，为主城区排涝泄洪起着重要作用。

20世纪80年代，长水新河鸟瞰

长盐塘 位于嘉兴市民广场南，原为南湖乡南湖村。长盐塘工程是太湖流域综合治理南排工程骨干工程南台头排涝工程的组成部分。全长2.676千米，东与海盐塘连接，西与长水塘相通，河面宽53.7米，河底宽30米。1992年11月26日动工，12月10日完工。其中长水塘到青龙港1.58千米长度河道采用人工开挖方式，动用5.6万个劳动力，挖掘土方35.2万立方米。

护岸建设

早期，河道岸坡建设土堤用来防洪，京杭大运河有元朝和明朝修筑的石塘。城内市河一般采用排桩基础，水盘侧石，条石砌筑的直立式石帮岸。1963年，省专项列支运河护岸工程补助拨款，在航道上建设干砌块石护岸。主航道如平湖塘、杭州塘和嘉善塘的易坍塌航段处的土堤外建设干砌块石护岸保护河岸。1967年起，干砌块石护岸用砂浆勾缝，减少底土流失。20世纪70年代开始，航运业发展，机动船数量猛增，机械动力对堤岸损毁力度远远超过以往。1980年11月后，嘉兴全面推广混凝土肋型底座块石护岸。1982年，《嘉兴地区航道、主要河道及湖荡护岸规划》认定，在平原地区不宜用干砌块石，且应以直立式为主要型式。试验混凝土挡板型块石护岸，以工程措施与植物护坡相结合的方式建设复合型护岸。辖区主要河道采用混凝土齿墙基础的直立式浆砌块石护岸建设，避免下部冲刷。1983年4月5日，嘉兴地区护岸建设经验交流会在嘉兴召开，会议安排参观辖区余新镇海盐塘护岸建设工地现场。从90年代后期开始，建设护岸的同时在河道两岸种植植物。河道绿化由以前的"固堤护岸，保持水土"为主要目的转变为以"改善生态环境"为主要目标。2000年后，全区护岸型式从单一的浆砌块石重力式护岸逐渐发展到劈离块贴面钢筋混凝土重力式护岸干垒砌块重力式护岸、钢筋混凝土护岸和木桩护岸共建，从巩固堤防和防治水土流失扩展到生态治理和保护。1999—2010年，全区新建护岸109千米。至2010年底，全区累计建设护岸147.94千米，工程投资6111万元。

政府对护岸建设资金的来源及使用作出规定。除列入包干的运河护岸工程补助费（每年70万元）和各县（市）安排地方护岸经费（每年100万元）外，从地区航管部门征收上缴给省的航养费中，每年返回150万元用于护岸建设。撤地建市后，分配给嘉兴市110万元。1982年1月18日，省人民政府批准嘉兴地区在全省率先征收通航河道护岸费。1986年，改为航管部门按吨位征收，交财政储存，每年由市政府下拨各单位使用。自此，嘉兴各地结合航道建设，大力修筑河道护岸工程。2000年7月1日，浙江省政府取消内河航道护岸费项目。2004年，区政府制定块石护岸专项资金管理办法对护岸建设资金使用进行规范。

市河治理

嘉兴城内原市河纵横,大小河道有30余条。明清时,对市河常需疏浚。明嘉靖年间知府赵瀛发动浚河,将淤泥运至南湖中填成小岛。但浚河需大量人力物力,不能经常进行,以致常遭淤阻,河水变质。至解放时,城内剩20多条河道,天星湖和范蠡湖。解放后,城市建设发展,城内的市河先后被填平筑路。子城外的锦带河在20世纪50年代被填平成紫阳街。天星湖填平造房。70年代修建防空洞时,荐桥河、项家漾等河道、湖泊被填,局前河和倾脂河,在60年代前后被填筑禾兴路,宝带河(市心河)于90年代被填,建成禾兴南路。1998年,延伸禾兴南路,通济河全部被填。1979年,北门市河、丁家桥河建设人民路河道排水工程。1980年,中山路禾兴路口至环城西路先行拓宽改造,南侧凤凰河被填。1983年,中山路全线改造,烈女河被填平成路,英家湾也被填平。1996年建国路拓宽,县西河、北门市河和人民路一起成为建国路的新路基。到90年代末,老城内的河流湖泊仅剩范蠡湖。

随着市城建成区面积逐渐扩大,老城外的河道成为市河。1982年疏浚治理秀水兜。1996年,疏浚嘉兴党校东河455米,疏浚文昌路河137米,砌筑块石护岸331米,疏浚清河650米,月河770米,砌筑清河块石护岸1330米,填埋267米长秀水兜,疏浚竹桥港和陆桥港共2460米,砌筑块石护岸900米,回填澄海河369米,回填虹桥港820米。1996年底开始,市政府着重对市河进行整治,编制《嘉兴市区河道整治规划》,并分年度实施,主要以疏浚和修筑护岸为主。1997—2007年,市水利部门共对境内68条(段)总长91.9千米的市河及南湖、西南湖进行整治。

1997—2007年嘉兴市区河道整治情况表

表25-6

年份	河道名称	整治长度(米)	整治内容	
			疏浚(米)	护岸(米)
1997	陆家桥港	1200	1200	1084
	竹桥港	1310	1310	83
	清河	1420	1420	1495
	文昌河	625	625	627
	小桥港	971	971	691
1998	三官塘	1587	1587	538
	杨家浜	837	837	372
	牛桥港北段	496	496	372
	真合里港	590	590	125
	西板桥港	1240	1240	228
	新塍塘	1750	1750	3751
1999	工农港	644	644	644
	换成河	990	990	—
	月河	440	440	—
	闸前街河	612	612	—
	渡船桥港	1430	1430	—
	牛桥港南段	889	889	—
2000	环城河	6075	6075	—
	南湖	0.482km^2	0.482km^2	—

续表25-6

年份	河道名称	整治长度（米）	整治内容	
			疏浚（米）	护岸（米）
2001	新塍塘	323	323	—
	姜水港	1000	1000	—
	青龙港	1000	1000	—
	长住桥港	911	911	—
	斜港	815	815	—
	和睦桥港	1247	1247	—
	西南湖	215	215	—
	杭州塘	3699	3699	—
	采菱桥港	638	638	—
	长住桥港	170	170	—
2002	南陶港	1121	1121	—
	北横港	1400	1400	—
2003	穆河溪	2974	2974	3854
	苏州塘	3922	3922	2785
	清河月河	1860	1860	—
	新塍塘	3970	3970	1367
2004	渡船桥港	1430	1430	—
	太平桥港	1383	1383	—
	陆家桥港	1190	1190	—
	竹桥港	1438	1438	—
	明月河	811	811	—
	吉杨浜	363	363	—
	小桥港	1292	1292	—
	真合里港	862	862	—
	三官桥港	1712	1712	1254
	长中港	1437	1437	1406
	朱冠浜	848	848	1199
	斜港	815	815	—
	海盐塘	1405	1405	385
2005	纺工桥港	918	918	—
	泾水桥港	1534	1534	—
	工农港	1335	1335	—
	凌公塘	1495	1495	—
	环城河	2427	2427	—
2006	乌桥港	1518	1518	1178
	乌支港	1662	1662	1284

续表25-6

年份	河道名称	整治长度（米）	整治内容	
			疏浚（米）	护岸（米）
2006	许安港	976	976	1694
	西板桥港	1004	1004	—
	小桥港	326	326	42
	西浜港	903	903	350
	和风港	752	752	160
	六里长泾	808	808	—
	苏州塘支流	145	145	—
	闸前街河	612	612	—
	车站港	554	554	—
	新塍塘	8765	8765	120
	平湖塘	2014	2014	—
	长中港	1836	1836	—
	华云港	715	715	—
2007	殷家桥港	978	978	1280
合计	—	91898	91898	28368

第三节　农田排灌

历史上，农田灌溉主要依赖以人力、牛力或风力为动力的龙骨水车。清末民初，始有机械抽水机。20世纪50年代中期，机械排灌有了发展，60年代初机械排灌与电力排灌并举，到1965年基本实现电力排灌，从根本上改变了落后的传统排灌方式。2010年，全区电力排灌机站共1335座，满足农作物正常灌溉并抗御一般水旱灾害。

三车灌溉

龙骨水车是传统的提水工具，始于东汉灵帝时（168—189），相传为毕岚所创。东汉末年，中原战乱，人口南迁而传入江南。唐、宋时期，开始用于民间农田灌溉，由人力水车逐步发展为牛车和风车。

龙骨水车主要由车筒（亦称车槽）、木链、车轴、支架组成，活膝相接，成一木链，犹如“龙”之脊骨。底部为凹形木板引水槽，入水端装置一小轮轴，出水处置有驱动轴轮。利用齿轮原理，用人力、畜力或风力驱动轮轴旋转带动循环的木链（即龙骨），由装在木链的刮板将水刮入引水槽，水沿槽提升至高处而流入田间。使用时一端搁在岸边车垛（车基）上，另一端斜伸入水中，支架搁至水没小轮轴一半。斗板尺寸有多种，车筒长度规模视扬程不同，长短不一，车长者斗板数亦多。

人车　人力水车有手摇和脚踏之分。手摇车在车身大轴2边安装摇柄，用木棍套在摇柄上，由人摇动，就能戽水。一般斗板较小，车筒较窄较短，便于搬迁，但扬程低，出水量少，1天可灌溉1~2亩田。脚踏水车是在车槽头部装一长轴，中有木齿轮带动车链，两边装踏蹬，脚踩木蹬，车轴旋转，带动车链，车板刮水进车槽，戽水入田，1天约可灌溉3~5亩。

牛车　有固定车基，有一圆形车盘，套在竖轴上，盘上有齿，与车轴齿轮相合，上下支架固定，用牛力转动车盘带动水车戽水。1部牛车可日灌15亩左右。

风车　用4根圆木作固定支架，上装6张布篷，布篷前设有2根木棍组成的前支架，后支架内装一竖中轴，下方与水车相接，上与篷轴相接，前支架可随风转动，利用风力戽水。风车可日灌20亩左右。

境内农田灌溉历来以人力水车为主，牛盘水车次之，风力水车仅在运河堤岸有少量设置。凡地势高、面积大的荡田，均用牛车灌溉。水田零散圩小，高低不平者，采用人力小水车。民间农户根据农田多寡，有大户独置或联户置办，困难农户无力置办水车，靠出劳力“伴工”车水。若租用牛车，每亩需化的开支，约占年收获量的15%左右。“三车”提水流量较小，灌溉效率低，远远不能满足农作物正常的需要，而且劳动强度大，农村广泛流传“悬空走路，天下第一苦”的民谚。

20世纪60年代后，随着生产力发展和机械化、电气化程度提高，“三车”灌溉逐步被机灌、电灌所代替。

机械排灌

1926—1937年，嘉兴县及邻县有少量抽水机引进，数量不足60台，均以拖带水车戽水。1934年夏，嘉兴遭受严重的旱灾，全县集中全力抗旱，政府购置大批抽水机分发各区使用，防旱委员会拨款2万元，购抽水机，以干河水抽至支河，俾资救济。城区利用各厂电力，抽南湖水入城救济。解放前夕，嘉兴县机灌面积只有2.4万亩，灌溉总面积几万亩。这些机器绝大部分是拖带水车半固定灌溉。

解放后，机械排灌有了较快的发展。1950年，政府通过各合作联社发放贷款购置抽水机，扶持农民发展生产。1951年3月，嘉兴县成为全省第一批试办国营抽水机示范站的县，配备抽水机14台、190.5马力，水泵16台，其中有28马力梅杜牌煤气机2台，11.5马力大力牌混燃机11台和8马力帕墨尔牌混燃机1台，安装在机船上拖动水泵，当年流动灌溉田地7549亩。每亩水费2.92元，人力水车每亩水费为5.63元。机械灌溉费用低，省工省力。1951年，嘉兴抽水机站又增设抽水埠头4处，扩大灌溉面积2301亩。1954年4月底，基本完成嘉兴县抽水机站的建站工作，分设栖真、东栅乡抽水机组，当年投入灌溉生产。1955年，又新建嘉兴县新篁、凤桥、新丰抽水机站。1957年，在国营抽水机站贯彻“以站养站、勤俭办企业”方针，开展社会主义劳动竞赛。1958年民办抽水机站发展很快，在“大跃进”期间，加强对民间自办和民办抽水机站的管理，筹建公社农业机械管理站，配置站长、技术员、会计，对全公社的抽水机进行集中管理和修配。

1959年，地、县、社三级抓好机械排灌工作，开展渠网化建设，新开和整修渠道，扩大机灌面积，并着手对已有的机械排灌设施进行管理。建立公社机电管理站，对机械排灌设备进行统一管理、调配、修理。在所有制上采取：一是折价入站，由站统一经营；二是产权不变，属生产队所有，机器由站统一调用，每年折付租金给生产队；三是机器和经营仍由生产队所有，由公社机管站加强管理领导。此后，机械排灌逐渐为电力排灌所取代，小片农田或高亢杂地，仍然使用。

2010年11月，夏义港泵站

电力排灌

电力排灌始于20世纪50年代中期，建设于50年代末期，完善于60年代中期，80年代对电力排灌进行更新改造，90年代后期进行电力排灌设施的产权和经营管理制度改革。

起步发展阶段　1958年，在东栅、塘汇、南湖、新丰、王店和新塍6个公社，新建电力灌溉机站103个，装机1003千瓦。1959年12月6日，全省机电排灌工作会议在嘉兴县召开。嘉兴县代表作了“提高机灌效能，大搞渠网化，基本实现排灌机械化”的大会发言，介绍机械灌溉每马力灌田166亩的经验。嘉兴县提出每马力灌田300亩、每亩水费降至8角、冬闲时90%的动力设备投入综合利用，安全运转万小时的高指标。嘉兴地区掀起学嘉兴（县）、赶嘉兴

20世纪60年代，七星公社东风大队建地下渠道

(县)、超嘉兴(县)的竞赛热潮。1961年嘉兴县排灌工作，纠正"一平二调"，原属生产队所有的机械，基本上仍归生产队，即采取国有国营、社有社营、队有队营或者国有社营、社有队营等形式。

电力排灌成本低，效率高，并能综合利用。1961年对东栅公社雀墓桥大队典型调查，一般年景人力车水每亩需12个工日、机械灌溉需2个工日，电力灌溉只需0.5个工日。每亩成本机灌3.96~4.37元，电灌1.1~1.31元。实行电力排灌后，综合利用电源，电动脱粒、饲料加工、农村照明用电同步发展，同时促进乡村工业发展。

1962年以后，逐步取代机械排灌，在无电网架设的零星土地或湖荡中的湖心田仍依靠机船灌排。国营抽水站的设备改由地、县水利部门统一管理，组成流动机灌站，作为抗旱排涝的备用设备。

机电排灌促进了粮食生产。1962—1964年，嘉兴县粮食年均递增5千万公斤，1965年8月，全国农业展览馆设专馆以《水乡春潮逐浪高——浙江省嘉兴县3年粮食总产年递增1亿斤》为题展出事迹，新华社向全国发布了消息。

20世纪80年代农村普遍推行联产承包责任制后，以户为单位独立经营，机站服务对象由原来的集体大田块变为各户的小田块。农业机械发展，使7、8月间双季稻"抢收抢种"由20多天缩短至1周左右，农户对用水要求高，希望在第一时间灌上水，致使原有的大灌区跟不上承包后的需要，各地均出现农户自设小机埠，或单独或几户联办，灌排面积10多亩或几十亩。

更新改造阶段 20世纪80年代以后，大部分水泵泵龄老化，泵站效率普遍下降，对泵站进行更新改造。选用高效率电机、新节能高效水泵、斜装或半落井安装、降低出水池渠首水位和合理确定水泵转速，泵站效率从34.20%提高至49.68%，足以保证农作物正常灌溉和抗御水旱灾害。从1988年起，省水利厅、省机械厅、省机械科学研究所联合研制低扬程水泵，配合杭嘉湖低洼地区泵站改造。同时，管理工作和灌区内的渠道防渗工程也同步进行。

1990年，省农业银行列专项贷款资金扶助，每亩贷款额度8元，贷款期限最长为5年，省按每亩补助1元，贴息金每亩3.3元，扶持泵改工作。此后，各类工业园区、农业园区、经济开发区以及农村小集镇建设的规划用地量增大，占用了一批农田，灌溉面积有所减少。2008年统计，全区共有各类灌溉泵站1250座，有效灌溉面积24.98万亩；灌排渠道1477.7千米，其中衬砌渠道510.5千米。渠道配套建筑物17397处。

产权制度改革 以机埠为主的排灌设施建设，是通过国家补助、农村集体经济配套以及农民集资和投劳等形式，逐步发展完善。20世纪50—70年代是村、队集体管理，80年代中期至90年代主要是集体承包。1998年下半年开始，全区实施小型农田水利工程产权制度改革，采取个人承包、个人租赁和拍卖的形式进行。2010年，全区机埠集体所有制313座，承包653座，租赁40座，拍卖329座。改制前平均灌溉成本每亩40~60元，改制后平均成本为每亩20~44元；积累了一定的再投入资金。改制前机埠由集体管理，基本上不提固定资产折旧和大修理费，改制后经营者提存2项费用上缴村或乡，专款专用。

节水灌溉

节水灌溉始于20世纪70年代，各地农村重视喷灌技术，购买固定和移动喷灌设备，至1985年农业喷灌已发展到一定规模。农村实行联产承包责任制，因喷灌设备价格较高，一家一户很难发展，基本停止。涉及千家万户的防渗渠道建设加快,全区推广节水、节地的地下混凝土管道、PVC地下管道和"U"形预制混凝土渠道,建设节水灌溉工程。1999年提出在农业发展中要节约水资源,要制定促进节水的政策,大力发展节水农业,把推广节水灌溉作为一项革命性的措施来抓,大幅度提高水的利用率,努力推广农田有效灌溉面积。2004年、2008年,分别进行节水灌溉示范项目建设和高效节水灌溉项目建设。项目建成后,减少明渠占地,改善农田基础设施条件,带动田林路渠的综合治理,有利于农业机械化作业,每年每亩可节省灌溉提水用电2.5~5千瓦时,节水170~300立方米。

喷灌 喷灌是20世纪70年代发展起来的灌溉技术,是水通过喷灌设备对作物进行喷淋式灌溉,其特点是灌水适量均匀,具有省水、省地、省工等优点,主要应用于桑园、棉麻、果蔬等作物。喷灌有流动和固定两种。嘉兴县桑园较多的一些公社都发展流动喷灌。1978年,杭嘉湖地区大旱,各生产队购置的流动喷灌机组,对当年蚕桑抗旱起了一定作用,受到各地农村欢迎。此后,又发展了一批流动喷灌机组。流动喷灌机因零件易损、取水管道过长以及运行费用太高,1982年后逐渐停止使用。固定喷灌投资大,牵涉管理与土地经营之间的矛盾,至2000年,仍基本维持80年代原有水平。

薄露灌溉 嘉兴水稻种植灌溉方式历来是漫灌淹灌,用水量极大。1993年起,嘉兴市推广薄露灌溉水稻节水增产新技术。"薄"灌溉水层尽量薄,除水稻返青期遇低温或高温灌深水外,每次灌水深2厘米左右,土壤水分饱和即可;"露"每次灌水后,都要自然落水露田,淹灌连续超过5天,就应排水落干,就是"薄灌水,常露田"。据示范对比田试验资料统计,每公顷水稻田每年可节省灌溉水2010立方米,节水率42%。同时,薄露灌溉比常规灌溉增产率为10%左右。

节水灌溉示范工程 工程项目位于凤桥镇三星村,为2004年国家节水灌溉示范项目之一,列入中央预算内专项资金(国债)投资计划。由于该地水资源供应条件较好、区域面积集中连片、交通运输便捷、节水灌溉推广有一定基础,规划示范区面积2110亩,概算总投资313.49万元。2005年5月开工,经过1年多时间建成完工,经调试后投入正常运行。2007年6月通过市、区两级验收,2009年通过省级复验。示范项目建设以提高水利用率和劳动生产率、提高灌溉质量为原则,建设以"节水、高产、优质、高效"农业产业为目标,因地制宜选择滴灌节水灌溉模式,建成设施现代化、灌溉自动化的现代标准果园格局,为提前实现农业和农村现代化起示范作用。

高效节水灌溉项目 为2008年度中央财政农田水利投资项目,区域面积共有4450亩,包括大桥子项目区3700亩左右,新丰子项目区150亩,凤桥子项目区500亩,余新子项目区100亩。工程估算投资702.4万元。至2010年主体工程已经完工,已通过区级验收,铺设PVC管道44千米,滴灌管537千米。

第四节 防洪抗灾

圩区建设

圩田是低湿洼地开发水土资源的一项独特创造。春秋时,境内已开始筑堤围田,秦汉继续开拓,三国、南朝时围田已星罗棋布。唐、五代时期,实行军屯,统一规划治水和营田,初级形式的围田发展成圩田。吴越时期又发展了唐制,采取"浚三江,治低田""蓄雨泽,治高田"的方法,根据地形高低,分级分区规划工程,低地高筑圩岸,堤岸高至二丈,低亦不下一丈,高低田之间设闸堰控制,使低田御洪和高地引灌相辅为用,使低田无水患,高田无旱灾,岁常丰熟。

圩田规模,在吴越时期是相当大的。一圩面积约在1.3~2.6万亩之间。北宋后,屯田制逐渐解体,小生产与大圩制的矛盾日深,原来位位相接的大圩制,逐步分割为一二十户人家自筑的若干小圩。民修小圩,势单力薄,难御洪涝,常遭水患。元、明、清三代都曾采取过一些治圩措施,但由于土地私有制同圩田大规模经营体制之间矛盾难以协调,圩田规模日趋小型化,一般是几十亩不为小,一两千亩以为大,万亩以上大圩非常罕见。据万历《秀水县志》

记载：其时秀水县的圩子5000亩以上的只有17个，2000~5000亩的69个，2000亩以下的145个。民国时期，江河失治，河港淤浅，圩系零散失统。解放初期，嘉兴和嘉善北部低洼地区有圩田66.42万亩，分为1476个圩子，平均一圩面积为450亩。2010年止，境内自然圩区有405个。

解放后，采取培修圩堤，打坝并圩，改造圩区等一系列措施，加强圩区的治理和建设。1949年冬至1951年春，嘉兴县培修圩堤限于财力、民力，圩堤标准不高。1954年大涝后，普遍加固加高圩堤，以民修为主，以圩为单位，按亩摊方，经济困难的地方，政府给予贷款辅助。从1955—1956年，嘉兴县累计投工近25万个劳动日，培修圩堤3035处，计长578.57千米，圩岸普遍加高0.2~0.3米，加宽0.3~0.5米。同时采取在田面以下1米左右，开沟构筑“心墙”，治理“蓑衣漏”段845米，堵漏86处。20世纪60年代，每岁培修。据1962—1965年的统计，嘉兴县培修和加固加高圩堤1227.85千米，险要之处还砌筑了块石护岸。1983年后，把培修圩堤列为冬修水利的重点，并按更高的标准加固加高。同时结合联圩建闸，改造排涝设施以及其他综合治理措施，基本形成圩区排涝控制工程，一般能抗御5年一遇的(3日降雨130毫米)涝灾，缩短了防洪圩线30%左右。

20世纪80年代中期，境内低洼圩区进入综合治理和改造的新阶段，杭嘉湖治理工程城北圩区整治工程被列为国家低产田改造的重点。工程标准，要求防洪20年一遇、排涝10年一遇。城区嘉北圩堤顶高程涝区4.5~5.0米。规划设计并圩规模为大、中、小3种格局，大格局水田控制面积为3万亩，中格局0.84万亩，小格局0.22万亩。1988年冬兴工建设，到1991年10月止，第一期工程全部完成。1991年9月通过省级竣工验收，城区工程被评为优良。

七星乡1978—1994年建成新荡、湘店、东进、大树、庄浜、博七圩区。2005年新建的防洪工程包含原有的6个小型圩区工程，总面积42210亩，防洪堤长31.2千米，平均顶高程5.1米，护岸14.3千米，顶高程4.2米，水闸34座，闸顶高程4.8米，排涝站11座，其中闸站结合11座，排涝流量35立方米/秒，排涝模数1.24立方米/秒·平方千米，防洪标准50年一遇。南湖乡于1994年兴建月河桥、莫家泾圩区，面积4766亩，防洪标准20年一遇。大桥乡于1999年兴建渡船浜圩区，面积4875亩，后于2009年扩建，总面积6720亩，防洪堤长14.71千米，平均高度4.8米，护岸长度14千米，平均高度4.2米，水闸5座，闸顶高程4.8米，排涝站3座，其中闸站结合3座，排涝流量3.8立方米/秒，排涝模数0.84立方米/秒·平方千米，设计防洪标准20年一遇。

抗灾抢险

境内历代水害、旱患、风灾兼有。古代虽有治水防灾活动，但多局限于河堤的防守，对腹地水旱灾害则甚少有防抗对策。解放后，各级党委、政府按照“安全第一，常备不懈，以防为主，全力抢险”的防灾救灾方针，加强对防汛防旱防台工作的领导，逐步建立并完善防灾救灾指挥体系，落实各项防灾抗灾责任制，充分发挥水利工程作用。

建立县防汛抗旱指挥部，由计委、交通、水利、农业、城建、财政、物资、商业、供销、公安、电力、邮电和中国人民解放军驻嘉部队等领导组成，主要行政首长兼任指挥，下设办公室。1954年后，各乡镇(公社)也相应建立防汛抗旱指挥机构，从上到下均实行首长负责制。建区后，建立区防汛抗旱指挥部，乡镇(街道)、村(社区)均建立防汛防旱指挥机构。各级防汛抗旱指挥组织，在上级指挥部和同级党委和政府领导下，统一指挥和协调防灾抗灾活动，主要有汛前测报，防汛检查，组织队伍，调配物资，抢险救灾等。在灾害严重时，驻嘉部队和武警部队派出队伍参加抢修水利工程，抢救受灾群众和物资，保证人民群众生命财产安全，避免和减轻灾害损失。

防汛安全检查　1955年开始，建立汛前检查制度，每年进行。20世纪80年代至90年代中期，与冬春兴修水利检查结合起来进行，90年代后期每年组织专门的防汛防台风检查。检查的重点有防汛责任制的落实，圩区、护岸等防洪工程，高空和水上设施，防汛物资、抢险队伍的组织落实等。通过汛前、汛期以及台风、暴雨和洪水侵袭前的认真检查，及时发现安全隐患，制定度汛措施和处理方案，狠抓整改措施的落实，达到及时抢修、消除隐患，化险为夷、减少损失、确保安全的目的。

抢险队伍和物资准备 为了在应急抢险时有主干力量,区、乡镇及村都组织抢险队伍,主要人员构成以民兵、预备役部队为主,以党团员为骨干,有些乡镇还充实了部分机关干部。驻嘉部队也根据地方军分区的要求,组织抢险队伍。物资准备以“国家集中储备,集体自筹相结合”为原则,区、乡镇及有险工地段的单位三级储备,规定专人保管、专材专用,汛期使用,汛后补足,由各级防汛防旱指挥部统一调度。

组织抗灾抢险 每年汛期,实行24小时值班。各级指挥部成员,轮流上岗值班,组织好抢险队伍,运输车、船和医疗救护、治安保卫等专业队伍集结待命,一旦发生灾情、险情,立即开赴现场,与群众共同抗灾抢险。每次遇重大灾害,防汛指挥部主要领导都亲临一线,调动当地所有排涝设施设备,进行抢险抗灾。1954年5—7月,太湖流域发生流域性梅雨型洪涝灾害,降雨频率接近50年一遇,嘉兴水文站水位7月31日4.38米,创历史最高值,高水位持续时间长,嘉兴县发动群众,抽调干部、工人、居民、学生、医务人员等,嘉兴军分区指战员800余人,进行3个月的艰苦抗灾。1978年6—9月持续晴热干旱,嘉兴连续114天不降透雨,7—8月降雨量73.5毫米,为常年值的22.3%,嘉兴水文站最低水位2.16米,不少骨干河道断流,嘉兴县委及时发出“战高温、抗干旱”的指示,紧急动员广大干部群众投入抗旱斗争。1999年梅汛期,嘉兴普降大到暴雨,嘉兴站6月6日至7月2日降雨617毫米,河网水位暴涨,7月1日嘉兴水位涨至4.67米,超历史最高水位0.27米。嘉兴市宣布从6月30日11时起,全市进入紧急防汛期。所有水利设施和城市防洪设施全部启用;省防汛指挥部、兄弟地市防汛指挥部为嘉兴市紧急调运草包28.6万只。市供销社系统组织草包33.1万只,编织袋30.2万只,薄膜14.8吨,毛竹2210支,水泵575台,铁锹1150把。市物资局共组织水泵1704台。全市各地共组织130万人参加抗洪救灾,驻嘉部队和武警官兵及民兵预备役部队投入抗洪抢险14万人次。全市投入排涝动力电动机28688台19.2万千瓦,柴油机1412台1.87万千瓦,耗用草包、麻袋、编织袋1617.6万只,出动车辆4900台次,新购置水泵7960台,投入抗洪抢险资金14236万元。在全市水域禁航期间,被拦截船舶1万余艘、船民约4、5万人。至7月5日,市抗洪抢险指挥中心宣布解除紧急防汛期。

第五节 水政管理

唐代后期嘉兴设有都水监,吴越国时期设都水营田使,宋、元、明诸代均设官主事水利,至清朝始有水利议事总会的水利管理组织。民国初期沿袭清旧制,1928年县政府建设科为兼管水利的行政区机构。1946年又增设嘉属运河水利工程处,负责施工任务。解放后,随着水利事业发展,水利管理组织不断健全,管理的范围扩大到圩堤、闸站、机电排灌、重点水利工程等。20世纪80年代后,现代科学技术逐步引入水利管理,规章制度不断完善,水利管理工作走上了法制化、制度化、正规化和现代化的道路。

解放后,区水利局设水利水政科(法规科、行政许可科),主要负责审理、检查各职能科室承办行政审批事项的法律依据、办事程序;监督水政监察、水行政执法和水土保持执法工作;组织实施取水许可制度和水资源费征收制度;统一管理和保护水资源;依法维护水利工程的管理秩序和水事秩序,对全区范围内水事活动进行监督检查,查处属市管辖的水事违法案件,调处区管河道、区管水利工程的水事纠纷,组织水事违法案件的听证工作,配合公安、司法机关查处水事治安和刑事案件;对违反水法规的案件进行把关审批,作出行政裁决、行政处罚或其它行政处置措施,负责处理水利行政复议,应诉,理赔等公务,参与水利行政诉讼。

行政执法

解放后至1955年,境内无征收和管理水费制度。1955年8月,浙江省颁布农田水利工程管理养护暂行办法,规定工程管理养护经费应根据管理需要,群众增产情况及负担能力,由管理机构按不同受益程度拟定等级及征收数额,通过群众讨论,按照合理负责原则,由受益户负担。征收数额一般不超过每亩年产量的百分之三。1964年,嘉兴县拟订机电排灌工程征收水费意见,机电排灌设施专职管理人员的报酬在受益范围内合理负担,其中来自城镇的粮食由国家供应,来自农村生产队的,其粮食和现金都由收取水费解决。1985年,国务院颁布《水利工程水费核订、计收和管理办法》。1988年《中华人民共和国水法》颁布实施,水资源管理走上依法管理的轨道。1993年,国务院颁发《取水许可制度实施办法》。1995年,颁发《浙江省取水许可制度实施细则》颁布,市水利部门对嘉兴市区地表水取水户颁发中华人民共和国取水许可证。20世纪90年代至2003年,境内水资源费由市水利局代为征收,2003年起由区征收。2007年8月,开始按照新颁布的浙江省水资源费征收管理办法征收水资源费。

典型案件

区水行政主管部门2000—2010年查处辖区各类水事违法案件50起,立案37起。

2001年3月,水政执法人员在巡查中发现,嘉兴市力达汽车配件厂于2000年拆除本厂旧房时,将建筑垃圾、渣土倾倒在小王浜河道中,经现场勘查,河道中的垃圾、渣土面积为216平方米(平均深度为2米),其行为已违反了《中华人民共和国防洪法》第22条第2款、第56条第2款的规定。为维护人民群众的生命和财产安全,防御洪涝灾害,该单位处罚款2万元,限自接到行政处罚决定书之日起60日内,将倾倒在小王浜中的垃圾、渣土全部清除。

2001年9月,有群众举报,某单位在自己厂区内办公楼旁擅自开挖深井(25米)并取用地下水,水政执法人员赶赴现场调查取证。经查,步云乡丰南砖瓦厂未经批准,擅自于2001年9月上旬开挖一口近25米深的深井,准备取用地下水,该单位的行为已经违反《中华人民共和国水法》《取水许可和水资源费征收管理条例》的规定。为加强水资源的管理和保护,根据《中华人民共和国水法》第六十九条,《取水许可和水资源费征收管理条例》第二十八条和《中华人民共和国行政处罚法》第二十七条,责令当事人步云乡丰南砖瓦厂限期采取补救措施,处以3000元罚款,补缴水资源费1178元。

工程管理

水利工程管理实行"谁建、谁有、谁管理"的原则,凡受益或影响范围在1个村、镇、县、市(地)范围以内的,由所在村、镇、县、市(地)负责组织管理;凡受益或影响范围关系到2个村、镇以上的,原则上由区负责组织管理。1999年后,全区大部分灌溉泵站通过拍卖、租赁和承包等形式由个人经营管理,其余部分由村集体管理。

工程建设管理

历史上,境内水利工程建设主要依靠群众劳力和民间技工进行,较大水利工程由地方知县亲自督役建设。解放初期,专业水利施工力量比较薄弱、分散,兴建水利工程仍然依靠发动组织群众进行施工。1958年起,兴建较大水利工程,由政府成立工程建设指挥部或建设领导小组,进驻工地现场,进行施工指导。20世纪90年代以后,在水利工程建设中,由政府组建一个对工程建设负责的建设单位作为业主(甲方),由承担施工任务的企业作为承揽方(乙方),以承包方式组织专业队伍进行施工,并逐步推行全面质量管理和目标管理。1998年后,全区水利工程建设管理实施项目法人责任制、招标投标制、建设监理制和合同管理制,改指令性承包为公开、公平的招标承包,引入竞争机制。至2010年,水利建设全面实行项目法人责任制、招标投标制、建设监理制、合同管理制和质量监督制,同时要求施工企业实行"三检制",引入工程量第三方测量。

2005年,凤桥埝渡浜护岸

水利设施管理

圩区管理　为加强圩区管理，确保圩区安全运行，区、乡（镇）、村制定管理制度，成立管理机构，落实管理人员和管理经费，普遍推行了定人员、定岗位、定任务、定经费、定责任的“五定”责任制。圩区管理体制，一般由乡（镇）成立圩区管理领导小组，由分管农业镇长和水机站长担任正副组长，各圩区成立管理委员会，设主任及站管员、闸管员和巡堤员，村集体管理的由村委会成员承担管委会职责。

灌区管理　辖区在灌溉泵站管理上推行产权制度和经营管理体制改革，部分村集体管理的泵站被承包、租赁、拍卖。改制的泵站后，放水员比原来减少，每亩灌溉成本降低约15~20元。

技术培训　为使建好的工程充分发挥效益，区政府不定期开展农村水利人员技术培训，保证基层人员合理使用。

水文工作

宋代已有“树石测水”制度。境内水文工作始于民国时期。1922年，太湖水利机构设立了嘉兴雨量站，1924年设立嘉兴端平桥水位站。1929年，在嘉兴海盐塘设立水位站；1934年设立嘉兴西丽桥流量站。各测站时设时撤，资料中断颇多。抗日战争期间，已有的水文测站大多数被迫停测，或停停测测。1941年，嘉兴站恢复观测，仅维持1—2年，即行停测。1947年6月，成立浙江省水文总站，综理全省水文工作。其间，嘉兴站在1947—1948年恢复雨量观测1~2年，嘉兴端平桥在1947—1948年恢复了水位观测，1946年设立嘉兴蒸发量观测站。到1949年底，仅有嘉兴站的蒸发量仍在继续观测。

解放后，嘉兴县恢复原有测站并增设一批新站。1950年恢复嘉兴站雨量和蒸发量观测，新增嘉兴（杭）水位站。1955年增设王江泾站，1959年增设雀幕桥站（1961年撤销）。1966年增设新塍水位站。由于部分站是为工程规划布设的，具有临时性质，以致测站时设时撤，资料未形成系列。“文化大革命”时期，资料质量下降，但水文站网本身无大的变化。20世纪80年代初，建设南排工程时相继设立了几个水位和流量站点，在1986年前后相继撤销。2011年，在海盐塘西侧支流马贤港上设立余新水位站。

解放后至1953年，水文工作均由华东水利部一等站直接管辖。1953年华东水利部撤销，杭州一等站改名为浙江省水文分站。1954年1月，省水文总局在嘉兴设立一等水文站，负责地区水文工作。1956年4月，嘉兴一等站改称嘉兴地区水文站。1962年6月，省政府批准水文体制实行省和地方双重领导。1980年9月，将水文体制收归省水文站统一领导。1985年1月，成立嘉兴市水文站。2001年4月，成立秀城区水文站。

现有的水文测验项目主要有降水量观测、蒸发观测、水位观测（包括潮位、地下水位）、流量测验、水温观测等。所有的水文测验项目均按水文测验规范执行，规定各类水文测站的观测项目和操作规程，以保证水文资料的质量。测验手段从解放后的人工施测和记录，发展到90年代后期的水位、雨量记录自动化，测流缆道化，开始采用多普勒测流的手段。汛情传递方式从电报拍报，无线电收发报，到1997全面采用超短波通信进行水情自动测报。2001年以后，采用PSTN和GSM米水情自动测。

20世纪80年代，环城河（秀水段）河东为解放路，河西为环城东路

第二十六篇　邮政　电信

目　录

区境历来是边防要地，位于大运河边，交通便捷。秦汉时期出现专事官府文书军情的驿站、急递站。明永乐年间，为客商和民众传递书信物品(兼现金)的民信局应时而生。

清末，嘉兴邮政电信初创。光绪十年(1884)嘉兴电报局成立，开通电报业务。光绪二十二年(1896)嘉兴开办邮政，光绪二十七年(1901)设立嘉兴邮政局，1915年城内始通电话，1924年设长途电话。抗日战争期间邮电设施受日本侵略军掠夺和破坏。直至1949年解放时，位于东门外的嘉兴邮局的三层楼房还是向穆家租的。

解放后，邮电体制合一。20世纪50至60年代，城乡开拓邮电网络，增加基础设施，提高业务质量。至60年代，各公社、大队通邮递、通电话。

改革开放以后，域区加大电信建设力度，通信网络技术发生质的飞跃。1985年引进程控电话交换设备，1991年1月全市电话实现自动化。1989年5月，嘉兴邮电局建立无线电寻呼中心。随着无线通信工具的运用，2000年后无线寻呼业务逐渐退出市场。2001年5月嘉兴电信完成第一期无线市话工程，嘉兴市移动电话经历了从第一代，到第二代再到第三代移动电话的转变。2010年末，全市(大市)移动电话用户493.50万户。境内居民都有移动电话。

无线通信迅速发展，互联网宽带建设也同步迅速发展。2000年8月，区提出农村信息化与城市社区信息化建设同步进行的目标。2004年，在全省率先实现"村村通宽带"。2010年实现网络的全覆盖，市区基本实现千兆进小区、进大楼，宽带用户累计达到8.73万户。政府利用网络为群众办了多项实事、好事：2003年9月6日96345社区服务求助中心正式运行，2005年10月"农民信箱工程"正式启动，2006年开始利用互联网实施"农村党员干部现代远程教育"，市民乘车用公交IC卡、看病用市民卡……2008年4月南湖区被认定为第一批省级农村信息化试点县(市、区)。2010年3月全市互联网全部进入3G时代，并开始部署4G网络。

第一章　邮　政

第一节　机　构

解放前

邮驿　嘉兴驿传建立较早，秦汉时就北通京都。唐时境内有嘉禾驿(西水驿)。宋代发展铺递，嘉兴府设急递总铺。元时重马递，嘉禾驿定为马驿，并以嘉禾驿为嘉禾递运所，统辖境内各铺。明末，嘉兴府驿费年额银11000两，清初减为8600两。清咸丰年间战乱，驿铺制度日渐废弛。光绪三十二年(1906)清朝廷撤销驿递制度，驿站延至1914年撤销。

民信局　明永乐年间，商人为解决信件传递，组织起民信局。民信局往来于一定路线和地点，专为客商和民众传递书信物品，兼带现金。上海辟为通商口岸后，各帮信商争设信局，在各地设分局。清道光五年(1825)嘉兴设福润民信分局，至道光八年(1828)有福润、正源等民信分局11家。清末，邮局建立后，民信局逐步由邮局取代。1935年，嘉兴尚有领照营业的民信局11家。抗日战争初期，民信局全部停办。

邮务局　清光绪二十二年(1896)开办大清邮政，隶属海关，嘉兴海关兼理邮政。嘉兴邮政分局设立于光绪二十七年二月二十八日(1901年4月16日)，宣统三年(1911)脱离海关，改属杭州邮政总局管辖。1914年，嘉兴各邮局隶属浙江省邮务管理局。1917年，嘉兴邮局为二等局，有新丰、凤喈桥、余贤埭等3个代办所。1919年，城内集街、北门外塘湾街设支局。1932年，望吴桥设二等支局。1935年，嘉兴火车站设邮政代办所。1936年，北大街设二等支局。1937年，嘉兴邮局改为二等甲级局。抗日战争初期，嘉兴邮局停止业务。1938年10月，嘉兴邮局恢复。抗日战争胜利后，嘉兴邮局扩大邮政业务，恢复、增设一批邮政机构。到1948年，境内有二等甲级局嘉兴邮局、支局1个设建国路，以及竹林庙、曹庄、余贤埭、吕家埭、徐婆桥、栖凰埭、大桥、石佛寺、凤喈桥、新篁、庄史、新社寺、新丰13个代办所。

解放后

邮电局 1949年6月11日，嘉兴市军事管制委员会进驻嘉兴邮政、电信局。7—8月间，省军管委邮电处和省邮政管理局先后接管嘉兴的邮政、电信机构。1951年9月，嘉兴邮政局、电信局合并为嘉兴邮电局。1969年，邮电分设，邮政与交通事业合设交通邮政局。1973年8月，复设嘉兴邮政局。1983年，嘉兴市邮电局管辖各县(市)邮电局。

1958年，嘉兴邮电局

邮政局 1998年，嘉兴邮电系统实施邮、电分营。9月9日，嘉兴市邮政局成立，实行市管县体制，辖嘉善、平湖、海盐、海宁、桐乡5个县级局，直管市本级业务。邮、电分营后，市邮政局有职工400名。2005年8月8日，市邮政局办公地点由原勤俭路搬迁至中环北路3388号。2010年，市邮政局内设5科室，有职工637名。

第二节 邮 路

区间邮路

清光绪年间，嘉兴有4条水道邮路：上海—嘉兴—杭州；嘉兴—王江泾—平望—苏州；嘉兴—平湖—乍浦；嘉兴—沈荡—海盐。其中上海至杭州为汽轮运输，其余委托航快船运输。随着铁路、公路的建成，增加陆路邮运。解放前，铁路有嘉兴至沪杭及沿线各站，1937—1943年间，苏嘉铁路沿线各站也通邮路，公路有苏嘉湖及嘉兴至濮院。水路邮运也大部为汽轮运送取代。

解放后，辟嘉兴经平湖至乍浦、海盐线公路邮运。1967年，辟嘉兴经桐乡至崇福线公路邮运，境内的县际邮运均改为公路。同年，邮电部门购置邮车，自办汽车邮路。1990年，全市自办汽车邮路3条，每日火车邮车13趟。1991年，火车邮路发往湖州、长兴、德清、安吉的邮件，由市局接收后转发。1994年，市局列入长江三角洲快速邮运网，11月28日，增接杭州—上海快速邮路，嘉兴的进出口邮件比火车提前2小时到达。1996年10月1日零时起，甬沪354次车取消邮政车厢。1997年增开嘉兴—上海汽车邮路。1999年1月1日，119次(杭州—平湖—嘉兴)邮车经钱江二桥杭沪高速公路至海宁(屠甸)段运行。2000年2月15日，市局新增杭州至桐乡、杭州至嘉兴干线邮路，同时将杭州至临平的2班邮路延伸至平湖局。2001年，增接甬合K838次火车，收寄来自江苏、安徽的特快邮件。2002年，开设嘉兴—杭州早报专线(507/506次)邮路。2003年6月17日起，嘉兴至杭州汽车早班邮路所发国际邮件由驾驶员直接送杭州速递封发签收，其余邮件交杭州转运。2004年，组开嘉兴—杭州汽车邮路。2006年7月17日，组开嘉兴至常州快速集散网邮路。2007年7月15日后，停开嘉兴至常州邮路。增开嘉兴—无锡邮路。7月27日，组开嘉兴至南京全夜航邮路。9月20日零时起，沪昌K287次、昌沪K288次、沪福K163次、吉甬K75次、沪涌N425次、金烟2582次列车市局邮件交接撤销，增开沪嘉、嘉杭干线汽车邮路，市局火车邮路时代结束。2008年，组开4条区域快速邮路，解决上海、南京“全夜航”邮件下午投递问题；同时，增开上海—嘉兴—杭州汽车邮路。2009年8月17日，市局组开嘉兴经桐乡至杭州物流专线。2010年，市局派押区间邮路2条，增开嘉兴至杭州早报车、嘉兴至杭州快速车二级邮路各一班。是年，全市有区间邮路10条，均为汽车邮路。其中一级邮路3条，嘉兴—上海、上海—杭州、上海—嘉兴各1条；二级邮路7条(含市局自押2条)，其中杭州—嘉兴5条，嘉兴至杭州2条。

区境及市区邮路

解放前，嘉兴县邮路除王店经铁路运输外，其余均委托客轮或航快船邮运。解放初，陆路邮路，嘉兴至七星桥、王店为铁路，嘉兴至新丰、嘉兴经双桥至王江泾为公路，另有水道邮路13条。1951年，县至区、乡邮路发展到24条，特别是农村步班邮路，从县城到乡，做到当天送达。以后大力发展机动运输和自行车运输邮路，淘汰水路和步班，进一步发展现代化的邮路。1990年，市区至各乡镇邮路28条，总长173千米，其中自办汽车邮路6条、123千米；自行车邮路20条、49千米；步班邮路2条、1千米。

1994年6月11日，市邮政局自办嘉兴至王店汽车邮路，通达6个支局所。是年，调整农村邮路，净增65千米。1995年，开邮路30条，单程总长197千米，其中自办汽车邮路148千米。1997年4月1日，增开全长110千米的嘉兴经新塍、油车港、王江泾等7个乡镇至南汇的三级汽车邮路。

2000年，开邮路14条，单程总长438千米，其中自办汽车邮路370千米。2005年，开邮路13条，单程总长1313千米，均为自办汽车邮路。

2010年，全市邮路36条，单程总长度2131千米，均为汽车邮路。其中市局组开15条，单程总长度778千米，均为自办汽车邮路。

网点

1991年，市区有8个直属邮电支局，24个自办邮电所、5个代办邮政所。1998年，邮、电分营，嘉兴市邮政局成立。市区有9个直属邮政支局、32个自办邮政所、2个代办邮政所。2005年，市区有8个直属邮政支局、33个自办邮政所、2个代办邮政所，172个邮政报务网点。2010年，市区有城市、南湖2个城市邮政支局，新丰、余新、新塍、王店、王江泾、塘汇、洪合7个农村邮政支局，29个自办邮政所，2个代办所，177个邮政服务网点。

城市邮政支局　在勤俭路711号，2001年设立。又称勤俭路邮政支局，辖中山路、文昌路、二环北路、邮电路、新洲路、勤俭路6个营业厅，三水湾、南杨、清河、南门4个邮政所。

南湖邮政支局　在南溪西路1999—2001号，2009年1月8日，对外营业。内设邮政储蓄和邮政业务2个营业厅。

新丰邮政支局　在新丰镇双龙路1328号。1958年8月设立。辖大桥、步云2个邮政所，纯邮政业务支局。

余新邮政支局　在余新镇余北大街72号，2003年6月30日设立。辖凤桥、新篁、曹庄3个邮政所。

20世纪70年代，曹庄邮电所

投递

城市投递　解放初，市区设投递段道8个，每日投递2次，有投递员11人。1958年7月起，增为12个段道，每日投递3班，早班以信函、印刷品为主，中班以报纸为主，下午班以信和杂志为主。1963年4月起，改为8个段道，每日投递2班。1971年，投递段道12个。1978年，共有14个段道，其中增设机动车投递段道1个。1980年，扩大为17个段道，解决新建住宅区投递问题。1984年7月28日起，新建楼房住宅设置信报箱。1990年，设投递段道26个、城郊段道2个，其中机动投递段道2个，有投递员43人。1993年，邮政速递站成立，增设洪兴开发区、三水湾等新建住宅区投递线路。1994年9月，进行投递段规划调整，成立中山西路投递组。1995年，实行分区投递，增加投递频次，扩大投递区域。2001年，投递段道14条。2006年，投递段道71条，2445千米。是年，市区投递区域由32平方千米增加到45平方千米。2010年，城市投递段道市局88条，总长度2021千米。

农村投递　解放前，农村邮信主要通过乡镇代办所、信柜或茶店托人捎转。解放初，农村普遍建立义务信报投递网。嘉兴县设邮站11个、通信站11个，有投递网83线，义务投递员161人，共有通信站邮路29.2千米，投递网邮路63.9千米，到村邮路101.1千米，发往各区、乡的信报能当天到达。1954年始，开辟自办邮路，乡政府的邮件全部自投。1956年3月，建立农业社邮递员制度，每乡有邮递员2名，后农业社邮递员改由邮电局雇用，亦工亦农，逐步以自行车代替步行投递。1990年末，市区农村投递路线长2148千米。1996年，农村投递路线单程总长1978千米。2001年，农村投递路线单程总长度1762千米。2006年，市局农村投递路线52条，单程总长度1736千米。2010年，农村投递路线59条，单程总长度2082千米。

第三节　邮政业务

信函

大清邮政时期，除普通信函外，还收寄挂号信、印刷品、文件、贸易契约、货样等。1917年，嘉兴定为二等邮局后，增加业务门类，收寄快递、挂号邮件、邮传电报等。1932年，又增加双挂号、明信片等门类。翌年开始收寄航空信及国际信函。抗日战争期间，只办理平信、挂号、快递件。抗日战争胜利后恢复到战前业务范围，并增加保价信函等。

解放初，函件种类有平信、明信片、新闻纸、印刷品、平快、挂号信函、保价信函、盲人读物等。各类邮件除另有规定外，均可作航空寄递。1953年1月起，取消国内快递业务。1960年起，开办特种挂号业务，采用专封，准寄粮票、布票、户口转移证、粮油关系转移证、共青团组织关系介绍信等证件。翌年11月起，特种挂号和保价邮件收寄，由原仅限于市、县局扩大到各支局。1978年，试行邮政编码。

1987年10月起，勤俭路营业处开办有声信函业务，使用专用信封封寄盒式录音磁带。开办国际国内特快专递，由专人专车按最快传递方式发运，文件、资料、货样、商品均可按特快专递邮件交寄。11月，恢复国内快递邮件业务。1988年，信函使用统一标准信封和书写邮政编码，嘉兴市区314000~314001，乡镇314002~314025。

1990年，嘉兴局出口函件业务量493.19万件，国际及港澳函件2.20万件，邮政快件29.12万件。

1991年12月，邮电部首次发行邮政贺年(有奖)明信片，分配市局30万次份枚。是年，市区函件业务601.7237万件，全市函件业务1663.1833万件。1995年元月，开办“中国邮政回音卡”业务。是年，市区国内函件1037.6975万件，国际函件4.493万件，邮政快件45.7456万件。2000年，市区国内函件940.9万件，比1999年增长32.2%，国际及港澳台函件2.6万件。2005年以后，邮递类业务平稳发展，函件业务量缓慢下降。市区国内函件1109.3万件，国际及港澳台函件2.7万件。2010年，市区国内函件956.7万件，国际及港澳台函件0.7万件。

包件

1917年，嘉兴邮局始办包裹收寄业务，开办国内代收货款及保险包裹业务。1937年，收寄包裹有快件、小包、保价3种。1947年，曾开办邮包押汇业务。

解放初期，办理的包件业务有包裹、小包、大宗、个人和特种包裹。1969年4月起，停办代收货价业务。1980年8月起，恢复收寄代收货价包裹。1986年7月起，区分“民用包裹”和“商品包裹”，按不同资费收寄。1990年，嘉兴局收寄包裹7.67万件。1991年市区包裹82847件，其中国际及港澳61件。1991年后，经济快速发展，包裹业务现高速增长势头。1993年，国内包裹101906件，国际及港澳包裹154件。1993年后，包裹业务一直保持平稳发展。2001年，市区国内包裹113524件，国际及港澳包裹合计584件。2001年8月1日起，开办国内快递包裹业务。2003年，国内包裹116660件，国际包裹587件。2005年，国内包裹111358件，国际及港澳台包裹836件。2010年，市区包裹79634件，国际及港澳台包裹847件。

快递邮件

邮政快件　1950年起，开办快递小包业务，并可作保价、代收货价处理。1991年，市区邮政快件30.7万件。1993年，邮政快件43.7492万件。1995年，市区邮政快件45.7456万件。随着邮政特快专递业务发展,邮政快件业务逐年减少。1997年,市区29.65万件。1998年6月1日起,全国联网开办大宗、批量邮件快递。7月1日起,停办邮政快件业务。

特快专递 1991年,全市只有市邮电局开办特快专递业务,全年收寄特快专递5534件,其中国际特快专递1786件。1993年,嘉兴成为全省第一个全部开办县级特快专递的地区。1995年,开展上门揽收,同时代用户包装和向海关报关。1999年,嘉兴中心局与上海一级中心局之间的特快邮件做到次日上午限时递,嘉兴市发往日本、韩国、中国香港的国际(境外)特快实现次日递。2000年,文书、证、照类特快专递业务成为主要增长点。9月1日,邮件全面实现提速。12月25日起,市邮电局开办居民身份证、公安证照、法律文书同城特快专递业务。2001年7月1日,嘉兴市至市属各县(市)局、省内各中心以及全国22个省会城市的特快专递实现次日递。2002年9月,市局与上海航空代理公司合作,正式开办国际、国内航空货运业务。2005年,速递业务从外向型经济入手,着重开发国际物品类业务。2006年,实施速递平台系统。

2010年,全市邮政部门特快专递业务总量达511861件,其中国内异地495319件,国内同城13466件,国际及港澳台3076件。

1993年,嘉兴邮电局开办特快专递

邮政汇兑

清光绪三十三年(1907),嘉兴开办汇兑业务。1917年,嘉兴邮局开办国际通汇业务。

解放初,汇兑种类设普通汇票、定额汇票、电报汇款、高额汇票。嘉兴局为电汇转汇局,兼负非电汇转汇局的电汇电报编发及电报汇票开、发工作。1953年,邮电部和人民银行商定实行汇款分工,个人汇款由邮局办理,工商企业汇款由银行办理。9月起,停办电话汇款业务。1954年起,邮政汇兑实行凭证件兑付的办法。1955年8月起,改革汇兑制度,取消三联式汇票,改为剪格式二联汇票。1958年,又改为四联复写式汇票,汇票不再交汇款人自寄,由兑付局通知收款人领取。1980年8月19日,实施邮政业务新制度,翌年起每张汇票最高限额由300元改为5000元。

1990年,市邮电局出口汇票15.45万张。1991年,市区国内汇票16.4万张。1993年7月,开办国际汇兑业务,可通汇至美国、日本、意大利、瑞士等8国。1995年,市区国内汇票27.6万张。1997年,市邮电局办理全市第一笔国际汇票业务。2001年,嘉兴列入全国第二批电子汇兑工程建设城市。9月11日,勤俭路营业点开通电子汇兑业务。同年底,文昌路等12个营业点开通电子汇兑业务。2005年,市区撤销角里街邮政所电子汇兑网点,设立城南路邮政所电子汇兑网点,将二环北路邮政所、新洲路邮政所手工电子汇兑网点改为联网电子汇兑网点。是年,共增设国际汇兑网点32个。2007年,顺利完成邮政营业网和邮运网两网互通、汇兑大集中、支局电子化等工作。2010年,市区代理国内汇票29.7万张,金额64216.9万元。

报刊发行

解放前,报刊通过私人渠道发行,形成派报行业。解放初,市区私人派报业有一个批发组,两个代销处,报贩20余人,发售报刊数百份。

1950年,嘉兴邮局开始办理报纸期刊发行业务,组织报贩成立合作小组,经营报刊,后成立送报小组为邮局送递。10月起,在各企事业单位建立社会报刊发行站。当年,发报纸1400份,杂志1200份。1952年,期发报纸9600余份,杂志4800余份,以后逐年上升。1980年5月,恢复设立各支局(所)办理报刊零售业务。1981年10月开始,按收订个人报刊数量给予奖励。1990年末,市区有报刊发行站445个、发行员656名。年末报纸期发13.12万份,杂志期发8.31万份;全年累计发行报纸2349万份、杂志115万份。报刊流转额426.00万元。

1991年,市区有报刊门市部2处,报刊零售点3个。当年,市区订销报纸期发数14.4万份,杂志9.6万份;全年累计发行报纸2541万,杂志132万份。1996年,市区订销报纸期发数11.25万份;订销杂志期发数7.90万份。1997年6月,组建嘉兴市邮电局报刊零售公司。2000年,市区有邮政报刊图书销售点61处,市局为个人订户赠送并免费安装报箱,共赠送家庭报箱2368只是年,市区订销报纸期发数24.97万份;订销杂志期发10.53万份。2001年,报刊零售公司更名嘉兴市局报刊批销中心。2010年,市区有报刊亭129处、零售点1处,市区全年累计订销报刊2408万份。

集邮

嘉兴的集邮活动始于清末。1936年5月5日,由基础民等人发起成立嘉兴邮票研究会,会员10余人。1949年8月1日,新光邮票会嘉兴分会成立,发行嘉兴区邮报。1956年5—6月间,在人民公园举办首次邮票展览,展品100版左右。1958年5月,嘉兴邮局设专柜出售国内发行的纪念邮票、特种邮票以及集邮用品,开展集邮活动。"文化大革命"期间,停办集邮业务,撤销集邮机构。1980年8月,恢复集邮业务。1981年1月,成立集邮门市部,1988年12月,成立市集邮分公司。1983年4月28日,成立市集邮协会。1987年5月20日,嘉兴市邮学研究会成立。1980—1990年,曾先后举办5次邮展。

1990年,市集邮协会共有会员1442人,全市集邮点12处,集邮业务收入128.12万元。1991年,全市有集邮点18处,销售集邮邮票458.3万枚,集邮业务收入214.6万元。1993年,全市集邮点34处。1997年7月1日晚,秀州路集邮门市部组织香港回归邮品零点销售活动,收集邮品近200万册。2000年,全市集邮销售点92处,销售集邮邮票1231.2万枚,集邮品44.05万册,集邮业务收入2391万元。2001年6月28日至7月1日,庆祝建党80周年全省集邮展览在嘉兴市科技馆举行,近万名集邮爱好者前来参观。2008年10月15日,中国共产党第十七次全国代表大会纪念邮票首发仪式暨全省老年邮展在图书馆举行。当年,市局奥运集邮品销售收入近409万元,销售《奥运邮票大全》30册,收入89.4万元。2010年,全市集邮销售点129处,销售集邮邮票336万枚,集邮品6.7万册,集邮业务收入2796万元。

邮政储蓄

邮政储蓄原称邮政储金,1919年10月15日,嘉兴邮局开办该项业务。1946年8月,建立邮政储金汇业局嘉兴办事处,次年10月裁撤。

1951年5月,重新开办邮政储蓄业务。储蓄种类有:存簿储金、定期储蓄、定活两便储蓄等。1953年9月16日停办。1986年6月,恢复储蓄业务,邮电营业部设储蓄柜。

1990年,市区设储蓄点11个,有储户36414户。1995年,市区有邮政储蓄点18个,全年邮政储蓄平均余额7572.1万元,邮政储蓄期末余额11005.9万元。1998年,市区有邮政储蓄点28个。2005年,市区有邮政储蓄网点31个。2007年,开办外币储蓄业务和代理开放式基金业务。2008年,市区勤俭路邮政储蓄所等65家网点开办个人理财业务。2010年,市区有邮政储蓄网点29个。年末,市区邮政储蓄平均余额247297.6万元。

其他业务

保险业务 1936年7月,嘉兴邮局开办简易人寿保险,当年确立保险契约3万件。至1949年5月,有效契约2124件。

征询业务 1951年,开办征询业务。公众凡需对国内设有邮局的地方,征询调查亲友现状、交通状况、文化教育状况、特产品或商品情况,以及其他简要征询事项,邮局均可代办。如有急要,可办电报征询。1953年6月停办。代购业务1951年开办。公众向外地购买货物,邮局可接受委托向指定的邮局(经购局)代为购买并作包裹寄达托购局,再通知托购人来局领取。1953年5月1日停办。代售印花税票业务。民国期间,代理国库业务、代售印花税票等。解放初期,国家税务部门委托各地邮局、邮政代办所代售印花税票。1954年1月停办。

代办业务 1992年,销售第七届全国运动会体育基金奖券10万张。是年,市区代理业务收入2.73万元。1998年,开办邮政邮购业务。1999年,发行

《中邮广告》嘉兴版，从不定期发展为每周1期。2001年每周2期，全年发行603万件，收入113.46万元。2002年4月19日起，市农业银行的银行卡、账单制作、寄递业务交由邮政办理，代理保险业务寿险和财险，当年市代理保险业务4300万元，列全省第一。2003年3月，开办嘉信医药集团公司药品物流配送业务。8月，开办出入境证照专递业务。9月1日起，开办市区地税邮寄纳税申报业务。此外，“185”客户服务中心开办铁路客票预售配送业务。2004年，代办电信业务收入同比增长2566.67%。2005年，开展“思乡月”月饼营销活动。2007年，开展电子商务速递和邮政储蓄代收烟草款业务。2009年2月20日起，嘉兴邮局33个网点开办航空票务业务。2010年，销售世博会门票13.3万张，1817.7万元，列全省第一。

第四节　邮政设施

邮政用房

解放前，邮政设施十分简陋。解放时，嘉兴邮局系租用东门穆家洋房。1954年，嘉兴邮电局在芝桥街新建1115.18平方米邮电营业用楼房。1984年，新建勤俭路邮政营业用大楼投入营业。新楼建筑面积3332平方米，楼高21米，宽敞宏大，邮电设备齐全。

1991年，建成七星邮电支局附属用房。1993年，新篁局房竣工。1994年，集邮公司营业用房，中山西路教育培训楼等项目竣工。1996年，新增新篁、文昌路储蓄网点。1997年，曹庄等局建成。1998年11月16日，中环北路3388号的嘉兴邮件处理中心建成。建筑面积2.5万平方米，年处理能力460万袋，能满足嘉兴邮区中心局及地区50年内邮件处理、集散需要，为全省地市级最大的邮件处理中心之一。是年末，市邮政局自有房屋34300平方米，其中邮政生产用房面积12547平方米。2005年6月，市邮局行政办公地由勤俭路369号搬迁至中环北路邮件处理中心。2007年，增建余新邮政支局综合用房，建筑面积650平方米；对新丰支局等14处网点和余新、凤桥、曹庄、新篁等6处网点金库装修改造。2008年，勤俭路原市邮政局办公楼改作邮政储蓄银行嘉兴分行办公楼；中山、建设邮政所等营业网点和5处其他生产用房装修改造。2009年1月8日，南溪东路西侧，建筑面积2540平方米的南湖邮政支局开张营业。2010年，装修改造嘉兴、余新和大桥邮政所，嘉兴市邮局自有房屋总建筑面积50797平方米，其中邮政用房建筑面积14225平方米，其他生产用房6190平方米。

邮政设备

投递及营业设备　解放时，嘉兴邮局有手拉两轮车、自行车各3辆及秤、算盘、时钟等用具。

1954年，嘉兴邮局更新邮件分拣、封发、投递分信格台和营业柜台等设备，增添各种非机动车26辆。1958年，嘉兴局始用三轮摩托车接送邮件。1972年，嘉兴局营业部使用包裹收寄机信函过戳机，1973年，始有邮用汽车3辆，1978年，汽车增至6辆，摩托车10辆，自行车113辆。

1984年，在勤俭路新建邮政营业大楼，全部更新邮件分拣、封发、报刊分发、投递分信格台及营业柜台等，提高了机械化程度。

至1990年，共有邮运汽车11辆、三轮摩托车2辆、二轮摩托车1辆、自行车38辆，包裹收寄机11台。

1991年，使用2台计算机。1993年，计算机在邮政业务部门中得到广泛应用。市区邮政营业完成计算机处理系统安装，收寄邮件等全部采用微机处理，是年，全市计算机（微机）104台。1998年，邮政、电信分营后，全市有邮政计算机（微机）451台。邮运汽车22(28)辆。2001年，更新中山路及南湖风景区等10处邮政报刊亭。2002年，改造市邮政金融计算机网络技术工程中心机房及网点设备。2005年，嘉兴局邮政汽车57辆，包括邮运汽车12辆、投递专用汽车12辆。2010年，全市有邮政汽车148辆（嘉兴49辆），商业信函制作系统2套，邮资机27台，过戳机15台，信箱、信筒292个；ATM自动机柜员机94台，理财终端7台，计算机（微机）432台。

邮政金融网　全称邮政金融计算网络技术改造工程，又称“绿卡工程”。嘉兴邮政金融网属省“绿卡工程”二期，覆盖嘉兴、湖州两市，设80个储蓄网点，中心机房有30台ATM机与全国金融计算机网络和其他金融计算机网络联网。1998年9月15日，嘉兴邮政局引进美国惠普PH9000计算机，年底完成中心机房建设。1999年6月3日，嘉兴区域中心所属嘉兴市18个网点投入试运行。2001年1月18日，嘉兴中心与全国中心联网，将嘉兴各邮政储蓄网点与全国16630个邮政储蓄网点和3900台自动柜员机联在一起。

邮政计算机网 全称中国邮政综合计算机网工程。嘉兴中心属全国邮政综合计算机网的一个节点，装有AC120ATMJ交换机。1997年，市区9个邮电支局、16个储蓄网点实现所有储种通存通兑。1999年底，广域网建成。2000年12月，广域系统实现与全国联网。2001年1月，广域网开通运行。8月，市局“185”客户服务中心正式开通。2005年，市局完成邮政储蓄系统和邮政汇兑系统互联互通，邮政业务量收系统投入使用，邮政信息化建设从业务应用向经营管理发展转移。6月，杭州、嘉兴间邮区中心局系统跨邮区县(市)局信息互联互通的无纸化交接，实行“总路单”汽车干线邮路邮件总包交接。7月，嘉兴邮区内各生产班组无纸化交接。2006年，市邮政综合服务平台电信联网收费系统改造完成。2007年，完成邮政营业网和邮运网两网相同、汇兑大集中、电子化支局，实现邮政储蓄ATM/POS/银联前置系统、邮政外币储蓄系统、财务、人力资源管理系统统一上线和省—市网络扩容。2008年年底，市局办公自动化OA系统延伸至各农村支局所。

邮政投递网 2000年8月底，三水湾、文昌路两处邮政服务中心试运行。9月底，实现包裹直投到户。2004年，调整、改革投递网和作业方式，改造投递作业硬件，优化作业环境。探索普邮、特邮分网运营，普遍服务型业务按现行的有关服务、时限要求进行投递；商业化业务根据用户要求，依据资费水平高低，提供相应的个性化服务。2007年，进行商业化运作，对原有报刊普邮投递网进行补充和完善，组建个性化投递网，重点为大客户和高资费客户服务。2008年11月，市局对全市邮运网、投递网进行调整，组建大同城网络。并运行26个农村支局、所和重点乡镇企业特快邮件实现当日递。

第二章 电 信

第一节 机 构

解放前

电报局、电信局 嘉兴电报局成立于光绪十年(1884)五月二十三日(农历)，为三等甲级局。三十年(1904)改称嘉兴电报子局。至抗日战争前夕，境内已有10个电报局(处)。1940年，华中电气通信股份有限公司在嘉兴、硖石、嘉善、长安先后设电报电话局。抗日战争胜利后，国民政府交通部接收，设嘉兴、海宁、嘉善3个电信局，其中嘉兴为二等局。解放后，人民政府接管。1951年，与邮局合并为邮电局。

城镇电话机构 1915年，周子楫等发起合股创设嘉兴通利电话股份有限公司办理城镇电话。1919年，有用户300户。1921年，更名为嘉兴中兴电话股份有限公司，用户255户。抗日战争前，装机用户462户，为浙北各县之冠。抗日战争期间被日伪掠夺。抗日战争胜利后，为国民政府交通部接收日资所属电报电话局，称电信局，统一经营电报、电话、城镇电话业务。

长途电话机构 1924年2月1日，成立嘉兴长途电话分局，嘉兴直接通话至上海、杭州、湖州及境内各县城。1929年，嘉兴各县相互通话。嘉兴长途电话分局为全省7个交换中心之一。1934年，嘉兴设长途电话支局。1936年，长途电话由交通部直接

20世纪80年代，嘉兴市长途电话台

管理，嘉兴改设长途电话处。抗日战争胜利后，国民政府交通部接管日资电报电话局，称电信局。解放后，人民政府接管，1951年，与邮局合并为邮电局。

乡村电话机构　1936年3月，嘉兴县建立嘉兴乡村电话管理所。设有乡线电话：王店、新塍、新丰、濮院4处乡线电话，线路65.4千米。1937年元旦，业务点增加新塍—王江泾、新丰—新篁、嘉兴—余贤埭等处。抗日战争期间，乡村电话遭到破坏。抗日战争胜利后，1946年4月，嘉兴县筹备恢复乡镇电话，重新架设乡村电话网。1947年2月，成立乡镇电话所。解放后并入邮电局。

解放后

1949年6月11日，市军管会派代表进驻嘉兴邮政、电信局。1951年9月，两局合并为嘉兴邮电局。至1983年撤地建市，设嘉兴市邮电局。1996年12月，中国联合通信有限公司嘉兴分公司成立。1997年起，市邮电局经营体制改革，实施邮、电分营，先后剥离移动通讯与寻呼。1998年1月8日，浙江移动通信有限责任公司嘉兴分公司成立。1998年9月9日，市电信局成立。1998年12月18日，浙江电信寻呼有限责任嘉兴分公司成立。1999年9月，浙江电信寻呼有限责任公司嘉兴分公司更名为浙江国信通信有限公司嘉兴分公司。2000年6月，吉通网络通信股份有限公司嘉兴分公司成立。2000年7月8日，市电信局更名为浙江电信公司嘉兴分公司（以下简称"嘉兴电信"）。2000年9月，浙江国信通信有限公司嘉兴分公司并入中国联合通信有限公司嘉兴分公司。2001年3月，中国网络通信有限公司嘉兴分公司成立。2001年11月26日，铁道通信信息有限责任公司嘉兴分公司成立。2003年1月8日，浙江省通信股份有限公司嘉兴市分公司成立。2003年7月，浙江省通信股份有限公司嘉兴市分公司与吉通网络通信股份有限公司嘉兴分公司融合，成立新的浙江省通信股份有限公司嘉兴市分公司。2004年，中国网络通信有限公司嘉兴分公司与浙江省通信股份有限公司嘉兴市分公司融合，成立中国网络通信集团公司嘉兴市分公司。2004年9月，铁道通信信息有限责任公司嘉兴分公司更名为中国铁通集团有限公司嘉兴分公司（简称"嘉兴铁通"）。2006年，浙江移动通信有限责任公司嘉兴分公司更名为中国移动通信集团浙江有限公司嘉兴分公司（以下简称"嘉兴移动"）。2008年5月，中国铁通集团有限公司并入中国移动通信集团公司，成为其全资子企业，但嘉兴铁通与嘉兴移动仍独立核算、自负盈亏。2008年10月27日，中国联合通信有限公司嘉兴分公司与中国网络通信集团公司嘉兴市分公司合并，成立中国联合网络通信有限公司嘉兴分公司（简称"嘉兴联通"）。2010年末，全市有嘉兴电信、嘉兴移动、嘉兴联通、嘉兴铁通4家电信企业。

嘉兴电信　位于禾兴路406号。2010年，下辖嘉善、平湖、海盐、海宁、桐乡5个县（市）分公司和南湖、秀洲两个分局。2010年底，有员工1181人，高级职称员工21人；本地交换设备总容量235万门；移动C网交换容量65万户；宽带用户接入设备容量110万个端口，互联网出口带宽达180G；宽带IP网覆盖所有自然村；本地主干配线电缆480多万对/千米；本地光缆50万芯/千米；本地传输端口4.5万个。固定电话在网用户数150万户，宽带用户数达65万户，移动电话用户近60万户，其中无线上网用户近7万户。业务范围：除经营固定电话和移动电话通信业务外，还经营数据、图像、多媒体通信与信息服务，国际电信业务对外结算，通信及信息业务相关的系统集成、技术开发、技术服务，通信产品的销售、设计、安装，信息咨询（不含证券、期货咨询），设计、制作、发布、代理各类广告业务（含网络广告）等。

嘉兴移动　位于斜西街255号。2010年，下设嘉禾、嘉善、平湖、海盐、海宁和桐乡6个县（市）分公司，27个区域营销中心，100家营业厅，员工1444人，通信基站3105个（其中TD基站980个），网络总容量达475万门，网络覆盖全市域（其中室内深度覆盖），客户数392.01万户，全年完成主营业务收入23.4亿元。业务范围除基本语音外，还提供传真、数据、IP电话等多种增值业务，拥有"全球通""神州行""动感地带"等著名客户品牌。

嘉兴联通　位于洪兴路1281号。2010年末，有网点804个，员工862名，出账用户56.09万户（其中3G用户5.59万户），全年营业额5.16亿；本地移动核心网10套总容量444万户，等效E1条数2044条；固定交换网PSTN端局总容量134368门；拥有GSM和

WCDMA2个移动通信网，共有基站2548个，基站载频数、载扇数10925个，铁塔836座，室内分布系统645套；其中GSM网室外覆盖率95%以上，WCDMA网络覆盖市区、县(市)城区、重要乡镇、交通干道。传统接入设备688台(套)，接入端口93758个，宽带接入用户数7.3万户，语音用户10.4万户。

嘉兴铁通 位于环城西路385号汇丰广场B座。2010年末，下设嘉兴、嘉善、桐乡、濮院、海盐、平湖、海宁、长安8个分局，营业网点17个，员工126名，拥有机房143个，设备电话端口数(容量)158201线，固定电话用户90088线，宽带端口数(容量)53206线，宽带用户数40600线；主要经营固话、宽带、电子传真、呼叫中心、集团彩铃、企业联名卡等业务。2010年，全年营业收入4893.93万元。

第二节 电 报

有线电报

清光绪九年(1883)农历4月15日，沪—粤电报线通至嘉兴，翌年农历5月在张家弄建嘉兴电报局。至1924年，电报线路有6条：嘉兴至苏州、上海，嘉兴至杭州，嘉兴至南浔，嘉兴至平湖、乍浦，嘉兴至桐乡，嘉兴至嘉善。1947年，设无线电台，专为政府部门服务。

解放初期，嘉兴电信局有线电报电路8条，其中通往上海、杭州为音响电报，通往嘉善、平湖、硖石、桐乡、崇德、盛泽为话传电报。1959年底，设电报快机3套、人工机3部，另魏塘、新塍、王店、新丰、余新各有人工机1部。有省县际电报电路7条，县内5条。1960年，建成嘉兴通上海、嘉兴通杭州电传双工幻线各1路，嘉兴通湖州快机双工幻线1路，嘉兴通桐乡、嘉兴通平湖人工双工幻线各1路，嘉兴通海宁人工单工幻线1路。至县内各乡有人工报路12路、话传报路2路、市内话传报路5路、用户电路6路，县内办理电报业务的有15个支局、5个邮电所。

1961年7月，嘉兴县局设立无线电台，有15瓦收、发报机1套，定时与湖州通报。1965年，全部淘汰人工电报机。1970年1月15日，嘉兴—杭州试开无线报路，1972年9月，嘉兴—湖州、嘉兴—杭州开始使用载报电路。1982年12月，通往嘉善、桐乡、海盐、平湖电路全部使用载报机。

1984年8月，市区开办用户电报新业务，嘉兴电气控制设备厂首家安装用户电报，以电传方式直接与国际国内对象通报。1986年2月，市局无线电台开机工作，发讯机功率15瓦。1990年，农村电话均使用脉冲编码机，开办乡镇用户电报。当年末，全市共有电报电路77路；市局所属的6个支局、1个邮电所安装使用BDC10电子储存机；市局电报(去报)业务量22.05万份，业务收入53万元。

1991年，全市有线电报电路68路，载报机44部。当年底，用户电报39户，用户传真266户。1994年，启用分组交换电路，当年分组交换用户12户，用户电报用户45户，用户传真1436户，去报量降至40.41万份。1995年底，去报量减至29.93万份。随着程控电话建设和运行，长途电路增多及用户传真机广泛应用，电报量继续逐年递减。1995—1996年，有线电报电路过百，其中载报终端设备容量维持在300余路，随后略有减少。1998年底，有线电报电路为101路，载报终端设备容量266路。1999年起，公众电报统一上数据网，原机器停用，换新分集器，共有电报电路16线。2000年，去报量10.14万份。2007年，去报量1.69万份。2010年，除气象、会议电报外，公众普通电报全年业务量仅百余份。

无线电报

1991年，无线电报电路15路。1992年，无线电报电路13路。1993年，无线电报发报机停开。

第三节 固定电话

市内电话

线路 解放后，有出局300对架空电缆及25对架空电缆2条，杆路长20千米。1954年11月，市内电话机房改迁，扩建出局电缆500对一条，埋设勤俭路至建国路地下电缆管道。1987年，在市区内布放主干电缆芯线长度6342线对千米、支干4453线对千米。1990年，市局架设杆路总长度88千米、电缆总长250.4皮长千米。1991年，布放1200对主干电缆3.67皮长千米，用户配线电缆20.64皮长千米。当年底，电话杆线长度277千米，电缆长度481皮长千米，其中地下电缆70皮长千米。1992年，启动光缆建设，新装嘉北、百花、三水湾3个模块局；新增管道5.27千米，计36.21孔千米；布放主干电缆1200对6.6皮长千米，800对5.5皮长千米，配线电缆45.7皮千米，计14058线对千米；在栅榎、清河等7个新建住宅区采用固定交接配线，基本达到每户一线。1993年，杆路339千米；市区新增5条2400对出局主干电缆，完成33个小区的“一户一线对”电话配线工程，新增市话电缆95.4皮长千米，计34856线对千米。1994年，新增出局电缆24800对，市区增加“一户一线”住宅地段25个，布放市话电缆86.2条，计38048线对。1998年，市电信局市话电缆2917皮长千米，光缆436千米，长市中继线2070路。2000年，嘉兴电信实施城区光纤网建设，市内新增21个光分配点、46千米带状光缆。布放本地网中继光缆995皮长千米，农市话电缆737皮长千米；完成农市话管道30.04千米，计252.36孔千米；市SDH三期扩容、SDH网管升级。新增C3/C4电路3900条。当年底，嘉兴电信本地网电缆3751皮长千米，市话光缆1284皮长千米。2005年，嘉兴电信市话电缆41714皮长千米，光缆8907皮长千米。2010年，嘉兴电信市话电缆53018皮长千米，光缆30525皮长千米路。

设备（交换/传输） 1921年，嘉兴中兴电话公司有磁石交换机3台共300门。抗日战争时被日本侵略军破坏。至解放前夕，市内电话有磁石交换机3台300门，实际容量240门。

解放后，市局有磁石交换机3台。1962年，安装交换机达到800门。1969年，嘉兴邮电局初装步进制自动交换机容量1000门，于1970年12月26日开通。1978年，市话自动交换机容量1500门，以后经过4次扩容，到1985年达到5000门。1985年9月始，与上海贝尔公司签约引进S1240程序控制电话交换设备，市话8000门，长途800线，资金为206万美元。1988年6月首批设备安装完毕，年末安装程控电话用户2772户。投资624万元的电信综合大楼于1988年12月竣工。1990年，市局交换机总容量15000门，包括程控交换10000门，纵横制自动交换5000门，实装用户9861户，装有电话机12544部，其中接入市交换机9688部，接入用户交换机2856部。

1991年1月8日，市区电话实现自动化，是全省第一个地市级电话设备程控化局。6月初，全市以程控交换设备为主体，光纤、微波、电缆等多种传输手段结合的数字化电话网建成。6月15日，近1500户原步进制市话接进S1240程控交换设备，市话全部实现数字化、程控化。1992年初，完成S1240市话8000门扩容，市话数字程控交换机容量达18000门。8月16日，嘉兴建成全国第一个C3本地电话网。1993年，市区新设农贸市场和大众维修站2个RSU交换点，百花、三水湾增加RSU模块；程控交换机扩容1万门，总容量达到72056门。1994年，引进美国AT&T公司5ESS—2000型程控交换机7万门（市局2万门），完成市话扩容4.2万门，建成全国最大的S1240程控交换局。市区丝绸市场、洪合安装开通HJD04型交换机各4000门。嘉兴至各县市开通四次群光缆，新建一个市区光自愈环，并开通三水湾、种子公司等4套RASM传输系统。

1995年，C3本地电话网交换总容量36.9万门，通信规模和质量列省前列。1996年1月18日，美国5ESS—2000型程控交换机开通运行。2月8日，市区嘉北、百花、清河等近5000用户割接进5ESS。随后全市逐步建立5ESS与S1240双汇接制的网络结构。至年底，本地电话局用交换机总容量达到50.07万门（其中市局23.78万门）。1997年，C3本地网2.5G的SDH光传输系统工程完成硬件安装及设备软硬件调测，当年开放电路近60条。1998年，市电信局净增局用交换机容量51752门，全市固定电话交换机容量达69.11万门。2000年，嘉兴电信在市区新建、扩容、安装30个市、农话交换点和7.4万门程控交换机，本地局用交换机总容量999981门；完成TS1\TS2扩容升版，为17908IP电话业务、AD广告电话业务、MAS大众呼叫业务、VOT电话投票业务开通打下基础。2001年，嘉兴电信交换机总容量达到193万门。2003年，嘉兴电信C3骨干层新建10G传输通道，形成“端到端”通信能力。2004年，嘉兴电信启动重要大客户电路由PDH向SDH改造。2006年2月25日凌晨，嘉兴电信120多万固话用户全部割接到SHLR(综合用户数据中心)。当年,全市固定交换机总容量156.65万门。2010年,全市固定交换机总容量234.4万门。

业务 1921年,嘉兴中兴电话公司有用户255户。1935年,发展到462户。抗日战争胜利时,用户仅85户。1957年,市内电话用户440户。1988年年末,安装程控电话用户2772户。1990年,市局实装用户9861户,装有电话机12544部,其中接入市交换机9688部,接入用户交换机2856部。1991年,市邮电局拥有市话用户25948户,程控电话新业务有热线服务、转移呼叫、闹钟服务、免打扰、缩位拨号、追查恶意呼叫、五方会议电话、呼出限制等。1992年,市话普及率20部/百人。

1993年,市话用户55699户。1994年9月8日,开办168自动声讯信息台。1995年,市话用户111709户,14.2%的城市家庭安装电话。1997年,电话普及率19.71部/百人,电话主线普及率10.22线/百人。2002年3月5日,嘉兴铁通第一部住宅电话开通。当年末,市话用户439829户。2003年,嘉兴铁通开办本地卡类电话、铁通公司智能插卡电话、96300长途记账卡、铁通预付费电话等业务。2005年末,全市市话到达户数663926户。2007年5月19日零时,嘉兴市电话号码升至8位,原号码前加“8”。2010年末,全市市话到达户数463493户,其中嘉兴电信40.82万户;电话机部1907150部。

农村电话

线路设备 解放前夕,嘉兴县乡村电话线路总长138千米,设交换机所4处60门,单机站28处。有19个乡镇通话。

1950年,嘉兴县乡村电话管理所设30门磁石交换机1座。1953年6月,县乡话管理所与邮电局合并,对原有线路进行改架、重架,增设新线。1958年末,县至各公社所在地架设直通电路。1974年11月,嘉兴局自制的首台PCM24路脉冲编码机在嘉兴至王店线开通使用。1983年3月,南湖乡改装线路集中器200门,开通自动电话。1990年,各乡镇采用脉冲编码机,与市交换机联网。

1991年初,开通市局至东栅、新丰、新塍、王店、王江泾、凤桥等支局光通信,新增农话光缆155.91皮长千米,新增农话光纤电路2100条。新开余新等12个乡镇STO端局,凤桥等支局纵横制用户全部割接入RSU,市区全部农村支局和绝大部分乡村电话用上程控电话。当年底,农话交换机总容量41366门,电缆总长4478皮长千米,杆路总长3792千米。1993年,农话交换机总容量增至87288门,杆路总长5020千米,电缆总长7021皮长千米。农话中继开通第二个光自愈环,光缆总长240.6皮长千米。市邮电局31个交换点全部进入光传输网,新增农话中继电路453路,总数达1837路。1994年,农话交换机总容量149812门,较上年净增62524门,农话电路净增3577路,达9573路;到年底,全市农话电缆总长7296皮长千米,其中光缆总长969皮长千米。1997年,开通步云等3个RSU1500门,改建、扩容或新增4个5ESS模块局交换机1.5万门;完成230个村户线建设,布设农村配线电缆1882.5皮长千米。1998年1月6日,真如市话分局建成开通,市区形成以真如为母局的环路汇接网络。

业务 解放前夕,嘉兴县19个乡镇通话。1956年,实现乡乡通电话。1960年,公社均设电话交换机和双向会议电话,公社至生产大队全部通电话。1970年,县至各公社实现载波化。1985年,市区农村电话有2634部。1990年末,全市农村实装电话机14141户。

1991年1月,市区电话实现自动化,农村出现装电话热。当年底,全市农村电话用户19130户。1992年9月,全市进入全国长途自动交换网。1996年,全市农村电话总量达128380户。1998年末,全市农村电话户数235359户。2001年,全市农村电话到达户数突破50万户,达557021户。2006年,全市农村电话到达户数799694户,创历史最高纪录。此后,由于移动电话的普及,农村电话用户有所减少。2010年末,全市农村电话到户数772991户,农村电话机1472383部。

长途电话

电路 设备 1924年,嘉兴长途电话分局辖长途电话线路7条,总长265千米。抗日战争胜利时,连接嘉兴共有9线,其中3线为双铜线,其余为双铁线,配有英制磁石交换机20门2座。

解放后，所有线路全部改为铜质电缆，交换机改自动、半自动，并采用载波和中继电路设备。

1958年5月，嘉兴—平湖开通首条载波长途电话；8月，嘉兴—湖州国产东风12路载波机开通使用。到1962年，嘉兴通达周围10个县的长途电路27条。1965年1月4日，嘉兴局联接沪、杭之铜线开放载波电路。1972年8月，嘉兴局新机务站在嘉北公社顾家浜附近的高地上建造。1976年，杭州至嘉兴国家一级干线电缆工程迁移改建完成，6—9月，嘉北机务站电缆工程建成使用。自上海通往浙、闽、赣东南沿海重要电路都通过嘉北机务站增音。

1985年5月15日，杭州—嘉兴第二套60路载波机开通使用，10月，增开上海—嘉兴60路载波机及嘉兴至海宁、嘉善、松江12路载波机各1套。

1988年6月28日，嘉兴市区程控电话长途800线开始使用。7月11日，嘉兴至海盐的32路中继电路，至桐乡、至嘉善的微波电路开通使用。1990年5月，浙江第一条光缆线路建成投入使用，嘉兴至所属县、市以及至农村乡镇开始架设光缆和安装光端机。年末，全市长途电话主要设备有载波电话终端机83部、60路载波端机21架，总容量3897路，实占1656路。

1991年，建成嘉兴全市光通信系统，开通局间7号信令，增加嘉兴至杭州、上海、苏州、无锡等地直达电路。12月，嘉兴至松江光缆建成投产。12月5日，长82.6千米的国家重点工程沪闽光缆嘉兴段完成埋设。当年，业务话路4263路，其中本地网内市、县长途中继电路3014路。1992年10月底，沪闽光缆嘉兴段开通使用。1994年6月10日，完成TS6000长途自动交换设备调测，开通杭州、上海7号信令，扩容杭州、苏州方面长途光传输。增加32个基群电路。当年，长话业务电路2899路，长途电路总长205.2皮长千米。1997年，长途自动交换机容量15110路，业务电路5596路。

2000年，全市长途电话交换机总容量17145路端，长话业务电路7592路，其中党政专网长途电路增至31路。2003年，全市长话业务电路1134777路，长途光缆电路181179千米，长途微波电路90千米，长途自动交换机容量24480路端。2005年，全市长途电话交换机总容量20115路端。2010年，全市长途电话交换机总容量40703路端。

业务　抗日战争前，嘉兴长途电话分局除通沪、杭、苏以外，开通枫泾、嘉善、硖石等处。抗日战争胜利时，嘉兴有3条为双铜线分别通上海、杭州、苏州。

1958年11月2日，嘉兴市局开办图文传真业务。翌年3月8日，增开杭州—嘉兴全自动长途电话。1988年12月1日，市区正式开设国际电话用户直拨（IDD）业务，1990年，有308家机关、企业、事业单位安装国际直拨电话。

1990年，全市计费长途电话业务量722.91万张，业务收入9等位拨号，通话不用挂拨长途，实现城乡电话一体化。1993年10月31日，全市电话号码从6位升至7位，统一使用“0573”长途区号。至年底，长话量翻番，全市达2850万张，有权用户80627户，其中直拨国际港澳用户8357户。1994年，长话计量单位由张改为次。当年，全市长话量4121万次。1995年3月，全市“113”并网，实行集中受理，撤消各县市长途台。当年底，长途直拨用户达122502户，占长途用户92.7%。1996年起，长途直拨长有权向所有程控电话用户开放。当年，直拨国际港澳用户8186户，长话量逐步攀升。1998年初，市长途人工台撤消。当年，全市长话量8107.94万次。

2000年，全市长话量8292万次，去话时长2.37亿分钟。国内、国际电话收入18641.5万元。国内电话因资费调整，分省内省际统计。2000年后，随着互联网的发展，用户可通过IP电话拨打长途电话，中国电信的接入号17900、17908、17909；中国移动的接入号17951、17950；中国联通的接入号17910、17911、17969；中国铁通的接入号17990、17991、17995、17996；

2005年，全市长话量26605万次，去话时长62113万分钟。2010年，全市长话量去话时长111214万分钟。

第四节　无线寻呼与无线市话

无线寻呼

1989年5月，嘉兴邮电局建立无线电寻呼中心。1991年，无线寻呼发射机11部、中继机1部、无线寻呼操作终端机12部。当年末,无线寻呼用户3098户。1992年11月15日,自动寻呼“127”台建成投产,提供回叫号码、留言、闹钟3种服务。1992年12月28日,市人防办创办的前线寻呼台开通,寻呼距离50千米以上,覆盖全市,有数码、中文2种寻呼形式。当年末,用户9402户。1993年6月,全市实现无线寻呼自动联网,随后又开设126中文无线寻呼,至年底,全市无线寻呼开有3个频点,总容量达30万门,无线寻呼用户38316户。其间,社会上多家设台经营无线电寻呼业务。

1994年,无线寻呼号码从5位升至7位。嘉兴无线电寻呼中心开通全省和华东三省一市联网的128、129和125台。万声无线电寻呼台可与外省市相互寻呼。当年,全市6个寻呼台共拥有无线寻呼用户近8万户。1995年7月1日,嘉兴久久寻呼台成立。到年底,基站5个,新增容量15万门,无线寻呼用户用户增至11.21万户。

1997年,无线寻呼在原本地网3个频点、省网1个频点的基础上新增本地网FLEX一个频点和省网第二个频点。系统容量达到50万。年末,新增无线寻呼用户34888户。年末,总数18.51万户。1998年,久久寻呼并入浙江电信寻呼嘉兴分公司。11月,198/199全国网放号。到年末,全市无线寻呼用户235032户。

1999年1月18日,久久寻呼统一使用电信寻呼126/127特服号。7月,联通寻呼嘉兴分公司开通跨省无线寻呼191/192特服号,在全省率先向用户提供实时股票、信息点播、股票成交回报、公共信息、因特网服务业务。当年,国信通信嘉兴分公司拥有126/127(本地网)、128/129(省域网)、198/199(全国网)三级寻呼网络,寻呼基站40个,各类寻呼发射机196部,系统容量100万户,用户25万余户。2000年后,随着移动通信迅速发展,寻呼用户逐年减少。

2002年5月和7月,联通嘉兴分公司兼并嘉兴无线寻呼台和海盐时代八一寻呼台。当年,寻呼业务逐步向信息业务转变,先后推出联通新资讯和198移动秘书业务。

2003年8月,整合寻呼网络资源,所有本地网频点不再发展新用户,陆续关闭本地网及部分省网频点、发射机。2006年,全市寻呼基站全部关闭。

无线市话

俗称小灵通。2001年5月17日,嘉兴电信投资1.9亿元建成覆盖130平方千米、80多万人口的第一期无线市话工程。至6月底,小灵通用户突破1万户。年末,累计发展小灵通用户4.27万户。

2002年11月24日,嘉兴无线市话系统由PAS系统升级到iPAS系统,原分布在各县、市局的GW集中到嘉兴二枢中心机房,小灵通容量扩大一倍。年末,全市小灵通用户突破10万户。2004年,启动小灵通扩容和网络深度优化工程,完成IPAS核心网改造,推出灵通秘书和短信等新功能。

2005年,完成100平方千米信息覆盖优化和核心网升级改造;新增覆盖区域60平方千米。推出预付费小灵通。当年,新增小灵通用户11.1万户。此后,随着移动3G牌照发放,以及国家对小灵通号段相关政策调整,小灵通发展进入停滞期。2009年,推进小灵通网优,调整孤岛网络,完成移动CDMA网络和小灵通PAS网双网测试。

第五节　移动电话

嘉兴市移动电话经历了从第一代移动电话(模拟A、B网)到第二代移动电话(数字GSM、CDMA)再到第三代移动电话(TD－SCDMA、W－CDMA网,CDMA2000)的转变。2010年末,全市移动电话用户493.50万户。

1992年8月,市民使用第一代移动电话,俗称”大哥大”

模拟A　B网

1992年，市邮电局从美国MOTORORA公司引进第一代900兆蜂窝式模拟移动电话A网(以下简称“A网”)，包括1部摩托罗拉EMX—250交换机，6个基站，8月28日开通。

1993年1月1日，嘉兴A网与杭州、宁波、温州、绍兴4市实现联网。7月26日，A网新增无线信道70个，实现省内五地市间自动漫游，北京、上海等地人工漫游。9月，爱立信模拟移动电话(B)网(以下简称“B网”)开通。

1994年5月17日，全市A网基站增至41个，信道达512个，与省内11个市(地)实现联网并全省自动漫游。8月15日，B网新建基站12个(含无线信道20个)，扩建基站1个(含无线信道72个)，年末，嘉兴B网与全国20多个省市实现自动漫游。

1995年5月12日，模拟A网交换机EMX500更换为EMX2500。同时新建基站12个(304个信道)，扩容基站14个(340个信道)。

1997年，实施B网转G网工程和A网7.2期工程。当年末，A网基站46个，网络容量5万门，交换机总容量超16万门。1999年，A网基站47个，网络容量4万门，无线信道1540条。

2001年12月31日24点，模拟A网关闭，基站停止运行。

GSM网

GSM网(以下简称“G网”)最早由市邮电局建设运营。1996年，嘉兴联通成立后，启动G网建设。经过一年多准备，1997年，嘉兴联通介入G网运营。1998年，原由邮电局(电信局)经营的G网剥离后，由新组建的嘉兴移动建设运营。

邮电　移动GSM网　1992年，邮电部批准建设嘉兴市全数字移动电话GSM领示系统。该系统包括1个交换中心，6个基站，最终容量10万户，由上海贝尔公司和欧洲阿尔卡特公司提供设备并承担安装、调试和运行验证，市邮电局负责设备维修管理。2月，开始安装，5月17日，实现通话，成为全国第一个开通的GSM移动电话领示系统。1993年，市邮电局对设备软件全面更新，使之具备开放用户的商用条件。9月18日，向公众开放使用。9月20日，新华社播发电文，中央电视台播放新闻。当年，G网扩容改造，新建洪合、南汇、王店、新塍、凤桥5个基站，全市基站增至41个，信道增至512个。1995年5月12日，G网完成MSC交换软件版本升级和中继扩容，新建王江泾、塘汇、东栅3个基站，对32个基站作改版调测。

1996年1月1日，全市开通全球通数字移动通信(G网)系统，网号139，实现国内和国际人工漫游。二季度开通省内各市、地、县及发达乡镇全球通数字移动电话。1996年底，“全球通”数字移动电话全国联网并实现自动漫游。1998年，嘉兴移动G网基站193个，网络容量40万门，基本实现全市无缝隙覆盖。2000年，G1800系统顺利开通，开创嘉兴GSM双频网先河。当年，嘉兴移动G网新增基站102个，实现市区农村乡乡有基站。

2002年，实施C4传输网一期工程，年末，C4传输网建有管道266千米、杆路1045千米、光缆1069千米。2006年，实施C4传输网五期工程，9月，全国第一台ALCATEL端局软交换机割接入网。当年末，嘉兴移动G网基站749个，网络容量280万门。

2010年，完成沪杭客运专线86个站点和4个车站室分建设；实施C4传输网九期工程。至年末，嘉兴移动G网基站2125个，网络总容量达475万门，C4传输网累计管道3109.076千米、杆路4826.77千米、光缆28601.613千米；实现市域全覆盖，室内深度覆盖。

联通GSM网

1997年，联通公司实施G网一期工程，建成1个基站控制器、4个基站和相应的杭州—桐乡—嘉善、桐乡—湖州的数字微波传输路。1998年10月28日，G网对外试放号，网号“130”。11月，G网二期工程基本完工，建成1个移动交换局、2个基站控制器、37个基站和621千米本地传输光缆网，遍及全市主要乡镇和铁路、公路干线。同时，建成G网3期、4期工程。当年末，联通G网有基站98站，交换总容量7万门。

1999年后，先后实施G网第五至二十期工程。至2010年末，联通G网基站1178个，传输网3200千米，交换总容量118.5万门。

CDMA网

CDMA网(以下简称“C网”)最早由嘉兴联通建设。2001年末，C网基站76个，传输网11千米，交换总容量7万门。2003年，C网二期工程建成投产。当年末，C网基站247个，传输网209千米，交换总容量达到22万门。

2004—2007年，C网三至六期建成投产。至2007年末，C网基站375个，传输网363千米，交换总容量达到46万门。

2008年，中国电信收购中国联通C网。9月底，嘉兴电信完成C网承接运营工作。年底时，C网室外基站362个，室内分布系统264套，在网用户约12万。

2009年，嘉兴电信扩大C网1X信号覆盖深度与广度，新入网基站264个，新建及改造室内分布系统527个，C网基站总数达680个，其中3G基站571个。基本实现市区及各县市主城区、重要乡镇、交通干道和旅游景点的3G网络覆盖。

2010年，C网信号覆盖、基站及室内分布系统继续优化。

TD—CDMA网

简称TD网。含义为时分同步码分多址接入，属于一种无线通信的技术标准。2009年，嘉兴移动在全省率先完成TD试验网建设，8月，TD网首个站点开通，并顺利打通第一个IMS电话。当年，TD网基站323个。2010年，TD网新建管道220千米、杆路20千米、光缆2977千米。至当年末，TD网基站新增657个，累计980个。

W—CDMA网

简称W网。宽带码分多址的英文简称，是一种第二代无线通信技术。2009年，嘉兴联通W网一期工程开工建设。年内建成基站394站，传输网1669千米，交换总容量39万门，3G信号覆盖嘉兴主城区、县市城区、风景区、开发区、高速公路及乡镇镇区。2010年，嘉兴联通继续实施W网一期工程，年末，W网基站886个，传输网2497千米，交换总容量39万门。

业务

邮电局(电信公司)　1992年8月28日，开通A网900兆蜂窝式模拟移动电话。全市首个移动电话用户号码为90611，由嘉兴市荷花管道供应处以4.8万元拍得。当年末，全市在网移动电话用户354户。

1993年7月26日，A网开通杭、宁、温、绍、嘉兴五地市自动漫游及北京、上海等地人工漫游业务，年末，全市在网移动电话用户4157户。9月18日，GSM领示系统正式开通使用。市第二机电设备公司为全市第一个GSM用户，号码为916011。

1994年5月17日，模拟网开通全省自动漫游，年底，开通全国20多个省、市自动漫游功能，年末，全市在网移动电话用户9283户。

1996年1月1日，开通全球通数字移动通信(GSM)系统，网号139，国内和国际漫游。年底“全球通”数字移动电话全国联网并实现自动漫游。当年，全市在网移动电话用户22211户。

1997年1月1日，开通GSM国际及港澳自动漫游业务。3月，G网开通“138”网号，新增“主叫号码显示、呼叫转移、语音信箱”等功能。当年，全市移动电话用户6.9万余户，普及率达到2.15部/百人。全年业务收入近3亿元。1998年，G网划归嘉兴移动。2008年，嘉兴电信收购嘉兴联通C网。12月，嘉兴电信为12月4日前已入网的133/153老用户办理套餐承接业务，为12月4日后入网的133/153新用户办理适用套餐业务。2010年，电信C网在网移动电话用户近60万户。

嘉兴移动　1998年，承接G网，开通新网号“137”“136”“135”。年末，在网用户11.7万，全年业务收入3.75亿元。

1999年5月，开通“1860”“1861”免费特服电话，推出移动数据和传真业务。7月22日零时，全球通号码由10位升至11位。当年，推出“本地通”“大众通”品牌。年末，在网用户19.09万，全年业务收入4.74亿元。2000—2001年，先后推出“神州行”预付卡、短消息、WAP上网、手机银行、IP电话、虚拟专网、企业信息发布、IP专线接入等业务。

2001年12月31日24点整，模拟网关闭，累计完成转网32867户，转网比例99.4%。2年累计完成业务收入12.48亿元。

2002年4月29日，嘉兴全球通俱乐部成立，推出“12580”短信代发、“96111”主叫付费、全球通一卡双号、彩信、短信天气预报、“12580”出租车GPS叫车系统等业务。年末，在网用户69万户，全年业务收入7.33亿元。

2003—2006年，先后推出“金卡大众通”“神州行本地卡—免费听”“气象信息服务”“嘉兴手机报”等业务。4年累计业务收入45.46亿元。2006年末，在网用户突破200万。

2007年，推出“一机双号”“移动E管家”“飞信”等业务，开发“嘉兴金农网”“移动门神”等10多项农村信息化应用产品，建成移动农村信息化示范村140个，金农网上线527个村。年末，在网用户230万，全年业务收入17.48亿元。2008—2009年，推出“手机邮箱”“号簿管家”“手机阅读”等。2年累计业务收入41.22亿元。

2010年1月13日，嘉兴移动G网已通达237个国家和地区、403家运营商，年末，嘉兴移动拥有15个号码段，在网用户392.01万，全年业务收入23.4亿元。

嘉兴联通　1998年10月28日，嘉兴联通G网对外放号，号段“130”。1999年末，在网用户54511户。2000年，推出移动电话预付费、呼叫等待、短消息、IP专线、193长途、165网卡等业务。全年净增G网用户10.85万户，累计用户16.2万户。

2002年4月8日，CDMA网正式对外放号。当年末，G网用户317715户，C网用户38650户。

2004年，推出移动警务、危险品车辆定位、杭州湾大桥通信保障、“掌中宽带”移动办公、电力监控、日文WAP应用等CDMA1X行业应用项目。7月，推出一部手机可在GSM与CDMA两网间自由切换的C&G双模手机。8月，1001客户服务热线升至10010。当年末，累计G网用户65万户，C网用户6万户。

2007年，G网分别推出大众卡、单向金卡、乡音金卡和吉祥金卡等如意通品牌四大标准产品；C网络超灵通品牌推出如意通大众卡、超灵通新本地王和超灵通长话王。当年末，G、C两网用户总数109.2万户。

2009年10月1日，3G业务开通。2010年，在网用户77.08万户，其中2G用户70.64万户，3G用户6.44万户。

第三章　信息化

第一节　互联网

网络建设

20世纪80年代中期，工商银行嘉兴分行、农业银行嘉兴分行等，以计算机为基础，以计算机网络为支撑，通过卫星小站，将电子联行延伸到县。80年代末，一些单位开始用计算机储存资料和打字；嘉兴电力局将计算机用于财务电算化、PC机、DOS操作等，为单机操作，不联网。1991年，嘉兴的政府部门、事业单位、金融界和个别企业开始运用计算机局限于内部运作，与外界没有联结，此后，全市在普及计算机的同时，积极开发向外拓展的网络平台。1992年5月17日，我国第一个GSM全数字蜂窝移动通信领示系统在嘉兴开通并实现通话。8月16日，嘉兴在全国率先建成C3本地网，28日，市邮电局开通模拟移动电话A网。1993年9月18日，我国第一个数字移动电话（GSM）通信网在嘉兴开通。1995年，全市电话用户可以163/169拨号方式进入互联网。10月8日，开通数字数据网（DDN）。

1997年5月，全市增开C3网电路，实施B网转G网工程、GSM四期工程和A网7.2期工程，基本完成G4基站扩容、电源BSC部分交换机版本升级和割接工作。5月17日，数字数据网（DDN）城域网开通运行。当年，全市有数据通信用户335户。1998年，启动综合业务数字网（ISDN）建设。

1999年，嘉兴列入全国第一批金融电子信息化试点城市，先行建设信贷登记咨询网络。嘉兴银行业实现与世界各地银行间的业务信息电子化；无线网络ISDN与163、169实现互通。当年底，全国邮政综合计算机网嘉兴中心广域网正式开通。

2000年，基本建成以电信、广电为主的信息传输网，拥有光缆12000皮长千米，光接点3500个，IP宽带城域网初步建成。

2001年1月20日，嘉兴邮政绿卡中心实现全国联网。年内，嘉兴移动的移动互联网和GPRS网相继建成投产。12月，C3本地传输网建成并投入试运行。2002年，建成电信IP城域网，宽带用户驻地网骨干层基本覆盖全市各乡镇所在地，GPRS网络基本覆盖全市。

2004年，在全省率先实现“村村通宽带”，2004年，嘉兴64.7%的第二、三产业法人单位拥有计算机，平均每百人拥有计算机13.2台。其中拥有计算机比例最高的是信息传输、计算机服务和软件业，占95.9%，最低的是文化、体育和娱乐业，占48.1%。

2006年，嘉兴电信启动“光纤到村、宽带入户”工程，全市自然村宽带覆盖率达到100%。南湖区民丰村建成全省第一个“数字新农村试点”。

2008年，推进接入网光纤化、宽带化、IP化、有线无线融合及核心传输网扩容改造工程，提升传输速率，缩短用户接入距离，新增接入点和模块汇聚节点，提高宽带接入的稳定性。

2010年3月，嘉兴电信互联网宽带扩容工程完成，全市互联网出口带宽由90G提升到180G，宽带用户可同步观看本地的高清电影。当年，全市互联网全部进入3G时代，并开始部署4G网络。至年末，全市共有M2M终端9万多个，累计建有通信基站10000多个，无线网络实现了2G和3G网络的全覆盖。市区基本实现千兆进小区、进大楼；全市备案的宽带互联网网站1万余个，接入网站1000余个。其中流量前10位的网站有嘉兴广播电视网、嘉兴信息网、中国嘉兴、嘉兴文明网、嘉兴在线、嘉兴气象、嘉兴19楼、嘉兴99号、嘉兴第九区、嘉兴人论坛；全市宽带互联网用户达到79.83万户，普及率23.4%，城乡互联网差距明显缩小，许多家庭宽带接入达10兆，甚至百兆，速度比20世纪90年代初增长百倍、千倍。

网络管理

1995年，嘉兴市网络管理由市发改委信息产业局、公安局网监支队、国家安全局、文化市场执法支队、工商行政管理局市场监督处等部门负责。

1996年2月1日起，执行国家有关计算机信息网络国际联网管理规定。未经批准，不得接入互联网络进行国际联网；申请国际联网经营许可证或者办理审批手续时，必须提供计算机信息网络的性质、应用范围和主机地址等资料。12月30日起，执行公安部《计算机信息网络国际联网安全保护管理办法》。

2000年6月28日，市计算机学会和电子学会合并组建市信息化学会，首批会员单位35家。9月25日，国务院公布互联网信息服务管理办法，明确网络监管部门的职责为维护网络安全、保护网络的公共利益，网络扫黄等；网络监管包括网络营运监管、网络内容监管、网络版权监管、网络经营监管、网络安全监管、网络经营许可监管等。2001年4月3日起，执行信息产业部、公安部、文化部、国家工商行政管理局发布的《互联网上网服务营业场所管理办法》。2002年，市政府有关部门与电信、吉通、移动、联通、铁通、网通等6家网络经营单位签订“嘉兴市互联网安全管理责任书”。

2006年4月，市网络管理部门查处市区冯某非法经营网吧案，冯某被处以刑罚。2007年9月，对全市30个单位的55个三级以下信息系统和网络系统进行等级评定。2008年1—6月，市公安局查获淫秽、色情、赌博以及非法网络传销、非法违禁品交易等各类有害信息1018条（件）；发现48家重要门户网站的网页被篡改或挂载木马，有91.4%的计算机信息系统不同程度地感染过计算机病毒。其间，市公安部门办结网络违法犯罪案件6起。9月5日，嘉兴市互联网报警处置中心启动，两名虚拟的网络警察“佳佳”“欣欣”上岗执勤。同月起，开展近两个月的全市互联网地图专项执法检查，查处了嘉兴市华盛广告策划有限公司等4家单位存在的互联网地图不规范等问题。11月28日，嘉兴市互联网协会成立，企业会员43家。12月30日，成立嘉兴市党政信息中心和互联网新闻中心作为嘉兴市党政信息和互联网宣传管理办公室的日常工作机构，主要负责政务、党务网络信息平台的建设、信息管理维护、技术保障等工作，为互联网新闻宣传的统一发布、规范管理提供信息服务和技术支持。

2010年，嘉兴市网络管理由多家部门分工负责：完成市地籍系统、消防系统、网络型党校、武警指挥中心、公安110指挥中心、新居民系统、统计综合数据库、移动本地网及沪杭客专覆盖等项目的评估、审核和批复。开展全市重要信息系统和网络安全调查。完成网络安全等级保护年度检查。6月，市互联网行业发布文明办网倡议书。6月10日，由市区主要社会网站、论坛负责人及版主组成的嘉兴互联网自律联盟成立。8~9月，破获刘某某网络诈骗和盗窃案。刘某某被南湖区人民法院判处有期徒刑一年两个月，处罚金11000元。9月，市公安局网警部门在互联网报警处置中心，设置虚拟警察“平平”“安安”，接受网民的报警和求助。2009—2010年，市网警部门共接处警1990起。

第二节　电子政务

市长电话网上受理平台

1999年7月26日，嘉兴市“市长电话”（以下简称“市长电话”）开通，号码为2095555，主要受理市区社会生活中发生的应由市政府及其职能部门解决而未能及时解决的问题等。9月，“市长电话”专线由1条增至2条，网络单位由19个增至30个。2000年7月27日，“市长电话”启用全国统一的市长热线电话专用号码12345。2003年1月3日，开通市长电话电子信件。2007年7月26日，整合市本级政府系统工商、卫生、环保、电力等21条服务热线，在全国率先推出市长电话QQ网上在线受理平台。“市长电话”网上受理平台”QQ号为139057301，网名为“嘉兴市长电话”，开通时间为每周一至周五上午8时至下午5点30分。市民可用网上QQ聊天或留言形式，向政府部门投诉或提建议。截至2010年末，嘉兴市“市长电话”和“市长电话网上受理平台”共受理投诉、建议120多万件（个）。

地理信息共享平台

2002年，嘉兴与浙江大学成立“数字嘉兴”联合课题组。该课题的一个子课题为，“数字嘉兴”地理信息共享平台。

2003年12月28日，《“数字嘉兴”建设规划纲要》及其子课题通过专家评审。2005年，启动嘉兴市空间地理基础信息数据库建设，基本完成全市基础地理数据航拍工作。其中1:500比例尺的市区29平方千米基础地理数据、1:1000比例尺的市区约104平方千米基础地理数据、1:2000比例尺的市区约1011平方千米基础地理数据完成入库工作。2006年初，“数字嘉兴”地理信息共享平台列入国家数字城市地理空间框架建设试点。

2009年10月22日，“地理平台”通过国家测绘局项目竣工验收，开通。该平台建有覆盖全市、多尺度集成的基础测绘数据体系，具有基准完善、数据采集、更新处理等功能。根据应用需求，“地理平台”分为专业平台、政务平台、公众平台（地图网）三种。其中公众平台利用电子地图、影像地图、三维仿真地图、POI数据在内的多种地理信息资源，通过互联网以地图网站的形式，将人们日常生活的衣、食、住、行等13大类、108子类的兴趣点数据串联成一个整体，只要在平台上输入关键词，就可了解嘉兴与该关键词有关的大致情况。

第三节　公共服务信息化

公共服务信息系统建设

20世纪90年代末，开始筹备养老、医疗、生育、失业、公交、文化等方面的公共服务信息化。2004年2月，市本级公共事务信息系统建设启动。该系统由市民公共事务信息共享数据库、信息交互中心、应用信息系统、市民卡及服务网点组成，分三期建设。2005年9月，市公共事务信息系统就业、民政、城乡居民合作医疗保险信息系统一期工程建成并运行。2006年1月1日，开辟“嘉兴公安”网站，将警务动态、政策法规、公告公示咨询等公安信息告知市民。5月，嘉兴电信推出“号码百事通”。11月27日，嘉兴阳光政务信息服务工程启动。12月，市及各县（市、区）就业网站全部建成。12月9日，市残联综合信息管理系统开通，在全国率先实现残疾人无障碍信息交流与沟通。

2007年9月，实现市、县、镇、村四级医疗机构联网，全市有198个各类医疗机构使用居民电子健康信息系统，市民电子健康档案建档率达85%。

2010年5月28日，"多险合一"的社会保险信息系统上线运行。国家医改卫生信息化试点项目覆盖全市。

市民卡

2005年12月24日，市民卡（B卡）首次发行，由市公共事务信息中心与嘉兴商业银行合作开发，采用磁条卡与非接触式集成电路卡（即IC卡）复合形式，具有身份识别、电子凭证、信息存储、信息查询和电子支付等功能，可用于小额消费支付、社区服务及公用事业缴费等。至2006年，全市发行市民卡（B卡）19805张。

2008年12月1日，嘉兴市民卡服务中心有限公司成立，与市社会保障事务局、市社会保障信息中心共同承担"嘉兴市民卡"的制作、申领、发行及运营管理等服务。2009年，开始制作"嘉兴社会保障市民卡"（A卡）。该卡为全功能双芯片智能卡，整合了医保就医、公交乘车、图书借阅、商场购物、药店购药等功能，12月30日，市民卡A卡首次发行，20个单位的3000名市民成为首批市民卡用户。市民卡A卡发行后，市民卡B卡仍可继续使用，其功能将逐渐并入市民卡A卡。市民如使用市民卡A卡就医，医保卡账户内的金额会自动转入市民卡A卡。

2010年，嘉兴市本级以市民卡为载体的医保异地结算平台建成启用，嘉兴市域职工基本医疗保险实现实时结报；同时，作为全省四个试点城市之一，嘉兴正式开通与杭州、绍兴、衢州3个城市的医保异地结算业务。3月，嘉兴市与上海市签订嘉兴市民卡与上海公交、地铁互联互通应用协议。5月至8月，市民卡A卡开通嘉兴银行、中行、农行、建行绑定银行卡业务。通过绑定银行卡账户，市民可通过市民卡领取养老金、失业金、低保金、优抚金等政府转移支付资金或缴纳社会保险费及水、电、气等费用。此外，凭市民卡A卡可在市图书馆免费借阅图书，在江南大厦和天天农展会购物，在新华书店优惠购书，在市区所有的医保定点药店和定点医疗机构看病买（配）药并乘坐市区所有公交车。5月28日，市民卡工程的核心项目——"多险合一"的社会保险信息系统正式上线运行。9月1日，嘉兴市民卡客服热线"967225"和嘉兴市民服务网（http://www.jxsmk.com）开通。同年，嘉兴被住房和城乡建设部列为首批全国"一卡通"互联互通应用试点城市"，与上海、宁波、绍兴等城市达成市民卡互联互通合作协议。至当年末，全市累计制作市民卡31.3万张，其中市区累计发放市民卡（A卡）10万张，尚存市民卡（B卡）5000余张。

电子健康信息系统

2001年7月，嘉兴市开始使用嘉兴市城镇职工社会保险卡。该卡为含有芯片的功能卡，用于就医或药店购药时身份确认和个人医保账户支付。发卡对象为机关、事业单位工作人员和参加职工基本医疗保险统账一、统账二人员。参保人员在指定医疗机构就医，刷卡即可完成结费。

2002年3月29日，嘉兴市城镇职工基本医疗保险首批7家定点零售药店签约授牌。4月1日起，市区2.4万余名享受医保的干部、职工，可凭医保卡到定点药店购药，处方药凭医院盖章的外配处方单购买。

2004年，嘉兴市建立城乡居民合作医疗保险制度，开始建设嘉兴市公共事务信息系统城乡居民合作医疗部份。医疗保险对象为没有享受医疗保障的城镇居民和农村居民。2005年底，城乡居民合作医疗保险制度基本覆盖全市城乡居民。2006年，市本级基本建立起覆盖所有职工的多层次医疗保障体系。2010年，南湖区城乡居民合作医疗保险参保人数达21.88万人，其中农村居民参保率为98.94%，城镇居民参保率为97.52%。2007年9月，完成市民电子健康信息系统所有软件开发。

2008年7月8日，嘉兴市首发嘉兴市医疗卫生服务卡、城乡居民合作医疗保险卡。合作医疗卡发卡对象为城乡居民合作医疗参保者，医疗服务卡发卡对象为未参加嘉兴市城镇职工基本医疗保险和城乡居民合作医疗保险的所有市民和新居民。市民只要办一张医疗服务卡或合作医疗保险卡就可在市级6家医院、市本级20家社区卫生服务中心、160家社区卫生服务站刷卡享受诊疗服务和合作医疗保险实时报销。

2010年5月21日18时至28日6时，市社保局进行市民卡A卡内"多险合一"社会保险信息系统的切换。5月28日，集养老（含城乡居民社会养老保险）、医疗(含城乡居民合作医疗)、工伤、生育、失业等五项社会保险业务于一体的社会保险信息系统正式上线运行，参保人员的个人信息、所在单位信息以及养老、医保个人账户信息完整无误地转移到新系统中，市民可凭市民卡A卡办理五项社保业务。为方便群众，医保卡在一定时期内仍可在定点医院、药店正常使用。10月22日，市民卡A卡与嘉兴市医保卡实现系统切换，市区25万张医保卡全部由市民卡A卡代替。12月23日，嘉兴市异地就医“一卡通”投入试运行，成为全省第二家实现异地就医“一卡通”的地级市。首批异地就医刷卡实时结报医疗费用的定点医疗机构共12家，其中市区7家，五县(市)各1家。市区参保人员可持市民卡A卡直接刷卡异地就医。12月28日，嘉兴与全省异地就医互联网结算平台成功对接，成为浙江省首批4个医疗保险一卡通试点城市之一，正式开通与杭州、绍兴、衢州3个城市的医保异地结算业务。至年末，全市统筹区范围内各定点医疗机构之间，定点医疗机构与经办机构之间实现联网，居民在定点医疗机构可以刷合保卡实时结报。

公交IC卡

2003年7月，嘉兴市“公交IC卡管理系统”建成。该系统为射频式公交IC卡收费系统，由嘉兴市交通集团投资有限责任公司和交通银行嘉兴市分行联合开发。公交卡有普通卡、优惠卡2种。优惠卡又分学生优惠卡(B卡)和老年优惠卡(C卡)。学生优惠卡限18周岁以下，乘坐时按票价80%扣取；老年优惠卡限70周岁以上，乘坐时按票价50%扣取，优惠卡仅供本人使用。普通卡可供多人同时乘车刷卡，可跨年、月使用，充值金额为30~500元，乘车时按票价扣取。7月2日，嘉兴市公交公司在公园路1号销售办理公交IC卡，第一次充值30元起充，并加25元维护费。公交卡限于市城内公交车上使用，市城通往南湖区、秀洲区各乡镇的城乡公交仍需现金购票。7月5日，嘉兴公交卡开通。成为全省第一个开通公交“一卡通”的地级市。8月，推出公交优惠卡(A卡)。A卡设有乘车区和电子钱包区，在一定期限内用乘车区余额乘车，票价享受9折优惠，超过使用期限乘车区余额作废，类似“月票”。当月，市区开通公交卡的公交线路36条，公交车316辆。2004年，市公交公司累计发放公交卡2万张。同年，公交卡乘坐城市普通型公交车票价1元，打8折；乘坐城市高档型公交车票价2元，打5折。

嘉兴市民卡发行后，兼具公交卡功能。2006年，市区60周岁以上老人在乘坐城市公交车时，凭嘉兴市民卡、老年卡享受半价或全免的待遇。同年，共有3万多老人领到了嘉兴市民卡(B卡)或公交卡，全年老人凭卡优惠乘坐公交车220多万人次。

2008年9月16日，市公交公司首次发行每张金额为50元的一次性纸质公交卡(每张卡需25元维护费)。同年，城市公交车全部更换为空调车，首次刷卡乘车为1元，第二次一小时内换乘0.5元。

2009年4月，市区、海宁、桐乡三地成为公交卡联网城市。5月28日，6万张无维护费、一次性使用、面值50元的纸质公交卡发行。6月4日，嘉兴、杭州两地公交实现“一卡通”。嘉兴市区的普通公交卡只要开通城市通卡功能，就可在杭州市城市公交、出租车上使用。8月15日，嘉兴市区、平湖实现公交卡互通。10月，市公交公司停止销售纸质公交卡。11月23日，嘉兴市本级原由私人经营的城乡公交全部收归国有，乘坐市本级城乡公交也能刷公交卡，票价由4元降为1元，一小时内换乘降为0.5元。同月28日，嘉兴开往海宁的K181路公交车首次实现市内跨县域公交刷卡乘车。

2010年，市区发行公交卡20多万张，累计100多万张，公交卡种类主要有普通卡、敬老卡、老年卡、学生卡、爱心卡、城际通卡及嘉兴移动手机公交卡等；市区城乡公交日均客源5.2万人次，刷卡率达52%；市区城市公交换乘人次1.1万，刷卡率达57.5%。

第四节　社区与农村信息化

社区信息化

网络建设　20世纪90年代中期，嘉兴居民采用电话线上网，90年代末，采用窄带上网。2000年，嘉兴提出宽带网“千兆到小区，百兆到楼房，十兆到家庭”。当年，市区电子小区、三水湾小区、建银公寓、邮电苑、大树花园别墅区等居民区开始铺设宽带网,同时,市区配备高档网络服务器的信息化楼盘开始出现。

2001年,市区电子小区、吉水花园、三水湾小区、建银公寓、邮电苑、穆湖小区二、三期,嘉州美都小区一、二期先后开通宽带网,大树花园别墅区、城南花园、清河小区等先后完成宽带光纤铺设。其中,嘉兴电信宽带网出口达到2.5G。2003年,确定新兴街道为全市社区信息化建设试点,计划投入230万元。9月6日,嘉兴市区社区服务求助中心正式成立,求助电话为96345。2004年4月,新兴街道文昌社区建成全市首个社区数字阅览室。5月31日,嘉兴96345社区求助热线拓展至南湖区余新镇、新丰镇。8月,区数字社区建设项目获1995万元专项资金补助。其中有900万元指定用于社区信息服务网络建设。2005年,“社区信息服务平台建设与应用示范项目”省级考核优秀并列入省“百亿信息化建设”工程。

2006年5月19日,全市首个社区网——市区嘉州美都社区网(http//jzmd.jxpd.com.cn)正式开通。网站设社区新闻、文明创建、生活百科、社区公告、社区服务、我爱我家、留言板等栏目。7月8日,由国家民政部信息化建设领导小组办公室、国务院信息化工作办公室推广应用组主办的“全国社区信息化建设论坛”在嘉兴举行,嘉兴市区的和谐社区信息化建设被誉为全国领先的“嘉兴模式”,得到国家民政部肯定。9月,市区20个社区卫生服务中心、5个社区卫生服务分中心、160个社区卫生服务站开始使用市民电子健康信息系统。

2010年,全市探索建立网络虚拟社区,建立社区QQ群,社区居委会主任担任群主,社区干部、社区民警、社区物业等人员以实名加入。通过QQ群,社区管理人员能及时了解居民的求助及意见建议,还可召开视频会议、开展联谊活动等,进一步拓宽社区管理服务渠道。

96345社区服务求助中心 是2003年秀城区政府实事工程,由秀城区政府主办,市民政局、秀洲区政府和嘉兴经济技术开发区联办,2003年9月6日起正式运行,首批加盟企业150家,志愿者106名。服务求助中心以电话96345、网址www.jx96345.cn、短信为载体,24小时全天候受理市民的求助,并提供生活类、咨询类、事务类、电子商务类、企业服务类五大类120多项服务。

农村信息化

农业信息网络平台 20世纪90年代,农村信息化起步,农民主要通过培训或广播获取信息。2000年8月,嘉兴市决定同时开展农村信息化与城市社区信息化建设。同年,启动“信息化乡镇”工程,确定南湖区新丰镇、余新镇为信息化试点乡镇。当年,嘉兴在全省率先实现地市级“电话市”。

2003年12月16日,浙江新丰网正式开通。该网站设有今日新丰、网上办公、招商引资、电子商务、新农在线、党建园地、信息中心和服务中心等栏目。同年,交换传输网和数据通信网覆盖全市乡镇、行政村。

2004年底,嘉兴在全国率先实现行政村“村村通宽带”。

2005年,农业信息广域网建成。其中农业信息网,连通镇、村两级农业信息服务站电脑724台,农业龙头企业139个,农产品市场19个,农村专业合作组织54个,农户4629户(其中种养大户和购销大户1113户),注册农业部“一站通”用户322个。当年,全市11个农业信息网站发布各类农业信息11.4万条,解答问题7万多个,访问量达到175万人次。

2006年,嘉兴市列入省“农村党员干部现代远程教育”试点,并启动“金农工程”,4—7月,全市共建成农村党员干部现代远程教育终端接收网点1113个。

2008年4月,南湖区被认定为第一批省级农村信息化试点县(市、区)。当年末,全市建成信息化

2008年10月,农村信息化示范村十八里桥村

示范村38个，信息化达标村520个，开通“嘉兴金农网”村级网站550个，行政村全部建立信息服务点，电信宽带通达14354个自然村；农村电话、有线电视、有线广播、宽带网络基本实现农户全覆盖，其中农户宽带入户率56%。

2010年，全市启动6个镇、街道的“时代先锋·农村信息化综合服务平台”扩大试点工作。1月28日，市政府与中国移动浙江公司签订协议，共同开展“两新”工程信息化建设。年末，全市各镇（街道）基本完成“时代先锋·农村信息化综合服务平台”建设，镇及镇以下宽带入户率达56%。

农民信箱　2005年10月，全市启动“农民信箱工程”。至当年底，全市发展农民信箱用户2万多户，培训用户6000多人次；农民信箱乡镇开通率、乡镇联络站建立率、村联络点建立率100%，村电脑上网率76%，注册用户启用率86%；全市通过“农民信箱”发送邮件信息近3万条，其中买进卖出信息1000多条，成交额386万元。

2006年，建成市、县、乡和村四级农民信箱联络体系，全市发展专职农业信息员、管理员136名，镇和村级兼职信息员5526名，村电脑上网率100%，907个村级农民信箱联络点符合标准，在农业企业、合作社及种养大户中建立农民信箱服务点4500多个，注册农民信箱用户6.3万户，培训用户4.1万户，用户启用率91%；完成100个行政村、5个“农家乐”休闲观光点和20个农业龙头企业的“浙江农民信箱万村联网”工程建站任务。

2010年5—7月，实施农民信箱规范化建设，规范整理更新81024户用户登记信息，新增注册用户10639户，删除不符合要求用户13908户，建立由17594家（户）农业主体组成的农民信箱农业主体通信录。当年，农民信箱规范化建设通过省级验收，全市农民信箱注册用户181271户，启用用户177486户，启用率97.9%。嘉兴农民信箱发送的公共服务信息，内容包括政策信息、农技服务信息、气候分析、市场行情等，农民都可以及时获悉各种农业信息。农民信箱还开通了专家在线咨询栏目。自开展农民信箱建设至2010年末，全市通过农民信箱网上农博会、农民信箱农产品专业市场、农民信箱买卖信息发布等平台，农产品网上销售额5亿余元，为全市的农业企业、合作社、种养大户等节约营销成本1000余万元；通过农民信箱发布自然灾害预警信息1000万条次左右，累计为农民挽回农业灾害损失近4亿元。

农村党员干部远程教育　2006年3月，嘉兴市列入省委现代远程教育工作试点市。7月17日，全市农村党员干部现代远程教育全面启动，全市村干部“现代新农村”远程教育培训班同时开班。农村党员干部远程教育以“民生直通车”“远程医疗”“远程法律咨询”等为载体，为农村党员群众提供多功能、组团式服务。至当年末，全市建立市、县、镇、村四级远教工作人员队伍，建成远程教育终端接收点1170个，实现全市行政村和大部分城市社区的远程教育覆盖。2007年，实施远程教育“学用双效提升”工程，开展远程教育站点进党员中心户、进文化科技示范户、进实践基地、进专业合作社、进非公企业等活动，50%行政村建立村级远程教育门户网站，20.3万户农村家庭接入宽带。2008年3月，红船网（www.hcyjw.cn）正式开通。“红船网”设有“今日嘉兴”“时政要闻”“党建经纬”“远教天地”“网上创业园”“大学生村官”等栏目80多个，并设专家连线、创业论坛等互动窗口。教材有棚架蜜梨、大棚葡萄、白玉蜗牛以及皮革工艺、毛衫加工等68个体现嘉兴特色的产业课件。

2010年，全市农村党员干部现代远程教育实现镇（街道）、村（社区）全覆盖，形成市、县、村三级“树形”入户网站集群，共建成终端接收站点1332个，入网农户31.4万户；拥有站点管理、教学辅导、技术维护和信息宣传4支骨干队伍和“红船远教专家服务队”，聘请远教专家1667人。嘉兴市农村党员干部现代远程教育入户工作得到中央和省委领导的充分肯定。习近平、赵洪祝、蔡奇等中央和省委领导曾深入嘉兴市农户家中实地视察远程教育工作。

第五节　软件业

政策扶持

2001年7月6日，市政府出台政策，经认定的软件及集成电路生产企业享受相关优惠政策。信息产业发展专项资金和工业发展资金每年安排一定数额的资金，主要用于软件产业的贴息；贯彻“扶一家、带一片”的思路，重点支持为市域特色经济服务、为传统产业改造和升级服务的软件企业和行业生产力促进中心；重点支持具有自主知识产权的软件产品开发和产业化；经有关部门认定的软件企业，具有自主知识产权的软件产品销售额超过50万元的，可申请预认定市高新技术企业，并享受市高新技术企业的有关优惠政策。两年后其具有自主知识产权的软件产品销售额超过150万元的，确认为市高新技术企业。

2004年，市区安排信息产业发展专项资金364万元，全市各信息产业企业获省以上各级政府部门扶持资金2100余万元。

2005年，在《嘉兴市高技术产业和信息产业的“十一五”规划》中，明确把培育软件外包和嵌入式软件作为嘉兴市高新技术和信息产业在“十一五”规划期间发展的重点，把软件人才培训当成嘉兴软件产业发展的重中之重。12月，浙江嘉科电子有限公司的便携式数字瓦斯检测仪等4个项目获省软件产业专项资金补助85万元。当年，全市信息产业企业获省以上各级政府部门扶持资金1500余万元；市区信息产业发展专项资金实际安排资金300万元。

2006年11月24—27日，在省软件产业（嘉兴）基地软件人才招聘洽谈会上，南湖区巨龙自动化工程有限责任公司的矿用（RFID）无线电定位安全监护系统控制软件等4个项目共获省信息服务业专项资金补助140万元。2008年，全市信息产业企业获省以上各级政府部门扶持资金近1700万元。市区信息产业发展实际专项资金安排1015万元，其中用于支持软件与信息服务业项目316万元。2010年，市区安排信息产业发展专项1034万元，其中用于支持软件与信息服务业项目454万元。

设计开发

1989年，嘉兴电力局开发设计的架空送电线路概算系统软件通过省电力局鉴定，并获得省电力局优秀软件二等奖。1994年10月28日，嘉兴电力局开发设计的架空送电线路概预算编制软件获省电力局优秀软件一等奖。1998年3月，嘉兴中房科技开发中心的“房地产计算机管理系统”列入建设部科技成果推广项目。

2000年，万众通讯股份有限公司设计开发的电脑眼、报警器、手写板、指纹系统等软件产品，畅销境内市场及俄罗斯、中国香港等地。

2002年12月6日，嘉兴学院——金碟ERP及电子商务软件研究基地成立。

2005年6月，浙江清华长三角研究院与“北京慧点”共建浙江慧点公司，相关软件产品销售覆盖上海、江苏、浙江和广东等地。8月，完成全市数字化医保软件系统设计开发。11月，嘉兴市新禾电子科技有限公司为小企业设计开发出降低采购成本的软件。12月9日，民丰特纸自主研发的IQCS（互联网质量控制）系统和浙江嘉控电气股份有限公司CAD/CAM软件系统参加省工业信息化成果展示会。同月，浙江清华长三角研究院的安全生产监督综合管理信息系统等4个项目获省软件产业专项资金补助85万元。

2006年11月9日，嘉兴软件企业孵化基地在嘉兴科创中心成立。11月14日，浙江省软件产业（嘉兴）基地成立。2007年，市政府出台软件产业发展若干意见，市区增加300万元信息产业发展专项资金，作为市级软件产业发展专项资金。7月9日，北京大学软件与微电子学院与嘉兴科创中心签订北京大学软件与微电子学院浙江实训基地项目合作协议。2008年12月10日，嘉兴职业技术学院、嘉兴高新技术产业园区与印度国家软件学院（NIIT）签约，合作建设NIIT——学院培训基地。

2009年12月，嘉兴科技城的“服务外包人才培训基地”先后引进沃尔得信息科技、晟峰职业培训学校、索浩软件人才服务、华点软件学院（嘉兴）等专业软件教育培训机构，开展IBM软件中级工程师、对日外包软件工程师培训，累计培训学员2000多人次；清华长三角研究院引入高性能计算平台和EDA软件设计服务平台，并建立工作站；11月，嘉兴英格海姆软件有限公司获得德国西门子公司110万欧元的软件服务外包项目。此为嘉兴软件服务外包业首次打入欧洲市场。当年末，中科院嘉兴无线传感网工程中心拥有传感器网络方面专利88项。

2010年，嘉兴鸿道通讯科技有限公司的数据监控通讯软件等43项软件产品通过省软件产品登记。4月，中科院嘉兴无线传感网工程中心与上海世博局信息化部合作共建“中国2010年上海世博会信息化——无线传感网应用联合实验室”。5月，中科院嘉兴无线传感网工程中心“低功耗传感器网络系列节点、网关设备的研制与产业化”课题获工信部新一代宽带无线移动通信网重大专项。6月，嘉兴南湖无线通信产业基地被科技部认定为首个国家级无线通信高新技术产业化基地。

软件企业

1993年4月8日，嘉兴市计算机技术公司成立。9月，嘉兴电子市场成立。

1998年3月25日，嘉兴市第一家从事软件开发的中外合资科研企业——泰克赛尔（嘉兴）软件开发公司落户南湖综合开发区（后改名为嘉兴高新技术产业园区）。

2000年7月，中国科技网嘉兴分中心、宏图电脑科技公司、雅龙计算机软件工程公司等入驻嘉兴科技创业服务中心。2002年，全市软件企业20多个，其中通过省认定软件企业12个，年审通过10个，主要从事大型软件的二次开发、企业管理、财务管理、税务管理、医院管理、统计等应用软件开发及网络安全产品，无线远程图像监控系统，软件产业销售收入1573万元。

2004年4月，浙江嘉科电子有限公司获得信息产业部计算机信息系统集成二级资质证书，时为全市计算机信息系统集成资质级别最高的企业。

2005年，中科院嘉兴应用技术与研究转化中心进驻嘉兴科技城。6月，“斯达芯片”设计制造基地在嘉兴科技城内建成投产，总投资2480万美元。10月，上海晟峰集团嘉兴晟峰软件公司成立，注册资金1000万元。

2006年5月18日，嘉兴市软件企业联谊会成立。11月1日，日本株式会社CIJ嘉兴开发中心暨嘉兴喜爱捷信息系统有限公司在嘉兴开业。2009年9月1日，浙江中盈瑞博科技有限公司在嘉兴经济技术开发区成立，注册资本1000万元。该公司是西北最大的软件服务外包企业，主要从事软件开发、数据处理、计算机系统服务等。11月8日，英格海姆软件、动漫设计、软件研发、日本NEC配套软件服务外包等7个软件项目在长三角嘉兴投资洽谈会上成功签约。同年，嘉兴软件服务外包基地先后引进柯莱特软件、晟峰软件、CIJ嘉兴开发中心等软件企业40余家。

2010年5月18日，嘉兴软件园正式开园。7月，总投资35亿元的嘉兴创意创新软件园成立。当年，全市新增嘉兴学海信息技术有限公司等6个省认定软件企业，通过年审软件企业增至68个。年末，列入软件产业统计范围软件企业90个、制造业嵌入式企业2个，共完成软件收入12.6亿元，列全省第三，比2009年增长68.90%。其中，41个企业完成嵌入式产品软件收入10.3亿元；5个企业完成软件外包收入10912万元。软件收入超亿元企业4个，1000万元以上企业15个，500万元以上企业28个，软件产业规模化正在形成。

2010年5月18日，嘉兴软件园开园

2003－2010年嘉兴市软件企业及业务情况表

表26-1

年份	通过年审软件企业（个）	列入统计软件企业（个）	软件业务收入（亿元）	其中嵌入式软件业务收入（亿元）
2002	10	—	0.1573	—
2003	—	14	1.23	1.08
2004	13	18	2.01	1.7
2005	20	19	2.66	2.42
2006	25	28	1.69	1.18
2007	39	52	4.41	3.38
2008	47	70	5.39	3.99
2009	62	80	7.46	5.91
2010	68	90	12.6	10.3

注：1.2006年度软件业务收入及嵌入式软件业务收入因嘉科电子的嵌入式软件计算口径调整，总量变小；2.企业规模：2004—2008年，软件收入超100万元企业个数分别为10、11、17、32、39个；2009年软件收入1000万元以上企业9个，400万元以上1000万元以下企业10个；2010年软件收入亿元以上企业4个，1000万元以上至亿元企业15个，500万元以上至1000万元企业28个

嘉兴软件园

由嘉兴科技城、清华长三角研究院、上海晟峰软件有限公司共同投资设立，规划面积11.07公顷，2007年5月22日奠基，一期占地面积2.67公顷，建筑面积40000平方米，涵盖软件服务外包产业、嵌入式软件、集成电路设计、医学行业软件开发、IT人才培训等领域，日本CIJ软件公司、闻泰软件公司等软件企业签约入驻。2010年5月18日正式开园。当年末，软件园先后引进企业50余家，其中包括以科莱特、英格海姆为代表的软件外包业，以新炬、钜鼎为代表的软件增值服务业，以微曦、动联、芯海为代表的集成电路业和以泰格、斯特迪为代表的生物外包服务业，累计注册资金1.5亿元，销售产值1.6亿多元。

嘉兴市南湖区志

嘉兴市南湖区志编纂委员会　编

（下　册）

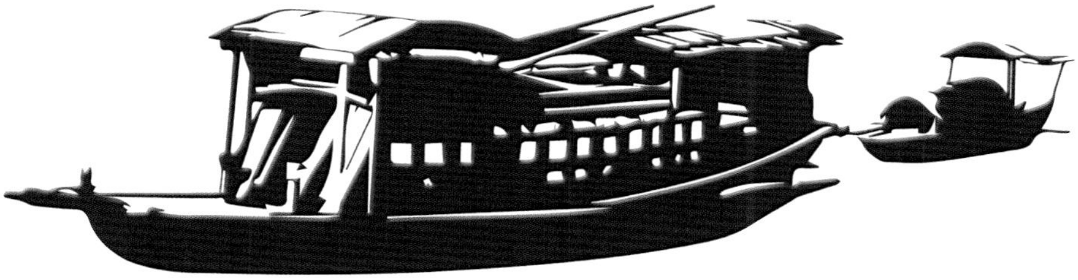

方志出版社
Publishing House of Local Records

图书在版编目（CIP）数据

嘉兴市南湖区志 / 嘉兴市南湖区志编纂委员会编
. -- 北京 : 方志出版社，2020.9
ISBN 978-7-5144-4347-9

Ⅰ . ①嘉… Ⅱ . ①嘉… Ⅲ . ①区 (城市) —地方志—嘉
兴 Ⅳ. ①K295.54

中国版本图书馆 CIP 数据核字 (2020) 第 236158 号

嘉兴市南湖区志

编　　者：嘉兴市南湖区志编纂委员会
责任编辑：高孟君

出 版 者：方志出版社
地址 北京市朝阳区潘家园东里 9 号（国家方志馆 4 层）
邮编 100021
网址 http://www.zgfzcb.cn
发　　行：方志出版社图书经销中心
电话（010）67110500
经　　销：各地新华书店
印　　刷：浙江正方设计印刷股份有限公司

开　　本：889 × 1194　　1/16
印　　张：129 印张
字　　数：3612 千
版　　次：2020 年 12 月第 1 版　　2020 年 12 月第 1 次印刷
印　　数：0001 ~ 3000 册

ISBN 978-7-5144-4347-9　　定价：980.00 元

总目录

上　册

中　册

下　册

下册目录

第二十七篇 经济管理

第二十八篇 财税 金融

第二十九篇　科学技术

第三十篇　教　育

第三十一篇　文　化

第三十二篇　体　育

第三十三篇　医疗卫生

第三十四篇　劳动人事

第三十五篇　民　政

第三十六篇　居民生活

第三十七篇　宗教　民俗

第三十八篇　人　物

第三十九篇　文献史料

附　录

第二十七篇　经济管理

目 录

解放初期，境内工商业以私营经济为主体。1952年起，国家对国民经济实行统一计划，分级管理。对农业、手工业、资本主义工商业进行社会主义改造。1956年，完成社会主义改造，确立了社会主义公有制，建立起以指令性计划、统购统销为主导的计划经济管理体制，经济建设稳定发展。“二五”计划期间，由于“大跃进”浮夸风盛行，偏离经济发展客观规律，经济建设一度遭受严重挫折。1962年，贯彻“调整、巩固、充实、提高”八字方针，经济建设步入平稳向好的发展轨道。“文化大革命”时期，计划管理工作遭受严重冲击干扰。1976年后，重新恢复正常，但一切经济活动仍按照高度集中的计划经济管理体制调控运作，束缚了生产力的发展。

改革开放后，随着经济体制改革的深入推进，逐步建立起与社会主义市场经济相适应的管理体制和运行机制。建区后，逐步建立完善的经济管理机构和制度。进入21世纪后，区经济管理部门转变职能和管理方式，坚持依法行政、完善监督体系、强化服务工作，助推全区经济社会持续、快速、协调发展。

第一章　计划管理

第一节　机构与体制

机构

解放初，尚未建立统一的计划管理体制。1951年，嘉兴县、市分别设立财经委员会，兼管经济计划工作。1954年，设统计科，主要负责调查统计农业、工业、商业等计划指标的完成情况。下半年，建立计划委员会，列为政府职能部门，对国民经济实行全面计划管理。各经济主管部门和主要企业也相应建立计划科室，形成计划管理网络。是年，着手编制本地发展国民经济的第一个五年计划（草案）和年度综合计划。1958年市、县计划委员会合并，1967年，县计划委员会撤销，于1977年恢复。建区后成立区计划统计局，1984年11月建立区计划经济委员会，计划统计局并入。2000年6月，成立区发展计划与科学技术局。2001年12月，分别组建区发展计划与统计局、区科学技术局。2005年4月，区发展计划与统计局改组为区发展改革与统计局。2009年9月，改为发展和改革局（统计局、物价局）。

体制

1952年，国家对国民经济实行统一计划、分级管理，各项经济指标由省下达控制数，县（市）上报计划数，再由省平衡下达。1956年，国家对全民所有制单位的生产、基本建设的计划指标和财政收支直接计划安排，对集体企业、私营工商业和个体手工业实行间接计划管理。此后在较长时间内，计划管理一直以指令性为主。改革开放以后，在计划管理体制上实行改革，主要是扩大地方和企业的计划决策权和收益分配权，逐步缩小指令性计划的范围，扩大指导性计划和市场调节部分。

建区后，全区经济以乡镇、街道集体企业为主，至20世纪90年代中期，企业的“产供销、人财物、价格、投资”等已完全放开，基本形成多种所有制平等竞争格局，政府职能逐渐转变，社会主义市场经济体制基本形成。

1984年起，在每年召开的区人民代表大会或其常委会议上，由区政府委托计划管理部门报告上年度计划或中长期计划执行情况，并提出下年度计划（草案）的建议，经审议批准后付诸实施。2008年5月，区政府发文规划管理程序包括规划立项、衔接审核、咨询论证、审批发布、实施监督等环节。规划管理坚持有利于发挥规划谋划未来、引导方向、配置资源、全面协调的职能，各类规划依据发展规划纲要，专项规划遵循区域规划，下级规划服从上级规划，所有规划相互协调。

第二节　计划编制与实施

年度计划

20世纪50年代初，嘉兴县（市）根据省、专署下达的控制指标,编制本市工农业产品、产量和产值的年度计划,经专署计委综合平衡后,报省批准下达执行。1961年,计划工作实行"全国一盘棋",年度计划总的指标由省直接下达,各地根据实际情况具体编制后上报省核准执行。1966—1976年,计划工作受到严重冲击。1978年后,恢复年度计划的编制。

建区后开始编制年度计划,1984年,改称国民经济和社会发展计划。计划指标的内容包括经济总量、农村经济、工业生产、交通运输、经济效益、固定资产投资、国土开发利用、商业流通、物资、资源节约利用、对外贸易、综合外汇收支、利用外资、财政金融、价格、科学技术、人口、劳动工资、城建环保、社会事业(含教育、卫生、文化、体育、旅游、社会保障)等,其中既有指令性指标,也有指导性指标;既有经济发展内容,也有社会事业发展和内容;既有数量要求,也有质量要求。

中长期计划(规划)

1954年,嘉兴县(市)编制发展国民经济的第一个五年计划(1952—1957年),提交县(市)人民代表大会审议通过。1958年,嘉兴县编制发展国民经济的第二个五年计划(1958—1962年)。其编制程序由过去从上到下层层下达改为自下而上逐级上报。1961年调整时期,采取"块块为主,条块结合"的"双轨制"办法调整计划,第三个五年计划(1966—1970年)和第四个五年计划(1971—1975年)正值"文化大革命"时期,计划编制工作无法正常进行。1974年编制《1974—1980年工业发展规划设想草案》,未执行。第五个五年计划(1976—1980年)未正式编制。

建区后,区政府编制《嘉兴市城区今后七年(1984—1990年)经济和社会发展的初步设想》,分别对"六五"计划后两年和"七五"计划期间工农业生产、科学技术、文化教育、体育卫生等提出初步设想和主要措施,随后每五年编制规划。1996年6月,区政府印发《嘉兴市秀城区国民经济和社会发展"九五"计划和到2010年规划纲要》。2001年6月,印发《嘉兴市秀城区国民经济和社会发展"十五"计划纲要》。2006年5月,印发《嘉兴市南湖区国民经济和社会发展"十一五"规划纲要》。2010年,着手编制《嘉兴市南湖区国民经济和社会发展"十二五"规划纲要》。

专项计划(规划)

农业生产计划 20世纪50年代初,开始编制简要的农业生产年度计划。1955年,扩展到乡级编制农业生产计划。60年代起,国家对主要农产品实行指令性计划管理,对播种面积、总产量均下达分地区、分县计划指标。1979年开始,国家逐步缩小农业的指令性计划。1985年全部取消指令性计划,只对主要农产品的产量和总产值等指标实行指导性计划管理,并对粮、棉、油的播种面积下达指导性计划数,其他农产品则实行市场调节。

工业生产计划 "一五"计划期间,专门编制工业生产计划,内容包括工业总产值和主要产品及总产量2大类,以后逐步扩大产品和产量的范围。20世纪70年代,工业产品产量和品种均由省下达指令性计划,属地方自行安排生产、分配的数量极少。1984年开始,国家逐步缩小指令性计划,扩大指导性计划和市场调节部分。当年,为适应经济工作转到以提高经济效益为中心的轨道上来,在工业生产计划中,增加了经济效益的指导性计划,对工业净产值、实现利税、资金利税率、万元产值综合能耗、质量稳定提高率、消耗持平改善率、定额流动资金周转天数、全员劳动生产率等10余项指标实行考核管理。1990年,工业产品产量列为省指令性计划有2种,国家指令性计划有4种。至1993年,年度计划指标中取消了工业综合经济、全社会货运周转量、邮电业务总量3项指标;1994年,取消建设占用耕地一项指标。1995—1997年,将出口总额调整为进出口总额。1998年,取消工农业总产值一项指标。1999年起,年度计划指标改称为年度主要调控预期目标。

城区乡镇企业局于1990年2月印发《关于下达一九九〇年工业生产计划的通知》,秀城区计划经济委员会于1995年6月印发《关于下达一九九五年工业、外贸出口有关计划的通知》,分别对全区工业生产等作出计划安排。

固定资产投资计划 20世纪50—70年代,国家对基本建设投资管理很严。县级基本建设投资须根据省下达控制数编制计划，经地区审核后报省批准。1981年国务院再次规定，基本建设的审批权集中在中央和省两级。当年，省计委、建委对自筹资金基建和集体所有制单位的基建计划审批作调整，规定地、县可审批在省下达自筹资金额度内的住宅建设项目，其余项目仍须报省审批。集体所有制的基建项目，除生活性建设项目可由地、县计委审批外，生产性项目仍须由省主管部门会同省计委审批；乡办企业基建项目，由地区计委审批，但属扩建的丝绸、麻纺、棉纺、皮革、造纸等12类项目，须由省计委和省级有关部门审批，村办企业基建由县计委审批。1982年，县级编制包括基本建设和更新改造措施两部分在内的固定资产投资计划。

1985年初，国家和省进一步放宽对固定资产投资管理，规定：凡用预算外资金安排的中小型建设项目，县以下医院、图书馆等建设，用养路费新建的公路、用城市维护建设资金安排的新扩建城市道路，老企业用自有资金安排的职工宿舍等5个方面不列入基本建设计划规模。1986年下半年开始，国家从严控制固定资产投资规模，对全民单位实行指令性计划管理，集体单位实行指导性计划，个体投资须由地市提出估算指标，报省备核，并对审批程序和权限作规定。1987年，省规定利用外资的生产性建设项目。1989年，省规定所有基本建设项目均按其性质纳入年度计划规模。

2006年7月，区政府投资项目审批逐步规范，但审批要求相对宽松。2008年5月开始，政府投资项目审批更为规范，审批要求逐步提高。2009年12月，对概算管理、招投标管理等作出规定。2010年，组织社会中介机构审核政府投资项目，政府投资项目审批进一步规范，审批要求提高，项目变更与调整要求严谨。10月，区发改局通过公开招标，委托6家中介机构对政府投资项目进行概算审核管理，从源头和管理环节上预防超规模、超标准、超概算现象。当年，对35个项目审核初步设计概算，核出不合理概算资金1.25亿元，其中核减0.8亿元、核增0.45亿元，净核减0.35亿元。

能源物资分配计划　列入计划管理的主要有金属、建材、化工、煤、电、油及农用生产资料等。历来先由地、县计委根据下属单位和部门上报的需求计划，经平衡汇总后报省核准下达分配计划，物资部门组织实施。

1984年前，境区内生产建设所需的能源、物资，基本上都纳入国家统一分配计划，由国家和省、市切块下达。地产物资纳入地方计划统一平衡分配。

1984年后，能源和物资的计划管理体制实行改革：一是逐年减少统配、部管、省管、市管能源、物资的品种和数量，计划分配部分的兑现率逐年下降。二是计划内能源、物资价格逐年上调，价格的“双轨制”逐步向“单轨制”过渡。三是物资计划管理实行指令性、指导性计划和市场调节3种形式。煤1984年始、电1986年始，增列指导性计划。调减统配煤矿承包产量基数，扩大增超产煤范围，由市场调节价格的比重逐年上升。1985年起木材取消计划分配，全部实行市场调节。地产钢材1989年后不再纳入市计划管理。四是计划分配方法在实行基数法的基础上，开始实行向生产与建设重点倾斜的分配方法。油以1982年的基数分配，电以1982年和1983年2年平均数作为基数，煤是1984年的基数，在该基数上逐年减少分配量，实行向重点单位直接单列下达。

国内贸易计划　包括社会商品零售总额计划和主要工农业产品收购调拨分配计划。从20世纪50年代开始，对社会商品零售总额实行指导性计划。对主要工农业产品，尤其是人民生活必需商品的收购、调拨、分配实行指令性计划。1984年后，主要工农业产品收购调拨的指令性计划管理的范围逐年缩减，一部分商品实行工商、农商合同订购衔接，大部分商品实行市场调节。到1992年，农产品收购基本取消指令性计划。

对外贸易和外汇收支计划　对外贸易计划包括出口计划与进口计划。出口供货计划（即外贸收购计划），始编于20世纪70年代地区外贸专业公司成立后。70—80年代初期，外贸收购计划中属国家管、部管的列名商品有500种，其中国家综合安排供货的约100种。1987年，国家对省，省对市、县（市、区）的出口创汇额、收汇额、上交外汇额实行指令性计划（即“三承包”），定配额数，一定3年不变。1990年，外贸出口计划实行分类管理，第1、2类出口商品属国家指令性计划，由国家计委下达，经贸部发出口配额和许可证，第3类商品属计划列名商品，商品种类视国内外市场变化和购销状况适时增减，也实行许可证管理。

进口计划 始编于1984年，主要利用地方各种留成外汇，调剂外汇进口。1984—1988年，实行用汇额度和分级审批相结合的管理，即在省下达的用汇额度内按金额和审批权限分级审批。1989年后，采取计划列名商品和总额控制相结合的管理办法。国家列名的1、2、3类计划商品均按国家规定的办法上报审批，非计划列名商品由市计委在省下达总额内审批。机电类商品进口，统一由省审批。

社会事业发展计划 社会事业发展计划包括人口、教育、科技、劳动力及就业分配、医疗、卫生、文化体育、广播电视、旅游娱乐、城乡建设、环境保护、社会保障等。其中劳动工资计划和管理始于1956年，人口计划始于20世纪70年代初期，科技计划始于1983年。从1984年开始，社会事业发展计划列入区编制的国民经济和社会发展计划中。1990年起，对农业人口转为非农业人口实行总量控制，并将“农转非”纳入计划管理。2008年10月起，实施新户籍管理制度，统一登记为“居民户口”，实行了半个多世纪的“农业”和“非农业”二元户籍管理模式成为历史。

计划实施

20世纪50—70年代，计划实施主要依靠行政手段。农业列为经济的首要任务，每年春耕、养蚕、夏收夏种、秋收冬种等生产环节中，党政领导都集中精力抓增产计划和措施落实，组织各行各业支援农业，全县尽管耕地面积逐年减少，但是粮食、蚕桑、油料等农作物种植面积、产量基本保持稳定发展。80年代以后，计划管理体制改革，国民经济计划的实施主要依靠法律、政策、经济手段，进行宏观调控。计划管理部门受政府委托，对计划实施情况分3种方法检查：一是综合检查，重点在年中和年末进行全面、综合检查；二是专项检查，对某一项计划的实施情况进行不定期专项检查，随时解决计划实施过程中的问题；三是调查研究，除利用统计部门和职能部门的生产年报、月报等资料进行综合分析外，还通过下农村、企业调查研究，掌握第一手资料，预测发展趋势。

第三节 固定资产投资管理

固定资产投资规模

1987年，按照中央经济工作治理整顿要求，全区压缩固定资产投资规模，控制消费基金膨胀。1993年起，落实中共十四大精神，加快经济发展，20世纪90年代中期至2003年以“百亿强区发展计划”为主，2004—2006年以“项目推进年”活动为主，2007—2010年大力实施“三大工程”（“产业集群、创新推进、和谐构建”三大工程），优化投资结构，固定资产投资保持平稳增长。

“十五”计划期间（2001—2005年），全社会固定资产投资（属地口径）共201.34亿元，年均增长45.1%。“十一五”期间规划（2006—2010年），全社会固定资产投资（属地口径）共699.15亿元，年均增长22%。

固定资产主要投资结构

从行业分，工业和房地产业是全社会固定资产投资的主要部分。2001—2010年，全区全社会固定资产投资累计为900.48亿元。从投资主体看，呈现多元化格局，股份制经济、个体私营经济已经成为民间投资的主要力量。全区非国有投资占全社会投资的75%以上，其中民间投资占非国有投资的95%以上。

2004年，对投资统计的范围进行重新归并、规范，规定全社会投资包括城镇投资和农村投资，城镇投资包括城镇项目投资、房地产开发投资和城镇工矿区私人建房投资；农村投资包括农户投资和非农户投资。2005年，将农村非农户投资纳入投资系统按项目进行统计。2009年，规定全社会投资统计范围为：城乡50万元以上项目投资统计、房地产开发投资统计、农户投资统计（抽样调查）。

重点建设项目

2003年，秀城新区的南溪路（东段）、八号路、东南二路和三路建成，双溪路、六号路和七号路建设中完成五星路施工前期准备，33千米的城市污水管网主干网铺设完工。2004年，余云公路凤桥至嘉盐公路段建设工程建成，在完成“三横一纵”主干道的基础上，总投资8000万元的南溪路二期、三期、双溪路、五星路等区内主、次干道工程全部完工。2005年，全区有42个项目被列入市“双千亿”工程重大项目计划，加西贝拉、浙江清华长三角研究院、雁荡包装、南雄高分子5个项目被列入省重点项目。2006年，浙江清华长三角研究院、中科院嘉兴中心两大科技主平台进行基础建设；原07省道整治完善工程、科技城路网建设等项目全线施工。2007年，设备投入和纯技改型（不占用土地）完成投入同比增长20.3%；汽配、电子、通信器材等高新技术产业投资快速增长，同比增长68.3%。限额以上第三产业（含房地产）完成投资同比增长24.6%，投资结构逐渐由工业主导型向第三产业和工业并重转变。投资板块集聚效应形成，17个投资额3000万元以上城镇限上项目位于以中环南路为轴心的科技城和新区板块。2008年，完成总投资8亿元的城镇治污、公交设施和旧城镇改造等基础设施建设，浙江清华长三角研究院创业大厦、中科院嘉兴中心一期、北师大南湖附属学校一期等项目建成投入使用。2009年，东方特钢年产50万吨不锈钢中宽板生产线竣工试产，凌公塘文化主题公园、国际网球中心投入使用，特钢新城、南湖科创园二期、亚特电动工具产业园、创意产业园等项目顺利推进。2010年，全社会固定资产投资完成247.49亿元，比2009年增长13.8%；全年工业生产性投资65.20亿元，下降8.1%，其中通信电子、汽配机电、香精香料、特种钢铁四大产业集群完成投资29.78亿元，占全部工业投资比重的40.7%。南湖新区工厂拆迁项目、嘉兴总部商务花园配电工程、区级农业科技园区基础设施建设等项目竣工，中小学校安全工程维修加固项目、绿色通道改造工程、嘉兴市内河港区疏港公路、南湖新区创意产业园基础设施工程正在建设之中。全区完成房地产开发投资75.14亿元，比2009年增长26.2%。

第四节　经济体制改革

中共十一届三中全会后，农村开始经济体制改革，实行家庭联产承包责任制。进入20世纪80年代，区境经济快速发展，得益于农村经济体制改革的成功，城市体制改革随之逐步展开，首先从工业经济体制改革开始，逐步扩展到各个领域，并交叉进行行政、计划、财政、土地、劳动人事、教育、科技、文化、卫生、城建、社会等诸方面的体制改革。

农村经济体制改革

（见第十八篇“农业”第一章）。

工业经济体制改革

工业经济体制改革是城市经济改革的重点，通过扩大企业自主权和物质刺激，调动企业的生产经营积极性。党委、政府采取积极举措，先试点后推行，循序渐进，先后进行多项改革。

扩大企业自主权　1979年10月，境内民丰造纸厂等6个国营工厂企业进行试点。1984年7月，市委、市政府先后制订发布城镇国营、集体企业“松绑放权”的12个配套政策文件，扩大企业在生产经营、计划、销售、价格、物资选购、资产处理、机构设置、人事劳动管理、工资奖金、联合经营等方面的自主权。当年，还对二轻集体企业放权，对国营小型企业，实行“全民所有，集体经营，照章纳税，自负盈亏”的办法，给这些企业在搞活经营、改革分配制度上有更大的自主权。1988年8月，境内7家大型企业进行放开经营的“特厂”试点，推动这些企业加快内部配套改革。

厂长（经理）负责制　1984年7月，境内嘉兴绢纺厂、嘉兴电控厂、嘉兴石油机械厂3家国营企业进行试点。1987年1月，市政府规定“凡实行承包、租赁经营的企业，同时实行厂长负责制，厂长任期与承包经营期相一致”。区直属没有国营企业工业。1989年，全区有32个集体企业实行厂长（经理）负责制、厂长（经理）承包制、厂长（经理）任期目标制和对离任厂长（经理）的审计制度。

企业内部责任制 1984年7月，进行企业内部负责制，境内的嘉兴绢纺厂、嘉兴电控厂、嘉兴石油机械厂3家国营企业试点。1986年9月后，由工业企业扩展到财贸、交通、建筑企业。1988年，境内国营企业实行厂长（经理）负责制的占93.2%。1990年，全民、集体企业全部实行厂长（经理）负责制，并推行厂长（经理）任期目标制和对离任厂长（经理）的审计制度。

企业承包经营责任制 1984年6月，境内二轻系统企业首先建立内部经济责任制，其形式有包保责任制、全厂性计件制、按系统考核分配制、岗位超额计件工资制、供销一条龙承包制、个人与小组超定额计件制、联产联利计酬制、集体租赁承包制、供销业务承包制、技改项目承包制等。1987年下半年，国营嘉兴绢纺厂在全面实行经济责任制的基础上，推广运用“满负荷工作法”“厂内银行”、全面质量管理、价值工程等先进管理方法，提高企业管理水平。1989年，区属403个企业实行各种形式承包经营责任制，占企业总数的96.6%。

企业分配制度改革 1983年，境内20家二轻企业试行联产联利经营承包责任制。1989年，辖区214户承包企业，完成和超额完成上交指标的有181户，占84.6%。同时，在承包企业内先后建立经营者风险基金制、全员风险抵押承包和试行“共保”合同（即厂长与工会主席共保承包合同）等，增加承包合同的透明度。

企业劳动用工制度改革 1984年10月，招收新工人始行合同制。1986年，企业招工实行“面向社会，公开招考，择优录用”的办法。1988年9月，试行搞活固定工制度，分别在企业全面或部分进行优化劳动组合试点，对企业内的职工实行定编设岗，择优组合；并对富余人员采取厂内待业、离岗退养、兴办第三产业等途径予以统筹安排。1987年12月起，境内县以上国营和集体所有制企业离退休费用实行社会统筹。1992年，按市场化要求对企业用工进行动态管理，通过完善定员定额，以产定人，实施下岗分流、减员增效，全面推行全员劳动合同制。2002年以后，随着职工工资、医疗、保险、养老、失业等社会保障体系的逐步建立，三项制度改革措施落在实处，效果明显，人才合理流动，资源合理配置的企业劳动用工和人事管理机制基本形成。

企业产权制度改革 1993年，对全区乡镇（街道）工业企业进行产权制度改革，改革重点主要在乡镇（村）办集体性质的工业企业。乡办集体企业改制的重点是股份合作制和企业租赁，村办集体企业改制的重点是转为私营企业。实行一厂一策，对企业资产清查、资产评估、产权界定严格把关，及时办理企业“两证”（房产证、土地证），妥善处理企业债权、债务、下岗职工基本生活保障、再就业等问题，通过股份合作制、有限责任公司、租赁、兼并、拍卖等形式进行改制。至1998年底，以股份制改革为重点的乡镇企业产权制度改革基本结束。在区属1116家工商企业中，转制企业1066家，转制面95.5%。其中股份合作制企业666家，租赁企业324家，中外合资企业45家，有限责任公司25家，联营企业6家。南湖、东栅两乡所属174家企业转制139家，转制面79.9%；街道所属778家企业转制775家，转制面99.6%。

2000年，乡镇（街道）工业企业改制全部完成。改制企业7008家，从业员工59213人。其中混合型所有制企业418家（含三资企业49家），个私企业6590家。500万元以上重点企业86家，员工18847人。企业资产总额40.2亿元，其中混合型所有制企业资产总额31.4亿元，占全部企业资产的78%。

组建企业集团 1987年3月，境内嘉兴市第一个企业集团——南湖色织集团成立，以后二轻企业集团、兔羊毛纺织集团、包装工业公司、家用电器集团公司先后成立。1989年，区属企业开始组建企业集团。1995年《秀城区组建区级企业集团暂行办法》出台，加快企业集团组建。兼并形式有有偿购买、承担债权债务、无偿划转等。区内首家按《企业集团登记管理暂行规定》登记的集团浙江允升投资集团成立。至2010年年底，累计登记企业集团10家。

企业上市 1991年，中国实行企业上市制度，分别在上海和深圳两地设立证券交易所。企业进行股份制改造、资产重组等，进行相关制度设计和资本运作，盘活优质资产，经国务院证券监督管理机构核准后，向社会公开发行股份，在证券交易所上市交易。浙江亚特电器有限公司为辖区首家上市企业，于2010年在韩国KOSDAQ市场挂牌上市（股票代码900130），成为浙江省首家赴韩上市企业，共募集资金195.6亿韩元（约合1.2亿人民币）。

流通领域经济体制改革

商业（物资）体制改革　1949年，嘉兴城内商业以私营为主体。私营商业批发占社会批发额的90.36%，零售占社会零售额的83.2%。同年7月，域内第一家国营商业嘉兴贸易总公司开业。1956年基本完成社会主义改造后，形成以国营商业为主领导，供销社为助手，多种经济并存的商业体制。

1979年以后，国营商业围绕提高企业活力，开始一系列改革。1983年，市百货、五交化公司改变批发层次限制和行政区域限制，精简机构，实行对外两块牌子，对内一套班子。1984年，国营食品公司系统统一核算的体制由省全部下放当地管理。同年7月，嘉兴贸易中心开业，冲破固定供应区域、固定供应对象、固定作价率的“三固定”批发办法，实行开放式经营。

1983年2月，境内百货、五交化、糖烟酒3个公司所属职工在20人以下的21家国营零售企业，按“国家所有、集体经营、国家征税、民主管理”的经营体制进行试点，至年底，独立核算的108个单位中，试行经营承包责任制的有65个，占63%。其余单位分别试行“国家征税，自负盈亏”“利润包干，超额分成”“全额利润留成”“超额计件”等责任制形式。当年，商业零售企业利润不超过8万元的小型企业进行“改（国营改为集体经营）、转（国营转集体所有）、租（租赁经营）”。

市五交化公司以互惠互利的原则，先后建立多形式、多层次、多方位、跨地区、跨行业、跨所有制的各种经济联合体210个。1987年11月，公司牵头组建嘉兴市海鸥电扇工商联营公司，至1989年共计销售海鸥电扇40万台，占该公司同期批发部门销调海鸥电扇的88%以上。1989年7月，与上海市五交家电集团公司共同组建嘉兴联营公司，当年仅沪产名牌自行车就调入2.1万辆，占全年批发部门销调量的30%。石油公司的加油站也发展了农商、工商联营的加油站。

通过改革，国营公司商业网点和营业环境明显改善。1985—1989年，辖区国营商业系统新建网点30个，翻建扩建和装修网点26个，增加营业面积4419平方米。1990年底，国营商业的百货、五交化、烟糖、食品、水产、石油、纺织品、饮服、医药等10个专业公司实行承包经营责任制，所有权和经营权分离。

供销体制改革　1983年3月开始，在供销系统开展以恢复“三性”（组织群众性、管理民主性、经营灵活性），改“官办”为“民办”的第一阶段体制改革，自下而上召开社员代表大会，民主选举理监事会，实行民主管理，进行清股增股发展社员。1985年，全区基层供销商店按“核定指标、投标承包、人员组合、工资浮动、奖赔结合、超利分成”的办法，实行指标承包。2004年开始，区供销社加大改革力度，对管辖的东栅、塘汇、南湖、嘉北4个基层供销社进行以产权制度和劳动用工制度为核心的体制改革。对原4个基层社的资产（债权、债务），由区供销社托管，基层供销社进行重组，由原来集体所有制性质改革成为以区供销社控股、经营者持大股、吸收农民代表和部分街道农业服务中心参股多元化投入的有限责任公司，明晰产权关系，企业用工全部实行全员劳动合同制，打破了“大锅饭”，至2005年6月，4个基层社的改革全部到位。受政府委托管理的东栅、塘汇、南湖、嘉北集体商业总店，除南湖集体商业总店因人员全部退休，停止经营活动，2002年歇业外，其他基本保持原状，企业退休职工全部实行社会化管理。2010年，全区供销社有社员股金396万元，员工20人，经营服务网点4个。

国有资产改革

2010年2月，成立区级国资总公司，推行国资改革，规范国有资产管理，出台国资委工作制度，国有企业财务监督管理，国有产权交易监管，国有企业管理人员任用、选派、管理等规定，完善区属国有资产营运公司的法人治理结构，建立健全区属国有资产营运公司的监督机制。推进镇、街道国资运营，发挥国资平台调控、引导和带动引领作用。是年，区国资总公司参股30%，与台资世和国际开发股份有限公司合作，开发新农村“巨无霸”项目，总规划用地11.128平方千米。

第二章　统计管理

第一节　专业统计

机构

清末民初渐有统计定期表报。1946—1948年，嘉兴县先设主办统计员，后又设立统计室，各乡镇公所由总干事或户籍干事兼办统计。

解放后，实行集中统一、分级负责的统计管理体制。1953年，嘉兴县成立统计科，基本上适应了“一五”计划时期嘉兴统计管理的需要。“大跃进”后，统计科并入嘉兴县计划委员会。1963年至1979年9月，统计部门的行政归属随县（市）的调整而调整。

建区后，统计科隶属于区计划委员会。1985年，成立区农业经济调查队，开展农产量和住户调查。1992年6月，成立区统计局。2001年12月为区发展计划与统计局。2009年9月，区发展改革与统计局更名为区发展和改革局，同时挂区统计局、区物价局牌子，统计局设普查中心、综合统计科、专业统计科。

至2010年，各镇、街道全部设立统计信息中心，承担各项统计调查工作。隶属镇政府、街道办事处领导。

统计报表

解放初期，境内最早的定期统计报表是1950年国营贸易统计和公营工矿企业统计报表。土地改革完成以后，有些部门曾一度滋生滥发报表、乱向基层要统计资料的现象。1953年起，除国家规定的定期报表和省地县（市）批准的统计报表外，禁止向基层滥发报表。法定由统计部门直接编报的有工业、商业、基本建设、农业生产年报等；由业务主管部门上报的主要有人口、税收、银行存放贷、文化和教育年报等。“一五”计划后，统计报表除原有工业、农业、商业等定期和年度统计报表外，又增加劳动工资、物资、基本建设等专业统计报表。“大跃进”时，报表既多且乱，统计数字失实。1962年进行整顿清理，对统计数字作核实。“文化大革命”初期，由于统计机构撤销，人员精简，部分专业统计报表均停止和中断，只有工农业统计等少数几张报表，内容简化，指标不全。1970年始逐步恢复6个专业统计、26种报表，有工农业产量产值数，工业和农业社办工业单位数及人数，全社会金属切削机床数，锻压设备数，动力设备数，汽车数，人民公社组织情况，耕地面积，农作物种植面积，粮食平均亩产，猪、牛、羊年末头数，主要农业机械拥有量，社会商业零售额，全民单位主要物资消耗和库存，国营农林牧渔场情况等。1972—1975年，又增加一些指标和表种。1981年开始，专业报表逐年完备。1983年建区后，按照国家、省、市的制度和要求，建立了比较完善的区级统计报表制度。至2010年，全区建立全面统计、抽样调查及普查相结合的统计调查体系。全面统计有农业、规上工业、能源、限上贸易、规上服务业、房地产开发、500万元以上投资、资质以上建筑业、科技、综合核算；抽样调查有规下工业、限下贸易、规下服务业、城乡住户等；普查有人口普查、经济普查、农业普查；各业务主管部门系统布置的统计报表有人口、计划生育、工业、农林、商业、财税、金融保险、物资、外贸、工商行政管理、电力、交通、邮电、乡镇企业、农经、档案、教育、科研、文化、卫生、体育、广播电视、环境保护、城市住房、市政建设、公用事业、民政、劳保福利、社会治安等。

第二节　统计调查

解放初期，准备土改和推行农业合作化时，政府机关进行多次典型调查，掌握大量统计资料。在经济工作方面，1949年10月组织调查工商业情况，工业调查了33家企业，分绢丝、造纸等9大类；手工业调查了酒酱、卷烟等10种行业；商业调查了绸布、米业为主的共56个行业、1502家商店。同时调查了一般社会情况。1950年，嘉兴市作一次小范围的工业普查。1952年，对嘉兴市私营工业状况进行调查。1961年，对农村体制、农业、蚕桑、多种经营及人民生活等方面作大量调查，对于制订政策，贯彻执行调整方针，起了很大作用。自1953年起，除统计部门主办的调查外，先后有人口普查、工业普查，农村、城市社会经济情况抽样调查和其他方面的统计调查。

普查

人口普查　解放以后，境内共进行6次全国人口普查。人口普查信息为政府决策提供依据。

境内历次人口普查一览表

表27-1

序次	普查时间	组织单位	普查内容
第一次	1953年6月30日24时	嘉兴县（市）人民政府	姓名、性别、年龄、民族、地址、与户主关系6项
第二次	1964年6月30日24时	嘉兴县精简办公室人口组	在第一次基础上，增加文化程度、本人成分、职业3个项目。后两项不作汇总
第三次	1982年6月30日24时	嘉兴市人口普查领导小组办公室	增加生育子女数和存活子女总数、1981年生育胎次等项目。普查项目增加到19个
第四次	1990年6月30日24时	城区人口普查办公室	按人填报项目为姓名、性别、年龄、民族等15项，按户填报的有户别等6项，共21项
第五次	2000年10月30日24时	秀城区人口普查办公室	按人填报项目有26项，按户填报的有23项，共49项。普查结果：全区常住人口50.00万人，其中男性25.33万人、女性24.67万人，男女性别比为120.71
第六次	2010年10月30日24时	南湖区人口普查办公室	人口和住户的基本情况，包括性别、年龄、迁移流动、社会保障、住房等。按人填报项目有28项，按户填报的有17项，共45项。普查结果：全区常住人口61.27万人，其中男性31.00万人、女性30.27万人，男女性别比为102.40

2010年7月16日，召开全区第六次人口普查综合试点工作培训会

工业普查　境内1949年10月开展工业调查（调查33家企业），1950年又作了一次小范围的工业普查（调查10余家企业），普查对象是公营、公私合营及工业生产合作社的工矿企业（不包括私营企业）。1950年3月，中央人民政府政务院布置第一次全国工业普查。通过普查基本掌握了解放初期区境内工矿企业基本情况，作为恢复和发展工业生产的依据。

1983年11月，国务院部署第二次全国工业普查准备工作。1985年，嘉兴市被列为浙江省普查试点市。普查范围包括全部工业企业，普查内容是企业产、供、销、人、财、物的基本情况，重点是工业装备技术状况、经济效益、工业内部结构和职工素质等。普查数据由嘉兴市自行组织用计算机汇总处理（全省仅嘉兴、宁波两地）。嘉兴市被评为第二次全国工业普查先进单位。

1995年，全区组织开始第三次全国工业普查，普查对象为全部工业企业及附营工业生产活动单位。通过普查，摸清家底，查清产量、生产能力、资源配置、市场供需、生产设备、工艺、技术、成本、价格及盈利状况。

基本单位普查 1996年12月31日，组织全区进行第一次全国基本单位普查，对象为除农户和个体户以外的所有从事社会经济活动的法人单位和产业活动单位。内容是摸清各类单位的行业结构、分布、经济类型结构、从业人员、营业规模等。2001年12月31日，进行第二次全国基本单位普查，对象为所有从事社会经济活动的法人单位和产业活动单位。内容是摸清各类单位的底数，掌握基本单位的组织形式、经济构成、规模结构和生产要素的配置以及行业分布、地区分布等情况。

农业普查 1996年12月31日，组织全区进行第一次全国农业普查，对象为各种类型的农业生产经营单位、农村住户、乡镇企业、行政村和乡镇政府。内容是准确掌握改革开放以来农业生产要素的规模与结构的变化情况，进一步查清农村和农民的基本概貌。2006年12月31日进行第二次全国农业普查，对象为农村住户、城镇农业生产经营户、农业生产经营单位、村民委员会和乡镇人民政府。内容是农业生产条件、农业生产经营活动、农业土地利用、农村劳动力及就业、农村基础设施、农村社会服务、农村居民生活，以及乡镇、村民委员会和社区环境等方面的情况。

经济普查 第一次全国经济普查以2004年12月31日为标准时点。全区第一次经济普查的目的是全面掌握全区第二产业、第三产业的发展规模、机构和效益等情况，建立健全基本单位名录库以及数据库系统，为研究和制定区社会经济发展规划，提高决策和管理水平奠定基础。普查对象是辖区范围内从事第二产业、第三产业的全部法人单位、产业活动单位和个体经营户，普查主要内容包括单位基本属性、就业人员、财务状况、生产经营情况、生产能力、原材料和能源消耗、科技活动情况等。第一次经济普查成果显示，2004年末，区内共有从事第二、三产业的法人单位5588个。其中，企业法人单位4566个，机关法人单位116个，事业法人单位457个，社会团体法人单位188个，其他法人单位261个。全部产业活动单位6523个，其中第二产业2348个、第三产业4175个。个体经营户28401个，其中第二产业4491户、第三产业23910户。

2008年12月31日，是第二次全国经济普查的标准时点。通过普查，全面掌握区第二产业和第三产业的发展规模及布局；了解区产业组织、产业结构、产业技术的现状以及各生产要素的构成；摸清区各类企业和单位能源消耗的基本情况；建立健全覆盖国民经济各行业的基本单位名录库、基础信息数据库。普查成果显示，2008年末，区内共有从事第二、三产业的法人单位7576个，产业活动单位10072个，有证照的个体经营户18108户。

第三产业普查 1993年，组织全区进行全国第三产业普查，对象为从事第三产业的所有单位。内容是1991年和1992年反映第三产业机构和人员、经营活动、实物资产的指标。

抽样调查

农村社会经济调查 解放后，乡村社会经济调查（1993年前称为农村经济调查）、农业产量调查和农村住户调查是农村调查的三大任务。1956年，嘉兴县首次用抽样调查，实割实测60亩春粮、260亩水稻产量。1956—1960年，对水稻区、经济作物区的160户农民收支、积累等经济情况进行调查。1964年，嘉兴县是省农民产量调查队抽中的早稻产量抽查样本县。1985—1993年，区是浙江省农村社会经济抽样调查点之一。

1985年，开展农产量和住户调查。农产量调查采用实割实测，以样本田平均产量来推算总产量。农村住户调查是通过抽取一定的农村居民住户样本进行记账，全面系统地收集辖区农村居民家庭的生产经营、收入、消费等基本情况的一种统计调查。2009—2010年，区农村住户调查样本户为1500户。

城市社会经济调查 1950年起，开展零售和批发物价指数、农副产品收购价格等项调查，通过日常系统调查，收集和整理相关信息，编制各种价格指数，反映市场物价变动趋势及对居民生活费支出的影响，为政策的制定提供信息。

1956年，嘉兴市首次对40户职工进行城市住户调查（当时称家计调查），以后中断多年。1980年恢复，仍为40户。1985年，由城区农调队继续开展城市住户调查，确定样本户为60户，以后扩大到150

户。这些样本户从市区10万多户住户中随机抽取，按常规每隔3年轮换一次。统计部门发布城镇居民人均可支配收入、人均住房面积、人均消费支出等数据。

人口抽样调查　人口抽样调查的类型有1%人口抽样调查、人口变动抽样调查、残疾人调查等。1987年后，1%人口的抽样调查固定在两次全国人口普查中间的年份尾数逢“5”之年。1987年第一次抽查，区不在抽查范围。1995年第二次抽查、2005年第三次抽查区都在抽查范围。这两次抽查的样本都是采取分层、多阶段、整群概率比例的抽样方法而产生。

按照国家统计局、省统计局部署，1982年、1988年、1989年区开展“人口变动抽样调查”，1989年抽查90个乡镇、街道46525人。

社情民意调查　2000年后开展的社情民意调查有：市区党员和党组织发挥作用情况调查、市区医疗卫生状况调查、市级机关民主评议调查、区级机关民主评议调查、“平安浙江”和“平安南湖”调查、区“十一五”期望调查、市税收需求服务调查、市区医疗卫生状况调查、创建法治县（市、区）工作先进单位民意调查、新居民就业和生活状况调查、软环境建设调查、公众对城市环境保护满意率调查、“万人评组工（组织工作）”调查、市区居民出行（SP）调查、民生民意调查等项。

其他调查

除普查和抽样调查外，还有典型、重点情况等其他调查。1952年、1956年、1957年连续进行劳动工资、劳动就业和失业情况调查，1959年、1976年、1977年先后进行职工类别、素质、全民和集体单位用工人数等情况调查。1956年、1978年、1983年、1985年对科学技术人员学历、职称、工龄、工资、专业对口等情况进行调查。

工业方面，1955年3月对嘉兴市绢纺、民丰、中丝一厂等9个工厂企业的重点调查，同年10月对私营工业企业的利润及流向进行调查。

农业方面，对土改前后农村各阶层占有土地等生产资料和经济状况进行调查。1955—1957年，对嘉兴余新、曹庄农业生产合作社收益分配与当地富裕农民对比进行典型调查。1963年，对支农资金使用情况进行调查。1965年，对知识青年上山下乡安置、生活费用、居住房屋进行调查。

1983年对预算外资金、1987年全区投入产出情况进行调查。2006—2009年期间，对全区生猪畜禽监测调查、全区粮食生产统计监测调查、农产品加工企业调查、劳动力资源调查、工业企业技术创新调查、企业工资状况调查、投入产出调查、农户存粮情况调查、时间利用调查、城镇单位劳动工资统计试点工作调查等。

第三节　统计监督

20世纪50年代，省先后印发10多个统计法规。1983年颁布《中华人民共和国统计法》。2009年以来，区政府发布加强区农业、工业以及镇、街道统计及统计考核办法等文件。2010年1月1日，新修订的《中华人民共和国统计法》施行。

统计执法检查

区统计局每年开展统计执法检查，对统计调查对象单位进行执法检查。2009年检查35家单位，查处统计违法行为17起，当场警告17起，其中提供不实统计资料8起，未按规定设置原始记录、统计台帐6起，其他统计违法行为2起，自行变更统计方法报送统计资料1起；2010年检查35家单位，查处统计违法行为18起，当场警告17起，警告并罚款1起，其中提供不真统计资料16起，未按规定设置原始记录、统计台账2起。

统计法制宣传

“四五”普法期间，有1000多人接受统计普法教育，发放普法宣传资料2180余份，张贴宣传资料8000余份，悬挂横幅500多条。2006年，区级领导干部统计法制宣传被列入统计“五五”法制宣传教育重点之中，制作发放《统计知识工作手册》1000册。2009年，统计各类培训受训人数1900余人次，发放《统计人员统计法制》学习材料2800余份，颁发统计“五五”普法合格证书1900多份。

第三章　质量技术管理

第一节　计量管理

机构

1932年5月1日，嘉兴县成立度量衡检定分所，负责商铺度量衡器类的管理，后分所撤销，由县建设科分管度量衡的检定检查。

1956年11月，成立市商业局计量检定组。1959年9月，建县计量管理所。1984年，成立市标准计量管理所。1985年2月，建立市标准计量管理局。1991年3月更名为质量技术监督局。2002年5月，市质量技术监督局设秀城区办事处。2005年2月，成立区质量技术监督分局。2007年5月，成立区质量技术安全监察大队，负责全区质量技术监管工作。

计量沿革

旧时，嘉兴的度量衡器繁多，度器有竹尺、木尺、布尺等，量器有斛、斗、升、合等，度制用分、寸、尺、丈、里，亦有用公尺、千米或英尺、英里者。1929年，国民政府颁布《度量衡法》，1931年嘉兴开始逐步推行新制，采用公制，并辅以市制，一些乡镇仍沿用旧制。解放后，市制、英制、公制、营造制并存。1959年6月，国务院发布《关于统一我国计量制度的命令》，确立基本计量制度采用米制。至1960年，除中医用药外，改制工作基本完成，计量单位基本统一。1985年，《中华人民共和国计量法》颁布。1986年7月，市区统一实行国际单位计量制。市计量检定测试所按国家计量局下达的衡器市制改制工作的要求，对境内各行业的市制衡器进行改制（即台案秤市制改制和木杆秤定量砣千克制更替工作）。1990年底，全区的科研、行政、企事业、商业、印刷、报刊、广播、广告及各种票证基本完成向法定计量单位的过渡。随着经济和科学的发展，新的度量衡器陆续产生，计量器具已发展为长度、热学、力学、电磁学、光学、声学、化学、放射、无线电和时间频率10大类。2010年，老百姓使用的电子类称重器已经普及。

计量器具

计量器具生产　清代末，县城内有制作度量衡器的店（场）。较早一家汪同顺秤店，主要制作木杆秤和戥秤。民国时期，嘉兴城内有赵大盛、龚万顺斛店，倪同盛、陈福兴、韩永和秤店。1952年，市区有10家度量衡制造的手工业场店。1966年，嘉兴计量管理所自办小厂，生产量端器、研磨头子等器具。1969年，嘉兴工具量具厂开始生产量具。1984年开始，与上海量具工具厂合资联营，1985年生产的0~300Ⅲ型卡尺获省优质产品，1987年获出口许可证，部分产品销往美、法、澳大利亚等国及中国香港等地。至2010年，境内有大一互、早一衡等电表、汽车衡计量器具制造企业。

计量器具的检定、检修　民国时期，嘉兴县设度量衡检定分所，会同商会对计量器定期检定，时称“会秤”“会斗”。1957年，市区计量检定所对部分商贸企业进行计量检定。1986年，开始分步开展计量器具的强制检定。检定项目从简单度量衡器到企事业单位使用的最高计量标准器、医疗卫生计量器具。1989年6—9月，对市区商业、粮食、供销系统的46家公司、500家企业的衡器实行强制检定，共检定4500台（件），合格率为85%。10月，对市级医院336台血压计强检，合格率为65%。年底，又对石油公司使用的24台流量计、15台加油机进行强检。1990年，市区登记造册强检计量器具1229台（件），已实施强检的计量器具21231台（件）。2000年，市计量检定测试所建立长、热、力、电、化学、光学、声学等9大类共65项计量标准，检定计量器具99项。2009年，市计量所对16家农村农贸市场的1194台（件）计量器具进行强制检定，合格率96.1%；完成21家医疗机构医疗器具的强制性检定工作，合格率98.9%，受检率均达到100%。2010年，嘉兴市计量所对南湖区34个农贸市场在用计量器具3097台（件）进行检定，合格2986台（件），合格率为96.4%。

工业　商业计量管理

1984年，国家计量局颁布《工业企业计量工作定级、升级办法(试行)》。1985年,市标准计量局建立计量工作定级升级考核小组,以民丰造纸厂为试点,后在各工业企业全面开展。至1990年,区内大中小工业企业均建立计量管理专职部门,检测设备,健全量值传递系统。2002年5月至2008年,区工业计量监管和计量器具制造许可审批发证由省和市分级管理。2009年,开展千吨以上用能企业调查摸底工作,辖区内共有企业35家,并建立企业档案。对3千吨以上的16家用能企业进行计量器具配备情况的检查。2010年,推进重点用能企业计量检测体系建设,在东方特钢召开现场会,实地为企业建立计量检测体系提供帮助。同时,对全区3家瓶装液化气充装点开展计量检查,对被检查出份量不足情况,责令限期整改,并将有关情况上报市质量技术监督局稽查队进行处理。

第二节　质量监督

产品质量监督抽查

1985年起,市质量技术监督局对辖区的工业产品质量逐步进行监督管理,采取统一监督检查、定期监督检查、日常监督检查相结合,对企业生产的产品质量实行监管。1989年春,突击检查市区市场上出售的罐头、葡萄酒2种商品20批次,合格率为40%。当年6月,市政府统一组织市标准计量、工商、卫生、物价部门进行商品质量大检查,抽查保暖瓶、电线、室内开关、罐头、洗衣粉、黄酒6种商品91批次,合格率为23.5%。2005年,对辖区167家企业生产的8大类49种167批次的产品进行抽检,抽检批次合格率为84.43%,全区的质量指数为97.84,同比上升5.14。2006年1~3季度,省抽92个批次,批次合格率为91.30%,较2005年同期上升6.92个百分点。2007年,区涉及10类重点产品的省级监督抽查合格率为83.33%。2008年1~3季度,监督抽查(专项与定期)共抽查49个批次产品,批次合格率为89.80%。2009年前三季度抽取171个批次食品产品,抽检合格率97.66%。2010年,对豆制品生产企业共抽样73个批次,合格率为98.6%。

产品质量整治

1995年,市技术监督稽查队成立后,逐步加大打假治劣力度。当年,市局对经济发展有举足轻重的产品、可能危及人体健康和人身安全的产品、用户和消费者反映强烈的产品进行监督检查,重点检查市场铝型材质量,查处一批无证铝型材。2005年,市局对境内的产品质量进行整治和打击假冒伪劣产品。2006年,对城乡结合部食品生产加工环节安全进行专项整治。2007年,对全区室内取暖器企业展开地毯式检查,同时邀请专家上门,对室内取暖器企业进行指导和帮扶,对产品存在的质量问题进行现场开方,对症下药整治后,室内取暖器生产企业取证率100%,监督抽查合格率从62%上升到93%。2008年,加大对强制认证产品的监管,共检查32家(次)生产强制认证产品企业,查处1家制售假冒伪劣室内取暖器企业,涉案货值1.76万元。2009年,共办理食品处罚案件8起,涉案货值105815元,罚没款共计65623.5元。其中一起案件因涉案企业违法添加“苯甲酸钠”,不符合GB2760标准中的相关规定,开出了辖区首张针对违规使用食品添加剂企业的万元罚单,并通报全区。2010年,对辖区内室内取暖器行业制售假冒伪劣产品违法行为进行查处,端掉制假窝点3个。当年,开展“打假保两节”“农资打假下乡”“家电、汽车摩托车下乡”“液化石油气充装单位专项执法检查”等专项行动,净化市场秩序。

第三节　质量管理

全面质量管理

1979年8月,全国开始推行全面质量管理。1994年开始,在境内企业中推行先进的质量管理方法,举办ISO 9000标准推介会,推进企业采用ISO 9000系列标准,提高企业管理水平。2006年,印发《南湖区精细化工产业质量帮扶工作实施意见》,对精细化工企业开展质量帮扶。2008年,推广全面质量管理工作。2010年,开展首届南湖区区长质量奖评选工作,嘉兴敏慧汽车零部件有限公司、嘉兴森创2家企业获区长质量奖,嘉兴敏慧汽车零部件有限公司和民丰特种纸有限公司获得市长质量奖。

生产许可证制度

1984年5月11日,国家经委成立全国工业产品生产许可证办公室,公布第一批实施生产许可证管理的重要工业产品目录。1992年2月27—29日,组织对市一院、二院、武警医院、东栅卫生院等单位使用和生产的一次性使用输液品、一次性使用输血器、大输液的生产许可证持有情况进行检查。2000年,生产许可证管理职能划转到省质量技术监督局。市区的工业产品生产许可证工作由市质量技术监督局承担。2002—2010年,每年开展全区各类专项整治,强化对区属生产企业的生产许可证监管工作。2007年,开展工业产品获证企业符合性检查,共检查获证企业73家,其中合格42家,整改复查合格31家。2008年,集中力量对无证生产行为予以打击,共立案5起。2009年,确定室内加热器和千斤顶2个行业的16家企业作为重点监管行业(产品),配合市局稽查队共查处违法案件5起。2010年,重点监管的行业(企业)进行调整,涉及企业45家,实行A、B、C分类监管,建立一企一档,提高监管有效性。

2009年1月,审计局与协审中介机构签订廉政共建合同

名牌产品管理

1992年7月31日,全省开始创浙江名牌活动。1994年,公布第一批65个浙江名牌产品,市区有9个,占13.84%。1995年12月28日,推荐海鸥牌电风扇等34种工业产品为1995年嘉兴市名牌产品。2005年,全区累计有浙江名牌产品10种,嘉兴名牌产品16种,获得名牌产品的企业共完成产值36.16亿元,占全区规模以上工业企业总产值的26.44%,实现利税2.85亿元,占规模以上工业企业利税总额的32.39%。2006年,全区创浙江名牌产品1种,嘉兴名牌产品5种。2007年,新增省名牌4个,市名牌7个。2008年,新增省名牌3个,市名牌4个。2009年,新增省名牌1个,市名牌8个。2010年,新增省名牌5个,市名牌13个。至2010年底,全区累计拥有有效期内省名牌21个、市名牌35个,其中省服务名牌产品4个、市服务名牌产品14个,服务名牌数量位居全市第一。

第四节 标准化管理

标准化制订

1984年11月开始,嘉兴市推动企业采用国际标准工作。1988年9月18日,市区首次开展市级采用国际标准验证确认工作。1989年4月1日,《中华人民共和国标准化法》实施,当年,市质量技术监督局受理企业标准备案130项。1996—2000年,境内嘉兴市电子陶瓷厂的ZTT型压电陶瓷谐振器产品列入国家级(采用国际标准)新产品。一些产品替代进口产品。2008年,全区完成足浴、美容美发、旅行社、餐饮、茶楼、商务宾馆等8个服务行业标准的起草工作,其中足浴和美容美发2个行业标准于当年发布实施。据统计,2009年全区共主导制修订国家标准3项,参与制修订国家标准17项,主导制修订行业标准3项,参与制修订行业标准4项,拥有1个国家标准化管理委员会分标委即国家特种纸标准化分技术委员会。

2010年,指导区属20余家标准化工作骨干企业建立健全标准化良好行为体系,完善企业内部标准管理。至年底,全区有26家企业获得省、市级标准化良好行为体系认证,亚特电器被评为市级标准创新型企业。同时,对照“浙江省重点产品采用国际国外先进标准导向目录”进行摸底调查,在规模以上企业中确定可采标企业113家,实际采用国外或者国家、行业及地方标准的企业达98家，采标率为86.73%。同年，“低碳厨房联盟标准的实施与推广”和“96345社区求助中心”2个省级服务标准化试点项目通过省局标准化专家组的考核验收，其中96345社区求助中心项目获优秀项目称号。

标准化实施与监督

1983年，对市区生产重点产品、优质产品、主要出口产品的57家企业280种产品，进行第一次标准实施情况的普查，其中采用国际标准和国外先进标准5项，执行国家标准45项，部颁标准137项，企业标准44项，无标生产产品49个，无标生产占18%。1999年，对全区啤酒生产企业进行标准化宣传、贯彻和执法检查，没收并销毁非“B”瓶。2000年，对中山路沿街290家单位进行执法检查，重点检查消防标志、公共信息符号、空调安装、产品标识等是否符合国家强制性标准要求，发出责令改正通知书17份，督促有关单位限期整改。当年，中山路通过省级街容示范路认定。2008—2010年，开展“构建标准体系，提升服务市场，打造和谐南湖”活动，对全区各服务行业进行标准化体系建设。Q/JDZSW 01—2009电子商务经营服务规范、Q/JNLS 01—2009零售行业经营服务规范、Q/JNCL 01—2009西餐、咖啡、茶饮行业经营服务规范等8个市级地方标准陆续发布实施。

第五节　特种设备管理

特种设备运行安全监察

20世纪50年代，锅炉运行、维修保养和检修工作均由企业自行处理，锅炉带病运转屡有发生。1957年初，省劳动局召开全省锅炉检修专业会议之后，嘉兴县锅炉安全管理工作由劳动部门承担。1975年初，锅炉检修始纳入劳动部门管理。1981年，开展锅炉登记、建档工作。1983年春，境内有锅炉172台，经登记发放使用证107台、报废17台、暂缓发证48台。当年，总结推广嘉兴化肥厂管理压力容器的工作经验，并多次对市区各液化气充装站进行安全检查。

1986年，锅炉专业安装队、锅炉制造厂，获劳动人事部颁发的D级锅炉制造资格证书。当年，对产品质量实行驻厂安全监察制度，对嘉兴压力容器厂制造液化气钢瓶资格全面考核监察，对市区1400多名1982年前的锅炉工进行再培训考核换证；对130名汽车槽车驾驶员、押运员进行安全技术培训，并对市区的液化石油气充装站进行安全标准验收。1987年，省、市劳动部门会同对嘉兴压力容器厂制造民用液化气钢瓶、嘉兴化肥厂自制自用1~2类压力容器的资格进行考核，发给制造资格和安装许可证。此后，锅炉登记、验收进入制度化。

1998—2000年间，区劳动部门配合市放心豆腐工程，对豆制品行业无证伪劣锅炉进行专项整治，报废无证伪劣锅炉30余台。至2010年底，全区登记在册的特种设备总量为8415台（不含气瓶），其中锅炉548台，压力容器3461台，电梯2608台，起重机械1473台，大型游乐设施8台，场（厂）内专用机动车辆317台，另有各类气瓶49万余只。

特种设备设计　制造　安装许可管理

对锅炉制造厂实行制造许可证制度。1958年建厂的嘉兴锅炉厂，是境内制造历史最久的锅炉制造单位。至2010年，全区共有市东洲锅炉厂、市启祥工业锅炉设备安装有限公司、市佳得利工业锅炉安装有限公司、市安富锅炉辅机有限公司和浙江中元建设股份有限公司5家企业取得锅炉安装许可；嘉兴南开杭嘉气体制造有限公司、市步云煤气有限公司、市南方炉料厂、市燃气有限公司、市伟创气雾剂有限公司、市新篁燃气有限公司、浙江华辰燃气经营有限公司、浙江威能消防器材股份有限公司8家气体充装单位取得充装许可证书；市众信锅炉设备安装有限公司、市启祥工业锅炉设备安装有限公司取得压力管道安装许可证；市南方电梯工程有限责任公司、市森铭电梯有限公司、市天南电梯有限公司、市壹加壹电梯工程有限公司4家企业取得电梯安装维修许可证；市力通电梯有限公司取得起重机械安装维修许可证。

特种设备检验　修理　改造

1975年，嘉兴县内务局建锅炉队，负责全县锅炉检修、安装。经地区定为锅炉安装、检修、改造和技术鉴定专业单位。1984年1月，市锅炉检验所成立。至2000年，经审查批准的专业锅炉修理单位有浙江中元建设股份有限公司工业设备安装公司等9家。截至2010年，全区只有嘉兴泰安气瓶检验有限公司1家检验机构，全区特种设备的监督检验和定期检验由嘉兴市特种设备检测院承担。

1991年开始，嘉兴市将电梯、起重机的修理、改造及制造、安装一并纳入安全监察。嘉兴市交通运输集团电梯安装维修中心和嘉兴市城区机电设备安装公司分别是市区最早取得电梯修理、改造安全认可的单位。

特种设备事故调查与处理

1991年5月1日，国务院第75号令《企业职工伤亡事故报告和处理规定》实施，明确特种设备的事故调查与处理，规定轻伤、重伤事故，由企业负责人或其指定人员组织生产、技术、安全等有关人员以及工会成员组成事故调查组，进行调查。死亡事故，由企业主管部门会同企业所在地市设区的市、或者相当于设区的市一级劳动部门、公安部门、工会组成事故调查组，进行调查。重大死亡事故，按照企业的隶属关系由省、自治区、直辖市企业主管部门或者国务院有关主管部门会同同级劳动部门、公安部门、监察部门、工会组成事故调查组，进行调查。到2010年，区无特种设备事故调查处理权限，特种设备事故分别由国家质检总局、省质监局和市质监局分级组织调查。

第四章　食品药品监督管理

第一节　食品安全监督

机构

境内食品、医药卫生管理机构，宋代设医院局。元代，设医学教授一员；又设官医提领所；还设惠民药局。明初设医学训科。明后期并入府衙，由府内官员统管。清代依之。

民国初期，由县警察局（所）司理卫生行政。1929年始由县民政科分管，警察局督促施行。1936年嘉兴县设立卫生事务所，主持全县卫生行政，训练卫生人才。1940年9月，浙江省规定县卫生院的职能是卫生行政与卫生事业。1943年10月，嘉兴县建立卫生院，设院长1人。1948年初，省重申卫生院职能，明确医生、护士由县长委任，卫生院长由省政府委任。

解放后，卫生工作由民政科主管，卫生院监管。1951年，嘉兴县（市）卫生科相继成立。1969年9月，成立嘉兴县革委会生产指挥组卫生办公室，建区后设城区卫生局。1972年4月，恢复嘉兴县卫生局。2000年6月，更名计划生育卫生局。2000年6月，新建市卫生监督所，直接承担境内的卫生行政执法监督。2005年5月，区食品安全委员会成立。2006年2月，区食品药品监督管理分局成立，下设综合办公室、食品安全协调监察科和药品医疗器械监管科。2008年1月，区食品药品监察大队成立，8月区食品检验检测中心挂牌，全区食品重点品种安全监测全面启动。人员从建局时的5名增至13名。12月，区政府为各镇、街道食品药品监管工作站统一授牌，行使辖区内食品安全综合监督、组织协调与依法组织查处重大事故职责。

食品卫生管理

1946年7月，决定市区有关饮食、商店、摊贩均得向防疫委员会申请卫生执照，始准营业。至次年10月，共发放卫生营业许可证1038张。1948年8月7日，县府令冷饮样品送省检验，除鸿运牌棒冰及明星牌、金中牌、鸿运牌鲜桔水含菌量最少准予出售外，其余应予以取缔，以重卫生管理。

1952年7月，市政府颁发《嘉兴市熟食、摊贩卫生管理规则》《嘉兴市饮食店卫生管理规则》并实施管理。1960年，对市区各饮食从业人员进行带菌者检查和X线胸部透视。1972年，对食品从业人员进行体检，发现222名患有肺结核、肝炎等传染病。1978年，对集镇食品从业人员进行体检，受检职工4739人；对体检不合格者采取相应医护措施。1982

年，实施卫生许可证制度。1983年6月，防疫站成立食品卫生监督科。

1983—1987年间，对全区食品从业人员进行健康体检63585人次，受检率84.4%，检出患病人数915人次，调离岗位906人次。食品卫生监督监测检验3972份，合格2880份。违反《食品安全法》受行政处罚511次，其中法院处理1例。

1985年开始，每年组织人大代表和有关部门领导对食品安全卫生进行视察、检查。1989年，市食品卫生监督检验所成立。1990年，区由食品卫生监督员协助执法。2003年，根据卫生部有关实施食品卫生监督量化分级管理规定，按照A、B、C、D4个卫生荣誉等级，率先在市区大中型餐饮业试点，家家乐豆制品厂通过HACCP认定，戴梦得大酒店列为食品企业和餐饮HACCP体系建立及实施的试点企业。

2004年8月，在新丰镇一家冷库中查获1927公斤有毒狗肉，以此为线索，在境内、萧山、德清等地共查获有毒狗肉13.6吨，涉案4人。该案被卫生部列为全国十大有毒有害食品案之一。2005年，市区作为全省2个试点城市之一，确定肉类、粮油、蔬菜3个行业开展信用体系建设，市食品肉类有限公司、五芳斋公司、三水湾农贸市场列为试点企业。

食品安全综合监督

安全监管　2006年开始，区政府每年与各镇、街道和11个监管部门签订食品安全目标管理责任书。镇（街道）、有关部门与所属村（社区）、重点单位签订食品安全责任书。监管部门内部将食品安全监管责任落实到科室、到岗位。明确发生重大食品安全事故实行“一票否决制”。开展专项督查、暗查暗访，检查各环节的监管工作落实情况。同时，以联合执法检查方式，每年在节日期间以及市、区重大活动期间进行全区性清查治理。2006—2010年，区食品安全委员会办公室牵头组织区相关责任部门，先后对生猪及生猪产品、食品非法添加、问题乳粉等重点品种和农村食品市场、城郊结合部、校园食品等重点区域的食品安全进行专项整治。区法院对2006年查获的4起违法犯罪案件进行宣判，4人因使用“瘦肉精”、生产有毒食品被判处有期徒刑。

2008年以来，区财政每年安排近50万元用于食品质量的评价性抽检。涉及食品种养殖、生产加工、流通及消费4个环节和大米、食用油、生猪产品、豆制品等15类重点品种，检测结果每月向社会公布。至2010年，共发布《月度检测通报》52期、《年度分析报告》3期。

食品安全示范建设　开展“千镇连锁超市，万村放心店”工程和社区示范店试点工作。至2008年，全区共开设连锁超市23家，农村放心店67家，覆盖率100%；建立村级连锁便利店59家，覆盖率84%。在全省率先开展社区放心店试点工作，建设社区放心店53家，覆盖率达到100%。开设流动放心店9家，淘汰、调整不符合要求的农村放心店6家。2009年，区获得“省级食品安全示范区”称号，全区所有镇（街道）全部通过市级食品安全示范创建验收。38个企业、单位获得“食品安全示范点”称号。

第二节　药品医疗器械监督管理

药政管理

民国初期，由民政、警方负责兼理药政管理，后由县卫生院管理。1933年公布《药师法》。1937年重新办理换发执照，核准换发医药商业执照西药商8家，中药铺23家。同年6月，处理假冒人丹案。同年，嘉兴县设立戒烟所。

解放初，嘉兴市（县）设“禁烟毒”办公室，各街道分片负责，严禁吸食鸦片，烟毒禁绝。1960年，嘉兴县中西药公司成立，行使药政管理职能。1963年，县卫生局设药政干部1名，对药店药厂和药业人员进行管理。41名药剂人员聘为药品检查员，严格管理中、西药材和剧毒药品，严禁私自种植罂粟。1964年设立县中药质量鉴定小组，加强中药质量的监督管理。1965年，嘉兴县开展药政检查，历时25天，查获伪劣中、西药品300多件，在精严寺内展示10天。1963—1982年间，嘉兴县（市）卫生局先后8次对153个医药单位和130个游医药贩进行药品检查。规定凡供应、使用麻醉、毒、限、剧药物的单位，要做到专人负责等多项制度。

1984年,《中华人民共和国药品管理法》公布实施。次年4月,开展发放药品生产企业许可证、医院制剂许可证、药品经营企业许可证的“三证”工作,城、郊两区发放药品经营企业许可证41家。1987年,对医院制剂室进行整顿。1989年10月,建立整顿医药市场领导小组,对药品经营企业撤、并、转。2001年12月1日,新修订的《中华人民共和国药品管理法》施行。区食品药品监督管理分局成立后,依法行使全区药品经营、连锁及零售药店、卫生院、民营医院等机构和医疗器械生产经营企业等的监督管理职能。

药械监管网络

网格化监管 2010年以前,区药械监管主要采取以主管部门监管为主,镇(街道)协助监管为辅的方式开展药械监管工作。2010年,以落实基层监管责任、提高监管效能为重点,在全区建立网络化监管机制,以村、社区划分成117个小格,以镇、街道划分为11个中格,以分局执法人员划分7个大格,形成“田”字、“日”字和“口”字形网格。村、社区食品药品安全信息员,镇、街道联络员和分局执法人员分别在网格内定位,对各自网格内的药械质量安全负直接责任。

数字化监管 2006年起,开展药械数字化监管工作。2007年,区药械数字化监管系统项目通过专家组终验。2008年,对11家医疗机构、59家社区(村)卫生服务站、5家药品零售连锁企业的67家门店和66家药品零售企业实现在线数字化管理。2009年,7家民营医疗机构购进药品情况纳入在线监管,药械数字化监管系统管理对象达到219家,管理药品达160多万批次。同年,在全区药品零售企业中推行视频监控系统建设,99%的药品零售企业完成视频系统安装并投入使用,对药师上岗情况“零距离”网上检查。

药械监督检查

日常监管 2008年起,开展8小时外巡查工作,重点检查药品零售企业8小时以外药师到岗等经营管理问题。2009年,明确对低信用级别的企业纳入检查范围,增加检查频率。同年进行“小药店”整规提升,按照“五个统一”“六有三无”整规标准与要求,提升小药店硬件设施和整体素质。对2007、2008年度通过规范化药房验收的医疗机构及站点开展回头看活动,对1个社区卫生服务中心和4个站点提出限期整改要求。2010年,药品零售企业药品经营许可证进行换证,检查换证企业27家,变更企业53家。按照部门联合检查机制要求,药监、公安、工商等部门在辖区内经常进行联合检查,取缔无证游医摊点。加大对基本药物目录药品抽检力度,是年,全区基本药物品种抽检覆盖率100%。

重点整治 2006年,全区紧急部署开展整顿和规范药械市场专项行动,清查外源性假劣药品。以企业集中自查、部门监督检查等方式,对全区79家连锁门店、51家医疗器械生产经营企业进行全面检查。2006—2010年,先后对海南普利“诺为”、广东佰易“静注人免疫球蛋白”、假“人血白蛋白”、华联制药厂“注射用氨蝶呤和盐酸阿糖胞苷”等外源性假劣药品进行快速清查专项行动,在对海南普利“诺为”假药快速清查行动中,共查获“诺为”196盒。2007年,对软性角膜接触镜及护理用液、医疗机构诊断仪器使用等6个专项进行检查,其间共立案查处无证经营隐形眼镜及护理用液案件8起。2008年,开展南湖药监在行动“亮剑”系列专项整治,5个专项整治行动共查处案件24起,罚没款总额近12万元。2009年始,在全区开展“蓝剑”系列执法行动,专项整治行动23个,重点打击制假售假、从非法渠道购进药械、无证经营、销售或使用过期药械等违法行为。每年确定药品抽检近300个批次,对不合格药品及时予以依法处置。2006—2010年,全区共查处各类违法案件130起,罚没款42万元。

长效和应急机制

规范医疗机构药房 2006年,制定实施区医疗机构规范化管理。2007年,制定医疗机构药房规范化建设方案,9家卫生院、23家社区卫生服务站通过验收。2008年开展规范化药房提档升级工作,全区70家镇卫生院、街道社区卫生服务中心和社区卫生服务站通过检查验收。2009年,在全区11家民营医院、10家个体诊所开展药房规范化创建。

创建“两网一规范”示范区　2008年，开展省级“两网一规范”示范区创建工作。在监督网上，全区按1个村（社区）1名的比例配备基层药品监督联络员，共聘请联络员117名；在供应网上，药品零售和社区卫生服务站建设覆盖全区117个行政村（社区），覆盖率100%，药店设置密度达每2700人1家。全区各级医疗机构全部通过规范化创建验收，2008年12月，区获得省农村药品“两网一规范”建设示范县达标单位。2009年，余新镇和南湖街道列入药品安全示范创建工作先行试点。

信用体系建设　2007年，对126家药品经营企业、8家医疗器械生产企业和28家医疗器械经营企业进行年度信用等级评定，根据评定结果落实分类监管措施，加大对严重失信单位的检查力度和频次。2008年，在10家隐形眼镜经营单位中开展信用体系建设试点。2009年，在分局网站开设“诚信企业风采榜”，对诚信企业进行风采展示。

重大药械安全事故应急机制　2006年，区政府出台南湖区重大药品（医疗器械）安全事故应急预案。2007年，进行区、镇两级重大食品安全事故应急预案演练。2009年，开展南湖区Ⅳ级药品安全事故应急预案演练。2010年，进行流通领域重大食品安全事故应急预案演练。

第三节　保健食品、化妆品监管

2005年6月29日，发文明确嘉兴市食品药品监督管理局增加食品、保健品、化妆品安全管理的综合监督、组织协调和依法组织开展对重大事故查处的职责。2006年2月起，区食品药品监督管理分局承担全区保健品、化妆品安全管理的综合监督、组织协调和依法组织开展对重大事故查处的职责。2007年3月起，增加负责保健食品生产加工环节质量的日常监管，贯彻执行保健食品的市场准入标准，实行产品注册管理，监督实施保健食品生产质量管理规范，监督抽验保健食品质量并发布公告，查处生产、制造不合格保健食品及其他质量违法行为，将保健食品产品注册的批准、变更、转让、注销等情况及时通报质量技术监督、卫生、工商部门。通过行业普查，排查掌握全区保健食品、化妆品生产及经营单位基本情况。至2010年，全区有保健食品生产企业3家，注册保健食品3个。其中嘉兴太能生物保健品有限公司1998年产品注册后，累计产值185万元，其余2家企业处在极少生产或停顿状态。

第四节　食品药品安全宣传

宣传教育

全区建有11所镇、街道食品安全宣传学校，每个村（社区）1名群众宣传员，区、镇、村宣传队伍人员共198名，形成“三位一体”食品安全宣传网络。

2006年12月，启动食品药品安全宣传月活动，以后每年结合“3·15”消费者权益保护日、“法制宣传日”“蓝盾”药学服务等，开展食品药品安全法专题宣传周和宣传月活动。截至2010年，累计接待群众咨询近2万人次，发放宣传手册等资料近10万份。还利用区食品药品安全信息简报和信息网站，开展食品药品法制宣传。《南湖区食品药品安全信息》出刊149期，网站发布法律法规内容近30万字，点击量11万人次。通过与嘉兴学院联合办学、专题讲座等形式，加强食品生产经营企业业主、基层群众、监管队伍和机关工作人员食品安全法律法规学习培训。对600名城市社区群众工作志愿者分5个片进行食品安全知识培训，在各镇600个农村群众中心户设置“食品安全知识宣传点”。

宣传服务

2008年3月开始，对家庭过期药品进行回收。全区70家医疗机构及其站点、48家零售药店、14个村（社区）设置回收点132个。至2010年，回收药品近13万粒（片）900余品种。同年起，开展“爱心购药卡、温暖送千家”服务活动，首批确定57家定点药店，发放“爱心购药卡”1848张，持有“爱心购药卡”的低保家庭在定点药店购药时，在零售价格基础上享受85折优惠。至2010年，困难群众在定点药店购药金额达8.6万元，累计受惠群众3500多人次。

第五章　工商行政管理

第一节　企业登记管理

机构

清末，嘉兴府设商务总会。民国时期，由县政府建设科（实业科）管理。

解放初，市人民政府设工商科。1956年6月，并入商业局，内设行政物价股，兼管市场管理和企业登记。1961年，县建立工商行政管理局。1964年，全面进行工商企业登记和个体工商户登记发照。1966年，工商局撤销，企业登记中止。

1979年后，恢复工商行政管理局，并按经济区域在直属镇设工商管理所。1984年，成立区工商行政管理局。此后，相继成立经济合同仲裁委员会、个体劳动者协会、消费者协会等。1986年10月，更名为嘉兴市工商局城区分局。2010年，区工商分局设有11个科室（队），辖城东、城西、新丰、凤桥4个工商所。

登记

民国时期，工商企业登记由县政府主办。1923年，永明电业公司经省实业厅核准，为嘉兴县最早的发照公司。1930年，县有3家公司（厂）经省核准发照。1932年，县城登记的工厂有染织、织布、制皂、铜锡、碾米、造纸、电灯等厂22家，资本额79.82万元。商店共529家，其中自营商406家，代营商123家，资本额357.19万元。有正式牙帖（执照）的牙行263家。1935年，举办商业登记的总户数为4639户。同年，茧行登记开业的有39家，1937年为32家，丝厂5家。1947年嘉兴县登记的商号4826家，现代工业6家。至1949年解放前夕，城内有坐商739家，小商贩1219户；工厂22家。

1949年底，嘉兴城内有工业企业33家，手工业者1300人；商业企业1502户，从业人员4588人。1951年1月，嘉兴市（小市）有私营企业2187户，嘉兴县有私营企业1341户。

1951年嘉兴县（市）私营企业登记情况表

表27-2　　金额：万元

类别	合计		工业		手工业		商业	
	户数（户）	资本金额	户数（户）	资本金额	户数（户）	资本金额	户数（户）	资本金额
嘉兴市	2187	330.7	20	18.9	804	39.6	1363	272.2
嘉兴县	1341	116.6	6	2.2	323	18.2	1012	96.2
合计	3528	447.3	26	21.1	1127	57.8	2375	368.4

1952—1953年，对私营商业进行全面登记。至1953年底，嘉兴县（市）私营商业有5565户，从业人员10171人，其中职工701人，资本额325.80万元。1954年7月，私营小批发商和零售商逐步改为多种形式的国有商业，私营商业的户数、从业人员、资本额均呈下降趋势。1956年社会主义改造高潮中，私营商业分别改组成国营商业、公私合营、合作商店多种形式。1962年12月起，县建立工商登记办公室，对工商企业进行全面登记管理。至1964年底，登记的工商企业计1531户。

1964年嘉兴县工商企业登记情况表

表27-3　　单位:家

合计	全民企业	供销社企业	农村公社、队办企业	城乡合作社(家)	其他集体所有制	自负盈亏的合作小组	城乡个体工商业户
1531	169	18	85	486	3	82	688

1979年起,重新开展工商企业普查登记。至年底,嘉兴县换发和补发临时开业证明的企业776户,从业人员67916人。当年7月至翌年2月,对旅馆、旧货、印铸刻字、修理等特种行业户,经清理整顿后重新登记发照。1980年上半年,开展工业企业普查,嘉兴县普查登记的工业企业819户,职工7.5万人。1981年8月至1982年2月,开展社队企业的普查登记。嘉兴市(县级)登记的社队企业1140户,核发营业执照1002户。3—8月,对1978—1981年期间登记发证的工商企业,全面换发全国统一的营业执照。

1984年,对企业名称、登记对象、经营范围的核定逐步放宽,允许乡镇企业和农村个体户及外地单位进入市区开店办厂。区工商局把部分登记工作下放到基层所,简化登记审批手续。至年底,全区有工商企业555户,比1983年增加176户,增长46.44%;合作经营120户,比1983年增加107户,增加8.23倍;个体工商户1443户,比1983年增加758户,增长110.66%。至1987年,全区有工商企业942户,合作经营企业242户,个体工商户2615户。

1983—1987年全区工商企业登记情况表

表27-4　　单位:户

年份	工商企业	合作经营企业	个体工商户
1983	379	13	685
1984	555	120	1443
1985	808	254	1858
1986	880	223	2118
1987	942	242	2615

1988年,私人企业开始登记,区里有3户,从业人数37人,资金5.4万元。6月起对全区242户合作经营组织进行区分和重新登记,分门别类纳入劳动者集体所有制、私人企业、个人合伙和个体工商户。

1993年,支持乡、村、街道、居民会和有关业务主管部门兴办企业。6月在区工商局设置外资企业登记股,在市工商局授权范围内开展外资企业初审工作,当年有中外合资企业56家,中外合作企业4家。1994年,新增外资企业7户。同年,执行《中华人民共和国公司法》和《中华人民共和国公司登记管理条例》,企业登记管理制度开始从原来的核准登记制向注册登记制过渡,办理公司开业登记20家。

1988—1994年全区工商企业登记情况表

表27-5

项目		1988	1989	1990	1991	1992	1993	1994
工商企业	户	1187	1346	1376	1425	1853	2505	2853
	从业人员(人)	5735	26920	31920	33836	39183	48487	54207
	注册资金(万元)	5935	8076	10841	11492	21989	38887	60030
私营企业	户	3	24	34	33	36	69	305
	从业人员(人)	37	364	501	489	491	812	3355
	注册资金(万元)	5.4	72	122	149	219	1324	5795

续表27-5

项目		1988	1989	1990	1991	1992	1993	1994
个体工商户		3591	3965	4149	4135	4644	5477	7121
外资企业	户	—	—	—	—	—	60	67
	注册资金(万美元)	—	—	—	—	—	—	2870.905

1995年,调整企业登记管理工作。市工商局企业登记管理科负责市属企业的登记管理;区工商分局负责个体、私营企业的登记管理,并授权区工商分局代办自然人控股的私营有限责任公司的登记发照工作。2000年3月31日起,区工商分局开展个人独资企业注册登记,至年底注册47家。2003年,推行企业前置审批告知承诺制,个人独资企业和合伙企业发照权下放到工商所。2002年7月17日,区内首家按《企业集团登记管理暂行规定》登记的集团浙江允升投资集团成立。至2010年底,累计登记企业集团10家。

2004年,调整市本级内资企业登记管理权限。注册资本300万元以上的企业及其分支机构和邮政、银行、担保、拍卖、保险、电信、典当等特殊企业及其分支机构由市工商局登记,其余由区工商分局登记。区民营企业冠市级名称的,注册资本由原来的50万元放宽到10万元,支持协助具备条件的民营企业申报冠"浙江"名称和向国家工商总局申报不冠行政区划的企业名称。2005年1月1日起,国家工商总局规定,港澳居民可以到内地申请设立个体工商户,从事经营零售业、餐饮业、居民服务和其他服务业中的理发及美容保健服务、洗浴服务、家用电器修理及其他日用品修理7类业务。8月31日,香港居民卢丽环在工商分局城东所注册领照,成为嘉兴市首个港澳居民个体工商户。

2006年,推出全程服务,对符合规定的合作社进行登记。有市凤桥三星水蜜桃专业合作社、区绿诚生猪专业合作社、市余新菜芯专业合作社、区康老头畜禽养殖专业合作社、嘉兴福良蜗牛专业合作社等17家农业专业合作社。

2008年7月,小额贷款公司开始登记注册。8月27日,嘉兴市第一家以股权作为出资形式组建的企业集团浙江嘉煜集团在南湖工商分局注册成立。11月20日,区首家小额贷款公司南湖区芽芽小额贷款有限公司成立。至年底,全区市场主体25350户,每万工商户增长率8.12%,资金总额2872296万,户均注册资本增长率9.96%,网上年检率达100%。

2010年,嘉兴市行政服务中心开始实行企业注册登记"一表通"审批模式。4月,《浙江省公司债权转股权登记管理暂行办法》实施,嘉兴市福斯特五金有限公司办理"债转股"变更登记,公司350万元债权变为股权,注册资本由50万元增加至500万元,成为辖区首家债转股公司。8月,嘉兴市中法金属表面处理有限公司办理了债转股变更登记。10月12日,浙江中法控股有限公司更名为中法控股集团有限公司,办理集团登记。当年,全区共办理股权出质设立登记18件,出质股权数额4.67864亿元,帮助企业实现融资4.985亿元;办理股权出质注销登记6家。至年底,全区内资企业1453户,注册资金1432630万元;私营企业8644户,注册资本1568459万元;个体工商户18331户,资金69045万元,累计登记企业集团10家。

清理整顿

1985年,对所有登记在册的公司进行清理整顿,全区13户公司中4户公司做到政企分开,1户停办歇业。

1986年2月开始,对全区48户公司排队分析,在区委、区人大、区政府及有关部门参与下,如期完成公司、中心的清理整顿工作。48户登记注册的公司中,办理歇业的9户,作行政性公司存在,收回营业执照10户,不具备公司条件更改名称的2户,予以撤销的6户。1987年2月,恢复办理公司注册登记工作。1988年10月,再次对各类公司进行清理整顿,实地检查全区26家公司,根据实际情况采取撤销、改名、保留的方案,并经区政府批准实施。

1989年，继续做好公司清理整顿，对全区确定保留的21家公司中，除8家物资供销公司等待重新登记外，13家生产性公司办理重新登记。1990年，组织实施全区公司的“撤、并、改、留”方案，原有的28家公司撤销2家，改名合并8家，保留18家，并帮助保留下来的公司建章立制，促其健康发展。对原有138家批发企业和“三部一办”进行清理整顿，取消批发权21户，缩小批发经营范围48户，保留批发经营权69户。

1993年10月起，停止办理党政机关经商办企业，并做好有关企业资料整理。至年底，全区有各类公司249家，各乡(街道)、村(居民会)和有关业务主管部门兴办和改办公司158家。1994年7月1日，《中华人民共和国公司法》和《中华人民共和国公司登记管理条例》施行，当年全区办理公司开业登记20家。

第二节　市场管理

集市贸易

在隋代城中已形成集街。唐、宋年间，是嘉兴城内最热闹的市街。北宋时已成为城内主要的商业街称大市上官街。元、明到清初集街、甪里街、南门丝行街、北门大街及塘湾街和中街、坛街成为全城热闹的集市贸易之地，多为南北货和米市，逐步增加衣庄、鱼行、苗猪、蔬菜等行业。抗日战争胜利后，集市贸易逐渐恢复。1948年，城内有米业交易市场4个，另外还有鱼、苗猪、耕牛、树柴等市场。

解放初期，粮食交易混乱，粮价波动。1949年9月，嘉兴市率先成立粮食市场。1950年9月，组建东门、北门和少年路3个菜市场。1951—1953年，在城内多次举办各类物资交流会。1954年，在农村主要集镇建立5个耕牛市场。1956年社会主义改造基本完成，国务院明确集市贸易是国家领导下的自由市场，是社会主义统一市场的组成部分。集市贸易趋向活跃。1958年后，自由市场有的被取缔，有的自行关闭。1961年，恢复集市贸易。至1962年，上市的农副产品由20多种增加到百余种，交易额占社会商品零售总额的26.88%。1963年2月10日起，不允许私营商业插手经营，不许远途运销。1964年12月15日，关闭所有粮食市场，集市贸易开始受到限制。“文化大革命”期间，集市贸易被视作“资本主义尾巴”严加限制，对集市贸易的管理提出“适当利用，加强限制，严格管理，逐步代替，最后消亡”的方针，集市趋于衰落。

1978年，集市贸易迅速恢复发展。1979年底，嘉兴县城乡集贸市场43个，城内有集体菜场7个。集市贸易范围逐步扩大，不仅农副产品允许上市，部分工业品、手工业品、建筑材料也进场交易。1982年，开放工业小商品市场。1983年后，放宽集市贸易政策和贩运货物政策，实行多渠道经营，集市贸易进一步活跃发展。1987年8月，开展打击投机倒把和经济违法活动。1989年，进行治理经济环境、整顿经济秩序工作，集市商品价格趋向稳定。1990年，货物贩运户快速发展，各专业市场增加服务功能，对进入市场促销产品的企业优先安排摊位。1991年，对市区市场进行改建、扩建，同时培育发展新的市场。1994年起，抓市场培育和管理，开展创建文明市场及规范化达标活动，使市场兴旺繁荣。1995年4月，东门农贸市场推出鲜肉商品预赔制，开辟蔬菜直销区，鼓励引导农民进场直供直销，遏制市区蔬菜价格一度上升。努力培育丝绸市场、砂石市场、电子市场，市区市场交易活跃、购销两旺。1999年，农贸市场实施菜篮子“三放心”(放心菜、肉、豆制品)工程。2006年，百花综合市场、七星镇中心市场开辟“果农直销区”，引进水果经营户进场交易。

集贸市场建设

1978年，7个集体菜场基本是露天菜场。1981年10月，在望吴桥搭建第一个月台式钢筋玻璃钢顶、水泥预制板为货架的菜市场，占地面积为1412平方米，950个摊位。1983年6月，在秀州南路搭建第1个钢筋小棚屋的小商品市场，面积439平方米。1985年底，在育子弄建1座钢筋玻璃钢棚顶菜市场，占地面积1030平方米，其中棚顶面积900平方米，380个摊位。同年，在丁家桥两边设置玻璃钢小棚屋165平方米、120个摊位的综合市场。1986年11月，建成甪里街菜市场，占地面积680平方米，其中棚顶面积680平方米,250个摊位。

1986年10月25日,东门农贸市场开业,这是市区第一个不占道路、封闭式、有棚顶、设施齐全的农贸市场,占地面积2784平方米。1993年12月将市场原棚顶扩建为室内市场。

1987年初,在越秀南路吉杨路口西北侧建造工业品批发市场占地面积56亩。同年,在塘汇、东栅、斜西街建设3个集贸市场,占地面积分别为1290平方米、1123平方米、1152平方米。1988年6月26日,新建百花综合市场投入使用,占地面积7380平方米。

1995年,市场建设主要抓改造撤除马路市场,完善市场设施,调整经营结构。市区抓紧抓好荷花堤和越秀北路、栅堰等一批农贸市场的建设。1996年,做好清河农贸市场的建设,三水湾、友谊、文昌路农贸市场建成开业。1999年,西马桥农贸市场建成开业,秀北农贸市场二期扩容。2000年,南门农贸市场整体搬迁到沙龙宾馆旁简易菜场。2005年,辖区新增6个农村小市场。

1980—2010年全区城乡集贸市场成交情况表

表27-6

年份	市场数（个）	成交额（万元）	年份	市场数（个）	成交额（万元）	年份	市场数（个）	成交额（万元）
1980	14	802	1991	14	10404	2002	28	323580
1981	14	1113	1992	13	18779	2003	29	327839
1982	14	2010	1993	13	72710	2004	30	352333
1983	15	2934	1994	13	246165	2005	34	383632
1984	15	2039	1995	19	257759	2006	34	322710
1985	24	2894	1996	15	71053	2007	34	301988
1986	27	4109	1997	17	102172	2008	35	462500
1987	13	3944	1998	18	134906	2009	35	475000
1988	14	5718	1999	18	160000	2010	35	484200
1989	15	8643	2000	27	242807	—	—	—
1990	14	9165	2001	27	289950	—	—	—

2006年3月15日,直属市场所依照“属地管理”原则,将嘉兴天声家私城等12个市场划归南湖分局、经开分局管理。2007年,区政府对镇级农贸市场改造提升,余新镇农贸市场为全区首家进行改造的农贸市场。2009年,辖区农贸市场新一轮提升改造全面启动。首批60家市场经营户完成网站商户注册,实现网上开店,南湖区第1个网上市场名称成功登记。2010年,完善推进小菜场整治工作,整治后保留农村小菜场9家。

集贸市场监管

解放初期,市场管理的中心任务是迅速制止物价上涨、打击投机倒把、取缔投机违法活动,维护市场秩序。1949年9月,市成立粮食市场管理委员会,开展打击不法粮商的投机倒把活动,平抑粮价。同时取缔非法买卖金银,关闭金融市场。1950年建立摊贩管理委员会,对各类摊贩进行整顿。嘉兴市将26个行业、1360户摊贩组成60个行业小组,市内50多家粮店组成5个联营社。1951年春节前,对货源不足的煤油实行限量供应,并建立议价、核价、标价报批审核制度。是年,县政府对违反交易制度,牟取暴利、出售变质和掺杂掺假商品,买空卖空,招致市场物价波动者,以投机倒把活动论处。

1952年11月开始除由国家统一管理的物资外,一般商品实行议价购销,取消限价和核价制度。1953年11月起,国家先后实行粮食、棉布统购统销,棉花计划收购和生猪派购制度。私营商户均成为国营专业公司的经、代销店，其货源全部纳入计划经营轨道。集市上的农副产品，除蔬菜、捕捞淡水鱼及零星小商品外，绝大多数品种均由国合商业统购包销。

1957年，进一步加强对国家统一收购和计划收购的农副产品的管理，除国家指定和批准采购的单位外，严禁任何单位向生产者直接或间接采购。1958年，在流通体制上搞国家独家经营，集市贸易被限制和取缔。1959年，贯彻“管而不死，活而不乱”的市场管理方针，允许地区间相互交流，允许3类农副产品产销直接见面，但不准超过国家零售牌价，不准弃农经商，不准远途运输。1961年，大小集镇先后恢复集市贸易，农副产品上市的品种和数量均有增加，由于供需矛盾十分突出，禽、鱼、蔬菜、瓜果等的市价，比1960年下半年上涨1.5~3倍。1962年集贸市场趋向活跃正常，价格全面下降。嘉兴县规定准许3类农副产品在就近集市交易，不许远途运销；非计划内的工业、手工业产品，准许生产者自产自销；旧货准许在国家指定的旧货市场交易。1963年，有控制地开放粮食集市交易，在集市上买卖粮食，进行余缺调剂。当年下半年，集贸市场大米、猪肉等主要商品的价格，比上年同期平均下浮52.1%。1964年12月，关闭粮食市场，取缔粮、棉集市交易。规定任何单位和个人均不准在集市上买卖粮食，土纱、土布、黄麻、蚕茧等重要工业原料全部由国家收购，不得在集市交易。1972—1976年，嘉兴县先后加强市场管理，打击投机倒把，对出县的粮、油、肉、禽、蛋、鱼等商品都作了限量规定，并严禁机关、部队、团体、学校、企事业单位直接向集市采购农副产品。

1979年开始，集市贸易开放了粮、油、肉、鱼、竹木制品等商品，允许一类、二类农副产品在完成国家任务后上市，三类农副产品和国家没有收购任务的集体工业产品允许市场交易，价格随行就市。允许个体小贩携带少量季节性鲜活商品和零星土特产品进行贩运。支持供销社开办贸易货栈及粮食交易所。1980年，放宽上市商品的范围。允许国营工业、集体工业完成国家收购和合同定购后的产品，以及社员自有的奖售工业品在集市交易。允许机关和企事业单位在集市选购需要的物资。1982年，允许多渠道运销和农民贩运；允许零售、批发、个人或联营等灵活多样的经营方式；允许城镇有证商贩下乡向农民直接采购农副产品。1983年，开放工业小商品市场和发展专业市场，并对市场管理检查站进行调整。1985年，改革农副产品统派购政策。对粮、棉、油实行合同定购，取消生猪派购，猪肉实行有指导的议购议销，放开水产、禽蛋、蔬菜的价格。嘉兴市区对肉禽蛋水产等重点副食品采取临时限价措施。当年起，开展“五好市场”竞赛评选活动，评出省级“五好市场”3个。

1987年，检查各类工商企业1700余户，查处缺斤少两、掺杂使假、欺行霸市、哄抬物价、“卖大户”等各种违法案件1090起，取缔无证商贩1500余户。在此同时，强化粮、油、茧和生猪等重要农副产品的市场管理。规定：任何单位设摊销售猪肉，均须进入市场定点经营，并具备营业执照、卫生许可证、市场摊贩证，做到明码标价；对部分蔬菜实行最高限价；严禁非法收茧。1988年，城区查处农贸市场内各类违章违法案件539起，罚没款18.9万元，销毁有毒有害、腐烂变质的食品10340公斤。1996年，推动市场监督巡查制的试点。

2001年，市场实行经营户不良行为记录制度。2002年起，完善和落实市场经营者实施商品交易信用记录，对市场进行巡查（抽查）。2003年，市场巡查人员实行专职，对所管辖的29个农贸市场（其中市区19个），采取重点巡查与半驻场相结合的方式进行。2008年，对12个无证农村小菜场主办方发出首批行政建议书，督促整改并抄告当地镇政府。2010年8月，开展农贸市场和专业市场食品准入管理规范专项整治。当年，深化小菜场整治与规范。整治后，保留农村小菜场9家，全部农村小菜场经营户（除自产自销）共计632户，有证经营户596户，有证率94.3%。

星级文明市场

1997年，辖区开始市场星级文明创建。2006年开展区创建国家卫生城市活动，市区有11个农贸市场通过二星级验收。2007年，抓市场创卫、创星契机，促进农贸市场档次和管理水平的整体提高。2008年，督促辖区农贸市场落实开展夏季爱国卫生运动。当年拥有星级市场：一星5家、二星10家、三星5家、四星4家。2009年3月，动员部署市区农贸市场创卫达标冲刺阶段的各项工作，推进小菜场整治与规范工作，4月初通过全国创卫技术评估组的工作评估，10月中旬达到《国家卫生城市标准》的要求顺利通过。同年，新认定星级文明规范市场6家，其中被认定为四星级农贸市场1家，三星级农贸市场5家。2010年3月16日，召开市区农贸市场食品安全和爱国卫生竞赛动员会，落实迎省运会和迎世博会特殊时期的食品安全管理和卫生竞赛评比活动。当年，新认定二星级文明规范市场2家。至年底，全区建有19个星级文明规范化市场。

2010年年末全区星级文明规范农贸市场认定情况表

表27-7

序号	市场名称	星级	认定年限	备　注
1	七星农副产品交易市场	一	2006	2009年放弃
2	清河农贸市场	一	2006	2009年放弃
3	秀州北路农贸市场	二	2003	2006年一星，2009年恢复二星
4	新丰农贸市场	一	2004	—
5	农翔路农贸市场	二	2005	—
6	三水湾菜场	三	2009	—
7	杨柳湾农贸市场	二	2001	—
8	南门农贸市场	二	2004	—
9	百花综合市场	三	2008	1998年一星，2004年二星
10	文昌路农贸市场	三	2008	1998年一星，2005年二星
11	吉水综合市场	三	2008	1997年一星，2003年二星
12	洪波农贸市场	三	2000	—
13	余新农贸市场	三	2008	—
14	荷花堤综合市场	四	1997	—
15	新丰镇丰南农贸市场	二	2008	—
16	锦绣农贸市场	二	2009	—
17	七星天声农贸市场	一	2009	—
18	嘉兴市天声国际家居广场	二	2010	—
19	嘉兴国际电气城	二	2010	—

市场管理与举办分离

1995年5月，按照政企脱钩、政事分开的原则开始实施市场举办和监管脱钩。到1999年，市场实行机构、职责、人员、财务四脱钩，市场资产全部划转市场开发服务中心，人员实施分流。2001年12月，市区各专业市场、农贸市场产权或部分产权属于工商行政部门的，移交给市场开发服务中心、市协作集团、市中房公司、市新都置业公司等单位。市场管理与举办脱钩后，工商部门据职责对市场进行巡查，对无照经营、假冒伪劣、掺杂使假等不法行为管理和查处，调解市场消费投诉等。

食品质量安全检测

1988年，查处市区农贸市场内各类不安全食品，销毁有毒有害、腐烂变质的食品10340公斤。2001年5月起，实施蔬菜市场准入管理，开设义务蔬菜农药残留量检测，秀州北路农贸市场成为市区第一个设检测点的市场。2003年9月，启用市场巡查检测车，成立区工商分局流通领域商品检测中心，市区14个农贸市场全部设立“放心菜检测点”。10月起，在《南湖晚报》上开辟《每周质量报告》，对一周检测情况进行通报。2004年1月8日,《中国工商报》报道区市场巡查检测车工作的新闻。当年共检测86996批次,合格率99.40%,不合格商品521批次1279.49公斤。2005年,检测车、点、箱共检测75113批次,合格率99.74%,销毁不合格商品201批次共1261.52公斤。2009年,开展《食品安全法》进市场6项活动,全区农副食品市场统一制作悬挂市场食品准入管理公示牌,与经营户签订市场食品安全责任书。文昌路农贸市场被省工商局评为2008年度省优秀检测点,余新农贸市场列为省工商局食品检测预警系统试点。2010年9月,配合省第十四届运动会在嘉兴举行,区工商部门参与一级警卫食品安全监管。当年,共检测商品111626批次,不合格的204批次、704.6公斤,合格率99.82%。

第三节　经济合同管理

合同监督管理

1950年9月,开始建立合同管理制度。企业之间履行合同的情况由工商行政部门负责监督管理。1952年,在县物资交流会上签订各类购销合同,由物资交流委员会负责监督、检查和管理。社会主义改造基本完成后,各类合同的管理,除农副产品预购合同由当地政府负责监督执行外,其余均由各业务主管部门管理。1966年后合同制被否定,1978年恢复经济合同,由工商行政部门管理。

1982年7月,《中华人民共和国经济合同法》颁布实施。1987年,区工商分局成立经济合同股,负责对经济合同纠纷的统一调解仲裁。1988年6月,对辖区内所有工商户签订的合同进行检查。1992年7月,对1991年底前发生的各类经济合同纠纷进行清理和调查处理,为企业提供法律帮助,帮助企业催讨拖欠款,保护企业合法权益。1991—1995年,经济合同监督检查工作由专题检查转向全面性普查。1995年9月1日,《中华人民共和国仲裁法》施行,合同纠纷交由仲裁机关进行仲裁。2007年10月,国家工商行政管理总局动产抵押登记办法施行。2008年10月19日,参与区首届排污权指标拍卖会的现场监督。

1985—2010年全区经济合同监督检查情况表

表27-8

年份	检查份数（份）	金额（万元）	年份	检查份数（份）	金额（万元）	年份	检查份数（份）	金额（万元）
1985	1200	80	1994	1036	13515	2003	1015	29793
1986	4200	5562	1995	532	10430	2004	288	133820
1987	180	278	1996	270	147835	2005	735	54550
1988	342	2563	1997	9392	48425	2006	67	18980
1989	2630	16084	1998	408	14390	2007	732	83330
1990	829	9207	1999	830	95983	2008	118	72606
1991	683	11032	2000	115	2532	2009	121	58378
1992	439	4279	2001	585	16888	2010	100	177584
1993	1317	35619	2002	40	1239	—	—	—

合同签证　仲裁与备案

《经济合同法》颁布后,规定合同实行自愿签证。1985年8月,国家工商局颁布《经济合同签证暂行规定》,合同签证作为工商行政管理机关审查合同真实性、合法性的管理制度开始建立。1985—

1994年，全区共签证经济合同309份，金额9215万元。2001年办理合同签证303起，签证金额4425万元。2002年办理合同签证40起，签证金额1239万元。2002年11月，根据国务院取消行政审批项目决定，合同签证审批取消，实行合同备案。至年底，受理格式条款备案申请15件，备案15件。2003年，共完成格式条款备案50份。其中租赁合同48份，房屋买卖合同1份，居间合同1份，其中，对房屋买卖租赁（中介）、物业管理、公用企业的供用水合同的格式条款核准备案共30份。2008年7月1日起，拍卖备案、合同格式条款备案职能权限调整下放到分局。当年格式条款备案4份，办理拍卖前后期备案71份和65份。2009年格式条款备案6份，拍卖备案数164份，拍卖委托书277份，金额56753万元，拍卖确认书830份，金额19438万元。2010年格式条款备案19份，拍卖备案数132份，拍卖委托书256份，金额35577万元，拍卖确认书438份，金额27148万元。

1985—2002年全区经济合同签证情况表

表27-9

年份	签证份数（份）	签证金额（万元）	年份	签证份数（份）	签证金额（万元）	年份	签证份数（份）	签证金额（万元）
1985	17	107	1991	120	1064	1997	287	71207
1986	11	43	1992	102	1856	1998	453	78602
1987	3	118	1993	49	3757	1999	741	95983
1988	5	103	1994	19	1721	2000	434	4604
1989	41	298	1995	97	16227	2001	303	4425
1990	23	148	1996	135	3011	2002	40	1239

2003—2010年全区合同格式条款备案情况表

表27-10

年份	2003	2004	2005	2006	2007	2008	2009	2010
份数（份）	50	32	32	33	33	4	6	19

1987—1994年全区经济合同仲裁案件情况表

表27-11　　金额：万元

年份	1987	1988	1989	1990	1991	1992	1993	1994
受理案件（件）	6	27	38	52	33	21	24	20
仲裁件数（件）	6	26	34	50	32	21	24	20
合同总金额	24	40	109	66	54	27	32	352
争议金额	2	29	41	27	38	19	16	80

注：1995年起，没有再办理相关经济合同仲裁案件

“重合同　守信用”活动

1985年8月，在全区工商企业中开展“重合同、守信用”活动，当年被评为“重合同、守信用”的企业85家。1986年，对“重合同、守信用”的企业进行回访，85家企业签订各类经济合同3457份，其中发生纠纷的合同57份，金额223.50万元；有26家企业发生长期拖欠款项144万元；有7家企业遭受损失24.53万元。1990年4月，省工商局重新发布“重合同、守信用”单位命名的方法和程序。2001—2002年，全区

“重合同、守信用”企业共75家。2007年，“重合同、守信用”企业AAA级8家、AA级56家、A级12家。2008年，“重合同、守信用”企业AAA级5家、AA级36家、A级12家，其中涉农企业2家。2009年，“重合同、守信用”AAA级11家，AA级58家，A级23家。2010年，“重合同、守信用”AAA级认定申报5家，认定延续3家；AA级认定申报10家，认定延续7家；A级认定申报7家。

2007年，开展粮食订单农“重合同、守信用”评比，97户农户获得区首批储备粮订单“重合同、守信用”A级农户称号。2009年，评比认定“重合同、守信用”AA级农户52户，A级农户24户。农户订单合同履约率从2005年的79%上升到2009年的100%。2010年签约农户352户，涉及面积27486亩，粮食订单12580吨，保证国家储备粮质量安全。

2001—2010年全区“重合同　守信用”企业情况表

表27-12　　单位：家

年份	2001—2002	2003	2004	2005	2006	2007	2008	2009	2010
企业数量	75	15	52	13	74	76	53	92	32

抵押登记

2001年，全区开始办理企业动产抵押，当年办理75件，抵押物价值15372万元，主债权金额7735万元。2002年9月1日起，抵押登记由区工商分局直接办理登记，动产抵押25件，抵押物价值9717万元，主债权金额3524万元；房地产抵押8件，抵押物价值1844万元、主债权金额885万元。2003年1月，施行《企业动产抵押物登记操作办法》，登记实行二级审查制度。3月，抵押登记由工商所初审后直接送市工商局工商事务所，至年底办理中小企业（乡镇企业）财产权属贷款抵押登记85起，办理企业动产118份、房地产抵押37份，抵押物价值动产45287万元、房产9638万元，主债权金额动产17362万元、房产5231万元。2005年，办理134件，涉及抵押物金额105338万元，主债权金额（贷款金额）41908万元。2007年，共办理抵押物价值102388.82万元。其中，借款合同105份，金额82015.8万元；房地产抵押32份，抵押物价值20373.64万元，主债权金额9382.73万元。2008年，办理动产抵押118件，抵押物价值144259万元，融资72606万元。2009年，办理抵押登记116份，企业融资55958万元，抵押物价值104662万元。2010年，办理抵押登记95件，企业融资173474万元。

2001—2010年全区动产抵押情况表

表27-13

年份	件数（件）	抵押物价值（万元）	年份	件数（件）	抵押物价值（万元）
2001	75	15372	2006	134	188475
2002	25	9717	2007	105	82015
2003	118	45287	2008	118	144259
2004	288	133820	2009	116	104662
2005	134	105338	2010	95	324460

第四节　商标　广告管理

商标管理

商标历史沿革　清末民初，境内工商企业以其厂名店号为商标名称，尚无注册制度。1930—1936年间，先后有民丰纸厂的纸张“船牌”商标，五芳斋荣记粽子店“金鸡牌”商标。1946年，绢纺厂的“红梅牌”绢丝，杨九牧老同善堂抡记的“石佛牌”药酒、丸药，嘉兴丝厂的“双马牌”白厂丝，南湖布厂的“双兔牌”各式花呢、棉布等。

1950年9月，实行全国商标统一注册制度。1951年2月，民丰纸厂的“船牌”、杨九牧的“石佛牌”商标，经中央私营企业局核准注册。1957年起，实行全面强制性注册。至1958年，全县注册商标30余件。1959年1月，嘉兴县通令，凡未办理注册手续的商标，在市场上停止使用。至1961年，全县申请注册的商标共50多件，经国家核准注册的30多件。1963年4月，国务院颁布《商标管理条例》后，至1965年5月，嘉兴县经国家核准注册的商标41件。“文化大革命”期间，许多传统名牌产品的商标图样，被视为“封、资、修”产物而停止使用，雷同和政治性商标大量出现。嘉兴县用“南湖牌”商标的产品有10余种，其他还有“舵手”“东方红”“南湖船”等商标。

1979年，恢复商标统一注册制度。当年，全县经核准注册商标98件。1982年，国家颁布《商标法》。建区后，全区经注册的商标为153种。1987年，推行商标使用许可制度。1989年，对全区500多家企业，进行注册商标与未注册商标使用情况的验证调查，帮助企业纠正使用商标中的违章现象。1992年7月1日开始，工商行政管理机关不再承担商标核转事项，转由省商标事务所代理。

商标品牌建设　1992年，首次组织浙江省著名商标评选活动，嘉兴五芳斋粽子店“五芳斋”商标获省著名商标。1995年，举行首届嘉兴市著名商标评选活动，评选出市著名商标50件。

2002年，区实施“名牌名品”战略，启动“品牌兴业”工程。2004年，成立区品牌战略工作领导小组。6月，“五芳斋”商标被国家工商行政管理总局商标局认定驰名商标，是全市首家被认定中国驰名商标的单位。

2005年5月，嘉兴市实施2005—2007商标品牌工程规划，全区3年内要达到的目标为省、市著名商标各11件、30件，嘉兴市专业商标品牌基地1个。8月起，在全区范围内开展“南湖区商标品牌巡讲活动”。10月，制定区知名商标认定办法，当年首次认定区级知名商标12件。

2006年3月，区工商分局与区工商联组织“品牌南湖”高端论坛，发放《南湖区商标品牌建设现状和缺失白皮书》和《南湖区商标品牌十一五规划蓝皮书》。5月27日，在区“南湖之春”文化经贸活动中，承办商标品牌展示会。当年，有2个农贸市场提出市场服务类商标注册申请，为全市首例。凤桥水果专业商标品牌基地被市工商局认定为嘉兴市专业商标品牌基地。中华化工厂的“久珠”商标被评为中国驰名商标。

2007年，浙江新阳服饰股份有限公司、嘉兴市中意电器有限公司、浙江欣欣饲料股份有限公司3家公司的商标相继成为中国驰名商标，省著名商标14件，市级著名商标37件，嘉兴市专业商标品牌基地1个。2009年5月，“凤桥水蜜桃”地理标志证明商标获国家商标局核准注册。当年，全区共完成商标注册申报370余件，新认定、延续确认10件区知名商标，新增9件省、市著名商标。区政府申请“南湖之春”全类商标注册，实现政府在全类商标注册上的历史性突破。

2010年1月28日，《中国工商报》报道五芳斋商标在澳大利亚遭抢注后，及时提出商标异议申请，与抢注企业进行谈判，最终抢注企业主动撤销商标注册申请。2月，“嘉兴南湖菱”地理标志证明商标核准注册。11月，“新丰生姜”地理证明商标成功注册。至年底，全区有效注册商标量1880件，驰名商标10件（其中9件通过司法途径认定）、证明商标4件、省著名商标17件、市著名商标73件、区知名商标33件。

1983—2010年嘉兴市本级注册商标情况表

表27-14　　　　单位：件

年度	1983	1984	1985	1986	1987	1988	1989	1990	1991	1992	1993	1994	1995	1996
数量	163	170		216	289	343	389	437	468	540	599	721	836	963
年度	1997	1998	1999	2000	2001	2002	2003	2004	2005	2006	2007	2008	2009	2010
数量	1103	1138	1211	1313	1403	1481	1559	1623	2155	2946	3347	3767	4550	6321

注：因管理、统计口径原因，只有市本级数据，其中含有南湖区数据

2001—2010年全区注册商标情况表

表27-15　　　　单位：件

年度	2001	2002	2003	2004	2005	2006	2007	2008	2009	2010
数量	16	50	200	318	306	350	368	350	352	350

注：该数据为区工商分局具体指导下注册的数据

商标监督　20世纪80年代以前，商标印制大多委托沪、杭等地厂家。1983年，对商标印制企业实行“定点”管理，市区首批核准定点单位5家，第2批9家。1985年，全区查处商标印制企业违法案件15起，罚款1万元，没收和清除商标标识1829只。1986年，整顿商标印制企业，建立商标印制管理法规。1987年，查处违反商标印制管理法规案11起，封存商标标识71.23万只。2002年，新丰所查处案值达19余万元的非法印制注册商标案。11月，国务院取消商标印制业务管理人员资格核准项目。2003年2月，国务院取消印制商标单位审批、商标代理组织审批、商标代理人资格核准等项目，区工商分局把商标印制监管工作的重心由资格审核转变到监督管理上来。2004年，凤桥工商所查处非法印刷、非法印制商标案件5起，其中大案4起，罚没总金额6.9万元。2005年，开展侵害商标专用权专项执法检查，查处各类商标违法案件27件，罚没款33.62万元。开展商标印制行业专项整治行动，共查获大要案4起，罚没款5万元，有效规范印制企业的行为。2007年，加强对辖区商标侵权行为的监管，对商标侵权行为、非法印制及购买使用假商标的违法行为进行重点整治。2008年，开展保护知识产权专项整治和印刷行业专项整治，共查获商标案件32起，罚没款28.4万元。对辖区34家印刷业企业进行排查，先后查处7家擅自从事包装装潢印刷的企业，罚没款5.7万元。2009年，进行“南湖菱”地理标志证明商标申报工作。在市政府协调下，申报主体为南湖区。开展“商标富农”工程系列活动，推广“农业龙头企业+商标+农户”“农民专业合作社+商标+农户”的经营模式。2010年4月，全区商标品牌建设大会推出商标品牌建设十大活动，赠阅《嘉兴老品牌故事》和《南湖品牌》两书。将商标印制企业检查列入责任区监管，加大驰（著）名商标、奥林匹克标志的保护力度，加强涉外商标保护等工作。

2001—2010年全区查处商标违法案件情况表

表27-16　　　　单位：件

年份	2001	2002	2003	2004	2005	2006	2007	2008	2009	2010
数量	46	37	76	94	69	67	37	48	56	75

广告管理

广告发展　1935年《嘉兴汇览》称：县城商品销售广告、药品广告、私人行医广告以及社会文化广告均由时代、振新、新泰、东南、杨戴兴5家印刷所承揽，分别登载在报纸、杂志和传单上，有些印发传单

分发或随处张贴。

解放初期，利用民墙、橱窗、横幅旗帜、牌匾、印刷品、招贴等进行广告宣传。“文化大革命”期间，广告业几乎停顿。中共十一届三中全会后，广告业获得恢复。1982年，灯箱广告、路牌广告开始在市区出现。1985年起，嘉兴有了报纸、电视、电台广告，霓虹灯广告也初露头角。2000年后，各种现代化新媒体广告相继出现。在市区的几个主要路口设置大型电子视频广告，银行、大型超市、商家、高层楼宇设置有电子屏和视频广告，公交车和出租车上也有广告宣传。

监督管理　1959年11月，县商业局发出《关于印刷、广告等行业印制广告的几项规定的通告》，这是境内较早的广告管理文件。1980年，国务院决定由工商行政管理总局统一管理广告。1982年2月，国务院发布《广告管理暂行条例》。3月，对广播站、电影院、印刷厂等7家兼营广告单位的广告业务进行整顿。1983年，相继开展广告业务单位许可证颁发工作，共有广告兼营单位12家。1986年，有7家广告兼营单位被注销。1988年，经核发广告经营证照的有20家。1989年5月，市政府颁发《嘉兴市区户外广告管理办法》，当年查处违章、违法广告13起。2002—2003年，开展虚假违法广告专项整治和区域性广告管理网络试点，以药品、医疗、保健食品、房地产、招生为重点，抓好商品和服务广告的整治，检查各类经营单位624家，查处违法广告100件，开展行业自律封杀“门缝广告”活动，38家药店向全市574家同行发出倡议，64家药店当场在广告诚信承诺书签名。2004年起，查处在互联网上发布虚假宣传内容等案件。2006年，对经营公司在互联网上成立的公司网站及公司主页的宣传内容进行专项整治，查获涉嫌虚假宣传的公司6家。同时进行户外广告和商业橱窗的亮化评比活动，推进市区亮化工程建设。2007年，结合应用“网上广告监测系统”，对网络广告实施动态监管，共查处虚假网络广告案件18起，罚没款14.68万元。2008年，对辖区3家网站进行广告抽检12次，监测网络广告550条。建立乡镇广播站广告内审责任制，探索建立广告示范一条街，开展新媒体广告监管工作，全区56个楼宇广告在工商部门备案，实现实时监控。查处2起未经许可擅自使用奥运标志违法广告。2009年6月，集中开展违法招生广告专项清理整治活动，收缴涉嫌违法宣传的招生广告、招生简章200多份。2010年，在开展“剑网”行动中，连续查获9起虚假网络广告，其中有2起为虚假英文网络广告，检查相关企业网站200余家。

2001—2010年全区查处广告违法案件情况

表27-17

年份	案件数(件)	罚没款(万元)	年份	案件数(件)	罚没款(万元)
2001	35	2.38	2006	30	46.08
2002	64	2.00	2007	46	33.75
2003	91	3.54	2008	49	24.64
2004	85	20.00	2009	50	22.58
2005	63	23.44	2010	54	21.31

第五节　经济监督检查

查处投机违法案件

解放初期，市区黄金、银圆黑市买卖十分猖獗。1949年12月，依法逮捕黄金贩子10人。翌年2月又查获非法贩卖黄金贩子41人。1951年，开展打击投机倒把斗争，查处囤积居奇、哄抬物价、套购等投机违法案件19起。1952年，结合“五反”运动，再次打击投机倒把活动。

1953年后，粮、油、布相继实行统购统销政策，市场管理较严，投机倒把违法活动有所收敛。1963

年，县建立打击投机倒把领导小组及其办公室。1965年1月，县召开万人大会，对各类投机倒把分子分别判处有期徒刑、劳教、管制，有的开除公职和监督劳动。1979年，开展打击投机倒把专项斗争，全县查获贩卖文物、珠宝、玉器案9起43件，没收非法收入2万余元。1982年，市查处违法违章和投机案1811起，属大要案27起。

1985年后，打击投机违法活动的重点转向查处利用价格双轨制，转手倒卖重要生产资料和紧俏耐用消费品案件。1991年，开展蚕茧管理，打击非法倒卖，查获倒卖春蚕1672.5公斤、秋茧681.6公斤，阻止外流蚕茧2721.7公斤。查获卷烟28193.3条（折合563.9箱）、黄金675.16克、粮食（大米）7345公斤。1994年，截获外流油菜籽约77500公斤，劝阻外流茧145担，查处茧贩子3人、春茧24.3担。1997年，国家取消投机倒把罪。

打击走私贩私

1980年，区境先后查获手表、银圆、黄金、珠宝玉器以及收录机、电子计算机和伪币等大批走私物资违法案件。1984年，区查获走私案件46件。1985—1986年，查获走私贩私案件28起，查获鳗苗、磁带、手表、银圆等一批走私物资。1986年起，开展打击卷烟走私活动。1991年，打击倒卖走私卷烟专项行动中，查处案件90多起，查获3起非法贩运卷烟案，共查扣卷烟19950条，非法经营额过20万元。1992年，查获贩私案件13起，罚没款6万余元，查获走私卷烟3964.5条以及假药、假银元、旧西装等物资。1994年，查获非法油菜籽7561.5公斤、蚕茧1850.35公斤、黄金442.1克、国债券9290元。1995年，查获黄金1838.76克、白银2000克、化肥20吨、农药120公斤、进口旧服装434件。1996年，查获涉及专营专卖、化妆品、成品油等案件106起。

查处传销和直销监管

2005年8月23日，国务院颁布《禁止传销条例》《直销管理条例》。2007年，全区开展打击传销联合行动，捣毁窝点9个，驱散涉嫌非法传销人员400余人次，立案查处案件1件，建立4个“无传销责任区”。查获首例非法直销案件，并联合公安部门连续作战，严打余新镇复兴村等地的“宏跃”传销活动，10余名骨干分子被移交公安部门处理。在打击非法传销工作中，设立40多个打击传销联系点。与社区、村委会签订打击非法传销责任书，发放打击非法传销行动联系卡，以《公开信》的形式强化抵御传销宣传。同时，约谈安利、玫琳凯等直销企业2次。2008年，全年取缔非法传销窝点30余个，驱散非法传销人员近500人，查处网络从事传销案件1起。2009年，建立由区委政法委牵头，工商、公安、新居民事务局、行政执法等部门及各镇、街道共管的打击传销机制。确立打击传销组织领导、信息沟通、协作联动、群防群控监管和考评机制，形成事前预防、信息反馈、部门查处、法制教育、事后监督的综合监管格局，创建无传销社区（乡镇），取缔传销窝点24个，驱逐传销人员515人次，成功解救被骗参与传销人员18人次。2010年，开展打击传销和扫黄打非专项执法行动，取缔传销窝点34个，教育遣返涉传人员386人次。同时，召开直销企业座谈会，要求设立服务网点直销企业，规范直销行为，强化直销人员管理，落实直销会议报备制度，杜绝无证上岗、虚假宣传等违法违规行动。

打击假冒伪劣商品

1985—1986年，查获的假冒伪劣商品主要有手表、自行车、电扇、卷烟、药品、假银圆等。1987年5月，开展打假治劣专项斗争。1989年，查处劣质电器、录像带、电风扇、瓶装酒和过期变质饮料、罐头食品、糖果、花生米、假农药等案件。1991年，查处假冒伪劣商品案件9起。1992年，在打假治劣专项行动中，检查商店、个体户50余家，小商品农贸市场4个，捣毁黑窝及地下工场7个，查获假冒案件25起（其中大案5起），查获的假冒商品和物资主要有卷烟14755条、酒1750公斤、卫生纸39箱、饲料250.5公斤、西瓜种子5公斤。1993年，捣毁假冒商品窝点30余个，查获各类假冒案件50起，罚没金额18.78万元。查获各类假冒名酒17217瓶，以及假冒“中萃”雪碧、“太阳神”口服液、“青岛”啤酒、“加佳”洗衣粉、“嘉陵”70C摩托车等，总价值数百万元。1995年，与厂家联手打假6次，查获各类制售假冒案件102起，其中大案12起，捣毁假冒商品窝点8

个。查获各类假冒酒、卷烟、饮料、香皂、低压电器以及阿里山瓜子、梦特娇T恤等。1997年，查处各类制假售假案件141件，其中万元以上大案13件，捣毁制售假冒商品窝点5个。查获的假冒伪劣商品总案值达570万元。移交公安司法机关处理案件1起。2000年，在红盾打假执法行动中，与企业联手打假6次，与其他执法部门联合打假4次，检查各类经营主体500多家，捣毁制假窝点5个，查处各类制假售假案件175起，其中大案9起，案值近200万元。2007年，开展打击“傍名牌”“反假冒”专项整治。重点查处在字号、企业名称、商品商标等方面擅自或违法使用他人知名品牌，造成对消费者虚假和引人误解宣传的违法行为，查获侵权服装及运动鞋。与安利公司、海宁长安宴球王等多家企业联手查处商标侵权案件10件。2010年，开展知识产权保护专项执法行动，共查处各类案件271件，其中大要案147件，罚没款累计574.82万元。查获侵权浴霸(集成吊顶)，假冒“茅台”酒、“伊力特”白酒、“泰山”白酒、“洋河”酒，假冒“苹果”手机、“宝姿”眼镜、“格力”空调等。

消费者权益保护

1998年3月15日，统一开通“96315”消费者举报投诉电话。2001年，“96315”改名为“12315”全国统一电话。2002年，区消费者协会成立。2007年7月，市本级“12315”热线电话整合由市长电话受理，按职能进行分流。

2008年，在“社区食品安全放心示范店”全省试点工作中，命名53家社区放心示范店，11所区属中小学校建立校园消费维权(12315)监督联络站(点)和校园放心店，各镇、街道设立消费维权监督站，各社区、行政村设立消费维权监督点，聘请128位消费维权监督员，所有市场和大型商场(超市)设立消费维权监督点。联合食品药品监管部门，实现12315消费维权联络员与食品药品安全监督员的多员合一。全年受理消费者投诉、举报2840件，为消费者挽回经济损失128万元，现场受理271次，查处出售不合格商品的经营商家。

2009年，举办食品安全宣传，普及消费维权知识。启动“《食品安全法》进市场”活动，组织“红盾杯”食品安全法知识电视竞赛，提高《食品安全法》社会知晓率。推出“优化消费环境，提振消费信心”八大主题系列活动，组织“走进食品安全”“走进汽车消费”等消费体验活动。在“3·15”活动中，走进农村开展现场咨询宣传，公开销毁价值50余万元的假冒商品，举办大型现场咨询、服务活动。4月，开展“食品安全专项执法月”行动，组织执法人员对流通领域食品经营相关行业进行地毯式检查，检查经营户989家，查处食品违法经营案件11件。受理消费者投诉、举报1005件，办理市长电话交办单841件，为消费者挽回经济损失128万元。

2010年，举办消费者权益保护日系列宣传纪念活动，开展区第五届“消费者信得过单位”评选活动，有57家企业获得表彰。推行基层消费维权联络站的规范化建设，在全区美容美发行业建立首个“行业协会维权联络站”，联合家居行业企业，设立315万元的“消费维权保障基金”。全年共受理消费者举报、投诉2031件，涉及办理市长电话交办单1752件，为消费者挽回经济损失85万元。

第六节　个私经济管理

1950年，成立摊贩管理委员会，对摊贩开展临时登记工作，市内摊贩共有26个行业、1360户，组成60个行业小组，并组成摊贩同业公会。1953年，分别由国合商业归口管理。1957年，嘉兴市对个体手工业户和各街道小商贩进行工商登记。1958年，嘉兴县组织小商贩1447户、2160人参加整风和社教运动。1959年开放农村初级市场，结合市场管理，查处无证摊贩234户。

1961年，市区内批准新发证的商贩113户，占申请人的12.9%。1962年9月，成立商贩管委会和联合会。1963—1964年，对个体工商户进行登记发照。“文化大革命”期间，个体工商户被取缔。

1978年后，对个体工商户放宽政策，1980年登记发证544户。1983年，允许农民进城经商办企业；允许请帮工、带学徒，发展家庭工业和个体贩运活动；准许经营车船运输。陆续筹建小商品市场，为个体户提供货棚、摊位场地，还帮助解决所需的原材料、燃料、商品货源。

建区后，个私经济迅猛发展，1984年全区个体工商户1443户，到1985年底1858户。

1985年1月，区个体劳动者协会成立。1986年，针对少数个体工商户偷漏税收、违法经营情况时有发生，无照个体工商户大量产生，有照个体工商户发展速度减慢的实际，依托秀州路小商品市场、丁家桥综合市场等，引导和规范个体户经营。当年，个体工商户和从业人员分别增长14%和17%。1988—1990年，进行治理整顿，引导个体、私营户调整行业结构。1993年，规范登记个体运输户391家。

1994年，全区围绕南湖乡横机业、嘉北乡丝织业、纺工路羊毛衫业及个体工业大户，发展私营经济。个体私营经济的发展，对吸纳下岗人员、实现再就业起到了积极作用。1997年，下岗工人申办个体工商户423户，申办私营企业99户。1998年吸纳下岗职工2201人。1999年，安置、吸纳下岗职工2701人。1995年起，重点发展家庭工业，扶持生产经营"困难户"，稳定发展一批"大户"。1997年11月21日，丰乐电加热器件厂成立，成为全区首家合伙企业。1999年，对未参加或未通过验照(年检)的1129户个体户和89家私营企业，全部注销或吊销工商执照。

2002年后，个私经济得到快速发展。2005年各级政府出台政策，加大个体私营经济扶持发展力度，为下岗失业人员和大中专毕业生从事个体经营开辟绿色通道。当年，新增个体工商户3115家，资金数额8584万元，私营企业362家。

2007年，以全区协会代表大会召开为契机，推进省第十二次党代会提出的"创业富民、创新强省"发展战略，助动个私民营经济发展，共有30余家民企参加2007浙商大会、第二届浙商(中国)投资博览会，"2007嘉兴市第二届婚庆博览会"。有300余名区民营企业的老总、高管人员参与"2007浙商财富快车"培训。2009年，对个体私营经济发展在经营范围、从业人员、注册资金、登记手续等方面放宽政策要求。当年，注册资本1亿元的南湖区芽芽小额贷款有限责任公司成立，这是区属历史上首家以民营企业为主体设立的金融公司。之后，辖区陆续成立隆源小贷、银丰小贷等多家小额贷款公司。2010年，私营企业8644户，注册资本156.8亿元；个体工商户18331户，资金6.9亿元，行业涉及农、林、牧、渔业、制造业、建筑业、交通运输、仓储和邮政业、信息传输、计算机服务和软件业、批发和零售业、住宿和餐饮业、租赁和商务服务业、居民服务和其他服务业、文化、体育和娱乐业等大多数行业领域，覆盖面82%。

第六章　审　计

第一节　国家审计机构

新中国成立后，审计监督工作由财政部门主管。20世纪80年代后，国家加强审计监督，健全审计机构。1984年6月，市审计局成立，区审计监督职能由市审计局负责实施。2000年5月，区审计局成立，负责本行政区域内的审计工作，对区政府和市审计局负责并报告工作。

2010年，区审计局内设机构有办公室和审计科，在编人员10名，其中高级职称2名。下辖区投资审计中心，为事业单位。

第二节　国家审计

财政财务审计

对单位的财政财务收支真实性、合法性及效益性进行审计监督，对区本级财政预算执行情况及其他财政收支情况，区本级各部门及下级政府预算执行和决算以及预算外资金的管理和使用情况依法审计，对国有企业资产、负债、损益情况财务审计，承办区政府和上级审计机关交办的其他事项。2001—2010年，实施审计项目155个，根据查出的问题，提出意见建议并督查整改，向检察院移送案件线索2起。2007年开始，受区政府委托，向区人大常委会报告年度区财政预算执行和其他财政收支的审计情况。

审计案例，2005年对南湖创业投资有限公司2001年6月至2004年10月财务收支情况进行审计。审计认定该公司2名会计人员涉嫌贪污罪，移送区检察院处理。后经区人民法院判决，2名被告人分别被判处有期徒刑1年6个月、缓刑2年和有期徒刑2年、缓刑3年，所涉赃款28907元和64000元发还被害单位南湖区创业投资有限公司。

经济责任审计

辖区经济责任审计起步于1988年。1997年，嘉兴市制定《领导干部经济责任审计监督实施意见》，逐步推开领导干部经济责任审计工作。2000年，建立市经济责任审计工作联席会议制度，下发切实做好经济责任审计工作的文件，推进领导干部经济责任审计。辖区于2001年起，对科局级领导干部实行经济责任审计。区委、区政府下发有关切实做好经济责任审计工作的文件，成立区领导干部经济责任审计工作联席会议。2007年，建立区领导干部经济责任审计工作联席会议制度。2008年，出台区领导干部经济责任审计结果运用实施办法（试行）、区领导干部经济责任审计分类审计办法、区领导干部经济责任审计结果整改督查实施办法等相关文件。2009年，建立镇街道领导干部经济责任审计评价方法和评价体系，实现领导干部经济责任审计评价的规范化、标准化。经济责任审计由区委组织部提出委托建议，区审计局安排立项。根据必审制突出重点，任期审计与离任审计相结合、经济责任审计与财政财务收支审计相结合原则，对领导干部进行经济责任审计。至2010年底，实施全区领导干部经济责任审计64个项目。

专项审计及审计调查

2001—2010年，开展对经济社会发展中的重要事项的专项审计或审计调查，共实施53个项目。2001—2004年期间，主要开展土地征用补偿费、民政、科技三项资金，计划生育经费，新型合作医疗，公路养路费，技术改造财政贴息资金等方面专项资金使用情况的审计调查。2005年以后，专项审计调查更关注民生、更注重效绩评价。对城区老住宅整治、“百村示范、千村整治”工程、康庄工程、教育经费投入、城乡最低生活保障等专项资金进行审计调查，慈善捐赠资金审计结果进行公告。

政府投资项目审计

2000年10月，建立区联合审计所，为全民事业单位，预算管理性质为服务经营型，隶属审计局，负责全区各类审计工作。2003年8月，区政府出台国家建设审计项目审计文件。10月，区联合审计所更名为区投资审计中心，负责全区国家建设项目的预算执行情况和决算进行审计监督，对与国家建设项目有关的设计、施工、监理等单位相关财务收支进行审计监督，对区政府交办的其他建设项目进行审计监督。投资审计以工程造价结算审计为重点，以组织社会中介机构审计、投资审计中心负责监督管理方式实施。2007年，制订区审计局组织社会中介机构审计政府投资项目管理办法的文件，加强中介机构审价业务管理。2008年，创立并实施“招标准入、合同管理、市场竞争、动态考核、廉政共建”投资审计工作机制，该做法得到时任市纪委书记冯志礼的批示和肯定。2009年，制定区审计局组织社会中介机构审计政府投资项目考核的试行办法，实行优胜劣汰，推进区政府投资审计工作发展和中介惩防体系的完善。

2002年起，从土地整理、农业综合项目审计开始，对嘉余公路、步焦公路、区行政中心等多个项目进行审计。随着建设项目投入逐年增加，对投资大、建设周期长的大型项目开展跟踪审计。2003—2010年，审计471个政府投资项目，送审金额196053万元，核减工程款21410万元。

2000—2010年全区审计情况表

表27-18

年度	财政财务审计	领导干部责任审计	专项审计调查	政府投资项目审计	送审金额（元）	核减金额（元）
2000	1	—	—	—	—	—
2001	12	5(9人)	1	—	—	—
2002	12	7(7人)	2	—	—	—
2003	16	—	5	8	5085	625
2004	11	7(9人)	8	7	3280	522
2005	16	8(11人)	4	23	20969	1949
2006	24	8(14人)	7	48	26994	2440
2007	20	3(5人)	7	60	30501	6458
2008	12	7(8人)	5	70	14876	1002
2009	23	12(17人)	7	115	46714	4158
2010	8	7(10人)	7	140	47634	4256
合计	155	64(90人)	53	471	196053	21410

第三节　内部审计

2001年起，区审计局组织实施对内部审计进行指导与监督。以嘉兴市内部审计师协会南湖片组为主要阵地，对各内审机构开展的财务收支审计、村级财务审计等内部审计项目进行业务指导，并组织参加项目评优。宣传相关法律法规，组织内审人员教育培训约500人次。开展理论研讨活动，2009年，《国家审计对内部审计的监督指导》《乡镇内部审计在维护农村稳定中的作用》获市优秀论文。2010年，《现代风险导向内部审计初探 》《关于加强内部审计人员管理的思考》在市内审协会评比中分获二等奖、三等奖。《审计的预防性作用研究》《南湖区加强农村财务管理的做法和取得的成效》分别在省级刊物发表。制订了区内部审计工作流程和加强内部审计工作的意见等文件，积极构建内审体系，推动内审发展。至2010年，全区设有内审机构20家，内部审计师协会团体会员单位15家，持证上岗专(兼)职审计人员76名。区农经局高雅仙评为2005—2007年度省级内部审计先进工作者。

第四节　审计管理服务

制订制度

2001年开始，区审计局先后制定《南湖区审计局工作规则》《南湖区审计工作信息考核办法》《南湖区审计局公务接待办法》等制度，进一步规范了权力运行和监督，明确工作程序，严格了岗位职责，倡导节俭风尚，提高行政效能，加强岗位廉政风险防控体系建设。2007年，获全市审计工作目标责任考核一等奖，在全区行政执法人员学法、用法知识竞赛中，荣获团体第二名。2008年，审计科被评为区效能建设示范岗。

特约审计员制度

不断完善特约审计员制度，编制《特约审计员工作手册》，聘请3名民主党派人员担任特约审计员，建立工作联系制度。在民生审计项目中邀请特约审计员共同参与，积极发挥特约审计员对审计工作的民主监督作用。

审计成果利用

重视审计成果的利用转化和学术研究,撰写信息论文近100篇,被各级信息部门采用或在各级报刊上发表。2009年,南湖区基层公共卫生资金专项审计调查项目评为市优秀审计项目。2010年,荣获全市审计系统信息化推进先进单位,《AO在城乡居民合作医疗保险政策绩效分析中的应用案例》获省AO应用实例应用奖。

第七章　物　价

第一节　概　况

民国时期

民国初,区境无专设物价管理机构。20世纪30年代,县商会、行业公会和公所对商品价格实行同行公议。日本侵略军侵华时期,日伪实行所谓"统制经济",管制货物和物价,掠夺物资。由于物资匮乏,伪币贬值,以致黑市盛行。抗日战争胜利后,嘉兴县由县政府社会科和县商会主持,成立县物价评定委员会,进行物价评定工作。1946年,改为由各同业公会自行协议拟订商品价格,报商会核批。当年底,又改由县参议会主持评定,并易名为县物价、工资评议委员会。1947年2月,国民党为全面发动内战的需要,实行经济紧急措施方案,厉行物价管制,嘉兴县列为首批全面管制县。县政府公布《取缔违反限价、议价条例》,冻结物价指数。3月,又实行粮食购进管制,对违反管制者,处以严刑,甚至宣称判处死刑。1948年2月,省政府又指定嘉兴县为取缔囤积居奇区域,对6大类20种商品实行限价。8月19日,南京政府发行金圆券,同时规定各种物品一律按8月19日的价格冻结。行政院上海区经济管制督导处指派小组,到区境督促执行严厉的限价。9月底,县参议会恢复物价管理和工资评议委员会。至11月,市场主要商品抢购一空,有价无货,经济陷于崩溃,限价终于失败,被迫宣告恢复自由交易。同月,撤销物价、工资评议委员会,重新组建物价审议委员会和民食调节委员会,审议12项日用必需品价格。允许食米自由运销,布、烟、糖、盐仍由官方统一管理。

解放后

解放后,由县人民政府工商科主管物价工作。当时主要依靠国营公司抛售物资和查处打击投机倒把活动,以稳定物价。1952年初,嘉兴市规定自由市场价格管理原则:凡属国家统一收购的农副产品,在国家收购期间,必须执行牌价;统一收购完成后,多余商品的出售价可略高于或低于收购牌价,但最高不得超过当地统销价;属自由购销产品,一般由买卖双方自由议价,如出现牌市价相差过远,应适当管理。1957年,嘉兴县成立物价委员会,并在各经济主管部门和企事业单位建立物价组织或专职物价员,实行"统一领导,分级管理"的物价管理体制。

1961年,中央颁发18类人民生活必需品物价管理目录,规定目录内的商品必须在现行价的基础上稳定下来。1961—1962年,嘉兴县对各行业毛利率作了具体规定:手工业产品成本利润率控制在2%~10%幅度内;饮食业菜肴毛利按加工程度掌握在24%~40%,点心30%~40%,冷饮40%~50%。"文化大革命"期间,县物委瘫痪。1967年8月,中共中央、国务院发出《关于进一步实行节约闹革命,控制"社会集团购买力",加强资金、物资和物价管理的若干规定》,实际是冻结物价,1971年解冻。1975年,嘉兴县遵循价格分级管理的规定,确定县统一管理的目录,计工业品出厂价5大类13种,销售价4大类38种。

改革开放后

1978年后,价格管理体制改革起步,重点是放权、放开、完善管理体系,加强服务。对部分农副产品、计划外工农业生产资料、部分工业消费品的价格放开。1984年,市人民政府下达《嘉兴市农产品价格分级管理目录试行办法》,5月,市物价局发文放开计划外工业生产资料的作价办法和管理权限。

1987年开始，对价值较大与人民生活关系比较密切的若干价格已放开的重要消费品，实行提价申报制度。紧俏工业消费品和大宗的主要品种，规定了作价办法和差率。当年，《中华人民共和国价格管理条例》公布，开始走上依法管理价格的轨道。

1989—1990年，市物价部门制订一系列强化管理的有关制度，公布实施。主要有对13种放开商品实行提价申报制度、19种商品实行价格变动备案制度、建立5类31种外地产品调价联系制度。加强计划外油品销售价格管理办法、商品房价格管理办法、饮食业饭菜点心作价办法等，控制乱涨价。1991—1997年，加快推进价格形成机制转换，放开大多数商品和服务价格，对部分关系国计民生的商品和服务实行政府定价，基本建立以市场形成价格为主的价格形成机制。1998—2010年，主要以《价格法》实施为标志，加强和改进价格调控监管，深化资源环境价格改革，规范政府定价行为和经营者价格行为，逐步完善国家宏观经济调控下主要由市场形成价格为主的价格制度。

第二节　价格管理

农副产品价格管理

1979年，市区恢复3类农副产品和完成收购任务后允许上市的1、2类农副产品的议购议销政策，同时要求加强管理，防止暴涨暴落。1984年，市政府将管理的农产品收购价格，由原来的80种减少为19种，放开了菜牛、羊、家禽、西瓜、生姜、稻草等61种产品价格。1985年，粮、棉统购价和超购加价改为合同定购，按比例价收购，合同定购以外的价格放开。同时放开生猪、蔬菜、鲜活副食品及其他大部分农副产品价格。1992年，农产品除棉花、蚕茧、黄红麻、烟叶、部分中药材外，其余实行市场调节。豆制品取消凭票供应实行议价，对米、面制品行业取消粮票改议价供应。1993年1月1日起，全面放开粮、油购销和价格，取消粮票。针对粮油购销价格放开初期出现的价格波动，嘉兴市成立市粮油价格协调委员会加以调控。1994年，实施重要商品价格调节基金制度。1995年，对主要大众蔬菜实行批零差率管理。1996年，把大麦、小麦、早稻、晚稻种子的供应价格纳入管理范围。1998年，执行国务院粮食流通体制改革方案，粮食销售实行顺加作价。2002年，《浙江省定价目录》颁布，其中农产品收购价格作为政府定价的仅剩桑蚕茧和香料烟。2004年，春蚕收购前，经国家发展计划委批准进行蚕茧价格改革试点，在全国率先放开蚕茧收购价格。至2008年，列为政府定价的农产品只有烟草。2010年，农产品收购价格全部放开。

工业品价格管理

1982—1983年，省分次放开小商品价格1079种，市区补充放开132种。1984年10月起，除了各级政府必要管理的小商品外，其余全部放开。1985年4月，放开缝纫机、国产手表、收录机、电风扇以及除凤凰、永久、飞鸽三大名牌以外的自行车价格，由企业定价。1986年9月，陆续放开自行车、黑白电视机、电冰箱、洗衣机、80支以上纯棉纱及其织物、中长纤维等商品价格。为缓解产品结构和消费不相适应的状况，对工业消费品价格，有重点地扩大浮动价、质量差价、档次差价、花色差价。1991年，洗衣机、黑白电视机、电风扇取消提价申报制度。1992年，放开由省管的毛巾、照相机、摩托车、铁锅、洗衣粉、火柴、黄酒、奶粉、彩色电视机等数十种价格。市管工业品除消毒牛奶、部分药品外，其余由企业自主定价。工业生产资料取消计划外最高限价，除农机配件、汽车摩托车配件、成品油按原规定作价外，其余实行市场调节价。农业生产资料除尿素、敌百虫、农（地）膜等由物价部门定价外，其余实行差率管理。1993年，浙江省印发重工、轻工商品价格管理目录，继续放开一批工业品价格。1997年，《浙江省商品和服务价格管理目录》颁布，规定实行国家定价或国家指导价的还有食盐、报纸、中小学教材、电话号码簿、液化石油气、管道煤气、金银饰品、凸版纸、入网配售的移动电话机、自来水等19种。2000年，按国家和省的部署改革，成品油定价机制与国际市场接轨，每月调整一次。2001年，嘉兴市率先在全省实现农村居民生活用电城乡同价。2002年，实行政府定价的工业消费品仅保留食盐、中小学教材、天然气、城市供水(包括污水处理费)。2005年,改进完善供热作价办法,实行煤热价格联动。2006年,根据浙江省成品油价格形成机制改革,实施油运价格联动办法。2008年,嘉兴市区对居民生活用水实施阶梯式水价。2009年,嘉兴市区实行非居民生活用水超定额加价收费办法。2010年,重新修订的《浙江省定价目录》颁布,实行政府定价或指导价的包括食盐、工业用盐、电力、城市供水、民爆器材、管道燃气、水利工程供水、污水处理、环境卫生服务及公用事业营业服务中的部分内容。

非商品收费管理

医疗服务 1990年,浙江省开始逐步统一全省收费项目和标准,作为行政事业性收费。1993年,为理顺医疗价格体系,市区对部分基本医疗项目的收费标准进行适当上浮。1997年1月1日起,执行新的《浙江省医疗收费标准》,对部分项目收费标准作出调整。1998年,医药费用过快增长得到遏制。2000年7月,医疗服务收费开始作为服务价格管理,实行政府指导价和市场调节价管理。2001年,按医院等级上下浮动的政策,适当拉开医院等级差价,引导患者合理分流。2002年,社区卫生服务及预防保健、中医民族诊疗类等部分医疗服务项目的基准价格及浮动幅度由市人民政府定价。2005年,加强对医疗服务价格行为的监管,对县级以上医疗机构全部安装医疗服务价格监管系统;实行医嘱化收费政策;完善医疗服务价格公示制度,实行门诊和住院病人每日费用明细清单制度;建立健全医疗机构收费行为责任追究制度。2010年,市区除省属外的非营利性医疗机构的部分基本医疗服务项目,由市人民政府实行政府指导价。

药品价格管理 20世纪90年代初,药品价格基本放开,医药市场比较混乱,处于一种无序状态。1996年,药品价格管理的主导权开始由医药管理部门转向价格管理部门,实行中央和地方分级管理体制,在核定生产企业出场价格基础上推行顺加作价办法,批发企业和零售单位按规定的差率作价销售。2000年7月,药品开始实行最高零售价管理。政府不再公布出厂价和批发价,对列入政府定价目录的药品,价格主管部门只制定公布全社会共同执行的最高零售价格。未列入政府定价目录的药品则纳入市场调节价管理,由生产经营企业自主定价,取消过去的差率控制。2001年,开始推行“差价让利”的作价方式。药品价格管理重点由原来的面上管理转为管理列入医保目录的甲、乙类药品和医院制剂价格,并对医疗机构招投标的药品价格进行规范。2002年颁布的《浙江省定价目录》中,医院制剂零售价格授权市、县人民政府同级定价。2003年,市区先后2次对451种药品实行全市统一让利降价,平均让利幅度10%。2007年,全国开始推行统一15%加成率的顺加作价政策。2009年4月,在市妇保院试行“控药品总量、保既得利益、奖结构调整”的用药监管新方法,鼓励医院多用低价药,试行每月采价定期公布。

教育收费管理

学前教育 1988年,开始制定幼儿园、托儿所收费标准。1993年,市教委对各类幼儿园实行考核、评估并定级,市物价局等部门发文对定级后的幼儿园实行分等定价。1995年,调整托儿所收费标准,实行等级收费制度。2000年,幼儿园保育费和管理费合一统称保教费。2002年,将幼儿园收费项目统一为幼儿园保育费。2004年开始,规范民办幼儿园收费管理,将收费项目统一为保育费、代管费、伙食费。2005年,公立幼儿园收费实行政府定价管理,按“分等定级,优质优价”的原则制定收费标准,收费项目确定为保育费和代管费两项。2010年,市发改委(物价局)推行幼儿教育收费公示制度,加强社会监督。

义务教育 中小学教育在国家实施9年义务教育前,一直实行收费制度。1986年,国家实施9年义务教育,义务教育阶段免收学费,只收少量杂费。1993年2月,调整中小学学杂费收取标准,小学、初中免收学费,只收杂费。1997年,统一规范收费标准。2000年10月1日起,辖区严格执行义务教育阶段的农村学校除由学校统一代购的课本费外,其他代管费项目一律取消;城镇、农村中小学均不得招收“择校生”;取消各类收费补习班。2002年,社会力量举办的小学、初中收费授权市、县人民政府同级定价。2003年，明确学校借读范围，把借读和择校予以区分。规范住宿费和学校代办收费管理，严格各种面向学生的培训班收费管理，对困难学生及经济困难的外来务工子女的收费酌情减免。2004年，全省在义务教育阶段学校推行“一费制”收费办法，并对杂费、误本费和作业本费实行省定最高限额的管理办法。2007年，春季学期开始，浙江省率先在全国全面实施义务教育阶段免收杂费政策，只按规定标准收取课本费、作业本费、寄宿生住宿费，对资助学生不再收取课本费、作业本费、寄宿生住宿费，对低收入家庭子女和少数民族学生不再收取课本费、作业本费，不得举办各种收费的提高班、补习班、竞赛班等。2008年春季开始，全区有学籍的义务教育阶段学生全部免收课本费、作业本费，并对符合就学条件的外来务工民工子女免受义务教育阶段借读费。除住宿学生的住宿费外，义务教育全面实行免费教育。

嘉兴市区部分年份中小学收费标准表

表27-19　　单位：元/学期

年份	小学中年级学费	初中学费	年份	小学中年级学费	初中学费
1960	4.5	12	1980	2.5	5
1961	3	8	1985	4	7
1962	3	8	1986	4	7
1965	3	8	1987	4	7
1966	3	8	1988	10	15
1971	2.5	8	1989	10	15
1979	2.5	5	1990	10	15

高中教育　1960年，高中学费每学期为13.6元，1961年和1979年2次下调，每学期为9元和6元，1985年上调至9元，1990年又上调至30元。1996年，国家《普通高级中学收费管理暂行办法》规定，普通高中学费标准的调整应由省制定执行。1998年，春季开学起，市区职业中专、职业高中、技工学校向学生收取学费（培养费）后，不再收取实验实习费。1999年，普通高中收费项目由省教育、物价、财政部门统一制定，收费标准由同级人民政府制定。2001年，秋季开始，市公办普通高中新生收费实行并轨，取消公费生和自费生。明确中等职业学校可按学生平均培养成本收费，自主确定校内不同专业的收费标准，按学校隶属关系报物价、财政、教育、劳动保障部门备案，并在招生前向社会公布。2002年，颁布《浙江省定价目录》规定，政府举办的高中收费授权市人民政府定价，社会力量举办的高中收费授权市、县人民政府同级定价。从2003年秋季起，对普通高中实施择校“三限政策”（即限分数、限人数、限钱数）。2004年，严格规范公办学校参与举办的民办普通高中的收费管理。2007年，严格执行省“学校按规定收取择校费后，不得再向学生收取学费”的规定，秋季起，对择校费统一实行一次性收取。2010年，中等职业学校收费重新纳入政府定价范围。

民办教育　1998年，《浙江省社会力量办学收费管理暂行办法》规定，社会力量举办的学历教育不得以赢利为目的，收费项目为学费和住宿费两项。义务教育阶段，按隶属关系由市（地）、县物价、财政、教育部门审批；非义务教育高中段学校的收费标准，按学校的隶属关系，由市（地）、县物价、财政、教育部门制定基准收费标准和浮动幅度，学校在规定幅度内自行确定具体收费标准，同时报同级物价、财政、教育部门备案后，向社会公布执行。2003年，嘉兴市发出《关于进一步规范民办学校收费管理办法的通知》，将民办学校收费项目统一为：学费、住宿费、代管费3项。以后调整收费标准，必须按《民办学校收费管理办法》规定办理。

经营性收费管理

公路客运管理 1950—1954年，公路客运里程价格人均千米（全票）0.035元，1955年下调至0.032元，1966—1988年为0.024元，1989年起为0.043元。1998年，公路客运价格调整为省定管理办法：高速公路及跨省、地区运价由省管，跨县的由市管，县内由县管。2002年12月，省规定客运班线定价可根据客运市场实际情况适当浮动，具体浮动幅度和时段由线路始发地的运营企业在省浮动幅度内提出意见，报市价各主管部门会同交通主管部门制定。2005年9月起，班车客票价由班车运价、计费里程、车辆通行费、公路客运附加费、旅客站务费等构成，由各级政府定价。2006年，嘉兴市建立道路班车客运油运价格联动机制，主要通过燃油附加费的方式，疏导道路班车客运价格。2008年，修订《浙江省道路班车客运价格管理暂行办法》和跨省、市道路客运班车燃油附加费实施办法，同时调整跨省、市道路班车客运基准运价。

城市公共交通管理 1996年，市区统一汽车客运班车及郊区中巴客车票价，调整郊区线路公共汽车票价。1998年2月，核定公交无人售票中客车票价为每人1元/次，实行全程一票制。2003年6月，新开设IC公交卡乘车，分为学生优惠卡、老年优惠卡、普通卡3种，发放最低为30元/张，学生、老年人乘车优惠率分别为80%、50%。同年9月，城乡公交客运票价改革，通客车基本运价为每人千米0.12元，高档客车基本运价为每人千米0.16元，以元进档，按站收费，普通客车起步基价1元，高档客车起步基价2元。2006年，为推行IC卡的使用，对乘客持IC卡乘坐高档公交车辆给予9折优惠，对学生持IC卡乘坐高档公交车辆给予5折优惠。2009年12月，市区城乡公交收归国有，15个片区37条线路共202车辆，城乡全部实行统一票价（1元或2元），安装公交IC卡终端设备后，乘客刷卡优惠，只需半价1元。1小时内换乘再享受优惠，收取0.5元。老年人、残疾人等特殊人群享受减免票待遇。

客运出租车管理 1994年6月，《嘉兴市出租车客运运价规则》出台，统一全市出租车计费标准和办法。1996年2月，市区内出租车营运计费实行统一计价办法。2000年4月1日起，市区客运出租车起步千米由7元4千米调整为5元3千米。2005年6月，调整市区客运出租车运价，基价仍为5元，基价千米为2千米，回空补贴里程为7千米以上加收50%。营运前，免费等候时间由15分钟调整为5分钟，营运中因故等候，等候费不变，每5分钟折合1千米，以5分钟递进，不足5分钟不计。2006年，建立油运价格联动机制。同时，取消客运出租车企业经营许可证工本费和对出租车收取的客运附加费。2008年，调整和规范出租车运价计价结构。起步价由5元调整为6元，现行的每千米1.8元里程价调整为2元，夜间补贴计时由21时（含）至次日5时（不含）调整为22时（含）至次日5时（不含）。

有线电视收费管理 1990年11月，《有线电视管理暂行办法》实施，有线电视由基本免费开始收取费用。1993年7月，市区老式砖木结构住宅及棚户区有线电视安装每户240元，其他结构住宅调整为每户220元，收视维护费每月每户4元。1994年12月，调整市区有线电视初装费每个输出口最高收费标准为300元，每增加一个出口按25%加收，对非成片的零星有线电视用户，初装费上浮10%，对补装有线电视用户的初装费，上浮15%；视听维护费从1995年1月1日起提高到每户每月6元。1996年，初装费终端为每户350元，零星、补装为400元/户/终端，用户迁移费为150元/户；同年8月1日起视听维护费提高到每户每月10元。2001年7月起视听维护费调整为每户每月14元。2003年开始，嘉兴市被列为全国第一批33个开展有线电视数字化试点城市之一。2005年10月，市区暂定新建房屋有线数码电视配套设施建设费标准：住宅用户每平方米建筑面积15元；非住宅用户1500元/终端，安装10个以上终端的用户单位每个终端最高按600元收取；新建房屋有线数码电视配套建设费列入开发成本，网络运行单位在为业主安装数字电视时无偿提供给每户1台普通型机顶盒。2006年，取消有线电视初装费，暂停恢复使用收费、转户（改名）收费、移址收费等有线电视服务收费政策。同年，按省规定对公益性的基本收视维护费实行政府定价，对产业经营性业务收费实行市场定价。从2010年开始全面启动有线电视数字化整体转换，并启动定价程序。

物业服务收费管理 市区在20世纪90年代初房改之后开始有商品房出售，并收取卫生费和门卫保安费，每户每月6元。2000年，市物价局出台《嘉兴市市区住宅小区物业管理服务收费暂行管理办法》，统一规范和制定市区物业服务收费标准。2001年，市物价局发出《市区住宅物业管理服务收费暂行办法的补充通知》。2002年《浙江省定价目录》出台，物业管理收费标准由省物价局授权市、县人民政府同级定价，明确物业管理收费定价权限。2006年，出台《嘉兴市本级物业服务收费管理实施办法（试行）》，从2006年3月1日起开始执行，按服务内容分为4个等级，多层中准价每平方米：1级为0.65元，2级为0.45元，3级为0.30元，4级为0.20元，高层（小高层）再加每平方米0.60元的水泵增压和电梯用电及维护等费用，以中准价为基础允许上浮最高不超过15%，下浮不低于成本。2007年，区发展改革与统计局（物价局）负责辖区内物业服务收费的管理，并会同辖区物业管理行业主管部门对普通住宅小区进行考评，核定物业管理服务等级和中准价格。

机动车停放服务收费管理 20世纪90年代以前，机动车停车收费主要针对在公共道路或小区内的停放。1993年，开始在小区内实行机动车辆收费管理。1994年，对市区机动车停放设立统一停车标志和收费标准。1998—1999年，市区发出《关于加强市区机动车辆停放管理的通知》和《关于规范对市区住宅小区停车收费管理的通知》收费规定。2002年7月，对路段收费计费时限作了适当调整。2003年，市区开始对部分道路实行泊车咪表以小时为计时收费办法。对交通事故车辆专用停车场收费标准进行核定。无货车辆按有货保管标准的50%计收（二轮除外）。2005年9月，停止对在车站等公共场所属城市公共客运交通的专用候车站（点）停车候车的驾驶员收取停车费。2006年，出台《嘉兴市本级物业服务收费管理实施办法（试行）》，重新核定住宅小区停车收费标准。业主委员会成立后根据小区的实际情况自行确定。2006年，市发展和改革委员会（物价局）发文，统一各类专业批发市场进场停车费标准。2010年9月，新颁布的《浙江省定价目录》规定机动车停放（包括辖区内城市占道停车、住宅小区停车、自然垄断和公共（益）性单位的配套停车场停车服务）收费标准由市、县人民政府同级定价。

行政事业性收费管理

1987年9月，《中华人民共和国价格管理条例》确立了“行政事业性收费”的名称，赋予物价部门对行政事业性收费的管理职责。1994年，《浙江省行政事业性收费管理条例》对行政事业性收费管理进行全面规范。

收费公示制度 2005年，嘉兴市出台《关于全面实行收费公示制度的实施意见》。2006年，《行政事业性收费标准管理暂行办法》使行政事业性收费管理进入制度化管理阶段。2009年，嘉兴市推行行政事业性收费公示制度，全面完成行政事业性收费项目和收费标准的公示。

收费许可证管理 1988年，开始实施收费许可证制度。1992年，市物价局在市区全面开展收费许可证验证年审工作，按规定对行政事业性收费年检年审，3年换领新证，加强收费的财务凭证监督检查。1993—2002年，收费许可证发放面广量大，发放范围包括行政事业性收费、经营服务收费、社会团体收费、中介服务收费、宾馆饭店收费等等。1996是收费许可证发放的高峰年，市区共发证883套。2004年，市物价局发出《关于做好清理经营性收费许可证工作的通知》，严格遵循审批时效，对经营性收费许可证发放对象、收费项目和标准作出规定。2003—2010年，明确收费许可证的发证范围和对象，范围仅限于行政事业性收费，对象为国家机关和事业单位，收费许可证制度更加规范科学，发证数量明显减少。2010年，市区发证105套，与1996年相比减少778套。

清理规范行政事业性收费 1991年，市物价局成立清理收费机构，开展对行政事业性收费的全面清理工作，取消37项不合法收费，对16项合理不合法收费向省物价局提出保留意见。1993年，发出《关于停止各种乱收费的紧急通知》，建立制止乱收费领导小组，至1994年，共取消51项不合理收费。1995年，对中小学收费、预算外资金、公路“三乱”、减轻农民负担情况开展专项治理活动。在对公安、劳动、城建、高校中专、党校等行政事业性收费检查中，处理乱收费行为18起，处罚金额26.7万元。1997年，市区清理整顿在电价中的各项收费；实施农民负担监督卡制度、农村统一收款收据制度和涉农收费项目登记制度；清理建设项目收费；出台《关于切实制止乱收费，进一步减轻企业负担的实施意见》，公布取消3项不合理涉企收费，对频临破产或停产的企业免收8项收费，对市政府确定的亏损企业，减半收取8项收费。1999年，清理收费项目和标准，集中治理"三乱"。对市区483个单位的收费许可证和1396项收费项目、标准进行审核清理，重新换发行政事业性收费许可证343个单位。2000年，市物价局先后2批共取消审批（核准）事项26项。2001年，重新公布政府部门行政事业收费项目和标准。凡在省明确行政事业性收费以外的其他行政事业性收费一律取消，全年先后对公安、劳动、人事等38个系统的行政性收费进行清理和重新审核。2003年，先后公布涉及机动车辆的行政事业性收费和政府性基金项目，取消和调整部分涉及农民负担的行政事业性收费项目及标准，对家禽业减免部分政府性基金和行政事业性收费。同时，公布取消有关行政许可的行政事业性收费项目。2006年，制定《嘉兴市市级行政事业单位培训收费管理办法》，规范各类行政事业性培训收费。2009年，共取消行政事业性收费73项，暂停征收29项，降低11项。2010年，保留的收费项目为124项，行政事业性收费标准大幅度降低，收费趋向合理，行政事业性收费总额大幅度减少，总体呈逐年下降的趋势，从超过地方财政收入缩减到2010年全市约为地方财政收入的12.7%，市区约为13.0%。

行政事业性收费验审　1993年4月，嘉兴市成立收费验审办公室。至年底，对市区978家行政事业性收费单位进行年审，换发新证1043张。1994年，对市区872家行政事业性收费单位（包括垄断性经营单位）进行验审，验审面96.8%，审验收费项目3624项，发现63家单位不同程度存在无证收费、自立项目、擅自提高标准、扩大范围收费等问题。1995年，市区共验审860个单位，对其中50多家收费单位开展上门审验，撤销8项不合理收费，发现各类违纪案件24起。1996年，全年完成验审和核发许可证单位833家，占应验审单位的97%。发现各类收费违纪案件28件，经济制裁金额25.5万元，对50多家收费不规范单位提出限期整改意见。1997年，收费验审工作以金融系统、街道、乡镇收费为重点，对市区705家行政事业性收费单位开展验审，发现违纪28件。1998年，市区共验审行政事业性收费单位648家，核发新证554张，验审面100%，验审总金额8.2亿元，发现8起违法案件。1999年，按新统计口径，市区验审行政事业性收费单位345家，验审总额4.92亿元，其中验审合格单位343家，不合格2家。没收非法所得1000元。2000年，对市区483家行政事业和125家经营服务单位换发新证353张，注销收费项目139项，变更项目96项。2001年，市物价局共验审收费单位492家，年审面达98%，重点验审单位超过30%。2002年，嘉兴市共对562家单位（含社团、培训收费单位）开展验审，注销收费许可证83家，验审面达96%，其中重点验审单位为35%，验审合格率达95%以上。2003年，建立和完善《嘉兴市行政事业性收费验审办公室工作职责》《嘉兴市行政事业性收费验审办公室工作程序》《验审工作人员工作守则》等制度。2006年，开展以监督取消项目的落实、注重项目标准执收为重点的收费年审。2007年，新修订《浙江省行政事业性收费验审工作考核办法》，推动收费统计工作的开展。至2010年，已建立起验证、贴花、收费验收、收费统计等各项制度和工作程序。

第三节　物价检查

解放初期，平抑市价、物价监督、市场管理、打击投机倒把等几项工作是结合进行的。1951年嘉兴市成立物价管理委员会，下设物价检查领导小组。其任务是帮助督促各业开展价格评议和检查，纠正错价；整顿行业的收费标准；监督检查商品的规格质量和计量用具等，促使各行业逐步建立和健全价格报核和调价手续、价格登记统计、物价保密纪律、价格责任和自查等制度。20世纪80年代，在下放价格管理权限，放开价格的同时，加强监督检查工作。1980年，成立物价检查领导小组。1983年，普遍开展生产资料价格检查。1985年起，每年冬季进行税收、财务、物价大检查。之后，开展零售企业“物价计量信得过”活动。1988年评为“双信”单位25家，1989年增加到56家。

历次物价大检查，均查处一批违纪违法案件。1985年，查处2247件，罚没款43.59万元。1988年，查处案件8202件，罚没金额208.86万元。1990年，查处违法案6169件，经济制裁125.9万元。1991—2010年，共查处价格违法案件12.5万余件，实现经济制裁总金额16537万元，其中上缴财政6737万元、退还消费者9800万元。

价格监测与预警

1993年，市物价局开展商品价格监测工作，初期价格监测的商品主要是粮油、猪肉、蔬菜等品种。2003年，非典疫情发生，市区立即投入做好防治非典相关药品及商品价格的监测任务。5月，为有效地促进药品价格的有序竞争，在《南湖晚报》试行每周一期“货比三家”的药品比价工作。12月，制定应对市场价格异常上涨工作预案。2005年3月，制定《嘉兴市主要商品和服务价格监测报告制度》。同年8—9月，针对台风“麦莎”“卡努”对嘉兴的影响，市价格监测中心加强应对突发性灾害天气的价格监测工作。2006年3月，在嘉兴市政府应对价格异常上涨领导小组办公室下设立价格监测预警组和价格监测预警值班电话；7月，印发《嘉兴市自然灾害后应急价格监测预警工作预案》，明确受灾地价格主管部门应在灾后次日起，启动每日24小时应急监测值班制度。2007年8月，印发《嘉兴市市场价格异常上涨事件应急预案操作手册》。2008年、2009年，先后修订出台《嘉兴市重要消费品和服务价格监测报告制度》。2009年4月，针对全球暴发甲型H1N1流感疫情，启动针对甲型流感相关商品价格及市场供应情况的价格监测；4月、7月，市发展和改革委员会（物价局）先后出台《关于嘉兴市区实行药品零售价格信息公开制度有关问题的通知》《关于嘉兴市区实行民生价格信息监测公布制度（试行）的通知》。2010年4月1日起，正式执行《嘉兴市粮食价格监测预警报告制度》。再次修订《嘉兴市重要消费品和服务价格监测报告制度》。

治理通货膨胀和紧缩

治理通货膨胀　解放初期，由于社会尚不安定，物资短缺，加上投机奸商兴风作浪，1949年6月至1950年2月，市区接连出现4次涨价风，9个月内市场物价零售指数上涨19.47倍。1950年2月，嘉兴市政府根据中财委下达的紧急命令，取缔金银、外币投机买卖，加强以粮食为重点的市场物价管理，物价渐趋稳定。5月，嘉兴国营商业部门从外地调集大批粮食和其他生活必需品，平价抛售，物价顿见回落。与2月底相比，市场上大米、棉布、食糖、食油、食盐、猪肉、肥皂等商品零售价格分别下降7%~12%。1952年，嘉兴市区零售物价指数为1951年的99.14%。1958年后，商品供应不足，物价出现波动。不少商品实行凭票（证）平价供应，控制消费量，但出现“黑市”交易，价格颇高。1963年，国民经济复苏，生产恢复发展，商品供求趋向缓和，大幅降低化肥、农药供应价，零售物价指数比1962年下降1.99%。1964年，部分高价商品退出市场，零售物价指数比1963年下降2.75%，集市价格指数下降32.3%。1965年，高价商品全部撤除，城镇粮食销价提高到与购价持平，标准大米每斤增价0.008元，国家给职工粮价补贴。降低布、糖、酒、毛线、煤油等主要商品的销售价，零售物价指数再降3.07%。“文化大革命”10年间，虽消费品零售指数只上升1.71%，年均递升不足0.2%，但这是在凭票限量供应商品品种，紧缩群众正常消费的情况下取得的。实际上农贸市场的价格1975年比1965年上升100%~150%，许多商品价格严重背离价值。1978年后，国民经济开始进入新的发展时期，物价本着“先调后放”的原则，对不合理的价格体系作大幅度的调整改革。1979—1988年，国家先后出台8项主要调价措施，同时每月发给职工副食品补贴5元，后随着物价调整，副食品补贴增至11元。1988年，零售物价指数上升21.3%，服务性价格指数上升22.6%，集市贸易价格指数上升37.8%。1989年，零售物价指数上升16.8%，其中上一年涨价的滞后因素影响11.8%，当年新提价影响5%。经过治理整顿，1990年零售物价指数上升1.7%，集市贸易消费品指数下浮5.1%。1992年,市物价局制定《关于嘉兴市物价工作改革的若干意见》。1993年,市人民政府发出《关于加强价格调控抑制物价过快上涨的通知》和《关于建立市区重要商品价格调节基金制度的通知》,提出加强物价调控的8条措施。在市区建立粮油价格监测网络,成立市粮油价格协调委员会,实行同行议价、经营差率管理等,粮油价格涨势得到有效控制。1994年初,重要商品价格调节基金制度在市区实施,实施的品种有粮油和生猪等,确定25种重要消费品和服务价格以及重要农资价格为监审目标,推行对居民基本生活必需品和服务价格监审制度。1996年4月,市政府发布《嘉兴市制止牟取暴利实施办法》,重点开展反暴利实施工作。当年,市区居民消费价格指数涨幅回落到8.2%。1997年,建立价格调控目标责任制,将26种工农商品作为控价品种,使价格涨幅达到最低水平。同年,制定价格决策听证办法,对与国计民生关系密切的商品定调价实行听证。

治理通货紧缩　1998—2002年,价格调控以治理通货紧缩为重点。1997年爆发的东南亚金融危机对经济产生重大影响,市区通货紧缩迹象逐渐显现,价格水平持续低位徘徊,政府宏观调控的重点转为防止通货紧缩。1999年,省物价局出台关于运用价格杠杆扩大内需改善投资环境促进经济发展的15条政策意见。2000年,嘉兴市制定运用价格杠杆推动节假日消费促进国内需求增长实施方案。2001年,国家计委颁布《政府价格决策听证暂行办法》,价格听证有法规依据,积累了通货紧缩形势下实行价格调控的经验。

控制价格上涨　1988年8月之后,中央提出要把工作重点放到治理经济环境,整顿经济秩序上来,对控制物价上涨,制止乱涨价连续发出8个通知。嘉兴市采取不出台新的调价行动、加强对蔬菜和副食品生产的支持、对职工实行价格补偿等7条措施,至11月市场物价涨势初步得到遏制,市场供求状况渐趋正常。2003—2010年,价格调控以控制物价过快上涨防止价格异动为重点。2003年非典期间,部分商品市场价格出现异常波动,及时对相关商品实施价格干预措施。2004年,粮食等部分重要商品价格大幅上涨,嘉兴市按照《浙江省粮食零售价格“警戒线”设置的指导性意见》,设置两条粮食价格调控的“警戒线”。建立困难群众生活补贴与生活必需品价格指数挂钩机制,保障低收入群众的生活。2006年、2007年,应对禽流感、市场粮价波动及第14号台风等突发性事件中的新情况新经验,重新修订《嘉兴市市场价格异常上涨事件应急预案》,编制完成《嘉兴市市场价格异常上涨事件应急预案操作手册》。2008年雪灾期间,针对市场价格不断走高,从1月25日起对大米(粳)、食用油、猪肉、鲜牛奶、液化石油气等5类商品实施临时价格干预措施。2010年,居民生活必需品价格持续上涨,市政府发出《关于认真贯彻国务院省政府指示精神稳定消费价格总水平保障群众基本生活的通知》,市发展和改革委员会(物价局)发出《关于加强市场价格监管稳定市场物价的通知》,加以贯彻落实。同年,建立生猪价格监测预警制度,有效维护市场价格稳定。

完善定价行为　2003年1月,市发展计划委员会(物价局)成立审价委员会,对重要商品、服务价格和行政事业性收费标准的制定,实行集体审价制度和定价听证制度。1997年,市物价局制定价格决策听证办法。1998年,对物业管理收费、自来水价格调整等实行听证制度。2001年,省价格听证按原国家计委《政府价格决策听证暂行办法》执行。2002年,省明确实行定价听证的10个项目,即居民生活用电价格、客运出租车运价、居民生活用自来水销售价格、居民生活污水处理费、居民生活用管道天然(煤)气到户销售价格、城市公交票价、城市生活垃圾处理费、有线电视视听维护费、政府举办学校的义务教育杂费、政府举办的高中教育学杂费。2010年,将听证项目调整为居民生活用电价格、客运出租车运价、居民生活用城市供水销售价格、居民生活污水处理收费标准、居民生活用管道天然气销售价格、城市公共交通(含轨道交通)运价、居民生活垃圾处理费、居民有线电视主终端基本收视维护费、部分国家级风景名胜区、国家AAAA级、AAAAA级旅游景区游览参观点门票价格、公办普通高中学费。规范制定价格程序。2005年,省物价局制定《浙江省物价局工作规则》和《重大价格政策措施和工作部署出台后跟踪督查的规定》。

1991—2010年嘉兴市居民消费价格指数情况表

表27-20　（以上年价格为100）

年份	居民消费价格指数	年份	居民消费价格指数	年份	居民消费价格指数
1991	108.1	1998	99.0	2005	101.5
1992	109.1	1999	97.3	2006	101.2
1993	120.3	2000	101.1	2007	103.7
1994	124.6	2001	99.5	2008	105.2
1995	115.2	2002	100.0	2009	99.1
1996	108.2	2003	100.7	2010	104.0
1997	100.3	2004	103.3	—	—

价格成本监审

农产品成本调查改革开放以来，农产品成本调查工作已由单一的粮、棉、油等大田作物成本调查，扩展到蔬菜、副食品以及名优特新产品成本调查，后又扩展到粮食出售价格、化肥生产成本、农户种植意向、农户农资购买、农户存粮情况等专项调查。1992年下半年以后，以农产品价格上涨为先导，市场物价开始上升，开始实行农产品成本调查制度。1994—1997年，农户种植意向、农户购买农资情况、农户存粮情况等专项调查已制度化。1999年，《农产品成本调查管理办法》规定调查工作的性质、组织形式、管理体制、调查内容、调查方式和工作程序，农产品成本调查工作制度规范化。2004年1月，农产品成本调查开始实行新农产品成本调查核算指标体系。2007—2010年，农户种植意向、农户存粮情况、农户购买农资情况、油菜籽成本直报等作为农产品成本调查的主要工作，同时定期上报《生猪成本调查月报》。

成本监审　2003年6月，《重要商品和服务价格成本监审暂行办法》的实施，标志着成本监审工作正式起步。为规范成本监审工作，嘉兴市先后制定出台相关规章制度和实施细则。2004年5月起，成本调查与监审工作统一由市物价检查所承担。2007—2009年，完成城市供水、污水处理成本和学校收费等成本监审。2009年，市区率先在全省开展公墓、洁费成本监审项目。2010年，在城市供水、污水处理成本和学校收费等成本监审的基础上，完成公墓壁葬价格、嘉兴市一中实验学校生均培养成本、二十一世纪外国语学校生均培养成本、5个民工子弟学校成本等11项。同年，完成2007—2009年度有线数字电视、工业危险废物和医疗废弃物处置测算、管道天然气销售价格、天然气管输经营管理的成本监审。

专项检查及查处报诉举报

专项价格检查　1991年以来，陆续开展汽车、摩托车配件行业、三轮车、出租车、农资价格、春蚕收购价格、电力价格、医疗单位收费、汽修厂汽修材料管理、铁路行业、教育收费、公交票价、市场商品明码标价、个体中巴、民用液化气收费、农村电价、粮油价格、粮食价格、成品油价格、劳动系统收费等多种专项检查。嘉兴市共有职工物价监督站7个，职工物价监督员600多人。1998年，《中华人民共和国价格法》正式实施，价格监督专业检查种类开始增多。从2001年起，嘉兴市连续8年在组织开展涉农价格和收费专项检查，切实减轻农民负担、维护农民合法权益，促进农村发展。2002年2月，为规范价格违法案件的处理，市物价局建立案件审理委员会。2003年，以乡镇为依托，着手开展农村价格监督网络建设，在市区实施教育和医疗行业价格和收费轮查制度。同年，成功应对非典疫情引发的医药及相关商品价格异动、禽流感疫病引发的部分商品价格异动以及自然灾害引发的区域性价格异常波动，及时有效地制止各类价格违法行为。2005年2月，修订完善《嘉兴市物价局案件审理委员会工作规程》。2006—2008年，建立企、事业单位物价员网络,开展“价格服务进万家”“价格服务进校园”“价格服务进重点工程”活动。2009年5月,制定市本级规范行业协会、中介机构服务和收费工作实施方案,规范行业协会、中介机构服务和收费行为。2010年10月,开展“价格服务行业协会商会”活动,同时新开展多项专项检查。

查处价格投诉举报 1998年,完善与《价格违法行为举报规定》相配套的价格举报工作制度。2001年2月,市区开通全省统一的价格举报电话“96578”。同年5月,开通全国统一的“12358”价格举报电话。2005年,制定“12358”值班等制度。2006年,开展领导下访活动,进一步拓宽群众诉求渠道,积极探索行政调解制度,及时、有效、依法查处价格举报案件。

1991—2010年价格违法案件查处情况表

表27-21

年份	查处案件数(件)	没收金额(万元)	退还金额(万元)	罚款金额(万元)	制裁金额(万元)
1991	15267	137.03	5.66	4.31	146.99
1992	19833	37.18	18.89	37.18	54.85
1993	9662	97.84	65.53	7.57	170.94
1994	12477	43.68	42.70	12.89	99.26
1995	16941	317.80	91.30	14.02	423.10
1996	16343	277.15	245.51	10.79	533.45
1997	19391	684.00	231.00	36.00	951.00
1998	13728	121.80	153.20	64.90	275.00
1999	220	503.14	1107.17	7.13	1617.44
2000	113	637.87	2117.16	13.05	2768.08
2001	119	182.28	1079.60	28.47	1290.35
2002	193	1302.98	382.28	5.39	1690.64
2003	228	492.41	1415.43	6.94	499.35
2004	155	296.12	407.76	1.69	705.58
2005	131	501.41	923.26	1.14	1425.81
2006	95	215.24	784.53	18.23	1018.00
2007	55	385.04	751.38	25.80	1139.00
2008	52	230.85	372.95	—	603.80
2009	93	271.04	174.63	32.86	478.53
2010	67	311.98	557.92	—	645.85
合计	125163	7046.82	9803.53	321.42	16537.02

第四节 价格服务

价格鉴定

1994年,市中级人民法院、市人民检察院、市公安局、市物价局、市财政局联合下发《关于统一赃物估价工作的通知》,就进一步做好赃物估价工作,统一估价原则和估价标准,正确办理刑事案件作出具体规定。1996年,印发《嘉兴市关于被盗汽车、移动电话机、寻呼机估价暂行办法》,在全市范围内统一被盗汽车、移动电话机、寻呼机估价标准。2001年,价格鉴定工作进行拓展。从单一的刑事、民事、经济涉案财物价格鉴定，拓展到消防、海关、农林、质量技术监督、工商行政管理等行政执法机关以及仲裁机构等领域。2005年，为进一步规范价格鉴定工作，市价格认证中心制定工作人员岗位AB角、过错责任追究、价格鉴证工作程序、价格鉴证公示、涉案物品价格鉴证受理、价格鉴证内部审议、档案管理等制度。2008年，规范扣押、追缴、没收及收缴财物价格鉴定工作，明确刑事案件价格鉴定工作，必须由各级政府价格主管部门依法设立的价格认证机构承担，所需经费由同级财政预算安排。2009年，印发《关于打击盗窃“二车”犯罪适用法律的指导意见》，为公检法打击盗窃“两车”犯罪提供价格鉴定依据。同年，制定《嘉兴市价格认证工作考核办法（试行）》。1992—2010年，累计完成涉案价格鉴定6768件，标的总金额5154万元。

价格评估

1992年6月，建立市价格事务所，成为价格部门承担价格咨询、价格评估等服务的专门机构。1996年5月，市价格事务所按照《浙江省价格事务所服务收费标准》对外开展价格评估及价格咨询等服务工作。1998年后，市价格事务所的工作相继延伸至银行抵押物估价、车损评估、房地产评估、土地评估、旧机动车评估等。1998年6月，《浙江省车辆价格评估暂行规定》实施。2001年，市物价局、市公安局联合下发《关于规范旧机动车交易、抵押价格认证的通知》，加强对市区旧机动车交易市场的管理。2003年10月，省物价局制定《浙江省车辆价格评估管理办法》。2004年4月，事业单位改革，市价格事务所更名市价格认证中心，机构性质为纯公益性事业单位，实行财政全额拨款。2005年开始，市价格认证中心退出社会中介价格评估等服务工作。1992—2004年，完成交通事故及旧机动车评估59254件，标的总金额225032万元；完成经济涉案物品评估1652件，标的总金额65512万元。

价格认证

2002年，市价格认证中心接受海南仁安堂药业有限公司等，对药品忆太欣针（Etaxene）3毫克（意大利阿尔法韦士曼制药公司生产）、学生营养素片（2克×30片/盒）的市场出厂价、批发价、零售价作出价格认证，为企业进入嘉兴市场提供认证报告。2003年非典时期，为让企业的产品能尽快上市，中心通过对市场的大量调查和企业成本了解，对嘉兴鸿安医疗器械有限公司、嘉兴市吉力消毒卫生用品厂等相关企业生产销售的消毒剂500毫升碘伏（500毫升聚脂瓶普通型）、一次性医疗器械（输液器等）、一次性快速止痒仪的市场出厂价、批发价、零售价迅速作出价格认证，确保市场急需。在满足市场企业团体价格认证的需求下，市价格认证中心还把认证工作拓展到司法领域中。2004年，受区人民法院委托，对2002年下半年的晴粘毛、晴粘染色每公斤加工费单价进行价格认证，及时为法院出具价格认证报告，维护了当事人的合法权益。1992—2004年，共计完成价格认证203件，为企业定价的产品走向市场提供方便。

价格信息服务

《嘉兴经济信息报》创刊于1986年，原名《嘉兴价格信息报》，由市价格信息咨询服务部主办。1993年起，更名为《嘉兴经济信息报》，由市物价局、市经委合办，并经市编委办批准成立嘉兴市经济信息报社，下设编辑部、发行部等，每周出版2期。先自办发行，后委托《嘉兴日报》投递系统发行。读者以嘉兴5县2区为主，兼顾周边市县，并向毗邻的江苏北部辐射，最高发行量突破8000份。1999年底停刊，共出刊800期。

第八章　安全生产监督管理

第一节　机　构

解放前，境内无专门安全生产管理机构，工人劳动安全得不到保障。解放后，安全生产工作先后由工会、劳动、经贸等部门管理。1983年，建立由劳动部门代表国家实行安全监察，主管部门实行行政管理，工会进行配合监督的“三结合”安全管理体系,安全生产由区人事劳动局管理。2000年7月,成立局安全生产领导小组,在全区建立安全生产组织网络。2004年4月,增挂区安全生产监督管理局牌子,成立区安全生产监察大队。2005年1月,区安全生产监督管理局独立设置,主管全区安全生产综合监督管理工作,下设办公室、政策法规科、综合安全科和安全生产监察大队。6月,根据《嘉兴市人民政府办公室关于在建制镇开展设置企业监管与服务中心试点工作的意见》精神,在余新镇试点,确定人员和机构。将余新镇企业服务中心更名为余新镇企业监督管理与服务中心,组建余新镇安全生产与环境监察中队。2007年7月,各镇、街道经济发展服务中心增挂安全生产监察中队牌子。

第二节　安全生产管理

劳动安全管理

1950年5月,劳动部公布试行《工厂安全卫生暂行条例(草案)》,实行"安全第一,预防为主"的劳动保护方针。嘉兴县政府通过开展安全生产检查、教育,改善职工劳动条件和劳动保护等措施予以贯彻落实。1951年,嘉兴县对丝厂、绢纺厂、惠农油厂进行安全生产检查时,对职工提出188条有关安全生产和劳动保护问题的意见,督促企业逐条研究落实改进措施。1954年,市区的民丰、绢纺、中丝一厂、南湖布厂、嘉兴铁工厂等企业投入11.73万元,用以改善职工的劳动条件和安全保护设施。大部分企业按不同行业和工种给工人分别定期发工作服、围裙、工作帽、手套、口罩、高温鞋等防护用品。

1956年,嘉兴县(市)贯彻国家《工厂安全卫生规程》《建筑安装工程安全技术规程》和《工人、职员伤亡事故报告规程》(即3大规程),职工安全观念加强,伤亡事故下降。1963年,贯彻国家《关于加强企业生产中安全工作几项规定》,进一步健全、完善安全生产规章制度,并定期实行检查。"文化大革命"初期,安全生产、劳动保护等制度遭到冲击。1978年,嘉兴县工厂、企业重新恢复、完善安全生产、劳动保护等规章制度。

1982年,嘉兴县(市)对全民和县属集体企业建立工业安全卫生档案。当年有160家工厂、企业建档;接触有害作业点654个;接触有害因素作业19754人,占生产工人数的36%。有害作业以尘、铅、苯为主。1984年,嘉兴市成立职业病诊断组、职业中毒诊断组和矽肺诊断小组,专为有害作业职工进行定期体检和治疗创造条件。1985年,嘉兴市政府颁布《嘉兴市乡镇企业安全生产若干暂行规定》,将乡镇企业安全生产、劳动保护纳入政府安全监督范围。城区5个乡工业公司均配设安全专职员,在企业生产班组中设不脱产安全员。1986年,对110家企业的7658名企业干部、职工进行以《暂行规定》和人民日报社论《重视安全生产,控制伤亡事故恶化》为主要内容的安全教育。开展2次全区安全生产大检查,共查出事故隐患238条,整改193条,占80%。1989年,对电梯购置、安装、维修、使用4个环节纳入安全监察。当年,与有关部门联合对辖区内液化气储配站进行整顿检查。1991年,开展纺织、化工、建筑等行业专项治理。1993年,建立建筑安监站。1997年,工业安全生产全面落实法人代表责任制,突出抓危险性大的行业和易燃易爆化学危险品场所的安全管理。

2001年,落实安全生产责任制,先后开展3次安全生产大检查。2002年,开展高处悬挂施工和冲压作业企业基本情况调查,对特种作业人员持证情况开展整治。2003年,贯彻执行《中华人民共和国安全生产法》,开展冲压作业安全整治。2005年,制订《南湖区生产型企业安全生产分类管理实施办法》,将企业的安全生产管理划分为A、B、C3个等级实行动态监管,明确区、镇(街道)、村(社区)的管理责任。

安全生产标准化

1991年,嘉兴市在安全生产的管理过程中,逐步摸索安全生产的标准化建设,尝试在一些重点行业制订安全生产标准。2002年,把推行安全质量标准化工作作为强化基层安全生产基础工作的重点来抓。2005年,针对机械行业伤害事故突出问题,选择浙江芽芽水泥等几家企业作为辖区安全生产标准化试点单位。2006年,在化工、机械、服装、化纤、造纸印染和加工制造6个行业选择峰牌钢圈、海辰化工、浙江丙稀酸、高翔纸业、峰恒电器等企业作为试点单位。2007年起，重点在危化和机械制造行业开展安全生产标准化建设。当年底，浙江山特莱德化工有限公司、嘉兴敏惠汽车零部件有限公司和爱科昇振动机械(嘉兴)有限公司通过省级考核验收，浙江友好化学工业有限公司通过市级考核验收。2008年，扶持成立全区首家生产安全服务型公司—嘉兴市信安安全技术有限公司，与20家企业签订了安全技术服务协议，指导企业开展安全生产标准化建设。2009年底，共有5家危化企业达到省级标准，24家危化企业达到市级标准。机械制造行业中有4家企业达到省级标准，加西贝拉压缩机有限公司通过国家二级复评。至2010年，有45家企业达到安全生产标准化管理的企业。

危险化学品管理

20世纪60—70年代，中小型化工企业安全生产主要由当地公社和企业自行管理，执行《浙江省化学危险物品凭证、经营、采购暂行办法》和中央《化工企业安全生产管理规定》《化学危险品储存管理暂行办法》等规定。2000年，区成立化工行业安全生产综合指导小组，对化工企业开展安全生产大检查和摸底工作，建立化工企业档案。在500万元产值以上的重点企业和所有化工企业中，建立法人为第一责任人的安全生产领导小组。2001年，对辖区内危险化学品生产、经营、使用、运输、储存及充装作业的企事业单位进行整治。2002年，贯彻执行国家《危险化学品安全管理条例》，执行“三同时”规定(即生产经营单位新建、改建、扩建工程项目的安全设施，必须与主体工程同时设计、同时施工、同时投入生产和使用)。推行安全评价制度，整治一批加油站(点)。2005年，实行化工项目试生产备案制，对已经取得定点审批和备案的危化生产、使用单位建立定期检查评估制度，会同区公安分局治安大队每季度对企业剧毒品使用、保管情况进行一次检查。对全区所有经营和使用易制毒化学品单位进行备案登记。2008年，全面推行危化行业安全标准化管理，对剧毒品使用单位严格执行“五双”管理制度，实行危险化学品生产许可证到期预警制度。在危化品生产、储存企业中实施安全投入预算制度，全区56家危化生产、储存企业落实安全投入经费3800万元。2009年，贯彻执行《浙江省建设项目安全设施监督管理办法》，对辖区建设项目安全设施“三同时”进行督查检查。启动危化企业自动控制系统安装工程，37家危险化学品生产企业安装安全生产管理系统软件。2010年，对辖区内14家污染严重、存在安全隐患、设备陈旧和工艺落后的危化生产企业进行联合专项整治，提出“一厂一策”限期整改方案。建立苏浙沪危险化学品运输联动执法机制，确定浙江卫星化工有限公司和浙江嘉兴嘉化物流有限公司2家单位为区危险化学品应急处置基地。

烟花爆竹管理

2005年3月，烟花爆竹经营管理工作由公安移交给安全生产监督部门，当年有经营户611家，其中长期证356家，季节性经营证255家。自此，每年由安监、公安、质量监督、工商行政等部门开展联合执法检查。2007年起，根据烟花爆竹经营规定和要求，对不具备烟花爆竹安全经营规定的一律予以取缔。至2009年底，全区烟花爆竹经营户压缩到433家。2010年，烟花爆竹买卖实行实名登记制。

安全宣传培训

1980年，全国以每年5月作为“安全活动月”开展安全活动，嘉兴县(市)建立“安全月”活动办公室，对工矿企业开展安全卫生大检查，对企业职工进行安全卫生教育。当年，嘉兴县(市)有97%的职工接受教育。1985年后，国家对安全月活动不作统一规定，由各地自行安排。1986年，组织电工考试，举办安全技术干部培训班，所有安全技术干部轮训一遍。1989年，贯彻落实《浙江省劳动保护条例》，举办企业主管部门安全技术干部和大、中型企业安全科长培训班。1991年起，每年5月份开展“安全生产宣传周”活动。1993年，贯彻宣传《国务院关于加强安全生产工作的通知》16字方针，即“国家监察、行业管理、群众监督、企业负责”。1994年5月，组织消防、交警、交通等部门开展第4个“安全生产周”活动。1997年，宣传贯彻《矿山安全法》和《矿山安全法实施条例》。2000年，在“安全生产周”活动中，重点加强对职业安全宣传力度。2002年起，每年6月定为全国“安全生产月”。同年，对危险化学品经营企业进行安全管理培训，规定企业负责人和业务主管人必须持证上岗。举办化工、易燃易爆、有毒有害物品的生产企业以及建筑、500万元以上规模企业的安全管理员培训。2003年，组织企业参加嘉兴市举办的剧毒化学品使用单位安全管理培训班和乡镇安全监管干部安全管理培训班，对企业内机动驾驶员进行安全培训。2005年，组织企业观看安全生产影片《人命关天》，在嘉兴工业园区制作150平方米的大型安全生产广告牌进行宣传，开展安全咨询活动13场次，发放宣传资料6000多份。2006年，开展“百万培训工程”（即管理人员、特种作业人员、危化从业人员3个100%目标和企业职工培训超1万），举办各类培训班67期。2007年，重点宣传贯彻《浙江省安全生产条例》，结合“五五”普法，以送法下乡、设点咨询等形式广泛开展普法宣传工作，培训对象向商贸旅等行业延伸，至年底安全培训的各类人员累计达6万余人。从2008年起，安全生产教育培训纳入对镇、街道年度安全生产目标管理责任考核。2009年，围绕“关爱生命、安全发展”主题，与区总工会联合开展安全生产知识竞赛。举办全区所有村、社区安全协管员120余人参加的业务培训班，发放印制统一的安全生产协管员证，做到“定员定岗”。全年组织培训各类特种作业人员、企业主要负责人和安全管理人员2274人。2010年，贯彻落实国务院《进一步加强安全生产工作的通知》和省委、省政府《关于进一步加强安全生产工作的意见》。6月，区委理论学习中心组邀请省安全生产监督管理局党组书记、局长徐林作专题讲座。上海世界博览会期间，举办安全讲座123场，编印《安全知识读本》5000册，举办各类培训讲座130多次，培训各类安全生产管理、经营、操作人员3万余人。

第三节　安全生产监察

劳动生产监察

解放前，工矿企业劳动条件差，工人健康、生命安全和劳动保护均无保障。解放后，党和人民政府十分重视关心职工的安全生产，实行8小时劳动制。对劳动条件差和有毒岗位，给予营养补助和津贴。每年实行定期检查，落实措施。

1950年，贯彻国家《工厂安全卫生暂行条例（草案）》，实行“安全第一，预防为主”的劳动保护方针。1952年，贯彻执行国家关于“生产必须安全”和“管生产必须管安全”的方针。1956年，全面执行国务院发布的《工厂安全卫生规程》《建筑安装工程安全技术规程》和《工厂职工伤亡事故报告规程》，职工安全观念增强。1963年，贯彻国家《关于加强企业生产中安全工作几项规定》，企业伤亡事故有所下降。“文化大革命”时期，安全生产、劳动保护等制度得不到执行，事故一度多发。1978年，企业重新恢复、完善安全生产、劳动保护等规章制度。

1980年，劳动部门加强劳动安全监察。1983年，国家实行劳动安全监察制度和违章经济制裁办法，对故意违章违纪违法而造成事故损失的，辅以经济制裁；对有事故隐患和事故频发的工矿企业，发出《劳动安全监察意见通知书》实行依法监督。同年，辖区对液化企业开展油气瓶登记、检查、发放使用证工作。1985年，市政府颁发《嘉兴市乡镇企业安全生产若干暂行规定》，首次将乡镇企业安全生产、劳动保护纳入政府安全监察范围。1987年，推行工伤事故目标管理和劳动安全监察制度，对事故多发的建筑行业和石料行业重点监察。同年，开展尘毒危害的职业病防治专项治理，在制鞋行业推广使用低毒品粘合剂。贯彻落实《立窑水泥厂防尘技术规程》，对辖区水泥行业进行全面的粉尘自测和复测工作。1989年，对电梯购置、安装、维修、使用4个环节纳入安全监察。当年，与有关部门联合对辖区内液化气储配站进行整顿检查。1991年，推行厂长、经理的安全卫生知识认证制度，建立重伤《工伤证》制度。按照“三不放过”原则，狠抓伤亡事故处理工作。1993年，落实“企业负责、行业管理、国家监察、群众监督”的体制，开展安全生产大检查。

2001年起，区委、区政府每年与全区11个镇（街道）和区级有关责任部门签订安全生产目标管理责任书，将安全生产责任层层分解落实到企业，列入年度平安考核。各镇(街道)、区级有关责任部门分别与规模企业、行政村(社区)和下属单位层层签订安全生产目标管理责任书并落实考核,并将责任制的落实情况与单位评奖、企业创优、名牌申报等结合起来。2004年以来,安全生产工作围绕"平安南湖"建设,狠抓责任落实,不断调整完善安全生产责任考核体系,每年召开全区安全生产委员会扩大会议。2006年,发布《嘉兴市南湖区安全生产责任制规定(试行)》,规定政府不同层级、部门和岗位的安全生产责任,强化各级安全生产责任考核和责任追究。2007年,安全生产责任制考评奖惩办法中加大了责任制落实情况的督查和责任倒查力度。2008年起,区安监局增加与各镇、街道安监站签订责任书,进一步明确政府安全生产监管责任和企业安全生产主体责任。2010年,区委、区政府分别出台《南湖区进一步加强安全生产工作的实施意见》《南湖区安全生产行政问责制》及《南湖区安全生产专项资金管理办法》《南湖区安全生产行政处罚案件公众参与制度实施办法》。当年,安全生产事故发生率比上年下降6.8%。辖区于2005年、2007年、2009年、2010年,获评全市安全生产工作先进集体。

锅炉　压力容器监察

20世纪50—60年代,锅炉运行、维修保养、检修均由企业自行处理,锅炉带病运行屡有发生。1975年,锅炉检修开始纳入劳动部门管理,操作人员经培训考试合格取证后才能上岗。同年,嘉兴县内务局建立锅炉队,负责全县锅炉检修安装。1981年,开展锅炉登记建档工作。1983年,开展锅炉、压力容器及危险性较大设备的安全监察工作。1984年,对锅炉运行情况开始定期检验。举办压力容器焊工、普通电焊工、司炉工培训班。1985年,对压力容器进行普查登记,建立基本数据资料。

1986年,实行锅炉产品出厂质量监督检验制度,对辖区压力容器厂制造液化气钢瓶资格全面考核监察,对1982年前的锅炉工进行再培训考核发证;组织液化气槽车驾驶员、押运员参加市举办的安全技术培训班,开展液化石油气储配站安全标准检查验收工作。1987年,对E级锅炉进行清理登记,对嘉兴化肥厂自制自用压力容器的制造资格进行审查,执行许可证制度。举办槽车驾驶员、押运员、安全员、司炉工和水质人员培训班。此后,锅炉登记、验收工作进入制度化。1989年,全面开展锅炉压力容器等特种作业人员的培训、发证工作。2001年起,特种设备由质量技术监督管理局负责监管。

重大危险源监管

2005年,初步形成重大危险源安全监管体系。全区涉及重大危险源的有60家企业88处,均建立安全管理台账。2008年,与嘉兴融信网络科技有限公司合作,共同开发建立全省首家重大危险源远程实时监管系统,对生产、储存、经营和使用危险化学品企业的69处重大危险源进行24小时监控,此项被认定为市级科技成果,副省长金德水作专题批示,省内黄岩、义乌、杭州、余杭等地安监部门前来参观学习。

执法检查和专项整治

每年元旦、春节、"五一""十一"节前后,政府都要进行安全生产执法检查。1991年,针对化工、纺织、运输、石油液化气等高危行业,组织多次专项整治行动,对不符合规范要求的企业责令整改。1994年5月,开展工交企业安全生产专项整治,总的情况尚好,但部分企业安全生产存在不少隐患,有不少企业还存在电气线路老化和移动式电动工具安全保护不规范的现象。11月,对化工、石料、压力容器等行业开展安全生产重点抽查。2004年,开展对生产企业和社会公共领域的专项整治行动。整治重点是:针对海宁市"2·15"特大火灾事故暴露出来的问题,结合安全工作的特点,在突出人员密集场所消防安全的基础上,兼顾旅游交通安全,危险品生产、经营、储存和运输安全,建筑施工和公用设施安全等。2005年,重点对机械行业和重大危险源开展专项检查,对其他行业企业的安全生产状况进行多层次、大范围检查。2006年,开展危险化学品安全隐患治理"2006行动"和"秋风一号"行动,责令限期整改企业10家,责令停产整改企业1家,对1家非法储存危险化学品的企业暂扣经营许可证,并作出行政处罚。在全区危化企业竖立"安全誓词牌",联合建设、质监、消防、工商等部门,对建筑工地、特种设备、烟花爆竹等领域开展执法检查。2007年，根据《国务院办公厅关于在重点行业和领域开展安全生产隐患排查治理专项行动的通知》，开展有限空间危险作业场所安全生产检查，以及危险化学品治理“2007行动”和烟花爆竹、安全生产环境、劳动防护用品为重点的安全生产专项整治，责令整改企业65家，实施行政处罚27起。当年起，通过排查，每年确定一批重点隐患企业，分别由省、市、区挂牌督查整改。2008年，以“迎奥运，保安全”为重点，围绕“安全生产隐患排查治理年”活动，开展危险化学品、烟花爆竹、防机械伤害事故、电气安全等专项执法行动10次，检查企业725家次，下发整改指令书46份，立案调查29起，实施行政处罚28起。2009年，在重点行业和领域开展“春雷”“惊雷”专项检查、“隐患集中排查治理月”和“迎国庆、保平安”等安全生产大检查活动。对全区8家涉氯企业和26家危化生产企业开展安全间距专项整治。当年3月，根据《环境保护法》《安全生产法》和省、市《811环境保护新三年行动实施意见》，与区经贸局、区环保局联合，对群众反映强烈、污染严重、存在安全隐患、设备陈旧和工艺落后的危化生产企业进行专项治理，有14家企业列入整治，实施“一厂一策”限期整改方案，通过调结构、引技术、淘汰落后设备等途径，引导企业加大安全和环保投入，其中部分企业转产、停产或搬迁。2010年，围绕上海世界博览会“环沪护城河”安保任务，开展多次安全专项整治活动，排查处理各类涉危涉爆生产、经营、销售企业、单位565个；检查各类企事业单位4800余个(次)；排查整改各类安全隐患1.1万处，发放各类整改通知书688份，限期整改186个，被处罚单位47个。

第四节　安全生产综合协调

安全生产委员会

1990年1月成立区安全生产委员会，成员单位由成立之初的9家增加至2010年的22家。区安全生产委员会办公室协调和指导全区安全生产工作，对区级有关部门及镇(街道)安全生产目标管理责任制考核；分析和预测全区安全生产形势，组织协调全区性安全生产大检查、专项检查和安全生产专项整治工作，综合管理全区伤亡事故统计工作，发布安全生产信息，指导、协调和监督公路、水运等行业的安全生产工作。区安全生产委员会每季度召开一次会议，通报工作和安全生产形势分析。组织公安、消防、交通、建设、劳动、工商等部门联合开展安全生产执法检查。

事故调查组织及事故处理

事故调查组织　安全生产事故调查原由区劳动人事部门负责进行，2000年由区经贸、公安、劳动人事、工会、监察等部门联合组成事故调查组进行事故调查。2007年6月，国务院规定生产经营活动中发生的造成人身伤亡或者直接经济损失的生产安全事故报告和调查处理适用《生产安全事故报告和调查处理条例》。同年11月，区政府出台《关于实施〈生产安全事故报告和调查处理条例〉有关事项的批复》，区生产安全事故调查组成员由区安监局、区监察局、区公安分局、区人事劳动社会保障局、区总工会、区检察院等部门分管领导组成，由区安监局牵头负责对事故经过、原因、性质和责任进行调查分析，最后形成事故调查报告报区政府审批，事故联合调查组根据事故调查结果和责任认定，对事故相关责任单位和责任人进行行政处罚和追究法律责任。

事故处理及典型案例　1985年，对东阳建筑队在嘉兴冷冻厂拆除工地，无视安全生产，造成3死1伤的重大事故进行严肃处理，法院依法追究承包人的刑事责任。

2006年，浙江广汇建设有限公司在对嘉兴市峰恒电器有限公司进行新建厂房施工时，由于安全工作管理不到位，在同一施工项目中连续2次发生伤亡事故，区事故联合调查组根据《中华人民共和国安全生产法》有关条款的规定对其进行从严处罚。5月3日8时50分许，汽吊在装卸钢梁转动时，由于指挥和卸货人员未看清现场情况，将站立在汽吊后面的1名员工撞伤，经医院抢救无效死亡；8月26日15时许，该施工工地上一台塔机的维修吊篮从约30米高的吊臂上坠落，砸中了正在一楼楼面的1名木工，经抢救无效死亡。

2009年7月26日8时许，嘉兴市新丰建筑安装有限公司员工在市区南溪路和纺工路路口(原好雀毛衫厂辅助厂房)拆房时，因房屋坍塌，造成2名员工被压，其中1人经抢救无效死亡，1人受伤住院。经调查，该公司是无资质的经营单位，非法从事经营活动，施工人员没有按照建筑拆除工程安全技术规范要求进行房屋拆除，其行为违反相关法律规定，案件移交司法机关处理。

2009年10月19日10时57分许，浙江卫星丙烯酸制造有限公司储罐区发生爆炸火灾事故，事故没有造成人员伤亡。事故发生后，嘉兴市政府、南湖区委、区政府主要领导立即赶赴现场组织指挥灭火救灾工作。经过反复取证、排查，最后认定"10·19"事故属静电引起储罐起火，导致爆炸，直接经济损失400余万元。储罐安装施工单位——江苏华东工业设备安装股份有限公司南京分公司及其嘉兴项目部负责人，浙江卫星丙烯酸制造有限公司及其法定代表人分别受到经济处罚。

2004—2010年全区发生安全生产事故情况表

表27-22

年份	发生数(件)	事故单位	死亡(人)
2004	1	嘉兴市保安服务公司"7·22"触电死亡事故	1
2005	4	嘉兴市芽芽混凝土制品有限公司"1·3"窒息死亡事故	1
		嘉兴市富达化学纤维厂"3·13"窒息死亡事故	1
		嘉兴市联泰纺织整理有限公司"4·14"机械伤害事故	1
		嘉兴市步云纸业有限公司"6·17"机械伤害事故	1
2006	4	嘉兴市东方静电喷塑厂"4·30"坠落事故	1
		杭州五丰嘉兴冷食有限公司"4·16"职工坠落事故	1
		嘉兴市峰恒电器厂房建设工地"5·3"死亡事故	1
		嘉兴市峰恒电器新厂房建设工地"8·26"坠落死亡事故	1
2007	4	嘉兴恒通木业有限公司"3·12"坠落事故	1
		宁波经济技术开发区晨枫保洁服务有限公司"7·12"坠落死亡事故	1
		嘉兴市星诺管桩构件有限公司"8·18"坠落死亡事故	1
		嘉兴三狮水泥有限公司"10·9"物体打击事故	1
2008	5	嘉兴市中环电气照明有限公司"4·20"物体打击事故	1
		中国二十冶建设有限公司"5·3"物体打击事故	1
		嘉兴市高吕陶瓷有限公司"7·10"触电事故	1
		嘉兴市中意电器有限公司"7·27"坠落事故	1
		浙江嘉兴福达建设股份有限公司"11·04"坍塌事故	1
2009	5	浙江嘉旺建设集团有限公司"6·26"坠落事故	1
		嘉兴市新丰建筑安装有限公司"7·26"坍塌事故	1
		嘉兴市大飞车业有限公司"8·17"触电事故	1
		浙江卫星丙烯酸制造有限公司"10·19"爆炸火灾事故	0
		嘉兴市百华特种纸业有限公司"10·21"机械伤害事故	1
2010	4	嘉兴市大桥印染有限公司"3·19"机械伤害事故	1
		嘉兴市万丰金属构件有限公司"3·22"坠落事故	1
		嘉兴市欣晟电机有限公司"7·2"触电事故	1
		嘉兴市小佼五金制品有限公司"9·19"触电事故	1

应急预案与演练

2005年，根据国务院关于实施突发公共事件总体预案的决定，组织制订全区31个专项预案和应急处理中心建设规划与分步实施方案。2005年起，每年组织举办应急救援演练，当年11月9日，在中华化工集团举行区危险化学品事故应急救援演练。2006年9月11日，在嘉兴商城举办大型商场消防应急救援演练。2007年12月7日，在嘉兴市精化化工有限公司举办危险化学品事故应急救援演练。2008年11月19日，在浙江卫星控股集团举办危险化学品事故应急救援演练。2009年7月9日，与市安监局联办，在嘉兴市精化化工有限公司举行氯气泄漏应急救援演练。2010年5月28日，嘉兴市安监局、南湖区环保局、南湖区消防大队等单位联合在嘉兴市中华化工有限责任公司举办危险化学品事故应急救援演练。

20世纪80年代，新马路、南湖饭店鸟瞰图

嘉興市南湖區志

JIA XING SHI NAN HU QU ZHI

第二十八篇　财税　金融

目 录

唐代中期，境内田赋岁征分夏、秋两季两次，赋税收入均居江南各地前列。直到民国之前，境内财政收入都以田赋为主。民国前期，嘉兴县未建立县级财政，地方税收入和县政务经费支出，由省统收统支。境内银行、钱庄、典当、信用合作、保险等金融业门类齐全，对社会经济和民众生活起到了促进和调剂作用。民国中后期，逐步建立县级财政。1946年7月，嘉兴县地方财政体系开始确立。

解放后，建立新税制，减轻负担，促进生产，发展城乡经济。对农业税实行增产不增税，农业税的实际负担率和占政府财政收入的比重逐年下降。至1990年，农业税占财政收入的比重从1950年的78%下降为3.9%。1953年建立中央、省、县三级财政后，财政收入体系不断改进，地方财政收入逐年增长。"大跃进"和"文化大革命"期间，嘉兴县财政一度陷入困境。1978年后，大力推进财政、税收体制改革，扩大地方和企业的自主权，发挥地方财政税收工作在促进经济社会健康发展中的重要作用。1979—1983年，嘉兴县财政总收入的年增长率均达10%以上。

建区后，设立区财政科，1990年为区财政局。区行政事业经费暂按"行政经费切块，事业经费按条（系统），人员经费按实，收支挂钩，增长分成"的办法试行，并以此核定预算支出控制指标。1994年11月，市、区合署办公后，财政体制合并。2000年后，设立区财政局和国税、地税机构，改革完善财政、税收管理体制，进一步强化、规范财政管理和税收征管工作，落实税收减免优惠政策，助推区域经济的持续、健康发展。2010年，区级财政总收入为341983万元，比2000年的28197万元增长11倍，年均增长128%。

解放后境内的金融业不断发展壮大，在支持工农业生产和城乡建设，调节市场、抑制通货膨胀、保障国民经济健康发展等方面发挥了重大作用。改革开放后，境内特别是各街道区域内的银行、保险、证券等金融业的发展伴随着经济社会的持续快速发展同步提速。至2010年末，境内有各类金融机构54家，其中银行13家，保险机构33家，证券8家，形成以中国人民银行嘉兴市中心支行为核心，国有商业银行为主体，多种金融机构、多种融资渠道并存的新金融体系，其实力、服务空间和效率、效益得到迅速拓展和提高。

第一章　财政体制

第一节　建区前财政体制

民国时期财政体制

1912—1938年，实行国家、地方（省）两级财政体制，未建立县一级财政。县经征的田赋及省税全部上交，县的政务经费由省核拨，其他自治经费，以地丁县附加和抵补金县附加及公产等为固定收入来源。支出不敷或新需，征收自治附捐或杂捐解决。1942年1月起，实行国家、自治单位两级财政。国家财政包括省级以上一切收支；自治财政以市、县为单位，包括市、县、乡（镇）的一切收支。县级财政始建立。但此时抗日战争时期，未能正常实行，按省规定列为"游击区"，编制收支预算。1946年7月，嘉兴县始按《收支系统法》规定施行，划归县收入的税收有：土地改良物税（即房捐）、屠宰税、营业牌照税、使用牌照税、筵席及娱乐税5项，以及公产、规费等收入。其他参与分成收入的有遗产税20%，营业税、土地税（田赋）各50%。支出由省核定。

解放后财政体制

统收统支体制（1949.10—1952）　1949年10月，嘉兴市、县财政收支，统归省第一区专员公署财政处管理，凭证核销支出，汇总向省结报。属于市、县地方款收入的有营业税、营业牌照税、房捐3项分成及屠宰税、契税收入。货物税、直接税、农业税全部上缴。

1950年国家实行财经统一，各县（市）财政收入，除地方附加外，其他一切收入全部上交中央，支出由中央核拨。

划税分成　分级管理体制（1953—1957）　1953年建立中央、省、县三级财政。嘉兴县开始建立总预算,实行“划税分成,分级管理”的管理体制。当年,省划给县预算收入的有印花税、房地产税、屠宰税、利息所得税、车船使用牌照税、文化娱乐税、牲畜交易税、契税8种地方税收(以下简称“地方税收入”)及公产、规费、罚没等其他零星收入(以下简称“其他收入”)。农业税、工商业税、货物税收入全部上交。支出由省按行政事业单位的隶属关系分别核定指标下达。收不抵支的差额,由省拨补。1954年,归县固定收入项目不变,增加商品流通税、货物税、工商营业税、工商所得税等项的固定比例分成收入,纳入县预算。不足部分由省核定补助。1955年,将农业税收入、1956年将公债收入列入县(市)固定比例分成收入,分成比例和差额补助一年一变。

分类分成　以收定支体制(1958)　1958年,实行“分类分成,以收定支,五年不变”的体制。将财政总收入划分为:县级固定收入,包括地方税收入、县属国营企业收入、其他收入。县参与中央、省级企业分成收入。调剂分成收入。支出方面划分为:基本建设投资及救灾等款列为专项拨款,由省控制,拨交县专款专用。预算正常支出。由县以收定支,自行安排。以上体制只实行了1年。同年预算外资金并入预算内管理。

总额分成　比例包干体制(1959—1979)　1959年,省实行“收支下放、计划包干、地区调剂、总额分成、一年一定”的体制。建立专署一级财政(至1962年),由专署对所属县一级财政预算的收支负平衡之责。省与专区、县间的财力分配是:划归专区、县的为区专县级企业收入和各项税收及其他收入的总额,为专区、县预算总收入,省核定一个总的分成比例,实行总额分成,计算留、解。在此基础上实行分级包干,结余留用。超计划收入实行省、县分成,一年一定。1962年起,将预算外资金划出,单独管理。将房地产税从总额分成中划出,不参与分成计算,但仍列入预算。1968年,财政收入大幅度下降,为保证地方正常支出,暂实行“收归收,支归支”的体制。即预算收入全额上交,支出由省核定指标拨款。1969—1973年,实行“定收定支,收支包干,超收分成”的体制。即按省核定的专、县总支出占总收入的比例为留、解比例,包干使用,超收分成。1971年建立地区一级财政,负责全区财政预算的综合编制、平衡、组织执行和决算的编审。1974年,实行“核定收入加固定比例留成,超收适当分成,支出按指标包干,结余留用”的体制。1976年,将固定比例留成改为固定数额留成。1978年,实行“定收定支,收支挂钩,增收分成,下年使用”的体制。地区根据省核定收支挂钩的指标,分别确定各县收支留成比例。凡完成收入任务的,可按支出指标开支;完不成任务的,要紧缩开支,自求平衡。超收分成以上年实绩为基数,年终超收按比例分成留、解。支出结余留用。

划分收支　分级包干体制(1980—1983)　1980年,实行“划分收支,分级包干”的体制,通称“分灶吃饭”。划给地区、县固定收入的有:地区、县级企业和事业收入,盐税,农业税,工商所得税,城市房地产税,车船使用牌照税,其他财政收入。各县如固定收入超过支出,作为调剂收入的工商税收入全额上交。预算收支总额以1979年收支决算为基数,按改制后的增减因素调整,经省核定地、县留解基数,实行包干,超收节支留用,超支短收不补。在支出方面,省主管部门不再分条下达指标,改由地区、县自行安排。

第二节　建区后财政体制

1983—2000年财政体制

建区后为市级财政的预算单位。1984年1月起,区的行政事业经费暂按“行政经费切块,事业经费按条(系统),人员经费按实,收支挂钩,增长分成”的办法试行,以此核定预算支出控制指标。1985年1月,市对区实行“核定收入基数,收支挂钩,超收按比例分成,支出按核定预算包干”体制,一定三年。1988年,实行“确定收入基数,实行递增上交,超收分成,三年不变”的财政体制。1994年11月,嘉兴市和秀城区合署办公,财政体制合并处理。

2000年后财政体制

2000年5月区按实运作,确定“核定基数,增收分成,税收返回,超支不补”的市对区分税制财政体制。区级收入以1999年为基数，从2000年起超收入基数部分10%上缴市、20%上缴省，70%留区。市对区核定的收入基数为11840万元。税收返回以1999年为基数，按调整后的实际上划中央的"两税"10385万元为税收返回基数。2000年起，按1∶0.3递增确定税收返回额，对超基数增加的税收返回额按20%上缴省。支出基数以秀洲区、市级成建制划转的单位和按当年部门预算人均3.5万元划转各部门转入人员确定支出基数7392万元。该体制到2001年结束。

2002年1月，城南街道委托嘉兴经济开发区管理以及市级企业下划，市对区财政体制作相应调整。将财政收入按税种划分为市级固定收入、市与区共享收入、区级固定收入、转移支付收入和专项分配收入。区级收入以2001年为基数，包括从原市级收入范围内下划的企业以及从区级上划的特定企业的调整换算区级收入基数。调整后的市对区核定收入基数为13572.4万元。从2002年起，超收入基数部分10%上缴市、20%上缴省，70%留区。税收返回以2001年为基数，以调整后的实际上划中央的两税18147.7万元为税收返回基数，2002年起按1∶0.3递增确定税收返回额，对超基数增加的税收返回额按20%上缴省。支出基数以2001年区财政既得利益为基础确定。

乡镇财政管理体制

1957年下半年嘉兴县试点建立乡财政，人民公社化后消失。1985年8月，嘉兴市本级试点乡镇财政，1986年全面建立，实行"划分范围，核定收支，收支挂钩，超收分成，超支不补"的体制。1988年起，乡(镇)财政实行"核定收支，递增上交，超收分成，兼收自补"的体制。1998年7月起，市本级乡镇财政体制实行分类管理，余新、新丰、新塍、王店、洪合、王江泾6个综改试点镇实行"划分税种、核定基数、超收分成、自求平衡"的分税制财政管理体制；其他12个乡镇实行"划分税种、核定基数、综合分成、自求平衡"的综合分成财政管理体制。

2000—2001年，区对乡镇的财政管理体制延用秀洲区、南湖综合开发区对原属乡镇的体制。2002年，对镇全部实行"划分收支、核定基数、增收分成"的分税制财政管理体制。镇级收入以2001年决算和调整后的收入范围换算确定基数，从2002年起超收入基数部分实行增收分成，其中新丰、余新镇分成55%，其他镇分成45%；税收返回以2001年为基数，以调整后的实际上划中央的两税为税收返回基数，新丰、余新镇按1∶0.2，其他镇按1∶0.15递增返回。上述两项收入达不到基数的，则相应同比例扣减。支出基数以2001年原财政体制结算留用数，再加区对镇年终财政困难补助数(以决算数为准)确定。

2007年区财政体制作相应调整，实行"划分收支，核定基数，超收分成，自求平衡"的分税制管理模式。镇级收入基数按2006年决算数和调整后的收入范围换算确定；税收返回由于支出基数和返回比例调整已经考虑了两税返回因素，2007年起两税返回不再返回乡镇；为兼顾公平，对镇既得利益作适当调整：按2006年各镇经区核定的行政事业编制数、总人口、地域面积、承担的不同社会事务等因素，测算该镇财政的基本支出数额，再分两种类型确定。一是镇既得利益超过基本保障的，按实际留用数确定支出基数；二是镇既得利益达不到基本保障的，由区财政补足后确定。增收分成比例以2006年为基数，从2007年起，镇级财政收入超基数增长部分，其区财政所得部分，统一按区镇2:8比例分成。上缴基数以收入基数减去支出基数确定，对原所得税专项上解数额换算后一并纳入上缴基数。

镇(园区)财政总收入从2005年的52418万元增长到2010年的228414万元，年均增长34.2%；地方级收入从2005年的14020万元增长到2010年末的67350万元，年均增长36.9%。

2005年各镇(园区)收支执行情况表

表28-1　　单位:万元

项　　目	合计	东栅	新丰	大桥	凤桥	余新	七星	新区	秀城	亚太
财政总收入	52418	4704	7183	9576	5801	10397	3782	5936	3558	1481
地方级收入	14020	1180	1747	2508	999	2095	1047	3427	617	400
一般预算可用资金	9079	989	1408	1376	807	1690	518	1176	650	465
一般预算总支出(含补助、结转)	11889	1295	2325	1670	1196	2833	782	1200	588	—
农村教育费附加收入	3341	55	767	907	529	812	271	—	—	—
农村教育费附加支出	2942	126	387	1055	542	560	272	—	—	—

2005年和2010年各镇(园区)财政收支情况表

表28-2　　单位:万元

项目	年份	合计	东栅	新丰	大桥	凤桥	余新	七星	新区	科技城	工业区
财政总收入	2005	52418	4704	7183	9576	5801	10397	3782	5936	—	5039
	2010	228414	23005	18565	30438	18005	38402	18600	42255	5217	33927
年均增长%		34.2	37.4	20.9	26.0	25.4	29.9	37.5	48.1	—	46.4
地方级收入	2005	14020	1523	1747	2508	999	2095	1047	3084	—	1017
	2010	67350	6459	3152	5140	3915	8538	2760	26610	2238	8538
年均增长%		36.9	33.5	12.5	15.4	31.4	32.4	21.4	53.9	—	53.0
一般预算支出	2005	11889	1295	2325	1670	1196	2833	782	1200	—	588
	2010	38125	4329	5422	5262	6219	7077	3303	2473	—	4040
年均增长%		26.2	27.3	18.5	25.8	39.1	20.1	33.4	15.6	—	47.0

秀城(南湖)新区财政管理体制

2003年7月,建秀城新区财政管理体制。固定收入基数按2002年新区范围内收入实绩计算确定,从2003年起固定收入超基数部分实行比例分成,上缴省、市30%,新区留70%;税收返还基数按2002年新区范围内实际上划数确定,并逐年按市对区确定的1:0.24比例递增;支出基数按2002年管委会人员的经常性支出定额确定;上缴基数按固定收入基数加税收返还基数减去支出基数后确定。

嘉兴工业园区财政管理体制

2007年,调整嘉兴工业园区财政管理体制。合并原嘉兴工业区、南湖工业区、亚太工业园区财政体制,实行“核定(收入)基数、超收分成、适度负担(法定支出)、自主平衡”的财政封闭运行政策,一定3年不变。固定收入基数按2006年嘉兴工业园区范围内(包括南湖工业区、亚太园区)收入实绩,加上免抵调库收入实绩计算确定,从2007年起固定收入超基数部分,实行比例分成,上缴省、市30%,工业园区留70%;支出基数按2006年体制分成收入(扣除专项收入)确定;转移收入基数按《南湖区农村综合改革实施方案》规定,计算确定对大桥镇的转移支付收入,从2007年起,每年递增10%,由区财政在年终结算时给予调账处理;上缴基数按固定收入基数减去支出基数后确定。

嘉兴科技城财政管理体制

嘉兴科技城实行“财政封闭运行、自求平衡”的管理办法,时间自2004—2013年。固定收入基数按2003年科技城范围内收入实绩计算确定,对超基数部分,实行比例分成,上缴省20%,科技城80%;税收返还基数按2003年科技城范围内实际上划的“增值税和消费税”确定，上划中央的税收返还收入在2003年基础上按市对区确定的1:0.24逐年递增；支出基数按2004年管委会人员的经常性支出定额确定；上缴基数按固定收入基数加税收返还基数减去支出基数后确定。

湘家荡联合开发区财政专项结算办法

2008年，嘉兴市委、市政府决定加快湘家荡区域联合开发建设，明确市、区与湘家荡联合开发区的财政分配关系，对湘家荡联合开发区实行“分级结算，集中返还”财政专项结算办法。以2007年决算数作为上划市、区级收入基数和镇(村)收入基数，由市财政和南湖区财政分级结算后，对扣除强镇扩权财力返还资金后一般预算收入超基数部分地方留用数和增收上缴市、区财政部分，由市财政一并全额返还湘家荡联合开发区。

各街道收支挂钩激励机制

2002年前，5个街道作为区政府派出机构，每年财政安排420.2万元用于定额补助，其余经费由街道自筹解决。为提高街道对招商引资和培育税源的积极性，促进街道经济发展，2002年出台街道财政收支挂钩激励办法，经2002年和2003年逐步完善，于2004年初确定下来。激励办法内容：1.明确收入范围：凡注册、经营在街道区域内的除中央、省属企业、市特定企业之外的各类企业、事业单位和个体工商业户缴纳的税收收入为街道的收入范围。2.街道级收入：增值税15%、营业税60%、企业所得税28%、个人所得税(个体工商业户)40%、房产税60%、资源税、印花税、土地增值税、城镇土地使用税、车船使用和拍照税、遗产和赠与税、其他收入。3.街道支出范围：行政管理费、离退休人员经费、文化、计划生育等事业经费、社区经费、其他支出。4.核定收支基数和递增比例：按2003年区下达街道级收入基数和支出基数确定，同时核定各街道的收入基数环比年递增率为18%，一定3年不变。2003年下达的街道级收入基数5街道共5091.94万元，支出基数共458.01万元，另社区居委会经费定额补助共256.76万元。5.分成比例的确定：总额分成：完成当年收入任务，且增长率在18%以内的按支出基数同步增长分成；超收分成：超过收入基数18%以上部分，按区得部分的70%即49%分成；个体工商户缴纳的营业税、个人所得税，根据市财政局、市地税局制定的协税护税考核办法，按市核定的递增比例，超收部分将市、区所得全额分成给街道(不重复计算)；市地税局委托街道社区综合服务社征收的个人私房出租缴纳的营业税、个人所得税、房产税，也按市财政局、市地税局制定分成办法执行，市、区所得全额分成给街道(不重复计算)；对街道当年新引进企业在2年内每年纳税超过50万元以上的，且街道实现区核定收入任务递增比例的，由区财政按区得部分的80%单独给予分成(不重复计算)，第3年起并入街道总收入。

实行新的激励办法后，街道财政总收入从2001年的7388万元猛增到2005年的41823万元，年均增长54.2%；分成财力从2001年的420.2万元支出基数猛增到2005年末的2861万元，年均增长61.5%。

2003—2005年全区各街道财政收支情况表

表28-3　　单位:万元

项　目	年份	合计	建设街道	解放街道	南湖街道	新嘉街道	新兴街道
财政总收入	2003	23448	7994	2651	1400	5876	5527
	2004	33309	11438	3246	2409	7435	8781
	2005	41823	14203	3853	4236	10125	9406
比上年增长%	2003	122	138	115	119	83.9	161
	2004	42.1	43.1	22.4	72.1	26.5	58.9
	2005	25.6	24.2	18.7	75.8	36.2	7.1

续表28-3

项 目	年份	合计	建设街道	解放街道	南湖街道	新嘉街道	新兴街道
地方级收入	2003	6142	2141	684	302	1454	1561
	2004	9672	3334	889	598	1950	2901
	2005	11868	4114	949	1183	2609	3013
比上年增长%	2003	118	135	137	94.8	74.1	145
	2004	57.5	55.7	30	98	34.1	85.8
	2005	22.7	23.4	6.7	97.8	33.8	3.9
财政可用资金	2003	1015	276	164	156	222	197
	2004	2894	822	217	419	570	866
	2005	4696	1199	380	892	970	1255
比上年增长%	2003	59.3	114	16.3	41.8	57.4	69.8
	2004	185	199	32.3	169	157	339
	2005	62.3	45.9	75.1	113	70.2	44.9
财政总支出（含补助、结转）	2003	713	108	163	116	145	181
	2004	1932	635	172	277	415	433
	2005	2846	527	325	586	620	788
比上年增长%	2003	11.9	1.9	1.33	22.1	34.3	56
	2004	171	488	5.5	139	186	139
	2005	47.3	—17	88.9	112	49.4	81.9

2005年后，街道财政总收入继续保持快速增长的态势。至2010年末，街道财政年总收入为93549万元，年均增长17.5%；地方级收入从2005年的11868万元增长到2010年末的34728万元，年均增长24.0%。

2005年和2010年各街道财政收支情况表

表28-4　　单位:万元

项目	年份	合计	建设街道	解放街道	南湖街道	新嘉街道	新兴街道
财政总收入	2005	41823	14203	3853	4236	10125	9406
	2010	93549	25655	12079	17472	18152	20191
年均增长%		17.5	12.6	25.7	32.8	12.4	16.5
地方级收入	2005	11868	4114	949	1183	2609	3013
	2010	34728	8773	5620	6851	5943	7541
年均增长%		24.0	16.4	42.7	42.1	17.9	20.1
一般预算支出	2005	2557	493	308	578	516	662
	2010	11270	2007	1418	3531	1859	2455
年均增长%		34.5	32.4	35.7	43.6	29.2	30.0

第二章　财政收支

第一节　民国时期财政收支

1912—1938年，嘉兴县财政附庸于省。一切地方税收入和县政务费支出，均由省统收统支。县自治经费收支，1929年试办预算，1934年实行。

1937年5月县政府以省补助为主，自筹经费为辅维持。1942年实行省、县二级财政，按游击区编制岁入岁出预算过渡。

1946年，县财政纳入国家、省、县三级管理体制，成为完整的一级财政。当年，嘉兴县地方财政岁入预决算总额为105311万元（法币，下同），其中岁入经常门合计101986万元，岁入临时门合计3325万元；岁出预决算总额为119025万元，其中岁出经常门合计108397万元，岁出临时门合计10628万元。1947—1949年，由于物价飞涨，恶性通货膨胀，县地方财政岁入岁出预算年年高达数倍增长。其中1947年嘉兴县政府呈报省政府核准追加预算9次，比年初核定数增加1.4倍，当年仍发生赤字180885万元，相当预算数的10%。

1929年嘉兴县地方岁入岁出预算情况表

表28-5　　单位：元

岁入经常门		岁出经常门	
合　计	139137	合　计	138282
地丁二成公益费	12981	党部经费	10270
地丁三成警费	19472	公产管理所经费	1550
地丁一成准备金	6491	保管会经费	945
治虫经费	14460	救济院经费	1667
店屋捐	39383	育婴所经费	8162
住屋捐	9618	孤儿所经费	2324
茶酒捐	5112	养老所经费	2432
旅店捐	2400	残废所经费	1540
小车捐	2400	其他慈善经费	1365
菜馆捐	720	基金会	1186
绍酒捐	480	贫民习艺所经费	2976
戏馆捐	360	警察经费	86665
丐捐	2460	治虫经费	14460
商捐	3000	准备金	2740
特捐	1887	—	—
戏馆演剧捐	2400	—	—
警察补助费	6720	—	—
公款公产租金	6764	—	—
公款公产息金	2029	—	—

说明：缺临时门收支

资料来源：1996年版《嘉兴市财税志》

1934—1937年嘉兴县地方财政岁入岁出预算表

表28-6　　单位:元

年份	岁入	岁出
1934	366255	378442
1935	358317	357415
1936	571885	571885
1937	798579	798579

1946年嘉兴县岁入岁出预决算情况表

表28-7　　单位:法币万元

岁入		岁出	
(一)岁入经常门合计	101986	(一)岁出经常门合计	108397
税课收入	86316	政权行使支出	—
分配县市国税收入	7372	行政支出	5556
国税附加收入	319	教育及文化支出	41013
惩罚及赔偿收入	300	经济及建设支出	483
规费收入	4890	卫生支出	84
信托管理收入	—	社会及救济支出	238
财产及权利孳息收入	1816	保安及警察支出	952
营业盈利事业收入	—	财务支出	302
补助收入	43	公务员退休及抚恤支出	17
其他收入	930	信托及管理支出	220
优待征属收入	—	补助及协助支出	59020
乡镇保事业收入	—	其他支出	—
(二)岁入临时门收入	3325	公粮支出	—
赊借收入	3200	第二预备金	512
其他收入	125	生活补助费	—
—	—	优待征属支出	—
—	—	乡镇事业费	—
—	—	(二)岁出临时门合计	10628
—	—	行政支出	554
—	—	教育及文化支出	5091
—	—	经济及建设支出	1336
—	—	卫生支出	250
—	—	社会及救济支出	10
—	—	保安及警察支出	2697
—	—	财务支出	262
—	—	其他支出	428
—	—	信托及管理支出	—
—	—	事业支出	—
岁入经常、临时门总计	105311	岁出经常、临时门总计	119025

资料来源:1996年版《嘉兴市财税志》

第二节　解放后至建区前财政收支

嘉兴县(市)财政收入

1950—1957年,原嘉兴市(地辖),财政总收入累计为6514.6万元。其中工商税收入6032.7万元,占总收入的92.6%;农业税收入126.7万元,占总收入的1.94%;企业收入193万元,占总收入的2.96%;契税收入2.9万元,其他财政收入159.3万元。

1950—1983年,嘉兴县(1981年改嘉兴市,县级)财政总收入累计为173035.7万元。其中工商税收入98130.9万元,占总收入的56.7%;农业税收入20980万元,占总收入的12.1%;企业收入52051.6万元,占总收入的30.1%;盐税50.2万元,契税5.4万元,其他财政收入1817.6万元。

工商税收入　以流转税类收入为主,收益税类收入为辅,财产、行为、特别目的税类为补充。在"大跃进"和"文化大革命"两个时期税收波动较大。嘉兴县1959年工商税收入比1958年下降35.5%,1968年比1965年减少6.7%,1976年后逐步上升。中共十一届三中全会后,大幅度增长,1983年比1976年增长4107%。1978年后,乡镇企业异军突起,农村工商税收入逐年上升,改变了工商税以城市为主的状况。

农业税收入　解放初期,财政收入以农业税收入为主体,并征收实物稻谷,以保障供给,稳定物价,安定人民生活。由于贯彻稳定负担,增产不增税的政策,自1950年以来,农业总产值迅速增长,但农业税收入仍保持在1961年较大幅度调减税负的基础上不变。农业税收入在财政总收入中的比重逐年缩小,从1950年的92.7%下降到1983年的3.7%。

企业收入　解放初期,工业基础还很薄弱,较大工业及商业单位均由省或中央垂直管理。1953年至1957年,原嘉兴市(县级)企业收入累计193万元,占财政总收入的2.96%;1953—1957年,嘉兴县累计企业收入28.7万元,占财政总收入的0.46%。1958年管理体制下放,增加县级国营企业及地方新建企业的利润上交,嘉兴县企业收入达到3711.2万元,占财政总收入的44.6%。1961年,企业收入为1467.1万元,比1960年下降57.1%。1962年开始贯彻"调整"方针,企业户数大为减少,供销社又改征所得税,1963年,粮食企业收入上划,1966年,商业企业收入上划,企业收入下降明显。"文化大革命"开始后,企业收入大幅度下降,1968年,收入最低,为1966年收入的33.75%。1970年,商业及部分工业企业下放县管理,1971年,粮食、交通、邮电企业再次下放,供销社改为上缴利润,企业收入又大幅度上升。1974年开始,企业收入连续3年下降,1976年,仅为1973年的4.3%。1977年,企业收入迅速上升至1709.7万元,比1976年增长14倍。

1950—1983年嘉兴县(市)财政总收入情况表

表28-8　　单位:万元

地区	年份	总收入	工商税	农业税	企业收入	盐税	契税	其他财政收入
嘉兴市(地辖)	1950	393.2	274.7	118.5	—	—	—	—
	1951	445.0	445.0	—	—	—	—	—
	1952	559.2	559.2	—	—	—	—	—
	1953	726.7	710.3	—	11.0	—	1.6	3.8
	1954	887.9	848.9	2.3	18.4	—	0.6	17.7
	1955	886.2	847.9	2.3	16.9	—	0.4	18.7
	1956	1135.2	1037.4	1.6	32.9	—	0.3	63.0
	1957	1481.2	1309.3	2.0	113.8	—	—	56.1
	累计	6514.6	6032.7	126.7	193.0	—	2.9	159.3

续表28-8

地区	年份	总收入	工商税	农业税	企业收入	盐税	契税	其他财政收入
嘉兴县	1950	844.1	61.4	782.7	—	—	—	—
	1951	981.9	126.4	855.5	—	—	—	—
	1952	1133.3	187.2	946.1	—	—	—	—
	1953	1118.0	233.7	878.8	1.0	—	1.2	3.3
	1954	1297.8	258.8	1021.5	0.3	—	1.6	15.6
	1955	1219.8	225.2	968.5	1.1	—	0.1	24.9
嘉兴县	1956	1200.6	251.6	904.9	6.7	—	0.9	36.5
	1957	1381.2	268.0	1051.3	19.6	—	—	42.3
	1958	8315.0	2742.6	1353.8	3711.2	—	0.3	507.1
	1959	6019.1	1768.3	1369.5	2456.1	19.8	—	405.4
	1960	7237.5	2588.7	806.3	3419.7	2.4	0.1	420.3
	1961	3791.9	1762.2	420.3	1467.1	0.9	0.1	141.3
	1962	3821.8	2114.7	382.6	1333.0	5.2	0.1	—13.8
	1963	2979.9	2140.1	406.1	413.7	5.9	0.2	13.8
	1964	3440.3	2222.0	398.0	812.5	1.2	0.1	6.5
	1965	3990.7	2439.3	377.7	1157.5	5.3	0.2	10.7
	1966	4988.7	2602.3	427.7	1952.4	2.4	0.2	3.7
	1967	3707.4	2285.0	432.0	979.3	7.1	0.1	3.9
	1968	3373.4	2276.6	428.2	659.0	—7.1	—	16.7
	1969	4666.0	2821.5	431.0	1398.8	—	—	14.7
	1970	6086.1	2921.3	424.2	2744.7	—	—	—4.1
	1971	6490.0	3307.3	426.8	2747.7	—	—	8.2
	1972	6343.3	3446.1	428.1	2461.8	—	—	7.3
	1973	6830.1	3778.3	427.6	2620.9	—	—	3.3
	1974	3332.4	2298.5	421.1	609.7	1.3	—	1.8
	1975	3031.5	2297.8	423.6	305.6	—0.2	—	4.7
	1976	3003.4	2453.4	428.2	112.2	5.1	—	4.5
	1977	6175.2	4033.2	425.8	1709.7	—	—	6.5
	1978	8859.1	5294.1	429.9	3122.8	0.1	—	12.2
	1979	9016.8	5696.0	502.8	2827.3	—	—	—9.3
	1980	10593.7	6883.2	488.4	3216.7	0.8	—	4.6
嘉兴市	1981	11293.5	7453.0	501.3	3332.2	—	—	7.0
	1982	12656.6	8829.1	501.3	3303.6	—	0.1	22.5
	1983	13815.6	10064.0	508.4	3147.7	—	0.1	95.4
	累计	173035.7	98130.9	20980.0	52051.6	50.2	5.4	1817.6

资料来源：1996年版《嘉兴市财税志》

县(市)分成收入　自1953年及1959年先后建立县(市)、专署(地区)一级财政后,嘉兴市(县级)1953—1957年累计预算分成收入781.3万元,占同期财政总收入的15.3%;嘉兴县(市)1953—1983年累计预算分成收入34413.2万元,占同期财政总收入的20.1%。其中,分成收入22336.0万元,省补助收入8118.6万元,地市补助收入3649.9万元,预算收入科目外的调入资金及其他收入308.7万元。

1953—1957年嘉兴市(县级)财政体制分配留解情况表

表28-9　　单位:万元

年度	财政总收入	预算收入			净上解	上解占总收入(%)	合计收入
		合计	分成收入	省补助收入			
1953	726.7	108.5	65.5	43	618.2	85.1	108.5
1954	887.9	135.1	124.2	10.9	752.8	84.8	135.1
1955	886.2	128.7	123.8	4.9	757.5	85.5	128.7
1956	1135.2	162.9	131.7	31.2	972.3	85.7	162.9
1957	1481.2	246.1	246.1	—	1235.1	83.4	246.1
累计	5117.2	781.3	691.3	90	4335.9	424.5	781.3

资料来源:1996年版《嘉兴市财税志》

1953—1983年嘉兴县(市)财政体制分配留解情况表

表28-10　　单位:万元

年度	财政总收入	预算收入				净上解	上解占总收入(%)	调入资金及其他收入	合计收入
		合计	分成收入	省补助收入	地市补助收入				
1953	1118.0	112.0	37.2	74.8	—	1006.0	90.0	—	112.0
1954	1297.8	88.1	67.9	20.2	—	1209.7	93.2	—	88.1
1955	1219.8	138.9	110.5	28.4	—	1080.9	88.6	—	138.9
1956	1200.6	179.4	155.0	24.4	—	1021.2	85.1	—	179.4
1957	1381.2	201.5	201.5	—	—	1179.7	85.4	—	201.5
1958	8315.0	2150.5	1192.5	958.0	—	6164.5	74.1	—	2150.5
1959	6019.1	1138.2	1097.8	39.2	1.2	4880.9	81.1	—	1138.2
1960	7237.5	1847.5	853.7	993.7	0.1	5390.0	74.5	—	1847.5
1961	3791.9	1310.2	501.4	808.8	—	2481.7	65.4	—	1310.2
1962	3821.8	482.5	358.2	124.3	—	3339.3	87.4	—	482.5
1963	2979.9	589.8	319.6	268.7	1.5	2390.1	80.2	2.0	591.8
1964	3440.3	622.8	443.6	175.0	4.2	2817.5	81.9	3.8	626.6
1965	3990.7	690.5	489.1	168.0	33.4	3300.2	82.7	83.5	774.0
1966	4988.7	577.9	484.5	93.4	—	4410.8	88.4	32.8	610.7
1967	3707.4	618.2	364.8	253.4	—	3089.2	83.3	78.0	696.2
1968	3373.4	655.2	—	655.2	—	2718.2	80.6	—	655.2

续表28-10

年度	财政总收入	预算收入				净上解	上解占总收入（%）	调入资金及其他收入	合计收入
		合计	分成收入	省补助收入	地市补助收入				
1969	4666.0	775.6	459.5	316.1	—	3890.4	83.4	95.5	871.1
1970	6086.1	755.5	499.0	256.5	—	5330.6	87.6	—	755.5
1971	6490.0	972.7	669.6	—	303.1	5517.3	85.0	6.7	979.4
1972	6343.3	814.9	570.9	—	244.0	5528.4	87.2	—	814.9
1973	6830.1	1069.8	816.9	—	252.9	5760.3	84.3	—	1069.8
1974	3332.4	1157.1	399.9	—	757.2	2175.3	65.3	—	1157.1
1975	3031.5	1072.1	363.8	—	708.3	1959.4	64.6	—	1072.1
1976	3003.4	1202.3	450.5	—	751.8	1801.1	60.0	—	1202.3
1977	6175.2	1365.8	947.9	—	417.9	4809.4	77.9	—	1365.8
1978	8859.1	1803.1	1800.8	—	2.3	7056.0	79.6	—	1803.1
1979	9016.8	1436.6	1422.3	—	14.3	7580.2	84.1	—	1436.6
1980	10593.7	2245.0	1666.0	561.5	17.5	8348.7	78.8	—	2245.0
1981	11293.5	2131.8	1691.7	426.8	13.3	9161.7	81.1	—	2131.8
1982	12656.6	2666.3	1857.6	743.1	65.6	9990.3	78.9	2.2	2668.5
1983	13815.6	3232.7	2042.3	1129.1	61.3	10582.9	76.6	4.2	3236.9
累计	170076.4	34104.5	22336.0	8118.6	3649.9	135971.9	79.9	308.7	34413.2

资料来源：1996年版《嘉兴市财税志》

嘉兴县（市）财政支出

1953—1957年，原嘉兴市（县级）累计决算支出749.1万元，其中经济建设费类190.9万元，占25.48%；社会事业费类410.5万元，占54.79%；行政管理费类143.6元，占19.16%；其他支出类4.1万元。

1953—1983年，嘉兴县（市）累计决算支出32255.7万元，其中经济建设费类13533.8万元，占42%；社会事业费类12822.1万元，占40%；行政管理费类4626.9万元，占14%；其他支出类1272.9万元。

1953—1957年嘉兴市（县级）决算支出情况表

表28-11

单位：万元

年度	总计	经济建设费类	社、文、教、科、卫事业费类	行政管理费类	其他支出类
1953	1083.5	27.8	60.2	20.5	—
1954	148.3	39.1	81.9	26.9	0.4
1955	107.1	19.6	61.5	25.6	0.4
1956	179.1	42.8	98.9	35.3	1.9
1957	206.1	61.6	108.0	35.1	1.4
累计	749.1	190.9	410.5	143.4	4.1
市县合计	33004.8	13724.7	13232.6	4770.5	1277.0

资料来源：1996年版《嘉兴市财税志》

1953—1983年嘉兴县(市)决算支出情况表

表28-12 单位:万元

年度	总计	经济建设费类	社、文、教、科、卫事业费类	行政管理费类	其他支出类
1953	98.0	6.7	54.3	37.0	—
1954	98.7	9.1	46.7	42.9	—
1955	123.9	23.0	53.2	46.8	0.9
1956	193.7	32.0	95.6	63.1	3.0
1957	167.0	12.0	64.1	57.6	3.3
1958	1920.3	1445.4	318.7	149.6	6.6
1959	1037.0	589.5	309.9	134.2	3.4
1960	1945.6	1426.7	377.6	136.8	4.5
1961	1260.0	910.4	242.7	103.1	3.8
1962	467.5	120.8	234.2	95.4	17.1
1963	571.1	178.8	232.5	94.1	65.7
1964	582.9	206.1	257.0	91.5	28.3
1965	682.3	292.3	281.4	98.1	10.5
1966	631.9	187.1	315.8	116.3	12.7
1967	691.8	232.4	341.4	104.3	13.7
1968	578.9	164.5	295.1	94.3	25.0
1969	811.3	374.4	312.4	114.8	9.7
1970	878.8	414.6	322.5	133.6	8.1
1971	1004.6	479.1	371.3	143.1	11.1
1972	838.3	255.9	422.0	148.5	11.9
1973	967.9	286.7	442.3	149.0	89.9
1974	1092.0	395.0	498.2	157.3	41.5
1975	1084.8	388.2	502.2	146.7	47.7
1976	1215.2	403.1	521.6	167.8	122.7
1977	1261.6	468.1	547.1	166.1	80.3
1978	1633.6	658.9	629.8	177.3	167.6
1979	1792.1	664.5	72.0	250.5	175.1
1980	2192.7	986.9	835.6	306.2	64.0
1981	1732.0	507.4	912.8	233.5	78.3
1982	2107.9	667.8	1082.6	286.3	71.2
1983	2592.3	746.4	1169.5	581.1	95.3
累计	32255.7	13533.8	12162.1	4626.9	1272.9

资料来源:1996年版《嘉兴市财税志》

第三节　1985—1990年区财政预算收支

预算收入

1983年，城区为市级财政核算单位。1984年起，暂按“行政经费切块，事业经费按条(系统)，人员经费按实，收支挂钩，增收分成”的办法试行，并以此核定预算支出控制指标。1985年，实行“核定收入基数，收支挂钩，超收按比例分成，支出按核定预算包干”的体制。1985—1990年，财政总收入24656万元，其中工商税收类23361.7万元，占94.75%；农牧业税和耕地占用税815.5万元，占3.3%；国营企业所得税12.2万元；其他财政收入466.6万元，占1.89%。

1986年，集体企业所得税收入为财政总收入的36.3%。1988—1990年，由于亏损企业增加，比重有所下降，至1990年仅占财政总收入的16.28%。1985年起，开征城市维护建设税，至1990年达到151.2万元。

1985—1990年区预算收入情况表

表28-13　　单位：万元

年份	全年总收入	工商税收类				农牧业税和耕地占用税		国营企业所得税
		合计	其中			合计	其中：农业税	
			工商三税	集体企业所得税	城市维护建设税			
1985	1889.7	1765.5	1765.5	—	—	124.2	124.2	—
1986	5847.8	5715.5	3488.9	2125.0	28.6	105.9	105.9	—
1987	6378.6	6235.5	3914.6	2174.5	38.3	130.9	108.1	—
1988	3229.8	2935.3	1972.2	642.1	129.4	148.5	113.0	1.8
1989	3628.0	3307.4	2254.3	614.0	141.8	150.6	145.0	3.0
1990	3682.1	3402.5	2353.1	599.5	151.2	155.4	148.8	7.4
总计	24656.0	23361.7	15748.6	6155.1	489.3	815.5	745.0	12.2

注：全年总收入—(工商税收类+农牧业税和耕地占用税+国营企业所得税)=其他财政收入

预算支出

1985—1990年，累计支出7426.7万元。其中经济事业费类1639.6万元，占22%；社会事业费类3118.4万元，占42%；行政管理费类2172.6万元，占29%；企业挖潜改造资金类70.4万元，占1%；其他支出类425.7万元，占6%。2000—2010年，累计支出626110万元，其中教育支出174171万元，占27.82%；城乡社区事务支出86705万元，占13.85%；公共安全支出75703万元，占12.09%；一般公共事务支出72507万元，占11.58%；社会保障和就业支出34325万元，占5.48%；医疗卫生支出25035万元，占4.0%；交通运输支出20696万元，占3.31%；科学技术支出17686万元，占2.82%；环境保护支出19312万元，占3.08%；农林水事务支出50490万元，占8.06%；其他支出49480万元，占7.90%。

1985—1990年区预算支出情况表

表28-14　　　　单位:万元

年份	全年总支出	企业挖潜	经济建设事业费				社会文教科学事业费	行政管理费
			合计	其中				
				工业	农业	城市维护费		
1985	594.0	5.8	60.5	6.4	47.6	—	310.8	165.2
1986	916.2	20.0	145.1	6.4	87.2	24.7	478.8	208.3
1987	923.8	14.6	177.1	1.9	74.3	50.9	431.7	254.8
1988	1353.3	30.0	367.6	1.6	312.2	43.4	577.4	383.4
1989	1633.3	—	429.7	1.4	336.3	67.3	573.4	559.5
1990	2006.1	—	459.6	1.6	326.1	101.4	746.3	601.4
总计	7426.7	70.4	1639.6	19.3	1183.7	287.7	3118.4	2172.6

第四节　2000年后区财政预算收支

预算收入

1994年11月至2000年5月，市、区机构合署，财政收支纳入市级统一预算。2000年5月起，区按实运作，行政区域面调整，所辖乡镇增多，财政收入实现快速增长，2010年34.2亿元，是2000年的50倍。增速较快的3个阶段为：2004—2005年，在对各街道实施激励政策后，有效提高街道对财源培植的积极性，实现较好效果。2007年起，实施强镇政策，调整财政体制，收入进一步快速增长。2009—2010年，围绕“三年”（招商引资攻坚年、转型升级推进年、统筹城乡突破年）活动，实施“产业集群、创新推进、和谐构建”三大工程，同时随着房地产市场进一步活跃，财政收入又前进了一大步，地方财政收入增速位列全市第一。从税收种类来看，增值税基本平稳，仅在2004年略有回落；营业税增长迅速，特别是2009—2010年增长更加明显，2010年比2009年增长56%。收入结构不断趋向合理。营业税在工商类税收中的占比从2000年的15%提高到2010年的28%。

2000—2010年区财政一般预算收入情况表

表28-15　　　　单位：万元

年度	财政总收入	上划中央收入	上划省、市收入	区级一般预算可用财力				当年决算总收入	
				区级固定收入	税收反还及各类补助	减:体制上缴	区级可用财力	加:调入资金或其他收入	决算总收入
2000	28197	13302	1997	12898	12699	13751	11846	—	11846
2001	31974	15825	2020	14129	13028	13417	13740	60	13800
2002	51479	27741	7282	16456	23157	20860	18753	—	18753
2003	63308	33732	9275	20301	24408	21926	22783	—	22783
2004	70150	31119	11535	27496	28388	24009	31875	—	31875
2005	112761	5021	19397	40343	33912	27652	46603	—	46603
2006	142228	68173	25699	48356	37132	29975	55513	—	55513
2007	189748	8028	34909	67811	42282	35756	74337	—	74337

续表28-15

年度	财政总收入	上划中央收入	上划省、市收入	区级一般预算可用财力				当年决算总收入	
				区级固定收入	税收反还及各类补助	减:体制上缴	区级可用财力	加:调入资金或其他收入	决算总收入
2008	221145	96049	43312	81784	56159	41037	96906	849	97755
2009	256011	107004	49532	99475	54381	46787	107069	11875	118944
2010	341983	127926	72163	141894	75865	59171	158588	2646	161234
9年累计	1508984	660920	277121	570943	401411	334341	638013	15430	653443
栏次关系:1=2+3+4,7=4+5—6			—	—	—	—	—	—	—

预算支出

区按实运作以来,不断优化财政预算支出结构,确保重点支出,并逐步向社会事业和民生倾斜。到2007年,区公共财政、民生财政框架基本建立。2009年,配合发展“高铁经济”,筹资11875万元投入嘉兴高铁南站建设。

2000—2010年区一般预算支出情况表

表28-16　　单位:万元

项　目	2000	2001	2002	2003	2004	2005	2006	2007	2008	2009	2010	累计
一般公共服务	2169	2838	2460	2919	3527	4357	6754	9039	11467	12266	14711	72507
国防	—	—	—	—	58	—	317	29	31	31	46	512
公共安全	1246	1777	1758	2357	4204	7025	7756	9555	11248	12874	15903	75703
教育	3378	4668	5643	7191	8861	11105	15414	20845	28246	30359	38461	174171
科学技术	44	288	554	629	853	931	1236	1948	2570	3685	4948	17686
文化体育与传媒	108	466	551	623	821	1016	364	526	848	921	1367	7611
社会保障和就业	418	635	693	1000	1460	2492	2375	3423	4799	5568	11462	34325
医疗卫生	301	640	985	480	921	1085	1327	2748	4087	4525	7936	25035
环境保护	—	—	—	—	—	—	643	1936	1666	5881	9186	19312
城乡社区事务	245	1675	2463	2268	3641	5944	7672	10524	15512	14164	22597	86705
农林水事务	794	1217	1336	1562	1918	4755	5154	4930	6874	9187	12763	50490
交通运输	1	325	203	515	560	691	320	1450	994	13308	2329	20696
采掘电力信息等事务	—	—	—	—	—	—	—	—	—	1216	1302	2518
粮油物资储备管理等事务	—	—	—	—	—	—	—	—	—	1571	132	1703
工业商业金融等事务	—	41	330	625	643	1768	935	1254	2531	—	5779	13906
地震灾后恢复重建支出	—	—	—	—	—	—	—	—	—	426	995	1421
其他支出	107	83	624	605	871	1691	2870	3626	2007	932	2678	16094
专项支出	583	200	1154	993	1382	1403	—	—	—	—	—	5715
本年支出合计	9394	14853	18754	21767	29720	44263	53137	71833	92880	116914	152595	626110

第五节　预算外财政收支

原嘉兴县(市)预算外财政收支

预算外财政收入　1956年始建。1958—1961年,实行预算内、外一本账。1962年,再次划分管理。收入来源有农业税附加、工商税附加、公用事业附加、统管的企业资金、教育费附加及其他自筹等项目收入。1979年,预算外财政收入比1956年增长8.4倍。1983年,预算外财政收入7,982.7万元。

预算外财政支出　实行"先收后支,保持收支平衡,略有结余"的原则。在保证经常必要的补助支出外,有重点地安排资金,举办一些地方重点事业。1956—1957年,根据省规定,按收入渠道划分支出项目分别使用。1958—1961年"大跃进""大办工业"期间,预算内、外资金统筹使用,偏重于地方工业。1960年后,逐步加大对农业的支持。

1956—1983年嘉兴县(市)预算外财政收入情况表

表28-17　　单位:万元

年度	农业税附加分成收入	工商税附加	城市公用事业附加	统管的企业收入	其他自筹收入	省补助收入	地市补助收入	总收入
1956	52.6	23.8	—	—	12.7	—	—	89.1
1957	1.3	33.8	—	41.3	151.6	—	—	228.0
1962	21.0	20.4	6.0	—	21.9	99.3	—	168.6
1963	25.7	20.4	23.3	—	5.7	246.0	—	321.1
1964	28.5	20.7	32.6	—	1.7	113.3	—	196.8
1965	26.6	22.6	45.6	—	—	84.9	—	179.7
1966	32.0	24.1	38.1	—	5.9	66.6	—	166.7
1967	44.6	21.2	34.6	—	2.2	12.3	—	114.9
1968	47.1	21.2	38.2	—	0.1	12.0	—	118.6
1969	47.4	26.4	47.8	—	8.0	8.4	—	138.0
1970	46.7	28.2	46.3	—	—	67.2	2.0	190.4
1971	47.0	32.7	53.8	—	1.2	—	16.1	150.8
1972	47.1	34.3	59.1	—	29.7	—	19.5	189.7
1973	42.7	38.0	69.0	—	49.5	—	8.2	207.4
1974	42.1	23.1	60.4	—	19.5	—	2.2	147.3
1975	42.4	23.1	63.4	—	17.4	—	2.5	148.8
1976	42.8	24.6	64.6	4.8	6.3	—	—	143.1
1977	42.6	40.6	80.8	19.4	14.4	—	15.9	213.7
1978	43.0	53.3	97.8	65.3	—	—	16.1	275.5
1979	52.3	57.3	103.2	561.0	49.0	—	18.8	841.6
1980	48.9	69.3	117.7	602.8	—	10.2	1.8	850.7
1981	50.1	74.8	145.5	636.8	15.8	—	—	923.0
1982	50.1	88.4	153.2	651.9	39.9	—	7.8	991.3
1983	50.8	100.9	160.1	605.5	70.3	—	0.3	987.9
累计	975.4	923.2	1541.1	3188.8	522.8	720.2	111.2	7982.7

注:"其他自筹收入"中包括渔业税分成收入1.4万元,1963年调入资金3.1万元

资料来源:1996年版《嘉兴市财税志》

1956—1983年嘉兴县(市)预算外财政支出情况表

表28-18　　单位:万元

年度	工、交及其他经建支出	农业支出	城市维护支出	支教支出	行政支出	其他支出	总支出
1956	—	14.7	23.3	—	0.3	0.6	38.9
1957	106.1	22.1	20.5	33.0	3.9	10.3	195.9
1962	94.8	36.2	13.0	1.0	—	45.1	190.1
1963	248.1	29.5	25.0	1.6	0.8	15.0	320.0
1964	126.8	16.5	32.0	2.2	2.8	—	180.3
1965	90.7	19.1	45.5	9.1	—	7.5	171.9
1966	82.0	23.7	38.3	4.2	0.8	10.4	159.4
1967	23.6	11.8	37.3	21.3	—	8.4	102.4
1968	16.7	16.0	32.5	13.5	2.4		81.1
1969	7.3	3.0	50.4	16.3	3.7	9.4	90.1
1970	45.0	9.5	32.0	22.0	2.9	62.7	174.1
1971	—	5.2	35.7	15.9	4.7	49.0	110.5
1972	46.9	56.2	35.4	12.5	6.0	15.4	172.4
1973	85.5	54.6	49.4	10.7	0.1	—	200.3
1974	51.1	45.4	64.1	14.9	—	—	175.5
1975	20.0	47.3	50.3	20.3	7.0	—	144.9
1976	12.8	52.7	61.9	11.0	0.5	—	138.9
1977	23.7	10.9	47.9	7.7	0.1	30.0	120.3
1978	105.0	170.5	229.4	6.0	2.0	—	512.9
1979	80.0	27.9	141.5	5.0	—	10.0	264.4
1980	488.9	89.5	193.8	14.0	19.0	300.0	1105.2
1981	236.0	64.7	253.6	35.3	33.6	220.0	843.2
1982	496.1	84.7	380.0	20.5	32.4	123.1	1136.8
1983	429.6	52.8	326.3	138.3	49.0	117.3	1113.3
累计	2916.7	964.5	2219.1	436.3	172.0	1034.2	7742.8

建区后预算外财政收支

2000年后,根据区工作计划和以收定支、预算内外资金结合使用的原则,编制年度预算外资金收支计划。预算外财政专户资金收入自2004年后快速增长,收入来源主要是行政事业性收费收入、国有资源有偿使用收入以及其他收入,到2010年已比2004年增长5.4倍。同时,预算外财政专户资金支出2004—2010年累计支出27.33亿元。

1988—1993年区预算外财政收支情况表

表28-19 单位:万元

年度	预算外收入				预算外支出		
	合计	其中:		合计	其中:	
		农业税附加分成收入	财政补助收入		事业支出	更名改造支出
1988	50.3	11.4	38.9	48.9	48.9	—
1989	127.1	14.5	112.6	111.5	103.1	8.4
1990	12.4	11.7	0.7	23.0	23.0	—
1991	11.8	11.8	—	13.8	13.8	—
1992	1.8	1.8	—	1.8	1.8	—
1993	1.2	1.2	—	1.2	1.2	—
累计	204.6	52.4	152.2	200.2	191.8	8.4

2004—2010年区预算外财政专户资金收入情况表

表28-20 单位:万元

项　目	2004	2005	2006	2007	2008	2009	2010	7年累计
行政事业性收费收入	2773	1655	4219	3251	2219	1741	2336	18194
国有资源(资产)有偿使用收入	—	—	—	—	3462	2880	4103	10445
乡镇直筹资金收入	6975	448	2212	—	—	—	—	9635
其他收入	—	2349	5039	110049	33294	36652	45895	233278
补助收入	—	—	—	331	61	—	—	392
本年收入合计	9748	4452	11470	113631	39036	41273	52334	271944

2004—2010年区预算外财政专户资金支出情况表

表28-21 单位:万元

项　目	2004	2005	2006	2007	2008	2009	2010	7年累计
一般公共服务	9537	3807	2204	2929	5478	5353	5287	34595
公共安全	—	—	262	1052	3556	1491	3027	9388
教育	—	—	1668	1915	1299	914	2075	7871
科学技术	—	—	3	—	—	—	12	15
文化体育与传媒	—	—	—	124	287	487	348	1246
社会保障和就业	—	—	734	690	2106	3916	2080	9526
医疗卫生	—	—	571	178	794	1909	3840	7292
环境卫生	—	—	23	—	62	1451	5484	7020
城乡社区服务	—	—	4860	77789	11361	13198	18425	125633
农村水事务	—	—	480	3746	3533	6126	13434	27319
交通运输	—	—	87	9604	8095	4118	4889	26793
采掘电力信息等事务	—	—	—	—	—	2040	4376	6416

续表28-21

项　目	2004	2005	2006	2007	2008	2009	2010	7年累计
粮油物资储备管理等事务	—	—	—	—	—	86	265	351
工业商业金融等事务	—	—	989	387	3404	—	537	5317
地震灾后恢复重建支出	—	—	—	—	—	392	—	392
其他支出	867	—	—	666	557	494	1422	4006
政府调剂资金	100	—	—	—	—	—	—	100
本年支出合计	10504	3807	11881	99080	40532	41975	65501	273280

第三章　财政管理和改革

第一节　财政机构

民国时期的财政机构

1913年，嘉兴县设第二科掌理财政。1927年5月，改设县政府财政科。1929年5月，扩编为财政局。1935年，缩编为县府第二科。1941年，改组为县财政科，分设县会计室。1948年改为县府第二科，仍设会计室至解放。

解放后财政(税务)机构

1949年5月，嘉兴县和嘉兴市(县级)人民政府均设财粮科。1950年，县分建财政、粮政两科。1954年，县财、粮两科合并为财粮科。1958年，县财粮科与税务局及房管所、建设银行、保险公司合编为县财政局。1961年，分建财政、税务两局。1965年，两局合署办公。1968年，财税机构撤销，改在县革委会生产指挥组下设组办公。1970年12月至1972年期间，建财政金融局。后经2次与银行并分后于1973年建财税局。

建区后财政机构

1983年11月10日设嘉兴市财税局城区分局(市直单位)。1984年9月，区政府设财政科。1990年4月设区财政局，1994年11月与市财政局合署办公。2000年5月，重设区财政局。2004年8月，成立区国有资产监督管理委员会(简称“国资委”)，下设国资办作为区国资委办事机构。确立区国资委—区国资办—区国有公司的组织体制框架。

2007年4月，区国资办主任和区财政局局长分设，国资、财政分两条线管理。2010年7月，区国资办更名区国资局。

第二节　财政管理

国有资产监督管理

2009年，启动对镇(街道)的国资改革。各镇(街道)建立国有资产监督管理领导小组，下设国资办，负责国有公司的日常监管业务。同时，区国资局调整、整合区属国有公司、行政事业单位经营性资产，于当年组建南湖国有资产投资集团有限公司，净资产为30亿元。2010年，区国资委出资成立南湖新市镇开发建设集团有限公司，同时将各镇(街道)国有公司资产纳入新市镇集团，净资产总计25亿元。形成“以区国资委为龙头，南湖国投集团和南湖新市镇集团为两大主平台”的国资监管总体框架。

2009年，南湖国投集团以信托融资方式，争取到兴业银行5亿元信托贷款，用于全区重大项目建设。同时，南湖国投集团与世和国际开发股份有限公司共同出资组建嘉兴世合新农村开发有限公司，以绿色农业、文化教育、城乡一体田园小镇、银发养老医疗等为主体进行大型综合开发。经3次增资后，公司注册资本8500万美元，其中南湖国投集团占股30%。

国营企业财务管理

1953—1957年，县市地方工业中完成各项计划指标的企业，分行业定比例，实行提取企业奖励基金和超计划利润分成制度。提取总额以不超过企业年工资总额12%为限。在企业提取的奖励基金中，企业主管部门可集中30%~40%调剂使用。1958—1961年，工业、商业、粮食、交通等企业实行企业利润留成制度。盈利企业实现的利润和计划亏损企业减少亏损的部分，均可按规定提取利润留成。省核定嘉兴工业企业留成比例为14%。1962年，对工业企业取消利润留成制度，恢复盈利企业提取不超过工资总额3.5%的企业奖励基金制度。商业系统企业利润留成办法仍予保留。1963年起，饮食服务业实行利润分成办法，企业留20%~25%，其余上交财政。1966年县以上供销合作社由交纳所得税（1961年起）改为上缴利润。1969—1977年，工交企业取消企业奖金制度，并入职工福利基金，按企业工资总额的11%一并提取，列入工资附加支出，在费用中核销。企业实现的利润全额上交。1978年底，试行企业基金制度（包括生产发展基金、职工福利基金、职工奖励基金），规定凡完成国家下达的产量、品种、质量、原材料、燃料、动力消耗、劳动生产率、成本利润、流动资金占用等八项考核指标的企业，按企业工资总额提留5%。没有全面完成的企业，按分项提取办法。1979年，试行扩大企业自主财权，实行企业利润留成试点，并提高饮食服务业分成比例，留八交二。1980—1982年，试点企业逐步扩大。根据企业的不同情况，采用4种办法：基数利润留成加增长利润留成；单项增长利润留成；全额利润留成；上交利润包干。其间，对工交企业国拨固定资金实行有偿使用，于1981—1982年征收固定资金占用费，1983年改制后取消。

1983年，实行国营企业第一步利改税，供销系统的企业改按集体企业缴纳所得税。1984年，进行第二步利改税，把国家与企业的分配关系用法令固定下来，税后利润归企业自行安排使用。1984年，市区国营企业平均留利水平从1983年的13.1%提高到22.7%。1986年，对大中型企业采用减免调节税等措施给企业让利。1987年，在部分企业中试行承包经营责任制，1988年，全面推行。按照"包死基数、确保上交、超收多留、歉收自补"的原则，对大中型企业中的一部分企业，采用"上交利润递增包干"的办法。对有较大困难但有一定潜力的企业，采用"上交利润基数包干、超收分成或超收留成"的办法。个别企业因情况特殊未实行承包经营责任制。对小型企业实行"改、转、租"的体制改革。

2010年，区财政创新财务监管模式，编印《南湖国资动态》，对监管范围内的数10家国有企业的财务数据进行动态监管。一方面，要求国有企业每月按时上报财务报表，完成市国资委的《国资快报》，并按月上报经营情况、担保情况、投资情况和融资情况等财务数据。另一方面，根据各国有企业的财务动态数据，按月度和按年度分别撰写南湖区国有企业运营情况分析报告，为领导决策做好基础工作，在动态监管中发现财务风险及时预警。同时，积极组织社会中介机构对国有企业进行年度决算审计，以及积极配合纪检、审计等各条线组织的对国有企业的专项财务检查，多方位加强国有企业财务监管。

农业财务管理

列入国家预算的农业、农垦、农机、林业、畜牧、水利、水产、气象、劳改农场等单位的事业费和支援农村社队集体组织的各项农业资金拨款。实行统一领导、分级管理、条块结合、以块为主的管理原则。根据省财政厅、农业厅分配的各项农业资金，列入预算，按用款计划，拨给主管部门使用，并行使监督检查职责。自1964年起，由人民银行委托农业银行实行统一监督拨款。

农业部门各单位事业费的管理，分为2种性质：1. 对实行企业经营的事业单位，包括良种示范繁殖场、种畜场、蚕种场、水产养殖场、桑苗圃等单位，由建制初期财政拨款的全额管理，逐步过渡为定收定支，以收抵支，差额补助。1979年，全面推行企业化管理，实行财务包干制度，分别采用"独立核算、自负盈亏、盈利留用、亏损不补"或"定额补助、结余留用、超亏不补"的办法。2. 对农业技术推广站、种子站（公司）、畜牧兽医站、水利、气象等单位的人员经费，实行定员定额，按行政机关的标准执行。各单位的经费由主管部门和财政部门共同核定，实行全额管理或差额管理,或定额、定项补助,或预算包干。

支援农村集体组织资金的财务管理,始于1959年,后又逐步设置"支援农村人民公社投资(后改支援农村集体组织投资)""小型农田水利补助费""水土保持补助费""抗旱经费""特大灾害救济费""淡水鱼养殖基地建设补助费"等支农项目。1980年前,上述资金专款专用,以后改革资金使用管理办法,除抗灾防灾支出外,其余允许在支农范围内统筹安排、调剂使用。1979年前,支农资金全部实行无偿拨款支援,1979年起,实行有偿周转金支援和无偿拨款补助相结合。对于在中、短期内即有收益的生产项目,采用"有偿支援、签订合同、限期投产、分期归还"的办法予以支持。对小型农田水利、水土保持等没有直接经济收入的项目,采用"无偿补助、签订合同、落实责任制、定期验收付款或按进度付款"的办法加以管理。

建区后,区财政贯彻落实省、市各级关于"三农"工作的各项方针政策,建立和完善支农资金稳定增长机制,加大财政支农投入力度,保持各项强农惠农富农政策的落实。推进支农资金的统筹安排,优化支农资金支出结构,确保农业重点项目的财政投入,集中财力突出支持新农村建设的重点领域和关键环节。

行政事业财务管理

1950—1952年,实行集中的"统收统支"体制。行政事业单位收支列入国家预算全额管理。收入全部上交中央财政,支出按编制定员定额由中央逐级核拨,超编不补,年终结余交回财政。县市行政事业单位收支,由单位按月编制决算,连同原始凭证报送县市财政部门审核,汇总上报专署财政部门复审核销。

1953年,建立县市一级财政后,行政经费的支出采取"保证供给、厉行节约"的原则,仍制订较低的行政经费标准,严格控制开支。对事业单位经费,则分别主次,保证重点,合理分配预算资金。对为社会提供服务的事业,制订各项低价的收费标准和免费的规定,用财政拨款弥补或减免税收等办法,保证正常活动。县属行政事业单位预算的管理,于1959年,建立二级单位预算,实行分级管理。预算管理形式,有"全额预算管理""差额预算管理""专项经费补助"3种。

区财政贯彻落实省、市各级关于行政事业单位财务管理的各项方针政策,遵循"促进发展、保障民生、科学理财、加强监管"的理财观,围绕政府的中心工作,努力提高财政科学化规范化信息化管理水平,着力规范管理,以促进经济社会平稳健康发展。2006—2010年,预算安排的各项民生支出29.33亿元,在确保预算内民生支出按法定比例增长的同时,财政民生支出占财政总支出的比重逐年提高。

在行政事业单位的预算安排上,实时掌握各单位支出情况,每月进行分析、比对、监测、核实、预警,督促单位建立健全内控管理制度,提升财务管理整体水平。同时扎实推进部门预算、国库集中支付、政府采购、公务卡管理、绩效评价等财政改革,建立规范有效的资金监管机制,对资金安排、管理、使用进行全程监控,进一步夯实南湖区行政事业单位财务管理基础,有效提升单位财务管理水平。

预算外资金管理

1983年,国家颁发《预算外资金管理办法》,除财政部门管理的资金,作为地方机动财力用于建设事业外,对于事业、行政单位管理的预算外资金,原则上采取由财政部门专户存储、计划管理、财政审批、银行监督的方式使用。对国营企业及其主管部门的预算外资金,采用计划管理、政府引导的方式加以掌握。

1996年,区财政制定《预算外资金管理实施办法》。由财政部门建立统一财政专户,对预算外资金实行收支两条线管理。预算外资金收入上缴同级财政专户,支出由同级财政部门按预算外资金收支计划,从财政专户中拨付。2001年起,区财政进一步加强对预算外资金的管理,并不断完善对预算外财政资金的监督检查制度,逐步建立预算外资金收支运行规范化的管理体系。2003年,区财政制定了《秀城区财政局预算外资金专户管理制度》,从而加强了对预算外资金集中统一管理,规范预算外资金财政专户管理,同时对各财政专户按用途进行分类管理,即:分别设立用于收缴预算外资金的收费专户与用于预算外资金拨付的财政专户。

财政监督管理

财政监督是建立惩防体系的重要组成部分和构建公共财政框架的必然要求。2001年起，推行公共财政后，逐步重视加强对财政专项资金的检查和监督，开展农业专项资金检查和“小金库”专项治理。2006年开始，区财政局与区环保局共同组织成立环境保护建设项目专项资金绩效评价工作组，对2004—2005年度区环保专项资金实施绩效评价；与区人事劳动社会保障局组成绩效评价工作组，对2003—2005年度区再就业资金实施绩效评价。2009年，分别对2008年度市本级科技发展资金和2006—2008年度卫技人员素质提升工程专项资金两个项目实施绩效评价。2010年，对规定额度以上的区级专项资金开展项目支出绩效自评工作，涉及项目10个；并采用市区联动方式对2009年度计生项目和残疾人共享小康工程等重点项目进行评价。

会计管理

1990年起，实行会计证制度，每年组织应考人员参加考前辅导，做好会计人员从业资格证核发、年检和换发工作，将会计人员纳入正常的管理轨道。加强会计人员继续教育，每年对所属乡镇、街道和行政事业单位会计人员进行教育培训工作，强化职业道德意识，学习新制度、新准则、新规定，提高单位会计人员掌握运用会计准则、会计制度的能力。同时，对辖区企业开展会计法检查。2005年起，对辖区内14家企业进行财务会计信用等级评定。

第三节　财政改革

公共财政改革

2000年6月，区财政进行以“集中核算”为载体的“四统一”改革尝试，2001年、2003年，分步推广到各镇、街道和教育、卫生系统。

部门预算改革

2001年起，尝试在区级机关推行部门预算编制，到2005年基本建立起适合本区的部门预算编制体系。逐步完善综合预算、零基预算的编制制度、定员定额管理制度和项目经费论证制度，完善基础数据库和基本支出预算管理，完善优化基础数据内容，使基础数据涵盖预算单位的各类人、财、物和定额。

国库集中支付改革

2004年起，逐步试行国库集中支付，分批实行直接支付。2006年，对粮油种植大户实行直接补贴和良种补贴。2009年3月，开发“金财工程管理系统”，对工资管理系统、部门预算、国库支付、会计核算等系统重新梳理，制订各个流程。先后制订区级国库集中收付会计核算、用款计划、现金管理、工资直接支付、政府采购资金直接支付、国库资金支付等一系列办法。确定建设银行嘉兴市分行和工商银行嘉兴市分行为区级国库集中收付代理银行。确定区公安分局、计卫局、民政局、财政局和农经局等5部门、26个单位为试点单位，和人民银行衔接开设财政零余额账户、单位零余额账户和单位自有资金账户。组织对业务科室和试点单位人员会计、出纳进行4次培训。开通网上银行。同年5月，试点单位工资和政府采购资金实行财政直接支付，其他资金先暂行授权支付。2010年，扩大国库集中支付改革，当年4月新增4个部门的14家单位推行国库集中支付制度改革。

政府采购改革

2005年，分步在区级、乡镇街道推行政府集中采购，实现电脑设备、车辆、保险等各类项目的政府集中采购。按照市本级“管采分离”要求，将区政府采购事项全部委托市管理，初步形成“决策—管理—执行”3分离的政府采购管理体制。每年制发集中采购目录及标准，明确采购限额标准。制订相关措施或办法，加强对车辆维修、加油、保险等行为的管理。规范采购费用报支管理。于2010年采集各部门单位的各类信息，对各部门采购人员进行业务培训，推进政府采购信息化建设。

收支两条线管理改革

2000年，建立非税收入管理中心。2000年7月起，逐步形成“电脑结报、票款同行、罚缴分离、以票管费”的方式，实现“收支两条线”管理。2000年，组织开展行政事业性收费项目和收费标准全面清理工作，将所有区级行政事业性收费项目信息纳入计算机系统管理。行政事业性收费实行“收支两条线”管理方式，纳入会计集中核算范围内的单位和部门取消其过渡账户，资金必需解缴财政专户，实行统一核算，集中管理。对于极少数直接解缴暂时有困难的单位和部门允许其保留过渡账户，每月25日前将当月的非税收入解缴到区预算外资金财政专户。公、检、法等一些执法部门的罚没款收入实行“罚缴分离”管理方式，财政部门在各大商业银行开设财政专户，由执法部门开具专用缴款书，被执行人自行缴入指定银行的财政专户。2004年起，严格票据购领、申印、使用和结报手续，各收费单位必须持收费许可证办理票据购领证，凭票据购领证购领票据，做到购领新票据与核销旧票据同步，缴销收费票据与稽核财政专户资金同步。2006年起实施国有土地使用权出让收入收缴分离。逐步搭建信息平台，对非税收入缴存财政专户、票据领用结报等情况实行资源共享，加强立项管理，取消和停征41项行政事业性收费。

公务用车改革

2009年，对全区公务用车实施改革。除区交通局、行政执法局、公检法系统外，将全区44个单位、5个乡镇、6个街道纳入车改范围，共收缴拍卖公务用车127辆。并出台实施《南湖区行政事业单位工作人员差旅费开支补充规定》等配套管理制度。

第四章　税　务

第一节　税务机构

分税制前的税务机构

1949年5月，接管民国政府嘉兴县稽征处（地税）及国税稽征处。1950年，国税、地税机构合编为县政府税务局。1951年5月，嘉兴专区税务局改组，增设嘉兴市、县两税务局，将原5个直属税务所划归嘉兴县税务局管理。同年12月至1951年1月间，区一级人民政府税务所以驻地镇命名税务所，为县税务局的派出机构，不再属区一级机构。辖区范围基本保持原状。1958年4月起，先后撤销县税务局，并入财政局。

1968年，嘉兴县革命委员会成立，县财政、税务局撤销，仅留少数财税人员“小班子”，在生产指挥组下设财税革命领导小组办公。

1972年3月后，财政、金融系统机构再次分设。嘉兴县建立财政税务局。1978年9月后，县恢复财政税务局及基层财税所建制，财政税务工作逐步规范。

建区后，区政府工作部门设财政税务分局1985年6月撤销市财政税务局城区分局，建立市财政税务局第一、第二、第三和第四财政税务所，上述4个财税所直属市财税局，行政上受市财税局和区政府双重领导。1993年12月，第一财政税务所更名为市财政税务局城区财政税务所；第二财政税务所更名为市财政税务局南湖财政税务所；第三财政税务所更名为市财政税务局嘉北财政税务所。

分税制后的税务机构

1994年1月，实行分税制改革，将税收按照税种划分为中央税、地方税，组建国税和地税两个税务机构。1994年9月，市国家税务局挂牌成立，与市地方税务局合署办公。国税局负责辖区内中央税、中央与地方共享税的征收，主体税种是增值税、消费税、中央企业与金融企业所得税、外商投资企业所得税。1995年10月，市地税局第一分局、第二分局合并成立市地方税务局直属一分局。1996年11月，撤销嘉兴市国家税务局、嘉兴市地方税务局直属一分局、二分局及直属二分局所属的城区税务所、嘉北税务所、南湖税务所；设立市国家税务局、市地方税务局直属税务分局，嘉北税务所、南湖税务所的管辖范围划归开发区分局征管。

1997年10月，市国家税务局独立分设，实行垂直领导，下设直属征管分局和郊区征管分局。其中直属征管分局管辖市属及区市属企业和个体工商户。1998年12月，市地方税务局直属分局更名为市地方税务局直属征管分局。2000年7月，市地方税务局直属征管分局更名为市地方税务局征管一分局。2004年3月，第一征管局更名为市地方税务局第一税务分局。

2001年5月，征管分离，市国家税务局直属征管分局分设征收局和秀城管理局，征收局负责征收管理，秀城管理局负责税收征管。2003年4月，秀城管理局改名市国家税务局秀城分局。2005年5月，改名市国家税务局秀城税务分局。2009年12月，原车辆购置税征收管理办公室转为车辆购置税征收管理分局，区税务分局与车辆购置税征收管理分局合署。

第二节　古代和民国时期税收

古代农业赋税

唐代中期，嘉兴县岁征两税（按土地、财产的多少，一年分夏、秋两季两次纳税）及茶、盐、酒钱。五代吴越立国，兴农治水，农业生产发展，田赋负担加重。史载“税两浙之田每亩三斗”。宋熙宁五年（1072）重修方田均税法，分五等定税，“亩税不过一斗”。

南宋景定四年（1263）推行公田法，将逾限之田充作公田，依私租旧额征租为赋。次年单独建公田管理体制，嘉兴设公田分司，各乡置官田庄，设庄官催租。民为官耕种者称“官佃”，每年着官佃直接运纳公租入官仓。

元初承袭南宋的公田为官田，依公租旧额减收二成。元贞二年（1296），始征夏税绵、布、丝、绢，随粮输钞，每输秋粮一石，折征夏税钞三贯。

明初，重租官田增多，田赋负担特重。史载，曾为张士诚负隅抗拒之地，乃籍诸豪族及富民田为官田，按私租为税额。又以浙西地膏腴，增其赋，亩加（民田）二倍。洪武年间（1368—1398），嘉兴县（含秀水、嘉善）官民田总额2169535亩，其中官田718605亩，占总数的33.1%，征秋粮正米505967石，亩均负担2.33斗。

明代上解京都的粮食，为国家正供，名“漕粮”。漕粮运纳中耗米及一切费用，均由粮户负担。宣德年间，实行均耗法后，每运纳正米一石，加征7.6斗，按亩均摊。漕运负担是嘉兴赋重的一个重要因素。

嘉靖二十六年（1547），嘉兴知府奏行“扒平田则”办法，在不动版籍，又不影响配赋原额的前提下，实行“田不分官、民，税不分等则，均一扣算，亩止三斗”。万历九年（1581）全面推行一条鞭法，内容包括赋役合一，正、杂税统筹，除漕粮正供外折银征收。从嘉靖二十九年（1550）起至崇祯十二年（1639），又先后加派“辽饷、助饷、练饷、剿饷”等项目，田赋负担愈重。

清代田赋分地丁、漕粮两宗，通称“钱粮”。清初定期举办丁口编审，对力役负担，计丁征银。康熙五十一年（1712）实行固定额征人丁数，以上年人丁额为准，“续生人丁，永不加税”。雍正四年（1726），浙江省全面推行“摊丁入地”办法：每田若干派一丁，折征丁银，纳入钱粮，分项征收。光绪二十八年（1902）起，加派庚子赔款“粮捐”，每地丁银一两，加派制钱300文。光绪二十九年（1903）起，陆续有公开加派的名目，如票厘、柜价摊派、年外（逾农历年）加征、耗米加耗、多收斛口等。

1860—1864年，太平军在嘉兴建立地方政权。为筹措军粮和恢复生产需要，曾采用简易办法征收田赋。除田赋外，又开征商税、关卡税和杂捐等。

民国时期农业赋税

田赋　民国时期田赋，初沿清末旧章，以地丁和漕粮为基础，分上、下忙二期改折银元计征，嗣后有多次改制。

1912年起，原地丁银继续折征银圆，原漕粮、南米（指南方征得，漕运至京师等地的粮米）改称抵补金，分开征收。嘉兴县每地丁银1两折征银圆2.452元。漕粮、南米抵补金折率：按原征米数每石折征银圆3元（1914—1915年为5元）。1916年另增省税每石1元。1921年起，分年递减，至1926年固定为0.30元。1928年，上述省税及粮捐分别并入正税。

1932年田赋改制，废除地丁、抵补金名目，改征上、下期田赋。原征地丁银1.80元为上期田赋，原征抵补金3.30元为下期田赋。抗日战争初期，田赋一度停征。

1939年,田赋改征田亩捐,随田定额征收。每亩捐额分:田、地各0.20元,山0.04元,荡0.08元。1941年,田赋收归中央改征实物,按田亩捐额折算稻谷,再分年定价,回征法币。以土地使用人为纳捐对象,属佃户的,以捐抵租。当年每亩捐额调整为:田0.75元,地0.60元,山荡各0.30元。

1946—1948年,田赋改征实物。征实办法以查编抗日战争前赋额5折计征。1946年,每赋元折征稻谷4斗9升(包括田赋征实3斗,征借1斗,省县公粮9升)。1947年,折征5斗4升,1948年,折征6斗1升5合,其中征借一项分别提高为1斗5升及2斗2升5合。同时规定对征借稻谷"不发库券,不计利息",称"自1952年起,分5年平均抵还",实为非赋之赋。

民国时期嘉兴县田地亩赋额表

表28-22

沿用等则	1921年		1932年			1947年
	地丁银(钱)	折补金米(斗)	上期	下期	合计(元)	征实依据(元)
嘉字征田	1.3266	1.00	0.239	0.330	0.569	0.545
秀字征田	1.5687	0.88	0.282	0.290	0.572	0.562
嘉字征地	1.3155	1.00	0.237	0.330	0.567	0.543
秀字征地	1.5296	0.90	0.275	0.297	0.572	0.559

资料来源:1996年《嘉兴市财税志》

田赋附加 民国时期田赋附加是地方财政收入的主要财源。嘉兴县自1911—1914年的县税特捐收入银圆达40.9万元,占同期国税和省粮捐实征数的24.8%。

1928年,田赋归属省税,合并粮捐、省税二项为正税后,省县附加再次增列,其中县级附加占正税34%。

1932年,保留附加项目10多类,有省建设特捐、建设附捐、水利费、县税特捐、农行基金、教育附捐、公益费、党务经费、积谷费、乡村保甲经费等。其中县级附加占正税的64.3%。

1946—1948年,除田赋征实、征借、省县公粮的"三征"外,先后加征:乡镇自治经费、教育经费、积谷、还治经费、绥靖经费、塘工费、水利费,以及预借地籍整理、测绘费等,均随赋带征稻谷。

契税 1912年2月,对有交易行为的土地、房产开征不动产移转税。税率按契价分:买卖2%,典戤(典当)1.5%,抵押1%。1914年1月,规定卖契税9%,典契6%,因税率过重,当年减为卖契征2%,典契1%。1925年4月,确定:卖契6%,典契3%。1933年6月起,扩大契税范围,新增赠与和遗赠契,照产价征6%,继承、分割估征2%。同年10月,嘉兴县对有田面权的征永田契税,亩征5角。沦陷期间停办契税。抗日战争胜利后,进行契税整理,对未税白契,查验补税。1946年11月起,卖契、占有、赠与税6%,典契4%,交换、分割2%。

契税征收除正税外,先后有验契费、注册费、监证费、带证置产捐、推收捐、教育捐以及省附加等。

民国时期契税税源,以农村土地买卖为主。1927年,嘉兴县田地产价每亩20~54元不等。1948年,嘉兴县最高上田折米3石,上地2.5石,最低下田1.5石,下地1.0石。

古代工商各税

嘉兴古代工商各税以盐税收入为主,关税、酒课、商税等居次。

盐税 唐置嘉兴盐监,盐一斗钱百文,为盐本之10倍。宋代秀州设盐监,置盐场十。收盐课。元代设嘉兴校验所,主管商盐运销,批验盐引(盐引又称"盐钞",为取盐凭证)、查缉私盐、漏税。明代初实行民制官收,就场专卖。万历间卖引商销。每引折盐300斤或银六钱四厘,称为"窝本"。嘉兴增设盐运公司,收灶课(课取灶地、滩池及海盐税)、场课(对食盐产运销所征捐税)。

清代前期，实行官督商销的专商引岸制度。盐商办引后，就场支盐，行销指定区域（称“引岸”），垄断经营，称“引岸专商”。康熙四十三年（1704），原两浙盐运司嘉兴分司改嘉松分司，置嘉、松（松江）2个批验所，下辖12个盐场，办引征税。同治三年（1864），试用票运法。嘉所各盐场定每票50引，每引375斤，又酌加卤耗40斤，每正盐一引课税钱3000文。同治九年，每引正杂税银增至1.02两。光绪二十年（1894）起，先后有盐斤加价、偿款加价、浙饷加价、抵税加价、江南加价等。至光绪三十四年（1908），累计每斤加价16文，为同治三年（1864）盐税的一倍。

关税 清光绪二十二年（1896），在嘉兴城外（今光明街北段）设杭州海关嘉兴分关，由杭州关派员管理，人称洋关。管理物资进出口报关和稽征税银，所征收的关税汇送杭州关。至20世纪30年代初，嘉兴分关关闭。

商税 唐代设监税官于嘉兴冬瓜闸（今杉青闸），就过境货物征税。宋元征税机构称务。宋代在各县城、集镇设税务，征商税，置酒库，专卖酒类或征税。秀州岁入酒课钱共11.7万贯；商税6.5万贯，均居两浙各州之首。元代，嘉兴路设都税务司及河泊所。嘉兴和海盐、崇德3县设在城务。明初征税机构（务）改为税课司、局，增设河泊所征渔课。清代前期不再设课税机构。在明万历旧制基础上合并税捐杂课，实行随粮统征，称“外赋”。光绪二十七年（1901），又有膏捐之征，秀水县日销烟膏（鸦片烟）1112两，日收捐钱43103文。

厘金 又名厘捐，创于咸丰三年（1853），因其初定税率为1厘，即1%，故名。嘉兴府于同治四年（1865），始设厘金总局，各县分设厘卡24处。初百货厘金值百抽一，后渐增至百分之六七。并不断扩大征收范围，连农民自产农产品也不能免税。光绪九年（1883），定鲜茧百斤，征银元4元，干茧12元。

民国时期税捐

盐税 民国初期的盐税，分纲、肩、近场等名目，以距盐场远近区别课税（嘉兴为纲地）。1946年，分近场税、腹地税2种。

民国初期，盐税按引计征。1914年，统一按本地秤300斤为一引。1915年，按担（司马秤）计征。1934年起改按市担计征。

民国初期，课税项目有正杂课、加价、加课及杂捐多种。1915年，取消原有各项杂捐名目，统称盐税。

民国时期，盐税大幅增加。如纲地民初每担征税1.86元，1915年，为2.50元，1918年，为3元，1931年，为7元。1925年起，省附加、中央附加，每担合计需3.90元。1931年，又复列建设专款、盐场整理费、公益费等多种名目。抗日战争胜利后，附加盐场建设费、盐工福利费、偿本费等。

当税 就当铺课征。当帖捐分二级：200元、400元；年当税75元；架本捐（架本意为存架之本，即当铺放出之款数）分四级：60~300元。

牙税 就商业经纪人课税。1915年，分四等定额：年换牙帖12~80元；年税5~40元。

统捐 1911年，浙省厘金改办统捐。以百货捐、茧捐、丝捐为主，绸绉捐、棉花捐、厂纱捐、茶捐等税源零星。

1914—1929年嘉兴县百货、茧、丝统捐征收情况表

表28-23

单位：银圆

年份	合计	百货捐	丝捐	茧捐
1914	183839	125225	9713	58901
1915	176723	102672	8868	65183
1916	182131	110193	11792	60146
1917	164325	80275	12147	71903
1918	199069	122331	10485	66253
1919	200997	105536	9213	86248
1920	134922	84312	11174	39436

续表28-23

年份	合计	百货捐	丝捐	茧捐
1921	135500	72357	9146	53997
1922	154289	71153	10755	72381
1923	159375	69789	15793	73793
1924	158491	71362	8062	79067
1925	172361	66924	11453	93984
1926	237391	73855	9532	154004
1927	324845	115225	13021	196599
1928	332750	98913	20407	213430
1929	378849	140127	14027	224695
总　计	3305857	1510249	185588	1610020

资料来源:1996年《嘉兴市财税志》

烟酒捐　1913年,设嘉禾酒捐局,辖嘉属六县。每年编查酿缸一次,核定捐额征收。1915年,实行公卖制,酒捐加倍征收。黄酒每百斤捐0.54元、烧酒0.88元。嘉区烟捐征收品目有晒烟叶、黄烟丝。民国初征收统捐,1917年,与烟酒公卖费并征。烟叶每百斤2.25年,公卖费0.88~1.50元。1929年,烧酒、烟叶划归中央税。

货物税　1946年8月,依《货物税条例》开征。分13类税目税率,从价征收。1948年4月,税率调整为酒100%、烟叶40%。

营业税　1931年起,实行裁厘,将旧有各项厘金性质的捐税,一律废除,开征营业税。分3种课税标准征收:1.按营业总收入额为标准的,税率2%~10%;2.以营业资本额为标准的,税率4%~20%;3.以营业纯收益为标准的,按其所占资本额的不同比例,税率1%~10%。

所得税　依照1946年4月《修正所得税法》开征。

营利事业所得税。按所得额占资本额的比例,分二类事业,依9级及11级累进税率4%~30%征收。1948年9月,税率调整为5%~25%。1948年2月,按额6倍计算征收。

薪给报酬所得税。按10级超额累进税率:业务技艺收入3%~30%,薪给收入0.7%~10%。1948年,统一调整为按比例税率3%征收。

证券存款所得税。就利息所得,按比例税率10%征收。

财产租赁所得税。就租赁所得,按12级超额累进税率3%~25%征收。码头、舟车、机械租赁收入,加征十分之一。

综合所得税。就个人所得除课征分类所得税外,其所得额超过60万元者,加征综合所得税。分12级超额累进税率5%~50%计征。

利得税　在征收综合所得前,对营利超过资本20%以上部分征收利得税,分6级超额累进税率30%至50%征收。

遗产税　1946年,规定:遗产总额在100万元以上者,一律征收1%,超过200万元以上者,超过部分按2%~60%分17级距税率征收。

印花税　1913年,试办。对商事、产权、人事、许可等凭证,自购印花税票按额自贴,方视法律有效。18年,嘉区设嘉兴、宁盐、平善、崇桐德4个印花税分局。抗日战争胜利后复开征。1946年,印花税由直接税局经征。

屠宰税　1915年,开征,就屠宰猪、牛、羊3种课征。税额:牛每头1元,猪每头3角,羊每头2角。1921年,改征屠宰营业税。1931年,复征屠宰税。税率在不超过5%的幅度内,由县自定。

房捐　民初,向店户征收店屋捐,按房租收捐10%。1928年,扩大征收住屋捐,按店屋捐减半征收,由房主纳捐。1947年,营业租房按租金征收

20%，自用房按值征6%。

使用牌照税　1942年，公布税法。抗日战争胜利后，按车、船类别分等定额征收。

营业牌照税　1942年，公布税法，按资本营业种类分等课税。税率1%~3%。

筵席及娱乐税　1942年，公布税法，按筵席价及娱乐票价比例税率计征。筵席税率20%，娱乐税率40%。1948年，调整为一律按15%征收。

警捐　1942年，省订办法，按房捐捐额征收，由住户纳捐。1947年，停征。

国难特捐　1932年，"一·二八"沪战发生，浙江省征收国难特捐。

山地收益捐　山地产品运售时，税率5%，由客户负担。1945年底，停征。

其他杂捐　名目繁多。1931年，整顿税收时，嘉兴县上报有18种杂捐。

1928年嘉兴县杂捐征收项目一览表

表28-24

杂捐名称	开征年月	杂捐名称	开征年月	杂捐名称	开征年月
脚踏车捐	1928年2月	筵席慈善捐	1929年2月	茶碗捐	不详
藤轿捐	1928年2月	广告捐	1929年8月	茶馆捐	不详
车牌捐	1928年2月	桑青叶捐	1929年8月	经忏捐	不详
人力车捐	1928年5月	建筑执照费	1930年4月	丐捐	不详
屠宰附捐	1928年8月	蚕种教育费	1931年6月	—	—
茧帖附捐	1928年8月	肥料捐	不详	—	—
戏剧慈善捐	1928年12月	客栈捐	不详	—	—

资料来源：1996年《嘉兴市财税志》

第三节　解放后至建区前税收

农业各税

解放后，废除田赋旧制，实行合理负担、鼓励增产的农业税政策。嘉兴县历年农业税征收以稻谷为主。1980年起，并行"实物征收，货币结算"办法。建区后，随着农业生产结构和粮食统购制度的调整，区征收现粮的比重逐步缩小，1990年，下降为60%左右。2002年开始，浙江省全面推行农村税费改革，2003年，取消农业特产税，2004年1月起，全省免征农业税。

农业税制　1949年6月，开征公粮预借，以户为单位，人均占有土地0.7亩起至10亩以上者分6级累进。每亩分别预借稻谷8斤至50斤（市斤，下同）。是项预借在秋征时抵缴公粮。1950年，农业税征收以户为单位，按每户人均常年应产量的不同收入，分40级累进计征。最低人均常年应产量121斤起征，税率3%，最高3411斤以上的征42%。土改后，农业税税率相应修改为23级计征，取消免征点，每户人均常年亩产量收入在150斤以下的征8%，最高2000斤以上的征30%。1952—1957年，统一按24级计征，恢复免征点。每户人均常年应产量收入150斤以上，未满200斤的起征7%，最高1950斤以上的征30%。1958年起，按照《农业税条例》规定，废除原来以个体经济为基础的累进税制，实行有地区差别的比例税制，按社计征。嘉兴县有农业生产合作社341家，税率21.2%。

1959年起，农业税改按生产大队计征。1962年，开始按生产队计征，嘉兴县平均税率为10%。1963—1990年，平均税率稳定在11%左右。撤公社建乡后，按村民小组征收，1980年起，实行"基数在队、任务到户"的农业税缴纳结算办法。

地方附加　由省政府统一核定后，随同农业税正税分别计征，合并交库，按期结报。附加占正税比例，1950年，为15%，1951年，为20%，1952年及

1953年,按中央规定,一律取消农业税附加。1954年恢复附加为7%,1955年,为5%,1956年,平均为11%。1958年及1959年,为15%,1960年12%,1961—1963年10%,1964—1990年15%。

农林特产税 为农业税的一部分,应税产品以淡水鱼和西瓜为大宗。征收办法:1982年以前,以评产、查账计征为主,随售随征为辅。1983年起,改进征收办法,实行分产品、定税率(5%~15%)计征。1989年4月起,实行由收购部门"随购代征"和源头控制办法,包括集市稽征、计亩加征以及查账计征等加强税源控制。1989年,应税产品扩大到9类20多种。

耕地占用税 1987年4月起,按国务院规定征收。市、县政府所在地及建制镇,每占用耕地1亩,征税5000元,农村居民占用耕地建设自用的住宅,减半征收。对军事设施、铁路、公路、医院、学校以及灾民等用地,分别给予减免。1987—1990年,嘉兴市城、郊二区实征1103.9万元,按规定上缴中央及省外,地方实际留用563.9万元,主要用于垦复宜耕土地和整治、改良现有耕地。

契税 征收税率:买契税率6%、典契税率3%、赠与契税率按现行价征6%、交换税率按价值不相等的差额部分,依买契税率征收。1950年10月,对城市及不实行土改的大市镇开征契税。1951年2月,契税业务交由市(县)财政部门接办。1953年起,办理农村契税。当年,嘉兴县土地产权变动户数31133户,占全县农业总户数的28.43%;转移土地88524亩,占总田亩的6.69%。1956年,全面完成农业合作化后,城乡土地属公有,除房屋产权转移外,不再有土地买典行为。

工商各税

解放后暂尚用国民党政府旧税制征收中央税和地方税。

1950年1月,新中国税制开始建立。开征的税种有:货物税、工商业税、薪给报酬所得税(后即停止)、印花税、房产税、地产税、屠宰税、利息所得税、车船使用牌照税、特种消费行为税10种。

1953年,税制修正,试行商品流通税,简并税种税目,减少纳税环节,贯彻"公私区别对待,繁简不同"的税收原则。

1958年,把原来的商品流通税、货物税、营业税、印花税合并为工商统一税,从工商业税中分解出独立税种——工商所得税。

1973年,试行工商税,把原来对工商企业征收的工商统一税及其附加、城市房地产税、车船使用牌照税、屠宰税和盐税合并为工商税。从此,对国营企业只征工商税,对集体企业只征收工商税和工商所得税。

1979年起,开征3个涉外所得税:中外合资经营企业所得税、外国企业所得税、个人所得税。

1983年,对国营企业实行利改税改革,将国营企业上交利润改为征收所得税和国营企业调节税。

1984年,把工商税划分为产品税、增值税和营业税,相继恢复和开征房产税、车船使用税、城镇土地使用税、城市维护建设税等。到1990年征收的税种有28种(不包括盐税)。

1950—1990年嘉兴市本级工商各税纳库情况表

表28-25 单位:万元

年份	数额	年份	数额	年份	数额
1950	336.1	1958	2742.5	1966	2602.3
1951	571.4	1959	1873.4	1967	2285.1
1952	746.4	1960	2588.6	1968	2276.6
1953	944.0	1961	1762.2	1969	2821.4
1954	1107.7	1962	2114.8	1970	2921.3
1955	1073.1	1963	2140.2	1971	3307.3
1956	1289.9	1964	2221.9	1972	3446.1
1957	1577.6	1965	2439.3	1973	3778.3

续表28-25

年份	数额	年份	数额	年份	数额
1974	2298.5	1980	6883.2	1986	28246.5
1975	2297.8	1981	7453.0	1987	28897.1
1976	2453.4	1982	8829.0	1988	33678.0
1977	4033.2	1983	14862.8	1989	37543.7
1978	5294.1	1984	17700.7	1990	33787.9
1979	5696.0	1985	26123.2	合计	315045.6

按流转额征收的税类

盐税　1950年1月，政务院决定对盐税实行“从量核定、就场征税、税不重征”的方针。盐税征收均由盐务机构管理，按系统上缴，嘉兴县（市）无涉。1958年7月，盐税交由地方税务机构接办，主要对产地课税，嘉兴县（市）作为销地则办理改变食盐用途的差额补税。1987年后，因生产及流通转制，地方即无盐税收入。

嘉兴市本级历年盐税收入情况表

表28-26　　单位：万元

年份	数额	年份	数额	年份	数额
1959—1962	28.3	1971—1975	1.1	1986	1.3
1963—1965	12.4	1976—1980	6.0	—	—
1966—1970	2.4	1981—1985	0.5	合计	52.0

货物税（附棉纱统销税）　1949年9月以后，按华东区《征收货物税暂行条例（草案）》规定征收。1950年1月，政务院公布《货物税暂行条例》，规定应税货物共10类51项1136个品目，税率从5%~100%。1953年，修正税制，减并为174个品目，降低了一些品目的税率，棉布、麦粉、煤等税率减为3%。减不含税价格为按国营商业批发价格计征。嘉兴市区主要税源有白厂丝、黄酒烧酒、民丰纸厂机制文化用纸及卷烟纸、植物油等。1958年，货物税并入工商统一税征收。

棉纱统销税　1951年开征，1953年并入商品流通税。

商品流通税　1953年1月1日起，根据政务院规定，将货物税中的重点税目，以及厂商应纳的货物税、营业税及其附加和印花税合并改征商品流通税。税目58个，税率5%~64%。1958年，改征工商统一税。

1953—1957年嘉兴市本级历年商品流通税纳库情况表

表28-27　　单位：万元

年份	1953	1954	1955	1956	1957	合计
纳库数	266.2	285.2	252.0	252.2	274.2	1329.8

工商业税

1950年实行，包括营业税、临时商业税、摊贩业税以及所得税部分。

营业税　1949年6月，沿用旧税制。1950年1月起，按营业额和收益额，依分业税目税率表征收。税目69个，税率从1%~6%。1950年12月，依营业收入额计算的，税率1%~3%；依收益额计算的，税率

1.5%~6%;依佣金收益计算的,税率6%~15%。1953年将印花税及营业额附加并入营业税,税率调整为1.5%~15%。

摊贩业税 1950年3月,征收摊贩营业牌照税,按资本额分14级定额,每季5角至12元。1951年9月,改称摊贩业税,按营业额多少,在民主评议的基础上,定期定额征收。

临时商业税 1950年4月开征。以每次营业额满15元的,分经营品种,按4%~6%税率征收。1952年3月,调整为6%~8%。1958年5月,一律按10%征收。1958年10月,营业税、摊贩业税、临时商业税并入工商统一税。

1950—1957年嘉兴县(市)工商业税营业税、摊贩业税、临时商业税纳库情况表

表28-28　　单位:万元

年份	纳库数	年份	纳库数	年份	纳库数
1950	129.7	1953	309.1	1956	320.6
1951	200.0	1954	309.4	1957	339.0
1952	265.7	1955	271.8	合计	2145.3

工商统一税 该税由原商品流通税、货物税、营业税和印花税合并而成。嘉兴县(市)于1958年9月1日起征收。按工农业产品销售额或收购额、商品零售额及服务性业务收入,依税目税率表计算征收。税目共109个,税率从1.5%~69%。批发环节一般不征税。1973年,并入工商税,但涉外税收仍沿用工商统一税税制征收。1958—1972年,嘉兴县(市)工商统一税纳库总额为29690.3万元。1988—1990年,嘉兴市本级涉外工商统一税纳库59.4万元,前后总计纳库为29749.7万元。

1958—1966年嘉兴县(市)工商业税营业税、摊贩业税、临时商业税纳库情况表

表28-29　　单位:万元

年份	纳库额	年份	纳库额	年份	纳库额
1958	1946.1	1965	1899.8	1972	3028.2
1959	1550.2	1966	2119.3	1988	1.2
1960	2246.5	1967	1906.8	1989	23.5
1961	1579.1	1968	1976.8	1990	34.7
1962	1828.7	1969	2427.3	合计	29749.7
1963	1846.2	1970	2561.8	—	—
1964	1766.3	1971	2914.0	—	—

工商税 1972年,财政部决定全面改革工商税制,将工商统一税及其附加、城市房地产税、车船使用牌照税、屠宰税及盐税合并为工商税。按行业设计税率,确定行业税率44个,税率从3%~66%,从1973年1月1日起,全面试行。

1983年1月,从工商税中分出机器、机械等产品试行增值税。1984年,将工商税划分为产品税、增值税及营业税分别课征。

1973—1984年嘉兴市本级工商税纳库情况表

表28-30　　单位:万元

年份	纳库数	年份	纳库数	年份	纳库数
1973	3362.4	1975	2025.4	1977	3578.2
1974	1935.6	1976	2133.5	1978	4449.6

续表28-30

年份	纳库数	年份	纳库数	年份	纳库数
1979	4832.9	1982	7584.6	合计	56732.6
1980	5852.9	1983	7771.2	—	—
1981	6539.2	1984	6667.1	—	—

产品税　1984年10月1日起执行。课证范围共270个税目，税率最高为60%，最低为3%。按照销售收入或采购金额计算征税。征收增值税的产品，不征产品税。至1989年，一部分产品陆续改征增值税，征收产品税的尚有96个税目。

1984—1990年嘉兴市本级产品税纳库情况表

表28-31　　单位：万元

年份	纳库数	年份	纳库数	年份	纳库数
1984	1947.9	1987	4609.6	1990	2601.8
1985	9215.2	1988	2088.9	合计	29039.9
1986	6080.0	1989	2496.5	—	—

增值税　1983年1月，根据上级规定，对生产机器机械、自行车、电风扇3种产品的国营企业和县以上集体企业试行征收增值税。按企业产品新增加的价值额为课税依据。1984年10月，依国务院条例，列入征收增值税的产品有12个税目。1987年1月开始，由原来按甲类产品或乙类产品分别计税，改为全部采用“扣税法”。至1989年止，扩大为31个税目。

1983—1990年嘉兴市本级增值税纳库情况表

表28-32　　单位：万元

年份	纳库数	年份	纳库数	年份	纳库数
1983	676.4	1986	6828.9	1989	14311.1
1984	1511.8	1987	8324.4	1990	13291.4
1985	2393.7	1988	12479.0	合计	59816.7

营业税　1984年10月1日起执行。根据商业批发、商业零售、服务性等不同业务环节，分别按销售、收益收入的金额或进销差额征收。营业税税目税率表列11个税目，1988年，增加3目，税率从3%~15%。临时经营和农民个人贩卖粮食按3%税率征税；贩卖粮食以外的其他农副产品，税率5%；其他临时经营税率10%。

1984—1990年嘉兴市本级营业税纳库情况表

表28-33　　单位：万元

年份	纳库数	年份	纳库数	年份	纳库数
1984	256.6	1987	4193.5	1990	6553.1
1985	2462.8	1988	6261.0	合计	29741.5
1986	3326.1	1989	6688.4	—	—

城市维护建设税　1985年起开征。以产品税、增值税、营业税的实交税额为计税依据。纳税人所在地在市区的,税率为7%;纳税人所在地在县城、建制镇的,税率为5%;纳税人不在市区、县城或建制镇的,税率为1%。

1985—1990年嘉兴市本级城市维护建设税纳库情况表

表28-34　　单位:万元

年份	纳库数	年份	纳库数	年份	纳库数
1985	785.7	1988	1261.9	合计	6916.9
1986	964.5	1989	1463.7	—	—
1987	1033.5	1990	1407.6	—	—

牲畜交易税　1953年11月起开征。以牛的交易为征税对象,税率5%,按价计征,由买方纳税。对农业合作社社员向供销社购进的耕牛免征。1959年9月1日起停征。

1983年3月1日起按原征税对象、税率恢复征收。1983—1990年,嘉兴市本级牲畜交易税共纳库12.5万元。

集市交易税　1962年6月,依省规定开征。征收范围为家禽、家畜、肉类、蛋品、淡水产品、海产品、干鲜果、土特产品、旧货等9类、43个品目。凡高于国营收购牌价在集市出售的,旧货税率15%,其余税率10%。1963年,税率调整为7%及10%。1965年9月15日起,暂停征收。1962—1969年,嘉兴县纳库30.8万元。

渔业税　1956年4月10日开征。就海洋、淡水产品4个品目,按每次销售总额比例征收。同年11月20日起,海洋渔业税一律按出售总额课征3%,内河捕捞水产品免征。1957年,内荡(河)养殖鱼产品改征农业税。1959年5月,税率一律调整为8%。1966年9月,对卖给公有制水产经营单位的税率改为5%。1979年4月,一律按3%税率计征。1956—1990年,嘉兴市本级渔业税分成收入为1.4万元。

按所得收益额征税类

工商所得税　1950年,所得税列入工商业税中,实行14级全额累进制,税率5%~30%。1951年1月调整为21级全额累进制,税率分为21个。1953年1月起,把所得税与所得税附加合并计税。嘉兴市区合并的税率,最低一级为5.63%,最高一级为33.9%。1956年4月,对供销社实行所得税附征。县、市社附征17%,基层社附征10%~14%。1957年,改按5级综合计算率征收所得税,县社税率30%~70%。1958年,对定息的公私合营户,由缴纳所得税改为上缴利润。1958年10月,工商业中的所得税部分改称工商所得税。1958年4月起,供销合作社工商所得税并入国营改为上缴利润。1961年,基层供销社恢复按综合计算率征收所得税。1962年1月,县社和基层均改按39%比例税率征收。此后,县社于1966年,基层社于1970年均改上缴利润。1984年1月1日起,复又改按8级超额累进税率纳税,所属的饮服企业按比例税率20%征收所得税。1961年8月起,手工业合作社、运输合作社、合作商店(小组)、城乡公社办集体经济组织的工商所得税,改按3级全额累进税率征收,最低为20%,最高为30%。1962年6月,手工业社改按原21级全额累进税率征收,合作商店开始实行加成征收。1963年4月起,手工业社、运输社改按8级超额累进征收,税率7%~55%,取消加成征收。1978年,合作商店改按9级超额累进税率7%~60%征收。1980年,再改为8级超额累进税率征收。1981年起,对城镇集体企业,以核实1980年实现利润为基数,每年增长利润减半征收所得税。

1959年7月,嘉兴县人民公社所属企业所得税率为33%。1961年,改按3级全额累进税率。1962年6月起,对社办工业改按21级全额累进税率计征所得税。1963年4月,再改按8级超额累进税率。商业税率不变,并分别实行加成征收。1966年,对社队企业实行改按20%比例税率计征。1984年1

月1日起，社队企业工商所得税一律改按8级超额累进税率征收，并取消免税的规定。

1961年起，对个体工业和小商小贩改按3级全额累进税率征收。1962年6月，个体手工业恢复按21级全额累进税率计征并与小商贩一起，实行加成征收4成至1倍。1963年4月，个体运输、个体手工业一律按照14级累进税率7%~62%和加征规定征收。1980年10月起，所有个体工商户一律实行5级超额累进税率10%~50%征收所得税。1981年10月，改按集体企业相同的8级超额累进税率计征。

1986年，工商所得税改为集体企业所得税。

1950—1985年，嘉兴市本级工商所得税纳库总额为19715.7万元，分年收入如下：

1950—1985年嘉兴市本级工商所得税纳库表

表28-35　　　　单位：万元

年份	纳库数	年份	纳库数	年份	纳库数
1950	21.3	1962	204.7	1974	351.7
1951	39.5	1963	192.2	1975	262.8
1952	174.0	1964	300.9	1976	308.9
1953	109.3	1965	362.5	1977	443.7
1954	253.8	1966	346.6	1978	832.1
1955	272.5	1967	264.4	1979	850.1
1956	346.3	1968	186.7	1980	1020.0
1957	475.1	1969	276.1	1981	871.3
1958	710.7	1970	342.9	1982	1179.3
1959	276.0	1971	377.5	1983	1550.5
1960	293.2	1972	401.6	1984	2025.2
1961	139.4	1973	405.4	1985	3247.5

集体企业所得税　由原工商所得税改制而来。1985年4月规定，对集体所有制企业一律改按10%~55%新8级超额累进税率征收。对县以上供销社所属的独立核算的饮食业，税负超过15%的，仍以15%的税率征收。个体工商业户1985年附带在内征收，1986年另设税种划出计征。

1986—1990年，嘉兴市本级集体企业所得税累计纳库20442.5万元，分年收入如下：

1986—1990年部分年份嘉兴市本级集体企业所得税纳库表

表28-36　　　　单位：万元

年份	纳库数	年份	纳库数	年份	纳库数
1986	3929.2	1988	4303.0	1990	3337.2
1987	4338.6	1989	4534.5	—	—

国营企业所得税　全国1983年1月起开征，实行第一步利改税。大中型企业按比例税率55%计征，小型企业及县以上供销社按7%—55%8级超额累进税率征收。饮服业、营业性宾馆及招待所按15%比例税率交纳。大中型企业税后利润，一部分按国家核定的留利水平留给企业，余下部分按《国营企业利改税办法》上交利润。1984年10月对征收制度作改进，实行第二步利改税。规定在国营企业征收所得税后，大中型企业再交纳调节税，利润较多的小型企业再交纳承包费。大中型企业税率不

变，小型企业及饮服业等于1985年实施时，改按10%—55%新8级超额累进税率征收。县以上供销社改征集体企业所得税。

嘉兴市本级1983年至1990年国营企业所得税累计纳库44705.8万元，分年收入如下：

1983—1990年部分年份嘉兴市本级国营企业所得税纳库表

表28-37　　单位：万元

年份	纳库数	年份	纳库数	年份	纳库数
1983	4709.1	1986	6223.1	1989	6208.5
1984	5099.5	1987	5417.4	1990	4629.9
1985	6192.0	1988	6226.3	—	—

国营企业调节税　1984年10月开征。对大中型企业缴纳所得税后，剩余利润超过规定留利水平的部分进行调节。1985—1990年，嘉兴市本级累计预算收入2084万元，分年收入如下：

1985—1990年部分年份国营企业调节税纳库表

表28-38　　单位：万元

年份	纳库数	年份	纳库数	年份	纳库数
1985	1502.7	1987	86.1	1989	200.4
1986	198.1	1988	31.7	1990	65.0

城乡个体工商业户所得税　1986年1月，从征收集体企业所得税中划出，单设税种，按税率7%~60%十级超额累进税制征收。对年所得额在5万元以上的，加征1~4成以调节收入。1986—1990年，嘉兴市本级共纳库1076万元。

私营企业所得税　1988年规定，对雇工8人以上、生产资料为私人所有的企业，就其生产经营所得，按35%比例税率征收。1989—1990年，嘉兴市本级共纳库4.9万元。

中外合资经营企业所得税　1980年9月规定，对中外合资企业的生产经营所得和其他所得，按年度收入总额，减除成本、费用以及损失后的余额，按30%比例税率征收所得税，另按应纳税额附征10%的地方所得税。对新办合资经营企业合资期在10年以上的，以开始获利年度起免征2年，第3年起减半征收3年。嘉兴市本级1988年才有纳税，至1990年，共纳库2.5万元。

外国企业所得税　1980年9月，国家公布外国企业所得税法。按应纳税的所得额超额累进计算征收。税率如下：全年所得额不超过25万元的，税率为20%；全年所得额超过25万元至50万元的部分，税率为25%；全年所得额超过50万元至75万元的部分，税率为30%；全年所得额超过75万元至100万元的部分，税率为35%；全年所得额超过100万元的部分，税率为40%。同时，外国企业按照前条规定缴纳所得税的，应当另按应纳税的所得额缴纳10%的地方所得税。

薪给报酬所得税　1950年1月开征，为照顾职工工资收入较低，同年6月停征。嘉兴县（市）纳库0.8万元。

个人所得税　1980年国家公布，分类征收。嘉兴1986年启征，市本级至1990年共纳库3.8万元。

个人收入调节税　1987年1月开征。采用分类所得税制，按超倍累进税率和比例税率两种计征。1987—1990年，嘉兴市本级共纳库183.4万元。

利息所得税　1950年启征，就分类利息所得，按5%税率计征。1959年起停征。1950—1958年，嘉兴县共纳库10.3万元。

国营企业奖金税　1984年1月起征收。就未实行工资总额随经济效益挂钩浮动的国营企业所发放的各种形式的奖金，对其超过4个月标准工资的部分，按30%~300%的3级超额累进税率征收。1987年，税率调整为20%~200%四级超额累进。1988年，放宽到超过标准工资4个半月起征。1985—1990年，嘉兴市本级共纳库232.9万元。

集体企业奖金税　1985年1月起开征。对工资标准的计算，分为执行国营企业同行业工资标准和集体企业自定2档。自定部分，由市、县政府统一核定一个标准计算。限额和税率比照国营企业奖金税规定办理。1985—1990年，嘉兴市本级共纳库162.2万元。

事业单位奖金税　1985年1月起开征。根据国家核拨事业经费和资金来源的不同，分为4档限额。对发放工资和各种形式奖金超过限额部分，比照国营企业奖金税的税率计征。1985—1990年，嘉兴市本级共纳库27.5万元。

国营企业工资调节税　1985年1月起开征。对实行工资总额随经济效益挂钩浮动的大中型企业，就其增发工资超过限额7%以上的部分，按30%~300%3级超率累进税制计征。1987年，调整为20%~200%四级超率累进征收。1985—1990年，嘉兴市本级共纳库59.1万元。

按财产和行为征税类

城市房地产税　1950年初，暂依旧章征收房捐。嘉兴市区于1950年下半年开征城市房地产税。1953年房地产税附加并入正税征收，房产税税率由1%调整为1.2%，地产税税率由1.5%调整为1.8%。1973年，全民、集体单位应纳的城市房地产税并入工商税内征收，余下的只对城市房管部门和有房地产的个人征收。1987年，改征房产税和城镇土地使用税。1950—1986年，嘉兴市本级共纳库835.1万元。

房产税　嘉兴市本级1986年10月1日起开征。凡坐落在城市、建制镇行政区域内的房屋，依房产余值（一般按原值减除30%折旧）计算，年税率1.2%；依房屋租金收入计算的，年税率为12%。1987—1990年，嘉兴市本级共纳税1326.1万元。

城镇土地使用税　1989年开征。凡在城市、县城、县属建制镇范围内使用土地的单位和个人，以纳税人实际占用土地面积（平方米）为计税依据。分等确定税率。嘉兴市区每平方米最高年税额2.50元，最低0.25元。1989—1990年，嘉兴市本级共纳库926.6万元。

车船使用牌照税　1950年3月，浙江省单行法执行。按机动车船、非机动车船4类19个税目定额征收。1973年，并入工商税内征收。仅保留对个人和房管部门及涉外三资企业使用的车船继续征收。1950—1986年，嘉兴市本级累计纳库63.5万元。

车船使用税　1986年10月起执行。1987—1990年，嘉兴市本级共纳库172万元。

屠宰税　解放初期，按猪、羊、牛头数分别定额征收。1950年2月，对有屠宰场或集中屠宰的，按实际重量从价依率10%计征。1953年1月，私营企业税率调整为13%后不再课征营业税及其附加。国、合企业屠宰税改按10%税率计征。1957年3月起，税率一律改为8%，外调屠宰的牲畜，按收购价征收10%。1958年7月起，国、合企业收购外调的生猪、羊、菜牛，屠宰税一律按收购总值缴纳5%，企业就地宰杀销售的，按零售价缴纳4%的屠宰税。1973年1月起，经营牲肉企业应纳屠宰税并入工商税征收。自此，只对集体伙食单位、个人和外侨宰杀牲畜征收屠宰税。1982年4月，对农村社队和社员及集体伙食单位屠宰牲畜，改为按头定额征收。1950—1990年，嘉兴市本级共纳库1134.4万元。

印花税　1950年12月，政务院公布暂行条例，列举25个税目，分按金额比例贴花和按件定额贴花2种。1953年1月起，商事印花税税目并入其他税种中征收。1956年印花税简化修订为9个税目。1958年，印花税并入工商统一税。1988年10月，重新开征印花税。列举各种合同10个税目，产权转移收据、营业帐簿、权利许可证照各1个税目。按5个比例税率、1个定额税率征收。1950—1990年，嘉兴市本级共纳库478.7万元。

特种消费行为税　1949年6月，沿用旧税制征收。同年11月，按省订暂行办法执行。1951年1月，政务院颁布暂行条例，嘉兴市区适用税目、税率为：电影院、戏剧院、书场税率为25%；筵席税率为15%，起征点3元（新人民币）。1953年特种消费行为税废止，电影、戏剧等娱乐部分改征文化娱乐税，其余税目并入营业税。1950—1953年，嘉兴市本级共纳库7.7万元。

文化娱乐税　1953年1月，沿用原有娱乐部分规定征收。1956年颁布《文化娱乐税条例》，嘉兴市区适用税率为丁级，电影税率10%，戏曲、书场等税率2%。1962年4月起，嘉兴市区调整为丙级地区税率，电影按10%，戏曲、书场按6%税率征收。1964年11月起，对演出现代戏及曲艺的现代书目，一律免征。1965年8月起，对电影放映队在农村放映电影，也一律免征。1966年10月全面停征。1953—1966年，嘉兴市本级共纳库34.7万元。

筵席税　1988年9月，国务院公布条例，对饭店、酒店、宾馆、招待所以及其他饮食业举办筵席的单位和个人，按每次筵席价课税15%，由承办筵席单位代征代交。截至2002年，全国各地都陆续取消筵席税。1989—1990年，嘉兴市本级共纳库3.9万元。

特别消费税　1989年1月25日，国务院决定对彩色电视机和小轿车开征特别消费税。1989—1990年，嘉兴市本级共纳库15.1万元。

建筑税　1983年10月1日起施行。对国营、集体企业、机关、团体、事业单位、部队、地方政府等计划外自筹基本建设投资，按投资总额10%征收建筑税。1987年起，对超计划安排的投资额部分和计划外自筹基本建设投资部分，按20%征收建筑税。未列入计划的楼、堂、馆、所或提高建筑标准的项目，按税率30%计征。1984—1990年，嘉兴市本级共纳库1946.7万元。

第四节　区税收体制

税收征管

税收征管包括税收征管模式、税款征收方式、税收管理制度等方面内容。税收征管制度是规范税收征收管理工作的制度总称。1950年1月，浙江省执行政务院公布的《全国税政实施要则》，凡有关全国性税收条例、法令，均由政务院统一制定、颁布实施，各地区遵照执行，不得自行修改或变更。

中华人民共和国成立后，全省税收征管模式主要分为4个阶段。第1阶段：1950—1987年，实行一员到户，各税统管，集征、管、查为一身的专管员管理模式。第2阶段：1988—1994年，实行征管与检查“两分离”或征管查“三分离”制度。但仍定向征收、定向管理、定向检查。第3阶段：1995—1996年，实行申报代理稽查三位一体。取消专管员管户制度，建立办税服务厅，由“管户”向“管事”转变。第4阶段：从1997年起，建立计算机网络，实行科学高效现代征管体系。1997年1月23日，全省执行国务院办公厅批转《国家税务总局深化税收征管改革方案》，确立“以申报纳税和优化服务为基础，以计算机网络为依托，集中征收，重点稽查”的征管模式。

征管模式　1997年9月，全省国地税机构进一步分设，国税部门形成科学聚财的税收征管模式，按时间排序主要是：“以纳税申报和优化服务为基础，以计算机网络为依托，集中征收，重点稽查”的30字征管模式、“一体两翼”的征管模式以征管改革为主体，征管、稽查为两翼、“信息数据集中处理，税款集中征收”的征管模式和“以申报纳税和优化服务为基础，以计算机网络为依托，集中征收，重点稽查、强化管理”的34字征管模式。

南湖税务分局为非全职能局，仅负责辖区内税源的日常征收管理，不具备税务稽查职能。2007年前，南湖税务分局征管模式先后实行管户制、管事制、属地管理、分类管理等。2008年和2009年，全面实施增值税一般纳税人、小规模纳税人和个体工商户3条线分类专业管理。2010年，对税源管理工作实施新的调整，实行“重点税源分户管、一般税源分片管、零星税源社会化管”的税源管理新模式。

征管范围　南湖税务分局管辖中央设在嘉兴的企业、市属在南湖区的企业以及南湖区5个镇、6个街道的企业和个体工商户，并负责辖区内增值税、消费税、企业所得税、车辆购置税等税收的征收工作。

征收方式　根据省税务局〔1987〕税稽（679）号通知规定，税款征收方式由县、市税务机关根据税收法规的规定和纳税人的生产经营情况、财务管理水平以及便于征收管理的原则具体选择，征收方式包括查账征收、查定征收、查验征收、民主评议核定征收、定期定额征收、起运征收、上市征收、委托代征等。南湖税务分局根据辖区内纳税人的上次经营情况和财务管理水平，主要采用查帐征收、核定征收、定期定额征收、委托代征等。

税源税收

增值税 为中央、地方共享税。其中75%属于中央预算收入，25%属于地方预算收入。是国税主体税种，占南湖税务分局全部收入的68%左右。基本税率为17%，另有一档13%优惠税率。增值税小规模纳税人按照征收率进行征收，征收率有4%与6%，2008年征收率调整为3%。2001年开始，对有进出口经营权的生产企业自营或委托外贸企业代理出口货物，实行“免抵调”政策，增值税增长速度明显加快。

消费税 为100%中央税，地方无财政分成。目前分局涉及自2009年5月1日起开征烟草公司批零环节5%税率消费税、金银首饰零售环节5%税率消费税、生产销售实木地板5%税率消费税以及酒类生产企业户。

企业所得税 原企业所得税分为内资企业所得税和外商投资企业所得税。2008年1月1日起，统一为企业所得税，个人独资企业和合伙企业不适用该税。该税种为中央、地方共享税种，其中60%属中央预算收入，40%属地方预算收入。居民企业的企业所得税税率为25%，非居民企业适用税率为20%。该税种实行季度预缴、年终汇算清缴。企业所得税收入约占分局年度税收收入的18%。

车辆购置税 属于中央税。国家2001年起开始征收，前期由原征收车辆购置附加费的交通管理部门负责征管，2005年1月起，由国税部门征收，税率为10%。嘉兴市本级的车辆购置税由嘉兴市国家税务局车辆购置税征收管理分局（与国税南湖分局合署办公）负责征收管理。该税种收入约占分局税收收入的9%。

2001—2010年区国税收入情况表

表28-39 单位：万元

年份	税收收入	其中区级国税收入	增减额	其中区级增减额	增减幅度	其中区级收入增减幅度
2001	68596	—	11582	—	20.31%	—
2002	83581	—	14985	—	21.85%	—
2003	87214	—	3633	—	4.35%	—
2004	100578	46990	13364	—	15.32%	—
2005	120851	62689	20273	15699	20.16%	33.41%
2006	147554	81005	26703	18316	22.10%	29.22%
2007	227937	101509	80383	20504	54.48%	25.31%
2008	236124	115515	8187	14006	3.59%	13.80%
2009	250054	132308	13930	16793	5.90%	14.54%
2010	306763	156488	56709	24180	22.67%	18.39%

2004—2010年区国税分税种收入情况表

表28-40 单位：万元

年份	增值税	消费税	内资企业所得税	外商投资企业和外国企业所得税	个人利息所得税	车辆购置税	备注
2004	82326	579	9591	4364	3718	—	交通管理部门代征征
2005	97733	618	13817	4434	4249	35295	—
2006	120791	818	15325	5166	5454	41820	—

续表28-40

年份	增值税	消费税	内资企业所得税	外商投资企业和外国企业所得税	个人利息所得税	车辆购置税	备　　注
2007	139931	892	25062	7166	6379	48507	—
2008	158627	1266	29033	13412	4117	29668	—
2009	171078	13507	39927		1881	23662	2008年1月1日起，内资企业所得税和外商投资企业所得税统一为企业所得税
2010	175382	26269	62072		409	42632	

2001—2010年区地税收入情况表

表28-41　　单位：万元

年份	税收收入	其中区级地方收入	增减额	其中区级增减额	增减幅度	其中区级收入增减幅度
2001	69207	14129	19276	1231	38.61%	9.5%
2002	77789	16456	8582	2327	12.40%	16.5%
2003	90653	20301	12864	3845	16.54%	23.4%
2004	115384	27496	24731	7195	27.28%	35.4%
2005	125238	40343	9854	12847	8.54%	46.7%
2006	142500	48356	17262	8013	13.78%	19.9%
2007	171049	67811	28549	19455	20.03%	40.2%
2008	205994	81784	34945	13973	20.43%	20.6%
2009	217126	99475	11132	17691	5.40%	21.6%
2010	300098	141894	82972	42419	38.21%	42.6%

2004—2010年区地税分税种收入情况表

表28-42　　单位：万元

年份	营业税	企业所得税	个人所得税	城市维护建设税	房产税	印花税	城镇土地使用税	土地增值税	车船税	契税	其他
2004	41390	45835	15385	6610	3791	964	563	319	526	—	—
2005	46829	43096	19477	7955	4787	1043	592	999	459	—	—
2006	51157	49918	19592	9558	6171	2031	1420	2173	480	—	—
2007	59392	55109	24909	12429	8333	2964	2500	4711	693	—	9
2008	74559	57826	33213	14101	8954	3703	6856	5364	1418	—	—
2009	85660	43992	37030	15407	11781	4044	9594	7727	1891	—	—
2010	129907	39757	50558	19559	9230	5786	7075	29139	2571	6516	—

税务登记

2001年，因秀城区按实运作，区域面积扩大，所辖乡镇增多及经济发展，税务登记11947户，比2000年净增2116户，增幅21%。其中个体工商户为7485户，比2000年净增2405户，增幅47%；私营企业1280户，比2000年净增475户，增幅59%。国有、集体企业由于改制等原因，2001年净减610户，尚余1422户，减幅为28%。以后每年呈稳步增长态势，至2010年底，登记户数22013户，其中一般纳税人4800户、小规模纳税人14271户（含个体工商户）。

2001—2010年区税务登记申报户数报告表

表28-43 单位：户

年份	登记户数	增值税纳税人			企业所得税管户
		户数	其中一般纳税人	小规模纳税人（含个体工商户）	
2001	11947	10986	2058	8928	865
2002	12479	12196	2265	9931	1583
2003	13985	13443	2520	10923	1564
2004	14569	14121	2764	11357	2214
2005	15227	15115	3028	12087	2758
2006	15662	15609	3296	12313	3438
2007	15795	15636	3643	11993	4133
2008	17029	16929	3853	13076	4536
2009	18514	18088	4242	13846	5013
2010	22013	19071	4800	14271	5561

税收优惠和减免

税收减免是指根据国家一定时期的政治、经济、社会政策要求，对生产经营活动中的某些特殊情况给予减轻或免除税收负担。对应征税款依法减少征收为减税；对应征税款全部免除纳税义务为免税。2005年8月3日，国家税务总局制定出台《税收减免管理办法（试行）》，于2005年10月1日起施行。

区国、地税机构重视发挥税收调控作用，采取有力措施确保将各项税收减免优惠政策落到实处，全力助推地方产业结构转型升级。

2007—2010年区增值税减免情况表

表28-44 金额：万元

年份	减免项目	资源综合利用	民政福利企业	软件企业
2007	户数（户）	6	49	4
	减免金额	1260.29	3909.21	9.65
2008	户数（户）	5	45	3
	减免金额	1176.59	4187.30	28.55
2009	户数（户）	16	46	4
	减免金额	722.55	3226.56	21.21
2010	户数（户）	14	45	4
	减免金额	714.18	4538.34	598

2007年区外商投资企业所得税减免税情况表

表28-45

金额：万元

减免项目	二免三减半	二类（出口）企 业	国产设备抵免	再投资退税
户数（户）	79	12	6	4
减（抵）免税额	9299.47	1397.29	466.66	569.55

2007年区内资企业所得税减免税情况表

表28-46

金额：万元

减免项目	新办三产企业	安置下岗再就业	软件企业	其他（非盈利性医疗机构）	国产设备抵免
户数（户）	76	17	3	5	12
减（抵）免税额	953.76	740.83	39.48	59.86	995.42

2008—2010年所得税减免情况表

表28-47

金额：万元

减免税项目	2008		2009		2010	
	户数（户）	金额	户数（户）	金额	户数（户）	金额
一、免税收入（1+2）	11	10569.53	28	22940.14	13	21188.10
1.国债利息收入	1	4661.33	3	5239.29	1	4866.63
2.符合条件的居民企业之间的股息、红利等权益性投资收益	10	5908.20	25	17700.85	2	16321.47
二、加计扣除额合计（1+2）	62	4279.44	64	7782.95	88	10661.71
1.开发新技术、新产品、新工艺发生的研究开发费用	30	4198.76	28	7491.89	36	10311.16
2.安置残疾人员所支付的工资	32	80.68	36	290.06	52	350.55
三、农林牧渔项目减免所得额合计	9	81.65	58	1772.92	75	3251
四、减免税合计（1+2+3+4）	1827	10183.68	2019	10555.69	2269	16663.97
1.符合条件的小型微利企业	1760	337.90	1957	387.18	2208	614.11
2.国家需要重点扶持的高新技术企业	3	234.94	8	618.78	14	2443.57
3.过渡期税收优惠	63	9162.17	53	8347.69	35	10152.21
4.其他（软件企业）	1	448.67	1	1202.04	2	407.73
五、抵免所得税额合计	15	693.22	15	1409.58	10	3046.35
1.其他（原国产设备抵免）	15	693.22	15	1409.58	10	3046.35

2007—2010年区营业税减免情况表

表28-48

金额：万元

年份	户数（次）	减免金额
2007	235	135.50
2008	92	282.23
2009	93	322.11
2010	348	825.40

2009—2010年区所得税减免情况表

表28-49　　金额:万元

减免税项目	2009年		2010年	
	户数(户)	金额	户数(户)	金额
一、免税收入(2+3+4+5)	97	140126.98	96	231964.58
1.国债利息收入	3	46.77	4	363.71
2.符合条件的居民企业之间的股息、红利等权益性投资收益	55	127309.75	58	199138.40
3.符合条件的非营利组织的收入	3	122.21	9	328.76
4.其他	45	12648.25	31	32133.71
二、减计收入(7+8)	1	774.76	—	—
1.企业综合利用资源	—	—	—	—
2.其他	1	774.76	—	—
三、加计扣除额合计(10+11+12+13)	80	4654.05	92	6005.78
1.开发新技术、新产品、新工艺发生的研究开发费用	8	2725.27	9	3628.16
2.安置残疾人员所支付的工资	75	1928.79	86	2377.63
3.国家鼓励安置的其他就业人员支付的工资	—	—	—	—
4.其他	—	—	—	—
四、减免所得额合计(15+25+29+30+31+32)	19	2359.69	18	2442.61
(一)免税所得(16+17+…+24)	19	2359.69	18	2442.61
1.蔬菜、谷物、薯类、油料、豆类、棉花、麻类、糖料、水果、坚果的种植	2	14.06	1	6.14
2.农作物新品种的选育	1	51.48	1	32.17
3.中药材的种植	—	—	—	—
4.林木的培育和种植	—	—	—	—
5.牲畜、家禽的饲养	1	10.42	1	25.37
6.林产品的采集	—	—	—	—
7.灌溉、农产品初加工、兽医、农技推广、农机作业和维修等农、林、牧、渔服务业项目	8	468.19	7	1321.48
8.远洋捕捞	—	—	—	—
9.其他	8	1815.54	8	1057.45
(二)减税所得(26+27+28)	—	—	—	—
1.花卉、茶以及其他饮料作物和香料作物的种植	—	—	—	—
2.海水养殖、内陆养殖	—	—	—	—
3.其他	—	—	—	—
(三)从事国家重点扶持的公共基础设施项目投资经营的所得	—	—	—	—
(四)从事符合条件的环境保护、节能节水项目的所得	—	—	—	—
(五)符合条件的技术转让所得	—	—	—	—
(六)其他	—	—	—	—
五、减免税合计(34+35+36+37+38)	509	5054.44	554	5878.81

续表28-49

减免税项目	2009年		2010年	
	户数（户）	金额	户数（户）	金额
（一）符合条件的小型微利企业	489	118.59	534	156.99
（二）国家需要重点扶持的高新技术企业	5	2442.66	5	2601.21
（三）民族自治地方的企业应缴纳的企业所得税中属于地方分享的部分	—	—	—	—
（四）过渡期税收优惠	4	169.06	2	248.14
（五）其他	12	2324.13	15	2872.46
其中：文化体制改革	3	476.60	4	506.47
科研机构转制为企业	—	—	—	—
软件、集成电路	—	—	—	—
下岗失业人员再就业	—	—	—	—
六、创业投资企业抵扣的应纳税所得额	—	—	—	—
七、抵免所得税额合计（45＋46＋47＋48）	8	119.51	8	303.37
（一）企业购置用于环境保护专用设备的投资额抵免的税额	—	—	1	19.32
（二）企业购置用于节能节水专用设备的投资额抵免的税额	1	6.75	1	15.43
（三）企业购置用于安全生产专用设备的投资额抵免的税额	—	—	—	—
（四）其他	8	112.76	6	268.61

第五节　税务稽查

中华人民共和国建立后，对税收的检查主要在各税法律、行政法规中予以规定，1986年7月1日施行《中华人民共和国税收征收管理暂行条例》后，税收检查依照《中华人民共和国税收征收管理暂行条例》和《中华人民共和国税收征收管理法》及其《实施细则》执行。

1986年，全省财税系统陆续设立税务检查组，县（市）财政税务局税务检查组级别为股（科）级。随着各县（市）税务稽查队的建立，税务检查组逐步撤销。

1993年8月后，省、市（地）、县（市）税务机关分三级建立税务稽查机构，组建省税务稽查总队，市税务稽查支队，县（市）税务稽查大队。各级税务稽查组织的机构均设在同级税务局内，代表税务局按照各自的税收管辖范围行使税务稽查职能。负责税收的经常性、专项性、行业性的检查以及重大税务案件的侦破查处工作。

区国、地税务分局为非全职能局，未设置税务稽查机构，市本级的税务局稽查职能由嘉兴市税务稽查分局承担。

2006年5月17日，市国税稽查局对境内某经营酒、调味品、饮料、蜜饯的公司的纳税情况进行检查，查实该纳税人在2002—2005年的4年中，通过销售产品未开票未申报和以实物返利形式赠送产品未作销售等方式，隐匿不含税销售收入共计3514693.76元，通过取得虚开增值税专用发票方式抵扣进项税款21795.24元。2007年1月9日，市国税局对该纳税人的偷税行为，依法作出追缴增值税619293.18元，追缴消费税250826.01元，加收滞纳金365477.35元，并处以所偷税款1倍罚款，计870119.19元的处罚。

2007年11月28日，市国税稽查局对某主营千斤顶、五金工具、汽车零部件的股份合作机械厂2006年进行涉税情况检查，查实该纳税人通过销售产品不开具发票不进行纳税申报和出售下脚料收取现金未足额申报等手段，隐匿含税销售收入共计4220314.89元。2008年2月19日，市国税局对该纳税人的偷税行为，依法作出追缴增值税613208.13元，加收滞纳金176965.48元。并处所偷税款百分之五十的罚款计306604.07元的处罚。

第五章　金　融

第一节　民国时期金融业

钱庄

嘉兴钱庄首办是清光绪六年(1880)前后在塘湾街开设的恒丰钱庄。至清末，城内有3~4家。1933年，嘉兴的13家钱庄中，有仁泰、通吉、元大、大亨、义康5家因资金难以周转倒闭。1934年8月，嘉兴县农民银行现款和金银被内部负责人窃取，累及滋源、聚源、衡源钱庄发生存款挤提，当月30日倒闭。抗日战争前夕，嘉兴县剩7家钱庄，到日本侵略军入侵，全部停业。日伪期间，嘉兴县开设16家钱庄。抗日战争胜利后，国民政府规定日伪时期开设的银钱业不准复业，除战前存在的机构外，不准新设机构。嘉兴县复业钱庄3家，至1950年钱庄全部停歇。

信用合作社

1919年“五四”以后，西方的合作运动思潮传入，官方和民间都提倡农村合作事业，初时大多为信用合作社。1936年，嘉兴县有信用合作社107个，抗日战争期间全部解散。抗日战争胜利后，提倡兴办信用合作社，嘉兴县有180个农村信用社，由农民银行在贷款上给予支持。解放后，原有的信用社相继停歇。

官办银行

中国银行嘉兴支行　1914年8月成立。抗日战争期间撤退到上海与中国银行杭州分行合并办公。1944年下半年，部分中行人员返嘉兴成立日伪中国银行。1945年9月，恢复中国银行嘉兴支行。解放后，军管会接管改组为中国银行嘉兴办事处。1950年底停业。解放前中国银行经营的业务，主要是在法币改革前发行货币，吸收各种存款，贷放给工商企业交通公用事业各种款项，向银钱业的同业拆借，一度试办农村生产合作贷款。

浙江省银行嘉兴分行　原称浙江地方银行，创立于清末。嘉兴分行建于1933年4月，下辖桐乡、海宁、平湖、海盐、嘉善办事处。主要业务为代理金库，发行浙江省地方性货币。法币改革之后，还举办各种存贷款，承担地方政府借款。抗日战争期间撤至丽水，抗日战争胜利后迁返嘉兴复业。1947年改称浙江省银行嘉兴分行。解放后由人民银行接管。

交通银行嘉兴支行　1936年成立，原称嘉兴办事处。日伪时期改称农业贷款处。1946年4月复业，翌年4月改组为支行。主要业务为存放款。贷款对象以工交企业及茧场、蚕种场为主。解放后由人民银行接管。

中国农民银行嘉兴办事处　1946年9月成立，业务以办理农村合作社与农业社团的农业贷款为主，兼办农田水利、蚕桑、渔业、农村副业、简易粮仓的存放款。解放后由人民银行接管。

嘉兴县农民银行　1933年7月成立，资金98303元，系按浙江省政府规定，从田赋项下带征资本筹办。该行设有仓库兼营米谷抵押放款。抗日战争时，撤退至浙东，与各县农民银行合并办公。

嘉兴县银行　1947年3月1日成立，半官半商的县办金融机构，资本法币4000万元，公股占40%，私股占60%。翌年增股金圆券4亿6千万元。业务以调剂地方金融，发展合作事业为主。解放后，由嘉兴市贸易公司接管，停止营业。

私营银行

嘉兴商业储蓄银行　创立于1921年，实收股本125000元。主要办理存款及对工业放贷。吸收存款约20万元，储蓄存款14.8万元。1931年，经营米、丝、茧的商家因价格下跌而亏本停业，嘉兴禾兴丝厂欠该行贷款20余万元久欠不还，不久又逢金融风潮，受提取存款的影响，1933年倒闭。

浙江建业银行嘉兴支行 成立于抗日战争前，归杭州浙江建业银行管辖。抗日战争期间停业。1946年6月复业，解放初自行清理停业。

上海绸业银行嘉兴分行 总行设上海，嘉兴分行成立于抗日战争前。抗日战争时期撤至上海，1946年6月，返回嘉兴复业。解放初自行清理停业。

浙江兴业银行嘉兴分行 总行设杭州，嘉兴分行于1947年7月成立。解放初自行清理停业。

日伪银行

主要有汪伪政府的中央储备银行等3家银行。

中央储备银行嘉兴支行主要业务为发行伪币"中储券"及存放款。

嘉兴华兴商业银行曾发行"华兴券"纸币。

日资台湾银行办理日本机关、日商洋行的存放款结算。

抗日战争胜利后，台湾、华兴两家银行撤回上海。储备银行由民国政府接收，只剩下日用器具及空库房1座。

保险业

清光绪三十四年（1908），英商上海太古保险公司在嘉兴北门大街保元药局内设嘉兴经理处。民国时期，外商公裕及太阳火险公司、金星及桥安寿险公司在嘉兴委托代理人承揽业务，挂牌营业。中国保险公司于1936年设嘉兴代办处，先施保险置业公司也在嘉兴设代理处。

抗日战争期间，嘉兴保险机构均停办。抗日战争胜利后，在各家银行嘉兴分支机构中设立代理机构。其中中国物产保险公司（中国银行代理）、太平洋保险公司（交通银行代理）、浙江产物保险公司（浙江省银行代理）、中国农业保险公司（中国农民银行代理）、中央信托局保险部（先由浙江省银行代理，后由交通银行代理）、中合保险公司（中央合作金库代理）、安平保险公司（浙江建业银行代理）。

典当业

抗日战争前夕，嘉兴县有典当店铺13家。凤桥镇茂盛丰典当，建于清同治六年（1867）。抗日战争爆发后，嘉兴县典当全部停业，抗日战争胜利后，恢复4家。解放前夕，因货币大幅度贬值，典当全部停闭。典当从事质押活动，抗日战争前一般月息2分5厘加栈租5厘，外加赎当手续费若干。1948年，月息30分，加手续费8分，典期为一个月，10天一结息。

第二节 解放后银行业

中国人民银行嘉兴市中心支行

在中环南路1385号，为中国人民银行的派出机构，1949年7月1日成立。根据中国人民银行的授权，履行贯彻执行货币政策、金融监管、货币信贷管理、人民币发行与管理、外汇管理、金银管理、维护金融安全与稳定、金融统计分析及金融服务等职能。

初建时称中国人民银行嘉兴支行，1950年，改称专区中心支行。1958年，与专署财政局合署办公，12月迁湖州。1959年，嘉兴中心支行营业部与嘉兴县支行合并为嘉兴县支行。1983年，新成立嘉兴市支行，1985年改称分行。下辖5个县（市）支行。

1999年1月1日起，更名为中国人民银行嘉兴市中心支行。2004年初，中国人民银行嘉兴市中心支行在完成与中国银监会嘉兴监管分局有关人员、财产、财务划转的同时，对中心支行及辖区县（市）支行主要职责、内设机构和人员编制进行了调整，并沿用至今。

2010年底，中国人民银行嘉兴市中心支行机关内设科室19个，其中，职能科室13个：办公室、货币信贷管理科、调查统计科、会计财务科（反洗钱科）、科技科、货币金银科、国库科、内审科、人事科、外汇管理科、国际收支科、事后监督中心、保卫科；党群工作机构4个：党委办公室、组织部、纪检监察办公室、宣传群工部；直属单位2个：营业室、后勤服务中心。

地方性金融机构

农村信用社 1954年初，嘉兴县塘汇乡茶园村试办夏金观信用组，为嘉兴市本级农村信用社机构之始，1956年乡乡建立信用社。1958年冬，更名人民公社信用总部，与银行的乡镇营业所合署办公。1961年与银行分开，仍称信用社。1990年，市本级农村信用社61个，其中信用社32个、信用分社29个。1997年，经中国人民银行批准，在嘉兴市城市信用社的基础上，将嘉北、南湖、东栅、塘汇、秀水及实验信用社从农村信用社划出，组建嘉兴市城市合作银行。

城市信用社　1988年8月，是由嘉兴市总工会牵头，8家工会出资的嘉兴市嘉工城市信用社开业，为嘉兴市本级首家城市信用社。随后，嘉兴市城区城市信用社成立，为区首家全民事业金融企业。1997年12月，市本级嘉工、城区、中山3家城市信用社和城区嘉北、南湖、东栅、塘汇、秀水、实验6家农村信用社共同参股，组建成立嘉兴市城市合作银行。

嘉兴银行　前身为嘉兴市城市合作银行，1998年，鉴于城市合作银行是股份制商业银行，不具有“合作”性质，经中国人民银行浙江省分行批复同意，更名为嘉兴市商业银行股份有限公司。从1998—2003年，嘉兴市商业银行将辖内原有的信用社、分理处、储蓄所均改建为支行，实行总行——支行制管理。2009年，嘉兴市商业银行股份有限公司更名为嘉兴银行股份有限公司。经过10多年的发展，至2010年末，嘉兴银行有分支机构30个，覆盖全市各县(市)区在湖州、绍兴设有2家分行，在浙江浦江、安徽歙县成立2家村镇银行，拥有员工1000余人，总资产230.82亿元。

驻区国有银行

中国工商银行嘉兴市分行　在禾兴南路269号。1984年1月，成立嘉兴市支行，与人民银行合署。1985年1月与人民银行帐务分设，更名市分行。下辖5个县(市)支行。有直辖营业部与城市办事处各1个，储蓄所21个。1991年底，工商银行嘉兴市分行辖属5个县(市)级支行，储蓄所66家，城郊办事处1所，集镇办事处4所，分理处5所，在岗员工1206人，各项存款余额16.6亿元，各项贷款余额24.64亿元。1994年4月和6月，分别设立新塍办事处、王店办事处。2005年12月26日，中国工商银行进行股份制改革，更名为中国工商银行股份有限公司嘉兴分行。2007年，成为嘉兴市首家获得全国金融工委授予“全国金融五一劳动奖状”的商业银行。到2010年末，机关内部设置13个办事机构，5个附属机构。下属嘉善、平湖、海盐、海宁、桐乡5个一级支行，32个二级支行，40个分理处，下辖68家营业机构，共有在编人员1509人，总资产达到496亿元，各项存款余额达469亿元，各项贷款余额达380亿元。连续7年跻身全国工行二级分行“经营30强”前十位。

中国农业银行嘉兴分行　在斜西街461号，前身为成立于1956年3月的中国农业银行嘉兴专区中心支行，翌年5月，并入同级人民银行。1964年复建，1965年12月，第2次并入同级人民银行。1980年4月，再度在湖州复建，称嘉兴地区中心支行。1984年1月，撤销嘉兴地区中心支行，成立嘉兴市支行。1991年，该行下属有郊区、嘉善、平湖、海盐、海宁、桐乡6个支行、44个营业所、51个储蓄所，1387名员工。下辖郊区以及5个县(市)农村信用合作联社、149个信用社、330个储蓄所，2989名员工，营业网点遍布全市城乡。1991年初，行社各项存款余额30.5亿元，各项贷款余额达28.75亿元，是全市网点最多、分布最广、人员最多、业务量最大的金融机构。1993年2月，更名为中国农业银行嘉兴市分行。1996年，完成中国农业发展银行机构分设，与农村信用社脱离行政隶属关系。2010年末，农行嘉兴分行内部设置18个办事机构，下辖中山、经济开发区9个一级支行，49个二级支行，41个分理处，3个储蓄所，2156名在岗员工。同年，中国农业银行嘉兴分行总资产650.25亿元，本外币各项存款达到615.97亿元，比1990年增加32.85倍，在4大国有控股商业银行存款中的比重达到32.25%，名列第一；本外币各项贷款达到435.52亿元，比1990年增加25.20倍。存贷款总量率先突破1000亿元大关，达到1051.49亿元，不良贷款率为0.77%。在2010年全国农行311家二级分行等级考评中取得第3名的殊荣。

中国银行嘉兴市分行　在中山东路218号，原为中国银行嘉兴支行，成立于1984年12月。成立初期，为国家外汇外贸专业银行，行使经营国家外汇的职责，从事国际金融活动。1993年，更名为中国银行嘉兴市分行。2004年，中国银行整体改制为国家控股的股份制商业银行，更名为中国银行股份有限公司嘉兴市分行。2010年，辖有分支机构包括分行本部和所辖5县(市)以及秀城、经开7家支行，员工1202人。人民币存款余额272.27亿元，外币贷款余额2.45亿美元；本外币贷款总量331.08亿元。其中人民币贷款总额258.83亿元，外币贷款余额10.90亿美元。

中国建设银行嘉兴分行 在紫阳街208号，原为成立于1983年12月的中国人民建设银行嘉兴市支行。1984年7月，更名为中国人民建设银行嘉兴市中心支行，下辖5个县支行和秦山核电厂办事处。1993年6月，更名为中国人民建设银行嘉兴市分行。1995年，建设银行移交财政职能和政策性业务后，由国家专业银行向现代国有商业银行转轨，随之全市建设银行各项业务得到快速发展。1996年3月，中国人民建设银行经国务院和中国人民银行批准更名为中国建设银行后，更名为中国建设银行嘉兴市分行。2010年末，全市分支机构70家，其中分行营业部1个，县市级综合支行7个，城区单点支行2个，网点型支行51个，分理处9个，在岗人员1474名，资产负债规模为517亿元和513亿元，不良贷款率0.35%，总资产净回报率1.75%，税前利润10.72亿元。

中国农业发展银行嘉兴市分行 在紫阳街127号，1996年12月，从农业银行中分设成立，1997年1月1日，对外营业。是嘉兴市唯一的农业政策性银行，直属中国农业发展银行总行和浙江省分行领导，管理上实行总行一级法人，在总行、省分行授权范围内依法依规开展业务经营活动。其主要职能是按照国家的法律、法规和方针、政策，筹集信贷资金，承担农业政策性金融业务，代理财政支农资金的拨付，为农业和农村经济发展服务。至2010年末，分行下辖5个县级支行，在编员工137人，各项贷款余额46.26亿元，各项存款余额8.96亿元，实现账面利润8569万元。

中国邮政储蓄银行浙江省嘉兴市分行 在中环南路2243号。2008年4月25日成立以来，业务发展规模快速扩张，经营效益显著提升，社会影响日益扩大。至2010年末，分行下辖5个县级支行，12个二级支行，54个二类网点，64个代理网点，在岗员工362人。辖内资产总额156.64亿元，各项储蓄存款余额124.90亿元，贷款余额29.35亿元，实现经营利润2375.41万元。

驻区股份制商业银行

交通银行嘉兴分行 在中山东路1086号。1994年10月8日，交通银行嘉兴支行开业，为全市第一家股份制商业银行，1997年11月，升格为分行，隶属于交通银行上海分行。至2010年末，分行设有13个管理处室，下辖营业部、秀城支行、开发区支行、秀园支行、禾兴支行、南湖支行、秀洲支行8家市区网点和5家县域支行，共有员工460人；本外币余额197.29亿元，各项人民币存款余额175.38亿元，各项人民币贷款余额159.54亿元。累计实现国际结算量19.1亿美元，中间业务收入9454万元，实现经营利润44998万元。

中信银行嘉兴分行 在中山路111号，原为中信实业银行嘉兴支行，1996年11月21日，正式开业。2005年7月，经中国人民银行批准，升格为分行，同年11月，中信实业银行嘉兴分行更名为中信银行嘉兴分行。至2010年末，中信银行嘉兴分行本外币资产总额188.67亿元，本外币一般性存款余额175.54亿元，本外币各项贷款余额132.28亿元，实现国际业务结算22.81亿美元，实现税前利润折合人民币42475万元。下辖分行营业部、秀洲支行、新南湖支行3家市区网点和5家县域支行，自助银行21家，全辖员工409名。

上海浦东发展银行嘉兴分行 在环城西路225号，1997年12月16日，上海浦东发展银行嘉兴支行开业。2007年5月，经中国银监会批准升格为上海浦东发展银行嘉兴分行，是隶属于上海浦东发展银行杭州分行的二级分行。2010年末，下辖秀州、秀城、桐乡、海宁、平湖5个支行，有员工183人。本外币存款余额88.22亿元，本外币贷款余额8.67亿元，全年实现账面利润17447万元。

浙商银行嘉兴支行 在梅湾街1号，2008年12月19日开业，隶属于浙商银行杭州分行，营运资金人民币5000万元。至2010年末，全行员工114人，资产总规模35.36亿元,各项存款余额34.95亿元,各项贷款余额31.69亿元,全年实现经营利润7667.55万元。

深圳发展银行嘉兴支行 在禾兴南路89号,2009年4月15日开业,在编员工40人。至2010年末,资产总额为19.8亿元,存款余额15.5亿元,贷款余额10.5亿元。

第三节 金融管理

货币管理

旧版人民币收兑 1955年3月1日起,发行新版人民币,以新币1元收兑旧版人民币1万元。嘉兴市(县)共收兑3873432元。1964年,嘉兴县收回苏联制版代印的3元、5元、10元3种纸币387.3万元。

人民币投放和回笼 1949—1990年,嘉兴市区累计投放人民币1104618万元,其中工资性支出321188万元,占29.08%;累计回笼人民币1148349万元,其中商品销售收入783967万元,占68.27%。收支相抵净回笼43731万元。

金银管理

1949年6月10日,人民解放军华东区司令部颁布《华东区金银管理暂行办法》,允许个人持有收兑,不准计价流通,禁止私人互相买卖,变卖金银须由人民银行收兑,因特种用途或生产需要金银,须申请批准后由人民银行配给。至1990年,全市累计收兑黄金1707262克,白银2853万克,银圆4345614枚;对市区工厂配售黄金42766克,白银1588万克。

1990年后,市人民银行收兑金银数量锐减。2000年1月起,放开白银市场,人民银行不再办理白银收兑、配售业务。2002年10月起,人民银行不再办理黄金配售业务,结束黄金统购统配的管理体制,企业用金通过黄金交易所购买。

城乡储蓄

1949年,市区存款总额28.4万元。1959年,存款总额1959.7万元,10年之中上升68倍。到1990年末,存款总额130392万元。其中,企业存款43517万元,财政性存款13163万元,城镇存款45828万元,乡镇企事业存款522万元,农村存款17275万元,信托类存款1777万元,其他存款8310万元。存款总额,年递增率22.8%。到1990年,嘉兴市区城镇储蓄网点87个。其中,银行系统储蓄所及专柜77个,邮政储蓄所9个,城市信用社储蓄专柜1个。

1991—2010年,境内金融机构人民币储蓄存款总体处于平稳增长的态势。期间受到通涨水平、利率调整、资本市场发展等因素的影响,不同年份的存款增长幅度有较大变化。1994年,由于蚕茧、粮食和油菜籽收购价格的提高和企业职工工资的增长,增加了城乡居民收入,储蓄存款增长较快。2000年,受国家刺激消费、扩大内需、启动市场的政策效应作用,储蓄存款增长势头明显减缓。2007年,居民储蓄存款受股票市场和房地产市场的分流,同比增幅下降,且定期储蓄下降尤为明显。是年12月末,全市人民币储蓄同比少增59.5亿元,其中定期储蓄少增47.9亿元,占储蓄少增总额的80.5%。居民定期储蓄倾向趋于弱化,中长期存款开始向证券、房产等资产市场转移。

2009年6月,市农行嘉兴分行送金融下乡活动

信贷管理

解放后,境内金融信贷业务随着国民经济的发展而逐步拓展,银行等金融机构吸收的资金以贷款方式投向城乡基本建设和工农业生产。贷款总额逐年递增。1949年,嘉兴市本级各项贷款仅2000元,1959年为9565万元。“文化大革命”期间,生产停滞,银行贷款反而增加,工厂停产或半停产,工业贷

款年年扩增，1966—1976年，增长6.64倍。1979年，嘉兴县各项贷款总额22581万元。其中，工业贷款8879万元，商业贷款13372万元，农业贷款330万元。对主要农副产品及市场适销的轻纺产品的收购资金给予重点支持，嘉兴毛纺厂在贷款的支持下，试制18种新产品呢绒供应市场；市区18家街道企业，由银行贷给生产、设备贷款66.8万元，安置待业青年和闲散劳动力494人，增加产值285.37万元，增加利润31.22万元。

1980年后，银行适时调整信贷结构和贷款规模，控制总量投放，支持重点需要。1987年，市本级工业贷款从1985年初的21718万元上升到45031万元，增长1.07倍，市区轻纺、轻工系统的18个企业获贷款支持18147万元，春蚕贷款943万元，秋茧贷款619万元。1988年，物价出现涨风，储蓄滑坡，资金紧张，市银行及时调控压缩贷款规模，控制存贷款逆差，把贷款总额控制在年度计划规模以内。1990年，境内银行实行信贷倾斜政策，重点支持国营、城镇集体、乡镇工业中的大中型企业、骨干企业和出口创汇企业，保证农副产品收购。市本级各项贷款总额164785万元，比1989年上升22.61%。其中，工业贷款76140万元，商业贷款55715万元，乡镇企业贷款5191万元，农业贷款1697万元，建筑企业贷款4869万元，固定资产贷款5545万元，其他贷款5545万元。

1991—2010年的20年中，境内金融机构的贷款业务经历了3大变化：一是由计划指令为主转向市场导向为主。20世纪90年代初，信贷的重点是保证农副产品收购资金，随着市场经济结构逐步完善，信贷主要用于支持经济效益好、符合经济发展导向的优质企业；二是由重点支持国有企业为主转向支持民营经济中小企业为主。2000年后，各银行对中小企业信贷需求的重视程度大大增强；三是个人贷款与房地产贷款快速发展。1998年开始将信贷资金投向消费领域，个人住房信贷业务得到极大发展。1995年7月，人民银行发布《贷款通则》后，各银行建立和完善信贷风险防范机制，在贷款对象和条件的审核上严把“入口”关，并通过贷款风险的测评，对已经存在的风险贷款者实施“退出”机制；在贷款方式上，压缩信用贷款，扩大抵押、担保方式借款。

2006年5月，嘉兴银行到新丰镇召开银企洽谈会

第六章　保险　证券

第一节　保　险

机构

1950年8月，成立中国人民保险公司嘉兴县支公司，1958年与财政局合并办公，1981年复业，1987年升格为嘉兴市分公司，管辖全市保险业务。

20世纪90年代，保险机构只有6家，其中财产保险机构3家：中国人民财产保险股份有限公司嘉兴市分公司、中国太平洋财产保险股份有限公司嘉兴中心支公司、中国平安财产保险股份有限公司嘉兴中心支公司。人寿保险机构3家：中国人寿保险股份有限公司嘉兴市分公司、中国太平洋人寿保险股份有限公司嘉兴中心支公司、中国平安人寿保险股份有限公司嘉兴中心支公司。2000年后，保险业迅猛发展。至2010年，在境内注册开业的保险机构33家。其中财产保险机构17家，人寿保险机构16家。

2010年驻区财产保险机构一览表

表28-50

财产保险机构名称	成立时间	注册地址
中国人民财产保险股份有限公司嘉兴市分公司	1996.3	斜西街213号
中国太平洋财产保险股份有限公司嘉兴中心支公司	1997.5	禾兴南路298号
中国平安财产保险股份有限公司嘉兴中心支公司	1998.4	吉杨路985号
天安保险股份有限公司嘉兴中心支公司	2002.3	华庭街财富中心
大众保险股份有限公司嘉兴中心支公司	2002.4	新气象路618号国际会展中心
太平保险股份有限公司嘉兴中心支公司	2004.8	建国北路锦江商务楼7楼
中国大地财产保险股份有限公司嘉兴中心支公司	2004.11	勤俭路159号发展大厦
都邦财产保险股份有限公司嘉兴中心支公司	2006.8	中山东路汇丰广场A座10楼
天平汽车保险股份有限公司嘉兴中心支公司	2006.10	中山东路1601号世纪广场10楼
阳光财产保险股份有限公司嘉兴中心支公司	2006.12	中山东路1135号
中银保险股份有限公司嘉兴营销服务部	2007.2	中山东路县前街口
永诚财产保险股份有限公司嘉兴中心支公司	2007.4	越秀南路中环广场C座301室
渤海财产保险股份有限公司嘉兴中心支公司	2007.9	中环南路华东石油大厦2楼
民安保险股份有限公司嘉兴中心支公司	2008.7	勤俭路363号3楼
长安责任保险有限公司嘉兴中心支公司	2008.8	中环南路城南路口中核大厦
安信农业保险股份有限公司嘉兴中心支公司	2009.7	新气象路618号702号7—8层
浙商财产保险股份有限公司嘉兴中心支公司	2010.2	禾兴南路(梅湾街东区)19号楼

2010年驻区人寿保险机构一览表

表28-51

人寿保险机构名称	成立时间	注册地址
中国人寿保险股份有限公司嘉兴分公司	1996.5	城东路108号
中国太平洋人寿保险股份有限公司嘉兴中心支公司	1997.5	越秀南路882号
中国平安人寿保险股份有限公司嘉兴中心支公司	1998.6	越秀北路1098号
新华人寿保险股份有限公司嘉兴中心支公司	2002.4	中山东路1135号
太平人寿保险股份有限公司嘉兴中心支公司	2004.4	城北路279号同乐商务大厦
中宏人寿保险股份有限公司嘉兴营销服务部	2006.2	中山东路汇丰广场A座8楼
生命人寿保险股份有限公司嘉兴中心支公司	2006.7	建国路惠肯商务楼4楼
中德安联人寿保险股份有限公司嘉兴营销服务部	2006.11	中山东路205号嘉华广场
嘉禾人寿保险股份有限公司嘉兴中心支公司	2007.8	中山东路中山名都1幢7楼
合众人寿保险股份有限公司嘉兴营销服务部	2007.9	中山东路中山名都1幢10楼
国泰人寿保险股份有限公司嘉兴营销服务部	2007.9	中山东路世纪广场6楼A座
平安养老保险股份有限公司嘉兴中心支公司	2007.9	越秀北路1098号4楼
中国人民人寿保险股份有限公司嘉兴中心支公司	2007.11	南溪西路1999—2001号
光大永明人寿保险股份有限公司嘉兴营销服务部	2008.1	中山东路中山名都1幢901室
信泰人寿保险股份有限公司嘉兴中心支公司	2008.9	华庭街财富中心6楼
国华人寿保险股份有限公司嘉兴中心支公司	2008.11	梅湾街10号楼

驻区企业简介

中国人民财产保险股份有限公司嘉兴市分公司 1995年底，经国务院批准，中国人民保险公司实施机构改革方案，原中国人民保险公司实行分业经营，分设财产保险公司、人寿保险公司、再保险公司等专业子公司。中国人民保险公司嘉兴市分公司，于1996年上半年完成产、寿险分业经营的机构改革。1996年3月25日，中保财产保险有限公司嘉兴市分公司正式成立，下辖7个支公司和3个营销服务部。1999年，中保财产保险有限公司嘉兴市分公司名称恢复为中国人民保险公司嘉兴市分公司。2003年，更名为中国人民财产保险股份有限公司分公司。公司注册地为嘉兴市斜西街213号。

中国人寿保险股份有限公司嘉兴分公司 1996年5月，由中国人民保险公司嘉兴市分公司分设成立为中保人寿保险有限公司嘉兴市分公司。下辖5个县(市)支公司，设有4个内部机构、2个营业部。1999年4月，更名为中国人寿保险公司嘉兴分公司。2003年6月，经国务院批准，重组为中国人寿保险(集团)公司和中国人寿保险股份有限公司，总部设在北京。中国人寿保险股份有限公司嘉兴分公司隶属于中国人寿保险股份有限公司的地(市)级分公司，注册地为城东路108号。下辖各县(市、区)7个支公司。遍布全市的销售服务网络由个人代理人、直销人员及专业和兼业代理机构组成。

中国太平洋财产保险股份有限公司嘉兴中心支公司 前身是中国太平洋保险公司嘉兴支公司，于1997年5月16日成立，同年6月16日挂牌开业。2000年11月，太保嘉兴支公司分业为财、寿险公司。2001年11月，经中国保监会批复正式定名为中国太平洋财产保险股份有限公司嘉兴中心支公司，公司注册地为禾兴南路298号。下辖全市各县(市)5个县级支公司、6个乡镇营销服务部，现有职工有255名。

中国平安财产保险股份有限公司嘉兴中心支公司 成立于1998年4月，下设各县(市)5家四级机构。公司注册地为嘉兴市吉杨路985号陆捷大楼一、二楼。经营业务范围涵盖车险、财产损失险、责任保险及信用与保证保险等一切法定产险业务及国际再保险业务。近年又适时开发推出了平安个人责任险自助卡、律师责任保险、会计师责任保险、董事及高级职员责任险、国内短期信用保险、补充工伤责任保险、个人/团体境外旅游商务留学劳务保险等符合市场需求的新险种。

中国平安人寿保险股份有限公司嘉兴中心支公司(寿险) 1998年4月，中国平安保险股份有限公司嘉兴支公司(寿险)成立，同年6月8日开业。2001年10月，更名为中国平安保险股份有限公司嘉兴中心支公司(寿险)。2003年3月，公司完成分业重组，更名为中国平安人寿保险股份有限公司嘉兴中心支公司，公司注册地为越秀北路1098号。

第二节　保险业务

20世纪50年代，主要办理两类保险业务。

强制保险 对国家机关、国营企业和县以上合作社的财产及火车、轮船、飞机的旅客人身，实行国家规定必须保险的险种。

自愿保险 开办火灾保险、运输保险、运输工具保险、人身保险及农业保险等20多个险种。1951年，试办耕牛保险。1953年，财政部通知停办耕牛保险与农作物保险。1956年，又恢复耕牛保险。1950年12月，试办团体人身保险。1955年，办理解放前人寿保险的清偿。1952—1957年，嘉兴县保险费收入198.68万元。

1958年，保险机构并入财政局。1959年，保险业务全部停办。

1981年1月1日，成立中国人民保险公司嘉兴支公司，恢复办理保险业务。至1990年，先后开办的险种有：

企业财产保险 1989年，市区固定资产按重置价值投保，投保金额19亿元，保费收入363万元，理赔金额49万元。

家庭财产保险 1984年，重点对象为农村。1990年，嘉兴市区农村保费收入68万元，理赔35万元。

货物运输保险 1983年，开始恢复办理铁路、汽车、轮船货运险及承运责任险。1986年，增加破碎、渗漏、污染、串味等附加险种。1990年，嘉兴市区保费收入209万元,理赔26.4万元。

运输工具保险 承保汽车、摩托车、拖拉机和大小船舶。1990年,嘉兴市区保费收入349.6万元,理赔137万元。

养殖及种植业保险 1984年,试办奶牛保险。1986年,试办养蚕保险。并开办鱼、肉猪和鸡等家禽保险。

人身保险 1983年,试办轮船旅客意外伤害保险。1984年,开办公路旅客及团体人身意外伤害保险。1985年,举办长期储蓄性的养老金及简易人身保险。1987年,向农村开展保险业务。1989年,市区人身储金累计298万元,团体保费收入29万元,给付6.5万元。

涉外保险 1988年以前,由省公司经办,1989年后,由嘉兴市保险公司自办。

1981—1990年嘉兴全境及市本级保险业务收入及储金情况表

表28-52

单位:万元

险 种	全境	本级
一、国内保险费收入	17363	5031
1.企业财产险	7685	2178
2.家庭财产险	2302	572
3.货物运输险	1599	692
4.运输工具险	4359	1285
5.养殖及种植业保险	112	27
6.人身保险(储金除外)	1306	277
二、涉外保险(折合人民币)	142	142
三、储金(长期性人身保险储金1990年底账面余额)	3338	607
合 计	20843	5780

1995年之前,嘉兴保险业由中国人民保险公司嘉兴市分公司独家经营。

1996—2000年期间,随着保险市场的逐步放开,业务规模迅速扩大,5年累计保费收入28.48亿元。从2001年开始,保险市场全面放开,业务规模始终保持2位数增长比例,尤其是2006—2010年期间,随着嘉兴市国民经济的持续快速发展,保险需求的不断扩大,保险业进入"快车道",保费收入增势强劲,据嘉兴市保险行业协会统计,2006—2010年底的5年间,全市保险业务累计保费收入231.39亿元,其中财产保险保费收入77.95亿元、人身保险保费收入153.44亿元。

2010年底,全市保险深度(年保费收入/年地区生产总值)2.85%;保险密度(年保费收入/户籍人口)1916.86元。保险业成为嘉兴发展最迅速的行业之一。

1991—1995年嘉兴市保险业务经营情况表

表28-53

年 度	保费收入(万元)	赔款及给付(万元)
1991	10485	2454
1992	13336	3531
1993	15062	3667
1994	22907	5839
1995	31989	9032
合 计	93779	24524

注:1.数据源自中国人民财产保险股份有限公司嘉兴市分公司统计资料;2.中国人民保险公司独家经营,产、寿险合计,不分县区

1996—2000年嘉兴市保险业主要经营业绩情况表

表28-54　　单位:万元

年 度	财产保险		人寿保险	
	保费收入	赔款支出	保费收入	赔款及给付
1996	20606	10266	14442	5817
1997	22934	12670	22090	12468
1998	28168	14633	36572	13809
1999	29479	17926	39018	11417
2000	28533	14815	42999	9024
合 计	129720	70310	155121	52535

注:1.数据源自嘉兴市保险行业协会年报;2.产、寿险市本级公司经营合计

2001—2010年嘉兴市保险业主要经营业绩情况表

表28-55　　单位:万元

年 度	财产保险		人寿保险	
	保费收入	赔款支出	保费收入	赔款及给付
2001	40121	19227	82163	11503
2002	47678	22254	138624	13381
2003	55214	29906	170477	21880
2004	73451	39183	174157	19370
2005	83595	53237	183949	182756
2006	101950	49802	206032	34676
2007	127720	61040	229196	133047
2008	144049	99879	332395	65851
2009	173556	86893	342212	73550
2010	232069	99415	422775	42799
合 计	1079403	560836	2281980	598813

注:1.数据源自嘉兴市保险行业协会年报;2.产、寿险市本级公司经营合计

第三节　证　券

机构

1991年以来,嘉兴市证券市场快速发展,尤其是1998年12月《中华人民共和国证券法》颁布后,证券市场发展进入了一个新的阶段,证券公司规范化运作水平明显提高,全市证券投资者数量、交易额逐年递增。至2010年末,嘉兴市证券营业部从1998年的7家增加到17家,其中境内8家,证券交易网点覆盖全市;证券账户从1998年的7万余户增加到40.54万户;证券总交易额从1998年的200.58亿元增加到5610.71亿元。

2010年驻区证券营业部一览表

表28-56

机构名称	设立时间	营业地点	职工人数（人）	2010年利润（万元）
爱建证券有限责任公司嘉兴斜西街证券营业部	1993.06	斜西街497号	19	1529.24
财通证券有限责任公司嘉兴勤俭路证券营业部	2002.09	勤俭路1000号	18	620.58
新时代证券有限责任公司嘉兴吉杨路证券营业部	2004.01	吉杨路1号	27	547.00
中信金通证券有限责任公司嘉兴吉杨路证券营业部	1992	吉杨路123号	58	3345.00
申银万国证券股份有限公司嘉兴禾兴北路证券营业部	1993.09	禾兴北路620号	14	2952.81
安信证券股份有限公司嘉兴中山东路证券营业部	1992.12	中山东路917号	17	2700.00
中国银河证券股份有限公司嘉兴证券营业部	1994.11	勤俭路363号	41	3300.00
浙商证券有限责任公司嘉兴梅湾街证券营业部	2008.08	梅湾街商务中心1号	47	337.54

驻区证券企业选介

爱建证券有限责任公司嘉兴斜西街证券营业部　位于斜西街497号，前身是成立于1993年6月的嘉兴市信托投资公司嘉兴证券营业部。2002年，因信托、证券分业，并入爱建证券有限责任公司，更名为爱建证券有限责任公司嘉兴斜西街证券营业部。2010年，营业部成交额257.72亿元，利润总额620.58万元。

财通证券有限责任公司嘉兴勤俭路证券营业部　位于勤俭路1000号，其前身是嘉兴市财政局国债服务部。2000年2月，挂牌浙江财政证券公司嘉兴营业部，与嘉兴市财政局国债服务部合署办公。2002年9月，国债服务部完成机构整体转制工作，成为浙江财政证券公司嘉兴营业部。2003年6月，改制为财通证券经纪有限公司嘉兴勤俭路证券营业部，2009年3月，更名为财通证券有限责任公司嘉兴勤俭路证券营业部。2010年，营业部成交额247.95亿元，利润总额1529.24万元。

中信金通证券有限责任公司嘉兴吉杨路证券营业部　位于吉杨路123号，前身是成立于1992年的中国农业银行浙江信托投资公司嘉兴办事处，1998年，改建为浙江国际信托投资公司嘉兴证券交易部。2002年，重组为金通证券有限责任公司嘉兴吉杨路证券营业部。2005年7月，正式更名为中信金通证券有限责任公司嘉兴吉杨路证券营业部。2010年，营业部成交额430.97亿元，利润总额3345万元。

申银万国证券股份有限公司嘉兴禾兴北路证券营业部　位于禾兴北路620号，1993年9月开业。营业部面积2400平方米，交易量、利润一直处于同行业前列。截至2010年底，总资产30.7亿元，开户数3.2万户，当年成交额380.84亿元，利润总额2952.81万元。

中国银河证券股份有限公司嘉兴证券营业部　位于勤俭路363号，其前身是成立于1994年11月的建行浙江信托投资公司嘉兴营业部。1997年，银证分离，由中国信达信托投资公司转接。2000年，并入中国银河证券股份有限责任公司，更名为中国银河证券股份有限责任公司嘉兴证券营业部。2007年1月，又更名为中国银河证券股份有限公司嘉兴证券营业部。2010年，营业部成交额509.83亿元，利润总额3300万元。

舞蛟石(见第六篇“南湖”第四章第二节)

第二十九篇　科学技术

目 录

境内古代的农耕、蚕桑、丝绸、手工业工艺等技术较为发达。唐宋时期，农业生产技术居全国先进地位，养蚕织绸技术领先于海内外，丝绸纺织、酿酒工艺技术精良，唐代的“嘉兴绫”“语儿巾”和宋代的“嘉锦”“月波酒”都名噪一时。近代交通、电力、电讯等方面的科学技术渐次传入境内。鸦片战争期间，嘉兴县丞龚振麟曾仿照英国火轮船制成以人力推动齿轮激水的战船5艘，参加保卫吴淞的海战，是中国人自制机械船之始。光绪八年(1882)境内开始通行轮船，翌年，开通电报。宣统元年(1909)，沪杭铁路通车。1912年，开始供电。1915年，市内始通电话。创办于20世纪20年代的民丰造纸厂是中国最早的卷烟纸生产厂之一。1936年，该厂工程师研制的“船牌”卷烟纸，经国民政府工商部批准，享有卷烟纸制造专利权。

新中国建立后，嘉兴县成立科普协会和科技协会，组织开展科普宣传和科技推广应用工作，在推动工农业生产以及防治血吸虫等病疫方面取得较显著的成效。20世纪60年代，医学专家周学章研试成功使用非锑剂呋喃西胺治疗血吸虫病，获得国家重大科研成果一等奖。20世纪80年代后，各行各业的科技创新意识不断增强，建区后，成立嘉兴市科协城区办事处，全区科技事业开始步入快速发展期，众多企业经营者重视新工艺技术、新产品的研发工作。1985年，由嘉兴冶金机械厂等单位承担研制的SQ—100J型高风边玻潜孔钻机项目获“六五”国家科技进步奖。同时，科研机构和队伍也有长足发展。1985年，机械电子工业部第三十六研究所入驻城区。乡镇、企业科协组织不断增加，至1990年底，境内有嘉兴绢纺厂、嘉兴冶金机械厂等11家企业成立了厂科协。

2000年12月，设立区科学技术局。2001年，区被科技部列为首批国家农业科技园区(试点)。2003年，规划建设嘉兴科技城，先后引进建立浙江清华长三角研究院、中国科学院嘉兴应用技术研究与转化中心。2005年获得省首批、市首家浙江省科技强县(市、区)称号；被国家评为2007—2008年度全国科技进步考核先进区。2008年，区政府与北京技术交易促进中心、北京市农林科学院共同签署将服务奥运的蔬菜生产技术、成果以及相关的配套设施全面落户南湖区的相关协议，联手市农科院、嘉兴国家农业科技园区率先引进奥运蔬菜28类68个品种。2010年，被列为省可持续发展实验区。1999—2010年，全区有34项科技项目获省级科技进步奖。2004—2010年，全区有40个项目获国家级科技计划项目。

第一章　科技机构

第一节　行政机构

1983年10月，成立嘉兴市科协城区办事处。1985年8月，设立区科学技术委员会，组织开展科普宣传、学术交流、科技咨询服务等活动。2000年6月，设立区发展计划与科学技术局。2001年，成立区科学技术局，内设办公室、科技发展管理科、知识产权办公室、地震办公室，下设区科技综合服务中心，所辖各镇、街道都建有科技进步领导小组，经济发展服务中心全部配备专职科技工作人员，科技网络队伍逐步向村、社区延伸。此外明确各镇、街道分管党群的副书记负责科学技术普及工作，配备科协秘书长。

第二节　科创机构

2000年前，区境内有机械电子工业部第三十六研究所、市机械科学研究所、市农科所和市科技情报所等驻区科研机构。

2000—2010年，实施科技强区战略，持续加大对国内高端科研机构、高层次科技人才、项目资源的引进力度，并大力扶持、发展本土科技机构及科技型企业，取得显著成效。至2010年，境内已引进嘉兴学院、同济大学浙江学院和上海交大南洋学院3所高等院校，清华长三角研究院4个研究所和12个技术研究中心，中科院嘉兴应用技术研究中心9个研究所。有国家级高新技术企业37家、省级高新技术企业10家、市级高新技术企业56家，省科技型中小企业86家，省农业科技企业17家，省专利示范企业3家、市专利示范企业11家，省高新技术研发中心8家、市高新技术研发中心20家，省农业企业科技研发中心9家、科技创新服务中心13家。

浙江清华长三角研究院

2003年12月31日，浙江清华长三角研究院签约入驻嘉兴科技城。2005年4月10日，研究院总部院区奠基。2008年12月22日，研究院总部创新大厦投入使用。至2010年，浙江清华长三角研究院已建5个研究所、12个研究中心、1个技术中介机构、1个博士后工作站，引进、共建和孵化35家高科技企业，累计注册资金4.9亿元，引进科技人才159名（其中高级人才20名），实施科技项目148项，研发投入5465万元。

至2010年全区引进科技单位名录表

表29-1

研究所	研究中心	技术中介机构	博士后工作站
生态环境研究所	国防科学技术研究中心	浙江清华长三角研究院国际技术转移中心	浙江清华长三角研究院博士后工作站
先进制造研究所	精准医学中心	—	—
信息技术研究所	新能源汽车研究中心	—	—
现代农业工程技术研究所	汽车社会创新发展研究中心	—	—
生物技术与医药研究所	智能装备与技术研究中心	—	—
—	电子发票（票据）研究中心	—	—
—	柔性电子技术与健康医疗研究中心	—	—
—	特种金属研究中心	—	—
—	中国现代学校合作研究中心	—	—
—	智能医疗硬件技术研发中心	—	—
—	人居环境研究中心	—	—
—	分析测试中心	—	—

中科院嘉兴应用技术研究与转化中心

2004年11月23日，中国科学院（以下简称“中科院”）与市、区两级政府签订共建中科院嘉兴应用技术研究与转化中心协议和备忘录，中心正式挂牌成立于嘉兴市亚太路778号中科院园区。同时，中科院各入驻研究机构与嘉兴方签订合作协议，中科院系统8个研究所落户嘉兴。至2010年底，中心规划用地20公顷（300亩）（含一期园区3公顷（45亩）、二期园区5.33公顷（80亩），嘉兴市累计投入地方财政资金4.71亿元。拥有仪器设备1.51亿元，建成实验室38个，中试基地22个，面积达7.5万平方米。集聚14家中科院研究所入驻，建立独立事业法人性质的工程中心16家，引进中科院创新团队21个。在信息技术、新材料、新能源、绿色化工、环保材料和现代农业6个领域建立中试研发基地，实施成果孵化转化，服务企业开发新产品。中心2008年被科技部授予首批“国家技术转移示范机构”“国家科技计划（火炬计划）先进服务机构”称号，2007—2009年连续被中国科学院授予全国唯一的“院地合作一等奖”。

2010年末中科院嘉兴中心创新实体名录表

表29-2

建立的工程中心	依托的研究所	孵化的科创企业
中科院嘉兴无线传感网工程中心	中科院上海微系统与信息技术研究所	嘉兴中科无线传感网科技有限公司
中科院嘉兴应用化学工程中心	中科院广州化学研究所	嘉兴中科化学有限公司
中科院声学研究所嘉兴工程中心	中科院声学研究所	嘉兴中科声学技术有限公司
中科院嘉兴微电子与系统工程中心	中科院EDA中心	嘉兴禾润电子科技有限公司
中科院嘉兴材料与化工技术工程中心	中科院兰州化学物理研究所	—
中科院理化技术研究所嘉兴工程中心	中科院理化技术研究所	嘉兴市恒泰化工科技有限公司
中科院物理研究所嘉兴工程中心	中科院物理研究所	嘉兴中科光电科技有限公司
		嘉兴乾和新能源科技有限公司
		嘉兴圣马光伏科技有限公司
中科院嘉兴绿色化学工程中心	中科院成都有机化学研究所	嘉兴润博化工科技有限公司
中科院金属研究所嘉兴工程中心	中科院金属研究所	嘉兴中科金嘉特种材料有限公司
中科院嘉兴微电子仪器与设备工程中心	中科院微电子研究所	—
中科院嘉兴轻质合金工程中心	中科院上海微系统与信息技术研究所	嘉兴中科亚美合金技术有限责任公司

中科院相关工程中心和相关企业参与国家01、02、03重大专项研究工作：国家01重大专项“核心电子器件、高端通用芯片及基础软件”——“自适应多模多频射频芯片”课题由中科院嘉兴微电子与系统工程中心承担，进行卫星定位系统等多模多频射频芯片开发、产业化。课题经费总额1.2亿元，中央补助金额3000万元；国家02重大专项“极大规模集成电路制造技术及成套工艺”——“常压等离子体设备产业化”由中科院嘉兴微电子仪器与设备工程中心承担；国家03重大专项“新一代宽带无线移动通信”——“低功耗传感器网络系列节点、网关设备研制与产业化”课题由中科院嘉兴无线传感网工程中心承担。课题经费总额9750万元，中央补助金额3250万元。

2010年国家级高新技术企业名录表

表29-3

序号	企业名称	时间批次	备注
1	浙江嘉康电子股份有限公司	—	国家火炬计划高新企业（市属）
2	浙江禾欣实业股份有限公司	—	国家火炬计划高新企业（市属）
3	民丰特纸股份有限公司	—	2003年（市属）
4	浙江禾欣实业集团股份有限公司	2008年第一批	浙科发高〔2008〕250号
5	加西贝拉压缩机有限公司	2008年第一批	浙科发高〔2008〕250号
6	嘉兴市四通车轮制造有限公司	2008年第一批	浙科发高〔2008〕250号
7	浙江博创科技有限公司	2008年第一批	浙科发高〔2008〕250号
8	嘉兴恒锋工具有限公司	2008年第一批	浙科发高〔2008〕250号
9	嘉兴敏惠汽车零部件有限公司	2008年第三批	浙科发高〔2008〕336号
10	天通浙江精电科技有限公司	2008年第四批	浙科发高〔2008〕337号
11	圣格兰（嘉兴）光机电技术有限公司	2008年第四批	浙科发高〔2008〕337号

续表29-3

序号	企业名称	时间批次	备注
12	嘉兴力讯汽车电子有限公司	2008年第四批	浙科发高〔2008〕337号
13	嘉兴市瑞邦机械工程有限公司	2008年第四批	浙科发高〔2008〕337号
14	嘉兴市嘉力达汽车部件有限公司	2008年第四批	浙科发高〔2008〕337号
15	嘉兴市中华化工有限责任公司	2008年第四批	浙科发高〔2008〕337号
16	嘉兴禾欣化学工业有限公司	2008年第四批	浙科发高〔2008〕337号
17	嘉兴市梦迪织造有限公司	2009年第二批	浙科发高〔2009〕166号
18	浙江荣泰雷帕斯绝缘材料有限公司	2009年第二批	浙科发高〔2009〕166号
19	创正防爆电器有限公司	2009年第二批	浙科发高〔2009〕166号
20	浙江山特莱德化工有限公司	2009年第二批	浙科发高〔2009〕166号
21	闻泰集团有限公司	2009年第二批	浙科发高〔2009〕166号
22	浙江斯帝特新能源有限公司	2009年第三批	浙科发高〔2009〕276号
23	浙江亚特电器有限公司	2009年第三批	浙科发高〔2009〕276号
24	浙江峰恒电器有限公司	2009年第三批	浙科发高〔2009〕276号
25	浙江卫星丙烯酸制造有限公司	2009年第三批	浙科发高〔2009〕276号
26	浙江友联化学工业有限公司	2009年第三批	浙科发高〔2009〕276号
27	嘉兴兴禾汽车零部件有限公司	2009年第三批	浙科发高〔2009〕276号
28	嘉兴市公众信息有限公司	2009年第三批	浙科发高〔2009〕276号
29	浙江海晨化工有限公司	2009年第四批	浙科发高〔2009〕289号
30	浙江威能消防股份有限公司	2009年第四批	浙科发高〔2009〕289号
31	嘉兴正麒高新面料复合有限公司	2009年第四批	浙科发高〔2009〕289号
32	嘉兴市恒创电力设备有限公司	2009年第四批	浙科发高〔2009〕289号
33	浙江荣泰科技企业有限公司	2010年第一批	浙科发高〔2010〕183号
34	浙江丰川电子科技有限公司	2010年第二批	浙科发高〔2010〕258号
35	嘉兴海盛电子有限公司	2010年第三批	浙科发高〔2010〕272号
36	浙江良友木业有限公司	2010年第三批	浙科发高〔2010〕272号
37	浙江格兰德机械有限公司	2010年第三批	浙科发高〔2010〕272号

至2008年全区省级高新技术企业名录表

（2008年国家高新企业开始认定后，省级高新技术企业不再认定）

表29-4

序号	企业名称	认定时间	备注
1	浙江嘉控电气股份有限公司	1997年（市属）	已注销
2	浙江嘉科电子有限公司	1998年（市属）	—
3	浙江华东光电仪器有限公司	1998年（市属）	—
4	浙江华源兰宝有限公司	2001年（市属）	—
5	嘉兴禾欣化学工业有限公司	2001年（市属）	—
6	民丰特纸股份有限公司	2003年（市属）	—

续表 29-4

序号	企业名称	认定时间	备　注
7	浙江荣泰科技企业有限公司	2006年	—
8	嘉兴敏惠汽车零部件有限公司	2007年	浙科发高〔2007〕269号
9	浙江博创科技有限公司	2007年	浙科发高〔2007〕343号
10	嘉兴中科亚美合金技术有限公司	2008年	浙科发高〔2008〕153号

1998—2010年全区市级高新技术企业名录表

表 29-5

序号	企业名称	认定时间	备　注
1	国营四三八〇厂嘉兴分厂	1998年1月	—
2	嘉兴市长江电子有限公司	1998年11月	—
3	东方日立锅炉有限公司	1998年11月	—
4	嘉兴市华通高压开关厂	2000年1月	—
5	嘉兴市竹林电渗析器厂	2000年1月	—
6	嘉兴市梦迪集团有限公司	2001年1月	—
7	浙江新阳服饰股份有限公司	2001年1月	—
8	嘉兴香料厂	2001年1月	—
9	嘉兴市中法天线实业有限公司	2001年1月	—
10	嘉兴市万方软件有限公司	2001年11月	—
11	嘉兴市中科网络有限公司	2001年11月	—
12	嘉兴嘉软计算机有限公司	2000年11月	—
13	嘉兴华丽士针织有限公司	2002年	—
14	浙江荣泰绝缘材料有限公司	2002年	—
15	浙江嘉化实业股份有限公司	2003年7月	—
16	浙江欣欣生化科技有限公司	2003年12月	—
17	嘉兴市申新无纺布厂	2004年	嘉科高〔2005〕1号
18	嘉兴市惠丰化纤厂	2004年	嘉科高〔2005〕1号
19	嘉兴市芽芽水泥有限公司	2004年	嘉科高〔2005〕1号
20	嘉兴市嘉力达汽车部件有限公司	2005年	嘉科高〔2005〕73号
21	嘉兴市四通车轮制造有限公司	2005年	嘉科高〔2005〕73号
22	嘉兴市富瑞森水刺无纺布有限公司	2005年	嘉科高〔2005〕73号
23	浙江慧点信息技术有限公司	2006年	嘉科高〔2006〕63号
24	嘉兴敏惠汽车零部件有限公司	2006年	嘉科高〔2006〕63号
25	天通浙江精电科技有限公司	2007年	嘉科高〔2007〕76号
26	嘉兴荣泰塑胶有限公司	2007年	嘉科高〔2007〕76号
27	嘉兴市加捷网络技术有限公司	2007年	嘉科高〔2007〕76号
28	嘉兴神州长城通讯有限公司	2007年	嘉科高〔2007〕76号
29	嘉兴市亚泰数控机械制造有限公司	2007年	嘉科高〔2007〕99号

续表29-5

序号	企业名称	认定时间	备注
30	嘉兴富利嘉纺织有限公司	2007年	嘉科高〔2007〕99号
31	嘉兴华荣电池有限公司	2007年	嘉科高〔2007〕99号
32	创正防爆电器有限公司	2008年11月	嘉科高〔2008〕76号
33	嘉兴兴禾汽车零部件有限公司	2008年11月	嘉科高〔2008〕76号
34	浙江亚特电器有限公司	2008年11月	嘉科高〔2008〕76号
35	浙江峰恒电器有限公司	2008年11月	嘉科高〔2008〕76号
36	浙江欣欣饲料股份有限公司	2008年11月	嘉科高〔2008〕76号
37	嘉兴市中科科技开发服务有限公司	2008年11月	嘉科高〔2008〕76号
38	嘉兴海盛电子有限公司	2009年12月	嘉科高〔2009〕105号
39	嘉兴鲲鹏电子有限公司	2009年12月	嘉科高〔2009〕105号
40	华夏防爆电气有限公司	2009年12月	嘉科高〔2009〕105号
41	嘉兴市中意电器有限公司	2009年12月	嘉科高〔2009〕105号
42	嘉兴市大邦电子科技有限公司	2009年12月	嘉科高〔2009〕105号
43	嘉兴市恒胜科技有限公司	2009年12月	嘉科高〔2009〕105号
44	浙江中法制药有限公司	2009年12月	嘉科高〔2009〕105号
45	嘉兴市绿环生物有限公司	2009年12月	嘉科高〔2009〕105号
46	嘉兴市新角机械制造有限公司	2009年12月	嘉科高〔2009〕105号
47	嘉兴市标速汽车零部件有限公司	2009年12月	嘉科高〔2009〕105号
48	嘉兴市罗星化工有限公司	2009年12月	嘉科高〔2009〕105号
49	嘉兴市凯隆塑胶制造有限公司	2009年12月	嘉科高〔2009〕105号
50	浙江嘉兴亚达不锈钢制造有限公司	2010年12月	嘉科高〔2010〕81号
51	浙江中法生物工程有限公司	2010年12月	嘉科高〔2010〕81号
52	嘉兴市美登电子科技有限公司	2010年12月	嘉科高〔2010〕81号
53	浙江艾使机床有限公司	2010年12月	嘉科高〔2010〕81号
54	嘉兴敏德汽车零部件有限公司	2010年12月	嘉科高〔2010〕81号
55	嘉兴市向阳化工厂	2010年12月	嘉科高〔2010〕81号
56	浙江融信科技发展有限公司	2010年12月	嘉科高〔2010〕81号

2010年全区浙江省高新技术研发中心名录表

表29-6

序号	企业名称	中心名称	备注
1	浙江禾欣实业股份有限公司	浙江禾欣聚氨脂革高新技术研发中心	2002年创建（市属）
2	浙江嘉康电子股份有限公司	嘉兴市电子陶瓷高新技术研发中心	2002年创建（市属）
3	民丰特纸股份有限公司	民丰特种纸高新技术研发中心	—
4	华源兰宝有限公司	—	—
5	加西贝拉压缩机有限公司	—	—
6	嘉兴敏惠汽车零部件有限公司	敏惠汽车零部件省级高新技术企业研究开发中心	浙科发条〔2009〕197号

续表29-6

序号	企业名称	中心名称	备　注
7	嘉兴四通车轮股份有限公司	四通高强度轻量化汽车车轮省级高新技术企业研究开发中心	浙科发条〔2010〕265号
8	浙江亚特电器有限公司	亚特园林机械省级高新技术企业研究开发中心	浙科发条〔2010〕265号

2010年全区浙江省农业科技企业名录表

表29-7

序号	企业名称	认定时间	备　注
1	嘉兴市天龙生物工程有限公司	2004年	浙科农发〔2004〕322号
2	浙江五芳斋实业股份有限公司	2004年	浙科发农〔2004〕322号
3	嘉兴市中法农业科技发展有限公司	2004年	浙科农发〔2005〕97号
4	嘉兴市绿环生物有限公司	2005年	浙科农发〔2005〕311号
5	嘉兴市潜福食品有限公司	2007年	浙科农发〔2008〕27号
6	浙江欣欣饲料有限公司	2007年	浙科农发〔2008〕27号
7	嘉兴绿加园有限公司	2007年	浙科农发〔2008〕27号
8	浙江欣欣生化科技有限公司	2008年	浙科农发〔2008〕235号
9	嘉兴市十八里葡萄研究所	2008年	浙科农发〔2008〕235号
10	嘉兴市明星牧业有限公司	2009年	浙科农发〔2009〕206号
11	嘉兴市禾欣米业有限公司	2009年	浙科农发〔2009〕206号
12	嘉兴红太阳饲料有限公司	2009年	浙科农发〔2009〕206号
13	嘉兴市南湖区卫祥水产养殖专业合作社	2010年	浙科发农〔2010〕204号
14	嘉兴市绿晨蔬菜食品有限公司	2010年	浙科发农〔2010〕204号
15	嘉兴市南湖饲料有限公司	2010年	浙科发农〔2010〕204号
16	嘉兴市味珍斋食品有限公司	2010年	浙科发农〔2010〕204号
17	嘉兴市兄弟食品有限责任公司	2010年	浙科发农〔2010〕204号

2010年全区浙江省农业科技研发中心名录表

表29-8

序号	企业名称	中心名称	备　注
1	浙江五芳斋实业股份有限公司	浙江五芳斋传统米面食品科技开发中心	浙科发农〔2007〕185号
2	浙江天龙生物工程有限公司	浙江天龙淡水水产生物科技研发中心	浙科发农〔2007〕185号
3	嘉兴绿环生物有限公司	嘉兴绿环生物有机肥科技研发中心	浙科发农〔2008〕234号
4	浙江欣欣饲料股份有限公司	浙江欣欣饲料科技研发中心	浙科发农〔2008〕234号
5	浙江中法农业科技发展有限公司	浙江中法农业科技发展有限公司肉食品科技研发中心	浙科发农〔2008〕312号
6	嘉兴市潜福食品有限公司	嘉兴市蜗牛食品科技研究开发中心	浙科发农〔2009〕205号
7	嘉兴市十八里葡萄科技研发中心	嘉兴市十八里葡萄研究所	浙科发农〔2010〕203号
8	浙江欣欣淀粉产品科技研发中心	浙江欣欣生化科技有限公司	浙科发农〔2010〕203号
9	红太阳乳猪饲料科技研发中心	嘉兴红太阳饲料有限公司	浙科发农〔2010〕203号

2010年全区嘉兴市高新技术研发中心名录表

表29-9

序号	企业名称	中心名称	备注
1	嘉兴禾欣化学工业有限公司	禾欣革用聚氨脂高新技术研发中心	2004年创建(市属)
2	浙江民丰特种纸股份有限公司	民丰特种纸高新技术研发中心	2004年创建(市属)
3	浙江嘉兴南湖电子器材集团有限公司	南湖磁材高新技术研发中心	2004年创建(市属)
4	嘉兴市华通高压开关厂	嘉兴华通高压电器高新技术研发中心	2003年创建2005年认定
5	浙江荣泰绝缘材料有限公司	嘉兴荣泰新型材料高新技术研发中心	2003年创建2004年认定
6	嘉兴市竹林电渗析器厂	嘉兴市水处理高新技术研究开发中心	2004年创建2005年认定
7	嘉兴市四通车轮制造有限公司	嘉兴市合金材料精密成形高新技术研究开发中心	2004年组建,2009年认定.嘉科高〔2009〕99号
8	嘉兴市中联通讯器材有限公司	嘉兴中联通讯线路安保技术研究开发中心	2004年创建2005年认定
9	浙江明新皮业有限公司	浙江明新汽车革高新技术研发中心	2005年组建
10	浙江新阳服饰股份有限公司	新阳服饰高新技术研究开发中心	2006年组建
11	浙江天龙生物工程有限公司	天龙淡水水产生物科技高新技术研究开发中心	2007年组建
12	梦迪集团有限公司	梦迪服装面料高新技术研究开发中心	2007年组建
13	浙江友好化学工业有限公司	卫星化工高新技术研究开发中心	2007年组建
14	嘉兴敏惠汽车零部件有限公司	嘉兴敏惠汽车零部件高新技术研究开发中心	2008年组建
15	创正防爆电器有限公司	创正防爆电器高新技术研发中心	2009年组建,嘉科高〔2009〕81号
16	浙江宝润毛纺有限公司	浙江宝润毛纺高新技术研发中心	2009年组建,嘉科高〔2009〕81号
17	浙江荣泰雷帕司绝缘材料有限公司	荣泰特种绝缘材料高新技术研发中心	2009年组建,嘉科高〔2009〕102号
18	嘉兴富利嘉纺织有限公司	富利嘉染色技术及材料高新技术研发中心	2009年组建,嘉科高〔2009〕102号
19	浙江亚特电器有限公司	亚特电器高新技术研发中心	嘉科高〔2010〕76号
20	浙江恒胜科技有限公司	恒胜高分子材料高新技术研发中心	嘉科高〔2010〕76号

2010年全区嘉兴市重点实验室认定名录表

表29-10

序号	嘉兴市重点实验室名单名称	依托单位	认定文件
1	嘉兴先进制造技术重点实验室	嘉兴学院	嘉科社〔2006〕85号
2	嘉兴精细化工重点实验室	中科院嘉兴中心、应用化学分中心	嘉科社〔2006〕85号
3	嘉兴无线传感网重点实验室	中科院嘉兴中心、微系统所分中心	嘉科社〔2006〕85号
4	嘉兴现代纺织服装加工技术重点实验室	嘉兴学院	嘉科社〔2007〕93号
5	嘉兴医学分子生物学重点实验室	嘉兴学院	嘉科社〔2007〕93号
6	嘉兴轻合金材料技术实验室	中科院嘉兴无线传感网工程中心、嘉兴中科亚美合金技术有限公司	嘉科计〔2008〕100号
7	嘉兴声学实验室	中科院声学研究所嘉兴工程中心	嘉科计〔2008〕100号
8	嘉兴集成电路设计实验室	中科院嘉兴微电子与系统工程中心	嘉科计〔2008〕100号

续表29-10

序号	嘉兴市重点实验室名单名称	依托单位	认定文件
9	嘉兴水质科学与技术实验室	浙江清华长三角研究院	嘉科计〔2008〕100号
10	嘉兴环保新材料与应用技术重点实验室	中科学院嘉兴绿色化学工程中心	2009年
11	嘉兴绿色催化与环境友好材料重点实验	中科院理化技术研究所嘉兴工程中心	2009年
12	嘉兴新能源材料及应用技术重点实验室	中科院物理研究所嘉兴工程中心	2010年
13	嘉兴表面工程与再制造技术重点实验室	中科院嘉兴中心	2010年
14	嘉兴润滑技术与材料重点实验室	中科院嘉兴材料与化工技术工程中心	2010年

第二章　科技活动

第一节　科普宣传

建区前科普宣传

1952年，科学普及协会和科学技术协会，通过讲演、展览、黑板报、编印科普小册子等形式宣传工农业生产技术、医药卫生常识，普及科学知识，破除封建迷信等。1959年，嘉兴县科协、农业局编印《嘉兴科技资料》《嘉兴科普》两个面向农村的科普刊物。20世纪60年代初，先后举办规模较大的“合理施肥”“安全用电”“普及科学知识，破除封建迷信”等图片展览。

“文化大革命”中，科协组织停止活动，但许多科技人员仍坚持普及科学知识。1973年5月，华罗庚教授率小分队来境内推广普及“优选法”。农业科技人员想方设法深入农村，普及农业科学知识，开展群众性科学实验活动。

1978年以后，各级科协先后恢复组织，开展活动。通过科技改革，普及科学知识的内容、形式和规模都有新的发展。嘉兴县及基层科协系统开展各种科普宣传；举办科协讲座放映科教电影5000余场，编印各种科普技术资料开办专业培训班等普及科学技术。

建区后科普宣传

1997年9月，境内嘉兴科技馆建成开放，该馆建筑面积7600平方米，其中展厅面积4100平方米。是市政府委托市科协建设管理的重要社会科普教育基地。嘉兴科技馆举办各类科普讲座、科普展览和培训班，指导组建城乡基层科普基地，广泛开展科普宣传教育。每年暑假期间，组织举办内容丰富、涉猎广泛的青少年学生夏令营活动，在推进境内科普教育发挥了重要作用。

2000—2010年，实施《全民科学素质行动计划》，重点在人群聚居的镇、街道，组织开展一系列丰富多彩的科普宣传。组织以“节约能源资源，保护生态环境，保障安全健康”为主题的“科技(科普)周”“金秋科普系列”(科普日)、文化科技卫生“三下乡”、城乡科普结对等重点科普宣传活动。区科技局利用科普宣传周开展三下乡、“7·28”唐山大地震纪念、“反对邪教、崇尚文明”“科普之光”舞台展演、嘉兴市首届青少年科技节、计算机信息学知识竞赛、“南湖红船”纸模选拔赛、《中华人民共和国防震减灾法》宣传、科普知识进社区、知识产权认识程度调查、“无公害甲鱼”养殖培训班、科学养鸡培训班等活动。其中开办农函大136期、参加人数38241名。在2003年抗击“非典[①]”期间，颁发《秀城区非典型肺炎防治的紧急预案》，开展全方位的防治非典科普宣传，发放抗非典宣传小册子300册、挂图120套。至2010年，全区共有科普志愿者1290人，开展经常性、群众性科学知识与技术普及活动。科普讲师团活跃在各社区、村。老医务、老专家和科技工作者为居民、农民讲解日常生

① 非典——重症急性呼吸综合症(SARS)，一种由SARS冠状病毒引起的急性呼吸道传染病

活科普常识、传播适应经济发展的科技知识，共开办科普讲座813场次，印发南湖科普资料1.65万册。

2008年7月，科普志愿者上街服务活动

基层科普设施

21世纪后，全区加大镇、街道以及村、社区科普设施建设，持续推进科普网络建设。2007年，全市首家社区科技教育中心在解放街道凌塘社区成立，建有300多平方米科教中心。2008年，新兴街道在松鹤社区成立科技教育中心，建造80多平方米科教中心。在钧儒小学建立防震减灾教育中心。至2010年底，各镇都建立“一会一站一廊”，86%的行政村建立“一站一栏一员”，100%的社区建立“一室一廊一队”。全区有市级以上科普示范镇、街道、村、社区66个，其中省级科普示范单位14个。评定市级科普教育基地11个，市级科技示范户28户；建造“标准科普画廊”21个、科普展板3000多块，基本形成以广播、电视、报刊、互联网等大众传媒与科普画廊(栏)、科普阅览室等相结合的城乡科普基础阵地，以党校、科普学校、成校、农广校、农函大、农民素质教育培训基地、再就业培训定点学校等教育资源为基础的科普宣传体系。

第二节　科技交流

组织企业参加市科技活动

1992年后，嘉兴实施“接轨上海、开放带动”的经济社会发展战略。区组织企业参加1996年嘉兴市科委首次在上海召开大型“科技引进会”。1998年，市科委组织中科院上海分院在嘉兴举办2次科技信息发布会，签订合作意向书50多项。1999年，在嘉兴接轨上海活动中，共签订技术合同、技术合作项目41项。其中有区属的嘉兴科技创业服务中心和上海药物研究所的新药合作开发项目，嘉兴方锦海光电机仪器厂和上海第二工业大学合作开发‘温度敏感器’等。

2001年5月，区政府组织12家企业带着16项技术难题、18个招商引资项目、15个引进人才难题参加市“百家企业、百个项目”赴京对接活动。与清华大学、中国农业大学、北京化工大学、中国科学院等30多家大专院校科研院所进行技术难题咨询和洽谈，达成合作意向10多项，签订科技合作协议5个。

2002年，组织企业参加浙江省高校与嘉兴市企业技术供求洽谈会，签订2项科技合作协议；组织企业到浦东生产力促进中心、浦东科技局、孙桥现代化农业园区考察学习；组织化工、香料等企业参加清华大学化学工程与应用化学研究所副所长段占庭教授关于“化工分离技术”讲座；组织参加在上海举行的“2002两岸科技产业投资合作暨农副产品加工贸易项目洽谈会”，4家企业与外商达成合作意向。组织企业参加绵阳高新技术博览会、深圳高新技术交易会、东北亚高新交易会、上海工业博览会和浙江网上技术活动周。150多家企业参加科技交流会，展示20种科技新产品新成果，收集企业技术难题30余项，4项科技合作项目和1项创新载体项目签约，合同总成交额1110万元。

2005年，组织企业参加乌克兰国家科学院合作项目洽谈会、北京中俄高新技术合作研讨会、2005年嘉兴赴北京科技合作交流会、2005乌克兰科技日在中国(嘉兴)、上海工博会、2005浙江网上技术市场等一系列科技合作交流活动，达成一批产学研合作项目。

举办科技合作推介会

2003年，举办“秀城区——嘉兴学院科技合作项目推介会”。先后组织企业参加上海生命科学研究院与嘉兴市生物医药企业技术对接活动、嘉兴市百家中小企业赴上海技术对接活动、2003中国北京科技博览会、第五届深圳国际高新技术成果交易会、嘉兴——北京机电研究所科技对接活动等。全年参加科技合作交流300余人次，引进科技合作项目12个，成交金额437万元，达成合作意向16项。

2004年，组织2004年秀城区科技平台建设与产业发展恳谈会，全国各地专家代表30多人参加；举办大型科技论坛活动，中国博鳌论坛秘书长、科技部政策法规司司长、清华企业集团总裁在论坛上作“经济一体化与区域科技平台”报告。

2006年，举办南湖区2006年科技经济联谊会和中日国际循环经济研讨会、南湖区产业与科技上海推介系列活动、软件及集成电路设计产业发展推介会。邀请以色列驻上海总领事馆商务主管参加南湖区科技创新专利节，邀请韩国庆北科技园、北京技术交易促进中心访问嘉兴及嘉兴科技城。先后组织企业参加嘉兴市2006年新纺织专项对接洽谈会、第九届北京科博会、第三届中国国际专利与名牌博览会、深圳高新技术展示交易会、浙江省网上技术市场、上海2006中国国际工业博览会。

2007年，握手太平洋——中俄科技合作项目对接会暨科技创新与合作海参崴论坛在俄罗斯国家科学院远东分院召开，论坛在嘉兴科技城设立分会场。参加2007年北京国际科技产业博览会暨嘉兴——北京科技合作洽谈会、同济大学校庆科技成果交流会、中国国际工业博览、2007中国浙江网上技术市场活动周暨杭州高新技术展示交易会、深圳高交会、2007中国民营科技产品博览会、嘉兴市企业家创新创业论坛等。

2008年，以嘉兴市百场科技活动南湖分场为主线，组织对接活动16次。举办2008中韩浙江国际高新技术展示洽谈会，建立中韩国际技术转移中心，有9项韩国技术与嘉兴市企业达成初步合作意向。召开乌克兰节能环保专项对接会、俄罗斯新材料和水处理专项对接会；20多家企业与上海大专院校及科研院所开展科技合作，合同金额5027万元。

2009年，开展科技合作对接活动13场次，邀请专家教授160多人，参加企业180多家，签订意向合作协议5个。组织企业参加省、市科技合作对接，签订合作协议4个，合同金额630万元。举办中英科技创新计划推介洽谈会、中韩科技商务对接洽谈会、中俄双边新材料新工艺研讨会、百名海外清华学子嘉兴行以及不锈钢材料、太阳能热泵技术、包装新材料、新技术、首届高校高科技成果展示与交流会等活动。选派嘉兴学院10位博士研究生到区7家企业挂职1年，帮助企业解决技术难题、开展科技创新。

2010年，开展科技合作对接活动20次，参与企业151家，邀请专家75人次，合作项目36个，合同金额2.8亿。组织企业与韩国、德国、俄罗斯企业和院校进行洽谈，达成合作项目9项。组建“嘉兴市长三角技术转移促进中心”。与上海市黄浦区科委就推进科技进步联动发展达成协议。组织清华大学等院校专家3批20多人次来区开展科技对接活动。2家企业与嘉兴学院联合建立大学生实习基地。

第三节　科技成果转化

高新技术研究成果转化

2005年，为使清华研究院、中国科学院各所嘉兴分中心的成果转化及产业化，区科技局着手制定南湖区大院名校成果转化专项资金管理办法。

2006年，清华研究院参股孵化浙江慧点、浙江思路、浙江浙华创业投资、浙江群鑫生物产业开发有限公司等一批高科技企业；中科院各研究所科研人员联合本地企业相继组建嘉兴中科无线传感网、嘉兴中科亚美合金等一批高科技公司；成功建立国家大学科技园嘉兴分园、乌克兰国家科学院国际技术转移中国（嘉兴）中心、中俄科技转化中心和中韩国际技术转移中心、清华大学国际技术转移中心浙江分中心；与美国马里兰大学初步商定建立马里兰大学中国传媒产业研究院。2008年，中科院各工程中心研发实施的122个新项目，其中有67项来自于企业委托开发，逐步形成“面向市场+企业参与+产业化推进”的可持续项目开发机制，被科技部评为首批“国家技术转移示范机构”。

全区科技型企业与北京机电研究所、同济大学、东华大学等院校建立9个合作载体。

农业科技成果转化

区内的嘉兴国家农业科技园区，是科技部等6

部委于2001年9月批准的首批21个国家农业科技园区之一。市成立浙江嘉兴国家农业科技园区建设领导小组，南湖区成立浙江嘉兴国家农业科技园区管理委员会，园区组建区绿舟农业科技发展有限责任公司，园区2003年被省科技厅列为省级农业科技孵化器。2009年，通过国家科技部综合评价验收。

园区规划总面积35万亩，分为核心区、中心示范区、辐射区3大部分。

核心区 位于七星镇320国道两侧，总面积1.5万亩。由农业高科技示范园(0.2万亩)、农业对外招商开发园(0.2万亩)、农业高科技孵化园(0.1万亩)、绿色农产品产业园(1万亩)4个区块组成。核心区由区绿舟农业科技发展有限公司负责规划及基础设施建设，承担进区企业服务和项目合作开发。

中心示范区 规划面积6.2万亩，按全区主导产业区域分布，分为蔬菜、瓜果、畜禽、水产、鱼菜共生、水果、粮油、蚕桑、休闲农业9个中心示范区。蔬菜中心示范区位于大桥镇十八里村、卫星村，面积3000亩；瓜果中心示范区位于大桥镇东北部，面积5500亩；水果中心示范区，总面积3108亩，其中位于凤桥镇三星村水蜜桃示范区2100亩，位于大桥镇江南村葡萄示范区1008亩；畜禽中心示范区，位于新丰镇，面积5000亩；特种水产中心示范区位于大桥、余新两镇，面积6668亩，以养殖中华鳖和白玉蜗牛为主；渔菜共生示范区位于凤桥镇东南部栖柽村等地，面积1.3万亩，以中法农业科技开发公司为龙头，引进茭白新品种，推行标准化生产，建华东地区最大的茭白生产基地；粮油中心示范区位于余新镇，面积22500亩；桑茧中心示范区位于余新镇西部，面积3000亩，示范区全面采用桑蚕新品种，实施标准化栽培(饲养)管理；农业休闲观光区，位于七星镇，规划面积5000亩，总投资2亿元，形成采摘餐饮区、湖滨垂钓游憩区和木屋休闲区等。

辐射区 面积27.30万亩，覆盖全区农村。按照“突出核心，示范全区，整体推进，辐射周边”的思路和园区建设目标，在全区范围内全面实施绿色农产品行动计划，构建“城郊型、外向型”高效农业生产体系，逐步健全“一园九区百村千户”四级农业科技推广网络，即以国家农业科技园区核心区为龙头，建设9个中心示范区，100个村科技示范方，1000户科技示范户，把农业科技成果和先进适用技术撒向千家万户。

园区通过政、产、学、研有机结合的大平台，加强农业科技创新，至2010年，培育省农业科技型企业17家，创建省农业科技研发中心9家，省级新农村科技示范村2个、市级新农村科技示范村3个，市区域科技创新服务中心10家。2007年，区被评为省农业特色优势产业综合强县、畜牧业强县。2004年、2008年，被省政府授于粮食生产先进区。2009年，园区被农业部列入首批全国水蜜桃产业技术体系、葡萄产业技术体系示范区，被评为中国果菜无公害十强区。2010年，全年实现农业生产性投入5.8亿元，农业总产值32.2亿元，比2009年增长12.2%；农民人均纯收入14605元，比2009年增长13.7%。

2007年后，区每年安排不低于100万元专项资金，支持重点领域的农业科技成果的应用研究、推广与转化。2008年，举办奥运农业科技成果推广签约仪式，在全国率先引进40余个奥运蔬菜品种。同年，市开始实施新农村科技示范村创建工作，凤桥镇永红村、庄史村，余新镇明星村被列为第一批市社会主义新农村科技示范村的建设单位。示范村建设以项目为载体，结合本村实际，实施1~3个专题项目。至2010年，3个科技示范村、9个科技集成示范项目基本实现预期目标，顺利递交验收申请，专家组验收认可。

2010年区科技示范村实施专题项目一览表

表29-11

序号	示范村名称	实施专题项目名称
1	凤桥镇永红村	猪粪循环利用型生态工程；高效特色农业集成示范
2	凤桥镇庄史村	桑、果枝条栽培黑木耳；屠宰废水综合生态利用；水产生态养殖
3	余新镇明星村	高效生产技术集成；河道生态修复；牧业小区无污染生猪养殖新模式；红豆杉引种、繁育技术及药用开发探索

科技孵化体系

2005年8月南湖科技创业服务中心建成，是市区最大的科技孵化器，自主支配场地面积27481平方米。至2009年底，用于企业孵化的场地为22954平方米。中心作为电子信息方向的专业型科技企业孵化器，累计孵化企业86家，为社会提供就业岗位1200余个。科创中心在孵企业60家，就业人员445人。科创中心已毕业企业21家，其中被认定为高新技术企业2家、软件企业1家、集成电路设计企业1家。2009年，南湖科技创业服务中心被科技部认定为国家高新技术创业服务中心，进入国家级科技企业孵化器的行列。

至2010年底，全区成功培育国家级创新服务中心1家、省级孵化器2家、市级孵化器2家、市级区域创新服务中心6家。嘉兴科技城无线通讯国家高新技术产业化基地被认定为国家高新技术产业化基地。清华创业大厦、南湖创业园、嘉冶创业中心、南湖创业投资有限公司和嘉兴天盈科技发展有限公司等被列为省、市级科技孵化器。服务体系由原来单纯的厂房租赁向创业导师服务等专业化的孵化体系升级，行业涉及电子信息、新能源、自动控制、五金机械等高新技术领域。

第四节　重大科技项目

围绕人口与健康、城镇化与城市发展、公共安全、防灾减灾、可持续发展实验与示范等社会发展领域，部署和开展一批重大科技项目的研发，取得一批重要科研成果。2005年，建立科技特派员制度。2007年，承担的6个市级科技计划项目通过验收，总投资1141万元，新增产值4202万元，开发新产品5个。2008年，启动创建国家可持续发展实验区工作，撰写完成《嘉兴市南湖区可持续发展战略研究》和《嘉兴市南湖区省级可持续发展实验区建设总体规划(2010—2014)》。

2000—2010年来，实施节能减排项目50项，获补助资金730余万元。列入2007年市科技重大专项的由梦迪公司承担的《6000吨/天印染废水处理及回用新技术开发》项目，累计处理印染废水55.04万吨，回用18.61万吨，回用率33.8%，节约资金300多万元。

第五节　技术市场

2002年10月，全省运行网上技术市场，全区15个项目通过中国浙江网上技术市场，实现技术难题招标签约，其中1个项目参加浙江网上技术市场主会场签约。2003年，举办2期企业上网培训班，受训企业136家。至2003年底，上网技术难题115项，比2002年增长31%，成交项目23项，增长53%，成交金额2422万元，增长41%。至2004年，全区累计上网企业450家，新增技术难题80项，其中50万元以上项目5项，提供研发资金1230万元，成交项目5个，发布高新技术产品8个项目。2009年，技术市场成交合同金额为6949.9万元，签订项目合同数338项。2010年，技术市场成交合同金额为8657.05万元，签订项目合同数259项。

第三章　科技成果

第一节　获奖项目

建区以来，在广大科技人员的共同努力下，全区各项科技研发工作取得丰硕成果。

1999—2010年获浙江省科技成果(进步)奖项目一览表

表29-12

序号	获奖项目名称	获奖单位	奖种	等级	备注(年)
1	“无氟碳氢压缩机”开发	加西贝拉压缩机有限公司	省科技进步奖	二等奖	1999
2	合成革用聚氨酯树脂	嘉兴鹿皮厂	—	三等奖	2001

续表29-12

序号	获奖项目名称	获奖单位	奖种	等级	备注(年)
3	医院住院病人信息管理系统	嘉兴市第一医院	省科技进步奖	三等奖	2001
4	基层站段经济核算与成本控制体系的研究	嘉兴车务段	省科技进步奖	三等奖	2001
5	LT10.7MS2/S3/J/HY型压电陶瓷滤波器	浙江嘉康电子股份有限公司	省科技进步奖	三等奖	2002
6	保护地土壤障害因子诊断与矫治研究	嘉兴市土壤肥料工作站等	省科技进步奖	三等奖	2002
7	国有民办学校师资队伍建设的研究	秀城区教文体局 黄佳平	省教育科学第三届优秀成果奖	一等奖	2002
8	新型双高卷烟纸(MFU卷烟纸)	民丰特纸股份有限公司	省科技进步奖	二等奖	2003
9	50005例新生儿死亡监测与干预研究	嘉兴市妇幼保健院	省科技进步奖	三等奖	2003
10	ZTTCC/CS/CV□MG/MT/MX型片式压电陶瓷谐振器	浙江嘉康电子股份有限公司	省科技进步奖	三等奖	2003
11	小学美术多元体验教学方式的构建与实践	秀城区教文体局 黄佳平	省教学成果奖	一等奖	2003
12	高克重描图纸	民丰特种纸股份有限公司	省科技进步奖	二等奖	2004
13	改善畜禽肉质的营养调控技术研究与产业化	浙江欣欣饲料股份有限公司	省科技进步奖	二等奖	2004
14	新生儿先天性心脏病监测与干预研究	嘉兴市妇幼保健院、嘉兴市第一医院	省科技进步奖	三等奖	2004
15	农业高科技示范园区信息管理系统及其应用研究	嘉兴市秀城区农业经济局	省科技进步奖	二等奖	2005
16	500KV紧缩型线路研究	嘉兴市电力局	省科技进步奖	二等奖	2005
17	旧水泥混凝土路面改造成沥青混凝土路面的研究	嘉兴公路建设投资有限公司	省科技进步奖	二等奖	2005
18	高血压社区综合干预研究	嘉兴市心脑血管病防治办公室	省科技进步奖	二等奖	2005
19	移动警务信息系统	浙江清华长三角研究院	省科技进步奖	三等奖	2005
20	环保型规模化养猪业的关键技术研究与示范	浙江绿嘉园牧业有限公司	省科技进步奖	一等奖	2006
21	浙江省高血压流行趋势及影响因素抽样调查	嘉兴市心脑血管病防治办公室	省科技进步奖	二等奖	2006
22	PU革生产环保技术开发	浙江禾欣实业集团股份有限公司	省科技进步奖	三等奖	2006
23	邻硝基对甲磺基甲苯	嘉化集团股份有限公司	省科技进步奖	三等奖	2006
24	硅质新型胶凝材料的研制及应用开发	嘉兴市芽芽水泥有限公司	省科技进步奖	三等奖	2006
25	110千伏变电站的小型化研究	嘉兴电力局	省科技进步奖	三等奖	2006
26	桑树病虫害灾变机制与环境控制技术研究	嘉兴市南湖区林业与特产站	省科技进步奖	三等奖	2006
27	平面光波导光分路器	浙江博创科技有限公司	省科技进步奖	三等奖	2007
28	真空镀铝原纸	民丰特种纸股份有限公司	省科技进步奖	二等奖	2008
29	SG800/0.03ACH型20辊精密冷轧机组	圣格兰(嘉兴)光机电技术有限公司	省科技进步奖	三等奖	2008
30	静脉麻醉药对内脏痛的抗伤害作用及其机制的研究	嘉兴市第二医院	省科技进步奖	三等奖	2008
31	双靶点单通道穿刺角度深度计算法的研究及在立体定向手术中的应用	嘉兴市第一医院	省科技进步奖	三等奖	2008
32	浙江省区域创新体系副中心(嘉兴)建设研究	浙江清华长三角研究院	省科技进步奖	三等奖	2009
33	SMD压电陶瓷谐振器类产品无铅封装工艺改进	浙江嘉康电子股份有限公司	省科技进步奖	三等奖	2009
34	浙江跨行政区水污染防治制度创新研究	嘉兴学院	省科技进步奖	三等奖	2010

第二节　高新技术成果选介

清洁化高物性高级汽车座套革制造技术

2008年6月，浙江明新皮业有限公司和四川大学共同承担的863对接项目“清洁化高物性高级牛皮汽车座套革制造技术”通过省科技厅专家组验收，总体技术水平达到国内领先。企业建立的年产100万平方米黄牛皮清洁化高物性高档汽车座套革生产线生产的无铬鞣黄牛革产品性能良好，获发明专利2项。

奥运蔬菜试种

2008年，区率先引进奥运蔬菜并试种成功。据市农科院、国家农业科技园区试种情况，引种奥运蔬菜共28类68个品种，试种成功20类45个品种，每亩经济效益高达5000元以上，是常规蔬菜的2~3倍。

天然液状钙肥料

禾欣米业有限公司与韩国KOF公司共同开发的“天然液状钙肥料”项目获得成功。通过对比发现，施加叶面有机钙肥的水稻稻杆粗壮，具有良好的抗倒伏能力，单个米粒较大，出米率为71.3%，比普通水稻出米率提高6个百分点。

第四章　科技管理

第一节　科技计划管理

科技规划

2001年初，区科技局完成《秀城区中小企业技术创新体系建设研究》，编制《2001年度秀城区科技进步“百项工程”计划》。2002年，制定出台《秀城区科教兴区“十五”规划》《秀城区科技三项经费使用管理暂行办法》《秀城区科技进步奖励办法》《关于鼓励农业科技人员直接参与农业产业化经营的若干意见》等。完成《加快建设秀城国家农业科技园区的对策措施》《秀城区民营科技企业发展对策》两个课题研究。2006年，制定《南湖区“十一五”科技发展规划纲要》和《关于增强自主创新能力建设创新型南湖的决定》。2007年，制定《南湖区创新推进工程实施意见》《南湖区科技企业孵化器建设与发展意见》《南湖区农业科技成果转化资金管理办法》。2009年，制定《嘉兴市南湖区加快产业转型升级提高企业自主创新能力若干意见》。

科技计划项目

2001年，列入各类各级科技计划共56项，其中科研计划18项（省级1项、市级4项、区级13项）、新产品计划30项（省级20项、市级10项）、星火计划7项（国家级1项、市级6项）、省级高新技术产品1项。申报高新技术产业化项目5项（省级2项、市级3项）、市级高新技术改造传统产业项目3项、省级以上创新基金项目6项。

2002年，上报市级以上科研项目40项、市级以上新产品48项、市级星火计划5项，申报省市高新技术产业化项目5项，申报市创新资金项目5项、申报市级科技进步奖项目5项。

2003年，实施各级各类科技计划115项，其中省市计划76项，分别为省级科研计划2项，省级新产品20项，市级科研计划6项，市级火炬计划4项，市级新产品29项，市级农业科技成果转化项目3项，与浙江大学合作项目6项，市级星火计划项目3项，创新与环境建设1项，市中小型科技创新基金项目2项，区各类科技计划项目39项。

2004年，组织申报各级各类科技计划项目70多项，被立项的有：国家级项目3项、省级科技计划5项、市级各类科技计划23项、区级项目20项。申报高新技术企业4家，省科技型企业3家，企业技术研发中心2家。申报省级新产品25项。

2005年，组织申报市级科技计划52项，其中工业40项，农业12项；省级科技计划（火炬计划）7项，省级新产品60项；申报国家创新基金项目1项，即嘉兴四通车轮制造有限公司的“高档铝合金旋锻车轮”项目；组织推荐申报市级科技进步奖15项，省级科技进步奖3项;组织申报省科技厅2005年引进大院名校共建创新载体以奖代补4家单位。立项的有:国家级火炬计划1项,即嘉兴市丰盛电子材料厂"高比容铝电解电容器低压阳极箔"项目;省级高新技术产品认定1项,即嘉兴市惠丰化纤厂的"耐久型亲水低熔点复合短纤维";省级农业科技成果转化资金项目2项;省级第一批新产品21项;市级第一批科技计划15项。

2006年,申报各类项目224项。申报国家级项目12项,其中国家重点新产品计划4项、国家火炬计划3项、国家创新基金2项、国家星火计划3项;申报省级项目139项,其中省重大科技专项39项、省农业科技成果转化项目2项、863对接项目2项、"大院名校浙江行活动"签约项目(国内科技合作与成果引进转化项目)15项、引进大院名校共建创新载体以奖代补项目2项、浙江省引进消化吸收再创新重大项目1项、其他省级项目37项、浙江省钱江人才计划项目5项、省级新产品51项;申报市级科技计划项目73项;大院名校成果产业化项目24项;申报区级科技计划项目75项;列入国家级项目6项,其中国家自然科学基金1项、重点新产品1项、火炬计划2项、星火计划1项、国家农业科技园区专项计划1项;列入省级项目58项,其中省重大科技专项10项、省科技计划项目9项、引进院所以奖代补2项目、省级星火计划1项、省级新产品34项、省高新技术产品2项;列入市级项目44项,其中市级科技计划41项、市级科技型中小企业技术创新3项。

2007年,申报各类科技计划项目356项,其中国家级项目14项(国家科技型中小企业技术创新基金项目1项、国家自然科学基金2项,国家火炬计划10项、国家级星火计划1项);申报省级项目99项(省级重大专项9项,863项目1项,重点科研项目1项,面上科研项目16项,农业成果转化项目3项,国内科技合作与引进成果转化项目2项,国际科技合作与引进技术消化吸收再创新重点项目4项、引进大院名校以奖代补2项,钱江人才计划2项),省级新产品计划61项;申报市级科技计划项目85项,市级节能减排科技项目10项;申报区级科技计划项目65项,大院名校成果产业化专项22项;申报省市级科技进步奖14项。列上国家级项目4项、省级项目58项、市级项目48项。嘉兴市四通车轮制造有限公司参与承担的"载重汽车无内胎钢车轮辋—旋复合成形技术与装备开发应用"项目被列为"十一五"国家科技支撑计划,"中科亚美"的"AR101高流动性耐蚀镁合金开发与应用"项目被列为国家级中小企业创新基金项目。清华研究院列上两项国家自然科学基金。列为浙江省科技型企业5家、省级农业企业科技研发中心建设项目2家、省专利示范企业1家、市专利示范企业1家、市高新技术企业7家。

2008年,科技计划项目立项和科技型企业增长均持续上升。全年共列上市级以上项目149项,其中国家级科技项目18项(国家创新基金2项、火炬计划10项、星火计划5项、重点新产品1项)、省级项目60项(省级面上计划6项、省级重大科技专项和优先主题项目计划15项、省农业科技成果转化资金项目3项、省级高新技术产品2项、省级新产品34项)、市级项目71项。区级科技计划立项182项。新认定国家高新技术企业12家,省科技型中小企业22家,省农业科技企业3家,省专利示范企业1家,市高新技术企业6家,市专利示范企业3家,市民营科技企业7家、市区域科技创新服务中心1家、市级高新技术研究开发中心1家。

2009年,申报国家级科技项目15项、省级科技项目84项、市级科技项目154项,列为国家级科技项目15项、省级65项、市级49项。其中嘉兴科技城内有关工程中心和企业分别参与了01、02、03重大专项(子课题)课题,获得国拨资金,在嘉兴市乃至浙江省的科技史上具有里程碑意义。中科金嘉特种材料有限公司的"可控多孔金属材料制备技术及其应用研究"项目被列为科技部重大国际合作项目。列上国家级高新技术企业16家、省科技型中小企业32家、省农业科技企业3家、省专利示范企业2家、市高新技术企业12家、市专利示范企业3家。

2010年,申报各级各类科技项目161项。列入国家级科技项目12项,省级科技项目62项,市级科技计划项目61项、市科技进步奖5项。其中,中科院嘉兴无线传感网工程中心申报03重大专项立项,获中央补助经费2145万元;嘉兴斯达微电子有限公司的"车用IGBT技术研究"列入"十一五"863计划重大课题,获国家专项经费200万元支持。加强科技型企业的培育与督查。新认定国家火炬计划重点高新技术企业1家、国家高新技术企业5家、省科技型中小企业17家、省农业科技企业5家、市高新技术企业7家。

2004—2010年全区获国家级科技计划项目一览表

表29-13

序号	项目名称	承担单位	计划类别	立项文件
1	清洁化高物性高级汽车座套革制造技术	浙江明新皮业有限公司	863计划引导项目	国科发财字〔2005〕516号
2	黄牛无铬高级汽车座套皮革制造	浙江明新皮业有限公司	国家重点新产品计划	国科发计字〔2006〕377号
3	纵联差动保护配电网自动化系统	嘉兴市华通高压开关厂	国家创新基金	国科发计字〔2004〕449号
4	高档旋锻铝合金汽车车轮	嘉兴市四通车轮制造有限公司	国家创新基金	2005年11月立项代码05C26113300757
5	AR101高流动性耐蚀镁合金开发与应用	嘉兴中科亚美合金技术有限责任公司	国家创新基金	国科发计字〔2007〕335号
6	搭扣式储能弹簧制动室	嘉兴市嘉力达汽车部件有限公司	国家火炬计划	国科发计字〔2006〕377号
7	分体式可回收汽车车门玻璃密封条	嘉兴敏惠汽车零部件有限公司	国家火炬计划	国科发计字〔2006〕377号
8	嘉兴市丰盛电子材料厂	高比容铝电解电容低压阳极箔	国家火炬计划	国科发计字〔2005〕157号
9	晚粳稻优质高产良种良法技术集成与产业化	嘉兴市南湖区绿舟农业科技发展有限责任公司	国家星火计划	国科发计字〔2006〕377号
10	肉牛羊胚胎工程技术产业化	嘉兴市中法农业科技发展有限公司	国家星火计划	国科发计字〔2004〕140号
11	嘉兴市中法农业科技发展有限公司技术创新中心	嘉兴市中法农业科技发展有限公司	国家星火计划	国科星办字〔2004〕13号
12	农业信息化工程及数字农业基础平台建设与应用	嘉兴市南湖区绿舟农业科技发展有限责任公司	国家农业科技园区专项计划项目	国科农函〔2006〕71号
13	现代种养业"四位一体"循环经济技术集成应用	嘉兴市南湖区绿舟农业科技发展有限责任公司	国家星火计划2007EA700016	2007年国家星火计划重点项目合同书函
14	有机化工除盐提纯膜分离装置	嘉兴市竹林电渗析器厂	国家火炬计划2007GH020072	国科发计字〔2007〕769号
15	高物性无铬鞣牛皮汽车革	浙江明新皮业有限公司	国家火炬计划2007GH030184	国科发计字〔2007〕769号
16	R—410F级快固化绝缘浸渍树脂	浙江荣泰科技企业有限公司	国家火炬计划2007GH030221	国科发计字〔2007〕769号
17	聚乳酸复合短纤维	嘉兴惠丰化纤厂	国家火炬计划2007GH030223	国科发计字〔2007〕769号
18	功能性牛奶素纤维抗菌医用防护新材料	嘉兴市富瑞森水刺无纺布有限公司	国家火炬计划2007GH030224	国科发计字〔2007〕769号
19	DWDM用平面光波导可调光衰减器	浙江博创科技有限公司	国家重点新产品计2007GRC20063	国科发计字〔2007〕769号
20	光纤通信用1×8、1×32光分路器的产业化	浙江博创科技有限公司	国家火炬计划2008GH010650	国科发计〔2008〕658号
21	轻量化钢制汽车车轮	嘉兴市四通车轮制造有限公司	国家火炬计划2008GH040852	国科发计〔2008〕658号

续表29-13

序号	项目名称	承担单位	计划类别	立项文件
22	微电脑控制高级舞台灯	嘉兴鑫华力灯光音响有限公司	国家火炬计划2008GH040909	国科发计〔2008〕658号
23	珍珠镍加三价铬电镀在VOLVO等汽车外饰件上的开发应用	嘉兴敏惠汽车零部件有限公司	国家火炬计划2008GH061003	国科发计〔2008〕658号
24	新一代短流程全连续铸—小变形镁合金型材	嘉兴中科亚美合金技术有限责任公司	国家火炬计划2009GH030102	国科发计〔2008〕658号
25	粮经复合型高效生态农业技术集成示范	嘉兴市南湖区绿舟农业科技发展有限责任公司	国家星火计划2009GA700001	国科发计〔2008〕658号
26	生态高效大棚西甜瓜实用技术集成推广与产业化	嘉兴市南湖区绿舟农业科技发展有限责任 公司	国家星火计划2008GA700009	国科发计〔2008〕658号
27	引进PGPS高效微生物态氮技术产业化	嘉兴市绿环生物有限公司	国家星火计划2008GA700089	国科发计〔2008〕658号
28	高粘弹性预糊化淀粉的产业化和养殖户应用示范	浙江欣欣生化科技有限公司	国家星火计划2008GA700152	国科发计〔2008〕658号
29	超级工程菌生产解毒酶制剂	浙江天龙生物工程有限公司	国家创新基金	财企〔2008〕144号
30	SG20辊精密冷轧机	圣格兰(嘉兴)光机电技术有限公司	国家创新基金	财企〔2008〕144号
31	基于连续对数扫频信号激励技术的电声参数快速检测系统	嘉兴中科声学科技有限公司	国家创新基金	国科发计字〔2009〕276号
32	车用IGBT技术研究	嘉兴斯达微电子有限公司	十一五国家863计划节能与新能源汽车重大项目2009年度立项课题编号2009AA11A110	国科发高〔2010〕35号
33	分子筛膜分离技术与设备	嘉兴润博化工科技有限公司	国家创新基金	国科发计〔2010〕280号
34	MCZ(磁场直拉)太阳能硅专用永磁场装置	嘉兴市中科光电科技有限公司	国家创新基金	国科发计〔2010〕280号
35	基于数据挖掘技术的医疗骗保识别系统	嘉兴智高信息技术有限公司	国家创新基金	国科发计〔2010〕543号
36	二次注塑成型技术在北京现代汽车前风挡侧条上的开发应用	嘉兴敏惠汽车零部件有限公司	2010年度国家火炬计划2010GH030800	国科发计〔2010〕265号
37	非织造聚合物静电机理清洁材料	嘉兴市富瑞森水刺无纺布有限公司	2010年度国家火炬计划2010GH030815	国科发计〔2010〕265号
38	引进台湾黄秋葵新品种本土化栽培技术研究	嘉兴市绿环生物有限公司	2010年度国家星火计划2010GA700099	国科发计〔2010〕265号
39	优质鲜食葡萄设施化栽培模式示范基地建设	嘉兴市十八里葡萄研究所	2010年度国家星火计划2010GA700102	国科发计〔2010〕265号
40	5800吨食用菌产业基地改扩建项目	浙江中法农业科技发展有限公司	2010年度国家星火计划2010GA700179	国科发计〔2010〕265号

第二节　知识产权管理

管理机构　机制

1986年，市成立专利管理处。1995年3月，成立由市科委、宣传部等12个工作部门组成的嘉兴市知识产权保护工作领导小组，办公室设在市科委。2002年，市科委专利管理处更名嘉兴市知识产权局。2004年，区科技局设立知识产权办公室，5人取得专利工作行政执法证；各镇、街道和高新技术企业、民营科技企业、科技型中小企业和专利示范企业中设科技联络员，形成覆盖全区的专利管理网络。

2002年，出台区科学技术奖励办法。2004年，制定进一步加强专利工作若干措施。2005年，出台专利工作先进集体和个人评选办法。2006年，制定关于增强自主创新能力促进科技进步的若干政策意见。2007年，出台区"十一五"名牌培育发展规划。2009年，制定区专利示范企业认定管理实施办法。

宣传培训

2003年，举办企业专利知识讲座，讲授"专利与企业专利策略"。2004年，定期在各镇、街道举办知识产权学习培训班；在"4·26"全国知识产权宣传周期间，联合市知识产权局举办知识产权知识竞赛；联合区工商局编辑出版《知识产权工作集锦》一书，对区内一批著名品牌进行宣传。2005年组织市区有关领导专家到乡镇召开专利知识座谈会，组织人员参加市知识产权局主办的专利轮训班。2006年组织区专利培训班3次，培训企业100多家。举办首届长三角科技创新专利节，邀请国家知识产权局专家作《知识产权与创新型国家建设》专题报告。中国科学院成都有机所、清华大学等6家专利中介机构在专利成果推介会上推介各自的最新专利成果。专利节共展示专利成果390项，展示区部分专利产品和著名商标20多项，达成专利技术转让意向合同7项。2007年，围绕"4·26"知识产权活动周，组织开展知识产权咨询会，与市科技局合作举办化工企业专利培训班。2008年，区法院成立全市首家基层法院知识产权审判庭。举办知识产权的司法保护与行政保护论坛。2009年，开展"知识产权进百企"活动。引导企业建立知识产权管理制度，培育一批专利先进企业。2010年，开展知识产权专题辅导培训4次，成立知识产权审判庭中院联络处、嘉兴科技城内设立区法院工作站。开展"护密维权"、世博知识产权保护工作。列入省自主知识产权优势中小企业2家，市级专利示范学校2家，市级专利示范企业4家。

专利申请　授权

2003年度，全区专利申请228件，其中发明专利43件。专利授权量33件，其中发明专利5件。至2010年，全区专利申请1159项，专利授权量943项，发明专利申请数和授权数均位列全市第一。

专利示范企业

2003年，培育诞生区内首家市级专利示范企业。2007年，区内浙江新阳服饰股份有限公司和梦迪集团有限公司分别被列为省级专利示范企业和市专利示范企业。至2010年，区内共有省级专利示范企业3家、市级专利示范企业11家、区级专利示范企业10家。

专利成果转化

2008年，区内的"钻床手进给增力机构"和"射流剪刀"2项专利成功转让给浙江艾使机床有限公司和圣格兰(嘉兴)光机电技术有限公司实施产业化等。

专利执法

2007年，南湖区受嘉兴市委托开始专利执法工作。2008年，处理专利侵权案件2起。2008年成立的区法院知识产权审判庭可以受理诉讼请求或争议标的金额在人民币500万元以下的知识产权民事纠纷案件，范围主要涉及商标权、著作权和一些不正当竞争等民事纠纷。

第三节　防震减灾管理

地震应急机制

区境内是全国地震重点监防区之一。2003年制定《嘉兴市秀城区地震应急反应预案》，成立区防震减灾工作领导小组，由区长担任组长，副区长和区人武部领导为副组长，15个部门和单位为成员单位，领导小组办公室设在区科学技术局。2006年制定《嘉兴市南湖区"十一五"科技发展规划纲要》，就防震减灾工作专门设立篇章作出部署，切实加强地震监测、震灾预防、紧急救援3大工作体系建设，完善防震减灾管理体系和地震应急反应机制，强化对防震减灾工作的监督和管理，对拟建的生命线工程、重大工程和容易引发次生灾害的建设工程进行地震安全性评价。实行预防为主、防御与救助相结合的方针，建设强震动台站，提升综合防御能力。2007年，重新修订下发《南湖区地震应急预案》。成立由消防人员组成的地震应急救援中队，机关、村、社区以及医疗、电力等重点单位组成11个地震应急救援志愿者分队。各镇、街道按照因地制宜、安全性、快速畅通、平灾结合4条原则设置地震应急避难场所。

防震减灾知识科普宣传

2003年，在新兴街道明月社区举办防震减灾培训班。2005年，在秀城实验小学开展防震减灾科普示范学校创建活动。2006年，举办纪念唐山大地震30周年暨防震减灾知识讲座，组织学生开展防震减灾知识小报竞赛活动。2007年，组织机关干部观看《直面地震》宣教片；发放《浙江省农村民居抗震知识挂图》宣传画；制定区防震减灾科普示范学校实施方案。

2008年"5·12"特大地震后，及时发出加强地震应急工作的紧急通知，邀清华大学副教授刘彦生作建筑工程抗震设防知识讲座。委托清华大学建筑设计研究院开展农民自建房屋抗震性能调查及对策研究。与市科技（地震）局、市科协在钧儒小学开展应对突发性自然灾害（地震）应急演练活动，启用钧儒小学防震减灾科普教育中心。

2009年，开展纪念四川汶川特大地震系列活动，邀国家地震局研究员何永年作防震减灾科普知识宣讲。认定浙江东方地质博物馆、秀城实验教育集团钧儒小学为省防震减灾科普教育基地。通过省防震减灾工作"平安市县"创建考核。开展农民自建房抗震设防课题调研，对余新镇明星村、凤桥镇永红村、庄史村等106户农民自建房进行抽样调查；配合区中小学校舍安全工程领导小组做好全区中小学校舍安全工作。

2010年，广泛开展防震减灾知识宣传，邀请省地震局应急救援处处长叶建青在北师大南湖附校为800多人作防震减灾科普知识讲座。同时开展地震应急演练、防震减灾宣传进社区等活动。印发防震减灾宣传手册和图片；完成中小学校舍安全工程加固项目涉及7个学校15个项目；开展"平安市县"创建考核工作，超过80米高层建筑全部做安评，新建的学校、医院地震加速度调整为0.1克，学校按7度抗震设防，组织专家对"农民自建房屋抗震性能调研及对策"项目进行验收。

第三十篇　教　育

目 录

区境历史积淀深厚，崇文重教。宋、元、明、清时期，境内官学与书院并重，州学、府学、县学俱全，书院兴盛，建有明伦堂、大成殿等学堂建筑多处，多由官员首倡，士绅捐资兴建。民国期间，新学渐盛。除官府办学外，社会名贤及宗教团体亦纷起办学，各类教育俱兴。抗日战争时期，设置流动学校或辗转异乡成立华东联合中学，坚持战时教育。抗日战争胜利后，中小学教育逐渐恢复并有所发展，学校数量及办学规模超过战前。

新中国成立后，政府接管旧学校，开办新学校。1951年底，嘉兴县有中小学89所，至1960年秋，增至125所。“文化大革命”期间，学校先后停课“闹革命”，后虽“复课”，但学校教学受到干扰，教育事业停滞不前。

1983年建区后，加大教育投入，教学质量提升，九年制义务教育全面推行，教育事业健康发展。1994年，被列为省第一批实现“两基”的县（市、区）。2000年后，区内义务教育通过调整布局、整合资源、优化配置，组建教育集团，推进了城乡教育均衡发展。2003年，区辖各镇全部实现“教育强镇”。2004年，被授予省教育强区称号。境内高中教育、中高职教育、高等教育亦有长足发展，嘉兴一中、嘉兴三中、嘉兴建筑工业学校、嘉兴学院、同济大学浙江学院、嘉兴教育学院等众多名校建于区境内。

境内莘莘学子中，涌现出著名社会活动家、爱国民主人士褚辅成，著名文学翻译家朱生豪，著名数学家陈省身，中科院院士、两弹元勋程开甲等杰出人才。

第一章 教育综述

第一节 建区前教育

古代教育

唐开元二十七年（739），嘉兴县天星湖前孔庙后设置学堂。宋太平兴国二年（977），知州安德裕在孔庙右侧建立州学。绍兴十二年（1142），知州方滋在通越门内二百步处，新建殿堂斋舍73间，为孔庙与州学用房。宋庆元元年（1195），州学改为府学。

县学始于宋代，宋咸淳五年（1269），嘉兴县令以西城旧驿舍建县学。明清时期，境内嘉兴、秀水两县各修建明伦堂、大成殿等建筑为县学用房。其中嘉兴县学几经兴废，后在清同治三年（1864）由知府许瑶光等筹款重修，抗日战争期间废毁。旧址在中山路原郊区党校处。秀水县学建于明宣德七年（1432），至次年明伦堂、大成殿建成，旧址在少年路原市图书馆院内，今明伦堂尚存。

州学、府学、县学教学内容以四书五经为主。明清两代，以学做八股文为教学重点，以应付科举。学子须经考试合格方能入学，称为生员，俗称秀才。据民国《重修浙江通志稿·考选》载，自顺治至光绪，嘉兴、秀水两县共有168人考中进士。

宋代书院兴起，府治建有宣公书院，明清时期，境内有宣公书院、仁文书院、鸳湖书院、陶甄书院等10所。书院学子潜心学问，不以获取功名为主要目的，授学内容以儒家经学为主，旁及史书诗文。

近代教育

清末，新学渐起，府学与书院遂废。光绪二十七年（1901），嘉兴知府刘毓森在鸳湖书院旧址创建嘉兴府学堂，秀水县在天官牌楼创设秀水县学堂。光绪二十六年（1900），敖嘉熊、唐纪勋、祝廷锡创办竹林启蒙书塾，为嘉兴民间新式学堂之始。翌年，沈文华创办余贤初等小学堂。光绪二十九年（1903），范古农创办毓秀初等小学堂，为城区内小学校之始。近代幼儿教育始于1915年，县城创立秀州幼稚园。

光绪三十年（1904），褚辅成创办南湖两等小学堂。同年，尤季良独资创办嘉兴启秀女子两等小学堂。翌年，王婉青创办道前街女子小学堂。

光绪二十四年（1898）春，美国南长老会传教士花第生到嘉兴创办教会学校，光绪二十六年（1900），落成开学，取名秀州书院，1918年改名秀州中学。

辛亥革命后，境内学校教育有较大发展。1912

年，嘉兴县有小学76所，学生3148名。同时中等师范兴起，是年，方英在范蠡湖畔创办嘉兴女子师范学校。1922年将幼儿教育列入初等教育范围。民国时期，嘉兴中等师范教育从未间断。

中等职业教育始于清末。清宣统元年（1909），嘉兴绅商发起筹设宾鸿学堂，教授商业、英文等。1912年，范古农应褚辅成之邀，创办嘉兴县立乙种商业学校。1922年，改为嘉兴县立商科职业学校。在晏阳初、陶行知等教育家推动下，嘉兴民众教育起步较早。1919年，城内开办义务夜校，以后坚持不辍，被陶行知誉为“平民教育策源地”。这一时期，主要学校有省立二中、省立二师、秀州中学、第一和第二高小、商业学校、第一国民小学暨慎远、北丽、城北、塘汇等国民学校。还有女子师范、女子高小等学校。

1937年11月，日本侵略军侵占嘉兴，嘉区各县小学全部关停，省立嘉兴中学与县立女子中学部分学生迁移到丽水，并入省临时联中。私立秀州中学先迁往绍兴、上海，后迁往江西。没有内迁的私立中学，除天主教会所办的明德女子中学外，都停办。抗日战争胜利后，省立嘉兴中学、秀州中学在嘉兴复校，关停的小学逐步恢复，新的学校陆续开设，办学规模超过战前。

民国时期，境内的教育已形成一定的结构。包括幼儿教育、小学教育、中学教育、师范教育、职业教育、成人教育。除官办外，还有行业办（米行、茧行），宗教团体办（天主教、基督教、佛教、伊斯兰教），企业办（铁路、民丰造纸厂），知名人士办（褚辅成、范古农等），且女学尤为发达，体现了社会重教育、办教育的优良传统。

当时的嘉兴教育城乡发展不平衡，较具规模的学校大多集中于城镇，农村学校规模小，校舍破旧，虽学校数量增加，但失学儿童很多。1948年，嘉兴县54403名学龄儿童中，失学29808人，失学率54.8%。

1949—1983年的教育

1949年5月，嘉兴县人民政府接管小学319所。1951年嘉兴地区各县掀起办学高潮，人民政府贯彻“为工农及其子弟开门”方针，大批工农子弟入学。1951年10月，幼儿园教育列入学制，并把实施幼儿教育的机构定名为幼儿园。1952年，嘉兴县小学生中工农子弟占总数的74%。1956年后，各级各类学校不断发展。1958—1960年，教育事业在“大跃进”中，经历了脱离实际的“盲目发展”，正常秩序被搞乱。1966年“文化大革命”开始后，先后“停课闹革命”，教育秩序大乱，校舍、设施遭破坏。1967年，中小学“复课闹革命”，但原课程设置被打破，教育质量下降。

20世纪50年代初，境内开办高中教育的学校仅有省立二中、秀州中学，在校学生387人，初中升高中学生比例较低。境内中等职业学校有嘉兴农业学校、嘉兴卫生学校、嘉兴市技工学校3所。

1976年底开始，重新端正教育指导思想，整顿、恢复教育秩序，全面提高教育质量。为蒙受冤假错案的教职工平反，提高教师社会地位和生活待遇，大力倡导尊师重教，动员全社会支持教育事业。通过调整学校布点，增加教育投入，改善教育条件等措施，振兴、发展教育事业。

第二节　建区后教育

义务教育

1983年10月建区后，成立城区文化教育局，管理格局和学校布局相应作了调整。1984年6月，农村中小学分设。各乡镇由政府出资，筹建、扩建学校，至1985年9月，全区中小学均单独成校园。1985年全区普及初等教育。1986年4月，区按市政府的统一规划，分批实施九年制义务教育。至1988年，全区所有乡镇、街道全部实施九年制义务教育。

1994年，全区小学适龄儿童入学率99.87%，巩固率100%，分别比建区初的1985年提高0.66和0.45个百分点；小学毕业生升学率98.96%，初中毕业生升学率48.92%，分别比1985年提高20.51和18.04个百分点。是年9月，经省“两基”评估验收组验收，城区进入全省第一批实现基本普及九年义务教育，基本扫除青壮年文盲的县市区行列。

1995年后，民办教育得到快速发展。是年，由胡鑫创办完全中学的21世纪外国语学校。1998年，由嘉兴市南湖国际教育投资有限公司创办市第三实验小学，这是嘉兴市第一所国有民办性质、实行小班化教学的寄宿制小学，其间几易迁校。更名南湖国际实验学校。办学规模不断拓展，2010学年，有38个教学班，1000多名在校住宿生，专任教师70多名，外籍教师6名。

2000年5月25日，行政区划调整后，围绕创建“教育强区”目标，全面落实“以区为主”的义务教育管理体制，加大财政保障力度，积极推进薄弱学校建设和优质教育资源共享，进一步改善办学条件，提高教育质量，促进城乡教育均衡发展。2003年，全区6个乡镇全部进入省教育强镇行列。2004年，被授予省教育强区称号。2006年12月，通过省教育强区复查。

2004年后，面向外来民工的外来务工人员子女的新居民子女教育兴起，成为全区中小学教育的重要组成部分。2004年，区退休教师协会创办的南湖创业学校，赵耀创办的百花育才学校，李先林创办的民丰蓝天学校相继开学。2005年9月，由余新建筑公司、余新镇成校投资创办的余新仁和学校开始招收新居民子女入学。至2010学年，全区有4所新居民子女学校，共设教学班100个，其中小学教学班74个，初中教学班26个，学生总数4993名，教师209名。同时，在全区29所中小学中，腾出空位吸纳新居民子女5868人，其中小学接纳4477人、初中接纳1391人。

从2008学年起，新居民子女教育纳入义务教育的范畴，新居民子女学校享受政府免除课本费、减免杂费、公用经费补助和办学水平考核奖励等，每年150万元。

至2010学年，全区共有小学17所，初级中学13所，中小学学生入学率100%。初中毕业升入高中段比例达97.07%，比1994年提高近一倍。

普通高中教育

1990年市区高中发展到11所，学生1431人，至2010年，基本普及高中教育。境内有嘉兴一中、嘉兴三高、四高、五高、南湖高级中学、北京师范大学附属学校高中部、市二十一世纪外国语学校高中部、开明中学、嘉兴外国语学校9所。

中等职业教育

1984年，境内先后创建嘉兴市中等专业学校、丝绸分校、城乡建设分校、省农村金融学校等中等职业学校。1987年9月，省财政厅在文昌路创设省会计学校。至2010年底，境内全日制中等职业技术学校经整合升级后有4所。

成人教育

1984年，全区基本扫除青壮年文盲。机关事业干部和大批工人完成学历教育和文化补习，转向岗位培训。农村各乡镇普遍建立成人文化技术学校（培训中心），承担各种农村劳动实用技术培训。对提高广大农民的劳动技能，促进新农村建设发挥了积极作用。至2010年，全区共有6所成人文化技术学校，其中省级示范成校有4所。

1984年1月，设在境内的电大嘉兴工作站改建为省广播电视大学嘉兴分校。4月，市高等教育自学考试办公室成立。电大教育和自学考试制度的兴起，推进了成人高等教育的快速发展，使大批在职干部、职工通过参与电大教育或自学考试圆了大学梦。

第三节　特殊教育

境内的特殊教育始于20世纪40年代末。1947年，朱礼贤筹建嘉兴私立聋哑小学。1949年开学招生，初创时借用精严寺几间僧房为校舍，教职工4人，学生7人，后增至16人，设两个班。1956年收为公办，学生64人，分6个班，教师6人。学校先后从精严寺迁址荷花堤、杨柳湾、少年路，现址越秀北路1395号，学校占地面积20.5亩。从原来单一的聋哑教育发展为智障、聋残等教育功能齐全的特殊教育学校。其中，聋残教育实施12年一贯制、智障教育实施9年一贯制义务教育。2010学年，有嘉兴特殊教育学校17个教育班，194名学生，45名在职教职工。

第二章 学前教育

第一节 民国时期幼儿教育

1915年，县城设有私立秀州幼稚园，同年附设蒙养园，以保育满3岁至入国民学校年龄之幼儿。1922年改蒙养园为幼稚园，将幼稚园列入初等教育范围，接收未满学龄之儿童。

抗日战争期间，私立明德女中附小在1938年复校，后附设幼稚园一级，另有汪伪的模范小学附设幼稚园二级。

抗日战争胜利后，幼稚园附设于国民学校，按国民学校学级编制。在规模较大的城镇国民学校和中心国民学校内附设幼稚园或幼稚班。私立小学也有附设幼稚园。1946年5月，全县有幼稚园16处，幼儿884名。

第二节 解放后至建区前幼儿教育

1949年5月接收各小学时，同时接收全部附设幼稚园。1950年，市、县23所小学附设幼稚班25个，入学幼儿1199名，教养员30名。

1951年10月，政务院将幼儿园教育列入学制，并把实施幼儿教育的机构定名为幼儿园。幼儿园接收3~7周岁的幼儿。同年秋，市政府创设市立幼儿园，首批招收幼儿72名。同期，民丰造纸厂员工子弟小学附设幼稚园开办，为市企业办幼儿园之始。

1950年，地专机关保育院改为地专机关幼儿园。同年8月，市立幼儿园芝桥街小学分部迁至丁家桥29号安乐路小学内，成立市第二幼儿园，市立幼儿园改名市第一幼儿园。

1954年，由建设街道创办的丁家桥幼儿园在丁家桥河下开设。1955年，由新兴街道天官牌楼居委会创办的中山西路幼儿园开办。1956年，由新兴街道创办的新兴幼儿园在南大街开办。后又陆续开办北京路幼儿园、东栅幼儿园等。1957年6月，全托幼儿园的嘉兴市国营商业幼儿园在干戈弄开办，招收商业职工子女。1958年，东门街道创办的六一幼儿园和城东幼儿园。同年冬，随着人民公社的建立，农村常年性和季节性的幼儿园大量发展，至1959年末，全县幼儿园有110所、214个班，在园幼儿7960名，幼儿入园率54%。1963年，市教工托儿所改办为第三幼儿园，并向社会开放。1965年，嘉兴冶金机械厂幼儿园开办。

“文化大革命”中，幼儿园被当作“培养修正主义苗子”的场所受到冲击，民办幼儿园（班）大多停办，保教人员改行，园舍被改作他用。1973年，全县农村无一所幼儿园。

1975年以后，化肥厂、83015部队（东大营驻军）、电控厂、绢纺厂、制丝针织联合厂等相继建立幼儿园。1979年11月，贯彻全国幼托工作会议精神，恢复、发展、整顿、提高各类托幼组织，幼儿教育重新走上健康发展的道路。1980年末，县有幼儿园36所、172个班，在园幼儿4847名，其中农村幼儿园12所、68个班，幼儿1603名。是年，嘉兴城乡各小学普遍举办学前班，一般在暑假中开办，时间约一个月，招收当年秋季应入学的儿童，为入小学作准备。有些小学附设的学前班逐步改为半年制或一年制。

第三节 建区后幼儿教育

1983年后，街道、乡镇以及区境内二轻、供销、卫生、城建、航运等系统及毛纺总厂、南湖布厂等大中型企业都创办了幼儿园。1983年9月，解放街道刘文妹在闸前街开办首家个体幼儿园快乐幼儿园。随着城市发展，先后增办百花、解放、河西、文昌路、栅堰等幼儿园，缓解城镇幼儿“入园难”的矛盾。1989年秋起，区各小学不再举办学前班。农村小学附设的学前班属幼儿园性质，继续存在，直到20世纪90年代中后期逐步从小学中分离出来，单独建幼儿园。

2000年后，对幼儿教育进行全面系统的规划整合。2005年8月，七星镇收回中心幼儿园办园权，成为首家乡镇公办幼儿园。2009年，大桥镇政府新建大桥镇实验幼儿园。2010年3月，凤桥镇政府回购凤桥镇中心幼儿园。

至2010年，全区有47所幼儿园，其中教育部门办3所，其他部门办9所，集体办8所，民办27所。幼儿教师1001人，在园幼儿13009人。幼儿教育的办学规模、质量及教师队伍的业务素质明显提高，至2010学年，有省一级幼儿园7所、省二级幼儿园15所、省三级幼儿园21所。

2000—2010年全区幼儿教育学前三年入园率情况表

表30-1　　单位:%

学年	全区	农村	学年	全区	农村
2000	81.4	58.7	2006	98.54	91.5
2001	91.2	69.3	2007	98.62	80.57
2002	92.15	72.79	2008	98.69	88.21
2003	94.78	74.98	2009	98.91	91.58
2004	96.50	72.98	2010	99.09	93.65
2005	98.30	86.29	—	—	—

第四节　幼儿园选介

嘉兴市第一幼儿园　位于勤俭路1027号。1951年秋季，市人民政府在现址创设幼儿园，初名为市立幼儿园，是当时全市唯一的公立幼儿园。开设大班和小班，招收幼儿72名，有教职工6名。1952年9月，在芝桥街小学设分部。至1956年8月，入园幼儿剧增，幼儿园分部成立第二幼儿园，市立幼儿园更名为市第一幼儿园，名称沿用至今。

2004年，在嘉禾北京城二期小区内开设分园，名为嘉兴一幼北京城幼儿园。

1986年，嘉兴一幼被市政府定为对外开放单位，接待外宾参观交流。1995年，被评为省级示范幼儿园，是市教科研基地，省、市、区的实验园。先后荣获省托幼工作先进单位、省“三八”红旗集体、市教科研先进单位等荣誉。

2010年5月，位于勤俭路的嘉兴第一幼儿园门口

2010学年，幼儿园有12个班级，410名幼儿，50名教职工。

嘉兴市第二幼儿园　创办于1956年，原址在丁家桥河下29号，是一所省级示范性幼儿园。1995年搬迁到景湖路口三水湾区域。2004年4月、2006年10月分别于接管新湖绿都和南溪花园2个小区的配套幼儿园，设分园。先后列为浙江师范大学杭州幼儿师范学院实验园、嘉兴市教育科研基地、市陶行知实验学校、市学前教育学会实验幼儿园。

2010年，3个园区占地总面积6667平方米，建筑面积3647平方米，共计18个班级，611名幼儿，44名教职工。

嘉兴市商业幼儿园　位于禾兴路，与嘉兴一幼相邻。1957年6月，由市商业局创办一所国营商业幼儿园，隶属于嘉兴市现代服务业发展投资集团有限公司。自1993年开始，参加省幼儿基本体操表演大赛，屡次获得一等奖，并获得过全国幼儿基本体操表演二等奖。组织幼儿参加省级航模、围棋比赛，均获得一等奖的好成绩；在区“萌芽杯”幼儿绘画大赛上捧得金奖。

幼儿园为省一级幼儿园，幼儿园先后获得市学前教育实验幼儿园、湖州师范大学培训基地、幼儿体操训练基地和省围棋育苗优秀基地等荣誉称号。

2010学年，幼儿园有14个班级、440名幼儿、47

名教职工。

嘉兴市文昌路幼儿园 1987年8月创办，位于嘉兴市文昌路文昌里小区内，是嘉兴市南湖区妇联主管的一所公办幼儿园。2009年7月被浙江省教育厅认定为浙江省一级幼儿园。

2003年5月，文昌路幼儿园接管了万家花园小区配套幼儿园为本园万舟分园，园所于2004年2月正式开园。

幼儿园先后被授予浙江省绿色学校、浙江省巾帼文明示范岗、嘉兴市教育科研基地、嘉兴市文明单位、嘉兴市学前教育学会实验幼儿园、嘉兴市示范家长学校等多项荣誉称号。

2010学年，有学前班21个，在园幼儿682名，幼儿教师81名。

嘉兴市艺术幼儿园 1995年由团市委创办，属事业单位。2010年有清河、泾水两个园区，占地面积12000平方米，建筑面积7500平方米，是一所省一级幼儿园，同时也是嘉兴市学前教育学会实验园、嘉兴市绿色幼儿园、嘉兴市语言文字规范示范校、嘉兴市音乐家协会教育基地，民族管弦乐协会教育基地，文明单位、青年文明号、收录于全国名幼儿园大典。

2010学年，有学前班20个，在园幼儿580名，幼儿教师78名。

嘉兴市卫生幼儿园 创办于1989年，位于嘉兴市南湖区明月路451号，是集幼教、科研、师资培养为一体的高标准省一级幼儿园，隶属于嘉兴市卫生局。2003年嘉兴学院幼儿园并入，将其幼儿园作为卫生院分园，设置为4个小班。幼儿园占地面积5345平方米，建筑面积3680平方米。

幼儿园是全市首批A级食堂、首批语言文字规范化示范校，市学前教育学会实验园、市音乐家协会教育基地、市管弦乐协会教育基地、文明单位、青年文明号、收录于全国名幼儿园大典。

2010学年有学前班14个，在园幼儿436名，幼儿教师54名。

嘉兴市河西幼儿园 创建于1968年，由新兴街道主管，是南湖区首批省一级幼儿园、首批公益性幼儿园、嘉兴市学前教育学会实验幼儿园、市陶研会实验幼儿园，幼儿园先后获得区文明单位、市绿色学校、省巾帼文明岗等荣誉称号。

幼儿园设有吉水总园与松鹤分园两个教学点，占地面积8308平方米，建筑面积3481多平方米，绿化面积1535平方米，户外活动场地1680平方米。

2010学年，两园共设14个学前教学班，在园幼儿417名，幼儿教师53名，每班配备二教一保。

嘉兴市宏兴幼儿园 创办于1994年8月，是嘉兴市妇联下属事业单位。2005年2月兼并原邮电科艺幼儿园，扩容后的宏兴幼儿园分为南、北两区，幼儿园总占地面积5985平方米，建筑面积为5375平方米。

幼儿园是嘉兴市特级B类幼儿园，先后被授予“浙江省巾帼文明示范岗”“秀城区文明单位”等荣誉称号。

2010学年，有学前班17个，在园幼儿585名，幼儿教师63名。

嘉兴市机关幼儿园 位于中山中路道前街63号。1950年，南下干部李坚在干戈弄创办嘉兴地专机关保育院，收托2足岁左右地专机关领导干部子女。1953年，建立嘉兴地委、专员公署直属机关幼儿园，开设大班、小班，收托幼儿40名左右。幼儿园实行全托制。1958年嘉兴地专机关搬迁到湖州，幼儿园一部分随地专机关到湖州，留下部分更名为嘉兴县机关幼儿园，园址不变。机关幼儿园先后更名为县工农兵幼儿园和县革命机关幼儿园。1980年恢复。1982年，更名为嘉兴市机关幼儿园。2010年，在中南小区开设育才分园。

幼儿园先后被授予市学前教育学会实验幼儿园、首批语言文字示范校等，1996年2月赴京参加第十届“龙潭杯”全国民间优秀花会大赛，舞蹈《南湖菱娃娃》荣获一等奖，又获中国文化部第七届群星奖银奖。

2010学年，幼儿园有11个班级、253名幼儿、42名教职工。

嘉兴市第三幼儿园 创办于1957年，前身为“教工托儿所”，是市教育局直属公办幼儿园。先后获得市级示范性幼儿园、市级教科研基地、市学前教育学会实验幼儿园、省二级幼儿园等多种称号。幼儿园创办了三幼本部和南湖实验幼儿园二个园区，2010学年有托、小、中、大17个班级，500多名幼儿，71名教职工，每班严格配备二教一保。教师队伍95%具有大专或本科学历。

七星镇幼儿园 1987年，在七星朝阳小学附设幼儿班的基础上所创办，设大、中、小班教育，时任教师4名。1991年，在兴星南路新建幼儿园教育楼，占地面积1300平方米。1992年秋，面向全乡招收生源。1998年5月，七星幼儿园经郊区教育局考核评定为二级幼儿园。2001年8月转制为民办，更名七星镇幼儿园。2005年8月，由民办转为镇办。2006年，在七星江南新家园小区配套幼儿园投入200多万元进行装修及设备投入，新建七星镇幼儿园。幼儿园占地面积10005平方米，建筑面积3235平方米，2008年2月招生幼儿。2010年7月，更名为七星镇中心幼儿园。先后获浙江省二级幼儿园、市学前教育实验幼儿园、市达标乡镇中心幼儿园等。

2010学年，幼儿园有15个班级、480名幼儿、46名教职工。

第三章　小学教育

第一节　解放前小学教育

清末小学

嘉兴近代小学始于清末。光绪二十六年(1900)，敖嘉熊、唐纪勋、祝廷锡在竹林庙侧竹溪堂创办竹林启蒙书塾，这是全市最早设立的新式小学堂。光绪二十七年(1901)，嘉兴知府在鸳湖书院旧址创办嘉兴府学堂。秀水县知县在天宫牌楼府孔庙南，创设秀水县学堂。光绪二十九年(1903)，嘉兴县知县巢凤仪将荐桥河的陶甄讲舍改办为嘉兴县学堂。

在此前后新设的有1901年的余贤初等小学堂，光绪二十九年(1903)的塘湾初等小学堂、毓秀、碧漪彪湖小学堂。褚辅成于光绪三十年(1904)创办的南湖二等(初等、高等)小学堂，学堂初创时期，无统一学制。光绪二十八年(1902)和二十九年(1903)，清政府先后颁发《钦定学堂章程》和《奏定学堂章程》，始有学制规定：初等小学5年，高等小学4年。光绪三十一年(1905)，东栅初等小学堂、凤桥秦溪小学堂相继设立。新丰镇平林义塾和塘汇镇养正义塾，也先后改办为小学堂。光绪三十三年(1907)，嘉兴、秀水两县学堂分别改为嘉兴县和秀水县官立高等小学堂。

据光绪三十四年(1908)《浙江教育官报》统计，嘉兴、秀水两县共有各类小学堂56所，学生1762人。

宣统元年(1909)，推广简易识字学塾。是年，新设初等小学和简易小学。宣统二年(1910)，清政府规定把符合改良标准的私塾，分别改为私立初等小学堂和高等小学堂。嘉兴县有部分私塾改为小学堂。

嘉兴的女学，始创于光绪三十年(1904)，尤季良创办的嘉兴启秀女子二等小学在仓桥前开学。次年，王婉青在道前街创办女子小学堂。光绪三十三年(1907)正月，清政府规定女学由家庭教育入小学教育体系。同年，沈文华在余新创办余贤女子小学堂，此后，嘉兴女子学堂又有增设，较有名的有褚辅成于光绪三十四年(1908)创设梅湾街的开明女子学堂和殿基湾的德馨女子初等小学堂等。

民国时期小学

1912年，中华民国教育部规定学堂改成学校，初等小学可以男女同校，学制4年；高等小学学制3年，男女分校。是年，嘉兴县和秀水县高等小学堂分别改为县第一和第二高等小学校。1914年6月统计，嘉兴有小学校82所，学生4536人。

1927年，意大利天主教在嘉兴创设女子小学，后改名明德女子中学，同时附设小学，男女学生兼收。

1929年成立县义务教育计划委员会，推行义务教育的实施。同年在精严寺街开办县立集贤区中心小学和新丰区中心小学和凤桥区代用中心小学等试办中心学校。

1932年，嘉兴县指导改进私塾，以补小学之不足。规定对塾师进行检定，考核私塾成绩，不合格者予以取缔。1935年，全县新设短期小学28所。1936年将原有短期小学与民众学校合并办理，一律改称乡村学校。

抗日战争爆发后，小学全部停顿。校舍全被炸毁的有4所，规模较大的小学皆被焚毁，城区及部分农村校舍被日本侵略军强占驻军。日伪的沦陷区内开办学校，据1939年6月汪伪政府统计嘉兴县有小学12所，学生2689人。嘉兴县政府实施反奴化教育，在敌人据点开设流动学校，1938年6月，嘉兴县战地青年服务团在凤桥开设小学。次年3月，在抗日政府控制区域内设校84所，办私塾2处，共有学生4200余人，省教育机关第十二流动施教团一团奉命到嘉兴县设流动学校两所，实施战时教育。流动施教一团离嘉后，县民众教育馆组织流动施教团到凤桥、新丰两区及城区一部分为流动施教区。1940年上半年，嘉兴县民国政府控制区有完小9所、初小99所，学生6451人，改进私塾11所，成绩优良私塾4所。鉴于学校增设，同年4月改划学区，推行国民教育制度，义务教育和民众补习教育合二为一，实施政教合一，把初等教育纳入"新县制"轨道，其内容是各乡镇设中心国民学校，保设保国民学校，短期小学归并或改为中心学校或保国民学校；中心学校或保国民学校均设以儿童为对象的小学部和以失学民众为对象的民教部。

抗日战争胜利后，县政府接收敌伪县立小学17所，全部改组为国民学校。接收私立学校2所，其中在天宁寺街的兴安义务小学改组为国民学校，教会办的明德小学继续维持。全县增设中心国民学校10所，保国民学校13所。实施国民教育制度第一期结束时，全县有乡镇中心国民学校57所、191个班，学生9930人，保国民学校189所、242个班，10584人，合计学校246所，学生20514人。

1946年上半年统计，全县共有学校286所，学生23739人，教职员数754人。学校增设，入学儿童增加，但失学儿童仍很多。据当年嘉兴县《国民教育设施概况调查表》统计，全县学龄儿童65500人，在学儿童25541人，入学率仅占学龄儿童总数的39%。

抗日战争胜利后，嘉兴有民间组织、宗教团体、工厂企业及有识之士，为使儿童免受失学之苦，创设或恢复私立小学。

1946年境内社会创办或恢复的私立小学名录表

表30-2

校 名	校 址	创办时间	办学单位
私立曙光小学	大桥镇雀墓庙	1945年10月	地方
私立卍慈小学	嘉兴中和街	1946年2月	红卍字会
私立明德小学	嘉兴拔贡弄	1921年创办 1945年9月正式复校	教会
私立民丰员工子弟小学	嘉兴甪里街	1936年秋创办 1946年9月复校	民丰纸厂
私立敦义米业小学	嘉兴中基路	1947年2月	米业同业公会
私立健生回民小学	嘉兴干河桥	1947年7月	嘉兴回教协会
京沪杭铁路嘉兴车站小学	火车站附近	1947年3月	嘉兴火车站
私立茧业履端国民学校	嘉兴初觉路103号	1948年9月	茧业同业公会
私立浙南小学	嘉兴荷花堤118号	1948年11月	浙南公所
私立佛教会小学	嘉兴精严寺街	1946年	嘉兴佛教协会
私立范氏小学	嘉兴外月河	1949年春	范古农

1948年底，全县有学龄儿童53403人，在学儿童有23595人，已受初等教育10305人，失学儿童19503人，失学儿童占总数的36.52%。

1948年嘉兴县初等教育情况表

表30-3

项 目	中心国民学校	保国民学校	私立小学	合 计
校数(所)	36	299	7	342
班数(个)	172	429	36	637

续表30-3

项　目	中心国民学校	保国民学校	私立小学	合　计
学生数(人)	7349	14725	1521	23595
教师数(人)	271	542	57	870

第二节　解放后至建区前小学教育

解放初期

1949年5月人民政府接管小学319所，其中市区小学25所，学校全部复学，取消保国民学校名称，一律改为完小或初小，以学校所在地命名。

在课程设置上，取消公民课、童军课、纪念周，改为政治常识，同时废止体罚。

1949年11月以后，嘉兴县划7个辅导区；嘉兴市划3个辅导区，并改革学校内部管理制度。1951年，随着农村反霸斗争的胜利和土地改革的完成，办学热潮掀起，小学发展迅速。

1949年嘉兴市城内小学校名录表

表30-4

区别	校　名	地　址	学生数(人)	教员数(人)
建设区	建设区中心小学	童军路精严寺街口	769	24
	私立范氏小学	嘉兴外月河	48	3
	芝桥初级小学	芝桥街27号	181	6
	天宁寺街小学	天宁寺街49号	274	10
	鸣阳门小学	童军路	272	10
	私立佛教会小学	精严寺街	107	5
	安乐桥初级小学	丁家桥河下7号	89	4
	嘉兴市救济院育幼所	报忠埭	109	3
	明德附小	拔贡弄3号	240	13
	私立民丰员工子弟小学	角里街	306	12
	私立健生小学	东门环城东南路	102	3
新嘉区	新嘉区中心小学	北门闸前街	579	18
	河西街小学	解放路螺丝浜	287	9
	太平桥小学	太平桥	119	6
	私立敦义米业小学	中基路290号	455	10
	塘湾小学	北平路	254	9
	坛弄小学	北门外林家场1号	86	3
新兴区	新兴区中心小学	南门外南湖滩	450	15
	南湖小学	南堰	220	7
	干河桥初级小学	东门大年堂后	68	3
	新马路小学	新马路玄妙观	170	8

续表30-4

区别	校 名	地 址	学生数(人)	教员数(人)
一专区	路家浜初级小学	路家浜	34	1
	报忠小学校	报忠埭水廊下2号	84	3
	杨家村小学	杨家村古莲庵	33	1
	嘉兴聋哑学校	精严寺街2号	15	6
	私立卍慈小学	中和街7号	296	11
	私立范氏小学	北门外月河53号	144	6

1949年境内乡镇小学校名录表

表30-5

区别	校 名	地 址	学生数(人)	教员数(人)
新丰镇	新丰乡完全小学	新丰镇中市123号	230	10
	栖凰埭镇小学	栖凰埭镇	50	3
	嘉兴县新篁区第三中心小学	竹林庙竹溪堂	2个班	4
大桥镇	胥山乡中心国民学校	悠广大桥头	4个班	6
	步云乡社中心	步云徐步寺堂	60	2
凤桥镇	嘉兴县立凤桥完全小学	凤桥镇南街半山横头	8个班级	12
	新篁乡完全小学	新篁西街六如庵	200	12
余新镇	余新乡完全小学	余贤埭坟庵	200	8
	曹庄乡完全小学	曹庄北街	100	6
七星镇	七星桥小学	七星送子庵	117	4
东栅乡	嘉兴县塘汇区东栅乡完全小学	东栅大街张家弄西沈家花园	不详	不详

1952年，嘉兴县接管明德女中附小、月河小学、米业小学。1953年，接管佛教会小学、茧业小学。1954年接办卍慈小学、健生回民小学。到1954年底，全县剩4所民办小学。同年9月，嘉兴县创办新建小学后更名南湖中心小学。此时，嘉兴县学龄儿童入学率51.94%，其中市区85.5%、农村47%。

1956年，专署文教科在新丰乡搞普及义务教育试点。同年撤区并乡，嘉兴县撤销区辅导，改设30个乡(镇)辅导。

1958年，嘉兴县先后新增起凤桥的南湖民办小学、在丁家桥河下的建设民办学校、在窑弄的解放民办学校、在中基路的新嘉民办小学、在徐家埭的新兴民办小学、在许家村的渔菱小学。全县各公社原来不设小学的大队纷纷办学，入学儿童猛增，大批超龄青少年重入小学读书，但师资力量、设施、经费匮乏，教学质量受到影响。

1963年11月起，嘉兴县试办耕读小学，受到农民欢迎。1964年下半年，全县办耕读小学402所共475班，入学儿童8353人。1965年下半年耕读小学发展到1210所，入学儿童23040人，教师1130人。

“文化大革命”期间

“文化大革命”开始后，学校先后“停课闹革命”，耕读小学停办。1967年春，全日制小学陆续“复课闹革命”，但原有课本不再使用，改上阶级斗争课或读《毛主席语录》。1968年底，城镇小学由工厂接管，进驻“工人毛泽东思想宣传队”，领导“斗、批、改”；农村小学由“贫下中农管理”，下放到大队办，公办教师转为民办教师，取消工资制，实行“工分加补贴”“回队任教”。同时，在“学校办到家门口”的口号下，农村队办全日制小学和小学附设初中班盲目发展，不少小学教师改教初中，有些初中高小文化的贫下中农被吸收为小学教师，称为“赤脚教师”。1969年下半年，嘉兴县“赤脚教师”达635人，占大队小学教师的50%。农村小学与就读学生数量猛增，原有校舍不敷使用，公社和大队搭建简易校舍以解决困难。教育质量下降，流生现象严重。

“文化大革命”期间，学制没有统一规定，各地小学纷纷缩短学制年限。1973年，小学学制普遍为5年。1977年，规定小学学制5年。

调整提高时期

1976年以后，普及小学教育工作受到全社会重视。各县对小学进行调整，主要是减少小学附设初中班，调整小学布点，充实学额，到1978年底不再吸收新的民办教师。

1981年6月，对小学作调整，包括整顿在编民办教师，继续调整学校网点，建立正常教育秩序，改善办学条件等，逐步达到“班班有教室，人人有课桌椅，校校无危房”，制定了普及初等教育的规划，各乡镇小学按照“进得来、留得住、学得好”的要求，着重抓好入学率、巩固率、毕业率和普及率。特别是在春节以后开学阶段，小学生、初中生流生较多，教育局干部下乡分片包干，协助学校抓好减少流生工作，普及小学教学工作有较大改观。

第三节　建区后小学教育

1983—2000年

1983年秋季，市区小学统一实行六年制教育。1984—1985年，经省、市政府验收，区达到基本普及初等教育的要求。1986年4月，区按市政府的统一规划，分批实施九年制义务教育。至1988年，城区全面普及九年制义务教育。

随着嘉兴城市建成区的扩大，1986—1993年，百花小学、吉水小学、栅堰小学、文昌路小学、三水湾小学先后建成开学。

1997年7月，“两基”评估验收以后，为实现高标准“普九”目标，对学校布局先后作多次调整。同年，中和街小学并入实验小学。次年，在嘉兴经济开发区易地重建嘉兴市实验小学。

1998年3月起，新生入学法定年龄提前到6周岁。

1998年，创办嘉兴市第三实验小学，后更名嘉兴南湖国际实验学校，属嘉兴市第一所国有民办学校。同年7月，南湖中心小学与中山路小学合并办学，光明街小学与北京路小学合并办学，栅堰小学与中基路小学联合办学。翌年，筹建以教育家陶行知命名的行知小学。

2000—2010年

2000年6月市本级行政区域调整，全区学校布局作相应调整，辖区小学26所。

2000年区属小学情况表

表30-6

校　名	校　址	班级数(个)	学生数(人)	教职工数(人)	备注
嘉兴市实验小学	少年路	41	2136	107	—
南杨路小学	南杨路29号	20	1036	46	—
秀州路小学	秀州路	12	535	30	—
吉水小学	吉水路122号	25	1307	62	—
文昌路小学	文纬路161号	24	1196	52	—
三水湾小学	三水湾区域	24	1281	52	—
南湖中心小学	大年堂前49号	21	917	60	—

续表30-6

校　名	校　址	班级数(个)	学生数(人)	教职工数(人)	备注
解放路小学	解放路	13	689	32	—
行知小学	真合路	10	482	24	—
栅堰小学	洪堰路121号	18	930	40	—
百花小学	百花小区内	12	580	29	—
中基路小学	中基路	8	343	19	—
嘉兴市第三实验小学	糕作弄9号	9	322	25	临时工41
湖滨小学	南湖路150号	12	556	28	—
民丰小学	东塔路	16	720	40	—
清河小学	禾兴北路清河街1号	23	1195	53	—
光明街小学	光明街	21	866	52	—
余新镇中心小学	余新镇	109	4687	174	全镇10所村完小
凤桥镇中心小学	凤桥镇	54	2368	90	全镇4所村完小
新篁镇中心小学	新篁镇	41	1899	71	全镇3所村完小
新丰镇中心小学	新丰镇	93	3947	157	全镇7所村完小
七星乡中心小学	七星乡	44	1624	63(代课6)	全乡4个教学点
步云乡中心小学	步云乡	30	1361	62	全乡2所完小
大桥乡中心小学	大桥乡	33	1411	56(代课3)	全乡2所完小
南湖乡中心小学	南湖乡	38	1587	74	全乡4个教学点
东栅乡中心小学	东栅乡	29	1444	71	全乡2个教学点

2000年以后，为优化教育资源，均衡办学，学校多次整合、调整。西南湖小学于2003年8月，搬迁至少年路403号，更名为嘉兴市辅成小学。2004年，合并百花小学中高段年级。2005年，合并秀州路小学和南湖中心小学，成立市辅成教育集团。2009年，合并穆湖实验学校。至2010年，全区先后撤并小学55所，其中市区有嘉兴市湖滨小学、嘉兴市中基路小学、嘉兴市民丰小学、嘉兴市秀州路小学、嘉兴市百花小学、嘉兴市南杨路小学、嘉兴市西南湖小学、嘉兴市解放路小学8所，农村小学47所，其中新丰镇13所，凤桥镇11所，七星镇8所，大桥镇4所，余新镇8所，东栅街道3所。

2002年秋季，嘉兴市实验小学搬迁至嘉兴经济开发区。2007年，区接管市实验小学，并在农翔路新建实验小学东校区。

2005年8月，成立秀城实验教育集团。吉水小学和钧儒小学为成员单位。2008年9月，秀城实验教育集团凤桥小学揭牌。2008年，北京师范大学南湖附属学校一期建成并开始招生。2010年，区境内有六年制小学17所，九年一贯制新居民子女学校4所。

2010年区属六年制小学基本情况表

表30-7

校　名	校　址	班级数(个)	学生数(人)	教职工数(人)	时任校长
嘉兴市实验小学	西校区：百墅路318号 东校区：农翔路670号	81	3803	183	张晓萍
秀城实验教育集团	东校区：越秀南路820号	28	1334	72	钟麒生
	西校区：泾水路132号	27	1229	59	

续表30-7

校　名	校　址	班级数（个）	学生数（人）	教职工数（人）	时任校长
辅成教育集团	辅成小学本部：少年路403号	18	1606	78	陆 瑛
	穆湖小学校区：建国北路	33	737	40	
	南湖小学校区：大年堂49号	9	386	23	
栅堰小学	洪堰路121号	20	983	48	商建中
北师大南湖附属学校小学部	凌公塘路2176号	18	681	43	江 伟
文昌路小学	文纬路161号	16	720	43	范建原
南湖国际实验学校	双溪路1396号	38	1371	90	黄佳平
三水湾小学	三水湾区域	22	1008	54	卜海峰
光明小学	闸前街2号	21	911	50	叶志敏
清河小学	禾兴北路清河街61号	20	947	52	朱云祥
行知小学	真合路267弄67号	18	841	46	陈文斌
东栅中心小学	南溪路双溪路口	24	1140	55	包永生
新丰镇中心小学	中心小学：新丰镇富利嘉路98号	36	1731	90	蔡国军
	竹林完小：竹林村	6	265	14	
	栖凰埭完小：栖凰埭集镇	6	246	12	
	东联完小：东联村	5	209	11	
大桥镇中心小学	中心小学：大桥镇十八里桥南区天明路2号	34	1698	84	狄称意
	步云完小：步云集镇	13	529	25	
	倪家浜村小：倪家浜村部	4	96	3	
余新镇中心小学	中心小学：余新镇南街1号	40	1760	85	连育彬
	金星小学：金星村村部西侧	7	272	9	
	曹庄小学：曹庄镇人民北路	20	769	34	
	石堰小学：石堰村民委南面	12	472	18	
凤桥镇中心小学	中心小学：凤桥镇南大街50号	29	1352	72	王建忠
	新篁完小：凤桥镇新篁社区南星路5号	14	539	32	
七星镇中心小学	七星镇栅口路228号	30	1488	65	徐永明

2010年全区新居民子女学校基本情况表

表30-8

校　名	校　址	班级数（个）		学生数（人）		教职工数（人）	
		小学	初中	小学	初中	小学	初中
南湖创业学校	南湖创业园区内	17	7	1014	378	28	18
民丰蓝天学校	东塔弄底	12	6	598	304	20	15
百花育才学校	百花小区内	12	5	507	195	17	17
余新仁和学校	余新镇余北大街	33	8	1644	353	70	24

第四节　区属小学选介

嘉兴市实验小学　前身为秋瑾好友王琬青1905年8月在道前街贞节祠首创的道前街女子小学堂，学校先后更名嘉兴县立第一女子小学、嘉兴县立第三小学、集贤小学、嘉兴县湖光镇中心国民学校、嘉秀镇第一中心国民学校等。

1949年5月，人民政府接办，学校更名嘉兴市建设区中心小学。1963年，学校被列为省教学改革试验学校。1987年3月，学校更名嘉兴市实验小学，是全市小学教育科研和实验基地。1997年7月，中和街小学并入。2002年秋，学校搬迁至百墅路318号（后为西校区），学校占地面积4.13公顷，总建筑面积17054平方米。2007年9月，实验小学东校区在农翔路670号开校，学校占地面积4.13公顷，建筑面积32849平方米。学校信息科技和体育场馆设施建设时为全市小学之首。

学校先后获得全国教育系统先进集体、国家级体育传统项目学校、全国“三八”红旗集体、全国雏鹰红旗大队、全国群众体育先进单位、省百年名校、省科研兴校百强学校、首批校本教研示范学校、省现代教育技术先进集体等荣誉。

2010学年学校有81个教学班、3803名学生、183名教职工。

2010年10月，实验小学东校区校门

嘉兴市辅成教育集团　原名南杨路小学，1984年在南杨路创办，1999年合并褚辅成创办于1905年的西南湖小学。2003年2月搬迁至少年路403号，同年10月更名嘉兴市辅成小学。2004年合并百花小学中高段年级，2005年合并秀州路小学和南湖中心小学，成立嘉兴市辅成教育集团，2009年合并穆湖实验学校。

学校组建教育集团后，先后获得全国中小学棋类教学课题研究实验基地、省教科研先进集体、浙江省贯彻《学校体育工作条例》优秀学校、省体育传统项目先进学校、省依法治校示范学校、浙江省绿色学校，市语言文字规范示范学校等。

2010学年，辅成教育集团下设的南校区、北校区和南湖小学三所全日制小学，共有60个教学班、2729名学生、141名教职工。

2009年8月，位于少年路的辅成小学南校区

嘉兴市秀城实验教育集团　1986年8月，在西园弄创办吉水小学，创建初期8名教师和126名学生。2001年5月，更名秀城实验小学。2005年9月，秀城实验教育集团成立。所辖有吉水小学和钧儒小学。2008年8月，秀城实验教育集团凤桥小学揭牌，成为全市首个城乡教育集团。

2010年2月，吉水小学搬至越秀南路820号。

集团以“培养有智慧的人”为办学理念，每年开展艺术节、读书节、体育节和科技节四大节日活动，并组建文艺体育项目等10几个学生社团。水囡囡合唱团曾获香港国际青少年合唱节银奖，亚洲合唱锦标赛银奖，世界合唱锦标赛银奖。水囡囡戏曲舞蹈团在全国第十四届群星奖比赛中拔得头筹，受邀参加全国第九届校园春节联欢晚会。棋类社团在省传统围棋赛蝉联团体第一，获第三届全国中小学棋类交流大会围棋团体第一。学生书画作品在省群星奖评比中获2金、1银、2铜。

学校先后获得联合国教科文组织“行动研究”实验学校、全国雏鹰红旗大队、全国棋类教育实验基地、全国赏识教育实验学校、省文明学校、浙江省艺术教育特色学校、省群众体育先进集体、省华文教育基地、省少儿戏曲创作表演基地学校、省少儿绘画创作培训基地学校等。

2010学年，学校有55个教学班，2563名学生，131名教职工。

余新镇中心小学　前身是清光绪二十七年(1901)九月，由地方绅士沈文华联合地方热心教育人士在余新镇北街创设的余贤初等小学堂。1912年，改称余贤初等小学校，迁至中庵桥北堍。以后历称余贤区区立国民学校、区立第一国民学校、区立余贤初级学校、余贤小学。

抗日战争时期，学校被毁。1939年，嘉兴县政府重设余贤初级小学于上寿庵。1944年8月，更名嘉兴县余贤镇中心国民学校。次年11月，迁址余贤埭。1947年2月，改名余新镇中心国民学校。解放后，学校历次更名。1986年2月，学校更名余新镇中心小学。1998年8月，曹庄乡中心小学并入。

学校先后获得全国青少年科技活动先进集体、省"十佳"科(技)学校、市青少年科技教育特色学校、市教育科研基地、卫生部/联合国儿童基金会健康促进项目试点学校等荣誉。

2010学年，学校有40个教学班、1760名学生、85名教职工。

嘉兴南湖国际实验学校　1998年4月，在糕作弄9号创办嘉兴市第三实验小学。2001年，嘉兴发展投资有限公司与区政府签订"实验三小迁建项目"合作协议，嘉兴市第三实验小学改名嘉兴南湖国际实验学校；全市教委主办的嘉兴市第一所国有民办的小班化教学的寄宿制小学。

2003年1月，学校搬入位于双溪路的新校区，学校占地面积50025平方米，建筑面积33961平方米。学校先后获得全国民办教育先进集体、中国网球协会短式网球培训点、浙江省九年制义务教育Ⅰ类标准化学校、教育事业突出贡献单位、优质特色教学民办学校、教科研先进集体、网球体育特色学校嘉兴市优秀民办学校、优秀教科研基地等。

2010学年，学校有38个教学班、1371名学生、90名教职工。

嘉兴市南湖创业学校　位于南湖街道创业园内，是九年一贯制国有民营公助性质的新居民子女学校，是2003年，市、区两级党委政府为解决新居民子女读好书问题和规范新居民子女学校办学行为的民心工程之一。

学校占地面积0.62公顷，建筑面积3045平方米。学校配有电脑室、实验室、图书室等教学设施，开通校园宽带网络、闭路电视系统、校园安全报警系统、校园音响系统等拥有24个多媒体教室。

2010学年，学校有24个教学班，来自全国13个省、自治区1014名学生，42名专职教师，拥有中学高级教师职称2人，教师资格证持证率100%。

学校教育教学质量稳步提升，逐步成为市本级新居民子女学校示范窗口学校，先后获得全国千所外来子女、农村留守儿童家长示范学校、市语言文字规范化示范学校、市绿色学校、市国学经典诵读试点学校等荣誉。

第四章　中学教育

第一节　解放前中学教育

嘉兴中学教育，始于清末。清光绪二十七年(1901)冬，嘉兴知府刘毓森奉省令筹设嘉兴府学堂，在原鸳湖书院，增造楼房22间，翌年12月2日，校舍落成，开学。清光绪二十四年(1898)春，美国南长老会教士花第生到嘉兴办学，光绪二十六年(1900)，校舍爱格深堂落成定名秀州书院，宣统二年(1910)，迁入项家漾。1918年，更名秀州中学。1924年，嘉兴县将创办于1912年的嘉兴女子师范学校改为嘉兴县立女子中学，该校至抗日战争爆发停办。

城内的私立女子中学，尚有私立秀州女校，系美国人安亚仁在1923年前创办，有9个班组，学生200余人，地点在秀州中学。1927年，开办的私立中山女子初级中学，校址精严寺街。1927年9月在拔贡弄由意大利天主教会创办嘉兴私立明德女子初级中学。

1938年8月，省立嘉兴中学师生与嘉兴县立女中部分学生辗转到丽水碧湖，加入浙江省立临时联中。嘉兴私立秀州中学先迁往绍兴，与绍兴越光中学等学校成立五校联中。绍兴沦陷后，又辗转上海、江西赣州等地，与其他基督教内迁学校成立华东联中和赣州联中，没有内迁的私立中学停办。

1939年，省立浙西临时中学在西天目山禅源寺建立，招收高、初中生800余人。同年，在嘉兴县游击区新篁胡庵，设嘉兴战时临时中学。1942年春，陆初觉在昌化创办嘉区七县联合临时中学。

日伪在嘉兴沦陷时，开办中学3所，其中伪省立嘉兴中学在现少年路。

1945年8月，抗日战争胜利，省立浙西第一临中和嘉区七县联合临时中学迁返嘉兴，成立省立嘉兴中学和县立初级中学，秀州中学在原址复校。

第二节　解放后至建区前中学教育

嘉兴解放后，军管会和人民政府接管各中学，对各校贯彻“维持原状，逐步改造”的方针。1950年上半年，县立简易师范改为县立第二中学，下半年改为省立农业技术学校。1952年秋，接办私立秀州中学，更名嘉兴第二中学；接办私立明德女中，更名嘉兴第三中学。1952年，嘉兴县、市分设，嘉兴县立初级中学改称嘉兴市立初级中学，后改为嘉兴四中。1956年、1957年，嘉兴县在新丰、凤桥乡中心小学设戴帽初中班，称嘉兴第五初级中学和第六初级中学。1956年，把建设中等文化补习学校改为嘉兴市民办建设中学。嘉兴一中改为只招高中学生的高级中学。

1958年，在“大跃进”形势影响下，嘉兴二中撤销改为嘉兴工专，初中部并入嘉兴四中。至1960年秋，嘉兴县的公办与民办中学26所。由于发展过急过猛，呈现中学师资、设备不足，教育质量下降。1961年，嘉兴县撤销嘉兴十六中与嘉兴二十中，将嘉兴十中与校址在今秀洲区党校的嘉兴四中合并，成为嘉兴二中，以撤销后的嘉兴工专作为嘉兴二中校舍。设在民丰职工子弟学校的戴帽初中班嘉兴市十二中并入东栅嘉兴二十三中，更名东栅中学。嘉兴县中学由17所调整为嘉兴一中、嘉兴二中、嘉兴三中、东栅中学、塘汇中学、新塍中学、王店中学、新丰中学、凤桥中学、南汇中学、双桥中学和建设民办中学12所。

1962年9月，嘉兴南湖中学在南湖之滨建成开学。自1962—1966年，嘉兴县中学保持完中6所，初中10所左右，中学教育进入巩固、稳定阶段。

“文化大革命”初期，中学教育受到严重干扰破坏，“停课闹革命”，教育秩序被搞乱，校舍和设备损失严重。1967年3月后，陆续“复课闹革命”。

1968年，农村公社中心小学纷纷附设农中班或初中班，嘉兴县初中由原来的10所猛增到29所。在“初中不出队，高中不出社、队队办初中、社社办高中”的要求下，1972年，学校数量发展到高峰。1976年，许多新建的初级中学又纷纷升格为完全中学，嘉兴县中学达到68所，其中完全中学有54所。但师资不相匹配，中学师资大多从小学教师提升，高中以下文化程度的民办教师占很大比例，教育质量大幅度下降。

1979年后，对中学设置、布局作全面调整，逐步集中，压缩完全中学，原则上一个公社办一所初中，发展职业教育。1983年，嘉兴镇办的嘉兴中学、解放中学归市属，更名嘉兴六中、嘉兴七中。

第三节　建区后中学教育

1983—2000年

建区后，市、区政府对中学教育格局作相应调整，1986年，在新开辟的河西文教区新建吉水中学。至1990年，市城有高级中学1所，完全中学10所(包括民丰子弟学校)，城区所辖乡初级中学4所。其中嘉兴一中被列为省重点中学。教师素质、办学条件得到改善，教育质量不断提高。已具备全面实施九年制义务教育的条件。1990年起，在全省率先全面实施九年制义务教育。

1990年境内中学分布情况表

表30-9

校　名	校　址	班级数（个）	学生数（人）	教职工数（人）	创办时间	历史沿革
南湖中学	南湖路	13	524	72	1962年	南湖中学
民丰职工子弟学校	角里街东塔弄	6	277	38	1958年	嘉兴十二中、民丰中学
嘉兴一中	南门范蠡湖	24	1067	146	1902年	嘉兴府学堂、省立第二中学、省立嘉兴中学、省立浙西第一临中
嘉兴四中	东门大年堂	10	419	113	1954年	私立建国路文化补习班、民办嘉兴建设中学
嘉兴三中	中山路	26	1259	145	1927年	私立明德女中
嘉兴七中	解放路西窑弄底	9	468	52	1974年	嘉兴镇解放中学
嘉兴六中	坛弄	11	505	53	1971年	电控"五七"学校、嘉兴镇嘉兴中专
嘉兴二中	秀州路	26	1310	155	1900年	秀州书院、嘉兴二中、嘉兴工专
吉水中学	越秀路	21	979	85	1986年	吉水中学
东栅中学	东栅大街西首	15	604	103	1960年	嘉兴二十三中
南湖乡初中	杭申公路六号桥	12	525	38	1958年	—
嘉北乡初中	城北路	7	343	30	1968年	—
东栅乡初中	东栅镇	4	165	17	1961年	—
塘汇乡初中	塘汇镇	8	323	26	1968年	—

1994年9月，经省"两基"评估验收组验收，区获全省第一批实现基本实施九年义务教育和基本扫除青壮年文盲的县市区。小学毕业生升学率达到98.96%，初中毕业生升学率达到48.92%，分别比1985年提高20.51%和18.04%。1996年，区在全省率先通过普及中小学实验教学验收。

1995年后，区境内学校布局进行调整。1995年2月，嘉兴六中搬迁至清河中学。同年，嘉兴民丰职工子弟学校由民丰集团公司划归市教委管理，更名嘉兴市民丰实验学校。1997年7月，在三水湾区域建造三水湾中学，民丰实验学校迁入三水湾中学。1998年7月，嘉兴四中并入秀州中学。

2000—2010年

2000年12月，区政府设立嘉兴市秀州中学分校，承担初中教育任务，秀州中学高中部在穆湖新区易地新建，由市教育局直管。办学性质方面发生新的变化，中小学"民办公助""公有民办"等形式相继出现。1994年9月，胡鑫镛等5人自筹资金，租赁使用原嘉兴六中校舍，创办嘉兴市二十一世纪外国语学校。1996年，在二环西路梁三路易地新建。2002年4月，嘉兴市私立实验中学借用三水湾中学校舍办学。

1998年3月，区被定为浙江省首批素质教育实验县。翌年2月，确定吉水中学等5所学校为市区素质教育实验学校。

从1997年开始，全区在"九五""十五"计划期间实施连续两轮的中小学布局调整。撤并6班以下小学和12班以下中学，基本实现"高中段学校向市城集中，初中向中心镇或镇政府所在地集中，小学向镇和中心村集中"的布局调整目标，使城乡适龄儿童、少年接受平等的义务教育。

2000年9月，中学布局随着区行政区划的调整作相应调整。

2000年区属中学情况表

表30-10

校 名	校 址	班级数(个)	学生数(人)	教职工数(人)	备注
秀州中学分校	环城东路75号	22	1133	65	—
吉水中学	越秀南路820号	28+高中6	1431+276	123	—
21世纪外国语学校	二环西路1578弄	18+高中10	814+269	135	临时工46
三水湾中学	泾水路1号	24	1104	87	—
第七中学	解放路螺丝浜	12	487	59	—
清河中学	禾兴北路	29	1493	101	—
余新镇中学	余新镇余北大街60号	42	2175	119	代课8临时工7
大桥乡中学	大桥集镇十八里桥	12	606	36	代课3
步云乡中学	步云集镇东首	13	699	40	代课2临时工1
新篁镇中学	新篁镇东首	17	870	50	—
新丰镇中学	新丰镇民丰路52号	34	1882	94	代课8临时工3
七星乡中学	七星镇兴星路	14	650	43	代课1临时工3
凤桥镇中学	凤桥镇凤南路	24	1279	73	代课6临时工2
东栅乡中学	双溪路南首	16	808	34	代课5临时工7
南湖乡中学	南湖乡政府旁	17	858	52	—

2004年,秀城区创建为省级“教育强区”。基本实现基础教育的普及程度从9年提高到12年的目标,初中毕业生升入高中段学习的比率达到93.16%。至2010年,南湖区学龄儿童入学率达100%,升入高中段学习比率达98.28%(普职比基本达1:1)。

2000—2010年南湖区初中学生入学、毕业、升学情况表

表30-11

年份	学龄少儿(人)	入学率(%)	毕业人数(人)	升学情况		
				升学率(%)	其中	
					普通高中(%)	职业高中(%)
2000	16700	98.53	4988	85.08	52.7	20.12
2001	17897	106.07	3998	86.72	45.15	41.57
2002	12960	100	5764	91.10	55.15	35.95
2003	11471	100	6437	92.57	46.73	45.84
2004	11318	100	5438	93.16	46.49	46.67
2005	10042	99.99	5066	94.33	45.91	48.42
2006	12355	100	5409	94.51	46.35	48.16
2007	16605	100	6096	96.82	48.34	48.44
2008	17225	100	6415	97.63	48.81	48.82
2009	16036	100	6742	97.70	48.84	48.86
2010	15934	100	6612	98.28	49.12	49.15

注:该表数据取自市教育局编印的嘉兴市历年教育事业统计资料

2004年，嘉兴市投资3.5亿元，划拨土地723亩，在区境内建成嘉兴高中园区。嘉兴市建筑工业学校、嘉兴市高级技工学校、嘉兴市第四高级中学、嘉兴市第五高级中学搬入高中园区。

从2006年秋，先后对在区教育行政部门批准的城乡义务教育阶段学校就读的学生，包括本地户籍学生、正常转入本区就读学生以及符合条件在本区接受义务教育的外来务工人员子女全部免收杂费、教科书费和所有作业本费。

2007年，接管嘉兴市实验初级中学。2008年，北京师范大学南湖附属学校一期建成并开始招收初中学生。至2008年底，全区通过自由组合与行政调整相结合的方式，组成11个“城乡学校教育共同体”，每个共同体由一所城市学校和两所农村学校或其中一所新居民子女学校组成。局督导室及时制订“共同体”学校考核内容，并纳入办学水平考核体系。

2010年9月，区境内共有中等学校23所，其中区属学校13所（不包括4所九年一贯制新居民子女学校）。

2010年区属中学情况表

表30-12

校　名	校　址	班级数（个）	学生数（人）	教职工数（人）	时任校长
嘉兴市实验初中教育集团	范蠡湖校区：环城南路611号 洪波路校区：洪声路4号	48	2471	179	洪春荣
秀州中学分校	环城东路75号	25	1235	99	沈其林
清河中学	禾兴北路	25	1036	92	李新浩
三水湾中学	泾水路1号	24	774	90	黄家俊
南溪中学	南溪路双溪路交汇处	14	623	50	沈利华
新丰镇中学	新丰镇民丰路52号	34	1443	111	陆　军
大桥镇中学	大桥镇十八里桥	31	1595	99	夏付良
余新镇中学	余新镇余北大街60号	38	1677	116	陆晨阳
凤桥镇中学	凤桥镇凤南路	32	1452	102	马建德
七星镇中学	七星镇兴星路	17	712	47	罗云斌
北师大南湖附属学校初中部	凌公塘路2176号	31（其中高中8个）	1054	106	王亚明
21世纪外国语学校	中环西路1578弄	22（其中高中2个）	780	101	陈家玮
南湖国际实验学校	双溪路1396号	10	417	49	高洪良

2010年驻区市属中学一览表

表30-13

	校　名	校　址	班级数（个）	学生数（人）	教职工数（人）
普通高中	嘉兴一中	中环南路纺工路口	48	2383	187
	嘉兴市第三高级中学	双溪路1922号高中园区内	36	1898	137
	嘉兴市第四高级中学	双溪路1922号高中园区内	44	2365	175
	嘉兴市第五高级中学	双溪路1922号高中园区内	43	2238	162
	南湖高级中学	南湖路72号	30	1540	119
	嘉兴外国语学校	中环南路8183号	26	1263	103

续表30-13

	校名	校址	班级数(个)	学生数(人)	教职工数(人)
普通高中	秀水高级中学	中环西路190号	43	2143	130
	嘉兴市开明中学	城南路1026号	26	1227	111
初中	嘉兴一中实验学校	中环南路239号	56	3006	189
	城南中学	骏力路160号	15	774	52

第四节　中学选介

区属中学选介

秀州中学分校　位于环城东路。由美国基督教南长老会教士花第生在福音医院内的爱格深堂创办的教会学校，1900年，定名秀州书院，裴来仪(美)博士任首任校长。1910年，迁现址，1918年，更名秀州中学，设小学、高小、中学3部。1928年，中国政府从教会手中收回。1930年起，由顾惠人任校长，学校教育渐入鼎盛期，以成绩优异闻名。抗日战争时期，校长顾惠人带领秀中师生辗转求学，先迁往上海，后又迁往江西，与其他各校组成华东基督教联合中学和赣县基督教联合中学，坚持流亡办学。1946年2月，迁回原址复校。

1989年，位于秀州路的秀州中学校门

1952年，政府接管后改为公立，更名嘉兴第二中学。1958年，改办为嘉兴工业专科学校。1960年，升格为嘉兴工学院。1962年停办，嘉兴四中与嘉兴十中合并，重建嘉兴第二中学。1982年11月，恢复秀州中学校名。1995年，学校被评为省首批"综合高中"。1998年秋，嘉兴市第四中学并入。2001年秋，嘉兴七中并入。

2002年9月，秀州中学高中部迁入穆湖新址，学校原址承担初中义务教育，更名秀州中学分校。学校占地面积30437平方米，建筑面积12386平方米。先后装备了校园网络、闭路电视、通信音响等7大系统，更新了电脑教室、科学实验室等建议设备和体育设施。

2010年，学校有25个教学班、1235名学生、99名教职工。其中市、区级优秀教师、教坛新秀、"双高"课获奖者32人。

秀州中学培养出陈省身、李政道、谭其骧、周廷儒、周廷冲、程开甲、钦俊德、吴世昌、朱生豪、许国璋、徐以枋、黄源、董卿等杰出人才，秀州中学校友会在国内外享有盛名。

嘉兴市实验初级中学教育集团　2004年，嘉兴三中的初中部和洪波中学初中部合并，组成嘉兴市实验初级中学。2008年，嘉兴市实验初级中学和吉水中学合并组建嘉兴市实验初级中学教育集团。

嘉兴市实验初中教育集团下辖范蠡湖和洪波两个校区。教育集团隶属于南湖区教文体局，为全民事业单位。集团实行总校长负责制，总校长为集团法人代表，下设教师发展处、课程教务处、学生管理处、校务办公室、总务后勤处等内部机构。教育集团占地面积69951平方米，建筑面积30151平方米。集团先后获得国家语言文字规范化示范学校、省现代教育技术实验学校、中国/WHO健康促进金牌学校、国家级绿色学校、市首批校本教研示范学校、市女子排球后备力量训练基地学校等。

2010年，学校有教学班48个，学生1036人，教职工179人。并拥有市名校长培养人、市、区学科带头人、教学能手等18名。

嘉兴三中　1927年，嘉兴天主教圣心会意大利籍传教士白爱亚将拔贡弄武德国民学校修葺，并建新校舍，筹建明德女子初级中学及其附属明德小学，校董会聘任陆琪为校长。1928年，春季招生开学。1935年2月，民德女子初级中学被教育部核准备案。1938年，抗日战争初学校停办，1938年9月，复课。1944年，天主教教会为抵制日本侵略军强占圣衣女修道院，将明德女中迁到府忠埭圣衣女修道院。学校设备简陋，教学质量较低，1949年，上学期有3个班级，学生57人。

1951年7月，明德女子初级中学改为私立明德初级中学，扩充招生，男女生兼收。1952年12月初，市政府接管，改名市立明德初级中学，12月10日，更名嘉兴市第三中学。1954年秋，学校由1951年的9个班扩大为22个班。1955年秋，在原韭溪小学旧址新建各有12个教室的东、西教学楼和教工宿舍。1960年秋，招收高中3个班，学校发展为完全中学。1963年，省教育厅确定学校为“省五年一贯制”试点中学。“文化大革命”期间，学校遭破坏。2004年秋，学校初、高中分设，初中部与洪波中学初中部合并，组建嘉兴市实验初级中学，校址在原洪波中学；高中部整体搬迁到环城南路199号。

洪波中学　创办于1996年1月，位于市区洪声路4号，占地面积2.2公顷，建筑面积10480平方米，内设初中部和高中部，是市教育局管辖的一所完全中学。2004年，初中部与嘉兴三中初中部合并，成立嘉兴市实验初级中学。

吉水中学　1986年8月，位于越秀南路820号的吉水中学建成并招生。2008年8月并入嘉兴市实验初级中学。

三水湾中学　1997年，市教育局在三水湾征地2.67公顷，新建三水湾中学。民丰职工子弟学校初中部并入三水湾中学。民丰职工子弟学校创办于1935年的私立民丰初级小学，1958年8月更名。三水湾中学以“校园亲情”教育为特色，求真务实，加强教育质量管理，开拓创新，在2001—2003年出了2个全市中考状元。

2000年，台胞王滨在学校创立“校园亲情奖”，奖励敬业爱生的教师和努力上进的学生，弘扬孝道亲情。2009年，学校率先在全市试实小班化教学模式。

2004年以来，学校先后被评为全国中小学思想道德建设活动先进集体、市德育先进集体、区第一批特色教育学校、省第三批标准化学校、市绿色学校等。

2010年，学校有24个教学班、774名学生、90名教职工。

嘉兴市二十一世纪外国语学校　1995年3月，胡鑫镛租赁坛弄嘉兴六中校舍独资创办二十一世纪外国语学校。1998年9月，在中环西路梁三路，征地2.90公顷，建筑面积19000多平方米的教学大楼竣工并投入使用，作为全市第一所全日制、寄宿制民办学校，入选嘉兴市“改革开放三十年十件大事”之一。

学校除完成国家教育部制定的大纲规定的教学任务外，还加强外语和计算机方面的教育，全程开设英语。聘用外籍教师执教。同时与加拿大、美国、澳大利亚等国7所大中学建立交流互访关系，学生择优送到国外留学。学校设有中加国际班，实施“1+2”方案。每班人数控制在20人左右学校管理上实行全封闭、准军事化的教育管理。被列为市科研实验基地。2000年，被省政府授予优秀民办学校荣誉称号。

2010年，学校有教学班22个、学生780人、教职工101人。

新丰镇中学　创办于1984年8月，初期校址在项前村东方红学校内，分部设在镇北村。创办初有8个班级，420名学生，20名教职员工。1987年9月，在民丰村征地0.86公顷，建起建筑面积1069平方米的教学楼。1992年9月和1998年9月，净相乡中学、竹林乡中学先后并入，学校本部设在净相乡中学，镇中学和原竹林乡中学设为分部。2000年8月，新丰镇中学各分部全部搬入位于新丰镇的新校址，建筑面积18808平方米，设计规模为42个教学班。

2010年，学校有教学班34个、学生1143人、教职工111人。

学校先后获得省示范性初级中学、省巾帼文明示范岗、省卫生先进单位、市文明单位、市绿色学校、市“廉政文化进校园”示范点等。

驻区中学选介

嘉兴市第一中学　创立于清光绪二十八年

(1902),校址在天官牌楼原鸳湖书院旧址,初名嘉兴府学堂。光绪三十一年(1905)改称嘉兴府中学堂。宣统三年(1911)春,改名浙江省立第二中学堂。1912年,改名省立第二中学校。1923年,省立第二师范学校并入。1927年11月,改名浙江省立第二中学。1933年8月,更名浙江省立嘉兴初级中学。1937年7月,更名省立嘉兴中学。

抗日战争爆发后,校长张印通带领师生辗转迁址丽水碧湖镇,与其他学校组建省立临时联合中学。1939年6月,省立联中结束后,校名改为省立浙西临时中学,后改为省立浙西第一临时中学。1946年2月,迁回嘉兴西仓弄原附小旧址,复名浙江省立嘉兴中学。1954年,改名省嘉兴第一中学,1962年7月,迁入南门范蠡湖畔校址。1981年7月,改名嘉兴市第一中学。2002年8月,搬迁到纺工路口新校址。

学校占地面积10公顷,校舍建筑面积51124平方米,绿地率达38%,有教学楼、科技楼、体育馆、游泳池等教育教学设施齐全先进。其中,清芬图书馆藏书10万余册、期刊2万余册、音像资料1000余盒,订阅期刊、报纸600余种。

1981年,被确定为省首批办好的18所重点中学之一。1995年,成为省一级重点中学、省首批文明示范学校、省文明单位、省百年名校100强以及和谐中国·首届全国中小学校园文化建设百家创新学校。

2010学年,学校有教学班48个、学生2383人、教职工187人。

褚辅成、范古农、钱玄同、朱希祖、张印通、沈雁冰、郁达夫、查良镛(金庸)、陆维钊、中国科学院院士汪胡桢、张钟俊、丁舜年、陶诗言、程裕琪、屠守锷、屠善澄、吴祖垲、吴澄、沈世钊、潘君骅、黄菊、黄智权、凌云等均毕业于嘉兴一中。

2010年10月,嘉兴市第一中学

嘉兴市第三高级中学 创建于1927年,学校校址原在拔贡弄2号(原中山路小学地址),原名明德女中,由意大利天主教会集资创办。1952年,命名为嘉兴三中。1960年秋,始设高中班,1980年,被嘉兴县定为重点中学。2002年8月,学校搬迁到环城南路611号。2004年,学校初、高中的分设,高中部设在原址定名为嘉兴市第三高级中学。2009年7月,整体搬迁到高中园区。2010学年,有36个教学班,1898名在校学生,137名教职员工。

学校为中国创造学会实验基地,浙江省二级重点中学;先后获得浙江省高中新课程实验样本学校,浙江省现代化教育技术实验学校,浙江省培养体育后备人才试点中学,浙江省百家教育创新优秀学校等荣誉。

嘉兴市第四高级中学 2004年8月,由嘉兴市新塍中学和嘉兴市新丰中学两所中学合并组建并迁入高中园区的一所高级中学。新塍中学创建于1939年;新丰中学的前身是新丰公社中心小学附设的戴帽子初中班。1956年创建,曾先后称嘉兴市第五初中、嘉兴八中、新丰中学等。

学校是全国中小学足球特色学校;先后获得浙江省二级重点中学、浙江省文明单位、浙江省文明学校等荣誉。

2010学年,有44个教学班,2365名在校学生,175名教职员工。

嘉兴市第五高级中学 2004年8月,由嘉兴市王店中学与嘉兴市洪波中学高中部合并组建而成的一所高级中学。2009年7月,整体搬迁到高中园区。

2000年以来,嘉兴第五高级中学先后获得了中国/WHO健康促进金牌学校、全国艺术教育先进单位、国家级绿色学校、浙江省文明单位、浙江省示范性重点特色高中、浙江省现代化教育技术实验学校等荣誉。

2010学年,有43个教学班,2238名在校学生,162名教职员工。

嘉兴市南湖高级中学 创办于1962年秋,校址在南湖路72号,2001年1月,更名嘉兴市南湖高级中学。校区占地面积43500平方米,建筑面积22000平方米,是浙江省重点中学和中央编办现代事业制度改革试点单位。2009年，学校与丹麦格瑞伯沃克高中、加拿大艾思德国际学院、美国黎波提大学附属中学结为姐妹学校。

2000年以来，学校先后获得“浙江省卫生先进单位”“浙江省中小学数字化校园”“浙江省语言文字规范化示范学校”、全国教育科学“十二五”规划课题《职业生涯教育在初高中学段推广研究》实验学校等荣誉。

2010学年，有32个教学班，1260余名学生，教职工133人，中高级教师占教师总数的80%以上。

嘉兴一中实验学校　创办于2000年，是由嘉兴一中与浙江晟欣实业发展有限公司共同投资创办的股份制民办完全中学。学校位于中环南路239号。占地面积6公顷，建筑面积37000余平方米，绿化面积2万余平方米。

学校先后获得市十佳优秀民办学校、省重质量守诚信优秀民办学校、省优质特色教学民办学校、省九年制义务教育Ⅰ类标准化学校、世界卫生组织浙江省合作社健康促进学校铜奖等荣誉。

2010学年，学校有56个教学班，其中初中36个班、高中20个班，在校学生3006人。教职工189人，其中有全国优秀教师、市级名师、教坛新秀、学科带头人等各类优秀教师27人，高级职称65人。

第五章　中等专业教育和高等教育

第一节　中等专业教育

中等师范教育

光绪三十一年（1905），设嘉兴府女子师范学堂，三十四年（1908）停办。1912年3月，方英等人以范蠡湖畔吴公祠为校址，创办女子师范学校，招收高等小学毕业生，修业5年，培养女子小学堂教习。1917年，嘉兴建立省立第二师范学校，招收高小毕业生，学制5年，1923年秋，并入省立第二中学，设3年制师范讲习科。1929年春，省立第二中学停招师范讲习科新生，试办师范训练班，招收初中毕业生，修业1年。翌年5月，开设嘉兴师范讲习所，培养小学教员。1931年，嘉兴师范讲习所开办速成师范班，招收高小毕业生，修业2年。1935年，省立嘉兴初级中学，开设4年制简师。抗日战争胜利后，创办于抗日战争时期的嘉属7县联合中学从昌化迁回嘉兴，更名嘉兴县立中学，附设的简师班也随同迁回。1947年，简师单独分设，在南堰建立县立简易师范学校，1951年停办。1956年秋，在范蠡湖畔创办嘉兴师范学校，1958年秋，升格为嘉兴师范专科学校，普师继续存在。翌年，嘉兴师专并入湖州师专后，嘉兴师范学校恢复原名，单设普师。1962年撤销。

中等职业教育

清宣统元年（1909），在塘湾街端平桥堍设宾鸿学堂，课程注重商业、英文，为境内中等职业教育之始。1919年，福音医院开设高级护士职业学校，德心医院也设立医护班。1930年，三一医院创办时附设医护班。抗日战争爆发后停办。1947年秋，省立嘉兴医院附设高级护士职业学校，校址在南湖边高家湾嘉兴医院内。

1951年8月，嘉兴农业技术学校在南堰简易师范学校旧址设立。同年10月，嘉兴卫生技术学校在福音医院设立，原省立嘉兴医院护士学校并入该校。此后设立的有嘉兴化工初级技术学校，嘉兴县中医学校，嘉兴供销合作职业学校，嘉兴商业学校，嘉兴第一、第二医院护士学校等。这些学校在20世纪60年代和“文化大革命”期间先后停办。1972年，分别在长兴、南浔复校的嘉兴农校和卫校迁回嘉兴市区。1978年8月，市劳动局创办嘉兴市司炉技校，设电子电工、司炉2个专业。1980年，嘉兴第一、第二医院附设护士学校复校。

建区后，境内中等职业教育进一步发展。1984年，中国农业银行浙江省分行在嘉兴设立浙江省农村金融学校。1985年，在原嘉兴五中基础上创建嘉兴工业职业中学、嘉兴中等专业学校；在东栅中学设嘉兴中专丝绸分校；在塘汇中学设嘉兴中专城乡建设分校；在南湖中学设嘉兴商业职业中学。1987年，省财政厅在文昌路设立浙江会计学校。

1996年3月,嘉兴中专城建分校更名为嘉兴市建筑工业学校,是浙北地区唯一的建筑类中等专业学校。1994—2001年,嘉兴市总工会职工学校承担全日制职业中专、职业高中的教育任务。

2002年,在青龙街创立嘉兴市中杰中等专业学校,学校设民航服务、海洋轮机管理、烹饪、汽修、服装、平面设计、财会等专业。

2004年7月,嘉兴市建筑工业学校和嘉兴市高级技工学校迁入嘉兴高中园区,办学规模、条件、质量有很大的扩展、改善和提升。至2010年,境内有涵盖工业、农业、金融、会计、建筑等各种专业的中等职业学校4所。

2010年区境内中等职业教育学校一览表

表30-14

校 名	校 址	专业(个)	学生数(人)	教职工数(人)	创办时间(年)
嘉兴市建筑工业学校	双溪路1922号高中园区内	13	2162	116	1985
嘉兴市技师学院(浙江科技工程学校、嘉兴市高级技工学校)	文博路793号	18	3681	197	1983
嘉兴市中杰中等专业学校	青龙街141号	9	565	26	2002
嘉兴市秀水中等专业学校	文博路549号	21	2524	173	1984

驻区中等职业学校选介

浙江科技工程学校 位于文博路793号,为国家级重点中等职业学校、全国职业教育先进单位,教育部等六部委公布的职业院校制造业和现代服务业技能型紧缺人才培养培训工程首批基地之一。由嘉兴中专、南湖商业职业中学、市成人培训中心和成人中专学校于1999年初合并组建而成。学校占地面积161亩,总建筑面积5.2万平方米,其中教学大楼、实验大楼、图书馆、实习工场、体艺馆等教学实验行政用房3.34万平方米。

学校设有机电工程类、信息技术类、商务贸易类、旅游服务类和应用外语类等大类,数控技术应用、汽车技术服务与营销、计算机应用及软件技术、国际商务、旅游服务与管理、企业经营与管理等16个专业。1999年开始建立嘉兴工贸专修学院,实施大专学历文凭教育。

2010年,开设18个专业,有3681名在校学生、197名教职员工。

嘉兴市建筑工业学校 1985年,由塘汇中学增设嘉兴中专城乡建设分校,开设工业与民用建筑专业,招收初中毕业生,开始向普通中等专业学校转轨,1996年3月,更名嘉兴市建筑工业学校,成为独立建制的中等专业学校。2003年,临时迁往越秀路校区过渡,2004年,迁入高中园区。学校以普通中专教育为主,设有建筑工程施工、建筑装饰、工程造价等专业。其中建筑工程施工专业是国家级、省级示范专业;建筑装饰是省级示范专业。

学校先后与省建设职业技术学院、嘉兴职业技术学院等4所省内高校开展合作办学,开展全日制中专、大专衔接教育。3+2升学率达92.21%,居浙江省前列。并与重庆大学网络教育学院、嘉兴学院、浙江建设职业技术学院等高校开展合作办学。与嘉兴市城建培训中心合作,开展建筑行业技术工人和施工岗位培训,与正原电气、浙江嘉宇、正益集团、市土建检测协会等27家本地企业建立校企合作,根据企业人才需求,开展电子电工、楼宇智能化设备安装与运行等专业的订单培养。

2009年,学校代表浙江省参加全国中职技能大赛测量放线、算量两个项目的比赛并获奖。历年来,学校学生在市技能大赛中,获一等奖15项,在全省技能大赛中,获得二等奖11项。

学校先后获省一级重点职业学校,国家首批建设行业技能型紧缺人才培养培训基地,和国家级重点中等职业学校等。

2010学年,开设13个专业,有2162名在校学生、116名教职员工。

第二节　高等教育

境内高等教育起步于1958年“大跃进”时期，市城一度兴起普通高校办学热潮，先后开办过嘉兴师范专科学校、嘉兴工业专科学校、嘉兴农业专科学校、嘉兴医学专科学校、嘉兴统计专科学校、嘉兴蚕桑专科学校、嘉兴水产专科学校、嘉兴艺术专科学校及嘉兴夜大学9所大专学校，但开设时间短暂。至1962年，除嘉兴师范专科学校迁往湖州市外，均已停办。建区前，境内无一所高校。1984年，市政府筹建高等学校。开设嘉兴高等专科学校。1986年，浙江冶金经济高等专科学校（创办于1914年）从建德县迁入市区。2000年3月，浙江冶金经济高等专科学校和嘉兴高等专科学校合并组建嘉兴学院，为全市首家普通本科高校。2002年1月，嘉兴农业学校和嘉兴丝绸工业学校合并升格为嘉兴职业技术学院。2005年1月，在嘉兴广播电视大学的基础上组建嘉兴城市大学和嘉兴市现代远程教育中心。2010年底，学历教育在校生80010名（其中全市电大学历教育在校生17569名）。

2008年5月，总投资8.75亿元、占地面积55.33公顷的同济大学浙江学院在南湖新区成立，学院设有土木工程、道路与交通工程、建筑环境与设备工程、环境工程、给水排水工程、计算机科学与技术等23个本科专业。2010学年，有6656名全日制本科学生就读。

2010年境内高等学校一览表

表30-15

<table>
<tr><th></th><th colspan="2">校　名</th><th>校　址</th><th>专业（个）</th><th>学生数（人）</th><th>教职工数（人）</th><th>创办时间（年）</th></tr>
<tr><td rowspan="3">普通高校</td><td colspan="2">同济大学浙江学院</td><td>泰宁路168号</td><td>23</td><td>6656</td><td>472</td><td>2008</td></tr>
<tr><td colspan="2">南湖学院</td><td>越秀南路56号</td><td>33</td><td>8057</td><td>439</td><td>2003</td></tr>
<tr><td colspan="2">嘉兴学院</td><td>越秀南路56号</td><td>43</td><td>14983</td><td>1246</td><td>1914</td></tr>
<tr><td rowspan="3">成人高校</td><td rowspan="3">嘉兴学院</td><td>函授</td><td rowspan="3">—</td><td rowspan="3">—</td><td>5108</td><td rowspan="3">—</td><td rowspan="3">—</td></tr>
<tr><td>脱产</td><td>105</td></tr>
<tr><td>业余</td><td>3399</td></tr>
<tr><td rowspan="5">成人高校</td><td rowspan="4">嘉兴城市大学</td><td>业余班</td><td rowspan="4">大新路131号</td><td rowspan="4">50</td><td>363</td><td rowspan="4">244</td><td rowspan="4">1984</td></tr>
<tr><td>网络本科</td><td>4630</td></tr>
<tr><td>网络专科</td><td>10216</td></tr>
<tr><td>一村一名大学生</td><td>2360</td></tr>
<tr><td colspan="2">嘉兴教育学院</td><td>双溪路1798号</td><td>6</td><td>153</td><td>108</td><td>1984</td></tr>
<tr><td>专修学院</td><td colspan="2">秀水信息学院</td><td>文博路549号</td><td>25</td><td>1325</td><td>173</td><td>1984</td></tr>
<tr><td>高等职校</td><td colspan="2">嘉兴职业技术学院</td><td>桐乡大道547号</td><td>36</td><td>8000</td><td>410</td><td>1950</td></tr>
</table>

第三节　驻区高等学校选介

嘉兴学院

嘉兴学院是一所省属综合性本科院校，2010年有越秀校区、梁林校区和平湖校区，占地面积近66.67公顷，校舍建筑面积34万平方米。学校全日制学生12900多人，教职工1246人，其中专任教师近700人，具有教授、副教授等高级职称人员300多人。

嘉兴学院设有43个本科专业涵盖经济学、法学、教育学、文学、理学、工学、医学、管理学、艺术学等学科门类，拥有国家级特色专业建设点2个，省级重点学科3个，省级重点（建设）专业10个。

2010学年,有学生23595名(其中普通高校在校生14983名、成人高校8612名)。

学院的办学历史可追溯到浙江经济高等专科学校的前身,即创办于1914年的宁属县立甲种商业学校。此后,校名改为宁波市立商科职业学校、鄞县县立商业职业学校等。解放后,校名改为宁波市立财经学校、冶金工业部建德冶金工业学校。"文化大革命"后,学校升格为高等专科学校,校名改为:冶金工业部浙江冶金经济专科学校、浙江经济高等专科学校等。2000年,浙江经济高等专科学校与嘉兴高等专科学校合并组建为本科院校——嘉兴学院。嘉兴学院成立后,原浙江省平湖师范学校、浙江省嘉兴卫生学校、浙江会计学校、嘉兴市粮食干部学校4校相继并入。

嘉兴高等专科学校 创建于1985年,1996年7月与嘉兴教育学院联合办学。2000年,与浙江经济高等专科学校合并组建嘉兴学院。2001年,嘉兴教育学院分离出去。

浙江省平湖师范学校 创建于1917年,原名浙江省立第二师范学校。此后,校名曾为浙江省立浙西第一师范学校、浙江省立嘉兴师范学校、浙江省平湖师范学校。1962年,海宁师范、嘉兴师范两校停办,两校并入平湖师范。1978—1979年,为嘉兴师专(今湖州师范学院)招收并培养了2届大专生。2003年8月,整体并入嘉兴学院。

浙江省嘉兴卫生学校 创建于1951年,原名浙江省立嘉兴卫生技术学校。此后,校名改为浙江省嘉兴医士学校、嘉兴医学专科学校、嘉兴医学院、浙江省嘉兴卫生学校、嘉兴地区卫生学校、浙江省嘉兴卫生学校(1979—1982年起挂靠成立浙江医科大学嘉兴分校,招收大专生)。2000年6月,组建为嘉兴学院医学院,2002年10月,医学院整体由勤俭路旧址搬迁入梁林校区。

浙江会计学校 创建于1985年,原名嘉兴市财政税务干部学校,2000年10月,并入嘉兴学院。

嘉兴市粮食干部学校 创建于1987年,2001年5月并入嘉兴学院。

同济大学浙江学院

2008年5月,由同济大学、嘉兴市教育发展投资有限责任公司和宏达控股集团有限公司合办的全日制本科学历教育的独立学院。

学校位于商务大楼,占地面积55.33公顷。现有校舍建筑面积15万平方米。2009年底,2万平方米的实验楼已动工。

学院依托同济大学的综合办学优势,根据国内外经济社会发展的需求和现代科技发展趋势设置专业。学院建成后设有土木工程、道路与交通工程、建筑学、机械设计制造及其自动化、汽车、计算机科学与技术、工商管理、会计学、财务管理、国际经济与贸易、行政管理等23个本科专业,面向10多个省、自治区、直辖市招生。2010年年底,招生全日制本科学生4700余名。

学院实施"人才强校"战略,着力建设一支职称与学历并重、教学经验与实践能力并重的德才兼备的师资队伍,不断提高教学质量。学院依托同济大学雄厚的师资力量,到2010年,已拥有一支由290余名优秀教师组成的专任教师队伍,其中具有正高职称的教师占20%、副高及以上职称的占60%,拥有硕士及以上学位的教师超过50%。2010年底有学生6656名,教职员工472名。

嘉兴教育学院

1984年,创办嘉兴市教师进修学院,1992年5月,正式成立浙江嘉兴教育学院。后几经更名撤并,2001年9月,恢复嘉兴教育学院。2008年4月,根据嘉兴市编委嘉编〔2008〕21号文件批复,嘉兴教育学院与嘉兴市教育研究院实行合署。

嘉兴教育学院(嘉兴市教育研究院)现位于南湖新区双溪路1798号,2010年,学院设有9个党政综合机构和业务部门,主要任务是承担全市中小学教师和教育行政干部的培训、培养,负责教育教学业务的指导与管理,开展教育教学研究,检查督促教育方针和有关教育教学政策法规的落实情况,承担教育系统有关学术团体的日常管理。在学院创建与发展过程中,先后与德国汉斯·赛德尔基金会、华东师范大学、浙江大学、四川农业大学建立良好的合作交流关系。

2010年,学院有教职工108名,其中副教授3人,副研究员3人,高级讲师1人,中学高级教师37人。

嘉兴职业技术学院

位于桐乡大道547号，前身是1950年在大新路建立的嘉兴农业学校和1985年在塘汇建立的嘉兴丝绸工业学校。2002年1月，两校合并后升格，建立嘉兴职业技术学院，为全日制普通高等职业学校。2005年，迁入新建的现校址。学院先后获得省级文明单位、综合治理先进集体，高职高专人才培养工作水平评估优秀学校、教育科研先进单位、省市平安校园等荣誉称号，2009年，列入全省20所省级示范性高职院校。

学院占地面积55.33公顷，校舍总面积近18.4万平方米，教学仪器设备总值4200余万元，校园网拥有信息点近万个，图书馆藏书50余万册，其中电子图书20余万册。设有生物与环境、机电与汽车、信息与管理、外语与贸易、纺织与艺术设计5个分院36个专业，以及社科部、体军艺部。拥有生物技术、先进制造技术、网络信息技术、纺织服装、商贸外语5个实验实训中心、44个实验实训室，基本形成以农业生物技术类为特色，机电、纺织、商贸、信息等相关专业协调发展的专业体系。学院有专兼职教师410余人，其中专任教师282人，拥有教授、副教授等高级职称教师90人，博士、硕士学位70余人，双师素质教师146人，全国农业系统和省市优秀教师、省市级学科（专业）带头人20余人次，全日制在校学生8000余人、博士硕士130余人。学院前身之一的嘉兴农校具有59年的办学历史，曾被先后获国家教委授予教学改革先进单位，农业部科教兴农先进学校、全国农业技能鉴定工作先进单位等荣誉。

嘉兴城市大学

前身为嘉兴广播电视大学。1979年1月，创建电大嘉兴工作站，开始利用广播电视进行成人专科教育。1984年1月，成立浙江广播电视大学嘉兴分校。1994年11月，学校更名为嘉兴广播电视大学。1999年起，学校实施教育部“人才培养模式改革和开放教育试点”项目，开展现代远程教育。2005年1月，在嘉兴电大的基础上组建了嘉兴城市大学和嘉兴市现代远程教育中心，实行三块牌子、一套班子。同年12月，学校整体迁入嘉兴市大新路131号嘉兴农校旧址，学校占地面积5.33公顷、建筑面积3万多平方米。

建校30多年来，学校坚持“面向地方、面向基层、面向农村”的办学方针，充分利用广播、电视、文字教材、音像教材、计算机课件和网络等多种媒体实施教学，积极开展本科、专科、中专学历教育和各类非学历培训，实行多层次、多形式办学，已培养本、专科毕业生5万多名、中专毕业生1万多名。2010年6月，学校被中央电大评定为首批33家“全国市地级示范性电大”之一，跻身全国一流市地电大行列。

2010年底，全市电大学历教育在校生17569人、教职员工244名。

第六章　成人教育

第一节　民国时期社会教育

平民教育

1920年，著名教育家晏阳初到嘉兴推行平民教育，在城内南门、东门开办义务夜校。施教对象为“年长失学者”。1923年2月，嘉兴各界公推陆初觉等30人筹备平民教育会，进一步推行平民教育。同年3月，秀州中学教师徐旭受陶行知委托，在嘉兴创办民众夜校，由秀州中学教师兼任教员，就读学生700余人，大多为工人、小贩和商店学徒。陶行知到校祝贺题词“平民教育策源地”。同年8月，由嘉兴教育会、商会、农会等团体筹集经费，在城内开办4所平民夜校。分设在集贤街县立小学、南门外南湖学校、殿基湾月洲学校、北大街基督教交际社等处，学时4个月，以晏阳初主编的《平民千字课》为主要教材。首批毕业96人。

识字运动

清宣统元年（1909），清朝政府，明令开办简易识字学塾。是年，嘉兴、秀水两县各开设识字学塾6所。

1929年，识字运动兴起，各地普遍开设民众学校，翌年，嘉兴有民众学校46所，入学人数2539人。1931年省立二中开办两所民众学校。识字运动除了课堂教授，还有民众问字处、识字牌等学习形式，并开始推行注音符号。1930年5月，设县立民众教育馆，三年后改名县立文庙民众教育馆，主要活动是举办成人教育，开办工商补习学校、中心民众学校、茶园识字班等。抗日战争期间，民众教育馆撤离市区，在凤桥、新丰、王店、新塍一带组织流动施教团两个，巡回实施战时民众教育。

民国期间，民众学校虽有发展，但文盲肃而不清，青壮年中文盲人数居高不下。

市民职业技术教育

1921年3月，嘉兴基督教交际社举办英语夜校。同年，陈韫玉等在北门创设妇女文算传习所，报名者踊跃。同一时期，陆觉初借用嘉兴北门商团旧址举办商业夜校，招收50多名店员参加学习。1932年，在北门创办嘉兴商业补习学校，教授商业实用技术，招收成年学生78人。

农民教育

1919年10月，余贤乡农会创办冬期学校，招收"年长失学之农夫"。课程有国文、算术、体操、土壤学、肥料学、植物学等。

第二节　解放后成人教育

扫除文盲教育

1949年12月，嘉兴县建立冬学委员会，确定城市着重举办夜校，乡村则为开展冬学运动，推行扫盲教育。翌年，全县共办冬学班530个，25960人参加学习。在居民会举办民校，吸收居民干部及居民参加扫盲。1952年，执行"巩固冬学、发展民校、推广速成识字法"方针，开设一大批速成识字法实验班，扫盲工作迅猛发展。1958年初，呈现扫盲"大跃进"。至1959年7月，据称嘉兴县扫盲105054人，非文盲率达83%。

"文化大革命"开始后，扫盲工作停顿，农村中的文盲、半文盲增加，1979年统计，嘉兴县农村青壮年基层干部中的文盲、半文盲率为55.6%。

1979年6月，嘉兴县举办为期32天的农村基层干部集中扫盲班，参加干部149人。此后，扫盲工作持续推进。1984年底，嘉兴市18~40岁青壮年非文盲率为89.67%，实现基本无盲市的要求。至1990年底，非盲率上升到95.77%。

农村文化技术教育

20世纪50年代初，贯彻嘉兴专署要求设立工农速成业余初等学校的指示，农民文化技术教育发展较快。1952年，嘉兴市、县各设立工农业余中学、工农速成初等学校；设立乡农民业余学校37所，学生1882人。

"文化大革命"开始，各类农民学校停顿。1974至1975年，农村开设政治文化夜校，嘉兴县11个公社，设政治文化夜校814所，在校学习人数28223人，还开办赤脚医生大学，总部设在南湖公社，七星、虹阳设分校，但这些开设时间都较短，先后停办。

1985年后，农民教育在基本完成扫盲后，转向农业技术培训。全区各乡(镇)均建立成人教育委员会，先后创办单家独院的成人文化技术学校和培训中心，开展职工补文化、补技术教育，承担各种农村劳动实用技术培训。开设果园种植、养殖、服装、汽修、烹饪、计算机等各类专业技术培训班，培养出大批拥有"一技之长"的劳动者，成为全区成人教育的主阵地。

1995年后，依托嘉兴电大、财税干校等中高等教育资源，全区成人文化技术学校开设中专财会、计算机和大专行政管理、汉语言文学等19个专业的学历教育，至2010年年底，为社会输送700多名大中专毕业生。全区成校还承担农业技能、企业职工、农村预备劳动力和农函大及老年大学等多个培训项目。2007—2010年，培训获各类职业技能和等级证书者达138890多人，占全区农村劳动力总数的40.3%，其中培训转移就业16980人，转移率达85%。

2000年后，区政府加大对农村成人教育的政策扶持和经费投入，新建余新、大桥成校，修缮搬迁新丰、凤桥成校。至2010年，全区6所成校的建筑总面积25553平方米，有专任教师24人，外聘教师138人。其中，新丰、凤桥、余新、大桥成校被评定为省级示范成校，七星、东栅成校分别定级为省一、二级成校。

城镇职工教育

20世纪50年代，以开办职工业余学校、企业厂校等形式对青年职工进行文化教育。1952年，有职工业余学校14所，学员3893人。1956年，市区有8789名职工入学，占职工总数的58.25%。民丰纸厂职工入学人数，占全厂职工数的91.6%。“文化大革命”开始后，各类职工教育机构解散，学校停办。1976年，嘉兴冶金厂、民丰纸厂等大中型企业开办“七·二一”工人大学。1980年，调整为职工大学。

1980年后，对“文化大革命”以来参加工作的青年职工进行文化基础课补习和基本技术课培训。嘉兴市总工会开办职工业余夜校，设数学、物理、化学、写作基础知识、机械制图等课程。1982年，开班400余期，培训职工3万余人次。同年，电视中学兴起，有9300余人参加电视中学学习。高等职业教育继续发展。就读嘉兴冶金厂、民丰纸厂、毛纺总厂这3所职工大学的学员有187名。1985年后，职工教育逐步向以适应性岗位培训为主、学历教育为辅转变。1985年创办嘉兴市总工会职工学校，主要承担提高城镇职工文化学历及专业技术技能的教育任务。至1990年，职工岗位培训全面铺开，市区各大中型企业及二轻、物资、供销、商业等系统普遍建立职工教育职能机构。90年代中后期，经济体制改革和企业改制进程加快，企业所办的职大、职校先后停办，职工教育逐步向社会化、市场化转轨，教育的侧重点转向学历教育和执业资格教育。形成电大、函大，高教自学考试、市总工会职校、镇（街道）成校及高等院校开办的远程教育相辅并进的格局。

社区教育

2004年，成为省首批社区教育试验区。在区教育文化体育局设立区社区教育学院。同年，各街道成立了社区教育分院和50个社区教育教学点。2006年，各镇成立社区教育中心和78个行政村社区教育教学点，社区教育覆盖率100%。市区的社区教育工作主要由所在街道的党工委相关部门负责，农村的社区教育工作主要由各镇成人文化技术学校承担，主要承担组织农民和外来务工人员开展各类技能培训，组织社区成员开展各类丰富多彩的教育、培训、文体活动。余新镇成校开展学校“菜单”，企业“订单”、政府“买单”劳动技能培训活动。建设街道组织千名妈妈观新貌、游古镇，学习健身活动、千家万户学礼仪、城乡学习型家庭结对等。同时，建立了社区教育三大平台。

信息平台 全区投入139万元电教经费武装5个社区教育中心，架起了由280台电脑组成的“三直通信息网”直通区教文体局、区劳动就业所、市职成教在线。

活动平台 组织开展“社区读书月”活动，举办社区“睦邻节”，开展以“邻里合奏、陶冶生活”为主题的器乐演奏，以“邻里携手、健康生活”为主题的趣味运动会，以“邻里牵手、美味生活”为主题的果蔬拼盆展示、邻里知识竞赛、好邻居论坛和文明格言评比等活动。

交流平台 全区通过校际学习交流、校企合作交流、讲师团成员经验交流、协会联谊交流、农民培训交流、职工技能比武交流等形式，不断健全并完善城乡学校管理、支教结对、城乡街道社区文化体育活动联谊等机制。

第七章 教育管理

第一节 行政管理机构

清代，嘉兴县学设教谕、训导，掌管全县学政。宣统元年（1909）10月，清政府成立视学制度。光绪三十四年（1908）8月，创建嘉兴教育会。

1912年，嘉兴县公署设置教育科。1917年，设置劝学所。1923年6月，劝学所改组为教育局。1932年，教育局被确定为地方教育行政的独立机关，受省教育厅和省政府双重领导。1935年，教育局改教育科。抗日战争期间嘉兴县教育行政机关转入农村。1946年，嘉兴县教育科增设督学、学校教育、社会教育3股，增加督学1名，另设国民教育督导员3人。

1949年5月，各县中学教育由省教育厅委托专署文教科代管，小学由县政府管辖。1959年9月，专署文教科改称文教局。1968年，教育归县政工组管辖。1970年11月，成立教育革命办公室。1977年11月，县成立行署教育科。

1983年8月，设区文化教育局。1994年11月，区文化教育局和嘉兴市文化局、教育局合署办公。2000年5月，重设区教育文化体育局，负责全区教育管理和文化、体育工作。内设督导室、监察室、教育科、人事科、计财科、文化科、体育科等教育职能科室，下设教研室、中小学师资培训中心、教育装备与信息管理中心等教育事业单位。

第二节　教育督导

2000年11月29日，区政府教育督导室成立，区教育督导机构的主要职能是依据国家的教育方针政策、法律法规对区属各学校的教育工作进行监督、检查、指导。2001年1月，聘请具有丰富教育经验的校长、资深教师共13人为秀城区第一届督学。至2010年底，受聘为区第四届兼职督学增至29人。受聘为特约教育督导员有6人。

"两基"年审

从1999—2006年，开展"两基"年审的相关文件精神，每年开展"两基"年审工作。区政府教育督导室对全区义务教育的基本情况、普及程度、办学条件、教师队伍、教育经费等方面进行自查，并向省人民政府教育督导室作出报告。

中小学办学水平考核

2001—2005学年，由区教育督导室牵头、教文体局各科室参与组成考核组，对全区中小学进行办学水平督导考核。对考核成绩领先的学校命名为优胜单位。

2006—2008学年，对新一轮中小学办学水平开展考核。由区教文体局与各镇、街道联合对全区中小学进行办学水平综合考核，考核结果分为一、二、三等奖。

学校发展性督导评价

2009学年开始，全区中小学试行发展性学校评价。发展性评价由两部分组成：基础性指标评价，体现学校基本条件、学校管理和办学基本要求等，具有法定性和统一性，每年进行一次评价，属于达标性质考核。对发展性指标评价，是由学校依据教育改革和发展性需要，根据自身发展的不同阶段和办学特色选择提出，每3年为一轮。

特色学校督导评估

2004年起，在全区中小学开展特色学校创建活动。由区教育督导室组成考核评估组，对特色创建申报学校进行评估，余新镇中心小学等5所学校成为首批特色教育学校。2008年起，在特色创建初见成效的基础上，组织开展省级艺术教育特色学校的创建工作。2009—2010年底，经省教育厅专家考核认定，有23所学校被命名为区特色教育学校，4所学校进入省级艺术特色学校行列。余新镇中心小学还荣获全国劳技教育先进学校称号。

2005—2010年获得区特色教育学校名录表

表30-16

序号	学　校	特 色 项 目	创建时间
1	余新镇中心小学	科技教育特色学校	2005年
2	行知小学	陶行知特色教育学校	
3	三水湾小学	集邮文化特色教育学校	
4	三水湾中学	亲情特色教育学校	

续表30-16

序号	学 校	特 色 项 目	创建时间
5	城南中心小学	剪纸文化特色教育学校(区级、省级)	2005年,2009年省级
6	大桥镇中心小学	环境教育特色学校	2006年
7	辅成教育集团	棋类文化特色教育学校	
8	栅堰小学	美术特色教育学校(区级、省级)	2006年,2009年省级
9	光明街小学	羽毛球运动特色教育学校	2006年
10	东栅中心小学	德育实践特色教育学校	2007年
11	秀城实验教育集团吉水小学	艺术教育特色学校(区级、省级)	2008年,2010年省级
12	南湖国际实验学校	未来化教育特色学校	2008年
13	秀州中学分校	精细化管理特色学校	
14	文昌路小学	乒乓球运动特色教育学校	
15	清河中学	篮球运动特色教育学校	
16	凤桥镇中心小学	竹刻文化特色教育学校(区级、省级)	2008年,2009年省级
17	余新镇中学	健康教育特色学校	2009年
18	新丰镇中心小学	综合实验活动特色教育学校	
19	秀城实验教育集团钧儒小学	赏识教育特色学校	
20	七星镇中心小学	新农村教育特色学校	2010年
21	南溪中学	科技教育特色学校	
22	大桥镇中学	环境教育特色学校	
23	实验初中教育集团	健康教育特色学校	

专项督查

2002—2009年,区政府教育督导室贯彻省政府教育厅、教育督导室的统一部署,对全区中小学开展各类专项督查工作。其专项督查内容有:心理健康教育专项督查2次(2002年9月、2008年10月);学前教育专项督查2次(2003年3月、2009年12月);体育卫生艺术专项督查两次(2006年9月、2008年10月);中小学规范办学行为专项督查2次(2009年3月、2010年11月);中小学教育装备专项督查(2009年9月)。

第三节 教育教学研究

教育科研机构与学术团体

区教研室 2001年成立,主要承担区内中小学、幼儿园教学管理、教科研和教师培训的职能。2009年被评省首批优秀教研室,2006—2008年省教研工作先进集体。

区教研室每年暑假举行读书交流活动,组织教研人员学习资料,交流读书心得。还通过举办"校长论坛",精心选择"学校精细化管理""学校文化建设策略"等校长论坛的主题,进行交流研讨、辩论互动,以提升校长的管理水平。

2004年起,区教研室每年组织"南湖论剑"活动,邀请江浙沪三地教育名家讲座、教学。至2010年底,有6000余人次参与。

区教研室2003年创刊教研期刊《南湖教育科研》,成为全区教育工作者交流经验、研讨教研成果的重要载体。

区教育学会 2004年3月15日成立。主要活动是举行年会、学术报告会、教师论坛,编印教研资料,组织会员承担各种科研项目等。自成立至2010年底,会员承担的市级以上科研课题有405项,市级

322项、省级83项，18项成果在省级以上各类评奖中获奖。

区名师工作站 2008年3月成立，并设立各学科工作室。第一批进入区名师工作站研修成员的研修时间为3年，从2008年7月起，分准备启动、研修实施、展示总结3个阶段进行。2008年，编写区名师研修系列读本《名师成长之路》，供工作站成员研读。

省特级教师协会南湖工作站 2009年11月23日，南湖区教育文化体育局和浙江省特级教师协会举行“协会南湖工作站”签约、揭牌仪式。成立省特级教师协会南湖工作站。工作站以“南湖论剑”品牌教研为载体，建立有思想、有特色的教学新锐、专家资源库；在全区中小学、幼儿教师中开展每学年不少于2次的特级教师大讲台、南湖教研讲坛等“南湖论剑”系列活动，向广大教师传授教学经验，加强全区名优教师队伍建设。

新课程改革

2001年5月，教育部就推行基础教育课程改革作出统一部署。2003年秋季起，全区各中小学全面启动基础教育课程改革实验。成立基础教育课程改革领导小组、课改实验办公室、课改实验指导小组等课改组织机构，制定相关制度，组织开展“主题式”培训、“案例式”培训、“读书活动”教研论坛、以及邀请专家讲学授课、外出学习取经等推进新课程改革的实施。

在新课程改革推进过程中，组织人员对全区各中小学分批进行基础教育课程改革调研，总结成功经验，研究制定解决问题的具体措施。组织编撰《新课程教师读本》《新课程教导主任读本》等5本基础教育课程改革系列读本以及《新课程下的教学研究》。在《南湖教育科研》期刊开辟新课程改革专栏，供教师们在课改实验中学习参考。

校本教研

2002年起，结合基础教育课程改革实验，组织各学校开展以校为本的教育研究，建立相应的考评机制、激励机制。区政府制定教育教学科学研究优秀成果奖励办法，引导各中小学从学校的实际出发，依托学校自身的资源优势和特色进行教育教学研究。注重教研方式的创新，推行“对比式”“问题式”“沙龙式”“共享式”“下水式”等多种教研形式，取得各具特色的校本教研成果。嘉兴市实验小学、凤桥镇中心小学、秀城实验教育集团、21世纪外国语学校、第二幼儿园等学校被评为省校本教研示范学校。嘉兴市实验小学和第二幼儿园被评为省教育科研百强学校。南湖国际实验学校、辅成教育集团、余新镇中心小学等学校被评为嘉兴市优秀教育科研基地。

第四节 学校安全管理

2000年后，加强学校的安全防范工作，落实人防、物防、技防措施。至2010年，全区各中小学、幼儿园共配专职保安234名，实行24小时值班。校园门卫处全部安装与公安110联网的紧急求助按钮。有41所学校、幼儿园安装有周界报警装置，有67所学校、幼儿园在重点部位安装有监控装置。区教文体局与各学校、幼儿园签订安全工作目标管理责任书，全面落实学校安全防范和学生安全保护措施；与有接送车单位签订学生接送车安全管理责任书，强化校车安全管理。各学校还开展“小手拉大手，平安共创建”主题教育、消防安全教育等活动，提高师生的安全防范意识。

第八章 教 师

第一节 教师来源

小学教师来源

清光绪末年新式学堂兴起，师资缺乏，聘请举人、贡生、监生中愿充小学教员者任教。宣统二年（1910），部分私塾改为小学堂，由塾师充任小学堂教员。

1912年，嘉兴女子师范学校创立，培养小学教员。之后嘉兴师范讲习所毕业13人，任小学教员，德馨女校在暑假举办女子体育传习所，训练后充当小学体育教员。1922—1927年，省立第二师范学校毕业160人任教员。1929年后，嘉兴县每年保送20名初中毕业生到省立二中师资培训班培训。县立女子将初中一个班设为师范讲习科，培养小学教员。1933年《嘉兴县农村调查》统计，全县小学教师的资格以普通中学毕业者为最多，占33.96%，师范毕业及小学毕业者为次之，完全无资格者，亦占5%。

抗日战争时期，吸收失业教员及失学青年为教师。抗日战争胜利后，师范毕业生仍太少，聘请相当部分代用教员。据1948年统计，嘉兴县小学教员757人，其中代用教员397人，不合格教员113人。

解放初，原任学校教师全部留用。根据小学教育发展需要，专署于1950年上半年至1966年通过招收社会知青、开办师范学校培训等形式，解决小学教师之不足。1966年以后，小学教师的补充，都来自师范学校、初级师范学校和师资速成班毕业生。“文化大革命”中，师范教育被迫停顿，农村小学选拔农民青年、下乡知识青年为民办教师。1969年，嘉兴县选拔“赤脚教师”635名、民办教师205名。

1978年，嘉兴县有小学教师3013人，其中民办教师2136人，占70.89%。同年将农村部分优秀民办教师转为公办。1983年起，每年有部分民办教师转为公办。同时还有教师退休，由子女顶职当教师。1990年，区在编民办小学教师全部转为公办教师，农村大多数在编民办小学教师转为公办。

1990年前，教师师范毕业由教育局负责分配到各校任教。1990年以后，高校师范毕业生实行定向分配和双向选择。2003年以后，通过笔试、面试，全部实行公开招聘录用。师资主要来源是平湖师范毕业生和附近周边地区大中专师范院校毕业生。2003—2009年，通过公开招聘录用小学教师224人。2010年全区小学在编教师1470人。

中学教师来源

清末民初，嘉兴府中学堂、私立秀州中学聘任教员注重学历。清末，一批留日、留美学生归国后在嘉兴任中学教员。

抗日战争前，省立嘉兴中学教师报酬高，集中了来自各地的高水平教师。县立女中从创办时起，遴选师资就比较严格，国文、史地、生物等课，均向省立二中聘请教师兼任。抗日战争胜利后，县立中学由于财政困难，教职员薪俸低，待遇差，师资总体水平达不到大专程度。

解放后，嘉兴县中学教师主要来源有留用的原有教师；聘请的失业知识分子；从小学中选拔大专院校毕业或肄业二年以上、能担任中学教学任务的教师；分配来的师范院校及大专毕业生。1954年，从普师毕业的优等生、小学校长与教师中抽调优秀人员，任中学见习教员，见习期满，考核及格的，任中学教师。

1958年，补充大批教师，其中大部分文化业务水平较低。

1968年后，农村大办中学，教职工猛增。增加的教师主要是从贫下中农、转业复员军人和下乡知识青年中吸收的民办教师。嘉兴县1975年有中学教师1401人，其中民办教师490人，占35%，教师队伍的整体执教水平下降。

1979年起，嘉兴地区教育局组织师资培训，要求在职中学教师达到学历标准。1981年起，嘉兴师专毕业生充实中学教师队伍。1982年后，平湖师范、湖州师院、嘉兴教育学院及浙师大、杭师院等师范类高校本科毕业生充实中学教师队伍，中学教师的学历达标率逐年提高。

1994年后，先后从江西、安徽等外省师范院校招聘一部分毕业生充实教师队伍。

2003年以后，生源逐年减少，中学教师紧缺状况趋于缓解，学校因教师退休、调出等因素而缺员则通过公开招聘和城乡学校间教师交流、市区教师下乡支教等途经解决。每年在核定教职工编制的基础上，依据学校师资余缺情况，确定增师计划，报区编办审批后，实施公开招聘教师工作。2003—2009年通过公开招聘共录用初中教师244人，高中教师16人。

2010年，区辖中学在编教师1080人。其中高中专任教师32人，主要是北师大南湖附属学校高中部，学历全部在本科以上；初中专任教师1048人，有本科及以上学历的912人、专科学历的131人。

第二节　教师编制

小学教师编制

清宣统二年(1910),规定凡小学每堂每一班学生须有专任教员1人。1915年,国民学校各级置正教员1人,二学级置正教员、助教员各1人;三学级置正教员1人、助教员2人。每一级儿童在60人以下。1919年,嘉兴第一高等小学有学生176名,教职员11名,师生比为1:16。报忠国民学校师生比为1:15.6。1933年,规定小学每级设级任教员1人,并酌量添设专科教员或助教员,平均每两学级教员至多3人。学级编制以40人为度,至少25人。

抗日战争胜利后,各校才按规定标准聘请教员。1945年第一学期,湖光镇中心国民学校有学生824人,15个学级,教职员24人,班师比为1:1.6,师生比为1:34.33。凤石镇中心国民学校有学生348人,6个学级,教职员9人。班师比为1:1.5,师生比为1:38.6。农村保国民学校一级一教员,步云镇石龙桥第十二、十三保国民学校学生89人,编为一级,教员1人,师生比为1:89。

1949年8月,城镇小学每班学生40~60人,乡村学校每班学生30人以上,不足此数不能开办。每班设教师1.5人,4个班级以上设工友1人。同年11月,小学超过4个班的增加0.5人。完小因办夜校,可额外增加1人。6个班以上设工友1人,10个班以上设工友2人,职员1人。

1954年,嘉兴县小学生31681人、767个班,平均每班41.3人,教师865人,师生比1:36.62。1966年后,小学教师编制无统一规定。

1987年开始,执行1986年省颁《中等师范和全日制中小学教职工编制标准》,城镇每班学生40~45名,每班配教职工2名;农村每班学生30~40名,配教职工1.2名;弱智聋哑学校每班学生12~15名,教职工2~3.5名。2004学年开始,执行嘉兴市政府的统一规定,学校教职工编制按师生比核定,具体为城市小学1:19,农村中心小学1:21,村完小1:23。2009学年开始,城乡中小学按照统一标准配编,改变了以往农村学校编制少于城市学校的状况。

中学教师编制

1946年,嘉兴县有中等学校5所,专任教师78人,30个班级,学生1528人。教师与班级比为2.6:1,教师与学生比为1:19.6。

1953年,部颁《中学暂行规程(草案)》规定,每班配教员2~3人。1961年,省教育厅规定省属重点高中教师与班级比为2.5:1,省属重点初中2.25:1,一般高中2.25:1,一般初中2:1。1963年又调整为:一般高中教师与班级比为2.5:1,一般初中教师与班级比为2.25:1。

1966年后,中学教师编制无明确规定。

1986年,中学教师编制再作调整,高中教师与班级比为2.8:1。城镇初中2.5:1,农村初中2.5:1。

2004学年开始,学校教职工编制按师生比核定,具体为城市初中1:13.5,农村初中1:16。2009学年开始,城乡初中统一按1:13.5配编。

第三节　教师待遇

教师工资福利

小学教师　民国时期,小学教员一般按月计薪。1917年,校长及正教员最高月薪60元,最低8元;专科正教员及专科教员最高40元,最低6元;助教员最高22元,最低4元。嘉兴县各小学教员少者仅5~6元,多者10元。1933年,《嘉兴农村调查》称,小学教师待遇以每月10~15元者为多,占36.02%;25元以上者占2.59%;不满5元者占6.63%。

1938年,嘉兴县政府调查公立小学教员月薪,最高21元,最低11元,平均14元;私立小学最高10元,最低5元,平均7.5元。1944年,第2学期,嘉兴县中心学校和保国民学校教员待遇如下:

1944年嘉兴县公立小学教员薪酬表

表30-17

校别		中心国民学校		保国民学校	
职别		校长	教员	校长	教员
每月实支	最高	100元	90元	90元	80元
	最低	—	80元	—	70元
	平均	100元	85元	90元	75元
	加成	10成	10成	10成	10成
每月生活补贴		100元	100元	100元	100元
公粮		1石1斗	1石	9斗	9斗

1946年2月，颁布《嘉兴县各级国民学校教师待遇办法》规定，视学历、经验、职务分11等，照县级公务员7折计发。此外，每名教师每月给米4斗（30公斤），以维持最低限度之生活。

1949年上半年，嘉兴县公私立小学教师待遇为：中心国民学校、保国民学校、私立小学校长和教员月薪，最高为120元，最低校长为50元，教员40元。时物价一日数涨，教师生活甚为困难。

解放初，专署规定其薪给按实物计算，以米为标准，最多不超过120公斤，视其教学能力、工作表现，分校长、教导主任、高级教员、低级教员、职工5等。并规定女教员产假1个半月，由公家负担代课金，本人薪水照发。

据1950年调查，嘉兴县小学教师平均工资折人民币17.8元。1951年，增加到月平均工资折人民币20元；1952年，平均月薪为27元。后经1954年、1955年、1956年连续3次工资调整，教师平均月工资增加到40.49元。

1960年，给部分小学教师提高工资。1963年，小学教师工资调整，嘉兴县升级面为49％，增资面为54.3%，教师月均工资增加到43.35元。1971年，为工龄较长、工资偏低的教师升一级工资。1973年，为民办教师和公转民教师增加工资。1979年11月起，实行班主任津贴制度。1981年，小学教师普升一级工资。1985年，第一个教师节起，中小学教师享受义务教育阶段同等工资福利待遇，工资调整标准与中学教师相同。

中学教师　民国时期，中学教员薪俸实行钟点制，1931年，省立嘉兴中学初中教员每小时每月6元计；高中每小时每月8元计；校长月薪160元。1946年，教员薪金，初中每小时每月以8元计；高中每小时以10元计。职员月薪50~70元，校长月薪300元，教导、训导、事务主任月薪300元（兼课）。

私立中学教员之薪俸，名义上比照公立中学教员待遇发给，但实际上低于公立中学。

县立中学职员薪金，比照县级公务人员支给。1946年，嘉兴县中学校长月薪250元，教导、训导、事务主任220元。

解放初期，中学教师薪金仍实行钟点制。初中每小时每月8~10元，高中10~12元，中学教职工平均每月工资47元。1954年，工资调整后，全县高中教师平均月工资62元，初中教师55元。

1955年7月起，改为货币工资，并调整工资。1956年，实行职务等级工资制，至1963年先后多次调整工资。1971年7月，对工龄长、工资低的教职工工资作了调整。

1977年、1978年、1979年，3次工调，升级面分别为40%、2%、40%。1979年11月1日起，在中学试行班主任津贴。1981年10月，中学教职工普加一级工资。

1985年1月起，改革工资制度，由原等级工资制，改为结构工资制。凡教学人员及教龄20年以上的行政人员，发给教龄津贴。

1988年1月，中小学教师职称评定聘任后，工资晋入职务最低等级。人均月增资13.75元。10月，中小学教师提高工资标准10%，职工浮动一级工资。1989年10月起，教职工普加一级工资。

1990年，2%的中小学教职工增资。至年底，中小学教职工人均月薪193.77元(含各项补贴、奖金、书报费等)。

1993年10月,根据国发〔1993〕79号文件,中小学教职工工资进行较大改革,由原结构工资制改为职级工资制(其工资按不同职能,分为职务工资、级别工资、基础工资和工龄工资4部分)。其他津贴费不变。

1996年,对连续两年考核优秀的农村中小学教师,晋升一档职务工资。

1997年7月,中小学教职工基础工资标准又进行调整,从原来每人每月90元提高到每人每月110元。并对1995年、1996年连续2年考核为合格的教职工从1997年1月起,正常晋升一级工资档次(以后每2年考核合格正常晋升一级工资档次)。

2006年,全区中小学教职工实行新的套改工资,把原来的职务工资改成岗位工资,把原来的30%活工资改成薪级工资,把每2年增加一个工资档次改成每年增加一级薪级工资。

2009年起,全区中小学教职工全部执行绩效工资改革方案,保留原来的岗位工资、薪级工资、10%奖励工资和教龄津贴,去掉原来的各种津补贴,重新设置70%的绩效工资,岗位津贴、生活补贴、教工龄补贴、班主任津贴和农村教师津补贴。去掉年终奖金,设置30%奖励性绩效工资。实行绩效工资后,市区、农村教师工资福利待遇已经持平。

教师社会地位

清末,地方官对现任小学堂教员应待以职绅之礼,并比照附学生员给以顶戴和免服徭役等。

许多学者、名人和留学生于清末民初进中学执教,受社会尊敬,但小学教师社会地位尚低。1917年2月,教育部规定对小学教员中确有成绩者给予褒奖,小学教员不得无故解职,但未能切实执行,教师常有失业欠薪之忧。1931年,规定每年6月6日为教师节。1939年,又规定孔子诞辰日8月27日为教师节。1946年5月,嘉兴县发起推行"尊师运动"。

解放后,中小学教师均成为人民教师,列入干部编制,享受劳动保护和公费医疗,一些中学曾实行校务委员会制,教师参加管理。

1949年起,各级人民代表大会和政协均有中小学教师担任代表和委员,参加讨论、管理国家和地方大事。

1951年,县教育工会成立,开展评选模范教师活动。

1972年初,纠正因1969年农村小学下放大队办的做法,恢复教师工资制,原公办教师恢复为非农户口。

1983年,对从事少年儿童工作25年以上的中小学教师,颁发"园丁"荣誉纪念章。

1983年,将教龄20年以上的小教2级,1984年扩大到3级以上教师,农业户口的配偶及未满18周岁的子女转为非农业户口。

1985年9月10日,第一个教师节,各级党委、政府举行庆祝教师节大会。并从此开始,对从事教育工作满30周年的教育工作者颁发荣誉证书。

1988年,首次开展中小学教师专业技术职称评定工作,并实行聘任制,中小学教师正式列入技术人员等级系列。

1989年,为长期在建制镇以下农村小学任教的大中专毕业生的子女,办理户口农转非。

1995年起,退休男教师教龄满30年、女教师教龄满25年享受100%工资。

1996年12月,首次认定教师资格,并对全区中小学教师发放教师资格证书。2001年起,每年开展2次教师资格认定工作。至2010年,全区共有2439人获得中小学教师资格证书。

2000年后,加强对优秀教师的评选及表彰奖励工作。至2010年,先后有3人获得全国优秀教师或全国模范教师荣誉称号;有67人获得浙江省特级教师、优秀教师、劳动模范、优秀教育工作者、名师、名校长、教坛新秀、"春蚕奖"等省级荣誉称号。

2001—2010年区获国家级荣誉教师名录

表30-18

序号	姓　名	单　　位	荣誉名称	年度
1	吴婷婷	秀城实验教育集团	全国优秀教师	2001
2	张晓萍	市实验小学	全国优秀教师	2004
3	居丽华	余新镇中学	全国模范教师	2009

2000—2010年区获省级荣誉教师名录

表30-19

序号	姓　名	单　　位	荣誉名称	年度
1	王晓红	区教研室	浙江省特级教师	2002
2	钟麒生	秀城实验教育集团	浙江省特级教师	2002
3	寿章元	余新镇中心小学	浙江省特级教师	2002
4	朱德江	区教研室	浙江省特级教师	2006
5	徐小焱	原吉水中学	浙江省特级教师	2006
6	刘　晶	市实验小学	浙江省特级教师	2006
7	彭小元	市第一幼儿园	浙江省特级教师	2006
8	曹　强	区教研室	浙江省特级教师	2010
9	王建良	南湖国际实验学校	浙江省特级教师	2010
10	倪爱珠	区教研室	浙江省优秀教师	2002
11	张晓萍	市实验小学	浙江省优秀教师	2002
12	狄称意	凤桥镇中心小学	浙江省优秀教师	2002
13	朱德江	区教研室	浙江省优秀教师	2004
14	徐　琨	清河中学	浙江省优秀教师	2004
15	刘　晶	市实验小学	浙江省优秀教师	2004
16	魏林明	区教研室	浙江省优秀教师	2007
17	姚雪琴	余新镇中心小学	浙江省优秀教师	2007
18	黄佳平	南湖国际实验学校	浙江省劳动模范	2004
19	徐小焱	原吉水中学	浙江省优秀教育工作者	2004
20	张　静	市实验小学	浙江省师德楷模	2007
21	朱正芳	大桥镇中心小学	浙江省师德楷模	2007
22	章建华	凤桥镇中学	浙江省师德楷模	2010
23	任培华	凤桥镇中心小学	省农村教师突出贡献奖	2009
24	雷　鸥	清河中学	浙江省名校长培养人选	2000
25	黄佳平	南湖国际实验学校	浙江省名校长培养人选	2000
26	陆　瑛	辅成小学	浙江省名校长培养人选	2002
27	张建华	余新镇中心小学	浙江省名校长培养人选	2002
28	王晓红	区教研室	浙江省名师培养人选	2000
29	朱德江	区教研室	浙江省名师培养人选	2000
30	费岭峰	市实验小学	浙江省名师培养人选	2001

续表30-19

序号	姓　名	单　　位	荣誉名称	年度
31	钟麒生	秀城实验小学	浙江省名师培养人选	2001
32	魏林明	区教研室	浙江省名师培养人选	2001
33	凌伟珍	穆湖实验学校	浙江省名师培养人选	2001
34	徐小焱	原吉水中学	浙江省名师培养人选	2002
35	刘　晶	市实验小学	浙江省名师培养人选	2002
36	沈雪珍	南湖国际实验学校	浙江省名师培养人选	2002
37	魏林明	区教研室	浙江省教坛新秀	2000
38	吴　刚	秀城实验教育集团	浙江省教坛新秀	2000
39	莫晓君	市第一幼儿园	浙江省教坛新秀	2000
40	张晓萍	市实验小学	浙江省教坛新秀	2003
41	刘　晶	市实验小学	浙江省教坛新秀	2003
42	单　静	南湖国际实验学校	浙江省教坛新秀	2006
43	朱新芳	东栅中心小学	浙江省“春蚕奖”	2000
44	范根祥	七星镇中心小学	浙江省“春蚕奖”	2000
45	屠金炎	光明小学	浙江省“春蚕奖”	2001
46	邵叶初	余新镇中学	浙江省“春蚕奖”	2001
47	何志荣	新丰镇中心小学	浙江省“春蚕奖”	2002
48	吕士英	三水湾小学	浙江省“春蚕奖”	2002
49	林　军	原步云乡中学	浙江省“春蚕奖”	2002
50	沈桂宝	东栅中心小学	浙江省“春蚕奖”	2003
51	吴上德	余新镇中学	浙江省“春蚕奖”	2003
52	闵桂英	清河小学	浙江省“春蚕奖”	2004
53	任培华	凤桥镇中心小学	浙江省“春蚕奖”	2004
54	许建林	新丰镇中心小学	浙江省“春蚕奖”	2005
55	马海仁	大桥镇中心小学	浙江省“春蚕奖”	2005
56	钱仲平	市实验小学	浙江省“春蚕奖”	2006
57	崔明华	文昌路小学	浙江省“春蚕奖”	2006
58	王成新	凤桥镇成校	浙江省“春蚕奖”	2006
59	居丽华	余新镇中学	浙江省“春蚕奖”	2007
60	张培华	新丰镇中心小学	浙江省“春蚕奖”	2007
61	俞佳玲	行知小学	浙江省“春蚕奖”	2008
62	金甫明	大桥镇中学	浙江省“春蚕奖”	2008
63	曹　强	区教研室	浙江省“春蚕奖”	2009
64	徐　琪	秀州中学分校	浙江省“春蚕奖”	2009
65	张小明	余新镇中学	浙江省“春蚕奖”	2009
66	姜约维	清河中学	浙江省“春蚕奖”	2010
67	怀永甫	余新镇中学	浙江省“春蚕奖”	2010

第四节　教职工考核与交流

1988年，中小学教师首次专业技术职称评定工作以后，各校每年在暑期组织对教师进行考核，并实行校长聘任制。

2001年后，区教文体局先后出台文件，不断完善城乡教师交流政策措施。规定凡参加上派下挂、挂职锻炼的教师，人事关系与待遇保持不变，时间一年，以稳定参与交流活动教师队伍。市区学校教师支教锻炼与职称评审挂钩。对参加城乡教师交流的人员给予一定的补贴，并逐步提高补贴幅度，从最初的每人每月补贴200~300元，提高到300~500元。至2010年，从城市到农村支教的骨干教师47人、普通教师锻炼86人，从农村到城市挂职锻炼的教师32人，由此推进城乡教育均衡发展。

第五节　教师培训

1951年8月，创办嘉兴初级师范学校，附设短期师资培训班。1954年，嘉兴初级师范停招新生，改办在职小学教员轮训班，学制2年，1956年暑假停办。

1959年，对教师队伍文化程度偏低的现状，作出培训提高师资的要求，现有初中教师未及师专毕业水平，高中教师未及师院本科毕业水平的，从1959年暑假起，在3~4年内须达到师专或师院毕业水平，成为合格教师。由华东师大函授部负责函授，在嘉兴师范学院成立进修部，开设中教进修班，调训初中部分教师脱产进修1年。

1970年，平湖师范学校开设师资短训班。1977年，恢复高考招生后，招收初中文化程度的民办教师入校进修，设函授部，负责全市各县（市）区在职小学教师的普师函授和进修辅导。

1986年，嘉兴教育学院建成开学，兼招教师脱产学习生，开设教师专业合格证书辅导班，初中校长、教导主任培训班和各科教师业务进修等各类短训班，成为全区中小学教师培训、进修的主要基地。

2002年7月，开始全区进行全员新课程教学培训工作。

2004年2月，开展为期2年的小学“课程改革与主题构建”专题培训。2005年5月，进行为期9个月的初中“公共必修课和专业必修课及选修课”培训。

2005年8月，对全区农村9年义务教育阶段中小学教师进行1次全员培训，培训总人数1139名。并选拔一批优秀的农村中青年教师参加省市级骨干教师培训。其中，选拔参加市级培训的骨干教师或校长有100人，选拔参加省级培训的有8人。2008年5月，开始为期3年的省、市、区三级农村中小学教师“领雁工程”培训，其中，省级培训50人，市级培训92人，区级培训111人。

2007年6月至2008年11月，组织开展中小学班主任全员培训。全区共计培训各中小学校班主任1007人。其中小学班主任595人、中学班主任412人。

2010年5月，开展为期3年的省、市二级农村幼儿园骨干教师（园长）培训及为期2年的幼儿园教师任职资格培训。7月，区教师进修学校开始对教龄5年内的近400名青年教师进行培训。

第九章　教育经费与设施

第一节　教育经费

清末时期，府学经费主要来自官款拨给。县学经费主要靠派捐收入与学生缴纳。

民国时期，嘉兴县公立学校的教育经费来源，主要取于地丁特捐，指定4/10为县教育经费；地丁附捐，加征一成，扩充教育费；还有抵补金特捐、附捐，学田租息、营业税、验契教育费、屠宰税、航船捐等各种捐税及各项学产款息。乡村小学尚可就地征收土产物品捐税。1935年，废除苛捐杂税，乡村小学所收的各种捐税一律免除，短缺的经费由省拨给。1937年，嘉兴县财政废除专款制，实行统收统支。私立学校的经费除经办者自筹外，主要依靠学生学杂费收入。

解放后，中、小学和幼儿园经费主要由政府拨付，教师工资在财政拨款中列支。学杂费收入主要用于教学办公和学生卫生医疗等项支出。1984年，国拨教育经费实行分级管理，切块包干。国拨经费以1984年为基数照拨，逐年增长。1985年起，规定教育经费的增长要高于财政收入的增长。同年7月，开始征收教育附加，以单位和个人实际缴纳的增值税、消费税、营业税的税额为计征依据。与增值税、消费税、营业税同时计算征收，按1%附加率征收。1990年8月1日起，调整为按三税的2%征收。

2000年后，以创建"教育强区"为目标，加大教育投入，实现在校学生人均教育费用、教师工资和学生人均公用经费逐步增长。据统计，全区教育经费投入2000年为1.03亿元，2010年为5.23亿元，10年时间增长5.08倍。

2006年9月，区政府出台《关于进一步完善义务教育管理体制，推进城乡教育一体化发展的实施意见》，规定从2007年1月1日起，由区财政统一发放全区中小学教职工工资和离退休教师生活补贴，统筹安排全区中小学公用经费，全面实施"以区为主"的义务教育管理体制。

2007年，全区义务教育经费100%纳入财政保障范围，实现城乡中小学生人均公用经费同一个标准的目标，教育费附加统筹比例达到100%。

2000—2010年，全区教育经费总收入292692万元，其中财政拨款173902万元，社会集资捐助1453万元，教育附加41185万元，学杂费23222万元(2006年9月后停收)，总支出283554万元，其中用于改善教学条件的有43519万元。

第二节　校舍建设

民国时期，多数学校利用庙宇、祠堂、会馆或借用民房作为校舍，简陋窄小，设备不全，有的连课桌椅亦向民间借用。1946年1月，嘉兴县临时参议会决议在最近5年内，应建国民学校校舍200所，到解放时，很多学校仍借用破庙旧房上课。6所中学仅有校舍85间、21360平方米。

解放初期，许多中小学仍以公产房屋、庙宇、祠堂作为校舍，教学设施简陋。1954年秋，第一所设施完善、校舍建筑面积为1319平方米的嘉兴市新建小学落成。1955年8月，嘉兴三中2幢各有12个教室的东西教学大楼建成。20世纪60年代初期，新建东栅中学、塘汇中学、南湖中学校舍。

1986年后，随着市城区域的快速拓展和实施9年制义务教育，城区兴起建区后的第一轮学校建设热潮，按照规范化标准，新建吉水小学、栅堰小学、文昌路小学、吉水中学等中小学校舍，并改建和扩建一批校舍。

1990—1992年，城区发挥乡村集资办学的积极性，全区破旧村校校舍全部进行改造翻建，3年累计投资235.25万元，新建、翻建村校42所，新建村校校舍面积10108平方米。新建5617平方米的两幢乡中学教学楼，翻建4200平方米的市区小学破旧校舍。

2000年后，区政府加大校舍建设经费投入，截至2010年底，全区共新建和扩建26所学校，新征土地面积673.11亩，增加建筑面积30.3224万平方米，总投入资金5.6139亿元。其中市区学校13所(清河中学、辅成教育集团穆湖校区、光明小学、市实验小学、清河小学、南溪中学、北师大附校、秀中分校、辅成小学、南湖国际实验学校、栅堰小学、秀城教育集团钧儒校区、行知小学)。农村学校13所(余新镇中学、凤桥镇中学、凤桥镇中心小学、凤桥镇新篁小学、大桥镇中心小学、大桥镇中学、大桥步云小学、七星中心小学、新丰中心小学、新丰栖凰埭小学、余新中心小学、余新曹庄小学、余新石堰小学)。

在校舍校园工程建设进程中，贯彻省教育厅关于实施"浙江省万校标准化建设工程"的部署，严格按照省定标准进行新建、扩建工程的规划设计和施工，并分期分批申报"标准化学校"。至2010年底，达到省标准化学校44所，其中Ⅰ类标准学校14所，Ⅱ类标准学校9所，Ⅲ类标准学校21所。

第三节　教育装备

1983年后，城乡学校教育装备投入逐年增加。

20世纪80年代，教学器具主要有风琴、口琴、圆规、三角板、挂图等；90年代，投影机、录音机和银幕走进课堂，理化生实验室，音乐、美术室，图书阅览室等专用教室逐步添置；到90年代末，市区和乡镇学校先后出现计算机教学，教学场地逐步从烂泥地过渡到煤渣场地，市区一些学校和个别乡镇中小学有了较为先进的塑胶跑道。

2000年后，全区42所中小学的教育装备总额996万元。2001年，学校基本普及"两机一幕"，配有"两机一幕"的班组数为832个。中小学共有液晶投影仪33台，多媒体综合教室36个，计算机教室31个，计算机1344台。净增教育装备392万元，总额达到1388万元。2003年，创教育强区，全区教育装备经费投入1647万元，全区累计装备金额4379.46万元。全区学校拥有计算机3171台，计算机台均数小学为18.83生/台，中学为10.9生/台。多媒体教学设备由2002年的67套增长到138套。各村完小都配有一套多媒体教学设备。中小学生均图书提高到15.97册。各学校实验室的装备和音、体、美、劳的体育艺术装备均得到改善，学校实验室均达到省二类以上，其中城市中小学和乡镇中学及中心小学达到省一类标准。

2005年，区乡镇教育强镇复查，全区学校拥有计算机4875台，中小学平均每10人拥有1台计算机。多媒体教学设备增加到275套。

2008年，全区教育装备投入1086.76万元，其中财政经费投入987.32万元，占总投入的90.85%，生均教育装备经费投入230元。至年底，教育装备总值8473.74万元，生均教育装备经费1793.46元。全区学校共有计算机7420台，中小学平均生机比是6.37:1，共有多媒体教室884个，占全区班级数的88%；图书经费投入105万元，中小学图书馆（室）累计藏书总值1201.87万元，总藏书量1054053册，生均藏书量22.31册。

2010年，全区教育装备投入1460.86万元，其中财政经费投入1135.50万元，占总投入的77.73%；学校自筹或其他为325.35万元，占22.27%。生均教育装备经费投入327.00元，至年底，教育装备总值10513.23万元，生均教育装备经费2353.27元。共有装备多媒体的教室991个，占全区班级数的99.2%。全区中小学图书经费投入108.99万元，中小学图书馆（室）累计藏书总值1398.81万元，总藏书量115.8万册，生均藏书量25.94册。至年底，全区中心小学以上学校建有图书馆（室）、安装图书管理软件、对图书馆（室）进行计算机管理的，占中心小学以上学校的93.75%。2所农村学校图书馆（室）被评为浙江中小学书香校园工程示范图书馆，6所学校图书馆（室）被评为嘉兴市中小学示范图书馆。

2010年5月，北师大南湖附属学校

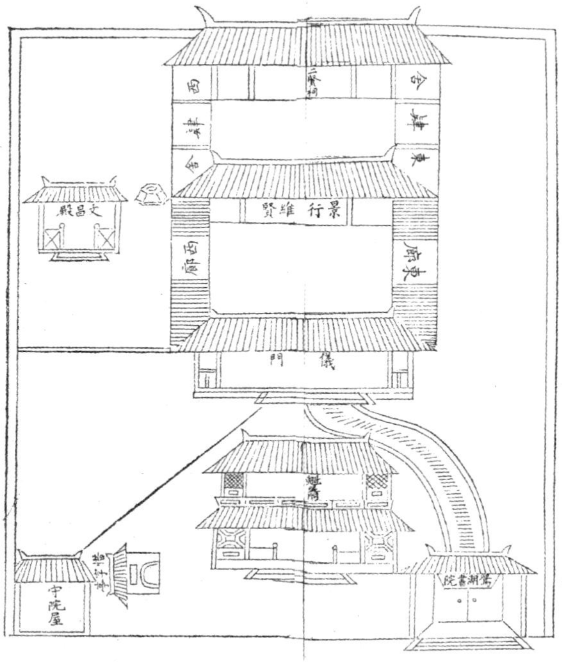

清光绪《嘉兴府志》鸳湖书院图

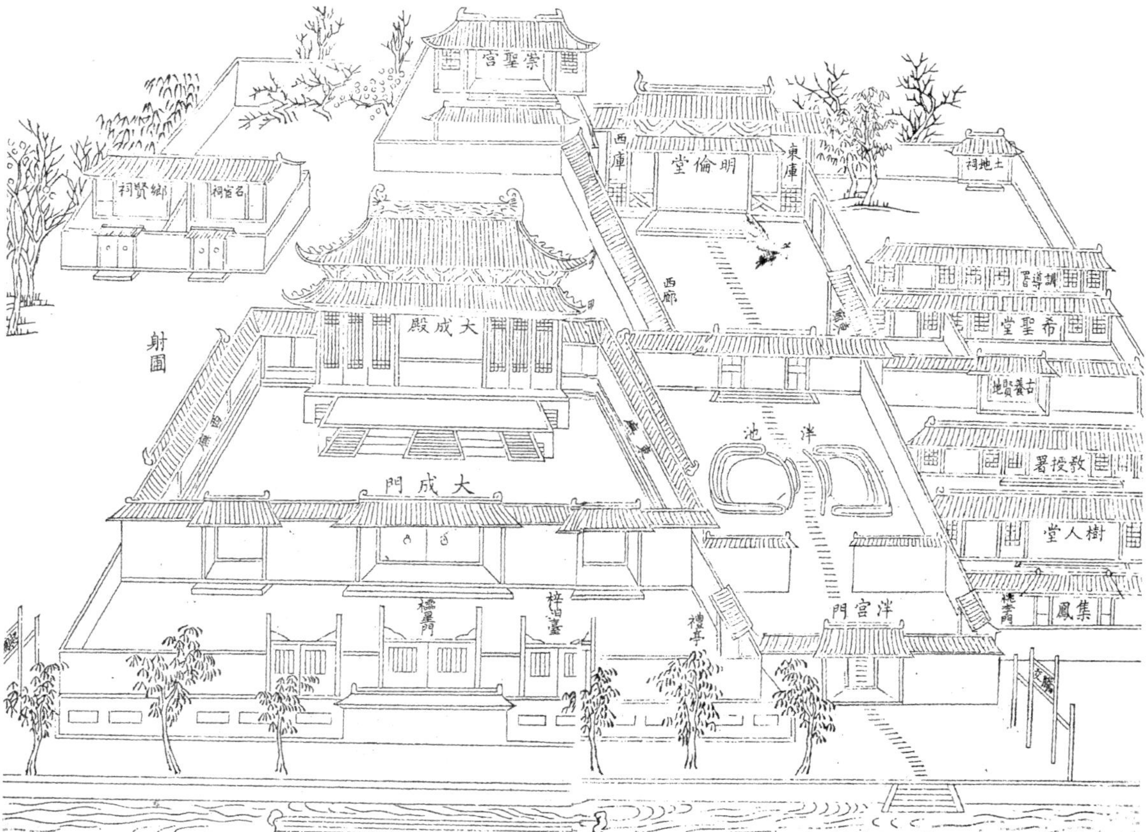

清光绪《嘉兴府志》嘉兴府学图

第三十一篇　文　化

目　录

汉、晋、唐时期，区境即有崇文好学之风，贤才辈出，代表人物有严助、朱买臣、陆贽、陆晃等。北宋时文人藏书之风渐盛，藏书家众多，赵衮隐居嘉兴三塔景德寺后，其居所赵公园藏书万卷。至明清时藏书家已不可胜数，颇负盛名的有明代项元汴的天籁阁、项笃寿的万卷楼，李日华的鹤梦轩和六研斋，清初曹溶的静惕堂等。

南宋时嘉兴城内已有专业剧场"瓦子"。具有江南水乡特色的民间文化活动源远流长，遍及城乡，都与庙会民俗活动相联。清末至民国初期，开始兴办图书馆、通俗讲演所、平民学校，以开启民智。"五四"时期，倡导新文化运动，组织进步青年社团，学校师生走上街头，演讲、演文明戏。抗日战争初期，演剧、歌咏等活动兴起，宣传抗日。

新中国成立后，文化事业迅速发展。图书馆、影剧院等文化设施数量、规模不断扩展，京剧、越剧、滑稽剧、评弹等民间职业文艺团体演艺活动兴盛，群众文化宣传活动为群众所喜闻乐见。建区后，配合各个时期的中心工作，组织开展宣传活动，设立区文化馆，各乡、街道都建有文化站，歌舞、展览、书画摄影等文化艺术活动丰富多彩。1985年6月，举办市首届"南湖之春"群众文艺会演，各乡镇相继推出"凤桥之声""渔里之谣""湘湖金秋"等具有地方特色的文化节庆活动。进入21世纪后，政府加大对发展文化事业的扶持力度，区、乡镇(街道)、村(社区)三级群众文化网络健全，文化活动设施更趋完善。南湖船文化节、"南湖之春"文化经贸活动、南湖合唱节、城乡文体十大联赛等大型文化活动相继举办，社区文体活动内容丰富，文化事业多姿多彩、欣欣向荣。2005年12月，南湖区被省政府授予"浙江省文化先进区"称号。

第一章　文化机构与设施

第一节　文化馆(站)

民众教育馆

1930年3月，区境设嘉兴县立民众教育馆，开展图书识字、问字代笔、举办展览和文体活动等。抗日战争初期，民众教育馆开展演讲、教歌等抗日宣传活动，后组织流动施教团在乡村活动，抗日战争胜利后，民众教育馆重新恢复。1936年，在平湖设立省立嘉兴民众教育馆。1937年迁至嘉兴，称总馆。1949年扩大改组。

市(县)文化馆

1949年11月，市政府接收民众教育馆，建立省立嘉兴人民文化馆。1950年3月成立市文化馆，以识字教育、政治宣传、文娱活动和普及科学知识为主要任务，还承担部分行政工作。1958年2月，市文化馆与嘉兴中心文化馆合并为嘉兴县文化馆。"文化大革命"开始，机构解体，1972年7月恢复。1981年改为嘉兴市(县级)文化馆，是当地群众文艺活动和辅导培训中心。

区文化馆

1983年12月，建立区文化馆，工作人员13人，馆舍面积434平方米。负责指导全区各街道、乡的群众文化活动及各农村文化中心(站)工作。1994年11月，区文化馆与市群众艺术馆合署办公。2000年12月，重新分设办公，馆舍设在秀州南路，后迁至少年路58号。2005年12月，搬迁至南溪路，建筑面积3100平方米。2010年3月，又搬迁至凌公塘文化主题公园内，建筑面积4700平方米，设施齐全，功能完备，内设展览厅、排练厅等，免费向居民开放。

镇(街道)文化站

1984年，嘉兴城区各乡镇、街道均设立文化站。1992年3月，解放街道文化站和时属郊区的凤桥镇、步云乡、七星乡文化站晋升为省一级文化站；东门街道、新嘉街道、南湖乡文化站和时属郊区的新丰镇、余新镇、净相乡文化站晋升为省二级文化站；新兴街道、建设街道、东栅乡文化站和时属郊区的竹林乡文化站晋升为省三级文化站。

2000年后，区政府进一步加强镇、街道文化站建设，组织文化站管理人员进行各类业务培训，平均每年达10次以上。并对全区的基层文化辅导员、文化管理员队伍进行了注册管理。2005年，全区有6个镇(街道)分别通过省、市“东海明珠工程”验收。2010年，各街道、镇11个文化站有工作人员46人。

南湖区大桥镇文体活动中心

村　社区文化活动中心(室)

2000年后，区政府加强对基层文化阵地的拓展、延伸工作。至2010年，全区村、社区文化活动中心(室)创建率及镇、街道、村、社区的文化信息资源共享工程服务点的建设率均达到100%。并已有省级文化示范村(社区)4个；市级文化示范村(社区)18个。大桥镇中华村、余新镇长秦村、普光村、解放街道菜花泾社区、东栅街道新南社区荣获市第三批村(社区)文化示范中心称号。

第二节　图书馆

公共图书馆

光绪三十年(1904)，在鸳湖书院藏书的基础上建立嘉郡图书馆，为嘉兴近代公共图书馆事业之开端。

1950年1月，成立省立嘉兴图书馆。1955年，馆藏图书达12.6万册。“文化大革命”初期，图书馆一度关闭。1971年后，恢复开放，但大量图书被禁锢，可供读者阅览的书籍甚少。1978年后，图书馆工作恢复正常，一大批被禁锢图书重新开放，馆藏图书不断充实，各项管理工作逐步规范化。同时，嘉兴工人文化宫图书馆、学校图书馆也有较快发展。

1984年后，图书馆、室建设持续发展。至1990年，市图书馆藏图书40万册，全年借阅图书246606人次；嘉兴工人文化宫图书馆藏书44500册。

部门图书馆(室)

境内企事业图书馆(室)发展较快，分布面广。在市区的5所大专院校图书馆(室)藏书44.57万册。机关、企业普遍设立图书室。20世纪90年代，藏书在万册以上的企事业单位图书馆(室)有嘉兴民丰造纸厂、毛纺总厂、第二毛纺厂、绢纺厂、冶金机械厂、化肥厂、航运公司、机电部36所、嘉兴第一医院、嘉兴第二医院等单位。

21世纪后，公共图书事业进入新的发展时期，区政府启动文化信息资源共享工程建设，加大对图书馆、站经费、设施和图书网络建设的支持力度，各图书馆、站、室除不断更新设施、充实图书种类和数量外，还普遍设立电子阅览室，拓展了阅读信息空间。

镇村图书馆(站)

2006年后，各镇全面启动镇级图书馆建设。至2009年，区、镇两级财政共投入镇图书馆建设经费990万元。2009年12月，新丰镇图书馆建成开放，标志着5个镇级图书馆全部建成。各镇图书馆总计建筑面积5130余平方米，藏书约16.95万册。2010年，镇级各图书馆外借图书近10万人次。是年1月，市首个“村企联动”图书流通站——凤桥镇庄史村图书流通站开放，公共阅读服务的触角延伸到村、社区居民和企业职工。至年底，全区建成12个村(社区)图书流通站。

第三节　主题文化设施

凌公塘文化主题公园

位于凌公塘路，占地面积11.67公顷。2007年

10月，开工建造，2009年3月竣工。包括南湖公园、体育公园等。5月28日，凌公塘文化主题公园正式开园。公园突出音乐主题特色，有自然景观、主题景观和人文景观3部分组成。主要文化设施有爱乐基地、五线谱景观带、文化馆、艺术家工作室、千年运寿桥、欢歌草坪、风情岛屿、艺术合唱广场等。整个公园以凌公塘为主线，长约3千米。

嘉兴国际创意文化产业园

位于南湖新区富润路，东至泰宁路，南至长水路，西至纺工路，北至中环南路，占地面积1.6平方千米。园区建设2007年启动，规划有设计与广告、传媒与动漫、创新型互联网、文化与艺术、教育与培训、配套服务6大功能区。园区通过政策扶持和引导，积极引进名校、名企和艺术精英联手打造文化创意产业基地，培育一批具有国际影响力的创意文化产业实体。被列入浙江省集聚发展的31个文化创意产业园区范畴、第二批省级现代服务业集聚示范区、省文化产业发展“百强振兴计划”122工程、市级服务业集聚示范区、市国际服务外包示范园区和市创业基地。至2010年底，园区拥有中国南湖漫画作家村、东栅当代艺术中心、铁哥们环保铁艺工作室、天工苑等多家艺术设计、网络游戏开发、传媒文化等企业和机构。

铁哥们机器人主题公园　是国内首个以废旧金属为制作原材料的机器人主题公园，拥有机器人方阵、机器人主题馆、青少年创意中心等景点，把创意产业与旅游相结合。2009年，已先后举办过两次国际钢雕艺术节。展出来自海内外艺术家的钢雕作品550余件。还举办了DAF大学生“反皮草”设计大赛展、低碳经济与文化创意产业论坛、“中国钢雕同盟”沙龙、摄影大赛、青少年彩绘大赛等系列活动。

东栅当代艺术中心　是一家拥有展览空间、艺术论坛、艺术家工作室、画廊及配套商业设施的综合性艺术机构，以当代艺术为学术定位和文化取向，致力于推动当代艺术的全面发展，用于举办当代艺术展览、学术交流的大型国际化空间。该中心已与法国南锡国立高等美术学院、中国美术学院等学术机构及国内外200多名艺术家建立了合作关系。

天工苑　是以展览、创作为主的工艺精品展示中心，推广嘉兴本地艺术文化，吸引专业工艺美术制作者参与，逐渐形成文化品牌效应。已签约引进涉及剪贴艺术、中西绘画、竹木雕刻、陶瓷创作、民族绣品等领域的代表人物15人、7个艺术家工作室，每年推出10多个特色展览。

第四节　驻区文化机构选介

嘉兴市图书馆

光绪三十年（1904），创办的嘉郡图书馆是中国最早的公共图书馆之一。1915年1月，嘉郡图书馆作为嘉兴公立图书馆，对外开放借阅。1929年春，在道前街宏文馆旧址新建图书馆舍。1930年5月，嘉兴民众教育馆成立，图书馆并入。1931年3月，图书馆恢复独立建制，命名嘉兴县立图书馆。1937年，抗日战争爆发，馆长陆祖谷将馆内珍贵图书分装6大箱移往馆员促欣木家乡濮院隐藏。1940年秋，被日伪全数劫盗，损失图书1280部计3517册。其中元刻1部29册，明刻177部2759册，稿本22种377册。嘉兴沦陷时，馆舍被日本侵略军占领，图书馆迁往塔弄。抗日战争胜利后，图书馆恢复，因馆舍被县政府用作办公，迁往少年路明伦堂。

1950年1月，成立省立嘉兴图书馆。1953年4月，更名为嘉兴市图书馆。1981年，著名作家茅盾亲笔题写馆名。1988年，新建1800平方米的借阅大楼。2003年11月，在海盐塘路建造嘉兴市图书馆新馆，占地面积2.67公顷、建筑面积15000多平方米。旧馆为图书馆少儿分馆。嘉兴市图书馆设图书借阅、采编、古籍、参考阅览、网上阅览、多媒体阅览、少儿、计算机信息、社会活动等业务部门，馆藏古籍10万余册，善本12127册，有14部5486册古籍入选《国家珍贵古籍名录》。有新版《四库全书》《古今图书集成》等大型丛书近百种，期刊1000多种，报纸170余种，电子期刊6000多种，方正Apabi电子图书6万多册等。

图书馆新馆建筑特色鲜明，环境优雅，设置座席1300座，还设有300多座的报告厅和600多平方米的展览厅。2010年，藏书145万册，年接待读者

80余万人次，年借阅图书30多万册次。

图书馆建有现代化计算机网络，使远程读者能直接访问数字化图书馆，实现网上图书借阅。

嘉兴市博物馆

1958年12月，在勤俭路建嘉兴中心博物馆，是嘉兴地区的地志性博物馆。1959年，由嘉兴县代管，1961年与展览馆合署办公，馆藏文物2000多件，大部分是由嘉兴籍收藏家钱镜堂、金敬渊、陶俊人、沈慈护、朱其石、沈子槎、倪禹功所捐赠。1972年，更名为县博物展览馆，1978年，更名嘉兴博物馆。1983年后，嘉兴市政府和省文物局先后拨款85万元，1986—1987年，先后建成建筑面积3000平方米的四合三层楼房的馆舍及文物库房，配有回廊旋梯，玻璃大棚，展厅宽敞明亮。

2003年3月，在海盐塘路市图书馆南侧新建建筑面积15000平方米的博物馆新馆，馆内分陈列区、库房区、服务区。陈列区设嘉兴史前文化、馆藏文物精品陈列，并配备声、光、电、多媒体、电脑网络等先进设备。

博物馆馆藏文物丰富，2010年，馆藏文物6619件，分14类，其中国家级珍贵文物2003件。有新石器时代遗址和历代墓葬出土的陶器、石器、玉器、瓷器等文物；有文征明、项圣谟、吴昌硕、蒲华、沙孟海等历代名人的传世书画真迹。尤以馆藏崧泽时期的人首陶瓶、明代素三彩瓷船以及历代名人书画为代表的文物充分反映了嘉兴远古文明的辉煌和文风的鼎盛。博物馆还充分利用新馆的场地优势，先后举办各类知识讲座、培训班和各类展览会。

南湖革命纪念馆

（见第六篇“南湖”第二章第三节）。

嘉兴市档案馆

1951年10月，中共嘉兴地委办公室设档案室。1959年3月，嘉兴县建立档案馆，同年9月，建立嘉兴地区档案馆。

1984年2月，在中山路原市政府办公地址设立嘉兴市档案馆。2003年，动工建造市档案馆新馆，占地面积10000平方米，设计面积12000平方米；分两期建设，一期工程投资2400万元，建成8250平方米，2004年投入使用。该馆位于风景秀丽的南湖风景区，南面与嘉兴市图书馆毗邻，北面紧连七一广场，东面海盐塘路，西面与南湖革命纪念馆为邻。该馆由著名数学大师陈省身题写馆名。档案馆一楼设置现行文件阅览中心、查档接待室、市级爱国主义教育基地。市级爱国主义教育基地有4个展厅，其600余平方米主展厅设立的“嘉兴名人展”，陈列了从1000多位历史名人中精选出来的115位嘉兴籍历史名人图文资料，成为档案服务的品牌。自2005年7月对社会免费开放至2010年底，已接待来自中央国家部委、省市党政机关领导和社会各界人士7000余人次，网上浏览90000余人次。2010年底，嘉兴市档案馆有馆藏文书、照片、会计等纸质档案18万卷及各类实物档案3万余件。

嘉兴大剧院

位于南湖大道，中环南路交会处。2003年10月，建成开放，建筑面积28000平方米，外观气势恢弘，整个剧院在玻璃幕墙的“包裹”下晶莹剔透。剧院外廓是一条长达140多米的流水长廊。极富现代气息的设计理念也蕴涵了江南水乡独有的亲水韵味。大剧场观众席1406座，座椅设计的排距和座距宽敞舒适，舞台升降、旋转和移动功能先进，能够满足国际国内大型演出的要求。2003—2010年，共组织各类演出539场。其中有重大影响的国际演出活动58场。2003年11月5日，第23届中国电影金鸡奖颁奖仪式在新落成的嘉兴大剧院隆重举行。

2010年，大剧院共组织专业演出101场，引进省级以上艺术团体23个，其国外团体10个。演出剧目有高雅的交响乐、歌舞剧、话剧、还有雅俗共赏的越剧、京剧、儿童剧、歌舞表演等。特别承接了美国南芝加哥爱乐乐团“2010新年音乐会”、比利时布鲁塞尔交响乐团“迎新音乐会”、以及都市话剧《蜗居》、陈佩斯领衔主演的互动悬疑喜剧《老宅》等经典剧目。

中山影城

位于中山东路和禾兴南路交会处，1984年2月建成。占地面积5000平方米，命名中山电影院，沙孟海题名。电影大厅设池席840座，楼席410座，附属设施齐全，是全市最大电影院。1997年12月，扩建改造后更名为中山影城。营业面积近1万平方米。影城设备齐全，装潢新颖，具有浓厚艺术氛围，在经营管理上分影城和中山游乐总汇2部分，影城内设电影大厅和红、绿2个豪华电影小厅。电影大厅设座位1000个，舞台较原来拓深3米，以供文艺演出和会议使用，大厅地下室经营电子游艺。中山游乐总汇部分，其中底楼部分门面对外租赁经营，二、三楼为“美食世界”，卡拉OK歌舞游乐活动以及影城宾馆等。

嘉兴市群众艺术馆

1983年11月成立，是组织和开展群众文化，培训职工干部和文艺骨干，研究群众文艺的事业单位。1987年，在市区斜西街建1520平方米的活动大楼，另有办公用房400多平方米。1988年底，群艺馆活动大楼落成并投入使用。1994年7月，市艺术研究室与该馆合署，11月，区文化馆与该馆合署。2000年12月，市群艺馆成立以来，坚持党的“双百”方针、“两为”方向，致力于为群众音乐、舞蹈、戏曲、曲艺、美术、摄影、书画和民间艺术等艺术门类的创作、演出、辅导、培训和实施；收集、研究和展示非物质文化遗产等。2003年10月，位于中环南路的市群艺馆新馆建成开放，馆内建筑面积8000平方米、内有培训教室、排练厅、服装库、琴房、书法美术创作室、音乐制作室、展览厅等全省一流的现代化硬件设施，拥有先进的数码音响、灯光等功能设施和各类歌舞、戏曲服装，达到地市一级馆水准。内设表演艺术部、社会活动部、艺术培训部、视觉艺术部等工作机构。1984—2010年，通过市群艺馆的组织、辅导、推荐，在全国重大美术、书法展览中展出的美术、书法作品有50多件。

嘉兴市青少年宫

1987年，始建于吉水路。1997年，迁建禾兴北路，占地面积22000平方米，总建筑面积13000平方米，分综合楼、教育楼、文化活动广场3部分，是融全市青少年儿童文化、体育、艺术培训和活动、娱乐、德育教育于一体的综合性校外教育活动场所。2010年，在编教职工24人，聘用各类兼专职教师80多名。

青少年宫创建以来，致力于青少年儿童的校外教育，广泛开展寓思想性、知识性、科学性、趣味性于一体的健康、高尚的青少年文化教育活动。青少年宫设有舞蹈、体育训练、器乐、书画、电脑及科学等教室和活动展览室60多间。常年开设棋类、书画、音乐、写作等各类专业培训班，年培训学员人数2万多人次。多次荣获全国先进青少年宫、省青少年文化教育先进集体等荣誉。

第二章　文学艺术

第一节　文　学

诗词

西汉时期，严忌、严助、朱买臣均以通楚辞、善辞赋而名噪全国。

唐代嘉兴诗人丘为，诗擅五言，善摹湖山景色，《寻西山隐者不遇》是其名作。唐代著名诗人刘禹锡有“诗豪”之称，少年时曾寓居嘉兴。

宋代，嘉兴词人吕渭老作《圣求词》130首，风格多样，内容广泛。南宋时，朱敦儒、朱淑真、康与之、岳珂、赵孟坚等寓居嘉兴，留下不少诗词佳作。南宋后期，嘉兴诗人叶隆礼、唐天麟分别有《烟雨楼》诗传世，是较早题写烟雨楼的诗。嘉兴人诗人张尧同，著有五言绝句组诗《嘉禾百咏》，为地方风物诗之始。之后有明代许恂如的《秀州百咏》承其诗风。

明代中期之前，嘉兴诗人众多，但总体诗歌成就不大，至明中后期始趋于繁荣。区境较有名的有吴鹏、包节、周履靖、项元淇、沈思孝、李日华、冯梦祯、怀悦、项穆、项兰贞（女）、桑贞白（女）等，均有诗集或诗作传世。

清初，嘉兴人民经历了抗清爱国斗争，生活的剧变给诗人以丰富的创作题材，关心国家、百姓命运，反映民间疾苦，忧国忧民的感怀之作成为诗歌创作的主要内容。如曹溶的《悯荒》诗，邹天嘉的《蚕娘吟》等感时忧民诗作不胜枚举。清代前期影响最大的"浙西词派"最早倡导者之一的曹溶著有《静惕堂词》，其词小令委婉绵长，长词慷慨豪放。嘉兴籍女诗人柳如是和黄媛贞、黄媛介姐妹都善诗文，并富有民族气节。这一时期区境有名的诗人还有：周筼、王翃、岳昌源、项圣谟、巢盛鸣、何汝霖、李明嶅、姚瀚、姚佺、徐白、吴源逵、蒋之翘等。

至清代朱彝尊的《鸳鸯湖棹歌》一出，和者甚多。这种运用民歌创作手法的"棹歌体诗歌"大量出现，在嘉兴诗坛上形成了一个特殊的流派，且流风遗韵数百年不绝。

清中期乾隆、嘉庆年间，区境出现由嘉兴籍诗人形成的"秀水诗派"。主要作家是钱载(字坤一，号萚石)、王又曾、万光泰、祝维浩等。该诗派传承朱彝尊等前辈诗风，又在深、新、硬、瘦等方面大加张扬，遂成清代影响深远一大诗派。同一时期的诗人还有王昙、张庚、郑虎文、盛百二、庄肇奎、沈秋塘等。

近代，嘉兴诗人以沈曾植成就最大，是晚清"同光体"浙派的代表。清末民初嘉兴王甲荣所作的《彩云曲》长诗，记述傅彩云(赛金花)一生，为近代诗歌的名篇。较有名的嘉兴诗人还有金兆蕃、金福、杨素书(女)、许景澄、于源、秦光弟、吴仰贤、褚荣槐、张鸣珂等。"五四"以后，诗人们致力于诗歌革新，从旧体诗歌向现代新体诗过渡。同时，旧体诗歌仍为文人所喜爱。许多著名的嘉兴籍革命家、文化名人，如沈钧儒、朱生豪、汪胡桢、朱大可、朱夏、王蘧常等皆擅旧体诗，诗作均有较高造诣。

解放后，诗歌创作走向大众，古体诗词焕发青春，新体诗更加普遍。20世纪50年代后期，"大跃进"时期，群众性的新民歌创作曾风行一时。1986年，庄一拂等成立鸳鸯湖诗社，编有诗刊，吸引了众多诗词爱好者参与。黄亚洲在1970年开始从事诗歌创作，诗集《行吟长征路》获第四届鲁迅文学奖全国优秀诗歌奖。20世纪80年代后，区境又涌现出伊甸(曹富强)、黄福国、晓弦(俞华良)等一批青年现代诗作者。

1990—2010年，南湖区诗歌创作成果显著，伊甸、邹汉明、灯灯、晓弦、潘月玲、查杰慧等均有诗作在《诗刊》《人民文学》《十月》《诗选刊》《散文诗》《星星诗刊》等刊物发表。伊甸著有诗集《在生存的悬崖上》《石头·剪子·布》，另有诗作获省文学作品优秀奖。邹汉明有诗作获"诗神杯"全国诗歌一等奖；1997年12月，参加了北京第十四届青春诗会。著有诗集《远方，光线飞去》《在光线上奔跑》等。灯灯曾获《诗选刊》2006年度中国先锋诗歌奖、第四届叶红女性诗歌奖。晓弦著有诗集《初夏的感觉》《晓弦抒情诗》，其散文诗获中国散文诗人大奖提名奖。

小说

唐宋后，区境出现笔记小说和通俗小说，南宋嘉兴学者王明清著有笔记小说《玉照新志》《挥麈录》等3种，内容广泛，神怪琐事、朝野旧闻，无所不备，鲁应龙著有文言志怪小说集《闲窗括异志》，以神鬼故事寄寓作者对人生处世的哲理劝诫。明代笔记小说作者众多，知名的有沈德符、李日华、冯梦祯、陈邦彦、支立、李琪枝、王著、高道素、屠肇芳、项鼎铉、朱茂曜等。

明清时期区境作家在通俗小说创作中以张匀和徐震最为著名。张匀(字宣衡，号鹊山)所著的《平山冷燕》《玉娇梨》，是明末清初才子佳人小说的代表作。徐震创作繁多，影响广泛，其中以"烟水散人"署名的中长篇小说就有《后七国乐田演义》《珍珠舶》《合浦珠》《赛花舲》《女才子书》《桃花影》《灯月缘》《梦月楼情史》《鸳鸯配》等。

解放后，区境涌现出一大批文坛新人，小说作品题材广泛。20世纪50年代后期，嘉兴青年作者许秉贤，创作了反映普通市民生活的短篇小说，著有《我的二嫂》短篇小说集。80年代后，黄亚洲、李森祥、朱樵等中青年作者，创作了一批在全国颇有影响的小说。黄亚洲创作的长篇小说《日出东方》获国家图书奖、国家"五个一工程"奖。电影文学剧本《R4之谜》《开天辟地》等13部作品搬上银幕。李森祥于1986年开始小说创作，小说《小学老师》获《小说月报》第四届百花奖，出版有短篇小说集《台阶》。朱樵的小说《平民百姓》被选入1991第一期的《新华文摘》，获《上海文学》优秀作品奖。夏挚生著有长篇小说《船月》《回归天堂》，童话《神秘的红蝴蝶》《着火的蓝月亮》等，曾获浙江优秀作家奖等大奖。知名作者、作品还有范巴陵的长篇小说《女市长》，江丽华的中篇小说《好日子》，汝荣兴的微型小说集《母亲节的康乃馨》等。

散文

古代嘉兴作家在散文创作方面颇有成就。嘉籍古代散文作家收入《四库全书》的在嘉兴文坛上有三四百人，作品几千部。唐代陆贽的骈体文在中国文学史上享有盛名。李日华是明代著名的散文家，代表作有《六研斋笔记》《味水轩日记》等。沈德符所撰的《万历野获编》，多记万历以前的朝章国故及市井掌故轶闻，为史学家所重视。

20世纪80年代，改革开放后，散文创作焕发生机，活跃的散文作者有范巴陵、王福基、朱樵、张晓平、陆明、董雄、草白等。陆明、董雄记载嘉兴风土人情、城坊街巷、古迹名胜的怀旧散文，颇受广大读者的喜爱。陆明的《嘉兴记忆》，收集他对嘉兴城坊、饮食、名胜、童嬉和人物等方面的回忆小散文近百篇。董雄从20世纪80年代以来，先后在报刊上发表《寻找楞严寺》《难忘净相寺》《幸福一碗面的感觉》《清明雨绵绵》等，记述往事旧景、古城变迁的散文150多篇，其中《塔弄》在市及中国当代散文大奖赛获奖，入选中国当代散文集。草白著有《月光》《青花瓷》《居住地》《出神的速度》等。

第二节　绘画　书法　摄影

绘画

五代时期，区境嘉兴画家唐希雅善画花鸟，与画家徐熙并称"江南绝笔"。南唐时陆晃善画村野人物，道像、神仙等，代表作有《春江渔乐图》《田戏人物图》等。

明代中期，书画家姚绶，擅画山水、竹石，亦工行草书。传世名作有《秋江渔隐图》《山水图》册页等。明代嘉兴项氏一门，自项元汴始，皆擅书画，相承数百年。元汴之孙项圣谟是明末清初画坛上独树一帜的著名画家，其画作设色明丽，风格清隽，尤以善画松而闻名天下。项元汴的曾孙项奎善画秃笔山水，兼长兰竹，笔墨秀雅。著名书画家李日华，其画用笔矜贵，格韵兼胜。明末清初画家陈嘉言善写花鸟，有《寒梅野禽图》等名作传世。同时期知名画家还有丁元公、鲁得之等。

清代，区境画坛知名画家不胜枚举，享有盛誉的代表人物就有王概、吴谷祥、张熊、朱熊、朱偁、蒲华等。王概尤善画大幅山水及松石，以雄快取势，编绘的中国画技法图谱——《芥子园画谱》，流传益广。吴谷祥精山水花卉人物，用笔苍劲，设色清丽，名噪南北。张熊擅长画梅竹及着色花卉，尤善画大幅的牡丹，屏山巨幛，在上海创"鸳湖画派"。晚清著名画家蒲华，擅画山水、花卉，尤擅画竹，与任伯年、吴昌硕、虚谷齐名为"清末海派四杰"。

20世纪以来，嘉兴画家辈出。清末民国初期，郭照宗"鸳湖画派"技法，擅花卉、翎毛，郭氏一门，自郭照起至郭似埙和郭和庭、起庭、蔗庭、余庭祖孙三代皆善画。漫画家王敦庆20世纪30年代在上海从事漫画创作，汲取西画技法，形成独特风格。1937年9月主编《救亡漫画》，成为抗日战争初期团结全国漫画家从事抗日宣传工作的重要阵地。革命烈士沈振黄是活跃在抗日宣传战线上的革命美术家和木刻版画家，创作了大量抗日宣传画和木刻画，影响甚大。

新中国成立后，区境盛名的画家有沈子丞、沈本千、袁谷人、徐华令等。沈子丞擅人物、山水，笔墨静雅、苍劲圆拙。代表作是10米长的巨幅画卷《群雄大战黄天荡》。袁谷人擅黑白、彩色石膏版画，具有杭嘉湖水乡特色，其代表画作有《插秧季节》《家园》等。徐华令的版画创作主要作品《将军》入选全军第三届美展，获优秀奖。吴藕汀早年师从名画家郭似勋习画，中年辍笔，晚年重新作画，善山水花卉。

20世纪80年代后，名声渐盛的画家还有何云泉、何钟台、张建阳、孙欢涛等。何云泉工山水、人物。先后出版《鸳鸯湖棹歌书画双璧》《乌镇揽胜图》等画册，2002年，获人事部中国人才研究会颁发的当代中国画杰出人才奖。何钟台的水彩画和张建阳的山水画各具特色，画作多次入选全国美展。孙欢涛与黄丽芳合作的宣传画《君子之交》获1989年全国第八届美展金牌奖。同时，具有浓郁现代农村生活气息的嘉兴农民画呈现勃勃生机。1983年，凤桥张觉民创作的《南湖菱歌》荣获全国农民画展一等奖，1994年，新丰吕亚平创作的《赤脚走在田埂上》和曲争平创作的《戴着夕阳归来》获省农民书画大赛一等奖。沈中的作品《飘散的音符》2001年获全国首届水彩人物大展铜奖，此后又有《飘散的音符之八》《余音不绝》等多幅画作在全国、全省画展上获奖。

2000年后，区的美术绘画创作又有新的发展。马学文1999年创作的《勿忘国耻》入选第九届全国美术作品展并获铜奖。2001年，创作的油画作品《红色起点》入选纪念建党80周年全国美术作品展。2002年，学生马群毅的美术作品《看社戏》在全国第二届"蒲公英"奖评选中获文化部银奖。

2001—2010年，全区美术类作品共获国家级奖项390个、省级奖项95个，入选国家级美展的画作58件。

书法　篆刻

明代项元汴亦善书法。其子项穆尤工书法，与伯父项元淇齐名，有《双美帖》行世。明万历年间，陈万言善书法、工篆刻，临池篆籀无不精妙入神。近现代著名的书法家有沈曾植、王蘧常、胡光炜、赵冷月等。沈曾植尤擅章草，被誉为一代章草宗师。王蘧常为沈曾植的入室弟子，其书法成就主要在章草，将沈曾植古奥奇谲的书风化为静穆古雅的境界。胡光炜篆隶草真俱工，晚年笔力愈健。赵冷月擅多种书体，尤以行草见长，晚年作品更加沉着恢宏，苍老雄浑。

篆刻名家有朱其石、陈澹如等。朱其石工书画，精篆刻，其篆刻作品古朴雅逸，自成一家。陈澹如精铁线篆，治印通秦汉，使刀如笔，白文挺劲朴茂，朱文整齐秀雅，驰名艺坛。

改革开放后，书法篆刻艺术创作呈旺盛之势，境内涌现出众多名家。张振维的行草、张秋池的行楷、傅其伦、童人杰的篆刻造诣深厚，显示浑融清健，方圆相参，舒展修长的艺术特色。1986年，童人杰篆刻《亦方壶》入选西冷印社首届全国篆刻作品展，2000年后，篆刻作品先后被南湖纪念馆以及海军博物馆等收藏。潘金泉的篆刻在1990年入展炎黄子孙友好书画展。

进入21世纪后，书法篆刻艺术作为国学精髓的传承发展，更加受到政府和社会各界的重视，展览及赛事活动频繁，参与者众多，涌现出一大批书坛新秀。金弋的书法作品在2002年首届中国书法"兰亭杯"中获奖、2009年在第三届"兰亭杯"中再次获奖。2010年，全区有中国书法家协会会员2人，省书法家协会会员12人。

摄影

解放初期，摄影创作活动尚未普及，主要是在宣传文化单位中开展。20世纪70年代后期，摄影创作开始逐步普及。80年代以来，区境涌现出不少优秀作者和作品。

1996年，梁永达的摄影作品《吃得苦中苦》在96"孔御宴酒杯"中国戏曲国际摄影艺术大赛中获二等奖；2004年，阮翔的摄影作品《致命一击》在"七艺杯"浙江省首届野生动物摄影大赛中获三等奖；2008年，祝慧华的摄影作品《众志成城》在浙江省总工会迎奥运摄影大赛中获一等奖。

1984—2010年，涌现王友生、杜镜宣、张毅强、黄才祥等一批摄影名家，摄影爱好者队伍发展迅速，全区摄影类共获国家级奖项36个、省级奖项11个。

第三节　音乐　舞蹈

境内民间音乐舞蹈历史久远。旧时，音乐舞蹈活动大多与民间习俗、宗教信仰等融合在一起，形式多样，具有江南水乡特色。

解放后，音乐、舞蹈事业发展迅速。有关部门多次组织大唱革命歌曲活动，发掘整理民间舞蹈，举办各种音乐、舞蹈会演，培育了一批艺术骨干，音乐、舞蹈创作日趋繁荣。20世纪80年代后期，卡拉OK演唱活动兴起逐渐普及全区城乡。21世纪后，群众性的音乐、舞蹈活动更趋丰富多彩，广场舞普及城乡，扇子舞、腰鼓舞、排舞等活动盛行于各街道社区。

音乐

民间音乐　境内民间歌曲与本地语言密切相关，从演唱特点、歌词格式及语音来看，属吴歌。以优美委婉的旋律见长，具有杭嘉湖平原水乡风格。《乐府诗集》中的《阿子歌》是有据可查的最早的民歌资料。境内民歌内容丰富，形式多样，多与劳动直接关联，如在南湖畔许家村传唱的《南湖采菱歌》等，是流行较广的江南小调。即明清时期吴语地区的时调俗曲，如春调、紫竹调等。民间礼仪活动所演唱的民歌，《柳浪园》是境内流行颇广，一般在还愿、禳灾、婚礼场合演唱。

境内民间器乐演奏也与当地民俗风情有着密切的联系，春节至元宵期间的灯会、庙会、民间喜庆、婚丧礼仪及佛教、道教等宗教活动，都离不开器乐演奏。器乐曲演奏种类有丝竹乐、吹打乐、丝竹锣鼓、鼓吹乐等。演奏者除了一些职业艺人外，更多的是由器乐爱好者组成的半职业性的演奏组织。许鸿宾，人称炳炳曲师，江南四笛之一，年轻时继承祖业组织乐班，替婚丧人吹打奏乐为业。常用的丝竹乐器有笛子、洞箫、二胡、琵琶、三弦、扬琴等，打击乐器有大锣、争锣、小钹、次钹、堂鼓、扁鼓等。演奏的曲目除广泛流行的江南丝竹八大名曲外，还有一些具有传统民间习俗特点和地方色彩的乐曲。用于婚礼上的乐曲有《嘉兴拍》《迎亲曲》《柳浪园》等；用于祝寿的有《酒满金杯》等；用于丧事上的有《苦黄莲》等；流传于寺院用于各种法事活动的宗教器乐曲有《拜香调》《观世音》等。

音乐创作　表演　20世纪60—70年代，嘉兴县文化馆举办业余音乐创作培训班，培养了一批群众业余音乐创作者，文化馆滕英盛在音乐创作及群众音乐辅导普及上较突出，在省级以上刊物上发表多首歌曲。他创作的女声组唱《剪兔毛》等作品，在省内音乐界颇有影响。

1986—2009年，全区音乐创作演唱作品共获国家级奖项25个（合唱类16个）、省级奖项72个（合唱类28个）。1990年，严圣明演唱的作品《江河之吻》在浙江省第三届音乐、舞蹈节中获声乐表演一等奖；1997年，区合唱团在省"中华杯"合唱大赛中荣获金奖。由南湖区通过向社会征集和邀请专家创作、由南湖区业余群众演员表演相结合的方式创作的MTV《南湖之歌》，在中央电视台2005年MTV最佳城市形象歌曲评比中荣获优秀奖；秀城实验教育集团吉水小学表演的音乐电视MTV《粽粽谣》荣获2005年中央电视台"背背佳"杯第六届CCTY少儿艺术电视大赛金奖。2003年11月，由周礼平作曲的评弹表演唱《南湖新歌》，在省文化厅等5家单位主办的"唱响文明赞歌——2003浙江省社区之歌创作演唱大赛"中，获得创作金奖。

2004年4月，由周礼平作曲的舞蹈《南湖船鼓》在浙江省文化厅主办的"浙江省舞蹈大赛"中，获得表演金奖和作曲金奖。并在9月举行的"浙江省第二届（联通杯）城市社区优秀文艺节目会演中，获得金奖。

2006年6月，由周礼平作曲的女声小合唱《鸽铃声声》，在浙江省音乐家协会等部门主办的"浙江省第二届爱我家园生态杯原创歌曲大赛"中，获得创作金奖。

至2010年，全区音乐类作品共获国家级奖项9个、省级奖项44个。

合唱活动成果　2000年后，通过成立区合唱协会，组建发展合唱团队，区开始举办南湖合唱节，打造"歌城"，推进群众性的合唱演出活动的蓬勃发展。2003年起，每年举办一届中国·嘉兴南湖合唱节。至2010年9月，已连续举办8届，合唱团队已发展到128支。在各类合唱比赛中屡获佳绩。新嘉街道栅堰社区合唱团在2004—2006年3年中分别获得二、三、四届西湖合唱节银奖和金奖。2007年10月，参加第九届中国（太原）老年合唱节比赛，全国26个省市，61支代表队参赛，栅堰社区合唱团是唯一一支社区合唱团，获银奖。2006年8月，秀城实验教育集团阳光雏鹰合唱团，代表浙江省参赛第三届香港青少年国际合唱节，用嘉兴方言演唱的无伴奏

2009年10月，举办南湖中国城市合唱节

合唱《包粽子》，边唱边舞的表演展示了嘉兴浓郁的江南风情，获得少儿组比赛银奖。

2004年12月，成立区机关合唱团，在国内外重大合唱赛事中屡获金奖。2007年6月，获全省合唱大赛金奖。2008年6月，第三届中国（东州杯）世界汉语合唱大会摘金奖。同年，在北京举办的世界汉语合唱大会（节）上，区机关合唱团在中国、美国、加拿大、日本等国家和地区的31支参赛团队中脱颖而出获金奖和最佳艺术风格奖、最佳语言奖、最佳音乐表现奖和最佳音质奖4项大奖。

传统民俗舞蹈

舞龙　舞龙最初是作为祭祀祖先、祈求神灵保佑的一种仪式，后来逐渐成为一种文娱活动。到了唐宋时代，舞龙已是逢年过节时民间祈求新的一年风调雨顺、五谷丰登的一种表现形式。清代乾隆年间，七星镇就有舞龙习俗。解放后得到传承和发展，除男子舞龙队，高丰村成立第一支女子舞龙队。2010年，该镇已有8支男女舞龙队。2001年，七星镇舞龙队在市民间舞龙赛上获得金奖。2003年，在嘉善西塘镇民间庙会中的舞龙表演，被上海东方电视台全程转播，在2007年市首届调灯龙大赛决赛中，罗庵村舞龙队的“祥龙闹元宵”获得舞龙比赛第一名，捧得“金龙杯”。2007—2010年，在嘉兴市历届调龙灯大赛及区十大文体联赛舞龙比赛中七星镇的舞龙表演屡屡获奖。2010年，高丰村女子舞龙队还代表嘉兴市参加省第二届乡村舞龙大赛和第十四届省运会大众体育部舞龙比赛。2007—2008年，七星镇舞龙分别被列入区、市非物质文化遗产名录。

2010年6月，七星舞龙队表演

舞狮　清光绪年间由河南移民传入的民间舞蹈，成为节日庆典和庙会中的娱乐节目。一般由3名男子表演，2人披狮皮扮狮各舞狮头和狮尾，一人手持花球引逗狮子，舞时用锣鼓作伴奏，舞狮动作有闪、转、腾、挪及狮子滚绣球等。民国时，七星镇的乌龙桥舞狮队较有名，经常在本地及周边乡村的庙会上进行表演。1950年，取消庙会后这支舞狮队也随之消逝。2005年，七星镇高丰村的13名舞狮爱好者组建舞狮队，在镇第五届湘湖文化节上首次登台亮相，继承乌龙桥舞狮这一传统民间舞蹈艺术。凤桥舞狮颇具特色，村村建有舞狮队。2007年，凤桥镇举办首届“狮王争霸赛”，盛况空前。

打莲湘　流传于境内的传统民俗舞蹈，表演形式有男女双人舞、4男4女群舞，也可多至10余人共舞，舞者每人手持一根竹制莲湘棒，竹节两侧挖孔，用铁丝串上数枚铜币，加以固定，棒身裹上彩绸，挥舞时发出“嚓嚓”之声，边舞边唱，唱曲有《杨柳青》《五更调》等。至今在余新曹王村仍有打莲湘舞蹈表演。

掉花篮　流传于七星镇一带的农村庙会活动项目。镇各村基本上都有花篮队，30人左右组成。在各庙宇年度庙会前，各村花篮队要进行一段时间的排练及试演，每逢庙会之夜，各支花篮队在锣鼓伴奏声中一一登场，为首的双手高举“队码牌”，后面的队员手提形态各异、点燃蜡烛的花篮灯，颇有节奏地舞动着舞姿，掉花篮亦称灯舞。花篮的制作工艺十分讲究。先用竹篾制作成形态不同的花篮竹架，再用绵纸糊好后画上人物、山水、花鸟等彩色图案，篮内有可插蜡烛的底座。花篮灯有兔子灯、鲤鱼灯、西瓜灯、荷花灯等。其中以三家浜的花篮灯最具特色，称“劈开荷花灯”，其灯篮可分可合，舞灯时双手合拢便成为一个整体的荷花灯篮。

20世纪50年代中期，随着民间庙市的取消，掉花篮这一民俗舞蹈也随之消失。

舞蹈创作　表演

解放后，文艺工作者开展对民间舞蹈的挖掘工作，并进行改编、创作，推出不少为群众喜闻乐见的优秀舞蹈作品。《采菱舞》获1956年省业余文艺调演优秀演出奖；石菁编舞的《牛背上的新伙伴》获1983

年省少儿舞蹈二等奖；1999年，广场舞蹈《踏船》获首届中国“山花奖”广场民间舞蹈大赛银奖。2004年4月，舞蹈《南湖船鼓》获省舞蹈大赛表演金奖和作曲金奖，并在9月举行的省第二届城市社区优秀文艺节目会演中获得金奖。2005年，在第三届全国“四进”社区文艺展演中获铜奖；秀城实验教育集团选送的舞蹈《粽子喷喷香》，在2006年“国苗杯”第二届全国儿童文学艺术展演节目征集中荣获一等奖。

1986—2009年，全区舞蹈类共获省级奖项132个、国家级奖项64个。

第四节　戏剧　曲艺

戏剧演出

清代至民国时期，境内戏剧曲艺演出活动兴盛，乾隆时，戏班有秀霞班、天籁班、迎华班等。嘉庆初年出现擂船班，用船作舞台，观众可在岸上或自备船上看戏。同治中叶，京剧开始流入杭嘉湖水乡，光绪年间有史料记载的戏班有彩和班、汤和班、鸿福班、翠芳班等。民国初期，有徽班、武林班、京班等众多京剧水路班子到嘉兴演出，其中以田记大舞台和卞家班最著名。抗日战争时期至解放前夕，越剧水路班子在嘉兴一带的有三元舞台等10余个。解放后，境内的戏剧曲艺演出活动丰富多样。“文化大革命”前，活跃在境内城乡的演出团体有星火越剧团、红旗京剧团、嘉兴锡剧团、双胜湖剧团。1969年，除红旗京剧团并入嘉兴地区京剧团外，其余戏曲团队均解散。1970年4月，县组建文艺宣传队曾演出现代京剧《海港》和越剧《不准出生的人》等。1973—1978年，南湖评弹团、嘉兴县越剧团、嘉兴锡剧团先后恢复。1981年9月，嘉兴县越剧团的演出形式由男女合演转为女子越剧，演出剧目有《报童之歌》《梁祝》《双婿案》等，其中《梁祝》在嘉兴、硖石、长安等地巡回演出，连满百余场。《双婿案》在上海由电视台实况转播。

曲艺演出

区境的民间曲艺演出活动主要有评弹、小热昏、滑稽戏等。评弹俗称“说书”，始于明清，从苏州流入。其艺术表演手段有说、噱、弹、唱等，说表细腻、唱腔甜润、风趣幽默，演出场所遍于城乡书场茶馆，深受群众欢迎。传统书目有《珍珠塔》《玉蜻蜓》《三笑》《七侠五义》等。民国时期，嘉兴城内开设的私营书场有公益书场、大华书场、珊凤书场等。

嘉兴市评弹团、滑稽剧团及姐妹杂技组等。“文化大革命”时期，所有剧团停止演出。

1998年4月5日，群艺馆少儿艺术团戏曲队的节目《梨园小鸽子》在美国洛杉矶汉语广播电台《今日浙江》栏目中播出。该队有6人次共4届入围全国“小梅花”奖。1999年1月，越剧小戏《啥人顶糊涂》获全国第八届“群星奖”金奖。

成立于2001年的南湖区曲艺艺术团在省、市重大赛事中多次获奖。该团创作的戏曲表演《春香传》获省剧协颁发的全国“小梅花”戏曲大赛入围奖和省“小梅花”戏曲大赛金奖；音乐小品《葡萄熟了》获省第二届戏曲小品邀请大赛表演、创作二等奖；音乐小品《东南风吹来暖洋洋》获省第四届戏曲小品邀请大赛表演一等奖、创作二等奖；话剧小品《楼梯口》获省第三届戏曲小品邀请大赛表演、创作三等奖和浙江省群星奖；独脚戏《哎呦！妈妈》获浙江省曲艺小品邀请大赛表演、创作三等奖。

第五节　工艺美术

竹刻

又称竹雕，盛于清代，境内名家有文鼎、岳鸿庆等。文鼎为书画家，所刻扇骨、臂搁等均系自己所作书画，精妙绝伦。岳鸿庆刻竹使刀如笔，时称绝技。

凤桥镇冯嘉生是当代传承竹刻艺术的代表（见第二十三篇“名优特产”第二章第六节）。

刺绣

嘉兴刺绣工艺的技法属于“苏绣”，境内刺绣名家有明代薛素素，清代李蛾绿等。李蛾绿所绣作品《圣湖山水》，楼阁重叠，花竹秀艳，色彩鲜丽，驰名一时。近现代，刺绣仍为一般家庭妇女从事的劳作。民国时期创办嘉兴女子师范学校并任校长的方英，尤擅刺绣，所作“华盛顿绣像”被选送参加巴拿马国际工艺品展览，后转赠美国。

黑陶

嘉兴是黑陶文化发源地之一，1973年，东栅雀墓桥出土尖脚三足黑陶，20世纪60年代，冯国解和许明农重新研制嘉兴黑陶（见第二十三篇“名优特产”第二章第六节）。

余新蚕猫

余新镇曹王村民间做泥塑历史悠久，泥塑作品十分有名，并代代相传，被称为曹王庙泥塑，其代表就是余新蚕猫。余新蚕猫制作材料和工具主要有青紫泥、彩色颜料、木制模具等，制作工艺讲究，需选用地下深处的青紫泥，放在干净的地面上用脚反复踩踏。然后把泥堆砌成小块，用木板敲打至柔软，强韧，再揉搓后将泥嵌入陶模，制成毛坯。待取出干燥后，用手指把泥塑细小的裂纹抹光，再用白色颜料描底，用毛笔进行彩绘，插上蚕猫的胡须。

余新蚕猫传承人是曹王村顾去宝，从18岁起随父亲学做蚕猫和财神、鱼娃等泥塑。她制作的蚕猫有单面和双面2个品种，高、宽均约13厘米，栩栩如生，憨态可掬，色彩鲜艳，稚拙朴素，惹人喜爱。其作品“余新蚕猫”先后被海盐博物馆、中国民间美术博物馆（筹）收藏。2003年，荣获省民族民间工艺美术博览会“天工奖”银奖。2008年，余新蚕猫被列入第二批嘉兴市非物质文化遗产名录（参见第二十三篇“名优特产”第二章第六节）。

第六节　文艺社团

区文学艺术界联合会

2010年9月成立。下设作家协会、戏曲家协会、音乐家协会、美术家协会、书法家协会、摄影家协会、舞蹈家协会、合唱协会8个协会。共有会员440余人。区文联成立后，发挥自身特点和优势，面向基层开展丰富多彩的文艺活动，通过深入生活、理论研究、培训学习等多种途径和方式，加强人才培养，促进文艺创作，积极推进基层文化建设和企业文化活动。当年12月，先后组织各专业协会会员参与浙江省农民书法主题创作作品征评活动、浙江现代民间绘画新作征评活动、浙江省第三届反腐倡廉书画摄影展览、2010年，嘉兴市新居民摄影比赛、“寻根杯”首届嘉兴市民间文化随笔大赛、重阳节戏曲表演大赛等。

区作家协会

2010年6月成立，会员46名。成立后，组织会员开展文艺理论学习、创作交流和各类文学活动；组织开展题材丰富、体裁多样、形式多元的文学创作和外出采风活动；培养文学创作、评论、编辑等新生力量；举办各类征文比赛；并与有关部门密切合作，为会员从事创作、评论、研究和其他文学活动创造良好的环境。

区戏曲家协会

2010年7月成立，会员48名。成立以来，组织会员开展文化艺术表演交流活动，创作戏曲艺术精品，举办各类大型戏曲文艺演出；培养戏曲创作、表演的新生力量；组织本地文艺公益活动，举办戏曲征文比赛。10月16日，主办了“越韵悠扬·玉兰飘香”的欢度重阳节的戏曲专场演出，给会员提高艺术修养、展示自我风采提供了平台。

区音乐家协会

2010年7月成立，会员40名。成立后，不定期举办文艺作品讲座、交流、采风；组织会员参加送文化进社区，下农村活动；参观学习，举办试唱、试奏及音乐演出活动，开展学术交流与评比活动。9月，指导和协办余新镇新居民职工才艺大赛。11月，承办凌公塘专场文艺晚会，创作一组反映嘉兴地方色彩的歌曲《南湖民谣组歌》。

区美术家协会

2010年7月成立，会员61名。成立以后，举办学术讲座、采风，组织会员参加美术创作，进行艺术交流,举办美术大赛和作品展览,举办“南湖·印象”油画作品展。选送会员作品参加全国、省、市级美协举办的展览活动,组织跨地区及国际性的美术交流;与其他有关协会配合筹办“永远的辉煌”全国老年美术书法摄影邀请展,编辑南湖区美术教师优秀作品集《足迹》。

区书法家协会

2010年7月成立,会员45名。组织会员开展书法艺术交流活动,提高会员的书法艺术水平和创作能力,组织本地书法家和爱好者,举办各类书法比赛和展览,举办“中法杯”“清隆祥杯”等书法比赛、展览活动。

区摄影家协会

2010年7月成立,会员45名。发展培养热爱摄影事业的个人、团体;定期组织摄影创作采风活动;组织会员进行艺术交流及举办会员作品展览;举办摄影讲座;组织摄影比赛,为会员从事创作摄影活动创造良好的环境和氛围。

区舞蹈家协会

2010年7月成立,会员34名。组织会员开展舞蹈理论学习、创作交流和各类表演活动;鼓励题材丰富、体裁多样、形式多元的创作;发现和培养舞蹈创作、编排、表演的新生力量;组织本地舞蹈公益活动,举办各类舞蹈比赛。

区合唱协会

2004年7月成立,会员6500名。成立6年来,深入基层进行合唱知识辅导,音乐咨询,提高人民群众的合唱欣赏和演唱水平;举办合唱知识讲座、合唱指挥培训班,积极发展筹建基层群众性合唱团队,至2010年底,协会已发展组建合唱团队128支;参与和组织举办各类地区性、全国性和国际性的合唱活动;广泛地与国内外合唱组织建立联系,促进学术、信息交流等。在第十二届中国老年合唱节比赛中,协会下属的建设街道南湖星光合唱团、猎人男声合唱团、新嘉街道栅堰社区老年合唱团、老年大学合唱团4支合唱团队参加比赛,取得2金、2银的好成绩。

猎人男声合唱团 2006年5月成立,团员均为境内各行各业的38名合唱艺术爱好者,演唱的曲目包括从西方文艺复兴时期至当代作品,尤其以演唱中国合唱作品居多。合唱团经常与周边城市合唱团体交流,提升演唱水平和技巧。

鸳鸯湖诗社

境内自古以来就有文人结社雅集之风尚。唐代大诗人刘禹锡在嘉兴西南湖畔结有鸳鸯湖吟社。宋代有著名词人朱敦儒倡集的鸳鸯湖联吟社,此后历经元、明、清、民国,盛行不衰。成立于1986年7月的鸳鸯湖诗社就是传承这一悠久国学风尚的民间文艺社团。鸳鸯湖诗社首任社长是庄一拂,成立之初有社员128人,办刊有《鸳鸯湖诗社社刊》。20世纪90年代初,因社团登记未果而暂停以诗社名义举办的公众活动。2008年3月,重新恢复成立,由钱筑人任社长,社员200余人。每年农历六月二十四(荷诞日)为诗社社庆日,每月16日下午举行鸳鸯湖诗书画印茶叙活动,办有刊物《鸳鸯湖》。经常性地开展棹歌采集、艺术交流联谊、外出采风,并热衷于进社区、学校等单位,开展诗书画艺术辅导讲座、送春联等各类公益性文化传播活动。

江南京剧社

2003年8月成立,由境内各企事业单位和社区中热爱京剧艺术并有演唱、伴奏和表演基础的业余文艺人才组成,有成员30多名。京剧社每逢周日下午在少年路58号剧社组织排练,排练曲目既有传统京剧唱段和折子戏,也有现代京剧折子戏或唱段。剧社每年多次参加社区及“激情广场”等联欢和慰问演出,逢传统节日安排与外地京剧票房联谊演出,历年来密切交流的有江浙沪及武汉、山东、天津等地票友。

嘉禾越剧社

2001年3月成立,剧社的30多名成员都是境内的越剧爱好者。剧社坚持每周正常的排练,经常与周边的戏迷爱好者联谊、交流,节目质量和成员的演唱技巧得以不断提高,在市、省及江浙沪一带，已有一定的知名度。剧社还通过下社区、进大学校园，开办越剧唱腔班和表演班等形式，推进越剧艺术的传承发展。先后在老年大学及亚都、天河、建明社区等开办越剧培训班、表演班，长期辅导亚都社区夕阳红戏曲队。剧社艺术指导葛幼英帮助嘉兴职业技术学院和嘉兴学院组建大学生戏曲队伍，担任艺术指导，致力于培养发展年轻的戏曲队伍。这两支大学生戏曲队每年举办戏曲专场。

南湖青年舞蹈团

组建于2003年3月，固定团员30人，成员主要来自于全区各学校、幼儿园及企事业单位，年龄在35周岁以下的舞蹈骨干和舞蹈爱好者，组织团员排练和演出，每年都推陈出新，创作排练3个以上新的舞蹈作品，舞蹈艺术水平不断提高。在全市全省的大型活动及高规格比赛中摘金夺银，连续多年被评为南湖区五星级文艺团队。编排的舞蹈《南湖船鼓》连获省级、国家级奖项，排舞《不是那样》2009年10月获浙江省第三届排舞大赛青年组银奖。

区曲艺艺术团

2001年成立，由戏剧小品队、戏曲演艺队组成，成员有40多人，坚持每周活动排练培训3次以上，每年举办区曲艺艺术团专场演出，送戏下乡、下基层演出近几百场，坚持节庆期间各类慰问演出。戏曲表演《春香传》，音乐小品《葡萄熟了》，话剧小品《楼梯口》，独脚戏《哎呦！妈妈》等，多次在省级比赛中获奖。近年来，还多次赴江苏、上海、温州等地参加长三角文化交流活动演出。

小鸽子戏曲队

组建于1992年，队员从各小学8~10岁的小学生中择优选招。成立以来，得到区文化馆和学校及社会各界的重视支持，技艺渐精，茁壮成长。在省级及全国的戏曲大赛屡获佳绩：历年来有10名队员获全国小梅花奖；18名获省级戏曲大赛金银奖；11名获市级戏曲大赛金奖、银奖。多次参加省春节戏曲晚会，省团拜会等重点演出活动。还出国访问韩国、日本等国家以及中国香港地区，受到国内外观众的广泛赞誉。2010年，有队员10多人。

南湖民乐团

2005年8月，成立的群众业余文艺团队，来自市区各企事业单位和社区中的民乐文艺人才和爱好者，成立以来，与周边城市进行艺术交流，多次参加市、区的各类演出。民乐团演奏的民族乐曲《采菱欢歌》参加省首届“天目琴行·文华杯”民乐演奏比赛。

第三章　群众文化

第一节　文艺宣传

建区前

20世纪50年代，嘉兴县建立文化馆，组织业余文工团、宣传队、剧团等群众文艺团体，农村公社和城镇企业、街道纷纷兴办俱乐部，通过黑板报、宣传栏、土广播及歌咏、演唱活动等形式宣传党的路线方针和政策等。余新乡业余文工团为配合“抗美援朝”和宣传婚姻法，在乡村巡回演出了《送郎参军》《三上轿》等节目。1958年5月，掀起社会主义歌咏活动高潮，大唱《社会主义好》《我们要和时间赛跑》等8首歌曲，大力宣传“三面红旗”。1958—1959年国庆节、1961年至1964年春节期间，4次组织大唱革命歌曲的群众活动。“文化大革命”开始后，城乡组织“文艺宣传队”，大唱《毛主席语录歌》和革命歌曲，正常的群众文艺创作、演出活动受到限制和禁锢。中共十一届三中全会之后，群众文化事业有了新的发展，县、乡镇、街道和机关企事业单位群众文化网络逐步建立、完善。形式多样的文艺创作、演出活动丰富多彩。1979年5月，嘉兴地区首届“南湖之春”音乐会在嘉兴工人文化宫举行。1980年5月、1981年7月，嘉兴市区连续两年举办第二届、第三届“南湖之春”音乐会。

建区后

1983年11月，成立市群众艺术馆，经常举办各种艺术展览、大奖赛和文艺人才培训等活动，推进各类群众性文艺活动的不断创新发展。1984年6月，凤桥镇举办首届“凤桥之声”群众性文艺活动，内容有歌曲演唱比赛、戏曲清唱比赛、文艺演出及书画展、盆景展等。至1994年，共连续举办10届。1989年，全市文化工作会议上，凤桥镇的群众文化被总结成“以校园文化为摇篮，以企业文化为基础，以集镇文化为中心”的“凤桥经验”在全市推广。是年，余新镇的“渔里之谣”、七星镇的“湘湖金秋”等具有地方特色的群众文化活动相继举办。全区群众文化宣传活动呈现城乡联动、蓬勃发展的态势。在庆祝嘉兴解放50周年、迎香港、澳门回归等重大节日期间，区、乡镇、街道以及社区都以不同的形式，举办丰富多彩的庆祝活动。1999年，在庆祝中华人民共和国成立50周年大庆活动期间，全区街头和广场举办了15场大型歌舞、文艺会演等活动，扇子舞、腰鼓舞行街方队分别获得嘉兴市特等奖。

进入21世纪后，进一步加大对文化事业的推进力度，广泛开展群众性文体活动。2000年，结合创建文明社区，开展各类文体活动、科普宣传，9月，市举办首届南湖船文化节，秀城区组织参加彩船环湖游、广场文艺演出、踏白船和抢荷花比赛3项活动。2001年6—7月，全区及各镇、街道开展纪念建党80周年系列庆祝和群众文化活动，参与6月19日中央电视台心连心艺术团在市民广场举行“你是一面旗帜”大型文艺演出。2003年3月，举办首届中国·秀城“南湖之春”大型文化经贸活动。11月，举办首届中国·嘉兴南湖合唱节，之后每年举办。是年，全区广泛开展内容丰富、形式多样的社区、广场群众文化活动，举办200多次社区文化和广场文化活动。2004年4月，启动“千场电影下基层”活动。8月开始，全面开展城乡文化站结对交流活动，全区各镇街道的48个社区和73个行政村签订协议，结成文化交流对子，广泛开展各类文化交流活动。2007年起，全区以“城乡文体活动十大联赛”为载体，推动城乡群众文化活动更加丰富多彩的开展。

第二节　“南湖之春”文化经贸活动

“南湖之春”文化经贸活动是区政府在招商引资中创新方式，以宣传、弘扬南湖历史文化、特色文化为载体和媒介，以文化促经贸的大型招商宣传、推介活动。2003年3月28日，首届中国·秀城“南湖之春”大型文化经贸活动开幕，副省长陈加元、省政协副主席徐鸿道等领导出席开幕式。来自印度尼西亚、韩国、德国和中国台湾等境内外的350多名客商参加投资洽谈和实地经贸考察。共签约31个项目，总投资34.25亿元。“南湖之春”文化经贸活动每年春季举办一届，至2010年，已连续举办8届。活动内容不断拓展、充实，形式更趋新颖、丰富，更具有本土文化特色。在历届“南湖之春”文化经贸活动中，除区政府举办的大型文艺晚会、演唱会、焰火晚会等活动外，各镇、街道突出当地人文、旅游、群众文化特色，精心组织了一批群众能参与、想参与、乐参与的内容丰富、形式新颖、健康向上的群众性文化系列活动，尤其是“一镇(街道)一品”文化艺术节各具特色，深受广大群众所喜爱。如各镇的汉塘文化节、“渔里之谣”文化节、南湖桃花节、江南葡萄文化节和湘家荡旅游节，各街道也相继推出相聚建国路、月河之韵、运河流音和红船之歌等文化节系列活动，形成了政府与百姓互动、城市与乡村共享、外来文化与本土文化结合的文化大格局。对招商引资起到了宣传、助推作用。在2003—2010年的8届“南湖之春”文化经贸活动中，共签约招商项目382个，总投资(内资)238.07亿元，(外资)19.604亿美元。

第三节　创建“南湖歌城”活动

2003年，举办首届中国·嘉兴南湖合唱节以来，区全力打造“歌城”品牌，年年有大赛，月月有活动，周周有排练。2004年7月，区合唱协会成立，聘请中国合唱协会名誉理事长、中国著名合唱指挥大师严良堃，省合唱协会会长、省音乐家协会主席谭丽娟等为顾问，进行艺术指导。在大力组建发展合唱队伍的同时，积极组织合唱队员们参加各类合唱辅导班、讲座及排演等活动，致力提高合唱团队的整体水平。至2007年，连续举办5届南湖合唱节。区机关合唱队等合唱团队在国内国际大型合唱比赛中屡创佳绩。为进一步提升“歌城”品牌。2008年，南湖区各社区与全区63个行政村结对，帮助农民组建合唱队。区文化馆定期派人下村辅导，重点打造几支合唱“新军”。10月，南湖区所有行政村都建起了农民合唱队。2010年，区委区政府将“南湖歌城”品牌建设纳入南湖区经济和社会发展规划，各级党委、政府的重要议事日程、政府财政预算和各级党委、政府任期目标的重要考核内容。至年底，辖区内合唱团队已发展到200多支，吸引上万名歌唱爱好者参加。这些业余团体活跃在南湖区的广场、公园、校园、社区和乡村，成为南湖人精神生活的新景观。是年，南湖区被中国合唱协会授予“中国合唱协会南湖合唱基地”称号。

第四节　城乡文体十大联赛

从2007年开始，以“活动共办、人才互补、资源共享、群众广泛参与”为宗旨，举办首届“南湖区城乡文体活动十大联赛”，包括腰鼓、群众合唱、舞龙和现场绘画大赛及狮王争霸赛、新南湖人歌王挑战赛等，此后每两年举办一届全区城乡文体十大联赛(舞龙、舞狮、歌唱、舞蹈、鼓乐、太极、健身、老年活动、水上运动、传统游戏)活动。至2009年，已开展两届联赛，举办各类比赛92场次，参赛群众17589人次，观众近10万人次，共投入联赛活动资金170余万元，通过联赛，各镇、街道形成各具特色的文体强项。建设街道的太极拳、解放街道的健身舞、南湖街道的健身操、余新镇的气排球、新丰镇的腰鼓、七星镇的舞龙、凤桥镇的舞狮等已具有一定的知名度。

第五节　节庆活动

民俗传统节庆活动

曹王庙庙会　是历史悠久的著名庙会活动。大曹王庙坐落在余新镇曹王村。庙会尤以春(清明节)、秋(农历八月初二)为盛，不仅四邻八乡农民云集于此，嘉兴城中仕女也纷至沓来，商贾环庙成市，到清代更是成为集镇。清明庙会有各种风味小摊，吆喝猴耍把戏，最引人注目的是“菩萨出会”。庙会市上有泥捏的泥孩、泥猫、泥美人、泥老虎出售。庙会时庙中两廊下都是卖泥塑的天地(参见第二十三篇“名优特产”第二章第六节、第三十七篇“宗教民俗”第二章第一节)。

东栅半墩“七夕”庙会　是嘉兴市非物质文化遗产。庙会的举行是为了纪念神医孙正。相传明末清初时，四川郎中孙正到半墩铺一带行医并定居于此。孙正医术高明，医德高尚，诊疗时他广用草药土方，既治病救人，又省人钱财，还耐心向村民讲述病理药理。他的口碑之好，四里八乡无人不晓。后来孙正故世后，村民念其恩德，于魏塘畔择地厚葬，并盖起庙堂，塑之神像，供奉为医神菩萨，一年四季孙正庙里香火旺盛。自此，村民每年农历七月初七举行庙会祭奠医神孙正，半墩七夕庙会也因此而由来。

整个庙会活动主要为扎彩龙、搭香桥、酬医神、诵佛经、舞龙会、“吃二角”(民国时期流行的待客风俗，赶庙会者除了烧香功德外，出资二角，便可在午餐夜饭时任其饮酒吃肉，尽兴用餐)。这些风俗一直流传到解放后。20世纪80年代，中断10多年的舞龙会逐步恢复，村里的人以这样的方式进行交流，追忆孙正造福乡里的故事。庙会期间，周边千余名村民唱起自编的歌曲，舞起彩龙，挑起花篮，祭奠医神，共同祈愿丰收的到来和一年的平安。村头，锣鼓喧天，彩龙腾跃迎客，信众持香缓行，客龙沿路狂舞，入村赶会者络绎不绝。2009年，“南湖东栅半墩七夕节”被列入嘉兴市民族传统节日保护名录。

徐王庙庙会　原秀水乡徐王村(现城东路一带)，旧时有徐王庙，每年正月初八举行庙会。据《古禾杂识》记载：“初八日烧八寺香，北郊外徐王庙最闹。市井人丛集，有换元宝还元宝等名”(见第三十七篇“宗教民俗”第二章第一节)。

南湖荷花灯会　嘉兴民间以农历每年六月二十四为荷诞日，即荷花生日，又名“观莲节”，民间有观赏荷花灯的习俗。每到该日，各地乡亲摇船来到烟雨楼前烧香祭拜以祈丰年，久之则形成了乘画舫、赏荷莲、品船菜、放荷灯的民间风俗。荷花灯会据传盛行于清乾隆年间，至抗日战争时期一度停歇，后又延续至建国初期。解放后时有时无，处于自发状态，改革开放以后得到恢复。2000年，嘉兴市举办首届船文化节，南湖荷花灯会为其主打节目。此后，年年都举办南湖荷花灯会。

"南湖荷花灯会"规模盛大，活动区域遍及南湖、环城河及主要街区。荷花灯会期间，游客云集，数百盏形态各异的荷花灯（多时达千余盏）流光溢彩，美不胜收。并在不同的活动区域设品茗赏月、吟诗作画、戏曲演唱、猜灯谜、唱社戏等具有浓郁本土韵味、老百姓喜闻乐见的文化活动，呈现出一派喜庆祥和、万民同乐的节日气氛。

2010年6月15日，嘉兴端午民俗表演大巡游

"一镇一品"文化节

1984年，凤桥镇在全市率先举办以乡镇命名的"凤桥之春"文化节，文化活动有文艺晚会、广播演唱、书画展览、电影展映及乒乓、篮球比赛等。1986年，更名"凤桥之声"。之后，这类乡镇文化活动形式在各乡镇推广，相继推出"湘湖金秋"文化节、"渔里之谣"以及"汉塘文化节"等节庆文化活动。2000年后，南湖区把各镇（街道）节庆文化活动作为"南湖之春"文化经贸活动的重要内容，精心打造具有品牌产业优势和地域特色的"一镇一品"系列文化活动，已成为南湖区推进招商引资的重要平台和展示南湖文化、旅游资源的亮丽名片。

南湖桃花节　（见第十篇"镇　街道"第三章第七节）。

渔里之谣文化节　（见第十篇"镇　街道"第二章第七节）。

湘湖文化节　（见第十篇"镇　街道"第五章第七节）。

汉塘文化节　（见第十篇"镇　街道"第一章第七节）。

江南葡萄文化节　（见第十篇"镇　街道"第四章第七节）。

第六节　群众性歌舞活动

卡拉OK

卡拉OK自20世纪90年代初开始流行于市区，宾馆、饭店和商家纷纷购置音响设施，开设KTV歌舞厅，招揽顾客娱乐消费。有不少爱好者在家中添置VCD、DVD播放机和音响设施，自娱自乐。一些机关、企事业单位也经常组织开展卡拉OK演唱比赛，丰富群众的文娱生活。入夜，群众以到卡拉OK和舞厅唱歌为时尚。2010年，南湖区有登记在册的卡拉OK场所43家。

交谊舞

解放初期，交谊舞在嘉兴流行一时，嘉兴市机关将城隍庙大厅改造成交谊舞厅，到20世纪50年代后已少见，"文化大革命"时绝迹。进入80年代后期，交谊舞渐渐在境内流行，90年代初，掀起跳交谊舞热潮。不少企事业单位将会议室改建为配备舞厅灯光和音响设施的多功能厅，并组织职工学跳交谊舞。一些较大的宾馆、饭店纷纷开设歌舞厅，市城内歌舞厅数量不胜枚举。其主要舞步种类有快三、慢三、慢四、伦巴、华尔兹等。2000年后，跳交谊舞活动趋于平淡，歌舞厅数量逐渐减少。

广场舞

境内现代广场舞始于20世纪90年代后期，21世纪后，随着城市建设的发展，为城乡居民提供了市民广场、公园广场、社区广场等众多跳舞健身活动场所，参与人数逐年增加，舞蹈形式越来越丰富多样，已成为城乡居民尤其是中老年妇女所喜爱的健身娱乐活动。

广场舞的舞蹈形式有排舞、腰鼓舞、扇子舞等，参与群体以中老年妇女为主，其舞蹈团队通常由舞友互相邀请自发组成。活动时间通常在清晨或晚上7—9点，尤以晚上活动居多。各镇、街道及社区大力助推这项有益居民身心健康、促进社会和谐的活动，协调落实活动场所，经常组织开展广场舞比赛、表演等活动，群众的参与热情日益高涨。至2010年底，广场舞活动已遍及全区城乡各居民社区。

据不完全统计，2010年，在境内广场和社区空地常年跳广场舞登记在册的舞队有115个，每队人数一般在20~60人，最多的有200多人。南湖广场只要天晴，每天有近10支跳广场舞、健身操的队伍。

第四章　文化产业

第一节　图书出版发行

古代图书刊印

南宋时期，境内图书雕版刊印相当发达。岳珂守嘉兴时刊有自撰《鄂国金陀粹编》28卷等。元明清时期，境内官府刻书与私家刻书俱兴。元代官方嘉兴路儒学、嘉兴郡学刊籍不少，现仅知9种354卷。明代官刊本有《陆宣公集》《文心雕龙》等20多种。私家刻书者众多，名声最著的有嘉兴项笃寿万卷堂、项德棻宛委堂、高承埏稽古堂等。项笃寿万卷堂刻有《二十四史记赞》《今言》等。项德棻宛委堂刻有《研北杂志》《避暑录话》等。高承埏稽古堂刻有《易传》《刘宾客佳话》等多种。明代刻印的佛经典籍以嘉兴楞严寺僧真可（字达观、晚号紫柏）发起刊刻的《嘉兴藏》最著名。清代，境内刊刻书者多为当地文人、学者和藏书家。有光绪年间秀水孙福清辑《槜李遗书》，收明、清嘉兴籍文人著作26种；鸳湖书院刻印光绪《嘉兴府志》等。

解放前图书发行

民国初期，建国路一带相继开业几家书店，建国路南端的大同书店以经营石印本、木刻本旧书为主。1922年，顾瑞来开设印刷所，兼营图书、课本等，后毁于火灾。1930年，张柏森在建国路竹篱弄口建世界书店嘉兴分销处，抗日战争爆发时息业。1932年，陈智仙开办嘉华书店，经营文教用品、课本和图书，毁于日本侵略军炮火。至解放初期，城内存昌明、嘉华、文化、嘉兴联记、基本5家书店和一家中华文化服务社，均开设在建国路上。

解放后图书发行

解放后，筹建嘉兴市新华书店，6月下旬，在建国路开业。1958年7月，书店的管理权由原来的省新华书店管理下放给县文教局管理，书店改名为嘉兴县新华书店。“文化大革命”期间，书店管理体制陷入混乱状态，一度归属毛泽东思想宣传站领导。1978年后，由省新华书店和县委宣传部双重领导。1983年，更名为浙江省新华书店嘉兴市中心店，设勤俭路门市部和建国路门市部，1992年，又新建中山路门市部。除发行销售各类书籍和磁带、光盘等视听读物外，新华书店还负责学校课本与教材的统一发行。1988年，市中心点将中小学课本与大中专教材发行工作合并，成立教材发行部。

20世纪50年代初期，新华书店对乡镇的发行工作采取划片、定时定点巡回供应的办法。1963年后，乡镇供销社图书发行网点得到巩固和发展。1986年后，城镇上出现一批专营或兼营图书的书店（摊），其中有国营、集体单位开办的，也有个体经营户。1989年市区有图书店15家。2010年，境内有各类图书店50家。

第二节　报刊杂志

解放前

1912年，创刊《禾报》。翌年，《嘉禾警商钟》出版。1922年，嘉兴秀州中学创办校刊《秀州钟》，每年出刊1期，至1948年停刊，出刊18期。1924年7月，县国民党左派创刊《嘉兴商报》，由国民党元老褚辅成之子褚凤章发起筹组，陆初觉主持。褚、陆创办《嘉兴商报》旨在响应孙中山领导的革命。创刊后因战乱，两度停刊、复刊。该报日出对开2大张，销售全县各乡镇。直到日本侵略军侵占嘉兴时停刊。1939年元旦，创办《嘉兴人报》，进行抗日宣传。3日刊，在凤桥徐八房出版，由县战时政工队长王梓良任主编。开始石印，出8开1张。后在对牛浜设印刷所，用脚踏机印刷，出4开报，最多时发行800份。新闻来源除采编本县消息外，还抄发重庆、上海广播电台报道的国内、国际新闻。战后《嘉兴人报》并入由国民党政府在1930年创办的《嘉区民国日报》，国民党嘉兴县党部书记长王梓良兼任社长。1948年4月，又与《民国日报》合办，刊头署3个报名。1949年5月7日，解放军进城之日停刊。

解放后

1956年5月1日，中共嘉兴县委机关报《嘉兴报》创刊发行，初为3日刊。1958年5月1日，改为日刊，4开4版，定名为《嘉兴日报》，发行7690份。1961年2月16日停刊。解放初期，境内部分大型企业创办的报刊，有嘉兴绢纺厂1952年创办的《嘉绢工人》，民丰造纸厂1953年创办的《民丰工人》等。

建区后

1985年2月1日，中共嘉兴市委机关报《嘉兴报》创刊，初期出周两刊，4开4版。1989年，嘉兴日报社在中山西路建成，并配置了卫星电讯地面接收、电脑排版、照相制版、高速胶印等现代化设备。1989年元旦起出日报，更名《嘉兴日报》，版面内容大幅扩充，增强了报纸的文艺性、知识性和可读性。1995年10月，《南湖晚报》创刊，内容更加丰富多彩，深受民众欢迎。2005年9月，区设立嘉兴日报南湖分社，并在《嘉兴日报》开设“南湖新闻”专版，第一时间全方位报道南湖区经济、社会发展中的大事要事新事，成为介绍南湖区新貌，展示南湖区风采的主要宣传阵地。

1985年后，境内面向全社会广泛发行的报刊，有1984年7月1日嘉兴市科技协会主办的《嘉兴科技报》，半月刊，1990年11月，改为周刊。市广播电视局1986年6月1日刊办的《嘉兴广播电视报》，4开4版，周刊。市经委、物价局1986年11月创刊的《嘉兴经济信息报》，市总工会1998年4月刊办的《嘉兴工人》等。

建区后，区级机关及各乡镇（街道）亦纷纷创办报刊杂志，以不同的角度和内容进行宣传。如《禾城动态》《余新镇报》《南湖文史》《南湖史志通讯》等。至2010年底，有各类报刊杂志23种。

2010年区级机关、乡镇（街道）所办报刊一览表

表31-1

名　称	创办时间	创办单位	备　注
《南湖信息》	1987年	区委办、区府办	不定期 原名《禾城动态》
《政务信息》	1990年7月	区府办	不定期
《南湖人大》	—	区人大研究室	不定期
《南湖纪检监察》	—	区纪委监察局	—
《南湖统战》	—	区委统战部	季刊
《南湖监察》	—	区纪委监察局	—
《南湖文史》（杂志）	2005年	南湖区政协	—
《南湖史志通讯》	2008年1月	区史志委	双月刊
《余新镇报》 《余新经济动态报》	2007年7月 2007年5月	余新镇政府 余新镇政府	每月一期 每月一期
《七星镇报》	2008年1月	七星镇政府	每月一期

续表31-1

名　称	创办时间	创办单位	备　注
《大桥镇报》	2008年8月	大桥镇政府	每月一期
《凤桥之声》	2009年2月	凤桥镇政府	每月一期
《今日新丰》	2009年9月	新丰镇政府	双月单一期
《平安信息》	—	区委平安办	每日
《南湖环保信息》	—	区环保局	月刊
《南湖妇讯》	—	区妇联	月报
《南湖慈善》	—	区慈善总会	季刊
《南湖金融》	—	区金融办	月刊
《新区简报》	—	东栅街道办事处	月刊
《南湖检察》	2005年	区检察院	不定期
《南湖区水环境质量月报》	—	—	月报

《南湖信息》 原名《禾城动态》，1987年，由区委办、区府办创刊，是区委区政府宣传全区经济建设、改革发展进程中的时政要闻、政务动态、社情民生等各个方面工作信息的核心刊物，内容全面、丰富，宣传时效性强。为拓展信息渠道，区每年定期召开信息宣传工作会议，建立全区信息员队伍及考核激励机制。1994年1月，刊名改为《秀城信息》，由区委办公室不定期刊出。2005年5月31日，定刊名为《南湖信息》，分普刊和专刊。至2010年末，共刊出1668期。

第三节　广播影视

广播

民国时期广播电台 抗日战争前，城内有3座小型商业无线广播电台。其中利闻电料行办的嘉兴县党部利闻组合广播电台，播音时间在晚上18点至21点之间，播送内容大部分是商业性报道、广告和演唱京剧、评弹等。抗日战争开始，嘉兴民众教育馆在建国路一家商店楼上，设置无线广播电台，当地驻军第八集团军战地服务队也参与广播宣传。日本侵略军侵占后，各家电台相继停办。抗日战争胜利后，利闻组合广播电台恢复播音，改名利闻广播电台，1948年停办。

解放后广播事业 1953年9月，嘉兴市广播站建立。1955年9月，嘉兴县广播站建立。1958年3月合并为嘉兴县广播站。广播节目主要是转播中央、上海和省电台的节目和自办的本县新闻、广播书场、气象节目等。1967年，与文化系统各事业单位合并为毛泽东思想宣传站。1970年，恢复广播站建制，同时改名为嘉兴县人民广播站。年底，嘉兴县广播站自行设计和制造载波发射机和接收机，用3个月的时间，在全县完成有线广播载波化。各公社有线广播转播台。1971年，全县掀起有线广播院户化的高潮，仅1年时间，全县喇叭增至94091只。至1973年底，全县118148农户中有105090户装上了有线广播喇叭。

1984年7月，嘉兴市有线广播站改建为嘉兴人民广播电台。开设有农村和城市2套广播节目。城市有线广播节目改由调频播出。农村有线广播节目除《城郊新闻》和《农村科技》外，转播嘉兴台的无线调频节目。是年，区辖各乡全部设有乡广播站。全区农村实现了村村通广播，其中约90%的行政村办起了广播室，全区90%以上的农户装上了有线广播喇叭。除了方便农户收听广播节目外，还起到了提示作息时间的作用。

1985年7月，嘉兴电台中波广播开播，中控室内有控制桌2台，分别供有线无线2套节目使用。中波广播发射台设在东栅乡高桥村，占地面积5亩，附属设施面积29亩,有1千瓦中波发射机11台,26米发射天线3座。

1990年后,全区农村广播喇叭入户率和通响率一直稳定在90%以上。

电影

解放前电影放映 清宣统三年(1911),嘉兴寄园剧场首次放映"西洋"影戏。1918年11月,嘉兴各界举行庆祝协约国胜利大会,在公共体育场放映影戏,观众5000余人。1928年,城内有4处电影放映场所,武侠片风行一时。1932年1月,商界集股建成银星大戏院,为境内第一家专业影院。1936年11月,江苏淮安新安旅行团到嘉兴放映《一·二八淞沪抗日战争纪实》《民族痛史》等影片,宣传抗日。1937年11月,嘉兴沦陷后,银星大戏院被日伪武汉机关所控制,放映《万世流芳》等敌伪拍摄的影片。抗日战争胜利后,银星放映《八千里路云和月》《一江春水向东流》等影片,给观众留下深刻印象。

解放后电影业发展 1951年1月,银星大戏院改名为嘉兴人民电影院,放映的影片有《列宁在十月》《乡村女教师》等苏联影片及国产故事片《白毛女》、大型文献片《中国人民的胜利》等。1954年,上映首部彩色舞台艺术片《梁山伯与祝英台》,轰动一时。1959年,放映《林则徐》《青春之歌》等庆祝建国10周年优秀献礼影片。全年放映1438场,观众84.8万人次。

"文化大革命"开始后,原有的影片大都被禁映。其间,所放映的影片主要是8部样板戏和批判性放映《武训传》《燎原》等被打成"毒草"的影片。"文化大革命"后期也放映了少量来自朝鲜、阿尔巴尼亚等国家的故事片。朝鲜故事片《卖花姑娘》上映时,场场爆满,一票难求。

"文化大革命"结束后,大批优秀影片恢复上映,境内电影放映场所亦大幅增加。至1990年,城内有嘉兴电影院、人民剧院、南湖影剧院、中山电影院、工人文化宫等专业电影放映单位6家,民丰纸厂、嘉兴毛纺厂、嘉兴冶金厂、嘉兴丝厂等企业电影放映队4家。是年,嘉兴市城共放映电影16556场,观众达630.6万人次。20世纪90年代后,由于受有线电视、电脑互联网的普及和其他娱乐活动的冲击,电影放映渐趋萧条。

20世纪50—90年代,农村的电影放映工作配合农业合作化运动、"大跃进"、农村社会主义教育运动、党的基本路线教育、科普教育等活动的推进而持续发展。1977年,全县实现社社有电影放映队,以船为家,把电影送到每个大队,深受农民欢迎。1979年后,境内新丰、凤桥、新篁、余新等农村集镇电影院相继建成,农村电影设施条件和放映质量得到显著改善,丰富了农民的文化生活。

1986年,在中山路创办中山影城。2003年11月,华庭国际影城在华庭商业街开业,总面积3000余平方米,拥有6个大小不同的专业电影厅,可以同时容纳650名观众。华庭国际影城的开业标志着实行院线制后嘉兴市建设高档次影城时代的到来。此后,嘉兴金逸国际影城、嘉兴UME国际影城等相继开业。

2010年,境内有影院7家:华庭国际影院、中山影城、银河国际影城、完美世界影城、UME国际影城、5D动感影院、横店电影城嘉兴店。

电视

1976年,在子城门楼作电视转播台临时台址。1978年2月4日,开始转播。1983年10月,嘉兴电视转播台正式成立。1984年7月1日,嘉兴电视转播台改建为嘉兴电视台。1986年5月,在东升路建成的嘉兴电视台开播。

嘉兴电视转播台初创时期,仅有一个转播频道,主要转播中央、上海、浙江电视台的综合节目和教学节目。嘉兴电视台成立后,先后用12频道、24频道、39频道转播各类节目。1984年3月,嘉兴电视转播台播出每周一次的自办《嘉兴新闻》节目。翌年7月,《嘉兴新闻》节目增至每周2次。

1989—1990年,着手建立行政区域性有线电视系统。至1992年,城乡有线电视基本普及。用户的电视收视频道从原来的10多个增至40个左右。21世纪初,逐步普及数字高清电视。2005年9月,嘉兴华数电视通信有限公司成立,致力于推进"新宽网、新传媒、新通信、新信息化应用",在城乡各社区免费向用户送数字电视"机顶盒",区境数字高清电视的应用得到迅速推广普及。普通型用户的电视收视频道增至60多个。

2003年，嘉兴电视台公共信息频道开设《秀城新闻》栏目。2005年，改为每周播出3次的《南湖新闻》节目，后增至每周播出6次。

第四节　互联网

20世纪80年代后期，境内已有电脑网络运行。初始阶段电脑网络与固定电话线连接，价格较贵且网速慢，懂电脑会上网的用户很少。90年代后，在机关和企事业单位中广泛开展电脑应用技能教育培训，网络全面改建升级为通讯光纤宽带网，提高了网络传输质量与效率，降低使用成本，入网用户迅速扩展，网上办公、阅读、娱乐、社交乃至消费购物逐步成为民众日常工作和精神文化活动中不可或缺的生活方式。至2010年，城乡居民家庭中基本实现电脑网络全覆盖。

2000年后，区政府建立政府网和党政信息网，升级政府电子邮件系统。区级机关部门和各镇、街道先后建立Internet门户网站，及时向公众发布政府动态信息和社情民生，提供信息服务，成为密切联系群众，推进政务公开的主要窗口。至2010年，全区共有区级机关及乡镇、街道门户网站20个。

第五节　文化市场管理

管理机构

2000年前，区内未设文化市场管理机构，相应管理职能由市文化部门承担。2001年，成立区文化市场管理办公室及文化体育市场稽查队，全面担负起对全区文化体育市场的管理工作。2005年2月，市本级文化市场管理全部由市文化部门负责，区文化市场管理办公室撤销，文化体育市场稽查队划入嘉兴市文化广电新闻出版局。

主要工作

规范化管理　2002年，对境内的网吧业的发展进行合理规划。针对在商品展销会上的大棚演出以及经营非法音像制品等违规行为时有发生的突出问题，并加大整治力度，使这些违规行为得到有效遏止。

稽查执法　坚持扫除在文化经营活动中带有色情与淫秽的文化产品和文化服务，打击“制黄贩黄”、盗版、非法出版、走私等一切非法文化经营活动作为文化稽查工作的重点，针对不同时期文化市场管理所面临的新形势、新任务，协同公安、工商等部门，深入开展“扫黄打非”集中治理。2001年，对电子游戏机市场进行集中整顿；2002年，对音响市场全面开展排查，推行规范化管理，改变区内音响市场“小、乱、散”的局面；2003年，对区内印刷企业进行专项排查整治，整改一批不合格企业；2004年，重点整治网吧和出版物市场。在这4年中，受理举报电话108个，市长电话交办单18份，检查经营场所4851家，收缴非法音响制品79409盒、非法书刊73616册，立案查处64件，吊销文化经营许可证12家，收缴罚没款18.744万元。

第五章　历史文化遗产

第一节　非物质文化遗产保护

“非遗”普查

2008年3月，成立区非物质文化遗产普查工作领导小组及办公室，各镇、街道也成立相应机构。区非物质文化遗产内容丰富，涵盖17个门类，涉及全区各村落、社区，普查工作量大面广。区政府抽调120余名工作人员，招募近千名普查员投入普查工作。区、镇(街道)二级财政共为非物质文化遗产普查工作投入53万元工作经费。在4个多月的普查中，走访了78位艺人，召开了256次座谈会。普查线索8254条，普查项目840个，其中重点普查项目206个，新发现项目708项。

“非遗”保护与传承

2006年12月，公布南湖区第一批南湖区非物质文化遗产代表作名录，共13项。2009年10月，成立区非物质文化遗产保护中心，负责协调、指导全区非物质文化遗产普查与保护工作。还成立非物质文化遗产保护工程专家委员会，充分发挥专家委员会在确定非物质文化遗产保护项目、制定非物质文化遗产保护政策和规划等方面的决策咨询作用。2009年起，将非物质文化遗产保护经费纳入财政预算。

2008年，凤桥小学把凤桥竹刻列入自主教材，成立竹刻社。2010年，在东栅小学设立江南船拳传承教学基地，使江南船拳在小学生中得到传承。黑陶项目传承人时良俊在吉水小学开展黑陶烧制技艺传承，建立黑陶工作室。2010年6月12—20日，凤桥镇中心小学举办的“文化遗产在身边”第三届竹刻文化展，吸引美国、韩国等国内外5批教育、艺术专家参观交流。

2010年，对流星锤、东栅半墩“七夕”庙会和风雅陶笛制作工艺，组织材料申报第四批嘉兴市非物质文化遗产名录项目。对凤桥竹刻和南湖船拳，组织材料申报第四批浙江省非物质文化遗产名录项目。同年底，全区有13个项目被列入市级非物质文化遗产名录，列入省级非物质文化遗产名录2个。市级代表性传承人4名，省级代表性传承人1名。南湖区凤桥镇中心小学和嘉兴南湖中国式斗牛发展有限公司被列为嘉兴市首批非遗传承（教学）基地。东栅街道的半墩七夕节和余新镇的大曹王寺清明庙会文化节被列入嘉兴首批传统节日保护地。

2010年全区各级非物质文化遗产名录表

表31-2

名　　录	级　　别	认定批次	传承人
嘉兴掼牛	省级“非遗”保护项目	3	韩海华
三塔踏白船	省级“非遗”保护项目	3	—
凤桥竹刻	市级“非遗”保护项目（13项）	1	冯嘉生
嘉兴黑陶烧制技艺	市级“非遗”保护项目（13项）	1	时良俊
嘉兴灶画	市级“非遗”保护项目（13项）	1	—
嘉兴掼牛	市级“非遗”保护项目（13项）	2	韩海华
南湖采菱歌	市级“非遗”保护项目（13项）	2	—
三塔踏白船	市级“非遗”保护项目（13项）	2	—
龙凤花烛制作工艺	市级“非遗”保护项目（13项）	2	程国华
余新蚕猫	市级“非遗”保护项目（13项）	2	—
余新大曹王庙会	市级“非遗”保护项目（13项）	2	—
七星舞龙	市级“非遗”保护项目（13项）	2	—
南湖船拳	市级“非遗”保护项目（13项）	3	—
东栅半墩七夕庙会	市级“非遗”保护项目（13项）	4	—
南湖流星锤	市级“非遗”保护项目（13项）	4	—
大桥狮舞	区级“非遗”保护项目（13项）	1	—
七星舞龙	区级“非遗”保护项目（13项）	1	—
东栅舞花环	区级“非遗”保护项目（13项）	1	—
建设打花棍	区级“非遗”保护项目（13项）	1	—
凤桥竹刻	区级“非遗”保护项目（13项）	1	—

续表31-2

名　录	级　别	认定批次	传承人
新兴嘉兴黑陶	区级“非遗”保护项目(13项)	1	—
新丰农民画	区级“非遗”保护项目(13项)	1	—
余新泥塑	区级“非遗”保护项目(13项)	1	—
南湖灶画	区级“非遗”保护项目(13项)	1	—
解放蜈蚣风筝	区级“非遗”保护项目(13项)	1	—
南湖中国结	区级“非遗”保护项目(13项)	1	—
新嘉江南船模	区级“非遗”保护项目(13项)	1	—
余新大曹王庙会	区级“非遗”保护项目(13项)	1	—

第二节　文物管理

文物管理机构

1950年，县成立文物保管委员会和文物管理小组。“文化大革命”期间，文物保护工作一度中断，70年代后期文物管理机构工作逐步恢复。

1987年9月，市成立文物管理委员会，12月，建立市文物管理处，区的文物管理工作由市文管处承担。

文物普查

1953年3月，组织文保工作人员对三塔、茶禅寺等古迹破坏情况进行调查。1959年1月，在各县、市开展革命文物调查征集工作。1980年后，通过对境内古遗址、古墓葬、古建筑、名人故居和其他重要史迹建筑等各类历史文物全面开展文物普查，先后发现和确认公布了大批文物保护单位(点)。1982—1984年，开展历时3年的大规模文物普查，成果丰硕。2007年，开展全国第三次文物普查工作。境内新发现了凤桥石佛寺冯氏老宅、凤桥茜柳村小砖桥、新篁镇西街五金工具厂、新丰大珠溇碉堡，解放街道鉏家桥、嘉兴老火车站；嘉兴绢纺厂老厂区等一大批重要历史文物。至2010年，境内已确认公布的文保单位有57个，文保点56个。其中国家级文保单位3个、省级文保单位6个、市级文保单位48个。

2010年全区各级文物保护单位和文物保护点名录表

表31-3

序号	镇/街道	名称	地址及位置	年代	类型	公布时间	备注
1	南湖街道	嘉兴南湖中共一大会址	南湖社区南湖湖心岛	民国	重要历史事件和重要机构旧址	2001.6.25	全国重点文保单位
2	城南街道	马家浜文化遗址	城南街道马家浜村	新石器时代	聚落址	2001.6.25	全国重点文护单位
3	大桥镇	南河浜遗址	焦山门村南河浜自然村和陶墩自然村交界处	新石器时代(崧泽文化)	聚落址	2006.5.25	全国重点文保单位
4	建设街道	沈钧儒故居	杨柳湾社区环城南路555号	清	名人故、旧居	1997.8.29	省级文保单位
5	建设街道	嘉兴子城	紫阳社区府前街	清光绪三十四年(1908)	城垣城楼	2005.3.16	省级文保单位
6	建设街道	嘉兴天主教堂	紫阳社区紫阳街51号	1917年	宗教建筑	2005.3.16	省级文保单位

续表31-3

序号	镇/街道	名称	地址及位置	年代	类型	公布时间	备注
7	建设街道	金九避难处（韩国临时政府要员住址）	紫阳社区梅湾街	民国	重要历史事件及人物活动纪念地	2005.3.16	省级文保单位
8	解放街道	文生修道院	航明社区光明街153号	清光绪二十八年(1902)	宗教建筑	2005.3.16	省级文保单位
9	凤桥镇	白坟墩遗址	永红村11组	新石器时代（崧泽文化）至春秋战国	聚落址	2005.3.16	省级文保单位
10	建设街道	范蠡湖	杨柳湾社区环城南路703号	清光绪(1875—1908)	寺观塔幢	1981.10.21	市级文保单位
11	建设街道	冷仙亭	丁家桥社区秀州路冷仙弄内	清道光二十八年(1848)	寺观塔幢	1981.10.21	市级文保单位
12	建设街道	觉海寺	杨柳湾社区斜西街435号	明	寺观塔幢	1981.10.21	市级文保单位
13	建设街道	清真寺	城东社区环城东路469号	明至清(1368—1911)	寺观塔幢	1981.10.21	市级文保单位
14	建设街道	瓶山	瓶山社区中山东路	宋	其他古遗址	1981.10.21	市级文保单位
15	建设街道	严助墓	少年路和环城北路交叉口，辅成小学内	西汉（公元前206—8）	名人或贵族墓	1992.10.20	市级文保单位
16	建设街道	朱生豪故居	紫阳社区禾兴南路73号	民国	名人故、旧居	1992.10.20	市级文保单位
17	建设街道	沈曾植故居	紫阳社区姚家埭21号	清	名人故、旧居	1992.10	市级文保单位
18	建设街道	明伦堂	瓶山社区少年路72号	清同治三年(1864)	学堂书院	2000.5	市级文保单位
19	建设街道	秀州中学行政楼、校史楼	丁家桥社区秀州路75号秀州中学内	清光绪二十六年(1900)	文化教育建筑及附属物	2000.5	市级文保单位
20	建设街道	高家洋房	紫阳社区紫阳街191号	民国	典型风格建筑或构筑物	2000.5	市级文保单位
21	建设街道	汪胡桢故居	紫阳社区梅湾街东区帆落浜39号	1948年	名人故、旧居	2000.5	市级文保单位
22	建设街道	宏文馆	百福弄社区道前街13号机关幼儿园内	民国	文化教育建筑及附属物	2000.5	市级文保单位
23	建设街道	辅成小学教学楼、行政楼	瓶山社区少年路和环城北路交叉口，辅成小学内	1937年	文化教育建筑及附属物	2009.9.10	市级文保单位
24	建设街道	穆家洋房	城东社区环城东路508号	民国	典型风格建筑或构筑物	2009.9.10	市级文保单位
25	建设街道	嘉宾花园	中山路嘉兴宾馆内	1950—1959年	典型风格建筑或构筑物	2010.3.29	市级文保单位

续表31-3

序号	镇/街道	名称	地址及位置	年代	类型	公布时间	备注
26	建设街道	民国“绥靖”司令部营房	紫阳社区荣军医院内	1938年	军事建筑及设施	2010.3.29	市级文保单位
27	建设街道	西水驿碑	杨柳湾社区斜西街西端、环城西路边西驿亭内，运河沿岸	元至元五年（1339）	碑刻	2010.3.29	市级文保单位
28	建设街道	秀州北弄石库门住宅	丁家桥社区秀州北弄1—12号	清	文化教育建筑及附属物	2010.3.29	市级文保单位
29	新兴街道	血印禅寺	明月社区三塔路547号	明代（牌坊）、民国（寺庙建筑）	寺观塔幢	1981.10.21	市级文保单位
30	新嘉街道	落帆亭	北京路社区杉青闸路	宋熙宁初年（约1068）	亭台楼阙	1981.10.21	市级文保单位
31	新嘉街道	唐兰故居	秀水兜社区106号	1928年	名人故、旧居	2000.5.30	市级文保单位
32	解放街道	秀城桥	秀城桥社区芦席汇	明景泰元年（1450）	桥涵码头	1981.10.21	市级文保单位
33	解放街道	秋泾桥	航明社区闸前街东端	清嘉庆十一年（1806）	桥涵码头	1981.10.21	市级文保单位
34	解放街道	双魁巷	航明社区光明街	1917年	传统民居	1981.10.21	市级文保单位
35	解放街道	侵华日军炮楼	虹桥社区铁路派出所东侧	1937—1945年	军事建筑及设施	2000.5.30	市级文保单位
36	解放街道	嘉兴老火车站	虹桥社区火车站西侧约50米	1937—1945年	交通道路设施	2009.9.10	市级文保单位
37	解放街道	鈕家桥	航明社区	1933年	交通道路设施	2010.3.29	市级文保单位
38	南湖街道	仓圣祠	南湖社区南湖小瀛洲岛上	清光绪（1875—1908）	坛庙祠堂	1981.10.21	市级文保单位
39	南湖街道	文星桥	南湖社区鸳湖路揽秀园东侧	清同治六年（1867）	桥涵码头	1992.10.20	市级文保单位
40	南湖街道	揽秀园——嘉兴碑廊	南湖社区鸳湖路南湖西岸文星桥畔	1994年	碑刻	2000.5.30	市级文保单位
41	南湖街道	嘉兴绢纺厂老厂区	南湖社区南湖东畔	1921年	工业建筑及附属物	2009.9.10	市级文保单位
42	南湖街道	高家祠堂	烟雨社区南湖西畔南湖国际俱乐部内	清	坛庙祠堂	2010.3.29	市级文保单位
43	南湖街道	民丰造纸厂老厂房	民北社区甪里街70号	1923年	工业建筑及附属物	2010.3.29	市级文保单位
44	东栅街道	雀幕桥遗址	雀幕桥村赵浜自然村	新石器时代（崧泽文化）至春秋战国	聚落址	1981.10.21	市级文保单位

续表31-3

序号	镇/街道	名称	地址及位置	年代	类型	公布时间	备注
45	余新镇	曹墩遗址	金星村9组	新石器时代(良渚文化)至春秋战国	聚落址	1981.10.21	市级文保单位
46	余新镇	塔塘桥	余新社区余新铸造厂西侧	清同治(1862—1874)	桥涵码头	1992.10.20	市级文保单位
47	余新镇	沈钧儒家族墓	长秦村8组	清至民国	名人或贵族墓	2009.9.10	市级文保单位
48	新丰镇	陆家坟遗址	横港村塔西组	新石器时代(良渚文化)至春秋战国	聚落址	1981.10.21	市级文保单位
49	新丰镇	姚家村遗址	民丰村	新石器时代(良渚文化)至夏商(马桥文化)	聚落址	1981.10.21	市级文保单位
50	凤桥镇	支家桥遗址	茜柳村(原支家桥村)	新石器时代(良渚文化)至春秋战国	聚落址	1981.10.21	市级文保单位
51	凤桥镇	三步两爿桥	利民村石佛寺自然村	明	桥涵码头	1992.10.20	市级文保单位
52	凤桥镇	嘉兴市五金工具厂老厂房	新篁社区镇西街123号	1968年	工业建筑及附属物	2009.9.10	市级文保单位
53	凤桥镇	南星桥	新篁社区新篁小学东侧	清嘉庆五年(1800)	桥涵码头	2009.9.10	市级文保单位
54	凤桥镇	刘家墩遗址	星火村4组	新石器时代(良渚文化)至春秋战国	聚落址	2009.9.10	市级文保单位
55	凤桥镇	梅园遗址	栖柽村梅园	新石器时代(良渚文化)至春秋战国	聚落址	2009.9.10	市级文保单位
56	大桥镇	步云遗址	花园村花园社区	新石器时代(良渚文化)至春秋战国	聚落址	1981.10.21	市级文保单位
57	大桥镇	高地遗址	胥山村30组	新石器时代(良渚文化)至春秋战国	聚落址	1992.10.20	市级文保单位
58	建设街道	城隍庙大殿	百福弄社区勤俭路611号	清同治(1862—1874)	坛庙祠堂	2002.11.4	文保点
59	建设街道	正春和布店门坊	瓶山社区建国南路636号华庭街西侧商铺前	民国	其他近现代重要史迹及代表性建筑	2002.11.4	文保点
60	建设街道	砖桥街民国消防所旧址	紫阳社区砖桥街181号	民国	其他近现代重要史迹及代表性建筑	2009.1.8	文保点

续表31-3

序号	镇/街道	名称	地址及位置	年代	类型	公布时间	备注
61	建设街道	老财政局办公室	瓶山社区环平里52号	1950—1959年	典型风格建筑或构筑物	2009.8.25	文保点
62	建设街道	嘉兴工人文化宫大礼堂	城东社区中山路嘉兴工人文化宫内	1950—1959年	典型风格建筑或构筑物	2009.12.11	文保点
63	建设街道	嘉兴美术馆（蒲华美术馆、嘉兴画院）办公楼、展示厅	瓶山社区中和街36号	1930—1939年	宗教建筑	2010.3.5	文保点
64	新嘉街道	原嘉丝联厂房	北京城社区（东升东路与建国北路交叉口）	1960—1969年	工业建筑及附属物	2009.1.8	文保点
65	新嘉街道	嘉兴电气控制设备厂老厂区	竹桥社区洪波路58号	1956年	工业建筑及附属物	2009.8.25	文保点
66	新嘉街道	东马桥	西马桥社区	清光绪二十四年（1898）	桥涵码头	2010.3.5	文保点
67	新嘉街道	丰乐桥	月河社区中基路西侧、同乐小区和清风阁小区交界处	清	桥涵码头	2010.3.5	文保点
68	解放街道	分水墩	航明社区芦席汇旁	隋	堤坝渠堰	2009.1.8	文保点
69	解放街道	徐王村张家桥	凌塘社区塘桥东侧（原徐王村）	清	桥涵码头	2009.1.8	文保点
70	解放街道	宣公弄3—7号民宅	虹桥社区宣公弄一弄3—7号	民国	传统民居	2009.1.8	文保点
71	解放街道	桥东街21号顾氏民宅	秋泾桥社区桥东街21号	民国	传统民居	2010.3.5	文保点
72	解放街道	铁路公房	虹桥社区宣公弄14号	民国	其他近现代重要史迹及代表性建筑	2010.3.5	文保点
73	南湖街道	嘉兴冶金机械厂老厂区	民北社区角里街112号	1940年	工业建筑及附属物	2009.8.25	文保点
74	南湖街道	曹皇庙	烟雨社区南湖大桥北侧	清同治（1862—1874）	坛庙祠堂	2010.3.5	文保点
75	南湖街道	大盐仓桥	南湖社区南湖路	1959年	交通道路设施	2010.3.5	文保点
76	南湖街道	日旸桥	烟雨社区南湖大桥南堍东侧	清光绪五年（1879）	桥涵码头	2010.3.5	文保点
77	南湖街道	民丰造纸厂宿舍楼群	民丰社区民丰新村	1950—1959年	工业建筑及附属物	2010.3.5	文保点
78	东栅街道	半墩祠堂	半墩村4组	清至民国	坛庙祠堂	1992.8.25	文保点

续表31-3

序号	镇/街道	名称	地址及位置	年代	类型	公布时间	备注
79	东栅街道	嘉兴石油机械厂老厂区	化东社区吴泾路48号	1950—1969年	工业建筑及附属物	2009.8.25	文保点
80	余新镇	黄姑庵遗址	金星村9组	新石器时代(良渚文化)至春秋战国	聚落址	1992.8.25	文保点
81	余新镇	曹庄砖桥	黎明村1组	1970—1979年	交通道路设施	2009.8.25	文保点
82	余新镇	五环洞桥	余北村22组与33组交界处	民国	交通道路设施	2009.8.25	文保点
83	新丰镇	韩家浜遗址	竹林村幼儿园内及周边	新石器时代(良渚文化)	聚落址	1992.8.25	文保点
84	新丰镇	刘家坟遗址	横港村石缺组	新石器时代(良渚文化)至春秋战国	聚落址	1992.8.25	文保点
85	新丰镇	泥桥遗址	净湘村泥桥组	新石器时代(良渚文化)至春秋战国	聚落址	1992.8.25	文保点
86	新丰镇	塘北粮仓群	丰北社区禾丰西街126号	1959—1979年	典型风格建筑或构筑物	2009.8.25	文保点
87	新丰镇	姜家残牌坊	乌桥村牌楼浜自然村	明	牌坊影壁	2009.8.25	文保点
88	新丰镇	灶山坟遗址	永丰村陈家浜自然村	新石器时代(良渚文化)	聚落址	2009.8.25	文保点
89	新丰镇	沈庄桥	金章村李家头自然村与平湖曹桥街道愚桥村交界处	清	桥涵码头	2010.3.5	文保点
90	凤桥镇	姚家后墩遗址	三星村11组	新石器时代(崧泽至良渚文化)	聚落址	2002.11.4	文保点
91	凤桥镇	大中桥	新篁社区	清道光八年(1828)	桥涵码头	2002.11.4	文保点
92	凤桥镇	新篁北郭桥	新篁社区网船浜	清嘉庆三年(1798)	桥涵码头	2002.11.4	文保点
93	凤桥镇	新篁太平桥	新篁社区镇南街太平寺南	清乾隆二十九年(1764)	桥涵码头	2002.11.4	文保点
94	凤桥镇	节孝残牌坊	新篁社区镇西街154号	清咸丰八年(1858)	牌坊影壁	2009.1.8	文保点
95	凤桥镇	茜柳村小砖桥	茜柳村13组	清	桥涵码头	2009.1.8	文保点
96	凤桥镇	马泾桥	新民村6组	清光绪六年(1880)	桥涵码头	2009.1.8	文保点

续表31-3

序号	镇/街道	名称	地址及位置	年代	类型	公布时间	备注
97	凤桥镇	兴善寺柏家民居	新民村兴善寺38号，新民村村委会	清	宅第民居	2009.1.8	文保点
98	凤桥镇	凤桥镇肖振环老宅	凤桥镇南大街56号	民国	传统民居	2009.1.8	文保点
99	凤桥镇	石佛寺冯氏老宅建筑群	三星村	清至民国	传统民居	2009.1.8	文保点
100	凤桥镇	红旗大队礼堂	三星村24组	1960—1969年	典型风格建筑或构筑物	2009.1.8	文保点
101	凤桥镇	三星村砖瓦厂旧窑	三星村8组	1970	工业建筑及附属物	2010.3.5	文保点
102	凤桥镇	凤桥徐可老宅	凤桥社区小五房13号	清	宅第民居	2010.3.5	文保点
103	大桥镇	蒋庵遗址	胥山村25组	新石器时代（良渚文化）至春秋战国	聚落址	1992.8.25	文保点
104	大桥镇	周家湾遗址	建国村周家湾自然村	新石器时代（良渚文化）至春秋战国	聚落址	1992.8.25	文保点
105	大桥镇	大坟遗址	江南村6组	新石器时代（良渚文化）至春秋战国	聚落址	1992.8.25	文保点
106	大桥镇	五圣浜遗址	胥山村28组	新石器时代（崧泽文化）至夏商（马桥文化）	聚落址	2002.11.4	文保点
107	大桥镇	陆宣泾桥	建国村李埭自然村76号西南	清光绪三十二年（1906）	桥涵码头	2009.8.25	文保点
108	大桥镇	吕塘村大礼堂	吕塘村阔介桥自然村	1966—1976年	典型风格建筑或构筑物	2009.8.25	文保点
109	大桥镇	东兴隆桥	倪家浜村	清道光二年（1822）	桥涵码头	2009.8.25	文保点
110	大桥镇	农建村塘河桥	农建村7组	清嘉庆（1796—1820）	桥涵码头	2009.8.25	文保点
111	大桥镇	香花坝桥碉堡	由桥村香花坝桥自然村	民国（抗日战争时期）	军事建筑及设施	2009.8.25	文保点
112	大桥镇	建国村步云桥	建国村徐家浜村与嘉善先锋村交界处	清	桥涵码头	2010.3.5	文保点
113	七星镇	七星村万兴桥	七星村栅口自然村	清至民国	桥涵码头	2010.3.5	文保点

第六章　档　案

第一节　档案机构

建区后，区委办公室负责档案管理。1984年2月市档案馆成立。1985年11月，区委建立档案科，负责全区档案工作的检查、指导，档案资料的搜集、整理、保管和利用。1990年，建成建筑面积200平方米的区档案室。1991年3月，建立区档案局，同时撤销原城区档案科。1994年11月，区档案局与市档案局合署办公。1996年5月，区党政机构调整，区档案局撤销。

区按实运作后，暂未设专门的档案管理机构。2002年10月，建立区档案局。2006年7月，区档案局增挂区档案馆牌子。同年8月，区档案馆创建为省二级综合档案馆。2010年12月，区档案馆晋升为国家二级综合档案馆。局内设综合科和信息技术科(档案登记备份中心、电子文件中心)。

第二节　档案管理

档案接收与征集

建区后区的档案移交，是由市档案馆接收进馆的。区档案科成立后，还不具备接收档案的条件。1986年4月，部署南湖、塘汇、东栅、嘉北、秀水5个乡文书档案案卷的移交接收工作。5个乡对积累下来的形成时间长达20多年的档案材料进行全面清理，后陆续移交到市档案馆。1992—1994年间，市档案馆接收南湖、塘汇、东栅、嘉北各乡1983年前形成的档案897卷。1998年，接收秀水乡移交的1995年前形成的档案177卷。

2004年，在区行政中心设置400平方米的档案馆库房。2005年9月，区档案馆首次依法接收档案，以后每年都有文书、业务类档案接收进馆。2006年3月，区档案局开始向区级部门和社会各界征集档案，陆续接收上级领导到南湖区考察、调研、检查，区历史沿革，历次区“两会”，历届“南湖之春”文化经贸活动等各类文件材料。

2008年6月，根据上级有关加强民生档案工作的意见，全区部署民生档案管理工作。各单位做好民生档案的收集保管工作，区档案馆连续几年开展以民生档案为重点的档案接收征集工作。至2010年底，累计接收涉及婚姻、农民建房、土地承包、知青、医疗救助、低保、收养、再生育、劳动仲裁、专利、农村土地经营权流转合同书等22种重点民生档案组卷形式4609卷、组件形式13377件。

至2010年末，区档案馆馆藏全宗共42个，接收征集档案总量包括文书档案、业务档案等各类档案组卷形式20744卷，组件形式50907件，光盘档案155件，照片档案2346件，实物档案204件。接收档案形成时间最早为1959年凤桥人民公社全宗档案。

档案信息化

档案信息化建设最初从档案目录电子化开始。2005年9月，首次接收档案时，同步接收档案案卷和卷内文件级的电子目录。自此以后，各进馆单位每次移交档案，都同时移交相应的电子目录。同年12月，档案管理软件安装到位，实现档案案卷级和文件级电子目录的查询检索功能。2009年4月，区档案馆添置扫描设备，启动馆藏档案全文数字化工作。首先开始重点民生档案全文数字化，当年完成档案全文数字化17224份、50916页。

区档案登记备份中心成立后，依托档案安全管理平台和脱机载体，实现全区电子公文和数字档案的登记备份，开展重要民生业务档案的登记备份工作。至2010年底，馆藏档案数字化转化累计完成14.5万页。区数字档案馆建设处于打基础阶段，除进行馆藏档案数字化外，陆续配置了一部分软硬件设施，用于安全存储和管理馆藏档案数字化成果。

2005年，建立南湖区档案局子网站。2006年7月，区档案局网站增设“开放档案”栏目，公布开放档案目录和全文。至2010年，网站共提供两批共75卷开放档案案卷目录73条，文件级目录818条，数字化全文764份。

第三节　档案开发利用

档案开放

2006年7月，区档案馆首次向社会开放第一批馆藏档案。2010年7月，开放第二批馆藏档案。两次共开放馆藏满30年凤桥人民公社、新篁人民公社1959—1980年共73卷案卷，开放档案目录案卷级73条、文件级818条。

2005年11月，设在区档案局（馆）内的区现行文件阅览中心向社会开放。区档案局网站增设“现行文件”栏目，向社会发布可公开政府文件信息。至2010年底，网站共发布区级各部门可公开现行文件4333份。

档案利用

建区以来，档案限于内部利用，多为机关单位服务。随着社会发展，国家陆续出台惠民利民政策，群众在工作和生活方面对档案利用需求增加，档案利用开始为群众服务。区档案馆馆藏档案资源逐步丰富，民生档案数量逐年增加，接待查档人数不断上升。2005—2010年，区档案馆共接待来人来电查档5305人次。普通群众查档利用比例较高，多数是涉及婚姻、房屋拆迁、买房买车贷款、户口迁移、享受计生扶助政策、知青、精简等问题。婚姻档案利用率最高，利用目的集中在补办结婚证、解除婚约、办理准生证、户籍迁移、购房贷款、法律诉讼等。2009年7月，区档案局选择档案利用中的典型事例，编印发放《档案利用100例》，引导广大市民和各级组织利用身边的档案维护权益解决问题。

2008年7月22日，省档案局馆编印的《基层档案工作》介绍七星镇七星村抓好农户档案的建档保管和利用工作。9月18日，《中国档案报》介绍凤桥镇星火村二轮土地承包档案为村民上访事件的圆满处理提供真凭实据，维护村经济合作社集体的利益。至2010年，省级以上报刊报道区档案利用成果文章4篇。区档案馆查档接待窗口被评为区服务民生满意站所（办事窗口）、市2010年服务民生满意站所（办事窗口）。

档案编研

2006—2010年，区档案局（馆）编印出版《南湖区风景名胜遗址》《档案利用100例》《南湖儿女》等档案书籍11种，《红船印象》等档案画册3种，其中《南湖区干部任免文件汇编》于2007—2010年每年与区委组织部合编，共4本。《南湖区风景名胜遗址》《名特优农产品汇编》《红船印象》《一百个地名故事》分别获得全省档案部门优秀编研成果三等奖。2006—2010年，每年编印一本《南湖区档案局年鉴》。2006年、2010年，两次编印《南湖区档案馆指南》。

第四节　基层档案工作

乡镇　街道　机关档案工作

解放后，乡镇、街道行政机构陆续配有文书，负责文件收发及档案工作。建区后，机关部门和乡镇街道设有办公室或秘书室，有专人收发、整理、保管档案工作。20世纪80年代后期，乡镇、街道陆续建成综合档案室，保管存放每年收集整理的档案。

1985年1月，《嘉兴市机关文书处理和档案工作制度的若干暂行规定》实行。1986年4月，对各乡、街道文书、科技档案收集范围作出规定。1988年底，各乡、街道、区属企事业单位、区级机关部门分组建立8个档案工作协作组，开展档案业务交流和协作。1990年起，开展机关综合档案室建设活动，每年组织综合档案室建设的检查验收，推动综合档案室建设工作。

档案工作年年有起色，涌现一批先进单位和先进个人。1987年，城区水处理设备厂获评全市科技档案工作先进单位，城区工商分局企业合同股获得全市企业登记档案管理工作第一名和省企业登记档案管理二等奖。1988年，区文化馆获省文化艺术档案工作先进单位。2007年，区法院黄珏获评全省优秀档案工作者，区检察院、新嘉街道获评全市档案工作优秀集体，七星镇沈剑苓获评全市优秀档案工作者。

2005年12月，《南湖区机关档案管理实施办法》和《南湖区镇、街道档案管理实施办法》出台。2005年前，一些单位根据上级条线部门工作要求，开展过档案工作目标管理认定，成功达到省、市级认定等级标准。2005年起，每年开展镇、街道、区级机关部门档案工作目标管理认定。至2010年底，全区8个单位达到省一级，14个单位达到省二级，1个单位达到省三级。2010年，启动镇、街道、机关部门数字档案室创建试点工作，区法院档案室被命名为市规范化数字档案室。

村　社区档案工作

村一级档案工作早期通常是由村会计兼任，每年把村形成的会计、文书等档案收集整理归档。随着信息化发展，档案管理逐步走向科学化、规范化，行政村安排专人或兼职负责管理档案。在社区，一般配有兼职档案管理员，将归档材料整理装订后保存在社区档案室。

2006年8月，省档案局、省民政厅联合印发《浙江省行政村档案管理办法》。2007年2月，全区在2006年试点的基础上，开始在行政村开展省示范档案室和市规范化档案室创建工作。当年底，有2个行政村被命名为省行政村示范档案室，34个行政村被命名为市行政村规范化档案室，累计有38个行政村档案室达到了市规范化档案室以上的创建要求，至2008年底，南湖区在全市第一个完成全部行政村规范化档案室创建任务。至2010年底，12个行政村创建为省行政村示范档案室。2010年12月10日，南湖区获评浙江省社会主义新农村建设档案工作示范县。

城市社区档案室创建活动起步于2008年。当年6月，省档案局、省民政厅出台《浙江省城市社区档案管理办法》。8月，全区全面启动省社区示范档案室和市社区规范化档案室创建活动。至年底，有2个社区被命名为省首批社区示范档案室，16个社区被命名为市首批社区规范化档案室。2009年，全区完成所有社区的规范化档案室创建。至2010年底，7个社区创建为省社区示范档案室。

档案工作培训

20世纪80年代中后期，城区档案科组织开展档案培训工作。1987年2月，举办文秘工作短训班，对区机关各部门、乡、街道及乡办骨干企业文秘人员公文处理和立卷归档工作进行培训。同年10月，组织档案法律培训，为区机关和乡、街道及企业领导宣讲《中华人民共和国档案法》。1988年11月，举办科技档案业务培训班。还组织人员参加市档案局举办的第一、二期业务培训班。

1991年，区档案局成立后，继续开展档案培训工作。1991年9月，举办为期5天的全区文书档案干部培训班。培训经考核，学员平均成绩98分。1992年9月，举办企业档案培训班，指导首批明星企业建档工作。

从2002—2010年，区档案局每年举办各类培训。其中，镇、街道、机关部门人员参加的档案业务培训共有9次，447人次参训；村、社区人员参加的档案业务培训共有11次，参训人数380人次。

2006—2010年，全区有61人参加市档案管理人员岗位培训班，取得档案管理岗位证书。

第七章　史　志

第一节　史志机构

建区后，区委办公室承担党史编纂工作，政府办公室承担地方志编纂工作。2007年，针对区编制紧张、无法获批建立史志机构的实际，区决定从退居二线的老员工中挑选部分员工组建不占编制的史志工作机构。10月9日，建立区文史资料编纂委员会，下设办公室。这是区首次建立的史志工作机构和组织，从事党史、地方志的搜集、宣传和编研工作。

2008年6月17日，区文史资料编纂委员会更名为区史志工作委员会，工作职责基本不变。2009年3月26日，成立《南湖区志》编纂委员会，下设办公室，与区史志工作委员会，两块牌子、一套班子。

2010年2月12日，区编委批复，区档案局增挂区史志办公室牌子。区史志办公室与区档案局合署办公。

第二节　党史工作

概况

1985年11月，开始区党史资料征集工作。通过查阅资料、调查了解、个别访问、召开座谈会等形式，几年里征集到30多万字的资料，完成市党史资料征集研究委员会确定的区承担《嘉兴解放》专题征编，参与编写完成《嘉兴解放纪略》《嘉兴的剿匪斗争》等书刊。

1986年3月，部署开展区组织史编纂工作。自1993年6月至2010年7月，共出版区组织史资料4卷。

1996年，参与市委办公室编纂《锦绣嘉兴》一书，编写《生机勃勃秀城区》篇章。2008年6月，参与编纂《嘉兴改革开放三十年纪事》，撰写入编《南湖区行政区划调整》《嘉兴科技城建设》等20条条目。2009年2月，参与《当代中国城市发展》丛书（浙江省综合卷·城镇篇）编纂，《嘉兴南湖余新》是全市唯一入选镇，成为全省具有代表性的20个镇之一。

党史调研与普查

2007年4月至2008年7月，开展抗日战争时期人员伤亡和财产损失社会调研工作。全区直接参加调研工作人员1000余人，累计召开各类座谈会187次，汇总2143人提供的线索和资料，整理和撰写区、各镇（街道）调研报告、文章和部分专题调研报告858篇、33.7万余字。区获嘉兴市抗日战争时期人员伤亡和财产损失社会调查优秀成果奖，获个人先进。

2008—2010年，在全区开展党史胜迹、革命遗址遗迹普查。通过实地寻访、史料查考等方式，认真梳理归纳后上报境内遗址遗迹。南湖革命纪念馆、中共一大纪念船、嘉兴革命烈士陵园（英雄园）、嘉兴第一个党组织——中共嘉兴独立支部驻地入选嘉兴市革命遗址遗迹。沈钧儒纪念馆、褚辅成史料陈列室、辛亥革命烈士纪念塔、国民党预干总队起义地、凤桥“徐八房惨案”发生地、解放初嘉兴县人民政府驻地为嘉兴市其他遗址遗迹。

《浙江省革命遗址通览》收录南湖区南湖革命纪念馆、中共一大纪念船、中共嘉兴独立支部驻地遗址（精严寺）、国民党“预干一总队”起义地旧址、沈钧儒故居（纪念馆）、嘉兴革命烈士陵园（英雄园）6处革命遗址。

组织史编纂

1986年3月，《中共嘉兴市组织史资料》开始征编。市、县（市、区）两级在完成上报资料任务的基础上，转入自编资料的征集、核准、编纂，城区启动组织史编纂工作。1993年6月，区委组织部、区委办公室编纂的《中国共产党浙江省嘉兴市城区组织史资料》首编本（1925.3—1987.12）由新华出版社出版，内部发行。1995年3月，区委组织部编纂的《中国共产党浙江省嘉兴市秀城区组织史资料》第2卷（1988.1—1993.12）由人民日报出版社出版，内部发行。2001年12月，区委组织部编纂的《中国共产党浙江省嘉兴市秀城区组织史资料》第3卷（1994.1—1998.12）由浙江人民出版社编辑，作内部资料发行。2010年7月，区委组织部编纂的《中国共产党浙江省嘉兴市南湖区组织史资料》第4卷（1999.1—2007.5）内部编印出版。

第三节　地方志编修

概况

20世纪80年代初，嘉兴市（县级）第一次地名普查结束后，先后编写《嘉兴市地名志》《嘉兴镇地名志》，境内部分公社、街道也编写地名资料。到1982年，先后有《南湖公社地名录》《东栅公社地名录》《建设街道地名录》《解放街道地名录》《新兴街道地名录》等。

建区后，没有设立史志工作机构，上级史志部门和区所布置的史志工作由区政府办公室承担并落实。1986年,《嘉兴市志》编纂动员会后,区政府办公室陆续为市志编纂办公室提供境内地方志史料和文章,编写嘉兴城区、南湖、马家浜等5篇概况以及街巷、河流等文章和资料。1988年5月,区政府办公室组织人员编写《嘉兴市志》第7篇“市区”中城区章节稿件。历时3个多月提前完成区、街道和乡的13篇概况编写。完成《嘉兴市志》第六篇“市城”篇中街巷文稿的核对和补充工作。受到市志办公室表彰。1992年,编写全区首本史志书籍《嘉兴城区》画册,还编印发行3000册城区概况宣传册。1998年起,区政府办公室每年为《嘉兴年鉴》提供“秀城区”(后为“南湖区”)分目材料的撰写任务。2007年起,增加“浙江嘉兴工业园区”分目。从2009年起,由区史志工作委员会承担每年《嘉兴年鉴》中“南湖区”“浙江嘉兴工业园区”两个分目的撰稿,承担《嘉兴市志(1991—2010)》“南湖区”篇目的编写任务。

区史志工作委员会成立后,开展区文史资料征集活动,发动各镇、街道、部门以及企事业单位编写史志书籍,开展地方史料征集和编纂工作。2008年,开始编写《嘉兴市南湖区志》的准备工作,撰写区志目录提纲,开始编写《南湖区大事记》。积极指导部分镇志的编写,2005年下半年,余新镇各村村志全部完成编纂,内部出版,成为全区率先出版村志的镇。2007年起,《余新镇志》《新丰镇志》《七星镇志》先后出版,2010年,《南湖区军事志》出版。到2010年,大桥、凤桥两镇已启动镇志编纂。建设等街道以及交通、水利等部门在配合市部门志编写的同时,做好编写本部门志书的准备和资料搜集。

区史志委在2008年1月创刊《南湖史志通讯》双月刊。2009年,区史志委为省地方志办公室编写的《浙江60年发展历程纪实(1949—2009)》丛书撰写《南湖区篇》。2010年,区史志委与区工商管理南湖分局合作编写出版《南湖品牌》《老嘉兴品牌故事》,各印3000本。《南湖品牌》收录南湖区域内中国驰名商标,省、市著名商标和区知名商标的资料和文章及图片;《老嘉兴品牌故事》重在挖掘、传承老品牌企业历史文化内涵。2010年,区委宣传部编印《华彩十年(2000—2010)》画册,区政协编写出版《南湖新十年》,记录新世纪以来区10年的发展成果。

《嘉兴市南湖区志》

2009年3月26日,《南湖区志》编纂委员会成立,委员会下设办公室。同年11月20日,《南湖区志》编纂委员会第一次全体会议召开,原则通过《南湖区志》框架目录。同年12月10日,《南湖区志》编纂动员大会召开,部署《嘉兴市南湖区志》编纂工作。《嘉兴市南湖区志》为南湖区首轮修志,上溯事物起源,下限至2010年,计划分36篇,字数约110万字。2010年1月、4月,区志编委举办两期撰稿员培训班。

2009年12月10日,区委、区政府召开《南湖区志》编纂动员大会

专业志　乡镇志

《嘉兴市地名志》　1981年8月,在嘉兴市(县级)第一次地名普查基础上,由市地名普查领导小组办公室编写。1982年12月,内部出版发行,共收录城区、镇及各公社4大类,5000余个标准地名,37幅地图,70幅照片,52万字。全面反映嘉兴市(县级)地名的来历、含义等历史和现状。《嘉兴市地名志》是解放后全市首部地方史志书籍,书售发全国部分地名办公室,全市各机关、人民公社、街道办事处及企事业单位。

《嘉兴镇地名志》　1981年8月,在嘉兴镇第一次地名普查基础上,由嘉兴镇地名普查办公室编写,内部出版发行。分镇、街道概况,重要地名简介,地名一览表以及地名考证4部分,11万字,地图和照片各2幅。全面反映嘉兴镇地名的来历、含义等历史和现状。

《余新镇志》　2004年3月,开始编纂,2007年9

月内部出版。主编吴上德。全书10篇、37章,50万字。地图2幅,彩色或黑白照片55幅。镇志采用记叙体,上限不定,下限2003年(个别篇章延伸至2004年)。

《新丰镇志》 2002年5月,启动编纂,2008年5月由安徽美术出版社出版。主编何志荣。全书共13篇、59章,72万字。彩图29幅,黑白地图或图片3幅。镇志记事上限不定,下限2002年,大事记及个别篇章最迟延伸至2004年9月。

《七星镇志》 2006年4月,启动编纂,2009年4月,由方志出版社出版。主编丁家林。全书共15篇、46章,42万字,有地图及其他图片共18页,彩图50幅,黑白图片2幅。该镇志记事上溯不限,下迄2005年。

《嘉兴市南湖区军事志》 2010年7月,内部出版。2002年4月,开始前期准备工作。2005年8月,开始编纂工作。军事志的时间断限上限1983年,下限至2005年。全书10篇,分39章,约35万字,收录地图3幅,照片134张。

年鉴

《南湖区统计年鉴》 2003年9月,区发展计划与统计局内部出版区第一部统计年鉴《嘉兴市秀城区统计年鉴(2003)》。之后,每年出版1本,到2010年已出版8本统计年鉴,分别反映2002—2009年每年区经济社会发展的进展和成就,全书以图表形式记述,全部采用数据统计。

《余新年鉴(2004—2009)》 2010年7月,内部出版。主编吴上德。该年鉴采用几年合写的年鉴编纂方法,反映2004—2009年余新镇经济建设和社会各项事业的发展情况,记事上衔接2005年出版的《余新镇志》,使镇志与年鉴的记述具有连贯性、系统性。全书共16篇、101章,60余万字。有照片、专记及文件目录。

地情资料

《嘉兴市地名图册》 1982年12月,由嘉兴市地名普查领导小组办公室编写,内部出版,收录4幅新旧市及城区地图,33幅镇及公社地图,印433本。

《嘉兴城区》 1992年,城区政府办公室编印发行,是全区首本地方名胜、经济和社会发展的对外彩色印刷宣传画册。有概况以及工业、农业、商业和风光名胜介绍,全区骨干企业名录,彩色照片105幅。

《南湖名胜》 2005年5月,区政协办公室、区科学技术局合编的省内部刊号出版的《南湖名胜》,董雄主编,为全区第一本系统介绍南湖区历史、人文景观以及名胜古迹的书籍。全书分7个部分,8万字,295幅照片,彩色印刷。

《嘉兴城区》

《南湖名胜》

《南湖文史》 创刊于2005年,由政协南湖区文教卫体与文史委员会编,每年出刊2期,内部发行。主要内容是境内文史资料,一般分6个栏目。到2009年暂停,共出刊10期。

《南湖史志通讯》 2008年1月创刊,由区史志工作委员会编印,内部发行,初定双月刊。一般有7个栏目,主要刊载区党史、地方志和文史资料性文章。至2010年底,共出刊17期。

《南湖春秋》史志丛书 2010年,区史志工作委员会在《南湖区志》启动编纂过程中,利用搜集到的史料并加以整理,开始编纂出版《南湖春秋》史志丛书。2010年10月,内部出版第一本丛书《发展历程》,为历史资料汇编书,所辑内容以《嘉兴市志》《浙江年鉴》《嘉兴年鉴》《南湖区统计年鉴》《锦绣嘉兴》记载的有关区史志资料为主,另附有《嘉兴日报》有关建区10周年报道的珍贵资料。同年,启动第2本丛书《名村古镇》的编纂工作。

嘉興市南湖區志

JIA XING SHI NAN HU QU ZHI

第三十二篇　体　育

目 录

区境民间体育活动历史久远。唐开元年间(713—741),已有绳技表演的记载。明清时期,踏白船、赛龙舟、舞狮、舞龙、举石担等传统体育活动为群众所喜爱,传承至今。嘉兴的太极拳、回民的武术、掼牛颇具特色。清末民初,近代竞技体育运动传入。光绪二十九年(1903),褚辅成、敖嘉熊等发起组织竞技体育会,学习传播新式体操。1913年,嘉兴创办体育会。翌年,省立二中组织足球会、网球会。20世纪30年代,嘉兴成立国术馆,省立二中、秀州中学等校师生在"五四"新思想影响下,施行体育教学,开展体育竞赛,学校重视体育蔚然成风。

解放后,逐步建立各级体育工作机构和群众体育组织。1953年3月,中华全国体育总会嘉兴分会成立,普及健身体育活动,推广广播操、工间操及各项球类活动。1950—1958年,境内举办各类体育运动会62场,参赛运动员11034人次。

建区后,境内体育事业进一步发展。1988年元旦,能容纳7000余观众的标准体育场落成。至1990年,体育设施投入611万元,基础设施大为改善,学校体育教学和企业、机关、社区、农村的群众体育活动丰富活跃。2000年后,全区开展创建省体育强区、强镇和体育先进街道、社区,全面推进全民健身活动,建立健全各类体育组织,进一步加大体育设施投入,群众体育活动蓬勃开展,竞技体育实力不断增强、科学健身逐步普及,城市、农村体育各显特色,呈现体育事业与经济社会协调发展的格局。2008年12月,南湖区被省政府授予浙江省体育强县、区。至2010年年底,新嘉、解放和新兴街道先后被评为全国城市体育先进街道,南湖街道桂苑社区和解放街道菜花泾社区被评为全国城市体育先进社区。

第一章 群众体育

第一节 传统体育

太极拳

太极拳是境内流传较广,参加人数较多的群众体育项目。20世纪20年代,嘉兴就有人练习太极拳。1935年,以提倡国术、增进国民体质健康为宗旨,嘉兴成立国术馆。1935—1937年,对外设班招生共3届,每届学员60名,学习时间1年,授以各派武术。1936年,浙江省第二届全运会上,副馆长王凤冈带领嘉兴国术馆的学员等参加这次比赛,并取得较好成绩。同一时期,杨氏太极拳的传人杨澄甫、刘晓东在嘉兴传授太极拳。

解放初,嘉兴传统意义上学太极拳的人不是很多。杨式太极拳在1957年前后被简化为24式,在全民健身运动中得到推广。20世纪80年代,蔡光圻、马金华等人跟随叶式太极拳传人何基洪学习太极拳。此后,太极拳在境内发展势头日盛,成为市武术协会教授的主要拳种。蔡光圻、梅一、陆履冰、王嘉林等人都在传授各个流派的太极拳,练习太极拳的人越来越多,太极拳逐渐成为嘉兴市民尤其是中老年人最喜爱的健身活动之一。

掼牛

掼牛是回民庆祝"宰牲节"的礼仪,掼牛表演者赤手空拳凭借力量和技巧把牛摔倒。据传,从明代嘉兴东门建清真寺开始,由迁徙而来的回民将掼牛活动带入嘉兴。20世纪30年代,嘉兴掼牛开始走向大庭广众。回民李青山曾在武汉竞技场表演嘉兴掼牛。40年代,李尊思曾在上海表演嘉兴掼牛,韩忠明兄弟都是掼牛高手。据史料记载,韩忠明、李青山、李尊思曾于1953年、1954年在嘉兴中山厅进行过嘉兴掼牛表演。1982年,韩海华带着嘉兴掼牛亮相全国民族运动会,被时任国务院副总理万里盛赞:"这个项目真是具有中国传统民间特色,不愧为'中国式斗牛'!"连续3届,韩海华的嘉兴掼牛都亮相全国民运会。2008年6月,嘉兴掼牛被列入嘉兴市第二批非遗名录,韩海华为传承人。2009年5—9月,区政府投资近百万元对凌公塘主题公园内的下沉式广场进行改造,以便掼牛表演。

2009年6月，嘉兴掼牛被列入第三批浙江省非遗名录，南湖区制定嘉兴掼牛五年保护规划；2010年，南湖区政府投资50多万元扶持掼牛项目发展。2010年5月，南湖区申报“掼牛”为第三批国家级非物质文化遗产名录推荐项目名单(新入选项目)。

江南船拳

流传于江南的古老拳种，源于春秋，隐于民间，属于短兵相接的对打套路，因地制宜，以渔叉、船桨等为武器，是一种敏捷、稳健的武术拳种。20世纪80年代，嘉兴南湖武侠武术团在教练韩海华的带领下，习练、传承江南船拳，并在国内外武术比赛中屡获佳绩。2003—2010年，共获得100多枚金牌。

2009年3月，在第四届香港国际武术比赛暨国际健身气功展示会上，南湖武侠武术团的7名选手，身着蓑衣以渔叉、船桨、扁担等独特的器械为武器，合力表演江南船拳，再现金庸小说江南七怪的武术形象，技惊四座，裁判给予最高分，全团船拳系列表演共获49枚金牌，位居133支武术比赛队第5名。是年春，江南船拳传承人韩海华率弟子甘刚、韩乾、徐燕(女)等四段教练开始在东栅中心小学教习江南船拳。2010年3月18日，中央电视台记者到东栅中心小学拍摄师生同练“江南船拳”场景。同年7月，该校武术队在第七届浙江国际传统武术比赛中表演的“江南船拳”获得儿童团体赛金奖。

查拳

中国长拳类优秀拳种之一，动作硬如钢、软如绵，手、眼、身、法、步，清晰明了，精、气、神合一。1953年，查拳从河南传入嘉兴，河南沈邱县槐店回族自治镇的著名回族武术家李尊恭在嘉兴东门清真寺传授查拳，授徒上千名。1972年，李尊恭回到故乡后，由他的高徒王培林承继衣钵，继续传授查拳，为嘉兴培养一批武术人才，其中韩志福、鲁义、李峰、韩道臣、马顺义等都在传承查拳精髓上独树一帜。

经过几代人的不断努力，嘉兴的查拳在传统拳法套路基础上，不断充实提高，逐渐形成一个门类广阔、拳械俱全的武术流派，十趟弹腿、锁喉枪、飞沙槐、关公大刀、三十六路群阳大刀、峨眉刺、查花拳等各类拳械套路不下200余种。

伞拳

清康熙年间(1622—1722)，嘉兴太平寺隐然和尚所创。伞拳综合刀剑棍鞭等兵器的技法，强调灵活多变，刚柔相兼，技法闪展灵活，避实击虚，快刺猛挑，进退圆活，由刺、挑、点、截、撩、拨、托、顶等动作组成套路，成为太平寺四绝之一。民国时期还流传于太平寺及新篁地区。新篁卫生院医生吴邦荣为伞拳的独门传人。

踏白船

亦称“摇快船”，起源于蚕桑生产中的水上竞渡。嘉兴地处江南水乡，养蚕皆用快船运桑叶，有“救蚕如救火”之说，可见运桑行船速度之重要，借用“踏白”2字作划船比赛，也寓意着为养蚕运桑生产而开展水上练兵。解放前每逢农历三月十六蚕花娘娘生日，在三塔塘血印寺一带的运河塘上都要举行踏白船竞赛，沪、杭皆有来观光者。届时，官府发布命令，凡踏白船赛的水道禁止通航，可见此举绝非仅仅限于娱乐。解放初期为庆祝农村合作化，曾从三塔塘到南湖烟雨楼长约2、3千米的距离中搞过一次踏白船活动，盛况空前。自“大跃进”之后，不复举行。20世纪90年代，嘉兴市体委组织倡导，以乡镇为参赛单位，举办过几次比赛，踏白船这一历史悠久的传统文体活动得以传承发展。

2001年6月，秀城区组队参加嘉兴市首届“南湖船”文化节，在体育比赛、表演活动中，踏白船、抢荷花这2个项目双双获第1名。2008年6月，踏白船被列入市非物质文化遗产。2009年6月，被列入省非物质文化遗产。2009年、2010年，市连续举办中国南湖踏白船表演赛。

赛龙舟

赛龙舟是中国民间传统水上体育娱乐项目，是为了纪念爱国诗人屈原而兴起的，多是在每年端午节举行。

嘉兴南湖龙舟竞渡习俗已经有1000多年的历

史。嘉兴一说是纪念春秋时期吴国大夫伍子胥。朱彝尊诗："胜日衔杯罢，轻舟解缆初。尽传迎伍君，不比吊三闾。"嘉兴的《秀水县志》《烟雨楼史话》和《古禾杂识》等都有对南湖赛龙舟盛况的记载。到清朝康熙、乾隆年间则达到鼎盛时期。诗人马学乾、吴锡麟等观后留下《烟雨楼观竞渡》《五日南湖观竞渡》等诗。

2002年6月，市举办首次"五芳斋"杯中国嘉兴国际龙舟邀请赛，之后，年年举办龙舟赛。2009年5月28—29日，市首届端午民俗文化节2009"五芳斋杯"全国龙舟赛、第三届中国大学生龙舟锦标赛在南湖举行。共有周边省市的12支队伍参赛，第三届中国大学生龙舟锦标赛有全国的19所大学30支队伍参赛，南湖区代表队获得第5名。2010年6月，举办的"五芳斋"标全国龙舟邀请赛有26支龙舟参加角逐。

2009年5月，在南湖举行的全国龙舟赛

抢荷花

旧时，每年农历六月二十四(荷花生日)，在南湖举行"抢荷花"活动。比赛形式为2条或更多的船用长绳相背而系，双方用力向相反方向划，各船的前方百尺之外，各有一丛荷花或由女子扮成的荷花仙子，得荷花，即为胜者。

2010年6月18日，在南湖举行由全市24支队伍参加的踏白船500米直道竞速赛、绕障碍抢荷花比赛，南湖区大桥镇队拔得头筹。

广播体操

1951年，新中国第一套广播体操在全国推广。广播体操由8节徒手体操组成，通常随广播进行锻炼，它引入了武术、游泳、健美操等运动的基本动作，能使锻炼者身体各部分的关节、肌肉、韧带都得到锻炼。广播体操、动作简便易学，负荷适中，符合大众锻炼实际与需求。1997年，推出的第八套广播体操，更具有普及性、健身性、趣味性和时代性，广播体操一直深受人民群众喜爱，已成为普及面最广的"国操"。区四届至六届运动会都把广播操列入传统比赛项目。

长跑

长跑是境内群众喜爱的体育活动。解放后经常进行群众性长跑活动，工人和学生还以北京或其他地方为象征目标，举行计算历程的象征性长跑。1959年，嘉兴县首次举办"马拉松"赛跑。1988年，市老年长跑队举行南湖越野长跑。1991年12月，举行迎春越野跑，市区学校学生、企事业职工和部队官兵组队参加比赛，运动员1300多名。1997年6月，组织1200多名中小学生在南湖畔举行"嘉兴—香港千人万米长跑"活动。1999年12月，在南湖大桥北堍举行"面向新世纪、建设新嘉兴"万人火炬长跑，各县(市、区)、市属机关、企事业驻嘉部队、大中专院校、中学的100个方队，计1万余人参加。2000年4月，全国体育大会"世纪之光"火炬接力跑在南湖举行，13个方队700多人参加。2005—2010年，每年初的第一个周六在嘉兴市民广场举行"安利嘉兴市民万人迎春健身跑活动"，全程7000米。

游泳

游泳是江南水乡男女老少喜爱的传统体育活动，也是体育锻炼项目之一，参与者众多。20世纪50年代末开始，境内每年夏天都组织游泳比赛活动。1967年以后，每年在"7·16"毛泽东横渡长江纪念日，组织举行群众性的横渡南湖活动。1976年7月16日，为纪念毛泽东畅游长江10周年，嘉兴县在环城河至长水新河举行规模盛大的游泳活动，游程2200米，编制8个队，2500人参加活动。1965年，嘉兴建造游泳池后，大多数群众在室内游泳锻炼和比赛。境内有许多冬游爱好者，1967—1969年，连续3

年举行冬游比赛。21世纪开始至2010年，南湖、西南湖每天都有人游泳，冬天在这里冬游成为水乡城市一道风景。

放风筝

放风筝在嘉兴历史悠久。春天晴日，市民竞相放飞风筝。正月、二月为放风筝季节，俗语："一月鹞、二月鹞，三月放只断线鹞。"民国时期至解放初期，城中放风筝多在中山厅附近，放飞的风筝，有自制的，也有从商店买的，在夜间放的叫"灯鹞"。20世纪40年代，王聚兴纸扎店善制风筝，"蜈蚣鹞"最出名，"蜈蚣鹞"也叫"百脚鹞"，一般为16节，也有24节。当时伤科名医周荣江请店家扎制60节左右的百脚鹞，每节尺余，共长20米左右，在秀州中学操场放飞，嘉兴人叹为观止。近年城中城南公园、中央公园草坪成为风筝爱好者的活动场所。

第二节　职工体育

建区前

20世纪50年代，在机关、企业推行工间操，境内有条件的企业设篮球场、乒乓室等，尤以篮球、足球、游泳等体育活动最为活跃。民丰纸厂的职工业余足球队，在市及省内有知名度，曾多次获市（县）职工足球赛冠军，影响和带动了区境内职工足球活动的发展。1953年，建立嘉兴工人篮球队。与军分区队、第一中学队、地专机关队等活跃在嘉兴工人文化馆露天灯光球场上，比赛频繁，观众踊跃。足球、篮球活动在区境企事业单位中盛行，大中型企业都有职工业余篮球队和篮球场，并经常组织职工举办各种规模的篮球比赛。在1959年地区锦标赛、1963年专区足球锦标赛等比赛中，嘉兴市（县）足球队包揽冠军。"文化大革命"期间，有组织的体育活动处于停顿状态。"文化大革命"后期逐步恢复。20世纪70年代末至80年代，职工足球、篮球等体育运动进入鼎盛时期。1979年9月，举行的嘉兴县职工足球赛有34个队参加。1977年9月，嘉兴县组织职工篮球赛，嘉兴绢纺厂、冶金厂、电控厂等19个单位组成男女篮球队参赛。同年10月，永红丝厂女篮在全省职工篮球赛上获第2名。1982年，为参加省七运会、地区八运会，嘉兴市（县级）组织城镇职工进行20天篮球选拔赛，组建男女26个队，进行了64场比赛，盛况空前。1984年，嘉兴绢纺厂女篮获全省职工业余优秀体育运动队称号。

80年代初，棋类活动兴起，市区棋社和嘉兴棋协相继成立，许多工矿企业也相应成立棋社，每年都举办职工棋类比赛。

建区后

建区后，区政府重视加强公共体育设施建设，通过举办1986年、1990年全区一届、二届运动会和球类、棋类、田径、游泳等单项体育比赛，大力倡导、推进群众体育活动的广泛开展。各工矿企业及机关事业单位的工会组织也经常性地组织篮球、乒乓球、羽毛球、棋牌类等体育比赛活动。行业系统之间、企业之间的邀请赛、友谊赛等职工体育交流联谊活动亦趋频繁。

1995年6月，国务院发布全民健身计划纲要后，各街道、乡镇都建立实施全民健身计划领导小组，全面开展争创体育先进区、先进乡镇、先进社区活动。1997年6月，举办嘉兴市首届社区健身运动会。1998年，各街道22个体育社团，举办90多次体育竞赛和活动，组队参加省级和全国级比赛10次。新兴街道在辖区公共场所建造门球场、健身路径、体质测试室和活动室。1998年，新兴街道被命名为全国首批体育先进单位、浙江省第2批省级体育先进社区。民丰集团等17个单位荣获浙江省群众体育先进单位称号。陈其林等8名运动员荣获浙江省群众体育先进工作者称号。

2000年后，随着"全民健身"活动的兴起，体育锻炼参与者越来越多。游泳、健身长跑以及乒乓球、网球、羽毛球、篮球等球类运动都有较快发展，社区体育活动开展活跃，尤其以乒乓球、网球、羽毛球运动的参与者最为众多。很多机关企事业单位及新建居民住宅区都配置健身房、乒乓球室等健身运动设施。学校、机关企事业单位的乒乓球、网球、羽毛球等活动场所对外开放，以满足群众健身锻炼的需要。区级机关组建了网球、乒乓球、羽毛球、篮球、健身操、游泳、桥牌等体育团队，体育活动丰富多彩。民丰纸业集团、禾欣集团、戴梦得大厦等企业都开展了职工篮球、乒乓球、羽毛球等比赛活动，省群众体育先进单位敏惠实业有限公司每天组织千人广播操，周周有活动，月月有比赛，体育运动成为企业文化的标志。

在竞技体育的带动下，群众体育运动高潮迭起。2009年8月8日，“千人篮球趣味赛”和“舞动嘉兴·喜迎省运”两大群众性体育活动拉开全区首个“全民健身日”系列活动的帷幕。活动分儿童组、少年组、青年组、壮年组和老年组5个组别。赤、橙、黄、绿、青、蓝、紫……12个健身团队、600多人相聚在一起，打莲湘、扇子舞、秧歌舞、街舞、竹板舞、拉丁舞、交谊舞、健美操，这些为百姓所喜爱的健身活动一一亮相。8—10月，各镇、街道陆续举办各类全民健身活动，既有大型综合运动会，也有乒乓球、足球等专项比赛，既有青少年、老年人专场运动会，也有新居民、农民特色运动会，活动内容丰富，特色趣味兼具。

同时，区乒乓球协会、足球协会、网球协会等体育群众团体及众多民办传统体育俱乐部相继成立和发展，赛事频繁，竞技水平日益提高。至2010年，全区有各类体育运动协会18个，体育俱乐部7家。

第三节　农民体育

解放后，随着体育活动的深入普及，游泳、赛跑、象棋、球类等体育项目也在农村中开展起来。篮球运动有着广泛的群众基础。1967年后，随着知识青年到农村，众多篮球爱好者在大队空白场地或小学操场上竖起土制木质篮球架，经常和当地农村青年聚在一起打球，并开始组建篮球队，进行训练和比赛，带动了农村篮球活动的兴起和发展。1975年，嘉兴县新篁公社率先开展村村组建篮球队、村村有篮球场。1983年，庄史村组建境内第一支农民女子篮球队，先后培养了4批共40多名篮球队员。是年，获得郊区乡村农民篮球比赛冠军，并被市政府授予“体育之乡”称号。1996年，新篁乡获全国亿万农民健身活动达标乡镇。

2000年后，全区各乡镇全面开展创建体育强镇活动，大力推进农村群众体育运动的发展，“天天健身、幸福人生”的全民健身理念日渐深入人心。2008年，区成功创建浙江省体育强区，全区5个镇全部进入省级体育强镇行列。至2010年全区各行政村都建有体育活动中心。

第四节　残疾人体育

境内残疾人体育运动始于20世纪80年代初。1982年10月，嘉兴相册制本厂徐兴富、棉纺织厂俞玉山代表嘉兴队参加浙江省聋哑人乒乓球比赛。1987年9月的全省伤残人运动会、1988年8月的全省少年残疾人乒乓球锦标赛以及1989年8月的全省残疾人游泳比赛，城区都选派运动员参赛。

2000年后，区政府将残疾人体育纳入“全民健身”的总体规划，组织开展各类残疾人体育竞赛活动，着力推进残疾人体育发展。2002年9—10月，举办区首届残疾人运动会，来自全区各乡镇、街道12个代表团的131名肢体残疾、视力残疾、听力残疾运动员参加田径、游泳、乒乓球、羽毛球、射击、举重5个大项目的比赛。建设街道、新丰镇、东栅街道获得团体前3名。2006年6月，举办区第二届残疾人运动会，来自各乡镇、街道11个代表团的117名年龄在31岁以下的残疾人，参加了田径、游泳、举重、乒乓球、羽毛球5个大项的比赛。建设街道、余新镇、新丰镇代表团获得团体前3名。2008年9月，成立南湖区残疾人体育协会。2009年6月20日，在钧儒小学举办区首届特殊奥林匹克运动会，11个镇、街道的101名智障运动员组队参赛。同年7月，区残疾人协会承办嘉兴市第二届特殊奥林匹克运动会，全市7个代表队的101名智障运动员参加比赛。2010年6月，举行区第三届残疾人运动会，来自各乡镇、街道11个代表团的242名残疾运动员参加田径、游泳、乒乓球和羽毛球4个大项的180多个小项的比赛，大桥镇、余新镇和东栅街道代表团获得团体总分前3名。

2002—2010年，区还推荐残疾运动员参加国家、省、市残疾人运动会，取得较好成绩。

第五节　老年人体育

20世纪80年代起，老年人开始注重有氧健身运动。运动项目女性以健身舞、气功、太极拳、骑自行车和散步为主，男性以保龄球、太极拳、气功、飞镖、武术、骑自行车等为主，绝大多数农村老年人没有体育锻炼的习惯。

1989年6月，区老年体协成立。以后每年有计划、有组织安排离退休人员开展保龄球、门球、老年气排球、乒乓球、太极拳、气功、象棋等各类适合老年人锻炼的体育活动。

1992年10月，华东地区第十二届“嘉深杯”老年人长跑活动在嘉兴举行，江浙沪和福建、山东16个城市374名老年运动员参加全程4700米的长跑活动，其中嘉兴城区210名运动员参加。

2000年后，建立健全区、镇（街道）、村（社区）三级老年体协组织网络。至2010年年底，区老年体协已发展会员2.5万名，全区街道、镇、社区和行政村全部建立老年体协组织。全区老年人健身活动场地由最初的2片门球场发展到各类球场90片，社会体育指导员从10名发展到195名，各类体育骨干从5名发展到406名。2005年3月、2010年5月，先后举办两届全区老年人运动会，设老年气排球、羽毛球、门球、围棋、象棋、桥牌等项目，分别有632名和742名老年运动员参赛。2004年3月，区老年体协组团参加市老年人运动会，获团体第一名。

至2010年年底，各镇（街道）组织老年人运动会22次及单项比赛400余次。参加体育锻炼的老年人逐年增多。至2010年，全区共建立老年体育团队354支，5310人，参加健身的老年人5万余人，占老年人口的63.5%。

“十五”计划期间，区老年体协先后荣获省老年体协工作先进集体和省群众体育先进集体称号。2008年，在组织迎奥运与健步走向北京的活动中，被全国老年体协授予全国先进地区的荣誉。区老年运动代表队连续夺得市第二届、第三届老年运动会团体总分第一名的好成绩。

第六节　社区体育

创建体育先进街道　社区

创建全国城市体育先进街道　从1998年开始，按照有100平方米以上或2处累计150平米室内体育活动室、600平方米以上固定的室外晨晚练点、500平方米或2处累计700平米以上的体育活动场地、体育设施有管理制度对社会开放、辖区内每个居委会有固定晨晚练辅导站、每2年举行一次有8个以上项目的街道综合性运动会、每年定期进行国民体质测试工作等硬件标准，开展创建全国城市体育先进街道工作。至2010年，辖区新兴街道、新嘉街道、解放街道先后被国家体委、国家体育总局授予国家级体育先进街道。

创建全国城市体育先进社区　从2004年开始，按照有100平米以上或2处累计150平米室内体育活动室、500平米以上固定室外晨晚练点、拥有2套健身路径或标准水泥篮球场、活动场地向社会开放、每2年举行一次5个项目以上的社区运动会、每年组织社区居民开展体质健康测试等硬件标准，开展创建全国城市体育先进社区工作。至2010年，区南湖街道桂苑社区，解放街道莱花泾社区被国家体育总局、中央文明办授于国家级体育先进社区。

创建省城市体育先进街道　从1996年开始创建。1997年，省体委、省民政厅授于新嘉街道、解放街道为省级体育先进街道。1998年开始，由省体育局授于新兴街道为省级体育先进街道。

创建省城市体育先进社区　从2004年开始创建。2005—2010年，南湖街道桂苑社区、新兴街道明月社区、解放街道莱花泾社区被省体育局授于省体育先进社区荣誉称号。

社区运动会

1997年6月，由市体育局和秀城区政府联合举办嘉兴市首届社区运动会。市区6个街道、12个居委会组、21个家庭组和1000余名运动员参加篮球、家庭健身操、家庭接力跑、第八套广播操、踢毽子、飞镖等6个项目比赛。1998年，区政府举办市区社区健身运动会，6个街道的500名运动员参加广播操、健身运动、拔河、登高、环城接力赛。1999年开始，创建全国和省的街道、社区都举办不同规模的街道、社区运动会。

第二章　学校体育

第一节　体育教育

体育教学

区境的学校体育教学始于清末。光绪二十八年(1902)，嘉兴府学堂和秀水县学堂根据《钦定学堂章程》，开设体操课。1921年后，体操课改为体育课。

新中国成立后，体育教学进一步得到重视，1950年起，体育课每周2教时，每天安排早操或课外活动。1956年起，学校贯彻"增强学生体质，提高部分运动基础较好学生的运动水平，培养学生的共产主义道德品质"的体育教学纲领，并统一按照《中小学体育教学参考书》的具体内容，有系统地进行体育教学。

"文化大革命"初期，大部分学校体育课停开。1970年下半年，体育课改称军体课，每周2节。是年，省出版《军事体育》作为中小学试用课本。1973年，贯彻《省中小学教学计划(试行草案)》，重新恢复体育课。

1978年，教育部颁布全日制十年制学校体育教育大纲。次年，市(县)教育局配备体育教研员，负责指导各校体育教研活动。1990年起，各中小学统一按教育部规定的课程标准开设体育课程，1~2年级每周4节体育课，3~9年级每周3节体育课，每天确保大课间体育活动和眼保健操的进行。

体育特色学校创建

从20世纪80年代中后期开始创建体育传统项目学校建设。体育传统项目主要有田径、游泳、乒乓球、篮球、羽毛球、足球等。嘉兴市实验小学等6所区属中小学，先后被命名为省级体育传统项目学校。2003年，嘉兴市实验小学被国家体育总局、教育部命名为国家级体育传统项目学校。

1992—2003年全区列入浙江省体育传统项目学校名录表

表32-1

学校名称	传统项目	列入年份
嘉兴市实验小学	田径	1992
	足球	2003
清河中学	篮球	1996
清河小学	羽毛球	1996
余新镇中心小学	田径	1996
南杨路小学	棋类	2003
秀城区实验小学	棋类、田径	2003

2004年后，体育行政部门将体育传统项目学校更名为体育特色项目学校，至2007年，全部调整并更名为体育特色学校，由主管业余训练的训竞部门管理。截至2010年年底，南湖区中小学被列入浙江省体育特色项目的学校有实验初级中学教育集团、实验小学等11所。

2008—2010 年全区列入浙江省体育特色项目学校名录表

表 32-2

学校名称	特色项目	列入年份
实验初级中学教育集团	排球、田径、健美操	2008
实验小学	田径、足球、轮滑	2008
南湖国际实验学校	网球	2008
辅成教育集团	围棋	2008
秀城实验教育集团	围棋	2009
光明小学	羽毛球	2008
清河中学	篮球	2010
文昌路小学	乒乓球	2010
清河小学	羽毛球	2009
余新中学	田径、女子足球	2009
余新小学	田径	2008

第二节　体育锻炼达标活动

1975 年后，全国中小学全面推行体育锻炼达标活动。1980 年，嘉兴县教育局、体委制定实施城镇、农村中小学开展达标活动规划，提出城镇学校适龄学生达标率 35%，农村学校适龄学生达标率 15% 的目标。1982 年，开展"达标"活动的中小学校从 1979 年的 31 所增加到 48 所；农村中小学从 7 所增加到 21 所；参加"达标"的学生总数从 13787 人增至 17448 人；"达标"合格的学生数从 4287 人增至 7892 人；平均"达标"率从 31.35% 上升到 45.67%。1983 年有 75.1% 的中小学开展体育"达标"活动，城镇中小学相继组建 35 个业余或传统运动队。

建区后，全区中小学达标活动实现全履盖，并推行相应的配套措施：对照《学校体育工作条例》，进行体质健康测试；开展青少年"阳光体育运动"和"体育、艺术 2+1 项目"；启动"阳光校园"和"中小学生课外文体活动工程"的活动；每年举行一届田径运动会和体育节等。1991 年起，初中学生体育锻炼成绩被计入初中升高中的中考总成绩。至 2000 年，全区中小学体育锻炼标准达标率为 99.2%；优秀率 42.4%；良好率 40.2%。

"阳光校园"学生健身操

2003 学年后，全区 34 所中小学全部实施《国家学生体质健康标准》，覆盖面达到 100%，中小学学生达标率、优秀率、良好率、及格率保持稳定态势。

2003—2010 学年南湖区中小学学校体育达标情况表

表 32-3　　单位：%

年份	达标率	优秀率	良好率	年份	达标率	优秀率	良好率
2003	99.66	45.57	36.50	2007	95.12	23.94	48.63
2004	99.70	40.95	37.81	2008	95.82	14.99	56.96
2005	99.63	38.37	39.09	2009	96.18	16.53	58.48
2006	99.31	33.26	40.26	2010	95.90	19.60	56.13

第三章　竞技体育

第一节　体育运动会

建区前运动会

1950—1955年，嘉兴市（县）举办5届体育运动会。1982年6月，在嘉兴体育场举行嘉兴市第六届运动会，项目设田径、足球、篮球和游泳，参加田径比赛的有中小学30所，青少年运动员714名，成人运动员173名，代表28个单位，嘉兴冶金机械厂、建设小学、三中分别获成人、小学、中学各组总分第1名。参加篮球比赛的有33个队，其中城镇27个、农村6个，运动员461人，汽车钢圈厂男队、绢纺厂女队分获城镇男女组冠军。参加游泳比赛的有14个队，运动员170人，嘉兴毛纺厂、嘉兴二中分获成人组和少年组冠军。

建区后运动会

1986—2010年，先后举办6届全区运动会，且呈现比赛规模逐届扩大，比赛项目和参赛人数逐届增多，体育竞技水平不断提高的态势。

城区第一届运动会　1986年2—5月举行，设青少年部和成年部，青少年部竞赛项目设中国象棋、国际象棋、围棋、田径、乒乓球共5项；成年部设中国象棋、围棋、乒乓球、篮球（男子）4项，有795人参赛。

城区第二届运动会　1990年1—4月举行，设青少年部和成年部，青少年部由城区各中小学及市属中学参加，成年部由城区机关一队、城区机关二队、东门街道、新嘉街道、新兴街道、解放街道、建设街道和东栅乡、塘汇乡、南湖乡、嘉北乡、秀水乡13个单位参加。青少年部竞赛项目设中国象棋、国际象棋、围棋、田径、乒乓球5项；成年部竞赛项目设中国象棋、围棋、乒乓球、篮球（男子）4项，运动会有819人参赛。

城区第三届运动会　1994年2—6月举行，以学校、街道、乡和机关为参赛单位，设青少年部和成年部，青少年部由城区各中小学及市属中学参加，成年部由城区机关一队、城区机关二队、东门街道、新嘉街道、新兴街道、解放街道、建设街道和东栅乡、塘汇乡、南湖乡、嘉北乡、秀水乡13个单位参加。青少年部竞赛项目设中国象棋、国际象棋、围棋、田径、乒乓球5项；成年部设中国象棋、国际象棋、围棋、田径、篮球（男子）、乒乓球、桥牌、门球、拔河8项。运动会共有1262人参赛。

秀城区第四届运动会　2001年3—9月举行，设青少年部（小学组、中学组）和成年部。青少年部竞赛项目设棋类、乒乓球、跑跳踢、广播操、田径、足球、篮球7项；成年部设田径、广播操、飞镖、台球、保龄球、桥牌、拔河8项，运动会共有2365人参赛。

秀城区第五届运动会　2005年3—10月举行，设青少年部和成年部，实行分部竞赛制，青少年部以基层学校为单位组队参加，成年部以乡镇、街道、区级机关为单位组队参加。青少年部竞赛项目设象棋、围棋、国际象棋、乒乓球、田径、羽毛球、足球、篮球、广播操9项；成年部设田径、保龄球、拔河、台球、游泳、网球、乒乓球、象棋、羽毛球、飞镖、广播操11项。运动会共有4650人参赛。

南湖区第六届运动会　2010年3—11月中旬举行，设幼儿部、青少年部、成年部（含新居民）、老年部、残疾人部5个部，实行分部竞赛制。竞赛项目有31项。其中，幼儿部设象棋、围棋、国际象棋、轮滑、快乐体操、趣味运动会6项；青少年部设象棋、围棋、国际象棋、乒乓球、田径、羽毛球、足球、篮球、广播操共9项；成年部（含新居民）设田径、网球、乒乓球、羽毛球、踏白船、拔河、广播操7项；老年部设乒乓球、武术、门球、排球共4项；残疾人部设田径、游泳、乒乓球、羽毛球、举重5项。全区12个镇（街道）、36所中小学、幼儿园、区级机关、科技城、区残联、老年体协等组成105个代表团，6847名运动员参加比赛。

第二节　体育竞赛成绩

青少年体育竞赛成绩

1974年9月，在全国体操技巧锦标赛上，詹英与队友合作获混合双人体操技巧锦标赛第2名。

1982年，嘉兴市少体校在省、地、市运动会各项体育比赛中，有52人次打破地、市成年、少年儿童组的田径、游泳纪录；有7人达到二级运动员标准；有65人达到三级运动员标准。在省七运会上，少体校体操班荣获儿童体操女子甲组、乙组两项团体冠军；体操运动员李加军、邹群分别获得儿童男子甲组和乙组2项个人全能冠军；8名体操运动员获得个人单项8个第1名；李加军参加全国少儿体操比赛获得第7名。

1983年，市少体校组建女子足球队，在省少年女子足球比赛中获得第3名。嘉兴市少年甲、乙组男子足球队代表地区参加省少年甲、乙组别的男子足球赛，分别夺得冠亚军。是年7月，少体校体操班在省业余少体校体操比赛中获女子儿童甲组、男子儿童乙组团体冠军和女子少年组、女子儿童乙组团体亚军；体操运动员王静、孙婷婷获个人全能单项第1名，并代表省队参加全国体操比赛。1986年，跳高运动员高治青获得全国锦标赛第3名和冠军赛第2名。蔡志强于1989年12月在波兰举行的第一届国际青年技巧锦标赛上与队友合作，获得男双3枚金牌。

1985年，8名学生参加全国体操比赛，1人获金牌，2人得第六名；1987年，全国业余体操（第一赛区）比赛，获得3个第二名，2个第三名，3个第五名，1个第六名；1988年，在省二届青运会与分赛中，学生在体操、田径比赛中获8个第一名，8个第二名，6个第三名；1989年，有9名学生参加全国业余体校体操比赛，获金牌1枚，银牌4枚，铜牌4枚。

1994年，体操运动员许刚在全国青年体操锦标赛上获3项冠军。

1994年，技巧运动员韩臣在世界技巧锦标赛上获四项冠军。获全国技巧冠军赛3项冠军。1996年，获全国技巧冠军赛3项冠军。1997年，获全国技巧锦标赛冠军。

1997年，技巧运动员项婷玉获全国技巧冠军赛3项冠军。

1998年，区代表队在嘉兴市第四届运动会上获青少年部团体总分第二名和金牌总数第二名；同年9月，城区组团参加在宁波举办的省第十一届体育运动会，获青少年组县（市、区）团体总分第一名、金牌总数第五名。

2000年后，全区中小学广泛开展特色体育教学，着力培养优秀体育人才，体育竞赛成绩持续提升。2005年10月至2006年7月，在市第六届运动会竞技项目中，获金牌数、团体总分数第一名，并获运动会竞技体育贡献奖。同年10月，全区共有187名运动员参加省十三届运动会，获团体总分第五名。2010年，在省第十四届运动会青少年部比赛中，区运动健儿共参赛项目19个，运动员人数146人，荣获金牌24枚，列全省县市区第12位，团体总分列全省县市区第4位，奖牌数、团体总分列全市首位；在第七届市运会青少年部比赛中，区代表队分别获金牌数、奖牌数、团体总分列全市第一名。

2000—2010年，市少体校和辖区中小学，共输送到省体工队及各类体育院校的运动员102人。在全国、全省各项体育比赛中屡创佳绩。至2010年，区运动员共摘得国家级奖牌74枚、省级金牌102枚。

成人体育竞赛成绩

棋类比赛　1963年，市象棋队参加在杭州举行的全省比赛，获团体冠军。高琪在1963年和1964年连获全省象棋冠军。20世纪80年代，孙祥琅在省围棋团体赛中获第三名。

田径　被誉为50年代中国“女飞人”的姜玉民在1953—1965年期间，30次打破女子短跑项目的全国记录；1959年，姜玉民在首届全运会上，连夺女子100米、200米、4×100米3枚金牌。1960年6月，在布拉格举行的罗申斯基国际田径比赛中，姜玉民战胜众多欧洲名将，荣获400米冠军，成为第一个在国际比赛中赢得金牌的中国短跑运动员，受到周恩来等中央领导接见。2004年，袁沈芹在全国青年田径赛上获撑杆跳高第二名，并打破全国大学生运动会纪录。

帆船、赛艇　帆船运动员于春燕：2005年，进入国家队，参加2008年北京奥运会。2006年，获亚洲锦标赛女子470级（双）冠军、第十五届亚运会季军、全国帆船锦标赛总决赛女子470级冠军；第十届、第十一届全运会亚军；2008年，北京奥运会女子双人艇470级第18名。

赛艇运动员孔张明分别在2000年和2004年全国青年赛艇锦标赛上获冠军；在2005年第十届全国运动会赛艇比赛男子双人艇上获亚军；又分别在2007年和2008年全国赛艇锦标赛男子8人艇上获亚军；在2009年的全国赛艇锦标赛上获冠军、第十一届全国运动会赛艇比赛男子8人艇冠军、第十三届亚洲赛艇锦标赛男子8人艇和4人艇两项冠军。先后获得国家"健将级运动员"荣誉称号、浙江省"2009年度我最喜爱的男运动员"荣誉称号；2009年12月，在第十一届全国运动会浙江省表彰会上被省政府授予二等功一次，共青团浙江省委授予"五四"青年奖章1枚。

赛艇运动员张亭：2009年，在世界青年赛艇锦标赛中，在女子4人双桨比赛中获金牌。

游泳 1982年，张月莉获省女子200米混合泳第一名；1999年，陶嵘在全国游泳冠军赛中获男子200米蛙泳冠军，在次年的全国游泳冠军赛中，获得男子100米蛙泳第五名，4×100米混合泳接力第五名；2000年，周冲在全国游泳比赛中，与队友合作，获女子4×100米自由泳接力第五名。

武术 韩志福在1958年全国武术比赛中获3等奖。嘉兴武术队先后参加1981年的全国武术观摩交流大会、1982年的全国少数民族传统体育运动会、1983年的第五届全运会、1985年的国际武术表演赛、1986年的全国第三届少数民族传统体育运动会、1987年的第六届全运会等重大比赛。在这些竞赛和表演活动中，李青山表演的关公十八刀，李青山、韩海华表演的六合排打功，韩海华、韩忠祥表演的掼牛等项目赢得了广泛赞誉，掼牛被誉为"中国式斗牛"。在1990年举行的全省第二届少数民族传统体育运动会上，代表嘉兴市参赛的城区14名回族运动员表演了掼牛、排打功、样刀等。韩荣荣获72公斤级摔跤冠军，韩道兴获查剑第一名。

2009年8月，在第六届浙江国际传统武术比赛中，来自美、澳、德、日等国家和地区27支代表队的214名武术爱好者和我国10多个省市316支代表队的4865名选手参加比赛，区代表队获11块金牌、20块银牌和1块铜牌。

2010年8月22—25日，在第五届香港国际武术比赛上，南湖区运动员摘得51枚金牌，取得团体总分第三的佳绩，其中张丽萍独揽3金。

团体综合性竞赛成绩

2002年，南湖区代表队在嘉兴市第五届运动会上以团体总分201分，超过第2名65分的佳绩获得成年部第一名。2006年，南湖区代表队在嘉兴市第六届运动会上，获得大众体育部团体总分第一名和竞技体育部团体总分第二名。在浙江省第十三届运动会上，获得县(市、区)团体总分第五名。同年5月，在海盐南北湖举办的"浙北片环太湖体育圈"全民健身展示活动暨职工"迎奥运"健身系列活动中，区教育文化体育局代表队获得团体总分第一名。

截至2009年区参加全国比赛获前三名(部分)区籍运动员情况表

表32-4

姓 名	性别	项目	获名次情况(人)			取得年份
			第一名	第二名	第三名	
姜玉民	女	田径：100、200、400米	3	—	—	1959年
韩志福	男	武术	—	—	1	1958年
高 琪	男	棋类：象棋	1	—	—	1963年
高治青	男	田径：跳高	3	1	1	1986—1989年
韩荣荣	男	72公斤级摔跤	1	—	—	1990年
韩道兴	男	舞剑	1	—	—	1990年
陶 嵘	男	游泳：200米蛙泳	1	—	—	1999年
施玲英	女	体操	2	1	—	—
王钱琴	女	体操：绳圈、全能	2	1	—	—

续表 32-4

姓　名	性别	项目	获名次情况（人）			取得年份
			第一名	第二名	第三名	
许　刚	男	体操	3	—	—	1994年
张　靖	女	体操：全能	—	—	3	—
黄　洁	女	体操：跳马等	1	2	—	—
詹　英	女	技巧：混双	1	1	—	—
赖小俭	女	技巧：三人	—	—	1	—
虞德勤	男	技巧：四人	—	1	—	—
周　勇	男	技巧：四人	1	—	—	—
项婷玉	女	技巧	3	—	—	1997年
韩　臣	男	技巧	7	—	—	1996—1997年
邹　群	男	技巧：四人	—	—	1	—
虞强鸣	女	排球	2	1	5	—
孔张明	男	赛艇	6	3	1	2000—2009年
张　婷	女	赛艇	1	—	—	—
于春燕	女	帆船	2	2	1	2006年

至1989年区籍运动员参加省级以上体育比赛（田径、游泳）最高记录名录表

表 32-5

姓　名	性别	项目	成绩	运动会名称	时间	地点	保持年份	备注
姜玉民	女	100米	11″9	第一届全运会	1959.9	北京	1959—1976	创全国记录
姜玉民	女	200米	24″4	北京、河北、江苏、浙江、山东田径对抗赛	1959.8	北京	1959—1984	创全国记录
姜玉民	女	400米	55″8	第一届全运会	1959.9	北京	1959—1989	—
任龙献	男	1500米	4′6″9	杭州市运动会	1965.6	杭州	1965—1972	—
任龙献	男	5000米	13′33″3	第二届全运会	1965.9	北京	1965—1977	—
任龙献	男	10000米	33′47″4	省迎二届全运会选拔赛	1964.12	杭州	1964—1977	—
张　燕	女	4×400米接力	3′19″3	第三届全国中学生运动会	1986.8	鞍山	1986—	—
张　燕	女	400米	55″5	北京地区优秀运动员比赛	1989.6	北京	1989—	—
张跃军	男	100米蹼泳	49″	第四届全运会	1979.9	长沙	1979—1983	—
张跃军	男	4×100米蹼泳接力	3′23″1	第四届全运会	1979.9	长沙	1979—1983	—
张月莉	女	400米蹼泳	4′48″	第四届全运会	1979.9	长沙	1979—1983	—
张月莉	女	4×100米蹼泳接力	3′56″2	第四届全运会	1979.9	长沙	1979—1983	—

续表32-5

姓 名	性别	项目	成绩	运动会名称	时间	地点	保持年份	备注
张月莉	女	4×100米 蹼泳接力	3′44″2	全国潜泳比赛	1980.9	广州	1980—1983	—
张月莉	女	100米蹼泳	55″1	全国潜泳比赛	1980.9	广州	1980—1983	—
张月莉	女	200米蹼泳	2′3″5	全国潜泳比赛	1980.9	广州	1980—1983	—
张月莉	女	400米蹼泳	4′28″4	全国潜泳比赛	1980.9	广州	1980—1983	—

南湖区籍获国家运动健将称号运动员名录表

表32-6

姓 名	性别	项目	姓 名	性别	项目
姜玉民	女	田径	周 勇	男	技巧
张 燕	女	田径	虞德勤	男	技巧
高治青	男	田径	陈一红	女	技巧
王云健	女	体操	邹 群	男	技巧
施玲英	女	体操	虞强鸣	女	排球
诸 超	男	体操	施美莲	女	排球
于春燕	女	帆船	孔张明	男	赛艇

南湖区籍运动员参加国际比赛情况表

表32-7

姓 名	性别	时间	地点	运动会名称	项目		成绩	名次	备注
姜玉民	女	1957	布加勒斯特	罗马尼亚国际田径赛	田径	100米 200米	12″1 24″8	3 2	另有多次获奖
				十一届罗马尼亚田径赛		100米 200米	12″2 24″8	4 3	
施美莲	女	1976.11	香港	世界亚洲选拔赛	排球		—	1	—
王钱琴	女	1981	—	第十届世界艺术体操锦标赛	艺术体操		—	—	—
蔡志祥	男	1989.12	波兰	第十一届国际青年技巧锦标赛	技巧—男双		—	3块金牌	—

2005—2010年区运动员参加省级部分体育比赛团体前三名成绩表

表32-8

序号	名 称(项目)	等级	名次	比赛时间	比赛地点
1	浙江省浙北片暨环太湖体育圈全民健身展示活动	省级	第一名	2006.5.20—21	海盐南北湖
2	2008年浙江省中学生(初中)女子足球联赛	省级	第一名(女)	2008.7.14—17	杭州
3	“特步杯”浙江省首届中学生篮球联赛嘉兴赛区	省级	第三名(女)	2008.7.15—19	秀州中学分校 一中实验学校
4	“农夫山泉杯”浙江省体育特色学校田径比赛	省级	第三名(初中组)	2008.7.18—20	宁波华茂外国语 学校

2005—2010年区运动员参加市级部分体育比赛团体第一名成绩表

表32-9

序号	名　称(项目)	等级	名次	比赛时间	比赛地点
1	嘉兴市第六届运动会大众体育部总团体	市级	第一名	2005.11	嘉兴市
2	嘉兴市第六届运动会大众体育部桥牌比赛	市级	第一名	2005.10.14—16	嘉兴文华园
3	嘉兴市第六届运动会大众体育部钓鱼比赛	市级	第一名	2005.10.29—30	嘉兴市
4	嘉兴市第六届运动会大众体育部象棋比赛	市级	第一名	2005.10.5—7	嘉兴市辅成小学
5	嘉兴市第六届运动会大众体育部国际象棋比赛	市级	第一名	2005.10.5—7	嘉兴市辅成小学
6	嘉兴市第六届运动会大众体育部围棋比赛	市级	第一名	2005.10.5—7	嘉兴市辅成小学
7	嘉兴市第六届运动会大众体育部信鸽比赛	市级	第一名	2005.10.19—11.4	嘉兴市
8	嘉兴市第六届运动会竞技体育部皮划艇比赛	市级	第一名	2006.6.15—17	嘉善县汾湖水上运动中心
9	2006年嘉兴市小学生田径苗子赛	市级	第一名	2006.12.2—3	嘉兴市第三中学
10	2006年嘉兴市小学生足球比赛	市级	第一名	2006.11.4—5	嘉兴市清河中学
11	2006年嘉兴市小学生排球比赛(以校为单位组队参赛)	市级	男、女第一名(三水湾小学)	2006.11.26	嘉兴市实验初级中学
12	2007年嘉兴市中小学生网球(短式网球)比赛	市级	第一名	2007.5.12—13	平湖体育中心
13	2007年嘉兴市中小学生游泳比赛	市级	第一名	2007.7.15—16	海盐县游泳池
14	2007年嘉兴市少年儿童体操(艺术体操)比赛	市级	第一名	2007.10.20—21	嘉兴市少体校
15	2007年嘉兴市短池游泳比赛	市级	第一名	2008.12	嘉兴
16	2008年嘉兴市中小学生棋类比赛	市级	第一名(甲组象棋) 第一名(甲组国象) 第一名(乙组国象) 第一名(甲组围棋) 第一名(乙组围棋)	2008.4.18—20	嘉兴市辅成教育集团辅成小学
17	2008年嘉兴市中小学生足球比赛	市级	第一名(男)	2008.5.23—25	嘉兴学院
18	2008年嘉兴市中小学生游泳比赛	市级	第一名	2008.7.23—24	海宁东山游泳池
19	2009年嘉兴市中小学生游泳比赛	市级	第一名	2009.8.20—22	桐乡市游泳池
20	“洪声杯”二00九嘉兴市中小学生排球比赛	市级	小学女: 第一名(辅成小学) 中学男: 第一名(实验初中) 中学女: 第一名(实验初中)	2009.11.20—22	嘉兴实验初中教育集团

续表32-9

序号	名　称(项目)	等级	名次	比赛时间	比赛地点
21	2009年嘉兴市特色项目学校网球(短网)比赛	市级	第一名	2009.10.9—11	嘉兴网球中心
22	2009年嘉兴市特色项目学校羽毛球比赛	市级	男乙： 第一名(清河小学) 女乙： 第一名(清河小学) 男丙： 第一名(光明小学) 女丙： 第一名(辅成教育集团)	2009.9.18—19	嘉兴市辅成教育集团
23	2009年浙江省“全民健身与奥运同行”浙北片区展示活动	市级	第一名	2009.5	平湖市
24	2010年嘉兴市中小学生足球(乙组)比赛暨第十四届省运会测试赛	市级	第一名(男队)	2010.3.26—28	嘉兴市实验小学
25	2010年嘉兴市中小学生棋类比赛	市级	象棋甲组团体第一名 象棋乙组团体第一名 围棋甲组团体第一名 围棋乙组团体第一名 国际象棋乙组团体第一名	2010.4.17—18	嘉兴市辅成教育集团辅成小学
26	2010年中国江南网船会龙舟邀请赛	市级	第一名	2010.4.11	秀洲区王江泾

第三节　承办重要体育赛事

按实运作以后，南湖区主办、承办省级以上重大体育赛事及国际体育交流活动主要有：

国际体育赛事　2008年，第二届“生辉杯”中美篮球对抗赛；2009年，第三届“生辉杯”中美篮球对抗赛；2009年6月，中国乒乓球俱乐部超级联赛(嘉兴站)；2009年，国际轮滑马拉松邀请赛；2009年8月，“郁金香岸杯”国际男子网球巡回赛(嘉兴站)；2009年，国际网球巡回赛(嘉兴站)和戴维斯国际网球赛(泰国队—中国队)；2010年6月，“佳源杯”国际男子网球巡回赛(嘉兴站)。

国际轮滑马拉松邀请赛业余4公里轮滑比赛小选手

国内体育赛事　2009年，中国乒乓球俱乐部超级联赛。2009年5月，第三届中国大学生龙舟锦标赛。2010年9月，“五芳斋杯”华东地区青少年(U12))网球团体赛。

省级体育赛事　2007年，省少年儿童短网、标网锦标赛；2008年7月，浙江省青少年女子排球锦标赛；2009年7月，浙江省少年儿童短式网球锦标赛、浙江省少年儿童网球锦标赛竞赛；2010年4月，浙江省业余网球公开赛嘉兴分站赛；5月，承办浙江省第十四届运动会(行业系统部)太极拳(剑)比赛；8月，“五芳斋杯”华东地区青少年(U12)网球团体赛、浙江省第十四届运动会(青少年部)“韩泰轮胎杯”男子排球比赛；9月，浙江省第十四届运动会（行业系统部）网球比赛；10月，承办浙江省第十四届运动会（青少年部）“中法杯”短式网球比赛、浙江省第十四届运动会（青少年部）“加西贝拉杯”网球比赛。

2010年，南湖区被评为浙江省第十四届运动会筹办工作突出贡献奖和浙江省第十四届运动会参赛奖。

第四章　体育设施

第一节　公共体育设施

解放前境内公共体育设施匮乏。解放后，逐步改善体育设施，20世纪50—70年代，政府先后扩建兴建公共体育场、游泳池、灯光篮球场等体育运动场所。各大中型企业也普遍增设篮球场、乒乓球室、羽毛球室等运动场所。民丰造纸厂、冶金厂等企业建有职工游泳池，群众体育活动丰富多样。80—90年代，嘉兴市政府持续推进体育设施建设，先后新建嘉兴市体育中心、体育馆等符合国家标准的大型运动场所。

2000年后，各镇、街道、村体育设施建设步伐加快。至2010年，辖区内拥有大小体育场40个、体育馆22个、室外篮球场203个、排球场25个、乒乓房30个、网球场20余片、健身路径177条。各镇建有灯光篮球场和室内外文体中心、56个行政村100%建有标准篮球场、健身苑点，实现了省小康体育示范村建设工程的全覆盖。各街道有500平方米以上的室外活动场所和100平方米以上的活动室，100%的社区拥有2件以上体育器材，新建住宅区都配有健身设施。全区公共体育场地面积98.17万平方米，人均面积近2平方米。

南大营

位于环城南路至子城地块，古代为驻军和练兵之地，亦称外校场南大营。民国以来偶尔兼作体育运动场地。1934年，浙江省第一区第二届运动会在该地举行。

嘉兴老体育场

又称人民广场，在中山路与禾兴路相交处，清末为练兵处，占地面积约2公顷。民国时期为体育场，足球和田径比赛都在此举行。1950年，为迎接市第一届运动会召开，修成275米的跑道，1964年扩建为300米跑道，1975年，又扩建为400米跑道的标准田径场。除体育比赛外，市区一些大型集会均在此举行。1980年，因道路拓宽及建造中山电影院，场地面积缩小，已不办大型体育比赛。20世纪90年代，因城市改造该地块被征用，体育场迁建中山西路。

嘉兴市体育场

位于中山西路，1985年10月开始建设，1987年底建成使用。总投资196万元。占地面积4.12公顷，建筑面积3654.6平方米。内设400米标准田径场和足球场，东西看台可容纳观众7000人。是当时全市最大的体育场。2007年，市体育场西侧、南侧、北侧的约3.3万平方米（含市体育馆土地）的土地出让，余下土地改建为市少体校400米田径训练场。

嘉兴市体育中心

位于中环南路和花园路交叉口，2004年4月8日，奠基仪式举行，2009年竣工。总投资3.43亿元。占地面积18.4公顷，总建筑面积55115平方米，六层框架结构，总高度55米。内场为8×400米标准跑道和标准足球场。看台设座椅33000个，看台包厢68个，可容纳35000人。拥有1000个停车位，更衣室、训练室、办公室等附属配套设施。该中心是浙江省第十四届运动会主会场。

嘉兴市体育馆

位于育才路50号，1993年年底，动工建设，1995年10月，竣工使用。总投资2877万元。占地面积4.53公顷，总建筑面积8789平方米（其中主馆7423平方米、副馆912.9平方米）。设2767个座位。是当时全市最好的体育馆。2005年，拆除市体育馆副馆，保留主馆作为市少体校训练场馆。

嘉兴体育馆(新馆)

位于昌盛路与桐乡大道交叉口。为嘉兴市人民政府、嘉兴学院共建项目,由嘉兴学院负责建设和日常运行管理。2009年3月,开工建设,2010年6月25日,通过竣工验收。总投资1.6亿元(包括设备设施)。占地面积6.21公顷,总建筑面积18575平方米。主馆内设固定座椅4442个,活动座椅1442个,训练馆场地864平方米。2010年10月15日,第十四届浙江省运动会开幕式在该地举行。体育馆设室内标准游泳馆,有50×21米,泳道8条,以及5个健身房,各种配套设施一应俱全。

游泳池　馆

嘉兴市少年儿童体育学校游泳馆　位于吉杨路育才路交叉口。2005年9月1日,开工,2006年10月,竣工,建筑面积6022平方米。游泳馆为两层,一层设25×8米儿童游泳池2个;二层设50×25米标准池,健身房,400人简易看台。利用燃气真空锅炉加温,可以满足冬季训练要求。

游泳池　民国时期,境内仅有民丰造纸厂1947年建造的25×15米室外游泳池。1965年,在紫阳街与斜西街交汇处建造50×20米室外游泳池。1982年,又在游泳池西边,增建25×8米的室内游泳池。20世纪70—80年代,冶金厂、化肥厂、航运公司、邮电局、市青少年宫也建有游泳池。20世纪90年代后,先后拆除。

2000年后,嘉兴学院、北师大等学校和阳光饭店等大型宾馆相继建造室内温水游泳池,向公众开放。至2010年,境内有对外开放游泳池31个。另有近10家游泳池正在办理有关许可证。

2010年境内游泳经营场所名录

嘉兴市南湖国际实验学校室内游泳池
嘉兴世茂花园大酒店室内游泳池
嘉兴新湖绿都物业游泳池(新湖物业)
嘉兴市翰林府第游泳池
亚厦风和苑游泳池(亚厦物业)
格林小镇游泳池(宁波中建物业)
半岛公寓游泳池(嘉兴港澳物业)
嘉兴华阳物业游泳池(大华城市花园)
天城碧海游泳健身会所室内游泳池
嘉州美都游泳池(经房物业)
嘉兴市高中园区游泳馆(吉水路349号)
丁香花园室内游泳池(怡城物业)
嘉兴市实验小学游泳池(东校区)
金都景苑游泳池(金都物业)
嘉兴阳光大酒店室内游泳池
嘉兴穆湖室内游泳池
绿溪玫瑰园游泳池
北师大附中游泳池
嘉兴市活力多健身有限公司(春晓源二期)
嘉兴博雅酒店
嘉兴市富安国际会所(富安物业)
大树阳光康体俱乐部有限公司
嘉兴市南湖区城东大营商务宾馆
嘉兴学院游泳池
嘉兴市经开城南街道百胜游泳馆
放鹤洲(恒达物业)
嘉兴杰司特健身有限公司嘉兴分公司
嘉兴别有韵健身有限公司
嘉兴市实验小学游泳池(西校区)
余新游泳馆

篮球场

1956年,在体育场东边围墙建造过一个灯光球场,在“文化大革命”中与田径场、体操房同时被拆毁。1977年8月,在工人文化宫内重建符合比赛标准的灯光球场,四周看台可容纳观众3000人,夜间篮球比赛均在该地举行。20世纪50—80年代,境内篮球场地主要集中在中小学、职业中专学校和部分大中型工矿企业。90年代后至2010年,随着全民健身运动的兴起,在市体育馆的室内篮球场和一些新建的大型住宅区的塑胶篮球场相继建成,农村按照创建体育强镇的要求,各镇建有灯光篮球场,村村都建有篮球场。

国际网球中心

位于凌公塘路北侧、景宜路东侧,占地面积约7公顷,总建筑面积约18000平方米。内设建筑面积5500平方米、19米高的大型比赛馆以及室内训练馆

2个等，室外设标准灯光比赛场地11片，是2010年承办省第14届运动会的网球比赛场地，也是举办各类大型集会、会展、文娱活动的主要场所。2009年5月23日，开馆当日。即举办"红船杯"浙江网球邀请赛。是年5—12月，先后在该地举办首届嘉兴国际轮滑马拉松邀请赛、省业余网球排名赛、省青少年网球赛等重大体育比赛。"南湖之春"文化经贸活动等大型文体活动也在网球中心举行，在网球中心的东侧建有建筑面积约9000平方米的网球学校和培训中心。

室外健身设施

市区环河(湖)全民健身长廊 2009年起，在环城河、凌公塘、环南湖地带，以及部分公园和社区中修建、安装体育健身设施和器械。实施以市民健身为主要内容，集观光、休闲、健身、娱乐为一体的敞开式、服务大众的体育健身工程。以点、线、面相结合，充分利用现有的绿地、公园、广场，分段、分片建设适合广大市民就地就近参与健身活动的公益体育设施。

环城河健身设施 范蠡湖公园北侧大草坪，建设健身舞蹈广场，沿河边安装健身路径器材。环城南路沿河绿化带府南街、建国路、秀洲路口侧安装健身路径器材。邮电博物馆东首小广场，做相应的扩大作为健身广场。解放路西侧(嘉禾桥堍北侧)大草坪，安置2个笼式足球场。望吴门广场绿化带中，安装健身路径和器材。

环南湖地带和公园健身设施 体育中心西广场(篮球广场)设置6片标准篮球场和一些用于练习的篮球架；体育场西建造笼式足球场；在沿南湖和南溪路建设一条环通的平整游步道，供市民早晚健身走或健身跑；南湖春园内安装健身路径器材；建国路穆湖公园、望吴门公园、明月公园、吉杨公园、人民公园、三水湾公园、三塔公园等安装健身路径器材。

住宅区健身路径 1995年起，在社区、公园等公共场合设置供民众健身、娱乐使用的一系列体育器械—健身路径(由10件健身器材组建成一条健身路径)。至2010年，市区共安装健身路径720件、篮球架10件、篮球场灯光18盏、儿童篮球架4件和笼式足球1套。

国民体质监测与健康服务中心

设在区中心医院内，是全市首个省级国民体质监测与服务机构，2008年7月，向社会开放。检测项目有体质评定、体成分评定、骨密度评定、血管机能评定及运动处方5项，并配有中高级培训合格的专业医师6名，设立专门科室。通过体卫结合、优势互补、资源共享、创新工作机制、为辖区内群众体质测定和科学健身提供优质服务。服务中心购置11套国民体质监测器材，用于市民的体质监测。在全区范围内有计划地开展国民体质测定工作，逐步建立市民健康档案，指导市民科学健身。该中心每年向省国民体质监测数据库提供1500人以上不同人群的检测样本。2009年，第11届全运会上被评为群体工作先进单位。2010年6月，参与国家第3次国民体质监测工作，完成区2400人的监测与上报任务。

健身会所

2000年后，各类健身会所在全民健身的热潮中迅速发展。至2010年，境内健身会所有勇士跆拳道俱乐部、活力多健身有限公司、海力斯健身中心、极度健身会所等，这些健身会所都配置有先进的健身运动器材，设施齐全，功能完备，吸引了众多会员参与健身锻炼。

至2010年境内群众公共体育活动场所情况表

表32-10

场馆名称	场馆地址	服务项目
嘉兴市体育中心	中环南路与花园路交叉口	综合类体育项目
嘉兴市体育馆	中山西路328号	综合类体育项目
嘉兴国际网球中心	凌公塘路6号、八号路东侧	网球

续表32-10

场馆名称	场馆地址	服务项目
南湖区城西新天池健身娱乐中心	紫阳街服装公司大楼	台球
嘉兴勇士体育实业有限公司极度健身会所	栅堰路佳景苑1幢202室	跆拳道、健身
嘉兴勇士体育实业有限公司	栅堰路佳景苑1幢101室商铺	跆拳道、健身
南湖区蓝天精英羽毛球馆	甪里街112号	羽毛球、健身
南湖区城西天铭乒乓球俱乐部	洪波路58号电控厂内礼堂	乒乓球、健身
南湖区城西王者体育健身会所	同乐路商务大夏商办楼208室	健身
南湖区城东顾氏羽毛球运动中心	中环南路北花园路西侧体育中心一楼	羽毛球、健身
嘉兴别有韵健身有限公司	城东路1580号内1号楼	游泳馆、健身
嘉兴市活力多健身有限公司春晓源店	洪波路南侧春晓源二期C8	游泳馆、健身
嘉兴市海力斯健身有限公司	禾兴路451号江南大夏北楼	健身
嘉兴市工人文化宫	中山路45号	台球、健身、溜冰、射箭、乒乓球
南湖区城西委洋跆拳道搏击俱乐部	栅堰小区洪亮路	跆拳道、健身
嘉兴海力斯健身中心三江店	吉水路	健身
嘉兴市大树阳光康体俱乐部	华严路8号	网球、游泳
嘉兴市港澳物业管理有限公司半岛健身娱乐分公司	城北路与栅堰路交叉口半岛公寓会所	健身、游泳
嘉兴杰司特健身有限公司	巴黎都市凯旋门商场1幢商铺301、401号	健身、游泳
南湖区城西加州七街美容健身会馆	越秀南路中环广场C区601室	健身
嘉兴市世茂花园大酒店有限公司	嘉兴市320国道7号桥处	网球、游泳、健身、台球、乒乓球
浙江允升投资集团有限公司戴梦得大酒店	禾兴路366号戴梦得大夏	健身
嘉兴市新南方酒店有限公司	洪兴路350号	健身
嘉兴市活力多健身有限公司紫阳店	紫阳店269号1—2楼	健身
南湖区城西惠美健身俱乐部	建国路华庭财富中心五层H509号	健身
嘉兴市忆江南酒店有限公司	海盐塘路139号	健身
嘉兴周家庄休闲度假有限公司	七星镇兴星路136号210室	户外休闲
嘉兴市莱德餐饮俱乐部有限公司	吉杨路268号	健身
嘉兴市福海云天休闲娱乐有限公司	中山路47号	健身
浙江允升投资集团有限公司	禾兴路368号	台球、乒乓球、健身
嘉兴市天与地体育运动有限公司	中环南路富润路东(华东石油大夏四楼南边)	综合类体育项目
嘉兴天地健身有限公司	凌公塘路1号(嘉兴工业园区管理委员会办公楼376室)	健身

第二节　学校体育设施

新中国建立初期，乒乓、爬杆、篮球、足球是城乡学校体育教学的主要器具。嘉兴一中、二中、三中均有篮球场、足球场和乒乓球室。1983年，嘉兴撤地建市后，学校体育设施投入逐年增加。各中小学普遍建有运动操场、室外篮球场。20世纪90年代后，出现塑胶跑道、室内篮球场，部分学校体育馆、游泳池陆续建成，学校体育设施和运动器材渐趋完善。

2000年后，区、镇政府和区教文体局把发展学校体育事业作为推进特色体育教学，创建省级体育强区的一项重要工作来抓，进一步加大学校体育设施建设的投入。2001—2010年，共投入区属中小学体育场馆新建、改造、运动器材购置、更新等体育设施建设经费38500万元增建学校足球场15个、体育馆13个、游泳池3个，新建、扩建篮球场、排球场、网球场、乒乓球房等体育锻炼场所13个，新增学校体育运动场地面积371755平方米。配套的运动器材也得到全面更新。截至2010年年底，全区34所中、小学校拥有相应配套设施的足球场（田径场）34个，体育馆21个，游泳池3个，篮球场95.5个，乒乓球房31个，排球场25个，网球场11个，器械室36间。基本达到省I类配备标准。有80%以上学校的乒乓球室、篮球场等体育设施向社会公众有序开放，以适应广大群众日益增长的健身锻炼需求。

第五章　体育管理

第一节　管理机构

民国时期，社会体育活动由民众教育馆兼管。1955年，成立嘉兴市体育分会（由文教科代管）。1958年，由于嘉兴市与嘉兴县合并，成立嘉兴县体育运动委员会。“文化大革命”期间，由县人民武装部实行军事接管。1973年，结束军管后，县体委配备专职主任，不再属教育局代管。

建区后，境内的体育工作由市教育局、体育局依托管理。

2000年5月，设秀城区教育文化体育局，下设体育科，同年11月，成立区社会文化体育管理委员会和区实施全民健身计划领导小组，至2010年没变。

第二节　培训机构

概况

新中国成立后，嘉兴市（县）采用创办少体校、培训班等形式，培养体育人才，并为省、国家体育运动项目、体育院校输送体操、技巧、田径及球类等体育人才。2000年后，创新完善“体教结合”的模式与项目设置，通过与市少体校联办、联训，注重体育教师和教练员队伍建设，建立、完善体育培训网络等形式，在全区各学校全面开展体育特色学校创建活动，大力加强体育项目后备人才培训，夯实竞技体育的人才基础。至2010年年底，全区建有20所区体育后备人才培训基地学校，10所市体育特色项目学校，2所市高水平体育后备人才培训基地，12所省体育特色项目学校，4所省阳光体育后备人才培训基地，3所省级青少年体育俱乐部和5所国家级青少年体育俱乐部，这些学校在省、市、区各级各类体育竞赛中取得优异的成绩。

嘉兴市少年儿童体育学校

1957年，在紫阳街272号创办，2006年12月，搬迁至育才路50号。搬迁后的学校占地面积45328平方米，建筑面积30719平方米，建有全天候训练的体育馆、游泳馆和综合训练馆，场馆训练器材设备齐全，建有400米标准塑胶田径场。2007年5月，由市游泳俱乐部、市体育馆、市体育场、市少年儿童体育学校合并成立新的嘉兴市少年儿童体育学校，同时挂市体育训练指导中心牌子。2009年5月，增设嘉兴市体育运动学校。

嘉兴市少体校是九年制义务教育阶段培养少年儿童体育专项技能的全日制体育特色学校，是全市唯一的集中学习、训练和食宿的训练单位，也是省14所国家级高水平体育后备人才基地学校之一。学校培养和输送到省队、国家队的运动员在国内、国际大赛中频频获奖，有多人获得过世锦赛、亚运会、全运会等重大赛事奖牌。在浙江省第14届运动会上，学校514名运动员报名参加比赛，取得79.5枚金牌、242枚奖牌，获总分2589分的佳绩，占全市金牌数、奖牌数和总分数的80%，被授予浙江省第14届运动会筹办工作突出贡献奖。

至2010年，学校开设田径、游泳、体操、足球、摔跤、柔道、跆拳道、皮划艇、赛艇、排球、网球、拳击、蹦床、艺术体操等体育专业班16个，在训学生500多人，体育专业教师67人，还办有小学部和初中部各6个文化教学班。

学校传统优势项目有田径、体操、足球、皮划赛艇等。学校输送的于春燕、吴林、孔张明、屠爱民、赵东振、郑小龙、金子燕等多名运动员在国内国际大赛均有上佳表现。

1996年后，学校先后获得全国业余体育训练先进集体、全国群众体育先进单位、省体育后备人才训练工作先进集体等多项荣誉。2005年1月，被命名为“国家高水平体育后备人才基地”。2009年1月，被命名为新一轮国家高水平体育后备人才基地。

第三节　体育社团

2007年11月，成立区体育总会，是全区体育社团的联合组织，负责指导、监督、管理全区体育社团、体育单项协会工作。总会下设网球、篮球、乒乓球、羽毛球、足球、轮滑等单项协会及社会体育指导员、体育服务业等共18个体育社团。至2010年，有单项体育组织168个，会员逾万人。社会体育指导员907名。各镇、街道建立体育总会分会，负责计划、组织和开展各类体育健身活动，并配有健身活动场所和专兼职社会体育指导员。

2010年区级体育协会情况表

表32-11

序号	名　称	成立年份	会员人数(人)
1	嘉兴市南湖区体育总会	2007	85
2	嘉兴市南湖区农民体育协会	2008	260
3	嘉兴市南湖区老年人体育协会	2008	25000
4	嘉兴市南湖区残疾人体育协会	2008	5000
5	嘉兴市南湖区网球协会	2007	730
6	嘉兴市南湖区足球协会	2008	3200
7	嘉兴市南湖区羽毛球协会	2008	1560
8	嘉兴市南湖区乒乓球协会	2008	1200
9	嘉兴市南湖区篮球协会	2008	360
10	嘉兴市南湖区棋类协会	2008	1300
11	嘉兴市南湖区跆拳道协会	2008	60
12	嘉兴市南湖区健美操协会	2008	360
13	嘉兴市南湖区信鸽协会	2008	120
14	嘉兴市南湖区轮滑协会	2008	300

2005年3月，月河街区蒲鞋弄石板路面

第三十三篇　医疗卫生

目 录

境内医药事业历史悠久。宋代设有医院局和惠民药局。明初,嘉兴官府设医学训科,管理医药。清代,名医杨九牧设同善堂药店,名医徐大椿创办兰台药局。至1949年,境内有中医诊所33家、中药店17家。近代西医随教会传至嘉兴,光绪十九年(1893)美国教会派医生文渊博来嘉兴传教行医,开设福音医院。至解放前夕,境内有公立医院3所、私立医院2所、教会医院2所、西医诊所36所、西药店8家。解放前,广大农村缺医少药,医疗条件差,霍乱、天花、白喉、伤寒、疟疾等疫情频发,以血吸虫病危害最为严重,重流行区村庄败落,家破人亡,田园荒芜。据解放初期调查,境内血吸虫病感染率占总人口的56.9%。

新中国成立后,境内医疗卫生工作贯彻"为人民健康服务"的宗旨,开展爱国卫生运动和全国卫生城市创建工作,除害灭病,强化卫生防疫,建立健全城乡卫生医疗网络,加强卫技队伍建设,不断改善医疗设施条件,医疗机构、卫技队伍及医疗设施规模持续快速发展。至2010年,境内有医疗机构135家,其中省级医院2家、市级医院4家,区中心医院及镇卫生院7所,城乡社区卫生服务站点23个。拥有一大批先进医疗设备和医疗领先项目,疫病防治能力显著增强。1953年消灭天花、麻疹、伤寒,1972年后未再发生。至1989年,基本消灭血吸虫病及血丝虫病、麻风病。在2003年抗击"非典"中,措施有力,防控严密,境内未发生"非典"疫情。

妇幼保健工作在普及新法接生的基础上,1981年起逐步开展科学接生,推行孕产妇围产期保健和儿童保健系统化管理,优生优育工作成效显著。2000年后,全面推行城镇职工基本医疗保险、城乡居民合作医疗保险等一系列医疗保障制度。至2010年年底,全区参加城乡居民合作医疗保险共21.39万人,农民参保率和城镇居民参保率分别达98.82%和97.16%,基本实现了全覆盖。

第一章 医疗卫生管理

第一节 管理机构

境内宋代设有医院局。元代,设医学教授一员,又设官医提领所和惠民药局。明初设医学训科,明后期至清,并入府衙,由府内官员统管。

民国初期,由县警察局(所)司理卫生行政管理工作。1929年,始由县民政科分管,警察局督促施行。1936年,嘉兴县设立卫生事务所,主持全县卫生行政,训练卫生人才,办理禁烟等事。1940年,嘉兴县政府在抗日游击区设置卫生工作队。1943年10月,嘉兴县建立卫生院。1948年年初,县卫生院兼办卫生行政与业务。医生、护士由县长委任,卫生院长由省政府委任。

解放初期,嘉兴县卫生工作由民政科主管,卫生院兼管。此后,先后沿革为文卫办公室、卫生血防办公室、卫生办公室、卫生局等机构。

建区后,设区卫生局。1994年10月至2000年5月,与市卫生局合署办公。2000年5月,设立区计划生育与卫生局,内设计划生育、医政管理等职能科室,承担医政管理、卫生监督与疾控管理、计划生育管理、妇幼保健、创卫管理等职能。2005年,更名区人口计划生育与卫生局。

第二节 医政药政管理

医疗机构管理

1957年,各医疗机构建立科室负责制、院部大早会制、会诊、病例讨论、死亡报告等制度。1958年,实行"四角号码"门诊病历检索。1959年,开展以病员之家、服务良好"六比"(比政治挂帅、比预防为主、比服务态度、比医疗质量、比技术革新、比勤俭办事业)为中心的"红、勤、巧"运动。20世纪60年代初期,强调以医疗为中心,培训卫生干部,充实技术人员,开展技术革新和护理技术比武,医师改进病历书写,中医恢复脉案、护理恢复铺床法,医院管理工作逐步走上正规。"文化大革命"期间,规章制度遭破坏，医院正常秩序被扰乱，医疗质量下降。1978年后各项管理制度重新恢复。1980年，境内第一医院、第二医院、妇保院、结防所实行“五定一奖”（即定任务、定床位、定编制、定业务技术指标、定经济补助、完成任务奖励）管理体制。1986年，市属各医院全面实施院长负责制、干部聘任制和技术经济责任制。建区后，农村卫生院管理体制改革全面开展，全区乡镇卫生院实行卫生局与乡镇双重领导“以乡镇为主”的管理体制，卫生院建设由区和乡镇两级投入。1998年，乡镇卫生院均由集体事业单位转为全民事业单位，卫技人员也全部转为全民所有制。

2000年后，区加强医院服务能力和服务设施建设，稳步推进医疗卫生体制改革。完善卫生技术人员专业技术职务聘任办法，积极推行以绩效工资、岗位工资为主要内容的多种形式的分配制度改革。并强化公立医院财务监管，研究制定非营利性医疗机构财务监督管理办法，规范医疗服务价格管理。完善城乡社区卫生服务体系，使广大城乡居民能够享受到与经济社会发展水平相适应的，集医疗、预防、保健、康复、健康教育、计划生育指导六位一体的基本卫生服务。

非公立医疗机构管理

解放前，境内个体开业的中西医师众多，市城内有西医诊所36所。1951—1955年，个体开业医师组织起来，开办乡（镇）、街道联合诊所，现区中心医院及各镇、街道卫生院都是由这些联合诊所为基础而发展起来的。“文化大革命”期间，私人诊所全部停业。1980年，允许符合开业条件的个体医师开业行医，境内私人诊所逐步恢复和发展。

民国时期，圣心医院院部大楼

2000年后，持续推进社会办医工作。鼓励举办各类专科门诊及康复、护理、临终关怀等延续性医疗机构，缩短审批时间、简化审批手续。在对非公立医疗机构医务人员职称评定、职业技能鉴定、专业技术和职业技能培训等方面与公办医疗机构享受相同待遇。

药政管理

1963年，县卫生局设药政干部，对药店、药厂和药业人员进行管理。次年，又设立县中药质量鉴定小组，加强对中药质量的监督管理。建区后，药政管理工作由市政府卫生部门承担。1985年，嘉兴市成立由卫生、医药、供销联合组成的“三证”办公室，对“三证”（即药品经营企业许可证、药品生产企业许可证、医药制剂许可证）进行审查、报批、验收和发放。2006年2月，由新成立的区食品药品监督分局，承担食品药品安全监督职能。

2008年，重点打击、取缔地下诊所、非法游医窝点和查处医疗执业中的严重违法行为，共取缔城乡结合部各类非法行医窝点22个，没收药品36箱、器械14件。对境内违反医疗执业行为较严重的4家医疗单位依法给予罚款、没收违法所得等行政处罚。对涉嫌犯罪的七星镇游医杨某某非法行医案件，依法移送司法机关追究刑事责任。

2009年6月，区食品药品监督分局开展南湖药监“蓝剑Ⅱ号”——民营医院、个体诊所药品、医疗器械质量管理专项整治行动，对境内11家民营医院和10家个体诊所全面检查，其中6家民营医院、个体诊所受到处罚。

第三节　医疗保障制度

解放前，城乡居民医疗费用自理。解放后，逐步建立和普及公费医疗、劳保医疗、合作医疗、城乡居民医疗保险等医疗保障制度。

公费医疗制度

1952年6月，政务院决定各级人民政府、党派、团体及所属事业单位的国家工作人员实行公费医疗预防。嘉兴县成立公费医疗预防管理委员会，制定并实施管理制度。1965年12月，嘉兴县实行挂号费自理，营养、滋补药费原则上自理。

建区后，区成立公费医疗办公室，对公费医疗进行管理。1984年，对公费医疗制度进行改革，实行医疗费用定额包干，看病先付款，凭发票向单位报销的办法。1987年，实行系统管理，划分年龄组，核算到人，现金结算，部分自负，结余奖励。1988年1月，暂定超支医药费自负10%的条款。1990年，实行公费医疗经费由财政、享受单位、享受人、医疗单位共同承担的管理办法。以市财税、卫生系统为试点，实行统一管理，定额包干，核算到人，超支医药费自负10%，结余适当奖励，1991年全市推广。城区享受公费医疗人数和金额，呈上升趋势。2001年7月后，逐步从公费医疗过渡到城镇职工基本医疗保险。

劳保医疗制度

1951年《中华人民共和国劳动保险条例》公布后，嘉兴县在铁路、邮电、民丰、绢纺、中丝一厂、蚕种场等28个单位实施劳保条例和劳保合同，除本人免费医疗外，直系亲属可向单位报销一部分或大部分医疗费用。1956年，扩大到电厂、国营企业和粮食系统企业。1958年，有104个单位28794名职工享受劳保医疗。此后享受的单位逐渐增加，国营企业全部实行，集体企业单位参照执行。由单位向医院挂钩，凭特约记账单看病记账，按月结算。有的单位自办医院或医务室，方便职工和家属看病。1980年后，各单位相继采用职工医药费定额，包干使用，节约归己，超过部分自负一定比例费用（一般在10%以下范围）的办法。实施城镇职工基本医疗保险后，该制度逐步停止实行。

统筹医疗制度

简称“儿统”。1954年开始，境内在国家机关、群众团体和事业单位实行。参加对象为单位工作人员不满18周岁的子女。统筹办法，采取个人出资、财政支出或干部福利费补助办法，由县（市）公费医疗办事机构兼管，一般每人每月交0.5~1元到指定医院就诊，医药费报销，挂号费、出诊费自理。1981年，嘉兴县将统筹医药费改为个人与单位共同分担办法，个人负担为20%~50%，干部福利费负担分别为80%~50%。建区后，区实行“儿统”。2010年，区公务员和机关事业编制人员子女共217人享受统筹医疗待遇。

合作医疗制度

1959年2月，塘汇公社实行合作医疗制度。1960年，嘉兴县委决定：凡是有条件的公社，可以积极推行合作医疗制度。合作医疗制度在全县农村推行。社员每人每年交纳保健费2元，由合作医疗站统一掌握使用，超支部分由公社、生产大队公益金补足。1961年后合作医疗趋于低潮。1972年9月，境内的公社、大队全部实行合作医疗。形式有社办、队办、社队联办3种。经费来源，大多数地方由个人和集体共同出资，一般农民每月交2~3元，其余从公益金开支。少数地方由公社拨款补助，个别大队全部由集体承担。

1982年后，合作医疗站大都实行自负盈亏、独立核算的经济承包责任制，合作医疗稳步发展。1988年后，大都实行群众集资，集体补助，合作办医，医药费减免的制度，农村合作医疗的覆盖面逐年有所扩大。2001年，全区参加合作医疗的农村居民有117531人，占农村居民总数的60.1%。此后，农村合作医疗逐步与城乡居民合作医疗保险并轨。

城镇职工医疗保险制度

1998年12月，国务院《关于建立城镇职工基本医疗保险制度的决定》颁布，城镇职工基本医疗保险制度在全国各地统一推行。2001年7月后，区全面实行城镇职工基本医疗保险制度。参保对象为城镇所有用人单位和职工，包括退休（职）人员、再就业服务中心托管的下岗职工、“双缴双保”人员。基本医疗保险基金由用人单位和职工个人共同按月足额缴纳。缴纳比例为：按职工本人上年度月平均工资收入的2%缴纳，用人单位按职工和退休（职）人员之和，以上年度职工月平均工资的8%缴纳。职工个人缴纳的基本医疗保险费，全部计个人账户。基本医疗保险费按5.5:5的比例分割为统筹基金和个人账户资金。统筹基金由医保管理机构管理，集中调节使用。企业改制重组时退休（职）、“双缴双保”人员医疗费用移交社会保险经办机构，其基本医疗保险费从医疗补偿金中按月划转。用人单位建立职工医疗补助制度，对当年医疗费用自负过重的人员，给予适当医疗补助，企业在工资总额4%以内的部分，从职工福利费中列支，福利费不足列支部分，经同级财政部门核准后，列入成本。国有企业下岗职工的基本医疗保险费，包括单位缴费和个人缴费，均由再就业服务中心按照当地上年度职工平均工资的60%为基数缴纳。

2002年1月起，全面推行医保卡制度，门诊医疗费用由定点医疗机构向参保人员结算。境内有医保定点单位82个，其中驻区公立医疗机构10家，区属公立医疗机构12家、民营医疗机构16家、药店39家、单位医务室5个。

离休人员、老红军及二等乙级以上革命伤残军人的医疗待遇不变，医疗费用按原资金渠道解决，由社会保险经办机构单独列帐管理。

城乡居民合作医疗保险制度

2003年2月开始，在全区各镇、街道全面实行城乡居民合作医疗保险制度，并加大财政投入和行政推动力度，提高城乡居民参保率和受益面，加快实现城乡合作医疗与城镇职工大病医疗保险接轨的步伐。2004年，全区农村参加合作医疗保险人数161603人，参保率达87%。2005年，区基本建立覆盖城乡居民（包括在本地就学或就业并办理暂住证非本地户籍的学生、企业职工等流动人口）的合作医疗保险制度。2010年，区参加城乡居民合作医疗保险共21.39万人，其中农民参保率98.82%、城镇居民参保率97.16%。

合作医疗保险资金由个人出资、集体扶持和政府资助3部分组成。由城乡居民、镇（街道）、区、市和省共同筹资建立合作医疗统筹基金，实行区一级基金统一管理，超支由区、镇（街道）两级财政共同承担。参保类型分为普及型和大病型两大类。2005—2006年，南湖区的筹资标准为：1. 普及型合作医疗保险：由参保农村居民个人出资60元/人·年（城镇居民个人出资120元/人·年），省、市、区、镇（街道）财政资助50元/人·年及集体扶持资金组成，总筹资额度不低于110元/人·年（城镇居民不低于170元/人·年）。2. 大病型合作医疗保险：由参保农村居民个人出资30元/人·年，省、市、区、镇（街道）财政资助30元/人·年及集体扶持资金组成，总筹资额度不低于60元/人·年。之后又逐步提高筹资额度，至2010年，全区城乡居民合作医疗保险人均总筹资额不低于300元/人·年，其中个人出资额120元/人·年，各级财政资助180元/人·年。

2003—2010年全区城乡居民合作医疗保险情况表

表33-1

年份	农村居民参保		城镇居民参保	
	参保人数	参保率%	参保人数	参保率%
2003	127525	76.39	5531	30.12
2004	161603	87.06	6995	31.24
2005—2006	152674	90.10	8105	33.26
2007	152674	90.10	23416	87.65
2008	148669	95.65	51825	94.31
2009	153187	97.97	58049	96.59
2010	157877	98.82	56023	97.16

第二章　医疗卫生服务

第一节　医疗机构

概况

民国时期，境内公立医院有嘉兴县医院、浙江省立嘉兴医院、嘉兴第一肺病疗养院、浙西地方病防治所等。教会医院有嘉兴福音医院和嘉兴圣心医院。私立医院有德心医院、三一医院等。还有城乡的私人中西医诊所。

解放初期，区境内的公立医院和教会医院由军管会或嘉兴市（县）政府接管，私立三一医院1952年捐献给国家后，扩建为嘉兴产院。1954年，将接管的嘉兴圣心医院更名为嘉兴市第一医院，嘉兴福音医院更名为嘉兴市第二医院，浙江省立嘉兴医院更名为嘉兴市第三医院。1951年后，个体诊所组织起来成立联合诊所。至1952年，嘉兴县各乡镇、街道共组建联合诊所28所。

1959年8月，市区11所中西医联合诊所组建嘉兴市联合中医院。1971年，浙江省荣复军人疗养院由诸暨县迁到嘉兴西大营（原陆军13医院院址）。1974年春，在原嘉兴市第三医院旧址筹建嘉兴市血吸虫病防治院，9月起，收治病人，承担全市血吸虫病预防、治疗、科研等任务。

建区后，区属医疗卫生事业持续发展，各乡、街道全部设有医疗服务机构，其中卫生院5个、防治所（组）6个，医卫人员150人，住院床位90张。

2000年，区域调整后，全区有新丰中心医院及各乡镇、街道卫生院16家。随着乡镇区域调整。2001年，净湘、竹林卫生院并入新丰中心医院。2001年6月，曹庄卫生院并入余新中心医院。2003年8月，步云卫生院并入大桥镇卫生院，区属医疗机构撤并为12家。

2003年起，乡镇卫生院通过结构调整和功能改造，逐步转型为社区卫生服务中心。2005年，区属镇、街道卫生院全部增设为社区卫生服务中心，58个村卫生室和社区卫生服务站统一更名社区卫生服务站。

2006年12月，新丰中心医院更名为南湖区中心医院。各医疗单位强化内部管理，提升医疗质量，医疗服务能力和水平有较大提高。新丰中心医院和余新中心医院分别于2005年和2008年获得浙江省示范中心卫生院。

2010年，境内共有医疗卫生机构167家，其中省级医院2家、市级医院4家，区属中心医院、卫生院、社区卫生服务站76家，诊所、卫生所、医务室59家，急救中心、采供血机构、疾病预防控制中心各1家，卫生监督所2家。社会力量办的门诊部21家。

2010年区属公办医疗机构基本情况表

表33-2

名　称	医卫人员数（人）					医疗床位	地　址	创办时间
	小计	高级职称	中级职称	初级职称	其他			
南湖区中心医院	241	2	70	142	27	219	东部：新丰镇登云路39号 西部：市区景湖路472号	前身为1951年创办的新丰区联合诊所
余新中心医院	122	—	38	72	12	80	余新镇余北大街55号	1998年
大桥镇卫生院	70	—	12	50	8	30	大桥镇十八里桥天平路1号	2002年
凤桥镇卫生院	63	—	12	35	16	50	凤桥镇西大街45号	1952年
南湖区精神卫生康疗中心（新篁卫生院）	55	—	3	42	10	50	凤桥镇新篁集镇新兴路	1952年创办新篁卫生院；2009年5月，区精神卫生康疗中心启用

续表33-2

名　称	医卫人员数(人)					医疗床位	地　址	创办时间
	小计	高级职称	中级职称	初级职称	其他			
七星镇卫生院	48	1	5	33	9	12	七星镇兴星路8号	1953年
东栅街道社区卫生服务中心	56	—	9	47	0	20	南溪路907号	1953年
建设街道社区卫生服务中心	46	—	17	26	3	—	中山东路28号	1964年
新兴街道社区卫生服务中心	52	1	18	21	12	—	吉水路吉运桥南埯	1986年
新嘉街道社区卫生服务中心	60	1	20	27	12	—	东升东路1889号	1966年
解放街道社区卫生服务中心	41	1	5	30	5	25	东升东路530号	1996年

2010年区内民办医疗机构基本情况表

表33-3　　单位:人

单位名称	职工数	医用面积(平方米)	医生数	护士数	中级或中级以上职称数	药剂人员数	其他卫技人员数
博爱门诊	32	2127	10	12	14	2	8
勤俭门诊	27	1500	6	9	7	2	3
东塔门诊	20	1008	10	6	5	2	2
同昌门诊	23	1000	12	3	3	2	—
前进门诊	19	1000	7	7	11	2	3
名仁口腔	6	442.12	2	2	1	—	2
常杰口腔	7	250	3	3	2	1	—
洁雅口腔	7	250	3	3	2	1	—

注:民营较大规模门诊部8家、口腔门诊部8家、企事业单位医务室35家、药店连锁中医诊治2家、个体诊所4家

区属医疗机构选介

南湖区中心医院　医院分为东部与西部2个院区,东院区在新丰镇登云路39号,西院区在市区景湖路472号。前身为1951年创办的新丰区联合诊所。1956年6月,为新丰卫生院。2001年,净湘卫生院、竹林卫生院并入。2003年,南湖街道卫生院并入。2009年5月,命名为南湖区中心医院。为二级乙等综合性公立医院、省级爱婴医院、平安医院、示范卫生服务中心和省级卫生先进单位。占地面

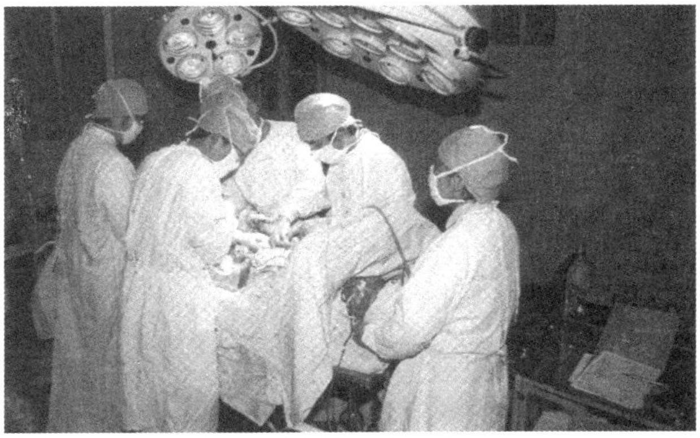

南湖区中心医院手术室

积约30亩，医疗用房面积15000余平方米，布局设为门急诊区、住院病区、预防保健区。门诊部设有内科、外科、妇产科、骨科、伤科、儿科、五官科、中医科、针灸理疗科、口腔科等临床科室及检验中心、放射科、特检科等医技科室。并设南湖区检验中心、消毒供应中心、未成年人心理健康教育辅导中心。住院部设有医疗床数219张，年门诊28万人次，年住院诊疗7742人次。2010年，有卫技人员241名，其中中、高级职称人员72名。外科、妇产科、骨科能开展常规及腹腔镜微创等手术；儿科具有中西医结合治疗呼吸疾病特色；中医针灸科已成为本地区的中医特色专科。

医院医疗设备先进，检查项目齐全，拥有西门子螺旋CT、数字X线成像系统、数字化摄影（CR）系统、全自动血细胞分析仪、全自动生化分析仪、腹腔镜、彩超、电子胃肠镜、多参数监护仪等先进医疗设备。

余新中心医院　位于余新镇余北大街55号，1998年创办，是一级甲等中心卫生院，浙江省200强中心卫生院，省级爱婴医院，规范化社区卫生服务中心。医疗用房6500平方米，核定住院床位80张，医院设内科、外科、妇产科、儿科、骨科、五官科、口腔科、眼科、中医科、针灸推拿康复科、皮肤科、急诊科等临床科室。其中骨科与嘉兴武警医院合作，口腔科、中医针灸推拿科为该院特色科室。2010年，有卫技人员112人，其中中级职称38名。年门诊15.51万人次，年住院诊疗2700人次。医院有西门子螺旋CT、日本东芝彩色B超、柯尼卡数字CR、日立全自动血分化仪、富士电子胃肠镜、电视透视系统等较先进的医疗设备。

2009年9月，余新中心医院

南湖区精神卫生康疗中心（新篁卫生院）　位于新篁集镇新兴路，1952年，创办新篁卫生院。2009年5月，启用区精神卫生康疗中心，是一所集预防、治疗、保健为一体的基层综合性医院，医疗用房约2800平方米，设门诊临床科室9个，医技科室4个，医疗床位50张。医疗设备有全自动生化分析仪、血球仪分析、彩超等。医院除开展常规基本医疗外，还承担全区的精神康疗和周边5个社区约25000人的公共卫生和社区卫生服务。下设陈良、茜柳、庄史3个社区卫生服务站。2010年，有卫技人员55人，其中执业医师8人、中级以上职称3人。年门诊6万人次。

建设街道社区卫生服务中心　位于中山东路28号，1964年创办。医疗用房1540平方米，是一家集医疗、预防、保健、康复、健康教育、计划生育为一体的社区卫生服务机构。设有全科、中、西医妇科、肛肠科、针灸骨伤科、口腔科等门诊科室。下设瓶山服务站和杨柳湾服务站。配备彩超、心电图、24h动态心电图、24h动态血压、DR仪、半自动生化分析仪、血球分析仪等医疗设备。2010年，有医务人员46名，其中中级职称17名。特色专科有擅治妇科疑难杂症的中医妇科，擅治面瘫、痛风等症的理疗推拿科等。年门诊7.45万人次。

新兴街道社区卫生服务中心　位于吉水路吉运桥南堍，1986年创办，医疗用房1540平方米，是嘉兴市较早开展“六位一体”社区卫生服务的机构。科室设置以全科诊疗室为主，分设有中医内科、中医妇科、内分泌科、康复科、口腔科、骨伤科、西医妇科、计划生育科、妇保科、儿保科等科室，下设城南、吉杨和真合3个社区卫生服务站。2010年，有医务人员52人，中级及以上职称占比66.6%，其中执业医师27人。年门诊9万人次。

2000年，新兴街道卫生院被列为省级社区卫生服务示范创建单位，卫生院在各社区配备9名卫生联络员，8名BP机医生，承诺“有病就呼我、昼夜不间断”的24小时服务，开设夜门诊，建立30张家庭病床和1所市民健康教育业余学校。并推出融个人健康档案、家庭健康档案、社区卫生服务合同“三位一体”的社区卫生服务模式——“家庭保健医生”，签协家庭可得到家庭保健医生上门服务、听取社区举办的健康知识讲座、24小时热线服务、家庭心理咨询及大病转诊等5项服务。

社区卫生服务机构

1998年，秀城区在新兴街道社区卫生服务试点工作的基础上，建立6个社区卫生服务中心、7个社区卫生服务站、2个康复站，设置肿瘤、高血压、糖尿病、精神病等8种病情登记簿册，建立社区卫生服务规章制度。1999年，全面推广社区卫生服务，区政府与各乡（镇）、街道签订目标责任书。全年开展老年人健康调查1.63万人次，占老年人总数的89.48%，建立居民健康档案5.37万个，建档率30.72%；建立高血压、糖尿病健康档案2300个、478个，分别达到74.41%和65.21%。签订社区卫生服务合同1415份，印发服务联系卡1.5万份，推出便民措施，做到定期上门和随叫随到相结合。各街道卫生院开展上门服务3.33万人次，占年门诊总人次的39%，建立家庭病床62张；为社区居民举办健康知识讲座143次，累计接受教育8555人次。

2001年，社区卫生服务被列入市政府实事工程，出台《嘉兴市发展城乡社区卫生服务实施意见》《社区卫生服务机构建设指导标准和考核办法》。区内建设街道卫生院等13个社区卫生服务中心列入市级示范点创建，七星乡卫生院列为市、区两级农村社区卫生服务试点单位。

2002年起，开展市级规范化社区卫生中心建设活动，明确社区卫生服务中心所承担的疾病预防、健康教育、基本医疗、康复保健、计划生育等五项服务内容。对社区居民进行健康调查，建立居民健康档案；开展卫生防疫宣传、咨询，防止各类传染病疫情的传播蔓延；为居民提供常见病及多发病的就近诊治、家庭出诊、定期复诊等便民医疗服务和康复保健服务。2005年，全区社区卫生服务中心通过市规范化达标。2007年，区通过省社区卫生服务先进区达标验收。

2010年，全区共有社区卫生服务中心12个，社区卫生服务站64个，医疗用房总面积61964.78平方米，服务人口60.4万人。

第二节　医疗卫生队伍

建区前卫技队伍

1949年，嘉兴县有卫技人员429人，每1000人中有卫技人员1.09人。政府通过大力发展医疗事业，卫技队伍及医疗技术水平不断壮大、提高。1990年，境内已有卫技人员3039人，每1000人中有卫技人员4.15人。

区属卫技队伍

2000年后，持续加强医疗卫生队伍的培养和人才引进，设立卫生人才队伍和学科建设专项经费，保障卫生人才发展战略和学科建设规划的顺利实施。坚持自主培养和人才引进并举，以能力建设为核心，打造一支结构合理、素质优良的卫生人才队伍。区中心医院及各镇街道卫生院（卫生服务中心）通过公开招聘高校医卫专科应届毕业生、交流引进卫技人才、择优外派进修、开展内部医卫技能培训和定期评定、晋升卫技人员技术职称等举措，使全区医卫队伍的整体业务素质得以不断提高。2001—2010年，共向社会公开招聘卫技人员326人，交流引进卫技人才65人，评定初级卫生技术职称458人，评定晋升中级、高级卫生技术职称215人和137人。

2010年年底，区卫生机构人员总数1162人。其中，卫生技术人员1040人，包括执业医师343人，执业助理医师95人，注册护士295人，药剂人员66人，检验人员54人等。

第三节　中医　中药

中医

境内历代名医辈出。宋代有曾受宋高宗御赐宫扇、名盛于世的陈沂（陈木扇）妇科。明代有任太医院判、随郑和多次下西洋的陈以诚。清代有以擅针灸、治疯科而闻名遐迩的杨九牧。民国时期,名中医更是人才济济,不胜枚举,并形成诸多各具特色的专科医术。1954年,嘉兴城内有中医诊所33家。1959年,由市城内11家联合诊所合并组建嘉兴市联合中医院。

“文化大革命”期间,中医事业受到冲击,中医人才培养及中医诊疗技术的传承发展一度处于停滞状态。“文化大革命”后逐渐恢复。1980年,省中医学院嘉兴函授辅导站成立,参加第一期、第二期函授学员共97名。

建区后,各街道的中医诊疗很有特色,如东门街道联合诊所的面瘫治疗,周荣江的骨伤科,宣四大的妇科和不孕不育治疗等都颇有名气。

2000年后,注重中医药适宜技术的推广工作,以社区卫生服务中心为纽带和基地,积极应用针灸、推拿、拔罐、中药熏蒸等安全、有效、便捷、经济的中医药适宜技术,为社区居民开展常见病、多发病的诊疗服务。依托市级医院,逐步建立2~3个区中医药适宜技术推广示范基地,社区卫生服务中心均设置标准化中医科和中药房,为城乡居民提供中医药诊疗服务。

2010年,区属医疗机构共有中医师8人,其中主治中医师2人。

传统中医专科名家选介

秀水学派 始于清代禾城名医胡星墀,以治时病、痧疹、痢症等为特长,传外甥朱斐君(1893—1954)。禾城名医朱春庐、市中医院祁培基、程家昕、胡良夫等为其入室弟子。嘉兴名医龚松龄(1917—1998)师从朱春庐,市中医院顾国柱师从龚松龄。

陈木扇妇科 始于唐代,其传承分为钱塘、桐乡、海宁、嘉兴几支。陈仲南(1888—1974)为陈氏在嘉兴的传人,其女婿徐永凯和市中医院郭问农、许锦华拜其为师;关门弟子为宣四大,其继承者为建设街道卫生院陈仲南外孙女陈秀琳。

杭氏外科 杭芝轩(1881—1971),擅用中药内服、外敷,治疗疔疮、痈、疽、臁疮(下肢皮肤慢性溃疡)、蛇串疮(带状疱疹)、皮肤湿疹及乳房疾病等。孙女杭克奇承业,其继承人为市中医院俞在震。

周氏骨伤科 周荣江(1898—1994),为少林俗家弟子,除习武外,习练接骨、上骱等技术,自制各种竹制夹板、整复手术床等,并能博采各家之长,自制丸、散,或内服、或外敷,经其用夹板整复的长骨骨折,患者多能恢复如常,疗效优于石膏固定的方法。周氏子通海、明海承其业,另有弟子贾长海、朱之光、罗国强等。

许培泰推拿理疗 许培泰师从外祖父名中医沈子鸣(1883-1967),传承祖传推拿理疗颈肩腰腿痛和面瘫顽症。1965年沈子鸣带许培泰与陈仲南等成立嘉兴镇第二中西医联合诊所,后为东门街道联合诊所、建设街道卫生院。许培泰的面瘫医治疗法以按摩、电疗,配祖传药剂涂抹,5天疗程治愈后,不再复发而盛名,为建设街道卫生院特色专科。许培泰退休后,开设推拿理疗科行医,传承人为许梦。

郭氏肛肠科 市中医院郭问农(1900—1982)为嘉兴“郭氏肛肠科”创始人,采用凉血地黄汤加减方为代表的“消痔法”和补中益气汤加减的“补痔法”以及一系列外用药剂等中医特色疗法。其子郭亚华为其传人。

菩萨桥张氏儿科 始于清末张雅文,擅用捏脊、挑刺、取嚏等手法,简便验廉。其女张月明(1900—1968)为市中医院儿科创始人,现市中医院儿科张瑾宜为其传人,邢燕如为其再传弟子。

中医针灸 施氏针灸始于清代,由绍兴发展到嘉兴,至第四代施鹤年时,施氏针灸、风湿药酒已名扬嘉禾。其子施延庆、媳鲍济湘继其业,形成针、灸、药并用特色,善用温针疗法、化脓灸法。其继承人为市中医院王寿椿、施孝文、罗开涛、边晓东。

盛燮荪针灸,擅长应用传统针灸结合中药治疗肝病、胃病、妇科杂病和风湿病,在针刺手法、灸法和辨证取穴方面有精深的研究和创新。善于运用毫针透穴、飞经走气等古典针法,取穴简要,补泻分明,疗效显著。陈峰为其传承人。

邵氏眼科 由邵传统(1918—2006)创于1942年,此时嘉禾城患白内障、青光眼者颇多,邵传统开设专科诊所,潜心研究眼科复明之术。其女邵蝶依承其业,开展的多项眼科技术填补嘉兴市空白。进入21世纪后,朱永唯、翁文庆、杜诚为邵氏眼科的传承人。

中药

境内中药业有悠久历史。南宋时，名医严秋蟾卖药于城内竹林巷，其子孙世代传承医业。明代，陈氏在东门开设大年堂药铺。清代，吴江著名中医徐大椿于乾隆三十年(1765)，到嘉兴城内创办兰台药局，营业至今。嘉兴解放前，嘉兴城内有中药店17家，中药批发行7家，其中百年老店有兰台药局、童天成药店、老同善堂、杨九牧药酒店等。

20世纪50年代，批发中药行相继停业，中药材由医药公司中药批发部统一经营。中药店合并为公私合营企业。1990年，城区有全民企业中药店7家。2010年，全区药品零售企业195家，其中兼营中药材(中药饮片)零售企业57家。区属医疗机构设中药房的有12家，中药师13人。

兰台药局 清代著名医学家徐大椿在乾隆年间(1763—1767年)所创办。徐大椿为感念在奉诏入京为朝廷重臣治病时，乾隆皇帝赐居"兰台"阁取名兰台，药局初设东门大年堂，后迁至城外角里街，再至西河街，20世纪20年代，搬迁到北门大街，1958年，迁至勤俭路现址。"文化大革命"时，兰台药局改名勤俭药店。1983年复名，1985年，请著名书法家任政书写了"兰台药局"店名。

兰台药局创办以来，以"真诚谨慎"为药局座右铭延续至今，药局秘制的"安息保元贡带"曾作为贡品入宫。其济世存仁、造福百姓的经营之道和制作精良、质优价实的药材在江、浙、沪地区药业同行中闻名遐迩，在嘉兴百姓中具有很高声誉。1996年，兰台药局被国内贸易部授予中华老字号称号。2000年，又被国家医药局授予全国医药行业先进班组称号。

童天成堂 始建于清光绪十五年(1889)。为浙江余姚丈亭镇车厩童家村药商童维响所开。冠童姓，取名"童天成堂"，"天成"意为天助成功，请江苏武进书法家唐陀题写店名，沿用至今。

童天成堂原址在北丽桥南堍一石库门内，宽约3个门面店、2层楼房，座西朝东。进深50余米。药店前半部为经营场地，后半部是饮片和丸散膏丹、药酒的加工、制作场所。店里还养殖梅花鹿和尅蛇龟，供加工生产中成药所用。全鹿丸为童天成当家产品，在每年深秋初冬制"全鹿丸"时，员工牵着鹿角上系着红绸带的梅花鹿，打着童天成的牌号，敲锣打鼓在嘉兴街巷游走一圈后，在店门口当众将梅花鹿吊死，不使鹿血流出，再制成童天成全鹿丸，以示货真价实。当时店里所卖的八仙长寿丸、辟瘟丹、行军散、虎骨木瓜酒、史国公药酒等都是自己生产加工，选材地道，制作精细，生意兴旺。

1998年，童天成堂搬迁到建国路耀江大厦，店内增设嘉兴名老中医馆。

童天成堂历史不及兰台药局，其影响和声名相当。20世纪30年代，已有员工24人。嘉兴最早的中医师坐堂由童天成堂首创。

杨九牧药店 杨九牧药店开办迄今已有近300年历史，是与兰台药局、童天成堂齐名的百年老字号药店。

杨九牧药酒店前身为同善堂药铺，《嘉兴府志》载："雍正年间，设同善堂药肆于禾城北郊外"，后迁到角里街。清咸丰十年(1860)，角里街遭战火损毁，杨九牧药酒店搬迁到塘湾街。抗日战争时期，店铺被毁，后重建复业称"杨九牧老同善堂抡记"，延续到解放后。1985年，将店翻建成三层楼新房。20世纪90年代，北京路改造时拆除，几经搬迁。2010年年底，迁至周安路1059号。

杨九牧是江苏南汇名医，善治各种风湿痹症，自乾隆二十八年(1763)，到嘉兴同善堂药铺行医。杨九牧凭借专治风、火、湿邪所致各类风湿疾病的药酒、丸散显著疗效而名声大振。方圆百里只知杨九牧而不知有同善堂了。《嘉兴府志》记载，乾隆皇帝的宠臣钱陈群得了脚病，被杨九牧用药酒治好。钱陈群赠以"功深九转丹成鼎，病却千人药在囊"楹联一副。乾隆年间，龙虎山张存义天师，身患偏枯，也经杨氏用药酒治愈。后赠"人世天医"匾额。病人慕名，生意越来越好。

杨九牧药店特制的药酒、丸散虽已不复存在，但其绵延至今的老字号药业品牌依然在嘉兴百姓中留下深刻印记。

第四节　医疗设备

建区前医疗设备

20世纪50年代，区境内医疗机构的设施建设处于起步阶段。1958年，嘉兴县有显微镜116架，X光机11台，普通手术床16台，万能手术床4台，医用冰箱10台，高压消毒器19台等。街道及乡镇医疗机构仅有听诊器、血压计、显微镜等设备，医疗条件十分简陋。1970年起，省卫生厅重点装备乡镇卫生院，先后添置一些医疗器械，当时有A超3台、B超4台、半自动生化分析仪2台、581光电比色计6台、普通显微镜12台、50毫安X光机6台、100毫安X光机2台、心电图3台、卧式消毒锅2台、手提式消毒锅6台、手术床2台。

区属医疗设备

2000年后，区属医疗机构持续加大医疗设备的投入，逐步添置、更新医疗器械。至2010年，南湖区中心医院及各镇（街道）卫生院已配置了大量先进的医疗设备，共有腹腔镜2台，CT2台，肠镜2台、X光机13台、手术床17台、全自动生化分析仪9台、电解质分析仪6台、奥林巴斯显微镜7台、先进角膜移植用蔡氏显微镜1台、呼吸机4台、中心供氧设施2套、心电图28台、彩超12台、麻醉机4台、胃镜4台。

第五节　驻区医疗机构选介

嘉兴市第一医院

位于禾兴南路529号，为三级甲等综合性医院。2010年年底，易地新建的市第一医院已在中环南路嘉兴大桥西南侧基本成形。该院前身是创建于1920年的天主教圣心医院，是法国天主教巴黎仁爱会在嘉兴仁爱堂开办的一所教会医院。1951年，市政府接管后更名嘉兴市立医院。1954年，改名为市第一医院。1956年，湖州康复医院并入。1992年9月，市结核病防治所并入。1999—2001年，先后增挂卫生部国际紧急救援中心网络医院、嘉兴学院附属第一医院、浙江大学附属第一医院协作医院。2003年12月，市医学情报站并入。

2010年，医院有职工1426名，其中卫技人员887名，高级职称238名，中级职称345名。设有51个临床医技科室，病区23个，开放70多个专家专科门诊。核定床位900张。

医院拥有全市唯一的直线加速器、发射型计算机断层扫描（ECT）机、64排螺旋CT等高精尖设备。在全市率先开展肾脏移植、同种异基因骨髓移植、外周血干细胞移植、心脏联合瓣膜置换术、经皮冠状动脉腔内成形术及支架术、非体外循环下冠脉搭桥、腹腔镜下的肝肿瘤切除、脾切除、肠癌根治术等一大批高难度手术。三维适形放射治疗肿瘤、同位素治疗甲状腺机能亢进症、CT引导下微创神经调制治疗顽固性神经痛与手汗症处于省内领先水平。

1993—2010年，医院先后荣获全国百姓放心示范医院、省级文明医院、省平安医院、省万民医师支援农村卫生工程先进集体等称号。

嘉兴市第二医院

位于环城北路1518号，为三级甲等综合性医院。前身是美国基督教长老会1895年创办的福音医院。1952年，市政府接管。1954年，更名为市第二医院。2005年，加挂嘉兴学院附属医院。

2010年，医疗用房面积45346.63平方米，总资产5.92亿元。有职工1406人，其中卫技人员811人，内高级职称185人、中级职称304人。住院部设24个病区。门诊部设65个专科。开放床位986张。全年门急诊89.26万人次，住院3.81万人次，完成手术1.39万台次。

医院拥有1.5TMRI、DSA、CT、DR等12台大型医疗仪器和设备。能开展冠脉搭桥手术、手助腹腔镜大肠癌根治术、微创全髋置换等高难度医疗手术。其中领先医疗技术有复杂心脏瓣膜手术、腹腔镜肝脏部分切除术等。

1993—2010年，医院先后荣获全国百姓放心示范医院、省级文明医院、省级卫生科技工作先进集体等称号。

2009年10月，第二医院住院部大楼

嘉兴市妇幼保健院

位于中环东路2468号，为三级甲等妇幼保健医院。前身是1932年创办的私立三一医院。1952年，捐给国家后扩建为嘉兴产院。1978年，更名为嘉兴县妇女保健院，1995年，改为现名。2006年，迁建现址。2010年，增挂市立三一医院、嘉兴学院附属妇幼保健院。

2010年，医疗用房面积7.05万平方米，总资产4.57亿元。有职工810人，其中卫技人员686人，高级职称99人、中级职称160人。住院部设15个病区。门诊部设产科、妇科、儿科、妇女保健科、儿童保健科、内科、外科等56个专科，开放床位650张。全年门急诊77.75万余人次，住院30293人次，分娩接生9595人次、完成手术1.22万台次。

医院拥有GE彩色超声诊断仪、西门子多层螺旋CT、C16000全自动生化分析仪、染色体图像采集及分析系统、奥林巴斯腹腔镜等先进医疗设备。开展人类辅助生殖技术、妇科腹腔镜微创手术、乳腺癌前哨淋巴结活检术、染色体检查等先进医疗技术。

1996—2010年，先后荣获全国计划生育科学技术先进集体、全国妇幼卫生工作先进集体、全国三八红旗集体、省级文明单位、省级平安医院、省级绿色医院和全国医药卫生先进集体称号。

嘉兴市中医院

位于中山东路1501号，为三级甲等中医医院。前身是1959年由11所联合诊所合并成立嘉兴市联合中医院，1979年，更名为县中医院，1984年，定名为市中医医院。2005年后，先后增挂市惠民医院、卫生部国际紧急救援中心网络医院和浙江中医药大学附属医院。

2010年，医疗用房面积41608平方米，固定资产1.72亿元。设15个住院病区和70余个门诊专科，核定床位600张。有卫技人员785名，其中卫生高级专业技术人员92名、中级118名。全年门诊82.92万次，住院2.21万人次，开展手术8465台次。

医院拥有进口多排螺旋CT、数字减影血管造影系统（DSA）、CR摄片系统、彩色多普勒、眼科玻璃体切割系统、准分子激光系统、电子胃肠镜、腹腔镜、宫腔镜、血透仪等等先进医疗设备。开展有市内领先的白内障超声乳化手术、玻璃体切割手术、青光眼手术、准分子激光手术等眼科技术，还有优势明显的外科系列微创手术、心脏起搏器植入术和冠状动脉造影术等介入手术、重度烧伤病人MEEK创面修复术、三维正脊复位术、中西医结合治疗不孕不育症和保胎技术、针灸科和神经内科共同参与的卒中病诊疗技术、中西医结合治疗各类肾炎和血液净化技术等。

1995—2010年，先后荣获浙江省级文明中医院、省级绿色医院、省平安医院、省级中医名院建设单位、国家重点建设中医院等称号。

武警浙江省总队嘉兴医院

位于南湖路16号，为三级甲等综合性医院，全省及吴江等地城镇职工基本医疗保险定点医院和嘉兴、慈溪、余姚、吴江、天台等地的城乡居民合作医疗定点医院，也是浙江省住院医师规范化临床培训基地。前身是1950年创建的中国人民解放军华东军区嘉兴第一肺病疗养院，1956年9月，更名为中国人民解放军111医院，1983年1月，改为现名。

2010年，医疗用房面积7万余平方米，固定资产5.2亿元。卫技人员790余人，其中高级职称100余人。医学硕士、博士、博士后、硕士生导师、博士生导师70余人。医院设门诊部、急诊科和7个医技科室、19个病区26个临床科室，开设床位1280张，开展各类专业90余个，年门诊量达68万余人次，收治住院病人5万余人次，手术量2.2万余台次。骨科中心、呼吸内科中心、泌尿外科中心为武警部队医学专科中心；耳鼻咽喉头颈外科中心、胸部肿瘤科中心为武警部队专病中心。腹腔镜专科、肝胆外科、心血管内科、心血管介入诊疗中心、神经内科、消化内科、肝病科、PET—CT中心等在嘉兴地区享有盛誉。

医院配备PET—CT、ECT、ArtisZeego妙手机器人DSA、"鹰视蓝调酷眼"准分子激光角膜切削治疗仪、64排CT、头部体部伽玛刀、直线加速器、1.5T核磁共振、超声聚焦刀、钬激光、射频消融仪、全自动生化分析仪、各类腔镜等，总值逾3亿元，为浙北地区领先。

浙江省荣军医院

位于中山东路352号，占地面积5.6万平方米，为二级甲等综合性医院，省级民政优抚医院，为全省残疾军人提供医疗、休养、康复服务；为驻地群众提供医疗服务等。医院前身是1949年创建于诸暨的省荣军管理大队，后为省荣复军人疗养院。1971年，搬迁现址，1981年，更名为省革命残废军人休养院，1988年，改为省荣誉军人康复医院。2000年3月，更名为浙江省荣军医院。2006年，冠予市第三医院的第二院名。是市中西医结合骨伤科专业委员会、市骨质疏松和骨矿盐疾病学会牵头单位，为浙江大学医学院附属第二医院、省人民医院协作医院、嘉兴学院医学院教学医院。

2010年，医院设40个临床医疗、医技科室和内科、外科、骨科、康复科、ICU等32个病区以及健康体检中心。开放床位500张，其中荣军及短期疗养床位100张。有卫技人员257人，内高级职称80人、中级职称240人。市重点学科带头人、市名中医各2人。全年门急诊42万余人次，住院2.1万人次。在医院接受长期康复治疗的伤残军人800余人。

医院先后引进西门子1.5T核磁共振、十六排CT、西门子DR、乳腺钼靶、双能骨密度测定仪、脑室镜、腹腔镜、关节镜、电子胃镜肠镜、白内障超声乳化仪、全自动生化分析仪、血液流水线、全自动酶标仪等一批高新精尖医疗设备，建有高标准的骨科实验室等科研平台。

医院的中医骨伤科和老年医学科为市临床医学重点学科。针刀专科、创伤骨科、微创外科、显微外科、眼科、内分泌专科、神经内科、皮肤美容科、富阳伤科等在嘉兴及周边地区负有盛名。

嘉兴市曙光中西医结合医院

位于中环南路与纺工路交叉口，为二级综合性医院，隶属香港华夏医疗集团。2004年开业，床位100张，医疗用房面积8000平方米，医院科室设置齐全，设有医学美容、内科、外科、妇科、骨科和手外科等12个临床科室，检验、心电、超声、CT等7个医技科室，8个护理单元，5个手术室。医学整形美容科、妇科、手足显微外科、泌尿外科、皮肤科等较有特色。

医院引进德国西门子螺旋CT、彩色多普勒仪、德国WOLF宫腔镜系统、全自动生化分析仪、美国华莱士妇科LEEP刀、丹麦3D皮肤工作站等一系列国内外先进仪器设备。2010年，有卫技人员180人，其中中级以上40余人，总诊疗人次达44179人次，收治住院病人1342人次。

第三章　卫生防疫

第一节　机　构

1948年，在省立嘉兴医院内设浙江省地方病防治所，主要是预防血吸虫病。解放后，防疫工作由县卫生部门承担。1950年，建立防痨科，开展肺结核病的宣教、预防工作，1954年，设立嘉兴市结核病防治所。1956年5月，嘉兴县卫生院防疫股与嘉兴县血吸虫防治站合并，建立嘉兴县防疫站。1980年，区、乡卫生院设立保健科（组），全面实施计划免疫。1989年9月1日，《中华人民共和国传染病防治法》施行，传染病防治工作步入法制化轨道。

2009年9月，成立南湖区艾滋病防治工作委员会，下设办公室，主要从综合监测、自愿咨询检测、高危干预、关爱救助和宣传教育等各个环节全面加强防治工作，建立政府主导，多部门合作，全社会参与的防治机制。2012年，在全省率先开始实施疾控中心、社区医院和定点医疗机构组成的“三位一体”综合管理模式的试点工作。

2009年9月，区卫生监督所成立，隶属于区人口计划生育与卫生局，分设余新分所和大桥分所，负责全区五个乡镇的卫生监督工作，依法承担辖区公共场所卫生、生活饮用水、爱国卫生、学校卫生、医疗卫生、传染病防治、职业与放射卫生等监督职能。

第二节　预防接种与计划免疫

区境的防疫接种始于抗日战争胜利后，在交通要道设站注射，由公私医院、诊所为民众兼施牛痘、霍乱等疫苗防疫注射。接种方式，有团体注射、挨户注射、个人申请注射。新中国成立后，政府加强了免疫接种工作。1951年春、夏季，嘉兴县种痘人数113750人。1951—1959年，施行卡介苗、结核菌素试验。1963年，配合霍乱预防，采用全民预防注射。1971年，全民破伤风预防接种，对象为3~60岁的城乡居民。

1974年，世界卫生组织提出扩大免疫计划，以预防和控制天花、白喉、百日咳、破伤风、麻疹、脊髓灰质炎、结核病等。1977年，对15岁以下儿童普种卡介苗。1980年，全面实施计划免疫，各乡镇卫生院成立保健科（组），将卫生防疫指标列入年终考核。1984年，城区设立接种站，各乡镇设立接种门诊点，四苗（麻疹、脊髓灰质炎、百白破、卡介苗）覆盖率、接种率及接种质量得到提高。1985年4月，实行儿童预防接种证制度，对1979年以后出生的儿童实行凭证接种和凭证入学。1986年，城区开展第一个儿童预防接种宣传日活动，计划免疫工作提前达到国家要求。

2000年后，免疫接种以“五苗”（麻疹、脊髓灰质炎、百白破、卡介苗、乙肝疫苗）为基础的接种率均保持在95%。2005年起，建立免疫接种信息管理平台。根据疫情防控需要，增加新疫苗种类，开展了麻腮风三联疫苗、Hib疫苗、甲肝疫苗、流感疫苗、狂犬疫苗、水痘疫苗等疫苗接种。2007年7月起，实行18—24月龄儿童麻、风、腮疫苗免费接种，2009—2010年，防控新型H1N1流感，组织实施甲型H1N1流感疫苗接种，全区共接种47444人次。

2001—2010年全区常规免疫实种情况表

表33-4

年份	基础免疫实种人数（人）										
	卡介苗（BCG）	脊灰糖丸（OPV）			百白破（DPT）			麻疹（MV）	乙肝（HBV）		
		1	2	3	1	2	3		1	2	3
2001	3557	3570	3685	3955	3707	3782	3790	3883	3091	2920	3043
2002	3070	3073	3153	3139	3098	3185	3195	3245	2637	2806	2897
2003	2391	2219	2234	2305	2438	2474	2522	2652	2213	2262	2526
2004	2992	2949	2897	2695	2894	2801	2620	2391	2984	3138	2591
2005	3178	3186	3196	3262	3207	3274	3342	3250	2831	3013	3289
2006	2878	2879	2876	2913	2897	2938	2930	3005	2542	2873	2903
2007	3126	3200	3102	3024	3105	3035	2964	2894	2878	3147	2890
2008	3265	3276	3307	3321	3300	3314	3314	3398	3032	3301	3363
2009	3173	3217	3183	3177	3192	3169	3180	3108	3178	3166	3182
2010	3151	3087	3151	3159	3181	3169	3113	2359	3249	3163	3148

第三节　传染病防治

解放后，区境传染病防治工作根据疫情开展，20世纪50—60年代，以防治天花、霍乱、肺结核、流行性脑脊髓膜炎等为重点，70—90年代，以防治甲型病毒性肝炎、流行性感冒为重点。2000年后，以防治艾滋病及曾一度大规模爆发的非典型肺炎（SARS）、甲型H1N1l等为防疫工作重点。

霍乱

霍乱是境内流行的主要传染病之一。1937—1945年间，嘉兴发生过4次霍乱大流行，死亡不计其数。解放后，1962年10月，嘉兴县发生霍乱4例。1963年发病53例，死亡1例。1978—1981年，发病77例。1982年，副霍乱局部流行，发病266例，以城内街道居多，主要河道内均检出阳性水源。1983年，嘉兴市区发病33例。1984—1992年，区境共发生霍乱4例。1999年，发生霍乱病例1例。2005年9月，霍乱疫情又有局部流行，9月3日，市二院报告首例霍乱，至10月19日，确诊病例17例，分布于7个镇（街道），以新丰镇为多，报告发病7例。各级政府及卫生防疫部门高度重视霍乱防治工作，各乡镇卫生院都设立肠道门诊部，加强了疫情监测，建立长效监控机制。同时，通过治理优化水源水质，开展外环境水源、水产品等采样监测，从源头上抓好防疫工作，使霍乱疫情得到有效控制。至2010年年底，未发现新的病例报告。

伤寒

是伤寒杆菌引起的经消化道传播的急性传染病。1950—1990年，市区共发生伤寒病人8274人，死亡21人。其间有两次发病率升高，1984年，为1713/10万，1987年，为279.87/10万。为控制伤寒疫情流行与扩散，卫生医疗机构开展了卫生知识宣教、食品卫生监督、病人隔离治疗、疫点消毒等防治工作，还展开对伤寒病人病后带菌率的调查以及病人密切接触者的带菌调查。1991年起，对小学生及重点人群中进行伤寒菌苗的接种。通过菌株鉴定，证实1987年伤寒流行系新的菌株M1型引起，相应调整了防治措施，有效地控制了疫情的流行传播。

麻疹

是由呼吸道传播的急性传染病，尤其是儿童容易被传染。1958年冬至1959年春，嘉兴县暴发麻疹疫情，累计发病35763人，病死869人。全县设22个临时麻疹抢救站，第一医院、第二医院设立简易病房，收治并发症患者，对易感儿童3万人采取母血注射、尿浸蛋、菜根汤等措施预防。1967年冬起，始用麻疹减毒活疫苗预防，发病率大幅度下降。1990年2—4月，余新乡发生麻疹流行疫情，2月9日，发生首例病例，3月中、下旬发病达高峰，整个流行过程发病224例，历时82天。患者大都为在校学生，以6~12岁年龄段发病最高，占总发病数的78.03%。4月下旬，基本控制了疫情，5月1日，发生最后一例病人。全面实行计划免疫后，疫情迅速得到控制。1984年后，境内疫情一直控制在0.01%以下。

甲型病毒性肝炎

是由甲型肝炎病毒（HAV）引起的消化道急性传染病。1988年，上海发生因食用被病毒污染的毛蚶而引发的甲型肝炎爆发，受其影响，境内的甲肝炎发病迅速攀升。发病率从1984年的61.85/10万升至1989年的574.18/10万，1990年后，随着甲型肝炎减毒活疫苗的推广使用接种及对患者进行隔离治疗，疫点消毒，加强食品卫生监督管理等防治措施的落实，发病率逐渐下降，1993年，发病率降至207.31/10万，2010年，发病率降至0.71/10万。

非典（SARS）

2003年，春季东南亚地区爆发非典（SARS）疫情，并迅速在国内各地蔓延，防控形势非常严竣。4月29日，成立区非典型肺炎防治工作领导小组，由区领导任组长，下设6个职能组（即综合信息组、督查组、后勤组、宣传组、防治组、保卫组），发布防控非典应急预案，全区各级各部门迅速行动起来，全力以赴投入抗击非典工作，并大力开展对非典防治的宣传教育。全区医疗机构，乡镇中心医院、卫生院设立发热门诊和门卫监测体温岗。结合爱国卫生运动,对公共场所消毒、对来往交通工具消毒等,每天往返人员及外籍人员,进行医学动态观察,建立24小时向上级卫生部门零报告制度。境内卫生监督部门对餐饮、商场、宾馆、娱乐场所、学校、托幼等进行卫生监督检查。对市区公交、出租车等交通工具进行消毒、开窗通风等措施落实情况开展卫生监督检查。通过对非典全方位的严密防控,境内未发生疫情。

甲型H1N1流感

2009年3月,甲型H1N1流感疫情首先在墨西哥暴发以后,迅速在全球蔓延。2009年6月19日,境内发现首例甲流H1N1流感确诊病例,至7月底,区报告发现5例病例,均为境外感染病例。从8月起,哨点监测中检出国内感染病例,成为疫情特点变化的转折点,9月以后,病例数逐月攀升,至12月,达到流行高峰。境内累计报告发现确诊病例186例,其中境外感染的输入性病例5例,其余均为国内感染,其中15例重症病例,死亡2例。面对严竣的甲型H1N1流感疫情,南湖区迅速成立由卫生部门牵头、多部门参与的应对甲型H1N1流感联防联控工作机制,制定区卫生系统甲型H1N1流感应急处理预案和现场处置工作流程等规范性文件,坚持预防为主的防控策略,外堵输入、内防扩散,高度重视对学校、社区、养老院、医院等重点场所以及南湖之春、日全食观看等大型活动的聚集性疫情防控,加强重症病例救治,广泛开展防控知识健康宣传,8月底,施行季节性流感疫苗接种,10月下旬,部署重点人群甲型H1N1流感苗的接种,有效控制疫情的传播扩散。此后,境内无甲型H1N1流感暴发疫情报告。

艾滋病(获得性免疫缺陷综合症)

1998年,境内首次检出艾滋病病毒感染者后,发病率趋于上升,呈现从高危重点人群向一般人群,外来人口向本地常住人口扩散的趋势。2004年7月,区成立预防与控制艾滋病领导小组,制定控制艾滋(2001—2010)规划。市疾控中心和驻区市级医院分别建立HIV实验诊断室,区中心医院相继建立HIV初筛实验室。全区2007年检测血样109295份,发现HIV阳性24例,10名病人进行正规治疗。2008年开展对吸毒人员行为调查,共检人员1786人,阳性感染者5人。重点对同性恋人群集中的酒吧等场所进行高危行为调查和HIV监测。共调查干预2849人次,检测406人,HIV阳性1例。2009年,共检血样199466份,新报告HIV阳性病例53例,较上一年上升71.%。2009年9月,成立区艾滋病防治工作委员会和艾滋病防治办公室,制定区省级艾滋病综合防治示范区五年规划(2009—2013),并广泛开展全民普及艾滋病预防知识的科普宣传,进一步加大对艾滋病防控的工作力度。2010年,全区新报告艾滋病感染者和病人50例,比2009年下降5.66%,艾滋病防控初显成效。

截至2010年底,全区累计监测各类人群214890人次,报告艾滋病患者212例,死亡21例。

第四节　血吸虫病防治

疫情

血吸虫病俗称“臌胀病”“大肚病”,历史上,境内为血吸虫病疫情的重灾区。《嘉兴府志》有明万历二十七年(1599)五月“腹胀则死”的记载。清乾隆四十三年(1778),嘉兴《王孟英医案》载有臌胀病治疗方法。光绪三十四年(1908)六月,福音医院医生凡纳勃首次从本地患者粪便中检出血吸虫卵。1948年12月,学者徐锡藩在《大公报》报道:“嘉兴步云镇人口9100人,据调查所得,该地居民约60%患有血吸虫病。该镇墙头村有10余家,约100人,现则仅存一家四口。此四口中,余见一人已有腹水。其人口衰落之原因,均直接或间接因血吸虫病而死亡。”净相乡石蟹桥村,1937年,有120余人,到1949年解放前夕仅存15人,其中晚期血吸虫病人13人。据20世纪50年代调查,嘉兴县血吸虫病感染率高达56.9%。

防治

解放前,1938年,省卫生实验处下设嘉兴治疗血吸虫病工作组，其时嘉兴处抗日战争时期，未开展防治。1948年8月，在嘉兴设立浙西地方病防治所，在步云乡设分所，仅有医师一人，防治成效不大，血吸虫病仍大面积流行。

解放后，各级党委政府高度重视血吸虫病防治工作，组织发动群众，大力开展消灭血吸虫病工作。

20世纪50年代，贯彻“结合生产、发动群众、全面防治、重点治疗、控制发展”的血吸虫病防治方针，以建立机构、训练队伍、查病治病为重点。通过组织医疗队下乡，举办血吸虫病防治培训班，下乡下村蹲点等形式，进行查病治疗。1954年，净相乡首创“两管（粪便管理和水源管理）一灭（灭钉螺）”的血防经验，随即在全县推广。1955年冬，毛泽东发出“一定要消灭血吸虫病”的号召。中共中央成立血防领导小组，并把限期消灭血吸虫病列入《全国农业发展纲要（草案）》。嘉兴县政府设血防委员会及办事机构，各乡镇均成立相应机构，把血防工作列入党委和政府的议事日程。1956年4月，净相乡血防基点被评为全国卫生工作先进集体，基点工作组长出席全国先进生产者代表大会，受到党和国家领导人接见。1958年年初，嘉兴县召开消灭血吸虫病誓师大会，并组织城乡医疗机构、部队医院、工厂医务室的医务人员下乡，开展查病治病，帮助培训保健员、卫生员。

20世纪60年代，继续开展以灭钉螺为重点的防治工作，铲除滋生血吸虫病的祸根。1961年4月，嘉兴县在塘汇公社百花大队进行血防试点，经过两年探索，创造了以灭螺为重点，积极防病治病的经验。1963年5月，卫生部部长钱信忠到百花大队视察，肯定了该队的做法。1964年，全面推行“以灭钉螺为重点，分期分批集中力量打歼灭战，灭一块、清一块、巩固一块”的防治血吸虫病策略。10月，省卫生厅组织150余名防疫人员，到塘汇等地参加歼灭钉螺工作。嘉兴县办起8所农村集体所有制医院，收治血吸虫病患者，开展晚血切脾手术。对严重晚血出血病人及其它并发症病人送往嘉兴第一医院以及嘉兴血防医院救治。1966年8月，财政部、卫生部决定，对血吸虫病的检查、治疗实行全免费。

“文化大革命”初期，灭螺工作一度停顿，疫情回升。1970年年初，把消灭血吸虫病作为保护人民身体健康，巩固国防，促进生产的政治任务来抓，嘉善县实行全党动员，全民动员。恢复、建立血防机构，开展“五上墙”（送瘟神诗篇、消灭血吸虫病标语、血吸虫生活史、基本消灭血吸虫病标准、巩固制度上墙）活动，再次掀起以灭螺为重点的血防运动。

20世纪70年代，全面推广河浜降水药物灭螺，沟渠填旧新开，稻田施药灭螺，建造三格式发酵沉卵池，杀灭粪便中的虫卵等方法进行查螺灭螺。至20世纪70年代末，境内13个乡镇（包括嘉兴镇）钉螺下降面积99.78%。病人减少率97.30%，基本接近消灭血吸虫病标准。同时，全面开展查病治病工作，1970—1980年的10年中，开展全民血吸虫病普查和综合性查病23次，每年进行2次以上的大便送检查孵。发现血吸虫病人随时分期分批治疗，初期用福锑或同类药物治疗，后改用石酸锑钾20天疗法，锑钾3天疗法。1978年，砒喹酮试用于血吸虫病治疗，效果甚佳，后推广应用，取代了其他药物。

消灭血吸虫病

建区后，80年代初，围绕实现完全消灭血吸虫病的目标，开展“达标”活动，监测巩固血防成果。1981年，七星公社经考核验收，在全市率先宣布完全消灭血吸虫病。全区对照浙江省制定的消灭血吸虫病标准，逐条落实，逐个乡镇考核，加快消灭血吸虫病的进程。经区地方病防治领导小组组织防治干部和血防技术人员进行检查考核，1985年，塘汇乡、秀水乡宣布消灭血吸虫病。1988年，嘉北乡、东栅乡宣布消灭血吸虫病。1989年，南湖乡宣布消灭血吸虫病。至此，全区（区划调提前）范围内5个乡全部达到消灭血吸虫病标准。

第五节　其他寄生虫防治

丝虫病

又名“橡皮腿”，俗称“大脚疯”。解放前，丝虫病是境内主要传染病之一，嘉兴全境159个乡镇1835个村均有马来丝虫病流行，其中26.87%的村为中重型流行区。通过持续采取消除传染源和控制蚊媒相结合的综合防治措施，丝虫病发病率大幅度下降。1978—1979年，嘉兴境内12个乡镇普查，检查人数219041人，检查出阳性病人35人，阳性率0.074%。1982—1984年，按卫生部基本消灭丝虫病标准，经省、市组织验收，血检13万余人，采用双耳双片检查，阳性49人，阳性率为0.03%，以村为单位阳性率均在1%以下，达到了卫生部制定的基本消灭标准。丝虫病消灭后，继续进行监测巩固工作，1987年以后，未发现阳性。

疟疾

俗称寒热头、发鹤子，主要是通过蚊子叮咬人体而传播，对民众带来严重危害。解放前，嘉兴县是重疟疫区。20世纪50年代末，开展疟防工作，对病人及疟原虫携带者，实行全程正规治疗，但未能控制疫情。1961—1963年，爆发疟疫，发病率分别达192.77/万、299.86/万、277.85/万，恶性疟疾发病率为7.4/万。县政府组织医务人员下乡抢治，全面开展疫点预防服药，在疟疾高发区开展灭蚊工作，并加强疫情监测，随时掌握疟疾疫情传播、分布规律，有针对性地采取防治措施，发病率逐年下降。70—80年代，全区预防用药10多万人次。1980年后，疟疾发病率已降至万分之一以下。1988年，区达到卫生部制定的基本消灭疟疾标准。

钩虫病

俗称桑叶黄、黄胖病，患者大多数为农民。钩虫主要是十二指肠口线虫或美洲钩口虫，寄生于人体及其它动物小肠引起疾病。当人体在户外接触带有钩虫的传染期幼虫露水或潮湿泥土时，幼虫钻入皮肤而感染发病。在人体内主要寄生在小肠上段，以吸血为主，严重病人引起肠道出血往往带有黑便，甚至危及生命。1957年，嘉兴县对钩虫病开展普查，受检184463人，检出阳性13167例，感染率为7.1%。1958年，抽查净相、东栅两个乡，感染率分别为17.1%和20.6%。1978年，对12个乡镇进行钩虫病普查，受检人数为33260人，平均阳性率34.06%。通过用灭虫宁、驱虫净合并治疗，治疗率达95%以上。

第四章　妇幼保健

第一节　妇女保健

新法接生

民国时期，产妇分娩大都由产婆老法接生，产妇死亡及新生儿破伤风屡见不鲜。1951年，嘉兴县全面组织接生员培训，推广新法接生。1953年，嘉兴县建立妇幼保健所和新丰、王店两个妇幼保健站，全面推行和普及新法接生，培训各乡村接生员掌握新法接生技术，也有民间医生参加。境内相继办起劳动产院、农村保健站，并逐步推行住院接生。新法接生率达95%。1980年，省卫生厅妇幼处对全县普及新法接生标准进行验收并发给合格证。1990年，境内新法接生率和住院接生率均已达100%，产妇产褥热、新生儿破伤风基本消灭。

围产期保健

民国时期，孕产妇保健仅限于产前检查及产后访视，为数不多。解放后，嘉兴县开始建立妇幼保健网，推行新法接生及产前检查、产后访视。1981年起，推行围产期保健，建立围产期保健卡。对孕期3个月以上孕妇建立围产期保健卡，进行定期产前检查，住院分娩。出院后27天内访视2—3次，产后42天母婴到医院检查。建区后，区属乡医疗机构全面推行围产期系统管理。1990年，建立重症、高危孕妇报告卡和月报制度，对妊娠水肿、胎位不正、妊娠高血压综合症等高危孕妇进行孕期监护。1992—1999年，开展中美预防神经管畸形合作项目（围产保健与出生缺陷监测），监测内容扩展为围产保健监测、出生缺陷监测与儿童保健监测，并加强妇幼保健医卫人员的业务培训，健全三级妇幼保健网络。2010年，全区孕产妇系统管理工作中，围产期保健卡建卡率从85%增至100%，产前人均检查5~6次，产后访视率83%~100%。1996—2010年，全区保持连续15年孕产妇零死亡的记录。

第二节　儿童保健

民国期间，境内无儿童保健机构，因战乱与灾荒，儿童营养不良者众多，患麻疹、天花、流脑等急性传染病，无力医治而死亡现象较普遍。

抗日战争胜利后，儿童保健工作由县卫生院兼负。1947年，嘉兴县卫生院举行学生健康检查15次，共检查2114人，城内于同年2月18日起至3月上旬，儿童布种牛痘达3500余人，城内布种完毕后，县卫生院派员赴乡间巡回布种。

解放后，由卫生部门负责开展儿童健康检查和治疗。1961年5月，举办防治小儿营养不良训练班，并下达治疗方案。嘉兴县小儿营养不良2689人，治疗1727人。1965年，县卫生局对南湖公社7岁以下儿童308人进行体格检查，并建立健康档案。1979年，全县儿童健康检查14280人，占儿童总数的21.1%。1980年，对独生子女进行健康检查，共体检15395人，受检率为84.8%。

建区后，各乡卫生院开设儿保门诊，做到“三定”(定人、定时、定室)。建立儿童健康档案，加强对体弱儿童管理，防治“四病”(佝偻病、营养不良、婴幼儿腹泻、小儿肺炎)。1991年起，对全区中小学生进行伤寒疫苗接种，完成3次全程接种，共接种12648人，接种率达90.9%。1996年，境内妇幼保健院成立儿童口腔、眼保健门诊，对儿童人群开展口腔保健、龋齿防治、窝沟封闭、视觉功能检查、屈光不正型的弱视矫正。1999年起，对入托入园儿童定期开展健康检查，建立儿童健康档案；制定落实卫生消毒、营养管理及幼托工作人员健康管理、持健康证上岗等保障儿童健康的一系列制度，并设立分管卫生保健工作领导和卫生保健人员，强化儿童卫生保健责任；完成计划免疫，预防传染病的发生。2000年后，全区0~7岁儿童的计划免疫接种率均保持在95%以上。2001年起，各乡、镇街道卫生院在儿童体检中加强对儿童听力障碍筛查工作，使听力障碍儿童早发现、早诊断、早治疗、早康复。2002年1月起，邀请心理专家对有多动症、自闭症、焦虑症等患儿进行治疗，促进儿童的良好成长发育。

第五章　爱国卫生

第一节　机　构

1952年，嘉兴县、区、乡各级成立防疫委员会，增设环境卫生管理处，在群众中广泛开展爱国卫生教育。并成立卫生检查队、捕蝇队、灭蛆队等，组织群众开展大规模的灭蝇、捕鼠，清洁大扫除、挖建水井等活动，改善城乡卫生环境。1953年2月，防疫委员会更名为爱国卫生运动委员会。每年4月定为“爱国卫生月”，组织发动群众开展爱国卫生运动。2001年之前，境内公共场所卫生监管职能由市卫生防疫站承担。2008年7月，成立区爱国卫生运动委员会办公室，负责全区爱国卫生相关工作事宜。2009年9月，成立区卫生监督所和余新、大桥卫生监督分所，具体负责各镇的卫生监督工作。市区街道食品卫生监督工作由市卫生监督所承担。市卫生监督所对区属医疗机构的助理卫生监督员进行调整和培训，辖区内有27名人员取得市卫生监督员资格。

第二节　主要活动

除“四害”运动

1956年后，境内先后组织开展除“四害”讲卫生运动；实行“三禁”(禁止随地吐痰、禁止乱倒垃圾、禁止乱丢瓜皮果壳纸屑)、治理“脏、乱、差”等城市文明卫生活动以及对饮水卫生、食品卫生、学校卫生等方面的综合治理工作，爱国卫生运动的组织、管理、考核机制逐步健全，群众对文明卫生的认知度和参与积极性不断提高。

1956年起，除“四害”运动以消灭苍蝇、蚊子、老鼠、麻雀作为“四害”。1960年，改麻雀为臭虫，后又改臭虫为蟑螂，嘉兴市成立除“四害”指挥部，召开青年除“四害”万人誓师大会，组织青少年除“四害”突击队，境内开展大规模的以消灭“四害”，清洁卫生环境为主要任务的爱国卫生运动。解放街道大新桥居民会256户居民，开展以“六净”（上下四壁净、门窗净、家具用具净、衣服被褥净、厨房食具炉灶净、劳动工具净）、“六无”（无垃圾、无污水、无污迹、无灰尘、无鼠洞、无蚊蝇）为目标的家庭卫生大清扫，户户成了整洁户，后在市区内推广，推进除“四害”讲卫生运动的扎实有效开展。

灭鼠灭蟑螂活动

建区后，全区城乡每年开展春秋两季灭鼠活动。1986年春季，开展灭鼠有奖活动。1990年，开展灭鼠“一役达标”活动。全区3800多名投药员，统一按全方位立体饱和要求投药，共对44720户、1508个单位、3487101平方米、9959个窨井投放溴敌隆9376.7公斤，溴代毒鼠磷705公斤。鼠密度考核灭鼠前为4.05%，灭后不见鼠迹；粉迹法考核由15.42%下降到0.533%。同时，全区农村也实现了灭鼠“一役达标”。1990年6月，开展灭蟑螂活动，投药46230包。1997年，在巩固灭鼠、灭蟑螂成果基础上，开展灭蝇达标工作，通过了省灭蝇专家组的考核鉴定。1993年后，先后被评为省级灭臭虫先进城区、灭蟑先进城区、灭蝇先进城区。1998年，开展创建灭蚊先进城区活动，通过采取以消除孳生地为主、药物消杀为辅的有效措施，实现了灭蚊达标。

2006年4月，各街道开展春季灭鼠活动，以餐饮业、食品加工经营行业、农贸市场、垃圾处理场所、城中村和城郊结合部以及绿地、建筑工地、窗口单位、医院、公共场所、窨井下水道等行业、部位为重点实施灭鼠工作，投药覆盖率和到位率达90%以上，全区各街道共投放溴鼠灵2820公斤、蜡块520公斤、蜡丸1650公斤，确保把鼠密度控制在国家标准范围之内。

第三节　专项治理监管

饮水卫生治理

历史上城乡居民主要饮用河水及浅井水，因饮用水不洁，水源性疾病时有流行。民国初，在城内开凿公井，疏浚河道。1953年，省环卫大队在嘉兴城增挖公井多处，供居民饮用，但仍难以满足民众之需。1956年，嘉兴市第一座自来水厂建成，日供水720吨，建成几年后，因未对地下水源进行净化消毒，曾一度出现摇蚊幼虫。1962年后，采用暂时性加氯消毒，水质大为改善。1963—1965年，由县防疫站对水质进行检测，当时城内居民61.84%饮用自来水，农村、集镇饮用河水或井水。此后，随着自来水厂的扩建改造和管网的不断拓展延伸，自来水的普及程度和饮水质量不断提高、改善。农村乡镇结合防治血吸虫病，加强粪水管理，推广分塘饮水，建造庭院井、灶边井、大口井等水改形式，以改善饮水卫生条件。

1985—1990年，区政府大力发展农村水改事业，采取“政府补助，集体投资，群众集资”的方法，筹措资金，总投入水改资金315.19万元（其中财政拨款18.89万元、集体投资97万元、群众集资169.30万元、其他出资30万元）。全区水改受益人口60771人，受益率73.28%，兴建自来水厂（站）12个，自来水受益人口39545人，受益率为47.52%。2001年，全区改水总受益人群达227611人，占农村总人口的98.5%，共建水厂（站）24个，总计投入资金582.32万元。2004年，东栅街道、大桥镇大桥片和余新镇余新片作为试点，率先与嘉源给排水公司的城市自来水接通。2008年，由市本级中心水厂将自来水经输水管网供应至南湖区现有的供水企业，完善布局、串点成线，实现城乡供水管网的全覆盖。一级管网建设由市水务集团承担，各镇主要负责二级、三级管网的建设。2009年6月1日起，全区执行城乡供水一体化价格。

食品卫生监督

建区后，区卫生局任命一批乡镇、街道医疗单位食品卫生检查员。对食品生产经营单位进行现场检查和巡回监督,发现问题及时处理。1984年7—10月,市防疫站与区爱卫会试行每月一次的挂牌卫生检查工作,对检查得分在85分以上的单位挂“食品卫生好”红牌,检查得分60分以下的挂不合格蓝牌,限期整改。1985—1988年,每年7月,组织市、区二级领导进行食品卫生视察、检查。1988年年初,上海、杭州等地甲型肝炎流行,卫生监督检查重点抓集贸市场、集体食堂、餐饮行业的食品卫生检查管理;推广一次性卫生筷,餐具必须煮沸或蒸汽消毒,加强卤味熟食摊管理。通过严控严管未发生流行疫情暴发。自1984年至1993年底10年间,城区监督员检查25470户次,每名卫生监督员平均每年监督300户次以上。

1994年后,注重对食品安全的长效管理监督机制建设,对公共场所卫生、化妆品卫生、食品卫生、饮水卫生、放射卫生、学校卫生等实行网络化管理,保持经常性的严控态势。建立蔬菜农药残留监测、肉品兴奋剂监测、桶装饮用水监测、食品添加剂监测、生产粉尘监测、生产性噪声监测、食品从业人员体检等一系列管理监督机制。2009年9月,区成立卫生监督所和余新、大桥卫生监督分所,具体负责余新、凤桥、新丰、七星5个镇范围内的卫生监督工作。通过开展宣传教育,强化执法监督,分解落实监管责任、定期考核、适时开展食品卫生专项治理等措施,进一步加强食品卫生监督工作,重点对乡村小餐饮行业、乡村家庭聚餐进行严格管理,实行农村家庭聚餐(50人以上)申报和监督人员上门指导制度,严防食物中毒事故发生,据检查统计,2010年,农村家庭聚餐申报率达90%,指导率达100%。

公共场所卫生管理

民国时期,公共场所卫生主要由卫生警察、卫生稽查员予以检查,并核发公共娱乐场所卫生许可证。

1952年,境内加强对餐饮店、理发店、公共浴室等服务性行业及影剧院、书场等公共娱乐场所的卫生管理,政府颁发了一系列卫生管理规则,组织开展卫生检查评比。并对公共场所从业人员进行体检,核发卫生许可证。

1987年后,执行国务院颁发的《公共卫生管理条例》,对7类25项公共场所开展卫生许可和监督监测工作。

2006年,对市区1631家公共场所“五小行业”(小旅店、小理发店、小浴室、小歌舞厅、小网吧)进行规范、整治。2008年,把旅馆、游泳池列为重点公共场所,开展监督量化分级管理,设优秀、良好和一般3级。2009年,成立区卫生监督所,强化城乡公共场所卫生监管工作。2010年,将量化分级管理模式扩大至沐浴、理发美容行业,并将量化分级工作与经营单位的经济效益挂钩,要求纳入政府采购招标的单位卫生量化分级必须达到B级(良好)以上。同年9月,开展中秋节和国庆节公共场所卫生监督检查,确保两节期间公共场所卫生状况良好。

第四节　创建城市卫生

城市卫生管理

建区后,区政府制定“门前三包”环境责任制等一系列规范化文件。对中山路、勤俭路、建国路、北京路、南湖路,环城东路、禾兴路实行“门前三包”达标责任制。1986年4月,城区开展“三禁”(禁止随地吐痰、禁止乱倒拉圾、禁止乱丢瓜皮果壳纸屑)活动,1400多名佩戴标志的离、退休人员上岗执勤,向群众进行宣传劝导。1988—1990年,城区7条主要道路签订门前三包责任书的单位2000余家,签订率达99%。1989年,全区开展以治理“脏、乱、差”为主要内容的爱国卫生月活动,清除卫生死角垃圾、疏通沟渠、疏挖窨井、处理蚊蝇孳生,驻嘉部队主动请缨,清除老城区内最大无主垃圾。同时,各街道及卫生、环保、城建等部门加强了对公共卫生设施建设、粪便无害化处理,水环境治理保护,食品卫生监管等方面的卫生治本工作。全区各项文明卫生活动全面推进,1992年,获省卫生先进城市称号,1994年,进入省级卫生城市行列。1995年,在第三次全国卫生城市检查中,市区继续保持省级卫生城市标准。

创建国家卫生城市

1996年7月，区贯彻市政府关于嘉兴市区创建全国卫生城市的部署，加强创卫工作的组织领导，分解落实各级各部门的创卫职责任务，建立完善保洁管理机制、联合执法机制、经费投入机制和考核奖惩机制，加大人、财、物的投入力度，全力推进辖区创卫工作。组织开展以守“九不”、讲公德、讲卫生为重点的“美化禾城，爱我家园”全民宣传教育活动，广泛开展各行各业卫生竞赛活动和群众性义务劳动，提高市民文明卫生意识，营造齐抓共管、人人参与的浓厚创卫氛围。全区各级抓好各项创卫措施的落实，实施城市绿化、亮化工程，完善公共厕所、垃圾库、生活污水管网、垃圾中转站、垃圾房等环卫基础设施，整治违章搭建、违章占道设摊经营，整治城郊结合部居住环境，改造洁化各农贸市场，全面实行垃圾袋装化，加大对工业废气、污水的治理、监控和行政执法力度，加强河道整治保洁工作，强化对食品药品业和“五小行业”的卫生安全监督。2005年，根据国家卫生城市检查标准，对要求的10个项目106个子项进行责任分解，推进城中村拆迁和城郊接合部整治，开放式老住宅区和农贸市场整治，全面实施河道清淤保洁、“五小行业”整治等5项重点工作。

2006年1月，市委、市政府提出新一轮“五城联创”的工作要求，以争创全国文明城市为龙头，统揽包括国家卫生城市等其他四城的创建工作。在其后几年创建过程中，南湖区积极承担和加强嘉兴主城区的创建工作任务，大力开展市容环境卫生整治，完善市区卫生保洁机制，城市面貌显著改善。2007年8月，嘉兴市被省爱卫会推荐上报为全国卫生城市，11月，接受国家卫生城市暗访并获通过。2008年3月，通过全国爱卫办技术评估组评估，10月，经专家组考核鉴定和2周的公示，11月20日，嘉兴市城正式被命名为“国家卫生城市”。2009年2月，南湖区获市委、市政府表彰的嘉兴市创建国家卫生城市突出贡献奖。

在创建全国卫生城市活动的推动下，基层卫生创建工作成效显著。至2010年年底，全区有3个镇进入浙江省卫生镇行列，有7个行政村和35个企事业单位分获省级卫生村、省级卫生先进单位荣誉。

1972年，嘉兴县曹庄公社组织社员修筑消灭血吸虫病河边灭螺带（见本篇第三章第四节）

第三十四篇　劳动人事

目 录

解放后，县政府设立劳动局，统一管理劳动就业、劳动力调配、劳动工资福利和劳动保护等方面工作，并对城镇失业工人进行救济，组织生产自救、介绍就业等，逐步改善失业现象。1956年后，企业用工实行计划管理，由劳动部门统包统配，分为全民所有制职工和集体所有制职工两种体制，执行统一的工资制度。1958年大办工业，大批农民进城务工，城镇人口剧增，1961—1962年，企业整编和精简职工。1964年，开始动员城镇知识青年上山下乡。1969年后，知识青年“上山下乡”运动推向高潮。1979年，下乡知识青年陆续返回城镇就业。

建区后，改革原来统包统配的劳动用工制度，拓宽劳动就业渠道，逐步推行劳动管理、劳动保障制度的改革，全面实行劳动合同制，实施养老保险、失业保险、医疗保险、工伤保险、生育保险等各类保险基金统筹制度，推进下岗职工再就业工程，强化对劳动者合法权益的保障。2000年后，区政府进一步加大下岗失业人员再就业和推行城乡统筹就业工作力度，成立区劳动力市场，举办招聘活动，建立信息网络，培育和发展民间劳动就业中介机构等举措，做好下岗职工再就业、失地农民转移就业和外来新居民就业服务工作。同时加强劳动保障监察工作。2007年后，全面推行实施城乡居民社会养老保险制度，至2010年年底，全区城乡居民社会养老保险参保率达95%。

解放初期，干部队伍主要从企业职工中选拔招录、转业复员军人安置及大中专院校毕业生统一分配。1989年后，改革高校毕业生“统包统分”的就业制度，实行推荐在一定范围内的“双向选择”，从企事业单位公开招考，择优录取机构工作人员。

2000年后，通过公开考试，择优录用国家公务员及参照公务员管理的事业单位工作人员，改革、完善干部管理工作机制，加强机构编制管理和人才引进、培养工作，不断优化干部队伍的知识、年龄结构，提高干部队伍的政治、业务素质。2010年年末，全区党政群机构50个，定编人数1398人，实有人数1310人。事业单位183个，编制4870名，实有人数4013人。

第一章　劳动就业

第一节　失业安置和保险

建国初期失业救济和安置

民国时期，境内企业用工、报酬由资本家或雇主决定，工人的劳动权益难有保障，失业严重，众多家庭生活贫困。解放初，人民政府针对境内城镇人员失业现象严重，成立失业工人救济处，对城镇失业人员开展调查登记，并采取生产自救、以工代赈、转业培训、帮助回乡生产、介绍就业、发放救济金等办法进行安置和救济。所有国营、私营企业均须按月缴纳所付实际工资总额的1%，在职职工按月缴纳所得实际工资的1%，作为救济失业工人基金。

1956年后，企业用工实行计划管理，统一调配，由劳动部门统管、统招、统配。随着工业生产的发展，民政、街道企业的创办、发展，就业岗位不断增加，基本解决城镇居民失业问题。

建区后失业保险

建区后，区政府通过建立劳务市场，扶持发展乡镇（街道）企业等举措，拓展就业渠道。改革开放后，抓好对企业分流下岗职工基本生活保障和再就业工作。1986年10月，在国营企业中实施职工失业保险制度，参保企业每月按其全面职工标准工资总额1%缴纳失业保险费。1992年7月，将失业保险制度的实施范围扩大到各类城镇集体所有制企业及其职工。1987年起，失业保险金以月标准工资的一定比例发放。1996年起，失业保险金和医疗费补助按统一标准发放，并逐步提高标准。2010年12月，每人每月686元失业保险金和69元的医疗补助金。全区发放失业保险金918.65万元、医疗保险金83.26万元，合计发放901.91万元；申领发放2250人次。

嘉兴县(市)历年失业金发放标准表

表34-1

序号	调整时间	发放标准(元)
1	1987年	22~35
2	1996年	172
3	1999年9月	244
4	2001年6月	268.5
5	2004年1月	392
6	2005年12月	472
7	2006年9月	470
8	2007年9月	525
9	2008年9月	595
10	2010年4月	686

注:失业保险金发放标准不是每年都调整的

2010年,失业人员享受失业保险待遇的期限,根据本人及其失业前所在单位累计缴纳失业保险费的时间确定:缴费时间不满一年的,不领取失业保险金;缴费时间满一年的,领取2个月失业保险金;缴费时间一年以上的,一年以上的部分,每满八个月增发一个月失业保险金,余数超过4个月不满8个月的,按照8个月计算,但享受待遇期限最长不超过24个月。失业保险金由嘉兴市就业管理服务局按照规定发放。

第二节　职工精减和安置

1958年"大跃进"期间,大批农民进城务工,城镇人口剧增,嘉兴县职工从1957年年底的30230人猛增至79876人。20世纪60年代初,国民经济发生严重困难,国家实行"调整、巩固、充实、提高"方针,要求减少城镇人口。1962年,嘉兴县成立精简委员会和整编精简劳力办公室,动员来自农村的职工回乡务农及一批有条件的城镇人员下乡,减少城镇吃商品粮人口。政府对精简下乡务农人员的生活、劳动问题,均给予妥善安置,对家庭生活有困难的精简老职工,由民政部门按月发给本人原标准工资的40%作为生活救济金,并补助三分之二的医药费用;对合作商店精简的老弱人员,每月给予15—20元的生活补助。

1971年,开始招回部分精简职工进全民或县属大集体企业工作。1979年,对精简职工中世居城镇,未落实安置,生活确有困难,要求返回城镇的人员,实行粮户回收;对符合招工条件的,逐步解决就业。1984年7月,对精简下放中的渔民、船民办理"农转非",改吃商品粮。

第三节　知识青年上山下乡

1964年1月,知识青年上山下乡工作在全国范围内全面开展,县成立知识青年上山下乡办公室,开始动员城镇知识青年上山下乡。当年,县组织动员第一批650余人到农村插队落户务农。当时,有万余人夹道欢送,上海新闻电影制片厂专程前来拍摄专题片。随后陆续动员城镇知识青年下乡插队。至1965年,嘉兴县动员1859名知识青年下乡。1966年,有128名下乡。

1968年12月22日,毛泽东主席"知识青年到农村去,接受贫下中农再教育,很有必要"指示发表,知识青年上山下乡运动迅速推向高潮。1969—1972年,全县下乡或支边的知青10667人。1966、1967、1968三届初、高中毕业生绝大多数上山下乡,到农村插队落户。上山下乡运动一直持续到1978年。

1971年开始,在上山下乡知识青年中优先招工,对病残下乡和家庭困难、父母身边无人照顾或是独生子女的知识青年分别给予"病退""困退",户粮迁回城镇。对年龄较大,回城困难的,优先安置到乡镇企业工作,户粮迁回城镇。对农婚知青,给予办理1名子女户口迁回城镇。对支边、军垦知青,除当地已作安置外,通过正常调动妥善予以安置。少数病残或严重丧失劳动能力的知识青年,由政府给予生活补助或救济解决。据不完全统计,全县1969年至1978年年底的10年间,投入810多万元用于知识青年下乡安置、困难补助等。

1979年,停止动员知青上山下乡,重点转入回城安置。1983年,撤销县知识青年上山下乡办公室。

第四节　城镇就业安置

1978年12月后，嘉兴县采取全民办集体、使用计划外用工、扶持发展集体企业、街道企业、乡镇企业、职工子女顶职等措施，多渠道、多层次地解决安置就业，至1982年，全县安置就业51163人。

改革开放后，逐步改革劳动制度，取消统包统配的用工制度，推行劳动合同制。1986年，区和各街道成立劳动服务公司。1991年，改为区就业管理服务处和各街道劳动管理所，通过建立劳务市场、举办劳动力交流会等办法，为用工单位和求职者服务，开展就业服务、管理工作。

1993年，就业工作形成"能上能下，能进能出"的新机制，适应社会主义市场经济新体制，待业率显著上升，全年安置待业人员5901人，但仍有待业人员12162人，待业率为2.6%。1995年，实施再就业工程，市本级安置城镇失业人员3446人。1997年，嘉兴市被列为全国企业优化资本结构试点城市。在深化国有、城镇集体企业改革中，市本级分流安置失业人员和下岗职工3568人，其中失业人员1174人，下岗职工2394人。

1998年后，企业下岗职工基本生活保障和再就业工作的重点从保生活转为促进下岗职工再就业，市本级安置就业11910人，其中通过举办专门招收破产、解体、歇业企业下岗职工劳动力市场专项交流活动实现再就业的下岗、失业人员2418人。1999—2000年，市本级有11112名城镇失业人员实现再就业。

第五节　城乡统筹就业

2001年1月，成立区劳动力市场，为促进下岗职工再就业、失土农民转移就业和外来"新居民"就业服务，在各镇、街道设立信息联络员，建立劳动力市场信息网络，为用工单位和求职者提供岗位信息。通过举办劳动力市场招聘等活动，全年为求职人员提供5644个就业岗位。

2003年，确定每年6月为"就业促进"主题月，当年活动期间，举办人才劳动力招聘会9次，累计推出招聘岗位5586个，4500多人与用人单位达成意向，组织下岗失业职工和失土农民就业培训2234人，帮助3510名失业人员实现再就业。积极培育和发展民间劳动就业中介机构。2001年，批准建立4家区职业介绍所。2005年，在余新、凤桥、东栅等镇新开4家民间职业介绍机构。至2010年年底，境内有民间职业中介机构19家。

2004年，在全区开展创建"充分就业"社区（村）活动、千万农村劳动力素质培训工程、"中华杯"产业工人技能大比武，建立区人力资源中心市场和各镇、街道公共就业服务市场、完善城乡就业和劳动保障信息网络等一系列促进就业的新举措，将劳动力培训与促进就业有机结合。并在各个镇、街道社会事业所基础上扩展建立56个社区事务站，配备落实近100名社区事务员；区、镇、街道两级先后投入近110万元资金专项用于就业服务站所建设和全区就业网络平台建设，使招用工信息发布、再就业政策咨询、职业培训和再就业补贴申报等就业服务业务覆盖到市区各个社区和40个被征地农民集中的村。当年新增就业岗位9524个，新增就业10565人，其中转移农村劳动力4470人，帮助城镇失业人员实现再就业6095人。同时，加大对就业困难人员的扶持力度，对40岁以上的女性与50岁以上的男性下岗失业且文化较低的人员，双缴双保人员，夫妻双方均下岗失业的人员，单亲家庭下岗失业人员，持有特困职工优惠证的特困职工家庭成员，享受城镇最低生活保障待遇的人员，由政府发放就业困难补助金。

2008年3月，市、区领导考察就业服务工作

2004—2010年,共举办各类招聘活动183场次,推出就业岗位约10万个。累计新增城乡就业87965人,其中转移农村劳动力30831人,帮助失业人员再就业44867人。城镇登记失业率控制在3.8%以下。

第二章　劳动管理

第一节　行政管理机构

嘉兴解放之初,嘉兴市人民政府(县级)设立劳动局。1964年,县成立知识青年上山下乡办公室。1983年8月建区后,设立区劳动人事局。1994年11月开始,分别与嘉兴市人事局、劳动局合署办公。2000年5月,设立区人事劳动局。2002年10月,更名为区人事劳动社会保障局,至2010年。

第二节　用工管理

民国时期,境内工商业主可自行雇工,实行雇佣制,务工就业需通过托人引荐或自谋门路等途径来实现,工期及工资待遇均由业主自定,业主可随时解雇职工,克扣、拖欠工资现象较为普遍,职工无权利保障可言。建国初期仍沿用雇佣制,但职工利益得到国家保护。1956年后,劳动就业纳入国家计划管理范围。政府劳动部门对企业用工实行统管、统招、统配的就业模式。1986年后,国家改革用工制度,开始推行劳动合同制,以签订劳动合同的形式,确定劳动者与用工单位双方的权利和义务。

从解放至劳动合同法实施之前,企事业单位长期存在计划用工(固定工)和计划外用工并存的模式。

计划用工(固定工)

解放后,国家计划招收的职工包括原企业的老职工都为固定工,由国家统包、统配。企事业单位用工,必须经劳动部门审批,无自行招工的自主权。1984年开始,实行企业“面向社会,公开招收,全面考核,择优录用”的办法。企业可根据用工需要,通过公开考核的程序,择优招收符合招工条件的人员。

1986年10月后,全民所有制和集体所有制单位招收工人,实行劳动合同制,废除1978年后实行的职工退休、退职后,可由其子女顶替,补充自然减员的政策。

计划外用工

主要包括临时用工、补充用工和亦工亦农、土地征用工等类型。

临时工　主要用于部分企业的临时性、季节性、突击性工作,劳动工期、报酬等由用工单位自定,随意性较大。粮食、制丝等企业通常在季节性集中收购稻谷、蚕茧时招用大批临时工从事体力劳动。嘉兴县各粮食仓库在每年粮食秋收期间,都要招收一批临时工,从事秋粮征收入库的打包、搬运等工作。

1993年后,临时工制度纳入劳动合同制度中,企事业单位招收的计划内外用工统称为合同制职工。

补充用工　企业因定员指标不足,生产急需用工,除招聘临时工外,通常以“补充用工”办法解决生产缺员。1979年和1982年,嘉兴县先后招收补充用工2308名。1985年,对补充用工分别转为固定工和劳动合同工,此后,停止这类用工方法。

亦工亦农　1978年开始,市区一些化工、缫丝、水泥、建筑、航运等企业从农村招用下乡知青和“粮户不迁,身份不变”的农民务工,集体签订用工期限合同。这种用工形式被称为“亦工亦农”属称“农工”。后因生产需要,部分人员转为固定员工。

土地征用工　企事业单位因建设开发征用土地,按政策规定安置的人员,称为土地征用工。1983年后,浙江省允许企业招用被征地农民,其户籍由农村转为城市,并按规定参加社会保险。1983—1990年,市区共招用土地征用工2882人。

劳动合同制用工

1984年7月,全市试行劳动合同制,企业新招职工与企业签订合同,确定双方权利和义务,用法律形式确认用工制度。合同工的待遇参照固定工待遇享受。1986年10月后,用工制度改革,除复退军人、技校毕业生仍为固定工外，均实行劳动合同制。是年全区招收合同制职工133人。1990年，市区全民所有制企业职工90443人，其中合同制职工16070人，占职工总数的17.77%。1994年7月，在企事业单位中全面推行全员劳动合同制，劳动用工制度趋于完善，劳动者的权益得到充分保障。

第三节　职业技能培训

建区前职业培训

解放初期，企业职工文化、技术普遍较低，工作技能学习仍采用“以师带徒”的习艺方法。20世纪50—60年代，县工会举办职工业余夜校，开办文化补习班，速成中学，开设专门技术课程，提高职工文化、技术素质。民丰造纸厂、绢纺厂、中丝一厂等企业，通过开办业余文化、技术学校，对职工进行文化和专业技术培训。“文化大革命”时期，职业培训工作处于停顿状态。

1981年2月后，全面开展对职工的文化、技术补课活动，对文化程度实际未达到初、高中毕业，技术未经专业培训的在职职工进行普遍轮训。市总工会职校和有条件的大中型企业开设各种类型的文化、技术培训班，组织青、中年职工参加。至1985年全市职工文化、技术补课工作基本结束，职工队伍的整体文化、技术素质明显提高。

建区后职业技能培训

建区后，为适应企业用工向技能化转变的需求，开展就业培训工作。1986年5月，区劳动人事局与新嘉街道联合举办商业财务培训班，时间5个月，36人考试合格取得证书，被推荐到市五金公司、饮服公司等单位，开创了先培训后就业的先河。是年，经培训后招工的有905人，占安置就业总人数的30.50%。

20世纪90年代后，随着经济体制改革的深化和企业改组改制的推进，在关停并转的企业中出现大批下岗职工。区就业管理服务处每年都委托民间培训机构，开设电脑、市场营销、工业缝纫、烹饪、服装裁剪、家政服务等各类就业培训班，帮助下岗职工提高劳动技能，重新择业就业。

2000年后，全区在统筹城乡一体化发展，实施城乡劳动力统筹就业进程中，依托各镇成人学校、工会职校和市区各职业技术学校，组织开展多种形式的就业培训活动。2004年，以“万名产业工人技能大比武”为载体，开展大规模集中培训，1735人通过职业技能鉴定。2009年后，配合“两分两换”和“两新”工程为载体的新农村建设全面推进，采取多种措施，加强农村劳动力特别是“两分两换”农户的培训就业。2009—2010年，共举办“两分两换”转移就业培训班27期，参加培训人员1549人，促进了农村劳动力的转移就业。

2010年9月，区企业人力资源及劳动管理培训班

第四节　工资及福利

职工工资

县(市)职工工资　民国时期，职工工资收入无制度保障。工商业主随意确定职工的薪酬，对学徒期的雇员只提供膳宿和“月规钿”，年终给“鞋袜钿”。正式雇员按年限或技术给予不等的工资，大多数职工生活水平低下。

解放初期，为保障职工生活，恢复和发展生产，政府对职工和留用的公职人员采取原职原薪政策。职工的货币工资以大米作标准，折价计发。国家财政统一后，职工工资按折实单位计算。折实单位由米、布、油、盐、柴等基价组成，逐月公布，以保证职工的工资收入不受物价波动的影响。1952年，进行第一次工资制度改革，统一执行以“工资分”为计算单位计发工资。"工资分"仍由米、布、油、盐、煤等实物含量组成计算。

1956年8月，废除"工资分"制度，实行货币工资制，统一调整各行业、门类，各类人员的工资关系，推行岗位工资制、计件工资制和职务工资制，建立起符合社会主义按劳分配原则的工资制度。企业工人实行八级工制和学徒工制。学徒工资为18元，学徒期满后转正定为一级工。是年，参加"工改"的职工，人均月增工资额在12元以上。

1958—1976年，正常的工资调整工作处于长期停顿状态。职工的实际工资收入未升反降，1976年，县职工的年平均工资为549元，低于1964年的工资水平。

"文化大革命"结束后，工资改革、调整工作恢复正常秩序。1976—1985年，职工工资几乎每年都有部分调整，恢复奖金、增加津贴、实行计件制及调整工资类别区。1983年，企业全面调整工资，增资面占职工总数的99%以上。至1990年年底，市区全民所有制企业职工年均工资2542元。

1985年，推进企业工资改革，大中型企业逐步实行工资总额同经济效益挂钩，进行浮动；暂不实行包干浮动办法的企业，进行自费工资改革，将企业部分奖金转化为工资。

区工资改革 1985年，区在工资改革中，对区属各企业的最低一级工资标准和企业干部的职务等级进行确定，统一城镇集体所有制企业的工资标准，有1389名职工工资提高到20478元，人均月增资14.74元，其中得到升级的有934人，升级面占应升级人数的93.87%，超过全市水平。在对计时工资职工进行工改的同时，将原来实行计件、拆账、分成工资制的职工，适当调整计件单价等分配基础，使这部分职工的收入相应有所增长。是年嘉兴市从原五类区调整为六类区，到年底止全区全民单位工资全部调整完毕，有1629名职工提高地区差3326.20元，冲销粮贴后，实际增资2920.30元。从这年的第四季度开始对54家全民和部分集体单位建立工资基金管理制度，对工资增长实行控制。

1991年，开始第二轮工效工资挂钩工作，改单一指标挂钩为复合指标挂钩、试行弹性挂钩办法。提高后备基金的提取比例、在全民与集体企业中建立职工工资手册制度。

1992年，对工效挂钩企业提取上浮工资不封顶，进一步落实企业自主权，规定职工晋级在留有一年以上工作基金来源正常奖金水平的前提下，职工升级由企业自主决定；按规定留足储备基金后，企业工资的发放计划由企业自主决定。

1993年，从宏观上加强对工资总额的管理，将企业内部工资分配中的基本制度确定权、工资形式决定权、升级权、定级权、工资计划确定权等还权于企业，在核定的工资总额中，企业可自主决定工资制度、工资形式和工资标准。企业可自主决定职工的升级时间、比例、人员、条件和定级水平。

2000年，实行将工资分配与岗位职责、工作业绩和实际贡献相挂钩的分配保障制度。翌年，开始推行工资集体协商制度，政府对职工工资分配管理职能逐步转移到指导监督工作上来。

2004年3月1日起，执行劳动和社会保障部颁布的《最低工资规定》，以保障劳动者个人及其家庭的基本生活。是年，区职工的最低工资标准为560元/月，此后，市政府多次出台最低工资指导标准，并逐步调整提高最低工资标准额度。至2010年，职工的最低工资标准为980元/月。

2002—2010年全区职工人数及工资情况表

表34-2

年度	职工人数（人）	职工平均人数（人）	职工工资总额（万元）	职工平均工资（元）
2002	69583	70509	127878	18136
2003	67365	68007	145839	21445
2004	73173	73315	162660	21887
2005	96566	95865	213589	22280
2006	99016	98881	244274	24704

续表34-2

年度	职工人数(人)	职工平均人数(人)	职工工资总额(万元)	职工平均工资(元)
2007	99684	99308	289086	29110
2008	139982	140015	417614	29826
2009	104349	102500	381658	37235
2010	121553	120841	494247	40901

职工奖金

1950年，部分企业发放超产奖、节约奖。1956年，几乎所有企业都实行奖励，且名目繁多，有定额奖、节约奖、质量奖、安全奖等六七种。1958年，实行以政治鼓励为主，物质鼓励为辅的原则，企业的各种奖金多数被取消。1959年，恢复建奖，发跃进奖，年底改为综合奖。1961年，改评奖为计奖。1962年，改综合奖为月奖、季奖，奖励面控制在工人的80%，后又改综合奖为单项奖。1976年，将原享受过综合奖的改为职工附加工资，并以月人均3元保持下来。1978年，恢复奖励制度，奖金形式有8类，奖金额占工资的比重增大。1980年，全县全民所有制职工年人均奖金为116.18元。1981—1982年，控制奖金发放，职工奖金收入减少。县全民所有制职工1982年的人均奖金为84.5元，比1980年减少了27.3%。

1984年，取消奖金“封顶”，开征奖金税和实行工资总额浮动包干，并将奖金管理权限下放给企业主管部门管理。奖金发放占工资的比重有较明显提高。1985年，区全民所有制企业职工年人均奖金为184.57元，占工资总额的16.08%；集体所有制企业职工年人均奖金为227.99元，占工资总额的21.52%。

1992年，落实企业工资奖金分配权，企业在按规定提取的工资总额内，有权自主使用、分配工资和奖金，自主确定职工的工资待遇，自主确定本企业职工晋级增薪、减级减薪的办法、条件和时间。企业可以根据自己的生产经营特点，选择实行岗位技能工资或者结构工资、等级工资、计件工资、计时工资、含量工资等具体分配形式。1993年，落实企业工资奖金分配自主权。企业根据行业情况开始自主分配工资奖金。

职工津贴

解放后，建有津贴制度，企业对从事劳动条件差、工种艰苦和有毒有害岗位的职工发放津贴。1978年，县全民企业有工资性津贴、福利性津贴、生产成本费列支的劳保津贴3大类，共40种，其中保健食品津贴、夜班津贴、洗理津贴、冷饮津贴、卫生纸津贴5种津贴享受人数较多。1985年，市区全民企业给职工发放各种津贴1058.89万元，占年工资总额的12.54%。1990年，因物价等因素，企业发放津贴额有较大幅度提高，全民企业职工人均津贴611.9元，占职工年人均工资的24%。

劳保福利

1929年，民国政府颁布《工厂法》中有“工人因执行职务而致伤或死亡者，工厂应给其医药补助费及抚恤费。对于因病暂时不能工作之工人，除担负其医药费外，每日给以平均工资三分之二之津贴”等规定。

解放后，国家对职工的伤、残、病、老、死，实行劳动保护。1951年2月，政务院颁布《中华人民共和国劳动保险条例》俗称“老劳保”，境内的民丰造纸厂、绢纺厂、中丝一厂等5家企业首先实施劳保条例。1953—1956年，实行劳保条例的企事业单位扩大到手工业、商业、粮食、金融、供销社等系统和国营农场。1959年5月，《浙江省县以上新建厂矿企业劳保福利待遇试行办法》(简称“新劳保”)公布，在1958年后，新建的全民企业中施行，集体企业根据自身经济状况，也逐步参照执行，或部分实行“新劳保”，企业中出现“新”“老”两种劳保制度并存的状况。1975年，因执行有困难，市区全民企业仍统一执行“全劳保”制度。1984年，实行劳动合同制后，合同制职工的各项福利待遇均参照固定工享受。

在实施劳保条例后，各企事业单位普遍设立职工福利费。职工福利费由医药卫生费、困难补助费、丧葬抚恤救济费、文体活动费、上下班交通费补贴、洗理卫生费、计划生育费、职工离退休费、集体福利设施费11

个项目构成。其中福利设施费主要用于办好职工食堂、浴室、医务室、托儿所等集体福利设施。1990年，境内全民所有制职工人均享受劳保福利1054.8元。

1990年后，职工劳保福利逐步从政府、企业包揽的模式向社会统筹、平等共享体制转变，社会保障机制日益完善。

第五节　劳动争议仲裁

民国时期，企业主自行决定用人和解雇，工人即使与业主发生矛盾，也不存在争议和仲裁，多以工人利益受损为主。解放后，私营工商企业居多，劳资双方发生矛盾，由政府或工会组织通过协商、调解等方法解决。

建区后，随着经济体制及劳动制度改革的深入，劳动关系日趋复杂和多变，劳动争议增多。1987年7月，嘉兴市劳动争议仲裁委员会及其办公室建立，开始以法律形式调整劳动关系。区综合管理劳动争议处理工作。1989年11月，区成立劳动争议仲裁委员会，逐步建立企业劳动争议调解制度。2001年9月，成立由劳动、经贸、工会、司法等部门人员组成的劳动争议仲裁委员会，受理用人单位与职工履行劳动合同发生的争议和职工因受开除、除名、辞退而发生的争议案件。2003年，在全区各镇、街道建立劳动协调委员会，把劳动纠纷调处工作网络延伸到基层，建立起多层次的劳动关系三方协调机制，着力构建稳定和谐的劳动关系。2004年，受理劳动争议案件102件，结案率98.18%。2006—2010年，立案处理劳动争议案件613件，其中作出裁决405件，调解结案202件。

第三章　社会保障

第一节　职工养老保险

1951年，实施职工退休制度。实施之初，退休人员较少，后逐年增多。至1978年，嘉兴县退休人员有7082人。

1984年后，全国各地先后实行养老保险基金统筹制度。1987年11月，在全区推行养老保险制度。实施范围包括全民企业固定工、区以上集体所有制的机关，企事业合同制职工、城镇集体企事业的固定工、长期合同工。企业按职工工资总额的15%~17%提取基本退休基金。

1991年6月，改变养老保险完全由国家、企业包下来的模式，实行国家、企业、个人共同负担。1992年7月1日起，全区全民、集体企事业单位的固定职工，实行个人缴纳养老保险费制度。缴费标准为本人工资的8%，由企业在发放工资时代为收缴。企业和职工的基本养老保险费转入社会保险管理机构在银行开设的“养老保险基金专户”，并分别记入《职工养老保险手册》。

1999年后，全区进一步扩大养老保险基金统筹的覆盖范围。2000年，养老保险参保净增7740人，征缴基金400万元，失业保险增600人，全年失业保险金征缴12万元。

2007年9月，《嘉兴市城乡居民社会养老保险暂行办法》实施。通过个人参保缴费和财政补贴方式，把尚未参与、享受养老保险，缺乏养老保障的城乡居民纳入养老保险基金统筹范围，实现全民参保，人人共享。至2010年年底，全区有67350人参加城乡居民社会养老保险，参保率达95%。

第二节　女职工生育保险

1988年后，逐步将用人单位管理生育保险制度转变为实行生育保险费用社会统筹。

1997年，《浙江省企业职工生育保险暂行办法》实施，对保险制度的实施范围、统筹层次、基金筹集和待遇支付等方面进行规范。其中规定企业应按职工缴纳工资总额的0.5%~1%向社会保险机构缴纳生育保险费，职工个人不缴纳生育保险费。女职工生育按照法律、法规的规定享受产假等。

2002年9月3日起，施行新的《浙江省人口与计划生育条例》，进一步保障女职工的生育权。2004

年，出台《浙江省女职工劳动保护办法》，规定：职工在符合计划生育规定的孕期、产期、哺乳期内，用人单位不得降低其工资，不得随意解除、终止劳动合同或者聘用合同。劳动合同或者聘用合同期满而孕期、产期、哺乳期未满的，劳动合同或者聘用合同应当顺延至孕期、产期、哺乳期满。妊娠7个月以上（含7个月）的女职工，一般不得安排其从事夜班工作。经本人申请，用人单位应当在工作时间内安排一定的休息时间，并扣减相应的工作量。妊娠期间的女职工，在工作时间内做产前检查，应计算在工作时间之内，有额定工作量的，应扣减相应的工作量。全区严格执行《办法》的规定，做好女职工的生育保障工作。

1997年，《嘉兴市区城镇企业女职工生育保险实施意见》实施。当年市本级累计参保83999人。2006年，执行《浙江省生育保险暂行规定》，全市实行统一生育保险办法，各类企业、国家机关、事业单位、社会团体、民办非企业单位及其职工和已经参加职保的个体业主及其从业人员都可参加生育保险。当年累计参保240729人（市本级147491人）。至2010年，全市参保974066（市本级287051人）。

1997年，市区企业按职保缴费基数的0.8%缴纳，个人不缴纳。2004年，统一由地方税务部门征收。2005年，《浙江省生育保险暂行规定》：单位按上月职工工资总额的0.5%~1%比例缴纳生育保险费，市本级仍按0.8%缴费。生育保险基金实行收支两条线和财政专户管理，专款专用。至2010年年底，全市生育保险基金累计结余20394万元，其中市本级9713万元。

第三节　失业保险

1986年7月，开始在国有企业中实行待业保险制度。1999年1月，国务院发布《失业保险条例》，扩大失业保险的覆盖范围等。失业保险基金由企业缴纳的失业保险费、企业保险基金的利息收入、国家财政补贴3部分组成。市本级失业保险基金由市统筹。

2000年，全区事业单位及其职工全部参加失业保险。2004年，失业保险制度覆盖全区所有企事业单位、城镇个体工商户。2010年12月，每人每月686元失业保险金和69元的医疗补助金。全区发放失业保险金918.65万元、医疗保险金83.26万元，合计发放901.91万元；申领发放2250人次。

第四节　劳动保障监察

组织机构

1984—1994年期间，区劳动保障监察工作由区劳动局承担，主要贯彻实施《浙江省劳动保护条例》；落实职业安全卫生综合管理，开展安全生产事故监察；组织安全生产培训。

1994—1999年期间，区劳动保障监察工作由市劳动局承担。2000年后，设劳动监察科并成立区劳动保障监察大队，共同承担对用人单位执行劳动保障法律法规情况的宣传教育、监督检查、制止、查处违法行为等职能。并探索建立劳动保障监察网格化管理机制。2006年，建立镇、街道劳动保障监察中队，聘用145名镇村、街道社区的劳动保障法律监察员。

普法宣传教育

1994年7月，《劳动法》颁布，举办学习《劳动法》培训班，组织开展上街宣传咨询活动等多种形式进行法制教育和宣传。

2001—2010年，在开展“四五”“五五”普法教育活动期间，《劳动法》《劳动合同法》《未成年人保护法》等法律法规的宣传教育作为普法教育的重要内容，组织开展“劳动者权益保障”“送法进万家”活动，举办各类法制培训班和专题讲座，下基层、入企业、进行劳动法律法规宣传教育，增强企业经营者依法经营管理、重视劳动者权益保障的法治意识。

劳动保障年检制度实施

1996年后，对全区范围内的各类企业、个体经济组织、与劳动者建立劳动合同关系的国家机关、事业单位和社会团体等属《劳动法》调整范围内的用人单位进行劳动年检。

2001年后，每年一次对企业劳动合同签订、工资支付、工时及休息休假、职工培训等劳动管理制度开展集中书面检查，对年检合格的单位，在《劳动保障年检手册》上予以记载，对存在违反劳动法律法规的行为责令其限期改正。

劳动监察检查

2000年后，依法开展日常监督管理和用人单位工资支付、劳动用工等方面的专项劳动监察工作。

2001年，对615家用人单位进行劳动用工专项整治检查，对382家用工单位开展工资支付专项检查。全年共检查用人单位1230家，涉及劳动者60336人数，涉及工资和押金人数1852人，查处拖欠工资总额146.88万元，纠正非法扣压身份证的单位1家，责令补办就业证、就业卡1370份，发出限期改正指令书4份，依法给予行政处罚2家。处理市长电话交办单37件，接待和处理群众来信来访473起。

2002年，针对使用外来民工较多的建筑施工单位、私营企业、股份制企业，出现拖欠工资发生率高的情况，采用自查与抽查相结合的方法，积极开展工资支付专项检查工作。对959家单位进行劳动监察，涉及劳动者人数47491名，工资专项检查追发工资待遇金额达61.6208万元。

2003—2004年，全区开展劳动执法“三春行动”专项检查5次。其中：开展以工资清欠为主要内容的“春雨行动”2次，共检查企业990家次，追发工资206.7743万元；开展以禁止使用童工为主要内容的“春苗行动”联合执法检查2次，检查企业104家次，查处违法使用童工2起；开展以规范劳动用工管理为主要内容的“春雷行动”1次，共检查企业455家，督促补签劳动合同3533人，清退风险抵押金2.8万元，督促企业进行社会保险登记68家，督促缴费金额35.88万元，处罚案件1起，涉及金额5.6万元。还开展净化劳动力市场环境、建筑企业工资支付情况、开展农民工劳动保障权益保护等专项检查，以及开展企业劳动合同签订情况、工资支付和缴纳社会保险金情况的综合检查。

2005年，共调处举报投诉案件819件，追发工资待遇1098万元，涉及劳动者4664人。及时妥善处理突发性群体性案件42件，涉及劳动者2887人，追发工资待遇747万元。2006年，实行“无欠薪”情况的月通报制度，加大劳动保障监察力度，全面监控企业的劳动用工行为，全年共检查用人单位1287家，受理举报投诉案件1061件，追发劳动工资436.27万元；处理突发性群体性案件55件。

2008年，健全和完善农民工工资支付保证金、欠薪应急周转金和建筑领域农民工记工考勤卡为主要内容的“两金一卡”制度，建立劳动保障监察员分片负责制，实行劳动保障监察接访主办制度。扎实开展“百日工资支付大检查”、农民工权益维护、劳动合同法执行、整治非法用工等执法维权活动。劳动合同签订达92.3%；受理举报投诉案件1128件；处理突发性群体性33件案。

2009年，围绕“服务基层、服务企业、服务群众”专项活动，坚持日常巡查、举报专查和专项检查相结合，主动检查1330家企业和建筑工地，开展农民工工资支付专项检查、清理整顿人力资源市场秩序检查、建筑工程在建项目“两款”检查、整治非法用工打击违法犯罪等，积极为服务对象排忧解难。以创建“服务民生满意站所（办事窗口）”为载体，组建南湖劳动保障维权卫士服务队，继续扩大以农民工工资支付保证金、欠薪应急周转金和建筑领域农民工记工考勤卡为主要内容的“两金一卡”的覆盖面，督促抓好租赁企业工资支付保证金制度。对建筑工地推行准企业化用工管理新机制，职工劳动合同签订率96.5%，完成目标考核，受理举报投诉案件739件，追发劳动工资待遇969.43万元，处理突发性群体性案件51件。

2010年，受理举报投诉案件434件，追发劳动者工资等待遇636.63万元，监察检查用人单位1520家，劳动保障书面审查企业4604家。开展建筑工地

2010年，全国安全生产月咨询日活动

劳动用工排摸检查，整治非法用工、打击违法犯罪专项行动，检查用人单位1952家，清欠劳动者工资、经济补偿金260.54万元。

第四章　人事　人才

第一节　干部来源

干部吸收招录

解放初，干部队伍的充实发展主要由各级组织因地制宜培养选拔，重点分布在县（区）以上党政机关及金融、粮食等财粮征管部门。1951年后，逐步扩展国营商业专业公司，其干部来源主要从企业职工积极分子中选拔，这种干部选拔制度一直延续到1965年。在对工商业进行社会主义改造中，有部分工商业、手工业管理人员被吸收进干部队伍。1957年后，各级国家机关实行精简，部分国营商业公司撤并，干部人数有较大幅度减少。

"文化大革命"期间，干部吸收录用的正常渠道阻塞。部分企业工人进入干部岗位工作，形成大量的"以工代干"人员。

1977年，恢复正常的吸收录用干部制度，先后从人民公社实行补贴工资的人员中，录用一批为国家干部。各系统、行业的上级主管部门根据干部需求，经人事部门批准，下达招干指标，实行公开择优招干。20世纪80年代始，逐步形成以高校、中专毕业生为主体，军官转业、企业选调、社会公开招收为补充的干部来源渠道。

1988年，依照"公开、平等、竞争、择优"的原则公开向社会招收政法干部，主要对象是城镇户口的电大、职大、夜大、函大、自考毕业生和大专院校的自费走读生。所有报考者参加全省统一考试，区录用干部30名，其中区公安分局12名、区检察院3名、区法院4名、区司法局11名。

1984—1993年，区属机关和事业单位从在职职工、"以工代干"人员、民办教师中选拔干部。

1994—1999年，干部招录工作由市人事局统一承担。

大中专毕业生接收分配

解放初，对民国时期毕业的大中专毕业生，采取由政府招聘和自找职业相结合的办法安排工作。1951年，确立高等学校毕业生由政府分配的制度，延续到改革开放初。1989年3月后，国家改革高校毕业生"统包统分"的就业制度，实行"以学校为中介向社会推荐就业，在一定范围内"双向选择"。1993年2月，实行少数毕业生由国家安排就业，多数由毕业生"自主择业"的就业制度。并推行学校与用人单位"供需见面"，毕业生与用人单位"双向选择"的办法。20世纪90年代中后期开始，高校毕业生就业从高校扩招前的供不应求逐步转化为供过于求，自主推荐、自主择业、自主发展成为就业的必然途径。而政府对高校毕业生就业只是进行宏观调控、政策引导、法治保障，不再担负其接收分配职能。

军队转业干部安置

解放初期，军队转业干部主要安置在党政机关、税务、粮食等部门。20世纪60年代，重点充实到金融、商业、粮食和供销等基层单位。1975年后，恢复军官转业地方工作制度，每年有一批军队干部转业到地方安置，根据转业干部在部队工作的特点和各个时期地方对充实干部队伍的需求，进行相应的对口安置。1984—1993年，城区共接收安置军队转业干部39人。2000年，成立军队转业干部安置工作小组及办公室，根据市政府每年下达的年度军队转业干部安置计划，实施安置工作。其中团职转业干部由区组织部门负责安置，营职及以下（含专业技术干部）转业干部由区人事部门负责安置。2000—2010年，全区接收计划安置军转干部146名，其中安置在区级机关85人，镇、街道机关29人。

公务员招录

1993年10月后，对干部录用工作执行《国家公务员暂行条例》，严格依照法定程序和公开考试、严格考核的办法，按照德才兼备的标准择优录用。每年全省统一发布公务员招录考试公告，统一进行资格审查、笔试、面试、考核、审批等程序。2001—2010年，全区各级党政机关及参照公务员管理的事业单位共招录公务员及“参公”干部298人，其中硕士学历31人，大学本科学历116人，大专学历144人。

第二节　干部队伍结构

干部文化结构

解放时，县干部队伍主要由随军队南下干部和当地坚持革命斗争的干部组成。各级党的工作部门和人民政府建立后，开始从当地的革命积极分子中培养选拔干部，使干部队伍迅速扩大。其时，工农出身的干部比重较大，政治素质好，然文化程度低。1955年，干部队伍中初中以下文化程度占85%左右，大专以上文化程度不到3%。20世纪50年代后期至60年代初，政府重视对干部队伍文化素质的培养和提高，通过选送干部到大专院校和文化补习学校学习，举办机关夜校等形式提高干部文化素质，干部队伍的文化结构逐步改善。80年代起，加强对干部的专业化、知识化教育，除组织选送部分干部到大专院校和党校进修、培训外，还鼓励广大干部利用业余时间，参加电大、函大和自学考试，干部队伍整体文化素质得到较快提升。公开招考录用的公务员必须具备大专以上文化程度，随着老干部的自然退休，文化结构进一步优化。至2010年年底，全区政府口1139名公务员（含参公）中，大专以上文化程度1068人，占93.8%，其中大学本科以上662人，占58.1%。全区3870名事业单位工作人员中，大专以上文化程度3347人，占86.5%，其中大学本科以上2161人，占55.8%。

2010年4月24日，南湖籍在校大学生“创新南湖·精英引领计划”座谈会

干部年龄结构

解放初期，干部队伍以中青年占多数。对新吸收录用干部无严格的年龄限制，中老年干部所占比例逐渐上升。1980年后，贯彻干部队伍“革命化、年轻化、知识化、专业化”方针，干部队伍的平均年龄逐渐下降，整体文化程度持续提高，老中青比例渐趋合理。1993年、2000年后，随着大批高校毕业生招录充实，全区干部队伍的年龄结构更趋优化。

2010年，全区政府口1139名公务员（含参公）中，35岁以下378人，占33.2%，36~40岁215人，占18.9%，41~50岁405人，占35.6%，51岁以上141人，占12.4%。全区3870名事业单位工作人员中，35岁以下1813人，占46.8%，36~40岁711人，占18.4%，41~50岁814人，占21.0%，51岁以上532人，占13.7%。

第三节　干部管理

任免与调配

解放初期，实行党委领导下的分级管理制度。1954年前，县主要领导干部任免均由上级党委决定；县委、县政府所属机构领导干部分别由县委、县政府任免。1954年，实行人民代表大会制度后，县长、副县长、县人民法院院长、县人民检察院检察长，正、副乡（镇）长，由同级人民代表大会选举产生。1956年6月后，县委书记、副书记常委，各乡镇正、副书记，委员等，由同级党的委员会选举产生。县委所属各部、委、办部长（主任）、副部长（副主任），由县委任免；县府所属各局、委、办正职由县人大常委会任免，其副职由县政府任免。1984年，改革干部管理体制，干部任免权力下放，区一般干部由区属各部、局、委、办任免，然后呈报县委组织部和人事局核备。2000年后，规范科（局）级以上领导干部提拔任用组织考察、民主推荐任前公示。

建区后，属区委管理的各部门干部，区、镇主要干部及党群系统干部的调动，由区委组织部办理；区政府所属机构和企事业单位一般干部，以及跨系统、跨区调动由区政府劳动人事局办理。

2000年后，实行机关中层干部竞聘上岗，一般干部交流轮岗。2005年7—8月，开展中层干部竞争上岗工作，共推出5个职位，70人报名，57人参加笔试，25人入围面试，有15人被列入考察对象。5人通过竞聘上岗到新岗位工作。2007年11月，开展中层干部竞争上岗和一般干部交流轮岗工作，中层干部竞争上岗有158人报名，通过笔试，面试，考察，9人到中层岗位工作。镇、街道有22人进行一般干部交流轮岗。

考核与奖惩

2000年开始，公务员的考核程序和办法按照《浙江省国家公务员考核实施办法》文件执行；2007年开始，按照省市有关规定执行。机关工勤人员和事业单位工作人员的年度考核。

2000—2010年全区公务员考核情况表

表34-3　　单位：人

年份	公务员总数	考核优秀	称职	基本称职	不称职	不确定等次
2000	736	93	628	—	1	14
2001	841	101	719	—	4	15
2004	849	110	738	1	—	—
2009	1113	199	890	—	—	15
2010	1040	204	792	—	—	44

干部培训

2000年后，组织人事部门按照干部管理权限和培训计划，抓好机关干部的培训工作。根据国内外政治经济形势和社会经济发展情况，以党的基本理论、政策法规、区情区策、业务知识、科学文化和能力实务训练等应知应会为重点，因地制宜开展学习。采用集中与分散相结合的学习形式，主要以讲座、论坛、经验交流、自学等方式进行，具体包括专家教授讲课辅导，业务骨干、基层一线干部谈体会、讲心得，网上课件在线学习等。

干部离退休

1956年，国家机关、企事业单位的干部实行退休制度。对男性年满60岁、女性年满55岁的干部由政府人事部门办理退休手续，发给退休证。参加革命工作30年以上的干部退休后，按原工资的70%计发退休费。1978年6月，国务院颁发《关于安置老弱病残干部的暂行办法》，对干部的退休条件、退休后的政治和生活待遇以及退休干部的管理体制等作出新的规定。1980年10月，根据国务院《关于老干部离职休养的暂行规定》，实行干部离休制度。1949年10月1日前，参加革命工作并享受供给制待遇的老干部，实行离休制度，之前已退休的改办离休手续。离休干部按照基本政治待遇不变，生活待遇从优的政策，原标准工资（含保留工资）照发，福利待遇不变，抗日战争时期入伍的离休干部还享受1个月的补贴工资。

建区后，设立老干部管理机构、建老干部活动室、开展干部疗休养等管理服务。

至2010年年底，区机关离休干部25人，事业离休干部19人；机关退休干部221人，事业退休干部1632人；机关退休工人7人，事业退休工人225人；机关退职3人，事业退职49人。

第四节　工资福利

工资制度沿革

解放初期，国家机关、企事业单位的干部，沿袭战争年代的“供给制”；留用的旧政府人员实行“薪给制”,其标准为解放前3个月的平均工资水平。“供给制”包括公家供给伙食、服装及发放理发、洗澡、黄烟等少量津贴。伙食供给按干部参加革命工作时间、职务分大灶、中灶、小灶3种标准。

解放初境内供给制干部伙食供给标准表

表34-4　　单位:市斤/天/人

灶别	大米	菜	油	盐	肉	柴草
小灶	1.10	1	0.05	0.06	0.60	6
中灶	1.10	1	0.03	0.06	0.20	6
大灶	1.10	1	0.03	0.05	0.03	3

1952年,改“供给制”为“包干制”,机关干部实行26级制,按等级发给包干薪金。是年4月,统一执行以“工资分”为计算单位,以籼米、白布、菜油、食盐、杂柴等为“工资分”实物含量的包干薪金发给标准。

1955年7月,改革工资制度,实行货币工资制,机关工作人员的工作标准划分为30个等级。改制后,县机关干部人均月工资为41.05元。1956年,调整部分机关工作人员的工资级别,调整后,县机关工作人员人均月工资为47.10元,县执行4类区工资标准。

1985年,实行第二次工资改革,主要是将机关事业单位的工资制度与企业的工资制度分离;将机关事业单位1955年以来执行的职务等级工资制改为由基础工资、职务工资、工龄津贴、奖励工资等组成的结构工资制。基础工资39元/月,所有工作人员执行同一标准;职务工资按职务高低定职级;龄津贴按工作人员的工龄计发,标准为每一工龄年0.5元/月(1992年后提高为1元/月)。全区机关、事业单位工作人员1541人参加工改,工改后,月增资总额39635元,人均月增工资25.72元,人均月工资为95.60元。

1993年,实行第三次工资改革,将机关工资制度与事业单位工资制度脱钩,执行不同类型工资制和工资标准。国家机关工作人员依照公务员制度,实行职级工资制;事业单位执行专业技术人员职务工资制和职员职务工资制。同时,国家机关、事业单位建立起正常的工资晋升制度。是年,全区机关工作人员916人调整工资,月增资总额11万元,人均月增资120元;事业单位工作人员1625人调整工资,月增资总额20.04万元,人均月增资123.30元。

2006年,实行公务员工资制度改革和事业单位工作人员收入分配制度改革。公务员实行国家统一的职务与级别相结合的工资制度,建立与公务员年度考核挂钩的正常工资晋升机制。公务员年度考核连续5年称职以上的,从次年1月1日起,在所任职务对应的级别内晋升一级;连续2年称职以上的,从次年1月1日起,在所任级别对应的工资标准内晋升一个档次。事业单位取消原来执行的职务工资制度,实行由岗位工资、薪级工资、绩效工资和津贴补贴4部分组成的岗位绩效工资制度。全区有1141名公务员参加工改,人均月增资287元,工改后人均月基本工资为1060元。有1994名事业单位工作人员参加工资套改,人均月增资293元,套改后人均月基本工资为1081元。

福利待遇

建区前后,县(市)、区属机关、事业单位执行国家规定的福利制度。工作人员的福利待遇包括公费医疗、子女统筹医疗、各种假期待遇、伤残待遇、养老待遇、丧葬抚恤等,并随着国家对福利制度的补充、修订,逐步提高工作人员的福利待遇及标准。福利费按规定的提取比例在行政事业费中提取,专款专用。

第五节　人才管理

人才引进与交流

建区后,通过加强科技人才的引进、交流和培养工作,充实企业的科技力量,增强企业的科技竞争力和现代化管理水平。1992年,区政府成立人才交流中心,同年6月,出台《关于鼓励企业引进和培养人才的若干规定》,建立引导、鼓励企业加强人才引进、培养工作的激励机制。8月,区政府举办为期两天的人才、项目洽谈会,应聘者众多。至1993年年底,人才交流人数达到百余人。

1994—1999年,区人才引进、交流活动由市人才交流中心一并承担。

2000年后,加大人才的培养和引进力度。制定和完善人才资源开发的相关政策,建立区人才交流中心和人才市场,并创建“秀城人才网”,及时发布、更新人才招聘信息,举办网上人才招聘会、网上人才交流大会。2003年,实施科教强区战略,引进浙江清华长三角研究院来南湖新区落户。是年共引进各类人才587名,其中中高级人才127名。2004年6月,在杭州主办“中国金三角”浙江嘉兴秀城人才招聘洽谈会。首次以区政府名义赴外地招聘人才,共组织66家企业推出岗位600多个,引进人才488人。之后,赴长春、长沙、上海浦东等地招聘人才,并举办人才集市11期。2005年,举办“活力嘉兴—2005人才质量交流大会”“百所高校嘉兴行”等10场大型招聘交流会和人才智力洽谈会,先后与华中理工大学、安徽理工大学、湖北省人才市场签订技术、人才合作项目3个,全年共引进人才962人,其中研究生16人,本科生291人,高级技术职称22人。为鼓励高层次人才来区创业发展,推出经济收入补助、住房安置、子女就学优惠等多项吸引人才、留住人才的新举措。2010年,发放高层次人才补助28.54万元。落实10000平方米的人才公寓和2000平方米的领军人才住房,制定实施领军人才子女就学优惠政策。

2000—2010年全区人才(学历)引进情况表

表34-5　　单位:人

年份	研究生	本科生	大专生	总数
2001	3	89	124	216
2002	2	96	183	281
2003	1	115	273	389
2004	3	200	194	397
2005	16	291	540	847
2006	14	274	452	740
2007	11	240	400	651
2008	17	770	953	1740
2009	78	852	903	1833
2010	365	603	938	1906
合计	510	3530	4960	9000

2000—2010年全区人才引进情况表

表34-6　　单位:人

年份	高级职称	中级以上职称	总数
2001	1	17	18
2002	5	24	29
2003	11	47	58
2004	6	43	49
2005	22	93	115
2006	8	43	51
2007	9	62	71
2008	13	76	89

续表34-6

年份	高级职称	中级以上职称	总数
2009	33	107	140
2010	9	35	44
合计	117	547	664

国外智力引进

2000年后，区政府加大国外智力引进工作力度。至2010年，共申报引进挪威、法国、德国意大利等国外智力项目立项26个，引进外国专家8人，分布在化工、纺织、电子、造纸等支柱产业。

人事代理

1995年5月，区推行人事委托管理工作。2001—2010年，区人才交流中心共办理集体户口落户321人，办理各类人才人事档案代理3516人。

专业技术职称（职务）评审

解放初至“文化大革命”前，实行专业技术职务任命制，无技术职称评审机构。全县只在规模较大的造纸、绢纺、缫丝、发电等工业企业及农业技术推广单位，经主管厅局批准，任命过少数工程师职务，在工农医科类、高校、中专毕业生中确定过技术员、助理技术员的职务。1979年后，开始技术职称评定工作。先是对从事工程、农业的原有技术职务的人员和高校、中专学历的人员，套改确定相应的技术职称。此后，开展专业技术职称晋升审定。1983年9月，技术职称评定工作暂时停止。

1984年，恢复技术职称评审工作。1986年，实施职称制度改革和专业技术职称（职务）评聘工作，职务资格评定与职务聘任分开。事业单位实行定编设岗，限额评聘。专业技术人员经评审委员会评定任职资格后，由工作单位聘任其相应的专业技术职务。2001年，区设有4个初级专业技术职务评审委员会。

2001年，开始筹建区建筑工程技术、乡镇企业工程技术、会计专业、经济、统计专业评审委员会；建立中学教师中级、小学高级教师任职资格评委会，开展对各专业技术人员的职务任职资格评审工作。2001—2010年，共对5876名专业技术人员评定相应的职务任职资格，其中助理工程师2154名。

第五章　机构编制管理

第一节　编制管理机构

1950年，嘉兴县建立编制委员会，统一管理本级及所属乡镇（街道）组织机构和人员编制工作。1986年11月，成立区编制委员会，负责机构编制管理方面的相关职能。区委、人大、政府各部门，人民团体，事业单位等机构及工作人员，均列入机构编制管理范围。1994—2000年，由市机构编制委员会管理。2000年6月，设置区机构编制委员会办公室。

第二节　行政机构设置

建区时

1983年秋，全省开始进行地、县机构改革，先市后县再乡镇，分期分批定编。建区时区设置工作机构，配备工作人员。设区人大常委会、区检察院、区法院；区委工作部门设区委办公室、组织部、纪委、宣传部、政法委员会5个工作机构。区政府部门设办公室、民政局、司法局、公安分局、劳动人事局、老干部局、计划统计局、城乡建设环境保护局、工业交通局、社队企业局、农林水利局、财政税务分局、工商行政管理局、文化教育局、卫生局、计划生育委员会16个工作机构。群众团体设工会办事处、团委、妇女联合会、科协办事处4个机构。设人民公社5个、街道办事处6个。全区机关人员编制265名，其中区级机关130名，公社、街道135名。之后，根据机构编制和各部门职能变化，以及社会发展的需要，机构编制有所扩大。至1994年，先后增设土地管理局、经济协作办公室、爱国卫生运动办公室、农村经济委员会等工作部门，政府机构增至21个。

合署办公

1994年11月，区与市党政机关合署办公，除区人大、法院、检察院法定保留外，还保留12个党政机关部门，其中党委部门5个：区委办公室、组织部、宣传部、政法委、区纪委；政府部门7个：区政府办公室、民政局、农经委、计生委、城建局、统计局、乡企局(与市城镇经济发展局合署办公)。接受区委、区政府和市级部门的双重领导。

按实运作

2000年6月，秀城、秀洲两区区划调整，区辖建设、新兴、新嘉、解放、南湖5个街道和新丰、余新、凤桥、新篁4个镇以及东栅、南湖、七星、大桥、步云5个乡。设置区人大、区政协工委、区法院、区检察院；设置区委工作机构6个：区委办、纪委(监察局)、组织部、宣传部、统战部(台办、侨办、民宗局)、政法委(综治办)；设置区政府工作机构13个：区府办(体改委)、发展计划与科学技术局(统计局)、经贸局(对外贸易经济合作局)、教育文化体育局、公安分局、司法局(法制办)、民政局、财政局、人事劳动局(编委办)、建设与交通局、农林水利局、计划生育与卫生局、审计局；群众团体设置2个：团委、妇女联合会。核定区级机关人员编制240名(包括街道编制)工勤编制24名，乡镇机关编制347名，政法专项编制340名。

机构改革

2001年12月，进行党政群机构改革。区政府工作机构调整：区发展计划与科学技术局分设为区发展计划与统计局和区科学技术局，区建设与交通局分设为区建设局和区交通局，区农林水利局分设为区农业经济局和区水利局。区政府部门增至16个。

2005年1月，成立区政协第一届委员会，区政协机关设政协办公室和提案委员会、经济科技委员会、文教卫体与文史委员会、社会法制(三胞联谊)委员会。

2007年9月，区总工会成立，核定人员编制4名。

至2010年，南湖区设置区委工作机构6个，区政府工作机构19个，核定区级机关人员编制403名，工勤编制42名，乡镇机关编制248名，政法专项编制772名。

2008年区政府机关公务员总人数及分布情况表

表34-6　　单位：人

项目	总人数	党委机关	人大机关	行政机关	政协机关	审判机关	检察机关
区级	1079	74	22	841	18	69	55
乡镇	177	22	8	147	—	—	—
总计	1256	96	30	988	18	69	55

2010年区机关部门机构编制情况表

表34-7　　单位：人

单位名称	机构个数	编制人数	单位名称	机构个数	编制人数
一、区委	7	85	宣传部	—	8
办公室	—	12	纪委	—	30
组织部	—	14	统战部	—	6

续表34-7

单位名称	机构个数	编制人数	单位名称	机构个数	编制人数
政法委	—	7	嘉兴工业园区管理委员会	—	8
区委农业和农村工作办公室	—	8	南湖新区管理委员会	—	6
二、人大	1	9	嘉兴科技城管理委员会	—	5
法制工作委员会	—	—	四、政协	1	8
财政经济工作委员会	—	—	政治协商工作委员会	—	—
城乡建设农村经济工作委员会	—	—	民主监督工作委员会	—	—
教科文卫民侨工作委员会	—	—	参政议政工作委员会	—	—
代表工作委员会	—	—	区政协研究室	—	—
人大常委会办公室	—	9	区政协办公室	—	8
三、政府	25	817	五、群众团体	3	12
政府办公室	—	19	共青团南湖区委	—	4
发展和改革局	—	9	总工会	—	4
经济贸易局	—	12	妇联	—	4
教育文化体育局	—	13	六、法院、检察院	2	
科学技术局	—	7	156		
公安局南湖区分局	—	579	法院	—	87
民政局	—	9	检察院	—	69
司法局	—	38	七、街道、镇	11	
财政局	—	8	264		
人事劳动社会保障局	—	13	建设街道办事处	—	12
规划与建设局	—	9	新兴街道办事处	—	12
交通局	—	7	新嘉街道办事处	—	12
农业经济局	—	9	解放街道办事处	—	12
水利局	—	7	南湖街道办事处	—	12
人口计划生育与卫生局	—	13	东栅街道办事处	—	26
审计局	—	7	新丰镇政府	—	38
环境保护局	—	7	余新镇政府	—	38
安全生产监督管理局	—	10	凤桥镇政府	—	38
城市管理行政执法局	—	9	大桥镇政府	—	38
三产发展局	—	6	七星镇政府	—	26
国有资产监督管理局	—	3	八、区级机关未分配编制	—	29
食品药品监督管理局南湖区分局	—	4	九、乡镇未分配编制	—	18

第三节　事业单位编制管理

事业编制

1987—1988年,区对事业单位实行定编定员,分类管理,共设置区属事业单位机构53个,核定事业单位人员编制1216人。之后随着社会发展和工作需要,逐步增加事业单位人员编制,至1995年年底,全区事业单位机构161个,编制1747名,实有人数2225人。

2003年6月,对镇、街道事业单位机构统一设定机构、核定人员编制、重新确定职责。经过调整,各镇、街道事业单位机构数从原来的103个减少到73个,精简29.1%,其中纯公益类事业单位为28个,准公益类事业单位为39个,中介服务类事业单位为6个。事业机构人员编制从494名减少到370名,精简25.1%,人员从383名减少到317名,精简17.2%。同年10月,对原区属114家事业单位类别重新进行调整和规范。按照全员聘用制的要求,对区属绝大多数事业单位的工作人员签订事业聘用合同,实行聘任制管理,完成对工作人员报酬中津贴部分的调整。并从11月开始实行。建立事业单位分类的动态管理机制,完善与事业单位类型调整"联动"的财政预算动态管理机制。

事业编制机构改革

2007年,开展第二次乡镇街道机构改革。明确各镇及东栅街道党政机关按照职能统一归口设置党政办公室、经济发展办公室(挂经营管理办公室、综合执法联动中心、信息统计中心牌子)、社会发展办公室(挂计划生育办公室牌子)、村镇建设办公室、综合治理办公室(挂司法所牌子)和财政事务办公室6个综合性办公室,下设农业技术服务中心(挂水利管理站牌子)、经济发展服务中心、社会事业服务中心(挂劳动保障所、计划生育服务站、文化体育站牌子)3个纯公益类事业单位。按照"优化调整,5年内只减不增"的思路,调整和优化编制结构,乡镇行政总编制保持267名不变,乡镇事业机构总编制精简到265名。经过这次改革,各镇街道统一各设置3家纯公益类事业单位,各镇、街道事业单位机构数精简到33个,人员编制精简到366名。

2010年区事业编制单位情况表

表34-8

序号	单位名称	主管部门	所有制性质	预算管理性质	编制人数
1	区老干部服务中心	组织部	全民	行政类,参照公务员管理	5
2	区党员电化教育中心	组织部	全民	行政类,参照公务员管理	1
3	区精神文明建设委员会办公室	宣传部	全民	行政类,参照公务员管理	3
4	区新闻信息中心	宣传部	全民	公益一类	10
5	执法监察室(效能监察室)	区纪委(监察局)	全民	行政类,参照公务员管理	2
6	区投资促进局	区政府	全民	公益一类	5
7	区新居民事务局	区政府	全民	行政类	9
8	区群众工作接待中心	区府办	全民	公益一类	5
9	区机关事务管理局	区府办	全民	行政类	7
10	区档案局(区档案馆、区史志办公室)	区府办	全民	行政类,参照公务员管理	5
11	区政府突发公共事件应急管理办公室	区府办	全民	行政类	2
12	区行政审批服务中心	区府办	全民	公益一类	5
13	区机关文印中心	区府办	全民	生产经营类	6

续表34-8

序号	单位名称	主管部门	所有制性质	预算管理性质	编制人数
14	区土地整理中心	区府办	全民	公益一类	—
15	区社会经济调查队	发展和改革局	全民	行政类,参照公务员管理	9
16	区普查中心(区服务业调查中心)	发展和改革局	全民	公益一类	4
17	区中小企业服务中心	经济贸易局	全民	公益一类	8
18	区能源监察大队	经济贸易局	全民	行政类	3
19	区旅游质量监督管理所	三产发展局	全民	行政类,参照公务员管理	2
20	区服务业发展中心	三产发展局	全民	公益一类	4
21	嘉兴市市场开发服务中心	三产发展局	全民	生产经营类	30
22	秀州商城管理处	三产发展局	集体	生产经营类	10
23	区安全生产监察大队	安监局	全民	行政类,参照公务员管理	4
24	区科技综合服务中心	科学技术局	全民	公益一类	3
25	区教研室	教文体局	全民	公益一类	23
26	区文化馆(区非物质文化遗产保护中心)	教文体局	全民	公益一类	11
27	区教育装备信息管理中心(区教育基建管理处、区勤工俭学办公室)	教文体局	全民	公益一类	3
28	区师资培训交流中心(区教师进修学校)	教文体局	全民	公益一类	6
29	区教育支付(核算)中心	教文体局	全民	公益一类	4
30	区文学艺术界联合会	教文体局	全民	公益一类	1
31	区体育总会	教文体局	全民	未分类	2
32	区法律援助中心	司法局	全民	公益一类	4
33	区社区服务中心(嘉兴市96345社区服务求助中心)	民政局	全民	公益一类	5
34	区社会福利生产管理办公室	民政局	全民	行政类	3
35	区殡葬改革管理所	民政局	全民	行政类	2
36	区民政局婚姻登记处(挂区婚姻服务中心)	民政局	全民	行政类	3
37	区社会养老服务指导中心	民政局	全民	行政类	2
38	区财政支付(核算)中心	财政局	全民	行政类,参照公务员管理	16
39	区非税收入管理中心(区财政票据管理中心)	财政局	全民	行政类	7
40	区财政支农项目评审中心	财政局	全民	行政类	3
41	区国有资产监督管理中心	国资局	全民	行政类	7
42	区人才交流中心	人劳社保局	全民	行政类	4
43	区劳动保障监察大队	人劳社保局	全民	行政类,参照公务员管理	9
44	区就业服务管理处(区人力资源培训中心、区职业技能鉴定中心、挂区劳动力市场)	人劳社保局	全民	行政类,参照公务员管理	8
45	区人事劳动争议仲裁院	人劳社保局	全民	行政类,参照公务员管理	1
46	区事业单位登记管理办公室	编委办	全民	行政类,参照公务员管理	2

续表34-8

序号	单位名称	主管部门	所有制性质	预算管理性质	编制人数
47	区建筑业管理处(区建设安全监察站)	规划与建设局	全民	行政类	7
48	区房地产管理处	规划与建设局	全民	行政类	4
49	区人民政府房屋拆迁办公室	规划与建设局	全民	与房管处合署办公	
50	区工程质量监督站	规划与建设局	全民	行政类	4
51	区建设规划管理处(区城市建设档案管理室)	规划与建设局	全民	行政类	6
52	区市政公用事业管理处	规划与建设局	全民	行政类	5
53	区公路管理段	交通局	全民	公益一类	18
	区路政管理大队	交通局	全民	行政类,与公路管理段合署办公	8
54	区水利规划建设管理站	水利局	全民	公益一类	6
55	区水文站	水利局	全民	公益一类	4
56	区水政监察大队	水利局	全民	行政类,参照公务员管理	4
57	区农村经营管理站	农业经济局	全民	行政类	5
58	区农机管理站	农业经济局	全民	行政类	4
59	区农业面源污染整治办公室	农业经济局	全民	公益一类	3
60	区农作物管理站	农业经济局	全民	公益一类	9
	区农村能源办公室	农业经济局	全民	与区农作物管理站合署	
61	区林业与蚕桑站	农业经济局	全民	公益一类	6
62	区水产站(区渔政站)	农业经济局	全民	公益一类	2
63	区农业综合执法大队(区植物检疫站)	农业经济局	全民	行政类,参照公务员管理	8
64	区畜牧兽医局(区动物卫生监督所)	农业经济局	全民	行政类	12
	新丰镇动物卫生监督站	农业经济局	全民	行政类	12
	余新镇动物卫生监督站	农业经济局	全民	行政类	6
	凤桥镇动物卫生监督站	农业经济局	全民	行政类	11
	大桥镇动物卫生监督站	农业经济局	全民	行政类	5
	七星镇动物卫生监督站	农业经济局	全民	行政类	2
	东栅街道动物卫生监督站	农业经济局	全民	行政类	1
65	区卫生保健服务部	计卫局	全民	生产经营类	10
66	区计划生育宣传技术指导站	计卫局	全民	公益一类	18
67	区儿童预防接种站	计卫局	全民	公益一类	7
68	区计划生育协会秘书处	计卫局	全民	行政类,参照公务员管理	2
69	区卫生会计核算中心	计卫局	全民	公益一类	—
70	区城乡合作医疗管理办公室	计卫局	全民	行政类	3
71	区卫生监督所	计卫局	全民	行政类,参照公务员管理	12
72	区爱国卫生运动委员会办公室	计卫局	全民	行政类	3
73	区红十字会	计卫局	全民	未分类	1

续表34-8

序号	单位名称	主管部门	所有制性质	预算管理性质	编制人数
74	区投资审计中心	审计局	全民	公益二类	4
75	区排污权储备交易中心	环保局	全民	公益二类	—
76	区环境监察大队	环保局	全民	行政类,参照公务员管理	15
77	区环境保护监测站	环保局	全民	公益二类	2
78	区法院审判保障服务中心	法院	全民	公益一类	10
79	区城市管理行政执法大队	城市管理行政执法局	全民	行政类,参照公务员管理	82
80	区市容管理中心	城市管理行政执法局	全民	行政类	5
81	区土地储备中心	国土分局	全民	公益一类	3
82	区食品药品安全监察大队	食品药品监督管理分局	全民	行政类	3
83	区质量安全监察大队	质量技术监督分局	全民	行政类	3
84	区消费者协会	区工商分局	全民	未分类	4
85	区残联	区残联	全民	未分类,参照公务员管理	4
86	区残疾人劳动就业服务所(区残疾人康复中心)	区残联	全民	公益一类	4
87	区职工维权帮扶中心	区总工会	全民	公益一类	1
88	嘉兴市南湖科技创业服务中心	科技城	全民	生产经营类	2
89	嘉兴中俄科技转化中心	科技城	全民	生产经营类	10
90	嘉兴工业园区招商局	嘉兴工业园区	全民	纯公益类	8
91	经济发展服务中心(挂安监中队牌子)	建设街道	全民	公益一类	8
92	会计服务中心	建设街道	全民	公益一类	3
93	社会事业服务中心(挂劳动保障所、计划生育服务站、文化体育站、新居民事务所牌子)	建设街道	全民	公益一类	9
94	经济发展服务中心(挂安监中队牌子)	解放街道	全民	公益一类	8
95	会计服务中心	解放街道	全民	公益一类	3
96	社会事业服务中心(挂劳动保障所、计划生育服务站、文化体育站、新居民事务所牌子)	解放街道	全民	公益一类	8
97	经济发展服务中心(挂安监中队牌子)	南湖街道	全民	公益一类	8
98	会计服务中心	南湖街道	全民	公益一类	3
99	社会事业服务中心(挂劳动保障所、计划生育服务站、文化体育站、新居民事务所牌子)	南湖街道	全民	公益一类	8
100	经济发展服务中心(挂安监中队牌子)	新嘉街道	全民	公益一类	8
101	会计服务中心	新嘉街道	全民	公益一类	3
102	社会事业服务中心(挂劳动保障所、计划生育服务站、文化体育站、新居民事务所牌子)	新嘉街道	全民	公益一类	11

续表34-8

序号	单位名称	主管部门	所有制性质	预算管理性质	编制人数
103	经济发展服务中心（挂安监中队牌子）	新兴街道	全民	公益一类	8
104	会计服务中心	新兴街道	全民	公益一类	3
105	社会事业服务中心（挂劳动保障所、计划生育服务站、文化体育站、新居民事务所牌子）	新兴街道	全民	公益一类	10
106	农业技术服务中心（水利管理站）	东栅街道	全民	公益一类	6
107	经济发展服务中心（挂安监中队牌子）	东栅街道	全民	公益一类	10
108	社会事业服务中心（挂劳动保障所、计划生育服务站、文化体育站、新居民事务所牌子）	东栅街道	全民	公益一类	15
109	农业技术服务中心（水利管理站）	新丰镇	全民	公益一类	13
110	经济发展服务中心（挂安监中队牌子）	新丰镇	全民	公益一类	13
111	社会事业服务中心（挂劳动保障所、计划生育服务站、文化体育站、新居民事务所牌子）	新丰镇	全民	公益一类	23
112	新丰房地产管理所	新丰镇	全民	生产经营类	7
113	农业技术服务中心（水利管理站）	余新镇	全民	公益一类	13
114	经济发展服务中心（挂安监中队牌子）	余新镇	全民	公益一类	13
115	社会事业服务中心（挂劳动保障所、计划生育服务站、文化体育站、新居民事务所牌子）	余新镇	全民	公益一类	23
116	区良种场	余新镇	全民	生产经营类	9
117	农业技术服务中心（水利管理站）	凤桥镇	全民	公益一类	13
118	经济发展服务中心（挂安监中队牌子）	凤桥镇	全民	公益一类	13
119	社会事业服务中心（挂劳动保障所、计划生育服务站、文化体育站、新居民事务所牌子）	凤桥镇	全民	公益一类	23
120	凤桥房地产管理所	凤桥镇	全民	生产经营类	21
121	农业技术服务中心（水利管理站）	大桥镇	全民	公益一类	13
122	经济发展服务中心（挂安监中队牌子）	大桥镇	全民	公益一类	13
123	社会事业服务中心（挂劳动保障所、计划生育服务站、文化体育站、新居民事务所牌子）	大桥镇	全民	公益一类	23
124	农业技术服务中心（水利管理站）	七星镇	全民	纯公益类	8
125	经济发展服务中心（挂安监中队牌子）	七星镇	全民	纯公益类	10
126	社会事业服务中心（挂劳动保障所、计划生育服务站、文化体育站、新居民事务所牌子）	七星镇	全民	纯公益类	20

第四版　杭工院　1992年3月15日

开放的嘉兴市城区欢迎您

嘉兴市城区人民政府殷切期望

科技、教育等各界有识之士到城区来

科技开发、合作办厂、经商兴业、大显身手

诚告读者

随着改革开放的进一步深入开展，随着经济飞速发展的需要，科技要面向生产第一线，科技成果要转化为生产力已成为全民的共识。“杭州应用工程技术学院”正是顺应这一时代潮流而诞生的。为使其不辜负国家教委、省教委“试点、示范”的殷切期望，又不辜负企业对其的信赖，院报有着义不容辞的宣传、信息、服务等责任。为此，院报编辑部决定从本期起，增设“校企之桥”栏目，意在使学校的“应用工程技术”教育直接、便捷、有效地走向社会，也使社会需求直接立体地反馈与学校。同时也为企业提供技术咨询服务，介绍我院现有的成果，并能为企业提供服务的某些项目。

本期首刊的“嘉兴市城区介绍”就是为了让学生们了解发展的形势，社会的需求，促进学生们更有的放矢的学习、探究、做学问，成为名符其实的“高级应用型工程技术人才”，为振兴浙江经济做出应有贡献。

在此，我们殷切地期望社会各界，特别是企业界的大力协助和支持，也恳请各系、各专业师生们的通力合作和配合，使我们这个专栏如愿以偿，为杭工院的前景，为实现“二一一”工程目标而共同奋斗！

（院报编辑部）

校企之桥

广招人才　科教兴区

超常规发展嘉兴城区经济

嘉兴市城区人民政府鼓励引进资金科技项目人才等优惠政策摘要

嘉兴市城区人民政府办公室

电话：284475　289737

邮编：314001

嘉兴城区将为科技人员、大专院校毕业生创造条件，使您充分施展才华

1993年3月15日，杭州应用工程技术学院学院报《杭工院》，刊登嘉兴市城区政府广找人才信息

嘉興市南湖區志

JIA XING SHI NAN HU QU ZHI

第三十五篇　民　政

目 录

1912年，嘉兴光复后成立了军政分府，设有民政科；5月军政分府撤销，政务并入嘉兴县。1939年，嘉兴县政府始设民政科，管理县内自治、保甲、户籍、土地、风俗、宗教、社会救济及其他有关民政的事项。

解放初，嘉兴地区专员公署内设民政科；1949年12月，改为民政处，解放后，嘉兴县设民政科。"文化大革命"期间，不设民政专职机构，1969年6月，设内务办公室，1972年，建立内务局。1978年11月，撤销内务局，建立民政局，主要工作是优待抚恤、复员安置、生产救灾、社会救济和社会福利以及其他事项。

建区后，设区民政局。主要承担基层政权建设、优抚安置、救灾救济、社会福利、行政区划、殡葬改革、婚姻登记等工作。中共十一届三中全会以来，民政部门全面开展拥军优属、扶贫帮困等工作，推行农民养老保险制度；改革和完善义务兵家属优待措施，逐年提高优待金；兴办乡镇、街道福利企业，拓宽残疾人就业渠道。切实贯彻《村民委员会组织法》和《城市居民委员会组织法》，建立和健全基层群众自治组织。开展社区服务，兴办敬老院、老人公寓，发展社会福利事业。加强社会行政管理工作，健全婚姻登记制度，推行殡葬改革，对社会团体及民间组织进行登记管理。民政工作在社会主义建设中，发挥了社会稳定机制作用。

第一章　群众自治组织建设

第一节　社区居民委员会

居委会设置

解放初，境内城镇按民国原保甲制划分保的区域成立居民委员会(简称"居委会")。1954年12月，根据《城市居民委员会组织条例》明确居民委员会是群众自治性居民组织。主要任务有：办理有关居民的公共福利事项；向当地人民委员会或者派出机关反映居民的意见和要求；动员居民响应政府的号召并遵守法律；领导群众性的治安保卫工作；调解居民间的纠纷。

1955年，市区建设、新兴、新嘉、解放、南湖5个街道，对原有居委会的区域范围和干部配备作适当调整。按照居民的居住情况并参照公安户籍的管辖区域设立居委会，一般以100户至600户居民为范围。居民委员会下设居民小组，最多不超过17个。

建区后，全区6个街道建有83个居委会。1984年，新建塘汇街道和东栅街道，全区8个街道建有93个居委会，1985年，有97个，配有居委会干部339人。1986年，新增8个居委会，有105个居委会，配有干部372人。1989年年初，有123个居委会。到年底，新增设居委会18个，全区设有141个居委会。1990年，增至148个。

1990年，区贯彻《居委会组织法》，8月，在南湖街道试点，居委会组织选举工作。10月下旬，全区全面实施，全区各居委会，采用无记名投票方式，三上三下民主协商，进行选举，至年底基本完成居民委员会的依法选举工作。

1992年6—9月，适当调整全区居委会规模，涉及规模调整的共有104个居委会，其中61个进行换届选举和撤换补选。居委会总数调整为103个，每个居委会平均户数由原来的350户上升到510户。调整后，居委会干部412人，比原来减少168人。

2000年，调整小区与居委会的区域范围、组织结构，居委会由原来的151个调整为73个，小区由原来的63个调整为48个，基本解决了因旧城改造而造成的规模不一状况，居委会规模更趋合理，组织更加健全。2001年10月，调整部分行政区划，调整后全区建有社区51个，社区内设党支部和居委会。至2010年年底，全区8个街道共有社区居委会75个。

社区居委会选举

1990年，在南湖街道开展居委会换届选举试点，采用无记名投票方式，选举产生新一届社区居民委员会，至1991年上半年，全区居委会全部依法完成换届，选举产生居委会成员。至2008年，全区先后组织6次居委会换届。2001年，向社会公开选聘200多名年纪轻、有文化的工作人员充实到社区居委会工作。2005年，百福弄社区、阳光社区进行无候选人直接选举试点。

2008年6月，全区63个社区（城市社区51个、城镇社区12个），除解放街道秀城桥社区计划与航明社区合并取消换届，南湖街道许安社区因拆迁暂缓换届，6个城镇社区在上半年村级组织换届中已完成换届外，其他49个城市社区、6个城镇社区党组织、居委会都进行了换届选举，到7月底结束。

社区党组织换届在7月16日前全部完成，社区居委会换届到7月27日全部完成。选举工作推进顺利，所有社区党组织和居委会选举均一次性成功。在社区组织换届选举过程中，大力推进社区基层民主。社区党组织全部采取"无候选人直选"，24个社区居委会采取"自荐海选"，比例达到47.1%。全区有4804名党员和56618名居民参加投票选举，社区党组织、居民委员会换届选举的参选率分别达到91.5%和88.7%。

换届选举后，社区"两委"班子成员393人，其中社区干部（指专职，下同）226人，平均每个社区4.4名，比上届提高7.5%；中共党员119名，占52.7%，比上届提高了1.8%；社区干部的平均年龄38岁，比上届下降了4岁；35岁以下77人，占35%，比上届提高15%；高中（中专）以上学历215人，占95.1%，比上届提高1.5%。有21名在社区工作的大学生选进社区"两委"班子，其中1名当选为党组织书记，2名当选为居委会主任。

居委会工作及经费

主要工作 解放初期，居委会的主要任务是组织贫苦军烈属、城市贫民、失业人员生产自救，帮助解决生活困难问题，介绍就业，发放票证。1958年，在"全民大办工业"的号召下，居委会办集体食堂、托儿所，一批家庭妇女走出家门参加劳动，增加收入。居委会还组织居民学习时事政治，宣传贯彻党和国家的方针政策，组织文娱活动，表扬先进人物，开展自我教育活动。"文化大革命"期间，处于动乱状况，居委会自我教育传统受到严重破坏，活动基本停顿。20世纪90年代初，大力发展第三产业，有条件的居委会采用腾出办公用房作为居办企业用房。到1992年10月，全区创办居办企业206个，每个居委会都有居办企业，为兴办公共事务和公益事业开辟了财源。20世纪末，各居办企业陆续由街道接管。2000年后，居委会不再办实体，经费由街道划拨。

2000年，社区居委会主要工作是社区服务，开展环境整治，加强社区治安、人民调解等活动。2001年后，全面组织开展文明社区与和谐社区创建活动。2010年，全区共有区级文明社区15个，市级文明社区19个，省级文明社区10个。90%的社区达到和谐社区建设标准，其中农翔社区、百福弄社区、桂苑社区、松鹤社区获得市"十佳和谐示范社区"称号。南湖区荣获首届"浙江省和谐社区建设工作先进区"。

工作经费 居委会经费来源坚持财政安排为主，自筹为辅的原则。1987年，每个居委会经费是每月100元，1992年，提高到每月186.80元。2003年，市财政每年按城市居民常住人口每人5元配套给区财政，平均每个社区约2.3万元/年，缺口均由区财政补足。2008年，调整至每人8元，平均每个社区3万元/年。建区前，居委会干部多数是尽义务、无报酬为居民服务。1986年，居委会干部按工作年限分别给予每月10~30元不等的生活补贴。1989年，每人每月增加10元。2001年，社区干部补贴每人每月150元。2002年，社区干部补贴由原来的每人每月150元，提高到社区正职每月450元、副职每月400元，并购买城镇职工基本养老、失业、大病医疗、工伤、生育等五项社会保险，还增设年度考核奖金制度。2004年，提高到社区正职干部每人每月700元、副职干部每人每月600元，2007年，提高正职不低于1000元，副职不低于870元。至2010年，全区社区干部平均为1500元，最高1970元，全年总收入平均不低于3.2万元。

至2010年年底，全区社区工作者374人，其中党员130人，妇女218人，平均年龄37岁，大专以上文化有170人。

2000—2010年全区居委会设置情况表

表35-1

年份	街道(个)	居委会(个)	社区工作者(人)	备注
2000	6	151	512	—
2001	6	51	247	居委会撤并成立社区
2002	6	50	238	—
2003	6	50	239	—
2004	6	50	239	—
2005	6	54	255	—
2006	6	66	269	各镇社区统计在内
2007	6	65	265	—
2008	6	63	395	各社区建立事务站
2009	6	65	401	—
2010	6	66	407	—

第二节　村民委员会

村民委员会设置

解放初，农村废除保甲制后，建立村一级农民协会。1949年11月，召开村民大会，推选正副村长及委员5~7人，组成村行政委员会，以15~25户组成小组，1950年，取消村一级，设代表区。1954年，乡以下由若干自然村成立行政村，设代表主任，自然村为村民组，公社化后，设生产大队。

1982年起，规定，在农村建立村民委员会为基层群众自治组织。撤公社建乡后，全区在各生产大队的基础上，设70个行政村，成立村民委员会。

1989年年初，村委会干部由乡政府任命或委派，依法完善村民委员会组织建设，区成立指导小组，指导换届选举，组建新一届村民委员会。2月20日起，在秀水乡许安村、许家村进行村民委员会换届选举试点。8月中旬，全面铺开，至10月上旬，全区41个村委会依法完成换届选举，29个村因1988年刚换届，重点是进行制度建设。

2000年，区行政区划调整后，全区有9个乡镇，组建125个行政村及村委会。以后，行政村经过多次调整、合并，数量逐步减少，至2009年年底，全区设行政村70个。2010年5月，成立长水街道，下辖7个行政村和3个社区；同年底，全区行政村调整为68个。

2000—2010年全区行政村变化情况表

表35-2　　单位：个

年份	村数	新丰	余新	凤桥	大桥	七星	东栅	解放	新嘉	南湖	城南	长水
2000年前	125	18	18	21	25	11	13	1	1	2	15	—
2001	110	18	18	21	17	10	12	1	1	2	10	—
2002	95	11	16	21	17	6	12	1	1	1	9	—
2005	82	11	16	10	17	6	12	1	1	1	7	—
2006	79	11	16	10	17	6	12	—	—	—	7	—
2007	74	10	15	10	14	6	12	—	—	—	7	—

续表35-2

年份	村数	新丰	余新	凤桥	大桥	七星	东栅	解放	新嘉	南湖	城南	长水
2008	70	10	11	10	14	6	12	—	—	—	7	—
2009	70	10	11	10	14	6	12	—	—	—	7	—
2010	68	10	9	10	14	6	10	—	—	—	6	3

2000—2010年全区村民委员会人员组成情况表

表35-3　　单位:人

年份	村委会人数	新丰	余新	凤桥	大桥	七星	东栅	解放	新嘉	南湖	城南
2000	453	66	65	74	90	42	48	2	2	7	57
2001	397	66	65	74	61	39	45	2	2	7	36
2002	339	40	58	74	61	22	45	2	2	2	33
2005	291	40	58	36	61	22	45	2	2	2	23
2006	285	40	58	36	61	22	45	—	—	—	23
2007	268	36	55	36	51	22	45	—	—	—	23
2008	241	36	41	36	51	22	32	—	—	—	23
2009	241	36	41	36	51	22	32	—	—	—	23
2010	234	36	34	36	51	22	32	—	—	—	23

注:村级组织包括村党组织(书记及委员)、村民委员会(主任及成员)、村股份经济合作社(一般由党支部书记兼任社长)、村务监督委员会(一般由党支部委员兼任主任)

村委会选举

1989—2008年,先后组织8次村委会换届选举工作。2008年,在第八届村委会换届选举中,完善村民委员会“海推直选”制度,推行“自荐海选”,候选人可在选举大会上发表竞选演说,提出发展村级经济、加强村务管理、带领村民建设社会主义新农村的主张和工作思路,对村民作出承诺。当年全区实行“自荐海选”的村34个,占58.6%,其中七星镇各村全部实行“自荐海选”。

2008年,全区5个镇、6个街道(不包括城南街道),共有村民委员会63个中,除东栅街道汇农、工农、九曲、郭家桥和七星镇张字圩村等因考虑撤村建(并)居延期选举外,其余58个村均按照法定程序组织开展了村民委员会换届选举工作。全区共登记选民149158人,参选选民146928人,参选率达到了98.4%。58个村一次选举成功率达96.6%。

通过换届选举,共选出村委会成员182名,新进村委会班子66人。平均年龄从换届前41.3岁降到37.5岁,村主任平均年龄从换届前的42.2岁降到38.4岁,35周岁以下71人,占24.5%;女主任10人,占17.2%,妇女委员65名,占35.5%。村“两委”交叉任职101人。

村委会规范化建设

1998年,组织开展村务公开民主管理规范化建设和示范单位创建活动,同年10月19日,召开的省村务公开民主管理会议上,新丰镇民丰村、余新镇长秦村、大桥镇焦山门村、东栅街道建新村被命名为省村务公开民主管理示范单位。2006—2009年,全区广泛开展村务公开民主管理规范化建设和示范单位创建活动。2007年4月,余新镇、东栅街道被评为区示范镇,凤桥镇、七星镇被评为区达标镇。到2009年年底,100%的村达到规范化建设标准,46个村(73.1%)达到示范标准。

农村社区建设

2007年8月，南湖区被列为全国农村社区建设实验县(市、区)；同年12月，召开全区农村社区工作会议，贯彻《全国农村社区建设实验县(市、区)工作实施方案》，全面部署农村社区建设工作。2008年，在新丰镇横港村、余新镇明星村、凤桥镇庄史村、大桥镇花园村、七星镇七星村5个村开展试点工作，9月和12月，分2批对农村社区进行检查验收，并对31个农村社区通过检查验收。2009年3月，贯彻民政部《关于开展“农村社区建设实验全覆盖”创建活动的通知》，在全区全面推进农村社区建设，同年6月，区通过民政部评估，同年7月，南湖区被命名为“全国农村社区建设实验全覆盖示范单位”，成为全国首批7个示范单位之一。

第二章　拥军优抚安置

第一节　支前工作

1949年5月7日，嘉兴解放后，中国人民解放军展开解放上海的战役。当时沪杭铁路运行不正常，且嘉平、平申公路焦山门大桥被炸毁，运输支前物质，唯一依靠水运。嘉兴县组织民船、民工支援解放上海。

1949年9—12月，嘉兴县(市)组织民工，征集民船140艘，支援解放舟山前线，共支援大米25.43万公斤，支出支前船只赔偿费7600余万元，其他赔偿损失费共24.45万元。1950年冬，县成立抗美援朝保家卫国委员会，开展轰轰烈烈的抗美援朝保家卫国运动。广大群众举行示威游行，签订爱国公约，捐献飞机大炮。嘉兴市、县各捐献30亿元(旧币)，飞机4架及大炮等。

1951年6月，嘉兴县组织人员参加志愿军伤病员护送队，分批护送志愿军伤病员到湖州、南浔两地疗伤。1953年2月，嘉兴县组织群众欢迎又一批志愿军伤病员，并派出接待、警卫、医务人员护送他们到湖州疗伤。

第二节　拥军优属

嘉兴解放之初，就有劳军高潮掀起。人民群众对解放军的衷心热爱，热烈开展拥军优属活动。给当地驻军捐助现金1.316亿元(旧币)以及毛巾、药品等物资。1950年，慰劳军鞋9488双，优待烈军属大米9347.5公斤、小麦8500公斤。在元旦、春节广泛开展慰问和联欢活动。群众敲锣打鼓向烈军属拜年，赠送慰问品，挂光荣灯和光荣匾。每年“八一”建军节，各级政府分别召开驻军部队座谈会，邀请剧团前往部队慰问演出，帮助优抚对象解决实际困难。1987年，南湖乡天带桥村被评为省拥军优属先进集体。

20世纪90年代初，“双拥”活动更加广泛深入地开展。全区双拥工作由原来的季节性活动变为经常性、常态化的活动，由部分“窗口”点发展到成片连线，遍及城乡各地，军民关系更加密切。1992年，市委、市政府授予南湖乡政府、南湖街道“双拥模范乡、街道”荣誉称号。

2000年后，以开展全国和省级“双拥模范城”创建活动为载体，进一步推进“双拥”工作的扎实开展。2005年，区政府召开双拥领导小组成员(扩大)会议，全面布置双拥创建工作。2007年，开展纪念建军80周年系列庆祝活动，有13项庆祝纪念活动和双拥慰问活动。当年开始，区双拥领导小组每年组织慰问团慰问南湖籍子弟兵及所在部队，鼓励南湖籍子弟兵安心服役，在部队为南湖增光添彩。

2009年“八一”建军节，区领导慰问武警支队

2008年始，实施“爱心献功臣”活动，分批组织重点优抚对象到省荣军医院进行短期疗休养。2009年始，在全市首先开展为全区义务兵父母免费体检。

2010年，组织实施创建省级双拥模范城五连冠和全国双模范城两连冠工作，专题召开区双拥领导小组成员单位会议，传达学习省级双拥模范城检查考核的有关精神和要求，进一步分解落实双拥创建工作责任，形成齐抓共管“双拥”工作新格局。首次在城市社区开展基层双拥工作先进表彰，明月、菜花泾等8个社区成为先进榜样单位。

第三节　优待抚恤

优待

解放后，国家对无劳动能力和缺乏劳动能力的烈军属、残疾军人、复员退伍军人等优抚对象实行“政府、社会、群众三结合的优抚制度”，在生活和生产上给予优待。解放初，农村优待主要由自然村或互助组、农业社对优抚对象实行土地代耕制，代耕方式有固定代耕、流动代耕、抽工代耕和包工代耕等。农村实现集体化后，代耕改为优待劳动(工分)日制度，一般按同等劳动力的五分之三或三分之二给予优待，参加分配。1958年后，一直实行工分优待制度，并延续至1981年，采用优待金形式照顾优抚对象，以后，适应农村实行联产计酬责任制。1983年，全区农村每户平均优待现金220.86元。1984年，提高到258.58元，1985年，提高到293.52元，1986年，提高到400元。1987年，对城镇义务兵优待开始实行统筹平衡负担。城镇待业青年应征入伍义务兵第一年至第三年每年360元，第四年后每年420元；在职职工应征入伍义务兵第一年至第三年每年560元，第四年后636元。同时，为鼓励先进和部队立功受奖的现役军人，采取奖惩措施：在部队参战荣立一等功的奖励500元，荣立三等功奖励50元，平时立功的给予适当的物质奖励；对于不安心服役而中途退伍或犯严重错误受记大过以上处分的，取消当年优待金或减发当年优待金5%。1992年，共筹集城镇义务兵优待金14.04万元，发放13.36万元，优待人数263人，人均508元，农村义务兵共筹集优待金额9.98万元，优待125人，户均781.90元，占1991年人均收入的58.8%。

1995年起，每年定期对烈军属、残疾军人、复员退伍军人开展慰问活动，发放慰问年画、慰问品、光荣之家牌匾等。2005年，开始建立自然增长机制，优待金及相关抚恤、定期定量补助翻一番，以后随地方经济增长每年提标10%~30%不等。2007年，开始执行重点优抚对象医疗“一卡式结报”制度。

牺牲　病故抚恤

20世纪50年代，按国家抚恤条例规定，现役军人和部队在编职工、人民武装警察、党政机关工作人员、国家补贴的民主党派、社会团体工作人员、参战民兵、民工牺牲或病故后，凭牺牲、病故证明书，由民政部门对其家属发给一次性的抚恤。1952年以前，国家抚恤以粮食为计算单位，称抚恤粮。1953年起，改抚恤金。抚恤标准1952年以后曾作过多次调整。1980年，《革命烈士褒扬条例》发布，凡被批准为革命烈士的，都由国家抚恤。此后，抚恤分革命烈士、因公牺牲、病故3类，均按生前职级发给一次性抚恤金。

1955年一次性抚恤金标准表

表35-4

享受抚恤人员级别			牺牲(元)	病故(元)
军队	国家工作人员	人民警察		
师长以上	13级以上	—	650	520
团长级	14~16级	1~3级	450	360
营长级	17~18级	4~5级	350	280
连排级	19~22级	6~9级	280	230

续表35-4

享受抚恤人员级别			牺牲(元)	病故(元)
军队	国家工作人员	人民警察		
班长级	23~24级	10~11级	230	200
战士级	25~29级	12~13级	180	150
—	民兵、民工	—	150	120

1979年一次性抚恤金标准表

表35-5

军队职别	国家机关工作人员职别	牺牲抚恤(元)	病故抚恤(元)
师职或13级以上干部	中央机关司(局长)、副司(局)长,省级机关局长、副局长,地区专员、副专员以及相当职务或行政13级以上干部	700	600
团职或14级至17级干部	中央机关、省级机关处(科)长、副处(科)长,县科委主任、副主任以及相当职务的其他干部或行政14级至17级干部	650	550
营职或18级至20级干部	中央机关、省级机关科长,县革委会局长、副局长,公社革委会主任、副主任以及相当职务的干部或行政18级至20级干部	600	500
连排职或21级以下干部	中央机关、省级机关办事员,县、公社一般干部或21级以下干部	550	450
班长、战士	工勤人员	500	400
—	参战民兵、民工	470	370

1984年革命烈士一次性抚恤标准表

表35-6

职　级	抚恤标准(元)	职　级	抚恤标准(元)
班级、战士级	2000	团职或15级至18级干部	2300
连、排职或21级以下干部	2100	师职或14级以上干部	2400
营职或19级至20级以下	2200	—	—

1984年10月,经国务院批准,提高革命烈士一次性抚恤标准,自1984年4月1日起执行。

1985年,民政部、财政部通知调整革命烈士一次性抚恤金标准。1984年4月1日以后牺牲,经批准为革命烈士的军人和其他人员,其一次性抚恤金分别按下述规定发给:烈士生前有工资收入的,按其牺牲时的40个月工资计发;烈士生前无工资收入或工资低于军队23级正排职干部工资标准的,按其牺牲时军队23级正排职干部的40个月工资计发。是年,除一次性抚恤外,对烈士、因公牺牲或病故军人家属实行终身抚恤。

中华人民共和国国务院、中华人民共和国中央军事委员会令第413号公布《军人抚恤优待条例》,自2004年10月1日起施行。现役军人死亡,根据其死亡性质和死亡时的月工资标准,由县级人民政府民政部门发给其遗属一次性抚恤金,标准是:烈士和因公牺牲的,为上一年度全国城镇居民人均可支配收入的20倍加本人40个月的工资;病故的,为上一年度全国城镇居民人均可支配收入的2倍加本人40个月的工资。月工资或者津贴低于排职少尉军官工资标准的,按照排职少尉军官工资标准计算。获得荣誉称号或者立功的烈士、因公牺牲军人、病故军人,其遗属在应当享受的一次性抚恤金的基础上,由县级人民政府民政部门按照下列比例增发一次性抚恤金：获得中央军事委员会授予荣誉称号的，增发35%；获得军队军区级单位授予荣誉称号的，增发30%；立一等功的，增发25%；立二等功的，增发15%；立三等功的，增发5%。多次获得荣誉称号或者立功的烈士、因公牺牲军人、病故军人，其遗属由县级人民政府民政部门按照其中最高等级奖励的增发比例，增发一次性抚恤金。

伤残抚恤

1950年12月，内务部公布军人抚恤条例，对因公因战致残的现役军人、人民警察和国家机关、民主党派、人民团体在编工作人员、部队在编职工以及参战民兵、民工等抚恤对象，政府按其残废的轻重和丧失劳动能力的程度，确定残废等级和抚恤标准，发给残废抚恤证，实行长期抚恤。残废等级分为4等6级，抚恤标准分为因战、因公、在职、在乡，抚恤金额从1950年12月实行伤残抚恤起至2009年，作过21次调整提高。1988年8月1日起，施行国务院颁布的《军人抚恤优待条例》，革命伤残军人的伤残等级，根据丧失劳动能力及影响生活能力的程度确定。因病评残仅限于在服役期间患病致残的义务兵。因战、因公致残的伤残等级，分为特等、一等、二等甲级、二等乙级、三等甲级、三等乙级。因病致残的伤残等级，分为一等、二等甲级、二等乙级。

1953—1984年革命伤残人员抚恤标准表

表35-7　　单位：元/年

<table>
<tr><th colspan="3" rowspan="3">类别、金额、年份、等级</th><th colspan="4">革命伤残军人、工作人员</th><th colspan="2" rowspan="2">参战民兵和民工</th></tr>
<tr><th colspan="2">在职</th><th colspan="2">在乡</th></tr>
<tr><th>因战</th><th>因公</th><th>因战</th><th>因公</th><th>因战</th><th>因公</th></tr>
<tr><td colspan="2" rowspan="4">特等</td><td>1953</td><td>66</td><td>53</td><td>390</td><td>360</td><td>350</td><td>—</td></tr>
<tr><td>1956</td><td>72</td><td>62</td><td>450</td><td>380</td><td>360</td><td>—</td></tr>
<tr><td>1978</td><td>90</td><td>78</td><td>520</td><td>480</td><td>460</td><td>—</td></tr>
<tr><td>1984</td><td>132</td><td>120</td><td>570</td><td>518</td><td>—</td><td>—</td></tr>
<tr><td colspan="2" rowspan="4">一等</td><td>1953</td><td>53</td><td>42</td><td>330</td><td>300</td><td>280</td><td>—</td></tr>
<tr><td>1956</td><td>60</td><td>50</td><td>360</td><td>330</td><td>300</td><td>—</td></tr>
<tr><td>1978</td><td>76</td><td>66</td><td>460</td><td>430</td><td>400</td><td>—</td></tr>
<tr><td>1984</td><td>118</td><td>108</td><td>498</td><td>464</td><td>—</td><td>—</td></tr>
<tr><td rowspan="8">二等</td><td rowspan="4">甲级</td><td>1953</td><td>40</td><td>33</td><td>168</td><td>150</td><td>150</td><td>—</td></tr>
<tr><td>1956</td><td>44</td><td>38</td><td>190</td><td>170</td><td>160</td><td>—</td></tr>
<tr><td>1978</td><td>60</td><td>54</td><td>260</td><td>240</td><td>230</td><td>—</td></tr>
<tr><td>1984</td><td>96</td><td>86</td><td>390</td><td>350</td><td>—</td><td>—</td></tr>
<tr><td rowspan="4">乙级</td><td>1953</td><td>33</td><td>27</td><td>125</td><td>115</td><td>100</td><td>—</td></tr>
<tr><td>1956</td><td>36</td><td>30</td><td>136</td><td>126</td><td>110</td><td>—</td></tr>
<tr><td>1978</td><td>52</td><td>46</td><td>196</td><td>186</td><td>170</td><td>—</td></tr>
<tr><td>1984</td><td>84</td><td>76</td><td>296</td><td>268</td><td>—</td><td>—</td></tr>
<tr><td rowspan="6">三等</td><td rowspan="4">甲级</td><td>1953</td><td>27</td><td>21</td><td>200</td><td>160</td><td>130</td><td>—</td></tr>
<tr><td>1956</td><td>30</td><td>24</td><td>30</td><td>30</td><td>30</td><td>30</td></tr>
<tr><td>1978</td><td>46</td><td>40</td><td>100</td><td>100</td><td>100</td><td>80</td></tr>
<tr><td>1984</td><td>70</td><td>64</td><td>180</td><td>180</td><td>—</td><td>—</td></tr>
<tr><td rowspan="2">乙级</td><td>1953</td><td>20</td><td>16</td><td>150</td><td>130</td><td>100</td><td>—</td></tr>
<tr><td>1956</td><td>24</td><td>20</td><td>24</td><td>24</td><td>24</td><td>24</td></tr>
</table>

续表35-7

类别、金额、年份、等级			革命伤残军人、工作人员				参战民兵和民工	
			在职		在乡			
			因战	因公	因战	因公	因战	因公
三等	乙级	1978	40	36	80	80	100	80
		1984	60	56	140	140	—	—

2000年革命伤残人员抚恤(保健)金标准表

表35-8 单位:元/年

类别	伤残等级	伤残性质	现标准	提高标准	新标准
在乡	特等	因战	5340	660	6000
		因公	5180	660	5840
	一等	因战	4000	600	4600
		因公	3870	600	4470
		因病	3740	600	4340
	二等甲级	因战	2120	360	2480
		因公	2010	360	2370
		因病	1920	360	2280
	二等乙级	因战	1320	360	1680
		因公	1240	360	1600
		因病	1200	360	1500
	三等甲级	因战	900	150	1050
		因公	880	150	1030
	三等乙级	因战	780	150	930
		因公	780	150	930
在职	特等	因战	1000	180	1180
		因公	970	180	1150
	一等	因战	800	180	980
		因公	760	180	940
		因病	750	180	930
	二等甲级	因战	455	60	515
		因公	435	60	495
		因病	415	60	475
	二等乙级	因战	360	60	420
		因公	340	60	400
		因病	330	60	390
	三等甲级	因战	260	60	320
		因公	240	60	300
	三等乙级	因战	205	60	265
		因公	195	60	255

2010年市本级无工作单位革命残疾军人抚恤金标准表

（2010年1月1日起执行）

表35-9 单位:元/年

伤残等级	伤残性质	原标准	现标准		
			比例(%)	护理费比例(%)	金额
一级	因战	46355	100	50	51705
	因公	44809	95	50	49982
	因病	37084	90	30	41364
二级	因战	43264	90	50	48258
	因公	41719	85	50	46535
	因病	33993	80	30	37917
三级	因战	37084	80	40	41364
	因公	35538	75	40	39641
	因病	30903	70	30	34470
四级	因战	33993	70	40	37917
	因公	32448	65	40	36194
	因病	27813	60	30	31023
五级	因战	18542	60	—	20682
	因公	16997	55	—	18959
	因病	15452	50	—	17235
六级	因战	15452	50	—	17235
	因公	13906	45	—	15512
	因病	12361	40	—	13788
七级	因战	12361	40	—	13788
	因公	10816	35	—	12065
八级	因战	10816	35	—	12065
	因公	9271	30	—	10341
九级	因战	9271	30	—	10341
	因公	7726	25	—	8618
十级	因战	7726	25	—	8618
	因公	6181	20	—	6894

说明:以市本级2009年度城镇单位职工平均工资34470元为基数

2004年10月1日起,施行修改后的《军人抚恤优待条例》,残疾的等级根据劳动功能障碍程度和生活自理障碍程度确定,由重到轻分为一级至十级,因战、因公致残,残疾等级分为一级至十级的,享受抚恤;因病致残,残疾等级分为一级至六级的,享受抚恤。

2000—2010年,全区共发放伤残抚恤金6187万元。

烈士褒扬

至2010年,全区被省人民政府或有关部门批准为革命列士共47名,其中新中国成立前15名,成立后31名,建区后批准为革命列士的有李雄伟、田春良(名单见第三十八篇“人物”第二章第一节)。1969年在三塔路新建革命烈士陵园,1996年3月,在南湖畔重建，2005年，整体改造，更名为英雄园（见第六篇“南湖”第四章第六节）。

第四节　复员　退伍军人安置

复员军人安置

解放初，县成立复员退伍安置办公室，负责办理志愿兵的复员安置工作。凡1954年11月1日前参军（包括人民志愿军）的军人，退出现役，为复员军人，由地方政府本着“各谋其业、各得其所”的精神作妥善安置。务农的复员军人中因未参加土改而无土地的分配给土地或调剂解决；住房有困难的帮助解决住房；生活有困难的给予经济补助；有病的优先给予治理；对生产生活困难较大的通过群众优待和政府补助解决。

1983—2010年全区复退伍安置情况表

表35-10　　单位：人

年份	复退总人数			安置去向				自谋职业率	备注
	小计	复员	退伍	小计	农村	城镇	其他		
1984	83	—	83	83	44	39	—	—	—
1985	129	—	129	129	72	57	—	—	—
1986	69	1	68	69	42	27	—	—	—
1987	69	8	61	69	45	24	—	—	—
1989	90	14	76	90	58	30	复工2人	—	—
1990	174	—	—	174	77	97	—	—	—
1991	81	—	—	81	25	36	—	—	—
1992	91	—	91	91	37	54	—	—	—
1993	91	—	91	91	26	49	复工16人	—	—
1994	138	39	99	138	25	101	复工12人	—	—
1995	150	34	116	150	33	97	复工20人	—	—
1996	97	34	57	97	28	64	复工5人	—	—
1997	118	41	77	118	42	56	复工20人	—	—
1998	84	—	—	84	28	56	复工8人	—	复员干部1人
1999	149	—	—	149	44	105	—	—	西藏兵7人
2000	226	122	148	270	144	126	复工6人，安排工作6人	90.1	女兵6人，西藏兵5人，中途退伍4人，伤残3人，精神病1人
2001	208	9	199	208	109	99	复工2人	98	驻港部队15人，女兵1人，西藏兵4人
2002	244	21	223	244	142	102	—	—	—
2003	250	22	228	250	130	120	—	100	伤残1人
2004	245	26	219	245	84	161	—	100	女兵2人，西藏兵19人，伤残1人，驻港兵11人
2005	196	16	180	196	81	115	—	—	—
2006	207	8	199	207	98	109	—	100	伤残2人，女兵4人
2007	224	21	203	224	105	119	—	100	伤残1人，西藏兵7人

续表35-10

年份	复退总人数			安置去向				自谋职业率	备注
	小计	复员	退伍	小计	农村	城镇	其他		
2008	193	23	170	193	90	103	—	100	参加奥运安保16人，汶川抗震2人
2009	200	15	185	200	94	105	复工复职1人	99.1	女兵1人，伤残3人，西藏兵10人其中1人西藏1年

退伍军人安置

1958年后，对义务兵的退伍安置，按照“从哪里来，回哪里去”的原则，参军前户口在农村的，回乡从事农业生产，户口在城镇的采取“行业归口、优先录用”的办法，安排就业。1983年后，安置重点回农村。在城镇入伍的，实行“按系统分配包干择优安置”的原则，入伍前原是国家机关、人民团体、企业、事业单位职工的，退伍后原则上回原单位复工复职。1984—2010年，全区共接收退伍军人4147人，其中回农村安置1902人，城镇安置2245人（其中复工复职92人）。

第三章　扶贫济困

第一节　自然灾害救济

区境内灾害性气候主要有春秋连绵阴雨、低温冻害、高温干旱、暴雨台风、冰雹和龙卷风等，尤以水灾洪涝、台风威胁最大。

1954年，嘉兴县遭受数10年不遇的涝灾，县政府拨救济款，扶持5276人生产渡荒。

1984年，市区遭受雪灾和涝灾。2月7—20日，持续罕见大雪，雪深18厘米，积雪23天。6月13—15日，区境遭暴风雨袭击。两次灾害造成房屋倒塌损坏145间，遭灾农田6773亩，粮食减产3910吨，经济损失6000万元，受灾人口1800人。

1991年，遭受特大洪涝灾害，6—7月梅雨期间有两次集中降雨过程，河水猛涨，均超过警戒水位。全区遭灾农田4807亩，倒塌损坏民房937间，粮食减产16820吨，经济损失总值8328万元，受灾人口77000人，获国家救济2200人次。

1999年6月7日，太湖流域进入梅雨期，梅雨量是常年的3倍，超过1991年、1954年最大梅雨量，尤其是6月23日至7月1日，全流域第三场降雨面雨量达368毫米，致使境区河网水位迅速上升，超历史最高水位。市区各机关单位组成抗洪救灾小分队赴百花、栅堰、电子小区等受淹严重的居民住宅小区参加抗洪排涝抢险。

台风救灾

2005年8月6日，台风“麦莎”致使全区农作物受灾面积5263公顷，受灾人口7.86万人，倒塌居民住房65户112间，损坏房屋1246间，全区全力投入抗台救灾工作，在台风来临前，紧急转移3万余人。灾后拨发集中安置人员生活救济款12.98万元，对因灾造成生活困难的100户224人进行生活救济，下拨生活救济金4.87万元。对全区因灾倒房和损坏房屋户进行重建和维修，区级及上级救灾款共51.75万元，有关镇、街道安排救灾款29万元，合计80.75万元。

2007年9月19日，强台风“韦帕”使全区遭受严重灾害。农作物受灾农田面积692.7公顷，倒塌房屋11间，直接经济损失763万元。全区各镇、街道紧急转移安置人口5348人。区本级下拨救灾款2.9万元，投入救灾物资折款20万元。

雪灾救灾

2008年1月11日至2月6日，嘉兴遭受雪灾，全区受灾人口2880人，农作物受灾面积229.8公顷，倒塌房屋11间，损坏房屋5间，因灾直接经济损失1147万元，其中农业直接经济损失949万元。区委区政府对2214户各类困难群众进行走访，发放慰问金，开展安置帮扶工作，共投入各类慰问资金和物资折价30.99万元左右。

援助汶川地震灾区

2008年5月12日，四川汶川发生8级地震。南湖区迅速组织发动广大干部群众踊跃向灾区捐款捐物，组织全体共产党员开展缴纳特殊党费活动。至5月底，共募集社会各界捐款6022416.63元，接收捐赠物资折款171100元，及时送往灾区。

第二节　城乡贫困户救济

定期定量救济

解放初，政府对丧失劳动能力的失业工人、无依无靠的孤老病残发放救济粮、款。1964—1968年，嘉兴县给城市生活无依无靠的贫困居民、鳏寡孤独发放定期定量救济（又称“双定”）生活补助费11.2万元。“双定”救济制度延续至1997年，与实施城市最低生活保障制度相接轨。

季节性救济

解放后，政府在冬令时期，对农村鳏寡孤独、老弱病残等贫困户及城镇无依无靠的贫困居民发放冬救款（粮）和棉被、棉衣等御寒衣物。20世纪70年代前，冬令救济由民政部门制备实物，于初冬时发放，以后改由民政部门拨款给乡镇人民政府代制成品发放。

贫病医疗救济

解放后，政府对无力支付医疗费用的贫困户患病者，采取减免和补助的办法给予救济。贫病救济的主要对象是农村中的贫雇农、贫困烈军属、鳏寡孤独户和城镇贫困居民。救济对象患病住院治疗，无力支付全部医药费的，由本人向所在乡镇政府提出申请，经县民政部门审核批准，可全部或部分减免其医药费，所减免款项由民政部门向医院结算支付。

农村扶贫救济

1976年后，政府开展全县贫困户调查，民政部门在蚂桥、南汇等公社试点扶持贫困户，对贫困社队以及贫困农户，通过资金、技术支持等方式开展扶持脱贫工作，在规划扶贫中把烈军属、复员退伍军人等优抚对象中的困难户放在优先地位。

最低生活保障

1997年9月，国务院颁布《关于在全国建立城市最低生活保障制度的通知》，区政府开始从城镇起步实施最低生活保障制度，经过贫困居民户申请、居民委员会初审、公示，镇、街道有关部门审核、区民政局研究审批等严格的程序，确定符合最低生活保障条件的贫困户对象，按月发给救助费。实施之初的救助费标准为每人每月140元。1999年后，最低生活保障制度的覆盖范围扩展到全区农村。救助费标准逐步调整提高。2010年年底，救助费标准为城镇每人每月465元，农村每人每月340元。

2005年全区各镇低保救助费发放汇总表

表35-11

单位	月份	户数（户）	人数（人）	残疾（人）	五保（人）	月金额（元）	全年合计金额（元）
余新	12月	188	335	92	64	27991	308435
新丰	12月	199	435	98	45	23615	273886
市区	12月	3	3	1	—	390	6240
大桥	12月	154	270	55	47	18560	206225
七星	12月	54	103	17	21	10619	112760
东栅	12月	131	250	27	20	22624	256214

续表35-11

单位	月份	户数(户)	人数(人)	残疾(人)	五保(人)	月金额(元)	全年合计金额(元)
凤桥	12月	—	495	72	23	27408	263548
合计	12月	729	1891	362	220	131207	1427308

2005年全区各街道低保救助费发放情况表

表35-12

单位	月份	户数(户)	人数(人)	残疾(人)	月金额(元)	全年合计金额(元)
建设	12月	187	332	81	42218	439336
解放	12月	83	122	39	16419	190086
南湖	12月	198	369	66	43711	509648
新嘉	12月	104	203	50	23053	262094
新兴	12月	146	328	40	33659	373796
合计	12月	718	1354	276	159060	1774960

2010年全区各街道低保救助费发放汇总表

表35-13

单位	户数	人数	其中								月金额(元)	合计金额(元)
			残疾	重度残疾	在职	退休	自职	无业	其他	党员数		
建设	195	323	29	12	27	6	9	161	120	1	76022	919658
解放	101	134	34	4	9	2	2	70	50	1	34722	396286
南湖	196	295	45	20	34	2	—	161	97	—	71732	868172
新嘉	146	229	29	13	25	3	4	92	103	1	49752	584732
新兴	164	291	43	9	16	8	24	82	160	6	65099	798344
东栅	35	47	4	—	7	1	1	19	18	—	10003	117626
合计	837	1319	184	58	118	22	40	585	548	9	307330	3684818

2010年全区各镇低保救助费发放汇总表

表35-14

单位	户数	人数	其中								月金额(元)	合计金额(元)
			残疾	重度残疾	在职	退休	自职	无业	其他	党员数		
余新	233	359	39	32	93	4	—	107	159	—	—	70627
新丰	300	580	99	43	230	4	18	93	238	2	23	73465
大桥	216	336	69	18	61	2	7	77	188	1	37	52308
七星	129	240	16	18	53	3	—	58	99	—	14	38568

续表35-14

单位	户数	人数	其中								月金额（元）	合计金额（元）
			残疾	重度残疾	在职	退休	自职	无业	其他	党员数		
东栅	165	333	33	13	73	42	6	100	110	—	10012	164131
凤桥	402	701	83	30	266	6	15	68	345	6	41	110737
合计	1445	2549	339	154	776	61	46	503	1139	9	10127	509836

第四章　社会福利

第一节　福利事业

明清时期，境内已有广惠院、养济院、嘉秀育婴堂等慈善机构，收养城市病贫者、孤老残幼无依者。民国时期，设有嘉兴救济院、嘉兴平民习艺所、仁爱堂、红十字会、养老院等。其经费除由政府部分拨款外，主要靠教会和地方人士捐助。

解放后，政府对旧时的慈善机构进行接管、调整和改造。1952年10月，将原嘉兴救济院、嘉兴平民习艺所、育婴堂、仁爱堂合并为嘉兴市人民生产教养院，后更名嘉兴市社会福利院，对其他停办的慈善机构所收养的人员由政府妥善安置。

嘉兴市社会福利院

前身为嘉兴市人民生产教养院，原址在现斜西街，占地面积为6667平方米。后更名嘉兴救济院。1979—1983年，全院累计收养254人。1983年，更名嘉兴市社会福利院。1986年，迁址城北路长寿弄，占地面积30亩，增设康复护理科，培训专门人才，开展康复工作，开始从供养型走向供养康复型。收养人员的伙食标准，从最初的每人每月7元逐步提高至1988年，每人每月35元。

1986年后，社会福利院广开生产门路，改善收养服务条件，先后创建院办福利企业3家，鱼塘和养猪场1989—1990年创利4万元，既改善了收养人员的生活条件，又解决了部分残疾人的工疗费用。同时，该院积极开展保健、康复工作，设立功能锻炼、推拿、气功等项目，改善收养人员身体素质。1990年，院内专设康复病床，为收养人员开展理疗，对肢残儿童进行按摩推拿，对智残儿童进行智力康复。同年7月理疗项目开始对社会开放，开展社区服务活动，至年底收治9182人次。1988年、1989年，嘉兴市社会福利院先后两次被省民政厅评为文明院，1990年，被评为市文明单位。

1987年春节，举办区“五保”老人团拜会

2007年5月，嘉兴市社会福利院整体搬迁至大桥镇十八里西街661号，更名嘉兴市社会福利中心，中心建筑面积19457平方米，内设婴幼区收养床位为150张，成年人收养区（包括精神病患者）床位350张，光荣院区床位50张。承担全市范围内孤老、孤残和孤儿“抚养、治疗、教育、康复、就业”等社会服务保障工作。

1983—2010年境内福利机构收养情况表

表35-15　　单位:人

年份	福利机构收养数量			年份	福利机构收养数量		
	孤老孤残	孤儿	合计		孤老孤残	孤儿	合计
1983	84	26	110	1997	70	36	106
1984	87	23	110	1998	72	38	110
1985	81	25	106	1999	73	37	110
1986	75	19	94	2000	75	40	115
1987	70	20	95	2001	76	39	115
1988	94	20	114	2002	79	40	119
1989	84	18	102	2003	79	48	127
1990	85	20	105	2004	80	61	141
1991	86	21	107	2005	81	66	147
1992	86	21	107	2006	81	69	150
1993	75	32	107	2007	85	76	161
1994	73	34	107	2008	94	80	174
1995	71	35	106	2009	94	97	191
1996	69	37	106	2010	87	97	184

2003年,市政府决定整合市救助管理站、老年公寓、福利院,在大桥镇建造市社会福利服务中心,以解决市区城市“三无”对象集中供养问题。

农村“五保”户供养

20世纪50年代,农村合作化后,农村中的孤老残无依者由集体实行“五保”(保吃、保穿、保住、保医、保葬),供养方式分集中供养和分散供养两种,“五保”户的吃穿用等基本生活物品由集体供应,保证吃饱穿暖,每月还发给一些零用钱,逢年过节,社队都组织慰问,赠送慰问金和食品,使之生养死葬有依靠。改革开放后,随着经济的发展,“五保”户的供养标准不断提高。2010年,全区共有五保对象187人,其中集中供养184人、散居3人,集中供养率为98.40%。

乡镇敬老院

1984年7月,创办全区首家乡镇敬老院东栅乡敬老院。建筑面积395平方米,共26间房供“五保”老人居住,首批入院“五保”老人15名。1987年,大桥敬老院建成,设有床位96张。1991—2000年,余新镇敬老院、凤桥镇敬老院、新丰镇敬老院、七星镇敬老院相继开办。2010年,因整合社区建设用地,东栅敬老院拆迁,所有入住老人安置到民办养老院。

2000年以后,农村敬老院陆续进行改、扩建,扩大建筑面积,增加床位数量,改善服务功能。农村敬老院集中供养的“五保”老人全部纳入最低生活保障对象,实现衣食无忧,生活质量明显提高。

2005年以后,部分农村敬老院开始转型升级,充分利用资源。在确保城镇“三无”人员和农村“五保”对象集中供养的前提下,农村敬老院开始面向社会老人开放,为其提供养老和护理服务,使农村部分空巢老人能够享受离家不离乡的养老服务。

至2010年年底,全区共有农村敬老院5家,总床位数488张。

2010年全区敬老院情况表

表35-16

名　称	床位数（张）	在院人数（人）	地　址	名　称	床位数（张）	在院人数（人）	地　址
东栅敬老院（当年拆迁）	32	20	东栅高桥村	凤桥敬老院	108	52	工农桥
大桥敬老院	96	47	步云集镇	新丰敬老院	80	50	栖凰埭集镇
余新敬老院	100	62	长秦村	七星敬老院	104	31	兴星路3号

第二节　福利生产

县（市）福利企业

20世纪50年代初，境内先后办起嘉兴烈军属制本厂、草包厂、牛奶场等7家嘉兴市及县的生产自救性的民政福利生产企业，解决部分城镇优抚对象和救济对象的生活困难问题。这些民政福利生产企业，大多是群众自筹资金，白手起家，从小到大，逐步发展起来。在大跃进时期，这些企业大多转为国营，移交工业部门管理。1963年6月，省民政厅明确组织社会福利生产的目的在于改善城镇中生活有困难的盲、聋、哑、残疾人和优抚、救济对象的生活。规定由民政部门直接管理社会福利生产单位，明确福利企业招工范围。1965年，提出的将民政福利生产企业办成安排残疾人就业的特殊企业的要求，对嘉兴县8个福利生产单位进行相应整顿。“文化大革命”期间，民政福利生产单位先后转为县属和嘉兴镇属集体所有制企业。1979年，嘉兴县成立首家福利工厂东风雨伞厂。1980年，又将建设等3个街道企业，建设纸品厂、解放制帽厂和南湖针织衫厂转为民政福利工厂。

区福利企业

建区后，1986年，成立区民政企业公司，福利生产事业有了较快发展，在企业数、产值、利润，以及安置残疾人员数量上都有较大的提升。1988年，全区福利企业有30家，总产值3174.9万元，安排就业职工总数924人，其中残疾职工402人。民政塑料薄膜厂和文虎酱鸭场评为市福利生产先进企业。1990年，设立社会福利企业管理办公室，引导、扶持福利企业健康发展。1992年，福利企业增至37家。1995年，市本级福利生产企业数91家。1998年以后，福利企业数趋于减少，至1999年减少到61家。2000年后，福利生产持续发展，当年全区福利企业产品销售额58991万元，利润1637万元，安排职工就业1932人。2001—2010年，区福利生产虽然企业数在调整规范中有所减少，但福利企业的产品销售额、利润及安置残疾人就业人数逐年增加，经济、社会效益稳步提升。

1991年全区社会福利企业情况表

表35-17

区域	性质	单位数（个）	职工人数（人）		总产值（万元）	年免税额（万元）	年纳税额（万元）	利润额（万元）	亏损额（万元）
			总数	残疾人					
城区	民政办	7	362	160	1355.62	77.97	—	188.56	—
	社会办	27	830	361	3522.25	268.26	14.93	275.43	16.09
	合计	34	1192	521	4877.87	346.23	—	463.99	—

2000—2010年区福利企业情况表

表35-18 单位:万元

年份	福利企业数	产品销售额	利润	退税总额	残疾职工人数	全部人数	资助额
2000	53	58991	1637	—	—	1932	—
2001	50	61440	1877	2369	917	2246	—
2002	46	63981	4871	—	936	2232	—
2003	40	67970	4860	—	958	2263	—
2004	34	71337	5772	3693	955	2242	469
2005	34	95640	7010	5315	1007	2287	236
2006	33	116901	7755	5519	1065	2484	316
2007	28	125170	8762	3396	1147	2622	392
2008	29	131718	4773	3603	1251	2818	67
2009	30	130811	5263	2804	1249	3040	—
2010	28	199166	8940	3935	1225	3191	115

福利企业选介

嘉兴市久盛旅游用品有限公司 位于余新镇，建于1982年，从事旅行箱、手推行李车、五金零配件、塑料零件、胶木制品的制造、加工等业务。经过近30年的艰苦创业、企业发展的同时，还带动了一大批与之配套的小企业；在周边地区形成了成熟塑料五金产业链；成为余新镇支柱产业之一；总产值占余新镇工农业总产值的三分之一以上。企业生产的各类箱包配件，产品远销欧美地区，在国内深受上海、浙江、江苏等各大箱包厂信赖，目前是华东地区最大的专业配件厂之一。近几年来，公司连续多年被评为社会福利生产先进单位、十佳纳税大户、“重合同、守信用”单位、“十一五”期间南湖区残疾人工作先进集体、2007年慈善捐款银奖等荣誉。

嘉兴市富林化纤有限公司 位于新丰镇，建于1995年，经过10多年的艰苦创业，已发展成拥有总资产3亿多元的专业生产再生涤纶短纤及丝束企业。公司现有国内先进的生产流水线4条，涤纶短纤年产能6万吨，涤纶、尼龙66丝束年产能各4500吨。公司长期以来十分注重内部管理，着力提升“富林”品牌在国内、国际的知名度。公司一直高度重视人才培养及人才引进，为企业发展注入了鲜活的动力。嘉兴市富林化纤有限公司在采用再生料纺丝方面积累了丰富的经验，被列入省级循环经济重点试点单位。

嘉兴市文虎酱鸭总厂 位于东栅街道，建于1985年，是省民政骨干企业和农业龙头企业。拥有日宰杀5000羽的自动生产流水线和真空包装、高温灭菌等先进设备，配有500吨冷库。企业多次被评为省市先进集体、文明单位、农业龙头企业和重合同守信用单位。企业拥有2个养殖基地，与100多个养殖户建立了供求关系，形成了养殖加工一条龙生产，保证了产品的质量。生产的“文虎”酱鸭为嘉兴特产，畅销全国各地，先后荣获全国最佳风味食品奖、第三届全国农业博览会金奖、99中国国际农业博览会名牌产品、省优质农产品、省著名商标等荣誉，享有“浙江第一鸭”的美誉。现形成五香牛肉、酱鸡、盐水草鸡、麻鸭、八宝鸭等系列真空包装产品。

嘉兴市新丰特种纤维有限公司 位于新丰镇，建于1995年，专业生产各类复合型短纤维，先后开发成功抗菌、香型、超短、拒水及低熔点涤纶复合纤维，并投入规模生产。主要产品有超短纤维、拒水纤维、抗菌纤维、有色纤维等，广泛用于各种卫生无仿布、各种工作用无仿布、无胶棉，过滤材料和无尘纸等系列产品。产品已通过ISO 9002质量体系论证，产品销售全国，部分产品外销泰国、日本、印尼、阿根廷、哥伦比亚等国家。企业具备整套完整的生产流水线和现代检验设备，被评为嘉兴市高新技术企业和明星企业。

浙江丰川电子科技有限公司　位于新丰工业园区，成立于2008年10月，是一家生产、销售铝电解电容器上用的核心材料——高比容电极箔，拥有国内同行业领先的技术和成套设备，是一家充满发展潜力的股份制高新技术企业。设计规模为32条高压阳极腐蚀生产线，月生产能力为100万平方米高压正极箔。

本公司十分重视技术研发和质量控制，现已设有专门的研究所、检验室及化学分析室，并建立严格的质量控制系统和售后服务网络；同时，拥有一批高素质的技术管理人员和员工队伍。

嘉兴市高翔纸业有限公司　位于凤桥镇新篁工业园区，距乍嘉苏高速公路互通口仅200米，建于1980年，占地面积55亩，拥有“3400”型高强瓦楞纸生产流水线2条，以废纸为原料生产高强瓦楞纸，产品主要销往江浙沪地区的纸箱企业。连续多年被评为凤桥镇十强企业，先进企业等。

浙江邮邦电力科技有限公司　位于七星街道，建于2003年，是一家专业研发生产制造LED大功率找平展品及集成电路应用产品的企业，主要从事LED照明模块的设计、导热管工艺技术、研发搞功率LED封装材料。公司研发生产的新型邮件塑料编织包装袋，是一次性使用高科技环保节能袋类包装制品，在浙江邮政速递大量使用，受到用户的一致好评。公司还研制投产了珠光膜复合纸特种包装袋，广泛适用于农科种业、特级饲料、精致粮食制品的高档次的外包装。公司通过ISO 9002国际质量体系认证，以及嘉兴市质监局质量检验合格产品。

第三节　慈善事业

慈善机构

2004年9月，成立区慈善总会筹备委员会，下设办公室和组织协调、宣传报道、资金筹集组，各镇街道也建立相应的工作机构。筹备期间召开慈善动员大会，开展广泛的慈善宣传活动。2004年12月28日，区召开大会，成立南湖区慈善总会，选举产生第一届理事会理事69人、常务理事35人，徐加庭当选为慈善总会首任会长。慈善总会下设办公室。2009年，召开第二届会员代表大会，选举产生理事90人，徐加庭连任会长。

2005年，各镇、街道设立慈善工作站，明确分管领导，落实工作人员，形成全区慈善工作网络。在《慈善总会章程》的指导下，制定《慈善总会工作职责》《慈善资金管理、审批办法》等具体工作制度，严格按章办事。

慈善募捐

2004年10月、2005年11月，区委、区政府两次召开区“心连心”慈善募捐动员大会，募集慈善资金837.74万元。2005年12月25日，全区530余家单位和企业、社会各界8000余人，捐款1086万元。捐款在10万元以上单位和企业有21家，其中嘉兴市富林化学纤维厂捐款167万元，嘉兴芽芽水泥有限公司捐款150万元，嘉兴市中华化工集团有限公司捐款50万元，嘉兴市余新民政五金厂捐款48.85万元，捐款在5~10万元的单位和企业共14家；捐款范围、人数都是历年最多。

2006年，召开“爱心行动”活动动员大会，区委书记到会作动员讲话。区慈善总会领导对较大的企业上门拜访，掀起慈善劝募热潮。区级机关、各镇、街道及事业单位的党员干部和工作人员积极参与“慈善一日捐”。2006年，全区募集善款569.83万元，累计募集善款1793.93万元。

区政府每年11月前后召开募捐动员大会，主要领导作动员报告，带头捐款。各镇、街道层层发动，掀起募捐热潮。在实际工作中，不断创新善款募集。2005年，浙江中法股份投资有限公司设立“中法助学金”，嘉兴东方化工厂出资25万元设立了专项助学金。2010年开始，开创以企业冠名基金为引领募集新路，冠名基金企业也起到了很好的榜样。建设、新兴、新嘉、解放和南湖街道5个街道先后成立了“慈善超市”。至2010年年底，累计募集资金5959.87万元。其中，为汶川抗震救灾募集专项资金

828.15万元(含物资折价102.07万元)。累计利息收入531.81万元。

慈善救助

以惠及困难群众为根本,完善市、区、镇(街道)三级慈善机构的救助,多项目、多内容搞好慈善救助,促进了社会的和谐和稳定。坚持公开、公正、透明的原则,除扶老助幼节日慰问活动及助学、救灾等外,其他救助项目都在受助者所在村、社区公示,在《嘉兴日报》上发布公告,自觉接受群众和社会的监督。每年新春开展"送温暖献爱心"活动。在区行政中心食堂举办"慈善温馨年夜饭"。区领导和市、区慈善总会会长等领导与困难群众代表共聚一堂,在重阳节开展"尊老敬老、晴暖夕阳"慈善慰问活动。在"六一儿童节"对贫困儿童和办学条件较差的学校进行慈善资助。嘉兴银行从2010年起,连续3年,每年出资15万元,定向资助南湖创业学校校园网络改造工程,提升外来民工子弟学校的办学条件。在历年大病救助、小病救助的基础上,又开展了尿毒症、少儿先天性心脏病手术和少儿白血病治疗的专项救助项目,救助项目不设自负起点,救助比例比一般的大病救助更高,患者得到更多关怀和帮助。加大对社区老年服务机构和残疾人事业发展的支持力度,为残疾人康复提供资金支持,对白内障患者实施了复明手术,为重度残疾人改善了居住环境,使社会弱势群体感受到社会的关怀和社会的温暖。

至2010年年底,区慈善总会累计支出救助资金2298.07万元,其中:助医支出383.8万元;助学支出216.02万元;助困支出523.71万元;助残支出65.54万元;助老支出153.37万元;助孤支出30.74万元;赈灾支出924.89万元,50000余人(次)困难群众获得慈善帮助,解决或缓解了困难。

第四节　福利彩票

社会福利有奖募捐券

1987年12月,区民政局在全市首先开展社会福利有奖募捐券试销售。2月,成立区社会福利有奖募捐委员会。11月,发售社会福利有奖募捐销售券,面值2元,主要采取行政动员,各乡、街道和机关部门分配任务,集中开奖的形式,现金返奖。1988—1990年,销售社会福利有奖募捐券244.06万元,筹集社会福利基金57.27万元。20世纪90年代初期,开始在市区设摊销售即开式福利社会福利有奖募捐券,面值2元,每个奖组1~2万元,以现金返奖。后以日用品作奖品,一等奖为自行车、金戒指、彩色电视机等,奖组扩大至5~20万元。同时开辟乡镇彩票销售市场,全年销售福利奖104万元,筹集社会福利基金20.28万元,创年发行记录。

福利彩票销售活动

1993年,开始社会福利有奖募捐券更名福利彩票,推向市场,区不再单独销售。1995年后,吸收下岗职工为销售员,同时采取大型集中销售的方式。1998年,组织5次大型销售福利彩票。同年10月,市募委会联合两区在中山路延伸段发行2000万元额度福利彩票,推出桑塔纳轿车、彩色电视机等实物奖品,极具诱惑力,每天前往购买彩票的群众数以万计,销售现场人山人海,盛况空前,6天时间销售福利彩票1500多万元。此后,每年组织集中发行福利彩票。2004年起,全面推行电脑彩票网点销售,不再组织即开型大规模集中销售福利彩票。

电脑福利彩票

1997年,开始安装电脑福利彩票投注机,1998年,运用电脑发行中国福利彩票。当年销售福利彩票260万元。2003年前,投注站点主要设置在有关商业银行营业部。2004年起,设立电脑福利彩票专门投注站,增加票种和玩法、引入销售量末位淘汰制,全年市销售福利彩票突破5000万元。2007年8月,市社会福利彩票发行中心顺利通过ISO 9001—2000质量体系资格认证,成为省首个获得认证的福利彩票发行机构,全年总销量突破3亿元。2010年,全市有福利彩票销售网点404个,销售各类福利彩票6.34亿元,创历史新高,筹集公益金1.81亿元。境内有销售网点404个。

中福在线视频彩票

一种即开型电子视频彩票。采用计算机和通讯网络系统作为发行载体，通过彩票销售厅集中销售，彩民用投注卡作为结算工具，在投注终端完成投注、游戏和兑奖全过程。2005年11月8日，“中福在线”在嘉兴面市。2007年，嘉兴市区梅湾街销售厅开业。

资助项目

1988年至1991年年底，全区销售社会福利有奖募捐券筹集社会福利基金57.27万元，4年间无偿资助社会福利事业项目13个，福利资金18.21万元；有偿资助社会福利企业（单位）17家30次，解决企业生产流动资金累计105万元。对切实关心、支持和改善残疾人、老年人、孤儿及有困难之人的生活和事业，对扶植和促进福利企业的生产发展发挥了较好的作用。

第五章　老龄事业

第一节　老龄机构和组织

2001年12月，成立区老龄工作委员会，15个相关部门为成员单位，在区民政局设办公室，开展老年人服务管理方面的具体事务。2002年开始，开展基层老龄组织网络建设。老龄工作向镇、村、社区拓展，形成以区老龄工作委员会为龙头，以镇区、部门老年协会为主体，以村、社区老年协会为基点的三级组织网络。

2003年，开展城市社区老龄工作“3587”工程建设试点工作。即建立和完善社区老龄工作协调组织、社区老年人协会、社区志愿者队伍3个组织；养老保障网络、医疗服务网络、生活照料网络、文化教育网络、权益维护网络5个网络；开展老龄工作8项任务和实现社区7项标准。2004年，全面实施城市社区老龄工作“3587”工程建设，全区有50个社区创建了老龄工作规范化社区。农村全部建立老年人协会，较好地发挥自我组织、自我管理、自我服务的作用。

第二节　老龄服务

居家养老

2006年，进行居家养老服务试点，2007年，全面展开。完善区、街道（镇）、社区（村）三级为老服务体系，区建立为老服务工作领导机构，镇、街道成立相应的工作机构，社区成立为老服务小组。同年，为老服务被列为政府实事工程，出台《南湖区为老服务实事工程实施方案》，开始居家养老服务和“一键通”试点工作。2010年，制定出台居家养老服务长效管理机制，规范和完善居家养老和“一键通”管理、服务。

老年人权益保障

2005年12月，贯彻《嘉兴市人民政府关于实施浙江省优待老年人规定的意见》，对年满60周岁的公民，发给浙江省老年人优待证，享受就医、乘车、进入公园等各类优待政策。

区老龄工作委员会成立后，每年召开全区老龄委工作会议，研究部署老龄工作。逢年过节坚持走访慰问活动。贯彻《中华人民共和国老年人权益保障法》和《浙江省实施〈中华人民共和国老年人权益保障法〉办法》，每年组织民政、司法、劳动、人事等部门开展执法检查和法制宣传，发现问题，及时解决。各乡镇则半年进行一次检查，重点检查赡养协议书和老年人看病就医制度的落实情况，开展签订赡养协议书活动，有2000多户家庭的子女与老人签订了赡养协议书。

第三节　社会化养老设施

20世纪90年代后，个人投资创办的老年公寓、托老所等私营养老机构在政府的扶持下应运而生。

1993年，陶瑞芳创办位于百墅路的嘉瑞老年公寓，是嘉兴市首家个体私营的老年公寓。1996—1999年，嘉兴市鸿福老年公寓、城东嘉寿老年公寓和位于境内天城花园的经开长寿老年康复院等私营养老机构相继开办。2005年后，民办养老机构规模快速发展。2005—2007年，金夕阳老年公寓、康福老年公寓、康鑫老年公寓、东栅烟雨老年公寓、忆春园老年公寓等由个人投资创办的养老机构先后开业。其中位于城南路三号桥的康鑫老年公寓，设有床位325张，是境内规模较大的老年公寓。

2008年，加大对民办养老服务机构的财政补助力度。凡用房自建的非营利性民办养老服务机构，床位数达到50张(含)以上、取得社会养老服务机构设置批准书和民办非企业单位证书并投入使用后，由省财政按照核定的床位数给予每个床位3000元补助。租用房且租期5年以上的非营利性民办养老服务机构，床位数达到50张(含)以上，由省财政按照核定的床位数分5年给予每个床位每年500元补助。全区有4家符合条件的民办养老机构得到50.5万元的专项补助。其中康鑫老年公寓获一次性补助36万元，东栅烟雨老年公寓、金夕阳老年公寓、忆春园老年公寓各每年补助5万元、4.5万元和5万元。

2010年重阳节，全市规模最大的民办养老机构逸和源·嘉兴市南湖区湘家荡颐养中心建成开业，座落于七星镇320国道天声国际家居广场东侧，占地60亩，床位1000张。

至2010年年底，全区共有民办老年公寓和托老所12家，总床位1915张。

2010年全区民间养老机构的规模和入住情况表

表35-19

名　　称	床位数(张)	在院人数(人)	地　　址
新兴老年公寓	60	47	城南路49号
解放托老所	50	45	菜花泾西区
鸿福老年公寓	60	40	光明街153号
金夕阳老年公寓	90	48	羽绒路12号
康福老年公寓	30	10	城东路徐王公寓
加寿老年公寓	50	34	徐王公寓
长寿老年公寓	50	30	电子社区
康鑫老年公寓	325	10	城南路三号桥
东栅烟雨老年公寓	60	10	东栅雀墓桥村
忆春园老年公寓	100	30	凤桥原卫生院
新嘉百花托老(助残)中心	40	—	新嘉街道百花社区内

第六章　社会事务管理

第一节　婚姻登记

嘉兴历代有婚姻礼制和职掌礼制的各级职官，作为礼俗的组成部分来管理。民国也没有婚姻法规和专职的管理机构，婚姻只是民政部门管理的社会礼俗之一，没有法定的婚姻登记制度。

1950年4月30日，国家颁布施行《中华人民共和国婚姻法》，废除封建婚姻制度，实行新民主主义婚姻制度。同年5月，省人民政府颁布《浙江省婚姻登记暂行办法》。对婚姻登记管理的职能机构、婚姻登记程序、要求等作出具体规定。县政府在城乡广泛深入地开展贯彻婚姻法宣传，婚姻法的影响逐渐扩大，男女权利平等、婚姻自由一夫一妻、保护妇女和子女的合法权益的新婚姻观念逐步树立，集体结婚的新风尚开始流行。

婚姻登记机构

1950年开始，城市由市、县政府的民政科（局）或区、镇公所办理，农村由乡（镇）人民政府办理。离婚、复婚登记，由区政府（区公所）办理。1955年6月起，婚姻登记，城市由街道办事处办理，农村由乡、镇人民委员会办理。离婚、复婚登记，城市由政府民政部门办理，农村仍由区公所办理。1958年，农村由公社办理。“文化大革命”时期，由公社（镇）革委会办理。1980年11月至1996年10月，城乡婚姻登记均由街道办事处和乡、镇人民政府办理。

1983年，县（市）人民政府负责办理涉外婚姻。1986年1月，改由市民政局统一办理。涉外婚姻登记统一使用省政府颁布的涉外结婚证书。

1996年3月，设立嘉兴市民政局婚姻登记处。1996年10月，区政府发布《关于集中办理婚姻登记管理工作公告》，决定区内各街道范围内1996年10月15日起由嘉兴市婚姻登记处集中办理婚姻登记管理工作。

2001年6月，建立区婚姻登记管理所，挂区婚姻服务中心的牌子，撤销市婚姻登记管理处，由区民政局负责管理，主要职责是负责全区的婚姻登记、统计等管理事项及相关服务工作。

婚姻登记情况

1984年，全区办理结婚登记655对，离婚登记10对；1999年，办理结婚登记1816对，离婚登记431对；2000年，办理结婚登记3850对，离婚登记1091对。

1984—1995全区婚姻登记情况表

表35-20　　单位：对

年度	申请结婚登记数	申请离婚登记数	年度	申请结婚登记数	申请离婚登记数
1984	655	10	1990	2206	18
1985	1863	9	1991	3415	166
1986	3070	12	1992	3451	219
1987	4279	79	1993	3338	247
1988	2183	41	1994	3406	329
1989	2123	41	1995	3347	389

1996—2010年全区婚姻登记情况表

表35-21　　单位：对

年份	申请结婚登记数		补办数	申请离婚登记数	
	合计	准予登记		合计	准予离婚
1996	348	348	无	56	56
1997	1692	1692	6	391	391
1998	1777	1777	19	378	378
1999	1816	1816	25	431	431
2000	1894	1894	33	426	426
2001	2005	2005	24	491	491
2002	1938	1938	39	477	477
2003	2243	2243	87	576	576
2004	3070	3070	148	671	671
2005	2612	2612	212	842	842
2006	4377	4377	369	969	969

续表35-21

年份	申请结婚登记数		补办数	申请离婚登记数	
	合计	准予登记		合计	准予离婚
2007	3332	3332	505	1038	1038
2008	4260	4260	530	1054	1054
2009	4751	4751	695	1073	1073
2010	3850	3850	672	1091	1091

港澳台及涉外婚姻

1979年8月3日，境内一女性居民与中国香港同胞办理的结婚登记，成为全区第一对涉港澳台结婚登记的人员，也是市第一对办理涉港澳台结婚登记的人员。1986年5月24日，嘉兴一名女性职工与一美国居民办理的结婚登记，成为市第一个涉外结婚登记。至2010年，全区港澳台及涉外婚姻登记总量219对。

第二节　殡葬改革

土葬习俗

民国时期，沿袭历代丧葬习俗，盛行土葬，讲究丧仪。殡葬一般要请风水先生选坟址，推择时日。贫穷人家有缓葬、厝柩之习俗。嘉兴县城区有官办义冢1处，私办有三塔公墓、东塔公墓、嘉北公墓等。社会上盛行分散土葬，且棺柩多长期浮厝于地面，日久拾骸入甏，以致田间地头骨殖甏杂置，既占用土地，又有碍环境卫生。抗日战争胜利后，民国政府重申公墓制，在三塔塘建起福安第一公墓、第二公墓和永安公墓，后又建嘉秀镇示范公墓。

解放后，广泛进行移风易俗教育，掩埋浮厝，改革土葬。

推行火葬

1965年，嘉兴县率先推行火葬，9月，在嘉北三官堂桥建嘉兴火葬场，占地面积890平方米，设骨灰寄存堂兼礼厅，有柴油火化炉2台。1969年，火葬场面积扩大至1898.28平方米。同年6月，撤销城郊4处土葬公墓，农村分散埋葬的旧坟，通知坟主深埋平去坟头，无主坟墓由社队代为深埋。

从城镇开始推行火葬，逐步向农村推广，这是破除千年封建迷信旧俗的重大改革，1970年后期，在部分农村地区，旧的传统习惯有所抬头，土葬现象回升。县政府在1980年向各公社、镇要求进一步搞好殡葬改革，做好宣传，移风易俗，大力普及火葬，及时遏止这股回潮。1982年2月，国务院下发了进一步加强殡葬改革的文件，通过学习和宣传贯彻，境内有效遏制土葬现象，火葬率逐渐回升。是年4月，省在嘉兴召开全省殡葬改革工作现场会议，肯定并推行嘉兴火葬的做法。1985年，城区在全市率先实现100%的火葬率。移风易俗、殡葬改革、火葬观念得到社会普遍认可。

管理服务机构

1988年，区成立殡葬改革管理所。加强殡葬改革工作的领导和管理，进一步推进殡葬改革。同年12月在嘉北乡义庄村建成嘉兴公墓。

1990年，火葬场更名殡仪馆，火化率保持全省领先地位，是年，嘉兴殡仪馆被省民政厅评为五好殡仪馆。次年，嘉兴殡仪馆被省民政厅评为先进集体。

1994年，市区合署办公时，殡仪馆、公墓建制划归市管，殡葬改革管理所仍划归区。2003年，嘉兴殡仪馆搬迁至嘉北沈家桥村，原址现作为灵堂。2010年，开展殡葬优质服务月活动，推行优质、高效、个性化的服务，进一步增强殡葬服务单位的服务意识和窗口意识。

镇公益墓地

2001年开始，区各镇建造公益性墓地和安息堂，至2010年，累计建造6座公墓和1座安息堂。

2010年全区公益性墓地情况表

表35-22

名　　称	所属区域	详细地址	时间	占地面积（亩）	总穴数（只）	安息堂数
七星镇公益性墓地	七星街道	七星三店塘	2003年	20	11661	—
曹王公益性墓地	余新镇	曹王村6组	2001年	71	35331	1
凤桥镇公益性墓地	凤桥镇	栖柽村23组	2003年	52	4139	—
大桥镇公益性墓地（中华）	大桥镇	大桥镇中华村罗慕桥组	2004年	17.92	8366	1
大桥镇公益性墓地（联合）	大桥镇	大桥镇花园村联合组	2002年	6.5	2677	—
新丰镇黎林公墓	新丰镇	新丰镇横港村	2001年	72	38000	1
合计				239.42	100174	3

第三节　社会团体登记管理

1950年9月，县级政府民政部门对各类商会、协会、学会、研究会、促进会、基金会等社会团体依法进行登记管理。准予登记范围，包括人民群众团体、社会公益团体、文艺工作团体、学术研究团体、宗教团体和其他符合人民政府法律组成的团体，同时，依法取缔反动道会门等一些非法团体。该项工作至1953年年底基本结束，工作重点转向对社团进行日常性的工作指导、活动监督和财务检查。"文化大革命"期间，县民政科处于瘫痪状况，社团登记管理工作陷于停顿。

1994年，区开始办理社团登记工作。1998年10月25日，国务院颁布《社会团体登记管理条例》《民办非企业单位登记管理暂行条例》，对社会团体和民办非企业单位分别作了界定，规定了对社会团体、民办非企业单位实行登记管理机关与业务主管单位双重管理体制和分级登记管理体制，完善登记条件及程序，区依照新的条例对社会团体、民办非企业单位进行登记管理工作。

2000年10月，依法对民办非企业单位进行清理整顿复查登记。从2009年9月1日起，登记单位在领取民办非企业单位登记证书后15日内，持民办非企业单位登记证书到同级的质量技术监督部门申办中华人民共和国组织机构代码证书。

2006年12月后，开展行业协会与行政机关脱钩的前期准备工作。2007年4月，全面开展这项工作，至7月底，全区5个行业协会完成脱钩工作，现任党政机关工作人员全部退出行业协会。2008年10月，开展行业协会等社会团体会费收支专项检查，未发现有违规行为。

2010年，全区累计登记在册社会团体80个、民办非企业单位75个，备案社区民间组织256个。

2010年全区登记在册社会团体情况表

表35-23

社团名称	登记时间	办公地址	业务主管单位
嘉兴市南湖区凤桥镇三星村水果专业技术协会	2010年4月27日	凤桥镇三星村	区科协
嘉兴市南湖区冬泳协会	2010年5月18日	大年堂后71号	区教文体局
嘉兴市南湖区美术家协会	2010年8月26日	秀州路266号	区教文体局
嘉兴市南湖区舞蹈家协会	2010年8月26日	秀州路266号	区教文体局

续表35-23

社团名称	登记时间	办公地址	业务主管单位
嘉兴市南湖区音乐家协会	2010年8月26日	秀州路266号	区教文体局
嘉兴市南湖区作家协会	2010年8月26日	秀州路266号	区教文体局
嘉兴市南湖区摄影家协会	2010年8月26日	秀州路266号	区教文体局
嘉兴市南湖区戏曲家协会	2010年8月26日	秀州路266号	区教文体局
嘉兴市南湖区书法家协会	2010年8月26日	秀州路266号	区教文体局
嘉兴市南湖区社会工作协会	2010年8月4日	中环南路海逸大厦西四楼401室	区民政局
嘉兴市南湖区房地产中介行业协会	2010年9月3日	杨柳湾路268号	区工商业联合会
嘉兴市南湖区洗染行业协会	2010年10月28日	东升东路1863号	区工商业联合会
嘉兴市南湖区节能协会	2010年12月10日	中环东路	区工商业联合会

2010年全区登记在册民办非企业单位情况表

表35-24

单位名称	登记时间	地　　址	主管单位
嘉兴市代代康·南湖新区幼儿园	2010年4月6日	双溪路以东、南溪路以北、东栅小学东侧	区教文体局
嘉兴市南湖区解放街道养老(助残)服务中心	2010年6月25日	菜花泾小区东区	区民政局
嘉兴南湖华侨(国际)幼儿园	2010年8月5日	凌公塘路318号室	区教文体局
嘉兴市南湖区城东嘉寿老年公寓	2010年8月25日	城东路徐王公寓10—104	区民政局
嘉兴市南湖区金夕阳颐养中心	2010年8月25日	城东路530弄48号	区民政局
嘉兴市南湖区渔里青少年体育俱乐部	2010年9月3日	余新镇中心小学	区教文体局
逸和源·嘉兴市南湖区湘家荡颐养中心	2010年9月1日	320国道七星段杨庙路口天声国际家居广场东侧	区民政局
嘉兴市南湖区亲和青少年体育俱乐部	2010年9月26日	禾兴北路191号	区教文体局
嘉兴市南湖区庆安小剑桥幼儿园	2010年10月11日	少年儿童体育学校内	区教文体局
嘉兴市南湖区金夕阳老年公寓	2010年11月23日	羽绒路95号	区民政局

第四节　移民工作

三峡移民安置

根据国务院和省市的安排，区共接收安置三峡工程库区农村外迁移民两批500人；2001年，接收重庆奉节县移民410人；2004年，接受重庆涪陵区移民90人。分别安置在各镇和东栅街道的26个行政村。三峡移民安置房确定后，所在镇、街道的行政村对移民安置房通路、通电、通水，改造、提供一切生产生活便利，使三峡移民入户后安心、放心。

三峡移民安置分布情况表

表35-25

镇、街道	行政村	户数(户)	人数(人)	镇、街道	行政村	户数(户)	人数(人)
七星镇	东进村	8	28	凤桥镇	永红村	4	20
	大树村	5	21		大星村	5	20
	七星村	7	27		庄史村	6	22
	小计	20	76		茜柳村	3	12
大桥镇	渡船浜村	5	18		新民村	4	16
	胥山村	4	15		小计	22	90
	八里村	5	20	新丰镇	民丰村	9	39
	焦山门村	4	18		横港村	4	12
	建国村	5	19		竹林村	4	21
	小计	23	90		由桥村	5	22
东栅街道	邱家桥村	4	17		小计	22	94
	雀墓桥村	5	21	余新镇	黎明村	5	22
	九曲村	4	16		余北村	4	19
	郭家桥村	4	16		金星村	5	18
	缪家圩村	4	13		复兴村	3	8
	小计	21	83		小计	17	67

大中型水库农村移民后期扶持

根据《国务院关于完善大中型水库移民后期扶持政策的意见》,2006年6月30日前搬迁,属大中型水库的农村移民及移民后代,扶持期限为20年,每年每人600元,后期扶持对象每年年底核定一次。虽属移民但已农转非的,不列入扶持范围。在原籍有承包地,现户口在南湖区的非农移民或移民后代,也不列入扶持范围。

移民搬迁入住前,区对各移民房进行通路、通水、通电改造,将生产资料购置费、基础设施返还部分、迁出地拨入的房屋及零星果木补偿款等全部资金发放到移民户手中。对处在九年义务教育阶段的学生全部就近安排入学,并减免了学费;免费为移民办理户口、身份证、宅基地使用证,更换机动车辆行驶证和驾驶证。镇、村千方百计为移民联系就业岗位,推荐就业。安置移民基本能适应本地生活,逐步融入社会,积极参与本地经济建设,共享社会发展成果,享受与本地人一样的就业、上学、医疗、养老等民生政策。

第五节　收养登记

1950年,颁发的《中华人民共和国婚姻法》承认和保护合法的收养关系,但对于收养关系的成立、效力、终止等问题还没有具体的规定,民间收养活动仍处于无序状态。

区收养登记工作始于1989年,当年办理收养登记15件。1991年12月,《中华人民共和国收养法》颁布,明确收养关系成立、解除的法定条件,收养的效力、收养程序和违法拐卖儿童、遗弃婴儿、出卖亲生子女的法律责任。收养制度步入规范化、法制化的轨道。1994—1999年,境区内的收养登记工作由市民政局承担。2000年后,区民政局恢复办理收养登记工作。

2003年4月,全区开展非法收养专项整治,集中调查处理和纠正私自收养、违法收养现象,当年共办理收养登记164件,是建区以来办理收养登记数量最多的一年,并逐步实现收养登记档案管理规范化,2010年,办理收养登记55件。

1989—2010年全区收养登记办理情况表

表35-26

年份	数量(件)	备注	年份	数量(件)	备注
1989	15	—	2004	48	—
1990	15	—	2005	46	—
1991	15	—	2006	43	—
1992	14	—	2007	77	—
2000	12	—	2008	88	—
2001	25	—	2009	66	—
2002	38	—	2010	55	—
2003	164	开展集中整治	合计	721	—

第六节　地名管理

地名普查

1980年，全国开展第一次地名普查。1981年1月，县成立地名办公室，在全县开展地名普查，分群众性普查，实地复查和验收，整理、汇总3个阶段。群众性普查阶段公社、镇以及大队都成立地名普查工作班子，724名干部、5280名群众参加普查。经过实地复查、验收基层地名普查成果后，进行汇总、抄写工作。1982年1月24日，完成并上交地名普查成果。共查清各类地名5750条，其中行政区划、自然村、街巷5063条，企事业单位101条，名胜古迹和人工建筑物383条，自然地理实体151条。更名公社2个、大队209个、街巷99条，命名各类地名197条。

1982年出版的《嘉兴市地名志》

填写普查成果表403张，地名卡片975张，地名概况54篇，地名图标注、更动地名144条。在此基础上编制出版《嘉兴市地名志》。

地名补查

2004年，区开展地名补查和资料更新工作。在地名普查基础上，补充遗漏地名，更正错误信息内容，增加新的资料。制作"地名补查和资料更新成果表"3300张，其中行政区划和居民点1830张、道路299张、专业部门212张，名胜古迹及人工建筑物154张、自然地理实体66张，废止成果表739张。同时，以地名补查和资料更新成果资料为依据，将地名信息录入地名登记信息系统(1.0版)，建立地名数据库。

2007年，组织进行地名数据采录和信息补充更新工作，新增地名信息253条，有86%的原有地名信息数据得到更新完善。全区收录地名属性数据信息达到2669条，其中，行政区12条，群众自治组织142条，居民点1729条，建筑物117条，单位270条，道路323条，河流28条，湖泊5条，旅游景点43条，并转录"国家地名数据库管理系统"。2008年，整理和完善地名普查和补更成果资料，新增地名数据191条，收录地名成果数据2860条，装订成21册，共3份。

地名命名

2004年起，对新生地名实行标准化命名工作。至2010年，除市区范围(嘉兴市城市总体规划中的外环河以内范围和湘家荡旅游度假区等）由市级直接命名外，在全区各镇共命名（更名）新建住宅区（建筑物）地名40个，命名商用楼盘地名1个、广场地名2个、新建道路地名25个、桥梁地名4个，风景区地名2个。完成了43个新建住宅区的门（楼）牌编制和设置，共设置门（楼）牌14518块。

2004—2010年区地名命名情况表

表35-27

命名时间	所在地	地名类别	地名名称
2004年	新丰镇	住宅	尊贵·丽景家园
	余新镇	住宅	紫金豪庄、同创颐园别墅小区、怡江苑
	大桥镇	住宅	天平公寓
2005年	凤桥镇	住宅	凤南景苑、凤华丽都、都市嘉园
	大桥镇	住宅	天明花苑
		道路	明新路、亚澳路、亚中路、亚太路
	七星镇	住宅	湘景苑、七星花园
2006年	新丰镇	住宅	龙腾大楼、金桂苑、隆兴别墅、黄鹤花园、双龙景苑
		广场	文化广场
		道路	新荷路、万丰路、汉塘街、妙峰路、登云路、丰南街、双龙路、广场路
		桥梁	妙峰桥、登云桥
	余新镇	住宅	幸福家园
		道路	幸福街
	凤桥镇	住宅	天赐·梅花洲
2007年	新丰镇	住宅	万丰公寓
	余新镇	住宅	茗品别墅、三泰家园、南江苑
	凤桥镇	住宅	凤南新村、金浪新村、钢圈新村、石岸新村、凤南景苑、当浜、半山横头、网舍里、俞家汇、乌龙里、小五房、程家湾、石岸头、仓基、北郭桥
		道路	凤南路、南大街、东大街、西大街、新康路、凤启路、大桥路、凤飞路、凤篁路、三星路、吼桥路、青龙路、哺育路、镇东路、新兴路、太平路、镇东街、菊花路、镇西街、镇南街、南星路、凤北路、油车弄、东后弄、西后弄、桥西弄、石灰弄、牛场弄、塘坊弄、建设弄、竹行弄、殷家弄、张家弄、华山路、西弄、朱家弄、府南弄、府北弄、周家弄、酱园弄、横街、哺坊弄
	大桥镇	住宅	大桥、湖滨花苑、棕榈苑、锦华丽都
	七星镇	住宅	星桥苑、湘滨苑
		道路	桥埭路、兴星路、星桥路、七星路、泗花泾路、永富路、潭湘路、潭星路、车站路、栅口路、富民路、七博路、兴民路、永星路、内港路、东大路、振兴路、庄博路、天声路、国道路
2008年	新丰镇	住宅	西洋新村、青龙苑、金檀苑、欣粮苑、欣欣苑、花园新村、民丰新村、竹林南区、竹林北区、北庄桥、东村、竹行头、西洋、毛桥、帮岸、妙和邨、荷花浜、何家浜、大王庙、嘉丰苑
		道路	平林路、盛家汇路、安定路、袜厂路、农贸路、盐丰北路、南村路、中兴南街、中兴北街、步行街、丰盛路、丰茂路、人民路、欣粮路、马渡路、农贸街、新阳路、同义路、新竹北路、新竹中路、新竹南路、花园路、竹溪路、栖叶路、栖金路、菜场弄、桥东弄、府后弄、桥西弄、东施王弄、教堂弄、长丰弄、竹园弄、桥湾弄、饭店弄、糟坊弄、中和弄、育前弄、屠家弄、义学弄、伍家弄、花园弄、长圩桥弄、金家头弄、潘家头弄、马塘汇弄、茧站弄、王家弄、北港弄、育子弄、姚湾弄

续表35-27

命名时间	所在地	地名类别	地名名称
2008年	余新镇	住宅	新浜、小桥河、紫滕苑、水杏桥、思仙桥、油车桥、汪家浜、秀景苑
		道路	新滨路、新市路、五星路、民新路、新宏路、新达路、镇北路、余北大街、余贤埭街、幸福大街、春风路、人民路、黎明路、民丰路、菜场路
	凤桥镇	住宅	桃源小洲
	大桥镇	住宅	顾家花苑、八里花苑、天香花苑、步云花苑
		道路	天宁路、天明路、天全路、天平路、天香路、夏义路、夏云路、夏霖路、华南街、十八里西街、十八里东街、中华路、双云路、步焦路、云西路、诚信路、顺风路、江南路、欧嘉路、永叙路、富源路
	七星镇	住宅	大树绿苑
2009年	凤桥镇	道路	联星路、新凤路
		桥梁	联星桥
	大桥镇	住宅	江南苑、东景园
2010年	新丰镇	风景区	清园生态农庄
	余新镇	住宅	信达南郡
		广场	美迪广场
		道路	茜柳路、新联路、新昌路、新盛路
	凤桥镇	住宅	凤启公寓、凤栖桃苑、凤南新村
		风景区	梅花洲景区
		道路	莲花路、镇南路、大桥北路、大桥南路、凤南路、吼桥路
		桥梁	中法大桥
	大桥镇	住宅	平湖塘花苑

门牌管理

2005年，国家启动地名公共服务工程，主要开展地名规范、地名标志、地名规划、数字地名4个专项事务工作，计划用5年时间完成。2005年3月至2006年年初，市区开展门（楼）牌号整治编制和设置工作，辖区城镇范围共核实200个住宅小区、3397楼幢、8267单元、96118户室，街（路）、巷（弄）263条，新编门牌号共12089个。

2007年4月，全区开展农村地名整治工作，整治工作坚持“以人为本，立足服务；尊重历史，传承文化；因地制宜，注重实效；严格标准，保证质量；政府组织，社会参与”的原则，农村地名规范及地名设标工作从乡村到城镇有序稳步推进。2007年，进行自然村重名更名和乡村门牌设置，开始推行门牌证制度。当年，全区农村有505个自然村得到了重名更名、错名更名、新增命名、恢复命名和废止地名等处理。全区农村农户门牌重新编号并设置，设置农户

大桥镇地名工作人员在安装道路沿街门牌

门牌46040块,发放与此对应数量的门牌证,门牌设置率达到97.8%。

2008年,重点进行城镇(集镇)地名规范命名和门(楼)牌及路名牌设置工作,全区各城镇(集镇)集中命名现有道路(街、路、巷、弄)149条、老住宅区15个,自然地名30个。全区各镇(集镇)按住宅门牌和街面门牌进行统一编号,共设置楼幢牌419块、单元牌621块、户室牌5197块,沿街门牌8744块,路名牌1056块,门牌设置率达到95.3%。2009年,开展行政村及自然村的村名牌设置工作,设置行政村村名牌46座、行政村指路牌27座、自然村村名牌1352块,村名牌设置达到全覆盖。

第七节 边界管理

勘界

1996年,国务院下发关于开展勘定省、县两级行政区域界线工作有关问题的通知,省政府下发关于全面开展勘界工作的通知。1997—1998年,区与界线毗邻的郊区、嘉善县开展联合勘定行政区域界线(简称"勘界")工作。1997年9月,两区和嘉善县联合勘定边界线交会点。1998年9月4日,《嘉兴市秀城区人民政府和郊区人民政府联合勘定行政区域界线协议书》签订,界线长96.6千米。1998年9月8日,《嘉兴市秀城区人民政府和嘉善县人民政府联合勘定行政区域界线协议书》签订,界线长9.76千米。

2000年,市本级行政区划调整,区行政区域范围扩大,行政区域界线分别与秀洲区、嘉善县、平湖市、海盐县相接壤,行政区域界线总长由原来的106.36千米增加到159.63千米。2000年8月,秀城区和秀洲区对两区行政区域界线重新核定,并签订两区行政区域界线《补充协议》。同期,分别与秀洲区、嘉善县联合勘定"南洲善"界线交会点,与秀洲区、海盐县联合勘定"南洲盐"界线交会点。

行政区域界线有关情况表

表35-28

界线名称	南湖区秀洲区	南湖区嘉善县	南湖区海盐县	南湖区平湖市
简称	南秀线	南善线	南盐线	南平线
界线代号	33040211	33040221	33040224	33040282
界线距离	72.4千米	32.40千米	29.81千米	25.02千米
界线批复文号	民函〔2005〕103号	民函〔2005〕103号	民函〔2005〕103号	民函〔2005〕103号
界线所处行政区划单位(镇、街道)	南湖区:七星、余新镇,东栅、解放、新嘉、新兴、城南街道; 秀洲区:油车港、洪合、王店镇,塘汇、嘉北、新城、高照街道	南湖区: 七星镇、大桥镇; 嘉善县: 杨庙镇、魏塘街道、大云镇、罗星街道	南湖区: 凤桥镇、余新镇; 海盐县: 沈荡镇、百步镇、元通街道	南湖区: 大桥镇、新丰镇、凤桥镇; 平湖市: 钟埭街道、曹桥街道

联检

2003年3月,省民政厅下发关于加强行政区域界线管理建立全省界线联合检查制度的通知。同年10月和11月,区分别与嘉善县、海盐县、平湖市开展行政区域界线联合检查工作,重点检查界桩管护情况。2007年9月,省民政厅下发关于做好第2轮市县级行政区域联合检查工作的通知,要求用5年时间完成第2轮边界联检任务。2008年4月,省民政厅印发《浙江省行政区域界线联合检查规定》。同年,由南湖区牵头组织开展南湖区和嘉善县行政区域界线联合检查。根据实施方案先后进行内业检查和外业检查，通过《关于嘉兴市南湖区和嘉善县行政区域界线联合检查工作情况的报告》，形成联检成果资料，并更新界桩文字标识。2008年12月，通过《关于秀洲区和南湖区行政区域界线联合检查工作情况的报告》。由南湖区牵扯头组织进行南湖区和平湖市行政区域界线联合检查，2009年，通过《关于嘉兴市南湖区和平湖市行政区域界线联合检查工作情况的报告》。

平安边界

2007年，开展"平安边界"建设工作，区建立边界管理"两图一责"制度和定期走访联系、边界纠纷应急处理、界线联合检查等工作制度，落实界桩委托管理责任制，聘请人员专门看护界桩，落实并坚持界线界桩定期检查、登记、上报工作。2007年12月，与毗邻各县（市、区）分别签订《平安边界共建协议书》。2009年，会同界线毗邻的县（市、区）各方对行政区域界线上的所有界桩，全部更换成新式界桩，完成界桩基座的硬化工作，建立界桩警示牌。另外，对"南平线"1号界桩因河道口拓宽、"南盐线"1号界桩因南北湖大道筑建，分别进行了短距离平移。

至2010年行政区域界线界桩分布情况表

表35-29

界线简称	界桩编号	坐标		图幅号	类型	材质	所在位置
		X（米）	Y（米）				
南善线	33040221001	3413210	40581796	H—51—38—(30)	双面型	花岗岩	七星镇东进村
南平线	33040282001B	3398538	40590639	H—51—38—(64)	双面型	花岗岩	新丰镇横港村
南盐线	33040224001	3389846	40578740	H—51—50—(6)	双面型	花岗岩	凤桥镇新民村
南盐线	33040224002	3388167	40588794	H—51—50—(15)	双面型	花岗岩	凤桥镇新篁社区
南秀善	3304021121SA	3412560	40578197	H—51—38—(38)	三面型	花岗岩	七星镇七星村
南善平	3304022182SB	3406885	40591605	H—51—38—(48)	双面型	花岗岩	大桥镇云东村
南盐平	3304022482SB	3390935	40591228	H—51—50—(8)	三面型	花岗岩	凤桥镇陈良村
南秀盐	3304021124SA	3390215	40573910	H—51—50—(5)	双面型	花岗岩	余新镇明星村

专记

创建"96345" 创新社区服务

2003年9月6日，由秀城区政府主办，嘉兴市民政局、秀洲区政府和嘉兴经济开发区管委会联办的嘉兴市96345社区服务求助中心成立。中心以"百姓求助中心，中心服务百姓"的宗旨，以求助电话96345、短信、服务网站为载体，以388家加盟企业、188名社区一技之长服务者和4000多名党员志愿者队伍为主体，构建起一个联结求助者与服务者之间的覆盖整个市区，为居民提供全方位服务的信息服务平台。

2004年6月，经国家发改委批复，区社区服务求助中心二期工程列入首批国家社区服务国债试点项目，总投资1955万元。通过项目建设，全面提高96345的硬件设施和技术水平，实现区、街道、社区

2008年5月，位于城南路的96345社区服务求助中心

三级联网。2009年年底，服务区域覆盖嘉兴市本级所有镇和街道。

嘉兴市96345社区服务求助中心24小时全天候受理市民求助，提供生活类、咨询类、事务类、电子商务类、企业服务类五大类120多项服务。每天开通6门热线（设计容量可同时开通30门热线），至2010年年底，中心累计受理市民电话和网上求助133万多件次，回访满意率99.95%，办结率100%。2010年7月3日，单日电话求助量1827件次，刷新历史最高记录。

2004年9月，中心依托服务平台，成立"96345"党员志愿者总站，下设24个分站，52个站点，把每年"七一"前的最后一个双休日定为"党员奉献日"。党员志愿者总站根据居民实际需求与党员志愿者的资源优势，深入开展"送安全、送知识、送健康、送服务""党在我心中""南湖党员为您服务"等主题活动。各分站在社区建立29个服务基地，其中6个街道分站接对服务857户家庭。

中心作为嘉兴市政府居家养老的实事工程平台，2006年9月开始，区政府为900多户孤寡及空巢老人、老干部免费安装一键通应急呼叫系统，老人只需按一个键就可直接连通"96345"，方便老年人求助。2009年7月，市老干部局借助"96345"平台，开通老干部"安康通"服务，为市、区700多户老干部提供应急便利服务。中心先后开设"老干部热线""困难党员热线""妇女维权热线""社区责任医生呼叫热线"等服务。

2006年5月，区经贸局依托"96345"平台，成立区生产力服务中心，为企业提供培训、融资等系列服务，解决企业的后顾之忧。

96345社区服务求助中心还以制度建设为抓手，不断加强自身建设，规范加盟者的服务行为。中心先后推出了社会监督、客户评议、服务回访、交流学习、加盟准入、上岗培训、优胜劣汰等制度。组建了社会信息员队伍，2008年4月，通过LSO 9001—2000质量管理体系认证。

96345社区服务求助中心坚持以人为本，以现代化信息为载体，创新城市社区服务新路的工作得到了各级党委、政府高度重视，民政部、浙江省和嘉兴市的领导先后莅临指导。至2010年，先后接待来自国家有关部委、省、市、县、区的指导考察172批。新华社、《人民日报》、中央电视台、中央人民广播电台等中央、省市媒体进行500多次（篇）报道，向全国推行96345社区服务求助中心的工作经验，浙江省和全国一些城市先后推广了嘉兴"96345"的社区服务模式。

2003—2010年，嘉兴市96345社区服务求助中心共获得国家、省、市、区各级荣誉40多项。其中2008年，获全国五一劳动奖状、全国工人先锋号、省三八红旗集体、省先进基层党组织等荣誉称号，同年4月，通过ISO 9001—2000质量管理体系认证。2009年，荣获全国巾帼文明岗、全国"百家诚信兴业 诚信服务单位"以及浙江省服务名牌等荣誉称号。2010年，中心获得全国家庭服务行业30家知名品牌单位之一、省优秀志愿服务项目、省优秀社区服务项目。"96345求助服务标准化试点"项目通过省服务业标准化试点项目现场验收并获优秀项目称号。

2008年4月11日，省民政厅厅长吴桂英到96345社区服务求助中心检查指导

清光绪《嘉兴府志》嘉兴县境图

清光绪《嘉兴府志》秀水县境图

第三十六篇　居民生活

目 录

民国时期，境内社会生产力低下，居民失业率高，饱受苛捐杂税、通货膨胀之害，城乡居民生活困苦不堪。解放后，社会制度发生重大变革，社会生产力不断提高，国民经济持续健康发展，居民就业率和家庭经济收入逐步提高，人民群众生活水平和消费水平随之增长。

改革开放后，经济建设和教育、科技、文化等各项社会事业快速发展，城乡居民生活发生了日新月异的变化，衣食住行、教文体卫等各个方面的生活条件和消费水平日益改善和提高，衡量社会贫富程度的恩格尔系数逐年下降。进入新世纪后，境内城镇和农村居民生活水平正在从全面实现小康向相对富裕型社会快速迈进。城镇居民人均收入由建区初的654元增至2010年24815元，农民人均纯收入由430元增至2010年14605元，全区城镇、农村居民2010年的恩格尔系数分别为35.2%和39.2%，已初步达到相对富裕型社会。

第一章　居民生活状况综述

第一节　就业状况

工薪收入历来是城镇居民最主要的经济来源，就业状况与居民生活水平息息相关，故本地百姓通常把就业称之为“寻生活”“寻铜钿”。追溯近百年境内城镇居民就业状况，大致经历了3个阶段的变化过程。

民国时期

民国时期，城镇居民就业渠道较窄，除少部分工商业主、小商小贩外，大部分居民靠就业工薪生活。主要是通过社会关系托人引荐，自小当学徒，学徒期一般在3年以上，学徒期间没有薪酬，业主只供膳宿和月规钱。职工的工资待遇和工期长短由工商业主掌控，可随时解雇职工，职工经常面临失业风险，境内居民失业率较高。1948年，嘉兴城内无业、失业人员15600多人，占总人口的20%。且由于男尊女卑的封建制度和男主外、女主内的习俗，外出工作，养家糊口，维持家庭生计通常全由男人承担，妇女在家操持家务、养育子女、伺奉公婆，一个人的就业收入通常要负担上有老、下有小的一大家子生活开支。一旦当家男人失业或因病丧失劳动能力，就意味着失去了全家生活所依靠的经济来源，陷入缺衣少食的困境。

解放后至建区前

解放后，劳动人民当家作主，居民的劳动权利得到国家保护，嘉兴县成立失业工人救济处，对城镇失业人员开展调查登记、组织生产自救、介绍就业、发放救济金等办法进行安置和救济，失业现象逐步改善。1956年，实现对私营工商业的社会主义改造后，企业为国家和集体所有，实行全民工薪制。用工实行计划管理，由劳动部门统包统配，主要分为全民所有制职工和集体所有制职工两种体制，执行统一的工资制度。全社会实行男女平等，同工同酬，大批妇女走出家庭参加工作。1958年，大办工业，大批农民进城务工，城镇人口剧增，劳动力调配计划一度失控。1961—1962年，国民经济实行“调整、巩固、充实、提高”方针，企业精简职工，动员来自农村的职工回乡务农。“文化大革命”前期，很多企业处于半停工状态，“老三届”毕业生和社会闲散青年难以安置就业，城镇知识青年上山下乡运动兴起，大多数家庭都有子女下乡插队或支边。20世纪70年代中后期，国民经济开始好转，境内国营、集体企业大量招工，下乡知识青年通过招工或父母退休顶职陆续返城就业。1978年，中共十一届三中全会后，确立了以经济建设为中心的基本路线，境内工农商各业走上发展轨道，城乡居民就业渠道逐渐拓宽，就业形式更趋多样。1983年，贯彻国家关于“三结合”(劳动部门介绍就业、自愿组织起来就业和自谋职业相结合)就业方针，拓宽城镇待业人员就业渠道，城镇就业安置工作步入健康发展轨道。

建区后

建区后逐步改革劳动制度，取消过去统包统配的用工制度，推行劳动合同制。区劳动人事局通过建立劳务市场、举办劳动力交流会等举措为用工单位和求职者服务。20世纪90年代，随着经济体制转轨、企业改制步伐加快，城镇下岗职工逐渐增多，待业率明显上升，政府通过建立再就业服务中心、设立再就业专项资金、鼓励自主创业和自谋职业等举措，妥善解决下岗职工的基本生活保障和再就业问题。1998年，再就业工作的重点从保生活转为促进下岗职工再就业，市本级安置就业11910人，其中通过举办专门招收破产、解体、歇业企业下岗职工劳动力市场专项交流活动实现再就业的下岗、失业人员2418人。

区按实运作后，通过举办劳动力市场招聘等活动，为下岗职工再就业、失土农民转移就业和外来“新居民”提供就业岗位。2003年，区政府大力推行城乡统筹就业工作，通过举办人才劳动力招聘会，组织下岗失业职工和失土农民就业培训，培育和发展民间劳动就业中介机构等多措并举，帮助3510名失业人员落实就业岗位。2004年，在全区开展创建“充分就业”社区（村）活动、千万农村劳动力素质培训工程、建立区人力资源中心市场及各镇（街道）公共就业服务市场，将劳动力培训与促进就业有机结合。2004—2010年，全区累计新增就业87965人，其中转移农村劳动力30831人，帮助失业人员再就业44867人。城镇登记失业率始终控制在3.8%以下。

第二节　经济状况

城镇居民经济状况

民国时期，境内官僚资本家等少数人生活富足，大多数城镇居民就业率低，收入菲薄，且饱受战乱、苛捐杂税、通货膨胀之苦，贫富差距悬殊，大多数家庭生活困苦。

解放后，实行社会主义公有制，国民经济逐步恢复，城镇居民大多数为双职工家庭，有稳定的工资收入。物资由国家计划供应，物价稳定，居民生活节俭，日常开支精打细算，以吃饱穿暖为标准，虽处于较低生活水平，都能够维持温饱，社会稳定，家庭存款普遍较少。社会贫富差距接近，基本处于同一水平线上。20世纪80年代后，随着改革开放的深化，商品市场和就业渠道逐步放开，经济社会持续快速发展。城镇居民的经济来源从过去单一的工资收入向多渠道组合收入转变，家庭经济日益富裕，居住、饮食、衣着、交通通信及休闲娱乐等各方面条件显著改善，生活质量不断提升。整体收入水平还不高，家庭积累达到1万元者，被称为万元户，是富裕家庭的象征。

进入21世纪，从过去的满足温饱需求向追求高品质、舒适度的个性化生活转变。部分私营企业主和高薪阶层收入越来越高，生活富裕，居民的收入和生活质量的相对差距逐渐拉大。

1997—2010年嘉兴市区城镇居民人均可支配收入情况表

表36-1　　单位：元

年份	人均可支配收入	消费性支出	年份	人均可支配收入	消费性支出
1997	7290	5860	2004	14693	9933
1998	7905	6190	2005	16189	10754
1999	8302	6426	2006	17828	11887
2000	9338	7085	2007	20128	12379
2001	10920	7800	2008	22481	14346
2002	11500	7707	2009	24693	15361
2003	12954	8748	2010	27487	16559

农村居民经济状况

解放前农村土地私有制，农村居民分地主、富农、自耕农和雇农等阶层，自耕农和雇农祖祖辈辈以辛勤耕作为生，长期遭受封建官府重赋，贫雇农受地主田租的多重压榨，生活贫困。民国时期，占农村人口大多数的贫雇农无地或少地，靠租地耕作或常年当雇工为生，经济收入极其微薄，不少农民在衣不遮体，食不果腹的困境中艰难度日。

解放后，进行土地改革，先后组织农民互助组、农业合作社，实行人民公社制度，实现土地集体所有制，农村家庭经济条件随着生产发展而逐步改善。经济来源主要靠家庭劳动成员参加集体劳动，计算工分，由生产队按劳动工分分配粮食等农产品，年终工分按生产队收入结算工分值，抵扣已分农产品后，发给现金。农民饲养猪、羊、鸡、鸭等畜禽及自留地种植的农作物为家庭收入的补充。生产队、社员家庭之间收入差距很小。1960年前后，粮油、蚕茧、生猪产量大幅度下降，农业减产，农民生活发生严重困难。1963年后，农业收成逐年提高，农民副业生产放开，生产队收入提高，农村家庭收入全面好转。"文化大革命"期间，集体农业生产和农村经济受影响而停滞不前，农村流行割资本主义尾巴，不准养鸡、鸭，减少自留地，使农民收入明显减少。

1980年后，农村推行家庭联产承包制，充分调动农民积极性，开展多种经营，兴办社队企业，农民收入大幅度增加。城乡居民收入差距逐渐缩小。20世纪90年代后，取消粮食定购任务，农民种植由指令性到合同制，使农村经济多元化，农民阶层多元化。个体私营企业的迅猛发展，涌现一批企业家，经营大户，粮食、蔬菜、水果种植大户，生猪、家禽、水产等规模化养殖业主。2010年，全区规模以上企业绝大部分分布在农村，容纳了大量农村劳动力，部分农民转向企业务工。农村家庭经济收入从改革开放前主要依靠农业生产的传统模式，转变为以经营农、副、工、商业集体以及务工工资等多元化收入的新格局，农村居民收入和生活质量的相对差距逐渐拉大。随着"两分两换"等新农村建设规划的实施，城乡居民养老保险、医疗保险等社会保障制度的日益完善，农村家庭经济状况越来越好，生活水平显著提升。

1985—2010年区农村居民年收支情况表

表36-2　　　　单位：元

年份	人均纯收入	生活消费支出	年份	人均纯收入	生活消费支出
1985	718	638	1998	4236	3566
1986	802	764	1999	4230	3671
1987	1012	1012	2000	4527	3405
1988	1274	1125	2001	5111	3607
1989	1552	1382	2002	5470	4062
1990	1648	1345	2003	6134	5083
1991	1653	1442	2004	7075	5751
1992	1800	1455	2005	8002	6133
1993	2162	1595	2006	9012	6704
1994	3110	2156	2007	10191	7535
1995	3605	2828	2008	11516	8390
1996	4088	3537	2009	12840	12840
1997	4795	3594	2010	14605	14605

第三节　消　费

解放后至2010年的60多年间，境内城乡居民日渐富裕，消费观念、消费方式、消费结构都发生了显著变化。

消费观念

解放初，百废待兴，社会生产力和居民经济条件还处于较低水平，大多数居民家庭经济拮据，维持温饱。消费观念普遍以勤俭节约为原则，省吃俭用，量入敷出，习惯于粗茶淡饭，满足于吃饱穿暖，少有积蓄。居民收入水平较均衡，贫富差距较小，比阔气、讲排场的现象较为少见。

改革开放后，随着生产快速发展，收入不断增加，物质文化生活日益丰富，在部分年轻人中，以往精打细算、省吃俭用的消费观念悄然改变。收入增加，生活舒适后，流行时尚和个性的理念，开始追求高消费。饮食注重营养搭配、绿色天然、质优味美和便捷。带有绿色食品标志的蔬菜、水果、土鸡蛋等受到人们的青睐。衣着讲究新颖时尚、品牌品位和个性化，纯棉、真丝、羊毛（绒）服饰深受大众喜爱。出行代步工具不断升级换代，自行车逐渐被电动车、摩托车、汽车所取代。2000年后，考驾照、买汽车成为新热点。文化娱乐消费趋热，影院、歌厅（KTV）、酒吧、茶楼等吸引不同人群，去饭店订座聚餐逐渐成为人际交往，亲友、同学相聚的新习俗。旅游热渐趋升温，游历国内外名胜景点，领略异域风情，已成为相当一部分人的生活方式。在子女的教育上不计成本，舍得投入，送孩子上各类兴趣班、补习班是普遍现象，送子女到国外读书的不在少数。在操办婚丧等大事上，重档次、讲排场的炫富、攀比的现象在高收入群体中屡见不鲜。

超前消费观念在年轻一代萌发。20世纪90年代开始，"花明天的钱，圆今天的梦"的超前消费观念为越来越多的年轻人所接受，特别是贷款买房、买车、买高档家电、时尚装修等渐成社会常态。

消费方式

计划经济时期，物资供应匮乏，限量凭票供应商品较多，商业网点较少，粮油、烟糖、布料等统购统销商品执行国家规定的物价，其他商品及饮食服务业价格差距也较小，城乡居民购物或其他消费集中在国营、集体商店和供销社，消费方式及场所单一。

改革开放后，商品市场全面放开，商业空间不断拓展，各类商品日益丰富，商业业态五花八门，支付方式多种多样，消费方式逐步向个性化、多元化、现代化转变。1998年始，境内阳光、百惠、江南、戴梦得等超市及各类专卖店、便利店、仓储式商场等相继出现，餐饮业、文化娱乐业等日益兴盛，居民的生活消费方式及场所有了充裕的选择性。一些商场推出的各类购物券开始流行。2000年后，电子商务迅猛发展，网购在年轻人中兴起，喜欢上网购物或预订机票、车票、宾馆等服务项目这种时尚、便捷消费方式的人越来越多，快餐外卖网店遍及城镇各处，以往由实体商店所掌控的格局被打破。在支付方式上，公交卡、医保卡、市民卡、各类会员卡、银行借记卡和网上银行等各种支付方式先后出现，用银行卡付款消费逐渐成为境内居民的生活习惯。

消费结构

20世纪50—80年代初，食品消费列城镇居民的消费支出首位，占家庭支出总额的65%以上，衣着消费次之，日常生活用品为第三位。由于大多数家庭租住公房，房租低廉，无空调、电冰箱等高耗能家用电器，学费负担也较轻，因而住房、水电、教育等项开支所占比重相对较小。文化、娱乐活动大多是免费，电影、戏曲等方面消费开支也不多。

20世纪90年代后，随着全区经济建设和科技、文化、教育等各项社会事业的快速发展，居民经济收入持续增长，居民家庭消费逐步从以吃饱穿暖为标准的温饱型向高质量、多元化生活需求的小康型演进，食品消费所占比重逐年下降。1991年，嘉兴城镇居民食品消费支出占总消费支出的56%。1996—2000年期间，食品消费占比迅速下降，居住消费开始升温。2000年，市区居民食品消费恩格尔系数降至37.9%，居住消费占比从1992年的4.6%提高到12.5%。

进入21世纪，消费结构出现较大变化，交通通讯和教育文化娱乐，衣着消费高速增长，住房、助动车、汽车等消费持续升温。2001—2005年期间，城镇居民交通通讯消费年均增长22.2%，教育文化娱乐服务消费年均增长13.5%，衣着消费年均增长18.2%。2010年，住房、交通与通信、家庭设备用品及服务、娱乐教育文化服务类支出和其他商品服务支出占消费总支出的44.6%，食品、衣着、医疗等刚性支出占47%。

农村居民在20世纪90年代初期，食品、居住和家庭设备三大支出占整个农村居民生活消费支出比重的86.4%。到90年代末期，该三项支出的比重降至71.5%，文教娱乐和交通通信支出快速增长，超过家庭设备上升到第三、四位。2000年后，随着农村新一轮建房热潮的兴起，居住支出所占比重有所上升，10年间提高2.9个百分点。文化教育、娱乐、休闲、旅游、医疗保健等消费快速增长。“两分两换”等一系列新农村建设规划的实施，给农民带来了实惠，尤其是在居住消费方面较之城镇居民不仅投入成本小，且居住面积宽敞。

2008—2010年区农村居民人均消费构成情况表

表36-3　　单位:元

支出构成	2008年	2009年	2010年	占消费性支出比重(%)		
				2008年	2009年	2010年
人均消费支出	9827	10140	10193	100.0	100.0	100.0
1.食品	3518	3505	3999	35.8	34.6	39.2
2.衣着	397	374	415	4.0	3.7	4.1
3.居住	2148	2078	1487	21.9	20.5	14.6
4.家庭设备用品	616	616	507	6.3	6.1	5.0
5.交通和通信	1302	1282	1394	13.2	12.6	13.7
6.文化教育娱乐	1178	1432	1454	12.0	14.1	14.3
7.医疗保健	524	703	722	5.3	6.9	7.1
8.其他商品和服务	144	151	216	1.5	1.5	2.1

1991—2010年嘉兴市区居民人均消费情况表

表36-4　　单位:元

年份	总量	增长%	年份	总量	增长%
1991	1764	4.7	2001	7609	9.3
1992	2113	19.8	2002	7352	-3.4
1993	2604	23.2	2003	8727	18.7
1994	4043	55.3	2004	10689	22.5
1995	5105	26.3	2005	11116	4
1996	5486	7.5	2006	11839	6.5
1997	6276	14.4	2007	13016	9.9
1998	6058	-3.5	2008	14497	11.4
1999	6198	2.3	2009	14691	1.3
2000	6964	12.4	2010	15979	8.8

第二章　居民收入

第一节　城镇居民收入

收入水平

民国时期，普通小业主和居民收入低微。职工就业率低，工资微薄。上海《申报》刊登嘉兴工资：1921年8月21日，泥水匠每工大洋四角三分，伙友每工发洋二角六分。当时货币比价：每元作钱1460文，每角作钱130文。1923年1月12日，嘉兴报纸刊登教师工资："城区小学教员，每月薪膳，多者十元，少仅六七元"。1949年，嘉兴市城职工平均月工资24.5元。

解放后，建立社会主义公有制经济，城镇居民主要收入是工资收入。随着国民经济恢复发展，就业率明显提高，家庭收入持续增长，市场物价稳定，生活安宁。1959年，全民所有制单位职工年人均工资446元，1965年增至595元，7年中增加149元，年递增4.82%。"文化大革命"期间，正常的工资调整长期处于停顿状态，职工的实际工资收入未升反降。1976年，嘉兴市(县)职工的年平均工资为549元，低于1965年的工资水平。1979年，城镇职工年平均工资614元。

1980—2000年，居民收入大幅增长。随着企业经营自主权逐步扩大，企业向职工发放洗理费、交通费等各种津贴，职工家庭实际收入持续增加。1985年1月和4月，增加职工副食品补贴和肉类补贴，1988年价格改革力度加大，对职工普遍调整和补发离退休金，增加各种福利性补贴，离退休职工的收入较大幅度增长。

1991—1995年，机关、事业单位进行了工资调整、套改，增加了职务补贴、书报费和奖励工资，企业职工根据经济效益增加工资和奖金。同时，随着全区经济快速发展，社会就业渠道和居民投资创收渠道不断拓宽，城镇家庭收入来源从过去单一的工薪收入向多元化收入转变，呈现快速增加态势。1991年，城市居民人均可支配收入2129元，1994年，首次突破5000元，1996年，达到7141元，扣除物价因素，其间平均每年实际增长10.6%。2000年，达到9240元，是1980年753元的12.27倍。2001年，突破万元大关，其间年均实际增长11.5%。2002年起，城镇居民实际收入继续快速增长，2007年，人均可支配收入超过两万元，至2010年，城镇居民人均可支配收入27487元，比2002年增加15987元，扣除物价因素，9年期间年均实际增长8.9%。

收入构成

工资性收入　20世纪50—70年代，城镇职工工资由国家统一规定，划分区类、按不同的行业、所有制性质和工种确定相应的发放标准，用工单位无确定职工工资标准的自主权。70年代，嘉兴执行四类区工资标准。全民所有制单位职工工资高于集体所有制单位职工，机械制造行业工资高于轻纺行业和商业，技术工种工资高于一般工种。刚进厂的学徒工月工资18元，普工月工资25元，学徒满师后按技术等级的确定和提升相应增加工资。

改革开放后，企业经营自主权逐步扩大，恢复奖金制度，奖金额占工资性收入的比重增大。1980年，嘉兴县全民职工年人均奖金108.43元。1984年，取消奖金"封顶"实行工资总额浮动包干。企业根据经济效益增加职工工资和奖金。1985年，市区全民企业职工年人均奖金184.57元，占工资总额的16.08%,集体企业职工年人均奖金227.99元，占工资总额的21.52%。同年，在机关、事业和企业进行工资普调，增加1~2级工资。1988年，价格改革力度加大，对职工普遍调整和补发离退休金，增加各种福利性补贴，职工的收入有了较大幅度增长。1991年，市区城镇职工人均月收入突破200元，全年人均工资2538元城市居民家庭工资性收入占家庭总收入的78.1%。此后，因企事业单位多次提高工资，加上从事第二职业和其他劳动收入，带动工资性收入快速增加。2000年，全市城镇职工平均工资12148元，比1991年增长3.8倍。全市城镇居民家庭人均工资性收入6593元，占家庭总收入的68.6%。2010年，城镇职工平均工资36319元，比2000年增长1.99倍。城镇居民家庭人均工资性收入19572元，占家庭总收入的64.0%。

1983—2010年区城镇职工年收入情况表

表36-5　　单位:元

年份	年平均工资	居民人均可支配收入	年份	年平均工资	居民人均可支配收入
1983	—	507	1997	6411	7498
1984	—	654	1998	6785	7921
1985	—	861	1999	7596	8224
1986	1059	1039	2000	12636	9240
1987	1075	1127	2001	12260	10766
1988	1681	1403	2002	14331	10757
1989	1829	1613	2003	21445	12251
1990	1958	1954	2004	21887	14392
1991	2128	2035	2005	22280	15555
1992	2413	2439	2006	24704	17129
1993	3835	3585	2007	29110	19238
1994	4938	5368	2008	34124	21177
1995	5598	6700	2009	—	22730
1996	5581	7141	2010	36772	24815

经营性收入　在计划经济时期,绝大多数为国有、集体所有制,个私经商绝少,城镇居民家庭基本没有经营性收入。改革开放后,个体经商办企业逐步放开,个体经营户、民营企业家逐渐增多,经营性收入随之增加。2001年,全市城镇居民人均经营性收入375元,占家庭总收入的3.4%。2010年,城镇居民人均经营性收入3664元,占家庭总收入的12.0%。

财产性收入　20世纪90年代之前,城镇居民家庭资产积累很少,储蓄利息等财产性收入微乎其微。1991年,城市居民人均财产性收入37元,占家庭总收入的1.7%。20世纪90年代后期和21世纪初,利息、红利、出租房屋等收入成为财产性收入的主要内容。至2005年,全市城镇居民人均财产性收入667元,占家庭总收入的3.7%。2006—2010年期间,嘉兴金融市场快速发展,房价持续上涨,居民投资渠道逐步拓宽。至2010年,人均财产性收入1091元,比2005年增长63.5%,年均增长10.3%,占家庭总收入的3.6%。

转移性收入　解放后,人民政府对城镇失业居民、贫困户及精简职工采取发放救济金、救济粮、定期或临时补助等措施进行扶贫帮困,对无依无靠的五保户由政府拨资供养。1964—1968年,嘉兴县给城市生活无依靠的贫困居民、鳏寡孤独发放定期定量救济款11.2万元。从1951年起,实行职工退休制度。1987年,市区支付退休养老和劳保福利费用3313.36万元。1990年后,随着社会保障制度和最低生活保障制度的建立发展,离退休干部、职工的养老待遇逐年提高,城镇居民的转移性收入持续增加。1991年,城市居民家庭人均转移性收入367元,占家庭总收入的17.2%。1995年,城市居民家庭人均转移性收入为880元,比1991年增长139.8%,年均增长24.4%。2005年,全市城镇居民人均转移性收入3847元,比1997年增长160.8%,年均增长12.7%。2010年为6235元,比2005年增长62.1%,年均增长10.1%,占家庭总收入的20.4%。

第二节　农村居民收入

收入水平

民国时期,农村占人口少数的地主、富农凭借占有的大量土地，靠出租和雇用长工种植田地，收租收入，以及农产品出售收入，而大多数自耕农民靠少量田产辛勤劳作，收入微薄，贫雇农靠短工和长工收入生活困苦，贫富差距悬殊。

解放后，农村经过土地改革，实现耕者有其田，靠耕作农作物收入。1951年2月，嘉兴县真西乡八字桥村成立了境内第一个农业互助组，实行土地入股、耕牛农具折价归公、集体劳动，收益按当年互助组农业收入，土劳比例分配。翌年春，在全县农村推广。此后，先后经历了从互助组到农业合作社、人民公社3个阶段。1958年10月，嘉兴县农村全面实现人民公社化。公社既是农村集体经济组织，又是基层政权机构，实行"政社合一"体制。在公社刚成立时，在分配上实行按月发基本工资，粮食供给制，吃饭不要钱，劳动不评分。年终根据生产队全年收入和全队工分总额确定每工分值。1959年，开始对人民公社分配制度数次调整，确定实行以生产队为基本核算单位的公社三级所有制，由生产队自主组织生产和分配，独立核算，自负盈亏。队内实行按劳分配，青壮社员男全劳力，每出工1天记10分，妇女记7~8分。"双抢"等农忙工分按比例增加20%~50%间，土肥折算工分，根据农业收成，先预支分配粮食及农产品，在队内经济分配时折合为现金计发劳动报酬。队与队之间因集体经济实力的不同工分值上有所差异。队内农户之间因劳动力多寡在年终分配收入上也有差距，青壮男丁多的家庭工分收入相对略高，总体上当时农村居民收入仍处于较低水平，农民家庭收入差距不大。以曹庄人民公社一生产队1955—1982年农民收益分配情况来看，主要是家庭劳动力的多少，决定家庭人均收入的差距。

改革开放后，农村全面推行家庭联产承包责任制，开展多种经营，改革农产品购销体制，逐步放开农产品集贸市场及商品价格，积极创办乡镇企业，农民收入大幅度增加。1978—1988年10年间，境内农村居民人均纯收入从185元提高到1274元，年均增长21.3%。1994年起，全区农村居民收入增长开始提速，此后的4年间，人均纯收入从1993年的2162元提高到1997年的4795元，增幅达121.8%。1998年，遭受特大洪涝灾害，加之东南亚金融危机导致经济增速下滑，农民收入普遍下降。全区农村居民人均纯收入4236元，比1997年减少559元，下降了11.7%。1999年后，农民收入年年提高，2001年，农村居民人均纯收入5217元。2003年起，农村居民收入进入快速增长期，2007年，人均纯收入10191元，首次超过万元。至2010年，全区农村居民人均纯收入达14605元，比2002年的人均5243元增长178.6%。年均增长13.7%。

收入构成

工资性收入 人民公社化时期，农村居民的绝大部分收入来自参加生产队集体劳动和养猪、羊等副业所得。有些农民将少量养殖的鸡、鸭和自留地种植的蔬菜到集市或街头路边出售，补充家庭收入。农村推行家庭联产承包责任制后，农村居民创收渠道日益拓展，从参加集体生产劳动单一性工资收入转化为自主生产、经营的非工资性收入，进城、进厂以及季节性农民工的的工资收入等多元化收入渠道。1991年，农民人均工资性收入382元，占农民纯收入的24.4%。此后，民营经济迅速发展，工业化、城市化进程不断加快，促进了农民就业，农民的工资性收入又趋逐年上升。至2010年，增至人均9053元，占全部收入的63%，成为农民收入的主要来源。

经营性收入 计划经济时期，粮油、蚕桑、生猪等农副产品实行统购统销，农村家庭经营受到政策、市场等多种因素的制约而难以发展，农民经营性收入甚微。改革开放后，农村大力倡导发展养殖业、种植业、三产服务业、家庭工业等多种经营，家庭经营创收入渠道比城镇居民更为宽广，经营性收入迅速攀升。1991年，农民人均经营性收入1117元，占农村居民纯收入的71.4%。2000年后，全区通过优化农业产业结构，提高农产品附加值，兴办农产品专业市场，发展农家乐旅游以及餐饮业等，农村家庭经营收入的绝对值持续提高。至2010年，人均4413元，比1991年增长3倍。由于其他收入尤其是工资性收入不断增长，经营性收入所占比例逐年下降，2010年为30.7%。

财产性收入 20世纪90年代之前，农村家庭财产性收入很少，1991年，农民人均财产性收入65元。20年间，农村土地征用补偿水平不断提高，转让承包土地经营权收入逐年增长，拆迁所获多套房屋用于出租、转让收入倍增，农民财产性收入的绝对值增加近10倍，2010年人均财产性收入519元。在农民人均纯收入中的占比，90年代中期超过6%，后保持在3%左右，2010年占3.6%。

转移性收入 20世纪90年代初，农民养老等社会保障体系的建立仍处于起步阶段，农民的转移性收入极少。90年代中期起，随着农村社会保障制度的不断完善，农民享受种养补贴的品种范围扩大、补贴标准提高，政策性保险稳步推进，农民转移性收入快速增长，2006年人均156元，比2001年增长5倍。2010年380元，占农民人均纯收入的2.6%。

2000年，嘉兴农村居民人均收入基尼系数①为0.2489，2005年为0.2805，2010年为0.2996。

2005年—2010年区农村居民年收入情况表

表36-6　　单位：元

年份	农村居民人均可支配收入	1.工资性收入		2.经营净收入		3.转移净收入		4.财产净收入	
	金额	金额	比重	金额	比重	金额	比重	金额	比重
2005	8002	4200	52.5%	3183	39.8%	159	2.0%	460	5.8%
2006	9012	4776	53.0%	3630	40.3%	221	2.4%	386	4.3%
2007	10191	5395	52.9%	4244	41.6%	226	2.2%	326	3.2%
2008	11516	6097	52.9%	4843	42.1%	276	2.4%	300	2.6%
2009	12840	6413	49.9%	5165	40.2%	574	4.5%	688	5.4%
2010	14605	7456	51.1%	5840	40.0%	635	4.3%	675	4.6%

注：①工资性收入，指就业人员通过各种途径得到的全部劳动报酬，包括所从事的主要职业的工资以及从事第二职业、其他兼职和零星劳动得到的其他劳动收入
②经营净收入，居民家庭成员从事生产经营活动所获得的净收入
③转移净收入，主要指国家、单位、社会团体对居民家庭的各种转移支付和居民家庭间的收入转移，具体包括离退休金、失业救济金、住房公积金、家庭间的赠送和赡养等
④财产净收入，指家庭拥有的动产（银行存款、有价证券）、不动产（如房屋、车辆、土地、收藏品等）所获得的收入

附：嘉兴县曹庄人民公社普光大队社员（现南湖区余新镇普光村）1955年、1965年、1975年和1982年4年的年终集体分配情况。

1955—1982年间4年普光大队第一生产队社员收益分配情况表

表36-7　　单位：元

户序	户名	初级社分配			人民公社分配								
		1955年			1965年			1975年			1982年		
		全年分红	人口	人均	全年分红	人口	人均	全年分红	人口	人均	全年分红	人口	人均
1	张掌寿	1159	6	193.16	974.27	8	121.78	748.17	6	124.70	1547	6	257.83
2	张金福	528.98	2	264.49	607.25	5	121.45	570.89	6	95.15	1891.40	6	315.23
3	张顺美	554.16	5	110.83	750.76	4	187.69	443.62	5	88.72	1156.07	5	231.21
4	张金观	583.385	5	116.68	812.02	7	116	703.57	6	117.26	1567.68	7	223.95
5	张海观	565.945	3	188.65	608.59	3	202.86	454.64	5	90.93	1594.52	6	265.75
6	张粪宝	113.155	1	113.15	52.12	1	52.12	—	—	—	—	—	—

①基尼系数是判断分配平等程度的指标，数值介于0~1之间，保持在0.2~0.4之间较合理

续表36-7

户序	户名	初级社分配			人民公社分配								
		1955年			1965年			1975年			1982年		
		全年分红	人口	人均	全年分红	人口	人均	全年分红	人口	人均	全年分红	人口	人均
7	张项福	536.195	4	134.05	729.90	6	121.65	671.05	6	111.84	2858.64	8	357.33
8	张顺观	819.265	4	204.82	726.95	7	103.85	919.07	9	102.12	2485.95	9	276.22
9	沈长寿	568.16	4	142.04	617.86	5	123.57	529.28	7	75.61	1614.02	7	230.57
10	沈永兴	426.105	3	142.04	731.66	7	104.52	1020.23	7	145.75	2185.75	8	273.22
11	谭善宝	1283.745	9	142.64	2034.98	15	135.66	1991.12	18	110.62	4183.40	22	190.15
12	黄明荣	825.175	5	165.04	816.74	5	163.35	402.96	6	67.16	1863.82	6	310.64
13	黄月宝	229.69	3	76.56	756.87	6	126.15	880.15	6	146.69	2865.71	7	409.39
14	黄顺官	487.525	4	121.88	514.21	5	102.84	538.55	4	134.64	1487.09	6	247.85
15	费正林	440.78	2	220.39	487.53	7	69.65	804.25	8	100.53	2531.59	8	316.45
16	费祖廉	305.845	2	152.92	580.34	4	145.09	511.82	6	85.30	924.61	6	154.10
17	沈阿松	540.825	5	108.17	829.09	5	165.82	567.06	5	113.41	626.43	5	125.29
合计		9967.935	67	148.77	12631.14	100	126.31	11756.43	110	106.88	31383.68	122	257.24

第三节　居民收入差异

城镇居民收入差异

计划经济时期，城镇各企事业单位及机关、团体统一执行国家规定的工资标准，各行业之间和企业之间收入差距较小，城镇居民收入基本处于同一水平线的均衡状态。改革开放后，全面推行经济体制改革，实行企业承包责任制，扩大企业在生产经营和收入分配等方面的自主权，提高职工奖金、福利待遇在工资性收入中的比重。职工收入因所在企业经济效益的好坏而产生差异。据统计局抽样调查显示，1991年，市区20%高收入户人均工资性收入2348元，20%低收入户人均收入1068元，两者收入之比为2.2:1。此后，企业转换经营机制，实行工效挂购，在工资性收入普遍增长的同时，工资收入差距逐步拉大，尤其是电力、电信、烟草等热门行业的职工收入明显高于平均水平。20世纪90年代中期，因投资渠道的拓展和下海经商潮的兴起，财产性、经营性收入差距迅速拉开。1995年，高、低收入户的收入之比为3.3:1，其中高收入户人均工资性收入9351元，财产性收入1854元，低收入户人均工资性收入3321元，财产性收入30元。后随着企业产权制度、住房制度改革的推进，证券市场的发展，财产性收入在部分居民中加速增加。2000年，高低收入户两者之间的居民家庭收入之比为3.8:1，2005年为4.4:1。“十一五”(2006—2010)规划期间，企事业单位工资和津贴制度逐渐完善，最低工资标准逐年上升，社会保障力度逐年加大，城镇居民收入差距扩大趋势放缓。2010年，全市城镇高收入户与低收入户人均可支配收入分别为57760元和11922元，两者之比为4.8:1。

农村居民收入差异

公社化时期，农村男劳力多的家庭收入普遍高于男劳力少的家庭，总体上家庭之间的收入水平基本均衡。贫富差距较小。20世纪80年代后，农村全面推行家庭联产承包责任制，发展多种经营，农民收入水平不断提高。由于户与户之间在对农副产品市场行情的预测把控，生产经营品种、渠道、时机的选择等方面的创收能力差异，收入差距逐渐拉大。1990年后,农村居民择业范围开始向农产品加工、工业、服务业等其他行业扩展,非农就业成为农村居民增收的重要来源,农村种植、养殖大户也不断增多,农村居民内部的收入差距持续拉开。据统计局抽样调查,1997年,农民人均纯收入高收入户和低收入户之比为3.7:1,2008年为5.2:1,此后两者差距有所缩小。2010年,高低收入户之比为4.3:1。

城乡收入差异

解放后,境内城乡经济呈同步发展态势,城乡居民之间的收入差异一直处于全省最低地区之一。1980年,嘉兴县农民人均粮1694斤(按当时米价0.158元/斤折合为268元),人均现金收入174元,两项合计收入442元。城镇职工平均工资收入753元,收入比为1:1.7。1990年,农民人均纯收入和城镇居民人均可支配收入之比为1:1.26。20世纪90年代中期,城镇居民收入增速较快,两者差距有所拉大,差距最大的2005年,两者之比为1:2.02。此后两年随着农村居民收入增速加快,两者差距又趋缩小,2010年为1:1.88。

1985—2010年市区城乡居民收入与支出情况表

表36-8　　单位:元

年份	城镇居民人均可支配收入	城镇居民人均消费性支出	农村居民人均纯收入	农村居民人均生活消费支出
1985	861	774	718	638
1986	1039	900	802	764
1987	1127	1052	1012	1012
1988	1403	1320	1274	1125
1989	1613	1530	1152	1382
1990	1954	1685	1648	1345
1991	2035	1764	1653	1442
1992	2439	2113	1880	1455
1993	3585	2604	2162	1595
1994	5368	4043	3110	2156
1995	6700	5105	3605	2828
1996	7141	5486	4088	3537
1997	7498	6276	4795	3594
1998	7921	6058	4236	3566
1999	8224	6198	4230	3671
2000	9240	6941	4527	3405
2001	10766	7609	5111	3607
2002	10757	7352	5136	4062
2003	12251	8727	6034	5083
2004	14392	10689	6953	5751
2005	15555	11116	8002	6133
2006	17129	11839	9012	6704
2007	19238	13016	10191	7535
2008	21177	14497	11516	8390
2009	22730	—	12840	—
2010	24815	—	14605	—

第四节　家庭理财

解放后，境内城乡居民节余的钱款大多存入银行，获取储蓄利息。改革开放后，城乡居民理财的观念渐渐转变。20世纪90年代初，曾有企业集资，民间借贷获取利息现象。随着城乡居民生活日益富裕，金融证券业、保险业、房地产业、收藏业的逐渐发展兴盛，居民投资理财的渠道不断拓展，家庭理财意识日益增强。开始投资各种债券、股票等金融产品。21世纪初，住房、股票、股权、收藏、贵金属、银行理财产品、保险公司保险产品等成为居民投资的重要领域。

储蓄

解放后，境内城乡居民储蓄存款逐步上升。1949年，市区存款总额28.4万元。1959年存款总额1959.7万元，10年之中上升68倍。1980年后，各银行增加储蓄网点，方便居民储蓄存款，并推出各类形式的有奖储蓄，城乡居民储蓄余额大幅攀升。1986年，市区储蓄余额13841万元。1988年春，受市场物价影响，银行储蓄存款一度滑坡。9月，国家采取调整存款利率和开办保值储蓄等措施，城乡储蓄转降为升。

1991—2010年，境内金融机构人民币储蓄存款总体处于平稳增长的态势。期间受到通涨水平、利率调整、资本市场发展等因素的影响，不同年份的存款增长幅度有较大变化。1994年，由于蚕茧、粮食和油菜籽收购价格的提高和企业职工工资的增长，增加了城乡居民收入，储蓄存款增长较快。2000年，受国家刺激消费、扩大内需、启动市场的政策效应作用，储蓄存款增长势头明显减缓。2007年，市区居民储蓄存款受股票市场和房地产市场的分流，同比增幅下降，定期储蓄下降明显。12月末，全市人民币储蓄同比少增59.5亿元，其中定期储蓄少增47.9亿元，占储蓄少增总额的80.5%。2010年，居民定期储蓄继续趋于弱化，中长期存款开始向证券、房产等资本市场转移。

银行理财产品

2000年后，投资风险较小，收益高于定期储蓄基准利率的银行理财产品受到城乡居民的青睐而逐渐升温。居民家庭在银行理财产品上的投资比重趋于加大，2010年，市区居民通过银行购买基金、国债、黄金以及信托等理财产品，交易总额达3641亿元。

证券

1989年，嘉兴金融市场设立证券交易专柜，国库券开始上柜转让，一些居民成为证券理财客户。1990年，上海证券交易所开业后，嘉兴各地都有居民到上海开户，成为首批股民。1991年后，证券市场快速发展，全市证券投资者数量、交易额逐年递增。2000年前后，先后掀起2次炒股票热，股票一度成为城市居民主要投资话题。至2010年末，嘉兴市证券营业部从1998年的7家增加到17家，证券账户从1998年的7万余户增加到40.54万户，证券总交易额从1998年的200.58亿元增加到5610.71亿元。

保险

20世纪90年代初，保险业处于起步阶段。1995年前，境内城乡居民的投保意愿不强，保险业务规模较小。1996—2000年期间，保险市场的逐步放开，居民保险意识逐渐增强，保险机构和险种日渐增多，业务规模迅速扩大。2006—2010年期间，随着国民经济的持续快速发展，保险需求的不断扩大，保险业进入快车道，各家保险公司相继推出多种分红型保险和投资连结保险等新型寿险产品。保费收入增势强劲，投资保险逐渐成为城乡居民的理财方式。2010年底，在区境注册开业的保险机构已达47家，据嘉兴市保险行业协会统计。2006—2010年年底的5年间，全市保险业务累计收入保费231.39亿元，其中财产保险保费收入77.95亿元、人身保险保费收入153.44亿元。

房产

境内房地产投资市场的形成始于20世纪90年代后期，1998年4月，嘉兴市房地产中介服务中心挂牌营业。2000年后，房地产市场持续升温、房价节节攀升，投资收益十分可观，产生一些炒房投资者，投资房产逐渐成为一些居民的理财方式。一户家庭拥有两套以上的情况越来越多。2005年统计，25%的城镇居民家庭拥有两套以上的住房。许多居民通过房屋买卖改善居住条件并赢利。城镇居民房租收入较快增长，户均房租收入260元。随着外来务工人员增多，城乡房屋出租率与租金收入稳定增长。在城郊结合部和工业园区周围的农村，出租房产的收入成为农民的一项重要收入，2007年，农民人均财产性纯收入中有近一半(占46.9%)来自房屋租金收入。2010年，据市统计局统计，31%的城镇居民家庭拥有两套以上住房，城镇居民出租房屋户均收入577元，比2005年增长122.0%，年均增长17.3%，占居民财产性收入的50%。

第三章　居民消费

第一节　日常生活消费

衣着

服装　解放初至20世纪70年代，居民家庭收入微薄，衣布料凭布票限量供应，衣着只求御寒、耐穿。“新三年，旧三年，缝缝补补又三年”是持家传统，多子女家庭“老大穿了老二穿、老二穿了老三穿”是普遍现象，很多家庭过年才给孩子添置新衣，家中几件象样的衣服只有会亲访友时才穿。销售成衣的商店很少，大多数居民购布料，自做衣裤为主，衣着开支很少。也有请裁缝师傅加工制衣，个体裁缝铺遍布城镇，农村也有请个体裁缝到家里做衣服。那时衣服款式单调，男装是中山装或军便装，颜色也只有蓝、黑、灰和军绿色这几种，女装款式也很少。“文化大革命”时期，绿军装成为青少年热门服装。

1980年后，居民衣着开始注重质量和美观，服装色彩、款式趋于多样化，香港影视片的播放和海外时装的涌入，对境内的流行服饰走向影响很大，牛仔裤、喇叭裤、蝙蝠衫等流行一时，款式不断翻新变化。居民的衣着消费开支和服装数量逐年增加，家庭衣柜日益充盈。此后，衣着消费继续向个性化、时装化、品牌化方向发展。境内出现大量名牌服饰专卖店，各式服装琳琅满目，不同消费层次各有所属，服装品位越来越高，到商场购买成衣逐渐取代了买布料加工。1992年，市区居民平均每户购买成衣14.3件，比1991年的6.8件增加一倍多。1996年，市区居民人均购买成衣325元，是1991年的2.27倍。购买成衣逐渐成为百姓着装的主要消费，裁缝店纷纷停业，曾经生意兴隆的正春和等几家老牌布店营业额锐减。

20世纪90年代后，境内居民衣着的材质和款式不断更替变化，西装、休闲装、皮夹克、丝绸服装等兴盛一时，各种款式的羊毛(绒)衫大量涌进家庭。夏季大街上满眼是身着鲜艳迷你各式裙装以及花花绿绿衬衫、T恤衫的青年男女，服饰更新换代的速度越来越快。

2000年后，居民穿衣打扮追求品位、舒适，注重个性化，开始按照自己的年龄、气质、身材、场合等选择合适的服装，服装款式，衣着的流行周期由原来的10年、5年、3年缩短到每年一变化。各种风格流派的服装竞相融汇，具有个性化、潮流化的职业装、休闲装、运动装、淑女装等频频登场，90年代，风靡一时的皮夹克、丝绸衬衣渐少有人穿，上千元一件的梦得娇T恤衫成为压箱底之物。冬季的羽绒服从臃肿型款式变得轻巧时尚。农村居民紧跟城市潮流，衣着上已很难区分城乡差异。老爷车、鳄鱼、华伦天奴等世界名牌服装受到追捧，几千元一件的皮衣、西服，上千元一件的衬衣也舍得购买。环保、低碳理念深入人心，纯天然的棉、麻、丝服装更受青睐。

2010年，市本级城镇和农村居民人均衣着支出分别为1444元和509元，比1991年的257.20元和78元增长4.6倍和5.5倍。

鞋类　解放初期，城乡居民穿鞋以自做布鞋居多，随着家庭经济状况的逐步改善，穿胶鞋的人渐增，款式以解放鞋、帆布松紧鞋、田径鞋为主，夏天普遍穿塑料凉鞋。军绿色解放鞋以经济耐穿、老少皆宜历久不衰。大多家庭的成员每人只有春夏和秋冬的鞋子。至20世纪80年代，穿皮鞋的人仍较少。90年代后，穿自制布鞋的人渐少，皮鞋、旅游鞋成为主要的穿着，不同的面料质地、制作工艺和品牌形成了不同的价格档次，适应了不同的消费群体。女性流行高跟鞋或半高跟鞋，冬季以皮靴、雪地靴为时尚，女式皮鞋的款式、色彩渐趋丰富多样，款式不断翻新，男式皮鞋以黑、棕、咖啡等深色调为主，2000年后，流行以舒适为主的休闲皮鞋。学生、年轻人爱穿运动鞋，老年人喜穿休闲旅游鞋。阿迪达斯、耐克、李宁等中外名牌运动鞋和金利来、花花公子、鳄鱼等各式名牌皮鞋进入城乡千家万户，家庭成员每人都有10几双鞋子，有专门的鞋柜存放各式鞋子。

佩饰 解放以来，境内居民装饰品消费经历了从无到有，从少到多，装饰品从单一到丰富多样，从大众化到个性化的演进过程。解放初期，大力倡导艰苦朴素的社会风尚，戴金佩玉、浓妆艳抹为社会所排斥，市场上也无装饰品上柜，即使家中有金玉饰品都藏于隐蔽处，那时厂、校等单位胸章是唯一饰佩。“文化大革命”初期，兴起佩戴毛主席像章热，流行胸前佩戴金属、陶瓷等各类材质的毛主席像章，一度成为居民日常生活习惯。改革开放后，随着城乡居民生活水平的提高、消费观念的变化和饰品市场的日益兴盛，居民在个性化服饰打扮方面的消费支出持续攀升，根据服饰搭配金玉饰品，或以个人喜好和经济条件因人戴金佩玉，挑选材质和档次。至90年代，佩戴金器、玉器珍珠等饰物已十分普遍，新富裕起来的男人喜欢戴粗大的金项链、金戒指，女士饰品讲究新颖美观和个性化。项链、手链有珍珠、黄金、铂金等材质，玉佩品种有新疆玉、翡翠玉、玛瑙、田黄等，因资源日渐稀缺，价格涨势迅猛。富裕家庭居民往往在不同的社交场合中选择佩戴不同的饰品。进入21世纪后，女人们佩戴饰物的热情有增无减，女包款式则不断翻新等国际名牌包在部分人中流行。特别是钻石饰品成为婚礼上新娘的标配，而佩戴黄金饰品的人渐趋减少。

饮食

饮食结构 解放后至20世纪80年代，境内城乡居民的一日三餐为最主要的消费，米袋子、菜篮子的支出超过家庭开支总额的一半以上，水果、糕点、蜜饯、饮料等副食品消费所占比重较小，少量零星购买水果。每年冬季，几乎家家户户都腌制咸菜等腌制品，可吃上冬春两季。改革开放后，居民家庭经济收入逐步增长，各类食品供应渐趋丰裕。居民的饮食需求从过去满足于吃得饱，逐渐向吃得好、吃得有营养转化，主食消费量逐渐减少，副食品消费支出逐年上升。1991年，市区居民人均粮食消费108.2公斤。1995年，降至人均88.73公斤，动物营养素增加。人均日摄入营养成份热量、蛋白质、脂肪分别达2880大卡、87克、80克，三项指标均超小康标准。2000年后，境内食品供应更加丰富，各类品牌精选袋装大米，白面以及各类杂粮的主食少而精，山珍、海鲜、河鲜、鸡鸭、猪牛羊肉、新鲜蔬菜、时新水果、南北干果、乳品饮料等各类食品应有尽有，货源充盈。居民饮食开始崇尚饮食健康，讲究营养均衡，粗细搭配。水果消费明显增加，苹果、香蕉、甜橙等水果成为居民家庭的常备食品，红提、榴莲、车厘子、猕猴桃、红心火龙果等进口水果成为年轻人日常水果。菜篮子消费崇尚绿色生态，野甲鱼、野黄鳝，放养鸡、土猪肉、土鸡蛋、本地春笋及各种露天蔬菜倍受消费者青睐。随着卫生健康意识的增强和养生保健知识的普及，居民的饮食口味趋于清淡，多吃蔬菜水果，少吃高脂肪高胆固醇食物成为人们的普遍饮食习惯，饮酒、抽烟的人也逐渐减少。

2001—2010年区城镇居民恩格尔系数变化表

表36-9

指　标	2001年	2002年	2003年	2004年	2005年	2006年	2007年	2008年	2009年	2010年
人均可支配收入（元）	10766	10757	12251	14392	15555	17129	19238	21177	22730	24815
恩格尔系数	39.7	44.1	39.5	36.4	36.8	37.5	39.5	38.3	37.1	35.2

2001—2010年区农村居民恩格尔系数变化表

表36-10

指标	2001年	2002年	2003年	2004年	2005年	2006年	2007年	2008年	2009年	2010年
人均可支配收入（元）	5111	5470	6142	7075	8002	9012	10191	11516	12840	14605
恩格尔系数	42.5	42.8	39.3	38.4	38.0	37.3	36.1	35.8	34.6	39.2

注：1.恩格尔系数(%)=食品支出总额/家庭或个人消费支出总额×100%

2.联合国根据恩格尔系数对生活水平划分标准，大于60%为贫穷；50%~60%为温饱；40%~50%为小康；30%~40%属于相对富裕；20%~30%为富裕；20%以下为极其富裕

饮食方式　20世纪80年代前，基本保持了以家庭为主进行烹饪、用餐的传统习惯，很少去饭店吃饭，逢年过节亲朋好友聚餐或招待客人也都在家中设席。80年代初，大多数居民家庭举办婚宴还是在自己家中或借场所设宴。90年代后，餐饮业迅速发展，居民的饮食消费习惯逐渐从讲节俭实惠向享受舒适快捷转变，各式饭店遍布大街小巷，路边的夜排档鳞次栉比，茶室、酒吧、咖啡店随处都有，成为谈生意、会朋友、聚亲戚、谈恋爱经常光顾的场所。节假日，一家人外出逛街往往在外就餐。快餐业因上班族和学生的大量需求而迅速发展，五芳斋、四方缘等快餐连锁店生意红火，肯德基、麦当劳等洋快餐受到年轻人尤其是孩子们的热捧，一时成为时尚。打出生猛海鲜品牌的粤菜、堆满红辣椒的川菜以及西北伊斯兰饮食等外来菜系改变着嘉兴人爱吃甜食的习惯。自助火锅店、自助餐馆的出现吸引了不少市民。

进入21世纪，随着一家家日本料理、韩国饮食、意大利披萨、台湾小吃陆续开张，嘉兴人饮食的选择余地更大，休闲饮食悄然兴起，集休闲、餐饮一体的农家乐和农庄成为市民周末喜到之处。快餐外卖配送业悄然兴起，打个电话就有美食送到手，适应了年轻上班族的生活节奏。饭店预订包厢吃年夜饭已成为常态。婚宴动辄几千元一桌，须提前预订，在城镇已极少有人在家里自办婚宴。2010年，市区城镇居民人均在外用餐支出1255元，比1990年增长10余倍。

厨房炊具　20世纪80年代前，大多数城镇居民住宅面积狭小，没有厨房间，通常在客厅或吃饭室放一煤炉烧煮，炊具以瓷碗，铝饭锅和铁炒锅为主。农村居民全部使用柴灶，大多有灶头和灶间。80年代中后期，开始使用罐装煤气煤气灶，城镇居民居住条件逐步改善，建造较早的工人新村等居民住宅区，有了厨房间，但面积小，设施简陋。90年代后，随着居住条件进一步改善，电冰箱以及电饭煲，不锈钢压力锅、炒锅等各类灶具普及。厨房的装修日渐考究，大理石、花岗石、不锈钢、高级瓷砖成了主要装修材料，脱排油烟机不断翻新。进入21世纪，城市居民定制整体厨柜开始增多，管道天然气进入千家万户，微波炉、节能多功能电饭煲、电磁灶、电烤箱、豆浆机等新型炊具使家庭烹饪更加便捷。

出行

解放初，境内居民出行，基本是步行，城中少数坐人力车，骑自行车。农民外出以船为主，出远门乘坐火车、轮船和长途汽车。20世纪80年代，自行车逐渐普及。随着经济社会的发展，城乡居民出行的交通工具不断更新换代，社会公共交通设施日益完善。

自行车　解放初期，境内自行车很少，1952—1958年，嘉兴县社会零售975辆，年均139辆，主要是社会集团购买。20世纪60年代起，以供应“永久”“凤凰”“飞鸽”品牌自行车为主，实行凭票购买，每辆120元。“永久”17型、“凤凰”18型每辆170元。1959—1970年，自行车成为上下班和出门主要交通工具，嘉兴县年均销售733辆，处于一票难求的状况。市区有车行出租自行车，每租一小时1角。20世纪70年代，嘉兴县年均销售4118辆，难以满足居民的购车需求。1981年，嘉兴自行车厂投产，生产“大雁”牌自行车，每辆100~160元之间，沪产自行车

也逐渐敞开供应，价格放开。城乡居民的自行车拥有量大幅攀升，至1995年，市区每百户居民家庭拥有273辆。为最高值，市区12~60岁年龄段的居民几乎人手一辆。在上下班高峰时段，道路上自行车流如潮水般涌动。农村居民拥有量最高是1999年，每百户拥有269辆。2000年后，电瓶车、摩托车和汽车的销售量持续大幅增长，自行车销量锐减。至2010年，城镇居民自行车拥有量已经很少。农村居民拥有量降至每百户179辆。

摩托车 20世纪80年代，摩托车进入城乡家庭，每辆价格5000~10000元之间，1991年，农村居民每百户拥有摩托车1辆。1992年，市区居民每百户拥有摩托车2辆，后拥有量不断增加，农村人均拥有量明显高于城镇。2000年，全市城镇居民、农村居民每百户摩托车拥有量分别为8辆和55辆。至2010年，每百户城镇居民拥有34辆、农村居民110辆，与电动车一起成为百姓主要的交通工具。

燃油助动车 20世纪80年代中期开始出现，一度迅速发展。2003年，全市助动车每百户拥有量34.7辆。每辆价格3000~5000元之间，当年起，燃油助动车因污染环境被强制淘汰。

电动车 20世纪90年代后期，电动自行车作为自行车替代产品出现，每辆价格1200~1800元之间，以廉价、方便，深受老百姓欢迎。2000年后，电动自行车迅猛发展，从二轮到三轮型号和款式越来越多。20世纪价格在2000元左右。2002年，城镇居民每百户拥有32辆。电动自行车逐渐替代自行车成为居民的主要出行工具。2010年，每百户城镇居民拥有75辆，每百户农村居民82辆。

家用汽车（私家车） 1988年，居民家庭始有私家车，1991年，全市不足千辆。20世纪90年代中期后，居民购买家用汽车的意愿逐渐升温，私家车销售量逐年攀升。1995年，市区境内居民出现第一次私家车购买高潮。2003年，出现第二次私家车购买高潮。到2007年，全市每百户居民拥有私家车12.18辆，比2003年增加近2倍。2008年，每百户居民拥有私家车14.26辆。

2009年，受国家汽车、摩托车下乡和小排量汽车购置税减免等一系列促进机动车消费政策影响，出现第三次私家车购买高潮，各类汽车以全市月均销售4000辆以上的速度爆发式增长，当年新增近5万辆。2010年，嘉兴交通网络不断完善，全市小汽车进入居民家庭，月增5000辆以上，累计私家车近26万辆，每百户居民拥有25.18辆。全市城镇居民人均买家用汽车、车用燃料及零件和相关服务的支出分别为1368元、660元和212元，分别比2008年增长12.7%、31.7%和23.0%。上下班高峰时，市区主要道路车辆拥挤，堵车渐成常态。

客运轮船 民国初，始有轮船客运，内河船运历来是水乡主要的客货运交通工具。1950年，嘉兴县有19艘客轮营运。1985年，市区有客轮29艘3780座，客驳14艘1551座。市区到各乡镇的船价格在1角至4角之间。20世纪80年代后期起，乡镇公路大量兴建，内河轮船客运量逐年下降。1990年，市区轮船客运有9条航线26个航班。1997年，内河客运航线全面停航。

长途客车 建于20世纪70年代的环城南路老汽车站规模较小，客运线路、班次及客运量也较少。市区到乡镇的票价在5分至3角之间。1990年，位于中山路的嘉兴汽车西站建成投入营运，开设客运线路50条，日发班次206个，20世纪90年代后，客运车辆逐年增加并逐步更新为新型空调中巴、大巴。2009年，日发班车1000多次，平均日送旅客8500人次。2010年，市区有汽车西站和汽车北站2个长途客运汽车站。

公共汽车 1955年，境内始有到东栅的公交班车，1984年1月，成立公共交通公司，票价以5分起价。到1991年开通9条公交线路。1993年，市区公共汽车53辆，年客运量501万人次，有过双层公交，试行过招手即停的小公交。1996年3月，70周岁以上的老人凭优惠卡免费乘车。9月，市区108路公交车试行无人售票，实行一票制，票价1.50元。1998年，逐步扩大至市区各路公交车，同年还开辟夜间车。1999年，市区公交车辆增至218辆，线路14条，年客运量1363万人次。2000年后，将从城里到乡村乘长途汽车改为公交车，建立城乡统一收费标准的公交运行机制，票价全程2元。2003年，公交IC卡启用，用卡乘车1元。2007年，市区车辆增至489辆，线路75条，年客运量6500万人次，分担居民14%的出行量。至2008年，全区实现村村通公交。2010年，市区公交线路69条,已成为居民出行的重要交通工具。

出租车　20世纪90年代初,境内出租车较少,当地居民尚未形成"打的"(乘出租车)出行的习惯。90年代中后期,"打的"出行的人逐渐增多。2000年后,出租车起步价3千米7元。在市区"打的"赴宴、赴约、走亲戚、办事已十分普遍,交通高峰期间"打的"还不易。到各县(市)甚至到杭州、上海等地也有人"打的"。"拼车"或打"回程车"是许多人在市区与县(市)之间往返的理想选择。随着旅游业的蓬勃发展,中巴、大巴租赁业日益兴旺,有人开始租车自驾出行。2010年,市区出租汽车公司12家,拥有出租汽车873辆。

火车　20世纪90年代前,沪杭铁路还是单线通车,火车时速及客运能力难以满足居民出行的需求。1991年10月,沪杭复线贯通后,火车客运能力大幅提升,全线火车日行车能力从1978年的43.6对增加至84.7对。火车经过多次提速,增加班次,尤其是2008年动车停靠、2010年高铁建成通车,每天在嘉兴火车站停靠的列车近200趟,其中动车、高铁近百趟,选择火车出行的居民显著增加。

飞机　坐飞机出行对境内百姓是件奢侈的事,20世纪90年代,坐飞机出行主要是公出人员,企事业单位负责人出差、出国会选择飞机,居民自费乘坐飞机出行仍较少。2000年后,随着生活水平的提高,越来越多的老百姓选择乘飞机出远门、旅游。2010年,市区居民出远门大多通过旅行社和民航机票代理公司购买机票乘飞机出行。

通讯

20世纪90年代前,居民家庭通讯消费支出很少,除遇有急事要拍电报外,大都通过邮寄书信或单位电话交流,信件邮资为平信每封8分,挂号信每封2角。90年代初,固定电话逐渐进入普通百姓家庭,初装费高达4000~5000元,装机的热情有增无减。通讯费用开始成为家庭的必要开支。1993年,境内始有移动电话供应,由市邮电局独家经营,第一代移动电话以摩托罗拉模拟机为主打产品,体型笨重,价格昂贵,每台售价3万多元,俗称"大哥大",使用者较少。寻呼机(BP机)紧随着进入百姓生活,其入网费2000多元。"手拿大哥大,腰别BP机"成为当时成功人士的形象。随着BP机拥有范围的扩大,"有事你呼我"成时尚告别语。1997年,移动电话小型化,称为手机,数字通信开通运行。当年,城镇居民每百户拥有手机2部。2000年,每百户城、乡居民手机拥有量分别达到28部和18部。2001年,具有"有线价格,无线享受"优势的小灵通上市,受到欢迎。2002年,每百户城、乡居民拥有固定电话分别达到103部和93部,手机分别为81部和61部。手机短信业务开通后,成为百姓交流的重要手段,过年过节发短信问候或拜年成为时髦。随着数字通讯从2G发展到3G,智能手机的出现使手机电脑化,手机成为人们获取资讯、学习知识、交流信息、娱乐休闲的综合平台,片刻不能离身。住宅固定电话受手机普及的冲击,装机量逐渐萎缩,电信部门也取消了固话初装费。2010年,城、乡居民每百户拥有手机分别为204部和213部,固定电话分别为94部和103部。

美容　美发

20世纪90年代前,境内尚无美容美发之说,一般以理发称之,俗谓剃头,然已有少量理发店开展漂发、染发业务。90年代中期,美容美发业逐渐升温,各种洗面奶、护肤品相继上市,美容店陆续开张,提供修眉、美甲、染发等服务。染指甲除了传统的红色,更有绿、紫等各种颜色,还有花纹图案,专业染指甲的生意十分红火。有的男士也开始加入美容队伍,一般以嫩肤去痘和染发为主。减肥成为许多人尤其是女性的追求。2003年,市区城镇居民人均购买化妆品61元,理发和美容消费67元。2010年,市区城镇居民人均购买金银珠宝、手表、化妆品、美容用具等334元,接受美容、理发、洗澡等服务支出195元。

旅游

在温饱尚未实现的年代,旅游对百姓来说是奢望。去趟杭州、上海相当难得,大多是趁出差或探亲顺便游玩。20世纪90年代,旅游成为新的消费热点,1994年,市区居民人均旅游消费29.50元,1997年,全市城镇居民人均旅游消费51.48元。1999年,国家实行"十一"黄金周制度后,城乡居民的旅游热情空前高涨，每逢黄金周与小长假，市内各旅行社开设的远近旅游线路都很走俏。2000年后，国内游、出国游人数同步剧增，红色旅游、夕阳红旅游、自助游、冬南夏北、住农家乐越冬、避暑等新兴旅游休闲方式不断涌现。随着私家车的增多，自驾游逐渐成为时尚。2010年，市区城镇居民人均旅游消费501元，比2000年的287元增长74.6%；农村居民82元，比2003年增长5.8倍，年均增长31.5%。

水电　燃料

居民用水　1956年之前，境内居民生活用水只有河水或井水。1957年1月，嘉兴自来水厂建成，在市区设公共自来水龙头为居民供水，由专人管理，早开晚锁，居民用水购买水票，凭票取水，价格为0.18元/立方米，1分钱可买6洋铅提桶水，逢用水高峰，常见排队取水长龙。1972年后，南门水厂等新增供水企业的建成，供水管网建设的加速推进，家中安装自来水的居民用户逐渐增多，至20世纪90年代初，市区绝大多数居民家庭都已安装自来水，水费价格为1.15元/千瓦时，2001年7月1日调整为1.5元。2010年，水费价格为1.9元。1985年，七星镇建起全区农村第一家乡镇级自来水厂。此后，又先后建立新丰、大桥、余新、凤桥等镇级自来水供应站。至2000年，农村居民自来水供应基本实现全覆盖。

居民用电　1912年，嘉兴永明电灯公司创办，第二年市区有电灯用户百余家。1929年，供电范围城内及城郊的东栅、塘汇和南堰，每日供电时间延长到近10小时，但大多数市民不能承受昂贵的电费，装灯户占市区居民总户数的20%~30%。

解放后，居民用电户逐年增加。20世纪60年代初，普及了照明用电，大多数居民家庭为了节约电费开支，通常使用40瓦以下的电灯。1962年，市区居民照明用电量为242.95万千瓦时，比1952年增加3.86倍。80年代后，各类家用电器进入千家万户，居民生活用电量大幅增加，家庭电费支出亦同步上升，呈现夏、冬两季用电多，春、秋两季相对较少的特点。1998年起，实施“一户一表”改造，解决了过去同一单元居民轮流抄电表的麻烦。

1950年，永明公司照明用电每度0.80元，1959年，嘉兴电厂民用电每度0.39元，1990年，市电力公司每度0.15元，2010年，民用电每度0.53元。

生活燃料　解放前城乡都是以柴灶烧煮，以木柴秸秆稻草等为燃料，20世纪50年代前后，境内城镇居民开始用煤球炉，燃料为煤球，100斤2.2元，凭票供应，后增加煤饼。每天早晨生(引燃煤球)煤炉成了每户人家的开门第一件事。1980年，市区建立第一家液化石油气灌装站，内部供应15公斤瓶装煤气，每瓶15元，首批用户200户。此后市物资局、民丰造纸厂、冶金机械厂、毛纺总厂等10多家单位先后建起液化石油气站，主要作为福利供应本单位职工。1987年11月，嘉兴市煤气公司建成投产，瓶装煤气供应量大幅增加。至1990年，市区有液化石油气储配站12个，城乡居民已普遍使用煤气，15公斤瓶装煤气价格在40元/瓶~55元/瓶之间上下浮动。煤炉逐渐淡出居民生活。1995年6月，市区成立管道液化气有限责任公司，启动居民住宅区的管道液化石油气工程。1997年10月，境内首个住宅区管道液化气工程在西马桥小区建成并点火成功。后管道液化气工程建设全面推进，用户快速拓展，使用瓶装煤气的用户渐趋向农村。2010年，市区开通管道天燃气的居民家庭近6万户，民用天燃气价格从每立方米2.90元调整为2.70元立方米。

家居耐用品

建区前境内居民百元以上的家居耐用品较少，主要有自行车、手表、收音机、缝纫机、电风扇、黑白电视机等。电冰箱、彩色电视机尚未普及，拥有空调的家庭更少。20世纪80年代中期，110立升的“益友”电冰箱、双缸半自动洗衣机和14吋国产彩色电视机热销，这时髦的“三大件”开始进入百姓家庭。80年代后期，“三大件”不断更新换代,大量国产名牌电冰箱、全自动洗衣机和国产、日产彩电、录音机等热销于境内市场，城乡居民家庭的拥有量迅速增加。1985年、1995年，境内城镇居民每百户电冰箱拥有量分别为35台、105台；洗衣机拥有量分别为48台、100台；彩色电视机拥有量分别为23台、108台，均已达一户一台以上。农村相对滞后于城镇，境内农村居民1985年开始购买电冰箱与洗衣机，电视机以黑白为主，至2000年每百户电冰箱拥有量37台；洗衣机拥有量29台；电视机拥有量160台(其中彩电85台）。90年代后，居民家庭的室温调节及厨房、卫浴设施也渐趋现代化，空调从最初噪音较大的单冷窗机，逐渐更新为静音的冷热分体式空调。厨房油烟排放从80年代的换气扇置换为新颖的脱排油烟机。2000年后，新装修的居民家庭各类家用电器一应俱全，其中空调、液晶彩电的拥有量普遍达到了一户多台。2010年，城镇居民家庭电脑宽带网入户基本实现了全覆盖。

2001—2010年市区城市居民平均每百户年底耐用消费品拥有量表

表36-11

年　份	2001	2002	2003	2004	2005	2006	2007	2008	2009	2010
组合家具(套)	73.0	84.0	88.0	99.0	103.0	88.0	—	—	—	—
摩托车(辆)	11.0	10.0	25.0	35.0	39.5	38.7	34.7	29.0	28.0	28.0
自行车(辆)	257.0	243.0	207.0	153.0	151.0	157.3	—	—	—	—
家用汽车(辆)	—	—	3.0	2.0	3.5	4.7	7.3	14.5	16.0	21.33
洗衣机(台)	98.0	97.0	102.0	91.0	92.5	94.0	94.7	93.4	98.0	99.33
电风扇(台)	298.0	303.0	269.0	249.0	262.5	280.0	—	—	—	—
电冰箱(台)	106.0	103.0	102.0	96.5	97.0	97.3	100.0	95.4	99.33	97.33
彩色电视机(台)	161.0	156.0	159.0	168.0	172.0	174.7	168.7	176.3	—	—
影碟机(台)	58.0	67.0	71.0	66.5	68.0	66.7	—	—	—	—
录音机(台)	82.0	73.0	64.0	44.0	46.0	48.0	—	—	—	—
录放像机(台)	29.0	24.0	23.0	24.0	24.0	24.0	—	—	—	—
家用电脑(台)	19.0	21.0	28.0	37.0	42.5	48.0	57.3	79.6	82.67	90.67
组合音响(台)	39.0	30.0	28.0	30.5	33.5	33.3	37.3	35.5	35.33	36.0
摄像机(架)	3.0	2.0	2.0	2.5	3.0	3.3	4.7	12.5	11.33	11.33
照相机(架)	50.0	42.0	46.0	47.5	47.0	51.3	42.7	48.7	52.0	57.33
钢琴(架)	1.0	—	—	1.0	1.5	2.0	2.7	3.3	3.33	4.67
中高档乐器(件)	4.0	4.0	4.0	2.5	3.5	4.0	4.7	4.6	4.0	4.67
微波炉(台)	56.0	66.0	78.0	73.5	76.5	80.7	78.7	79.0	85.33	85.33
空调器(台)	91.0	98.0	115.0	141.0	153.0	154.0	162.0	180.3	191.33	198.0
电炊具(个)	194.0	149.0	168.0	171.0	187.5	197.3	—	—	—	—
淋浴热水器(台)	92.0	93.0	98.0	100.0	102.5	98.7	99.3	97.4	101.33	104.17
排油烟机(台)	79.0	83.0	91.0	87.5	87.5	85.3	—	—	—	—
吸尘器(台)	31.0	25.0	30.0	26.0	26.5	26.7	—	—	—	—
健身器材(套)	3.0	5.0	8.0	3.0	4.0	3.3	4.0	6.6	5.33	5.33
移动电话(部)	48.0	76.0	133.0	141.5	162.5	179.3	183.3	194.1	200.0	204.67

2001—2010年市区农村居民平均每百户年底耐用消费品拥有量表

表36-12

年　份	2001	2002	2003	2004	2005	2006	2007	2008	2009	2010
自行车(辆)	233.0	223.3	207.0	179.9	172.0	168.7	165.0	154.3	152	152
家用电脑(台)	—	1.1	2.0	6.7	16.0	19.0	29.0	33.6	42	58
洗衣机(台)	29.0	34.4	37.0	40.5	45.0	45.0	52.0	55.1	63	69

续表36-12

年 份	2001	2002	2003	2004	2005	2006	2007	2008	2009	2010
电冰箱(台)	37.0	40.0	59.0	57.7	61.0	66.2	73.0	77.0	85	91
摩托车(辆)	41.0	70.0	99.0	96.5	104.0	99.2	102.0	99.1	103	102
黑白电视机(台)	75.0	72.2	48.0	44.3	37.0	29.6	21.0	13.0	12	7
彩色电视机(台)	85.0	105.6	116.0	121.1	131.0	146.6	151.0	161.8	172	181
电话机(部)	62.0	90.0	98.0	106.0	115.0	101.4	102.0	100.7	100	103
移动电话(部)	17.0	47.8	95.0	101.5	126.0	143.6	161.0	174.0	190	207
录像机(台)	14.0	16.7	27.0	18.7	14.6	10.6	—	—	—	—
收录机(台)	61.0	62.2	25.0	18.4	20.7	17.8	—	—	—	—
照相机(架)	4.0	13.3	8.0	9.3	7.0	8.2	6.0	6.9	9	11
排油烟机(台)	10.0	11.1	26.0	24.3	27.2	34.4	38.8	43.6	—	—
吸尘器(台)	—	0.0	1.0	0.6	3.9	3.4	5.2	4.2	—	—
空调机(台)	9.0	17.8	29.0	37.7	51.5	62.4	82.6	97.5	114	126

第二节　文体娱乐消费

阅读

自南北朝至清末，有事迹可考的嘉兴藏书家达315名，其中有项元汴、曹溶等名闻全国的藏书大家。1904年建立的嘉郡图书馆是我国最早的公共图书馆之一。

解放初期，嘉兴图书馆和新华书店，是城乡居民经常光顾之处。20世纪50—60年代，通俗易读的《三国演义》《水浒传》等经典连环画热销，很多孩子把零花钱省下来到街头小书摊上看小人书。“文化大革命”期间，中外名著、唐诗宋词等书籍大都被禁锢。“破四旧”时，有些居民因惧怕，将家中所藏书籍付之一炬，其中不乏祖辈传下来的古籍善本。“文化大革命”后，图书业重新恢复发展，古今中外名著重新出版，吸引阅读爱好者购买，充盈家中书柜。图书馆读者盈门，读电大、函大和职工业余夜校的年轻一代，是图书馆的常客。90年代中期，各种书摊、书店纷纷开张，新华书店开架销售图书，去书店、图书馆阅读的人越来越多。1997年，到图书馆借阅图书的市民达59万人次。进入21世纪，阅读热情继续高涨，双休日、寒暑假，图书馆阅览室座无虚席，有的人自带中饭，整天在馆内阅览。农村居民阅读书籍日益增多，2008年，全区各镇设立市图书馆镇级分馆，村文化中心都有报刊和电子阅览。每逢节假日，新华书店顾客拥挤，人们或站着或坐着看书，也有人到5楼阅读茶室边喝饮料边看书。电子书、手机新闻、电子词典等电子阅读渐成时尚。2010年，市区居民在新华书店购买各类图书952万册。

电影

境区电影放映始于民国初期，看电影是高档的享受。解放后，看电影是居民主要的娱乐消费，从学生到老年人，那时年轻人谈恋爱看电影是首选，市区有嘉兴电影院、工人文化宫、南湖影剧院、人民剧院放映影片，各国营大企业礼堂都有电影放映。“文化大革命”前是票价一直维持在每场1角2分，学生票对折。“文化大革命”后，原有的影片大都被禁映，放映的主要是八部“样板戏”影片和批判性放映被打成“毒草”的几部影片，也放映了少量来自朝鲜、阿尔巴尼亚等社会主义国家的故事片。“文化大革命”结束后，大批优秀影片恢复上映，境内电影放映场所亦大幅增加，农村集镇电影院相继建成开业。20世纪70—80年代，有遮幅式电影每场1角6

分，宽银幕2角，农村集镇大礼堂放电影每场5分至1角，电影放映队到社队都是免费的，有在操场内放映收3分。至1990年，市有专业电影放映单位6家。票价在4角左右。90年代开始，票价从1元上升到30元左右。90年代末，由于受录像和其他娱乐活动的冲击，电视、电脑互联网的普及，电影放映渐趋萧条。市城除有包厢的中山影城外，其他普通电影院先后停业。2003年后，随着华庭国际影城、金逸国际影城、嘉兴UME国际影城等高档影院的相继开业和中外大片的大量上映，境内电影的放映业逐渐趋暖，影片票价逐年上升，一般每场30元左右，小包厢50元左右，观众以年青人为主。

广播　电视

解放后，有线广播是城乡居民了解外界信息、享受文化娱乐最主要的媒介。20世纪70—80年代，各公社、大队都有广播室，家家户户装有广播喇叭，早中晚播放，城镇少数居民有收音机。改革开放后，收音机普及率逐渐提高，1991年，每百户城镇居民有收音机57架、录音机28架。后来收听广播的人越来越少，到90年代末，经常听广播的主要是汽车驾驶员、走路跑步锻炼者、参加互动节目的人。

20世纪70年代初，城乡居民开始接触到电视，一般是机关企事业单位购买。70年代中后期，电视进入家庭，以9~12寸的黑白电视机为主，需居民自己安装电视接收天线。80年代中期，嘉兴成立电视台，转播中央电视台的节目，播放本地新闻和专题。90年代初，境内开始建立有线电视网络。电视拥有量迅速发展，彩色电视机渐渐占多数，屏幕逐渐扩大，新购电视机多为18寸、21寸。1992年，城乡电视已基本普及。1994年，市区城镇居民每百户拥有彩色电视机103台。2010年，每百户城镇居民家庭拥有彩色电视机199台，农村居民家庭拥有181台。在家看电视已成为居民家庭生活的不可缺少的内容。21世纪开始逐步普及数字高清电视，普通用户的电视收视频道增至60多个。

录像

20世纪80年代，境内始有录像放映，90年代，录像放映室遍布城乡。播放设备不断更新，起初是磁带机，接着是VCD，后来是DVD。内容以武打为主，也有生活片、警匪片、战争片等，一些录像放映室为招徕顾客也会通宵放映录像，有时播放的影片有涉黄内容。放映室设备简陋，价格在每场在1~3元之间，通宵的5元左右，放映室有饮料和食品供应，看录像一度成为年轻人和外来务工人员经常光顾的地方。录像带（片）可租赁。90年代末，随电脑和互联网普及逐渐衰落。

电脑　网吧

1990年初，电脑进入家庭，1997年，城镇居民家庭每百户拥有电脑3台。网吧、游戏机房开始遍布城乡，泡网吧、玩电子游戏成为中小学生、打工者最喜欢的娱乐活动之一。一些青少年沉迷其中不能自拔，产生逃学泡网吧现象，各级政府制订措施加大管理力度，禁止未成年人进入网吧。2000年，城镇家庭每百户拥有电脑12台。2005年，每百户城、乡家庭分别拥有53台、12台。随着家庭电脑和互联网的普及，网吧开始衰落，上网逐渐以居家为主。2010年，每百户城镇、农村家庭分别拥有电脑92台和56台，上网成为城乡居民，尤其是中青年化时间最多的文教娱乐活动。

卡拉OK（KTV）

始于20世纪80年代后期，以其自娱自乐的新颖形式受到喜爱而迅速发展，成为年轻人以及文艺、工商等人士社交消费场所。一般消费白天包厢在50~100元间，晚上在100~300元间，包厢内消费另加。90年代风靡城乡，唱卡拉OK逐渐成为人们休闲聚会、招待客人、培养歌唱能力的一种时尚选择。除各种规模的卡拉OK厅外，歌舞厅、酒楼茶室、大小饭店都有卡拉OK设备。后卡拉OK机逐渐进入家庭，一度结婚购置的音响设备必备卡拉OK功能。进入21世纪，热情有所减退，酒楼茶室、大小饭店一般不再配备卡拉OK设备，在农村乡镇已基本上没有卡拉OK歌厅。但在嘉兴市区，装修豪华、音响设施先进的KTV歌厅仍然是居民娱乐社交活动的主要场所之一。

跳舞

20世纪50年代初期，交谊舞曾在境内流行。80

年代开始重新兴起，90年代跳交谊舞成为时尚。许多企事业单位将会议室改建为配备舞厅灯光和音响设施的多功能厅，组织职工学跳交谊舞。一些较大的宾馆、饭店纷纷开设歌舞厅，营业性歌舞厅遍布城乡。舞厅一般票价在5~10元间，高档票价在20元左右。

2000年后，跳交谊舞活动渐渐退潮，歌舞厅数量逐渐减少。集健身和休闲娱乐为一体的免费广场舞逐渐兴起，参与人数逐年增加，舞蹈形式越来越丰富，有排舞、腰鼓舞、扇子舞等，参与群体以中老年妇女为主，其舞蹈团队通常由舞友互相邀请自发组成，舞蹈队都有领队、教练，有团队特有服装。跳舞时间一般安排在清晨和晚上。广场、公园、小区内的宽阔空地都成了跳舞场。镇、街道及社区也大力助推这项有益居民身心健康、促进社会和谐的活动，帮助协调落实活动场所，经常组织开展广场舞比赛、表演等活动，群众的参与热情日益高涨。至2010年底，广场舞活动已普及全区城乡居民社区，成为全区城乡居民，特别是中老年妇女的社交和娱乐的集体活动。

摄影

20世纪80年代前，摄影是高档消费，一架照相机要抵普通职工三四个月的工资。居民拍照都上照相馆。每逢节日，不少家庭去拍全家福，往往要排队等候。80年代后期，自动照的“傻瓜机”开始流行，外出旅游携带相机的人逐渐增多，彩色胶卷照片渐渐替代黑白胶卷照片。90年代末，数码相机开始进入居民家庭。2000年后，照相机的更新换代节奏加快，数码相机功能更趋完备，拍摄清晰度从300~500万像素提高到1000万像素以上。手机都有照相功能，使用胶卷的相机逐渐淡出居民生活。老年大学办起了摄影班，退休人员爱好摄影越来越多，摄影发烧友队伍渐趋庞大，拥有万元以上单镜头反光数码相机的家庭已不在少数。

茶馆　棋牌室

百姓喝茶的习俗由来已久，20世纪70—80年代，城市和乡镇茶馆随处可见。喝茶和抽烟是中老年居民主要休闲消费形式。乡镇的茶馆设备简陋，茶叶不讲究，收费低，只几分钱至1角间。大多数农村老年人都有喝早茶的习惯，茶馆喝茶是沟通、交流信息的场所。改革开放以后，城内茶馆紧随潮流，开始讲究屋内装潢及设施，有的茶馆还开设小包厢，随茶供应瓜子、水果、点心和扑克牌等，每位费用30元左右。

2000年后，市区上岛、星巴克咖啡厅相继开业，后逐渐增多，同样是朋友、同学聚会娱乐的好去处，消费价格明显高于茶室，每杯咖啡在30~80元之间，点心另加，但环境幽静舒适。开设在城内公园或景区的茶馆，设施简单，有的还在室外摆放配有遮阳伞的茶桌，品茗赏景，打牌下棋，消费价格每位在10元左右。

棋牌室麻将馆是改革开放后出现逐渐兴起的普通百姓休闲娱乐活动的地方，大多数开设住宅区附近，地方不大，设施简单，内设麻将桌、棋牌桌，供应茶水，以打牌、打麻将为主，有小输赢，顾客大多是中老年和退休人员，相对固定，每场每位价格10元左右。

茶馆、咖啡馆和棋牌室、麻将馆适合社会不同层次人群的聚会交流和消费。

演出　赛事

演出　看戏听书是境内居民传统娱乐享受。解放后境内有越剧团、京剧团和评弹团等演出单位，南湖剧院、人民剧院每晚有戏曲演出，票价2角至3角。“文化大革命”后剧团解散，演出取消，取而代之是各种形式的宣传演出，大多是免费的。1990年后，剧院书场纷纷停业、改行。偶尔演出越剧、京剧，也多为业余剧团。政府资助开办的书场，多为老年人。而夜总会、歌舞厅等歌舞娱乐场所的演出增多、场面热闹，票价30元、50元、甚至200元一张。明星演唱会受到追捧，观看各类演出的观众1997年达到高峰，为136万人次。后渐降温，2006年低至19万。再后又有所回升，2010年38万人次。

赛事　20世纪90年代，居民观看体育赛事热情高涨，从奥运会、世界杯足球赛、美国NBA到中国足球甲A联赛，电视直播收看者众多。有的为观看国外重要比赛不顾时差，熬夜观看，甚至通宵。中国足球甲A联赛在上海举行时，许多年轻人购买联票，坐火车赶去观看，球赛结束再回嘉兴。在嘉兴举行的国家和省级乒乓球、排球等赛事也吸引众多观众。进入21世纪，已有嘉兴人赴外地看中国足球赛。观看喜爱体育赛事成为年轻人时尚消费。

花鸟 钓鱼

20世纪80年代开始，境内喜欢种花养鱼养鸟的人逐渐多起来。城镇居民利用阳台屋顶种植花草，成为美化居室，美化环境的生活消费。早期以草本为主，后来逐渐向木本植物发展，发财树、五针松、铁树、茶花等品种渐趋丰富。养鱼从养金鱼到热带鱼等特种观赏鱼，养鸟大多是传统的观赏鸟。育子弄花鸟市场生意兴盛。进入新世纪，生活富裕，居住环境宽畅，城乡居民育花养鱼养鸟兴趣和热情更高，搬到月河街区的花鸟市场每天吸引了爱好花鸟的人和孩子。

钓鱼是传统民间休闲活动。20世纪80年代以前，境内自然生态环境较好，居民在市区河边或去近郊农村钓鱼，竹制鱼竿，挖上蚯蚓就可，钓鱼以食用为主。80年代后，河道水质趋于恶化，垂钓爱好者转移到市郊各养殖鱼塘，钓来的鱼以市场价格称重付款，价格高于市场价。2000年后，河道水质逐渐恢复，垂钓爱好者开始回归自然水域钓鱼。钓具装备讲究，一根鱼竿的价格少则几十元，多则超千元，一支鱼漂价格超百元，垂钓发烧友装备万元以上不在少数。垂钓目的逐渐转向满足个人兴趣爱好的休闲娱乐。

健身

改革开放后，居民的生活质量提高，健身、减肥逐渐成为居民休闲生活的一部分，哑铃、拉力器、握力器体育用品、健身器材，几千元的电动跑步机、踏步机和多功能健身器等开始进入居民家庭。1997年，城镇居民每百户拥有健身器材2套。2000年后，群众性健身运动热情高涨，乒乓球、羽毛球和游泳活动长盛不衰，网球运动悄然兴起，跆拳道、瑜伽引进流行，广场舞、太极拳等运动普及城乡，早晚走路、慢跑的人成群结队，络绎不绝。游泳馆、健身中心、运动房纷纷开张，成为健身减肥的时髦选择。2004年，城镇居民人均健身活动支出4元，同比增长84%。2010年为14元，每百户拥有健身器材6套。

第三节 大宗消费

住房

城镇住房 解放初，市区居民住房多数为年久砖木结构的平房，少数为2层楼房，占85%的房屋为私人所有，无房户向私人租房居住。1958年，政府对房屋出租面积100平方米以上的私人出租房，以及地主、工商业者出租的房屋和私人出租非住宅用房，进行社会主义改造。政府租给缺房户和无房户，租金根据房屋和地段每月每平方米8分到1角2分之间。1978年，由于20世纪50年代的生育高峰和知识青年返城高峰，区内人均住房面积4.18平方米，住房紧张的矛盾凸现。各企事业单位纷纷自建住房，这类房屋没有厨房和卫生间，其代表性的式样是车厢式，又叫筒子楼。这类房屋的分配方式被以后定义为福利分房，租金低廉。有些单位需要住房的个人提供部分资金，单位解决土地建造住房，称集资建房。1979年初，开发建设了市区四季香公寓和南杨新村，有功能划分明确的卧室、客厅、卫生间和厨房，是住宅小区建设的开端。此后，城镇居民人均居住面积逐年上升。

1991年前，90%以上的城镇居民没有房产。据1988年市房改办对市区47403户家庭调查，租国家公房的占18.16%，租单位公房的占67.1%，租私房的占9.92%，人均居住面积7.54平方米，存在部分无房特困户。1992年，推行住房制度改革，实施提租补贴，月租金首次从平均每平方米9.3分调整每平方米2角9分，由职工所在单位发给住房补贴，为标准工资的3%。同年市区住房特困户摆脱了住房困难，1995年，市区城镇居民人均居住面积9平方米。1998年，停止福利分房，出台政策鼓励购买商品房，推行住房保障制度，将大部分城镇居民纳入住房公积金制度保障范围，嘉兴市区个人贷款购买商品房渐成主流。同时，针对低收入群体和困难群体，采用经济适用房和廉租房的保障方式。

最初的商品房以5~6层的多层建筑为主，配有自行车库和少量汽车库，单套建筑面积89~140平方米，以两厅两卫三居室结构为主流户型。2002年，市区多数家庭已拥有产权住房，人均住房建筑面积25.97平方米。此后几年，单体和联排别墅成群涌现，10几层、20几层的小高层、高层住宅楼犹如雨后春笋，并建有地下汽车库。连体、单体各式别墅群也随处可见。高档住宅小区里开河挖池，垒石作瀑，种草栽花，绿树成荫。建有活动室、会所，配有幼儿园、游泳池、网球场等，儿童滑梯、健身器具等齐全。小区的环境、安全和公共设施由物业公司管理。至2010年，90%以上的城镇居民有产权房，约31%的居民拥有两套以上住房。户均建筑面积94.07平方米，人均建筑面积35.24平方米，但人均建筑面积低于12平米的住房困难户尚有19%，还有几代人同居一室的状况存在。

1998年以来，随着购房热的持续升温，境内房价不断攀升，住房消费成为居民的一项重大开支。1998年，市区商品房住宅均价为每平方米1390元。至2010年，提高到每平方米6663元，年轻人买房，通常要依靠父母资助。购房上班族群体的房贷压力较大，使其他生活消费受到了一定程度的限制。

农村住房 境内农民历来把“造房子、讨娘子”作为主要生活目标。相亲嫁女儿，都把男方有没有象样的住房视为重要条件，要讨娘子，先盖房子的观念根深蒂固。

解放初，境内农村住房大部分是砖木结构的平房，有的墙是土坯墙或泥板墙。住茅草房的家庭较为普遍。20世纪70年代后，农村翻建房屋逐渐增多，一家盖房，同村的邻居和朋友都会帮忙，不收帮工费，只管茶水饭菜。建房吃“上梁酒”的传统习俗盛行至今。

20世纪80年代后，农村新建房从平房转变为楼房，结构较简单，楼下一般是设对开大门的厅堂，后面或边上是厨房、厕所，两边的房间堆放稻谷、农资和生产用具。楼上一条走廊连着几个房间。至90年代末，农村新建住房快速增多，式样不断改进。不少农村家庭已建造面积宽敞，起居、厨卫设施、功能完备，外观漂亮的别墅式住房。群众把20世纪农村住房归纳成“50年代住草房，70年代住瓦房，80年代住楼房，90年代住洋房”。农村建房变化是巨大的，但存在从众心理、攀比心理，建房更新周期过快；各乡镇、各村缺少统一规划，建房标准不一，布局凌乱；居民点用地和人均用地面积过大，造成土地供应紧张。2008年，农村加速推进新农村、新社区建设，动员鼓励村民向城镇或农村新社区集中居住。至2010年底，全区农村累计建成联排（单体）房3518套、公寓房14238套，安置农户10126户。农村居民从原来的普通楼房搬进了公寓、别墅，从原来分散的村落住进了整洁的小区，从原来的散居变成了城乡一体新社区，人均住房面积达61.4平方米。同时，农村居民的居住环境及电、水、气、排污、交通等条件不断改善。

1985—2000年市区城乡居民人均住房面积表

表36-13　　单位：平方米

年份	城市居民人均	农村居民人均	年份	城市居民人均	农村居民人均
1985	9.08	22.8	1993	8.58	33.8
1986	8.00	2308	1994	8.97	41.4
1987	8.02	28.0	1995	8.92	35.0
1988	8.08	30.0	1996	8.85	37.7
1989	8.21	30.0	1997	9.94	39.9
1990	7.54	34.4	1998	10.83	39.6
1991	7.80	41.4	1999	10.16	41.7
1992	8.30	38.3	2000	10.13	40.2

2001—2010年区城乡居民人均居住面积表

表36-14　　单位:平方米

年份	城镇	农村	年份	城镇	农村
2001	10.14	44	2006	27.2	55
2002	21.88	45	2007	27.51	57
2003	22.33	55	2008	29.99	65
2004	27.56	56	2009	30.99	64
2005	27.65	56	2010	31.5	61.4

住房装修　20世纪90年代前,居民住房一般不装修,之后流行的住房装修,墙上1米2以下贴木质护墙板,上部贴花色墙纸,天花板装吊顶,地面铺地毯、地砖,厨房用煤气灶,灶台贴瓷砖,房间有组合多功能柜、装饰灯具等。进入21世纪,装修返朴归真,白粉墙替代护墙板、墙面纸,木地板取代地毯,居民追求简约却不失品位的装修,并注重采用环保材料,偏爱实木家具和木地板。2004年,市区装潢住房的家庭户均花费38000元,比1991年的114.94元增长329倍。2010年,89.3%的城镇居民家庭住宅有装修,户均装修46006元。

20世纪,农民住房一般不装修,墙上粉白,地面铺水泥已经是很好的。之后装修以经济实用为主,不讲究美观。2000年后,农村居民开始注重房屋装修和家用电器的配置。境内农村居民人均房屋装修支出逐年增加,至2010年,农村居民人均房屋装修每平方支出279元,较2002年的96元提高1.9倍。

婚事

20世纪50—70年代,崇尚节俭办婚事,男女双方结婚物质要求不高,男方只需要准备一间住房,婚床、桌椅等必备家具和日常生活用具,少数家庭新房中摆有收音机。女方嫁妆是马桶、脸盆、脚盆、热水瓶、被子等生活用品,其中俗称“子孙桶”的红漆马桶是必不可少的。少数经济条件好家庭才有缝纫机随嫁。然后在家里简单摆二三桌喜酒,宴请至亲好友,在亲朋好友中分点喜糖,就算完婚了。

20世纪80年代初,居民家庭经济条件渐趋改善,结婚消费水平逐步提高,手表、自行车、缝纫机的老“三大件”开始流行,也有加收音机,称“三转一响”。上海牌17钻全钢手表、永久、凤凰牌自行车、蝴蝶牌缝纫机、红灯牌收音机成了殷实人家的标志。有的家庭时尚请木匠上门打制家具,于是“36条腿”和“72条腿”开始流行。(床、三连橱、五斗橱、床头柜、小方桌、椅子等的家具脚的数量)。大多数家庭为节省婚宴开支,选择请厨师上门烹制,在家里摆喜酒。80年代中期,老“三大件”逐渐被洗衣机、电冰箱、电视机的新“三大件”取代,时尚到酒店办婚宴,结婚消费支出少则三四千元,多则六七千元。按当时的居民收入水平,是需父母倾囊资助的一笔不小的开支,借钱办婚事的现象较为普遍。90年代后,结婚消费随着社会整体消费水平的提高而水涨船高。空调、彩电、音响、录像机等家电成为婚房的标配设施。城镇家庭基本上都在酒店办婚宴,婚纱照摄影、婚礼全程摄像和请专业婚礼司仪开始流行。在农村,大多数家庭仍延续在家中自办婚宴的习俗。

进入21世纪,婚房购置、装修和操办婚礼婚宴成结婚消费中最主要的两大部分支出。不少城镇家庭为了把婚事办得风光有气派,委托婚庆公司全程操办,婚庆服务收费标准逐年提高。在农村的有些地方仍然流行定亲、送彩礼的传统习俗。

20世纪50年代至21世纪初结婚花费情况表

表36-15

所属年代	酒席	其　　他	总花费
20世纪50年代	2~3桌酒20~40元	1块猪肉,见面礼,见面钱,喜糖,招待香烟糖果	50~100元

续表36-15

所属年代	酒席	其　　他	总花费
20世纪60年代	3~6桌酒30~70元	凭结婚证限购肉等食品5斤，见面礼，见面钱，喜糖，招待香烟糖果	200~300元
20世纪70年代	8~10桌酒100元	自行车120元，缝纫机100元，手表120元，服装180元，家具150元。见面钱，喜糖，香烟，招待糖果	700~1000元
20世纪80年代	8~10桌酒600~800元	电视机1300元，电冰箱350元，洗衣机150元，出租车60元，照相50元，服装500元，家具1000元。喜糖，烟酒1000元	300~5000元
20世纪90年代	20桌酒左右1500~1万元	家具5000元，家用电器5000元，婚纱照相500元，服装1000元，首饰2000元，租车400元，喜糖，烟酒3000元	2万~3.5万元（不含买房）
21世纪初	20桌酒2万~3万元	家具1万元，电器1万元，婚纱，摄影，婚庆3万元，蜜月旅行5000至1万元，婚房（首付、税费、装修）15万元	25万~35万元（不含买房、买车）

注：价格根据所属年代市场价估计

教育

解放前，境内多数居民家庭生活困顿，难以承担送子女读书费用，文盲、半文盲人数占比很高。解放后，大力发展公办教育事业，大幅降低城乡居民的教育费用负担。小学、初中收费标准不高，每学期学杂费1.5~2.5元，书簿费0.5~2元。1954年，嘉兴县学龄儿童入学率仅为51.94%。1964年，嘉兴县农村文盲、半文盲人口仍占总人口的40.10%。

建区后，区政府大力推进义务教育事业，1988年，城区全面普及九年制义务教育。至1990年底，全区18~40岁青壮年非文盲率为95.77%。1994年9月，城区进入全省第一批实现“两基”（基本普及九年义务教育，基本扫除青壮年文盲）的县市区行列。城乡居民对子女教育和自身教育重视程度日益增强，居民用于教育的支出不断增长。1992年，人均教育费支出58元，次年达76.19元，比1991年增长70.94%，其中学杂费增长100.3%，教材和参考书费用增长34.9%，成人教育费增长4.53倍。

2000年后，各种培训辅导班应运而生，居民用于教育的支出持续增加。2006—2010年期间，国家出台免除义务教育学杂费政策，减少了居民教育支出。但许多父母为了让孩子考上理想的大学，对子女的教育投入有增无减。不少有经济实力的家庭，舍得投入高额费用送子女去美国、英国等国外读书，一学年的学杂费、生活费至少要20万元以上，在高收入群体中形成一股出国求学热。同时，为了就业、事业发展、提高生活质量，人们的求知热情空前高涨，终身学习的理念普及，各种培训机构竞相开设。职业培训、公务员和职称等考前培训，外语、考研究生、中小学生家教、婴幼儿包括胎教培训，IT培训，音乐舞蹈、书画美术、体育健身培训，出国留学、移民签证培训，股票期货培训等，应有尽有。时间有长有短，方式有全日制，有业余，教学课程安排可白天可晚上、可双休日可寒暑假、可集中可分散。参训人员从婴幼儿到70、80岁的老人，费用从几百元到几万元。2010年，城镇居民人均教育支出1246元，农村居民637元。

医疗

解放前，境内城乡大多数居民生活贫困，医疗卫生条件差，一般生病不就医，处于贫病交迫的困苦境地。

解放后，境内逐步建立健全城乡卫生医疗网络，加强卫技队伍建设，不断改善医疗设施条件，疾病防治能力不断增强。政府建立医疗保障制度和体制，努力减轻城乡居民的医疗负担。1951年起，嘉兴县全民所有制企业职工享受劳保医疗待遇，后又扩展至集体所有制企业职工。1952年，嘉兴县国家机关及文教、卫生等事业单位工作人员开始享受公费医疗。1959年，机关、事业单位工作人员的未满18周岁子女享受统筹医疗，医疗费用由个人和单位福利基金支付。20世纪70年代，多数单位参照全民劳保条例执行。医疗费用由单位承担。

80年代起，部分企业结合本单位实际情况实行医药费定额到人、超支自负、结余归己或提取部分作奖励的办法。1998年12月，国务院规定所有用人单位及其职工，全部要参加城镇职工基本医疗保险。将原来的公费医疗和劳保医疗整合为职工基本医疗保险。

区境的农村合作医疗制度起步于20世纪60年代初。之后，合作医疗制度在全县农村全面推行。全县95%以上的农民都参加了合作医疗，社员每人每年交纳保健费2元，由合作医疗站统一掌握使用，超支部分由公社、生产大队公益金补足。70年代，农村"赤脚医生"承担了大量的日常医疗工作，几乎每个生产大队都办有医务室。基本上解决了农民一般疾病的医疗问题。从1995年开始，嘉兴市实施新的合作医疗制度（新农合），普遍实行4级筹资两级管理的大病统筹合作医疗，在保障农民获得基本卫生服务、缓解农民因病致贫和因病返贫方面发挥了重要的作用。但在医疗保障方面城乡差距仍较大，农民就医的自负部分支出明显高于城镇职工，因病致贫现象仍一定程度存在。根据嘉兴市医疗机构门诊、住院工作量情况统计，1991年，每门诊人次收费12.98元，2010年，为118.54元；1991年，每日住院床日收费水平31.34元，2010年，为585.6元。

2007年11月，区政府颁布《南湖区2008年城乡居民合作医疗保险工作实施办法》，城乡居民合作医疗保险以户为单位参保，个人出资80元/人·年，政府补贴120元/人·年。2010年，又一次修订《实施办法》，个人出资120元/人·年，各级财政补贴180元/人·年，人均筹资总额达300元。参保城乡居民在合作医疗政策范围内住院费用报销比例达到70%以上，门诊费用报销比例达到30%以上，群众得到更多实惠。2010年，南湖区合作医疗参保人数达21.88万人，农民参保率达98.94%，城镇居民参保率达97.52%。

1995—2008年市区卫生机构诊疗次数和入院人数表

表36-16

年份	总诊疗人次数（万人次）	门急诊人次数（万人次）	健康检查人数（万人）	入院人数（万人）
1995	223.11	211.74	8.10	5.42
1996	231.75	219.92	8.41	5.13
1997	225.56	223.42	9.38	5.09
1998	239.49	238.56	8.73	5.24
1999	243.37	242.43	11.81	5.33
2000	270.31	267.23	10.56	5.81
2001	290.33	288.13	13.60	6.59
2002	341.25	338.74	13.38	8.31
2003	353.21	345.24	19.32	9.73
2004	418.42	412.68	18.85	11.60
2005	459.39	458.69	16.81	13.20
2006	493.62	491.04	28.73	14.60
2007	535.97	535.77	27.84	16.01
2008	635.36	631.29	42.63	17.22

育婴

20世纪90年代以前，城镇双职工居民家里有新生儿一般都由爷爷奶奶或外公外婆帮助照料，花钱雇保姆的较少。婴用乳品以奶粉、炼乳等为主，家庭育婴消费支出较节俭。此后，随着人民生活水平提高和消费观念的演进，育婴要求越来越高，倾向于请有经验或专业的月嫂来护理产妇与新生儿。2000年后，雇月嫂护理，已成为城市产妇家庭首选的育婴方式，月嫂薪酬也水涨船高，节节攀升。2005年，月嫂平均薪酬4000元/月左右，2010年，增加到7000元/月左右，5年增幅75%。成为家政服务业中的高薪职业。消费者对月嫂的服务素质和育儿、产妇护理等专业技能方面的要求也越来越高。有些具备丰富经验和专业技能，勤快敬业，业内口碑好的月嫂成为消费者高薪争聘的“香饽饽”。薪酬明显高于一般月嫂，甚至月收入达万元。

同时，作为护理产妇与新生儿的专业机构的月子中心，跟随持续升温的消费需求而兴起，市妇保院开办月子中心。此后，一些民营月子中心先后开办，平均收费价格在2.5万~3万元/月左右。2010年末，境内育婴专业护理机构3个。

养老

20世纪90年代前，城乡居民沿袭的是子女赡养照料家中长辈的养老传统，区、镇政府开办福利院、敬老院供养五保孤寡老人。90年代后，政府创办嘉兴市老年公寓养老院，接受自愿自费入院的有家庭的老人。随着社会人口的老龄化和养老观念的转变，到养老院养老成为趋势，仅靠政府包揽筹办养老机构难于满足日益增长的养老服务需求，在政府的扶持下，个人投资创办老年公寓、托老所等养老机构应运而生。1993年，嘉瑞老年公寓是境内首家私营的老年公寓。此后，先后开办城东嘉寿老年公寓和长寿老年康复院等。2005年后，金夕阳、康福、康鑫、烟雨、忆春园等老年公寓先后开业。其中位于城南路三号桥的康鑫老年公寓设有床位325张。养老费用每月在2000~3000元之间。

在养老机构迅速发展，设施逐渐完善、环境日益优化，服务质量不断提升，居民的养老观念和生活消费方式逐渐转变。人们从送父母去住养老院有不孝之嫌的传统伦理观念的束缚中摆脱出来，送年迈父母入住条件优越，服务质量好的养老院，安享晚年的新型赡养方式，逐渐被人们接受。

2010年重阳节，天声湘家荡颐养中心一期建成开业，占地面积60亩，安排床位1000张。颐养院规划占地380亩，配有老年主题公园、康复医院、大型营养餐厅等配套设施，全部建成后，将是全省规模最大的民办养老机构。入住天声湘家荡颐养中心的收费每人每月为3000~5000元。2010年末，全区有民办老年公寓和托老所12家，床位1915张。人均收费标准2600元/月左右。

第四章　计划供应时期的票证

第一节　票证概述

解放后，国家经济十分困难，生活物资供应短缺，为确保国家经济建设稳步发展，居民生活稳定，从1953年开始，国家和地方政府先后对一些事关国计民生的居民生活以户口为依据，按居民人口实施定量定价凭票供应，对粮油、棉花、棉布等实施统销，凭票证供应以后计划供应商品逐步增加。在相当一个时期，计划供应商品的价格和数量相对保持稳定，各类票证与城乡居民生活息息相关，渗透到居民生活的各个方面，成为境内一个时期居民生活的普遍现象，各类票证的发放和使用，兴起和消亡，成为计划经济时期居民生活的一个时代特征。

1953年，发放粮食配购证、配售证，对粮食实行计划购销。这种解决临时困难的措施成了境内票证发放和使用的开始。1953年，境内实施粮油统购统销，居民凭购粮证购买粮油，后实行证票结合的供应制度。1954年，棉花、棉布实行统购统销，凭票证供应。1958年后，遭遇3年严重自然灾害，经济更为困难，物资供应匮乏。尤其是1959年上半年，市场出现不稳定，发生群众抢购现象，嗣后凭票凭证供应的物资日渐增加，到1960年，嘉兴县城凭票限量供应的商品达104种。后经济回升，购物票证逐渐减少。至1962年中，凭票供应的商品减少至49种。1965年初，与居民生活密切相关的票证仅存粮票、油票、布票、棉花票以及香烟票、豆制品票、民用线（凭证限量供应）7种。“文化大革命”期间，各种票证又先后增多，最多时50多种。

1978年以后，票证逐渐减少。1982年，汗衫、背心、短裤等15种针织品不再凭布票供应。1983年12月，布票、棉花票停止发行和使用。1985年起，随着居民购买力提高，家电产品供不应求，冰箱、彩电等家电凭票供应。后因价格放开后上涨过快和抢购等原因，20世纪80年代中后期，一些已取消的票证重新恢复。1990年后，家电及各种工业产品和油、肉、蛋、糖等副食品先后敞开供应，票证渐渐消逝。1993年1月，全省放开粮食购销价格，粮票停止使用，但为控制粮食大量外流，境内居民的粮食改为凭嘉兴市城镇居民粮食证及购粮券供应，数量不限。2001年5月1日，取消凭证券购粮，居民生活必需品计划供应结束，票证退出历史舞台。

从1953—2001年的近50年间，境内发行、使用的票证，大致可分为食品、衣着和日用品3类。

1953—2001年嘉兴市部分发行和使用的票证表

表36-17

类别	票证名称		发放部门	发行和使用时间	备　注
食品类	购粮证		浙江省粮食厅	1953年12月—1993年1月	和定额粮票一起使用
	粮票	全国粮票	国家粮食部	1953年12月—1993年1月	—
		浙江流动粮票	浙江省粮食厅		
		浙江定额粮食	浙江省粮食厅		
	食油票	浙江流动油票	浙江省粮食厅	1953年12月—1993年1月	—
		居民购油票	浙江省粮食厅		
		麻油票	浙江省粮食厅		
	肉票	猪肉票	市、县食品公司	1956—1987年	期间曾多次停发
		牛肉票	市、县食品公司	1956—1987年	供应少数民族居民
		羊肉票	市、县食品公司	1956—1987年	供应少数民族居民
	糖票		市、县烟糖公司	1957—1989年	—
	盐票		市、县烟糖公司	1961—1963年、1988—1989年	—
	酒票		市、县食品公司	1961—1964年、1968—1970年、1961—1963年、1973—1981年	—
	豆制品票		市、县食品公司	1960—1987年	曾细分为豆腐票、香干票和片腐票
	蔬菜票		市、县蔬菜公司	1960—1962年	—
	卷烟		市、县烟糖公司(烟草专卖局)	1960—1989年	—
	绿豆票		市、县粮食局	1960—1962年	—
	番薯票		市、县粮食局	1960—1962年	—
	赤豆票		市、县粮食局	1960—1962年	—
	酱油票		市、县烟糖公司	1960—1962年	—
	奶粉票		市、县食品公司	1960—1978年	—
衣着类	布票		浙江省商业厅	1954—1983年	—
	棉花票		浙江省商业厅	1954—1983年	—
	线票		浙江省商业厅	1960—1966年	—
	毛巾票		浙江省商业厅	1960—1970年	—
	胶鞋票		浙江省商业厅	1961—1964年	—
	塑料鞋		浙江省商业厅	1960—1970年	—
	袜子票		浙江省商业厅	1960—1970年	—

续表36-17

<table>
<tr><th>类别</th><th colspan="2">票证名称</th><th>发放部门</th><th>发行和使用时间</th><th>备　注</th></tr>
<tr><td rowspan="2">衣着类</td><td colspan="2">毛线票</td><td>浙江省商业厅</td><td>1960—1971年</td><td>—</td></tr>
<tr><td colspan="2">汗衫背心票</td><td>浙江省商业厅</td><td>1960—1982年</td><td>—</td></tr>
<tr><td rowspan="22">日用工业类</td><td colspan="2">购货证</td><td>嘉兴市商业局</td><td>1955—1989</td><td>—</td></tr>
<tr><td colspan="2">肥皂票</td><td>市、县商业局</td><td>1959—1964年、1966—1989年</td><td>—</td></tr>
<tr><td colspan="2">火柴票</td><td>市、县商业局</td><td>1963年、1976—1979年、1984—1989年</td><td>—</td></tr>
<tr><td colspan="2">铁锅票</td><td>市、县商业局</td><td>1960—1962年</td><td>—</td></tr>
<tr><td colspan="2">灯泡票</td><td>市、县商业局</td><td>1960—1962年</td><td>—</td></tr>
<tr><td colspan="2">暖水瓶</td><td>市、县商业局</td><td>1960—1962年</td><td>—</td></tr>
<tr><td colspan="2">铝锅(壶)</td><td>市、县商业局</td><td>1960—1970年</td><td>—</td></tr>
<tr><td colspan="2">搪瓷制品</td><td>市、县商业局</td><td>1960—1970年</td><td>—</td></tr>
<tr><td colspan="2">卫生纸票</td><td>市、县商业局</td><td>1960—1976年</td><td>—</td></tr>
<tr><td colspan="2">煤油票</td><td>市、县商业局</td><td>1963—1978年</td><td>—</td></tr>
<tr><td colspan="2">煤球(饼)票</td><td>市、县商业局、物资局</td><td>1960—1993年</td><td>—</td></tr>
<tr><td colspan="2">工业品购货券</td><td>市、县商业局</td><td>1962—1978年</td><td>—</td></tr>
<tr><td colspan="2">收音(录)机票</td><td>市、县商业局</td><td>1966—1986年</td><td>—</td></tr>
<tr><td colspan="2">半导体票</td><td>市、县商业局</td><td>1966—1986年</td><td>—</td></tr>
<tr><td colspan="2">手表票</td><td>市、县商业局</td><td>1962—1978年</td><td>—</td></tr>
<tr><td colspan="2">蚊帐票</td><td>市、县商业局</td><td>1960—1962年</td><td>—</td></tr>
<tr><td colspan="2">草席票</td><td>市、县商业局</td><td>1960—1962年</td><td>—</td></tr>
<tr><td colspan="2">电视机票</td><td>市、县商业局</td><td>1971—1986年</td><td>—</td></tr>
<tr><td colspan="2">缝纫机票</td><td>市、县商业局</td><td>1971—1986年</td><td>—</td></tr>
<tr><td colspan="2">自行车票</td><td>市、县商业局</td><td>1971—1986年</td><td>—</td></tr>
<tr><td colspan="2">洗衣机票</td><td>市、县商业局</td><td>1971—1986年</td><td>—</td></tr>
<tr><td colspan="2">冰箱票</td><td>企业</td><td>1983—1988年</td><td>—</td></tr>
<tr><td rowspan="16">临时或特殊票证</td><td colspan="2">侨汇券</td><td>—</td><td>1963—1966年、1982—1993年</td><td>—</td></tr>
<tr><td colspan="2">熟食品票</td><td>浙江省粮食厅</td><td>1963—1965年</td><td>—</td></tr>
<tr><td colspan="2">糕点票</td><td>市、县食品公司</td><td>1960—1963年</td><td>—</td></tr>
<tr><td colspan="2">知青供应券</td><td rowspan="3">市、县政府
(革命委员会)</td><td>1968—1977年</td><td rowspan="3">每年供应的商品品种和数量各不相同</td></tr>
<tr><td colspan="2">下放干部供应券</td><td>1962—1990年</td></tr>
<tr><td colspan="2">老红军优惠券</td><td>1978—1990年</td></tr>
<tr><td rowspan="10">节日票证</td><td>家禽票</td><td rowspan="10">市、县商业局</td><td rowspan="10">一般在春节以及国庆等重大节日发放和使用</td><td rowspan="10">每年发放和使用的品种以及数量都不相同</td></tr>
<tr><td>蛋票</td></tr>
<tr><td>水产品票</td></tr>
<tr><td>白酒票</td></tr>
<tr><td>黄酒票</td></tr>
<tr><td>啤酒票</td></tr>
<tr><td>蜜饯票</td></tr>
<tr><td>干菜票</td></tr>
<tr><td>干果票</td></tr>
<tr><td>粉丝票</td></tr>
</table>

第二节　食品类票证

食品类票证始于解放初期的粮油凭证购买。20世纪50年代中期，境内肉类供应开始凭票。到60年代初期，油盐糖酒奶粉、各种粮食制品、豆制品家禽蛋类、各种水产品，卷烟等，全须凭票购买。后逐渐减少，至2001年5月1日，取消购粮证，食品凭票证购买结束。

粮票

1953年12月12—17日，境内城镇居民、农村产粮区的缺粮户和渔民等先后实行粮食按计划统销，凭券（证）供应。至20世纪90年代初，嘉兴城镇粮食一直实行计划供应。

定量　1953年12月，粮食配给制实行之初，以城镇居民每人每天成品粮1市斤为标准，按月供应。1954年，采取按人分类定量供应，工人人均每月35.13市斤，脑力劳动者人均28.02市斤，学生人均29.013市斤，无业居民人均19.76市斤。1955年3月，嘉兴市城核定人均月定粮24.45市斤。1956年6月，26市斤，其中市区人均月定量26.67市斤。

1957年初，人均月定量25.69市斤，一季度末25.52市斤。嘉兴县调整以人定量地区10周岁以下居民的定量，调整后不满1周岁的每月定量7市斤，1周岁以上不满2周岁的9市斤，2周岁以上不满3周岁的11市斤，3周岁以上不满4周岁的13市斤，4周岁以上不满5周岁的15市斤，5周岁以上不满6周岁的18市斤，6周岁以上不满8周岁的21市斤，8周岁以上不满10周岁的23市斤，10周岁以上的仍为25市斤。同月起，以户定量地区10周岁以下的居民，每人月增加2市斤，嘉兴县人均月口粮增加到27.37市斤，市城27市斤。1959年第二季度，嘉兴县人均月定量上升至27.49市斤。1960年，定量的20%供应杂粮。

1962年10月起，境内全民所有制职工每人月增发熟食票1市斤。次年1月起，增发范围扩大到全体城镇居民。1973年第二季度起，嘉兴镇实行基本定量加工种补贴，职工每人月基本定量27市斤，中学生基本定量25市斤，另加工种差额补贴。1990年，全市城镇居民人均月定量增加到27.8市斤，至1992年底。

在实行粮食定量供应的同时，针对不同情况提供各种粮食补贴，出差每天每人补贴粮食0.2市斤，夜班工作至23点补0.25市斤，下乡包括原定量每天补足到1.25市斤，参加农业劳动每天包括原定量补足到1.5市斤，1986年2月1日起，取消出差补贴。1987年4月1日起，除工种差补贴外，其余各项补贴用粮一律取消。对农村产粮区的缺粮户和渔民等粮食统销对象的定量，初期一般采用自上而下逐级分配供应控制指标，按照“多缺多供应，少缺少供应，不缺不供应”的原则，由农户提出申请，村（组）民主评议，核定供应数，凭乡人民政府证明，到指定供应点购粮。

1966年，全国流动粮票

城乡居民购粮证票　1953年12月起，省粮食厅印发的购粮券面额分5斤、10斤、50斤、100斤4种，加盖县政府购粮券专用章和月份章后，发给城镇居民。持券人如系流动户口，可凭券跨区、县购粮。

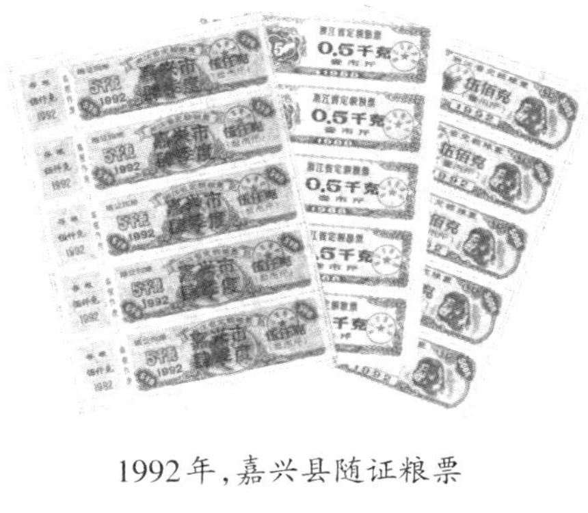

1992年，嘉兴县随证粮票

1955年，实行市镇居民粮食供应证、工商行业粮食供应证、市镇饲料供应证、市镇居民粮食供应转移证和全国通用粮票、地方粮票、地方饲料票的“四证三票”制规定。

1956年10月1日起，实行票证合一证票制度，由省统一印刷带总存根的联张粮票作内芯，面额分壹市斤和拾市斤两种,以50小块组成一联张。为付零需要,另添独自带存根的壹市斤票面10小块和20小块的两种联张。粮票每年分两次发放,随证使用,离根无效。1957年起,按季发放。1959年7月1日,随证粮票改为10小块一联张,面额为伍、拾、伍拾、壹佰市斤;农村随证粮票为5小块一联张,面额为壹、伍、壹佰、壹仟市斤,称为粮食定额支票。1962年7月,城镇随证粮票改为5小块一联张,面额分壹、伍、拾、伍拾市斤。1965年,第三季度起随证粮票改为浙江定额粮票,其中1斤票可全省通用。1969年取消伍拾市斤票面。1985年后,票上加印千克数。

境内流通的还有浙江省奖励粮票和浙江省侨汇特殊供应粮票。

1993年1月1日起,由嘉兴市粮食局印发的嘉兴市城镇居民粮食证和不定量的购粮券替代粮票购粮,2001年5月1日取消。

1992年3季度,居民购粮证

流动人员粮票 1953年12月,粮食部印发的全国通用粮票(简称"全国粮票")、浙江省粮食厅印发的浙江省流动购粮票、浙江省临时流动购粮票在境内流通。

最初的全国通用粮票采用1市斤16两制,票面为四两、半市斤、壹市斤、叁市斤、伍市斤5种。1959年,改为10两制,1985年,改为公斤(千克)制。此后,公斤与市斤并用,面额有半两、壹两、贰两、伍两、壹斤、贰斤、叁斤、伍斤、拾斤等。

浙江省流动购粮票可在省内无限期使用,浙江省临时流动购粮票有使用期限,过期作废。1958年,分别改为浙江省流动粮票和浙江省临时流动粮票。1959年,停发浙江省临时流动粮票。1971年,浙江省流动粮票改为浙江省粮票。

浙江省流动粮票

居民异地探亲出差通过审批,把随证粮票换成浙江省流动粮票,出省的换成全国通用粮票。兑换全国通用粮票要按兑换数量交一定比例的油票,因为全国粮票里包含一定比例的食用油供应量。

粮食业和饲养业供应证以粮食为原料或辅料的工业、手工业、酿造业、熟食业、复制业、糕点业、副食品业等经营户凭工商行业用粮供应证购粮。1957年年末起,熟食、糕点等经营户逐渐以回收的粮票购粮,饲养牲畜和其他动物的饲养户凭市镇饲料供应证、饲料票购买饲料。

粮食供应转移证 1955年9月,市镇居民粮食供应转移证启用,是城镇居民迁居住址时转移粮食供应关系的凭证,由粮食部门凭公安部门的户口迁移证签发。1992年,凭市粮食局准迁证签发。1994年,对高校中专新生凭录取通知书签发。1995年6月,启用国家粮食储备局制定的新版城镇居民粮食供应转移证。1997年7月,省政府规定凭招收职工录用证明、录取证明、调动证明、军人安置证明签发。2001年5月1日,取消粮食供应转移制度。

粮票使用 1955年前,粮票仅供城乡居民购买米面等粮食成品时使用。1955年起,面条、米粉、年糕等粮食复制品,实行凭购粮证、票购买。以粮食为原材料的饮食业、糕点业凭"工商行业用粮供应证"按计划购粮,其制品出售不收粮票。1957年末起,境内各县在流动人口较多的城镇,选择管理较健全的饭店实行凭流动粮票买饭,后扩大到面条、馒头。1962年9月起,饮食业、糕点业所经营的所有粮食制品全部凭流动粮票(熟食票)供应,1992年底停止使用。

证票发放 粮食票证的发放由嘉兴县粮食局在浙江省定额粮票上加盖县章,各乡镇街道粮管所负责发放,粮管所按户籍人数编制发放清册,粮站按清册填证格票,装订成购粮证发至居委会,由居民小组长发放到户。每证收取工本费1分,1990年提高到1角。

证票销毁　粮食票证的销毁，由县级粮食局具书面报告，附销毁清单报上级粮食局审批。批准后由县粮食局销毁小组抽调各粮管所证票员清点核对、签字确认，在当地公安或监察部门及粮食局保卫人员现场监督下销毁。1993年2月，为嘉兴最后一次1992年度各种粮、油、饲料票证的销毁工作。

油票

1953年，境内城乡居民的食油逐步凭票证计划供应。1962年，实行油菜籽统购大包干后，农村完成国家征购任务后还留有农民生活用油的生产队，国家不再供应。

定量　在食油实行统销的初期，购油数量不限。后改为每季0.75市斤，限量供应，1955年有所提高。1956年油菜籽减产，当年12月起境内食油供应量从每人每月0.5市斤减为0.375市斤，高于周边各县。

1958年1月，农村居民提高到每人每季0.9375市斤，5月1日起凭证不限量；城镇居民继续凭票定量供应，食用不够的居民允许凭购粮证超量购买。

1961年8月，嘉兴县城镇居民调整为每人每月0.3市斤，农村不产粮人口和社办企业中的农业人口调整为每人每月0.15市斤，农业人口每人每月0.2市斤。1962年6月起，对农民不再供应口油。1965年四季度起，调高到每人每月0.4市斤，国庆、春节每人各补0.5市斤，至1992年底。

根据食油的库存和特殊需要，对会议和招待所、单位食堂等以及疾病患者、特殊职业人员、少数民族和婚丧、生育予以补助标准因时而定。1983年起，议价食油逐步敞开供应。

粮油专用券

城乡居民油票　1953年12月，城镇居民凭购粮证购油，农村居民凭农业初级社社员证购油，后城乡居民都用购油证购油。1954年起，农民除了国家核定食油定量外，在完成油料统购任务后，余下的菜籽可以向国家以籽换油，领取“以籽换油票”，县内使用，期限一年。1956年10月，城镇居民改为凭油票购油，集镇和农村居民于1960年改用油票。油票分季发放，按月使用。1962年，对农民停发油票，但以籽换油政策依旧执行。

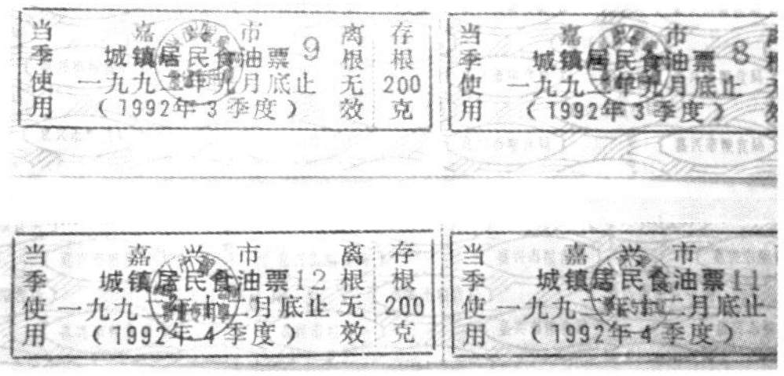

1992年，城镇居民食油票

流动人口油票　1957年底起，向渔民、船民等人员发放流动人口随证油票。证由县粮食局每年核发，收成本费3分，内附省粮食厅统一印制的月份油票，在省内随证当月使用。1964年7月起，改为浙江省流动人口食油票。1973年，改为按季度发放。1960年3月起，发放县内通用的临时流动油票，1962年后停发放。

全国流动人员的食油供应含在全国粮票中，定量按购买地标准执行。

浙江省流动人口食油票

其他人员油票　1962年7月1日，印发浙江省军用流动油票、侨汇油票、浙江省侨汇购货券，在境内流通。油票的发放、销毁程序与粮票同。1992年底油票停止使用。1992年，第二期“以籽换油票”使用到1993年5月底。

肉票

猪肉　1956年元旦起，嘉兴猪肉首次实行凭证定量供应，每月供应两期，每期每人0.0625公斤，元旦加倍，对部队、机关、团体的食堂定量，指定门店供应。1957年，春节期间，市城凭购肉证每人供应0.6公斤，乡镇凭购油证供应猪肉。1958年11月25日起，嘉兴对猪肉实行定期、按片按户供应，每月原则上向每户居民供应3次猪肉，供应标准按货源情况临时公布。对产妇及婚丧需要等情况，经申报批准后适量供应。1959—1962年，为猪肉供应特别困难时期，除国庆、元旦、春节有低标准安排外，平时无猪肉供应。1959年国庆节，嘉兴县城居民每人供应猪肉0.2公斤，至1962年底，节日猪肉供应量每人都在0.125~0.1875公斤之间。

1963年11月下旬起，生猪完成派购任务后，开展议购议销。1964年，农村养猪数量大增，5月起停发肉票，猪肉在城乡平价敞开供应。1966年，春节期间猪肉八五折减价供应，夏秋间相继3次减价供应。1970年，对居民采取凭证不记数不定量供应，取消对饮食业、粮食复制业的优待价。1976年1月起，改为凭票定量供应，每月定量由县食品公司按期公布。1978年后，居民定量增加50%。1979年4月，猪肉敞开供应。1981年春节前，嘉兴实行临时凭票供应，城乡非农业人口每人每月定量2公斤。当年4月1日，恢复敞开供应。1983年2月8日起，开展议价经营。1984年10月后，肉票成为购买一定数量牌价肉的优惠券。1985年4月1日，放开猪价，实行有指导的议购议销。1985—1987年春节、国庆、元旦期间，发放写明金额的购肉优惠券。1987年12月，鲜猪肉又实行凭票定量供应。1988年后，不再发放肉票。

20世纪80年代，肉票

牛肉、羊肉　1960年，回族居民实行按人定量凭卡供应。1963—1973年，牛羊肉货源充沛，敞开供应。1974年起，嘉兴城内牛羊肉供应先后实行凭票（证）供应，定量视情调整。1983年后，牛羊肉价格先后放开，实行议价议销，对回族居民人均24公斤定量供应部分执行原牌价不变，核定数量每年高出全省定量一倍。

副食品票

副食品凭票供应始于1957年的食糖。1960年，开始凭票供应的范围扩大到奶粉、盐、豆制品、烟、酒、番薯、赤豆、绿豆乃至酱油等。禽蛋、水产品、干果等仅限于重大节日发票供应。1963年以后，凭票供应范围逐渐缩小。1969年12月，奶粉凭商品购买证记数不定量供应。1989年，糖、盐、香烟敞开供应，结束了副食品凭票供应。

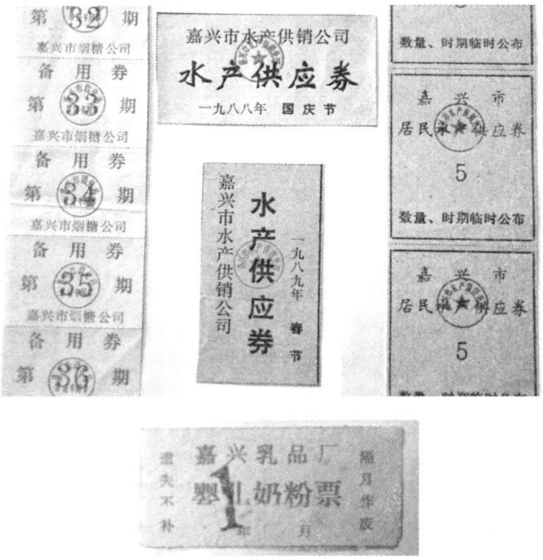

20世纪80年代，水产票、副食品票和奶粉票

食糖　1957年6月1日起，境内先后实行食糖凭购粮证、凭票供应。此后除1966—1969年、1983—1986年敞开供应外，其余均凭票供应。凭票期间，食糖供应品种有白砂糖、黄砂糖（古巴糖）、赤砂糖和1970年代供应的土红糖。1980年后，食糖供应以白砂糖为主，部分黄砂糖，赤砂糖已很稀少。1989年起敞开供应。

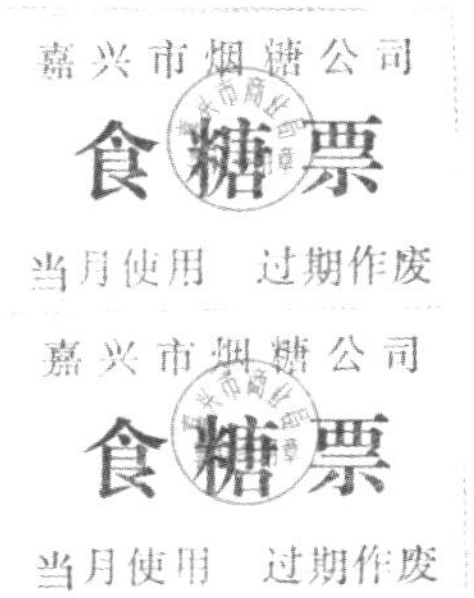

20世纪80年代，食糖票

豆制品　1960年起，嘉兴城镇居民豆制品实行凭票定量供应，每人每月供应1市斤黄豆的豆制品。1984年4月增加到1.4市斤。供应品种主要有豆腐、黄白豆腐干、油豆腐、千张、素鸡等，水豆腐季节性供应。居民每人月定量一般保持豆腐10块，豆制品票，随粮票按季发放，1987年4月起敞开供应。

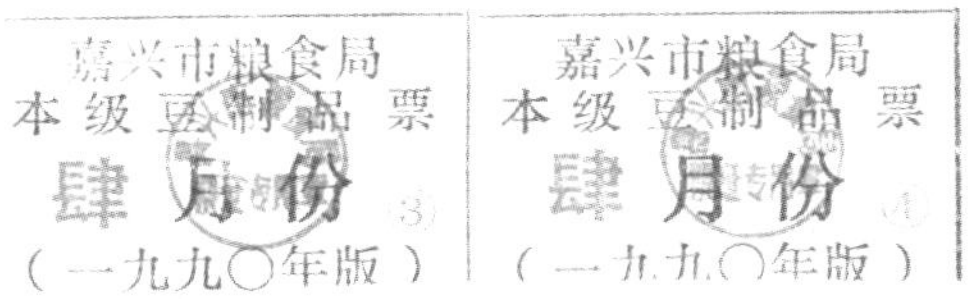

1990年，豆制品票

卷烟　20世纪60年代初，开始凭票限量供应。香烟票按居民户发放，每月的供应量和品种不同，有些紧俏牌子的卷烟，直到80年代后期敞开供应。

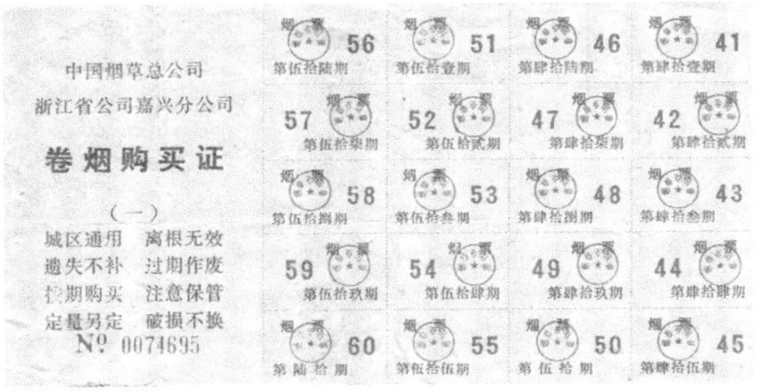

20世纪80年代，烟票

酒　1961年，嘉兴县黄酒、白酒实行凭票供应，每人每月0.5~1公斤（白酒对折计算），国庆、春节等节日增加供应量。1964年9月敞开供应。1969年4月起，恢复凭票供应，供应量和截止日期临时公布。1971年敞开供应。1973年6月，黄酒实行凭购货证定量供应，每人每月0.25公斤。1981年6月后敞开供应。

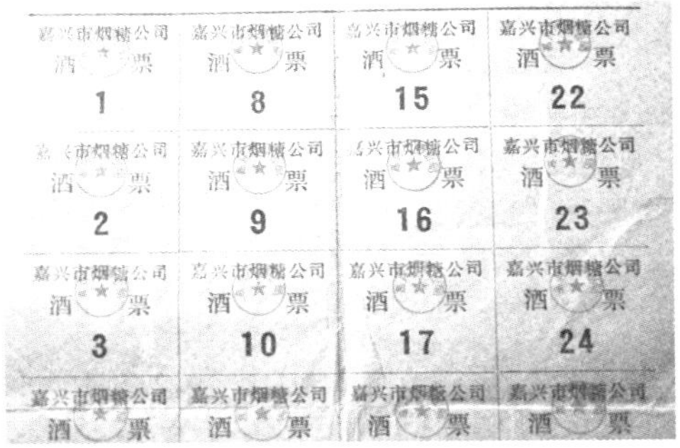

20世纪70年代，酒票

食盐　1960年初，由于国民经济进入困难时期，蔬菜和副食品供应十分短缺，部分城乡居民用食盐或酱油佐餐，当年市区食盐人均消费量急剧提高。1961年1月起，嘉兴城乡食盐实行凭票定量供应，每人每月0.625公斤，1963年4月敞开供应。1988年9月起市城临时实行凭票供应，每人每月定量0.5公斤，1989年起敞开供应。

干果　主要包括桂圆干、红枣、黑枣、核桃、柿饼等。20世纪50年代后期起，除产妇凭证明限量供应外，其他居民仅限春节期间凭票供应。1980年后敞开供应。

第三节　棉布衣着类票证

1954年9月15日起，嘉兴对棉絮、棉纱、棉布及其制品实行凭票定量供应，至1983年12月1日敞开供应，定量和定量方法有所不同，凭票供应没有间断。

布票

定量　1954年起，对居民实行以人定量供应棉布，每年人均24市尺。1955年9月起，改为分类定量供应，按城镇工作者、市区和郊区居民，农民分为3类，再分别确定为32、25和21市尺。1957年8月，恢复以人定量，人均每年27市尺。1957年度，对已发的布票实行减半使用，人均实际购买12市尺。1961年3—8月，供应的棉布最少，每人每年仅发1.8市尺，后有所增加，但至1964年人均发放的布票均不足10市尺。1969年起，年人均在16市尺左右。

布票

使用　布票初期的使用范围为棉布及服装等制品，1956年春节前，储存较久的滞销品种，酌情少收布票。1956年4月14日起，暂停童装、衬衫、衬裤、背心和特制运动衣裤凭证供应，9月1日，恢复凭票。1957年4月20日起，布票对折使用。1960年8月15日，毛巾、袜子等针棉织品实行凭购货证供应。翌年3月1日起，实行回收布票供应毛巾、袜子。1967年，毛巾敞开供应，1971年，袜子敞开供应。1983年12月，棉布、絮棉敞开供应。

票证 早期的布票统称浙江省商业厅购布票，1957年起，改称浙江省布票，1960年，改为浙江省购布票，1968年后，定名浙江省布票。由省商业厅统一印制，一般一年一发，面额通常分为壹市寸、伍市寸、壹市尺、贰市尺和伍市尺等，有使用期限。

棉花票

1954年9月，棉花凭票供应。棉花票由省商业局统一印制，按年度发放，省内有效。1983年12月1日，棉花敞开供应。

第四节 日用工业品票证

境内日用工业品凭票供应始于1959年的肥皂供应。进入20世纪60年代，很多日用工业品须凭票供应。60年代中期，凭票供应的工业品有所减少，80年，代各种日用工业品先后敞开供应。1989年，随着肥皂票的退出，日用工业品全部敞开供应。

煤球(饼)票

1960年，煤球实行计划分配，凭票供应，每人每月100斤，后增加煤饼。计划供应数量不变。20世纪80年代末，液化气逐渐进入百姓家，取代煤炉点火做饭。1993年起煤球敞开供应。

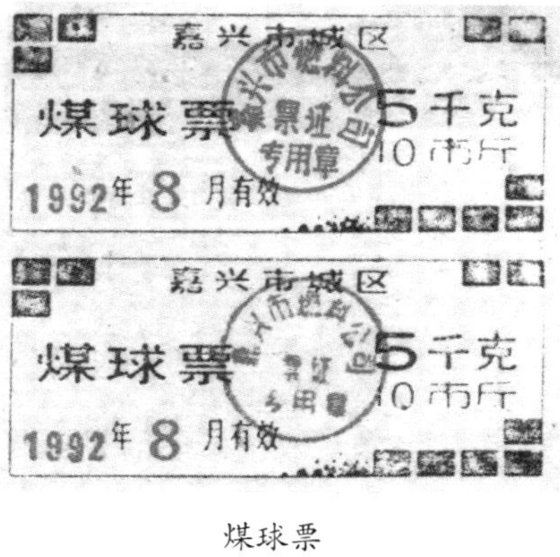

煤球票

肥皂票

1959年6月起，肥皂实行定额供应。1961年8月，市区凭证定量供应，每年城镇居民每人5~6块，农村每人3块左右，供应量按季公布。对劳动保护用肥皂，如农机、农药以及部队、饮食服务、医院等特殊行业另行安排，称为特需供应。1964年7月，敞开供应。1966年，再次凭票凭证供应，其中1976—1977年，供应定量比常年减少近半。1989年起，敞开供应。

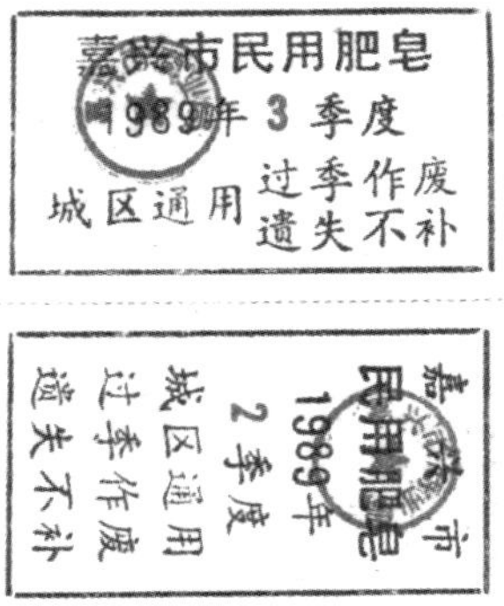

民用肥皂票

火柴票

火柴实行凭票限量的时期主要有1963年、1976—1979年、1984—1989年。火柴是当时百姓家庭生火做饭的必须品，历来列入计划管理，1985年，大部份商品退出计划管理时，火柴仍属于计划供应商品，原因是历史上每一次市场波动就会引发火柴抢购风。据不完全统计，1949—1990年，40多年间，嘉兴发生大小抢购风波20余次，每次都涉及火柴。1988年，发生的两次火柴抢购风期间，黑市价格每盒高达0.15元，是平价的3倍。1989年后，敞开供应。

煤油票

1963年，煤油实行计划分配，凭证记录供应，每年农村每户3~4公斤，城镇居民每户2~3公斤。1978年起，敞开供应。

工业品购货票证

1962年，县商业局首次发放工业品购货卷，用于购买缝纫机、自行车、收音机等，同年发放手表票，1966年，单独发半导体、收音机票。1971年，发电视机票、缝纫机票、自行车票、洗衣机票。缝纫机、自行车每年每100~200人发一张票，一般分发到单位，由单位发给个人。1961年，胶鞋凭票供应，农村实行奖售。1968年12月，嘉兴镇首次发放工业品购货券，1969年，再次发券，用以购买缝纫机等工业品。

其他票证

20世纪60年代初起，铝锅、铁锅（壶）、搪瓷制品、暖水瓶、灯泡、线、毛线、蚊帐、草席、卫生纸等实行凭票供应。1963年，铁锅、暖水瓶、灯泡、蚊帐、草席等先后敞开供应。1964年，胶鞋敞开供应。手表到1978年敞开供应。到1986年，所有工业品都敞开供应。1969年12月，对毛巾、胶鞋、塑料鞋、暖水瓶、铝锅（壶）采用凭商品购买证记数不定量供应。1970年8月，毛巾、胶鞋、塑料鞋、暖水瓶、铝锅（壶）敞开供应。1971年，搪瓷制品敞开供应。1977—1978年，卫生纸、手表先后敞开供应。

第五节　特殊票证

节日票证

从1953年起，元旦、春节、国庆等节日发放节日供应票证。节日票证一般包括家禽、水产、蛋品、果品等，品种和数量依据货源情况各次不同。

侨汇券

1959年11月1日，实行凭侨汇收入增加棉布、猪肉、食糖等商品特殊供应办法，为嘉兴首次按侨汇收入供应紧缺生活资料。1963年起，外汇兑换人民币时，按兑换数量由银行发放外汇购货券，俗称侨汇券。侨汇券包括一般外汇购货券和副食品券、粮票、油票、肉票以及其他指定内容的外汇购货券，国家设侨汇物资供应专柜供应有关限购物品。1964年1月嘉兴侨汇供应标准为，外汇折算每百元人民币供应粮食30市斤，食油4市斤，食糖5市斤，猪肉3市斤，棉布20市尺。1966年10月27日，停止供应侨汇物资。对农村侨户保留粮食、棉布供应，但标准降低。1967年4月1日，嘉兴停止发放农村侨户的侨汇粮票、布票，1983年，恢复发放、供货，1993年取消。

专供票证

专供票证是为特定对象发放的票证，包括老红军票证、残废军人票证、退休人员票证、知青票证、学生票证等，各时期不同，主要供应紧俏商品。

特需照顾票证

发放对象为产妇、婴幼儿、病人、老人等，各个时期发放的品种不同。20世纪60年代，桂圆、荔枝、核桃凭产妇证明限量供应，婴幼儿发奶粉票，病人和老人发糖票补助。同时，对特殊需要也给予照顾，如1964年对华侨回国，因婚丧喜庆、修建房屋及坟墓等进行粮食补助，一次补助数量在大米100市斤和食油10市斤以下的，由区粮管所批准后发票供应，超过的由县粮食局批准后发票供应。

第六节　农民奖售票证

在实行计划供应期间，农民除布、盐、火柴等生活用品可参与票证分配外，大部分日常用品靠“奖励”票证购买。嘉兴农民获得各种购物票证主要是通过向国家交售多余的粮食、油菜籽和出售生猪、牛羊、禽蛋、蚕茧、蔬菜等农副产品，由收购部门发给各种奖售、奖励票证。

肉食水产品奖售

生猪奖售　1956年，全省实行生猪派养，农民完成任务后，每交售肉猪一头，发给肉票5公斤，凭票购买免税猪肉。1960年，对生猪实行任务交售包干办法，完成交售任务后，允许农民自宰自食，食用有余的交售给国家。4月1日起，实行“卖猪留肉”，即按每头生猪毛重发给社员优待肉票10~15公斤，奖饲料票10公斤。后多次调整生猪奖售办法，对毛重40公斤以上的生猪，按不同重量级别奖励数量不等的购货券、针织品票、化肥、饲料粮票等。其中1960年4月至1967年4月，12次调整奖售办法。

20世纪60年代中期，统一收购和派购政策停止执行，1976年起，再次对生猪实行统一收购和派购政策。当年1月1日起，对合格生猪增加奖售化肥3公斤，按除头净肉15%留给卖猪户自食1979年3月结束。此后，从1978年7月1日至1989年，生猪的奖售标准按照产销等情况频繁调整，主要有20次。

菜牛奖售 1962年10月25日起，菜牛实行奖售，奖售的工业品主要是香烟、酒和化肥。境内菜牛销售稀少。

菜羊奖售 1961年8月20日，菜羊实行奖售政策，每头羊奖售卫生衫(裤)一件。1962年2月5日，改为按收购金额奖40%以内的购货券额度，每毛重7公斤奖售化肥票1公斤。8月26日起，确定每头15公斤以上的羊另外增加驼绒上装券一件，或驼绒裤券一条，或胶鞋券一双，或绸缎券4.33米；15公斤以下的每只奖售绸缎2.33米，或香烟10包；或按羊的重量，20~30公斤的另奖售香烟20包，30公斤以上的香烟30包。10月1日起，省又对每头湖、绵羊增加奖售针织品票1.67米。1963年2月，取消香烟奖售，其他奖售品种保持不变。4月，改每头羊净肉10公斤起奖，每头奖胶鞋票一双，超过10公斤部分的奖布票0.67米。8月取消奖售。1965年4月1日起，菜羊每头奖售布票0.5米，山羊不奖。1966年7月，调整为10公斤以上湖绵羊和12.5公斤以上山羊，每头奖售布票0.5米。1973年，收购活羊实行按皮计奖，山羊每头奖售粮食2.5公斤，湖绵羊每头奖布票0.33米。1984年，菜羊放开价格，实行议购议销，取消奖售。

禽蛋奖售 1961年4月6日，鲜鸡蛋实行奖售，奖售政策至1983年4月27日取消。其间，奖售标准调整21次。1961年4月，售500克鸡蛋特供25克食糖或500克饲料，500克鸭蛋特供食糖200克或饲料250克。至5月，无论鸡蛋鸭蛋，每500克奖售香烟3包。11月，奖售选项增加白酒250克或黄酒500克。至1964年3月，禽蛋的奖售主要是食糖、饲料粮、卷烟、黄白酒、购物券(收购金额的50%)。1964年4月到1978年3月底，奖售品种初期为食糖，后改为每500克禽蛋奖售饲料粮250~500克。1978年4月1日后，奖售品改为原粮或猪肉。其后，奖售标准为500克禽蛋奖售原粮500克，或猪肉250克，或食糖125克。1983年4月27日，禽蛋议价经营，取消奖售。

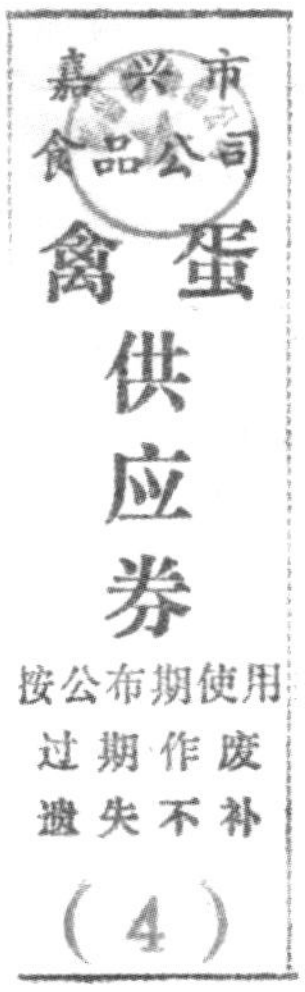

20世纪80年代，禽蛋票

畜产品奖售

1962年中期，小湖羊皮、绵羊毛、兔毛等畜产品先后实行奖售，主要奖售布票和紧俏工业品。20世纪80年代中期，先后放开经营，取消奖售。

经济特产奖售

1961年，实行蚕茧奖售。当年每100公斤鲜茧奖售化肥100公斤，粮票20公斤，超过派购的部分加奖布票3.34米和煤油票。后奖售品种改为化肥和布票两种。1969—1972年，停止奖售，1973年恢复奖售化肥，1985年，取消奖售。

其他还有棉花和络麻奖售。1961年，开始对每500克八级以上和九级以下的皮棉，分别换购布票3.33米和2.66米。1984年，奖售政策取消。

络麻奖售1961年起实行奖售，起初奖售粮食，当年生麻每百斤奖售粮食2.5公斤(熟麻加倍)。后奖售品种增加，除粮食外，还有化肥、棉布票、卷烟票等。1987年停止奖售。

第三十七篇　宗教　民俗

目 录

境内宗教源远流长。主要有佛教、道教、基督教、天主教、伊斯兰教。佛教在东晋时便盛行,是江南佛教流传最早地区之一。道教汉代已有活动。宋元时伊斯兰教已传入境内。基督教、天主教清末开始在境内传教。解放后,宗教活动正常开展。"文化大革命"期间,一度停止活动,改革开放后,逐步走上正常的轨道。

境内百姓历经岁月沧桑,在长期的生存发展中,形成了一种社会风气和习惯方式,这就是地方民俗。在不断的传承与发展中保存下来,形成了境内百姓独特的生活习俗,渗透出深厚的文化底蕴,一直延续发展,成为境内民族宝贵文化遗产的一部分。在社会经济文化的发展中,在精神文明建设中,传承传统民俗的同时,又有新的民俗民风逐渐形成,成为地方文化历史的组成部分。

第一章 宗 教

第一节 佛 教

概况

境内是江南佛教流传最早的地区之一。早在东晋咸康六年(340)创建灵光寺,后更名精严寺,是我国较早的佛寺。唐宋以来,寺院遍于境内,如楞严寺、天宁寺、东塔寺、景德寺、净相寺、石佛寺、水西寺、永庆寺、普光寺、黎林禅寺、太平寺等著名寺院。嘉兴民间城区有"七塔八寺",城乡有"十三寺"之说,这些寺庙都规模宏大,建筑华美,香火鼎盛,大小寺庵有50多座。

北魏太武帝太延四年(438)开始,北周武帝、唐武宗李炎以及后周世宗柴荣先后掀起4次大规模的禁佛、灭佛运动,佛教界称之为"三武一宗之厄"或"三武一宗法难"。境内寺院难逃厄运,大批僧尼还俗。禁佛、灭佛,使佛教的发展受到一点阻碍。在唐代,佛教已中国化,到两宋几乎是儒学化,灭佛之后各种护法者出现,佛教再兴。

嘉兴在清中期经太平天国战争,境内佛寺毁于战火者甚多。戊戌变法之后,各地兴办学校,很多寺庙改为校舍,僧尼大多还俗。抗日战争时期,境内不少古佛寺遭日本侵略军炮火毁为废墟。1945年,佛教活动恢复,中国佛教会浙江省嘉兴县支会成立。至1949年初,该会解体。

解放后,佛教活动得到国家宗教政策保护。精严寺、楞严寺先后恢复宗教活动。"文化大革命"期间,境内许多寺庙被毁,幸存的寺庙或翻建成校舍,或改建成仓廪及集体用公房。僧人被迫还俗,嘉兴佛教协会停止活动。20世纪70年代末,佛教活动逐渐恢复。1986年,嘉兴觉海寺修复,对外开放,僧雪相法师任主持,恢复佛教活动。新篁太平寺修复开放后,成为区佛教协会驻地,之后冷仙亭、凤桥石佛寺、新丰黎林禅寺、真实禅院等,相继修复开放,举行佛事活动。千年精严讲寺先后在南湖边和七星湘家荡旅游度假区两度重建。

寺庵

境内历代有精严讲寺、祥符禅寺、天宁寺、东塔寺、兴善寺、净相教寺、白莲讲寺、真如教寺、金明教寺、石佛寺、兜率寺、水西禅寺(资圣寺)、招提寺、漏泽寺、会龙山寺、善明寺、景德禅寺(茶禅寺)、碧光寺、普光寺、慈恩院、楞严讲寺、太平寺、报忠寺(觉海寺)等著名寺院。南北朝(420—589)开始,佛教分立宗派,境内佛教宗派以禅宗为首,其余各派自立门户,代有传人。洪武初期,寺院定为三类:禅寺,着重佛教禅宗的修行道场;讲寺:着重从事佛教经论研究;教寺:着重从事佛教世俗教化。境内寺院分类如下:禅寺——天宁、祥符、水西、太平、碧光、茶禅;讲寺——精严、东塔、楞严;教寺——金明、兴善、净相、石佛、真如、漏泽。

清光绪年间,辖区城内有寺院25座、庵23座(详见第七篇"嘉兴古城"第六章第四节)。

嘉兴民间有"七塔八寺"之说,"七塔"指:真如塔、壕股塔、东塔、孩儿塔和三塔。"八寺"一般指精严讲寺、楞严讲寺、东塔讲寺、茶禅寺、天宁禅寺、真如教寺、觉海寺和金明寺,另一说将祥符寺和水西禅寺列入,将觉海寺和金明寺排除。辖区乡村主要有会龙山寺、普明寺、普光寺、兴善寺、石佛寺、净相寺、太平寺等。

据1931年嘉兴县宗教调查表，嘉兴县尚存寺院13座，庵51座。到解放时，境内有精严讲寺、愣严讲寺、觉海寺、太平寺、祥符寺、茶禅寺、天宁禅寺、血印禅院。"文化大革命"期间，全部被毁或停止佛教活动。改革开放后，陆续恢复重建和新建，至2010年，境内有11座佛教寺院，其中精严讲寺和觉海寺由市管辖，区佛教协会所属的有9座。

2010年全区寺庙情况表

表37-1

名　称	地　　址	负责人	僧侣数(人)
太平寺	凤桥镇镇南街28号	释果莲	2
小普陀禅寺	解放街道凌塘社区	释果禅	7
血印寺	三塔路547号	果因	9
嘉兴石佛寺	凤桥镇镇石佛寺	明奘法师	1
大曹王寺	余新镇曹王村	维华	1
黎林寺	新丰镇横港村黎林寺	智俊	4
真实禅寺	新丰镇乌桥村	释宽修	1
仙亭寺	秀州路冷仙弄23号	释法雨	7
广福庵	大桥镇南宗村俞介头	倪杏宝	0

僧人

境内寺院高僧辈出。《宋高僧传》载：有唐代嘉禾灵光寺法相法师，俗姓俞，7岁投师受经法，蔚成其业，传法归来，请学者如林。五代时灵光寺皓端法师，9岁舍家入灵光寺，师傅讲经，一听旋有通明。后不出寺门，专心佛学经文，著有《传录记赞》七十余卷。宋代真如寺法师子璇，俗姓郑，号长水，初从秀州洪敏法师学楞严经，后参见琅琊山觉禅师有所悟，从众几千。嘉祐元年(1056)，招提寺新建静照堂，僧慧空以诗会友，遍请当朝诗词高手为静照堂作诗。苏轼、王安石、王珪、邓獬、范镇、陆经、顾临等，俱有题诗，留下佳作千篇。明万历年间楞严寺真可法师，号达观，称紫柏大师，重兴楞严寺，主持创刻方册藏经，《嘉兴藏》在佛教史上具有重要地位。

据1931年嘉兴县宗教调查表，嘉兴楞严寺有僧人76人；精严寺有僧人35人。1936年《浙江新志》载，嘉兴县共有僧尼1819人。2005年精严讲寺内僧侣13名，200多名弟子，在精严讲寺做佛事。2010年精严讲寺内僧侣16名，居士30名，弟子近300名。

2010年，区管理的9座寺庙僧侣人数不一，有的只有1、2名，最多的9名，总共32名，其中有10名为区佛教协会理事。

佛教活动

佛教自西汉末传入中国以后，在唐代，即已华化，"释迦其表，老庄其实"。到了两宋，又经儒化。东晋在郡城中心创建灵光寺，"邻于阛市，寺亦为市；僧居于市，既久而盛。"灵光寺在唐朝时代，戒律很严，高僧辈出。高宗龙朔中(约661年)，西域人僧伽大师，曾卓锡灵光寺。到了南宋淳熙五年(1178)郡守韩彦质议请于朝，变律为禅，改为十方禅刹。明洪武间，一度定为天台讲寺，后来仍复为精严讲寺。

历代，佛教的发展主要依仗帝王官府的倡导，寺院除信徒捐助外，田产、商业和放贷是主要经济来源。精严寺南宋时有2000余亩，岁得米1000余石。芦场2000余亩，岁得薪5万余束。天宁寺南宋绍兴九年(1139)，朝廷赐田2000亩以赡僧，立庄曰天锡庄，该寺另有薪荡200亩，并创立寺务司。兴圣寺南宋理宗时有田地1800余亩。祥符寺北宋大中祥符年间(1008—1016)，朝廷赐城西荡田若干亩。至南宋乾道年间，复赐华亭没官荡田900亩。元初，寺又置新田若干亩。招提寺宋嘉熙时置常田以为香积卒岁之储，依赖这种经济基础，境内佛教的繁盛，地位日高。水西寺元至治年间(1332—1323)，设长生局，以(中)统钞2500缗为本放贷生息，用以贸田入租。

到梁武帝时，各寺院普遍盛行水陆法事，祥符寺又称水陆院。明代万历年间，真可大师发起重兴楞严寺，熔铸万斤大佛，在楞严寺主持刻印大藏经。从明万历十七年(1589)正式开刻，一直到清康熙四十六年(1707)，最后由大师的弟子完成刊刻，历时118年，这部大藏经史称《嘉兴藏》，亦称《径山藏》，是佛教的百科全书，在佛教史上具有重要地位。

1912年，嘉兴范古农发起创建嘉兴佛学研究会，主持讲经，开居士讲经风气之先。嘉兴佛学研究会活动延续至1927年。民国初年，近代佛教改革理论家和实践家，一代高僧太虚大师在寺中讲经，更扩大了嘉兴楞严寺在佛教界的影响。

境内佛教高僧素重与域外，甚至与国外的传播、交流。禅宗中临济、贤首宗的祖庭在嘉兴。唐代禅宗四祖黄蘗希运禅师，其弟子义玄去河北传教，建立临济宗。宋初，僧慧门性沛东渡日本，在京都宇治创建万福寺，为日本黄蘗宗(临济)之祖。

解放后，佛教活动得到国家宗教政策保护。1952年4月，嘉兴佛教协会成立，精严讲寺住持僧严森任会长。1981年初，居士陈静和(女)当选嘉兴市政协委员。翌年，嘉兴市佛教协会恢复工作，僧青云任会长。佛协设在精严寺(旧址)，朔望集会进行佛事活动。1986年，嘉兴觉海寺修复，僧雪相法师任主持。之后，新篁太平寺、凤桥石佛寺、新丰黎林禅寺、新丰真实禅寺等，相继修复开放，举行佛事活动。

2002年11月17日，区佛教界第一次代表大会召开，会议选举产生区第一届佛教协会领导班子，首届协会不设会长，由太平寺监院、常务副会长果莲代行会长职责，副会长果因、智俊，理事杨金棣、乐慈修、俞华良，秘书长由俞华良兼任。

2008年12月5日，召开区佛教界第二次代表大会，选举果莲任会长，果因任常务副会长，法雨任秘书长。

区各寺院恢复后的主要佛事活动有日常活动、节日活动和专门活动3类。日常佛事活动有早殿、晚殿、斋仪和普请。专门佛事活动有佛像开光、水陆法会、瑜珈焰口、讲经交流、传灯法会和禅修法会。节日佛事活动主要有除夕夜敬香活动和佛圣诞日佛事活动等。

第二节　道　教

概况

汉代，嘉兴境内已有道教活动。有澄真道院，之后历代都建有宫观道院。唐宋时期，道教受到统治阶级的推崇而渐盛，著名道观崇道宫，始建于吴越钱镠时(907—932)。宋代，境内先后有隐真道院、郁秀观、王(sù)枢道院、太古道院等著名道观。至清代，嘉兴城内道观有10座。清末，道教逐渐衰落。到民国时期，城内还有玄妙观，农村出现一批土道士在乡间活动。解放后，尤其是“文化大革命”运动后，境内道教活动和农村道士营业性活动先后停止。20世纪80年代后，因民间民俗活动较宽松，新丰、大桥、余新等农村，土道士的活动屡见不鲜。

道观

至清末，境内道观还有8座，分别是崇道宫、隐真道院、王枢道院、郁秀道院、太古道院、玄妙观、成真道院、洞真道院、三元阁、长生道院、清真道院(各道观详见第七篇“嘉兴古城”第六章第三节)。至解放初，境内还有玄妙观、天医道院，1958年后停止活动。

道士

境内道士中最著名的是元末明初的冷谦。冷谦字启敬，道号龙阳子。精音乐，善书画，懂医道。明洪武元年(1368)任太常协律郎，不少郊庙乐章由他撰定。著有《修龄指要》记述修炼长生之术，在道教史上占有一定的地位。民间流传着许多有关冷仙的传奇故事。

据民国《浙江新志》记载，嘉兴县有男女道教徒151人。1947年嘉兴县成立道教会，有会员133人。乡间还有一批土道士。

道教活动

嘉兴道教分两派，一为茅山派，即全真、清真派，奉老君(李耳)为始祖，蓄发不娶，深居宫观；另一派为正一，俗称“火居道士”，一般不出家。域区道教徒大多为“火居道士”，婚娶如常。明清时，设道会司，管理徒众。清末以后，道教逐渐衰落。到民国时期，嘉兴还有玄妙观、天医道院等道观做道。民国时，境内还有道教协会，进行道教祭祀活动，在农村有受人雇请的土道士，画符念咒，设醮祈禳，超度亡灵，吹唢呐，唱高调。

1958年开始，玄妙观和天医道院先后停止道教活动。“文化大革命”运动中，境内土道士停止营业性活动。20世纪80年代后，宗教和民间民俗活动、婚丧寿诞祭祀的复苏，农家一旦遇到丧事请道士，因原有道士大多年老，于是境内又出现了一批纯营业性的土道士，分布各处，都不办理登记手续，亦无任何管理，人数不多，逢场凑数做道场。也有吹、拉、弹、敲配套齐全，备有现代化通信设备，自成班子，新丰、大桥、东栅等地都有。

第三节　伊斯兰教

概况

伊斯兰教传入嘉兴的时间无考，当系宋元时随阿拉伯商人来澉浦等港贸易同时传入。据传，宋元之际，在角里街一带居住穆斯林商人，有一座供穆斯林礼拜的“麦斯志德”(礼拜的场所)。元代西域回族先后到嘉兴定居，有些人为官。明万历年间嘉兴建造了真教寺，标志着伊斯兰教已有一定规模。嘉兴穆斯林属伊赫瓦尼派。清代，穆斯林在嘉兴曾重修清真寺。清后期，战乱频仍，穆斯林流失，宗教活动衰落。20世纪20—30年代，一些河南回民在嘉兴定居，宗教活动逐渐复盛。1936年《浙江新志》记载，嘉兴县有男女穆斯林128人。

嘉兴回民大多聚居东门，以清真寺为中心，进行宗教活动。旧时少数民族备遭歧视，宗教信仰得不到应有的尊重。解放后，政府维护穆斯林的正常宗教活动，保障节日物资供应。

嘉兴穆斯林绝大多数为回族，也有个别汉民信奉伊斯兰教。1951年成立嘉兴伊斯兰教会，现有教胞50人。当地穆斯林平时居家循守教规，举行“念礼斋课朝”五功，每逢古尔邦节和开斋节都到嘉兴清真寺礼拜。

清真寺

境内伊斯兰教清真寺仅一处，位于环城东路(详见第二十二篇“名胜与旅游”第二章第五节)。

清真寺教堂的教务由阿訇掌管。“阿訇”系波斯文音译，现通称教长。阿訇一般为聘任制，一任3年，连聘连任。建国前历任阿訇陕西马(佚名)、马肇昆、张朝真、宛捷三、张祥臣、杨慧贞(女)。解放后历任阿訇郭清心、王乃文、李传林、郭清杰、丁存志(现任)。其中郭清心任期30余年。1984年，郭清心参加中国伊斯兰教朝觐团去沙特阿拉伯麦加朝觐，为嘉兴唯一获“哈吉”荣誉称号的阿訇。

活动

伊斯兰教信奉真主——安拉，规定穆斯林遵守“念、礼、斋、课、朝”五功，并每天礼拜，即“五时拜”，分别称晨、晌、晡、昏、宵礼；每周五一次聚礼，通称“主麻”；还有开斋节，宰牲节的会礼等。嘉兴礼“五时拜”的穆斯林，几十年来，人数保持在100人左右。

每逢伊斯兰教历九月为斋月，穆斯林一般每天自日出前到日落，禁绝一切饮食和房事等。斋月的每天晚上穆斯林增加“物拉威尔”(间歇拜)与宵礼合礼。斋月里，回民给清真寺送来点心等食物，请封斋人吃，并给清真寺送“七贴”(捐款)。清真寺人来人往，入夜灯火通明，热闹非凡。嘉兴礼拜、封斋的人数之多，在南方沿海省市较少见，赢得“教门好”的名声。斋月最后一天寻看新月，见月的次日即行开斋，为开斋节，亦称“尔德节”，并举行会礼和庆祝活动。嘉兴及各地的穆斯林共六七百人都沐浴盛装，汇集清真寺参加集会。每次都有市政府、中共统战部门的领导干部前往清真寺祝贺。会礼前，回民都须交“开斋捐”，以每人125公斤麦子为准，款额由教长根据市价确定。开斋节会礼后，举行“走公坟”活动。据教义，不赞成妇女进入墓地。开斋节后70天为宰牲节，也称“古尔邦节”“小尔德节”。该日在清真寺举行会礼、宰杀牛羊以示纪念。

1930年前后，成立中国回教俱进会嘉兴分支部，1946年6月成立中国回教协会嘉兴县支会。1949年成立嘉兴清真寺理事会，延续至1966年。“文化大革命”期间停止，改革开放后恢复伊斯兰教会活动。

机构

嘉兴回族教养所于1946年成立，后改教养院，隶属中国回教协会。教养院收容老弱教胞、孤苦儿童。嘉兴阿拉伯文专科进修学校于1938年成立，郭清心率河南阿文专修学校学员80余人南迁嘉兴办学，1949年自行解散。解放后，在清真寺边还创办清真女学，在大年堂前创办回民子弟学校。

第四节　基督教

概况

清同治七年（1868），美国基督教长老会派教士惠志道等4人到嘉兴城内荐桥街，租房设立教堂，意欲传教，被官方阻止。光绪初年，美国基督教长老会教士毕来思又到嘉兴，仍未获官方允准，转向新塍等郊外进行传教活动。

第二年，教士毕来思、文渊博、花第生在嘉兴城区先租用民船，后上岸，一边行医，一边进行传教活动。此后花第生等教士在城区北门众安桥到城墙一带买到荒地数十亩，先在杨柳弄建教堂，后在姚庄路建起耶稣教堂，又在南门大街建立了南门耶稣堂。

光绪二十三年（1897）初，美国总差会派咨议邱史德到嘉兴查勘后，在嘉兴购地建医院。光绪二十五年（1899）4月建成，定名为福音医院，文渊博自任院长，后经过两度扩建，福音医院成为城内条件完备、设备先进的医院。

1936年，花第生之子花翘奇从美国神学院毕业后，到嘉兴区教会供职，他备有大篷帐、汽艇，专供下乡布道。20世纪30年代初，美国南长老会传教士聂克士（女）还在嘉兴创办英光女子圣经学院和贫儿院。1941年太平洋战争爆发，花翘奇等外国传教士离开嘉兴，教务停顿。抗日战争胜利后，花翘奇从美国回到嘉兴，恢复活动。时嘉兴县有耶稣堂21所，每所教堂均配牧师1人、传道1~2人、长老数人、执事数人。1947年，嘉兴真耶稣教会私立三一医院礼堂成立。该教对圣经的解释不同，并在星期六聚会禁食礼拜而自成一派。解放后真耶稣教会终止活动。

1950年，花翘奇等美国教士离开嘉兴回国。是年7月，中国基督教开展“三自”（自治、自传、自养）爱国运动。嘉兴基督教徒纷纷签名拥护。1951年6月，嘉兴县基督教协进会筹备会在新塍镇成立。

解放后，市区基督教正常活动。“文化大革命”期间基督教宗教活动中断。改革开放以后，基督教活动活跃起来。1979年，姚庄路嘉北堂恢复正常宗教活动。1983年11月，全市召开首次基督教“三自”爱国运动代表大会，有122名代表参加。到1990年止，嘉北堂信徒达1200人，受洗礼信徒1000人。嘉北堂在市区有10处聚会点。位于禾兴南路的嘉南堂也有不少教徒进行正常宗教活动。1994年前后，出现10多个由信徒自愿提供场所的家庭聚会。其中规模最大的是在秀州公寓，由陈恩鸿提供的3套相连的公寓房里的联合聚会。为解决聚会场地的困难，政府特批1.5亩土地供建新教堂。2009年11月5日，位于凌塘路，建筑面积3000平方米，自筹资金500多万元建新教堂，定名为嘉兴基督恩爱堂。

教堂

解放后，境内有基督教堂3座，“文化大革命”期间全部停止。改革开放后，先后恢复和开办教堂及聚合点，1990年有教堂7座，家庭聚会点10处。至2010年，境内有教堂18座，其中嘉北基督教堂和南门基督教堂由市管辖，区所属16座。

神职人员

基督教的神职人员有牧师、长老、执事、传道员等。主要有：牧师花第生，1867年生于美国南卡罗来纳州。1893年，携夫人外迪·花第生到嘉兴传道，设教会、办学校、建医院。其子花翘奇1894年生于中国平湖新仓。1936年从美国神学院毕业，子承父业，在嘉兴教会做牧师，到1950年离开中国。牧师陈恩鸿，1929年出生于福建漳州基督徒家庭。1950年进入上海中华神学院受教，1951年海南岛始布道，1953年到嘉兴，是基督嘉北堂负责人之一。因为传教，1964年10月入狱，“文化大革命”期间劳改，1978年平反获释后，仍任基督教嘉北堂负责人，1994年发起基督教联合聚会，是嘉兴基督恩爱堂的创办人。陈阿毛是余新镇曹庄集镇曹家圩人，自幼信基督教，每逢星期天，跟随父亲步行到王店做礼拜。1939年买下5间平房，团结50余名教友，成立基督教会。

2010年全区基督教堂情况表

表37-2

场所名称	翻建落成情况	地　址	负责人名单	教职人员（人）
东栅基督教堂	1999年翻建	七星街道化东社区	杨德明等	4
步云基督教堂	1984年翻建	大桥镇步云集镇步焦路3号	吕芝茂等	6
凤桥基督教堂	1999年翻建	凤桥镇网舍里1号	花乔奇等	6
曹庄基督教堂	2005年新堂落成	余新镇曹庄集镇曹家圩23号	陈以堂等	3
三水湾基督教堂	2010年迁建	嘉兴市滨河路320号	王秋琴等	5
角里街基督教堂	—	角里街东塔里64号	樊启忠等	1
七里店基督教堂	2005年新堂落成	七星街道七里店村4组	廖美光等	3
双溪花园基督教聚会点	—	双溪花园45—201	诸盛灿	2
兴善寺基督教堂	2010年新堂落成	凤桥镇新民村2组	金步桥等	3
新篁基督教堂	2004年新堂落成	凤桥镇新篁集镇青龙路143号	王长老等	1
余新基督教堂	2007年新堂落成	余新镇余北村	孙光盐等	6
七星基督教堂	—	七星镇桥埭路554号	李顺明	3
新丰基督教堂	1999年翻建	新丰镇教堂弄5号	孙葛有等	4
大桥基督教堂	2006年新堂落成	大桥镇建国村甲柳浜	何惠玲等	4
八里村基督教堂	2005年新堂落成	大桥镇顾家花苑北区12排34号	何巧根等	2
嘉兴基督恩爱堂	2009年	嘉兴市凌塘路471号	陈恩鸿	3

基督教活动

光绪二十三年（1897），花第生等人得到美国总差会的资助，在姚庄路建成嘉北耶稣堂后，又在南门大街建立南门耶稣堂，在大落北建耶稣研究所。光绪二十五年（1899），花第生夫人在梧桐街租赁民房创办秀州书院，开始只有3个学生。随着教会影响的扩大，学生数逐渐增加，又在项家漾购地建新校舍。1910年9月，秀州书院迁至项家漾。更名秀州中学后，还招收非基督教家庭的孩子。

解放后，基督教嘉北堂教会活动正常开展，牧师樊启发、陈恩鸿为负责人，1964年停止活动。1979年，恢复正常宗教活动。1994年前后，出现一些教友家庭聚会等宗教活动。

境内各镇基督教活动较早，新篁、余新、凤桥和曹庄等嘉南各乡镇较早建立基督教堂。余新镇耶稣堂建于1920年，堂址在“渔里十景”之“坟坞渔歌”处。每逢星期日，四乡耶稣教信徒前往礼拜，嘉兴派传教士传教。曹庄耶稣堂建于1939年，由教徒陈阿毛自筹资金，在云庄浜买下5间平房做教堂，有教友50余人。新丰镇于1945年就建立基督教协会，由信教者自发募捐建造教堂1间，面积约50平方米，位于新丰镇东市民丰村境内。信教者每周做一次礼拜。解放后，境内农村的基督教活动基本停止。20世纪80年代开始，步云、东栅、凤桥、余新等镇的信徒先后开展活动，并陆续翻建和新建教堂，举办聚会活动。

基督教主要节日有受难节、复活节和圣诞节。基督教节日和星期日信徒到教堂做礼拜，不同的教会流派礼拜聚会的流程略有不同，大体包括敬拜赞美——唱赞美诗歌、赞美主耶稣、赞美天父上帝、祷告、读经、证道、奉献、欢迎新朋友等。一些教友除参加星期礼拜外，还召集其他教友聚会活动。很多教会为纪念主耶稣的流血舍命，都会在每月第一周的主日，即这周的第一日（星期日）进行圣餐礼拜，即在以上要素之外加上圣餐的仪式。

2001年12月18日，成立了以陈其华牧师为组长的区基督教三自爱国运动委员会（基督教协会）筹建小组。2003年1月9日，召开区基督教界第一次代表大会，会议产生了第一届（两会）领导班子，陈其华当选为基督教协会会长。2009年4月28日举行区基督教界第二次代表大会，会议选举产生区基督教（两会）第二届领导班子，姚张明当选为区基督教协会会长。

第五节　天主教

概况

天主教在明万历时期传入境内。万历十年（1582），罗马天主教派罗明坚、利玛窦进入广东肇庆传教。万历十三年（1585）罗明坚和麦安东至嘉兴，把嘉兴当作第二个传教地点。清初，天主教在境内传播渐广，据天主教文献记载，康熙时境内已有教堂数所（当时全国天主教堂仅二三十所）。康熙年间，法籍耶稣会教士德玛诺两次到嘉兴考察。康熙三十九年（1700）三月十四日，法籍主教颜珰曾在嘉兴天主教堂受意籍主教伊大仁祝圣礼。

雍正年间，因教会反对中国教徒敬孔祭祖，天主教会与民众之间的矛盾日益尖锐，民众愤欲“灭教毁堂”。雍正元年（1723）12月，礼部议复浙闽总督满保的奏疏后，清廷开始严行禁教，法籍主教颜珰和教士德玛诺等均被驱逐出境，教堂亦被关闭。

光绪二十八年（1902），法国神父步师嘉受巴黎遣使会委托，在北门外购地，兴建法兰西嘉兴文生修道院。三十年（1904）意大利籍神父韩日禄把加尔默洛会（圣衣会）从海盐车辐浜迁到嘉兴城内。1917年，韩日禄神父发起并主持在嘉兴子城西脚下建造一座天主教教堂，1930年竣工。嘉兴天主教意大利圣心会1927年在拔贡弄2号（解放后为中山路小学）。圣心会附有姆姆堂、女中和小学。1927年，在经过修缮及扩建，建成了明德女子初级中学及附属的明德小学。20世纪30年代，上海圣衣会修女院迁至嘉兴，在府忠埭以北建修女院，并建教堂一座。1944年，民德女子初级中学搬迁至圣衣女修道院。

抗日战争爆发后，日机对嘉兴狂轰滥炸，城内不少教堂受损。余新集镇南街西市梢在抗日战争前有一座天主教堂，也毁于战乱。

解放后，外籍传教士陆续离开。“文化大革命”期间，天主教停止活动。1979年以后落实宗教政策，天主教恢复正常活动，教堂重开和重建，教徒增加。1987年，嘉兴市建立天主教爱国委员会和天主教教务委员会。至1990年，境内有教堂1处，教徒4000人，由市管辖。

教堂　修道院

境内解放后有天主教堂和修道院6所。至2010年，有市属的天主教大教堂，位于紫阳街天主堂大圣堂旧址。

法兰西嘉兴文生修道院　是中国近代历史上规模最大、功能最齐全的天主教修道院之一（见第二十六篇“名胜与旅游”第二章第五节）。

嘉兴天主堂大圣堂　又名圣母显灵堂，俗称圣母堂、天主堂（见第二十六篇“名胜与旅游”第一章第五节）。

嘉兴法兰西仁爱堂　1920年，法国天主教巴黎仁爱会在嘉兴圣母显灵堂西侧建立法兰西仁爱堂。仁爱堂占地面积7024平方米，堂内设圣心医院、安老院、教义传习所、习艺所、童女会、慈幼院、奶牛场等。圣心医院是嘉兴市第一医院的前身。

嘉兴圣衣女修道院　原址府忠埭。20世纪30年代，上海圣衣会修女院迁至嘉兴，重建修女院，并建教堂一座，曰圣心堂。圣心堂是典型的哥特式建筑。桔红色的外墙，廊柱间有许多精致的浮雕，门窗的上部为弧型，配有彩色玻璃。内顶也是弧型，绘有栩栩如生的彩色图案。因不到100平方米，俗称小礼堂，这是修女们做礼拜用的。周边是小花园。方天井在礼拜堂的北边，与韭溪小学相邻。方天井很大，占地面积约500平方米。有一座回字形的木结构建筑，上下两层楼，向天井一面是一圈走廊。这里是修女的生活区。1944年，明德女中搬迁至此。1949年，外籍神职人员回国。1951年，开始明德女中改变招生方式，男女兼收。1952年，更名为嘉兴三中。

神职人员

天主教的神职人员有司铎、神父、修士、修女等。主要有：罗明坚（1543—1607），出生于意大利，获民法与教会法博士学位。明万历七年（1579）七月到澳门。他最早把西洋钟表、西方油画带到中国。十三年（1585）到嘉兴，至十六年（1588）十二月二十日离开。主要作品有《葡华辞典》《天主圣教实录》《中国地图集》等，是西方汉学的奠基人之一，为以后的西方汉学发展做出了重大贡献。步师嘉（1848—1904），出生于法国奥德省。清光绪二十六年（1900）被任命为中国遣使会的总会长。1902年9月25日到达上海，后任嘉兴遣使会修道院的院长。韩日禄（1870—1945），出生于意大利。嘉兴天主堂大圣堂首任神父，又是著名的意大利建筑设计师。是嘉兴天主堂大圣堂的设计者，始终主持施工。历时13年，呕心沥血，终因积劳成疾，染病不起。1945年，长眠于耶稣圣心堂的北侧墙下。刘克明（1856—1924），出生于法国，光绪十一年（1885）到中国传教。清光绪三十一年（1905），任命为中国遣使会的省会长，嘉兴文生修道院的院长。1924年，突患心脏病，逝于嘉兴文生修道院。田法服（1859—1949），出生于法国，毕业于刚白里大修院。光绪十二年（1886）9月来华传教。二十四年（1898）升任浙江副主教，宣统二年（1910）教皇庇护十世擢为浙西首任宗座代牧。1937年退休后，到嘉兴遣使会院休养，1949年去世，葬于嘉兴圣母显灵堂耶稣圣心堂的北侧墙下。都止善（1862—1929），出生于法国，1905—1909年，任教于嘉兴文生修道院，1902年任嘉兴遣使会修道院的院长。1929年，逝于北京圣文生医院。沈汝骏（1907—1989），海宁人，神父，意大利法律博士学位。他曾担任明德女中校长，同时又任修道院的神父。1989年因病去世，被安葬在苦难堂北侧。

天主教活动

明清之际，罗马天主教向东方发展新的教区。万历十年（1582），罗马天主教派罗明坚、利玛窦进入中国。

万历十三年（1585），罗利坚和麦安东即北上至嘉兴，把嘉兴当作第二个传教地点。嘉兴是天主教传播地区之一。嘉兴文学家李日华在明万历年间曾作诗赠利玛窦；康熙年间，天主教在境内逐渐打开局面。至1903年嘉兴文生修道院建成后，成为中国遣使会的唯一总修院，天主教的影响迅速扩展。嘉兴文生修道院常住中外修士50名左右，研习教义，一经考核及格，晋为神父。

1911年开始，在府忠埭以北处扩建了加尔默洛修女会，这座修女会占地颇大，建筑物亦多，直属罗马梵蒂冈教廷管辖。接着，上海圣衣会修女院也并入。嘉兴天主堂负责派神父每日早晨去修女会送弥撒。1930年，嘉兴天主堂大圣堂竣工。嘉兴天主堂大圣堂成为嘉兴及周边地区天主教活动的中心。抗日战争胜利后，嘉兴共有天主教堂42所，教徒38000人、神父12人、修女22人，天主教创办的学校32所。

解放后，外籍传教士陆续离开。“文化大革命”期间，天主教停止活动。1979年以后落实宗教政策，天主教恢复正常活动，教堂重开重建，教徒增加。1987年，嘉兴市建立天主教爱国委员会和天主教教务委员会。

天主教主要节日有复活节、圣诞节、圣神降临节、圣母升天节4大瞻礼。教徒在天主教节日和星期日到教堂做弥撒。

第六节　宗教事务管理

解放后，落实了宗教信仰自由政策，宗教活动得以正常开展。“文化大革命”期间，境内宗教场所被查封，宗教活动被迫停止。中共十一届三中全会以后，宗教活动逐渐走上正常的轨道。

2000年5月，区委统战部建立，挂区民族宗教事务局牌子。2005年4月，区民宗局与区委统战部合署办公。工作主要引导宗教与社会发展相适应。三水湾基督教堂原是一座面积不到200平方米的危房，经过与有关部门多次协调，至2008年，短短两年时间，就建起了占地面积2亩、建筑面积2100多平方米的新教堂。秀州路家庭聚会点因位于居民楼，影响居民生活。经协调，于2009年12月迁至凌塘路，建成名为嘉兴基督恩爱堂的新教堂，其形象、档次均在市区教堂之首。1999—2007年间，余新、凤桥、新篁、七星、曹庄等地基督教堂都经过重建或翻建，其中面积超过250平方米的基督教堂有大桥八里村基督教堂、大桥基督教堂、新丰基督教堂、新篁基督教堂、凤桥基督教堂、曹庄基督教堂、七里店基督教堂，经修缮的有东栅基督教堂和步云基督教堂。在2010年前，凤桥太平寺大雄宝殿和地藏殿、余新普光禅寺、大曹王寺、小曹王庙、黎林禅寺、小普陀禅寺、石佛古寺、真实禅寺等寺院都得到重建、改建或扩建。

21世纪开始，先后组织召开区佛教界代表会议和区基督教代表会议，选举产生区佛教协会和基督教协会一届、二届领导班子。

2005年，国务院颁布了《宗教事务条例》，参加市、区两级专题培训教育的宗教人士达200多人次。2006年，浙江省颁布了经修订的《浙江省宗教事务条例》。域区宗教教职人员、信教群众依法开展宗教活动，自觉接受政府管理，宗教场所各项管理制度进一步健全。2008年，佛教场所会计代理制试点工作迈出步伐。域区正按照国务院和省《宗教事务条例》精神，推动宗教工作的法治进程，促进宗教的和睦与社会的和谐。

专记

中华佛教宝典《嘉兴藏》

2008年11月10日，位于湘家荡畔的嘉兴精严讲寺举行“中华佛教宝典《嘉兴藏》三百年重归故里庆典”活动，由《嘉兴藏》三百年重归故里庆典活动组委会和《嘉兴藏》整理出版委员会主办，嘉兴精严讲寺和北京慈航经典《嘉兴藏》编辑顾问中心承办。活动主要由《嘉兴藏》三百年重归故里庆典仪式暨圆成法会、《嘉兴藏》重辑出版学术高层论坛、宝典墨缘·佛教书画展览、《嘉兴藏》三百年重归故里庆典活动纪念首日封暨嘉兴佛教寺院个性化邮票首发式等组成，全国出版界、新闻界、海内外学者、高僧大德及信众万余人参加盛会，新华社、《人民日报》、《浙江日报》、浙江卫视等20多家新闻媒体采访报道。

明代刻印的佛经以《嘉兴藏》最有特色，最著名。《嘉兴藏》又称《径山藏》《楞严寺藏》《万历藏》《方册大藏》等，是由一代名僧紫柏真可（1543—1603）主持刊刻的中国历史上第一部汉文佛教方册大藏经。紫柏真可俗姓沈，字达观，晚号紫柏，为明末四大高僧之一（详见第三十八篇“人物”第一章）。《嘉兴藏》因刻印方册大藏首倡、酝酿、发缘、决策在嘉兴，全部大藏终刻、印制、流通又在嘉兴楞严寺，故名《嘉兴藏》。

《嘉兴藏》的刊刻发起时间在明万历初年。明万历元年（1573），嘉善进士袁了凡（1533—1606），原名袁黄，号了凡，明万历初嘉兴三名家之一，首倡募刻方册本大藏设想。七年（1579）名僧真可自嵩山少林寺挂锡清风泾上，到大云寺访云谷禅师，两人谈起刻藏之事。《紫柏集》记有刻藏缘起：“明南都藏版，印造者多，已模糊腐朽。北版完壮，字画清白显朗，以在禁中，印造苟非奏请，不敢擅便。世故无常，治乱岂可逆定，不若易梵夹为方册，则价不高而书不重，价不高则印造易，书不重则易广布，纵经世乱，必焚毁不尽。”适道开（名密藏）问法于真可，真可嘱以刻藏之事。

明万历七年（1579），《嘉兴藏》始刻一两种。十二年（1584）真可禅师获得明神宗之母李太后的允准，与径山憨山禅师等正式倡缘募刻《大藏经》。此举得到尚书陆光祖、南国子监祭酒冯梦祯、廷尉曾同亨、太仆寺卿瞿汝稷、提学包柽芳以及陈瓒、管志道等高官、名流的赞助。出资助刻的甚多，有常熟布衣缪希雍、金坛于玉立、丹阳贺氏、吴江周氏、沈氏等。十七年（1589），《嘉兴藏》正式在五台山妙德庵开刻。其时，真可的弟子法本（字幻予）供养于妙德庵。在前后不足4年（万历十七年至二十年夏）的时间里，共雕刻了40余种550卷左右的正、续藏典籍。后因五台山山高，气候寒冷，而刻印工人都是南方籍，纸张系福建产，成书后又需运回嘉兴发行，于是，在二十一年（1593）迁至余杭径山寂照庵刻印。移径山之后，工未及半，道开以病隐去，由法本主持刻藏之事。

法本逝世后，由真可的另一名弟子法镫（字忍之，号淡居）继任其事。这一时期是方册大藏刊刻环境最为稳定、进展最快的时期，奠定了方册大藏的基础。法镫原住持浮山华严寺，来径山后，见寂照庵多雾湿，乃募修径山东麓的化城寺为刻经板处。明万历四十年（1612）开始在化城寺刊刻。

自道开隐去之后，相继护寺者，有尚书、大学士朱国祚、司业谭贞默以及浙江布政使吴用先、嘉兴知府龚勉等，重申道开所订遗规。法镫逝去后，出现移坊私印弊端。至明天启三年（1623），经护法公议，延请江西宗派性琮（字白法）住持楞严寺，并监理楞严寺经坊、般若堂。性琮接任后对藏经刊印事务加以整顿。崇祯十七年（1644）起，嘉兴楞严寺般若堂也刊刻藏经。在此前后，协助性琮料理经坊的有黔僧继庆及憨山弟子福徵。清初，性琮逝世，没人继任，刻藏停顿，至顺治十六年（1659），片板不刻。于是有居士严仲悫首倡整顿，沈闳劭、严勋、沈廷劢、徐嘉炎、高以永等10几位绅士和之，上报浙江巡宪，由嘉兴知府许焕、推官尹从王诣寺会审。当时已刻藏经4000余卷，常熟汲古阁毛晋用华严阁名义助刻千余卷，搁置未印。

清顺治十七年（1660），寿光禅师住持寂照寺，誓为真可、道开了此弘愿。经坊整顿后，刻工渐举。钱谦益嘱汲古阁送版合璧，又购得苏州慧庆寺所藏正法念处经70卷。四方送经版的还有寒山赵氏、平湖马氏、金沙于氏等。至康熙二年（1663），又续刻千余卷。《嘉兴藏》正藏部分在康熙十六年（1677）宣告完成。

在《嘉兴藏》正藏完成之时，各地送版日见其多。于是这部藏经除依明朝廷官刻的《北藏》刊刻外，又有续藏之刻，将《北藏》未收之书归为续藏，又将藏外僧人语录归为又续藏。整部《嘉兴藏》至康熙四十六年（1707）才告刊刻结束，历时129年，刊刻时间之长，卷数之多，为历代《大藏经》之首。其后在雍正年间又曾对一些旧版修补，以至重刻。也有学者发现，直到嘉庆年间，还有一些经卷刻入《嘉兴藏》，最后刻印完成的《嘉兴藏》历时200年，历经两个世纪的两个朝代。

《嘉兴藏》的卷数，各家说法不一，至今难以确计。据北京故宫博物院对故宫内所藏的一部《嘉兴藏》清点，全书有344函另有函首、2141部、10884卷。内“正藏”211函、1665部、7829卷；“续藏”90函、253部、1900卷；“又续藏”43函、217种、1159卷。这是目前海内外较准确的统计。《嘉兴藏》历经岁月沧桑和战火摧残，在嘉兴、余杭两地版已无存。

“文化大革命”前，嘉兴市图书馆所藏《嘉兴藏》20余册。全国解放初，北京嘉兴寺藏有1部，太湖洞庭西山某寺有1部（后闻归北京文博机构），杭州九峰旧庐王氏旧藏多册（现已归杭州大学收藏）。除故宫博物院藏有1部外，云南博物馆亦有收藏。

《嘉兴藏》改梵夹装（即经折装）为方册线装，是佛藏刊印的一大改革。佛藏由一次刻成深锢密藏，发展为陆续刊刻、市场流通，反映了社会经济和宗教传播的发展。过去因很少有人能通观全藏，故其学术价值未被揭示。到了现代，原北京师范大学校长、著名学者陈垣，在1939年初发现北京嘉兴寺藏有《嘉兴藏》1部，便于是年9月至次年11月，系统地读遍全藏，为文介绍，开始引起世人重视。

《嘉兴藏》是现存佛典中极其重要的一部，特别是它的“续藏”“又续藏”部分，收有宋元明清四代禅僧语录、文集、杂著等260余种，具有极高的学术价值。《嘉兴藏》所收清初禅僧语录，不少是明清之际的珍贵历史资料。清龚自珍《己亥杂诗》中对《嘉兴藏》给予高度评价，诗云：“径山一疏（疏，指佛经）吼寰中，野烧苍凉吊达公（紫柏字达观）。何处复求龙象力，金光明照浙西东。”

清代、民国时期不少嘉兴所刻所售的佛书，大多是《嘉兴藏》单部，其中许多是由楞严寺般若堂及经坊刊印的。1937年元旦，嘉兴举办“嘉邑首届文献展览”，列为乡贤遗著的佛教著作，大多为明清《嘉兴藏》的单本。

《嘉兴藏》在开创之初就确定刻版、藏版在山区，流通处设在嘉兴楞严寺。一为保护经版，避免兵火之灾；一为便于流通，使藏经广为流传。故道开曾血书16字：径山藏版不许发经，楞严发经不许藏版。嘉兴楞严寺设经坊，为流通处，其经营方式采取定价销售，盈余用于刻书；独立经营，不受寺主持人管辖；经坊有三职事僧，分称坐柜、记籍、发经，分别掌握金钱、书算和藏贮，各司其职；建立了一套经营管理制度，资金、成本、工料、销售、库存都有簿册，定期向施主公布，近似现代的出版发行体制。

1999年秋，吉林省长春人姜锡慈，因祖辈发愿要重辑大藏经，先后走访故宫博物院、首都图书馆等大陆及中国台湾20余家珍存《嘉兴藏》的图书馆和40多个佛教寺庙。2002年，在北京注册成立北京慈航《径山藏》(嘉兴藏)研究中心(2004年改为北京慈航经典《嘉兴藏》编辑顾问中心)，与民族出版社合作发掘整理出版《嘉兴藏》。2003年1月15日，国家新闻出版总署批准重辑影印出版《嘉兴藏》。同年8月，《嘉兴藏》纳入"国家古籍整理出版'十五'重点规划项目"。2004年12月24日，《嘉兴藏》整理出版委员会成立。2008年，历经9年的抢救性发掘和整理，《嘉兴藏》最终以足本全书形式重新问世。重辑的《嘉兴藏》正藏211函、1676种；续藏、又续藏、补遗计167函、570种，全藏总计378函、2246种、2652册，收录经书12000多卷。

重辑《嘉兴藏》得到有关领导、各界专家学者及海内外佛教人士的关怀和支持。国家民委主任李德洙为重辑《嘉兴藏》题词："民族瑰宝，流芳百世"。中央统战部常务副部长朱维群题词："汇佛教典籍，扬中华文化"。中国佛教协会会长、副会长分别任《嘉兴藏》整理出版委员会主任、副主任，并负责监制。国内20多位著名佛学专家、学者，参与出版委员会工作。

《嘉兴藏》自康熙末年在嘉兴完成正藏刊印，流通至东南亚、日本等地，迄今已有300年。嘉兴作为《嘉兴藏》刊刻和流通的发源地，隆重迎接这部佛教宝典重归故里，是中国佛学界的一件盛事，也是弘扬中华文化和促进海内外文化交流的一件大事。

附：

白莲教

明代，白莲教在嘉兴传播很广，影响颇大。屠权章《左道戒》说它"实唯胜国前启其咎"。由此可知，早在元朝嘉兴已有白莲教活动。至明代，信者较多。据记载：白莲教不祀祖先，不遵儒礼，亦不本佛道二旨，一以无为为宗。《左道戒》谓其教义"大逆不道、自称颂法王佛母，信教可使天下太平"。其反对封建统治秩序的政治态度，异常鲜明。明代白莲教在嘉兴公开传教，声势很盛。其活动为一人为师，多人为弟子，每月作会，团坐宣卷，众呼佛号和之。白莲教的经卷有"九部六册""所引篇帙，至百十首"。其教规："人死不拘阴阳，不备棺敛，率其徒绕床称佛号数匝后，火葬"。这种简易的葬仪为贫苦群众所接受，也是对封建礼法的挑战。终明一代，嘉兴火葬盛行，与白莲教的传播，自有其密切关系。

天启年间，明王朝大规模镇压山东白莲教活动后，白莲教从此完全非法，嘉兴白莲教活动趋于秘密状态。至清康熙时，嘉兴县还发现白莲教秘密活动。

罗教 斋教

明正统、成化年间，山东即墨人罗梦鸿创罗教，在佛道等传统宗教以外另树一帜，称无为教，提出救苦救难拯救众生的教义，刊布五部经典，称"五部六册"，深合下层社会信仰心理，因而风靡一时，传遍长江南北。其流传江南的一派，与白莲教结合，受摩尼教影响称为斋教，在嘉兴地区亦秘密传播，由于具有反对统治阶级的色彩，其经典在明末即被查禁。清初，活动仍受到朝廷镇压。清雍正七年(1729)，山东布政使在河北密云逮捕罗教教主罗明忠，供出浙江海宁有斋教活动，奏报朝廷后抄查海宁皈山庵。此时浙江漕运水手信仰罗教者数以万计，曾在运河沿线建有庵堂72所，罗教——斋教成为运河上漕运水手的精神支柱。仅见于记载的朝廷案例，雍正、乾隆两朝就有镇压罗教的案件22次，但罗教仍很活跃。

道光五年(1825)二月，浙江漕运船队嘉白帮中的罗教新安、老安两派，因官府减少运输，分配新船不均，挑起两派在嘉兴西门运河塘上殴斗，死59人，事后老安首领李秀明等自首就逮。此后清帮兴起，虽也拜罗祖，但教义失传，成为纯粹帮会，不再是民间宗教。

第二章 民 俗

第一节 信仰习俗

坛庙

以多种神祇为崇拜对象，以祈福禳灾为主要目的，与民俗活动紧密结合，在民间自发流传的非制度化信仰现象，称为民间信仰。境内民间信仰活动历史悠久，和先民开始社会活动同时存在，从对自然、图腾、动植物的崇拜活动到对神仙、英雄、清官等的崇拜，历代留下许许多多进行崇拜信仰的活动场所。清光绪《嘉兴府志》记有城内有坛庙28所。民国时期境内城内主要有：

社稷坛、风云雷雨山川坛、历坛、龙神庙、关帝庙、城隍庙、刘猛将军庙、魁星阁、东岳庙、天后宫、火德庙、市萝庙、市龙五堂、灵济昭烈五庙（详见第六篇“嘉兴古城”第六章第一节）。

农村主要有：

先农坛 在东门外白苎乡五都地字圩。清雍正五年（1727）（奉部）文建。

先蚕庙 在西门外三塔寺，清乾隆五十九年（1794）建。

三姑庙 在长水塘，三姑事见括异志。

曹王庙、小曹王庙、徐王庙、罗庵庙、施王庙、高丰庙、南皋峰庙等。

解放后，民间信仰活动在农村相当普遍，人民公社后渐渐减少，“文化大革命”后全部停止。改革开放后，民间信仰的活动慢慢恢复，一些小庙和信仰活动场所恢复和新建起来，一般规模很小，大多没有经过批准。改革开放以来，随着宗教信仰自由的恢复，广大乡村出现宗教信仰复兴的现象。宗教的势力渗透到社会的各个角落，深刻影响着当代民众的正常生活和社会的稳定。民间信仰崇拜对象纷繁复杂，组织形式松散无序，崇拜目的功利性强。2005年，开始对民间信仰活动场所进行整顿。到2010年，经区政府批准的民间信仰活动场所有小曹王庙和横塘庙，另有古丰庙正在审批中。

庙会

曹王庙庙会 位于余新镇曹王村，始建于北宋。庙会尤以春节、清明及农历八月初二曹王生日前后3天为盛，不仅四邻八乡农民相会，城中仕女也纷至沓来，商贾环庙成市，至清代更成为集镇以及上海、苏州等地香客前来祭祀除去民俗表演，庙会更是曹王庙泥塑销售集散中心。热闹非凡，人称游曹王。已被列入第二批嘉兴市非物质文化遗产名录。

解放初期，大曹王庙尚有行宫、山门等建筑，血污池、古石棺等古迹，菩萨100多尊，直径1.5米左右的黄柏树10株，均毁于“文化大革命”。2000年，重建大曹王庙，更名大曹王寺，恢复每年的曹王庙会，并与当地“渔里之谣”文化节庆相融合，热闹依旧，泥制工艺品已少见。

南皋峰庙会 南皋峰庙位于嘉兴南堰，本名刘猛将军庙，俗称南皋峰庙，解放后废。“皋峰”应是“高丰”，唐代在嘉兴屯田，名高丰屯，获大丰收，建高丰庙，后被文人雅称为“皋峰”。旧俗每年正月十三，南堰皋峰庙演戏酬神，庙前搭台，有演杂技的，有舞刀弄枪的，有变戏法的，戏场外小吃摊、小吃担，市民倾城而出，拥塞整个南堰街市。解放后庙会渐废。

七星境内高丰村有高丰桥，始建于唐（或五代），桥北50米有高丰庙，系纪念屯田者功绩，祈求丰年。桥尚存，庙已毁。

南皋峰庙另一说是奉祀元指挥刘承宗。传说刘猛将军生前曾驻守嘉兴，一年嘉兴蝗灾，他领兵灭蝗，使农业丰收。为纪念他的功绩，群众为他建庙塑像。

徐王庙庙会 徐王庙位于解放街道徐王村，旧时每年正月初八举行庙会。据《嘉兴府志》记载：“八日乡人蚁舟集徐王庙，为赛神之会”。又据《古禾杂识》记载：“初八日烧八寺香，北郊外徐王庙最闹。市井人丛集，有换元宝还元宝等名”。另据《嘉兴府典故纂要》记载：“徐偃王逃之会稽，其宗族有散在邑”。徐王又名徐偃王，据考春秋时为山东东夷族首领，战败，逃至江南，后世思王功德，各地建庙祭祀甚多。清代朱彝尊《鸳鸯湖棹歌》有“不待上元灯火夜，徐王庙下鼓冬冬”诗句。

正月初八又为"谷日",民国时期为"佛生日",乡人视"徐王"为"谷神",举行庙会,祭祀甚恭,该俗延续至20世纪50年代,后渐废。

罗庵庙庙会　农历正月十三,七星高丰罗庵庙庙会。罗庵庙名古罗禅院,乾隆三十一年(1766)十一月重建,主持僧大觉。禅院内供放上天王、秉义王塑像,并持符印板各一块。罗庵庙庙会延续至20世纪50年代,后渐废。

庙会

传统信仰节俗

迎财神　农历正月初五旧说为财神生日。旧时境内初四午后接灶,至夜则接路头,民间传说为五路财神,大家小户门前各悬灯二盏,中堂陈设水果、粉团、鱼肉等物,并有路头饭、路头汤,鄙俚之至。商店、企业(民营)至今仍极为重视。黎明即起,放鞭炮,震耳欲聋。接财神,打扫卫生,意将一切不吉利东西、一切妖魔鬼怪都"扫地出门"。该日还有一些禁忌,不得用生米做饭、妇女不能动针线、不能打碎东西等。过了初五之后,这些禁忌即告解除。

人日　农历正月初七为人日,又称人生日。是日,悬巨秤,称人之体重,称则可免一年疾病,并有为小姑娘穿耳朵戴耳环的习俗。解放后该俗市区渐渐消失,新丰等一些农村仍流行人日习俗。

烧八寺香　农历初八,乾隆年间习俗烧八寺香。八寺:天宁寺、精严寺、楞严寺、金明寺、报忠寺、祥符寺、水西寺、茶禅寺。

天生日　农历正月初九为天生日,即玉皇大帝生日。善男信女有去玄妙观进香习惯。现仍有人于该日至冷仙亭(原玄妙观道纪司处所)进香。

龙抬头　农历二月初二,是蛰龙升天的日子,称龙抬头。表示春季来临,万物复苏,蛰龙开始活动,预示一年的农事活动开始。古时,人们以古代天文学观点观察到苍龙星宿,春天自东方夜空升起,秋天自西方落下,其出没周期和方位正与一年之中的农时周期相一致。龙在中国人的心目中有着极高的地位,不仅是祥瑞之物,更是和风化雨的主宰,人们敬龙祈雨,让老天保佑丰收。境内民间流行这一天理发,叫"剃龙头",或"剃喜头",民间普遍认为在这一天剃头,会使人鸿运当头,一年都有精神头。

土地诞辰　农历二月初二是土地诞辰。是日时兴食油煎年糕,称"撑腰糕",以示即将开始农事,需强健身体之意。现大桥、凤桥、余新等镇原绍兴籍农户,仍习惯石臼打年糕,品质极软糯。

百花生日(花朝)　农历二月十二日花朝,俗称百花生日。妇女用五色丝带或染色棉花系于花枝,摘鲜艳花朵插于发髻,以志庆贺。旧俗以该日晴雨预测果实盛衰,如果是日天气晴朗,则百花成,众卉艳,反之,则否。境内有农谚:"有利无利,要看二月十二"。这一天,有果农要为果树做生日的习俗,将果园里的杂草锄掉,再松土。近中午,一棵棵树上贴一方红纸,然后双手扶着果树,嘴里轻轻地念着:"桃子今年多伐?多哎!桃子今年大伐?大哎!……"念毕,举起小竹刀,在树杆中部不轻不重地斩上一刀,嘴里唱着:"斩斩毛,今年果子结得牢。"这一刀,很讲究。据说,可起到"回滋"的作用;但如果斩得太重了,又会伤害果树,影响结果。如此这般,主人将一棵棵果树依次祭祀。

二月十二是各种品种花的共同生日,还有各自生日,如五月二十棉花生日,三月三荠菜花生日,四月十菖蒲生日,六月二十四荷花生日,八月十五牡丹生日等。

荠菜生日　农历三月初三。到了三月,农村的小丘、田头到处有荠菜,长长的细茎,顶端开着素雅的小白花。境内旧俗在门上挂野菜花,裹以红纸,称为"野菜花开结牡丹"。妇女、儿童头插荠菜花,以图吉利。此俗延续到解放初。是日,南湖历来有迎水会习俗,在参加水会的船上扮演各种戏文,从南堰出发至北门结束。东栅当地亦举办迎水会,船队经会龙桥、双溪桥、东马桥到南湖,然后返回,沿途看客熙攘。

分龙日 农历五月二十为“分龙日”，相传天上老龙和小龙在该日分离，小龙自去辖境赴任，父子相别，依依不舍要流泪。民间于该日聚“水龙”作消防演习，称“演龙”，又称“水龙会”。嘉兴老城区旧有钟秀坊、南区、中街、碧漪坊、五龙坊、南堰龙会等22个龙会。嘉兴“水龙会”一般在南湖边或南大营举行。该俗延续至20世纪50年代。新丰镇“龙房”在各乡镇颇有名，清末、民国，镇上各坊水龙集中去东施王庙登云桥举行消防演习。

赛花船 农历五月二十赛花船，是一项颇具特色的民俗活动。起源于明末清初，新丰东乡与平湖近郊，许多大村坊自愿组织参赛，比赛船的速度。该俗已延续300多年，民国初期常见，解放后，举办过3~4回。

荷花生日 农历六月二十四为嘉兴荷花生日，又称雷祖（嫘祖）生日，盛行于清乾隆及民国时期。是日，百姓倾城游南湖，去烟雨楼侧雷祖殿（嫘祖殿）进香。该日，南湖游船汇集，大小船只数百摆渡载客，可不付摆渡钱。夜晚南湖湖面放荷花灯，飘浮水上，多至千盏。2001年7月1日，在烟雨楼举办嘉兴市首届南湖荷花灯展。

地藏王诞辰 农历七月三十为地藏王诞辰，旧时是日夜晚家家门前插地藏香、点燃蜡烛，循例每人一对，成为市区街巷一景。该日抱婴儿到庙中寄名，求佛保佑，作“佛子”。小孩于是日都穿新鞋。新丰镇南地藏王浜原有地藏菩萨庙，毁于日军。庙虽无存，但每年七月三十老年妇女成群去旧址烧香、念佛，望空拜祷。一般在老年人群多的老里弄社区，插地藏香、燃地藏烛，今仍流行。

观音生日 观音生日有3个，分别是农历二月十九（诞辰）、六月十九（成道）和九月十九（出家）。观音菩萨像一般为一手执净瓶，一手以柳枝普洒甘露，是慈悲和智慧的象征，是佛教诸神中在民间影响最大、信仰最普遍的神灵。有人在升官、发财、生子、建房、受灾、生病等重要活动前后，都要祈求观音菩萨。如今民间崇拜观音菩萨的习俗仍然浓郁，每逢观音生日，境内各寺庙香火旺盛，小普陀禅寺、精严寺、血印寺、太平寺等处观音殿尤为热闹。

献灶日 送灶日 农历六月初四为献灶日，祭祀灶君菩萨。农历十二月二十三或二十四日（官三民四）称送灶日，家家打扫室中灰尘，夜晚以糖糕、米粉糖馅团子或麦芽饴糖等物祀灶君。灶王爷自上一年的除夕以来就一直留在家中，以保护和监察一家。灶君要上天汇报一年情况，对每个成员具有重大利害关系，用饴糖等物糊其口，俗称醉司命。还用麻秸、芦席等做成轿子，取出灶君像塞轿内焚烧，送灶君菩萨上天。按旧俗该夜还吃赤豆糯米饭、小汤团、饴糖做的元宝和炒毛豆等。

祭灶神

第二节 岁时习俗

传统节俗

春节 农历正月初一为春节，又称新年。旧时农历新年一般从腊月二十三的祭灶到正月十五，也有从腊月初八到正月底，以除夕和新年初一为高潮。清乾隆年间，初一天未明，爆竹响，谓之开门炮仗。着新衣，戴新帽，穿新鞋。先礼佛像、家庙，次礼尊长。民国时，初一凌晨，嘉兴居民争去精严寺、楞严寺、天宁寺等寺庙烧头香，谓烧“八寺香”，得第一者大吉。解放后，“烧头香”等俗一度废止。近20多年来，该俗渐又风行，市区都到觉海寺、小曹王庙、血印禅寺、精严讲寺、冷仙亭等处烧头香。春节开门，邻里相见说吉祥语。小辈向长辈拜年，长辈给拜年钿。不扫地，不提水，不淘米，不洗衣服，不讨债，不打骂孩子。初二起，亲友间互相拜年，也称“做客人”。贺年客来，必奉果品、茶，佐以粉团、枣子糕、莲元汤等，皆取吉利之意。

春节街景

元宵　农历正月十五为元宵，又称“上元节”。亲友往来拜年至此渐止。嘉兴人历来就有“闹元宵”习俗，合家吃元宵（汤圆），夜晚看花灯。灯会以火流星开道，在城隍庙前后街、北大街、集街、东大街游行。民国时一般自荷花堤集合出发至北大街、大落北、县南街、东门大街、宣公桥，沿途观者如潮。迎灯的队伍配有丝竹演奏以及高跷、荡湖船、地方戏、民间歌舞。20世纪50年代，元宵灯会仍颇盛，后渐消。近几年，市区每年举办元宵文化活动，有挂灯、赏灯、猜灯谜、民俗表演、焰火燃放等形式。新丰一带农村于元宵夜到各村每家门前场地上调灯，凡调灯必须有人接灯活动，领灯的人将头灯挂在这家的屋檐下，并有灯艺头传口令，进行花样调灯，有五梅花、四角埭枪、绳绞纱等节目。七星等乡村中还有掼火把习俗，入晚，各家各户走到空地中间围观、呐喊，手持着火把边跑边把燃着的火把向天空投掷，祈求新一年的兴旺。

猜灯谜活动

清明　每年农历清明，公历4月4日或5日或6日，是时令节气。古代清明是与春节相似的大节日，俗谚“清明大似年”。古时嘉兴有祭扫祖坟、庙会、踏青、荡秋千、插柳、做青团子等风俗，延至民国时期。解放后，有庙会、水会、踏青、做青团子等民俗活动。清明扫墓习俗亦历史久远。解放后清明扫墓习俗有盛无衰，还增有瞻仰、祭扫革命烈士墓，缅怀先烈的新风俗。2007年12月7日，国务院决定今后每年清明节放假1天。

立夏　立夏是夏季的第一个节气，为公历5月5日或6日。相传立夏为“酒仙生日”，是日饮酒者多，吃的花样多，还兴吃樱桃、海螺蛳等，亦有称人的习俗。立夏前后流行吃“麦芽塌饼”。各凑柴米，在野外搭锅烧煮蚕豆饭，也有的加入少量咸肉、春笋，谓“烧野米饭”，是少年儿童最喜爱的风俗。

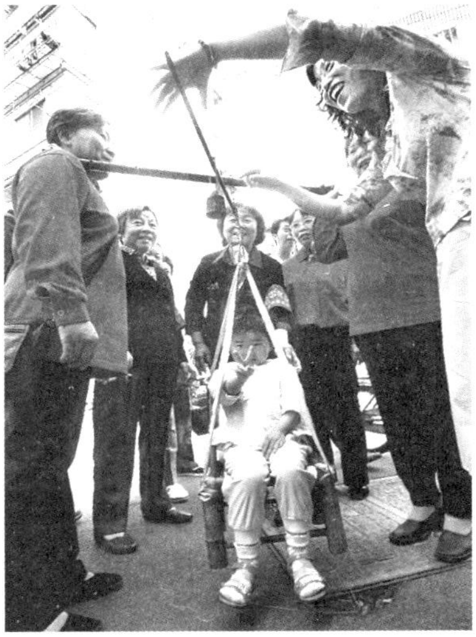

立夏称人

端午　农历五月初五为端午节，又称端阳节、天中节。旧时僧道于节前挨户送符，贴在门堂，有贴钟馗或张天师像于中堂。门口挂菖蒲、大蒜、艾叶，燃熏苍术、白芷，有消毒、驱虫的用意。妇女忙着做香囊，内置樟脑、栀子、薄荷等香料。是日食“五黄”：黄瓜、黄鱼、黄鳝、黄泥蛋即咸鸭蛋、黄酒，儿童系五色彩索于臂，额上用雄黄酒抹“王”字。农村有用蒜头埋于火灰，焐熟食用习俗。旧时新丰、净相一带，农家有“以砖测午”的习俗。包粽子、送粽子、吃粽子、酱鸭流行。2005年开始，五芳斋有限公司在端午节举办首届中国粽子文化节。端午还有看望新出嫁的女儿的习俗。近年，南湖有龙舟竞渡。

七夕 农历七月初七晚称七夕，又称乞巧节。旧俗妇女采槿树叶，取液汰头，称为汰巧头。傍晚，摆开八仙桌，放上供品，在香烟缭绕中主人首先对天礼拜，然后令小孩子挨个拜揖，称“斋星宿”。晚上，妇女在月下穿针乞巧。七夕习俗起源于“牛郎织女”的传说，近些年，七夕又被一些青年男女喻为中国的“情人节”。

中元 农历七月半俗称中元节，又称鬼节。相传到了这一天，阎罗王就会打开“鬼门关”，让关押的鬼出来自由活动，直至七月结束才回归地府。清代至民国时期，城中居民于七月十三日供茶果糕点祭奠，谓“接亡人”(已故祖先)。七月十四，四乡农妇去城隍庙席地而坐，于烈日下摊晒佛经，连声念佛，名“伴城隍”。进香、焚化纸锭，名“寄库”，亦称“烧阴香”。是日，祭祖一如清明，唯以馄饨代替团子、粽子。七月半祭祖，乡境内延续至今。20世纪80年代起，市区一些家庭恢复过中元节，燃蜡烛、焚纸锭、供酒菜以纪念祖先和亡故亲人。

立秋 公历8月7—9日之间立秋，表示秋季开始，天气转凉，偶有“秋老虎”天气。旧时立秋日如有雷，认为有损晚稻。20世纪60—80年代，种植二熟制或三熟制晚稻，有插秧不过立秋关之说，立秋后插秧影响产量。立秋时，境内民间还有吃秋桃的习俗，据说吃了这样的桃子，身体会很好。吃完把桃核留到除夕时把桃核丢进火炉中烧成灰烬，认为可以免除一年的瘟疫。“立秋之日凉风至”，气温由热转凉，有利于调养生机，去旧更新，是人体最适宜进补的季节。

中秋 农历八月十五为中秋节，俗称“八月半”。古代有许多有关月亮的传说，唐代就出现月饼，宋代更盛。亲人团聚，吃月饼、赏月，亲友以月饼相馈赠，全国同俗。旧时，嘉兴有中秋夜载酒游南湖之举。《古禾杂识》记：“中秋，烟雨楼有唱曲船，船甚绮丽”。

重阳 农历九月初九为重阳节，亦称“登高节”“菊花节”。《易经》中把“九”定为阳数。旧俗一般人家在该日砌新灶。清代旧俗去城东30里处胥山、城内瓶山、南门外真如塔登高。新丰镇的青墩、系胥山余脉，附近群众亦到该处登高。重阳糕又称插旗糕、花糕、菊糕、五色糕，最讲究的要做九层。1989年国家将每年农历九月初九定为“老人节”后，组织退休老人旅游，慰问敬老院等敬老活动不断。

冬至 公历12月21日—23日之间。古代视冬至为大节日。冬至重祭祖，并掩埋浮棺骨殖，焚烧废棺。冬至前一夜为冬至夜，家家备香烛锡箔祭祀祖先。境内百姓冬至上坟祭祖，培土，意为地下亡者加被盖屋，不使冻馁。冬至，严寒来临，民间崇尚冬至进补，有桂圆煮鸡蛋、赤豆糯米饭、人参汤、白木耳等。旧时在冬至前后腌鱼肉，腌制青菜、雪里蕻，为入冬之备。境内，冬至都有动土修屋、筑河岸的习俗。

腊八 农历十二月初八称“腊八节”，佛教徒称为“佛成道节”。民间以赤豆、核桃、莲心、果仁等物煮粥，名腊八粥。寺庙也在这天煮腊八粥施舍，近几年，觉海寺、精严寺等一些寺庙和社区、民间企业、敬老院于腊八日举行施粥活动。

除夕 农历十二月最后一天除夕是最为重视的传统习俗。经过精心准备，购置年货，张贴春联，年三十吃年夜饭，合家团聚、守岁，长辈给小辈“压岁钱”，燃放爆竹，守岁。处处取吉利，吃年夜饭，花生称“长生不老”，黄豆芽称“如意菜”，酱蛋称“元宝”。饭不能吃尽，以示年年有余，饭吃毕不可说“吃完”，要说“吃好”。剩饭盛在新饭箩，用红纸封好，称“隔年饭”，餐桌上的鱼不能吃完，示年年有余。饭后桌上备花生、瓜子等，做米粉圆子作夜宵。是夜，各商店伙计手执灯笼，奔走催收欠账。债户则躲避逃债，旧习过半夜后欠债就可延期归还。理发店、浴室一直营业至半夜。1983年，开始吃年夜饭看中央电视台春节联欢晚会成为新俗，年轻人或到电影院观通宵电影，手机互发短信贺年。进入21世纪，全家到饭店吃年夜饭已成时尚。

法定节日

元旦 1月1日元旦。是日，境内各单位悬挂国旗，较大单位搭彩牌楼，庆祝新一年开始。

国际劳动妇女节 3月8日是国际劳动妇女节。1909年3月8日，美国芝加哥女工为争取自由平等，举行了声势浩大的罢工和示威游行，提出获得选举权、实行8小时工作制和增加工资等政治和经济要求。1910年8月，在丹麦举行的国际社会主义妇女代表大会倡议,将每年3月8日作为国际劳动妇女的节日。1949年12月,国家定3月8日为妇女节。联合国从1975年国际妇女年开始庆祝国际妇女节。每年该日,由区及各镇、街道召开报告会、纪念会、表彰会、茶话会、座谈会等,企事业单位还组织妇女健康检查,发放妇女用品。

植树节 1979年2月23日,第五届全国人大常务委员会第六次会议决定,以3月12日为中国植树节。每年该日,各级党政领导、全区干部、群众积极投入植树造林、绿化祖国的活动。近年来,市区绿化面积以年均100万平方米的速度增长。2010年,市区建成区新增绿地面积205.96公顷。人民公园、范蠡湖公园、凌公塘文化主题公园、石臼漾生态湿地公园、七一广场、中央公园、植物园、湘家荡公园等一批大型绿地,成了市民常到的绿色"森林氧巴"。

国际劳动节 1886年5月1日,芝加哥的20多万名工人为争取实行8小时工作制而举行大罢工,经过艰苦的流血斗争,终于获得了胜利。1889年7月14日,在法国巴黎召集的社会主义者代表大会一致同意:把5月1日定为国际无产阶级的共同节日。1949年12月,国家将每年5月1日确定为劳动节。解放初,市、县在"五一"组织广大职工手持标语彩旗,沿大街游行,召开庆祝大会。后"五一"庆祝活动常以表彰先进生产(工作)者,开展劳动竞赛为主要内容。

五四青年节 是为了纪念1919年5月4日中国学生爱国运动而设立的节日。1918年11月11日,第一次世界大战以英、美、法等国的胜利而告结。1919年1月,在巴黎凡尔赛宫召开和平会议。中华民国代表作为战胜国在会上提出废除外国在华特权,取消二十一条等正当要求,均遭拒绝。会议竟决定日本接管德国在华的各种特权。消息传来,举国震怒,群情激愤。以学生为先导的五四爱国运动就如火山爆发一般地开始了。5月4日,北京3所高校的3000多名学生代表冲破军警阻挠,云集天安门,随后,军警给予镇压。学生运动的影响不断扩大,6月5日,上海工人开始大规模罢工,面对强大社会舆论压力,代表没有在和约上签字。五四运动揭开了中国新民主主义革命的序幕,1949年12月,确定5月4日为青年节。每年纪念日,共青团各级组织大力表彰先进青年、优秀共青团员,开展内容丰富的教育活动和文化、体育活动。近年共青团南湖区委员会还组织青年开展为民服务等活动。

六一国际儿童节 1942年6月,德国法西斯枪杀了捷克利迪策村16岁以上的男性公民140余人和全部婴儿,并把妇女和90名儿童押往集中营。1949年11月,国际民主妇女联合会在莫斯科举行理事会议。为了保障世界各国儿童的生存权、保健权和受教育权,为了改善儿童的生活,会议决定以利迪策村屠杀时的6月的第一天为国际儿童节。1949年12月23日,国家确定6月1日为新中国的儿童节。是日,学校组织集体活动,要求学生正式着装(普及校服前为白衬衣蓝线裤),参加纪念会,表彰"三好"学生,优秀少先队员,举行文艺演出和各类比赛。父母、长辈带儿童出游,购买礼物。

中国共产党成立纪念日 7月1日作为中国共产党成立的纪念日,是毛泽东于1938年5月提出来的。1941年,中共中央确定将1921年7月1日作为中国共产党建党日。是日,各级党组织开展各项纪念活动。南湖是党的诞生地,1921年8月初,中国共产党第一次全国代表大会由上海转移到嘉兴南湖一艘画舫上继续举行并闭幕,庄严宣告了中国共产党的诞生,南湖成为我国近代史上重要的革命纪念地。每年7月1日,全国各地有不少党员和群众到这里重温党的历史,瞻仰革命圣地。

中国人民解放军建军节 1927年8月1日凌晨2时,以周恩来为首的前敌委员会和贺龙、叶挺、朱德、刘伯承等领导的北伐部队2万人,在江西南昌举行了武装起义,打响了中国共产党武装反抗国民党反动派的第一枪,是中国共产党独立领导武装斗争的开始。1933年6月30日,中央革命军事委员会决定:每年8月1日为中国工农红军纪念日。1949年6月15日,中国人民革命军事委员会发布命令,将此纪念日改称为中国人民解放军建军节。每年建军节期间,境内军民都会开展一系列"拥军优属、拥政爱民"活动,区党政领导会到区消防大队、驻嘉兴部队、武警医院等单位慰问。

教师节 1985年1月21日,第六届全国人大第九次会议正式通过国务院关于建立教师节的议案,决定9月10日为教师节。尊师重教是中华民族的优良传统,节日前,区有关部门召开表彰会、茶话会、座谈会,党政领导到学校探望教师,向离退休教师祝寿。

国庆节 1949年9月的政协一届一次会议上决定把10月1日定为国庆节。每年国庆节,境内各单位扎彩牌楼、拉横幅、插国旗。解放初,国庆节日都举行游行,勤俭路和建国路的交叉口是闹市中心,这里都要筑起大彩牌楼,游行队伍经过牌楼时,扭秧歌、荡湖船、踩高跷……尽兴表演。各街道、乡镇以办文艺会、商场促销等活动烘托节日气氛。

外来节日

开斋节(Eid al—Fitr,Lesser Bairam) 是伊斯兰教节日,在伊斯兰教历10月1日。按伊斯兰《古兰经》规定,成年健康的穆斯林每年都要守斋一月。斋戒期间,日出前要吃好封斋饭,日出以后至太阳西下,不准吃一点东西,喝一口水。克制一切私欲,断绝一切杂念,以示笃信真主安拉。开斋节为庆祝一个月的斋功圆满完成。境内回民历史悠久,大多居住清真寺周围,每年开斋节就在清真寺前的环城东路举行,因参加的信徒多,该路段被封闭。是日,穆斯林前往清真寺参加会礼,听阿訇宣讲教义,接受阿訇给大家的祝福,总结去年伊斯兰教活动的成果,然后大家会去给逝去的亲人扫墓,然后吃团聚饭,还互赠油香(用香油、白面做成,类似油饼),款待亲友。开斋节跟汉族人过年一样热闹。

古尔邦节(Eid Adha) 是穆斯林又一盛大的节日,又称宰牲节,在伊斯兰教历每年12月10日举行。

古尔邦节前,穆斯林家家户户都会把房舍打扫得干干净净,忙着精制糕点。节日那天,沐浴礼拜,然后参加会礼,由阿訇带领全体穆斯林向西鞠躬、叩拜。聚礼中,大家回忆这一年当中做过哪些错事、犯过哪些罪行,阿訇要宣讲教义和需要大家遵守的事。会礼结束后,举行一个隆重的典礼,宰牛、羊献牲。家境好一点要宰羊,像东门豫兴楼清真餐馆等要宰羊又宰牛。宰牲典礼完成后开始热闹起来,老人们煮肉,而后访亲问友,馈赠油香、菜,相互登门贺节,有的还要去游坟,缅怀先人。

圣诞节(Christmas Day) 12月25日圣诞节,是基督教庆祝耶稣诞辰的一个重要的节日,也是东西方普遍庆祝的世俗节日。西方人很早就有圣诞节,但各国圣诞节的日期不同。1607年,世界各地教会领袖在伯利恒聚会,确定每年12月25日为圣诞节。西方人以红、绿、白3色为圣诞色,圣诞节来临时家家户户都要用圣诞色来装饰。红色的有圣诞花和圣诞蜡烛。绿色的是圣诞树。在西方,扮演圣诞老人也是一种习俗。圣诞节在国外相当于中国的过年。清光绪十九年(1893)美国医生文渊博到嘉兴传播基督教,行医。以后到嘉兴的传教士越来越多,兴建了多处基督教堂。每年圣诞节,教徒的全家到教堂作礼拜,唱赞美歌和颂歌,庆祝圣诞节。解放后,信徒逐年减少。20世纪80年代开始,随着对外交流的增加,信教人数在增加,圣诞节影响越来越广。近年每逢圣诞节,商家借机促销,年轻人在圣诞夜到歌厅、舞厅、咖啡馆聚会,以参与为时尚,大有越来越热闹的趋势。

情人节(Valentine´s Day) 2月14日,是西方传统的圣瓦伦丁节,又称"情人节"。情人节由来有多种说法,一说公元三世纪时,古罗马战事一直连绵不断,暴君克劳多斯传令人们不许举行婚礼,许多年轻人告别爱人,悲愤地走向战场。修士瓦伦丁为帮助年轻人献出了生命。为纪念这位修士,人民把他牺牲的日子定为情人节。情人节在西方不但是表达情意的最佳时刻,也是向自己心爱的人求婚的最佳时刻。改革开放以后,情人节在境内年轻人中越来越来被重视。20世纪80年代初,年轻人之间互赠制作精美的工艺信,后来增加了巧克力和鲜花。几所大学及社会社团在节日举办年轻人联谊活动。

母亲节(Mother´s Day) 每年5月的第二个星期日是一个感谢母亲的节日。古代母亲节起源于希腊,众人在这一天向神话中的众神之母赫拉致敬。现代的母亲节起源于美国,由安娜·贾维斯发起。贾维斯在其母去世的次年组织了追思母亲的活动,并鼓励他人也以类似方式来表达对各自母亲的感激之情。1934年的5月,美国首次发行母亲节纪念邮票,邮票上一位慈祥的母亲,欣喜地看着花瓶中一束鲜艳美丽的康乃馨。随着邮票的传播,康乃馨便成了象征母爱之花。在我国萱草一向有母亲花的美称。改革开放后，母亲节传入境内，作为子女感恩母亲的日子。这一天，子女以各种形式表达对母亲的爱意，并赠献礼物给母亲。

父亲节（Father´s Day）　每年6月的第三个星期日是感恩父亲的节日。1909年，住在美国华盛顿州士波肯市的杜德夫人，她的母亲在她13岁那年去世，留下6名子女；父亲斯马特几十年的辛苦，将儿女抚育成人，父亲却因为经年累月过度劳累病倒辞世。杜德夫人深感内疚，1910年春天，为感恩父亲，开始推动成立父亲节的运动，6月19日在美国华盛顿州举行了全世界的第一次父亲节聚会。改革开放后，随着母亲节的传入，父亲节也在境内流行。子女以可心的衣服、眼镜、手表、剃须刀等礼物，表达对父亲的感恩。

愚人节（April Fool´s Day）　4月1日，是西方民间传统节日愚人节。1564年，法国改革纪年法，以1月1日为一年的开端，改变了过去以4月1日作为新年开端的历法。一些因循守旧的人反对改革，仍沿袭旧历，在4月1日庆祝新年，互赠礼物。改革派对守旧派大加嘲弄，在4月1日这天给顽固派赠送假礼物，邀请参加假庆祝会。以后，人们每年在这天互相愚弄，日久便成为法国流行的一种风俗。18世纪初，愚人节习俗被移民带到了英、美等国。近年，境内一些年轻人以过愚人节为时尚，只不过不会太离谱，而是以轻松欢乐为目的。

万圣节（Au Saints Pay）　11月1日，是西洋鬼节，10月31日被称为万圣节前夕。传说公元前500年，居住在爱尔兰、苏格兰等地的凯尔特人认为11月1日是严酷的冬季开始，相信上一天（31日）故人的亡魂会抓住获得再生的唯一机会，回到故居地，寻找生灵，借此再生。这天晚上人们会营造寒冷阴森的环境，打扮成鬼怪，发出可怕声音，企图吓走灵魂。第二天就是万圣节，一切也就回复平静了。在孩子们眼中，万圣节充满神秘色彩，是儿童们纵情玩乐的节日。过去在这一天，信徒们跋涉于穷乡僻壤，挨村挨户乞讨用面粉及葡萄干制成的“灵魂之饼”，不请吃就捣乱。至今演变成了孩子们提着南瓜灯笼挨家讨糖吃的游戏，称为万圣节的习俗。近年，万圣节在境内一些学校为激发学生创造力，组织万圣节活动，有化妆舞会、“咬苹果”等娱乐，喜庆的意味浓厚。

第三节　生活习俗

服饰

明朝男装，大人穿青布直身的宽大长衣，头上戴四方平定巾。平民穿短衣，裹头巾。贵妇穿红色大袖的袍子，其他妇女穿桃红、紫绿及浅淡的颜色。平日常穿的是短衫长裙，腰上系着绸带。裙子式样有百褶裙、凤尾裙、月华裙等。

清末民国初，士绅、店员、读书人穿长袍，富有人家长袍用绫罗绸缎作面料，衬以狐皮、灰鼠皮、羊皮或丝棉，出门会客外罩马褂；春夏秋穿单、夹长衫或短褂，非绸即纱，经济稍差者用布料。农民、城乡劳动者春夏秋穿对襟土布短衫，冬季穿大襟棉袄，棉领褂（背心），大腰便裤。女子一般为大襟短衫、便裤，城镇妇女外套长裙。20世纪30年代后西洋文化输入，少数人开始穿西装，同时流行中山装、学生装，但长袍、马褂仍作为礼服用。城镇妇女普遍穿旗袍，以蓝色士林布、蓝细作衣料。旗袍原是清代旗人之袍，当时“改良旗袍”，摆脱了旧有模式，成为中国女性独具民族特色的时装之一。有青年女子穿窄而修长的高领衫，下套不加刺绣的黑长裙，时称“文明新装”。在农村还是普遍穿对襟土布短衫，中年以上男人喜穿大腰布拦，又称“作裙”，状似围裙，长达脚背，土蓝布作料，保暖性强，秋冬春咸宜。农村妇女劳动时常围小围身，用黑色土布做成，带有穗。七星等乡已婚妇女夏天炎热时不着上衣，戴肚兜。20世纪70年代后渐废。

解放初，学习苏联，一度流行男子穿大花衬衫，列宁装。20世纪50年代起，流行中山装、青年装、春秋装、列宁装、军便装，工人中有一种工装裤（背带裤）。面料以布为主。“文化大革命”时期流行军装，的确凉衬衫。80年代起，时兴西装、裙子、茄克衫、航空衫、羽绒衫、滑雪衫、牛仔裤。裙子式样也多，有连裙衫、百褶裙、直统裙、一步裙等。面料以化纤、棉布为主。进入21世纪，服装面料不断丰富，羊绒、毛呢、羽绒、麂皮、真皮，数不胜数；服装式样不断翻新，西便装、休闲装、工作套装、运动装、礼服等各种款式层出不穷。居民开始追求时尚、个性、品位、风度，时髦女性会这样穿着：上身长恤衫，半袖外套，下深色紧身打底裤，外套西式短裤或迷你伞裙，高跟鞋。老年人穿着开始年轻化，款式新，色彩艳。

鞋帽

乌纱帽出现于东晋，隋朝起定为官帽，风靡于唐朝，成为当时官民都喜欢的礼帽或便帽。清代满人以花翎为官帽，平民戴黑缎瓜皮帽，喜庆戴红顶子，平时戴黑顶子。农民戴用竹编上下两片中间衬箬叶或油纸的叫“箬帽”，遮阳防雨。民国初，以较低有檐的圆顶帽为礼帽，商人戴瓜皮帽，农民戴毡帽，小孩戴狮子帽，学生戴童子军帽。20世纪三四十年代在城镇中盛行鸭舌帽、毛线帽。平民及农民戴行灶帽，后来戴罗宋帽。老年妇女习惯戴绉纹双叶帽，无顶，护额两侧，俗称“洋套”。部分中老年妇女戴丝绒帽、毛线帽。婴儿一般戴绣花虎头帽，寓避邪之意，20世纪40年代起，逐渐为毛线帽所代替。农村妇女扎拷花蓝布头巾或用毛巾作包头巾。解放初，城乡居民盛行戴布质解放帽、八角帽。70年代起，城乡以戴军帽为时尚，中老年人戴工人帽(便帽)。老年农民仍爱戴驼绒行灶帽、罗宋帽，夏天戴草帽。进入21世纪，帽子的材质、样式逐渐丰富。皮、毛、绒、毡、草、竹等应有尽有；平顶帽、棒球帽、护耳帽、休闲帽、爵士帽、堆堆帽……举不胜举。城镇妇女中一度盛行用漂亮的丝巾包头或戴针织风雪帽。年轻女子一般不戴帽，冬天包围巾、丝巾，也有的女子用色彩鲜艳绒线编织的象征性的帽子作妆扮。

古代先民的鞋是用草、麻、葛编织而成的。清末民初，城乡居民以自制为主，穿玄色低帮圆口布鞋，冬季为蚌壳形棉鞋，雨天则穿钉鞋、钉靴或木屐(俗称“木套”)。田野劳作，农家赤脚或穿草鞋。妇女作客时喜穿黑帮绣花鞋。20世纪30年代开始，球鞋、跑鞋在城镇中逐渐流行，雨天穿低帮橡胶雨鞋，富有者及知识阶层穿皮鞋及高跟鞋渐多，而穷人穿芦花蒲鞋、箬壳鞋也不在少数。女青年流行搭襻鞋。袜子旧时通行布袜，男袜白色，女袜蓝色，布袜逐渐为线袜所代替。解放后，鞋袜用料、款式多样，有高低帮球鞋、橡胶雨鞋、皮鞋、各类跑鞋，以及纱袜、线袜。解放牌帆布胶鞋以价廉耐用得到许多劳动者青睐。70年代起，塑料人造革凉鞋、拖鞋、橡胶拖鞋普及城乡。男青年中盛行穿中跟皮鞋，夏天则穿人造革或牛皮凉鞋。女青年喜穿高跟皮鞋，冬季则穿高帮棉皮鞋或靴子。袜子大多穿尼龙袜、卡普隆丝袜及各种合成纤维袜、丝袜。进入21世纪，商店、超市中，鞋袜新品种、新式样更是层出不穷，年轻人追求品牌的、名牌的鞋袜。

发饰

清代，男子留发梳辫，士绅中年蓄须。年轻姑娘梳辫，额前留有盖额短发，称“刘海”。婚时，用线绞去面部汗毛，曰“开面”，然后将发辫绾成发髻，俗称“丫髻”。民初，男子剪发、剃须，女子放足。城乡男子初为光头，继为平顶、圆顶。但仍有少数“遗老”去辫后，头前部剃光，后留齐颈长发，俗称鸭尾巴，极少数辫子盘在头上。20世纪30年代起，城镇青年、知识阶层通行西发，妇女剪去发髻，改为短发，时尚女性烫发，而老年妇女及部分农家妇女，仍绾发髻。解放后，女青年一度盛行留双辫。此后有剪辫留短发者，亦有前刘海后梳辫者。80年代男子普遍留西发，男青年中蓄西式长鬓较多。女青年中出现披肩长发，妇女中烫发亦日见增多。进入21世纪，大部分人还是崇尚朴实大方，男子中保留西发、平头等式样，妇女中保留一把扎(马尾式)、披肩发等式样。少部分追求时尚的人，发型变化不断。男子中出现了鸡冠头等新式样，女子的发型变化更多。盘头发有中式、韩式等，烫发中有长波浪、小波浪、梨花等式，焗头发的颜色有酒红色、黄色、棕色，亚麻色等。

饮食

主食　以大米为主，间或面食。大米以粳米为主，籼米次之。20世纪50年代前，城乡都喜吃冬春米(又称冬双米、冬藏米)，是经加温发酵制成的大米品种，贮藏耐久，吃口松软。城镇居民有用赤豆糯米饭、豌豆饭、咸肉豆瓣饭、咸肉菜饭、猪油菜饭、莴苣叶菜饭、赤豆粥、绿豆粥等调节口味的习惯。农村居民在收获季节有尝新习俗。麦收时，做麦糕，面疙瘩；新谷登场，尝新米饭；糯米收获，做糯米圆子,甜酒酿等。面食主要有雪菜青椒等肉丝面、阳春面、三鲜面、牛肉面、酥羊大面、白鸡面以及各式过桥面和冷面等。城镇居民有的早餐食烧饼、油条、豆浆、包子,有条件的饮牛奶。

餐次　一日三餐。农村根据农闲农忙调节,农闲两餐米饭,早餐为粥,有的晚餐也吃粥。农忙时三餐吃饭,下午坐闲(小憩)时加一餐点心,有糕团、粽子等,有的吃午餐剩饭,谓“扒冷饭”。20世纪80年代后,随着生活条件改善,早餐城镇去饮食店吃面、生煎包子,农村喝“早酒”者渐多。

民间菜肴烹调　20世纪50年代前,城镇炊具均为柴灶,一般为两眼灶,贫苦人家为“行灶”(单眼)。农村专辟灶间,砌两眼灶,中间放置汤罐。城镇居民日常以素为主,荤素搭配,烧、煸、炒、煎,口味偏甜,稍考究一点的家庭多一些红烧肉、鱼、炒菜等。家里备有臭卤甏,咸菜甏,常有臭豆腐干、臭菜梗、臭南瓜、臭毛豆等。农村田间劳作忙,烹调不甚讲究,大多菜肴在饭锅上蒸炖,地上蔬菜随手采来蒸煮,蒸腌苔心菜、凉拌马兰头等。家家会腌菜,雪菜、大头菜、榨菜。50年代末出现煤球炉,60年代煤球炉在城镇已经普及,70年代烧煤饼炉,随之一些农户也用上煤球炉、煤饼炉。1980年出现瓶装液化气,取代了柴灶煤饼炉。21世纪开始,新住宅区用管道煤气,电磁灶、微波炉开始流行,烹调愈益讲究,煎炒更为方便,有的家庭几可与饭店菜馆媲美。农村受城市影响,从红烧转向清炒油煎,口味偏咸。常用调味品是菜油(后盛行色拉油、豆油、花生油、调合油)、猪油、盐、酱油、味精、姜、葱、蒜、黄酒、米醋等。荤菜食材有猪、牛、羊、鸡、鸭、鱼虾、甲鱼、蟹、螺蛳、河蚌及带鱼等海产品。素菜以各种新鲜瓜果、蔬菜、豆类及豆制品为主。21世纪开始大棚蔬菜发展迅速,外来蔬菜调运方便,北菜南吃,冬菜夏吃,已成常态。老百姓的家庭烹调,朝着少油限盐、追求营养、讲究健康的方向发展。一些年轻人流行DIY,在家中添置了电烤箱等炊具,从网上查阅制作方法,自己动手制作蛋糕、披萨、三明治、汉堡等食品。

特色菜　点心

臭卤制品　臭卤由霉苋菜梗或芥菜卤制成,有臭味。20世纪80年代前,很多居民家庭备有臭卤甏,其制品有臭豆腐干、臭毛豆、臭菜梗、臭蚕豆、臭南瓜等,可炖可煎。臭豆腐干以油氽最佳。

腌菜　有腌青菜、大头菜、芥菜、雪菜、榨菜、苔心菜、萝卜干、酸辣大白菜等。居民自行腌制者甚多,春腌苔心菜,夏腌咸蛋,秋冬腌青菜、芥菜。七星镇一带种植、腌制雪菜已有300多年历史。

腌腊　冬天,许多家庭要做腌肉、腊肉。腌肉,咸肉、咸猪头、咸蛋、咸鱼、咸鸡等,主要用盐,有些放些老姜腌制。酱肉,用酱油香料腌制或酱渍每天要翻动一次,几天后,拿出来在阳台上晒、风吹约20天左右即成。腌肉腊肉滋味咸鲜可口,风味独特。

南湖船菜　(见第三十七篇“名优特产”第三章第二节)。

乳腐肉、二锦馅　民国时期,为吴震懋菜馆传统特色菜肴。

虾仁蟹糊　20世纪30—40年代,一乐园菜馆传统特色菜肴。

点心　粽子有肉粽、豆沙粽、红枣粽、赤豆粽、白水粽、竹叶粽。包子有肉包、菜包、小笼包子。汤团有肉馅汤团、豆沙汤团、圆子。团子有菜馅团子、肉馅团子、青团子、南瓜团子、豆沙团子。饼有大饼、猪油葱饼、南瓜面饼、麦芽饼等。糕有年糕、糖糕、猪油糖糕、印花糕、松糕、豆麦糕等。还有鲜肉大馄饨、小馄饨、馒头、水饺、粉丝。

茶酒

旧时,茶馆遍布境内城乡。城中茶馆除喝茶品茶,主要是行业间交往、谈生意。乡村茶馆是农村沟通交流的主要场所。城市居民大多喜饮绿茶,农村喜饮红茶多一些,有些老人嗜茶成癖,茶馆是每天必到的。在小集镇,一般茶馆三四点钟开张,天未明,茶馆已喧嚣。有的老农带点农产品,选靠街座位,边品茶,边做买卖。茶馆是市民和农民休憩聚会场所,在这里,文人以茶会友,商人洽谈业务,茶友互通信息。有些人在该处聚赌,也有人在该处下棋、斗鸟、看相、算命、卖唱。偶而也有吃“讲茶”,解决民间纠纷的人。改革开放后,大众化茶馆(室)数量逐渐减少,上档次茶楼纷纷出现。营业场地有大厅亦有包厢,除供应茶外,还有咖啡、洋酒和各类中西式点心,有的还有娱乐设施。嘉兴民间有客来先敬茶的习俗，进门先泡茶一杯。民间有饭糍茶、枸杞菊花茶等。近年，在节前，一些机关、单位会召开茶话会听取意见。

历来祭祖祀神必备酒，婚嫁喜庆，亲友聚会，备酒宽待，节日合家团聚必饮酒，以酒助兴。黄酒为主，20世纪70年代前有甜白酒，80年代流行啤酒、红葡萄酒、各式白酒。农民在春节前喜用糯米自酿杜做酒，亦称米酒。市民每年4—5月用杨梅浸酒，也喜用各式药酒，8—9月自酿葡萄酒。名酒和补酒常作为礼品馈赠亲友。

嘉兴大部分城镇居民喜欢饮黄酒，体力劳动者中大部分人喜欢饮白酒。农村中喜欢杜做酒和白酒。60年代初自然灾害中，粮食紧张，农村中用番薯做番薯烧酒，民丰纸厂用收的稻草落下的稻谷做粮食烧酒。80年代起，酒店逐年增多，啤酒、葡萄酒、洋酒等各类瓶酒琳琅满目。

居住

农村住宅　多数为人字形屋面砖木结构平房，坐北朝南，门前为场地，门后有河流，三开间，屋脊两角对翘，颇具特色。有钱的有宅院、厅房及楼房。绍兴一带迁徙来的农民，旧时多住草棚。20世纪70年代后，改建为砖混结构简易平房。80年代后砖混楼房。90年代后期开始，多为3层以上楼房，不少为别墅式院子。新世纪农村统一拆迁后，迁入新建的农民社区。

城市民居　清末民国初，城镇普通民房以砖木结构的平房、两层楼房为主。有一种楼房临街有吊闼(即吊窗)，谓一门三吊闼。有的将临街楼上部分楼面延伸至街对面，楼下行人仍可通过，叫过街楼。南门夹着通济河的东米棚屋、西米棚屋，沿街屋檐都向外延伸，可遮阳蔽风雨，该类叫廊棚。商户人家多数临街排门店面，早上抽出一块块店门板后做生意，晚上插上门板打烊。富裕之家三开间两厢房楼房，坐北朝南，前有天井、墙门、照墙，后有披屋。官绅富户石基高墙，石库墙门，三埭进深，前客厅、中书房、后卧房，室内地平砖、天花板、红漆地板，间以天井、小院、披屋、备弄，宅前照墙，旁有风火墙，宅后花园。

住宅小区　抗日战争期间，城乡大量民宅遭日本侵略军焚毁。解放后，城镇逐年兴建住宅，20世纪80年代城镇已向四五层楼住宅发展，居民搬入新建住宅小区，职工宿舍和工人新村，有的住进了别墅。农村在60年代中和70年代后期起，两次出现建房热，两层新楼房到处可见。2009年，市委、市政府启动“两新”工程(“两新”，指现代新市镇和城乡一体新社区)，农村居民从原来的普通楼房搬进了公寓、别墅，现在已经可以和城里的住房相媲美了。

家具

旧时，城乡居民堂屋常用家具为八仙桌、方凳、方桌、长橙、靠椅、茶几、骨牌凳、竹椅、藤椅；卧室内有板床雕花床、账桌、春凳、双层橱、立橱、竹榻、藤榻；箱子、垫箱橱、梳妆台。20世纪30年代，城镇出现沙发、铁(铜)床等西式家具。50—60年代，城镇以五斗橱、三联橱为时尚。70年代以后，时兴置办整套新式家具，包括小方桌、写字台、床头柜、五斗橱、大衣橱等，俗称“36条腿”“48条腿”(家具脚的数量)。80年代后，发展为组合式家具。客厅多用沙发、钢折椅、转椅、食品橱；卧室多用高低床、席梦思床、挂衣橱等组合式家具。90年代后，房屋装修时，房间内生活设施一并完成。设计风格有中式、欧式、新古典式等。改革开放后，农村居民家具渐渐与城里相似。

交通

城内交通，古有轿子，分官轿、民轿。姑娘出嫁坐花轿，菩萨出位坐神舆，有钱人出门坐小官轿。20世纪20年代，始有二轮手拉黄包车。1935年出现自行车，1947年境内出现脚踏三轮车。解放后载客以三轮车为主。80年代后，有公交汽车、出租车。

嘉兴人自古临水而居，靠船出行。农村出行主要步行和船。走亲串友，载运货物，进城经商，主要靠农船。清代后期城市与小集镇来往靠航快船、汽轮船。后有火车、汽车等。

解放后，城镇以步行为主，少有车辆。20世纪60年代开始自行车逐年增多。70年代后，主要是自行车。80年代有了摩托车。90年代始有电瓶车、私家车。21世纪，出行汽车、火车、飞机，上下班以汽车、电瓶车和公交车为主。

第四节　生产习俗

稻作

春牛会　亦称打春、鞭春、打春牛，旧时用打春牛这一习俗寓“迎春天，祝丰收”之意。清代，该仪式甚为隆重，立春前一日，县官率丞尉穿官服，乘明轿，有司舆导鼓吹排仪仗，敲锣击鼓，迎春于东塔寺。至明日，鞭牛府堂（鞭春）。该俗延续至清末。

甩火把　又称“烧田蚕”“放宵火”“田柴之会”，是古代刀耕火种社会遗风，有祈求丰收之意，也有杀灭越冬害虫之利。农历元宵节黄昏时，农民用稻草扎成小把，由青少年高举，点燃成火把，在田中奔跑，甩上摇下，也有在田中烧茅草、茭白草、荸荠叶的。解放后该习俗渐废。

开秧门与关秧门　拔秧时，要扎秧把，在两把秧合处留缺口，俗称“秧门”。插秧第一天称开秧门，是一年农事的开端，旧时农家视若喜事。该日有吃鲞鱼，鱼头朝南的习俗，寓意为种田有“想头”，有好运。“上午团子下午糕，点心送到田横头”。象征团团圆圆，年成步步高。开秧门时农民颇多忌讳，插第一行秧时不得开口，不互传秧把，切忌两人手接手传递秧苗，不可把稻秧甩在别人身上，手中余秧不可丢，要插到田边，“余秧即余粮”。

插秧结束日，称为关秧门。务必在当天下午3、4点钟将秧插完，否则认为不吉利。最后插秧的田块俗称“汰脚田”，意为该田种好后可以洗净腿脚，穿上鞋袜。请人种田的则须于关秧门日办一桌酒菜，吃“关秧门酒”。关秧门后，出嫁女可回娘家探望。

息夏　农历六月初六息夏日，农事稍闲，农民是日休息，食馄饨、南瓜等，出嫁姑娘回娘家。旧时该日又是天贶（赐赠）节，传说唐代高僧玄奘从西天取佛经回国，过海时，经文被海水浸湿，于六月初六将经文取出晒干，后该日变成吉利的日子，百姓晒衣服和物件，亦称“浴猫狗”日，说是“猫狗猡猡生日”。

求雨　在农耕社会，水是生产的保证。遇到恶劣的自然环境，人们期盼风调雨顺。古时嘉兴一带以“龙”为求雨对象。仪式有请龙、晒龙（祈求无效就把龙王塑像抬出来曝晒）、还龙（下雨则举行龙会送其还庙）等。嘉兴城郊多在三塔的顺济龙王庙举行求雨，有些地方也向刘猛将军庙、关公庙等处求雨。解放后，求雨习俗遂废。

蚕桑

接蚕花　蚕花即蚕花娘娘，蚕神，其形象为古代女子骑在马上，手捧一盘茧子。农业社会素重祀蚕神，三塔茶禅寺有蚕神殿。接蚕花是解放前春季盛行于嘉兴一带的一种祀蚕神仪式。请神待佛人家先准备茧圆（米粉制作的有馅圆子或团子）和酒菜，是日，当神佛进酒期间，由赞神歌手将事先准备好的一杆秤（寓称心如意）、一块红手帕、一张蚕花马幛（蚕神码）和插在黄纸上的两朵红白纸花（枝上有柏树叶）交给该家的女主人，同时诵唱蚕花歌。歌词云：称心如意，万年余粮；蚕花马、蚕花纸，头蚕势、二年势，好得势；采取好茧子，踏得好细丝，卖得好银子，造介几埭新房子等等。女主人恭敬地将各物收藏，称接蚕花。待收茧缫丝，举行谢蚕花祭祀之后，将蚕花纸、蚕花马幛祭祀焚化。

踏白船　踏白船竞赛比的是速度。养蚕人家一旦出现蚕宝宝桑叶不够吃时，心里是非常着急的，“救蚕如救火”，立即派人驾船去远地购买，快去快回，年年月月衍生成踏白船比赛。过去市区三塔运河上每年一次的踏白船活动极为盛大。赛前先集中茶禅寺前祀蚕神，比赛结束后亦在庙前谢神聚餐。每当踏白船比赛时，运河塘上观者如潮，为一年地方盛节。

蚕花生日　农历腊月十二为蚕花生日，亦即蚕花娘娘（马头娘）生日。蚕农习惯在这一天做茧圆，备香烛酒菜，祭祀蚕神。

请蚕花　当蚕蚁孵出后，蚕农备香烛供奉蚕神像，蚕娘头插红绿纸的彩花，将剪碎的灯芯和野蔷薇花细末撒在蚕种纸上，再把蚕种纸挽在秤杆上，用鹅毛将蚕蚁、灯芯、野花末一起掸在蚕匾中。采用秤杆、灯芯收蚕蚁，谐合“称心如意”，寓吉祥之意。

轧蚕花　蚕乡逐渐形成了接蚕花、请蚕花、送蚕花、戴蚕花、祀蚕神、望蚕讯、轧蚕花等一系列养蚕习俗，其中以轧蚕花最闹猛。旧时境内高丰庙、徐王庙等，清明时节举行的庙会，以轧蚕花相称。

祭蚕神、祷丰收是庙会的主题,庙会摊肆杂陈,百货齐集,茶棚酒店,民间表演,杂耍演唱,无不具备,热闹非常。最大的特点是青年男女在会上你挤我轧,自由交往,非常开放,突破了当时封建礼教的束缚,故以轧蚕花相称。

养蚕禁忌 受科学发展的限制,古人对蚕花的生死病害不能理解,存在神秘心理,造成农村养蚕中禁忌颇多。

从蚁蚕孵化起进入蚕月,蚕户大门禁闭,边门进出,禁止陌生人进蚕室,连亲邻都不相来往,曰蚕禁,俗称关蚕门。嘉南一带在蚕禁期间,如有冒昧者登门,主妇会把一盆水泼向来者。公社化后集体养蚕,蚕禁渐废。禁忌还有:忌烟熏,忌酒醋五辛,忌香气油气,忌敲打响声,忌哭泣叫喊,忌饮酒者切桑叶饲蚕,忌丧服,忌产妇,忌用破蚕匾,忌西晒日照,忌猛风骤寒,忌饲热叶等。

蚕病有红僵、白僵、白肚、亮头等,古人认为养蚕期间,用这些词及其谐音是不吉利的,应该用另一词代替。有些替代的词用习惯了,现在还在用。忌亮:天亮了要说天开眼了;忌僵:谐音姜要说辣烘,酱油要叫颜色;忌伸、笋:笋要称萝卜;忌虾:虾称弯转;忌完:完了改成好了;忌四:蚕四眠改称大眠;忌腐:豆腐叫大素菜;忌白:白酒要叫烧酒;忌爬、逃、游等。

手工业俗

拜师收徒 旧时手工业者都要拜师,俗称跪过红毡毯,才算有出山。先由介绍人(俗称荐头)推荐,再择吉日拜师,一般选择端午、中秋、年初四等日子。届时,学徒携猪肉、面条、红烛、红枣、桂圆等礼物随介绍人到师傅家,签置关书(合同),要写上学徒期限、供膳宿、伤残病死概与师傅无关等条款,然后举行拜师仪式。点燃红蜡烛一对,师傅上坐,学徒跪于红毡,向师傅行叩头礼,礼毕,介绍人将红枣、桂圆分赠在场的师傅和师兄们,意为结缘,再由师傅带领学徒拜见师母,引见各位师兄长辈,最后在师傅陪同下祭拜祖师爷,如泥木工祭鲁班、理发祭罗祖、药工拜药王等。行业内讲究敬师,师傅就餐徒弟斟酒、盛饭,师傅饭毕,徒弟也得放下碗筷;学徒第一年作师傅家杂役,第二年如收新徒,才开始学艺;每年徒弟要送礼;学徒满师后,由家人出资办酒席,酬谢师傅,称为满师酒,或谢师酒。有的行业满师后还要伴作3年或4年,付一半工钱。该俗解放后仍沿袭,但仪式已改革,师徒关系建立在尊师爱徒的基础上。

求职 旧时到商店、手工作坊求职,须按行业找同行店坊,向主人自陈师门及求职意向,主人如感合适,即雇佣,如不中意,则向其他同行推荐。若无人收留,即由主人供应“两餐一宿”,次日奉送盘费,打发其另谋生计。

辞退 旧时店主或业主辞退工人不受法律限制,辞退1年以上长工,要选择在农历正月初四接财神之日,是日,不使拜财神者,即为辞退。

吃讲茶 吃讲茶是一种调整行业内矛盾的手段。俗话说一行有一行的规矩,做建房的长木工不许做圆木工做的木桶、木盆,做家具的短木工不许做农具。违反了规矩就要到茶馆吃讲茶,由大家评理,理亏一方付当天全体茶客的茶钱。

同桌吃饭 各种手艺的师傅同桌吃饭,通行的座次应是:石匠坐上位,木匠坐东侧,泥水匠坐西侧,漆匠坐下位,并要给同桌各位洒酒。一起端碗喝酒吃饭,一起吃好放下碗筷。一桌上首位师傅吃好后,其余几位即刻吃好随之放下碗筷。

泥木工

泥木工有共同的祖师爷——鲁班,有共同的习俗,也有不同的习俗。

因为鲁班的小名叫双,因此平时要避开双字,说双为对、一副。技艺主要靠师徒传承的,行业内特别强调敬师。传授技艺,师傅一般要保留一手,防止徒弟抢自己的饭碗。而一些身怀绝技的师傅,是极端保密的,他们的规矩是传子不传女,绝技是他家子孙的衣食饭碗。泥木匠每到新的工地做工,晚上睡觉时要把自己的鞋子放在床前,一只阴一只阳(如果睡地板时就放在草席一边),以防新地方不清净,有鬼魅作祟,把自己的鞋子放成一阴一阳表示向鬼魅“言和”。

木匠的工具很多,外出干活备有工具箱子,最忌别人乱动该箱。木匠有粗细之分。一般修房建屋,制做粗重农具的,称为长木或粗木匠;做细致家具又从事雕刻的为小木或细木匠。要当木匠，首先从粗重活学起，循序渐进。旧时，测验徒弟的手艺或互相间竞争手艺高低时，就是做一对“四撑八拃”的方凳。做成后，一个仰放，另一个4腿放在仰放凳的4腿上，如果两相垂合，严丝合缝，则其人技艺称绝。木工做活时忌削伤流血染在木料上，一旦染上必须擦干净，以防血液在木料上碰上木神化成“精”作祟。木匠活儿结束时，要留下一点尾巴儿，哪怕存下一些木屑也好，意为“还有工课”。

泥水匠建房，对墙基的牢固、砌墙的基准最重视。旧俗建屋，在砌墙、摆墙脚时，早上最忌听到哭声，尤其是女人的哭声，谓若有听到，则所建之墙要倒塌。砌墙脚，忌用曾作为器具的石料，尤其是磨盘。泥瓦匠拴好的水准线禁忌女子拨动。

造桥

人们将造桥视为积德造福的善行。修桥铺路，胜造七级浮屠。旧时造桥是社会公益事业，多由地方士绅发起，附近村民共同参与，钱款是募捐而来的，凡有发起写疏，都积极乐助。现存的一些旧石桥上，几乎都可以在横梁上发现“众姓公助”或“里人公助”的石刻字样，有些还刻有姓名。

昔日造桥要看风水和择日。凡桥面中轴线对准民房者，以为“冲神”，不得选为桥址。造桥前，要请土地神，备上三牲、果品。结顶合龙时，要请石匠祖师。石匠的祖师爷相传是张班，供品同样是三牲、果品，祈祷平安。拱桥面合拢，桥顶一块方块称龙门口。与时辰有忌者，回避。桥建成，石匠站于桥面之中，手托方盘，边喝口彩，边向四方抛包子馒头、糕团。然后凿开盘在桥上的铁链，名曰“开彩”。并要在附近地方推选一位老人第一个走过桥面，要德高望重，夫妻团圆，子孙齐全的，他走过之后，众人跟在他后面上桥，称为“福随”。意思是向他看齐，都成为有福之人。近年尚流行造桥周围农家为避“桥神”，每家每户均在自家屋顶插红旗或悬红布，主动做方糕送至造桥工地，供工人食用。

建房

旧时造房要先请风水先生，测方位、定屋基、选吉日，然后才放样、动土。动土日焚香点烛拜利市，再排基。农村造房是大事，一家建房，同村家家帮工。上梁之日，正梁上挂红旗，中间裹红布或红绸，角间钉顺治铜钿。柱子上贴红纸，书写“上梁大吉”。亲友来送礼，小孩轧闹猛。时辰一到，房主供斋祭拜，泥、木工把作师傅分别爬上左、右栋柱，在大吉大利的好口彩中，主人手捧食品方盘顺梯而上，把作师傅接盘高喊一声，两端系红布缠绕粗绳的正梁缓缓提升。随之唱起《上梁歌》，师傅领一句，帮工们和后半句：“脚踏云梯步步高，步步高！好比芝麻开花节节高，节节高！……”鞭炮齐鸣，正梁落榫。把作师傅抛下糕团和喜糖，工匠、邻里、小孩争相哄抢，十分热闹。待钉上椽子，提前收工。主人摆上梁酒，款待泥木工、帮工及亲友。

渔俗

捕鱼有张网、撒网、钓鱼、丝网拦鱼、拖网、诱鱼等方法。活跃于大桥步云乡下的鸬鹚捕鱼是江南水乡独特的风景，渔民一边摇着载着鸬鹚的脚划船，一边吆喝着：“喔呵呵依唷呵呵——”用竹竿一挥，鸬鹚立即下河捕鱼。渔家长年累月于风浪之险中，有诸多禁忌。晨开船后如欲转回，须绕路回摇，寓好汉不走回头路。第一网如捕到鲤鱼，认为是鲤鱼跳龙门，兆丰收，如捕到黑鱼，尤以为是喜兆。船上忌有“翻”音、“沉”音，吃鱼不能翻鱼身，鞋不能翻放，碗不能倒置，早上不能吃蛋，在船上要盘脚坐。有人落水遇险，渔家一般不去搭救，最多只会扔给一根竹篙。如遇到死者，愿意搭帮打捞，此俗称救死不救生，迷信认为救活人得罪河神，渔民常年在河里风急浪险，怕河神报复。因此，即使有人被救了，被救者也要特意买香烛和公鸡往该船敬神，并买红布盖在船头。渔家徒弟学徒3年，师傅不收拜师钱，徒弟也无工钱，期满，师傅置一套渔具相送。这些旧俗大部分已废除。

每年清明或8月13日刘王老爷生日，境内渔民都要到王江泾参加莲泗荡网船会。

养猪

猪是农家的聚宝盆，为了保护这只聚宝盆，境内有多种养猪习俗。

建栏习俗　建猪栏是农户家的大事，主妇除安排工匠主餐外，还会准备点心。工匠的点心要在猪栏吃，不得推辞，这样做了，以后该栏生养的猪爱吃食，还会抢食。

养猪祭祀 旧时，新丰一带有养猪祭祀习俗。在母猪生小猪第3天，主人早早起来，将猪栏打扫得干干净净。一般猪舍朝南，在猪舍北边走廊放一张供桌，桌子中间放煮熟的五花肉（或猪头）、水果和其他供品、几只小酒盅，筛一点老酒，点燃香烛，就绪后，祭祀开始。主人在供桌前一边跪拜，一边祈祷神灵保佑。跪拜祈祷重复3次，等蜡烛将燃尽时，将事前准备好的纸元宝烧给神灵受用，最后轻轻吹灭蜡烛，将元宝纸灰倒在东南方干净的地方。

阉猪助长 为了养壮肉猪，猪稍大后要请人阉猪。旧时，有人以此谋生。他们身带刀具逐村游走，所到之处高声叫喊："阉猪哎!"20世纪"公社化"后由大队兽医负责阉猪。通过阉割的猪长得快、长得大。

新丰姜俗

新丰在300多年姜的栽培过程中，逐渐形成了生产习俗。谷雨前种的姜出窖时，立即在屋角置一催芽灶，叫做"春角"，利用热烟加温保湿，使灶内"只准有温度，不能有亮火"。既能杀灭病菌，又利于出芽，民间说法是把"僵气"赶走。催芽后，进行掰姜，这叫掰发掰发，图的是吉利。掰好后就去栽种，"姜"与"僵"同音，姜农忌讳，管姜叫排辣货。在种姜的田横头栽上几株胡葱，期望"无冲"，即不会有邪晦之气来冲撞。到6月上旬，姜苗高4~5寸时，人们在姜田里用竹竿搭起一米高的平架，上铺一层麦柴，使棚下有光但不强烈。搭好的棚怕被风卷走，便在棚顶的东南角放一个旧马桶盖或破夜壶，据说这样可吓跑龙卷风。在姜田干活，最累的是抄姜沟，待遇也高。旧时新丰有句"五酒三饭四六八"的顺口溜，说的就是姜农一天喝5次酒，吃3餐饭，早上4个菜，中午6个菜，晚上8个菜，而且工钱加倍算。在姜的苗叶发出4、5片时，如果将种姜挖出，这就叫"偷娘姜"。娘姜老辣，去腥臊的性能特强，人们常说"3斤青姜不如1斤老姜"，指的就是娘姜。不管丰年歉年，新丰的姜农总会留一部分姜作种姜用。种姜须及时窖藏。村上常几户人家合藏一窖。入窖前，会举行"做社"仪式，以敬谢土地神，保佑种姜平安过冬。待到来年开春，窖姜出坛，姜农又要开始新一轮的做"春角"了。

暖灶

未达温饱时期，灶，是一个家庭的焦点。不管是乔迁新房还是儿子分家，都要砌新灶台，打灶必得暖灶，庆新灶必得吃暖灶酒。

新砌灶台要动灶神，在农村是大事，破土动工要择吉日吉时。按新丰一带农家的传统习俗，由主家预先备好砖头、石灰、黄泥等材料，请好砌灶师傅，师傅带徒弟早早登门。动土越早越好。动土时，对天燃香表示向灶神公公打个招呼。砌灶头的技艺大有讲究，灶头须一次性成型，不准返工。一只灶头须当天完成，当晚烧暖。

吃暖灶酒是民间传统习俗，砌灶前要请好客人。如果是儿子分家立门户，娘舅、姑夫必定请来，假如分割财产中产生纠纷，需由娘舅、姑夫出面，从中调解，秉公而断。娘舅、姑夫送的是放在元宝篮里的糖馅团子，寓意团团圆圆、甜甜蜜蜜。新媳妇的娘家要支持女婿新立门户，必定来。送的礼物分两类，一类是勺、刀、桶、火钳等炊具，另一类是碗、碟、筷等餐具。如果是乔迁新房摆暖灶酒，就单纯属于一项喜庆活动。

第五节 礼仪习俗

婚嫁

婚嫁迎亲

说亲　一般由男方请媒人先往女方提亲，媒人来往男女两家，介绍双方及家庭境况，进行说合，若女家应允，则将女儿八字（出生年、月、日、时用天干地支表示的八字）书于帖子（庚帖）上，称出帖。男方得该八字，压于灶山香炉下，称压庚。然后请算命先生推算男女八字是否相克，称合八字。如五行相冲相克，则退回女方庚帖，并送一些糕点等礼物示歉。如无冲克，合得拢，男方便发一帖至女方表示正式求婚，如女方同意，便是说媒成功了。双方首肯后，择日拎小篮，也称吃篮。拎小篮要压红礼，除男方送给女方的礼金外，还有两个小红包是给男女双方媒婆的。饭后，女方打开男方的篮头，亦给双方媒婆红包，女方以男方的半数谢媒，此谓对红。送走客人时，女方还在篮里放一点回礼，其中必有状元糕或云片糕，谓之两头高。回到男家，对媒婆自然还有谢礼。以后就是定亲。

订婚　男方请算命先生择定婚期，写在红纸上，提前7~8个月由媒人送至女方求娶。经女方同意后，男方于婚前3~4个月再次向女方馈送聘礼，谓行大礼。一般再送银洋若干，作为置办嫁妆之用，随送四色果盒、糕点及鱼肉篮。该日，男方邀媒人、至亲聚餐，商量迎娶大事。

婚期临近，女方亲友送贺礼，以衣料、日用品为主，俗称陪嫁。眠床由男方置备，在结婚前夕安床，新郎与一名未婚青年睡一夜，谓暖床。婚前一日，男方派人送新娘礼服、凤冠霞帔以及四时衣着至女家，同时备带喜钱红包，分送女方帮工。在农村，男方要备好封筒——六礼：太礼、伯礼、叔礼、堂上礼、抱舅礼、肚痛礼。太礼是送给女方祖辈的，伯礼是送给女方伯父的，叔礼是送给女方叔父的、堂上礼是送给女方父辈的，抱舅礼是送给女方舅佬的、肚痛礼是送给丈母娘的。女方家将各式嫁妆成列于厅堂，准备与男家迎亲队伍一同发妆。嫁妆一般有被褥、首饰、橱箱、桌椅等木器、脚盆粉桶等用具，小康之家还有铜器、锡器、瓷器等，豪门巨富，日用所需无不具备，甚至连寿板、田产以及婢女。不论贫富，嫁妆中必备红漆马桶，俗称子孙桶。桶内放喜果1包、红蛋2个，到了男方家，由女主人命一男童取出并放尿，称送子。

迎娶　旧时，娶亲用花轿，路远用娶亲船，花轿置船首。官绅豪富之家，由媒人坐小轿为前导，新郎坐青毡大轿。红灯引路，鸣锣开道，列队前往，称迎娶。花轿至女家，正门虚掩，待男家递上帖子，送上使用红包，放铳3响，吹打一番，女方始大开正门迎接。花轿停堂前，主人设茶点招待，稍息，吹鼓手催妆曲频频奏起，此时，喜娘为新娘穿戴，母亲为姑娘插蚕花，称上头。新娘象征性吃上轿饭，含泪惜别父母。喜娘将大红幞巾往新娘头上一盖，搀扶着踏着红毡缓慢上轿。轿内座位下放脚炉，寓意像火一样发。此时，锣鼓喧天，鞭炮齐鸣，母、嫂、姐妹说吉利话相送。花轿将近男家，只听到放铳3响，鞭炮声大作，男家奏乐迎接，门前燃3扎稻草（3蹲火），花轿围此旋转数圈，从东南向进入中堂，称"兜青龙头"，寓吉祥意。花轿稳稳停妥，小姑开轿门，喜娘陪婆婆喂新娘糖茶（或甜羹），轿前放袋踏脚米，新娘踏米袋出轿门，由喜娘搀扶进婆婆房中歇息。

婚礼　拜堂在正厅（或正屋）举行。正中壁上挂双喜金色大红喜幛，四壁挂贺幛贺联，礼桌上放置天地神马、香炉、龙凤花烛、陪烛。拜堂仪式开始，鸣炮奏乐，新郎（左侧）新娘（右侧）站在红毡单上，主人拈香礼佛，新人行三跪九叩首大礼先拜天地，继拜祖宗，再拜父母，跪着敬酒3杯。父亲训话，勉励新人尊长爱幼，勤俭持家，互敬互爱等。最后新人交拜。礼毕，开始迎花烛，乐人高奏洞房曲，掌礼人手持花烛边唱12月花名（或四季花名）边前导，陪烛者随后，新人各执连理花（中间结扎成大彩球）红绿牵巾一端，绕礼桌一周后，踏着地上铺的麻袋，缓步入洞房。边走边铺麻袋，前后接替，谓之传代。掌礼人进洞房门，口唱吉词，用枣子、花生等向四方上下抛散，谓散帐。掌礼人将烛台置桌上，喜娘请新人（男左女右）坐床沿上，谓坐床。又请新人洗和气手，随后新郎用秤杆梢挑去新娘头上盖的幞巾，寓意称心如意。喜娘陪婆婆喂新娘糖饭。接着行见面礼，男家亲戚全部到齐，按辈分次序，新人向父母、舅父母、姑父母等一一跪拜，敬献糖茶、喜果，喜娘依次介绍称呼。叫父母称开金口，其余称见面。长辈给新人见面红包，新人给晚辈见面红包，俗称结缘。

20世纪30年代，城市流行文明结婚，简化婚嫁程序，行文明婚礼。婚礼由主婚人主持，证婚人读证婚词，司仪（旧称主管）高唱："一拜天地，欢天喜地；二拜高堂，长福长寿；夫妻交拜，百年好合。”解放后，《婚姻法》颁布，旧的婚嫁习俗逐渐革除，青年男女自由恋爱或经人介绍，双方认可后征求父母同意，在政府登记，领取结婚证，然后聚餐办婚宴，向亲友送喜糖。“文化大革命”期间，婚礼仪式很简单，称之为革命婚礼。随着改革开放和经济发展，80年代中期后，大操大办之风逐渐兴起。迎娶都用小桥车，少者三四辆，多者10几辆。新娘披白色婚纱，新郎穿黑色西服，由傧相陪同，婚宴前立酒家饭店大门前迎候宾客，婚宴定在酒店，从10几桌到四、五十桌，新郎向宾客敬烟，新娘对小辈分送小红包。婚礼仪式由酒店或专业婚礼公司主持、操办，灯光、音响设备更现代，策划周全。程序趋向豪华和戏剧，全程录像、拍照。

回门　清代称对月。婚后一个月夫妻双双回娘家，探望老人。新郎带桌酒菜去，俗称桌面礼，孝敬岳父母；岳父母回礼，办回门酒。女儿出嫁常常牵着父母的心，新丰等地有这样的习俗，姑娘出嫁时会从娘家带一根草（或红丝带），称吉娘草，寓出嫁不忘娘的养育之恩，并且一定会常回家看望爷娘。

渔民婚俗

旧时渔民在水上漂泊捕鱼，以船为家，生活窘迫。特定的职业、特定的环境形成了特定的婚姻习俗和婚俗文化。彩礼简单，仪式简化。渔民儿女成年后，由父母作主为他们张罗婚姻大事，大多托媒通婚。媒婆通常由女方指定，媒婆到男方家议婚，双方家长商量同意后，男女双方共同选定结婚的日子，叫做报日。当天，男方要设宴席，款待双方亲属和邻里，定下这门婚事。结婚时，男方如果有些积蓄，就买条小船当彩礼，女方整理几床被子作嫁妆。婚礼和喜宴在船上举行，举办婚礼时，女方的主人、亲友全由男方招待，贺礼也要悉数交给男方。水上喜宴也很奇特，大小渔船船头相对，分两排泊定，每船摆一两桌酒席，中间留一船档，好让专门传菜的小船穿行其间。尽管酒菜不像酒店里那么丰富，但大家吃得很开心。

1968年实行渔业生产社会主义改造，各乡镇成立渔业村，划定了水面区域，开展集体水产养殖和捕捞，政府划拨住宅地，渔民到陆上定居，告别了水上生活。随着时代的发展，渔民婚俗特色渐趋淡化，逐步被当地居民同化。

婚纱摄影

民国时期，婚纱照是上层人士、社会名流才有的，普通老百姓很少拍结婚照。解放后开始流行拍结婚照。新人一般换上比较干净的军装、工农装，整理一下头发就直奔照相馆了。没布景、没光影效果，两人端坐在照相机前，肩并肩、朝前看的黑白照片。“文化大革命”时期是一个讲政治的年代，新婚夫妇胸前佩戴着毛主席像章代替胸花，穿着军装或红卫兵服装拍照，也有着色的照片，技术好的师傅加工出的照片有彩色照片的效果。20世纪80年代出现了彩照，时尚婚纱照，新娘穿洁白的婚纱，戴洁白的面纱，手拿塑料花，新郎穿西服。90年代境内出现多家专业从事婚纱摄影摄像的影楼，拍摄结婚照时不再是拍单张，而是拍成一组一组的，然后装订成册，将自己最喜欢的结婚照放大挂在床头。21世纪的结婚照可以说是集个性、时尚、唯美、浪漫于一体的多样拍摄，不限于内景拍摄，外景拍摄也越来越被大家所关注，新人们开始注重张扬自我，表现个性。

婚庆服务

进入21世纪，越来越多的新人选择把婚礼庆典委托给婚庆公司来操办，他们看中的是婚礼庆典的专业与创意。婚庆公司顺应潮流，如雨后春笋般创办起来，有芯恋婚庆、艾美婚庆、哈妮婚庆、千色花婚庆、幸福花开婚礼策划等10几家。大多是婚礼策划、摄影摄像、婚纱礼服、婚车婚品及一系列与婚礼相关的服务。2009年12月1日，我国首部《婚姻庆典服务》国家标准开始实施，将婚庆服务纳入规范化轨道。

其他婚姻习俗

招赘　即招女婿。一般说女家经济条件较好，是独生姑娘，或者有一个弟弟年纪尚小，需要一名男子协助治家，支撑门面。男入女家后成为女方家庭成员，所生子女从母姓，并承担抚养岳父母义务，有遗产继承权。

望门寡　旧俗女子受封建礼教束缚，订婚后，未婚夫夭亡，未婚女子虽居家，也被认为“命硬”“克夫”，以致终身不嫁，称“望门寡”。经过结婚仪式，丈夫死亡，妻子守寡守节，视为天经地义。寡妇改嫁，被视为不贞，受到社会歧视，寡妇带去前夫的子女，俗称拖油瓶。男子到寡妇家落户，被贬称为垫榔头。

叔接嫂　也称接小叔。一般均为贫困之家，兄死后，寡嫂嫁与其弟，年龄相差亦不计，可省去一笔繁重的结婚费用。

指腹婚与对小亲　因双方家长交好，或为了“门当户对”，小孩还未出世，双方父母即指腹为媒，为未来的孩子决定终身大事，称“指腹婚”。幼年子女，由双方父母作主订亲，至成年时结婚，称“对小亲”。该类习俗已废。

童养媳　俗称“养媳妇”。贫苦人家因儿女过多，或天灾人祸，为生活逼迫，将未成年女孩给人家做童养媳。而男方亦因负担不了娶亲费用，或家中缺少人手，愿意接受。双方同意后，即由男家领养，待长大成人，举行简单仪式，俗称“养媳妇并亲”。童养媳在婆家常受虐待。

拖亲与冲喜　男女双方订婚后，婚期未到，男方父或母去世。为节省开支，在未过门媳妇前来吊孝之后，即草草成亲，称拖亲。订婚后如遇未婚夫患重病，男家提出结婚冲喜，以为婚礼可冲去疾病之晦气，遂举行婚礼，称冲喜。

赶尸做亲、跨尸做亲与抱牌位成亲　男女订婚后，男方父母如亡故，男家可提出即日成亲，新郎新娘戴孝拜堂，称赶尸做亲，亦称戴孝做亲。男女从小订亲，如女方夭折，男方从其尸体上跨过或兜一圈，表示承认死者已是男家的人。死者葬男方坟地上，立神主牌位，男方可得到一批嫁妆，该俗在民国时期盛行，叫跨尸做亲。抱牌位成亲又称阴婚。旧俗订婚后，未婚夫夭亡，同样用花轿迎娶新娘，新娘抱着未婚夫牌位举行婚礼，然后守一世寡，称抱牌位成亲。

调换亲　双方因家贫或其他原因，子未娶，女未嫁。为继续门庭，则以女换媳，称调换亲，亦称姑换嫂。也有几户人家推磨式轮转调换的，称作三调亲、四调亲。这种方式造成夫妻感情基础差，往往家庭不和睦，甚至出现悲剧。

拜孤孀　乡村中单身男子无力娶妻，暗中征得孀妇同意，遂邀集青壮汉若干，购肉一块，于夜闯入孀妇家即驮往男家，或入承其家，鸣炮拜堂成亲。孀妇初必哭呼不愿，继即默许，众人饮酒食肉而散，该谓拜孤孀。

抢亲　是以强行抢夺的方式来达到成婚的目的。旧时男女双方订亲后，因男方家贫或其他原因，女家欲毁婚约，婚期久久不定。男方策划，商定时间、地点。到时媒人指路，新郎见新娘，就拦腰抱住，也有放鞭炮，以示旁人不得干涉，将新娘抢来成亲。亦有自幼订亲，长大后双方情投意合，女方家长欲赖婚。男方得到姑娘同意，暗约时间、地点抢亲。上门后，在鞭炮声中匆忙拜堂。第二天回门，岳父母只得认婿。

生育

催生　孕妇产期将届，若是头胎，娘家送催生礼，俗称拿催生篮。礼品有婴儿衣裤、鞋帽、包裙、尿布及产妇食用的鸡蛋、红糖、胡桃、桂圆等营养品，曰催生。

报生　婴儿落地后，在红漆脚桶（盆）温汤沐浴，家人即往外婆家报喜，称报生。婴儿出生第三日称三朝，外婆家送去鱼肉、糕点、果品、香烛等，称“做三朝”。主家斋佛，将红蛋和果品分送四邻八舍。婴儿喂奶前，先喂三黄汤（黄连、黄柏、雄黄）解除胎毒。亲朋闻知添丁，前来送礼祝贺，俗称拿汤篮。一般送鸡蛋、红糖、肉及糕点包，主家设便宴招待。实行计划生育后，婴儿出生倍受青睐，做父母者不惜重金招待亲朋好友，以示庆贺。

满月　婴儿出生一个月称满月。是日，主家点红烛清香，供果品，祀神祭祖，办满月酒席，宴请亲朋，并向邻里分送团子。婴儿剃满月头，胎发搓成发圈，同桂圆、红枣一起，用红丝线串之，挂于床头，谓可以镇邪。风桥镇新篁还有做头发圈的古俗，将胎发和狗毛、猫毛混合，用红枣、桂圆做成头发圈，挂在床头，寓意小孩容易长大。

周岁　婴儿长之至周岁，舅家送来银制百锁、长寿钱、成套衣服等，其中百锁正反面铸有“长命富贵”“关煞开通”等字样，孩子穿戴后由大人扶着敬长辈，然后穿过预先搭在屋檐下的竹梯，称“过关”，再由舅父抱至户外兜一圈，必须过两座桥，才算吉利。礼毕，招待亲友周岁酒。有的家庭还准备了算盘、笔等若干物件，让小孩任意抓取，谓抓周，说是可以预测小孩的未来。

过生日

每逢家人生日，习惯吃面条，称长寿面，小孩还加2个鸡蛋。20世纪70年代起，多数以送生日蛋糕表示祝贺。90年代开始，流行手机短信、QQ等互联网生日祝福。

成年礼　少年过16岁生日，被认为已长大成人，旧俗父母给子女吃鳜鱼，取其谐音，表示要其记住已成年。现一些学校和青年组织在学生18岁时，为他们举行成年礼，进行“责任心”教育。

庆寿　做寿有“做九不做十”之说，旧时人们认为逢九是个关，做寿可免灾。富裕之家自39岁起逢9做寿，40、60、80等双十寿辰为大寿。做寿仪式隆重，至亲均送寿面、寿桃（米粉制品）等拜寿。还有“六十六岁时女儿要送六十六块肉（小块）”之俗。

丧葬

送终　老人弥留之际，外出子女必须赶回，亲人日夜守候在旁，听取临终遗嘱。老人断气，亲人号哭，谓送终。如有子女未能送终，为人生憾事。这时，将蚊帐撤去抛于正屋屋面上，在户外焚烧纸人纸桥，意为送其灵魂西归，接着为死者揩脸揩身换内衣，送终者手捧点燃的香，跪在地上直到穿好为止。接着转和，用白带子束在遗体腰间，大儿子捧头，小儿子捧脚，移尸中堂，称小殓。遗体头东脚西，上覆以被单，脸用白布遮盖，脚边点长明灯，灵床外侧挂布帘，称作孝幛，内是孝堂，子女哭泣致哀守灵。孝幛外设灵台，灵台桌上点燃香烛，供祭饭菜酒水果，灵台上方挂遗像。与此同时，家人带上其生卒年月日时，至当地庙中请僧道推算殡殓时辰，忌讳生肖，领一张黄色批书纸，贴在大门上。随后丧家向亲友报丧，告知亲人病故经过，入殓日子。昔报丧人掖下反夹雨伞，离开前一定要吃点东西，哪怕是白开水，以图吉利。现多为电话报丧。

伴灵　女子、至亲始终轮流守护，称伴灵、务使长明灯不灭。丧家叫来自族帮忙，妇女们做白衣、白带、“幔”鞋子（重孝白鞋，轻孝蓝布鞋，孙以下嵌一点红色）。请来和尚做道场。奔丧客人一到，有专人通报，守灵女儿、媳妇哭个不停。奔丧者进门后先拜见死者。吊者向亡故者行跪拜礼，儿孙辈披麻戴孝在灵案西侧跪拜回礼，吊者向丧者家属慰问。奔丧一般带花圈、绸缎被面等，礼金必须单数。丧家要准备白挺带、黑纱（黑臂章）。黑纱不能手传手，要丢在地上，让吊唁者自己拾起来。昔时多在家设灵堂，现城镇大都到专门殡丧服务的灵堂设灵台，部分农村也有商业化的殡丧服务。

入殓　旧时入殓出殡时间由家庭经济决定。贫寒之家，3日殡葬，不用择日，称三朝丧；小康之家，在七里（即七七四十九日之内）择日出殡；豪门巨富有停柩2~3年出殡的。从20世纪60年代起，社会上一般习俗，停尸3日，第3日清早入殓。入殓又称落材。是日，延僧道做道场或拜忏，超度亡灵。入殓前，土工用石灰（或草木灰）、灯草纸包垫于材底，上垫被褥，两头分置枕头、脚踏。吉时一到，土工即在哀乐声中替死者穿衣、戴帽、着鞋，梳头整容，死者口含金银（系有红绳的铜钱），双手捏银锭（锡纸元宝）。接着子、媳、女、婿先后为死者盖棉兜。丝棉兜子中央开孔谓“开开心心去西天，毋须记挂人间事”（该俗又称“扯蚕花挨子”，是养蚕地区特有的丧葬习俗）。即时锣声大作。儿孙捧头捧脚，抬尸入材，土工在正中安放遗体毕，盖上棉被，用灯草包塞遗体四周，至亲好友排列灵柩旁，哭声四起，呼唤亡故者，土工即盖棺封口。该习俗称大殓。

出殡　也叫出材，须在上午。送葬队伍前有撒三黄纸，俗称买路钱，意免野鬼纠缠。棺材由4个壮汉抬着。儿子捧牌位，媳妇捧米囤，紧紧尾随。和尚紧随后吹打诵经，再后边是亲友送葬人群，5名少女眷属头顶白布，蜿蜒而行。众人披麻戴孝，齐声哭丧。到了墓地，放棺入穴，祭奠封土。封土后，撒三黄纸的率先回家。送葬队伍绕墓一圈，原路返回。送葬队伍返家，跨过门前点燃的3墩火，事先已有糖茶糕点准备，众人均要喝一口糖茶，吃一点糕点，称吉利或是利事。推行火葬后，即由殡仪馆来接丧者，子女同车，其余丧者亲友另车随后。至殡仪馆，或开追悼会，或遗体告别后，进行火化。风俗依旧。须臾，开席吃豆腐饭，豆腐饭亦称“素饭”，以豆腐、蔬菜为主，辅以荤菜。改革开放后，豆腐饭大多办在酒店，除保留一盆豆腐外，已与一般酒宴差不多了。

家祭　从死者断气时算起，满七日为“一七”，逢七日丧家必于灵堂设供祭拜。迷信者相信死者灵魂于死后近期要回家一次，由“眚神”（牛头马面的无常使者）引导。其回来日期请阴阳先生算定，通常是首七和二七之间，这天称回煞，也称接眚。当日晚间要吃蒸馄饨，俗称接眚馄饨，对近邻亲友则送状元糕，叫接牌糕，现城乡人家仍保持丧后向送葬者送糕习俗。至“五七”最为隆重，旧时有“放焰口”“上座亭”等仪式。至“七七”称“断七”，转入正常悼念。

明清时死者殁后，家中设灵台、灵座，每日点油灯，供以茶饭。孝子数月不能理发，亦不能穿丝绸，衣褶不缝，称为服孝。逝世百日、周年及清明、中元、冬至等节都要祭拜，有的人家还要请和尚“拜忏”。灵堂要设3年才撤除，灵亭灵台焚化，孝子换下孝服穿上正常服装，名脱白。朝廷官员在位期间，如若父母去世，必须辞官回家，为父母守制27个月，这叫丁忧。现代人家于断七后就撤掉灵台，丧期告结束。

殡葬改革

明清以来，贫寒之家、农家，或为节约土地，或无作葬身之用的自有土地，或其他特殊原因，棺材不入土，而用砖石将棺木四角垫高三寸，暂不归葬，并将棺材砌白墙，盖瓦，状似小屋，称为浮厝。停棺年久，棺木腐朽，亲属乃收拾遗骨装入瓷甏（称骨殖甏）埋入土中。解放初，农村中浮厝尚多见。

20世纪70年代以前，死者以土葬为多。70年代在改地造田的过程中，实行坟墓深埋。80年代中期，实行殡葬改革，由土葬改为火化，坟墓集中安放。因简便、卫生，符合现代文明，群众乐于接受。有的丧家门边贴着“谢绝吊唁”字样，以示丧事从简。治丧过程中，吊唁者胸佩白花向遗体鞠躬，用录音机播放哀乐，表示哀悼。破除了封建时代讲究看风水、选坟地、烧香纸、出大殡等迷信观念和铺张行为。90年代，移风易俗，殡葬改革的思想为境内多数群众接受。1992年以来，境内丧葬火化率一直保持在100%。丧事风俗从简。机关、企事业单位人员亡故，多由单位主持，在殡仪馆开追悼会或举行告别仪式，单位和亲友送花圈或送挽幛表示悼念，然后遗体火化。死者如为相当级别的领导，或知名人物，在报纸发表讣告。农村按区域建公墓或安息堂，实行集中安葬。

进入21世纪，随着人们观念的更新，提倡绿色殡葬、厚养薄葬、丧事简办，越来越多的人选择树葬、草坪葬、海葬，一个科学、文明、进步、和谐的社会正在形成。

第六节　社会风尚

传统风尚

勤劳节俭　勤奋节俭是境内百姓的优良传统。历来百姓日出而作、日落而息。解放后，农民无论是个体劳作，还是公社集体生产，都以勤奋为荣，田间劳动，精耕细作，经得起风浪，吃得起苦。城镇居民无论是经商、办企业，还是当工人、职员、干部，都勤俭治家，穿着朴素，吃用开销，量入为出，绝不浪费。教育子女，从“谁知盘中餐，粒粒皆辛苦”开始。无奢侈要求，勤于职守，任劳任怨，不计报酬，艰苦朴素。20世纪50—60年代，领导干部深入群众，关心群众，与群众打成一片，廉洁奉公，深得群众尊重。勤劳节俭是社会风气，以此作为衡量个体的标准。勤奋节俭的人得到尊重。改革开放后经济发展了，生活改善了，社会舆论和媒体宣传中继续引导群众保持勤劳节俭优良传统。

尊老爱幼　尊老爱幼是中华民族的优良传统。大年初一，晚辈要给长辈拜年祝福，长辈要给小孩压岁钱。家庭中，老人是全家的核心，是最受尊崇的。年幼者对长辈礼貌有加，语言委婉柔和；晨起向老人问寒问暖；时时关心衣着厚薄；行动蹒跚搀扶而行；婚庆喜事长辈坐大位；日常用餐，家庭中最长者朝外坐。长辈对小辈，生活上关心备至，又有严格要求，重视教育做人道理和培养劳动习惯。女孩自幼学女红，男孩步入少年，出门学生意、学手艺、学规矩。改革开放以后富裕起来的人家，不遗余力送孩子进各种特长班培养，甚至出国留学。

解放初，农村孤寡老人由互助组无偿为之代耕，农业合作化后实行"五保"（保吃、保穿、保住、保医、保葬），孤儿由民政部门委托孤儿院抚养，有病给予医疗，供其上学。1951年起每年6月1日为儿童节。1989年起，每年重阳节，列为"老人节"，社会、政府传承优秀历史、文化传统，创办敬老院，为老人发放养老金。各乡镇、单位建老年活动室、组织老年人旅游等敬老活动就更多了。

尊师重教 境内历来尊师重教，老师被归入与君、父共同受特殊尊敬的行列。学生入学，先行跪拜礼；堂上老师提问，必须站立回答，向老师请教也要起立；老师讲解，要垂手恭听，命坐，再坐下。每逢时节，向教师馈赠鱼肉蔬菜、时令糕团。解放后，尊师重教之风依旧，1985年始，每年9月10日定为教师节，尊师重教之风更盛。每年教师节党政领导深入学校，召开教师座谈会，为学校解决困难。尊师之风还涵盖手工业，拜师傅要送作见面礼，要点起红蜡烛，师傅上坐，学徒跪在红毡毯上磕头。解放后，学徒工进厂拜师，虽没有旧时礼节，但尊师的观念深入到工作和生活中，"一日为师，终生为父"，以徒弟的行动谢师恩。进入21世纪，境内一座座校舍新颖、教学设备先进的学校拔地而起，教育理念不断更新。尊师更体现在尊重教师的辛勤劳动，学生虚心学习，认真听课，讲求良好的教育效果；重教更体现在培养德智体全面发展的高素质人才。

邻里和睦 境内邻里之间一向信奉"与邻为德、与邻为善、与邻为亲、与邻为乐。"邻里素重人情，日常相互关心。邻居似亲友，串门来访，热情接待，泡茶敬烟。逢年过节，家中做团子、裹粽子、烧糯米饭等，分送邻居，与大家共享。喜事、丧事，主动帮忙；建房、搬家，义务帮工；天灾人祸，众人相助；遇有病人，上门安抚。

政府大力推进"和谐社会"建设，从2005年起，由政府搭台，村和社区唱戏，群众参与，每年举办一届睦邻节。到2010年，南湖区共举办了6届睦邻节，各镇、街道也都举办以邻里和睦为主题的各类节庆活动，传承优秀传统文化，弘扬邻里和睦新风。

济贫扶弱 行善积德，济贫扶弱，是历来崇尚的美德和社会风尚。古时每逢大荒或战乱时节，常有大户或义士在街头支起大锅熬粥赈济饥民，一直到晚清、民国，接济贫困、放粮施粥还是积善积德的首选。解放后政府倡导扶贫帮困，兴建社会福利事业由民政部门专门负责，组织群众踊跃参加。每逢节日，开展各项帮困扶贫活动。1988—1991年筹集社会福利资金53.89万元，其中无偿资助社会福利项目13个。每当各地遭受重大自然灾害，境内便开展捐助活动。2004年当宁夏银川地区受灾后，全区开展"扶贫济困送温暖"捐助衣被活动。以后年年对口支援宁夏银川地区。2004年12月28日区慈善总会成立，共募集创始基金1086万元，为传承济贫扶弱的传统和扶贫帮困工作打下良好的基础。

民事调解 旧时邻里之间或生意场上产生纠纷进行调解，有去茶馆吃"讲茶"之习。边喝茶边调解，多数能心平气和解决矛盾，握手言欢，从此解除冤结。家庭纠纷或弟兄分家，均请娘舅、姑父等长辈到场，听取意见，秉公而断。解放后各乡镇居（村）民委员会有调解组织，及时解决纠纷。2009年8月，南湖区在镇（街道）调委会中建立老娘舅工作室，聘请经验丰富、工作能力强的退休干部或教师作为老娘舅，组成专职调解员队伍。因为老娘舅就在百姓身边，了解本地情况，有利于迅速掌握信息，快速介入调解，各类纠纷抓早、抓小、抓苗头，总能化大为小、化小为无。老娘舅的调解开创了人民调解工作"南湖模式"。

和谐家庭 家庭是人类社会的基础单元，古人认为，"家和万事兴"。"和"是传统文化的内在精神，包含和谐、和合、和睦、平和的思想和观念。家庭的和谐、稳定是家族兴衰的根本。20世纪50年代起，境内开展评选"五好家庭"活动，后改成评选"文明家庭"，出现了不少夫妻和睦、尊老爱幼、勤俭持家、邻里团结、创业致富的好家庭典型。进入新世纪后，境内开展评选"和谐家庭"活动，推动了家庭成员之间、家庭与社会之间、家庭与自然之间和谐关系的形成。

新风尚

男女平等 旧时境内男尊女卑的封建意识根深蒂固，婚姻是"父母之命、媒妁之言"，夫妻间男为女主。《婚姻法》实施后，婚姻自由、男女平等逐渐深入人心。1954年，我国将"男女平等"写入了宪法。通过社会改革，荡涤了封建社会遗留的轻视、剥削、压迫妇女残余思想。各级妇联组织站在妇女一边，与买卖婚姻、订小亲等劣习作斗争，保障了妇女的婚姻自主权利。政府鼓励妇女参加扫盲班、夜校，提高文化水平。鼓励妇女就业，实行男女同工同酬，职业妇女比例逐年增加，摆脱了经济上的从属地位。参政、求学、求职等方面与男子同等的机会和待遇，党政机构和各部门，均有妇女参加并担任领导职务，不少妇女获得先进工作者、劳动模范等荣誉。解放后的几十年中，老百姓生活中遇到的有关男女方面的种种问题各级妇联、工会、共青团组织、计生委等机构的工作人员都提供咨询，帮助解决。进入21世纪，男女平等、婚姻家庭等咨询热线电话和专题网站出现了，婚姻家庭咨询服务中心成立了，一批具有专业知识的志愿者律师、社会工作者、心理咨询师在热心为广大妇女服务。

拥军优属 嘉兴市是全国"双拥(拥军、拥政)模范城市"，南湖区有着优良的拥军优属传统。

1949年5月7日嘉兴解放。解放军入城纪律严明，受到人民夹道热烈欢迎。抗美援朝时，工人、农民、学生踊跃报名参军，各居民会慰问军属，农村为军人家属代耕、助耕，帮助解决困难，政府发优待金。"一人参军，全家光荣"，形成社会风尚。多年来，不管是强台风袭击，还是雨雪冰冻灾害，驻嘉部队的官兵总是第一时间赶赴灾情最严重的地方，与人民众志成城抗击灾害。部队发挥自身优势，积极参与到驻地的环境整治、扶贫帮困、抢险救灾、社会治安等活动中，主动为地方经济发展、社会和谐稳定作贡献。区及各级政府、街道办事处拥军工作用心、用情，经费投入到位，切实解决了部队官兵的许多实际问题，使南湖区的现役军人、退伍军人、重点优抚对象的抚恤、安置、就学、就医等各方面得到明显提升，做到了军民心连心，和谐一家亲。

学雷锋 从1963年3月5日毛泽东号召"向雷锋同志学习"开始，雷锋精神已经深深扎根于善良的嘉兴人的心中，影响了几代人的成长。像雷锋那样助人为乐，为人民服务深入人心。每年3月5日，成百上千的群众自发走上街头设点，发挥个人特长，为群众提供健康义诊、免费理发、修理家用电器……这一天自然而然成了"学习雷锋纪念日"，学雷锋做好事成为社会新风尚。青年人是学雷锋的主体，广大群众积极参与其中，助人为乐、无私奉献、全心全意为人民服务成为雷锋精神的代名词。进入21世纪，开展志愿服务活动成学雷锋常态化的最好载体。志愿服务机构由嘉兴各共青团组织负责组建，按地域建站点，服务中心。制定了党员志愿服务中心章程、联席会议制度、服务承诺制度。按技能建团队，已经有20多万名志愿者参与，由党员牵头组建了医疗安康、法律咨询、节能环保、家政服务、红娘热线等专业服务队。服务形式有热线求助常态服务、上街下乡集中服务、每月25日定日服务、划区定责组团服务。人人都在传承雷锋精神，发扬助人为乐的社会风尚。

五讲四美 "五讲四美三热爱"的内容是：讲文明、讲礼貌、讲卫生、讲秩序、讲道德；心灵美、语言美、行为美、环境美；热爱共产党、热爱祖国、热爱社会主义。改革开放伊始，"文化大革命"十年内乱造成的道德水平下降和社会风气倒退等坏影响尚未完全消除，市、街道和住宅区还普遍存在着"脏、乱、差"等问题，部分青年学生甚至不讲文明礼貌。1981年2月25日，全国总工会、团中央等9个单位联合发出《关于开展文明礼貌活动的倡议》，后来中宣部归纳成开展"五讲四美"教育活动。境内的学校、商店到各单位纷纷响应，从整治环境开始，逐渐变成广大人民群众对"文化大革命"留在人们精神和道德上阴霾的大扫除。随着教育活动的深入，"五讲四美"的主体向创建城乡文明单位转化。时代在变迁，活动的口号也在与时俱进，不断变化，成为社会主义精神文明建设的一个组成部分。

陋习 恶习

赌博 在境内城乡各地皆有，且相沿已久。解放后后，政府明令禁止，赌博之风收敛。"文化大革命"期间几乎绝迹。20世纪80年代起，赌博死灰复燃，农村多在春节期间聚众赌博，赌具以扑克、麻将为主。90年代起有用电子赌博机设立赌博场所，进入21世纪后，出现利用互联网聚众赌博。公安部门严厉打击，每年组织禁赌专项行动。

看风水 旧时，看风水主要集中在宅基坟，阴阳先生将山形地势分为"福地""绝地""龙脉""风脉"等。1990年后，渐渐兴起，主要集中在住宅及家居摆设等，形成一套“风水经”，有“青龙”“白虎”“灶陉”“子午向”等说法。

算卦 种类有算命、相面、看手相、抽签等，民间较为流行。20世纪50年代起，一度绝迹。20世纪90年代后，悄然兴起，弄术者或摆摊寺庙门前、街巷弄口、立交桥下，乡村集镇市口，或行走农村冷僻处，对迷信者故作玄虚，骗取钱财。

卖淫嫖娼 民国时期，境内各地皆有，老百姓将市区的娼妓活动戏称为“海、陆、空”。“海”是指南湖水上卖淫；“陆”是指张家弄一带设有妓院，称“长三堂子”。还有暗娼，常倚门招客，称“半开门”；“空”是指西门怪姑庵（送子庵）卖淫，当家尼姑靠小尼姑卖淫赚钱供其开销。1950年，各级政府明令禁止卖淫，嫖娼绝迹。20世纪80年代起又复现。公安部门屡禁，并严厉打击，但陋习尚存。

吸毒 晚清至民国时期，毒品主要是鸦片，俗称乌烟。1950年政府明令禁毒，清除了吸毒恶习。1990年代中期后，死灰复燃，毒品范围不断扩大。政府明令禁止严厉打击，成立戒毒所。

第三章 方 言

嘉兴方言是指南湖区和秀洲区使用的方言，属于吴语太湖片的苏沪嘉小片。语言既有北部吴语的特征，又有自身的特征。嘉兴方言按方言特征分为5小片：中心片、新塍片、王江泾片、洪合片和王店片。其中中心片包括城内、塘汇、栖真、七星、东栅、大桥、步云、曹庄、新丰、净相、竹林、新篁、凤桥、余新以及城南街道、嘉北街道。本章涉及范围主要是中心片方言。

第一节 地方用语

称谓 人品

嗯呶 —— 我
嗯阿 —— 我们
倷 —— 你
倷啦 —— 你们
伊 —— 他
伊啦 —— 他们
太里太 —— 高祖父、高祖母
大爹 —— 爷爷
亲妈 —— 奶奶
外公 —— 外祖父
外婆 —— 外祖母
阿爹 —— 爸爸
姆妈 —— 妈妈
寄爸 —— 干爹
寄妈 —— 干妈
阿公 —— 丈夫的父亲
阿婆 —— 丈夫的母亲
大伯 —— 伯父
阿叔 —— 叔父
婶妈 —— 叔父的老婆
阿伯 —— 姑姑、姨母
姨夫 —— 姨父（母亲姐妹的丈夫）
娘舅 —— 母亲的兄弟
舅妈 —— 娘舅的老婆
杜佬、阿勾 —— 哥哥
兄弟 —— 弟弟
阿姐、妹子 —— 姐姐、妹妹
嗯子 —— 儿子
囡嗯 —— 女儿
老公 —— 丈夫
老婆、家婆 —— 妻子
侄子 —— 兄弟的儿子
侄囡嗯 —— 兄弟的女儿
外甥 —— 姐妹的儿子
外甥囡嗯 —— 姐妹的女儿
新官人 —— 新郎
新娘子 —— 新娘
亲翁 —— 亲家父
亲母 —— 亲家母
太亲翁 —— 兄弟的岳父、姐夫、妹夫的父亲
太亲母 ——兄弟的岳母、姐夫、妹夫的母亲
舅佬 —— 妻子的兄弟

小巴戏、小鬼头、小叟 —— 小孩子

小瘪三 —— 骂人,旧时指流落街头乞讨为生的青少年

老钵头 —— 老年人(贬义)

小句头 —— 小孩子

媒太太 —— 媒婆

舍母娘 —— 产妇

隔壁邻舍 —— 邻居

老杜姑娘 —— 未出嫁的大龄女子

毛头小伙子 —— 小青年

有喜娘娘 —— 孕妇

舍姆娘 —— 产妇

对门相邻 —— 对门邻居

过房嗯子 —— 干儿子

过房囡嗯—— 干女儿

牌位 —— 骂人

千煞煞 —— 卖弄风骚的女人

掼脱夫 —— 没有人要的人

猪头三 —— 愚蠢的人

料荡坯 —— 好吃懒做的人

吃闲饭 —— 无所事事的人

拐子 —— 骗子

犯关 —— 遇到难关

犯贱 —— 自己作贱自己

木杜 —— 脑子不灵活的人

馋捞狗 —— 贪吃的人

毒嗒嗒 —— 十分傻

寿头寿脑 —— 举动土气,让人看不起

毒头毒脑 —— 傻里傻气

十三点 —— 行为举止不正常

破货 —— 品质不好的人

蛮来三 —— 很能干

大好佬 —— 有本事的人

气候　方位　时间

冷天公、热天公 —— 冬天、夏天

冻冰—— 结冰

烊冰 —— 化冰

发风 —— 刮风

鬼头风 —— 旋风

抢风 —— 顶风

霍显、打霹雳 —— 闪电、打雷

打个阵头 —— 下了一场阵雨

外头 —— 外面

里厢、里肆 —— 里面

眼门底 —— 眼前

挨边 —— 那边

在外 —— 另外、除此之外

话里、阿里 —— 哪里

格浪 —— 这里

哪哈 —— 怎么啦,怎么样

浪谷落、野搭里 —— 偏僻角落

啥吾荡 —— 什么地方

近段里 —— 附近

搁浪沓 —— 这里

呀搭里 —— 偏僻的地方

今番 —— 如今

一歇歇 —— 一会儿

老底子 —— 过去,从前

一清早 —— 早晨

夜来快 —— 傍晚

早上头 —— 早晨

黄昏头 —— 日落以后,天还没有完全黑

上昼 —— 上午

下昼 —— 下午

放点心 —— 中午放学

热中心 —— 中午

早化里 —— 还早呢

晏(音爱)脱哩 —— 迟了

阿末、着末 —— 最后

年头浪 —— 新年这几天

年夜脚边 —— 岁末

跑昔 —— 从前

爱歇点 —— 过一会儿

动植物　物件

癞狮 —— 蟾蜍、癞蛤蟆

弯转 —— 虾

百脚 —— 蜈蚣

麻吊 —— 麻雀

螃蜞 —— 小石蟹
才句 —— 蟋蟀
门子 —— 蚊子
田鸡 —— 青蛙
中商 —— 牲畜
老虫 —— 老鼠
格虻 —— 蚂蚱
活猻 —— 猴子
蚤虱 —— 跳蚤
滴蛛 —— 蜘蛛
蛐蟮 —— 蚯蚓
白虱 —— 虱子
癞子 —— 蚜虫
寄力—— 翅膀
甲鱼 —— 鳖
乌居 —— 龟
水产 —— 河蚌
撑脚蟹 —— 将死的蟹
毛毛恩 —— 蝌蚪
四脚蛇 —— 壁虎
老哺鸡 —— 老母鸡
白头公 —— 白头翁
游火虫 —— 萤火虫
捉嗯吊 —— 鸬鹚
无知了 —— 蝉
叫歌歌 —— 蝈蝈
山薯 —— 地瓜
地力 —— 荸荠
落苏 —— 茄子
白果 —— 银杏
杜笋 —— 本地笋
毛笋 —— 山里笋
风乓 ——木莲的果实
胡葱 —— 葱
寒豆 —— 豌豆
野菜 —— 荠菜
悖桃 —— 葡萄
辣嘎 —— 辣椒
高白 —— 茭白
路粟 —— 玉米
掼粟 —— 高粱
乌烟 —— 鸦片
毛芋艿 —— 芋艿
长生果 —— 花生
洋山薯 —— 马铃薯
小葡萄 —— 山核桃
白婆枣 —— 新鲜枣子
千梨 —— 梨
叉袋 —— 麻袋
街沿石 —— 家门口台阶
褥单 —— 被单
支钻 —— 锥子
吊闼 —— 旧式门板上方可撑开当窗的板块
吃饭台子 —— 饭桌
骨牌凳 —— 长方凳
条钩 —— 羹匙
污(屙)纳 —— 尿布
馋栏袋 —— 小孩胸前围巾
圩身 —— 布兜
墩头板 —— 切菜板
灰鸭蛋 —— 咸鸭蛋
白焐蛋—— 白煮蛋

人体部位 动作 情绪及形容词

顺手 —— 右手
济手 —— 左手
胸忙头 —— 胸脯
丫(音喔)哈裆 —— 裤裆
骨茄 —— 关节
臂膊春子 —— 胳膊肘
后靠山 —— 后脑勺
小拨吊 —— 幼儿的小鸡鸡
覆沿 —— 额前齐发留海
疲夜深 —— 玩到深夜
搭夜作 —— 开夜工
睏觉(音告) —— 睡觉
拉起 —— 起床
潮面 —— 洗脸
潮浴 —— 洗澡
汏脚 —— 洗脚

答头 —— 点头
头抛起 —— 头抬起
艮倒 —— 头低下
杰转去 —— 转过头去
茄嘴皮 —— 争执
造乱说 —— 造谣
造勿是 —— 赔不是
郾(音沿)走 —— 一声不响走了
摒结、闷积 —— 忍住烦恼
吃生活 —— 挨打
哪哈 —— 怎么样
鞋里 —— 哪里
格里 —— 这里
极煞 —— 害怕极了
煞克 —— 解渴,厉害
胡极 —— 性急
木兴兴 —— 很多很多
牵头皮 —— 显丑
肉麻 —— 心疼
轧苗头 —— 捉摸别人心理
轧闹猛 —— 凑热闹
发大兴 —— 吹牛
坍招势 —— 失面子
寻吼狮 —— 找岔子
搬乱说 —— 搬弄是非
嚼喜话 —— 说不着边际的闲话
淘喧(音先) —— 开玩笑
搭死(音西)惯 —— 办事不负责任,吊儿郎当
不作兴 —— 不可以
惹厌 —— 让人讨厌
惹毛 —— 用语言或行动触犯别人,引人发火
犯头 —— 犯忌
嘎得 —— 没关系
恐旁(怕) —— 可能
烈结 —— 好纠缠人,难伺候
摊惷(音充) —— 坍台
恶客 —— 阴刁、可恶、难弄
寻嘿丝 —— 故意找岔,有意惹人发火
唔心 —— 满意、心里舒服
厌之 —— 反感、讨厌
戳气 —— 讨厌、惹人生气
值甜 —— 宠爱、宝贝
体太 —— 慢慢来
穷大 —— 很大
戳霉头—— 倒霉
慌兮兮 —— 有点慌
哪哈办 —— 怎么办
好勿啦 —— 可以吗、好不好
好里伐 —— 结束吗、好了吗
木佬佬 —— 很多
唔没啥 —— 没什么
晓得伐 —— 知道吗
勿搭嘎 —— 不搭界
喔里 —— 哪里
皱皮那格 —— 不平整
滑里滑塌 —— 太光滑(例如:这条路怎么滑里滑塌的)
到把哩 —— 到把,达到一定的程度
捏么着(音啥) —— 随便,无所谓
待避伊去 —— 随他去
触背脊 —— 在背后说坏话
亨浜朗打 —— 全部
拆棚脚 —— 挖墙角,拆台,坏别人事
勿尴勿尬 —— 有点尴尬
瞎搭糊涂 —— 瞎七搭八,稀里糊涂
柴头柴脑 —— 办事鲁莽,不谙世理
厚脂纳得 —— 不知羞耻
猪五拾六 —— 猪头猪脑,惹人讨厌
唔介事 ——不当一回事
大推八板 —— 相差很大
鸭屎臭 —— 丢脸
戳气 —— 惹气
疲辰光 —— 拖时间
抳席 —— 用湿毛巾橑席子
讲空头 —— 聊天
齐整 —— 漂亮
稀湿河拖 —— 湿淋淋
海外 —— 很,不得了
不齐头 —— 不合适
待皮伊去 —— 让他去吧,随他去吧

杜头天话 —— 说大话

第二节 俗 语

风俗习惯

拜年拜到正月半，拔出门闩追一段——元宵节做客结束，再做客要对不起了。

三天不挨打——年三十、初一、初二孩子做错事，家长不责罚孩子。

二月二剃龙头——在这一天剃头，会使人鸿运当头，一年有精神。

清明大似年——过清明节比过年还要隆重。

种好黄秧，望望爹娘。

六月六，猫狗尽潮浴——六月六夏至节后，恰逢小暑大暑节气，气温升高，人们会把猫狗赶到河里洗澡，除去虱子。

要玩夏至日，要睡冬至夜——夏至日白天时间最长，冬至日夜间时间最长。

三朝媳妇无老小——新婚三日内闹新房的习俗

三十三，乱刀斩——晚辈到33周岁生日时，长辈会做33个小肉丸子给晚辈吃，可免各种灾祸。

六十六，女儿家中一碗肉——年满66岁父母做寿，出嫁的女儿要烧66块肉送给父母吃，寓意父母多福多寿。

做九不做十——“十”意味着“满”，所以逢“十”做寿都提前一年，逢“九”做。

日常俗语

笨鸟先飞 —— 条件不如人，先走一步。

连档麻子 ——人串通一气。

拣佛烧香 —— 行事或看人不公平，有差别。

看客下菜 —— 指招待别人，分别对待

自讨苦吃 —— 和自己没有关系，硬要去做。

秤不离砣 —— 比喻事物有连带关系，不可以分开。

半斤八两 —— 彼此不相上下。

一毛不拔 —— 吝啬自私。

七颠八倒 ——事情搞得十分凌乱。

七搭八搭 —— 说话乱搭腔，瞎纠缠。

人小鬼大 —— 指小孩子头脑聪明，鬼主意多。

倚老卖老 —— 摆老资格。

八字唔一撇 —— 第一步还没有踏出。

病急乱投医 —— 事情到了紧急时候，到处乱求人，乱想办法。

吃饱了撑的 —— 形容某些人把精力用到了不该用的地方。

记吃不记打 —— 只记好事，不吸取教训。

有奶便是娘 —— 贪利忘义，谁给好处就投靠谁。

扶不起的阿斗 —— 形容一些无法帮助成才的人。

舍命陪君子 —— 不惜一切，陪伴与跟随对方。

换汤不换药 —— 只改变形式，内容还是老一套。

盐卤里找蛆 —— 专门找岔，无中生有。

借囡骂媳妇 —— 借着骂女儿的幌子，实际是骂媳妇。

嘴硬骨头酥 ——嘴上说的强硬而内心却很怯弱。

刀子嘴豆腐心 —— 说话刻簿、言语尖利，但心地柔和、宽厚仁慈。

出头椽子先烂 —— 做事别太棱角外露、出尽风头，以免象枪打出头鸟一样下场。

狗改勿了吃屎 —— 本性难改。

挂羊头卖狗肉 —— 比喻表里不一。

勿是省油的灯 —— 褒者，意指精明，智慧高的人；贬意，暗指奸狡圆滑，不容易对付的人。

强扭的瓜不甜 —— 条件不成熟却勉强去做，是不会有满意的结果。

死马当活马医 —— 明知事情已无可求药，仍抱万一希望挽救。

拆东墙补西墙 —— 应付救急，不从根本上解决。

前怕狼，后怕虎 —— 胆小怕事，顾虑太多。

穿新鞋，走老路 —— 用旧办法、老套路去应对面临的新事物、新情况。

得了便宜卖乖 —— 已经得了便宜，还要卖弄自己的小聪明。

稀泥抹不上墙 —— 一个人能力差，水平低，办不成事，成不了气候。

雷声大雨点小 —— 话说得很有气势，实际做的很差。

一回生，二回熟——见面的次数多了，自然就熟悉了。

心有余，力不足——心里非常想做好，但是力量不够，做不到。

天无绝人之路——上天总会给以出路，不会把人困死。

井水不犯河水——各管各，互不相犯。

眼不见，心不烦——只要没有看见，就不会有烦恼。

当面锣，对面鼓——面对面地商量、解决问题。

好心不得好报——一片好心肠却得不到好的报答。

先小人，后君子——指先把利益得失说在前，然后再讲情谊。

远水不解近渴——比喻慢的办法救不了急。

纸里包不住火——形容事实的真相是无法掩藏的。

英雄所见略同——指英雄人物的见解基本相同。

择日不如撞日——精心选择什么日子，还不如碰到好的时候就办。

桥归桥路归路——互不相干的事应该严格区分开来。

恭敬不如从命——尊敬对方，不如听从对方的意见。

冤有头债有主——要了解事情，必须找为主的人。

不吃羊肉惹身臊——被牵扯进一件本与自己无关的坏事。

不到黄河心勿死——不到无路可走的地步是不肯死心的，比喻不达目的不罢休。

不见棺材不落泪——比喻不到彻底失败的时候不肯罢休。

不看僧面看佛面——比喻请看在第三者的情面去帮助另一个人。

打破砂锅问到底——一定要追究清楚事情的根底。

肥水不流外人田——意思是有好处不能让给外人。

苍蝇不叮无缝蛋——比喻没有平白无故出现的事情，任何的事情都是有原因的。

船到桥头自会直——做任何事情都不用先着急，到时候问题总可以解决。

人怕出名猪怕壮——人怕出了名招致麻烦，就象猪长肥了就要被宰杀一样。

猫哭老鼠假慈悲——某些人的假装慈悲、假装同情。

砻糠搓绳起头难——指做任何事情开始的时候最难。

勿会种田看上汏——自己不会种田，先看看别人是怎么做的，自然就有办法了。

兔子尾巴长不了——比喻办事没有耐心，没有长性。

竹篮打水一场空——比喻费了力没有收到实际效果。

瞎子点灯白费蜡——就是做没有意义的事情。

一朝天子一朝臣——指当权者变动，下属也相应变动。

一山望着一山高——指某些人永远不知足，得到了还指望另外更好的。

一番手脚两番做——重复做了同一件事情。

人心不足蛇吞象——人的贪心，就像蛇想吞食大象一样。

三个女人一台戏——形容女人话多，热闹。

万宝全书缺只角——指知识极其渊博的人也会在某方面有一点欠缺。

马屁拍到马脚上——讽刺那些不顾客观实际，专门谄媚奉承、讨好别人的行为。

按下葫芦浮起瓢——比喻做事情手忙脚乱，顾了这头顾不了那头。

不识庐山真面目——认不清事物的真相。

不撞南墙不回头——某些人的行为固执，错误到底。

皇帝不急太监急——当事人做事不着急，而旁边的人却在一旁着急。

东一榔头西一棒——做事缺少全局观点，忙于局部应付。

占着茅坑不拉屎——占着位置不干活。

外来和尚好念经——指做事不相信身边熟悉的人，而盲目地信奉外人。

眉毛胡子一把抓——做事不分轻重缓急，抓

到什么做干什么。

死猪不怕开水烫 —— 为人处事无所顾忌，怎么办都行。也有反正到了走投无路时，索性豁出去的意思。

说到曹操曹操到 ——提到某人而某人突然来到。

此地无银三百两 —— 比喻想要隐瞒掩饰的事情，结果反而暴露。

好了伤疤忘了疼 —— 指疤痕愈合就忘记了疼痛，过上好日子就忘了苦日子。

行得春风有夏雨 —— 给别人做了好事，总会得到好的回报。

好心当做驴肝肺 —— 驴肝和肺是最不好吃的，此句意思是好心好意不被人理解，反被人误解。

自找虱子头上挠 —— 比喻自找麻烦。

身在福中不知福 —— 指某些对优裕的生活不满足的人。

秀才人情纸半张 —— 秀才多以诗文、书画之类作为馈赠之物，所费无非纸张而已。借指馈赠的礼物非常菲薄。

拔出萝卜带出泥 —— 比喻办事情不干净不利索，牵连到其他的人或事。

画虎不成反类犬 —— 喻仿效失真，反而弄得不伦不类。

贪小便宜吃大亏 —— 为了贪图一点点的眼前小利益而遭受重大损失。

哪壶不开提哪壶 —— 意思是提凉壶，让人喝凉水。引申为说话丢凉腔，说不该说的话，做不该做的事。

临死拉个垫背的 —— 比喻自己大难临头时，让某些人跟着自己一块儿倒霉。

有眼不识金镶玉 —— 比喻见识浅陋、缺乏识别事物能力的人。

今朝有酒今朝醉 ——只顾眼前，没有长远打算。

打破砂锅问到底 —— 追究事情的根底.

丑媳妇总要见公婆 —— 比喻隐藏不住，迟早总要露相的。

狗嘴里吐不出象牙 —— 比喻坏人的嘴里说不出好话来。

病从口入，祸从口出 —— 指病毒常常因饮食不注意而入侵，灾祸往往因说话不谨慎而招致。

耳听为虚，眼见为实 —— 形容不要轻信传闻，看到的才是事实。

阿吾乱，冒充金钢钻 —— 意思是，明明是傻蛋，装得很有料的样子。

冷嘞风里，穷嘞债里 —— 天冷是因为风造成的，人穷是因为身背债造成的。

有借有还，再借勿难 —— 讲信用，借了别人的东西及时归还，以后再找人借东西就不难。

八仙过海，各显神通 —— 比喻做事各有各的办法。

万事俱备，只欠东风 —— 比喻一切都准备做好了，只差最后一个重要条件。

狗捉老鼠，多管闲事 —— 比喻做外行事，没有必要插手管别人的事。

一人得道，鸡犬升天 —— 一个人得道成仙，那么全家连鸡、狗等也都随之升天。

睁一只眼，闭一只眼 —— 各样的琐事面前，不妨糊涂面对、假装不知，或做些模棱两可的姿态，时间将化解一切。这种生活态度是人生的另一种境界。

头痛医头，脚痛医脚 —— 比喻处理问题不从全局考其根本，什么地方有问题就在什么地方解决，临时应付。

衣来伸手，饭来张口 —— 形容懒惰成性，坐享别人劳动成果的人。

送君千里，总有一别 —— 不管送多远的路，最后终究要分别。

物以类聚，人以群分 —— 同类的东西常聚在一起，志同道合的人相聚成群。

做一天和尚撞一天钟 —— 过一天算一天，凑合着混日子。比喻遇事敷衍，得过且过。

冰冻三尺，非一日之寒 —— 冰冻了三尺，并不是一天的寒冷所能达到的效果。比喻一种情况的形成，是经过长时间的积累、酝酿的。

少吃多滋味，多吃坏肚皮 —— 吃得少就感到有滋有味，吃得多会伤害肠胃。

一朝权在手，便把令来行—— 指一旦掌了权，就要发号施令，指手划脚。

又想当婊子，又要立牌坊 —— 指做坏事却又装作正人君子。

平时不烧香，临时抱佛脚 —— 指平时没有准备，临时慌忙应付。

只听楼梯响，不见人下来 —— 比喻只是口头说说，没有实际行动。

天下本无事，庸人自忧之 —— 指本来没有事，自己瞎着急或自找麻烦。

长他人志气，灭自己威风 —— 助长他人的声势，而看不起自己的力量。

以小人之心，度君子之腹 —— 指拿卑劣的想法去推测正派人的心思。

肉骨头敲鼓 —— 昏(荤)咚咚。

一只碗勿响，两只碗叮当。

初学三年天上去得，再学三年寸步难行。

满饭好吃，满话难讲。

红眼睛野猫，棺材里打炮

蚬子蚌壳，一碰就哭！

哭哭笑笑，两只妈妈跳跳。

阿三红屁股，夜里红彤彤

金子银子，刮喇喇一闪

闲话讲一遍，聋膀吃苦头

上海来的小蝴蝶，只只活格——指上海人为人灵活。

第三节　谚　语

冬冷不算冷，春冷冻煞老黄牛。

下雪勿冷烊雪冷。

春雾雨，夏雾热，秋雾风来冬雾雪。

春天孩儿脸，一日变三变。

春东风，雨祖宗；夏东风，池塘空。(春天吹东风主雨；夏东吹风主旱)

七菱八谷九豆十棉花。(正月初七晴，菱丰；初八晴，谷丰；初九晴，豆丰；初十晴，棉花丰)

雨打正月半，一年勿好看。(正月十五雨，雨水必多)

三月三，落到茧头白。(三月初三雨，主多雨)

三月廿三落，落到茧头白。三月廿三晴，晴到翻芋艿。

清明寒，只讲蚕；清明热，只讲叶。(寒则蚕荒，热则叶败)

做天难做四月天，蚕要温和麦要寒，秧要日头麻要雨，看蚕娘子只要无雨勿晴天。

有谷无谷，但看四月十六；天上有云，地上有谷。(四月十六夜，宜有月有云)

黄梅天，十八变。(黄梅时天气多变化)

吃了端午粽，还要冻三冻。

鸡往高处跳，大雨快来到。

鸡鸭上宿迟，明朝要落雨。

蚂蚁搬家，大雨哗哗。

蚂蚁结成线，大雨在眼前。

小蚕靠火养，大蚕靠风长。

天勿怕，地勿怕，单怕蚕头摆。

二眠顶重要，宁可勿睏觉。

养鱼防瘟，养蚕防僵。

小暑一声雷，翻转做黄梅。

六月盖被，有谷无米。

朝西夜东风，日日好天公。

日头东南红，呒雨定有风。日出满天红，一日雨太公。

东鲎日头西鲎雨。(东边有虹，晴；西边有虹，雨)

春东风，雨祖宗；夏东风，池塘空。

夏雨隔田晴。

早立秋凉飕飕，晚立秋热死牛。

天空灰布悬，大雨必连绵。

四周天不亮，必定有风浪。

有雨天边亮，无雨顶上光。

日落胭脂红，无雨便是风。

日落黄澄红，明日刮大风。

早立秋，热吼吼；夜立秋，凉飕飕。

河边泛青苔，必有大雨来。

若要谷，处暑两边摸。(摸即耘田)

东显西显，雨呒半点。南显火门开，北显大雨来。(南面霍显主热，北面霍显主雨)

白露白迷迷，秋分稻秀齐。

白露身勿露，赤膊当猪猡。

三朝雾露发西风，若无西风雨勿空。

重阳无雨一冬晴。(重阳日晴，主冬天雨水少)

未霜见霜，米贩像霸王。霜降见霜，米烂陈仓。

九月南风两日半，十月南风当日转。

十月南风连夜雨。

一场秋雨一场寒，十场秋雨穿棉袄。
腊月无好天。（腊里多雨）
冬雪是个宝，春雪是把刀。
雨夹雪，落勿歇；雪勿烊，等雪娘。
雪等雪，有大雪。
立冬有雨一冬晴，立冬无雨过年晴。
晴过冬至落过年，霜吊南风连夜雨。
干净冬至邋遢年，邋遢冬至晴过年。
两春夹一冬，无被暖烘烘。（十二月立春，主冬暖）
除夕犬不吠，新年无疫疠。（除夕宜静）

第四节　歇后语

冻豆腐——难办（拌）
铁公鸡——一毛不拔
唐僧念佛——一本正（真）经
胶鞋渗水——纰（皮）漏
皇帝剃头——没王法（发）
苍蝇采蜜——装疯（蜂）
鼻孔喝水——够呛
乘人之危——车祸
火上浇油——忘（旺）了
老牛拉车——灾祸（载货）
老虎拉车——没人敢（赶）
灯草打鼓——不想（响）
抓蜂吃蜜——恬（甜）不知耻（刺）
秀才做诗——有两手（首）
和尚打伞——无法（发）无天
狗吃青草——装样（羊）
满口金牙——尽是谎（黄）话
门里金刚——自大
木鱼的命——挨打
水牛肚子——草包
冬天扇子——没人喜欢
地里蛐蟮——成不了龙
宜兴夜壶——就一张嘴
小孩的脸——一天变三变
捆绑夫妻——成不了对
严嵩做寿——照单全收
得陇望蜀——贪心不足
扁担挑水——一心挂两头
空棺材出葬——目（木）中无人
小葱拌豆腐——一清（青）二白
井里扔石头——不懂（扑咚）
茶壶里的水——滚开
大火烧竹林——一片光棍
炊事员行军——替人背黑锅
裁缝不带尺——存心不量（良）
擦粉进棺材——死要面子
医生卖棺材——死活都要钱
茅厕里题诗——臭秀才
狗咬皮影子——没一点人味
种地不出苗——坏种
看衣服行事——狗眼看人
铁匠铺的料——挨打的货
强盗画影像——就那副贼形
秋后的蚂蚱——蹦跶不了几天
纸糊的琵琶——谈（弹）不得
八字没一撇——不能成事（字）
屋顶吹喇叭——名（鸣）声远扬
孔夫子搬家——尽输（书）
石头腌咸菜——一言（盐）难尽（进）
六月里吃姜——服啦（伏辣）
上天的气球——飘飘然
草上的露水——留不住
粪缸里石头——又硬又臭
剃头匠担子——一头冷，一头热
砧板上的肉——任人宰割
从河南到湖南——难上加难
吃饱的牛肚子——草包
弄堂里搬木头——直来直去
下雨天不撑伞——齐齿（淋湿）
飞机上吹喇叭——空想（响）
六月里穿棉鞋——日（热）脚难过
冬天不戴帽子——动（冻）脑筋
癞蛤蟆跳水井——不懂（扑通）
檀香木当柴烧——屈才（缺材）
热锅上的蚂蚁——走投无路
猪八戒照镜子——里外不是人

黄连树下弹琴——苦中作乐
公鸡头上一块肉——大小是个官(冠)
布告贴在楼顶上——天晓得
和尚头上拍苍蝇——正大(打)光明
对着窗户吹喇叭——名(鸣)声在外
酒杯掉进酒缸里——罪(醉)上加罪(醉)
宰相肚里能撑船——度(肚)量大
脱了旧鞋换新鞋——改邪(鞋)归正
裁缝师傅丢剪刀——只有吃(尺)了
跳蚤钻进袜子里——角色(脚虱)
躺在粪坑边睡觉——不知丑(臭)
外甥打灯笼——照旧(舅)
师姑养囝——众人服侍
水牛角,黄牛角——大家各归各
麻子搽粉——蚀煞老本
四金刚腾云——悬空八只脚
弄堂里掮木头——直进直出
田鸡蹿拉戥盘里——自称自赞
周瑜打黄盖——两厢情愿
癞痢头儿子——自道好
和尚寺里借木梳——找错门了
城头上出棺材——远兜转
大姑娘上轿——第一趟
铜钿眼里翻跟斗——一钿如命
老鼠钻进风箱里——两头受气
关公面前试大刀——自不量力
砻糠里榨油——呒啥啥
出头椽子——先烂
新排茅坑三日香——好景不长
唐僧和尚取经——多灾多难
造屋请箍桶——看错人
瞎猫拖着死老鼠——凑巧
狗咬吕洞宾——勿识好人心
象牙筷上板雀丝——硬板错头
黄胖炒年糕——吃力不讨好
曹操做事——过后方知
马尾穿豆腐——提不起来
鸭吃砻糠——空开心
张公(弓)养鸟——越养越小
临时上轿穿耳朵——心急火忙
稻草人救火——自身难保
狗头上摆油盏——活里活络
拆屁脱裤子——多此一举
脚底下揩油——溜走
挂羊头卖狗肉——假货
烂泥田里滚石臼——越陷越深
刀切豆腐——两面光
白布落在染缸里——这生这世洗勿清
潮烟管打鸟——勿像枪
木匠师傅弹墨线——睁一只眼闭一只眼
麻布袋绣花——底子太差
刘备招亲——弄假成真
石板上掼乌龟——硬碰硬
关云长卖豆腐——人硬货弗硬
马路上排电杆——靠边站
脚炉盖当镜子——看穿
歪嘴吹喇叭——一股邪气
瞎子吃馄饨——肚里有数
狗对茅坑罚愿——做勿到
驼子跌在高墩上——两头勿着实
热镬子上蚂蚁——团团转
洋钿放在盘里——洋盘
门缝里看人——把人看扁了
竹篮子打水——一场空
脚踏西瓜皮——滑到哪里是那里
大伯为弟媳妇倒马桶——要好勿好
江西人补碗——自顾自(叽咕叽)
肉包子打狗——有去无回
山东人吃麦冬——一懂勿懂
六月里穿棉鞋——热脚(日子)难过

2009年12月，望吴门绿地广场内的江南印象雕塑

第三十八篇　人　物

目 录

区境是7000年马家浜文化发源地，从古至今钟灵毓秀，孕育出许许多多杰出的人物。

汉代有辞赋家严助，唐有名相陆贽、诗人刘禹锡，宋有为祖父岳飞辩冤的岳珂，明有收藏和鉴赏家项元汴，清有造园艺术家张涟、围棋第一名手周嘉锡、编绘《芥子园画谱》的画家王概，还有受到习近平等国家领导称赞的好官高以永，近现代有国学大师沈曾植、爱国民主人士沈钧儒和褚辅成、笛子演奏家许鸿宾、海派画家蒲华、翻译家朱生豪、史学家唐兰、历史地理学家谭其骧、汉语言学家蒋礼鸿、国际著名高分子化工专家魏永康、国际著名数学家陈省身等。

区境历史悠久，贤俊辈出，历代志书记述详备，该志书收录人传人物264人；其中古代98人；近现代125人；现代41人；人物名录649人；其中革命烈士47人；院士、政军领导以及全国劳动模范，先进工作者47人；专业技术人士465人；1991年—2010年区外知名人士75人，旅外知名人士15人。

附收录明清两朝总名录进士以上343名。其中，状元2名，榜眼3名，探花1名，传胪4名，进士333名。

第一章　人物传记

严　助　朱买臣　丘　为　陆　贽　刘禹锡
徐　岱　殷尧藩　唐希雅　陆　扆　文　偃
陆　晃　沈　珪　鲁　訔　王希吕　赵　昚
娄　机　赵汝堣　岳　珂　项　冠　徐再思
高逊志　沈　珉　沈　淳　怀　悦　伍　方
吕　原　项　忠　姚　绶　冯汝弼　吴　鹏
项元淇　高　铭　项笃寿　项元汴　项德纯
项德新　沈思孝　真　可　高文登　冯梦祯
李日华　徐石麒　沈德符　高道素　张　涟
项圣谟　高承埏　张　匀　巢鸣盛　曹　溶
黄媛介　俞汝言　周嘉锡　柳如是　王　概
高以永　徐嘉炎　赵连城　徐　善　陈　潢
高孝本　陈　书　诸　锦　钱陈群　王又曾
钱　载　徐　震　万光泰　王元启　盛百二
沈可培　汪如洋　周士涟　王　昙　张廷济
殷树柏　沈维鐈　庄仲方　沈宝麟　钱仪吉
钱泰吉　沈　涛　廖发寿　王逢辰　张　熊
陈　球　杜文澜　唐翰题　许瑶光　吴仰贤
沈景修　叶松石　徐象黼　钱应溥　朱　偁
张鸣珂　蒲　华　杨伯润　吴受福　金尔珍
金颂清　盛　沅　盛庆琳　方锡荣　吴穀祥
沈曾植　王甲荣　潘振镛　潘　琪　金蓉镜
唐纪勋　潘振节　潘　琳　沈　卫　祝廷锡
汪以钧　郭似埙　郭兰祥　郭兰枝　李子牧
李树滋　沈仰高　徐养儒　田文渊　孟　豪
王拱北　褚辅成　敖嘉熊　陆祖穀　沈文华
沈钧儒　姚慕莲　方於笥　刘山农　方　英
陶元镛　钱小范　王琬青　陶昌善　岳昭燏
吴祥麟　陈仲权　汪镐基　曹云祥　范古农
冯炽中　蒋可宗　计宗型　徐忍茹　马济生
许鸿宾　陈澹如　吴思豫　孙筹成　周良才
陈仲南　钱芥尘　陈文浩　黄子通　钱锦孙
汪桐君　胡小石　汤临泽　陈召恩　杨景桢
许建屏　金问源　葛敬恩　陆初觉　沈季良
王子晏　金问泗　钱宝琮　葛敬中　顾速明
王贯三　庄泽宣　金泯澜　许静芝　褚凤章
吴祥麒　沈公达　陆志鸿　汪胡桢　沈大瓒
褚凤仪　朱大可　周荣江　朱春庐　王敦庆
徐緎三　邹志淑　陈晓岚　王蘧常　顾惠人
唐　兰　沈　怡　沈金相　沈嘉瑞　包志立
顾均正　姜维贤　顾仲彝　陆崧安　沈济川
朱其石　沈性元　张镇芳　庄一拂　方叔昆
褚应璜　王梓良　陆宗书　许玉赞　沈叔羊
陆廷贤　金贤藻　梅元白　曹未风　方定一
谭其骧　姚岩宝　陈省身　朱生豪　沈振黄
沈耀华　竺培农　杨衔晋　姚教杏　吴藕汀
王德昭　宏　正　戴蕴芬　沈家铭　相望年
蒋礼鸿　潘文化　徐达道　单培根　周学章
王正平　林　敏　陆浩然　陈德献　邵传统
黄　昆　沈茹松　陈国础　高　琪　陆　骏
魏永康　张振维　沈　铎　沈善宽　盛君超
徐角芳　高健飞　陆志胜　方刘荣　史　念
田春良　吴桂平　夏国庆　李雄伟

严 助

严助(? —前122) 严忌子(一说忌族子),由拳县(今嘉兴)人。汉武帝建元元年(前140),郡举贤良,擢为中大夫。常与东方朔、司马相如、吾丘寿王等大臣商辩朝政、撰写文稿,最得武帝信任。建元三年(前138),闽越发兵攻东瓯。太尉田蚡准备置之不问,严助力驳田议,主张出兵援救东瓯,汉武帝命严助发会稽兵,浮海相救,平定了局势。3年后,闽越又兴兵攻南越,严助奉命出使南越,并使闽越降汉,边疆得以安宁。汉武帝因功拜严助为会稽太守,后又入朝,为武帝文学近臣。后因淮南王刘安谋反一案牵连,被谗杀。

严助富文采,擅辞赋,后世不传。今少年路辅成小学校园内有严助墓,又称严将军墓。

朱买臣

朱买臣(? —前115) 字翁子,一作翁之。由拳县(今嘉兴)人。家贫好学,卖薪自给,其妻弃之另嫁。后随掌计簿的官吏为卒入长安,遇同乡严助,推荐入朝廷,说《春秋》《楚辞》,汉武帝甚悦,拜为中大夫。时东越多次反叛,朱买臣向武帝献平定东越策,获得信任,出任会稽太守。约一年后,受诏带兵与横海将军韩说等人平定东越叛乱,因功征为主爵都尉,列于九卿。元狩元年(前122),朱买臣因受淮南王刘安谋反一案牵连,被免官。不久复任丞相长史。因严助被杀与当时任廷尉的张汤有关,遂向汉武帝告发张汤阴私,张汤惧罪自杀。朱买臣亦被汉武帝诛于长安。著有辞赋3篇,已佚。朱买臣为会稽太守时曾归故乡,道上见前妻及其后夫,接至官署,住在园中,其前妻不久自缢死。后人取其夫妻离异事,作《烂柯山》剧,衍变为《朱买臣休妻》《马前泼水》故事和剧目。今市区角里街原有东塔寺,传是朱买臣故宅,寺后有朱买臣墓,已毁。相传朱买臣妻崔氏葬于杉青闸,称羞墓。

丘 为

丘为(约709—804) 嘉兴人。早年参加科举,屡试不第,遂愈加刻苦攻读,在唐天宝元年(742)考中进士。累官至太子左庶子,80余岁辞官回乡,享年96岁,相传是唐代享寿最高的诗人。

丘为以孝敬继母闻名,他做官时,拿出一半俸禄供奉继母,直至她去世。

丘为善写五言,诗风冲淡平和,内容多为田园风物,对唐前期五言格律诗的形成、成熟及唐代山水田园诗派的创立作出贡献。代表作有《寻西山隐者不遇》,《湖中寄王侍御》则写自己在嘉兴的隐居生活,表达了不慕富贵、甘愿淡泊的志向。他与诗人王维、刘长卿等相友善,互有往还唱和。著有《丘为集》(《新唐书·艺文志》卷七),已佚,现存世诗18首。

陆 贽

陆贽(754—805) 字敬舆。嘉兴人,出生地传在城内甜水井(今斜西街与紫阳街相交处)。陆氏自东汉末即为江南望族,陆贽出生时家门已衰落,父陆侃曾任溧阳县令,早逝,受母教成长。陆贽唐大历六年(771)中进士,又应博学鸿词得高第,授华州郑县尉,迁渭南县主簿。唐德宗即位,由监察御史召为翰林学士。时藩镇跋扈,朝政紊乱,叛军陷长安,军阀朱泚僭称帝,陆贽随德宗避乱奉天,转为考功郎中。李怀光叛乱,又扈从德宗逃往梁州,转谏议大夫。长安收复后,还东京转任中书舍人、翰林学士、参赞机要,负责起草文诏,甚得朝廷倚重,号称“内相”。时当危难之际,朝政千头万绪,大量诏书均由陆贽起草,他疾笔如飞,凡所论列,无不曲尽情理。贞元七年(791),拜兵部侍郎,知贡举。次年任中书侍郎同平章事,为宰相。陆贽执政期间,公忠体国,励精图治,具有远见卓识。在当时社会矛盾激化、唐王朝面临崩溃的形势下,他指陈时弊,筹划大计,为朝廷出了许多善策。他对德宗忠言极谏,建议皇帝了解下情、广开言路、纳言改过、轻徭薄赋、任贤黜恶、储粮备边、消弭战争,部分建议为德宗采纳,化为实际政策。在藩镇叛乱、举国动摇的情势下,陆贽规劝德宗下诏罪己,为德宗起草诚挚动人的诏书并颁行天下,前线将士为之感动,有的听到后痛哭,叛乱者上表谢罪。由于他善于预见,措施得宜,力挽危局,唐王朝摇摇欲坠的局面,得以转危为安。陆贽秉性贞刚，严于律己，自许“上不负天子，下不负所学”，以天下为己任，敢于矫正人君的过失，揭露奸佞误国的罪恶。他认为立国要以民为本，对“富者兼地数万亩，贫者无容足之居”的尖锐对比，深致愤慨，同情人民的悲惨生活。他力劝德宗爱人节用，轻徭薄赋，反对横征暴敛，主张使“一代黔黎，跻富寿之域”。陆贽为相期间，户部侍郎、判度支裴延龄以谄佞获德宗信用，“天下嫉之如仇”，陆贽仗义执言，多次上书参奏裴延龄的罪行。德宗信用奸臣，不听忠言，于贞元十年(794)罢陆贽，为太子宾客。次年春，复贬忠州别驾。陆贽谪居僻地，仍心念黎民，因当地气候恶劣，疾疫流行，遂编录《陆氏集验方》50卷，供人们治病使用。唐顺宗即位后，下诏召还陆贽，诏未至而贽已逝。

陆贽是唐代贤相，他的学养才能和品德风范，深得当时和后代称赞，权德舆比之为汉代的贾谊，苏轼认为他是“王佐”“帝师”之才，文辩智术超过汉代的张良，“使德宗尽用其言，则贞观之治可复”，惜其“仕不遇时”。今人评价他是唐代大政治家，列其名为古代十大名相之一。

陆贽著述多种，流传至今的有《陆宣公集》，亦名《陆宣公翰苑集》。其关于时政的奏议、制诰等文章，传诵古今，被称为“经世有用之言”“昭昭然与金石不朽”“于古今政治得失之故，无不深切著明，有足为万世龟鉴者”。陆氏后裔繁衍嘉湖一带者甚众，嘉兴城内旧时有陆宣公祠，多历代石刻，毁于“文化大革命”中。东门外原有宣公书院，清代已不存；东门外环城河上有桥名宣公桥，1969年拓宽河道时拆掉，附近有宣公路；新丰镇附近旧时有陆贽墓，陆贽卒后葬于忠州，该墓或系衣冠冢，今亦不存。旧志记载城郊古时尚有陆宣公读书台、鹤渚、放鹤处等古迹。

刘禹锡

刘禹锡(772—842)　字梦得，洛阳(今属河南)人，亦谓彭城(今江苏徐州)人。父刘绪，唐天宝末年进士，官“浙西从事，本府就加盐铁副使”等职。刘绪为避安史之乱，举族迁居嘉兴。唐大历七年(772)，刘禹锡出生于嘉兴。其《送裴处士应制举》诗，前四句记述他童年时代嘉兴的生活：

忆得童年识君处，
嘉禾驿后联墙住。
垂钓钓得王余鱼，
踏芳共登苏小墓。

刘禹锡于唐贞元九年(793)中进士，登博学鸿词科。授监察御史，参加王叔文集团，反对宦官和藩镇割据势力。改革失败后，贬朗州司马，迁连州刺史。后以裴度力荐，任太子宾客，加检校礼部尚书衔，世称刘宾客。他性格刚毅乐观，有豪迈之气，诗文俱佳。其诗文通俗清新，善用比兴手法寄托政治内容，有“诗豪”之称。和柳宗元交谊很深，人称“刘柳”；后与白居易唱和甚多，并称“刘白”。著有《刘梦得文集》，代表作《乌衣巷》《陋室铭》等，为后人广为传诵。

徐　岱

徐岱(生卒年不详)　字处任。嘉兴人。世代务农，徐岱勤奋好学，博通儒家经籍及诸子之学。唐大历年间(766—779)，得转运使刘晏表荐为校书郎。浙西观察使李栖筠佩服徐岱的学问，题其住处为“复礼乡”(后复礼乡遂成为嘉兴县的一个乡名，自唐沿用至清末)。徐岱于贞元(785—805)初，任郎中，后提升给事中，兼史馆修撰。卒年50岁，赠礼部尚书。

殷尧藩

殷尧藩(780—855)　嘉兴人。唐元和九年(814)进士，历任永乐县令、福州从事，曾随李翱作过潭州幕府的幕僚，后官至侍御史，有政绩。他和沈亚之、姚合、雍陶、许浑、马戴是诗友，跟白居易、李绅、刘禹锡等也有往来。曾拜访韦应物，两人投契莫逆。他性好山水，足迹遍历晋、陕、闽、浙、苏、赣、两湖等地，曾说：“一日不见山水，便觉胸次尘土堆积，急须以酒浇之。”著有《忆江南》30首，被白居易赞为“江南名郡数苏杭，写在殷家三十章”。现在这组诗已不传。

殷尧藩早年贫困失意，后来为官又做隐士，其诗既有个人遭际的牢骚，也有从军建功立业的企望，其中写羁旅生活较为深切。《全唐诗》存其诗1卷。

唐希雅

唐希雅(生卒年不详)　祖籍河北，五代时(907—960)迁居嘉兴。唐希雅工书善画，书法初学南唐李后主(李煜)金错刀书，有一笔三过之法，别称“颤笔”，虽老瘦而风神盈秀。画竹树最妙，以“颤笔”入画，线务细劲曲折，略带顿挫，富“颤掣之势”。清朱彝尊诗句云“唐家花鸟棘针描”，可见其画风。所绘树木、翎毛草虫，气韵萧疏，多得野趣。与名画家徐熙同称“江南绝笔”。宋代大诗人陆游看到其作品后，特作《唐希雅雪鹊》诗一首：“……我评此画如奇书，颜筋柳骨追欧虞。”对其画技推崇备至。

陆扆

陆扆(847—905)　字祥文，初名允迪，陆贽族孙。原籍嘉兴，客居于陕西。唐光启二年(886)，陆扆跟从僖宗视察山南，擢进士，为巡官，累官至翰林学士、中书舍人。

陆扆工属辞，文思敏捷。昭宗作赋，诏学士皆和，扆最先就，昭宗赞叹说：“贞元时陆贽、吴通玄兄弟善内廷文书，后无继者，今朕得之。”乾宁年间，历任户部侍郎、兵部侍郎、尚书左丞，封嘉兴县男，迁户部侍郎同中书门下平章事，加中书侍郎、集贤殿大学士、判户部事。覃王兵犯凤翔，昭宗要派兵镇压，陆扆以为时局刚刚安定，不宜征战，触犯昭宗，贬为峡州刺史。乾宁四年(897)授工部尚书，后转兵部尚书，中书侍郎同平章事。光化三年(900)兼户部尚书，封吴郡开国公。9月，转为门下侍郎，监修国史。天复元年(901)进阶特进，兼兵(一作户)部尚书。藩镇朱全忠逼昭宗迁都洛阳，时崔胤执政，贬陆扆为沂王傅、分司东都。崔胤被诛后，复授吏部尚书。昭宗被害后，陆扆贬为濮州司户参军，最后被杀于滑州白马驿，卒年59岁。著有文集。

文偃

文偃(864—949)　俗姓张，嘉兴人。文偃幼年依空王寺志澄律师出家，云游各地进修，得名僧道踪、雪峰的传授，掌握佛学的精义。后历访各大寺院，最后往曹溪礼拜慧能灵塔，道经福州，访名僧如敏，深得如敏的器重，请其座首席，遂继承如敏法席。文偃为佛教禅宗六祖慧能后的第八代，五代时云门禅宗的创始者。五代后汉高祖刘知远曾向其请教，文偃与之谈禅，刘大加欣赏。晚年移驻韶州(今广东韶关)云门山的光泰禅院。

文偃学说自成一系，故称云门文偃，其宗派称为云门派。门下颇盛，嗣法弟子有25人，弟子不下千人。著述有《云门匡真禅师广录》3卷。

陆晃

陆晃(约929—936年)　又名滉。嘉兴人。善画人物，性疏逸，喜饮酒，每当酒酣情逸，即兴创作，才思敏捷，预先不作构思。所画内容一种为道释神仙，并喜以数字作画名，如“三仙”“四畅”“五老”“六逸”“七贤”“三阳会仙”“五王避暑”之类；一种为农家人物风情，描绘田家男女婚嫁、舞蹈歌唱及田园牧畜的情景。作品有《春江渔乐图》《绣线图》《田戏人物图》等。绘画有粗细两种线条笔法，以细者为上。清朱彝尊《鸳鸯湖棹歌》有句云：“绣线图成陆晃遥”，反映了后代对陆晃绘画的喜爱。

沈珪

沈珪(生卒年不详)　嘉兴人。早年往来黄山贩缯，遇人教其制墨法，遂改行制墨。后创造用松煤杂脂漆滓烧烟，制成的墨精黑发光，称“漆烟”。南唐李廷珪兄弟曾创“对胶法”制墨，秘不示人，以至失传。一次，沈珪在居彦实家造墨，因出灰池过早，墨皆断裂，居彦实以所用墨料精佳，不忍舍弃，便重新蒸浸出旧胶，再冲入新胶，墨成，其坚如玉。沈珪由此悟“对胶法”，用新旧胶乳同烟粉混合，制成佳品，在技术上亦愈益精妙。沈珪自写墨铭说：“沈珪对胶，十年如石，一点如漆”，达到当时制墨技术的最高峰。有人拿宋代著名墨工张孜的墨和沈珪的漆烟相比较，发现张孜墨远不如沈珪墨。在沈珪之前，秘阁校理苏澥擅长造墨，名闻高丽，人以得其寸墨如获断金碎玉。北宋大观年间（1107—1110），刘无言拿苏澥墨令沈珪仿制，真假难辨。

滕令嘏喜收藏古墨，并擅长鉴别墨。在监嘉禾酒务时，沈珪曾为其制墨，有一丸遗失，两年后从池塘中复得，坚致如故，滕令嘏对此大加赞赏，认为沈珪的制墨技术已超过李廷珪兄弟。

沈珪70岁去世，其子沈晏先逝，制墨法遂失传。

鲁　訔

鲁訔（1100—1176）　字季钦，号冷斋。嘉兴人。南宋绍兴五年（1135）进士。仕至福建提点刑狱公事。清光绪《嘉兴府志·经籍》（卷80、81）著录鲁訔著作多种。鲁訔精于杜（甫）诗研究，清人朱彝尊说“杜诗编年自禾人鲁訔始”。鲁訔去世后，南宋大臣、文学家周必大撰《鲁公墓志铭》。

王希吕

王希吕（生卒年不详）　字仲行。祖籍宿州，南宋建炎年间迁居嘉兴。乾道五年（1169）进士，授秘书省正字，除右正言。王希吕以正直知名远近，与翰林周必大等合称为“四贤”。时张说依仗皇戚，擢用至签书枢密院事，气势显赫，王希吕与侍御史李衡交章劾之，宋孝宗怀疑王希吕邀名加以斥责，改授宫观。淳熙二年（1175），除吏部员外郎，改起居郎，兼中书舍人，随后到江淮前线要地庐州出任知州兼安抚使。王希吕在庐州修筑城墙，加强防守，并安置散兵流勇，百姓得到保护，以政绩显著加直宝文阁，江西转运副使。淳熙五年（1178）召为起居郎，除中书舍人，历给事中转兵部尚书，改吏部尚书，又除端明殿学士，知绍兴府。不久因直言而罢官。罢官后回嘉兴朝廷赐造住宅，乡人称其在城内所居的地方为“听履坊”。南宋时吴越广陵王钱元璙所造烟雨楼，已废圮，王希吕于嘉定年间在其旧址造楼，后来“有司相继拓治，因成一方之胜”。

赵　昚

赵昚（1127—1194）　宋太祖七世孙，南宋第二代皇帝宋孝宗。初名伯琮，后改名瑗、玮，赐名昚，字元永。赵昚生父为秀王赵子偁，时任嘉兴县丞。母张氏，建炎元年（1127）十月，在嘉兴县官署内（址在今市工人文化宫东侧）生下了一名男婴，取名伯琮。

建炎三年（1129），高宗唯一的儿子赵旉夭折，无人继承帝位。绍兴二年（1132），高宗在上千名宋太祖的后裔中进行挑选，赵伯琮留下来做为嗣子备送。次年二月，赐名瑗，由婕妤张氏抚养。

绍兴三十年（1160）二月，高宗将赵瑗立为皇子，更名玮。绍兴三十二年（1162）五月，高宗立赵玮为皇太子，改名昚，字元永。六月，高宗退位为太上皇，赵昚登基，是为宋孝宗。

绍兴三十二年（1162）七月，赵昚颁布手谕，召主战派老将张浚入朝，共商抗击金兵、恢复中原大计。与此同时，他还追复岳飞原有官职，追封岳飞为鄂国公，以礼改葬。此举在南宋朝野大得人心。他又命副相汪沏视师湖北、京西，命四川宣抚使吴璘兼陕西河东路宣抚使、招讨使，起用虞允文、陈俊卿、汪应辰、王十朋等一批主抗金的人才，朝中主战派力量大增。隆兴元年（1163）四月，赵昚力排主和派干扰，命令李显忠、邵宏渊等出兵北伐。北伐初期，宋军接连取得胜利，攻克灵壁、宿州、虹县等地，北方人民纷纷响应，归附者络绎不绝。但宋军不久即出现主将失和、互不配合，军心浮动、处置失措等问题，战斗力顿失。金兵于此时大举反攻，在宿州符离大败宋军，并趁胜追击，致使宋军损失惨重，13万人马伤亡殆尽。

赵昚虽迫于时势与金媾和，但恢复中原的渴望并未完全消失。他在备战北伐的同时，积极改革内政，慎选官吏，注意吏治，轻徭薄赋，兴修水利，发展生产。乾道八年（1172）九月，赵昚曾与四川宣抚使虞允文拟定东西两路攻金计划，但终因主将虞允文病故等原因，使战略计划落空。绍熙五年（1194），赵昚病逝，终年68岁。庙号孝宗，葬于永阜陵。

宋孝宗是南宋最有作为的君主，史称“卓然为南渡诸帝之称首”。他在位时期，也是南宋政治上最清明，经济、文化最繁荣兴盛的时期。由于孝宗出生在嘉兴，这里遂称“龙兴之地”，孝宗之孙宁宗即位后，于庆元元年（1195）升秀州为嘉兴府。嘉定年间，宁宗将嘉兴县丞厅改为佛寺兴圣院，理宗于淳祐十一年（1251）题书“流虹圣地兴圣之寺”，其地遂沿称兴圣寺，有流虹亭等建筑。流虹取意于太古少昊帝出生的典故，可为孝宗出生处又一佐证。

娄　机

娄机（1133—1212）　字彦发。嘉兴人。曾祖亿，祖乾耀，俱为将仕郎。父寿，宋高宗绍兴三十年（1160）以奉议郎知崇安军事。乾道二年（1166）娄机中进士，授盐官尉。历含山主簿、於潜县丞、江东提举司干办公事、西安知县、太常博士秘书郎等职。居官以安民节财为重，任职含山期间，铜城有84圩毁于风暴，娄机召集3000民工，器用材料一律由官方支付，20天就修复竣工。娄机还主张“轻赋税，正版籍，简狱讼，兴学校”。后被选为资善堂小学教授，每以“事亲、修身、治国、爱民”四事教诲太子，擢监察御史。韩侂胄倡议北伐，娄机主张“广蓄人才，积财备物”，反对仓促北伐。及进至太常少卿兼中书舍人，朝廷派他到荆州、襄州宣谕北伐，他抗拒说：“使往慰安人情则可，必欲开边启衅，有死而已，不能从也。”北伐开始后闻泗州捷报，他忧心忡忡，说惟恐进锐退速，兵祸愈深。御史邓友龙揭露他阻挠北伐的言行，遂被罢官。北伐败后，韩侂胄死，复召为吏部侍郎、礼部尚书，擢同知枢密院事，进参知政事。嘉定二年（1209），上书告老，皇太子竭力挽留，授以资政殿学士知福州，力辞不就，死后赠金紫光禄大夫。

娄机精于书法，收摹汉碑309种、魏晋碑31种中的隶字，编撰《汉隶字源》，其书信多被人收藏。著有《班马字类》等。故居在嘉兴府学宫（今中山路嘉兴宾馆）前，早毁。

赵汝堣

赵汝堣（1180—1232）　字子厚，嘉兴新丰镇赵家埭人。赵氏家族乃宋朝皇室宗亲，系宋太宗四子商王赵元份之后。赵汝堣曾祖赵士皈，官安徽亳州刺史，阶武经大夫；祖父赵不琲，承节郎，扈跸南渡居嘉兴；父赵善洟，保义郎赵汝堣是其第三子，生于淳熙七年（1180）八月十九日。

赵汝堣幼孤，勤俭好学，嘉定十五年（1222）赐文学，次年铨授高邮兴化县主簿。兴化地处边陲，他朝虞夕警，克艰尽瘁，虽身体羸弱，每天焦劳于公务，宵衣旰食。久而久之，遂成腹心疾。任期满，被派往安徽桐城县任县丞，因体力不支未能赴任，其长子绍兴县户曹崇礼迎养于任所。逝于绍定五年（1232）正月十二日。赠文林郎。他以勤俭治家，忠孝育子，数子均有所成就。其后子孙繁衍，人口逐增，当地渐称赵家埭。《竹林八圩志》载有《宋故知丞文林赵公圹铭》石碑文，文中详细介绍了赵汝堣的出生及一生。

岳　珂

岳珂（1183—1243）　字肃之，晚号倦翁。汤阴（今河南汤阴）人，岳飞之孙。宋宁宗时，以奉议郎权发遣嘉兴军府兼管内劝农事，有惠政，自此家居嘉兴，故宅在城内金陀坊（今范蠡湖一带，早已无存）。绍定六年（1233）元宵，岳珂在京口观灯，作诗提到宋徽宗被俘事，被人构陷以罪。嘉熙二年（1238）被重新起用，官至户部侍郎，淮东总领制置使。

岳珂著述甚富，居于金陀坊时痛恨祖父被秦桧陷害，著有《吁天辩诬》《天定录》等书，结集为《金陀粹编》，为岳飞辩冤。又著有《桯史》《三命指迷赋补注》《宝真斋法书赞》《媿郯录》《玉楮集》《棠湖诗稿》《续东几诗余》《小戴记集解》（稿佚）、《刊正九经三传沿革例》1卷。嘉定七年（1214），在嘉兴主修《嘉禾志》（关栻纂），未成书，已佚。

明万历年间，岳飞后裔岳元声建岳王祠，内供有岳珂亲制的铜爵，上镌珂书“精忠报国”4字，抗日战争期间遗失。岳珂在嘉兴的遗物还有“洗鹤石池”，今与“松化石”一起放置在南湖烟雨楼宝梅亭西侧。岳氏后裔散居在今秀洲区王店镇旧岳村及桐乡市濮院镇。

项　冠

项冠（生卒年不详）　字仪甫，别号泉石散人。嘉兴人。以经商成巨富，施舍钱财，“助婚丧，蠲逋负”，江浙一带称他为长者。元至元二十年（1283），嘉兴遭受灾害，项冠捐粮数万，赈济灾民。授将仕郎，力辞不就。后隐居胥山（位在今大桥镇），筑胥山草堂，吟诗自娱。项冠墓在胥山伍子胥庙东。

徐再思

徐再思（1320年前后在世）　字德可，号甜斋。嘉兴人。曾任嘉兴路吏。善作散曲，多写悠闲生活与闺情春思，以及江南自然景物。善于学习俗谣俚曲，擅长白描手法，抒情深细，对仗工整，风格清新秀丽，《太和正音谱》有“如桂林秋月”之评，作品与当时自号酸斋的贯云石齐名，后人合辑二人作品，题名《酸甜乐府》，收有他的小令103首。

高逊志

高逊志（1330—1402）　又名巽志，字士敏，号啬庵。祖籍徐州萧县。至正十五年（1355），被荐为宁波鄮山书院山长。二十年（1360）七月，定居嘉兴新丰高家埭。洪武二年（1369），膺明经荐，入洪武朝。三年（1370），征召与赵壎等续修《元史》，四月，授予秦府纪善，继续纂修《元史》，七月，书成，升迁为翰林院编修，历侍讲学士，后称病还高家埭。十六年（1383），召署吏部侍郎，因与权臣政见不合，贬谪到山东朐山。三十年（1397）起复出，任侍读学士。建文初元（1399），奉命与卢原质等同纂《大明太祖高皇帝实录》，不久，迁太常寺右少卿，兼侍读学士，当年曾主应天府乡试。二年（1400），与礼部侍郎董伦一起主持会试，所举士，多名臣。

建文三年（1401）燕王朱棣率兵渡江后，高逊志避难遁迹于浙南雁荡山中，流离颠沛，感愤成疾而卒。葬于雁荡山芙蓉峰北。万历元年（1573）谥文忠，祀乡贤，二十九年（1601），祀表忠祠。

高逊志主要著作有《啬庵遗稿》2卷，载入《明史·艺文志》，还有《辛丑集》《师友集》《自得斋类编》等。

沈　珉　沈　淳

沈珉（1366—1456）　字公美。嘉兴新丰镇竹林庙人。沈珉家境殷实，一生乐善好施，明景泰元年（1450），家乡闹饥荒，他出粟助赈，开嘉善、秀水两仓以救灾民。曾捐资建造嘉兴城内秀城桥，建香岩祠，开东郭井，世称大井，惠涉百姓。

沈淳（1392—1479）　字惟厚，号拙庵。沈珉之子，新丰镇竹林庙人。永乐年间游庠，宣德四年（1429）举人，正统元年（1436）进士。久之，授刑部主事。景泰元年（1450）改吏部考功，同年擢吏部稽勋司员外郎。64岁以满秩遂致仕返故里。舍地重建黎林禅寺。

沈淳博通经史，崇孝义，笃友爱，待人以诚，循分谨职。严于律己，为人师表，郡守黄茂和陕西宪使项忠、广州太守沈琮、检察御史沈玮等均曾延教于门。主要著作有《经义》及《拙庵集》。

怀　悦

怀悦（约1413—1464）　字用和，号铁松，又号铁松道人、柳溪小隐，自署相湖渔隐。嘉兴人。明正统七年（1442）以贡仕通判。正统至天顺年间（1436—1457）在相家荡（今称湘家荡）湖南建园林柳庄（亦称柳溪）。围绕相湖兴建的亭台堂馆，称“相湖八景”，即钓鱼所、观莲亭、清风榻、白雪窝、载春舫、耕云堂、载桑圃、采菱滩。其斋名铁松斋，又有月波轩、雪艇水亭、北花园等建筑景点，是当时嘉兴文人聚集赋诗谈文的雅地，“园亭诗酒之会，极一时之盛”。善诗文，著有《铁松集》4卷、《士林诗选》10卷、《诗家一指》。今北京图书馆藏善本书目中还有《诗法正论》，上有“嘉禾怀悦用和编集”。

伍　方

伍方（1417—1487）　字公矩。嘉兴人。世居新丰镇芙蓉潭。明正统十二年（1447）中举，景泰五年（1454）成进士，授湖南武冈知州（今武冈县）。当时由于少数民族与地方政府民族磨擦矛盾尖锐，国赋无法上缴，伍方上任后，为缓解矛盾，便上疏朝廷请求免除赋税，得恩准，民始复业。时州境常遭粤蛮寇扰，且在府州衙内也有佞臣与之勾结，伍方虽防御有功，却遭诬陷坐累，被谪戍柳州(今广西马平县)。后遇赦归故里，创建“西圃草堂”，以诗文自娱。成化十三年(1477)，他与项忠、高磐等在嘉兴正式成立“槜社”，社址在鸳鸯湖畔，活跃于嘉兴诗坛，项忠掌社，伍方副之。同时创立槜李耆英会，时人将之比作洛社(洛阳耆老会)。伍方曾著有《柳庵集》，共18卷，分4册。

吕 原

吕原(1418—1462) 字逢原，号介庵。居秀水县城。幼从父居景州，父亡，奉母回嘉兴。家贫，喜读书，博涉经史，擅文章。明正统七年(1442)进士，授翰林院编修。英宗、景帝两朝，历官翰林学士、右春坊大学士等职，编修《历代君鉴录》《寰宇通志》。天顺元年(1457)，改任通政司左参议兼侍讲，随后入内阁。当政后行事持重，政务有条不紊。二年(1458)，修《大明一统志》，充总裁。四年(1460)，再主会试，取陈选第一。六年(1462)，母丧归葬，因途中悲忧过度，抵家不久即去世。赠礼部右侍郎，谥文懿。故居称吕家府，在嘉兴东门外天马桥。墓在县东南长水都宇字圩，今已无存。吕原一生好著述，常为考证一事得不到结果，数日闷闷不乐。一旦得之，则欣喜若狂，对门人说：“进我两阶，殊不若得此可喜。”著有《宋元通鉴续篇》《介轩集》12卷。

项 忠

项忠(1421—1502) 字荩臣，号乔松。嘉兴人。明正统七年(1442)进士，授刑部主事，进员外郎。十四年(1449)，随英宗北征蒙古瓦剌，于土木堡被俘，命他喂马，他乘间挟两匹马南奔，马疲，徒步七昼夜始归。景泰年间任广东副使，曾镇压瑶民起义。天顺初年，任陕西按察使，时值陕西饥荒，项忠开仓放粮赈济饥民。天顺七年(1463)召为大理寺卿，因当地人要求他留任而改为右副都御史，仍令巡抚陕西，时洮河流域的羌族起义，项忠率军招抚。项忠治陕期间，曾开龙首渠及皂河引水入城，解决西安城内水咸不能饮用的困难；同时还疏浚郑国渠、白渠，灌溉泾阳、三原、醴泉、高陵、临潼5县，计田7万余顷。民建生祠以感念项忠治水的功绩。

明成化四年(1468)，陕西开城土官满俊据石城(即唐代吐蕃的石堡城)发动叛乱，自称“招贤王”，项忠督军经大小三百余战，终于攻克石城，讨平叛军，擒获满俊。升右都御史，与林聪共掌都察院事。六年，李原率流民在湖北荆、襄地区起义，称“太平王”，连占南漳房、内乡、渭南诸县，流民附者百万。项忠受命总督军务，与湖广总兵李震一起率军25万，分八道进击起义军，并在竹山乘溪涨，半渡截击，李原等战败被俘杀，流民被遣散。项忠进左都御史，十年，升刑部尚书，不久为兵部尚书。十三年，宦官汪直横行不法，迫害臣民，屡兴大狱，项忠联络九卿上书弹劾汪直，结果反被汪直诬陷而革职。后汪直被贬，项忠复官，不久即致仕。家居26年，与里人伍方等创立槜社及槜李耆英会，有《唱和诗》一集。卒后赠太子太保，谥襄毅。

项忠在嘉兴城内瓶山西建项家祠堂和著书堂，今已无存。嘉兴南湖乡项坟头因有项忠墓而得名，曾有项家祠堂，附近一湖荡，名项家漾。

姚 绶

姚绶(1422—1495) 字公绶，号穀庵、仙痴、云东逸史，人称丹丘先生。嘉兴人，明代进士，授文林郎。不久升任监察御史，奉命巡视两淮盐政，铲除积弊，赈济饥民，受到朝廷嘉奖。明成化元年(1465)，因得罪权贵，由广东道监察御史谪江西永宁知府，遂以母亲年老为由辞官。归乡后，筑书室名“丹丘”，十一年(1475)又筑厅堂数楹，名为“今始堂”。

姚绶工诗赋，善书画。诗赋茂畅，引笔累续，能千言不休。擅画山水，宗吴镇，也取法赵孟頫、王蒙。小景好作沙坳水曲，孤钓独吟；其阔幅则重林远汀，着四五渔船而已，墨色苍润，亦写竹石，潇洒之致。

姚绶明成化十三年(1477)五六月间，造游船一艘，取黄庭坚诗“沧江静夜虹贯月，定是米家书画船”之意，定名为“沧江虹月”，并为此作了一篇《沧江虹月记》。凭该船，姚绶时常载书画泛舟吴越山水之间。

姚绶的存世名作有《秋江渔隐图》轴（北京故宫博物院藏）、《山水图》册页（上海博物院藏）、《竹石图》轴（辽宁博物院藏）。著作《谷庵集》《云东集》《天人合旨》《姚绶史诗文》等。

冯汝弼

冯汝弼（1498—1577）　字惟良，号祐山。祖籍顺天府，明弘治初迁居平湖县城西北乌金浜（今属南湖区新丰镇）。自幼接受良好教育，嘉靖十一年（1532）中进士，授行人司，旋迁工科给事中。任职期间，先曾劾宦官张时等侵吞公物，张被逮下狱。后又上书劾吏部尚书汪鋐徇私不法，连上七疏，终于汪被罢官。后冯汝弼被官场挤轧而贬谪到安徽潜山，降为县丞。任内纂成该县首部《潜山县志》。嘉靖帝以其性格耿直，忠君无私，召回京城，并御赐“爱日堂”匾额，继而升常熟知县。到任后，他修筑叶荡闸，立法均田，核实粮赋，免除虚耗，修纂县志，留有惠政。嘉靖二十三年（1544）升太仓知州，他体察民情，追捕江海大盗，颇有政绩。转调扬州同知，因政见不合而去官不赴。告归后，以常熟均田法、太仓均役法告邑令推行，为乡里谋利。时倭寇窜扰，他建议督抚筑平湖县城，并带头捐输。嘉靖四十五年（1567），他出资筑汉塘堤岸54里；万历元年（1573），修建石桥、木桥32座，筑石堰土堰15处，并赈米数百石，立义冢，造福乡里。卒后邑人建祠祀之，累赠参政。

主要著作有《祐山集》16卷、《补备遗录》1卷，还有《三苏文纂史案》《当湖剿寇纪事》等。

冯汝弼在乌金浜筑有爱日堂，堂前在乾隆八年（1743）筑有孝子石牌楼，现今石牌楼的4根残柱仍挺立在乌金浜牌楼桥北堍。

吴　鹏

吴鹏（1499—1579）　字万里，号默泉。原籍海宁，祖吴昭迁居秀水县城，遂入籍为嘉兴人。嘉靖元年（1522）中举人，次年成进士，授都水主事。曾任广西参议、云南督学副使。二十二年（1543）奉旨使安南（今越南），宣谕。归迁为福建左参政，时贵州苗民陈日辉举兵起义，吴鹏率兵镇压。不久升江西按察使、布政使，又以右副都御史巡抚江西。后转任工部、刑部、兵部侍郎，漕运总督职，拜工部右侍郎。三十二年（1553）曾负责赈济淮、徐等灾区。是年七月，河南柘城民师尚诏起义，占领归德、鹿邑等县。十月，吴鹏率军败师尚诏于五河，俘获师尚诏，因功擢右都御史，入为工部尚书。三十五年（1556），代任吏部尚书。时严嵩、严世蕃父子擅权，吴鹏俯首听命，并令孙吴维贞娶严世蕃女为妻。

吴鹏晚年居嘉兴，侵占楞严寺辟野乐园，为人所讥议。吴鹏人品不佳，但颇有才名。著有《历任疏稿》11卷、《鉴湖诗草》2卷、《飞鸿亭集》20卷。

项元淇

项元淇　约明万历八年（1580）前后在世。字子瞻。嘉兴人，项忠后裔。南京太学生，谒选得上林录事，后为光禄寺署丞。精于赏鉴，于画无所不窥。善书，工诗古文辞。有诗集4卷。

高　铭

高铭（1510—1580）　字丰南。新丰镇高家埭人。性格磊落，乐善好施，有人借贷无不应。嘉靖三十八年（1559）任嘉兴县粮长，时当地连续饥荒，他散尽家资以赈灾民，家资不足补以官粮，救活者无数。不久，上面征令急催，要他把开仓救灾的官粮追回来。高铭深知所赈之粮是救命之粮，便拒绝追收，被逮入狱。其子替父坐牢，高铭才得以释放。后封赠为奉直大夫、胶州知州。

项笃寿

项笃寿（1521—1586）　字子长。嘉兴人，项忠后裔。明嘉靖四十一年（1562）进士，授刑部主事，因母年迈，不能在京就任，改任南京考功郎中，母丧，调职赴京。时张居正改革朝政，项笃寿屡与张居正意见不合，由兵部郎中贬为广东参议，即称病辞官归里。项笃寿筑有万卷楼，收藏和刊刻图书，其藏书多从季弟项元汴处购得。项元汴收藏甚富，而啬于财，每交易成后有悔意，将图书按收购价让于项笃寿。项笃寿刻有《二十四史论赞》《郑端简公奏议》等，以嘉禾项氏万卷堂名义印行，均为精品，其刻印的油墨和纸张亦均为上品，清人叶德辉多次称赞他的刻书。著有《今献备遗》等。

项元汴　项德纯　项德新

项元汴(1525—1590)　字子京，号墨林山人、墨林居士、香严居士、退密斋主人等。嘉兴人，项忠后裔。少即英敏，博雅好古，绝意仕进。当时风雅之士来嘉兴必访项元汴，名画家文彭、文嘉等与项元汴交往尤密。明万历年间神宗朱翊钧闻其名，特赐玺书征他出来做官，不赴。项元汴精于鉴赏，辨别真赝，析及毫发，当时无人可比。所藏书法、名画以及鼎彝玉石，甲于海内。时人记载："项氏所藏如顾恺之《女史箴》图等，不知其数，观者累月不能尽也。""其家累世富厚，不惜重赀以购，故江南故家宝藏皆入其手"(见《五杂俎》)。他遴选能工巧匠制作的各种器具，凡几榻架柜奁盒等，镌以铭识，都极精巧，如同秦汉之物。清顺治二年(1645)闰六月，清兵攻破嘉兴府城，其藏品被千夫长汪六水所劫掠，散失殆尽，存世的藏品多归于皇宫，现仍藏于故宫博物院和其他博物馆。

项元汴曾获一古琴，上刻"天籁"两字，故将其储藏之所取名天籁阁，并镌有天籁阁、项墨林等印，凡藏品都钤有印记，往往满纸满幅。项氏以天籁阁名传后世，阁早已毁。

项元汴亦工绘画书法。刊有《天籁阁帖》，著有《墨林山人诗集》等。项氏一门于书画二艺自元汴始，可谓家学渊源，代有人才。德达子嘉谟、徽谟、圣谟皆以画名。徽谟子奎善山水兼工兰竹，圣谟侄玉笥工写墨兰。由明至清，项氏子孙陆续出现画坛，数目之多唯同时之文徵明一族可比拟。

项德纯　名穆，号贞元、无称子，以字行。项元汴长子，官中书。项德纯工书法，于晋唐名家无所不能。与伯父项元淇齐名，有《双美帖》行世。著有《书法雅言》等。

项德新　字复初、又新。项元汴三子。工山水，也善写生。作品流传极少，有人得其片纸，珍如拱璧。

沈思孝

沈思孝(1542—1611)　字继山，一字纯父。嘉兴人。明隆庆二年(1568)进士，授番禺知县。万历初年，任刑部主事，因反对张居正改革受廷杖充军。张居正死召回后任光禄、太常少卿、顺天府尹等职。后又任南京光禄卿，升右佥都御史，巡抚陕西、宁夏，陕西贡织羊绒是当地百姓的一大负担，沈思孝奏减十分之四，后改抚河南，力辞不就，不久召为大理卿。时有宦官郝金违法，刑部宽纵其罪，沈思孝依法予以严惩，进工部侍郎。升为右都御史，协理军机大事。

万历二十三年(1595)一月，日本丰臣秀吉侵略朝鲜，明神宗朱翊钧遣使媾和，封丰臣秀吉为日本国王，沈思孝认为不应妥协，奏请修战守备，并指斥主和派。

万历二十四年(1596)，病重归乡，5年后卒，赠太子少保。当时城内角里街有其专祠。他曾于荐桥之东建半郭楼。另在相湖滨建别墅绿萝庄，均早毁。沈思孝诗流丽清脱，有《溪山堂草》4卷，著有《陆沈漫稿》6卷、《继山草堂集》20卷，以及《秦录》《晋录》等。

真　可

真可(1543—1604)　字达观，世称紫柏大师。俗姓沈，江苏吴江人。17岁至苏州拜虎丘僧明觉为师，悉心研究佛学，云游名山名寺，成为名僧。明万历七年(1579)，真可从嵩山少林寺南还，先至平湖，后至嘉兴，时楞严寺为工部尚书吴鹏侵占，围入吴氏野乐园。十三年(1585)，真可依靠万历帝生母李太后及陆光祖等支持，争回寺址，重建楞严寺，发起铸冶大铜佛，共融铜1万公斤，楞严寺重新成为规模宏大的浙江名寺。主持刻印大藏经是真可对佛教文化的一大贡献。当时大藏经为折叠式，卷帙重且多，不易流通，真可发起改为方册线装本。大藏经创刻于余杭径山寂照庵，以化成寺为贮板所，嘉兴楞严寺为流通所。这部大藏经世称“嘉兴藏”,在佛教史上具有重要地位。真可在万历朝参与上层活动,因卷入政治斗争,于万历三十一年(1603)被诬入狱,死于北京监狱中。

真可擅诗文,著有《释真可紫柏老人集》15卷、《茹退集》等。

高文登

高文登(1546—1620) 字伯升,号瀛台。嘉兴新丰镇高家埭人。13岁时父高铭因私开官仓赈灾民而入狱,高文登遂请代父坐牢。他在狱中手不释卷,郡守郭应奎夜巡狱,闻书声,惊异之,试以文,立就。郡守惜才,放他出来就试,补平湖县学生员。

隆庆元年(1567),高文登举于乡,为叶县知县。他仁政爱民,深得百姓称颂。万历十六年(1588)大灾,他申请减免粟米1700石以备赈灾,又筹粟米5400石降价卖出,活饥民无数。他创置学田560余亩,创修学宫帮助贫困学生就学;自捐俸禄创建问津书院;立叶公祠,建子陵庙,治陂堰桥梁,还主持重修《叶县志》。万历四十四年(1616),中副榜进士,升胶州知州。胶州的渔民、盐民多有犯禁入海,一切治之以法;有无赖谋不轨,则重惩之,强宗悍族自此收敛,社会治安好转。

后因侍老母所需辞官归家,卒年74岁。主要著作有《乐春轩集》。

冯梦祯

冯梦祯(1548—1595) 字开之,号具区。嘉兴人。明万历五年(1577)进士,官编修,与沈懋学、屠隆以气节相尚。后因得罪宰相张居正,被外谪广德州判,复又累迁南国子监祭酒,3年后被劾罢官,遂不复出。移家杭州,筑室于孤山之麓。因家藏王羲之《快雪时晴帖》,遂以该名其堂为快雪堂。冯梦祯为人高旷,好读书,好奖掖后学。诗文疏朗通脱,不事刻镂。著有《快雪堂集》64卷、《快雪堂漫录》1卷、《历代贡举志》等。

李日华

李日华(1565—1635) 字君实,一字九疑,号竹懒。嘉兴人。明万历二十年(1592)进士,授九江推官。历任海州佐贰副官、西华知县、南京礼部主事。后辞官归家奉养父母,里居20余年,父殁,补礼部尚宝司丞。天启四年(1624),受嘉兴知县汤齐之聘,参与纂修《嘉兴县志》。崇祯元年(1628),李日华向朝廷奏陈革新政事,晋太仆寺少卿。

李日华性格淡泊和易,工书画,精鉴赏,名重古今。其画用笔矜贵,格韵兼胜,宗法北宋董源而稍加变化,导源于宋元巨然、吴镇,自成一家。明代士大夫好古博物,以董其昌、王惟俭为最负盛名。李日华书画亚于董,博雅亚于王,而兼两人之长。

李日华著作宏富,其所作笔记内容多论书画,笔调清隽,富有小品意致,与其诗歌都表现出封建士大夫的闲适情调,有《恬致堂集》等传世。其《紫桃轩杂缀》《味水轩日记》《六研斋笔记》等,现代曾排印出版,内容多为现代艺术评论家称引。其所作画论,与董其昌的文人画理论大异其趣,受到当代研究者重视。

故居原在解放路螺蛳浜,筑有恬致堂,均已毁。

徐石麒

徐石麒(1577—1645) 字宝摩,号虞求。嘉兴人。明天启二年(1622)进士,授工部营缮司主事,因得罪魏忠贤,被削籍。崇祯元年(1628),徐石麒复原职,补南礼部祠祭司主事,历吏部考功郎中。八年,与尚书郑三俊等奏免冗吏78人,人称公正,历南尚宝卿、应天府丞、署尹事。十一年(1638),始入为右通政,转左通政,累迁光禄卿,通政使。十三年(1640)召对,崇祯问守边、救荒、安民三事,徐石麒对以“守边在农战互用,救荒在劝民输粟,安民在省官用贤。”颇得崇祯称许。十五年(1642),擢刑部右侍郎,旋进左侍郎,署部事,徐石麒依律复查案件,对冤抑及重刑失当宽免甚多,人服其公正。后因上疏救直臣刘宗周,开脱姜采、熊开元罪,忤帝意,被罢官。十七年(1644)甲申之变后,福王朱由崧于南京即位,起用徐石麒为副都御史,改右都御史,旋升吏部尚书。上疏言“省庶官，慎破格，行久任，重名器，严起废，明保举”等事，为权奸马士英所扼，悒悒不得志，遂辞职回浙。其时南明王朝岌岌可危，石麒嘱家人营建坟茔，准备殉难。清顺治二年（1645）闰六月初六嘉兴起兵抗清，以徐石麒名义号召。清兵自杭州来围嘉兴。城将破，徐石麒作就义遗笔10则，在城外大呼：“我大臣，不可死野外，当与城共存亡！”遂缒城而入。闰六月二十六日，嘉兴城破，徐石麒从容着朝服自缢于报忠埭家宅可经堂，仆人祖敏、李升亦自缢以殉。仆人李茂与报忠寺僧真实，将徐石麒尸藏于柜中，后战事平息，其子徐尔縠潜入城内将徐石麒遗体从水门运出，葬于嘉善杨林寺祖茔，时当盛暑，死7日遗体如生，紧握双手，须发怒张。另有衣冠冢在海宁袁花龙山。

徐石麒为官刚正清廉，执法严明。清乾隆四十一年（1776）予谥明亡殉节诸臣，赐徐石麒专谥：“忠懿”。徐石麒学贯经史，尤熟悉朝章国故、见闻博洽，其政见皆可施行惜不得用。又工诗词，作品无陈词，多新警之句，著有《可经堂集》。

长子徐尔縠，字以之，国学生。有《画水草堂诗稿》。徐石麒殉国后，徐尔縠坚持抗清，清康熙七年（1668）与陈子龙等筹划松江起义，事败被捕，清督洪承畴劝降，被严拒，就义于南京。妻孙氏得悉即投水死。妻兄孙钜，字若弘，与徐尔縠同遇害，其全家也被清兵所杀。次子徐柱臣，字贞侯，诸生。徐石麒殉国后，连遭水火狱讼，屡濒于死。后读书佛寺15年，潜心研究经史。徐柱臣子功夔，字元赞，淡于仕途，诗文清苍拔俗。

沈德符

沈德符（1578—1642）　字景倩，一字景伯，又字虎臣。嘉兴人。明万历四十六年（1618）举人。自幼喜爱历史，祖及父皆以进士官京师，故沈德符少时即习闻历史掌故，中年南返，搜集两宋以来的历史资料，仿《集古录》例，撰成《万历野获编》。该书记录万历以前的朝章典故，并保存了一些有关戏曲、小说的资料，介绍了明代的社会风俗情况，自成一家言，为研究明代中叶社会史的重要参考书。另外，还著有《万历前三朝朝章国故里巷琐语》等。沈德符兼精音律，所著《顾曲杂言》，对于杂剧南北曲的考证，为现代研究戏剧者重视。

沈德符事母甚孝，治学以提携后进为己任。其弟沈凤，字超宗，富才华，早年病逝。董其昌曾说，自沈凤死后，我的书法无人可传。子沈克家亦酷学。

高道素

高道素（1583—1629）　原名斗光，字明水，后更名道素，字玄期，号恬智居士。嘉兴新丰镇高家埭人。弱冠之时，试县、府督学皆第一。万历三十二年（1604）浙榜中举，四十五年（1617）成进士，初授虞衡司主事，历官工部郎中。天启元年（1621）调营缮，督毁北宫，省费无数。后偕同太监黄用监造桂邸，要求程期半载竣工，于是与黄用分界督造，邸成，升任屯田郎中。崇祯二年（1629）三月三日，衡州大风雷，黄用所督寝宫的前殿震圮，压毙宫眷，牵连道素，俱逮入狱。衡州的一小吏乡绅刘亨甲怨恨道素建邸时，按图拆了他的宅所，于是借机陷害，致使道素重罪下狱。蒲州首辅批鳞挽救，终不可挽回，为之流涕。道素临刑从容赋诗曰：“牛马应呼还世纲，刀山离境即禅床”，天下冤之。后10余年，子高承埏上书讼冤，才平反昭雪，复其原官，补给诰纶，祀衡州名宦祠。

高道素孝亲好义，为诸生时就倡建仁文书院，并置义田；他善鉴古工画，诗文俱佳。主要著作有《明水轩笔记》《药房随笔》2卷、《景玄堂诗集》12卷、《高氏诗选英华》等。钱谦益曾云：“以寸管评量天下士，在浙西推嘉兴高明水为第一。”朱彝尊也评说：“水部才思兼人，不以格律自拘，古今诗皆超诣，五律尤为长城。”

张　涟

张涟（1587—1672）　字南垣。原籍松江，后迁嘉兴。少从董其昌学画，善绘人像，兼通山水，后以绘画技法构筑园林，垒石造山，巧夺天工。张涟一生主要在江南从事园林设计构筑，一时名园若李氏“横云”、虞氏“豫园”，王氏“乐郊”、钱氏“拂水”、吴氏“竹亭”，都出自张涟之手。嘉兴烟雨楼后有假山四峰，传为张涟所垒，今尚存，惜几经丧乱，多所损移。张涟构筑的园林有山水画意，尤精于作盆池小山，数尺中岩岫变幻，溪流飞瀑，湖滩渺茫，树木蓊郁；而点缀寺宇台榭，石桥墓塔，颓墙败阑，皆一一生动，令观者坐游终日不能出。

张涟肥而短黑，性滑稽；事父母颇孝谨，善与人交，与钱谦益、吴伟业等著名文人都有交游。晚年隐居南湖畔。去世后，吴伟业、黄宗羲都为之作传，黄宗羲称张氏移山水画法为石工，与元代刘元的塑人物像同为绝技。

张涟有4子都能传其技，张然、张熊尤其知名。张然字陶庵，工诗画。康熙二十八年（1689）应召供奉内廷，为皇家构筑瀛台、玉泉、畅春苑等名园。石氏万柳堂，王氏怡园亦为张然所造，其水石之妙，有若天然。其子张淑，继父业，并为时所重。张熊字叔祥，亦供奉内苑。嘉兴名园如朱氏放鹤洲，曹氏倦圃，钱氏绿溪，均为张熊所造，惜今俱已无存。张氏三代都精于造园，自张淑去世后，其术遂不传。

项圣谟

项圣谟（1597—1658）　初字逸，后字孔彰，号易庵，又号胥山樵，别号甚多。秀水县城人。项元汴孙、项德达子。项圣谟幼承家学，工画善诗，曾进国子监读书。明亡后，家庭破落，卖画自给，郁郁而终。

项圣谟精研古代书画名作，又善于从生活中摄取素材，贴近现实，造型准确，用笔周密，严肃不苟，一反当时潦草粗疏，追求“逸笔草草”的画风，而又意境秀逸，气韵高雅，作品具有鲜明风格和高雅品格，在明清画坛上独树一帜。所绘山水、人物、花鸟均被称为“毕臻其妙”。董其昌评他的画“与宋人血战”（力追宋代画风），“又兼元人气韵”。李日华称赞他的画风“英思神悟，超然独得”，是“崛起之豪”。他的作品《九十九变相图》《长江万里图》等巨作，都得到后世赞誉。

项圣谟身遭国破家亡，对明亡后清兵在江南地区的烧杀抢掠极为愤恨，在画作及题识中充分抒发满腔悲愤之情。他画盆松，题词说：“翻盆易地，志不移也。”画秋海棠，题诗句：“无风常自动，有泪不曾干。”在他避兵逃亡桐庐所作的《三招隐图》的跋语中说：清顺治二年（1645）“闰六月廿有六日，禾城既陷，劫火熏天，余仅孑身负母并妻子远窜，而家破矣。凡余兄弟所藏祖君（指项元汴）之遗法书名画，与散落人间者，半为践踏，半为灰烬……，”字句间反映了他深沉的家国之痛。此后，项圣谟多次画树，有《榆树图》《大树图》《大树风号图》等，后者今藏北京故宫博物院，是他的精作代表。图中坡岭上一株古树参天独立，树下一老人拄杖背立，遥望青山落日，似不忍去。画右上角题七绝：“风号大树中天立，日薄西北四海孤。短策且随时旦暮，不堪回首望菰蒲。”诗情画意，沉郁悲怆。项圣谟十分博学，尤长于诗，以诗题画，相得益彰。后人评论他诗画作品构成的完整境界，认为媲美于“画中有诗，诗中有画”的王维。早在明崇祯五年（1632），江淮旱灾严重，他在画作《六月鸣风竹图》上题诗，有“青苗叶半黄，饷妇颜全黑”“酣歌冰堂人，谁知田畯苦”等句，表达了对民生疾苦的关切之情，鲁迅非常欣赏这首诗，曾多次书赠中外友人。

项圣谟代表作还有《松斋读易图》《放鹤洲图》《剪越江秋图》《且听寒响图》《闽游图》《蒲蝶图》等。著作有《朗云堂集》等。

高承埏

高承埏（1602—1647）　字泽外，号寓公。嘉兴人，高道素子。明崇祯十三年（1640）进士，授迁安知县。时迁安屡遭兵祸天灾，高承埏请减税赋，安抚流民，颇有政绩。后调任宝坻县知县，城被清兵包围，高承埏坚持固守，城得以保全。后改任泾县知县，政绩显著，百姓作歌颂扬，迁工部主事。明亡后拒不仕清，隐居故乡，筑有西园作为藏书之用，藏书7万余卷，藏书处和刻书处为稽古堂。死后，泾县人奉祀于书园。

高承埏博闻强记，富民族气节，其《病中述志》诗云：“惟将前进士，惨淡表孤坟。”著有《稽古堂集》等。

张　匀

张匀（生卒年不详）　字宣衡，号鹊山。秀水县城人。明末诸生。《槜李诗系》称其"年十二,作稗史,今所传《平山冷燕》也。"又长篇小说《玉娇梨》据近年学者考证,亦系张匀所作。《玉娇梨》曾以《两个表姊妹》为译名,流传欧洲。鲁迅在《中国小说史略》中,称《玉娇梨》《平山冷燕》"显扬女子,颂其异能,又颇薄制艺而尚词华,重俊髦而嗤俗士"。另著有传奇《十眉图》《长生乐》等20种。

巢鸣盛

巢鸣盛(1611—1680) 字端明,一字五峰,号崆峒、止园。嘉兴人,世居凤桥镇巢家弄。20岁时就读于石佛寺,博览群书,尽通其义。明崇祯九年(1636)举人。明亡,为遗民。在其母墓侧筑永思堂,又建止阁,自号止园。巢鸣盛在崇祯年间为复社中人物,明亡后,与吴中徐俟斋、宣城沈寿民合称海内"三大遗民"。与长洲徐枋、桐乡张履祥、海盐陈恂等友善,彼此以气节相勉。隐居37年,足迹不到城市,与妻钱氏以耕织自活。他在居所四周种葫芦10余种,并用刻有花纹或文字的模子合在匏上,长成尊、彝等形状,制成极精美的各色器皿,世称"槜李匏尊",为人所珍视,现北京故宫博物馆收藏着他的作品。

卒后,徐枋、张履祥等私谥贞孝先生。著有《永思堂集》《洙泗问津》《老圃良言》等。

曹 溶

曹溶(1613—1685) 字秋岳,一字洁躬,亦作鉴躬,号倦圃、鉏菜翁。嘉兴人。明崇祯十年(1637)进士,官御史。尝劾辅臣谢升,又逢熊开元参周延儒遭廷杖,曹溶疏白其冤。清顺治元年(1644)清兵入北京后,仕清任顺天学政,为清王朝献策,疏陈定官制,定屯田、盐法、钱法规制,禁兵丁将马践食田禾等,均采纳实施。又就有关科举、荐举隐逸、访旌殉节者等问题向朝廷建议。三年(1646)二月充会试监考官,三月迁升为太仆寺少卿。不久,被发现在学政任上所举贡生中有明代受世袭职和中武举者,降两级调用。接着又因选拔贡生超额被革职回籍。十一年(1654)官复原职,迁左通政。次年三月擢左副都御史,旋擢户部右侍郎,接着又授广东布政使。十三年(1656),以举动轻浮,降一级改任山西阳和道。康熙三年(1664)裁缺归里。十三年(1674),三藩举兵,阁臣以边才荐,随征福建。十七年(1678)诏举博学鸿词,大学士李霨等荐曹溶,未试。十九年(1680),学士徐元文荐曹溶佐修明史,未赴。

曹溶长于经济,未竟其用,乃独肆力于文章。家富藏书,朱彝尊纂《词综》,即多从其家藏宋人遗集中录出。其故宅在金陀坊,筑有园林倦圃,周之恒绘《倦圃图》,朱彝尊为之记,园有"山泉鱼鸟蔬果花药"诸胜,共20景。曹溶工诗词,其诗源本杜甫苍老之气,一洗妩柔之调,与合肥龚鼎孳齐名,世称龚曹。填词规摹两宋,无明人之弊,浙西词风为之一变,朱彝尊受曹溶影响颇深,少时曾从曹溶游。著有《静惕堂诗词集》等。又精于小简,有《静惕堂尺牍》4卷,时称江东独步。

黄媛介

黄媛介(生卒年不详) 女,字皆令。明末清初嘉兴人。少年时就通诗文,及长蜚声南北。书法宗钟王,人比其为古代的卫夫人,善小楷,笔意萧远,仿黄庭经最精;工诗赋,又善画山水,得吴镇神韵。明末东林党领袖、文学家张溥曾慕名来见,她与文学家吴伟业、王士祯等亦有交谊,与钱谦益、柳如是关系尤其密切,诗作多所唱和。吴伟业曾作《鸳湖闺咏》,对她的艺术成就备加赞赏。黄媛介身世坎坷,从小与杨世功订婚,后逢战乱,未婚夫杨世功流落异乡,父兄劝其改嫁,她坚决不从,坚持待杨返而嫁。杨世功在外听到此信后十分感动,立即辗转返家完婚,婚事办得极为简单。婚后杨世功以贩卖畚箕聊以为生,因战乱绵延不绝,难以为继,夫妻二人转徙吴越间,后僦居西子湖畔西泠桥堍。黄媛介以卖诗画自活,成为闺阁画家中凭自己画艺谋生于社会的先行者。后以闺塾师终。著有《湖上草》等传于世。

黄媛介艺术作品遗存到现代的有《流虹桥遗事图》,画迹清丽,图以吴江文士叶元礼的爱情故事为题材,清丽动人,系应王士祯所嘱而作,王有题诗。

此图为近代女诗人吴芝瑛收藏，吴加题跋，并录有诗人郭频伽词作，成为一件弥足珍贵的传世文物。

黄媛介兄象山，姐媛贞，亦擅诗文。

俞汝言

俞汝言(1614—1679)　字右吉。秀水县城人。明末，参加复社。明亡后，自号浙川老农、浙川老民、浙川遗民，积极从事抗清活动，失败后绝意仕途，守气节为遗民。宁都魏禧到嘉兴访问他，彼此谈古论今，连续10天，深得魏禧钦佩。

俞汝言少孤家贫，好读书，出游四方，搜访典籍，回来后，闭门著述。精熟诸史和明代掌故，著述极繁富，朱彝尊称其《崇祯大臣年表》"简而有要"，诗文"气逸格高"，60岁后作《春秋平议》12卷、《春秋四传纠正》，后因双目失明，由他口授，别人笔记，才得以完成。著有《大涤山房集》及其他著作多种。

周嘉锡

周嘉锡(生卒年不祥)　字览予，一作懒予。清初嘉兴人。祖父周之谅善弈，周嘉锡五六岁时从旁观棋，即识攻守应变之法，13岁时棋艺已臻神妙，当时有围棋第一名手之誉，被推为国手。后挟技游大江南北，各地名手多与他对局。后有人传说在西域为某国王留下定居，有的说东去日本教授棋艺，有的说被忌者毒害而客死北京，不可究考。著有《懒予弈谱》行世。围棋"应双飞用两压法"即为周嘉锡所创。

柳如是

柳如是(1618—1664)　女，原名杨爱。嘉兴人。幼年被江苏吴江人、大学士兼礼部尚书周道登收为妾姬。深为周之妻妾忌恨，被送至盛泽娼寮为妓，以当地名妓徐佛为师。后改姓柳，名隐、是，传因读辛弃疾词"我见青山多妩媚，料青山见我应如是"，故自号如是，后又称河东君、蘼芜君。

柳如是曾与宋徵璧、李待问、陈子龙交往甚密，书法、诗大有长进。崇祯十三年(1640)冬，柳如是、钱谦益在常熟虞山半野堂一见钟情。崇祯十四年(1641)正月底，柳如是与钱谦益来嘉兴游鸳鸯湖、勺园。六月七日，59岁的钱谦益以正妻之礼迎娶23岁的柳如是，时人为之惊动。婚后3年，钱谦益在半野堂与柳如是读书论诗，相对甚欢。

崇祯十七年(1644)，钱谦益出任南明弘光朝礼部尚书。柳如是随钱谦益来到南京，住在秦淮河畔，后人遂将她列为"秦淮八艳"之一。清顺治二年(1645)五月，清兵近逼南京，柳如是劝钱谦益自沉以殉国，并说："你殉国，我殉夫！"钱试了试池中水，说："水太冷，不能下。"柳如是则奋身扑向池水，被钱紧紧抱住未能得成。钱谦益因降清，而遭柳如是鄙视，渐生悔意，又在柳的鼓动下与反清复明之士联络。钱家资产原来颇丰，因慷慨资助反清义军，渐渐拮据。康熙三年(1664)五月二十四日钱谦益去世。

钱谦益死后不久，其族人蜂起大闹，问柳如是索要银子田产，并对她凌辱谩骂。柳如是不堪折辱，愤然于六月二十八日自尽。柳如是的作品大多已焚毁，流传至今的主要有《戊寅草》《湖上草》《柳如是尺牍》等。国学大师陈寅恪以10年精力，著成《柳如是别传》，全书3册80万字，对柳氏人品才情推崇备至。

王　概

王概(生卒年不详)　字安节。清初秀水县城人，久居江宁(今南京)。

王概从龚贤学山水画，用墨浓重，善作大幅松石等，《中国美术家人名辞典》称其作品："雄快以取势，苍健或过之，而冲和不足，人物、花卉、翎毛之类，都有味外之味。"王概在中国绘画史上有名，主要是曾应沈因伯之请，以明李流芳课徒画稿为基础，编绘中国画技法图谱——《芥子园画谱》。初集山水谱5卷，于清康熙十八年(1679)木版彩色套印，誉满艺林；二集为兰、竹、梅、菊4谱，8卷，由诸升、王质绘，王概与兄王蓍、弟王臬修订；三集为花卉、草虫及花木、禽鸟2谱，4卷，王氏兄弟编绘。二、三集均于康熙四十年(1701)木版彩色套印。四集人物画谱，系嘉庆二十三年(1818)书坊以丁皋《写真秘诀》及《晚笑堂画传》等人物画谱中的图绘编成。清光绪间巢勋(嘉兴人)又将《芥子园画谱》重摹增编,在上海石版印行,流传益广。《芥子园画谱》介绍中国画基本画法较为系统,虽间有舛误,但浅显明了,便于初学者参考,流传至今。

王概兼擅治印、刻竹,并善诗文,著有《澄心堂纸赋》称于时。康熙四十四年(1705)作《采芝图扇》,现藏故宫博物院。

高以永

高以永(1630—1693) 字子修,号荆门。嘉兴新丰镇高家埭人。康熙十一年(1672)举于乡,次年(1673)中进士,十八年(1679)任内乡县知县。内乡之南与襄阳毗邻,当时襄阳总兵杨到嘉叛乱初定,重兵在襄阳,兵痞常骚扰民家。高以永到任才3日,便有两个悍卒冲入县内,口称将军有令,缚人于市。高以永闻之震怒,立即执送到府,知府畏惧将军不敢审理,高以永告之院司,将军才得以治罚获罪,县南方始太平。

县屯兵后,地尽芜废,当时垦荒以6年起赋,分为五等,报垦必兼中上,垦者遂少。高以永一面宽其期赋,一面悉报中下,还对贫者给以牛、种子,兼令种桑、麻、枣、栗,使流亡者纷纷来归,过数年,辟地数千顷。康熙二十年(1681)为同考官,因罪犯逃狱失查获罪,误传降职,经乡亲父老奔走呼吁,方才留任于职。后,该案3年不结,多有牵连,高以永力持之,保全者甚多。后兼镇平、淅川知县。二十七年(1688)擢安州知州。经过改革,减轻百姓负担。次年(1689),兼任新安知县,时北京附近赤地千里,求赈者日以千计,高以永常骑一驽马于黄埃赤日中,遍历各村亲自给发,面目黧黑,百姓不知他是一州之长。三十一年(1692),擢升为户部江南司员外郎,逾年,以劳勋卒于官。子有孝本、孝典、孝德。

高以永为官多年,未尝携家眷赴任,囊衣簏书,自随而已。内乡、安州两地百姓在其离任时,攀留载道。他在内乡县衙留有一副对联:“得一官不荣,失一官不辱,勿说一官无用,地方全靠一官;吃百姓之饭,穿百姓之衣,莫道百姓可欺,自己也是百姓。”中共中央政治局委员李铁映曾挥笔书录该联,为县衙博物馆留念。1999年5月25日,中共中央总书记江泽民对该联给予评述(2013年11月26日,中共中央总书记习近平在菏泽召开的座谈会上,朗读了这副对联,说:“对联以浅显的语言揭示了官民关系。封建时代官吏尚有这样的认识,今天我们的共产党人应该比这个境界高得多。”)现内乡县,在原县衙仪门前为他立有“德政”“去思”两碑。

徐嘉炎

徐嘉炎(1631—1703) 字胜力,号华隐。秀水县城人。强记绝人,一目十行,文诵三遍,终身不忘。与松江夏存古、嘉善钱不识有“三神童”之称。因与叔父徐善同年同窗,人称“大小阮”。清康熙十八年(1679),以国子生应试博学鸿词,列一等,授翰林院检讨。二十年(1681),滇黔平定,群臣献颂,徐嘉炎独仿《铙歌鼓吹曲》作诗24章,获得赏识。二十五年(1686)任日讲起居注官。二十九年(1690)任贵州乡试正考官。三十三年(1694),康熙帝召徐嘉炎议政史。凡所问,均对答如流。康熙帝特赐临苏轼书陶渊明诗一幅,升内阁学士兼礼部侍郎。后充《三朝国史》《会典》《一统志》副总裁。三十八年(1699)因病告归。康熙帝赐“烟霞耆旧”匾及对联、诗幅。著有《抱经斋文集》20卷。

赵连城

赵连城(1632—1713) 字天瑞,号松皋。嘉兴新丰镇赵家埭人。诸生时读书过目成诵,下笔奇横敏捷。明末文坛名士陈子龙曾称之曰:“有才若此,王茂远不足多也。”赵连城性格刚正,凡遇兴利除害之事,勇于挑头出面。曾因检举揭发知县张厥修漏粮肥已,在顺治十一年(1654)乡试已中,填榜时被张“力诋而斥”。康熙九年(1670),范承模为浙江巡抚时,赵连城上请要求疏浚吴淞,被采纳而得嘉奖。连城平日轻财好义,在家奉行袁了凡的功过格,教育子孙,皆以此为务。他好学博览,著述甚丰,主要著作有:《增补四书考》4卷、《六书正讹》《易林符节》2卷、《六壬阐秘》《照阴铁镜》2卷、《小道录》《见闻随笔》2卷、《水经注辨义》《平阳水法》《盘中珠》《地理阐秘》《平阳倒杖法》《山水名图》《松石斋草（诗）》2卷、《松石斋集（文）》4卷、《涉江集》《松轩唾余集》6卷等。其事迹在《鸳湖求旧录》书中有载。

徐　善

徐善（1634—1693）　字可敬。秀水县城人。明亡，弃科举，从学于同乡施博，精研理学，后致力于经学。对《春秋》地名颇有研究，参阅群书，比较异同，写出《春秋地名考略》14卷，对《春秋》经传所涉及的地名，按国编排，先列各诸侯国都，然后述诸邑地名，纠正了不少错误，朱彝尊为之作序。徐善后入京师，居尚书徐乾学家时，正值礼部侍郎高士奇奉命总修《春秋讲义》，徐善为他写了《春秋地名考略》，高士奇窃为己有，具上自己的姓名奏进。

徐善晚年著《四易》12卷，也由朱彝尊作序。另有《易论》一书，也是研究易经的著作。此外，还著有《蒕谷集》《流寇纪事》《庄子注》《周髀密法会通》《孤矢六宗疏》《容圆宝珠网》《璇室洞诠》《春秋类辨》《冷然志》《徐氏谱》等。死后，其门人私谥孝靖先生。

陈　潢

陈潢（1637—1688）　字天一，一作天裔，号省斋。秀水县城人。一说钱塘（今杭州）人。自幼不喜八股文章，年轻时攻读农田水利书籍，并到宁夏、河套等地实地考察，精研治理黄河之学。清顺治十六年（1659）至康熙十六年（1677）间，黄河、淮河、运河连年溃决，海口淤塞，运河断航，漕运受阻，大片良田沦为泽国。康熙十六年（1677），河道总督靳辅过邯郸时看到陈潢的题壁诗，发现陈潢才学过人，遂礼之入幕，协助治水。陈潢为制定治河工程计划，跋涉险阻，上下数百里，一一审度。在治理方法上继承和发展了明代著名治河专家潘季驯“筑堤束水，以水攻沙”的治河理论，主张把“分流”和“合流”结合起来，把“分流杀势”作为河水暴涨时的应急措施，而以“合流攻沙”作为长远安排。在具体做法上，采用了建筑减水坝和开挖引河的方法。为了使正河保持一定的流速流量，发明了“测水法”，把“束水攻沙”的理论置于更加科学的基础上，此次治河期间，黄河安澜无患。二十六年（1687）经靳辅保奏，授陈潢佥事道衔。此后，为了根除黄、淮两河水患，陈潢又打破自古以来“防河保运”的传统方法，提出“彻首彻尾”治理黄河、淮河的意见，即在黄河、淮河上、中、下游进行“统行规划、源流并治”，未为朝廷采纳。二十七年（1688），被人以“屯田扰民”的罪名参劾而遭撤职。不久，病死于北京。

陈潢著有《河防述言》《河防摘要》，附载于靳辅《治河方略》。

高孝本

高孝本（1649—1729）　字大立，号华青，又号戴笠，晚号固哉叟。嘉兴新丰镇高家埭人。康熙十七年（1678）领乡荐，三十年（1691）成进士，三十五年（1696）为安徽泾县知县。任职不久丁忧归家，服孝期满补绩溪知县。他在任上，锄强梁，平冤狱，力主税赋按实际田亩摊派，废除原来弊政。还振兴文教，保护文物，修葺翠眉亭，被誉为“上江（即安徽）第一好官”。相传绩溪有一泓如印台状的水潭，如遇上贤明县令，则沙开露石如印，孝本任职一年，沙果为开。康熙四十一年（1702），高孝本兼歙县知县，他处膏不润，正直廉明，然而却因此遭时忌，被罢官。解官日，童叟攀辕泣涕，此后绩溪、歙县百姓不忘其德，年年春秋祀之。

罢官后，他居歙县葛园年余，与士大夫文酒过从如家人父子。一年后赴晋，编纂《隰州志》《平阳府志》。归里后，得嘉兴知府吴永芳聘纂修《嘉兴府志》，并著有《郡志偶述》。结庐于菜花泾，遂号“花泾老农”。晚年访游名山，吟诗作赋，著作甚富，后汇成《固哉叟诗钞》，由陆奎勋、刘统勋、沈廉等作序，《四库存目》云：“孝本年四十始为诗，然罢官后放浪山水，其诗洒落有清气。”所作《古三都赋》，有“可与张左并驾”之誉。另有著作《乡塾谈古》6卷、《记游》2卷、《愚夫论》2卷，所撰《嘉兴竹林高氏家谱》，今存于嘉兴市博物馆。

高孝本为官清廉，为人洒脱，正如他自己所云：“我祖宗以来，官不显达，家不富厚，名不赫奕，丁不繁庶，所幸醇朴相承，清白共守。”

陈　书

陈书(1660—1736)　女,字南楼,号上元弟子,太学生陈尧勋长女,钱纶光妻。秀水县城人。幼读书通大义,为人贤惠端敬,孝亲睦邻,善待宾客,有称于乡里。嫁钱纶光后,一次侍公公钱端征下乡上坟,大雪天,见一少年殴打佃农,佃农血染雪地,询问后知少年是其堂侄,陈书就责打堂侄,把佃农抬到房中,予以医治,送他钱米,该事受到公公及众人称赞。钱纶光早卒,她茹苦含辛,教子钱陈群成为乾隆朝一代儒臣。孙钱界,官陕西醴泉知县,有贤声。陈书善画,晚年亦写诗,号复庵,画署号南楼老人。工山水人物,尤善花鸟虫草,创作题材广泛,意格不凡,曾获乾隆帝题诗赞赏,作品多为宫廷收藏。1923年,上海有正书局出版《南楼老人人物花鸟册》影印本;《东南日报》金石书画专刊亦载其作品,得到广泛称赞。“文化大革命”期间,其后裔一年老孤女居城内南门莲花桥陋室内病死,经清理遗物,在破箱中发现陈书作品多幅,均极精彩,由嘉兴博物馆收藏。陈书后代名人迭出,善书画者甚多。其曾孙女钱舆龄,字九英,工画,载于《清史稿》。

诸　锦

诸锦(1686—1769)　字襄七,号草庐。秀水县城人。少年丧父,在母亲教育下刻苦求学。家贫无钱买书,闻吴兴有一书商好客,诸锦去其处读完主人书架上所有的书。顾嗣立、张大受为之延誉,名遂起。清雍正二年(1724)进士,授知县,改就金华府教授。乾隆元年(1736),召试博学鸿词列一等第三,授编修,参与编修《三礼》。六年(1741)充福建乡试正考官。十二年(1747)充山西乡试副考官,官至左赞善。诸锦为人耿介,长期在京供职,足不履权门。

诸锦一生奋发攻读,博览典籍,长于考证。诗学韩、苏,取法黄山谷、陈后山,为王昶所称。亦擅书法,瘦硬如其人。著有《绛跌阁诗》11卷、《夏小正诂》和《毛诗说》2卷,又著《飨礼补亡》,补《仪礼经传》一书之缺。晚年搜集浙江耆旧诗,编成《国朝风雅》12卷。

钱陈群

钱陈群(1686—1774)　字主敬,号香树,又号集斋、柘南居士。世居海盐,祖父时迁居嘉兴。父钱纶光早卒,幼年由母陈书教读。18岁游京师,交游文士名人。清康熙六十年(1721)进士,选庶吉士,授编修。雍正时任陕西宣谕化导使,后任侍读学士,入值内廷,充日讲起居注官,督学顺天。乾隆初年擢右通政使,仍督顺天学政,后迁内阁学士,官刑部侍郎,充经筵讲官、会试副总裁,两典江西试。乾隆十七年(1752)引疾归乡,优游故里。

钱陈群历事康熙、雍正、乾隆3朝,又曾任经筵讲官,特得乾隆帝尊宠,倚为元老儒臣,称之为“故人”。钱陈群致仕后,乾隆仍同他保持联系,时致存问,常寄自己的诗作,要钱和作。钱数次去北京为乾隆和皇太后祝寿,随同乾隆到塞外围场行猎。乾隆多次赏赐,让他参加香山九老会。乾隆游泰山和几次下江南,钱陈群都去迎驾扈从。乾隆南巡过嘉兴总同钱陈群会见,并曾在烟雨楼联句作诗。乾隆对他母亲陈书的绘画很欣赏,题诗褒赞。钱陈群画了纪念他母亲的《夜纺授经图》呈送乾隆,乾隆为之题词,钱刻石于故居。钱陈群颐养后仍屡升迁,加尚书衔,食全俸,进太子太傅,社会地位也随之升高,被称为“江浙大老”。死后赠太傅,谥文端,祀于贤良祠。钱陈群与乾隆的不寻常关系,旧时以为殊荣,嘉兴钱氏亦成为世家,后代名人迭出。

钱陈群为政平和,善书,传世墨迹不少,也能画,作品不多见。著有《香树斋诗集》等。

王又曾

王又曾(1706—1762)　一作右曾,字受铭,号谷原。秀水县城人。清乾隆十六年(1751)南巡召试,赐举人,授内阁中书。十九年(1754)成进士,改礼部主事、刑部主事。未久,即以疾归。王又曾工诗,与钱载齐名,自成大家,为秀水诗派主干,在清诗中占有较高地位。其诗力求创新,不袭前人,天真烂漫,自见性情。毕沅为其诗集作序,谓其“于汉魏六朝及唐宋诸家外,能融会变化,自成一家。取材于众所不经见，用意于前人所未发，尤又曾独到。”性豪放，又工书法。著有《丁辛老屋集》行于世。

钱　载

钱载（1708—1793）　字坤一，一字根苑，号箨石，又号匏尊、抱尊，晚号万松居士、百福老人。秀水县城人，钱陈群族孙。清雍正十年（1732）乡试副榜。乾隆元年（1736）举鸿博，未用。十七年（1752）中进士，选庶吉士，散馆授编修。历官《续文献通考》纂修、詹事府少詹事，后授内阁学士兼礼部侍郎，上书房行走，任《四库全书》总纂，山东学政。四十八年（1783）辞官回乡，家居10年卒。钱载学问渊博，品行修洁，秉公从政。工诗文、善画。幼年从族曾祖母陈书学习诗文绘画，及长，诗宗韩愈、苏轼、黄庭坚、孟郊，与王又曾、万光泰等开创秀水诗派，钱载尤称大家，对清中后期诗歌创作很有影响。他力追韩愈，不仅以古文章法为诗，且以古文句调入诗。近人钱钟书谓其“洗尽铅华，求归质厚，不囿时习，自辟别蹊”，“亦豪杰之士”。绘画善水墨，尤工兰竹，“其设色花卉，简澹超脱，有徐渭、陈淳遗意，画兰石天然逸致，神趣横溢”，为世所重。著有《箨石斋诗文集》等，传于世。晚年居于城内百福弄，墓原在东栅街道九曲里村，今已无存。

徐　震

徐震（生卒年不详）　字秋涛，别号鸳湖烟水散人等。嘉兴人。约清康熙五十年（1711）前后在世，生平不详。据《中国通俗小说书目·著者姓名及别号索引》（孙楷第著）载：徐震著有长篇小说《后七国乐田演义》《合浦珠》《赛花铃》《梦月楼情史》《灯月缘》《桃花影》等，短篇小说有《珍珠舶》等。

万光泰

万光泰（1712—1750）　字循初，号柘坡。秀水县城人。年少有高才，清乾隆元年（1736）被荐试博学鸿词，未取，同年乡试中举人。后游京、津，曾应梁诗正邀，主持编修《续文献通考》。39岁卒于北京，全祖望为其撰墓志。万光泰博学工诗文，杭世骏称其“诗才秀朗”“文章夺万夫”。全祖望称其“穿穴六艺，排比百家”。万光泰为诗，不袭前人体貌，务求创新，“奇章秀句，出人意表”，“令读者耳目震荡，形神超越”。他与钱载、王又曾、汪孟鋗等交好，为秀水诗派的中坚。汪孟绢为其刻诗集《栾于集》，胡天游作序赞之。

万光泰尤工算学，不仅熟悉中国古算源流而且精于演算。著有《方程管窥》《方程详说》《方程续说》《算学新说》、《柘坡居士集》12卷、《转注绪言》2卷、《汉音存正》2卷、《遂初堂类音辨》1卷等。曾纠正庞迪我、利玛窦等人的错误，时称“绝学”。还善画山水，精音韵之学。

王元启

王元启（1714—1787）　字宋贤，号惺斋。嘉兴新丰镇人。清乾隆十六年（1751）进士，授福建将乐县知县。到任后，因抑制富商大户的不法行为，受到攻击，3个月即被罢官。自此，绝意仕途，专事讲学，迭主书院讲席，曾施教于福建、河南、山东和浙江，先后30余年。

王元启文法韩（愈）、欧（阳修）诸大家，对韩尤为推崇，著有《祇平居士集》，共30卷。

王元启又长于考证和历算，并精于易经研究。有关考证的著作，正《史记》之讹，纠《汉书》之误。合集为《惺斋杂著》。历算方面的著作有《勾股衍》等，《勾股衍》分甲、乙、丙3集，共9卷，被称为“独绝”之作。

盛百二

盛百二（1720—?）　字秦川，又字相舒，号柚堂。秀水县城人。清乾隆二十一年（1756）举人，官山东淄川知县。为官清正，颇有政绩。仅任职一年因丁忧离任，后遂不仕。晚年久居山东，主讲藁城书院10余年，培养士人多有所成就。

盛百二为学宗汉宋儒学，但又重视经世致用，对天文、赋役、河渠等学也注意研究，甚为精深。所著《尚书释天》，五易稿而成，对于星宿的位置、轨道、运行序次，有不少正确的记述。他的水利著作《问水漫录》很有学术价值，笔记《柚堂笔谈》记述地方文献，常为后人引用。盛百二诗宗朱彝尊，抒写自如。

沈可培

沈可培（1737—1799） 字养原，号蒙泉，又号向斋。嘉兴新丰镇竹林庙人。乾隆三十六年（1771）中举，次年会试，联捷第五，同年中进士三甲第十八名。初授江西上高县令，那里土地贫瘠，治安混乱，沈可培依法治理；进而兴文教，增拨敖阳书院经费，教化民众。县有界埠，险峻难行，遇风雨，多有死伤，沈可培带头捐俸禄将其铲平，人呼之“沈公岭”。四十一年（1776）四月二十六日，乾隆皇帝亲赐恩荣宴，并颁发奖章，钦赏彩缎两疋。次年调任安肃知县，时遇水灾，他实力办赈，当地有“无米不到百姓口，无钱不到百姓手”之谣。四十六年（1781）调宝坻知县，裁免贴槽马匹，节省公务开支，士民自发立碑颂其惠。

乾隆五十六年（1791）卸官后，历主潞河、泺源、云门诸书院，修廓堂舍，崇古训戒，颇有名声，受业者常数百人，成就甚众。温、处兵备道贾声槐赞之曰：“吾师诲诱不倦，而寓温厚于方严。”年老辞归，嘉兴知府伊汤安请他担任鸳湖书院山长。

沈可培学问渊博，著述宏富，有《泺源问答》12卷（今存嘉兴图书馆），《郑康成年谱》《比红儿诗注》（均刊入清《昭代丛书》），还有《夏小正注》《天官书星度释略》6卷、《云门书院志》4卷、《东运机镜》《称名纪丽》4卷、《读陶纪年》4卷、《依竹山房诗集》12卷、《鲁三桓考》《经义》《众星拱北考》《宵得录》《持钵纪闻》《颂诗论世集》《修绠集》《古文选》《西江宦游草》《衣缁集》《蒙泉诗抄》《敖阳竹枝词》《莲子湖百咏》《雪浪斋制艺》《国朝七律诗选》，另有《闵越丛谈》手稿本等。

汪如洋

汪如洋（1755—1794） 字润民，号云壑。秀水县城人。祖籍安徽休宁县西门，祖上于明末清初迁居嘉兴桐乡，后又寓居秀水。秀水汪氏乃书香门第，家学深厚，累世官宦。汪如洋的祖父汪上堉官至云南大理府知府，是《再生缘》女作家陈端生的外祖父；其父汪孟鋗，乾隆三十一年（1766）进士，工诗，秀水派重要诗人；其兄汪如藻，四十年（1775）进士，官山东粮道、四库馆总目协勘官、翰林院编修等，家富藏书；其弟汪如渊，嘉庆四年（1799）进士，累迁顺天府尹、广东布政使。汪如洋母亲一脉亦是名门望族。其外祖父金甡，浙江钱塘人，乾隆七年（1742）连获“二元”。

汪如洋状貌端凝，伟然经世之器，为人清梗，不苟取与，励志力学。自幼从父受学，工于诗文，亦通五经。诗宗苏轼、陆游，风格清圆朗润、冲容和雅，不袭浙派枯瘦曲拗之习。乾隆四十五年（1780），汪如洋在会试和殿试中连连夺冠，获得“二元”，即“会元”和“状元”。汪如洋及第后，授翰林院修撰，在上书房行走。四十八年（1783），充“三通”（《清朝文献通考》《清朝通典》《清朝通志》）馆修撰官，同年冬，奉旨入直上书房，侍从乾隆皇帝左右。五十一年（1786），充山东乡试正考官，旋授云南学政。任职期间，杜绝积弊、勤于教诲，得士人尊敬。

汪如洋两掌文衡，所拔皆知名士。督滇学时，每命一题，必为程文，以示多士，远近诵之。云南地属边陲，教育落后，学生长期专学一经，突让兼习五经，一时难以学通。汪如洋上疏朝廷，恳请将原定的“五经同试”改为“每科以一经轮试，轮毕然后并试”。乾隆皇帝准奏，这对当地的学子也是一个极大的鼓励。在云南3年，还留心社会，关心民瘼。作诗《滇南新乐府六章》，诉诸笔端，针砭时弊，掷地有声。

云南使还，汪如洋仍入直上书房。乾隆五十九年（1794），因病去世，年仅40岁。著有《葆冲书屋诗词集》等。当代文学家巴金的高祖李寅熙（秋门）与汪如洋友善，游北京时诗咏唱和，汪氏集中有所记载。汪如洋墓原在南湖乡李花村。近代其后裔仍有居嘉兴城内者。

周士涟

周士涟（1756—1834） 字补年。嘉兴新丰镇人。周氏是新丰镇的一门望族，世代乐善好施。乾隆时周士涟家道已经中落，有感于农村孤寒子弟因贫废学，于嘉庆元年（1796），倾其家资与友人在新丰镇中市创办起平林义塾，接着又在周边办起盐溪、尚文、里仁3所义塾。在他办学之初，唾骂之人不计其数，甚至称他为傻子。他不怕诽谤讥讽，排万难以赴，终于完成办学大业。金殿传胪黄安涛赞曰："及其成，则弦诵之声遍于户里，无荒于嬉者，独念周子贫士也。"礼部尚书协办大学士汪廷珍，在嘉庆九年（1804）奉旨视学浙江时，闻周氏之义举，欣然作《嘉兴新丰义塾记》，其记曰："义学者，所以济乡学之穷也。然非好义者不能举，好义而无力亦不能举。周生家无担石而克举之，卒底于成，此殆孔子所谓欲立立人者哉！方周生之倡议也，有百计阻之者，卒不懈，人以为难。"

嘉庆十一年（1806），他到杭州募捐办学，创办宗文义塾。由于义塾开支甚大，他与次子出门击钲募捐，风雨寒暑从不间断。最让人感动的是：原配夫人高氏仙逝，无以为殡，子壮不能授室，而其志不衰，为人所敬重，有"南周北武（训）"之誉。他办学考虑周详，管理得法，教学有方，塾生学习努力，曾出一名探花、一名传胪，还有不少后世知名之士。

杭城名绅阮和曾作诗赞曰："浙省人文起蔚然，先生独冠会城贤；初由檇李开乡塾，复至钱江募义田。小子翺翔才可造，成人踊跃道堪传；中邦六艺推邹鲁，百代犹尊圣学渊。"嘉庆帝于十八年（1813），特为之钦颁御书"乐善好施"匾额。清太子太保、杭嘉湖道林则徐也两次撰文表彰其事。道光二年（1822），在《杭嘉义塾添设孝廉田记》中称赞道："诚使一乡一郡县之间，尽得一二如周生其人者，奖掖寒畯，宽然与以读书之岁月，足以推广学校之化，而为人才造就之阶。"近在中共中央党校所编的《中华学府志》中也称其为是"嘉兴著名义士、教育家。"周士涟所著的《杭嘉义学合志》，现珍藏于南京图书馆。

王 昙

王昙（1760—1817） 又名良士，字仲瞿。秀水县城人。清乾隆五十九年（1794）举人。王昙博学，通经史百家，才华横溢，不拘一格，尤工诗与骈体文，其所作《西楚霸王庙碑》被时人誉为"二千年来无此手笔"。王昙独立特行，好游侠，习兵法，能骑射，人目为狂放。少时曾从喇嘛学法术，半涉游戏，传说能作"掌心雷"。嘉庆元年（1796）长江流域白莲教起事，左都御史吴省钦向权臣和珅举荐王昙，谓王能用"五雷法"制服教民。适逢和珅失势被嘉庆帝赐死，吴省钦以党羽附和，为舆论所不容，王昙因而被牵连受攻击，横遭不白之冤，屡试被抑，仕进之途断绝。从此王昙行为愈加放纵，世人视为怪诞，走避唯恐不及，每提到王昙如"谈龙蛇，说虎豹"。王昙遂终生潦倒江湖，佯狂玩世，郁郁以终。

王昙妻金礼嬴，字五云，有才华，善诗画。夫妻家居嘉兴城外秋泾桥旁，地近义冢，王自书对联："夫太聪明妻太怪，人何寥落鬼何多。"晚年移居杭州西湖畔两年，妻病逝，王更孤苦。后定居并死于苏州。生前自撰墓志铭，记著作有300余卷。

龚自珍与王昙交谊深挚，订为忘年交。嘉庆二十一年（1816）王复访龚于江南。次年，王去世，龚为之营葬于苏州虎丘山，又为其撰《王仲瞿墓表铭》，称其为人"沉沉芳逸，怀思恻悱"，不但"平易近人"，而且如慈和"老妪"；其学问"累累心口间"；其诗文"情繁而声长"，赞叹他"魂芳魄香，思幽名长"。并说他种种为人非议的言论行为，即"一切奇怪不可迩之状"，都是残酷的现实所造成，都是不满和逃避现实的表现，所谓"皆贫病怨恨，不得已诈而遁焉者也"。龚自珍记述了王昙的本来面貌，揭示了被黑暗社会埋葬的一代才人的悲剧。王昙著述繁富，以《烟霞万古楼集》44卷最著称，后又有人辑《烟霞万古楼诗未刻佚稿》《烟霞万古楼残稿》等，现仅有《烟霞万古楼文集》6卷、《诗选》2卷、《诗录》和后刻的《烟霞万古楼残稿》，传于世。抄本《烟霞万古楼诗未刻佚稿》原藏嘉兴图书馆。还撰有剧本《回心院》。王昙又工画，善山水，评者谓其作品有"一种奇纵之势，不可逼视，天才亮特，生平足迹半天下，借名山大川扩胸次，故丘壑层出不穷"。其妻金礼嬴的画造诣亦高，龚自珍曾为之作《金福人画山水图》，备致赞赏，尤赞其《山居图》。

张廷济

张廷济（1768—1848） 原名汝林，字顺安，又字作田，号叔未，一号说舟，又号海岳庵门下弟子，晚号眉寿老人。嘉兴新篁镇人。清代金石学家，书法家。清嘉庆三年（1798）解元，以后几次会试未中，遂家居从事学术研究和艺术创作。

张廷济精金石考据之学，尤擅长文物鉴赏，一碑一器都能辨其真伪，别其源流。喜收藏各类古器文物，自商周至近代凡鼎彝、碑版及书画，无不搜聚，并筑清仪阁藏之，各系以诗。其中不少钟鼎尊彝等青铜器是珍贵的罕见品。还收藏有大量周秦以来的钱币。善书画，能篆隶，尤精行楷，初规摹钟、王，50岁后出入颜、欧间，晚年书法米芾，草隶为当时第一流。又工诗词，风格朴质，善用典故。著有《清仪阁题跋》《桂馨堂集》等。著名学者阮元督学浙江时，对张廷济极为推重，来往密切，订为金石交。

张廷济故居在新篁镇朝南街太平寺后，抗日战争前尚存。清仪阁则毁于清咸丰年间，所藏古物大量散失，存留的古物由后裔陆续出售，直至20世纪二三十年代。1938年4月27日，日本侵略者焚掠新篁，张廷济故居被毁。

殷树柏

殷树柏（1769—1848） 字曼卿，一字万青，号云楼，晚号懒云。秀水县城人。附贡生。家居城西郊一多庐，故又自号西畴桑者。工绘画，兼善书法、填词。书法远师柳公权，近参汪士鋐；绘画精于花卉，画法师宗明陈道复及清恽寿平，下笔恬静，无烟火气。尤擅长绘小幅，高洁雅致。晚年爱画蔬果类，天趣横生。好刻竹，曾作小楷数百言，镌在扇骨上，极为精致。著有《一多庐诗钞》，又名《一多庐吟草》。

沈维鐈

沈维鐈（1778—1849） 字子彝，一字鼎南，号梦醉，又号小湖。嘉兴人。少时家贫，就读于叔父的经训堂，又曾受业于鸳湖书院山长段玉裁门下。清嘉庆七年（1802）进士，选为翰林院庶吉士，授翰林院编修。历任司业、洗马，参与《全唐文》《西巡盛典》《一统志》的编纂；又入直懋勤殿，纂辑《秋殿珠林》《石梁宝笈》。二十一年（1816）任湖北学政，累迁侍读学士。道光即位，参修《仁宗实录》，道光二年（1822）主持福建乡试，留任学政。四年（1824）擢大理寺少卿。八年（1828），任顺天学政。十二年（1832），任安徽学政，又授工部侍郎。十八年（1838）因病离任。二十六年（1846）南归后，曾主讲杭州敷文书院、松江敬业书院。沈维鐈掌文衡30多年，分校典试，以“绝苞苴，禁请托”闻名。道光二十九年（1849）目睹水灾，体恤民情，即上书巡抚吴文熔，要求拨款赈济。待赈济款下颁，即已去世。入祀乡贤祠，其墓在今秀洲区王店镇笮箣村。

沈维鐈通经学、音韵训诂及文字之学。性爱藏书。著作有《张履祥年谱》等10余种，不自收拾整理，书稿大多散佚，仅存《补读书斋遗稿》10卷及附外稿1卷。

庄仲方

庄仲方（1780—1857） 字芝阶。秀水县城人。清嘉庆十五年（1810）举人，官内阁中书。长期离乡在外，曾在西湖管理葑田水利。晚年居嘉兴角里街，筑映雪楼。庄仲方博览群书，好古精鉴别，工古文辞。藏书5万卷，编有《映雪楼藏书目录》。

庄仲方精通史学，著有《碧血录》，收录明以前忠臣义士200余人事迹；编有《南宋文苑》等；著有《映雪楼文稿》等。

沈宝麟

沈宝麟（1781—1845） 字孔珍，又作孔徵，号绂斋。嘉兴人。清嘉庆三年（1798）举人。道光八年（1828）任汤溪县教谕，有武生叶某遭当地豪富诬陷被控，金华府7次饬令革除功名，沈宝麟查明实情，力排众议，为叶辨明冤枉，保留学籍。他说：“冒犯府官不过夺我官，我终不以一官故枉人罪。”任满后，主讲汤溪九峰书院4年。继又主讲泰州书院。当地知州想要加学田租来增添书院收入，沈宝麟认为这是“剥民自裕”，力加阻止。

沈宝麟著有《文庙祀事考》《劝设社仓议》《减酿备荒说》《施衣集》《存信录》《南汝光水利志》10卷、《荀爽易图说》《双琴斋文集》等。

钱仪吉

钱仪吉(1783—1850)　初名逵吉，字蔼人，号衎石，又号新梧，一作心壶。嘉兴人，钱陈群曾孙。钱仪吉年幼好诗能文，12岁作《山赋》千言，深得诗人张问陶赞誉。清嘉庆十三年(1808)进士，选庶吉士，授户部主事，升刑科给事中，任职清廉耿正，曾稽察户部官员郭林坦捐纳舞弊一案，严拒贿赂说情，秉公办理，受到舆论称赞。后因事降职，遂绝意仕进，于道光年间游广东，主讲学海堂。晚年客居河南开封，主讲大梁学院10余年，培养不少人才。

钱仪吉博通群籍，尤精史学，所编著《碑传集》(160卷)，是一部清代人物传记汇编，收有清代人物1680余人，又妇女300余人的生平资料，采自方志、文传凡500余家。又著有《三国晋南北朝会要》《补晋书兵志》，均有益于后学。文集《衎石斋记事》正续集20卷，亦多记名人行谊。钱仪吉精研儒家经典，《清史稿》谓其“先求古训，博考众说”“不持门户”。辑有《经苑》丛书，汇编唐宋元代儒家解经之著作。钱仪吉还长于历算，著有《黄初朝日辨》《历考》等。一生酷爱藏书，有仙蝶藏书所，为浙江著名藏书家之一。钱氏还著有诗文多种。

钱泰吉

钱泰吉(1791—1863)　字辅宜，号警石，又号深庐。嘉兴人。自幼刻苦学习，与从兄钱仪吉时称“嘉兴二石”。清道光七年(1827)以廪贡生官海宁州训导，历时近30年。后主讲海宁安澜书院。咸丰十年(1860)春，太平军攻克杭州，占领嘉兴地区后，钱泰吉去安庆依其次子钱应溥，不久病逝。

钱泰吉喜积存图书，精鉴赏，其藏书室名“冷斋”，取“官冷身闲可读书”之句意。藏书数万卷，精校雠之学，经其手校的书，多成善本。撰《曝书杂记》3卷，详记古籍版刻的源流以及收藏传写始末。还著有《甘泉乡人诗文稿》24卷。所纂《海昌备志》，被后人誉为佳志。

沈　涛

沈涛(约1792—1855)　原名尔政，字西雍，号匏庐。嘉兴人。清嘉庆十五年(1810)举人，后官江苏如皋知县，调直隶，历任正定府知府等职，转任江西道员，署盐法、粮储两道。咸丰三年(1853)初，太平军包围南昌，沈涛随江西巡抚张芾固守49天，围解后，授福建兴泉永道员。未到任，改发江苏，病殁泰州。

沈涛幼有神童之称，曾从文字学家段玉裁游，学尚考订，兼嗜金石，著述精湛。与归安吴云最相契，赏鉴所获辄绘图征诗唱和成帙。著有《论语礼注辨伪》二卷、《说文古本考》《十经斋文集》《交翠轩笔记》等传于世，多具学术价值。

廖发寿

廖发寿(？—1864)　广西人。清咸丰十年(1860)6月14日，廖发寿参与攻克嘉兴之役，后抗击清军提督张玉良部的进攻，得援兵之助解围。次年五月，经嘉善西塘攻江苏青浦章练塘，遇阻。冬，因守将陈炳文调赴杭州，代为镇守嘉兴，纪律严明，并增高城垣，添设炮台营垒，以加强防守。廖发寿驻守嘉兴初期官衔为“殿前忠诚天将满天安”，十一年(1861)夏间晋封荣王。清同治二年(1863)六月廖发寿率部围攻江苏吴江，以援苏州，旋退回。三年(1864)正月后，廖发寿坚守嘉兴，3月25日，督军血战，击伤清总兵程学启，城陷时死难。

王逢辰

王逢辰(1802—1870)　字玉荫，号芑亭。嘉兴新篁人。廪贡生。官候选训导。工诗文，善画兰。嗜金石，家藏鼎彝古器甚多。其居曰“槐花吟馆”“秦瓦晋砖之室”。著有《槜李谱》，是我国第一部关于槜李栽培、管理的专著。此书全面系统地记载了檇李的栽种、培育、管理方法，具有珍贵的参考、研究价值。其他著作还有《槐花吟馆集》3卷、《竹里诗辑》《竹里秦汉瓦当文存》《自靖录考略》8卷、《外编》。部分著作收入《嘉秀近代画人搜铨》。

张　熊

张熊（1803—1886）　又名熊祥，字子祥，别号鸳湖外史。秀水县城人。流寓上海，所居名“银藤花馆”，收藏金石书画甚富。张熊画学周之冕，以花鸟为最精，尤擅牡丹，大幅巨幛愈见功力，人称其“逸纵似周之冕，古媚似王忘庵”。兼作人物、山水，精篆刻，亦善八分书。张熊的花鸟画初宗恽南田，后自成一家，富于时代气息，极受社会称赞。张熊带动了一批画家活跃于画坛，时称“鸳湖画派”，流行于上海及苏杭一带。从其学画者甚众，授徒自有一套由浅入深的方法，其课徒画稿200余页，民国时期由中华书局印行，今犹再版行世。清同治年间（1862—1874）宫廷征画士，潘祖荫举荐张熊，推辞不赴，以鬻画终其身。张熊亦工诗，著有《题画集》《银藤花馆诗钞》。

妻钟惠珠，字心如，嘉兴人。工画梅竹及着色花卉，娟秀有致，咸丰九年（1859）作《花卉图》，有称于世。

陈　球

陈球（生卒年不详）　字蕴斋，号一篑山樵。秀水县城人。清嘉庆十三年（1808）前后在世。诸生。家贫，以绘画为生。工骈文，擅作传奇，曾取冯梦祯《窦生传》素材，著小说《燕山外史》8卷。陈球曾寓杭州西湖畔，遇雨则着屐出游，徘徊山麓间，终日不忍去。人笑其痴，陈说：“这是天然画稿。”陈球绘画重视写生，其山水得自然真趣，其诗品亦淡逸如画。

杜文澜

杜文澜（1815—1881）　字小舫。秀水县城人。少孤，依附舅父于湖北，习司法。屡试不第，遂为襄阳县令幕僚。后捐官为县丞，为盐务官员，任海州、通州、泰州各分司运判，有政绩。又署东台县令。太平天国运动兴起，入清军幕，在军中多所出谋划策，献计攻克扬州有功，深得曾国藩、李鸿章倚重。清同治二年（1863）后，历任江宁布政使、江苏按察使、苏松太道员等职。因服用鸦片，被两江总督沈葆桢奏劾免官。归乡后，筑屋于嘉兴城内报忠坊，名诒穀园，有花木之胜，著述以终。

杜文澜学有专长，他编的《古谣谚》一书，现代犹在印行。尤工于词学研究，善填词，著有《采香词》，以格律严谨著称。有多种专著研究词作与词律，又校刊辑注宋人词作。《平定粤寇纪略》等书，留下了关于太平天国运动的史料。

唐翰题

唐翰题（1816—1882）　初名宝衔，字子冰，号蕉庵、鹪安，又号文伯。嘉兴新丰镇人。唐氏祖籍西川，初入余杭，继徙江陵，后迁嘉善。顺治元年（1644）唐氏嘉兴始祖唐子玉始居新丰镇，翰题为其七世孙，生于新丰镇老街中市，幼时读书住祖上私宅帆影楼。道光十年（1830）时，师从阙鸣珂，治经之暇，即景绘画，以资吟兴。至道光二十一年（1841），与张廷济、黄安涛等在帆影楼争相题咏，声名甚盛。咸丰元年（1851），以廪贡生捐得训导，佐曾国藩戎幕，遂保以知县，留江苏。深得曾国藩器重，同治元年（1862），署淮安同知，钦加三品官衔。后又历任通州知州，青浦、吴县知县，柘林通判，襄办江南舆图局等职。在吴县时，曾因忤上官旨而称病归故里。八年（1869），唐翰题在太湖东山公廨抱山楼作《唯自勉斋主人记》中云：“先世老屋在新丰，庚申后无一椽。近岁卜居东洲母氏依竹堂东邻，故渤海旧第也。”因新丰旧宅早毁，故退隐后在竹林建堂定居。在高氏光裕堂旧址上建广谘堂，广谘堂后进中三楹，即为唯自勉斋，东室为听雪阁，西室名鹪安阁。光绪八年（1882），唐翰题因病而死。

唐翰题嗜金石书画，富收藏，喜鉴别，书斋名曰：“唯自勉斋”。同治四年（1865），曾国藩为书斋篆额，且有跋云：“鹪安四兄，取先世忠肃公语以颜其斋。”斋藏书54椟，计2.5万卷，据《嘉兴市志》载：其“收藏在同光间实可甲于一郡也。”是清代嘉兴府内著名藏书楼之一。唐翰题主要著作有《说文臆说》《荀子校注》和《唯自勉斋存稿》。

2010年8月16日，在新丰镇南镬盖圩发现唐翰题母亲神道(即墓碑)，现收藏于嘉兴市博物馆。唐翰题生子唐纪勋，是嘉兴辛亥革命七烈士之一。

许瑶光

许瑶光(1817—1882) 字雪门，号复斋，晚号复叟。湖南善化(长沙)人。出身微寒。道光二十八年(1848)，学政选拔贡生，得第一，次年复试仍第一，后再朝考于保和殿，得一等第七名。

咸丰二年(1852)秋，出任桐庐知县。两个月后，卸职去杭州，在省试时任誊录官。同年十二月，到淳安任知县。六年(1856)，任常山知县。七年(1857)，任诸暨知县。九年(1859)三月，调署仁和知县。同年十一月，再任诸暨知县。咸丰十年(1860)，太平军李秀成攻诸暨，许瑶光因伤退至绍兴，后避舟山。同治元年(1862)，许瑶光在衢州谒左宗棠；得其保奏，获革职免罪，留营差委。次年随左宗棠赴诸暨善后，亲赴金华运谷三千石，以解城中元粮之困。

同治三年(1864)四月十八日，闽浙总督左宗棠以许瑶光守洁才长，堪任嘉兴知府上奏。是年四月二十八日，许瑶光赴嘉兴。看到农民因逃避战乱，土地荒芜，海塘失修。感叹嘉兴"昔日名城今瓦砾"。上任后首先安定民心，整饬军纪，又撤走湘军，号召逃亡在外的业户还乡，广招客乡农民垦荒，逐渐恢复生产。

战后，嘉湖地区枭徒，以尖头船架枪其上，枪船数愈万千。土匪地棍，以强为胜，行船驾桨，自成党羽，日则赌博，夜则劫掠，大为民患。许瑶光捕杀其头目，收缴枪炮千余杆。枪船瓦解。

嘉兴地区战乱前，完纳地丁税有大户小户之分。小户税重，而大户轻。许瑶光为除漕蠹，减小户之浮收，而定大户之加耗，漕政一清，一改往日"强豪中坐饱，雌弱怨谁伸"之情景，促进了生产发展。

许瑶光到任后即重修府学和试院宏文馆，集资重建鸳湖书院，重修嘉兴、秀水等县学，嘉兴地区的教育很快得到恢复。次年，嘉兴府七县参加县试、府试、院试的，多者百余，少者三四十人。而邻近的湖州府和杭州府各县参试者均不过数人而已。以后，嘉兴府和七县科试成绩均居全省前列。

许瑶光在城乡浚河，修桥，筑路，修塘，以发展农工商。修建和重建桥梁52座，还修复海塘，当时河边桥墩都有其碑记。

许瑶光十分关注历史遗迹。认为"地以景彰"，"询之耆旧云，前代曾有八景之目，而平章未确，志阙不载"。遂取当时嘉兴的8个景点，聚之取名《南湖八景》，每景咏之。一年后，许瑶光请秦敏树画《南湖八景图》，刻《八景诗》和《八景图》碑石。又构亭于烟雨楼以南，钓鳌矶故址平台上，将碑石置于亭内，取名八咏亭。

许瑶光为嘉兴的发展办了不少实事。经10年治理，"剔奸除莠，嘘瘠起枯。七邑官吏，咸奉条教。凡黉序书院之属，养老恤贫之举，以次兴复，推广靡遗。民和年丰，百货鳞集，农忭于野，商歌于市"。

同治十二年(1873)五月二十日，许瑶光任期已满，将进京向皇上述职。据吴仰贤记载，"……吾邑士庶，闻公之行也，先期筑亭于南湖烟雨楼之左偏。六月三日，相与扶老携幼，遮道攀辕，延公于亭。酌酒罗拜而言曰……吾侪小人受公之赐，亲如父兄，何忍一日离公。公起而慰之曰，噫吾岂去汝哉。国家故事，秩满报政。引对毕，还视事如初。于是众皆喜曰，公既许我来也，适亭成未有名，名之曰'来许'，延颈以望公之来也……"。第二天离别时，嘉兴父老燃银烛，悬珠灯，彩船相送。嘉兴民众建"来许亭"，纪念他殚精竭虑，颂扬他公正廉明，是民众对许瑶光为官从政的肯定和褒奖。

七月初八，皇上重许他回任嘉兴。许瑶光成为从古无有、连续两任的嘉兴太守。许瑶光赴京途中，见到上海繁华已超广州，感到应向西方学习。对南北各地御侮、自强、求富的洋务运动，持积极态度，回任后，有了许多新的设想。

光绪元年(1875)，许瑶光组织重修《嘉兴府志》，自任总修。三年(1877)定稿，秋月开雕，四年(1878)夏竣工。这部《嘉兴府志》被认为是府志中的上乘之作。许瑶光还组织民工在乍浦陈山、澉浦长墙山造新式炮台，还全面修复扩展嘉兴至苏州、杭州的马路，为发展和活跃嘉兴经济作准备。清咸丰战乱后，嘉兴地区人口由战前的300万人下降到战后的不足百万人。荒芜土地三分之一以上。光绪六年(1880),浙江巡抚谭钟麟派道员王荫樾等到嘉兴"查荒",抛开嘉兴各级官员,对经办田粮的官员"庄书",动用刑罚,会讯勒逼,令有主荒地悉数征粮,令无主荒地竭力增为熟地。消息一出,激起民愤,民众簇拥着他们出南门要求实地堪荒。许瑶光赶到才将他们解救。事后浙省巡抚上奏,偏罪乡民,归恶庄书,嫁祸于县令。许瑶光不按抚督之意,保护百姓,勘实是非,如实禀报,为民伸冤,被抚督免官革职。嘉兴由"查荒"而激起民变的大案,震惊省内外。上海《申报》连续登载消息,评论,为许瑶光鸣不平。迫于舆论和民情,后浙江巡抚调任,恢复许瑶光嘉兴知府一职,但许瑶光因病未到任。

光绪八年(1882)十一月,许瑶光病逝于杭州。葬于湖南长沙浏阳门外,东乡圭塘许家冲,许氏宗祠祖坟山。

许瑶光一生爱书,勤学、喜文字。诗质实,崇史实,为官务实。他的《雪门诗草》《谈浙》流传于世,具有文学和史学价值。其所藏一批图书赠予嘉兴府学,其后人又将在长沙余下的所有藏书,捐赠嘉兴市图书馆。许瑶光以其有勋业德望、著作可传,被收录于商务印书馆《中国人名大辞典》等辞书。

吴仰贤

吴仰贤(1822—1887)　字牧驺,号萃思,又号鲁儒,晚号小匏庵。嘉兴大桥人。清咸丰二年(1852)进士。咸丰五年(1855),官云南狼穹县知县,屡徙昆明等地,由于政绩突出,升迁武定知州,后署迤东兵备道、补用知府。

吴仰贤看透了官场的腐败,对处于水深火热之中的老百姓,表现出深切的同情。在署理迤东兵备道时,与农民起义军旷日持久地对峙,他发出了无可奈何的慨叹,在《籴米谣》诗中道出了连年兵燹后的百姓生活状况:官仓粮尽,官府便到城乡搜刮。滇中是个山丘之地,漕运艰难,米价暴涨。农民家无斗粮,秕糠山薯度日,又遭水涝,灾民嗷嗷,此时上官却要他向农民强行摊派军粮,时时让他觉得绞心之痛。有一天夜里,吴仰贤在昆明城巡视,看到一位老汉挑着一担干柴,向城西起义军驻地走去。吴仰贤冒着被检举的危险,让道于老汉。他在《夜半出城》一诗中说,他不忍心手拿屠刀去砍杀这些挣扎在死亡线上的贫民,于是不时萌生出解甲归田的念头,在《罗阳杂兴》等诗中将心迹袒露无遗。他自觉不适做官,表示宁可当个农夫。官场上尔虞我诈,让他难以应付,他在《独酌歌》中吟道:"况我飘转无定所,前有毒蛇后猛虎。对面输心背面笑,翻手作云覆作雨。"

同治二年(1863),吴仰贤决定退身自保。三年连得家书,颇有诗才的儿子吴萃恩(1847—1864)因病英年早逝,更坚定了他急流勇退的决心。四年回乡后,他首先亲自作序,整理出版儿子遗稿《南湖百詠》,后主讲嘉兴鸳湖书院(历20年),一面讲授,一面悉心著述。光绪元年(1875),吴仰贤受嘉兴知府许瑶光之请,主纂《嘉兴府志》。后人公认该志无论是体例还是文采,在嘉兴历代的府、县志中都是上乘之作。

吴仰贤著作有《小匏庵诗存》6卷(附1卷吴萃恩《南湖百咏》)、《小匏庵诗话》10卷、《集杜兰旁诗》1卷,吴仰贤还认真鉴定了《鸳水人琴集》。2003年,全国图书馆文献缩微中心制作了吴仰贤的《小匏庵杂录》。

沈景修

沈景修(1835—1899)　字蒙叔,号汲民,晚号寒柯。秀水县城人。清同治年间拔贡,官寿昌教谕。善诗词杂文。工书法,时称其得五代杨凝式《韭花帖》真传,书名重于江浙一带。著有《蒙庐诗存》《井华词》等。

叶松石

叶松石(生卒年不详)　名炜,字松石,号松石道人、鸳湖信缘生。嘉兴人。祖上数代均为嘉兴卫所军官。叶松石性喜诗文,早年一度入淮军幕。清同治十三年(1874)第一次游日本,被聘为东京外国语学校汉文教习,是近代最早应聘去日本教授汉语和汉文化的人。叶松石在日本和许多文化人士交谊颇深,从之学诗者甚众,时有唱和。他还擅长书画，日本近代著名散文家永井荷风对其书画评价甚高。清光绪八年十二月(1883年1月)，《申报》上刊载了叶松石《客大阪将之东京因病不果遂决归计感赋留别》诗，反映了他东游日本的一些情形和思乡之情。游日归来后捐官在南京供职，后多次在江苏等地任文案，曾任吴县主簿。殁后好友俞樾为之作墓志铭。著作有《延青阁诗钞》《石有华斋诗话》《井窗杂志》等。他的文集《煮药漫钞》有传本，载入《两浙著述考》。日人小野湖山曾为《煮药漫钞》写序，并作有叶松石的传略。

徐象黼

徐象黼(?—1908)　又名小波。浙江瑞安人。擅长武术。曾任上海丽泽学校技击教授，后至嘉兴，为敖嘉熊保镖。清光绪三十四年(1908)三月十一日，敖嘉熊遇难，徐服药以身殉。1931年嘉兴建辛亥革命烈士纪念塔，徐象黼被列名七烈士之一。

钱应溥

钱应溥(1824—1902)　字子密，别署葆真老人。嘉兴人。钱泰吉之子。拔贡出身，参加朝考得一等，用为七品京官，分吏部，直军机。清咸丰十一年(1861)三月，曾国藩率军在安庆与太平军激战，招钱应溥入幕，助其起草文书。钱才思敏捷，甚为得力，获曾国藩赞赏重用，随其转战各地。钱应溥以参赞劳绩，清廷给以五品卿衔。同治四年(1865)四月，随曾国藩督办直隶、山东、河南三省军务，参与策划镇压捻军，又晋四品卿衔。是年，曾国藩与李鸿章在上海创办江南制造总局等工业，凡上奏文稿都由钱应溥起草。光绪初，入京任军机处章京，擢员外郎。时恭亲王奕訢和醇亲王奕譞相继秉政，都赏识钱应溥才能。钱应溥在军机处与闻军国大事，起草诏旨，极得信任。光绪二十年(1894)，中日甲午战争爆发，钱应溥为主和派。二十一年(1895)，钱应溥以礼部左侍郎在军机大臣上行走，参与国家大计决策。次年迁左都御史，转工部尚书。二十五年(1899)，因病罢职。卒后，谥恭勤。

著有《葆真老人日记》，记同治、光绪两朝政事为多。应溥子钱骏祥，清末任翰林院侍读学士，山西学政。后归乡，任嘉兴府学堂总理。

朱　偁

朱偁(1826—1900)　原名琛，字觉未，号梦庐，别署鸳湖散人、玉溪外史、玉溪钓者、鸳湖画史、胥山樵叟。嘉兴人。工花鸟，初学张熊，直追其肩。后改师王礼，兼得张画之华瞻工细与王画之超脱飘逸，神似华嵒，成为清末名家。在上海书画界享有盛誉。其兄熊，字梦泉，亦为知名画家。

张鸣珂

张鸣珂(1829—1908)　原名国检，字公束，号玉珊，晚号寒松老人。嘉兴人。清咸丰十一年(1861)拔贡，官德兴县知县，义宁州知州。辞官后，寓嘉兴石佛寺镇。工词，以婉丽著称。治小学，仅列前人之说，而不自为论断，间有按语亦极矜慎。性嗜书、藏书逾万卷。所著《寒松阁谈艺琐录》广载清代书画家事迹，评论艺术作品，为研究清代艺术史重要参考资料。另著有《寒松阁诗集》《寒松阁词》等。

蒲　华

蒲华(1832—1911)　原名成，字作英，又字卓英、竹云、竹英，号胥山野史、种竹道人。嘉兴人。与任颐、吴昌硕、虚谷同为海上画派先驱。家境贫寒，幼年由外祖父教读，数年之间即能文。后从师林雪岩。清咸丰三年(1853)，应试中秀才，因家贫无钱继续读书求取功名，遂耽于艺事，不图仕进，岁试时尝一题作两篇，不耐缮楷书，以文稿交换，由他人代缮写。性喜交游，与吴世晋等结鸳湖诗社，联吟唱和。妻缪昙(又名晓花)亦善书画，伉俪情笃。清同治二年(1863)秋，缪昙病故，遗一女。蒲华离家出走，游历宁波、台州，一度在温岭、海门等县作幕僚，因厌恶官场应酬，自行弃职。此后寄居寺庙，卖画为生，并以诗文会友，结交当地文人、书画家，创作了许多书画作品。十年(1871)，蒲华在苏州结识吴昌硕，引为知音，相交达40年之久。蒲华的艺术个性和艺术见解，对吴昌硕影响颇大。清光绪七年(1881)春去日本，夏归国，其作品名噪日本画坛，先后绘《海天长啸图》《海天旭日图》以纪此行。二十年(1894)冬定居上海。寓所在登瀛里(今上海汉口路与西藏路之间)，因左右是妓院，自榜其居为不染庐。又因近邻有外国人墓地，曾自书春联曰："老骥伏枥，洋鬼比邻"。室名"九琴十研斋"，藏有古琴佳砚。宣统元年(1909)，上海书画界同人创设书画善会，列名发起人之一。三年(1911)夏，于醉眠中去世。一说因假牙脱落，梗塞气闭而死。身后萧条，赖吴昌硕、何熙伯等料理丧事，归葬嘉兴。吴昌硕还为之书写《蒲君墓志铭》，刻成后未及入葬，乃嵌于南湖烟雨楼鉴亭墙上。

蒲华画风早年效法同邑周闲，后逸放恣肆，不宗一家，山水花卉无不精妙。其绘山水画，早年笔墨浓郁密致，壮年渐趋奔放，墨渖淋漓，擅用湿笔，粗而不犷，独辟蹊径。花卉中画竹最多，笔墨酣畅，神韵高妙，一干通天，叶若风雨。书法早年学魏碑、古篆，小楷甚工；中晚年多作行草书，超迈古人。其书作笔走龙蛇，势若惊涛，自谓"学吕洞宾、白玉蟾"神仙之作。蒲华的书画反映了突破传统的时代精神，富创新，身后逐渐为人器重。

杨伯润

杨伯润(1837—1911)　初名佩夫，又名璐，字佩甫，一字百顺、百润，号茶禅，别号南湖，一作南湖外史，以字知名于世。嘉兴人。工诗善画，书法近颜真卿、米芾，骨秀天成，尤工行草。山水规摹董其昌。清咸丰末年(约1861)移居上海，以鬻字画赡养老母。其画中年后自成一家，喜用长锋紫须，点缀烟树。出笔挺锐，气韵清邈。但格局不甚严谨，峰峦更少变化。曾任豫园书画善会会长。著有《南湖草堂诗集》等。

吴受福

吴受福(1840—1919)　字介兹，一作芥子，号晋仙，又作琎轩，晚号孑梨、老芥、觉海小乘僧、带湖独叟。嘉兴人。清光绪五年(1879)举人。曾任杭州诂经精舍学海堂监督，与俞樾、谭献相契。后主讲振秀、双山二书院。吴受福擅长诗词，书法擅篆隶行草，尤精于金石小学。生平颇多著述，刊有《小钟字林集篆》《贞存先生遗墨》等。吴还主编光绪《嘉兴县志》，续增《古禾杂识》。1919年病逝，弟子私谥贞存先生。

金尔珍　金颂清

金尔珍(1840—1919)　字吉石，号苏庵、少芝，别署梅花草堂。回族。嘉兴人。擅长书画，兼通金石，与吴昌硕、任伯年等金兰结拜。积极参与杭州西泠印社和上海豫园书画善会的组建，并为豫园书画善会题写"题襟馆"大匾，笔力遒劲豪宕，观者叹服。日本著名学者河井仙郎、长尾甲亦是西泠印社社员，与金颇友善。日本书法家苏峰曾拜金尔珍为师。清光绪十年(1884)八月间，漫游日本，杨伯润、张熊等赋诗送行，张熊并为金氏绘《遨游东海图》。其国画侧重山水，尤喜梅花，画梅秀挺清雅。作品有《仿李长蘅溪山晴霭图》《梅花草堂岁朝图》《梅花奇石图》等。其中《仿李长蘅溪山晴霭图》被日本收入《支那名画宝鉴》。书法作品有《梅花草堂临晋唐小楷》《梅花草堂临书》等。撰有《金孝女传》，记叙其姐尔英孝悌事迹。光绪帝曾赐"孝女匾"，挂在嘉兴清真寺，解放前毁损。上海《点石斋画报》曾刊"金孝女图"。《金孝女传》已佚，据传其首句云："我高祖来自西域"。

金颂清(1878—1941)　字兴祥，金尔珍之子。少习儒学，清光绪二十五年(1899)补博士弟子员，致力于经史之学，对图书文物的研究有较高造诣，善鉴真伪。1914年，与罗振常创食旧廛书店于上海。1915年，创青籁阁书店。1916年，他在其父收集的大量古籍书的基础上，于上海虞洽卿路(今西藏中路九江路口)开设中国书店，专营古今图书，独树一帜。鲁迅、郭沫若、郑振铎、阿英等人均是书店常客。金颂清经常长途跋涉收购旧书字画，远至日本，近则北京、天津、洛阳等地。1931年，创墨缘堂书店于大连。1932年，创中国通艺馆于上海汉口路；1937年创秀州书社于上海西摩路。1939年前后，日本加紧掠夺中国图书文物，在当时文化进步人士的倡议下，中国书店有意识地大量采购古旧书画，以作抢救，书籍藏在郑振铎家和张寿镛家。金颂清派人对这批字画图书进行整理，分甲、乙两类，登记编目包装，并由中国书店出面寄往香港大学冯平山图书馆许地山收管。据经办人回忆，共寄去2790余件，全是我国非常珍贵的图书文献。金颂清还和子女大力支持郭沫若等创办的《救亡日报》，腾出中国书店店堂后的灶披间供《救亡日报》使用，后被日方察知，勒令书店停业7天，并施加种种限制。

金颂清积极从事中日文化交流，中国书店经销日本书籍画册，同大阪博文堂、东京文求堂有业务往来。金颂清通晓日文，译书甚多，多为东西史地及农事新政。他亦擅书法，著有《管蠡小识》。

盛　沅　盛庆琳

盛沅（1845—1934）　原名恺华，字子彬，改名后，字萍旨，晚号剩叟。嘉兴人。清光绪十二年（1886）进士，授翰林院编修。后改任刑部主事，出任山西夏县知县，因案革职。后任江苏候补道。解职回乡后，任嘉兴府学堂监督，创设嘉兴商会，还参与地方公益事业。1921年10月，嘉兴遭受水灾，被推举为筹赈会主任。1922年4月，建议在乍浦开河设闸，导水入海；当时浙江省省长沈鉴采纳了这一建议，下令嘉兴、平湖、海盐、嘉善4县组织董事会。1923年初，盛沅与顾宗况被推举为嘉兴县董事。同年，郑文海等筹设嘉禾造纸厂，盛沅任该厂董事。盛沅擅楷书和行书。著有《江南水道纪要》8卷、《宗孟庐行水考》4卷等。

盛庆琳（1861—1935）　号子瑾。嘉兴人。盛沅之长子。清末附贡。曾任北京崇文门警察分署署长、吉林省长春市警察署署长。后辞官回嘉兴，襄办地方公益事务。著有《范湖诗存》4卷。

方锡荣

方锡荣（1848—1922）　字申命，号金题，别字橘隐。秀水人。清同治七年（1868）邑庠生。善围棋，郡中推为巨擘。著有《围棋集成》，选择历代围棋名弈，分门别类，比较得失，各局均附以评论，稿本已佚。

吴榖祥

吴榖祥（1848—1903）　字秋农，别号瓶山画隐，晚号秋圃老农。嘉兴人。工山水并擅人物花卉，用笔苍劲，设色清丽。俞曲园评其画为“神品”。清末在上海鬻画，时画风习尚纵横草率，而其独能不落时尚。曾一度去北京作画，声誉鹊起，名噪南北。清光绪二十六年（1900）南归客居苏州，与顾子山、吴清卿等结画社，时称怡园七子。回嘉兴后因无家，寓居寄园直至去世。吴榖祥曾自作小像《松风水月图》，又绘有《瓶山画隐图》，当时名流纷纷题咏。其所作仕女画，至今为世所重。

沈曾植

沈曾植（1850—1922）　字子培，别字乙庵，晚号寐叟，初别号小长芦社人，晚称巽斋老人、东轩居士，又自号逊斋居士、姚埭老民、城西睡庵老人、乙僧、东轩支离叟等。嘉兴人。清光绪六年（1880）进士。任刑部贵州司主事，总理各国事务衙门章京，外调任江西广信知府、安徽提学使。曾赴日本考察教育制度，他主张变法，支持维新活动。沈曾植于三十四年（1908）二月署理安徽布政使，并护理巡抚，宣统二年（1910）病归。辛亥革命后，侨寓上海。1914年春，浙江设立通志局续修《浙江通志》，聘其任总纂。未几，局裁，编修中辍。此后，在上海等地与康有为等一批清朝遗老密切往还，参与溥仪复辟活动。1917年7月张勋复辟，沈曾植赴北京参加，任学部尚书。失败后，闲居上海，从事学术研究。其寓所海日楼中常有中外学者名流前往质疑问学，被尊为中国大儒。1922年11月卒于上海。沈曾植治学严谨博大，综览百家。后专治辽、金、元三史，于边疆历史地理及中外交通史事，开辟前人未窥的新领域。清末任刑部贵州司主事18年，潜心研究古今律令，亦有独到成就。王国维称赞他的成就足可与著名学者顾亭林等人相侔，其成就的深度超过龚自珍、魏源，精处胜过戴震、钱大昕，称他为“学术所寄”“邦家之光”。沈曾植生平著述繁富，有《汉律辑补》《晋书刑法志》《蒙古源流笺注》《元经世大典笺注》《西北舆地考》《海日楼诗集》《曼陀罗寱词》等。他工诗词擅长书法。其诗宗孟郊，而所作洁净精妙，又近于陆游。书法取法钟繇、索靖，晚年吸取黄道周、倪元璐的精华，参以爨宝子碑法，变态多姿，奇取横出，翻覆盘旋，如游龙舞凤，卓然成一代大师。沈曾植晚年在政治上趋于保守，在学术上艺术上却富于创新，对后人影响颇深。

沈曾植故居在姚家埭，至今保存完好。其墓原在嘉兴筓箈村，后移至嘉北公墓。其子沈慈护，媳劳善文于20世纪50年代将嘉兴住宅捐献给政府，把其父所遗文物分别献给浙江省和嘉兴文物管理部门。

王甲荣

王甲荣（1850—1930）　原名厚培，字步云，一作部畇，号次逸，晚号冰镜老人。嘉兴人。清光绪十五年（1889）举人，历任广西永淳、富川等县知县，兼署富川县学教谕、钟山理苗通判，候补直隶州知州，知府衔。《永淳县志》将其列入循吏传。晚年在嘉兴参与地方自治，讲授诗词古文。1920年6月28日，王甲荣等士绅致电浙江督军，反对混战的军阀部队扰害嘉兴。1924年2月，平湖葛稚威创办尊古讲会，应聘讲学。王甲荣工书法，习钟王；博学，著述甚多。著有《庚子京畿见闻录》《傜僮洞苗述略》《行政纪要》2卷、《二欣室随笔》8卷、《景行札记》《二欣室诗存》6卷、《二欣室文存》4卷、《二欣室联语偶存》《二欣室词》1卷、《古今医术最录》3卷、《二欣室记事珠》。尤工诗词，同县人钱骏祥、金籛孙等评其诗词风格近似李商隐、陆游，说他“忧生念乱，不绝于篇章，而欲敛气择言必归于竺雅。”“其貌秀以腴，其气清以徐，于竹垞为近。其谈义法一以清真为归。”所作《彩云曲》，反映庚子事变的惨痛史实，为近代诗歌的名篇。

子迈常、蘧常、蕴常。蕴常早逝，蘧常以学术、书法知名。

潘振镛　潘　琪

潘振镛（1852—1921）　字承伯，号亚笙，又号雅声，别署冰壶琴主，晚年号讷钝、钝叟、钝老人。嘉兴人。出身于绘画世家，祖父潘楷工花卉；父潘大临工仕女。幼年即染家学，六七岁时便能画人物。父亲去世后，当过短期商店学徒，仍专心习画。后从师钱塘名画家戴以恒，画艺日臻精妙，尤工人物仕女。曾往来上海、杭州、南浔、桐乡等地，求画者甚多，长卷大轴，应之不倦。民国初年，在上海偕弟振节与高邕之等组织豫园书画善会，以鬻画所得，半充义举，一时响应者甚众。

潘振镛画仕女师法清代画家费丹旭（晓楼），用笔遒劲挺秀，设色淡雅，清丽绝俗。花卉师法恽寿平，书法亦似之。其人物画与沙山春、吴友如称为“三绝”。传世作品甚多，著名的有《贵妃图》（长卷）、《明妃出塞》《西施浣纱》《灞桥风雪》《寒江独钓》等。除上海博物馆藏有其作品外，西安华清宫、福建陈嘉庚纪念馆亦都有收藏。有些作品曾刊于《海上名人画册》等，是一位影响广泛的工笔人物仕女画家。

弟子仲光勋（小某）、沈燧（馥岩）、朱忆春等，能传其艺。子潘琪（小雅）、孙潘德昭、孙女潘文淑俱传家法，工画。

潘琪（1892—1952）　字小雅。1912年毕业于嘉兴省立第二中学，后去北京求学，因父病重辍学回家。曾在嘉兴从事教育工作。幼从父习画，擅长工笔人物仕女花卉，用笔精练，敷色清秀。1920年去上海，寓居豫园书画善会，与画家王震、唐熊等一起卖画并从事慈善事业。抗日战争爆发，携眷流亡至重庆，曾举办“嘉兴潘氏父、子、女三人画展”，深受好评，并带领子女参加当代书画家为抗日捐献的义卖展览会。潘琪除绘画外，还精于国乐，善奏粤曲，曾受聘在当时的中央广播电台，演奏古典国乐和民族乐曲。抗日战争胜利后，随电台迁返南京，仍以绘画为生。晚作力求典雅，绘有古典仕女、白描罗汉、奇兽等，嘉兴博物馆收藏有他的作品。

金蓉镜

金蓉镜（1855—1929）　初名鼎元，字养寿，又字学范，号子钱，后更名蓉镜，字香严，号甸丞，又号香严居士、就李乡民等。秀水县城人。清光绪十五年(1889)进士，历任工部铅子库都水司主事、湖南郴州、靖州直隶州知州、永顺府知府、工部窑厂监督、军机处章京。民国后，曾任浙江通志局分纂，嘉兴县农会会长等。

光绪三十二年(1906)八月十日，同盟会湖南分会会长禹之谟因率学生迎接革命烈士陈天华、姚宏业灵柩安葬，又领导湘乡学界反对盐捐浮收，在长沙被捕，移解靖州。时金蓉镜任靖州知州，对禹之谟施用酷刑，将其杀害。

辛亥革命前夕，辞官回嘉兴后，在南湖畔创立高士祠，以祭祀嘉兴历代乡贤。宣统三年(1911)九月十七日(1911年11月7日)，嘉兴光复，成立嘉兴军政分府时，企图活动担任分府民政长，被革命党人抵制。1919年太湖水患，金蓉镜等人在嘉兴发起请愿修浚太湖。同年，又筹办嘉兴城区公共阅报处，进行社会教育。1920年，曾呈请北洋政府对嘉兴、嘉善、平湖、崇德、吴兴、德清6县实行减赋获准。善书画，师事沈曾植，所作山水，简略荒率，不求工致，有书卷气。诗有名，亦宗沈曾植，上承秀水诗派。富藏书，卒后亲属遵其遗嘱将图书1364部、6228册捐于高士祠，后转归嘉兴图书馆。著作多种。

唐纪勋

唐纪勋(1856—1907)　字成卿。新丰镇竹林庙人。幼时随父唐翰题居任所，沉毅力学，成年后通经史，务实践。是嘉兴府学的廪贡生，光绪十六年(1890)为嘉兴县候选训导。二十年(1894)中日甲午战争后，唐纪勋目睹民族危机深重，便发愤攻求新学，主张维新，与新丰吴廷墀等创立守约学会，进行改革活动。在其撰写的学会公约中，明确提出“今者积文成弱，不能不取强国之善法以药之，旧学为体，新学为用，无可偏废也。”提倡向西方先进科学文化学习。他又注重实践，主张采用新的科学技术和管理方法发展农业，与敖嘉熊、祝廷锡等合资购田400亩，二十五年(1899)在竹林宿圩徐家桥南堍创办学稼公社。这是清代嘉兴府境内唯一的农业公社，他们的目的是为广开风气，振兴农业，是新丰人在农业生产组织上的一大创新。二十六年(1900)他发起创设竹林启蒙书塾，位于竹林庙侧竹溪堂，这是嘉兴府民间举办的最早设立的新式小学，学校改变教法，努力培植青年，为教育界所赏识，其后“一时闻风兴起，梅州(王店)、余贤(余新)、竹里(新篁)、平林(新丰)相继仿办”，成了嘉兴新式教育运动的先躯。

唐纪勋抱救世之志，心精力果，任侠干济，平时又疏财仗义，周邻恤族，其德甚高，由于艰苦工作积劳成疾，于光绪三十三年(1907)病逝。1931年嘉兴建辛亥革命纪念塔，唐纪勋列为七烈士之一。

潘振节　潘　琳

潘振节(1858—1923)　字平仲，号叔和，又号颂声。嘉兴人。早年与兄潘振镛同受业于钱塘画家戴以恒，得其心传。后又与兄研讨工笔人物仕女画法，私淑著名人物画家费丹旭，得其神髓。尝与兄同游上海鬻画，见者以为“晓楼再世”，一时声誉鹊起。曾与潘振镛、高邕之等发起组织豫园书画善会。善写真，能于客退后默写其形容笑貌，无不肖似，平湖葛氏闻其名，遂礼聘潘氏为其先祖画遗像。清光绪二十二年(1896)举家迁居平湖。潘振节山水得戴鹿床正脉，花卉则宗恽南田。尝重摹《太平欢乐图》刊以行世。原画为清初人所绘，反映清初杭嘉湖社会手工业者及商贩情景，共100幅，为清宫收藏。潘氏因见钩本拙劣，不足以供赏，重为整理摹写，由其兄缮写每图说明，石印出版后，不胫而走，今已极为难得。

潘琳(1887—1960)　字保之，号琅圃。潘振节子。10岁随父迁居平湖。少即从父与伯父学习绘画，工人物仕女花卉。清宣统元年(1909)后，挟艺游石门、硖石等地，求画者甚众。1912年旅居上海，任国民教育编辑所图画编辑。同时，就聘为上海书画协会审查员。该协会曾征集画家作品赴日本参加中华南画会展出。潘琳的作品颇得日人赞赏。1913年夏，国民教育编辑所毁于战火，遂于9月东渡日本，为中华南画会驻会画家。旅日6年，交游日本书画界名流，如横山大观、中村不折、桥本关雪等。1918年归国，次年寓豫园书画善会，以鬻画为生。1923年因父病回平湖。解放初期，作《吴宫采莲图》

《岁朝清供图》在浙江省书画展览会及华东地区美术展览会展出。此后则疏于动笔，但热心于地方文化事业，为平湖县博物馆、图书馆鉴定书画及整理古籍。著有《清代画家生卒年表》《艺林年鉴》（与葛昌楹合著），皆未出版。

沈　卫

沈卫（1861—1945）　字友霍，号淇泉，别号鹣巢，昆弟排行十一，乡里称十一先生。嘉兴人。早年即擅文名。清光绪十五年（1889）举人。因母丧南返，未及殿试。二十年（1894）补殿试，以第二甲第二名中进士。庶吉士散馆，授翰林院编修，历充武英殿协修，国史馆协修，功臣馆纂修。二十六年（1900）五月，出任甘肃正考官；十月，任陕西学政，以崇实学、端士习为职责，合并宏道、味经、崇实三书院为宏道大学堂，并设官书局选印中西图书。在其主持下，陕西学风大盛，造就不少人才，如国民党元老于右任即出其门下。初至陕西时岁旱大饥，即奏请行在户部发米万石，救济灾区。又设粥厂，治义赈，便于饥民就食。陕西地多教堂，有教民倚恃教堂势力为害百姓，一一予以惩办，不避权势，为人所称颂。

辛亥革命后，寓居上海。晚年鬻书为生，名满江南。侄沈钧儒奔走国事屡濒于危，沈卫常为之谋划营救。逝后归葬原南湖乡沈家浜。

祝廷锡

祝廷锡（1864—1935）　字心梅，号小雅，晚号俟庐老人。嘉兴竹林人。早年受敖嘉熊影响，参与创办竹林启蒙书塾、学稼公社，并在嘉兴加入竞争体育会，鼓吹宣传抵制美货。辛亥革命后，以读书自娱，筑有知非楼，藏书3万卷。著有《竹林八圩志》，编著《竹里诗萃续编》等。

汪以钧

汪以钧（1865—1930）　字石忱，一字石礽。嘉兴人。清末秀才。沈曾植任南昌知府时，因爱其才，招致幕中。清光绪三十一年（1905）回故里。后曾任浙江省警务所科长等职，并加入同盟会。辛亥革命前夕，汪以钧对于嘉兴地方公益事业及禁烟、除螟等新政，热忱赞助。嘉兴光复前，汪以钧出面劝说知府杨兆麟等出走，使嘉兴和平光复。嘉兴军政分府成立，汪以钧任财政科长。后转任桐乡县参事，浙江官产处科长。晚年任嘉兴普济育婴堂堂董、救济院院长。

郭似埙　郭兰祥　郭兰枝

郭似埙（1867—1935）　字友柏，一字季人、季莼，号石隐，晚号平庐。嘉兴凤桥人。父郭照善画花卉，似埙传家学，工人物花卉；兼擅篆刻，颇自矜贵，不轻奏刀。著有《续艺林悼友录》。子兰祥、兰枝、兰泽，侄兰庆，皆善画。妻高蕴珊，亦能画。

郭兰祥（1885—1937）　字和庭，一字善徵，号尚斋，别号冰道人。能诗词，善画。弱冠即能写花卉，成年后尤擅山水，宗南北两派。早期作品颇类吴秋农。后挟艺游苏州，结识顾鹤逸、吴昌硕等名画家，画艺大进。其画以摹旧本为主，不出古人町畦一步。画室名“一隅风雨砚斋”。1924年前，由南浔富室张石铭聘为宾客，鉴别书画。后随张石铭去上海居住，以鬻画为生。蒲华去世后移柩归葬嘉兴，郭兰祥为主事者之一。著有《尚斋画集》（已刊）、《尚斋诗草》（未刊）。

郭兰枝（1887—1935）　字起庭，一字屺亭，号素庵，别号凤池逸客。能诗词、书法，工山水。其工笔山水不脱规模。篆刻以汉印为宗，几可乱真。以卖画为生，南浔庞元济聘其鉴别书画，寓居上海10年。

李子牧　李树滋

李子牧（1868—1933）　字滋漠。嘉兴人。弱冠负笈从御医陈莲舫游，得其真传。擅时病诊治，对内、妇杂病尤专研有素。曾任嘉兴医师公会干事长，参与筹办施药局。现存《李子牧医案》（抄本）2卷，系其弟子辑录，1964年《浙江中医杂志》曾选介其医案。1987年，《浙江中医杂志》曾刊载《李子牧诊治急症医案选案》，介绍其诊治冬温、风疹、吐血诸症经验。

李树滋(1892—1959)　嘉兴人。李子牧子。幼随父习医，弱冠即侍诊，人称小先生。家中藏书极富，得以博览古今名著，医学根底深厚。曾任嘉兴医师公会副干事长，热心于施药局义诊，每遇贫者就诊则代为购药，为病家称颂。1953年积极筹建联合诊所，致力于中医事业之发展。

沈仰高

沈仰高(1869—1934)　字景山，号剑范。嘉兴新丰人。清末秀才。曾任嘉兴军政分府司法科长，县议员。1912年11月，被推定为欢迎孙中山来嘉兴讲演的筹备委员。在新丰镇创办新北里小学(即荣耀小学前身)，任校长，是民国初期嘉兴国民党组织主要领导人。

徐养儒

徐养儒(1870—?)　一名养茹，字涵，号艮斋。嘉兴风桥人。清廪贡生。早年留学日本。回国后，曾任嘉兴县高等小学校校长。辛亥革命时加入同盟会、光复会，曾去上海参与陈英士等组织的反清活动。嘉兴光复后，任军政分府参谋暨民事审判员。后曾任嘉兴县议会议长、北京国会众议院议员。著有《艮斋杂集》。

田文渊

田文渊(1871—1941)　字毓甫，一作毓夫，号月斧。嘉兴人。清光绪秀才。受褚辅成影响，加入光复会。光绪二十九年(1903)与敖嘉熊、褚辅成等发起创立竞争体育会。次年，褚辅成去日本，嘉兴竞争体育会即由田文渊主持。宣统三年(1911)九月，褚辅成从上海返回嘉兴，召集田文渊、计宗型等光复会员，密谋策划起义。嘉兴光复，田文渊一度任职军政分府，以后一直从事教育事业，任南湖学堂校长、嘉秀公立女校教员等职。抗日战争爆发，田文渊因忧愤时局，经济窘迫，自缢于上海寓所。

长子田炳章、次子田焕章曾去烟台学习海军，并驾驶海圻军舰去英国参加英皇乔治五世加冕典礼。田炳章后在广州任同安舰长，追随孙中山参加讨伐陈炯明叛乱。田焕章历任江苏省舰务所副所长、伯先舰舰长。

孟　豪

孟豪(1872—1943)　原名应鳌，字紫舫，一作芝房，晚号紫芝老人，别署一篑山樵。嘉兴人。清末秀才。宣统三年(1911)十一月，任嘉兴军政分府秘书。后曾任平湖县参事、代理县知事。一生主要致力于教育，曾执教于秀水县学堂、嘉兴府学堂、浙江省立第二中学、嘉兴女子师范学校等。善书法篆刻，工诗词。著有《先庚酾咏》等，其后裔汇编为《孟豪诗文集》行世。

王拱北

王拱北(1873—1940)　号日极。嘉兴新篁人。清末秀才。创办新篁两等学堂，任学监。曾任新篁镇商会会长。著有《新篁浩劫记》《新篁镇志》(已佚)等。

褚辅成

褚辅成(1873—1948)　字慧僧，一作惠生，嘉兴人。

监生出身。光绪三十年(1904)，留学日本，东洋大学高等警政科毕业。后加入光复会和中国同盟会，矢志反清革命。三十一年(1905)底受命回国任同盟会浙江支部长、嘉兴府商会总理。在嘉兴南门外创办南湖学堂，任校长，以南湖学堂作为革命人士聚会之所。三十二年(1906)，介绍秋瑾去南浔浔溪女学任教，发展该校教员徐寄尘等参加同盟会。宣统元年(1909)，当选为省咨询局议员、候补常驻议员。辛亥革命时期，参与领导起义，光复浙江省城。军政府建立后任民政长，后任省参议会议长，省军政府参事。1913年，入选为第一届国会众议院议员，同年8月遭袁世凯逮捕，袁死后获释。1916年参加第一次恢复的国会，国会解散后响应孙中山号召，南下护法，参加广州国会非常会议，1918年9月17日当选为众议院副议长。

1924年，褚辅成在角里街创办禾丰造纸厂。1927年，任浙江省政府委员兼民政厅长。1931年"九一八"事变后，在各方压力下，1932年1月18日国民党政府召集国难会议，褚辅成聘为国难会议会员，4月上旬又出席洛阳会议，为抗日奔走呼号。同年4月29日，韩国独立运动领导人金九策划实施了虹口公园暗杀日本军政要员的行动，遭日本侵略者通缉。在褚辅成帮助下，金九从上海到嘉兴避居4年。褚辅成与金九的这段深厚友谊，成为中韩两国交往的一段佳话。

抗日战争爆发后，褚辅成离开上海法学院到浙江永康，组织民众抗日，只身在浙东绍、台等地，宣传抗日战争。1938年6月被任为国民参政会第一届参政员，到汉口出席开幕大会，随后到四川，住重庆、万县等地。1942年，在四川万县创办上海法学院万县分院。从此至1945年，连任4届参政员并担任驻会委员，参加参政会川康建设视察团，任参政会全国经济建设策进会滇黔区主任。

抗日战争胜利前夕，国民党坚持独裁专制政策，民怨沸腾，国共合作濒于破裂。1945年7月1日褚辅成等6人由中共中央代表王若飞陪同，自重庆去延安访问，受到毛泽东、周恩来、朱德等领导人的热烈欢迎。其间，与毛泽东、周恩来等举行会谈，达成《延安会谈纪要》。8月，中共中央主席毛泽东到重庆与蒋介石谈判，褚辅成等访问延安的6名参政员于9月间在中央研究院设宴招待毛泽东、周恩来、王若飞。褚辅成以73岁高龄为国奔走，劳瘁过度，1946年3月离川东归上海养病。

褚辅成在辞世前的一年中，积极参加反对美国扶植日本的爱国运动，会同上海爱国人士发表宣言，抨击国民党的卖国政策，并积极支持反内战、反饥饿、反迫害的学生运动。1948年3月29日，褚辅成在上海病逝。5月16日，归葬于嘉兴南门外祖茔。1999年，南杨路小学和褚辅成创办的西南湖小学（前身为南湖学堂）合并。2003年10月26日，更名为辅成小学，以为纪念。

敖嘉熊

敖嘉熊（1874—1908）　字梦姜、孟疆，又字咸愚。生于平湖，因祖父辈均在嘉兴经营腌腊业，举家移居南汇镇，后迁柴场湾。曾在秀水县署当过钱谷师爷，不一年辞去。清光绪二十六年（1900）春，义和团运动爆发，敖嘉熊在反帝爱国思潮影响下，在杭州与王嘉榘（维忱）、蒋方震（百里）等10余人成立时事研究会，名"浙会"。后因受清政府查办，改名"浙学会"。同年，在嘉兴与唐纪勋、祝廷锡等创办竹林启蒙书塾。接着又与唐、祝等在竹林创办学稼公社，提倡改良农业。二十九年（1903）去上海加入由蔡元培、章太炎、黄炎培等发起成立的中国教育会和爱国学社，立志反清革命。敖嘉熊愤世嫉俗，曾白天提灯笼行街市，人问之，受陈天华《猛回头》启发，用白话文编写宣传反清革命的《新山歌》，请蔡元培审改后在沪广为传播。后《新山歌》被清政府查获追究列为"大案"。同年六月，"苏报案"发生后，回嘉兴与褚辅成、田月斧等创立竞争体育会，宣传禁烟禁赌，抵制美货。并倡建演说会、教育会，秘密宣传革命思想。不久，敖嘉熊游历温州、乐清、台州、宁波等地，广结反清志士。为了联系基层群众集聚反清力量，拟以温台处三府迁居嘉兴的客民为依托，建立温台处会馆代办租税，创办团练，以谋握地方财权与武力，进而联络江、浙、皖相邻十余府会党，组织武装起义，陶成章力促其成。三十年（1904）加入光复会（一说未参加）。同年九十月间，嘉兴温台处会馆正式成立，陶成章介绍魏兰为总理，敖嘉熊聘请冯豹、陈乃新等任执事员，会馆成为浙江革命党人联络活动的重要据点之一。在此基础上，敖嘉熊又欲在松江、湖州、杭州设立分馆，以联络更多会党力量，伺机起义，攻略南京。敖嘉熊又创祖宗教（一说黄帝教），以宗教名义号召组织汉族同胞进行革命。后事泄，他的革命活动受到清朝地方官吏注视。三十一年（1905）四月，敖迭遭家难，温台处会馆经济困乏，乃将妻子的金银首饰变卖充作经费以保存会馆。但最终仍难维持，会馆关闭，联络中心转往绍兴大通学堂。三十二至三十三年（1906—1907），秋瑾等先后两次到嘉兴会晤敖嘉熊、褚辅成等人，密谋在浙江起义。秋瑾、徐锡麟起义事败后，浙江革命形势趋于低潮，敖嘉熊也郁郁难有作为。三十四年（1908）二月初九，敖嘉熊夜出未归；二月二十八日，尸体在嘉兴城东乌桥港被发现，一说遭清政府密探暗杀，一说失足落水。死时年仅35岁。

敖嘉熊性豪迈，有辩才，慷慨任侠，凡恤嫠育孤养老赈穷各种慈善事业无不为之倡。他提倡教育，创建学校，造就人才甚众，对社会人心影响颇大。自兴立温台处会馆后，深受浙东士民敬仰，陶成章说："嘉熊死而浙西、江南一带之革命事业坠矣。"嘉兴光复后，敖嘉熊遗体移葬杭州栖霞岭。1925年5月12日，嘉兴各界人士为敖嘉熊等嘉兴辛亥革命七烈士举行公祭。

陆祖穀

陆祖穀（1874—1944）　字文达，号仲襄，以号行。嘉兴人。幼时父在濮院经商，少年时迁回嘉兴城内。母吴氏能诗善画，著有《淡水室诗草》。陆祖穀幼承母教，聪慧好学。

清光绪十六年（1890）入县学，考中第5名秀才。19岁时开始学《九章算术》及《几何原本》，随后与同县郑棐谌合创游艺斋算术社（有社员50余人），精研数学。后就馆授徒。二十一年至二十四年（1895—1898），连续3次考取嘉兴府经解第一名；二十五年至三十一年（1899—1905），又先后3次考取嘉兴府算学第一名。这一期间，研究经学和算学均有著述，如《毛诗郑笺异义考》《圆理括囊详解》及《算罔论辑释》等。

光绪三十二年（1906）应嘉兴府学堂之聘，掌教国文、经学、算术。次年，辞府学职转任嘉兴高等小学堂堂长。三十四年（1908）任教于秀水高等小学堂，是年七月应本省拔萃科试，以第一名拔贡选送礼部。宣统二年（1910）入北京应朝考于保和殿，获一等第一名；以七品小京官用，分发到邮传部电政司行走。陆祖穀目睹时局混乱，政治腐败，到部10日即萌退志，次月即请假出都，回嘉兴秀水高小及嘉兴府中学堂继续任教。民国成立后，专教省立第二中学国文及文字学（曾兼女子师范教员），历时15年。1912年4月，章太炎等在北京创立统一党，嘉兴统一党分部于同年7月成立，陆祖穀被推举任支部长。此后，统一党、共和党和民主党合并为进步党，继续任嘉兴分部长。1915年嘉兴县图书馆成立，出任馆长，主持馆务13年。1919年7月，嘉兴学联为陈列国货演剧筹款遭军警弹压，陆祖穀因支持学生爱国运动，亦被士兵以枪柄击倒，当即致电浙江省当局抗议，要求保护学生严惩凶手。同年10月，当选为嘉兴教育会会长，至1927年连任四五届。1923年5月还被选为嘉兴平民教育会会长。1927年，受聘为浙江省图书馆指导员，编《浙江省善本书类要》，撰《浙江省图书馆善本书目题识》，考订馆藏宋元以迄明代善本，别择精审。1929年起，复任嘉兴县图书馆长直至1937年日本侵略者占领嘉兴。在此期间，陆祖穀建图书馆新楼，辟保存石刻的专室，致力搜集全国地方志，搜罗地方文献，使嘉兴县图书馆成为藏书详备的一个地方图书馆。1936年，主持举办嘉兴县首届文献展览，编写"地方掌故""乡贤遗书""石刻"3类目录，刊印一些前辈的著作。

抗日战争爆发，陆祖穀避居安徽休宁，后客居上海，曾在弟子所办的"郊社"讲授诗经。太平洋战争爆发后，回嘉兴。

陆祖穀积学深诣，受到北京大学校长蔡元培赏识，3次聘他赴北大任教，以母年老固辞；复敦请入国学研究所，仍未应聘，专心一意服务地方文化教育事业40余年，并潜心著作。其藏书和著作，除一部分在苏州图书馆外，都已捐赠嘉兴图书馆。

沈文华

沈文华（1875—1934）　字一均。嘉兴余新人。早年留学日本，并加入同盟会。归国后，在余新镇和王店镇创办商业，经营蚕茧、绸布等。于乡里公益事业颇多贡献，曾自购抽水机，免费为农民服务。沈文华为地方著名士绅，思想倾向资产阶级民主革命，与孙中山、褚辅成、沈钧儒等均有交往。1912年11月，孙中山莅临嘉兴，沈文华亲往迎接。1913年7月，陈其美在上海组织起义军讨伐袁世凯，沈文华志愿参战，慨然资助2000银圆，充作军费。

沈文华曾任嘉兴县议会议长、嘉属县议会联合会主席、省议会议员、县款产会主任委员。在担任县议会议长期间,联合各县议长向省方呼吁减免田赋,在省议会议席上多次抨击军阀政府。又善诗文,为南社社员,作品俱散佚无存。

沈钧儒

沈钧儒(1875—1963) 字秉甫,号衡山,嘉兴人。出生于苏州。沈钧儒自幼聪颖,3岁由母亲课读识字,5岁入塾,15岁中秀才,18岁中举人,19岁得进士。光绪三十一年(1905)秋,以新科进士被清政府派赴日本,入东京私立法政大学法政速成科政治部学习,三十四年(1908)4月毕业。回国后从事立宪救国运动,任浙江省咨议局副议长。宣统三年(1911)参加辛亥革命,浙江宣布独立时任都督府警察局长。1912年加入同盟会,任浙江省临时省议会议员、省教育司长,并当选为第一届国会参议院候补议员,后递补为参议员。五四运动中曾撰文提倡新道德、新文化。孙中山南下广州组织中华民国军政府、领导护法运动时,沈钧儒任军政府总检察厅检察长。1921年,由广州到上海,任《中华新报》主笔。1923年10月,与百余议员联名发表宣言,反对曹锟贿选总统。1926年北伐战争开始后,他和蔡元培、褚辅成等在上海开展苏、浙、皖三省自治运动,反对北洋军阀孙传芳。不久,北伐军攻克杭州,他出任浙江省临时政府政务委员兼秘书长。蒋介石发动"四一二"政变后,曾一度被拘禁。获释后,出任上海法科大学教务长,同时执行律师职务,常为冤狱进行义务辩护。1931年,当选为上海律师公会执行委员。

"九一八"事变和"一·二八"上海抗日战争爆发后,沈钧儒积极参加反日爱国活动,是上海各团体救国联合会的负责人之一。1933年,参加宋庆龄等组织的中国民权保障同盟,任法律委员,参与营救被国民政府非法逮捕的革命者和爱国人士。同时,他还是当时全国律师协会倡导的"冤狱赔偿运动"的主要负责人之一。1935年12月27日,沈钧儒和章乃器、邹韬奋等人发起成立上海文化界救国会,主张停止内战,共同抗日。1936年5月31日,全国各界救国联合会在上海成立,他当选为执行委员和常务委员,成为抗日救国运动主要领袖之一。11月23日凌晨,沈钧儒与章乃器等七人被国民党当局以"危害民国"罪名逮捕,随后羁押于苏州狱中,是为著名的七君子事件。在囚禁中,他始终坚持爱国立场,与国民党进行斗争,"七七"事变后出狱。1938年,沈钧儒代表救国会在武汉受聘为国民参政会参政员。1939年11月,与黄炎培、章伯钧等人在重庆发起组织统一建国同志会,后改组为中国民主政团同盟,积极参与倡导民主宪政运动。1942年,沈钧儒和救国会参加民主政团同盟。1944年,改组为中国民主同盟,后被选为中央常务委员。

抗日战争胜利后,任中国人民救国会主席,积极参加争取和平民主的斗争。1946年1月,他作为民盟内救国会的代表参加在重庆召开的政治协商会议。1947年,支持并参加工人、学生反饥饿、反内战、反迫害运动,还奔走营救被捕的学生和报界人士。同年10月,国民党当局宣布民盟为"非法团体",民盟总部被迫解散。沈钧儒秘密离开上海前往香港,继续领导盟员进行斗争。1948年1月,和章伯钧以民盟中央常委名义在香港召开民盟一届三中全会,提出了反蒋、反美的政治主张,声明与中国共产党密切合作。9月沈钧儒离开香港到达东北解放区,代表民盟参加新政协的筹备工作。1949年9月参加中国人民政治协商会议第一届全体会议。中华人民共和国成立后,先后当选为民主同盟副主席、主席。历任中央人民政府委员,最高人民法院院长、全国人民代表大会常务委员会副委员长、中国人民政治协商会议全国委员会副主席和中国政治法律学会副会长等职。1956年当选为民盟中央主席。

1953年沈钧儒大病初愈到南方休养,并到嘉兴视察。当了解到农村血吸虫病严重时,感到非常不安。回北京后,立即给毛泽东写信,并附上材料。毛泽东复函说:"血吸虫危害甚大,必须着重防治,大函及附件面交习仲勋同志负责处理。"1961年,沈钧儒书写毛泽东《水调歌头·武昌》六尺大幅中堂寄赠嘉兴存念。1963年,通过其子沈叔羊在北京为嘉兴广泛征集名家字画,多次公开展出。同年6月11日,沈钧儒逝世于北京。周恩来赞誉沈钧儒是"民主人士左派的旗帜""为民主主义,为社会主义奋斗到老";董必武称他是"一切爱国知识分子的光辉榜样”。

沈钧儒著有《寥寥集》《家庭新论》等。祖居在城内南帮岸3号，1996年、1997年，分别被公布为市级、省级文物保护单位。1998年6月11日，修缮后的故居定名为沈钧儒纪念馆，对外开放。为了表达嘉兴人民对沈钧儒的纪念，2005年9月在三水湾新建的小学命名为钧儒小学。

姚慕莲

姚慕莲（1876—1950）　名福同。嘉兴人。姚氏世为富商，姚慕莲之祖姚文楠清末曾为布政使衔记名道员，其兄姚寿同曾任二品衔户部郎中。其本人清末亦以捐资获二品衔，历任颐和园电气总监、署直隶石景山同知、邮传部参议、北京电报局总办、浙江铁路公司理事、嘉兴县民团团长、中国红十字会监事、上海女子商业储蓄银行董事长、上海内地自来水公司董事长兼总经理、上海衡通钱庄董事、上海华商电气公司董事等职。姚氏于1915年接办上海内地自来水公司，一生主要活动在上海。1922年1月22日，在报端发表退职养病启事。此前还担任过丰盛实业公司董事、新闻报馆董事、嘉兴会馆董事、上海县商会副会长、南北救火会副会长、汉冶萍公司股东联合会评议员及各处慈善公益机关名誉会董等职。1923年，杭、嘉、沪等地教堂在乍浦出资购买山地沙田，当地居民与各教堂发生冲突，致使10余人被捕。为平息风波，杭州督军卢永祥委派姚慕莲出面去乍浦调查解决。姚氏当时任上海沪南工巡捐局局长，偕各教堂司铎及陆伯鸿赶赴平湖，在其斡旋下，“风波”得以平息。姚在嘉兴的产业，计有典当3家，抗日战争前后陆续闭歇。房产有姚庄路姚庄等多处。创办有嘉兴原第一、二、三公墓。早在清光绪三十年（1904），姚慕莲与其兄曾把田地1000余亩和市房一所捐为氏族公产，创办义庄。1923年，在嘉兴西门内建造祠堂及义庄公所，开祭时，收得礼金3000余元，捐充嘉兴育婴堂经费。又西门外原有大小姚坟，为姚氏祖茔，墓所临水造园，小有花木，名“又一村”，春时游人颇多，今已无存。姚氏嗜京剧，能演唱。抗日战争胜利后，经济一落千丈，依靠薪金生活。其时姚成为天主教徒。1946年，当选上海市第一届市参议员。解放初病逝于上海寓所。

方於笥

方於笥（1877—1945）　字叠裳，号青箱。祖籍淳安。明末，一支迁嘉兴定居，为嘉兴大族。方於笥毕业于上海中西书院，曾游历美国、加拿大和日本，立志反清革命，为同盟会及光复会会员。清宣统二年（1910）七月至三年（1911）十一月，任浙江嘉兴府学堂监督。辛亥革命前夕，在学堂内提倡剪发辫，组织学生军实行军事训练，并与嘉兴其他进步人士一起策划光复，与杭州光复相呼应。嘉兴光复，成立军政分府，方於笥被推选为分府民政长，主持推行民国政制，肃清清政府武装，维持社会秩序，挫败守旧派谋取政权的活动。后历任吴兴县知事，安徽省印花税处处长，浙江省公署外交顾问，浙江省督军公署高等顾问及南北和平会议秘书等职。曾担任浙江省立第一中学校长及浙江省立编译馆馆长。

夫人敖淑英，字德辉，系敖嘉熊胞妹。生四子二女。次子方朝钧，学名怀时，医学博士，台湾“中央研究院”院士。

刘山农

刘山农（1878—1932）　本名青，字照藜，后改字文玠、介玉，号天台山农。原籍浙江黄岩，生于嘉兴。擅书法，初学苏东坡，后参北魏，雄浑峻拔。与清末民国初著名书法家李瑞清、曾熙并称三大家。刘山农少孤家贫，不能置纸墨，在方砖上蘸水习字，渐获八法秘奥。清末入苏军司书札。辛亥革命时，参加浙军攻克南京天堡城战役。后在江北护军使刘之洁处任秘书长兼军法处长。退伍后寓居上海，以鬻字为生。曾编辑上海《小说新报》，又编《大世界报》，组织《萍社》，善作诗谜及韵文。1922年1月9日，刘山农在《申报》上发表文章，“痛念家国之危机，惧蹈奴隶之覆辙”，呼吁向日本国收回胶济铁路权，反对北洋政府对日妥协。

晚年居嘉兴广平桥“种菜庐”，去世时年55岁。

方 英

方英(1878—1939) 女,字景昭。嘉兴人。早年入上海务本女学堂就学,以优等生毕业。初在常州执教,后回嘉兴。1912年3月,创办嘉兴女子师范学校,任校长。1924年嘉兴女子师范学校改为公立,更名为嘉兴县立女子中学,方英继续任校长。此后20年中,学校规模逐渐扩大,附设小学部和幼稚园。方英常变卖金银首饰,以济学校经费之绌。还曾任嘉兴妇女协会会长10余年,在嘉兴妇女界提倡破除迷信,反对封建旧俗。1939年2月4日下午,因车祸在上海遇难。

方英能画尤擅长刺绣,所作《华盛顿绣像》被选送参加巴拿马国际工艺展览会,后转赠美国。

陶元镛

陶元镛(1878—1944) 号慧斧,别署怀苏亭长。嘉兴人。清附贡生。历任黄岩县知事,浙江烟酒税局嘉兴分局长,淞沪商埠局秘书等。工诗能文。著有《南湖名胜记》4卷、《鸳鸯湖小志》《州东杂咏》《陶簃诗存》6卷。子昌善。

钱小范

钱小范(1878—1946) 原名鸿基,字啸帆,又字小凡,因崇拜清初围棋大师范西屏,更名小范。嘉兴人。清末秀才。能诗擅书法,尤擅长围棋。早年曾得名师传授,深入探讨历代名家棋道,经40多年努力,编订成《小范棋谱》,积有360局,每局详加评点,创一家之言。著有《澹尘庐诗抄》,又名《槜李钱小范诗存》。

王琬青

王琬青(1878—1959) 女,又名钱王琬。原籍绍兴,婚后入籍嘉兴。父母早亡,从小受舅父姚定生以及秋瑾等人的革命进步思想影响。清光绪三十二年(1906)前后,她变卖妆奁首饰,先后创办道前街女子小学、开明女校和嘉秀公立女校,任校长并兼授修身课。1923年,被选为嘉兴平民教育筹备会委员。1926年,辞去校长职务去北京。在北京期间,曾到北京女子师范大学演讲,谈女子学习文化知识的重要性以及她个人办学的艰苦历程。1936年回嘉兴。抗日战争全面爆发后,王琬青投入抗日救亡运动,组织不少人集中在她家缝制丝绵背心,支援抗日前线。后辗转去昆明、遵义。1947年,王琬青70岁,陈志雄等联名发起,借浙江大学礼堂举行祝寿活动,浙大校长竺可桢、教授钱宝琮等到会祝贺。

解放后,王琬青定居南京。抗美援朝时,她亲自精心缝制一些小挂包,并附上她写的诗,送给志愿军战士,祝愿志愿军早日凯旋。

陶昌善

陶昌善(1879—?) 字俊人。嘉兴人。日本北海道帝国大学农科毕业。1912年3月,任南京临时政府实业部农政司司长;7月,任北京政府农林部农林司司长。1914年1月,任农商部农林司司长。1917年9月,任吉林省实业厅厅长。1920年,任中央农事试验场场长。1925年,任农商部秘书兼国立北京大学农学院教务长。后任国民政府考试院编撰。1929年,任财政部北平印刷局局长。1938年8月,任财政部公债司司长。抗日战争期间先居香港,1941年2月去职,在上海隐居。解放前夕逝世。著有《吉林矿务纪要》。其故居原在洲东湾。

岳昭燏

岳昭燏(1879—?) 字鞠如。嘉兴人。清末曾任湖北、江苏督抚署洋务文案,考察宪政大臣随员。1915年,任驻比利时公使馆二等书记官、代办使事。1919年4月,任驻法国公使馆一等书记官、代办使事。1920年回国,任北洋政府外交部参事。1921年8月,派为和约研究会书记长。1924年5月,任驻墨西哥公使。1928年辞职。

吴祥麟

吴祥麟(生卒年不详) 字绂征。嘉兴风桥人。

嘉兴凤桥吴氏为望族。其父吴咏仙，清末庠生，以教育、医学知名于乡。吴祥麟北京大学法律科毕业。曾执教于上海私立法政大学，后任浙江省立甲种商业学校教务主任，浙江省高等法院推事。后去法国留学，回国后任中央大学教授，调任行政院参事、《中华法学杂志》主任委员、中央公务员惩戒委员会委员等职。著有《公务员惩戒制度》一书。1946年11月为国大代表，次年在嘉兴竞选，当选为候补立法委员。1949年去台湾后，补为立法委员。

子5人：其中吴祥凤早年曾任北京医专等校教授，吴祥骏曾任东吴大学教授，吴祥麒为公路专家。

陈仲权

陈仲权(1880—1915)　名以义，字仲权。嘉兴新篁人。幼有大志，不愿应科举试，求学于海宁硖石双山讲舍，研究经世之学。清末戊戌变法失败后，知改良之不足恃，乃服膺孙中山的革命思想。清光绪三十年(1904)东渡日本，入早稻田大学，先后结识孙中山、黄兴、宋教仁、陈英士、褚辅成等。三十一年(1905)宣誓加入同盟会，为嘉兴籍最早同盟会会员之一，并在日本被推为嘉属同乡会会长。后与邹宏宾同返浙江办学，从事反清革命活动。初仅致力于启发民智与文化宣传，至辛亥革命前乃投笔从戎，曾参与徐锡麟安庆起义的谋划。武昌起义前夕，陈仲权担任沪嘉杭一线联络员，并负责密运军械弹药，于杭州起义前二日，把炸弹分送到敢死队员手中，在光复杭州之役中起了很大作用。浙江光复后，嘉兴成立军政分府，陈仲权不谋官职，力主北伐，参加苏浙联军攻克南京之役。后南北议和，返故乡任国民党嘉禾分部长，军政分府军法课长、参事等职。1912年11月，陈仲权代表嘉兴军政分府及各民众团体赴沪洽请孙中山莅临嘉兴讲演，成为嘉兴历史上的盛事。1913年3月，"宋教仁案"发生后，投入武装讨袁活动，失败后，又加入陈其美主持的讨袁军总司令部参赞戎机，曾从浙江密购军火接济上海讨袁军，并参加上海起义中最激烈的战斗——争夺江南制造局之役。"二次革命"失败后，遭通缉，化名张桐流亡日本，编辑《西洋革命史》，鼓吹"三次革命"。1914年在东京加入中华革命党，随陈其美在中华革命党总务部工作，不久随陈秘密返上海，协助策划反袁，派遣王明山、王皖峰在上海外白渡桥刺死袁世凯心腹上海镇守使郑汝成，革命党人为之鼓舞，各地武装起义由此触发。陈仲权潜居上海时，活动经费拮据，常发动亲友捐助，甚至质衣典物，与战友分用。1915年11月，袁世凯指使驻南京的冯国璋收买张宗昌，派人诡称有机密与陈仲权密谈，陈遭来人于食品中下毒暴卒于沪。1916年10月灵柩运抵嘉兴，褚辅成发起在城中天后宫举行追悼会，主祭沈文华。归葬南湖畔白苎村，墓碑由褚辅成题写。后列辛亥革命嘉兴七烈士之一。

陈仲权曾为南社社员，遗著有《倚云楼唱和集》。

汪镐基

汪镐基(1881—?)　字京伯。嘉兴人。早年一度在嘉兴当家庭教师。后留学日本，毕业于日本陆军士官学校骑兵科第5期。回国后，历任浙江陆军第2师参谋长，步兵第4旅旅长，国民革命军总司令部高级参谋。1928年11月，任国民政府训练总监部中将骑兵监等。1938年去职。

曹云祥

曹云祥(1881—1937)　字庆五。嘉兴人。幼年随父居苏州(一说江苏南翔)。他颖慧异常，与诸兄同入上海圣约翰学堂，深为师长所器重。清光绪二十六年(1900)毕业，留校助教3年。三十年(1904)起历任常州武阳中学校长、宁波益智中学教务长、上海《南方报》编辑等职。三十三年(1907)春，考取清华津贴生公费留美，入耶鲁大学就读。其间，"成绩优异，尤长于演说"。曾参加耶鲁大学辩论社，并任耶鲁万国俱乐部主席、中国学生会主席、《中国学生月报》编辑等职。宣统三年(1911)，获耶鲁大学文学士学位。随后，入哈佛大学商学院进修，1914年获哈佛商业管理学硕士学位，旋赴英国伦敦大学经济学院作短期研究，同年任中国驻英公使馆二等秘书，1917年8月，兼署伦敦总领事。在伦敦期间，被选为"中国社"会员、英国海外圣经会荣誉会员及皇家文学社外国通讯员。1919年，任驻丹麦公使馆一等秘书及代办使事。1921年任国民政府外交部参事,华盛顿会议中国代表团秘书长帮办。是年返国,任外交部顾问兼清华学校董事会会长。

1922年4月,曹云祥以外交部参事名义暂兼清华学校代理校长。10月署理清华学校。1924年5月,被外交部任命为清华学校校长。翌年夏天,他作为我国出席太平洋国民代表联合会代表之一,又与胡适赴英讨论退还英庚款之事。1926年3月,兼任清华研究院(国学门)主任。

曹云祥是清华学校第六任校长,也是清华校史上任期较长、贡献较丰的校长之一。清华学校原本是一所普通的留美预备学校,第三任校长周诒春曾有将清华建为完全大学之议。曹氏到校之日,正是校内酝酿改革之时。他有民主思想,便因势利导,锐意改革,故校史上称他主掌清华的时期为“改革时期”。他的改革措施主要有改组董事会,加强基金管理,使经费充裕;逐步改制,结束旧制,设立大学,使清华与留学分途;延揽清华校友返校执教,壮大教师队伍,提高教师素质;实施教授治校,健全校政,改革学制和课程;尊重学生意见和出版自由等。这些举措在我国高等教育史上大放异彩,曹云祥成为清华改升大学与教授治校的奠基者。

曹云祥到任以后即提出“清华不改大学,则落于人后,不得并驾齐驱。”后来他又主持制订《清华十八年发展计划》,目标是将清华由预备留美学校,改成为一所自主培养大学生的完全大学。他提出要加强国学研究,促进中西文化交流。1925年,他报请北洋政府外交部批准了《清华大学工作及组织纲要(草案)》,将清华学校改组设立大学部、留美预备部、研究院3部分。5月,他筹建成立清华研究院国学门,请吴宓出任筹备委员会主任委员,延请王国维、梁启超、陈寅恪、赵元任等国学通儒出任导师,使中国文化与西方文化相沟通,大大提高了清华的学术地位和影响。同时,正式成立清华大学部,设文、理、法3个学院17个系。9月1日,大学部与研究院同时开学,大学部招收了清华历史上第一批本科生。

1926年2月,曹云祥提出《学校改良之计划书》,表示在“校务、教务、学生三方面皆本教授治校之方针,分设委员会以期速行改革,务使学校得一新面目,而满校内外之希冀。”此间,清华已形成“少壮派”和“保守派”相对抗的局面,前者反对官僚政客控制学校,主张实行教授治校等进一步改革。6月,教务长张彭春因受到保守势力的攻击而辞职,从而引发了所谓“挽张去恶”的风潮。在少壮派教授们的支持下,学生们在校内游行请愿,并展开了改造清华的运动,要求按照美国大学的机制来改造清华,反对少数寡头治校。此时的曹云祥已渐趋保守,他被迫接受了教授治校的原则,成立“校务会议”,订立“清华学校组织大纲”,设“评议会”和“教授会”,实施教授治校。教务长一职由教授会选举产生,即使在校长出缺期间,由教授所产生之组织亦能主持校务长达一二年之久。随后不久,少壮派教师就利用教授会逼迫曹云祥辞职。

1928年8月,曹云祥出于学校内外复杂的因素,坚辞校长之职。南下上海,出任英美烟草公司顾问、中国红十字总会总干事,从此专心译著和赞助推进文化慈善事业。

1937年2月8日,曹云祥因心脏病去世。

范古农

范古农(1881—1951)　原名运枢,字拱薇,后改名梦耕,字古农,后又易名寄东,字幻庵。嘉兴人。清光绪二十四年(1898)肄业上海南洋公学。二十六年(1900)就读于杭州求是学院。二十九年(1903)创办毓秀小学,为城区小学校之始。三十三年(1907)东渡日本,留学于东京物理专科学校。在日本与褚辅成、沈钧儒等交友,加入同盟会。宣统二年(1910),任嘉兴府中学堂监督。1912年,创办嘉兴县立乙科商业学校,任校长。范氏原本力主革命,与章太炎、鲁迅均有交往,辛亥革命后转向佛学研究。同年,与龚宝铨等组织嘉兴佛学研究会。嗣后,杭州、平湖、嘉善、海盐、松江等地亦相继成立佛学会。范古农于寒暑两假,应邀前往各地讲经,开居士讲经之风气。1922年,嘉兴县立乙种商业学校更名嘉兴县立商科职业学校,任校长。1925年,随九世班禅和白普仁喇嘛朝拜各佛教圣地,并访问武汉、长沙等地佛教团体。1927年去上海佛学书局任总编辑,此后渐成为国内佛学界权威。1937年,避难至浙西天目山。次年返沪，寓居省心莲社，讲大乘起信论等。1939年继任上海佛学书局总编辑、杭州佛学研究会主讲，并担任《金刚经讲义》校订。1943年，至上海创办法相学社，集学者讲法相。抗日战争胜利后，专力于法相学，先后讲大乘五蕴论、大乘广五蕴论、百法明门论、二十唯识论等。1947年，以嘉兴月河住宅为校舍，创办私立范氏小学后更名私立月河小学。1951年因病在上海去世，火化后葬苏州灵岩山。家藏大批佛教经书，殁后归于嘉兴图书馆。著有《释尊传》《大乘空义集要》《幻庵文集》《八识规矩颂贯解》《观所缘缘论释》《佛教问答》《生日纪念》等。

冯炽中

冯炽中(1882—1954)　别号鸣一，嘉兴新篁栖桎村冯家浜人，同盟会会员，浙江武备学堂毕业，任教官。清光绪三十二年(1906)加入浙江新军，与葛敬恩、吴恩豫一起参加革命活动。曾任黄埔军校教官。1927年，参加北伐，任国民革命军第一军团长，北伐至杭州时任钱塘县县长。后去福建水巡公署任副官处处长。1928—1929年，西安中共党员方树山数次被捕，均由其保释出狱。抗日战争爆发前后，任国民党军政部第一交通处处长。1946年5月，以少将身份退役，回嘉兴后任新篁镇镇长。1954年病逝于杭州。

蒋可宗

蒋可宗(1883—?)　字秋然。嘉兴人。日本大阪高等医学校毕业。回国后，历任浙江督军公署军医科长、国民革命军总司令部军医处处长、国民政府卫生部技正、军政部陆军署军医司司长。1932年6月辞职。1936年9月9日，被南京政府任命为陆军军医监，军事参议院中将参议。

计宗型

计宗型(1883—1934)　曾名钟英，字仰先。嘉兴新丰人。清末应科举考试以第一名入县学，曾在秀水学堂、南浔公学读书，后考入浙江武备学堂，因反对学校不合理的管理制度被开除。旋去蔡元培主持的上海爱国学社读书。开始接受民主革命思想。在同学资助下，赴日本半工半读，毕业于东京物理学校。在日本留学时加入同盟会。清宣统二年(1910)，回国任嘉兴府学堂数理教员，并加入光复会及嘉兴竞争体育会，与褚辅成、方於笥等秘密从事反清革命活动。武昌起义爆发后，加入光复沪杭敢死队，参加攻打上海制造局、杭州抚台衙门等役，杭州光复后又参加嘉兴光复。1912年5月，任浙江省立第二中学校长，前后达13年。计宗型治校甚严，办事公正无私，深得师生爱戴，又亲自编译物理教材、讲义，教学一丝不苟，积极倡导学生体育活动，组织校内外各种体育比赛，开一时风气。他还支持方景昭创办嘉兴女子师范学校，义务去该校执教。1921年8月，在嘉兴县议会上因反对军阀势力与沈钧儒一起被扣禁4小时，事后与褚辅成赴杭控告军阀势力的暴行。

1921年11月，计宗型经省教育厅委派赴欧美考察中等教育，1923年11月回国，12月当选为嘉兴教育会会长。1924年8月，嘉兴各法团开会推定计宗型等10人组织董事会，在军阀混战中保卫地方。同年12月，任浙江省教育厅厅长，后兼省署秘书长。任职期间，革除贪污恶习，增拨教育经费，制订浙江省新学制试行计划，成立浙江全省小学基金会，筹划恢复浙江省高等学校，支持地方兴办平民教育。1927年，应黄郛、张群之邀，任外交部帮办，上海市政府科长，上海同济大学秘书长等职。“九一八”事变后，对国事深感忧愤，辞职回家。病中闻知帝国主义侵华日益严重，常捶床怒声诅咒。1934年冬，病逝于杭州。

计宗型为人耿直，积极参加反日民众运动，支持学生爱国运动，支持挽回教会学校教育主权的斗争。在任浙江省教育厅厅长期间，曾下文禁止在中等以上学校宣传宗教、推行宗教仪式等，圆满完成前任省教育厅厅长张宗祥发起和主持的文澜阁四库全书缺书补抄与缮校工作。

徐忍茹

徐忍茹(1883—1965)　原名沛德，号小髯。嘉兴凤桥人。清末秀才。清光绪三十年(1904)，在杭州弁目学堂就学。三十一年(1905)冬,秋瑾到杭州宣传革命,受其感召加入光复会。后留学日本,入大森体操学堂,旋入东斌学校习步兵科,加入同盟会。在日本曾与苏曼殊、陈其美等交往。宣统二年(1910),往爪哇文岛中华学校任教员。辛亥武昌起义,返国,任浙军第三团团长。浙、沪光复后,任浙江都督府咨议,并兼任沪军都督府参议。嘉兴光复后,任嘉兴军政分府参议。1913年,与陆初觉等人在嘉兴组织力量参加讨伐袁世凯。失败后,袁世凯悬赏1000元通缉徐氏。遂出走日本,入政法学校习政治经济,参加中华革命党。1916年袁死返国,任杭州《新浙江日报》经理兼编辑,任浙江省政府秘书兼咨议。旋任浙江西湖工程局局长。杨善德率北伐军入浙江,即辞去本兼各职。1924年,任国民党嘉善县县党部监察委员;9月孙传芳任浙江督理后,被捕入狱。国民革命军光复武汉后,获释出狱。周凤岐任第26军军长时,命其组织第四支队。后辞职留沪,与田桐编辑《太平洋杂志》。1932年春,国民党中央党史史料编纂委员会聘为采访;夏,改任编纂、主任秘书。1942年10月,任该会副主任委员,代理主任委员。1945年5月,任该会副委员长。1949年去台湾。1950年秋,改任国民党党史会纂修。著有《光复会纪略》等。

马济生

马济生(1883—1967)　名炎章,以字行。嘉兴人。少时入浙江武备学堂,毕业后即加入同盟会。辛亥革命前夕,在凤桥石佛寺小学担任校长,受方於笥嘱托,以石佛寺小学为基地,暗中组织训练百余名民军,积极准备迎接嘉兴光复。清宣统三年(1911)杭州光复后,九月十五日(11月5日)奉命率百余名武装混入嘉兴城中,当夜,以鸣枪为号,在火油箱内燃放鞭炮,冲击知府衙门。九月十七日(11月7日),杭州军政府派顾乃斌带兵到嘉兴,方於笥派马济生迎接顾乃斌部入城,是日,嘉兴宣告光复。马济生任嘉兴军政分府教练官兼文书。同年末,江浙革命联军攻南京,马济生参加了著名的“天堡城之战”。民国建立后,马济生仍去学校教书。1922年去上海,创办一小化工厂。1932年“一·二八”淞沪抗日战争爆发,马济生参加救国会及上海国货工厂联合会的爱国活动。解放后,曾任嘉兴市政协委员及人民代表大会代表。

许鸿宾

许鸿宾(1883—1967)　人称炳炳曲师。嘉兴人。出身戏曲世家,父祖辈以组织乐班,替婚丧人家吹打奏乐为业。许鸿宾年轻时继承祖业,组织的乐班称“鸿宾奏”,成员为临时召集,无固定收入,但赖此为生。乐班除吹打奏乐外,亦演唱昆曲,脚本为许氏祖传。11岁开始,跟父亲许少岩学习昆曲和练习吹笛,学笛严格讲究姿势,为端平笛子,在笛的两端各挂一秤砣或几枚铜钱,以锻炼腕力。严冬一双手浸冰水中,待红痛发僵后,取笛迎着寒风吹奏,直至手指温软灵活。经刻苦磨练,成年后笛技已臻炉火纯青,与许伯遒、俞振飞、李荣圻合称江南四笛(一说与许伯遒、李荣圻、赵老四、吴松仙并称江南五大笛手)。清宣统元年(1909),嘉兴怡情曲社成立,鸿宾为该社曲师,常去曲社为社友伴奏和教曲。他对昆曲造诣很深,当时嘉兴昆曲爱好者传唱的是继承海盐腔余绪的“兴工”,注重一字一唱,字字着力,句句咬正,不用吊板、吊眼;他是“兴工”的主要传授者。1956年,浙江昆苏剧团改编演出昆剧《十五贯》,许鸿宾应邀任音乐顾问,后拍摄电影《十五贯》时又任艺术顾问。曾去北京中央人民广播电台录音。1958年,应聘任浙江戏曲学校教师。20世纪60年代初,当选嘉兴市政协委员,并被聘为浙江省文史研究馆馆员。1962年,他和庄一拂合作,用工尺谱谱毛泽东诗词14首,得到省内外昆曲和音乐界人士好评。一生精心手抄昆曲脚本300出,改订工尺谱800余折,生、旦、净、末、丑角色齐全,大多为罕见剧目,价值很高。后俱毁于“文化大革命”。其中特别是“兴工”曲牌,未得继承,已成绝响。曾为中国音乐家协会会员、中国戏剧家协会会员。

陈澹如

陈澹如(1884—1953)　名履熙,字澹如,又字坦如，号福田、觉庵、澹庐，晚称复恬居士。嘉兴人。早年曾在陶成章领导的光复军上海筹饷处任书记，并结识章太炎，研习《说文解字》。他曾在浙江省议会嘉兴讲习所及嘉兴商会工作。晚年任上海法学院秘书。他是西泠印社早期社员。书法擅隶篆，沉雄苍润有金石气，尤精于铁线篆。篆刻上通秦汉，近参浙皖，白文挺劲朴茂，深得汉铸印神韵；朱文整齐秀雅，意趣盎然；边款极工致可爱。又善以拳刀刻竹，所刻人物仕女、蔬果花卉，唯妙唯肖。篆刻作品曾选入西泠印社1932年辑印的《现代篆刻第一集》，遗著有《澹如刻竹》（拓本）。嘉兴博物馆亦收藏有他的部分作品。

吴思豫

吴思豫（1884—1958）　字立凡。嘉兴人。清光绪二十九年（1903）入杭州浙江武备学堂。三十一年（1905）考取日本振武学校，次年在东京谒见孙中山，加入同盟会。三十三年（1907）夏，振武学校毕业，列优等第一名。暑假回国，适逢清政府搜捕革命党人，即潜返日本东京。同年进东京青山近卫师团步兵第4联队充士官候补生，三十四年（1908）进陆军士官学校。宣统二年（1910）夏，毕业回国，分派在浙江陆军第21镇为中军官，次年调任第32标教练官，秘密联合同志鼓吹革命。武昌起义后，浙江革命党人积极响应，筹划光复浙江，由吴思豫、朱瑞负责联系驻杭州城外笕桥、南星桥的新军步兵第41协81标和82标，于九月十四日起义。次日，吴思豫等率部队进入旗营，奉命处决负隅顽抗的协统贵林。1913年任浙江第6师第98团团长，驻镇海。同年7月，吴思豫参与孙中山领导的讨伐袁世凯斗争；失败后，吴被浙江都督朱瑞削夺兵权，调任浙江陆地测量学校校长。1916年，复任陆军步兵第98团团长，编入浙江护国军第一军反袁。是年秋，孙中山到杭州观光路过绍兴，去府山看望吴思豫，由吴陪同游览了绍兴名胜。之后，吴思豫先后任浙江宁台镇守使署参谋长，浙江嘉湖镇守使署参谋长等职。

1921—1922年间，孙中山在上海时，吴思豫常去探望。1926年5月，秘密离开浙江去黄埔军校，任少将编译员，训练部主任。后被选为黄埔军校国民党特别党部监察委员。同年7月，参加北伐。

1927年3月15日，奉命在黄埔军校学生中清党时，放走共产党员甘竹溪、胡锟等人。10月，调任浙江军事厅少将参谋长。1928年，任南京国民革命军总司令部办公厅中将主任。同年10月，任国民党参军处参军兼总务局局长，暂代参军长。1929年4月，南京国民政府收回被日本侵占的济南、青岛，吴思豫奉命负责接收。事后，任国民党青岛特别市党部指导委员，青岛市代市长。时青岛日本工厂发生大罢工风潮，吴思豫支持罢工，不与日本资方妥协。1930年2月任首都警察厅厅长，1933年2月托病辞职。9月，任军事委员会办公厅副主任。同年冬，日本陆军大臣荒木派古谷中将来中国访问蒋介石。后蒋介石派吴思豫去日本答访荒木，访问期间婉拒日方的拉拢。

卢沟桥事变后，吴思豫调任军委会铨叙厅中将厅长，抚恤委员会副主任委员。10月初，蒋介石派吴去山西观察战事，协助阎锡山守太原，临行前，写下遗嘱，准备牺牲。后去重庆，与沈钧儒为邻，同住枣子岚垭。

1946年5月调任国民政府典礼局局长，同年6月以陆军中将退役。1948年5月，任总统府第四局局长、总统府参军。1949年2月2日辞去职务，隐居上海。解放前后，吴思豫在上海以教授太极拳谋生。1952年7月，去天津儿子吴杭勉处定居。1954年，加入中国国民党革命委员会。1955年4月，由天津市人民政府聘为天津市文史研究馆馆员。

孙筹成

孙筹成（1884—?）　名福基，以字行。嘉兴人。清末秀才。辛亥革命时参加江浙联军会攻南京。后寓居上海，任商会秘书。1923年5月5日山东临城发生土匪劫车案，200余名乘客被绑架勒赎，其中外国乘客20余名，一英国人被打死。临城劫车案引起外交风波，孙筹成代表上海各界前去谈判营救。1938年，在上海与张仲仁、姚惠尔等组织江浙同乡聚餐会，参加者都为江浙两省寓沪知名人士，以联络同乡，敦睦乡谊为宗旨。孙主编《同乡会纪念册》3册，所刊诗文多有忧国伤时之作。

孙筹成擅写小品文，经常发表于上海各报刊。1937年，陆祖穀在上海邠社讲授诗经，孙筹成与严独鹤、施济群等常去列席旁听。晚年自号乐实老人，曾漫游南北，撰游记数十万字。

周良才

周良才（1886—1955） 原名洪寿，号天石，嘉兴新丰镇人。清末补邑诸生，后考入浙江武备学堂。因病辍学回家后筹备平林义塾改组工作，并义务教课数年。光绪三十二年（1906）考入江苏铁路学堂，毕业后任上海南站货运主任。江浙光复前，与陈仲权、褚辅成、计宗型一起调度密运沪杭军械。1912年，入南京国民政府交通部，后调北京历任参事、司长等职10余年。曾为南社社员，著有《天石诗抄》《鸣凤楼吟草》等。

陈仲南

陈仲南（1886—1974） 字仲楠，嘉兴人。曾业儒，早年热心于儿童教育事业，创办学校。中年患痨疾，遂自习医学，痊愈则医道亦精通，以行医为业。擅妇科，其学自经典始，博涉诸家医著，尤得力于《傅青主女科》，是唐代陈木扇妇科在嘉兴的传人。壮年因耳失聪，乃加意研究望诊，颇多心得。施诊重视肝、肾及气、血、精等方面，故所治每每见效。其医案文字朴实，组方缜密。1923年，嘉兴医药界倡办医学期刊，陈氏亦为编辑之一，曾任嘉兴国医馆馆长。解放后，在丁家桥16号开设陈仲南中医妇科诊所，带其弟子及外孙女陈秀琳行医。1965年9月与沈子鸣推拿诊所、盛振忠小儿科诊所等联合成立嘉兴镇第二中西医联合诊所。

钱芥尘

钱芥尘（1886—1969） 原名家福，改署芥尘，号须弥、炯炯。嘉兴人。早年中秀才，在家乡兴办小火轮公司。蔡元培在上海办《警钟日报》，宣传民族革命，以投稿得蔡氏赏识，被邀赴该报工作，全力以赴，直至该报为清廷查封。辛亥革命后，参加章太炎的统一党，继马叙伦任上海《大共和日报》总经理；以后又办《神州日报》《晶报》《新申报》；还在天津办《华北新闻》，在沈阳办《新民晚报》。此外还在上海办过《新中国杂志》，接办毕倚虹主编的《上海画报》。在《大共和日报》上发表李涵秋的小说《广陵潮》，又介绍张恨水在《新闻报》上发表小说《啼笑因缘》。与袁寒云结交，又深得张学良赏识，被聘为高等顾问，20世纪二三十年代代表张学良联络报界。40年代，在上海主编《大众》杂志。解放初期，以旧燕笔名在《亦报》上发表回忆张学良的文章。1953年，被聘为上海市文史馆馆员。

陈文浩

陈文浩（1887—1963） 字叔夔，号福庐。嘉兴人。清末秀水县学堂肄业，与朱瑞、龚宝铨等同学。后入杭州蕙兰学校，毕业后在嘉兴府中学堂、秀水县学堂任教师。陈文浩参加辛亥革命，宣统三年九月十七日（1911年11月7日）嘉兴军政分府成立，任秘书兼教育科长。1912年朱瑞任浙江都督，陈文浩为幕僚，多次建议朱瑞反对袁世凯，朱瑞不敢采纳。陈文浩历任松江盐运副使、青田县知事、湖北省税务局长。后入交通界，曾任京绥、平绥、天津等铁路局秘书，退休后回嘉兴定居。20世纪60年代初，被聘为浙江省文史馆馆员。陈文浩擅长诗书画，为北京湖社社员，画工山水，书法师宗米芾。诗自出机杼，颇有唐人遗韵。遗著有《辛亥革命嘉兴人物》。

黄子通

黄子通（1887—1979） 名理中。嘉兴人。出生于书香门第，16岁中秀才。后得亲戚资助，毕业于上海交通大学，又官费先后赴英国伦敦大学学经济，加拿大托朗托大学学哲学，获哲学硕士学位。留学期间生活朴素，好学不倦，有的外国人以为他是日本学生，他严肃地回答："我是中国人。"学成后立即回国，从事大学教育工作和中国哲学史、西洋哲学史的研究。先后在长沙明德大学、燕京大学、湖南大学、湖南国立师范学院、武汉大学、北京大学任教，并担任过系主任、文学院长、教务主任等职。

20世纪30年代初，曾进修于美国哈佛大学。黄子通同情革命，抗日战争期间，沈雁冰为免遭反动派迫害，曾在黄子通家“隐居”过数月。

20世纪50年代，积极参加《毛泽东选集》英译工作。后从事带研究生及翻译工作，治学严谨，写论文反复推敲，严斥粗制滥造不负责任。他翻译《西洋哲学史》，竭尽全力，日以继夜，力求忠于原文，又通俗易懂。有时为了一个用词一改再改，译完后，又三校其稿。惜在“文化大革命”佚失部分章节。

黄子通关怀有志好学的青年学生，不仅给予孜孜教诲，对家境困难的学生，他还竭力资助，务使其顺利完成大学学业。不少学生后来成了学者、教授（如白寿彝、高名凯等），对他尊敬如一，仍不时去探望、请益。

黄子通著述颇丰，除《嘉兴市志》《著作目录》篇已记载的外，尚有《亚里士多德论本体》《儒道两家哲学系统》《论薛福成》《关于西周的社会性质问题》《用实践论的观点与方法去批判西洋哲学》《中国上古史分期的重要性》《怀德海的时空论》《古文家的文学批评》《宗法制度与等级制度是不是封建制度的特征？》《〈庄子·内篇〉所表现的哲学思想》《严复》等。

钱锦孙

钱锦孙（1888—?）　字伯愚。嘉兴人。清末举人。历任清度支部管榷司科长、清理财政处总核、管榷司副司长、督办盐务处参事官、北京政府财政部盐务股主任、盐务筹备处第二股股长、永平七属盐务监理官、盐务署厅长。1919年12月，任币制局帮办。1924年11月，任全国烟酒事务署署长职。

汪桐君

汪桐君（1888—1959）　嘉兴人。幼习儒曾应科举，后随祖父汪幼安习儿科，业成行医城内柴场湾。汪氏注重小儿体质特点，屡救危症，声誉鹊起。他同情贫病患者，常施医赐药，颇受同道及病家尊重。每当炎夏季节时病流行，常自制急救药品供贫寒者取服，被病家颂为汪善人。抗日战争期间曾旅居沪上，为嘉兴同乡服务，并应平江难民儿童教养院之邀定期义诊。汪氏热心于中医事业之发展，更注意医学技术之提高，1923年曾倡办医学季刊。解放后，曾任中西医协会主席。1951年，代表医学界出席嘉兴市人民代表大会。积极筹建联合医疗机构，致力于发展卫生保健事业。汪氏善于望诊，尝谓“儿科者哑科也，难在每不能自言其疾，然能善察颜观色，则小儿无伪诈之态，故亦易了然于病之所在。”用药以轻灵平和为长，切合“易虚易实”之特点，故疗效卓著。惜生前忙于诊务，无暇著述，所订丸、散方又因数度迁徙而散佚。

胡小石

胡小石（1888—1962）　名光炜，号倩尹，又号夏庐，晚年别号子夏、沙公，斋名顾夏庐。嘉兴人。父胡嬴，字季石；母漆刁氏。六七岁时，父亲去南京为官，兼业医，全家迁往南京。8岁时父亲逝世，家道中落，靠母亲织锦为生。青年时代入南京两江优级师范学堂农博科求学，并师事著名学者李梅庵、沈曾植、陈三立。清宣统二年（1910）毕业后，数十年中一直致力于高等学校教学，先后在北京女高师、武昌高师、西北大学、东南大学、中央大学、金陵大学、白沙女师、云南大学等校任教授、中文系主任、文学院院长等职。1931年“九一八”事变后，因愤恨国民党政府误国，常表示不满，为当局所忌。抗日战争时在昆明期间，从友人处借马列主义书籍，阅读称善，被国民党特务搜去，名列黑名单。1949年淮海战役后，国民党强迫大学南迁，他挺身而出，率学生护校。1949年南京“四月一日”事件中，他亲率学生到总统府请愿，国民党军队开枪打死两名学生，他挺身而出，保护示威的同学。解放后，任南京大学教授兼文学院院长、图书馆馆长等职。曾任江苏省人民委员会委员、江苏省政协常委、江苏省文物管理委员会主任、南京博物院顾问、江苏省文联副主席、江苏省作协主席、省文联书法印章委员会主席等。

胡小石学术研究领域广阔，于古文字声韵训诂、经史诸子、佛典道藏、金石书画、楚辞、诗歌、词曲、小说无所不通，重点成就在语言文字学、书法理论、古典文学等方面。他对古文字学的研究突破了古人以“六书”说为准则的成说，通过古代器物的大量考察研究，论述了自殷代到战国古文字变化的规律，断定《说文》所引古文是战国时的文字。他对古文字音韵的研究有独到的成就，突破传统的方法，贯穿“以声求义”的原则，探究古代语音变化的规律。他对甲骨文字的注释有所发现，对甲骨文语法的研究有先导之功。他对我国的书法理论，早年获教于李梅庵、沈曾植、吴昌硕，研究书学史形成体系。在昆明西南联大开“书学史”课，一些名教授都来听课，晚年见解更加精纯，作《书艺略论》，对书法艺术的源流演变，对书法创作的艺术规律，都综合探讨和详细剖析，用历史唯物主义的观点进行了阐述。胡小石在大学学的是生物学，教授却以古典文学为主，早年开设的中国文学史课，阐述我国历代文学的发展和演变，颇多创见，讲过历代作家作品专题课，对楚辞、杜诗的研究特别见长。作为一位硕学通儒，胡小石治学严谨，条理细察，继承清代乾嘉学者研究方法，讲究实证。如对楚辞中一些名物训诂的新解，都是经过调查求证得来的。又曾在四川江津县详细调查方言，了解古今语音的变化。数十年来，胡小石通过大量古代器物铭刻和花纹的实物研究，对古文字的研究取得丰硕成果。

胡小石还是著名的诗人和书法篆刻家。他所作诗词，气息醇厚，风采高远，直追唐人。他早年的诗作，即为陈三立激赏，称许为“七百年来罕见”。抗日战争时期的作品，感时伤乱，嫉恶愤邪，多法杜甫。对书法、甲骨钟鼎、秦汉碑板、历代名家的行楷无不临习，而取精用弘，自成面目。工隶书，擅行草，晚年笔力愈健，以碑体方笔作二王书，直追米芾“刷”字诀；其人品学问、喜怒哀乐都可于墨迹中想见，论者谓“环顾当世，能臻此境者寡”。善治印，精于书画文物鉴别，堪称一代艺术宗师。

胡小石一生著作等身，早年所著《中国文学史讲稿》上编，取“一代有一代之胜”观点，阐述中国文学演变，颇具卓识，后来的文学史家冯沅君、陆侃如、刘大杰的著述均受其启发。对楚辞之学，综合旧闻，择善而从，独创新说。著有《远游疏记》《楚辞郭著义证》《楚辞释名》《离骚文例》《屈原与古神话》《楚辞札记》（未定稿）、《甲骨文例》《读契札记》《金文释例》《齐楚古金表》《声统表》《广韵正续》《说文部首疏证》《江津方言志》等。其书法著作，体系完备，论点精辟，除《书艺略论》外，尚有《中国书学史》未能完稿。此外，论文札记尚多。

胡小石逝世后，南京大学组织遗著整理委员会。不久”文化大革命”开始，遗稿墨迹受到很大损失，《中国书学史》（未完稿）下落不明，零散遗稿丧佚殆尽。中共十一届三中全会后，遗著整理委员会恢复工作，已整理出版的有《胡小石论文集》（上海古籍出版社出版），共收论文14篇，仅为遗著的一部分。诗词存稿原分《磐石集》《硖林》《无同沙语》《蜩楼草》《东风堂》《夏庐长短集》6卷，只搜集到250余首，不及原存之半，已集为《顾夏庐诗词钞》印入论文集。《胡小石论文集》二集在编辑中。

汤临泽

汤临泽（1888—1967）　又名安。嘉兴人。曾任上海《商务日报》副主笔、有正书局编辑等职。1953年，任上海文史馆馆员。擅长声韵文字学，潜心研究复制宋元书画、仿古陶瓷、铜器、碑帖、古纸、竹刻、砚台、印章等30多年，所制可以乱真。出版有《六朝墓志菁华》等。

陈召恩

陈召恩（1889—1950）　浙江上虞人，1915年从南京金陵大学医科毕业，受聘安徽芜湖弋矶山医院医师。同年，与杭州师范学校毕业生林国瑞结婚。婚后她听从丈夫建议，去上海一所医学院学医，4年后毕业，成为一名妇产科医生。陈召恩1918年去上虞创办公立永济医院，医院附设永济医学校，培训了百名医师和护士。

1924年，陈召恩应嘉兴福音医院院长康志道（美籍）之聘，任福音医院外科主任医师。1927年春，北伐军抵嘉兴前，军阀边溃退边抢劫、拉夫，社会秩序混乱。外侨受驻华领事馆之命，急需离境返国。康志道临行前与华员紧急商议，决定医院由在职华员维持续办。由维持委员会产生院务委员会，推定陈召恩为院务委员会主席，兼福音医院院长。

1931年12月,陈召恩辞去福音医院的职务,在项家漾8号新办私立三一医院。

1937年10月,日本侵略者进攻上海,许多难民涌向嘉兴。最后一辆满载难民的列车驶出上海时,车顶上也趴满了人。当列车通过嘉兴火车站的天桥横杆时,很多在车顶上的人来不及躲避,被天桥横杆撞了下来,死伤损残,呼救声,尖叫声一片。陈召恩闻讯后马上带领全体医生和护士赶到了现场,将受伤人员抬回医院进行救治,终使许多伤员康复出院。这一无私的举动得到了老百姓的高度赞扬。

抗日战争期间,陈召恩渡过了颠沛流离的艰苦岁月,先后在金华、长沙、株州、贵阳、贵州都匀、昆明等地,从事医疗工作。曾任长沙盐务缉私总队总医院院长,云南禄丰滇缅铁路医院院长等职。1943年在昆明开设陈召恩诊所,兼任云南省立实验卫生院特约外科主任。

抗日战争胜利后,几经周折,陈召恩全家人回到了嘉兴。与当时的国民政府多次交涉后,收回三一医院的产权。经重新修复,1947年元旦,嘉兴三一医院恢复对外行医。

1948年的一天,一个母亲和她的两个儿子被日本鬼子在撤退时埋的地雷炸伤,3人均有生命危险,陈召恩亲自主刀手术,两人得救。由于多年的劳累,又患有肺结核,加上长时间紧张的手术,终因体力不支晕倒,从此一病不起,再也没有离开病榻。1950年11月23日,陈召恩安详离世。

根据陈召恩的遗愿,1952年,经过林国瑞、陈诚献、陈德献等商议,家人决定将三一医院包括所有房产和设备全部无偿捐献给人民政府。12月,嘉兴县人民政府举行了隆重的受捐仪式,把三一医院更名为嘉兴县妇产医院,后更名嘉兴市妇幼保健院。进入21世纪,这所医院成为国家三级甲等妇幼保健院。

杨景桢

杨景桢(1889—1961)　字次廉。清光绪十五年(1889)九月二十八日生于秀水县城人。光绪三十年(1904)考进浙江高等学堂。接受了新思想,开阔了新视野。

毕业后,他全身心投入教育事业,曾任浙江省立第一中学、第二中学、杭州女子师范学校及浙江大学等校总务主任、数理化教员。抗日战争期间,在浙江大学龙泉分校任总务主任,兼高等数学教授。抗日战争胜利后,全家迁居上海。在上海时,曾在私立上海法学院担任总务主任,后至上海中央信托局工作。杨景桢有正义感,倾向进步,解放前夕,因支持学校中的进步学生运动,而被列入黑名单。解放后,任上海市第一商业局副科长之职,直至退休。1961年12月26日病逝于上海。

许建屏

许建屏(1889—?)　字鉴平。嘉兴人。清华大学毕业。清宣统三年(1911),赴美国密西根大学留学。1915年归国,历任上海英文《大陆报》编辑,新《申报》总理。1921年,出席檀香山万国报界大会及华府会议。1922年,任《大公报》主笔、《大晚报》总理等职。1928年,任国民政府工商部秘书。1934年,任财政部总务司司长。1941年沦为汉奸,任汪伪中央储备银行调查处处长、中央信托公司总经理等职。1943年改任汪伪中央保险公司经理。

金问源

金问源(1889—1978)　别名敬渊。嘉兴人。解放前,曾任中国银行国库局襄理。1961年,任上海文史馆馆员。20世纪60年代,曾捐献一批文物给嘉兴博物馆。

葛敬恩

葛敬恩(1889—1979)　字湛侯。嘉兴人。少年时即怀反清革命之志,与龚宝铨、计宗型等就读于秀水学堂,因闹学潮被开除。清光绪二十九年(1903)春,考入浙江武备学堂。三十一年(1905)毕业,任教官。三十二年(1906)任浙江新军第二标第二中队第四区队队长。三十三年(1907)加入同盟会。宣统三年(1911)杭州光复前,葛敬恩参加起义的领导核心,进行筹划和准备,负责起草攻击计划,并指挥了攻克杭州城站的战斗。嗣后,葛敬恩参加浙二军，任援助南京起义军支队参谋，协助支队司令朱瑞攻克南京天堡城。1912年中华民国临时政府成立，葛敬恩任兵站交通部长，后又任南北议和会议军界代表。1913年，入北京陆军大学学习。1916年夏毕业，任军事教官。1918年，被北洋政府选派赴日本陆军大学学习，于1921年毕业回国。1924—1926年，任浙军第一师参谋长。1927年3月，任国民革命军总司令部参谋处长，旋任国民政府军事委员会参谋厅长。1928年，任国民政府建设委员会委员、国民政府参谋本部次长。1929年1月，任行政院建设委员会委员，后任国军编遣委员会中央兼第一编遣区办事处军务局局长，国军编遣委员会总务部副主任。1930年3月，任青岛市市长，6月辞职；10月，任国民政府参谋本部次长。1931年夏，被派赴北方联络阎锡山进击石友三部。1932年4月，任军事委员会第一厅副厅长；9月，国民政府建立航空署，任署长兼中央航空学校代理校长。1933年4月，任行政院全国航空建设会委员；7月，再任参谋部参谋次长，10月去职。1934年4月，任浙江省政府委员，后闲居上海、嘉兴。抗日战争末期，去重庆。抗日战争胜利后，任台湾省行政长官公署秘书长兼台湾警备总司令部前进指挥所主任。1945年10月25日台湾光复，葛敬恩参加在台北公会堂举行的受降仪式，主持办理日军和日侨的遣返工作。1946年11月，为国民政府国大代表。1947年，辞去台湾省行政长官公署秘书长职务。1948年，在嘉兴竞选任立法委员。

1949年8月，葛敬恩与在上海的国民党立法委员50余人联名通电宣告起义。1956年后，葛敬恩积极参加对台湾的联络工作，呼吁国民党军政人员响应祖国统一大业。1961年10月，作为辛亥革命老人，在首都参加纪念辛亥革命50周年的庆祝活动。历任国民党革命委员会中央团结委员，民革上海市委委员，上海市政协委员、常务委员。先后当选为第四届全国人大代表，第四、五届全国政协委员。1979年10月11日，病逝于上海。

陆初觉

陆初觉（1890—1945）　名志棠，字松生，号初觉。嘉兴人。辛亥革命前去日本，入陆军士官学校习军事，在东京谒见孙中山，加入同盟会。回国后在嘉兴组织商团蓄意反清。辛亥革命爆发后，陆初觉加入江浙联军，参加攻克南京天堡城之战。1913年4月，“二次革命”爆发，陆初觉在嘉兴积极响应，率嘉兴义务商团团员赶赴上海，参加陈其美领导的讨袁军，激战于上海制造局西栅门。后失利，遭通缉，与胡景翼、陈仲权一起去日本，参加中华革命党，入浩然庐政治军事学校研究政治经济。1916年1月蔡锷在云南发动讨袁，江浙革命党人群起响应。4月，吴江宣告独立，陆初觉出售祖遗典当，倾资助饷，并亲率部众前往参战；同年6月后，去广东任石井兵工厂军需长；后应陕西靖国军领导人胡景翼之邀襄助军务4年。1924年，胡景翼任河南军务督办，陆初觉任河南督办公署参议暨河南省银行经理。翌年冬卸任回嘉兴，任国民党嘉兴县党部常务委员、商民部部长，并组织商民协会，主持《嘉兴商报》，反对军阀及地方恶势力，提出“建设新嘉兴”的口号。1926—1927年间，兼任嘉兴县拆城委员会委员，主持拆除嘉兴旧城墙、改筑马路等事宜。1927年“四一二”反革命政变发生，陆初觉时任国民党嘉兴县党部常委，掌握商办义务保卫团，参加以共产党员为主的“左社”活动，年末被国民党当局逮捕入杭州陆军监狱。半年后，经钱大钧等保释出狱，去江苏任省府视察，不久即离职归乡。1930年后，任国民党嘉兴县党部常务委员，县商会常务委员等职。曾帮助朝鲜反日志士在嘉兴隐蔽，创办商业图书馆。1932年，当选为浙江省商会联合会执行委员。“七七”事变前，上海日本特务派汉奸企图策动陆初觉通敌，被陆初觉执获，交中国政府判处死刑。

抗日战争全面爆发，陆初觉任嘉兴抗敌后援会常务委员、主任，积极推动地方抗日。嘉兴沦陷后，去浙东后方，被任命为嘉兴县抗敌行动委员会主任兼嘉属各县抗敌行动委员会联合办事处主任，执行政府职权，组织抗日力量，支持推动沦陷区抗日游击斗争。1939年秋，在永康县受褚辅成、沈钧儒委托，主持嘉属旅外同乡会，并设义民招待所于永康、分水、於潜、余姚等地，接待十区各县到浙东、浙西的各界人士，安排食宿，介绍工作。1939年后，任省商联会常委，主持浙西事务所，并任省参议会参议员常驻浙西，还任浙江赈济会委员，浙西救济会主任委员等职。1942年在昌化颊口创办嘉属联中，由于他对流亡后方的失学青年及沦陷区难民爱护备至，为人排忧解难，故有“天目老佛”之誉。1944年10月，他还在天目山筹建嘉兴战后复兴建设设计计划委员会，任副主任委员，筹划抗日战争胜利后的地方建设。

1945年6月8日，赴淳安求医途中病逝于分水。是年冬，其灵柩自淳安运回嘉兴。次年春，嘉兴各界人士在中山厅举行追悼大会，将其建墓于南湖侧，并将其故居所在的下塘街命名为初觉路。

沈季良

沈季良(1891—1965)　字济常。原籍吴兴，后徙居嘉兴。世业中医外科，医术精湛。抗日战争时曾在上海行医，兼习西医，主张中西汇通。晚年常以中医理论指导选用西药，勇于创新。遗著有《谈谈臁疮的顽要与治疗》《中医外科辨证论治概要》《谈中医治痈疡点滴经验》及《疡科初阶》等。

王子晏

王子晏(1892—1951)　名咸熙。嘉兴人。擅长围棋。早年从师南京围棋国手吴祥麟。1920年供职上海证券交易所，得与日本及国内名手交流棋艺。1925年4月，连胜日本四段棋手山平寿。1927年，王子晏与顾水如对局，胜负相当，时称“南王北顾”。1928年，日本濑越宪作在《棋道》杂志上著文，推许王子宴为中国南方棋手第一人。后濑越宪作一行到上海，授予王子宴等6人四段段位。1945年，王子宴因病退出棋坛，回嘉兴定居。1949年去上海创办正风棋社。著有《官子指南》。

金问泗

金问泗(1892—1968)　小名连，号纯孺，又作成汝。嘉兴人。1915年，天津北洋大学法学系毕业。后赴美留学，获哥伦比亚大学硕士学位。1919年，任中国出席巴黎和会代表团副秘书。1920年，任驻国际联盟中国代表办事处秘书、专门委员。1921年，任中国出席华盛顿会议代表团秘书。1927—1928年，历任国民政府外交部秘书、第一司司长、总务司司长、外交部特派江苏省交涉员。1929年2月，任驻荷兰公使，未就任。1930年3月，任行政院农矿部参事。1931年5月，任行政院实业部参事，兼上海农产物检验所所长；同年12月，任外交部代理常务次长。1932年9月，任中国出席国际联盟行政院副代表。1933年任驻荷兰公使。1934年9月，任国际联盟行政院玻利维亚巴拉圭事件委员会中国委员。1942年10月，任中国出席伦敦太平洋军事会议代表。1943年任驻荷兰大使。1944年9月，特任驻比利时、挪威、捷克斯拉夫三国大使。1946年，出席巴黎和会任中国代表团副代表；9月，兼任联合国希腊边境纠纷调查团中国代表团团长。1949年1月，任驻比利时大使兼驻卢森堡公使。后又任台湾驻比利时“大使”兼任卢森堡“公使”。1955年、1959年，先后辞职。退休后移居美国。1968年4月21日，病逝于美国。主要著作有《中国与巴黎和会》《中国与华盛顿会议》《金问泗词稿》等。

钱宝琮

钱宝琮(1892—1974)　字琢如。嘉兴人。幼年在塔弄张子廉家塾读算学、英语等课。后入嘉兴府学堂。15岁，考入苏州铁路学堂工程科。清光绪三十四年(1908)考取浙江省公费留学生，到英国伯明翰大学土木工程系学习，宣统三年(1911)获工程(理学)学士学位。1912年2月，在浙江省政公署任职，负责筹划拆除杭州旗营、开辟新马路等工程事务；后去上海南洋公学(交通大学的前身)任教。1913年，任江苏省第二工业专门学校土木科主任，后兼任附中教务主任，并参加中国科学社、学艺社等学术团体，任《科学》杂志编辑。1920年起，研读中国古代数学、天文学著作，对天算书籍进行考证、校订、整理，并用现代的数学符号、语言阐述古代学者的科学理论、方法和贡献，使国内外学者认识我国古代在数学、天文学方面的许多伟大成就。同时也为中国数学史、中国天文史的研究工作开辟了道路。1925年在南开大学讲授数学,开设数学史课。1927年,在南京第四中山大学(中央大学的前身)任教。1928年,任浙江大学第一任数学系主任,自此钱宝琮任浙大教授直至1956年。1932年,出版《中国算学史》(上卷),1933年出版《古算考源》,蜚声海内外。抗日战争中期,英国著名科学史家、博士李约瑟慕名专程往贵州湄潭拜访钱宝琮。

1956年,钱宝琮经竺可桢推荐调至中国科学院自然科学史研究室,任一级研究员并任中国科学院自然科学史研究委员会委员。1958年,任《科学史集刊》主编。同年,在他的组织下,开始编写《中国数学史》。这部著作从古代一直写到清末,是他几十年来研究中国数学史的总结,为中国数学史这一学科奠定了坚实的基础。半个世纪来,钱宝琮注重数学史实和源流的考证、分析,其论文和著作被国内外学者广泛采用。李约瑟在《中国科学技术史》一书中指出:“在中国的数学史家中,李俨和钱宝琮是特别突出的。钱宝琮的著作虽然比李俨少,但质量上旗鼓相当。”

“文化大革命”中,钱宝琮被迫停止数学史研究。1972年春患中风,卧床不起,仍坚持接待各处来访人员。1974年1月5日病逝于苏州。中国科学院于2月18日在北京八宝山革命公墓举行追悼会。

钱宝琮主要著作还有《钱宝琮科学史论文选集》等。教学科研之余,亦耽吟咏,尤长于五古,与苏步青等时有唱和之作。编有诗集。

葛敬中

葛敬中(1892—1980)　字运成。嘉兴人。出生在鉏家滩,东邻双魁巷的葛氏大院。葛敬中儿时在农村长大,接触养蚕、栽桑等农业生产。少年时入杭州安定中学读书,毕业后考入北京大学。1913—1916年,在法国都鲁斯大学攻读园艺学。1916年回国,在北京农业专门学校任园艺系教授,同年南京临时政府任葛敬中为中国合众蚕桑改良会监理、总技师。就任之初葛敬中认为中国蚕丝业衰落的重要原因是蚕桑技术人才缺乏,生产技术落后。要复兴和发展蚕丝事业,首先要大力培养蚕桑技术人才。他1919年受聘于南京高等师范学校(后改称东南大学、国立中央大学)任园艺系教授、系主任,旋又改任蚕桑系教授、系主任,并兼任中国合众蚕桑改良会监理、总技师,浙江大学蚕桑系教授、系主任。1924年,葛敬中应聘兼任东南大学教授、蚕桑系主任。他多次教育学生要“学蚕桑,忠本行”,献身蚕丝事业,矢志不渝。1928年,第三中山大学农学院(后改为浙江大学农学院)创办蚕桑系,聘葛敬中为教授、系主任。为提高教学质量,他提倡学习日本的先进科学技术,延聘小见益男、松田义雄和后藤辰五郎3名日本教授讲授蚕丝业务课,并邀请日本著名蚕学家田中义麿博士到校设特别讲座,主讲蚕生理学、蚕解剖学、蚕遗传学等基础课。在葛的主持下,当时蚕桑系的师资和设备在农学院是比较好的,学生也比其他系多。东南大学(后改为中央大学)和第三中山大学是国内较早设立蚕桑系的两所高等学府。葛敬中出任两校的蚕桑系主任,为振兴中国蚕丝事业培养高级技术人才奠定了基础。

葛敬中认为提高中国蚕丝品质,首先要从繁育优良蚕种着手。他看到镇江、南京一带丘陵地区,土质疏松,容易排水,地面宽大,地价低廉,养蚕者少,感染蚕病机会少,适合栽桑养蚕,因此建议在此建立蚕种场。他的建议,获得合众蚕桑改良会会长和董事会同意,并委任他为场长。1926年,葛敬中在冷御秋协助下,选定镇江四摆渡为场址,在沿铁路线南侧一带先后购得土地350亩,10月开始兴建蚕室附属室,1927年3月建成。推广秋蚕种,必须建立蚕种冷藏库,然后进行人工孵化,繁育成秋蚕种。冷藏库,其资金由无锡永泰和上海瑞纶两丝厂捐赠,但在技术上国内尚无经验可供借鉴。为此,葛敬中偕夫人胡咏絮前往日本考察,为江浙两省大规模饲养夏秋蚕大量生产人工孵化种奠定基础。1937年日军大举入侵中国,葛敬中和镇江各蚕种场的大批技术人员以及女蚕校的毕业生和在校学生,连同10多万张蚕种后撤四川,使四川的蚕丝业增添了新生力量,对推动四川蚕丝业在抗日战争时期的发展壮大起了一定作用。抗日战争胜利后,葛敬中回到上海出任中国蚕丝公司总经理。葛敬中提出以辅导民营和实验示范为主的业务方针。首先向云南蚕业新村公司预订大批改良蚕种,同时又设立培育桑苗指导所,辅导农民大量增产嫁接桑苗,筹办了示范桑苗圃、示范桑园、实验养蚕指导所、实验蚕种场、实验缫丝厂、实验丝绸厂、绢纺厂，以及蚕桑研究所等单位，这些措施对复苏抗日战争胜利后的蚕丝生产起了推动作用。

1948年底，葛敬中脱离中国蚕丝公司，全家迁居香港。1952—1961年，接受联合国粮食及农业组织聘请，以农业顾问的身份前往阿富汗指导蚕丝生产事业。1964年，葛敬中去巴西圣保罗开发蚕桑生产。葛敬中在海外期间，仍关心祖国的蚕丝事业，曾多次从国外向海峡两岸寄回不少优良蚕品种。1964年，有一对品种就是由他从巴西寄给在安徽省农业科学院蚕业研究所工作的兄弟葛景贤的，葛景贤交给蚕业研究所繁育，并定名为华合东肥，经试养，成绩特佳，成为近10余年来全国春蚕种的通用品种。1980年12月22日，葛敬中在美国洛杉矶遭车祸不幸逝世。

顾速明

顾速明（1893—?）　嘉兴人。抗日战争前，曾任嘉兴县商会常务理事，宝成银楼经理。抗日战争时期在上海经营丝茧商业，任裕华丝厂经理。抗日战争胜利后，历任嘉兴县商会整理委员、理事长，县茧业同业公会常务理事，县商会二届理事长，浙江省商会联合会常务理事，县参议员，红卐字会负责人等职。解放后，曾任嘉兴市第一届三次、四次人民代表会议协商委员会委员。

王贯三

王贯三（1895—1962）　又名王自严。嘉兴人。出身城市贫民家庭，少年丧父。清宣统二年（1910），在父亲生前好友的资助下，考入省立第一师范学校。1915年毕业，先后在嘉善第一高小、桐乡农校执教。1918年在省立一师附小任教员，后又任教务主任。“五四”运动爆发后，和一批志同道合的青年组织劝用国货同志会，进行爱国宣传。1920年2月间，校长经亨颐无端被免职，王贯三和进步师生一起愤怒声讨“撤经”阴谋。1922年4月，经俞秀松介绍，加入社会主义青年团。是年冬，应宣中华相邀去萧山衙前农村小学任教，经常进行社会调查。这一时期，协助办理进步刊物《责任》，发表《家庭访问记》等文章，鼓动民众起来反抗帝国主义、封建军阀。1923年，以社会主义青年团团员的身份加入国民党。1924年3月，国民党浙江临时省党部在杭州成立，任秘书，积极协助宣中华组建各县市党部。当年夏，王贯三由宣中华介绍，加入中国共产党。不久以国民党嘉兴县党部筹备员身份到嘉兴，会同顾作之一起组织中共地方党团组织及筹建国民党党部，领导工农运动。先后当选为嘉兴县党部执行委员、监察委员。1925年3月，中共嘉兴独立支部建立，负责全县学生运动。嗣后协同顾作之创办嘉兴公学，为校董兼国文教师，向学生进行革命思想引导。是年3月孙中山逝世后，与顾作之等去新塍、濮院、平湖等地演讲，阐述孙中山的新三民主义思想，宣传孙中山的三大政策。“五卅”惨案消息传到嘉兴，即与顾作之等人进行深入发动，在全县掀起反帝爱国斗争浪潮。下半年，王贯三到松江景贤女中任教，与共产党人、国民党左派侯绍裘、朱季恂等一起促进松江国民革命运动的发展。

1926年3月，由中共党员宣中华为主要领导的国民党浙江省党部（左派）正式成立，贯三担任秘书长。1927年“四一二”反革命事变后，根据宣中华的指示，经中共上海区委同意，去武汉向国民党中央汇报请示工作，并任国民党苏浙沪三省市驻武汉办事处秘书，夏天又调中共汉口市委工作。武汉“七一五”事变后，奉命秘密返回浙江。是年冬，担任中共浙江省委干事，协助省委领导开展恢复各地党组织及组织农民暴动等工作。

1928年3月王贯三经中共党组织批准，作为“革命友人”脱离党的组织，专事教育工作。临别之际，抱病将一批党内刊物安全送到上海城隍庙处的一个秘密机关。

1929年在褚辅成、潘念之等相助下，筹集资金，在上海爱文义路创办中华小学，任校长，纪念被国民党杀害的中共党员宣中华。在此期间，党组织通过他将一批从诸暨暴动、温州暴动失败后撤退出来的革命力量隐藏在学校内。1930年夏，经友人介绍，先后在广东汕头友谊中学、山东枣庄中兴煤矿工人补习学校从事教务工作。1932年春，受广东教育界同行邀请，去潮安任韩山师范教务主任。在校内，曾帮助校长及时保护3名进步学生安全撤离学校。1934年，将从外地转来广东的潘念之秘密介绍到汕头友谊中学教书。

1938年7月，在普宁梅峰、大埔虎山学校任教。1943年春，到僻远山区的福建永定侨中（为中共组织创办的抗日教育阵地）工作，依靠共产党员和进步力量开展革命活动。1945年夏，得悉当局要逮捕侨中教务主任等几名党员教员消息，立即资助他们安全撤离。1948年10月，中共地方组织得悉当局企图逮捕王贯三，通知他离开，流亡至马来西亚。1949年春，王贯三从南洋回嘉兴。他和上海民盟、浙江民盟取得联系，担任了嘉兴民盟组织负责人。为争取国民党政权中部分人物的转变，迎接嘉兴解放做了有益的工作。

建国后，王贯三先后在上海、福建长汀等地从事教育工作，曾先后当选为长汀县人民代表，福建省人民代表及长汀县政协副主席。

1957年7月，王被错划为右派分子，下放新桥长汀四中。1962年4月，含冤逝世，终年67岁。同年6月，中共龙岩地委报省委批准取消对王贯三错定的历史结论。1979年5月，经省委统战部批复，撤销对王贯三错划为右派分子的决定。

庄泽宣

庄泽宣（1895—1976）　嘉兴人。美国哥伦比亚大学哲学博士。历任清华大学、厦门大学心理学教授，国立中山大学教育研究所主任，浙江大学教育系教授，广西大学文学院院长。抗日战争胜利后赴美国，20世纪50年代病逝于新加坡。著有《教育概论》《西洋教育制度之演进及其背景》等。

金泯澜

金泯澜（生卒年不详）　浙江绍兴人。清末留学日本，毕业于日本大学法律高等专科，得学士后回国，清廷授予法政科举人。曾任法部主事、宁波地方审判厅长、浙江公立政法学堂教习等职，曾在浙江教育会主讲“宗教与教育”。后从事执行律师业务。“宋教仁案”发后，应孙中山之邀为宋做辩护律师。1916年5月，任杭县律师公会副会长。曾编译《国法学》《行政法泛论》等。抗日战争期间，在杭州被日军暗杀。

民国初，金泯澜在嘉兴七星镇，今博山村15组，靠近嘉善塘北岸“石里”购地10多亩，建有庭园并居住。园外开挖护园小河，南侧建有吊桥；园内建洋房、花园、假山、凉亭等。在庭园南200米嘉善塘北侧沿岸，分3期动工建造厂房和商业用房，用于办纺织厂，开茶馆、杂货店、豆腐店等，由此形成了“新镇”。时新镇集市繁荣。嘉善塘以南，现嘉善县善西、凤桐等地之人均摆渡过塘赶集。

许静芝

许静芝（1895—1984）　谱名毓钟，又名育中。嘉兴人。辛亥革命后肄业于浙江第一师范，旋入浙江陆军测量学校。1916年，派为浙江陆军测量局三角班测量员，两年后被保送中央测量学校高等科。1924年，参与驱逐清逊帝溥仪出紫禁城。1926年参加北伐军，在南昌任国民革命军总司令部少校秘书。1927年起，历任南京国民政府简任秘书、帮办行政院院务会议事务、文官处文书局局长兼行政院参事、国民政府典玺官。1941年，兼国民政府稽勋委员会及政务官惩戒委员会主任秘书。1942年，任考试院法规委员会委员。抗日战争胜利后，为总统府第一局局长兼典玺官。1949年，任总统府副秘书长。后去台湾，1950年为递补“国大代表”。1953年，曾任“总统府”代秘书长。1956—1980年，连任“总统府”国策顾问。1984年10月，逝世于美国纽约。

褚凤章

褚凤章（1896—1951）　字汉雏。褚辅成长子，嘉兴人。清末，烟台海军学校毕业。旋考取公费去美国留学，在麻省理工学院专攻电机，获硕士学位。1924年嘉兴禾丰造纸厂创办，任协理。同年，与郑松舟等发起创办《嘉兴商报》。1927年后，任浙江省电政监督、浙江省煤油特税局局长，后改任财政部派驻山东省及山西省财政专员，并兼任青岛市电政监督。曾任国民政府文官处参议。后任浙江省建设厅处长。1930年，禾丰造纸厂改组为民丰造纸厂，成立民丰造纸公司，任顾问工程师。1933年，任民丰、华丰（杭州）两造纸厂总工程师，嘉兴蚕丝公司经理，浙江省工业协会常务理事。抗日战争爆发，褚凤章去云南昆明创办云丰造纸厂，任总经理。抗日战争胜利后回浙仍任民丰、华丰两厂总工程师。1946年7月，兼任民丰造纸公司副总经理、代总经理。1947年当选国大代表。褚凤章一生致力于造纸工业，曾去日本、西欧等国考察，并采办国外先进机械设备，对我国的造纸工业颇多贡献。

吴祥麒

吴祥麒（1896—1978）　嘉兴风桥镇人。早年入唐山路矿学堂（1921年合并于交通大学）。毕业后，进铁路部门工作。1925年，负责沈海铁路工程建设。北伐胜利后，受张静江之邀，负责杭江铁路工程，后改任浙赣铁路南萍段工程处主任。抗日战争时，任湘桂铁路工程处副处长兼副总工程师，叙昆铁路工程处副处长兼副总工程师，并出任滇缅铁路副局长。美国十四航空队来华，又兼任军事委员会第三工程处处长，主持监造祥云机场。抗日战争胜利后任东北一运输总局总工程师，兼工务组长。后到台湾，任“交通部”设计委员会委员，“国防部”兵工建设督导会顾问，台湾省公路局顾问等职。死后葬于台北县金山乡富贵公墓。

沈公达

沈公达（1897—1984）　原名宝璋。嘉兴人。父沈稚岩，清举人，清末在嘉兴办秀水学堂。1915年，沈公达在嘉兴省立二中毕业。1919年，南京河海工程学校土木系毕业后在水利工程单位工作，历任黄河水利委员会技正、西康省水利局副局长兼总工程师，导淮委员会专员、福建省水利局总工程师等。抗日战争胜利后回嘉兴，应茅以升及汪胡桢之邀，赴杭州任钱塘江海塘工程局主任秘书。1947—1956年，任嘉兴电厂经理、厂长、副厂长。1953年，任嘉兴市人民政府委员。1956—1963年，任嘉兴专区工业局副局长，嘉兴市科委副主任等职。历任省、市人民代表，市政协委员。

陆志鸿

陆志鸿（1897—1973）　字筱海。嘉兴人。陆祖穀长子。幼年由祖母、父亲授读诗书及历史、地理、算术。1915年中学毕业赴日本留学，先入东京第一高等学校预科，一年后转入本科。1920年毕业，以优异成绩免试入东京帝国大学工学部采矿科，研究金属采矿。后应三井公司聘，在三池煤矿任职一年。翌年回国，任教于南京工业专门学校。1927年该校并入中央大学设工学院，陆志鸿改任中央大学土木系教授，主授工程材料、力学及金相学等课。同时，创设材料学及金相学试验室，对研究、检验我国国防工业和民用工业的材料与产品的用途具有重大作用。抗日战争爆发，陆志鸿率员工将试验室迁移重庆。设计开辟地下试验室，坚持从事材料学与金相学的研究及教学工作。曾赴滇边考察矿产，去川西南指导灰渣水泥制造，去自流井试验从盐卤中提炼纯镁。抗日战争胜利台湾光复后，去台参与接收台湾大学。1946年，任台湾大学校长。1949年夏辞职，任台大机械系教授，潜心从事研究与教学。1973年5月4日病逝于台北。台湾大学为纪念陆志鸿特建志鸿馆及半身铜像。

陆志鸿治学严谨，主张学以致用，技术与理论并用。一生从事工程材料学的研究与教学，培养造就学生数千人，有著作多部，多为工程力学及材料学专著。陆志鸿对嘉兴地方事业贡献颇多，1927年在嘉兴负责拆城筑路工程的测量，主持掘建城内第一口公井，改善了部分居民的饮用水卫生条件，并留下了地质状况的科学记录。他编纂的《嘉兴新志》（上编已付梓，下编稿佚）是一部用近代观点记载嘉兴状况的地方文献。

汪胡桢

汪胡桢（1897—1989）　字幹夫，号容盦。嘉兴人。1915年，毕业于浙江省立第二中学。1917年南京河海工程专门学校毕业后，任全国水利局技士，不久回母校任教。后赴美国留学，入康乃尔大学水利发电专业。1923年毕业，获土木工程硕士，在当时美国最大的水轮机制造厂实习；后受聘于亚特兰大市铁路电力公司，参加了摩尔根瀑布水电站的设计及锯凿山水电站的施工。回国后，历任河海工程专门学校、中央大学、浙江大学教授。1929年，任国民政府导淮委员会设计主任工程师。1934年，任整理运河讨论会总工程师。1935年，任全国经济委员会水利处设计科科长。1937年，曾率中国水利观光团赴日本、朝鲜参观考察。抗日战争时期，受中国科学社之聘编译书籍。抗日战争胜利后，任钱塘江海塘工程局总工程师兼副局长。1950年，任华东军政委员会水利部副部长，又任治淮委员会委员兼工程部部长。1951年，任佛子岭水库工程总指挥。1955年，任水利部北京勘测设计院总工程师，黄河三门峡水库工程局总工程师。1955年，当选为中国科学院学部委员。1960—1978年，任北京水利水电学院院长，后任水利部顾问，华北水利水电学院名誉院长。曾任中国水利工程学会第2~10届董事会董事、第7届副会长。1978年起，任中国水利学会第2届临时常务理事会副理事长、第3届名誉理事，中国土木工程学会第4届名誉理事，中国水力发电工程学会名誉理事。还曾任三门峡市科普协会副主席，政协河南省常委；是第一、二、三、五届全国人大代表，政协三届全国常委、六届委员。

解放前，汪胡桢曾主持和参与制定《导淮工程计划》《整理南北大运河工程计划》，察勘杭州到北京的大运河，设计邵伯、淮阴、宿迁3个船闸，领导修复钱塘江海塘工程。1931年中国水利工程学会成立，任理事兼出版委员会主任，主编《水利》月刊，至1937年3月，累计出刊15卷82期。他还将水利古籍整理编印为《水利珍本丛书》。抗日战争时期，汪胡桢在上海拒为日伪工作，在十分艰难的条件下，他卖掉房子来支付稿费和出版费用，出版由他主编的《中国工程师手册》，这是我国最早的比较大型的专业工具书。

解放后，汪胡桢担任治淮技术指导工作，由他主持设计和组织施工，修建中国第一座大型连拱坝工程——佛子岭水库。当时世界上这种坝型，只有美国和法属阿尔及利亚各有一成例，技术资料极少。我国当时刚开始修建几座土坝，还未修建过一座混凝土坝；特别是混凝土连拱坝的设计和施工均很复杂，国内不少工程技术人员和苏联专家都不赞成，建议采用土石重力坝为妥。汪胡桢勇于创造、敢于负责，坚持科学态度，针对当时的各种有利和不利条件，坚持采用混凝土连拱坝，并解决了连拱坝抗震计算等一系列难题，获得成功。接着又兴建当时世界上最高的88米连拱坝的梅山水库，使我国筑坝技术达到世界先进水平。被称为“中国连拱坝之父”。他担任三门峡水库总工程师，在短短的4年中（1956—1960），克服重重困难，在黄河建成我国第一座大型控制性水利枢纽工程——三门峡水库。在三门峡工程中，从实际出发，尊重科学，采用了最佳设计方案。1965年，68岁的他还亲自带领师生，去黄河实地考察设计，住窑洞、吃粗粮，完成《黄河干流碛口拦沙水库设计方案》；他还把珍藏多年的2000余册水利专业图书捐赠北京水利学院。

汪胡桢晚年十分关心黄河的治理和长江三峡的开发，在一耳失聪，左眼失明，右目在高倍放大镜下视力只有0.1的情况下，仍坚持学术研究，先后著有《水工隧洞的设计理论和计算》《地下洞室的结构计算》。由他组织和主编的《现代工程数学手册》共5卷，约500万字。《治江大计和三峡蓝图》等20多篇学术论文在国内外产生了很大影响。

汪胡桢一直将家乡挂在心上。1924年汪胡桢从美国留学回来后，他首先在嘉兴主持开浚壕河的水利工程。1927年，又与陆志鸿等一起负责拆城筑路的测量工作。晚年和故乡亲友书信频繁，不时询问嘉兴的建设状况。1982年纪念嘉兴市第一中学建校80周年的时候，他以老校友的身份撰写《回忆我在中学时代》。

沈大瓒

沈大瓒（1898—1942） 字锡侯。嘉兴余新镇人。辛亥革命前辈沈文华之子。北京大学毕业后回乡任省立二师、省立嘉中教员多年，以后又任嘉兴县教育局长。

抗日战争时期陆初觉倡议在后方筹设战时临

时中学，以收容嘉属七县学生，得到各县和浙西行署、第十区专署的支持。1941年9月，浙西行署成立嘉属七县联中，委任沈大瓒为校长。

当时，沈大瓒正在开化县华埠镇任该县战时初中补习学校校长，接到陆初觉邀请后，立即投入筹备工作，从选择校址、落实校舍、聘请教师，直至购置图书仪器等，事必躬亲。他和陆初觉等会同在昌化县任教育科长的嘉兴人冯熙，多次实地踏勘选择办学地址，最后选定在昌化县颊口镇，费尽心血解决了校舍。沈大瓒还挽留撤退至后方的几位大学和中学教师为联中教员，选聘当地学有专长的知识分子为教员，学生则由嘉属各县负责保送。1942年2月下旬开学。

学校始创，借用的“九楼九底”校舍是学校的主教学区，建于山坡上，背山临水，没有操场，楼前有山坡深坑，野草没膝，荆棘丛生。沈大瓒带领全校师生填塞深坑，平整土地，开挖沙坑，建起篮球场、排球场。学生和教师宿舍相当分散，有的在山腰祠堂，有的在溪边民房，沈大瓒在每晚熄灯后，一定要提着灯笼，到各处学生寝室去查看，因劳累过度而染疾。

1942年7月间，沈大瓒抱病出席校长会议，冒着酷暑赶山路，半路逢雷雨，遭雨淋而受风寒，回校后一病不起，经医治无效，于8月21日病逝，年仅44岁。

褚凤仪

褚凤仪（1898—1975）　字汉莱。褚辅成次子。嘉兴人，早年去法、德两国留学，专攻财经、商业。回国后任上海法学院教授、代理院长及院长。

解放后，褚凤仪曾任上海财经学院副院长、上海经济研究所教授，并当选为上海市第一、二届人民代表大会代表，上海市政协委员。历任九三学社中央委员、九三学社上海分社常委。著有《商业算术》《投资算术》《投资数学》《速算》《统计会计应用计算表》。

朱大可

朱大可（1898—1978）　名奇，别署莲垞。祖籍南京，因祖父曾为秀水县巡检，遂寄籍嘉兴。父丙一，清末任宣平县知县。朱大可在南京农学堂毕业后，一度任上海《新申报》主编，先后在上海务本女中、爱群女中、正风文学院、正始中学、大经中学、比乐中学及无锡国学专修学校、南通学院等院校任教师、教授。解放后，任华东师范大学教授，1958年退休。

朱大可毕生勤于治学，博览群书。对国学的研究，融经学、小学、训诂、辞章于一体。对古文字的源流辨识，尤多迈越前人的独到见解。早年著作散见《东方杂志》等刊物。20世纪30—40年代，国家多难，上海社会复杂。朱大可淡泊明志，从不攀附于人；在抗日战争初期，多次拒绝日伪的种种压力和诱惑，坚贞自守；坚决拒绝伪中央大学文学院教授之聘。这一时期，他不再发表诗文，而闭门钻研国学，益臻宏博。

朱大可兼擅书法，曾学曾熙、李瑞清，所作行楷，摈碑体的矫揉，脱帖书的软俗。晚年专作古籀，兼谨严秀拔之长，为人所重。

朱大可以诗鸣世。名诗人陈衍在20年代末选清末民初旧体诗《近代诗钞》，入选的诗人中朱大可最年轻。他的好些名篇佳句，为人所传诵。陈鹤柴在《静照轩诗话》中赞誉：“朱十以后，复见此才”（朱十即朱彝尊）；名词人朱祖谋更赠以“莲垞”之号，以莲垞与竹垞（朱彝尊号）相比拟。妻孙慕征学蚕桑专业，能诗，被人评为“饶有唐音”。解放后，朱大可更专心治学。著作已出版有《古籀蒙求》等。遗稿有《周易复古篇》《说文匡谬》《石鼓文集释》《尚书义疏》《兰亭考》《耽寂绫自选集》及《集外集》（诗集）《诗坛纪旧》等。

周荣江

周荣江（1898—1994）　出生于海宁黄湾镇花园村，一生中大部分时间居住在嘉兴东门。黄湾有强身习武的风气，儿时周荣江就有当武状元的理想，10岁时拜堂伯父为师，学拳和刀棍。13岁到武原镇沈泰磨坊当学徒，巧遇嵩山少林寺传人、河北保定武林奇人、同盟会会员，被誉为“江南保镖王”的朱勇义，拜其为师。从师6年，“外练筋骨皮，内练精气神”，学得十八般武艺，还学得正骨推拿及少林寺配制跌打损伤丸药的绝技。1918年暮春时节，告别师傅，学成归来，在嘉兴狮子汇对面租房安身，后常到东门白场上表演隔墙打牛、滚钉板、汽车过身、双手拉汽车、钉山打石、吞宝剑、吃铁蛋等硬气功，出售用少林秘方配制的跌打损伤药丸。1919年初夏，周荣江接受新塍正蒙学堂邀请，任拳教头，传授武艺，学堂中的学生大都成了新塍民团的主力军。抗日战争爆发后，他们中不少人参加了抗日大刀队。

1923年10月，周荣江到杭州，住宿西湖奇野营附近的东兴旅馆。一日茶后散步，在梅登高桥运动场上，见一俄国人从看台下来，拿一根60公斤左右的铁棍舞了10余下，挑衅在场的中国人。周荣江见后不平，上前单手抓起铁棍舞了一趟，还使了一招"偷梁换柱"，轻松收势，赢得在场的人一阵喝彩。周荣江武到兴浓，拿起40公斤的铁棍表演苏秦背剑、拳花等。又将110公斤的石担从背后用手举上头顶舞起夹颈花、太公钓鱼等，还表演了硬气功力叠牌楼等。惊人的功夫，哄动全场。周荣江到旅馆不一会，时任国民党26军军长周武弟登门拜访，说看了周荣江的表演十分钦佩，邀请其在浙江师范体育专科、杭州体育师范和武林武术会3个地方教授武功。《杭州新白话报》的记者还专门作了《江南大力士周荣江一举惊人》的报道，在杭城引起轰动。

1926年，周荣江接受北伐军邀请，到军中担任武教头，独创了一套包括"捕俘、徒手一对一、一对两打斗"等行之有效的技击术。北伐胜利后，周荣江一路游历，习武会友。

1937年，周荣江回到嘉兴，接受中华少林国术团邀请，参加演出，宣传抗日救国。一次，中华少林国术团在嘉善义演结束回嘉兴，途经沪杭铁路湘家荡附近，遭遇了日军便衣队。周荣江率中华少林国术团弟子杀死11名日军后，借助芦苇荡掩护，安全离去。为防不测，在朋友的劝说下，周荣江暂别南湖，云游四方，靠卖艺售药苦度光阴。

解放后，周荣江回到了嘉兴。他在东门开了周氏骨伤诊所，正骨推拿，治疗跌打损伤。1955年，周荣江诊所并入嘉兴卫生联合诊所，设立骨伤科。1959年又并入新创建嘉兴市中医院，几十年来，周荣江骨伤科病家慕名而来，每日拥挤。周荣江结合自身习武疗伤实践，不断完善创新，研制的秘传周氏跌打损伤膏药。该膏药与众不同，一帖见效，治人无数，享誉杭嘉湖地区。1985年，退休在家的周荣江再度出山，对生活困难的群众免费诊治，一时好评如云，赢得了社会声誉。

1994年7月21日，周荣江因病辞世，享年96岁。

朱春庐

朱春庐（1899—1968）　自号槜李居士。嘉兴人。始从禾城名医朱斐君习医，复游乌镇名医张艺成门下，得名师真授，造诣精深。曾行医于嘉兴、吴江一带，求诊者甚众。临诊40余年，积丰富经验，博采众长，且兼习西医学。20世纪60年代，即主张以活血化瘀治肝硬化，通阳涤浊治冠心病。对《内》《难》典籍均有研究，尤于张仲景学说体会更深，所写《伤寒论》备课笔记数册，虽为教育之用，但条分缕析，说理精通，惜毁于"文化大革命"。他毕生热衷于中医事业的发展，解放前为反对摧残中医，曾四出奔波联络同道，向地方当局提出抗议。解放后，为培养后继人才不遗余力，积极创办嘉兴县中医学校、嘉兴地区中医进修干校，任教务长。生前为多届嘉兴县、市政协委员，并任中国农工民主党浙江省委委员及嘉兴组织负责人之一。

王敦庆

王敦庆（1899—1990）　字梦兰，笔名王一榴、王履箴、黄次郎等。嘉兴人。1923年毕业于上海圣约翰大学国学科，后长期从事中学、大学英语、美术教育工作。1927年，与友人创办中国最早的漫画团体——漫画会，为漫画会每次活动的主要骨干。其后参加创造社，任美术编辑。1930年，与许幸之等发起成立"时代美术社"，同年3月参加中国左翼作家联盟，与沈端先（夏衍）、潘汉年、钱杏村（阿英）等列名为发起人之一，并在左翼创办的《巴尔底山》等刊物上发表《左翼作家联盟成立》等漫画作品及评论。这一时期，左联作家主编的《萌芽》《拓荒者》《太阳月刊》等刊物，都有王敦庆创作的漫画发表。1935年前后，在《时代漫画》《独立漫画》等刊物上发表漫画理论研究等文章，介绍外国漫画家与漫画作品。1936年，与叶浅予等发起组织中国第一个漫画研究会，并筹备全国性的漫画展览会，征集到千余幅漫画，经筛选有600余件作品于11月4日开始在上海展出，观众逾万。同年，创作发表漫画《无冕之王塞拉西来华访问》《活动的中国》，对蒋介石独裁统治进行讽刺抨击，致使《时代漫画》被迫停刊。后《时代漫画》改为《漫画界》，由他任主编。1937年3—5月，王敦庆主编出版《漫画之友》，9月20日主编创刊《救亡漫画》，成为抗日战争时期团结全国漫画家从事抗日宣传工作的重要阵地。王敦庆在创刊号代发刊词中写道："《救亡漫画》的诞生，是我们主力的漫画战的发动。因为上海是中国漫画艺术的策源地，而这小小的5日刊又是留守上海的漫画斗士们的营垒，还不说全国几百个漫画同志今后的增援，以争取抗敌救亡之最后胜利。"《救亡漫画》在上海发行，还分别出有南京、汉口、广州、香港等版，打破了以往任何一种漫画刊物的发行纪录。上海沦陷后休版。王敦庆在抗日战争前曾任上海青年会夜校教务主任，大陆英专代校长等职。抗日战争以后在上海民立中学任教，1962年退休。

王敦庆上海美术家协会会员、上海漫画家协会名誉会员。擅长素描，漫画创作汲取西画技法，形成独特风格。生前曾翻译过《叶莱的公道》及《世界成功名人小传》等作品和大量外国文学、漫画资料约120万字。晚年抱病撰写《中国漫画史话》，为中国漫画发展提供了许多宝贵资料。

徐缄三

徐缄三（1900—1965）　嘉兴人。1923年，南通纺织学院肄业。1925年，美国麻省纽必佛纺织专科学校毕业，旋入北加利福尼亚州立大学研究院学习，获美国工科硕士学位。1926年9月回国，历任江苏省无锡广勤纺织公司工程师，广东省立工业专门学校染织科教授兼主任，济南德昌毛纺织厂厂长等。解放后，曾任青岛工学院教授兼系主任，华东纺织工学院纺织系教授兼系主任。

邹志淑

邹志淑（1900—1931）　女，小名大宝，又名淑英。嘉兴凤桥镇庄史村人。1926年加入中国共产党，积极开展革命活动。北伐军进入嘉兴后，邹志淑进第26军，并担任政治部妇女指导员。蒋介石叛变革命后，她转入上海搞地下斗争。后因出叛徒被害于上海，牺牲时年仅31岁。邹志淑故居旧屋尚存。

陈晓岚

陈晓岚（1900—1975）　四川武胜人。1925年，在北京大学读书期间加入中国共产党。1929年5月去德国，次年夏考入德国冠顿工业专科学校学习造纸。留学德国期间与国内党组织失去联系。1933年，回国后在上海以卖文为生。1934年1月，进入嘉兴民丰造纸厂，同年，为开发薄型板纸，设计改造一号造纸机成功。1934—1937年，兼任华丰造纸公司工程师。1935年，设计研制出中国第一台卷烟纸机，次年投产。抗日战争全面爆发，嘉兴民丰造纸厂转往四川，陈晓岚负责筹建乐山嘉乐纸厂，并在中央技专任教。抗日战争胜利后，回嘉兴，任民丰造纸厂副总工程师兼厂长，主持从国外引进两台造纸机和一组汽轮机以扩大生产，并积极开展技术革新，培养了不少造纸技术人才。这期间，他为中共上海地下组织提供了不少密写药品作秘密通讯使用。1948年，上海民主党派负责人夏康农被国民党通缉，陈晓岚掩护夏康农在他家中住了3个多月。共产党员黄霖被关押在监狱，陈晓岚设法给予援助。

解放前夕，陈晓岚为保护民丰造纸厂不受国民党破坏，组织工人护厂队任总指挥。解放后响应党和人民政府的号召，迅速领导恢复生产。先后为江门化工厂、保定纸厂、惠山纸厂、蒙古纸厂、柬埔寨纸厂等国内外10余个单位进行业务技术指导。1953年4月，任华东工业部轻工业处造纸设计室总工程师。1956年，任轻工业部造纸设计院副院长，并被聘任民丰、华丰两造纸厂顾问工程师。同年去苏联考察访问。1963年，又分别去缅甸、印度尼西亚考察访问。曾当选为第一、二、三届全国人民代表大会代表。“文化大革命”期间受到不公正待遇，1975年得到平反。

王蘧常

王蘧常（1900—1989） 字瑗仲，号明两，别号涤如、甪里翁、玉树堂主、欣欣老人。嘉兴人，生于天津。3岁时，母教他识记汉字，区分四声。4岁时，父王部畇以候补知府实授富川知县，赴广西任所。伯父王步青，授以《文字蒙求》等启蒙读物，并教以执毛笔描红，读四书与《毛诗》，7岁时即耽读韩愈、柳宗元文章，作诗10余首，被誉为“神童”。10岁时入富川县学受读。辛亥革命爆发，父携眷回嘉兴。1912年，入嘉兴高等小学。14岁，越级入浙江省立第二中学。入学前，曾将教师刘子庚所著《中国文学简史》加以注释，刘子庚见后大喜。15岁始代父作字，初露头角。后因病辍学，在病床上以指代笔，摩挲唐拓《十七帖》影印本。卧病两年多，换帖4本，遂对二王书法体会精深。病愈读攻《爨龙颜碑》等六朝碑版。1917年夏，沈曾植自上海回嘉兴，王蘧常仰慕已久，把平时读书所遇疑难问题20余条写成一信，寄去请教，引起沈曾植注意。次年，沈曾植归里扫墓，无意中见到王蘧常习字，邀他第二天去住处，给予示范。又特取《郑文公碑》墨拓八大轴相赠。1919年，王蘧常在上海拜沈曾植为师，学习书法与文字学、诗歌、历史等。1920年夏，携《爨龙颜碑》习作七纸，求正于沈曾植。时康有为在沈家作客，代为批改，并大加赞赏。

1920年王蘧常入无锡国学专修馆，受教于唐文治。他以唐文治教导的“务实深进”为指南，在学术上打下坚实根底。21岁时编写《三代史》在报刊上发表，受到王国维赞赏。1922年末，无锡国专毕业。1924年，入私立无锡中学任教。1925年，兼任无锡国学专门学院讲师。1927年去上海，先后执教于光华大学附属中学高中部，大夏大学预科、复旦大学中国文学系，继续钻研诸子学派。1930年，任大夏大学国文系教授，后兼任高等师范科国文系主任。抗日战争爆发后，无锡国学专修学校迁上海，王蘧常任教务长；又在之江文理学院历史系和交通大学中文科执教，十分关注国家民族的命运和前途。太平洋战争爆发后，日伪将接收交通大学，王蘧常与同事5人毅然辞职，坚决不为日伪执教，时称“反伪六教授”。伪中央大学校长3次来电邀他去任文学院长，他以一诗拒绝。他蛰居孤岛，任私人教师，洁身自爱，自甘贫困，曾全家吃菜粥度除夕，表现了高尚的民族气节，受到人们的钦敬。其夫人沈静儒，也认为失节事大，饿死事小，坚决支持他的爱国行动。这个时期，他写作了不少爱国诗文，或愤恨日本帝国主义侵略行径，或怀念在日本侵略者铁蹄下的父老乡亲。他在《哭故乡嘉兴沦陷》诗中，悲愤地吟道：“六州铸错事全非，又报家乡劫火飞。如鹊绕枝何处宿？似儿失乳向畴依？梦中灯火人无恙，泪底松楸望总违。二十四时肠百转，几回岁月几沾衣。”1945年，当他获悉交通大学学生杨大雄烈士事迹后，用《郑文公碑》书体，书写了《杨大雄烈士殉国碑记》，悲壮之情贯注全篇。其抗日战争诗文，编为《抗兵集》，诗如《八百孤军》《闻平型关捷报歌》《大刀勇士》《胡烈士歌》，文如《论倭不足畏》《胡阿毛烈士传》，都表现了强烈的爱国主义精神，抒发了民族正气。抗日战争胜利后，王蘧常在暨南大学任教。1949年开始，在无锡的中国文学院任副院长。1951年起，入复旦大学中文系任教授，后调哲学系任教授，直至去世。

王蘧常以书法著名当代。从50岁左右开始，精心研究汉简，注意篆、隶的内在联系，“欲化汉简、汉帛、汉陶于一冶”，“拓展章草之领域”。60岁后能默诵《说文》部首，并用小篆写了六七年日记。70岁后，其章草书法已从成熟走向别树一帜。作品曾先后到法国、日本展出。识者评其章草特点：“无一笔不具古人面目，无一笔不显自己的精神”。“博取古泽，冶之于章草之中，所作恢宏丕变，蔚为大观”。日本书法界则更称颂为“古有王羲之，今有王蘧常”。他于80岁后为泰山禹庙、黄鹤楼所书的匾额，大获赞赏。特别是为杭州岳庙撰写的抱柱长联，被誉为“神州之冠”。王蘧常也是卓有成就的学者和文学家，一生诗文宏富，著作等身，除已出版的《严几道年谱》《沈寐叟年谱》《抗兵集》《梁启超诗文选注》《顾亭林诗集汇注》等多种外，尚有遗著《秦史稿》等。又有著作《钱衎石年谱》等多种，经战乱散佚。

顾惠人

顾惠人(1901—1961)　原名恩宝。祖籍上虞。父顾道和，佣工为业。自幼家境贫寒，在秀州中学半工半读完成中学学业。1921年考入上海沪江大学。3年后，因不满洋奴买办教育，转入上海光华大学。顾惠人毕业前所填第一、第二、第三志愿均为“教育”，矢志以教育为终身奋斗之事业。1927年任秀州中学训导主任，以人格教育为训导标准。1930年任校长，努力实施“学校家庭化，生活纪律化，头脑科学化，身手平民化”的教育宗旨。对无力缴付学费的学生，鼓励以勤工俭学的方式完成学业。1935年8月，赴美国哥伦比亚大学专攻教育，一年后获教育硕士学位。1937年冬，绕道浙东去上海，在华东基督教教育协会支持下，筹办华东联合中学。次年开学，顾氏任校长。1941年12月8日，上海租界沦陷后，顾氏坚不屈从日伪，辞职去浙江金华，后经福建至赣州，于1942年9月创办赣县基督教联合中学，收容各战区流亡青年学生。1944年冬，日本侵略军进逼赣南时，率师生抵邻近闽粤的寻乌。6月9日又奉命迁徙，至闽西长汀。在数年战乱环境下，赣县联中坚持办学，成绩显著。抗日战争胜利后，顾惠人返上海，继续办华东联中，并兼任上海市立缉规中学校长。1946年初，着手恢复嘉兴秀州中学。是年3月，秀州中学复校。夏，顾惠人结束华东联中，并辞去缉规中学校长职，回嘉兴主持秀州中学。在这一时期，他特别重视职业教育，创办农场、蚕种制造场，并增设作物、园艺、造林等课，将农科列为学生必修。解放后，秀州中学改名嘉兴第二中学，顾惠人继续任校长。1958年2月，顾惠人被错划为右派分子。1961年病逝。1979年改正，恢复政治名誉。

唐　兰

唐兰(1901—1979)　原名张佩，又名佩兰、景兰，号立厂，又作立庵，笔名曾鸣。嘉兴人。幼年家境贫寒，父亲以开水果店为生。1915年，入嘉兴县立商校。1917年从中医陈仲南学医，后在项家漾开设景兰医院。这一时期还曾从上海陈蝶仙主办的栩园编译社学习诗文。1920年入无锡国学专修馆，1923年毕业考获第一。后与王国维相识，在研究甲骨文和金文方面得到王国维的指导。1924—1930年，在天津周家渊家当家庭教师。1929年，在天津主编《商报》文学周刊及《将来》月刊。1930年在沈阳任辽宁省教育厅编辑，协助编纂《辽海丛书》。1931年入东北大学任讲师，同年10月后在北京大学代顾颉刚讲授《尚书》，同时在《东方杂志》上发表了第一篇学术论文《白石道人歌曲旁谱考》。1932年起，历任北京大学、北京师范大学、清华大学、辅仁大学、中国大学讲师。1936年，任故宫博物馆专门委员。1939年，至昆明入西南联合大学任副教授。翌年任教授及文科研究所导师，讲授《六国铜器》《甲骨文字》《古文字学》《说文解字》《尔雅》《战国策》及《唐宋诗词》等。1946年任北京大学教授，次年代理中文系主任。解放后，任北京大学教授兼中文系代理主任，并应故宫博物院之聘兼任设计员。1952年任中国历史学会候补理事，并调故宫博物院，先后任设计员、研究员、学术委员会主任、陈列室主任、美术史部主任、副院长等职。1954年起，任中国科学院历史研究所学术委员。1956年受文化部委派访问芬兰和瑞典。在芬兰以《中国艺术的发展》为题发表讲演。同年，他组织五省市出土文物展览，指导工作人员编制展览图录，并撰写前言。1959年，故宫博物院将历代艺术综合陈列馆与古代艺术陈列馆合并为历代艺术馆，移置于紫禁城的中心部位——保和殿及东西两庑，唐兰撰写陈列大纲和总说明。同年起先后任北京市第二、三届政协委员。1961年，任北京市历史学会理事。1963年加入中国美术家协会。1978年，任中国古文字学术研究会理事。同年被选为第五届全国政协委员。1979年1月11日在北京病逝，追认为中共党员。

唐兰从事教学和学术研究50余年，涉及广泛的学术领域，建树颇多。在古文字学方面，不仅考释出很多难识的字，而且还建立了一套较为完整和系统的古文字的研究方法。在文字学方面，主张文字学应从音韵和训诂学中分出，成为一门独立发展的学科。反对把文字学的研究仅仅作为其他学科研究的一种工具。他提出三书说：形符(象形)、意符

(象意)、声符(象声),突破了《说文》体系。他还主张用拼音字母和部分汉字组成新文字,代替现行文字。在古文字的分类中提出较为科学的自然分类法,打破《说文》归纳的540部分类法。在古代史研究方面,主张奴隶社会与封建社会的分期应在西周、春秋之交。对商、夏、周纪年的推算提出了自己独到的见解,对青铜器的起源与发展亦有独到的论点。总之,主张应把文字学、历史学、考古学等学科,运用辩证唯物主义的观点有机地联系起来。此外,对于音韵学、诗词、绘画、书法等方面都有很深的造诣。

唐兰一生著作繁富,重要专著除《殷墟文字记》《古文字学导论》等外,还有重要论文《敦煌所出汉人书太史公记残简跋》《切韵中所见隋唐以前韵母考》《古乐器小记》《韵英》《在甲骨文中所见的一种已经遗失的中国古代文字》《中国古代社会使用青铜农器问题的初步研究》《春秋战国是封建割据时代》《〈黄帝内经〉初探》《从大汶口文化的陶器文字看我国最早文化的时代》等180篇。

解放后唐兰3次回故乡,一直关心嘉兴的建设。晚年寄给故乡亲友的诗中说:“华族终当迈现代,食芹常欲献区区”,充分表达了他的爱国爱乡之情。唐兰故居在秀水兜,为市文保单位。

沈　怡

沈怡(1901—1980)　原名景清,字君怡。嘉兴人。1912年秋,入青岛特别专门学堂中学部。1914年秋,转入上海同济大学学习土木工程。1919年,加入少年中国学会。1921年,赴德国德累斯顿工业大学学习水利工程,获博士学位。1926年回国,加入中国工程师学会、中国科学社;同年10—12月,任汉口市工务局工程师兼设计科长。1927年7月至1937年10月,任上海市工务局局长。在此期间,兼任上海市中心区域建设委员会主席,国民政府导淮委员会委员,黄河水利委员会委员,国防设计委员会委员等职。1937年,任资源委员会主任秘书兼工业处长。1939年3月,任中国工程师学会香港分会计划委员会委员;4月,任中国经济建设协会第一届理事。1942年,任甘肃水利林牧公司总经理;同年9月,任行政院水利委员会委员,兼任水利委员会技监。1945年起,历任交通部政务次长、大连市市长(未赴任)、南京特别市市长,兼任全国经济委员会所属公共工程委员会主任委员。1949年,受聘为联合国亚洲暨远东经济委员会防洪局局长,前后10年,曾发动湄公河下游水利开发。1960年5月,任台湾“交通部”部长。1968年任台湾驻巴西“大使”。1970年3月改任“总统府”国策顾问,旋受德国汉诺佛工业大学、慕尼黑工业大学、白朗许伐格工业大学及罗尔大学4校联合之聘,主讲水利工程与东南北缘政治课程。1974年起,历任台湾的中国文化学院教授兼工学部主任及实业计划研究所主任,“中国工程师学会”理事长,“中国土木工程学会”理事长及国民党中央评议委员,1980年9月逝世于美国。著有《沈怡自传》等书,与人合译《社会进化史》等。

沈金相

沈金相(1901—1990)　又名铸颜。嘉兴兴善寺人。1928年中央大学毕业,同年入南京女中任教务副主任。1929年春,参加浙江省第二届县长考试被录取,派往湖属各县任新政指导员。1930年4月,任乐清县县长,同年8月,卸职赴杭州浙江省立民众教育实验学校,任社教科主任。1931年,至浙江省立第五中学任校长,在任10年,绍兴中学在全省毕业会考的成绩,由原来的末位跃为前茅。“九一八”事变后,率先节衣缩食,带同全校教职员,省下费用建立“九一八”纪念碑,提醒师生毋忘国耻。“七七”事变后,投身爱国宣传。1939年,周恩来到绍兴视察,沈金相作为教育界代表受到接见。浙西沦陷后,嘉属各县流亡学生纷纷渡江至绍兴,无家可归,沈金相克服困难,收容入校。1941年,任浙江大学龙泉分校训育主任、秘书。1946年7月,任浙江大学附中校长兼浙江师范学院副教授。解放后,任教于嘉兴一中、桐乡一中。1958年错划为右派分子,1978年改正。退休后居女儿家,仍关心教育事业和地方文史。

沈嘉瑞

沈嘉瑞(1902—1975)　嘉兴人。1927年,南京东南大学农科生物系动物专业毕业后,在厦门集美学校任生物学教员。1928年,在北京静生生物调查所当助理员。1932年秋赴英国留学,1934年毕业于伦敦大学理工学院动物系甲壳动物研究专业,获哲学博士学位。后在英国伦敦自然历史博物馆及普利茅斯海洋生物研究室研究甲壳动物。1935年夏回国,任北京大学理学院生物系教授,参加中国动物学会,任该会理事、常务理事。1937年秋至1946年,任昆明西南联合大学理学院生物系教授,兼云南大学教授。1946年秋至1949年春,任北平研究院动物研究所研究员,兼北京大学理学院生物系教授。1947年应英国科学理事会邀请,去英国访问半年。1949年3—11月,任北京军管会文教委员会北京动物所研究员。中国科学院动物研究所成立后,任研究员。后任北京师范大学教授。1951年1月,任中国科学院水生动物研究所研究员兼厦门海洋生物研究室主任,并组织中国海洋湖沼学会北京分会,任理事;8月任《海洋湖沼学报》编委;同年加入中国民主同盟。1954年8月起,任中国科学院动物研究所、脊椎分类系研究室主任。沈嘉瑞曾上书毛泽东主席建议在全国沿海设立海洋研究所。不久,南海海洋研究所、青岛海洋研究所、厦门海洋研究所先后成立。沈嘉瑞于1956年加入中国共产党。1957年起历任《动物学报》副主编,《动物学杂志》《中国动物甲壳动物》主编,中国海洋湖沼学会理事和《海洋与湖沼》学报编委,中国水产学会常务理事及编辑委员。他参加过的国际学术活动有:英国科学促进联合会、伦敦动物学会的学术会议,伦敦动物学会学术报告会,印度第45届科学会议,中朝两国合作的鸭绿江丰满水库渔业生物基础调查,太平洋西部渔业研究委员会第三、四、五次会议等。

沈嘉瑞于20世纪20年代起开始研究甲壳动物,先后发表科学论文和专著96种,为全面了解我国甲壳动物的资源积累了基本的资料,开创了一个新的研究领域。他是中国甲壳动物分类学的创始人,第一位研究蟹类的专家。晚年撰写《中国淡水桡足类志》,为中国动物志中无脊椎动物部分的第一本专志,为自然科学研究和发展淡水养殖业填补了空白。还著有《华北蟹类志》《香港蟹类志》等书,并撰有《云南两种端足类(甲壳动物)的研究报告》《软甲类特别是虾类平衡器的比较研究》《中国海蟹类区系特点的初步研究》《北京虾类的幼体发育史》等论文。

1984年,夫人纪瑞芝按照沈嘉瑞生前的遗愿,将其有关甲壳动物的藏书和毕生研究甲壳动物的丰富资料,全部捐献给北京图书馆。

包志立

包志立(1902—1978)　女,嘉兴人。1920年,毕业于镇江崇实女中。后入金陵女子文理学院,1924年毕业,获学士学位。1928年赴美留学,就读于密执安大学研究院,获教育学硕士、心理学博士学位。回国后,历任苏州东吴大学、北平大学女子文理学院、西北联大、西北大学、金陵大学等校教授,并任金陵女子文理学院教务主任,金陵大学副教务长等职。解放后,一直任南京师范学院教育系教授。1956年,在南京加入中国民主同盟。曾任南京市政协委员、常务委员。著有《习惯服有咖啡因的咖啡与去咖啡因的咖啡对于正常青年人身上的血压、脉搏及某种肌肉学习反应的影响》(与人合著)、《肌肉学习中的高原与学习曲线》《对行为主义的初步批判》等论文。

顾均正

顾均正(1902—1980)　嘉兴人。出身贫寒,父以经营米店为生。1920年,于省立第二中学毕业后,因无力上大学深造,去嘉善县俞汇镇任小学教员。1923年,考入商务印书馆编辑所理化部。

1923年开始担任编辑工作,先在商务印书馆编纂理化读物,后调任《少年》杂志编辑。当时,他热心于儿童文学,读了许多世界儿童文学名著,翻译了北欧民间故事集《三公主》和法国作家保罗·缪塞的《风先生和雨太太》。1925年,在“五卅”运动中,他为反对英帝国主义的暴行,参加了《公理日报》的出版工作。1926年,他支持并参与创办反封建的《新女性》杂志,还到上海大学文学系主讲世界儿童文学课。

1928年,顾均正到开明书店,负责编辑自然科学和少年儿童文学读物。1930年《中学生》杂志创刊,顾均正为主编之一,负责自然科学方面的稿件,并主持日常编校事务。1934年起,顾均正陆续用小品文形式,创作《科学趣味》《科学之惊异》《原子时代到海洋时代》等科普作品。同时,翻译外国科学文艺读物。他还组织翻译苏联科普作家伊林的《十万个为什么》等作品。他编写一本《少年化学实验手册》,并附有简单的化学实验设备,可做177种实验。顾均正编辑的《世界少年文学丛书》,从1926—1949年共出版60多种,其中有他自己翻译的《宝岛》以及安徒生童话。他写的《安徒生传》是我国最早出版的一本安徒生传记。1932年,还为儿童编过一本《我的画报》,由新中国书局出版,出版12期后停刊。抗日战争时期,顾均正蛰居上海,与友人索非自费创办《科学趣味》通俗科学半月刊,他先后发表《和平之梦》《伦敦奇疫》《在北极底下》《性变》4篇科学幻想小说,普及科学知识,宣传抗日。后认识巴金,一直保持交往。顾均正善于培养人才,1948年,他在一本科普刊物上看到许莼舫的数学文章,非常重视,立即与作者取得联系。在10年内,许莼舫为开明书店和中国青年出版社编著10多种数学普及读物,有的书籍销售达百万册以上。

新中国成立后,顾均正从上海到北京,积极促进开明书店成为国家出版机构。1953年开明书店并入中国青年出版社,顾均正任副社长兼副总编辑,主管自然科学读物的编辑工作。20世纪50年代,他积极组织编译苏联科普读物,同时,他还重新整理伊林著作,根据伊林的意见出版《伊林选集》9卷。他的科学小品集《不怕逆风》在60年代出版后,很受读者欢迎。

1951年加入中国民主促进会,历任民进中央常务委员,民进北京市委副主任委员、主任委员,全国政协第三、四、五届委员,北京市人民代表,市人民政府委员,北京市政协常务委员,第五届副主席,中国科普创作协会首届副理事长,中国出版工作者协会理事。1980年顾均正因病逝世后,巴金写了感情真挚的散文《怀念均正兄》。

姜维贤

姜维贤(1903—1942)　字亮如。原籍浙江瑞安,幼时随父姜春六迁居嘉兴兴善寺镇。杭州法政学校毕业。1927年春,参加国民党任嘉兴县党部执行委员。“四一二”反革命政变后,一度担任嘉兴县党部清党委员,后又被国民党派系排挤。1930年起从事律师业务,开设律师事务所,创办《嘉兴民报》,报道工商界信息。又参加帮会组织,社会联系广泛。

1937年抗日战争全面爆发,姜维贤被推为嘉兴县抗敌后援会委员。嘉兴沦陷前夕,二区专员杜伟授命姜维贤在敌后组织抗日游击队。沦陷后,姜拒绝敌伪利诱,秘密筹组抗日武装,在家乡兴善寺竖起抗日旗帜,组织抗日游击队。1938年3月,经挺进嘉兴地区的国民党第28军62师委任,在兴善寺成立嘉属抗日义勇军,姜维贤任第一总队长,下辖5个大队,以凤桥镇和兴善寺为中心,活动于嘉南一带及海盐县沈荡、海宁县袁花一带。一年多时间内,抗击日伪,作战数十次,多次拔除敌据点。1938年5月,配合62师372团收复海盐县城,开辟海北抗日根据地。6月,姜率部队与62师一部配合,在平湖塘畔的十八里桥狙击来犯之敌,击退日本侵略者多次向桥头的冲锋,激战持续一昼夜。义勇军活动于嘉兴至平湖公路沿线,破坏公路和电话线路、堵塞河道,伏击敌艇,使日军水陆交通和电讯时常受阻。义勇军在东栅、凤桥、新篁等镇,先后击毙汉奸头目多人。8月下旬,姜部受命前往金华改编为浙江省抗卫总团五支队三总队,姜仍任总队长。1939年3月调至绍兴平水,被改编为省内河水警总局水警队,姜改任省内河水警局副局长,因心念乡梓,经要求于1940年秋回返嘉兴,被推举任嘉兴县抗日自卫委员会副主任委员。1941年冬嘉兴局势恶化,十区专署为打开嘉兴北部地区的局面,决定在沪杭铁路北设立十区专署路北办事处,邀姜出任办事处主任,姜于1942年2月4日不顾亲友劝阻,冒险赴任。行抵洪家港沈葆忠家暂住,被日军侦知包围,家属和随从人员当场被害,姜本人被俘,拒绝招降而就义，遗骸不知下落。1946年4月16日，嘉兴县各界人士在中山厅举行追悼大会。

顾仲彝

顾仲彝（1903—1965）　名德隆，字仲彝，以字行。祖籍余姚。父顾瑞来，年轻时迁居嘉兴，开办铜丝店经营杂货，后改开同源祥书店兼办印刷厂。因火灾破产，家道中落。顾仲彝7岁入私塾，10岁入秀水高等小学，后考入省立第二中学，又跳级入嘉兴秀州中学三年级插班。“五四”运动时，在秀州中学参加学生运动，组织同学演剧队，自编、自导、自演《云南起义》《中国魂》《打倒卖国贼》等戏剧，曾应嘉兴各地教育会邀请，去新塍、王店、乌镇等附近各镇演出，持续了一个多月，受到群众热烈欢迎。这一爱国演剧活动成为顾仲彝从事戏剧事业的第一块基石。1920年，考入南京高等师范（国立东南大学）英文科，两年后停学。后入上海商务印书馆任英文编辑，结识沈雁冰、郑振铎等人，参加文学研究会。不久经洪深介绍，加入上海戏剧协社，开始从事戏剧活动。

1925年2月，顾仲彝应厦门集美学校之聘，执教英文一年半。这段时间，他改译的高尔斯华绥的《相鼠有皮》，由商务印书馆作为文学研究会通俗戏剧丛书之一出版。还翻译《哈代短篇小说选》等书，将外国戏剧改编为《梅萝香》《同胞姐妹》。1927年，到暨南大学任讲师、教授。1930年秋，受聘任复旦大学兼课教授，讲授戏剧概论、英文等课。同年，完成莎士比亚喜剧《威尼斯商人》译作。1933年春，任复旦大学专职教授兼注册主任。

抗日战争爆发后，他投入民族救亡运动，写出一批充满抗日激情的短文和诗篇。1937年10月，上海复旦和大夏两大学合并内迁，顾仲彝任这所联合大学训导主任。次年春，顾仲彝回沪探亲，任复旦上海补习部外文系主任。在中共上海地方组织的领导下，积极参加上海孤岛时期戏剧活动，先后组织和加入上海剧艺社、上海艺术剧团和国剧团，创作、改编《梁红玉》《八仙外传》《水仙花》《恋爱与阴谋》《红楼梦》等近10本剧本，并与费穆、黄佐临改编和导演话剧《秋海棠》。当上海剧艺社第一次演出他改编的话剧《梅萝香》时，他收到日伪的恐吓信，信内附一颗手枪子弹。顾仲彝不为所动，坚持抗日救亡戏剧活动。

抗日战争胜利后，复旦大学迁回上海，顾仲彝续任教授，并参与筹建上海戏剧电影协会和中国文协上海分会。1945年10月，顾仲彝与李健吾、黄佐临、张骏祥、吴仞之等创办上海市立实验戏剧学校，任校长。1947年春，顾仲彝与洪深、陈望道、张志让筹备组织复旦教授会，并被推举为筹备会主任。后在中共上海地下组织的指示下，顾仲彝与欧阳予倩去香港，暂避国民党的迫害，顾仲彝任永华影片公司编剧，热心于当地进步文化活动，1948年被选为香港文协监事。1949年2月离香港，出席中华全国文学艺术工作者代表大会。会后，应聘任中央电影局编剧。1950年，调回上海市文化局任电影事业管理处副处长。1956年，当选为中国戏剧家协会理事，后历任上海电影工作者协会副主席，上海文联理事等职。1957年，转入上海戏剧学院任戏剧文学系教授。1958年，与人联合创作反映社会主义新风尚的话剧《红旗飘飘》，在北京上演后深得好评。1965年，顾仲彝因病逝世。

顾仲彝在上海戏剧学院执教期间，先后开设西欧戏剧史、编剧概论、名剧分析、作家作品研究、戏剧概论等课程。1963年，完成他一生戏剧理论研究方面归结性的学术论著《编剧理论与技巧》，在我国戏剧界广为流传，于1984年获全国戏剧理论优秀著作奖。一生为后人留下了极其丰富的电影戏剧作品。

陆崧安

陆崧安（1903—1974）　嘉兴人。祖居嘉兴北门外太平桥。1923年，毕业于省立第二师范学校。心灵手巧，长期从事中学工艺劳技教学，先后执教于嘉善县立乙种农校、私立上海美专、省立嘉兴中学、省立嘉兴师范、嘉兴三中、嘉兴南湖中学等校。当时，中学工艺劳技的教材缺乏，陆崧安根据自己备课的资料，编写了《中学劳作教科书》《纸工》《竹工》《木工》及《经济的工艺材料》等著作。他虽没有大学学历，但由于有多种中学劳作教科书著作，抗日战争前就获得了浙江省教育厅颁发的中学劳作教师的合格证书，为嘉兴担任中学劳作教学的第一人，是浙江省现代劳技教育的先驱者之一。

嘉兴沦陷期间，陆崧安坚拒塘汇区公所伪职，保持民族气节。他一生廉洁奉公，憎恶国民党的腐败作风，抗日战争胜利后，拒绝嘉善县政府请他出任嘉善县建设科科长，仍在嘉兴、松江等地坚持清苦的教师生活。

解放后，陆崧安在嘉兴中学任教。县教育科委托他负责嘉兴师范、南湖中学的基建工作。他处处精打细算，为国家节约教育基建费用，多次受到上级表扬。

1959年，南湖革命纪念馆筹建组要设计中共一大开会时游船的模型，找到了在嘉兴师范学校任教的陆崧安。经联系中共"一大"会议的当事人王会悟，并据其回忆，又靠从无锡造船厂借调来的2名工程师的协助，经调查核实，反复研究后，陆崧安与工程师确定当年的游船式样是单夹弄丝网船，便设计仿制了游船模型，送中央审定，得到中共一大代表董必武的肯定。纪念船根据模型按比例放大仿制，制造任务落实在嘉兴造船厂。1959年10月1日南湖革命纪念馆开放时，南湖革命纪念船同时展出，供游客瞻仰。1962年，又负责设计、绘制嘉兴人民剧院建筑图纸，新建造的嘉兴人民剧院既呈现民族风格，又不铺张浪费，达到当时的先进水平。1962年后，曾任嘉兴市人民委员会委员。

沈济川

沈济川（1904—1966）　字汝舟。嘉兴人。1924年，苏州东吴大学理科毕业。在东吴大学读书时，阅读进步书籍，接受革命思想，并参加校外演说活动，宣传反帝反封建思想。毕业后，被上海九福制药厂聘用，主持研究生产九福乳白鱼肝油和几经补力多，冲破了国外司各脱鱼肝油乳剂及几经帕勒托的垄断，在中国市场上影响很大，德国人提出诉讼，在诉讼中，对方以金钱收买沈济川，被拒绝。后几经周折，九福制药厂获得胜诉。沈济川后去美国留学，1940年在美国密执安大学研究院化学工程专业毕业，获工程科学硕士学位，并在美国林肯电焊学校毕业。回国后，创办上海中法化工实验所。1948年8月，去美国考察油脂工业。上海解放后，先后在交通大学、华东化工学院、公私合营上海永星化学公司、轻工业部华东办事处、国营上海制皂厂等单位从事教学及科技工作，历任教授、总工程师等职。1957年起，改任食品工业科学研究所所长。1956年，全国12年科学发展规划会议和1962年全国10年科学技术发展规划广州会议，他都出席，并参与起草规划的有关部分内容。1966年11月在北京逝世。1979年10月，在北京八宝山革命公墓举行追悼会。

沈济川曾两次去苏联和比利时参观考察及出席国际会议，为国家科委轻工组、可燃矿物组、化学工程分组的组员。他所主持的生产和科研项目曾获国家科委一等奖。还因解决浦江渡轮机船降温课题，获上海铁路局喷汽制冷奖，他曾获得全国先进工作者称号。曾任九三学社上海分社常委、中国化工学会常务理事、化工学报编委会副主任、第三届全国政协委员、第三届全国人民代表大会代表。

朱其石

朱其石（1906—1965）　原名碁，又名宗悌、宣，字其石，以字行；别号桂龛、蕢龛、括苍山民、抱冰居士。嘉兴人。朱大可弟。幼从父朱丙一习书画篆刻，又受其舅父书法家刘山农教诲，更因舅父结识寓沪书画名家，得吴昌硕指教，艺事日进，一时称为高手，名噪中外。历年刻印不少于六七千枚，多次在上海、南京等地举办作品展览。曾在报刊上连载《名印拾遗》，对古人100余印题识评论。尝从汪蔚山学画，擅山水，秀丽清润；喜画梅花，格韵高雅。又多与文艺界人士交游，曾与范烟桥等结星社；抗日战争前又同张大千、谢玉岑等多人组织艺海回澜社，被推为理事长。

抗日战争初期，朱其石避难去浙西、皖南，两次上黄山，饱览壮丽山川。1939年定居上海，在治印绘画之余，朱其石对其他艺术品类的收藏有极大兴趣，喜收集名人书札、古器拓片、近代历史照片等。所收集的火柴盒贴亦多珍品。抗日战争胜利后，在为《美术年鉴》自撰小传写道："……胜利后蒿目时艰，不胜伤感，杜门谢客，任何集会都不愿参加，日惟以艺事遣兴,盖纯粹一无党派之艺术家也。”

解放后,仍居上海。1958年,热情支持嘉兴中心博物馆的筹建,在上海奔走动员收藏家捐献书画文物。平湖金氏、嘉兴沈氏等在沪收藏家,在朱其石的动员下,捐赠了不少珍贵文物。嘉兴博物馆建立后,朱其石仍不遗余力广为联系,如动员魏廷荣捐赠名画家蒲作英(蒲华)的作品,向古钱币收藏家沈子槎征得一整套历朝货币,特别是海宁钱镜塘在朱其石的动员下捐赠百余幅嘉兴籍书画家的精作,大为丰富了嘉兴博物馆的收藏内容。1962年嘉兴南湖书画社成立,协助广事征求作品,或登门,或函请,用年余精力,把几乎上海所有著名书画家的作品一一求到,并远及广西、南京诸名家,共征得作品100多幅。朱其石还多次将所藏旧书旧杂志以及其一生心力结晶的全套亲拓印谱都赠给了嘉兴图书馆。他动员捐赠和征集的文物艺术品价值巨万,却未让公家花过一分钱,他自己也从未接受过任何报酬。1963年他自沪返嘉居住,次年被聘为嘉兴县文物管理委员会委员。

其篆刻作品,古朴俊逸,绵密流畅,自成一家。书法习苏东坡,雍容厚重。有《朱其石印存》《抱冰庐印存》行世。

沈性元

沈性元(1906—1987)　女,嘉兴人。钱昌照夫人。幼年自嘉兴去天津读书,毕业于天津女子师范学校。1949年5月,沈性元毅然携子女摆脱国民党,离开台湾取道香港于10月初抵北京。曾任第六届全国政协委员,中国国民党革命委员会第六届中央委员会委员暨中央妇女工作委员会副主任。沈性元善书法,行楷精妙,多次展出作品。又熟谙昆曲,晚年犹参加昆曲界名流的演唱活动。1987年3月9日,因病在北京逝世。

张镇芳

张镇芳(1907—1998)　字超叔。嘉兴大桥镇步云人。1932年于南京中央大学医科毕业,后到法国留学,在巴黎主编《中国抗日情报》,宣传中国人民抗日战争救国的重大意义。后又去意大利、比利时、德国等国勤工俭学,精通英、法、德、日四国语言。学过建筑、医学、机械学等,涉及多种领域。

1941年,他归国后,在上海开办电焊条厂,试制出我国第一根国产电焊条。次年回步云,开始了漫长的赈医助教生涯。历经抗日战争等战乱,到解放后,尽管生活困苦,居室简陋,无怨无悔为乡里服务。他曾走村串户为百姓治病,挽救了许多人的生命。为消灭血吸虫病,他倡导农村要清除露天粪坑,指导农民建造三格式圆形粪池,他还用自己的建筑技术为家乡建设出力,既作设计又作施工。

他将自己的生活标准降到最低点,用自己微薄的生活费资助当地生活困难的学生。在半个多世纪中义务辅导英语,带出了上千名学生,资助培养了数十名大学生。张镇芳终身未婚。去世前立下遗嘱将省吃俭用积蓄的近3万元钱捐出,专门用于补助贫困学生读书之用。

乡亲们对他的赞誉有嘉,称其为乡间难得的大好人。依他的遗嘱,1998年2月8日下午,张镇芳的骨灰由他的学生撒在了嘉兴南湖里。

庄一拂

庄一拂(1907—2001)　原名庄临,年轻时慕北宋别称一拂先生的郑侠,改名庄一拂。字莅民,号南溪,晚号箨山。嘉兴人。出生在帆落浜。父亲庄益山,又名幼山,曾参加光复会、同盟会,追随褚辅成等民主革命志士,参加禁鸦片、驱赶府台、建立新政府等革命活动,后从事实业,成为地方开明绅士。庄一拂少年时师从白鹤里陈应松,学诗、古文辞。后入上海东亚研究院,1928年获法学硕士。同年进南京政府财政部公债司。抗日战争前夕,被调至救国公债劝募总会文书股。1937年上海沦陷,拒绝去汪伪教育部任职,闭门在家,从事古典戏曲考证和俗文学研究,积极参与昆曲演唱。庄一拂性喜南词新声,特喜昆曲。早年赴上海求学时,曾师从全福班名艺人陈凤鸣拍曲,由此与昆曲结缘,长期研习昆曲。1942年,与赵景深合作编辑《戏曲》月刊;与叶德均、郑振铎、周贻白组织古典戏曲丛刊社,并辟《俗文学》专刊。以古槜李人笔名撰昆曲《十年记》

传奇和《鸳湖冢》传奇剧本；著《遗曲韵编》《曲略》，主编《大成曲刊》等。

抗日战争后期，参加国民党抗日战争时期军统地下上海直辖组织。抗日战争胜利后，任淞沪司令部文职秘书，被排挤，辞职回嘉兴。后到杭州，任职浙江通志馆工作，参与编撰《浙江通志》。

解放后因军统经历，服役劳改。后闲居嘉兴，承父业于西南湖南园，植栽花木，养蚕饲兔，致力于古典戏曲史料的研究，时有诗词文作。20世纪60年代初曾与嘉兴曲师许鸿宾合作，为毛泽东诗词谱写昆腔工尺谱，由嘉兴市图书馆印本，其中《沁园春·雪》昆腔谱曲由北京昆曲研习社曲友合唱，录音在1993年12月26日中央人民广播电台播放。1982年，累积20多载功力撰写完稿的，标志庄一拂在中国古典戏曲研究界地位的代表作《古典戏曲存目汇考》，由上海古籍出版社出版。130余万字，曲目4700余条，比以前各种曲目古籍所收录的总数要多一倍以上，是国内外古戏曲研究者的必备工具书。1992年，浙江古籍出版社出版庄一拂著《明清散曲作家汇考》，获嘉兴市优秀精神产品奖。庄一拂积极热情参与文化活动和文化工作，培养爱好古诗词年轻一代。他对于地方史志资料的征集作出了相当大的贡献。褚辅成援救韩国志士金九等到嘉兴避难的历史，就是庄一拂首先提供资料。晚年他为恢复南湖烟雨楼、复建三塔、觉海寺、金明寺等地方名胜古迹奔走呼号。

曾任三届嘉兴市政协的特邀委员，先后担任中华诗词学会顾问、省戏曲志编委、鸳鸯湖诗社社长、上海戏剧家协会会员、嘉兴地方志顾问等。第四届嘉兴市文代会推举为荣誉会员。晚年曾任嘉兴市佛教协会理事。

2007年5月8日、5月13日，庄一拂的儿子将抗日战争胜利后，庄一拂在市场上筹款买下被日本侵略者劫去的嘉兴图书馆19种珍贵善本，捐献给图书馆。

方叔昆

方叔昆（1908—1938）　学名方培玉，又名方叔堃、方曼之。嘉兴人家居嘉兴北郊朱官浜木桥头，一度迁住月河朝北廊下3号。

1920年，方叔昆与长兄方培春小学毕业后，同就读于嘉兴秀州中学，因家境贫窘，不久方叔昆辍学，去新塍镇怡和祥布店当学徒。

在“五四”运动反帝爱国精神的感召下，他参加了由沈选千、朱亮人、朱仲虎等人在新塍镇发起组织的进步社团——新塍读书会，懂得了不少革命道理，又经过“五卅”运动的考验，于1925年加入了社会主义青年团，次年转为中共党员。逐渐成长为早期嘉兴革命活动中主要骨干，不久，受党组织指派参加济生会嘉兴分会工作。

北伐革命军抵达嘉兴前，方叔昆在新塍、嘉兴县城等地，发动和领导工人运动、店员运动。1927年2月23日，北伐军光复嘉兴县城，此时方叔昆担任县党部工人部的秘书。根据党组织的指示，他以工运指导员的名义进入嘉禾布厂，加强对工人运动的领导，在厂内创办了工人夜校和职工子弟学校，自任教师，宣传革命道理。“四一二”反革命政变后，坚持留在当地，开展党的秘密工作。该期间，相继以朝北廊下3号和朱官浜木桥头农村小学为党的秘密活动点，同国民党反动势力展开艰苦的斗争。敌人曾对其进行疯狂追捕，他凭着机敏几度化险为夷。1928年上半年，因形势所逼转移到上海，任中华学园教员。后又回嘉兴开展革命活动，1934年冬，在杨柳弄活动时被捕，关押于杭州浙江陆军监狱。翌年春，被判三年徒刑，囚禁于浙江反省院。

抗日战争全面爆发后，浙江国共两党达成释放政治犯协议，方叔昆被释放，居住在新篁镇兄嫂处。在积极设法与党组织取得联系的同时，自觉投身于当地的抗日救亡运动，其抗日活动的足迹遍及嘉兴、海盐、海宁等县交界的村镇。1938年4月27日，日本侵略者集中兵力对新篁一带进行报复性大扫荡，方叔昆为掩护群众不幸落入敌手，被日本侵略者活活烧死在新篁南货店里，年仅31岁。

褚应璜

褚应璜（1908—1985）　嘉兴人。1931年，交通大学电机工程学院毕业，留校当助教。1934年，任上海华成电动机厂工程主任。1936年9月，任国民政府资源委员会中央电工器材公司电机厂工程师，旋任电机组组长，首次研制成功我国交流异步电动机系列产品和电动机控制设备。1942年赴美国留学，在西屋电器公司工程师学校实习电机、水轮机制造及工厂管理，先后两次获该校毕业证书。1944年，入美国爱利士夏默尔电机公司工程师学校学习。后任美国西屋电器公司技术代表，精心安排了数十名电工技术及管理人员到美国培训实习，这些人后来都成为新中国的电器工业建设骨干。

1949年初，褚应璜拒绝国民党政府的高薪聘用，由香港到北平，参加革命工作。上海解放后，任上海军管会重工业处生产组副组长。1950年4月，任华东工业部电器工业管理局总工程师、副局长。1953年，任第一机械工业部电器工业管理局总工程师。1955年当选为中国科学院院士，为中国科学院技术科学部委员。1956年，任电机制造部电器科学研究一院院长，技术司副司长。1958年，任一机部技术司副司长。褚应璜曾组织技术人员参加建设东北电器工业基地；主持统一全国电工技术标准；主持设计哈尔滨电机厂第一期工程；组织我国中小型电机系列、配电变压器系列、低压电器系列的研制和统一设计；参与筹建电器科学研究院的工作；主持12年科学技术发展规划电工部分的编写。20世纪60年代，负责组织电工通用产品的第二代统一设计，开始在我国推行国际电工标准，指导研制10万千瓦水轮发电机组，为我国生产大型水电机组奠定了基础。1980年，他退下领导岗位任第一机械工业部科学技术司顾问后，仍负责国际电工标准的技术咨询和推广工作，主持制订了我国电压、电流与频率等级标准，推动大型发电机的最新冷却方式的研究。直至晚年，他还为地方工业发挥余热，主动为无锡发电设备厂担任顾问，不取报酬，自贴费用，指导该厂研制成具有国际水平的2千瓦、5千瓦无刷单相同步发电机和多种规格的同类产品，出口到美国、澳大利亚等13个国家和地区。

褚应璜先后当选为第一届全国政协会议代表，第一、二、三届全国人民代表大会代表，第五、六届全国政协委员。1985年，加入中国共产党。

王梓良

王梓良（1908—1991）　嘉兴凤桥镇人。因家境贫困早年失学，在桐乡石门镇衣装店当学徒，后考入浙江省地方自治专修学校，毕业后，先后担任嘉兴县王江泾区长和嘉区民国日报社社长。抗日战争爆发后，担任嘉兴县政府政治科科长兼嘉兴县战时政治工作队长、嘉兴县党部书记、嘉兴县长。1938年12月，《嘉兴人报》在凤桥创刊，王兼任社长，大力宣传抗日救国，揭露日本侵略者暴行。《嘉兴人报》由小变大，由油印到铅印，发行量与日俱增，在民众支持中发展。后王梓良又创办《浙西日报嘉崇桐版》。1940年11月至1941年11月任嘉兴县县长。1943年4月，复任嘉兴县县长，坚持在嘉兴凤桥一带抗日救国。抗日战争胜利后，任嘉兴县党部书记长兼嘉区民国日报社社长。1949年10月，王偕夫人陆廷贤迁居台湾台北市，供职中国文献出版社。1966年，任台湾《大陆杂志》总编兼干事长。1987年，任台北嘉兴同乡会监事长、名誉会长。1988年10月5日回嘉兴探亲，10月10日重访凤桥。根据其遗愿，2006年1月，王梓良和陆廷贤夫妇的骨灰由义女凌浮生等运回大陆，合葬于嘉兴泰石公墓。生前著作有《浙西抗日战争纪略》《忆旧与伤逝》《褚辅成先生资料稿》等。

陆宗书

陆宗书（1909—1944）　嘉兴余新镇普光村人。早年在曹庄方作店做学徒。日本侵略者侵略中国，陆立志抗日，1938年底，告别家庭，参加义勇军，在浙江省抗日自卫纵队第七支队任中队长。1944年，赴丽水前线抗日，带病指挥战斗，在与日本侵略者激战中牺牲，时年35岁。

许玉赞

许玉赞（1909—1985）　嘉兴人。中共党员。1932年，毕业于上海交通大学机械系，任助教。1934年，考取公费赴意大利都林大学航空学院学习。1937年回国，历任南昌飞机制造厂、云南昆明电工厂、云南垒允飞机制造厂工程师。1942年转入西南联合大学任教授,旋又去重庆任交通大学航空系教授。中华人民共和国成立后,历任华东航空学院、西安航空学院、西北工业大学教授。许玉赞从事航空与航天教育事业凡51年,在飞行器设计、飞行器强度计算、固体力学诸学术领域均有很深的造诣。译有《飞机结构力学》《飞机部件设计》,编有《热力学》《板壳学》等。

沈叔羊

沈叔羊(1909—1986)　嘉兴人。中国民主同盟盟员,中国美术家协会会员,中央美术学院教授。早年肄业于天津南开中学。1930年,毕业于上海美术专门学校西洋画系,在校时曾从著名画家赵叔孺学习中国画。1932年毕业于上海法学院,1935年东渡日本在大阪商业大学学习。1937年归国,在父亲沈钧儒指导下,参加抗日救亡工作。曾随李公朴到山西临汾民族革命大学担任干事,还曾先后在军委会政治部第三厅、桂林行营政治部第三组以及重庆经济部工作。1941年后,任育才学校重庆分校教员。1943—1944年,在重庆多次举办画展。抗日战争胜利后,在上海法学院任教授兼调查部主任。1949年9月到北京,先后在出版总署美术科、贸易部国外贸易司任职。1954年6月,任中央美术学院教授,曾开授画论课等。

沈叔羊早年研习中西绘画,在中国画方面,于人物、山水、花鸟均颇擅长。毛泽东在延安时的会客室中曾挂有沈叔羊的画。沈叔羊的绘画艺术曾获得郭沫若、徐悲鸿、沙千里、傅抱石等人的赞誉。

沈叔羊关怀故乡,1962年在中央美术学院任教时,为家乡征集书画,征集到溥雪斋、吴作人、叶浅予、李苦禅、黄胄、李琦、萧淑芳、郭味蕖、蒋兆和、胡佩衡、陶一清、周怀民等著名艺术家的书画作品数十幅,不用家乡分文,表达了他为家乡文化建设倾注的深情。

1981年5月,中央美术学院举办沈叔羊书画展,有山水、人物、花鸟、书法、指画等品类,备受欢迎。1986年3月24日,沈叔羊为慕田峪长城题写“留霞”匾额,11月13日病逝于北京。著有《国画六法新论》《爱国老人沈钧儒》等,编注有《寥寥集》(沈钧儒诗集)等。

陆廷贤

陆廷贤(1909—2005)　女,嘉兴人。王梓良妻。1930年,毕业于嘉兴女子中学师范部。抗日战争时期,在凤桥镇中心国民学校任教,抗日战争胜利后,曾代表县政府接受敌伪办的小学,担任嘉兴县湖光镇第一中心国民学校(市实验小学前身)校长。1949年,陆廷贤随夫去台湾,依然从事小学教育工作,培养了如台湾亲民党主席宋楚瑜等在内的一批优秀学生,深受学生和同事的敬重。她曾经倾其所有积蓄共25万新台币捐赠于台北市嘉兴同乡会,用以对同乡子弟的奖励。对于家乡和母校嘉兴市实验小学,陆廷贤一直念念不忘,2005年弥留之际,曾嘱托义女凌浮生代她为学校设立教育奖励基金。为完成义母的遗愿,凌浮生和夫婿沈国桢等人出资10万元人民币在市实验小学设立“陆廷贤园丁奖”。从2006学年起每年提取6000元,用于奖励实验小学12位优秀教师。

金贤藻

金贤藻(1910—1978)　嘉兴新丰镇人。杭州工业专科学校肄业。曾参加北伐,任北平电台台长。1931年,在上海亚洲电器公司任工程师。1932年冬,经钱昌照推荐,任国防设计委员会无线电专员、工程师。1935年春,出国参观考察,曾在美国标准局实习9个月。次年赴英、法、德3国参观考察和学习。1937年回国,翌年10月,任中央无线电机制造厂总工程师。1939年3月,负责筹建昆明无线电厂,研制各种功率的发报机、报话发射机以及收讯机。1946年9月,资源委员会中央无线电器材有限公司南京厂建立,他任厂长兼总工程师。1948年,该厂与美国飞歌(PHILCO)公司合作建立了飞歌收音机生产线。是年秋冬,在中共地下组织的领导下,抵制了国民党令该厂迁往台湾的命令。1949年11月,他被任命为国营南京无线电厂厂长。1952年春,去新疆邮电管理局任工程师。1956年冬,调北京，到邮电部邮电科学研究院任工程师。1958—1961年间，主持600、960路微波中继系统设备的研究工作，为我国广泛使用微波中继多路通讯网奠定了基础。

梅元白

梅元白（1911—1941）　嘉兴新丰镇人。祖籍安徽宣城，其后迁居嘉兴曹庄乡邓家港河泥浜，父辈开始移居新丰。父亲梅文熙，秀州中学教师，能诗善画，晚年笃信佛教，母亲高景明，贤淑女性，由于家教有方，5个孩子均成才。梅元白10岁时寄居平湖香弄，先后就读于县立中心小学、平湖稚川中学。1927年考入杭州工学院，毕业后入上海海关工作，与邱姓姑娘情投意合，准备结婚。1931年，日本侵略者侵占我国东三省，梅元白认为外侮当前，好男儿保家卫国，义不容辞。他说服了恋人，毅然辞去海关工作，报考了杭州笕桥中央航空学校学习飞行技术。

1935年，他已任中尉飞行员，参加了淞沪会战，多次驾机轰炸日本侵略者军火仓库及吴淞口外日舰，使日军受到重创。在1938年2月开始的武汉保卫战中，他击落日机多架，多次立功后升任空军二大队九中队队长。1938年6月，中国空军以主力出击，轰炸芜湖等地的日军机场及长江中的日军舰艇。一次，梅元白的战机在空战中油箱中弹起火，为了照顾后座上的飞行员先跳伞，梅元白坚持战斗，待跳伞时身体已被烧伤，旁边日机还用机枪向他扫射，等到达地面时因伤势过重失去知觉。幸遇当地民众救护，送至武汉空军基地。治伤两月后康复出院，又继续投入抗日战争。1941年，他升任为飞行大队长，是年10月3日，他和战友奉命分别驾驶9架飞机转移到云南昭通机场。当晚机场为防止日军飞机袭击而实行灯火管制，又因机场设备简陋，致使飞机无法与地面联系，梅元白在上空盘旋良久，最后奉命返回，到达长江边，又奉命轰炸停泊在武汉的日舰“赤云”号。激战中，梅元白的座机不幸被敌机击中而冲入长江。当地百姓闻讯赶来抢救，救出一名飞行员，梅元白和另一名战士因伤势过重而壮烈牺牲，年仅30岁。遗体葬于成都北门外磨盘山抗日烈士墓，1985年迁至南京空军烈士陵园。

梅元白牺牲后不久，他的二弟梅元泰也考入了空军部队，并很快参加了抗击日本侵略者的战斗。

曹未风

曹未风（1911—1963）　原名崇德。嘉兴人。1931年前后，开始翻译莎士比亚戏剧。后去英国留学，搜集有关莎士比亚戏剧的资料。1943—1945年，曹未风在贵阳文通书局工作，所译《威尼斯商人》等11种剧本，由文通书局用《莎士比亚全集》的总名出版。抗日战争胜利后至上海，仍坚持翻译莎剧。1946年，上海文化合作公司又以《曹译莎士比亚全集》总名出版莎剧10种。20世纪50年代初，曹未风重校旧译本，并继续翻译新作，于1955—1962年间由上海新文艺出版社先后出版莎剧12种，其中10种在70年代末由上海译文出版社再版。此外，曹未风还翻译出版莎士比亚十四行诗集一部。

曹未风于1945年起曾任上海培成女中教务长，大夏大学教授兼外文系主任，并在暨南大学、光华大学任教。这期间，曾参加中共领导的进步大学教授组织“大教联”并任干事，积极参加反饥饿、反迫害的学生运动和反美扶日运动，并支持子女参加这些正义的斗争。1949年2月，曹未风加入中国共产党。解放后，历任华东军政委员会教育部高教处副处长，上海市高等教育管理局教学处处长，上海高等教育局副局长，上海外文学会副会长，上海围棋协会副会长和《学术月刊》编委会常委等职。1963年10月12日病逝于上海。公祭仪式在上海万国殡仪馆举行，石西民、杨西光、陈望道、金仲华、巴金等参加了公祭。中共上海市委、上海市人民委员会、中华人民共和国教育部等送花圈挽联。

译有《历史研究》(英国汤因比著)。

方定一

方定一（1911—1985）　嘉兴人。1940年，毕业于中央大学兽医系。曾任台湾省种马场场长。1949年春，他放弃了丰厚待遇，毅然返回大陆，迎接全国解放。中华人民共和国成立后，历任南通农学院副教授、江苏农学院畜牧兽医系主任、扬州市政协副主席、第六届全国政协委员、中国禽病研究会副理事长。1980年，方定一获江苏省先进工作者称号。长期从事传染病学和预防兽医学的教学和科研工作，是兽医微生物学专家。在国际上第一个发现并分离出“小鹅瘟病毒”，并研制成疫苗在全国推广应用。主编《兽医病毒学》《仔猪大肠杆菌文集》《小鹅瘟文集》《禽病免瘟专辑》《布氏杆菌》等书。参与编著《家畜传染病》《家畜传染病学》《实用家畜传染病学》《动物检疫》《禽病防治》《禽病学》《动物病毒学》《猪病研究进展》等书。发表论文40余篇，其中《小鹅瘟病原体及特异性的研究及其防治》获江苏省科技大会奖和国家科委科技进步二等奖，《仔猪黄痢防治的研究》获江苏省科技大会奖，《鸡胚化鸡新城疫Ⅳ系苗研究》获江苏省科技进步二等奖，《盱眙水牛病的病原研究》和《猪气喘病的研究》获江苏省科技进步三等奖，《兽医病毒学》获1988年华东优秀科技书二等奖。

谭其骧

谭其骧（1911—1992）　字季龙、笔名禾子、谭禾子、春斋等。嘉兴人。祖居勤俭路。1911年2月25日生于辽宁省沈阳市，次年回原籍嘉兴。

1923—1926年，谭其骧求学于嘉兴秀州中学。1926年，进上海大学社会系。1927年，转入上海暨南大学，先后就读中文系、外文系、历史系。1930年毕业后进入燕京大学研究院，师从顾颉刚。1932年毕业，获硕士学位。是年春，任北平图书馆馆员、辅仁大学兼任讲师，后又兼燕京大学、北京大学讲师。1934年，他协助顾颉刚等创立中国第一个历史地理的学术团体禹贡学会，主编《禹贡》半月刊。1935年在广州学海书院任导师，1936年先后在燕京、清华大学任教。1940年初，至贵州浙江大学史地系任副教授、教授。1950年，担任复旦大学教授，1957年任历史系主任，1959年兼任中国历史地理研究所所长。1980年，当选为中国科学院地学部委员（院士）。1981年，被国务院学位委员会批准为历史地理专业博士生导师。1981—1985年，任国务院学位委员会学科评议组成员。历任中国历史学会常务理事，国务院古籍整理出版规划小组成员，上海史学会副会长，上海市哲学社会科学联合会副主席，中国地方史志协会顾问，国家教委中小学教材编审委员会顾问，《中华人民共和国国家历史地图集》编委会副主任兼总编辑，《历史大辞典》编纂委员会主任兼历史地理分册主编，《历史地理》主编等职。1991年，他被美国传记研究所列为最近25年间对世界有重大影响的500位人物之一，其功绩载入英国《牛津名人录》。谭其骧是九三学社社员，1983年加入中国共产党，他还是第三至五届全国人大代表。

从20世纪50年代开始，谭其骧倾注30多年心血，主持编绘《中国历史地图集》，这是当今内容最为详确的中国历史政区地图集，被称为史学界的两大基础工程之一，在我国边界谈判和外交、国防、社会主义经济建设中发挥了重要作用，解决了许多长期没有解决的问题。被中央领导誉为新中国社会科学最重大的两项成就之一。他主编《中国自然地理、历史自然地理》《中国历史地图集》，1986年获上海（1979—1985年）哲学社会科学特等奖。

谭其骧对中国历代疆域、政区、民族迁移和文化区域作了大量研究，对黄河、长江水系、湖泊、海岸变迁均有精辟见解。为表彰他对国家的突出贡献，国务院授予他特殊津贴，中国科学院授予他荣誉章和“从事科学工作50年”荣誉奖状。

谭其骧一生治学严谨，实事求是，从不拿学问做名利的敲门砖，更不去迎合时尚。他认为求真、求实是做学问的基本。在现实生活中，他没有因一时的厚今薄古而不敢讲古代史，也不因为评法批儒而违反历史真实地而大捧法家。他敢于指出郭沫若这样的前辈在《胡笳十八拍》中有关历史事实研究的错误，这是非常可贵的精神。

谭其骧的重要著作《长水集》（上、下册，1987年出版）和《长水集续编》（1994年出版），就是以“长水”这一嘉兴的古名之一来命名的，这充分表达了他对故乡的拳拳之心和赤子之情。谭其骧弟子葛剑雄在整理其遗著资料的基础上，撰写了《悠悠长水——谭其骧前传》和《悠悠长水——谭其骧后传》，以此来纪念这位从嘉兴南湖畔走出来的杰出的历史地理学家。

姚岩宝

姚岩宝(1911—1992)　嘉兴人。出身于贫农家庭,生活贫苦。1951年土改结束,姚岩宝发现农户单独耕作生产,缺少耕牛、劳动力和农具,必须依靠互相依靠合作帮忙才能解决生产发展。1952年春,在他的带动下,当时的姚家石桥、姚家埭、施介兜等自然村的14户农民自愿组织起来成立互助合作社,名为姚岩宝农业生产互助合作社,是嘉兴地区第一个生产合作社。农户把土地、农具、耕牛折价入股,集体劳动,统一生产,收入按劳动力、出工、农具、耕牛比例分配。办社第一年就获得了丰收,附近的农户看到了希望,纷纷要求参加合作社。1953年发展为16户,1954年为32户,到1955年全村有160多户农户参加了姚岩宝合作社,占当时农户总数的90%以上。

1953年,姚岩宝被评为浙江省劳动模范,当年5月又当选为浙江省二届人大代表,在以后20年时间,他5次出席了省人民代表大会。

1954年,在嘉兴县委工作队队长胡顺林的介绍下,姚岩宝加入了中国共产党。同年,他参加了中国人民赴朝慰问团,到朝鲜前线慰问志愿军官兵。1958年10月,真如、洪合、蚂桥合并成立南湖人民公社,姚岩宝任公社副社长、联丰耕作区党支部书记。

1966年6月,在嘉兴县第六届人民代表大会上被选为县人民政府委员会委员。

20世纪80年代后,姚岩宝由于文化、身体健康等因素一直在家里务农。至1992年7月去世。

陈省身

陈省身(1911—2004)　生于嘉兴下塘街。父亲陈宝祯为他取名辛生,后更名省身,取“吾日三省吾身”之意。幼时从祖母和小姑姑识字读书。父亲送他一套三册的《笔算数学》,成为他喜爱数学的开始,1919年入秀水县立小学,仅上一天课便停学,在家自习国文、数学。次年考入秀州中学高小部。1922年,其父到天津法院任职,陈省身随后转学至天津扶轮中学,曾在校刊《扶轮》上发表多篇关于数学研究的文章。1927年,他进入南开大学数学系,1930年毕业。1931年,考入清华大学研究院,成为中国国内最早的数学研究生之一。在博士孙光远的指导下,他发表了第一篇研究论文,内容是关于射影微分几何的。1932年4月,德国汉堡大学教授W·布拉希克应邀来华作《微分几何中拓扑学问题》的讲学,对陈省身的影响不小,使他确定了以微分几何为以后的研究方向。1934年,他以11门主课中10门“超等”和毕业论文“超等”的优异成绩毕业于清华大学研究院,同年,得到汉堡大学的奖学金,赴布拉希克所在的汉堡大学数学系留学。

在德期间,他师从布拉希克和凯勒,学习微分议程的几何应用和微分议程的理论应用,并接触和了解世界著名的几何学大师E·嘉当的研究理论。1935年秋,他运用嘉当的方法撰写了论文《2r维空间中r维流形的三重网的不变理论》,次年以该作为博士论文发表在《汉堡论文集》中。1936年,获汉堡大学理学博士学位。此后,他到法国巴黎,随E·嘉当从事研究。嘉当敏锐地发现了陈省身的才华,特地允许每两个星期约陈省身去他家交谈一次,每次一小时,给了他有益的启迪。

1937年,夏回国任西南联合大学教授,开设许多涉及科学前沿的课程,受到学生的喜爱,与华罗庚、许宝禄并称“数学三杰”。1939年7月,陈省身与郑士宁结婚。1943年7月,他应美国普林斯顿高级研究院数学家维布伦(O. Veblen)邀请,赴该院做访问学者,对微分几何进行一系列研究,证明高维的高斯—邦内公式(Gauss—Bonnet Formula),构造了现今普遍使用的陈示性类(一说陈氏特征类),为整体微分几何奠定基础。德国数学家霍普夫称陈省身在该阶段的研究,使“微分几何进入了一个新时代”。

1946年4月,陈省身回国创办南京中央研究院数学研究所,出任代所长,培养了一批青年拓扑学家。1948年,他当选中央研究院第一届院士。年底,陈省身举家赴美,任美国芝加哥大学教授。1950年,陈省身与美国的斯丁路特、法国的艾勒斯曼共同提出纤维丛的理论。1960—1979年,他任美国伯克利加州大学教授。1961年,加入美国籍,同年被美国科学院推举为院士。陈省身从伯克利加州大学退休后,于1981年11月创办美国数学科学研究所,使其成为世界几何学的研究中心。

1972年9月,陈省身携夫人回国,与中科院院长郭沫若等会见。1984年8月25日,陈省身夫妇在北京受到邓小平接见。同年,中华人民共和国教育部向陈省身发出聘书,请他创办南开数学研究所并担任所长。南开大学也为他们夫妇盖了一幢题名“宁园”的二层楼房,作为他们回国时的住所。他在获得沃尔夫奖后,将5万美元奖金全部捐给南开大学,用于创建数学研究所。在1985年南开数学研究所成立大会上,他表示“将为中国数学,南开数学,鞠躬尽瘁,死而后已。”20世纪90年代,陈省身和丘成桐向中央倡议申办国际数学家大会,并为此做了大量卓有成效的幕后工作。2002年8月,4年一届的国际数学家大会在北京成功举办,来自全球的4000多位杰出数学家参加这次盛会。在陈省身的领导和带动下,南开数学学科得到前所未有的发展,涌现大批学术骨干。

2000年,陈省身回国定居。2004年10月29日,他公布关于六维球面上复结构的最新研究进展,解决数学界50年来一直未曾破解的难题。这篇论文成为其一生数学研究的最后成果。2004年12月3日,陈省身在天津医科大学总医院逝世。在去世前一个月,他还说:“对当今世界最大难题之一——庞加莱猜想,我已经有了一个特别的想法。”

他是美籍华裔数学大师、20世纪伟大的几何学家。他用内蕴的方法证明了高维的高斯—博内公式,定义了陈省身示性类,在整体微分几何的领域做出了卓越贡献,影响了整个数学领域的发展,被誉为“现代微分几何之父”。1994年,当选为中国科学院外籍院士。陈省身除了当选美国科学院院士(1961年)和中国科学院外籍院士(1995年)外,还先后当选英国皇家学会国外会员、意大利国家科学院外籍院士、法国科学院外籍院士。1984年5月,他获得世界数学最高奖项沃尔夫奖,成为有史以来第一位获得该奖的华人。2004年10月28日,国际小行星中心正式向世界公布,将编号为1998CS2号小行星命名为“陈省身星”,以表彰他的卓越成就和杰出贡献。2010年,在印度举行的国际数学家大会上,国际数学联盟颁发四大奖项——“菲尔兹奖”“内万林纳奖”“高斯奖”和“陈省身奖”,分别纪念这4位伟大的数学家。“陈省身奖”为首次颁发,这也是国际数学联盟第一个以华人命名的数学大奖。

1984年9月,陈省身首次回到阔别62年的故乡,此后他10多次回嘉兴探亲、观光、讲学,对故乡的科技教育事业极为关注。1988年,他撰写《嘉兴,我的故乡》,记述他童年时代的美好回忆。1992年5月,他为母校捐款,设立“陈省身奖学金”,以奖励优秀学生和先进教师。陈省身祖居在旧城改造时被拆除,建为中国工商银行分理处。后市政府决定在该分理处镶嵌陈省身故居纪念牌,1999年9月28日举行纪念牌揭幕仪式。同日,秀州中学还举行了陈省身铜像揭幕仪式。

1999年9月,陈省身受嘉兴市人民政府聘请,任嘉兴学院名誉院长。自2000年学院建成以来,他每年都到学院看望师生。2004年,还特意为嘉兴学院题写了“方正为人,勤慎治学”的校训。陈省身逝世后,嘉兴学院内修建了陈省身纪念馆。2006年5月20日,陈省身女婿、著名物理学家、香港科技大学校长、嘉兴学院名誉院长朱经武为纪念馆揭幕。

朱生豪

朱生豪(1912—1944)　原名文森,又名文生,学名森豪,笔名朱生、朱朱等。嘉兴人。1912年2月2日出生于破落的商人家庭。三四岁时,即由叔祖母、母亲教读《三字经》《千字文》等。5岁入嘉兴开明初小读书,9岁毕业,得甲级第一名。1921年秋入嘉兴县第一高等小学就读。次年冬,母亲病逝。1924年,父亲突然患疾去世。朱生豪过早结束了幸福的童年生活,养成了沉默而又坚毅的性格。是年7月高小毕业,成绩为全班之首。破格升入嘉兴秀州中学初中二年级就读,语文与英文成绩优异。高中时期开始试写新、旧体诗歌,并练习翻译外国文学作品片断;论文《古诗与古赋》及诗《雨丝》、剧本《英雄与美人》等作品,发表在校刊《秀州钟》上,初露了他的文学才华。其时英语课本采用《莎氏乐府本事》及莎剧之选读,朱生豪经常反复诵读,悉心研讨。1929年中学毕业,经秀州中学校长黄式金、教导主任顾惠人提议,校董事会一致通过,保送杭州之江大学深造并享受奖学金待遇。在之江大学，他主修中国文学系，选修英文辅系，对历代作家、中外诗人的名篇佳作广泛涉猎，而且臧否得失，独具卓见。

1931年“九一八”事变后，之江大学成立抗日救国会，朱生豪当选为委员，担任文书股工作，积极投入抗日救国活动。在大学时期，朱生豪即从事诗词创作，参加之江诗社，屡有作品发表在校刊上。1933年大学毕业，获文学士学位。是年夏，经作家胡山源介绍，去上海世界书局英文部任编辑，参与编辑《英汉求解、作文、文法、辨义四用辞典》，又为《少年文库》作注释。1935年春，开始莎士比亚戏剧翻译准备工作，研读原著，搜集资料，对翻译莎士比亚戏剧逐渐酝酿成熟。特别是在听说日本人因中国没有莎氏全集的译本而讥笑中国是一个“没有文化的国家”后，更加坚定了翻译《莎士比亚戏剧全集》的决心，于1936年8月8日译成莎剧《暴风雨》第一稿。此后，陆续译出《仲夏夜之梦》《威尼斯商人》《第十二夜》等9部喜剧。译稿先后交世界书局，准备汇集出版，1937年“八一三”淞沪战争爆发，译稿毁于战火。朱生豪从上海避难至嘉兴，接着嘉兴濒临沦陷，遂同亲友辗转避难至新塍、新市等地，稍得安宁，即埋头补译失稿。一年后，重返世界书局。在工作之余，继续研读莎士比亚戏剧，亦创作诗歌、散文或翻译外国小说，发表在《红茶》文艺月刊上。1939年应邀入《中美日报》社，为国内新闻版撰写《小言》，鞭斥敌伪，激励抗日斗志。1941年太平洋战争爆发，《中美日报》被查封。补译的莎士比亚戏剧稿件、资料，及历年来创作的《古梦集》(旧体诗词、译诗)《小溪集》《丁香集》(新诗)等，均遭毁失。

1942年，朱生豪在上海与宋清如结婚。嗣后去常熟岳父家小住，把莎氏喜剧译稿全部补译完毕。1943年1月，朱生豪夫妇回嘉兴定居。时嘉兴为沦陷区，日伪横行，环境险恶。朱生豪在贫病交加的情况下，保持了高昂的民族气节，闭门不出，摒绝交往，把全部精力扑在译写工作上。从《罗密欧与朱丽叶》《哈姆莱特》开始，次第译出莎氏全部悲剧、杂剧，又译出英国史剧4部，连同喜剧在内，共31部。1944年6月后，终因肺结核病日渐沉重，不得不放下已经开始译写的《亨利五世》译稿。病中两次在昏迷中突然高声背诵莎剧原文，音调铿锵，表情极为严肃。12月26日，抱恨去世，年仅32岁。

1947年秋，译稿由上海世界书局分三辑(喜剧、悲剧、杂剧)出版，计27部剧本。1954年，作家出版社出版朱译《莎士比亚戏剧集》。1978年，人民文学出版社出版《莎士比亚全集》，内收朱译31部剧本。朱生豪译本以“求于最大可能之范围内，保持原作之神韵”为宗旨，译笔流畅，文词华赡。朱生豪是我国翻译莎士比亚作品较早和最多的一人，译文质量和风格卓具特色，为国内外莎士比亚研究者所公认。

1987年，宋清如将朱生豪的31部莎士比亚戏剧翻译手稿捐献给嘉兴市图书馆，受到嘉兴市人民政府的表彰。宋清如亦擅文学，相夫著译，数十年茹苦含辛，抚养孤儿，整理出版遗译，保护手稿，风格高尚。

朱生豪诗文稿多散佚，劫余零星诗词近年发表于《词学》丛刊等处。

沈振黄　沈耀华

沈振黄(1912—1944)　名耀中，字振黄。嘉兴人，世居嘉兴南大街。父沈阜升，同盟会会员，早年追随孙中山参加辛亥革命，后任海军舰长。沈振黄幼年在嘉兴东栅镇读小学。1927—1929年，在上海中法学堂就读，因不满殖民主义奴化教育，于1930年离开该校考入上海中法工学院，攻读铁路工程专业，课余从事美术创作。“九一八”事变后辍学，入新中国书店工作。1933年，去开明书店担任书刊插图和装帧设计工作，以木刻画作为书籍封面装帧，成为我国现代木刻先驱之一。鲁迅在上海倡导新兴木刻运动，1934年沈振黄与鲁迅通信联系，得到鲁迅的热情支持和指导。1936年鲁迅去世后，沈振黄拍摄了许多鲁迅遗容和治丧的照片，发表在报刊上。

沈振黄擅长漫画，1935年在邹韬奋主编的《生活》周刊编辑部工作时，每周在刊物上发表一幅揭露日本帝国主义的漫画，投身于抗日救亡运动。其间，又与国际问题专家金仲华合作，在《世界知识》半月刊上，绘制“国际政治形势图解”，后金仲华将这些作品结集成《国际政治形势地图集》，由生活书店出版。抗日战争爆发后，经夏衍推荐，他参加中共中央长江局直接组织和领导的政治文化工作队战地服务队，由郭沫若介绍这支队伍去第八集团军总司令张发奎处活动。该队由周恩来指派钱亦石任队长，沈振黄担任宣传科美术股长，奔赴江、浙、赣、粤、桂前线，进行抗日宣传鼓动，组织群众抗日。沈振黄在这时期绘刻油印画报，创作大量抗日宣传画和木刻画，并书写大批标语，激发群众的抗日热情。其中发表在《救亡漫画》上的连环漫画《全国抗日战争画报》(12幅)，描绘了日本侵略者侵略中国的罪行及中国军民全面抗日战争的事迹，影响甚大。1939年秋，沈振黄在广东曲江县加入中国共产党，属中共南方局领导的特别支部。年末，国民党顽固派发动抗日战争期间的第一次反共高潮，战地服务队被迫撤离前线，退到后方。1940年初，沈振黄随队撤退至柳州。在柳州为当地学校和团体的音乐会、歌咏会、巡回演出队写海报、画广告、设计舞台布景，积极宣传抗日。1941年，沈振黄创作的10多幅大型抗日救国宣传画被送到苏联各大城市巡回展出，博得苏联人民高度评价。1944年11月，日军侵占桂林、柳州等地，国民党军队败退。沈振黄受中共南方局特别支部的指派，负责柳黔公路一线的活动，护送撤离的文化界人士。同年11月25日，日军逼进柳州，沈振黄奉命回重庆向中共党组织汇报工作，从六寨带着妻儿等最后一批撤离人员乘汽车去独山。途中遇难民搭车，沈让出座位，自己坐在车顶上。汽车驰至老甲河，两车相遇让道时，不幸从车顶摔下，脑部迸裂，于次日牺牲，年仅32岁。

1945年4月1日，在中共重庆工作委员会文委支持下，重庆进步文化界在夫子池举行了隆重的沈振黄追悼会，有数百人参加，沈钧儒主持了追悼会并致悼词；王亚平、徐迟诵哀悼诗；金仲华报告沈振黄生平和牺牲经过。沈钧儒送挽联："小已生命轻一掷，服务精神足千秋。"郭沫若挽联称："民主前途欲明还暗，我兄高义虽死犹生。"柳亚子也作诗致挽。夏衍、叶圣陶、宋云彬等在重庆《新华日报》上发表哀悼诗文。重庆文化界进步人士沈钧儒、郭沫若、柳亚子、茅盾、夏衍、邵荃麟等49人，联名登报发起"为沈振黄先生募集子女教育基金"的活动。

1950年，中共中央华东局追认沈振黄为革命烈士，中华人民共和国民政部授予烈士证书。夫人朱曼其多年茹苦含辛，抚育幼儿，受人尊敬。

沈振黄编著有《世界美术史》，稿佚。

沈耀华(1918—1948)　原名沈浩，沈振黄四弟。1938年春从桂林奔赴延安，翌年毕业于抗大参谋训练队，后随军转战苏、皖、豫、赣各战区直至抗日战争胜利。1948年，沈耀华为中国人民解放军某部参谋科长，因积劳成疾，病逝于胶东军区医院，年仅30岁。

竺培农

竺培农(1912—1986)　浙江奉化人。父亲竺梅先(1889—1942)是江浙颇有名望的实业家。竺培农13岁在上海当学徒，不久转至上海货通保险公司当办事员。1911年，在一次代表自己的商行参加的财产清理中认识了金润庠，两人互相被对方显示出来的才能所吸引，由互相钦佩渐渐变成了知交。1927年，竺梅先、金润庠看到造纸工业利润非常丰厚，于是共同筹资28万元，盘进嘉兴禾丰造纸厂，更名为民丰造纸股份有限公司。1931年，他们又以29.05万元的标价购进了杭州武林造纸厂，改名为华丰造纸股份有限公司，并在上海成立民丰、华丰总公司，设立董事会，竺梅先任经理，金润庠为公司协理。20世纪30年代的中国，民族造纸工业基础十分薄弱，同业之间经常互相倾轧，削弱了对抗国外资本的力量。竺梅先、金润庠联合了苏州、天津等地造纸厂，组成中国纸板同业联合委员会，还签定了《国产纸板联营所章程协定》，联营出售，定价划一，消除了同业之间的矛盾，增加了民族造纸工业的竞争实力。接着他们致力发展生产，开发新品，还聘请了外国专家，购进了国外新机器，进一步打开销路，民丰、华丰为发展民族工商业起到了一定作用。

1935年，竺培农从南京金陵大学农业经济系毕业，进民丰造纸厂种植科工作，负责种植卷烟纸主要原料——黄麻。他在嘉兴十八里桥辟地50亩，又在杭州笕桥购地100余亩，开辟大型种麻场，决心两代人共同经营企业，实现“实业救国”之梦。抗日战争期间，在云南昆阳县筹建云丰造纸厂。1942年，竺培农的父亲因病逝世，子承父业，竺培农出任上海大来银行副经理。1946年起，他任上海民丰、华丰造纸股份有限公司襄理，兼任大来银行经理。1949年，任民丰造纸公司副总经理。这时，外货重新倾泻，国货呆滞难销，民丰、华丰两厂的生产又处于风雨飘摇的低谷。竺培农临危受命，负起民丰厂的生产重任。解放前夕，为解决职工生活，他到处设法筹款。当时公司有一批发电机组等设备已运到香港，只要卖掉，就能解燃眉之急，竺培农、金润庠与厂劳资协商会反复商量后决定不杀鸡取卵，宁愿减薪，克服眼前困难，也要将设备运回，以图今后发展。1953年10月，竺培农、金润庠提请民丰、华丰造纸公司董事会同意，向政府提出公私合营的申请，得到了政府的批准，生产纳入国家计划的轨道，节约了不合理开支，工厂增添了设备，生产增加了新品种，工人积极性、创造性都大大提高，一年以后，卷烟纸产量提高38%，而成本降低42%，很快实现由亏转盈。1960年，民丰厂试制成功仿羊皮纸，增产钞票纸、文化用品纸，品种从原有的74种增加到100余种，纸及纸板产量达到3.1万吨，创建国以来最高记录。

竺培农1951年参加民主建国会，1962年6月担任民建省工作委员会副主任委员，1980年7月担任民建省第一届委员会副主任委员，还是市工商业联合会主任委员，省工商联三、四届副主任委员，全国工商联四、五届执行委员。他深知肩上担子重，经常奔前忙后，为群众解决各种困难。三年自然灾害期间，他主动约请浙江籍侨胞及港澳同胞，为浙江省争取到一批化肥；听说嘉兴毛纺厂扩建急需资金，他积极带头并动员嘉兴的工商业者进行投资，为“嘉毛”集得20余万元。1962年，中共中央提出“两条腿走路”：国家和民间一起办学，竺培农不遗余力地推动创办群力中学和接办建设中学。

“文化大革命”期间，竺培农受到冲击。中共十一届三中全会后，66岁的竺培农正式办理退休手续。1980年，省政府安排竺培农担任省华侨投资公司副经理，他不顾患有心脏病、高血压，毅然挑起了这付重担。到1980年6月底，省华侨投资公司共筹集到资金600多万元，其中他经手的几近半数。为招商引资，他经常联系美籍华人、香港朋友，涉及范围包括电子、造纸、食品加工、一次成像照相、针织、橡胶等各个领域。

杨衔晋

杨衔晋（1913—1984）　嘉兴人。1931年8月，考入国立中央大学农学院森林系。1935年7月毕业，留校任助教。1937年6月，任南京中国科学社生物研究所研究员。1942年2月，在四川北碚任复旦大学农学院教授。1945年4月，赴美国耶鲁大学林学院进修。1946年8月回国后，任复旦大学农学院教授，兼任河南大学农学院、上海同济大学理学院教授。1950年5月，任东北农学院森林系教授，兼系主任。1952年12月起，任东北林学院教授、林工系主任，教务部主任等职。1956年加入中国共产党，1962年任副院长，1979年任院长。曾任中国植物学会副理事长、黑龙江省植物学会理事长、中国林学会副理事长、黑龙江省林学会理事长、国家科委林业组委员、林业部科技委员会委员、国务院第一届学位委员会农学科评议组成员、博士学位研究生导师等职，还是《中国植物志》《中国树木志》《中国林业》等刊物编委，《中国森林》杂志副主编。著有《四川金佛山方竹开花的研究》《川康樟树科植物》《四川女贞属之纪述》《四川东部之新木本植物》《中国之楠木》等著作。合著有《中国森林植物图志》《黑龙江经济植物志》《中国树木志》等书。先后发现新木本植物70余种。参加编著《中国植物志》第31卷（樟科），获1982年全国优秀科技图书一等奖。

姚教杏

姚教杏（1913—1987）　原籍吴兴县。年轻时辍学后去沪在药房当学徒。1942年，到嘉兴受聘为中法药房经理。解放后，曾任嘉兴建华药房经理，嘉兴市医药公司经理，省、市人民代表，嘉兴市副市长，市工商联副主委，省工商联一届常委，市政协一届委员会常委等职。他拥护中国共产党的领导，热爱新中国,坚定地走社会主义道路。在资本主义工商业社会主义改造中起到推动、促进和带头作用。以后,他虽经历坎坷,仍坚信党的领导。中共十一届三中全会以来,积极拥护党的路线、方针、政策,在恢复民建、工商联工作,带领民建、工商联成员为现代化建设贡献力量当中发挥了积极作用。

他是中国民主建国会嘉兴组织创建人之一,民建嘉兴市筹委会主任委员,任民建嘉兴市三届市委委员、主任委员。省民建二届委员和民建嘉兴市委顾问。1987年12月病逝。

吴藕汀

吴藕汀(1913—2005)　号药窗、信天翁。嘉兴南堰人。幼时家道殷实。吴家有红霞楼,在鸳鸯湖畔,楼中书画鼎彝,收藏甚富。庶母朱媚川擅诗画,耳濡目染,得益良多。1923年吴藕汀进入钟秀小学,毕业后进入中学。1928年,拜郭季人为师学画,前后8年。吴藕汀喜填词,好拍曲,旁及金石篆刻,学识渊雅。弱冠之年加入槜李金石书画社,在当地负有才名,为地方名士、官员所器重。

抗日战争期间,吴藕汀携眷迁居城北殿基湾。1951年3月,被聘为嘉兴文化馆昆曲研究小组组长,嘉兴图书馆整理古籍小组组长。同年6月,他以版本学专家的身份,被嘉兴图书馆派往南浔嘉业堂藏书楼,与毛春翔共同接收藏书10余万册。1952年,调入浙江省图书馆,负责整理嘉业堂藏书,先后编成地方志、医药、戏曲、清人别集及丛书目录。1956年,帮助朱士嘉重订《中国地方志综录》。1958年所编《词名索引》,由中华书局出版。同年,参与创办嘉兴博物馆。

1958年6月,因病退职修养。不久,母亲、妻子、幼子先后去世,与7个子女靠变卖家什度日。1962年,整理自编《近三百年嘉兴印画人物录》,收录人物1700余名。“文化大革命”初期,未成稿本《两浙神徵》《嘉兴词录》《大顺军年谱》《吴三桂大传》《南堰志》《二次世界大战纲目》均焚毁。《湖楼七志》因南湖烟雨楼幸免于难。1967年,完成《烟雨楼史话》。1971年,开始创作《药窗诗话》。1975年,完成《和鸳鸯湖棹歌》200首,记述抗日战争8年嘉兴沦陷中的所见所闻。1986年,吴藕汀被聘为浙江省文史研究馆馆员。

2000年5月2日,吴藕汀及长子吴小汀全家从南浔回到嘉兴。2002年,完成回忆录三部曲的前两部《猫债》和《郭家与我》。2004年,完成40万字的《戏文内外》。2005年,《十年鸿迹》由秀州书局以白皮书的形式,印行其中的壬戌、辛酉两卷,各100本。

吴藕汀少喜绘事,中年辍学,晚年重拾,画品立意不俗,构图用笔率性天真又极老辣,韵味远长,被誉为新文人画。2005年10月16日,吴藕汀因病去世,享年93岁。

王德昭

王德昭(1914—1982)　笔名丁主。嘉兴石佛寺人。幼年进私塾,后插班入小学5年级,毕业后当布店学徒。1930年夏,以自学考入浙江省立民众教育实验学校师范科。毕业后,去北京入中法大学化学系肄业一年,后考入北京大学历史系。1935年,王德昭参加“一二·九”运动,被国民党当局拘捕。1937年8月王德昭回嘉兴,参加抗敌后援会工作。后闻北京大学、清华大学以及南开大学合组临时大学在湖南长沙开课,即辗转至长沙就读,并任《观察日报》主笔。不久,步行至昆明西南联大,毕业后,在贵州任中学教员。1940年秋,至重庆《益世报》任国际版编辑。后又至抗日战争前线,在汤恩伯军中任总部机要秘书,兼任三一出版社社长,主办《中华日报》。1942年春,任贵州大学历史系教授。1947年,任台湾师范大学史地学系教授。1955年,赴美哈佛大学研究院深造,以一年时间获硕士学位。1957年,回台湾师大任教。1962年,任新加坡南洋大学历史系教授,半年后升任系主任,后又任文学院院长及校务行政委员等职。1966年秋,任香港中文大学新亚书院历史系教授。1972年,任香港中文大学历史系主任,主编《香港中文大学学报》《香港中文大学中国文化研究所学报》。1977年退休后,仍在中文大学中国文化研究所担任高级研究员。1980年夏,应南开大学之邀,参加明清史讨论会;次年秋,到北京参加辛亥革命70周年纪念会和学术讨论会。

王德昭勤于研读和著述，对中西历史、中西交通史都具有精深独到的研究。著作有《明季之政治与社会》《清代科举制度研究》等。1985年5月，中华书局出版其遗著《从改革到革命》。

宏　正

宏正（1914—1998）　俗姓严。四川省成都市人。自幼父母双亡，沦为乞丐，后为成都宝泉寺果量法师收留。14岁在四川新都宝光寺受具足戒，17岁任成都文殊院副寺，19岁至重庆太虚大师创办的汉藏都理院深造，23岁后到上海，先后任弥陀寺监院，龙华寺三圣殿基建秘书等职。抗日战争时，追随圆瑛、震华、白圣和赵朴初等居士，参加抗日救亡运动。抗日战争胜利后，赴杭州主持“抗日战争胜利和平法会”，后任杭州宝灵寺住持。“文化大革命”中，宝灵寺被毁，宏正在寺址旁搭一草棚，栖身其中，自研佛经10余年。中共十一届三中会后，宏正奔波于杭州、绍兴、嘉兴、萧山、义乌、东阳、海门等地，积极参与当地的寺院重建和佛教事务。1993年9月，受嘉兴郊区统战部礼请，担任嘉兴市郊区佛教协会会长和新篁太平寺住持。当时太平寺仅剩大殿，宏正不畏艰难，率弟子杨祖祥等在4年中筹集善款120万元修复大雄宝殿，重建金刚殿、僧舍等屋宇23间，佛像、法器一应俱全，太平寺古刹重显佛光，佛事兴旺。1998年1月3日，宏正在太平寺圆寂，遗体送往苏州灵岩山荼毗。火化后，得舍利子1980颗，现藏于新篁太平寺宏正法师舍利塔内。

戴蕴芬

戴蕴芬（1915—1940）　女，嘉兴市新篁鲍家桥人。嘉兴县立女中毕业后返乡从教，在太平寺初小任教8年，后在庄史乡创办耘田庄小学，身兼校长、教师、工友三重职务，课余栽桑养蚕，以补学校经费不足，因办学成绩突出，深受学生、村民和同行的赞誉，曾获县有关部门嘉奖。1938年加入嘉兴县战时政治工作队，任嘉兴县政工队妇女区队长，积极开展抗日活动。1940年1月5日，日伪军偷袭嘉兴县政工队所在地——凤桥徐八房宗祠。戴蕴芬冲出徐八房后，被敌人包围，她大义凛然，痛斥日伪暴行。日本侵略者在她嘴边连刺两刀，当胸捅了四刀。戴蕴芬倒在血泊之中，为抗日战争献出了年轻的生命。

沈家铭

沈家铭（1916—1982）　字毅父。嘉兴人。金陵大学森林系毕业。曾任行政院农产促进委员会森林探勘团技士，中国茶叶公司沾益复制所主任。1949年去台湾，后任台湾省林务局局长、滑雪协会会长，台湾奥林匹克委员会副主席、主席。

相望年

相望年（1916—1986）　嘉兴人。1939年毕业于浙江大学农学院植物病虫害系，先后在广西农事试验场、甘肃农业改进所、清华大学农业研究所病虫害组和农学院等单位从事科研和教学工作。1948年起，留学加拿大麦吉尔大学植物系、美国华盛顿州立大学植物病理系。1953年获博士学位，同年，克服各种阻力毅然归国。先后任中国科学院微生物研究所副研究员、研究员，农业微生物研究室副主任，微生物遗传研究室副主任、主任，所学术委员会副主任。还曾任中国科学院生物学部秘书，中国微生物学会常务理事兼秘书长，《真菌学报》和《植物知识》杂志副主编以及欧洲《当代遗传》杂志编委。1957—1962年，任北京植物病理学会理事长。1985年，任真菌地衣系统学开放研究实验室学术委员会主任，同年加入中国共产党。

相望年一生勤奋好学，学识渊博，在植物病理和真菌学方面造诣尤深。20世纪四五十年代主要从事柑橘贮藏病害、花生病害、禾谷类黑粉病菌及棉花枯萎病与黄萎病害等方面的研究。60年代初，创建和主持遗传研究室，研究农用抗菌素放线菌的诱变育种及芽孢杆菌的分子遗传学和基因工程等。晚年主要从事根瘤农杆菌与植物寄主相互作用的分子遗传学及根瘤病的防治、Ti质粒作为植物基因工程运载体的研究。他从我国葡萄、毛白杨、啤酒花等植物冠瘿瘤分离了大量农杆菌，对其生化型、质粒类及寄主特异性进行详细研究，研究成果《葡萄根瘤病的发生规律及其防治》于1987年获内蒙古自治区科技进步奖一等奖，填补国内空白。著有《中国白水生藻菌》《洋麻炭疽病的防治试验》《近年来我国微生物遗传研究的进展》等论文约40多篇，编著有《中国真菌学与植物病理学文献》《中国经济植物病原目录》等。

蒋礼鸿

蒋礼鸿（1916—1995）　字云从。嘉兴人。1934年于嘉兴秀州中学毕业，被保送之江大学，受业于夏承焘、钟泰、徐益修。1939年毕业后，先后在之江大学国文系、湖南蓝田国立师范学院国文系、重庆国立中央大学师范学院国文系和文学院中文系、浙江师范学院中文系等院校任教。曾任杭州大学中文系教授、杭州大学汉语史专业博士生导师、中国敦煌吐鲁番学会语言文学研究会副会长，浙江省语言学会副会长、会长、名誉会长，浙江省敦煌学会副会长、《汉语大词典》副主编、《辞海》编委兼分科主编、杭州大学敦煌研究中心顾问。是九三学社社员。

蒋礼鸿精通文字、训诂、音韵、目录、校勘之学，擅长俗语词研究、古书校释和辞书编纂，尤其在敦煌语言学和近代汉语词汇的研究中占有突出的地位，享誉海内外。29岁时，撰写《商君书锥指》，在语言文字研究方面崭露头角，此书不泥古人或时贤之说，在校勘中多发己之新见，其中不乏对商鞅研究的真知灼见。该书获民国教育部学术三等奖，1986年还被收入《新编诸子集成》，41年后它仍代表了《商君书》研究的最高水平。

《敦煌变文字义通释》是蒋礼鸿在学术上最重要的代表作，是一部考释敦煌变文中词语的专著。1959年初版后，36年间，蒋礼鸿锲而不舍，6次补订，从区区5.7万字增补到42万字，表现了一个学者可贵的探索和献身精神。专著初版后即博得国内学术界的肯定，成为每个敦煌学研究学者的案头必备之书，被列为“中国近年来研究敦煌语学的重要成果”。该书获得代表中国社会科学研究领域最高荣誉的吴玉章学术一等奖、首届全国古籍整理优秀图书奖、首届全国高校人文社会科学优秀研究成果一等奖。

《义府续貂》是他的另一部考释文字音义的专著。该书共有242个条目，收语词337个，比较有意识地从语言的角度探讨了词义和词源。书中对词义的考释内容丰富，形式多样。

蒋礼鸿还发表《怀任斋文集》《古汉语通论》（与任铭善教授合著）《类篇考索》《目录学与工具书》《咬文嚼字》等书和数百篇论文。他所编的《汉语大词典》，被联合国教科文组织誉为20世纪最具权威的大型工具书之一。此外，他还带领5名博士弟子主编出版反映敦煌语言学研究最新成果的《敦煌文献语言词典》。蒋礼鸿毕生以学术研究、弘扬中华民族的优秀文化为己任，直到去世前还不断著书立说，《史记校诂》《康熙字典纠谬》两部论著没有完成。

蒋礼鸿在57年的从教生涯中，处处以自身良好的道德修养影响和教育后学。他淡泊名利、生活简朴，重视培养学生严谨、踏实、实事求是、锲而不舍的学风，教育学生以学术为天下之公器，诲人孜孜不倦。蒋礼鸿去世后将遗体捐献给医学科研事业，开杭州大学风气之先。为了纪念这位受人尊敬的著名学者，使他的崇高精神和治学思想进一步发扬光大，杭州大学编印蒋礼鸿纪念文集《书魂》。2001年，浙江教育出版社出版《蒋礼鸿集》，收录蒋礼鸿所撰各种专著、论文及诗词。2002年，浙江大学举行姜亮夫、蒋礼鸿、郭在贻纪念会，编辑出版《姜亮夫蒋礼鸿郭在贻先生纪念文集》，以缅怀这三位大师。

潘文化

潘文化（1916—2010）　出生于绍兴县吼山乡三湖经村。19岁那年，潘文化进苏州一家机械厂当学徒，学钳工。日本侵略者打进苏州，工厂关门，潘文化逃回家乡。1946年5月，潘文化跟随舅舅到嘉兴，进了嘉兴中国蚕丝公司第二分厂（后更名嘉兴绢纺厂）当保全工。工人一天上班12个小时以上，一不小心就会被扣薪罚款，10几个人挤在一间宿舍内，每天是高强度的劳动。

解放后，潘文化深切感受到，是中国共产党让老百姓过上了幸福的生活。他决心尽自己的努力，当好新中国的工人，自己厂的主人。那时前纺车间有许多纺机和短棉制条机，生产时出现丝断头，都是通过手拉停车来处理。挡车工常常忙于换杍接头，顾不上手拉停车来接断丝线，造成大量绢丝浪费，也影响生产效率和产品质量，还容易出工伤事故。潘文化作为车间保全工，看在眼里，急在心头，于是萌生了要在短棉制条机上装上一种自动停车装置的想法。他一有空就在机器边琢磨，下班后还独自钻研业务技术。车间领导肯定了潘文化的想法，大力支持他搞技术革新。他虚心向技术人员请教，经过八次试验，短棉制条机自动停车装置终于试制成功。这种装置提高工效三分之一，回丝浪费减少7%，产品合格率提高35%，还使操作工的手免受伤害。后来，他又成功革新了绞机自动停车装置。1950年9月，潘文化因设计制造成功自动停车装置，经绢纺厂和省、市总工会推荐，当选为全国首届工农兵劳动模范，成为嘉兴市第一位全国劳动模范。

1950年10月，潘文化赴北京参加全国工农兵劳动模范代表会议，受到毛泽东、周恩来、刘少奇、朱德等国家领导人的接见。1976年退休。

徐达道

徐达道（1917—1995）　嘉兴人。1935年毕业于嘉兴秀州中学，入浙江大学农业化学系。1939年毕业后，在中央大学医学院任助教。1943年8月，在内迁重庆的上海医学院任讲师。1945年9月考入中央大学医学院，攻读生物化学研究生，兼任助教，1948年8月，获硕士学位。1948年9月，任浙江大学生物化学科副教授。1949年9月，任浙江医学院生化、营养卫生学教研室副教授兼教研室主任。1955年，进入上海第一医学院营养卫生学教研室任副教授。1980年，后先后担任浙江医学院教授，上海第一医学院教授、营养卫生学教研室主任，上海市营养学会理事长、国际营养联合学会营养与癌委员会委员等职。为九三学社成员。1995年12月21日在上海逝世。

徐达道是中国现代营养学奠基人和开拓者。1955年，全国第二次院系调整时，上海第一医学院设立营养与卫生学教研组，成为全国最早建立的6个营养与卫生学教研组之一，徐达道是这个教研组的主要成员。在他和苏祖斐教授的倡导下，1985年6月10日，成立上海市营养学会，是全国第一个地方（省市）营养学会。徐达道主要著作（包括与人合著）有《营养卫生学》《营养与食品卫生学》《真菌毒素研究进展》等。

单培根

单培根（1917—1995）　字根土，法名慧本。嘉兴人。7岁入私塾读书，17岁从陈仲南医师学中医。1936年，从上海陆渊雷中医师函授。1938年，开始在嘉兴行医。曾在上海《国医导报》、北京《中国医药》及《新中华医学》撰写医学论文，在医学界有很大影响。

1943年，从范古农居士学法相唯识，并皈依苏州灵岩山寺德森法师。抗日战争胜利后，代表嘉兴中医界派往苏州参加中医会议。次年，嘉兴成立佛教支会，被选为佛教常务理事，偕同了醒法师创办佛教小学。1947年太虚大师圆寂时，发表了吊唁文章，并在《海潮音》发表了《净宗不可废通途教法》《论观无量寿佛经论》等文章。是年，在苏州王慎轩处佛学图书馆管理半年，参加印光塔院落成典礼。1948年，应浙江岱山佛教居士林邀请讲经弘法，并为信徒义务施诊。

1951年，在岱山讲经时，因“反动地主”罪名被判刑6年。刑满后回嘉兴，任嘉兴地区卫生干部进修学校讲师。1966年“文化大革命”开始，下放农村，在医疗站行医。1979年10月，在嘉北卫生院被推选为著名老中医。1981年，嘉兴恢复佛教协会，应邀讲《金刚经》等，并开始编写《金刚经》《摄大乘论》等讲义。1983年9月，参加苏州岩山佛像开光暨印光舍利入塔典礼，受到佛教界人士的欢迎。

1985年平反退休后，应福建厦门南普陀寺方丈、闽南佛学院院长妙湛大和尚的邀请，入闽讲学。先后在闽南佛学院为男女两众学僧开讲《肇论》《因明入正理论》《金刚经》《辩中边论》《解深密经》等经论。1988年，在《内明》月刊连载《肇论浅释》和佛学论文。1989年，为《闽南佛学院学报》编委员会顾问。1991年暑假，开讲《瑜伽师地论》，分50卷。1995年春节过后，身体有所好转，仍坐火车回到厦门，继续为研究生讲《菩提道次第广论》《大乘阿毗达摩杂集论》，每周六节课。

单培根一生恭敬三宝(佛宝、法宝、僧宝)，相信因果，常赞叹出家学佛是他无上的选择。1995年农历六月十六日，安详示寂于厦门南普陀寺。著有《单老居士文集》等。

周学章

周学章(1917—2008)　嘉兴人。自幼聪颖好学，12岁从嘉兴县立第一高级小学毕业后考入秀州中学。在校学习勤奋刻苦，英文及数理等学科基础扎实。时疫情流行，父亲罹患霍乱去世，他从此开始向往学医，立志为民除病。1935年9月，考入国立上海医学院。毕业后，留校任微生物学助教，兼中国红十字会总医院附属护士学校细菌学教师。后任该院内科、肺科住院医师。1945年回嘉兴开业。1948年夏，美国纽约市立海景医院聘请他担任住院医师。周学章受其妻舅恽逸群(1926年参加革命的老党员，曾任中共萧山县委第一任书记)的影响，决定放弃高薪聘请，留在国内。1952年，受政府委派筹建嘉兴第一医院。1952—1983年，担任嘉兴第一医院院长。1957年1月，加入中国共产党。1952年起，分别担任嘉兴市(县级)人民政府副市长、嘉兴镇副镇长、嘉兴县人大常委会副主任等职。1983年，嘉兴撤地建市后任嘉兴市第一届政协副主席、嘉兴市第一医院名誉院长，卫生部医学科学委员会委员、全国血吸虫病研究委员会副主任。

解放前，嘉兴是血吸虫病流行重灾区。1955年冬，中共中央发出了“一定要消灭血吸虫病”的战斗号召。次年3月，浙江省决定在嘉兴第一医院综合性医院的基础上，成立嘉兴血吸虫病防治院，仍由周学章担任院长。新血防医院成立后立即收治病人，开展临床科学研究以及血防专业技术干部的培训。他们试验了锑剂3天疗法、7天疗法，又探索出了对晚期血吸虫病人采用中西医药物治疗的方法，取得了良好的成效。1960年，周学章在临床治疗中发现，一种名为“呋喃西林”的药物能够改善血吸虫病高热患者的全身症状，经过3年半的艰苦努力，世界上第一个非锑剂口服抗日本血吸虫病药物呋喃丙胺获得1963—1964年国家科学技术重要成果一等奖，1965年又获得国家科委颁发的创造发明奖，被认为是血防科研中的一个丰碑。

“文化大革命”中，周学章被抄家游街揪斗，直到1970年才恢复工作。1972年，被委派参加国家医疗队，援助马里。1974年归国后，他被重新任命为嘉兴一院院长。他一边大力整顿医院秩序，一边继续推进血防科研。1978年，负责主持嘉兴一院血防病区和嘉兴血吸虫病防治院联合承担的新药吡喹酮的临床试验任务，该项目在1980年获得卫生部科技成果二等奖。

1989年周学章退休后，继续参加血防专家门诊和血防科学研究。周学章任嘉兴第一医院院长和内科主任30余年，为医院建设和发展作出很大贡献，临床治疗卓有成效，血吸虫病研究成果丰硕。1989年，被中共嘉兴市委、嘉兴市人民政府授予有突出贡献的专业人才称号。1998年，获嘉兴卫生系统有突出贡献老专家荣誉证书。1992年，获国务院颁发的对医疗事业作出突出贡献证书，享受国务院特殊津贴。周学章最后留下的希望是“愿青年一代开拓创新，为人类健康作出新贡献!”

王正平

王正平(1918—1942)　原名吴聿都，曾用名吴赋三、吴景民、吴斌之。嘉兴人。1918年5月，出生于凤桥镇。8岁入凤桥小学读书。1932年，考入嘉兴商业学校。因父母贫病交加，被迫中途辍学，到上海郑家木桥同昌绸庄当学徒。1935年底，到上海市第二中华职业补习学校读夜校，受到进步思想的熏陶。次年，参加上海职业界救国会及学校同学会活动。抗日战争爆发后，因绸庄倒闭回家，当年底进入上海同德绸庄工作。1938年，党组织通过工作将知行社并入抗日群众组织益友社，他积极参加益友社活动，加入中国共产党，接着转入绸布业求知互助社活动，被选为社理事，并建立绸布业党支部，任保卫委员，参与创办《绸布》半月刊。1940年，因秘密工作暴露撤往苏中抗日根据地，任中共东台县委敌工部长。1941年2月，调到苏中行署保安处负责情报工作。8月，调中共海启县委任社会部长，为创立海启地区的公安情报网络付出艰苦的努力。1942年1月4日，中共海启县委在大生镇大生学校召开大会，庆祝新四军取得对敌作战的重大胜利，会议突然遭遇敌人偷袭，被日、伪军三路包围，王正平与县委书记陈国权等临危不惧、沉着指挥，掩护战友和群众安全转移，战友和群众撤退后，王正平、陈国权等3人向另一个方向突围，不幸被俘，惨遭杀害，牺牲时王正平年仅24岁。当夜，群众冒着生命危险将3位烈士的遗体运回，随后举行了隆重的追悼大会，安葬了英烈。

林 敏

林敏（1918—1979） 嘉兴人。1938年参加革命，同年加入中国共产党。抗日战争时期，在部队任文化教员，在抗大任干事。解放战争时期，从事新闻工作，曾任《通化日报》社科长、编辑主任，《东北日报》《辽宁日报》和新华社辽北分社总编辑。解放后，历任《江西日报》第一副总编辑，江西人民广播电台第一副台长、台长，赣南电厂筹建处主任，江西省文化局党组副书记、副局长，江西省教育厅党组副书记、副厅长等职。1972年后，任江西省革委会文教办公室副主任。1976年，因病去上海治疗期间，遭“四人帮”迫害，被揪回江西批斗，以致病情恶化。粉碎“四人帮”后，中共江西省委作出决定，将强加给林敏的一切诬陷不实之词，予以全部推翻。

陆浩然

陆浩然（1918—1995） 嘉兴余新镇普光村人，陆宗书胞弟，又名祖书。1938年春，加入嘉南游击队任教训员，嘉南游击队后改为义勇军第一支队。1939年，任嘉兴县政工队第一区队长，兼任《嘉兴人报》社经理。1942年，任海宁正报社副社长。1945年后，历任海盐县、德清县政府社会科科长、县政府秘书、嘉兴救济院院长、砖桥小学校长等职。解放后在家务农，1995年5月病故。

陈德献

陈德献（1918—2005） 宁波鄞县人。主任医师，肺科专家，曾任嘉兴三一医院代理院长、嘉兴防痨协会总干事、嘉兴结核病防治所所长、嘉兴市医学会副会长。

1918年1月出生在一个医学世家。父亲陈召恩是嘉兴外科名医，母亲林国瑞是妇产科名医。陈德献在秀州中学毕业后，到上海沪江大学附中读完高中，考入浙江医学专科学校读书。1937年抗日战争爆发，随父亲流亡内地，转入迁到重庆北碚的国立江苏医学院继续读书。医学院就读期间曾患肺结核，后康复。他以患病的切身体会写了《怎样和肺病奋斗》的小册子。从江苏医学院毕业后，进入重庆仁济医院，又入高滩岩中央医院，实地学习了X线学及肺内科。1947年，入上海医学院从吴绍青，读肺内科研究生，又向上海巴斯德研究院刘水纯院长学习卡介苗接种。

1948年6月，陈德献回到嘉兴创办中国防痨协会嘉兴分会，积极推进防治痨病工作，是同行中最早的。1952年，他和家人将父亲创办的嘉兴三一医院献给政府，还把自己的X线机捐给中国防痨协会嘉兴分会。1953年，陈德献去北京参加中国防痨协会代表会议，并参加由中央卫生部举办、苏联及中国专家进行教学的防痨医师进修班。1953年，防痨协会附属的嘉兴市结核病防治所成立。1953—1956年，防治所积极培养防痨医务人员，大力推广卡介苗接种。

1957年陈德献被错划为右派，降级降薪，下放农村2年。1966年“文化大革命”中，又被戴上反动学术权威等帽子。在被关牛棚的1年半时间里，他写下了近10万字的《肺结核防治参考资料》，等“解放”时，夹在被絮里带了出来，得到省卫生厅领导支持，拨专款出版，发行全国，发到全省各基层。后又写《卡介苗接种参考资料》等书供各地交流。

1979年，陈德献得到平反，恢复嘉兴结核病防治所业务领导的职务以及主任医师职称，被选为嘉兴市人民代表大会代表，先后任市政协副主席、中华医学会嘉兴分会副会长、中国防痨协会浙江省分会副理事长、市科协常务理事等。1982年6月，他加入了中国共产党。

1985年，陈德献获全国防痨科普先进个人奖、卫生部“从事防痨（防疫）30年”荣誉、省科协科研工作40年成绩卓著奖。1989年，嘉兴市有突出贡献专业人才荣誉证书及奖金。1989年退休后，继续参加义务门诊、为老干部义务咨询门诊，到扬州、盛泽、海宁、平湖等地讲学及急会诊。2005年3月22日因病去世。

陈德献一生学术著作颇丰。编著及译书13类，计91万字。主编汇编及刊物有《嘉兴市结核病防治所肺科科学资料汇编》《国外肺科资料翻译及综述汇编》等，论文及综述已发表99篇，获奖论文7篇。

邵传统

邵传统（1918—2006）　桐乡人。家住嘉兴少年路精严寺街口，嘉兴眼科名医。1942年7月参加工作，1956年12月加入中国农工民主党。历任市一、二届人大常委会副主任，省政协四届委员、五至六届常委，中国农工民主党浙江省四届、五届、六届常委、中国农工民主党嘉兴市委员会主任委员、名誉主任委员。

邵传统小学毕业后进入秀州中学，学习刻苦，而且体育成绩突出。高中毕业考入浙江医学院，毕业于上海东南医学院。毕业后在上海光华眼科医院任职。1943年回嘉兴，在张家弄开设邵氏眼科诊所，为嘉兴首家眼科诊所。

嘉兴精严讲寺老和尚由于长期吃素，营养不良，都患有程度不同的夜盲症，邵传统为老和尚治好了夜盲症后名声大振，成为嘉兴西医眼科的开拓者。邵传统不光医术好，医德也好，在嘉兴有良好声誉。

1956年，邵传统在嘉兴建西联合诊所创立眼科。1959年嘉兴市中医院建院时，邵传统担任眼科主任，后担任副院长。邵传统十分重视培养新一代医务人员，自1951年嘉兴卫校成立起，历经嘉兴医专、嘉兴医学院，他一直担任特聘教师。嘉兴市一院、二院、三院在建院之初均无眼科，邵传统分别担任3个医院的特聘医师，帮助筹建眼科，培养眼科专职医生。1994年离职离岗后，对医院的持续发展仍十分关注，常不忘去医院看看，眼科更是他必到之处。

2006年6月9日，邵传统因病在嘉兴逝世。

黄　昆

黄昆（1919—2005），祖藉嘉兴。出生于北京。1937年，被通县潞河中学保送燕京大学物理系学习，撰写大学毕业论文《海森堡和薛定锷量子力学理论的等价性》。1941年秋毕业，到西南联大任著名物理学家吴大猷的助教。次年，考取北大研究院理论物理研究生，师从吴大猷。1944年以优异成绩毕业，获理学硕士学位。

1945年8月，黄昆通过了庚款公费留英考试，到英国布列斯托大学物理系学习，师从著名物理学家莫特，并把自己的研究方向选定为固体物理学。先后完成3篇论文，获哲学博士学位。他在论文《稀固溶体的X光漫散射》中提出了固体中杂质缺陷导致X射线漫散射的理论，该理论于21年后由德国科学家在实验室中证实，被国际科技界命名为“黄散射”，成为研究固体中杂质状态的重要依据。1947年5月间，黄昆去爱丁堡大学任访问学者，跟随物理大师、诺贝尔奖获得者玻恩工作。玻恩其时正在撰写关于晶格动力学的专著，尚未完成，后黄昆耗时4年，完成书稿。该书自1954年问世以来，一版再版，成为固体物理学经典之作。1948年初，黄昆应英国利物浦大学理论物理系主任弗洛里希聘请，到该系任博士后研究员。期间，他与A·里斯相恋。1950年，两人共同完成论文《F中心的光吸收与无辐射跃迁理论》，提出在晶格弛豫基础上的多声子光跃迁与无辐射跃迁理论，被称为“黄－里斯理论”。黄昆还提出晶体中的电磁波与晶格振动的格波会互相耦合，形成声子极化激元。他在处理声子极化激元时，引入一组唯象方程来描述极性晶体中光学位移、宏观电场与电极化三者的关系，学术界将其命名为“黄方程”。

1951年底，黄昆回国任北京大学物理系教授，讲授《普通物理》,并开设国内首门固体物理课程。次年4月,A·里斯来中国,取名李爱扶,两人结婚。1955年,黄昆被选为中国科学院数理学部学部委员(院士)。1956年,参与制定中国十二年科学发展规划。1958年,黄昆、谢希德合著的《半导体物理》出版,是中国半导体领域最早和最重要的著作。

“文化大革命”中,黄昆受到了不公正待遇。1977年11月,在邓小平直接提议下,黄昆调任中国科学院半导体研究所所长。1983年,黄昆提出无辐射跃迁理论的多频声子模型,进一步发展无辐射跃迁理论。他退居二线以后,他与朱邦芬提出的计算超晶格光学声子模式的模型以及类体模的解析表达式,被国际上称为“黄—朱模型”。2001年,黄昆荣获中华人民共和国最高科学技术奖。次年2月1日,在人民大会堂举行的全国科学技术奖励大会上,江泽民亲自为他颁奖。2005年7月6日,黄昆在北京去世。

黄昆曾当选瑞典皇家科学院外藉院士、第三世界科学院院士。美国圣母大学授予他“第二届理论物理弗雷曼奖”、美国中部州立大学协会授予了他“卓越外国学者”称号。2000年,香港科技大学授予他名誉博士学位。他是第三届全国人民代表大会代表,第五届、六届、七届全国政协常委。荣获中国科学院自然科学一等奖两次,其他奖项多次。1995年获何梁何利科学技术成就奖,1996年获陈嘉庚物理奖。2004年《黄昆文集》出版。黄昆获得最高科学技术奖后,将500万元奖金交半导体所所长郑厚植。黄昆去世后,半导体所用这笔钱成立“黄昆基金”,奖励国内在固体物理和半导体物理领域成果突出的科学家。

沈茹松

沈茹松(1919—1989)　又名忍冰,笔名侗廔。嘉兴人,出生于太平桥桥东街。14岁,赋《太平桥竹枝词》载于嘉兴区报《绿洲》副刊。15岁,从画家施桢习画。1940年,就读于无锡国学专修学校,成为当代国学大师王蘧常的入室弟子,1946年毕业。抗日战争时期,沈茹松与吴藕汀、程阆秋、郭蔗庭同住嘉兴殿基湾,时有书画合作,时称美术界“殿基四家”。1953年,在华东革大时判刑3年,到1968年又被诬“以书画琴棋反党”罪判刑4年。1975年又因“和鸳鸯湖棹歌诗案”被拘8天,20多年来以苦力维持生计,1979年他的3次冤案先后彻底平反。同年10月至安徽省亳县博物馆工作。次年,应聘去阜阳师范学院美术系副教授。1980年以“侗廔”之名在《美术》杂志上发表《对中国画几个问题之我见》,与时任全国美协主席的江丰探讨,引起美术界轩然大波,中国美术界就此展开了中国画如何继承传统,如何创新的争鸣,讨论中他也有一系列的学术论文,阐发关于中国画如何“继承创新”的主张。沈茹松学识渊博,发表诗词歌赋,书画篆刻,无一不精,擅长史学、佛学。著有《黄公望题画诗简析》《试释八大山人题画诗》《论苏轼的绘画美学思想》《论董其昌“南北分宗”说的美学价值》等学术论文40余篇。其中《试释八大山人题画诗》被日本学者金冈酉三译成日文。1989年,荣获安徽省高等教育突出贡献二等奖,他编写的《红楼梦大词典》美术部分出版,同年8月病逝嘉兴。遗著《中国美术史评估》4卷。

陈国础

陈国础(1920—1984)　嘉兴人,1927年7月至1942年7月,在嘉兴梅湾街小学、集贤小学、省立嘉兴中学、成都航空机械学校、四川乐山中央技艺专科学校就读。1943年6月考入成都华西协合大学,1946年7月,毕业于该校理学院化学系。

1947年5月回嘉兴,进嘉兴民丰造纸厂,历任技术员、工程师、中心化验室副主任、生产科副科长、总工程师(高级工程师)等职。并担任浙江省造纸学会和环境科学学会理事。1983年12月,当选为嘉兴市第一届人民代表大会常务委员会委员。次年10月9日因病逝世。

他在民丰造纸厂作出了显著的成绩和贡献。由他主持的环保科技项目“碱法草浆污水处理工艺及设备的研究”成果,被选入全国环境科技成果汇编中。1984年2月,城乡建设环保部、国家环境保护局为表彰他对环保科技作出的贡献,进行奖励,颁发了证书。

高　琪

高琪（1920—1987）　原名吴高琪。嘉兴人。幼时在上海从罗天扬等名手学象棋。抗日战争胜利前后，棋艺名噪杭嘉湖。1950年，应聘去上海象棋表演队任职业棋手。1956年，任上海市邑庙区政协书画琴棋组副组长。1958年，因“右派言论”被遣送安徽某农场劳教。60年代初，在安徽省象棋队任教练。回嘉兴后，在嘉兴工人文化宫讲评象棋名手对局。1963年和1964年，蝉联浙江省象棋赛冠军。1985年，平反恢复政治名誉。任嘉兴棋社社长、市棋类协会副主席。高琪毕生热爱弈棋，技艺高超。1957年初，在上海与全国首届象棋冠军杨官璘对弈，胜两局。著有《石扬遗局评注》《吴兆龙弈谱评注》（未刊）及《士角炮单提马当头炮着法择要》。

陆　骏

陆骏（1922—1953）　原名曾广德。出生嘉兴，住外月河。1940年在上海参加革命，从事工运工作。同年加入中国共产党。1941年，在江苏省如东县任中共区委书记，组织地方武装，次年带部队转入新四军一师三旅某团任教导员。1946年7月后，在苏中先后参加过“七战七捷”战役中的宣家堡、如南、李堡等战斗。随华中野战军四纵转入山东后，又参加枣庄、莱芜、孟良崮、豫东、淮海等战役。1949年4月，第三野战军渡长江南下作战，任23军67师199团政委，历经解放杭州、上海、舟山等战役。1952年，参加志愿军入朝参战，改任67师200团政委。1953年3月，部队在准备夏季反击战役时，陆骏在返驻地途中，遭敌机轰炸，车毁人亡，牺牲于朝鲜石岘洞北山。

魏永康

魏永康（1923—2004）　加拿大籍华裔，国际著名高分子化工专家。1923年生于嘉兴，祖宅在少年路16－22号，父亲是医生，母亲是教师。魏永康从小丧父，由母亲抚养长大，少年时就读于荐桥小学，中学时就读于秀州中学，后考入上海化工学院。抗日战争爆发后，到重庆继续读书。大学毕业后，任台湾台北大学和台北工业学院讲师。1955年留学美国密西根大学，潜心研究化工高分子，获博士学位，后移居加拿大。

1972年，中加一建交，魏永康就亟不可待地回国讲学，是加拿大华人中第一位来华讲学的科学家，受到周恩来总理的亲切接见。1984年，魏永康被外国专家局聘请为化工部外国专家，兼任北京化工大学客座教授，在国内开课、讲学、搞科研、指导培养研究生。1995年9月，魏永康被评为中华人民共和国外国专家局优秀专家，并授予“友谊”奖章和证书，应邀参加国庆观礼，受到国家领导人李鹏等的接见。

魏永康生活十分俭朴，但对祖国、对人民的教育科研事业却十分慷慨。“文化大革命”后，嘉兴市有关方面落实了侨胞政策，他不但不把在嘉兴的家产转移国外，反而动员5个女儿共出资200万元人民币在嘉兴中山路少年路口建造起一座名为“志仁”的5层大楼。他认为，盖这幢楼，一则纪念双亲对自己的养育，二则以租金支援家乡的办学。

1984年从加拿大科研机构退休后，常饮水思源。74岁的那年7月2日，偕夫人钱丙到阔别40多年的故乡。看到家乡经济建设发展快非常高兴。3日那天，俩人商量写下“捐赠意愿书”，主动上门向嘉兴市慈善总会捐赠人民币1万元，帮助家乡发展慈善事业。接着，又到母校嘉兴秀州中学捐人民币1万元奖学金奖励今年考取大中专院校的应届高中毕业生。还注册人民币30万元，经有关部门批准，成立“魏永康基金会”以奖励家乡为教育事业做出了贡献的优秀教师、校长，帮助贫困学生。他用50万元，在北京化工大学设立“积庆科技教研基金奖”，奖励学校培养的高分子人才。还把一部他珍藏了50年的清代《嘉庆重修一统志》古籍共19套210册、《二十五史》和其他的珍贵图书分别捐赠给嘉兴图书馆和嘉兴学院图书馆。

晚年，他多次带在国外生长的子孙回祖国、回嘉兴，告诉孩子们，根在中国，在嘉兴。魏永康于2004年10月14日在加拿大逝世，终年81岁。

张振维

张振维（1924—1992）　字祝如，号沉非，斋名拜虹庐，安吉人。因他的外祖家在嘉兴塘汇，大半岁月生活、工作在嘉兴，自视为嘉兴人。张振维在书、画、篆刻及诗词、题跋、金石文字鉴识等方面的创作和研究都成果斐然。抗日战争期间，浙江第二临时中学迁至安吉报福，在侵略者的扫荡下，学校命悬一线，其父张海澜提供了大量的粮食等物资，帮助师生渡过难关。

张振维自幼接受良好教育，1946年他考入杭州国立艺专。1949年7月，进入杭州浙江青年干部学校学习，加入了中国共产党。结业后，到杭州高级中学任政治教员。1950年，被保送到中国人民大学攻读历史，毕业后在浙江省教育厅中教处任职。1953年，任杭州开元初级中学校长。1957年，任浙江博物馆历史部副主任。1962年，调任嘉兴图书馆副馆长，后任名誉馆长。张振维是嘉兴市第一届政协常委、西泠印社社员、中国书法家协会会员、中华诗词学会、中国图书馆学会、黄宾虹艺术研究会会员、嘉兴市书法家协会主席。1986年离休。

张振维自幼酷爱书画，考进杭州国立艺专后，得黄宾虹、潘天寿、诸乐三等名师亲自指教，尤其在黄宾虹门下受益最多，其画室名为“拜虹庐”。张振维参加革命后，长期从事文化行政工作，坚持书画这一业余爱好，其中书法功底深厚，尤以行草见长。张振维对文物、古籍颇为精通，多次参加浙江省书画古籍的鉴定工作。又工诗词，喜作画题诗。1984年，嘉兴市第一次“文代会”期间，他与岳石尘、刘雪樵、徐东皋合作花鸟画，张振维在画中题字“花解语、鸟多情，石无咎，笔勤耕”，诗书画溶合一起，道出了当时文坛盛会和书画家的喜悦心情。

张振维著述丰富，有《吴昌硕画品与人品》《黄宾虹与他的山水画》《回忆黄宾虹师论画片断》及《拜虹庐诗稿》等，更受到学术界同人的好评。张振维的书画作品，省、市博物馆、安吉吴昌硕纪念馆等均有收藏。

张振维一生淡泊名利，待人谦和宽厚。他衣着俭朴，生活清苦。居住的卧室兼为画室，几只旧木箱迭起来铺上一块长木板就是他的画桌。张振维一生爱好有三，除书画之外，还有看书和烟酒。于1992年12月12日晨因病而逝。

沈　铎

沈铎（1925—2008）　嘉兴人，出生在姚庄路21号，环境保护专家。早年随父母逃难到余贤埭，就读于余贤中心国民学校，考入嘉兴一中。1944年毕业于联高。1948年，毕业于上海圣约翰大学土木工程系，取得护理科学士学位。后赴美国，攻读于西北大学公共环境卫生系，获理科硕士学位，继在雷斯赖综合技术学院获环境工程学博士。他是美国环境工程学院院士、纽约州立环境保护局资深研究员、纽约哥伦比亚大学教授、联合国（UNDP）（WHO）环境保护项目顾问。

沈铎一直是美国空气与废弃物监管协会的成员，担任大气层测量委员会主席，进修教育委员会副主席，任美国环境研究院院士和空气污染组主席，台湾工业技术研究院污染防治中心顾问，美东华人学术联谊会董事。1982年以来，一直任纽约哥伦比亚大学公共卫生学院教授。沈铎曾巡回讲授有关净化空气评定和监控工艺方法及废弃物管理科学，足迹遍及亚州、欧州、拉丁美州和美国各地计30所大学。20世纪80年代，任美国环保署科技委员会会员。1991和1992年，任美国布什总统环境保护顾问，以卓越成绩获总统颁奖。1993年6月，在台湾行政院环境保护署和经济部工业局联合举办第三届工业减废技术研讨会上荣获“环保特殊贡献奖”。同年获美国空气和废物管理学术会的Frank Chember科技杰出奖。

1991年起，沈铎往返台北和北京，促成每两年召开的海峡两岸环保研讨会，为大陆和台北两地环保事业作贡献。1994年9月，审核台湾环保署1995—2000年环保综合计划。

沈铎对中国大陆先后10次考察、访问，2次到江苏视察环保计划修整以后的改善情况。1983年10月5日回故乡时，拎了一大皮箱的著作和世界先进科技资料，分别送给市政府、市环保局、图书馆、科技局等单位。1989年10月23日，沈铎带了日本处理污水的专家，专程帮助处理民丰纸厂的污水。

2001年4月14日，沈铎到余新镇中心小学庆祝母校百年华诞。2004年10月27日，举行学术报告会。沈铎应邀到嘉兴学院作了题为《21世纪环境问题与技术的改变》的学术演讲。

沈善宽

沈善宽（1926—1947） 嘉兴人，家住斜西街。1942年1月，参加革命。1947年，率部队参加孟良固战役，在5月的一场战斗中不幸中弹，壮烈牺牲，时任华东野战军第6纵队18师52团副团长。

盛君超

盛君超（1926—1949） 嘉兴人，住城内。他小学没读完就到嘉兴袜厂当3年学徒工。1942年4月参加革命，次年加入中国共产党。在党组织的启发帮助下，进步很快。在工厂，常常向工友宣传革命道理，培养发展积极分子。抗日战争胜利后，袜厂迁往上海，他也随厂赴上海。嘉兴解放前夕，因革命工作的需要，辞去了袜厂工作，回到嘉兴，全身心地投入到嘉兴的革命工作。嘉兴解放后，参加吴嘉湖独立营，任三连指导员，投入到维护社会治安、保护粮库、清剿土匪、恢复发展生产等斗争中，出色完成了上级交给的各项任务。

1949年7月，嘉兴县发生了严重的洪涝灾害，县委命独立营参加抗洪，盛君超奉命率领三连奔赴八字乡抗洪第一线，他身先士卒，和战士们一起抗御涝灾。抗洪结束后，他率部在双桥待命。这时，混入革命队伍的叛匪发动了叛乱，他和6人均被害。事发后，嘉兴开展大规模的剿匪行动，清剿了叛匪，盛君超被追认为革命烈士。

徐角芳

徐角芳（1927—1949） 女，原名徐菊英。嘉兴人。14岁，进上海大来棉织厂当穿棕工，因参加上海震旦大学地下学联开办的工人夜校，被厂方开除。失业后，她更名徐角芳，积极地投身革命。1948年12月，赴四明山，在鄞慈县二区从事民运工作。在国民党大举“进剿”山区，鄞慈根据地群众断粮断炊之际，她不顾个人安危，出入封锁线内外，筹粮筹款，积极开展反“清剿”斗争。1949年2月，和战友们在鄞慈庄夹岙突遭浙江保安队二团包围，不幸被捕，被关押在鄞西石岭村。

被捕后，她顶住了敌人酷刑的摧残，拒绝了敌人高官厚禄的诱惑，她和难友朱敏、肖章、陈辉2次从狱中给党组织写信，汇报所了解的浙江保安队二团的装备情况，向党表明革命必胜的信念和自己就义的决心，决心保持革命部队和共产党的清白纯洁。1949年3月8日，徐角芳和难友朱敏、肖章、陈辉被敌人秘密活埋于余姚中村独山里，壮烈牺牲。

高健飞

高健飞（1927—1951） 原名高雄烈，小名明观、寄宁。1927年10月24日，生于嘉兴县城商户家庭，祖上是嘉兴大户，曾居住于中街35号。

抗日战争爆发前后，就读于嘉兴梅湾小学和秀州中学，后转到上海大同中学续学。1944年，进入上海大同中学高中班学习，逐渐接受了抗日和进步思想。1946年8月，以优异成绩考取苏州国立社教学院南京栖霞山分院新闻系后，更积极投身爱国民主运动。1947年，在南京“五二〇”学生民主运动中，成为骨干分子。被国民党列入黑名单，被迫北上，转读于燕京大学新闻系二年级。他踊跃参加校内“火炬社”等进步社团，担任《燕京新闻》记者。在北京学界重大事件中，他都站在进步一边，积极投入斗争。

1949年3月，高健飞报名参加解放军第四野战军南下工作团，在基层分团工作，不久调总团部《改造报》工作，继而调往武汉新华社中南总分社工作。同年6月，加入新民主主义青年团。

1951年9月，高健飞以新华社中南总分社记者身份参加抗美援朝。9月25日，奉命前往开城采访新闻，并协助停战谈判工作，途中为避敌机轰炸覆车遇难，年仅24岁。10月14日，新华社中南总分社在武汉市为高健飞举行追悼会，中共中央中南局宣传部、中南军政委员会新闻出版局、抗美援朝总会中南总分会等单位派代表参加。

陆志胜

陆志胜（1931—1993） 生于七星镇博山村邱家浜。9岁，进入嘉善圣娄思学校读小学。1949年，考入嘉兴省立中学。1954年，考入上海交通大学船舶无线系。毕业后先后到天津、齐齐哈尔、沈阳、长春电讯局等单位工作。1956年以后，曾在上海船舶制造学校、定海船舶制造学校、浙江工学院、浙江大学从事教育工作。退休前任杭州电子管厂总工程师，属七机部（电子工业部）专家之一。生前精通英文，数次去德国西门子公司考察，一生为我国的国防工业作出了贡献。2个女儿均毕业于浙江大学，长女留学英国，现在伦敦工作；次女留学美国，现在美国工作。

方刘荣

方刘荣（1931—2008） 南湖区凤桥镇人。1949年12月加入共青团，1950年12月参加革命工作，1951年1月加入中国共产党，中共嘉兴县第一至第四届代表大会代表，历任吕塘乡副乡长，代乡长，嘉兴县人民法院审判员，凤桥区委副书记，文教部部长，双桥、嘉北和塘汇公社党委书记，中共嘉兴县委办公室主任。

1979年，方刘荣任嘉兴市地名普查办公室主任期间，主持开展了全市首次地名普查工作，编纂出版嘉兴解放以来第一部地方志书籍《嘉兴市地名志》。之后，方刘荣任嘉兴市委党校副校长、中共嘉兴市委党史资料征集小组组长、中共嘉兴市委党史资料征集委员会副主任兼办公室主任、党史研究室副主任等职。其间，主持开展全市地方党史资料征集研究工作。这是中共十一届三中全会以来的一项开创性的事业。1981年开始进行普遍发动，广泛征集整理党史资料。1984年4月，召开嘉兴市第一次党史工作会议，同时进行各市（县、区）党的组织史资料征编工作。在方刘荣和资料征集小组共同努力下，市委党史研究室已积累征集资料约300万字，并收藏了大批党史书籍，全市完成了重点专题资料50多篇，人物资料40多篇，出版《中共“一大”南湖会议》《嘉兴解放》《南湖魂》《烟雨风云》《嘉兴党史纪事》等地方党史书籍书10几本，出刊《嘉兴党史》50多期，其中《中共“一大”南湖会议》获市二等优秀成果奖和省一等优秀出版奖，《烟雨风云》《嘉兴改革开放纪事》被省党史系统评选获优秀成果一等奖。方刘荣还积极配合有关部门，处理原地下党的历史遗留问题，恢复了一批人的党籍，落实吴嘉湖独立团中300多名起义人员的政策。

在方刘荣主持的党史工作期间，常常配合重大纪念活动，开展党史宣传教育，为嘉兴的党史工作作出了突出贡献。1993年退休后，仍十分关心党史工作，出谋划策。2008年4月6日，因病去世。

史 念

史念（1931—2009） 原名史润芳，字念兹。1931年12月，生于山东滕县（现滕州）。1948年12月参加革命。1954年8月，加入中国共产党。《嘉兴市志》主编。

20世纪三四十年代，史念随着父母四处逃难，1938年回到滕县。第二年9月，史念进入滕县培英小学念书。1944年9月进入滕县县立中学，后又进入济南培才中学、育英中学学习。由于时局不稳定，全家搬迁到徐州定居。不久，考入徐州市铜山中学高中。在校期间，他渐渐倾向于革命，参加了共产党领导的外围组织，任学生会主席，引起国民党当局的注意，被特务调查、盯梢。1948年6月，史念和几个进步同学离开了学校。12月，投奔解放区参加了革命，在济南被编入华东野战军序列。

1949年1月，19岁的史念在由华东局主办的山东济南华东大学文学院中国文学系读书。中共中央华东局决定从革命学校里选拔优秀人才，为下一步解放和接管江南做准备，史念成了鲁中南所属的青年干部大队的一名成员。1949年6月，嘉兴市人民政府成立，史念进入市政府秘书处工作，先后在嘉兴专署任地委办公室副科长、财政局副局长、塘汇乡乡长等职。1957年，曾因他对反右扩大化有看法，被认定为右倾。1958年1月，被调离地委机关，下到塘汇乡。1961年起，任嘉兴图书馆馆长。“文化大革命”中他被斗批、进学习班、下放劳动。1981年，参加市地名普查，任文组组长，是《嘉兴地名志》主要编撰者。1983年起，先后任政协嘉兴市第一届委员会常委、政协办公室副主任、政协文史委员会副主任等职。1987年起，任嘉兴地方志办公室主任、《嘉兴市志》主编。

史念主编的《嘉兴市志》，共300万字，其中不少篇幅由他亲自执笔。因为清末民国时期的资料匮乏，他曾花两年多时间，查阅了1872—1949年，共40万页的上海《申报》影印本，摘抄卡片达3000余张、约1000万字，曾因操劳过度而吐血病倒。

1995年史念离休后，继续从事学术研究工作，直至2009年12月7日因突发心脏病不幸去世。史念博闻强记，博古通今，被誉为“嘉兴通”和“活辞典”，为嘉兴的文化建设作出了突出贡献。

田春良

田春良（1953—2009）　南湖区人。1969年参加工作。生前系嘉兴市思古桥港航管理检查站职工。2009年2月16日傍晚6时左右，突如其来的寒朝使日最高气温从26℃骤降至3℃左右，京杭大运河思古桥航道上已是灰蒙一片，但船舶流量却比平时多了很多。晚上，他见人手紧张，就自告奋勇带班巡航检查。他与同事顶着刺骨的寒风巡视在航道上。这时，一艘500吨级满载货物的钢质货船由北向南驶来。他和队友上船例行检查，发现该船配员不足，遂按照规定收存了对方的船舶证书和船员证书，要求该船就近停航到思古桥检查站接受进一步调查。正当他和队友回到海巡艇，货船上2名船员突然跳上海巡艇，先后冲上来拉扯他，抢夺证件，3人同时掉进河里。紧要关头，熟悉水性的田春良奋力救助不会游泳的船员，耗尽了最后一口气。船员得救了，而他终因抢救无效因公殉职。

吴桂平

吴桂平（1955—2010）　绍兴人，中共党员，大专文化程度。区公安分局新嘉派出所副所长，公安部二级英模、省人民卫士、市优秀党员。

1970年进厂当学徒，1976年到部队服役，1979年加入中国共产党，复员后在工厂人武部当干事，1990年9月参加公安工作。先后在城管执勤中队、建设派出所、新嘉派出所等单位工作。无论在什么岗位，他都表现出强烈的事业心和责任感。从警20年，他以出色的成绩，6次获得嘉奖，连续3年被评为优秀公务员。

1997年5月，吴桂平被调到新嘉派出所任副所长兼刑事治安中队中队长。8个月中，直接经办案件120起。他在分管特业场所，负责治安许可证的调查审核中，不为人情所动，秉公执法。

1998年2月15日晚上，吴桂平发现租住在杨家门的严成诚有多次盗窃摩托车的嫌疑。2月16日，吴桂平带领民警在西马桥村起获了4辆赃车，抓获了严成诚的同案犯周某。17日晚19时许，吴桂平获悉严成诚要到少年路宝岛歌舞厅，遂紧急调集李雄伟等6名民警前往抓捕。发现严成诚没有到歌舞厅，吴桂平即兵分两路，带领李雄伟到丰味饭店。在门口发现严成诚，吴桂平抢先将其抓住，迅速从其腰间摘下BP机，严成诚趁吴桂平、李雄伟出示证件搜查其身体之际，猛一挣脱窜入店内，企图从后门围墙逃跑。吴桂平、李雄伟急忙将严成诚堵在厨房内，严成诚操起砧板上菜刀和剪刀向俩人猛砍猛戳，在搏斗中，吴桂平头部被连砍数刀，脸、手、背部多处砍伤，仍顽强与歹徒搏斗，终因体力不支，被歹徒挣脱逃窜。吴桂平以顽强的毅力抱起倒在血泊中的李雄伟拦住出租车，送到医院后，昏了过去。医生、护士在检查伤势时都震惊了：吴桂平头部被砍4刀，造成顶颞骨粉碎性骨折、硬脑膜血肿、脑挫伤，生命垂危。难以想象，吴桂平在如此重伤的情况下，坚持着把受伤的战友送到了医院。经过医生的全力抢救，吴桂平终于脱离了危险。伤愈后他重新走上公安岗位，在分局政治处工作。

1998年2月公安部授予吴桂平公安系统“二级英雄模范”荣誉称号；省人民政府授予吴桂平“人民卫士”荣誉称号；中共嘉兴市委授予吴桂平“优秀共产党员”光荣称号。

2009年3月，吴桂平被查出身患绝症。2010年6月4日晚8时许逝世，终年55岁。

夏国庆

夏国庆（1966—2005）　嘉兴人，解放军94710部队机械师、中队长，空军少校。2005年10月，因公光荣牺牲。

夏国庆从小立志保家卫国，当一名解放军战士。1985年10月，成为一名光荣的空军战士。入伍以后他努力学习，刻苦训练。1986年7月，从湖北换迁至河南开封，在9290部队任机械员。同年8月任机务大队文书，1987年8月入党，1989年9月担任空中机械师。2001年3月任机务一中队分队长。2004年9月调入94710部队，2005年1月任机务二中队中队长。同年10月，在执行任务时不幸因公牺牲。

夏国庆曾参加过99川西伞降任务、砺剑2000首都防空演习等重大任务。多次受奖，荣获三等功两次。

李雄伟

李雄伟（1967—1998）　嘉善县西塘镇邗上村人，祖籍绍兴。中共党员，沈阳市公安部警犬技术学校毕业。区公安分局新嘉派出所一级警司，公安部二级英模、省人民卫士、市优秀党员、革命烈士。

1988年，李雄伟学校毕业后，分配到海宁市公安局刑侦大队工作。1994年8月，调入区公安分局，先后从事巡警、户籍警、治安警等工作。工作积极，5次受分局嘉奖。1996年9月，加入中国共产党。在12年警察生涯中，李雄伟努力实践全心全意为人民服务的宗旨，工作认真负责，任劳任怨。始终把捍卫法律尊严，维护社会治安稳定作为自己的神圣职责。他与同事一起，侦破了一大批违法犯罪案件，抓获了一大批违法犯罪嫌疑人。在打击刑事犯罪的斗争中，他坚持原则，秉公执法，直到生命最后一刻，战斗不息。

1998年2月15日，李雄伟24小时在所里执勤，次日又参加所里组织的大清查，17日凌晨回家，刚躺下就接到传呼，立即赶到管区，协助市公安局刑侦支队抓捕3名抢劫犯，在吴桂平的带领下，堵截特大摩托车系列盗窃案嫌疑人严成诚（详见本篇吴桂平文）。在抓捕搏斗中，李雄伟手上、腿上被剪刀连刺7刀，他的右大腿股动脉被刺穿，血流如注。李雄伟置生死于度外，奋力夺过歹徒的剪刀，向歹徒刺去，终因伤重而昏倒……后被身中数刀的吴桂平拦住出租车送到医院，经医生全力抢救，终因失血过多，于2月18日14时22分牺牲，牺牲时才31岁。

1998年2月20日，省人民政府批准李雄伟为革命烈士；中共嘉兴市委、市政府追授李雄伟为“优秀共产党员”称号，并决定，在全市开展向李雄伟、吴桂平学习活动；2月25日，公安部授予李雄伟“二级英雄模范”荣誉称号；团省委、省青年联合会追授李雄伟“浙江青年‘五四’奖章”。4月1日，省人民政府追授李雄伟为“人民卫士”荣誉称号。

第二章　人物名录

本章设人物名录，收录南湖籍革命烈士47人；收录中国科学院院士、中国工程院院士、省部级以上领导、将军、在嘉兴工作时担任正厅职领导、全国劳动模范和全国先进工作者共47人。享受国务院特殊津贴的专业技术人员47人，在嘉兴工作的正高级以上专业技术人员418人，1991—2010年区外专业技术人员75人，旅外知名人士15人。

第一节　革命烈士

收录至2010年在境内外牺牲，被省人民政府或有关部门授予革命烈士称号的南湖区籍革命烈士47名，其中新中国成立前15名、成立后31名，建区后批准为革命烈士的有李雄伟、田春良。

南湖区革命烈士英名录表

表38-1

姓名	性别	出生年月	住址	参加革命（年）	入党团（年）	牺牲年月	牺牲地点	牺牲时单位	牺牲时职务	备注
陆　骏	男	1922.6	嘉兴市城区建设街道小西门电力公司对面	1940	1940入党	1953.3.13	朝鲜石岘洞北山	中国人民解放军第23军67师200团	团政委	—
曹徽祥	男	1925	嘉兴市城区建设街道秀州北弄3号	1948.10	—	1953.9	朝鲜	志愿军71部队16支队七分队	战士	—
王培林	男	1958.9	嘉兴市城区新兴街道南杨新村九幢408室	1978.4	—	1978.8.4	江苏省浦江工地	解放军83475部队86分队	战士	—
蒋杏富	男	1930	嘉兴市城区新兴街道长生桥1号	1949.5	1950.10.6入团	1950.10.12	福建省永安县	中共福建省永安地委宁泽县委	青委干事	—
盛君超	男	1926	嘉兴市城区新兴街道中山路332号	1942.4	1943入党	1949.7	嘉兴县双桥	嘉兴县大队第3连	指导员	—
方一平	男	1927	嘉兴市城区新兴街道南大街70号	1949.6	—	1951	云南省西盟佤族	解放军0059部队3支队	排长	曾用名：能建
苗根兴	男	1929.1	嘉兴市城区新兴街道报忠埭30号	1948.2	—	1950.12	朝鲜	志愿军第38军113师339团	战士	—
沈善宽	男	1926	嘉兴市城区新兴街道斜西街38号	1942.1	—	1947.5	山东省蒙阴县孟良崮	华野第6纵队18师52团	副团级	—
沈振黄	男	1912	嘉兴市城区新兴街道南大街80号	1938	1939秋入党	1944.11.25	贵州省	国民革命军第8集团军战地服务队中共特支	成员	曾用名：沈耀中
沈耀华	男	1917	嘉兴市城区新兴街道南大街80号	1937	1938入党	1948	山东省诸城县	原系新四军第6支队	参谋	曾用名：沈浩
张介仁	男	1925	嘉兴市城区新兴街道真如海鸥纸品厂宿舍1幢205	1950	—	1953.7	山东省济南医院	陆军第27军教导团	连长	朝鲜负伤，伤口复发牺牲
乔关英	男	1932	嘉兴市城区新兴街道中山路嘉地建宿舍	1950	—	1951	黑龙江齐齐哈尔	志愿军第九兵团	班长	在国内病故
林君强	男	1932.4	嘉兴市城区新嘉街道中基路饮马河16号	1950	—	1953.2	朝鲜	志愿军后方勤务司令部第2分部野战医院	军医	—

续表38-1

姓名	性别	出生年月	住址	参加革命（年）	入党团（年）	牺牲年月	牺牲地点	牺牲时单位	牺牲时职务	备注
高健飞	男	1928.4	嘉兴市城区新嘉街道中基路297号	1946	党员	1951.9	朝鲜板门店	中共中央新华总社前线分社	随军记者	—
杨小福	男	1933	嘉兴市城区解放街道窑弄长水塘新村53号	1947	1950入团	1951.2	嘉兴县焦山门	嘉兴电话所	班长	—
张肇林	男	1925	嘉兴市城区东门街道荐桥河东26号	1949.4	—	1950.11	朝鲜	志愿军第20军60师179团6连	战士	—
傅　腾	男	1931.2	嘉兴市城区东门街道公园路起凤桥4号	1949.5	1950.9入团	1949.12	福建省厦门	陆军第29军85师政治部(华东军区)	文工队员	籍贯为浙江定海，葬于福建厦门烈士陵园
张国强	男	1940.6	嘉兴市城区东门街道人民路7号	1963.3	团员	1967.2	云南省	解放军8774部队	班长	—
龚海荣	男	1955	嘉兴市城区南湖乡新联村龚家门	1970.1	团员	1972.4	福建省南安县	解放军五0五二部队二十分队	战士	因发生事故
朱昌林	男	1958.8	嘉兴市城区嘉北乡木桥港村杨家桥	1978.3	1978.1入团	1979.7.17	安徽省凡昌县	南京部队后勤部83475部队	战士	—
杨杏观	男	1919	嘉兴市城区嘉北乡百花村	1949.4	—	1949.5	嘉兴县穆河乡	吴嘉湖独立团第1营	战士	—
徐角方	女	1928	嘉兴市城区	1948.12	—	1949.3	余姚县中村独山岙	鄞慈县二区政府	民运人员	曾用名：徐角芳
程新甫	男	1915	浙江湖州东门	1949.6	—	1949.10.3	—	吴兴县善链区公所	干事	外出公干遇匪身亡
李　凌	男	1928	嘉兴解放街道明沦路电池厂宿舍	1947.3	党员	1961.6	唐山24军野营时汽车失事	解放军24军司令部通讯部	参谋	—
谢田标	男	1915	城区少年路干戈弄邮电局宿舍	1938	1938入党	1940年	乐清监狱	浙内三五支队三中队	司务长	—
程世庆	男	1928.1	城区中和街20号	1949.1	1950.11入党	1952.8.26	辽宁锦州辽养院	东北军区炮兵20团一营二连	司务长	—

续表38-1

姓名	性别	出生年月	住址	参加革命（年）	入党团（年）	牺牲年月	牺牲地点	牺牲时单位	牺牲时职务	备注
高瑞文	男	1932.1	城区塔弄22号	1953年	1961.7入党	1961.9	杭州市郊笕桥	空五军三师2424部队一分队	飞行员	—
张世金	男	1925.10	市心弄八组姚家埭三号一院对门三层306室	1947.2	1947.10入党	1964.7	浙江省岱山县长涂岛	海军4204部队	机械股长	—
周寿松	男	1915.8	砖桥弄东面八一耐火器材厂西层305室	1939.8	1940入党	1942.2.30	河北省沧县四区小王庄	沧县独立营一连	副连长	—
岳德义	男	1905.12	市心弄居民会8组姚家埭三号1院对门三层306室	1929	1928入党	1951.1.24	福建	龙岩地委长汀县	县委书记	—
韩守箴	男	1933.5	南湖街道毛纺新村312幢101室22组	1949.8	—	1953	朝鲜	中国人民志愿军23军67师199团	排长	—
睦土生	男	1895	毛纺新村301幢104室	1940	—	1944.5.25	宜兴官林区芷林乡	新四军四十八团被服厂	负责	—
严继月	男	1928.6	嘉兴市电力局	1944.2	1948.7	1957.10.3	平湖乍浦	空军航空兵第三师八团	中队长	—
邓保山	男	1925.4	嘉兴粮食制品厂	1942.2	1943入党	1959年补发		山东警四旅	排长	—
王景勋	男	1907.12	市区宣公路57号后门2号	1950.3	党员	1952.6.12	朝鲜文川郡	中国人民志愿军炮兵第七师后勤运输连	驾驶员	—
赵金海	男	1931	嘉兴治金厂	1951	—	1967.3.16	嘉兴运河农场	运河农场	办事员	—
方叔昆	男	1908	嘉北乡天吴家桥村	1924	1926入党	1938.4.27	嘉兴新篁镇	共青团嘉兴支部	支部书记	曾用名：方叔堃方培玉
詹匡寿	男	1913	南湖区七星乡博山村	1938	1938	1941.7	乐清白溪滩	白溪分区上占村	地下党员	—
蔡祖宏	男	1928	嘉兴市	1949.8	—	1953.6	朝鲜	志愿军高炮部队	战士	—
郑金宝	男	1925.8	嘉兴市	1944.8	1946入党	1946	山东省泰安	华东一纵一旅一团	卫生员	—
邹志淑	女	—	嘉兴市	1925	—	1931	上海	中央特委	—	—
陈根生	男	—	嘉兴市	—	—	1949	天津	45军135师44团二营	—	—

续表38-1

姓名	性别	出生年月	住址	参加革命（年）	入党团（年）	牺牲年月	牺牲地点	牺牲时单位	牺牲时职务	备注
郑志成	男	1921.6	嘉兴市	1944.7	1945.5入党	1951.1	朝鲜	志愿军九兵团政治部组织部	干事	—
陈　鲁	男	—	嘉兴市	1941	1941入党	1948.7	豫东	华东野战军一纵三师八团	营长	—
翁阿毛	男	1924	嘉兴市	1949	—	1952.1	朝鲜仁川	志愿军坦克26师53团三连	坦克兵	曾用名：严家
李雄伟	男	1967.3	嘉善县西塘镇	1988.7	1996.9入党	1998.2.17	嘉兴市秀城区	嘉兴市公安局秀城区分局新嘉派出所	民警	二级英模
田春良	男	1953.7	嘉兴市南湖区电子小区中秀苑2—202	1969.11	—	2009.2.16	嘉兴思古桥	嘉兴市城郊港航管理处	职工	—

第二节　院士　政军　先进个人

本节收录至2010年，南湖区籍中国科学院院士2人，中国工程院院士4人，省部级以上领导10人，将军6人；在嘉兴工作时任正厅级的领导1人，境内获全国劳动模范15人，全国先进工作者9名，共47人。

至2010年南湖籍中国科学院院士表

表38-2

姓　名	出生年月	性别	籍贯	专业内容	入选时间(年)	工作单位
倪嘉瓒	1932.5	男	浙江嘉兴	无机化学	1980	中国科学院
陶诗言	1919.8	男	浙江嘉兴	气象学	1980	中国科学院

至2010年南湖籍中国工程院院士表

表38-3

姓　名	出生年月	性别	籍贯	专业内容	入选时间(年)	工作单位
屠善澄	1923.8	男	浙江嘉兴	自动控制技术	1994	中国工程院
吴祖垲	1914.3	男	浙江嘉兴	真空电子技术	1995	中国工程院
钱正英	1923.7	女	浙江嘉兴	水利水电	1997	中国工程院、全国政协
沈世钊	1933.12	男	浙江嘉兴	空间结构工程	1999	中国工程院、哈尔滨工业大学

南湖区籍省部级以上领导表

表38-4

姓　名	性别	出生年月	籍贯	所任职务
凌　云	男	1917.6	浙江嘉兴	国家安全部部长
钱正英	女	1923.7	浙江嘉兴	全国政协副主席
钱李仁	男	1924.8	浙江嘉兴	人大教育委副主任中央对外联络部部长
胡　平	男	1930.7	浙江嘉兴	商业部部长
沈觉人	男	1931.	浙江嘉兴	对外经济贸易部副部长
怀国模	男	1932.12	浙江嘉兴	国防科工委副主任(中将)
陈士能	男	1938.7	浙江嘉兴	国家轻工业局局长
康北笙	女	1941	浙江嘉兴	福建省人大常委会副主任
徐鸿道	男	1942.11	浙江嘉兴	浙江省政协副主席
朱之鑫	男	1949.3	浙江嘉兴	国家发改委副主任

南湖区籍将军表

表38-5

姓　名	性别	出生年月	籍贯	任最高职务时的单位和职务	军　衔
萧　穆	男	1929.12	浙江嘉兴	八一电影制片厂厂长	1988年授予少将军衔
怀国模	男	1932.12	浙江嘉兴	国防科工委副主任	1988年授予少将军衔,1991年晋升中将军衔
张海麟	男	1932.11	浙江嘉兴	国防大学教授	1988年授予少将军衔
怀耀生	男	1936.10	浙江嘉兴	南京政治学院政治部主任	1993年授予少将军衔
张宏生	男	1937.9	浙江嘉兴	总后勤部物资部副部长	1988年授予少将军衔
张　伟	男	1959.7	浙江嘉兴	总后勤部军交部部长	2008年授予少将军衔

在嘉兴工作时担任正厅职的领导表

表38-6

姓　名	性别	出生年月	籍贯	所任职务届次	任职时间
杜云昌	男	1937.1	浙江嘉兴	二届、三届市政府市长	1991.3—1991.4代理市长 1991.4—1996.3市长

至2010年境内获全国劳动模范荣誉称号人员表

表38-7

姓　名	性别	出生年月	授予时所在单位	授予时间
潘文化	男	1916.6	嘉兴娟纺厂	1950
丁彩英	女	1928.2	嘉兴绢纺厂	1956.5
陈志蔚	男	—	嘉兴民丰造纸厂	1979
朱贵法	男	1935.10	嘉兴市中华化工厂	1989.9

续表38-7

姓　名	性别	出生年月	授予时所在单位	授予时间
张贞契	男	1934.7	嘉兴民丰造纸厂	1989.9
唐玲华	女	1954.9	嘉兴绢纺厂	1989.9
王吉林	男	1957.2	嘉兴冶金机械厂	1995.4
陆忠岳	男	1937.10	浙江金三塔丝针织集团公司	1995.4
陆雅琳	女	1961.3	浙江兰宝国际毛纺集团公司	1995.4
吕士林	男	1944.4	民丰集团公司	2000.4
吴惠芳	女	1968.2	嘉兴市好雀针织服饰有限责任公司	2000.4
巴增鸿	男	1963.4	浙江嘉化实业股份有限公司	2005.4
任维进	男	1956.1	浙江中元建设股份有限公	2005.4
姚红飞	男	1973.2	浙江欣兴工具有限公司	2010.4
褚富宝	女	1964.8	南湖区余新镇褚大姐甜瓜专业合作社	2010.4

至2010年境内获全国先进工作者荣誉称号人员表

表38-8

姓　名	性别	出生年月	授予时所在单位	授予时间
俞来兴	男	—	嘉兴油厂	1959
朱长生	男	—	嘉兴建筑公司	1959
周　坚	女	1930.12	嘉兴建设中心小学	1960.6
姚海根	男	1944.7	嘉兴市农业科学研究所	1989.9
徐祖福	男	1941.11	嘉兴市嘉兴书场	1989.9
朱屹峰	男	1967.11	大桥镇江南村	2006
傅一鸣	女	1956.4	嘉兴市第三中学校长	2000.4
徐新泉	男	1955.9	嘉兴高级中学校长	2010.4
葛加美	女	1958.10	嘉兴市妇幼保健院	2010.4

第三节　专业技术人士

本节收录1991—2010年，境内企事业单位中，享受政府特殊津贴的专业人士47名。收录至2010年，境内企事业单位正高级以上职称的专业技术人员418名。

2010年境内享受政府特殊津贴专业人员名录表

表38-9

姓　名	性别	出生年月	籍贯	工作单位	专业技术职称	批准时间（年）
郑国武	男	1933.3	浙江文成	嘉兴冶金机械厂	高级工程师	1991
姚海根	男	1944.7	浙江嘉善	嘉兴市农科院	研究员	1991
周学章	男	1917.1	浙江嘉兴	嘉兴市第一医院	主任医师	1992

续表 38-9

姓　名	性别	出生年月	籍贯	工作单位	专业技术职称	批准时间(年)
施延庆	男	1920.8	浙江嘉兴	嘉兴市中医院	主任中医师	1992
陈镇球	男	1933.11	浙江嘉善	嘉兴冶金机械厂	高级工程师	1992
张贞契	男	1934.7	福建福州	民丰特种纸股份有限公司	高级经济师	1992
濮思湘	男	1934.11	上海市	嘉兴学院	副教授	1992
陈冲模	男	1937.1	浙江绍兴	嘉兴市丝绸工业公司	高级工艺美术师	1992
孙顺华	男	1937.7	浙江杭州	嘉兴学院	教授	1992
陆忠岳	男	1937.10	上海市	嘉兴市制丝针织联合厂	高级工程师	1992
姚国光	男	1940.5	浙江嘉善	嘉兴市种子公司	高级工程师	1992
王锦泉	男	1943.11	浙江绍兴	嘉兴市计算机应用研究所	副研究员	1992
周海梦	男	1946.12	浙江宁波	浙江清华长三角研究院	教授	1992
方亦元	男	1927.8	浙江建德	嘉兴学院	教授	1993
张克猷	男	1928.2	浙江海宁	浙江中元建设股份有限公司	高级工程师	1993
王仁民	男	1932.6	浙江嘉善	嘉兴市植保植检站	高级农艺师	1993
周戟王	男	1933.1	浙江镇海	嘉兴学院	教授	1993
徐张奎	男	1934.7	浙江萧山	中国电信嘉兴分公司	高级工程师	1993
孙鸿斌	男	1936.7	河南荥阳	民丰特种纸股份有限公司	高级工程师	1993
蒋琰瑛	女	1936.11	浙江海宁	嘉兴市妇幼保健院	主任医师	1993
林正魁	男	1937.2	浙江文成	嘉兴市农科院	高级农艺师	1993
张翔元	男	1942.3	浙江上虞	嘉兴三塔建材股份有限公司	高级工程师	1993
李泳华	男	1946.3	浙江嘉兴	嘉兴市制丝针织联合厂	高级工程师	1993
徐晓岚	女	1942.11	浙江天台	嘉兴绝缘材料厂	高级工程师	1994
金承天	男	1932.12	浙江东阳	嘉兴助动车厂	高级工程师	1995
陆大朋	男	1946.4	浙江嘉兴	中国电信嘉兴分公司	高级工程师	1995
刘　勇	男	1939.11	江西遂川	浙江嘉化实业股份有限公司	教授级高级工程师	1996
章连观	男	1936.4	浙江嘉兴	嘉兴市农经局植保站	高级农艺师	1997
王嗣振	男	1943.1	浙江嘉兴	嘉兴一中	高级教师	1997
何南扬	男	1933.12	浙江宁海	嘉兴市农科院	农技推广研究员	1998
郭阿义	男	1944.2	福建闽侯	嘉兴市气象局	教授级高级工程师	1998
隗斌贤	男	1960.10	安徽寿县	嘉兴职业技术学院	教授	1998
温怀楠	男	1938.9	浙江余杭	嘉兴市农科院	农技推广研究员	1999
陈才庚	男	1941.7	浙江诸暨	嘉兴学院	教授	1999
陈　强	男	1956.8	浙江嘉善	浙江清华长三角研究院	教授	1999
方伯荣	男	1940.1	浙江桐乡	嘉兴学院	教授	2000
杨尧城	男	1944.2	浙江湖州	嘉兴市农科院	农技推广研究员	2000
潘　斌	男	1953.1	江苏盐城	嘉兴南洋职业技术学院	教授	2001
孙祥良	男	1954.12	浙江嘉兴	嘉兴市农科院	农技推广研究员	2001
黄锦法	男	1955.5	浙江平湖	嘉兴市种植技术推广总站	农技推广研究员	2002

续表38-9

姓 名	性别	出生年月	籍贯	工作单位	专业技术职称	批准时间(年)
曹 艳	女	1962.3	重庆市	嘉兴学院	副研究馆员	2002
朱金松	男	1948.9	浙江绍兴	加西贝拉压缩机有限公司	教授级高级工程师	2006
王幸平	男	1962.4	江苏淮阴	嘉兴市教育局	高级教师	2006
徐宪民	男	1954.6	浙江兰溪	嘉兴学院	教授	2008
曹浩强	男	1956.3	浙江上虞	嘉兴市第一医院	主任医师	2008
程旺大	男	1971.2	浙江桐乡	嘉兴市农科院	研究员	2008
俞保云	男	1962.3	浙江平湖	嘉兴新嘉爱斯热电有限公司	教授级高级工程师	2010

注:1.摘自《嘉兴市志(1991—2010)》。2.名录中未含三十六所

至2010年驻区企事业单位正高级专业技术人员名录表

表38-10

姓 名	性别	出生年月	籍贯	工作单位	专业技术职称	获取时间(年)
张明权	男	1924.1	浙江嘉兴	嘉兴市第二医院	主任中医师	1988
施延庆	男	1920.8	浙江嘉兴	嘉兴市中医院	主任中医师	1988
姚海根	男	1944.7	浙江嘉善	嘉兴市农科院	研究员	1988
崔 钟	男	1926.2	安徽凤阳	嘉兴市司法局	一级律师	1988
周海梦	男	1946.12	浙江宁波	浙江清华长三角研究院	教授	1990
朱梓丰	男	1934.10	浙江海宁	嘉兴市第二医院	主任医师	1992
盛燮荪	男	1934.10	浙江桐乡	嘉兴市第一医院	主任中医师	1993
应嘉钧	男	1935.12	浙江嘉兴	嘉兴市第一医院	主任医师	1993
许有生	男	1937.5	浙江嘉兴	嘉兴市第一医院	主任医师	1993
朱培林	男	1938.1	浙江嘉兴	嘉兴市第一医院	主任医师	1993
何毓椿	男	1933.8	浙江杭州	嘉兴市第一医院	主任医师	1993
裘秀兰	女	1937.10	浙江嵊县	嘉兴市第二医院	主任医师	1993
陆志品	男	1934.11	浙江嘉兴	嘉兴市第二医院	主任医师	1993
蒋琰瑛	女	1936.11	浙江海宁	嘉兴市妇幼保健院	主任医师	1993
张继荣	男	1939.10	浙江嘉兴	嘉兴市中医院	主任医师	1993
张松石	男	1932.12	浙江嘉兴	嘉兴市药检所	主任药师	1993
陈 强	男	1956.8	浙江嘉善	浙江清华长三角研究院	教授	1994
范俊方	男	1930.2	浙江奉化	嘉兴市种植技术推广总站	农技推广研究员	1994
张秉璋	男	1940.9	浙江桐乡	嘉兴市第二医院	主任中医师	1995
陈嘉煊	男	1945.3	上海市	嘉兴日报报业传媒集团	高级编辑	1995
高庆祥	男	1947.8	上海市	浙江新安国际医院	主任医师	1995
吴文仙	女	1938.10	浙江桐乡	嘉兴市第一医院	主任医师	1996
何南扬	男	1933.12	浙江宁海	嘉兴市农科院	农技推广研究员	1996
陈光陆	男	1938.9	浙江余姚	嘉兴市第一医院	主任医师	1997
陆松春	男	1942.11	浙江嘉善	嘉兴市第一医院	主任医师	1997

续表38-10

姓　名	性别	出生年月	籍贯	工作单位	专业技术职称	获取时间(年)
王月英	女	1939.7	浙江嘉兴	嘉兴市第一医院	主任药师	1997
方　芬	女	1938.1	浙江平湖	嘉兴市第二医院	主任医师	1997
石桂枝	女	1941.9	辽宁沈阳	嘉兴市第二医院	主任医师	1997
赵铁山	男	1956.3	辽宁北票	嘉兴市第二医院	主任医师	1997
白志强	男	1956.6	辽宁阜新	嘉兴市第二医院	主任医师	1997
许幼珍	女	1938.7	浙江海宁	嘉兴市第二医院	主任护师	1997
王振海	男	1941.6	浙江嘉兴	嘉兴市疾病预防控制中心	主任医师	1997
潘　斌	男	1953.1	江苏盐城	嘉兴南洋职业技术学院	教授	1997
乌文琳	女	1939.8	上海市	嘉兴市第一医院	主任医师	1998
刘加芳	女	1944.11	浙江嘉兴	嘉兴市第一医院	主任医师	1998
顾金森	男	1939.12	上海市	嘉兴市第二医院	主任医师	1998
夏德发	男	1940.4	浙江宁波	嘉兴市第二医院	主任医师	1998
周爱芬	女	1942.9	浙江海宁	嘉兴市疾病预防控制中心	主任医师	1998
沈关桢	男	1944.8	浙江绍兴	嘉兴市妇幼保健院	主任医师	1998
崔　波	男	1942.9	江苏滨海	嘉兴市药品检验所	主任中药师	1998
温怀楠	男	1938.9	浙江余杭	嘉兴市农科院	农技推广研究员	1998
刘世远	男	1940.3	浙江嘉兴	加西贝拉压缩机有限公司	教授级高级工程师	1998
吴春泉	男	1941.9.	浙江嘉兴	嘉兴市林特技术推广总站	农技推广研究员	1998
谭　镭	男	1941.8	上海市	嘉兴市规划设计处	教授级高级工程师	1999
徐耀忠	男	1940.1	浙江常熟	嘉兴市第一医院	主任医师	1999
张祖圣	男	1939.10	江苏吴县	嘉兴市第一医院	主任医师	1999
沈修康	女	1945.4	浙江嘉善	嘉兴市第二医院	主任医师	1999
姚芸芝	女	1940.1	江苏无锡	嘉兴市妇幼保健院	主任医师	1999
杨江帆	男	1942.6	江苏无锡	嘉兴市妇幼保健院	主任医师	1999
刘　勇	男	1939.11	江西遂川	浙江嘉化集团股份有限公司	教授级高级工程师	1999
林尤长	男	1942.12	广东惠来	民丰特种纸股份有限公司	教授级高级工程师	1999
孙毓华	男	1941.10	上海市	浙江宏正建筑设计有限公司	教授级高级工程师	1999
张素兰	女	1944.12	辽宁旅大	嘉兴市第一医院	主任医师	2000
吴厚慧	男	1951.12	浙江义乌	嘉兴市第一医院	主任医师	2000
曹浩强	男	1956.3	浙江上虞	嘉兴市第一医院	主任医师	2000
楼雅依	女	1964.8	浙江嵊州	嘉兴市第一医院	主任医师	2000
徐荣明	男	1952.10	江苏镇海	嘉兴市第二医院	主任医师	2000
孙晓楼	男	1942.11	浙江桐乡	嘉兴市卫生监督所	主任医师	2000
杨尧城	男	1944.2	浙江湖州	嘉兴市农科院	农技推广研究员	2000
余太和	男	1936.12	安徽桐城	嘉兴学院	教授	2000
方伯荣	男	1940.1	浙江桐乡	嘉兴学院	教授	2000
陈才庚	男	1941.7	浙江诸暨	嘉兴学院	教授	2000

续表38-10

姓　名	性别	出生年月	籍贯	工作单位	专业技术职称	获取时间(年)
亓名杰	男	1942.12	山东莱芜	嘉兴学院	教授	2000
虞锡君	男	1948.1	上海崇明	嘉兴学院	教授	2000
吕锦如	男	1943.5	安徽明光	嘉兴学院	研究员	2000
吴　骞	男	1948.11	浙江桐乡	嘉兴日报报业传媒集团	高级编辑	2000
胡　松	男	1940.10	浙江嘉兴	民丰特种纸股份有限公司	教授级高级工程师	2000
陈家林	女	1943.2	上海市	嘉兴市第一医院	主任医师	2001
杨　柳	女	1961.10	浙江平湖	嘉兴市第一医院	主任医师	2001
王　波	女	1954.1	黑龙江绥棱	嘉兴市第二医院	主任医师	2001
江力勤	男	1961.1	浙江海宁	嘉兴市第二医院	主任医师	2001
肖旺频	男	1961.10	湖北武汉	嘉兴市第二医院	主任医师	2001
成盘吉	男	1944.4	上海市	嘉兴市中医院	主任医师	2001
俞仁龙	男	1945.7	上海市	嘉兴学院	教授	2001
冯晓宁	男	1950.11	山西宁武	嘉兴学院	教授	2001
徐宪民	男	1954.6	浙江兰溪	嘉兴学院	教授	2001
刘加良	男	1959.6	浙江嘉兴	嘉兴市第一医院	主任医师	2002
王建新	女	1947.9	浙江嘉兴	嘉兴市第一医院	主任护师	2002
沈亦麟	男	1944.12	上海市	嘉兴市第一医院	主任医师	2002
龚遂良	男	1961.11	浙江吴兴	嘉兴市第二医院	主任医师	2002
方水林	女	1954.7	浙江平湖	嘉兴市中医院	主任中医师	2002
仇佩庆	男	1948.9	江苏苏州	嘉兴市中医院	主任医师	2002
沈海平	男	1957.5	浙江平湖	嘉兴市妇幼保健院	主任医师	2002
叶聚隆	男	1942.8	浙江宁波	嘉兴市卫生监督所	主任医师	2002
孙顺华	男	1937.8	浙江杭州	嘉兴学院	教授	2002
杜欢政	男	1962.4	浙江东阳	嘉兴学院	教授	2002
陈天荣	男	1962.6	陕西西乡	嘉兴学院	教授	2002
胡俊云	男	1963.6	安徽岳西	嘉兴学院	教授	2002
钱方明	男	1964.11	江苏吴江	嘉兴学院	教授	2002
方银军	男	1963.5	浙江东阳	浙江赞誉科技股份有限公司	教授级高级工程师	2002
王有强	男	1962.1	江西南昌	浙江清华长三角研究院	教授	2002
沈文娟	女	1947.1	浙江桐乡	嘉兴市第一医院	主任医师	2003
邱雅铮	女	1948.5	浙江嘉兴	嘉兴市第一医院	主任医师	2003
谢　琦	男	1962.11	浙江杭州	嘉兴市第一医院	主任医师	2003
冀子中	男	1963.2	河北清河	嘉兴市第一医院	主任医师	2003
姚伟明	男	1949.9	上海市	嘉兴市第二医院	主任医师	2003
金成胜	男	1957.11	浙江金华	嘉兴市第二医院	主任医师	2003
葛加美	女	1958.1	浙江嘉兴	嘉兴市妇幼保健院	主任医师	2003
章展煌	男	1961.4	浙江杭州	嘉兴市食品药品检验所	主任药师	2003

续表38-10

姓　名	性别	出生年月	籍贯	工作单位	专业技术职称	获取时间(年)
徐宏祥	男	1961.9	浙江嘉善	嘉兴市食品药品检验所	主任药师	2003
杨东平	男	1944.4	山东雨城	嘉兴学院	教授	2003
严蕊琳	女	1946.10	浙江平湖	嘉兴学院	教授	2003
于　沛	女	1954.5	吉林长春	嘉兴学院	教授	2003
仇芒仙	女	1954.9	山西闻喜	嘉兴学院	教授	2003
范道济	男	1955.12	湖北麻城	嘉兴学院	教授	2003
冯　浩	男	1956.3	浙江宁波	嘉兴学院	教授	2003
尤小军	男	1956.3	河北高阳	嘉兴学院	教授	2003
冯　光	男	1958.6	江西临川	嘉兴学院	教授	2003
薛　元	男	1962.8	江苏武进	嘉兴学院	教授	2003
张惠忠	男	1966.1	浙江海宁	嘉兴学院	教授	2003
陈吕军	男	1965.7	浙江上虞	浙江清华长三角研究院	教授	2003
单胜道	男	1969.8	浙江永嘉	嘉兴职业技术学院	教授	2003
卢常宝	男	1954.5	辽宁鞍山	浙江新安国际医院	主任医师	2003
沈更新	男	1963.5	浙江嘉兴	浙江省荣军医院	主任医师	2003
邵生富	男	1964.8	浙江嘉兴	浙江嘉化集团股份有限公司	教授级高级工程师	2003
徐　芸	女	1962.2	浙江德清	浙江嘉化集团股份有限公司	教授级高级工程师	2003
陈行一	男	1944.11	浙江杭州	嘉兴博物馆	研究馆员	2003
王卓琦	女	1952.11	上海市	嘉兴市交通投资集团有限公司	教授级高级工程师	2003
陈圣光	女	1947.4	浙江嘉兴	嘉兴市第一医院	主任医师	2004
徐世杰	男	1947.6	浙江绍兴	嘉兴市第一医院	主任医师	2004
江国华	男	1958.11	辽宁轴岩	嘉兴市第一医院	主任医师	2004
顾再研	女	1961.12	浙江平湖	嘉兴市第一医院	主任医师	2004
俞增福	男	1963.7	浙江绍兴	嘉兴市第一医院	主任医师	2004
干正琦	女	1965.5	浙江平湖	嘉兴市第一医院	主任医师	2004
张春燕	女	1961.1	内蒙古通辽	嘉兴市第一医院	主任医师	2004
金松华	男	1947.10	浙江嘉兴	嘉兴市第二医院	主任医师	2004
王　迎	女	1955.12	山东临沂	嘉兴市第二医院	主任医师	2004
贾　鸣	男	1957.12	山东泗水	嘉兴市第二医院	主任医师	2004
董来荣	男	1962.9	浙江嘉兴	嘉兴市第二医院	主任医师	2004
林春兰	女	1947.2	浙江温州	嘉兴市妇幼保健院	主任医师	2004
朱　洁	女	1956.8	浙江平湖	嘉兴市妇幼保健院	主任医师	2004
徐晓萍	女	1957.6	浙江桐乡	嘉兴市妇幼保健院	主任医师	2004
刘　霞	女	1961.12	浙江鄞县	嘉兴市妇幼保健院	主任医师	2004
顾金林	男	1964.8	浙江嘉善	嘉兴市食品药品监督管理局	主任药师	2004
孙祥良	男	1954.12	浙江嘉兴	嘉兴市农科院	农技推广研究员	2004
蒋元海	男	1965.10	浙江诸暨	嘉兴学院	教授级高级工程师	2004

续表38-10

姓　名	性别	出生年月	籍贯	工作单位	专业技术职称	获取时间(年)
万国庆	男	1953.10	湖北黄陂	嘉兴学院	教授	2004
单　元	女	1954.5	湖南汨罗	嘉兴学院	教授	2004
张传明	男	1955.3	安徽凤台	嘉兴学院	教授	2004
徐桂英	女	1956.3	黑龙江讷河	嘉兴学院	教授	2004
任汝平	男	1956.10	河南汝南	嘉兴学院	教授	2004
曹泰斌	男	1957.10	山西平遥	嘉兴学院	教授	2004
牛志荣	女	1959.9	山西清徐	嘉兴学院	教授	2004
赵　云	男	1961.11	青海西宁	嘉兴学院	教授	2004
严从荃	男	1962.9	江西于都	嘉兴学院	教授	2004
李　蕾	男	1965.10	江西南康	嘉兴学院	教授	2004
黄锦法	男	1955.5	浙江平湖	嘉兴市种植技术推广总站	农技推广研究员	2004
平培元	男	1956.3	浙江嘉兴	嘉兴广播电视大学	教授	2004
盛　健	男	1955.12	浙江嘉兴	嘉兴职业技术学院	教授	2004
马正良	男	1965.3	浙江平湖	浙江国傲律师事务所	一级律师	2004
朱克明	男	1945.4	上海市	嘉兴市文化馆	研究馆员	2004
张谷良	男	1946.8	浙江海宁	嘉兴美术馆	一级美术师	2004
单德贵	男	1962.5	浙江永康	浙江宏正建筑设计有限公司	教授级高级工程师	2004
蒋红钢	男	1965.5	浙江诸暨	嘉兴市第一医院	主任医师	2005
郭晓珺	女	1966.1	浙江海宁	嘉兴市第一医院	主任医师	2005
徐跃根	男	1966.2	江苏吴江	嘉兴市第一医院	主任医师	2005
张永革	男	1950.2	浙江海宁	嘉兴市第二医院	主任医师	2005
储水鑫	男	1956.11	浙江嘉兴	嘉兴市第二医院	主任中医师	2005
张　凡	男	1963.5	浙江嘉兴	嘉兴市第二医院	主任医师	2005
万福俊	男	1963.6	辽宁营口	嘉兴市第二医院	主任医师	2005
钟征翔	男	1966.2	浙江富阳	嘉兴市第二医院	主任医师	2005
滕懿群	女	1966.3	江西横峰	嘉兴市第二医院	主任医师	2005
张晓玲	女	1966.6	浙江平湖	嘉兴市第二医院	主任医师	2005
顾旭东	男	1965.9	浙江嘉兴	嘉兴市第二医院	主任中医师	2005
毕平安	男	1947.12	黑龙江泰丰	嘉兴市第二医院	主任技师	2005
詹利永	男	1965.7	浙江诸暨	嘉兴市妇幼保健院	主任医师	2005
沈瑞林	男	1966.7	浙江嘉善	嘉兴市中医院	主任医师	2005
金佩芬	女	1965.11	浙江海宁	嘉兴市食品药品检验所	主任中药师	2005
吴小龙	男	1965.11	浙江嘉兴	嘉兴市卫生监督所	主任技师	2005
风元杰	男	1963.3	安徽宣城	嘉兴学院	研究馆员	2005
崔毅华	男	1946.12	上海市	嘉兴学院	教授	2005
黄　鹏	男	1949.8	安徽屯溪	嘉兴学院	教授	2005
陈水林	男	1950.10	浙江建德	嘉兴学院	教授	2005

续表38-10

姓　名	性别	出生年月	籍贯	工作单位	专业技术职称	获取时间(年)
毛志忠	女	1959.5	安徽歙县	嘉兴学院	教授	2005
李　华	男	1961.10	江苏海安	嘉兴学院	教授	2005
陈至发	男	1962.4	江西南昌	嘉兴学院	教授	2005
高　军	男	1962.8	辽宁彰武	嘉兴学院	教授	2005
钱苏翔	男	1963.10	江苏泰县	嘉兴学院	教授	2005
王遵尧	男	1963.11	江苏盐城	嘉兴学院	教授	2005
朱占敏	男	1964.4	湖北利川	嘉兴学院	教授	2005
潘煜双	女	1964.10	河南许昌	嘉兴学院	教授	2005
多洛肯	男	1971.11	新疆霍城	嘉兴学院	教授	2005
崔国成	男	1962.10	河北乐亭	嘉兴职业技术学院	教授	2005
宫相荣	男	1956.11	吉林镇来	嘉兴职业技术学院	教授	2005
李玉清	女	1964.4	辽宁朝阳	嘉兴职业技术学院	教授	2005
陈　峰	男	1962.11	浙江嘉兴	嘉兴市第一医院	主任中医师	2006
殷新光	男	1962.4	浙江宁波	嘉兴市第一医院	主任医师	2006
李　鹏	男	1962.8	河北束鹿	嘉兴市第一医院	主任医师	2006
施云超	男	1963.5	浙江嘉兴	嘉兴市第一医院	主任医师	2006
徐鹿平	男	1964.7	浙江海盐	嘉兴市第一医院	主任医师	2006
刘凤强	男	1964.10	江苏连云港	嘉兴市第一医院	主任医师	2006
唐玉明	男	1965.7	浙江嘉兴	嘉兴市第一医院	主任医师	2006
金秀凤	女	1966.8	浙江嘉兴	嘉兴市第一医院	主任医师	2006
张继明	男	1965.7	浙江嘉兴	嘉兴市第一医院	主任药师	2006
周月红	女	1967.9	浙江嘉兴	嘉兴市第一医院	主任药师	2006
王作先	男	1953.10	浙江建德	嘉兴市第二医院	主任医师	2006
徐鸿华	男	1956.2	江苏吴江	嘉兴市第二医院	主任医师	2006
马晓洁	女	1960.12	浙江桐乡	嘉兴市第二医院	主任医师	2006
吴　展	男	1962.1	浙江嘉兴	嘉兴市第二医院	主任医师	2006
褚正民	男	1964.12	浙江桐乡	嘉兴市第二医院	主任医师	2006
何建明	男	1967.6	浙江海盐	嘉兴市第二医院	主任医师	2006
毛嘉平	女	1961.2	浙江余杭	嘉兴市妇幼保健院	主任医师	2006
王金荣	男	1953.2	浙江嘉兴	嘉兴市疾病预防控制中心	主任医师	2006
崔　蒙	男	1963.10	内蒙古喀喇沁旗	嘉兴市卫生监督所	主任医师	2006
李陆明	男	1963.7	浙江海盐	嘉兴市卫生监督所	主任医师	2006
孙月艳	女	1964.10	浙江绍兴	嘉兴市中医院	主任医师	2006
刘红飞	男	1963.6	河南许昌	嘉兴学院	教授级高级工程师	2006
袁献民	男	1954.7	江苏徐州	嘉兴学院	教授	2006
吴建一	女	1955.10	浙江平湖	嘉兴学院	教授	2006
郭茂来	男	1956.6	江西南康	嘉兴学院	教授	2006

续表38-10

姓　名	性别	出生年月	籍贯	工作单位	专业技术职称	获取时间(年)
李思益	男	1957.9	陕西渭南	嘉兴学院	教授	2006
程凤侠	女	1958.9	陕西渭南	嘉兴学院	教授	2006
金哲会	男	1960.6	吉林合龙	嘉兴学院	教授	2006
姚树林	男	1961.10	河南淮阳	嘉兴学院	教授	2006
周　红	女	1963.4	浙江建德	嘉兴学院	教授	2006
乐光学	男	1963.11	贵州天柱	嘉兴学院	教授	2006
陈　浩	男	1964.3	江苏连云港	嘉兴学院	教授	2006
李海明	男	1964.5	河北平山	嘉兴学院	教授	2006
程　琼	女	1964.9	浙江桐乡	嘉兴学院	教授	2006
水常青	男	1964.9	河南陕县	嘉兴学院	教授	2006
周湘江	男	1964.11	湖南祁东	嘉兴学院	教授	2006
易洪雷	男	1965.5	安徽濉溪	嘉兴学院	教授	2006
李玉明	男	1961.12	辽宁康平	嘉兴职业技术学院	教授	2006
隗斌贤	男	1960.10	安徽寿县	嘉兴职业技术学院	教授	2006
朴龙斗	男	1974.12	韩　国	浙江清华长三角研究院	教授	2006
吴振宇	男	1946.9	上海市	浙江清华长三角研究院	教授	2006
郑伟业	男	1948.12	浙江嘉兴	嘉兴市广播电视集团	一级导演	2006
张扣林	男	1954.10	浙江嘉善	嘉兴日报报业传媒集团	高级编辑	2006
李森祥	男	1956.11	浙江衢州	嘉兴市艺术创作研究所	文学创作一级	2006
张立明	男	1965.2	湖南沅林	上海利恩建筑规划设计事务所(有限合伙)嘉兴分所	教授级高级工程师	2006
陈其荣	男	1963.8	浙江嘉兴	嘉兴市第一医院	主任医师	2007
朱月文	女	1963.8	浙江桐乡	嘉兴市第一医院	主任医师	2007
杨新妹	女	1964.2	浙江海宁	嘉兴市第一医院	主任医师	2007
张霞平	女	1964.7	浙江平湖	嘉兴市第一医院	主任医师	2007
周敏娟	女	1965.1	浙江嘉善	嘉兴市第一医院	主任医师	2007
唐关敏	男	1967.10	浙江嘉兴	嘉兴市第一医院	主任医师	2007
王黎梅	女	1961.10	浙江海宁	嘉兴市第一医院	主任护师	2007
谢丽萍	女	1958.7	浙江海宁	嘉兴市第一医院	主任护师	2007
殷惠琴	女	1954.10	浙江德清	嘉兴市第一医院	主任护师	2007
周新民	男	1950.10	浙江绍兴	嘉兴市第二医院	主任医师	2007
吴　鸣	男	1963.10	浙江海盐	嘉兴市第二医院	主任医师	2007
姚建国	男	1963.10	内蒙古莫旗	嘉兴市第二医院	主任医师	2007
夏绪芬	女	1963.11	辽宁沈阳	嘉兴市第二医院	主任医师	2007
丁　毅	男	1965.2	浙江平湖	嘉兴市第二医院	主任医师	2007
毛晓华	女	1965.4	浙江江山	嘉兴市中医院	主任医师	2007
钱静华	女	1963.2	浙江嘉兴	嘉兴市中医院	主任中医师	2007

续表38-10

姓　名	性别	出生年月	籍贯	工作单位	专业技术职称	获取时间(年)
卜昌荣	男	1966.4	浙江嘉兴	嘉兴市中医院	主任中医师	2007
金惠玲	女	1967.8	浙江宁海	嘉兴市妇幼保健院	主任医师	2007
金群俏	女	1967.11	上海市	嘉兴市妇幼保健院	主任医师	2007
刘惠娟	女	1966.1	甘肃张掖	嘉兴市妇幼保健院	主任医师	2007
沈华祥	男	1964.12	浙江海盐	嘉兴市妇幼保健院	主任医师	2007
朱玲仙	女	1964.9	浙江桐乡	嘉兴市妇幼保健院	主任药师	2007
曹家穗	男	1960.1	浙江嘉兴	嘉兴市疾病预防控制中心	主任医师	2007
管　健	男	1963.2	浙江平湖	嘉兴市疾病预防控制中心	主任技师	2007
王明龙	男	1952.10	浙江安吉	嘉兴市卫生监督所	主任医师	2007
许科文	男	1964.10	浙江诸暨	嘉兴市水文站	教授级高级工程师	2007
周亚新	男	1963.12	江苏宜兴	嘉兴学院	研究员	2007
刘昶时	男	1958.8	湖南湘阴	嘉兴学院	教授	2007
杨国勇	男	1961.8	江西吉安	嘉兴学院	教授	2007
程利仲	男	1963.1	安徽亳州	嘉兴学院	教授	2007
周新妹	女	1963.4	浙江奉化	嘉兴学院	教授	2007
陈树大	男	1963.6	浙江诸暨	嘉兴学院	教授	2007
金　镇	男	1964.1	辽宁海城	嘉兴学院	教授	2007
赵金飞	男	1966.2	浙江桐乡	嘉兴学院	教授	2007
施敏颖	女	1967.11	浙江嘉善	嘉兴学院	教授	2007
彭文利	男	1968.2	陕西长安	嘉兴学院	教授	2007
肖玉兰	女	1957.12	云南楚雄	浙江清华长三角研究院	研究员	2007
查人光	男	1968.1	浙江海宁	嘉兴市嘉源给排水有限公司	教授级高级工程师	2007
邹建良	男	1965.2	浙江平湖	嘉兴职业技术学院	教授	2007
丁　燕	女	1955.9	浙江临安	嘉兴日报报业传媒集团	高级编辑	2007
杨自强	男	1964.3	浙江海宁	嘉兴日报报业传媒集团	高级编辑	2007
陈忠波	男	1963.9	浙江岱山	浙江省荣军医院	主任医师	2007
许海云	女	1963.8	浙江海盐	嘉兴市交通投资集团有限公司	教授级高级工程师	2007
韩文兰	女	1951.10	山东莒县	嘉兴市第一医院	主任医师	2008
徐金英	女	1965.3	浙江平湖	嘉兴市第一医院	主任医师	2008
陈智清	男	1965.9	江苏无锡	嘉兴市第一医院	主任医师	2008
孙建良	男	1968.5	浙江嘉兴	嘉兴市第一医院	主任医师	2008
杨芝萍	女	1968.9	浙江义乌	嘉兴市第一医院	主任医师	2008
许　浏	男	1969.10	浙江平湖	嘉兴市第一医院	主任医师	2008
姚健康	男	1962.8	浙江吴兴	嘉兴市第一医院	主任药师	2008
王宇军	男	1970.2	浙江建德	嘉兴市第一医院	主任技师	2008
马玉英	女	1954.9	浙江嘉兴	嘉兴市第一医院	主任护师	2008
郑惠芳	女	1961.4	浙江嘉兴	嘉兴市第一医院	主任护师	2008

续表38-10

姓　名	性别	出生年月	籍贯	工作单位	专业技术职称	获取时间(年)
周礼湘	男	1951.11	安徽合肥	嘉兴市第二医院	主任医师	2008
钱林荣	男	1957.4	浙江嘉兴	嘉兴市第二医院	主任医师	2008
方淑珍	女	1966.7	浙江义乌	嘉兴市第二医院	主任医师	2008
陈炳才	男	1967.8	浙江诸暨	嘉兴市第二医院	主任医师	2008
李红妩	女	1965.11	浙江义乌	嘉兴市妇幼保健院	主任医师	2008
王丽萍	女	1966.6	浙江浦江	嘉兴市妇幼保健院	主任医师	2008
唐　萍	女	1969.7	江苏镇江	嘉兴市妇幼保健院	主任医师	2008
沈　旸	男	1960.12	江苏常熟	嘉兴市妇幼保健院	主任药师	2008
崔菊芬	女	1966.8	浙江海盐	嘉兴市妇幼保健院	主任护师	2008
朱永唯	男	1966.8	浙江嘉善	嘉兴市中医院	主任医师	2008
何增洪	男	1966.12	浙江江山	嘉兴市中医院	主任医师	2008
叶甫澄	男	1967.12	浙江嘉善	嘉兴市中医院	主任医师	2008
钱　琪	女	1963.6	浙江嘉善	嘉兴市中医院	主任中医师	2008
翁文庆	男	1968.2	浙江诸暨	嘉兴市中医院	主任中医师	2008
顾伟玲	女	1969. 6	浙江平湖	嘉兴市疾病预防控制中心	主任医师	2008
郑步云	男	1971.10	浙江武义	嘉兴市卫生监督所	主任医师	2008
朱山寅	男	1958.12	浙江海盐	嘉兴市食品药品检验所	主任中药师	2008
俞保云	男	1962.3	浙江平湖	嘉兴新嘉爱斯热电有限公司	教授级高级工程师	2008
夏跃平	男	1957.9	浙江定海	嘉兴学院	研究员	2008
王宏军	男	1962.10	山东荷泽	嘉兴学院	教授	2008
袁志明	男	1963.9	浙江嘉兴	嘉兴学院	教授	2008
赵　林	女	1963.10	河北香河	嘉兴学院	教授	2008
徐水凌	男	1964.2	浙江绍兴	嘉兴学院	教授	2008
徐永良	男	1965.2	浙江磐安	嘉兴学院	教授	2008
吕绍全	男	1965.12	吉林农安	嘉兴学院	教授	2008
伍长春	男	1966.3	湖南祁东	嘉兴学院	教授	2008
段自力	男	1967.5	四川万州	嘉兴学院	教授	2008
王晓辉	女	1970.12	陕西西安	嘉兴学院	教授	2008
葛胜娟	女	1959.11	浙江宁海	嘉兴职业技术学院	教授	2008
刘庆宪	男	1966.1	浙江平湖	浙江省荣军医院	主任医师	2008
陈志强	男	1955.9	浙江桐乡	嘉兴市世纪交通设计有限公司	教授级高级工程师	2008
朱　樾	男	1967.4	浙江嘉善	嘉兴市誉天公证处	一级公证员	2008
沈红梅	女	1966. 9	浙江桐乡	嘉兴市图书馆	研究馆员	2008
周礼平	男	1952.9	浙江镇海	嘉兴市南湖区文化馆	研究馆员	2008
王土兴	男	1962.12	浙江嵊县	嘉兴市第一医院	主任医师	2009
厉伟东	男	1964.11	浙江平湖	嘉兴市第一医院	主任医师	2009
邬万新	男	1968.3	浙江嘉善	嘉兴市第一医院	主任医师	2009

续表38-10

姓　名	性别	出生年月	籍贯	工作单位	专业技术职称	获取时间(年)
王宏智	男	1968.7	河南淅川	嘉兴市第一医院	主任医师	2009
姚　明	男	1969.12	浙江海宁	嘉兴市第一医院	主任医师	2009
虞玲华	女	1970.2	浙江嘉兴	嘉兴市第一医院	主任医师	2009
方子正	男	1966.5	浙江浦江	嘉兴市第一医院	主任药师	2009
朱敏初	男	1963.2	浙江嘉善	嘉兴市第二医院	主任医师	2009
戴加平	男	1963.12	浙江平湖	嘉兴市第二医院	主任医师	2009
李海同	男	1969.2	江西崇仁	嘉兴市第二医院	主任医师	2009
姜宁华	女	1971.2	浙江海盐	嘉兴市第二医院	主任中药师	2009
潘未未	女	1963.4	浙江嘉兴	嘉兴市妇幼保健院	主任医师	2009
周晓宇	女	1964.7	浙江嘉兴	嘉兴市妇幼保健院	主任医师	2009
陈凤娟	女	1967.11	浙江嘉善	嘉兴市中医院	主任医师	2009
宁　帆	男	1969.10	河南扶沟	嘉兴市中医院	主任医师	2009
陈会林	男	1968.7	浙江嘉兴	嘉兴市中医院	主任中医师	2009
杜　诚	男	1969.9	浙江东阳	嘉兴市中医院	主任中医师	2009
沈春燕	女	1968.3	浙江嘉善	嘉兴市食品药品检验所	主任药师	2009
吕延勤	男	1962.9	浙江义乌	嘉兴学院	研究员	2009
陈清文	男	1964.2	河北清河	嘉兴学院	研究馆员	2009
郭维平	女	1956.4	上海金山	嘉兴学院	教授	2009
张　权	男	1956.8	江苏南京	嘉兴学院	教授	2009
丁　辉	男	1956.12	江苏泰兴	嘉兴学院	教授	2009
鲁恒心	男	1960.12	河南南阳	嘉兴学院	教授	2009
马柏林	男	1961.3	湖南平江	嘉兴学院	教授	2009
李树真	男	1961.9	山东安丘	嘉兴学院	教授	2009
史永安	男	1962.6	江苏兴化	嘉兴学院	教授	2009
黄　嬛	女	1964.8	上海市	嘉兴学院	教授	2009
汪海东	男	1965.1	青海西宁	嘉兴学院	教授	2009
刘湘国	男	1965.3	湖南邵阳	嘉兴学院	教授	2009
张春义	男	1967.11	江西宜春	嘉兴学院	教授	2009
吴晓阳	男	1968.3	浙江嘉兴	嘉兴学院	教授	2009
李瑞明	男	1968.6	山东东营	嘉兴学院	教授	2009
曹　坚	男	1969.11	浙江上虞	嘉兴学院	教授	2009
焦卫东	男	1970.9	辽宁瓦房店	嘉兴学院	教授	2009
刘炳文	男	1971.12	湖南常德	嘉兴学院	教授	2009
谷　俐	女	1972.10	湖南慈利	嘉兴学院	教授	2009
陈清华	男	1968.1	福建宁化	浙江清华长三角研究院	教授	2009
王道宏	男	1962.12	浙江浦江	嘉兴职业技术学院	教授	2009
顾金孚	男	1963.9	浙江平湖	嘉兴职业技术学院	教授	2009

续表38-10

姓　名	性别	出生年月	籍贯	工作单位	专业技术职称	获取时间(年)
金　强	男	1955.7	浙江嘉兴	浙江省荣军医院	主任中医师	2009
何战轩	男	1962.12	浙江绍兴	浙江新安国际医院	主任医师	2009
张志勇	男	1965.3	陕西宝鸡	嘉兴市规划设计研究院有限公司	教授级高级工程师	2009
赵舜华	男	1963.4	浙江义乌	浙江禾欣实业集团股份有限公司	教授级高级工程师	2009
边永高	男	1949.2	浙江诸暨	嘉兴市农业行政执法支队	农技推广研究员	2009
葛金根	男	1968.1	浙江海宁	嘉兴博物馆	研究馆员	2009
章明丽	女	1962.1	浙江湖州	嘉兴市图书馆	研究馆员	2009
马学文	男	1963.9	浙江海宁	嘉兴市群众文化艺术馆	研究馆员	2009
张界愚	男	1970.6	浙江嘉善	嘉兴市艺术创作研究所	文学创作一级	2009
陆锦法	男	1958.4	浙江桐乡	嘉兴市城乡规划建设管理委员会	教授级高级工程师	2009
曹万荣	男	1958.9	浙江宁波	浙江荣泰科技企业有限公司	教授级高级工程师	2009
胡　奕	男	1967.11	浙江嘉兴	嘉兴市第一医院	主任医师	2010
陆伯豪	男	1969.1	浙江萧山	嘉兴市第一医院	主任医师	2010
戚维波	男	1971.2	浙江嘉兴	嘉兴市第一医院	主任医师	2010
袁孝忠	男	1971.12	江西德安	嘉兴市第一医院	主任医师	2010
叶玲琴	女	1965.2	浙江嘉善	嘉兴市第一医院	主任护师	2010
陈敏芳	女	1965.8	浙江嘉兴	嘉兴市第一医院	主任护师	2010
董卫红	女	1965.11	浙江海盐	嘉兴市第一医院	主任护师	2010
杨雪明	男	1958.6	浙江湖州	嘉兴市第二医院	主任医师	2010
黄俊军	男	1962.10	江苏无锡	嘉兴市第二医院	主任医师	2010
冯联忠	男	1969.7	浙江平湖	嘉兴市第二医院	主任医师	2010
张佩华	女	1969. 8	浙江海宁	嘉兴市第二医院	主任医师	2010
郭　晓	男	1971.2	河南南阳	嘉兴市第二医院	主任医师	2010
王志刚	男	1966.12	浙江平湖	嘉兴市第二医院	主任技师	2010
董叶丽	女	1967.5	浙江海宁	嘉兴市第二医院	主任护师	2010
居蓓华	女	1963.11	浙江海盐	嘉兴市第二医院	主任护师	2010
周芝婷	女	1969.11	江西丰城	嘉兴市妇幼保健院	主任医师	2010
吴晓杰	男	1970.9	浙江海盐	嘉兴市妇幼保健院	主任医师	2010
朱仲建	女	1971.1	浙江嘉善	嘉兴市妇幼保健院	主任医师	2010
王省白	男	1963.4	浙江缙云	嘉兴市中医院	主任医师	2010
赵革军	男	1966.12	黑龙江齐齐哈尔	嘉兴市中医院	主任医师	2010
潘泽谷	男	1962.8	浙江嘉善	嘉兴学院	研究员	2010
陈心蓉	女	1959.5	江苏连云港	嘉兴学院	研究馆员	2010
宋国杰	男	1951.12	天津市	嘉兴学院	教授	2010
李　勇	男	1956.12	山东泰安	嘉兴学院	教授	2010
富　华	女	1961.11	浙江嘉兴	嘉兴学院	教授	2010
刘小明	男	1962.8	江西宁都	嘉兴学院	教授	2010
梅甫良	男	1963.11	浙江桐乡	嘉兴学院	教授	2010

续表38-10

姓　名	性别	出生年月	籍贯	工作单位	专业技术职称	获取时间(年)
谢亚杰	女	1964.6	吉林怀德	嘉兴学院	教授	2010
孔国保	男	1964.2	湖北黄冈	嘉兴学院	教授	2010
徐慧明	女	1965.1	吉林长春	嘉兴学院	教授	2010
潘四凤	女	1965.10	江苏南通	嘉兴学院	教授	2010
秦益民	男	1965.11	浙江嘉善	嘉兴学院	教授	2010
黄立新	男	1966.11	浙江嘉善	嘉兴学院	教授	2010
孔　冬	男	1968.7	江西贵溪	嘉兴学院	教授	2010
富世平	男	1973.4	甘肃天水	嘉兴学院	教授	2010
周丽萍	女	1965.11	浙江建德	嘉兴学院	编审	2010
孟凡国	男	1969.11	山东临沂	浙江清华长三角研究院	研究员	2010
曹玲玲	女	1962.8	浙江嘉兴	嘉兴市广播电视集团	高级记者	2010
邬谷丰	男	1970.9	浙江海宁	嘉兴市交通质量安全监督站	教授级高级工程师	2010
张林江	男	1957.8	浙江嵊州	嘉兴市广播电视集团	高级编辑	2010
杨志勇	男	1967,11	四川南充	嘉兴日报报业传媒集团	高级编辑	2010
钱亚萍	男	1965.1	浙江嘉善	嘉兴市药检所	主任药师	2010
张月华	男	1963.1	浙江海宁	嘉兴市种植技术推广总站	农技推广研究员	2010
凌大纶	男	1951.6	浙江湖州	嘉兴美术馆	一级美术师	2010
於　嘉	女	1956.4	浙江杭州	嘉兴市文化馆	研究馆员	2010
于　阳	男	1961.9	浙江杭州	嘉兴市能源监察支队	教授级高级工程师	2010
鲁　俭	女	1958.4	安徽无为	民丰特种纸股份有限公司	教授级高级工程师	2010
徐文辉	男	1969.3	浙江缙云	浙江宏正建筑设计有限公司	教授级高级工程师	2010
李艾芬	女	1962.5	浙江绍兴	南湖区农作物管理站	农技推广研究员	2010

第四节　在外专业技术人员知名人士

解放以来，南湖儿女在祖国各地工作生活，建功立业，涌现许多杰出技术人才。因搜集资料的局限，本志只收录1991—2010年，南湖区籍人士在区境外获教授级高级工程师、教授、主任医师、研究员、一级编剧、高级记者等正高级专业技术人员75名。

1991—2010年南湖区在外正高级专业技术人员名录表

表38-11

姓　名	性 别	出生年月	籍贯	工　作　单　位	专业技术职称
金德祥	男	1910	浙江嘉兴	厦门大学	教授
蒋公惠	男	1910	浙江嘉兴	机械工业部电器工业管理局	教授
吴杭勉	男	1911	浙江嘉兴	天津市自来水公司	教授
余尔谷	男	1911	浙江嘉兴	上海第三制药厂	教授级高级工程师
诸葆一	男	1913	浙江嘉兴	上海社会科学院	教授
朱文振	男	1914	浙江嘉兴	四川大学	教授

续表38-11

姓　名	性 别	出生年月	籍贯	工　作　单　位	专业技术职称
黄寿同	男	1916	浙江嘉兴	上海第二工业大学	教授
金石鸣	男	1917	浙江嘉兴	中科院上海冶金研究所	研究员级高级工程师
于康庄	男	1918	浙江嘉兴	六机部第七研究院	教授级高级工程师
陆绪常	男	1918	浙江嘉兴	上海市工程管理局	教授
金锦仁	男	1918	浙江嘉兴	南京医学院	教授
赵　易	男	1918	浙江嘉兴	浙江医科大学	教授
周家俊	男	1920	浙江嘉兴	浙江林科所	研究员
骆兆平	男	1920	浙江嘉兴	山东医科大学	教授
陆启新	男	1922	浙江嘉兴	苏州市血防领导小组办公室	主任医师
周景星	男	1922	浙江嘉兴	南京粮食经济学院	教授
钱瑞麟	男	1926	浙江嘉兴	上海船舶运输科学研究所	研究员
力　平	男	1927	浙江嘉兴	中共中央文献研究室	研究员
张百祥	男	1927	浙江嘉兴	华东纺织工学院	教授
许宇桐	女	1928	浙江嘉兴	上海静安区中心医院	主任医师
周　鹏	男	1928	浙江嘉兴	天津大学	教授
顾孝烈	男	1928	浙江嘉兴	上海同济大学测量系	教授
许景桐	男	1929	浙江嘉兴	冶金部包头冶金建筑研究所	教授级高级工程师
褚离元	女	1929	浙江嘉兴	大连医学院	教授
谭仁甫	男	1929	浙江嘉兴	浙江大学电机系	教授
汪根时	男	1930	浙江嘉兴	天津南开大学	教授
沈　嵘	男	1930	浙江嘉兴	中科院声学研究所	研究员
历炳祥	男	1931	浙江嘉兴	二机部第七研究设计院	研究员级高级工程师
金百顺	男	1931	浙江嘉兴	大连工学院	教授
朱　惠	男	1932	浙江嘉兴	纺织科学院机电室	教授级高级工程师
朱泰来	男	1932	浙江嘉兴	南京医科大学附属第二医院	教授、主任医师
陈如松	男	1932	浙江嘉兴	中国辐射防护研究院	研究员
沈　磊	男	1933	浙江嘉兴	东北电业管理局	教授级高级工程师
姜　槐	女	1933	浙江嘉兴	浙江医科大学	教授
程兆骥	男	1933	浙江嘉兴	山东第二汽车制造厂	研究员级高级工程师
谭新洛	男	1933	浙江嘉兴	淮阴市妇产儿童医院	主任医师
沈佩君	女	1934	浙江嘉兴	武汉水利电力学院	教授
邹慧君	男	1934	浙江嘉兴	上海交通大学造船工程系	教授
王柏生	男	1935	浙江嘉兴	航空航天部太行仪表厂	研究员级高级工程师
顾家骏	男	1935	浙江嘉兴	交通部上海船舶运输科学研究所	研究员
陶鉴凡	男	1935	浙江嘉兴	七〇八所	研究员级高级工程师
高颂烈	男	1937	浙江嘉兴	北京科技大学	研究员
胡雪康	男	1938	浙江嘉兴	中国核工业总公司二七六厂	研究员级高级工程师
富正元	男	1938	浙江嘉兴	湖北襄樊大学	教授

续表38-11

姓　名	性 别	出生年月	籍贯	工　作　单　位	专业技术职称
沈一兵	男	1939	浙江嘉兴	杭州大学数学系	教授
姜　楞	女	1940	浙江嘉兴	上海中山医院	教授
何永年	男	1941	浙江嘉兴	中国地震局	研究员
张忠明	男	1946.2	浙江嘉兴	山东新华制药厂	研究员
李万荣	男	1948.12	浙江嘉兴	上海交通大学	教授
吕建华	男	1949.7	浙江嘉兴	浙江省文联	一级编剧
曹锦炎	男	1949.12	浙江嘉兴	浙江大学	教授
沈关林	男	1954.1	浙江嘉兴	大连化学物理研究所	研究员
杨建华	男	1955.4	浙江嘉兴	吉林大学	教授
史鸿鑫	男	1955.6	浙江嘉兴	浙江工业大学	教授
徐　锋	男	1963.4	浙江嘉兴	浙江工商大学	教授
赵建夫	男	1963.5	浙江嘉兴	同济大学环境科学与工程学院	教授
范　宏	男	1963.7	浙江嘉兴	浙江大学	教授
姚明龙	男	1963.7	浙江嘉兴	浙江大学	教授
吴中伟	男	1964	浙江嘉兴	复旦大学国际文化交流学院	教授、文博研究馆员
徐永法	男	1964.1	浙江嘉兴	上海船舶运输科学研究所	教授
韩晓燕	女	1964.4	浙江嘉兴	上海市华东师范大学	教授
高建新	男	1964.9	浙江嘉兴	上海同济大学	教授
徐金强	男	1964.11	浙江嘉兴	浙江大学求是物业管理有限公司	研究员
史惠祥	男	1965.2	浙江嘉兴	浙江大学水环境研究院	教授
俞水良	男	1965.3	浙江嘉兴	同济大学铁道与城市轨道交通研究院	教授
贺　平	女	1965.5	浙江嘉兴	上海市中山医院肝癌研究所	教授
张学民	男	1966.5	浙江嘉兴	浙江大学	教授
王永良	男	1965.6	浙江嘉兴	武汉空军雷达学院重点实验室	教授
张振华	男	1966.2	浙江嘉兴	北京市华北电力大学	教授
王建生	男	1966.5	浙江嘉兴	新华社国际部	高级记者
朱少杰	男	1966.7	浙江嘉兴	杭州市实业投资集团有限公司	教授级高级工程师
马学强	男	1967.12	浙江嘉兴	上海社会科学院	研究员、教授
彭子龙	男	1972.2	浙江嘉兴	中国科学院基础科学局	研究员
冯振洲	男	1972.7	浙江嘉兴	上海中山医院骨科	主任医师
程树群	男	1966.2	浙江嘉兴	海军军医大学	教授

第五节　旅外知名人士

改革开放以来，南湖儿女出境出国，在更广阔的舞台展示才华。这些人中，有叩响生命奥秘之门的遗传学专家，有倾力为家乡发展牵线搭桥的“民间大使”，也有填补国内空白的回国创业精英。多年来，南湖籍海外学子与本土的交流合作日益密切，到2010年，已与1700多名旅外人士建立联系，其中旅外知名人士15人。

2010年南湖区旅外名人名录表

表38-12

姓　名	性别	出生年月	籍贯	2010年工作单位	（职称或职务）
许　田	男	1962.6	浙江嘉兴	耶鲁大学遗传医学系	终身教授
沈　华	男	1963	浙江嘉兴	浙江斯达半导体有限公司	董事长
李　彤	男	1962	浙江嘉兴	丹麦奥尔堡大学	终身副教授
秦文胜	男	1964.7	浙江嘉兴	加拿大湖首大学生物系分子生物学和生物工程专业	终身教授，博士生导师
陈锡聪	男	1960	浙江嘉兴	美国美光科技公司	统计师
王海拉	男	1961	浙江嘉兴	北京法国电信研发中心	首席执行官
许　为	男	1958.8	浙江嘉兴	美国英特尔公司	高级工程师
杨维晓	男	1976.2	浙江嘉兴	丹麦ALECTIA公司	排水和污水治理专家
宋嘉瑜	女	1981.2	浙江嘉兴	美国百盟律师事务所	管理合伙人
王晓路	男	1959.10	浙江嘉兴	杭州壹瑞医药科技有限公司	董事长（德国籍）
尚　风	男	1972.9	浙江嘉兴	美国美华集团	水环境分析专家
李　真	男	1971.8	浙江嘉兴	新加坡国立大学商学院会计系	教授
袁　沅	男	1956	浙江嘉兴	中国香港嘉兴同乡会	会长
何　萍	女	1970.7	浙江嘉兴	中国香港南湖同乡会	会长
朱　健	男	1985.9	浙江嘉兴	澳大利亚南湖联谊会（驻地墨尔本市）	会长

附：

境内明清两朝中，有状元2名、榜眼3名、探花1名、传胪4名、进士333名。

状元名录表

表38-13

姓　名	籍贯	中榜时间	授予官职
朱国祚	秀水	明万历十一年（1583）	南京户部尚书 武英殿大学士
汪如洋	嘉兴	清乾隆四十五年（1780）	云南学政

榜眼名录表

表38-14

姓　名	籍贯	中榜时间	授予官职
吕　原	嘉兴	明正统七年（1442）	左春坊大学士
李自华	嘉兴	明嘉靖四十四年（1565）	同知 国子监司业
沈昌宇	嘉兴	清雍正八年（1730）	编修

探花名录表

表38-15

姓　名	籍贯	中榜时间	授予官职
张天植	嘉兴	清顺治六年（1649）	大学士 兵部侍郎

传胪名录表

表38-16

姓　名	籍贯	中榜时间	授予官职
戚元佐	嘉兴	明嘉靖四十一年(1562)	尚宝司少卿
谭贞良	嘉兴	明崇祯十六年(1643)	行人
钱　载	嘉兴	清乾隆十七年(1752)	礼部左侍郎
钱　楷	嘉兴	清乾隆五十四年(1789)	安徽巡抚

明朝进士名录表

表38-17

姓　名	籍贯	中榜时间	授予官职
俞　巩	嘉兴	洪武二十七年(1394)	刑部主事
沈良一	嘉兴	建文二年(1400)	职位不详
严　贞(真)	嘉兴	永乐二年(1404)	景陵知县
杨景春	嘉兴	永乐九年(1411)	评事
胡　琏	嘉兴	永乐十六年(1418)	知县
宋　琏	嘉兴	宣德五年(1430)	南雄知府
林　茂	秀水	宣德八年(1433)	南雄知府
赵　智	秀水	宣德八年(1433)	庶吉士
沈　淳	嘉兴	正统元年 (1436)	刑部主事、吏部员外郎
戴　瑺	嘉兴	正统元年(1436)	庶吉士、吏部主事、郎中
吕　原	嘉兴	正统七年(1442)	编修、左春坊大学士、通政司左参议兼侍讲,卒赠礼部左侍郎,谥文懿
项　忠	嘉兴	正统七年(1442)	刑部郎中、陕西按察副使、左都御使、刑部尚书改兵部尚书,卒赠太子太保,谥襄毅
伍　方	嘉兴	景泰五年(1454)	武冈知州
金　礼	秀水	景泰五年(1454)	南京吏部主事、刑部郎中、云南参议
姚　绶	嘉兴	天顺八年 (1464)	广东道监察御史、巡盐两淮、永宁知州
陆　广	嘉兴	天顺八年(1464)	知府
许　章	嘉兴	天顺八年(1464)	主事
姜　谅	嘉兴	天顺八年(1464)	南京刑部员外郎、郎中 漳州知府
姚　俊	秀水	天顺八年(1464)	刑部郎中、广东佥事
汤　淥	嘉兴	成化二年(1466)	清丰知县
徐　辉	嘉兴	成化二年(1466)	佥事、富峪卫
孙　伟	秀水	成化二年(1466)	职位不详
戴　用	嘉兴	成化二年(1466)	参议
戴　祐	嘉兴	成化二年(1466)	御史、福建佥事分巡漳南
梅　江	秀水	成化五年(1469)	庐江知县、南京贵州道御史、四川佥事
徐　瓒	秀水	成化五年(1469)	评事、太医院

续表38-17

姓　名	籍贯	中榜时间	授予官职
尚　絅	秀水	成化五年(1469)	兵部主事、参议
陆　远	秀水	成化十一年(1475)	海州知州、广东按察使佥事
胡　英	秀水	成化十一年(1475)	知县
林　资	秀水	成化十一年(1475)	知县
包　鼎	嘉兴	成化十四年(1478)	兵部郎中、池州知府
包　鼐	嘉兴	成化十四年(1478)	知县
尚　缙	嘉兴	成化十七年(1481)	兵部主事、刑部员外郎、临江知府
陈　良	嘉兴	成化十七年(1481)	推官
姜学夔	嘉兴	成化十七年(1481)	龙泉知县、御史、南京都察院经历、湖广兵备佥事
常　麟	嘉兴	成化十七年(1481)	职位不详
汤　珍	秀水	成化二十年(1484)	参政
林　凤	嘉兴	成化二十年(1484)	守御千户所(明朝卫所制度中的一种特种编制)
马　舆(林舆)	嘉兴	成化二十三年(1487)	御史、知府
朱　绶	嘉兴	成化二十三年(1487)	检讨、楚藩左相、晋相
徐　瑶	嘉兴	成化二十三年(1487)	主事
石　瑽	嘉兴	弘治三年(1490)	知县、锦衣卫
范　瑨	秀水	弘治三年(1490)	德平知县
陈　咨	秀水	弘治九年(1496)	吏科给事中
张　禧	嘉兴	弘治十二年(1499)	知府
吕　浩	嘉兴	弘治十五年(1502)	主事
章　纶	嘉兴	正德六年(1511)	副使、锦衣卫
葛　桧	嘉兴	正德九年(1514)	通政、锦衣卫
胡　汭	秀水	正德十二年(1517)	给事中
高　璧	秀水	正德十二年(1517)	锦衣卫
诸　偁	秀水	正德十二年(1517)	黄梅、大名知县、刑部主事、贵州按察副使
张　徽	秀水	正德十六年(1521)	大理评事、南雄知府
吴　鹏	秀水	嘉靖二年(1523)	右副都御史、兵部侍郎、吏部尚书、太子太保
贾名儒	嘉兴	嘉靖五年(1526)	刑部郎中、姚安、汝宁知府、密云兵备副使
范　言	秀水	嘉靖五年(1526)	蒲圻知县、国子监丞、大理府同知
金　燦	嘉兴	嘉靖五年(1526)	任丘知县、御史、湖广副使
包　节	嘉兴	嘉靖十一年(1532)	东昌府推官、御史、巡按闽滇湖广
包　孝	嘉兴	嘉靖十四年(1535)	中书舍人、南道御史
沈　鏊	秀水	嘉靖十四年(1535)	兴化府推官、延平知府、江西按察副使备兵饶州
陈　宪	嘉兴	嘉靖十七年(1538)	职位不详
费　滂	嘉兴	嘉靖十七年(1538)	职位不详
严　清	嘉兴	嘉靖二十三年(1544)	贵州、四川巡抚、南京大理寺卿、刑部、吏部尚书
彭　辂	嘉兴	嘉靖二十六年(1547)	新淦知县、国子监博士、刑部郎中

续表38-17

姓　名	籍贯	中榜时间	授予官职
周恂懋	秀水	嘉靖二十六年(1547)	乐平知县、兵部职方司主事
许　爚	嘉兴	嘉靖二十九年(1550)	莆田、鄱阳、潍县知县、顺庆同知、员外郎
吴国伦	嘉兴	嘉靖二十九年(1550)	建宁、邵武、高州知府、贵州提学副使、河南布政司参政
吴　淞(崧)	嘉兴	嘉靖二十九年(1550)	知府
吕　焯	秀水	嘉靖二十九年(1550)	知府
汤日新	秀水	嘉靖二十九年(1550)	分宜知县、兵科都给事中、通政司通政
戚元辅	嘉兴	嘉靖三十二年(1553)	抚州教授
钱同文	嘉兴	嘉靖三十二年(1553)	祁门知县、莱州知府
吕　穆	秀水	嘉靖三十二年(1553)	邳县知县、寿州知州、工部员外郎
吕　程	秀水	嘉靖三十二年(1553)	怀庆推官(三日即解绶归)
姚弘谟	秀水	嘉靖三十二年(1553)	编修、六安州判、扬州府推官、湖南副使、提督学政
包柽芳	嘉兴	嘉靖三十五年(1556)	魏县知县、邵武同知、贵州提学副使
黄　鋐	嘉兴	嘉靖三十五年(1556)	安庆知府、湖广按察使、贵州副使
屠　镳	嘉兴	嘉靖三十五年(1556)	知府
项治元	嘉兴	嘉靖三十五年(1556)	吏部员外郎、郎中
杨亨道	嘉兴	嘉靖三十五年(1556)	副使、秀水知县
萧维翰	秀水	嘉靖三十五年(1556)	职位不详
张凤来	秀水	嘉靖三十五年(1556)	刑部郎中、德安知府、福建巡海副使、江西按察使
严从简	嘉兴	嘉靖三十八年(1559)	工科给事中、扬州府同知
包　汴	嘉兴	嘉靖三十八年(1559)	四川参议
戴凤翔	嘉兴	嘉靖三十八年(1559)	金坛知县、九江、凤翔知府、太仆寺卿
张　桥	嘉兴	嘉靖三十八年(1559)	职位不详
王　儒	嘉兴	嘉靖三十八年(1559)	杞县知县
孙　诏	嘉兴	嘉靖三十八年(1559)	工部主事、郎中、出督荆关税、入为员外郎
张凤歧	嘉兴	嘉靖三十八年(1559)	知县
吴　绍	秀水	嘉靖三十八年(1559)	山东参议
沈如麒	嘉兴	嘉靖三十八年(1559)	知县
陆相儒	嘉兴	嘉靖三十八年(1559)	工部主事、延平知府、贵州副使
沈启原	秀水	嘉靖三十八年(1559)	陕西关南道副使
王　爱	秀水	嘉靖三十八年(1559)	顺天府教授、国子监丞、刑部主事
戚元佐	秀水	嘉靖四十一年(1562)	礼部郎中、尚宝司少卿、太常寺少卿
张应治	秀水	嘉靖四十一年(1562)	南京户科给事中、九江知府、临清副使
宗弘暹	嘉兴	嘉靖四十一年(1562)	丰城知县、刑部主事、礼科都给事中
卜　相	嘉兴	嘉靖四十一年(1562)	太平府推官、刑部员外郎、湖广佥事、云南参议
沈玄华	嘉兴	嘉靖四十一年(1562)	礼部主事、右通政、大理寺卿
张大忠	秀水	嘉靖四十一年(1562)	庐州知府、陕西副使、江西按察使、广东布政使
王锡命	秀水	嘉靖四十一年(1562)	兵部员外郎、福建、河南佥事、江西右参议

续表38-17

姓　名	籍贯	中榜时间	授予官职
戚于国	秀水	嘉靖四十一年(1562)	御使
邹国儒	嘉兴	嘉靖四十四年(1565)	职位不详
李自华	嘉兴	嘉靖四十四年(1565)	编修、国子监司业
沈伯龙	嘉兴	嘉靖四十四年(1565)	内江知县、礼科给事中、山东廉访使
屠元沐	嘉兴	嘉靖四十四年(1565)	工部郎中、广西按察使、进左布政使、太仆寺卿
叶朝阳	秀水	嘉靖四十四年(1565)	信阳知州、工部郎中、常德知府、广西参政
沈思孝	嘉兴	隆庆二年(1568)	番禺知县、陕西巡抚、右都御使协理戎政
许应逵	嘉兴	隆庆二年(1568)	东平州知州、工部郎中、昌平兵备道参政
钟庚阳	秀水	隆庆二年(1568)	太平府推官、大理寺评事、工部郎中、镇江知府
黄洪宪	秀水	隆庆五年(1571)	编修、右春坊右庶子、詹事府少詹事、侍读学士
陈奇谋	秀水	万历二年(1574)	长乐知县、韶州知府
支大纶	嘉兴	万历二年(1574)	泉州司理、江西藩幕、奉新知县
王家栋	秀水	万历二年(1574)	广德司判、南京尚宝司丞、南京国子监祭酒
冯梦桢	秀水	万历五年(1577)	广德司判、南京尚宝司丞、南京国子监祭酒
屠叔方	秀水	万历五年(1577)	鄱阳知县、广东道御史、大理寺少卿、山东副使
黄正色	秀水	万历五年(1577)	南京山东道御史、福建副使
沈尧中	嘉兴	万历八年(1580)	南陵知县、苏州府同知、开州知州
唐仲寅	嘉兴	万历八年(1580)	行人、顺天府通州
孙光启	嘉兴	万历十一年(1583)	刑部郎中、惠州知府、福建布政使参政
朱国祚	秀水	万历十一年(1583)	礼部、吏部侍郎、户部尚书、武英殿大学士
吴弘济	秀水	万历十四年(1586)	蒲圻知县、湖广道御史
项德祯	秀水	万历十四年(1586)	工部屯田司主事、四川参议、河南副使、山西参议
黄承玄	秀水	万历十四年(1586)	工部主事、山东参政、河南右布政使、福建巡抚
李原中	嘉兴	万历十七年(1589)	溧阳知县、大名府教授、国子助教
范应宾	秀水	万历二十年(1592)	商城、南宫知县、工部屯田司主事、吏部郎中
李日华	嘉兴	万历二十年(1592)	西华、瑞昌知县、汝州同知、太仆寺少卿
岳和声	嘉兴	万历二十年(1592)	汝阳知事、顺天、延绥巡抚
徐必达	嘉兴	万历二十年(1592)	太湖、溧水知县、吏部考功司郎中、光禄丞、南京右佥都御史、南京兵部侍郎
陈懿典	秀水	万历二十年(1592)	编修、詹事府少詹事
褚继良	嘉兴	万历二十三年(1595)	吏部郎中
张　本(木)	嘉兴	万历二十三年(1595)	宜春知县
沈孚先	嘉兴	万历二十六年(1598)	工部主事、榷关荆州、吏部郎中
高继元	秀水	万历二十六年(1598)	推官
陈德元	秀水	万历二十六年(1598)	济南推官、礼部郎中、广西巡抚
孙光裕	嘉兴	万历二十九年(1601)	建昌、固始知县、南京山西道御史、南京光禄寺少卿
谭昌言	嘉兴	万历二十九年(1601)	常熟、婺源、栾城知县、山东按察副使

续表38-17

姓　名	籍贯	中榜时间	授予官职
张南翀	秀水	万历二十九年(1601)	福建知府
项鼎铉	秀水	万历二十九年(1601)	庶吉士
张廷荐	秀水	万历二十九年(1601)	刑部主事
唐嗣美	嘉兴	万历三十二年(1604)	山西布政使
娄九德	嘉兴	万历三十五年(1607)	布政使
陈继徵	秀水	万历三十五年(1607)	昌邑、益都知县
岳骏声	嘉兴	万历三十八年(1610)	汝宁知府、备兵淮徐、湖北按察使
马廷猷	嘉兴	万历三十八年(1610)	刑部郎中、建宁知府
包鸿逵	秀水	万历三十八年(1610)	湘潭知县
杨　铎	嘉兴	万历三十八年(1610)	吉安推官
陶　鎔	嘉兴	万历三十八年(1610)	思恩府同知
朱大启	秀水	万历三十八年(1610)	南雄推官、吏部郎中、大理寺卿、邢部左侍郎
钟世芳	秀水	万历三十八年(1610)	礼部主客司主事
沈中英	嘉兴	万历四十一年(1613)	刑部员外郎、安庆、顺德知府
冯登瀛	秀水	万历四十一年(1613)	肇庆知府
曹　谷	秀水	万历四十一年(1613)	御史、应天学政
黄承乾	秀水	万历四十一年(1613)	凤阳府推官、兵科给事中
虞廷陛	嘉兴	万历四十四年(1616)	徽州府推官、工科、吏科、兵科给事中
黄承昊	秀水	万历四十四年(1616)	大理评事、给事中、湖南参政、广东按察使
虞廷陛	嘉兴	万历四十四年(1616)	徽州府推官、工科、吏科、兵科给事中
黄承昊	秀水	万历四十四年(1616)	大理评事、给事中、湖南参政、广东按察使
金丽兼	秀水	万历四十四年(1616)	行人、吏部郎中
高道素	嘉兴	万历四十七年(1619)	工部虞衡、营缮司主事、屯田司郎中
金之俊	嘉兴	万历四十七年(1619)	大学士、谥文通
陈万言	秀水	万历四十七年(1619)	职位不详
项梦原	秀水	万历四十七年(1619)	刑部主事、山西副使
赵君邻	嘉兴	天启二年(1622)	行人
高钦舜	嘉兴	天启二年(1622)	河南副使
屠存仁	嘉兴	天启二年(1622)	黟县知县、宁国府教授、国子助教、户部都水司郎中
谭贞默	嘉兴	崇祯元年(1628)	工部营缮司主事
吴昌时	嘉兴	崇祯七年(1634)	礼部主事、吏部郎中
项声国	秀水	崇祯七年(1634)	雅州知州
张晋徵	秀水	崇祯七年(1634)	闽县、婺源知县、刑部主事、建昌知府、剑南道副使
曹　溶	秀水	崇祯十年(1637)	御史、户部侍郎、广东左布政使、山西阳和兵备道
张　垣	秀水	崇祯十年(1637)	职位不详
包尔庚	嘉兴	崇祯十年(1637)	罗定知州
高承埏	秀水	崇祯十三年(1640)	迁安、宝坻、泾县知县、工部虞衡司主事

续表38-17

姓　名	籍贯	中榜时间	授予官职
朱茂暻	秀水	崇祯十三年(1640)	宜春知县
严似祖	嘉兴	崇祯十三年(1640)	职位不详
王先甲	嘉兴	崇祯十三年(1640)	知县
高文烨	嘉兴	崇祯十五年(1642)	职位不详
唐从悌	秀水	崇祯十五年(1642)	职位不详
汪　挺	嘉兴	崇祯十六年(1643)	南都工部主事
陆　鋡	嘉兴	崇祯十六年(1643)	工部主事
李丹衷	嘉兴	崇祯十六年(1643)	如皋知县
钮应斗	秀水	崇祯十六年(1643)	漳浦知县

清朝进士名录表

表38-18

姓　名	籍贯	中榜时间	授予官职
董士昌	秀水	顺治六年(1649)	陕西平利知县
沈闳劭	嘉兴	顺治六年(1649)	常远知县、常德同知
沈之涟	嘉兴	顺治六年(1649)	白河知县
钱　江	嘉兴	顺治六年(1649)	瑞金知县、山东提学使、陕西岷洮道
汪继昌	嘉兴	顺治六年(1649)	广西佥事、参政
张天植	秀水	顺治六年(1649)	河南学政、大理寺卿、兵部右侍郎
黄自起	秀水	顺治六年(1649)	刑部郎中、湖南学政
范　周	嘉兴	顺治六年(1649)	参谋
庄　璘	嘉兴	顺治九年(1652)	工部都水司主事、汝南巡道
吕应锺	嘉兴	顺治九年(1652)	兵部主事
王　緦	秀水	顺治九年(1652)	提学使
朱　旂	嘉兴	顺治十二年(1655)	知府
许宗浑	嘉兴	顺治十二年(1655)	松江推官
何元英	秀水	顺治十二年(1655)	户部郎中、云南道御史、河东巡盐御史、通政司参议
朱　介	嘉兴	顺治十五年(1658)	安化知县
曾王孙	秀水	顺治十五年(1658)	汉中司理、都昌知县、户部员外郎、四川提学使
顾　鹏	秀水	顺治十五年(1658)	安福知县
顾高嘉	秀水	顺治十五年(1658)	庶吉士、六合知县、河间府同知、都匀知府
项　嘉	秀水	顺治十五年(1658)	官员
许　玮	秀水	顺治十六年(1659)	庶吉士、礼科给事中
叶　封	嘉兴	顺治十六年(1659)	延平推官、登封知县、西城兵马司指挥
龚在升	嘉兴	顺治十六年(1659)	职位不详
吴　铭	嘉兴	顺治十六年(1659)	职位不详
姚原沩	嘉兴	顺治十八年(1661)	职位不详

续表38-18

姓　名	籍贯	中榜时间	授予官职
李　熊	嘉兴	顺治十八年(1661)	知县
吴三锡	嘉兴	顺治十八年(1661)	中书舍人、枣强知县
王士麟	嘉兴	顺治十八年(1661)	青浦知县
严　勲	秀水	顺治十八年(1661)	知县
潘见龙	秀水	顺治十八年(1661)	知府
陈之仪	秀水	康熙三年(1664)	吏部员外郎
赵　随	嘉兴	康熙六年(1667)	福建提学使、礼部员外郎
袁定远	秀水	康熙九年(1670)	新野知县、平度知州、吏部文选司郎中、顺庆知府
毛延芳	秀水	康熙九年(1670)	新淦知县
高以永	嘉兴	康熙十二年(1673)	内乡知县、安州知州、户部员外郎
王　燮	嘉兴	康熙十二年(1673)	阜城知县、吏部主事
沈胤城	秀州	康熙十二年(1673)	同知
钱绍隆	嘉兴	康熙十二年(1673)	富顺知县、刑科给事中
朱　衮	秀水	康熙十五年(1676)	内阁中书
朱　振	嘉兴	康熙十八年(1679)	舒城知县
虞兆清	秀水	康熙十八年(1679)	綦江知县、忠州知州、湖广道御史
马寿谷	秀水	康熙二十一年(1682)	武昌知县
汪兆基	钱塘	康熙二十一年(1682)	中书
陆　澍	秀水	康熙二十四年(1685)	荣昌知县
沈廷文	秀水	康熙二十七年(1688)	修撰
高孝本	嘉兴	康熙三十年(1691)	泾县、绩溪知县
张时雍	嘉兴	康熙三十三年(1694)	汉阳知县
金肇祯	嘉兴	康熙三十三年(1694)	真定知县
范长发	秀水	康熙三十三年(1694)	南城、南丰、新城知县
徐凤池	秀水	康熙三十三年(1694)	雒容、永淳知县、户部主事、刑部郎中、浙江道御史
曹彦栻	秀水	康熙三十三年(1694)	职位不详
范　景	秀水	康熙三十九年(1700)	辉县知县
贺方来	秀水	康熙四十二年(1703)	望江知县
钱以煐	秀水	康熙四十五年(1706)	御史
吴廷案	嘉兴	康熙四十五年(1706)	知县
陈廷炜	秀水	康熙四十五年(1706)	建平知县
陆绍琦	嘉兴	康熙四十八年(1709)	侍读、太常寺少卿
萧士鉴	嘉兴	康熙四十八年(1709)	职位不详
屠先庚	嘉兴	康熙四十八年(1709)	职位不详
黄　华	嘉兴	康熙五十二年(1713)	湖州教授
陆　翼	嘉兴	康熙五十二年(1713)	职位不详
陆赵泰	秀水	康熙五十二年(1713)	正阳知县、光州知州

续表38-18

姓　名	籍贯	中榜时间	授予官职
许王猷	嘉兴	康熙五十二年(1713)	职位不详
怀渊中	嘉兴	康熙五十四年(1715)	编修
朱丕彧	秀水	康熙五十四年(1715)	知县
戴廷坚	嘉兴	康熙五十七年(1718)	职位不详
查　祥	秀水	康熙五十七年(1718)	编修
钱陈群	嘉兴	康熙六十年(1721)	侍读学士、顺天府学政、内阁学士、刑部侍郎加尚书衔
金作楫	秀水	雍正元年(1723)	天柱知县、永州州判、刑部验封司员外郎
诸　锦	秀水	雍正二年(1724)	金华府教授、编修、左春坊赞善
徐天麟(麒)	秀水	雍正二年(1724)	工部郎中、建昌、庆阳知府、刑部司员外郎
范　璨	秀水	雍正二年(1724)	安庆知府、河南布政使、湖北巡抚、工部左侍郎
沈昌寅	嘉兴	雍正八年(1730)	刑部主事、盛京工部主事
沈昌宇	秀水	雍正八年(1730)	编修、广东肇高学政
张　钧	秀水	雍正八年(1730)	金山、清河知县
沈沛然	嘉兴	乾隆元年(1736)	高安知县
陆树本	嘉兴	乾隆二年(1737)	编修、记名御使
黄大本	嘉兴	乾隆四年(1739)	四川知县
葛　淳	秀水	乾隆四年(1739)	南康知县
万光谦	嘉兴	乾隆七年(1742)	阳山知县
朱　炎	嘉兴	乾隆七年(1742)	职位不详
郑虎文	秀水	乾隆七年(1742)	编修、湖南、广东学政、左赞善
钱汝诚	嘉兴	乾隆十三年(1748)	侍读学士、兵部、刑部、户部侍郎、顺天府尹
姚晋锡	嘉兴	乾隆十六年(1751)	庶吉士、礼部主事、郎中、福建道御史
王元启	嘉兴	乾隆十六年(1751)	进士、将乐知县
李祖惠	嘉兴	乾隆十七年(1752)	高安知县
钱　载	嘉兴	乾隆十七年(1752)	山东学政、礼部左侍郎、翰詹
王又曾	秀水	乾隆十九年(1754)	刑部主事
贺基巩	秀水	乾隆十九年(1754)	新郑知县
金兆奇	嘉兴	乾隆二十二年(1757)	绍兴教授
陈经礼	秀水	乾隆二十二年(1757)	沅陵知县、永绥同知
杨　春	嘉兴	乾隆二十五年(1760)	莱阳知县
唐　淮	秀水	乾隆二十五年(1760)	编修、京畿道御史
钱受穀	秀水	乾隆二十五年(1760)	郎中、军机处行走、云南迤东、迤西道
张庆源	秀水	乾隆二十六年(1761)	山东、河南知县
沈畤初	秀水	乾隆二十六年(1761)	颖上知县
沈　琳	秀水	乾隆二十六年(1761)	兵部员外郎、职方司郎中、吏科给事中、光禄少卿
储秘书	嘉兴	乾隆二十六年(1761)	户部主事、湖北郧阳知府
汪孟鋗	秀水	乾隆三十一年(1766)	内阁中书、吏部主事

续表38-18

姓　名	籍贯	中榜时间	授予官职
沈可培	嘉兴	乾隆三十七年(1772)	上高、安肃知县
汪如藻	秀水	乾隆四十年(1775)	编修、山东督粮道
胡世垲	竹林	乾隆四十年(1775)	乾隆乙未进士、授礼部主事
钱世锡	秀水	乾隆四十三年(1778)	检讨
沈振鹏	嘉兴	乾隆四十五年(1780)	丰润知县
陈　熷	秀水	乾隆四十五年(1780)	知县改教授
虞　衡	秀水	乾隆四十六年(1781)	富民知县
钱豫章	嘉兴	乾隆五十二年(1787)	户部郎中
沈叔埏	秀水	乾隆五十二年(1787)	吏部主事
钱　楷	嘉兴	乾隆五十四年(1789)	户部员外郎、广西学政、河南布政使、安徽巡抚
钱开仕	嘉兴	乾隆五十四年(1789)	检讨、云南学政
钱福胙	嘉兴	乾隆五十五年(1790)	侍读学士
陆开荣	嘉兴	乾隆六十年(1795)	国子监助教、学政
诸汝卿	秀水	嘉庆元年(1796)	知县
陈光銮	秀水	嘉庆元年(1796)	绍兴府教授
汪如渊	秀水	嘉庆四年(1799)	庶常、山西按察使、顺天府尹、广东布政使
孟　晟	秀水	嘉庆四年(1799)	御史
钱昌龄	秀水	嘉庆四年(1799)	编修、云南知府、两淮都转运使 陕西按察使、山西布政使
沈维鐈	嘉兴	嘉庆七年(1802)	侍讲、湖北、顺天、安徽学政、工部左侍郎
朱　鸿	秀水	嘉庆七年(1802)	编修、御史、给事中、湖南粮储道
钱人杰	平湖	嘉庆十年(1805)	庶吉士改海阳知县
钱仪吉	嘉兴	嘉庆十三年(1808)	庶吉士、户部主事、刑科给事中
朱逵吉	嘉兴	嘉庆十九年(1814)	东乡知县、御史、广东粮道
叶维庚	秀水	嘉庆十九年(1814)	庶常、新喻、宝应、江阴知县
朱阶吉	嘉兴	嘉庆二十二年(1817)	编修、广东学政
汪世樽	秀水	道光三年(1823)	编修、湖南学政
沈　濂	秀水	道光三年(1823)	刑部郎中 镇江、江宁知府、淮徐道
徐应照	嘉兴	道光三年(1823)	阳江、高明、南海、番禺知县 佛山同知
朱应元	秀水	道光六年(1826)	庶常、御史、庆阳、兰州、西宁知府
朱其镇	嘉兴	道光九年(1829)	编修、巩秦阶道署甘肃按察使
金衍照	嘉兴	道光十二年(1832)	刑部主事
朱珊元	嘉兴	道光十二年(1832)	休宁、望江知县、湖州府学教授
李贞木	秀水	道光十五年(1835)	高平知县
张清泰	秀水	道光二十年(1840)	兵部员外郎
吴昌寿	嘉兴	道光二十五年(1845)	河南、广西巡抚
吴仰贤	嘉兴	咸丰二年(1852)	庶常、云南迤东道
张世梁(樑)	嘉兴	咸丰二年(1852)	直隶知县

续表38-18

姓　名	籍贯	中榜时间	授予官职
陈丙曾	秀水	咸丰二年(1852)	庶常
钱　棡	嘉兴	咸丰六年(1856)	山西知县
王宝善	嘉兴	同治二年(1863)	内阁中书、处州教授、福建知县
王景贤	秀水	同治二年(1863)	户部主事、广东高廉道
许景澄	嘉兴	同治七年(1868)	编修内阁学士、吏部左侍郎
朱善祥	秀水	光绪二年(1876)	编修、四川学政
沈曾植	嘉兴	光绪六年(1880)	刑部员外郎、安徽提学使、安徽布政使、护理巡抚
吴兆基	秀水	光绪六年(1880)	职位不详
沈曾桐	嘉兴	光绪十二年(1886)	编修、广东提学使署广东布政使
谢昌年	嘉兴	光绪十二年(1886)	户部主事、金华府教授
金蓉镜	秀水	光绪十五年(1889)	郴州知州、永顺知府
钱骏祥	嘉兴	光绪十五年(1889)	侍讲、山西学政
沈　卫	嘉兴	光绪二十年(1894)	编修、陕西学政
唐景崙	秀水	光绪二十四年(1898)	职位不详
王大钧	秀水	光绪二十九年(1903)	编修
沈钧儒	秀水	光绪三十年(1904)	刑部主事

2010年10月，嘉兴市档案馆(见第三十一篇“文化”第一章第四节)

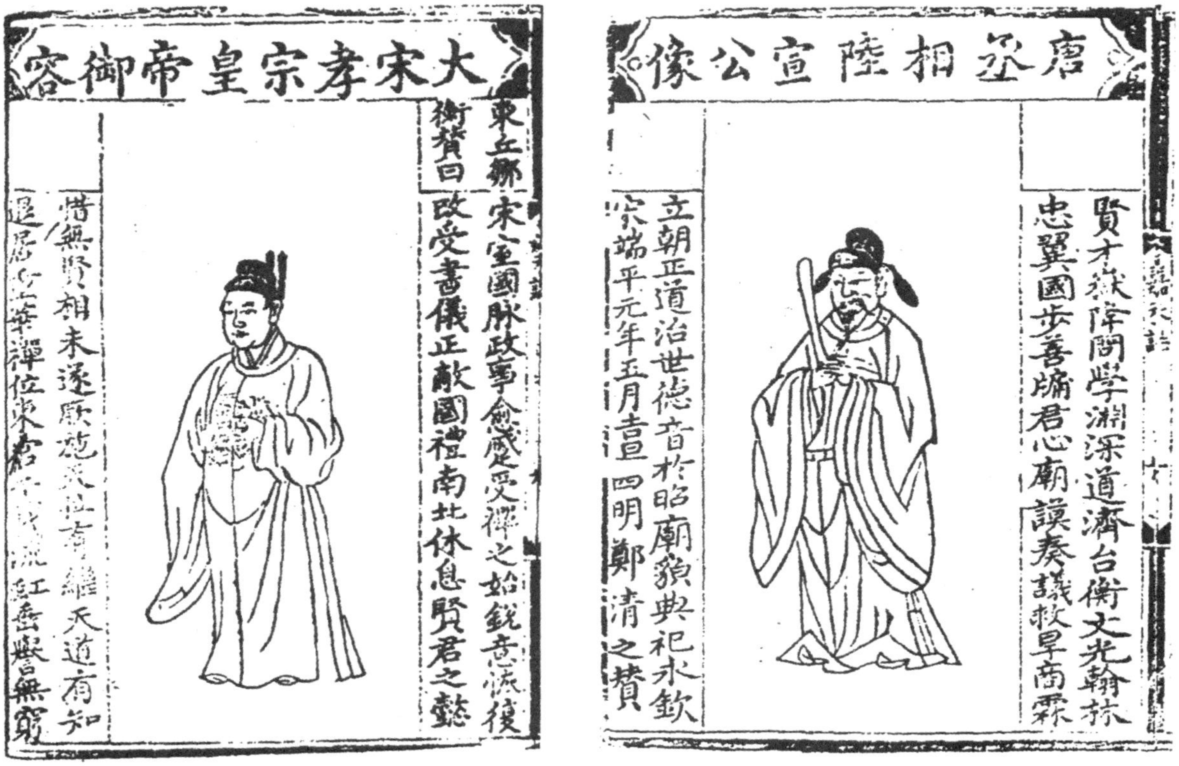

明正德《嘉兴志补》，宋孝宗和唐陆宣公像

《嘉兴市志》《嘉兴名人丛书》等书籍

第三十九篇　文献史料

目　录

境内历史悠久，吴风越韵，名人辈出，文化积累丰厚，形成的文献史料浩如烟海。历代名人数不胜数。几千年的文化积淀是那么的沉甸甸，选取的文献史料挂一漏万，仅可作为文化发展的例证。本篇收录范围的文献以近、现代为主，主要是此前少见载录的地方上大事的史料，古今中外人士对嘉兴的一些记述，以及吟咏本地自然风光的一些诗文，其他由本籍人士撰写的一些诗文酌收补录。旧志中诗文除个别影响较大的外，一般不录。收录的文件主要是事关南湖区重大事项的省、市和区的党委政府文件，还附有《南湖区志》编纂的有关文件。新闻报道仅限于国家主要领导人视察南湖区的要事报道。

第一章　重要文件选录

第一节　建区　更名　合署文件

收录省政府，市委、市政府，城区、郊区印发的有关建区、更名以及合署、区行政区划调整的文件7份。

通　知

浙政〔1983〕55号

各地区行政公署，各市、县人民政府，省政府直属各单位：

国务院一九八三年七月二十七日批复同意我省：

一、撤销宁波地区行政公署，将原宁波地区的鄞县、慈溪、余姚、奉化、宁海、象山六县划归宁波市管辖。

二、撤销嘉兴地区行政公署，嘉兴市和湖州市分别设立城区和郊区。

将原嘉兴地区的嘉善、平湖、海宁、海盐、桐乡五县划归嘉兴市管辖。

将原嘉兴地区的德清、长兴、安吉三县划归湖州市管辖.

三、撤销绍兴地区行政公署，绍兴市设立城区，恢复绍兴县建制，绍兴县人民政府驻绍兴市。

将原绍兴地区的上虞、诸暨、嵊县、新昌和绍兴县划归绍兴市管辖。

浙江省人民政府

一九八三年八月三日

关于嘉兴市城区、郊区管辖范围问题的通知

城政办〔1983〕02号

郊政办〔1983〕02号

各公社、镇、街道，各委、办、局：

根据省政府办公厅〔1983〕56号文件和市政府办公室〔1983〕2号文件精神，现将嘉兴市的城区、郊区管辖范围通知如下：

一、嘉兴市市区设城区人民政府，辖建设、新嘉、东门、解放、南湖、新兴六个街道和塘汇、嘉北、南湖、东栅、秀水五个公社。

二、嘉兴市郊区设郊区人民政府，辖新塍、王店两个镇和二十六个公社（乡）。

嘉兴市城区人民政府办公室

嘉兴市郊区人民政府办公室

一九八三年十月十四日

关于嘉兴市城区更名为嘉兴市秀城区的通知

浙政发〔1993〕279号

各市、县人民政府，各地区行政公署，省政府直属各单位：

经国务院批准，民政部于一九九三年十二月一日以民行批〔1993〕238号文复省政府，同意我省嘉兴市城区更名为嘉兴市秀城区。

浙江省人民政府

一九九三年十二月九日

中共嘉兴市委嘉兴市人民政府关于调整市与秀城区党政管理体制的决定

市委〔1994〕33号

中共秀城区委、秀城区人民政府，市级机关各部门：

为理顺市与秀城区关系，强化城市功能，促进改革开放和经济社会发展，根据中央和省有关机构改革的精神，在充分调查研究和反复论证的基础上，并报经省委批准，市委、市政府决定，从今年11月份开始，调整市与秀城区的党政管理体制。

一、体制调整的指导思想

这次调整市与秀城区党政管理体制总的指导思想是，适应建立社会主义市场经济体制和党政机构改革、转变政府职能的要求，以“三个有利于”为标准，从嘉兴实际情况出发，积极而又稳妥地进行调整。其目的是，从体制上理顺市与秀城区关系，精简机构，减少环节，提高工作效率；完善城市管理功能，统一规划，统一实施，加快城市建设步伐；减轻财政负担，增强市级实力，加快经济和社会事业发展。

二、体制调整的基本内容

（一）机构合署运转。体制调整涉及秀城区党政机关31个部门和团体。这31个部门和团体分别实行合署办公、改变分局隶关系等形式，与市机关对口部门和团体合署运转。

1.合署办公的机构：纪委（监察局）、区委办、组织部、宣传部、政法委、老干部局、机关党委、区府办、计经委（乡企局、外经委）、财政局、劳动人事局、民政局、城建环保局、农经委、农林水机局、土管局、卫生局、文教局、计科委、机关事务管理局、妇联、团委、老龄委，共30个部门和团体，与市机关对口部门和团体合署，实行两块牌子、一套班子。其中，多职能综合部门，按职能进行分解，区计经委（乡企局、外经委）分别与市计委、市经委、市乡企局、市外经委合署；区劳动人事局分别与市劳动局、市人事局合署；区城建环保局分别与市城建委和市环保局合署；区农林水机局分别与市农林局、市水利农机局和市水产局合署；区文教局分别与市教委、市文化局合署。

2.改变隶属关系的机构：区公安分局由区属改为市公安局的派出机构，由市局直接管理。（区工商分局按国务院有关文件精神，改为市工商局的派出机构，隶属关系的改变已开始实施。

3.建立市委农村工作委员会、市委城市工作委员会，分别与市农经委、市城建委实行两块牌子、一套班子。

秀城区的5个乡、6个街道分别归口市委农村工作委员会（市农经委1、市委城市工作委员会（市城建委）管理。

4.秀城区的企事业单位，随同其主管部门一起归属市机关部门管理：区的事业单位凡与市的事业单位职能类同的，实行合署办公。

秀城区人大、法院、检察院保留机构，按照法律赋予的职权开展工作；区人武部按上级政府和军事部门的规定照常运转。

（二）人员对口随归。

1.凡与市机关合署的区机关部门在编人员，随工作机构与市机关对口部门合署办公；改变隶属关系的分局机关干部在原机关办公；离退休人员也相应归属市机关对口部门管理；区机关部门的借用人员同时随归对口部门，原身份、关系不变，以后按省机构改革的有关规定妥善处理。

2.合署的区机关干部实行平级转移。区委、区政府领导由市委统一安排相应实职。担任区机关正、副局（科）级领导职务的，在市机关对口部门安排相应的实职，不受市机关对口部门相应职数的限制；其他干部的职级不变，并享受原职级待遇。

3.秀城区机关的现有编制与市机关现有编制统一使用，干部和职工按照市机关干部职工管理办法管理。乡和街道办事处的领导干部保持稳定，工作照常运转。

（三）资产统一管理。秀城区全部资产，包括固定资产、非固定资产、债权债务等，分别由市和区合署部门、改变隶属关系的主管部门统一管理。

（四）职能市、区一体。秀城区机关的工作职能，分别由市和区合署部门、分局的主管部门承担。分局按照市局赋予的职权开展工作。

三、体制调整的工作步骤

体制调整工作分三个阶段进行。

（一）准备阶段。时间在11月上旬前。主要任务是制定方案，统一思想，做好各项准备工作。

（二）实施阶段。时间是11月上旬至中旬。主要任务是宣传发动，人员衔接安排，资产清理移交，办公用房统一搬迁。

（三）总结阶段。时间是11月中旬至下旬。主要任务是全面总结体制调整工作，解决遗留问题，搞好工作衔接。体制调整后的机关各部门将体制调整情况向市委、市政府作出书面汇报。

四、体制调整的要求和纪律

（一）统一思想认识，服从全局利益。体制调整，是市委、市政府经过慎重考虑后作出的一项重大决策。秀城区委、区政府和市、区机关各部门必须坚决贯彻执行。要教育广大干部职工顾大局，讲党性、讲原则，讲纪律，绝不能因部门和个人的利益得失而影响体制调整工作的实施：各级党组织要充分发挥战斗堡垒作用，采取党内民主生活会等多种形式，做好思想政治工作，把各方面的认识统一到市委、市政府的决策上来，为实行体制调整奠定坚实的思想基础。

（二）部门包干负责，精心组织实施。实行体制调整，大量具体工作在机关各部门。为明确责任，确保体制调整工作顺利实施，决定实行部门包干负责制，把体制调整作为今年考核各部门领导班子战斗力和领导干部工作能力的一项主要内容。各部门要周密部署，精心组织，积极主动地抓好体制调整的各项具体工作。要集中力量，在规定时间内，完成体制调整方案的实施工作。要及时理顺上下工作关系和领导管理关系，明确科室和人员的工作职责，落实岗位责任制，尽可能在短时间内搞好工作衔接。市委农村工作委员会（市农经委）和市委城市工作委员会（市城建委）要抓紧与乡、街道搞好衔接工作，按照市委、市政府赋予的职权，尽快使工作运转起来。各部门各单位要防止因体制调整而影响工作，更不允许出现工作断层现象。

（三）严肃组织纪律，确保行动统一。体制调整是一项极其复杂的工作。市委、市政府成立市与秀城区党政管理体制调整工作领导小组及办公用房搬迁指挥部，具体负责体制调整工作的组织实施。各部门必须严肃组织纪律，服从统一指挥，确保行动统一。纪检监察机关要实施强有力的监督检查。

1.体制调整工作完成之前，市、区机关和团体一律不准进人；不准突击提拔干部或提高职级；不准私分、流失和损坏资产。

2.体制调整实施过程中，必须做到人员统一安排，资产统一移交，办公用房统一调整搬迁。

3.对违反上述规定的，视情节和后果，给予严肃的党纪政纪处分。

（四）转变工作作风，加强基层工作。体制调整后的市机关各部门承担着指导协调全市工作和直接负责管理秀城区区域内业务工作的双重职能。各部门要适应体制变化，强化为基层服务的意识，转变作风，改进方法，制定措施，重点加强对秀城区基层工作的领导和指导。部门领导干部要带头深入基层，调查研究，指导工作，解决问题，搞好服务。当前正值秋收冬种季节，各涉农部门尤其要花大力气，抽调骨干力量，指导和帮助各乡抓好秋收冬种，确保农业的稳定和发展。为了加强对秀城区乡和街道工作的领导，市委常委和副市长实行分工负责，联系秀城区各乡和街道，及时掌握乡和街道干部的思想和工作情况，做好有关协调和服务工作。

附：

1.关于组织人事工作的实施意见

2.关于财政、财务、资产交接工作的实施意见

3.关于市、区机关办公用房调整搬迁工作的实施意见

4.市与秀城区党政理体制调整表

5.市与秀城区事业单位管理体制调整表

6.体制调整中有关企业的处理意见

中共嘉兴市委
嘉兴市人民政府
1994年11月4日

（附件略）

中共嘉兴市委　嘉兴市人民政府
中共秀城区委　秀城区人民政府
关于秀城区四个乡分别委托两个开发区管理的决定

市委〔1996〕10号

市级机关各部门、市直属各单位，秀城区有关部门、各乡和街道：

为了推进城乡一体化，增强中心城市的集聚和辐射功能，促进开发区和秀城区乡村的经济和社会事业全面发展，经市委、市政府和秀城区委、区政府研究决定，从今年三月份开始，将秀城区的嘉北乡、塘汇乡委托给嘉兴经济开发区管理，南湖乡、东栅乡委托给南湖综合开发区管理。

一、管理职能

嘉兴经济开发区和南湖综合开发区的党工委和管委会作为市委、市政府的派出机构，对秀城区的四个乡分别委托给两个开发区管理后，既要负责管辖区内的经济和社会发展职能，又要行使部分党委和政府的行政管理职能。对受委托管理的乡，主要是管班子，管发展，管协调。具体的职责是：

1. 贯彻落实市委、市政府和区委、区政府的重要决策和，重要工作部署。

2. 按照干部管理权限，对所辖乡的党委副书记、委员，乡人大副主席，乡纪委书记、副书记、委员，乡政府副乡长、乡长助理，乡团委书记和妇联主席进行管理，包括组织建设和思想作风建设以及办理辖区范围内有关干部交流、调动等事宜。协助市委组织部门对所辖乡的党委书记、乡长、乡人大主席进行考核和考察。

3. 根据市委、市政府和区委、区政府有关经济和社会发展的总要求，结合当地实际，制订中长期规划、年度工作目标、任务和措施以及任期目标责任制，并负责检查、督促，进行考核和奖惩。

4. 对改革、经济和社会发展中的重要问题进行研究，搞好协调，及时进行处置。

5. 配合协助市、区合署部门搞好各项业务工作的实施，承办市、区人大代表和政协委员有关乡村工作的建议、提案。

6. 完成市委、市政府和区委、区政府交办的其他任务。

管理体制调整以后，属于条线的日常工作和具体业务工作，市和秀城区的合署部门仍应按照原定的职责范围，继续认真地、切实地负责抓好。原对乡村农田水利基本建设、文化、教育、科技、卫生、计划生育、民政、交通等方面投入、补贴的渠道仍保持不变。市委农工委、市乡镇企业局与两个开发区党工委、管委会之间要分别搞好有关干部管理和项目审批及管理等事项的交接。

秀城区四个：乡的党、委和政府，要继续定期或不定期地向区委、区政府汇报工作。秀城区委、区政府在召开区委常委会、区政府常务会议研究涉及乡村工作时，可请开发区分管这项工作和有关乡的领导参加。秀城区四个乡的人大要继续依法行使职权，秀城区人大要继续加强对乡人大工作的指导。秀城区各乡的政府要自觉接受人大的监督。开发区受区政府的委托，行使政府的部分行政管理职能，要主动接受区人大的工作监督；区人大要依法加强工作监督。

二、管理方法

保持现有乡级机构稳定，保持乡级财政体制不变。在此基础上，实行“五统一”：

1. 统一规划建设。

开发区和所辖乡范围新办企业、项目，包括农民建房、零星基建由开发区城建分局根据嘉兴市总体规划统一规划，办理规划选址书、建设工程规划许可证、建筑施工许可证以及进行建设工程质量等级核验。

乡里的小集镇建设和经济发展规划、布局，须根据嘉兴市总体规划的要求，并经开发区管委会审查会同市有关部门研究同意后方能实施。其中在开发区现行规划范围以内的，必须严格服从开发总体规划。

2. 统一审批项目。

秀城区四个乡乡镇企业的内资项目，在限额以内的（生产性3000万元以下、非生产性1500万元以下的基建项目，1000万元以下的技术改造项目），由开发区审批。限额以上的项目，报市有关部门转报省有关部门审批。

“三资”项目的审批，3000万美元以下的生产性项目，在不涉及原材料综合平衡和许可证管理的情况下，凡外商独资、外商与市区以外企业的中外合资、中外合作项目，由开发区负责审批，市外经委核发批准证书；市区企业与外商的中外合资、中外合作项目，由开发区与市计委、经委、外经委会商后负责审批。需经省及国家审批的项目，报市有关部门转报省有关部门审批。

3. 统一土地管理。

开发区及所辖乡范围内的土地出让、转让、征用以及土地出让金、各种税费的收缴和建设用地许可证的发放，统一由开发区土管分局办理。

开发区现行规划范围以外、所辖乡行政区域以内的土地出让金净收入分成，参照市与秀城区合署前的办法执行，其中由市里招商的项目，出让金净收入按市财政75%、乡财政25%的比例分成；由开发区招商的项目，按市财政10%、开发区财政80%、乡财政10%的比例分成；由乡里招商的项目，按市财政10%、开发区财政10%、乡财政80%的比例分成。

4.统一工商管理。

在开发区及所辖乡范围内，经市工商局授权，由开发区工商分局负责行使各项工商行政管理职权，包括工商登记、经济合同及商标、市场、广告等管理。需要报省工商行政管理局审批的，由市工商局上报审批。

5.统一财政管理。

将委托管理的四个乡财政分别纳入两个开发区财政，由开发区财政分局统一管理。具体的财政管理体制办法另行制定。

开发区现行范围与托管区域内的各类企业的税收政策，按国家有关规定，由税务机关负责管理。托管区域不享受开发区优惠政策。

三、管理体制

随着上述管理办法的实施，相应充实加强开发区的力量，设立必要的机构。嘉兴经济开发区和南湖综合开发区分别建立开发区党工委。嘉北乡、塘汇乡和南湖乡、东栅乡分别作为嘉兴经济开发区和南湖综合开发区的管辖单位。实行在开发区党工委和管委会领导下，分工负责，分块运转的一体化领导体制。

开发区的机构设立，可视发展情况来定。目前可设一室二局（科级）和四个分局，即办公室（党工委、管委会办公室合在一起）、经济发展局、社会发展局、财政分局、土管分局、工商分局、城建分局。一室二局属开发区党工委、管委会的内设机构，由市编委核定总编制后，由开发区党工委、管委会根据工作职能和性质，按岗定编，统一调配。财政、土管、工商、城建四个分局，作为市局的派出机构，由市编委根据其职能分别核定编制，由主管局按编配建。有关隶属关系，继续按市委发〔1994〕56号文件执行，即凡属主管局设在开发区的派出机构，受开发区管委会和主管局双重领导。其人员与工资、办公经费、福利待遇由各主管局负责；正副职的任免，由市主管局与开发区管委会会商后公布；其在开发区的日常业务工作，由开发区管委会为主领导。

为了加快开发区的开发建设，在开发区内还要尽早设立必要的金融分支机构，市级的金融单位要大力予以支持。

有关开发区内公安派出机构的设立，另行具体研究。

附：秀城区四乡委托两个开发区管理后相应调整对乡街企业管理的意见

中共嘉兴市委　嘉兴市人民政府
中共秀城区委　秀城区人民政府
1996年3月6日

（附件略）

关于嘉兴市调整本级行政区划的批复

浙政发〔2000〕98号

嘉兴市人民政府：

你市《关于调整嘉兴市本级行政区划的请示》（嘉政发〔2000〕83号）悉。经研究，省政府同意嘉兴市本级行政区划作如下调整：

一、将秀洲区的凤桥镇、新丰镇、新篁镇、余新镇、步云乡、七星乡、大桥乡划归秀城区。

二、将秀城区的嘉北乡、塘汇乡（不含张字圩村）、新城街道、解放街道的塘汇居民区划归秀洲区。

三、原塘汇乡的张字圩村并入七星乡，原解放街道的塘汇居民区并入新城街道。

四、嘉兴市本级行政区划调整后，秀城区辖建设街道、解放街道、南湖街道、新嘉街道、新兴街道等5个街道和凤桥镇、新丰镇、新篁镇、余新镇、南湖乡、东栅乡、七星乡、大桥乡、步云乡等9个乡（镇），区政府驻地不变。秀洲区辖新城街道和王店镇、洪合镇、新塍镇、王江泾镇、油车港镇、南汇镇、建设乡、洛东乡、高照乡、田乐乡、栖真乡、嘉北乡、塘汇乡等13个乡(镇),区政府驻地不变。

嘉兴市政府要切实加强领导,认真按照国家规定做好有关工作,适时周密组织实施,确保区划调整工作顺利完成和社会稳定。

特此批复。

浙江省人民政府

二〇〇〇年五月二十五日

浙江省人民政府关于嘉兴市秀城区更名为南湖区的通知

浙政发〔2005〕27号

各市、县(市、区)人民政府,省政府直属各单位:

经国务院批准,嘉兴市秀城区更名为南湖区。

更名后的嘉兴市南湖区,其行政区域、机构、人员编制和财政体制不变。

特此通知

浙江省人民政府

二〇〇五年五月二十日

第二节　五年计划(规划)选录

收录"八五""十五""十一五"的国民经济和社会发展计划(规划)纲要,以及区城乡一体化文件4份。

中共嘉兴市城区区委关于制定嘉兴市城区国民经济和社会发展"八五"计划及十年规划的建议

(1991年2月11日中共嘉兴市城区第三届委员会第三次全体会议通过)

党的十三届七中全会通过的《中共中央关于制定国民经济和社会发展十年规划"八五"计划的建议》,提出了九十年代和"八五"期间经济和社会发展的奋斗目标、指导思想和主要任务,勾画了宏伟的建设蓝图。它是我们今后进行社会主义现代化建设的行动纲领。我们必须认真学习,坚决贯彻执行。中共嘉兴市城区区委根据中央以及省、市委制定的十年规划和"八五"计划的建议的精神,结合我区的实际,提出如下"关于制定嘉兴市城区国民经济和社会发展'八五'计划及十年规划的建议"。

一、关于我区制定"八五"计划及十年规划的现实基础

1. 九十年代是我国社会主义现代化建设历史进程中非常关键的时期。在今后的十年中,不断巩固和发展我们以往已经取得的成绩,积极促进我区经济的进一步振兴和社会的进步,实现党中央和省、市委提出的社会主义现代化建设的第二步战略目标,为国家的繁荣富强作出贡献,这是历史赋予我们的重任。

2. 在党的十一届三中全会以来的路线、方针和政策指引下,在市委领导下,经过全区人民共同努力,从1983年建区以来我区的经济和社会发展取得了明显成效,为今后的进一步发展奠定了良好基础。

随着经济体制改革的全面展开,极大地解放了社会生产力,城乡社会主义商品经济得到迅速发展。农村改革取得了突破性进展。全区普遍实行了家庭联产承包责任制,建立了统分结合的双层经营体制。乡镇企业异军突起,对于推动农村商品经济的发展,发挥了极大的作用。城市改革围绕搞活企业这个中心环节,扩大了企业的生产经营自主权,普遍实行了企业承包经营责任制,厂长(经理)负责制。企业的横向联合逐步扩大和发展。以公有制为主体的多种经济成份并存的格局已开始形成。在商业、物资、供销和劳动、工资等方面也进行了不同程度的改革。科技、教育等方面也相应地进行了改革。并按照中央和省、市委的统一部署进行了政治体制的改革。总之,十年改革调动了各方面的积极性,为我区的经济和社会发展增添了生机和活力。

我区经济实力明显增强。国民收入在"七五"期间平均以每年19.9%的速度增长,1990年达到19270万元,超过"七五"计划的90.98%;工业总产值在"七五"期间平均以每年22.3%的速度递增,1990

年达到23465万元，超过“七五”计划的72.42%；农业总产值，1990年达到5024万元，也超过了“七五”计划5000万元指标；全区社会商品零售总额在“七五”期间每年平均以28.9%的速度递增，1990年已达到13316万元。

——对外开放有力地促进了我区外向型经济的发展。对外贸易1984年突破零，以后外贸收购总额每年平均以71%的速度递增，1990年达到2860万元，比1985年增长14倍多，占工农业总产值的比重达到10.04%。直接和间接利用外资的项目也开始起步，目前已建立2家中外合资企业，并有一批项目正在积极与外商洽谈中。

——各项社会事业有了较大发展。科教文卫事业取得较大成效。全区1988年起已全面开始实施九年制义务教育。职业教育、成人教育和幼儿教育工作有了长足进步，学校危房已全部消除，“七五”期间全区用于校舍建设资金达1049万元，新建翻建了校舍39355平方米，新建翻建了小学34所，4个乡的中学也都已新建或扩建。科技工作明显加强，“星火计划”和“丰收计划”取得较好成果，科学技术的宣传普及工作逐年深入开展，群众性的文体活动日趋活跃。全区有3个街道防治所和2个乡的卫生院已新建或扩建。医疗卫生条件得到逐步改善。村级卫生组织和合作医疗工作得到加强。计划生育工作成效显著，1990年各项指标达到历史最好水平，计划生育率为99.89%，出生率下降到11.38‰，人口自然增长率下降到5.37‰。市政建设取得明显进展，全区小街小巷基本硬化，修筑街巷道路33303米，面积为121098平方米，整治下水道19403米，新建改建公共厕所42座，新建了7个垃圾中转站，4个农贸市场和1个工业品小商品市场。农村翻改建桥梁58座，各乡已实现村村通水泥路。民政福利事业和劳动就业工作也取得了较好成绩。乡已办起了敬老院，社会福利院易地新建后服务范围扩大。精神卫生医疗站已开办。全区现有民政福利企业32家，共安置有劳动能力的残疾人469名。殡葬改革成果进一步巩固，已连续5年火化率达到100%。5年内共安置城镇待业人员9142人就业。

随着生产的发展，人民生活有了较大改善。1990年全民和城镇集体企业职工年人均工资性收入为1953元，比1985年增加106.7%，年均增长15.62%，农村人均收入为1420元，比1985年增加98.01%，年均增长14.58%。城乡居民的住房条件也明显改善。

总之，从建区以来我区的经济生活和社会面貌都发生了深刻变化。经济实力显著增强，人民生活明显改善，社会主义精神文明建设取得积极成效，民主和法制逐步完善。目前全区政治稳定、经济稳定、社会稳定，安定团结的政治局面不断巩固和发展。这是全区人民坚持党的基本路线、团结奋斗、顽强拼搏、开拓进取的结果。改革开放和经济、社会的发展，为我们今后的进一步发展奠定了良好的基础，增强了我们克服困难、继续前进的信心和力量。

当然，我们在前进的过程中也还存在着某些不足和薄弱环节。农业基础脆弱，投入不足，自我积累水平低、设施老化、抗灾能力差。社会化服务体系不够健全、集体统一经营这个层次较为薄弱。工业在外延扩张和产值增长的同时，对提高整体素质重视不够，经济结构也不够合理，除少数骨干企业外，存在着技术落后，人才缺乏，设备陈旧，管理水平不高，经济效益不够理想，自我发展的能力较弱等情况。同时，我区经济宏观调控能力很弱，流通渠道也不顺畅。在坚持两手抓的问题上，一度对党的建设、思想政治工作和社会主义精神文明建设有所放松。所有这些问题，都需要我们在今后的工作中，认真予以研究解决。

3.今后十年对我区经济和社会发展来说是挑战和机遇并存。九十年代，尽管国际局势动荡不安，但由于党中央的正确领导，我们仍可以争取到一个有利于现代化建设的国际环境；国内经济形势，一方面市场需求过旺的状况不复存在，市场竞争更趋激烈。加上国家宏观调控加强，产业政策倾斜，将给我区经济的调整与发展，带来一定难度；另一方面，经过治理整顿，随着国家改革力度的加大，计划经济和市场调节相结合的经济体制的逐步建立和完善，必将使整个国民经济走上持续、稳定、协调发展的轨道，加上对外开放的进一步扩大，都必然会给我区经济的发展带来新的机遇。

今后我区经济和社会发展，从自身条件看，有利因素也很多。我区广大干部和群众有积极进取、艰苦创业的好传统，在经济和社会发展工作中，既积累了不少实践经验，也培养了一大批优秀骨干。通过前几年的努力，我区的工农业生产比例大致趋于协调，农业连续多年保持相对稳定。工业已形成一批有一定规模的骨干企业，还有相当一部分企业蕴藏着很大的发展潜力。加上我区地处全市政治经济文化的中心，区域位置优越，交通方便、信息灵捷，有着广泛开展各种横向协作联系的回旋余地和宽广舞台。尤其是通过治理整顿，整个经济环境在向好的方向发展。因此，只要我们加强内部工作，我区经济的进一步振兴和社会的进步是很有希望的。

二、我区“八五”计划及十年规划的主要奋斗目标和基本指导思想

4.根据中央制定的第二步战略目标，从我区经济和社会发展的现实基础和可能条件出发，今后十年，力争把我区建设成为经济繁荣、生活丰裕、环境洁美、社会安定的社会主义文明城区。“八五”计划及十年规划的主要奋斗目标是：

——在合理调整经济结构，不断提高经济效益的前提下，国民收入在“八五”期间平均每年增长6%，1995年达到25800万元；“九五”期间平均每年增长8%，到2000年达到37900万元。农业总产值在土地面积逐年减少的情况下，“八五”期间平均每年增长1.5%，1995年达到12900万元（以1990年不变价，下同）；“九五”期间平均每年增长2.5%，到2000年达到14600万元。工业总产值在“八五”期间平均每年增长10%，1995年达到48900万元；“九五”期间平均每年增长12%，到2000年达到90000万元。外贸收购总值在“八五”期间平均每年增长12%，1995年达到5050万元，“九五”期间平均每年增长15%，到2000年达到1亿元。社会商品零售总额在“八五”期间平均每年增长10%，1995年达到21000万元；“九五”期间平均每年增长12%，到2000年达到37000万元。

——在发展生产的基础上，争取到2000年人民生活达到小康。生活质量逐步提高，生活资料比较丰裕，消费结构趋向合理，居住条件进一步改善，精神文化生活比较丰富，健康水平继续提高，城乡基础设施和社会化服务体系不断完善。“八五”期间要求人口年平均出生率控制在12.16‰，人口自然增长率控制在6.17‰，“八五”期间安置城镇就业8000人，待业率控制在3%以内，“九五”期间每年新增劳动力基本上当年得到安置。

——积极发展教育事业，推动科技进步，坚持“教育为本”、“科技兴区”，逐步使技术进步和提高劳动者素质成为经济增长的重要动力。要适当集中力量，改组改造现有企业，抓好一批重点企业的技术改造和一批新产品的开发。要增加科技和智力投入，抓好各项基础建设，增强发展后劲，为今后经济和社会的持续发展奠定物质技术基础。

——按照社会主义有计划商品经济的要求，坚持计划经济和市场调节相结合的原则，以深化企业内部改革和完善农村双层经营体制为重点，积极推进经济体制改革，使我区经济的自我积累机制以及风险机制、竞争机制和内部运行机制更加健全和完善，获得较强的自我发展能力。

——大力加强社会主义精神文明建设，推进各项社会事业的发展。进一步健全社会主义民主和法制，巩固和发展社会主义思想、文化阵地，建立良好的社会秩序和社会道德风尚，使全区安定团结的政治局面更加巩固、发展。

5.为了实现上述奋斗目标，要认真贯彻落实中央《建议》中确定的基本指导方针，坚定不移地走建设有中国特色的社会主义道路，坚定不移地推进改革开放，坚定不移地贯彻执行国民经济持续、稳定、协调发展的方针，坚定不移地执行自力更生、艰苦奋斗、勤俭建国的方针，坚定不移地贯彻执行物质文明和精神文明建设一起抓的方针。中央提出的这些基本指导方针，是我们党领导全国人民进行社会主义现代化建设基本经验的科学总结，是我们今后经济和社会发展的根本指导思想，我们任何时候都不能偏离，必须认真贯彻执行。

6.结合我区实际，在贯彻执行中央确定的基本指导方针中要着重把握以下几点：

——努力提高国民经济整体素质。全区经济工作要从以往外延量的扩展转向内涵质的提高，把工作的重点放在打基础、上水平、增效益上，努力实现从注重速度、产值转到注重质量、效益上来，从简

单扩大再生产转到依靠科技进步、规模经营上来，通过长期不懈的努力，使我区经济素质提高到一个新水平。

——把科技进步与智力开发放在突出位置。要围绕经济建设组织好科技攻关，加速科研成果的转化和推广应用，在抓好普通教育的同时，大力发展职业技术教育和成人教育，在积极引进人才的同时，努力挖掘和培养自己的人才，提高劳动者的整体素质。

——把改革开放和经济发展紧密结合起来。要继续推进城乡经济体制改革，进一步扩大对外开放，继续贯彻执行沿海地区经济发展战略，进一步加强地区经济协作和横向经济联合，充分利用我区的地域优势和各方面的有利条件，促进我区经济结构的调整和经济、社会的发展。

——坚持物质文明和精神文明一起抓的方针。在抓好物质文明建设的同时，大力加强思想建设和文化建设，使全区人民进一步坚定社会主义信念，提高科学文化水平和思想道德素质，按照我区是全市“文明窗口”的要求，把全区的社会主义精神文明建设提高到一个新水平。

三、经济发展的重点、任务和措施

7.强化农业基础，确保农业稳产丰收。总的要求是：深化农村改革，加强基础建设，依靠科技进步，优化产业结构，实现城郊型农业新格局。

——要继续贯彻“决不放松粮食生产，积极发展多种经营”的方针，从我区近郊农村的特点出发，努力提高农业综合生产力，全面发展农村经济。要抓好“吨粮田”和“菜篮子”工程建设。粮食生产要保证一定播种面积，主攻单产和品质，总产量稳定在8万吨以上。蔬菜生产要确保基地种植面积，在保持总产稳定增长的同时，努力增加品种和提高质量，满足市场供应。在抓好粮、菜生产的同时，要根据市场需求，积极调整经济作物内部结构，发展油料，蚕桑、畜牧和渔业，抓好开发性农业和创汇农业，加强农副土特产品基地建设。搞好平原绿化，实现达标区。

——继续深化农村改革，稳定家庭联产承包责任制，完善双层经营体制，努力壮大村级集体经济，建立和健全农业社会化服务体系。全区到1995年争取有30%左右的村做到“五有六统一”，即有健全的服务机构，有稳定的服务队伍，有配套的服务设施，有严格的管理制度，有稳定的资金来源，统一作物布局，供应良种，机械耕作，防病治虫，排灌和技术指导。

——抓好“科技教育兴农”，推进农业现代化进程。要以“吨粮田”工程和“菜篮子”工程建设为重点，抓好现有农业科研成果的推广和应用。重点是选用良种、高产模式栽培、发展和推广应用复混肥料、病虫害及草鼠综合防治和“丰收计划”等适用技术的推广应用，加强农业科学实验、开发研究新技术。要组织农业、教育、科技等部门密切合作，建立比较完善、健全的农技推广和服务体系，加强农业技术人员的引进和培训。

——多渠道、多形式筹集资金，进一步健全农村积累机制，增加对农业的投入，改善农业生产条件，增强抗灾能力。要继续抓好农业基础设施建设，加快中低产田的改造和农田水利基本建设。农民是农业投入的主体，要强化农业发展基金、合作基金、集体提留和劳动积累的制度，坚持“以工补农”，“以工建农”制度。抓好农业生产资料的生产供应组织工作。

——认真贯彻保护耕地的基本国策。切实加强土地管理工作，在全区人民中树立十分珍惜和合理利用每寸土地的强烈意识。强化土地的计划管理。划定基本农田保护区，切实保护耕地和农业资源，严格控制非农业建设用地，依法查处违法案件，为农业和整个国民经济的发展提供土地保障。努力提高农业的经济效益、社会效益和生态效益。

8.调整工业结构，组织新的优势。总的要求是加快现有企业的改组改造工作，着眼于提高技术水平、产品挡次和加工深度，实现“三上二提高”，即企业要上规模、上等级、上水平，提高整体素质、提高经济效益。

——调整结构的指导思想是三个面向：面向现实，就是立足于现有结构特点、现有企业、现有固定资产作用的进一步发挥；面向市场，就是企业的一切生产经营活动以适应市场为依据，既要面向国内市场，又要面向国际市场，既要盯住现实市场，还要预测未来市场；面向未来，就是在组织现有企业的调整过程中，着眼于增强企业的发展后劲和能力。

——调整结构的原则是：适销产品，扩大批量，占领市场；名优特产品，形成系列，加速发展；外贸产品，广辟渠道，深度开发；传统产品，更新换代，上档升级；支农产品，保质保量，及时生产。

——调整的方向是提高纺织工业，巩固和增强支柱地位；发展机械、轻工、食品工业，努力提高产品挡次和加工深度；开发电子、化工工业，逐步形成系列化生产；调整改造建材工业，提高产品质量和经济效益；扶持优势企业，淘汰落后企业和工艺设备；关停并转“三无”企业（即原材料无来源、产品无销路、发展无前途）和严重浪费能源、原材料、长期亏损的企业。

通过调整，争取到1995年全区形成10个拳头产品，22个500万元产值以上的企业，其中，8个1000万元至2000万元产值的企业和6个2000万元产值以上的企业。

9.推进科技进步，提高整体素质。要适当增加技术改造投资，尽快改变小型企业低技术繁衍、设备老化的状况。要积极引进省内外，以至国外的新技术、新工艺、新设备，并把引进与消化、吸收、创新结合起来，提高企业的技术开发能力。要进一步发展以科研单位、大专院校为依托，以开发新产品为目标的生产科研联合体。鼓励和帮助骨干企业创建厂办科研室，研究新产品的开发。要加快技术改造步伐，争取使骨干企业的技术装备能达到国内先进水平或国际八十年代初的水平，使产品上档次、上等级、上批量、上水平。

10.加快发展外向型经济，努力使出口创汇和利用外资有新的突破。我区地处沿海经济开放区，要进一步解放思想，拓宽思路、增强开放意识和竞争意识，扩大对经济技术交流和合作。争取在对外贸易、利用外资、办好外商投资企业等方面取得更大的进展。

——发展外向型经济的基本思路是，坚持以国内市场为依托、以国际市场为导向、发展、开拓出口创汇产品，不断提高出口创汇额在全区工农业总产值中的比重，努力发展“三资”企业。

——外向型经济工作的重点是，巩固和发展以土畜产、皮革、轻化工、工艺等行业的出口创汇，引导企业强化内部管理，提高产品档次，注重规模效益；积极引导机电、纺织等行业开发新的出口创汇产品，努力提高产品出口创汇率、提高企业的经济效益。通过外向型经济的发展，推动我区产品、产业结构的调整。

——要积极利用外资，在办好现有“三资”企业的同时，争取“八五”期间再新办“三资”企业10个左右，同时积极争取开展“三来一补”经营业务和抓好农业的创汇工作。

在发展外向型经济中要逐步做到产品由低档向中高挡发展；规模由小型向中大型发展；基本构成由劳动密集型向劳动密集型和技术密集型结合的方向发展；合作对象由侧重港、澳、台地区向包括欧美在内的多方位发展。

11.加快发展第三产业，为生产、生活服务。我区第三产业与一、二产业相比相对滞后，今后十年和“八五”期间，应大力组织发展。重点是发展商业、饮食、服务、建筑、运输、物资、供销等为生产生活服务的行业，促进外向型经济发展的行业，完善农村社会化服务体系的行业。要通过多方面的努力，争取到1995年第三产业包括建筑业的销售（营业）收入达到57000万元。

——立足本区，面向全国，千万百计与外市、外省加强合作与联系，增设供销窗口，扩展经营范围，使本区第三产业的发展建立在更加广阔的市场基础上，逐步组织和形成本区自己的商业、物资、供销网络，进一步搞活我区经济。

——走工贸结合农贸结合的道路，以贸易为指导，以实业为基础，区、乡（街）、村（居委会）三级同办，多层次、多渠道、多形式地发展第三产业。为我区的经济发展和人民生活提供各种方便和服务。

加强对现有第三产业各经营单位的内部管理，推进各项改革。树立良好信誉，改善服务质量，增加经营特色，不断提高经济效益和社会效益。

——进一步加强市场建设。要根据城市建设规划和促进工农业生产以及满足人民需要出发，抓好市场的新建、扩建和改造工作。新建市场要注意合理布局，适当配套；原有市场要着眼整治改造，加强内部管理；重点市场的建设和扩展，要立足于上等级、上规模。积极争取创建一个省级文明市场和一个国家级市场。工业品小商品市场要尽快促使繁荣,并不断巩固和发展。同时要积极筹办农副产品批发市场。

——坚持以公有制经济为主体发展多种经济成份的方针,从正确引导、加强管理着手,兴利抑弊、促使个体、私营经济健康地发展。各级有关部门都要加强对个体、私营经济的组织、教育、引导、服务和管理工作,发挥它们对公有制经济有益补充的积极作用,限制和克服其不利于社会主义主体经济的消极作用。

四、科技、教育事业发展的方针和主要任务

12.继续贯彻"经济建设必须依靠科学技术,科学技术工作必须面向经济建设"的方针,真正把科学技术进步摆到我区经济发展的突出位置上。要继续深入开展科技体制改革,增加科技投入,建立和健全区乡两级的科技管理体制。调动科技人员的积极性,鼓励他们继续发扬"献身、创新、求实、协作"的精神,充分发挥科学技术作为第一生产力的作用,为经济和社会发展作出更大贡献。"八五"期间,要形成比较健全的科普组织网络,举办多种形式的专业技术培训班,进一步办好农业函大班,落实"星火计划",建立1—3个"星火集团"并完成10—15个科研项目。

13.要全面贯彻教育必须为社会主义建设服务、教育与生产劳动相结合和使青少年在品德、智育、体质等方面全面发展,为提高全民族素质,培养"四有"新人的方针,进一步端正办学指导思想,深化教育改革,优化教育结构,提高教育质量和办学效益。"八五"期间及今后的主要任务是:

——加强基础教育,继续实施九年制义务教育,重点是改善办学条件和提高教育质量。"八五"期间将现有的破旧校舍全部翻新,农村有50%以上的村校换上标准的新课桌椅。"九五"期间把教育投入的重点放到增添和改善学校内部的教育设施上。十年内争取市区中小学基本配齐国家规定的教学仪器和设备。同时,不断提高教师的思想政治觉悟和教学业务水平,进一步提高教育质量。

——积极发展城乡职业技术教育和成人教育。要利用现有设施和条件,积极开设各种为农业和乡镇工业服务的职业技术培训班。"八五"期间,各乡都要设置"三加X"形式(即三年初中毕业加三个月或半年、或一年或若干固定时间)的职业技术教育班。"九五"期间逐步形成各乡的职业技术培训中心。按照"先培训后就业"的原则,城镇新增劳力要普遍经过职业技术培训,"八五"期间,通过市、区共同努力,争取新增劳力基本上实现就业前培训。

——巩固和发展幼托教育。"八五"期间,要努力改善各幼儿园的设施和条件。在办好三所全民示范幼儿园的同时,切实加强对集体幼儿园的统一管理,到1995年,使全区各幼儿园的保教质量有一个明显提高;同时要依靠全社会的力量举办各种形式的托儿所,解除广大职工的后顾之忧。

——各级各类学校,都要把德育教育放在首位。切实加强和改进学校的思想政治工作,不断提高广大学生的思想政治觉悟,培养学生树立科学的世界观和人生观,走与实践相结合、与工农相结合的道路,努力成为"四有"新人。

14.尊重知识,尊重人才,进一步调动广大知识分子献身"四化"的积极性。要认真贯彻落实各项知识分子政策,对知识分子要在政治上关怀、工作上支持、生活上关心。各级党政领导干部要同知识分子广交朋友,努力在改善知识分子工作条件和生活待遇上多办实事。要鼓励和支持广大知识分子深入工农业生产第一线,了解实际,增长才干,多作贡献。今后仍要继续保证每年有一定的投入用于教师住宅建设,"八五"期间新建教职工宿舍4000平方米,使教师的住房条件进一步改善。

五、努力改善人民生活,健全各项社会保障

15.要从积极发展生产、抓紧抓好经济建设着手,努力增加人民收入,不断改善人民生活。

——要正确引导消费,促使合理调整消费结构,在改善物质生活的同时,丰富精神文化生活。认真贯彻按劳分配原则,教育广大工人、农民和干部,正确认识和处理国家、集体、个人利益之间的关系,长远利益和眼前利益的关系,保持和发扬艰苦奋斗、勤俭建国的优良传统。

——广开就业门路,加强劳动保护。要继续贯彻"三结合"就业方针,努力开拓城乡就业门路,使城镇待业率控制在正常水平。"八五"期间城镇每年要安置1600人待业人员就业。"九五"期间使城镇每年新增劳力当年都基本得到安置。在农村要继续通过产业结构调整,适度引导农业劳动力转移。"八五"期间,农村非农业劳动力占农村总劳力的比重由目前的40%提高到50%左右。"九五"期间,提高到60%左右。同时,要切实加强劳动保护,落实各项安全生产措施,减少各种生产事故和降低职业病发病率。

建立和健全社会保险制度,逐步完善社会保障体系。要继续推行退休统筹社会保险,健全和完善城镇集体企事业退休职工社会保险制度,到2000年使乡村集体企业有50%以上的退休职工参加社会养老保险。要大力加强离退休干部和职工的组织管理工作,加强老龄工作,开拓老年事业,动员全社会各方面力量,积极为他们创造和提供各方面活动条件,使他们安度晚年。社会福利院和各乡敬老院要进一步巩固和提高,到1995年争取使各乡的五保老人基本上都能进院收养,到2000年使社会福利院和现有的敬老院,在内部设施、生活标准、医疗卫生、文化娱乐等方面有较明显的改善。要进一步改进和完善各项社会福利制度,认真做好优抚工作、残疾人工作和社会救济工作。

16.继续搞好计划生育,严格控制人口增长。认真贯彻《浙江省计划生育条例》和各项法规,稳定各项计划生育政策,继续提倡和鼓励晚婚、晚育,提倡一对夫妇只生一个孩子。要进一步落实和完善计划生育目标管理责任制,坚持对人口的计划指标和政策的双轨控制,加强计划生育队伍建设,健全计划生育工作网络,抓好流动人口的计划生育管理,搞好计划生育指导站,搞好各项计划生育服务工作。

17.发展卫生保健事业,提高人民健康水平。要认真贯彻预防为主的方针,不断巩固和健全城乡医疗卫生保健网,"八五"期间,要使全区90%以上的村卫生所(室)达到合格标准,并实行多种形式的合作统筹医疗;"九五"期间进一步完善设施和条件,努力实现省政府提出的到"2000年人人享有卫生保健"的各项指标。继续加强各乡卫生院和街道防治建设,以及医疗队伍的建设。认真落实各项防病治病工作,努力使乡、街卫生院、所成为方便群众、就近医疗的优良服务中心。要继续加强血吸虫病和其他传染病的防治,继续加强妇幼保健工作。

要努力完成农村的改水任务,"八五"期间使85%以上的农户能吃用清洁卫生水;"九五"期间全部完成农村的改水任务。

18.加强城市管理,改善居民生活环境。继续抓好城乡道路建设,"八五"期间完成小街小巷道路整治5万平方米;改建柏油路4.8公里,力争完成房屋开发5万平方米;建成环卫后方基地,市区公共厕所通过全面整修,达到卫生标准。"九五"期间在继续搞好维修养护的同时,进一步加强居民住宅区的绿化、美化工作。农村到1995年要争取有60%以上的农户通水泥路,到2000年争取达到85%以上。要切实加强村镇建设规划,有计划地推进农村住宅建设,并认真搞好村民集居地的环境绿化和卫生工作。

——进一步理顺关系,完善管理办法。通过市区两级共同努力,按照分级管理、条块结合的原则,建立起适合我区特点的城市管理体制,推进我区城市管理工作的深入开展。

——进一步健全机构,落实管理组织。区、街道城市管理办公室及城管监察大队,要切实加强队伍的自身建设,认真落实岗位责任制,统一指挥,联合执勤,明确各自职责,严格依法管理。

——动员各方面力量,共同创建"国家卫生城市"。要加强宣传教育和组织动员工作,广泛开展"国家卫生城市"达标活动,以此来带动市区各项卫生工作的开展,努力争取市区的市容市貌有一个明显的改观。

——切实加强环境保护工作。进一步完善三项管理制度,搞好排污监测,认真落实各项环境治理措施。

六、大力推进社会主义精神文明建设,加强民主和法制建设

19.社会主义精神文明建设,要围绕和服务于经济建设这个中心,搞好思想道德建设和科学文化建设。各级党委和政府都要切实加强对精神文明建设的领导,各部门、各方面都要密切配合。要着眼于提高人的素质,团结各方面力量,调动各方面的积极因素,促进我区经济和社会的发展。主

要任务是：

加强思想政治工作，坚定社会主义信念。要坚定不移地贯彻党的基本路线，深入进行坚持四项基本原则的教育，反对资产阶级自由化，提高广大干部和群众反渗透、反颠覆、反和平演变的能力。要组织广大干部和群众认真学习马列主义、毛泽东思想，深入开展爱国主义、社会主义和集体主义的教育；开展自力更生、艰苦奋斗和全心全意为人民服务的教育。深入开展创建文明单位、五好家庭、农村“评三户、创新风”等“教、评、创”活动和军警民、厂街共建精神文明活动，深入开展学习雷锋等英雄模范活动。巩固和发展“我为南湖增光辉”活动的成果，培育社会主义精神风貌，提高全区人民的思想道德素养。

——坚持“两为”方向，繁荣社会主义文化。文化事业要坚持为人民服务，为社会主义服务的方向，以不断提高精神产品质量为中心，把社会效益放在首位。继续深入开展“扫黄”斗争，加强文化市场和娱乐场所的引导和管理。加强文化馆和乡、街文化站建设。发动和组织各种群众性的文化娱乐和体育活动，丰富广大群众的业余文化生活。“八五”期间要使全区乡、街的文化站基本上实现上等级，争取有2个达到一级站的标准，2个达到二级站的标准，并普遍建立各类业余文艺和体育团体。要发展档案事业，开发和利用档案；加强新闻报道，进一步做好两个文明建设的宣传工作。

——加强精神文明基础设施建设，逐渐增加必要的投入，保证精神文明建设有一定的物质依托；把精神文明建设的任务真正落实到基层，广泛吸引群众参与，多层次、多形式地开展群众性的精神文明建设活动，弘扬中华民族的优秀文化，在全社会形成勤劳俭朴、诚实守信、友爱互助和扶贫济困的良好风气。

20.加强社会主义民主和法制建设。各级党政组织，都要积极疏通和拓宽同人民群众联系的渠道，在讨论和决定重大的问题，关系广大群众切身利益的问题时，都必须认真听取各方面的意见，自觉接受合理的建议和正确的批评，力求各项决策科学化、民主化，保证决策和决策的执行符合人民的利益。要进一步坚持和完善人民代表大会制度，支持人大及其常委会依法行使职权。各级政府都必须认真贯彻执行人民代表大会及其常委会的决定、决议，对它负责并经常报告工作，自觉接受监督。进一步发挥工会、共青团、妇联和其他群众团体在加强党同人民群众联系中的桥梁、纽带作用，支持按照各自的特点积极开展工作。要在全区人民中进一步开展普法教育，完成第二个五年普法教育任务，不断增强全区人民的社会主义法制观念和民主意识，牢固树立依法办事的思想，将各项工作纳入法治轨道。

21.坚持人民民主专政，维护政治和社会稳定。要切实加强政法工作，坚决打击国内外敌对势力的破坏活动；继续贯彻执行依法“从重从快”的方针，严厉打击严重刑事犯罪活动；继续深入开展反贪污反贿赂斗争，严厉打击严重经济犯罪分子，维护社会正常秩序，保障政治、社会稳定和经济建设、改革开放的顺利进行。要认真扎实地贯彻“打防结合，以防为主”的方针，动员全社会力量，按照“谁主管、谁负责”的原则，搞好社会治安的综合治理。工作的目标和措施是：

——有效控制，及时化解政治上不安定的因素，把有可能出现的各种问题解决在内部，解决在基层，解决在萌芽状态；遏制暴力性、多发性案件，做到稳中有降，控制影响大危害重的政治性、突发性案件和重特大事故，社会丑恶现象大大减少，公共场所的治安秩序保持良好，广大群众有安全感；在全社会逐步形成良好的道德风尚，各级综合治理机构普遍得到加强，治安保卫责任制比较健全和落实。

——各级党政组织都要切实加强领导，把社会治安综合治理列入工作的重要议事日程，纳入两个文明建设的总体规划，做到统一规划，统一部署，统一协调，各方配合，协同作战，条块结合、逐级负责，真正落到实处，取得明显实效。

——切实加强政法队伍的思想、组织和业务建设。在加强检察、审判工作的同时，要加强基层的治保、调解组织和乡、街道法律事务所的建设，充分发挥公安派出所的职能作用。各级各部门各单位都要加强制度建设，针对治安管理中的突出问题和薄弱环节，采取有效措施，全面推行、落实治安保卫责任制，并使之逐步巩固、完善。要切实加强内部单位的安全保卫工作，进一步加强消防工作，加强保密工作。

——搞好综合治理，必须是“打击、防范、教育、管理、建设、改造”六个方面的紧密结合。更要重视由教而治，组织动员全社会，包括政法、宣传、经济、文化、教育、劳动等各级各部门以及各企事业单位和社会群众团体，加强思想、道德、法制等方面的教育，特别是要加强对青少年的教育。这是维护社会治安的战略性措施。

22. 加强人民武装部和民兵、预备役部队的建设。中国人民解放军是人民民主专政的坚强柱石。各级党政组织都要关心、支持部队的建设，关心、支持人民武装部和民兵、预备役部队的建设，充分发挥他们在保卫祖国，维护政治和社会安定，保卫人民利益，保卫现代化建设成果和推进两个文明建设等方面的重要作用。进一步发扬党管武装的光荣传统，加强党对武装工作的领导，深入开展人武部建设、基层民兵工作“三落实”和预备役部队建设等三项达标活动。要加强全民国防教育，提高全民国防观念，大力开展“双拥”活动，增进军政、军民团结。

七、团结一致，顽强拼搏，为我区的经济振兴和社会进步而奋斗

23. 实现我区“八五”计划及十年规划的奋斗目标，关键在于加强和改善党的领导。各级党组织必须坚持党要管党，从严治党的原则，增强党的观念，切实抓好党的政治、思想、组织、作风建设，加强基层组织建设，发挥我们党的政治优势，发挥党组织的政治核心和战斗堡垒作用，发挥广大党员的先锋模范作用，不断增强党的凝聚力和战斗力。

——全体共产党员，特别是党的各级领导干部，要认真学习马列主义、毛泽东思想，坚定全心全意为人民服务这一党的根本宗旨，树立起强烈的事业心和责任感，以身作则，与人民群众一道，努力搞好各项工作。要建立、健全学习和培训制度，切实办好区和乡、街道党校，使其充分发挥党员和干部教育的主阵地作用。

——继承和发扬我们党的理论联系实际、密切联系群众、批评与自我批评的优良传统和作风，坚持一切从实际出发，坚持一切为了群众，一切依靠群众，从群众中来，到群众中去的群众路线，坚持党的民主集中制原则，健全党内民主生活制度，认真开展批评与自我批评，及时总结我们工作中的经验、教训，努力使我们各项工作的计划、部署、措施真正切实可行，取得实效；使我们各级党组织永远充满蓬勃的生机和活力。

——按照干部“四化”要求，进一步加强干部队伍的建设，加强对干部，包括后备干部的考察、选拔和培养、教育，使我们各级组织的领导权，牢牢掌握在忠诚于马克思主义的人手中。

——大力加强党的基层组织建设，继续深入开展争创先进党支部和争当优秀党员及民主评议党支部、民主评议党员的“双争”、“双评”活动，健全党内制度，加强对党员经常性的教育、管理，不断提高党员素质。同时，认真搞好以党支部为核心的基层组织配套建设。进一步发挥城市居委会和农村村民委群众自治组织的作用。

——切实加强党的纪律检查工作，要充分发挥纪委的保护、惩处、监督、教育四个职能作用。严肃认真地执行党的纪律，坚决清除党内腐败分子，纯洁党的队伍，进一步端正党风。

——进一步加强党的团结。党的团结，特别是各级领导班子的团结，是压倒一切的重要问题，是社会稳定、事业发展的决定性环节，今后十年要实现我们的奋斗目标，我们各级党政组织，特别是各级党政领导班子，必须进一步加强团结，自觉地在思想上、政治上、行动上与党中央保持一致。领导班子内部要互相尊重、互相支持、互谅互让，取长补短，协调配合，共同提高。要识大局、顾整体、团结一切可以团结的力量，调动一切积极因素，和衷共济，战胜困难，去争取新的胜利。

24. 切实转变工作作风。改进工作方法。要实现我们的奋斗目标，各级领导以及广大干部必须继续认真贯彻党的十三届六中全会的《决定》，切实转变工作作风，改进工作方法，密切党和政府同人民群众的联系。

——大兴调查研究之风。我们在前进过程中必然会遇到许多新的困难和问题，因此必须集中精力进行深入、细致、系统、全面的调查和分析研究。

我们各级领导务必抽出更多的时间和精力，紧紧抓住每一个阶段、每一时期突出的问题，下苦功夫搞好调查研究，真正做到调查一个问题，解决一个问题，一步一个脚印，推动各项工作的扎实开展。

——大力发扬“不唯上，不唯书，只唯实”的精神，力戒空谈，狠抓落实。各级领导和干部，都要善于集中群众和集体的智慧，积极鼓励广大群众进行大胆探索和改革实践，不断总结各方面的先进典型经验。坚决克服各种不顾客观实际，脱离群众的官僚主义、主观主义、形式主义习气。

——进一步加强廉政建设。要健全和完善各级各部门的廉政制度和“两公开，一监督”制度。各级政府以及有关执法部门都要严格按法办事，依法行政，不断提高办事效率。要切实加强行政监察工作和群众来信来访、群众举报工作，继续深入开展反腐败的斗争，严肃查处各种违纪案件，坚决制止“三乱”，纠正行业不正之风，认真解决群众反映强烈的问题。同时大力宣传廉洁奉公，遵纪守法，勤政务实，做出实绩的先进典型和好人好事，使党和国家的有关方针、政策、法律、法规得到认真贯彻执行，真正做到令行禁止，保证政令畅通。

25. 坚持以经济建设为中心，集中精力，专心致志抓好经济工作。经济上不去，一切都无从谈起，全党必须把工作重点真正转到以经济建设为中心的轨道上来。任何时候，任何情况下，都不能放松经济建设，偏离工作重点。要通过各方面的共同努力，为我区的经济建设创造一个良好的小气候和有利的环境。各级党委和政府对此必须在思想上形成高度统一的认识，在工作上形成坚韧强劲的合力，全力以赴推进我区经济建设的发展。人大以及各群众团体也都要根据各自的职能，积极支持和参与经济工作。各部门、各系统要正确处理好中心工作与部门业务工作的关系、对条条负责与对地方负责的关系、局部和全局的关系，自觉地服从于、服务于经济建设这个中心，为推进全区经济的发展作出贡献。

26. 今后十年是我区经济和社会发展的非常关键的时期。我们城区又是中国共产党诞生地——嘉兴南湖的所在地。要动员全区人民继承和发扬党的光荣传统，坚定对建设有中国特色社会主义的信念，认清实施“八五”计划和十年规划的极端重要性，增强对实现第二步战略目标的使命感和紧迫感。积极投身到社会主义伟大事业中去，建功立业。

我们的奋斗目标是宏伟的，任务是艰巨的。与我们以往走过的道路一样，在今后的征途上，我们必然还会遇到各种新的困难和风险，但是实践已经证明，任何艰险都不能阻挡我们前进的步伐。只要全区人民团结一致，振奋精神，积极进取，艰苦奋斗，我们就一定能胜利完成我区“八五”计划及今后十年的奋斗目标，我区的经济和社会发展必将出现新的气象、新的面貌。

中共嘉兴市城区区委员会
1991年2月11日

中共嘉兴市秀城区委关于制定国民经济和社会发展第十个五年计划的建议

秀城委〔2001〕4号
（2000年12月31日区委五届七次全会通过）

“九五”期间，全区上下高举邓小平理论伟大旗帜，以党的十四大、十五大精神为指导，以经济建设为中心，牢固树立发展观念，正确把握改革、发展、稳定的关系，解放思想，抢抓机遇，艰苦奋斗，知难而进，积极推进经济体制和经济增长方式的根本性转变。坚持“两手抓、两手都要硬”的方针，较好地实现了全区经济和各项社会事业的持续、健康发展。经过“九五”的努力，经济活力明显增强，经济结构明显优化，发展环境明显改善，精神文明和民主法制建设明显加强，人民生活水平明显提高。“九五”期间取得的成就，为“十五”的发展奠定了良好的基础。

进入21世纪，新一轮发展的宏观环境发生了深刻变化。一是经济全球化趋势明显，特别是加入世贸组织后，国际竞争力成为影响一个地区经济发展的关键因素；二是市场化进程加快，构筑社会主义市场经济体制的各项改革将在广度和深度上进一步推进；三是结构调整力度加大，以西部大开发战略为重点的地区经济结构调整，以资源与供给约束转为需求约束的产业结构调整，将进一步加大经济发展竞争力度；四是城市化作用更加明显，人口和要素向城市集聚成为推进工业化和提高经济增长质量的重要途径；五是国民经济信息化加速发展，信息技术和网络将成为经济发展和社会进步强有力的推进器；六是嘉兴城市“一市两区”新格局的形成，对秀城区的发展将产生重要影响，如何在新世纪使秀城区持续、稳定发展，是“十五”期间的重要课题。面对宏观环境的深刻变化，要抢抓机遇，迎接挑战，在新一轮发展中争得主动。

今后五年，是我区由提前实现小康向提前基本实现现代化迈进奠定坚实基础的关键时期。制定秀城区国民经济和社会发展第十个五年计划的总体要求是，按照“三个代表”的要求和党的十五届五中全会精神，以加快发展为主题，以率先基本实现现代化总揽全局，全面提高综合实力和竞争力；以结构调整、提高效益为主线，在发展中搞好调整，在调整中加快发展；以改革开放和科技进步为动力，大力推进经济体制和增长方式的两个根本性转变；以提高人民生活水平为根本出发点，努力实现经济和社会共同发展；以“五四工程”为抓手，以发展效益农业、推进工业集聚、加快城镇建设、实现体制创新为突破口，把秀城区建设成为经济发达、社会文明、城乡一体的现代化新区。

按照上述总体要求，秀城区“十五”发展的目标是：经济增长速度高于“九五”平均水平，高于全市平均水平，高于全省市辖区平均水平。国内生产总值年均增长13%以上。到2005年，基本建立符合社会主义市场经济体制要求和国际惯例的运行机制，经济活力显著增强；基本实现经济结构的调整优化和经济增长方式的转变，经济实力和综合竞争力显著提高；基本形成全方位、多层次、宽领域的对外开放格局，经济发展空间显著拓展；基本形成具有秀城特色的大文化格局，社会环境和人民生活显著改善，为我区提前基本实现现代化打下坚实的基础。

实现“十五”奋斗目标，必须把握好以下五条原则：一是坚持以加快发展为主题，全面推进现代化建设。发展是硬道理，是解决所有问题的关键。在发展效益农业、推进工业集聚、加快城镇建设和实现体制创新等方面，我们有条件发展得更快些，更好些“十五”期间，必须高扬发展主旋律，把发展的思路理得更清，劲头鼓得更足，措施落得更实。必须以提前基本实现现代化统揽全局，树立全面的发展观，追求有质量、有效益、有竞争力的发展，追求经济社会与人口、资源和环境的可持续发展，追求物质文明和精神文明相互促进的发展。二是坚持以结构调整为主线，提升产业层次推进要素集聚。坚持在发展中调整结构，在结构调整中保持快速发展。不断优化产业结构，推进一、二、三产协调发展；合理调整生产力布局，以要素集聚推进产业集聚，促进区域经济协调发展。三是坚持以城镇建设为重点，推进城乡一体化进程。城镇建设要遵循城市化发展规律，强化规划，注重建设，着眼管理，提高品位，完善功能，集聚产业，凝聚人气，增强城镇在区域经济和社会发展中的核心作用，实现城乡协调发展。四是坚持以体制创新和科技进步为动力，再创发展新优势。体制创新和科技进步是保持经济快速发展的不竭源泉。必须着力推进企业制度、政府管理方式的创新，提高经济和社会发展的市场化运作水平，加快科技进步，加强人才弓！进和培养，促进科技与经济的紧密结合。通过体制创新和科技创新，进一步消除影响经济发展的体制性障碍，增强经济发展的推动力。五是坚持以富民为宗旨，不断提高人民生活水平和生活质量。在加快经济发展的基础上，不断满足人民日益增长的物质和文化需要，是我们全部工作的出发点和落脚点，也是正确处理改革、发展、稳定关系的结合点。把富民问题作为关系全局的突出任务，切实提高城乡居民收入水平，改善生活质量。重视解决人民群众普遍关心的突出问题，使人民安居乐业，得到更多的实惠。

依据上述总体要求、奋斗目标和指导原则，区委建议“十五”期间要着重抓好以下几项工作。

一、发展效益农业，构筑现代农业新框架

“十五”期间是我区从农业大区向农业强区转变的关键时期。要认真制订和贯彻落实《秀城区农业和农村现代化建设规划》，以增加农民收入为目标，以发展效益农业为重点，调整优化农业和农村经济结构，加快农业产业化经营，促进农村劳动力转移，加快农业和农村现代化进程。

加快调整农业结构。在稳定粮食综合生产能力的前提下，加快农业结构战略性调整。要稳定提升油菜、蚕桑两大传统产业，扩大瓜果、蔬菜等经济作物生产，积极发展特色畜禽、名优水产养殖，着力培育具有秀城特色和竞争优势的农业支柱产业。大力发展城郊农业、生态农业、创汇农业和观光农业，形成区域特色农业新优势。大力培育农业龙头企业和农村专业合作经济组织，实现农业经营方式的重大转变。大力扶持产后农业，搞好农产品保鲜、加工、运输、销售，提高农产品附加值。

提高农业科技含量。实施种子种苗工程，加快新品种繁育、引进和推广，提高良种覆盖率。积极推行标准化生产，推广无公害农业，提高农产品质量，增强农产品的市场竞争力。加强农业监测体系和疫病防治体系建设，加快适用技术的引进和推广，健全农业科技创新体系，建立适应现代农业发展的科技推广网络。积极鼓励农业科技人员直接从事产业化经营，加强对农民的科技文化培训，充分发挥科技对效益农业的支撑作用。

加大农业基础投入。加强以水利和高标准农田建设为重点的农业基础设施建设，提高抗御自然灾害的能力，切实改善农业生产条件。加快农业产业带和农业园区建设，发展设施农业。加快农业机械配套，提高农业机械化水平。建立健全多元化投入机制，鼓励工商资本、外资和民资投资发展效益农业。各乡镇要抓好一个效益农业示范区、一个现代化新农村、一个农业龙头企业、一个工业园区建设，以点带面，典型引路，加快推进农业产业化、农村工业化、城镇化步伐。

二、推进工业集聚，构筑工业经济新优势

工业经济是我区国民经济的支柱，工业集聚是我区经济结构战略性调整的重中之重。要以提高经济运行质量和效益为中心，以市场为导向，以园区建设为重点，以科技创新为先导，加大技改投入，推进产业集聚，促进产业升级，形成我区工业经济特色优势和整体竞争力。

加快园区建设，推进产业集聚。要以秀城工业园区为龙头，以乡镇（街道）工业园区为基础，注重园区特色，加快发展园区经济。秀城工业园区要坚持以吸引外资为主、工业项目为主、产品出口创汇为主，致力于发展高新技术产业，建成我区引进外资的主阵地、工业发展的新高地、出口创汇的大基地。乡镇（街道）工业园区，要立足现有基础，注重发挥优势，努力建设特色园区。要采取积极政策，鼓励引导新办企业和技改项目向工业园区集聚。坚持基础设施先行，健全政府投入为导向、市场运作为主体的多元化投入机制，引导外资、民资建设基础设施，改善投资环境，加快园区建设步伐。

调整产业结构，提升产业层次。要重点扶持精细化工、合成纤维、纺织服装、塑料五金、电子材料五大特色产业，每年递增速度在40%以上，逐步发展成为特色块状经济，提高其在全区工业经济中的比重。大力发展中小科技企业，着力培育和发展新材料等高新技术产业，到“十五”期末，高新技术产业增加值要有明显提高。积极改造提高服装、建材、食品、机械等传统产业，增强传统产业的生机和活力。

加大技改投入，增强发展后劲。继续实施技改财政贴息政策，扩大中小企业贷款担保覆盖面，拓宽融资渠道，引导企业加大技改力度。广泛应用新设备、新材料、新技术、新工艺，全面提高企业技术层次和竞争力。通过政策激励、行政推动，法律保障等措施，扶持一批亿千企业、科技成长型企业和个私大户。从培育优势企业和名牌，产品着手，重点更新技术装备和创新工艺。采取积极政策，引导和扶持中小企业加大投入，向“专、精、特、新”方向发展。

三、加快城镇建设，推进城乡一体化

遵循城市化发展规律，加快城镇化进程，充分发挥城市（镇）的集聚和带动作用，促进经济结构转型和城乡联动发展，是我区提前基本实现现代化的重大战略举措。

完善城镇体系规划。要坚持“科学规划、合理布局、有序推进、适当超前”的原则，高起点规划、高质量建设、高效能管理，建立有利于共享基础设施、增强辐射功能、集聚生产要素、发展区域经济的中心突出、布局合理的城镇体系。逐步形成一个依托市区,以“秀城新区——中心城镇——一般集镇——中心村”为联结点的四级梯度城镇框架,推动城乡联动发展。

提高城镇建设水平。加快秀城新区建设,通过五年努力,使其成为秀城区经济、政治、文化和信息中心。根据现有基础、区位条件、发展潜力、带动能力等综合因素,积极发展新丰、余新两个具有较强集聚和辐射功能的中心城镇,使其成为区域块状经济的集聚地和服务中心。其他乡镇也要进一步增强城镇经营意识,加强城镇管理,塑造城镇特色,提高城镇品位。加快村庄规划的修订完善,加大行政村调整力度,推进中心村和新农村建设。

加大城市管理力度。以创建省级文明城市为契机,结合嘉兴市新一轮城市发展规划,充分利用城市资源,完善服务功能,拓展城市街道和周边乡镇的三产发展领域。要进一步理顺体制,按照“一区一居”原则,积极推进社区区域调整,加大社区管理、共建、投入、考核力度,不断拓宽社区建设新路子。要切实深化改革,加强城市管理,改善城市环境。

加快基础设施建设。“十五”期间要集中力量建设好一批重点基础设施项目。加快道路交通、信息网络等重点基础设施的建设和对接,形成较完善的基础设施功能,增强城镇的综合服务能力。建设完善城乡供水、供电、供气、供热和排污系统,不断满足经济社会发展的需要。

四、扩大对外开放,发展开放型经济

抓住我国加入WTO的历史性机遇,主动参与国际竞争与合作,推动全方位、多层次、宽领域的对外开放,以大开放促进我区开放型经济大发展。

加大招商引资力度,提高利用外资水平。坚持引进资金、人才、技术并重,数量和质量并举,注重引进国外先进技术和先进管理经验。引进外资要和经济结构战略性调整相结合,引导外资重点投向基础产业和高新技术产业,推动我区技术升级、结构优化和产业升级。重视加强现代农业、现代服务业等领域的招商引资,拓展引资领域。发挥工业园区的窗口和集聚作用,引进外资主要投向重点工业园区。拓宽思路,创新办法,形成全社会招商引资格局,提高招商引资成效。改善投资环境,建立起市场化运作的招商引资机制,坚持以外引外,吸引更多的企业来秀城投资兴业。

坚持以质取胜,扩大外贸出口。着力提高精细化工、电子器材、五金机械、服装服饰、箱包配件、工艺礼品等传统出口产品的质量和档次,增加技术密集型产品、高附加值产品的出口比重。积极开拓农产品出口,改善出口商品结构。在巩固传统出口市场的同时,有重点、多元化的开拓新兴市场。继续实施出口主体多元化,重点发展一批自营进出口优势企业,大力扶持中小企业和私营企业自营出口。发展加工贸易,提高加工贸易的比重。努力发展对外投资经济活动,积极探索内外结合的经贸形式,促进商品、要素的双向循环。积极鼓励对外经济技术交流与合作,引导优势企业向外投资或在境外设窗口,积极推进对外劳务合作。

主动接受辐射,拓展发展空间。积极发展城郊型农业,提高农副产品在市区及周边城市的市场份额。抓住上海以产业升级为主要特征的新一轮经济结构调整和嘉兴市区扩张、产业升级的有利时机,承应产业梯度转移,密切与上海及周边城市、市区主导产业、重点行业的配套协作关系,加强技术、人才、信息等领域的全方位合作,加速我区工业结构调整升级,使秀城经济更好地融入到上海经济区的大环境中。积极参与西部大开发,进一步拓展我区经济发展空间。

五、拓宽服务领域,提升三产比重

加快发展服务业,是优化经济结构、改善投资环境、繁荣城乡经济、提高国民经济整体水平和人民生活质量的迫切要求。要努力拓宽服务领域,提高服务水平,逐步提升三产占国内生产总值的比重,使之成为“十五”经济发展的重要增长点。

传统服务业要运用现代经营方式、服务技术和管理手段进行改造提高。加快发展商贸流通业,在巩固提高传统批发零售业的同时,积极发展连锁经营、物流配送、网上销售等现代营销方式,提高服务质量和经营效益。积极培育专业市场,特别是农副产品批发市场,实现市场功能创新,带动产业升级。大力发展房地产业,培育住房消费市场,推动城镇化进程。要充分挖掘我区深厚的历史文化底蕴,大力拓展旅游市场。

现代服务业要充分利用信息和网络技术,不断提高服务水平，拓展服务空间。大力推进应用信息技术，加强信息基础设施建设，积极推动上网工程，加快发展网络服务，提高计算机和网络的普及应用程度，促进信息资源的社会化和网络化。加快发展金融、保险业和资产评估、信息咨询、经纪代理等中介服务业。社区服务业要拓宽领域，强化功能，加快推进产业化步伐。要按照前三年普及提高，形成规模，后两年完善机制，提高档次的总体思路，构筑和完善社区服务管理体制和运行机制，建立起具有我区特色的社区服务新格局。要充分利用社区资源，创建社区服务中心，吸纳社会各阶层的力量投入社区服务业，大力发展便民利民的社区服务业，引导文化娱乐、体育健身、卫生保健等产业发展，培育非义务教育、非基本医疗卫生和社会福利等公益性服务型产业，满足不同层次的消费需要。

六、坚持以人为本，促进科技教育进步

教育是基础，科学技术是第一生产力，是经济和社会发展的重要推动力量。要以"科教兴区"为动力，大力推进科技进步和技术创新；以提高劳动者的整体素质和实现人的现代化为目标，优先发展教育事业；切实加强人才的引进和培养，重视人才资源的开发和利用。

加快建立以企业为主体的技术创新机制和开发体系。坚持技术引进与自主创新相结合，巩固发展企业与大专院校、科研单位的科技和人才协作，开展多种形式的产、学、研联合。鼓励企业建立技术开发中心，引导企业加大对科研经费的投入，增强企业技术创新能力。注重高新技术和关键技术的引进，建立风险投资机制，促进科技成果的快速转化和高新技术产业化。加强科技目标责任制考核，探索建立技术要素和管理要素参与收益分配的政策，营造有利于技术创新和发展高新技术产业的环境。

优先发展教育事业。依法保证教育投入的"三增长""两提高"。以创建教育强区为抓手，以提高人的素质为根本，切实推进素质教育，高标准实施九年制义务教育，全面提高教育质量。积极推行现代教育技术和手段，提高教育的信息化、现代化水平。深化教育管理体制和办学体制改革，构建起以政府办学为主、社会广泛参与、结构合理、充满活力的学前教育、义务教育、职业教育、成人教育协调发展的现代教育体系。进一步搞好学校布局调整，优化配置教育资源。加强教师队伍建设，不断改善教师的工作和生活条件。

切实加强人才队伍建设。深化用人制度改革，促进人才的合理流动，完善人才激励机制，加快人才资源的引进和开发，把吸引国内外各类优秀人才和挖掘现有人才潜力结合起来，营造聚才、育才、用才的良好环境。努力培育一批技术创新带头人、科技经营复合型人才和企业管理人才，造就一支科技素质较高、专业结构合理、层次比例协调、适应经济社会发展的人才队伍。

七、加快体制创新，增强经济活力

体制创新是经济和社会发展的根本动力。"十五"期间，要以创新企业制度、形成配置机制和转变政府职能为重点，整体推进体制改革和创新，加快实现向现代市场经济的转型。

加快企业制度创新。积极引导和支持企业实行制度创新和管理创新，加快建立现代企业制度，健全法人治理结构。推进基础设施和公用事业领域的国有、集体企事业的改制。积极探索公有制经济的有效实现形式，促进不同所有制经济的相互结合。依法加强对非公有制经济的引导和管理，保护其合法权益，规范其经营行为，提高其整体素质，增强其竞争能力。

优化资源配置机制。要充分发挥市辖区的特殊区位优势，借助市产权交易、劳动力、人才、技术、资金和信息等市场，共享资源，形成效益优先的资源配置机制，实现我区生产要素的高效配置。要深化农村改革，建立健全土地流转机制，逐步推进农村费改税。要深化流通体制和投融资体制改革，加快小城镇综改和户籍制度改革步伐，鼓励农村富余劳动力向城镇集聚，推进外来人口本地化。

深化政府体制改革。进一步明确和规范政府职责，转变政府职能，增强服务意识，把行政重点集中到营造良好的发展环境和强化社会管理职能上来。提高政府利用规划和政策管理经济事务的能力，创新政府管理方式，提高透明度及社会参与度。深化审批制度改革，减少行政审批，简化审批手续，规范审批行为，提高办事效率。改进公用事业的服务，完善政务公开，建立健全政府采购和重大建设项目招投标等制度。按照“精简、效能”原则，推进乡镇机构改革，加强乡镇财政建设，强化财政监督管理，注意防范财政风险。

八、执行基本国策，实现可持续发展

贯彻计划生育、土地管理和环境保护等基本国策，功在当代，利在千秋。坚定不移地执行基本国策，是促进经济与社会协调发展、增强可持续发展能力的必由之路。

切实抓好计划生育。继续稳定低生育水平，以计划生育基层基础建设为抓手，积极探索城市和流动人口计划生育管理的新路子，切实提高计划生育整体工作水平。

合理开发和科学利用自然资源。调整和完善土地利用总体规划，积极探索建设用地供求新机制，优化土地资源的配置和利用，努力实现耕地总量的动态平衡。加大土地整理开发力度，盘活闲置存量土地，提高土地利用效益。加强水资源利用的规划和管理，实行取水取可和有偿使用制度，推广工业循环用水技术。

加强环境保护，改善生态环境。搞好城镇绿化和高标准平原绿化。严格控制和积极治理环境污染，加强城镇污染综合治理，加快工业园区等重点区域治污工程建设，重点治理水污染，提高工业固体废物综合利用率和生活垃圾无害化处理率。发展生态农业，减少农业污染，积极探索农村集镇生活垃圾处理办法，提高农村环境质量。

九、加强社会保障，提高人民生活水平

提高人民生活水平，是我们全部工作的出发点和落脚点。要拓宽就业渠道，增加城乡居民收入，不断完善社会保障制度，提高生活质量，切实改善人民生活。

完善社会保障制度。加快形成独立于企业之外、资金来源多元化、保障制度规范化、管理服务社会化的社会保障体系。建立基本养老保险制度，推进养老金社会化发放，扩大社会保险覆盖面。完善失业保险制度和城乡居民最低生活保障制度。加强社会福利设施建设，基本建成以多种所有制形式的社会福利机构为骨干、社会福利服务为依托、居家供养为基础的社会福利服务网络。积极发展社会救济、优扶安置和社会互助等社会保障事业。

切实提高城乡居民收入。拓宽就业渠道，发挥中小企业、第三产业和非公有制企业对增加就业的积极作用，多渠道创造就业机会，促使农村劳动力的有序流动；积极扶持社区服务，提高社区服务业对劳动力的吸纳能力。继续做好失业人员基本生活保障和再就业工作，更新就业观念，形成市场导向的就业机构，鼓励和引导失业人员自主择业、自谋职业。切实减轻农民负担，确保农民收入稳步增长。深化分配制度改革，建立健全收入分配调节机制，提高城乡低收入者的收入水平。优化消费结构，改善消费环境，提高城乡居民消费水平。

大力发展医疗卫生体育等各项社会事业。加强医疗卫生设施建设，调整医疗机构布局，优化卫生资源配置，健全医疗卫生服务、预防保健和卫生监督相结合的卫生体系。推进城镇职，工医疗保险制度和医疗卫生体制改革，深化农村合作医疗保险制度，不断加快农村水改、厕改步伐。大力开展群众性体育活动，实施全民健身计划，增强人民体质。重视做好老干部工作，推动老龄事业的发展。积极发展妇女、未成年人和残疾人事业，依法保护他们的合法权益。

十、建设精神文明，提高社会文明程度

加强社会主义精神文明建设，切实提高城乡人民思想道德水平和文明程度，是现代化建设的重要内容。要以先进文化为导向，充分发挥我区人文优势，努力建设社会主义思想道德体系和特色文化发展格局，满足人民群众日益增长的精神文化需求。

加强思想道德建设。要突出抓好“三个代表”重要思想的教育，深入开展党的基本理论、基本路线和基本纲领教育，大力弘扬爱国主义、集体主义、社会主义精神，在全社会形成建设有中国特色社会主义的共同理想。要经常性地开展以为人民服务为核心的社会主义思想道德教育，引导人们树立正确的世界观、人生观、价值观，努力培养有理想、有道德、有文化、有纪律的社会主义新人。进一步开展农业和农村现代化教育，倡导艰苦奋斗、勇于开拓的创业精神。加强科普宣传教育，反对封建迷信和伪科学。大力加强社会公德、职业道德、家庭美德教育，重视青少年思想道德教育，积极探索思想政治工作的有效方法和途径，切实加强基层思想政治工作。

大力发展文化事业。要以南湖革命文化、马家浜历史文化、沈钧儒等名人文化为特色，积极保护和合理开发历史文化、水乡文化和文物古迹，逐步形成文化设施比较发达，文化消费比较合理，城乡文化和谐统一，具有水乡风尚和现代特色的文化新格局。进一步加大对文化的投入，加强社会文化网络建设，广泛开展广场文化、社区文化、村镇文化、校园文化、企业文化、家庭文化等群众性文化活动。加快发展广播电视和新闻事业，弘扬主旋律，提倡多样化，促进文化事业健康发展。

深入开展群众性精神文明创建活动。围绕市本级争创省级文明城市的目标和要求，采取有效措施，加快社区建设和创建文明社区的步伐。加强城乡精神文明建设，大力开展文明村镇、文明行业、文明单位和文明家庭创建工作，广泛开展军（警）民共建、共创精神文明活动和拥军优属活动。

十一、推进依法治区，加强民主法制建设

推进依法治区，加强社会主义民主政治和法制建设，是我区率先基本实现农业和农村现代化的重要内容和有力保证。要认真贯彻依法治国方略，落实依法治区任务，切实提高社会民主化、法制化水平，实现社会政治稳定。

加强民主政治建设，发展社会主义民主。坚持和完善人民代表大会制度，支持人大及其常委会依法行使职权。坚持和完善共产党领导的多党合作、政治协商制度，加强与民主党派、工商联和各界人士的团结与合作，不断推进决策的科学化、民主化。全面贯彻党的民族、宗教、侨务和对台政策，巩固和发展爱国统一战线。充分发挥工会、共青团、妇联等群众组织的桥梁和纽带作用，扩大人民群众参与管理经济、文化和社会事务的渠道。加强基层依法治理，完善民主选举、民主决策、民主管理和民主监督制度，继续推进政务、厂务、村务公开，进一步扩大基层民主。充分发挥职代会、居委会和村委会的作用，推进基层民主政治建设。

加强法制建设，推进依法行政。坚持从严治政，依法行政，提高行政执法水平，推进政府工作法制化。完善和落实行政执法责任制和错案责任追究制，支持人民法院和人民检察院独立行使审判权和检察权，保证严格执法和公正司法。继续深入开展法制宣传教育，增强全民尤其是公务员的法律意识和法制观念。强化对法律、法规实施情况的监督，健全对权力运行的制约机制，使廉政建设法制化。完善法律服务体系，健全法律援助制度，大力发展公证和法律服务等中介组织。坚持党管武装，加强民兵预备役部队质量建设，加强全民国防和国家安全教育。

加强综合治理，维护社会稳定。完善社会治安综合治理的目标管理责任制。继续推广“枫桥经验”，巩固“平安社区”、“平安村”为主要内容的系列创建活动，提高社会总体安全防范水平。做好人民群众来信来访工作，正确处理各类人民内部矛盾。严厉打击各类犯罪活动，切实保障人民群众的生命和财产安全。加强民办非企业单位和社团组织管理，依法打击利用宗教进行非法活动，取缔邪教组织。经常开展专项斗争和专项治理，扫除“黄、赌、毒”等社会丑恶现象，坚持打防并举，标本兼治，大力推进社会治安综合治理，为我区经济社会发展创造一个良好的社会环境。

十二、加强党的领导，确保“十五”计划如期实现

完成“十五”计划的目标和任务，关键在于加强党的领导。各级党组织要按照“三个代表”的要求，全面加强党的思想、组织、作风建设，加强和改善党的领导，以全新的精神面貌和高昂的斗志，团结带领全区人民出色完成“十五”各项任务。

加强和改善党的领导。要进一步发挥党委“总揽全局、协调各方”的领导核心作用，不断提高执政水平和驾驭经济和社会发展全局的能力。要坚持解放思想、实事求是的思想路线，深入基层，加强调查研究，及时研究解决改革发展中的重要问题。要把握方向、方针，决策大事、大局，抓住战略性、前瞻性的重大问题，坚持民主、科学决策，充分发挥集体领导的作用，增强决策的系统性、预见性和准确性，保证党的路线、方针、政策的落实。

加强党的自身建设。坚持党要管党、从严治党的方针，以邓小平理论和江总书记“三个代表”重要思想为指导，学习新知识，探索新办法，积累新经验，努力提高贯彻党的基本路线和方针政策的自觉

性。充分利用“三讲”教育的成功经验，继续加强领导班子和干部队伍建设，加大干部人事制度改革力度，重视培养和选拔德才兼备的年轻干部，建设一支“政治强、精神振、思路清、方法好、工作实、为政廉”的干部队伍。进一步加强基层党组织和党员队伍建设，增强基层党组织的凝聚力和战斗力，发挥党员的先锋模范作用。加强党风廉政建设，深入开展反腐败斗争，建立健全监督和制约制度，深化责任追究，从源头上遏制腐败，保证秀城区经济和社会各项事业的健康发展。

不断改进工作作风。坚持领导联系基层和企业制度，注意倾听来自基层的呼声和要求，充分相信和依靠群众，从群众中吸取经验，凝聚力量。坚持全心全意为人民服务的宗旨，坚决防止形式主义、官僚主义，克服浮躁情绪，讲实话、办实事，鼓实劲，求实效，真抓实干，狠抓落实。

进入新的世纪，我区的现代化建设任重而道远。全区各级党组织要以邓小平理论和江泽民总书记“三个代表”的重要思想为指导， 以只争朝夕的历史使命感、政治责任感、时代紧迫感，动员和带领全区人民，同心同德，奋发进取，抓住机遇，加快发展，为实现“十五”目标任务，全面推进我区改革开放和现代化建设事业而努力奋斗！

中共嘉兴市秀城区委员会

2001年1月4日

嘉兴市南湖区人民政府关于印发南湖区国民经济和社会发展第十一个五年规划纲要的通知

南政发〔2006〕25号

各镇人民政府、街道办事处、园区管委会，区政府各部门、直属各单位：

《嘉兴市南湖区国民经济和社会发展第十一个五年规划纲要》已经区六届人大四次会议审查批准，现印发给你们，请认真贯彻实施。

嘉兴市南湖区人民政府

二〇〇六年五月二十日

嘉兴市南湖区国民经济和社会发展第十一个五年规划纲要

目　录

前　言

《南湖区国民经济和社会发展第十一个五年规划》(二〇〇六年至二〇一〇年)是党中央提出科学发展观、全面建设小康社会和构建社会主义和谐社会的第一个五年规划，也是我区面临重要战略机遇和经济社会发展转型时期编制的五年规划。本规划纲要根据《中共南湖区委关于制定南湖区国民经济和社会发展第十一个五年规划的建议》编制，旨在体现宏观战略意图，明确政府工作重点，引导市场主体行为，是导向性、预测性和约束性相结合的规划，是“十一五”时期南湖区国民经济和社会发展的行动纲领。

第一章　发展基础和背景

第一节　发展基础

“十五”时期是南湖区新按实运作的第一个五年，全区人民在区委区政府的正确领导下，围绕提升核心竞争力和综合实力，培育和完善生产、生活、生态功能，深入实施工业立区、农业提升、商贸活区、城乡联动和科教兴区战略，“十五”计划确定的主要发展目标提前一年全面实现，经济和社会发展取得了显著成就，为“十一五”全面建设小康社会打下了良好基础。

——综合实力明显增强。“十五”期间，全区经济保持持续快速健康发展。2005年全区生产总值达到157.6亿元（属地口径），人均生产总值达3.4万元，是“九五”期末的2.2倍；全社会固定资产投资完成74.1亿元，年均增长45.1%；区级地方财政收入4.03亿元，年均增长25.6%。

——结构调整成效显著。2005年三次产业结构比为5.4:48.7:45.9。农业产业结构得到优化，畜禽、特种水产、蔬菜、瓜果等特色产业板块基本形成，花卉苗木、观光休闲等新兴产业拓展延伸，农业产业化经营稳步推进。工业产业层次逐步提升，功能区块扩张集聚作用增强，扶优扶强成效明显，2005年全区规模以上工业总产值达149.1亿元，工业生产性投入达36.6亿元。第三产业发展取得新突破，南湖新区建设初现形象，街道经济成效显著，新型商贸呈现良好发展态势。

——科创平台已现雏型。按照“引进大院名校，共建创新载体”的工作思路，大手笔规划建设嘉兴科技城，成功引进浙江清华长三角研究院、中国科学院嘉兴应用技术研究与转化中心。国际科技合作取得初步成效，与乌克兰国家科学院合作稳步推进。国家农业科技园区领头作用日益明显，农业科研成果得到广泛应用。信息技术在社区服务、治安防范等领域的应用取得实效。荣获全国“科教进社区”先进集体和全省首批“科技强区”称号。

——对外开放卓有成效。“十五”期间，把招商引资作为加快推进开放型经济的重中之重，多渠道、宽领域开展招商活动，连续成功举办三届“南湖之春”文化经贸活动。投资主体遍及亚、欧、美十多个国家和地区；投资领域涉及纺织服装、机械制造、塑料制品、汽车配件、电子技术、房地产开发及农业园艺等多种产业，形成了全方位发展的良好格局。“十五”期间引进外资企业200多家，实际到位外资2.18亿美元，引进区外内资126亿元。对外贸易呈现良好发展势头，2005年外贸出口近3亿美元，外经工作取得新突破。

——城乡统筹步伐加快。深入实施城乡联动战略，基础设施、公共服务、社会保障等六个一体化规划建设取得了实质性进展。全面实施康庄工程，通村到组达户道路网络初步形成，在全省率先实现村村通公交。全面推行城乡生活垃圾统一收集，村庄和农业面源污染整治成效明显。“双撤双建”工作扎实推进，农村新社区建设步伐加快。2005年城镇居民人均可支配收入和农村居民人均纯收入分别达到15555元和8002元。2005年全区城市化水平达到70.2%。

——社会事业全面进步。成功更名为“南湖区”，顺利通过首批省级文明城区验收，精神文明创建活动成果丰硕。城乡文化交流活动日益丰富，文化先进区创建工作取得明显成效。大力推行城乡均衡教育，教育强区成果得到巩固和提升，在全市率先实现教育强镇“满堂红”。城乡社区卫生服务覆盖率达到100%，获得首批省级计划生育优质服务区称号。社区服务平台建设成效明显，96345社区求助服务中心已成为服务市本级居民的重要载体。就业再就业工作扎实推进，“十五”期间新增4万个就业岗位。职工基本养老保险、农村合作医疗保险扩覆工作稳步推进，惠民群体救助机制进一步健全。各项应急防范机制日益完善，“平安南湖”创建成效明显，城乡居民生活质量稳步提高。

第二节　发展背景

“十一五”时期是我区经济社会发展的重要战略期，我们面临的将是一个机遇与挑战并存、机遇大于挑战的环境，一个总体上有利于经济社会发展、但不利因素可能增多的环境。

未来五年国际环境总体上仍将保持繁荣与稳定。和平、发展与合作仍将是时代主题,经济全球化趋势将不断向纵深推进,国际产业升级和转移速度进一步加快,我国与世界经济的相互联系和影响日益加深。影响世界和平和经济发展的不确定因素将逐渐增加,资源、市场、技术、人才的竞争更加激烈,贸易保护主义有新的表现。这既为我区吸纳国际产业转移、加快产业升级和拓展国际市场提供了历史性机遇,也对我区提升自主创新能力、提高核心竞争力提出了新的要求。

未来五年我国将进入全面建设小康社会的新时期。科学发展观将统领全局,以人为本、统筹协调的发展主题将更加突出,经济社会将更趋和谐发展。这既为我们实现更高水平的发展指明了方向,构筑了更好的发展环境,也对我们转变发展观念、创新发展模式、提高发展质量提出了更高的要求。

未来五年区域一体化与竞争的态势日趋显现。随着长三角区域规划的编制实施和世界第六大城市带的加速形成,长三角各城市间的联系将更加紧密,互动发展将更加充分,但彼此间的竞争也将更趋激烈。上海国际大都市地位的确立、"世博会"的承办,其带动周边地区经济增长的作用不断增强,将为我区发展提供巨大的市场和商机。

未来五年嘉兴城市定位带来的发展机遇。随着嘉兴市网络型大城市的全面构筑、东进南移战略的纵深推进、滨海开发战略的启动实施、城市间半小时交通圈的逐步完善,中心城区首位度优势将进一步显现,这为我们在未来五年做大做强中心城区、加快发展现代商贸旅游服务业带来了更大机遇。

未来五年南湖区的区位优势将进一步得到提升。随着嘉兴市交通大枢纽在南湖区的形成,沪杭高速公路和乍嘉苏高速公路、沪杭高速轨道交通等快速交通干线的汇聚,嘉兴至周边大城市高速公路构成1小时交通圈,这将有力提升我区的区位、交通优势,为我区接受周边城市的产业辐射、在长三角乃至更广阔的空间寻找发展机会提供了更大的机遇。

在总体有利的条件下,未来五年我们也将面临区域间日益激烈的竞争,面临严峻的土地、电力、水资源等要素制约,面临严峻的人才、技术等供给短缺,面临越来越大的环境保护、社会保障、维护稳定的压力。这些制约因素,需要我们在"十一五"期间逐步破解。

第二章　指导思想和目标

第一节　指导思想

"十一五"时期,我区国民经济和社会发展的指导思想是:

以邓小平理论和"三个代表"重要思想为指导,坚持以科学发展观统领经济社会发展全局,按照构建社会主义和谐社会的要求,以加快发展、富民强区为主题,以转型提升创新为主线,围绕提升核心竞争力和综合实力,进一步完善生产、生活、生态功能,大力实施产业互动、开放带动、科教驱动、城乡联动战略,把南湖区建成新型工业科技创新特色区、现代商贸旅游服务集聚区、城乡一体和谐发展先行区,更加注重经济与社会、城市与农村、人与自然的协调发展,基本实现全面小康社会,为提前基本实现现代化打下坚实基础。

第二节　奋斗目标

"十一五"时期我区经济社会发展的目标是:着力构建实力、活力、生态、人文、平安"五大南湖",加快推进富民强区,基本实现全面小康。

专栏1　"十一五"国民经济和社会发展主要指标

序号	指标名称	单位	2005年	十一五目标值或年均增长
1	生产总值(属地口径)	亿元	157.6	300
2	生产总值(财政口径)	亿元	103.8	200
3	生产总值增长	%	14.5	13以上
4	第一产业增长	%	5.5	3
5	第二产业增长	%	15.8	14

续表

序号	指 标 名 称	单位	2005年	十一五目标值或年均增长
6	第三产业增长	%	15.0	14
7	人均生产总值	万元	3.4	6
8	区级地方财政收入增长	%	36.1	15
9	全社会固定资产投资增长	%	30.3	15以上
10	社会消费品零售总额增长	%	16.8	14
11	累计合同利用外资	亿美元	2.25	10
12	累计实际利用外资	亿美元	0.72	5
13	高新技术增加值占规上工业比重	%	8.1	15
14	全社会研究与试验发展经费(R&D)占生产总值比重	%	1.7	3
15	城市化水平	%	70	72以上
16	每千人医生数	人/千人	—	2.2
17	城镇居民人均可支配收入	元	15555	23000
18	农村居民人均纯收入	元	8002	12000
19	城乡居民收入比		1.94:1	1.92:1
20	城镇居民人均可支配收入增长	%	8.1	8以上
21	农村居民人均纯收入增长	%	13.1	8以上
22	城镇登记失业率	%	3.8	4.5以内
23	每万人律师数	人	3.2	4
24	万元生产总值综合能耗累计下降	%	—	15
25	城市空气质量(好于或大于2级标准天数/年)	天	—	330
26	城镇生活污水集中处理率	%	—	90

主要预期目标：

——实力南湖。生产总值年均增长13%以上，到2010年突破300亿元，人均生产总值达到6万元(按户籍人口计算)。全社会固定资产投资和工业生产性投入年均增长15%以上，区级地方财政收入年均增长15%。产业结构调整取得明显成效，服务业增速快于生产总值增速。

——活力南湖。科技自主创新能力不断提高，科技成果转化成效明显。到2010年，全社会研究与试验发展经费(R＆D)占生产总值的比重超过3%，高技术产业增加值占规上工业的比重达15%，初步形成规模较大、结构较优、层次较高、竞争力较强的科技创新体系。加快构建政府服务优良、社会管理完善、市场体系富有活力的体制和机制，社会主义市场经济体制和全方位、宽领域、多层次的对外开放格局基本形成，城乡居民的创新创业积极性得到有效保护，全社会的创造活力得到增强。

——生态南湖。基本建成覆盖全区域的基础设施和社会事业网络体系，城市化进程进一步推进，主城区能级显著提升，城市化水平达到72%以上。生态环境进一步优化，可持续发展能力明显提升，资源利用效率明显提高，万元生产总值综合能耗累计下降15%；污染防治能力不断提高，水环境状况显著改善，生态保护和环境治理取得明显成效。到2010年生态区建设全面完成，基本形成人口、环境、资源与经济社会相互协调的可持续发展体系。

——人文南湖。文化先进区建设取得重大进展，学习型城区创建取得新突破，社会主义精神文明建设全面加强，社会各项事业同步协调发展。终身教育体系、文化创新体系、全民健身服务体系更加完善,城乡居民的思想道德素质、科学文化素质和健康素质进一步提高。到2010年,普及十五年教育,每千人医生数达到2.2人。

——平安南湖。社会主义政治文明进一步发展,法制更加完备、民主更加健全、社会更加稳定、秩序更加良好、人民安居乐业。更加注重社会公平,城乡居民各项权益得到进一步尊重和保障。社会就业比较充分,城镇登记失业率控制在4.5%以内。城乡居民收入稳步提高,城镇居民人均可支配收入和农村居民人均纯收入年均增长8%以上。

第三节　战略和定位

实现“十一五”经济社会发展奋斗目标,必须深入实施产业互动、开放带动、科教驱动、城乡联动战略。

——产业互动战略。坚持以新型工业化为主导,全力推进先进制造业基地建设,大力发展现代服务业和都市农业。以科技创新、发展循环经济为抓手,统筹三次产业发展,充分延伸产业链,不断提高产业关联度,实现三次产业的良性互动和协调发展。

——开放带动战略。顺应对外开放新阶段要求,积极融入长三角经济圈,主动接受产业转移和要素辐射,全方位参与周边城市合作。拓展开放领域,提高开放水平,优化开放环境,促进内外资联动,调整优化产业结构,加速产业层次提升,加快资本和人才集聚,创新管理理念,不断增强区域竞争活力。

——科教驱动战略。充分发挥科技“第一生产力”、人才“第一资源”作用,着力修筑科技平台,提高自主创新能力,尽快形成区域科技创新体系,扎实推进科技成果产业化,推动结构调整优化,加速提升产业层次。切实加大人才培养和引进力度,加快缓解人才结构性矛盾。进一步促进科技与企业、科技与教育的紧密结合,均衡发展城乡教育,大力发展职业技术教育和培训,增强科技进步的推动力和源动力。

——城乡联动战略。统筹城乡功能布局和城乡经济社会发展,继续加快推进六个一体化进程。充分发挥城乡各自特色和优势,以城市化为带动,加快五大发展空间的平台建设,带动小城镇和各镇工业功能区建设,大力推进社会主义新农村建设,实现城市与乡村、经济与社会协调发展,形成功能互补、特色鲜明、城乡和谐的一体化发展格局,努力使经济发展的成果惠及全区人民。

“十一五”时期我区经济社会发展定位是:新型工业科技创新特色区、现代商贸旅游服务集聚区、城乡一体和谐发展先行区。

——新型工业科技创新特色区。嘉兴科技城、嘉兴工业区和各镇功能区块生产力布局更加合理,区域发展优势进一步提升,自主创新能力进一步提高,高新技术产业加快发展,产业结构明显优化,特色产业核心竞争力增强。打造一批拥有知名品牌、著名商标和自主产权、具有特色优势的现代企业。到“十一五”末,成为工业主导地位明显、自主创新能力较强的特色产业区。

——现代商贸旅游服务集聚区。依托中心城区的比较优势,以南湖新区和中心商贸区为重点,立足嘉兴市,辐射长三角,优先发展生产性服务业,大力发展新型商贸业、专业市场和现代物流业,有序发展房地产业,加快推进文化产业和旅游休闲业,形成现代服务业体系较为完善、产业规模不断扩大、辐射效应不断增强的发展机制,成为拉动区域经济发展的重要增长极。到“十一五”末,初步形成浙北地区的商业商务中心、长三角生产服务基地、上海休闲后花园和江南水乡宜居城区。

——城乡一体和谐发展先行区。城乡空间布局、基础设施建设、产业发展、劳动就业与社会保障、生态环境建设与保护等方面的一体化发展格局更加完善,城乡经济社会协调发展,城乡差距进一步缩小。按照生产发展、生活宽裕、乡风文明、村容整洁、管理民主的要求,完善村镇规划,加快中心镇、中心村建设,不断推进社会主义新农村建设。以城带乡、城乡互动的发展机制更加健全,城乡社会公共服务和管理体系更加完善,农村地区享有更为广泛和更高质量的现代文明。到“十一五”末,在统筹城乡发展、推进城乡一体化方面继续走在全省前列。

第三章　功能布局

“十一五”期间,按照产业分布特点,进一步明确区域发展功能定位,合理引导生产力布局,加快构筑三次产业和科技共同发展平台，不断增强发展承载力。

南湖新区——凸显现代城市新风范。按照“嘉兴城市副中心，南湖区政治、经济、文化中心”的发展定位，借鉴国内外先进城市的形象理念，加快推进国际中港城、嘉兴汽车商贸园等一批新型商贸项目建设，形成城市副中心的现代商贸流通集聚区。统筹自然、人文、经济、交通等城市要素空间布局，做好“水”、“绿”两篇文章，以点、线、面相结合，构筑极具江南水乡韵味的凌公塘绿色生态景观区，打造具有特色魅力的最佳宜居城区。

嘉兴工业区——构筑产业发展新平台。立足于建设以科技创新、开放集聚为特色的新型工业园区，根据《嘉兴市城市总体规划》，结合我区土地利用总体规划修编，整合提升各工业功能区块，加速重点区域基础设施建设，加大招商引资和整体开发力度。以高技术产业和新兴产业为重点，实施产业主题招商，增强园区产业功能，将其建成一个配套齐全、环境优越、运作规范、外资云集，制造业、物流业、服务业协调发展的新兴工业区。

嘉兴科技城——打造科技引擎新载体。加快浙江清华长三角研究院、中国科学院嘉兴应用技术研究和转化中心等科研院所以及国家(嘉兴)机电元件产业园南湖软件加工与元器件产业区的建设，增强高新技术研发核心功能，通过多种方式构筑产、学、研互动的技术合作与信息交流平台，着力推进软件产业基地、生物技术研究与产业园、芯片元器件基地、天通电子产业园和商务花园等五大基地建设，将嘉兴科技城建设成为国际性科技合作交流基地、长三角区域技术发动机、环杭州湾高新技术产业示范基地。

中心商贸区——提升传统商贸新形象。按照城市总体规划，结合老城区改造，在保护和弘扬区域特色文化的基础上，合理布局中心城区，调整和提升中心城区的商业、居住功能，加大南湖创业园、东栅创意产业园建设力度，着力推动产业地产的发展，努力营造繁荣、和谐的商业生态环境，使中心商贸区的辐射功能更强、商业形态更丰富、商贸特色更鲜明。

国家农业科技园区——拓展都市农业新功能。以核心区和九大功能区块为重点，继续提升国家农业科技园区品牌，形成精品型、设施型、加工型、休闲型、生态型和服务型“六型农业”并举的都市农业发展新格局，努力使其成为高新技术生产示范基地、种子种苗选育繁育基地、城市农产品供应配送基地、农业休闲观光基地。

专栏2　五大空间生产力布局

空间区域	重点发展产业	发展方向
南湖新区	现代商贸物流业房地产业	长三角区域性物流枢纽长三角宜居城区
嘉兴工业区	先进制造业	现代化新兴工业区
嘉兴科技城	生产性服务业 高新技术产业	长三角科技研发服务中心高新技术产业示范基地
中心商贸区	城市商贸服务业	嘉兴市商贸集聚区
国家农业科技园区	都市农业	现代农业示范基地

第四章　产业发展

深入实施产业互动战略，坚持走新型工业化道路，加快产业结构优化升级，构筑都市农业稳步发展、新型工业引领风骚、现代服务业快速壮大，三次产业相互协调、齐头并进的现代产业体系，全力打造具有强大核心竞争力、中心区位优势日益凸现的实力南湖。

第一节　农　业

依靠农业科技创新，全面调整和优化农业产业结构和区域布局，推进农业规模化、产业化、优质化，加快效益农业向都市农业转变。“十一五”期间，农业增加值年均增长3%。

推进农业规模化发展。以“区域化布局、规模化种养、特色化培育”的发展思路，加大我区特色、优势、优质农产品的培育，形成规模化连片种植养殖区域，做强蔬菜、畜禽、水产、瓜果、粮油、蚕桑等六大现代农业生产基地，做精生猪、特种水产、蔬菜、瓜果等四大特色优势农产品。倡导和推进套种、套养多种模式的农业循环经济发展模式，扩大设施种植、养殖及种养结合的立体农业，实现设施增产增效，到2010年设施种养业比重占60%以上。

专栏3　特色优势农产品区域布局

优势农产品	优势产区	发展方向	发展目标
生猪	新丰镇 凤桥镇 余新镇	精品型农业 生态型农业	加快发展肉类加工企业，推进生猪的生产、加工、销售一体化经营，进入沪、杭、苏、甬等大中城市超市达60%以上。
特种水产	大桥镇 余新镇	生态型农业 加工型农业	全面提高特种水产品质量和安全水平，完成绿色产品双认证。
蔬菜	凤桥镇 新丰镇 余新镇 七星镇	设施型农业 加工型农业	扩大设施栽培，大力发展精深加工，全面达到绿色农产品质量标准，实现出口交易。
瓜果	凤桥镇 大桥镇 新丰镇	设施型农业 休闲型农业	围绕种子种苗工程、绿色林果产品工程和加工保鲜工程，全面实施无公害水果质量标准和栽培技术操作规程，大力发展设施栽培。

提升农业产业化水平。大力发展区域特色农业，加快产业链延伸，不断拓展发展空间。培育和扶持一批年产值超亿元、带动能力强、具有竞争优势的农业龙头企业，加快发展农产品加工业和物流业，重点培育生猪、家禽、粮食、肥料、水产、茧丝、农业生物、农村能源等八大加工型骨干农业龙头企业，建立十大鲜活农产品冷链系统，逐步形成贸工农一体化的农业产业化经营机制。鼓励和扶持多种形式的专业合作社、专业协会，不断完善龙头带基地、基地联农户的经营格局。“十一五”期间，全区产值超千万元的农业龙头企业达25家以上，超亿元的5家以上。

加快农业优质化进程。坚持科技创新，着力做优农业。加强国家农业科技园区与农业大院名所的合作，健全“一园九区百方千户”农业科技示范推广网络，发挥农业科技集成创新与示范辐射功能。加快建立新型农业科技创新体系，加强示范基地、科技队伍和示范大户“三位一体”的新型农技推广力度。以农业科技项目为纽带，开展特色农产品关键技术攻关，发展精品农业，建设蔬菜、水果、生猪、特种水产、粮油、蚕桑等9个中心示范区。加快农业标准化体系建设，全面提高农产品质量和安全水平，绿色无公害农产品比例达90%以上。

第二节　工　业

坚持以信息化带动工业化，产业结构全面优化，经济实力不断攀升，高新技术产业加速发展，走科技含量高、经济效益好、资源消耗低、环境污染少、人力资源优势得到充分发挥的新型工业化道路。

提升产业增强实力。充分发挥我区科技比较优势，有力提升传统优势产业，加快发展高新技术产业，以信息化带动制造业结构的全面优化升级，把我区建设成为长三角地区具有较强国际竞争力的先进制造业基地和高新技术产业发展基地。加大技术升级力度，优化提升纺织服装、特种纸业、精细化工、五金塑料、农副产品加工等五大传统支柱产业，做大做强电子元器件、汽车配件、生物医药、新型材料等新兴产业，形成以特色产业为主导、优势企业为主体的新型产业体系，进一步增强我区在全国和全球的竞争优势。

扶持企业壮大规模。积极培育优势骨干企业，推动民营企业向现代企业制度转变，通过资产重组、股份制改造、股票上市、多元经济组合等途径，加速优质资产向优势企业集中，拉长延伸产业链，培育壮大一批拥有自主知识产权、经济实力雄厚、核心竞争力强、带动作用明显、能参与国际竞争的大企业集团。"十一五"期末，力争形成年产值超5亿元企业20家，超10亿元企业10家，超50亿元企业2家。

加快投入集约发展。坚持以新型工业化引领经济发展，以加快投入为突破口，努力做大工业经济总量，在增量推进中优化结构、提升效益。突出抓好重点工业建设项目，加快实施一批技术含量高、产业关联度强、带动作用大的好项目，确保工业生产性投入年均增长15％以上。注重积聚后劲和持续发展，努力做好项目前期工作。加大政策导向力度，推进企业技术改造投入，促进产业升级。坚持集约集聚发展，不断提高非农用地利用效率，提高投资密度和产出强度，实现资源效益最大化。继续加大标准厂房建设力度，有效拓宽中小企业发展空间。

专栏4　重点培育的四大新兴产业

培育的产业	产业导向	培育的载体
电子元器件	重点发展以电子元件、半导体芯片、电子装备等为主的电子信息产业	以嘉兴科技城、国家(嘉兴)机电元件产业园南湖软件加工与元器件产业区及天通电子、斯达半导体等骨干企业为培育载体
汽车配件	重点发展以钢圈、座垫等汽车零部件为主的汽配产业	以嘉兴敏惠汽车零部件有限公司、浙江明新皮业有限公司和嘉兴市四通钢圈制造有限公司等骨干企业为培育载体
生物医药	重点发展医药中间体与助剂等生物化工产品及酶制剂等各类天然食品添加剂	以嘉兴科技城各大科研院所及生物技术研究与产业园为培育载体
新型材料	重点发展以新型功能材料、光电子材料、化工新材料、纳米材料等为代表的新材料产业	以嘉兴科技城各大科研院所及产业化公司为培育载体

第三节　服务业

充分利用中心城区的比较优势，繁荣振兴传统服务业，大力发展新兴服务业，加快培育新的经济增长点，促进四大领域的服务业快速发展，全面提升服务业的发展水平。"十一五"期间，服务业增加值占生产总值的比重不断提高。

优先发展生产性服务业。依托长三角产业发展优势，积极引进长三角地区大企业的物流配送、研发中心等服务机构入驻。加快物流基地建设，大力整合物流资源，培育集商贸、物流、信息流为一体的现代物流体系，构筑长三角区域性物流枢纽。"十一五"期间培育年交易额20亿元以上的专业市场和物流企业3家以上。依托各功能区开发配套服务，启动商务花园建设。积极发展信息、咨询、会计、法律、证券、资产评估等智力型服务产业，逐步形成适应市场经济要求、客观公正和管理规范的中介服务体系。

健康发展房地产业。优化房地产开发结构，提高房屋品质，完善综合功能，推行节能型住宅建设，营造江南水乡宜居城区。根据嘉兴城市功能定位，面向长三角，规划启动一批大型房地产项目，重点开发城际居住、旅游休闲度假、养老型度假公寓等特色楼盘，适度开发精品住宅，有计划安排经济适用房建设，满足居民不同层次的消费需求。进一步整合楼宇资源，发展楼宇经济，为总部经济集群发展服务。制定和实施扶优扶强政策，着力引进有品牌的房地产开发商，加快培养我区房地产龙头企业，引导房地产业走规模化、品质化经营道路。

大力提升商贸流通业。积极推行连锁经营、配送中心、网上购物等新型商贸业态，合理规划布局商业网点。以南湖新区和中心商贸区为中心、五大城镇为节点、"城镇连锁超市"和"百村放心店"工程为载体,构建城乡商贸协调发展的新格局。扩大商贸流通企业对外开放,积极引进国内外著名大型连锁超市、大型综合百货商场、零售企业和物流企业入驻,争取1—2家世界级商贸流通企业登陆,借助外力提升我区商贸流通整体水平。

加快推进旅游休闲业。利用特有的自然资源和人文优势,借助古运河环湖游、南湖红色游的契机,按照"市区联动、串点连线"的思路,整合我区特色旅游资源,积极融入嘉兴大旅游网络。立足生态型、文化型、休闲型,抓住世博会机遇,全力推进休闲基地和旅游精品建设,加快启动凌公塘、石佛寺等重点景区项目;拓展农业观光休闲旅游,打造百里农业观光长廊、建设百家观光农庄、组织千户农家乐;办好旅游节庆活动,推出"渔里之谣文化节"、"凤桥桃花观赏节"、"湘湖文化艺术节"等特色文化旅游。

专栏5　服务业发展重点

- ▶以海河联运、高速路网为支撑,加快发展现代物流业
- ▶以农业观光、特色休闲为重点,大力推进旅游休闲业
- ▶以稳定有序、满足需求为出发点,健康发展房地产业
- ▶以市场化改革为导向,积极培育智力型中介服务业
- ▶以便民利民为落脚点,努力推进新型社区服务业
- ▶以新"九通一平"工程为载体,不断优化公共服务业

第四节　产业互动

三次产业融合发展。把发展先进制造业作为产业互动的关键,加速推进新型工业化,特别是加速发展高技术产业,利用高新技术来改造和装备三次产业,优化经济结构;加快发展生产性服务业等现代服务业,以良好的产业软环境为一、二产业的发展提供保障;积极推进都市农业发展,以农业功能的拓展促进一三产业融合。做长做宽产业链,实现三次产业关系的协调发展和相互促进,为经济发展奠定一个稳定的结构基础。

依托品牌促进产业互动。大力发展品牌产业,培育品牌优势,激活品牌经济,形成品牌积聚和衍生效应,着力培育一批具有市场前景广阔、潜力大、后劲足的品牌产品,发展一批拥有知名品牌、著名商标和自主产权、具有特色优势的品牌企业,形成以品牌企业为龙头的分工细化、配合紧密的产业链,以品牌为载体不断推进产业升级、结构优化,实现品牌与产业良性互动发展。"十一五"期末,浙江省著名商标和嘉兴市著名商标实现翻番目标,争创省和国家名牌10个以上。

第五章　科技创新

"十一五"期间,着力提高科技自主创新能力,加快科技创新步伐,切实转变经济增长方式,扎实推进科技成果产业化,努力把南湖区打造成为具有完善的科技创新体系、雄厚的科技产业实力、较高的科技产出水平和浓郁的科技文化氛围的科技强区。

第一节　区域创新体系

努力建设产业研发基地。依托嘉兴科技城建设,继续引进国内外大院名校,集聚国内外知名科研院所、高级科技人才、高科技企业,积极参与长三角区域科技合作交流,进一步拓展产学研合作新内涵。加快浙江清华长三角研究院、中科院嘉兴应用技术研究与转化中心及分中心、国家农业科技园区、国家(嘉兴)机电元件产业园南湖软件加工与元器件产业区建设,力争创建10个省级以上重点实验室,努力将南湖区建设成为长三角地区的高新技术研发和产业化基地。

加快培育科技创新主体。实施科技型企业培育工程,大力发展高新技术企业、民营科技型企业和科技型中小企业,积极鼓励科研团队出资入股与本地民营企业成立高科技产业化公司,推动科技成果转化与产业化。鼓励和支持大中型民营企业和高新技术企业创建自己的研发机构,参与科技项目开发、科技成果转化,取得一批具有自主知识产权的核心技术,开发一批有竞争力的新技术、新产品、新工艺,不断增强企业自主创新能力。加强科技孵化器建设,创办留学生创业基地,积极吸引海外留学生归国创业。完善公共技术服务和孵化平台,加快科技成果转化和产业化。"十一五"期间,累计建成科技企业孵化面积10万平方米,培育市级以上科技型企业100家、高新技术企业20家、市级以上企

业研发中心30家。

培养和引进创新型人才。引导、鼓励企业和机构培养急需的实用技术人才，多渠道吸纳高学历的应用技术人才和高层次人才，鼓励企业创建大学生教学实习基地、硕士生科研基地，有条件的企业创办博士后科研流动工作站，把引进大院名校、大企业研发机构和引进人才团队有机结合，形成高层次、高技能人才集聚的高地。建立和完善多层次、多形式、开放性的专业技术人才和农村实用人才的培养、引进机制。采取各种有效措施，提高专业技术人才的学习能力、实践能力和创新能力。

第二节　重点科技产业

培育壮大新兴产业。围绕重点产业，以形成有竞争力的产业和产品为目标，组织科技攻关，取得一批有自主知识产权的科技成果。加快发展信息产业、汽车配件、生物医药等高新技术产业，大力发展软件产业，开发具有特色、拥有自主知识产权、以应用软件为主的软件产品，培育规模化的信息技术企业。

提升改造传统产业。整合科技资源，开展关键、共性技术攻关，加快实施种子种苗工程、农产品精深加工工程、农产品安全与标准化生产工程、现代农业示范基地建设工程，不断扩展农业高新技术应用。提升改造纺织服装、精细化工、五金塑料等传统优势产业。推进服务业和社会事业信息化，加强资源综合开发利用技术和环境保护技术的研究开发与推广。

专栏6　科技创新20个重大专项

节能、节水、节材等环保技术	生物医药技术
城镇污水高效处理与水资源综合利用技术	汽车零部件制造技术
绿色化工技术	新型纺织材料技术
农业面源污染物控源与减排综合技术	机电一体化技术
固体废弃物资源化技术	高效生态农业生产技术
可再生能源利用技术	农业新品种选育及产业化
新型电子元件	农产品精深加工技术
软件加工及系统集成技术	农产品（食品）安全与标准化生产技术
纳米技术攻关及示范应用	制造业信息化
半导体芯片及模块技术	服务业和社会事业信息化

第三节　科技支撑体系

深化科技管理体制改革。切实转变政府科技管理职能，完善科技奖励、成果鉴定和收入分配等激励制度，建立科学的技术人才考核评价机制和科研成果在我区优先转化的诱导机制，深化和完善镇街道人才和科技进步目标责任制考核体系。进一步加大科技财政投入，充分发挥政府科技计划项目与科技经费的导向作用。“十一五”期末，全社会研究与试验发展经费（R＆D）占生产总值比重达到3%以上。

积极鼓励发明创造。强化知识产权政策导向，切实做好知识产权的宣传、培训，加大对发明专利的支持力度，鼓励和支持企业、科研人员发明创造和技术创新，将我区的科技人才和智力资源优势转化为知识创新优势，有力推进专利产业化。加大知识产权保护力度，完善知识产权保护协调机制和行业自律机制。

完善社会化科技服务体系。充分发挥科技中介的纽带作用，拓展和完善浙江网上技术市场南湖分市场功能，加强网上技术市场与企业的主动对接。鼓励科技人员创办民营科技咨询、评估、技术中介、信息服务等各类科技公共服务机构。探索建立民营科技企业的信用担保制度和区级科技风险投资基金。

第六章　城乡统筹

“十一五”期间，加快城乡基础设施建设，构建合理的城乡发展体系，努力提升城市化水平，实现城乡经济与社会、人口与环境协调发展。到2010年，努力把南湖区建设成为宜居宜业、城乡一体和谐发展的先行区。

大力完善城乡交通路网。进一步完善综合交通运输体系，建成“三纵六横三射六连”的干线公路网，农村公路实现“内联外畅”网络化，形成区内20分钟交通圈。区内航道成网直达，建成与杭州、上海、嘉兴的水运和公路相衔接的现代物流运输航道网。

加快城镇建设步伐。以集约利用、合理布局为原则，以提质扩容为核心，进一步完善新一轮城镇规划修编。加快城镇基础设施建设，不断完善城镇路、水、电、气、信息系统，统筹规划建设污水、垃圾集中收集处理等公用设施，继续推进以绿化、美化、洁化、亮化为重点的城镇环境综合整治。以错位发展和挖掘特色为原则，不断增强城镇的集聚功能。

建设社会主义新农村。全面实施“生产方式新、生活方式新、村容村貌新、思想观念新、管理方式新”的“村村新”工程，大力推进社会主义新农村建设。加快农村新产业建设，进一步增加农民收入。合理布局农村新社区建设，深入推进村庄示范整治工程，全区村庄整治率达到100%。加强农村各类职业技能培训教育，提高农民的就业技能、创业能力，培育现代新农民。加强农村精神文明建设、基层民主法治建设，形成与现代社会相适应的科学、民主、健康、向上的农村社会新风尚。深化城乡体制改革，加速城乡融合，形成以工促农、以城带乡，城乡优势互补、互促共进、协调发展的新机制。

专栏7　社会主义新农村建设十大抓手

- ▶农业提升“668”计划
- ▶中心镇、村培育工程、农村新社区建设
- ▶连村公路建设
- ▶千万农民饮用水工程、万里清水河道工程
- ▶城镇连锁超市和百村放心店工程
- ▶农村劳动力培训工程
- ▶农民健康工程
- ▶文化、科技、卫生“三下乡”活动
- ▶“农民信箱工程”等农村公共信息服务平台建设
- ▶农村综合改革

加强城市管理和社区建设。坚持标本兼治、重在长效原则，建立健全城乡一体化城市管理网络，形成政府领导、各方协调，共同参与、市场运作的城市管理新格局。按照创建全国文明城市、省级示范文明城区的总体要求，力争通过2—3年努力，规范城市管理，优化城市环境，提升城市品位，以城带乡，城乡联动，在长三角城市群中率先实现城乡管理一体化。加大对老住宅区的整治力度，基本完成“城中村”、东栅集镇改造。以信息化网络为平台，以推进社区服务为重点，进一步加快“居民自治、服务完善、治安良好、环境优美、文明祥和”的和谐社区建设步伐。

第七章　资源利用和生态建设

坚持开源与节流并重，集约利用资源要素，大力发展循环经济，加强生态环境保护，切实转变传统的经济增长方式，走内涵发展之路，努力建设资源节约型和环境友好型社会。

注重资源要素集约利用。加大土地集约化利用和经营的力度，逐步淘汰产出率低、占地多、层次低的产业，形成以土地作为调控手段的产业升级良性机制；切实加强水资源管理，积极调整用水结构，完善水价体系，大力发展节水型产业；优化能源结构，建立多元化供应体系，注重太阳能等新能源、再生能源的开发利用，走一条既注重改善要素供给、更注重要素集约利用的新型工业化道路。

加快绿色产业体系建设。倡导绿色投资，扶持绿色产业发展，加快发展电子元器件、生物医药为重点的高新技术产业，重点支持技术创新型、产业整合型、投资强度型、用地集约型、节能环保型产业，推进生态产业园区建设，构建环保型产业基地，按照“产业集聚、工业集中、土地集约、管理集成”原则，加大对化工企业的整合提升及治理力度，逐步建立符合可持续发展要求的集约型、生态化绿色产业体系。

大力发展循环经济。依靠科技创新和制度创新，以循环经济理念指导区域发展、产业转型，重点培植技术含量高、资源利用好、消耗低、产出多的产业，促进区域产业布局合理调整。制定完善发展循环经济的政策，鼓励企业通过各种环境体系认证，提高企业废弃物的再处理能力，努力达到绿色企

业、清洁生产企业的生产标准，力争建成一批循环型企业。到2010年，全区培育100家高标准、规范化的清洁生产示范企业，80%以上的重点污染企业实施清洁生产，工业功能区全面推行清洁生产，基本建立清洁生产和循环经济的发展模式。

专栏8　发展循环经济重点项目

▶嘉兴工业区等生态工业示范园区
▶国家农业科技园等生态农业示范园区
▶凌公塘生态景观区等生态公园工程
▶天通电子、中华化工等企业清洁生产示范工程
▶中水回用等节水示范工程
▶余热发电、太阳能利用等节能示范工程
▶垃圾焚烧发电、畜粪制沼气制肥料等废弃物处置与综合利用工程
▶农地整治等节地示范工程

加强生态环境保护。继续扎实推进生态区建设，认真落实生态区、生态镇建设规划，基本实现创建生态区目标。贯彻落实环保"一票否决制"，严把建设项目准入关，加大环境污染综合整治力度，不断降低污染物排放强度，实行"三高一低"企业强制性淘汰制度。加强农业面源污染治理，全面完成畜禽养殖污染整治。大力实施绿化造林，人均公共绿地面积、森林覆盖率等指标达到国家绿化城市标准。加强水利设施建设，大力实施河道疏浚整治，营造"河畅、水清、岸绿、景美"的沿河景观。加强环保基础设施和环保能力建设，启动并建设一批重点环保工程，建立可持续发展的良性生态系统，把南湖区建设成为沿海地区生态典范区。

第八章　扩大开放

坚定不移地实施开放带动战略，积极利用好国际国内两种市场两种资源，构筑全方位、宽领域、多层次的开放格局，为我区经济社会发展拓展新的空间、注入新的活力。

专栏9　开放型经济重点发展方向

▶通过引进龙头企业，培育优势产业
▶通过引进关键技术，提升产品档次和产业层次
▶通过引进品牌三产企业入驻，提高服务业规模和辐射力
▶通过扩大对外贸易，拉动区域经济增长和促进经济结构升级
▶通过优化开放环境，扩大开放领域和提升开放内涵

积极有效引进利用外资。积极实施"择商选资"策略，从依靠数量扩张向规模、质量和效益并举转变。以资源有效利用、投资强度和产出率为评价标准，着力引进科技含量高、附加值高、市场占有率高的大项目。鼓励优势企业和优势产品嫁接外资、技术，实现外引内联；引导外资投向高新技术产业、基础设施、农业、服务业等领域，力争在教育、医疗、文化、旅游、中介服务等领域实现利用外资的新突破。"十一五"期间，全区累计实际利用外资超过5亿美元，引进5000万美元以上项目5个以上。

加快转变外贸增长方式。坚持科技兴贸、品牌发展，积极鼓励优势产品自营出口，引导劳动密集型产业转型升级，依靠科技进步优化一般贸易出口结构，扩大高附加值、高技术含量产品的出口比重；引导加工贸易转型升级，进一步提高加工贸易的出口比重。积极组织企业利用广交会、华交会、消博会等各种国内出口交易平台开拓国际市场，形成以亚洲、西欧、北美为重点、周边国家为支撑、发达国家与发展中国家合理分布的市场格局。

推进民营经济国际化。积极鼓励有条件的大企业到境外投资，建立海外营销网络和物流网络，开展专业化、集约化和规模化的跨国经营。重点推动我区有比较优势的产业"走出去"建立生产加工基地，带动我区技术、设备、传统优势产业的产品出口，规避贸易摩擦和贸易壁垒；积极支持企业"引进来"，加强与境外企业的合资、合作与交流；鼓励企业以多种方式到发达国家开拓市场，不断提高国际经济技术合作规模与层次。

加强国内经济合作与交流。深入接轨上海，积极呼应嘉兴市域发展，主动接受上海及周边大城市产业、生产要素、信息、市场等辐射，加速融入长三角经济圈。通过科技平台，积极与长三角各地开展经济技术合作与交流，吸引著名企业、上市公司、大企业集团来我区投资兴业。利用中心城区首位度优势，以"世博经济"为契机，加快推动会展、休闲旅游等配套服务，提升第三产业层次。"十一五"期间，累计引进区外内资200亿元，其中1亿元以上项目20个以上。积极参与西部大开发和东北老工业基地振兴，继续做好对口支援工作，鼓励企业按照双赢原则，实施对外投资、合作与交流。

第九章 和谐社会

“十一五”期间，坚持以人的全面发展和实现社会公平为目标，着力提升社会发展“软实力”，促进社会与经济协调发展、人与自然和谐相处，全力构建富裕、公平、活力、安康的和谐社会。

第一节 就业与社会保障

实施积极创业就业政策。大力推进充分就业，建立城乡统一的劳动就业制度和公平有序竞争的就业机制，保障城乡劳动者平等就业权利。采取各种再就业帮扶政策措施，努力改善创业和就业环境，鼓励多渠道多层次创业、就业，保持全区就业局势稳定，城镇登记失业率控制在4.5%以内。进一步培育和发展各类人力资源市场，建立健全公共就业服务的组织网络和信息网络，加快推进城乡就业一体化的就业服务体系建设。

完善社会保障体系。继续扩大社会保障覆盖面，完善城镇基本养老和医疗保险制度，健全失业保险和最低生活保障制度。积极探索农村社会养老保险改革办法，推进农村养老保险办法与城镇职工基本养老保险办法相互衔接。进一步完善被征地农民基本生活保障制度，切实保障被征地农民的各项利益。不断深化医疗保险制度改革，健全城镇居民基本医疗保障机制，全面实施新型农村合作医疗制度。加大公共财政对社会保障的资金支持力度，建立健全“一体系、多层次、广覆盖”城乡一体化的社会保障体系。

健全社会救助体系。加快推进社会救助制度建设步伐，以保障困难群众基本生活为目标，完善灾害救助、社会救助和社会互助三大救助系统。合理配置社会救助资源，积极开展法律援助，继续做好优抚安置工作，重视关心社会弱势群体，进一步改善低收入家庭和残疾人群的生活水平。力争在2010年全区基本建立起以基本生活救助为基础，医疗、教育、就业、住房等专项救助为重点，其他救助、救济和社会帮扶为补充，政府责任明确，社会广泛参与，与我区经济社会发展水平相适应的新型社会救助体系。

第二节 教育和文化

加强思想道德建设。用邓小平理论和“三个代表”重要思想武装党员干部、教育人民群众，加强理想信念教育和政治思想建设，在全社会倡导爱国守法、明礼诚信、团结友善、勤俭自强、敬业奉献的基本道德规范。以创建全国文明城区为着力点，不断深化多种形式的群众性精神文明创建活动，全面实施文明素质提升工程，加快学习型城区建设，切实加强未成年人思想道德教育，不断提高城乡居民的思想道德水平，推动城乡文明一体化建设进程，实现市民文化素质和城市文明程度上新台阶。

加快发展现代教育事业。“十一五”期间，继续高标准、高质量普及15年教育，稳步提升教育教学质量和水平，教育发展实力明显增强。深化教育教学改革，全面推进素质教育，加大特色学校创建力度。均衡全区教育资源配置，不断扩大优质教育资源，进一步提高中心区教育资源集聚度。确保贫困家庭子女和外来民工子女平等接受义务教育的权利。以学习型社会为载体，加强职业教育、成人教育和继续教育，积极推进社区教育和远程教育，为人民群众提供多次受教育机会和多层次、多样化的教育服务，构建起各级各类教育结构合理、相互衔接和沟通开放的现代化终身教育体系，基本实现教育现代化。

专栏10 教育发展重点任务

▶坚持教育优先发展——高标准、高质量普及十五年教育
▶坚持城乡教育均衡发展——实施农村困难学生资助扩面、爱心营养餐、食宿改造、教师素质提升等农村中小学“四项工程”
▶坚持提高教育教学质量——建立以素质教育为导向的考试制度和学生评价体系
▶坚持以就业创业为导向——建设一批与支柱产业相结合的培训基地
▶坚持构建终身教育体系——提升完善社区教育学院和农村成人文化学校

努力推进文化体育事业。大力繁荣和发展文化事业，积极推进文化体制改革、文化资源整合和文化产业发展，努力构筑优秀传统文化与现代文明相融合的充满活力的先进文化发展新格局。加快推进区、镇（街道）、村（社区）三级公共文化阵地建设，继续开展以社区文化、镇村文化、广场文化、城乡结对交流为载体的各类群众性文化艺术活动，不断丰富和活跃城乡群众精神文化生活。积极探索

区域特色文化，以中国嘉兴·南湖合唱节为契机，进一步培育合唱文化，打响“歌城”品牌。保护和弘扬优秀民族民间文化，着力建设“一镇一品”特色民间艺术文化。加强档案基础建设，力争在2010年建成数字档案馆。积极推进全民健身计划，加强体育设施建设，启动区体育中心等一批体育设施和休闲健身基地项目。鼓励和吸引民资参与发展文体产业，不断繁荣文体市场。

专栏11　加快文化“四个一批”建设

建设一批重点文化设施
▶区、镇(街道)、村(社区)三级基层文化设施
▶广播、新闻、有线电视等文化信息网络设施
▶休闲娱乐、体育健身、文化旅游等经营性文化设施
发展一批重点文化产业
▶印刷、文化旅游、会展等优势文化产业
▶网络文化服务、广告、体育服务、文化经纪等新兴文化产业
▶文化演艺、休闲娱乐、艺术品经营等特色文化产业
培育一批重点产业区块
▶红色文化、水乡文化、古镇文化、名人文化等优势文化产业区块
▶音乐、书画、民间工艺等传统文化产业区块
壮大一批重点文化企业
▶骨干民营文化企业

第三节　人口与卫生

加快发展医疗卫生事业。完善疾病预防控制体系、医疗服务体系和卫生监督体系，高度重视卫生防疫工作，增强对突发公共卫生事件的应急反应和处置能力。优化医疗机构布局，提升区级医疗服务水平，“十一五”期间全区建立1所功能齐全、具有专科特色的二级综合性医院，建立2所专科技术项目较为领先的二级专科医院。注重发挥乡镇卫生院在三级预防保健网络中的枢纽作用，完善社区卫生服务功能，建立多元化医疗卫生服务模式，不断健全布局合理、结构完善、便捷经济的“六位一体”社区卫生服务体系。

做好人口和计划生育工作。认真贯彻计划生育基本国策，稳定低生育水平，提高出生人口素质，“十一五”期间人口自然增长率控制在2‰以内。重视人口老龄化问题，积极发展老年人、妇女儿童和残疾人事业，依法保护他们的合法权益。优化对外来人口的综合服务与管理，推行属地化管理、市民化服务，建立与社会主义市场经济相适应、科学的外来人口服务与管理体系。

第四节　公共管理

健全公共安全体系。制订和完善全方位、多层次的公共安全预警机制，构建快速反应系统，不断完善区突发公共事件应急处理中心的监管运作。加强自然灾害、污染事故、危险物品泄露、公共卫生等突发性事件的应急体系建设，建立完善生态安全监测报告体系，不断提高应急处置能力。加强食品安全、食品卫生监管和动植物疫病防控体系建设，以农产品生产过程监控为重点，全面实施“无公害食品行动计划”。

加强社会治安管理。以平安南湖建设为抓手，健全人防、技防相结合的治安防控体系，加快“科技创安”步伐，实现街面治安动态视频监控系统全覆盖。不断强化社会治安综合治理，健全外来流动人口管理机制，完善各类突发性事件的处置预案，全力维护社会稳定，努力营造良好的社会治安环境。

抓好安全生产工作。坚持依法监管，严格落实安全生产责任制，杜绝重特大安全生产事故的发生。不断完善安全生产预警机制，加强对事故隐患的综合治理及重大危险源的监控管理，提高事故应急救援能力。扎实开展安全生产专项整治，加强宣传教育和培训，切实提高社会安全生产法制意识、责任意识和防范意识。

第五节　民主与法制

推进民主政治。认真贯彻人民代表大会制度、共产党领导的多党合作和政治协商制度，密切人大代表、政协委员与人民群众的联系，加强与民主党派、工商联和无党派代表人士的合作共事。做好民族、宗教、侨务及对台工作，充分发挥群众团体作用，支持国防建设，开展双拥工作，推进政务、村务和社区事务公开，切实保障人民群众参与基层政治、经济、文化和社会事务民主管理、民主监督的权利。

加强法制建设。坚持依法治区，全面推进依法行政，以政府职能转变为切入点，依法规范政府行

为，切实履行公共服务职能，维护人民群众合法权益，努力建设民主健全、法制完备、公共权力运行规范、公民权利切实保障的法治社会。深入开展“五五”普法教育，尤其要加强青少年法纪教育，切实提高全民法律素质。依法加强信访工作，妥善化解各类社会矛盾。重视信用体系建设，加快建设以道德为支撑、产权为基础、法律为保障的社会信用制度，形成政府、企业、个人三位一体的信用体系，不断完善社会主义市场经济秩序。

专栏12　完善社会和谐促进机制

- ▶就业与再就业服务机制
- ▶社会救助与社会保障机制
- ▶社会利益协调机制
- ▶流动人口管理和服务机制
- ▶基层民主自治机制
- ▶社会组织表达诉求与自律管理机制
- ▶公共安全监管与社会危机应急处置机制
- ▶社会舆情汇集和分析机制
- ▶公正执法监督机制
- ▶法律服务和援助机制

第十章　规划实施

本《纲要》经区人代会讨论通过，是南湖区国民经济和社会发展的纲领性规划，在本区各类规划中具有统领地位，是编制空间规划、专项规划以及有关政策和年度计划的依据。为进一步落实本纲要的目标和任务，区政府将同时组织编制各项重点专项规划，形成统一完整的规划体系。同时加强各专项规划与总体规划纲要的衔接，使总体规划目标任务通过各专业规划得到实施。

公共财政政策。按照建立公共财政的要求，加大支出结构调整力度，进一步界定支出范围，保证财政支出重点转移到满足社会公共需要方面，重点增加一般性公共支出，把支持科技、教育、文化、农业、基础设施、社会保障、社会治安、交通、环保和生态环境、精神文明建设等关系到发展、改革和稳定大局的重点支出放在财政支出的重要位置，确保财政资金的高效运行，全面提高财政资金使用效益。

产业导向政策。根据国家、省、市有关产业鼓励和限制政策，引导企业、金融机构、社会资金投向高新技术、高附加值、高税收、低能耗和无污染的产业，促进产业结构优化升级。加强对产业布局的空间分类指导，在充分发挥现有产业功能优势的基础上，注重同类企业的空间集聚和产业链的延伸。

投资导向政策。完善项目投资强度的用地政策，建立以投入产出效益和生态效益等为主要考核标准的用地规模审核制度，提高空间集约利用水平。加强对市场的引导和信息服务，加强招投标法制建设。进一步加大固定资产投入力度，集中力量抓好“十一五”五大建设工程、100个以上重点项目、全社会固定资产投资五年总量突破500亿元的“515”工程。

人口调控政策。围绕不断提高人口素质，努力享受公平待遇的总要求，建立和完善人口调控政策。完善人口老龄化的应对措施和政策，推进农村计划生育奖扶制度。通过促进产业结构升级、加快劳动密集型企业转型和转移，控制和调整建设用地总量与结构等综合调控措施，实现对人口总量的调控。

完善民主监督。进一步完善规划的公众参与和民主监督机制，完善规划的编制程序，增强规划编制过程的公开性，保障群众参与规划编制与实施的权利。加强对各项规划的协调以及实施的监督检查，协调解决发展过程中出现的问题。实行重大项目和事项的公示、听证制度，进一步完善民主决策程序。

加快全面建设小康社会、提前基本实现现代化，是历史赋予我们光荣而艰巨的任务，我们要增强历史紧迫感和责任感，在以胡锦涛同志为总书记的党中央领导下，高举邓小平理论和“三个代表”重要思想伟大旗帜，全面贯彻落实科学发展观，解放思想，开拓创新，求真务实，克难攻坚，为全面完成“十一五”规划的各项任务而努力奋斗！

附件：1.“十一五”南湖区拟安排重大项目

2.南湖区功能布局

附件1：

“十一五”南湖区拟安排重大项目

根据《南湖区国民经济和社会发展第十一个五年规划纲要（草案）》确定的奋斗目标，今后五年我区将认真实施“515”工程，即着重抓好科技创新、环境营造、产业发展、水乡宜居、民本服务等五大建设工程，100个以上重点项目，全社会固定资产投资五年总量突破500亿元。并积极配合市重大项目的规划建设。

一、五大工程

（一）科技创新工程。重点建设浙江清华长三角研究院、中科院嘉兴中心、南湖科创中心、晟峰软件基地、耶鲁生物医学研究中心、南湖生物研究中心、农业生物科技工程等10个项目。“十一五”期间该工程完成投资约20亿元。

科技创新工程重点建设项目

表39-1

序号	项目名称	建设规模及内容
1	浙江清华长三角研究院建设工程	占地32.5公顷的科研办公及配套设施建设
2	中科院嘉兴中心	占地150亩的科研办公及配套设施建设
3	南湖科创中心（孵化器）	3.2万平方米综合楼和标准厂房购置、装修、改造
4	晟峰软件基地	占地11公顷的科研办公及配套设施建设
5	农业生物科技工程	以中法生物、天龙生物为龙头，开发推广食用菌产业化、生物饲料和生物添加剂
6	农产品安全及动植物防疫检疫工程	建设农产品检测网络体系，加强动植物疫情监测、测报
7	耶鲁生物医学研究中心	占地7.5公顷的科研办公及配套设施建设
8	南湖生物研究中心	占地9公顷的科研办公及配套设施建设
9	乌克兰国家科学院国际技术转移中国（嘉兴）中心	国际技术交流与转化平台建设
10	教育培训基地	占地50亩培训大楼及配套设施建设

（二）环境营造工程。重点推进快速通道、发展平台及城镇建设等20个项目。“十一五”期间该工程完成投资约30亿元。

1. 快速通道：重点抓好七沈、余云、余步、新大等公路建设及原07省道整治完善工程。

2. 发展平台：加快嘉兴科技城、嘉兴工业区等道路桥梁及配套设施建设，抓好凌公塘生态景观区及石佛寺休闲观光旅游区的开发建设。

3. 城镇建设：继续完善各镇镇区及工业功能区基础设施建设，加快城市老住宅区、城中村、东栅集镇改造工程。

4. 生态建设：实施河道整治、堤防加固及圩区、灌区建设，继续抓好农业面积污染治理及循环经济建设、清洁生产推广及重点污染源在线实时监控工程等项目。

环境营造工程重点建设项目

表39-2

序号	项目名称	建设规模及内容
	一、快速通道	
1	七星至沈荡公路	二级公路，全长27.7公里
2	余新至大云公路	二级公路，全长24.4公里
3	余新至步云公路	二级公路，全长10.5公里
4	新丰至大桥公路	二级公路，全长8.2公里
5	原07省道整治完善工程	二级公路，全长12.95公里

续表39-2

序号	项目名称	建设规模及内容
	二、发展平台	
6	科技城路网建设	建设亚太路、亚欧路、经三路、二号路
7	科技城河道整治工程和景观工程	对科技城范围内河道进行整治和景观工程
8	嘉兴工业区道路桥梁建设	建设平湖塘大桥、永叙路、新大、余步沿伸段；新昌、新业、新平、新兴等14条道路建设
9	凌公塘生态景观区	占地50公顷，构筑极具江南水乡韵味，集人文、休闲、体育、文化于一体的生态景观区
10	石佛寺休闲观光旅游区	规划面积3平方公里，观光、休闲、度假
	三、城镇建设	
11	小城镇建设	各镇镇区改造和基础设施建设
12	工业功能区建设	各工业功能区基础设施建设
13	老城区改造	城市老住宅区、城中村改造
14	东栅集镇改造工程	原老集镇改造建设
15	嘉兴东大门整治工程	沪杭高速公路十八里桥出口区域改造
	四、生态建设	
16	堤防加固及圩区、灌区建设	改造建设泵站225处，排涝闸9处，河道清淤230万方；改造建设渠道239.67公里，泵站149座，建筑物1052座，块石护岸33.9公里和堤防37.1公里
17	河道整治	整治河道605.71公里，疏浚土方472.75万方
18	农业面源污染治理及循环经济建设项目	建小型沼气工程1800处，日产4万度沼气发电厂1个，小型沼气发电站3处，有机肥厂2家等等
19	清洁生产推广及重点污染源在线实时监控工程	清洁生产推广及重点污染源在线实时监控
20	电镀小区	电镀行业集中整治

（三）产业发展工程。重点建设都市农业、先进制造业和新型商贸业等55个项目。“十一五”期间该工程完成投资约320亿元。

1.都市农业：重点抓好设施农业基地建设、茧丝绸项目、牧业小区、百里休闲观光长廊、种子种苗工程、特种水产加工等10个项目建设。

2.先进制造业：优化提升传统产业，做大做强新兴产业，重点实施中华化工、美嘉家纺、天通电子、加西贝拉、斯达半导体、国大电力、南雄高分子、雁荡包装、国际服装辅料产业基地等30项产业关联度强、带动作用大的重点项目。

3.新型商贸业：重点建设国际中港城、嘉兴汽车商贸园二期、华东国际工业原料城、喜来登大酒店、嘉兴国际电器城、新区商务中心、亚太科技商务中心等15个项目。

产业发展工程重点建设项目

表39-3

序号	项目名称	建设规模及内容
	一、都市农业	
1	设施农业基地建设	建设优质高效设施基地2.6万亩

续表39-3

序号	项目名称	建设规模及内容
2	茧丝绸项目	建设10万平米标准厂房及科研中心、物流配送中心等
3	农产品物流配送中心	建设加工包装、储运保鲜设备，年配送农产品9000吨
4	牧业小区	规划建设20个标准化牧业小区，引导养殖户集中养殖
5	主导产业链建设	确定20个品牌农产品，延伸产业链，建立相应的专业合作社、生产基地
6	百里休闲观光长廊建设项目	建设百里观光长廊、百家观光农庄、千户农家乐
7	种子种苗工程	实施果蔬、畜禽、特种水产、水稻的种子种苗工程
8	生猪屠宰、家禽加工	培育屠宰、禽类加工企业，年加工生猪100万头、禽类1500万只
9	特种水产加工	以天龙生物、潜福食品为龙头，开发甲鱼、蜗牛深加工
10	畜肥收集处理系统	实现畜禽肥料收集处理全覆盖
	二、先进制造业	
	(一)传统产业提升	
11	中华化工有限公司	香兰素、愈创木粉、三废处理、硫酸钾
12	浙江美嘉家纺有限公司	床上用品、沙发套
13	浙江卫星丙烯酸有限公司	丙烯酸
14	嘉兴市新杭钢塑管有限公司	钢塑管
15	浙江亚达不锈钢制造有限公司	不锈钢制造
16	加拿大美来国际投资公司	织造生产线
17	浙江大华包装集团有限公司	造纸包装
18	浙江罗卡芙家纺有限公司	家纺
19	嘉兴市正大化工有限公司	有机中间体
20	浙江晓柏木业有限公司	木质品生产线
21	嘉兴市众兴塑业有限公司	塑料制品
22	劳特士(嘉兴)机械设备有限公司	化工机械设备
23	中国正泰集团南湖电缆有限公司	电力电缆生产线技改
24	浙江瑞华皮业有限公司	40万张牛皮革
25	国际服装辅料产业基地	服装及辅料
	(二)新兴产业培育	
26	浙江天通电子股份有限公司	电子产业园
27	嘉兴市南湖电子器材有限公司	磁环等
28	嘉兴敏惠汽车零部件有限公司	汽车零部件
29	加西贝拉压缩机有限公司	200万台环保节能高效压缩机生产线项目
30	南湖区创业园二期	特色标准厂房
31	浙江越隆机电有限公司	机电、电器项目
32	嘉兴雁荡包装有限公司	药用塑胶包装生产线
33	嘉兴市国大电力设备有限公司	烟气脱硫产品
34	嘉兴市今世达动力科技有限公司	新建绿色环保燃气/电动混合动力自行车项目
35	嘉兴万全汽车安全系统有限公司	汽车安全系统\汽车电子应用系统

续表39-3

序号	项目名称	建设规模及内容
36	嘉兴南雄高分子有限公司	TPU薄膜生产项目
37	嘉兴市嘉树包装有限公司	包装材料
38	嘉兴汉枫缓释肥料有限公司	缓释肥料
39	浙江海特龙汽车内饰件有限公司	汽车内饰件项目
40	嘉兴斯达半导体有限公司	年产500万件半导体元器件
	三、新型商贸业	
41	中港豪生大酒店	地上五十二层，建筑面积12.8万平方米，地下二层，面积2万平方米
42	国际中港城	娱乐城共七层，4.7万平方米；商贸城地上六层，地下一层，共31.7万平方米
43	嘉兴汽车商贸园二期	规划用地400亩，融现代商流、物流、信息流、资金流于一体的大型汽车商贸平台
44	嘉兴国际电气城	品牌展示、交易、综合商办区
45	建国大厦商务中心	2幢高层商务楼，建筑面积3万平方米
46	天声国际家居广场工程	建筑面积10万平方米
47	亚太科技商务中心	建筑面积1.17万平方米，集办公、商务娱乐为一体的综合商务中心
48	新区商务广场	商务写字楼
49	体育场商办中心	建筑面积5万平方米
50	喜来登大酒店	五星级大酒店
51	华东国际工业原料城	总建筑面积125万平方米，集交易展示、电子商务、信息交流、仓储、配送、货运以及金融结算等功能于一体
52	余北区块开发	城市居住、公共服务设施配套于一体的城市综合功能区
53	协和广场	建筑面积约3.7万平方米，商办写字楼
54	嘉兴五金机电市场	用地约200亩，主营汽车配件、五金机电等
55	商务花园	依托各功能区开发配套服务，引进企业总部

（四）水乡宜居工程。重点加快新世纪公寓、格林小镇、澳洲花园、中央花园、巴黎都市、赞成·学仕苑、各镇拆迁安置房、经济适用房、民工公寓及人才公寓等16个项目建设。“十一五”期间该工程完成投资约120亿元。

水乡宜居工程重点建设项目

表39-4

序号	项目名称	建设规模及内容
1	新世纪公寓	9幢酒店式公寓及高档住宅区
2	格林小镇	18万平方米的高档住宅区
3	澳洲花园	15万平方米的高档住宅区
4	中央花园	商住楼，建筑面积5.5万平方米
5	巴黎都市	总面积约70万平方米，商办住宅开发
6	赞成·学仕苑	建筑面积6万平方米、集时尚住宅、沿街旺铺、高档写字楼于一体

续表39-4

序号	项目名称	建设规模及内容
7	七星花园	总建筑面积12.6万平方米
8	南湖区天明安置小区二期	建筑面积5.5万平方米
9	都市花园	住宅、安置房，建筑面积5万平方米
10	黄鹤花园	建筑面积5.6万平方米
11	科技城安置房工程	分为大桥“亚太花园”和余新“石堰小区二期”，总建筑面积21万平方米。
12	嘉兴工业区拆迁安置房	建筑面积40万平方米
13	南湖区经济适用房	占地30亩，建筑面积3.2万平方米
14	亚太民工公寓	建筑面积1.6万平方米
15	人才公寓	建设设施完善、租金低廉的人才公寓
16	科技城商住房地产项目	占地18公顷的房地产开发建设

（五）民本服务工程。重点抓好千万农民饮用水工程、农村公共服务和公用事业建设、区事业服务中心、南溪农贸市场、镇（街道）卫生院迁建及中小学新建扩建等11个项目。“十一五”期间该工程完成投资约10亿元。

民本服务工程重点建设项目

表39-5

序号	项目名称	建设规模及内容
1	千万农民饮用水工程	凤桥、大桥等农民饮用水工程
2	连村公路建设	全长90公里
3	农村公共服务和公用事业建设	农村供水供电、电视通讯、医疗卫生、文化教育等设施建设
4	大桥镇、东栅街道卫生院迁建	大桥镇卫生院6800平方米；东栅街道卫生院3500平方米
5	新丰中心医院三水湾分院住院大楼建设	建筑面积7700平方米
6	南溪农贸市场	建筑面积0.9万平方米，为南湖新区、亚太园区、农民拆迁安置房配套项目，主要以农副产品为主
7	新建、扩建中小学基础建设	新建城东、五星路、亚太、科技、余新石堰等小学，扩建凤桥镇中学
8	南湖消防站	建筑面积1.3万平方米
9	南湖区人武部	建筑面积8589平方米，建造办公楼、培训楼及配套设施
10	南湖区事业服务中心	占地30亩，建筑面积2.6万平方米
11	社区服务中心三期工程	完善社区服务网络系统，扩大城乡覆盖面

二、配合市建项目

“十一五”期间积极配合市重大项目的规划建设，着重抓好07省道改建工程、嘉兴至南北湖公路南湖区段、内河港国际集装箱港区、城乡一体供水管网、污水处理二期、老城区改造以及社会福利救助服务中心等项目的配合协调工作。

配合市建重点项目

表39-6

序号	项目名称	建设规模及内容
1	07省道改建工程	一级公路,22.03公里
2	嘉兴至南北湖公路南湖区段	二级公路,2.813公里
3	嘉兴内河港国际集装箱港区	11个500吨级泊位,吞吐能力350万吨
4	湘家荡旅游渡假区森林公园	占地67.9公顷,建设水乡泽韵、松林幽趣、水上森林、森林沐浴、疏林草地等五大景观
5	江南新水乡	占地515亩,建筑面积43万平方米
6	市区三街六片区改造	26公顷
7	嘉兴市社会福利救助服务中心	建筑面积40467平方米
8	嘉兴市城乡一体化供水管网工程	DN400—1800管道175.736千米
9	嘉兴市污水处理二期工程	30万吨/日污水处理厂1座,厂外污水主输送管道41.45千米及污水中途泵站
10	扩建东栅中学、行知小学	东栅中学36班、行知小学24班
11	香溢物流、房产项目	占地148亩,其中32亩物流、116亩房地产

中共秀城区委秀城区人民政府关于印发《嘉兴市秀城区城乡一体化发展规划纲要》的通知

秀城委〔2004〕17号

各镇、街道党委(党工委)、政府(办事处),区级机关各部门:

《嘉兴市秀城区城乡一体化发展规划纲要》已经区委、区政府同意,现印发给你们,请认真贯彻执行。

中共嘉兴市秀城区委
嘉兴市秀城区人民政府
2004年4月29日

嘉兴市秀城区城乡一体化发展规划纲要

城乡一体化是指在社会生产力和城市化水平发展到一定阶段时,把城市和农村作为一个相互依存、相互促进的整体,统一规划,统筹发展,以城带乡,以乡促城,互为资源,互为市场,互相服务,实现经济、社会、文化、生态的全面、协调和可持续发展,消除城乡二元结构,实现城乡共同繁荣、城乡共享现代文明成果。统筹城乡发展,加快城乡一体化步伐,不仅是新时期新阶段解决“三农”问题的根本途径,也是全面建设小康社会,提前实现秀城农业农村现代化的必由之路,更是全面实践“三个代表”重要思想,贯彻落实党的十六大、十六届三中全会精神的重要举措。

一、推进城乡一体化的经济社会基础

1.经济社会快速发展,综合实力显著增强。2003年全区实现生产总值112.80亿元(属地口径),增长16.8%,人均生产总值达到24729元(折2987美元),二、三产业增加值比重达到93.7%,高于全市平均1.4个百分点;城乡居民收入快速增长,全区城镇居民人均可支配收入12251元,农村居民人均纯收入6142元;科技综合实力不断增强,2002年我区科技进步水平在全省88个县(市、区)中居第18位,位居嘉兴市首位;教育事业稳步发展,2003年小学、初中入学率和巩固率均为100%,初中升高中段比例达到93.3%,高标准通过了省教育强区验收,实现了省教育强镇“满堂红”。

2.城乡联系日趋紧密,城市化水平领先全市。近年来,我区紧紧抓住行政区划调整的契机,充分发挥嘉兴中心城区的区位优势,大力推进秀城新区、中心城镇和工业功能区建设,有力地促进了城市化水平的快速提高。2003年全区城市化水平已达到61.9%，高于全市平均16.9个百分点，已大大超过了50%的标志性水平。对照城乡一体化发展的基本规律，我区已进入了城市化加速推进、城市文明加速普及、城乡加速融合的新阶段。

3.投入力度不断加大，城乡基础设施日益完善。近年来，我区不断加大基础设施建设投入力度，公路、水、电、通讯等网络日益完善。目前，全区已建公路391.7公里，公路密度达到91.9公里／百平方公里，实现了村村通公路，通村公路硬化率达到75%，等级率达到50%，城乡公交一体化已进入实施阶段，目前已开通了通达5个镇，61个行政村的11条城乡公交线路，通村比例达64%。城乡用电实行了同网同价，农村电话普及率和有线电视入户率达到了较高水平，2003年，全区农村自来水普及率达到82%。

4.统筹城乡政策配套，社会保障取得新突破，近年来，我区推出了一系列户籍管理改革举措，出台了相关政策，实行按居住地登记户口的管理制度，全面有序地放宽城镇户口迁移限制，推行农村社会养老保险取得进展，截止2003年底，全区累计参保人数达到6.82万人。城镇职工基本养老保险扩覆力度进一步加大，2003年新增参保人数6362名。低保工作实现城乡一体化管理，将符合条件的所有城乡居民纳入低保范围，2003年，城乡居民家庭实施低保对象分别为1314人和1286人。城乡社区卫生服务全面加强，已建社区卫生服务中心11个，服务站51个。合作医疗制度进一步巩固，全区医保覆盖面已达到100%，城乡居民参加合作医疗人数达13.47万人，占应参加人数的72.2%，其中农村12.75万人，占76.4%。农村公共卫生服务深入开展，全区农村自来水受益率80.1%，改厕率86%。

5.环境整治成效明显，城乡生态环境一体化建设步伐加快。我区以开展创建生态示范镇活动为载体，大力发展生态经济，改善城乡生态环境，污水收集主管网已贯通全区，大桥、余新、凤桥、新丰片的污水收集管网先后投入试运行，污水逐步实现集中处理，2003年，全区工业废水排放达标率达到99.5%。围绕水资源保护这个重点，切实加强河道整治工作，对全区89.58公里的河道进行了清淤。以发展效益农业为突破口，全面实施绿色无公害农产品生产技术，规范种植养殖方式和农药、化肥的使用。通过推进“双整治”工作，农村的环境卫生不断改善。

我区已经具备了推进城乡一体化的良好基础和客观条件，但是对照统筹城乡发展，全面建设小康社会的要求，推进城乡一体化还存在一些意识性、体制性、机制性和政策性的障碍因素，主要有：一是思想认识尚不到位。对推进城乡一体化的目的、意义、内容、时机和基础条件等的认识还不到位，或存在不同的看法，二是城乡二元结构矛盾仍较突出。长期的城乡二元户籍制度和其他政策壁垒造成的城乡差别依然较大，城乡居民在收入、就业、教育、生活质量、社会保障、计划生育等方面差距仍很明显。三是产业发展水平不高。我区现有的经济总量仍偏小，人均GDP低于全市平均水平。支柱产业以传统行业为主，规模偏小，布局偏散，产业层次偏低，区域经济发展水平不够平衡。四是市、区行政管理、规划管理等体制尚未完全理顺.在秀城辖区范围内，行政管理权限存在交叉、重叠、分割现象。作为嘉兴市的中心城区，对全区域“一盘棋”的规划、建设和管理仍存在权限等方面的限制，掣肘因素仍较多。五是建设资金缺乏。加快城乡一体化步伐需要大量的资金投入，仅靠财政投入不仅渠道单一而且数量有限，需要探索建立多元化、多层次的投融资机制。

二、推进城乡一体化工作的指导思想、基本原则、总体目标和实施步骤

（一）指导思想

推进秀城区城乡一体化工作的指导思想是：以“三个代表”重要思想和党的十六大、十六届三中全会精神为指导，围绕全面建设小康社会，提前基本实现现代化这一目标，以人的全面发展为核心，以统筹城乡发展为抓手，以推进城市化和农村现代化为主线，加快制度创新和配套政策，努力调整和消除城乡二元结构，逐步实现城乡经济、社会、文化、生态的全面、协调、可持续发展，使秀城人民共享现代文明成果。

（二）基本原则

1.统一规划重点突破原则。着眼全市大局，立

足秀城实际，整体规划426平方公里的秀城。做到规划先行，项目跟进，突出重点，有序推进。按照经济发展水平和现实基础条件，选择交通、劳动就业、社会保障、教育、卫生和工业区等领域先行一步，重点突破，示范带动。

2.政府引导推动和市场运作相结合原则。运用政府和市场两种资源、两种手段，做到有机结合，合力推进城乡一体化进程。

3.城乡双向互动梯度推进原则，通过加快城市化进程做大做强“城”和“镇”，以城镇带动农村。通过加快农业和农村现代化步伐，做精做特中心村，缩小农村，减少农民，城乡互动，一体发展。

4.制度创新和工作创新相结合原则。突破制约城乡一体化发展的体制性、机制性、政策性障碍，探索市域中心区推进城乡一体化的模式和路径。同时，有机整合和双向对接城乡一体化与原有相关工作。

(三)总体目标

我区推进城乡一体化工作的总体目标是：成为嘉兴市制度创新、双向互动的示范区，统筹发展、城乡一体的先行区。到2005年，各类专项规划编制完成，推进城乡一体化的工作机制和推进体系基本建立，道路交通等硬件建设，劳动就业和社会保障，教育和卫生等各线工作的一体化实现突破性进展。到2007年，面上工作整体有序推进，城乡大部分指标实现接轨，初步消除二元结构，基本形成一体化发展格局。到2015年，在全市率先实现城乡一体化奋斗目标。

(四)实施步骤

秀城区推进城乡一体工作，按形成工作机制，初显一体化发展格局，全面实现城乡一体化三个时段组织实施。从工作层面而言：

一是先“虚”后“实”，虚实结合。在深入调查研究的基础上，制定城乡一体化发展专项规划，按规划排项目，分阶段组织实施。

二是以“点”带“面”，点面结合。根据现实基础和财力许可，条线突破，试点示范，以点带面，有序推进。

三是从“硬”到“软”，软硬结合。即从道路等基础设施，产业发展、公共事业和社会进步等项目推进入手，奠定推进城乡一体化的物质基础，通过城乡一体化的客观环境和浓厚氛围来重塑农民、改造农民，实现农民向市民转变。

四是由“小”及“大”，大小结合。通过“路面硬化、路灯亮化、村庄洁化、家庭美化、环境优化”小五化工程，推进“工业园区化、农业功能化、环境生态化、居住社区化、农民知识化”大五化工程，最终实现农业农村现代化。

三、推进城乡一体化的主要任务

到2010年，秀城区推进城乡一体化的主要任务是：

(一)超前规划，统筹城乡空间布局一体化

加强各类规划的编制、整合和统一管理，强化规划的系统性、规范性和可操作性，尽快形成左右配套、上下衔接、管理有序的规划体系。要着眼全区426平方公里，配合嘉兴市编制和实施新一轮城市总体规划和区域城镇体系规划，重点规划好秀城新区包括区行政中心、商贸中心及嘉兴科学城、嘉兴工业区约150平方公里的核心区块。150平方公里以外，要按照人与环境和谐可持续发展的原则，突出文化内涵，体现生态要求，反映区域特色，搞好中心镇、中心村总体规划的编制工作，并与农业农村现代化建设规划、土地利用总体规划、基本农田保护规划、水利、交通等规划相衔接。按照“环境整洁、村貌美化、设施配套、布局合理”的要求，通过适当兼并自然村，改造旧村庄，拆除空心村等工作，进一步强化农村新社区规划建设，加强村庄整治力度，加快小康示范村建设步伐，不断提高农村居民的生活质量。到2007年城市化水平达到70%，新丰、余新两个中心镇镇区人口达到2万人以上。到2010年，全区城市化水平达到75%以上，秀城新区常住人口达到10万人以上，两个中心镇镇区人口达到3万人以上。基本形成秀城新区、中心镇、特色镇、中心示范村、农村新社区各具特色、交相辉映的城乡空间布局一体新格局。

(二)完善网络，统筹城乡基础设施一体化

一是把交通一体化作为推进城乡一体化的突破口，组织实施秀城区2003—2010年公路建设规划，重点推进以区域交通主干网为主的新一轮交通基础设施建设，构筑区内四横四纵主干道体系，尽快形成内外衔接，城乡互通，快速便捷，功能兼顾，城乡一体的现代综合交通网络。到2007年，新增高速公路31.6公里，一级公路110公里，实现镇镇通一级公路。新建、改建镇村公路61公里，乡村公路硬化率、等级率均达到100%。新建、改建村组公路300公里，改造农村危桥452座，全面实现农村交通公交化目标。到2010年，全区所有干线公路达到标准等级化、路面铺装高级化、道路结构网络化，道路两侧绿化、美化和亮化的目标。二是加快城乡供水一体化建设步伐。要积极依托嘉兴城市资源优势，取消以地下水为水源的镇村自来水厂，2005年实现区域城乡供水一体化目标。三是加快城乡燃气一体化进程。积极做好"西气东输"工程的衔接工作，到2005年，市区基本完成燃气管网建设，城市居民管道天然气（液化气）使用率达60%以上，到2010年，达到90%以上。与此同时，加快区、镇间燃气管网的建设步伐，到2007年，各镇都能用上管道气。四是完善电力电讯一体化建设。组织实施一批热电联产项目，启动建设一批输变电及配套设施工程，进一步完善城乡供电网络，提高供电能力和供电质量。依托现有的通讯公司，发挥其资源、资金优势，做好规划衔接，加快管网、基站等设施建设，形成高标准、高质量的城乡通讯一体化网络体系。

（三）提升层次，统筹城乡产业发展一体化

统筹城乡产业发展，充分发挥区域经济的"集聚"和"扩散"效应，努力构筑城乡产业结构合理布局优化的区域经济共同体。一是以提高区域工业经济综合竞争力为着力点，加快融入长三角，积极参与长三角地区经济合作与产业分工。按照工业功能区"整合、扩容、升级"的原则和"功能分区、块状集聚"的要求，科学规划，合理布局，全力构筑新一轮发展平台，"做大、做优、做强"工业经济，努力打造先进制造业基地，创造块状特色经济发展新优势。二是以增强城市（镇）的集聚和辐射功能为出发点，大力发展第三产业。充分发挥中心城区的优势，规划建设一批业态新、起点高、商务功能强、与产业发展相配套的综合性物流基地，加快城市中心商务区传统流通业态的改造提高，大力发展连锁经营、物流配送、电子商务等现代营销方式，拓展三产功能，充分发挥第三产业在加快推进城乡一体化进程中的生力军作用。三是以拓展农业功能和集约化经营为落脚点，加快传统农业向现代农业的跨越。要用工业的理念和企业化的经营模式来发展提升农业，推进农业产业化，重点发展设施农业、观光农业、都市农业、休闲农业和外向型农业，大力拓展其经济、生态和社会文化三大功能，实现农业形态、功能的多样化。四是以促进三大产业在城乡之间的广泛融合为结合点，努力实现城乡经济共同繁荣。秀城新区要努力在商贸、科技、教育、文化、信息等领域完善极化功能，发挥龙头作用，提升核心竞争力。各镇要因地制宜，集聚壮大二、三产业，努力成为各种要素流动的枢纽和创新的孵化器。农村要以农业龙头企业的发展、各类合作经济组织的组建为重点，提高农村经济的集约化程度，逐步实现城乡经济的双向对接。

（四）加大投入，统筹城乡社会发展一体化

一是推进城乡教育科技一体化。统筹城乡教育资源，合理调整学校布局。配合抓好市高中园区建设，把全区的高中段教育集中到高中园区。农村初中教育向各镇集聚，农村小学和幼儿教育向各镇和中心村集聚。加大投入力度，落实以区为主的农村教育管理体制，实施基础教育"区域均衡发展"工程，加大城乡教师双向交流的力度和广度，共同提高城乡教育水平，推进城乡教育现代化。到2007年，全区城乡学前三年幼儿入园率达到95%以上，其中农村90%以上，所有镇中心幼儿园达到嘉兴市乡镇中心幼儿园标准，初中升高中比例达到95%以上，其中农村90%以上。到2007年，着力培养和引进100名高水平的学科带头人和名师名校长，100名高水平教育骨干，1000名青年骨干教师。大力实施科教兴区战略，争创全国科技工作先进区和省科技强区。合理配置城乡科技资源，引导科技资源向农村流入，提升农村科技进步水平。加快国家农业科技园区和嘉兴科技城的建设，通过浙江清华长三角研究院的成功引领，吸引更多的科研院校和高科技企业加盟，推进产学研联合，提升科技创新能力，加速科技成果转化和产业延伸，为全区经济发展提供强有力的科技支撑。二是推进城乡文化体育卫生一体化。积极开展城乡文化交流，加快文化体育设施建设，加大对各镇（街道）、村（社区）文化事业的投入，抓好文化中心、文化室等综合性文化活动场所建设，引导社会力量广泛参与，投资兴办农村文化产业。2005年通过省文化先进区验收。到2010年，80%的镇、街道都要建成建筑面积不小于1000平方米，藏书不少于1.5万册的文化站，成为省级“东海文化明珠”，20%的镇、街道文化站建筑面积不少于500平方米，藏书8000册以上，成为市级“东海文化明珠”，80%以上的行政村(社区)建有群众文体活动场所，中心村要建成建筑面积不小于300平方米，藏书不少于2000册的文化室。加强体育健身设施建设，到2010年，各镇都要建有两场一室(篮球场、门球场或羽毛球场，60平方米以上活动室)，80%的镇成为省级体育强镇。按照城乡一体化的要求，建立健全城乡公共卫生服务体系。重点加强农村社区卫生服务网络建设，到2007年，社区卫生服务网络覆盖率达到100%，居民健康档案建档率达到80%以上，镇村两级卫生机构一体化管理率达到100%。逐步建立农村疾病控制、卫生监督、妇幼保健机构，切实提高农村公共卫生管理水平，有效控制传染病发病率、孕产妇和婴幼儿死亡率，加快农村改水改厕步伐，到2007年，传染病发病率控制在300/10万以下，孕产妇死亡率控制在20/10万以下，婴儿死亡率控制在10‰以下。到2007年，农村自来水普及率达到95%以上，卫生厕所普及率达90%以上。三是推进城乡公共服务一体化。按照城乡一体化的要求，加快建设与农民日常生活密切相关的公用服务设施。2005年在基本普及农村有线电视的基础上，启动宽带网络进村入户工作，到2007年宽带网络基本覆盖农村，并实行一体化的建设、一体化的管理、一体化的服务、一体化的收费。争取到2010年使全区所有镇、村基本纳入城乡一体化的公用设施覆盖范围，实现公用服务资源全社会共享。

(五)健全机制，统筹城乡劳动就业和社会保障一体化

建立健全劳动就业一体化管理服务网络体系。一是加强劳动就业管理服务。实行城乡劳动就业统一规划、统一市场、统一管理，构筑城乡一体化的就业服务信息平台，将就业服务延伸到农村和社区。二是整合劳动就业培训资源。面向城乡劳动力，积极开展就业前引导性培训、创业培训、失业培训和各种技能培训。各镇要充分发挥成校在开展农村剩余劳动力转移培训、农村实用技术、技能培训等方面的主阵地作用. 三是形成城乡劳动力平等就业制度。强化《劳动法》等法律法规的宣传，改变劳动就业歧视性观念，切实消除城乡居民同工不同酬的不合理现象。

努力构筑城乡社会保障相衔接的框架体系，不断扩大社会保障覆盖面，逐步提高农村居民享受标准，缩小城乡差别。一是建立多层次的养老保险体系。综合利用宣传、劳动监察和行政执法等多种手段，加大镇一级养老保险的征缴力度，推进城乡养老保险协调发展。争取到2004年底，实现所有用人单位职工养老保险全覆盖，所有企业职工实行统一的城镇职工基本养老保险制度。按照镇、村和个人三级负担的原则，组织农民参加农村养老保险。要努力探索农村养老保险与企业养老保险政策相衔接的途径. 到2007年底，全区劳动年龄段以上城乡居民养老覆盖面达到70%，2010年达到90%以上。二是深化医疗保险制度改革。建立和完善个人、集体、政府多方筹资，以大病统筹为主的合作医疗保险制度。加大政府对合作医疗的投入力度，扩大覆盖面，提高享受标准，到2005年基本覆盖城乡居民应保对象，到2010年，实现城乡居民合作医疗与城镇企业职工基本医疗保险的基本接轨，实现城乡医疗保障的一体化。三是完善失业保险制度，按照城乡一体化要求，引导农村个体工商户、工商企业、农业企业经营者和从业人员参加失业保险。四是改革传统的城乡社会救助制度. 逐步建立城乡一体化的社会救助体系。1、进一步完善城乡居民最低生活保障制度，扩大覆盖面，逐步提高享受标准，缩小城乡差距，改善贫困人口生活水平。2、抓好城镇“三无”对象和农村“五保户”的集中供养，2005年集中供养率达到100%，逐步将老年人、残疾人、孤残儿童等特殊困难、弱势人群纳入社会福利救助范围，保障其基本生活。3、完善城乡一体化的重大疾病救助制度，加大扶贫帮困力度，到2005年区、镇两级全面建立慈善协会。

(六)城乡联动，统筹城乡生态建设与保护一体化

坚持以人为本,树立科学的发展观。坚持保护与开发并重、城乡联动、工农齐抓,加大环境整治力度,促进经济与人口、资源与环境的协调、可持续发展。一是全面开展生态区、镇和绿色社区创建工作. 按照嘉兴市开展生态市和国家环境保护模范城市创建工作的要求,到2005年编制完成各镇生态建设规划,并积极组织实施。到2007年,60%的镇通过省级生态示范镇验收,30%的社区达到省级绿色社区标准。到2010年,各镇全部创建成为省级生态示范镇,50%的社区达到省级绿色社区标准,全区绿化覆盖率达到30%以上。农村生态环境得到根本性好转,农村居民生活质量明显提高。二是强化城乡环境综合整治。对严重污染环境的投资建设项目,坚决不予审批,从源头上控制新重污染源的产生。切实加强在建项目的环境监督管理,严格执行“三同时”制度。加快重点污染行业和企业的整治,确保工业污染源达标率保持在95%以上,主要污染物排放达到总量控制目标。加大农村环境综合整治力度,进一步加快农业面源污染防治工作,到2005年,启动中心镇生活污水收集和集中处理工作,生活垃圾得到有效治理,空气环境质量稳定在二级。2007年,中心镇生活污水集中处理率达到70%以上,全区所有行政村都要建立卫生保洁制度。到2010年,各镇生活污水处理率均达到70%以上,生活垃圾无害化处理率达到100%,各种废气排放物全面达标。三是积极推进清洁生产,促进污染防治从末端治理为主向全过程预防为主转变。建立健全清洁生产管理体制和实施机制,积极引导企业探索清洁生产新路子,鼓励企业开展环境管理体系认证。四是强化河道整治和绿化造林工作. 着手编制河道整治和绿化造林规划,加大实施力度,逐步实现“河畅、水清、岸绿、景美”的目标。

四、推进城乡一体化的工作措施

(一)加强领导,提高认识

一要建立健全推进城乡一体化工作的组织机构和工作班子,形成上下结合、条块结合、点面结合的工作格局。二要强化宣传,进一步提高各级领导和城乡居民对推进城乡一体化工作重要性、紧迫性、系统性、长期性和艰巨性的认识,培育意识,营造氛围。三要明确分阶段目标任务,落实工作责任制,并强化工作考核。

(二)规划先行,项目支撑

2004—2005年要全面完成城镇体系与生产力空间布局规划等14个专题规划的编制或整合工作。在此基础上,制定实施意见,每年排出“四个一批”即基础设施、产业发展、公共服务和社会发展重点建设项目,以项目来带动和促进规划的落实,进而推进一体化进程。

(三)创新制度,政策配套

一是深化户籍制度改革,完善户籍管理政策。按照“适应经济社会发展,加强户籍管理服务,有效剥离附着于户口上的不合理功能,强化户口证明公民身份、提供人口数据的基本职能”这一总体思路,积极稳妥地推进城乡一体化户籍改革模式。逐步消除依附在户籍上的社会保障、劳动就业、计划生育、服役退伍、文化教育等城乡政策差别,全面建立以居住地登记户口为基本形式,以合法固定住所或稳定职业为基本落户条件,以法制化、证件化、信息化管理等为主要手段的新型户籍管理制度。到2006年基本建立统一的城乡一体化的户籍登记制度,使城乡居民享受同等待遇。

二是加快完善公共财政体制框架,积极探索多元化、多层次的投融资机制。财政投入要做到“四个倾斜”即向交通、水利等基础设施倾斜,向农业、生态环境建设等基础产业倾斜,向农村教育文化卫生体育等社会公益事业倾斜,向农民技能培训、社会保障体系建设等公共福利事业倾斜。同时,要充分发挥市场机制的作用,积极引导外资、民资和工商资本投入城乡一体化建设工程。打破除特定行业的政策壁垒,实现民资参与城镇基础设施和公益、公用事业的“零门槛”。

三是深化征地制度改革,切实保障农民土地收益。完善征地补偿制度,逐步提高被征地人员安置标准,积极探索城乡土地市场一体化的新型土地管理模式。推进土地流转,促进农业的规模化、集约化经营。

四是创新农村集体资产管理制度. 在试点探索的基础上,积极稳妥地推进村级集体资产的社区股份合作制改造,撤村建居,壮大村(居)实力创造条件。

(四)做大城镇,以城带乡

在科学规划和合理定位秀城的城、镇、村体系的基础上,一是尽快做大做强秀城新区(中心商务区),增强其集聚功能和辐射效应,发挥其推进城乡一体化的极化作用。在先行试点的基础上,适时稳妥地开展撤镇建街道工作。二是做精做特中心镇,使之成为城市文明向农村延伸、传递的桥头堡和过渡区。三是做优中心村。加快撤并行政村和撤村建居的步伐,整合中心村庄和自然村落,逐步形成布局优化、道路硬化、路灯亮化、卫生洁化、河道净化、村庄绿化的社会主义新农村、新社区。

第三节　重要文件选录

收录市委、市政府和区委、区政府有关区经济和社会发展的重要文件9份。

中共嘉兴市委　嘉兴市人民政府
关于加快嘉兴中心城市发展的若干意见

嘉委〔2001〕33号

各县(市、区)委、县(市、区)人民政府,市级机关各部门,市直属各单位:

为了贯彻落实《浙江省城市化发展纲要》和《嘉兴市国民经济和社会发展第十个五年计划纲要》,加快推进我市的城市化进程,尽快把嘉兴建设成为长江三角洲的经济重镇、上海南翼的港口新市、江南水乡的文化名城。现就加快嘉兴中心城市发展提出如下意见:

一、深化认识,理清加快中心城市发展的思路

1.加快嘉兴中心城市发展的总体思路。根据嘉兴的区位条件、自然环境、经济社会发展现状以及《浙江省城市化发展纲要》提出的规划要求,加快嘉兴中心城市发展的总体思路为:坚持深化改革和扩大开放并举,坚持规模扩展和功能提升并重,加快发展秀城新区、秀洲新区、嘉兴经济开发区和南湖、湘家荡旅游区四个城市增长点,加快培育制造业、商贸物流业、教育业、房地产业和旅游业五个产业支撑点,优化组合新丰、余新、王江泾、新塍、洪合和王店六个卫星镇,完善城市总体规划,调整生产力布局,加大城市基础设施建设和生态环境建设,促进中心城市总量扩大、流量增加和质量提高,到2005年中心城市人口达45万,2010年达55万,成为市域具有现代气息和充满活力的政治、经济和文化中心。

2.科学规划,合理布局,优化中心城市发展架构。

嘉兴中心城市在经济结构上坚持一、二、三产业共同支撑,走工贸型综合发展的道路;抓紧城市总体规划的修编,在空间结构上依托基础设施的通达和生态连接,形成一主(中心城区)六组团(六个卫星镇)的发展格局;功能结构上注重合理布局,集聚发展。城市工业向城市的东片和西北片集聚;一环以内老城区和中山西路沿线作为中心商务区,集聚发展金融、商贸和新兴服务业;沿中环南路分别建设大学城、行政中心和文化中心;环南湖、沿环城河、湘家荡以及中心城区到各卫星镇沿线建设生态区,重点发展旅游业;秀城新区和秀洲新区建成中心城市的两个新区(副中心),六个卫星镇作为中心城市城市工业、特色经济的配套区和农村人口的集聚区加快发展。

二、促进产业集聚,增强中心城市的产业支撑和经济实力

3.合理调整中心城市生产力布局,鼓励企业向中心城市工业区集聚。抓紧制定出台中心城市生产力布局规划。在规划修订中要着重安排好工业发展用地,合理布局工业园区,促进产业集聚。在维护规划统一性的基础上合理安排秀城、秀洲两区参与中心城市开发的空间。同时把六个卫星镇的生产力布局纳入中心城市范围进行同步规划。

市区新办工业企业或因旧城改造、技术改造需迁建和扩建的企业,原则上要安排到工业区内兴建。对进入工业区的企业,在土地出让等方面给予优惠。老企业搬迁后利用腾空厂区进行开发的,其增值部分在缴纳各项规费后,拿出一定比例用于企业的搬迁或技改。

4.实行建设用地向中心城市倾斜,向工业发展用地倾斜。加强建设用地宏观调控,全市建设用地

指标除确保国家和省重点建设项目外，适当向中心城市倾斜，向工业发展用地倾斜。工业区需要增加用地指标可向土地管理部门申请有偿调剂，允许工业区启动区内的区块土地进行不带项目按规定分批次报批预征。分散在农村的乡镇工业企业在确保原企业占地退建复耕的前提下，可在工业区等量置换新建设用地。加大土地整理力度，新增用地指标主要用于开发区和工业区的开发建设。

5. 加快各生产要素向中心城市的集聚。充分发挥我市紧邻上海国际金融中心的优势，积极利用外资银行融通资金，各级政府要积极探索建立健全贷款担保机构，改善资金融通环境。探索建立综合性的产权交易市场，扩大市场交易的品种、领域和范围，统一制定交易规则，把国有、集体资产产权交易、土地、房产、车船交易转让、个私企业资产交易转让以及各类技术成果的交易转让等全部纳入其中，形成统一的市场体系，促进各类资源的优化配置和盘活流通。规划建设一个人才和劳动力市场区，组合现有的人才市场和劳动力市场，扩大市场规模，丰富交易内容，规范市场行为，实现资源共享。

6. 努力提高中心城市的教育服务功能。进一步调整学校布局，加快农村高中段学校向市区搬迁，提高市区教育的集聚度。充分挖掘现有教育资源的潜力，加快新区配套学校建设步伐，努力扩大义务教育阶段招生规模，使所有具有嘉兴城市户籍的适龄学生能就近入学。走多元办学的路子，大力发展社会力量办学。加快嘉兴高教园区的规划和建设，尽快建设一个能容纳多所大学，学校之间互相开放，设施共享的现代化高教园区。“十五”期间争取把嘉兴学院办成规模超万人的综合性大学。

7. 建设浙北物流中心，增强商贸物流功能。加强中心城市商贸流通设施建设，更新业态，完善布局。突出进出口贸易重点，加快嘉兴海关直通监管点综合性物流基地建设；突出木材市场、粮食批发市场和集装箱运输的重点，加快嘉兴（乍浦）港综合性物流基地建设；利用沿二环西路（原320国道）5个重点市场的异地迁建，加快城西综合性物流基地的建设；茧丝绸市场、嘉兴车城、洪合羊毛衫市场、南方丝绸市场要进一步拓展规模、提升层次、扩大影响。

8. 不断增强城市的综合服务功能。积极培育和发展咨询、经纪、会计、财务、法律、评估、会展等服务组织和第三方物流企业，为企业提供高效便捷的生产经营服务。抓紧建设嘉兴“三馆”，继续加快广电、通迅、信息网络的发展，增强城市的文化、信息服务功能。加快医疗制度和医疗单位的改革，加强特色专科建设，提升医疗水平，扩大医疗规模和覆盖面，增强城市的吸引力。以社区为中心，完善配套家政、医疗等服务体系，增强社区的综合服务功能。

三、深化户籍制度改革，促进人口向中心城市集聚

9. 实行居住地登记户口的管理制度。在中心城市和卫星镇实行居住地登记户口。凡在中心城市和卫星镇有合法固定场所、稳定职业和生活来源，可申请转为城镇户口。城中村农民、城郊耕地被征用的农民，在处理好有关政策的前提下应转为城镇户口。在城镇从事非农产业的农民，可在实际居住地登记为城镇户口。

10. 实行购房落户和投靠落户。放开购房面积和准迁人数限制，凡在城镇购买房屋，本人、配偶及随同住的直系亲属，可办理准迁手续。18周岁以下未成年人申请购房落户，须由监护人随同迁移方可申报立户。新生婴儿申报户口实行随父随母自愿。对合法收养的子女，可办理准迁或落户手续。夫妻之间投靠、子女投靠父母、父母投靠子女、三代内旁系亲属投靠的，凭相关证明，可办理准迁手续。

11. 积极鼓励技术移民、投资移民和“安居”移民。对全市范围内引进的科技人才，准许其本人、配偶及随同居住的直系亲属办理迁移或落户手续。大中专毕业生、各类职业学校（含职业高中）毕业生，均可办理落户手续。放开投资金额限制，对个人在城镇投资、兴办企业（包括企业迁址），允许其本人及随其共同居住的配偶、子女和父母在投资地落户。在中心城市和卫星镇务工的本市农民，凡与务工单位签订劳动合同并已办理社会保险、交纳养老金的；经商人员已依法申领营业执照并办理社会

保险、交纳养老金的，均可在单位集体户、店铺开设地或者住所地落户。积极鼓励“安居”移民，吸引外地大中型工矿企业来嘉兴建立后勤生活服务区，并在用地、户籍登记、子女入学等方面提供同等优惠和便利。

12.鼓励农民进入中心城市。农民转为城镇居民户口后，享受城镇居民同等待遇。同时，允许保留土地承包经营权，承担相应的权力和义务，并鼓励其依法转让经营权。大胆实践，不断创新经营权的保留方式和流转方式。农民进城后，自动放弃农村土地承包权，可以享受城市居民最低生活保障。农民从转成城市居民户口之日起，原则上执行城市居民的生育政策。在办理城市居民户口时，经批准已怀孕的，允许其生育；已批准生育二孩未怀孕的，生育指标可保留一年。农民进六个卫星镇落户，从转成小城镇居民户口之日起，允许其在三年内继续执行农村生育政策。

13.深化农村宅基地政策改革。逐步迁建三环路（100平方公里规划控制区）以内的农村居民点，向城市新区和中心城市集聚。停止控制区内农民宅基地原拆原建的审批，在秀城新区、秀洲新区和六个卫星镇区内统一规划建设农民新区或农民新村，农民在签订退宅还耕协议（允许有一个过渡期）的前提下，经核准可按比例在农民新区或农民新村置换城市建房用地指标，也可直接按拆迁补偿的形式处理。

14.加大撤村建居力度。撤村建居的范围为嘉兴市区、六个卫星镇建成区内的行政村和市区、六个卫星镇规划控制区内人均耕地少于0.4亩的行政村，已改设街道的下辖村也要积极推进村改居的步伐。撤村建居后将农业户口就地登记为城镇居民户口。要妥善处置原集体资产，除了剥离用于困难户救济、社区建设和养老保险等以外，以股份化方式改造或量化给个人。

四、深化体制改革，提高经营城市和管理城市的水平

15.加大财政体制改革。要打破原来财政各自为政的格局，按照“税收属地征管，市、区合理分成，全市统一平衡”的原则，创新财政体制，以理顺关系，调动各方面积极性。市、区两级政府要加大财政对城市建设的投入力度。采取注入资本金和财政贴息等办法，加大对城镇基础设施和社会公用设施建设的投入，并运用政府信用通过借款及发行股票、债券等方式进行直接融资，扩大城市重大基础设施项目融资的份额。

16.进一步理顺市与区、区与镇的管理体制。优化组合洪合、王江泾、余新、新丰、王店、新塍六个卫星镇，其行政隶属关系不变，只将六个卫星镇规划区（建成区）纳入嘉兴中心城市版图。按照集权与分权相结合、财权与事权相统一的原则进一步理顺市和区、区和区、区和镇的管理体制。近期要尽快理顺经济开发区和湘家荡旅游度假区的管理体制。

17.探索长效管理机制，理顺城市管理体制。进一步完善市、区两级事权划分，逐步完善两级政府、三级管理、四级网络的城市管理体制，扩大街道管理权限，城市管理逐步过渡到以街道与社区管理、社区服务为主体。相对集中归口有关城市管理的行政执法权，实行综合执法，提高效率，进一步提高城市管理水平。

18.积极运用市场经济手段经营城市。优化配置城市资源，把城市可以用来经营的存量资产和生产要素推向市场进行重新组合和优化配置，充分发掘城市基础设施及其外延的增值潜力，促进投资资金的保值增值和滚动发展。对城市道路、桥梁、引水排水设施等，大量推行“谁使用、谁付费”的有偿使用原则，通过出让或拍卖经营权或租赁承包的形式，盘活这部分城市资产；对城市基础设施的外延产品，如道路广告，包括空间广告、路灯广告和跨街广告等的经营权全面实行有偿转让或拍卖。有偿转让公园、街道、城市道路、桥梁、公交停靠车站、城市雕塑等公共建筑冠名权，多渠道筹集城建资金；对供水、燃气、公交等公用行业可以实行企业股权有偿转让，有关无形资产进行公开拍卖等。城市国有资产的有偿使用和转让所得，全额再投入城市建设中，以形成新的城市国有资产，实现城市建设投入产出的良性循环，促进城市国有资产规模和总量不断扩大。

五、加强组织领导，全力推进中心城市的快速发展

19.加强组织领导。转变政府职能，把加快中心城市建设作为市委、市政府今后几年重点工作之一。市区两级领导要集中精力抓中心城市建设，市委、市政府要每年确定中心城市建设目标，定期召开会议，及时研究、协调和处理加快中心城市发展的重要问题。要成立若干工作小组，由市政府各分管领导牵头，分头做好有关工作的组织实施。近期要对中心城市发展的几大产业支撑问题，研究制订具体实施方案。

20.强化考核监督。加快中心城市建设要落实任务，明确责任，做到年初有目标，期中有检查，年末有考核。把加快中心城市发展作为各级领导年度目标责任考核的重要内容之一，经济开发区、秀城区和秀洲区要增加这方面考核内容，充分调动三个区加快中心城市发展的积极性。

中共嘉兴市委
嘉兴市人民政府
2001年12月31日

中共嘉兴市城区区委 嘉兴市城区人民政府关于进一步加快改革开放和经济发展的若干意见

城委〔1992〕78号

为了贯彻落实邓小平同志的重要谈话和中央政治局全体会议精神，进一步加快改革，扩大开放，力争我区经济更快更好地上一个新的台阶，根据省委、省政府和市委、市政府关于加快改革开放和经济发展的若干意见，结合我区实际，提出如下意见。

一、加速经济发展，再上新的台阶

第一、经济是中心，发展是硬道理。一切工作都要服从于、服务于经济建设。全区上下要进一步解放思想，转变观念，振奋精神，形成合力，勇于拼搏，开拓创新，抓住当前有利时机，充分发挥我区优势，以提高国民经济整体素质为中心，着力做好“打基础、上水平、增效益”的文章，在发展中求提高，在提高中促发展，努力推动我区经济再上一个新的台阶。集中力量把经济搞上去，争取提前三年实现我区“八五”计划提出的国民经济发展的主要目标。在稳定发展农业、提高经济效益的前提下，今年工业总产值超过5亿元。力争工业总产值在1991年4.16亿元的基础上，三年翻一番，1994年达到8.3亿元。“八五”期末，力争工业总产值突破10亿元。

第二，加快科学技术进步。增加科技投入，依靠科教兴区，提高经济效益。“八五”期间，企业以技改为主的投入平均每年不少于5000万元，科技进步因素在工业产值增长中的贡献份额争取达到35%左右。科学事业费、教育事业费和用于科技三项经费支出，要逐年有所增加。工业产品销售率、资金利税率、净产值率、成本利润率、全员劳动生产率等10项经济效益考核指标达到全市平均水平。

第三，加快经济结构调整。花大力气调整产品结构，积极稳妥地调整企业结构。努力开发新产品，提高产品质量，进一步扶持重点骨干企业，促进企业上规模上水平。到“八五”期末争取形成在市场有较大覆盖面的名优产品10只以上；500万元以上年产值企业60家，其中1000万元以上年产值企业30家。同时，按照城郊型农业的要求，大力优化产业结构。在保证完成国家粮食任务和农民用粮的前提下，根据市场的需求和本地资源条件，积极发展多种经营，加快“菜篮子”工程建设，推进“种养加”全面发展，突破创汇农业，努力探索高产、优质、高效农业的新路子。

第四，加快外向型经济发展。实行全方位对外开放，大胆引进外资，大力发展外贸、外经，实行小中大一起上，合资、独资、合作企业一起上，劳动密集型与科技型项目一起上。今年实现外贸收购额5000万元人民币、“三资”企业达到16家；1993年在1991年的基础上，力争翻一番，外贸收购额达到8000万元、“三资”企业达到22家以上。1994年外贸收购额突破1亿元。到“八五”期末，外贸收购额占工农业总产值12%以上。

第五，加快三产业发展。充分调动各方面的积极性，国家、集体、个人一起上，重点发展商业、饮食、居民服务、文化卫生事业、房地产、信息咨询、会计律师事务、技术服务和农业社会化服务体系。“八五”期间，商业、饮食、服务业的营业（销售）额力争每年递增20%以上。到“八五”期末，第三产业增加值占国民生产总值的比重和就业人数占社会劳动者总人数的比重，力争达到全市平均水平。

二、加大改革开放，搞好配套改革

第六，转换经营机制，把企业进一步推向市场，真正成为自主经营、自负盈亏、自我发展、自我约束的商品生产者和经营者。为此要进一步完善企业多种形式的承包经营责任制，搞好企业内部的劳动制度和分配制度的改革，健全审评制度，发挥灵活机制的优势。商业、供销企业要搞好“四放活”改革。允许小、穷、亏企业实行租赁、拍卖。对一些长期亏损企业，允许个人承包经营。

第七，鼓励、提倡和积极推行股份合作制试验。原集体企业允许外单位、本企业职工及社会个人参股，转办为股份合作企业。一些小、穷、亏企业可以采取租赁、拍卖等其他方式，转为股份合作企业。新办股份合作企业，可以全部由单位合股，可以全部由职工（或社会个人）合股，也可以由单位和个人混合参股。在国家没有制定新的政策、法规之前，有关工商登记、财务、税收、信贷、招工等方面，原则上仍参照乡镇集体企业的有关政策办理。为鼓励职工和社会个人参股，在试验阶段，股份合作企业的所得税，经财税部门批准，可减半征收。职工或社会个人获得的红利暂不征收个人调节税。

第八，推进农村改革。重点是继续稳定家庭联产承包责任制，不断完善统分结合的双层经营体制，积极发展社会化服务体系，进一步壮大村级集体经济。力争“八五”期末有30%以上的村达到小康要求。积极调整农业结构，引导农业走向市场，试办高产、优质、高效农业实验区。为推进农业社会化服务，鼓励区、乡农业事业单位兴办种养业、加工业以及农贸结合、农科教结合、产销一体化的服务实体，实行企业化管理，独立核算，自负盈亏。

第九，搞好配套改革。抓紧企业职工、待业社会保障制度以及公费医疗制度的改革。住房制度的改革按照市政府的部署要求进行。

第十，鼓励横向联合。外省、市〔包括所属县（市、区）〕以资金、设备、材料、技术在本区新办独立核算的联营工业企业，对方投资比例或利润分配比例在30%以上（含30%），联营时间3年以上，报经，财税部门批准，给予免征产品税、增值税和营业税1年、所得税3年照顾。本区与各县（市、区）之间新办独立核算联营工业企业，报经财税部门批准，给予免征产品税、增值税、营业税1年、所得税2年的照顾。本区乡镇（街道）企业与市本级大中型企业和骨干企业新办独立核算的联营工业企业，报经财税部门批准，给予免征产品税、增值税、营业税1年照顾。符合上述条件的原有联营企业，如按规定纳税有困难的，在确保比上一年税收实际入库数有一定增长的前提下，报经财税部门批准，对增长部分可给予减免部分产品税、增值税、营业税和所得税照顾。

与科研单位、大专院校建立科技生产联合体、中试基地与联营企业，除享受横联企业优惠政策外，在试制和中试期间免征一切税费。为鼓励企业与浦东区内企业横联，对实行“先分后税”的，其返回利润按浦东新区的税率计征所得税。

三、改善投资环境，扩大对外开放

第十一，积极参与浦东开放开发。全区筹集资金参加全市到陆家嘴金融贸易区创办企业。同时鼓励乡、街道和工商企业挤进浦东，到陆家嘴金融贸易区设“窗口”，到金桥加工区和外高桥保税区办出口增值加工企业。到本市台商外商投资区办“三资”企业。以良好的投资环境和优惠政策，吸引台商、外商前来投资，增加出口创汇。

第十二，鼓励外贸出口和兴办“三资”企业。(1)对引荐外资项目的个人，项目办成后，征得外商同意，按引进资金额的1—5‰由企业进行奖励。(2)对境外投资者的国内亲属可以适当安排“农转非”。投资额在10万至30万美元的，可安排其国内亲属1人；30万至50万美元的，可安排2人；50万美元以上的。可安排3人。(3)对介绍外贸出口业务并获得成功的引荐人员，可按实际收汇额的2‰给予奖励。(4)对乡、街道创办“三资”企业，按其创办个数和投资额度，对乡、街道党政主要领导、分管领导、工业主管部门的主要负责人，以及对区、乡、街在外经外贸工作中作出显著成绩的主要贡献者，由区政府分别予以奖励。(5)对乡、街道的外贸收购额比上年增长部分，允许其按新增部分实绩的1‰以内，对有关有功人员进行奖励。

第十三，积极建立各乡和街道工业小区。通过结构调整和技术改造、新上项目，有计划地使企业相对集中，在全区逐步形成不同层次的、各具特色的小区群体，以发挥综合规模效益。

第十四，加强经济部门、企业同外经外贸部门、单位和经济特区、内地、边境地区的经济、技术交往。鼓励企业到经济特区、内地和边境地区设“窗口”。积极参加边境贸易。支持企业到国内、境外设“窗口”、办企业，承包工程，扩展技术劳务输出。

第十五，鼓励引进项目、资金、技术。凡为我区企业引进项目、技术、资金者，受益单位可按经济效益大小，给予一定的奖励。(1)对引进项目者，除引荐外资项目按十二条奖励外，其他项目凡符合国家产业政策，经可行性研究论证通过，根据项目投资数额，可分别给予项目直接介绍人2000元以内的奖励。项目投产后，可按产生，效益之年税后利润1—5%，给予项目直接介绍人一次性奖励。(2)对引进资金者，按资金利率高低，可分别给引进者以资金额的0.5—1%的一次性奖励。(3)对引进技术者，可参与受益单位新增利润分利，也可按年新增利润5—20%给予一次性奖励。

四、推进科技进步，增强企业后劲

第十六，加速科技成果直接转化为生产力。鼓励企业多渠道筹集资金，增加技改投入，引进新技术、新设备，开发新产品。区设立新产品开发奖、产品创优奖、企业管理奖、科技进步奖、经济效益奖，促进企业上规模上水平；鼓励创办民办的和企业办的科研机构，发展科技咨询业、信息业和各类技术服务业，加强科技推广网络建设。

第十七，鼓励企业大力引进人才，发挥人才的作用。建立区人才交流服务中心。凡大中专毕业生以及具有专业技术职称的技术人员和其他在经营管理等方面有一技之长的人员，自愿到我区企业工作的，其行政、户粮、工资关系可挂靠在区人才中心。其报酬实行“上不封顶、下必保底”。工资可在原工资级别的基础上，按技术职称高低，向上浮动2—4级。奖金、福利、住房待遇从优。

凡在企业的专业技术人员和其他有一技之长的人员进行科技开发的，在开发项目投产后，为企业年创税后利润10万元以上的，除了授予荣誉称号外，分别予以重奖。(1)自己研究开发的项目，奖给该项目年税后利润的8%，3年有效；(2)消化、吸收本区尚未使用的新技术(或成果)的，奖给该技术(或成果)转化为产品后年实现税后利润的6%；(3)本区(或区外)科技人员业余在本区企业从事科技开发或成果转让的，可按高出上述标准2个百分点的数额给予奖励；(4)对有突出贡献的专业技术人员，经乡、街道申报，解决其本人或家属、子女“农转非”1人，或奖励住房1套；(5)凡科技开发项目为企业年创税后利润超过50万元的，除上述奖励外，经区政府批准另行奖励3—5万元；超过100万元，奖励6—15万元；超过200万元的，奖励20—50万元。科技开发项目投产后年税后利润不足10万元的，可由乡、街道酌情给予奖励。以上各项奖金，在企业实现利润中支付，不受奖金额度限制，免征个人收入调节税。

第十八，鼓励企业大力培养人才。到“八五”期末。重点骨干企业的大专、中专、职高毕业生分别达到占职工总数的1%、2%和4%以上。支持职工利用业余时间参加学习，取得国家承认的毕业证书的，由企业发给大专不低于500元、中专不低于300元的一次性奖学金。企业自已培养的大、中专毕业生，凡取得专业技术职称的，在本区企业工作符合条件的，其工资、奖金、福利等待遇可参照引进专业技术人员的优惠办法执行。未取得专业技术职称之前，可实行学历津贴。

第十九，鼓励企业厂长、经理和其他经营管理人员，推进科技进步、提高经济效益。对做出显著成绩的，经各级主管部门批准，其工资报酬可超过职工工资的1—5倍，并同承包经营合同相衔接。其中做出突出贡献的人员，经乡、街道或区主管部门申报，经区府批准，在授予荣誉称号的同时，分别给予帮助安排本人或家属、子女“农转非”、或奖励住房、或在企业税后利润中提取一定比例的奖金等重奖。

第二十，加强扭亏增盈工作。各乡、街道企业亏损面和亏损额下降或上升，同对乡、街道党政领导和分管工业负责人的奖罚挂钩。鼓励专业技术或经营管理人员承包亏损企业，凡扭亏增盈成绩显著的，可按扭亏后增加的税后利润提取10%至30%奖给承包者。

五、进一步搞活流通，大力发展第三产业

第二十一，进一步搞活商业。大力发展多渠道的批发商业，除极少数国家明文规定的专营商品外，鼓励有条件的国营、集体企业从事各种批发业务，进行企业多元化经营，鼓励各类物资经营企业跨地区、跨行业经营，进入全国各类市场。允许个体工商户和私营企业从事各种放开商品的批发。

第二十二，进一步搞活农产品流通。鼓励农村集体经济组织和农民个人以多种形式组织起来，进入流通领域，积极发展农产品多渠道经营。提倡农业部门和有条件的乡村举办农业开发公司、农业技术服务公司、蔬菜服务公司等，提供销售、生产、技术一条龙服务。

第二十三，大力培育和发展市场。在积极改造、扩大现有农贸市场的同时，将工业小商品市场更名为“秀州商城”，实行批发为主，批零兼营。凡进场经营的单位和个人，一年免交税收和管理费，两年减半征收。其他有条件的乡村和街道新建的小型专业市场，自开张营业起，经财税部门批准，可给予减免部分营业税。

第二十四，大力发展第三产业。充分利用地域优势，采取区、街（乡）、居（村）三级一起上，商业、供销、农业、乡镇企业、经济协作、劳动就业、交通、城建、民政、文教、科技等部门一起抓。要进一步占地扩点、加快商业网点建设，国合商业按营业额5‰提取网点设施建设费。对新办第三产业，工商管理、财税、金融等部门予以支持。对一些新办的第三产业企业，确有必要时可按产业政策在一定时期内缓征、减征所得税。对新办的第三产业企业或原有第三产业企业进行改造，在还贷期间，纳税确有困难的，经财税部门批准，可减免营业税和所得税。对居民委办的企业，年利润不足1万元的，继续给以减免所得税照顾。允许农民自理口粮，进城从事第三产业。继续兴办和办好夜市。

第二十五，积极进行土地使用制度的改革和房地产开发。创造条件实行建设用地有偿出让。大力加快房地产开发，允许外商、外地单位按照城市的统一规划，来我区投资开发房地产业。

第二十六，组建金融机构。积极创造条件，争取建立区金融机构，拓宽融资渠道，千方百计筹集资金。

六、转变政府职能，改革人事制度

第二十七，切实转变政府职能。按照“小机构、大服务”的改革方向和政企职能分开以及精简、统一、效能的原则，积极进行机构改革、转变政府职能，进一步理顺区与市、区与乡、街道，政府与企业的关系，简政放权，加强和改善宏观调控，精简机构和人员，试办与行政管理职能脱钩的经济服务实体。

第二十八，积极推进干部人事制度改革。努力形成人才脱颖而出的机制和环境。按照干部“四化”方针和德才兼备的原则，大胆选拔坚持党的基本路线并有政绩的人进入各级领导机构和领导班子，敢于选拔和大胆使用富有开拓精神的优秀中青年干部；注意保护勇于改革开放，能把工作搞上去但又有某些失误的干部；拓宽用人的视野，完善考察干部和招聘录用干部的办法；进一步解决干部能上能下的问题，促进干部交流。鼓励干部到基层企事业单位工作，发挥才干。允许党政机关、群众团体和事业单位干部、职工辞职创办经济、科研、服务实体；自愿到本区乡镇企业和亏损企业工作的，按干部管理权限，经组织批准，允许带薪留职和保留原单位编制，时间一般为2—3年。

第二十九，要始终不渝地坚持两手抓。在加快改革开放和经济发展中，进一步加强党的建设，加强社会主义精神文明建设，加强民主法制建设，加强社会治安综合治理。全区各个方面、各个部门都要自觉地贯彻党的基本路线，围绕经济建设这个中心，切实转变工作作风，为改革开放和经济建设热情服务、保驾护航，创造良好的社会政治环境。

第三十，要用足、用活、用好政策。各乡、街道和各部门，都要腾出主要精力，多办实事，狠抓落实，保证上级党委、政府和区委、区政府各项政策措施到位，并可根据自己的实际，制订具体实施意见。

中共嘉兴市城区委员会

嘉兴市城区人民政府

一九九二年七月十四日

中共嘉兴市秀城区委
关于印发《嘉兴市秀城区农村奔小康
工作规划》的通知

各乡党委，区级机关各部门党委（党组）：

现将《嘉兴市秀城区农村奔小康工作规划》印发给你们，请结合实际，认真贯彻执行。

落实《嘉兴市秀城区农村奔小康工作规划》是贯彻执行党的十四大和十四届三中全会决议及省第九次党代会精神的一个具体步骤，也是加快我区社会主义新农村建设步伐，实现我区经济新飞跃的一个重要组成部分。各级党组织要高度重视，按照区委的统一部署，认真组织，开展好农村奔小康活动，以确保规划的顺利实施。

中共嘉兴市秀城区委员会

一九九四年三月二十六日

嘉兴市秀城区农村奔小康工作规划

（1993—1997）

为了加强我区农村"两个文明"建设，全面实现省、市委提出的九十年代农村工作的主要任务和奋斗目标，根据市委关于开展"南湖之乡奔小康"活动的精神，结合我区农村实际，特制定本规划：

一、指导思想

以邓小平同志建设有中国特色社会主义的理论为指导，认真贯彻落实党的十四大和十四届三中全会精神，紧紧围绕经济建设这个中心，切实加强以村党支部为核心的村级组织配套建设和党员队伍建设，动员和组织各方面的力量，积极开展"我为秀城添光彩"和"争优夺标"活动，一步一个脚印，扎扎实实奔小康，自觉按照规划目标，不断深化农村改革，大力发展商品经济，全面推进社会进步，努力加快社会主义新农村建设的步伐。

二、小康标准

1.经济繁荣兴旺，农村各业协调发展，农工商综合经营。全村年人均经济总收入在6000元以上。集体经济具有较强的调节经济、协调社会发展的能力，并有一定规模的村办集体企业和农业开发项目，集体自有可支配资金人均达到130元以上，农村商品经济发达，"一优两高"农业较快发展，第二、三产业和外向型经济比例上升，农村商品率达到80%以上，无抛荒耕地。

2.物质生活比较丰裕。农民年人均收入2000元以上，人均生活消费大体接近城镇水平，居住环境改善，农村人均住房面积达到20平方米以上，其中砖混结构住房面积比重不少于90%，减少占用土地，提高居住质量，做到舒适、实用、美观。

3.社会服务体系健全。统分结合的双层经营体制得到稳定和完善。家庭联产承包为主的责任制稳定，各业承包合同管理规范，农业发展基金制、农业合作基金制、农业劳动积累工制、农业承包款上交等制度落实，集体经济内部经营机制比较灵活；农业社会化服务功能比较强，实用科技普遍推广。村级财务管理制度健全。

4.精神生活充实。村民文化活动有场所、有设施、有安排，经常化。电视机普及率广播入户率达100%。普及九年制义务教育，文盲降低到10%以下。爱国家、爱集体、爱社会主义成为农民的行为准则，法律常识得到普及，群众遵纪守法，社会风气良好，人们思想健康向上，村民安居乐业。

5.各项社会事业全面发展，人人享受初级卫生保健，坚持计划生育，少生优生，做到无计划外生育，提倡晚婚晚育。人口自然增长率控制在8‰以下。社会保障落实，村民养老保险逐步扩展，优抚对象待遇落实，"四残"人员生产生活得到保障，社会福利保障事业比较健全，养老敬老，公益事业发展，村容村貌美观整洁，主要道路硬化平整，村民饮用清洁水，土地资源和生态环境得到有效保护。

6.以党支部为核心的村级组织比较健全。有一个执行党的基本路线坚决、领导两个文明建设能力强、思想解放、工作开拓、公正廉洁、团结战斗、能带领群众坚定地走共同富裕道路的党支部领导班子。村委会、经济合作社、团支部、妇代会、民兵等组织健全，职责明确，关系协调，能够积极发挥作用。党内生活制度健全，围绕中心开展活动经常，党员教育管理行之有效，党员先锋模范作用明显。发展党员工作有制度、有规划、有措施，要求入党积极分子队伍不断扩大，党员队伍素质不断提高，党组织活力不断增强。

三、目标规划

按照省委八届八次扩大会议提出的“到八五期末争取基本达到小康水平，到本世纪末争取达到目前中等收入国家水平”的奋斗目标，和市委提出的全市农村在98年全部实现小康的要求，我区农村工作总的目标是，到八五期末全区有80%左右的行政村达到小康标准，到1997年底全部达到小康水平。具体规划：全区93年要有9个村达到小康标准，占12%；94年要有17个村达到小康标准，占25%；95年要有28个村达到小康标准，占40%；96年有7个村达到小康标准，占10%；97年有7个村达到小康标准，占10%。

四、工作措施

1.认真搞好宣传发动，使奔小康活动成为广大村民的自觉行动。全区各级党组织要组织人员，安排力量采取多种形式，大力宣传农村奔小康活动的目的意义、指导思想、具体标准和工作措施等，使之家喻户晓，人人皆知。要造成声势，讲究实效，大力宣扬在奔小康活动中涌现出来的新人新事，弘扬先进，激励创业；要积极开展多层次、多形式的“奔小康”主题竞赛和比学赶帮超活动，充分调动广大党员、干部和群众的积极性、主动性和创造性，使农村奔小康活动成为每个村民的自觉行动。

2.积极寻求新的增长点，大力发展与壮大村级经济。奔小康的关键是要大力发展村级经济，使村民尽快富裕起来，所以，乡村两级党组织都要坚持党的基本路线不动摇，按照邓小平同志建设有中国特色的社会主义理论，进一步解放思想，更新观念，敢闯敢试敢冒，积极寻找新的经济增长点。继续坚持“三个有利于”标准，采取各种形式，落实各项措施，调动各方面力量，大力发展与壮大村级经济。党委要继续坚持重点扶持政策。发挥骨干企业的龙头作用，从人力、财力、物力支持村级经济发展。村支部要牢牢把握发展经济的主动权，坚持从本村实际出发，因地制宜，扬长避短，选定新的经济增长点，做到宜工则工、宜农则农、宜副则副，立足本地，调整结构，发挥优势，乘势而上，不断增强经济实力。

3.不断加大改革力度，努力促进社会生产力的发展。要坚持发展是硬道理，不断深化农村各项改革，努力促进社会生产力的发展。要积极推行股份合作制，放活“小、微、亏”企业，发展个体私营企业，要千方百计增加投入，吸引外资，重视科技，引进与用好人才，要建立和完善考核激励机制，充分调动村、厂干部和职工群众的生产积极性、主动性和创造性；要继续完善双层经营、强化社会服务体系。在稳定粮食生产的同时，大力发展种植业和养殖业，提高投入产出的经济效益，推动“一优两高”农业发展。

4.切实加强村级班子建设，使村党支部真正成为领导经济建设的指挥部。要树立新的用人观念，确立以胜任领导市场经济、带领群众致富为主要内容的选人用人标准，大胆启用那些政治思想好、工作热情高、懂经营、善管理、作风实、致富有方的年轻人，充实到村支部班子中去，切实加强以村党支部为核心的村级组织配套建设。特别要选好配好“领头雁”。对工作不主动、不能带领群众致富的，经教育不改的，坚决予以调整，对年老体弱，不胜任新形势工作的，应及时调换；对内部一时无人选的，继续采取“回请、外调、下派”等方法，认真加以解决。要加强对班子人员的政治业务培训，提高他们的组织才能和驾驭经济工作的能力，并认真做好村干部后备队伍的建设工作，采取有力措施，促使少数后进村支部尽快转化。

5.充分发挥党员作用，在“奔小康”活动中当先锋。进市场、奔小康，是党在新时期农村工作的主要任务，这既是时代要求，又是群众愿望。因此，身在农村的每个共产党员都要竭尽全力，积极工作，自觉地在带领群众进市场、奔小康中充分发挥先锋模范作用。要努力学习邓小平同志建设有中国特色的社会主义理论，学习党的基本知识和市场经济知识及农村实用科学技术知识，不断提高自己的政治业务素质，增强自己在新形势下做好思想政治工作和带领群众致富的真本领。要积极参加党内各项活动，自觉做好党员责任区、联系户工作，起好表率作用。特别要在深化农村改革，转换企业机制，发展“一优两高”农业，壮大集体经济和移风易俗，计划生育，树立社会主义新风尚等方面充分发挥先锋模范作用。

6.坚持“两手抓”，努力搞好农村精神文明建设。农村奔小康，必须坚持“两手抓”，做到两手硬，要把提高农民群众的思想道德素养和科学文化水平作为农村社会主义精神文明建设的主要内容，并切实抓实抓好。要重视农村社会主义文化阵地建设，积极发展喜闻乐见、健康有益的文娱体育活动，消除封建迷信、赌博等陋习，着力培养一代社会主义的新型农民。要继续抓好计划生育工作，把农村人口控制在规定的目标之内，逐步开展农村养老保险，建立健全农村社会保险制度。要加强农村社会综合治理，严厉打击各种刑事犯罪活动，进一步健全基层治保调解组织，搞好治安防范与民间纠纷调解工作，促进农村社会安全团结，村民安居乐业。

五、加强领导

农村奔小康活动，是加快社会主义新农村步伐的有效措施和途径，也是新形势下搞活农村党建工作的新形式。各级党组织必须高度重视这项工作，并切实加强组织领导。首先要把农村奔小康活动列入议事日程，抓好宣传发动工作，定期进行分析研究，及时解决奔小康活动过程中出现的新情况、新问题，不断把这项工作引向深入，朝着确立的目标快速前进。二是要总结典型，推广先进，适时召开交流会，取长补短，共同提高，促进农村奔小康的整体进展。三是要抓好考核验收工作，每年年终由区、乡组织人员，对落实规划的情况给予检查考核，对达到小康标准的行政村，由区委、区府发给证书，并予以公布；对在奔小康活动中涌现出来的先进乡、先进村党组织、优秀党员进行表彰，以推动全区社会主义新农村建设跨上一个新台阶。

中共秀城区委　秀城区人民政府
关于进一步发展壮大村级集体经济的
若干意见

秀城委〔2001〕11号

各乡镇、有关街道党委、政府（办事处），区级机关有关部门：

坚持以公有制为主体，多种经济成份共同发展，是建设有中国特色社会主义的一个基本原则。发展壮大村级集体经济，是实现农业和农村现代化的基本要求，是农村基层党组织开展两个文明建设、凝聚人民群众的物质保障。为此，提出如下意见：

一、发展村级集体经济的指导思想、工作目标和基本原则

1.发展村级集体经济的指导思想和目标：以党的十五大和十五届三中、五中全会精神为指针，围绕提前基本实现农业和农村现代化，以增强村级集体组织的经济实力和战斗力为目标，积极探索村级集体经济的发展途经和管理模式，形成充满活力、机制健全、管理规范的村级集体经济发展新路子。力争通过3年左右的努力，使目前的村级经济薄弱村集体经济年收入达到10万元以上，形成较为稳固的收入来源。

2.发展村级集体经济的基本原则

一是坚持自力更生、固本强基的原则。立足依靠村级自身的努力，发挥资源优势、区位优势，着力培育和拓展新的经济增长点，增强自身“造血”功能和发展功能。

二是坚持因地制宜、分类指导的原则。一切从实际出发，注意方法得当，步骤稳妥，把工作做实做细。

三是坚持集体经济与其他多种所有制经济共同发展的原则。促进集体经济与包括个体私营经济在内的其他多种所有制经济的融合，激发村级集体经济的生机与活力。

四是坚持分级负责、共同扶持的原则。区和乡镇共同负责，加大对经济薄弱村集体经济发展项目的扶持，村经济合作社具体组织实施。

五是坚持发展与管理并重，以监管促发展的原则。建立和健全各项制度，加强民主管理、民主监督、村务财务公开，实现集体资产的保值增值，建立稳定健康发展的运行机制。

二、大力拓展发展壮大村级集体经济的新路子

3.努力实现村级集体经济发展方式的转变。进一步解放思想、拓宽思路，再造集体经济新优势。实行一、二、三产业综合经营，注重提高经济效益，依法开拓实业、土地、资金等多种形态集体资产增

值的新途径。

4.鼓励集体经济与其他所有制经济的融合发展。可利用村集体土地、厂房等资源招商引资,引导有条件的村,利用区位优势,兴办市场、服务业等第三产业。对当地个体、私营等多种经济成份,按照业主使用集体和公用设施的情况,合理收取基础设施和公益事业建设费用。通过为个体和私营企业在辖区内的发展和集聚,提供有效服务,村集体从中获得合理收益。

5.实施资本经营。管好用活集体资金,提高集体资金投资效益,确保资产保值增值。鼓励村集体经济组织以集体所有非农建设用地使用权入股、联营等形式,参与兴建工业园区,建造标准厂房、专业市场、仓储设施等,开展物业租赁经营。搞资本经营,一定要实行民主管理、民主决策、民主监督,防止决策失误。

6.开展为农服务。加强农业社会化服务,进一步挖掘家庭经营的生产潜力,提高农户的经营水平,推动农村经济发展,鼓励村经济合作社进行工商登记。村级集体经济组织,要通过组建各种形式的“专业生产合作社”、“协会”等经营服务实体,为农户提供产前、产中、产后全程化、系统化服务,并以“有偿、微利”为原则,向农户合理收取服务费用。

7.加大土地资源开发力度。在稳定土地承包权的前提下,按照“依法、自愿、有偿”的原则,合理流转土地使用权,运用反租倒包、股份制、股份合作制等形式,积极开发“名、特、优、新”农副产品。鼓励村级集体经济组织以投资等形式参与土地整理、村庄整治,新增耕地面积应由村集体经济组织统一投标承包,增加集体收入。

8.完善内部积累机制。在农村实行“费改税”改革以前,要坚持“村提留”制度,要教育农民自觉履行对国家和集体应尽的义务,依法纳税,承担合理的提留统筹费用。合理负担坚持定项限额,保持相对稳定,预决算应提交村民会议或村民代表会议讨论决定,杜绝各种乱收费、乱集资、乱摊派。

三、切实加大对经济薄弱村的扶持力度

9.实行专项扶持。在确保原定各项扶持政策落实到位的基础上。从2001年起,连续三年,区每年安排一定的用地指标,区财政每年安排专项资金,各乡镇按照1:1的比例配套资金,重点扶持集体经济年收入在10万元以下的集体经济薄弱村。通过三年左右的努力,使全区集体经济薄弱村集体经济年收入达到10万元以上,形成比较稳固的收入来源。

10.开展结对帮扶。区级机关各部门、经济实力较强的事业单位要和经济薄弱村开展结对帮扶,区级每个机关部门至少要帮扶1—2个经济薄弱村。乡镇政府和乡镇事业站所共同参与结帮活动。帮扶的重点要放在因地制宜开发当地资源、培植村级集体收入来源为主的目标上来。各帮扶单位必须做到思想认识到位、帮扶人员到位,帮助理清思路,选准开发项目,送科技、送信息、出财力,尽责尽力,力求实效。在自愿互利的基础上,鼓励强村兼并经济薄弱村,提高集体所有的土地资源的开发利用效益,走联合发展和共同富裕的道路。

11.鼓励经济薄弱村参与小城镇和中心村开发。各乡镇可在统一规划前提下,划出一块土地鼓励经济薄弱村参与开发,凡投资建造厂房出租的,在一定的限额内可由土管部门按有关规定给予土地划拨,在交清税款后,允许对其他费用实行减免、缓交。

12.进一步减轻村级集体负担。要对报刊征订、集资、摊派、收费等各种加重村集体负担的行为进行清理,加强约束,严格禁止各种乱集资、乱摊派、乱收费行为。

四、进一步加强村级集体经济的内部管理和民主监督

13.健全内部管理制度。必须建立村级财务预决算制度、开支审批制度、财务公开民主理财制度等各项财务管理制度。在确保村经济合作社对集体经济的所有权、使用权、审批权“三不变”的前提下,搞好“村帐乡代管”的试点,三年内全面实行“村帐乡代管”,规范村社财务管理,加强财务监督。

14.压缩非生产性开支,加大农业基础设施建设投入。村经济合作社要强化财务收支预决算制度,坚决制止超越村级财力办实事的现象,对村级的公用设施等社会事业建设要量力而行。村级可用资金主要应用于生产经营性支出和农业基础设施投入。对较大的建设项目,应经村民会议或村民代表

会议讨论决定。

15.严格控制管理费用支出。村干部和管理人员应按精干高效的原则配备。乡镇要根据村规模、岗位责任及集体统一经营项目收益状况，结合本村当年劳动力收入水平，合理确定村干部报酬，并经村民会议或村民代表会议讨论通过。乡镇要指导对村经济合作社建立管理费定项限额制度，从严控制管理费用的支出。

16.推行村务财务公开，强化民主管理。各村要按照《中华人民共和国村民委员会组织法》的规定，普遍实行村民会议制度，对村务财务实行民主管理、民主决策、民主监督。深入推行村务财务公开，凡属群众关心的热点问题，以及村里重大问题的决策和有关执行情况，必须及时向全体村民公开。村财务公开的形式和内容力求简洁明了，对开支项目逐步实行逐笔公布明细帐目的做法，便于群众了解真实情况。对村务财务公开中暴露出来的问题，要认真纠正，问题严重的要对有关责任人作出严肃处理。

五、建立健全发展村级集体经济领导服务体系

17.加强村级班子建设，配好配强村干部，尤其要选优配强村党支部书记。要坚持标准，进一步拓宽选人渠道，把那些政治坚定、作风正派、办事公道、廉洁奉公、年富力强、能带领群众发展经济共同致富的党员选进班子，推上村主要领导岗位。对于那些观念陈旧、致富无方，或只顾个人致富、不关心村级经济发展的村班子成员，要果断予以调整。对没有合适党支部书记的村，可采取乡镇机关下派、异村交流、回请等方式，经过一定程序选拔充实到村任职。

18.建立领导责任制度。把村级集体经济发展状况作为衡量乡镇和村领导政绩的重要指标，重点考核村集体经济年收入10万元以下的集体经济薄弱村的增收情况。乡镇要制订好脱困规划，有具体指导意见，力争到2003年所有集体经济薄弱村都脱困。

19.区建立扶持村级经济薄弱村指导协调小组，区委副书记邬泉林任组长，副区长柴伟龙任副组长。陈天英、朱银洲、陆建良、施俊发、马纪良、沈兰冠、张卫平、宋玉林、姚建平、陈广浩为成员。协调小组下设办公室，办公室设在区农林水利局，计百姓任办公室主任。

20.建立开发项目库和扶持管理责任制。经济薄弱村能否加快发展关键是要开发增收项目。要发扬自力更生、艰苦创业精神，积极寻求适合当地实际的开发项目。凡需扶持的开发项目，必须先报区扶持经济薄弱村指导协调小组办公室，经指导协调小组组织有关部门论证后，按照有开发潜力，适合当地实际，乡镇、结对帮扶单位配套资金落实，村群众积极性高的项目优先立项开发。

21.加强专项资金的管理。各乡镇要积极筹措资金，确保配套资金足额到位。专项资金管理要做到专户存储、专款专用、专人管理，严格专项资金的使用投向管理，区、乡镇两级扶持经济薄弱村指导协调小组办公室要坚持标准，严格程序，强化监督，使专项资金真正发挥效益。

（此件发至行政村）

中共嘉兴市秀城区委
嘉兴市秀城区人民政府
2001年1月22日

中共秀城区委　秀城区人民政府
关于秀城区工业立区战略的实施意见

秀城委〔2003〕10号

各镇、街道党委（党工委）、政府（办事处），区级机关各部门：

为全面贯彻党的十六大精神，推进秀城区经济建设和社会事业跨越式发展，以工业化推动城市化和现代化进程，必须紧紧抓住有利时机，更快更好地发展工业经济，走“工业兴区”之路，区委、区政府决定在今后五年实施“工业立区”发展战略。现提出实施意见如下：

一、实施工业立区战略的重要意义

今后五年，是秀城区工业经济的重要战略发展机遇时期，实施工业立区战略，有其十分重要的意义：

1、实施工业立区是顺应当前形势发展的需要。党的十六大吹响了全面建设高水平小康社会的进

军号，同时伴随我国加入WTO，进一步融入经济全球化和贸易自由化进程，世界性产业经济的大调整和梯度转移新格局等，推动我国成为“世界制造中心”。今后的经济发展空间将更大，速度将更快，效益将更好；中央继续采取积极的财政政策、稳健的货币政策和扩大内需的宏观调控政策，中国经济将持续高速增长，特别是北京申奥和上海申博的成功，长江三角洲成为中国经济蓬勃发展的火车头，作为三角地域中心的我区更可乘势而上，在良好的客观背景下，实施工业立区战略，是顺应形势，抢抓机遇，加快发展的正确抉择。

2.实施工业立区战略是发挥我区比较优势的需要。随着宏观形势的趋好，我区经济发展环境不断改善，微观主体日益活跃，招商条件明显改善，全区的经济发展、区位、交通等各方面优势更加明显。“3+1”高速公路的新建和贯通，沪宁跨海大桥、沪杭轻轨、苏嘉、嘉湖铁路的建设等，城市基础设施的日益完善和各种资源优势的进一步发挥，给秀城工业经济创造良好的发展环境和机遇。实施工业立区战略，可以充分发挥我区的比较优势，实现经济的快速发展。

3.实施工业立区战略是确定工业经济主导地位的需要。工业是国民经济发展的重要支柱，是强国富民的基础，促进了经济社会的快速健康发展，起到了解决社会就业，推动三产发展，增加财政收入等作用，加快了农村工业化、城市化和现代化进程，促进了社会各项事业的发展。从我区的发展历程看，工业在国民经济的主导地位愈显突出，主要体现在：

①是全区经济的主要支撑。从1999年到2002年，工业产值从53.5亿元上升到140亿元，年均增速达到40%以上；GDP总量从10.2亿元上升到24.4亿元，占全区比重54%。

②是解决就业的主要渠道。工业从业人数从1999年的2万人增加到现在的7.5万人，占全社会的比重为16. 5%。

③是财政收入的主要来源。2002年工业税收对财政增长的贡献率为60%，占财政收入的76%，比1999年提高了21%。

④是推进农村工业化的前提条件。2002年，农村工业产值是农业产值的19倍，农民人均纯收入来自工业的比重为73%，分别比1999年提高了520%和16%。

⑤是城市（镇）化建设的重要基础。由于工业集聚发展，使全区城市（镇）建成区面积从1999年的30平方公里扩大到2002年的35平方公里，城市化水平从52%提高到58%。

⑥是推动三产发展的重要依托。工业经济的发展，带动了第三产业的逐步兴起，使三产发展加快。

因此，在全区实施“工业立区”战略，显得非常必要和重要。

二、指导思想

贯彻十六大精神，与时俱进，开拓创新，全面实施“工业立区”的战略，以大开放，大投入，大建设，推动大发展，努力提高全区工业经济核心竞争力，力争工业产值每三年翻一番，为实现后来居上，再造新秀城，奠定良好的基础。

三、发展目标

通过五年努力，实现以下发展目标：

1.全区（属地）工业总产值平均每年递增25%，每三年翻一番，五年后达到600亿元；工业增加值年均递增18%，达到100亿元；利税年均递增20%，达到25亿元。

2.全区（属地）工业生产性投入年递增40%，5年累计达到200亿元，其中秀城工业区100亿元；基础设施投资累计达到10亿元；全区合同利用外资累计达到15亿美元，实际利用外资累计达到6亿美元，引进区外资金50亿元。

四、主要内容

要实现“工业立区”的发展目标，必须“确立一个主题，落实三个工程，实施四个规划”。

——一个主题。

就是要确立“大投入、大建设、大发展”这一主题，狠抓工业投入，狠抓基础设施建设，加快工业经济发展，加速工业制造业基地建设。

——三个工程。

“工业立区”，关键要实施三大工程，即招商引资、园区建设和投入创新工程。通过三大工程的实施，推进新型工业化进程和全区工业经济高速增长，促进社会各项事业的全面发展。

1.实施招商引资工程。牢固树立招商引资“一号工程”的地位，以咬定青山不放松的精神，进一步加大部署、落实和考核力度，扩大招商，加大宣传推介力度，在全区上下形成全民招商的浓厚氛围。一是继续把招商引资作为经济工作的总纲，以“中国金三角·嘉兴工业区”（暂定名，下同），特别是德丰、亚太、加西贝拉、巨能东方四大园区的招商工作为重点，使“四区”成为全区招商引资的龙头，同时要实行边开发，边建设，边招商，力争每年引进外资额增长率突破50%以上。重点镇（街道）在加快园区出形象的基础上，全面实施招商引资工程。二是开展大规模的招商引资活动，同步于园区出框架和形象，组织一系列招商活动，每年要推出一次秀城区全方位开放新形象的大型经贸招商洽谈活动，同时全面出击，选定重点招商区域，组织对外招商；三是实行全领域招商，把招商工作从工业拓展到基础设施建设、房产开发、商业贸易、文化娱乐、旅游及教育、卫生等各个领域；四是努力构筑广泛的社会招商网络；五是内外并举，在突破境外的同时，创造载体、政策和服务的优势，发展以民资为主的区外内商来我区投资兴业。

2.实施园区建设工程。进一步加大基础设施建设力度，提升招商引资载体形象，构筑好产业集聚和招商引资的大平台。一是加快园区道路框架建设。嘉兴工业区及秀城工业区（包括“四区”）基础设施建设全面展开，总体路网框架基本形成。镇（街道）工业园区，主干道路拉出框架的同时要完善公、辅配套，力争每年基础设施投资2亿元以上，全面推开土地预征工作，二是在加快园区建设速度时注重项目的落实、跟踪到位、开工和投产，狠抓资金到位率、项目开工率和项目投产率，力争每年的实际开发面积、进区企业和完成项目实际投资的增幅达到80%以上。三是鼓励和加快企业园建设，除了重点抓好在建的企业园外，还要努力培养一批新的企业园，引导企业自主开发，借企建园，借企兴园。

3.实施投入创新工程。一是加大技术改造和工业投入，着重扶持投资超5000万元的、对全区产业结构调整影响大、科技含量高的技改项目，建立领导联系结对制度，给予政策性倾斜（如贴息等），加快改造传统产业。二是实施技术创新工程，侧重扶持科技创新和重大科研项目，通过技术创新补助和科技三项经费给予方向性推动，并积极向上争取政策支持，积极推行企业管理信息化，推动高新技术产业化，培育新的五大高新产业。三是实施人才引进、培育工程，通过出台智力成果、人力资本、技术要素拥有企业股份、参与收益分配等政策，引进人才，留住人才，用好人才；通过多种形式和经费资助，培养现代企业家队伍和企业经营管理的新型专业人才。四是加快建立现代企业制度，帮助有条件的企业，特别是销售收入超亿元的企业和科技型、成长性好的企业，进行现代公司制再改造，组建股份公司，培育企业公开上市。力争五年内，通过政府的政策扶持和不少于5亿元的政府资金扶持，引导企业加大投入，着力实施50项投资5000万元以上重大工业生产性项目，形成销售超10亿利税超亿元的企业1家以上，销售超5亿利税超5000万元的企业10家以上，一批销售超亿元利税超千万元的企业。

——四个规划。

主要是工业生产力布局规划、产业发展规划、技术信息服务平台建设规划和企业家团队培育规划。

1.生产力布局规划。

中国金三角·嘉兴工业区是工业生产力布局规划的重点。主要以打造长三角洲的产业金三角、建设东南沿海新型工业化示范园、创建城乡一体化的先行区为战略目标，以现有资源条件为基础，依托原有的秀城工业区及镇工业园区，建立我区东南部三个高速公路出口处之间的“金三角”工业区。

中国金三角·嘉兴工业区以盐丰公路和规划中的外环东路（或现有的嘉余公路）为“东西两界”，以凤余公路和07省道与外环公路交汇处到大桥镇接大步公路、双云公路为“南北双界”，四边长各约10公里，规划面积为100平方公里。通过五年的建设，基本建成嘉兴东南的工业基地和浙江省、乃至长三角地区的先进制造业基地之一。

中国金三角·嘉兴工业区以“一区多园”为开发格局，整合区内“小、低、散”的工业布局，提高资源配置效率和工业集聚度，完善区间交通网络，调整区内用地结构，发展可持续经济，加快城市化进程，并通过技术创新把工业区打造成先进制造业基地，成为走新型工业化道路的重要载体，实现嘉兴市“培育大产业、建设大城市、完善大环境”的战略步骤。具体建设内容：一是发展以现有开发的秀城工业区（含亚太、德丰、加西贝拉等）、凤桥工业园区、余新工业园区和新丰工业园区为工业区建设的先导区；二是充分发挥生态工业区与周边地区的沟通、关联作用，规划发展区，形成远程生态工业循环、生态农业区和绿化地，实现先导区和发展区间互进互动；三是借助省道和县级道路建设，形成工业区“三纵三横”的道路主体框架。把中国金三角·嘉兴工业区构建成生态型的第三代工业园区，形成“三纵三横”（“田字型”）的现代化工业发展格局。

中国金三角·嘉兴工业区按照“自北而南、先边后中”的开发次序，以秀城工业区组团为重点，分步实施“南拓西扩”战略，道路和基础设施先行，由北区向中心向南面发展；以新丰、余新和凤桥组团等为次重点，沿路向中间靠拢；以区内主干道路为依托，在工业组团开发同时，进行商贸和物流等综合开发，使其5年内引进区外资金160亿元，力争累计引进外资10亿美元，5年后年工业产值达到400亿元。

2.产业发展规划。

在进一步壮大原有纺织、服装、建材、机械食品的基础上，大力培育和发展IT和通讯电子器材制造业、生物医药和精细化工业、特种纸业、机械配件制造业、合成纤维和特种纺织业等新的五大支柱产业，使之成为全区工业特色块状经济新的发展龙头。新五大支柱产业的发展是：

（1）IT和通讯电子器材制造业。重点以亚太工业园为龙头，发挥其集聚中心和辐射带动作用，从产业的深度和广度发展IT产业，使秀城工业区高新技术产业链不断延伸和强化，并在东南片逐步发展成为比较优势明显、区域性强、带动作用大、辐射面广的集生产制造、物流集散、信息融通和研究开发为一体的高新产业中心，形成年产值50亿元的产业板块。

（2）生物医药和精细化工业。利用秀城工业区现有精细化工发展基础，加大对原有区域经济和规模优势企业的扶持力度，促使其“做大，做深，做精，做细，做高，做优”。以亚太、秀城工业区东区的招商和嫁接、移植骨干企业，培育和发展生物工程、高新精细化工、新医药技术和产品，带动整个行业向纵深发展，使之成为全区最大的龙头产业，占全区经济份额20%，年工业产值超100亿元。

（3）特种纸业。以德丰工业园为主体，凤桥、余新为辐射区，发展工业特种薄页纸、水松纸、高强度纸等特种纸张为主的产业，并向包装及印刷业延伸，带动拉长纸业生产和加工链。5年累计总投资10亿元，年产值达到50亿元。

（4）机械配件制造业。以秀城工业区南区和亚太工业园区、加西贝拉工业园为主发展汽车配件、轻纺机械、模具、电工器材，以余新机械五金为衬托，结合光机电技术和信息技术，开发和发展现代机械制造业的新领域。力争5年总投资超5亿元，后三年年均产值增速40%以上，达到40亿元。

（5）合成纤维和特种纺织业。以化纤溶体直纺、复合纺为主要工艺特点，形成功能化、差别化等特种纤维为主的专业生产区，开发和发展非织造布等特种布和其它新型产品生产领域，形成以秀城工业区东区（新丰和大桥）为主的特色、新兴产业。5年投入5亿元，年产值超30亿元。

3.技术信息服务平台规划。

一是构筑企业技术创新平台。强化企业发展的内在动力，推进产学研联合，建立研发中心和科研基地，推动高新技术产业化发展。重点培育差别化纤维国家级研发中心、服装纺织企业技术开发中心、生物及生命科技的研发机构。五年争创省级技术中心5家，市级技术中心10家。

二是构筑投、融资平台。建立和完善企业担保组织，全面开展中小企业产权权属登记工作，建立信用评估制度和投资激励制度，扩大信贷抵押资源，逐步解决中小企业融资难的问题，为中小企业创造一个良好的创业环境和平等竞争的发展环境。加快现代企业制度建设，推进股份上市，五年力争组建股份公司10家，上市企业1家以上。

三是企业中介服务平台。建立和完善从项目注册、评估、验资、公证、劳动中介，到管理咨询、理财服务等一系列的中介机构5家，健全管理、技术服务、咨询和经纪中介等各种服务形式，形成一种市场秩序和谐、政府行为规范的经济建设气氛，促进全区工业经济健康、持续、快速地向前发展。

四是构筑管理信息平台。加快企业信息化建设，大力推广和运用信息技术，推进企业管理信息化进程，不断满足现代企业在供应、生产、销售、质量、品牌、信用和形象等各个方面的需要，以信息化加速推进传统产业的改造升级，培育5个市场占有率位居全国第一、影响力大的产品。

4.企业家团队培育规划。

加强企业经营者队伍建设，培育企业家团队，是"工业立区"战略持续实施的根本。

一是建立学习型的企业家组织。成立"企业家沙龙"，以松散和自愿的形式，聘请国内外经济方面的知名专家和人士讲授，组织和加强企业家的学术探讨、交流和学习，同时鼓励和资助企业经营者参加国内外大专院校举办的各类经营管理业务进修、培训和学习，培养一支具有较高经营实力的企业家队伍。

二是建立企业家的交流平台。通过赴外考察、茶室交谈、短会座谈、同行互谈、互联网谈等形式，建立起企业家之间、企业家与区、镇(街)领导之间、区内外企业家之间的交流纽带，宏观与微观、上与下、里与外思想感情的沟通桥梁，达到相互配合，相互促进，共同谋略，共同提高，加快发展的目的。内容不拘一格，重点从经营、管理、市场、营销、人力等方面进行广泛交流，培育企业家团队和团队精神。

三是建立经常性的学习制度。坚持企业家学习活动的经常化，是培育企业家团队的前提。五年进行各种不同形式的企业家活动不少于50次，基本做到每季一次较大的活动，每年保持1000人次参加，打造一支齐心协力搞经济建设的企业家团队。

五、加强领导

加强对"工业立区"工作的领导，分解落实工作责任，是实施"工业立区"战略成功的必要条件。区委、区政府成立由区委、区政府主要领导任组长，有关部门负责人组成的"工业立区"领导小组，下设办公室，成立相应的机构，切实加强领导，把"工业立区"工作任务分解落实到各部门、镇(街道)；各部门要根据各自职能和"工业立区"战略，切实承担起工业发展的重任，各镇(街道)成立相应机构，制订、明确"合力兴工"的规划、目标和措施；年终由办公室对工作任务完成情况进行考核，作为年度部门、镇(街道)及负责人业绩考评的重要依据，实行奖罚结合。

嘉兴市秀城区人民政府

2003年5月12日

中共南湖区委　南湖区人民政府
印发《关于加快文化建设　打造人文南湖的实施意见》的通知

南委发〔2006〕7号

各镇、街道党委(党工委)、政府(办事处)，区级机关各部门：

《关于加快文化建设　打造人文南湖的实施意见》已经区委、区政府同意，现印发给你们，请结合各自实际，认真贯彻执行。

中共嘉兴市南湖区委

嘉兴市南湖区人民政府

2006年5月18日

关于加快文化建设　打造人文南湖的
实施意见

为深入贯彻党的十六大和十六届四中、五中全会精神，全面落实省委关于加快建设文化大省和市委关于加快建设文化大市、打造人文嘉兴的部署。结合我区实际，现就加快文化建设，打造人文南湖，制定如下实施意见。

一、加快文化建设，打造人文南湖的指导思想和主要目标

1.指导思想。坚持以邓小平理论和"三个代表"重要思想为指导，牢固树立科学发展观，牢牢把握先进文化的前进方向，以不断满足人民群众精神文化需求和促进人的全面发展为目的，深化文化体制改革，加快文化事业和产业发展，弘扬"红船精神"，努力构建具有时代气息、南湖特色的人文环境，为富民强区、全面建设小康社会、提前基本实现现代化提供强有力的思想保证、精神动力和智力支持。

2.主要目标。到2010年，基本建立与经济社会

发展要求相适应的文化发展格局和与人民群众日益增长的文化需求相适应的文化服务体系，营造有利于出精品、出人才、出效益的文化发展环境，进一步增强先进文化的凝聚力，不断解放和发展文化生产力，全面提高社会公共服务能力，努力把南湖建设成为公民素质优良，文化事业繁荣，文化产业发达，文化生活丰富，教育科技文化卫生体育事业主要发展指标走在全省同类城区前列的文化先进区。

——公民素质明显提高。大力弘扬“红船精神”，牢固树立中国特色社会主义的共同理想和精神支柱，公民法制意识、道德规范普遍确立，思想道德素质、科学文化素质、健康素质明显增强，社会文明程度得到全面提高。力争在全省率先实现省级示范文明城区，到2010年前，力争实现全国文明城区创建目标。

——文化事业全面繁荣。历史文化、地域文化、名人文化资源的抢救保护与开发利用进一步加强，对外文化交流的规模和范围进一步扩大。到2010年，基本形成布局合理、功能完善、城乡协调的现代公共文化设施和服务网络体系，城乡居民享受公共文化产品的水平在全市处于领先地位。

——文化生活丰富多彩。群众文化活动经费投入不断加大，群众性文化活动广泛开展，城乡居民文化消费水平进一步提高。到2010年，基本形成组织机构网络化、服务对象社会化、活动形式多样化的基层文化发展格局，全区城乡居民人均文化消费支出占总消费支出的比重高于全市平均水平。

——文化产业不断壮大。文化产业发展机制更加健全、发展体系逐步完善，产业规模不断扩大，竞争实力显著增强，文化产业成为新的经济增长点。到2010年，全区文化产业增加值占生产总值的比例明显上升。

——科教卫体蓬勃发展。科技对经济文化增长的贡献率显著提高，在全市率先首批实现省级科技强区。国民教育体系进一步完善，科教知识进一步普及，基础教育水平全面提升，全民学习、终身学习的学习型社会初步建立，教育发展整体水平进入全省同类城区先进行列。人口与计划生育工作和卫生服务绩效居全省前列，居民主要健康指标达到或接近中等发达国家水平。体育设施进一步完善，群众体育再上新台阶，竞技体育水平进一步提高。

二、大力实施文化建设“五项工程”

3.实施文明素质提升工程。大力弘扬开天辟地、敢为人先的首创精神，坚定理想、百折不挠的奋斗精神，立党为公、忠诚为民的奉献精神，充分发挥全区共产党员的表率作用，增强精神动力，优化人文环境，凝聚全区力量。广泛开展爱国主义、集体主义、社会主义教育，引导人们树立正确的世界观、人生观、价值观，着力提升全区居民的思想道德素质。深入开展群众性精神文明创建活动，不断提高创建水平。积极开展形式多样的形势政策教育，维护改革发展稳定大局。加强廉政文化建设，在全社会弘扬以廉为荣、以贪为耻的良好风尚。开展文明礼仪宣传教育活动，培育和形成良好的社会礼仪、生活礼仪和职业礼仪。广泛开展以普及科学知识、普及法律知识为主要内容的“双普”活动，弘扬科学精神、增强法制意识。认真开展“和谐家园”、“平安家庭”创建活动，营造融洽和谐的人际关系。大力开展诚信教育，加快构筑社会信用体系。

4.实施文化阵地建设工程。文化阵地是加快文化建设，打造人文南湖的重要载体。以创建和巩固省级文化先进区为契机，进一步加大政府投入，加快区、镇（街道）及行政村（社区）的公益性文化设施建设，优化公共文化设施的区域布局，提高文化设施覆盖率。加快建设一批标志性文化设施，强化中心城区文化集聚和辐射功能。建造和完善区图书馆、文化馆、文化主题公园、文化广场等设施和功能，各镇、街道要有文化中心，村要有文化活动中心（室），规模企业要有文化活动场所，城市社区要有休闲健身场所、老年活动室、宣传栏等，基本形成布局合理、设施完善、功能健全的文化设施网络。全区100%的镇、街道成为省、市级“浙江东海文化明珠”。

5.实施文化生活繁荣工程。全力打造歌城，做强“南湖合唱节”等文化活动品牌，普及与提高相结合，弘扬优秀传统文化，进一步增添文化亮点。大力推进文化内容创新，繁荣文艺创作，鼓励并扶持优秀文化产品的创作、生产和传播，努力创作出一批思想内容健康、艺术质量上乘、群众喜闻乐见的精品佳作。抓好基层特色文化建设，扶持特色文化乡镇建设。发展壮大基层文艺团队，不断加强广场文化、社区文化、校园文化、企业文化、家庭文化建设，不断拓展城乡文化交流的内容和范围，积极推进电影放映等大众文化进农村、进社区，满足人民群众尤其是农村居民、外来人员的精神文化需求。巩固和发展"村村通广播电视"的成果，到2010年，全区有线电视入户率提高到96%以上。

6.实施文化产业促进工程。以南湖新区开发为有利契机，要加快引进国内外先进文化，在经济发展中注入更多的文化因素和活力，将文化的产业化与经济的文化化结合起来，开发一批市场前景好的重点文化产业项目，以项目带动为抓手，推动文化产业的发展，积极培育一批有影响力的文化企业和文化产品；加大创新力度，坚持扩张与升级并重，大力引进先进技术和管理模式，提升文化产业的科技含量和产品档次。积极鼓励发展民营文化企业。进一步扩大文化领域对外开放，发展外向型文化企业。采取有效措施推进文化与经济的融合，实施文化品牌战略，提高产品的文化品位和附加值。

7.实施文化遗存保护工程。挖掘历史文化资源，提升文化遗存保护水平。加强对具有历史文化价值的物质遗存的保护和利用工作。加强非物质遗存的保护工作，坚持保护为主、充分利用的原则，构建民族民间艺术资源保护、艺术展示、宣传推广体系。深入开展历史文化专题研究、名人研究、历史文献整理，梳理民族民间文化发展脉络，制定并实施保护规划。

三、推进教育、科技、卫生、体育"四个强区"建设

8.巩固教育强区建设。落实教育优先发展战略，深化教育改革，完善教育体制，优化教育结构，深入实施素质教育，全面提升教育水平。着眼于实现教育公平，统筹城乡教育发展，进一步完善中小学布局，加快学校标准化建设，全面加强以农村为重点的基础教育，大力推进城乡教育一体化。探索名校集团化办学模式，进一步扩大优质教育资源，促进基础教育均衡发展，确保学前教育、义务教育主要指标继续处于全省领先水平。大力发展成人教育，依托社区学院和镇社区教育中心，构建城乡一体、功能完善、机制灵活的成人教育体系，加快建设学习型社会。

9.巩固科技强区建设。加快科技发展，努力把南湖区建设成为科技综合实力较强、区域创新体系完善、高新技术产业快速发展、具有较强竞争力的科技强区。以科技城为载体，加强科技合作交流，在成功引进浙江清华长三角研究院、中国科学院嘉兴应用技术研究与转化中心的基础上，继续加大国内外大院名校的引进力度，努力形成以企业为主体、产学研紧密结合的开放性创新体系，增强区域自主创新能力。制定优惠政策，鼓励企业建立技术开发机构。加大对区域和行业科技创业服务中心的培育力度，推动经济增长方式的转变和产业的优化升级，为先进制造业基地建设提供技术支撑。到2010年，全社会科技经费投入、R&D经费支出占生产总值比重分别达到2.5%和2%，培育和扶持发展省级以上高新技术企业20家，高新技术产业增加值占地方生产总值的比重达到12%以上。继续建立和完善面向社会特别是中小企业的科技中介服务机构建设，建立技术评估、知识产权服务、科技咨询和信息服务机构，增强综合服务、全程服务能力。积极实施一批重大科技工程和项目，取得一批拥有自主知识产权的科技成果。加强科技知识的宣传和普及，提高城乡居民的科技文化素质。

10.推进卫生强区建设。加快发展卫生事业，促进卫生事业与经济社会同步发展，努力把我区建设成为卫生服务水平全省领先、国民健康主要指标达到或接近世界中等发达国家水平、城乡卫生工作位居全省前列的卫生强区。坚持以农村为重点的卫生工作方针，统筹城乡卫生发展，优化区域卫生资源布局，大力发展城乡社区卫生服务。到2010年，建成覆盖城乡、功能完善的公共卫生服务网络体系，增强应对和处置突发公共卫生事件的能力。进一步加强人口与计划生育工作，充分发挥计划生育基层技术服务网络作用。进一步扩大城乡居民合作医疗保险的覆盖面，不断提高保障水平，初步实现城乡社会医疗保障一体化目标。加快全国卫生城区创建步伐，改善城乡卫生面貌，提高人民群众的健康水平。

11.推进体育强区建设。全面落实《全民健身计划纲要》，加强群众体育组织网络、基础设施和指导员队伍建设，积极开展具有地方特色、群众喜闻乐见的体育活动。统筹城乡体育发展，提升农村体育

服务水平，构建便民、利民的体育服务体系。加大体育后备人才培养，大力发展竞技体育。发展壮大体育产业，培育体育市场。到2010年，全区体育人口达到45%以上，国民体质合格率达到85%以上。

四、加快文化建设、打造人文南湖的保障措施

12.强化组织保障。各级党委、政府和领导干部要充分认识加快文化建设、打造人文南湖的战略意义，增强先进文化意识，把握文化发展规律，提高领导文化工作的能力和水平。党委宣传部门要充分发挥指导协调作用。职能部门和相关部门要切实承担起文化建设、打造人文南湖的工作任务。各镇、街道要结合实际，制定实施方案，认真抓好落实。加强对文化建设情况的检查和考核，将加快文化建设、打造人文南湖工作目标和任务分解落实到各镇、相关部门和单位，完成情况作为考核各级党政领导干部政绩的重要内容。

13.强化规划保障。把加快文化建设、打造人文南湖作为全局性、战略性的工作纳入经济社会发展的总体规划，研究制定文化发展“十一五”规划，并与国民经济和社会发展“十一五”规划相衔接。研究制定文化建设“五项工程”实施方案，编制教育、科技、卫生、体育“四个强区”建设规划，明确工作重点，落实具体措施。制定出台符合南湖实际的文化产业发展指导目录，促进文化产业的发展。

14.强化体制保障。进一步深化教育、科技、文化、卫生、体育体制改革，初步形成党委领导、政府管理、行业自律、企事业单位依法运行的格局，为加快文化建设、打造人文南湖营造体制机制优势。对重大公共文化设施等公益性文化事业单位，以创新管理体制和运行机制为重点，不断提高公共服务能力和水平。积极培育文化市场，鼓励发展文化经纪、代理、仲裁等文化中介组织，推动文化中介机构向规范化、规模化、网络化、品牌化方向发展。

15.强化投入保障。加大公共财政对文化事业的投入，各级财政每年对文化事业经常性投入的增长幅度应不低于经常性财政支出的增长幅度。加大文化设施建设的资金筹措力度，将文化设施建设纳入基础设施建设重点项目统筹安排。引导社会力量投入文化建设，努力形成政府投入与社会投入相结合的多渠道、多元化的文化投入机制。加大文化领域的招商引资力度，对达到一定规模的投资，给予贴息、规费减免等优惠政策加以扶持。依法加大对教育、科技、卫生、体育事业的投入。鼓励社会力量采用多种形式对发展文化、教育、科技、卫生、体育事业提供捐助。

16.强化政策和舆论保障。认真贯彻执行国家和省鼓励发展文化事业和文化产业的税收优惠政策，加快制定文化建设的相关政策，并认真抓好落实。加强对文化市场的培育和引导，整顿规范文化市场秩序，严厉打击文化侵权和非法出版活动，净化文化市场环境，确保文化市场规范有序、健康发展。充分利用广播、网站等新闻媒体，进一步加大宣传力度，引导社会各界形成广泛共识，为加快文化建设、打造人文南湖营造浓厚的舆论氛围和良好的社会环境。

17.强化人才保障。以培养既懂文化又懂经营管理的复合型人才为重点，加快德艺双馨的文艺人才、文化产业经营管理人才和在某一领域具有突出才能的拔尖人才队伍建设。完善人才的培养、选拔、使用、流动机制，建立人才评价激励制度，做到感情留人、事业留人、待遇留人。加快人才引进步伐，通过项目引进、交流合作等多种形式吸引文化人才到南湖创业，集聚优秀人才，形成人才优势。重视群众性文艺队伍建设，在城市社区、农村以及机关、企业、学校中大力培养文艺骨干，为繁荣基层文化提供人才保证。

中共嘉兴市南湖区委
关于加快推进生态文明建设的意见

（2010年7月31日中共南湖区第七届委员会第十二次全体会议通过）

南委〔2010〕40号

各镇、街道党委（党工委），区级机关各部门党委（党工委、党组）：

为深入贯彻党的十七大提出的建设生态文明的战略部署，认真落实省、市委关于推进生态文明建设的要求，根据南湖区实际，特制定如下意见：

一、推进生态文明建设的重大意义和目标要求

(一)推进生态文明建设的重大意义

生态文明是继原始文明、农耕文明、工业文明之后的一种新的文明形态。建设生态文明,实质上就是要建设以资源环境承载力为基础,以自然规律为准则,以可持续发展为目标的资源节约型,环境友好型社会。当前和今后一个时期,我区正处在转变经济发展方式,加快经济转型升级和全面建设小康社会的关键阶段,推进生态文明建设具有十分重大的意义。

1.推进生态文明建设是落实科学发展观,走南湖特色发展道路的内在要求。科学发展观是我们党从新世纪新阶段党和国家事业发展全局出发提出的重大战略思想,蕴含着生态文明建设的内在要求。推进生态文明建设,有利于从根本上解决我们的环境污染问题,促进人与自然的和谐,改善人民的生活质量和水平;有利于集约节约利用资源,提高经济发展质量和效益;有利于促进经济发展与人口资源相协调,实现经济社会持续发展,走出一条彰显南湖特色的生产发展、生活富裕、生态良好的文明发展道路。因此,建设生态文明,充分体现了科学发展观以人为本、全面协调可持续的内在要求,体现了生态建设与经济发展、社会进步、政治民主和文化繁荣的统一,是我区实现科学发展的重要举措。

2.推进生态文明建设是转变发展方式,提升区域竞争力的必由之路。按实运作以来,南湖区经济社会快速发展,成就辉煌,但生态建设和环境保护的形势不容乐观,生态文明理念还未成为广大干部群众、企业主的自觉的意识和行为,绿色生活的消费观尚未在全社会普及。因此,必须把建设生态文明与调整经济结构、统筹城乡发展有机结合起来,加快推进经济发展方式转变,努力实现经济社会环境的共赢。特别是当前,国际社会围绕环境问题的博弈也更加激烈,绿色新政、绿色经济、循环经济、低碳经济是全球经济发展的趋势,也是区域竞争的重点。因此,我们必须在绿色革命全球化的态势下,大力调整经济结构,加快发展绿色产业、推行绿色标准,推进绿色发展,才能在国际竞争中赢得主动。

3.推进生态文明建设是实现全面小康,促进社会和谐发展的重要内容。当前及今后一个时期,是南湖区建成全面小康社会的决战决胜期。我们所要建设的小康是全面的,是实现"六个更加"目标的小康社会,即经济更加发展、政治更加文明、文化更加繁荣、社会更加和谐、环境更加优美、生活更加富裕。我们只有切实解决环境污染、生态破坏等事关人民群众切身利益的重大问题,才能积极创造舒适、优美的环境,让人民群众在健康、优美、资源宽裕的环境中生产生活,真正过上安居乐业的小康生活。

(二)推进生态文明建设的总体要求。坚持以邓小平理论和"三个代表"重要思想为指导,深入贯彻落实科学发展观,全面落实"两创"战略,以"创新转型、富民强区"为主题,以深化生态区建设为载体,着力构建生态产业体系、生态环境体系、生态人居体系、生态文化体系,完善生态文明建设的体制机制,努力打造生态南湖,实现经济社会可持续发展,不断提高人民的生活品质。

(三)推进生态文明建设的主要目标。推进生态文明建设是一项长期的战略任务,要动员全区上下共同努力,把我区建设成为全国生态文明示范区。"十二五"时期的目标是:

——生态经济形成体系。全面完成单位GDP综合能耗下降指标,高附加值、低消耗、低排放的产业结构逐步形成,循环经济形成较大规模,重点企业实施清洁生产比例达到100%,主要农产品中有机、绿色及无公害产品种植面积的比重≥65%,农民人均纯收入达20000元,生态经济成为新的经济增长点。

——生态环境有效改善。全面完成上级下达的"十二五"主要污染物减排任务,全区主要污染物达标排放率及废水、废气污染源排放达标率分别达到100%,消灭劣五类水体,区域四类水质占主体,空气环境质量达到良好以上天数稳定在90%以上,工业用水重复率达85%,废水入网率达100%,固体废物处置利用率达到100%,秸秆综合利用率达到95%,农村生活用能中清洁能源所占比例达到70%以上,农业灌溉水有效利用系数≥0.7,单位工业增加值新鲜水耗≤12.2m³/万元,规模化畜禽养殖场粪便综

合利用率达到97%以上。公众对环境的满意率达到90%。

——生态城区率先建成。城镇布局规划合理完善，城镇生活污水集中处理率大于90%，农村新社区生活污水收集处理率达100%，城镇生活垃圾无害化处理率在96%以上，城乡绿地系统建设步伐加快，城镇人均公共绿地面积达到18平方米，森林覆盖率达到20%以上。

——生态文化彰显特色。生态文化研究和生态文明教育不断加强，生态文化宣教普及率达95%，生态文化载体日趋丰富，绿色生态创建扎实推进。全区60%的镇达到国家级生态镇标准、80%的村达到市级生态村标准、80%的社区达到市级绿色社区标准、90%的学校达到市级绿色学校标准。生态文明理念深入人心，健康文明的生活方式初步形成，推进生态文明建设的精神支撑更加有力。

——体制机制创新完善。推进生态文明建设的政策制度体系及投入机制进一步完善，环境保护投资占GDP的比重在3.5%以上。党政领导班子和领导干部综合考评机制、生态补偿机制、资源要素市场化配制机制等体现生态文明建设要求的制度得到全面有效实施。

二、大力发展生态经济，着力构建生态产业体系

(一)加快调整产业结构。加快产业集群步伐，推进园区生态化改造。积极推动高新技术产业向嘉兴科技城集聚，先进制造业向嘉兴工业区集聚，现代服务业向中心城区、南湖新区集聚，大力发展都市型现代农业，抓住土地承包经营权流转的有利时机，规划建设生态循环农业示范区，推进农业规模化、集约化生产，做强精品蔬菜、名优瓜果、名特畜禽、优质粮油等优势产业。大力发展先进制造业，积极培育电子信息、装备制造、新能源、新材料、生物医药、节能环保等战略性新兴产业，推进传统产业高端化、品牌化、集群化进程，全面提升产业竞争力。大力发展商贸服务业，加快传统服务业优化升级步伐，大力发展金融、会展、商务、咨询等现代服务业，积极培育传媒动漫、游戏开发、工艺设计等文化创意产业，加大嘉兴港内河多用途港区等低能耗交通物流项目的扶持力度，积极推进商贸综合体和服务业集聚区建设。

(二)深入推进节能降耗。大力发展低碳经济，建设低碳高新技术产业园区，促进单位生产总值二氧化碳排放强度不断下降。全面推进节能降耗工作，积极调整能源利用结构，大力发展生物质能、太阳能等可再生能源，推广应用清洁煤发电技术；加快淘汰高能耗、高排放的落后产能，积极培育节能评估中介机构，严把项目节能审查关，促进单位生产总值能耗进一步下降。加强自然资源保障体系建设，实行最严格的水资源管理制度，推广节水型生产工艺和节水器具；全面推进土地节约，加强城镇建设用地和工业用地的节约集约利用；推进各领域节材工作，重点加强冶金、石化、建材等行业的原材料消耗管理，加快可再生材料的推广应用。

(三)大力发展循环经济。加快省级可持续发展实验区建设，开展循环经济试点，培育资源循环利用示范企业和示范园区。发展生态循环农业，推进集约化养殖场大中型沼气工程建设，推广秸秆还田综合利用技术。发展工业循环经济，推进工业“三废”循环利用企业链、生态链、项目链建设，努力构建企业小循环、产业中循环、园区大循环系统；积极支持企业开展ISO14000环境管理体系认证，依法对重点污染企业以及使用或排放有毒有害物质企业实施强制性清洁生产审核。发展节能环保服务业，建设可持续发展公园，积极开展节能环保论坛、博览会、展销会等，打造节能环保技术推广、中介服务和产品交易平台，逐步形成循环经济产业体系。

(四)积极开发绿色产品。大力开发无公害农产品、绿色食品和有机产品，加快建设一批有规模、有品牌、标准化的绿色食品生产基地，培育一批农业龙头企业。依法加强有机农产品和绿色农产品标志管理，完善市场准入制度，加强食品安全检验检测，强化农产品批发市场监管，从源头上保障食品质量安全。大力发展绿色工业产品，支持企业积极申请中国环境标志认证和国际绿色认证，积极开发环境标志产品、节能节水节材产品，形成一批南湖绿色工业产品品牌。大力发展绿色休闲服务，推出生态旅游精品线路，深化休闲观光百里长廊建设。

(五)强化人才科技支撑。加大领军人才和创

新团队引进、培养力度，深化产学研合作，依托中科院嘉兴中心、清华长三角研究院、同济大学等高校院所和行业龙头企业，加快能源类、环保类科技创新载体和平台建设。加大环保科技投入，加强自主创新，大力发展能源资源节约利用、综合利用、循环利用技术，着力提升资源利用效率；研发推广低碳生产、清洁生产等先进制造技术，促进制造业绿色化、智能化；加快发展先进育种、生态养殖等技术，着力提高农业可持续发展能力；积极发展节能减排、生态修复、水污染处理、垃圾无害化处理等生态环境保护技术，着力提升生态环境监测、保护、修复能力和应对气候变化能力。

三、努力提高生态质量，着力构建生态环境体系

（一）加大污染物减排力度。扎实做好化学需氧量、氨氮、二氧化硫、氮氧化物等主要污染物的减排工作，全面完成“十一五”时期减排任务，研究制定下一阶段污染物减排新目标、新举措。加强重点区域粉尘、烟尘、总磷、总氮等污染物的减排，严格控制重金属、持久性有机污染物等有毒有害污染物的排放，积极推广利用有机肥，减少和控制农药、化肥的使用。做好污染物限排总量控制和省控重点污染源达标排放工作。

（二）推进环境污染治理。加强水环境治理和修复，严厉打击各类偷排、漏排行为，确保飞行监测、泵站达标率达到上级要求；实施万里清水河道工程，全面提升主要河道水体质量，到2015年累计整治河道600公里，实现河道绿化率85%以上。加强大气污染整治，进一步巩固电镀、化工、废塑造粒、热电、固废等行业专项治理成果，进一步提高烟气脱硫脱硝率；深化“十小”行业整治，综合改善城市环境。继续加强农业面源污染治理，巩固和扩大畜禽养殖污染治理成果，推进生态牧业小区建设，提高畜粪收集处理能力。开展土壤修复，局部试点重金属超标治理，从源头上保障农产品安全。

（三）加强生态安全保障。推进环境监测体系建设，重点做好饮用水源、地下水资源、河流交界断面、城市空气质量等监测。加强环境检测机构建设，统一环境监测监控系统数据采集、传输、存储、处理和信息发布，构筑覆盖全区的环境自动监测监控网络。加强危险废物处置、核辐射安全应急保障体系及动植物疫病监测预警体系建设，确保废弃和闲置放射源收贮率达到100%。完善环境污染事故应急预案，提高应对各类突发性环境事故的处置能力。

四、积极打造生态城区，着力构建生态人居体系

（一）建设宜居宜业田园城区。实施南湖区生态环境功能区规划，根据资源环境承载能力，统筹谋划不同区域主体功能、开发进度和产业定位，进一步优化空间发展布局。着力打造经济作物、森林绿化、环境构造相得益彰，集农产品加工、农业观光旅游、休闲居住度假、健身养生为一体的田园都市示范园区。加快镇域总体规划修编，高起点、高标准推进现代文明新市镇建设，建设田园特色明显、户型美观实用、建材节能环保的“两新工程”示范区。坚持粮食生产功能区与经济作物生产基地相配套，着力打造现代高效生态农业示范区。按照江南水乡禀赋，将历史、人文典故融入城市规划和建设，精心设计人文景观，着力打造历史街区，协调完善功能体系，塑造富有水乡意境的现代城市景观。

（二）打造绿色生态人居南湖。巩固创建全国文明城市、卫生城市工作成果，推进城乡环境卫生整洁行动。加大城市噪音、烟尘、粉尘、细颗粒物和汽车尾气的治理力度，着力提高城乡空气质量。推进污水处理工程建设，延伸城镇污水管网，增强污水处理能力。加大市区环境保洁投入力度，加大老住宅区改造，进一步提高城乡生活垃圾集中收集覆盖率和无害化处理率。继续推进“五整治一提高”，大力创建生态文明村，加快建设“美丽乡村”。实施绿色廊道工程，在路道、绿道、河道城市绿化，制订“三道“标准，整合自然与人文景观资源，构建融合生态、运动、休闲和旅游等多种功能的绿道网络体系。推进建筑节能工程，鼓励开发节能型住宅和公共建筑，鼓励采用新型建材、隔热保温产品、节能变频空调等节能材料设备。

（三）倡导低碳绿色生活方式。开展“节能减排家庭社区行动”，在全社会倡导勤俭节约的低碳生活。推进“节水型城市”创建，积极引导城乡居民广泛使用节能型电器、节水型设备，选择公共交通、非机动车交通工具出行。积极鼓励绿色消费，提倡健康节约的饮食文化，抵制高能耗、高排放产品和过

度包装商品，限制一次性用品的使用。推进生活垃圾分类收集，减少和禁止使用含磷洗衣粉，自觉养成节约资源、保护环境的良好习惯。广泛开展爱国卫生运动，积极推进全民健身，加强疾病防控，推行室内公共场所禁烟，不断提高城乡居民健康水平。

五、强化生态文明理念，着力构建生态文化体系

（一）重视生态文化研究。加强生态文化理论研究，注重把实践过程中形成的生态认知提升为生态文化理论。加强生态文化比较研究，注重挖掘南湖水乡文化、农耕文化、创意文化中的生态思想。加强生态文化建设的战略规划、制度机制、对策举措等研究，推动理论向实践的转化运用。安排生态文化研究项目，形成生态文明研究成果和文化作品，为推进生态文明建设提供强大的理论支撑和思想支持。

（二）树立生态文明理念。面向全社会广泛开展环保科普教育和生态文明宣传，树立正确的价值观、政绩观、财富观和生活观，研究制定推进生态文明建设的道德规范，大力倡导生态伦理。加强对领导干部生态文明培训，把生态文明建设作为干部教育的重要内容。加强对中小学生的生态文明教育，将生态文明有关知识和课程纳入国民教育体系。加强对新居民的生态文明教育，举办生态文明科普宣传活动，让绿色生活融入新居民的生活。加强对基层群众的生态文明教育和科普宣传，提高全民生态文明素养，形成生态文明社会新风尚。

（三）建设生态文化载体。充分发挥图书馆、博物馆、科技馆、文化馆、美术馆、体育中心、青少年活动中心、妇女儿童活动中心、老年活动中心、社区服务中心等在传播生态文化方面的重要作用，使其成为弘扬生态文化的重要阵地。加强生态公园、湿地公园、遗址公园、植物园的建设和管理，使其成为承载生态文化的重要平台。加快建设并形成一批绿色企业、绿色社区、生态村，使其成为生态文化宣传教育基地。策划和制作普及生态知识的书籍、音像制品、舞台艺术、动漫等文化产品，使其成为传递生态文明理念的媒介。

（四）开展生态文明创建。扎实推进生态区、环保模范城市等创建工作。广泛开展生态文明“进单位、进学校、进社区、进乡村”活动，着力建设和创建绿色机关、绿色学校、绿色医院、绿色企业、绿色社区，推进生态镇、环境优美镇、森林城镇等创建活动。加强生态环保志愿者队伍建设，动员党员干部、大中学生以及社会各界积极参与各种形式的环保活动。积极组织开展“世界环境日”“世界地球日”“地球一小时”“中国水周”“全国土地日”“中国植树节”等重要时节的纪念和宣传活动，引导人民群众不断强化生态环保意识。

六、加快推进制度创新，着力完善生态体制机制

（一）构建科学民主的决策机制。建立完善环境与发展综合决策机制，开展重大经济政策和发展规划的环境影响评价，严把项目准入关，推动生态环境保护工作由“末端治理”向“源头控制”转变。发展群众性环保社团组织，广泛吸纳专业力量参与环境管理，完善生态文明建设决策咨询、恳谈听证等制度，进一步畅通基层民意征求渠道，使生态文明建设理念贯穿于区域发展各项决策和规划。

（二）优化资源要素配置机制。进一步完善土地征用制度、工业用地招拍挂出让制度。深化完善“两分两换”试点，优化城乡土地资源配置，推进土地整理与复垦，促进土地节约集约利用。完善分类水价制度、城乡居民生活用水阶梯式水价制度和企业超计划、超定额用水加价制度。继续深化排污权交易制度，探索畜禽养殖化学需氧量总量减排参与排污权交易。加强清洁发展机制项目建设，探索碳排放权交易制度。

（三）完善财税金融扶持机制。按照“谁保护、谁受益”，“谁改善、谁得益”，“谁贡献大、谁多得益”原则，健全生态环保财力转移支付和生态环境质量综合考评机制，提高保护生态环境积极性。抓好发展生态经济、改善生态环境、加强资源节约的各项优惠政策的落实，大力推行绿色信贷、绿色税收、绿色贸易、绿色保险、绿色消费。完善政府采购制度，优先采购通过绿色认证的产品。

（四）建立严格的法治保障机制。认真贯彻落实国家环境保护、生态建设的法律法规，研究制定和修订完善保护环境、节约能源资源、促进生态经济发展的工作措施。加大执法力度，坚持环境行政处罚案件公众参与审议制度，严格实行执法标准、程序、结果、依据四公开，进一步充实基层环保执法

力量。加强检察司法工作，完善环境保护公益诉讼制度，依法严厉查处破坏生态、污染环境的行为。加强环境保护、生态建设等领域的法律服务工作。加强生态法制宣传教育，重点加强对领导干部、公务员、企业经营管理人员和青少年的法制宣传教育，在全社会形成人人遵法守法、自觉保护环境的良好局面。

七、推进生态文明建设的重点工程

以绿色、生态、循环、低碳为主题，建设一批低碳产业园区、低碳科技园区、生态农业园区、休闲观光园区、绿色廊道等示范工程，打响南湖低碳品牌，实现环境与经济共赢。

（一）生态产业示范工程。以促进高端发展和绿色增长为取向，调整优化产业结构和布局，加快建设低碳产业园区，大力发展多功能农业。以服务业创新发展引领产业结构转型，并大力发展创意休闲的生态旅游业。重点项目主要包括建设发展生态农业的基础设施项目，无公害农产品、绿色食品和有机食品开发项目，农业示范园区观光项目，重点工业企业清洁生产示范项目，绿色工业品开发项目以及循环经济和资源综合利用项目等。

（二）环境综合整治工程。继续推进全区化工、电镀、印染、造纸等重点行业的污染整治和结构调整步伐，实现产业结构的优化升级和经济增长方式的转变；实行污染物总量控制，提高工业污染治理水平；加快实施水系畅通和河道整治。进一步完善市区生活污水管网，对新建居民集中居住区和农村保留村庄配套建设生活污水处理设施。重点项目包括农村生活污水治理项目，企业中水回用项目，大气污染整治、重点污染行业减排项目、河道整治项目、环境基础设施建设项目，农村大环境综合整治项目、固废综合处置项目等。

（三）清洁能源工程。完成重点区域的天然气中高压主管线和现有管网的多线建设。在节能器具推广行动上，大力推进太阳能等节能产品研发应用研究，对现有燃烧原煤、重油的燃烧设施逐步采用天然气，清洁柴油等清洁能源替代。重点项目主要包括实施传统能源技术、锅炉设备等改造项目，建设天然气等清洁能源项目，开发利用农村和城镇居民生活服务的沼气、太阳能等新能源项目。

（四）绿色廊道工程。依托主干水系、主干道，以植物景观和水体景观为主体，自然生态景观与人工生态文化相结合，构建结构布局合理、综合功能优化的绿地生态系统，打造以绿色生态廊道连接凌公塘主题文化公园、可持续发展公园的生态群落，建成富有特色的绿色道路景观，构筑城市生态绿化的核心，实现居民出行200米就能到达绿地的目标。重点项目包括沿路、沿河3米绿道长廊建设项目及城市村庄的绿化项目等。

（五）生态文化工程。以挖掘历史文化和地域文化为基础，把历史厚重的文物景点与环境整治结合起来，注重传承保护开发利用，加快建设文化产业园、文化产业基地和区域性特色文化产业群，将文化项目与自然生态和谐统一，在生态绿化中增添色彩，打造十里生态文化长廊，形成生态文化旅游带。培育可持续发展公园、农业示范园区等一批特色鲜明的生态教育基地。重点项目主要包括生态文化产业园、十里文化长廊、生态文明教育基地、环境教育馆建设等。

（六）节能环保服务工程。以构建资源节约型和环境友好型社会为目标，积极建设“一中心五个区”，即环保科技研发中心，环保产业经济总部区、人才培训与环保产品展示区、生产加工区、环保主题论坛区和创业园区，着力打造具有引领意义的环保节能高地。重点项目包括可持续发展公园建设项目、科技人才引进项目等。

八、加强对推进生态文明建设工作的领导

（一）加强组织领导。各级党委要总揽全局、协调各方，将生态文明建设工作摆到更加重要的战略位置，大力实施“生态立区”战略，进一步加强对生态文明建设的领导。各级人大要按照法律赋予的职责，加强环保及生态建设执法检查和监督，依法行使好重大事项决定权。各级政府强化行政执法，不断加大投入力度。政协要积极履行政治协商、民主监督和参政议政职能，团结动员各方面力量为生态文明建设献计出力。党的基层组织和广大共产党员在推进生态文明建设中要充分发挥战斗堡垒和先锋模范作用。各级工会、共青团、妇联等人民团体要动员广大职工、共青团员和妇女积极投身生态文明建设，形成社会各方共同参与的新局面。

（二）狠抓工作落实。各部门要认真研究省、市上级部门的推进生态文明建设的决定和具体的实施意见，结合南湖实际，突出工作重点，大胆探索创新，抓好贯彻落实。要认真编制生态文明建设纲要及相关规划，制定实施配套政策。每年要制定目标任务，逐年推进。各镇、街道、部门要按照区委的统一部署，进一步细化工作目标和具体举措。建立健全部门分工协作的执行机制，明确各部门的职责，形成抓落实的强大合力。要建立市区联动机制，发挥市级部门和辖区共建单位的积极性，协同推进，成果共享。

（三）严格考核督查。进一步制定生态文明建设考核机制，研究制定考核指标体系，突出工作成效，细化责任考核，注重考核的针对性和可操作性。加快构建促进科学发展及生态文明建设的党政领导班子和领导干部综合考核评价机制，突出强调生态建设、改善民生、统筹协调发展，探索建立生态文明建设考核指标体系。重视考核结果的应用，使之与干部实绩密切挂钩，树立正确的导向。加强监督检查，丰富监督检查的形式和手段，严格执行环境违法行为责任追究的有关规定，严格奖惩。将污染减排等纳入各镇、街道年度目标责任制考核，对于任务未完成和发生重大环境污染事故的单位，严格实行综合考评“一票否决”制。

（四）营造良好氛围。把生态文明建设纳入干部教育培训内容，促进广大干部树立科学发展观、正确政绩观、生态文明观。充分发挥企业和行业协会在推进生态文明建设中的重要作用，引导企业履行社会责任，自觉控制污染、推行清洁生产、采用先进技术和工艺，追求绿色效益。充分运用广播、电视、报刊、网络等各种新闻媒体，通过开设专题、专栏，广泛宣传生态文明建设重大决策、重要举措和工作成效，宣传生态文明建设典型，推广生态文明建设科普知识，让生态文明教育进社区、进农村、进学校，将生态文明的理念渗透到生产、生活各个层面，切实增强人们的生态忧患意识和参与意识，使生态文明成为社会价值观和行为规范，深入人心。

中共嘉兴市南湖区委

2010年8月9日

附：编修地方志工作文件

区委办公室　区政府办公室
关于建立南湖区文史资料编纂委员会的
通　　知

南委办〔2007〕64号

各镇、街道党委（党工委）、政府（办事处），区级机关各部门：

为深入挖掘南湖区深厚的历史文化遗产，有效征集南湖区的党史和历史文化资料加以研究利用，编纂出版，服务全区经济社会发展，经研究，决定建立南湖区文史资料编纂委员会。委员会工作职责及人员组成如下：

一、工作职责

1.负责开展南湖区党史、文史资料的征集、整理；档案的查阅和研究；党史、地方志和文献资料的开发研究和编纂出版。

2.负责《南湖区志》编纂委员会的筹备工作，组建全区史志编纂工作队伍，制订工作计划。

3.负责依法编志、党史编纂知识的宣传、培训，开展对各镇、街道、部门及企业志书编纂工作的业务指导。

4.负责与市、其它县（市、区）史志编纂工作的交流、合作。加强与历任区领导和老干部的联系，搜集文史资料。

5.负责《浙江年鉴》、《嘉兴年鉴》南湖区部分的撰稿、供稿和《南湖年鉴》的编撰工作。

二、组织机构和人员

1.文史资料编纂委员会设主任、副主任，董雄任主任，胡金凤任常务副主任，方正平任副主任。委员会下设办公室，陈天传任办公室主任。

2.文史资料编纂委员会办公室配备工作人员若干，按照相关规定聘任。

区文史资料编纂委员会业务受区档案局指导。

中共嘉兴市南湖区委办公室

嘉兴市南湖区人民政府办公室

2007年10月9日

区委办公室　区政府办公室
关于成立《南湖区志》编纂委员会的
通　知

南委办〔2009〕21号

各镇、街道党委(党工委)、政府(办事处),区级机关各部门:

编纂地方志是中华民族的优良文化传统,是社会主义文化建设的系统工程,是承上启下、继往开来、服务当代、有益后世的千秋大业,是人类总结昨天的记录,把握今天、创造明天的向导,也是和谐文化、精神文明建设和创建文化名市、文化名区的重要组成部分。

根据《浙江省地方志工作2006—2010规划纲要》和市关于县(市、区)志编纂工作要求,我区将启动《南湖区志》的编纂工作。经区委、区政府研究,为加强《南湖区志》编纂工作的领导,决定成立《南湖区志》编纂委员会,名单如下:

顾　问:魏建明　区委书记
主　任:董苗虎　区委副书记、区长
副主任:吴　健　区委副书记
　　　　陈天英　副区长
委　员:鲁肇峰　区委办主任
　　　　吕　勇　区府办主任
　　　　董　雄　区史志工作委员会主任
　　　　杨志明　区人大科教文卫侨工委主任
　　　　应恒建　区政协文教卫体与文史委主任
　　　　陈金荣　区委组织部副部长
　　　　俞明兴　区委宣传部副部长
　　　　钟富根　区委统战部部长
　　　　沈　静　区委政法委副书记
　　　　陈新华　区发展改革与统计局局长
　　　　许　翔　区经济贸易局局长
　　　　章建军　区三产发展局局长
　　　　陈桂林　区农业经济局局长
　　　　柴志刚　区教育文化体育局局长
　　　　计风才　区人事劳动社会保障局局长
　　　　曹建弟　区规划与建设局局长
　　　　叶涵初　区财政局局长
　　　　张春林　区民政局局长
　　　　钟巧平　区人口计划生育与卫生局局长
　　　　胡金凤　区档案局副局长
　　　　张地青　南湖新区管委会副主任
　　　　曹　虹　嘉兴科技城管委会副主任
　　　　吴佳敏　嘉兴工业园区管委会常务副主任
　　　　江　军　新丰镇镇长
　　　　张建华　余新镇镇长
　　　　吴学忠　凤桥镇镇长
　　　　姜卫东　大桥镇镇长
　　　　童伟强　七星镇镇长
　　　　唐奇峰　东栅街道办事处主任
　　　　李贵明　城南街道办事处主任
　　　　陆文荣　建设街道办事处主任
　　　　沈玉良　新兴街道办事处主任
　　　　沈云明　新嘉街道办事处主任
　　　　沈　浩　解放街道办事处主任
　　　　陈敏红　南湖街道办事处主任

委员会下设办公室,董雄兼办公室主任;林汝平、方正平任办公室副主任。

中共嘉兴市南湖区委办公室
嘉兴市南湖区人民政府办公室
2009年3月26日

区委办公室　区政府办公室
关于印发《南湖区志》编纂目录及分工的
通　知

南委办〔2009〕78号

各镇、街道党委(党工委)、政府(办事处),区级机关各部门:

《南湖区志》编纂目录及分工经区委、区政府领导同意,并经编纂委员会第一次全体会议讨论通过,现印发给你们,请认真组织实施。

中共嘉兴市南湖区委办公室
嘉兴市南湖区人民政府办公室
2009年12月9日

（《南湖区志》编纂目录略）

区委办公室　区政府办公室
关于调整《南湖区志》编纂委员会成员的
通　知

南委办发〔2013〕31号

各镇、街道、园区党委（党工委），政府（办事处、管委会），区级机关各部门：

根据《浙江省地方志工作2006—2010规划纲要》和市委市政府关于县（市、区）志编纂工作要求，为切实加强《南湖区志》编纂工作的领导，确保《南湖区志》顺利编纂出版，经研究，决定对《南湖区志》编纂委员会进行调整充实。现将调整充实后的成员名单通知如下：

顾　问：孙建华　区委书记
主　任：吴　健　区委副书记、区长
副主任：赵建峰　区委副书记
　　　　周　静　副区长

委　员：区委办公室、区政府办公室、区人大教科文卫民侨工委、区政协研究室、区委组织部、区委宣传部、区委统战部、区委政法委、区发展和改革局、区服务业发展局、区经济商务局、区教育文化体育局、区民政局、区财政局、区人力资源和社会保障局、区住房和城乡规划建设局、区农业经济局、区人口计划生育与卫生局、区档案局、嘉兴科技城管委会主要负责人；新丰镇、余新镇、凤桥镇、大桥镇（嘉兴工业园区）、七星镇、东栅街道（南湖新区）、建设街道、新兴街道、新嘉街道、解放街道、南湖街道、城南街道、长水街道政府（办事处）主要负责人；《南湖区志》编辑部主编。

编委会下设编辑部，具体负责编纂工作的组织、协调、编辑等工作。编辑部实行主编负责制。编委会聘请董雄同志为《南湖区志》主编。

中共嘉兴市南湖区委办公室
嘉兴市南湖区人民政府办公室
2013年4月8日

第二章　文　献

第一节　新闻报道选

“你们抓科技抓得好”

10月6日上午，江泽民总书记视察了郊区七星乡东进现代农业示范园区、秀城区塘汇乡农业龙头企业宏达食品有限公司后，又来到嘉兴科技馆，兴致勃勃地参观了我市首届优质农产品展示会暨农业科技交流会。

11时30分，江总书记来到农产品展示厅，工作人员热烈鼓掌，江总书记边走边微笑着向人们挥手致意。市委书记陈加元向江总书记简要汇报了嘉兴农业在全省全国的地位。当得知嘉兴市所辖县已全部进入综合实力百强县、农民人均收入等名列全省乃至全国前茅时，总书记赞许道：“不简单，这些都体现了嘉兴是农业大市的风采，嘉兴改革开放硕果累累！”

在郊区展馆，区委书记朱春林向总书记汇报了郊区近年来一业为主，多种经营，不断推进农业产业化经营的情况。江总书记边听边频频点头。这时，他发现展台上有一个蛋格外大，便问：“这是什么蛋，那么大？”“是鸭蛋！这是优质新品种。”“不错！不错！”

“总书记，这里有您的照片！”在嘉善展馆，省委书记张德江指着一张照片对江总书记说。“哦！1991年7月抗洪时我到过嘉善沈道村。”总书记对往事记忆犹新。一转身，一个拳头大小的南瓜令总书记惊奇不已：“噫，这种南瓜我没看到过！”嘉善县委书记高梦良、县长蒋仁欢介绍道：“这是我们嘉善刚引种成功的新品种，如今优质农产品附加值高，外面普通南瓜才七八角一公斤，这种瓜每个至少卖5元，全部进入上海超市。”听到这里，江总书记说：“对，优质农产品附加值高！”

走出农产品展示厅，江总书记又健步往农业科技交流厅走去。副市长沈雪康边走边向江总书记汇报说："我市这次农展会既是一次优质农产品的展示会，又是一次科技交流会。共邀请了华东地区10多所省级以上大专院校和科研单位，他们带来了200多个农业科技项目参展。我们想借此机会推进全市科技兴农，从而使农业增产、农民增收。"江总书记说："这个办法好！今后抓农业主要抓两个问题，一个是水利，一个是科技，你们抓科技抓得好！"

江总书记参观了新浙江大学华家池校园展馆、浙江农科院展馆、上海农学院展馆，他边走边看并不时点头称好。当来到嘉兴农科院展馆时，沈雪康拉着姚海根的手向总书记作了介绍，省长柴松岳也插话道："姚海根是育种专家，全国人大代表，对我们浙江的农业贡献很大！"总书记连忙过去握着姚海根的手，满怀深情地说："谢谢你！"随后又亲切地问姚海根："你主要育什么品种？""水稻。""在哪里育？""海南岛，那里有我们的育种基地。我们冬天去，春天回来，已经坚持了20多年。""都育成多少个品种了？""35个。""那里条件很苦，你不简单！"总书记又一次紧紧地握住姚海根的手，语重心长地说："发展农业既要靠政策，靠投入，也要靠科技，科教兴农，首先要把科技搞上去！"总书记的指示，使在场的科技人员激动不已。姚海根满含热泪说："请总书记放心，我们一定努力干！"

（摘自1998年10月9日《嘉兴日报》）

难忘的时刻

"我见到了江总书记。""总书记和我握手了。"

10月6日下午，当记者赶到嘉兴市东进现代农业示范园区采访时，这里还沉浸在江总书记视察后的喜悦气氛之中，人们还在不时地交谈上午见到江总书记那难忘的时刻。

6日上午10时许，时刻关心着农村、农业、农民的江总书记，在浙江省委书记张德江、嘉兴市委书记陈加元的陪同下，来到位于郊区七星乡的东进现代农业示范园区视察。江总书记在园区偏北面的十字路口走下汽车后，省委书记张德江对郊区区委书记朱春林等人说："谁向总书记汇报？""我汇报。"郊区区长寿剑刚回答道。江总书记听完关于东进现代农业示范园区的汇报后，关切地问道："园区建设的资金怎么回收？""建设资金由市、区、乡三级政府的农业发展基金投入，农民投工投劳，不需还贷。""园区内的种粮大户是有承包权，还是有经营权？""承包权属于农户，经营权通过流转集中到种粮大户。""出让经营权的农户，是仍然住在这里，还是外出搞二、三产业？""农民在园区内继续种自己的承包田，同时从事二、三产业。"

在省委书记张德江的提议下，江总书记健步走了百余米，来到农户张寿兴家。

"江总书记来看我们了！"喜讯一传开，四邻的村民都拥到张寿兴家的门前来迎候江总书记。"江爷爷好，江爷爷好。"在孩子们的欢呼声和村民们的掌声中，江总书记一把握住迎上前来的张寿兴的手，健步走进了张寿兴不久前刚落成的新屋，并让张寿兴夫妇坐在自己的身边，和他们拉起了家常。"新房有多少平方米？层高多少？""占地面积126平方米，建筑面积292平方米，层高3.5米。""年收入多少？""一年家庭总收入20180元。""其他还做些什么？"张寿兴的妻子李秀华回答说："我家还捕鱼。""你们是怎么捕的？"张寿兴回答："把竹子编起来拦在河中，让鱼自己钻进来。"江总书记用上海话说："那它是自投罗网。"一句话说得满堂大笑。江总书记的随和、亲切，使大家不再拘束了。这时总书记又问道："你承包了几亩田？""承包了4.64亩。""亩产多少？""我们这里一年种两熟，春粮一熟，晚稻一熟。今年春季天气不好，影响春粮的收成，亩产只收了200多公斤，往年总要有300多公斤。""农业税交多少？""农业税150元，三上交五统筹交280元。"当总书记从旁人的插话中得知张寿兴原来承包田有7亩，现转包给种粮大户2.36亩时，又关切地问道："送给种粮大户种，你没意见？"张寿兴回答："没意见。"江总书记快要离开时，又蓦然转过身来，说："再看看厨房。"厨房里瓷砖雪白，不锈钢煤气灶闪亮。总书记看后连声说"很好，很好。"张寿兴的妻子真情地对江总书记说："都是江总书记领导得好。"看过厨房，江总书记高兴地和张寿兴一家在大门口合影留念。

临别时，张家门前的场地上早已挤满了附近的村民。江总书记在热烈的掌声中健步登上汽车，在车内向村民们频频挥手道别。

（摘自1998年10月9日《嘉兴日报》）

再接再厉 乘势而进

——胡锦涛同志考察浙江侧记

草长莺飞，鲜花盛开，浙江大地春意正浓。

4月30日，中共中央政治局常委、国家副主席胡锦涛来到我省考察工作。

胡锦涛同志一直对浙江给予关心和寄予厚望。1993年11月，他曾来我省的杭州、宁波、绍兴，就我省乡镇企业的改革与发展，特别是乡镇企业党建工作进行考察指导。1999年8月，他就私营企业传化集团建立党组织作出批示，要求我省注意总结经验，研究好解决好这个课题。去年2月，他在省委给他的专题报告上批示，对我省在非公有制企业党建工作中所作的探索给予了充分肯定。今年3月全国“两会”期间，他又来到浙江代表团参加讨论，对我省经济社会发展给予了充分肯定，要求我们在新的起点上，争创新优势，开拓新局面，赢得新发展。

时隔8年，胡锦涛这次来我省考察，第一站就来到温州。在夏梦服饰有限公司、正泰集团公司、德力西集团公司，胡锦涛进车间、看产品，不时询问企业的发展情况。企业的电脑裁剪、机械手操作、三维电脑产品设计等，都给他留下了深刻印象。看到三家非公有制企业的董事长都是年轻人，在短短的十几年里，艰苦创业，发展成为同行业中的佼佼者，他高兴地说，这些年来，浙江的非公有制经济发展很快，这是浙江经济的一个突出特点。要适应社会生产力发展的要求，继续采取有力措施，支持、鼓励和引导非公有制经济特别是科技型中小企业健康发展，促进多种形式的股份合作经济的发展。从这几家企业看，注意信息技术在传统产业的应用，以信息化带动工业化，全面改造和提升传统产业，大有可为。

非公有制企业的党建工作是胡锦涛一直关注的问题。在温州，他专门召开了非公有制企业党建座谈会，一一认真听取温州市委和浙江传化、台州飞跃、温州神力、乐清华仪、宁波利时等企业的汇报。座谈中，他仔细询问：党组织的活动时间如何保证？经费来源如何？党员如何发挥作用？听完汇报，他高兴地说，大家的发言生动感人，听了很受启发。温州市在促进多种所有制经济发展过程中，积极探索，不断加强非公有制企业党建工作，取得了新鲜经验。浙江省对非公有制企业的党建工作很重视，起步比较早，在全国也走在前面。希望你们在已有成绩的基础上，总结经验，不断创新，把这方面的工作做得更好。

胡锦涛同志非常关心新形势下的城市社区建设。5月1日一到杭州，他就来到天水街道社区、湖畔花园社区、采荷小区，参观社区服务点和党员活动室，慰问社区干部和民警，听取杭州市和社区负责人的汇报。正是“五一”劳动节，采荷小区文体活动中心热闹非凡，老年京剧票友会、女子健身队、少儿美术班都挤满了人，在小区散步休息的居民见到胡锦涛，纷纷围上来问好。胡锦涛微笑着祝大家节日好。京剧票友姚靖升高兴地亮开嗓子，唱了一段。胡锦涛听罢热烈鼓掌：“唱得好！祝你们越活越年轻！”正在画画的采荷二小舒畅小朋友见胡锦涛来了，马上给他系上红领巾。胡锦涛高兴地俯下身来，和小朋友们合影留念。

考察了社区，胡锦涛说，杭州在推进社区体制改革和加强社区党的工作中创造了一些好的经验。要把服务群众、造福居民作为社区建设的出发点和落脚点，多为居民办实事、办好事。只有这样，社区工作才能得到居民的拥护和支持。希望浙江的同志继续努力，把社区建设和社区党建工作提高到一个新水平。

5月2日，阳光灿烂。胡锦涛专程来到嘉兴瞻仰中共“一大”会址，亲切会见浙江省委和共青团中央举办的“党在我心中——南湖红船圣地行”活动代表，拉开了我省纪念建党80周年系列活动的序幕。在南湖革命纪念馆，他仔细参观陈列的文物和党史资料，随后又上南湖红船，细细瞻仰；登烟雨楼，凭栏远眺。他深情地说：“这次来嘉兴瞻仰了‘一大’会址，了却了多年的心愿。抚今追昔，感慨万千。

'一大'时，我们的党只有十几个代表、几十个党员，现在我们的党已经有6400万党员。回顾我们党80年的历史，中国革命、建设和改革的每一个胜利，都是在党的领导下取得的，都是同党的建设的进步密不可分的。"

在嘉兴，胡锦涛还来到秀城区新丰镇民丰村潘金良等几家农户走访。胡锦涛坐在潘金良的父母和潘家兄弟中间，和他们拉家常，问他们全家收入多少？承包田里种什么？生产经营中最大的困难是什么？镇里开展"三个代表"学习教育活动你们提了哪些意见和建议？潘金良和村干部一一作了回答。胡锦涛看到这里的农民既搞工业，又种经济作物，人均年收入达五六千元，房子宽敞，安居乐业，对潘金良父母说："你们好福气呀！"潘金良父母忙说："托共产党的福！"下午，胡锦涛又在嘉善县魏塘镇召开了"学教"活动专题座谈会，听取嘉兴市、淳安县和嘉善县魏塘镇、嵊州雅璜乡、龙游泽随镇开展"学教"活动的汇报。胡锦涛说，浙江在"学教"活动中农村基层干部参加热情这么高，精神面貌这么好，群众这么支持，反响这么强烈，我感到很高兴，说明浙江省委对"学教"活动高度重视，工作扎实细致，各地结合实际，运用不同的载体，活动开展得有声有色。省委主要领导带头，全省10万干部进农家、听意见、访民情、办实事，不少涉及群众切身利益的问题得到了解决，干部作风有了明显转变，效果是好的。要毫不松懈，一抓到底，把这项工作不断引向深入。

几天来，胡锦涛一路风尘仆仆，深入基层，所见所闻，给他留下了深刻的印象。他说："这些年来，浙江省委、省政府带领全省人民，认真贯彻党的基本理论、基本路线和基本纲领，坚决执行以江泽民同志为核心的党中央作出的各项决策，解放思想，实事求是，勇于开拓，锐意进取，改革开放和现代化建设取得了显著成绩。"他又说："实践表明，浙江省的领导班子贯彻党的路线方针政策和中央一系列重大决策是坚决的，各级党组织是有战斗力的，全省干部队伍的主流是好的，是值得信赖的。从我们这次接触到的干部群众来看，大家心齐气顺，干劲十足，精神面貌很好。希望浙江的同志进一步认清浙江在全国经济社会发展中的重要地位，认真贯彻江泽民总书记关于浙江要'认真总结过去，努力开创未来，力争率先基本实现社会主义现代化'的指示精神，再接再厉，乘势而进，扎实工作，为实现'十五'计划目标创造新业绩，作出更大的贡献。"

胡锦涛同志对浙江的厚爱和期望，必将鼓舞全省广大干部群众再接再厉，开拓进取，创造新的辉煌。

（摘自2001年5月5日《嘉兴日报》）

在推进科学发展的实践中保持和发展党的先进性
省委隆重举行庆祝中国共产党成立85周年暨总结保持共产党员先进性教育活动大会

习近平讲话　吕祖善主持

昨天，中国共产党的诞生地嘉兴南湖阳光明媚，鲜花簇拥，处处洋溢着节日的喜庆气氛。嘉兴大剧院的主席台上，鲜艳的红旗辉映着醒目的党徽，"1921—2006"这几个大字象征着中国共产党已经走过了85年的光辉历程。上午，省委在这里隆重举行纪念中国共产党成立85周年暨总结保持共产党员先进性教育活动大会，与全省人民一道，共同回顾难忘的过去，满怀信心地展望光明的前景。

省委书记习近平在会上作了题为《在推进科学发展的实践中保持和发展党的先进性》的讲话。省委副书记、省长吕祖善主持会议。省政协主席李金明，省委副书记乔传秀、夏宝龙等副省以上领导干部和薛驹、李泽民、刘枫等正省级老同志，驻浙部队和省武警总队主要负责人，嘉兴市领导黄坤明、陈德荣、徐良骥、杨荣华、徐士珍、寿剑刚、刘冬生、王洪涛、朱伟、蒋唯民、王惠敏、杜忠良、裘东耀等出席会议。

大会在雄壮的国歌声中开始，乔传秀宣读省委关于表彰省先进基层党组织、优秀共产党员、优秀党务工作者和"十大时代先锋"的决定。省领导为被表彰的先进单位和先进个人颁奖。

习近平在讲话中首先代表省委向这次受到表彰的先进单位和先进个人表示热烈的祝贺，向在全省各条战线辛勤工作的共产党员和党务工作者致以亲切的问候,向全省广大工人、农民、知识分子,各民主党派、各人民团体和各界爱国人士,表示良好的祝愿。他指出,在我们即将迎来建党85周年纪念日之际,在全党开展的以实践"三个代表"重要思想为主要内容的保持共产党员先进性教育活动胜利完成了。这次先进性教育活动是我们党在长期执政和改革开放条件下加强先进性建设的一次成功实践。这次先进性教育活动的过程及其成果,再一次证明了我们党的先进性。正是由于党的先进性,我们党成为中国革命、建设、改革的坚强领导核心,团结带领全国各族人民在艰难困苦中奋起,在艰辛探索中前进,走过了85年的光辉历程。这85年的光辉历程,也正是我们党与时俱进地保持和发展先进性,创造中华民族发展史上最辉煌业绩的光辉历程。

在全面回顾85年来我们党加强党的先进性建设的实践与启示时,习近平指出,在85年的伟大实践中,我们的党不断发展壮大,由一个领导人民为夺取政权而奋斗的党,成为领导人民掌握政权并长期执政的党。这是历史的选择、人民的选择。伟大的革命实践产生伟大的革命精神。85年来从这里启航、凝聚、升华的"红船精神",一直激励着我们党始终走在时代的前列,不断取得革命、建设和改革的一个又一个胜利,其中很重要的一条经验就是,先进性是马克思主义政党的根本特征,是我们党生存、发展、壮大的根本前提。85年来,我们党始终根据不同时期的中心任务,不断地丰富和完善党的先进性要求,不断地实践和加强党的先进性建设。

习近平指出,这85年来党的先进性建设的历史,包括这一次的先进性教育活动,给我们提供了多方面成功经验和重大启示:先进性建设始终是我们党生存、发展、壮大的根本性建设;必须把思想理论建设放在先进性建设的首位,自觉用发展着的马克思主义武装全党;党的先进性建设要紧密联系党的政治路线来进行,围绕党的中心任务来展开;党的基层组织是党的全部工作和战斗力的基础,党员是党的先进性的实践主体;这段历史也告诫我们,赢得先进性固然不容易,但在长期执政和改革开放的条件下始终保持先进性更不容易。85年来党的先进性建设的历史经验归结到一点就是,党要始终成为"三个代表",始终成为全国人民的主心骨,始终成为建设中国特色社会主义的坚强领导核心,就必须不断加强思想建设、组织建设、作风建设和制度建设,始终保持马克思主义政党的先进性,始终保持与时俱进的品质,始终走在时代的前列。我们一定要从我们党85年的奋斗历史中总结经验、吸取教训、牢记启示,进而增强信心、明确方向、与时俱进,坚持不懈地推进党的先进性建设。

在总结我省开展保持共产党员先进性教育活动的主要情况时,习近平指出,在党中央的统一部署和正确领导下,浙江省各级党委按照"提高党员素质、加强基层组织、服务人民群众、促进各项工作"的目标,围绕"群众满意"、"务求实效"、"走在前列"的要求,周密部署,严密组织,精心指导,整个教育活动进展顺利,成效明显,群众满意。其主要做法和特点是:全面贯彻中央精神,领导带头、责任落实,走在前列抓教育;紧密结合各地实际,突出主题、精心谋划,围绕发展抓教育;始终突出一条主线,创新方法、分类指导,激发内在活力抓教育;牢牢立足群众满意,惠民先行、立说立行,务求实效抓教育;紧扣教育活动重点,加强宣传、典型引路,营造浓厚氛围抓教育;着眼于永葆先进性,深入研究、健全制度,注重长效抓教育。其主要成效是:党员受教育,在实践"三个代表"重要思想和落实科学发展观上更加自觉;先锋树形象,党员先进性的具体要求更加明确;基层强基础,党的执政基础更加扎实;群众得实惠,党群干群关系更加密切;教育推党建,全社会关心党建支持党建的氛围更加浓厚;党建促发展,全省"干在实处、走在前列"的成效更加明显,进一步形成了抢抓机遇、加快发展,干在实处、走在前列的良好局面,促进了我省各项事业的不断进步。

习近平强调,先进性教育活动已经告一段落,但党的先进性建设将是一个长期的过程,党的事业也将继续推向前进。在新的征程中,我们要自觉、主动、持续地推进党的执政能力建设和先进性建设,切实把先进性教育活动的实践成果、制度成果和理论成果转化为推动各项工作的动力源泉和实际举措，贯穿于伟大工程的各个方面，体现在伟大事业的各个领域，在不断推进我省科学发展的实践中保持和发展党的先进性。要把先进性教育活动成果转化为落实科学发展观的动力，在深入实施“八八战略”的实践中保持和发展党的先进性，不断推动科学发展、统筹发展、和谐发展；把先进性教育活动成果转化为构建社会主义和谐社会的动力，在全面建设“平安浙江”的实践中保持和发展党的先进性，不断提高依法协调各方利益、妥善处理各种矛盾的能力和水平；把先进性教育活动成果转化为发展社会主义先进文化的动力，在加快建设文化大省的实践中保持和发展党的先进性，以实际行动践行社会主义荣辱观，促进党风、政风和社会风气不断好转；把先进性教育活动成果转化为发展社会主义民主政治的动力，在努力建设“法治浙江”的实践中保持和发展党的先进性，力求把科学精神、民主精神、法治精神体现到各个方面；把先进性教育活动成果转化为党科学执政、民主执政、依法执政和廉洁施政的能力，在全面加强党的建设的实践中保持和发展党的先进性，使各级党组织积极发挥领导核心作用和战斗堡垒作用，使共产党员始终发挥先锋模范作用，自觉经受住改革开放和发展社会主义市场经济条件下长期执政的考验，真正成为先进生产力的促进者、先进文化的倡导者和人民群众利益的维护者。

习近平强调，时代在前进，我们党的先进性也在发展，我们党的事业更将勇往直前。让我们紧密团结在以胡锦涛同志为总书记的党中央周围，高举邓小平理论和“三个代表”重要思想伟大旗帜，牢固树立和全面落实科学发展观，求真务实，与时俱进，为推进中国特色社会主义伟大事业和党的建设新的伟大工程在浙江的生动实践而努力奋斗。

大会在庄严的《国际歌》声中结束。

省级各民主党派、工商联和人民团体主要负责人，省委先进性教育活动领导小组成员，省级有关部门和各市党委有关负责人，全省受表彰的“两优一先”代表和“十大时代先锋”，嘉兴市人大、市政府、市政协、嘉兴军分区其他领导和我市基层党员干部代表等1400余人参加会议。

（摘自2006年6月29日《嘉兴日报》）

第二节　碑　记

嘉兴屯田纪绩颂并序

（唐）李　翰

禹平九土，沟洫之功大；弃粒烝民，稼穑之务重。自古有国者未尝不率由斯道，底慎其业，故登平足以厚生殖，祸难足以定凶灾，未有易此而能理者。自天步多艰，兵连不解，十有四年，因之以饥馑，重之以瘥札，死者暴露，亡者惰游。编版之户三耗其二，归耕之人百无其一，将多于官吏，卒众于农人。古者八家为邻，一家从军七家随之，犹曰：兴师十万，内外骚动，不得操农桑者七十万家。今乃以一夫家食一伍，一余子衣一卒，师将不立，人将不堪。此圣王所以旰食宵兴，求古今令典可以济斯难者，莫出乎屯田。广德初，乃命相国元公倡其谟，分命诸道节度、观察、都团练使统其事。择封内闲田荒壤人所不耕者，为之屯；求天下良材善政以食为首者，掌其务。屯有都知，群士为之，都知有治，即邑为之官府，官府既建，吏胥备设。田有官，官有徒，野有夫，夫有任，上下相维如郡县，吉凶相恤如乡党。有诛赏之政驭其众，有教令之法颁于时，此其所以为屯也。虽天子命吏，股肱赞之。至于宣上命齐下力，经地役制地事，辨土宜均土法，简穑器修稼政，陈三壤之种而敬其始，考九农之要而成其终，则都知之职专达其事焉，讵可以非其人哉？浙西观察都团练使御史中丞兼吴郡守赞皇公，王国大贤，忧公如家，慎择厥官，以对明命。浙西有三屯，嘉禾为大，乃以大理评事朱自勉主之。且扬州在九州之地最广，全吴在扬州之域最大，嘉禾在全吴之壤最腴。故嘉禾一穰，江淮为之康；嘉禾一歉，江淮为之俭。公首选于众，独当其任，有宽简惠和之德，知艰难勤俭之事，政达乎本，智通乎时，仁爱足以结下，机权足以成务。嘉禾土田二十七屯，广轮曲折，千有余里。公画为封疆属于海，浚其畎浍达于川，求遂氏治野之法，修稻人稼穑之政。芟以殄草，剔以除木，风以布种，雨以附根，颁其法也；冬耕春种，夏耘秋获，朝巡夕课，日考旬会，趋其时也；勤者劳之，惰者勖之，合耦助之，移田救之，宣其力也；下稽功事，达之于上，上制禄食，复之于下，叙其劳也。至若义感于内，诚动于中，徇国忘家，恤人犹己，野次露宿，箪食瓢浆，尽四体之勤，趋一时之役，大寒栗烈而犹执鼗鼓，盛暑赫曦而不傅车盖，如登高去梯与之死生，投醪均味忘其饥渴，然后知仁义之政必见于耕获，井田之法可施于甲兵。夫如是人将竭其力，地将尽其利，天将与其时。自赞皇为郡，无凶年；自朱公为屯，无下岁。元年冬收入若干斛，数与浙西六州租税埒。朝嘉厥庸，授廷尉许。公又稽气授时，如前代法。有白雀集于高丰屯廪，盖大穰之征也。屯官某乙等聚而称曰：初公为屯，人有二惧焉，邑人惧其暴，屯人惧其扰。今沟封犬牙而不相侵，疆场日履而人不知，方舟而上，以馈师旅，此功及于国也；登量而入，以宽征税，此德加于人也。古者智效一官，政修一乡，犹歌之、咏之、手之、足之，况朱公之绩如此其大者乎？遂相与斲琬琰表阡陌，南阳太守岂专刻石之功，桐乡啬夫终践大农之位。其辞曰：茫茫九区，阳九躔灾，兵荒瘥札，田卒污莱，天步未移，连师满野，不耕不获，仰食于下，嗷嗷遗人，餬口馈军。帝曰："予忧"，爰立其屯。且战且耕，古之善经，辟师只肃，王命是将。嘉禾之田，际海茫茫，取彼蓁荒，画为封疆。朱公莅之，展器授方，田事既饬，黎人则康。我屯之稼，如云漠漠，夫伍棋布，沟封绮错。朱公履之，劝耨趋获，稂莠不生，螟螣不作，岁登亿计，征宽税薄，息我烝人，遂其耕菑。我屯之余，如京如坻，嘉量是登，方舟是维，赞皇献之，达于京师，饱我六军，肃将天威。亩距于沟，沟达于川，故道既堙，变沟为田，朱公浚之，执用以先，浩浩其流，乃与湖连。上则有涂，中亦有船，旱则溉之，水则泄焉。曰雨曰霁，以沟为天，俾我公私，永无饥年。公田翼翼，私田嶷嶷，不侵其畔，不犯其穑，我仓既盈，尔廪维亿。屯人熙熙，邑人怡怡，不忧其务，不干其时，我无尔暴，尔无我欺。我有官属，朱公训之；我有徒庶，朱公恤之；我有众役，朱公率之；我有微功，朱公序之。起于田中，印绶累累，何以况之，福禄如茨，何以久之，刻篆于碑。

月波楼记

（宋）毛　滂

甲午秋九月，秀州修月波楼成，假守毛滂置酒其上，因语坐上客曰：望而见月，其大不过如盘盂，然无有远近，容光必照。而秀，泽国也，水滨之人起居饮食，与水波接。此二者，秀人咸得而有之。昔令狐君挺乃为此楼，名以"月波"，意将揽取二者于一楼之上。谓守得笼为己物，时分余光以及宾客，顾不见笑于大方之家邪！是虽绳枢瓮牖渔樵之舍皆可以得，二者之胜宁待登此楼而后得之。然昔人升车褰帷裳，意当高视远听，或者登楼四顾，使能明目洗心，有如月与波者乎。则其治民，犹越人之治病，岂不尽见五脏之症结邪？令狐君之名是楼，岂有意于此邪？今楼之下，池水才寻丈间，亦聊足浴鸥鹭尔。极目野田，无三数里远。郑毅夫题诗其上，乃云："野色更无山隔断，天光直与水相通。"毅夫之喜夸也如此。虽然，天下孰大，泰山或为小；天下孰小，秋毫或为大。而大小之相去，殆出吾方寸间，盖亦不可以语人矣。故此楼目力所及，虽不如毅夫言，倘以为大，则穷日月之出入，极江海之泛滥，要当一眼吞之，是岂不近出眉睫之间哉！楼前翠潋如萦带，而高柳横塘，远入孤村，野花水草，微见幽处。阑干下瞰，烟雨空蒙，朝霞暮云，凌乱衣袂，徘徊徙倚，心舒目行，盖可以散郁滞而忘吾忧也。父老为余言，此楼建于致和之甲午，规模甚陋，亦几圮而仅支。今又当甲午，一变而壮丽若此，独恨登览者有时而老，而此楼固突兀百尺，与光景蝉连俱在也。滂闻而叹曰："楼虽壮且丽，顾可恃哉！壮当有时而倾挠，丽当有时而漫灭，苍烟白露，而荆棘之所丛；颓垣断堑，而狐狸之所家，只使后人来发悲慨尔！"今邦人相与出遨而喜甚，徒以有此楼故也。至其人散酒罢，水波月出，余独拥鼻微唫，捋须遐想，盖意已超然遗尘埃，出云气，将不月而明，不波而清，不楼居而高也。吾于此时益得佳处，且将以遗来者，异时有登临而得余所得者，余其若见余也。盖初不以此楼属于人。政和四年十一月 日记。

唐相陆宣公祠堂记

（宋）吕祖谦

古者建学，先圣先师各因其国之故。国无其人，然后合他国而释奠焉。由汉以来，先圣先师之位虽定于一，然郡邑先贤亦往往祠于学宫，犹古意也。《唐史》载，陆宣公贽，苏州嘉兴人。石晋时，吴越王元瓘奏以嘉兴置秀州。城东桥以宣公名者，先老相传，公所生之地。郡学故有公祠，今郡守、直显谟阁、东平吕侯正己复葺而新之。维秀陪翼行都，典治为天下剧。侯独置，迎将期会之烦，表公以风厉多士，其知本务矣。初，公事德宗，入翰林为学士。方禁旅四出伐叛，公深以根本为虑，论居重驭轻之势至熟悉也。未几，泾卒内讧，迄如公忧。奉天艰难之际，虽号亲近而志实不大纾。职在书诏，因得具着天子悔过罪已之意，闻者流涕，人心已离而复合。以使事抵李怀光，于立谈顷拔李晟之军。已而平贼泚，收长安，独晟军是赖。官守所及，犄见一二，已足以再造唐室。苟帝以国听焉，其所就何如哉！起建中，历正元，垂二十年，离合从违之变繁矣。确乎其不移，温乎其不怼，亹亹乎其不厌。所积之厚，岂世士所易窥邪！晚节为相，经世之业，出之固有次第。始建白台省长官各举其属，议辄见格，然纲条本末，载于章奏者尚可复也。既贬忠州，阖户人不识其面，专以方药自娱。盖畏天命，畏大人，负罪引慝于幽闇隐约之中，其志念深矣。虽德宗雄猜忌刻，犹劳问有加，非公之忠敬有以发之邪！彼谓避谤不著书，殆知公之细者也。秀维千米，隽彦林立。公之精蕴列于乡论者，旧矣。故于祠宇之成，诵所闻以质其中否焉。淳熙四年四月旦日，东莱吕祖谦记。

精严禅寺记

（宋）王希吕

佛之道至难学也。毁形而苦行，割爱而忍辱，食以粗粝，衣以坏色，器以瓦铁。诵经礼佛，求师问道，从众应俗，登门望施，修斋设供，立木营造，像设修为之事，无一不为。至于口腹之欲、纷华之欲、男女之欲，凡人道之不可无者，一有犯焉，则有司得以治，檀越得以弃，天下之人莫不起而议之。佛道之难学盖如此。秀州精严寺旧号灵光，即东晋选部尚书徐侯熙所施之宅。寺邻于市，寺亦为市，僧居于市，僧亦为市。既为而久，既久则盛，其分房裂户以百数，而为之徒者且数百人。庞眉皓首，畏罪慕善，闭门燕坐，勤力精进者往往有之。而血气方刚，闻道未笃，六贼所诱，一念不固者亦所不免也。淳熙四年，直宝文阁韩公彦质以黄冈政成，圣恩优异，付以兹郡。公遇事精敏，济以公正。下车未几，奸伏弱直，优游抚驭，遂以无事。推其治理，勤厥外护，乃请于朝，愿以是寺改为十方，有旨从之。于是籍寺所有，得二万余缗，招一因师俾主其事。因资巽糯不任是责，侯即喟曰："变律为禅，欲药其病，变不如初，吾且有过。"乃黜，因命诸山选一道行可以经理者。众以十六辈谂公，公于其末择一永祚师景寿使补其处。寿公道学既高，世法亦熟，年未五十而十主名刹。升座之日，法音宏畅，举扬宗旨，合因与果，演化道俗，复以丛林所立规矩先以律身，还以导人，瞻听所接，内严外敬，顽革善入，一传百应，先信后舍，无有龃龉，皆顺以附。缘法既契，乃取因老所用之余，计四千缗，并举韩使君所施之财与大众之所施者，又为数千缗。鸠工匠，会竹木，商瓦甓，给雇直。凡为秀王祠堂三间，戒坛一所，廊庑三十四间，法堂一十二间，僧堂六间，雨花堂五间，前资寮行堂共一十三间，旃檀林后架二十间。为水田二千余亩，岁得米一千余石；为芦场二千余亩，岁得薪五万余束。经始于五年之春三月，断手于六年之夏四月。始，师尝曰："寺成，当求记于王居士。"既成，使其徒师源具以本末来。希吕使谓之曰："夫应时有缘，悟道有性，化荆榛为道场，辟市井为佛地，易土木为像设，改喧阓为禅观，凡见于有为者，是谓缘。着一盂粝饭，聚四方衲子，大开不二门，共究无生理，凡归于自然者是谓性。今师既已奋空拳，竭愿力，了大事，破群疑矣，盍亦息乎其所已为，而思惟其所未为者。自缘而修性，由性而悟道，以上报国恩，而次报佛恩乎！"师曰："诺。"乃为记之，复以偈言终之。其辞曰：

佛身广大充两仪，肉身有坏法者非。波旬有请不可违，双林佛子涕泪垂。六反震动人嗟咨，付与迦叶法与衣。其余佛法得者谁，国王大臣专主之。檀那有力同扶持，维昔东晋咸安时。徐侯家居海之湄，夜有光怪经天维。迫而视之井所为，乃请舍宅为佛祠。年来井神不能奇，蜂房蚁穴生瑕疵。既久而变亦其宜，韩侯凛凛百吏师。有意外护非己私，寿公之来乘始基。补偏百弊研毫厘，以身率人人相随。内严外敬自此推，始终一律无可疑。一唱百和风声移，中堂幻出高巍巍。廊庑绳直远近齐，方丈寮舍相发挥。山田水国日用资，自起一念不逾期。算计见效如所期，虽然佛法非一岐。传道应缘实相依，灵刹衲子须自知。请师开门拈白槌，来看兄弟相磨治。以箧缚肚捐饱饥，说出诸方上上机。一洗万劫贪瞋痴，佛法到此尤光辉。朝散郎，试兵部尚书、兼给事中、兼修玉牒官、兼侍读王希吕记。

真如宝塔记

（宋）鲍义叔

中土自摩腾、竺法兰以经来华，人固知有经也；菩提达摩以法来华，人固知有法也。阿育王于佛灭度后，一日之中造浮图八万四千，此西方殊胜事，华人未之知也。逮吴赤乌二年，康僧会拥锡至建业，大帝使求佛舍利。既得之，即为造塔，自是浮图始建于中土，而吴中特盛焉。隋唐以来，名山胜地，表刹相望，赤珠夜明，毫光昼现，四种八种，三意六意，瓶沙发愿，窣堵正名。众生不见心、不见身者，如闇而迷。仰观斗极，无感不应，无应不神，所谓塔庙庄严，始遍于四维上下矣。槜李为郡，实今辅藩，皋陆四周，平夷洞达，宜有标植，用镇陬隅。雉堞离方，真如兰若，芗云覆地，华雨弥空。嘉祐壬寅岁，有法师自南者，尝建仁王护国般若宝塔，善导众生，修崇梵福。宣和庚子，逆寇兆乱，焚荡无遗，仅存地宫。冶银塔像，佛牙舍利，光彩如新。历年既多，因循废坠。今比丘上首智炬夜梦观音大士有所告语，于是猛勇精进，捐财施力。复有长者檀波罗众，舍己爱乐，无量数计，共成佛事。鸠工于淳熙十年仲冬二十九日，落成于庆元三年孟冬之六日。云壁八面，绚烂凌空，露盘七层，巍峩出地。东际沧海，旸爽光明；西瞻都畿，佳气葱欝；南极于越，涛江轰豗；北俯吴会，太湖汗漫。介日月之间，出云雨之上。十通大用，三界无边，统万有于微茫，视亿载于晷刻，猗欤伟哉！诚迦维之妙，利群生之指南也。作是语，已有一居士长跪问言：“昔闻如来谈《法华》于鹫峰，时有七宝塔涌出现前，其中发大音声；又休胥国道合尸罗于指端出浮圖十层，有僧执炉盖旋绕而行。以此较彼，孰真孰幻？”夫万法生灭，孰非妄幻。幻身既妄，物物非真。作如是观，名无为法，不取于法，无得而修。法固无为，相有真实。现前三昧，如丘山高，福不唐捐，亦复如是。如来方便，提引众生，勤力修行，成就幻力。空即是色，道不虚行，出世阶梯，故应顶礼。是岁阳月朔五日，奉议郎、新知绍兴府上虞县、主管劝农公事、赐绯鱼袋、永嘉鲍义叔记。

三塔白龙潭记

（宋）李时习

漕渠出通越门，直西三里，斗折以北，面其曲为今景德寺。前有三塔枕其流，流之深倍，左右四尺，龙之所宅也。寺有伽蓝祠，号“顺德龙王”，盖尝有德爵，莫考其所以始。旧俗云，风樯雨棹，沦溺不测，往来者谓险视江湖间。乃相与琢石，韫舍利，建浮图，鼎足镇之，所谓三塔者也。塔初成，炅光夜明，险害乃已，岂其依佛慧力，易暴以仁？如《华严经》属所言，遂以福德此珠宫贝阙耶！《图经》亦不载始末。元丰己未岁，有张君胜作《三塔白龙潭》诗，其序云：“尔或云，近岁有舣舟河上，夜半风雨晦冥，迁之数十步，棹夫几殆。然皆以此非深山大泽，且不考知其故意，故易之。”淳熙元年夏五月，潭之所大雨雹，殆阳不克也，克必过。过则为旱，已而不雨。至于秋七月，孕者待雨秀发，荚者待雨坚好。有旨祷群望，最后筑坛，刑白鹅，坎血以祠，蕴隆如故。郡刺史毘陵张公元成顾曰：“将何以拯民忧？”时习曰：“岁旱，取虎颅骨纳诸有龙湫潭中，可以致雨。法，用长绠系之，雨足即出之。先大夫尝行诸京口，雨旋至，请加之于三塔潭。”公曰：“诺。”献议者疑之。夫事既亟矣，知之而不能行，欲行之而不勇不诚，谓吾民何？于是緜蕝如法。己未，公从僚吏出祷，小雨随之。越三日丁酉，祷毕，蜿蜒云端，不终朝，大雨。翼日，又雨雹，绕佛庐震，而人虩虩然如在其左右。不涸不流，不萎不苏，岁以大熟，邦人咸喜。嗟夫！十日不雨则饥，五日不雨则馑。今饥馑不作，盗贼无有，人以为是故，然孰知龙之自？乃即庙貌宠新之，命车命服，始追用王仪，丕宣厥灵。客有过之者为时习言：“川泽之物，莫智于龙。上古之世，有以龙名官者。官修其事，则祷雨，其艰哉！厥后不能纪远，乃纪于近。近而民事，为民师者，今或日所不给，又乌暇议龙之智，矧曰天地阴阳之事？”其言似有旨，故并书之。十月九日，通直郎、知秀州嘉兴县事、昆陵李时习记。

兴圣寺记

（宋）程公许

天以皇朝，世有明德。惠洽黎民，申眷命于高宗；中天立极，用再造我区夏。孝宗夙自秀邸，毓质少海，以承尧禅，祇若慈训，诞保此丕丕基。精一执中之传，有光往牒。维今嘉禾兴圣禅院，则上圣载育之地也。斗枢绕电而寿丘辑庆，赤龙游河而庆都孕灵。帝命溥将百神，先后父老传颂，可考不诬。庆元更元，州升为府。迨嘉定戊辰岁昉，因守臣希道之请，加赐军额。仍即其所规梵宫，扁以今名，所以纪长发之祥，示四海以有尊也。地接县治，位置褊浅，无以肃视瞻。甫及四纪，而支倾植仆之不暇，守土者何以辞其责？今皇帝在位二十八年，郡当释牧。上念畿辅股肱，烈祖在天之灵不忘顾歆，命大臣差择其可寄以赤子者，得太府丞臣与峕于班列，即日佩以章绶。始至，款谒庙庭，退而诹之僚吏曰：“汉制，郡国得立祖宗原庙。我国朝陪京及车驾尝所临幸，咸即寺观创殿，以奉安神御，而洛师之应天、启圣则又即诞生而纪瑞也。维兹兴圣，伯父臣希道实倡之。粤四十有五年，而臣与峕嗣领郡，寄臣与弼同时持常平使者节按部浙右。前此苟有而未全者，若有待焉。失今不图，人谓斯何！”往复究度，旧基之左右乃牙民产，倍其直以偿之。由殿堂门庑以及庖库皆革其故而取其新，不侈不陋，十阅月而崇功成。捐官庄田地二百七十有七亩，合旧地为一千八百二十有八亩，畀寺僧以给斋厨。费出于台、郡撙节之余，不以劳民。是役也，大宗正、嗣秀王臣师弥实主其议，拜疏阙下。上为援笔大字书“流虹圣地，兴圣之寺”八大字，命锓梓涂金，揭之新刹。龙蟠凤翥，日丽星晖，耆老聚观，感慕洒泣。臣师弥被旨，袖香奏告，道霅川，以图示臣公许曰：“此国家盛美。若尝以簪橐陪法，从秉铅椠，掌内命，盍为之记，庸诏久远。”臣固谢不能，而竟弗得辞。窃惟艺祖以神武膺图肇造，继统以太宗而天下底定，高宗以艰勤绍复，逊位于孝宗，而骏命以凝。至公无私，与天同运，孙谋诒远，配天无极，册书所纪，旷古鲜俪。小臣固陋，何敢妄以管窥？惟是隆、乾、淳熙，盛德大业，得之面命心传，见之躬行实践，近接耳目，为法可传于天下者，蔽一言，曰仁、曰俭而已。惟仁，故见善明，用心刚，爱恶是非得其正；惟俭，故处己约，待人恕，刑罚赋敛得其平。自涉大位，以讫倦勤授禹，惟日乾乾，祗畏于民岩。中外乂宁，风俗淳厚，士大夫咸以礼义□耻自修饬。绍熙、庆元之际，国家赖以扶颠持危者，犹昔日所作成之人才。此无他，仁俭之德积于躬者厚而化于人者深，其培养之道，感移之机，自有不期然而然者，盛矣哉！若夫笃于尊亲，谦以自牧，虽震夙之所，未尝一语及焉。逮宁考御图，遹追来孝，始克举行旷典，道隆德重，而退藏于密。业巨事闳，而民无能名，刻词丰碑，所以侈盛美于无穷，示来世以必葺也。臣谨拜手稽首而述以颂曰：宋受命古帝，有十一世。笃生孝皇，神武哲睿。艺祖之孙，高宗之嗣。毓德青宫，揖逊以有帝位。丕显丕承，克顺克比。厥初发祥，秀水之涘。帝实启之，百灵萃止。若昔寿丘，枢电荐祉。庆都河流，赤龙纪瑞。有开必先，古今一轨。於赫梵宫，作镇星纪。昔臣希道，以宗室子，来宣潘条，兹焉经始。敝弗之图，鲜不心愧。臣峕假守，臣弼将指。同是肺腑，同所出自。诹之嗣王，典宗正事。老臣师弥，奏闻九陛。皇帝曰：“吁，天命匪易。念我烈祖，宵旰致理。德巨业闳，道洽政治。积庆有源，涵洪演迤。施及曾孙，式承式继。”伸纸濡墨，为八大字。鳳舞龙蟠，星辉日丽。钦仁飏游，聿严嗣志。皇灵赫奕，百神翼卫。心法所传，仁俭而已矣。惟仁足以祈天命，惟俭足以承天意。于时保之，夙夜敢替！小臣作颂庸，侈休美。莫高匪天，莫厚匪地。于千万年，作宋元祀。淳祐十一年龙集辛亥仲夏初吉谨记。中大夫、宝章阁待制、新知婺州军州事兼劝农使、眉山县开国子、食邑五百户、赐紫金鱼袋程公许撰。

嘉兴县学记

（宋）梅应发

县有学，古党庠遗意也。《礼记》曰：“古之教者，家有塾，党有庠，术有序。”夫五百家为党，党下于遂，或者犹后世所谓县乎？秦始分郡县，至汉县邑有校经师，唐上、中、下县有博士，皆是官也。我朝县学始于庆历，弟子员更定于熙宁。主其事簿若丞，官未专置。理宗皇帝三十九载，始诏天下悉差主学，于是薄海内外皆夫子宫墙矣。槜李甲右扶风，附庸邑曰嘉兴，学久废，其址更为郡社壝，士藏修无所，校官至虚设。令尹、资中张君汴喟然叹曰：“设庠序以化于邑尚矣，今朝以主学命官，名具而实泯，令独不愧子衿诗乎？”乃亟请于邦君本心文公，公曰：“兴学，吾志也，曷敢不如请！”令乃相攸西城废馆，白于郡而址焉。邦君命之，则出帑佐费，鸠僝功。大尹高墅潜公闻之，喜拨缗为助。经始于咸淳五年八月，明年正月告成。礼殿橥峩，公堂翼严，斋序环向。门庑庖舍，靡不整备。其前则河流萦带，据浪梱上京之源，观光利宾，跬步津要，多士之藻思，盖与桃柳俱新也。先是学有田，寄诸泮宫未复。令曰：“均之养士，夺彼予此，非吾志也。”乃捐邑圭租亩百，漕郡又拨鹿苑废寺两次田地凡若干亩，为继粟地。邑民士复争以田租来助，郡侯嘉之，悉与蠲赋税，免县役。菁菁莪沚，仁养沛然，是可以教思无穷矣。呜呼！邑以嘉兴名，而学之废独久。废兴之数，天乎哉？令守属也，而分师帅之责，橐籥天理，机籁人心，盖有兴起之先务焉！然而鲜道义之味者不能兴，困嚣偿之尘者不暇兴。能矣暇矣，而为之长者，请焉而不听，听焉而勿力。孰主张是，孰隆施是，又乌可兴？今令君以《诗》《礼》名家，邦伯以道德文章为时望，化民成俗之志节合而桴应，几年废阙之大事一旦粲然复兴之，天邪人邪？抑学兴矣，鱼鱼雅雅，来游其间，岂徒弄笔以为邀利达计？兴仁逊以范其趋，兴礼乐以陶其养，使嘉鱼之贤由此烝罩于亨嘉之世，则于师帅作兴之初意庶乎其无负矣。邑人属记岁月以寓祠石室，像益州之心，于是乎书。宣教郎、宗学博士兼福王府教授梅应发记。

嘉兴路重修陆宣公书院碑铭

（明）刘　基

士有以一身任社稷之安危，一言回天下之趋向，盖其智足以识事机，其诚足以动人心，故能出入危邦，扶持庸君，宠之而不阿，违之而弗惩，知有国而不知有其身，若是，真可谓大臣哉！孔子称大臣以道事君，不可则止。其或先蒙君之知，而期尽心以报効，知祸而不避，知难而不止，若唐陆宣公者，其去就虽殊，而其揆一也。孔子曰：“笃信好学，守死善道。”宣公以之。吾尝怪唐德宗以猜防小智，行多欲之私；信谗邪如心膂，视货贿为性命；临患难则姑息一施，处安佚则嫌疑百出，以致藩臣叛命，士卒离心，播迁困厄，而卒不亡。及观《唐史》，称其出居艰阻之时，谋猷参决，一出于公。又称奉天所下诏书，虽武夫悍卒，无不流涕，多公所为，然后知其得人以扶持也。昔者随有季梁，不灭于楚；卫成公有宁武子，不死于晋。无兢维人，不然殆哉！况公之言，德宗不尽用也，而仅用其一二，犹足以转危为安，易败为功；使其能举国以听公，周宣、汉光不难继矣。惜乎其中信用群小而弃公也！公殁而奏议行于天下，今天下之言时务、论政事者，莫不宗之。然则公之志虽蹔屈于一时，而终伸于万世；公之言虽不能以寤时君，而足以淑后人，则亦可以无憾矣夫！公浙西之嘉兴人。嘉兴郡学旧有公祠，其详见于吕公祖谦之《记》。而郡城之东鸳鸯湖上又有宣公书院。其地有桥，曰宣公桥。故老相传宣公实生于此，故于此立祠以祀公。至宋景定癸亥，始以祠堂为书院。丙子之岁，书院延燎于兵，而公像故存。众白郡，迎置于太初堂，因以堂为书院。大德九年，济南赵鲁为山长，病其简陋，始改作之，其详见于牟公巘之《记》。自是城东故址遂废为墟。泰定中，有僧贿学官，请佃而建庵焉。后至元二年，庵灾，地复于书院。是岁六月，其僧复贿有司，创庵如故。山长虽争之，弗能得也。至正十四年，宣徽院判海岱刘公贞受命为嘉兴路总管，至则首治学校之阙。顾书院陋且朽，欲新之，而址隘弗称，乃用推官方君道壑言，命有司督其僧撤庵归地，复建书院。其中为先圣庙、两庑仪门、东西礼亭、棂星之门具焉。其西为宣公祠，祠西为室，东乡以祀郡之先贤。其外为三门庙，东为讲堂，其前轩仍旧，扁曰“仁义之堂”，以藏宣公奏议，谓其言无非仁义也。西斋以延师教弟子。又增买荡田若干亩，以益廪膳。庖厨仓溷，各得其所。将成，而公改除海道万户，于是以属之方君。方君力赞成之。经始于至正十四年四月，竣事于十五年二月。董其役者，嘉兴县丞善庆路吏施渊、顾选及前山长王玭，任奔走者，直学张惟仁、学吏沈隽也。既成，使请记于刘基。惟孔子明王道以教万世，宣公学孔子者也，故其术业一本王道。昔人以宣公祠为书院，有以也夫。刘公用方君言，撤浮图以复书院，可谓能排异端，植正道者，有功于世教矣！于是乎序而铭之曰：孔子大圣，不遇于时。既没之后，为万世师。宣公大贤，忠而见疑。降及异代，人以为规。有德无位，用无所施。用而弗信，惟祸之随。诡遇有获，君子弗为。身黜道光，虽止弗隳。郡守孔良，百废咸支。爰崇其宫，又严乃祠。俾民观者，式是令仪。勿替后人，尚永无亏（至正十五年三月望日）。

汉塘纪事

（明）冯汝弼

嘉靖四十年十月二十日，余行自汉塘至郡城，忽风雨大作，见两涯断岸泥泞，仆夫牵挽。及行道，徒涉颠顿入水，前后相继飘泊，有至不起者。余不忍见。归，办竹木砖石，沿堤修筑五十余里，不终岁而窃取、圮坏者居多。自是十余年来，时圮时葺，即今万历开天，余今年七十六矣。自念去日苦多，恐不能为久长计。于是畜料鸠工，修建石梁、木梁三十二座，修筑石堰、土堰一十五处。余自归田以来，上愧国恩，下惭民隐，见闻所及，不容自已。为吾子若孙者，稍有余力，当世世葺之。若其未备，则不能无望于吾禾同志君子云。

游槜李记

（明）董氏醇伯子

余癖好山水，每遇名园嘉卉则不胜跃然，乐而往返，其天性也。戊戌春，毕儿女姻事，辄欲效向平之游，未能也。客谓予曰：人贵适志，乐须及时，河清难俟，为欢几何，子即不能周游五岳，独不系艇于烟波矶水间乎？予唯唯，乃拉沈君君实、许甥稚美，棹一叶之舟，裹数日之粮，携僮仆三二，飘然命驾。中途遇河堤，桃柳夹岸争妍，烟霭霏霏，掩映衣袂。有素心者可不携壶独往？即舣舟傍水席地，传觞飞花送酒，好鸟调歌，声声如劝。予噱谓二君曰：“天地逆旅，光阴过客，浮生若梦，乐地为家，杯中之物，饮尽何妨，奚必择处而游乎？”时雨丝丝下，沾衣欲湿，予顶笠浮白不休，行人环堵而观，相视窃笑，谓客何太痴也。予亦大笑，倾壶而止。洎发舟不三四舍，则苍然暮色至矣，遂宿于董村。质明，游曹王庙，（曹王）即宋武惠公也，下江南时不妄戮一人，遗爱在人，耿耿不磨，故人争尸而祝之。当春时，士女相接于道，顶香罗拜，肩摩毂击，不远数百里而来。迄今一日也，残碑断碣，四壁萧然。舍之，游石佛寺，寺故壮丽宏敞，僧舍亦称。中有三石鼎立，傍有古藤盘抱，干出石孔中，引蔓至顶，癸然耸观，亦一奇景也，乡人以是称藤山云。后有丰村书院……是晚，抵就槜李，宿于六里街浒。翌日，纵观屠氏“远市园”。园中广可数十亩，花卉杂莳，若牡丹、若芍药、若海棠、若紫荆、若蔷薇、若梅杏，芬芳呈媚，交错如绣，顾盼不暇，而玉兰则辞条矣。其间亭榭台馆，棋置星布，有曰“芝溪草堂”；曰“怡旷堂”；曰“荷花馆”；曰“观梅阁”；曰“凝舫”；曰“香玉”；点缀风景，各臻其妙。而蒲目、云山台则故康僖公所筑也。其最佳处，则中流一水，回抱曲折，环碧绕绿；放舟循堤，则两岸桃李，红白深浅，交相辉映。忽焉，双鹤戛然长鸣，一唱一和，响振林木。登斯地也，耳触成声，目寓成景，心旷神怡，名利皆忘，此身恍出尘寰矣。若屠氏者，倘所谓结庐在人境，地偏心自远者耶！既而登“烟雨楼”，四顾湖光，一碧千顷，浩浩荡荡，廖廓无涯，濒湖万家，鳞次栉比，诚一方之大观也。凭栏俯视，前有钓鳌矶，令人有鳌头之想。既而游“王园”，则光景依然，独庭中海棠二树，高数寻丈，有参天之势，亦众园中所罕俪也。又既而游“张园”，则昔之号为佚老堂者，今化为煨烬，曾日月之几何，而故宫不复睹矣。又明日游“包园”，亭宇竹石，渐就芜圮，读壁间白香山《池上篇》，低徊久之。渡河而东，有池塘，介乎湖中，沙鸥翔集，锦鳞游泳，岸芷汀兰，郁郁青青，信可娱目，诚天然图画也。池上有土阜，环植桃李，红白相间，水面落花随风飘荡，仿佛武陵源。即命酌乎池上，草为茵褥，花当酒筹，鼓声铿锵，歌声袅娜，剧欲豪饮，而素性不惯午觞，且也狂风侵骨，弱体不胜，凛乎其不可留也，反而登舟，诘朝还家。客有问予曰：“槜李之游，乐乎？”予笑而不答，因次第其概如此。

宋曹武惠王庙碑

（明）孙　植

郡城之南三十里，为嘉兴县界，有宋曹武惠王庙。盖自唐天宝间所建东岳行宫，其后，相传武惠尝驻兵于兹，因就其地别构祠宇祀之。予考宋史传，建隆间，王下江南，由荆南顺流，东至采石矶，济师进次秦淮。则王至南伐，当不假道于浙，岂其为周世宗阁门使，奉使吴越时道经其地，为后传者误耶？庙有设，明成化间，郡守阳城杨公继宗题壁，亦记载王南伐时事。杨公为时名臣，顾其心新嘉尚，不必详其履歆迹耶？予惟自古巨人名世，神所陟降，如水之行地，无往不在。王仁恕廉慎，史称为宋良将第一，其神之肸乡昭格，自当上下宇宙。盖昔自其奉使，私馈一无所受，吴越人轻舟追遗至数四，乃受，而籍之归，输之官，则浙人之敬而且慕，即其行所过，而貌祀之。至于今者，固人心□好之，常有不容已。而王之神游尝不烨然在也。近郡之士女，岁时祝拜，数不可纪。吾意王性慈惠，平居于百虫所蛰亦不忍伤。则其于吾郡人，佑之福庆，周其穷困，拯其患害，尽欲置之安全熙乐之乡者，神功默赞，于冲漠多矣。先皇甲寅丙辰岁，岛夷内讧，浙之东西，大半创残，而王庙境内获有宁宇，则王之灵贶，昭有足征，祭法能御大患，则祀之幽明，生死为礼，则一郡人报赛之典其永无替，宜哉！道士赵元祐辈，树碑庙中，来请予文其右，予为叙之，而系之以词曰：桓桓武惠，发灵恒山。开宋兴运，元功奋扬。既平蜀乱，卒下南唐。兵戈所至，秋毫勿伤。巍峨祀庙，金陵崇冈。嘉禾之里，亦貌衮裳。岂其奉使，吴越之疆。廉声义闻，邦人景仰。历岁六百，於昭灵响。寄碑屹立，载奕耿光。保兹黎庶，邦宇奠安。翊我皇祚，亿万斯年。隆庆岁次辛未，季冬日，赐进士出身、前资德大夫、正治上卿、南京刑部尚书、都察院掌院事、右都御史、郡人孙植撰。

冷仙亭记

（明）钱公先

太常协律郎冷谦，字启敬，嘉兴秀水人。佐高皇帝定乐，将图去，会故人乞周贫，遂画一扃门于壁，以剑破其户，推之入，戒多取。入者不知乃内帑，恣取失引，知名被逮，并逮谦。谦语监者，索水饮，遁入瓶中。携至御前，呼响应。上怒，击碎之。不知所之，世称“冷仙”。

亭在槜李城东北隅玄妙观石台上，邑侯傅公汝为感梦创建。时崇祯丙子，去迫，未竣。寻奉蓁芜。辛巳春仲，余偶蹑其地，愁焉兴废而力所未遑。一夕梦仙披云帻，驾苍鹤，从东南来，授余金符十二，指亭顾余曰：“子盍襄厥务。”余辰起不解所以，但洵应感之事，理匪矫诬。卜吉，念有六日鸠工，未几告成。上为楼，像以仙，志其在也。下为轩，配以侯，思其自也。

凭栏四眺，碧水萦流，朱鳞踊藻，夭草敷荣，乔柯挺秀，纷披映带，另一人天。越级而瞷，城齿危危。烟雨迷濛，彤云叆叇。疏风澹宕，景物萧森。花朝月夕，杂沓游人。正襟稽拜，涤手焚香。泼墨豪吟，低回吊古。山河隔越，仙踪宛如。

亭成，胪聚时贤，分咏勒石。爰命羽士嵌诸亭壁，永志仙坛，俾后之览斯亭者知玄感神通，不必希踪十洲三岛间也。

胥山题壁

（清）朱彝尊

嘉禾四望无山，近府治者胥山，一篑而已。岁在己酉孟冬，偕同里周□青士、沈传弓武弓泛舟魏塘。闻钟声，取径以入，有僧舍栖石壁下。天将雨，非无肤寸之云焉。予谓二子曰："《尔雅·释山》文：小山岌大山峘，言乎小者高过大者也；大山宫小山霍，言乎大者围绕小者也。小山别大山鲜，言与大山不相连属。然则兹山也，其别之谓与。"至元《嘉禾志》称，一名张山，则胥山之名未必出于古。而山有磨剑石，传是夫差遗迹。又有石龟，凝望泾水，有赴壑之势。或见其潜行，命工伤一目，殆村氓傅会，不足信也。宋隆兴中，山为李氏所有。既而或请于朝，隶诸郡学。其后，乡人陈氏结书屋于此。今为巨室葬地。所存僧舍，殆即书堂故址。尔二子语予：山不在高，当以少为贵。吾子行万里，难得故乡之山游也。是不可留题也。因相与联句为诗，兼书以示后游之君子。

第三节　文　选

中国漫记（摘录）

（罗）尼·斯·米列斯库

第四十六章　本省第二大城市嘉兴及其所辖城镇和特点

本省第二大城市名嘉兴，秀丽而土壤肥沃。这里养蚕业十分发达，几乎没有一家是不养蚕的。城市位于一条河上，城里河网密布，河岸铺有经过雕凿的石块，河上架有许多石桥，船只可以在全城各处通行。这座城市闻名遐迩，不仅是由于它的秀丽风光、物产丰富和人民生活的安乐富足，还因为这里所有的街道都遮有石砌拱顶，使行人免遭雨淋之苦，街上亦无泥泞。城里有许多功德牌坊，城外也有不少，均以汉白玉砌成。这里也建有许多大石桥，其中一座尤其雄伟。离桥不远有一座九层宝塔，非常壮观。所有从这里出发的运河都用大石块砌成，这些运河上有四十座大石桥，至于小石桥就不计其数了。府城下辖六个小城镇。这里的池沼广泛生长一种水果，中国人叫荸荠，圆形，大小如栗子，薄薄一层红皮，肉白色，味道如苹果，但略酸。这种水果有这样的威力：如果放一颗荸荠在铜或其他金属壶嘴上，并塞紧，这个金属壶会立即变软。这里还有一种小鸟，人们把它用酒灌醉后拿到市场去卖，一年四季都有，而且数量很大。这里盛产丝绸。河里生长一种大螃蟹。离湖不远有一座山，它替代了作为城市的防御工事的护城河，山上有五座大宫殿，中国人在这里寻欢作乐，筵宴宾客。城市附近有广阔的平原，大海离此不远，这里盛产食盐。

太平天国革命亲历记（摘录）

（英）呤　唎

我到达嘉兴府后，受到了荣王的亲切接待。荣王治下的地区比我来嘉兴途中所见到的荒芜地区情况要好得多，清军及其盟军尚未进攻和蹂躏这里一带，虽然在我动身去上海之前，他们已有来攻的迹象。

我在嘉兴府度过了圣诞节。太平天国人们过此节日比我们早两日；他们似乎比我们更为敬重这个节日。我赠送了荣王一件圣诞礼品，在他的府中非常快乐地度过了这一天。天厅举行了特别的礼拜后，府中设盛宴招待城中所有的首领。我的朋友怀特和我一同出席了宴会，我们都认为在我们一生中这是最愉快的圣诞节。25日，荣王又派自己的厨师和随从携带餐具等物，在我的住所安排了一个盛大宴会，来招待留在城中的我的全部中外部下。

我与荣王相处时，见到他有许多值得称赞的地方。他是太平军首领中最优秀的老干部之一，他部下的所有军官也都是坚决拥护革命事业的忠诚可靠的人。其中有一位旅帅余某与我成了莫逆之交，我几乎每日与他共餐。这位军官是带领炮队的，我把自己所知道的铸造炮弹（他刚开始从事于这项工作）、制造信线和炮位瞄准的全部知识教给了他。城内的组织工作极为完善，一切事情的进行有如时钟一样准确。户不上闩，因为嘉兴府内小偷、乞丐和盗匪一概绝迹。我住在这里真正感到了极大的愉快，离开此地使我十分恋恋不舍。我在这里见到了我在中国从未见到过的最华美的建筑。这是一所尚未竣工的新王府，为该省长官听王修建的。这件事情证明，如果英国听任太平军取得胜利，那么他们就可以恢复中国的艺术，尤其是那些自从清朝统治以来已经衰微的建筑工程。这座王府的轮廓与我曾经记述过的南京城中的王府相仿，但所有的细节却更美丽，更华贵。我在中国或其他国家从未见到过这样富丽堂皇的石刻和木雕。泥金彩绘自然是中国式的，光彩耀目，极尽变化之能事，却过于繁复，也许不适合欧洲人的口胃。雕刻极为精致，构图之奇异与生动曾使我驻足观赏了数小时之久。为了修建这座王府，他们曾以重价聘来数百名刻工、画工、技工，我发现其中有些刻工和画工都是中国著名的能手，是从远方各地聘来的。根据我在中国的见闻来判断，我认为这样一种建筑诚为数百年来所未有。

清军终于前来破坏太平军的所有改革。在我离开嘉兴府的几天以前，他们在贝莱少校和强大炮队的帮助下占领了距嘉兴最近的城镇平望。

在戈登进犯宜兴、溧阳和金坛的同时，清军总兵程学启率大军和一支由英军分遣队所组成的辅助军前去包围苏州和杭州之间位在运河岸边的嘉兴府。程学启在清军中可称一名骁勇的将领，他是太平军的叛徒，我们知道这类人总是成了太平军的死敌。当我从嘉兴回到上海以后不久，程学启曾经在嘉兴城下战败。戈登部下贝莱团长督率攻城大炮随程学启军作战，几小时后，贝莱的大炮把这座遭到浩劫的城市轰开了一道缺口。程学启军及其盟军开始冲锋，但屡次均告失利，程学启本人于是役负伤，一个多月后毙命。数日后，敌人得到强大援军，重新轰开了几道缺口，以寡敌众的忠勇守军被迫于夜间撤退，勇敢的统帅荣王及其部下将近三分之二的战士均告阵亡。清军入城后，滥杀未逃走的不幸的非战斗人员，无辜的居民不分男、女、儿童均遭屠洗。难道戈登少校就把这种暴行称之为“遵守外国所通行的战争规则”吗？无锡和嘉兴等地的屠杀罪行发生之后，难道普鲁斯爵士还把戈登的行为名之为“为人道服务”吗？

嘉兴失陷后，杭州也随之撤退，两城守军退至大城市湖州府。

十八里桥募疏引

（清）钱陈群

十八里桥，南接镇寺，北带山村，东注当湖而遥连乍浦，西沿濠股而直溯龙渊，诚津筏之区会也。桥圮以来，四面悬隔，行人之往来者，望洋嗟叹。风晨雨夕，唤渡无从，弛担而咨，唇焦口燥，莫有应者。既得渡，咸争先而赴，童稚趋蹶，惟溺渊是惧。予曾泛舟至当湖，经过于此，亲见其状。

后数月，僧绝尘以募筑，问序于予，则予又思民间物力维艰，昔人有言，利不十者，勿之举也。复遍讯舆人，言桥之系于汉塘者，利济固多；而砥柱中流，激昂大泽，使郡境东北数百里脉络连贯，岂止利行人已哉？因绝尘之请，而为疏以齐之。盖徒械舆梁，北方之桥道，易举亦易毁，故岁举之，载在《月令》《周礼》，若东南水乡，筑桥工竣，则享其利者且数百年，绝尘之愿，力不其伟哉！凡同志者量力而饮之，共襄其成，真盛事也。非是，则予亦安能为行脚作无益募施哉，是为引。

嘉兴求减浮粮书

（民国）金蓉镜

为哭请大蠲浮粮以全民命事。查嘉兴七邑，岁征米四十二万余石，征银五十六万余两，较杭湖为独重，较浙东绍兴浮至十余倍，较湖广全省浮至两倍，较四川全省浮至四倍，较贵州全省浮至八倍。以一府百里之地，出此非常可惊重赋，民力难支，丧其乐生之心，迫为死亡转徙。水涯屋侧，到处暴骨，居民日见衰少。以客垦补之，不旋踵亦归于死徙，几如销金之锅，投之立糜。生者鸠形鹄面，多无隔宿之舂米，登场便为债家之物，官租初了，又复赊米疗饥，岁岁如是。投此土者，习焉不察，以为固然，近来，火车、轮舶经过，满目苍凉，众人共见，大以为奇，无待绘流民之图，始足恻然动念也。盖触目流鈘，皆重敛之饥骨；人户寡弱，实赋税所驱除。自康熙以来，数盈数虚，其盈也，以客垦；其虚也，以逃绝，其情昭然易见，无可讳饰。当兹改革之际，刮除宿垢，若不设法蠲轻，廓然大沛殊施，实恐特困之民，永无苏息之日。蓉镜有生以来仰粒而食，无一日不需乎农，而农之死徙若此，目睹而有愧于心。前历四方，近观乡里，反复推求，致此之由，加以比较：以为赋税浮多，无过于嘉兴，死徙惨酷，亦无甚于嘉兴。他处必待饥荒偶见，嘉兴则岁岁常然，非徒官之匿居城市本不暇知，即民之寥虫习苦亦不自知。但见死亡相接，数妇把犁，一饱无时，呼天祝予而已，重赋杀人甚于长戈，有如此者。每愤旧绅之箝口，遂致官吏之侵欺，王泽所不及，呼号所不闻。祸始于景定之官田，弊极于光绪之客荒，曰客则土著之死徙实多，曰荒则银米之抛残不少。从前，尚有每岁之例灾，暗与通融，遇事之截漕，可以存留，虽半为官吏所侵吞，然尚有及民之时。今则责以足额之征，加以抵补之金，稍逾期会即科重罚，任意攫夺，有同盗贼，不恤民难，官吏囊橐日充，小民生计日虚矣。举凡前清无耻官吏，尚有不为者，今则冥然无知浑然不顾矣。明知国势未大定，军须尚浩繁，选举未画一，政贪人慢，似难理以良心之治，然救乱之法，莫如导民归农。归农之实，莫如轻农负担，况如嘉兴之农，死亡而尚迫以追呼，饥饿而尚责以鞭挞，水深火热，生理已尽，浮粮之酷独甚于他处者乎？爰历考前人成说，以见非一己之私；复比较浙东科则，以见浮多之数；终其说于“或问”，以见疑义有必析，王政有必矜；附以流亡暴骨图，所以哀今人之无辜，伤暴征之积惨。蓉镜退休于无事之日，更历于孑遗之余，年岁六十，厌厌将尽，于世何求？独耿耿于良农之极困顿，至嘉兴而已极，平日资其奉采者，今不能出尺寸，稍以拯之，死有余矣。欲借此未烂之口舌，为斯民一呼吁之。实望当世仁人君子，衷矜恻怛，大苏其困也。何世无仁人，何时无君子，但忧呼吁不切不忧，拨乱无时。愿生生世世常载一口，出妙言，与斯民同疾痛，与天地同覆载，斯我光也。裸脊骨为纸，沥血为书，亦所不惜。常顶礼大智慧仁王大慈悲菩萨之前，心香祝之。金蓉镜呈。

鄂尔泰浮粮诗云：“不见八闽地，岭海环深阻。苏属十县额，贡金已相伍，加以漕粮艘，十又争其五，不见滇与黔，绵延亘疆宇，眷兹松陵区，蕞尔何足数，定知一邑租，两省尚多许。”此诗为苏松减赋而作，正与嘉兴情事相同。鄂公？历外台，周见民隐，故痛惜如是，安得起鄂公，与之论今之牧民者视民如仇耶！

嘉兴乙酉兵事记（节录）

（民国）屈　爔

明清之际，清兵乘胜南下，颇有屠杀；文字禁严，流传甚稀，直至晚清，而扬州十日，嘉定屠城等记，始稍稍出现。乃不知我禾百里内，竟有奋起抵抗之举。惜当时兵既乌合，饷亦无着，统帅之人，尤乏韬略，徒逞血气之勇，卒至死亡枕藉，地方糜烂，滋可伤已。

一、郡城之骚乱

明宏光乙酉，即清顺治二年六月初九日，清兵抵嘉兴。先是马士英在杭，命都督陈宏范与清议和，道出禾中，舟旗书奉使清朝；嘉兴兵巡道吴克孝愤而投水，左右救之，不死。遂与同知朱议滨、推官孙昌祖、知县某等，同弃职遁。既而清兵至，清贝勒设营城外演武场，遣数骑进城，揭安民榜。居三日，拔营南下，由北门入而出南门，骑兵由草荡陆行，步兵乘舟从漕河行。是时有胡之臣者，清委之为秀水县令。胡本郡城天宁寺前一卖药人，人素轻贱之，至是借军需，以严威胁民，民已怨恨之矣。是时，有投降总兵陈梧，被委镇守郡城。时各官未易服色，犹服明朝冠带。闰六月初五日，严令剃头；郡民哄至陈梧署中，梧有反侧意，因绐之曰：剃头事小，剃后汝等妻子尚不能保也。民舆论沸然；乃有抗清之计。平湖翰林院检讨屠君象美，寓居郡城，与梧歃盟起事，众乃举梧为帅。初七日，聚军民于大察院，邑绅李毓新等矫称奉潞王监国令，检讨袖出假诏书，示谕城内外二十四坊居民：每家出兵一人，数日间集众三万余。初八日，我邑（平湖）倪清圩、陆清源等，杀清委县令以为响应；海盐亦于是日起兵。又巨盗王有虔徒党二千人，亦纷来投梧。然无将领队伍，亦无军令约束，斩木揭竿，或以寸铁缚竹杪，葛衣裸体，足蹑草履，未足以言军也。饷款仓卒中亦无所出，前吏部郎中钱缵，毁家输难；不足，复筹之于各坊乡绅及巨族质库。是日众拥胡之臣至梧署，乱兵攒刺，磔尸球场。十三日，清兵至，军次陡门，梧遣陆兵水师，又率民兵，迎战于镇西，清兵数百忽绕出郡兵后，郡兵大败，斫杀赴水死者大半，残兵退保入城。生员邹宗彝祖背呼市上，集者复千人，城守。十六日，饷竭，宗彝与弟宗琦俱死之。各县调兵出战不利，调太湖王蜚兵，不至，屠象美乃伪造史阁部袭破南都塘报，又伪撰神武南都登极诏，一时人心为之倾动，然无济于实事矣。二十五日，新安水师败于麻雀墩，既而民兵复被坑于姚油车，再被歼于石灰桥，屠象美见危急，开北门遁，为乱兵所害。清贝勒在杭发披甲三千于是晚抵嘉兴，四鼓，进迫西门外锄头坝，作浮桥达城下，大炮连发，声如雷震，守城兵纷纷逃下，梧不能支。二十六日，天未明，同朱大定由东门遁走平湖；城门仍闭。黎明，传清兵逾城已入，郝千户遂开东门，百姓喧挤出逃，踏践而死，首尾数十里不绝。清兵知陈梧东走，分兵赶至朝阳庙，不及而还。时城中逃出者十二三，其未及出者，间有削发为僧，避于佛寺；亦有自系狱中，诡称罪囚，得生者仅三百余人。其余居民数千人，悉为清兵屠杀。自三塔至角里街，焚杀略尽；尸积里巷，血满沟渠，烟焰涨天，障蔽日月，数日不散。郡守钟鼎臣自缢死（鼎臣，字彝公，新会人，进士），徐尚书石麒殉国。先是钱缵率义旅蹑清兵于震泽，兵返战，众溃，被杀。计郡城在义军手者凡二旬，至是复全为清军所据矣。是时众尸遍地，清知府饬城内外各僧寺，收化遗骸。康熙志载：水西寺僧真实等揭告文云：顺治二年闰六月二十六日，大兵临城，居民死者甚众。随奉本府揭示，着通城寺僧收化遗骸。真实等遵即敛尸焚化，时本府钟太爷鼎臣，乡宦徐尚书石麒，俱殉国自缢。钟太爷尸悬府署后堂，当即收殓。明日往徐尚书宅，尸悬可经堂后廊，面色微黑，肉不腐；随寻一米柜，扶骸入其中，厝之中堂；取书房中书扇二柄，有宝摩图书者，各置一袖。又写一木主，书忠孝宝摩徐公。僧念：一系郡守，一系大臣，各以大义捐身，理合揭明始末云。读此文，知寺僧亦有心人也。又许灿《晦堂诗话》云：诸生缪永谋，年甫弱冠，以浮尸蔽河，为设法瘗之云。至陈梧诸人，抵平湖后，又复守城，募兵筹饷，益急于前；然事益不可为。至七月二十三日，而我邑复被屠矣。

陈维崧《湖海楼》集中，有嘉禾阖郡士民募建罗天大醮一疏，其文云“……窃见乙酉年闰六月，金戈北断，锦缆南浮。岁号龙蛇，旗翻乌雀，李尤属战争之地，江南皆为戎马之场。鸳鸯湖上，长集戈船；烟雨楼中，横罹锋镝。冈失火，趚琳与燕石俱焚；沧海兴波，鱼鳖与蛟龙同尽。苻坚百万，乞命将军；项籍八千，伤怀子弟。登床子反，空为流涕之谈；飞矢鲁连，徒有伤心之作。于是绮寮烟飞，锁窗尘暗；连云画栋，弓鸣屈戌之铃；匝地朱甍，灰亘罘罳之网。田横之客，自杀者五百人；白起之兵，受坑者四十万。户户掷胭脂之井，皓首同归；家家断翡翠之衾，红颜自落。则有南齐公主，愿生生不入帝王家；北魏王孙，誓世世无为有情物！泉途携手，谁悲城下之杞梁？地下埋魂，莫辨行间之襄老。胡香四两，难招不返之魂；塞笛三声，只恨无归之骨。台名思子，诀再世之金环；石号望夫，赠今生之宝镜。感均顽艳，哀极天人。凡兹兵火之伦，岂有冤亲之别？三春花长，宛矣韶华；九陌莺飞，居然风土。妆鸣蝉于小妾，重欢江表之太平；饰坠马于娇寰，不记关东之离乱。伤哉若辈，抱恨黄垆；独有斯人，衔冤白昼！王琳殒首，不逢毕命之辰；郭璞麋躯，难遇临刑之日。不意九年三闰，又见双飞六月之霜，忍令万姓千人，终是独宿九京之下”云云，当时死事之惨，藉此可见一斑。惟其词中所指，则以书缺有间，已不能尽知其事实矣。

吕晚村《乱后过嘉兴》诗三首云：“兹地三年别，浑如未识时；路穿台榭础，井汲髑髅泥。生面频惊看，乡音易受欺；烽烟一怅望，洒泪独题诗。”“雪片降书下，嘉禾独出师；儒生方略短，市子弄兵痴。炮裂砖摧屋，门争路压尸；缒城遗老人，此地死方宜”。（原注：城临陷徐虞求先生独缒城入死之。）“间有生还者，无从问故宫；残魂明夜火，老眼湿秋风。纷黛青苔里，亲朋白骨中；新来邻里别，只说破城功”。

嘉兴进士谭贞良诗云：“窜迹新丰，高寓公以乙酉夏感诗见示，漫和原韵：庙堂何事日纷争，党祸成来孰老更？未仗属镂惭国士，谁挥羽扇救遗氓？故园晓梦惊无主，新鬼宵啼恋有明；血泪苦弹珍重意，谢文婴杵旧齐名。”惜其原唱已佚。

朱竹筠先生是时避兵夏墓荡，亦有乙酉夏墓荡诗二绝云：“夏墓荡前停钓轮，荒沟极浦易迷津；夕阳满地北风起，飞遍芦花不见人。”“干戈静处见渔师，羡尔花源信所之；岂意叉鱼艇子集，杀机不异锐头儿。”至翌年先生回郡，有诗云：“轻舟乘闲入，系缆坏篱根；古道横边马，孤城闭水门。星含兵气动，月傍晓烟昏；辛苦乡关路，重来断客魂！”

二、古迹之被毁

僧木拂《甲行日注》云：“往梅溪，过宣公桥，昔日繁华鼎盛之处，皆成瓦砾；烟雨楼拆毁尽矣。兔葵燕麦，动摇春风耳！鲍明远芜城一赋，千载在目。”

胡天岫（山）《烟雨楼》词云：“乾坤龙战烽烟起，万骑南征渡江水；俄顷降幡上石城，忽见义旗横槜李。词臣珥笔说孙吴，省郎仗剑开营垒。鹤湖鹉湖同济师，平江吴江各传矢。可怜一夕响鸣笳，十万义师血刳豕。绣旗半折冷仙祠，雕戈虚插桃花里。烈燹高烧万井空，雨散烟飞巨炮中。回廊曲槛只聚砾，画栋重檐付祝融。当时倚阁人谁在？惟见荒台月色同！”

竹筠《静志居诗话》云：“城南放鹤洲，世父子葵拓地百亩，自湖之田，有堂有亭，有桥有船，有冈有榭，有庖有蕰；杂树花果，瓜畴芋区菜圃，靡所不具。陈少詹懿典为作记，董尚书其昌为书匾，李少卿日华为写图；后先觞咏，题壁淋漓；今则大树飘零，高台芜没，止存卧柳断桥而已。”

俞汝言《石马行》曰：“何期运改沧海移，橐驼放牧由拳域。绮阁琳宫劫火空，灰飞烟灭骅骝匿。岂诚上帝收天闲？变化往来真莫测。不见三都十七陵，阜阜羽卫穹碑侧。国破家亡此一时，铜仙泛汉驼埋棘。霜露祠官缺洒扫，金凫玉碗人间得。何况欹倾蔓草缠，石马石马谁人恤？”

康熙《嘉兴府志》云：“真如教寺，国朝顺治初，塔宇煨烬。”又竹筠《真如寺》诗云：“战火临城日，飞尘浩劫中；鱼羊乘乙酉，象马失西东。”知寺亦厄于兵火也。

三、北兵之骄横

清兵焚杀之惨，其最烈者，莫如血影禅师事。秀水西门外三塔寺旁，旧有岳鄂王祠。祠之守僧，逸其名字。乙酉之役，清将某既定禾，（嘉兴府志于某将姓名。作口口口口，在当时固人尽知之也。）其逻卒乘间掠村落，掳妇女数十人，锢置祠中，属僧居守。僧伺卒去，毁门裂扃，尽纵之；俄卒至，问所守，曰：已纵之矣。卒曰：若不畏死耶？僧曰：死，又何畏？若畏死者，宁不能逃耶？众大怒，缚僧司宪坊石柱，聚火焚之；血流渍石，俨著人形。至今石仍完好，影亦不灭。惜僧之名，在当时已无征矣。（参嘉兴府吴志及陈美训血影禅师传）此事康熙志载之，乾隆以下则删之。余昨年舟过三塔，此影犹存；于半里外望之，宛然僧影也。朱慕萱先生云，僧名妙谛，见清凉道人《听雨轩笔记》。

《甲行日注》云：乙酉八月，舟行出王泾塘，虏以空漕艘挂帆而南，累累不绝；舟人怵焉。十二月过临平，遇虏运柴；舟人不解事，近之，我舟遂为所夺，放肆无忌，行李悉抛掷东岸。又云：闻虏在浙，所掠妇女，即鬻郡中。徽人以五十金买一少妇，大有姿色；又一处子，索价五百金，未有所主。又闻初闻虏北去时，有一船掳掠金华三女子，泊舟梦亭卖之，二索五十金，一十四岁索八十金。一人具八十金矣，复欲增足百金，其人遂不能应。将止，此女于船上叩首泣告曰：我范尚书孙女也，幸诸君怜而救我，毋使没于虏中。声容俱美,无不哀之。竹㝢《捉人行》云:“步出西郭门,遥望北郭路,里胥来招人,县官一何怒?县官去,边兵来,中流箫鼓官船开;牛羊橐驼蔽原野,天风篷勃飞尘埃。大船峨峨驻江步,小船捉人更无数。颓垣古巷无处逃,生死从他向前路。沿江风急舟行难,身牵百丈腰环环;过杭州,千人举棹万人讴:老拳毒手争殴逐,慎勿前头看后头。”则较之近时拉夫情形,殆有过之?又《马草行》云:“阴风萧萧边马鸣,健儿十万来空城。角声呜呜满官道,县官张灯徵马草。阶前野老七十余,身上鞭扑无完肤。里胥扬扬出官署,未明已到田家去。横行叫骂呼盘飧,阑牢四顾搜鸡豚。归来输官仍不足,挥金夜就倡楼宿。”

四、诸贤之殉难

是役也,禾人男女殉难者,指不胜数,其有名者,凡数十人。徐公石麒,字宝摩,官至尚书。闰六月二十六日,禾城将破,石麒时在舟次,知事急,曰:吾大臣也,不可野死,当与城共存亡。遂由东城缒而入。城上人呼曰:我公来矣!仆祖敏李升从。(小腆纪年谓徐锦徐成)及城陷,石麒朝服再拜,自缢于寓内可经堂。二仆亦跪缢于两旁;其他仆李茂与僧真实盛尸柜中。后三日,嗣子尔至,变服入城,潜舁柜从水门出,以礼殓于嘉善县南杨林村舍祖茔。时盛暑,经五日,颜色如生,握手没爪,须怒张焉。年六十八,后葬海宁袁花镇之龙山。乾隆中,赐谥忠懿。

李毓新,海盐人,兵科给事中,南都亡,归禾。城破,与徐石麒相约同日死。其仲子祯先抱父尸,亦为兵所害。乾隆中,毓新赐谥节愍。

汤云章,海盐庠生。禾城起兵时,守西门。相持十九日而城陷;遂书扇头诗曰:“书生守孤城,城破无完雉;殚力极千计,尽心惟一死。非敢博后名,聊以成吾是,伦纲亘千古,后人视效此。”被执不屈死,雍正间祀忠义。

张龙德,和州同知。清兵将至,约家宰徐石麒,同入城,死于金佗里项氏池亭。妻侯氏,投河死;女亦自缢死。

张翊,诸生。城破,不屈,见杀。子侄妻媳及邻人秦如泉等二十七人,俱被杀。

高颖琦,诸生。城陷,慨然曰,读圣贤书,所学何事?城亡与亡,固其所也。婴刃而死。妻徐,呼三女堕井中,即赴井死。一门死十三人。

项嘉谟,城陷,束其生平所著诗文于怀,率二子翼心及妾张,投天星湖死。乾隆中,赐谥节愍。

张次柳,府学生。子玉立,县学生。城陷,奋力巷战以死。同时有汤成先、王象贤两家父子,各慷慨相随死。汤之同学吴业昌、朱治恪二人,与汤相约死。又有陈悃、陈愫,兄弟皆有文,亦相随死。次柳妻、悃妻、王象贤媳及幼孙、家人王茂均自杀。诸生徐肇萑,亦于城破死节。

陶本立妻陈,城陷,连袂赴井,子亦跃入,邻妇从死者十有七人。女十三姑服卤死。

黄季瀚妻胡,投河死。河中积尸充塞,其母家相距数里,尸从水门流至母家前;其兄为之收殓。

钱世茂妻陈,世居桃墩村,清兵数骑追之,遂赴深渊死。

胡爱桥女,城破,与父俱被执,至众安桥;兵迫之,曰:释我父,从汝。父得释,行已远,遂投水死。

又有不知姓名夫妇二人,二十六日逃出东门,登宣公桥。妻出怀中簪珥授夫曰:事急矣,尔可急走,挥泪投桥下死。

回忆我在中学时代

汪胡桢

一、就读嘉兴府中学堂

我生于一八九七年七月十二日,时为前清光绪二十三年(丁酉年),不到五岁便由父母送进私塾。我先认方块字,后读《三字经》《千字文》与《论语》,还对对子。正准备读完四书五经即开笔学做八股文,在朝廷已废科举,开学校,我父就送我进南湖初等小学堂读书。初小毕业后,我又考进城内秀水县立高等小学堂。照当时的学制,要读完高小二年,毕业后才可进中学。因在我读完一年级时见到嘉兴府中学堂的招生广告,说有同等学历的也可投考。我取得父母的同意后,即去张家弄嘉兴唯一的寄园照相馆拍了我生平第一张四寸半身照片前去报名。

是年中学开始分成文、实两科。文科注重文、史、哲学，实科注重数、理、化学。我当时因为受到舆论上实业救国论的影响，就望文生义地认为实科等同于实业，因而报考实科。

考试时我自己觉得作文做得很满意，算术题则因我在南湖小学时早把上海群益书社出版的《算术难问三百题》做得透熟，所以完全能做对。出榜时我一早就去看实科的榜，满以为我必考中，但把实科的榜从头到尾看了三遍不见我的姓名，我急得满头大汗。又去看文科榜，才见我姓名赫然列在榜首。适我同去投考的高小同学许寿祖也来看榜，调侃我是文科状元，但因我志在实科而取在文科，心里终不喜悦。我马上闯进校长室，向方於笥校长陈述我要读实科的志愿。大概因为过于激动，我只说了我愿进实科，不愿进文科一语，眼泪便已夺眶而出。本来还要说实业救国的话，却一句都说不出来了。方校长当时已会意，笑呵呵地问了我的姓名，说你原来报的是实科，可以仍进实科。我听了大喜，也不告辞一声即跳跃而出。其实是年因文科招生不足，只得把文实两科合并上课。

二、校长计宗型

我在中学五年，学校校长却换了四位。原来我知道府中学堂的校长是范拱薇，但我投考时已改为方於笥。后来又换了陈宜慈。他和学生很少接触，所以我已完全记不起他的声音和容貌了。在中学担任校长职务最久的为计宗型先生。计先生号仰先。他兼教我们物理课，在高年级时和我们几乎天天见面。听说他后来升任浙江省教育厅长，又辞去厅长职务到美国去留学。不幸在美国患了肺结核病，返国未久即去世。他本来是日本留学生，专修物理学的，他很用功，又自学了英语，为我们上课时，他能把美国大学的物理教材译出作为讲义，不但讲了物理现象与概念，而且有计算物理量的公式和推导方法。那时，无线电发明未久，计先生在实验室中就为我们做了无线电波的通讯实验。他在校中办事公正，威望很高，惟在纠正学生错误时往往声色俱厉，是个缺点。他唬起了面孔时很像英美烟草公司张贴在大街小巷中的强盗牌香烟广告上的海盗，故学生在背后都叫他为“强盗”。但后来他似乎微有所闻，在手指上戴了一个戒指，忽然变得温和起来，有的同学说他装虎像虎，装羊像羊。在教室前的走廊上有一矮栏，课间休息时，许多低年级同学都喜欢手按栏杆，纵身跃过作跳马戏，计先生见了就从远处急步而来，许多学生大惊。不料计先生一到便面露笑容，对同学们说：“跳栏危险，你们这次跳出去的可跳进来，跳进来的可跳出去，惟以后不准再跳。”当时有一老师在旁，笑道：“一之为甚其可再乎？”计先生也莞尔答道：“这叫‘矫枉必过其正’。”这个故事马上在中学里传开。

三、一出祀孔的闹剧

在清末，嘉兴是个古城，周围有一座已经多年失修，长着乱草的城垣，有五个城门，即东、西、南、北门加一水西门。城门内外都有一条条石铺的大街。那时北门大街（现叫建国路）和向城外延长出去的丽桥头及塘湾街（现叫北京路），还有火车站广场边缘到东门一段大街最为热闹。两旁都是商店，货架上摆满货物，有的仿照上海的式样，临街设玻璃橱窗，能引人入胜。多数商店则在临街处及店堂里设一曲尺形的木柜台。除商业区外，城内及附郭的大街小巷两旁都是住家，建的是杉木架平屋或两层楼房。每户房屋临街处大都是一扇木门和三块上有吊窗的木板墙，俗名“一门三吊闼”。这种样式的房屋《清明上河图》中已有，可见还是宋代传下来的风格。为了照明，嘉兴人家用的都是煤油灯，火焰上方用玻璃罩遮住，靠纱带从下面铁罐引取煤油。当时我们都叫煤油为洋油，因为它是从外国进口的。叫煤油灯为“美孚灯”，因为它是外商美孚洋行始创的。沪杭铁路通过嘉兴后，商业区才有电灯。当我还在小学时，听到嘉兴有了电灯，曾跟了母亲特从南门前往北门大街去参观，以满足我的好奇心。

嘉兴府中学堂设在水西门大街的一条支巷里，横过水西门大街有一古老的石牌楼，叫天官牌楼，所以这个地方连支巷在内都叫做天官牌楼。学校西边是一所孔庙。当时嘉兴的老百姓都很尊敬孔子，城内就有三所孔庙分属于嘉兴府及嘉兴、秀水两县，在这里的孔庙是府的孔庙，规模最大，门前有石柱，上面刻着“文武百官，到此下马”。庙门就是一个石牌坊，里边有一水池，名叫泮池，上有石拱桥。从前人们只有在考取了秀才以后，才有资格从石桥上进入供有孔仲尼和颜渊、子贡、子思、孟轲四贤神位的大殿。转过大殿屏门可到另一大殿，叫明伦堂，殿里只有一个横放着的石碑，上面刻着皇帝给知识分子的上谕。屏门六扇，上面刻着宿儒吴受福用篆文写的《大学》全文。在那时明伦堂已划给中学校，所以课余我们常到那里去玩耍，但和前面的孔庙有墙隔断，我们都不能去。

我进中学的一年，开学不久就遇到孔子的诞辰，嘉兴举行隆重的祀孔典礼。由中学生事前演习礼节，以便到时前去陪祭。这天，嘉兴知府特宰了一只牛和一只羊，称为“牺牲”，用特制的木床供在孔圣人及四贤的祭桌前。那时我们脑后都梳着一条辫子。一律穿上淡青色的竹布长衫，前去站在大殿两旁，名为站班。我们看到许多穿着长衫马褂的绅士及我校校长陆续从泮桥上进入大殿，分立在我们前面，后来鼓乐齐鸣，嘉兴的知府和两县的知县都坐绿呢大轿来到孔庙，下轿后徒步走进大殿立在正中，许多穿长衫马褂的绅士即移动身体立到三位官员的后面，我们也去到他们的后面。这时祭桌两旁已点起一对红色大蜡烛，只听得火铳三声，又奏起音乐一阵。那位赞礼的老先生戴起玳瑁边水晶眼镜，手持礼单在报祭祀的节目，知府和两县官都戴翎顶大帽，身穿长仅过膝的锦袍，两手放在马蹄袖里。他们袍子的前后都缝着一幅正方形的织锦的画，名为补子，据说从上面织的不同鸟类可判别官的品级。脚上穿的都是厚底靴子。所有站着的人都屏气而立，欠着半个身子。赞礼官喊了一声“初献爵”，知府就上前站出，接过一支燃着的香，向上一拜，插在祭桌上的大香炉里；又双手高捧有三只脚的酒杯献到祭桌上，随即退到原位。于是与祭者全体跟着赞礼官的口令下跪叩首三次，然后起立。赞礼官又喊：“二献爵”，知府又和上次一样前去插香献酒，大家又下跪三叩首和起立。第三次“三献爵”也是如此。于是赞礼官读祭文，是时乐止。赞礼官大喊“礼成”。于是与祭的人依次退出了大殿，离开孔庙。我也回到学校，等候分派胙肉。

为祭孔而宰的牛羊，祭祀一完毕，就由清真寺派来的师傅割成约一斤重的小块，名为胙肉。本来，胙肉只分给在城的秀才与举人的。现在因为科举已废，故把中学生也当作秀才，同样可以享受一份“胙肉”。我接到“胙肉”后就欢欢喜喜地奔回家里。

嘉兴人习惯上是不吃牛肉的。除清真寺有时宰牛供应回民外，没有出售牛肉的店铺。我把牛肉拿到家后，使我的母亲为难起来了，不知道应该怎样去烹煮。好在我家西隔壁住着一位百事通的黄老公公，我们就去请教他。他说：“那容易得很，把它切成小块，和煮猪肉完全一样。只是牛是吃稻草的，所以在煮肉时必须在锅内加放三根稻草，肉才易烂。”

我家住在南门饭箩浜西头通往东米棚下的小弄堂里。在黄家的西首还有一座邱家小酒店。次日黄家公公带了我家送给他的一小碗清蒸牛肉到邱家酒店的柜台上喝一盅时，酒店里就闹开了。开酒店的邱家四叔说，他从来没有吃过牛肉，要吃一筷来尝尝新。又有一位农民打扮的老人说，牛是帮人种田的，所以不能吃它的肉，但为了尝新起见，也夹了一些。因为吃牛肉，大家把我夸赞一番。有人说，只有秀才公才可吃到胙肉，汪大男（我的小名）现在已有秀才身份，说不定将来还可以出仕，为我们饭箩浜增光。我们饭箩浜东段虽有几家读书人家，但西段只有做生意的人家，今后好了，可替饭箩浜出出名。

现在嘉兴市已是一个新兴的城市了，我上面回忆的事都已成为明日黄花。嘉兴的城垣是一九二七年由陆初觉先生发起拆除的。当时我和中学同学陆志鸿、沈宝璋都因为北伐战争从南京回到故乡小住，曾帮助陆初觉先生把全部城墙测量一次，知道从城墙上拆下来的砖块价值足够拆城和建筑环城马路的费用。后来，果然建成了这条环城马路及桥梁，而古老的城墙则不复存在了。

日本侵略者于一九三七年侵入嘉兴，把在天官牌楼的中学校舍夷为平地，省立第二中学就迁到现在的校址，改名嘉兴第一中学。

四、辛亥革命

一九一一年十月十日，武昌起义一声炮响，不多时，上海及杭州都扯起白旗宣布光复，据说，我校计宗型老师曾领了革命军队沿铁道跑到东门火车站，嘉兴的知府和知县都逃之夭夭，嘉兴就宣布光复。

光复时中学校暂时停课，我父要为所服务的商店去上海收账，就带我乘火车同去。这是我生平第一次出的远门。

我们住在汉口路一家商店里，离上海集中设立报馆的望平街不远，为了打听各省革命消息，有不少人都到各报馆门前去张望，各报馆为了满足人们的愿望，总把刚刚收到的新闻电报（当时名为专电）用大字书写于纸上，贴在橱窗里。因此望平街一带每天都是人山人海。我当然是其中一个常客。我一到上海就由我父把我的发辫一刀剪去，所以不会被群众唤为“满奴”。

在那时戴天仇和何海鸣的革命文章最有煽动力。一发表出来万人传诵。因此，报馆把这些文章印成传单分发。我每得一纸就在街头阅读，并回到住处当起义务宣传员向文化程度不高的店员讲解。

从当时的报纸上，我才知道满清王朝做了很多祸国殃民的事，例如清兵南下时曾在扬州连续残杀人民十天，又在嘉定屠城三天。康乾时代曾大兴文字狱，杀了一些知识分子，并株连他们全家，到了慈禧太后临朝时又做了很多很多令人发指的事。我当时义愤填膺，真有不推翻清王朝决不罢休的志气。

因为传闻嘉兴各学校已复课，故我一人先搭火车回禾。那时，我身上已换了一身学生装，头上梳了一个西装头，前额的一绺头发，用了许多“凡士林”梳成了“香蕉头”。到了中学，知学校虽已宣布复课，但学生都为革命所激动，并不到教室中去，三人一堆，五人一起聚在廊下，讨论时事，同学们脑后的发辫都已没有了，但剪发的痕迹宛然还在，像个鸭尾巴。我在那时已俨然成了一个革命英雄，同学们都来和我讨论。我把从上海带回来的革命小册子给大家阅读，其中《扬州十日记》《嘉定三屠》都被写成真笔版，翻印出去。正在这时，听说南京的天堡城还没有攻下，上海已有敢死队去参战，各校也在组织学生军前去助战。这个消息一传出，我校马上发起参加学生志愿军运动。一时签名参加者非常踊跃，并相约不可告知家里，以免被人阻挠，我也签名参加了。于是大家去请计宗型老师领导出发。计老师听后，一口应允，但要大家先用体操木枪演习，俟领到枪支弹药即行出发。体操教师郑密安曾进过陆军小学，每日召集我们在操场上练习，不料又有消息传来，说南京的抚台瑞澂已到下关乘兵舰从长江逃走，南京已光复，推举出程德全为都督，学生志愿军没有出发的必要，我们只得偃旗息鼓，宣布解散。

就在这年冬天，我的父亲以肺炎不治逝世，年仅三十二岁。从此我就成为无父的孤儿。因为经济困难，我自知没有继续上学的可能，就想找一职业，适上海商务印书馆将招收几名排字房学徒，邻居小朋友钱念慈已得消息，决定前去投考。我听了怦然心动，拟和他同去。此事为我的姑母所知，表示反对，她并愿负担我在中学的学费，我才能继续在中学肄业。

我在中学毕业时和同学沈宝璋、许寿祖看到南京新设河海工程专门学校的招生广告，即去函索取章程，阅后，沈、许两同学决定前去报名投考，我又怦然心动，旋携了章程去姑夫家，适沈宝璋的父亲、嘉兴有名的举人稚庵先生在座，我申述我有志和沈、许两同学去南京报考，要求资助，稚庵老先生又从旁怂恿，我的姑夫即欣然应允，后我们三人同往应考，都获录取，为毕生从事水利建设奠定基础。

五、母校的几位老师

辛亥革命后，嘉兴府中学堂就改名为浙江省立第二中学校。因在清代，浙江省分设杭州、嘉兴、湖州、宁波、绍兴、台州、金华、衢州、严州、温州、处州等十一个府，而嘉兴列在第二，故学校也以第二为名。

嘉中原以聘有名教师盛称于时，其中钱玄同、朱希祖、单不厂、陆祖谷皆文史界知名学者。当我进嘉中时，适蔡元培到北京大学，就把钱、朱两位聘去为大学教授。当时嘉中还有南社著名诗人高天梅教国文，但不久也离开学校，我在校时教国文的先后有陆祖谷、朱蓬仙、郑斐谌，教数学的有朱叔麟、沈家康，教物理的为计宗型，教化学的为徐冕伯，教英文的有陈翰笙、王哲安。数理化教师都曾赴日本专修，学问精湛，最受学生尊敬。

我在中学学习英语，从字母学起，整整学了五年，到毕业时已能看懂英文报纸，写英文信。这要归功于王哲安先生。王先生是海宁人，毕业于上海圣约翰大学，为我国著名文史学家王国维的弟弟，那时我国学习英文,都采用英国人在殖民地印度所用方法,把课程割裂为读本与文法两部分,读本教材选的大都是英国古典文学,文法的句例大都取自圣经或赞美诗。我们在课堂上只要一翻开教科书,就马上感到沉闷。但王先生却让我们读从英文《大陆报》或《密勒氏评论报》中选来的片段,都是眼前时事,明白易懂,用这种文句作文法分析,很容易弄明白文句的构造。初学英语常喜默读而不出声,王先生就要我们高声把字音读准确。王先生又介绍我购阅上海群益书社出版的《英文书翰钥》,这本书讲的都是写信的方法和实例。读了这本书,我才知道在写信中怎样称呼别人与自己,怎样向人问候,以及在信笺和信封上书写的格式。这些都是当时英文读本中所没有的。

我从幼时就喜欢学算术,一天有人要我母计算,每月初一吃核桃仁一个,初二吃两个,依此类推到三十日吃三十个,一个月究应需要多少个核桃。她屈指一算,就说共需核桃465个。我问她怎么算的,她说,因为把每月初一和三十相加,初二和廿九相加,一对一对日子加起来,其和都是31,一个月一共有15对日子,所以$15\times31=10\times31+5\times31=310+155=465$。后来,我到南湖小学时,我父为我买来一本书,叫《算术难问三百题》,这本书中编选了三百个算术难题,没有解法,但有答案。我母看了,一个一个都计算出来和答案对比。我也跟着她一个一个做题解,遇到困难去问她,她只说:“自己去想,教了你,你就不会想了。”我后来学数学,遇到困难总记起她要自己去想的话。

我在中学,除由朱叔麟先生教三角学外,所有代数、几何、解析几何、微积分等都是沈家康先生教的。因为我进的是实科,所以学校里学的数学特别多,在高等学校里,我只重读微积分,学了微分方程与概率论。近年应用数学发展得很快,如运筹学,系统规划,优化论等都靠自学的。我对于数学,到老还很喜欢。1978年底,我在水利电力部工作时,曾发起编辑《现代工程数学手册》,经过三年来,得到许多工程师和教授的赞助,基本上已经定型。分成四册,内容有六十九编,共三百余万字,定1983与1984年各出版两卷,在北京钢铁学院任数学教授的褚一飞,是二中的同学,他也是这书的执笔人之一。

我在高小时,作文总不好,即使搜索枯肠也写不满一二百字,而且内容千篇一律,不外“自古以来,什么什么”开的头,用“由此观之,什么什么”收个尾。一天,我们班里来了一位寄读生,叫郁文通,是浙江富阳人,他给我看了他的作文簿,每篇都洋洋洒洒好几百字,而且文思如涌,层出不穷,使我钦佩不已,相处稍久,始知他很得力于梁启超所编《新民丛报》。从此,我始喜觅读梁启超文章,并曲意模仿,思路也就较前宽广了。1938年在上海和高小同学朱宗恺(即朱大可),时相过从,从他谈吐中,始知郁文通即是蜚声文学界的郁达夫。我投考中学,能被列榜首,我看是得郁文通的启发所致。

到了中学,读的都是远古文,我的兴趣不大;后由郑斐谌先生教以魏晋六朝文,始觉清新可诵。郑先生给我看了《世说新语》及《六朝文稗》,及他所写骈文,我曾加以模仿,写小品文也居然清雅典丽,我在中学时白话文尚未兴起,学的都是文言文,故用白话文写作都是后来的事。

嘉兴避难经过

(韩国)金　九

“四·二九”事件以后,日本侵略者第一次悬赏20万元,第二次由日本外务省、朝鲜总督府、上海驻军司令部联合悬赏60万元捉拿金九。

南京(中央)政府告诉我,如果我在上海危险的话,将派飞机来接我,又有人非难我说:

“不管怎么危险,也得冒险进行工作,光图安全,能行吗?”

实际上他们是要我和他们一起行动,一起工作,但我又怎能满足每一个人的要求呢!? 我不能厚此薄彼,遂一律婉言谢绝,只是躲在费家秘密活动。

这样过了二十余天,有一天费夫人对我说,我住在费家的事情被侦探知道了,正悄悄包围屋子,让我赶紧离开。我跟费夫人装成夫妇的样子,同乘费家的汽车,由费先生驾驶,出了大门一看,果然密布着中国、俄国、法国(不见日本人)的侦探。但因为是美国人的家,不敢动手。费先生加速开着汽车,经过法租界到了中国地界,下了车和(安)恭根一起去了火车站,转乘火车避身到嘉兴秀纶纱(丝)厂去。这是朴南坡先生向殷铸夫、褚辅成诸先生商量觅得的地方,李东宁先生和严恒燮君的家属、金毅汉全家在数日前就已搬来此地了。

上海的费夫人后来向我诉说了以下的经过:

费夫人在楼下透过玻璃窗向门外一看,只见有一个工人打扮的中国人走进了自己家的厨房,于是走上前去问道:

"你是谁?"

"我是西服店的,想来问一问府上有没有要做西服的。"

"你是问我厨房里的下人做不做西服? 真奇怪!"

那人从口袋里掏出法国巡捕房侦探的证明。夫人大声呵斥道:

"你怎么随意侵入外国人的住房?"

"对不起!"

说完,他退了出去。这才得知,我们因乱用费家的电话,才被他们发现了我们的住处。

我因此暂时就住在嘉兴,跟着我祖母的姓改姓为张,名字改为震球或震。嘉兴是褚辅成(号慧僧)先生的故乡,褚先生曾任浙江省长,是位德高望重的绅士。他的大公子凤章是留美的学生,在东门外的民丰纸厂任技师长。褚先生的家在嘉兴南门外,是老式房屋,并不太壮观,但看起来也是一个士大夫的宅第。褚先生把他的养子陈桐荪(生)君的亭子间暂充我的宿舍,这是建在湖边的半洋式房子,构造非常精巧,由窗外可望见秀纶纱(丝)厂,风景极为优美。

晓得我的底细的人只有褚家父子婆媳和他的养子陈桐荪(生)夫妇而已。最感困难的是语言问题,虽然我冒充广东人,但不会说中国话,完全成了个哑吧。

嘉兴没有山,但湖与运河像鱿鱼须似地四通八达,因此连七、八岁的小孩子都会撑船。由于土地非常肥沃,所以物产丰富,人心淳厚,与上海迥然不同。商店不二价,顾客如遗忘了东西在店里,就暂时代为保管,俟日后客人来找时再原物奉还。

我与陈先生夫妇一起到南湖烟雨楼和西门外的三塔去游览,这里有明代倭寇入侵的遗迹。壬辰乱时,入侵的倭兵把妇女抓来关在寺院里,命一个和尚看守,夜里和尚把妇女们全都放走,倭寇就打死了那个和尚,据说至今石柱上仍留有血迹,时隐时现。出东门约十里路,就有汉朝朱买臣的墓,北门外有落帆亭。听说朱买臣专心念书时,一阵暴雨把晒在场院的稻谷冲走,其妻崔氏讨厌他是个书呆子,改嫁给木匠。后来朱买臣做了会稽太守回来时,崔氏因为覆水难收,就在落帆亭投水自尽了。

在嘉兴寄寓没多久,从上海日本领事馆内一个被我们收买的日本官吏那儿秘密传来了报告,说日本侵略者在上海严密搜索后,不见金九的踪影,便怀疑躲至沪杭线或京沪线一带,遂派了密探到两条铁路沿线进行侦察,要我谨慎小心。还说今晨搜查队已出发到沪杭线,如我隐藏在那儿,就应派人去车站监视日警的行动。

派人到嘉兴车站去打听,果然有日本便衣警察曾来此地巡视的消息,因此决定到褚凤章夫人的娘家暂避。他夫人的娘家在海盐县城,他们家的避暑别墅朱氏山庄则在县城西南方四十余里处。朱氏是褚凤章继室,刚生第一个婴儿,是位年青美丽的夫人。褚先生只请他太太一人陪我,乘了一整天轮船送我到了海盐县城朱家。

朱家是城内首富,住宅非常宽敞。我住宿的洋房在后院。而大门外是石子铺成的路,路外是船舶往来的湖,大门里面是正院,从边门进来有一个办公室,那是管家每天处理事务的地方。以前有四百余名家口聚在一间餐厅吃饭,但现在则大部分因为各自从事士农工商不同的职业而分散各处,剩下来的各房家口也都愿意自己开伙,自炊自食。整个院落的屋宇像是蜂巢,每一家住三四间房间,前面都有一间大客厅,老式房屋后面有两层楼的洋房和花园,再后面有运动场。听说海盐有三家大花园,钱家花园第一,朱家花园第二,我也去参观了钱家花园,其设施果然比朱家的好,但朱家的房子及设备则胜钱家一筹。

在海盐朱宅过了一夜,第二天再和褚夫人一同乘车到卢(角)里堰。从那里向西南爬五、六里的山路,褚夫人穿着高跟鞋,在七、八月炎日之下,频频用手帕拭着汗，爬山过岭。夫人娘家的女婢带着我的食物和其他日用品跟随着我们。我看到这光景，真想把这场面摄成影片传给万代子孙，但这又怎能办得到呢！?

若国家独立的话，我的子孙或我的同胞，谁能不感谢褚夫人这样的诚意和亲切呢？虽然不能摄成影片，但还可以用文字传下去，所以记下这一段往事以资纪念。

爬到坡顶，有一座朱家建造的亭子，在那里休息片刻后再往下走数百步，山腰里有一栋幽雅的洋房，看守房子的仆婢们恭顺地接待我和褚夫人。

夫人把女婢带来的所有鱼肉和水果拿出来给仆婢们，并对他们说明我的口味，应如何地料理等事情。又指示他们，如果我要登山，应看多久多远来决定要多少向导费，绝对不可多要。把这一切安排妥当后，当日就告别回海盐娘家去了。

从此，我每天的生活就是游山玩水。我在上海十四年，别说人家都游览过的苏州、杭州或南京，就是上海城廓之外都没跨出过一步，现在每天都能尽兴地徜徉于山水之间，感到无限喜悦。

这房子本来是褚夫人娘家叔父的夏天别墅，他去世后葬在这房子附近，这房子就兼为照管其坟墓的墓庐和祭厅。这所在真是名家建山庄的好地方，风景优美。爬上山峰，可以眺望大海，左右两边是青松和红叶，此情此景，使游客不禁有一种游子悲秋风之感。

有一天爬鹰窠顶，那里有一座尼姑庵，一个老尼姑出来相迎，看墓人和她很熟，把我介绍给她：

“这位贵宾是海盐朱家大姑娘请来的客人，广东人，现因眼疾住在山庄，今天到此游览。”

老尼向我点头致意。她每说完一句话都念一句阿弥陀佛：“施主是远道而来的吧！阿弥陀佛！请进佛堂里来吧！阿弥陀佛！”我随着她进入庵堂，看到每个房间里都有面孔白皙、嘴唇红润的年青尼姑，穿着庄重的僧服，颈上挂着长串念珠，手里拿着拂尘，向我合十行礼。

庵堂后面有一块岩石，据说上面若放一座指南针的话，针倒指北，我便解下挂在我表上的罗盘试验一下，果然如此，大概是磁铁矿的关系。

有一天，去参观海边某个镇上的市集，地名我已忘记，但决不是普通的乡镇，而是海边要塞。那儿有炮台，还有古代的城墙，都说是壬辰之乱时所建。城里房屋鳞次栉比，还有几座官衙。我们在城里环游一周，见赶集的人不多，也许是地方偏僻的缘故吧。

我们进了一家面馆吃午饭，只见一些工人、警察和一般老百姓都窃窃私语，在注视着我。不大一会儿，他们就把看墓人叫去询问，也有直接走过来问我的。我用生硬的中国话回答说我是广东人。这时听到身旁看墓人跟他们介绍，说我是海盐朱家大姑娘请到山庄来的客人。

回到山庄后，我又问了看墓人。他说：

“这些警察真讨厌！不知为什么，他们说您张先生不是广东人，是日本人，我说朱家大姑娘会跟日本人来往吗？他们这才无话可说。”

数日后，安恭根、严恒燮、陈桐荪(生)等人来此游览胜景鹰窠顶，我也就和他们一起回到了嘉兴。因为我已被警察察觉，我的事情此地的警察也都知道了，感到不安全，于是又回到嘉兴。路上我们还去了海宁县城，参观了清朝乾隆皇帝南巡时在此进餐的楼房。

来嘉兴后，几乎每天都驾一叶扁舟，游览南湖，还从村里买来活鸡，在船上烹煮，边赏景边吃鸡，真是其味无穷。

嘉兴南门外，沿运河而下，走十余里，有个村子叫严家浜，陈桐荪(生)君在那里有田产，跟村里的农民孙用宝相交甚厚。我去那儿，就住在孙用宝家。那时我完全成了一个乡下老头儿。他们家全家都下地干活时，家里只留下个吃奶的婴儿。孩子一哭，我就抱着他去地里找他的妈妈。那时他妈就十分惶恐不安，感到难以为情。

五、六月是蚕桑季节，家家都养蚕。我参观了那里的妇女们缫丝。

六十多岁的老太婆也不闲着，在纺车边安上一口锅，左手烧火煮茧，右手缠丝纺线。纺车下部悬有一踏板，右脚一蹬踏板，纺车就转动起来。我幼小时曾看到过我国妇女纺纱织布，和这里相比，真是天壤之别。

我问老太：

“老太今年高寿?”

"过了六十了。"

"什么时候起就开始纺纱啦?"

"从七岁起。"

"六十年前用的就是这种纺车吗?"

"是啊,就是这种纺车。"

我也亲眼见到七、八岁的孩童抽丝纺纱,所以对她的话并不感到奇怪。

我既然住在农家,也就注意看了看他们使用的农具,虽然是旧式的,但比我国先进。我也参观了他们引水灌溉,他们用的是木制水车,男女多人踩动水车,就能把湖水抽引上来灌溉田地,十分方便。插秧都事先算好日子,早稻八十天,中稻一百天,晚稻一百二十天。我国只以为成行插秧是日本人的发明,其实中国从古代起就是成行插秧,看了他们的锄草机就可知道这一点。

参观了农村,感到他们不论养蚕缫丝,或耕田种稻都比我国发达。我想我们的先人,自汉、唐、宋、元、明、清以来从没断过邦交,互有使节来往,为什么没学到中国的优点,只学到缺点呢?虽然衣冠文物遵守中华制度是所谓李朝五百年来的政策,然而保存下来的只是令人头痛的旧冠帽和其他易于散亡的东西,却没有学到有关国计民生的东西,脑子里深深地烙印着可恨的事大思想,把朱子学用得比朱子更彻底,其结果是徒尚空言不务实际,因此耗尽了民族的元气,剩下来的只是偏狭的党派之争和依赖性而已。

我又从严家浜到砂灰桥(日晖桥)严恒燮家和五龙桥陈桐荪(生)家,轮换着在他们两家住宿,白天则乘坐朱爱宝的船,来往于运河中,欣赏农村风光,这成了我每天的课程。

嘉兴城内的镇(金)明寺是古代有名的富翁陶朱公的故居。那里面养着五头母牛,又有养鱼池,寺门外有一块刻着"陶朱公遗址"的石碑。

有一天,我感到寂寞无聊,便信步来到东门,见大路边有一军警操练的广场,人们正在围观士兵练操,我也挤进去看。有一个军官仔细打量我,走到我面前来问我是谁,我和以往一样回答说是广东人,哪晓得这个军官才是真正的广东人,我立刻被抓到保安队本部受到审讯。我说我不是中国人,要求面见团长,通过笔谈来说明我本来的身份。但是团长没有出来,却由副团长露面。我跟他说我是韩人,上海虹口炸弹事件以后,在上海难以存身,就由这儿的褚凤章先生介绍,暂住在五龙桥陈桐荪(生)家,名字叫张震球。他们便到南门查问褚家和陈家,四个小时后陈兄来此作保,我才获释。褚凤章君责备我说我不知道避身之计,又劝我说,他的朋友中有一位中学女教员,是个寡妇,年30岁,可以和她见面协商,如能结婚住在一起,可以掩藏身份。我认为和知识女性一起生活更容易暴露,不如托身于没有知识的划船妇朱爱宝,所以决定常住在船里,今天睡在南门外的湖水边,明天睡在北门外的运河岸,白天再上岸活动。

(此后,金九应蒋介石的邀请,到南京与蒋介石、陈果夫等会见,从事抗日活动。)

我在南京越来越危险,倭寇好像闻到我在南京的气味一样,一边请求中国警宪逮捕我,一边派暗杀队来南京暗杀我。我听到这个消息便派人去夫子庙巡视,果然见到有七个穿便衣的日本警察正在夫子庙附近徘徊。

我不得不在淮清桥找一栋房子,每月付给在嘉兴撑船的朱爱宝家十五元,请她来和我同居,假装我的职业是古玩商,原籍广东省海南岛。若是警察来查户口,由朱爱宝出面说明一切,我就可以不露面。

卢沟桥事变发生,中国开始了对日抗日战争。

战争蔓延到江南,上海的战况渐对中国不利,日本空军对南京的空袭也愈来愈甚。我住的淮清桥的房子也在轰炸中被毁,我和朱爱宝幸得免于一死,邻居则尸体遍横。只见南京各处火焰冲天,夜晚的天空被染得通红。

南京的情势危险,中国政府迁都重庆,各机关都纷纷转移。我们光复战线三党的人员及其家属共百余名,决定逃难到物价便宜的长沙。

我唤回了在安徽屯溪中学求学的信儿,扶持母亲乘英国轮船去汉口,而百余名大家族则乘中国木船,装满了行李离开南京。

离开南京时,我把朱爱宝遣返回她老家嘉兴去了,深感后悔的是,那时只给了她旅费一百元。她只知道我是广东人,服侍我将近五年的时间,我和她在不知不觉中产生了类似夫妇的感情,她照顾我实在功劳不小。当时我认为一定会后会有期，所以除了车资外，没有给她足够的钱，真是遗憾之至。

鸳鸯湖——嘉兴南湖

曹聚仁

千古南湖水，偏宜此夜秋。
清尊邀皓月，桂楫荡中流。
露泾汀花秀，云塞古木愁。
美人天际隔，萧瑟罢登楼。
——徐之福：《南湖秋撰》

一九三二年春，三七年秋，我两次过嘉兴，游南湖（鸳鸯湖），都是戎马倥偬，情绪非常坏，意兴索然。可是，南湖的影子一直在我的记忆中，因为吴梅村的《鸳湖曲》，乃是我最爱好的旧诗之一，不独触景生情也。日前，《艺林》刊载吴梅村《南湖春雨图》（上海博物馆藏），朱慧深先生有专文记注，又引起了我的感想。

王象之《舆地记胜》："鸳鸯湖在嘉兴城南，湖多鸳鸯，故以名之，亦名南湖。"对我们来说，南湖青菱，鲜美清甜，十分可口，荡舟采菱也是韵事。明末文士、复社巨头之一吴昌时，家拥巨财，备极声伎歌舞之乐，鸳鸯湖乃其私家园林，今日的烟雨楼，便是当年演戏的前后台。主人邀客在画舫饮酒，看戏，与会的都是一般文士，酒酣歌热，和歌伎欢乐终宵。歌伎乃是吴氏所家蓄，多绝色少女，曲部新声，乃当时名家新谱。我国南曲，海宁一枝独秀，复社文士，对这一方面的兴趣是很高的。梅村《鸳湖曲》，开头那段说：

鸳鸯湖畔草粘天，二月春深好放船。
柳叶乱飘千尺雨，桃花斜带一溪烟。
烟雨迷离不知处，旧堤却认门前树。
树上流莺三两声，十年此地扁舟住。
主人（指吴昌时）爱客锦筵开，水阁风吹笑语来。
画鼓队催桃叶伎，玉萧声出拓枝台。
轻靴窄袖娇妆束，脆管繁弦竞追逐。
云鬟子弟按霓裳，雪面参军舞鸜鹆。

（这几句是说吴昌时的歌伎在烟雨楼中扮演昆剧。）

酒尽移船曲榭西，满湖灯火醉人归，
朝来别奏新翻曲，更出红妆向柳堤。

这样游宴色情的生活，又是极美丽的自然景物，真是神仙不啻也；但是吴昌时的名利念重，不忘权势，要入京做官去。曲中接着说：

欢乐朝朝兼暮暮，七贵三公何足数，
十幅蒲帆几尺风，吹君直上长安路。
长安富贵玉骢娇，侍女熏香护早朝。
吩咐南湖旧花柳，好留烟月伴归桡。
（长安指京都朝廷之意。）

吴昌时颇有干才，崇祯十四年，周延儒当相，信用吴昌时，特擢为文选郎中。十六年六月，延儒归里，西台蒋拱宸疏纠昌时同延儒朋党为奸，招权纳贿，赃私巨万。七月二十五日，崇祯帝御文华殿，亲鞠情事，昌时铜夹折胫，一一承认。帝愤恨气塞，拍案叹噫，推翻案桌，迅尔回宫。锦衣官虑时覆审，悉系之狱。至十二月初七日五更，昌时弃市，延儒亦赐自尽。他的收场是很悲惨的。因此，曲中转了一语：

那知转眼浮生梦，萧萧日影悲风动。
中散（嵇康）弹琴竟未终，山公启事成何用，
（借山涛来暗指周延儒。）
东市朝衣一旦休，北邙坯土亦难留。
（北邙在洛阳北郊，此亦借用。）
白杨尚作他人树，红粉知非旧日楼。
烽火名园窜狐兔，西阁偷窥老兵怒，
宁使当时没县官（指天子），不堪朝市都非故。

朱氏的记注中说："方张溥之居林下也，谋起复周延儒以攫中枢政柄。其居间奔走者，吴昌时也。昌时固复社健者，居铨曹，号摩登伽女，有妖气之目。已先杀薛国观，更谋起周延儒，集巨资以为活动之费，每股万金，阮大铖、冯铨、侯恂（方域父）皆股东也。吴手眼通天，其法为通内，通珰，通厂。通内者田妃也，通珰所以通内，通东厂锦衣卫（皇室之特务机构），亦操纵随心，然其败亦在此。"

吴昌时既败，吴氏家园（鸳鸯湖在园中）便抄了家，归了公有；烟雨楼中，也就住了看管的士兵。顺治九年，梅村寓嘉兴万寿宫，又到了南湖，乃感旧作

曲。慨然道：

我来倚棹向湖边，烟雨台空倍惘然。

芳草乍疑歌扇绿，落英错认舞衣鲜。

人生苦乐皆陈迹，年去年来堪痛惜。

闻笛休嗟石季伦，衔杯且效陶彭泽。

（吴氏的收场，颇近晋代的石崇，故云。烟雨楼，吴越时钱元璙所建。）

君不见，白浪掀天一叶危，收竿还怕转船迟。

世人无限风波苦，输与江湖钓叟知。

人海沧桑，黄粱梦醒，身与其会的，感慨更深。前几年，我们到了奉化溪口，临武水，对妙高台，我口里念念有词。珂云问我念的什么？我说"吴梅村的《鸳湖曲》"。她也喟然长叹道："我来倚棹向湖边，烟雨台空倍惘然。"古今同慨之处甚多。

（梅村还有《鸳湖感旧》律句，前有小序，云："予曾过吴来之竹亭湖墅，出家乐张饮。后来之以事见法，重游感赋此诗。"有"风流顿尽溪山改，富贵何常箫管哀"之句，其意相同。那时，梅村的儿女亲家陈之遴，也有《鸳鸯湖感旧》江城子词，云："鸳鸯湖上水如天，泛春船，此留连。急盏哀筝，催月下长川。满座贤豪零落尽，屈指算，不多年。""重来孤棹拨寒烟，罢调弦，懒匀笺。交割一场春梦与啼鹃。不是甘抛少年乐，才发兴，已萧然。""交割一场春梦与啼鹃"，也正是梅村的诗意。）

吴昌时的身后是很悲惨的，《霜援集》有诗句，云："一棺归葬松陵后，风雨楼中二女思。"（原注：昌时伏法后，有得其二女，皆绝色。）这两女，便被陈名夏的儿子掖臣所包占。《明诗记事》有胡山《烟雨楼》诗，云："势去朱门惟坠吻，邸封青岸有垂杨。孤儿亡命移名氏，槀葬归魂还夕阳。"昌时死后不久，明室已亡，到了清初，又是一个局面了。

不过，我在这儿追述这一段和鸳鸯湖有关的掌故，并没有要激起世人对吴氏同情之意。吴昌时那一群文士，即如周延儒那位汲引他的宰相，在乡间也是豪绅恶霸。周延儒的祖坟，便是被宜兴乡民挖了烧了的，可见民众对权臣豪绅积忿之深。吴昌时私人园宅，占有鸳鸯湖的胜景，其豪侈生活，也早为乡民所痛心疾首的了。他的贪污劣迹，首先揭发的，便是浙东山阴的名臣祁彪佳。当周延儒祖坟被挖时，祁氏正巡按苏松诸府，捕治如法，却对周氏并不表示尊敬。祁氏尝询吴昌时于东林巨公，巨公曰："君子也。"将荐矣，复质之刘蕺山，蕺山曰："小人也。"乃易荐章为弹章（见沈冰壶《祁氏传》）。（明末，宫中太监固无恶不作，东南的东林党、复社，也是绅士集团，其鱼肉乡里，搜刮剥削，也是千夫所指的。东林党人党同排异，有许多是非之论都是靠不住的，所以刘蕺山对吴昌时的品评，和东林党人的说法，截然不相同。）

最有趣的是那位打击了吴昌时的祁彪佳，在吴氏伏法后两个月，南归到了嘉兴。癸未（崇祯十六年）十月初十日日记："从南湖行经烟雨楼及吴来之园，但遥望而已。过陆宣公桥北，观项氏园，……暂泊于三塔湾。"朱氏说他"当日心情亦甚复杂也"，此意很对。朱氏又说："以祁氏经行诸处推之，则竹亭必在南湖之畔，密迩烟雨楼，而位于去三塔寺道上。吴氏园为明末叠石名山水张南垣所构，上引彪佳日记，其前一日有访南垣于西马桥，晤其子张轶凡纪事。祁氏的寓山园，即请轶凡为之布置者。"人世间就有这么多的悲喜剧呢！

翁子穷经自不贫，会稽连守拜为真。

是非难免三长史，富贵徒夸一妇人。

小吏张汤看踞傲，故交庄助叹沉沦。

行年五十功名晚，何似空山长负薪。

——吴梅村：《过朱买臣墓》

我两次到嘉兴，游南湖（鸳鸯湖以与澉浦北湖相对，故称南湖），都在兵荒马乱，心绪极坏的时候，因此，山水景物徒惹人愁。南湖广一百二十顷，可是弯弯曲曲有三十六湾之称；我坐在小船上，就让船娘随意撑来撑去，或停或走都无所谓。（南湖的船娘和寺庵的女尼是有名的，可是战事一起，日机在城中投过弹，湖上也不见人影，只泛着我那只小船，有着乾坤末日之感。）我默默地念着吴梅村的《鸳湖曲》，突然，船娘说是到了东塔寺了。登岸一看，原来是东塔雷音阁，阁后为朱买臣墓；吴梅村也有《过朱墓》的律句。吴氏自注："朱墓在嘉兴东塔雷音阁后，即广福讲院。"（《一统志》称：朱买臣墓在嘉兴县东三里东塔寺后，其妻墓在县北十八里，一名羞墓。东塔寺相传即买臣故宅，梁天监中建寺。）

西汉得了天下的刘邦，是典型的流氓，朱买臣，庄助，也是典型的穷书生。庄助、朱买臣，都是太湖流域人，所以一朝得志，就要回家乡去威风威风，最主要的是要气气他那不甘贫穷离去了的妻子。(旧剧中的《马前泼水》，就是写这一故事。)他们得意时，张汤为小吏，曾经折辱了他；那知张汤也得意了，他们也倒了霉了。朱买臣的下场，和吴昌时也差不多的。所以吴梅村诗中说："是非难免三长史，富贵徒夸一妇人。"又说："行年五十功名晚，何似空山长负薪。"黄粱梦醒，我们都想借吕先生的枕头的。

船娘又把小船停在另一湾上，说是苏小小墓。我是浙东人，对于苏小小是杭州人还是嘉兴人，她的坟在西湖边还是在南湖边，毫无意见。至于苏小小是南朝人，还是唐朝人，在我们有历史兴趣的人，也只觉得有点可笑，还是让袁子才去刻"钱塘苏小是乡亲"的印子吧。吴梅村有四首无题诗，写他自己的一段浪漫史，第三首云：

错认微之共牧之，误他举举与师师。
疏狂诗酒随同伴，细腻风光异旧时；
画里绿杨堪赠别，曲中红豆是相思。
年华老大心情减，辜负萧娘数首诗。

环绕南湖那一带，都是这一类才子佳人的故事呢。

一九四八年春天，友人们在鸳湖小叙；与会的有邓散木、白蕉、刘郎、余空我和施叔范，他们一时兴起，颇想募化一番，把烟雨楼重修一番，且说好了散木书匾，白蕉写联，刘郎、空我题诗勒石，但他们的话都成虚愿了。(散木已归道山；刘郎在《大公园》，余空我在《文汇报·新风》写诗。)

船娘们所不知道的有一件大事：即是中国共产党第一次全国代表大会是在南湖上召开的，那是一九二一年七月的事。那时，全国只有五十七个党员，推举了十二个代表在上海集会，其中就有毛泽东、董必武、陈潭秋、何叔衡诸氏。共产国际也派了代表参加。本来，他们准备在上海法租界举行，为租界当局所侦知，追捕甚急。他们临时改计，乘车往嘉兴，乘船在南湖上集会，决定了党的组织原则和党的组织机构问题。语云："星星之火，可以燎原"，今日新中国的大场面，就在南湖一席话开了头的。(那以前，乃是社会主义问题研究会时期。)

嘉兴风光

朱生豪

我一生中最幸福的时间，便是在自己家内过的最初几个年头。我家在店门前的街道很不漂亮，那全然是乡下人的市集，补救这缺点的幸亏门前有一条小河，通向南湖和运河，常常可以望那些乡下人上城下乡的船只。当蚕桑季节，我们每喜成天在河边数着一天有多少只桑叶船摇过。也有渔船，是往南湖捕捉鱼虾蟹类去的，一只只黑羽的水老鸦齐整整的分列在船的两旁，有时有成群的鸭子游过。也有往南湖去的游船，船内有卖弄风情的船娘。进香时节，则很大的香客船有时也停在我们的河埠前。也有当当敲着小锣寄信载客的脚划船，每天早晨，便有人在街上喊叫"王店开船"。也有载着货色的大舢板船，载着大批的油、席子、炭等等的东西。一到朔望烧香或迎神赛会的节期，则门前挤得不堪，店堂内也挤满了人。乡下老婆婆和娘娘们都头上插着花打扮着出来，谈媳妇讲家常，有时也要到我家来喝杯茶。往年是常有瓜果之类从乡下送来的。但我的家里终年是很静的，因为前门有一爿店，后门住着人家，居在中心，把门关起来，可以听不到一点点市廛的声音。我家全部面积，房屋和庭园各占一半，因此空气真是非常好，有一个爽朗的庭心和两个较大的园，几个小天井，前后门都有小河通着南湖，就是走到南湖边上也只有一箭之遥。想起来，曾有过怎样的记忆啊。前园中的大柿树每年产量最高纪录曾在一千只以上，因为太高采不着给鸟雀吃了的也不知多少，看着红起来了时，便忙着采烘，可是我已五六年不曾吃到自己园中的柿子了。有几株柑树，所产的柑子虽酸却鲜美，枇杷就太酸不能吃。桂花树下，石榴树下，我们都曾替死了的蟋蟀蜻蜓叫哥哥们做着坟。后园的门是常关的，是跟后门租户人家的分界线。园内有时种些南瓜大豆青菜玉蜀黍之类。后园的井中曾死过人，禁用了多年，但近来有时也汲用着，不过乘着高兴而已。有时在想象中觉得我的家简直有如在童话中一般可爱，虽然实际一到家，也只有颓丧之感，唤不起一点兴奋来。

嘉兴,我的故乡

——回忆之一章

(美)陈省身

嘉兴府原属嘉兴、秀水两县。我家是秀水县人。我是第二个孩子,上有一姊。阴历辛亥年九月初七日出生,时革命正到嘉兴。那时的习惯:城里有乱时,则往乡下逃难。所以我出生九天便逃难。后来祖母常说:这是“劳碌命”。现在七十六岁了,还在劳碌。

我的父亲陈宝桢,字廉青,生于1889年。他于甲辰年(1904)中秀才,那时才十五岁。他后来在浙江法政专门学校毕业,在司法界做事。晚年在台湾,与我弟家麟同住。我尚有一妹,信基督教甚笃。1964年父亲“重游泮水”,集友人贺诗若干成帙印行,录他以下数诗作为纪念:

六十年前此甲辰,蓝衫著体倍生春。
一时佳话传鸳水,二八韶华席上珍。
幡然改计学申韩,法理闳深未易殚。
赢得一官权驻足,争如屐季亦心安。
在昔穰侯见事迟,我今身世几同之。
优游岁月待终老,赖有儿曹鹤立时。

我也乘机写了以下二绝:

泮水芹香六十年,风光虽改意情牵。
孤灯残月成追忆,经史诗词展旧编。
一生事业在畴人,庚会髫龄训育真。
万里远游亏奉养,幸常返国笑言亲。

我祖母只有我父亲一个儿子,我是长孙,所以我幼时常同她在一起。有时随她烧香、拜佛、念经。我会背弥陀经,金刚经则太长了。

我的母亲的娘家是经商的,由外祖父一人起家的,在嘉兴有好几个铺子。我的一个舅父韩赞侯曾任嘉兴商会的常务委员多年。

嘉兴是有名的鱼米之乡,物产丰饶,历代人才辈出,春秋时越王勾践败吴于槜李,就是嘉兴。

嘉兴最有名的胜景自然是南湖的烟雨楼。楼在湖中岛上,现为公园。湖中出菱,无角,鲜美无比。湖上有画舫,夏间富人包作竟日之游,船菜精美。幼时曾随父亲或舅父乘舫多次。中国共产党第一次代表大会,因为躲避官方,是在烟雨楼画舫上开的。

我因家庭爱护,不放心我进学校,所以入学甚迟。1920年考入秀州中学预科一年级,即高小一年级。秀中是教会学校,管理严格。我的姑丈姚亮臣先生在秀中教国文,我的表哥一鹏高我两班,在秀中甚得他们的照顾。

我生在嘉兴下塘(街),房子后面靠河,有点风景,故居至今仍在。

1922年我父亲在天津任事,把全家接到天津,那时我在秀州高小三年级,能做相当复杂的算术题,也看过《封神榜》和《说唐全传》,幼年得长辈爱护,是一生很幸福的一段。许多小事,记忆犹新,现在不多写了。

嘉兴赋

杨自强

夫嘉兴者,地嘉人美、物阜业兴之原也。其地也,负海控江,当钱江东海之会,自古风云际会;左杭右苏,揽江河湖海之胜,素称鱼米之乡。造化独享,天应斗牛之分;气宇不凡,地接吴根越角。境无高山大川,邑环平畴沃壤。水道纵横,为港为荡为河为塘;土壤膏肥,宜桑宜稻宜果宜蔬。史书有言:扬州在九州之地最广,全吴在扬州之域最大,嘉禾在全吴之壤最腴。

辉煌嘉兴,熠彩卓然,回望沧桑,心潮激荡。石锛石斧,马家浜筚路蓝缕证文化源头;玉璧玉琮,良渚玉鬼斧神功见先民智慧。槜李操戈,越王卧薪尝胆吞吴兴霸业;五湖泛舟,范蠡功成身退经商为巨贾。秦始皇凭海临风,过长水登秦山斩马祭河神,县置“由拳”;吴大帝广开农桑,驾八牛耕四耦喜野稻自生,乃名“禾兴”。至若吴修城郭,子城起焉;晋室南渡,人丁旺焉。良畴美柘,畦畎相望,百度所资，罕不自出。《晋书》称“经纬天下十分之九”，《宋书》曰“一岁或稔数郡忘饥”，洵不虚言也。市肆兴隆，明世有“江东都会”美誉；粮桑并茂，清衙悬“浙西首藩”匾额。王江泾大败倭寇，东南用兵功称第一；天尊庙血战英军，乍浦海塘浩气长存。

最难忘，涛声里中山先生发浩叹：世界潮流浩浩荡荡，顺之则昌逆之则亡；更铭记，南湖畔革命声传画舫中，星星之火此间萌生，风云世界逢春蛰起。一条小船诞生伟大政党，嘉兴从此成圣地；万里神州遍撒革命种子，红船蔚然有精神。

人文嘉兴，英才辈出，群贤毕至，遍地风流。严忌严助，乔梓辞赋名家，陆机陆云，昆仲风流自赏。干宝古传奇小说鼻祖，顾况新乐府运动开山。朱淑真“月上柳梢头”，别有情怀；朱敦儒徜徉放鹤洲，神仙风姿。李日华著作宏富，赵孟坚诗画双绝，张履祥一代大儒，查慎行清诗巨擘。沈曾植号“硕学通儒”，王国维乃“学术巨子”，国学大师双星辉映；丰子恺谑“不要脸面”，张乐平为“三毛之父”，漫画巨匠一时瑜亮。《鸳鸯湖棹歌》遗音不绝，朱彝尊“一代文宗”；《代微积拾级》译名首创，李善兰“科学先驱”。朱生豪呕心沥血译莎剧，惜乎英年早逝；李叔同艺术全才传佳话，慨叹“悲欣交集”。茅盾写《子夜》力透纸背，无愧文坛祭酒；志摩别康桥摇曳生姿，卓然“新月”班头。余华《活着》，先锋文学作先锋；金庸《射雕》，武侠小说尊大侠。名人作名文，才俊云集；名家创名辞，争领风骚。放眼嘉禾英彦，一时几多风采。

魅力嘉兴，清灵毓秀，四时如画，天上人间。春赏鸳湖春晓烟雨春波汉塘春桑，春光淡荡；秋观禾墩秋稼月波秋霁韭溪秋月，秋色连波。晴则空翠风烟，雨则三闸奔湍，晨则东塔朝暾，暮则茶禅夕照。小桥流水，佳树名花，村落点点，野趣横生。其城东有南湖，倚水千家，背城百雉，蒹葭杨柳，菱叶荷花，绿漫波光，碧开天影，吴梅村有柳叶飘雨桃花带烟之句；湖中有烟雨楼，亭阁错列，曲栏回廊，重檐画栋，朱柱明窗，晴阅春色，雨赏烟光，乾隆帝有六下江南八度登临之举。更有海宁潮南北湖，一动一静两相宜。潮如万叠云继起，千寻练不收，“十万军声半夜潮”；湖融一体山海湖，并升日与月，“江南一片真山水”。乌镇百步建一桥，“走桥”祈福祉，一绝“桥里桥”；西塘百尺盖廊棚，人家尽枕河，“东方威尼斯”。看我嘉禾美景，宜游宜赏，堪吟堪唱，来则心神俱醉，去则梦里依稀。

活力嘉兴，政通人和，改革潮涌，开放风劲。流连嘉禾大地，高楼比肩，商贾云集，大街小巷，流虹溢彩。天蓝水清，园林城市名副其实；稻香瓜甜，江南粮仓当之无愧。歌舞书画，社区文化好戏连台；摩肩接毂，旅游休闲胜客如云。哦，美哉，嘉兴！壮哉，嘉兴！创文明，思民生，立人本，促进和谐；强科教，调结构，重创新，科学发展。建设蓝图大手笔，城乡一体新思路。循环经济保生态，节能减排济苍生。打造平安提升幸福感，开发滨海再造新嘉兴。科技进步大团圆，百强县市满堂红。“东方大港”吞吐五洲货，交通枢纽笑迎四方客。“三纵三横三连”，高速公路车水马龙；“一主五副一新”，网络城市呼之欲出。一枝独秀，名特优新驰誉八方；“两头在外”，块状经济自成一体。崇文厚德求实创新，人文精神铸灵魂；六大战略四大目标，小康社会有方向。欣看今日之嘉兴，正是振翅欲飞时。

歌曰：江南有城兮衣冠鼎盛，欣逢嘉世兮百业俱兴。继往开来兮如潮猛进，和谐发展兮抒写宏文。

（本文载于2007年10月9日《光明日报》）

温和的贵族气——诠释嘉兴人

朱　樵

历来被称作丝绸之府、鱼米之乡的嘉兴，地处沪杭之间，一头是全国最繁华的城市，一头是全国美丽的城市。得天独厚的优势，使这个不大的城市显得繁华而美丽，也一直比较富裕。这便造就了许多嘉兴人小富不冒进的性格，像和平鸽一样，温和中带一点贵族气。当然，也有一些上海人喜欢把嘉兴人称之为“乡下大少爷”。但“乡下大少爷”自有“乡下大少爷”的感觉：比杭州人洋气，比上海人大气。

不过，嘉兴人从心底里还是很佩服上海人的。在嘉兴人眼里，上海人聪明能干，举止文明，穿着整洁自然而又漂亮。因此嘉兴人也喜欢学上海人，小的从女人的发型到家庭装潢，大的从轻纺工业一直到接轨浦东。在改革开放前，嘉兴人到上海去一趟就像现在出国一样时髦，回来后还会很得意地说几句上海话。也喜欢购买上海的商品，特别是服装，简直到了有点迷信的程度。因此也常常闹出一点笑话，大包小包地背回来，到家拆开来一看，有好些服装是嘉兴生产的。当然，嘉兴人也不知不觉地学到了一点上海人的“老大”作风。在浙江，嘉兴人总是把宁波人、温州人、绍兴人等都叫成了“小宁波”“小温州”“小绍兴”。杭州因是省府所在地，所以不敢叫“小杭州”。

嘉兴这地方美丽富饶，人也温和大方，所以来嘉兴发展的外地人较多。这些来嘉兴发展的外地人，来的时候大部份都比较贫困，所从事的也都是嘉兴人不愿意做的重体力劳动。但十来年一过，他们的经济条件大大好转，有的甚至比嘉兴人富裕。嘉兴人富有同情心，好逸但并不恶劳，喜欢从事脑力劳动或做一些灵巧的工作，看到这些从事重体力劳动的外地人富起来，嘉兴人不会感到不平衡，反而会替他们高兴。那时，流传的一个小故事很能说明问题：一位姓陈的本地老太太，每年年底都要给附近一户多子女的外地人送些钱物。几年以后，当陈老太再次给这户外地人送钱物去时，这户人家的男主人说什么也不愿接受，因为他家的积蓄已远远超过陈老太家了。陈老太知道后并没有生气，稍稍惊讶后，就高兴地说：那好，今年我可以给我家先生做件新棉袄了！

嘉兴自古以来重文轻商。嘉兴人“重文”由来已久，从嘉兴走出去的文化名人举不胜举。仅现代文学史，浙江占了全国的半壁江山，而嘉兴又占了浙江的半壁江山，出了茅盾、丰子恺、徐志摩等一大批名家。这恐怕与嘉兴的“小富”和散文诗般的地理环境密不可分。但“小富”和“小桥流水”只能培养一点小情调，产生一些小感觉，因此嘉兴的文化名人，都是走出嘉兴后才成气候的。“轻商”，并不是蔑视商业的意思。改革开放初期，嘉兴有四样轻工业产品在全国畅销，被外地报刊称作“四小虎”或四大“拳头”产品。但嘉兴人不喜欢听，觉得这太武腔。当地的传媒乃至政府报告，都一律将它们称作四大名旦。“轻商”，似乎有点不可思议。丝绸之府不做生意实在有点可惜，嘉兴历史上虽然出过不少实业家，但确实没有出过什么大的商人。这也许和嘉兴人的性格有点关系，把三块钱的东西卖到三十块甚至三百块，嘉兴人实在是不敢这么做，连想都不敢想。有一段时期里，嘉兴人经常听到周边的什么地区靠经商发了起来，成了“小香港”“小深圳”什么的，却并不眼红，也不着急，心情依然像南湖水一样平静。嘉兴人喜欢稳中求进，千百年来好象从未有过什么闪失，因此他们很相信自己，相信自己的聪明才智，相信自己的实实在在。现在回过头来一看，也确实如此，嘉兴与周边发达地区相比，并没有落后，这使嘉兴人感到由衷地高兴：改革开放并不是一个模式，一方水土养一方人。

有人曾经把嘉兴的三样土特产，粽子、南湖菱和文虎（火）酱鸭，比喻为嘉兴人的性格。粽子是捆住自己的手脚；南湖菱是没有棱（菱）角；文虎（火）酱鸭烧不旺。然而，从这些年嘉兴的发展来看，也完全可以作另一种解释：粽子，裹得紧，有凝聚力；南湖菱，和谐而充满生机；文虎（火）酱鸭，虽不旺，但不会焦，慢慢烧，却是可持续发展。

（本文载于2000年1月4日《人民日报》华东版）

嘉兴槜李

杜云昌

嘉兴槜李在水果中堪称全国之最。

槜李，既是嘉兴地名的古称，又是倾倒名人墨客的珍稀水果。

槜李，是嘉兴的古称。古时孔子编修的《春秋》中载有：“鲁定公十有四年……五月，於越败吴于槜李，吴子光卒。”鲁定公十四年，是公元前496年。越国在槜李这个地方打败了吴国，吴王阖闾战死。槜李这个地名沿用至今2509年。

槜李，南宋嘉兴诗人张尧同（约生活于1163—1224）在《净相佳李》诗中说：“地重因名果”。故历代地方志相继载称：“地以果名”。据此说，应先有槜李的果名，才有槜李的地名。说明公元前496年以前嘉兴已广植槜李，距今更有2500多年的历史。

槜李，有专书《槜李谱》，记载了槜李的品种（系）、产地、栽植技术、品质、贮藏、销售等技术和方法。现存的嘉兴《槜李谱》有两部：一是清同治九年（1870），嘉兴县新篁（槜李原产地之一）王逢辰著作并自印的《槜李谱》。二是1937年6月，桐乡屠甸（槜李原产地之一）朱梦仙作、上海中央印刷公司出版的《槜李谱》。据说，旧时水果有谱的只有两种，除槜李以外，还有《荔枝谱》，宋代人蔡襄于嘉佑四年（1059）作成。

槜李，独产嘉兴，只宜嘉兴四季分明的气候，不干、不湿的土壤。从古至今多人多次引种外地，都未成功。

槜李，花素白，果殷红，吃法独特，可以开展品茗、吟诗、作画尝槜李的文化活动。

综上所述，嘉兴珍稀名果槜李，历史悠久，传承有序，品质优良，果名、地名合一，文化底蕴深厚，在水果中堪称全国之最。

槜李的特性和特点

槜李，在古代就蜚声四方。槜，音醉，其字义据《说文解字》释："以木有所捣也。"捣即打击，似即整枝之意。

槜李，是中国李类中的一个品种，蔷薇科小乔木。其根系分布广而浅，须根发达，成年树距主干两米处挖土壤剖面观察：根系土要分布在深5—50厘米处，其次在深2—5厘米处，深50—60厘米处只有少量分布。

槜李，生长中庸，干性较弱。幼树呈圆头形，成年树树冠张开，呈自然半圆形。幼树生长迅速，一年可抽新枝2—3次，总长可达70厘米。成年树长势逐渐减弱，年抽新梢长约40厘米，且主要是春梢，夏梢很少、很短。故树冠短枝密生，长枝稀少，通风透光。

槜李，花芽双生或丛生，圆锥形。花蕾黄色、花瓣白色。3月底、4月初开花，花期7—10天，如遇不良天气，花期只有3—4天。槜李花小而密集，花质素洁、净凝，簇集枝头。远望晶莹如雪，衬以新透绿叶，不艳、不娇。古人说槜李花"如晴雪"，"花白浑如烟""清雅素洁胜梅花""入李园如入香雪海中"。

槜李挂果约40天后，果实进入膨大期。果皮逐渐转色，由青转绿再转黄转紫红。此时游槜李园最好。整个李园，万绿丛中点点殷红。古人说："子成红云绸。"

槜李，在小暑前后几天就成熟采摘了（迟熟品系要到大暑边）。果实圆而微扁，蒂短而底平，能平置于桌上。成熟的果实皮色殷红，密缀黄点，有些皮色半黄半红，红色处仍有黄点。皮外披有一层白色的果粉，有些果上顶部有纹痕一条，像人的指甲刻划的痕迹，这就是传扬千古的所谓"西施爪痕"。

槜李，果实熟透时红晕透顶，皮内果肉色黄，鲜润如琥珀，化成浆液状。槜李最内行、最考究的吃法是，先轻轻拭去果粉，放在手心中用双手搓一搓，然后在果皮上剥开一个小口，果浆可一吸而尽，但余几条果筋连结果核。果味甘美绝伦，并有微微酒香。古今吃过真种槜李者，无不赞不绝口，称之为"琼浆玉液""如甘露醴泉"。古人在年年品尝中还认识了真种槜李的特点：一是一批槜李中是否有几只或一批有"西施爪痕"；二是果肉是否化浆，是否可吸尽；三是是否有微微酒香。

槜李，独产嘉兴。但嘉兴市域不是都适宜槜李的生长。就果实的品质而言，适宜种植槜李的只是一条从东北向西南的狭长地带，即嘉善县的西南部，南湖区、秀洲区的东部和东南部，桐乡南部、海宁西南部。考察这地带的土质，是属水稻土中的黄斑塥土，是"地性活、发性好，宜水、宜旱"的一种土壤。据桐乡市桃园头村土壤样本分析测定，评价是：有机质含量略低，营养元素中钾镁较丰富，有利于槜李生长发育。

槜李，古代多用分根移植或压条法育苗，现代已弃用。现在都用芽接或株接，以芽接育苗居多。因为一根枝条有6—7个芽，就可接6—7枝苗，但芽接易分化变异。如株接，一根枝条只能接2—3株苗。嫁接的砧木有两种：一种是毛桃砧（桃的实生苗），易成活，5—6年后挂果，结的果实较大，但易受"天牛"为害，树的寿命较短，约为20—25年。另一种是红心李实生苗，嫁接成活率较低，5—6年后挂果,但树的寿命较长,约35—40年。枝接一般接后2—3年就挂果。

槜李,自古以来都是无性繁殖,对长期保持槜李种性起到较大的作用。但由于嫁接时砧木的不同,接穗的不同,使槜李的种性、品质也起了变化。至20世纪30年代,嘉兴农业工作者成汝基把自家槜李园中的槜李树分为五个品系,分品系描述了特性、特征和果的品质,开创了槜李分品系的先河。时至当今,槜李已明显分化为早、中、迟熟三个品系,而且有很明显的地域性。南湖区凤桥镇一带以早熟品系为主,6月25日至30日成熟,果形大,皮色鲜艳,但味略淡。桐乡屠甸及海宁一带以中熟品系为主,7月5日至10日成熟,果形中等,皮色殷红,味、鲜适中。秀洲区洪合镇一带以中熟品系为主,兼有迟熟品系。迟熟品系约在大暑边成熟,味、鲜也好,唯气温太高,一遇阵雨,易裂果,商品率降低。

槜李,千百年来的无性繁殖,使花芽分化不良,花器发育不全,有的花甚至无雄蕊。所以自花授粉结实率很低,性器官弱嫩、抗逆能力弱,自然授粉结实率也不高。据1980年在桐乡桃园村观察:自花授粉结实率为5.4%,自然授粉结实率为12.2%,人工授粉结实率为21.8%。

槜李,由于受自身生理缺陷、环境的影响和栽植技术的落后,味虽美但产量不稳、不高,大小年明显。正如朱梦仙在《槜李谱》中所说:"以十年计之,繁生者只有二年,普通约居四年,最少者约三年,全无者约一年。"正因为如此,在自给自足的自然经济条件下,槜李更显得珍贵,出现了官府需索、文人墨客们大量吟唱和推崇的局面。到了近代,商品经济有所发展,因槜李产量的不稳,往往失信于市场,出现"丰年销路不畅,歉年一颗难求"的现象,阻碍了槜李的发展。

槜李栽植简史

相传春秋时期,嘉兴境内已广植槜李。可惜未见文字记载。槜李栽植史,最早见于文字记载的是宋代张尧同的《净相佳李》诗:"地重因名果,如分沆瀣浆。因思吴越事,不敢尽情尝。"这一记载已有近千年,虽然只有20个字,细读却内容丰富。一是南宋时嘉兴槜李已形成集中产地净相寺。二是先有名果槜李才有地名槜李。三是嘉兴境内李的品种很多,但味槜李最好,称"佳李"。四是吃槜李如饮浆液,说明槜李成熟时化浆,古人早就认定。五是吴越"槜李大战"与槜李密不可分,槜李与西施的种种传说南宋时早已流传。

明代,槜李栽培规模很大,一个集中产地可达千株。明嘉靖年间的吏部尚书吴鹏是嘉兴新篁人,在嘉靖三十九年(1560)作《沸雪轩记》。记中说:新篁太平寺"且绕槛植李千株,开花如晴雪,垂实如冰桃,大都醉李之称,不尽为西施而醉也。"在明代,嘉兴种植的李子品种很多,比较优良的品种有三个,除槜李外,还有潘园李和徐园李。但当时的上流社会人士还不知槜李特点,往往弄错。如李日华(1565—1625)著的《紫桃轩杂缀》中说:"徐园李实甘脆异常,而核止半菽。""树结实三十余枚,相传即槜李也。"明末,嘉兴人谭贞默送一篓槜李给常熟人钱谦益,其夫人柳如是打开一看便知是徐园李而不是槜李。钱说:"禾髯遗饷槜李,内人开函知为徐园李也",戏答两绝句。录第二绝句:"不待倾筐泻盎盆,开笼一颗识徐园。新诗错比来禽帖,赢得妆台一笑论。"不知何故,古代嘉兴的两位大人物不识槜李和徐园李之别,倒是嘉兴才女柳如是"开笼一颗识徐园"。

清代顺治年间,槜李还很兴盛,但已显露了隐忧。嘉兴的文学家、收藏家曹溶写了很多吟咏槜李的诗,有的咏槜李的品质高优,用"仙浆""上林佳种""江南江北无此品""倾国倾城"来形容。有的抒发在绿荫丛中纳凉品食槜李之乐。有的还揭露了当时官府勒索进贡、骚扰民间的恶习,使"现供市场上槜李绝迹"。在一首诗中说:"微物何堪鼎鼐陈,公家宜索荐时新。年来无复街头卖,愁煞梁园消渴人。"嘉兴著名学者、文学家、藏书家朱彝尊在所作《槜李赋》的序中也说:"李唯县东二十里净相寺有之。近苦官吏需索,寺僧都伐去之,将来虑无存矣。"清初秀水诗派主要诗人之一诸锦在一首槜李诗中说"火符一下不敢当,违者鞭苔几至死,有时风雨抱树啼。一物之尤珍至此,呜呼,此物何足奇。"嘉兴人王逢臣1870年作的《槜李谱》记载:"净相寺曾有官吏,予将产李之所悉用朱印斜封,及至小暑开视,一颗无存。

蓋槜李珍贵，结实之后当倍加灌溉，临熟时又须驱逐群鸟，否则食尽乃止。俗吏不察其故，疑僧私采，大加笞仗，僧既负冤，至欲尽伐其树。”

清代中期，尽管清初官府需索，引起民愤，槜李种植面积受到一定程度的影响，但槜李在人们心目中的地位仍然很高，许多有识之士抱有中兴槜李之志，纷纷引种栽植。清代一流金石家、书法家、藏书家，新篁人张廷济，全家都关心槜李，栽植槜李。其父张镇曾引种净相寺槜李于新篁家中，筑槜李亭；其堂兄张灏曾召集“净相品李之会”，收集了不少诗词。张廷济在一首诗的序中说：“乾隆时先君子分得净相李栽今‘八砖精舍’，结实甚繁。”嘉庆十四年（1809）“先君子弃世，树渐衰，今年（1835）几坏及半。”看来张家栽植槜李还是精工的，时隔60年，还存一半槜李树。元末任嘉兴总管府同知的李衎，元亡后其家属留居嘉兴，后有一支世居新篁里西沈村（后称栖柽村）。至清嘉庆八年左右（1803年前后），李衎后代李源在村中河港畔（雅称龙湖）辟设果园，自净相寺移来槜李4株植于园中。此时，嘉兴新篁人王逢辰专心收集有关槜李的资料，写出专著《槜李谱》，谱中叙说了槜李字义、栽种、分植、防病治虫、采摘、荒熟、真伪等三十条，成书后分赠亲朋，对槜李宣传推广、传播槜李知识，起了很大的作用。在同治九年（1870）刊印时还把各地友人的赠诗附后，开了槜李与文化结合的先河。龙湖李园在其子、孙三代经营，经历百年，至光绪中期已有槜李200余株。在此过程中，净相寺槜李逐渐败落，原因除官府需索、寺僧怨恨伐树外，还连遭三次火灾，槜李树从近百株减至不到20株。故“龙湖槜李”已成为清中后期嘉兴县唯一的集中产地。龙湖李园园主李焕章，更是为槜李和文化的结合作出了很大的贡献。每当槜李成熟时，他就把果实分赠给亲友并附“龙湖槜李”征诗启。后又把征集的诗、词汇编成《龙湖槜李题词》正、续两集，于1903年刊印。汇集了不少好诗词。

清朝末年，桐乡屠甸槜李逐步发展起来。桐乡屠甸桃源头村一带，早有槜李栽植。据《花史》记载：“嘉兴府治西南产佳李，园名槜李，盖因果得名也。”可是，以后再不见文字记载。迟至清光绪《桐乡县志》（1887）才有槜李的记录：“近因南乡间也有（槜）李之种，而嘉乡之李亦有售于桐城市上者。寇乱初平（按：指太平天国），其令遽以馈上官，夸为桐产。从此每届果熟之时，遂成例馈。”所以，“龙湖槜李”“屠甸槜李”是晚清时期嘉兴槜李的两大集中产地。

民国初年，特别是20世纪二三十年代，“龙湖槜李”“屠甸槜李”及其周边地区延续了晚清时的发展势头。首先，槜李得到当政者的重视，1932年桐乡以桃源头村为中心建置了“槜李乡”，嘉兴县以净相寺为中心建置了“槜李乡”，这都有利于槜李的推广和管理。其次，有一些有志于复兴槜李的知识分子在引领。如嘉兴县余贤埭人成汝基，学农出身，青年时期即有志复兴槜李，看到“龙湖槜李”渐渐衰败，就花几千元在家建槜李园，并在各地调查研究槜李株系情况，把不同株系在园中种植，观察记载、积累资料，后把嘉兴的槜李分为五个品系，提出了“推广优良品系，尽快复兴槜李”的策略。1933年他写出论文《嘉兴之槜李》，刊登于《浙江建设》月刊6卷9期。同时，嘉兴县的蒋荣写了《嘉兴槜李衰落原因及复兴意见》，刊登于《浙江建设》月刊10卷3期；王竹如写了《嘉兴特产槜李》，刊登于《浙江建设》6卷9期。在他们的呼吁下，嘉兴县在县农场下建立了东塔“槜李园”。净相寺东边的东周村李春生，看到净相寺槜李迟迟不能恢复，决定自辟李园，后发展到5.6亩，李树几百株。桐乡屠甸一带太平天国后有较大发展，民国初年至20世纪20年代，槜李种植区域达到七八平方公里，有大、小李园七八十个，面积达200余亩，有李树上万株，产量达三四万斤。当地文人、画家朱梦仙，家辟李园十余亩，通过观察、探索，写出了嘉兴市第二本《槜李谱》。“朱谱”比清同治“王谱”叙述更全面，栽培技术更有实用性。

抗日战争时期，槜李园被破坏殆尽。嘉兴余贤埭成氏李园、净相东周李氏李园、东塔李园，毁于战火。净相寺槜李仅存1株；桐乡县1946年统计，全县仅产槜李560公斤。

嘉兴净相寺槜李传承路线：

宋代：净相寺（未见原种出处的文字记载）

明代：净相寺→太平寺

清代初期：净相寺→东瑶庵、泰石桥、角里堰（有变异，粒小，味差）

清代中期：净相寺→龙湖槜李（栖柽村龙湖）

清代晚期：龙湖檇李→净相寺

民国初年：龙湖檇李→东周李园、成氏李园、东塔李园

四点启示

檇李历史悠久，已生存了2500多年，虽然经历了无数次的兴衰，却始终不绝，显示出了它顽强的生命力。探究其中的原因，笔者认为有四点启示：

（一）檇李顽强的生命力，与地名“檇李”的存在密不可分。首先，由于孔子对公元前496年吴越两国一场大战的关注，他肯定这场大战发生在檇李。孔子说的檇李是个地名，就是现在嘉兴市的古称。其次，由于南宋张尧同的《净相佳李》诗说：“地重因果名”。地名檇李，因有水果檇李才得其名。上虞人士徐智先说：“檇李一物萌芽春秋，发达于张尧同，而结果于净相寺。”圣人和各地文学大家的关注，使得名果檇李和地名檇李相互融合，相得益彰。地名檇李因有了名果檇李而不失传，名果檇李因有了地名檇李而不绝后。

（二）檇李顽强的生命力，与檇李大战和美女西施的传说密不可分。据记载，檇李位于春秋时吴越两国交界处，是当时的交通要冲、边防阵地，吴越两国曾多次在此争战，其中最著名的一场战役就是“檇李大战”。名果檇李也因着这场战役加深了人们对它的记忆。西施是越国的美女，传说她入吴为人质、释放回来都经过檇李（嘉兴）。入吴时，在崇福学习歌舞，留下了“歌舞庙”遗址；在濮院吃檇李疗心疾，留下了“指爪痕”；在嘉兴学做“女红”，留下了学绣塔、学绣堰的遗址。西施回越时停留在嘉兴，留下了范蠡湖、西子妆楼遗址和“五色螺”的传说。范蠡、西施“泛五湖而去时”，据说从桐乡屠甸出发，此处留有范蠡湖、西施“汰脚湾”等遗址。特别是檇李果品上留有“西施爪痕”的传说，在嘉兴更是家喻户晓。人们明知此传说荒诞不经，但茶余饭后还是津津乐道。这种口头的通俗文化，对于檇李的复兴和传承起有基础性的作用。

（三）檇李顽强的生命力，与它独有的生物学特性密不可分。檇李的花、果均有魅力。花可赏，“花开如晴雪”“花开碎雪花”。园可游，“入李园，如入香雪海中”“果熟红云绸”。果可尝，“如分沆瀣浆”“如甘露醴泉”。檇李的高雅和美味，令无数名人为之倾倒，引发诗兴、词兴；张尧同作诗、吴鹏作记、钱谦益写绝句、朱彝尊作赋、曹溶作评、王逢辰和朱梦仙各作《檇李谱》、李焕章二刻《龙湖檇李题词》。每当春夏时节，文人墨客便三五成群集聚在一起，赏花、品果、吟诗作画，这成为了古时嘉兴上流社会的一种文化活动。这种文化活动，在较高的层次上推动了檇李的复兴和传承。

（四）檇李顽强的生命力，与其魅力所催生出来的檇李文化密不可分。在历史长河中，檇李时有兴衰，有几次几乎到了绝种的边缘，但最终都出现了转机，总是有人出来抢救和保护，使之慢慢得以恢复，甚至超过了原有的水平。檇李的顽强生命力与其魅力所催生出来的檇李文化息息相关。小小的一颗檇李，承载着丰富多彩的文化积淀。只要这种文化在传承，在发扬，那么作为檇李文化的载体——檇李，就不会消失和绝迹。因为嘉兴人接受了檇李文化，所以无论为政者、绅士、僧人，还是实业家、农业工作者，爱护檇李的务农者，都有一个心愿：“千年名果，不能在我们这一代人手里绝种！”这就是文化的力量！

石牌坊（节选）

朱培林

旧时三塔塘上石牌坊甚多。从西丽桥至三塔茶禅寺，全长三华里的塘路上，面对京杭大运河，矗立着建筑风格各异的十几座古朴精美的石牌坊，鳞次栉比，蔚为壮观。其中大多建于明代，为表彰科举中举和官位显赫的嘉兴名人。清代所立者多数为节孝坊。每一座牌坊都在诉说着一段历史或一个故事。现据方志记载概述如下：

壬戌进士坊

此坊为明嘉靖壬戌（嘉靖四十一年，即1562年）科进士项钶等19人所立，位于西丽桥北。

科甲绳芳坊

此坊背额面刻有“翼犹世显”。明万历年徐必达任南京兵部左侍郎，朝廷追溯其祖先三代均为进

士，立坊表彰徐氏四代。

状元及第坊

此坊背额面刻“天卿大夫”。为表彰朱国祚考中明万历癸未（万历十一年，即1583年）科状元，后又出任吏部右侍郎、翰林院侍读学士而立。

万古精忠坊

此坊为一大型石坊。上下左右数层，立于三塔附近岳王祠边。上层刻岳飞封号，下层额面书“三吴遗爱”，并有岳飞之孙岳珂名字（珂曾任知嘉兴军府兼管内劝农使，封邺候）。左额为“连枝启秀”，右额为“群凤朝阳”，表彰岳飞七世孙岳元声、岳和声和岳骏声。此坊建于明万历年间。

两朝元辅坊

此坊背额面刻“四世宠纶”。是为明天启年宰相施凤来所立。施任中极殿大学士，封太子太师，权贵显赫。立坊表彰先祖共四代。

青宫硕辅坊

此坊背额面刻有“紫诰崇褒”。为表彰陈一德、陈懿典所立。时两人均任詹事府少詹事、翰林院侍读学士。

兄弟名臣坊

万历末年为孙光裕、孙光启兄弟所立。孙光裕任御史、光禄寺少卿；孙光启任广东按察副使。

忠著三朝坊

牌坊背额面刻有“清师百世”。是为朱国祚立的另一座大石坊。上书“太子太傅武英殿大学士谥文恪”，说明朱任过宰相且已去世。

司宪牌坊

此坊原在城内碧漪坊，是为明正德十六年（1521）进士张徽所立。后因损坏，至万历年间其外孙岳元声任南京兵部左侍郎时，移建于三塔塘上，今血印寺址。

宠贲三世坊

明后期为孙仁、孙志远立。两人生平不详，可能为锦衣卫官吏。

孝义坊

明万历年为表彰中书舍人项穆等四人的美德而立。

旌表坊

明末表彰蔡士能妻赵氏而立。

此外尚有“烈女坊”“节孝慈惠坊”“乐善好施坊”“贞节流芳坊”“孝义维风坊”“节孝永恩坊”“贞节坊”等19座（后五座为清代所立）。

牌坊以实物形象地记载着我国古代的科举制度。读书人只有考取功名才能进入仕途。这是自隋炀帝创立科举制度至清末一千三百年来选拔官吏的惟一办法。然而考中进士是很不容易的，有“三十老明经，五十少进士”的民谚。众多牌坊说明嘉兴学子聪颖好学，人才辈出，在历史上有过重要贡献。它如同名人故居一样，对后辈会有激励作用的。

（原载2001年1月嘉兴市文史资料通讯第29期，本文选自当代中国出版社2011年1月出版的《嘉兴文史汇编》合订本第三册）

丁家桥河下　小桥河埠人家

董　雄

嘉兴建国路和秀州路之间有条还在建设中的丁家桥路，长350米左右。路西段已建成10米多宽的小街，中段路中间有排简易商铺，东段还是挤在房屋间的小弄，连接秀州路的出口也常常被人忽视。丁家桥路在20世纪80年代以前还是丁家桥河和沿河小路，多情的小河悄悄地从北门市河逃出，穿过丁家桥，依偎着小路，流过帮岸和河埠，投入项家漾，与荇桥河会合。丁家桥、人民路、椿树弄、杨柳弄和安乐桥一带，历来是人口稠密的民居区，枕河人家，小桥河埠，粉墙黛瓦，定格的画面，几百年不变。

丁家桥很普通，石板小桥，有栏杆，贯通人民路。桥南堍的人民路很宽，旅社、食堂、煤球店都有，往北的人民路是石板路面，弯曲，狭窄。北堍东侧下坡，便是石块铺就的沿河小路。站在丁家桥头西望，眺望北门市河，充满神秘。水从北门市河流到丁家桥那段，河面较宽，是转船的地方，被两岸人民路大宅院高高的马头墙压抑着，显得狭小。河水挤过丁家桥洞，有一个宽宽的方形大河埠，倚在桥堍边，两面五六人可同时洗涤。河埠上因桥堍而形成的转角空地，有石板可刷衣。

河水跃过大河埠，宽了许多，有6至7米，两岸帮岸整齐，河埠相连，直到安乐桥。南岸是椿树弄深深庭院的后厢房、厨房，贴河建在帮岸上。河埠是里缩的，都有屋檐遮住。大户人家两边小门出来，沿石级相对而下，水位高，分开，水位低，便连在一起了；小户人家的，单向，很陡。北岸的沿河小路，6至7米宽，有一个诗一样的名字，叫丁家桥河下，俗称帮岸。路面不设阴沟，略向河倾斜，一下雨，水自然流入河中。路南河埠是公用的，向河突出，有双向八字形的，也有单向的，供洗涤、停船上岸。无论冬夏，河埠上总是最热闹的。洗衣洗菜的、等待洗涤的大嫂、姑娘，有的放低了声音叹点苦经，有的拉起喉咙东家长，西家短，常常引得行人放慢脚步。

路北边的民居，一家挨一家，楼下一门三吊，楼上木格窗。错落有致的马头墙，翘着角，伸向蓝天。帮岸中段就是杨柳弄口，很宽畅，弄东是高高的吴云彬洋房。那时我家住在杨柳弄3号，往南十几米，就是丁家桥河下。我从少年到下乡前，每天行走在宁静的石板路和古朴的丁家桥，洗涤在河边，玩耍在帮岸，夏天游泳在丁家桥河。

那时的清晨，小河总是弥漫着薄薄的雾，帮岸上是赶路去排队买豆腐的小孩，买菜的大嫂和拎着热水瓶泡开水的老人。河埠总有早起洗刷的人，涟漪唤醒平静的水面。太阳出来了，照在帮岸上，窗开了，门开了，生煤炉的火光闪耀河岸。河埠上洗衣洗菜的人越来越多，小河舞动起优美的身姿。

盛夏阵雨，说来就来，河面上爆满水花。洗涤的人纷纷跳上帮岸，躲到屋檐下，呆呆地望着屋檐水滴在阶石上，淌到河里。对岸有屋檐的河埠上，姑娘依旧悠闲地洗着衣服，游戏着屋檐水。这时从杨柳弄慢慢地走来撑伞的孩子，洗菜的姑娘从躲雨的屋檐下走出来，挤在伞下，走向河埠。面对满河水花，姐姐洗菜，弟弟撑着油布伞，在水帘中隐隐约约，像一幅添了色彩的水墨画。

1970年我下乡那年深秋，父亲帮我的生产队借台马达，队里派了我趟公差。清晨，我和老贫农阿美伯顶着星辰，摇着小船，从秀才村沿六里长泾，过太平桥，从鉏家滩，分水墩，过望吴桥，进入北门市河。小船在温馨的枕河人家中穿行，放眼重重帮岸挤出一条银链，抬头两排屋檐推出一线蓝天。站在悠悠的船上，喊一声，引来断断续续开窗声，有探头看一眼的大嫂，有伏在窗台好奇的孩儿。

小船转弯，穿过丁家桥，慢慢荡漾在丁家桥河。帮岸上的小伙伴见我摇船过来，惊讶地喊着，河埠上洗涤的人抬起头，招呼着。我把船停靠在杨柳弄口的大河埠上，拉着阿美伯，拿着自己种的蔬菜回家，又急急跑回河埠，跳上船，提起橹，载着小伙伴，摇过安乐桥，摇向项家漾。第一次坐船的小伙伴，嬉闹，晃船，先是尖叫，后是朗笑。望着岸边房屋、钟楼、杨树和电线杆，顷刻间好像有了生命的舞动。

一个多小时后，我和阿美伯摇着船，过市河，经运河，过北丽桥、大洋桥，栅堰桥，丰乐桥，到月河，转马家港河，在城北农机厂河埠上，把马达抬上船。然后笃悠悠地摇着船，在中基路上岸，买点农具，上茶馆坐坐，喝喝茶。当我俩返回丁家桥时，夕阳已红透西边。到家，母亲已准备了油豆腐烧肉、炒蛋，又炒几只我带来的蔬菜。父亲破例打来黄酒，陪阿美伯喝上几杯。酒才几杯，阿美伯黝黑的脸上泛起红潮，憨笑着，连连夸我的劳动表现，父母微笑看着，听着。

夜沉了，杨柳弄口的河埠上，我和阿美伯相携上了船，橹一动，摇散了河中的月亮。船在河中行，父母顺着帮岸走，叮咛着。船过丁家桥，我回头，父母双双在桥上，扶着桥栏张望。淡淡的灯光，朗朗的月色，横空的桥上，相依的父母，朝我频频挥手。

船儿慢慢转到北门市河，母亲的声音，还在宁静的水巷中回荡。月光被市河边楼房遮没了，水巷两边窗户的灯光，在夜色中摇曳。摇着悠悠的小船，听着轻轻的橹声，就像聆听母亲的摇篮曲，梦一般，飘浮在市河中。船摇出望吴桥，眼望古运河，豁然开朗。阿美伯朗声唱，使劲摇呦，水长长，月亮当空呦，亮堂堂……

随着城市建设飞速发展，弯弯的市河已失去了供水、洗涤、交通的生命欢歌，苍老是自然的。1980年，北门市河、丁家桥河、项家漾陆续填没。丁家桥，这座元·至元《嘉禾志》记载的古桥，被拆了。丁家桥河填了筑路后，还在路中间搭了简易商铺，热闹一阵。安乐桥至项家漾填没以后，盖了厂房和仓库。北门市河和人民路变成建国路高楼的一部分。

1999年椿树弄改造，丁家桥路南侧已是高楼一片。2003年开始，丁家桥路的民房陆续拆除，还存下16号蒋家等待拆迁。听到这些有着雕花厅堂、砖雕过楼、3米多长阶沿石的老宅被拆，惋惜之情油然而起，就像市河被填的感觉。

北门市河、丁家桥河填没时，帮岸、河埠都没动，埋在路下，就像埋在心底的彩色往事。每当在月河街区，看着枕河人家的凝固画面，聆听月河阿炳的二胡独奏，就像点击深藏心底的音符。于是，那朦胧月光下的杨柳弄口、丁家桥河，河埠、人家，站在桥头的父母，还有那满载彩色梦幻的船儿，从幽幽的水巷，轻轻摇过来。

（原载于2005年9月《南湖晚报》、省《联谊报》，选自2009年人民日报出版社《嘉禾街巷故事》）

第四节　杂记丛谈

孙中山嘉兴之行

1912年11月间，同盟会嘉兴负责人陈仲权请宋教仁转邀孙中山来嘉兴演讲，并嘱庄幼山返里筹备欢迎事宜。经方於笥、计宗型、沈文华等商议，推定董翰光、张仲谌、田毓斧、陈晋熙、沈伯新、查西来、唐稚轩、程子良、沈景山、庄幼山等十人为筹备委员，同时请褚辅成由杭州返禾主持。是日，孙中山坐火车抵嘉兴火车站，欢迎者有数千人，随后齐集兰溪会馆（今嘉兴印刷厂址）庙台前，举行欢迎大会。褚辅成首致欢迎词后，孙中山作演讲，详述三民主义的主张，约历一小时；接着由褚辅成和大会筹备委员以及各界代表四十余人陪同，上船到南湖游览，时烟雨楼尚未修复，就在旧基后所堆太湖石假山前，由嘉兴同益照相馆摄一合影，孙中山又单摄一半身相片，亲笔签名分赠诸人。孙中山单身相片，由庄幼山保存的一帧，解放后献给政府，曾放大悬于烟雨楼中。原合影照片一张为新丰沈景山保存，1935年经冯熙发现，交县图书馆珍藏，抗日战争时散佚。现大型画册《孙中山》中收入的孙中山与嘉兴人士的合影照片，是否为当时在烟雨楼所摄，不详。由于时隔过长，参加拍照者目前可辨认者只有褚辅成、陈仲权、王婉青、沈一均、沈景山、田毓斧、庄幼山等人。

朱德来嘉兴视察

1962年12月下旬，中共中央副主席、全国人大常务委员会委员长朱德偕夫人、全国妇联副主席康克清来嘉兴视察。下午2时，中共嘉兴地委副书记赵星、嘉兴县委副书记樊家禧、县委常委王效彧在嘉兴内部招待所（今嘉兴宾馆）向朱德汇报全区和嘉兴县工农业生产情况。朱德说：嘉兴是鱼米之乡、丝绸之府，对国家贡献很大，你们在下面工作很辛苦。当听到樊家禧汇报嘉兴用“革命草”（又称东洋草）喂猪，耗粮少，猪长得快的经验时，朱德很感兴趣，称赞道：猪吃草，人吃肉，这个办法很好，应当推广。傍晚，朱德偕夫人离嘉。

沈钧儒的晚年和身后

1963年元旦，中国人民政协全国委员会主席周恩来以全国政协名义，在北京政协礼堂举行宴会，招待在京70岁以上的全国政协委员、全国人大代表、各民主党派中央负责人，以及国务院各部领导人和参事中的老人，为老人们祝寿。因次日为沈钧儒88周岁寿辰，按虚岁计算将届90岁，周恩来在祝酒词中特别提到：“沈钧儒老人今年九十岁，我们为他祝贺。沈老是民主人士左派的旗帜，他曾经为民主主义、为社会主义奋斗到老。”沈钧儒十分激动，起立祝酒，感谢中国共产党和毛主席领导中国人民胜利地走上社会主义道路。他提议大家举杯祝毛主席健康长寿，祝大家健康长寿。

是年6月8日，沈钧儒病逝于北京医院。6月14日，在首都中山公园中山堂举行公祭大会。全国人大常委会委员长朱德主祭，国家副主席董必武致悼词，史良报告生平。董必武在悼词中说：“沈钧儒先生为新民主主义革命和社会主义革命奋斗一生，他是民主人士左派的旗帜，中国共产党亲密的朋友。他的逝世是中国人民重大的损失。”悼词最后说：“沈钧儒先生严格要求自己做一个坚强的民主战士，做一个共产党的好朋友，并且经常勉励大家‘活到老，学到老，做到老’。沈钧儒先生所走过的道路，是知识分子的光明道路。沈钧儒先生是一切爱国知识分子的光辉榜样。”

当日，《人民日报》发表社论《民主人士的左派旗帜》，哀悼沈钧儒的逝世。

朱德、董必武、陈毅等党和国家领导人作诗悼念。

朱德《悼沈衡山先生》诗云：“享得高龄九十年，几经争斗把身翻。终修马列传真理，立德立功又立言。”

董必武《挽沈衡山先生》诗二首，第二首云：“抗日之前欲识荆，记初接席在江宁。未因爱石心随转，每值闻鸡梦辄醒。救国不辞縻顶踵，论交常自忘年龄。先生尸解归南极，尊老人犹说寿星。”

陈毅《追悼沈衡山先生》共四首，第一首云：“九十是高寿，先生去不还，沉哀起薄海，狱门忆从前。抗日燃林火，民盟作大椽，公能群而党，革命福德全。”

1985年1月2日，中国民主同盟中央委员会在人民大会堂举行座谈会，隆重纪念沈钧儒先生诞辰110周年。彭真、乔石、许德珩、周谷城等党和国家领导人出席座谈会，并亲切接见沈先生的部分家属。中共中央政治局委员、书记处书记习仲勋代表中共中央讲话，对中国共产党的亲密战友、卓越的民主战士、伟大的爱国主义者沈钧儒深切怀念。他在讲话中指出，沈钧儒是党外的“布尔什维克”，他一生所走过的光辉道路无愧于“民主人士左派的旗帜”，是“一切爱国知识分子的光辉榜样”。全国政协、中共中央统战部、各民主党派、工商联的负责人及沈钧儒的生前好友参加了座谈会。

宋孝宗诞育于嘉兴

宋孝宗赵昚（1127—1194）是南宋较有作为的一个君主，出生养育于嘉兴。

宋高宗赵构之子赵旉早死，另无子嗣，其本支宗室宋太宗赵光义的后裔全陷于金，只好从宋太祖赵匡胤后裔中选一人为嗣子。绍兴二年（1132）五月选中嘉兴县丞赵子偁之子赵伯琮育于宫中，赐名瑗。他是赵匡胤的七世孙，于建炎元年（1127）十月生于嘉兴。绍兴三十二年（1162）立为皇太子，改名昚，宋高宗退为太上皇，由赵昚继位，是为宋孝宗。

赵子偁累官左朝奉大夫，绍兴十四年（1144）卒于秀州。赵昚为帝后追封秀王。

宋宁宗庆元元年（1195），以秀州为“毓圣之地”，故升为府。宁宗嘉定年间，以宋孝宗诞育之地嘉兴县丞厅为佛寺兴圣院。淳祐十一年（1251），宋理宗题书“流虹圣地兴圣之寺”，其地遂沿称兴圣寺，有流虹亭等建筑。流虹取义于太古少昊帝出生的典故。明嘉靖年间，改兴圣院为县学，其地即现中山路上的郊区党校址。另据崇祯《嘉兴县志》、康熙《嘉兴府志》载，宋孝宗诞生地在杉青闸官舍。

旧时嘉兴东塔寺有钟楼，据记载宋孝宗幼时曾登此楼游玩，有种种传说，因名景龙楼。宋张尧同《嘉禾百咏》有咏景龙楼诗。

陆游《入蜀记》中记路经嘉兴情景

南宋孝宗乾道五年（1169）十二月，诗人陆游被任命为四川夔州通判。

乾道六年闰五月十八日，陆游离山阴乡里远行赴任。二十日渡江至杭州，六月二日晚宿临平。三日黎明到达今嘉兴市境长河堰（今长安镇），五日早抵秀州，八日离秀州、过合路（今田乐乡境）进吴江县境，在嘉兴境内，历时六天。陆游把在嘉兴期间的交游情况和所见所闻都记入他的《入蜀记》之中，现略加删节转录于后：

“三日黎明，至长河堰，亦小市也，鱼蟹甚富。午后，至秀州崇德县，县令右从政郎吴道夫、丞右承直郎李植、监秀州都税务右从政郎章蓢来。是晚行十八里，宿石门，火云如山，明日之热可知也。

四日，热甚，午后始稍有风。晚泊本觉寺前，寺故神霄宫也，废于兵火，建炎后再修，今犹甚草创。

寺西庑有莲池十余亩，飞桥小亭，颇华洁。池中龟无数，闻人声，皆集，骈首仰视，儿曹惊之不去。亭中有小碑，乃郭功甫元中所作《醉翁操》，后自跋云："见子瞻所作未工，故赋之"，亦可异也。

五日早，抵秀州，见通判权郡事右通直郎朱自求、员外通判右承事郎直秘阁赵师夔、方务德侍郎滋。务德留饭。饭罢，还舟小憩，极热。谒樊自强主管、樊自牧教授。广、抑，皆茂实吏部子。闻人伯卿教授阜民，茂德删定子。二樊居城外，居第颇壮，茂实晚岁所筑，尚未成也。隔水有小园，竹树修茂，荷池渺弥可喜。池上有堂曰读书堂。游宝华尼寺，拜宣公祠堂，有碑，缺坏磨灭之余，时时可读，苏州刺史于頔书。大略言秘书监陆公齐望，始作尼寺于此，其后灞、浐、沣兄弟又新之。后又有贤妹字意者，陆氏尝有女子为尼云。然不言宣公所以有祠者。家谱沣作澧，赖此证误，讳灞者则宣公之父也。老尼妙济、大师法淳及其弟子居白留啜茶，且言方新祠堂也。移舟北门宣化亭，晚复过务德饭。

六日，右奉议郎新通判荆南吕援来，援字彦能。进士闻人纲来，纲字伯纪，方务德馆客，自言识毛德昭。德昭名文，衢州江山县人，居于秀，予儿时从之甚久。德昭极苦学，中年不幸病盲而卒，无子。纲言其盲后，犹终日危坐，默诵《六经》，至数千言不已，可哀也。赴郡集于絓廨中。坐花月亭，有小碑，乃张先子野"云破月来花弄影"乐章，云得句于此亭也。晚赴方夷吾，导之集于陈大光县丞家，二樊、吕絓皆在。大光字子充，莹中谏议孙，居第洁雅，末利花盛开。

七日早，遍辞诸人，赴方务德素饭。晚，移舟出城，泊禾兴馆前。馆亦颇闳壮。终日大雨不止，招姜医视家人及。

八日，雨霁，极凉如深秋。遇顺风，舟人始张帆。过合路，居人繁伙，卖鲊者尤众。道旁多军中牧马。运河水泛滥，高于近村地至数尺。两岸皆车出积水，妇人儿童竭作，亦或用牛。妇人足踏水车，手犹绩麻不置。过平望，遇大雨暴风，舟中尽湿。少顷，霁。止宿八尺，闻行舟有覆溺者。小舟叩舷卖鱼，颇贱。蚊如蜂虿可畏。

九日，晴而风，舟人惩昨夕狼狈，不敢解舟，日高方行。自至崇德，行大泽中，至此，始望见震泽远山。午间，至吴江县。……"

从陆游记述中，可略见南宋时嘉兴的一些情貌。

嘉兴岳飞祠沿革

南宋孝宗时，岳飞之孙岳珂知秀州，居嘉兴金佗坊，建祠祀岳飞，后废。近人董巽观有未刊笔记稿云："宋亡，岳氏后人惧元兵之搜捕，即迁居濮院镇南三里，改姓为乐，务农为生，其地即桑园桥也。至明时，岳姓复，迁居城中，并名桑园桥故居为旧岳。时岳元声、和声、骏声昆仲连捷进士后，建家祠。"祠名精忠祠，万历年间建于嘉兴城西三塔塘畔，屋宇宏丽。兴建时，贺灿然作《槜李宋岳武穆王精忠祠上梁文》，称此祠"选西郊之胜地，当孔道之上游""美轮美奂"上"入云霄"，祠中置宋孝宗时所铸重新出土的岳飞像和岳珂制作失而复得的铜爵。至清时，据董文续谓："乙酉之陷，祠屋被毁。血印和尚者实即看守岳祠之老人。祠毁仅存空地，清雍正九年(1731)，地又被盗卖，在其地建关帝庙。至乾隆初，岳氏后裔(二十二世孙)岳经五呈请复祠，清廷驳之，盖清初对地方建关羽庙则提倡，建岳飞祠则不准，以其抗异族之入侵也。乾隆时经五之子岳鉴，尽二十年之努力始得成之。工竣，重树万古精忠坊。"

对嘉兴岳氏世系与岳祠兴废，市志《氏族》及《市城》等篇已有记载，可参看。按岳鉴著《金佗祠事录》，记其重建岳祠在仁文书院址，门前有"流芳桥""孝子坊"，牌坊镌"万古精忠"四字，围墙上有"尽忠报国"四字。祠内有正殿，显忠祠、敦伦堂、贻谷楼、义工祠等建筑，每岁二月二十五日岳飞诞辰为春祭期。祠内置岳珂制铜爵，有祠田六十亩。嘉庆五年(1800)岳飞二十四世孙岳鸿逵重修祠宇，咸丰元年(1851)朝廷敕赐"显忠祠"名号，鸿逵子廷楷在祠西隅建御碑亭。太平天国时，祠毁于战火。同治九年(1870)岳鸿翔于原址重建，但规模已远逊于从前。近代状况见市志《市城》篇。岳飞专祠，全国只河南汤阴精忠庙、杭州褒忠祠、武昌忠烈祠等数处，嘉兴岳祠亦独具其价值。

苏轼马券刻石

清中期以前，嘉兴所藏前代石刻甚多，北宋苏轼所书“马券”刻石是其中之珍品。古代石刻迭经世乱，大多已被损毁，马券刻石也历经沧桑，现其基本部分尚获幸存，藏于南湖烟雨楼园内。

马券墨迹为苏轼所书，因其友人李廌生活贫困，苏轼特将皇帝所赐之名马相赠，书券为证，任其变价。所以亲笔书券，盖欲增重其价值，后有苏轼之弟苏辙题诗，黄庭坚作跋，益增贵重。苏轼等慷慨助友、风义动人，传为佳话。券文、题诗、题跋的文学书法均妙绝千古，此刻为据原迹上石，十分珍贵，历为嘉兴重要文物。近代所见马券刻石还附有清翁方纲、许瑶光等数家题跋。

苏轼书券：元祐元年，予初入玉堂，蒙恩赐玉鼻骍。今年出守杭州，复沾此赐。东南例乘肩舆，得一马足矣，而李方叔未有马，故以赠之。又恐方叔别获嘉马，不免卖此，故为出公据。四年四月十五日，轼书。

苏辙诗跋：方叔来别子瞻，馆于东斋。将行，子瞻以赐马赠之，方叔作诗，次韵奉和。辙。小床卧客笑元龙，弹铗无舆下舍中。五马不辞分后乘，轻裘初许敝诸公。随人射虎气终在，□□□□□□□。遥想据鞍横槊□，□□□□建安风。

黄庭坚跋：翰林苏子瞻所得天厩马，其所从来甚宠，加以妙墨作券，此马价应十倍。方叔豆羹常不继，将不能有此马，御以如富贵之家，辄曰非良马也，故不售。夫天厩虽饶马，其知名绝足亦时有之，尔岂可求锡马甚良也。或又责方叔受翰林公之惠，当乘之往来田间，安用汲汲索钱？此又不识蝉痛者从旁论砭疽尔，甚穷亦难忍哉。使有义士能捐廿万并券与马取之，不惟解方叔之倒悬，亦足以豪矣。众不可，盍遇人中磊落者，试以余书示之。元祐四年十月甲寅，黄庭坚书赠李方叔。

按：李方叔，名廌，北宋文学家，华州（今陕西华县）人，为“苏门六君子”之一。

此石始刻于何时？已不可考。苏轼券墨及苏黄诗跋应为四石，初刻时有无另外引跋，共有几石亦不可知。此石刻在嘉兴经历多次变化。明正德时石置于嘉兴已有记载，当时放在灵光坊陆宣公祠中，嘉靖时移置于报忠埭陆宣公新祠内。清顺治二年（1645），祠毁于兵事，石亦散失。顺治十年，陆氏后裔陆卿文访寻复得予以保藏。以后又散失，苏轼所书二石被人购去，余二石“湮于榛芜中”。乾隆三十九年（1774），县人姚晋锡访得其所，告知知县梁朕庭，购得二石，复又于陆祠墙脚下寻得二石，一并移置嘉兴县学流虹亭。〔时已失黄跋“常不继”以下二十八字，姚晋锡之侄巽斋请翁方纲摹眉州石刻旧拓本补刻此二十八字，藏于家。道光十四年（1834），姚巽斋之从孙姚树智将此补石移置流虹亭，并题诗作跋。〕咸丰十年（1860），流虹亭毁。同治三年（1864），嘉兴知府许瑶光，命嘉兴训导蔡钦尧于废营垒石中觅得，而字迹已经模糊，乃访旧本，请秀才钟沈霖修洗之。五年，重建流虹亭，嵌石于壁，许瑶光作跋并诗以志其事。1931年后，流虹亭因年久失修而坍倒，石刻移于嘉兴县图书馆保存，四石中有一石曾失而复得。

解放后重修烟雨楼，将此石刻移嵌于烟雨楼大厅正壁右侧，但此时见到的马券石刻，黄庭坚跋文已失去中间“虽饶马”至“砭疽尔”一段。“文化大革命”期间，此石又遭散乱。“文化大革命”后较早寻获的四块已安砌在园内新建的碑廊上，即：一、黄庭坚跋，自“翰林苏子瞻”至“方叔豆羹”一段。前有苏辙诗之末二行，文字可见的是“鞍横槊”和“风”共四字。二、翁方纲补刻黄庭坚跋中“常不继”以下二十八字。翁方纲、姚晋锡、乾隆乙已忍斋姚□□三跋。三、黄庭坚跋，自“难忍哉”至“书赠李方叔”及顺治甲午陆卿文跋。四、道光十四年（甲午）姚树智诗及题跋。另有最关重要的两块，一为苏轼券文，一为苏轼券文后段及苏辙题诗，不久前也已找到，正安排统一陈列。

马券刻石在嘉兴还曾另有一套，嵌于范蠡湖少伯祠壁上。据范蠡湖文保所从原金明寺僧人处得知，少伯祠壁间原有马券石刻六块，其中五块在”文化大革命”中被毁。现存的一块仍嵌在原处，是六块中的末一块。石上刻有许瑶光光绪壬午（八年）跋及文征明书“浮碧”二字。许跋云，时郡绅浚河，建亭少伯湖上。遂以他本人所得马券石刻旧拓本摹之，嵌石亭壁，附以文征明浮碧二字石刻。下款为里人石芳采立石，邑人钟沈霖镌。许瑶光此跋作于光绪《嘉兴府志》刊印以后，而光绪《嘉兴县志》又因循府志，故二志均未收录。

避暑山庄的烟雨楼和天籁书屋

承德避暑山庄有烟雨楼和天籁书屋两处建筑物，是和乾隆帝南巡过嘉兴之事有关。

乾隆六下江南，均驻跸嘉兴，曾八游南湖、登烟雨楼，为烟雨楼题诗近20首。乾隆对烟雨楼的景色和建筑非常欣赏。乾隆四十五年(1780)，第五次南巡来南湖时，命董诰画烟雨楼图，随后在皇家园林承德避暑山庄按嘉兴烟雨楼原样，新建一座烟雨楼。乾隆四十九年，他最后一次南巡，有“题烟雨楼”诗，云：“春秋三阅喜重来，雨意烟情镜里开。承德何妨摹画貌，嘉兴毕竟启诗材。夏中让彼泛锦芰，春季饶兹对玉梅。不拟南巡更临此，鸣榔欲去重徊徘。”

避暑山庄的天籁书屋，是仿嘉兴项元汴天籁阁之名。乾隆有以天籁书屋为题之诗七首，其中就有：“天籁颜书屋，名因槜李彰。”及“额檐借槜李，天籁发天香。”等句。乾隆还命内府将宫廷收藏的原项氏天籁阁旧藏之书画，选出宋、元、明名家米芾、吴镇、徐贲、唐寅画卷各一幅，移藏于天籁书屋，并作长歌一首纪其事。乾隆四十九年(1784)，乾隆到嘉兴时，惜项氏天籁阁与所藏名迹俱无存，遂作“天籁阁”诗一首云：“槜李文人数子京，阁收遗迹欲充楹。云烟散似飘天籁，明史怜他独挂名。”足见项氏天籁阁之影响。

我国发现和饲养金鱼的最早记录在嘉兴

明李时珍谓晋朝桓冲在庐山湖中发现赤鳞鱼，这种红色鱼类是否是金鱼，不得而知。我国古代明确记载金鱼，则以嘉兴为最早。

宋初开宝年间(968—975)，吴越国秀州刺史丁延赞在嘉兴城西北一个池中发现金鲫鱼，从此该地就被称为金鱼池。后建为金鱼院，成为一方之胜。北宋时，已有许多名人为金鱼池等名胜作诗吟咏，据各家诗意，当时嘉兴已畜养金鱼。梅圣俞《金鱼池》诗云：“谁得陶朱术，修治一水宽。皇恩浃鱼鳖，不复取垂竿。”可知治池养金鱼不是为了垂竿钓取，而是为畜养欣赏。王安石《金鱼池》诗有句：“纷纷水中游，岂是昔时鱼。吹波浮还波，竞食糠秕余。”可见已是人工成群饲养。郑獬诗句有“欲解金鱼避残暑”，已提出金鱼名称。陆蒙老诗有云：“池边清浅见金鳞”，说明金鱼已是触目可见。

苏轼在杭州时所作诗中，有“我爱南屏金鲫鱼”句，过去曾认为这是金鱼见于记录之始、南屏山下是金鱼初始发现之地，其实嘉兴始见金鱼的记录在北宋初，比苏诗所记约早一百年。李时珍说金鱼“自宋始有畜者”，嘉兴饲金鱼在“始畜者”前列，为我国最早。

海盐角里山与嘉兴角里街

海盐有角里山、角里堰等地名，嘉兴城区有角里街。何以用角里命名，据云与汉初“商山四皓”有关。四皓，即秦末东园公、角里先生、绮里季、夏黄公四人，因隐于商山(今陕西省商县东南)，年皆八十余，时称“商山四皓”。入汉后，曾辅佐汉惠帝得太子位。光绪《海盐县志》转引“仇志”，谓：扬雄说四皓避秦，居蓝田山中，海盐有蓝田，疑四皓隐此，故名角里。按《汉书·地理志》：京兆蓝田县，山出美玉。扬雄所谓四皓避居蓝田山中，当是指该地。光绪《海盐县志》据此反驳“仇志”：海盐只有蓝田浦，且亦不著于前史，未可傅会其说；大概山名本是六里，好古者雅名之为角里。

嘉兴之角里街，明代多作六里街，因该街东端距县衙六里故名。明嘉靖二十八年编的《嘉兴府图记》载：“六里街人烟货物麇集倍于城中。”由六里街而角里街，也属借音谐雅。但另有一说，谓陆鲁望故居在北，陆号角里先生，故名。按陆鲁望字龟蒙，唐长洲(今吴县)人，晚年隐居松江甫里，称甫里先生。他与陆贽同出一族，住居嘉兴或往来于嘉兴甚有可能。甪里与角里字形相似，以角代甪，如是因此得名也是传误。现已约定俗成，通称角里街。

《嘉兴绳技》与《秀州刺客》

北宋《太平广记》引唐《原化记》载有《嘉兴绳技》一文，略谓：

唐开元中，朝廷数次下旨命州县举行大庆典。嘉兴县衙署举办百戏竞赛，与监司机关比赛争高低，监官特别认真，命管狱吏员传语狱中说：倘若诸戏比输了，必受厚责，如果能有一技胜人，即可获财利，但只怕没有这种本事。于是在狱中犯人中找寻能人，甚至在犯人中找那些能爬杆上房的人。狱中有一个囚犯听了发笑，问他何故？他说：我有拙技，但因拘系限制，不能略作奉献。狱吏惊讶，追问他有何能耐，他说我会绳技。于是狱吏报告主管，主管问其人罪轻重，狱吏说：是因为受人所累，欠税未纳，没别的罪。主管者遂问这囚犯：绳技很平常，又有什么特别的技巧？囚犯说：我的技艺与一般不同，一般须两头系绳，然后在其上表演，我只须一条绳，粗细如指头，五十尺长，不用系住，抛向空中，就会跳跃登高，无所不能。狱官大惊喜，把他的节目列入表演。次日，由狱吏领他到戏场，在节目进行中，唤此人表演绳技。他捧一团绳计百余尺长，置地上，将一头手掷于空中，劲挺像一枝笔。初抛二三丈，继而四五丈，又高又直，像有人在上牵着，观众大惊异。后抛高至二十余丈，抬头看不见绳头。此人随绳攀援，身体离地，一面抛一面爬，其势如鸟飞，越上越高，望空而去，竟从此逃出监禁。

这一则唐人传奇小说所记，类乎神话，但后人由此记述可得知，唐开元时嘉兴县已有百戏杂陈的景况。清末著名画家任熊（渭长）曾以《嘉兴绳技》为题创作人物画，十分精美，任熊还画了一幅题为《秀州刺客》的作品与之相配。后一幅画也是据嘉兴的典故创作。传说南宋名将张浚驻军秀州，奸臣派人行刺，夜已深，张浚治事不懈，仪态庄严，表现了忠贞为国的气度，刺客被感动，伏地请罪。此故事与任熊的画均很有意义。

南园桂树与朱庵台桂

明清时嘉兴桂花四方享名，南园桂树和朱庵台桂尤获卓誉。明清之际的文学家归庄（玄恭）在康熙九年专门到嘉兴看桂花，作有《看桂花记》（见新版《归庄集》卷6），记述：“八月，在嘉兴，桂花盛开，游赏无虚日。余闻城下有双桂最古，将以俞处士为向导，处士以为道远，姑先观四桂。四桂之主人，朱文恪公孙也。入园则四株森列，二株皆大二十围，铁干霜皮，有蛟龙蜿蜒之象。浓花满林，天香横飞，如坐广寒宫也，是为数百年物无疑，有观止之叹矣。”归庄这次观看的四桂，在朱茂暻的南园中，其地在南湖附近。朱彝尊在《鸳鸯湖棹歌》中曾有诗吟咏，诗注中说南园的四株桂花“高俱五丈”，是十分稀见的。但在嘉兴类似的桂树并非绝无仅有，除归庄前述的城下双桂外，归庄还说：“其地多名园，如朱贵阳之鹤州，曹司农之倦圃，中庭皆老桂扶疏，又杂植于水石之间，高下杂错以取胜。”可见当时花事之盛。

明清两代嘉兴另一处著名的桂花，是南郊的朱庵台桂。其地在今南湖乡朱庵村。据1929年《嘉兴新志》记载，朱庵“庭中有桂两本，大者苍皮老干，荫可塞庭，计其年代，当在明前，每年秋日，往赏桂者络绎不绝。”解放后，该地一破庙犹存石碑，记其地原本是明三宝太监郑和下西洋时建的晏公庙，庙中之台桂为明初永乐年间所植。桂树四展如平台，隔几尺高加一层，共有五层，望之如宝塔，故名台桂，也称桂塔。开花时，“天香馥郁”，“金雪满庭”，嘉兴城内来观者络绎不绝。这两株台桂至解放时已有五六百年历史，不但是禾城胜迹，在全国也属罕见。20世纪50年代曾列为嘉兴县重点文物保护单位，约在60年代初枯死。

嘉兴城乡有种植桂花的习惯，现近郊种植桂花的农家仍有很多，花时折枝出售或采集花实向商业部门投售。

嘉兴匏器

以匏(葫芦的果实)制造文玩器具,称为匏器,明清时嘉兴所产者著称于时,特名曰檇李匏器。其制法是,先将初生的嫩匏纳入刻有图案或文字的"范"(模子)内;其后匏随"范"形而成尊、彝、壶等器;最后施以髹饰、镶嵌、钤扣等工艺。这种匏器,其花纹款识,不施刀凿,宛然雕成,奇丽精巧,技夺天工。"范"有木范、砖范两种。木范用木雕刻;砖范先刻木材阳模,后用泥翻制阴模,然后入窑烧制成砖范。

清初,曹溶作《匏杯歌》《后匏杯歌》云:"酌酒当用黄金樽""易以坚匏更淳雅"。"西楚东吴无作者,禾里遗风差不俗"。"郡中攻匏始王氏,其后模效纷然多"。这里所说的"郡中王氏"为明嘉兴王应芳。据明天启《嘉兴县志》(天启四年修)载:王应芳,字太朴,考授州判不就,植梅自适,生平喜刻匏为器,无不精巧。

清初,嘉兴周廉夫亦"善治匏器,制为尊、彝、槃、壶、杯、勺、烛檠、熏炉,摩挲精润,声价在王应芳之上"。他之所制还供应各地需求者,所得以之维生,"求之者不远燕赵秦楚,以是给朝夕"(光绪《嘉兴县志》引俞汝言撰传)。

清初,嘉兴匏器的制作首推巢鸣盛,巢字端明,明崇祯举人,为一方名士,曾参加抗清活动。明亡后,隐归石佛寺乡间,自号止园,义不事清,种匏自娱,"绕屋种匏,大小凡十余种。长如鹤颈,纤若蜂腰,杯杓之外,室中所需器皿,莫非匏者。"(朱彝尊《静志居诗话》)"远迩争效之,檇李匏尊不胫而走海内。"

与巢鸣盛同时或稍后,善制匏器的还有夏铭、石佛寺群僧以及周北山等人。清初,题咏匏尊的诗文除曹溶《匏杯歌》外,尚有巢鸣盛《题匏尊诗》,朱彝尊《巢孝廉手制匏尊铭》、李良年《咏匏卮古倾杯词》,俱见光绪《嘉兴县志》。乾隆间,秀水诗派钱载等五人作有《匏尊联句五十韵》,详述匏尊之制作过程与工艺价值。

匏器是我国民间传统工艺制品,这种以天然与人工相结合的制器方法,其巧妙在工艺美术史上堪称一绝。这种匏器不仅有观赏价值、使用价值,而且有经济价值,同时又不需要巨大的资金投入。现今,有关部门如能抢救和开发匏器生产,使之成为嘉兴的特产和旅游商品,将是大有可为的。

曹王庙泥孩儿、泥猫

今南湖区余新镇曹王庙村,旧时有曹王庙,春秋庙会甚盛,四乡农民云集,城中仕女亦纷纷来"游曹王"。民居环庙成市,至清后期已成镇市。曹王庙以产制泥孩、泥猫在庙会上出售著称。泥猫称为蚕猫,农民购后置于蚕室中,意以之驱鼠祛邪,成为风俗。泥孩,原称泥孩儿,人购之,则取宜男之意。泥孩、泥猫均在当地采泥手捏彩绘,拙朴可爱,是脍炙人口的民间工艺品。当地产销泥孩历史悠久,约始于宋南渡时,宋嘉熙(1237—1240)中海盐诗人许棐有《泥孩儿》诗,云:"牧渎一块泥,装塑恣华侈,双罩红纱厨,娇立花瓶底",描述人家买泥孩装饰摆设的情状。明清时记述曹王庙泥货及庙会盛况的诗章更多。明末清初,海盐诗人彭孙贻《舟过马泾谒曹武惠王庙》诗有:"原蚕争卜茧,屠豕竞迎猫"句。清初嘉兴谭吉璁《鸳鸯湖棹歌》中说:"泥孩纵说讃延好,不及曹王庙上看。"高大本《题嘉禾画册》诗云:"曹王庙散约蚕娘,陌上漪漪画采桑。垂柳阴中闻笑语,江村第一好风光。"梅里缪元英说:"吾乡田妇每年遍游硖石、曹王,始肯安心养蚕馌饷。"另有清人诗云:"过了清明日渐长,先游硖石后曹王。红蚕未浴无些事,就近还烧十庙香。"

曹王庙泥货,明清时长期兴盛。据当地老人云:每年于秋冬时制造,除在庙会上零售外,还运往嘉兴南门外小曹王庙发售,并向外地批销。苏州来此批货的"敲邦船",自曹王庙到海盐塘连接一里多长。太平天国后,泥货制销衰落,泥孩久已停制,泥猫少量产制,则延续到"文化大革命"前。目前,制造工艺已濒于失传,据近年所知,只有老农顾春宝等人尚会这种手艺。顾春宝已年过花甲,手艺系其父早年传授。他们捏制的蚕猫有单面、双面两种，人物有娃娃、财神、水浒人物、捉鱼佬等等。

嘉兴细点

明清时，我国江南茶食糕点号称嘉湖细点，茶食店招牌和商品仿单上以此四字标榜，明代小说中也曾提到以之作为礼品，当时嘉兴、湖州的糕点驰名通都大邑。今人文章中也曾谈及嘉湖细点，说：“明朝自永乐以来，政府虽是设在北京，但文化中心一直还是在江南一带，那里官绅富豪生活奢侈，茶食一类也就发达起来。就是水点心，在北京作为常食的，也改作得特别精美，成为以尝味为目的的闲食了。”“‘嘉湖细点’这四个字……正好借来说明细点的起源。那时期，当为前明中叶”，“东吴西浙”“饮食丰富奢华”“嘉兴湖州正是代表地方”（见商业出版社1990年版《知堂谈吃》208页）。“明朝中晚时代，陈眉公、李日华辈在江浙大有势力，吃的东西也……有了飞跃的发展，成了种种细点，流传下来”。由此可知，嘉兴、湖州明清时的茶点是非常精美考究的。但自鸦片战争以来，由于战乱影响和社会变迁，嘉兴茶点如姑嫂饼、粟酥、八珍糕等虽还留有一些前朝风流遗韵，但趋于粗糙简单，渐失旧时风味。据老人相传，嘉兴茶点以人物云片糕为最著名，精制的云片糕上有梁山英雄图样。旧时文献也略有记载，清人《禾谈》云：“所谓细点者为人物云片、琴酥、桃酥、松子状元糕，栗酥、濮脆、太史饼等，而以人物云片糕为著。”乾隆年间项映薇在《古禾杂识》中具体记载：“生禄斋谢氏茶食有风消云片、太师饼、东坡酥，味极精细，入口而化”，稍后，褚凤翔《禾事杂吟》有“那知茶食制尤精”句，注云“郡中春饼、月饼、王店薄脆、嘉善参糕、平湖糖饼（即姑嫂饼）、桐乡水糕”等，这些记载均较晚，明代糕点品种和原貌，已无可究考。《禾录》又云：“‘嘉湖细点’指茶食店所制，非糕团店所制。”其实，两者不能截然分开，糖年糕至今仍在茶食店出售可证。陈从周近年为文，揭载海盐天禄号茶食店民国初年出售糕点仿单一纸，录有本地自制糕点多种，兹转录于下，以见昔时嘉兴市域糕点之一斑，然海盐在嘉区不是商业繁盛之地，所录糕点品种又是近七八十年前所产，其中已有西点，恐亦不能显示明清细点之原貌。

附民国初年海盐天禄号糕点茶食单：

人物云片	松子云片	胡桃云片	桂花云片
双桃云片	五色云片	卐字云片	鸡蛋名糕
五香麻糕	荤菜豆糕	素菜豆糕	薄荷软糕
软茯苓糕	松子糕	洋钱麻饼	金钱名饼
枣泥麻饼	荤油雪饼	九梅酥	枣子糕
松花糕	椒盐糕	五仁月饼	玫瑰月饼
夹沙月饼	薄荷月饼	枣泥月饼	月宫撞饼
素月饼	猪油蛋饼	油酥肉饺	桂花年糕
玫瑰油糕	西洋蛋糕	真杏仁饼	松子查糕
冰糖查糕	清水查糕	黑味熏鱼	玫瑰桔糕
白桔红糕	乌梅名糕	粉蒸蛋糕	百果蜜糕
状元糕	茯苓糕	炒米糕	鸡蛋饼
桃酥饼	水花饼	芝麻饼	杏仁酥
南腿月饼	葱油月饼	夹沙油糕	枣子油糕
猪油酥糖	玫瑰酥糖	骨牌酥	白芝麻酥
黑芝麻酥	冰雪酥		

大闹嘉兴府

京剧《宏碧缘》，又名《绿牡丹》《龙潭鲍骆》，《大闹嘉兴府》是该剧中的一本，故事源出于清道光年间无名氏小说《绿牡丹》。

《宏碧缘》是以唐代诗人骆宾王之弟骆宏勋与陆路英雄花振芳之女，花碧莲的姻缘故事为主线而得名。《龙潭鲍骆》是指骆宏勋与《宏碧缘》中另一主要人物鲍赐安，后者是水路绿林之首、龙潭镇船行主。

《大闹嘉兴府》，在《宏碧缘》中为第五本。故事是说佞臣王怀义之子王伦得嘉兴府官职，此前王伦曾欲强娶花碧莲为妻，未逞。鲍赐安命骆宏勋及鲍婿濮天鹏到嘉兴探听。骆宏勋因无赖梅滔诬害婶母孀居有私生子，怒殴之。梅向官府控告，骆大闹公堂，濮天鹏行刺王伦被捉。鲍赐安亲入嘉兴，率众劫法场，救出濮天鹏等。

《大闹嘉兴府》之前为《大闹桃花坞》《四望亭》《龙潭镇》《扬州擂》四折，之后有《刺巴杰》《四杰村》《巴骆和》《安河镇》《翠凤楼》五折。一般演出自《四望亭》起，至《巴骆和》止，总名《龙潭鲍骆》。20年代，经上海艺人新编后，全剧始名《宏碧缘》。

《大闹嘉兴府》《四杰村》《巴骆和》等戏在清末就已经出现了。《四杰村》《巴骆和》且是光绪年间宫廷演出中的常演剧目。当时著名武生黄月山、李春来分别擅演《刺巴杰》《巴骆和》《四杰村》，著名武花脸许德义擅演《大闹嘉兴府》。北京四喜班余玉琴、谭鑫培、时小福在光绪十二年（1886）演出过《四杰村》。宣统三年（1911）二月，上海商办新舞台演出京剧改良剧目《大闹嘉兴府》。清末民初，杭嘉湖一带水路京班较有名气的大鸿寿堂、大鸿福堂、双鸿寿堂都常演《大闹嘉兴府》《四杰村》，更在嘉兴本地扩大了影响。

《宏碧缘》既是连台本戏，又可独演各折，剧中英雄豪杰铲恶除霸，侠士佳人结为良缘，而角色中生旦净末齐备，文武不挡，成为京剧中京、海派都常演的剧目，因此广为人知。其实《大闹嘉兴府》只是小说和京剧中的故事，无史实依据。

嘉兴八美图

《八美图》是清代的一部通俗章回小说。今人据所见记载，最早有清嘉庆二十四年（1819）十卷六十回刊本，题名《真本八美图》。以后又有同治年间刊本，民国年间石印本等版本，回数卷数不一，名称也有异。有的称《绣像八美图》，有的称《绣像说唱八美图》，有的称《八美奇缘》，也有的称《嘉兴八美图》。由于书中所写的八位美人都是嘉兴人，故事情节主要在嘉兴展开；又因该书不署作者，而早期刊本只有署名嘉禾主人的序，估计作者也是嘉兴人，故人们提到这本书，概以《嘉兴八美图》相称。又因另有描述苏州才子唐伯虎等人故事的小说《八美图》，为了区别，人们称那本书为“文八美”，称《嘉兴八美图》为武八美。

《嘉兴八美图》宣扬一夫多妻、功名富贵，内容十分陈腐；描述英雄美人，经奸人陷害，好人搭救，终获飞黄腾达，沿袭一般才子佳人小说的公式，艺术上也属下乘。这部小说的主要情节是：杭州世家公子柳树春（名涛）文武双全，赴嘉兴寻师不遇，在角里街搭救卖身救父的女子马昭容。因卖家传移墨珠与隆兴当主人华家发生纠纷，得华妻赏识，将女华爱珠及义女柴素贞许配与他，并以画有嘉兴八个美人形象的八美图作礼物。一天，柳树春在酒楼饮酒，遇花王府恶拳师宋文采之弟文宾调戏田氏女素日、素月，柳打抱不平打败宋文宾，田家以二女许给柳树春。不久花府演龙舟，柳往观，被宋文采兄弟骗入舟中，殴之落水，为名门陆府所救，陆夫人以女翠娥、素娥相许。此时柳树春住嘉兴姐夫张家，与姐夫之妹张金定相爱，代张金定男扮女装赴未婚夫家冲喜，又与其未婚夫之妹冷月姑私配。以上这八个女子就是八美图卷中的八美，至此已全配与柳树春。后，宋氏兄弟设擂台欲报仇，柳树春战胜宋文宾。柳树春受宋文采之害，被陷害为杀人凶手，遭冤狱，逃至苏州为乞丐，又被毒哑，幸遇师父及沈月姑相救。宋文采在西北造反，柳树春同八美赴京投考，中文武状元，封大元帅征西，八美均为将军，活捉宋文采，叛平。此时柳树春搭救的马昭容，已为皇妃，柳树春被封为御弟平西王，与八美共享荣华富贵。

《八美图》在旧时代流传广泛，“杭州柳树春，嘉兴八美图”，在嘉兴为人们所津津乐道，除了小说本身背景地方色彩较浓，内容适应封建士人、小市民、小生产者的兴趣，戏曲评弹也起了推波助澜之力。越剧、锡剧、闽剧、扬剧、评弹均有《八美图》剧目，京剧中有《四美图》，原书人物只出场一半。

除《八美图》《四美图》外，旧小说戏曲中又有《十美图》《九美图》《七美图》等多种，清代以美人图为题材成为俗套，变换数字，就可铺衍成主角姓名不同、情节基本相似的作品，流传成为故事。清代又流传“嘉兴七美图”之说，是否有此小说，未见记载，但在清代成为嘉兴官场中广为人知的比喻。据金蓉镜《求减嘉兴浮粮书》所载，明清时嘉兴钱粮数额巨大，官吏贪污油水也大，官场因将嘉属七县的官职视为肥缺，将七个县当作七个美人，竞相钻营，寻求美差，以逞私欲。他们把这七个县叫做“嘉兴七美图”，并将七个县依其所能搜刮的程度，呼之为“金平湖”“银嘉善”“铁海盐”等。这种比喻反映了封建官吏的丧心病狂与贪婪无耻。可是随着时代的进步，原来的词义已被淘汰，消极的词语已转化为正面的词语，在社会主义兴盛发达的现今，“金平湖”“银嘉善”“铁海盐”已成为各市县恰当的称呼了。

与嘉兴有关的新中国邮票

1991年7月1日，邮电部发行J178《中国共产党成立七十周年》纪念邮票1套2枚，第1枚为“中共‘一大’南湖会议会址”，面值20分；第2枚为“中国共产党党旗”，面值50分。设计者：雷汉林。

1993年5月15日，邮电部发行1993—8《爱国民主人士（第一组）》（J）纪念邮票1套4枚，其中第3枚为“爱国民主人士——沈钧儒”，面值50分。设计者：朱振庚。

1999年12月31日，国家邮政局发行1999—20《20世纪回顾》（J）纪念邮票1套8枚，其中第3枚为“中共诞生”，面值80分。设计者：黄里、郭承辉。。

2007年10月15日，国家邮政局发行2007—29《中国共产党第十七次全国代表大会》（J）纪念邮票1套2枚及小型张1枚，其中第1枚为“中共‘一大’会址”，面值1.20元。设计者：陈幼林、王戈。

在国外，阿尔巴尼亚于1971年7月1日，发行《中国共产党50周年》纪念邮票1套3枚，其中第2枚为“嘉兴南湖的游船（中共‘一大’会址）”。

第五节　民间传说

鸳鸯湖

嘉兴南湖，古时叫作“鸳鸯湖”，湖中的鸳鸯成群结队，鲜艳的羽毛，俏丽的身姿，好看极了。可是现在的南湖为什么寻不到鸳鸯了呢？这里有一段传说。

还是在南宋的时候，京城迁到临安，赵家王朝虽然丢了半壁江山，却照旧过着花天酒地的日子，多次到民间挑选美女进宫。嘉兴离临安不远，鸳鸯湖中游船又多，船上常常有美女倩影，所以每逢皇上选美，鸳鸯湖总是首当其冲。

当初湖边有两户人家，一家姓宋，一家姓柏。两家的媳妇这天同在一条船上游玩，突然，湖中一对鸳鸯飞上船来，鸳落在宋家媳妇怀里，鸯却落在柏家媳妇的怀里。鸳鸯双双飞上船来，是有喜的征兆啊，正巧两个媳妇都已怀孕，大家更是欢喜。柏家媳妇说：“鸳儿飞落在你的怀里，莫不是你要生男孩？鸯儿飞落在我的怀里，莫不是我要生女孩？果真如此，那一定是天意要我们两联姻。”后来，果然，宋家生男，柏家生女。于是，两家父母就将这门婚事说定了，并为男孩取名宋鸳，女孩取名柏鸯。天有不测风云。三年后，柏鸯母亲一病身亡，父亲娶进了后母。不久，后母也生了一女，取名柏英。从此，柏鸯备受后母虐待，常去湖边哭泣。宋鸳从小喜爱乐器，尤其擅长吹箫，常到湖边练习。在宋鸳指点下，柏鸯也学得一手好筝。自此，湖边就常见他二人吹弹应和。二人借乐曲倾诉心事，湖中的鸳鸯亦伴着乐曲起舞。

转眼宋鸳和柏鸯已长大，柏鸯的后母见宋家殷实，便想叫自己的亲生女儿柏英代柏鸯嫁过去。但她知道宋鸳、柏鸯十分要好，说出来宋家不会答应。正当她踌躇不定时，听说外面贴出皇榜，说是宋宁宗赵扩登基，又要选美女进宫了。她不由得心中暗暗欢喜，生出一条毒计。于是，她关照柏鸯明日梳洗打扮，带筝去游湖。她想：只要皇帝的选美官将柏鸯选走，便可叫柏英代姐嫁到宋家去了。可怜的柏鸯蒙在鼓里，还以为后母回心转意待她好起来了呢。

次日，后母将柏鸯打扮得犹如仙女下凡，带上游船，悠悠荡荡来到鸳鸯湖。一路上，后母伸长了头颈盼选美官到来。可望了半天，连个影子也没有。后母急了，又心生一计，从舱中取出筝来对柏鸯说：“女儿呀，为娘今日游湖，十分高兴，还想听听你的筝声，快弹一曲吧！”柏鸯点头答应，立刻拨动琴弦，一连奏了数曲。这时，远处有几艘大船循声而来，船舱中还隐隐传出姑娘们的阵阵啼哭声，这正是那抢民女的选美船来了。后母大喜，忙叫艄公快快向官船靠拢。谁知此刻湖中许多鸳鸯聚在一起，拼死挡住了游船的去路。后母大怒，拿起竹篙就打，立时一对鸳鸯惨死在篙下。她要再打，柏鸯一步上前死死抱住船篙不让她打。就在此时，皇帝的选美官已发觉这船上有一个风姿非凡的姑娘，忙命兵丁上去截住，亲自带人跳过游船，要抢柏鸯入宫。柏鸯宁死不从，拼命挣扎。后母见状，夹在人群中帮着推，不想失足一滑，自己竟跌进湖中，一命呜呼了。

柏鸯到了临安，皇帝赵扩一见大喜，决意封为正宫皇后。可柏鸯竟无半点喜色，赵扩问她何故。柏鸯故意说：“蒙皇上垂爱，恩宠有加，可数日前我在鸳鸯湖是被选美官当众捆绑拖进舱内，又像是囚犯般被押解来的，叫我如何有脸见人呢！”赵扩心想：正宫娘娘受人捆绑，我做皇帝的也有失尊严，这还了得！立即下旨将选美官杀了。可是柏鸯仍紧锁双眉，闷闷不乐。赵扩又问她还有什么不称心之处。柏鸯说：“陛下虽然已经杀了选美官，只是鸳鸯湖边谁人知晓？”赵扩说：“既然如此，在鸳鸯湖边为你造一个梓童阁，以表朕对你的宠爱，如何？”柏鸯闻言暗忖，若真如此，倒给了自己一个和宋鸳哥哥见面的机会，便说：“那就赶紧破土动工。待梓童阁造好，我要亲往观赏。在此以前，你不得强迫成亲，否则我宁死不从！”

赵扩只好答应，即日挑选三百名能工巧匠去嘉兴鸳鸯湖边赶造梓童阁。第七天中午时分，快马来报，梓童阁已告落成。赵扩万分欢喜，立即带柏鸯起程，一行人马到得鸳鸯湖时已是隔日掌灯时分。远望梓童阁，临水耸峙，恰似一个亭亭玉立的少女。

柏鸯挪步上楼，极目望去，只见鸳鸯湖心渔火点点，忽隐忽见，三塔寺旁半轮明月羞答答地，欲藏欲露。她不由得想起宋鸳哥哥：他现在何处呢？他知道我来了吗？

正想着，忽听得远处紫竹林中飘过来一阵呜呜咽咽的洞箫。柏鸯侧耳细听，那熟悉的箫声如泣如诉，顿觉肝肠寸断，泪珠下垂。原来这正是宋鸳在吹奏《鸳鸯曲》。过去，柏鸯被后母关在家中打骂，宋鸳哥哥便对楼台吹这支《鸳鸯曲》用来安慰柏鸯。有时柏鸯在家，宋鸳也是吹这支曲子来约她相会的。“今日宋鸳哥哥又吹《鸳鸯曲》了，我拼死也要去相见！”柏鸯暗暗下了决心。她想昏君这次带的随从不多，只要将他灌醉，定可寻找机会飞出牢笼。想到这里，柏鸯舒展愁眉，朝赵扩微微一笑。那赵扩见柏鸯今日画黛眉、点樱唇、敷脂粉、披锦裳，看去赛过人间西施、月里嫦娥，再见她嫣然一笑，更加娇媚百生，不由得心痒骨酥，六神无主了。他忙命人在梓童阁上摆好酒筵，要与美人单独饮酒取乐，欢度良宵。

酒过三巡，柏鸯奏道：“臣妾虽不善歌舞，却愿为君王理弦弹筝。”赵扩此刻已有三分醉意，听说皇后会弹筝，高兴地举起金杯说：“美人弹一曲，朕痛饮三大杯！”柏鸯眉毛一挑，问道：“此话当真？”赵扩说：“朕岂有戏言！”说罢，举杯先干了一盏。柏鸯心中暗喜，接过宫女递上的筝，抖起精神，轻展玉指，弹了一首《湖光曲》。筝声一会儿如莺啼鸟鸣，一会儿又似秋风细雨，曲尾还连揉了三次弦。

远处竹林里的宋鸳听在耳里，知道柏鸳弹奏《湖光曲》是准备下湖逃跑，曲尾揉三次弦是约定三更时分。他高兴极了，连忙又吹起《蝶双飞》的曲子，表示到时一定前来接应，双双远走高飞。

赵扩哪里知道弦外有音，听完一曲便拍手叫好，连饮三杯，再听一曲又拍手叫好，再饮三杯。柏鸯一气连弹七支曲子，直把昏君灌得天旋地转。他只好拉长脸说：“朕醉了，不能再喝了！”柏鸯说：“陛下是金口玉言，我曲未弹完，酒怎可不吃？”赵扩无奈，只得又喝下了几杯，终于支撑不住，头一歪，醉倒在酒桌上了。柏鸯摇摇桌子，见赵扩毫无动静，便迅速提笔在粉墙上写了四句绝命诗，并写上“柏鸯绝笔”四字，假作投湖模样，以防昏君追赶。

此刻，梓童阁下梆敲三更。柏鸯走到临湖窗口朝下一望，只见荷花丛中漂出一只菱桶，桶中坐着一人，正是宋鸳。柏鸯止不住心怦怦跳，奋力攀上窗台，又从身上取下一条赤色绫带，在窗棂上挂好，双手紧握带子往下爬。这时，却听赵扩伏在桌上叫道：“弹得好，再弹一曲，再弹一曲！”要是惊动了外面的侍从，那还了得！柏鸯想趁赵扩尚未睁开眼睛，赶紧去拨弄琴弦，但她身子已离窗口，悬在绫带上，回不去了。就在这上下不得之际，突然从湖中飞起一对鸳鸯，落在筝旁，用那扁喙拨动琴弦，立时室内又发出一阵清脆悦耳的曲声。赵扩听见筝声，含含糊糊地说道："啊，好听，好听，朕再饮三杯！"眼也没睁，昏昏沉沉又不动弹了。

柏鸯又惊又喜，赶快顺着绫带下到菱桶里。宋鸳帮她收了绫带，两人一起划动菱桶，急速离开了梓童阁。

天亮后，赵扩醒来不见柏鸯，又抬头看见墙上的绝命诗，气得哇哇叫。这时，总监大臣说："如果娘娘投湖，阁下通宵值夜之人为何只闻琴声，不听见水响？微臣看来，娘娘会不会下湖逃走了。"正在这时，一个宫女忽然手指远处水面说："那不是娘娘嘛！"果然，晨雾茫茫的湖面上漂着一具女尸，穿着五彩斑斓的宫衣。赵扩不由得怒从胆边生，一面拉弓搭箭，一面骂道："你这贱人，活着不愿伴君王，死后却在此抛头露面！"又命令弓箭手万箭齐发，将女尸射入湖底冷宫。

谁知那湖面并不是柏鸯，却是许多鸳鸯游在一起组成了一个人形。在水雾茫茫的湖面上，鸳鸯漂亮的羽毛远远看去，活像皇后所穿的凤冠霞帔。这些鸳鸯平日常听宋鸳柏鸯吹箫弹筝，相伴戏水起舞，今日特地来此迷惑昏君，使他不发追兵，以救宋鸳柏鸯脱险。飞箭射来，鸳鸯中箭后仍旧队形不散，直至最后才带着箭伤齐齐沉入湖底。宋鸳柏鸯改名换姓逃往远方。此后，每年都要悄悄回到鸳鸯湖边默默哀悼。嘉兴鸳鸯湖从此再没有鸳鸯了。

（搜集整理者：陈宜中。选自浙江摄影出版社2012年12月出版的《嘉兴民间文学》下卷）

端午赛龙舟追涛神

端午节全国各地都有赛龙舟的习俗，在嘉兴这一带，人们都说赛龙舟是为了追赶死后被封为涛神的伍子胥，迎接他归来。

传说春秋时期，吴王夫差不仅不听国相伍子胥的忠告，反而听信太宰的谗言，逼迫伍子胥自刎。伍子胥在死前说："我死后，挖出我的眼珠悬挂在吴都东门上，看越国军队入城灭吴。"夫差听闻后大怒，把他的尸体装入皮囊中，在农历五月初五那天投入钱塘江。伍子胥死后，阴魂不散，在水中漂啊漂，漂到一个四面闪着银光的宫殿前。原来那是东海龙王的水晶宫。虾兵蟹将看到伍子胥后，马上报告了龙王。龙王早就知道伍子胥忠君爱国，刚正不阿，急忙赶出宫殿来亲自迎接，又把自己的女儿三龙女许配给了他。

结婚那天，伍子胥看三龙女很面熟，一时又想不起在哪里见过。三龙女却笑着说："郎君，你忘了投奔吴国时，路上遇到的那个姓史的浣纱女吗？"伍子胥这才想起：原来在人世时，伍子胥父兄被楚王杀死后，他在逃奔吴国途中，因为好几天没吃饭，又饥又渴，多亏了一个浣纱女把自己的饭全给他吃了，才救了他。当时他问她叫什么名字，她只说姓史。当伍子胥逃到吴国，功成名就，又报了血海深仇后，来寻找当初对他有救命之恩的浣纱女，想娶她为妻时，才知道在他走后，这位史姑娘怕追兵追来后，自己不小心泄露了伍子胥的行踪，已经抱石跳河自尽了。伍子胥非常伤心，就把打败楚国得到的战利品千金豆子撒入河中，以作纪念。

想不到两人阳世不能成夫妻，却在龙宫相会做了夫妻。伍子胥非常感慨，就问：三龙女怎么会成为龙王的女儿。三龙女告诉他，自己死后，龙王感念她忠义，便把她接进龙宫，正好龙王只有两个儿子，却没有女儿，就认她做了干女儿。

从此，伍子胥就在龙宫做了驸马，并帮助龙王保护沿岸百姓风调雨顺，年年丰收。

龙王奏请玉帝，伍子胥就被封为"水仙王"之一的涛神。于是，在每年的农历五月初五端午节，人们都能看到伍子胥骑着一匹白马出现在钱塘江潮头，大家都划着小船想追上伍子胥，迎接他归来，后来就慢慢地变成端午赛龙舟了。

（讲述者：王京仙，搜集整理者：陈曼青。选自浙江摄影出版社2012年12月出版的《嘉兴民间文学》下卷）

秀　水

古时候槜李村有一个青年叫秦泽，聪明能干，心地善良，但相貌很丑。

一天早晨，秦泽腰插柴刀，准备出门砍柴。刚走到路口，只见前面奔来一个陌生的年轻女子。秦泽生怕自己的相貌会使那个女子受惊，便急忙用双手捂住自己的脸，等着那女子过去。不料那女子走到他跟前停了下来，对秦泽说："打柴的大哥，快救救我吧，越王夫人追上来了！"

秦泽听后，从指缝里朝远处望去，只见尘土飞扬，影影绰绰有一队车马向这里奔来。秦泽问那女子："姑娘，你是何人？越王夫人为什么要追赶你？"

那女子含泪道："我叫西施，为了帮助越王勾践完成复国大计，前几年身入吴宫，如今吴国已经打败，越王夫人却猜忌我，要将我沉入太湖！大哥，你为什么要捂住脸孔，难道你不愿救我吗？"

秦泽听了叹口气说："美人为国受辱，我怎能不救？只因自己相貌丑陋，唯恐惊吓你呀！"

西施说："人的丑美，不在外表，你能见义勇为，心田岂不美哉！"

秦泽听罢，把双手放了下来，说："美人不怕我丑，就跟我来吧！"于是把西施带到他家里。他家里有个地坑，正好给西施藏身。

秦泽将西施藏妥后，走出门外。见门前那株桃树的花朵盛开，若有所悟，他便从腰间拔出柴刀砍了起来。这时，越王夫人的车马已经追到这里。她一眼看见了秦泽的脸，不禁吓了一跳，好一会才定下神来问道："樵夫，你看到一个漂亮的妇女走过没有？"

秦泽回答说："槜李村里漂亮的女人可不少，你说的究竟是谁呀？"

越王夫人呆了一下说："我说的不是这里的乡间姑娘，而是美人西施。"

秦泽说："唷，西施可是个好人呀！不过她生得这样美，我生得这样丑，她见了我，还不吓出了魂，还会到我这里来吗？"秦泽说着，将那桃树丫枝砍了下来。越王夫人见那嫣红可爱的花枝被砍断，不由问道："这好端端的桃花，为什么要砍断它呀？"

秦泽说："我嫌这桃花长得太美，自己却长得太丑，心里受不了。今日我不但要砍掉它，还要将它扔到湖里去哩！"

站在旁边的越国军士都知道越王夫人妒忌西施美貌，欲将她溺死，听此一说，心中有数，大家望望秦泽，又望望越王夫人。越王夫人听了这番话，感到问心有愧，一阵脸红，急忙钻进车帷里走了。

秦泽羞退越王夫人后，立即从地坑里请出西施，倒了一盆洗脸水，叫她洗洗脸上的尘土。于是西施就以水当镜，边照边洗，那胭脂香粉都落到水盆。西施梳妆好，唯恐越王夫人再来追查，对秦泽再三道谢，就匆匆离去。

秦泽送走西施，回屋见留下的那盆胭脂水，闻得有一股清香沁入心脾，忍不住双手捧一点在脸上抹抹，觉得脸上异常舒适，便索性拿过布巾洗起脸来。洗毕，将水倒入门前的小河里。

傍午时分，几个落田回村的人见了秦泽，个个惊奇得张口结舌，原来秦泽已经变成一个容光焕发的美貌后生了。这才使他想起早上救西施、用胭脂水洗脸之事，并一五一十告诉了大家。

这件事轰动了附近村庄，有些相貌生得难看的人，都想用"宝水"洗一洗。但这盆胭脂水已倒入河中，无法收回。他们感到很可惜，便舀些河水来洗脸，虽然不能像秦泽那样改换容颜，却也可以柔润皮肤。

后来，这一带树木葱笼，河水秀丽，定名为秀水县，生长在这里的人，一个个眉清目秀，一代胜似一代。

（讲述者：陆费丙生，整理者：陈宜中）

五彩螺

嘉兴南门有个环境优美、绿树成荫的范蠡湖，湖面有座水榭，叫做"西施妆台"。夏天，孩子们下湖游泳，还能摸到许多美丽的五彩螺哩！范蠡湖中的螺蛳为啥是五彩的呢？这里有段传说。

当年，越国发愤图强，终于大败吴军，攻入吴都姑苏。范蠡在吴宫寻着了西施，就对她说："据我看来，越王是个只能共患难，不能同富贵的人。现在越国已经复国雪耻，我们的责任已尽了，日后的变化难料，我们还是趁早走了吧！

西施早就爱上了范蠡，一听范蠡说得有理，连忙收拾一下，悄悄地跟范蠡离开吴宫。他俩改名换姓，驾着小船，往来于无锡、姑苏、嘉兴一带，做丝绸生意。后来在嘉兴南门外定居下来，范蠡特地造了个梳妆台，给西施梳妆休息，西施每天早晨对着青铜镜梳妆打扮后，随手把洗脸水倒入湖中，哪晓得湖里的螺蛳吃了西施的胭脂水，就变成五颜六色的彩色螺了。

后来，大家知道在这里隐居的就是范蠡和西施，于是就把这湖叫作"范蠡湖"，把水榭叫作"西施妆台"。清代著名学者朱彝尊还写过这么一首诗："落花三月葬西施，寂寞城隅范蠡祠。水底尽传螺五色，湖边空挂网千丝。"说的也就是这件事。

（讲述者：陈恂如，整理者：俞泯）

丽　桥

嘉兴的北丽桥，原先是一座横跨运河的大石拱桥，几经修建，现在已成了平坦宽阔钢骨水泥桥了。这座桥因何取名"丽"字呢？

原来，在宋朝以前，嘉兴府运河两岸还很荒凉，近处乡民上街赶市，只能在牌楼头渡口摆渡过河。那么，为何不造一座桥供人行走呢？据说，就在牌楼头的对面，河当中有一个极其凶险的漩涡，不仅无法打桩造桥，就是行船经过也非常艰难，常常发生翻船丧命之事。民间有句顺口溜："河中洞，波浪翻，十船摇过九胆寒；一条船儿勉强过，也要出透几身汗！"不过，不知是什么年代，牌楼头有了一个摆渡人，从不害怕这个漩涡。

这个摆渡人在牌楼头摆渡几十年，已经到了古稀之年，但仍是白发童颜，精神抖擞。特别值得称道的是. 他为人热心，不管晴雨风雪，白天黑夜，来渡河的人有求必应，还十分安全。这几十年来，他不贪图钱财，却时常向往来行人讨破砖碎瓦断石头。力气大的挑一担，他千谢万谢！力气小的拾两块，他同样感激。奇怪的是，摆渡老人讨了几十年的砖石，一不造房盖屋，二不围地搭棚，今日送来明日就不见了，早晨送来下午就不见了。老人到底在弄的啥花样经呢？原来，他在年轻时多次潜入河底，探清了河底下有一个深险莫测的洞穴，因而河面上漩涡急湍，无风三尺浪，波涛翻滚。摆渡老人为了消灭灾害，立志要把洞穴填平。他把讨来的砖瓦石头，统统填进河底的洞穴里了。这样，冬去春来，年复一年，漩涡慢慢地减弱了。但是，不熟悉此地水情的船只，不当心，仍旧会翻船落水丧命。

有一年，高丽国为跟中国皇帝修好，特地派遣了王子率领一支船队从海道进入明州，经过杭州、嘉兴，由运河北上京城。这个船队路经牌楼头时，中国护送官员告诉水手，要当心漩涡。高丽王子闻得运河中有危险处，无论如何也不相信。他说："东洋大海的风浪何等大，我照样安然渡过，这小小运河的漩涡，岂能难倒我！"于是走出船舱，亲自掌舵。不料。船还未到漩涡旁边，已被一股急流牢牢吸住，眼看就要卷进去了。高丽王子喊声"不好"，急忙将舵一扳，船借水势，犹如插上翅膀一般，几乎是腾空跳了出来。王子不愧经过大风大浪，保得满船人员化险为夷。只是因转舵时用力过猛，船身一侧，王子一下收不住脚，自己倒跌入河中去了。正当船上随从人员惊慌失措的时候，只见一个人从岸上飞身跃入河中，不大工夫便将王子背出水面。救高丽王子脱险的，正是那位摆渡老人。

高丽王子脱险后，感激万分，要用金银重重酬谢摆渡老人。老人不肯收呵呵笑着说："救人是我应该做的事情，况且异邦贵客，就更加不要客气了！"王子又打算馈赠高丽人参，老人也婉言谢绝了。王子十分佩服说；"真不愧是文明古国、礼义之邦！"王子又问摆渡老人，"有什么心愿未了，愿意相助于他。"老人见王子一片诚心，也不再推辞，便说："说来说去，还是这个漩涡。敢在这个牌楼头摆渡的，如今只有我一人，而我已年过七十，想要填平它已无指望了。若蒙王子帮衬，调拨人马，填平河底洞穴，再在此打桩造桥，造福后代子孙，我就放心了！"王子一听，内心越加感动，一口允承造桥的费用，并留下几名得力官员在嘉兴承办这件事。自然，中国的官员不再怠慢，也调集工匠劳役，促成此事。

不多日，漩涡填平了。因土石投放太多，竟出现了一个高出水面的小土墩，人们称它“分水墩”。后来，在北门和西门的运河上各造了一座大石桥。为了铭记高丽王子的情谊，这两座桥命名为“丽桥”。北面的叫“北丽桥”，西面的叫“西丽桥”。

摆渡老人去世后，当地百姓又在分水墩上建造了一座小庙，叫“水天庵”，正殿里供奉着一尊栩栩如生的摆渡老人坐像，以纪念他毕生为乡里造福的功勋。

（讲述者：俞大宝，整理者：蔡麟、陶淇）

瓶　山

过去在嘉兴的闹市区，建国路的最南端，有一爿坐西朝东的茶馆。这爿两开间门面的茶馆，茶座摆设是依据地形逐级上升，最高的桌子面就像摆在民房的屋顶上，真是别开生面。这爿茶馆名叫“瓶山阁”，傍山而筑，这座山叫做“瓶山”。说是山，也不怎么高，既无怪石奇峰，更没有飞嶂叠翠，只能算是一堆黄土上栽种了一些树木的小土山。不过，因年长月久，瓶山上的树木长得很高大，“瓶山积雪”，居然也成为嘉兴八景之一了。清初嘉兴诗人朱彝尊曾写诗咏瓶山：“西埏里接韭溪流，一篑瓶山古木秋，惯是争枝乌未宿，夜深啼上月波楼。”可见，这里也是个有情趣的地方。

美丽的瓶山，流传着不少优美的传说。南宋抗金名将韩世忠、梁红玉的一段佳话，便是其中之一。

北宋末年，徽、钦二帝被金兵掳去，当时社稷飘摇，民不聊生。康王赵构逃到临安，继位为高宗。金兀术不肯罢休，率兵南下，想乘胜夺取宋室江山。韩世忠和梁红玉在黄天荡设下伏兵，把金兀术打得落花流水，退回长江以北去了。战斗结束后，韩世忠奉命率领大军开往临安休整。他们从黄天荡、镇江、姑苏一带过来，纪律严明，秋毫无犯，黎民安逸。这天，正好途经嘉兴，忽报钦差大臣已到前站。要韩世忠去接旨，可这几万大军的驻地却非同小可。向导报说，此间是战国年间吴越交战时伍子胥屯兵之处，有一块空地可以驻营。韩世忠亲往踏看之后，下令全军在此驻扎，然后赶去迎接钦差。原来钦差是奉旨嘉奖韩世忠、梁红玉夫妇黄天荡一仗的战功，带来钦赐的御酒十万瓶犒劳众军士的。韩世忠叫中军按营散发，人各一瓶，士气大振。但他一想，这十万只空酒瓶如果处理不当，就会妨碍街头市容，影响百姓行走。于是发了个命令：“各营务须将空瓶堆放整齐，方准开拔，违令者斩！”

次日早晨，嘉兴百姓忽见平地里冒出一座山头，前往探看，才知韩世忠已在天亮前悄悄地带兵开走了，留下的“山头”乃是十万只空瓶堆起来的。众百姓深为感动，不愿将酒瓶搬走，便在这堆酒瓶上复盖一层泥土，将酒瓶的“山”固定下来，留作纪念。

隔不多时，岳飞元帅命令大将牛皋筹办军粮，亦途经嘉兴，牛皋与兵将登山观景，走动时觉得脚下一趔趄，似有一物在滚动，拾起一看，是一只七寸高低的酒瓶，其中隐约还有酒香。他再使劲一踢，又踢出一只。此刻，其他人也挖出了几只酒瓶。牛皋一问，得知是韩世忠的部卒留下，不禁哈哈大笑：“别处都是土山石山，这里却是瓶山！”

此后，这里就叫做瓶山了。陶瓷的酒瓶，直到现在凑巧时还能挖到哩！

（讲述者：姚大章，整理者：姚正钧、张永尧、袁克露）

南湖无角菱

南湖里种的菱原来都是有角的。后来变成无角菱，这跟一个叫阿天的青年有关。阿天是南湖边上许家村人，从小就无爹无娘，孤身一人，靠种菱、捕鱼度日。说起种菱，阿天是远近闻名的能手。可南湖里种的小青菱都是有角的，卖不起价钿，村里人常常因此挨饿。

阿天曾听老辈人说，很久很久以前，有一种没有角的菱。他想，要是能找到这种菱种就好了。他把这个想法告诉村里人，大家劝他说：这不过是老辈人的传说罢了，有谁真见过无角菱呢！可是阿天生来一股犟脾气，他决心要去找无角菱。

过了清明，阿天带了一只破锅子，摇了一只小蓬船去找无角菱。春去秋来，摇过了九十九条河浜，一甏咸菜都吃光，还是没有找到菱种，他失望地回到许家村。

过了几天，阿天搓了九十九尺长绳子，又向村里人借了一些粮食，决心摇船背纤，再到很远很远的地方去寻找无角菱。

他摇呀摇，摇呀摇，逢村便打听，遇塘就寻找。一晃，半年又过去了，纤绳断了结，结了断，一共结了九个结。阿天背纤过了九十九爿桥，但无角菱却连个影子都勿见。阿天只得拨转船头回嘉兴。

当船摇过南堰到了南湖，许家村就在对面，阿天忽然想起出门前对大家立下的誓言，如今怎好意思回去见他们呢？想想，他把船缆在菱签竹上歇夜，决定明天一早掉转船头再去找无角菱。晚上，他盘膝坐在船头上呆想，月亮映在水中，一晃一晃，阿天跟着也一晃一晃地打起瞌睡来了。忽然，朦朦胧胧，他听见一阵婉转，悠扬的歌声。抬头看去，洁白的月光下有一位美丽的姑娘，身穿翠绿色裙衫，束一条粉红色腰带，头颈里挽一个雪白菱花花环，在湖面上，正朝他走来。

咦，奇怪，水一点也没有沾湿她的鞋。姑娘唱着歌儿走近阿天的船旁，轻轻一跳，像朵花儿飘落在船上，笑嘻嘻地问："你就是到处寻找无角菱的阿天吗？"

阿天惊奇地揉揉眼睛，暗暗思忖：许家村里从未见过这位漂亮的姑娘啊！就反问："你是谁？"那姑娘说："我是菱花仙子。"阿天猛然想起了老辈人说过，这南湖里有个菱花仙子，想不到就立在自己面前了。他心跳得像敲鼓，忙把寻找无角菱的事讲了一遍。

阿天一心为大家的好心肠感动了菱花仙子。她朝阿天点了点头，又扬手向船梢一指，然后纵身跳到湖中走了。阿天慌忙去扯她的衣袖，不料扑了个空，一头撞在菱签竹上，撞醒了，原来是个梦。阿天三脚两步跑到船梢一看，水面上晃悠悠飘过来一丛菱莲，捞起一看，哈，菱蓬上生满着无角菱，只只碧绿生青。这时阿天见月色已淡，东方露出鱼肚白，便急忙摇船回家。

第二年，采菱季节又到了。阿天种下的无角菱菱肉雪白粉嫩，汁水鲜甜，真是菱中上品。阿天种出了无角菱的消息，一传十，十传百，很快在嘉兴城的茶楼酒馆，大街小巷传开了。

第三年，南湖里全种上了无角菱。后来，人们索性叫它"南湖菱"了。

（整理者：陆明、陶淇）

踏白船

过去，每逢农历三月十六，嘉兴从南湖到三塔塘、北丽桥一带，总是人山人海。大家争先恐后地踮起脚尖，遥望那远处一条又一条船在水面上，像箭也似地飞过来。这就是沪、杭闻名的嘉兴南湖踏白船。这是蚕乡人为了练习划快船，到外地去采购桑叶的。俗话说"救蚕如救火"嘛。叶勿到，蚕就饿死。

相传很久以前，有一年各地大闹灾荒。唯独这鱼米之乡、丝绸之府的嘉兴地面风调雨顺，五谷丰登，为此涌来了许多逃荒的人。一天，有母女二人拖着四条发肿的腿，来到南湖边上。她们早已饿得有气无力，手脚都瑟瑟发抖，看着那湖面上一蓬一蓬又壮又嫩的鲜菱直咽口水。她们心想，如此富庶的地方，不知能否找得到我们娘儿俩安身落脚点？正在这时，从湖心荡来一只小舟，船头上堆着一大堆南湖嫩菱。直划到她们俩的脚尖下，靠了岸。一个年轻后生从船上跳下来，对她们说："你们饿得厉害了吧，先请到船上来吃些鲜菱吧！"这母女俩推让着不肯上船，那后生又说："你们不要客气，是我娘叫我来请的。"果然，船梢上立着一位头发花白的妇女，正微笑着招呼她们母女哩。

上船后，大家互通姓名，才知道这后生名叫阿土，那逃荒出来的姑娘叫善花。阿土母子二人靠种菱养蚕苦度光阴，娘见儿子一年年长大，到了该成家的时候了，却没有铜钱彩礼去下聘娶亲，心中暗暗着急。近些时日，逃荒的人来得多，阿土娘便存了心要给儿子寻上一个合适的姑娘。今天，她见善花姑娘虽是破衣褴衫，蓬头垢面。但从她的一双眼睛看得出是一位聪明的姑娘。她举止言谈落落大方，又粗手大脚，看得出是从小就蛮会做生活的。于是，阿土的母亲便提出要善花母女住到自己家里去。善花娘俩在落难中遇见这样的好心人，真是做梦也想不到，自然是千恩万谢地答应了。

秋去春来，善花在阿土家转眼已过了几个月。她手勤脚快。把小小的茅草棚收拾得整整齐齐。阿土母子身上的衣裳也浆洗得清清爽爽；有空，她还要跟阿土摇船到南湖去采菱，背着篰到桑园去采叶。两家的老人眼看着这一对年轻人同进同出，同做同歌，心中早有了为他们订亲之意，也少不了在日常言语中吐露出来。阿土与善花听了，便都红了脸，低了头，相互偷偷地觑了一眼，忍不住发出会心的一笑。

不想好事多磨，阿土跟善花打算卖了春蚕办喜事的事，被桑园里的一条竹叶青蛇精晓得了。这条竹叶青在这块桑园住了好几百年，成为精怪。偏偏阿土在一次坌地时误伤了它的尾巴，它怀恨在心，总想找个机会报复。正巧这一年嘉兴也碰上了大旱年景。老天几个月没下一滴雨，运河干得像一条小溪沟，南湖干得像小池塘。田地龟裂了，桑叶也焦得卷了边，各家各户的蚕宝宝都在匾里昂起了头等喂桑叶。可是，桑叶从哪里来呀？有的人家呒没办法，只好流着眼泪把一匾一匾的蚕宝宝倒掉，真罪过呀！蛇精趁着这个机会，想了一条毒计，要把善花赶出村去，让阿土打一辈子光棍。

一天，它变成算命先生，到南湖四周各村行走，逢人就说：“嘉兴本是个好地方，年年风调雨顺，为啥今年旱情介重呢？只为外地逃荒来个白虎星。这白虎星吃了南湖的水，水要干；摸了地里的桑，桑叶要泛红；住在哪个村子里，方圆几十里都要遭灾。这白虎星不是别人，就是阿土屋里的善花。”

众人不知真情，都相信了他的话，便一齐涌到阿土家来赶善花。阿土母子苦苦哀求，众人哪里肯依。善花见此情景，流着泪对大家说：“众位叔叔、伯伯、阿嫂，我善花母女逃荒到嘉兴，几个月来承蒙大家照应，实在感激不尽。如今只怪自己命苦，情愿再出门去讨饭，决不连累大家。只是我母亲年纪大了，求大家收留她。”说罢，双膝一跪，向众人磕了几个头，就哭着出门走了。邻居虽然平日也称赞善花姑娘好，此刻却只能是暗暗叹息，救她不得。

却说善花离开了南湖，一路向西乞讨而去。一日两日，三天五天，不觉来到双林地界。不想此地竟是不见半点旱情，桑园里桑叶张张都有蒲扇大，光青碧绿。远处有旱情的地方都摇了船来买叶。善花看得呆了，不由想起了南湖边的阿土哥，想起了她自己亲手饲养的那些蚕宝宝。她立即调转身子回头就跑，跑呀跑呀，白天跑了一天，夜里又跑。她要赶紧回去告诉阿土哥，告诉村里乡邻，叫大家快来买桑叶。她一门心思要救活那些可怜的蚕宝宝，实实足足赶了两天两夜。屁股不曾碰过板凳，眼睛也不曾眨一眨。她赶回南湖边，天还未亮里。按当时嘉兴风俗，出外归来的人不可以半夜敲门。善花只得坐在桑园里休息，不料又被那条竹叶青蛇精看见了。等到鸡啼三遍，天蒙蒙亮。善花从迷迷糊糊瞌睡中惊醒，急忙跑去喊门：“阿土哥，快起来，摇船去买叶！阿土哥，快起来，摇船去买叶！”竹叶青一听，原来善花是归来报信的，心想，要是阿土买到桑叶，宝宝养好了，自己的一番心计岂不是要落空吗！那蛇精情急了，一下狠心，闪电般窜到善花身上死命咬一口，将全部毒汁都推进善花姑娘的身体里。善花痛得大叫一声，跌倒在地。这时，阿土与两位老人早已闻声开了门，阿土见毒蛇摇头摆尾正要逃走，不由火冒三丈，顺手抓过一把铁鎝照准七寸里着力敲下去。竹叶青逃避不及，一下敲得稀烂。只是善花姑娘辛辛苦苦跑了两天两夜，又饿又累，再加上毒气攻心，此时已是奄奄一息了。她强挣扎着吐出几个字：“快摇船，双……林……买……叶！”说完便死了，阿土和两位老人放声痛哭。

这一年，因善花姑娘报信，嘉兴人到双林去买了一船又一船桑叶，养好了蚕宝宝，蚕茧仍旧丰收。此后，嘉兴人每年春天都要在南湖练习划船的本领，以便去外地买桑叶。又因善花姑娘的生日是三月十六，所以每年这一天都举行划船比赛，搞得热火朝天。每条船上都备了锣鼓家什，划船的人一身彩色服装，妇女头上还要插上粉红色的蚕花。船首插乌龙旗、小红旗、金线旗等。旗上绣着各村坊的小地名。大家的船会齐了，从南湖一直划到三塔塘、北丽桥一带，表示对善花姑娘的纪念。据说还有人曾梦见善花姑娘白衣白裙，飘在天上白云端里，成了蚕花娘娘。有了蚕花娘娘的保佑，自然桑叶长得茂盛，蚕茧年年丰收。

（讲述者：姚大章，整理者：袁克露、姚正钧）

第三章　诗　咏

第一节　诗　词

伍相庙

（唐）释常雅

苍苍古庙映林峦，漠漠烟霞覆古坛。
精魄不知何处在，威风犹入浙江寒。

水西寺题路岐人背

（唐）李　忱

殿角连云接爽溪，钟声还与鼓声齐。
长安若问江南事，报道风光在水西。

苏小小墓

（唐）权德舆

万古荒坟在，悠然我独寻。
寂寥红粉尽，冥寞黄泉深。
蔓草映寒水，空郊暖夕阴。
风流有佳句，吟眺一伤心。

天仙子·花月亭

（宋）张　先

水调数声持酒听，午醉醒来愁未醒。送春春去几时回？临晚镜，伤流景，往事后期空记省。

沙上并禽池上瞑，云破月来花弄影。重重帘幕密遮灯，风不定，人初静，明日落红应满径。

范蠡宅

（宋）范仲淹

翠峰高与白云闲，吾祖常居山水间。
千载家风应未坠，子孙还解爱青山。

月波楼

（宋）郑　獬

古壕凿出明月具，楼阁飞来兔影中。
野色更无山隔断，天光直与水相通。
溪藏画舫清纹接，人在荷花碧玉丛。
欲解金鱼避炎暑，晚云深处待归风。

秀州门外泊舟

（宋）范成大

拍岸清波扑岸埃，黑头霜鬓几徘徊。
禾兴门外官杨柳，又见扁舟上堰来。

无　题

（宋）岳　珂

嘉定丁卯，予守槜李召还，郡人见饯于三塔湾，偶至此寺，因名有感。

往年曾佩双湖组，古刹犹题三塔湾。
堕雁重寻湖浩渺，断虹浑记水回环。

两州隔涉名无改，二纪栖迟老复还。
病衲虽无分别想，经行莫作少年看。

烟雨楼

（宋）朱南杰

锦绣初开城角东，规模绵亘境相通。
一亭旧占梅边月，雨径新添竹外风。
山色有无烟变态，湖光浓淡雨收功。
凭栏正好催归去，横笛数声芦苇中。

陆宣公祠

（宋）曾　巩

沥沥清规百世师，功名仅见奉天时。
忠谋任起奸邪忌，感泣宁无士卒思。
落日桑榆存旧迹，西风芦苇护荒祠。
忠南流落何遗恨，留得良方与后医。

附考：祠初在郡学，曰宣公书院。宋知州李正己建，吕祖谦有记。建炎初，程守建于鸳湖上，至元间兵毁，以贾似道太初堂改作之。后又拓其址，周伯琦有记，明洪武初郡守刘泽民重建于城内。宣德初巡抚胡槩复置于郡治西北二十七里新城市，春秋致祭。相传为公故宅，唐为福业院，宋曰承天院，后改能仁寺

会景亭

（宋）沈与求

柳株高下隔桃蹊，万顷烟波似渼陂。
画手无人貌平远，小亭风冷立移时。

镜香亭

（宋）林逢子

绿杨深处两三家，几度凭阑听吠蛙。
云锦已空烟水涧，空教人忆旧时花。

漏泽寺

（宋）徐　霖

城外江流曲曲回，城东尊酒为谁来。
白云满地苍苔古，不为寻常俗客开。

秀　州

（元）赵孟頫

秀州人家知几多，郎君儿女唱山歌。
白马桥头拾明月，鸳鸯湖畔折夭荷。
碧水朱楼为谁恼，短箫长笛奈侬何。
共归田园对山色，江南江北更巍峨。

过嘉兴

（元）萨都剌

三山云海几千里，十幅蒲帆挂秋水。
吴中过客莫思家，江南画船如屋里。
芦芽短短穿碧沙，船头鲤鱼吹浪花。
吴姬荡桨入城去，细雨小寒生浅莎。
我歌水调无人续，江上月凉吹紫竹。
春风一曲鹧鸪词，花落莺啼满城绿。

原注：一作过秀州南湖

嘉　禾

（元）陈　基

郁郁由拳县，亭亭槜李城。
秦汉相吞噬，吴越竞戈兵。
靡靡风露夕，离离禾黍生。
千古陆夫子，遗书昭日星。

题东塔寺

(元)张　宪

嘉禾名胜地,游赏惜无山。
偶上东城塔,全吴在此间。

水西寺晓起闻莺

(明)刘　基

日上高楼柳影齐,风轩临月看莺啼。
初来木杪鸣相应,稍入花间听却迷。
芳草自深勾践国,行人犹隔御儿溪。
思家每恨无轻翼,可对莺花不惨凄。

胥山诗

(明)陆　埛

伍胥来驻马,见说此山头。
草木兵犹似,乾坤气未收。
苍崖含宿雨,野屋抱寒流。
日晚一登眺,天风吹客裘。

宣公桥

(明)高登第

沙堤久没水无声,一道飞虹接郡城。
兔苑已焚当日草,独留千古相公名。

秀　州

(明)汤显祖

雨湿松陵春满烟,杏花榆荚映新田。
不知何处唱歌好,东栅平湖日夜船。

题真如寺

(明)陈懿典

南湖萦带跨西桥,千尺青螺插碧霄。
寺古龙蟠槐甲老,境幽风吹竹笙调。
横窗疏影僧初定,煮石轻涛雪未消。
寂寂千年丞相宅,夜钟惟听海音潮。

苎　邨

(明)周致尧

凫雁人家春水多,淡烟疏雨暗渔蓑。
分明记得南塘路,船尾吹来白苎歌。
附考:嘉兴城南一里有白苎乡

钓鳌矶

(明)周履靖

重重楼阁俯沧溟,高筑渔矶傍水亭。
树色四周烟外碧,湖光千顷雨中青。
东连越海凭为堑,北控吴门峙作屏。
几处笙歌听不竭,画船明月绕芦汀。

烟雨楼

(明)屠应韶

凭栏一望思茫然,所见无非水与天。
更有鸥凫三四点,朝朝暮暮竹窗前。

秀水风帆

(明)高逊志

挂席晚烟收,忽与天风遇。
谁唱秀州谣,恐是南塘路。

嘉　禾

(明)张　璧

城楼倒影落湖波，湖上风帆镜里过。
归客自炊菰米饭，小娃争唱竹枝歌。
梭头艇子轻于叶，雪色沙鸥白似鹅。
此地将军战时血，春来丹渍藓痕多。

过南湖戏折藕花

(明)吴　植

秋日南湖戏采莲，鸳鸯飞上木兰船。
一声白纻知何处，无复闲情似少年。

晚洲吟

(明)方　豪

鸳鸯湖边落日明，荷花十里棹歌清。
丈人自折碧筒饮，醉倚胡床海月生。

马场湖

(明)周　寅

初见菱叶稀，渐见菱叶肥。
马场湖水阔，处处采菱归。

南　湖

(明)吴　鹏

为欲留春住，开尊得赏心。
湖天浮曙色，堤柳足清阴。
燕掠芹泥堕，鱼穿荇带深。
逢从群彦后，佳会许重寻。

石佛寺

(明)姚　究

日照招提境，溪深惠远居。
逾梁通别渚，面圃结精庐。
树老当门得，花繁映水虚。
夜来雷雨过，禅定自如如。

中秋烟雨楼望月

(明)沈尧中

滮湖此夜月常满，游子数年才得还。
老去不谙新世路，醉中犹识旧家山。
波光潋滟浮青雀，桂影婆娑拥翠鬟。
最是横江羽衣客，数声清泪落人间。

鸳鸯湖竹枝

(明)鸳湖女郎

鸳鸯湖上浪生花，烟雨楼头月吐华。
此夜与君溪上别，梦随水月到君家。

题由拳读书图

(明)李日华

淞陵南指御儿东，小筑濛濛烟雨中。
绕筯王余千缕白，堆盘郭索满筐红。
朱帘竹槛家家月，青舫蒲帆浦浦风。
合眼不须思岱华，一痕犹得见胥峰。

范蠡湖

(明)李日华

名业如流水，日流日有声。

平波虚藻行，秋月见神情。
舟去已云晚，身轻若未成。
一湖开远碧，千载颂君名。

过石佛寺

（明）岳元声

闻道靡喧寂，幽林强自过。
有生皆烂漫，无计出婆娑。
细雨冲泥滑，新凉入槛多。
梦回听法鼓，清意在山阿。

采莲曲

（明）谭贞默

睡起打断莲，莲塘红日鲜。
珠儿停叶露，曾得几时圆。

过真如寺

（明）徐广密

阴萝翳竹房，花发定中香。
宝座依龙女，金沙落雁王。
寒声出霜磬，余响入风篁。
妙理参圆顿，名言九矣忘。

题鹤洲图二首

（明）赵宧光

（一）
一片亭前雪，何如万壑云。
开笼须远适，宁复溷鸡群。
（二）
别墅背山开，门临绿水来。
夜深村犬吠，小艇卖樵回。

附考：鹤洲在嘉兴县南三里，唐裴休放鹤处，今为朱太守子葵园林

灵光寺

（明）项　忠

荆棘萧条梵宇寒，藉君捐帑复庄严。
绀园雨过琪花润，碧殿云间宝树妍。
高阁夜闻禅衲颂，蠡湖时傍隐君船。
已知福庆原无尽，留取余光裕后贤。

报忠寺

（明）陈　琳

赐额何年与抱忠，寺门一水路西东。
杂花不乱禅林派，古柏犹承惠远风。
信笔且拈青玉案，横金谁羡碧纱笼。
清游漫学欧公醉，宦辙明朝又鲁中。

偕高秀才道渐沸雪轩夜话

（明）吴　鹤

僧舍联床夜，寒林月堕西。
今生聊共语，往事漫重提。
诗少参仙骨，书多拥佛脐。
一灯红似豆，风雨忽凄凄。

三塔湾

（明）严　嵩

三塔移舟望若仙，穷林翠壑俯江烟。
莺花对酒城春丽，钟梵登楼海日先。
世路无端频送客，空门不碍拟逃禅。
与君更是燕吴别，冲雨开帆各悄然。

登水西风光楼

(明)夏久安

寂寂前朝事,危楼隐翠微。
遗踪千古在,人世百年非。
溪爽涵秋色,窗虚垣夕晖。
独嗟行乐地,歌舞对禅扉。

长水曹庙

(明)汪砢玉

千载功名满汗青,岂期庙貌属新灵。
春祈士女空成笑,秋赛农氓不复馨。
何处断碑衰草卧,犹遗残简落花听。
招提琴占闲风月,凭问干城啼鸟醒。

石佛寺

(明)项元汴

山居偶逐白云过,游戏临窗笔墨多。
却愧山阴王逸少,远公不惜听经鹅。

鸳鸯湖

(明)高承埏

两湖秋水抱城斜,缥缈楼台带落霞。
日暮鸳鸯看不见,数声风笛起芦花。

十八里桥

(明)高承埏

野外官桥断,溪边绿柳层。
人家多酒市,风俗但渔罾。
问渡争编竹,听歌杂采菱。
晚来飞雨过,半湿夜船灯。

题南湖勺园

(清)钱谦益

寒园竹树正萧萧,几度南湖影动摇。
有雨云岚浑欲长,无山翠霭不曾消。
波深地角生朝气,水落天根见暮潮。
楼上何人看烟雨,为君杖策上溪桥。

槜李两首

(清)钱谦益

(一)

醉李根如仙李深,青房玉叶漫追寻。
语儿亭畔芳菲种,西子曾将疗捧心。

(二)

不待倾筐写盎盆,开笼一颗识徐园。
新诗错比来禽贴,赢得妆台一笑论。

坐鹤州梅花下

(清)吕留良

梅花未落香满头,梅花落尽香满足。
我游正落五分时,浑身裹向梅花腹。
鼻孔撩天心孔开,花香直入肝脾来。
中边沁透皮骨换,不知为我为老梅。
却愁狼藉成萧索,足下香浓头上薄。
不如生作鹤洲岭畔泥,长与梅花葬魂魄。

放鹤洲

(清)彭孙贻

篱落遮樵径,林扉缠古藤。
入门唯见竹,扫叶忽逢僧。
茶气生残灶,波光动采菱。

渔家堤柳外，落日挂鱼罾。

采莲曲

（清）曹尔垣

菱歌初引日迟迟，菡萏迎风欲放时。
竞打鸳鸯抛约臂，生憎两两宿连枝。

游鸳湖作

（清）柳如是

懒游非无意，植志昭所宣。
严城厉旻木，明澹迈嘉川。
感彼旷达士，委蛇出重玄。
扬舲结芳素，姿奇皆自然。
我来何为者，虚衍匪留连。
道匪自玄畅，乐思观君贤。
下则敌峥嵘，近乃争涂阡。
鲜飙自难理，水禽欢五弦。
潋滟聚云物，峦崀漘高延。
于兹倾情愫，黝渺昭华年。
溶溶丽晴景，无乃栖思坚。
遐哉沧洲人，高朗抗琼编。
崚嶒是我意，滞淹从此专。
世态有沉抑，声听多层迁。
林樾自可度，英达谁能联。
丹岫及青蕤，骀飒鲜奇妍。
日暮儆窿仄，太息游子篇。
灵星伏苍嶕，霾靡盈吾前。

真如寺塔重建

（清）朱彝尊

旧涌仁王塔，今开帝释宫。
烽台重揽胜，龙藏古称雄。
历历时堪纪，高高望未穷。
地犹丞相宅，石是上军功。
战火临城日，飞尘浩劫中。
鱼羊乘乙酉，象马失西东。
匠讶胡宽巧，图看郭恕工。
经营还故迹，仿佛像新丰。
点墨遗千界，梯云上半空。
灯前招怖鸽，舄下数归鸿。
不有危标建，安知宝境崇。
火珠将月满，金冶与天通。
盘峻宜承露，幡吹定绕风。
留题存片碣，高咏后群公。
白发愁韦诞，炎飙静祝融。
伽蓝如可记，应比洛阳同。

真如寺怀旧

（清）钱陈群

旧游兰若几家存，犬吠方知客到门。
竹外逢僧多不识，龛中揖佛更无言。
寒虫断续传秋籁，衰柳高低记水痕。
一笑真成房次律，几回徙倚月黄昏。

怀江南梅花绝句选二

（清）高以永

（一）
朔云边月久天涯，孤客今朝底自嗟。
为向空庭问芳信，不禁清梦到梅花。
（二）
江南寒食落花天，满地平铺白玉钱。
家在鸳鸯湖上住，断肠春色自年年。

鸳鸯湖

（清）黄媛介

轻风贴水飞春燕，佳人宛自帘中见。
向水阑杆处处园，梅花草叶春香变。
昨夜云晴日影孤，中洲曲沼生新芦。

嘉兴风景知何处，乱帆烟柳鸳鸯湖。

登烟雨楼

（清）董　含

片帆落日下鸳湖，烟雨依然似画图。
殿废只余新覆瓦，楼倾空对旧啼乌。
屧穿翠蔓无僧问，酒扬青帘待客沽。
作吏几人能好事，一川风景至今孤。

早发嘉兴

（清）查慎行

茫茫晓路出杉青，风色忽回雾气醒。
夹岸黄云三十里，片帆飞渡菜花泾。

落帆亭晚泊

（清）高　阳

城郭笼烟雾，登临望欲迷。
暮云随日黯，归鸟择林栖。
渔火明秋水，蟾光透碧堤。
方舟闻榜语，亭畔落帆齐。

题嘉禾画册

（清）高大本

估船吴歌栅口闻，白莲禅院竹纷纷。
两三僧向门前立，闲看风帆两岸平。

嘉禾道中

（清）方　澜

归帆一日速，万瀑落晴峦。
人涉风霜老，水浮天地宽。
渔灯野外小，兔月浪中寒。
惯识苍茫味，推蓬到夜关。

影僧柱

（清）吴仰贤

佛法神通能伏虎，豺狼胡然踞殿庑。
斋房闭置千蛾眉，粉怒珠啼泪如雨。
横行奈此群小儿，惜少夫人百道乳。
老僧掷杖哀无辜，手撼铜铺亟排户。
尽挥娇鸟出樊笼，酋帅归来大叫怒。
丰干饶舌死何辞，束缚高悬华表柱。
万簇激射攒猬毛，石破天惊血肉舞。
尸陀变相真怖人，宛结趺跏影可抚。
恨碧千年耿不磨，顶上圆光烂如许。
吁嗟乎睢阳齿南八指，同此血忱不怕死。
成佛作祖与生天，总是人间血性子。

早起送客北郭遂游南湖

（清）许瑶光

侵晨送客客已去，扁舟遂向南湖渡。
摇荡晴云海上来，照见湖中鸳鸯住。
湖中水气共云飞，青入濛濛杨柳树。
僧人怪我平旦来，清晖堂前门乍开。
那知太守抱逸兴，飘然身被春风催。
非访桃花非问李，旷览自足娱胸怀。
天边独树想孤直，沙外闲鸥忘嫌猜。
乾坤俯仰饶乐境，那判泉石与尘埃。
我从南湖望城郭，楼台霭霭春燕托。
比到城中怀南湖，烟波漠漠游鱼跃。
飞潜随处化机通，而我何容心强著。
喜即出游倦即归，春波门晓路人稀。
归来斋阁更何事，金鸭焚香脱绣衣。

龙湖槜李题诗

（清）张廷济

仙根分种自僧庐，嘉树成荫入画图。
名谱古经真典重，身宜瘦地总清癯。
且沉冰雪消三伏，莫问沧桑沼五湖。
最是来禽须料检，重书童约付园奴。

过水天庵

（清）吴光昭

问渡寻游水上洲，蓊林闲寂好勾留。
竟忘白发残年叟，同赏黄花九月秋。
僧饭阇梨聊可给，儒餐粗粝复何求。
平生织得清凉趣，为许尘埃翳远眸。

冷仙亭

（清）沈叔埏

旧里踪寻画壁仙，钓游重访廿年前。
小桥迟月空秋水，乔木追凉剩晚烟。
乞梦双飞真戏耳，通幽一径故依然。
家祠有愿何时遂，仍向星湖结数椽。

会龙山棹歌

（清）徐　昭

棹歌唱破碧琉璃，千顷澄波拍两堤。
绀宇琳宫云际出，平分一水作双溪。

净相槜李

（清）沈　均

玉衡星彩耀由拳，佳李偏从野寺传。
地记麟经称自昔，根依龙树记何年。
久拌越绝河山改，几阅吴宫花草妍。
浪说夷光留爪印，文园消渴已垂涎。

曹王庙

（清）蒋　熏

留得江南十里春，曹王庙外踏青频。
醉翁买个酒仙伴，游女生憎泥美人。

冒雨太平寺探梅

（清）葛　徵

微雨冥蒙几日阴，花风酝酿一番新。
携筇闲自探梅信，古寺香来报晓春。

秋日登瓶山

（清）申　慧

树密影重重，秋声万壑同。
不知山上月，刚到竹林东。

倾脂河

（清）金　松

耶溪有女号西子，抛却浣纱来醉里。
天庆桥北水潆洄，胭脂倾处流尘滓。
河畔人家争效颦，淡妆浓抹骄罗绮。
不知歌舞误娥眉，一代佳人尚如此。

泛舟穆湖

（清）袁　华

湖云如梦断还连，莲叶田田翠接天。
几个闲鸥飞不定，画船荡破一溪烟。

晓发嘉兴

(清)爱新觉罗·玄烨

数里城依水,千门路向田。
菜塍无近远,桑岸互绵连。
土沃勤为最,年丰俭欲先。
云开林野秀,初日上行旃。

禾中道上

(清)爱新觉罗·玄烨

两岸人家半种桑,雨中入望尽苍茫。
民间本业惟农织,爱看山村共水乡。

嘉兴道中杂咏

(清)爱新觉罗·弘历

从来佳境称吴越,是处佳因吴越间。
水以澄渟谋目静,山惟平远致心闲。

三塔寺赐名茶禅寺因题句

(清)爱新觉罗·弘历

积土筑招提,千秋镇秀溪。
予思仍旧贯,僧吁赐新题。
偈忆赵州举,茶经玉局携。
登舟语首座,付尔好幽栖。

题南湖诗十三首

清　爱新觉罗·弘历

题烟雨楼

乾隆二十二年(1757)

杨柳矶边系画舟,六年清跸重来游。
素称雨意复烟意,漫数处州还沔州。
诗句全从画间得,云山常在镜中留。
鸳湖依旧谁相识,懒惰无心问野鸥。

烟雨楼即景

乾隆二十二年(1757)

不蓬莱岛即方壶,弱柳新荑清且都。
烟态依稀如雨态,滮湖消息递西湖。
自宜春夏秋冬景,何必渔樵耕牧图。
应放晴光补畴昔,奇遐毕献兴真殊。

再题烟雨楼

乾隆二十七年(1762)

未年丑岁两经行,烟雨都逢副盛名。
却讶今番出新样,自过江后总开晴。
柳丝窣地折腰舞,梅朵烘春笑口迎。
更上高楼聊极目,水村近远望分明。

复游烟雨楼二首

乾隆二十七年(1762)

(一)

前度晴中阅春景,今朝雨后赏烟光。
轻阴犹恋波澜意,细籁都含花木香。

(二)

果然名实善相随,百尺高楼悦目时。
试看浅烟方淡荡,便教不雨也迷离。

原注:是日细雨即止

烟雨楼

乾隆二十七年(1762)

烟丝罥柳柳丝濛,雨意迎人人意通。
自是云容盟水态,并宜草绿藉花红。
奚称处括沔阳彼,总在天高地厚中。
耕织图诗屏宛在,不殊惇史惕深宫。

原注:处州括山及沔阳州并有烟雨楼,而嘉兴烟雨楼名特著

原注:楼中有钱陈群书赵孟耕织图诗屏

游烟雨楼即景杂咏四首

乾隆三十年(1765)

(一)

烟雨今朝烟雨无,眺吟畅好不模糊。
菜花黄映麦苗绿,所喜犹然在此乎。

(二)

即景无过遣兴题,过誉老笔注金篦。
楼前一对玉兰树,直与楼檐开并齐。

(三)

近涯野艇不谯诃,渔乐凭看乐若何?
讶似天孙机杼张,锦端来往织仙梭。

(四)

舡泛春波天上坐,楼称烟雨雾中来。
韶光陶冶无先后,庭际辛夷盆里梅。

原注:楼中钱陈群书旧作并跋语张壁,颇觉过誉

再游烟雨楼

乾隆三十年(1765)

南去北还半月余,滤湖楼阁只犹初。
墨辛夷纵花全谢,紫碧桃方朵艳舒。
波态含烟欲藏舫,云容酿雨正如车。
循名奚要惟晴好,念在蚕筐为麦锄。

原注:是处见紫碧桃花特鲜艳

题烟雨楼

乾隆四十五年(1780)

只疑瀛泛到云来,镜里楼台熟路开。
四面波光烟雨意,无边春景咏吟材。
今斯今也昔斯昔,柳尚柳兮梅尚梅。
一读钱家书赵句,怆然弗忍更徘徊。

题烟雨楼

乾隆四十九年(1784)

春秋三阅喜重来,雨意烟情镜里开。
承德奚妨摹画貌,嘉兴毕竟启诗材。
夏中让彼泛锦芰,春季饶兹对玉梅。
不拟南巡更临此,鸣榔欲去重澶徊。

还家杂诗

沈曾植

水竹交蓊蔚,柁移入支泾。
春阴澹原隰,远见孤花明。
蚕候百室静,阡陌少人行。
林荫见犬卧,日午闻鸡鸣。
妇智敬无圹,田更勤得生。
幸无衔弹室,不解闾师争。
凉俗偶存在,儿童乐柴荆。
即此是瀼滨,潺潺水乐声。

我所爱之国

沈钧儒

一九三五年废历重九日,杭州归车中作。时为《新生》案件宣判之第五日。

一

我欲入山兮虎豹多,
我欲入海兮波涛深。
呜呼嘻兮!
我所爱之国兮,
你到那里去了?
我要去追寻。

二

国之为物兮,
听之无声,
扪之无形,
不属于一人之身兮,
而系于万民之心。
呜呼嘻兮!
我所爱之国兮,
求此心于何从兮,
我泪淋浪其难禁。

嘉兴道中

王国维

舟入嘉兴郭，清光拂客衣。
朝阳承月上，远树与星稀。
岁富多新筑，潮平露旧矶。
如闻迎大府，河上有旌旗。

忆嘉兴

郁达夫

鸳湖旧忆梅村曲，莺粟人传太史歌。
日暮落帆亭下立，吴王城郭赵家河。

抗战八咏

褚辅成

1938　汉皋
生辰常在客中过，今岁尤遭国难多。
烽火遥迷牯岭月，雷声时震洞庭波。
河山半壁愁无补，风蚀残年尚几何？
但愿此身偕日丧，还须努力莫蹉跎！

1939
一年痕迹叹萍漂，历数行程万里超。
三峡旧游曾遇险，七旬巡视敢辞劳？
伏波到老犹称健，冯妇重为那解嘲？
与日偕亡期渐近，岂堪自荐酌春醪。

1940　万县
抗日战争追随两载余，消磨岁月半舟车。
鞠躬瘁尽犹忘老，参政期延待遂初。
还我河山愿将了，乐知天命意当舒。
行年正遇龙蛇厄，仰企贤人愧不如。

1941
胜利年开新纪元，三春百战百追奔。
同仇还望同团结，得道尤能得外援。
求死初衷今幸免，偷生乱世福奚言。
星家不验身犹健，欲学随园写告存。

1942　重庆
检讨前愆贡献微，难论今昨是和非。
犁牛有子何庸舐，劳燕终身不倦飞。
半世功名议会误，五年抗日战争异乡依。
人生七十寻常事，敢向亲朋夸古稀。

1943　昆明海口云丰纸厂
一别昆湖廿四年，重游景物迥殊前。
伤怀归雨多零落，抚鬓新霜欲蔓延。
平淮史书空读了，谪居蛮地亦怡然。
田园芜久归心切，苟许来秋奏凯旋。

1944　昆明
七年盼望反攻时，今日来临尚未迟。
大厦同支忘老痛，盟邦连捷定安危。
离乱骨肉翻团聚，建设农工问土宜。
最后五分钟到了，忍尝难苦奠邦基。

1945　万县
每逢初度客心焦，还我河山志不挠。
八咏诗成年已迈，万邦盟订议犹嚣。
救亡始见倭军退，建国尤须兵气消。
人类果然私意泯，大同郅治路非遥。

“孤岛”时期所作诗文回忆（节选）

王蘧常

悲失地

（一）哀宝山。有序云：寇犯宝山，营长姚子青熙寿，与所部六百人，力战死之，时九月七日也。其诗云：

东北满蛇豕，流毒到江涘。宝山扼江口，与沪相首尾。如何肆狂噬，横断吴淞水。桓桓姚城父，孤军独排抵。黑云压城头，夜半鼓声死。伤心六百人，千古土花紫。从此淞沪间，如臂丧手指。

（二）闻国都西迁：

北望阵云寒，新亭泪不干。河山塞丑虏，车马走高官。国土缘江尽，牙旗照水残。犹闻新策略，西去战场宽。

末两句，是某高官所说，现在虽西迁，但版图广大，尽有土地可抗日战争也。

（三）闻故乡——嘉兴沦陷：

六州铸错事全非，又报家山劫火飞。如鹊绕枝何处宿，似儿失乳向畴依？梦中灯火人无恙，泪底松楸望总违。二十四时肠百转，几回步月几沾衣？

（四）读钱蒙叟集外西湖诗，去今三百年矣，恍惚如见，漫题其后：

共说西湖好，胡姬竟钿车。繁华烽火里，花鸟劫灰余。马矢填鱼沼，羊头曳锦裾，江名真不负，罗刹满城居。

此是痛杭州之沦陷。钱蒙叟就是钱谦益，他降清以后，不得志。受着他如夫人柳如是的熏陶，一变过去，专心复明。西湖诗，总为投笔集，专为暴露清人的丑恶，和复明的行动，故借以比倭寇的丑恶。

（部分南湖诗文见第六篇“南湖”第六章）。

第二节　景观歌咏

嘉兴景观咏选

嘉禾百咏（选50首）

（宋）张尧同

灵光井

玉甃祥光发，难藏世上名。
定多神佛护，一饮百疴轻。

龙舌头

一吸长川静，烟云忽有无。
谁看颔底月，误欲探骊珠。

木纹观音（目纹观音）

双瞳分日月，眉际一星悬。
照见人间苦，三辰不在天。

穆溪（穆河溪）

静练明田外，源流笠泽通。
不因逢旱岁，谁识济时功。

披云阁

兹楼当胜地，高望极堎赠。
欲睹青天色，还须上一层。

普济院（普济寺）

只因曾布地，往往化为鱼。
一遇丁千骑，禅人便结庐。

三　塔

石匮埋神物，灵光照夜多。
龙归天上后，无复更风波。

使君祠（曹使君庙）

一笑淮兵却，功成未易论。
岂惭颜刺史，诗酒在平原。

白龙潭

呼吸风云合，飞潜自有时。
只愁潭底浅，头角被人窥。

白苎桥

遍垅敷青绿，桑麻共几家。
满城罗绮子，应笑不栽花。

百步桥

旧址依然在，荒墟未百年。
还分一桥水，流入几家田。

长水乡

古来名未灭，人好水还清。
一读高僧疏，尘劳悟此生。

凤凰洲

竹秀水色净，忽来双凤凰。
岐周昔鸣瑞，今复见文王。

天庆观

寥阳龙已化，华表鹤空悲。
欲问梁朝事，惟应老桧知。

天星河（天心湖）

拍岸浮春渌，菰蒲四远生。
网罗人不到，鱼鸟亦忘情。

五柳桥

为怀陶靖节，无复见其人。
谁种桥边柳，犹含旧日春。

羞　墓

伤哉负薪子，五十始登朝。
空使埋羞处，山花复采樵。

秀　水

好景明于昼，长浮五色波。
一竿吾欲钓，来此听渔歌。

胥　山

马革浮尸去，君王太忍人。
此山空庙貌，何以劝忠臣。

徐偃王庙

王有岐夷德，千年貌亦存。
我怀三刺史，谁是后来孙。

宣公桥

只因裴少保，功业败垂成。
往往桥边客，今犹恨未平。

严忌墓

有子如君少，终缘叛国亡。
冢前无后嗣，切勿怨张汤。

鸳鸯湖

东西两湖水，相并比鸳鸯。
湖里鸳鸯鸟，双双锦翼长。

月波楼

天阔冰壶净，溪平玉鉴寒。
卷帘看晚色，鸥鸟傍栏干。

月　壕

入径深于坞，沧波近马蹄。
每寻莲社友，咫尺走东西。

真如寺

家田轻脱屣，聊结净人缘。
影外香灯寂，清风百世传。

槜李城

螳螂方捕楚，黄雀遽乘吴。
交怨终亡国，君王到死愚。

朱买臣墓

世事春风转，荣枯一梦间。
绣衣人不见，孤冢旧家山。

竹　桥

腰枕岐亭北，横斜古渡头。
风吹双泪落，恨逐水东流。

施　墓

苍苔侵坏道，晚雀散空林。
莫问人贤否，浮生一古今。

双　溪

柔橹声相应，名齐汉魏收。
可怜一溪水，分作两塘流。

水心亭

波光磨不尽，镜面绝纤尘。
照昨红亭子，亭亭似美人。

四　城

吴越争雄日，区区在用兵。
空余战争地，无处不高城。

苏小小墓

泉下骨应朽，幽魂独未销。
几番清夜月，孤影度南桥。

高使君祠（高使君庙）

一瞑移藩日，邦人昔被恩。
步兵碑在不，功业敢经纶。

古战场

自昔干戈地，城空草自荒。
渔樵怀旧事，何敢议兴亡。

怀苏亭

犹使罇前客，常怀没后名。
好风吹远籁，如有笑歌声。

会景亭

有景道不出，须来此水滨。
十分花鸟色，团作一亭春。

寂照庵

寂莫蹦趺地，灯光照四时。
高僧穿地脉，此意少人知。

嘉禾墩

寂寞黄龙后，纷然垅上碑。
废兴无处问，空咏草离离。

嘉禾亭

五马来何暮，经营指一弹。
石碑书近事，留与后人看。

景德禅院

白毫光未灭，胜事百年中。
好是传灯地，林泉有古风。

景龙楼

千秋传异事，百尺护雕阑。
欲识金龙瑞，丹霄试仰看。

净相佳李

地重因名果，如分沆瀣浆。
伤心吴越战，未敢尽情尝。

韭　溪

终与双溪接，分流入郭来。
市桥人影合，不解洗尘埃。

跨塘桥

路接张泾近，塘连谷水长。
一声清鹤唳，片月在沧浪。

杉青堰

旧吏家何在，空寻古柳堤。
世情今亦尔，莫笑买臣妻。

范蠡湖

少伯曾居此，螺纹吐彩比。
一奁秋镜好，犹可照西施。

（其中三首见第六篇第六章第一节。）

嘉禾八咏

（宋）陆蒙老

宣公桥

当年仓卒倚鸿筹，清白堪封万户侯。
陵谷已非家世远，画桥依旧水东流。

金鱼池

池上春风动白萍，池边清浅见金鳞。
新波已纵游鱼乐，调笑江头结网人。

五柳桥

五柳先生倦折腰，孤眠千载仰风标。
青衫令尹头如雪，不厌朝昏过此桥。

披云阁

城角巍栏见海涯，春风帘幕暖飘花。
云烟断处沧江阔，一簇楼台十万家。

月波楼

月移宫阙下银潢，碧转栏杆万顷光。
我是水晶宫里客，倚楼犹自羡沧浪。

苏小小墓

瑶台归去鹤空还，一曲霓裳落世间。
秋雨几番黄叶落，朝云应欠到香山。

羞　墓

玉颜羞见锦衣侯，草木烟村雨锁愁。
不似田文门下客，一贫一富不知羞。

嘉禾八景图题词

(元)吴　镇

胜景者，独"潇湘八景"得其名，广其传，唯洞庭秋月、潇湘夜雨，余六景皆出于潇湘之接境，信乎其为真八景者矣？嘉禾，吾乡也，岂独无可揽可采之景欤？闲阅图经，得胜景八，亦足以梯潇湘之趣。笔而成之图，拾俚语，倚钱唐潘阆仙《酒泉子》曲子寓题云。至正四年岁甲申冬十一月阳生日，画于橡林旧隐。

空翠风烟

在县西二十七里，槜李亭后，三过堂之北。空翠亭，四围竹可十余亩，本觉僧刹也。

万寿山前，屹立一亭名槜李，堂阴数亩竹涓涓。空翠锁风烟。

骚人隐士留题咏。红尘不到苍苔径。子瞻三过见文师。壁上有题诗。

空翠亭　三过堂　本觉寺　槜李亭　万寿山

龙潭暮云

在县西通越门外三里三塔寺前龙王祠下。水急而深，遇岁旱则祈于此，时有风涛可畏。

三塔龙潭，古龙祠下千年迹，几番残毁喜犹存。静胜独归僧。

阴森一径松杉直。楼阁层层耀金碧。祈丰祷旱最通灵。祠下暮云生。

白龙潭　三塔湾　龙王祠　景德禅寺

鸳湖春晓

在县西南三里真如寺北，城南澄海门外。

湖合鸳鸯，一道长虹横跨水。涵波塔影见中流。终日射渔舟。

彩云依傍真如墓。长水塔前有奇树。雪峰古甃冷于秋。策杖几经游。

长水法师塔前有仁杏，叶上生果实。

真如塔　长水法师塔　彩云墓　雪峰井　五龙庙　鸯湖　双湖桥　鸳湖　金明寺

春波烟雨

在嘉禾东春波门外，旧日高氏圃中烟雨楼也。

一掌春波，矗矗艖帆闹如市，昔年烟雨最高楼。几度暮云收。

三贤古迹通岐路。窣堵玲珑插濠罟。荷花袅袅间菰蒲。依约小西湖。

三贤者，朱买臣、陆宣公、陈贤良。

濠罟　三贤堂　放生桥　梓橦祠　马场湖　盐仓　烟雨楼　陆贽祠　宣公桥　秦驻山　乍浦

月波秋霁

在县西城堞上，下嵌金鱼池，昔李氏废圃也。

粉堞危楼，阑下波光摇月色。金鱼池畔草蒙茸。荒圃瞰楼东。

亭亭遥峙梁朝桧。屈曲槎枒接苍翠。独怜天际欠青山，却喜水回环。

月波楼　金鱼池　水西寺　爽溪　祥符寺　仁寿寺　天福寺　梁朝桧　楞严塔院　九品观

三闸奔湍

在嘉禾北，望吴门外，端平桥之北杉青闸。

三闸奔湍，一塘远接吴淞水。两行垂柳绿如云。今古送行人。

买妻耻醮藏羞墓。秋茂邮亭递书处。路逢樵子莫呼名。惊起墓中灵。

华光楼　端平桥　施侯祠　上闸　杉青闸　下闸　秋茂铺　吴江塔　震泽　洞庭山

胥山松涛

在县东南十八里德化乡。山约百亩馀，荷锸翁墓，其下子胥古迹也。

百亩胥峰，道是子胥磨剑处。嶙峋白石几番童，时有兔狐踪。

山前万个长身树。下有高人琴剑墓。周回苍蔚四时青。终日战涛声。

石田　子胥试剑石　荷锸亭　胥山　存吾堂　白石祠　石龟　听云亭

武水幽澜

在县东三十六里武水北，景德教寺西廊。幽澜井泉品第七也。

一甃幽澜，景德廊西苔藓合，茶经第七品其泉，清冽有灵源。

亭间梁栋书题满。翠竹萧森映池馆。门前一水接华亭。魏武两其名。

幽澜泉乃嘉禾八景之一，而亭将摧。在山师欲改作，而力不暇给，惟展图者思有以助之，亦清事也。梅花道人镇劝缘。

武水　幽澜泉　景德教寺　吉祥大圣寺　魏塘　云间九峰

嘉禾八景诗

（元）辛　敬

空翠风烟

秋阴覆野水，暝色带高城。
万古风雨馀，满轩空翠生。
昔人会心处，华落任纵横。
胜事已千岁，焉用此高名。

龙潭暮云

清溪驭奔湍，神物出其下。
浩劫空浮云，中宵走雷雨。
吾尝隐庐阜，飞瀑孤绝处。
对此发幽期，长吟度秋浦。

鸳湖春晓

落日湖上行，风吹湖水明。
芙蕖未出水，鸳鸯空复情。
佳人翠袖薄，公子彩舟轻。
暗忆题诗处，繁华满春城。

春波烟雨

昔贤读书处，今人采樵路。
烟雨暗春波，江鸥迷处所。
山遥数峰出，洲隐千帆去。
应有倚楼人，天长望汀树。

月波秋霁

孤城何迢迢，飞栋且咫尺。
初月照江波，吴船夜吹篴。
秋清墅寺静，露下蘋洲碧。
不见牧鱼人，疏钟起遥夕。

杉闸奔湍

怒涛来沧渠，西出吴门道。
官家严水利，蓄泄何草草。
洞庭霜橘晚，震泽鲈鱼早。
从此有扁舟，长于泽中老。

胥山松涛

榜舟趋南山，飞盖转芳甸。
登高望吴城，击鼓起嘉宴。
灵飚拂岩角，飞雨洒石面。
欲吊子胥魂，江波泪如霰。

武水幽澜

古寺闷幽敞，清凉生道心。
澄源既不昧，万象自浮沉。
龙吟珠光晓，鸟渡菱花深。
上有散花处，时复一来寻。

嘉禾八景

(明)金景西

永乐初,予叨任东宫侍读,而浣眠暇之余,每忆故乡风景,为赋八首。

鸳湖夜月

苍波千顷浴鸳鸯,隔断城南云水乡。
三尺锦鳞翻白浪,一双黄鸟下垂杨。
秋风袅袅荷香远,夜景苍苍月色凉。
湖上人家习奢侈,西楼灯火按宫商。

天星湛碧

风景俯临玄妙观,一泓浓绿浸冰壶。
气卷白云封玉兔,花飞红雨荡金乌。
遥天湛碧影颠倒,密雪点波声有无。
我欲白头归就老,行观自乐杖藜扶。

幽港秋波

一流北注一流东,画破平区利泽通。
青柳嘴边银属玉,碧蒲湾里锦芙蓉。
一犁黄犊畊云叟,独棹扁舟钓雪翁。
何日片帆归此泊,醉扶长笛弄秋风。

胥峰暮云

髑髅飞血断忠魂,千古英名片石存。
豪杰迁茔坡有坎,英贤磨剑石成痕。
白云红叶高低树,翠竹绯桃远近衬。
记得羸骖归路晚,帽遮飞雪半黄昏。

唐庄春树

清溪环抱碧村流,庄上花明宿雨收。
壤接桑麻生意广,家全鸡犬待时优。
林饶古木深藏鸟,岸有垂杨短系舟。
自计我行归有日,钓竿棋局老林丘。

武塘晴塔

晴川东注白云乡,突兀浮屠插水阳。
西舍僧归云寂寞,平山人逝鹤凄凉。
桥跻梅谷花衢远,泉涌幽澜玉蓓香。
风景不知如昔否,梦魂虽到益铸张。

风泾卧虹

白牛塘上风泾镇,南北长桥卧彩虹。
烟寺晚钟蕉叶雨,水楼晴日酒旗风。
衣冠人物平时盛,舟楫鱼盐利泽通。
东望云间酬二陆,举杯西向酹宣公。

钟带山茶

川明土秀毓奇英,人物贤豪木产灵。
嘉卉不知何代植,繁柯常见四时青。
东西父老编篱护,吴越贤才作颂铭。
闻道郡斋修邑志,曾无编简载芳馨。

嘉禾十咏

(明)沈尧中

嘉禾献瑞

秋到园林万宝成,何如瑞谷此中生。
太平无事家家乐,共醉春醅说雨晴。

秀水扬辉

澄流屈曲抱城隅,何事潆洄五色殊。
几欲燃犀窥水底,恐惊神物又踌躇。

滮湖春日

寻常烟雨渺茫茫,春到楼船共颉颃。
极目平原开锦绣,不堪莺燕踏花忙。

鸳湖秋月

五龙桥畔水渟渊,红蓼花翻起素鸳。
只为湖头秋色好,彩云扶下一轮圆。

苎村烟雨

谁道城东烟雨多,半村桑柘半村莎。
山深不识朱衣吏,春社年年燕子过。

真如雪霁

传说瞿耶拥雪岚，何时飞到郡西南。
朝来闪出琼瑶树，百丈精光上下参。

景德晨钟

危楼百尺傍龙湫，上下空洞势若浮。
尽道声闻入三昧，一时唤得几回头。

华严夜灯

东峰萃岦势参天，夜夜燃灯照大千。
愿得众生心地朗，一毫光里现青莲。

长水飞帆

南谷长溪一望平，天风吹送数帆轻。
快心只问前途事，回道青山几度更。

双溪夕照

凤凰洲在水中央，堤柳参差岸芷香。
日暮归人喧渡口，独留渔父醉斜阳。

南湖百咏(选15首)

(清)吴聚泉

烟雨楼

红栏翠槛引回廊，缥缈仙居峙水庄。
四面烟波天咫尺，两头箫管月中央。
芰荷渺渺叉鱼路，杨柳深深载酒乡。
隔浦渔歌何处觅，一枝柔橹破苍茫。

自注：在鸳鸯湖中，五代时，中吴节度使景陵王钱元璙筑台为登眺之所，寻废。后人因故址建楼。万历中，郡守龚勉复筑层台，曰钓鳌矶。郡守刘应钶以湖为放生池，立碑曰鱼乐国，又有凝碧、浮玉两亭，竝在楼侧。乾隆十六年以后，翠华六幸，屡荷宸题，又御笔写为图，颁刻湖楼。后于热河山庄之青莲岛旧址，仿式为之

倾脂河

春水暗飞香，河流锦带长。
人家河畔住，上有碧桃树。
人面映花红，妆台结绮栊。
台中女谁氏，绰约名西子。
西子春起迟，开镜画蛾眉。
眉痕新柳瘦，帘影风吹皱。
妆罢卷帘看，檐前稣雨寒。
阑干临水面，照见倾城艳。
河水绿年年，吴宫散紫烟。
春归三月暮，又是飞花路。
花飞不见人，惆怅苎萝春。

自注：郡城内相传西施倾脂水于此，一名胭脂河

天籁阁

城中天籁已无阁，海内犹传项墨林。
过眼烟云归缥缈，当头风月尚萧森。
紫茄白苋诸孙老，鼠璞鱼珠贾客寻。
最幸山庄开秘馆，锦□犹得傍薰琴。

自注一：在郡城。明项元汴尝得铁琴一，上有“天籁”字，下有孙登姓氏。因以名其阁

自注二：纯庙以项子京所藏画卷四种弆之梅檀林之天籁书屋，御制长歌纪事

胥　山

吾乡百里近无山，一笑相逢咫尺间。
石栈路湮春自寂，庙门赛罢昼常关。
素车白马悲千古，流水寒鸦绕几湾。
唤作桃源聊避乱，草堂何处庇欢颜。

自注：在嘉兴县东南三十里，一名张山。相传伍子胥伐越经营于此，故名。有子胥祠，山左有石龟凝望泾水，右有吴王试剑石

石笋夫人庙

盦山母，嵩阳阜，留侯师，谷城陲。
吁夫人，姓何氏，笋尖尖，石齿齿。
药王化，医疮疡，咚咚鼓，赛堂皇。
迎阿婆，斜塘坞，新妇归，湖之浒。
福我土，苏我民，荐蕉荔，清醑陈。
神女来，灵旗举，佩璆然，风和雨。
神言醉，返碧岑，秋月皓，满竹林。

自注：府城东南石笋自地出，莫穷其根，土人立庙，祀神女，患疮者祷辄应

瓶　山

败罂零甓积瓒岏，突见犹当块磊看。
倦客买山壶隐好，醉乡托足瓦全难。
后身仍化为陶土，大户谁堪筑将坛。
一篑春风花草秀，酒香拂拂出丛残。

相湖银丝鱼

风味樽前拨不开，食单议罢重徘徊。
也知白小群分命，未肯加恩水族来。

自注：郡东北九里，昔有相姓居湖之滨，故名相家湖

陆宣公读书台

唐室中兴日，回天一疏陈。
由来经国手，须是读书人。
断简漂蓬梗，残碑堕水滨。
忠州悲戍骨，长隔故山春。

自注：在春波门西南一里，马场湖之浒。唐陆贽读书处，今碑刻龟趺，俱仆水中

花月亭

词人作宦总风流，翠管红牙载酒游。
暮雨潇潇春欲去，也应驻曲替花愁。

自注：在郡城。宋倅张子野先创此亭，取“云破月来花弄影”之句，今改“来月亭”

落帆亭

废廨芦兼荻，荒邮雨似尘。
萧萧无泊处，愁煞问津人。

自注：杉青闸，宋尝置吏，有廨宇及落帆亭，今废

徐王庙

贾船齐泊庙门开，箫鼓声中进酒罍。
十万横财神掷付，不曾有吏筹缗来。

自注：郡东北思贤乡，祀宋徐穹。每岁正月初八日，为报赛之期，箫鼓画船，络绎不绝

渔闲里

白苎村前晒网，绿莎市上摊衣。
莫逐鸱夷子去，五湖鰕菜忘归。
几个渔兄渔弟，一滩垂柳垂杨。
齐唱弯弯月子，今宵醉倒横塘。

自注：郡南二十七里，旧名余贤，俗呼时堰埭。今里中多时姓，又呼莎衣埭，里人多卖莎衣为业

石臼漾

鄱阳战舰化为烟，吴苑楼台亦黯然。
扫尽西风黄菜叶，外孙齑臼总堪怜。

自注：一作石舅，张士诚据吴，称王，嫔家石氏居此，故名

冷仙亭

冷落人间协律郎，乘风归去白云乡。
汉庭不识东方朔，饱煞侏儒粟一囊。

自注：在郡城元妙观内。冷谦，字启敬，武陵人，寓观中。洪武中为协律郎，仙去。工画，仿小李将军

放鹤洲

春满裴公岛，无人载酒过。
小舟鱼市集，芳草马场多。
别墅怀安石，流觞记永和。
飘零书帙尽，流慨入渔歌。

自注：在南湖畔，明贵阳知府朱茂时别业

《鸳鸯湖棹歌》100首(选31首)

(清)朱彝尊

自　序

甲寅岁暮，旅食潞河。言归未遂，爰忆土风，成绝句百首。语无诠次，以其多言舟楫之事，题曰《鸳鸯湖棹歌》，聊比竹枝、浪淘沙之调。冀同里诸君子，见而和之云尔。

蟹舍渔村两岸平，菱花十里棹歌声。
侬家放鹤洲前水，夜半真如塔火明。

自注：宋朱希真避地嘉禾。放鹤洲，其园亭遗址也。余伯贵阳守，治别业于上。真如塔峙其西

宣公桥南画鼓挝，酒船风幔挂鸦叉。

碧山银盌劝郎醉，棹入南湖秋月斜。

自注：陆宣公桥在城东。朱碧山，元时嘉禾银工。宋闻人滋《南湖草堂记》："槜李，泽国也。东南皆陂湖，而南湖尤大。"

沙头宿鹭傍船栖，柳外惊乌隔岸啼。

为爱秋来好明月，湖东不住住湖西。

春城处处起吴歌，夹岸疏帘影翠娥。

一叶舟穿妆阁底，倾脂河畔落花多。

自注：倾脂河在楞严寺东，人家多跨水为阁

宝带河连锦带斜，精严寺古黯金沙。

墙阴一径游人少，开遍年年梓树花。

自注：宝带、锦带，俱水名。精严寺多梓树

西埏里接韭溪流，一簣瓶山古木秋。

惯是争枝乌未宿，夜深啼上月波楼。

自注：西埏里，载干宝《搜神记》，在嘉兴县治西，韭溪之水经其下。瓶山，宋时酒务。月波，秀州酒名，载张能臣《天下名酒记》。楼系令狐挺所建，宋人集题咏诗词甚多

槜李亭荒蔓草存，金陀坊冷寺钟昏。

湖天夜上高楼望，月出东南白苎村。

自注：槜李亭址在金铭寺北。宋岳珂为劝农使，居金陀坊，著《金陀粹编》。寺南有楼，名"湖天海月"。

注：金陀坊，为宋元时嘉兴七十坊之一。白苎村：扼南湖通海盐塘之咽喉，白苎村即指南堰一带

百尺红楼四面窗，石梁一道锁晴江。

自从湖有鸳鸯目，水鸟飞来定自双。

西水驿前津鼓声，原田角角野鸡鸣。

薹心菜甲桃花里，未到天明棹入城。

自注：西水驿在城西。桃花里人多以种菜为业

徐园青李核何纤，未比僧庐味更甜。

听说西施曾一掐，至今颗颗爪痕添。

自注：徐园李，核小如豆，丝悬其中。僧庐谓净相寺，产槜李，每颗有西施爪痕

藉袈桥上水松牌，白石登登雁齿阶。

曾记小时明月夜，踏歌连臂竹邻街。

自注：竹邻里，元陈秀民所居，藉袈桥在其东北

怀家亭馆相家湖，雪艇风阑近已芜。

犹有白萍香十里，生来黄蚬蛤蜊粗。

自注：怀悦居相湖南，辟柳庄，有水亭名雪艇。湖中产蚬甚肥

学绣女儿行水浔，遥看三塔小如针。

并头菡萏双飞翼，记取挑丝色浅深。

自注：城西学绣里，俗传西子入吴，刺绣于此。三塔，龙渊寺前塔也

天宁佛阁早春开，鸟语风铃次第催。

怪道回船湿罗袜，严将军墓踏青来。

自注：天宁寺在秀水县治东北，后有严助墓

落花三月葬西施，寂寞城隅范蠡祠。

水底尽传螺五色，湖边空挂网千丝。

自注：城西南金铭寺有范蠡祠，旧并塑西子像。湖中产螺，皆五色

苏小墓前秋草平，苏小墓上秋瓜生。

同心绾结不知处，日暮野塘空水声。

自注：唐徐凝《嘉兴逢寒食》诗："惟有县前苏小墓。"王禹偁诗："县前苏小有荒坟。"今县南有贤倡巷

风樯水槛尽飞花，一曲春波潋滟斜。

北斗阑干郎记取，七星桥下是儿家。

自注：春波、七星，两桥名

天星湖口好花枝，便过三春采未迟。

蝴蝶双飞如可遂，教郎乞梦冷仙祠。

自注：天星湖在嘉兴县治东，湖北有协律郎冷谦祠，祷梦者有奇验

河头时有浣衣人，处处春流漾白□。

桥下轻舟来往疾，南经娱老北蹲宾。

自注：娱老桥在城南，蹲宾桥在府治西

秋泾极望水平堤，历历杉青古闸西。

夜半呕哑柔橹拨，亭前灯火落帆齐。

自注：秋泾桥在城北。杉青，闸名。落帆，亭名

屋上鸠鸣谷雨开，横塘游女荡舟回。

桃花落后蚕齐浴，竹笋抽时燕便来。

自注：横塘在城东。俗名笋之早者，曰燕来

漏泽寺西估客多，楼前官道后官河。

正值喧阗日中市，杨花小伎抱筝过。

自注：吴船女郎，入市唱曲，号唱杨花

伍胥山头花满林，石佛寺下水深深。

妾似胥山长在眼，郎如石佛本无心。

自注：胥山在城东十八里。石佛寺，唐刹

花船新造水中央，晓发当湖溯汉塘。

听尽钟声十八里，平林小市入新坊。

自注：角里东为汉、魏二塘。德藏寺钟初成，工戒以勿击，俟行百里击之。工行至新坊十八里，遽击之，由是不能远闻。载《括异志》

怀苏亭子草成蹊，六鹤空堂旧迹迷。

唯有清香楼上月，夜深长照子城西。

自注：怀苏亭在府治。六鹤堂，宋知州邓根建。府廨有清香楼，见《异闻总录》。子城载《闲窗括异志》，今目为子墙脚

鸭嘴小船浅水通，荻花门巷萧萧风。

荆南豫北斗新酿，不比吾乡清若空。

自注：清若空亦秀州酒名，见《武林遗事》

百步桥南解缆初，香醪五木隔年储。

不须合路寻鱼鲊，但向分湖问蟹胥。

自注：去郡城东北三里有百步桥。马永卿《懒真子》："苏秀道中有地名五木，出佳酒。"陆游日记："合路卖鲊者甚众。"《一统志》："分湖产蟹"

父老禾兴旧馆前，香粳熟后话丰年。

楼头沽酒楼外泊，半是江淮贩米船。

自注：望云门北旧有禾兴馆。唐李瀚《嘉兴屯田政绩记》："嘉禾一穰，江淮为之康；嘉禾一歉，江淮为之俭"

（其中三首见第六篇第六章第一节）

和《鸳鸯湖棹歌》118首（选20首）

（清）谭吉璁

自　序

予自弱岁从戎，瓯海闽山，梯涉殆遍，今又往来燕秦间，且以转饷入褒斜谷，几死者数矣。稍稍息肩榆林，适逢寇至。婴城固守，自知必无生理，赖援师围解，庶几可告无罪以去。此莼鲈之思肠一日而九回也。表弟朱锡鬯以《鸳鸯湖棹歌》简寄，依韵和之，即鄙俚者亦不加类，取其不失吴音已耳。嗟呼，人穷则返本，盖吾二人出处不同而所遇之穷大都相类。况枌榆之社入之梦寐者，与若以为庄舄之越吟也，则吾岂敢。嘉兴谭吉璁自序。

水市花船一样窗，龙渊学绣一条江。

凭谁移个龙渊塔，学绣村边也作双。

自注：学绣里塔一，龙渊寺前塔三

渔歌听罢听山歌，且有当头照桂娥。

影入碧漪坊下水，月光多与水光多。

自注：碧漪坊：明清时嘉兴坊巷之一，在城中心，朱氏祖居位于该坊

夜色千家尽黑甜，梦羊人起兔华纤。

火光直射杉青堰，旧事人犹说建炎。

自注：南宋运河二十一堰，杉青居其一，置监官一人。秀王子称夫人张梦人遗一羊，已而有娠，以建炎元年十月生孝宗于丞厅，时杉青闸官虞侯张浩夜见赤光烛天

水次嬉游上木牌，闻郎局蹐向金阶。

只知令史铜龙署，不道先生角里街。

自注：禾中水次多编木为牌，浮于河中

苏小坟前水北流，苔花梧叶满园秋。
月华不与高层隔，飞上星湖第一楼。
自注：嘉兴县学，旧为兴圣寺，中有星湖第一楼

胥江不远小山存，犹有遗祠翠木昏。
挂席西风乘兴去，白莲秋水夕阳村。
自注：胥江在胥山下。白莲：白莲寺

春来河蚬不论钱，竹扇茶炉载满船。
沽得梅花三白酒，轻衫醉卧紫荷田。
自注：紫荷花草生田中，花开如茵，可坐卧，游人籍此泥饮

江村复礼旧名乡，竹作笆篱石作塘。
到处十家三酒店，春波系缆岸花香。
自注：《唐书》：徐岱，嘉兴人，大历中为校为郎，观察使李栖筠署所居为复礼乡。十家三酒店，禾中谚也。复礼乡：乡里名，在嘉兴城西北

槜李亭南范蠡湖，野桃花落点春芜。
湖中种得杨池藕，得似西施臂也无。
自注：西施臂，西湖藕名

阿侬爱泊相湖浔，相湖银鱼二寸针。
吴盐蜀姜为郎煮，不怕回船到夜深。
自注：城北相家荡产银鱼

闲看飞燕掠花阶，更听蜂衙向早排。
忽忆南湖开芍药，买舟重试踏青鞋。

百战夭亡事岂非，美人花发泪沾衣。
可堪独上真如塔，荒冢累累认紫薇。
自注：紫薇山即俗名硖石山也。真如寺，绝顶可望，中有审食其冢。美人花即虞美人

端平桥外浦云浓，傍岸邻船恰又逢。
水市乍闻鸡膊膊，城楼遮莫鼓咚咚。
十番鼓笛画船开，吹到风云酒百回。
月自鸳鸯湖上出，灯从狮子汇边来。
自注：狮子汇，东门外埠名

参旗横照郡楼平，塔火初沉渔火生。
郭外城中十三寺，一时落月尽钟声。
自注：十三寺：指嘉兴精严寺、楞严寺、天宁寺、金明寺、祥符寺、报忠寺、水西寺、朱福寺、东塔寺、真如寺、景德寺、漏泽寺、白莲寺

长水县前长水晴，语儿乡里语儿生。
嘉禾乍产由拳野，黄龙又见海盐城。
自注：《水经注》：由拳县，秦时长水县也。又引万善历云，吴黄武六年，由拳西乡产儿能语，因诏为语儿乡。黄龙三年，嘉禾生，由拳县改曰禾兴。吴志，赤乌五年，海盐县言黄龙见

石臼湖南麻雀墩，溪流尽向木迤门。
三江霸业今何在，吴越春秋又属孙。
自注：《吴越春秋》立蛇门以象地力，故南门上有木蛇，首北向，示越属于吴也

菜花泾上半渔矶，薝匐林中尽竹扉。
寒水看同春水阔，高田比似下田肥。
自注：菜花泾在城东，薝匐林，僧舍名

不须炼药紫云栖，随意江皋草阁低。
西马桥西寻季虎，春船解缆月湖堤。
自注：紫云山，五代时谭仙炼药处。月湖在城西北西马桥右，舍弟方蘧别业在焉

木犀开后菊花开，黄雀霜螯载酒醅。
九日登高东塔寺，风沙终胜赫连台。

和《鸳鸯湖棹歌》100首（选20首）

（清）陆以諴

自　序

潞河托迹，鸳水关心。思比翼之文禽，言归未遂；学变歌于阿子，倚棹偏工。唱出巴渝调外，别将

兴寄南湖;响高铁笛声中,不独情殷西子。此竹垞太史《鸳鸯湖棹歌》所由作也。盖以名胜曾传,土风可记,陆蒙老吟成八咏,独剩楼台;张尧同赋就百篇,非关舟楫。因思扣舷而和,觉乙乙其舌抽,触绪即成,难丝丝而就理。舟檇李亭边,窃思学绣;家近闻琴桥畔,应遇知音。

百顷滮湖镜面平,棹歌欸乃唱新声。
阿侬双桨桥边过,夹岸春波照眼明。

自注:滮湖:嘉兴南湖原名

鸳鸯湖畔鸳鸯栖,鸳鸯梦醒乌初啼。
依船方过丽桥北,郎马已来水驿西。

放鹤洲前买棹过,家家养鸭水汀多。
渔村日落人争渡,两岸惟闻阿子歌。

青苗何事取民钱,租埒六州满载船。
大有频征能记否,高丰白雀集屯田。

自注:朱自勉为嘉兴屯田都知,收入数与浙西六州租税埒,时有白雀集高丰屯,盖大穰之征也。见唐李翰《嘉兴屯田纪绩颂并序》

一城隔水远闻鸡,月未斜时乌未啼。
踏月唱歌何处好,阿依家住月濠西。

自注:月濠在治北,其水抱城,湾曲如月,故名

纷纷红雨满江乡,处处黄鹂啭柳塘。
村北村南齐约伴,曹王庙上去烧香。

一径垂杨映石牌,荒烟蔓草没苔阶。
游人指点朱翁子,寂寞孤茔甪里街。

曲曲城南一带湖,宣公遗宅久荒芜。
当年放鹤曾名渚,犹有鹤归渚畔无。

自注:三十世祖宣公旧宅在治南,有放鹤之所,名鹤渚

村边柳色远微茫,望见归舟泊野塘。
摘得韭芽春酒熟,鹅头胫好应时尝。

自注:禾俗取韭芽裹面,名鹅头胫,又名应时春饼

落花流出满城红,起凤腾蛟一水通。
爱向凤池坊里住,朝朝染翰凤池中。

自注:起凤、腾蛟,二桥名

年少熙春逐絮飘,回头娱老路非遥。
郎居城北熙春里,妾住城南娱老桥。

春日流莺似弄丸,徐熙宅畔雨初干。
木纹未识观音面,须向灵光仔细看。

自注:灵光寺即精严寺东晋尚书徐熙故宅,咸通间立。木纹观音殿又目纹观音,见《嘉禾百咏》

天庆馆前秋水平,读书堂外暮云生。
轻舟挐至裴公岛,隔浦烟波起笛声。

自注:读书堂在天庆馆之右,即朱希真别墅,陆放翁诣之,笛声自烟波间起,顷挐小舟至,同发其家

八咏曾传吐笔花,披云阁上夕阳斜。
吟成蒙老诗中景,一簇楼台十万家。

自注:披云阁在子城上。陆蒙老诗云:“云烟断外沧江阔,一簇楼台十万家。”

鱼乐国前一棹通,楼开凝碧对春风。
夜来浮玉亭边宿,水上钟声渡远空。

注:鱼乐国在烟雨楼前。凝碧,浮玉二亭及水上钟声,俱见龚勉《十二景诗序》

雪艇横流映水矶,铁松深处掩双扉。
怀家风味春来美,一碧相湖产蚬肥。

自注:铁松,斋名

遐想经营伐越初,练兵曾向练塘储。
当年试剑石犹在,荷锸亭边吊子胥。

自注:练塘,相传子胥伐越,吴王练兵之所。胥山有试剑石、荷锸亭

舣舟曾住魏塘湾,废疁成冈樵牧还,
酒务当时非一处,城中城外两瓶山。

自注：两瓶山，一在府治后，见李日华《紫桃轩杂缀》；一在魏塘市南，见《弘治志》

旧时月色逐波流，东郭花开看未休。
正是江南春雨后，红霞一抹杏花楼。
自注：旧时，月色轩、杏花楼俱在海盐资圣寺中

韵事朱谭寄两湖，扁舟依亦兴非孤。
曾经百咏流传后，漫数嘉禾八景图。
自注：张尧同有《嘉禾百咏》，吴仲圭有《嘉禾八景图》。两湖：指嘉兴鸳鸯湖及陕北榆林鸳鸯湖

和《鸳鸯湖棹歌》100首(选20首)

(清)张燕昌

自　序

乾隆甲午之冬，临川李公视学两浙，以《鸳鸯湖棹歌》课嘉禾士子。盖欲采里巷之谣谚，觇民情于歌咏，而因以谱太平之风景也。燕昌生长鸳鸯湖畔，扁舟来往，寻鸥问鹭，樵歌渔唱，时领略于烟波缥渺间。昔杨铁崖云：道扬讽谕，古人教广，有兴国显家之道焉。不揆揣昧，仿朱、谭二公倡和之作，续成百首，非敢踵美前贤，亦祗操音下里云尔！

东南一带稻鱼乡，男务田农女务桑。
依谱太平新乐府，棹歌声里渡鸳鸯。
自注：《史记》楚越植稻，善鱼

换衣亭外念郎衣，落帆亭畔望郎归。
花落阶前郎不至，竹林新长燕来肥。
自注：换衣亭，落帆亭俱在郡城北。燕来，笋名

绿萝水阁白萍湖，小妇当窗帘不钩。
三丈日高春梦醒，街前唤卖马兰头。
注：绿萝庄在鸳鸯湖南，明侍郎沈思孝筑。复筑楼于湖之泽，曰半郭。马兰头，菜名

新晴滟滟晓云开，铃语钟声尽日催。
莫道侬舟归独晚，烧香三塔寺前来。
自注：三塔在景德寺前，俗呼三塔寺，即今数改茶禅寺

贤娼巷里春风温，苏小坟前夜月昏。
惟有离离青草色，年年寒食最销魂。

梅风竹雨入�帘，甪里街头屐齿黏。
记送郎行行不得，履鞋桥上履鞋尖。
自注：甪里街在郡城东。履鞋桥在郡城

湖柳丝丝醮碧波，金陀坊外绿阴多。
落花何处寻西子，范蠡湖中五色螺。
自注：金陀坊，范蠡湖俱在郡城。范蠡湖产五色螺，中有西施妆台故址

妾家却住滮湖东，爱趁晴江五两风。
正是相思无限处，子城隔断女墙中。
自注：滮湖在郡城南，即今南湖。子城即府治围墙

通越门边鸟夜栖，马嘶隐隐杂鸣鸡。
五更听得邻船语，一道斜封到水西。
自注：通越门在郡城。水西，驿名

罢钓归来月正昏，橹声矣乃市声喧。
乘风直到湖心处，放鹤湖边又一村。
自注：《静志居诗话》城南放鹤洲，名曰裴岛，南渡初，礼部侍郎朱敦儒之墅，洲名其所题也

麒麟塘外藕溪前，种剩荷花已百年。
闻道名人觞咏地，可能十丈藕如船。
自注：麒麟塘、藕溪俱在郡城东。藕溪，明正统初，许松泉植藕，花开时，名人多游咏于此

蘋花香送木兰桡，一叶湖心趁晚潮。
网得双鱼怜比目，移船载放放生桥。
自注：放生桥在郡城东

丹枫乌桕护柴门，仿佛江南黄叶村。
门外南湖菱最美，胜它风味鸭馄饨。

自注:明诗僧智舷筑黄叶庵于郊西。南湖产菱圆角,俗名馄饨

古寺金铭映水流,宵深海月接天秋。
清光好抵湖天阁,郎自迷离烟雨楼。

自注:金铭寺在郡城,湖天、海月,楼名

家住秦塘第几湾,空明不隔一重山。
劝郎两浆双溪过,莫向七星桥下还。

自注:秦塘在秀水双溪。七星桥在嘉兴

载酒寻花傍水扬,秋泾秋叶舞斜阳。
郎心莫向分湖去,妾意终怜合路长。

自注:秋泾在秀水。分湖即汾湖,半属吴江,故名。合路,见陆游日记

蟋蟀声中白露寒,洲边鹤唳晓星阑。
侬家只爱金笼听,不向裴公岛上看。

自注:郡城卖蟋蟀者,都聚真如寺前为市

郎来问柳妾寻梅,镜水花容岁月催。
漫道闻湖梅与柳,亭空税暑好迟回。

自注:闻湖税署亭在郡城北。问柳、寻梅,皆桥名

菖浦泾上泊鸣桡,共酌菖浦酒兴豪,
醉后回塘看竞渡,龙舟飞过会龙桥。

闻琴台畔仰山高,闻琴桥下荡轻舠,
千载知音遗迹在,水仙一曲隔云涛。

和《鸳鸯湖棹歌》(选9首)

(清)蔡之沧

落帆亭畔路深深,剩有残碑卧绿阴。
十里藕花香不断,画船撑入碧波心。

一带清溪漾白鸥,水西古寺足勾留。
游人络绎桥边过,谁访风光太子楼。

小雨初收望虎墩,苍然野色近黄昏。
数家临水成村落,乳鸭归来各识门。

范蠡祠前载酒过,妆台西畔落花多。
美人一去经千载,水底空传五采螺。

家住双溪湾复湾,汉塘东去水潺潺。
剧怜薄暮鸣榔急,好载斜阳自往还。

相湖两岸尽桑麻,蚕市纷纷笑语哗。
少妇携筐隄畔过,鬓边插遍做丝花。

隔岸山光青染衣,初生芦荻满渔矶。
一声欸乃人何处,惊起鸳鸯沙际飞。

白苎村南接水乡,沿堤大半是垂杨。
年年石笋夫人庙,游女春来去进香。

嫩凉天气傍城隈,尽是瓜皮艇子来。
一棹野王台下过,不堪重上读书堆。

乡景杂咏选

苎村杂咏

(明)沈尧中

苎村烟雨

村舍桑麻绿似油,一番烟雨一番稠。
个中惟许田家乐,赢得区区住陇头。

滮湖夕照

滮湖远在横塘外,何事穿林到我傍。
卧起相看俱不厌,独怜潋滟带斜阳。

华严晓钟

草舍孤眠夜气清,景龙钟韵卧中鸣。
声声似唤邯郸梦,却笑朝臣待五更。

真如新月

真峰危峙接星辰,忽睹峰头片月新。

共道威王来宝地，带将南海一钩银。

远浦征帆

南浦悠悠无尽头，征帆隐隐送扁舟。
逃名谁解鸥夷子，一任天风过海洲。

虚楼弄笛

湖天蜃气涌楼台，十二阑干次第开。
玉笛一声云外落，却疑身在大凉来。

野渡横舟

凭轩西望送斜晖，两岸芦花傍水肥。
迟客未来舟漾漾，不胜杨柳绿依依。

东篱曲径

幽居东去种瓜田，树里衡门翠影缠。
夹道女萝山径僻，小桥流水落花妍。

竹坞停云

晨去村云四望馀，太虚为御竹为居。
也知世路难于泊，且向淇园自卷舒。

松皋积雪

东郭先生坐小舲，雪中棹入荻芦汀。
江天漫漫迷归路，犹认松头数点青。

烟雨楼杂咏

（明）龚　勉

瀛洲胜境

楼台一水浮，四顾景偏胜。
谁谓郡城东，即是瀛洲境。

烟雨楼

湖景郁茫茫，非烟亦非雨。
登楼披素襟，悠然渺尘宇。

大士阁

水月一境空，彼岸渺无际。
大士悯众生，慈航时普渡。

文昌阁

杰阁奉帝君，光腾奎璧象。
昭我入文昌，济之虞廷上。

武安祠

矫矫寿亭侯，威灵振千古。
永佑槜李民，万户皆安堵。

禅定斋

群动日纷纭，禅心本常定。
动定总如如，了此即智证。

观空室

诸相悉是妄，万物皆归宗。
达官无障碍，斗空太虚同。

栖凤轩

聚竹翠亭亭，清芬淡可欲。
时有风来栖，和鸣向朝旭。

钓鳌矶

桃花浪初暖，东海知不遥。
矶头一垂钓，垂手得巨鳌。

凝碧亭

湖水澄不波，遥空凝一碧。
幽人坐临流，恍然游太液。

浮玉亭

孤云带月光，水际若浮玉。
凭栏一赏心，沧浪歌濯足。

水上钟

钟梵水云上，僧来时一鸣。
遥闻发深省，尘虑忽然清。

湖心井

凿井开湖心，一泓清且洌。

脉似惠泉分，煮茗时可啜。

真如八景

（明）冯伯礼

雪峰井

携得闽天云，飞为吴地雪。
坎受云雪腴，作洪广长舌。

长水塔

译出房融手，光分长水心。
心精扶窣堵，阿育比千寻。

清辉堂

人曾攫柱础，剩字识皇唐。
千古惟裴相，名容有此堂。

彩云桥

彩云已飞去，大地何寥寥。
谁留这个在，无桥胜有桥。

柏　屏

屈曲只随人，树原无此性。
一喝紫柏尊，便从言下证。

石　梅

怪看石上花，碎石不教剩。
却笑留孤山，尽着寻梅兴。

龙　槐

黄英耀麟甲，拔地欲腾空。
去合防金翅，还来佛钵中。

璎珞松

根珀叶绿璁，价值千万亿。
枝入大明手，解自无尽意。

州东杂咏30首（选15首）

（民国）陶元镛

自　序

我生五十余年间，而变迁已若是之速。再阅我生之年，正不知若何景象矣。我里居秀州古治之东，流水一湾，疏林几树，昔有城市山林之目。余家卜宅于此垂二百年。幼时闻先君子与人谈里中故事，心窃默识不忘。年事日增，怀旧观念因而弥笃。每寻往迹，辄用流连，岁暮无聊，摭拾闻见，成州东杂咏卅首。一隅所囿，本乏名区胜迹，足光乡土，聊以寄沧桑之感慨，资枌榆之谈助而已。1928年岁次戊辰仲冬，旧秀水陶元镛于州东五柳山庄。

几家残照掩柴关，占断清溪水一湾。
欲倩画师图粉本，半村半郭惜无山。

自注：州东湾，水木明瑟。余每倩人作图，辄以无山点缀窘于下笔

儿时扪葛侈先登，蹑足高陴最上层。
绕郭千家零落尽，只余壕股塔崚嶒。

自注：幼时集众攀登城，观南湖中炮船水操。壕股塔在城外隍池中，洪杨前，人烟稠聚，今惟浮屠七级矗立烟波之中

不见垂柳拂女墙，环城今已变康庄。
剧怜丛冢平除尽，白骨成堆暴夕阳。

自注：南隅拆城筑路，掘去冢不少，白骨堆置路旁，过者掩面

五柳庄前载酒过，西来流水到门多。
舣舟欲问清军馆，八字桥平卧碧波。

自注：余宅右通州东湾，颜其闾曰五柳山庄，以迓西南来水。清军馆址，在旧府治东，跨河有清军馆桥，两石堍成八字形

罗城桥外水平芜，小小茶寮竹火炉。
几辈老苍清话集，负喧狂吸淡巴菰。

自注：罗城桥在干河滩三官堂侧，旧设小茶肆。

少时见诸老宿品茗于此

观音佛阁沸春台，太仆祠荒斗草来。
独秀一峰松雪篆，舞蛟两字掩莓苔。

自注：大年堂前观音阁毗连铜锡公所，岁时常演剧，阁前为徐太仆祠故墟祠内有石峰，曰舞蛟，传为赵松雪所篆，今石尚存

大年药肆设何年，堂后堂前甲第连。
咫尺天方此何地，清真古教久流传。

自注：大年堂系明代药肆名称，遂沿以名街。回教礼拜寺在其间，墙题“天方咫尺”四字

苏小坟荒抔土存，杭禾两地各争墩。
我题短碣兼栽柳，重问贤娼旧巷门。

自注：昔年因浚河之便，重修墓址，手书题碣曰“苏小小墓”。墓后巷名贤娼，俗作盐仓

新桥河畔小横塘，曾见当年积谷仓。
几树盘根榆柳在，更无人识凤凰冈。

自注：“府积谷仓”旧在新桥西堍，今并陆军营部。旧志州东湾有凤凰冈

谁铸营房大错成，城中不绝鼓鼙声。
哨兵面目狰狞甚，薄醉归来间道行。

自注：自改旧府署为营舍，而城内居民隐忧殊甚。我里夜行尤遭呵斥。禾人至今集矢于朱督并及驻禾某团附

秀州古治府衙开，壁垒相传点将台。
彩仗迎春风日丽，尚闻人说百株梅。

瑞虹桥古石栏平，宽广能容五马行。
欲上层楼望晴日，森严刁斗正屯兵。

自注：瑞虹桥在府治前，城内诸桥以此与广平为最古，瑞虹尤宽广，环洞底无一横石。晴日楼，清季太守杨士燮建，今供陆军瞭望

百工居肆各思源，罗祖公输庙貌存。
一自春台悬禁例，神祠箫鼓寂前村。

自注：南营有鲁班、罗祖二殿，一为木作之祖师，一为剃发之祖师，岁皆演剧，今奉禁停止

坊巷标题几变更，府南司弄少人行。
不知表里经谁手，误冒州东石槛名。

自注：府南街司狱司署对面有司弄，东通石槛弄，而名称各殊。今警署所编钉路牌亦称石槛弄，实误

城市山林海岳书，百年遗迹问樵渔。
集仙坊古仙踪杳，沮洳谁疏水一渠。

自注：州东旧有米书“城市山林”四题字，故老犹及见之。隐真道院，宋绍兴间真人吕纯阳、刘高尚相继至此，故其名集仙坊，即今新开河一带

篁里十景诗

（清）蒋若济

太平晓钟

太平古寺美园东，几杵钟声日未红。
记得书楼惊晓梦，余音袅袅扬春风。
咸丰己未，余读书张氏美园考堂楼，与寺为邻

丁溪新涨

纵横溪影字成丁，一夜新痕涨远汀。
门外小桥流水急，绿烟浓处过吴舲。

南舍春耕

妨农愁记乱离年，田舍荒芜漠野烟。
日月重光春雨足，一犁仍种旧时田。

白洋烟雨

濛濛烟雨水云乡，曾记扁舟共举觞。
并坐篷窗吟健句，白洋洋初一桥长。
庚申三月，偕王晓舟游白洋

溪南补竹

新行里欲作新篁，特向溪南补竹忙。
待访徐陵旧时宅，伤心烟雨锁筼筜。

道光初年，籀庄明经之父瀛洲先生，尝于溪南补竹绘图题咏，迄今五十年，明经父子俱归道山矣

净相槜李

佳名初见春秋传，一掐纤痕忆越娥。
莫向僧庐怨零落，自来硕果本无多。

流泉秋月

流泉曲曲自东西，楼阁参差桥影低。
明月不知骚客恨，秋来夜夜照清溪。

六如夕照

古寺疏林夕照曛，云霞如昼暮钟催。
堂前朴树今何在，留得张颠妙笔来。
朴寿堂额为张叔未解元笔

褚坟早梅

褚家坟上老梅斜，未到春回已著花。
比是孤山林处士，满天香雪葬诗家。

骑塘残雪

野塘寒影剧萧条，古寺荒凉雪未消。
太息劫余诗思少，骑驴谁更过溪桥。

凤桥十景

（清）阙　洪

瑶池秋月

瑶池深处有人家，每到中秋看月华。
最好冰轮藤夜半，烂银盘内浪生花。

石佛宵钟

声传百八寺门重，几处高楼睡正浓。
我亦无心同石佛，任渠打遍五更钟。

吼桥疏雨

吼桥跨水市东偏，日脚沉时雨满天。
桥下轻舟来往疾，渔人披去一蓑烟。

汉祠夕照

祠庙三间门未关，亭亭圆日落西山。
有人小坐旗亭望，鸱吻犹衔一抹殷。

凤桥晓市

此间抱布聚氓蚩，未听鸡鸣已怕迟。
滑汰霜桥人迹乱，几家睡足日高时。

石庙春耕

春来庙外土如膏，负耒农人不惮劳。
劝尔归田一杯酒，至今蓑笠满东皋。

半山霁雪

偶然玉戏罢天公，白醉茅檐霁景烘。
一望平原开粉本，光摇银海夕阳中。

鹤舫甘蕉

一一鹤声飞上天，幽人听罢枕书眠。
蕉花开落书斋寂，兀兀真同春水船。

青狮野色

庵前一望草茫茫，谁跨青狮过夕阳。
独坐山门看野色，白云红树散牛羊。

悖皮古木

僻处偏能教子孙，衣冠浑朴古风存。
百年老树何葱郁，知是庞公旧住村。

平林杂咏100首（选12首）

清·徐文潮

汉塘百里旧圻封，半是工商半是农；
好占平林成小市，东西水汇两青龙。

小舟爱向柳阴停，唤渡人来九里亭；
月冷露凉秋夜半，遥看蟹舍一灯青。

妙峰寺下水迢迢，半壁山门傍小桥；
遥望夕阳斜照里，红墙几曲是龙腰。

竹林古院竹林中，竹笋抽芽玉版同；
三美兼呈色香味，参禅曾否有坡翁。

黎林古刹暗生烟，试煮新茶谷雨前；
一径浓阴堪入画，百年老树欲参天。

高家埭上宦游多，水底还生五色螺；
绿树阴阴巢白鸟，清溪一曲放生河。

慧珠寺冷露溥溥，双柏连枝永合欢；
月落钟鸣天欲曙，佛前惨淡一灯寒。

丰乐桥头夕阳沉，遥看北寺塔如针；
浣衣河畔贫家女，秋夜常闻捣月砧。

桃红柳绿菜花黄，春在西园渡口藏；
浴罢归凫何处去，双双飞入众欢塘。

树林深处一青墩，点将高坛旧迹存；
传说子胥遗像在，至今玉貌尚留温。

汤园花竹碧如烟，题壁新诗墨色鲜；
轩外雨声听淅沥，亭中月影印团圆。

汉水长流何处通，鸳鸯鸂鶒占西东；
湖光潋滟多风月，尽在遥遥一望中。

第三节　民间歌谣

凤桥抗日诗

（一）

六月十三热未凉，
东洋鬼子又出场 。
十八里桥焦山门，
两路进攻意洋洋。
冲过河泥浜，
打进梅花庵，
块块田板摆战场，
石佛寺边激战忙。

我们幸亏何营长，
领队拼命去抵抗。
大刀如闪电，
炸弹如雷响。

机枪哒哒哒，
钢炮隆隆隆。
杀得东洋鬼子死的死来伤的伤，
我们才能得安康。

（二）

七月初五太阳红，
凌晨未起睡意浓。
拍拍拍，轰隆隆，
枪声炮声惊好梦。

店店上门板，
家家打包裹。
阿大啦、阿二啦，
逃出性命各西东。
下午四点钟，
远望天空红。
凤桥出事体，
鬼子正在放火中。

抗日战争战歌

起来同胞们，
起来和鬼子们拼，
他强占我们的杭州，
他强占我们的嘉兴，
只有战，只有拼了，
在死里求胜。
拿起能抗日的
镰刀、斧头、剪刀、

锄头、鸟枪、铁尺、土炮。
来保卫我们的
父母、姐妹、兄弟，
生命、财产、田园、土地。
武装保卫浙江。

嘎么歌

嘎么飞过打铜锣？
雁儿飞过打铜锣。
嘎么国家包我三面？
俄罗斯北方包我三面。
嘎么国家毒计中藏？
英吉利假通商毒计中藏。
嘎么国家窥视黔桂？
法兰西占广州，窥视黔桂。
嘎么虎视东方？
德意志占领胶州，虎视东方。
嘎么小国割我台湾？
日本取台湾，再图福建。
嘎么国家想要利益均沾？
美利坚想要利益均沾。
这中国哪一个还有我份，
我朝廷原是个名存实亡！

抗美援朝

中央号令到新坊，
捐款献物上下忙；
购成飞机和大炮，
抗美援朝保家乡。

老支书　学文化

老支书，何金发，年纪六十八。
上县城，学文化，又喜又是怕。
若要问，喜的啥？说句心里话：
旧社会，做牛马，成了睁眼瞎！
毛主席，关怀咱，请伢学文化。
青甘蔗，老来甜，想想开心煞。
既是喜，为啥怕？也是实在话：
拿起书，眼睛花，蚂蚁满纸爬；
手握笔，不听话，写字打滑塌。
刚开始，有点怕，渐渐决心大；
树雄心，立壮志，坚决克服它！

何时解放四弯腰

拔　秧

月亮挂树梢，蚊子到处咬。
双手叠血泡，肚子咕咕叫。
乳儿床头閙，为娘心里焦！

种　田

万亩青苗有几丛？一颗一鞠躬！
此耕此种有几代？代代学祖宗！
难道儿孙仍似我？永做老愚公！

耘　苗

蠓蚊、虻蝇、蚂蟥、露珠、汗水、泥浆……
脸朝黑土背朝天，双膝开路一行行。
棵棵稻根留指印，瓣瓣绿叶闪汗光！

割　稻

犁星刚刚升起，急忙忙奔到田里；
太阳慢慢落山，汗淋淋无暇揩伊。
弯腰好似千针扎，抬头犹见群星移……
收割机呀收割机，不知还在哪里?!

工地是战场

工地是战场，锄头当长枪，
社员是勇将，干部诸葛亮。

电灯电话

点灯不用油，
耕田不用牛。
楼上楼下，
电灯电话。

社会主义阳关道

单干好比独木桥，
走一步来摇三摇。
人民公社是金桥，
社会主义阳关道。

赚钱要得当

豆腐吃得烫，老婆娶得壮，
赚钱要得当，铜钿用勿光。

啃老

生个儿子不挑担，
娶个媳妇不烧饭，
照料小孩靠奶奶，
开销老骨头上宰。

童子求雨

一拜天来二拜地
三拜龙王和玉帝
童子求雨天欢喜
滴滴落在苗田里

爱惜粮食

农民伯伯真辛苦，背朝蓝天面朝土，
不怕严寒和酷暑，早出晚归种稻谷，
大家一起想一想，多少汗水流入土，
三餐吃饭记清楚，每颗饭粒都入肚。

媒　人

摇船要用橹绑绳，
唱歌要有领头人。
小囡相打要有和事佬，
小妹出嫁要寻媒人。

船上本来就有橹绑绳，
开口唱歌要啥领头人。
小囡相打要啥和事佬，
小妹想郎勿要寻媒人。

嘉兴城

嘉兴一府秀州城，
两县衙门闹盈盈，
三(杉)青闸兵马来交应，
四城门告示密层层，
五龙桥相对茶禅寺，
六(角)里街上出乡绅，
七层宝塔耸天立，
八鲜行里挂红灯，
九(韭)溪桥在城中心，
十(闸)前街对菜花泾。

十二月“子”字歌

正月踢毽子，
二月放鸭子，

三月裹粽子,
四月剥茧子,
五月买把花扇子,
六月嘣里啪啦赶蚊子,
七月戥银子,
八月造房子,
九月讨娘子,
十月养儿子,
十一月里苦恼子,
十二月里只能戴顶破帽子。

说势利

狗眼乌珠看人低,
只看衣衫勿重人;
穷者说真也是假,
有者放屁也去闻。

说胆怯

踏煞蚂蚁怕罪过,
走路步步看脚印,
要吃炒米怨香气,
肩胛难搁灯草轻。

说 俏

长得俏来翰是俏,
打扮俏来惹人笑,
冬令时节穿春装,
冻得骨头嘎嘎叫。

十稀奇

一稀奇,蝗虫拖走大雄鸡;
二稀奇,西山两只老虎猫拖去;
三稀奇,三岁小囡出胡须;
四稀奇,师姑庵里张灯结彩讨女婿;
五稀奇,五只黄羊关啦鸟笼里;
六稀奇,六十岁公公困啦摇篮里;
七稀奇,七仙女淹死在盖碗里;
八稀奇,八仙桌放啦茶盘里;
九稀奇,群山只龙船撑进阴沟里;
十稀奇,长虹大桥贼偷去。

宣统元年

宣统元年,
水没廊沿,
苦如黄连,
豆腐过年。

摇啊摇

摇啊摇,摇啊摇,
一摇摇到外婆桥。
娘舅待我真要好,
买条鲤鱼要叫舅妈烧,
舅妈勿肯烧,
娘舅捋起袖子自家烧。
烧来头勿熟,尾巴焦,
外甥吃了泛淘淘。

拍手歌

小朋友,真开心,边唱边跳拍手心。
你拍一,我拍一,正月初一是春节。
你拍二,我拍二,二月里来转气候。
你拍三,我拍三,三月菜花像牡丹。
你拍四,我拍四,四月景色胜城市。
你拍五,我拍五,五月端午粽子裹。
你拍六,我拍六,六月知了吱吱叫。
你拍七,我拍七,七月蟋蟀叽叽叽。

你拍八，我拍八，八月十五月亮大。
你拍九，我拍九，九月重阳要登山。
你拍十，我拍十，十月庄稼结果实。
十一月里收割忙，十二月里粮满仓。
风调雨顺、五谷丰登、六畜兴旺、人寿年丰、
辞旧迎新、欢度大年，小朋友心里真开心。

新娘子

新娘子，摆架子。
蚂蚁抬轿子，
苍蝇分帖子，
蜜蜂吹笛子，
蝴蝶照镜子。
咪哩嘛啦吹号子，
一抬抬到新房子。
停轿子，走出一个新娘子，
原来是只金蛉子。

国旗上的星星

国旗上挂着五颗星星，
就像发光的眼睛。
小星星围着大星星，
就像依偎着母亲。
你看看我，我看看你，
目光多么可亲。
哦，我知道了：
只要我们努力学习，
祖国妈妈就会高兴。

中秋夜

中秋夜，亮光光，
家家户户赏月忙。
摆果饼，烧线香，
大家一起拜月亮。
分红柿，切蛋黄，
赏罢月亮入梦乡。
乘火箭，月宫逛，
看看嫦娥和吴刚。

月亮光

月亮光，照谷场，
谷场上，农民忙。
今年稻谷收成好，
家家户户乐陶陶。

月姐姐

月姐姐，多变化，
初一二，黑麻麻，
初三四，银钩样，
初八九，似龙牙，
十一二，半边瓜，
十五银盘高高挂。
中秋月，净无暇，
圆如镜子照我家。

老伯伯

前面有个老伯伯，
年纪活到八十八，
跑到北丽桥，
买碗八宝饭，
洋钿用脱八千八百八十八块八八八。

烧夜饭

三三三，三三三，
淘米烧夜饭。

烧点啥小菜，
酱萝卜干大头菜。

月婆婆(用嘉兴土话接口令)

月婆婆，拜三拜，
拜倷(你)明年好世界。
世界大，买只鹅。
世界小，买只鸟(diao)，
鸟飞，买只鸡，
鸡啼，买只梨。
梨黄，称斤糖，
糖甜，买爿田。
田荒，买只缸，
缸碎，买把伞。
伞坍(破)，买只篮。
篮坍，买淘箩，
姆妈淘米烧夜饭。

游戏儿歌

一

侬(你)姓啥？我姓黄；
啥个黄？草头黄；
啥个草？碧绿草；
啥个碧？毛笔；
啥个毛？羊毛；
啥个羊？山羊；
啥个山？高山；
啥个高？年糕；
啥个年？××××年，
待倷姆妈吃碗肉丝面！

二

小孩抱公鸡，
公鸡啄蜜蜂，
蜜蜂叮瘌痢，
瘌痢背洋枪，
洋枪打老虎，
老虎吃小孩。"

三

山上有老虎，
老虎要吃人，
关了笼子里，
笼子破脱，
老虎逃脱，
逃到天津，
买包味精，
摆了水里浸一浸，
变做狐狸精。

四

落雨哩，
打烊哩，
小拨拉子开会哩。

五

同志们起来了，
起来倒马桶。
还有两分钟，
两只大马桶，
拎呀么拎勿动。

六

新剃白白头，
勿敲三记触霉头，
一！二！三！

七

我来讲只故事，
故事里厢有只兔子，
兔子跑哩，
故事完哩。

八

今天我进城，
看见一个人，

脸上的麻子一个连一个，
大的像黄豆，
小的像芝麻，
芝麻黄豆数也数不清，
最小的、最小的也有二两半。

九

搭襻鞋子红洋袜，
开会坐了第一排，
积极分子评勿着！

十

老交老交，
屁股烧焦，
烧到半焦，
还好还好！

十一

乡下人，
到上海。
上海闲话讲勿来，
米西米西炒咸菜！

十二

老头子老太婆打乒乓，
老太婆削，
老头子罩，
削罩削罩有名堂。

十三

我们要求一个人，
你们要求什么人？
我们要求某某某呀，
谁来同他去？
我来同他去！

十四

我们都是木头人，
不会讲话不会笑，
还有一个不许动！

十五

鸡鸡头，
蓬蓬飞，
一飞飞到稻田里，
稻田里厢吃白米……

十六

摇啊摇，
摇到外婆桥，
一块馒头一块糕，
宝宝闭眼睛快睏觉，
外婆叫我好宝宝。

十七

马林糖，
马林糖，
三分洋钿马林糖，
玫瑰香蕉马林糖。

十八

田田畈畈，
翻过南山。
南山北斗，
水津潼关。
狸猫合煞，
杨柳直脚。

20世纪90年代，禾兴南路鸟瞰

附 录

一、志余新闻报道

习近平在瞻仰中共一大会址时强调
铭记党的奋斗历程时刻不忘初心担当党的崇高使命矢志永远奋斗

党的十九大闭幕仅一周，中共中央总书记、国家主席、中央军委主席习近平带领中共中央政治局常委李克强、栗战书、汪洋、王沪宁、赵乐际、韩正，于31日专程从北京前往上海和浙江嘉兴，瞻仰上海中共一大会址和浙江嘉兴南湖红船，回顾建党历史，重温入党誓词，宣示新一届党中央领导集体的坚定政治信念。习近平发表重要讲话强调，只有不忘初心、牢记使命、永远奋斗，才能让中国共产党永远年轻。只要全党全国各族人民团结一心、苦干实干，中华民族伟大复兴的巨轮就一定能够乘风破浪、胜利驶向光辉的彼岸。

31日上午，习近平等一下飞机，就来到位于上海市兴业路76号的中共一大会址。这座饱经沧桑的石库门建筑，1952年9月修复并对外开放，在繁华的现代化都市中庄严肃穆。96年前，1921年7月，中国共产党第一次全国代表大会在这里举行，会议的主要议程是成立中国共产党。

习近平等在兴业路下车后，步行来到中共一大会址纪念馆。习近平在上海工作期间曾3次到这里。在这里，习近平首先瞻仰了中共一大会议室原址。这个18平方米的房间按照当年会议场景复原布置。习近平久久凝视，叮嘱一定要把会址保护好、利用好。习近平动情地说，毛泽东同志称这里是中国共产党的"产床"，这个比喻很形象，我看这里也是我们中国共产党人的精神家园。

随后，习近平等瞻仰了中共一大代表群像浮雕，参观了《伟大开端——中国共产党创建历史陈列》。"前赴后继、救亡图存"、"风云际会、相约建党"、"群英汇聚、开天辟地"等专题展区，陈列着大量实物和图片，有的还有雕塑和沙盘，习近平一边听取介绍，一边询问细节。他对着浮雕一一列数中共一大13名代表的姓名，感叹英雄辈出，也感叹大浪淘沙。习近平指出，建党时的每件文物都十分珍贵、每个情景都耐人寻味，我们要经常回忆、深入思索，从中解读我们党的初心。

题为《追梦》的视频短片，浓缩了我们党波澜壮阔的奋斗历程，习近平等驻足观看。习近平表示，我们党的全部历史都是从中共一大开启的，我们走得再远都不能忘记来时的路。

纪念馆宣誓厅，悬挂着巨幅中国共产党党旗。面对党旗，习近平带领其他中共中央政治局常委同志一起重温入党誓词。在习近平领誓下，铿锵有力的宣誓声响彻大厅，让现场所有人都深受感染，仿佛回到了那个风雨如磐的年代。习近平强调，入党誓词字数不多，记住并不难，难的是终身坚守。每个党员要牢记入党誓词，经常加以对照，坚定不移，终生不渝。

当天下午，习近平等从上海乘火车来到浙江嘉兴市，继续追寻中共一大足迹。当时，正在上海召开的中共一大因遭到上海法租界巡捕袭扰，紧急转移到浙江嘉兴南湖一条小船上继续进行，在船上完成了大会全部议程。红船由此得名并名扬天下。

微风习习、清波荡漾的南湖，下午4时40分许迎来了习近平一行。习近平等走到湖边，瞻仰红船，详细了解利用红船开展爱国主义教育等情况。习近平指出，小小红船承载千钧，播下了中国革命的火种，开启了中国共产党的跨世纪航程。

离开南湖，习近平等前往南湖革命纪念馆参观。这座纪念馆2006年6月28日由时任浙江省委书记习近平亲自奠基，2011年纪念建党90周年前夕落成开放。

纪念馆圆形序厅里，精美的红船雕塑栩栩如生，硕大的镰刀锤头图案鲜艳夺目，二者交相辉映，寓意中国共产党领航中国号巨轮破浪前行。习近平等由此进入以"开天辟地"为主题的展厅，先后参观了"探索救亡图存道路"、"中国共产党成立"等专题展览。这里展出的实物和图片，同上海中共一大会址的展览互为印证，详实记录了中国共产党诞生的历史全貌。习近平不时同其他常委同志交流。习近平表示，从纪念馆奠基那一刻起，我就一直想着落成后要来看一看，今天如愿以偿了，确实深受教育和鼓舞。在浙江工作期间，我曾经把"红船精神"概括为开天辟地、敢为人先的首创精神，坚定理想、百折不挠的奋斗精神，立党为公、忠诚为民的奉献精神。我们要结合时代特点大力弘扬"红船精神"。

参观结束时，习近平发表了重要讲话。他表示，我们全体中央政治局常委同志这次集体出行，目的是回顾我们党的光辉历程特别是建党时的历史，进行革命传统教育，学习革命先辈的崇高精神，明确肩负的重大责任，增强为实现党的十九大提出的目标任务而奋斗的责任感和使命感。

习近平指出，上海党的一大会址、嘉兴南湖红船是我们党梦想起航的地方。我们党从这里诞生，从这里出征，从这里走向全国执政。这里是我们党的根脉。

习近平强调，"其作始也简，其将毕也必巨。"96年来，我们党团结带领人民取得了举世瞩目的伟大成就，这值得我们骄傲和自豪。同时，事业发展永无止境，共产党人的初心永远不能改变。唯有不忘初心，方可告慰历史、告慰先辈，方可赢得民心、赢得时代，方可善作善成、一往无前。

习近平指出，党的十九大擘画了党和国家事业发展的目标和任务，全党同志必须坚持全心全意为人民服务的根本宗旨，不断带领人民创造更加幸福美好的生活；牢记共产主义远大理想，坚定中国特色社会主义共同理想，一步一个脚印向着美好未来和最高理想前进；始终保持谦虚谨慎、不骄不躁的作风，不畏艰难、不怕牺牲，为实现"两个一百年"奋斗目标、实现中华民族伟大复兴的中国梦而不懈奋斗。

临行时，习近平同纪念馆工作人员亲切握手，勉励大家从党的光辉历史中汲取奋进的力量，在为党和人民事业不断做出贡献的同时书写好自己的人生篇章。大家报以长时间热烈的掌声。

中共中央政治局委员丁薛祥、李强、陈希和中央有关部门负责同志，上海市、浙江省有关负责同志参加上述活动。

（摘自2017年11月1日《嘉兴日报》头版）

梦想，从这里启航

——记习近平总书记带领中共中央政治局常委赴上海瞻仰中共一大会址、赴浙江嘉兴瞻仰南湖红船

上海，兴业路76号；浙江嘉兴，南湖红船。两个具有重要标志意义的中国革命原点，在时隔近百年后的大地上依然闪耀着指引未来的光芒。

10月31日，在党的十九大胜利闭幕一周之际，习近平总书记带领中共中央政治局常委专程赶赴这里，沿着早期共产党人的足迹，探寻我们党的精神密码。

从哪里来，到哪里去。翻开风云激荡的红色篇章，在历史中汲取力量，为的是不忘初心、牢记使命、永远奋斗。习近平总书记强调："上海党的一大会址、嘉兴南湖红船是我们党梦想起航的地方。我们党从这里诞生，从这里出征，从这里走向全国执政。这里是我们党的根脉。"

惊雷划空

上海，11时许。习近平总书记一行下车，缓步走向绿荫下的中共一大会址。秋叶静美，大门上的铜环熠熠生辉。1921年7月，身着长衫、中山装、西装的10多位有志之士，怀着对马克思主义的憧憬，从四面八方赶到位于法租界的这个幽静小院，轻轻叩响铜环。

那时的中国积弱积贫、九原板荡、百载陆沉，被称为是一艘"无一处没有伤痕"的破船。经过翻天覆地的历史变迁，今天的此刻，习近平总书记和其他常委同志迈过门槛，伫立于复原的中共一大会场旧址，倾听历史回响。

青色砖墙、红色窗棂、精致条桌、硬木椅、小圆凳、雕花茶杯、粉色花瓶、紫铜烟缸……习近平总书记凝视着、思索着。

中共一大会址纪念馆馆长说起当时情形。习近平总书记动情地说，毛泽东同志称这里是中国共产党的"产床"，这个比喻很形象，我看这里也是我们中国共产党人的精神家园。

当日下午，习近平总书记一行循着革命先辈的足迹，从上海乘坐火车赴嘉兴，瞻仰南湖红船。那时，中共一大会议因被巡捕窥探、被迫中断，代表们随后辗转来到浙江嘉兴，泛舟于"轻烟漠漠雨疏疏"的南湖之上，继续会议议程。

96年前的那一天，7个小时，从日头正浓到夕阳西下，中共一大代表们讨论通过了中共第一个纲领和第一份决议，选举产生了中央局。抚今追昔，习近平总书记感慨："小小红船承载千钧，播下了中国革命的火种，开启了中国共产党的跨世纪航程。"

总书记伫立岸边，久久眺望清波荡漾的远方。革命先辈们也曾一次次望向远方、追寻未来。"莽莽神州，已倒之狂澜待挽；茫茫华夏，中流之砥柱伊谁"，谁能想到，正是这条小船摆渡了暮霭沉沉的中国。

5分钟车程，抵达南湖革命纪念馆。习近平总书记和其他常委同志拾级而上。气势恢宏的序厅，穹顶上的铁锤镰刀分外醒目。一艘复建的红船破墙而出，似在告诉人们正是这一把橹桨摇醒了在茫茫黑夜中摸索了半个多世纪的中国。

站在这条红船前，习近平总书记的讲话回荡大厅："党的十九大擘画了党和国家事业发展的目标和任

务，全党同志必须坚持全心全意为人民服务的根本宗旨，不断带领人民创造更加幸福美好的生活；牢记共产主义远大理想，坚定中国特色社会主义共同理想，一步一个脚印向着美好未来和最高理想前进；始终保持谦虚谨慎、不骄不躁的作风，不畏艰难、不怕牺牲，为实现‘两个一百年’奋斗目标、实现中华民族伟大复兴的中国梦而不懈奋斗。”

初心不改

走得再远、走到再光辉的未来，也不能忘记走过的过去，不能忘记为什么出发。上海、嘉兴，习近平总书记多次讲到“初心”二字。

初心是什么？

欲知大道，史可为鉴。中共一大会址纪念馆，视频短片《追梦》吸引了他们的目光。共产党领航，中国从生灵涂炭、一穷二白，到世界第二大经济体；从铁钉、火柴都要进口，到自力更生造出“两弹一星”，“嫦娥”奔月“蛟龙”入海……一个政党的成长和一个国家的复兴紧密相连。

短片播放了习近平总书记党的十九大报告的一席话，此情此景听来更令人心潮澎湃：“中国共产党人的初心和使命，就是为中国人民谋幸福，为中华民族谋复兴。这个初心和使命是激励中国共产党人不断前进的根本动力。”

为什么不能忘记初心？因为共产党人的初心，是我们这个中国共产党长盛不衰、枝繁叶茂的动力源。

1920年9月印刷出版的《共产党宣言》中文译本，安放于展厅陈列柜。习近平总书记多次讲述了陈望道在翻译《共产党宣言》时“蘸着墨汁吃粽子，还说味道很甜”。真理的味道如此甘甜，一代代共产党人前仆后继。讲解员说起这一译本由一位共产党人的老父亲放在衣冠冢中方才保存下来，总书记听了连称很珍贵，说这些文物是历史的见证，要保存好、利用好。

习近平总书记站在《中共第一个纲领》前、站在《中共第一个工作决议》前，逐字逐句细细品阅。他走到栩栩如生的一大代表群雕前，听讲解员的讲述。习近平指出，中国共产党一开始就在自己的纲领文件中开宗明义确立了坚持马克思列宁主义，鲜明写下“工人阶级”“无产阶级”这些字句。尽管处于初创阶段，但奠定了我们党的前进方向和基石。

纪念馆一层序厅，巨幅党旗如鲜血浸染。习近平总书记带领其他常委同志一道举起右拳、庄严宣誓。“我志愿加入中国共产党，拥护党的纲领，遵守党的章程……”他们的声音交汇在一起，一字一句，句句铿锵。习近平总书记说，入党誓词字数不多，记住并不难，难的是终身坚守。每个党员要牢记入党誓词，经常加以对照，坚定不移，终生不渝。

我们党从弱小到强大，从九死一生到蓬勃兴旺，从只有50多位党员到拥有8900多万党员、450多万个基层组织，成为世界最大执政党。之所以能如此，根本在于我们党能“始终同人民想在一起、干在一起”，保持初心不改、壮志豪发，在风云变幻的百年史册上留下不朽传奇。

信念如磐

道路决定命运。

习近平总书记驻足于革命先辈谢觉哉的日记本前。1921年6月29日，日记写道：“午后六时叔衡往上海，偕行者润之，赴全国〇〇〇〇〇之招。”为避免搜查所画的五个圆圈，意为“共产主义者”。

那个年代，信仰的选择也是生命的抉择。习近平总书记一行站在中共一大代表的浮雕前端详。大浪淘沙，个人坚守信仰力量的强弱决定着人生命运的方向。有用马克思主义引领中国改天换地的毛泽东，有为真理献身的何叔衡、陈潭秋、邓恩铭，也有信念中途夭折、背叛党和人民的周佛海、张国焘、陈公博……一代代共产党人高举信仰的火炬，挺起民族的脊梁，推动中国浩荡前行。

从中共一大到党的十九大，跨越96年的对话。一条主线一脉相承——党的领导、党的建设，任何时候都要坚如磐石。在浙江工作时，习近平为南湖革命纪念馆奠基。2005年6月，他刊发于《光明日报》一篇文章，对“红船精神”作出概括：“开天辟地、敢为人先的首创精神；坚定理想、百折不挠的奋斗精神；立党为公、忠诚为民的奉献精神。”

“从纪念馆奠基那一刻起，我就一直想着落成后要来看一看，今天如愿以偿了，确实深受教育和鼓舞。”他说，我们要结合时代特点大力弘扬“红船精神”，让“红船精神”永放光芒。

96年前，中共一大会议闭幕时的场景令人感怀：“让我们再喊一遍口号吧！记得声音要轻一点。”“嗯！”“中国共产党万岁！”……声音低沉却铿锵有力。

96年后，嘉兴南湖游人如织；上海一大会址纪念馆，每日迎接着来自五湖四海的瞻仰者。在这些地方生起的火种，一代代共产党人接续前行。习近平总书记强调说：“秀水泱泱，红船依旧；时代变迁，精神永恒。”

永远奋斗

两个纪念馆，在三幅相似的图片前，习近平总书记久久凝视。

一幅，中国近代时事漫画《时局图》。列强瓜分，熊、鹰、犬、蛤蟆盘踞中国版图……

一幅，清末给列强赔款的惊人数字，白银令人痛心地如开闸河水般涌出国门。

一幅，马克思观察中国国情后写下的一段话：“一个人口几乎占人类三分之一的大帝国，不顾时势，安于现状，人为地隔绝于世并因此竭力以天朝尽善尽美的幻想自欺。”

习近平总书记连连感叹：“多屈辱啊！多耻辱啊！那时的中国是待宰的肥羊。”

中国共产党推动了历史上最广泛最深刻的社会变革，中国从半殖民地半封建社会到民族独立人民当家作主的新社会，从站起来、富起来到强起来。盘点昨日苦难与今日辉煌，总书记强调说：“这体现了中国共产党领导的社会主义制度的优越性。”

一路走来，细节中处处标注着我们党孜孜以求的奋斗精神。习近平总书记同其他常委同志边走边看，不时交流——

解放战争胜利前夕，毛泽东致函李达：“吾兄系本公司发起人之一，现公司生意兴隆，望速前来参与经营。”

李大钊挥毫泼墨：“铁肩担道义，妙手著文章”，这句话也成为他人生的生动写照。

……

穿越革命年代、建设时期，跋涉一段段改革历程，我们迈入意气风发的新时代。

一周前的新一届中央领导集体见面会上，习近平总书记为未来中国标注了大事记——2018年，改革开放40周年；2019年，新中国成立70周年；2020年，全面建成小康社会；2021年，建党100周年。路漫漫其修远兮，奋斗永远在路上。

中共七大上，毛泽东引用了《庄子》中的一句话“其作始也简，其将毕也必巨”。习近平总书记在瞻仰时再次引用，他指出，96年来，我们党团结带领人民取得了举世瞩目的伟大成就，这值得我们骄傲和自豪。同时，事业发展永无止境，共产党人的初心永远不能改变。唯有不忘初心，方可告慰历史、告慰先辈，方可赢得民心、赢得时代，方可善作善成、一往无前。

从中共第一个纲领、第一份决议，到党的十九大报告，中国共产党带领人民一步接一步，从蓝图到现实，前所未有接近实现中华民族伟大复兴的梦想。不忘初心、牢记使命、永远奋斗——这是中国共产党人永葆青春活力的秘诀，这是一个肩负历史重托的政党对人民的承诺。“只要我们团结一心、苦干实干，就一定能乘风破浪……”习近平总书记挥动手臂，笑着说，“从小船一直划到巨轮上，驶向光辉的彼岸。”

（摘自2017年11月1日《嘉兴日报》头版）

二、志余大事记

2011—2017年

2011年

1月6日　天津股权交易所科技创新板落户浙江清华长三角研究院，首批6家科技企业挂牌进入天交所科技创新板市场。

1月9日　南湖区公安分局侦破一起勒索150万元特大绑架案，人质安全获救，5名分别来自重庆、江西、四川等地的绑架犯罪嫌疑人落网。

1月11日　中国人民政治协商会议南湖区第二届委员会第五次会议开幕。

1月12日　南湖区第七届人民代表大会第五次会议开幕。

1月19日　南湖供电分局红船服务队荣获全国电力行业“用户满意服务明星班组”称号。

1月29日　凤桥镇庄史村农民自编自导自演“春节晚会”，中央电视台《新闻联播》栏目到现场进行采访。

2月9日　浙江省、中国科学院和嘉兴市共建浙江中科院应用技术研究院，为浙江省政府直属事业单位，实行理事会领导下的院长负责制，设在南湖区科技城。

2月11日　万科思自控信息(中国)有限公司在嘉兴科技城成立，是澳大利亚MOX集团在中国投资成立的全资子公司，注册资本1000万美元。

3月4日　新嘉街道调整部分社区区划：月河社区与秀水兜社区合并，命名月河社区；同乐社区与花园社区合并，命名花园社区。

3月14日　由中宣部、国家广电总局批准、中央电视台主办，面向全国的“希望之星”英语风采大赛分赛在南湖国际实验中学举行。

3月18日　东栅街道工农村建制撤销。

3月22日　余新镇调整部分行政村区划：撤销长秦村，新成立长秦村和永丰村；撤销余北村，成立余北村和建成村；撤销黎明村，成立黎明村和兴明村；撤销永明村，成立永明村和南江村。

3月29日　建设街道被省精神文明建设委员会评为“浙江省文明街道”。

3月31日　南湖区承办中国旅游合作联盟2011年红色旅游高峰论坛暨全国旅游采购交易大会。来自全国34个省、直辖市、自治区和港澳台地区约500家旅行社的负责人参加会议。

3月　南湖区被民政部评为“全国第二批社会工作人才队伍建设试点示范区”。

5月4日　解放街道秀城桥社区与航明社区合并，命名航明社区。

5月13日　嘉兴市中华化工有限责任公司的“香兰素生产绿色工艺”荣获2010年度中国轻工业联合会科学技术进步奖一等奖。该奖项为国家轻工行业最高技术奖励。

5月14日　南湖区委、区政府首次在北京举行现代农业转型发展科技合作恳谈会。农业部、省农业厅、市政府等有关领导，中国农科院和中国农业大学的专家、教授等共50多人应邀参加恳谈会。

5月19日　全国第六次全国人口普查以2010年11月1日零时为标准时点进行。区统计局公布普查主要数据：全区常住人口为61.27万人。其中城镇人口为47.16万人，占76.97%；乡村人口为14.11万人，占23.03%。

5月25日　撤销城南街道真如村建制。

5月27日　南湖街道桂苑社区与中国台湾高雄鼎金里结为友好社区，鼎金里里长高丰麟一行到桂苑社区参观访问。

5月30日　第九届“南湖之春”文化经贸活动87个内外资项目集中签约，同时举行南湖广场开放暨功能区块启用仪式。

6月4日 第九届中国·嘉兴南湖合唱节暨纪念建党90周年群众合唱大赛举行，有150支队伍参加决赛。南湖区合唱协会猎人合唱团、嘉兴市新四军研究会建设街道星光合唱团、嘉兴市五芳斋合唱团等获得金奖。

6月12日 中共中央政治局委员、中央书记处书记、中宣部部长刘云山一行考察嘉兴市图书馆余新镇分馆。

7月6日 市公安局1500余名警力及市、区两级工商部门30名执法人员协同作战，捣毁在泾水公寓、双溪花园、紫竹名苑等13个小区内的140个特大传销团伙窝点。抓获违法犯罪嫌疑人99名，遣散传销人员512名。

8月10日 南湖干部学院启动，区委系统近400名干部成为首批学员。

10月9日 副省长葛慧君一行到南湖区考察世合新农村项目。

11月14日 孙建华任南湖区委委员、常委、书记；提名吴健为南湖区区长候选人。

11月22日 南湖区被科技部评为“全国科技进步先进区”。

11月24日 建设街道和东栅街道被全国社区社会工作委员会评为“全国城市社会工作示范街道”。

12月5日 建设街道南杨社区党总支书记陈传明入选全国优秀志愿者。

12月26—29日 中共嘉兴市南湖区第八次代表大会举行，出席大会代表315名。孙建华当选区委书记，吴健、赵建峰为副书记，常委杨永健、边明亮、徐军、黄炳金、陈天英、徐建英、吴佳；徐建英当选区纪委书记，副书记张虎根、王群。

2012年

1月4日 南湖区新一届党委、政府480多名区级机关公务员举行新年宣誓仪式。

3月5—9日 中国人民政治协商会议南湖区第三届委员会第一次会议开幕。

3月6—10日 南湖区第八届人民代表大会第一次会议举行。

3月15日 建设街道南杨社区和杨柳湾社区合并，命名南杨社区。

同日 南湖区举行全国首次排污权网络电子拍卖会。

3月30日 “2012中国嘉兴——美国普渡大学科技成果对接会”在南湖区举行，这是南湖区首次引进美国科技成果与企业对接。

4月20日 嘉兴清代文化名臣钱陈群清芬堂纪念馆在梅湾街开馆。馆内陈列《夜纺授经图》仿古铜浮雕、乾隆御碑、钱陈群书法等珍贵文物和资料。

4月25日 国家统计局浙江调查总队在南湖区召开城乡住户调查一体化改革国家级试点工作总结会。充分肯定南湖区的试点工作，并称之为“南湖经验”。

5月2日 96345社区服务求助中心团支部被共青团中央授予“全国五四红旗团委(团支部)”称号。

5月18日 中央电视台中文国际频道《走遍中国》在新嘉街道月河历史街区拍摄粽子文化专题节目。

5月28日 省农业厅公布第二批34个省级生态循环农业示范区创建名单。凤桥镇成为南湖区唯一入选的乡镇。

6月2日 首届中国掼牛全国邀请赛暨南湖创意文化节在南湖区凌公塘文化主题公园举行。

6月22—24日 第三届世界大学生龙舟锦标赛暨2012嘉兴龙舟赛在湘家荡举行。

6月28日 南湖区统计局成立。

7月8日 嘉兴市区开往新市镇的首条夜班公交线路——嘉兴至七星夜间公交车通车。

7月13日 国务院法制办、环保部、农业部《畜禽养殖污染防治条例》立法调研组一行调研凤桥镇联丰村梅家浜生猪散养户整治、永红村畜粪收集处理中心和病死畜禽无害化处理情况。

8月8日 第11号强台风“海葵”影响嘉兴，截至8月9日16时，已使嘉兴70个镇受灾，受灾人口56.7万人，造成直接经济损失高达12.77亿元。

8月28日 南湖区建立区委、区政府督查专员工作制度，聘任第一批区委、区政府督查专员。

8月31日 凤桥司法所所长吴学哲被司法部评

为"全国人民调解能手"。

9月12—28日　央视黄金档《快乐汉语》开播13集节目，其中有嘉兴烟雨南湖、美味的粽子、探寻梅花洲三宝、嘉兴农民画、枕水人家等。

9月30日　"2012中央电视台欢乐动画城主题公园全国巡演——嘉兴站"在湘家荡月亮湾沙滩举行。央视少儿节目知名主持人鞠萍与小朋友进行互动游戏。

10月10日　东北师大南湖实验学校举行揭牌庆典。

10月15日　浙江威能消防器材股份有限公司在浙江股权交易中心正式挂牌，作为首批挂牌的50家企业之一。

11月4—6日　区委书记孙建华，区委副书记、区长吴健率区党政代表团一行50多人，赴江苏省徐州市云龙区、常州市武进区、浙江省湖州市长兴县学习考察。

11月28日　省委常委、组织部部长蔡奇到东栅街道云阳社区、96345社区服务求助中心调研。

12月5日　区首家基层检察室——南湖区检察院大桥检察室成立。

12月11日　美国瓦尔帕莱索市市长约翰科斯塔率政府代表团访问南湖区，双方就促进城市教育、人才、经济等方面的发展进行交流。

12月15日　南湖区首个国家AAAA级景区——凤桥梅花洲景区举行揭牌仪式。

12月24日　南湖区统计局被国家统计局评为"全国一体化住户调查先进集体"。

12月28日　嘉兴十大新地标揭晓，境内嘉兴科技城、南湖革命纪念馆被入选。

同日　东栅街道总工会被中华全国总工会评为"2012年度全国百家示范乡镇(街道)工会"。

2013年

1月4日　南湖区婚姻登记处结婚登记新人359对，是平时的5倍，创下日登记人数历史之最。

1月8日　余新"褚大姐"甜瓜专业合作社社长、党支部书记褚富宝荣获2012年度浙江新农村建设带头人"金牛奖"，该奖项全省十人，他是全市唯一获奖者。

1月9日　南湖区韩海华、童人杰、徐元观、范苏文、朱玉昌、葛幼英、冯晓星、金生丽、冯嘉生9人荣获第二批"浙江省优秀民间文艺人才"称号。

1月20日　中国人民政治协商会议南湖区第三届委员会第二次会议开幕。

1月21日　南湖区第八届人民代表大会第二次会议开幕。

2月1日　区政府组织相关部门对浙江省荣军医院迁建地块被拆迁人毛某依法执行强制拆迁，这次司法强制执行是2011年国务院印发《国有土地上房屋征收与补偿条例》后，嘉兴市首例司法强制执行案件。

2月6日　南湖区档案局和南湖区史志办合署办公。

2月26日　美国印第安纳州经济发展部亚洲事务专家凯·恰克和印州驻大中华代表处首席代表王泰仁一行考察南湖区嘉兴四通车轮股份有限公司。

2月27日　区法院开庭审理由南湖区检察院提起的对精神病人杨某进行强制医疗的申请。这是刑诉法修改后嘉兴市首例申请强制医疗案件。省、市、区三级检察院公诉部门派员观摩案件庭审。

3月7日　嘉兴市96345社区服务求助中心被全国妇联评为"全国三八红旗集体"。

3月20日 新丰镇被国家人口和计划生育委员会评为"全国人口和计划生育依法行政示范乡镇(街道)"。

3月30日　南湖区召开大规模违章猪舍拆除动员大会，区委书记孙建华向在场近300名来自区、镇(街道)、村(社区)的干部发出动员令：要上下齐心，共同推进全区违章猪舍拆除和生猪减量提质工作，用三年攻坚拆除130万平方米违章猪舍，减少百万生猪饲养量。

4月12日　南湖区开始拆除大桥镇花园村禁养区范围内4500多平方米的违章猪舍，拉开了南湖区禁养区违章猪舍拆除工作的序幕。

4月18日　凤桥镇被环境保护部评为"国家级生态镇"。

4月27—28日　12家中央媒体聚焦南湖区，以中央媒体走基层和第十一届"南湖之春"文化经贸活动召开为契机，开展"中央媒体南湖行"采风活动。

4月28日　南湖新区可持续发展公园和嘉兴同济环境研究院揭牌。

同日　中法控股集团有限公司被中华全国总工会授予全国五一劳动奖状称号。

5月15日　市委书记鲁俊等市领导到余新镇调研园区平台建设,走访余新镇工业园区、嘉兴亚特电器有限公司、嘉兴凯力塑业有限公司,探讨企业转型升级和园区"二次创业"的路径方法。

5月18日　南湖革命纪念馆新馆基本展陈荣获第十届2011年度全国博物馆十大陈列展览精品奖。

5月22日　市委书记鲁俊等领导到凤桥镇、新丰镇等养殖生猪大镇,走访拆迁改造现场、生猪养殖大户和村民小组,实地督查"三改一拆"工作进展情况。

5月　余新镇的传统民俗文化节日"渔里之谣"被认定为嘉兴市著名商标,成为市首件文化节庆类别著名商标。

6月1日　南湖区政府在北京举行招商恳谈会,国家有关部委相关负责人及在京企业代表60余人参加会议。

6月21日　南湖警方与市局治安支队、治安机动支队联合行动,取缔犯罪嫌疑人童某的"假证工厂",缴获制作假证的电脑、扫描仪、紫外线照射灯等制假工具3套,各种半成品假证件5000余本,各类假公章1000多枚。

7月4日　南湖区人大常委会在区法院举行颁发任命书和宣誓仪式,向新任命的8名法官颁发任命书,并组织宣誓。这是本届人大常委会组织的第一次法律职务任命书颁发仪式。

7月15日　南湖区选派的援藏干部霍忠华赴西藏那曲县工作,任西藏那曲县委常委、常务副县长,任期为3年。

7月19日　南湖区八届人大常委会举行第十一次会议,审议区人民政府有关人事议案,任命李文冰、霍忠华为南湖区副区长。

7月22日　南湖区开展新一轮简政放权改革,召开强镇扩权签约会议,下放包括10个部门的37项事项。

7月24日　余新镇和大桥镇列入首批嘉兴市小城市培育试点镇。

8月6日　市委、市政府宣布调整湘家荡区域管理体制和人事调整方案以及组织纪律。按照"区镇合一,由南湖区管理"的基本思路,建立嘉兴市湘家荡区域开发建设管理委员会(党工委),并由南湖区管理。湘家荡旅游度假区管理委员会与湘家荡区域开发建设管理委员会实行两块牌子、一套班子。

8月13日　省委书记夏宝龙等省四套班子领导和省法院院长、省检察院检察长等一行到南湖革命纪念馆、南湖湖心岛,重温"红船精神"。

8月14日　南湖区公安、工商、新居民等部门联合行动,对嘉城绿都社区、杨家门(百花新村)、江南村北洋桥等重点区域一次性捣毁传销窝点20余处,抓获涉传人员120余人。

8月24日　丹麦王国养老产业代表团一行,在广州总领事馆工作人员陪同下参观考察逸和源·嘉兴湘家荡颐养中心。

8月25日　中国国民党荣誉主席吴伯雄一行考察月河历史街区、嘉兴世合新农村项目建设并参加世合有机农业园区培训基地揭牌仪式。

8月26日　南湖区被省老龄工作委员会评为"浙江省老龄工作示范县(市、区)"。

8月28日　建设街道人民调解委员会主任傅国平荣获司法部授予的"全国模范人民调解员"称号。

9月3日　南湖区开始实施村级文化礼堂建设。

9月11日　全国人大常委会副主任沈跃跃视察余新镇金星村敦企牧业有限公司。

9月16日　农业部部长韩长赋到余新镇调研生猪养殖规模及病死猪无害化处理措施。

9月18日　南湖区举行公民"道德文化馆"开馆仪式暨"校园道德讲堂"现场会,市委常委、宣传部部长陈越强,区委书记孙建华为"道德文化馆"揭牌。

9月24日　嘉兴市南湖区人民法院长水巡回法庭成立。

10月5日　受第23号强台风"菲特"影响,南湖区各镇建立的7个水位遥测点有2个站点超过警戒水位,区防汛防旱指挥部及时启动Ⅳ级防台应急响应。

10月10日　嘉兴亚特电器有限公司成功列入

2013年浙江省实施企业知识产权管理国家标准。

10月19日　凤桥镇荣获中央人民广播电台等全国近50家广播电台以及中国旅游报等媒体共同主办的“发现·2013中国最美村镇”人文奖。

10月24日　区人口计生与卫生局发文要求全区上下重点加强监测，及时发现和报告H7N9禽流感发生的疫情；规范处置，做好患者医疗救治工作；落实联防联控机制等工作。

10月　作为全市试点单位，解放街道在全市率先启动政府购买社会组织承接社区服务工作。

11月11日　副省长毛光烈到新丰镇视察沼液养殖螺旋藻试验基地。

11月12日　水利部副部长蔡其华到新丰镇永丰村检查拆违整治项目现场，并实地考察“三改一拆”河道清障工作。

11月15日　南湖区荣获科技部授予的“2013年全国科技进步考核先进区”称号。

11月19日　《嘉兴市南湖区公务员行为规范（试行）》发布，对区公务员在执行公务和社会生活中，明确规范了倡导的十大项和坚决禁止的十大项纪律。

11月20—22日　区委书记孙建华，区委副书记、区长吴健率党政代表团到杭州、金华、绍兴、宁波等地考察学习招商引资、三改一拆、生态环境综合治理和城市化建设。

12月23日　《南湖手机报》创刊发行，并以免费赠阅的形式向市本级移动手机用户发送。

12月28日　由环保部等专家组成的农业污染减排检查组对新丰镇进行实地检查。

是年　南湖区首个“百亿产业”——特钢产业2013年实现总产值108.12亿元，同比增长10.4%。

2014年

1月7日　中国人民政治协商会议南湖区第三届委员会第三次会议开幕。

1月8日　南湖区第八届人民代表大会第三次会议开幕。

1月9日　新兴街道社会服务中心和建设街道南杨社区分别被民政部评为“全国社会工作服务示范单位”和“全国社会工作服务示范社区”。

1月16日　国务委员、公安部部长郭声琨考察湘家荡区域七星派出所湘城警务室，并就公安信息化建设应用等进行深入调研。

1月24日　住房城乡建设部授予南湖新区2013年中国人居环境范例奖，成为浙江省唯一以能源节约型示范区建设工程获此殊荣的城市新区。

2月21日　大桥镇、余新镇名列嘉兴市2013年度综合考评十强新市镇名单。

2月27日　新西兰毛利事务部部长皮塔·沙普尔斯率代表团一行到南湖区访问，参观南湖区凌公塘文化主题公园和嘉兴市博物馆。

2月28日　全市五水共治动员会在大桥镇由桥村召开，市长肖培生等市领导、区委书记孙建华、区长吴健等区领导到现场调研。

3月5日　嘉兴市区第一座“红立方”党员志愿者服务驿站在月河历史街区正式启用。

3月9日　南湖区四套班子领导率区机关党员干部和各镇、村（社区）干部共1000多人，分赴余新、大桥、新丰、凤桥、七星等镇，开展“清三河”志愿服务活动。

3月11日　南湖区司法局被司法部评为“全国‘六五’普法中期先进单位”。

3月19日　省、市委督导组组长任延飞一行考察凤桥镇永红村文化礼堂、天香花苑鲜切花基地，并到联丰村现场督查违章猪舍拆除。

3月31日　南湖区人力三轮车退运工作按期全部完成，实现人力客运三轮车退运人员安置率100%。

3月　嘉兴市南湖新市镇建设集团有限公司发行全市首只“两新”工程专项债券，募集的资金将专项用于大桥镇、余新镇城乡统筹一体化“两新”工程。

4月2日　南湖区组建区市场监督管理局。

4月8—9日　省委副书记、省长李强一行考察众成包装、晋亿物流、加西贝拉、浙江清华长三角研究院、中科院嘉兴中心、雅培公司、海拉灯具等企业经济工作。

4月16日　中央第七巡回督导组到天通精电新科技有限公司、96345社区服务求助中心调研党的群众路线教育实践活动。

4月22日　中央和省级媒体“走进嘉兴”采访团

到96345社区服务求助中心采访党员志愿者服务工作。

4月30日　嘉兴市明星牧业有限公司被省总工会评为“浙江省劳动模范先进集体”。

4月　浙江卫星石化股份有限公司财务审计部被中华全国总工会评为“中华全国总工会工人先锋号”。

4月　第十二届“南湖之春”文化经贸活动签约项目涉及装备制造、科技创新、电子商务、金融产业等多个领域共64个项目,总投资额150亿元。

5月8日　省市委督导组组长任延飞、副组长杨敏一行到余新镇开展随机督查,走访余北村、普光村农户,督查“六联六助”“走村不漏户,户户见干部”活动开展情况。

5月16日　中央台办、国台办主任张志军一行到嘉兴世合新农村考察农业板块的开发建设情况。

5月20日　团中央书记处第一书记秦宜智到南湖区调研青年网络引导服务工作。

5月21日　南湖区成立浙江省电子信息产业(南湖)示范园区管委会,区长吴健任管委会主任。

5月24日　嘉兴世界贸易中心商务航母启航暨(招募)全球会员启动仪式在南湖区举行。区委书记孙建华等领导出席仪式,市贸促会会长毛雪荣、嘉兴万国信息咨询有限公司安东·雪尼与嘉兴世界贸易中心理事会会长李蒙兴共同启动嘉兴世界贸易中心商务航母。

5月29日　南湖区基金小镇项目在浙江省商务厅、浙江在线新闻网站主办的“浙江金融创新高峰论坛暨浙江在线金融服务团走进开发区”启动仪式上被列入2014浙江十大金融创新工程。

7月4日　南湖区举行2014南湖私募投资国际峰会暨“基金小镇”奠基仪式。

7月15日　以南湖区为主,经开、秀洲两区联动,公安、工商、民政、新居民管理等部门数百人集中行动,一举端掉一个从西安流入嘉兴,以“国家扶持”为幌子,诱骗大量人员卖房、卖车、借高利贷从事名为“1040”工程的传销组织。

7月21日　余新镇入选住建部、国家发改委等7部委公布的全国重点镇名单。

7月28日　浙江省农业水环境治理暨现代生态循环农业发展现场会在南湖区召开。

8月28日　嘉兴市南湖区城市管理行政执法局更名为嘉兴市南湖区综合行政执法局。

同日　南湖区社会科学界联合会成立暨区社会科学界联合会第一次代表大会召开。

9月1日　南湖区市场监管局在市本级率先启动“证照合一”许可登记制度,并在嘉兴工业园区市场监管分局登记窗口进行试点推行。

9月9日　《南湖区小型农田水利重点县建设方案(2014—2016年)》通过浙江省农水局专家评审,荣列中央财政小型农田水利重点县。

9月18—19日　省委书记、省人大常委会主任夏宝龙一行到南湖区调研创新驱动等工作。

10月11日　南湖区委召开全区党的群众路线教育实践活动总结大会。

10月27日　《2014年中小城市绿皮书:中国中小城市发展报告》发布,大桥镇荣列中国中小城市综合实力百强镇。

10月　南湖新区“基金小镇”项目被中国建筑学会评为“2014年全国人居经典规划金奖”。

11月4日　西藏那曲县委书记李鸿伟率那曲县党政代表团一行到南湖区考察,瞻仰南湖红船,参观南湖革命纪念馆。

11月11日　浙江省“五水共治”“三改一拆”督查组到南湖区开展第三轮督查。

11月17日　湘家荡环湖景区通过浙江省旅游局旅游景区质量等级评定委员会AAAA级旅游景区景观质量评审。

11月28日　浙江省第二届合唱节暨第十二届南湖合唱节开幕式在嘉兴大剧院举行。

11月30日　区委书记孙建华一行考察安徽省芜湖市镜湖区、马鞍山市花山区和江苏省无锡市滨湖区城市经济转型升级。

11月　南湖区在中国中小城市发展报告(2014)中以第76位跻身全国百强。

11月　东栅街道被民政部评为“全国和谐社区建设示范街道”,南湖街道桂苑社区被评为“全国和谐社区建设示范社区”。

12月12日　南湖派出所在全省首家推出“满意拍”身份证件人像采集自拍系统。

12月20日　文化部党组副书记、副部长杨志今一行到凤桥镇调研嘉兴市图书馆凤桥镇分馆、永红村文化礼堂等农村文化活动运行管理情况及城乡一体化公共图书馆服务体系建设工作。

同日　全国政协副主席、科技部部长万钢考察浙江清华长三角研究院、中科院浙江研究院以及同济大学浙江学院科技创新与产学研结合工作。

同日　南湖区"黄标车"累计淘汰3327辆(含公告注销),排名全市第三,实际淘汰1430辆,排名全市第一,提前完成年度目标任务数。

12月30日　位于洪波路的南湖区首个24小时自助式街区微型图书馆正式向市民开放。

是年　1—11月,南湖区机电装备产业实现产值102.8亿元,这是继2013年后又一个"百亿产业"。

是年　振石集团东方特钢股份有限公司2014年全年产值100.8亿元,为全区首个"百亿企业"。

是年　南湖区"清三河"三年目标任务一年完成。2014年以来,整治"三河"634条309千米,其中垃圾河471条216千米,黑臭河363条183千米,排摸出的"三河"全部完成整治,"清三河"整治销号率全市排名第一。

2015年

1月1日　区民政局婚姻登记处取消收取婚姻登记证件工本费、补领婚姻登记证件工本费及婚姻登记记录证明费用。

1月12日　中国人民政治协商会议南湖区第三届委员会第四次会议开幕。

1月13日　南湖区第八届人民代表大会第四次会议开幕。

1月15日　《嘉兴湘家荡省级旅游度假区扩容可行性研究报告》通过省级有关部门联席审查。根据报告,扩容后的湘家荡旅游度假区面积将达45.25平方千米。

1月19日　新丰镇、大桥镇被省环保厅命名为第12批省级生态乡镇。南湖区实现省级以上生态乡镇全覆盖。同时,南湖区已成功创建国家级绿色学校2所,省级绿色学校20所,市级绿色学校11所,区级绿色学校25所;省级绿色社区27个,市级绿色社区25个,区级绿色社区11个;市级生态村42个,市级生态示范村3个,区级生态村41个。

1月28日　省委第一巡视组组长郭庄宁带队调研湘家荡环湖景区、月亮湾沙滩等地,了解湘家荡区域农村新社区自治管理情况,并查看社区卫生服务站、社区警务室、便民大厅、老年活动室等。

1月　浙江和达科技股份有限公司成功登陆全国中小企业股份转让系统(俗称"新三板"),成为南湖区首家在新三板挂牌的企业。

3月19日　凤桥镇被中央精神文明建设委员会评为"全国文明镇"。

3月20日　南湖区振石集团东方特钢股份有限公司、加西贝拉压缩机有限公司、浙江卫星石化股份有限公司、闻泰通讯股份有限公司4家企业再次荣获2014年浙江省高新技术企业百强。

3月23日　撤销七星镇建制,设立七星街道,管辖原七星镇的湘湖、江南新家园、三家浜、湘南4个社区,博山、东进、大树、高丰、七星、张字圩6个村。

3月31日　南湖区在浙江省建设"平安浙江"工作电视电话会议上,全区平安创建实现"十连冠",辖区平安镇(街道)"满堂红"。

4月23—24日　中央农村工作领导小组副组长袁纯清一行到南湖区世合现代农业园区、余新镇金星村粮食生产功能区肥药减量增效示范点调研。

4月25日　第十三届"南湖之春"经贸活动投资说明会暨项目签约仪式举行,共有55个内外资项目集中签约,其中外资项目15个、内资项目40个,总投资额达168.5亿元,投资总额为历年最高,涉及装备制造、科技创新、楼宇经济、金融产业等多个领域。

4月　2014年度浙江省工业投资和"机器换人"技术改造考核评价结果出炉,南湖区荣获全省一等奖。

4月　南湖区荣泰科技的教授级高工曹万荣,经国务院批准享受2014年度政府特殊津贴,成为南湖区首个荣获政府特殊津贴的专业技术人员。

5月5日　南湖区全面启动"公铁"沿线环境整治百日会战。

5月29日　中国·加拿大"双孵化"战略合作交流会在浙江中科院应用技术研究院举行。溢思得瑞国际创新创业集体、嘉兴科技城管委会、浙江大学科技创业投资有限公司三方共同签订“双孵化”战略合作协议。

5月　区卫星石化股份有限公司被省总工会授予浙江省五一劳动奖状；大桥镇葡萄产业带头人朱屹峰被授予全国劳模称号。

6月5日　中央电视台《新闻联播》以《八小时之外的党员志愿者》为题对南湖区的党员志愿者服务进行专题报道。

6月10日　南湖区政府作为重要投资者的嘉兴·硅谷海外人才创新创业孵化器，在硅谷Ti Park科技园正式挂牌运营。

6月12日　南湖区非遗馆在凌公塘公园开馆，集中展示市级以上的13个非遗项目。

6月15日　市委书记鲁俊率全市“双推”活动工作观摩团，参观南湖区金章片区水系连通整治工程、竹林转产转业及美丽乡村示范点、浙江锐奇工具有限公司扩大有效投资项目和嘉兴世界贸易中心楼宇经济现场。

6月25日　中央政治局原委员、中国志愿服务联合会会长刘淇率全国各省、市、自治区组织部、宣传部、民政厅等领导到凤桥镇考察党员志愿服务情况，省委常委、宣传部长葛慧君，市领导胡海峰、陈越强、连小敏，区委书记孙建华等参加。

6月26日　全省首届私募基金监管工作会议在南湖区召开。

7月1日　省“五水共治”“三改一拆”督查组到新兴街道、新丰镇、凤桥镇等地调研博海路城市有机更新、吉杨路原副食品市场整治、新丰镇竹林村转产转业示范点、凤桥镇和安桥违建拆除点等“三改一拆”项目。

7月25日　中国科学院专家到七星街道现场查看STS（中科院科技服务行动计划）项目——嘉兴国家农业科技园区农业面源污染治理示范工程。

8月5—7日　北京大学中国社会科学调查中心在新丰镇丰北社区开展中国家庭动态跟踪调查，有32户家庭参与调查个体、家庭、社区3个层次的数据，反映中国社会、经济、人口、教育和健康的变迁，为学术研究和公共政策分析提供数据基础。

8月20日　区政府在上海浦东举办“上海办公招商推介会”，为南湖基金小镇与拟入驻企业（PE基金、VC基金、券商资管）提供互动交流平台。

8月27日　中共嘉兴市委任命朱苗为南湖区委委员、常委、副书记。提名朱苗为南湖区区长候选人。

9月6日　区文化馆总分馆成立大会暨国家公共文化服务体系示范区创建迎检大会在新丰镇召开，至此全区各镇、街道全部成立区文化馆分馆，105个村、社区成立区文化馆支馆。

9月19日　区举行区级机关首批特色志愿服务队成立仪式，南湖先锋志愿服务队、红色宣讲服务队、“情暖夕阳”关爱队等第一批30支机关特色志愿服务队获得授旗。

9月20日　建设街道社工部负责人张雪华成为全国首批拥有社会工作实务督导资格的本土督导，同时，也是浙江省和嘉兴市仅有的2名本土初级督导之一。

9月23日　嘉兴市首台出入境自助签注机在区公安分局出入境接待大厅正式投入使用。

9月24日　2015年南湖互联网金融峰会召开。副省长朱从玖、全国人大财经委副主任委员、清华五道口金融学院院长吴晓灵、原中国人民银行副行长李东荣，以及中国投资有限责任公司原副总经理谢平，九鼎投资、人行科技董事长吴刚，汇付天下董事长周晔、蚂蚁金服公共服务事业群总经理邹亮等专家型领导和行业领导汇聚南湖。

9月29日　新丰镇实施的省级农业技术推广资助项目《粮经结合稳粮增效万元千斤整镇推进项目》获得省农业技术推广基金会“宝业奖”特等奖。

9月　市科技局公布获得科学技术进步奖名单，南湖区有22个项目名列其中，占全市科技进步奖总数的23.2%。

10月12日　市委副书记、市长林健东率市发改、财政、国土、交通等部门负责人到七星街道调研社区工作及湘家荡环湖景区和农业园区。

同日　区召开秸秆禁烧和综合利用工作动员部署会，明确在全面禁止晚稻秸秆焚烧的前提下，通过肥料化、基料化、燃料化等综合利用手段，力争全区晚稻秸秆综合利用率达到90%以上。

同日　建设街道建立24小时巡查机制，成为嘉兴市本级首个实行24小时市容管控的综合执法中队。

10月31日至11月1日　在2015年“星耀南湖”精英峰会暨首届全球创客大会、光荣浙商2015年会上，南湖区成功入选首批“十大创客之城”，嘉兴科技城、浙江清华长三角研究院同时荣列“十大创客平台”。

10月　省科技厅公布2015年省级高新技术企业研究开发中心认定结果，区万科思信息技术省级高新技术企业研究开发中心等5家研发中心入列。截至本月，南湖区共有省级企业研究院6家，省级研发中心33家，市级研发中心75家，区级企业技术研发中心27家。

11月10日　水利部太湖流域管理局局长黄卫良一行在浙江省水利厅河道处处长陈永明陪同下，到新丰镇金章水系沟通活水工程和大桥镇方升桥港河道综合整治现场点，对“河长制”工作和河道生态建设进行调研。

11月12日　区政府公布南湖区第二批非物质文化遗产名录，共5大类、14项。

11月12—14日　区委书记孙建华，区委副书记、代区长朱苗率区党政代表团一行，赴江苏省无锡市、宜兴市，苏州市高新区、张家港市和太仓市等地的科创园、研究院、知名企业、城市规划馆和城市文化广场等学习考察。

11月15日　21时许，南湖民警在3名犯罪嫌疑人驾车运毒经过G15浙闽收费站时，从汽车脚垫下搜出8公斤冰毒。是迄今为止南湖警方在现场查获毒品量最大的一起涉毒案件。

同日　嘉兴市行知小学被中国轮滑协会命名为“2015年全国轮滑示范学校”，有效期为2015—2017年。

11月18日　省“五水共治”“三改一拆”工作督查组到新嘉街道、东栅街道、余新镇、大桥镇等，实地调研旧小区改造、功能性建设项目、“公铁”沿线自查自纠点、拆后土地利用点、省政协督查点等。

11月30日　嘉兴市作为浙江省公安厅确定的开展居民身份证异地受理工作试点，正式启动仪式在南湖区公安分局建设派出所举行。

11月　嘉兴科技城继获批国家无线通讯高新技术产业化基地、省现代服务业集聚示范区、省电子信息产业示范园区后，又被认定为浙江省高新技术产业园。

11月　嘉兴科技城地下综合管廊专项规划通过专家评审，工程总投资15亿元左右，是浙江省第一个地下综合管廊，整个管廊长达26.7千米。

12月4日　凤桥梅花洲入选2015年全国休闲农业与乡村旅游五星级示范创建企业(园区)。

12月7日　凌公塘文化主题公园升级为南湖区城市文化主题公园，成为城市文化新地标。

12月10日　2015南湖区文化旅游节暨梅花洲腊冬节开幕。

12月13—14日　全国百家旅行社旅游联盟年会在南湖区举行。

12月22日　由区政府主办的互联网金融办公招商推介会在上海举办。区委副书记、代区长朱苗参加会议并作主旨推介。

12月23日　大桥镇再次入列中国中小城市综合实力百强镇(全国科学发展百强镇)，综合排名第62位。

同日　区召开海绵城市建设推进会。

12月31日　湘家荡环湖景区成功升为国家AAAA级旅游景区。

12月　区政府产业基金——红船基金与清华长三角研究院旗下的浙华紫旌基金和武岳峰资本签订合伙协议，成立嘉兴浙华武岳峰基金，基金总规模5亿元，主要投向清洁技术、智能制造和生物医药等相关产业项目。

2016年

1月15日　位于新兴街道的嘉兴八佰伴商贸中心开业。

1月28日　区治水办公布南湖区出境断面平均水质达到Ⅲ类，首次实现跨行政区域河流交接断面考核优秀。

1月 凤桥卫生院和余新中心医院入选国家卫计委2014—2015年度群众满意的乡镇卫生院创建名单。

2月25日　市委书记鲁俊一行到南湖街道烟雨社区调研居家养老服务工作；到新丰镇北村五丰牧业有限公司调研养殖规模、污水处理情况及周边农户生猪养殖情况等，并对南湖区今后加强巩固违章猪舍拆除成果提出要求。

3月1日　中国人民政治协商会议南湖区第三届委员会第五次会议开幕。

3月2日　南湖区第八届人民代表大会第五次会议开幕。3月5日，选举朱苗为南湖区人民政府区长，黄敏当选南湖区八届人大常委会副主任。

3月5日　区首次举行新任命的国家工作人员宪法宣誓仪式。

3月7日　市人大常委会主任刘冬生一行到新丰镇栖凰埭科皇牧业和横港东青龙港、金章东木桥港等现场督查水环境。

3月18日　嘉兴科技城被确立为全省唯一的首批国家级专家服务基地，成为国家探索专家服务基层的新样板。

3月23日　南湖区入选浙江省软件和信息服务业特色基地。

3月　省2015年信息化发展指数评价报告出台，南湖区的信息化总指数达到1.021，超过省平均水平，成为嘉兴市唯一的省信息化领先县（市、区）。全区完成15个区域44个WiFi热点的建设，民生办事大厅免费WiFi已实现全覆盖。

4月14日　在八佰伴广场举行“迎接G20人人讲文明——做文明有礼南湖人”暨南湖区七大文明行动启动仪式。

4月16日　南湖区教育文化体育局被国家教育部评为“全国第五届中小学生艺术展演活动优秀组织奖”。

4月22日　人民日报、新华社等媒体记者采访嘉兴科技城和凤桥镇永红村美丽乡村。

4月23日　总投资100亿元的大型高科技文化综合体项目——湘家荡区域“宇宙大世界”项目开工。

4月28日　区庆“五一”先进表彰晚会在凌公塘公园举行。表彰20个集体为南湖区“工人先锋号”；20个集体为南湖区“示范职工之家”；“最美南湖人——第八届杰出职工”10名；南湖区“工人发明家”10名；南湖区“优秀工会工作者”20名。

5月3日　嘉兴科技城管理委员会和大桥镇合署办公，下设办公室（党群工作部）、人才服务局、招商局、科技产业和经济发展局、建设局、财政管理局、社会事业发展局和统筹城乡发展办公室。

5月15日　妇联2016全国“最美家庭”揭晓暨第十届全国五好文明家庭表彰大会在北京召开。新丰镇竹林村周根荣家庭继荣获“2015年度第3季度浙江省最美家庭”后，又被评为“第十届全国五好文明家庭”。

5月24日　市人大常委会主任刘冬生一行到新丰镇开展全市城乡环境综合整治工作专项督查活动，实地走访竹林村赵家兜美丽乡村示范点和横港村王家浜生猪退养现场点。

5月26日　中央电视台“心连心”艺术团在南湖革命纪念馆七一广场举行“庆祝建党95周年”文艺演出，南湖合唱团参加演出。

5月26日　凤桥镇司法所所长曹建荣被司法部评为“2011—2015年全国法治宣传教育先进个人”。

6月8日　闻泰通讯股份有限公司入围2016年度电子信息产业全国百强企业。

6月16日　凌晨5时，区公安分局、市场监管局，集中片区民警、巡特警、协警、保安，市场监管执法人员及社区干部等220余人，开展打击传销“猎首”行动，对前期排摸掌握的涉传窝点进行定点清查。截至上午10点，全区共取缔涉传窝点28个，教育遣散涉传人员68人。

同日　新丰镇姚金林录入中国科协、财政部公布的2016年度“基层科普行动计划”奖补名单，成为全国558名农村科普带头人之一。

6月17日　区“护航峰会·平安志愿者在行动”千人誓师大会在区行政中心广场进行集体宣誓和签名。15支平安志愿者队伍被授予志愿者旗帜，并接受保险公司赠送的团体人身保险。

6月29日　凤桥镇联丰村与台湾南投县水里乡钜工村共同签订《两岸邻里友好结对交流意向书》。

7月7日　省委副书记、代省长车俊视察清华长三角研究院、加西贝拉压缩机有限公司。

7月21日　南湖区行政审批局挂牌成立，南湖区行政审批实现“一枚印章管审批”，形成“一口受理、一章审批、内部流转、限时办结、全程监督”的“车间流水线”模式。

7月28日　省文化厅开展的“现代公共文化服务体系建设媒体浙江行采访活动”到新丰镇永丰村

及镇文化活动中心进行实地采访。

8月31日　南湖区首批IC卡式居住证发放，全区共有1600多名新居民申请IC卡式居住证，已发放近千张。

9月8日　区第三次全国农业普查工作拉开序幕。

9月14日　召开全区公务用车制度改革工作动员会议。这是继2009年率先进行车改后，南湖区开始的新一轮车改，本次车改后，仅保留3类车：机要应急调研用车、特种专业技术用车和执法执勤用车。

9月26日　嘉兴市不动产登记服务中心南湖区分中心授牌暨不动产权证书首发仪式举行。

9月　浙江省经信委公布2016年省级"两化"融合示范试点企业名单，加西贝拉压缩机有限公司入选示范企业，闻泰通讯股份有限公司成为试点企业。

9月　余新镇被住建部、发改委等七部委增补列入全国3675个重点镇名单。

10月18日　区社会组织综合党委成立。

10月27日　位于亚欧路和广益路口的东方天玺大厦，ANT国际联合办公中心开业。

10月　嘉兴科技城创新创业平台成功引进"长江学者"专家金耀初教授及其创业项目人工智能云平台。

11月8日　区行政审批局发出首张全程电子化登记营业执照，这也是该局在全市首推企业注册全程电子化登记模式后的首张执照。

11月23日　区八届人大常委会召开第38次会议，表决通过朱苗辞去南湖区人民政府区长职务，徐军为南湖区人民政府代区长。

11月29日　由清华科技园启迪之星与南湖区政府合作成立启迪之星（嘉兴）孵化基地空间开放典礼暨VR虚拟现实技术论坛，在浙江清华长三角研究院举行，7家企业授牌成为孵化基地第一批创业团队。

11月30日　区在上海举办2016（上海）产业招商推介会暨高端装备制造业和信息产业对接会上，天腾生物科技的低聚木糖项目等7个项目现场签约，总投资超7亿元。上海经济和信息化发展研究中心、闵行国际商会还分别和南湖区、嘉兴科技城签订战略合作协议。

12月1日　浙江省深化义务教育课程改革推进会在嘉兴市召开，来自全省各地的90个县（市、区）的教育部门汇聚嘉兴，考察"嘉兴模式"，学习"南湖经验"，先后听取市、区教文体局的经验介绍，并分成6个小组，参观走访南湖区的6所中小学。

12月5日　在《2016年浙江省信息经济发展综合评价报告》中，2015年南湖区综合评价得分108.2分，位列全省县（市、区）十强、全市第一。

12月9日　全国首个合伙企业全程电子化智慧登记平台——在线签名系统在区行政审批局正式上线，实现在区行政审批局"申报零纸张、电签零介质、审批零见面、领照零上门、办理零费用"的全新审批模式。

12月9日　科技部火炬高技术产业开发中心公布2016年第二批国家火炬特色产业基地名单，南湖压缩机精密制造特色产业基地名列其中，成为嘉兴唯一入选的基地。

12月25日　全国首个研究金融科技的社会团体嘉兴市南湖互联网金融学会成立。

12月26—29日　中国共产党嘉兴市南湖区第九次代表大会开幕，朱苗代表中国共产党嘉兴市南湖区第八届委员会向大会作报告。会议选举朱苗为中共嘉兴市南湖区委书记，选举徐军、沈岱峰为区委副书记；选举徐建英为中共南湖区第九届纪律检查委员会书记，王群、马矫健为副书记。

2017年

1月1日　是日起在东至三环东路、西至三环西路、南至规划三环南路、北至三环北路的区域内禁止燃放、销售烟花爆竹。

1月2日，第六届"白雪杯"全国青少年国际象棋公开赛在嘉兴闭幕，余新镇中心小学学生戚黎兮获得一级棋士组女子冠军。

1月3日　首届全国新华小记者颁奖典礼在杭州举行，凤桥镇中心小学学生罗云荣获2016年度全国优秀新华小记者称号。

同日　全省扩大有效投资重大项目集中开工活动嘉兴分会场在南湖新区举行。当天，南湖区共有7个项目集中开工。

1月6日　省“五水共治”督查组到新丰镇金章村杨家木桥港、大桥镇由桥村方升桥港进行实地督查。

1月11日　凤桥镇桃源生态新城建设项目被住房城乡建设部授予2016年度“中国人居环境范例奖”称号。

1月13日　嘉兴国际创意文化产业园被认定为20个浙江省重点文化产业园区（2015—2016年度）之一，为嘉兴市本级唯一认定的园区。

1月15日　中国银监会率中央媒体采访团到嘉兴科技城采访。

1月16日　中国数字产城联盟高峰论坛之智能制造论坛在浙江清华长三角研究院举行。中国数字产城联盟——启迪之星（嘉兴）揭牌成立。

2月10日　浙江未来技术研究院、中科院地球与地质物理所嘉兴工程中心两个大院名校创新平台、以及医疗器械项目、智能微传感器产业化平台等8个科技人才项目集中在嘉兴科技城举行签约仪式，总投资额超过8亿元。

2月15日　省文化厅公布第六次全省乡镇综合文化站评估定级结果，南湖区11个镇（街道）综合文化站全部达到定级标准。其中新丰镇、余新镇、东栅街道3个文化站被评为省特级综合文化站。

2月20—24日　中国人民政治协商会议第四届委员会第一次会议召开。赵建峰当选区政协四届主席。

2月21—25日　南湖区第九届人民代表大会第一次会议召开。吴健当选区九届人大常委会主任，徐军当选区区长，徐建英为区监察委员会主任，宋健为区人民法院院长，陈伟良为区人民检察院检察长。

3月1日　区委、区政府决定本月起，每月第一个完整周为“无会服务周”。

3月17日　全国人大常委会法工委主任李适时带队到南湖区中山怡和园小区实地考察垃圾分类情况，省人大常委会副主任刘力伟等陪同调研。

3月21日　区成功创建2016年度无传销县（市、区）。

3月25日　区首批员额法官、检察官宪法集体举行宣誓仪式。

3月29日　区首期“南湖论坛”开讲。

3月31日　区被省委、省政府授予“平安金鼎”奖，实现“平安南湖”12连冠。

4月1日　市委副书记、市长胡海峰为代代康·南湖新区幼儿园、禾顺长红大药房、尚智职业技能培训学校等3家单位颁发首批“行业经营综合许可”证书，这是全国最早的“多证合一”证书。

4月11日　副省长熊建平一行到凤桥镇调研剿灭劣Ⅴ类水工作。

4月14日　区完成所有村和社区党组织换届工作，选举共涉及113个村和社区。

4月16日　中山路与越秀路交会处的嘉兴市区首座人行过街天桥开通使用。

4月17—18日　全省农村文化礼堂建设工作现场会在嘉兴召开。

4月22日　嘉兴市人民政府、上海大学、南湖区人民政府3方签约共建上海大学（浙江）新兴产业研究院。

4月26日　嘉兴市96345社区服务求助中心的服务标准晋升“国字号”。中心形成服务通用基础标准20项、服务保障标准22项和服务提供标准26项，总计标准68项。

4月28日　凤桥镇嘉兴市宏丰机械有限公司职工柯贤湖被中华全国总工会授予全国“五一”劳动奖章称号。

4月　省民政厅公布“2016年度浙江省社会组织评估等级”评估考核结果，北师大南湖附属学校教育基金会获评AAAAA级社会组织。

5月8日　中央电视台所属中央新闻纪录电影制片厂发现之旅《品质》栏目组在浙江亚特电器有限公司举行首映仪式。亚特树干自主研发的喷白机新产品同时发布。

5月20日　第十五届“南湖之春”投资说明会暨项目签约仪式举行。当天共有60个内外资项目集中签约，其中外资项目19个、内资项目41个，累计总投资199亿元。

5月27日　区国家税务局办税服务厅被全国妇联命名为“全国巾帼文明岗”。

5—8月　区开展村（社区）妇联组织换届暨“会改联”工作，共选举产生新任村（社区）妇联主席108

名、副主席181名和执委766名,确保村(社区)妇联主席100%进“两委”班子。

6月12日　首期“南湖人文讲堂”开讲,邀请中宣部原副部长、中央文明办原专职副主任王世明作《中华经典文化精要》的报告。

6月15日　嘉兴科技城(浙江嘉兴南湖高新技术产业园区)入选国务院办公厅公布的第二批国家大众创业万众创新示范基地,这是嘉兴市唯一、全省第二个国家双创示范基地。

6月20日　区启动创建全国文明城市8大专项行动:包括市容卫生达标行动、市容秩序整治行动、餐饮环境改善行动、市场环境整顿行动、社区环境清理行动、文化环境净化行动、窗口行业提升行动以及“僵尸车”清理行动。

6月24日　“党在我心中·我在群众中”96345党员奉献周大型志愿服务活动暨志愿服务项目征集大赛启动仪式在华庭街举行,现场颁发党员志愿者证,表彰优秀党员志愿者和优秀分站、优秀服务队,举行法律专线开通仪式,启动“红色引领·志在南湖”志愿服务项目征集活动。

6月28日　区安全生产委员会建立输油气管道、建筑施工与城镇燃气、旅游、校园、特种设备、危险化学品、农机、社会福利机构等领域8个专业安全生产委员会,各分管副区长任各专业安委会主任,构建区安全生产委员会“1+X”责任体系。

7月7日　新兴街道松鹤社区被中国志愿服务联合会评为“全国社区学雷锋志愿服务联络工作示范站”。

7月15日　凤桥镇梅花洲小镇入围文化部艺术发展中心发布的2017中国文化旅游融合先导区试点名单。

7月28日　南湖区与上海市杨浦区达成关于共同推进国家双创示范基地建设的合作框架协议,嘉兴科技城与上海经济和信息化发展研究中心签订上海经济和信息化发展研究中心嘉兴分中心(上海长三角工业经济研究中心)合作协议。

8月2日　区养老机构、社区居家“医养结合”签约仪式举行,全区13家养老机构、11家社区居家养老服务照料中心代表与所在辖区的卫生院、社区卫生服务中心签订“医养结合”合作协议。

8月11日　乌克兰国家科学院信息记录研究所副所长、院士安德烈·科鲁金等院士专家考察团一行到嘉兴科技城(大桥镇)参观考察。

8月15日　省旅游局发布省级旅游风情小镇培育名单,凤桥镇是南湖区唯一上榜乡镇。

9月12日　区农村宅基地及住房确权登记证首发仪式在大桥镇举行。大桥镇6户农户获得区首批国土部门颁发的不动产权证书。

9月20日　浙江清华长三角研究院入选浙江省国家科技成果转移转化示范区首批示范单位。

9月23日　区举行东部新城基础设施大会战启动仪式暨S202(老07省道)南湖区段整治工程开工仪式。

9月26日　区梦创基地、胜因谷众创空间、嘉兴云创空间、嘉兴学院大学生创业实践园、易思·同创IDEA+THINK被认定为省级众创空间。

9月30日　凤桥镇新民村被列入第一批浙江省省级传统村落名录;凤桥镇永红村、新丰镇竹林村获评嘉兴市首批浙江省AAA级景区村庄(示范村)。

10月14日　区举行全区征地拆迁动员大会暨东部新城拆迁大会战启动仪式。

10月15日　区42家企业参展第122届广交会,设展位110个,其中品牌展位16个、特装展位75个。

10月25日　浙江省第21个环卫工人节庆祝大会举行,区住建局获省城市市容环境卫生工作先进集体荣誉。

10月31日　中共中央总书记、国家主席、中央军委主席习近平带领中共中央政治局常委李克强、栗战书、汪洋、王沪宁、赵乐际、韩正,专程从北京前往上海和嘉兴,瞻仰上海中共一大会址和嘉兴南湖红船,回顾建党历史,重温入党誓词,宣示新一届党中央领导集体的坚定政治信念。下午到南湖会景园湖边,瞻仰红船,后到南湖革命纪念馆,习近平发表重要讲话。

同日　首届“南湖工匠”颁奖典礼举行,王为明、廖云、曹立强、陈林、杜彦、冯嘉生、范永伟、魏坛霖、陈惠菊、王春松获得首届十大“南湖工匠”称号。

11月5日　区800多个基层党组织开展学习贯彻中共十九大精神主题学习活动,1.7万名党员集中收看《走向新征程——学习中共十九大的精神体会》的“红船党课”直播。

11月6日　网易联合创新中心(嘉兴)启动仪式在杭州滨江网易园区举行。这是全国最大网易联合创新中心,浙江省内首个落地项目,在南湖CBD落户。

11月8日　浙江省举行发现“最美浙江人”——第五届浙江省道德模范表彰活动。建设街道南杨社区居民朱水源获“助人为乐模范”称号。

11月28日　嘉兴市机关幼儿园、嘉兴一幼北京城幼儿园、南湖国际实验中学、七星中心幼儿园、余新镇第一幼儿园获评嘉兴市第十批绿色学校;南湖国际实验中学、嘉兴市机关幼儿园获评2017年“嘉兴十大最绿学校”。

11月　嘉兴科技城引进的高层次人才教授戴琼海当选2017年中国工程院院士,教授欧阳明高当选2017年中国科学院院士。

12月8日　加西贝拉压缩机有限公司院士专家工作站入选2017年度国家示范院士专家工作站。

12月18日　南湖区火车头文化创意街区入选2017年度浙江省文化创意街区。

12月　在浙江省高新技术企业协会会员大会暨高新技术产业发展论坛上,振石集团东方特钢股份有限公司被列入2016年度省高新技术企业创新能力百强名单。

2015年7月,凌公塘两岸住宅区

后 记

《嘉兴市南湖区志》是嘉兴市南湖区创编的首部地方志书，为通志。南湖区境历来有编修地方志的优良传统，编纂一部能“承上启下，继往开来，服务当代，有益后世”的社会主义时期新区志，既是时代赋予的历史使命，又是推进社会主义物质文明和精神文明建设的需要，也是全区人民的期望。

《嘉兴市南湖区志》全书共39篇214章，898节，2519目，另有总述、大事记、专记和附录等，分上、中、下3册，全书版面文字330万字，配地图9幅，彩色照片182幅，文中照片468张及表格553份等。《嘉兴市南湖区志》编纂始于2010年，2020年完稿付印，前后历经10个春秋。2009年3月26日，南湖区委、区政府成立《嘉兴市南湖区志》编纂委员会，时任区委书记魏建明任《嘉兴市南湖区志》编纂委员会顾问，区委副书记、区长董苗虎任主任，区委副书记吴健、副区长陈天英为副主任。区委办、区府办、区史志委及有关部门主要领导及各镇镇长、街道办事处主任等35人为委员。编纂委员会下设办公室，与区史志工作委员会合署，董雄兼办公室主任。

2009年12月10日，区委、区政府召开《嘉兴市南湖区志》编纂动员大会，全面启动《嘉兴市南湖区志》的编纂工作。2011年底，承担修志的36个部门和单位中，有70%左右的部门和单位完成初稿编写任务。

2012年初到2014年期间，由于区史志工作委员会撤销，史志机构调整，工作人员变动等原因，《嘉兴市南湖区志》各单位的初稿和修改暂缓进行，《嘉兴市南湖区志》初稿的搜集、编写处于停滞状态。2013年4月8日，区委、区政府调整了《嘉兴市南湖区志》编纂委员会，编委会下设编辑部，聘请董雄任《嘉兴市南湖区志》主编。2016年开始，《嘉兴市南湖区志》编纂工作进入第二稿的修改提高阶段，实行主编责任制。全体工作人员新年上班第一天召开编务会议，讨论修改进度和存在的问题和难点。之后，编辑部每周召开工作会议，分析研究修改稿件，确定阶段性修改工作目标任务。到2016年12月底，基本完成《嘉兴市南湖区志》第二稿修改任务，打印37本文稿，字数从320万字压缩到235万字左右。

2017年是《嘉兴市南湖区志》送审稿修改的攻坚年，整个送审稿修改任务繁重。为保证《嘉兴市南湖区志》质量，根据市地方志办公室建议，经《嘉兴市南湖区志》编辑部专题讨论，报区领导同意，对《嘉兴市南湖区志》第二稿37篇稿件纲目结构作适当增补和调整。《嘉兴市南湖区志》概述更名总述；将党政2篇升格为4篇；增加建筑业、房地产业和志余补记3篇；城乡建设、商贸和居民生活3篇重新撰稿；新写总述、志余补记；并对党政、人物、大事记等篇进行调整和增补。经调整后的篇目：一是突出政治，升格党政篇的层次，增加内容。二是突出了地方特色，增加了建筑业、房地产业和居民生活等南湖区特色的内容记述，具有更强的地域性和实用性。三是考虑到市与区交叉的特殊性，增加了城乡建设中历史道路、古桥；商贸老字号、老行当以及计划经济时代的票证、名胜古迹、名优特产等内容。

随着思想认识和编志能力的逐步提高，《嘉兴市南湖区志》编辑部在编纂中，花功夫逐篇进行加工磨练，对其中整体质量较差的志稿，重起炉灶改写；内容散乱的重新梳理；论述烦琐的大力删削；史料和数据不全不实的重新弥补核准，力求使全志达到体例统一、观点正确、资料翔实、文风朴实、断限一致。

《嘉兴市南湖区志》编纂十分浩繁，涉及方方面面，缺少任何一个部门或行业的参与，都会使志书失去完整性。《嘉兴市南湖区志》送审稿的完成是全区上下共同努力的结果，也是编辑部全体工作人员勤恳踏实工作的结晶。编辑部工作人员把编纂《嘉兴市南湖区志》当作人生最重要的事业，努力编写，自觉加班，依靠晚上时间埋头苦干，任劳任怨，查阅资料，核对数字，一丝不苟；还帮助任务较重的单位，查找资料，参与编写稿件，以确保《嘉兴市南湖区志》送审稿的按时完成。

2018年上半年，《嘉兴市南湖区志》送审稿分基层和区志编纂委员会两个层次初审。9月20日，完成基层57个部门和单位对《嘉兴市南湖区志》的审核，各单位经过认真校对，反复修改、补充，将各单位修改稿签字盖章后交回《嘉兴市南湖区志》编辑部。本次修改1615条目后，重新打印初审稿。2018年11月25日，分送《嘉兴市南湖区志》编委会领导以及地方志专家审核。

2019年1月24日、25日，《嘉兴市南湖区志》举行初审评审会。省地方志办公室主任、研究员潘捷军，省地方志专家委员会对口指导组嘉兴组组长、副研究员杨金荣等9名专家对《嘉兴市南湖区志》进行了认真点评并提交书面评审意见。一致认为，《嘉兴市南湖区志》基本做到观点正确，体例规范，框架结构合理；记述全面，资料丰富翔实；注重创新，地方特点鲜明；行文流畅，记述较为生动，总体上质量较好。同时指出，初稿尚有一些问题，仍需要作进一步修改、补充。初审结束后，《嘉兴市南湖区志》编辑部认真汇总梳理初审意见，研究制定修改方案，集中全力修改。2019年10月初，送交区领导和各位专家审核。2019年12月10日、11日，嘉兴市档案馆（地方志编纂室）组织召开《嘉兴市南湖区志》复审评审会，与会7位省、市专家一致认为，《嘉兴市南湖区志》复审稿在吸收初审意见的基础上，保留了好的方面，对存在的问题进行了修改和完善，体例更加规范，结构更加合理，行文更加规范，时代特点、地方特色更加鲜明，志稿总体质量较高。并要求从争创精品佳志的目标，精益求精，建议对个别作进一步补充和完善。2020年8月6日，《嘉兴市南湖区志》通过区委、区政府终审定稿，送交方志出版社编审出版。

当我们编完《嘉兴市南湖区志》，掩卷沉思，深深感到编修一部纵贯古今，横及百科的社会主义时期的地方志，确实不易。这是一项浩瀚的系统工程，既要准确记述本地历史上的变迁和社会的兴衰起伏，又要突出地方特色和时代特点；既要继承历代修志形成的传统格局，又要在体例、篇目和记述方法上有所突破，有所创新，使志书真正起到“存史、资治、教化”的作用，其工作之艰苦，难度之大，唯亲历者才能深有体会。

《嘉兴市南湖区志》的出版，是集体智慧的结晶，得到了社会各界人士的大力支持。《嘉兴市南湖区志》编纂委员会几乎囊括了南湖区党政四套班子以及下属各部门的主要领导，并在10年间多次变更成员名单，以确保修志工作顺利进行。《嘉兴市南湖区志》的编纂成功主要依靠全区上下同心协力，上有区委书记和区长亲自督导，有区委和区政府历任领导对修志的远见卓识和大力支持；下至普通干部和百姓的关注，有一批无私奉献的修志队伍的艰苦努力；有地方志专家、学者的精心指导，以及对修志事业抱有极大热忱的各方人士的热情帮助，为此，我们谨向关心、支持《嘉兴市南湖区志》编纂和所有为《嘉兴市南湖区志》编纂付出辛勤劳动、作出贡献的人们表示衷心的感谢。

在《嘉兴市南湖区志》编纂期间，我们得到浙江省地方志办公室和嘉兴市地方志办公室的大力支持，参考了省内外各县（市、区）编纂出版的社会主义时期新志书，嘉兴市以及各兄弟县市修志机构都在业务协作方面给了很大的帮助，我们深表谢意。《嘉兴市南湖区志》评审期间，省地方志办公室主任潘捷军和嘉兴市地方志办公室主任叶永强等领导和专家亲自担任评委，认真细致审核《嘉兴市南湖区志》，使我们深受鼓舞和鞭策，借此，深表敬意和感谢。

《嘉兴市南湖区志》编纂是南湖区初创的志书，时当全区经济社会快速发展之际，各种思想观念正以空前的速度发生变化，由于我们团队力量有限学识不足，经验缺乏，历史资料难征，虽数易其稿，不妥和错讹之处，仍在所难免，也存在许多不足和遗憾，敬请地方志行家和广大读者批评指正。

《嘉兴市南湖区志》编辑部

2020年8月

嘉兴市南湖区志编纂委员会

2009年3月—2013年4月

顾　问:魏建明
主　任:董苗虎
副主任:吴　健　陈天英
委　员:鲁肇峰　吕　勇　董　雄　杨志明　应恒建　陈金荣　俞明兴　钟富根　沈　静　陈新华　许　翔　章建军　陈桂林　柴志刚　计风才　曹建弟　叶涵初　张春林　钟巧平　胡金凤　张地青　曹　虹　吴佳敏　江　军　张建华　吴学忠　姜卫东　童伟强　唐奇峰　李贵明　陆文荣　沈玉良　沈云明　沈　浩　陈敏红

嘉兴市南湖区志编纂委员会

2013年4月—2016年12月

顾　问:孙建华
主　任:吴　健
副主任:赵建峰　周　静
委　员:区委办公室、区政府办公室、区人大教科文卫民侨工委、区政协研究室、区委组织部、区委宣传部、区委统战部、区委政法委、区发展和改革局、区服务业发展局、区经济商务局、区教育文化体育局、区民政局、区财政局、区人力资源和社会保障局、区住房和城乡规划建设局、区农业经济局、区人口计划生育与卫生局、区档案局、嘉兴科技城管委会各主要负责人;新丰镇、余新镇、凤桥镇、大桥镇(嘉兴工业园区)、七星镇、东栅街道(南湖新区)、建设街道、新兴街道、新嘉街道、解放街道、南湖街道、城南街道、长水街道政府(办事处)各主要负责人;《嘉兴市南湖区志》编辑部主编。

嘉兴市南湖区志编纂委员会

2016年12月

顾　问：朱　苗（2016年12月—）
主　任：徐　军（2016年11月— 2019年9月）
　　　　邵潘锋（2019年9月—）
副主任：沈岱峰（2016年2月— 2019年8月）
　　　　钱学勤（2019年8月—2020年8月）
　　　　朱永领（2020年10月—）
　　　　霍忠华（2016年12月—2018年7月）
　　　　谢国民（2018年7月— 2019年12月）
　　　　俞益东（2019年12月—）
成　员：区级机关各部门、各镇政府、街道办事处主要负责人
　　　　《嘉兴市南湖区志》编辑部主编

嘉兴市南湖区志编纂委员会办公室

2009年3月

主　任：董　雄（2009年3月—2013年4月）
副主任：林汝平（2009年3月—2013年4月）
　　　　方正平（2009年3月—2013年4月）

《嘉兴市南湖区志》编辑部

2013年4月

主　编：董　雄（2013年4月—）

南湖区档案局(史志办公室)

2012年12月

局　长(主　任): 胡连英(2012年12月—2015年1月)
沈玉良(2015年1月—2019年8月)
副局长(副主任): 胡金凤(2013年5月—2014年3月)
林汝平(2013年5月—2019年2月)
马蕾艳(2015年4月—2018年3月)
翁洪彬(2016年1月—2019年2月)
李细怀(2018年3月—2019年2月)

南湖区档案馆(史志研究室)

2019年8月

馆　长(主　任): 程友杰(2019年8月—)
副馆长(副主任): 林汝平(2019年2月—)
翁洪彬(2019年2月—)
李细怀(2019年2月—)

《嘉兴市南湖区志》编纂人员

主　编：董　雄

副主编：汤明康（2014年12月—2016年12月）
陈天传（2014年12月—2018年12月）
朱建华（2014年12月—2017年12月）

编　辑：徐　啸　张卫琴　许启炎　陈剑飞　程大濬　陆爱芬

编　务：俞一清　张　佳　施宇艳　沈国英

提供初稿或资料：（排名不分先后）

王　征　王云峰　肖　琳　刘　舟　徐　燕　李　莉　吴月琴　张福钧　陆林兴　岳　闽　顾建明
刘补迎　邵志强　黄永晓　姚怡勤　李细怀　傅　强　赵卫平　卜雪英　朱建琴　冯　波　褚　彬
曾佳芬　陈静芬　顾彩娟　曹佩珍　朱钰椿　施益民　符幸克　查杰慧　林　军　潘新葆　张文娟
俞灵军　孔雪琴　张云华　俞丽琴　王燕萍　诸　莉　陈　忻　马艳虹　洪　亮　杨琼菲　张　涛
唐勤芬　吴　军　宋子平　朱君芳　张　云　陆雪峰　白宁涛　戴　跃　陆林虎　冯英男　俞炳其
董　盈　马　力　黄润丽　刘增标　沈小英　赵明祥　范洪祥　张桂芳　金　浩　盛浙欣　周　俐
朱云飞　方　净　蒋蓓卿　方　华　卢嘉飞　刘雪琴　包爱琴　李美琴　周卫荣　朱先华　陈丽燕
杨火达　朱沈佳　王颖明　尚晓天　潘争鸣　姚跃明　吴建辉　沈惠龙　苏志兴　怀生祥　蔡丽君
杨　晓　吴　瑛　王文宇　吴逸春　章保华　何志荣　居惠华　吴尚德　张玲珍　范毓萍　任培华
鲁正林　周地华　巢松良　丁家林　鲍德生　张明华　盛卫国　钱宝良　樊荣祥　俞荣悦　徐元观
张丽萍　郭建新　邱　阳　施美华　严难先　许建中　徐惠萍　项莲珍　王以培　蒋利萍　沈明华
张建伟　苗明忠　姚涌进　张兴业　谢传良　尤裕森　李持真　陆丽玲　鲁　春　裘传林　许海良

提供地图：区自然资源规划分局　董　雄　俞耀中　孙晓杰

提供照片：市档案馆　市文化旅游局　区委宣传部　区文化和旅游局　区教育体育局　嘉兴科技城
南湖新区（东栅街道）　区生态环境分局　区卫生健康局　区经济信息商务局
区市场监督管理局　区农业农村和水利局　区交通运输局　区民政局　区司法局
区住房和城乡建设局　各镇、街道
董　雄　杜镜宣　王友生　顾伟建　杜　星　余维泉　张卫琴　徐　啸　黄才祥　俞荣悦
周　明　张卫星　盛建生　陈钰麒

篆刻　篇目页题词：童人杰

《嘉兴市南湖区志》审稿人员：

杨金荣　周祝伟　郭杰光　赵鹏团　潘捷军　王　庆　钟永春　周春锋　邱　阳　吴海红

《嘉兴市南湖区志》审定单位：

中共嘉兴市南湖区委　嘉兴市南湖区人民政府　嘉兴市南湖区志编纂委员会